工业管道
配管设计与工程应用

宋岢岢 编著

化学工业出版社

·北京·

图书在版编目（CIP）数据

工业管道配管设计与工程应用/宋岢岢编著. —北京：化学工业出版社，2016.12
ISBN 978-7-122-28146-3

Ⅰ.①工… Ⅱ.①宋… Ⅲ.①管道工程-配管设计 Ⅳ.①U173

中国版本图书馆 CIP 数据核字（2017）第 022120 号

责任编辑：贾　娜　　　　　　　　　　　文字编辑：项　潋
责任校对：宋　夏　　　　　　　　　　　装帧设计：刘丽华

出版发行：化学工业出版社（北京市东城区青年湖南街 13 号　邮政编码 100011）
印　　装：涿州市殷润文化传播有限公司
787mm×1092mm　1/16　印张 57½　字数 1541 千字　2017 年 9 月北京第 1 版第 1 次印刷

购书咨询：010-64518888　　　　　　　　售后服务：010-64518899
网　　址：http://www.cip.com.cn
凡购买本书，如有缺损质量问题，本社销售中心负责调换。

定　　价：268.00 元　　　　　　　　　　　　　　　　版权所有　违者必究

前言

在石油、化工、轻工、食品、制药、冶金、电力等工业工程设计中，配管设计（管道设计）起着举足轻重的作用，在石油化工详细设计阶段，配管设计是工程设计的主体，配管设计水平直接关系到装置建设投资和建成投产后能否长期、高效、安全、平稳地运行。随着工业装置规模的日益大型化、现代化、集约化、信息化和智能化，对配管设计的技术要求也越来越高。

在实际工作中，有的配管设计人员遇到未曾设计过的某工艺装置时，容易缩手缩脚，不知如何开展设备布置和配管设计工作。各种工艺装置布置及配管设计其实就是对管廊、塔、容器、反应器、换热设备、加热炉、泵、压缩机、罐等设备设施的设计。不管工艺流程如何变化，化工装置、炼油装置、制药装置的配管设计，只要了解和掌握了这些设备设施的配管设计原理和方法，就可以很好地完成这些装置的配管设计。本书以管廊、塔、容器、反应器、换热设备、加热炉、泵、压缩机、罐等设备设施的配管设计为主线，对工业管道配管设计的方法进行了系统的介绍。

笔者在参与配管设计审查工作时，发现有的配管设计人员虽然已经完成了配管设计文件，却不清楚所设计的装置是生产什么的；有的设计人员把配管设计当作设备管口之间的管线"连连看"，按照防火间距摆摆设备、用管线连连管口、做个支撑、不碰撞，还挺整齐漂亮，就认为万事大吉了。而校审记录上大多数仅仅是"碰撞"问题，而影响配管设计质量的本质性技术问题并没有校审出来。配管设计人员应对各种装置、各种设备设施的配管设计都设计实践或学习一些，才能更好地全面发展配管专业技能。本书在系统地阐述各种设备设施配管设计基本理论的基础上，紧密结合国内外工程项目、计算机新技术、最新版标准规范，讲述了工程应用典型实例及容易设计错误的知识点。

常用的配管设计标准规范种类较多、较零散，有的内容还有矛盾的地方。例如：对苯管道的配管设计时，SH 3501 规定为 SHB 等级，而 GB 标准规定为 GC1 类的，施工检验严格程度不同。有的规范规定"汽车装卸鹤管间距不应小于4米"，有的规范规定对于汽车双侧装卸站台的一个"鹤位"，"两个鹤管"可以就近布置。有的标准规范对止回阀前后直管段配管设计有严格的要求。笔者对国内外规范之间的差异进行了比较和统一。对于标准规范和其他配管设计参考资料上经常重复出现的内容，本书仅指出查找方法，没有再重复编写。

结合笔者多年来日常项目工作实践心得体会总结，在此基础上，在领导、同事们的支持下，编著了本书。本书内融入了笔者在国内、外大中型工程装置配管设计的经验与教训，融入了配管设计工作的技巧和创新，图文并茂、资料新颖、内容丰富、通俗易懂，还重点介绍了现代化计算机技术在工业管道配管设计中的应用与创新，可为技术人员提高配管设计水平、工作效率和工作质量提供有用参考。

本书可作为配管设计专业人员的实用技术参考资料和培训教材，也可作为工艺、施工、项目管理人员的参考资料，还可作为工具书供高等院校相关专业师生学习参考。

本书由宋岢岢编著，兰斌、嵇霞、马顺利、李艳松等进行了资料整理；感谢中国寰球工程公司教授级高级工程师代永清、北京化工大学博士生导师教授钱才富的大力支持和帮助；感谢教授级高级工程师汪平、马学娅的中肯建议；感谢一直关心本书编写的技术专家和领导；感谢同行朋友们的大力支持和帮助。

由于水平所限，书中难免存在不妥之处，望广大读者和专家不吝赐教。

宋岢岢

目录

第一章 绪论

第一节 基本概念 … 1
一、工业管道配管设计的概念 … 1
　　工程应用：装置设备布置及配管设计需
　　　　考虑的内容 … 2
　　工程应用：某工业装置的配管设计错误 … 2
二、装置设备布置及配管设计的本质和基本
　　原则 … 3
　　工程应用：设备布置设计错误引起的
　　　　不安全施工 … 3
　　工程应用：放空排净的不合理位置 … 3
　　工程应用：配管设计柔性不合格引起的
　　　　泄漏 … 3
　　工程应用：流体分配不均的不合理设计 … 3
　　工程应用：人性化配管设计的优化 … 4
　　工程应用：模块化设计 … 5
　　工程应用：某装置不美观的配管设计 … 5
三、工程建设一般程序及各阶段配管设计的
　　职责 … 6
　　工程应用：不清楚设计职责引起的工程
　　　　设计遗漏 … 8
四、各设计阶段一般工作量比例 … 8
五、工程项目建设的主要模式及各模式下
　　配管设计的任务 … 8
　　工程应用：不清楚项目模式而造成的
　　　　损失 … 8
六、各设计阶段配管专业的设计条件关系 … 9
七、各设计阶段一般工作流程 … 9
　　工程应用：配管设计文件编号错误引起
　　　　施工漏项 … 10
八、不同国家配管设计文件签署级别及
　　加盖"设计资质印章" … 10
　　工程应用：图纸文件签署的资质错误 … 13

第二节 装置设备布置设计基础 … 13

一、常见设备及分类 … 13
二、装置设备布置设计一般要求 … 14
　　工程应用：最小频率风向的识别 … 18
　　工程应用：随意满足业主设计的厂房违反
　　　　安全规范要求 … 18
　　工程应用：露天与非露天布置 … 18
三、中国防火规范对可燃气体的火灾危险性
　　的分类 … 18
四、中国防火规范对液化烃、可燃液体的
　　火灾危险性的分类 … 19
五、爆炸极限 … 19
六、爆炸危险区域 … 19
七、装置中产生爆炸的条件 … 19
八、装置中防止产生爆炸的基本措施 … 19
九、爆炸性气体环境危险区域的划分 … 20
十、燃点、闪点和自燃点 … 20
十一、一次危险和次生危险 … 20
十二、装置布置设计的三重安全措施 … 20
十三、防火间距的概念 … 20
十四、工业装置设备布置常用标准规范 … 20
　　工程应用：因遵循规范错误引起的设计
　　　　问题 … 21
十五、国内外防火规范的选择与应用 … 21

第三节 管道布置设计基础 … 22
一、常见管道及分类 … 22
二、管道布置设计一般要求 … 22
三、工业管道布置设计常用的标准规范 … 25
　　工程应用：设计文件罗列规范过多引起
　　　　的设计错误 … 26
　　工程应用：管道分类分级错误引起的
　　　　施工检测错误 … 26
　　工程应用：工程企业压力管道资质盖章
　　　　错误实例 … 26

第二章 通用配管设计

第一节 炼油化工装置典型工艺简介及配管设计要点 ………… 27
一、不同的工艺流程对装置设备布置及配管设计的影响 ………… 27
二、常减压蒸馏装置工艺简介及配管设计要点 ………… 27
三、催化裂化装置工艺简介及配管设计要点 ………… 29
四、延迟焦化装置工艺简介及配管设计要点 ………… 32
五、加氢裂化装置工艺简介及配管设计要点 ………… 34
六、加氢精制装置工艺简介及配管设计要点 ………… 36
七、催化重整装置工艺简介及配管设计要点 ………… 37
八、气体分馏装置工艺简介及配管设计要点 ………… 38
九、硫黄回收装置工艺简介及配管设计要点 ………… 39
十、乙烯装置工艺简介及配管设计要点 ………… 41
十一、聚乙烯装置工艺简介及配管设计要点 ………… 43
十二、聚丙烯装置工艺简介及配管设计要点 ………… 45
十三、苯乙烯装置工艺简介及配管设计要点 ………… 47
十四、环氧乙烷及乙二醇装置工艺简介及配管设计要点 ………… 49
十五、精对苯二甲酸装置工艺简介及配管设计要点 ………… 52
十六、甲醇装置工艺简介及配管设计要点 ………… 54
十七、合成氨装置工艺简介及配管设计要点 ………… 56
十八、尿素装置工艺简介及配管设计要点 ………… 59
十九、醋酸装置工艺简介及配管设计要点 ………… 61
二十、氯碱装置工艺简介及配管设计要点 ………… 62
二十一、液化天然气装置工艺简介及配管设计要点 ………… 63
二十二、污水处理厂工艺简介及配管设计要点 ………… 63
二十三、火炬系统工艺简介及配管设计要点 ………… 65

第二节 设备布置间距 ………… 68
一、装置设备之间最小净距 ………… 68
 工程应用：常见最小通道宽度 ………… 69
二、道路、铁路、通道和操作平台上方的最小净空高度 ………… 69
 工程应用：跨越道路管廊下最小净空高度 ………… 70
 工程应用：平台、过道和工作区域的最小净空 ………… 72
 工程应用：不同高度结构平台对直爬梯和斜爬梯的一般要求 ………… 73
 工程应用：直爬梯段高和休息平台设置的一般要求 ………… 73
 工程应用：不同高度直爬梯护圈的设计 ………… 73
 工程应用：错误的直爬梯设计 ………… 73
三、装置设备最小基础标高 ………… 74
 工程应用：常见设备基础标高 ………… 75
四、GB 50160《石油化工企业设计防火规范》装置设备布置间距要求 ………… 75
五、美国 NFPA 装置设备布置间距要求 ………… 79
 工程应用：按 NFPA 30 储罐间距设计实例 ………… 80
 工程应用：按 NFPA 30 隔堤设计实例 ………… 81
 工程应用：PX 装置与其他设施的间距 ………… 81
 工程应用：装置设备布置设计过程 ………… 82
六、设备布置间距设计典型错误 ………… 84
 工程应用：装置内厂房液化烃泵布置设计错误 ………… 84
 工程应用：装置内火炬凝液罐布置设计错误 ………… 85
 工程应用：装置内塔群联合平台的布置设计错误 ………… 85

第三节 管道间距 ………… 85
一、普通管道间距 ………… 85
二、美洲系列管道间距 ………… 86
 工程应用：管道热膨胀引起管道间距变小或碰撞 ………… 90
三、斜管和相邻管道的间距 ………… 90

四、管道与管架边缘及墙壁的间距 ……… 91
　　五、电缆与管道的间距 ……………………… 91
　　六、防火规范对管道管架与有关设施的
　　　　水平间距要求 …………………………… 91
　　七、氧气管道与其他管道的间距 …………… 91
　　八、相关标准对管道焊缝间距的要求 ……… 92
　　　　工程应用：管道焊缝及边缘上开孔与
　　　　　　　　　接管 ………………………… 93
　　　　工程应用：国外某设计单位在3D模型
　　　　　　　　　设置焊缝实体间距要求 …… 93
　　　　工程应用：拐角热介质管道对邻居管道
　　　　　　　　　间距的影响 ………………… 93
　第四节　管道标高、净空高度和埋设
　　　　　深度 ………………………………… 94
　　一、管道跨越装置区铁路和道路的净空
　　　　高度 ……………………………………… 94
　　二、全厂性地上敷设的管道高度 …………… 94
　　三、装置内管廊上管道的高度 ……………… 94
　　四、装置内埋地管道的埋设深度 …………… 94
　　五、管沟内管道的布置高度 ………………… 95
　　六、管道穿越铁路和道路的要求 …………… 95
　　七、GB 50316对管道净空高度的要求 …… 95
　　八、输送天然气或人工煤气管跨越道路、
　　　　铁路的净空高度 ………………………… 96
　第五节　人员可操作性设计 …………………… 96
　　一、配管人性化设计的概念 ………………… 96
　　二、站姿通行适宜尺寸 ……………………… 97
　　　　工程应用：管子布置高度偏低阻挡人员
　　　　　　　　　通行 ………………………… 97
　　三、跪姿适宜尺寸 …………………………… 97
　　四、趴姿适宜尺寸 …………………………… 97
　　五、坐姿适宜尺寸 …………………………… 98
　　六、直爬梯通行适宜尺寸 …………………… 99
　　七、斜爬梯通行适宜尺寸 …………………… 99
　　八、阀门操作和维护适宜尺寸 ……………… 99
　　　　工程应用：阀门操作拉链的设置 ……… 101
　　　　工程应用：界区阀门联合操作平台及
　　　　　　　　　阀门手轮伸长杆的设置 …… 101
　　　　工程应用：3D模型内人员操作通道的
　　　　　　　　　简化设计 …………………… 101
　第六节　高点排气及低点排液的配管
　　　　　设计 ………………………………… 104
　　一、管道高点排气及低点排液的目的 ……… 104
　　二、管道需设置排气或排液的位置 ………… 104
　　　　工程应用：装置管道漏设置排气和
　　　　　　　　　排液 ………………………… 105

　　三、高点排气及低点排液设计的一般
　　　　要求 ……………………………………… 105
　　四、高点排气及低点排液的管道材料
　　　　设计 ……………………………………… 105
　　五、高点排气及低点排液的尺寸要求 ……… 106
　　　　工程应用：装置边界管道低点排液阀门
　　　　　　　　　设计位置不宜操作 ………… 106
　　　　工程应用：装置管道低点排液距地面
　　　　　　　　　偏小 ………………………… 106
　　六、高点排气及低点排液的形式与布置
　　　　设计 ……………………………………… 106
　　　　工程应用：盐酸管道低点排液的特殊
　　　　　　　　　要求 ………………………… 108
　　七、非可燃气体放空管高度 ………………… 108
　　八、可燃气体排气筒、放空管的高度 ……… 108
　　九、有毒、可燃介质排放和收集的设置 …… 108
　　十、透平、压缩机、泵、容器等设备泄压
　　　　排放管道 ………………………………… 108
　　十一、机泵的地漏及排污沟的设置 ………… 109
　第七节　分支管的引出方向 …………………… 109
　　一、火炬线及放空线的分支方向 …………… 109
　　二、公用工程管道的分支方向 ……………… 109
　第八节　管道变等级的设计 …………………… 110
　　一、高低压系统连接的管道压力等级
　　　　划分 ……………………………………… 110
　　二、不同金属材质管道连接配管分界 ……… 111
　　　　工程应用：管道等级划分的界线 ……… 111
　第九节　不同材质管道的配管设计 …………… 111
　　一、不锈钢管道的配管设计 ………………… 111
　　　　工程应用：不锈钢管道配管支架设计的
　　　　　　　　　错误 ………………………… 112
　　二、镀锌管道的配管设计 …………………… 112
　　　　工程应用：镀锌管道配管连接的错误 … 113
　　　　工程应用：镀锌管道的埋地设计 ……… 113
　　三、卡箍式管道的配管设计 ………………… 113
　　　　工程应用：卡箍式管道的配管设计管
　　　　　　　　　间距错误 …………………… 115
　　四、非金属管道的配管设计 ………………… 115
　　　　工程应用：碳钢管道替换为玻璃钢管道
　　　　　　　　　的设计变更 ………………… 119
　　五、衬里管道的配管设计 …………………… 119
　　六、内涂敷管道的配管设计 ………………… 120
　　　　工程应用：国外某项目内涂敷管道的
　　　　　　　　　配管设计 …………………… 121
　　七、玻璃钢管道的配管设计 ………………… 121
　　　　工程应用：玻璃钢管道配管的支撑 …… 122

第十节　不同介质流体管道的配管
　　　　设计 ……………………………… 123
　　一、取样管道的配管设计 ……………… 123
　　二、液化烃管道的配管设计 …………… 127
　　　　工程应用：液化烃管道的地下敷设 … 128
　　三、蒸汽管道的配管设计 ……………… 128
　　四、凝结水管道的配管设计 …………… 129
　　五、蒸汽管道集液包疏水的配管设计 … 129
　　六、非净化压缩空气和净化压缩空气
　　　　管道的配管设计 …………………… 131
　　七、氮气管道的配管设计 ……………… 131
　　八、氧气管道的配管设计 ……………… 131
　　九、氢气管道的配管设计 ……………… 132
　　十、乙炔管道的配管设计 ……………… 133
　　十一、腐蚀性或有毒介质管道的配管
　　　　　设计 ………………………………… 135
　　十二、盐酸管道的配管设计 …………… 135
　　十三、硫酸管道的配管设计 …………… 135
　　十四、氢氰酸管道的配管设计 ………… 135
　　十五、氢氧化钠管道的配管设计 ……… 136
　　十六、高温管道的配管设计 …………… 136
　　十七、低温管道的配管设计 …………… 137
　　　　工程应用：液态氧等低温阀门宜安装在
　　　　　　水平管道上阀杆宜垂直
　　　　　　向上 ……………………………… 138
　　十八、真空管道的配管设计 …………… 138
　　十九、极度危害介质管道的配管设计 … 139
　　二十、苯管道的配管设计 ……………… 140
　　二十一、气力输送介质管道的配管设计 … 141
　　二十二、火炬管道的配管设计 ………… 141
　　二十三、消防水喷淋管道的配管设计 … 142
　　二十四、地上水管道的配管设计 ……… 144
　　二十五、地下水管道的配管设计 ……… 144
　　二十六、易凝介质管道的配管设计 …… 148
第十一节　管件的配管设计 ……………… 149
　　一、疏水阀前异径管的配管设计 ……… 149
　　二、泵入口前异径管的配管设计 ……… 149
　　三、其他位置异径管的配管设计 ……… 149
　　四、调节阀两侧管道上的异径管的配管
　　　　设计 ………………………………… 150
　　五、弯头的配管设计 …………………… 150
　　六、其他管件的配管设计 ……………… 150
第十二节　阀门及小型管道设备的布置 … 150
　　一、阀门的分类和用途 ………………… 150
　　二、阀门布置的一般要求 ……………… 151
　　三、阀门安装位置的配管设计 ………… 152

　　四、阀门操作的配管设计 ……………… 153
　　五、阀杆方向的配管设计 ……………… 154
　　　　工程应用：阀杆方向垂直朝下引起的
　　　　　　事故 ……………………………… 154
　　　　工程应用：蝶阀阀杆水平布置而手轮却
　　　　　　朝下 ……………………………… 155
　　六、阀门的安装方向 …………………… 155
　　七、闸阀的适用范围及配管设计 ……… 155
　　八、截止阀的适用范围及配管设计 …… 157
　　九、止回阀的适用范围及配管设计 …… 157
　　　　工程应用：某国外改造项目成本较高的
　　　　　　设计变更 ………………………… 160
　　十、蝶阀的适用范围及配管设计 ……… 160
　　十一、球阀的适用范围及配管设计 …… 161
　　十二、旋塞阀的适用范围及配管设计 … 161
　　十三、隔膜阀的适用范围及配管设计 … 162
　　十四、安全阀的适用范围及配管设计 … 162
　　　　工程应用：安全阀配管设计的错误 … 165
　　十五、减压阀的适用范围及配管设计 … 166
　　十六、疏水阀的适用范围及配管设计 … 166
　　　　工程应用：疏水阀排水不畅 ………… 167
　　十七、阻火器的适用范围及配管设计 … 169
　　十八、呼吸阀的适用范围及配管设计 … 170
　　十九、消声器的适用范围及配管设计 … 170
　　二十、电动、气动调节阀的适用范围及
　　　　　配管设计 ………………………… 171
　　　　工程应用：调节阀安装方向的选择 … 172
　　　　工程应用：蒸汽管线调节阀的配管
　　　　　　设计 ……………………………… 172
　　　　工程应用：调节阀前后有异径管的
　　　　　　目的 ……………………………… 174
　　　　工程应用：调节阀前的排净 ………… 174
　　二十一、自力式调节阀的适用范围及配管
　　　　　　设计 ……………………………… 174
　　　　工程应用：自力式压力调节阀的布置
　　　　　　设计错误 ………………………… 177
　　二十二、过滤器的适用范围及配管设计 … 177
　　　　工程应用：锥形过滤器安装方向的
　　　　　　选用 ……………………………… 180
　　　　工程应用：过滤器抽芯空间不够的解决
　　　　　　方案 ……………………………… 181
　　二十三、漏斗和地漏的适用范围及配管
　　　　　　设计 ……………………………… 181
　　二十四、补偿器的配管设计 …………… 184
　　二十五、自动排气阀的配管设计 ……… 185
第十三节　仪表元件的配管设计 ………… 186

一、配管设计常见仪表控制系统的组成 … 186
  工程应用：不明白仪表控制基本原理造成的配管设计错误 … 187
二、仪表元件配管设计一般要求 … 188
三、限流孔板的分类、选用及布置 … 189
四、温度测量仪表的分类、选用及布置 … 189
五、流量测量仪表的分类及布置 … 192
六、差压节流装置流量测量仪表的配管设计 … 193
七、均速管流量测量仪表的配管设计 … 195
八、转子流量计的配管设计 … 197
九、靶式流量计流量测量仪表的配管设计 … 197
十、电磁流量计的配管设计 … 197
十一、涡街流量计流量测量仪表的配管设计 … 198
十二、质量流量计的配管设计 … 199
十三、气体热质量流量计的配管设计 … 202
十四、容积式流量计的配管设计 … 203
十五、压力测量仪表的分类、选用及布置 … 203
十六、物位测量仪表的分类及布置 … 204
十七、玻璃板（管）液位计的配管设计 … 206
十八、外浮筒液位计的配管设计 … 207
十九、内浮筒液位计的配管设计 … 207
二十、内浮球液位计的配管设计 … 207
二十一、磁致伸缩式液位计的配管设计 … 207
二十二、超声波及微波（雷达）液（料）位计的配管设计 … 207
二十三、导波雷达与电容式液位计的配管设计 … 207
二十四、静压式液位计的配管设计 … 208
二十五、其他液位测量仪表的配管设计 … 208
二十六、分析仪/分析小屋的配管设计 … 208
二十七、仪表元件配管设计典型错误 … 208

第十四节　厂房内配管设计 … 209
一、厂房内设备布置的原则 … 209
二、厂房内设备布置设计的一般要求 … 209
三、厂房内操作间距的设计 … 211
四、厂房内吊装孔的设计 … 212

第十五节　配管设计的碰撞 … 212
一、碰撞的产生 … 212
二、硬碰撞 … 212
三、软碰撞 … 213
四、综合碰撞检查 … 213

第十六节　地下管道的配管设计 … 213
一、地下管道的设计范围 … 213
二、直埋管道的配管设计 … 214
三、管沟内管道的配管设计 … 215
四、地下管道与铁路道路及建筑物间的距离 … 216
  工程应用：某装置埋地RTR管道的设计 … 217
  工程应用：管沟内可燃介质管道的配管设计 … 217
  工程应用：直埋热水管道的配管设计 … 217
  工程应用：直埋蒸汽管道的设计 … 218
  工程应用：直接埋地管道法兰接口的处理 … 220

第十七节　ASME与GB标准对配管设计的要求 … 220
一、全厂性管道的配管设计 … 220
二、工艺及公用物料管道的配管设计 … 221
三、含可燃液体的生产污水管道的配管设计 … 222

第三章　管　廊

第一节　管廊的分类 … 224
一、管廊平面布置形式分类 … 224
二、管廊侧立面布置形式分类 … 224
三、管廊横断面布置形式分类 … 225
四、混凝土和钢结构管廊 … 225

第二节　管廊的布置 … 227
一、管廊布置的一般要求 … 227
二、管廊轴向柱距的设计 … 227
三、管廊横断面宽度的设计 … 228
四、管廊层高的设计 … 229

五、管墩的设计 … 229
六、混凝土管廊（管墩）梁顶预埋件 … 229
七、管廊上仪表电气电缆槽架及巡检梯子平台的布置 … 230
  工程应用：管廊柱子基础与地下管道、埋地电缆碰撞 … 230
  工程应用：管廊层高偏高引起的设计不合理 … 230
  工程应用：管廊柱子偏粗的不合理设计 … 230

第三节　管廊管道的配管设计 …………… 231
一、管廊管道配管设计的一般要求 ……… 231
二、管廊界区管道接点及梯子平台的
设计 ………………………………… 232
第四节　管廊管道支吊架的配管设计 …… 233
一、管廊管道支吊架设计一般要求 ……… 233
二、管廊管道固定架设计的注意点 ……… 233
三、管廊管道导向架设计的注意点 ……… 233

四、管廊上不锈钢管道管架的设计 ……… 234
五、管廊上管道支架易碰撞的位置 ……… 234
六、管廊上管道支吊架需开长圆孔的
位置 ………………………………… 235
七、管道出装置界区前管架的设计 ……… 235
八、易被扭弯的侧纵连系梁计算 ………… 235
九、管廊内小口径管道的支撑 …………… 235
十、管廊上管道支吊架的总规划设计 …… 236

第四章　塔

第一节　塔的分类 ……………………………… 237
一、塔的分类及结构 ……………………… 237
工程应用：某装置的塔设备 …………… 241
二、塔的构造 ……………………………… 241
三、塔的选用 ……………………………… 242
四、塔的典型工艺管道和仪表流程图 …… 243
第二节　塔的布置 ……………………………… 243
一、塔与其关联设备布置的一般要求 …… 243
二、塔的布置形式 ………………………… 244
三、塔的安装高度 ………………………… 245
四、塔顶吊柱的设计 ……………………… 245
五、塔平台和梯子的设计 ………………… 246
六、塔管口方位设计的一般要求 ………… 249
七、人孔和手孔的方位设计 ……………… 249
八、塔顶气相管口方位设计 ……………… 251
九、塔回流管口方位设计 ………………… 252
十、塔进料管口方位设计 ………………… 254
十一、塔底抽出管口方位设计 …………… 255
十二、塔集油箱或集油塔板管口方位
设计 ………………………………… 255
十三、塔仪表管口方位设计 ……………… 257
十四、塔再沸器管口方位设计 …………… 260
十五、塔铭牌的方位设计 ………………… 263
工程应用：干燥塔布置在管廊顶层的
布置设计 …………………… 263

工程应用：成排塔的联合平台的布置
设计 ………………………… 263
工程应用：塔靠近框架的布置设计 …… 265
工程应用：塔和框架分开的布置设计 … 266
工程应用：小直径塔在框架内的布置
设计 ………………………… 267
工程应用：某变径塔的布置设计 ……… 268
第三节　塔管道的配管设计 ………………… 269
一、塔管道配管设计的一般要求 ………… 269
二、塔顶气相管道的配管设计 …………… 271
三、塔顶安全阀的配管设计 ……………… 271
四、塔回流管和液体进料管的配管设计 … 272
五、再沸器的分类及配管设计 …………… 272
六、塔底管道的配管设计 ………………… 272
七、塔上公用工程软管站的配管设计 …… 273
八、塔管道支吊架的设计 ………………… 273
工程应用：某塔管道的配管设计
实例一 ……………………… 274
工程应用：某塔管道的配管设计
实例二 ……………………… 276
工程应用：某塔管道的配管设计
实例三 ……………………… 276
工程应用：某塔管道的配管设计
实例四 ……………………… 276

第五章　容　器

第一节　容器的分类 …………………………… 280
一、容器的分类 …………………………… 280
二、容器的组成 …………………………… 280
三、容器的典型工艺管道和仪表流程图 … 281
第二节　容器的布置 …………………………… 281
一、容器布置的一般要求 ………………… 281

二、立式和卧式容器支承方式的设计 …… 282
三、容器的布置高度设计 ………………… 282
四、立式容器的布置设计 ………………… 284
五、立式容器支腿和裙座的设计 ………… 285
六、立式容器支腿布置方位的设计 ……… 285
七、卧式容器的布置设计 ………………… 286
八、容器布置的取齐方式设计 …………… 287

九、沿管廊布置的立式容器与管廊的
　　　　间距 ………………………………… 287
　　十、容器的管口方位设计 ……………… 287
　　　　工程应用：卧式容器和立式容器的管口
　　　　　　方位设计 ………………………… 288
　　十一、容器平台和梯子的设计 ………… 288
　　　　工程应用：卧式容器的布置设计 …… 292
　　　　工程应用：框架上容器的布置设计 … 292
　　　　工程应用：容器的布置及高度设计 … 293
　　　　工程应用：某卧式和立式容器平台的
　　　　　　布置设计 ………………………… 293
第三节　容器管道的配管设计 …………… 293
　　一、容器管道配管设计的一般要求 …… 293

　　二、容器管道的支吊架设计 …………… 295
　　　　工程应用：卧式容器减少弹簧架设计
　　　　　　的工程应用 ……………………… 295
　　　　工程应用：立式容器减少弹簧架设计
　　　　　　的工程应用 ……………………… 296
　　　　工程应用：立式容器管道支吊架
　　　　　　典型图 …………………………… 296
　　　　工程应用：卧式容器管道的配管设计 … 297
　　　　工程应用：带积液包的卧式容器配管
　　　　　　设计 ……………………………… 297
　　　　工程应用：两立式容器的配管设计 … 299
　　　　工程应用：容器液位计的布置错误
　　　　　　实例 ……………………………… 299

第六章　反　应　器

第一节　反应器的分类 …………………… 300
　　一、反应器的分类 ……………………… 300
　　二、反应器的选用 ……………………… 300
第二节　反应器的布置 …………………… 304
　　一、反应器布置的一般要求 …………… 304
　　二、反应器的布置高度设计 …………… 305
　　三、反应器的支撑方式 ………………… 306
　　四、反应器与其关联设备的布置要求 … 306
　　五、大型搅拌釜式反应器的布置设计 … 306
　　六、中小型间歇反应器/操作频繁反应器的
　　　　布置设计 ………………………… 307
　　七、釜式反应器的布置设计 …………… 307
　　八、反应器吊轨的设计 ………………… 307
　　九、反应器人孔及平台的设计 ………… 307
　　十、反应器催化剂卸料口的设计 ……… 308

　　十一、反应器温度计的开口方位设计 … 309
　　　　工程应用：反应器投料口偏高造成人工
　　　　　　投料困难 ………………………… 310
　　　　工程应用：反应器的布置设计 ……… 310
　　　　工程应用：重整反应器的布置设计 … 310
　　　　工程应用：多台大型反应器设备布置及
　　　　　　联合平台的设计 ………………… 310
　　　　工程应用：大型釜式反应器的布置
　　　　　　设计 ……………………………… 312
第三节　反应器管道的配管设计 ………… 313
　　一、反应器管道配管设计的一般要求 … 313
　　二、不同类型反应器的配管设计 ……… 314
　　　　工程应用：某炼油装置反应器的配管
　　　　　　设计 ……………………………… 314

第七章　换 热 设 备

第一节　换热设备的分类 ………………… 316
　　一、换热设备的分类 …………………… 316
　　二、管壳式换热器的结构与分类 ……… 317
　　三、换热器的典型工艺管道和仪表
　　　　流程图 …………………………… 323
　　四、空气冷却器的结构及优、缺点 …… 323
　　五、空冷器的典型工艺管道和仪表
　　　　流程图 …………………………… 327
　　六、再沸器的分类、结构及特点 ……… 327
　　七、再沸器的典型工艺管道和仪表流程图 … 328
　　八、换热设备的选用 …………………… 328

第二节　换热设备的布置 ………………… 330
　　一、管壳式换热器布置的一般要求 …… 330
　　二、管壳式换热器的布置高度设计 …… 330
　　三、管壳式换热器的间距设计 ………… 332
　　四、套管式换热器布置的一般要求 …… 333
　　五、管壳式换热器的管口方位设计 …… 333
　　六、管壳式换热器的平台和梯子设计 … 334
　　七、管壳式换热器框架支柱的位置设计 … 335
　　八、管壳式换热器抽芯及吊车梁的设计 … 335
　　九、再沸器布置的一般要求 …………… 337
　　十、空冷器布置的一般要求 …………… 337
　　　　工程应用：浮头式换热器抽芯端布置反向

的配管设计错误 ………… 338
　工程应用：地面上换热器的布置 ………… 338
　工程应用：框架上换热器的布置 ………… 339
　工程应用：鼓风式和引风式空冷器的
　　布置 ………… 339
　工程应用：国外空冷器平台与电机之间的
　　净空高度设计 ………… 339
　工程应用：空冷器梯子平台及检修通道的
　　设计 ………… 342
　工程应用：空冷器布置在地面的设计 ………… 343
　工程应用：某换热器、再沸器的抽芯及
　　空冷器的吊装 ………… 343
第三节　换热设备管道的配管设计 ………… 345
　一、换热器管道配管设计的一般要求 ………… 345
　二、空冷器管道配管设计的一般要求 ………… 349
　三、再沸器管道的配管设计一般要求 ………… 349
　工程应用：换热器管道的对称配管设计 ………… 350
　工程应用：浮头式换热器管道的配管
　　设计 ………… 351
　工程应用：换热器管道的支吊架设计 ………… 352
　工程应用：换热器固定端的设计 ………… 352
　工程应用：两台重叠卧式换热器的配管
　　设计 ………… 352
　工程应用：空冷器管道的对称配管设计 ………… 353
　工程应用：某空冷器出入口管道的支撑
　　设计 ………… 353

第八章　加　热　炉

第一节　加热炉的分类 ………… 354
　一、加热炉的原理、分类及选用 ………… 354
　二、加热炉的结构及组成 ………… 358
　三、加热炉的典型工艺管道和仪表流程图 ………… 360
第二节　加热炉的布置 ………… 360
　一、加热炉布置的一般要求 ………… 360
　二、加热炉的间距设计 ………… 361
　三、加热炉的梯子平台设计 ………… 363
　工程应用：箱式加热炉的布置设计 ………… 364
　工程应用：箱式加热炉的布置设计 ………… 364
　工程应用：立式加热炉的布置设计 ………… 365
　工程应用：加热炉和汽包的布置设计 ………… 365
　工程应用：加热炉作为再沸器的布置
　　设计 ………… 365
第三节　加热炉管道的配管设计 ………… 365
　一、加热炉管道配管设计的一般要求 ………… 365
　二、加热炉燃料油管道的配管设计 ………… 366
　三、加热炉燃料气管道的配管设计 ………… 367
　四、加热炉蒸汽管道的配管设计 ………… 369
　五、加热炉吹灰管道的配管设计 ………… 369
　六、加热炉炉管的配管设计 ………… 370
　七、加热炉取样的配管设计 ………… 370
　八、加热炉清焦管的配管设计 ………… 370
　工程应用：圆筒炉管道的配管设计 ………… 370
　工程应用：箱式炉管道的配管设计 ………… 371
　工程应用：加热炉阀组的配管设计 ………… 372

第九章　泵

第一节　泵的分类及选用 ………… 373
　一、泵的分类及特点 ………… 373
　二、泵的选用 ………… 377
第二节　泵的布置 ………… 378
　一、泵布置设计的一般要求 ………… 378
　二、泵的露天、半露天和室内布置设计 ………… 379
　三、泵布置设计的取齐方式 ………… 380
　四、泵的成排布置设计 ………… 381
　五、泵间距和净空高度的设计 ………… 381
　工程应用：管廊下立式泵的检修安装净空
　　高度不够 ………… 381
　六、泵的基础高度设计 ………… 382
　七、罐组、气柜或全冷冻式液化烃储存设施
　　泵的布置设计 ………… 382
　八、泵维修检查用空间的设计 ………… 382
　九、泵检修吊梁的设计 ………… 383
　工程应用：管廊上安装空冷器时泵的
　　布置 ………… 383
　工程应用：管廊上没有安装空冷器时泵
　　的布置设计 ………… 383
　工程应用：框架下的泵的布置设计 ………… 384
第三节　泵管道的配管设计 ………… 384
　一、泵管道配管设计的一般要求 ………… 384
　二、离心泵入口管道的配管设计一般要求 ………… 384
　三、离心泵入口管道防止汽蚀的配管设计 ………… 386
　工程应用：泵入口管道切断阀手轮不朝
　　上布置以防止汽蚀 ………… 387

四、离心泵入口管道防止偏流的配管设计 … 387
五、离心泵入口管道过滤器的配管设计 … 388
六、离心泵入口管道阀门操作平台的设计 … 391
七、泵出口管道的配管设计 … 391
八、往复泵管道的配管设计 … 394
九、泵辅助管道的配管设计 … 395
十、泵特殊用途管道的配管设计 … 395
十一、泵输送含固体的液体管道的配管设计 … 397
十二、泵管道的支吊架设计 … 397
工程应用：某卧式泵出口管道的配管设计 … 399
工程应用：泵管道提高补偿能力的配管设计方案 … 399
工程应用：某旋涡泵管道的配管设计 … 400
工程应用：某立式泵的配管设计 … 400
工程应用：某卧式离心泵入口管道配管设计错误 … 400
工程应用：某泵入口增加直管段减少噪声 … 400

第十章 压 缩 机

第一节 压缩机的分类 … 401
一、压缩机的概念和用途 … 401
二、压缩机的分类及特点 … 401
三、压缩机的选用 … 405

第二节 压缩机的布置 … 405
一、压缩机布置设计的一般要求 … 405
二、可燃气体压缩机的布置及其厂房的布置设计 … 406
三、压缩机的安装高度 … 406
四、压缩机附属设备的布置 … 407
五、压缩机维修机具的布置设计 … 407
六、压缩机厂房吊车的设计 … 408
工程应用：某液环可燃气体压缩机的布置设计 … 409
工程应用：室内某离心式压缩机的布置设计 … 409
工程应用：室外某离心式压缩机的布置设计 … 409
工程应用：室内某往复式压缩机的布置设计 … 409
工程应用：室外往复式压缩机的布置 … 409
工程应用：室外某螺杆式压缩机的布置设计错误 … 409
工程应用：压缩机高位油箱的布置设计 … 411
工程应用：某压缩机厂房吊车高度偏低的设计错误 … 413
工程应用：某往复式压缩机气缸拆除区的布置 … 413

第三节 压缩机管道的配管设计 … 413
一、离心式压缩机管道的配管设计 … 413
工程应用：离心式压缩机设计范围不清引起的设计问题 … 414
二、往复式压缩机管道的配管设计布置设计 … 414
三、往复式压缩机管道的防振设计 … 415
四、轴流式压缩机管道的配管设计 … 416
五、压缩机辅助管道的配管设计 … 416
工程应用：某离心式压缩机管道的配管设计 … 417
工程应用：某往复式压缩机管道的配管设计 … 417
工程应用：某往复式压缩机入口管道的配管设计 … 417
工程应用：往复式压缩机出入口阀组的配管设计 … 419
工程应用：某压缩机配管设计范围的分界 … 420
工程应用：某汽车装卸站压缩机的布置设计错误 … 420

第十一章 装卸站及码头

第一节 汽车槽车装卸站的分类 … 422
一、汽车槽车的定义与分类 … 422
二、汽车槽车装卸站的分类 … 423
三、汽车槽车装卸站通过方式的分类 … 424
四、汽车槽车装卸臂的分类 … 424
工程应用：因不了解汽车槽车的外形及分类的布置设计错误 … 424

第二节 汽车槽车装卸站的布置设计 … 424
一、汽车槽车装卸站布置设计的一般要求 … 424
二、可燃液体汽车装卸站的布置设计 … 425

三、液化烃汽车的装卸设施的布置设计 …… 425
　　四、汽车槽车装卸站棚子、梯子和平台的
　　　　布置设计 ……………………………… 425
　　五、汽车槽车装卸臂的布置设计 ………… 425
　　六、GB 50160、GB 50074、GB 50183 对汽车
　　　　装卸车设施规定的比较 ………………… 425
　　　　工程应用：汽车装油站的布置设计 …… 427
　　　　工程应用：高位罐装车站的布置设计 … 427
　　　　工程应用：单柱双侧装车台的布置设计 … 427
　　　　工程应用：密闭下卸系统卸车站的布置
　　　　　　设计 ……………………………… 427
　　　　工程应用：某氢氧化钠溶液上卸车和
　　　　　　下卸车的布置 …………………… 427
　　　　工程应用：某上装卸车和下装卸车的布置
　　　　　　设计 ……………………………… 427
　　　　工程应用：某装卸站鹤管的不合理设计及
　　　　　　GB 50160、GB 50183、GB 50016
　　　　　　的比较 …………………………… 429
　　　　工程应用：汽车装卸站梯子的居中与偏置
　　　　　　设计 ……………………………… 430
第三节　汽车槽车装卸站管道的配管设计 …… 430
　　一、汽车槽车装卸站管道配管设计的一般
　　　　要求 ……………………………………… 430
　　二、汽车槽车装卸站辅助管道的配管设计 … 431
　　　　工程应用：单侧装卸汽车槽车装车站的
　　　　　　设计 ……………………………… 431
　　　　工程应用：鹤管布置在装车台中心时汽车
　　　　　　槽车装车台的配管设计 ………… 431
　　　　工程应用：鹤管布置在装车台边缘时汽车
　　　　　　槽车装车台的配管设计 ………… 433
　　　　工程应用：某上装卸站的配管设计 …… 433
第四节　铁路槽车装卸站的分类 ……………… 434
　　一、铁路罐车的分类 ……………………… 434
　　二、铁路槽车装卸方式的分类 …………… 434
　　三、铁路槽车装卸臂的分类 ……………… 434
　　四、铁路槽车卸物料的方式分类 ………… 435
第五节　铁路槽车装卸站的布置设计 ………… 435

　　一、铁路槽车装卸站布置设计的一般要求 … 435
　　二、可燃液体铁路装卸设施的布置设计 …… 436
　　三、液化烃铁路装卸设施的布置设计 …… 436
　　四、铁路槽车装卸栈桥的布置设计 ……… 437
　　五、铁路槽车装卸站梯子平台的设计 …… 437
　　六、GB 50160 对可燃液体的铁路装卸站的
　　　　布置要求 ……………………………… 437
　　七、相关标准对铁路装卸车设施规定的
　　　　比较 …………………………………… 438
　　　　工程应用：单侧铁路槽车装卸台的布置
　　　　　　设计 ……………………………… 438
　　　　工程应用：双侧铁路槽车装卸台的布置
　　　　　　设计 ……………………………… 438
　　　　工程应用：铁路槽车装卸站及罐区的布置
　　　　　　设计 ……………………………… 438
　　　　工程应用：液体装卸臂的布置设计 …… 438
第六节　铁路槽车装卸站管道的配管设计 …… 441
　　一、铁路槽车装卸站总管的配管设计 …… 441
　　二、铁路槽车装卸站鹤管的配管设计 …… 442
　　　　工程应用：铁路槽车装卸站单侧及双侧的
　　　　　　配管设计 ………………………… 442
　　　　工程应用：铁路槽车某乙类液体鹤管的
　　　　　　设计 ……………………………… 442
　　　　工程应用：单侧铁路槽车的配管设计 … 443
　　　　工程应用：双侧铁路槽车的配管设计 … 444
第七节　装卸码头的布置设计 ………………… 444
　　一、码头的分类 …………………………… 444
　　二、码头的选址 …………………………… 445
　　三、可燃液体码头、液化烃码头的布置
　　　　设计 …………………………………… 445
　　四、码头装卸臂的布置设计 ……………… 446
第八节　装卸码头管道的配管设计 …………… 447
　　一、装卸码头管道配管设计的一般要求 … 447
　　二、装卸码头总管的配管设计 …………… 448
第九节　灌装站的配管设计 …………………… 448
　　一、灌装站布置设计一般要求 …………… 448
　　二、油品的桶装（灌装） ………………… 448

第十二章　罐

第一节　罐的分类 ……………………………… 450
　　一、罐的分类 ……………………………… 450
　　二、工业装置常见常压储罐的结构 ……… 451
　　三、储罐的容量 …………………………… 454
　　四、常压罐的附件 ………………………… 454
　　五、工业装置常见球罐的类别与结构 …… 458

　　六、球罐的组成及附件 …………………… 458
　　七、卧式储罐的类别及组成 ……………… 459
　　八、罐的选用 ……………………………… 460
　　九、罐基础的形式 ………………………… 462
　　十、罐基础的沉降 ………………………… 462
第二节　罐的布置 ……………………………… 463

一、储罐组的布置设计 …………… 463
　二、罐组专用泵区的布置设计 …… 464
　三、可燃液体地上储罐的布置设计 …… 464
　四、液化烃、可燃气体、助燃气体地上储罐的布置设计 …………………………… 466
　五、罐梯子平台的设计 …………… 468
　　工程应用：球罐直梯的设计错误 …… 469
　六、储罐管口的布置设计 ………… 469
　七、常压罐附件的布置设计 ……… 470
　八、球罐附件的布置设计 ………… 472
　九、罐区内控制室、变配电室的布置设计 …… 472
　十、GB 50074 对储罐布置设计的要求 …… 472
　十一、GB 50160、GB 50183、GB 50016、GB 50074、NFPA 30 对储罐布置设计要求的比较 …………………………… 472
　　工程应用：某全压力球罐区的布置设计错误 ………………………… 473
　　工程应用：某炼油中间罐区的布置设计错误 ………………………… 474
第三节　罐管道的配管设计 ………… 474
　一、罐管道配管设计的一般要求 … 474
　二、常压罐管道的配管设计 ……… 475
　三、罐区内管廊（地墩）、泵区的配管设计与方案比较 ………………… 476
　四、储罐防沉降、抗震金属软管或抗震波纹补偿器的选用与配管设计 …… 478
　五、球罐管道的配管设计 ………… 479
　六、立式储罐的泡沫发生器及泡沫灭火系统的配管设计 ………………… 480
　七、罐区防火堤结构形式的选用 … 482
　八、储罐配管设计标准规范 ……… 482
　　工程应用：管道穿过防火堤的配管设计及 GB 50351、GB 50160、GB 50074、SH 3007 的比较 …………… 483
　　工程应用：球罐管口法兰形式的强制规定及 SH 3136、GB 12337 的比较 ……………………………… 483
　　工程应用：绕罐体管道的弧线形配管设计 ……………………………… 483
　　工程应用：立式储罐软连接的设计及 GB 50160、SH 3007、GB 50074、GB 50151、API 650 的比较 …… 484
　　工程应用：球罐连接管线不需设置金属软管及 SH 3136 的设计要求 …… 485
　　工程应用：某埋地罐的配管设计 … 485
　　工程应用：某常压储罐的配管设计 … 485
　　工程应用：某球罐的配管设计 …… 486
　　工程应用：某球罐不好的配管设计 … 487

第十三章　管道系统的伴热设计

第一节　伴热的分类 ………………… 488
　一、伴热介质的分类与选用 ……… 488
　二、伴热方式的分类与选用 ……… 488
　三、伴热设计的范围 ……………… 490
第二节　热水、蒸汽伴热系统的设计 … 490
　一、热水、蒸汽伴热系统的组成 … 490
　二、热水、蒸汽伴热系统设计的一般要求 … 490
　三、热水、蒸汽伴热系统的配管设计 … 491
　四、热水、蒸汽分配站、回收站布置形式的设计 ………………………… 493
　五、蒸汽、热水分配站的配管设计 … 495
　六、伴热管线的设计 ……………… 495
　七、伴热管结构的设计 …………… 498
　八、蒸汽冷凝液站（疏水站）、热水回水站（收集站）的配管设计 ……… 498
　　工程应用：热水、蒸汽伴热管典型图 … 499
　　工程应用：某蒸汽伴热的设计 …… 501
　　工程应用：某伴热站的设计错误 … 502
　　工程应用：某中管线的设计错误 … 502
　　工程应用：某伴热站管线限流的设计错误 ……………………………… 502
第三节　电伴热系统的设计 ………… 503
　一、电伴热的概念 ………………… 503
　二、电伴热方法的分类 …………… 503
　三、电伴热系统的设计程序 ……… 503
　四、电伴热产品的选型和计算 …… 504
　五、电伴热设施安装要领 ………… 504
　六、典型部位的电伴热设计 ……… 505
第四节　夹套加热系统的设计 ……… 506
　一、夹套管的分类 ………………… 506
　二、夹套管的选型设计 …………… 506
　三、夹套管的设计压力 …………… 506
　四、夹套管柔性设计的设计温度 … 506
　五、夹套管结构的配管设计 ……… 506
　六、蒸汽夹套加热系统的设计 …… 510
　七、热水、导热油夹套加热系统的设计 … 512
　八、夹套管材料的设计 …………… 512
　九、夹套管的安装 ………………… 513

工程应用：三维配管软件内夹套管的设计 …………………………… 513
工程应用：某水夹套管系统的配管设计 … 513

第十四章　建构筑物的布置设计

第一节　建筑物的布置设计 ………… 514
一、装置内建筑物的类型 ……………… 514
二、建筑物模数 ………………………… 514
三、建筑物布置设计的一般要求 ……… 514
四、建筑物的防火防爆要求 …………… 515
五、控制室的布置设计 ………………… 516
六、变电、配电室的布置设计 ………… 516
七、化验室的布置设计 ………………… 517
八、建筑物的其他设计要求 …………… 517
工程应用：装置内配电室、变电所、办公室等的布置 ……………… 517
工程应用：装置内厕所的布置设计 … 517

第二节　构筑物的布置设计 ………… 518
一、装置内构筑物的类型 ……………… 518
二、构筑物布置设计的一般要求 ……… 518
三、框架的布置设计 …………………… 518
四、平台梯子的布置设计 ……………… 518
五、梯子、平台、活动梯子平台的设计部位 ……………………………… 519
六、放空烟囱的布置设计 ……………… 520
工程应用：钢筋混凝土构筑物受热温限 … 520

工程应用：结构基础的类型 …………… 520
工程应用：水泥的标号及特点 ………… 521
工程应用：管道穿过建筑物的楼板、房顶或墙时的设计 …………………… 521
工程应用：平台死端梯子的设计 ……… 522
工程应用：直爬梯、护笼的设计及 SH/T 3011、GB 4053 的比较 …………………… 522
工程应用：钢斜梯的设计及 SH/T 3011、GB 4053 的比较 ……………………… 523

第三节　围堰、防火堤和隔堤的布置设计 …………………………… 524
一、围堰的布置设计 …………………… 524
二、防火堤的作用 ……………………… 524
三、防火堤设计标准的比较 …………… 524
四、防火堤和隔堤的布置设计 ………… 525

第四节　通道的布置设计 …………… 525
一、装置内通道的设计 ………………… 525
二、安全疏散通道的设计 ……………… 525
工程应用：某装置采用沥青路面的设计错误 ……………………………… 526

第十五章　其他设施的配管设计

第一节　管道的抗震设计 …………… 527
一、地震的概念及分类 ………………… 527
二、纵波、横波和面波的比较 ………… 527
三、地震烈度 …………………………… 527
四、工业管道在地震中的损坏 ………… 530
五、地震中管道破坏的原因 …………… 531
六、工业管道抗震设防的目标 ………… 531
七、工业管道抗震设防的设计范围 …… 531
八、管道工程抗震设计的一般要求 …… 531
九、管道地震载荷的计算 ……………… 533
十、工业管道抗震验算 ………………… 534
十一、管道柔性设计和防震设计的关系 … 535
十二、配管设计抗震应注意的问题 …… 535
十三、GB 50316 和 ASME B31.3 对管道地震载荷计算的比较 …………………… 536

第二节　工业管道配管设计的噪声控制 … 536
一、工业企业的噪声限值 ……………… 536

二、管道系统的主要噪声源 …………… 537
三、工业管道配管设计噪声控制的措施 … 537
四、工业装置设计噪声控制标准规范 … 539
工程应用：某装置缺少噪声控制设计的工程事故 ……………………………… 539
工程应用：排气放空噪声的控制设计及消声器的配管设计 ………………… 539

第三节　洗眼器和淋浴器的配管设计 … 540
一、洗眼器和淋浴器的概念及分类 …… 540
二、ANSI Z358 和 BS EN 15154 对洗眼器的设计要求 …………………………… 541
三、洗眼器和淋浴器的布置设计 ……… 541
四、洗眼器和淋浴器管道的配管设计 … 541
工程应用：某装置洗眼器的配管设计及轴测详图 ……………………………… 543

第四节　管道静电与防雷接地的设计 … 543
一、静电接地的概念 …………………… 543

二、静电的消除措施及管道系统静电接地的
设计 …………………………………… 544
三、管道间跨接及管际跨接的设计 ………… 545
四、接地体的选用 ………………………… 547
五、静电接地的施工检测验收 …………… 547
六、管廊的静电接地设计 ………………… 548
七、装置的静电接地设计 ………………… 548
八、装卸站台和码头区的静电接地设计 … 548
工程应用：法兰的跨接及 TSG D0001、
GB/T 20801、GB 50235、GB 50517、
GB 50156、SH 3097、SH 3501、
HG/T 23002 的比较 …………………… 549
工程应用：结构支柱是金属的为什么管道
还要静电接地 …………………………… 550
工程应用：必须做静电接地设计的管道
范围及 GB 50160 的要求 …………… 550
九、工业管道防雷设计的概念及设施 …… 551
十、工业管道的防雷设计 ………………… 551

第五节 公用工程软管站的设计 ……………… 551
一、公用工程软管站的概念 ……………… 551
二、公用工程软管站的布置设计 ………… 552
三、公用工程软管站管道配管设计 ……… 552
四、软管的配置 …………………………… 553
工程应用：公用工程软管站快速接头方位
的设计 …………………………………… 554

第十六章 配管器材的选用

第一节 工业管道配管设计器材基础 ……… 555
一、工业管道器材的概念 ………………… 555
二、工业管道器材选用的特点 …………… 555
工程应用：配管设计的管子标准系列不同
引起的错误 ……………………………… 556
三、各设计阶段工业管道器材选用工作的
职责与要求 ……………………………… 557
四、工业管道配管器材设计工作程序 …… 558
五、工业管道配管器材设计常见工程事故 … 558
六、工业管道配管设计常用管道材料分类 … 561
七、金属材料的基本限制条件 …………… 561
工程应用：配管设计剧烈循环工况管道
组成件应符合的一些特殊
要求 ……………………………………… 564
工程应用：常用金属材料的使用温度 …… 564
工程应用：常用 ASME 基本材料及工程
应用 ……………………………………… 565
八、工业管道器材的选用 ………………… 565
工程应用：某寒冷地区配管设计管道器材
选用 ……………………………………… 569
九、配管设计的使用寿命 ………………… 569
工程应用：各种介质管道材料及腐蚀
裕量 ……………………………………… 570
十、配管设计管道材料常用的术语和定义 … 571
十一、管道及其元件的标准体系 ………… 577
（一）美国标准体系 ……………………… 578
（二）德国标准体系 ……………………… 578
（三）俄罗斯标准体系 …………………… 579
（四）日本标准体系 ……………………… 579
（五）国际标准化组织标准体系 ………… 579
（六）英国、法国标准体系 ……………… 580
（七）中国标准体系 ……………………… 580
十二、各标准管道分级（类） …………… 582
（一）ASME 标准管道分级（类） ……… 582
（二）GB 50316《工业金属管道设计规范》
的管道分级（类） …………………… 582
（三）GB 50235《工业金属管道工程
施工规范》的管道分级（类） ……… 583
（四）HG 20225《化工金属管道工程
施工及验收规范》的管道
分级（类） …………………………… 583
（五）SH 3059《石油化工管道设计器材
选用通则》的管道分级（类） ……… 583
（六）SH 3501《石油化工有毒、
可燃介质管道工程施工及验收规范》
的管道分级（类） …………………… 585
（七）TSG R1001《压力容器压力管道设计
许可规则》的管道分级（类） ……… 585
（八）GB 50517《石油化工金属管道工程
施工质量验收规范》的管道
分级（类） …………………………… 585
十三、管道、容器、阀门的分类 ………… 586
工程应用：管道混合流体毒性计算及
管道分级 ………………………………… 586
工程应用：管道流体的毒性分析与管道
分级 ……………………………………… 587
十四、工业管道标准体系之间的配伍 …… 587

第二节 工业管道配管设计强度的计算 …… 588
一、主要技术参数 ………………………… 588
二、压力等级确定的原则 ………………… 590

三、管道压力等级选用的一般要求 …… 590
四、NFPA、AWWA 及其他管道压力等级 … 591
五、钢管壁厚的表示方法及计算方法 …… 592
 （一）钢管壁厚的表示方法 …… 592
 （二）各标准的壁厚系列 …… 592
 （三）管子壁厚的确定 …… 596
 工程应用：某蒸汽管子壁厚计算实例 …… 598
 工程应用：某蒸汽管道壁厚强度的验算 …… 599
 工程应用：某已用多年弯头壁厚的核算 …… 599
 工程应用：某三通壁厚的核算 …… 599
 工程应用：某试压用盲板最小厚度的
  计算 …… 599
六、焊接支管补强的设计与计算 …… 600
 工程应用：某管子支管补强设计 …… 602

第三节 管子的选用 …… 602
一、管子的分类 …… 602
 工程应用：某管子分类不清引起的事故 … 603
 工程应用：Pipe 管与 Tube 管的应用 …… 603
二、钢管尺寸 …… 604
 （一）公称直径 DN …… 604
 （二）钢管的外径系列及特点 …… 606
 （三）各国金属管道的外径系列数据
  比较 …… 606
 （四）英制管、公制管 …… 608
 （五）常用钢管尺寸及特性数据 …… 609
三、管子的选用 …… 623
 （一）管子选用的一般要求 …… 623
 （二）结构用钢管的选用 …… 624
 （三）焊接钢管的选用 …… 624
 （四）无缝钢管的选用 …… 624
 （五）不同流体介质管子的选用 …… 625
 （六）TSG D0001 对钢管选用的要求 …… 626
 （七）ASME B31.3 对钢管选用的要求 …… 627
 （八）GB/T 20801 与 TSG D0001 对钢管
  选用的限制要求 …… 628
 （九）无缝钢管的 GB 标准和材料牌号 …… 628
 （十）焊接钢管的 GB 标准和材料牌号 …… 629
 （十一）国内外常用钢管标准与牌号的
  比较 …… 629
 （十二）ASTM 标准常用钢、镍、铜、
  铝、钛及合金管 …… 629
 （十三）ASTM、BS、DIN、JIS 配管常用
  钢管的化学成分和力学性能
  对照 …… 633
 （十四）非金属材料及其管道组成件
  选用的一般要求 …… 644

 （十五）非金属管道选用的温度和压力
  限制 …… 645
 （十六）非金属管道选用的耐蚀限制 …… 646
 （十七）配管设计常用非金属管道的
  选用 …… 647
 （十八）工业常用地下管道材料的选用 … 649
 工程应用：某硫酸管道的选用 …… 650
 （十九）非金属管道选用常用标准规范 …… 650
 （二十）衬里管选用的一般要求 …… 650
 （二十一）钢衬橡胶管道的选用 …… 651
 （二十二）钢衬玻璃管道的选用 …… 653
 （二十三）搪玻璃管道的选用 …… 653
 （二十四）塑料衬里管道的选用 …… 653
 （二十五）硬质聚氨酯泡沫塑料包覆管道
  的选用 …… 653
 （二十六）金属软管（metal hose）在各种
  配管设计中的工程应用 …… 653
 （二十七）金属软管的组成和分类 …… 655
 （二十八）软管接头及快速接头的选用 …… 655
 （二十九）金属软管及快速接头的标准
  规范 …… 656

第四节 管件的选用 …… 657
一、管件的分类 …… 657
二、管件规格标准系列 …… 657
三、管件选用的一般要求 …… 658
四、管道连接方式 …… 658
五、管件结构及应用 …… 660
六、分支管连接件的设计与选用 …… 664
七、管件的选用 …… 665
 （一）一般原则 …… 665
 （二）弯头的选用及工程应用 …… 668
 工程应用：某弯头的选用 …… 670
 （三）三通（tee）和四通（cross）的
  选用及工程应用 …… 670
 （四）插管（stub-in）的选用及工程
  应用 …… 670
 （五）支管台（outlet）的选用及工程
  应用 …… 671
 （六）短节（nipple）及变径短接管（swage）
  的选用及工程应用 …… 672
 （七）翻边（stub-end）的选用及工程
  应用 …… 673
 （八）管箍（coupling）的选用及工程
  应用 …… 674
 （九）活接头（union）的选用及工程
  应用 …… 674

（十）异径管（reducer）的选用及工程
　　　　应用 ………………………………… 675
　（十一）管帽（cap）的选用及工程应用 … 677
　（十二）补芯（bushing）的选用及工程
　　　　应用 ………………………………… 677
　（十三）对开三通（split tee）的选用及
　　　　工程应用 …………………………… 677
　（十四）常用 ASTM 钢、镍、铜、铝、
　　　　钛及合金管件标准 ………………… 678
　（十五）管件选用常用国内外标准规范 … 679
第五节　法兰的选用 ……………………………… 680
　一、管道法兰的定义 …………………………… 680
　二、法兰的选用 ………………………………… 680
　　（一）一般要求 ……………………………… 680
　　（二）法兰与管子连接形式的选用 ………… 681
　　（三）法兰密封面的选用 …………………… 683
　　（四）法兰适用标准的选用 ………………… 683
　　（五）可配合使用的管法兰标准 …………… 689
　　（六）承受较大附加载荷时法兰设计
　　　　压力的计算 ……………………………… 689
　三、8 字盲板、插环及插板 …………………… 690
第六节　螺栓/螺母的选用 ……………………… 691
　一、螺栓的分类 ………………………………… 691
　二、螺母的分类 ………………………………… 692
　三、螺栓/螺母选用的一般要求 ……………… 693
　四、螺栓/螺母的材料级别 …………………… 695
　五、紧固件的标记 ……………………………… 695
　　工程应用：配管设计 3D 模型内的螺栓
　　　　　　　长度设计 ………………………… 695
　六、GB 50316 与 SH 3059 对螺栓/螺母选用
　　　要求的比较 ………………………………… 695
　七、紧固件选用常用标准 ……………………… 696
　　工程应用：某不锈钢螺栓断裂漏事故 ……… 696
第七节　垫片的选用 ……………………………… 696
　一、垫片的分类 ………………………………… 696
　二、垫片选用的一般要求 ……………………… 698
　三、各类型垫片的性能 ………………………… 698
　　工程应用：某工业装置垫片设计错误引起
　　　　　　　的事故 …………………………… 703
　　工程应用：某工业装置热水管线非金属
　　　　　　　垫片的替换 ……………………… 703
　　工程应用：某蒸汽管道法兰及紧固件的
　　　　　　　选用 ……………………………… 703
　四、垫片选用常用标准 ………………………… 703
第八节　法兰、垫片及紧固件的综合
　　　　选用 ………………………………… 705

　一、美洲体系法兰不同标准的配合使用及
　　　相互连接 …………………………………… 705
　二、欧洲体系法兰不同标准的配合使用及
　　　相互连接 …………………………………… 705
　三、SI 制压力等级与英制压力等级的对照 … 706
　四、法兰、垫片和紧固件的选配 ……………… 706
第九节　阀门的选用 ……………………………… 706
　一、阀门的分类 ………………………………… 706
　二、阀门的基本参数 …………………………… 711
　三、阀门的型号 ………………………………… 712
　四、阀门的颜色与阀体材料的关系 …………… 712
　五、阀门的通径 ………………………………… 713
　六、阀门的质量要求 …………………………… 714
　　工程应用：某工业管道阀门泄漏事故 ……… 714
　七、阀门规格书的内容 ………………………… 715
　八、阀门的选用 ………………………………… 715
　　（一）一般要求 ……………………………… 715
　　（二）根据功能选用阀门 …………………… 716
　　（三）根据介质及功能选用阀门 …………… 717
　　（四）根据阀体材质适用条件选用阀门 …… 719
　　（五）阀门驱动装置的选用 ………………… 721
　　工程应用：某大口径阀门驱动的选用 ……… 721
　　（六）阀体材料选用的一般要求 …………… 721
　九、阀门密封副 ………………………………… 723
　十、阀门填料函 ………………………………… 724
　十一、阀门材料相关标准 ……………………… 724
　　（一）阀门材料的选用——国内标准 ……… 724
　　（二）阀门材料的选用——美洲标准 ……… 724
　　（三）低温阀门材料的选用——国内
　　　　标准 ……………………………………… 726
　　（四）低温阀门材料的选用——美洲
　　　　标准 ……………………………………… 726
　　（五）阀体铸铁、铸钢和锻钢标准及牌号
　　　　对照 ……………………………………… 726
　　（六）API、GB 50316 及 SH 3059 阀门
　　　　选用要求的比较 ………………………… 734
第十节　阀门的结构特征及选用 ………………… 735
　一、闸阀 ………………………………………… 735
　二、截止阀 ……………………………………… 737
　三、节流阀 ……………………………………… 740
　四、止回阀 ……………………………………… 740
　五、蝶阀 ………………………………………… 743
　六、球阀 ………………………………………… 744
　七、旋塞阀 ……………………………………… 746
　八、隔膜阀 ……………………………………… 748
　九、安全阀 ……………………………………… 749

十、控制阀 …………………………… 752
十一、爆破片 ………………………… 752
十二、减压阀 ………………………… 754
十三、蒸汽疏水阀 …………………… 755
　　工程应用：腐蚀性介质阀门的选用 … 757
　　工程应用：氧气管道阀门的选用 …… 758
第十一节　阀门的检验 ………………… 758
一、阀门检验的一般要求 …………… 758
二、试验介质 ………………………… 758
三、高压气体的壳体试验 …………… 758
四、试验压力 ………………………… 759
五、试验持续时间 …………………… 759
六、泄漏量 …………………………… 760
七、强度试验 ………………………… 760
第十二节　阀门选用常用标准 ………… 761
一、国际 ISO 阀门标准 ……………… 761
二、美国 ASME 阀门标准 …………… 761
三、美国 ASTM 阀门标准 …………… 762
四、美国 API 阀门标准 ……………… 763
五、英国 BS 阀门标准 ……………… 763
六、德国 DIN 阀门标准 ……………… 764
七、法国 NF 阀门标准 ……………… 765
八、美国 MSS 阀门标准 …………… 766
九、国标 GB 阀门标准 ……………… 766
第十三节　其他管道组成件的选用 …… 768
一、过滤器的选用 …………………… 768
二、阻火器的选用 …………………… 768
三、视镜的选用 ……………………… 769
第十四节　配管的隔热设计 …………… 769
一、隔热设计的目的 ………………… 769
二、隔热设计的一般要求 …………… 770
三、隔热结构的设计 ………………… 771
四、隔热层材料的设计 ……………… 771
五、保护层材料的设计 ……………… 773
六、防潮层材料的设计 ……………… 773
七、粘接剂、密封剂和耐磨剂的设计 … 773
八、隔热层厚度的计算 ……………… 774
九、常用隔热材料的选用 …………… 774
十、紧固件材料的选用 ……………… 775
十一、隔热辅助材料的选用 ………… 776

十二、隔热设计常用标准规范 ……… 776
第十五节　配管的防腐蚀设计 ………… 777
一、腐蚀对配管设计的危害 ………… 777
二、金属腐蚀及分类 ………………… 777
三、有机非金属（高分子材料）腐蚀及
　　分类 ……………………………… 783
四、无机非金属腐蚀及分类 ………… 783
五、配管设计管道器材控制腐蚀的方法 … 783
　　工程应用：避免配管设计死端腐蚀 … 786
第十六节　配管的涂漆、涂色设计 …… 787
一、油漆的分类 ……………………… 787
二、油漆的作用 ……………………… 787
三、涂漆的范围 ……………………… 788
四、管道配管设计涂漆的一般要求 … 788
　　工程应用：某不锈钢管道和设备的涂漆 … 788
五、管道涂漆的表面处理 …………… 788
六、底漆、中间器及面漆 …………… 789
七、油漆的技术性能指标 …………… 789
八、工业管道配管设计常用油漆的性能及
　　比较 ……………………………… 790
九、地上管道的防腐蚀涂漆 ………… 795
十、埋地管道的防腐蚀涂漆 ………… 796
十一、涂漆施工的环境 ……………… 797
十二、漆层的要求 …………………… 797
十三、表面涂色及标志 ……………… 797
十四、工业管道外防腐涂漆常用标准规范 … 799
第十七节　管道器材选用综合应用 …… 799
一、管道材料设计文件的组成 ……… 799
二、管道等级 ………………………… 800
三、管道等级腐蚀裕量 ……………… 801
四、壁厚表 …………………………… 802
五、管道分支表和管道变径表 ……… 802
六、管道综合材料汇总表 …………… 804
七、管道材料设计附加裕量 ………… 804
八、管道材料采购询价文件的编制 … 805
九、配管设计中管道材料的代用 …… 806
十、施工现场管道材料的管理 ……… 807
　　工程应用：节省某大口径管道材料的
　　实例 ……………………………… 807

第十七章　管道柔性及支架设计

第一节　配管的柔性设计 ……………… 808
一、配管柔性设计的概念 …………… 808
二、常见自然补偿弯的形式 ………… 808

三、配管柔性设计的方法 …………… 808
四、需详细柔性设计的管道范围 …… 810
五、ASME 经验公式 ………………… 810

六、管道柔性设计计算结果及合格标准 …… 811
七、管道柔性设计中管道计算温度的确定 … 811
八、管道柔性设计中应考虑的管道端点附加位移 …………………………………… 811
九、管件的柔性系数和应力增强系数的概念及作用 ……………………………… 811
十、静力分析和动力分析 ………………… 812
十一、笛卡儿坐标系右手定则 …………… 812
十二、节点的概念及编制 ………………… 812
十三、管道一次应力和二次应力的合格判断 …………………………………… 813
十四、工业管道常用补偿器的种类及适用范围 …………………………………… 813
十五、增加工业管道自然补偿能力的方法 … 813
十六、冷紧、自冷紧、冷紧比的概念 …… 813
十七、无约束金属波纹管膨胀节的配管设计 …………………………………… 813
十八、带约束金属波纹管膨胀节的形式与特点 …………………………………… 814
十九、设备管口允许推力的限制及标准 …… 814
二十、汽轮机管口受力限制 ……………… 815
二十一、无中间约束、两端固定管道冷紧固定点推力的计算 …………………… 816
二十二、塔顶部管口初位移的计算 ……… 816
二十三、埋地管道热位移的计算 ………… 817
二十四、配管设计应力分析计算机软件 AutoPIPE 与 CaesarⅡ ……………… 817
二十五、配管柔性分析常用标准 ………… 818

第二节　配管的防振动设计

一、配管设计中可能遇到的振动及分类 … 818
二、往复式压缩机、往复泵的管道振动分析 …………………………………… 818
三、往复式机泵管道系统共振及防范措施 … 818
四、管道柔性设计和防振 ………………… 819
五、往复压缩机的气体压力脉动 ………… 819
六、疲劳破坏的概念 ……………………… 819
七、两相流介质呈柱塞流时引起的管道振动分析及设计 …………………… 819
八、水锤引起的管道振动分析及设计 …… 819
九、管道系统的共振及设计 ……………… 819
十、振动管道支架的设计 ………………… 820
十一、配管振动的测量与定量评估设计 … 820
工程应用：某装置蒸汽凝液罐及管道系统的振动 ………………………… 820
工程应用：修改异径管位置减小配管设计振动 ………………………………… 821

第三节　配管支吊架设计

一、管道跨度的计算 ……………………… 821
二、支吊架的作用及分类 ………………… 823
三、配管支吊架位置确定的原则 ………… 824
四、管道支吊架位置的设计 ……………… 824
五、管道支吊架支撑方式和生根的设计 …… 824
六、管道支吊架及材料的选用设计 ……… 825
七、管道固定点的设计 …………………… 825
八、管道导向支架的设计 ………………… 826
九、高温竖直管道弹簧支吊架的设置 …… 827
工程应用：减少弹簧支吊架的配管设计方法 ………………………………… 827
十、无隔热管道加管托的情况 …………… 831
十一、不锈钢、合金钢、铝和镀锌管的支吊架设计 …………………………… 831
十二、无缝钢管、大直径焊接钢管道基本跨距表 ………………………………… 832
十三、塑料管道、玻璃钢管道、衬里管道跨距的计算 …………………………… 848
十四、PVC/FRP 复合管道的支吊架间距 …………………………………… 850

第四节　配管载荷的计算

一、配管载荷的分类 ……………………… 850
二、配管载荷计算常用的方法 …………… 851
三、基本载荷的分配 ……………………… 852
四、垂直管道载荷的计算 ………………… 855
五、管廊上均布载荷的计算 ……………… 855
六、侧纵支梁上均布载荷的计算 ………… 855
七、管道支吊架垂直载荷的计算 ………… 855
八、管道载荷查询和简化计算 …………… 857
工程应用：管道热应力对某罐的推力计算 ………………………………… 858
九、平面管系的热应力计算（弹性中心法） …………………………………… 858
工程应用：管道热应力对某罐推力的计算 ………………………………… 860
十、用弹性中心法核算补偿器 …………… 862
工程应用：使用 ASME 经验公式优化配管柔性设计 …………………………… 862
工程应用：使用 ASME 经验公式进行自然补偿配管设计 ……………………… 864
工程应用：用 ASME 判断式进行Ⅱ形补偿器尺寸的计算 ……………………… 864
十一、Ⅱ形自然补偿器的简化设计及端部水平载荷简化计算方法 …………… 864
十二、防水击的计算 ……………………… 865

十三、风载荷的计算 ……………………… 865
十四、地震载荷的计算 ……………………… 865

第十八章　配管的施工与检验

第一节　设计交底 …………………………… 866
　一、配管设计交底的定义 ………………… 866
　二、设计交底的时间、地点、组织和准备 … 866
　三、设计交底会议的主要程序 …………… 867
第二节　施工现场配管设计文件的变更 …… 867
第三节　管道安装程序及吊装作业 ………… 867
　一、管道安装的一般程序 ………………… 867
　二、施工吊装及分类 ……………………… 868
　三、施工吊装与配管设计 ………………… 869
第四节　施工完工后的工作 ………………… 870
　一、竣工图的设计 ………………………… 870
　　工程应用：竣工图设计的责任方及内容
　　　　　　要求 ………………………… 870
　二、施工现场配管设计资料整理入库 …… 870
　三、工程总结 ……………………………… 870
第五节　施工检验 …………………………… 870
　一、吹扫和试压 …………………………… 870
　二、材料检验 ……………………………… 871
　三、施工过程检验 ………………………… 871
　四、施工验收 ……………………………… 871
　五、GB 50235《工业金属管道工程施工规范》和
　　　GB 50184《工业金属管道工程施工质量
　　　验收规范》的适用范围 ……………… 871
　六、各标准施工验收规范的比较 ………… 872
　七、GB 50235 对液压试验的要求 ……… 872
　八、GB 50235 对气压试验的要求 ……… 873
　九、泄漏性试验 …………………………… 873
　十、真空度试验 …………………………… 874
　十一、无损检测替代压力试验 …………… 874
　十二、管道系统试压需要符合的条件 …… 874
　十三、管道吹扫与洗净 …………………… 874
　十四、单机试车 …………………………… 875
　十五、三查四定 …………………………… 875
　十六、联动试车 …………………………… 875
　十七、工程交接 …………………………… 876
　十八、配管设计回访 ……………………… 876
　　工程应用：水蒸气能否用作管道试验
　　　　　　介质 ………………………… 876
　　工程应用：无损检测 RT、UT、MT、PT
　　　　　　的含义及比较 ……………… 876
　　工程应用：配管设计人员不清楚试压引起
　　　　　　的设计问题 …………………… 876

第十九章　计算机技术在配管设计中的工程应用与创新

第一节　各国常用配管设计软件 …………… 877
第二节　三维配管设计软件的工程应用 …… 877
　一、三维设计的概念 ……………………… 877
　二、三维平台多专业协同设计的特点 …… 878
　三、三维设计软件系统的选用 …………… 878
　四、三维设计的过程 ……………………… 879
　五、三维协同设计各专业的一般内容 …… 879
　六、10%、30%、60%、90%三维模型
　　　审查 …………………………………… 880
　七、三维设计软件系统的改进及开发 …… 880
第三节　二维配管设计软件的工程应用 …… 881
　一、二维配管设计常用软件 ……………… 881
　二、二维配管设计软件工程应用技巧与
　　　开发 …………………………………… 881
第四节　常用办公软件方便配管设计的
　　　　技巧 ………………………………… 882
　一、Excel 在配管设计中的使用技巧 …… 882
　二、Word 在配管设计中的使用技巧 …… 882
　三、PDF 在配管设计中的使用技巧 …… 882
第五节　配管图纸文件的设计 ……………… 883
　一、配管图纸文件的设计 ………………… 883
　二、配管设计最小连接尺寸 ……………… 884

第二十章　配管设计专业的职业发展

一、美国国家标准对配管设计人资格的
　　要求 …………………………………… 885
二、我国国家标准对配管设计人资格的
　　要求 …………………………………… 885
三、配管设计专业技术职业发展 …………… 885
四、配管专业负责人 ………………………… 885
五、项目经理 ………………………………… 886
六、配管设计技术专家（技术总工） ……… 887

附 录

附录一　常用钢材总热膨胀量 …………… 888
附录二　金属热膨胀系数 ………………… 890
附录三　常用钢材弹性模量 ……………… 892
附录四　焊缝质量系数 …………………… 893
附录五　常用钢管许用应力 ……………… 893
附录六　非金属管道弹性模量 …………… 895

参 考 文 献

第一章

绪论

第一节 基本概念

一、工业管道配管设计的概念

工业管道是指工矿企业等单位为生产制作各种产品过程所需的工艺管道、公用工程管道及其他辅助管道。工业管道配管设计属于多学科综合性专业,是根据装置工艺、设备、结构、仪表、电气等各专业的设计要求,结合装置特点、地理位置、气候条件、设备和管道特性及维护人员实际操作等因素,并遵循相关法律、规范和规定,在规定的时间内合理地布置设备及有关设施,并用管道及其组成件将装置中各设备安全、经济、合理、美观地连接成为一个系统的整体,是集体的、创造性的智力劳动。

本书重点介绍配管设计的装置设备布置(工艺装置布置)、管道布置设计及其有关的专业内容与工程应用。

配管设计是详细设计的主导专业,起着承上启下的作用,贯穿了工程设计的全过程。工艺装置布置及配管设计工作是一个反复修改、不断完善的过程,大到全厂的设备布置,小到一个螺栓、螺母、垫片都在所需要考虑的范围内。工作量大,程序繁琐,设计内容复用性低,参与人员多,专业内部和专业外部协调界面多。图1.1所示为某石油化工项目各专业人工时百分比图,通常配管设计占项目总工时的比例在40%左右。

工艺装置布置设计是指将一个生产装置所用的设备、建构筑物、管廊、通道等按一定的规则在图纸、3D模型或电子CAD图内进行定位的设计过程。它涉及工艺流程要求,生产操作和检修要求,与其他设备或装置的关系要求,所在地形和面积大小的要求,环境的要求等。工艺装置布置的好坏直接影响装置的操作、检修、安全、美观和经济性,它对管道布置设计也起到宏观控制作用。工艺装置布置会影响设备之间连接管道的柔性、经济性、工艺性能,会影响设计阶段各专业

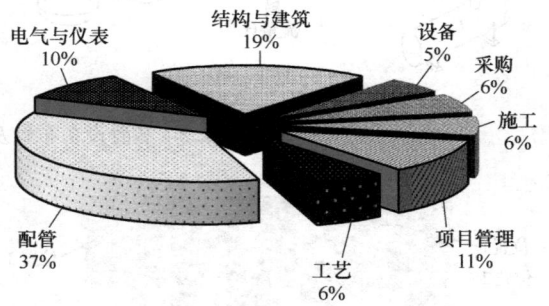

图1.1 某石油化工项目各专业人工时百分比图
(总耗人工时 58600 个)

有关设施的碰撞,会影响整个装置投产后的整体运行。

管道布置设计是通过图纸、3D模型或电子CAD图来表示出工艺装置设备之间连接管道的位置、走向、支承等,并能满足工艺流程的要求,满足管道强度、刚度的要求,满足操作、维护、消防的要求等,最后给出管道及其元件的用量。

配管设计首先要了解设计条件和用户要求，然后确定设计应用标准规范，配管设计材料工程师确定管道等级。最后进行管道走向、支承、操作平台等方面的综合规划和布置，并对必要的管道进行应力分析。

工程应用：装置设备布置及配管设计需考虑的内容

如图 1.2（a）所示，需根据装置设备布置的基本原则和要求布置设备 A、B、C。然后考虑用管道连接它们的管口，如图 1.2（b）所示，连接管道后，位置 1 需要弯头，位置 2 需要分支连接和异径管，位置 3 需要考虑管子对设备 C 管口的应力作用。其他位置还需考虑增加阀门、支吊架等。设备 A、B 到设备 C 之间的管道不能有上袋形。图 1.2（c）所示为在充分考虑以上因素后的配管设计方案研究图，需考虑增加阀门、支吊架、压力表、流量计、过滤器、异径管等的布置。如需最终完成，作为施工的依据，还需进行管道的柔性分析、管道组成件的定位、三维或二维制图、涂漆涂色、静电接地、隔热、伴热、统计管道材料等。

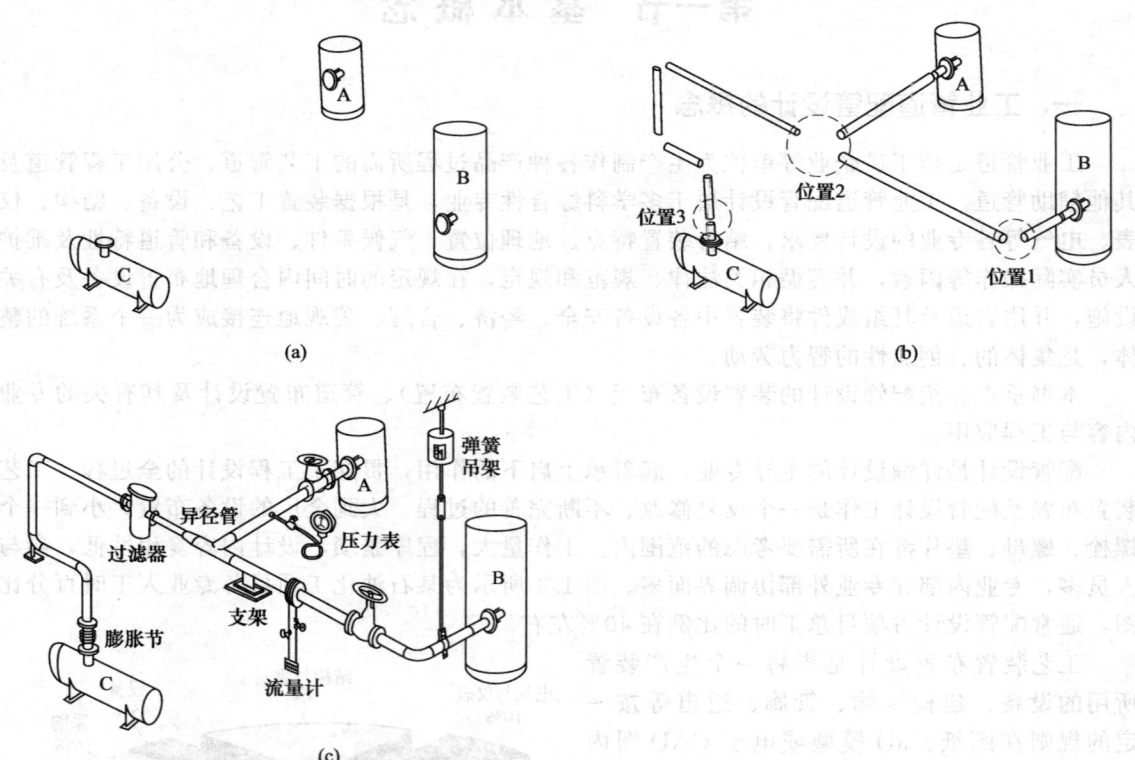

图 1.2 装置设备布置及配管设计需考虑的内容

图 1.3 某工业装置的配管设计错误

工程应用：某工业装置的配管设计错误

笔者参加某工业装置的评审和调研，该装置已经开始生产运行，但是，管道的炮、冒、滴、漏现象较多，并且不断发生新的险情，影响了工厂的正常生产。图 1.3 所示的是工厂装置的一角，其主要是配管设计错误问题，主要包括以下内容。

位置 1 是一个液位计，设计的位置在 3m 以上，附近没有直爬梯和平台，无法观测；液位计旁还有一排管子阻挡，即使有移动平台也无法靠近，造成液位计无法观测。

位置 2 有一个手动阀门，高度为 2.4m，维护人员无法接触到。

位置 3 缺少立管的支架，易引起管道的不稳定。

位置 4 和位置 5 都设计成了固定架，应该有一处为固定架，一处为滑动架。

位置 6 止回阀宜布置在水平管道上。

二、装置设备布置及配管设计的本质和基本原则

装置设备布置及配管设计的实质是对管廊、塔、立式容器、反应器、换热器、再沸器、空冷器、加热炉、卧式容器、储罐（组）、泵、压缩机、建筑物、构筑物、平台、梯子、道路等的布置及其配管设计。

1. 安全性

① 工程建设时可以安全和方便地施工。

② 运行时运转平稳，没有或者少有跑、冒、滴、漏现象，不至于造成装置短生产周期的停车或频繁停车；操作和维护风险小，安全系数大，不至于因失效而产生重大事故。

设计时，对可能发生的安全问题做出正确评价，在装置设备布置及其配管设计时给予充分考虑，降低事故发生的概率。安全问题涉及人的生命，是最重要的因素，应该把安全问题放在设计的首要位置。设计部门的设计装备、设计环境、设计管理水平、设计质量控制水平、设计手段以及设计人员的责任心、技术水平、设计经验等无不对工业管道的安全性产生影响。一个良好的设计单位，应是在上述各个方面做得都是比较好的。影响管道设计安全性的因素是多环节、多方位的，每个环节出现问题都将危及其安全性，因此，保证工艺装置布置及配管设计的安全性要全方位进行。

工程应用：设备布置设计错误引起的不安全施工

某石化装置设备布置设计时，由于设计考虑不周，某立式设备的吊装通道被阻挡，造成一立式设备无法用吊车吊装，后来只能用直升机吊装，造成施工建设时的不安全，这种吊装也是非常不经济的。

工程应用：放空排净的不合理位置

某炼油装置项目，在管廊上放空排净设计时，没有集中布置，并把放空排净布置在了管廊的里面，由于管廊层高较低，施工人员进行放空排净时既不安全又不方便。

工程应用：配管设计柔性不合格引起的泄漏

某装置因配管设计柔性不合格引起的流体介质泄漏的事故。如图 1.4（a）所示，长期运行时，造成设备与管子接口位置泄漏。修改为图 1.4（b）所示的方案，增加了自然补偿弯，可以正常运行了。

工程应用：流体分配不均的不合理设计

图 1.5（a）所示为流体分配不均引起的配管设计错误，流体流量一般是满足泵 A、泵 B 需要的，当液位低或系统压力高的时候，只有阻力小的那一边可以起作用，另一台泵阻力大，等于半废状态。修改为图 1.5（b）所示配管时，可避免流体分配不均的问题，如果管道比较长，还需要考虑管道热胀冷缩时

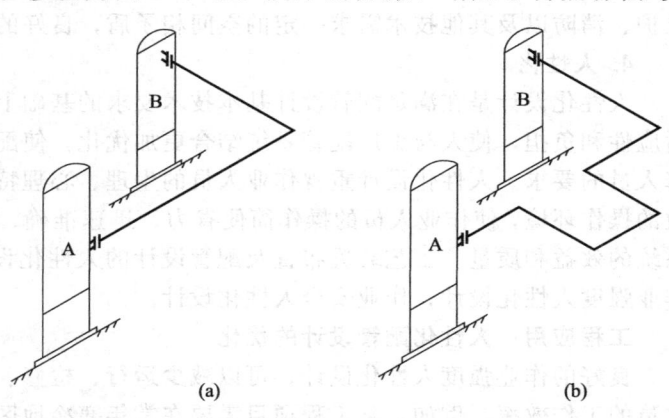

图 1.4 配管设计柔性不合格引起的工程事故

的柔性设计。

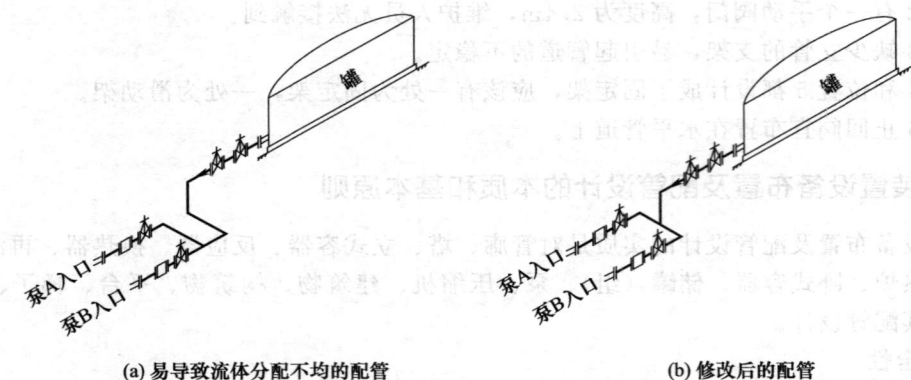

(a) 易导致流体分配不均的配管　　　　　　(b) 修改后的配管

图 1.5　流体分配不均的不合理设计

2. 满足工艺

① 满足工艺要求是工艺装置布置及配管设计的最基本要求。

② 工艺流程的开发来源于工厂的技术革新或研究单位的新技术开发。现代工程设计的工艺流程大都由工艺过程的专利拥有者提供工艺包，包括工艺设计的物料平衡、热平衡、主要工艺设备的计算和工艺流程图，而工艺流程拥有者常是科研单位和这一产品的已有生产厂，或者两者的结合。近年来的大型工程设计已开始向这方向发展，购买工艺包，然后根据工艺包进行工程设计，这对保证工艺流程的先进性和可靠性有极大意义。

③ 用于工艺流程的设计图纸有三种：方框图 BFD，主要是对整个流程有个大致的了解；工艺流程图 PFD，主要是针对各个工艺的主要设备和管道画出的图，是对 BFD 的进一步细化；管道及仪表流程图 PID，是针对某一设备或者主要管道，加上仪表和控制系统画出的图，是对 PFD 的进一步细化。

工艺装置布置及配管设计需要参考的工艺流程图，一般指工艺流程图 PFD 和管道及仪表流程图 PID。

3. 经济性

经济性是指一次投资费用和操作维护费用的综合指数低。一般情况下，如果一次投资较高，其可靠性好，操作、维护费用低。借助计算机分析可以取最优化的组合。在设计中，要力争做到管系中各元件具有相同的强度和寿命。

减少装置的占地面积也是降低基建投资的一个有效手段，而减少占地面积又往往与操作、维护、消防以及其他技术需求一定的空间相矛盾，良好的设计应是二者的优化组合。

4. 人性化

人性化设计是在满足配管设计基本技术要求的基础上，使设计与人体相适应，减少人的不适应性和负担，使人与工厂配管系统结合更加优化，使配管更加适合施工人员、运行人员及检修人员的要求。人性化设计重视作业人员的生理、心理特性，为作业人员构建安全、舒适和高效的操作环境，使作业人员的操作简便省力、迅速准确、安全舒适，充分发挥效能，提高整个系统的效益和质量。工艺装置布置及配管设计的人性化设计一般包含：作业空间人性化设计；作业强度人性化设计；作业安全人性化设计。

工程应用：人性化配管设计的优化

良好的作业强度人性化设计，可以减少运行、检修、维护作业人员的工作强度，提高作业人员的工作效率。例如，某工程项目需要在常年寒冷地区布置储罐，如果建成后储罐顶部的阀门需要经常手动操作。图 1.6（a）所示方案的设计，作业人员需要在寒冷的环境下反复爬直梯到罐顶部，去操作罐顶阀门；而图 1.6（b）所示方案的设计，作业人员通过斜爬梯到罐顶联合平台就可以一次性完成罐顶部所有阀门的操作；在寒冷环境下，斜爬梯更舒适和安全，更具有人性化，而罐顶联合平台也避免了作业人员反复爬梯子的工作，因此，图 1.6（b）所示方案的设计更好。

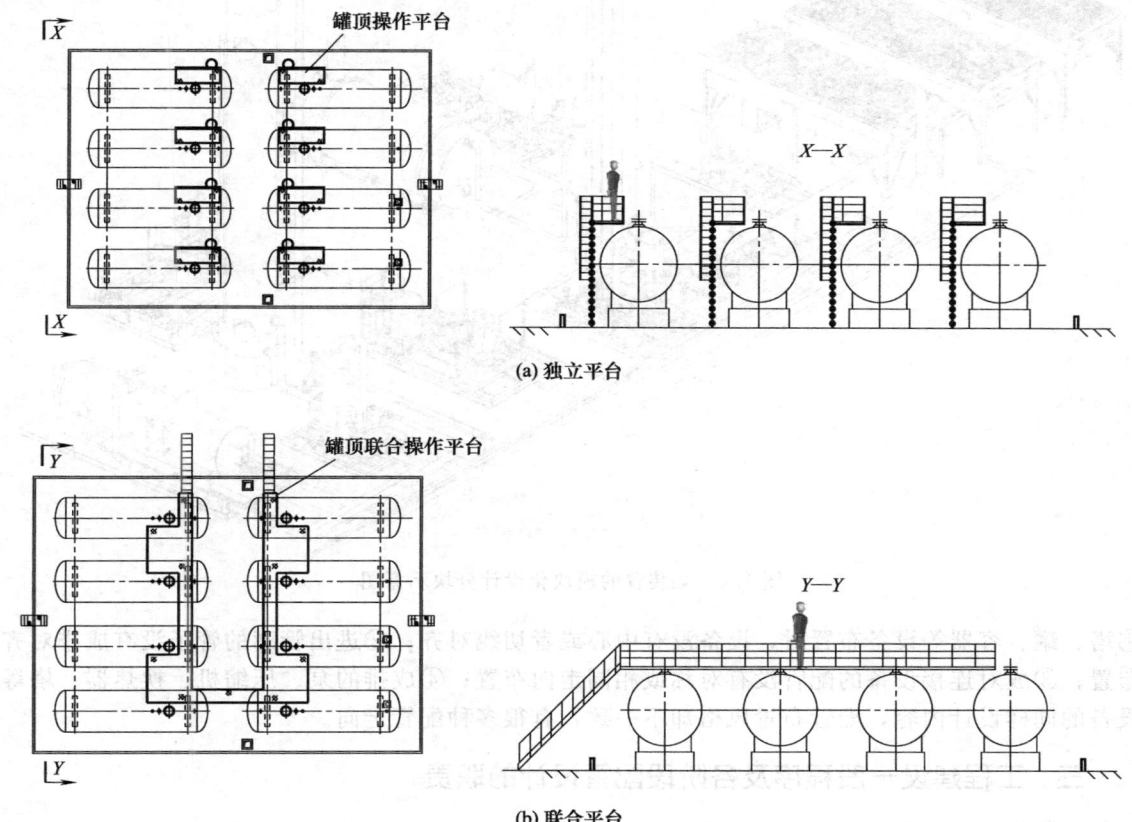

图 1.6　某卧罐组顶平台的人性化配管设计优化

5. 模块化

进行标准化、系列化设计可有效地减少设计、生产、安装投入的人力和物力，同时给维护、检修、更换带来方便。设计、制造、安装和生产上越来越多地采用和等效采用国外的一些先进的标准规范。

工程应用：模块化设计

图 1.7 所示为某装置的模块化设计分块示意图，这个装置有 11 个模块，整个项目有 5 套这样的装置，配管设计时，仅需完成这一套装置的模块化设计，其他同样的装置，只需拷贝就可以。模块化设计时，先将装置进行模块化功能分块，有一些模块内的配管设计完全相同，可实现模块的批量设计、模块批量预制、采购和施工。便捷模块化设计有助于加快设计进度、提高设计质量、提高施工进度。

6. 美观

进入石油化工生产装置，给人最直观的感觉就是管道的布置和设备平面布置，层次分明、美观的工业管道布置是反映设计水准高低的一个很重要的指标。

工程应用：某装置不美观的配管设计

某项目施工结束后，发现整体配管设计比较紊乱，不美观，主要表现在以下几方面：

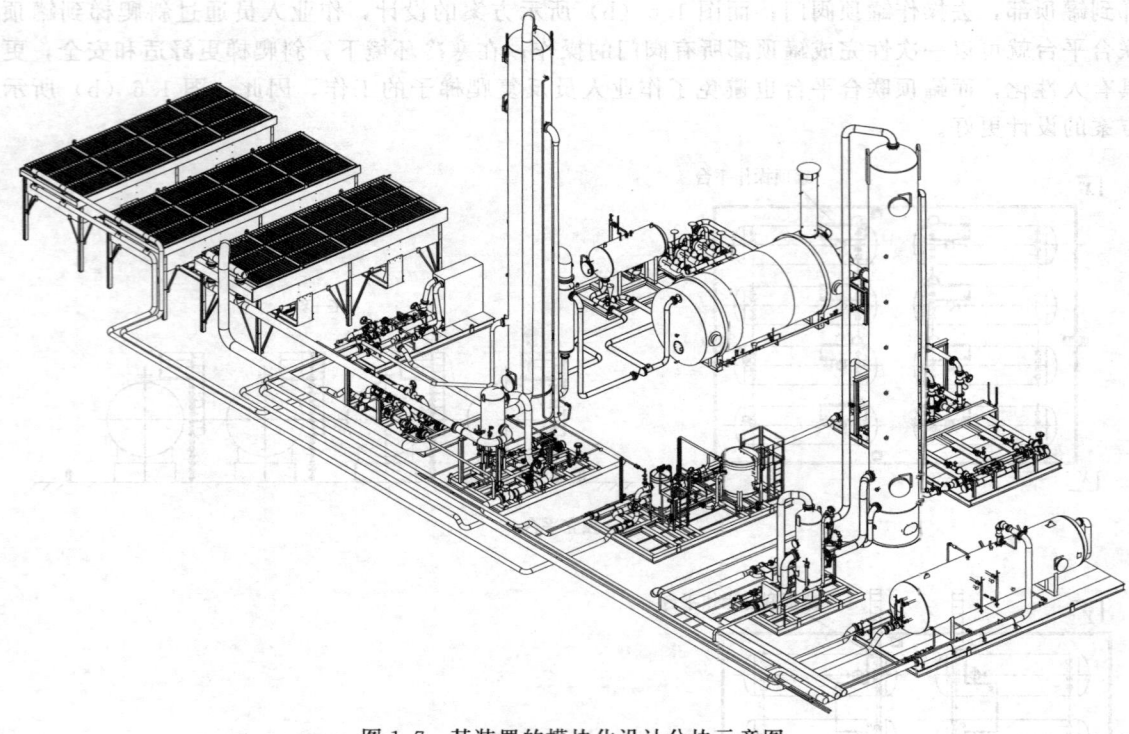

图1.7 某装置的模块化设计分块示意图

①塔、罐、容器等设备布置时,设备没有中心或者切线对齐;②进出管廊的管子没有成排对齐布置;③成对连接设备的配管没有对称或相同走向布置;④成排的泵、压缩机、换热器、塔等设备的同样设计内容,配管布置风格却不一致,有很多种配管走向。

三、工程建设一般程序及各阶段配管设计的职责

石油化工厂的设计是一个复杂的系统工程,从规划到工程设计、施工建设、装置的运行改造等各阶段都会倾注项目团队的心血,它是各专业团结协作、辛勤劳动的结晶。工程项目建设的一般阶段如图1.8所示。工程项目建设一般程序及各阶段配管设计的职责见表1.1。

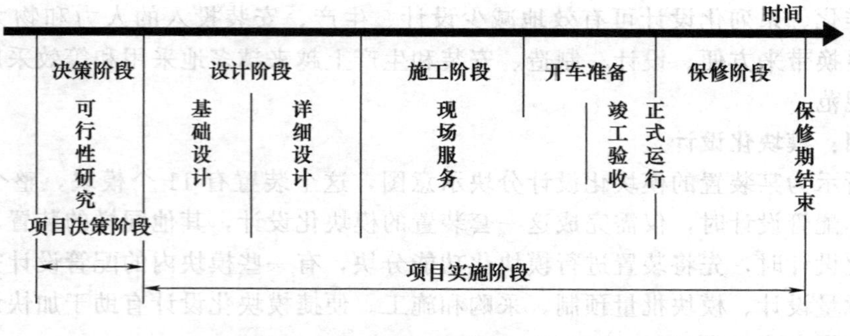

图1.8 工程项目建设的一般阶段

表1.1 工程项目建设一般程序及各阶段配管设计的职责

工程项目建设阶段		配管设计职责
项目建议书	由建设单位规划部门在工程服务单位(设计单位协助下完成)	—

续表

工程项目建设阶段		配管设计职责
可行性研究 (feasibility study)	可行性研究报告由相应资质的工程服务单位(设计单位)完成。可行性研究的基本任务是对新建或改建项目的主要问题,从技术经济角度进行全面分析研究,并对其投产后的经济效果进行预测。在此阶段配管专业主要是提交文字、图等内容以及可行性研究阶段的概算条件	完成配管设计专业文字性内容及可行性研究阶段概算内容
总体设计 (general design)	多个设计单位参加的新建大型石油化工建设项目的总体设计,其总体设计文件应根据批复的可行性研究报告进行编制。总体设计是大型建设项目根据批复的可行性研究报告,为了控制石油化工大型建设项目的工程设计规模,确定工程设计标准、设计原则和技术条件,优化工厂总平面布置,优化公用工程的设计方案,实现对建设项目总工艺流程、总平面布置、总定员、总进度和总投资的控制目标的设计。石化行业有 SH SG 050《石油化工大型建设项目总体设计内容规定》	总体设计单位负责编制全厂的配管设计工程规定
FEED设计	FEED(front end engineering design)前端工程设计,即业主对工程项目没有给出任何的参数和设计条件,承包商需要根据自己的经验对项目进行风险评估,设计并施工。国际上较流行的 FEED 前端工程设计,属于详细设计前的设计系统。在这个 FEED 阶段开始之后做出的相关决策,将影响到以后的设计任务,并对设备装置的可操作性、生产能力、经济性等起到至关重要的作用。反过来这也将影响设备装置运行的安全性和环境的相容性	这个阶段配管设计职责可参考基础设计阶段,但是,设计深度比基础设计详细,比详细设计略简单一些,具体设计职责以项目合同约定为准
基础(初步)设计 (basic design)	基础设计阶段是在工艺包基础上做的工程前期设计。石化行业有 SH SG 033《石油化工装置基础工程设计内容规定》。中国石油天然气集团公司有《化工项目初步设计内容规定》。化工行业有 HG/T 20688《化工工厂初步设计文件内容深度规定》	(1)初步结构载荷、设备布置、基础(初步)设计阶段概算等条件 (2)装置布置设计说明,装置布置设计规定,配管设计规定,管道应力设计规定,管道材料等级规定,设备和管道绝热设计规定,设备和管道涂漆设计规定,阀门规格书,综合材料表,装置区域划分图,设备布置图,配管研究图,界区管道接点图等
详细(施工图)设计 (detail design)	详细设计阶段是为施工而进行的设计,国内一直称为施工图设计。由相应资质的工程服务单位(设计单位)完成,由建设单位的工程管理部门组织,由设计单位向施工管理单位进行施工交底,可和施工图会审同时完成。化工行业有 SH SG 053《石油化工装置基础工程设计内容规定》	(1)结构载荷、设备布置、管道位置、走向、支承、静电、伴热、防振(震)、柔性等,配合采购等工作 (2)配管设计说明、综合材料表、管道支吊架汇总表、弹簧支吊架一览表、管道伴热连接表、特殊阀门规格书、非标准管道附件规格书、装置平面布置图、装置竖面布置图、装置区域划分图、管道平面布置图、管道布置详图、管段图、伴热管道系统图或伴热管道布置图、管道支吊架图、特殊管件图、界区管道接点图、管道静电接地图、管道拆除图等
工程施工	是根据建设工程详细设计文件的要求,对建设工程进行新建、扩建、改建的活动	配合现场施工服务,配合采购服务,施工现场设计变更工作等
竣工图设计	竣工图设计是在项目施工投产之后进行,一般由施工单位按照施工实际情况画出的图纸,能比较清晰地了解管道的实际走向和设备的实际安装情况,国家规定在工程竣工之后施工单位(有时由设计单位派驻施工现场的管道设计代表)必须提交竣工图。石化行业有 SH/T 3503《石油化工建设工程项目交工技术文件规定》、国家标准有 GB/T 50328《建设工程文件归档整理规范》、电力行业有 DL/T 5229《工程竣工图文件编制规定》	完成竣工图的设计、签署及入档

工程应用：不清楚设计职责引起的工程设计遗漏

某工程项目的配管设计和负责人员不清楚配管设计的职责，误认为管道的静电接地设计由电气专业负责，造成整个装置漏设计静电接地，工程施工建设接近尾声检查时，才发现漏了管道及其设施的静电接地。经过配管专业紧张地弥补静电接地设计，施工人员增补施工内容，才没有造成更大的不利影响。

四、各设计阶段一般工作量比例

工业管道工程设计各阶段一般完成的工作量比例见表1.2。

表1.2 工业管道工程设计各阶段完成工作量的比例　　　　%

工程类型	初步设计	施工图设计	基础设计	详细设计
一般石油、石化、化工工程、电力等	35	65	50	50
新技术石油、石化、化工工程等	50	50	60	40
火化工、核化工、化纤、医药等	40	60	50	50
核设施退役工程等	60	40	65	35

注：1. 新技术工程指主要工艺、设备采用新工艺、新设备、新材料、新技术的工程。
2. 各设计阶段完成的工作量比例，也可根据具体工程具体商定。

五、工程项目建设的主要模式及各模式下配管设计的任务

1. 我国传统模式

（1）国家投资　设计、采购、施工分阶段分部门完成。建设单位成立建设指挥部代表业主负责整个项目建设过程中的设计协调、物资采购、施工管理等，项目建设基本完成后交付生产单位（中交）管理，进行开工准备。投料试车并考核合格后经过国家相关的部门（包括地方的安全消防、环保等）验收合格后，正式进入生产阶段。

（2）企业自有资金和银行贷款、股份制投资等　业主负责招标或委托设计、采购、施工单位，各单位分阶段完成各自工作。业主成立项目部，任命项目经理负责整个项目建设过程中的设计协调、物资采购、施工管理等，由监理单位或委托有资质的工程管理单位负责现场的施工管理等工作。

2. 设计、采购、施工承包模式

（1）交钥匙总承包（engineering procurement construction，EPC）　是指承包商按照合同约定，负责工程项目的设计、采购、施工安装和试运行服务全过程，向业主交付具备使用条件的工程，并对承包工程的质量、安全、工期、造价全面负责，最终向业主提交一个满足使用功能、具备使用条件的工程项目。

（2）设计-施工承包（D-B）模式，是指工程承包企业按照合同约定，承担工程项目设计和施工，并对承包工程的质量、安全、工期、造价全面负责。根据工程项目的不同规模、类型和业主要求，工程承包还可采用设计（E）、设计-采购承包（E-P）、采购-施工承包（P-C）等模式。

如果采用的模式下，施工和设计是分离的，双方难以及时协调，常常产生造价和使用功能上的损失。在建设工程的造价上，设计对造价的影响占80%以上，降低工程造价，最重要的阶段就在于设计。工程总承包模式下，设计和施工过程深度交叉，能够在保证工程质量的前提下最大限度地降低成本。

工程应用：不清楚项目模式而造成的损失

某交钥匙总承包项目（固定总价合同），在设计过程中，项目管理业主方提出了一系列的修改方案，例如：增加360m长管廊、隔热设计的隔热层和防护层修改为较昂贵的材料等，由于配管设计仍然按照纯设计（E）模式的项目思路进行设计，没有进行记录，完全照业主的新

方案修改，与签项目合同和总价时的配管设计方案相比，增加了很大一笔费用，造成了项目总承包方很大的损失。

六、各设计阶段配管专业的设计条件关系

各单位实际遵循的专业条件关系可能有差异，但大致类似。这里将以国内外多家大型单位常遵循的专业条件关系为实例进行介绍。

（1）基础设计阶段配管专业与其他专业的条件关系见表1.3。

表1.3 基础设计阶段配管专业与其他专业的条件关系

接受	提出
（1）业主或项目组提供：现场基础条件（气象、地质等）、项目工程规定、开工报告、进度计划等 （2）工艺专业：管道和仪表流程图（PID）、初步的管线数据表、主要设备数据表、设备一览表、建议的设备布置图、初步的界区管道条件、主要建构筑物外形图条件、消防安全流程图 （3）电气专业：危险区划分图，主要电缆槽架建议走向布置图 （4）仪表专业：主要仪表电缆槽架建议走向布置图 （5）总图专业：全厂总图条件（内容包括：场地标高、坐标原点、界区划分、装置内外相互关系等）	（1）基础设计版的设备布置图提出给工艺、总图、仪表、电气等专业 （2）管道材料等级、设备管道隔热工程规定、涂漆涂色规定等提出给工艺、仪表等专业 （3）主要设备的支撑条件，框架（厂房）的初步集中载荷、层高、柱间距，主管廊的载荷、宽度、柱距及各层管廊的层高，提出给结构专业 （4）建筑物平立面尺寸条件，提出给建筑专业 （5）地下管道走向布置图提出给总图专业 （6）初版综合材料表，包括主要管子、管件、阀门、管架材料、保温涂漆材料，提出给概算专业

（2）详细设计阶段配管专业与其他专业的条件关系见表1.4。

表1.4 详细设计阶段配管专业与其他专业的条件关系

接受	提出
（1）业主或项目组提供：现场基础条件（气象、地质等）、项目工程规定、开工报告、进度计划等 （2）工艺专业：管道和仪表流程图（PID）、工艺管线数据表、设备数据表、设备一览表、建议的设备布置图、界区管道条件、安全阀和特殊件数据表、静电接地条件、建议的公用工程站布置图、主要建构筑物外形图条件、消防安全流程图、建议的洗眼、淋浴器布置图和布置要求等 （3）电气专业：防爆区划分图、电缆槽架布置条件、现场电气配电盘布置条件等 （4）仪表专业：仪表外形、仪表电缆布置、仪表箱布置、仪表制造厂资料、仪表空气连接（抽头）、仪表伴热抽头等 （5）设备专业：设备工程图、设备装配图、设备管口及筒体允许载荷条件等 （6）总图专业：全厂总图条件（内容包括：场地标高、坐标原点、界区划分、装置内外相互关系等） （7）结构专业：钢结构施工图、混凝土结构施工图、设备基础施工图等 （8）相关专业的3D模型（结构、建筑、仪表、电气等）	（1）设备布置图提出给工艺、总图、仪表、电气等专业 （2）设备管口方位图条件向工艺系统、设备、自控等专业提出的条件 （2）管道材料等级、设备管道隔热工程规定、涂漆涂色规定等提出给工艺、仪表等专业 （3）设备基础定位条件、管道载荷条件、管廊形式及载荷条件、框架结构形式及梯子平台条件、结构开孔及预埋件条件、管架基础及载荷等条件，提出给结构专业 （4）建筑布置、开孔、预埋件、楼面支撑设备等条件提出给建筑专业 （5）设备预焊件、设备梯子平台、设备管口载荷、设备支座固定端等条件，提出给设备专业 （6）热水蒸汽伴热站图、公用工程站布置图、洗眼、淋浴器布置图、PID修改意见等条件提出给工艺专业 （7）静电接地、局部照明、电伴热等条件，提出给电气专业 （8）初版综合材料表，包括主要管子、管件、阀门、管架材料、保温涂漆材料，提出给概算专业

七、各设计阶段一般工作流程

1. 基础设计阶段

① 根据项目规定确定配管设计范围、进度要求，确定基础设计深度要求。

② 估算工作量，确定专业设计负责人、设计人、校核人和审定人等人力资源。

③ 制定配管设计工程规定，如装置布置规定、管道布置规定、管道材料等级规定、管道隔热设计规定、设备及管道涂漆规定等资料。

④ 管道应力工程师对需要进行应力计算的管道编制临界管道一览表。

⑤ 管道材料工程师根据工艺系统专业的管道及仪表流程图和管道数据表编制管道材料等级规定。如需要3D配管设计，则需要编制管道材料数据库。

⑥ 设计主要管道走向图。在基础设计的前期阶段，需要对高温、高压、低温、大口径管道及影响设备布置的管道，进行初步的管道走向研究。

⑦ 确定管廊的宽度、层数和标高，设计管廊管道走向图。

⑧ 提出基础设计阶段结构、建筑条件。

⑨ 如果是3D配管设计，3D模型内一般需达到30%阶段设计深度。

⑩ 提出基础设计阶段管道材料汇总表。

⑪ 绘制基础设计管道布置图。

⑫ 参加基础设计审查会，在基础设计审查会上，业主审查基础设计图纸文件。根据审查意见，对图纸文件进行补充修改后，作为详细工程设计的依据。

2. 详细设计阶段

① 将设备布置图提供给有关专业，完善详细设计阶段管道材料等级等工程规定。

② 将装置进行分区，确定分区设计人、校核人和审核（定）人。

③ 根据设备装配图以及各专业互提条件的基础上（如平台梯子、开洞、预埋件、设备基础、结构、仪表电气、管口方位等资料）深化完善管道布置图。

④ 如果是3D配管设计，在配管提出结构载荷等设计条件后，通常需达到60%阶段设计深度，有的项目要开展60%阶段审核会。

⑤ 管道材料工程师提出MR文件、特殊管件图，管道应力专业工程师对管道柔性进行校核、计算，提出弹簧架、特殊管架等条件。

⑥ 设计管道轴测图。

⑦ 设计蒸汽、热水伴热站布置图，编制管道伴热连接表。

⑧ 如果是3D配管设计，在配管的详细设计即将结束、准备出正式施工图纸文件前，通常需达到90%阶段设计深度，有的项目要开展90%阶段审核会。

⑨ 在详细设计结束时，管道材料工程师进行管道材料汇总，此次材料统计是配管专业所用全部材料（包括辅助材料）的最终汇总。

⑩ 完成施工版设备布置图、管道平面布置图、轴测图等设计文件，编制图纸目录和详细设计说明书。管道设计说明书应包括管道的设计原则、设计思路、执行规范、典型配管研究、典型的管道柔性设计数据、与仪表专业的分工、识图方法（图例）、施工要求、采购要求、其他要说明的问题等。

⑪ 设计文件整理校审会签签署。

⑫ 对详细设计文件存档，打印蓝图发送到施工现场。

⑬ 到施工现场进行设计交底。

基础设计阶段配管设计一般工作流程如图1.9所示，详细设计阶段配管设计一般工作流程如图1.10所示。

工程应用：配管设计文件编号错误引起施工漏项

配管设计详细设计图纸文件，编号排序编制正确，才能让现场施工人员方便地找到。某项目，因配管设计文件入库存档环节没有认真完成，设计文件编号和排序较乱，连配管设计人自己都不能快速地找到某些图纸文件，造成施工现场漏施工部分管道，到"三查四定"时才发现。

八、不同国家配管设计文件签署级别及加盖"设计资质印章"

① 在我国，根据TSG R 1001《压力容器压力管道设计许可规则》的要求，GA1级、GC1

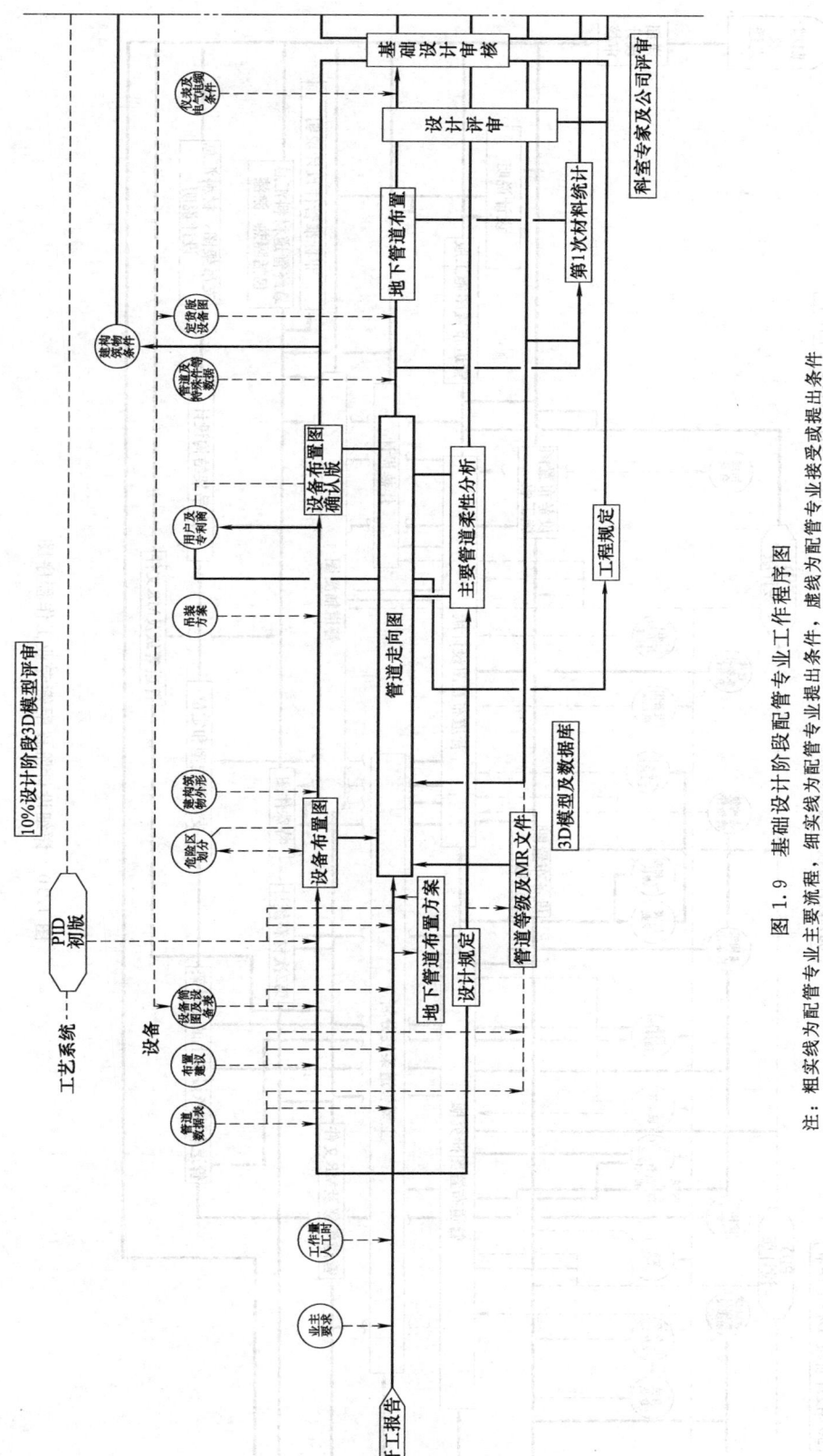

图 1.9 基础设计阶段配管专业工作程序图

注：粗实线为配管专业主要流程，细实线为配管专业提出条件，虚线为配管专业接受或提出条件

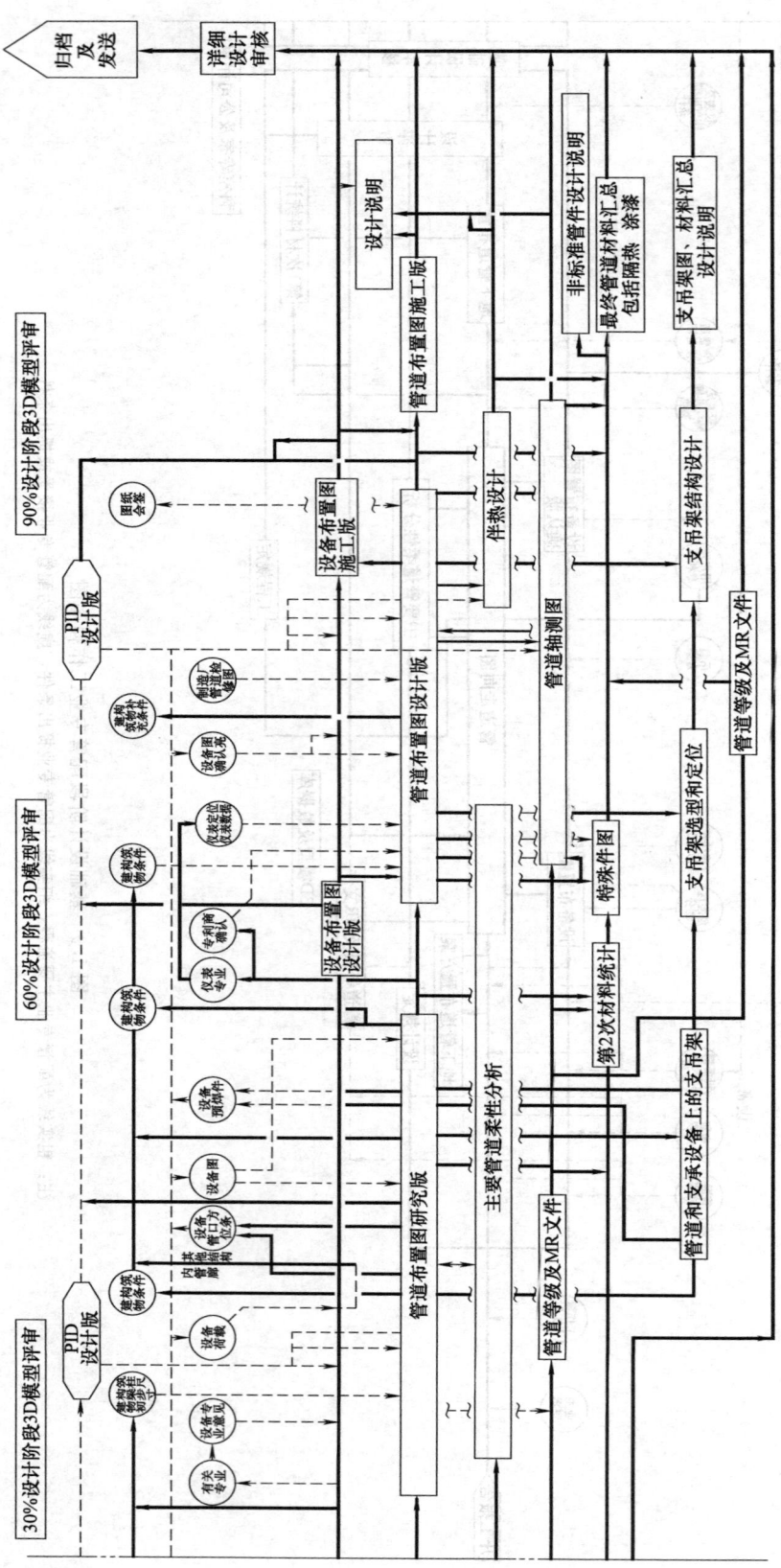

图1.10 详细设计阶段配管专业工作程序图

(1) ～ (4) 级设计文件必须四级签署（审定、审核、校核、设计），其他级别、品种的必须三级签署（审核、校核、设计）。下列设计文件必须四级签署：设备布置图；管道布置图；管道材料等级规定；管道应力分析计算书。

② 压力管道详细工程设计的管道平面布置图（蓝图）必须加盖压力管道设计资格印章。

③ 在我国，配管设计轴测图通常需二级签署（校核、设计）。

近年，笔者在中东某国家参与某工程详细设计，按照当地的法规规定，配管设计轴测图则需要三级签署（审核、校核、设计）。

在这个国家的配管详细工程设计，除了管道平面布置图（蓝图），其他所有配管设计图纸文件，均需要加盖配管设计资格印章。

工程应用：图纸文件签署的资质错误

某位刚大学毕业、参加工作未满1年的配管设计人，在配管设计文件的"设计人"一栏，单独签署了名字，配管设计专业负责人也没有检查出问题，造成图纸签署错误，在国家质量机构检查时，发现了错误内容，给设计单位造成了不好的影响。

因为按照目前国家压力管道设计资质要求，单独签署"设计人"一栏，需要至少1年以上配管设计经验。如果遇到"未满1年的配管设计人"要签署，可以在"设计人"一栏增加另一位有资质的配管设计人的签署。

第二节　装置设备布置设计基础

一、常见设备及分类

石油化工生产条件苛刻、技术含量高，生产原理多样，所用设备种类多。各种工艺装置的任务不同，所采用的设备也不相同。按化工设备在生产中的作用可将其归纳为加热设备、换热设备、传质设备、反应设备及储存设备等类型。

1. 加热设备

加热设备是将原料加热到一定温度，使其汽化或为其进行反应提供足够的热量。在石油化工生产中常用的加热设备是管式加热炉，它是一种火力加热设备，按其结构特征有圆筒炉、立式炉及斜顶炉等，其中应用较多的是圆筒炉。管式加热炉是乙烯生产、氢气和合成氨等工艺过程中，进行裂解或转化反应的心脏设备，它支配着整个工厂或装置的产品质量、收率、能耗及操作周期等。

2. 换热设备

换热设备是将热量从高温流体传给低温流体，以达到加热、冷凝、冷却的目的，并从中回收热量、节约燃料。换热设备的种类很多，按其使用目的有加热器、换热器、冷凝器、冷却器及再沸器等，按换热方式可分为直接混合式、蓄热式和间壁式。在石油、化工生产中，应用最多的是各种间壁式换热设备。换热设备的投资也是很大的，在化工厂的建设中，换热设备占总费用的10%～20%，在炼油厂中换热设备占全部工艺设备总投资的35%～40%。换热设备在动力、原子能、冶金、轻工、制药、食品、交通及家电等工业部门也有着广泛的应用。

3. 传质设备

传质设备是利用物料之间某些物理性质，如沸点、密度、溶解度等的不同，将处于混合状态的物质（气态或液态）中的某些组分分离出来。在进行分离的过程中物料之间发生的主要是质量的传递，故称其为传质设备。这类设备就其外形而言，大多都为细而高的塔状，所以通常也叫塔设备，如精馏塔、吸收塔、解吸塔、萃取塔等。按结构组成塔设备可分为板式塔和填料塔，其中板式塔应用较多。在炼油、化工生产装置中，塔设备的投资费用占整个工艺设备费用的25%～30%。

4. 反应设备

反应设备的作用是完成一定的化学和物理反应，其中化学反应是起主导和决定作用的，物理过程是辅助或伴生的。反应设备在石油化工生产中应用也是很多的，如苯乙烯、乙烯、高压聚乙烯、聚丙烯、合成橡胶、合成氨、苯胺染料和油漆颜料等工艺过程，都要用到反应设备；在炼油生产中，如催化裂化、催化重整、加氢裂化、加氢精制等装置，都采用不同类型的反应设备。反应设备的种类很多，有的已标准化、如夹套式搅拌反应器。

5. 储存设备

储存设备是用来盛装生产用的原料气、液体、液化气等物料的设备。这类设备属于结构相对比较简单的容器类设备，又称为储存容器或储罐，按其结构特征有立式储罐、卧式储罐及球形储罐等。球形储罐用于储存石油气及各种液化气，大型卧式储罐用于储存压力不太高的液化气和液体，小型卧式和立式储罐主要作为中间产品罐和各种计量、冷凝罐用。

二、装置设备布置设计一般要求

装置设备布置设计需符合项目的规范和规定要求。按工艺流程顺序确定工艺单元的相对位置，然后根据项目所采用的防火规范（例如，我国通常按 GB 50160《石油化工企业设计防火规范》，美国通常按 NFPA 等）要求确定间距，对于防火、防爆、防腐要求相近的适当集中布置，还应考虑与全厂总平面的衔接。根据风向条件确定设备、设施与建筑物的相对位置。根据气温、降水量、风沙等气候条件和生产过程或某些设备的特殊要求，决定是否采用室内或篷内布置。根据装置竖向布置，确定装置地面零点标高与绝对标高的关系。根据地质条件，合理布置重载荷和有振动的设备。在满足生产要求和安全防火、防爆的条件下，应做到节省用地、降低能耗、节约投资、有利于环境保护。设备、建筑物、构筑物宜布置在同一地平面上。当受地形限制时，应将控制室、变配电室、化验室、生活间等布置在较高的地平面上；装置储罐宜布置在较低的地平面上。装置设备布置一般包括以下具体要求。

1. 满足工艺流程的要求

① 装置的生产是由工艺设计确定的，它主要体现在工艺流程图和设备汇总表（容器类、换热器类、工业炉类、机泵类、机械类等）及其数据表上。

② 在这些图表中表示出工艺设备和管道的操作条件、规格型号、外形尺寸等以及设备与管道的连接关系。装置设备布置设计将以此为依据进行。一般按照生产流程顺序和同类设备适当集中的方式进行布置。

③ 对于处理有腐蚀性、有毒和易凝物料的设备宜全部按流程顺序紧凑地布置在一起，以便对这类特殊物料采取统一的措施，如设置围堰、敷设防蚀地面等。为防止结焦、堵塞、控制温降、压降、避免发生副反应等有工艺要求的相关设备，也要靠近布置，对于在生产过程中设备之间有高差要求的，如塔顶冷凝冷却器的凝液到回流罐，塔底或容器内流体到机泵，依靠重力流动的流体由高到低，固体物料的装卸要求等都需按工艺设计要求使各种设备布置在合适的层高位置。必要时需设置厂房、框架或利用管廊的上部空间布置设备。

④ 如有预留用地要求，项目组或工艺通常需要给配管专业提出条件。根据工厂总图布置的要求、生产过程性质和设备特点确定预留区域的位置。

⑤ 工艺设备的竖向布置，应按下列原则考虑。

a. 工艺设计不要求架高的设备，尤其是重型设备，应落地布置。

b. 由泵抽吸的塔和容器以及真空、重力流、固体卸料等设备，应满足工艺流程的要求，布置在合适的高层位置。

c. 当装置的面积受限制或经济上更为合理时，可将设备布置在构架上。

d. 设备基础标高和地下受液容器的位置及标高，应结合装置的竖向布置和管道布置确定。

⑥ 输送介质对距离、角度、高度等有特殊要求的管道以及高温、大口径管道的布置，应在设备布置时统筹规划。

2. 安全、健康和环境的要求

① 设备间距满足防火、防爆规范要求。

② 常散发大量油气、有毒气体和粉尘的设备，宜布置在装置的全年最小频率风向的上风侧。

③ 利用电力驱动的设备和电气设备的布置，应符合有关防爆的规定（在我国通常需遵循 GB 50058 的规定）。

④ 根据对设备的噪声规范要求，高噪声级设备宜相对集中，并尽量布置在厂房的一隅。石油化工装置的转动设备（包括泵、压缩机等）、空冷器、加热炉以及向大气放空等都可能产生很大的噪声。产生噪声的设备宜远离人员集中的场所布置，噪声的控制应符合所在国家的标准规范，在我国，有 GB/T 50087《工业企业噪声控制设计规范》、SH/T 3146《石油化工噪声控制设计规范》等。表 1.5 为我国装置内各工作区域噪声限值。

表 1.5 装置内各工作区域噪声限值   dB

工 作 区 域	噪声限值
每天连续接触噪声 8h 的生产车间及作业场所	85
化验室、办公室、变配电所、高噪声车间设置的值班室、操作室等	70①
控制室、机柜间、中央控制室、中心化验室、计算机控制室	60①

① 噪声限值为室内背景声级，系在室内无声源发声的条件下，从室外经由墙、门、窗（门窗启闭状况为常规状况）传入室内的室内平均噪声级。

装置内各操作区域的噪声强度不得超过表 1.5 所列限值。操作人员每天接触噪声不足 8h 的场合，可根据实际接触噪声的时间，按接触时减半、噪声限制值增加 3dB 确定其噪声限制值；凡是操作人员接触区域的噪声值无论接触噪声时间长短，操作人员接触的区域噪声值均不得超过 115dB。上述噪声级，应按现行的国家标准测量方法确定。

⑤ 设备宜露天或半露天布置，毒性程度为极度危害和高度危害介质设备宜布置在装置边缘，并设置相应防护设施和警示标志。露天或半露天设备布置，不仅是为了节省投资，更重要的是为了安全，因为露天或半露天布置，便于可燃气体扩散。对于爆炸危险区域范围应符合有关防爆的规定（在我国通常需遵循 GB 50058 的规定），设备布置设计需注意以下内容。

a. 将不同等级的爆炸危险介质和非爆炸危险区、明火设备分别布置在各自的界区内，以减小爆炸危险区域。

b. 设备尽可能采用露天或半露天式布置。对于必须布置在厂房内的设备，应采用通风设施，使厂房内空气流通，以便将释放出的爆炸危险物质迅速稀释到爆炸下限以下。

c. 对于可能释放和容易积聚爆炸气体或蒸气的地点，设置检测和报警装置，当气体浓度接近爆炸下限的 25% 时，能可靠地发出报警信号，以便及时处理。

d. 在爆炸危险区内的不应布置明火设备、散发火花的设备或设施。

3. 装置设备布置分区要求

按道路或防护要求分成下列装置区。

（1）工艺装置区 主要工艺装置、产品储存、控制楼（控制室、实验室和开关室）。

（2）辅助装置区 公用工程系统设施如空分、空压、循环水、脱盐水、蒸汽锅炉房等，污水处理，废物焚烧，装车装置（产品），全厂管廊，其他。一些工程公司，装置区的划分，由总图专业负责，装置区内的设备布置由压力管道专业来完成。

4. 满足操作、检修和施工的要求

① 装置设备布置设计必须为操作管理提供方便。主要包括：必要的操作通道和平台；楼

梯与安全出入口要符合规范要求；合理安排设备间距和净空高度。对于主要操作点和巡回检查路线，提供较宽的通道平台过桥、梯子等，经常上下的梯子应尽量采用斜梯。控制室的位置应避开危险区，远离振动设备，以免影响操作人员的工作环境和人身安全以及仪表的运行。

② 一个装置的施工和设备的安装，虽然是在较短时间完成的，但也需要在装置设备布置设计中提供必要的条件，如吊装主要设备和现场组装大型设备需要的场地、空间和通道。

③ 在装置设备布置设计时应将上述操作、检修、施工所需要的通道、场地、空间结合起来综合考虑。

检修工作应尽量采用移动式的机动设备。将需要检修的设备或部件运走并同时运来备用的同样设备或部件，这样可以缩短检修时间。对于没有备用部件的大型设备，需要就地检修时，则需要提供必要的检修场地和通道。在厂房内布置的设备检修时，还需要为大部件的起吊、搬运设置必要的吊车、吊装孔、出入口、通道和场地。

为装置维修所安装的起重梁下绝对不许布置任何管道、电缆等设施。生产过程需要中间清洗或机械维护的设备上方，不应布置管道、电缆等设施。需要进行上述工作的设备示例如下。

热交换器、具有满径大盖的容器：需要生产过程中间清扫。

泵和压缩机、搅拌容器、离心机、生产专用机械、管式蒸发器、小型粉碎机：需要机械维护，在起吊时可能要有一定净空。

5. 满足全厂总体规划的要求，合理用地和减少能耗

全厂总体规划包括全厂总体建设规划、全厂总流程和全厂总平面布置设计。

① 根据全厂总体建设规划要求，在装置设备布置设计时，应使后期施工的工程不影响或尽量少地影响前期工程的生产。

② 根据全厂总流程设计要求，为了合理利用能源将一些装置合并在一起组成联合装置，或者为了集中管理将联系不太密切甚至不相干的装置排列在一起合用一个仪表控制室，即合理化集中装置，亦称联合装置。

③ 在全厂总平面布置图上确定装置的位置和占地之后，要了解原料、成品、半成品的储罐区，装置外管带、道路及有关相邻装置等的相对位置，以便确定本装置的管廊位置和设备、建筑物的布置，使原料、产品的储运系统和公用工程系统管道的布置合理，并与相邻装置在布置风格方面相互协调。

④ 在确定设备和构筑物的位置时，应使其地下部分的基础不超出装置边界线。有的项目的地下部分的结构基础超出了装置边界线，造成与临近装置地下管线的碰撞。

⑤ 设备的间距除应满足防火、防爆规范外，还应满足以下要求：操作、检修、装卸、吊装所需的场地和通道；构筑物（包括平台、梯子等）的布置；设备基础、地下埋设的管道、管沟、电缆沟和排水井的布置；管道和仪表安装。

6. 适应所在地区的自然条件

① 根据气温、降水量、风沙等气候条件和生产过程或某些设备的特殊要求，决定是否采用室内布置。

② 结合所在地区的地形特点，在一般情况下，装置设备布置在宽度约60m以上的长方形平整地段上，以便把管廊设在与长边平行的中心地带，设备布置在管廊两侧。然而，有时总平面布置已经确定装置处于坡度较大的地段，可通过竖向设计，使装置占地平坦。

③ 装置设备布置设计应结合地质条件，应考虑将地质条件好的地段，布置重载荷设备和有振动的设备，使其基础牢固可靠。

④ 在我国根据全年最小频率风向确定设备、设施与建筑物的相对位置。

装置设备布置采用全年频率风向概念的原则是：避免生产装置中的一些单元，产生的危害性较大的有害气体、烟、雾、粉尘等对人员集中场所、明火或散发火花地点产生危害。常年最小频率风向是指最小值的风向,亦即风向玫瑰图中最靠近坐标原点的风向。建筑物的位置朝向和当地主导风向有密切关系,如一般把清洁的建筑物布置在主导风向的上风向,把污染建筑布置在主导风向的下风向,最小风频的上方向。表1.6所列为全年最小频率风向确定设备、设施与建筑物的相对位置。

表1.6　全年最小频率风向确定设备、设施与建筑物的相对位置

装置及设施	布置位置
燃煤锅炉房和自备电站	宜布置在厂区全年最小频率风向的上风侧
有油气散发的场所	宜布置在有明火或散发火花的地点全年最小频率风向的上风侧
控制室、变配电室、化验室	应布置在散发粉尘、水雾和有毒介质的设备的常年最小频率风向的下风侧
空冷器	宜布置在装置全年最小频率风向的下风侧
加热炉	应布置在装置的边缘地区,宜布置在装置常年最小频率风向的下风侧

风玫瑰图用来简单描述某一地区风向、风速的分布,可分为"风向玫瑰图"和"风速玫瑰图"。在风玫瑰图的极坐标系上,每一部分的长度表示该风向出现的频率,最长的部分表示该风向出现的频率最高。风玫瑰图通常分16个方向,也有的再细分为32个方向。"风向玫瑰图"也叫风向频率玫瑰图,根据各方向风的出现频率,以相应的比例长度,按风向从外向中心吹,描在用8个方位表示的图上,然后将各相邻方向的端点用直线连接起来,绘成一个形状宛如玫瑰的闭合折线,故名"风向玫瑰图"。

风向玫瑰图在气象统计、城市规划、工业布局等方面有着十分广泛的应用。例如,把居民区布置在主导风向的上风向,空气清新,环境优美;把污染大气的工厂布置在主导风向的下风向,最小风频的上方向;在季风气候区,污染大气的工厂应布局在与季风风向垂直的郊外,以减轻大气对城市的污染。

风玫瑰图一般都反映着两个重要信息:风向、风频。线段最长者,即外面到中心的距离越大,表示风频越大,其为当地主导风向;外面到中心的距离越小,表示风频越小,其为当地最小频率风向。

7. 力求经济合理

① 节约占地、减少能耗。装置设备布置应在遵守国家法令、贯彻执行国家标准规范和满足各项要求的前提下,尽可能缩小占地面积,避免管道不必要的往返,减少能耗,节省投资和钢材。

② 经济合理的典型布置。经济合理的典型布置是:中央架空管廊,管廊下方布置泵及其检修通道,管廊上方布置空气冷却器或其他换热设备,容器、管廊两侧按流程顺序布置塔、容器、换热器等,控制室、变配电室、办公室或压缩机房等成排布置。

8. 满足用户要求

设计是为用户服务的。有的用户由于国情不同,或当地习惯不同,或为了操作方便,往往提出特殊要求,如建筑物类型、铺砌范围、楼梯、升降设备、净空高度、搬运工具等,应做好解释工作,在不增加过多投资的前提下使用户满意。

9. 注意外观美

装置设备布置的外观美,能给常年在装置内工作的人员以美好印象。外观美也是设计人员、设计单位的实物广告。装置设备布置的外观美表现在以下几个方面。

① 设备排列整齐,成条成块。
② 塔群高低排列协调,人孔尽可能排齐,并都朝向检修道路侧。
③ 框架、管廊主柱对齐纵横成行。
④ 建筑物轴线对齐,立面高矮适当。
⑤ 管道横平竖直,避免不必要的偏置歪斜。

⑥ 检修道路与工厂系统对齐成环形通道。

⑦ 与相邻装置设备布置格局协调。

工程应用：最小频率风向的识别

图 1.11 为某地的风向玫瑰图，②＞①，①为最小频率风向，②为主导风向。

工程应用：随意满足业主设计的厂房违反安全规范要求

项目建设所在地区冬季非常冷，很多泵成排布置在管廊下，业主提出：冬季时泵区设备坏了的时候，检修人员不愿去修理，要是做个房子最起码可以挡风，建议设计和建设方贴着泵和管廊柱子设计建设一排彩钢板房子。日后运行时，结果可想而知，安全疏散不符合规范要求，安监局来检查全部拆掉，给企业造成了损失，所以要看好安全疏散距离，很重要，这是血和泪的教训换来的。

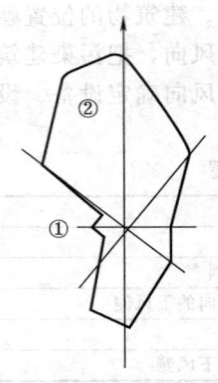

图 1.11　风向玫瑰图的最小频率风向

工程应用：露天与非露天布置

设备在露天或半露天布置，宜缩小爆炸危险区域范围，爆炸危险区域的范围应符合有关规范规定（在我国通常需遵循 GB 50058）。

（1）露天布置

优点：建筑投资少，用地省，利于安装和检修、通风、防火、防爆等。装置设备布置应优先考虑露天布置。

缺点：操作条件差，自控要求高，受大气环境影响等。

大型储罐、精馏塔、吸收塔、凉水塔、喷淋式冷却器等大部分设备布置在露天或敞开式的多层框架上。

部分设备布置在室内或设顶棚的框架上，如泵、压缩机、生活、行政、控制、化验室等集中在一幢建筑物内，布置在生产设施附近。

（2）非露天布置

优点：气候影响小，劳动条件好，适应于装置间歇操作、操作频繁、在气温较低的地区或有特殊要求的设备。

缺点：建筑造价较高、防爆等级要求高，选用的设备、仪表元件的防爆等级要求高，费用高。

某些离心泵、往复泵、压缩机、造粒包装设备、空压机、冷冻机、结晶器、釜式反应器等易受气温影响的设备，布置在室内或半露天的篷子内。如图 1.12 所示，某项目处在日常天气较恶劣的沙漠中，频繁操作和维护的泵布置在了半露天的篷子内。

图 1.12　泵布置在半露天篷子内

三、中国防火规范对可燃气体的火灾危险性的分类

GB 50160《石油化工企业设计防火规范》中可燃气体的火灾危险性分类见表 1.7。

表 1.7　可燃气体的火灾危险性分类

类别	可燃气体与空气混合物的爆炸下限
甲	＜10%（体积）
乙	≥10%（体积）

四、中国防火规范对液化烃、可燃液体的火灾危险性的分类

GB 50160《石油化工企业设计防火规范》对液化烃、可燃液体的火灾危险性分类见表 1.8。

表 1.8 液化烃、可燃液体的火灾危险性分类

类别		名称	特征
甲	A	液化烃	15℃时的蒸汽压力大于 0.1MPa 的烃类液体及其他类似的液体
	B		甲 A 类以外，闪点 $t<28℃$
乙	A	可燃液体	闪点 $28℃ \leqslant t \leqslant 45℃$
	B		闪点 $45℃ < t < 60℃$
丙	A		闪点 $60℃ \leqslant t \leqslant 120℃$
	B		闪点 $>120℃$

五、爆炸极限

可燃气体、可燃液体的蒸气或可燃粉尘和空气混合达到一定浓度时，遇到火源就会发生爆炸。达到爆炸的空气混合物的浓度，称为爆炸极限。爆炸极限通常以可燃气体、蒸气或粉尘在空气中的体积分数来表示。其最低浓度称为"爆炸下限"，最高浓度称为"爆炸上限"。

六、爆炸危险区域

爆炸性混合物出现的或预期可能出现的数量达到足以要求对电气设备的结构、安装和使用采取预防措施的区域。

七、装置中产生爆炸的条件

存在可燃气体、可燃液体的蒸气或薄雾，其浓度在爆炸极限范围内；存在足以点燃爆炸性气体混合物的火花、电弧或高温。

八、装置中防止产生爆炸的基本措施

（1）首先应使产生爆炸的条件同时出现的可能性减到最低程度。工艺设计中应采取消除或减少可燃物质的产生及积聚的措施。

① 工艺流程中宜采取较低的压力和温度，将可燃物质限制在密闭容器内。

② 工艺布置应限制和缩小爆炸危险区域的范围，并宜将不同等级的爆炸危险区或爆炸危险区与非爆炸危险区分隔在各自的厂房或界区内。

③ 在设备内可采用以氮气或其他惰性气体覆盖的措施。

④ 宜采取安全联锁或事故时加入聚合反应阻聚剂等化学药品的措施。

（2）防止爆炸性气体混合物的形成，或缩短爆炸性气体混合物滞留时间，宜采取下列措施。

① 工艺装置宜采取露天或敞开式布置。

② 设置机械通风装置。

③ 在爆炸危险环境内设置正压室。

④ 对区域内易形成和积聚爆炸性气体混合物的地点设置自动测量仪器装置，当气体或蒸气浓度接近爆炸下限值的 50% 时，应能可靠地发出信号或切断电源。

（3）在爆炸危险区域内严格按 GB 50058《爆炸和火灾危险环境电力装置设计规范》选用用电设备。

九、爆炸性气体环境危险区域的划分

爆炸性气体环境危险区域的划分原则是根据爆炸性气体混合物出现的频繁程度和持续时间,按下列规定进行分区。

① 0区:连续出现和长期出现爆炸性气体混合物的环境。
② 1区:在正常运行时可能出现爆炸性气体混合物的环境。
③ 2区:在正常运行时不可能出现爆炸性气体混合物的环境,或即使出现也仅是短时存在的爆炸性气体混合物的环境。

十、燃点、闪点和自燃点

燃点是指可燃物质加温受热并点燃后,所放出的燃烧热能使该物质挥发出足够量的可燃蒸气来维持燃烧的持续进行。此时加温该物质所需的最低温度,即为该物质的"燃点",也称"着火点"。物质的燃点越低,越容易燃烧。

闪点是指可燃液体挥发出来的蒸气与空气形成的混合物,遇火源能够发生闪燃的最低温度。

自燃点是指可燃物质与空气接触,不需引火即可剧烈氧化而自行燃烧,发生这种情况的最低温度。

十一、一次危险和次生危险

一次危险是设备或系统内潜藏着发生火灾或爆炸的危险,但在正常操作状态下,不会危害人身安全或设备完好。

次生危险是指由于一次危险而引起的危险,它会直接危害人身安全,导致设备毁坏和建筑物的倒塌等。

十二、装置布置设计的三重安全措施

安全生产对石油化工企业特别重要。这是因为石油化工企业的原料和产品绝大多数属于可燃、易爆或有毒物质,潜在火灾、爆炸或中毒的危险。

火灾和爆炸的危险程度,从生产安全的角度来看,可划分为一次危险和次生危险两种。装置布置设计的三重安全措施是根据有关防火、防爆规范的规定:首先预防一次危险引起的次生危险,其次是一旦发生次生危险则尽可能限制其危害程度和范围,第三是次生危险发生以后,能为及时抢救和安全疏散提供方便条件。

十三、防火间距的概念

工艺装置之间防火间距是指工艺装置最外侧的设备外缘或建筑物、构筑物的最外轴线间的距离;设备之间的防火间距是指设备外缘之间的距离。

十四、工业装置设备布置常用标准规范

(1) 国内的项目一般遵循以下规范,有时还需要遵循业主企业的规定。
① GB 50160《石油化工企业设计防火规范》
② GB 50016《建筑设计防火规范》
③ GB 50183《石油天然气工程设计防火规范》
④ GB 50058《爆炸危险环境电力装置设计规范》
⑤ GB 50074《石油库设计规范》

⑥《煤化工工程设计防火规范》
⑦ GB 5044《职业性接触毒物危害程度分级》
⑧ SH 3047《石油化工企业职业安全卫生设计规范》
⑨ SH 3024《石油化工企业环境保护设计规范》
⑩ GB 50087《工业企业噪声控制设计规范》
⑪ SH/T 3146《石油化工噪声控制设计规范》
⑫ GB 50029《压缩空气站设计规范》
⑬ GB 50030《氧气设计规范》
⑭ GB 50041《锅炉房设计规范》
⑮ GB 50177《氢氧站设计规范》
⑯ GB 50195《发生炉煤气站设计规范》
⑰ GB 50265《泵站设计规范》
⑱ GB 50316《工业金属管道设计规范》
⑲ SH 3011《石油化工工艺装置布置设计规范》
⑳ SH 3501《石油化工有毒、可燃介质管道工程施工及验收规范》
㉑ SH SG 033《石油化工装置基础工程设计内容规定》
㉒ SH SG 053《石油化工装置详细工程设计内容规定》

(2) 国外的项目遵循的规范如下所列,有时还需要遵循项目所在国家和业主企业的规定。

NFPA 美国消防协会规范（例如 NFPA 30、NFPA 59 等）。

ASME B31 系列美国标准（例如 ASME B31.1、ASME B31.3 等）。

工程应用：因遵循规范错误引起的设计问题

某设计人在参与某国外项目的配管设计时,仍然按照国内的规范要求,按照装置内管廊跨越消防道路净空至少 4.5m 设计,而实际上,这个项目的企业统一规定为所有消防道路净空至少 6m,在设计文件快结束时才发现这个问题,造成了设计文件的大量修改和返工。

十五、国内外防火规范的选择与应用

有的配管设计人在做设备布置设计时,面对众多的防火设计规范,不知选用哪个防火规范,无从下手。各防火规范对具体设备的间距要求可能不同,例如,有的石油化工项目建设应按照 GB 50160《石油化工企业设计防火规范》做设备布置设计,却错误地遵循了 GB 50183《石油天然气工程设计防火规范》。

下面将常用的 GB 50160《石油化工企业设计防火规范》、GB 50016《建筑设计防火规范》、GB 50183《石油天然气工程设计防火规范》《煤化工工程设计防火规范》《大型厂房设计防火规范》、NFPA 等国内外规范的适用范围进行简要的比较和总结。

(1) GB 50160《石油化工企业设计防火规范》适用于石油化工企业新建、扩建或改建工程的防火设计,主要是针对石油化工企业加工物料及产品易燃、易爆的特性和操作条件高温、高压的特点制订的。

新建石油化工工程的防火设计应严格遵守该规范。以煤为原料的煤化工工程,除煤的运输、储存、处理等外,后续加工过程与石油化工相同,可参照执行该规范。就地扩建或改建的石油化工工程的防火设计应首先按该规范执行,当执行该规范某些条款确有困难时,在采取有效的防火措施后,可适当放宽要求,但应进行风险分析和评估,并得到有关主管部门的认可。

(2) GB 50016《建筑设计防火规范》适用于下列新建、扩建和改建的建筑：厂房；仓库；民用建筑；甲、乙、丙类液体储罐（区）；可燃、助燃气体储罐（区）；可燃材料堆场；城市交通隧道。

该规范不适用于火药、炸药及其制品厂房（仓库）、花炮厂房（仓库）的建筑防火设计。人民防空工程、石油和天然气工程、石油化工工程和火力发电厂与变电站等的建筑防火设计，当有专门的国家标准时，宜从其规定。

同一建筑内设置多种使用功能场所时，不同使用功能场所之间应进行防火分隔，防火设计应根据该规范的相关规定确定。

（3）GB 50183《石油天然气工程设计防火规范》适用于新建、扩建、改建的陆上油气田工程、管道站场工程和海洋油气田陆上终端工程的防火设计。石油天然气工程防火设计除执行该规范外，还应符合国家现行的有关强制性标准的规定。

（4）《煤化工工程设计防火规范》适用于以煤为原料，经过煤气化或煤液化过程，制取油品、烯烃、醇、醚、氨等燃料和化工产品的新建、扩建和改建工程的防火设计。煤化工工程的防火设计除应执行该规范外，还应符合国家现行有关标准的规定。

（5）《大型厂房设计防火规范》适用于中国江苏省新建、扩建和改建的丙、丁、戊类大型厂房。该规范不适用于民用建筑、独立建造的仓库以及火药、炸药及其制品厂房、花炮厂房的建筑防火设计。人民防空工程、石油和天然气工程、石油化工工程和火力发电厂与变电站、洁净厂房、纺织工程等的建筑防火设计，当有专门的国家标准时，宜从其规定。

（6）NFPA（National Fire Protection Association 美国国家防火协会）的 NFPA 30《可燃性和易燃性液体规则》、NFPA 59《液化天然气（LNG）生产、储存和装运标准》等规范主要适用于美国或者采用 NFPA 作为防火规范的国家或地区。

第三节　管道布置设计基础

一、常见管道及分类

常见管道及分类见本书第十六章。

二、管道布置设计一般要求

配管设计必须具备的条件或资料：管道布置设计应遵守的有关设计标准、规范和规定；管道布置专业工程设计统一规定（这些规定是对各种规范、标准和规定的补充和说明，并列入用户的特殊要求）；工艺管道及仪表流程图（简称 PID，在管道设计过程中有可能对流程图提出某些调整）；工艺管道数据表（表中列有管道编号、输送介质、起止点、管径、设计压力和设计温度、材料选用等级、保温伴热要求等）；设备布置图；设备表、设备规格书及设备图；仪表规格表；有关专业的设计条件；管道材料等级规定，如果是 3D 软件配管设计，还需要管道材料数据库；界区接点条件。

管道布置必须符合工艺及管道和仪表流程图（PID）的设计要求，应做到安全可靠、经济合理，并满足施工、操作、维修等方面的要求；管道布置必须遵守安全及环保的法规，对防火、防爆、安全防护、环保要求等条件进行检查，以便管道布置能满足安全生产的要求；管道布置应满足热胀冷缩的要求；对于动力设备的管道，应注意控制管道的固有频率，避免产生共振；管道布置应按照管道等级表和特殊件表选用管道组成件；在确定进、出装置的管道方位与敷设方式时，应做到内外协调；全厂性管道的敷设应厂区整体协调；管道布置应符合有关国家或行业标准、规范和工程的规定。

一般有以下具体要求。

（1）管道敷设方式有地面以上和地面以下两大类。

① 地面以上统称架空敷设。是工业生产装置管道敷设的主要方式，具有便于施工、操作、

检查、维修及经济等优点。

② 地下敷设

a. 埋地敷设。其优点是利用地下的空间，使地面以上空间较为简洁，并不需支承措施；其缺点是管道腐蚀性较强，检查和维修困难，在车行道处有时需特别处理以承受大的载荷，低点排液不便，易凝油品凝固在管内时处理困难，带隔热层的管道很难保持其良好的隔热功能等，故只有架空敷设不可能时，才采用。

b. 管沟敷设。可充分利用地下空间，并提供了较方便的检查维修条件；还可敷设有隔热层的高温、易凝介质或腐蚀性介质的管道。其缺点是费用高，占地面积大，需设排水点，易积聚或窜入油气，增加不安全因素，污物清理困难等。

（2）管道应架空或地上敷设，特殊情况下可敷设在管沟内。

（3）管道布置设计应符合管道及仪表流程图的要求。

（4）管道布置应统筹规划，做到安全可靠、经济合理，满足施工、操作、维修等方面的要求，并力求美观整齐，见图 1.13。

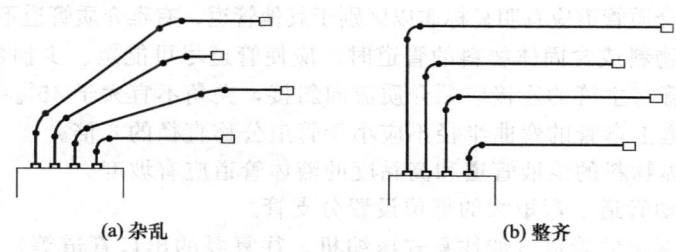

图 1.13　管线布置力求整齐美观

（5）在确定进出装置（单元）管道的方位与敷设方式时，应做到内外协调。

（6）厂区内的全厂性管道的敷设，应与厂区内的装置（单元）、道路、建筑物、构筑物等协调，一般沿厂区道路设计厂内管廊，减少管道与铁路、道路的交叉。

（7）永久性的地上、地下管道不得穿越或跨越与其无关的工艺装置、系统单元或储罐组；在跨越罐区泵房的可燃气体、液化烃和可燃液体的管道上不应设置阀门及易发生泄漏的管道附件。

（8）进、出装置的可燃气体、液化烃和可燃液体的管道，在装置的边界处应设隔断阀和盲板，在隔断阀处应设平台，长度等于或大于 8m 的平台应在两个方向设梯子。

（9）可燃气体、液化烃和可燃液体的管道不得穿过与其无关的建筑物。

（10）管道宜集中成排布置。地上的管道应敷设在管架或管墩上。

（11）在管廊、管墩上布置管道时，宜使管架或管墩所受的垂直载荷、水平载荷均衡。

（12）全厂性管廊或管墩上（包括穿越涵洞）应留有 10%～30% 的裕量，并考虑其荷重。装置主管廊宜留有 10%～20% 的裕量，并考虑其荷重。

（13）输送介质对距离、角度、高差等有特殊要求的管道以及大直径管道的布置，应符合设备布置设计的要求。

（14）管道布置不应妨碍设备、机泵及其内部构件的安装、检修和消防车辆的通行。

（15）管道布置应使管道系统具有必要的柔性。在保证管道柔性及管道对设备、机泵管口作用力和力矩不超过允许值的情况下，应使管道最短，组成件最少。

（16）应在管道规划的同时考虑其支承点设置，宜利用管道的自然形状达到自行补偿。

（17）管道布置宜做到"步步高"或"步步低"，减少"气袋"⌐⌐或"液袋"⌐⌐，否则应根据操作、检修要求设置放空、放净。管道布置应减少"盲肠"。

（18）气液两相流的管道由一路分为两路或多路时，管道布置应考虑对称性或满足管道及仪表流程图的要求。

(19) 管道除与阀门、仪表、设备等需要用法兰或螺纹连接者外，应采用焊接连接。

(20) 下列情况应考虑法兰、螺纹或其他可拆卸连接。

① 因检修、清洗、吹扫需拆卸的场合。
② 衬里管道或夹套管道。
③ 管道由两段异种材料组成且不宜用焊接连接者。
④ 焊缝现场热处理有困难的管道连接点。
⑤ 公称直径小于100mm的镀锌管道。
⑥ 设置盲板或"8"字盲板的位置。

(21) 蒸汽管道或可凝性气体管道的支管宜从主管的上方相接。蒸汽冷凝液支管应从收回总管的上方接入。

(22) 有毒介质管道应采用焊接连接，除有特殊需要外不得采用法兰或螺纹连接。法兰或螺纹连接易发生泄漏，只有由于制造、检修等原因才考虑采用；但焊接连接的强度和密封性能好，一般都采用此形式。有毒介质管道应有明显标志以区别于其他管道，有毒介质管道不应埋地敷设。

(23) 布置固体物料或含固体物料的管道时，应使管道尽可能短、少拐弯和不出现死角。

① 固体物料支管与主管的连接应顺介质流向斜接，夹角不宜大于45°。
② 固体物料管道上弯管的弯曲半径不应小于管道公称直径的6倍。
③ 含有大量固体物料的浆液管道和高黏度的液体管道应有坡度。

(24) 不应在振动管道上弯矩大的部位设置分支管。

(25) 在易产生振动的管道（如往复式压缩机、往复泵的出口管道等）的转弯处，应采用弯曲半径不小于1.5倍公称直径的弯头。分支管宜顺介质流向斜接。

(26) 从有可能发生振动的管道上接出公称直径小于或等于40mm的支管时，不论支管上有无阀门，连接处均应采取加强措施。

(27) 自流的水平管道应有不小于3‰的顺介质流向坡度。

(28) 各种弯管的最小弯曲半径应符合表1.9的规定。

表1.9　弯管最小弯曲半径

管道设计压力/MPa	弯管制作方式	最小弯曲半径
<10.0	热弯	3.5DN
	冷弯	4.0DN
≥10.0	冷、热弯	5.0DN

(29) 管道穿过建筑物的楼板、屋顶或墙面时，应加套管，套管与管道间的空隙应密封（用非金属柔性材料充填）。套管的直径应大于管道隔热层的外径，并不得影响管道的热位移。管道上的焊缝不应在套管内，距离套管端部不应小于150mm。套管应高出楼板、屋顶面50mm。管道穿过屋顶时应设防雨罩。管道不应穿过防火墙或防爆墙。

(30) 布置腐蚀性介质、有毒介质和高压管道时，应避免由于法兰、螺纹和填料密封等泄漏而造成对人身和设备的危害。易泄漏部位应避免位于人行通道或机泵上方，否则应设安全防护，见图1.14。

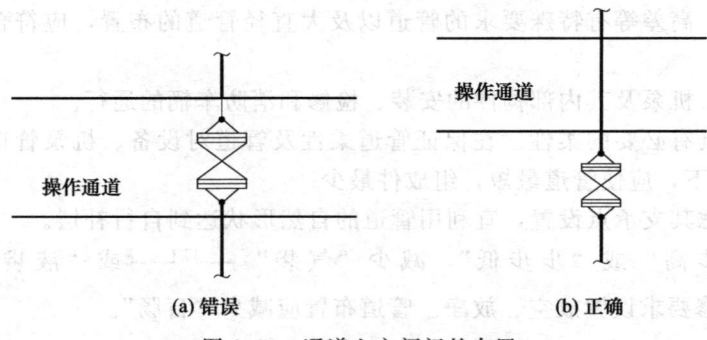

图1.14　通道上方阀门的布置

(31) 有隔热层的管道，在管墩、管架处应设管托。无隔热层的管道，如无要求，可不设管托。当隔热层厚度小于或等于 80mm 时，选用高 100mm 的管托；隔热层厚度大于 80mm 时，选用高 150mm 的管托；隔热层厚度大于 130mm 时，选用高 200mm 的管托；保冷管道应选用保冷管托。

(32) 厂区地形高差较大时，全厂性管道敷设应与地形高差保持一致，在适当位置调整管廊标高。管道的最小坡度宜为 2‰。管道变坡点宜设在转弯处或固定点附近。

(33) 对于跨越、穿越厂区内铁路和道路的管道，在其跨越段或穿越段上不得装设阀门、金属波纹管补偿器和法兰、螺纹接头等管道组成件。

(34) 有热位移的埋地管道，在管道强度允许的条件下可设置挡墩，否则应采取热补偿措施。

(35) 安全喷淋洗眼器应根据腐蚀性介质或有毒介质的性质、操作特点和防护要求等设置，其服务半径的范围不应大于 15m。

(36) 软管站应根据需要设置，站内可包括蒸汽、新鲜水、装置空气和氮气，其服务半径的范围宜为 15～20m。

软管站一般是为了吹扫、置换或检修等需要设置，由管道、阀门、软管接头、软管及软管架等组成。根据需要可由蒸汽、新鲜水、装置空气、氮气等 1～4 种介质组成。

(37) 非金属管道和非金属衬里管道

① 对于塑料管道和塑料衬里、橡胶衬里管道的设计。应根据非金属管道具有强度和刚度低、线胀系数大、易老化等弱点，管道的布置应满足下列要求：管架的支承方式及管架的间距，应能满足管道对强度和刚度条件的要求，一般取二者中小者作为最大管架间距；管道应有足够的柔性或有效的热补偿措施，以防因膨胀（或收缩）或管架和管端的位移造成泄漏或损坏；管道应采取有效的防静电措施；露天敷设的管道，应有防老化措施；在有火灾危险的区域内，应为其设置适当的安全防护措施。

② 非金属衬里管道的布置应满足下列要求：应特别注意非金属材料的特性与金属材料之间的差异，使膨胀（或收缩）及其他位移产生的应力降到最小；每一根管线都应在三维坐标系的至少一个方向上设置一个尺寸调整管段，以保证安装准确；非金属衬里管不宜用于真空管道。

(38) 管道布置的安全措施

① 消防与防护。对于直接排放到大气中去的温度高于物料自燃温度的烃类气体泄放阀出口管道，应设置灭火用的蒸汽或氮气管道，并由地面上控制。烃类液体储罐外应设置水喷淋的防火措施，阀门应设在火灾时可接近的地方。

② 事故应急设施。在输送酸性、碱性及有害介质的各种管道和设备附近应配备专用的洗眼和淋浴设施，该设施应布置在使用方便的地方，还要考虑淋浴器的安装高度，使水能从头上喷淋。在寒冷地区户外使用时，应对该设施采取防冻措施。

③ 防静电。对输送有静电危害的介质的管道，必须考虑静电接地措施，应符合所执行项目的防止静电事故规定。

三、工业管道布置设计常用的标准规范（表 1.10）

表 1.10 工业管道布置设计常用标准规范

国内项目	国内的项目一般遵循以下规范，有时还需要遵循业主企业的规定。 ①GB 50160《石油化工企业设计防火规范》 ②GB 50058《爆炸危险环境电力装置设计规范》 ③GB 50316《工业金属管道设计规范》

续表

国内项目	④GB 50074《石油库设计规范》 ⑤GB 50264《工业设备及管道绝热工程设计规范》 ⑥GB 50041《锅炉房设计规范》 ⑦GB 50030《氧气站设计规范》 ⑧HG/T 20675《化工企业静电接地设计规程》 ⑨SH 3010《石油化工设备和管道隔热设计规范》 ⑩SH 3012《石油化工金属管道布置设计规范》 ⑪SH/T 3022《石油化工设备和管道涂料防腐蚀设计规范》 ⑫SH 3039《石油化工非埋地管道抗震设计通则》 ⑬SH/T 3040《石油化工管道伴管和夹套管设计规范》 ⑭SH 3041《石油化工管道柔性设计规范》 ⑮SH 3059《石油化工管道设计器材选用规范》 ⑯SH 3073《石油化工企业管道设计支吊架设计规范》 ⑰SH 3043《石油化工企业设备管道表面色和标志》 ⑱SH 3051《石油化工企业配管工程术语》 ⑲SH 3052《石油化工企业配管工厂设计图例》 ⑳SH 3097《石油化工静电接地设计规范》
国外项目	国外的项目遵循较多的规范如下所列,有时还需要遵循项目所在国家和业主企业的规定 NFPA 美国消防协会规范(例如 NFPA 30、NFPA 59 等) ASME B31 系列美国标准(例如 ASME B31.1、ASME B31.3 等)

工程应用：设计文件罗列规范过多引起的设计错误

某石化项目的设计文件,工程规定内罗列了配管设计常见的 GB、SH、SY、DL、ASME 等所有标准规范,这些规范是从参考资料、标准规范内摘抄过来的。其实,这些配管设计标准规范,有些规定相互间是不一致和矛盾的,需要根据所执行项目的特点和适用范围进行选择,再列举到具体项目的工程规定内。盲目地将所有的配管设计规范进行罗列,会造成设计不符合规范要求的错误。

工程应用：管道分类分级错误引起的施工检测错误

某工程的工艺管线数据表内,火炬管线含有 30% 的硫化氢,应该为 GC1 类压力管道,却被设计人员错误地划分为 GC2 压力等级,造成施工检测时的检测比例偏低,不符合国家有关规范的强制要求,在施工结束后才发现错误,经过重新施工检测才算弥补了错误,给工程设计和施工企业造成了很大的损失。

工程应用：工程企业压力管道资质盖章错误实例

国内某工程企业,50 张 A1# 消防水管道平面布置图盖了企业的压力管道设计资质章,实际上消防水管道不属于压力管道,不用盖企业的压力管道设计资质章。

第二章

通用配管设计

第一节 炼油化工装置典型工艺简介及配管设计要点

一、不同的工艺流程对装置设备布置及配管设计的影响

笔者到一些单位参与配管设计评审和调研工作时发现：有的配管设计人员虽然已经完成了配管设计文件，却不清楚所设计的装置是生产什么的。本节重点介绍下列炼油化工装置的典型工艺及配管设计特点。

无论是炼油装置、石化装置还是其他工业装置，无论工艺流程图如何变化，配管设计的本质都是对管廊、塔、容器、反应器、换热器、再沸器、空冷器、加热炉、储罐（组）、泵、压缩机、建筑物、构筑物、平台、梯子、道路等设施的布置及设计。各装置配管设计技术的重点是这些设备设施的配管设计，本书将以这些设备、设施为主线，系统地介绍配管设计。

二、常减压蒸馏装置工艺简介及配管设计要点

1. 装置简介

常减压蒸馏装置是对原油进行首次加工的生产装置，炼油流程如图 2.1 所示，即通过蒸馏将原油分馏成汽油、煤油、柴油、蜡油、渣油等组分。现代化的原油蒸馏装置都采用在常压和减压下操作，即常减压蒸馏。由于常减压蒸馏是原油加工的第一步，并为以后的二次加工提供原料，所以常减压蒸馏装置的处理量也代表着炼油厂的处理量。

2. 典型常减压蒸馏装置的工艺及特点

常减压蒸馏装置的构成包括电脱盐、常压蒸馏、减压蒸馏三个部分，有些装置还有：航煤脱硫醇、初馏塔等部分。典型常减压蒸馏装置的工艺流程如图 2.2 所示。

常压蒸馏系统的原料为原油等。主要产品有石脑油、重整原料、煤油、柴油等产品。减压蒸馏系统主要产品有润滑油馏分、催化裂化原料、加氢裂化原料、焦化原料、沥青原料、燃料油等。常减压工序是不生产汽油产品的，其中蜡油和渣油进入催化裂化环节，生产汽油、柴油、煤油等成品油；石脑油直接出售由其他小企业生产溶剂油或者进入下一步的深加工，一般是催化重整生产溶剂油或提取萃类化合物；减一线可以直接进行调剂润滑油。

(1) 常压蒸馏工段

原油首先进入一组换热器，与产品或回流油换热，并注入洗涤水和破乳剂，达到一定的温度后进入电脱盐罐，进行原油的脱盐、脱水。脱盐脱水后的原油继续进入另一组换热器，与系统中高温热源换热后，进入初馏塔（或闪蒸塔）。初馏的操作温度较低，一般低于230℃，不直接出产品。其作用是在较低温度下，脱除原油中的汽油轻组分和 $C_1 \sim C_4$，同时除掉部分硫氢化物和氯化物，设置初馏塔（或闪蒸塔）的目的是提高处理量。

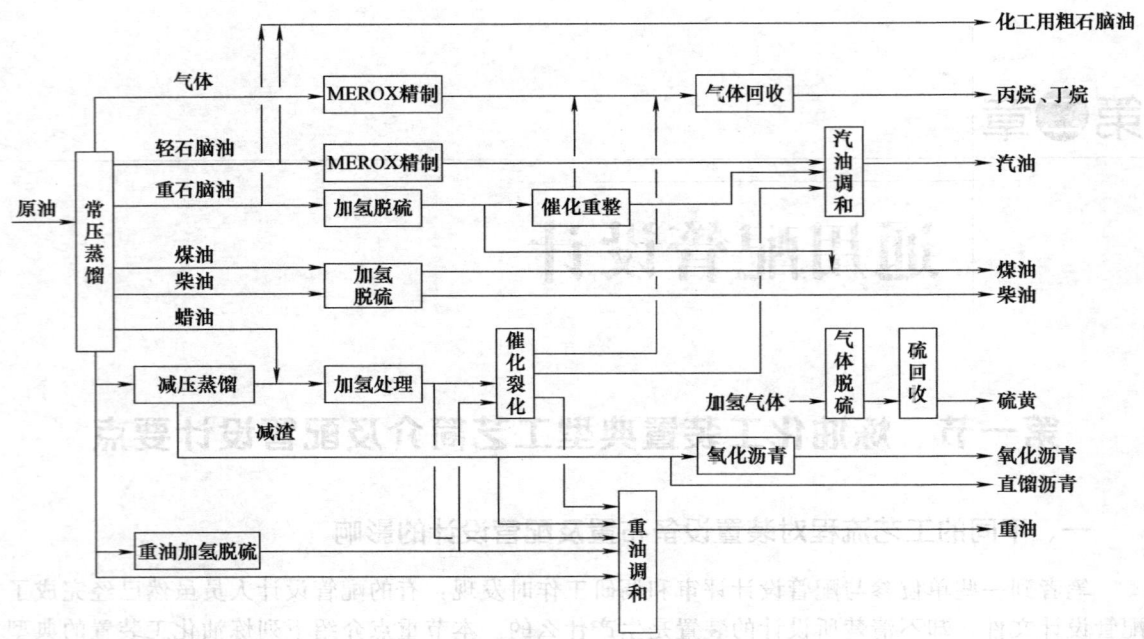

图 2.1 炼油流程示意图

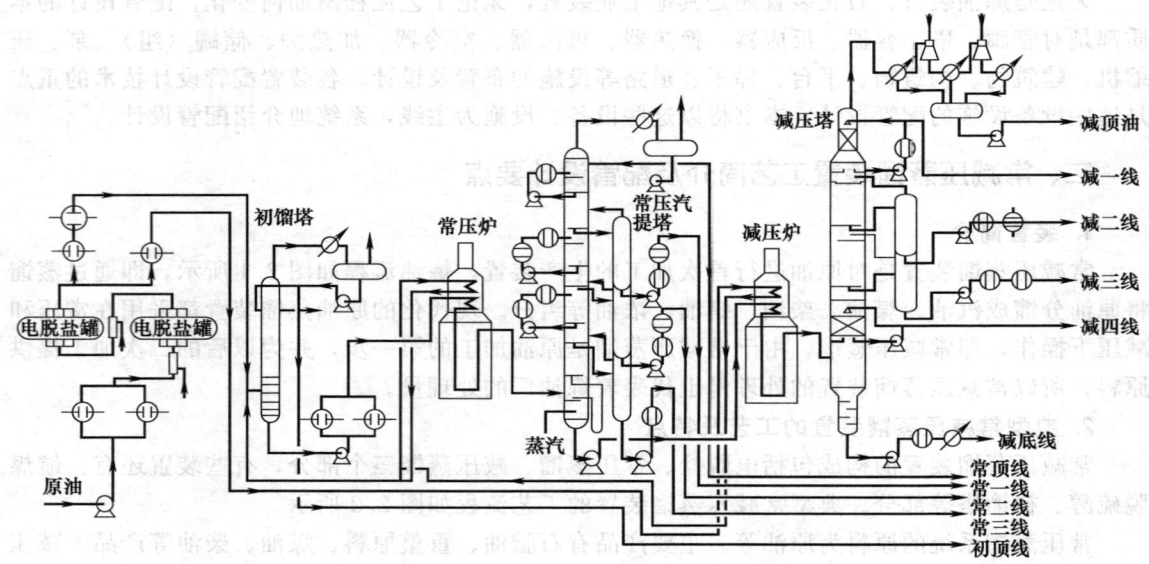

图 2.2 典型常减压蒸馏装置的工艺流程及主要设备

初馏塔底油经提压,并逐次换热后进入常压炉,经转油线进入常压分馏塔进行分馏。在常压塔中将原油分馏成汽油、煤油、柴油、常压渣油,有时还有部分蜡油等组分。产品经汽提及必要的电化学精制后送入储罐。

(2) 减压蒸馏工段

为了进一步从重质馏分中分离出轻质的燃料油,常将常压塔底油在更高的温度和负压条件下做进一步蒸馏。常压渣油经塔底泵提压送入减压炉加热,经转油线进入减压分馏塔。减压塔一般有 3~4 个侧线,作为制造润滑油或催化裂化的原料。塔底渣油经泵加压后,可以送往延迟焦化、氧化沥青、催化裂化或渣油加氢裂化等装置做进一步加工。

3. 介质特点

① 原油和塔底油（主要指常压塔和减压塔）比较黏稠，原油中带来的盐、酸等在蒸馏条件下发生分解，并表现出对金属材料的较强腐蚀性。常减压蒸馏装置中的典型介质包括原油、盐、硫化物、环烷酸等。

② 原油是直接从油井中开采出来未加工的石油，它是一种由各种烃类组成的黑褐色或暗绿色黏稠液态或半固态的可燃物质。它由不同的烃类化合物混合组成，其主要成分是烷烃。原油的凝固点在 $-50\sim35℃$ 之间。

③ 硫化氢为原油中的主要活性硫化物，硫化氢在有水存在的情况下表现为电化学腐蚀，对碳钢表现为全面腐蚀、氢鼓包。硫化氢在高温下表现为化学腐蚀，使金属均匀减薄。硫化氢为高度危害介质。

4. 常减压蒸馏装置的配管设计

主要是对加热炉、塔、换热器、罐、泵等设备的配管设计。常减压蒸馏装置设备是常压蒸馏塔，即为原油在常压（或稍高于常压）下进行的蒸馏，所用的蒸馏设备叫做原油常压精馏塔（或称常压塔）。减压蒸馏是在压力低于 100kPa 的负压状态下进行的蒸馏过程。减压蒸馏的核心设备是减压塔和它的抽真空系统。减压塔的抽真空设备常用的是蒸汽喷射器（也称蒸汽吸射泵）或机械真空泵。其中机械真空泵只在一些干式减压蒸馏塔和小炼油厂的减压塔中采用，而广泛应用的是蒸汽喷射器。

三、催化裂化装置工艺简介及配管设计要点

1. 装置简介

催化裂化是重油轻质化的核心工艺之一，是提高原油加工深度、增加轻质油收率的重要手段，在汽油和柴油等轻质产品的生产中占有很重要的地位。催化裂化是炼厂获取经济效益的重要手段。催化裂化是重质油在酸性催化剂的作用下发生裂解，生成轻质油、气体和焦炭的过程。催化裂化反应包括分解和缩合两个过程，分解等反应生成气体、汽油等小分子产物，缩合反应生成焦炭。

一般原油经过常减压蒸馏后可得到的汽油、煤油及柴油等轻质油品仅有 $10\%\sim40\%$，其余的是重质馏分油和残渣油。如果想得到更多轻质油品，就必须对重质馏分和残渣油进行二次加工。催化裂化是最常用的生产汽油、柴油生产工序，汽油柴油主要是通过该工艺生产出来。这也是一般石油炼化企业最重要的生产环节。

2. 典型催化裂化装置的工艺及特点

原料：渣油和蜡油 70% 左右，催化裂化一般是以减压馏分油和焦化蜡油为原料，但是随着原油日益加重以及对轻质油需求越来越高，大部分石炼化企业开始在原料中掺加减压渣油，甚至直接以常压渣油作为原料进行炼制。

产品：汽油、柴油、油浆（重质馏分油）、液体丙烯、液化气；各自占比：汽油占 42%，柴油占 21.5%，丙烯占 5.8%，液化气占 8%，油浆占 12%。

催化裂化是在有催化剂存在的条件下，将重质油（例如渣油）加工成轻质油（汽油、煤油、柴油）的主要工艺，是炼油过程主要的二次加工手段，属于化学加工过程。工艺过程：①常渣和蜡油经过原料油缓冲罐进入提升管、沉降器、再生器形成油气，进入分馏塔。②一部分油气进入粗汽油塔、吸收塔、空压机进入凝缩油罐，经过再吸收塔、稳定塔，最后进行汽油精制，生产出汽油。③一部分油气经过分馏塔进入柴油汽提塔，然后进行柴油精制，生产出柴油。④一部分油气经过分馏塔进入油浆循环，最后生产出油浆。⑤一部分油气经分馏塔进入液态烃缓冲罐，经过脱硫吸附罐、砂滤塔、水洗罐、脱硫醇抽提塔、预碱洗罐、胺液回收器、脱硫抽提塔、缓冲塔，最后进入液态烃罐，形成液化气。⑥一部分油气经过液态烃缓冲罐进入脱

丙烷塔、回流塔、脱乙烷塔、精丙烯塔、回流罐，最后进入丙烯区球罐，形成液体丙烯。液体丙烯再经过聚丙烯车间的进一步加工生产出聚丙烯。

催化裂化装置大致可以分为四个加工单元，即反应再生系统、分馏系统、吸收稳定系统和能量回收系统。

(1) 反应再生系统 反应再生系统包括原料油的裂化反应和催化剂的再生两个工艺过程。典型的催化裂化装置的反应再生系统工艺流程如图 2.3 所示。经换热升温后的新鲜原料油与回炼油混合，经加热炉加热后送至催化裂化提升管反应器下部喷嘴，原料油蒸气雾化后喷入提升管内，与来自再生器的高温催化剂接触，随即气化并发生反应。反应生成的气体、汽油、液化气、柴油等组成的反应油气被送至旋风分离器。经旋风分离器分离出夹带的催化剂后送入分馏塔进行分馏。

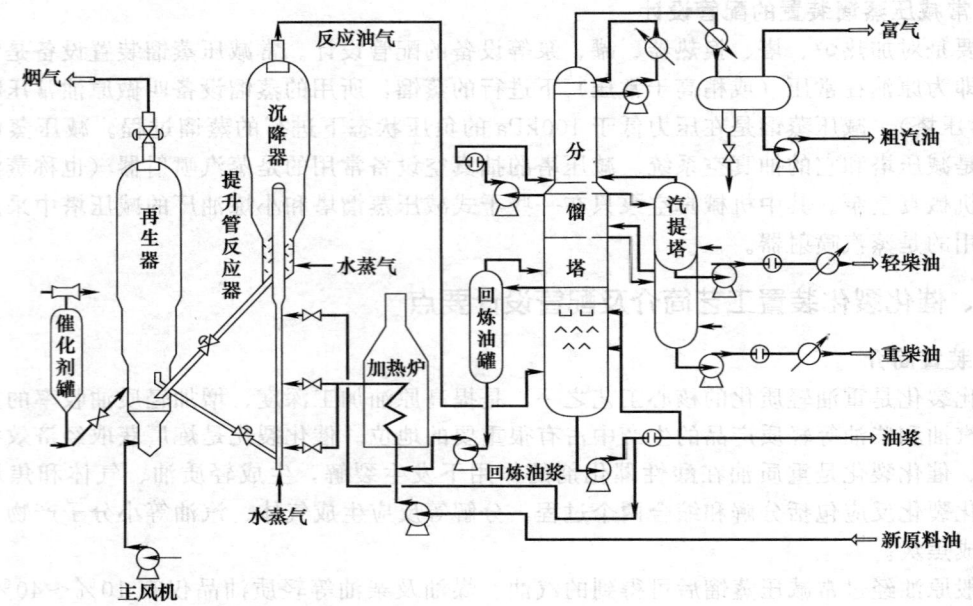

图 2.3 典型的催化裂化装置的反应再生系统工艺流程（含分馏系统）

经汽提后的待生催化剂通过待生斜管进入再生器，用空气烧焦，烧去催化剂上因反应而生成的积炭，使催化剂的活性得以恢复。再生后的催化剂落入淹流管，经再生斜管送回反应器循环使用。在生产过程中，催化剂会有损失及失活。为了维持系统内催化剂的存量和活性，需要定期地或经常地向系统中补充或置换新鲜催化剂。催化剂的补充常采用稀相输送的方法，输送介质为压缩空气。

(2) 分馏系统 典型的催化裂化分馏系统工艺流程如图 2.4 所示。

由反应器来的反应油气从分馏塔下部进入分馏塔。在底部的脱过热段与油浆换热，并洗掉油气中携带的少量催化剂。反应油气在分馏塔内上升并经过多次的传热、冷凝，在分馏段根据物料的沸点差，从上至下分离出富气、粗

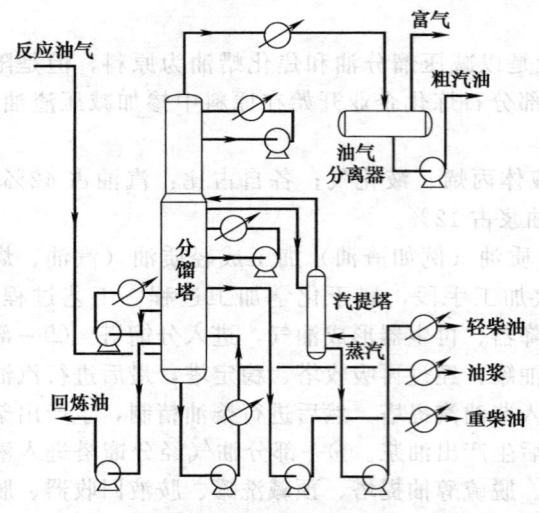

图 2.4 典型的催化裂化分馏系统工艺流程

汽油、柴油、回炼油和油浆。塔顶为沸点最低的富气及粗汽油。经换热冷却后，进入油气分离器。油气分离器顶部出来的催化富气，经气体压缩机压缩后，进入吸收稳定系统。

侧线抽出的轻柴油、重柴油经汽提塔汽提，再经换热、冷却后出装置。侧线回炼油与原料油混合返回分馏塔进行回炼。塔底抽出的是油浆，一部分经换热、冷却后出装置；一部分返回分馏塔脱过热段进行循环；另一部分油浆则送至反应器回炼。由于分馏塔的进料是带有催化剂粉尘的过热油气，因此，分馏塔底部设有脱过热段，用经过冷却的油浆把油气冷却到饱和状态，并洗掉夹带的催化剂粉尘，以便后续分馏，并避免塔盘堵塞。

(3) 吸收稳定系统　典型的催化裂化吸收稳定系统工艺流程如图2.5所示。

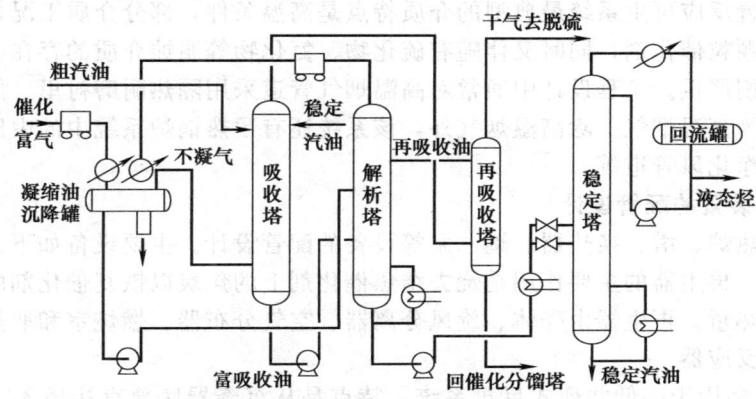

图 2.5　典型的催化裂化吸收稳定系统工艺流程

从分馏塔顶油气分离器出来的催化富气中带有汽油组分，而粗汽油中则溶解有 C_3、C_4 组分。吸收稳定系统的作用就是利用吸收和精馏的方法，将富气和粗汽油分离成干气（$\leqslant C_2$）、液化气（C_3、C_4）及稳定汽油。

吸收稳定系统主要由吸收塔、再吸收塔、解吸塔及稳定塔组成。

① 富气经气压机升压、冷却并分出凝缩油后形成不凝气，由底部进入吸收塔。稳定汽油和粗汽油则作为吸收液由塔顶进入。将富气中的 C_3、C_4（含少量 C_2）等吸收后得到富吸收油。吸收塔顶部出来的贫气中夹带有少量的稳定汽油，经再吸收塔用柴油回收其中的汽油组分后成为干气。干气被送出装置进行气体脱硫。再吸收塔底油则返回催化分馏塔。

② 富吸收油和凝缩油均进入解吸塔，使其中的气体解吸后，从塔顶返回凝缩油沉降罐。塔底的未稳定汽油送入稳定塔，通过精馏作用将液化气和稳定汽油分开。

③ 稳定塔顶产品为液化气（液态烃），稳定塔底产品为稳定汽油。液态烃再利用精馏的方法通过气体分馏装置将其中的丙烯、丁烯分离出来，进行化工利用。稳定塔实质上是一个精馏塔。

(4) 能量回收系统　催化裂化反应产生较多的热能，而能量回收

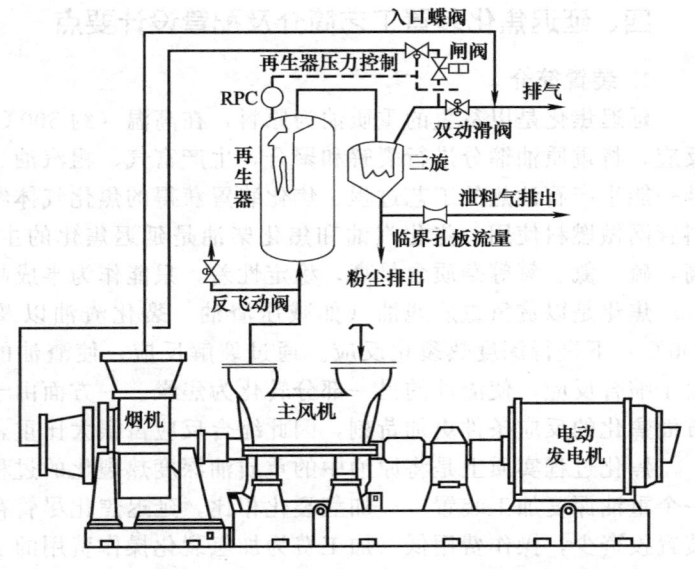

图 2.6　典型的催化裂化能量回收系统的工艺流程示意图

系统是为这些热能的回收而设置的。不同的催化裂化能量回收系统的工艺流程不尽相同，主要区别在于烟气轮机-主风机组的组成上。图 2.6 所示为典型的催化裂化能量回收系统的工艺流程示意图。

由再生器过来的高温烟气，含有微量的催化剂粉尘，会造成烟气轮机叶片的磨损。烟汽轮机首先用于主风机的驱动，多余能量则带动电动/发电机发电。烟气在驱动烟气轮机做功并回收了压力能后，温度略有降低，但仍然保持较高的温度。通常情况下，烟气还会被送至余热锅炉产生中压蒸气。最后，烟气经进一步降温后直接排入大气，或经脱硫后再排入大气。

3. 介质特点

催化裂化装置反应再生系统最典型的介质特点是高温条件，部分介质工况含有固体颗粒催化剂或夹带固体颗粒催化剂，同时又伴随有硫化物、氮化物等腐蚀介质的存在。含有固体催化剂的管道通常冲刷严重。工程设计中通常对高温烟气管道采用隔热耐磨衬里。能量回收系统较典型的介质特点为高温烟气。除高温烟气外，该系统还有预热锅炉系统中的中压蒸汽管道、主风机的大口径非净化风管道等。

4. 催化裂化装置的配管设计

主要是对加热炉、塔、换热器、罐、泵等设备的配管设计。主要设备如下。

（1）再生器　再生器的主要作用是烧去结焦催化剂上的焦炭以恢复催化剂的活性，同时也提供裂化所需的热量。再生器由壳体、旋风分离器、空气分布器、燃烧室和取热器组成。

（2）提升管反应器

① 直管式。多用于高低并列式反再系统，特点是从沉降器底部直接插入，结构简单，压降小。

② 折叠式。多用于同轴式式反再系统。

（3）沉降器　沉降器的作用是使来自提升管的反应油气和催化剂分离，油气经旋风分离器分出夹带催化剂后经集气室去分馏系统。由快速分离器出来的催化剂靠重力在沉降器中向下沉降，落入气体段。

（4）主风机　供给再生器烧焦用空气。

（5）气压机　用于给分馏系统来的富气升压，然后送往吸收稳定系统。

（6）增压机　供给Ⅳ型反应再生装置密相提升管调节催化剂循环量。

四、延迟焦化装置工艺简介及配管设计要点

1. 装置简介

延迟焦化是以贫氢的重质油为原料，在高温（约 500℃）条件下进行深度的热裂化和缩合反应，将重质油馏分进行裂解和聚合，生产富气、粗汽油、柴油、蜡油和焦炭的技术。它又是唯一能生产石油焦的工艺过程。焦化装置获得的焦化气体经脱硫处理后可作为制氢原料或送燃料管网做燃料使用。焦化汽油和焦化柴油是延迟焦化的主要产品，但其质量较差，烯烃含量高，硫、氮、氧等杂质含量高，稳定性差，只能作为半成品或中间产品。

焦化是以贫氢重质残油（如减压渣油、裂化渣油以及沥青等）为原料，在高温（400～500℃）下进行深度热裂化反应。通过裂解反应，使渣油的一部分转化为气体烃和轻质油品；由于缩合反应，使渣油的另一部分转化为焦炭。一方面由于原料重，含相当数量的芳烃，另一方面焦化的反应条件更加苛刻，因此缩合反应占很大比重，生成焦炭多。

焦化过程实质上是将原油中的重质油深度热裂化的过程，也是处理渣油的手段之一。与另一个重油深度加工装置——加氢裂化相比，延迟焦化尽管存在轻质油产品稳定性差的缺点，但装置投资少，操作费用低（加工费为加氢裂化操作费用的 1/3～1/2），转化深度高。

原料：延迟焦化与催化裂化类似的脱碳工艺以改变石油的碳氢比，延迟焦化的原料可以是

重油、渣油甚至是沥青，对原料的品质要求比较低。渣油主要的转化工艺是延迟焦化和加氢裂化。

产品：主要产品是蜡油、柴油、焦炭、粗汽油和部分气体。

延迟焦化的生产过程是：将重质油送到管式炉中加热，并采用高的流速（在炉管中注水）及高的热强度（炉出口温度500℃），使油品在加热炉中短时间内达到焦化反应所需的温度，但在反应炉管内不生焦，而是迅速地进入焦炭塔，使焦化反应不在加热炉中而延迟到焦炭塔中进行，因此称为延迟焦化。

2. 典型延迟焦化装置的工艺及特点

延迟焦化装置的生产工艺分为焦化和除焦两部分，焦化为连续操作，除焦为间隙操作。由于工业装置一般设有两个或四个焦炭塔，所以整个生产过程仍为连续操作。

① 原油预热，焦化原料（减压渣油）先进入原料缓冲罐，再用泵送入加热炉对流段升温至340~350℃。

② 经预热后的原油进入分馏塔底，与焦炭塔产出的油气在分馏塔内（塔底温度不超过400℃）换热。

③ 原料油和循环油一起从分馏塔底抽出，用热油泵打进加热炉辐射段，加热到焦化反应所需的温度（500℃左右），再通过四通阀由下部进入焦炭塔，进行焦化反应。

④ 原料在焦炭塔内反应生成焦炭聚积在焦炭塔内，油气从焦炭塔顶出来进入分馏塔，与原料油换热后，经过分馏得到气体、汽油、柴油和蜡油。塔底循环油和原料一起再进行焦化反应。

延迟焦化装置的生产核心是重质油的裂化结焦反应，而裂化结焦反应需要一定的时间，反应完成后还需要除焦。因此，延迟焦化生产是半连续的过程。为了实现整个装置的连续生产，实际的工业生产装置均采用一炉两塔（焦炭塔）、两炉四塔等工艺流程，即通过加热炉和/或焦炭塔的切换操作，实现装置的连续操作。

图 2.7 所示为典型的一炉两塔延迟焦化工艺流程示意图，如图 2.8 所示为典型的两炉四塔延迟焦化工艺流程示意图。

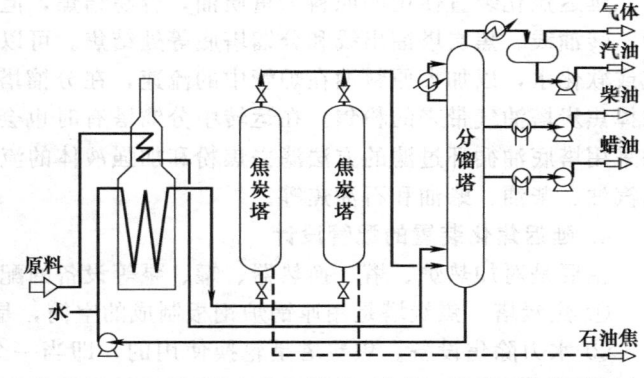

图 2.7 典型的一炉两塔延迟焦化工艺流程示意图

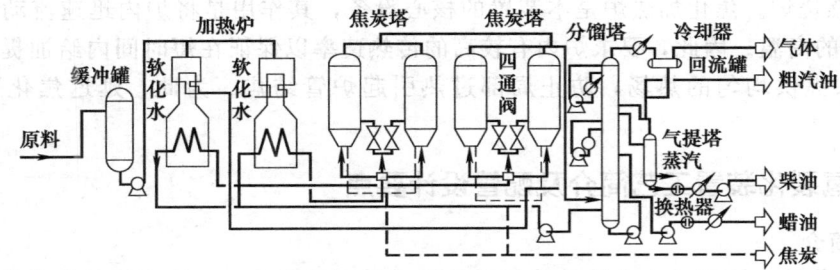

图 2.8 典型的两炉四塔延迟焦化工艺流程示意图

一般情况下，延迟焦化装置分为三个工段，即原料油预热、焦化反应、分馏和吸收稳定。核心工段为焦化反应。

（1）原料油预热系统　焦化原料（通常是减压渣油）首先进入原料缓冲罐，再用泵加压，送入加热炉对流段加热。加热后的原料油进入分馏塔底,与焦炭塔产出的油气在分馏塔内换热。把原料中的轻质油蒸出来,同时又加热了原料。

(2) 焦化反应系统　原料油和循环油一起从分馏塔底抽出,用热油泵加压,进加热炉辐射段,加热到焦化反应所需的温度(500℃),再通过四通阀由下部进入焦炭塔,进行焦化反应。为防止油在炉管内反应结焦,需向炉管内注水,以加大管内流速,缩短油在管内的停留时间。进入焦炭塔的高压渣油,需在塔内停留足够时间,以便进行充分反应。原料油在焦炭塔内反应生成焦炭并聚积在焦炭塔内,油气从焦炭塔顶出来进入分馏塔。焦化生成的焦炭留在焦炭塔内,通过水力除焦从塔内排出。目前的除焦设备都已采用压力约为 34MPa 的高压水水力除焦法。焦炭塔是两台一组,一炉两塔的延迟焦化工艺只有一组焦炭塔,两炉四塔的延迟焦化工艺则有两组焦炭塔。对于两炉四塔工艺,两组焦炭塔既可单独操作,又可并联操作。在每组焦炭塔中,一台塔在反应生焦时,另一台则处于除焦阶段。即当一台塔内焦炭积聚到一定高度时进行切换,切换后通入蒸汽除去轻质烃类并注水冷却,然后除焦。

(3) 分馏系统　焦炭塔塔顶出来的高温油气被送至分馏塔下部,在塔内进行传质、传热,并进行馏分切割,分别获得气体、汽油、柴油和蜡油。塔顶获得的轻质烃类(包括油气和汽油)送至吸收稳定部分进行分离得到干气及液化气,并使汽油的蒸气压合格,必要时先送至脱硫工艺进行脱硫。侧线产出的柴油经加氢精制后成为产品燃料油,蜡油可作为催化裂化原料或燃料油。塔底循环油和原料进行掺混并一起作为焦化反应的原料。

(4) 吸收稳定部分　分馏塔塔顶产出的轻质烃类(包括油气和汽油)在吸收稳定部分分别进行干气分离、汽油精制等,过程类似于催化裂化装置的吸收稳定系统,这里不再重复。

3. 介质特点

延迟焦化装置使用的原料为重质油,容易结焦,但希望在焦炭塔中结焦,而不希望在加热炉、转油线、焦炭塔馏出线和分馏塔底等处结焦。可以在原料油进加热炉辐射管之前,注入蒸汽或软化水,以加大原料油在炉管中的流速,在分馏塔底设循环油泵,并在泵入口加过滤器,滤掉焦炭塔油气带来的粉焦。在运转中分馏塔有时也会出现结焦现象,为此需控制塔底温度,并采用塔底油循环过滤的方法滤去焦粉和加强液体的流动来加以防止。延迟焦化过程的产品包括汽油、柴油、蜡油和石油焦等。

4. 延迟焦化装置的配管设计

主要是对加热炉、塔、换热器、罐、泵等设备的配管设计。主要设备如下。

① 焦炭塔。焦炭塔是用厚锅炉钢板制成的空筒,是进行焦化反应的场所。

② 水力除焦设备。焦炭塔是轮换使用的,即当一个塔内焦炭聚集到一定高度时,通过四通阀将原料切换到另一个焦炭塔。聚结焦炭的焦炭塔先用蒸汽冷却,然后进行水力除焦。

③ 无焰燃烧炉。焦化加热炉是本装置的核心设备,其作用是将炉内迅速流动的渣油加热至 500℃ 左右的高温。因此,要求炉内有较高的传热速率以保证在短时间内给油提供足够的热量,同时要求提供均匀的热场,防止局部过热引起炉管结焦。为此,延迟焦化通常采用无焰炉。

五、加氢裂化装置工艺简介及配管设计要点

1. 装置简介

重油轻质化基本原理是改变油品的相对分子质量和氢碳比,而改变相对分子质量和氢碳比往往是同时进行的。改变油品的氢碳比有两条途径,一是脱碳,二是加氢。

加氢裂化属于石油加工过程的加氢路线,是在催化剂存在下从外界补入氢气以提高油品的氢碳比。加氢裂化实质上是加氢和催化裂化过程的有机结合,一方面能使重质油品通过裂化反应转化为汽油、煤油和柴油等轻质油品,另一方面又可防止像催化裂化那样生成大量焦炭,而

且还可将原料中的硫、氯、氧化合物杂质通过加氢除去，使烯烃饱和。

加氢处理装置不仅能够提高原油的收率，而且可获得高质量的轻质燃料油。现代化的炼油厂无不把加氢处理装置列为必上项目。根据原料油的不同，预期获得的产品类型不同。加氢处理装置分为加氢精制装置、加氢脱硫装置、加氢裂化装置、润滑油加氢装置等类型。这里介绍加氢裂化装置。

加氢裂化装置的原料油主要是上游装置如常减压、催化、焦化的重质馏分油、渣油或其混合物。这些重质油在一定的压力、温度条件下，并在催化剂的作用下与氢气发生化学反应，从而达到使重质油变为优质轻质燃料油的目的。加氢裂化装置的产品主要有高级汽油、航空煤油、低凝固点柴油、石脑油等。

原料：重质油等。产品：轻质油（汽油、煤油、柴油或催化裂化、裂解制烯烃的原料）。

2. 典型加氢裂化装置的工艺及特点

加氢裂化装置生产流程，按反应器中催化剂所处的状态不同，可分为固定床、沸腾床和悬浮床等几种。

(1) 固定床加氢裂化　固定床是指将颗粒状的催化剂放置在反应器内，形成静态催化剂床层。原料油和氢气经升温、升压达到反应条件后进入反应系统，先进行加氢精制以除去硫、氮、氧杂质和二烯烃，再进行加氢裂化反应。反应产物经降温、分离、降压和分馏后，目的产品送出装置，分离出含氢较高（80%，90%）的气体，作为循环氢使用。未转化油（称尾油）可以部分循环、全部循环或不循环一次通过。

(2) 沸腾床加氢裂化　沸腾床（又称膨胀床）工艺是借助于流体流速带动具有一定颗粒度的催化剂运动，形成气、液、固三相床层，从而使氢气、原料油和催化剂充分接触而完成加氢反应过程。沸腾床工艺可以处理金属含量和残炭值较高的原料（如减压渣油），并可使重油深度转化；但反应温度较高，一般在 400～450℃ 范围内。此种工艺比较复杂，国内尚未工业化。

(3) 悬浮床（浆液床）加氢工艺　悬浮床工艺是为了适应非常劣质的原料而重新得到重视的一种加氢工艺。其原理与沸腾床相类似，其基本流程是以细粉状催化剂与原料预先混合，再与氢气一起进入反应器自下而上流动，催化剂悬浮于液相中，进行加氢裂化反应，催化剂随着反应产物一起从反应器顶部流出。该装置能加工各种重质原油和普通原油渣油，但装置投资大。该工艺目前在国内尚属研究开发阶段。

典型加氢裂化装置的工艺流程如图 2.9 所示。

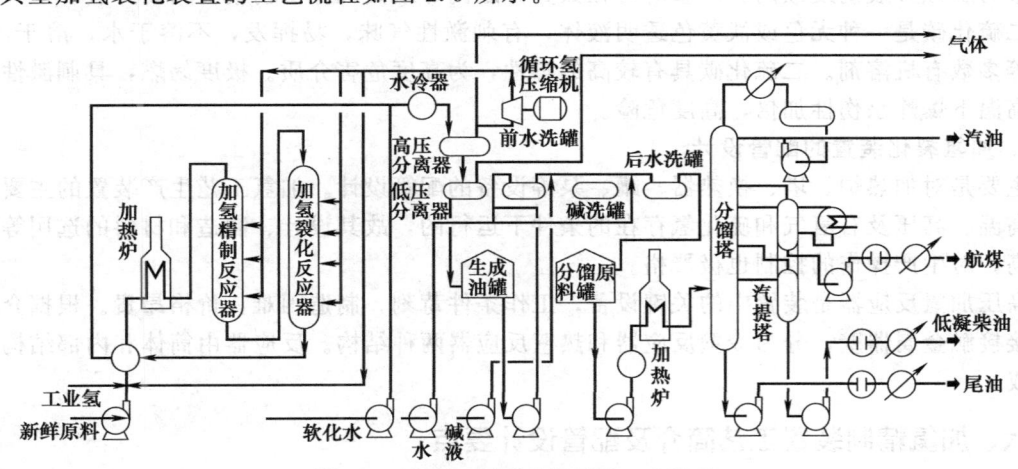

图 2.9　典型加氢裂化装置的工艺流程

原料油以常温、低压条件进入装置，经过过滤、脱水等，进入换热器逐次换热，然后通过高压原料油泵加压。氢气以常温、低压条件进入装置，然后通过新氢压缩机，逐级进行加压。

新氢压缩机一般为大型往复式压缩机。新氢气几乎不含硫化氢等腐蚀介质。高压新氢气与循环氢混合在一起与反应流出物进行换热。从加热炉出来的高压氢气与高压原料油混合，一起进入加氢反应器进行加氢反应。此流程称为炉后混氢。有些生产装置则是采用原料油与氢气先混合然后一起进加热炉加热的流程，称为炉前混氢。

在反应器内进行的加氢反应为放热反应，故反应器需要在不同的位置通入高压冷氢，以控制反应器中的反应温度。加氢反应采用的催化剂需要硫维持其活性，因此即使原料油中不含硫化氢等硫化物，要通过催化剂的硫化而维持反应器里面有一定的硫含量。反应器中的硫在加氢反应条件下与氢气结合生产硫化氢。当原料油中含有氮的情况下，氮会与氢气发生反应产生氨。因此，从反应器底部流出的混合物（称为反应流出物）富含氢气和硫化氢，有时候也含一定量的氨。反应流出物通过换热器逐次进行换热降温，然后再通过高压空冷器进一步降温至露点以下，进入高压分离器，进行富余氢气和反应生成物的分离。分离器顶部排除的循环氢进入循环氢压缩机加压后循环使用，分离器底部排除的反应生成物经降压后进入后续的分馏部分进行不同燃料油的分割。从分离器出来的循环氢富含硫化氢，有时候会对其先脱硫然后再循环使用。分离器底部还会排出富含硫化氢的酸性水等，酸性水经降压后进入全厂的酸性水汽提装置进行处理。

3. 介质特点

加氢裂化装置中包含的特殊的介质有氢气、硫化氢、连多硫酸、二硫化碳等。

氢与氟的混合物在低温和黑暗环境下就能发生自发性爆炸，与氯的混合比为1:1时，在光照下也可爆炸，氢气被列为甲类易燃气体，属于易燃、易爆介质。氢原子能够被金属吸附并渗入金属内部，给金属带来一系列的影响，如氢脆、氢鼓包。在一定的温度和压力条件下，氢气可与金属中的碳发生化学反应，生产甲烷，并引起金属开裂或鼓包。氢气极易从设备、管道元件的连接处逸散出去，给设备、管道元件的密封增加难度。

硫化氢正常情况下是一种易燃的酸性气体，浓度低时带恶臭，气味如臭鸡蛋，浓度高时反而没有气味，因为高浓度的硫化氢可以麻痹嗅觉神经。

连多硫酸在石油化工装置中并不常见，但如果一旦形成，其危害性是非常大的。连多硫酸多产生在高温硫腐蚀的环境下，即硫化氢在高温条件下能引起金属材料的化学腐蚀，在装置停工的时候，其腐蚀产物遇水、氧可能生成连多硫酸。连多硫酸是强酸，对奥氏体不锈钢具有强烈的应力腐蚀开裂诱发倾向，严重时可在数分钟之内导致奥氏体不锈钢材料的开裂。

二硫化碳是一种无色或淡黄色透明液体，有刺激性气味，易挥发，不溶于水，溶于乙醇、乙醚等多数有机溶剂。二硫化碳具有较高的毒性，为高度危害介质。极度易燃，具刺激性，并且在高温下爆炸杀伤性加倍，高度危险。

4. 加氢裂化装置的配管设计

主要是对加热炉、塔、换热器、罐、泵等设备的配管设计。加氢工艺生产装置的主要设备是在高温、高压及有氢气和硫化氢存在的条件下运行的，故其设计、制造和材料的选用等要求都很高，对生产操作的控制也极严格。

高压加氢反应器是装置中的关键设备，工作条件苛刻，制造困难，价格昂贵。根据介质是否直接接触金属器壁，分为冷壁反应器和热壁反应器两种结构。反应器由筒体和内部结构两部分组成。

六、加氢精制装置工艺简介及配管设计要点

1. 装置简介

加氢精制一般是指对某些不能满足使用要求的石油产品通过加氢工艺进行再加工，使其达到规定的性能指标。

原料：含硫、氧、氮等有害杂质较多的汽油、柴油、煤油、润滑油、石油蜡等。
产品：精制改质后的汽油、柴油、煤油、润滑油、石油蜡等产品。

加氢精制工艺是各种油品在氢压力下进行催化改质的统称。它是指在一定的温度和压力下，在有催化剂和氢气存在的条件下，使油品中的各类非烃化合物发生氢解反应，进而从油品中脱除，以达到精制油品的目的。加氢精制主要用于油品的精制，其主要目的是通过精制来改善油品的使用性能。

2. 工艺及特点

加氢精制的工艺流程一般包括反应系统、生成油换热、冷却、分离系统和循环氢系统三部分。

（1）反应系统　原料油与新氢、循环氢混合，并与反应产物换热后，以气液混相状态进入加热炉（这种方式称炉前混氢），加热至反应温度再进入反应器。反应器进料可以是气相（精制汽油时），也可以是气液混相（精制柴油或比柴油更重的油品时）。反应器内的催化剂一般是分层填装，以利于注冷氢来控制反应温度。循环氢与油料混合物通过每段催化剂床层进行加氢反应。

（2）生成油换热、冷却、分离系统　反应产物从反应器的底部出来，经过换热、冷却后，进入高压分离器。在冷却器前要向产物中注入高压洗涤水，以溶解反应生成的氨和部分硫化氢。反应产物在高压分离器中进行油气分离，分出的气体是循环氢，其中除了主要成分氢外，还有少量的气态烃（不凝气）和未溶于水的硫化氢；分出的液体产物是加氢生成油，其中也溶解有少量的气态烃和硫化氢；生成油经过减压再进入低压分离器进一步分离出气态烃等组分，产品去分馏系统分离成合格产品。

（3）循环氢系统　从高压分离器分出的循环氢经储罐及循环氢压缩机后，小部分直接进入反应器作冷氢，其余大部分送去与原料油混合，在装置中循环使用。为了保证循环氢的纯度，避免硫化氢在系统中积累，常用硫化氢回收系统。一般用乙醇胺吸收除去硫化氢，吸收液再生循环使用，解吸出来的硫化氢送到制硫装置回收硫黄，净化后的氢气循环使用。

3. 加氢精制装置的配管设计

主要是对加热炉、塔、换热器、罐、泵等设备的配管设计。加氢精制主要设备如下。

（1）加热炉　原料油与新氢、循环氢混合，并与反应产物换热后，以气液混相状态进入加热炉加热至反应温度再进入反应器。

（2）反应器　换热、炉后混氢进入反应器。在反应器催化剂床层反应，硫、氧、氮和金属化合物等即变为易于除掉的物质（通过加氢变为硫化氢、水及氨等），烯烃同时被饱和。

（3）高压、低压分离器　加氢生成油经过换热和水冷后依次进入高压、低压分离器。

（4）汽提塔　从低压分离器来的加氢生成油与汽提过的加氢生成油换热，并进入加热炉加热，然后进入汽提塔，其作用是把残留在油中的气体及轻馏分汽提掉。汽提塔底出来的生成油经过换热和水冷却即为加氢精制产品。

七、催化重整装置工艺简介及配管设计要点

1. 装置简介

重整：烃类分子重新排列成新的分子结构。催化重整装置：用直馏汽油（即石脑油）或二次加工汽油的混合油作原料，在催化剂（铂或多金属）的作用下，经过脱氢环化、加氢裂化和异构化等反应，使烃类分子重新排列成新的分子结构，以生产 $C_6 \sim C_9$ 芳烃产品或高辛烷值汽油为主要目的，并利用重整副产氢气供二次加工的热裂化、延迟焦化的汽油或柴油加氢精制。

原料：石脑油（轻汽油、化工轻油、稳定轻油），其一般在炼油厂进行生产，有时在采油厂的稳定站也能产出该项产品。质量好的石脑油含硫低，颜色接近于无色。

产品：高辛烷值的汽油、苯、甲苯、二甲苯等（这些产品是生产合成塑料、合成橡胶、合成纤维等的主要原料），还有大量副产品氢气。

2. 工艺及特点

根据催化重整的基本原理，一套完整的重整工业装置大都包括原料预处理和催化重整两部分。以生产芳烃为目的的重整装置还包括芳烃抽提和芳烃精馏两部分。

（1）原料预处理　将原料切割成适合重整要求的馏程范围和脱去对催化剂有害的杂质。预处理包括：预脱砷、预分馏、预加氢三部分。

（2）催化重整　催化重整是将预处理后的精制油采用多金属（铂铼、铂铱、铂锡）催化剂在一定的温度、压力条件下，将原料油分子进行重新排列，产生环烷脱氢、芳构化、异构化等主要反应，以增产芳烃或提高汽油辛烷值。

工业重整装置广泛采用的反应系统流程可分为两大类：固定床反应器半再生式工艺流程和移动床反应器连续再生式工艺流程。

3. 催化重整装置的配管设计

主要是对加热炉、塔、换热器、罐、泵等设备的配管设计。

八、气体分馏装置工艺简介及配管设计要点

炼油厂二次加工装置所产液化气是一种非常宝贵的气体资源，富含丙烯、正丁烯、异丁烯等组分，它既可以作为民用燃料，又可以作为重要的石油化工原料。随着油气勘探开发的快速发展，天然气资源得到充分利用后，民用液化气的需求量将大幅度减少，同时，丙烯、丁烯的需求量也因为下游消费领域的迅速发展而大幅增加。因此，充分利用液化气资源以提高其加工深度，最终增产聚合级丙烯、正丁烯、异丁烯等高附加值化工产品的工作日益受到石化行业的重视。液化气经气体分馏装置通过物理分馏的方法，除了可得到高纯度的精丙烯以满足下游装置要求外，C_4 产品、副产丙烷可作为溶剂，并且是优质的乙烯裂解原料。它们分别可为聚丙烯装置、MTBE 装置、甲乙酮装置、烷基化装置等提供基础原料。

气体分馏主要以炼油厂催化、焦化装置生产的液化气为原料，原料组成（体积分数）一般为：乙烷 0.01%～0.5%，丙烯 28%～45%，丙烷 7%～14%，轻 C_4 27%～44%，重 C_4 15%～25%。

气体分馏工艺就是对液化气即 C_3、C_4 的进一步分离，这些烃类在常温、常压下均为气体，但在一定压力下成为液态，利用其不同沸点进行精馏加以分离。由于彼此之间沸点差别不大，而分馏精度要求又较高，故通常需要用多个塔板数较多的精馏塔。工艺流程主要有二塔、三塔、四塔和五塔流程 4 种。五塔常规流程如图 2.10 所示。

脱硫后的液化气进入原料缓冲罐用脱丙烷塔进料泵加压，经过脱丙烷塔进料换热器换热后进入脱丙烷塔。脱丙烷塔底热量由重沸器提供，塔底 C_4 以上馏分自压至碳四塔，塔顶分出的气相 C_2 和 C_3 经脱丙烷塔顶冷凝冷却器后进入脱丙烷塔回流罐，回流罐冷凝液一部分经回流泵加压后作为塔顶回流，另一部分送至脱乙烷塔作为该塔的进料。

脱乙烷塔底由重沸器提供热量，塔底物料自压进入丙烯精馏塔进行丙烯与丙烷的分离过程。脱乙烷塔塔顶分出的乙烷进入脱乙烷塔顶冷凝器后自流进入脱乙烷塔回流罐，回流罐冷凝液全部由脱乙烷塔回流泵加压打回塔顶作回流，回流罐顶的不凝气可经压控阀排入燃料气管网或至催化装置的吸收稳定系统以回收其中的丙烯，达到增产丙烯的目的。

丙烯精馏塔Ⅰ底由重沸器提供热量，塔底丙烷馏分经冷却器冷却后自压出装置。丙烯精馏塔Ⅰ的塔顶气相自压进入丙烯精馏塔Ⅱ的下部，作为丙烯精馏塔Ⅱ的气相内回流，而丙烯精馏塔Ⅱ的塔底液相经过泵加压后，作为丙烯精馏塔Ⅰ的塔顶液相内回流。丙烯精馏塔Ⅱ的塔顶气相经冷凝冷却后自流进入精丙烯塔顶回流罐，冷凝液经丙烯塔回流泵加压，一部分作为塔顶

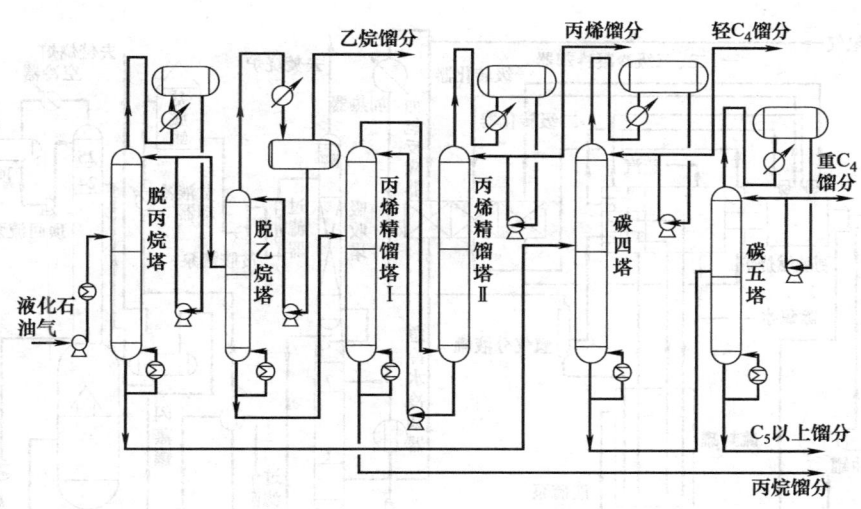

图 2.10 五塔常规流程

流,另一部分作为精丙烯产品经过冷却器冷却后送出装置。

碳四塔底热量由重沸器提供,塔底重 C_4 以上馏分(主要为丁烯-2 和正丁烷)自压至碳五塔。塔顶分出的气相轻 C_4 馏分(主要为异丁烷、异丁烯、丁烯-1),经碳四塔顶冷凝冷却器后进入碳四塔回流罐,回流罐冷凝液一部分经回流泵加压后作为塔顶回流,另一部分经冷却器冷却后自压出装置。

碳五塔底热量由重沸器提供,塔底 C_5 馏分自压出装置。塔顶分出的气相重 C_4 馏分经碳五塔顶冷凝冷却器后进入碳五塔回流罐,回流罐冷凝液一部分经回流泵加压后作为塔顶回流,另一部分重 C_4 馏分经过冷却器冷却后送出装置。

气体分馏装置的配管设计主要是对塔、换热器、罐、泵等设备的配管设计。

九、硫黄回收装置工艺简介及配管设计要点

1. 装置简介

硫黄回收装置是对炼油过程中产生的含有硫化氢的酸性气,采用适当的工艺方法从中回收硫黄,并实现清洁生产,达到变废为宝、保护环境的目的。目前,硫黄回收装置大多采用克劳斯工艺,即对酸性气中的硫化氢通过高温氧化反应、催化转化反应、催化氧化反应等过程,将硫化氢转化为单质硫(即硫黄)。硫黄回收的基本方法是先将气体中的 H_2S 用溶剂(如乙醇胺)吸收分离出来,再把一部分 H_2S 氧化成硫黄及 SO_2,将此 SO_2 与另一部分余下的 H_2S 再经活性氧化铝催化剂转化成硫黄。

2. 典型硫黄回收装置的工艺及特点

典型硫黄回收装置的工艺流程示意如图 2.11 所示。

硫黄回收装置可分为原料气系统、高温转化反应系统、产品处理系统、尾气处理系统共四个部分。

(1) 原料气系统 各炼油装置中的酸性气常送往脱硫装置,将硫化氢提浓后送至硫黄回收装置,作为硫黄回收装置的原料。各炼油装置中的酸性水也往往先送往酸性水汽提装置进行硫化氢浓缩,再送至硫黄回收装置。来自脱硫装置和或酸性水汽提装置的酸性气中,除硫化氢外,可能还含有烃类气体、二氧化碳、氨、溶剂等。进入装置的酸性气先进入脱水罐,进行气液分离。

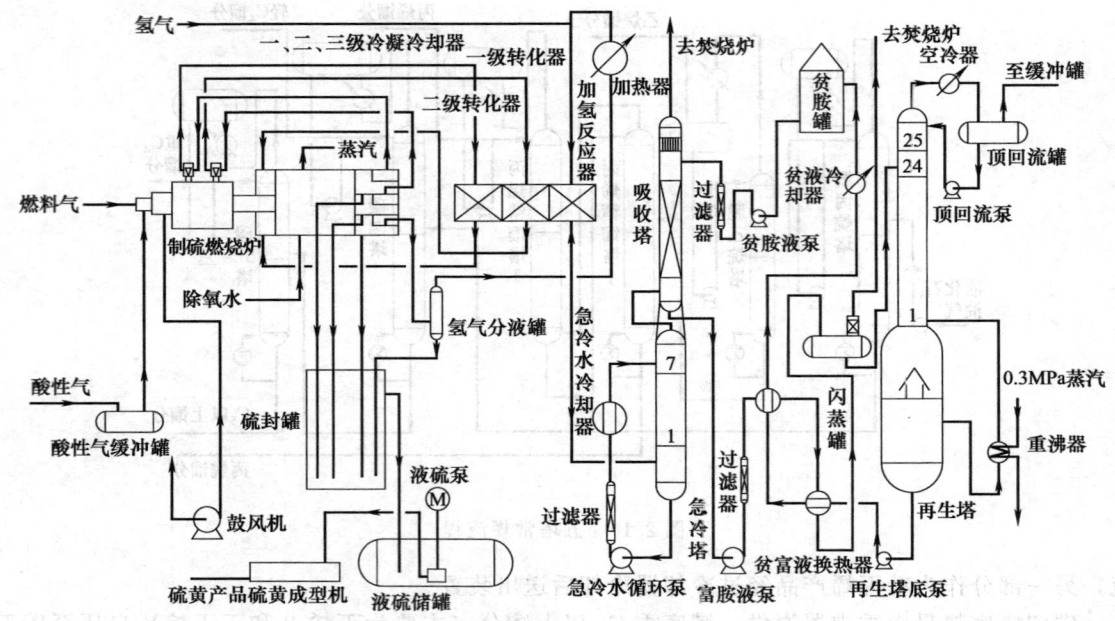

图 2.11 典型硫黄回收装置的工艺流程示意

(2) 高温转化反应系统　脱水后的酸性气经换热，进入制硫燃烧炉进行高温氧化反应，即燃烧温度为 1100～1300℃。在燃烧炉内，酸性气中的烃类等有机物全部燃烧，H_2S 进行高温克劳斯反应转化为硫，余下的 H_2S 转化为 SO_2。催化转化反应后的气体进入二级冷凝冷却器，二级冷凝冷却器冷凝下来的液体硫磺，在管程出口与过程气分离，自底部流出进入硫封罐，未冷凝的过程气再经高温掺和阀后进入二级转化器。在二级转化器中，过程气在催化剂的作用下继续进行反应，使残留的 H_2S 和 SO_2，转化为元素硫。反应后的过程气进入三级冷凝冷却器。在三级冷凝冷却器管程出口被冷凝下来的液体硫黄与过程气分离，自底部流出进入硫封罐。顶部出来的制硫尾气经尾气分液罐分液后进入尾气处理部分。一级冷凝冷却器、二级冷凝冷却器、三级冷凝冷却器壳程通入除氧水。

(3) 产品处理系统　汇入硫封罐的液硫自流进入液硫储罐，经循环脱气处理，脱除液硫中的有毒气体，并送至尾气焚烧炉焚烧。脱气后的液硫用液硫泵送至硫黄成形机、造粒、称重、包装后即为产品硫黄。

(4) 尾气处理系统　来自高温转化反应系统的尾气通过换热器、电加热器加热，富氢气加入尾气中，并与其在混合器混合后进入氢反应器。加氢反应器装填的催化剂是特殊的还原水解催化剂。在反应器中，SO_2、CS_2 及微量液态硫、气态硫等均被转化成 H_2S。离开反应器的尾气通过换热送到急冷塔。急冷塔是板式塔，尾气是用急冷水泵进行急冷水循环来冷却的。急冷过程的部分酸性水与其他酸性水合并送至酸性水汽提装置进行处理。急冷气离开急冷塔顶并经分离后进入吸收塔，用 MDEA 溶液吸收。塔底富溶剂用富液泵加压送至溶剂再生装置。吸收塔顶的尾气经尾气分离罐分离后，进入尾气焚烧炉焚烧。焚烧后的烟气经蒸汽过热器降温后通过烟囱排入大气。

3. 硫黄回收装置的特点

介质是 H_2S、SO_2、SO_3、CS_2、CO_2。

4. 硫黄回收装置的配管设计

主要是对塔、换热器、罐、泵等设备的配管设计。

十、乙烯装置工艺简介及配管设计要点

1. 装置简介

我国乙烯工业起步于20世纪60年代，最早是1964年从原联邦德国引进的鲁奇公司的原油裂解技术及年产3.6万吨乙烯装置。20世纪70年代先后建成了年产30万吨、11.5万吨和7.3万吨的三套乙烯装置，分别由日本东洋工程公司、三菱油化公司及法国石油研究院和贝西姆公司引进，专利技术分别来自美国鲁姆斯公司、日本三菱油化及法国石油研究院。21世纪后，年产百万吨的乙烯装置在我国大量建成投产。炼化一体化工厂原料互供示意图见图2.12。

现以裂解技术为主体对乙烯装置进行简单介绍。根据裂解方式的不同，乙烯生产分为管式炉裂解法、催化裂解法、部分氧化法和热载体裂解法等。但任何裂解法得到的裂解气都是混合物，需要分离才能得到纯净的烯烃产品。通过混合物的分离制取烯烃、芳烃的方法主要有三种：深冷分离、油吸收中冷分离和超吸附分离。目前国内的大部分乙烯装置采用的分离技术都是深冷分离法。基本分离流程有顺序分离、前脱乙烷和前脱丙烷三种，采用哪种分离流程与裂解原料有关。

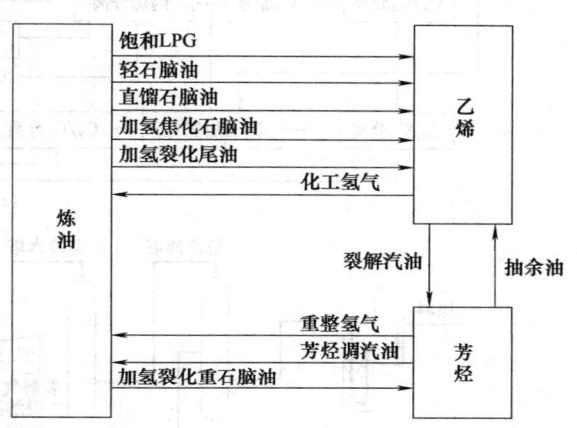

图2.12　炼化一体化工厂原料互供示意图

乙烯和丙烯在20世纪70年代，基本上都是由醇类脱水制得。随着原料乙烯需求量的急剧增加，利用石油产品的热裂解制作原料乙烯的生产方法成为现代乙烯生产的主要途径。目前原料乙烯大部分以石油系碳氢化合物或湿天然气为原料制得。乙烯裂解装置主要以轻柴油为原料，采用高温裂解和深冷分离工艺，即用六塔顺序分离生产纯乙烯、纯丙烯、混合C_4等产品。

2. 典型乙烯裂解装置的工艺及特点

典型乙烯裂解装置的工艺流程示意图如图2.13所示。

乙烯裂解装置大致可以分为四个部分，即裂解系统、压缩及干燥系统、乙烯分离系统和丙烯分离系统。

（1）裂解系统　裂解系统是指裂解炉区及高压蒸汽发生系统，其工艺流程示意图如图2.14所示。

原料轻柴油经急冷水、急冷油两级换热，预热后加入适量的稀释蒸汽送入轻柴油裂解炉对流段。在对流段被加热后进入辐射段加热，至770～800℃并完成裂解反应。由乙烯精馏塔釜返回的循环乙烷经回收冷流量气化后，按比例加入稀释蒸汽并注入少量CS_2送入乙烷裂解炉，在对流段被预热后进入辐射段，在辐射段加热到800～863℃进行裂解反应。

轻柴油和乙烷经加热裂解得到乙烯、丙烯、丁二烯及其他副产品混合的裂解气。裂解气由裂解炉出来后直接进入废热锅炉，迅速冷却，同时产生高压蒸汽。由开工锅炉给水泵过来的高压锅炉给水经蒸汽过热炉、裂解炉对流段加热后，进入废热锅炉汽包，产生的高压蒸汽再经蒸汽过热炉过热至520℃后送入透平和工艺设备。混合裂解气进入急冷器，用急冷油进行冷却。之后又经过油气塔、水洗塔进一步冷却。水洗塔顶部出来的裂解气被送入裂解气压缩机进行压缩。油气塔和水洗塔底部分别获得裂解焦油和裂解汽油。

（2）压缩及干燥系统　裂解气进入五段离心式裂解气压缩机，在三段出口至四段入口间进入碱洗塔，经碱洗脱除硫化氢和二氧化碳。经三段碱洗和一段水洗后的裂解气送入四段、五段

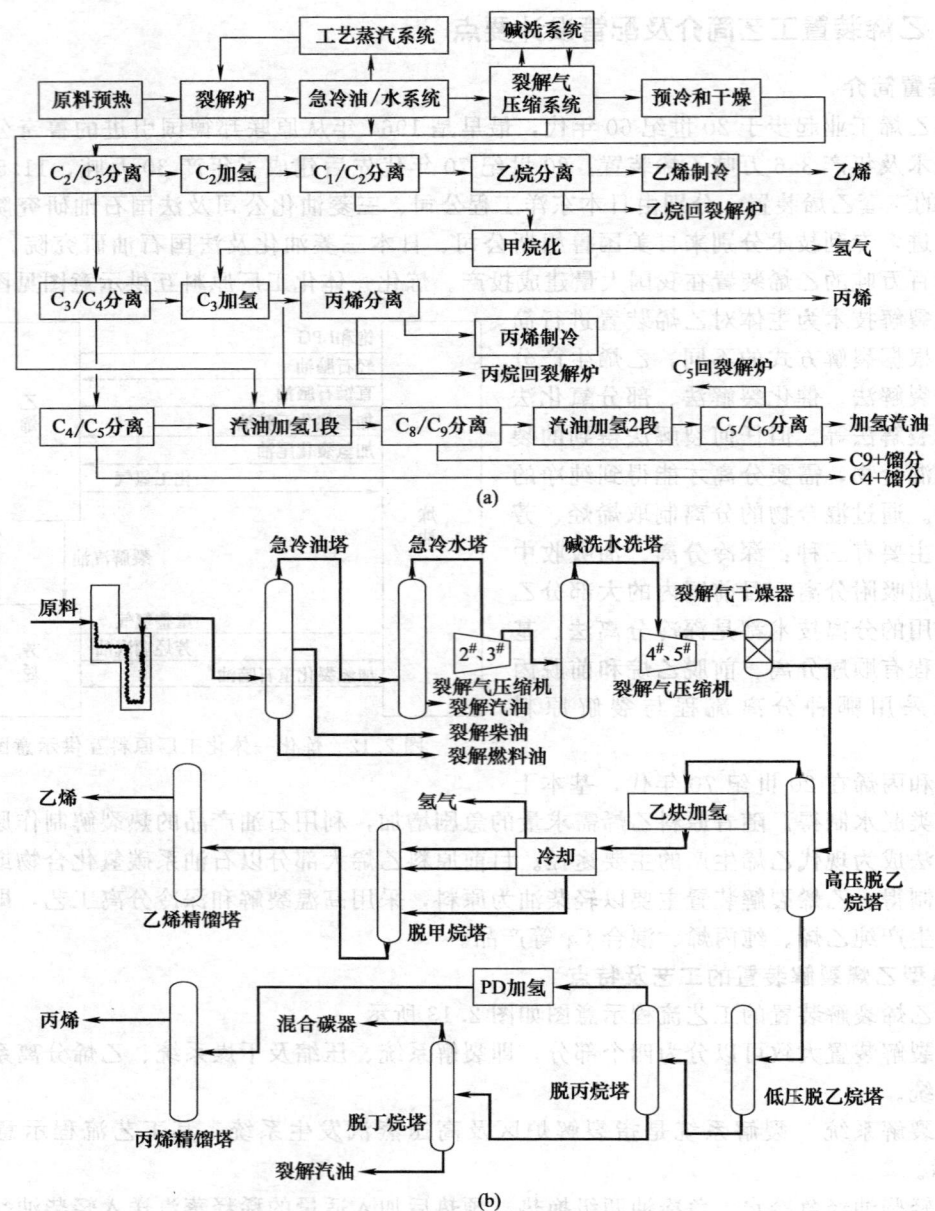

图 2.13 典型乙烯裂解装置的工艺流程示意图

压缩,送入分离部分,以便在较高的压力下进行深冷分离。经过压缩后的裂解气首先进入干燥器进行干燥,然后进入乙烯分离系统。

(3) 乙烯分离系统 干燥后的裂解气进入高压脱乙烷塔进行 C_2/C_3 分离,C_2 经过加氢、冷却分离出氢气,然后进入脱甲烷塔进行甲烷脱除。脱除甲烷后的 C_2 进入乙烯精馏塔获得乙烯产品。乙烯产品在送出装置前先进行 5 级压缩。压缩后的乙烯可以气相产品送出装置。压缩乙烯也可以进行制冷,一方面为脱甲烷塔等提供制冷剂,另一方面可作为液体乙烯产品送出装置。

(4) 丙烯分离系统 从高压脱乙烷塔底部出来的 C_3 被送至低压脱乙烷塔作进一步分离。塔底出来的 C_3 被送入脱丙烷塔进行 C_3/C_4 分离。脱丙烷塔顶出来的 C_3,进入 C_3 加氢系统,然后送至丙烯精馏塔获得丙烯产品。脱丙烷塔底出来的 C_4/C_5 物料进入脱丁烷塔进行 C_4/C_5

分离。从丙烯精馏塔出来的丙烯进入加工三段压缩机压缩,以液体丙烯作为产品送出装置。

3. 乙烯裂解装置的工艺特点

裂解系统温度较高,裂解气中含有氢气、硫化氢和二氧化碳等腐蚀性介质,裂解部分的废热蒸汽系统为高温高压工况,C_2 分离系统为超低温(-101℃及以下)工况,C_3 分离系统为低温(-46℃及以下)介质工况。装置中的典型介质有氢气、二氧化碳、乙烯、丙烯和高压蒸汽等。

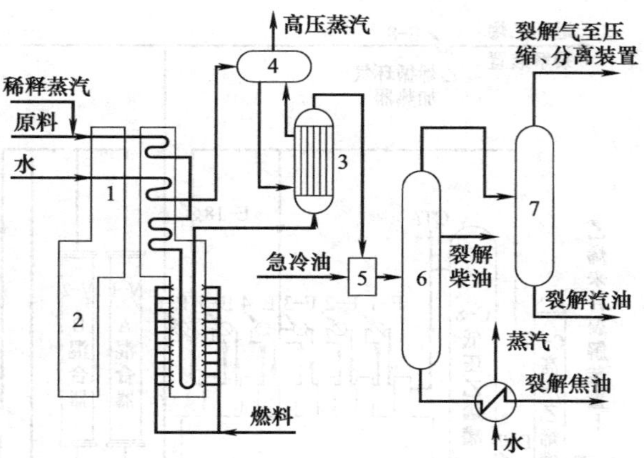

图 2.14 裂解系统工艺流程示意图

4. 乙烯裂解装置的配管设计

主要是对裂解炉、塔、换热器、罐、泵、压缩机等设备的配管设计。

十一、聚乙烯装置工艺简介及配管设计要点

1. 装置简介

聚乙烯简称 PE,是结构最简单、应用最广泛的高分子材料。它是通过乙烯($H_2C=CH_2$)发生加成聚合反应,由重复的—CH_2—单元连接而成。聚乙烯是目前合成树脂中产量最大的品种,主要包括低密度聚乙烯(LDPE)、线型低密度聚乙烯(LLDPE)、高密度聚乙烯(HDPE)及其他具有特殊性能的产品。低压聚乙烯的熔点、刚性、硬度和强度较高,吸水性小,有良好的电绝缘性能和耐辐射性能,适于制作耐蚀零件和绝缘零件;高压聚乙烯的柔软性、伸长率、冲击强度和渗透性较好,适于制作薄膜;超高分子量聚乙烯的冲击强度高,耐疲劳、耐磨,适于制作减震、耐磨及传动零件。聚乙烯被广泛加工成薄膜、电线电缆护套、管材、纤维等,应用于农业、电子、电气、机械、日用等领域。

我国从 20 世纪 70 年代开始引进两套高压聚乙烯生产线,一套采用高压釜式法,双釜串联;另一套采用高压管式法生产高压聚乙烯。随后又引进了齐格勒催化剂法等生产低压聚乙烯。

2. 典型聚乙烯装置的工艺及特点

聚乙烯的生产有高压法、中压法、低压法三种。高压法生产低密度聚乙烯。由于这种方法开发得早,用这种方法生产的聚乙烯至今仍占据了聚乙烯产品市场的很大比例。但随着生产技术和催化剂的不断改进,各种低压法生产工艺发展很快。低压法又分为淤浆法、溶液法和气相法。淤浆法主要用于生产高密度聚乙烯,而溶液法和气相法除了可以生产高密度聚乙烯外,加入共聚单体,改变控制条件后,还可生产中、低密度聚乙烯。

图 2.15 和图 2.16 所示的是典型聚乙烯装置的工艺流程示意图。

我国目前较多采用齐格勒催化剂淤浆法生产聚乙烯。某项目高密度聚乙烯装置工艺,大致可分为五个部分,即压缩系统、聚合系统、分离和造粒系统、混合和加工系统、包装系统。

(1) 压缩系统该系统 包括原料储存、原料净化、一次压缩和二次压缩等部分。来自界区外的原料,包括乙烯、1-丁烯、异丁烷和氢气、氮气等精制后进入一级压缩机升压,与循环乙烯混合后再进入二级压缩机压缩。再经换热器换热,送入反应系统进行聚合。

(2) 聚合系统 反应器是工艺的核心部分,由两台双环管反应器组成,两台反应器串联运行。聚合反应在以异丁烷为稀释剂的淤浆中进行,经活化的铬系催化剂和其他化学品以液相注

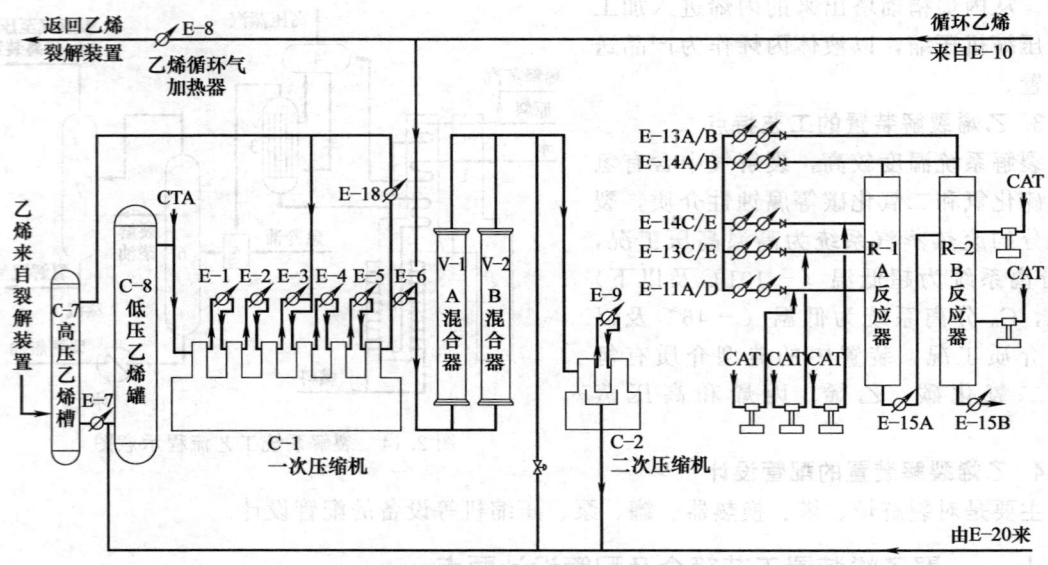

图 2.15 典型的聚乙烯装置的工艺流程示意图（一）

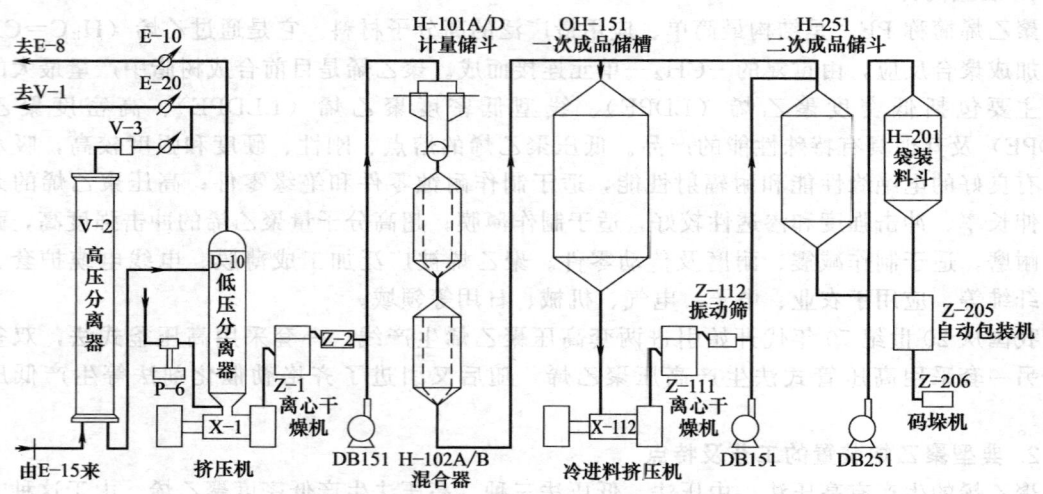

图 2.16 典型的聚乙烯装置的工艺流程示意图（二）

入反应器，某些专利工艺的生产过程中还需注入氢气。乙烯和共聚单体在环管中聚合生成粉料，轴流泵使反应器中的淤浆高速循环。聚合反应产生的热量由夹套冷却水带走。夹套冷水为闭路循环，可控制反应温度。当需要生产双峰产品时，通过中间处理单元来创造不同的反应条件，以生成不同性能分布的聚乙烯产品。反应后的物料冷却后送往高压分离器进行分离。

（3）分离和造粒系统　从反应器出来的淤浆在高压分离器中分离出未聚合的乙烯，然后送入低压分离器进一步使未聚合的乙烯与聚合物进行分离。剩下的聚合物经浓缩提浓并加热后在高压闪蒸罐脱除绝大部分的稀释剂。底部粉料送低压闪蒸罐进一步脱除微量稀释剂，脱气后的粉料借助重力经质量流量计计量后进入螺杆输送机。同时，将添加剂按配比均匀地加入螺杆输送机中。螺杆输送机将粉料及添加剂输送到挤压造粒机中进行造粒。

（4）混合和加工系统　为改善产品的浊度和成膜性，从挤压机出来的粒料经脱水、干燥后，风送至掺混料仓，粒料在掺混料仓中混合均化，再送至均化挤压机进行二次挤压造粒。粒料经风送系统送往成品储槽。

(5) 包装系统　成品粒料经风送至包装料斗，经粉末捕集与除铁器后送至自动包装机称量包装，然后送至产品仓库。

3. 介质特点

聚乙烯的生产工艺条件比较缓和，即主系统的操作压力和温度都不是很高，而且主工艺物料（如乙烯和聚乙烯）也没有较强的腐蚀性和毒性。

4. 乙烯裂解装置的配管设计

主要是对裂解炉、塔、换热器、罐、泵、压缩机等设备的配管设计。

十二、聚丙烯装置工艺简介及配管设计要点

1. 聚丙烯工艺简介

聚丙烯是以丙烯为单体经聚合反应而生成的聚合树脂。四十多年来，聚丙烯技术一次又一次飞跃式的进步，极大地简化了聚丙烯的工艺流程，使装置的投资和生产成本降到很低的水平。聚丙烯常用工艺方法包括淤浆法工艺和本体法工艺。

① 淤浆法工艺。又称浆液法或溶剂法工艺，是世界上最早用于生产聚丙烯的工艺技术。从 1957 年第一套工业化装置到现在一直是最主要的聚丙烯生产工艺。

② 本体法工艺。开发始于 20 世纪 60 年代，1964 年美国 Dart 公司采用釜式反应器建成了世界上第一套工业化本体法聚丙烯生产装置。与采用溶剂的浆液法相比，工艺流程简单，设备少，生产成本低，"三废"量少，可以得到高质量的产品等优点。不足之处是反应气体需要气化、冷凝后才能循环回反应器。本体法不同工艺路线的区别主要是反应器的不同。反应器可分为釜式反应器和环管反应器两大类。釜式反应器是利用液体蒸发的潜热来除去反应热，蒸发的大部分气体经循环冷凝后返回到反应器，未冷凝的气体经压缩机升压后循环回反应器。而环管反应器则是利用轴流泵使浆液高速循环，通过夹套冷却散热，由于传热面积大，散热效果好，因此其单位反应器体积产率高，能耗低。

本体法生产工艺按聚合工艺流程，可以分为间歇式聚合工艺和连续式聚合工艺两种。

(1) 间歇本体法工艺　间歇本体法聚丙烯聚合技术是我国自行研制开发成功的生产技术。它具有生产工艺技术可靠、对原料丙烯质量要求不是很高、所需催化剂国内有保证、流程简单、投资省、收效快、操作简单、产品牌号转换灵活、三废少、适合中国国情等优点，不足之处是生产规模小，难以产生规模效益；装置手工操作较多，间歇生产，自动化控制水平低，产品质量不稳定；原料的消耗定额较高；产品的品种牌号少，档次不高，用途较窄。目前，我国采用该法生产的聚丙烯生产能力约占全国总生产能力的 24.0%。

(2) 连续本体法工艺　该工艺主要包括美国 Rexall 工艺、美国 Phillips 工艺以及日本 Sumitimo 工艺。

2. Dow 化学公司 Unipol 工艺

该工艺属于 Dow 化学公司所有，Unipol 聚丙烯工艺与聚乙烯工艺类似。工艺过程主要包括原料精制、催化剂进料、聚合反应、聚合物脱气和尾气回收、造粒、掺混和包装码垛等工段，Unipol 聚丙烯工艺流程图如图 2.17 所示。

3. BASF 公司的 Novolen 工艺

该工艺是由 BASF 公司开发成功的。1999 年，该工艺拥有者 Targor 公司达成协议。由 ABB Lummus 公司负责在全球范围内推广 Novolen 工艺。Novolen 工艺包括原料精制、催化剂配制、聚合反应、聚合物粉料的净化、挤压造粒等工序，见图 2.18 和图 2.19。

4. 聚丙烯装置的配管设计

主要是对塔、换热器、罐、泵、反应器等设备的配管设计。

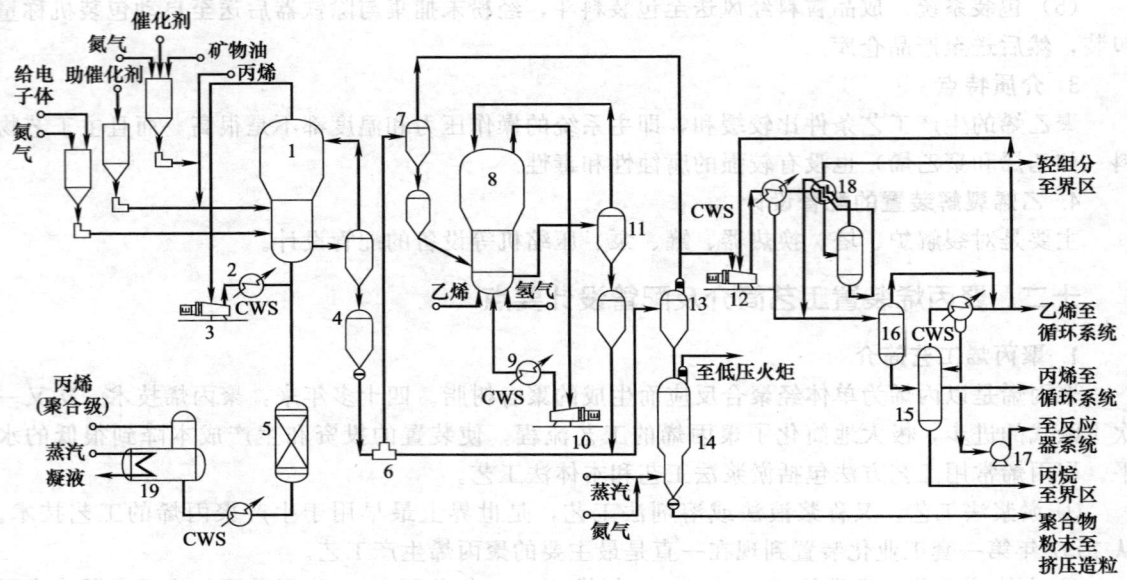

图 2.17 Unipol 聚丙烯工艺流程示意图

1—聚合反应器；2—反应器循环气冷却器；3—循环压缩机；4—程控下料系统；5—干燥器；6—转向阀；
7—输送过滤器；8—抗冲共聚反应器；9—抗冲共聚反应器循环气冷却器；10—循环鼓风机；11—程控下料系统；
12—回收气压缩机；13—产品接收仓；14—产品吹出仓；15—精馏塔；16—气液分离罐；
17—丙烯循环泵；18—冷冻换热器；19—丙烯脱轻组分塔

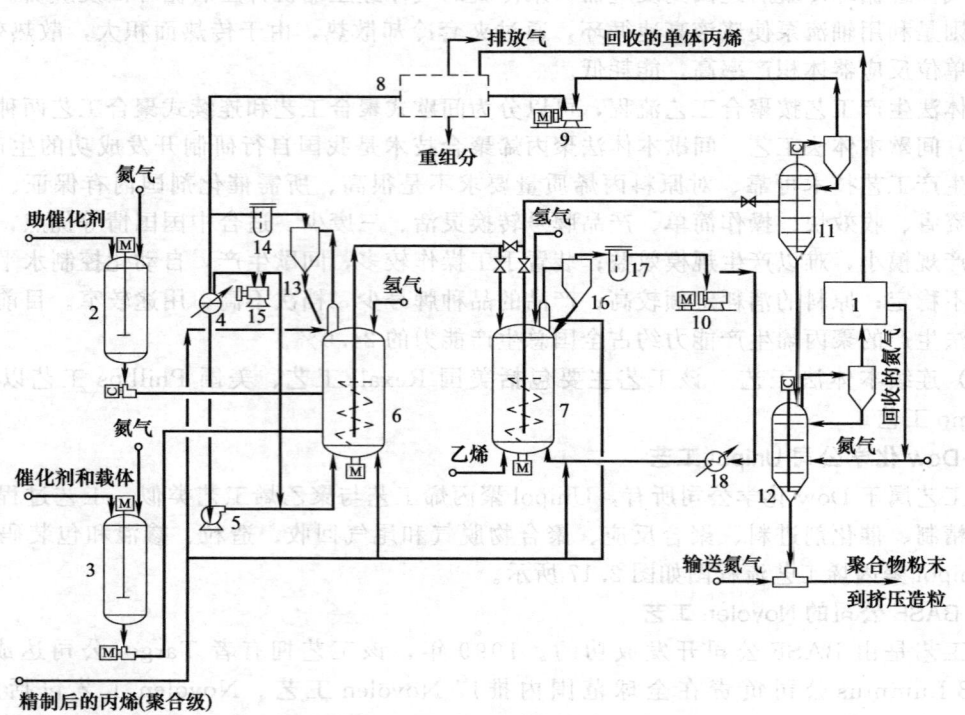

图 2.18 Novolen 聚丙烯工艺流程示意图

1—膜回收单元；2—助催化剂进料罐；3—催化剂进料罐；4—循环气冷凝器；5—循环丙烯泵；6—第一聚合反应器；
7—第二聚合反应器；8—尾气回收系统；9—载气压缩机；10—第二反应器循环气压缩机；11—脱气仓；12—净化仓；
13,16—循环气旋风分离器；14,17—循环气过滤器；15—第一反应循环气压缩机；18—循环气冷却器

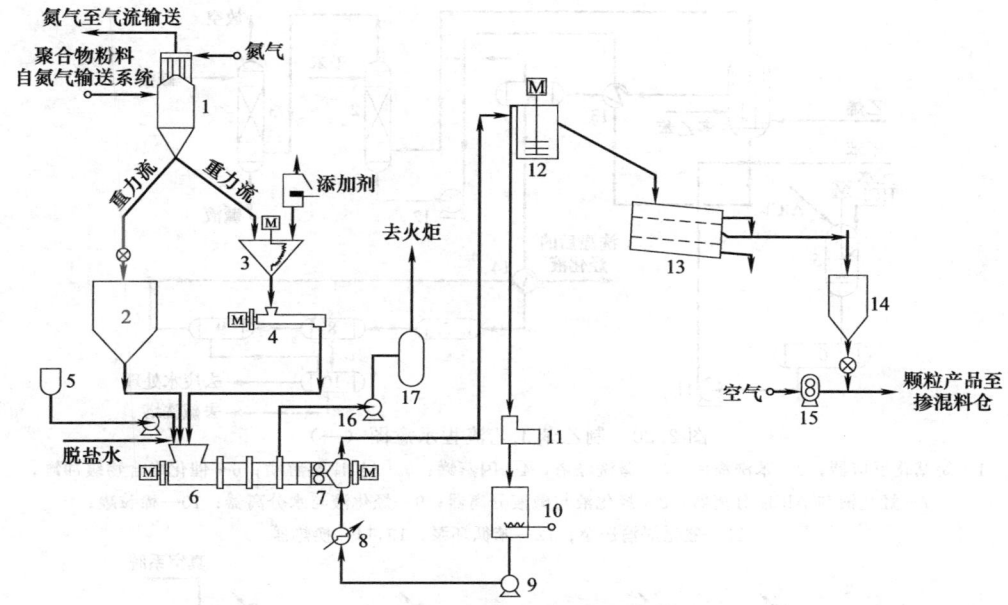

图 2.19　Novolen 聚丙烯挤压造粒工艺流程图简图

1—聚丙烯粉料料仓；2—聚合物加料器；3—添加剂母料混合器；4—添加剂加料器；5—液体添加剂；6—挤压机；
7—齿轮泵；8—切粒水冷却器；9—切粒水泵；10—切粒水罐；11—切粒水过滤器；12—离心干燥器；
13—振动器；14—聚合物料斗；15—鼓风机；16—真空泵；17—气液分离罐

十三、苯乙烯装置工艺简介及配管设计要点

1. 装置简介

苯乙烯是石化行业的重要基础原料。苯乙烯主要用于生产苯乙烯系列树脂及丁苯橡胶，也是生产离子交换树脂及医药品的原料之一。此外，苯乙烯还可用于制药、染料、农药以及选矿等行业。苯乙烯有多种生产方法，如乙苯脱氢法、苯乙酮还原脱水法、裂解汽油中萃取剂提取苯乙烯法等。目前主流的苯乙烯生产方法为乙苯脱氢法。

2. 典型乙苯脱氢制苯乙烯装置的工艺及特点

典型乙苯脱氢制苯乙烯装置分为乙苯单元和苯乙烯单元两部分。

(1) 乙苯单元　目前，世界上 90% 的乙苯都是由苯和乙烯通过烷基化获得。乙苯单元含有三个系统：烷基化、烷基转移和精馏。典型的烷基化反应和烷基转移反应制乙苯流程如图 2.20 和图 2.21 所示。

在液相烷基化反应系统中，原料乙烯、苯以液态形式进入烷基化反应器，在苯过量的情况下乙烯近乎完全转化，反应主要生成乙苯。乙苯中的少部分会进一步同乙烯反应生成多乙苯。多乙苯主要由二乙苯和三乙苯组成。在精馏系统中，未反应的苯、多乙苯以及重组分从烷基化和烷基转移反应产物中的分离并获得产品乙苯。二乙苯和三乙苯可以在乙苯精馏系统回收并通过和苯进行烷基转移反应重新生成乙苯。多乙苯回收系统中的主要设备是多乙苯塔，多乙苯塔在真空下操作。烷基化反应和烷基转移反应是在两个独立的反应器中进行并采用不同的催化剂。在烷基化反应中生成的四乙苯的量比较少，和其他不能回收的重组分一起排至乙苯渣油系统。除主反应系统外，该部分还含有催化剂配置系统和烃化液、催化剂分离系统等辅助系统。精馏系统的作用是回收未反应的苯，精制乙苯产品，从残油中回收可循环的重质烷基化物 (PEB)，从系统中除去水和轻组分，分离从苯乙烯单元来的苯/甲苯副产品。

(2) 苯乙烯单元　目前，由乙苯制苯乙烯多采用脱氢方法。脱氢工艺制苯乙烯的工艺由两个可以独立运转的系统组成，分别是脱氢反应系统和精馏系统。典型乙苯脱氧制苯乙烯装置的

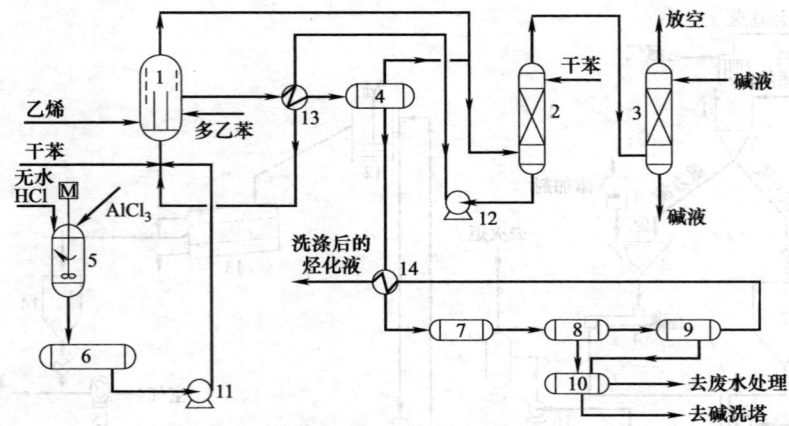

图 2.20 制乙苯工艺流程示意图（一）

1—烷基化反应器；2—苯洗涤塔；3—碱洗涤塔；4—闪蒸罐；5—$AlCl_3$ 溶解槽；6—催化络合物缓冲罐；
7—烃化液与 $AlCl_3$ 分离器；8—烃化液与碱液分离器；9—烃化液与水分离器；10—稀碱罐；
11—催化剂输送泵；12—苯循环泵；13,14—换热器

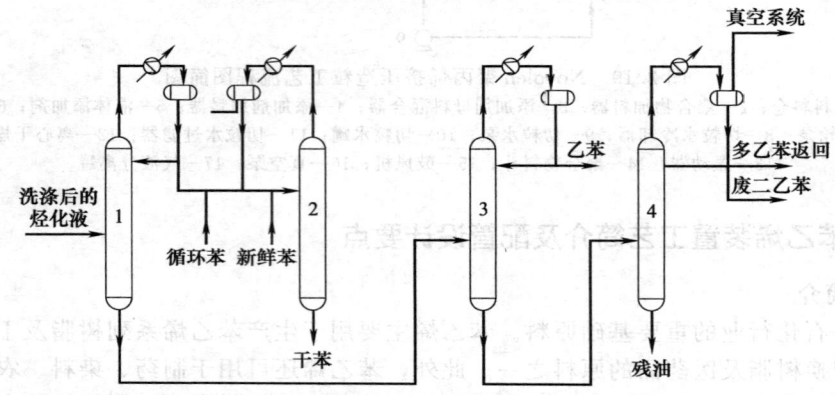

图 2.21 制乙苯工艺流程示意图（二）

1—苯塔；2—苯干燥塔；3—乙苯塔；4—多乙苯塔

工艺流程如图 2.22 和图 2.23 所示。

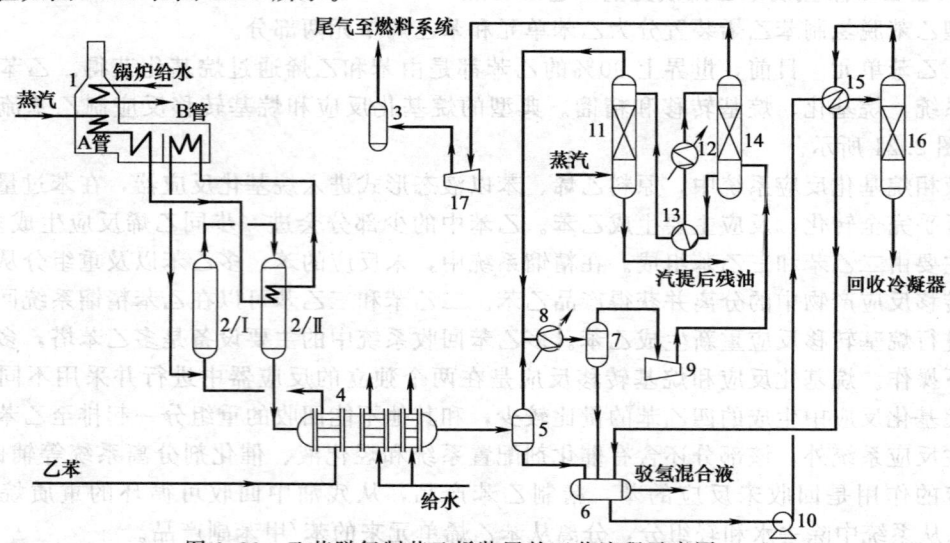

图 2.22 乙苯脱氢制苯乙烯装置的工艺流程示意图（一）

1—蒸汽过热炉；2（Ⅰ、Ⅱ）—脱氢绝热径向反应器；3,5,7—分离罐；4—废热锅炉；6—液相分离器；
8,12,13,15—冷凝器；9,17—压缩机；10—泵；11—残油汽提塔；14—残油洗涤塔；16—工艺冷凝汽提塔

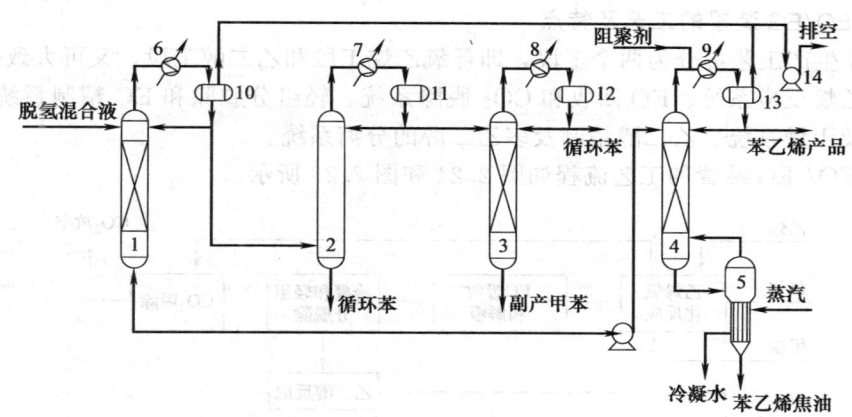

图 2.23　乙苯脱氢制苯乙烯装置的工艺流程示意图（二）

第一蒸汽过热炉以及第二蒸汽过热炉，将稀释蒸汽加热。低压稀释蒸汽首先经过第一蒸汽过热炉的炉管取热，然后在反应级间换热器中作为热介质将第一反应器的出料加热到第二反应器需要的进口温度。出了反应级间换热器后，稀释蒸汽在第二蒸汽加热炉中被加热后直接与脱氢反应进料/出料换热器出来的乙苯/汽化蒸汽混合，形成的混合物能够达到第一反应器的进口温度要求，然后进入第一反应器进行脱氢反应。位于第二反应器下部的反应级间换热器将第一反应器的出料再加热。在进入第二反应器之前反应物在第二反应器混合器中混合，以在管道中达到均匀的温度分布。

两个反应器设计相似，但是第二反应器装有更多的催化剂，并且在更高的真空度下操作，这样能够在整个催化剂的使用周期中提高对苯乙烯的选择性。精馏系统包括三个串联的精馏塔：苯/甲苯塔、乙苯回收塔和苯乙烯塔。这三个塔全是真空设备，它们的主要作用是保持正常操作下精馏塔系统的真空度。

3. 介质特点

乙苯脱氢制苯乙烯装置最典型的介质特点是超高温、真空，同时系统中大量存在苯等极度危害介质，同时还存在氯化氢等高腐蚀性介质。

苯常温下为高度易燃、有香味、易挥发、无色的透明液体，其密度小于水，为一种有机化合物，也是组成结构最简单的芳香烃。苯有高的毒性，也是一种致癌物质。它难溶于水，易溶于有机溶剂，本身也可作为有机溶剂。白血病患者中，有很大一部分有苯及其有机制品接触历史。在 GB 5044 标准中，苯被归为极度危害介质。

空气、苯乙烯的蒸气与空气可形成爆炸性混合物，遇明火、高热或与氧化剂接触，有引起燃烧爆炸的危险。遇酸性催化剂如路易斯催化剂、齐格勒催化剂、硫酸、氯化铁、氯化铝等都能产生猛烈聚合，放出大量热量。

4. 苯乙烯装置的配管设计

主要是对塔、换热器、罐、泵等设备的配管设计。

十四、环氧乙烷及乙二醇装置工艺简介及配管设计要点

1. 装置简介

环氧乙烷（EO）和乙二醇（EG）都是重要的化工原料，也是石油化工的产品，用途十分广泛。当前世界上 EO/EG 生产的主要技术为乙烯氧化工艺技术，即在银催化剂作用下乙烯和氧气直接氧化生成环氧乙烷（EO），再以 EO 为原料在无催化剂条件下直接水合生成乙二醇（EG）。

2. 典型EO/EG装置的工艺及特点

EO/EG生产工艺可分为两个工段，即环氧乙烷工段和乙二醇工段，又可大致分为五个系统，即环氧乙烷反应系统、EO回收和CO_2脱除系统、轻组分脱除和EO精制系统、EG反应和多效蒸发及干燥系统、乙二醇精制及多乙二醇的分离系统。

典型的EO/EG装置的工艺流程如图2.24和图2.25所示。

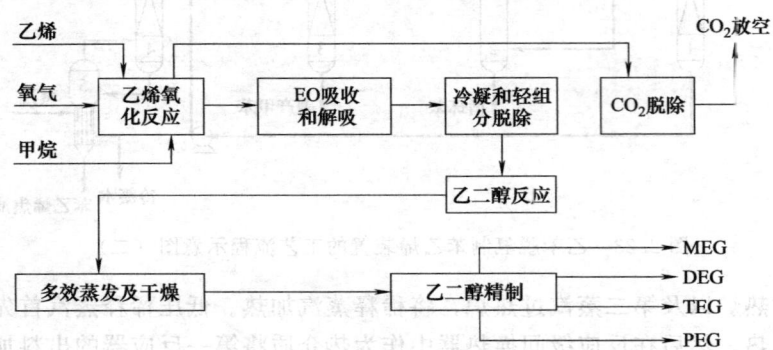

图2.24 典型的EO/EG装置的工艺流程（一）

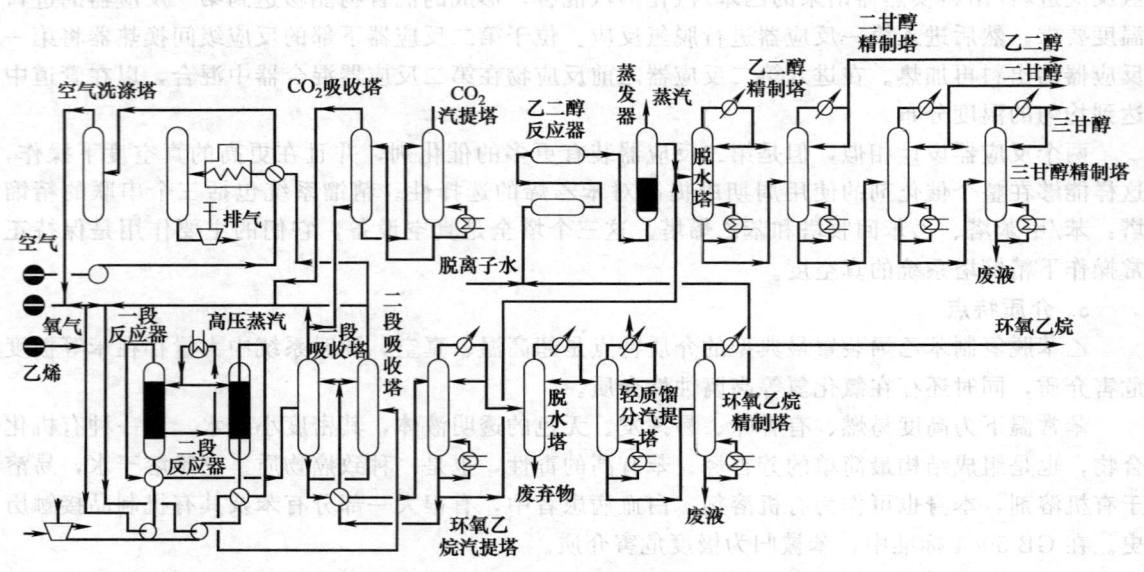

图2.25 典型的EO/EG装置的工艺流程（二）

(1) 环氧乙烷反应系统　原料乙烯和纯氧与循环气混合后，进入固定床EO反应器，在高选择性银催化剂的作用下发生乙烯氧化反应，主反应生成环氧乙烷（EO）。同时发生副反应生成二氧化碳和水。反应产生的热量一部分随产物带走使其温度升高，其余部分由反应器壳程沸腾水汽化移走。产生的蒸汽用作乙二醇反应和回收单元的加热介质。另外，还生成少量的醛、酸类杂质。反应器产物经第一产物冷却器和反应器进出料换热器冷却。乙烯进料前经过脱硫床，以降低进料气中的硫含量，因为硫可降低EO催化剂的活性。如果原料乙烯中硫含量低于0.01×10^{-6}，则脱硫床可以省掉。加入少量的甲烷作为气相反应的致稳气体，与用氮气作致稳气体相比，能够提高爆炸极限，从而可以在更高的氧气浓度下操作，这可以提高装置的生产能力。

(2) EO回收和CO_2脱除系统　反应器产物经冷却后进入环氧乙烷吸收塔的急冷段，气体中的杂质被吸收在碱性急冷液中，在EO反应器中生成的甲醛等醛类物质也在这里被部分除去。离开急冷段的气体物流进到吸收塔的上段，与贫吸收剂逆流接触，吸收其中的 EO。从 EO 吸收塔塔顶出来的循环气，经循环气压缩机压缩后，部分直接循环到反应器原料系统，部分先送到二氧化碳脱除系统脱除二氧化碳后，再返回反应器原料系统，以维持循环气中的二氧化碳浓度不变。循环气体中 CO_2 浓度低有利于提高 EO 催化剂的选择性，并延长其使用寿命。

CO_2 单元主要由 CO_2 吸收塔和汽提塔组成。在 CO_2 吸收塔中用热的碳酸钾溶液将 CO_2 吸收下来后，塔顶气返回至反应器进料系统，塔釜生成的富碳酸钾溶液送至 CO_2 汽提塔以移出吸收下来的 CO_2，并将再生的贫碳酸盐溶液用泵送回至 CO_2 吸收塔。

（3）轻组分脱除和 EO 精制系统　EO 汽提塔塔顶馏出物经空冷器、第二冷凝器、第三冷凝器冷却冷凝后，进入汽提塔塔顶物缓冲罐，在此轻组分被分离出来。轻组分经汽提塔塔顶尾气冷凝器进一步冷凝后，气体中的 EO 大部分被冷凝回到汽提塔顶缓冲罐，将残余的不凝气送至残余 EO 吸收塔中以回收环氧乙烷，残余 EO 吸收塔塔顶气经尾气压缩机压缩后返回 EO 吸收塔，含有 EO 的塔釜液送至 EG 汽提塔。汽提塔塔顶缓冲罐中的 EO 水溶液用泵送至脱轻组分塔，塔顶脱除的轻组分进入塔顶尾气冷凝器回收 EO，塔釜物料的大部分送至 EG 反应器，另外一部分送至 EO 精制塔。EO 精制塔的侧线采出高纯 EO 产品，经冷却后用泵送至高纯 EO 储罐。塔顶气经冷凝后和塔釜物料一起送到 EG 反应器，塔顶的不凝气排至尾气吸收塔以回收其中的 EO。高纯 EO 储罐必须采用氮封，以防止空气漏入储罐内，并保持罐内的 EO 蒸气在非爆炸范围内。

（4）EG 反应和多效蒸发及干燥系统　来自轻组分塔釜的水/EO 物流与工艺水混合，预热后进入管式 EG 反应器。环氧乙烷在此与水发生水合反应生成乙二醇，同时副产物为二乙二醇、三乙二醇及多乙二醇。所有 EO 都在 EG 反应器中转化。乙二醇水溶液的浓缩在多效蒸发系统中进行，第一个提浓塔的热源是 EO 反应器产生的中压蒸汽，最后一个提浓塔出来的低压蒸汽用于 EO 回收单元。经多效蒸发后的粗乙二醇和来自 EG 排放闪蒸塔的 EG 物流合并后首先在干燥塔中脱除水分，然后进入 MEG 精制工序。

（5）乙二醇精制及多乙二醇的分离系统　经干燥塔脱除水分的浓缩乙二醇溶液用泵送入 MEG 精制塔，在该塔侧线采出 MEG 产品，而塔顶物料进行回流。含有 MEG、DEG、TEG 等塔萃液则送至 MEC 回收塔，回收所含的 MEG 后，返回至干燥塔。在紧接的两个 DEG 塔、TEG 塔中，DEG 和 TEG 作为塔顶成品进行回收。TEG 塔有少量釜液，其中含有四甘醇和多乙二醇。这股物料可以出售或焚烧掉。MEG，DEG 和 TEG 成品冷却后，用泵送入产品储槽中。

3. 介质特点

EO/EG 生产装置中含有一些具有特殊性质的介质，包括环氧乙烷、乙二醇、氧气、二氧化碳和少量的氢气、有机酸等。环氧乙烷低温下为无色透明液体，常温下为无色带有醚刺激性气味的气体，沸点为 10.4℃，闪点为 -20℃。与水可以任何比例混溶，并能溶于常用有机溶剂和油脂。环氧乙烷是一种有机化合物，也是一种有毒的致癌物质为高度危害介质。环氧乙烷易燃易爆，按 GB 50160 为甲类可燃气体介质。EO/EG 装置中腐蚀性有害物质还有副反应产生的有机酸、醛等，虽然含量较低，但在有氧存在时也会引起碳钢材料的快速腐蚀。氧气管道上不应使用快开和快闭型阀门，阀门的阀盖、阀体垫片及填料不应采用易脱落碎屑、纤维的材料或可燃材料。用于氧气介质的阀门会有一些特殊的要求。

环氧乙烷反应中催化剂对铁锈十分敏感，铁锈会促进异常反应生成乙醛，降低转化率和选择性，严重地影响催化剂的寿命。环氧乙烷的管道和阀门都要进行化学清洗及钝化处理以清除表面污物和浮锈，使金属表面生产致密的钝化膜，保护材质不被进一步氧化。

环氧乙烷装置的配管设计，主要是对塔、换热器、罐、泵、反应器等设备的配管设计。

十五、精对苯二甲酸装置工艺简介及配管设计要点

1. 装置简介

精对苯二甲酸（purified terephthalic acid）简称PTA，是生产聚酯的主要原料。由于纤维类聚酯、瓶用聚酯、聚酯薄膜及其他用途聚酯的需求量极大，并处于快速增长之中，从而推动了全世界PTA产量的持续增长。

2. 典型PTA装置的工艺及特点

目前世界上普遍采用对二甲苯（PX）空气氧化法工艺。该工艺一般由粗对苯二甲酸的氧化生成和对苯二甲酸的加氢精制两部分组成，其中，粗对苯二甲酸的氧化生成又包括氧化、分离干燥和醋酸回收三个系统。对苯二甲酸的加氢精制又包括加氢精制和分离干燥两个系统。典型的PTA装置的生产工艺流程如图2.26所示。

（1）粗对苯二甲酸的生成　粗对苯二甲酸生成的核心部分是氧化反应，即原料对二甲苯、醋酸溶剂、主催化剂醋酸钴和醋酸锰、副催化剂四溴乙烷和空气连续加入氧化反应器，通过反应生成粗对苯二甲酸（TA）。反应中放出的大量反应热通过溶剂的蒸发带走，并通过副产物蒸汽回收这部分热量。反应器顶部流出的蒸发溶剂送至高压吸收塔进行醋酸蒸气吸收，然后送至脱水塔回收醋酸。反应器下部出来的反应物料（TA）、醋酸、水和可能少量的Br^-被送至结晶器进行脱水和结晶。从氧化反应器过来的反应物料被送至数个串联的结晶器，逐次进行降

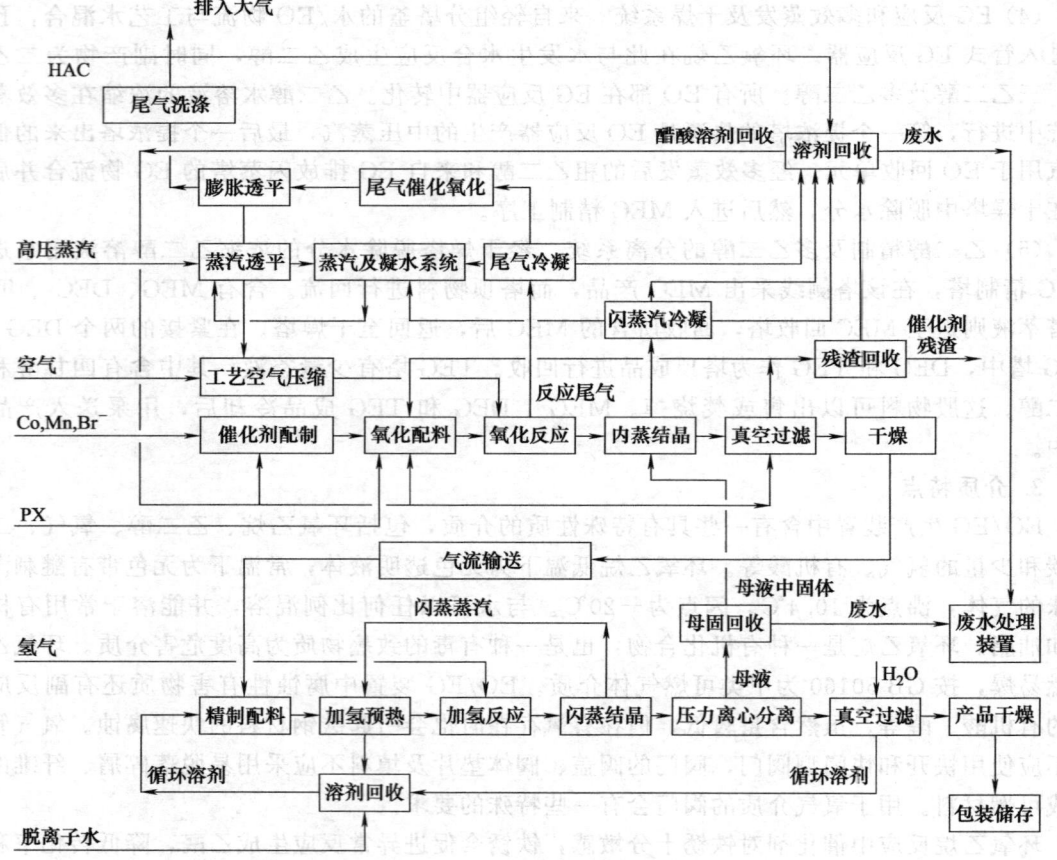

(a) PTA装置的生产工艺流程

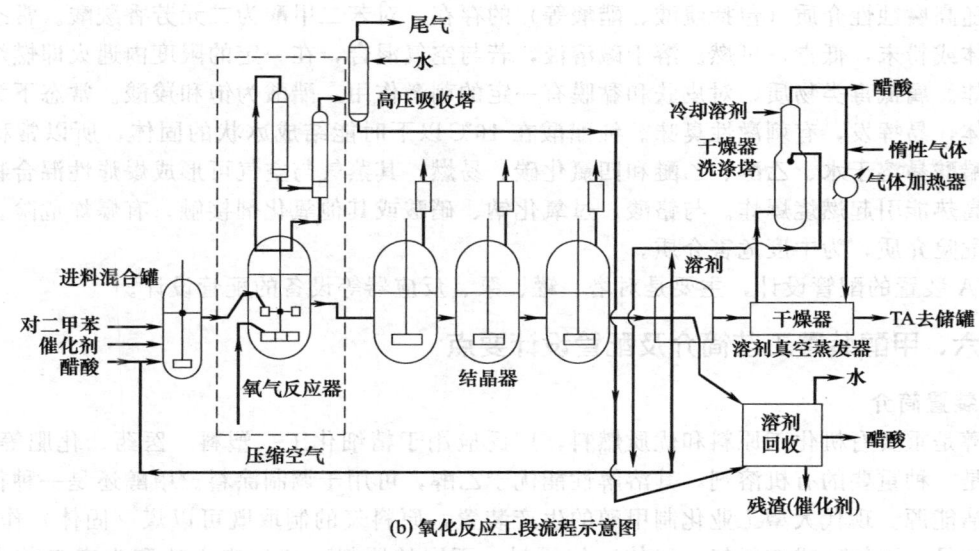

(b) 氧化反应工段流程示意图

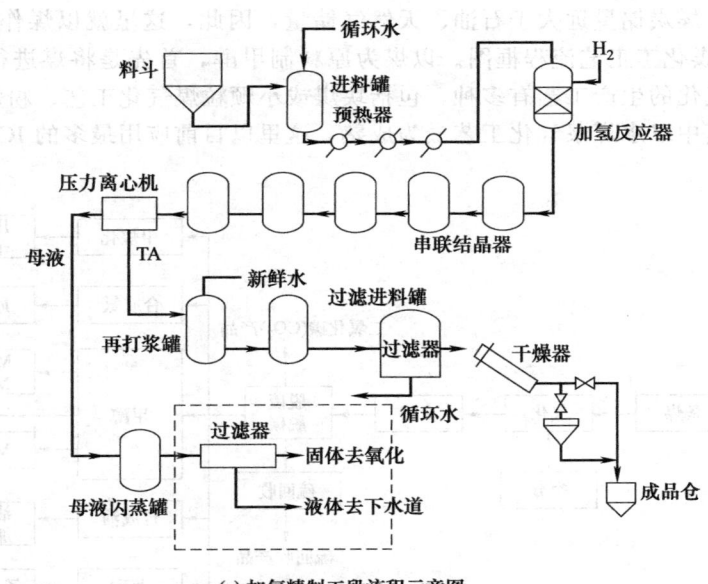

(c) 加氢精制工段流程示意图

图 2.26 典型的 PTA 装置的生产工艺流程

温、降压和干燥、结晶。从结晶器顶部蒸发出来的醋酸蒸气分别被送入高压吸收塔或脱水塔进行醋酸回收。底部出来的浆液再经离心分离、过滤送入干燥机进行干燥，得到粉末状的中间产品粗对苯二甲酸（TA）。

（2）对苯二甲酸的精制　在加氢精制部分，粗对苯二甲酸（TA）用脱离子水配成一定浓度的浆料，再用泵升压，然后加热，送至加氢反应器。TA 浆料在催化剂的作用下与氢进行反应，使粗对苯二甲酸（TA）中所含杂质转化为水溶性物质（对甲基苯甲酸，简称 PT 酸），并通过水洗洗去。加氢反应进料中虽含醋酸等腐蚀介质较少，但温度较高，而且铁锈会导致催化剂中毒，因此，也采用高等级材料。从加氢反应器流出的加氢反应液，在串联的结晶器中逐级降温降压，送离心机分离，得到的滤饼再用脱离子水打浆，然后经过滤和干燥。制得纤维级精对苯二甲酸。该部分铁锈会影响产品的色泽，视需要采用不锈钢材料。

PTA 装置最典型的介质特点是浆料比较多，物料黏稠，又有粉料和粒料的物料输送，同时又伴随高腐蚀性介质（包括溴酸、醋酸等）的存在。对苯二甲酸为二元芳香羧酸。常态下为白色晶体或粉末，低毒，可燃。溶于碱溶液，若与空气混合，在一定的限度内遇火即燃烧甚至发生爆炸。属低毒类物质，对皮肤和黏膜有一定的刺激作用。醋酸为饱和羧酸。常态下为无色透明液体，易挥发，有刺激性臭味。纯醋酸在16℃以下时能结成冰状的固体，所以常称为冰醋酸。醋酸易溶于水、乙醇、乙醚和四氯化碳。易燃，其蒸气与空气可形成爆炸性混合物，遇明火、高热能引起燃烧爆炸。与铬酸、过氧化钠、硝酸或其他氧化剂接触，有爆炸危险。被列为爆炸危险介质，为中度危害介质。

PTA装置的配管设计，主要是对塔、罐、泵、反应器等设备的配管设计。

十六、甲醇装置工艺简介及配管设计要点

1. 装置简介

甲醇是重要有机化工原料和优质燃料，广泛应用于精细化工、塑料、医药、化肥等领域。甲醇也是一种重要的有机溶剂，其溶解性能优于乙醇，可用于调制涂料。甲醇还是一种很有前景的清洁能源。现代大型工业化制甲醇的生产装置，原料气的制取既可以煤（固体）作原料，也可以油品（液体）或燃料气（气体）作原料。不同的原料，其生产方法和生产工艺大不相同。对于我国，煤炭储量远大于石油、天然气储量，因此，这里就以煤作原料为例进行介绍，图2.27所示为煤化工工艺流程框图。以煤为原料制甲醇，首先是将煤进行气化，即煤气化过程。目前，煤气化的生产工艺有多种，包括块煤或小颗粒气化工艺、粉煤气化工艺和水煤浆气化工艺等。其中以水煤浆气化工艺最为成熟，这里以目前应用最多的ICI低压合成工艺为例进行介绍。

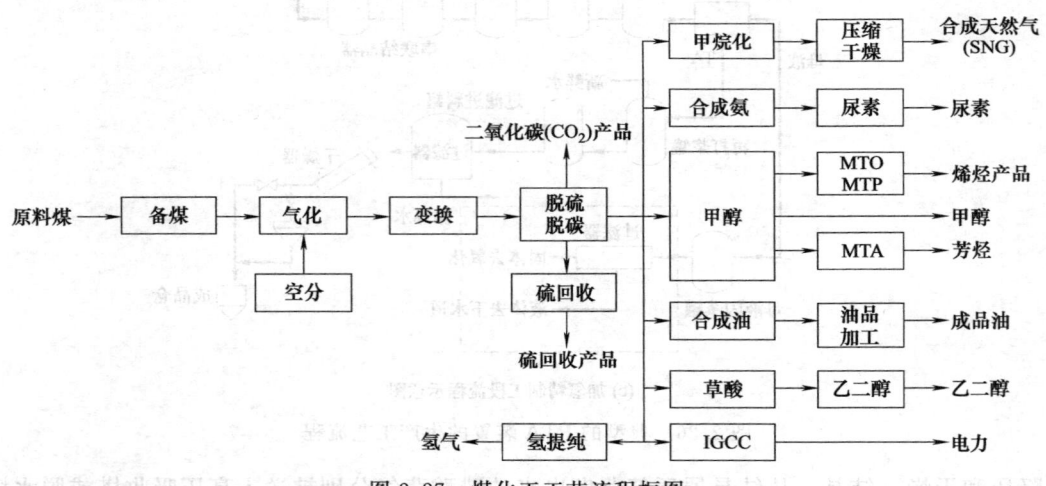

图2.27 煤化工工艺流程框图

2. 典型甲醇装置的工艺及特点

一般情况下，甲醇的生产过程主要分为造气、变换和净化、合成、精馏四个工段。

（1）造气　目前应用较多的造气方法是：先将煤研磨成煤粉，然后掺水制成水煤浆。水煤浆通过泵提升压力，然后通过喷嘴在高速氧气流的作用下喷入气化炉。氧气和雾状水煤浆在气化炉内受高温的作用，迅速经历着预热、水分蒸发、煤的干馏、挥发物的裂解燃烧以及碳的气化等一系列复杂的物理和化学过程，最后生成以一氧化碳、氢气、二氧化碳和水蒸气为主的湿煤气。合成氨装置的原料气（氢气和氮气）、尿素装置的原料气（二氧化碳）等也常以煤为原料气化获得，只是气化的条件不同。合成氨装置的煤制气是以获得氢气为主，并在气化时通过空气的加入而带入氮气，最终获得氢气和氮气呈一定比例的混合气体。而甲醇装置则以获得一

氧化碳为主，因此气化时以添加纯氧为主，以减少或避免氮气的存在。在合成氨装置一节中，没有提及造气工段，是因为其造气工段的过程与这里类似。典型的煤制气工艺流程示意图如图 2.28 所示。原煤经过称重送至磨煤机，磨至需要的颗粒后送至煤浆槽，与水混合后即形成水煤浆。水煤浆经泵加压后送往气化炉。与高压氧气经喷嘴混合进入气化炉反应室。洗涤器下部出来的黑水进固体分离器，液体部分（黑水）进灰水处理系统。除了来自洗涤器的黑水外，还有其他分离器等产生的黑水，这些黑水也将被送往灰水处理系统。

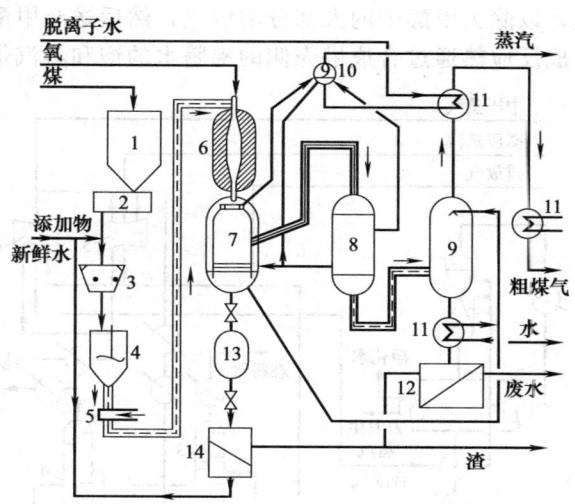

图 2.28　典型的煤制气工艺流程示意图
1—煤斗；2—称量带式运输机；3—磨碎机；4—煤浆槽；
5—供料泵；6—气化炉；7—辐射式锅炉；8—对流式锅炉；
9—洗涤器；10—蒸汽包；11—换热器；12,14—灰渣分离器；
13—灰锁斗

（2）变换和净化　净化工段主要包括变换和脱硫、脱碳两部分，但有些装置也包含硫回收部分。变换的目的是调节煤气中的一氧化碳含量，以获得甲醇合成需要的一氧化碳与氢气的比例。脱硫的目的是因为硫会导致甲醇合成的催化剂中毒。变换及净化的简单工艺流程见图 2.29。气化工段过来的水煤气首先进入预变换炉，出炉后进入另一个变换炉，变换后经过多次换热和气液分离后，与未变换的煤气合并，经热回收、冷却。

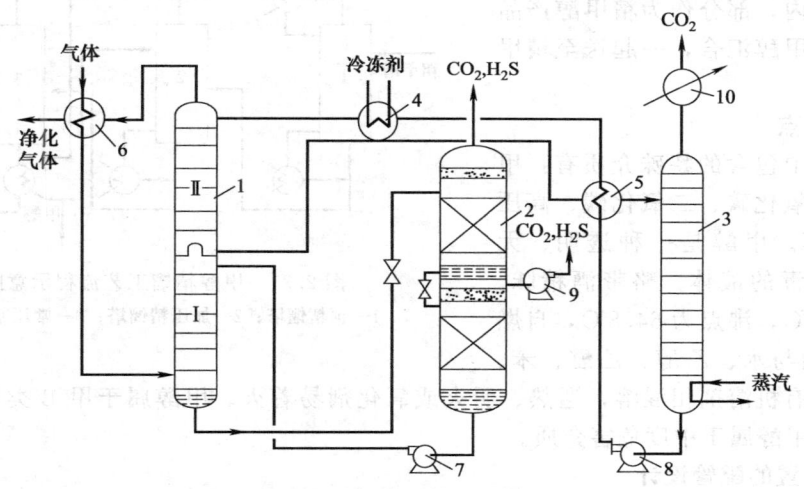

图 2.29　粗煤气的脱硫脱碳工艺流程示意
1—吸收塔；2—第一甲醇再生塔；3—第二甲醇再生塔；4,10—冷却器；5,6—换热器；
7,8—溶液循环泵；9—真空泵

（3）合成　低压法合成甲醇工艺流程示意图如图 2.30 所示。净化后的气体送至联合压缩机的合成气压缩段压缩后，与甲醇分离器来的循环气混合，进入循环气压缩段。经循环气压缩机升压后送至合成气换热器进行逐级换热，送入合成塔进行甲醇合成。出塔气经合成气换热器回收热量后进入水冷器，经水冷后出塔，同时生成的甲醇和水，在此得以冷凝。经甲醇分离器分离液相（甲醇和水）后，未反应气体返回联合压缩机，经压缩后循环使用。为防止惰性气体在系统中积累，要从系统中排出弛放气。由甲醇分离器分离出的粗甲醇，减压后进入闪蒸槽闪蒸,以除去甲醇中的大部分溶解气,然后送至甲醇精馏工段。闪蒸气经压力调节后用作燃料。合成反应热通过合成塔壳侧的沸腾水的饱和蒸汽带走。

(4) 精馏　在甲醇合成时,因合成条件及催化剂性能等因素的影响,在产生甲醇反应的同时,还伴随着一系列的副反应。所得产品除甲醇外,还有水、醚、醛、酮、酯、烷烃、有机酸等几十种有机杂质。所以,粗甲醇需进行精馏提纯。甲醇精馏工艺流程示意图如图2.31所示。

粗甲醇经预热后入预精馏塔,该塔主要是将二甲醚等低沸点馏分从塔顶分离。低沸点馏分不凝气体从塔顶排出,送至燃料气系统。塔底的液体由预精馏塔塔底泵升压后送入加压精馏塔进行蒸馏。加压精馏塔塔顶气体被冷凝后,一部分作为精甲醇加压塔的回流,另一部分作为精甲醇产品送至精甲醇储罐。加压精馏塔底的精甲醇液体,靠自身压力送入常压精馏塔进一步精馏。常压精馏

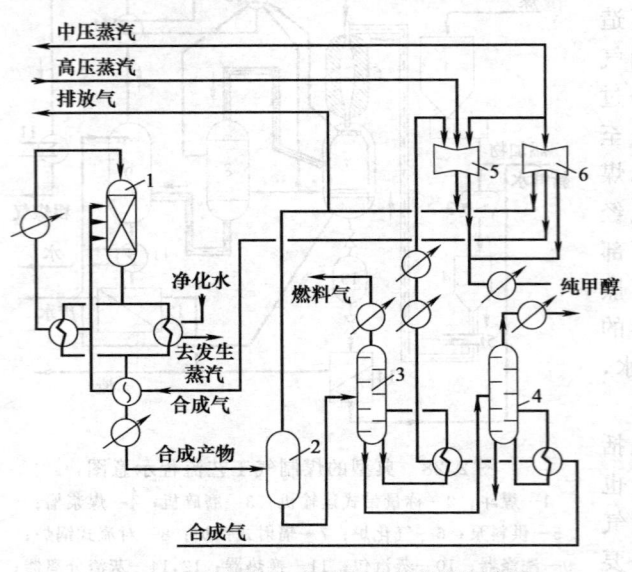

图 2.30　低压法合成甲醇工艺流程示意图
1—反应器；2—气液分离器；3—轻馏分塔；4—甲醇塔；5—合成气压缩机；6—循环气压缩机

塔顶部蒸汽经冷凝器冷凝后,部分作为回流液返回塔内,部分作为精甲醇产品与加压塔的精甲醇汇合,一起送至精甲醇储槽。

3. 介质特点

甲醇装置中包含的特殊介质有:甲醇、氢气、一氧化碳、二氧化碳、高压氧气、黑水等。甲醇是一种透明、无色、易燃、有毒的液体,略带酒精味。熔点为 $-97.8℃$,沸点为 $64.8℃$,自燃点为 $47℃$,能与水、乙醇、乙醚、苯、丙酮和大多数有机溶剂相混溶,遇热、明火或氧化剂易着火。甲醇属于甲B类可燃液体。按GB 5044 标准甲醇属于中度危害介质。

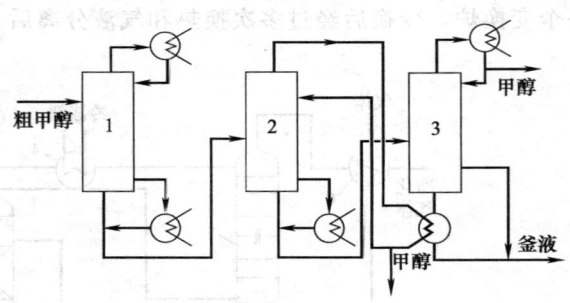

图 2.31　甲醇精馏工艺流程示意图
1—预精馏塔；2—加压精馏塔；3—常压精馏塔

4. 甲醇装置的配管设计

主要是对塔、罐、泵、反应器等设备的配管设计。

十七、合成氨装置工艺简介及配管设计要点

1. 装置简介

合成氨是氮肥的基础原料,而氮肥是农业生产不可或缺的生产资料。氨是重要的化工原料,通过与不同的元素化合可以生产胺(重要的有机化工原料)、苯胺(重要的染料原材料)、酰胺(重要的抗生素原料)、硝酸(重要的军事工业原材料)等。在合成的生产过程中,其副产品如一氧化碳、硫等也可成为其他化工产品的原材料。简单地说,合成氨的生产原理就是把氮气和氢气按一定比例混合组成的原料气,在一定的温度、压力条件和催化剂作用下进行化合

而成。根据采用的原料不同以及采用的合成方法不同，合成氨的生产工艺有很多种。就目前的大型合成氨装置所采用的原材料来源来说，有气体原料（包括天然气、炼厂干气等）、液体原料（包括轻质液态烃和重质液态烃）、固体原料（例如煤）。就合成工艺来说，目前常用的有 Topsoe 工艺、Braun 工艺、ICI 工艺等。不同类型的原材料和不同的生产工艺，采用的生产流程和生产参数有较大的差别。这里以气体原料＋Braun 工艺为例介绍。

2. 典型合成氨装置的工艺及特点

以燃料气为原料的合成氨工艺，主要分为脱硫、转化、变换、净化、压缩与合成、冷冻共六个环节。

（1）脱硫 由于硫对后续工序中的催化剂有害，因此对原料气进行脱硫的目的是将原料气中的硫含量脱除至一定含量以下。原料气先经过压缩机加压，然后逐步换热进入加氢转化器，在催化剂的作用下原料气中的各种有机硫与氢气反应生成硫化氢，然后进入脱硫槽内通过氧化锌将硫化氢脱除。

（2）转化 转化就是将烃类气体与水蒸气、空气（为合成气提供氮），在一定的条件下化合生成氢气、氮气、一氧化碳、二氧化碳等混合气体的过程。其中，混合气体中会残留甲烷不凝气。常用的转化方法（美国凯洛格法）分为两段转化，分别为蒸汽转化和部分氧化转化。典型的合成氨转化工序的工艺流程如图 2.32 所示。脱硫后的气态烃与中压蒸汽混合，进入一段转化炉预热段加热，然后进入辐射段，在催化剂的作用下进行转化反应。一段转化的反应流出物中含残存甲烷，需要进一步进行转化，即将一段反应流出物引入二段转化炉，与空气和蒸汽的混合物在二段转化炉内燃烧，进一步将甲烷脱除。二段转化炉的反应流出物先进入废热锅炉，副产蒸汽，然后逐渐冷却送到变换工序。

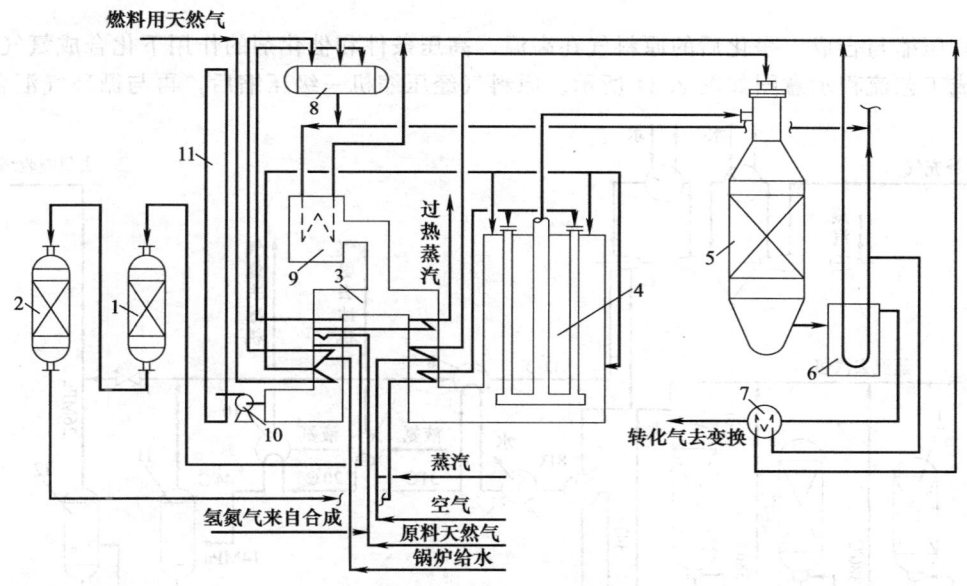

图 2.32 典型的合成氨转化工序工艺流程
1—钴钼加氢反应器；2—氧化锌脱硫罐；3—对流段；4—辐射段（一段转化炉）；5—二段转化炉；
6—第一废热锅炉；7—第二废热锅炉；8—汽包；9—辅助锅炉；10—排风机；11—烟囱

（3）变换 变换的目的是将转化后的反应流出物（粗原料气）中的一氧化碳与水蒸气进行反应，以达到把一氧化碳变换成二氧化碳并进行脱除。常用的变换工艺是将来自转化工序的粗原料，与中压蒸汽混合后进入高温变换炉并在催化剂的作用下进行变换，进入低温变换炉做进一步变换。

(4) 净化　净化的目的是脱除粗原料气中的二氧化碳，并使其一氧化碳和二氧化碳的总含量降低。净化通常分两步进行。第一步是采用吸收解吸的方法（例如，苯菲尔溶液吸收法）脱除大量的二氧化碳，此工艺过程也常称为脱碳。由于一氧化碳和二氧化碳会造成合成氨催化剂的中毒，所以还需要第二步，即利用甲烷化的方法进一步对粗原料气中的二氧化碳和一氧化碳进行脱除。此工艺过程也常称为甲烷化过程。第一步净化工艺类似于炼油装置的酸性水汽提，其工艺流程示意图如图 2.33 所示。解吸出来的二氧化碳将作为尿素装置的原料送到尿素生产装置。第二步净化是利用一定的工艺条件（压力取决于净化压力），并在催化剂的作用下使原料气中的一氧化碳和二氧化碳与氢气化合成甲烷，从而达到脱除一氧化碳和二氧化碳的目的。

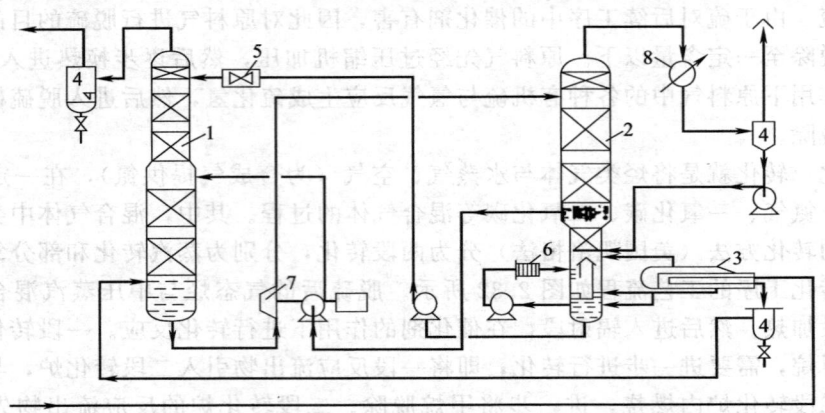

图 2.33　典型的合成氨净化工艺流程示意图
1—吸收塔；2—再生塔；3—再沸器；4—分离器；5—冷却器；6—过滤器；7—水力透平；8—冷凝器

(5) 压缩与合成　净化后的原料气在高温、高压条件和催化剂的作用下化合成氨气。典型的氨合成工艺流程示意图如图 2.34 所示。原料气经压缩机一级压缩后，再与循环气汇合进行

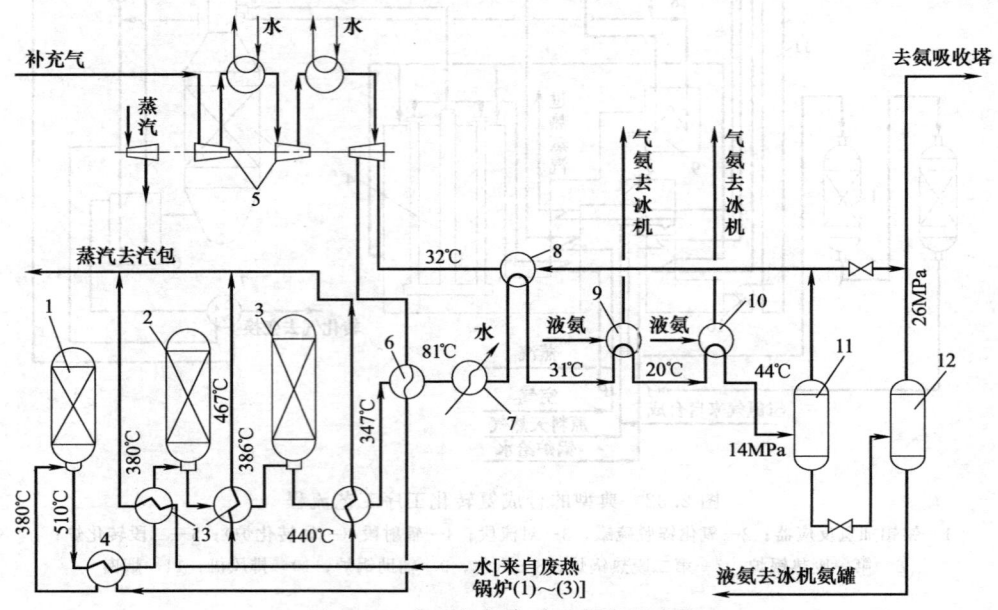

图 2.34　典型的氨合成工艺流程示意
1~3—第一，第二，第三合成塔；4—预热器；5—合成气压缩机；6—换热器；
7—水冷器；8—冷交换器；9,10—氨冷器；11—分离器；12—减压罐；
13—废热锅炉（1）~（3）

二级压缩。经逐次换热后，送入第一合成塔进行合成反应。合成塔底部出来的合成气（含氨气、氢气、氮气、甲烷、氩气等），经过废热锅炉（用于副产蒸汽）降热后进入第二合成塔、第三合成塔，逐次再进行合成反应。从第三合成塔出来的合成气经过逐次降温，进入分离器。分离器顶部出来的循环气（含氢气、氮气、甲烷、氩气和少量的氨气等），经换热后循环利用。分离器底部出来的液氨经降压后送入冰机氨罐。

（6）冷冻　合成工段出来的液氨最后被送至冷冻工段，经气化和压缩（冰机），得到成品液氨。成品液氨可送至储罐或用户。

3. 介质特点

合成氨生产装置中含有许多具有特殊性质的介质，包括一氧化碳、二氧化碳、氢气、硫化氢、氨和高温氮气。一氧化碳常态下是一种无色、无臭、无味气体，比空气略轻，在水中的溶解度甚低，但易溶于氨水，主要表现为一氧化碳在血中与血红蛋白结合而造成组织缺氧，被 GB 5044 列为高度危害介质。

氨标准状态下沸点为 $-33.35℃$，临界温度为 $132.4℃$，标准状态下凝固温度为 $-77.7℃$，氨在常温、常压下为具有特殊性恶臭的无色有毒气体，比空气轻。在常压下，冷却到 $143℃$ 或在 $148℃$ 加压到 $1.0MPa$，氨可凝结为液体（称为液氨）。液氨气化时吸收大量的热，所以氨可用作制冷剂。氨是极性分子，易溶于极性溶剂如水或酒精中。在常温下，1 体积水约可溶解 700 体积氨。氨的水溶液叫做氨水。氨在常温下稳定，但是在高温下可分解成氢和氮。液氨易引起碳钢和低合金钢的应力腐蚀开裂（ASCC）。

4. 合成氨装置的配管设计

主要是对塔、罐、泵、反应器等设备的配管设计。

十八、尿素装置工艺简介及配管设计要点

1. 装置简介

尿素是氮肥系列中最高效的一种肥料。尿素同时也是一种重要的化工原料，可被用来制造塑料、涂料，也是医药、制革等生产中的重要原料。尿素是以液氨和二氧化碳为原料、在一定的压力和温度条件下化合而成的。实际过程是分两步完成的，第一步是液氨与二氧化碳化合生产液体氨基甲酸铵，第二步是对氨基甲酸铵进行脱水而转化成尿素。由于反应是可逆的，因此原料的转换总是不完全的。围绕着原料转化率及回收循环的方法，派生出许多生产工艺。国内应用最多的生产工艺是荷兰 STAMICORBAN 的二氧化碳汽提工艺技术。

2. 典型尿素装置的工艺及特点

二氧化碳汽提法生产工艺大致可以分为以下几个环节，即原料加压、合成与汽提、循环、尿液蒸发与造粒、吸收与解吸，其工艺流程示意图如图 2.35 所示。

（1）原料加压　原料加压的目的是把原料（液氨和二氧化碳）加压到反应需要的压力条件。由外界过来的液氨，经液氨泵加压，再经加热器加热后进入高压喷射泵。在喷射泵内，与抽吸过来的氨基甲酸铵混合，然后送至高压氨基甲酸铵冷凝器顶部。液氨泵一般采用往复泵。由外界送来的二氧化碳，加入一定量的空气，由二氧化碳压缩机加压送入二氧化碳汽提塔底部。加入空气的目的是为后续的介质中提供一定量的氧气，用于防止或减缓金属的腐蚀。二氧化碳压缩机一般采用两段离心式压缩机。

（2）合成与汽提　合成的过程就是尿素原液生成的过程，而汽提则是把合成反应中剩余的原料分离出来并循环利用。在汽提塔内，原料气二氧化碳与合成塔流出物（尿素原液混合物）经过传质、传热，带走反应中剩余的原料，并从塔顶出来。汽提塔塔顶出来的二氧化碳混合气与来自高压喷射泵的液氨、氨基甲酸铵液混合进入高压氨基甲酸铵冷凝器，并在冷凝器中发生反应生成氨基甲酸铵。冷凝器底部出来的物料。来自高压冷凝器的物料在合成塔内自下而上，

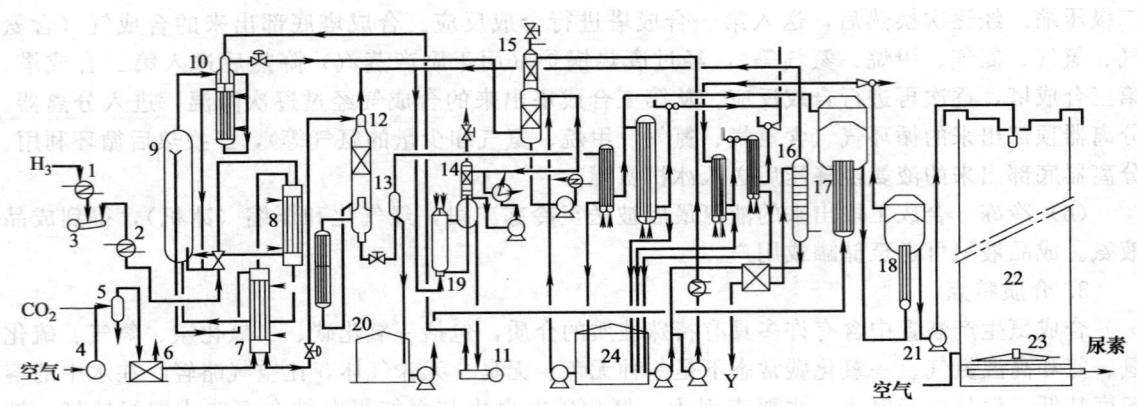

图 2.35 二氧化碳汽提法尿素生产工艺流程示意图
1—氨预热器；2—氨加热器；3—高压氨泵；4—空气鼓风机；5—液滴分离器；6—CO_2 压缩机；
7—CO_2 汽提塔；8—高压氨基甲酸铵冷凝器；9—尿素合成塔；10—高压洗涤器；11—高压甲铵泵；12—精馏塔；
13—闪蒸槽；14—低压洗涤器；15—吸收塔；16—解吸塔；17——段蒸发器；18—二段蒸发器；
19—低压氨基甲酸铵冷凝器；20—尿液槽；21—尿素泵；22—造粒塔；23—刮料机；24—氨水槽

进一步反应生成甲胺，甲胺转化为尿素，并以混合液物料的形式从合成塔底部流出。混合液物料含尿素、氨基甲酸铵、氨、二氧化碳、水等。然后送入汽提塔脱除大部分多余的二氧化碳和氨。经汽提后的混合液（尿液）减压进入循环系统。合成塔顶部出来的气体含有氨气、二氧化碳、氢气、氮气、氧气、水蒸气等。被送入高压洗涤器对其中的氨气和二氧化碳进行回收，即利用氨基甲酸铵液将氨气、二氧化碳吸收。洗涤器排出的气体经减压后送至低压吸收塔做进一步吸附回收。

（3）循环 利用降压分解的原理使残留氨基甲酸铵分解成二氧化碳和氨，洗涤后循环利用。来自高压汽提塔的混合液（尿液）被送入精馏塔，使部分氨基甲酸铵得以分解，然后进塔底气液分离器进行气液分离。分离出的液体（尿液）经减压后进入闪蒸槽。进一步闪蒸出残留的氨、二氧化碳和水蒸气，最后得到浓度约为 73% 的尿液。之后，尿液进入尿液储槽。从精馏塔顶部出来的气体被送入低压氨基甲酸铵冷凝器，冷凝下来的氨基甲酸铵经气液分离后循环使用。而分离器出来的混合气体（含氨、二氧化碳、氧气等）进入低压洗涤器，除不凝气外，其他气体被吸收并循环使用。

（4）尿液蒸发与造粒 通过加热蒸发掉凝液中的大部分水，最后获得商业用固体尿素颗粒。凝液储槽中的尿液用泵送到两段真空蒸发器，利用蒸汽对其进行蒸发，得到浓度为 99.7% 的浓缩尿液或尿素熔体。尿素熔体被送到尿素造粒塔顶部喷头进行造粒，从塔底出来的尿素颗粒进行包装储存。

（5）吸收与解吸 利用氨水对高压或低压洗涤器出来的气体（含氨、二氧化碳、氧气、氮气、氢气等）进行有用成分（氨和二氧化碳）的吸收，并重复利用。吸收是在吸收塔内进行的。解吸是对上游的各冷凝器过来的液体（含少量的尿素、氨、二氧化碳等）通过氨水吸收然后再利用蒸汽加热进行解吸的方法对有用成分（尿素、氨和二氧化碳）进行回收。回收溶液被送回低压氨基甲酸铵冷凝器重复利用。

3. 介质特点

尿素装置中包含的有特殊性质的介质有尿素、甲胺、氨、二氧化碳等。尿素别名叫碳酸二胺、碳酰胺、脲，常态下为无色或白色针状或棒状结晶体，无臭无味。熔点为 132.7℃。干尿素对金属无腐蚀，但吸水后水解成氨基甲酸铵，而当氨基甲酸铵进一步分解成二氧化碳和氨时，将对金属产生强烈的腐蚀，该腐蚀会随温度的升高而加剧，尤其是在更高的温度下转化为氰酸铵和氰酸时，对不锈钢金属也会产生较强的腐蚀。氨基甲酸铵对大多数金属具有强烈的腐蚀，表现为还原性电化学腐蚀，而且还具有强烈的缝隙腐蚀特性。温度越高，腐蚀性越强。当温度高于160℃时，要维持介质中一定的氧含量，可促使不锈钢钝化膜的形成，从而减缓金属的腐蚀。

4. 尿素装置的配管设计

主要是对塔、罐、泵、压缩机等设备的配管设计。

十九、醋酸装置工艺简介及配管设计要点

1. 装置简介

醋酸是重要的有机化工原料之一，广泛用于合成纤维、涂料、医药、农药、食品添加剂、染织等工业，是国民经济的一个重要组成部分。醋酸生产的方法有乙醛氧化法（乙醇和乙烯法）、乙烷和甲烷氧化法以及甲醇羰基合成法等。生产的工艺不同，操作条件及工艺介质的组成和腐蚀性也不同，对设备和管道材料的要求也不同。甲醇低压羰基合成醋酸工艺流程简单，产能大，产品质量高，是目前最先进的醋酸生产工艺，也是国内外醋酸生产的主流工艺。羰基合成醋酸的工艺介质腐蚀性强，对设备管道材料有特殊的要求。

2. 典型羰基合成醋酸工艺流程

甲醇低压羰基合成醋酸技术由美国Monsanto公司实现工业化，其工艺流程示意图如图2.36所示。

甲醇低压羰基合成醋酸生产工艺大致可分为反应、精制、轻组分回收、催化剂的制备与再生等工序。甲醇由甲醇中间储槽经甲醇加料泵送至甲醇加热器进入反应釜。精制一氧化碳以一定压力及一定流量由反应釜底部进入釜内分配管。在搅拌器作用下，CO在溶液中扩散溶解。在催化剂、碘甲烷促进剂及碘化氢的作用下，CO与甲醇在反应釜内生成醋酸。经反应釜冷凝器冷却后进入冷凝液分离器。含有大量碘甲烷、醋酸、醋酸甲酯等的冷凝液送

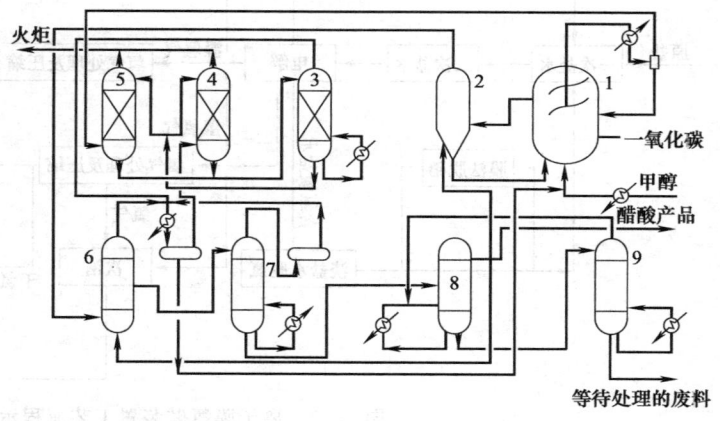

图 2.36 甲醇低压羰基合成醋酸工艺流程示意图
1—反应器；2—闪蒸罐；3—再生塔；4—低压吸收塔；5—高压吸收塔；6—初分塔；7—脱水塔；8—成品塔；9—汽提塔

回反应釜，冷却后的气体进入高压吸收塔，用贫液（醋酸）吸收气体中的碘甲烷，吸收了碘甲烷的富液从高压吸收塔底部排出进入再生塔进行再生。吸收后的尾气去火炬系统。反应釜内生成的醋酸及反应液在闪蒸罐内闪蒸后形成气液两相。液体经催化剂循环泵送回反应釜。含有醋酸、碘甲烷、碘化氢、水及醋酸甲酯等组分的气相去初分塔进行提纯。来自闪蒸罐气相物料中的碘化氢以及夹带的少量催化剂，在初分塔底部靠位差返回闪蒸罐。初分塔蒸馏得到的粗醋酸由塔侧中部取出，送至脱水塔。脱水塔气相与初分塔气相一道送至低压吸收塔，回收碘甲烷后尾气去火炬系统，液体送再生塔，成品醋酸由成品塔侧部取出，冷却后送成品中间储槽。含丙酸以及金属碘化物的高沸点的溶液由塔底部送往汽提塔系统，以回收醋酸，塔底重组分进一步处理回收。再生塔再生后的贫液用循环水冷却后，一部分送往高压吸收塔作吸收剂；另一部分送往低压吸收塔作吸收剂，循环使用。

3. 醋酸装置的配管设计

主要是对塔、罐、泵、反应器等设备的配管设计。

二十、氯碱装置工艺简介及配管设计要点

1. 装置简介

氯碱工业作为衡量国家化工行业发展的重要指标，广泛应用于轻工业、纺织工业、冶金工业、石油化学工业以及公用事业。氯碱的生产工艺一般分为苛化法、隔膜法、水银法及离子膜法。离子膜制碱法从20世纪80年代开始发展，现已成为我国新建烧碱工厂中最广泛应用的工艺。其工艺流程是通过电解食盐水生产烧碱和氯气、氢气，产品作为其他化工产品的生产原料。以下以离子膜制碱的工艺装置为例介绍。

2. 离子膜氯碱装置的工艺及特点

离子膜氯碱装置工艺流程示意图如图2.37所示。整个装置大致可划分为一次盐水和二次盐水精制、电解单元、淡盐水脱氯、氢气处理及压缩、氯气处理及压缩、氯气液化、盐酸合成及碱蒸发单元。

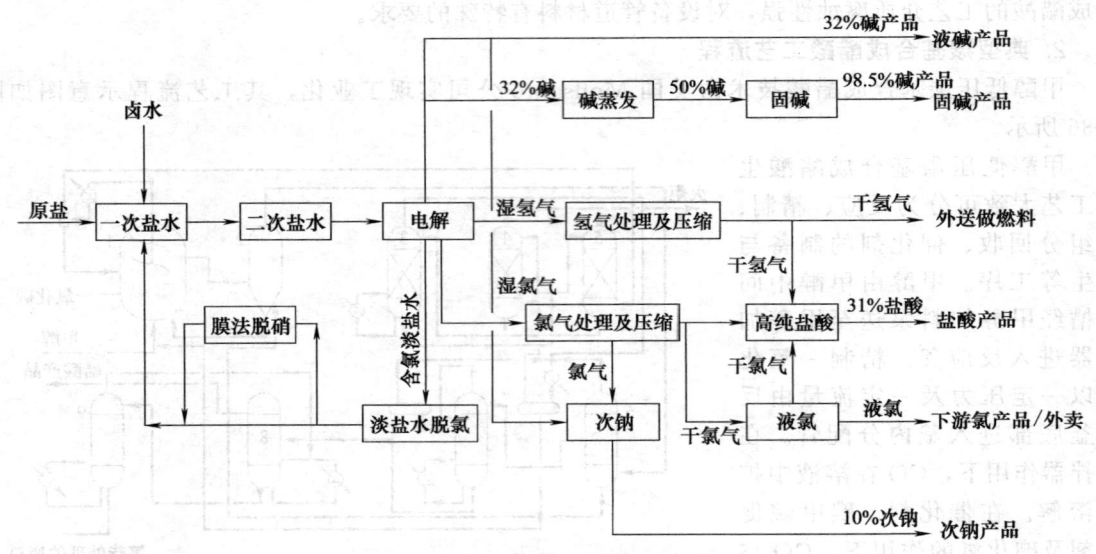

图2.37 离子膜氯碱装置工艺流程示意图

以原盐、卤水作为原料，通过一次盐水膜过滤，将盐水中大分子有机物分解成小分子，并初步去除。再经过二次盐水的螯合树脂塔，进一步除去其中的钙、镁等金属离子及悬浮物后。将盐水加入离子膜电解槽的阳极室，与此同时，纯水和碱液一同进入阴极室。电解槽通入直流电后，在阳极室产生氯气和含氯淡盐水，经过分离器分离，氯气输送到氯气处理及压缩单元。在电解槽的阴极室产生氢气和液碱。同样经过分离器，氢气输送到氢气处理及压缩单元，碱液可以作为商品出售，也可以送到碱蒸发单元，使其浓缩成50%的碱液。电解产生的湿氯气经过洗涤、干燥、压缩后，送往下游作为原料使用，或通过冷介质降温液化，形成液氯存入储槽；未液化的氯气与氢气压缩单元过来的氢气用于合成氯化氢气体或盐酸。

3. 主要工艺介质

氯碱装置的工艺介质中包含了强酸（如氯气、氯化氢等）、强碱（如氢氧化钠等）、氢气等具有腐蚀性强、易燃爆、有毒有害的介质。其中电解单元的进料盐水对铸铁、碳钢、不锈钢材料有不同程度的腐蚀。电解后的淡盐水中存有游离氯等介质，会加剧对设备、管道材料的腐蚀。因此，在盐水管道中钢衬胶、钢衬塑、塑料阀门的运用较为广泛。装置的产品氯气是一种

有毒气体，逸散性强。同时氯的化学性质很活泼，在一定条件下能与很多金属及非金属发生反应。尤其在有水的情况下，氯气与水反应生成盐酸和次氯酸。次氯酸受热及光等的作用易分解出初生态氧并生成盐酸，初生态氧又是一种强氧化剂。因此，在氯碱装置中湿氯气、干氯气及液氯的危害性最大。

4. 氯碱装置的配管设计

主要是对塔、罐、泵、压缩机等设备的配管设计。

二十一、液化天然气装置工艺简介及配管设计要点

1. 液化天然气 LNG 工艺流程简介

液化天然气是天然气的液态产品，英文名称为 Liquefied Natural Gas，缩写为 LNG。
天然气的液化流程有不同的形式，按照制冷方式分，可分为以下三种类型。
① 阶式液化流程；
② 混合冷剂液化流程；
③ 带膨胀机液化流程。

以上三种类型的天然气液化流程不是严格区分和隔离的，工程上通常采用由上述流程组合的复合流程。图 2.38 所示为再冷凝汽化工艺流程示意图。

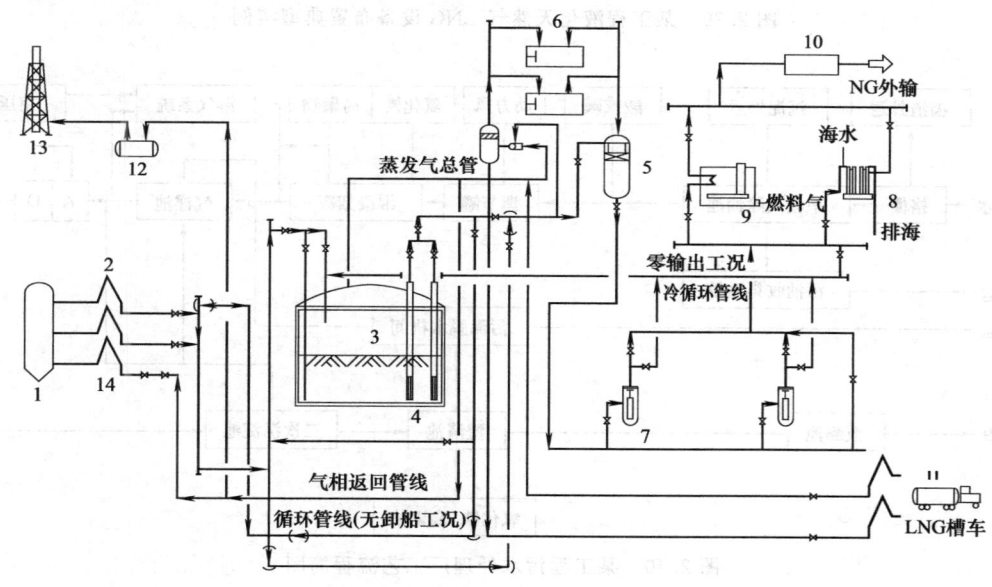

图 2.38 再冷凝汽化工艺流程示意图

1—LNG 运输船；2—LNG 卸船臂；3—LNG 储罐；4—低压输送泵；5—再冷却器；6—BOG 压缩机；
7—高压输出泵；8—开架式汽化器；9—浸没燃烧式汽化器；10—天然气计量；11—槽车装车系统；
12—火炬分液罐；13—火炬；14—气相返回臂

2. 某些工程液化天然气 LNG 设备布置典型实例（图 2.39）

3. 液化天然气 LNG 装置的配管设计

主要是对罐、泵、压缩机、炉子等设备的配管设计。

二十二、污水处理厂工艺简介及配管设计要点

某工程污水处理厂工艺流程简图如图 2.40 所示，典型的工艺装置区污染雨水收集池示意图如图 2.41 所示。

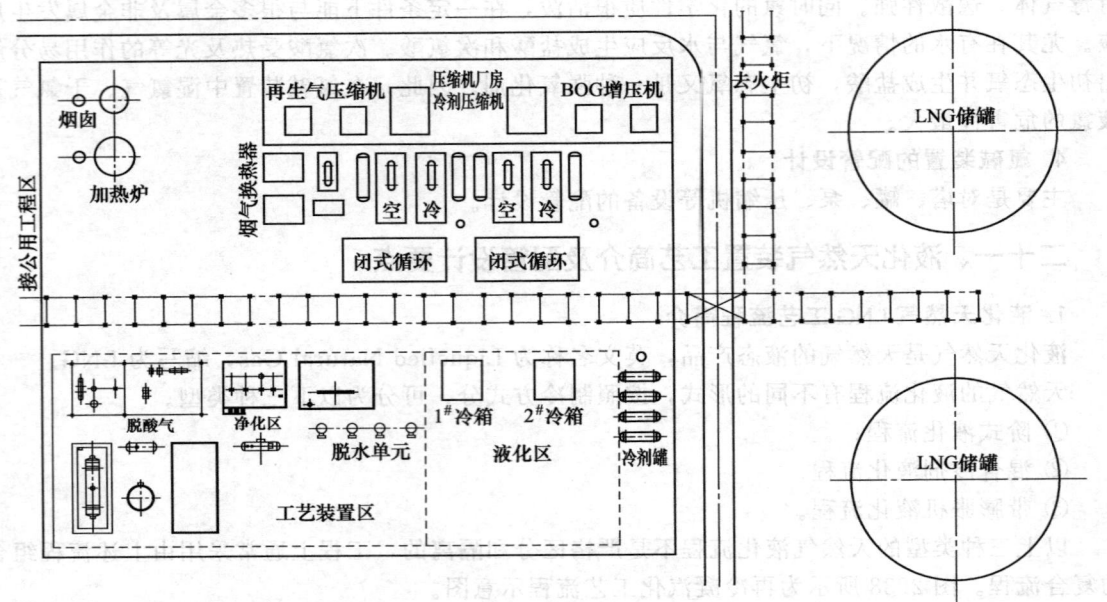

图 2.39 某工程液化天然气 LNG 设备布置典型实例

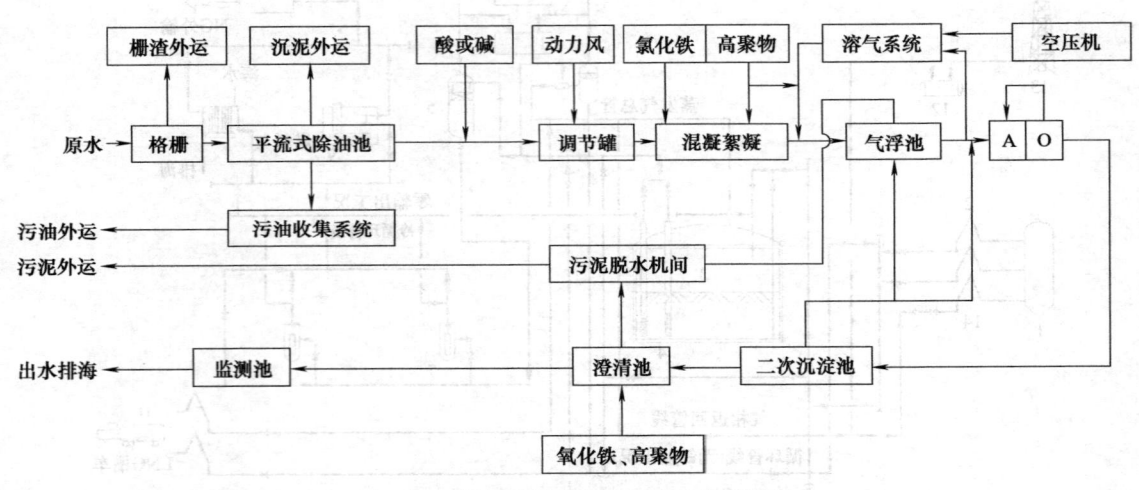

图 2.40 某工程污水处理厂工艺流程简图

1. 生产污水的收集

① 对于不需预处理且自身有压力连续排放的生产污水，可直接通过生产污水管线送到污水处理厂处理。

② 对于间断排放的没有压力的生产污水，经地下管道收集，靠重力送到装置内污水调节池，由泵提升定量地通过生产污水管线送到污水处理厂处理。

③ 对于排水水质不能满足污水处理厂接管标准的污水，需经过预处理满足接管指标后才能送到污水处理厂进一步处理。

2. 污染雨水的收集

(1) 装置污染雨水的收集　装置（单元）污染界区的污染雨水，经重力管渠收集进入污染雨水池，然后用泵定量地送到污水处理厂处理。

对于含油量过高，不能满足污水处理厂接管指标的污染雨水，还需经过除油预处理后才能送到污水处理厂进一步处理。

污染雨水池的有效容积按照一次降雨的污染雨水总量考虑。

污染雨水量按污染面积与其15～30mm降雨深度的乘积计算。

污染雨水池的设计应考虑后期清净雨水的分流措施。

（2）罐区污染雨水的收集　罐区内的泵区、阀区的雨水按全部为污染雨水考虑，污染雨水量按一次最大降雨量与污染面积的乘积计算。

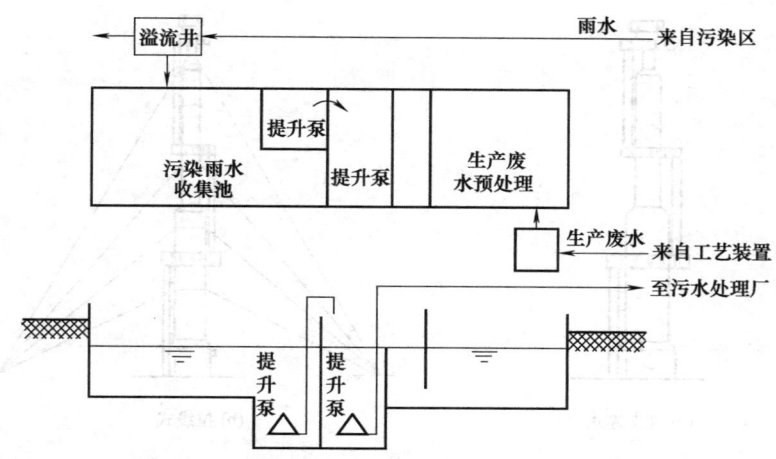

图2.41　典型的工艺装置区污染雨水收集池示意图

二十三、火炬系统工艺简介及配管设计要点

1. 装置简介

火炬是处理石油化工厂、炼油厂当发生事故时或在正常生产中排放大量易燃、有毒、有腐蚀性气体用的。火炬形式可分为高空火炬和地面火炬。火炬形式的选择应根据火炬系统的设计处理量、项目所在地的总图布置以及环境保护的要求等因素确定。

地面火炬系统由火炬的内外设备组成，火炬的内部有成排的高压燃烧器和低压燃烧器，所有的火炬管线埋在地面下以避免燃烧过程中的热辐射；围墙将燃烧器与外部辅助设备分隔开，考虑到空气的流进，金属围栏的底部被架空，但仍可以通过在围栏的支撑结构上增加面板来屏蔽掉热量。每个燃烧室的设计原理相同，每级燃烧器的操作通过压力来控制，利用紧闭切断蝶阀开/关来达到分级燃烧的目的，通过使用释压装置如防爆阀或防爆针以保证安全。每一级设有两个长明灯，点火系统与高架火炬相同，多个长明灯确保安全，不需要蒸汽和强制通风，即可达到100%燃烧。无论何时，如果火炬气的压力不足，可能需要少量的蒸汽。燃烧室周围安装垂直金属围栏，此吸热围栏将地面热辐射隔离在内，使其不向四周扩散，围栏外面的辐射热低于$1.6kW/m^2$。地面火炬的主要部件包括：多点的火炬燃烧；长明灯、排放点火器和火焰检测器；支持结构和辅助设备；分液罐；液体密封；管道系统；辅助设备。地面火炬不能用于有毒物质的焚烧。地面火炬周围最小无障碍区的半径为76～152m，且应设围墙以确保安全。

高架火炬即采用竖立的火炬筒体将燃烧器（又称火炬头）高架于空中，火炬气通过火炬筒体进入燃烧器，燃烧后的烟气直接进入空气中，随气流扩散至远处。根据火炬筒体的支撑形式，高架火炬又可分为塔架式、半塔架式、自支撑式、拉线式，如图2.42所示。高架火炬主要包括分液罐（也称排放罐，有的火炬系统不止一个）、密封罐（大多用水封，称为水封罐）、火炬收集管线、火炬筒体、火炬头、气体密封、长明灯及监测长明灯的热电器、清烟装置、航标指示灯、点火设施、监视电视（一般离火炬有一定距离）。

高架火炬和地面火炬的区别：地面火炬处理量比高架火炬小，不能燃烧有毒气体。地面火炬开启过早会产生回火现象，开启过晚会造成憋压。高架火炬由于火炬气出口速度较快，其燃烧所产生的噪声是无法避免的。高架火炬在放空燃烧时，火炬头处所产生巨大火焰造成的热辐射对高架火炬附近的工作人员及设备有很大的影响。环保方面看，地面火炬比高架火炬好，从投资及维护方面来看，地面火炬成本较高，但是运行成本低且维修方便。

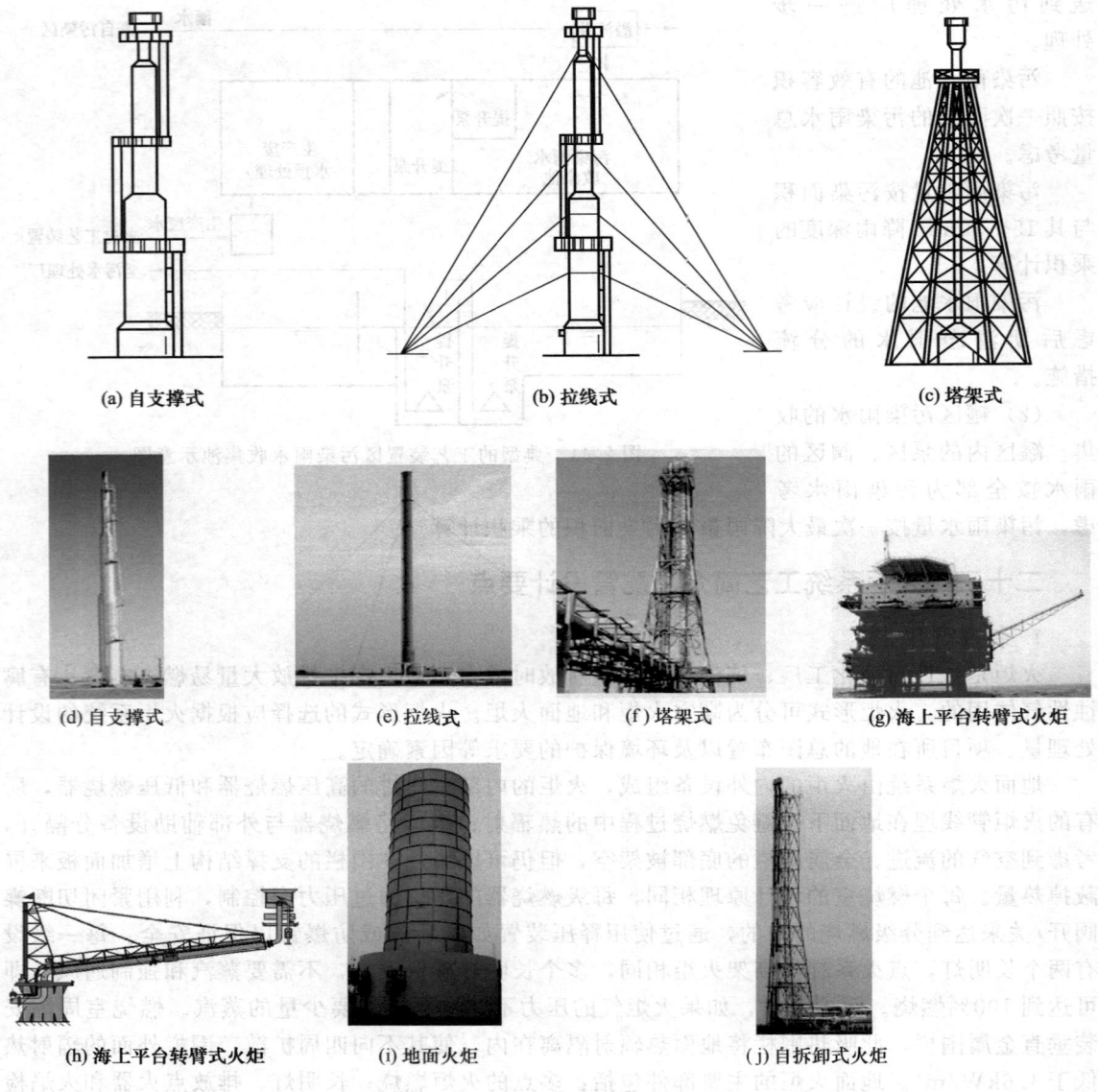

图 2.42 各种型式火炬系统

高架火炬典型工艺流程示意图见图 2.43。

2. 火炬系统的设计

① 不同处理的介质和不同工作条件有不同的火炬系统。在开车、正常运行、停车和事故时排放的气体均要送火炬处理。以各种情况下最大排放量来进行火炬系统处理能力的设计，同时要保证在一个宽的流量范围内系统运行良好。火炬系统本身要保证生产装置安全运行，并应考虑对环境的影响，消除和尽量减少对大气的污染、噪声等。当两火炬集中布置时，火炬的间距应使一个火炬燃烧最大气量时所产生的辐射热，不影响另一个火炬检修工作的进行。火炬的防空标志和灯光保护应按有关规定执行。

② 安全阀和控制阀的排放系统管道：安全阀和控制阀排放系统按有关规定来设计。该排放系统若与火炬系统相连，其管道材质不能低于碳钢，对于可能产生低温和高温的部分要做应力分析计算，选用适宜的材质和进行相应的加工处理。排放管道最好从上方与火炬系统总管

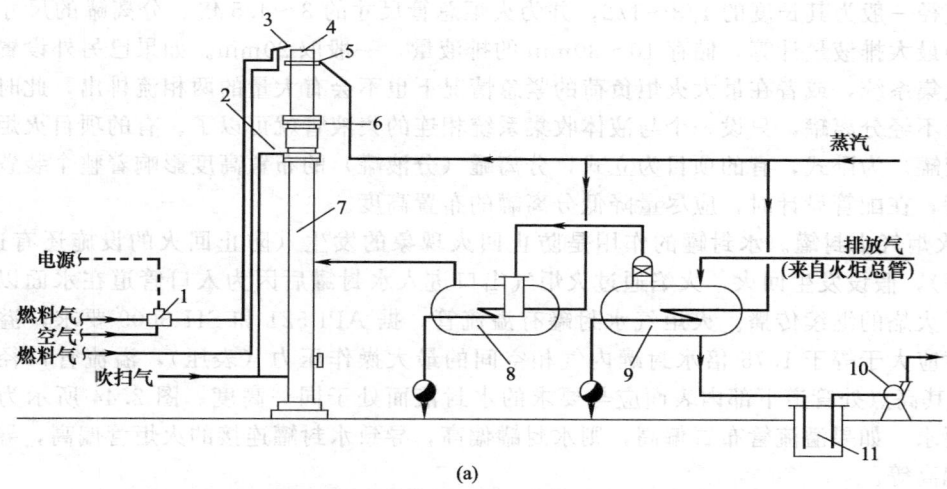

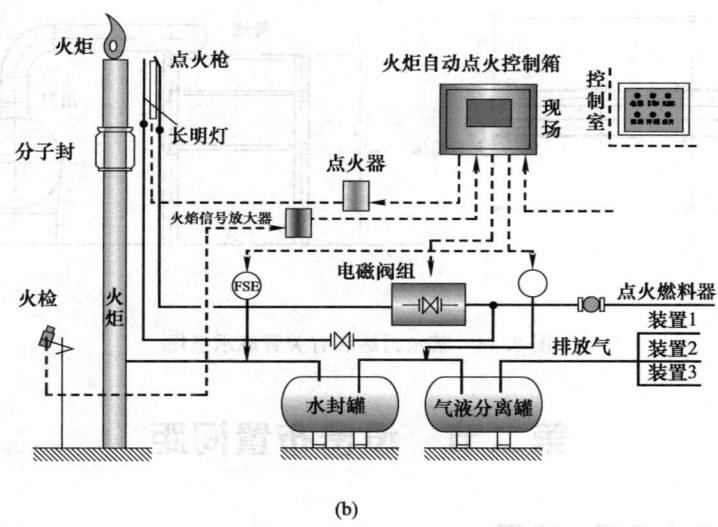

1—电点火器；2—吹扫气入口；3—点火嘴；4—火炬头；5—消烟蒸汽入口；
6—分子密封；7—火炬烟囱；8—水封槽；9—火炬气分离罐；10—排液泵；
11—集液槽

图 2.43　火炬系统典型工艺流程示意图

45°相连，以免产生排气、排液死角。

③ 火炬总管到分离器要有一定坡度以便排液，坡向分离器坡度不小于 2‰，对于排液死角要设排液口并将排出液回收储存。

④ 要考虑温度对管路的影响，设置温度补偿的膨胀节，一般用环形的，特殊情况下用波纹形膨胀器。如果总管与总管相接或总管与支管相接，其接头处材质取两者材质高者，且其长度在接头处上游至少要有 5m。

⑤ 为避免火炬系统发生内爆炸或产生其他不安全因素，火炬气总管的上游最远端设有固定的吹扫设施，该吹扫设施包括一个流量计、一个止回阀和一个手动调节阀门。所有的火炬总管都应设氮气吹扫用软管接口。常用的吹扫气首选为可燃气体（如燃料气），但对于低温管线，吹扫气在最低温度时应不发生部分或全部冷凝，对此一般采用氮气吹扫。

⑥ 火炬气分离罐（分液罐）。每根火炬排放气总管都应设分离罐，用以分离气体夹带的液滴或可能发生的两相流中的液相。为防止产生"火雨"，分离罐的分离能力为至少将不小于 400μm 的液滴分离下来，最好将不小于 150μm 的液滴也分离下来，尽量减少液滴夹带。分离

罐选用直径一般为其长度的 1/3～1/2，并为火炬总管尺寸的 3～4.5 倍。分离罐的尺寸是以排放物流中最大排液量计算，储存 10～30min 的排液量，一般取 20min。如果已另外设置了单独的液相收集系统，或者在最大火炬负荷的紧急情况下也不会有大量的两相流排出，此时可以让排放物流不经分离罐，只设一个与液体收集系统相连的集液管就可以了。有的项目火炬气分离罐（分液罐）为卧式，有的项目为立式，分离罐（分液罐）的布置高度影响着整个装置管廊的布置高度，在配管设计时，应尽量降低分离罐的布置高度。

⑦ 火炬气水封罐。水封罐的作用是防止回火现象的发生（防止回火的设施还有速度封、分子封等），假设发生回火，火焰通过火炬气出口进入水封罐后因为入口管道在水面以下，因此杜绝了火焰的继续传播。火炬气水封罐有溢流管，据 API 521 和 SH 3009 要求，溢流管的水封高度应大于等于 1.75 倍水封罐内气相空间的最大操作压力（表压），溢流管口径最小为 $DN50$，其高点处管道下部内表面应与要求的水封液面处于同一高度。图 2.44 所示为某布置的高差要求。如果溢流管布置偏高，则水封罐偏高，导致水封罐连接的火炬管偏高，导致长距离管廊偏高等。

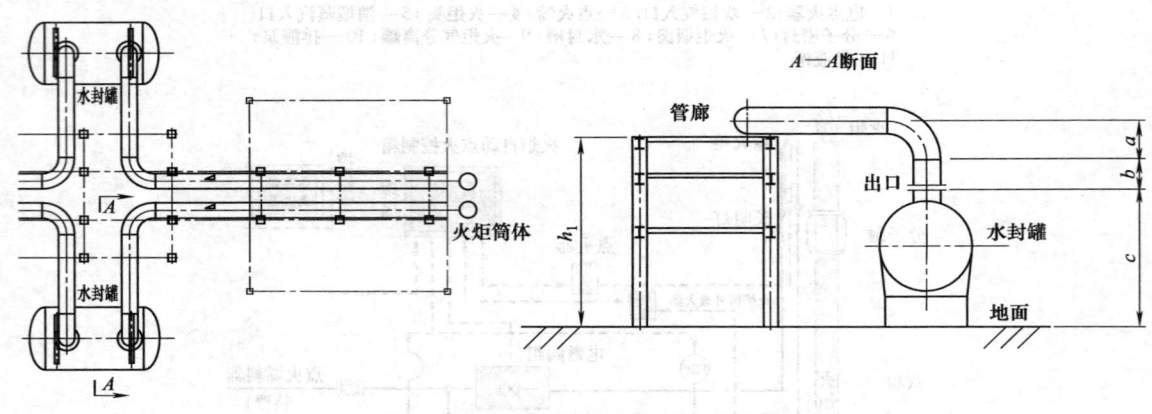

图 2.44　某水封罐和有关管廊示意图

第二节　设备布置间距

一、装置设备之间最小净距

设备之间或设备建、构筑物（或障碍物）间的净距见表 2.1。

表 2.1　设备之间或设备与建、构筑物（或障碍物）间的净距（HG 20546—2009）

区域	内　容	最小净距/mm
一	控制室、配电室至加热炉	15000
管廊下或两侧	两塔之间（考虑设置平台，未考虑基础大小）	2500①
	塔类设备的外壁至管廊（或构筑物）的柱子	3000
	容器壁或换热器端部至管廊（或构筑物）的柱子	2000
	两排泵之间维修通道	3000
	相邻两台泵之间（考虑基础及管道）	800
建筑物内部	两排泵之间或单排泵至墙的维修通道	2000②
	泵的端面或基础至墙或柱子	1000②
任意区	两个卧式换热器之间维修净距	600
	两个卧式换热器之间有操作时距（考虑阀门、管道）	750
	卧式换热器外壳(侧向)至墙或柱（通行时）	1000
	卧式换热器外壳(侧向)至墙或柱（维修时）	600

续表

区域	内容	最小净距/mm
任意区	卧式换热器封头前面（轴向）的净距	1000
	卧式换热器法兰边周围的净距	450
	换热器管束抽出净距（L 为管束长）	L+1000
	两个卧式换热器（平行、无操作）	750
	两个容器之间	1500
	立式容器基础及墙	1000
	立式容器人孔至平台边（三侧面）距离	750
	立式换热器法兰至平台边（维修净距）	600
	压缩机周围（维修及操作）	2000
	压缩机	2400
	反应器与提供反应热的加热炉	4500

① SH 3011 规定为 2.5m。
② SH 3011 规定泵布置在管廊下方或外侧时，泵端前面操作通道的宽度，不应小于 1m。泵布置在室内时，两排泵净距不应小于 2m。泵端或泵侧与墙之间的净距应满足操作、检修要求，且不宜小于 1m。

工程应用：常见最小通道宽度

常见最小通道宽度要求如图 2.45～图 2.51 所示。

二、道路、铁路、通道和操作平台上方的最小净空高度

道路、铁路、通道和操作平台上方的净空高度或垂直距离见表 2.2。

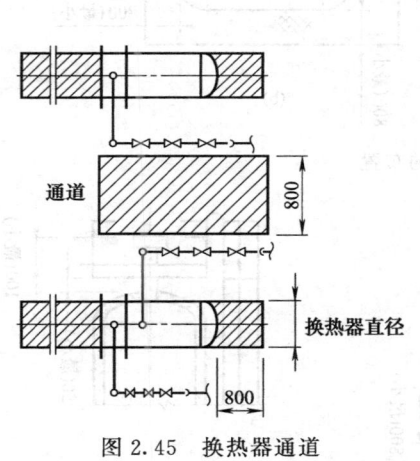

图 2.45　换热器通道

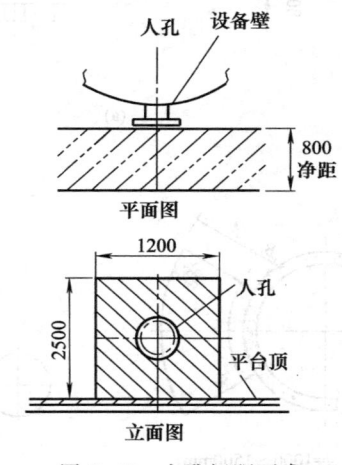

图 2.46　人孔间距要求

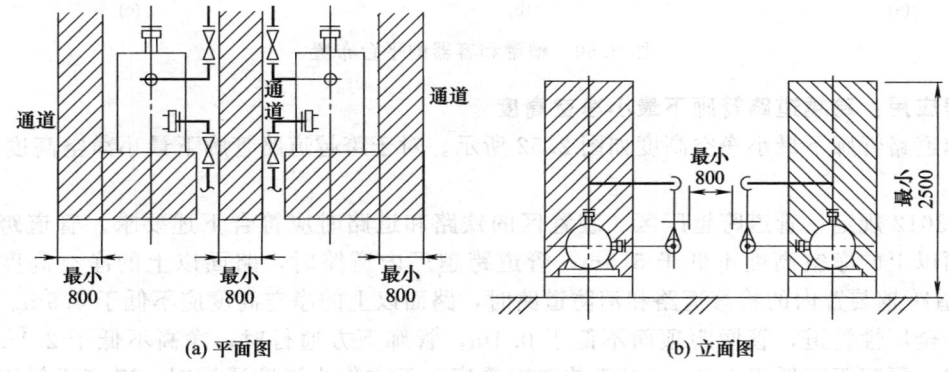

图 2.47　泵通道要求

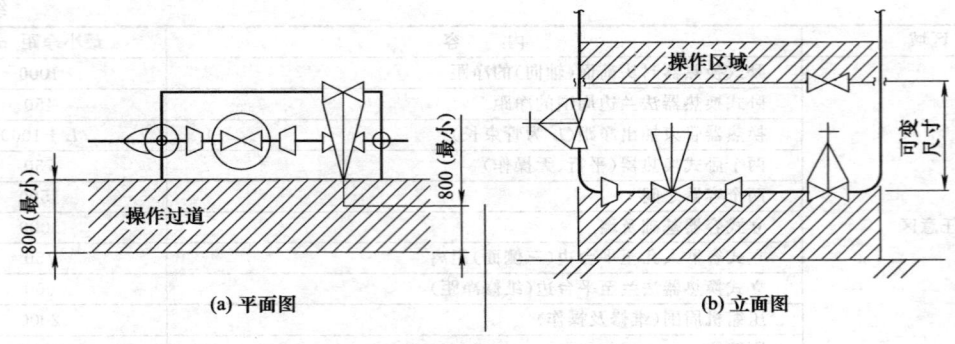

图 2.48　管道调节阀组通道要求

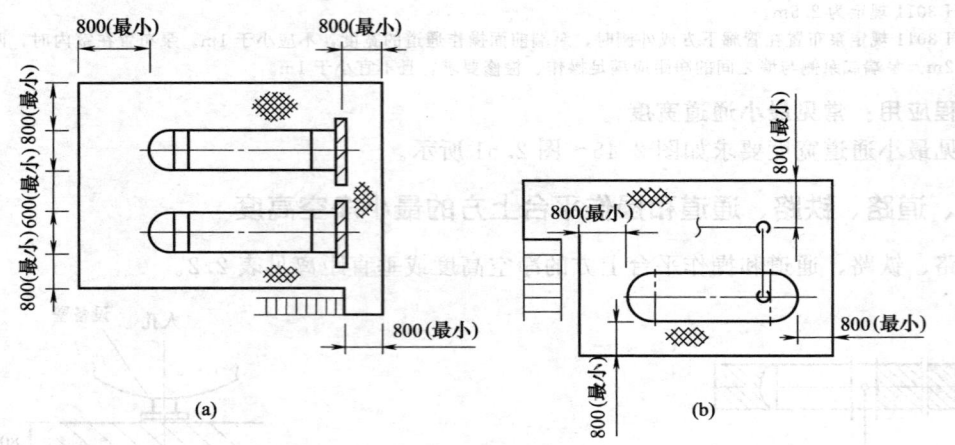

图 2.49　结构上平台的布置

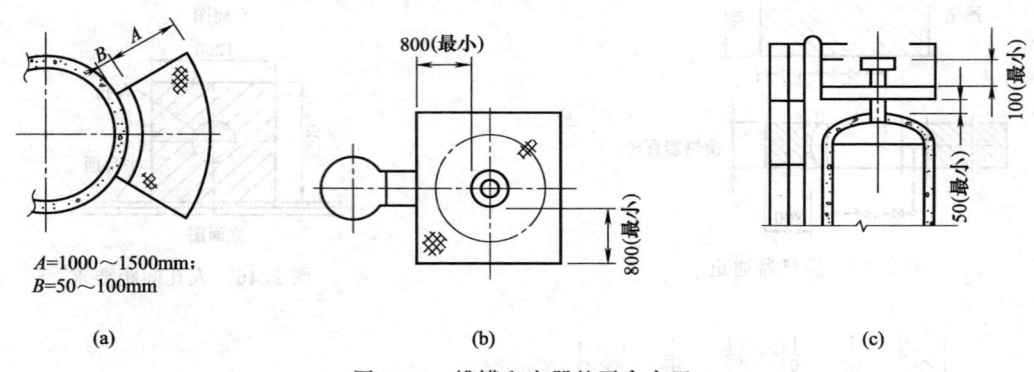

图 2.50　槽罐和容器的平台布置

工程应用：跨越道路管廊下最小净空高度

跨越道路管廊下最小净空高度如图 2.52 所示。对于跨越道路管廊下最小净空高度 A 的要求如下。

SH 3012 规定，管道跨越厂区、装置区的铁路和道路时应符合下述要求。管道跨越铁路时，轨面以上的净空高度不低于 5.5m；管道跨越厂内道路时，路面以上的净空高度不低于 5m；管道跨越装置内的检修道路和消防道路时，路面以上的净空高度应不低于 4.5m。

对于全厂性管道，管墩距顶面不低于 0.4m，管廊下方通行时，净高不低于 2.1m，多层管廊（架）层间距不低于 1.2m。对于装置内管廊，下方作为消防通道时，净高不低于 4.5m，多层管廊层间距宜为 1.2~2.0m。

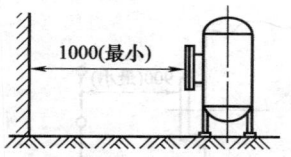
(a) 地面人通行和维护宽度
(SH规范规定为80mm)

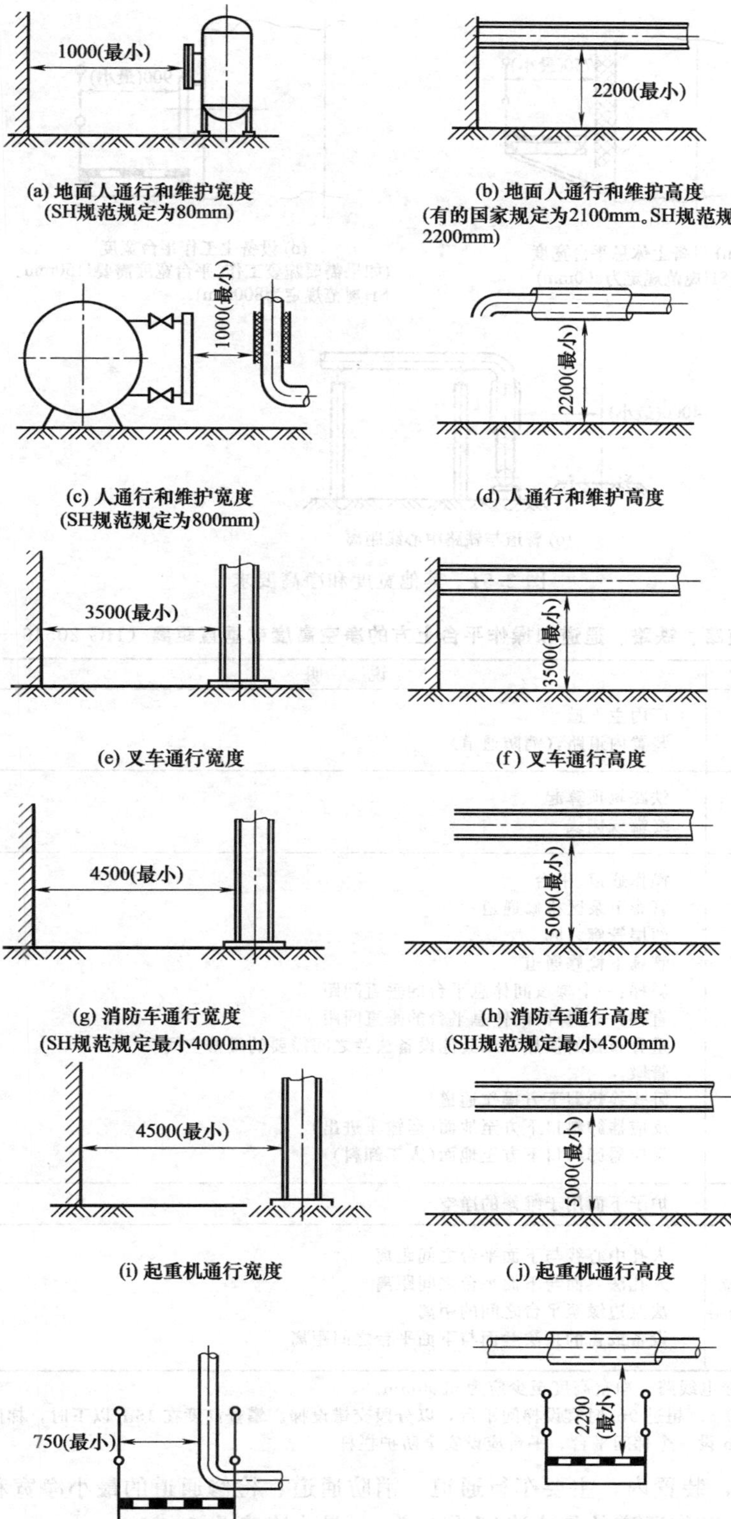

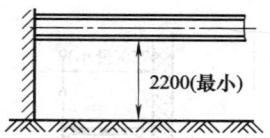
(b) 地面人通行和维护高度
(有的国家规定为2100mm。SH规范规定为2200mm)

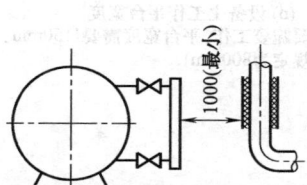
(c) 人通行和维护宽度
(SH规范规定为800mm)

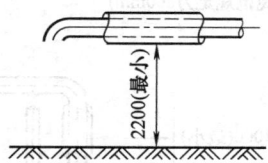
(d) 人通行和维护高度

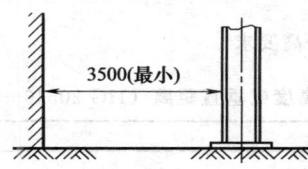
(e) 叉车通行宽度

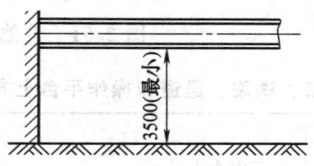
(f) 叉车通行高度

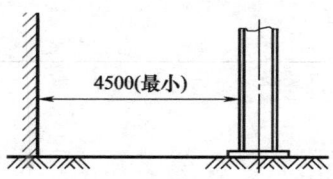
(g) 消防车通行宽度
(SH规范规定最小4000mm)

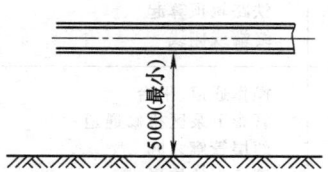
(h) 消防车通行高度
(SH规范规定最小4500mm)

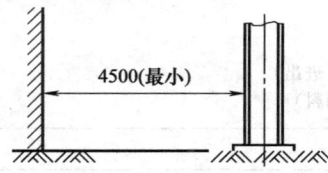
(i) 起重机通行宽度

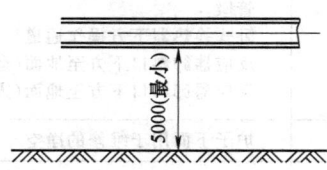
(j) 起重机通行高度

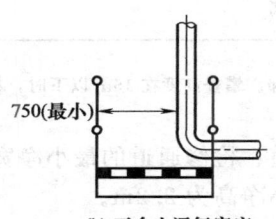
(k) 平台人通行宽度
(SH规范规定为800mm)

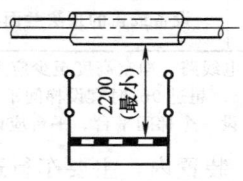
(l) 平台上人通行高度
(有的国家规定为2100mm。
SH规范规定为2200mm)

图 2.51

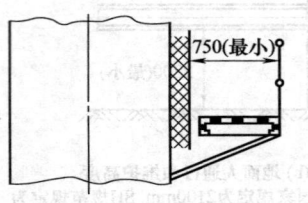
(m) 设备上休息平台宽度
(SH规范规定为800mm)

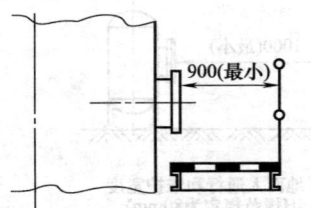
(n) 设备上工作平台宽度
(如果需要跪姿工作，平台宽度需要1150mm。
SH规范规定为800mm)

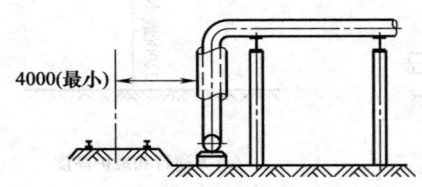
(o) 管道与铁路中心线距离

图 2.51 其他宽度和净高要求

表 2.2　道路、铁路、通道和操作平台上方的净空高度或垂直距离（HG 20546—2009）

项目		说　明	尺寸/mm
道路		厂内主干道 装置内道路，(消防通道)	5000① 4500
铁路		铁路轨顶算起 终端或侧线	5500 5200
通道、走道和检修所 需净空高度		操作通道、平台 管廊下泵区检修通道 两层管廊之间 管廊下检修通道 斜梯：一个梯段间休息平台的垂直间距 直梯：一个梯段间休息平台的垂直间距 重叠布置的换热器或其他设备法兰之间需要的维修空间 管墩 卧式换热器下方操作通道 反应器卸料口下方至地面(运输车进出) 反应器卸料口下方至地面(人工卸料)	2200 3500 1500(最小) 3000(最小) 5100(最大) 9000(最大)② 450(最小) 300 2200 3000 1200
炉子		炉子下面用于维修的净空	750
平台	立式、卧式容器；立 式、卧式换热器；塔类	人孔中心线与下面平台之间距离 人孔法兰面与下面平台之间距离 法兰边缘至平台之间的距离 设备或盖的顶法兰面与下面平台之间距离	600~1000 180~1200 450 1500(最大)

① 对于任何架空的输电线路，净空高度至少应为6500mm。
② 梯段高不宜大于9m。超过9m时宜设梯间平台，以分段交错设梯。攀登高度在15m以下时，梯间平台的间距为5~8m，超过15m时，每5m设一个梯间平台。平台应设安全防护栏杆。

　　SH 3011 规定，装置内，主要车行通道、消防通道、检修通道的最小净宽和最小净高分别为 4.0m 和 4.5m，操作通道的最小净宽为 0.8m，最小净高为 2.2m。

工程应用：平台、过道和工作区域的最小净空

　　平台、过道和工作区域的最小净空如图 2.53 所示。这个高度要求是按国内有关规范，如果是国外项目，此高度可能不同。例如，笔者在参与设计规范较严格的沙特阿美公司配管设计时,他们的规范要求最小净空高度为 2030mm。

工程应用:不同高度结构平台对直爬梯和斜爬梯的一般要求

不同高度结构平台对直爬梯和斜爬梯的一般要求如图 2.54 所示。斜爬梯主要用于经常使用的位置,直爬梯用于不经常使用的位置。

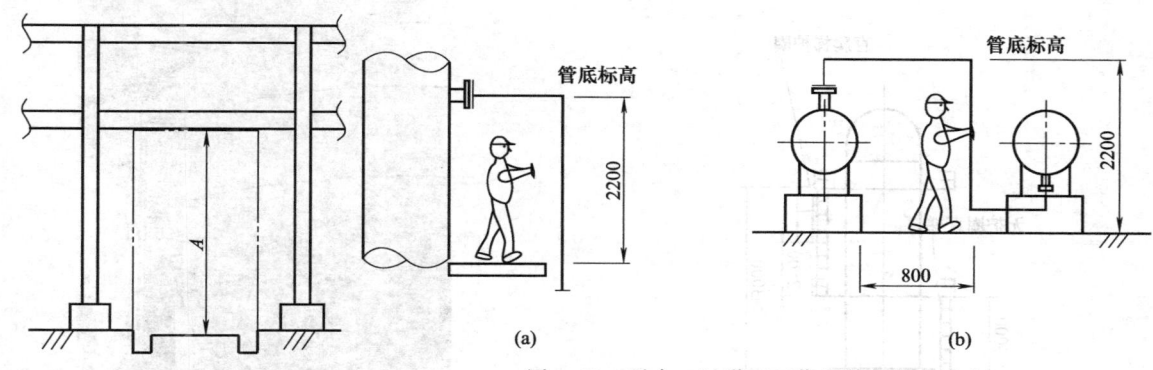

图 2.52 管廊下最小净空高度

图 2.53 平台、过道和工作区域的最小净空

工程应用:直爬梯段高和休息平台设置的一般要求

直爬梯段高和休息平台设置的一般要求如图 2.55 所示。中石化标准规定:斜梯宜倾斜 45°。梯高不宜大于 5m,如大于 5m,应设梯间平台。设备上的直梯宜从侧面通向平台。攀登高度在 15m 以内时,梯间平台的间距应为 5~8m;超过 15m 时,每 5m 应设梯间平台。设备上的直梯宜从侧面通向平台,单段梯子的高度不宜大于 10m,高度大于 10m 时,应采用多段梯,梯段水平交错布置。国内各行业的标准规范规定的数值,可能有些差异,实际工程中需要以所依据行业标准规范的数据为准。

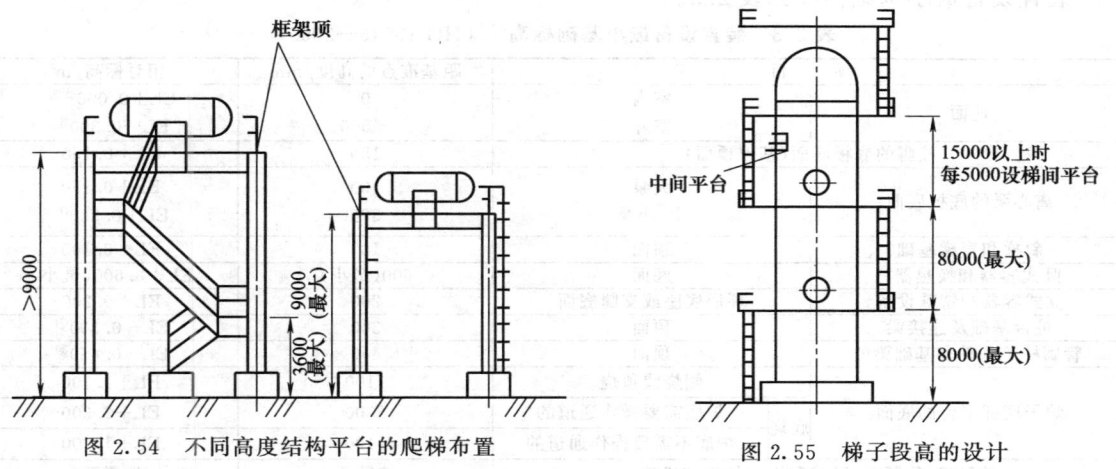

图 2.54 不同高度结构平台的爬梯布置

图 2.55 梯子段高的设计

工程应用:不同高度直爬梯护圈的设计

高度超过 3m 的直梯应设置安全护笼,护笼下端距地面或平台面不应小于 2.1m,护笼上端高出平台面,应与栏杆高度一致。不同高度直爬梯护圈的设计如图 2.56 所示。

工程应用:错误的直爬梯设计(图 2.57)

2015 年笔者去刚建好的储罐区参观,发现一球罐的直爬梯单段梯子约 20m 高,从地面直通球罐顶平台,中间没有休息平台和爬梯交错布置,厂内人员说爬这个梯子时比较累。后来,我们建议这个直爬梯按照国家规范修改设计。

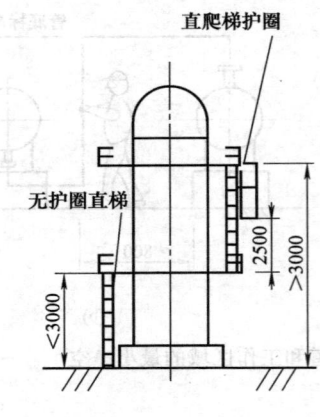

图 2.56　不同高度直爬梯护圈的设计

图 2.57　错误的直爬梯设计

三、装置设备最小基础标高

装置设备最小基础标高见表 2.3。

表 2.3　装置设备最小基础标高①（HG 20546—2009）

项　目		距基准点的高度/mm	相对标高/m
地面	室内	0	EL±0.000②③
	室外	−300	EL−0.300④
柱脚的底板底面（基础顶面）		150	EL+0.150
离心泵的底板底面	大泵	150	EL+0.150
	中、小泵	300	EL+0.300⑦
斜梯和直梯基础	顶面	100	EL+0.100
卧式容器和换热器⑤	底面	600（最小）	EL+0.600（最小）
立式容器和特殊设备	环形底座或支腿底面	200	EL+0.200
桩台基础及连接梁	顶面	300	EL−0.300⑥
管廊柱子基础和基础梁⑥	顶面	450	EL−0.450⑥
炉子底部平台的底面	侧烧或顶烧	1100	EL+1.100
	底烧 炉底需要操作通道的	2300	EL+2.300
	底烧 炉底不需要操作通道的	1100	EL+1.100
鼓风机、往复泵、卧式和立式的压缩机等⑦		按需要	按需要

① 标高均按 EL±0.000m 为基准，与这个标高相对应的绝对标高由总图专业确定。
② 与敞开的建筑物周围连接的铺砌面的边缘应同建筑物地面的边缘同一标高，并且有向外的坡度，而且这个地面的坡度应从厂房向外面坡。
③ 有腐蚀性介质的厂房地面标高定为 EL−0.300m。对降雨强度大的地区，室内标高可根据工程情况而定。
④ 对于可能产生重度大于空气的易燃易爆气体装置，控制室和配电室内地面应高出室外地面 600mm。办公室及辅助生活用室，其室内地面高出室外地面不应小于 300mm。如室内为空铺式木板地面，室内外高差不小于 450mm。
⑤ 卧式设备的基础标高应按设备底部排液管及出入口配管的具体情况定，但不得小于 EL+0.600m。
⑥ 如有地下管线穿过时，可降低个别基础的标高。
⑦ 小尺寸的泵，例如比例泵、喷射泵和其他小齿轮泵，可以将基础的顶面标高位于 300mm。并且几台小泵可以安装在一个公用的基础上。

工程应用：常见设备基础标高

一些常见设备基础标高，见图 2.58～图 2.63 所示。

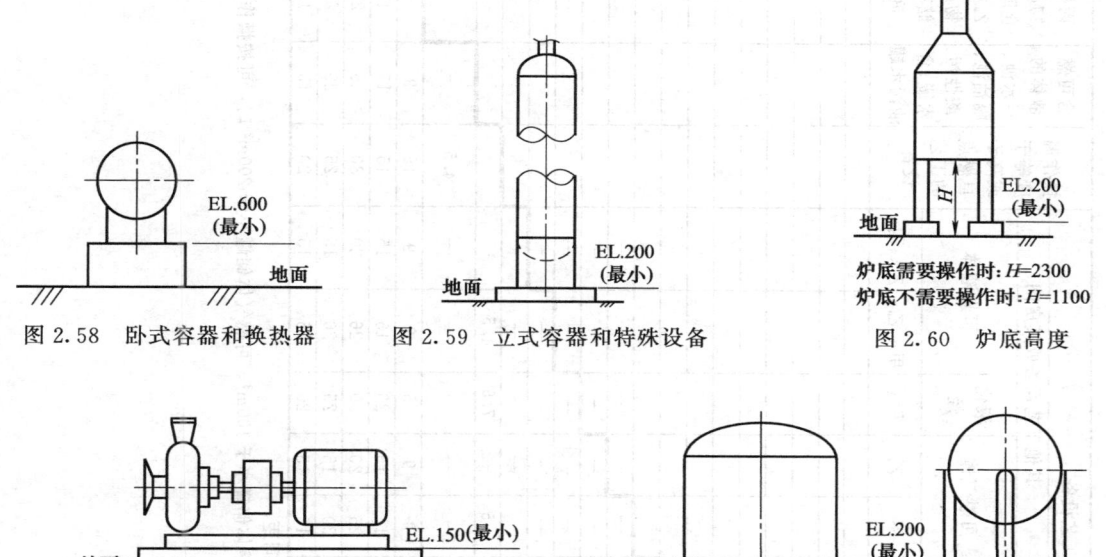

图 2.58 卧式容器和换热器　　图 2.59 立式容器和特殊设备　　图 2.60 炉底高度

图 2.61 泵、风机及其驱动机　　　　图 2.62 储槽

四、GB 50160《石油化工企业设计防火规范》装置设备布置间距要求

我国的 GB 50160《石油化工企业设计防火规范》也有类似的明确规定，装置设备布置常用到的要求如下：

（1）设备、建筑物平面布置的防火间距应符合表 2.4 的规定。

（2）为防止结焦、堵塞，控制温降、压降，避免发生副反应等有工艺要求的相关设备，可靠近布置。

（3）分馏塔顶冷凝器、塔底重沸器与分馏塔，压缩机的分液罐、缓冲罐、中间冷却器等与压缩机，以及其他与主体设备密切相关的设备，可直接连接或靠近布置。

（4）明火加热炉附属的燃料气分液罐、燃料气加热器等与炉体的防火间距不应小于 6m。

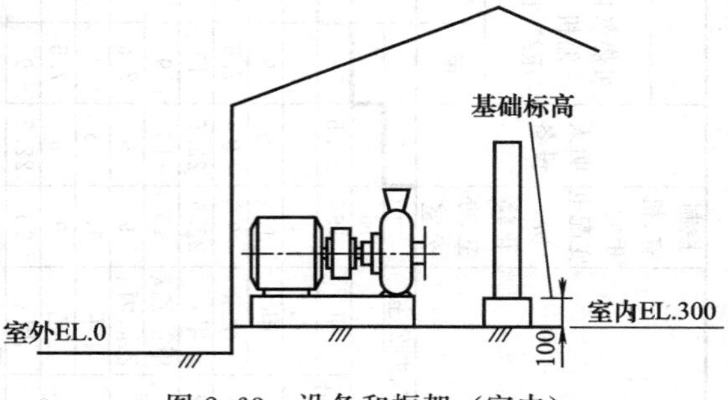

（5）以甲$_B$、乙$_A$ 类液体为溶剂的溶液法聚合液所用的总容积大于 800m³ 的掺合储罐与相邻的设备、建筑物的防火间距不宜小于 7.5m；总容积小于或等于 800m³ 时，其防火间距不限。

图 2.63 设备和框架（室内）

（6）可燃气体、液化烃和可燃液体的在线分析仪表间与工艺设备的防火间距不限。

（7）布置在爆炸危险区的在线分析仪表间内设备为非防爆型时，在线分析仪表间应正压通风。

（8）设备宜露天或半露天布置，并宜缩小爆炸危险区域的范围。爆炸危险区域的范围应按《爆炸和火灾危险电力装置设计规范》（GB 50058）的规定执行。受工艺特点或自然条件限制的设备可布置在建筑物内。

表 2.4 设备、建筑物平面布置的防火间距（GB 50160—2008）

项目			控制室、机柜间、变配电所、化验室、办公室	明火设备	可燃气体压缩机或压缩机房		装置储罐（总容积）						其他工艺设备或其房间				操作温度等于或高于自燃点的工艺设备	含可燃液体的污水池、隔油池、酸性污水罐、含油污水罐	丙类物品仓库、乙类物品储存间	备注
							可燃气体 200~1000m³		液化烃 50~100m³		可燃液体 100~1000m³		可燃气体		液化烃	可燃液体				
			甲、乙		甲	乙	甲	乙	甲A	甲B、乙A	甲B、乙A、丙A		甲	乙	甲A	甲B、乙A、丙A				
控制室、机柜间、变配电所、化验室、办公室		甲、乙	—	15	15	9	15	9	22.5	15	15		15	9	15	9	15	—	15	—
明火设备			15	—	22.5	7.5	22.5	7.5	22.5	15	9		22.5	7.5	15	9	9	—	—	①
可燃气体压缩机或压缩机房		甲	15	22.5	—	—	9	7.5	9	7.5	7.5		9	7.5	9	7.5	15	—	—	
		乙	9	7.5	—	—	7.5	—	7.5	—	—		7.5	—	7.5	—	—	—	—	
装置储罐（总容积）	可燃气体 200~1000m³	甲	15	22.5	9	7.5	—	—	9	7.5	7.5		9	7.5	9	7.5	15	—	—	②
		乙	9	7.5	7.5	—	—	—	7.5	—	—		7.5	—	7.5	—	—	—	—	
	液化烃 50~100m³	甲A	22.5	22.5	9	7.5	9	7.5	—	—	—		9	7.5	9	7.5	15	—	—	
	可燃液体 100~1000m³	甲B、乙A	15	15	7.5	—	7.5	—	—	—	—		7.5	—	7.5	—	15	—	—	
		甲B、乙A、丙A	9	9	7.5	—	7.5	—	—	—	—		7.5	—	7.5	—	15	—	—	
其他工艺设备或其房间	可燃气体	甲	15	22.5	9	7.5	9	7.5	9	7.5	7.5		—	—	9	7.5	15	—	—	
		乙	9	7.5	7.5	—	7.5	—	7.5	—	—		—	—	9	—	9	—	—	
	液化烃	甲A	15	15	9	7.5	9	7.5	9	7.5	7.5		9	9	—	—	15	—	—	
	可燃液体	甲B、乙A、丙A	9	9	7.5	—	7.5	—	7.5	—	—		7.5	—	—	—	9	—	—	
操作温度等于或高于自燃点的工艺设备			15	—	15	—	15	—	15	15	15		15	9	15	9	4.5	—	—	③
含可燃液体的污水池、隔油池、酸性污水罐、含油污水罐			15	—	—	—	—	—	—	—	—		—	—	—	—	—	—	—	
丙类物品仓库	可燃气体 >1000~5000m³		15	15	15	15	*	*	15	*	*		15	9	15	9	9	9	—	④
	液化烃 >100~500m³		20	20	15	20	*	*	20	*	*		20	15	20	15	15	15	15	
装置储罐组（总容积）	可燃液体 >1000~5000m³		30	30	30	30	*	*	25	*	*		25	20	30	20	30	25	25	
			25	25	25	25	*	*	15	*	*		15	15	25	15	25	25	20	
			20	20	20	20	15	15		15	15		15	15	20	15	20	15	15	

① 单机驱动功率小于 150kW 的可燃气体压缩机，可按操作温度低于自燃点的 "其他工艺设备" 确定其防火间距。
② 装置储罐（组）的总容积应符合 GB 50160 的规定。当装置储罐的总容积：液化烃储罐小于 50m³，可燃液体储罐小于 100m³，可燃气体储罐小于 200m³ 时，可按操作温度低于自燃点的 "其他工艺设备" 确定其防火间距。
③ 查不到自燃点时，可取 250℃。
④ 装置储罐组的防火间距设计应符合 GB 50160 第 6 章的有关规定。

注：1. 丙 B 类液体设备与其他设备的防火间距不限。
2. 散发火花地点与其他设备的防火间距同明火设备。
3. 表中 "—" 表示无防火间距要求或执行相关规范，"*" 表示装置储罐集中成组布置。

(9) 联合装置视同一个装置，其设备、建筑物的防火间距应按相邻设备、建筑物的防火间距确定，其防火间距应符合 GB 50160 的规定。

(10) 装置内消防道路的设置应符合下列规定。

① 装置内应设贯通式道路，道路应有不少于两个出入口，且两个出入口宜位于不同方位。当装置外两侧消防道路间距不大于 120m 时，装置内可不设贯通式道路；

② 道路的路面宽度不应小于 4m，路面上的净空高度不应小于 4.5m；路面内缘转弯半径不宜小于 6m。

(11) 在甲、乙类装置内部的设备、建筑物区的设置应符合下列规定：

① 应用道路将装置分割成为占地面积不大于 10000m² 的设备、建筑物区；

② 当大型石油化工装置的设备、建筑物区占地面积大于 10000m² 小于 20000m² 时，在设备、建筑物区四周应设环形道路，道路路面宽度不应小于 6m，设备、建筑物区的宽度不应大于 120m，相邻两设备、建筑物区的防火间距不应小于 15m，并应加强安全措施。

(12) 设备、建筑物、构筑物宜布置在同一地平面上；当受地形限制时，应将控制室、机柜间、变配电所、化验室等布置在较高的地平面上；工艺设备、装置储罐等宜布置在较低的地平面上。

(13) 明火加热炉，宜集中布置在装置的边缘，且宜位于可燃气体、液化烃和甲$_B$、乙$_A$类设备的全年最小频率风向的下风侧。

(14) 当在明火加热炉与露天布置的液化烃设备或甲类气体压缩机之间设置不燃烧材料实体墙时，其防火间距可小于表 5.2.1 的规定，但不得小于 15m。实体墙的高度不宜小于 3m，距加热炉不宜大于 5m，实体墙的长度应满足由露天布置的液化烃设备或甲类气体压缩机经实体墙至加热炉的折线距离不小于 22.5m。当封闭式液化烃设备的厂房或甲类气体压缩机房面向明火加热炉一面为无门窗洞口的不燃烧材料实体墙时，加热炉与厂房的防火间距可小于表 5.2.1 的规定，但不得小于 15m。

(15) 当同一建筑物内分隔为不同火灾危险性类别的房间时，中间隔墙应为防火墙。人员集中的房间应布置在火灾危险性较小的建筑物一端。

(16) 装置的控制室、机柜间、变配电所、化验室、办公室等不得与设有甲、乙$_A$类设备的房间布置在同一建筑物内。装置的控制室与其他建筑物合建时，应设置独立的防火分区。

(17) 装置的控制室、化验室、办公室等宜布置在装置外，并宜全厂性或区域性统一设置。当装置的控制室、机柜间、变配电所、化验室、办公室等布置在装置内时，应布置在装置的一侧，位于爆炸危险区范围以外，并宜位于可燃气体、液化烃和甲$_B$、乙$_A$类设备全年最小频率风向的下风侧。

(18) 布置在装置内的控制室、机柜间、变配电所、化验室、办公室等的布置应符合下列规定。

① 控制室宜设在建筑物的底层。

② 平面布置位于附加 2 区的办公室、化验室室内地面及控制室、机柜间、变配电所的设备层地面应高于室外地面，且高差不应小于 0.6m。

③ 控制室、机柜间面向有火灾危险性设备侧的外墙应为无门窗洞口、耐火极限不低于 3h 的不燃烧材料实体墙。

④ 化验室、办公室等面向有火灾危险性设备侧的外墙宜为无门窗洞口不燃烧材料实体墙。当确需设置门窗时，应采用防火门窗。

⑤ 控制室或化验室的室内不得安装可燃气体、液化烃和可燃液体的在线分析仪器。

(19) 高压和超高压的压力设备宜布置在装置的一端或一侧；有爆炸危险的超高压反应设备宜布置在防爆构筑物内。

(20) 装置的可燃气体、液化烃和可燃液体设备采用多层构架布置时，除工艺要求外，其构架不宜超过四层。

(21) 空气冷却器不宜布置在操作温度等于或高于自燃点的可燃液体设备上方；若布置在其上方，应用不燃烧材料的隔板隔离保护。

(22) 装置储罐（组）的布置应符合下列规定。

① 当装置储罐总容积：液化烃罐小于或等于 $100m^3$、可燃气体或可燃液体罐小于或等于 $1000m^3$ 时，可布置在装置内，装置储罐与设备、建筑物的防火间距不应小于相关规定。

② 当装置储罐组总容积：液化烃罐大于 $100m^3$ 小于或等于 $500m^3$、可燃液体罐或可燃气体罐大于 $1000m^3$ 小于或等于 $5000m^3$ 时，应成组集中布置在装置边缘；但液化烃单罐容积不应大于 $300m^3$，可燃液体单罐容积不应大于 $3000m^3$。装置储罐组的防火设计应符合本规范第 6 章的有关规定，与储罐相关的机泵应布置在防火堤外。装置储罐组与装置内其他设备、建筑物的防火间距不应小于相关的规定。

(23) 甲、乙类物品仓库不应布置在装置内。若工艺需要，储量不大于 5t 的乙类物品储存间和丙类物品仓库可布置在装置内，并位于装置边缘。丙类物品仓库的总储量应符合 GB 50160 第 6 章的有关规定。

(24) 可燃气体和助燃气体的钢瓶（含实瓶和空瓶），应分别存放在位于装置边缘的敞篷内。可燃气体的钢瓶距明火或操作温度等于或高于自燃点的设备防火间距不应小于 15m。分析专用的钢瓶储存间可靠近分析室布置，钢瓶储存间的建筑设计应满足泄压要求。

(25) 建筑物的安全疏散门应向外开启。甲、乙、丙类房间的安全疏散门不应少于 2 个；面积小于等于 $100m^2$ 的房间可只设 1 个。

(26) 设备的构架或平台的安全疏散通道应符合下列规定。

① 可燃气体、液化烃和可燃液体的塔区平台或其他设备的构架平台应设置不少于 2 个通往地面的梯子，作为安全疏散通道，但长度不大于 8m 的甲类气体和甲、乙$_A$ 类液体设备的平台或长度不大于 15m 的乙$_B$、丙类液体设备的平台，可只设 1 个梯子。

② 相邻的构架、平台宜用走桥连通，与相邻平台连通的走桥可作为一个安全疏散通道。

③ 相邻安全疏散通道之间的距离不应大于 50m。

(27) 装置内地坪竖向和排污系统的设计应减少可能泄漏的可燃液体在工艺设备附近的滞留时间和扩散范围。火灾事故状态下，受污染的消防水应有效收集和排放。

(28) 凡在开停工、检修过程中，可能有可燃液体泄漏、漫流的设备区周围应设置不低于 150mm 的围堰和导液设施。

(29) 泵和压缩机

① 可燃气体压缩机的布置及其厂房的设计应符合下列规定。

a. 可燃气体压缩机宜布置在敞开或半敞开式厂房内。

b. 单机驱动功率等于或大于 150kW 的甲类气体压缩机厂房不宜与其他甲、乙和丙类房间共用一幢建筑物。

c. 压缩机的上方不得布置甲、乙和丙类工艺设备，但自用的高位润滑油箱不受此限。

d. 比空气轻的可燃气体压缩机半敞开式或封闭式厂房的顶部应采取通风措施。

e. 比空气轻的可燃气体压缩机厂房的楼板宜部分采用钢格板。

f. 比空气重的可燃气体压缩机厂房的地面不宜设地坑或地沟；厂房内应有防止可燃气体积聚的措施。

② 液化烃泵、可燃液体泵宜露天或半露天布置。液化烃、操作温度等于或高于自燃点的可燃液体的泵上方，不宜布置甲、乙、丙类工艺设备；若在其上方布置甲、乙、丙类工艺设备，应用不燃烧材料的隔板隔离保护。

③ 液化烃泵、可燃液体泵在泵房内布置时，其设计应符合下列规定。

a. 液化烃泵、操作温度等于或高于自燃点的可燃液体泵、操作温度低于自燃点的可燃液体泵应分别布置在不同房间内，各房间之间的隔墙应为防火墙。

b. 操作温度等于或高于自燃点的可燃液体泵房的门窗与操作温度低于自燃点的甲$_B$、乙$_A$类液体泵房的门窗或液化烃泵房的门窗的距离不应小于 4.5m。

c. 甲、乙$_A$类液体泵房的地面不宜设地坑或地沟，泵房内应有防止可燃气体积聚的措施。

d. 在液化烃、操作温度等于或高于自燃点的可燃液体泵房的上方，不宜布置甲、乙、丙类工艺设备。

e. 液化烃泵不超过 2 台时，可与操作温度低于自燃点的可燃液体泵同房间布置。

④ 气柜或全冷冻式液化烃储存设施内，泵和压缩机等旋转设备或其房间与储罐的防火间距不应小于 15m。其他设备之间及非旋转设备与储罐的防火间距应按 GB 50160 表 5.2.1 执行。

⑤ 罐组的专用泵区应布置在防火堤外，与储罐的防火间距应符合下列规定。

a. 距甲$_A$类储罐不应小于 15m。

b. 距甲$_B$、乙类固定顶储罐不应小于 12m，距小于或等于 500m³ 的甲$_B$、乙类固定顶储罐不应小于 10m。

c. 距浮顶及内浮顶储罐、丙$_A$类固定顶储罐不应小于 10m，距小于或等于 500m³ 的内浮顶储罐、丙$_A$类固定顶储罐不应小于 8m。

⑥ 除甲$_A$类以外的可燃液体储罐的专用泵单独布置时，应布置在防火堤外，与可燃液体储罐的防火间距不限。

⑦ 压缩机或泵等的专用控制室或不大于 10kV 的专用变配电所，可与该压缩机房或泵房等共用一幢建筑物，但专用控制室或变配电所的门窗应位于爆炸危险区范围之外，且专用控制室或变配电所与压缩机房或泵房等的中间隔墙应为无门窗洞口的防火墙。

五、美国 NFPA 装置设备布置间距要求

对于石油化工项目装置设备布置防火间距，在我国国内主要遵循 GB 50160《石油化工企业设计防火规范》。有些国外项目，需遵循执行美国国家防火协会标准 NFPA 30《可燃性和易燃性液体规则》。

1. 介质液体火灾危险性分类

NFPA 30 对"液体"的定义为流动性系数大于 300 针入度沥青的任何材料或是具有特殊溶点的黏性物质，包括易燃液体（flammable Liquid）和可燃液体（combustible Liquid）。

① 易燃液体——闭杯闪点小于 100°F（37.8℃），并且在 100°F（37.8℃）下的雷德蒸气压不超过 40psi（276kPa，绝压），测定标准 ASTM D323 的液体，也称为Ⅰ级液体。具体类别划分如下：

a. ⅠA 级液体——闪点低于 73°F（22.8℃）、沸点低于 100°F（37.8℃）；

b. ⅠB 级液体——闪点低于 73°F（22.8℃）、沸点大于等于 100°F（37.8℃）；

c. ⅠC 级液体——73°F（22.8℃）≤闪点＜100°F（37.8℃）。

② 可燃液体——闭杯闪点大于等于 100°F（37.8℃）的液体。具体类别划分如下。

Ⅱ级液体——100°F（37.8℃）≤闪点＜140°F（60℃）。

ⅢA 级液体——140°F（60℃）≤闪点＜200°F（93℃）。

ⅢB 级液体——闪点大于等于 200°F（93℃）。

关于液体的火灾危险性分类，在 GB 50160 中仅仅明确了对闪点的要求，而 NFPA 30 在液体定义中同时明确了对闭杯闪点及雷德蒸气压的要求，并在Ⅰ级液体细分类时强化了沸点要

求。两者对液体分类的临界闪点规定不同，各级别液体具体分类温度范围也不同。但两者对液体分类的原则是一致的：可燃液体分类的直接指标是蒸气压，蒸气压越高，沸点越低，闪点越低，液体火灾危险性越大。

2. NFPA 30 对储存稳定液体的地上储罐布置规定

① NFPA 30 在对地上储罐的布置规定时，提到了不稳定液体（unstable liquid）和稳定液体（stable liquid）的概念。不稳定液体是指在纯净状态或在商业生产、运输过程中，承受震动、压力或温度条件下，可能产生剧烈的聚合、分解、缩合反应和自反应现象的液体，而任何没有被定义为"不稳定液体"的液体即为稳定液体。如此，炼厂所涉及大部分原料、中间料及产品，如原油、汽油组分及产品、柴油组分及产品、煤油组分及产品等均属于稳定液体。对储存稳定液体的地上储罐罐壁对罐壁的最小间距要求见表 2.5。

表 2.5　NFPA 30 对储存稳定液体的地上储罐罐壁对罐壁的最小间距要求

储罐直径	浮顶罐	固定顶或卧式罐	
		Ⅰ级或Ⅱ级液体	ⅢA 级液体
储罐直径不大于 150ft（45m）	相邻两罐直径总和的 1/6，但不小于 3ft(0.9m)	相邻两罐直径总和的 1/6，但不小于 3ft(0.9m)	相邻两罐直径总和的 1/6，但不小于 3ft(0.9m)
直径大于 45m 且设有远距离蓄液区	相邻两罐直径总和的 1/6	相邻两罐直径总和的 1/4	相邻两罐直径总和的 1/6
直径大于 45m 且罐周围有防火堤蓄液	相邻两罐直径总和的 1/4	相邻两罐直径总和的 1/3	相邻两罐直径总和的 1/4

注：容量不超过 480m³ 的原油罐，且位于孤立地区的采油设施附近，间隔可以不需要大于 0.9m。

② 仅储存ⅢB 级液体的储罐且不在储存Ⅰ级或Ⅱ级液体储罐的防火堤或排液通道的区域内，其间距最小为 0.9m。如果储存在同一防火堤或排液通道的区域内，应按上表ⅢA 级液体考虑间距。

③ 对于不稳定液体的储罐和其他储存不稳定液体或储存Ⅰ级、Ⅱ级、Ⅲ级稳定液体的储罐最小间距不应小于其直径和的一半。

④ 国内 GB 50160 强调罐组的概念，对一个罐组内的总容积及储罐总个数均有明确要求，NFPA 30 没有强调。

⑤ 关于相邻储罐的安全间距，两者均同时从储罐直径（或直径与高度的较大值）、储罐型式及储存类别的角度出发，具体规定各划分区域内安全间距。

工程应用：按 NFPA 30 储罐间距设计实例

某项目原油（甲$_B$）罐组，共 4 座 50000m³ 浮顶储罐（直径×高度＝55m×20m），另有一个中间罐组，共设有 4 座丙$_A$（ⅢA）级 5000m³ 拱顶储罐（直径×高度＝20m×16m）。依据 NFPA 30 设计储罐间距，见表 2.6。

表 2.6　依据 NFPA 30 设计储罐间距

储罐类型	储罐间距的计算
50000m³ 浮顶储罐	(55＋55)÷4＝27.5m
5000m³ 拱顶储罐	(20＋20)÷6≈6.7m

3. NFPA 30 中防火堤和隔堤布置规定

① 距储罐 50ft（15m）范围，或从储罐到防火堤堤基之间（两者的较小值）设坡度不小于 1% 的斜坡。

② 防火堤蓄液区的容量应不小于最大储罐的容积（假设是满罐）。对于在防火堤区域内多于 1 个储罐的情况，防火堤蓄液区的有效容量计算应为防火堤内的体积，减去除最大储罐外的所有储罐在防火堤高度以下的体积。

③ 为方便进人，防火堤外侧的基础距任一已建或待建的地界线不应小于 3m。

④ 防火堤区的墙壁平均内部高度限制在其内部地面 1.8m 之内。在设有正常通道和应急通道接近油罐、阀门和其他设备，以及防火堤内设置有安全出口时，并在下列条件得到满足时，防火堤的平均高度可以比内部地面高出超过 1.8m。

a. 如果装有 I 级液体的防火堤平均高度大于 3.6m（从内部地面量起）或任何储罐与防火堤内缘顶部之间的距离小于防火堤高度，应采取措施使操作人员能正常操作阀门，并且能够直接登上罐顶，而无须从防火堤顶部以下进入。这些措施可以通过采用遥控阀、高架人行道或类似办法予以实现。

b. 穿过防火堤墙的管路的设计应力能够防止由于沉陷或着火引起的过应力。

c. 储罐距防火堤内墙根的距离不应小于 5ft（1.5m）。

⑤ 每个防火堤区（包含两个或两个以上的储罐）应最好用排污通道或至少也应用中间防火堤隔离。

a. 隔堤高度应不低于 18in（450mm）。

b. 储存稳定液体的立式锥顶罐采用罐顶和罐壁弱焊缝或采用浮顶罐，或是在生产区内用任何类型储罐储存原油时，每个超过 1000bbl（1590m³）的储罐应划出一个次级防火堤区；若单个储罐容量不超过 10000bbl（1590m³）但总量不超过 15000bbl（2385m³）时也应划分为一个次级防火堤区。

c. 凡不属于上一条的情况，储存稳定液体的储罐，每个超过 2380bbl（380m³）的储罐应划分为一个次级防火堤区；每组储罐，若单罐容积不超过 2380bbl（380m³），总储量不超过 3750bbl（570m³）也应划分为一个次级防火堤区。

d. 任何类型储罐储存不稳定液体时，每个储罐均应有次级防火堤。

e. 只要同一防火堤区中，如果有两个以上储存 I 级液体的储罐，且每一个储罐的直径均超过 150ft（45m），则应在邻近储罐之间采用中间防火堤（隔堤，intermediate dike），其范围内应至少容纳储罐容量的 10%（不包括储罐本身所占体积）。

4. 防火堤和隔堤布置 NFPA 30 与 GB 50160 规定的对比

① 对于防火堤、隔堤的设置，两者均明确为防止事故状态下的溢流，隔离蔓流，保护储罐邻近设施。对防火堤内有效容积的要求是一致的。均不应小于 1 个最大储罐的容积（假设是满罐）。对隔堤内有效容积的要求也是一致的，均不应小于隔堤内 1 个最大储罐的容积（假设是满罐）。

② 对于隔堤的设置，GB 50160 是根据我国石化企业的罐组布置情况及我国储罐通用罐型而制定的，明确到隔堤内总容积和不同品种液体储罐分隔之间的具体划分；而 NFPA 30 在储罐布置时并不强调罐组的概念，更多的是针对单个储罐容积要求来设置隔堤。

工程应用：按 NFPA 30 隔堤设计实例

某工程设有 4 座 50000m³ 原油浮顶储罐，中间储罐组（非沸溢性液体）设有 4 座 5000m³ 拱顶储罐，基于 NFPA 30 与 GB 50160，平面布置对比如下。

按 NFPA 30，如单罐容积超过 10000bbl（1590m³）但总量不超过 15000bbl（2385m³）时的原油储罐，单罐容积超过 2380bbl（380m³）或是单罐容量不超过 2380bbl（380m³），总储量不超过 3750bbl（570m³）的除原油外的其他稳定液体储罐均应考虑隔堤设置。因此，每个 50000m³ 原油浮顶储罐和每个 5000m³ 拱顶储罐，均需要每罐一隔。

工程应用：PX 装置与其他设施的间距

(1) 防火间距 《石油化工企业设计防火规范》（GB 50160）规定，PX 装置与居住区的防火间距不小于 100m。美国规范《易燃和可燃液体规范》（NFPA 30）规定，对处理各种易燃和可燃液体装置的设施最大防火间距为 90m。

(2) 卫生防护距离 《石油化工企业卫生防护距离》（SH 3093）规定，PX 装置与居住区之间的卫生防护距离一般不应小于 150m，当小于 150m 时应根据环境影响报告书的结论确定。

(3) 环境影响距离　《环境影响评价技术导则　大气环境》(HJ 2.2) 中，PX 装置的环境影响距离要求没有定值，需要根据每个项目污染物无组织排放的强度，根据推荐的计算模式单独计算。

(4) PX 事故下的隔离与疏散　当发生 PX 泄漏时，应根据液体流动和蒸气扩散的影响区域划定警戒区。美国、加拿大、墨西哥等国家运输部联合发布的《2008 应急响应指南》(《2008 Emergency Response Guidebook》) 建议：当发生泄漏时，周围至少隔离 50m；如果发生大量泄漏（大于 200L），下风向至少疏散 300m；如果发生火灾且火场内有储罐，周围隔离 800m，周围至少疏散 800m。

工程应用：装置设备布置设计过程

(1) 收集新装置区域附近现场资料

① 工程设计资料（包括新装置区域现场平面图，地上或地下设施。水、电、汽等公用工程条件，选用的防火规范、安全距离、噪声控制的标准等）。

② 常年最小频率风向。

③ 装置所有进出管线建议的位置。

④ 电缆进出口位置。

⑤ 新装置与已有装置的净距要求，工程规定的安全距离，如从装置边界至铁路、道路及其他建筑时的距离。

⑥ 新装置区附近的道路、铁路等交通条件及其详图。

⑦ 装置的基准点位置。

⑧ 装置的指北向。

⑨ 检修用吊车的能力和尺寸。

⑩ 消防要求、方式和消防车通道。

(2) 从其他专业得到下列设计条件

① 流程图或管道-仪表流程图。

② 设备表及设备尺寸，例如，大型储罐的直径、高度或容量；加热炉的外形尺寸、形式，烟囱是独立的还是安装在加热炉顶部，烟囱尺寸；压缩机的形式、外形尺寸，其密封油、润滑油系统的布置，辅助设备的布置；泵的形式、外形尺寸，驱动机的形式和要求；各种非定型设备的规格，包括塔器、换热器、容器等。

③ 设备安装和检修要求，例如，塔的最小安装高度（从地面至塔底封头切线处）；有重力流或固体卸料的立式或卧式容器的安装标高要求。立式的指底部封头切线处至地面的距离，卧式的指储槽底部至地面的距离；换热器管束抽芯所需空间；压缩机、泵或其他回转设备拆卸和更换零部件的要求。

④ 空冷器形式和外形尺寸需要和工艺组协商，因为空冷器通常安装在管廊的上方，管廊的尺寸要和空冷器的规格相适应。

通常在管廊的下方布置泵，需要泵的型号、规格、外形尺寸及泵的吸入口和排出口管线连接尺寸，如能提供样本更好。用蒸汽驱动的泵应确定驱动蒸汽的压力。

(3) 区域的平面布置规划　装置设备布置设计人应对收到的资料进行分析。根据装置附近的管廊、道路、铁路和检修通道等实际情况及新装置的工艺和设备情况，构思出布置方案。此时设计者去有关现场参观是很有必要的，或者参考一些有关现场的典型照片或视频也是非常有帮助的。

① 首先绘出装置设备布置区域规划图，包括如下内容。

a. 已有的道路，标注道路中心坐标。

b. 已有的管廊，表示出走向、宽度和连接点位置。
　　c. 规划区域以内的其他情况，如已有的建筑物，包括需要拆除的建筑物，已有的地下管线或其他设施。
　　d. 附近的河流、围墙等情况。
　　e. 指北箭头和常年最小频率风向。
　② 区域规划
　　a. 规划新装置区周围的道路，使新老道路形成环形道路，标注坐标。
　　b. 确定装置设备布置区域，画出装置边界线（东、南、西、北），标注坐标。
　　c. 确定基准点位置和坐标。
　（4）对工艺流程图的研究
　① 做平面布置图时，工艺流程图或管道-仪表流程图已准备好。请工艺设计人介绍装置的工艺流程。并研究出直接影响设备布置的若干结论。
　② 设备布置要考虑配管要求。
　（5）平面布置图的编制
　① 在完成流程图的研究后，进一步检查新收到的各专业的资料是否有其他的要求。开始平面布置图的设计。
　② 如工程没有特殊的要求，装置的操作通道、检修通道及平台的设置等均按设计规范确定。
　③ 确定装置检修时，需汽车（吊车）通过的主要检修通道上方最小净空要求。
　④ 确定装置四周环形道路上方最小净空要求。
　（6）要有正式提出的装置边界处进出口管线接点图。
　（7）进行初步的设备布置
　用方块的形式绘出管廊、加热炉、蒸馏塔、框架、控制室等的位置。这张布置图讨论通过，即可开始正式的平面布置图。
　（8）绘制平面布置图的步骤
　① 在装置设备布置区域内确定管廊的布置。
　② 加热炉的布置。
　③ 控制室的位置（有的设计单位由总图专业负责）。
　④ 塔、空冷器、大型容器、压缩机、泵等主要设备的布置。
　（9）全部设备布置做完后，经校验，并适当调整，绘出正式平面布置图。
　（10）装置管廊的具体布置。装置管廊的位置必须优先考虑，因为它会影响设备的布置。
　① 首先应与土建结构专业协商确定：使用钢筋混凝土的或钢结构的。钢筋混凝土的较为经济，但施工周期长；钢结构的柱子施工周期短，可能成本高。
　② 管廊的柱距是按 6m、9m 还是桁架式？例如，6m 的柱距，可满足 $DN80$ 以上的管线不需要中间支承。管廊下两个柱距之间可布置两台中型泵。
　③ 管廊的宽度，首先应明确管廊上是否安装空冷器。若安装空冷器，管廊的宽度由空冷器的管长决定。若管廊上没有空冷器，则作完管线走向草图后，根据管子排列宽度，再预留 20%～30% 的裕量［全厂性管廊或管墩上（包括穿越涵洞）应留有 10%～30% 的裕量，装置主管廊宜留有 10%～20% 的裕量］，并考虑管廊下设备检修的最小通道，确定管廊的宽度。
　④ 为了避免碰撞邻近区域内的基础，管廊的第一个柱子设在装置边界线以内 1m。
　⑤ 根据已有管廊的位置，新装置管廊东、西向布置较为合理。
　（11）加热炉、塔、换热器、压缩机、空冷器、泵等主要设备的布置。按照设备布置的原则，例如，加热炉的布置应考虑放在常年最小频率风向的下风侧，加热炉周围保持 15m 的安全距离；为便于施工安装，加热炉应位于主要道路旁。控制室布置时应考虑安全性，控制室应离逸出可燃性气体的设备有 15m 的距离。另一种方法是为控制室提供正压通风。

在正式画平面布置图以前，先画一张草图，研究所有设备安装和检修是否可行。

（12）管线走向研究图。设备平面布置图提交给各有关专业前，应根据管道和仪表流程图画管线走向图以校验平面布置图。管线走向图的用途：决定管廊的宽度和层数，校核设备布置和物料流向，协助工艺专业完成公用工程系统流程图。

（13）结合各有关专业返回的建议，修改并完成建议的设备平面布置图。为了保证装置检修时吊车能吊装各种负荷，要校核吊车的载荷能否达到要求。需要与业主及施工单位结合，进一步验证通道等检修条件是否满足要求。

完善建、构筑物的尺寸、坐标标注，柱号标注及相对尺寸等内容。

六、设备布置间距设计典型错误

设备布置间距错误对以后的配管设计工作影响较大。据笔者负责的一些设计，设备布置间距设计典型错误总结如下。

① 设备布置不合理，造成贵重管子距离偏长。设备间距布置设计不紧凑，管廊宽度和层高偏大，造成成本的浪费，例如某装置项目的管廊原设计宽度为 12m，经校审优化为 10m，节约钢材 810t。

② 设备布置紊乱、不美观。某项目两套同样的装置，在管廊两侧没有对称或等距离布置，造成一套装置距离管廊近，另一套装置距离管廊远。

③ 塔、容器、换热设备、加热炉、泵、压缩机、罐等设施的布置设计间距不符合设备本身特点的要求，例如，某项目相邻空冷器的布置留有间距，造成热风循环。

压缩机的分液罐、缓冲罐、中间冷却器等与压缩机以及其他与主体设备密切相关的设备，可直接连接或靠近布置。但是，有的项目施工完，才发现压缩机的分液罐、缓冲罐、中间冷却器等与压缩机布置的间距大于 15m，多耗费很多占地与成本。

工程应用：装置内厂房液化烃泵布置设计错误

某装置，刚开始设计时，厂房内只有两台液化烃泵 P-101 和 P-102，是操作温度低于自燃点的可燃液体泵，因厂房内只有这两台泵，泵间距按普通泵间距设计，符合防火规范要求，没有问题。后来，工艺设计条件修改，需在厂房内增加两台泵 P-103 和 P-104，是操作温度高于自燃点的可燃液体泵，设计人员直接把新增的泵布置在已有泵的旁边，这是不符防火规范要求的。按 GB 50160 防火规范："① 液化烃泵、操作温度等于或高于自燃点的可燃液体泵、操作温度低于自燃点的可燃液体泵应分别布置在不同房间内，各房间之间的隔墙应为防火墙；② 操作温度等于或高于自燃点的可燃液体泵房的门窗与操作温度低于自燃点的甲$_B$、乙$_A$类液体泵房的门窗或液化烃泵房的门窗的距离不应小于 4.5m。"因此，在厂房内泵分别布置在不同房间内，增加了一堵防火墙，并保证两个房间的门、窗距离不少于 4.5m，见图 2.64。

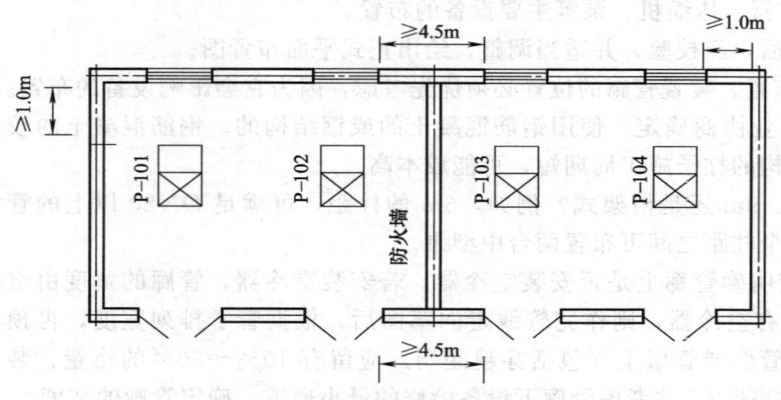

图 2.64 厂房内液化烃泵的布置

工程应用：装置内火炬凝液罐布置设计错误

某装置，火炬气管道在出装置前设置了火炬气分液罐，设计人认为火炬气分液罐为工艺设备，可以不按储罐间距要求做设备布置，就想当然地紧靠其他工艺设备做了布置设计。但是，按照 GB 50160 的要求，如果在火炬区，火炬气分液罐可不按储罐间距要求，而靠近其他设备布置，但是，在工艺装置区，火炬气分液罐的布置应远离其他装置工艺设备。

④ 设备的安装和检修不方便。有的项目做设备布置设计时，对安装和检修考虑欠缺，造成设备距离偏近，无法安装和检修。

⑤ 未考虑设备检修抽芯空间，特别是换热器、过滤器等的抽芯。

⑥ 设备管口与结构梁碰撞无法配管。设备距离结构柱、梁偏近引起。

⑦ 吊车范围内有障碍物。有的项目，由于设备布置间距设计的失误，造成设备无法吊装，后来只能采用直升机吊装。

⑧ 相邻高塔、球罐之间没有采用联合平台。

工程应用：装置内塔群联合平台的布置设计错误

某装置，4 台塔的高度均为 50m，塔的布置设计间距偏远，设备专业在核算塔上部联合平台时，无法将两台塔的平台做联合平台。这样的设计，会给日后运行时的维护工作造成很大的困难，维护人员爬了一个塔后，还需下到地面，继续爬其他的高塔。

在修改错误的不合理布置设计时，一方面让结构专业把 4 台塔结构基础尽量靠近，塔的布置间距可以尽量靠近一些；另一方面，两台塔高处的联合平台可以靠近，平台间留有 5cm 的空隙，不用紧密连接，这样设备专业即可将两台塔的平台做成联合平台，见图 2.65 (a)。

另一种联合平台，是采用斜爬梯搭接的方法，其中，斜爬梯在塔的一个平台上固定，在塔的另一个平台上仅做滑动连接，见图 2.65 (b)。

(a)　　　　　　　　　　　　　(b)

图 2.65　装置内塔群联合平台的布置设计

第三节　管道间距

一、普通管道间距

管道的间距以便于安装、检修管子、阀门、保温层为原则，但也不宜过大。不同的文献和规范规定的计算方法和管间距稍微有些差异，如德国鲁奇公司标准规范规定：不保温管道管外壁间最小净距为 30mm，保温管道管外壁间最小净距为 50mm；林德公司规定：不论保温与否管外壁间最小净距一律为 50mm；国外某工程公司管道间距标准规定：管外壁间最小净距为 25mm。

(1) 在管廊（管架或管墩）上，并排布置的无法兰管道不论有无隔热层，管道外表面净距不应小于 50mm，法兰外缘与相邻管道的净距不得小于 25mm。

① 无法兰无隔热层管道间距见图 2.66 和表 2.7。

在管架上并排布置的有法兰管道不论有无隔热层，法兰外缘与相邻管道的净距不应小于 25mm，有法兰无隔热层管道间距见图 2.67、表 2.8、图 2.68 及表 2.9。

表中数据是根据 SH/T 3405《石油化工企业钢管尺寸系列》中管子外径和 SH/T 3406《石油化工钢制管法兰》中法兰外径计算出的管道间距。同属美标系列的其他标准管道间距也适用。

② 并排管道上安装带手轮的阀门时，管道间距除考虑法兰大小及其净距外，还应考虑两手轮间的净距不应小于 100mm。

③ 管道上装有外形尺寸较大的管件、小型设备、仪表测量元件或有侧向位移的管道，应加大管道间的净距。

④ 管沟内管道间距应比架空敷设时适当加大，其净距不应小于 80mm，法兰外缘与相邻管道的净距不应小于 50mm。

(2) 管沟内管道的净距不应小于 80mm，法兰外缘与相邻管道的净距不得小于 50mm。管沟内管道，为了便于施工和检修，比地上管廊（管墩）上的管道间净距大一些。

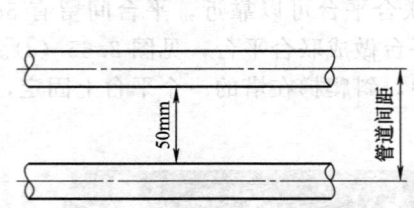

图 2.66 无法兰无隔热层管道间距示意图

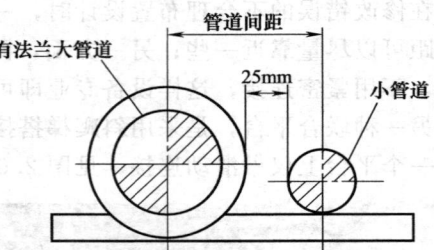

图 2.67 管道间距（有法兰大管道/无法兰小管道）

注：(1) 当管道有隔热层时，上述管道间距应加上隔热层厚度。
(2) 有侧向位移的管道或有其他要求时，应按管道净距要求再加相应增量。

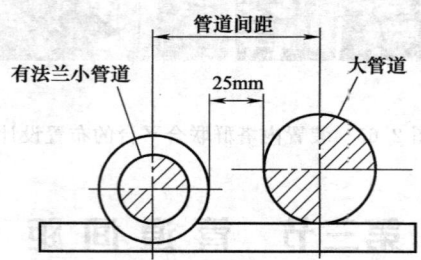

图 2.68 管道间距（有法兰小管道/无法兰大管道）

注：(1) 当管道有隔热层时，上述管道间距应加上隔热层厚度。
(2) 有侧向位移的管道或有其他要求时，应按管道净距要求再加相应增量。

二、美洲系列管道间距

美洲系列管道间距如表 2.10 所示，是较大口径管子法兰与邻近裸管净距 50mm 排列的间距。

表 2.7　无法兰无隔热层管道间距

单位：mm

DN	20	25	40	50	65	80	100	125	150	200	250	300	350	400	450	500	600
20	80	80	90	95	105	110	120	135	150	175	200	225	245	270	295	320	370
25		85	95	100	110	115	125	140	150	180	205	230	245	275	300	325	375
40			100	105	115	120	130	145	160	185	210	235	255	280	305	330	380
50				110	120	125	140	150	165	190	220	245	260	285	310	335	385
65					130	135	145	160	175	200	225	255	270	295	320	345	395
80						140	155	165	180	205	235	260	275	300	325	350	400
100							165	180	195	220	245	270	285	310	340	365	415
125								190	205	230	260	285	300	325	350	375	425
150									220	245	275	300	315	340	365	390	440
200										270	300	325	340	365	390	415	465
250											325	350	365	390	420	445	495
300												380	395	420	445	470	520
350													410	435	460	485	535
400														460	485	510	560
450															510	535	585
500																560	610
600																	660
半径	14	17	24	30	37	45	57	70	84	110	137	163	178	203	229	254	305
DN	20	25	40	50	65	80	100	125	150	200	250	300	350	400	450	500	600
管径	20	25	40	50	65	80	100	125	150	200	250	300	350	400	450	500	600

表2.8　管道间距（有法兰大管道/无法兰小管道） （mm）

法兰公称直径(DN)	压力等级(PN)	半径/mm	25	40	50	80	100	150	200	250	300	350	400	450	500	600
25	2.0	54	100													
25	5.0	62	105													
25	10.0	62	105													
40	2.0	64	110	115												
40	5.0	78	120	130												
40	10.0	78	120	130												
50	2.0	76	120	125	135											
50	5.0	83	125	135	140											
50	10.0	83	125	135	140											
80	2.0	95	140	145	150	165										
80	5.0	105	150	155	160	175										
80	10.0	105	150	155	160	175										
100	2.0	115	160	165	170	185	200									
100	5.0	127	170	180	185	200	210									
100	10.0	137	180	190	195	210	220									
150	2.0	140	185	190	195	210	225	260								
150	5.0	159	205	210	215	230	245	270								
150	10.0	178	220	230	235	250	260	290								
200	2.0	172	215	225	230	245	255	280	305							
200	5.0	191	235	240	245	260	275	300	325							
200	10.0	210	255	260	265	280	295	320	345							
250	2.0	203	245	255	260	275	290	315	340	365						
250	5.0	222	265	275	280	295	305	330	355	385						
250	10.0	254	300	305	310	325	340	365	390	415						
300	2.0	242	285	295	300	315	325	350	375	405	430					
300	5.0	261	305	310	320	335	345	370	395	420	445					
300	10.0	280	325	330	340	350	365	390	415	440	465					
350	2.0	267	310	320	325	340	350	375	400	430	455	480				
350	5.0	292	335	345	350	365	375	400	425	445	480	505				
350	10.0	302	345	355	360	375	385	410	435	465	495	525				
400	2.0	299	345	355	365	375	385	410	435	455	480	505	530			
400	5.0	324	370	380	395	400	410	435	460	485	510	535	560			
400	10.0	343	385	395	400	415	425	455	480	505	530	555	580			
450	2.0	318	360	370	375	390	400	430	455	480	505	535	560	585		
450	5.0	356	400	405	415	425	440	465	490	515	540	575	610	645		
450	10.0	372	415	425	430	445	455	480	505	535	560	600	630	665		
500	2.0	349	395	400	405	420	435	460	485	510	540	575	605	635	665	
500	5.0	388	430	440	445	460	470	500	525	550	580	620	645	685	715	
500	10.0	407	450	460	465	480	490	515	540	570	605	635	680	725	750	
600	2.0	407	450	460	465	480	490	515	540	570	605	635	680	725	750	740
600	5.0	457	500	510	515	530	540	565	590	620	655	685	725	750	790	790
600	10.0	470	515	520	525	540	555	580	605	630	675	700	750	790	800	800
管径 DN		半径/mm	17	24	30	45	57	84	110	137	163	178	203	229	254	305

表 2.9　管道间距（有法兰小管道/无法兰大管道） mm

法兰公称直径(DN)	压力等级(PN)	600	500	450	400	350	300	250	200	150	100	80	50	40	25	半径/mm	管径 DN
600	2.0	740														407	
	5.0	790														457	
	10.0	800														470	
500	2.0	680	630													349	
	5.0	720	670													388	
	10.0	740	690													407	
450	2.0	650	600	575												318	
	5.0	690	635	610												356	
	10.0	705	655	630												372	
400	2.0	630	580	555	530											299	
	5.0	655	605	580	555											324	
	10.0	675	625	600	575											343	
350	2.0	600	550	525	495	470										267	
	5.0	625	575	550	520	495										292	
	10.0	635	585	560	530	505										302	
300	2.0	575	525	500	470	445	430									242	
	5.0	595	540	515	490	465	445									261	
	10.0	610	560	535	510	485	465									283	
250	2.0	535	485	460	435	410	390	365								203	
	5.0	555	505	480	450	425	410	385								222	
	10.0	585	535	510	485	460	440	415								254	
200	2.0	505	455	430	400	375	360	335	305							172	
	5.0	525	470	445	420	395	375	350	325							191	
	10.0	540	490	465	440	415	395	370	345							210	
150	2.0	470	420	395	370	345	325	300	275	250						140	
	5.0	490	440	415	385	365	345	320	295	270						159	
	10.0	510	460	435	410	385	365	340	315	290						178	
100	2.0	445	395	370	345	320	300	275	250	225	200					115	
	5.0	460	410	385	355	330	315	290	260	235	210					127	
	10.0	470	420	395	365	340	325	300	270	245	220					137	
80	2.0	425	375	350	325	300	280	255	230	205	180	165				95	
	5.0	435	385	360	335	310	290	265	240	215	190	175				105	
	10.0	435	385	360	335	310	290	265	240	215	190	175				105	
50	2.0	410	355	330	305	280	260	235	210	185	160	150	135			76	
	5.0	415	365	340	315	290	270	245	220	195	165	155	140			83	
	10.0	415	365	340	315	290	270	245	220	195	165	155	140			83	
40	2.0	395	345	320	295	270	250	225	200	175	150	135	130	115		64	
	5.0	410	360	335	310	285	265	240	215	190	160	150	135	130		78	
	10.0	410	360	335	310	285	265	240	215	190	160	150	135	130		78	
25	2.0	385	335	310	285	260	240	215	190	165	140	125	110	105	100	54	
	5.0	395	345	320	290	265	250	225	195	170	145	135	120	115	105	62	
	10.0	395	345	320	290	265	250	225	195	170	145	135	120	115	105	62	
半径/mm		305	254	229	203	178	163	137	110	84	57	45	30	24	17		
管径 DN		600	500	450	400	350	300	250	200	150	100	80	50	40	25		

表 2.10 美洲系列管道间距

管子间距 Class150×Class150+Class300×Class300															
3/4"	1"	1½"	2"	3"	4"	6"	8"	10"	12"	14"	16"	18"	20"	24"	NO
120	130	150	150	170	180	210	230	260	290	310	340	360	380	430	3/4"
	130	150	150	170	190	220	240	270	300	320	350	370	390	440	1"
		160	160	180	200	230	250	280	310	330	360	380	400	450	1½"
24"	820		160	190	210	240	260	290	310	340	370	390	410	460	2"
20"	770	710		200	220	250	280	300	330	360	390	410	430	490	3"
18"	740	690	650		230	270	290	320	350	380	410	430	450	500	4"
16"	710	660	620	600		290	320	360	390	420	440	470	490	550	6"
14"	690	630	600	570	530		350	380	420	450	470	500	530	580	8"
12"	670	610	580	560	520	500		410	450	480	510	530	560	620	10"
10"	630	580	550	530	490	470	440		480	510	540	560	590	650	12"
8"	600	550	520	490	460	440	410	370		520	550	580	610	670	14"
6"	560	510	480	460	430	410	390	340	310		580	610	640	700	16"
4"	520	470	450	430	400	370	350	310	290	240		630	670	730	18"
3"	500	450	430	410	380	350	340	300	270	230	200		690	760	20"
2"	480	430	410	390	360	330	320	280	260	220	190	160		810	24"
1½"	470	420	400	380	350	320	310	270	250	210	180	160	160		
1"	460	410	390	370	340	310	300	260	240	200	170	150	150	130	
3/4"	450	400	380	360	330	300	290	250	230	190	160	150	150	130	120
NO	24"	20"	18"	16"	14"	12"	10"	8"	6"	4"	3"	2"	1½"	1"	3/4"
管子间距 Class150×Class600+Class600×Class600															

工程应用：管道热膨胀引起管道间距变小或碰撞

某现场，管线运行时，发现管廊拐弯处，有一部分管线的间距变小，靠在了一起，还有的管线碰撞较多，把隔热层挤扁了一些。经查设计图纸，发现管间距设计没有问题，这些管线碰撞的原因是因为管道支架不太合理，在拐角位置管线的热位移较大而引起的管线碰撞。

三、斜管和相邻管道的间距

当采用斜接的焊接支管或弯头的时候，在最接近点的管道净距应不小于25mm。这种情况时，保温厚度 T_1、T_2 和管托高度 H_1、H_2 应在计算中考虑，见图2.69。

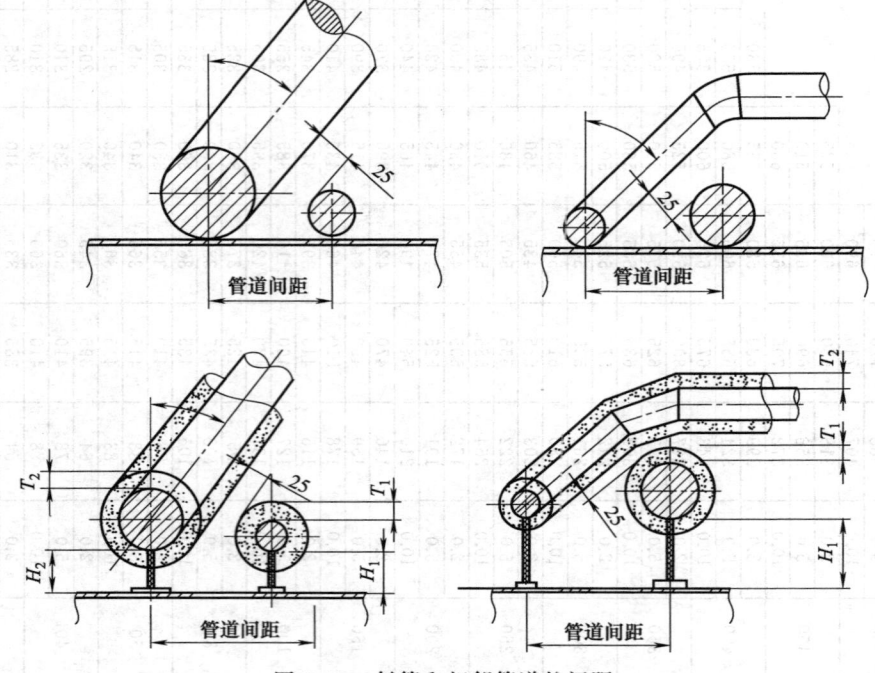

图 2.69 斜管和相邻管道的间距

四、管道与管架边缘及墙壁的间距

管道外表面距管架横梁端部不应小于100mm，管道法兰外缘距管架或构架的支柱、建筑物墙壁的净距不应小于100mm，见图2.70和图2.71。

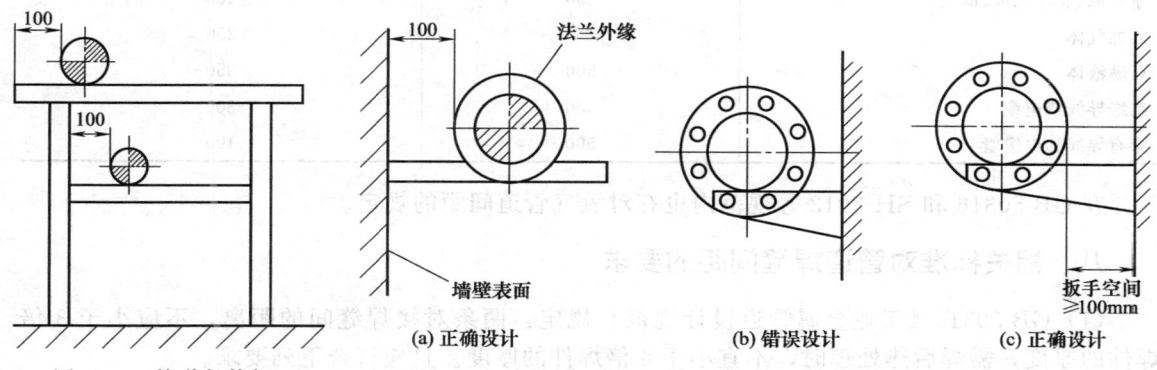

图2.70 管道与管架、构架的支柱净距

图2.71 管道与墙壁表面净距示意图
注：法兰连接的管线，不得过于靠近墙壁，应留有扳手空间，否则不易紧固法兰螺栓。

五、电缆与管道的间距

GB 50217《电力工程电缆设计规范》规定：明敷的电缆不宜平行敷设在热力管道的上部。电缆与管道之间无隔板防护时的允许距离，除城市公共场所应按现行国家标准 GB 50289《城市工程管线综合规划规范》执行外，尚应符合表2.11的规定。

表2.11 电缆与管道之间无隔板防护时的允许距离　　mm

电缆与管道之间走向		电力电缆	控制和信号电缆
热力管道	平行	1000	500
	交叉	500	250
其他管道	平行	150	100

六、防火规范对管道管架与有关设施的水平间距要求

在管廊（架）上敷设管道时，管架边缘至建筑物或其他设施的水平距离除按以下要求外，还应符合现行国家标准 GB 50160《石油化工企业设计防火规范》、GB 50187《工业企业总平面设计规范》及 GB 50016《建筑设计防火规范》的规定。

管架边缘与设施的水平距离如下。
① 至铁路轨外侧：≥3.0m；
② 至道路边缘：≥1.0m；
③ 至人行道边缘：≥0.5m；
④ 至厂区围墙中心：≥1.0m；
⑤ 至有门窗的建筑物外墙：≥3.0m；
⑥ 至无门窗的建筑物外墙：≥1.5m。

七、氧气管道与其他管道的间距

氧气管道可以与各种气体、液体（包括燃气、燃油）管道共架敷设。共架时，氧气管道宜布置在其他管道外侧，并应布置在燃油管道上面。各种管道之间的最小净距按表2.12确定。

表 2.12　架空氧气管道与其他架空管线之间最小净距　　　　　　　　mm

名　称	并行净距	交叉净距
蒸汽、凝结水	250	100
新鲜水、循环水、软化水，等	250	100
净化风、非净化风、氮气	250	100
可燃气体	500①	250
可燃液体	500	250
绝缘导线或电缆	500	300
穿有导线的电缆管	500	100

在 GB 50316 和 SH 3012 等规范内也有对氧气管道间距的规定。

八、相关标准对管道焊缝间距的要求

（1）GB 50316《工业金属管道设计规范》规定：两条对接焊缝间的距离，不应小于3倍焊件的厚度，需焊后热处理时，不宜小于6倍焊件的厚度。且应符合下列要求。

① 公称直径小于 50mm 的管道，焊缝间距不宜小于 50mm。

② 公称直径大于或等于 50mm 的管道，焊缝间距不宜小于 100mm。

③ 管道的环焊缝不宜在管托的范围内。需热处理的焊缝从外侧距支架边缘的净距宜大于焊缝宽度的 5 倍，且不应小于 100mm。

④ 不宜在管道焊缝及边缘上开孔与接管。不可避免时，应经强度校核。

⑤ 管道在现场弯道的弯曲半径不宜小于 3.5 倍管外径；焊缝距弯管的起弯点不宜小于 100mm，且不应小于管外径。

⑥ 管道穿过安全隔离墙时应加套管。在套管内的管段不应有焊缝，管子与套管间的间隙应以不燃烧的软质材料填满。

（2）GB/T 20801《压力管道规范　工业管道》规定：压力管道直管段对接焊缝当公称管径大于等于 150mm 时，焊缝间距不小于 150mm，当公称管径小于 150mm 时，不小于管子外径。

（3）GB 50235《工业金属管道工程施工及验收规范》对管道焊缝位置规定：

① 直管段上两对接焊口中心面间的距离，当公称直径大于或等于 150mm 时，不应小于 150mm；当公称直径小于 150mm 时，不应小于管子外径。

② 焊缝距离弯管（不包括压制、热推或中频弯管）起弯点不得小于 100mm，且不得小于管子外径。

③ 卷管的纵向焊缝应置于易检修的位置，且不宜在底部。

（4）SH 3501《石油化工有毒可燃介质管道工程施工及验收规范》的规定，管道焊缝的设置，应便于焊接、热处理及检验，并应符合下列要求。

① 除采用无直管段的定型弯头外，管道焊缝的中心与弯管起弯点的距离不应小于管子外径，且不小于 100mm。

② 焊缝与支、吊架边缘的净距离不应小于 50mm。需要热处理的焊缝距支、吊架边缘的净距离应大于焊缝宽度的 2 倍，且不小于 100mm。

③ 管道两相邻焊缝中心的间距，应控制在下列范围内：直管段两环缝间距不小于 100mm，且不小于管子外径；除定型管件外，其他任意两焊缝间的距离不小于 50mm。

（5）SH 3012《石油化工金属管道布置设计规范》和 GB 50517《石油化工金属管道质量验收规范》规定如下。

① 除定型弯管外，管道对接焊口的中心与弯管起弯点的距离不应小于管子外径，且不小

于 100mm。

② 除定型管件外，管道上两条对接焊缝间的距离，不应小于 3 倍管子的厚度，需焊后热处理时，不应小于 6 倍管子的厚度，且应符合下列要求。

  a. 公称直径小于 150mm 的管道，焊缝间距不应小于管子外径，且不得小于 50mm。

  b. 公称直径等于或大于 150mm 的管道，焊缝间距不宜小于 150mm。

两焊缝间最小距离既考虑了结构的技术要求，又考虑了外观及施工，且与现行国家标准 GB 50517《石油化工金属管道质量验收规范》的规定一致。

（6）ASME B31.3《工艺管道》对焊缝间距没有要求，这在其条文解释中有明确说明，而 EN 13480《金属工业管道》也仅仅要求相邻纵焊间距不小于 2 倍壁厚及 20mm。

工程应用：管道焊缝及边缘上开孔与接管

某管道上需要开孔引出分支管道，可是，开孔位置正好是管道的环焊缝，有的配管设计人提出，焊缝上不能再开孔焊接，开孔位置需要与焊缝有一定的距离。

实际上，按照规范要求"不宜在管道焊缝及边缘上开孔与接管。当不可避免时，经强度校核，就可以在焊缝上开孔。"因此，当确实无法避免时，"开孔与环焊缝之间距离"可无限近，只要强度校核通过即可，而两条焊缝是有规范要求的，因此两个阀门之间的管线安装一个垂直方向的 $DN20$ 的小检查阀，如果在大管上开孔安装，就不用考虑焊缝距离要求，如果是三通安装 $DN20$ 检查阀，则需要按规范设置焊缝之间的距离。

工程应用：国外某设计单位在 3D 模型设置焊缝实体间距要求

某工程配管设计时，由 3D 软件商开发了软件插件，使软件内的管子显示了管道焊缝的位置，在三维软件配管设计模型内自动显示了焊缝区域，软件可自动检测焊缝区域与结构、管架等设施冲突的位置，实现了配管设计更高效的精细化、本质安全和自动化，见图 2.72。

图 2.72 三维配管设计模型内焊缝实体间距的便捷设计

工程应用：拐角热介质管道对邻居管道间距的影响

如图 2.73 所示，P1 管道 $DN300$，P2 管道 $DN400$，设计温度均为 300℃，隔热厚度分别为 70mm 和 80mm；管子均为碳钢，L_1 的距离为 8m。则两条管线的设计管间距 X 计算过程如下。

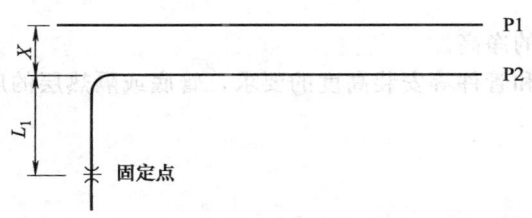

图 2.73 拐角热介质管道对邻居管道间距的影响

① 在设计 P1 与 P2 两条管线间距时，需要考虑 P2 管线 L_1 段的热膨胀量。P2 管线的热膨胀系数约 1.2mm/(m·100℃)，可以估算出 L_1 管段的热膨胀量为：$8.0 \times \frac{1.2}{100} \times 300 \approx 29\text{mm}$。

② 从表中查出裸管间距为 420mm，需加上隔热层厚度 70mm 和 80mm，还需加上 L_1 管段的热碰膨胀量 29mm，则可以算出，P1 与 P2 两条管线间距 X 应该设计成 420+70+80+29≈600（mm）。

第四节 管道标高、净空高度和埋设深度

一、管道跨越装置区铁路和道路的净空高度

① 管道跨越厂区和装置区的铁路时，可燃气体、液化烃和可燃液体的管道距轨顶的净空高度不应小于 6m，其他管道距轨顶的净空高度不应小于 5.5m。

管道跨越厂内的铁路和道路时，净空高度与 GB 50187《工业企业总平面设计规范》、GB 50160《石油化工企业设计防火规范》、GB 50316《工业金属管道设计规范》、SH/T 3054《石油化工厂区管线综合设计规范》内容相同。

② 管道跨越装置内的检修道路和消防道路时，管道距路面的净空高度不应小于 4.5m。

③ 管道与铁路平行敷设时，管道与铁路或道路平行敷设时，其凸出部分距铁路中心线不应小于 3.5m（石化标准规定：管道的凸出部分或管架边缘距铁路轨外侧不应小于 3m），距道路路肩不应小于 1m（石化标准规定：距道路边不小于 1m）。

二、全厂性地上敷设的管道高度

管道距地面的净空高度不应小于 0.4m。管廊下方考虑人员通行时，管道距地面的净空高度不应小于 2.2m。

三、装置内管廊上管道的高度

（1）装置内管廊上管道的高度，除应满足设备接管和检修的需要外，还应符合以下规定。

① 管廊下方作为消防通道时，管道距地面的净空高度不得小于 4.5m。

② 管廊下布置泵或换热器时，管底至地面的净空高度不宜小于 3.5m（石化规范规定：管廊下方作为泵区检修通道时，管道距地面的净空高度不应小于 3.2m）。

（2）装置内的管道距人行通道路面的净空高度不应小于 2.2m，操作人行通道的宽度不宜小于 0.8m。

（3）装置内管架边缘距人行通道边缘的水平距离不应小于 0.5m（与 GB 50160 的规定相同）；距有门窗的建筑物外墙的水平距离不应小于 3.0m；距无门窗的建筑物外墙的水平距离不应小于 1.5m。

（4）沿地面敷设的管道应满足阀门和管件等的安装高度要求，管道距地面的净空高度不应小于 0.15m，并应考虑管道放净、过滤器滤网抽取等的要求。

（5）多层管廊的层间距应根据管径大小和管架结构确定；上下层间距宜为 1.5～2.0m。

（6）当管廊上的管道改变方向或两管廊成直角相交，其高差以 600～750mm 为宜；对于大型装置也可采用 1000mm 及以上高差。

（7）当管廊有桁架时要按桁架底高计算管廊的净高。

（8）接近地面敷设的管道的布置应满足阀门和管件等安装高度的要求，管底或隔热层的底部距地面净空高度不应小于 100mm。

四、装置内埋地管道的埋设深度

（1）装置内埋地管道的埋设深度应根据最大冻土深度、地下水位和管道不受损坏等原则确定，管道的埋设深度宜符合下列规定。

① 无混凝土铺砌的区域，管道的管顶距地面不宜小于 0.5m。

② 室内或室外有混凝土铺砌的区域，管道的管顶距地面不宜小于 0.3m。

③ 机械车辆的通行区域，管道的管顶距车行道路路面不宜小于 0.7m。

（2）埋地管道上如有阀门应设阀门井。阀门井应有操作与检修的空间，井壁顶面应高出地面 0.1m，且应设盖板，管道距井底的净空高度不应小于 0.2m，阀门井应设排水设施。

（3）输送可燃气体、可燃液体的埋地管道不宜穿越电缆沟，否则应设套管。当管道介质温度超过 60℃时，在套管内应充填隔热材料，使套管外壁温度不超过 60℃。套管伸出电缆沟外壁的距离不应小于 0.5m。

五、管沟内管道的布置高度

① 无法架空敷设而又不宜埋地敷设的管道可在不通行管沟内敷设。

② 不通行管沟分为全封闭式管沟和敞开式管沟。全封闭式管沟适用于不需经常检查和检修的管道。敞开式管沟适用于需要经常检查和检修的管道，管沟沟壁的顶面应高出地面0.1m，且应有盖板或格栅钢板。

③ 全封闭式管沟中的管道如有阀门应设阀井，对阀井的要求与埋地管道相同。

④ 管道距沟底的净空高度不应小于 0.2m。

⑤ 管沟沟底应有不小于 0.003 的坡度，沟底最低点应有排水设施。

⑥ 距散发比空气重的可燃气体设备 30m 以内的管沟应采取防止可燃气体窜入和积聚的措施。

⑦ 可燃气体、液化烃和可燃液体的管道不宜布置在管沟内，若必须布置在管沟内时，管道破损不易及时发现，沟内易积存污油和可燃气体，成为火灾和爆炸事故的隐患，应采取防止可燃气体、液化烃和可燃液体在管沟内积聚的措施，例如充沙等措施，防止可燃介质窜入和积聚，并在进出装置及厂房处设密封隔断。管沟内污水应经水封井排入生产污水管道。

六、管道穿越铁路和道路的要求

① 管道穿越铁路和道路的交角不宜小于 60°，穿越管段应敷设在涵洞或套管内，或采取其他防护措施。

② 套管的两端伸出路基边坡不应小于 2m；路边有排水沟时，伸出水沟边不应小于 1m。

③ 套管顶距铁路轨面不应小于 1.2m，距道路路面不应小于 0.8m，否则，应核算套管强度。

④ 液化烃管道穿越铁路或道路时应敷设在套管内，套管上方最小覆盖厚度，从套管定到轨底不应小于 1.4m，从套管顶到道路表面不应小于 1m。

七、GB 50316 对管道净空高度的要求

GB 50316《工业金属管道设计规范》也对管道净空高度给出了规定。架空管道穿过道路、铁路及人行道等的净空高度系指管道隔热层或支承构件最低点的高度，净空高度应符合下列规定。

① 电力机车的铁路，轨顶以上：≥6.6m；

② 铁路轨顶以上：≥5.5m；

③ 道路：推荐值≥5.0m；最小值 4.5m；

④ 装置内管廊横梁的底面：≥4.0m；

⑤ 装置内管廊下面的管道，在通道上方：≥3.2m；

⑥ 人行过道，在道路旁：≥2.2m；

⑦ 人行过道，在装置小区内：≥2.0m；

⑧ 管道与高压电力线路间交叉净距应符合架空电力线路现行国家标准的规定。

八、输送天然气或人工煤气管跨越道路、铁路的净空高度

输送天然气或人工煤气管跨越道路、铁路的净空高度要求见表2.13。

表2.13 输气管道跨越道路、铁路净空高度

道路类型	净空高度/m	道路类型	净空高度/m
人行道路	2.2	铁路	6.0
公路	5.5	电气化铁路	11.0

第五节 人员可操作性设计

一、配管人性化设计的概念

人机工程学（也称为人体工程学），起源于20世纪40年代，是一门跨越不同学科领域、应用多种学科的原理、方法和数据发展起来的新兴边缘学科。该学科是"人体科学"与"工程技术"的有机结合，它运用人体测量学、生理学、心理学等科学的研究手段和成果，将人体特性、能力和活动限度等方面的数据用于系统及其所处环境的设计中去，使操作者能安全、舒适和高效率地工作。人机工程学研究的就是"人-机-环境"系统中三个要素之间的相互作用关系，它决定着系统总的性能，也就是常说的"人性化设计"。

随着工程技术水平的不断发展，人性化设计（humanization design）理念、内涵开始越来越多地运用到配管设计中。有的工程公司形成了详细系统的配管人性化设计规程，作为施工图纸文件的强制性审查内容。配管人性化设计是在满足配管基本技术要求的基础上，使设计与人体相适应，减少人的不适应性和负担，使人与工厂配管系统结合更加优化，使配管更加适合施工人员、运行人员及检修人员的要求。人性化设计重视作业人员的生理、心理特性，为作业人员构建安全、舒适和高效的操作环境，使作业人员的操作简便省力、迅速准确、安全舒适，充分发挥效能，提高整个系统的效益和质量。配管人性化设计一般包含：作业空间可操作性设计；作业强度人性化设计；作业安全人性化设计。

人性化设计还有：作业人员有可能接触位置的防烫伤（防冻伤）设计，噪声消声器远离作业人员的设计，排放废气远离作业人员的设计，需人工清扫的大口径管子上每隔一定距离设置人孔的设计等。本章节主要介绍人员可操作性设计。

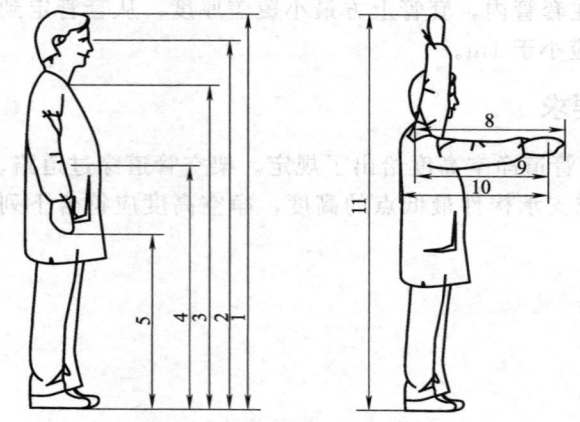

图2.74 成人男子的人体测量数据

在设计过程中，通常用5%、50%、95%三种百分数来确定设计尺寸范围。5%是指有5%的人体测量尺寸小于此值，而95%的人大于此值；50%则表示50%的人体测量尺寸大于此值，而50%的人则小于此值，按这种尺寸进行设计，只能满足50%的人的使用要求；95%是指有95%的人体测量尺寸均小于此值，而有5%的人体测量尺寸大于此值。

在设计中不能一律以平均值作为依据，而应就具体情况而定，为了确保至少适合95%使用者的使用要求，应采用5%和95%的数据。以下数据建立在典型的欧美数据基础上，比我国的人体尺寸略大一些。通常装置的设计寿命为15~20年，有的装置甚至操作更长的时

间，考虑到年轻一代身高迅速增高的事实，在设计中采用这些数据基本是可行的。成年男子的人体测量数据见图 2.74 和表 2.14。

表 2.14　成年男子的测量数据（站立的）（基于欧美数据）

尺寸/mm	5%，即高度范围的下限	95%，即高度范围的上限
1. 身高	1625	1855
2. 眼高度	1515	1745
3. 肩部高度	1315	1535
4. 肘部高度	1005	1180
5. 垂手时的指关节高度	690	825
6. 肩部宽度	420	510
7. 胸部厚度	215	285
8. 上肢长度	720	840
9. 肩部握长度	610	715
10. 水平握固距离	720	835
11. 垂直握固距离	1925	2190

在确定设备周围环境和空间距离时，要用 95% 的人体测量数据作为确定依据。例如，对于平台净空高度设计，要考虑 95% 的操作员在平台上通过时不会撞到头。95% 的人身高为 1855mm，再加上鞋底和安全帽的高度，要求平台高度不得小于 2100mm（国内有的规范规定为 2200mm。笔者在参与设计规范最严格的沙特阿美公司配管设计时，其规范要求最小净空高度为 2030mm）。

二、站姿通行适宜尺寸

人员站姿通行适宜尺寸见图 2.75。

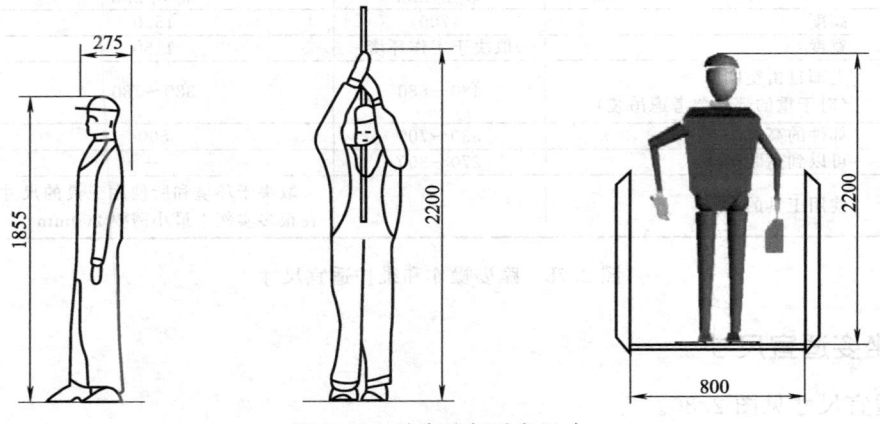

图 2.75　站姿通行适宜尺寸

工程应用：管子布置高度偏低阻挡人员通行

某工厂一根管子在人行通道上方布置高度偏低，阻挡了人员通行，如图 2.76 所示。后改造这根管子的走向，保证了通道的净空 2.2m。

三、跪姿适宜尺寸

跪姿适宜尺寸见图 2.77、图 2.78。

四、趴姿适宜尺寸

趴姿适宜尺寸见图 2.79。

图 2.76 管子布置高度偏低阻挡人员通行

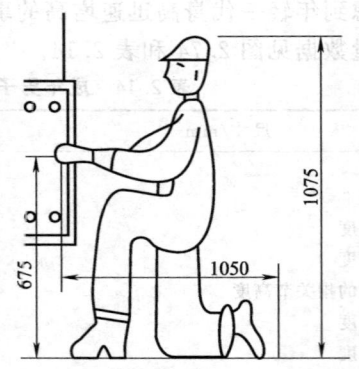

图 2.77 跪姿适宜尺寸

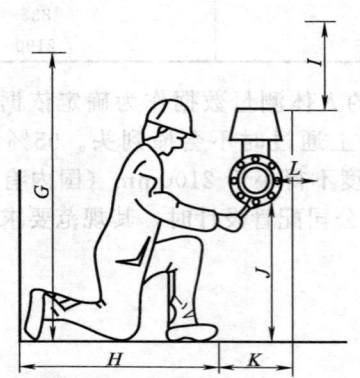

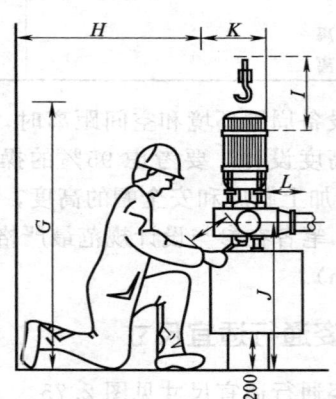

项 目		最佳/mm	最小/mm	最大/mm
G	高度	1700	1590	—
H	宽度	取决于工作环境	1150	—
I	上部自由空间 (对于重的部件要考虑吊装)	480~880	380~780	—
J	部件的高度	530~700	500	800
K	可以到达距离	270~300	—	500
L	使用工具的净空	—	取决于环境和所使用工具的尺寸，在很多实例中最小需要200mm	—

图 2.78 跪姿操作和维护适宜尺寸

五、坐姿适宜尺寸

坐姿适宜尺寸见图 2.80。

图 2.79 趴姿适宜尺寸

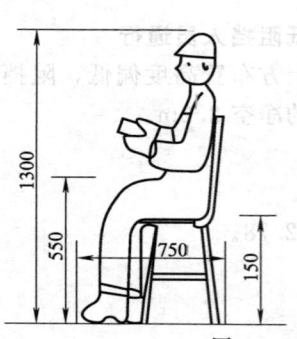
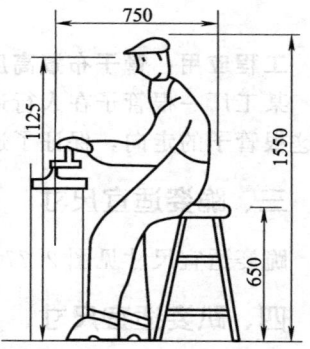

图 2.80 坐姿适宜尺寸

六、直爬梯通行适宜尺寸

直爬梯通行适宜尺寸见图 2.81。

七、斜爬梯通行适宜尺寸

斜爬梯通行适宜尺寸见图 2.82。

八、阀门操作和维护适宜尺寸

操作和维护适宜尺寸见图 2.83~图 2.90 所示。

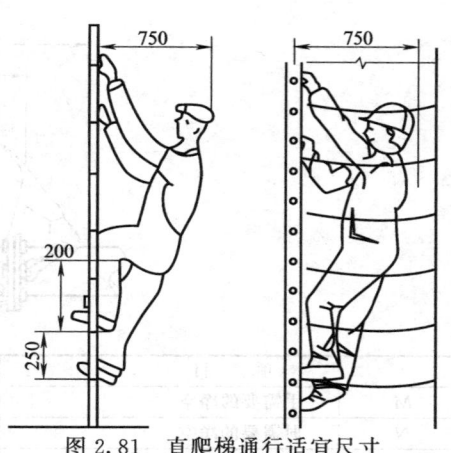

图 2.81 直爬梯通行适宜尺寸

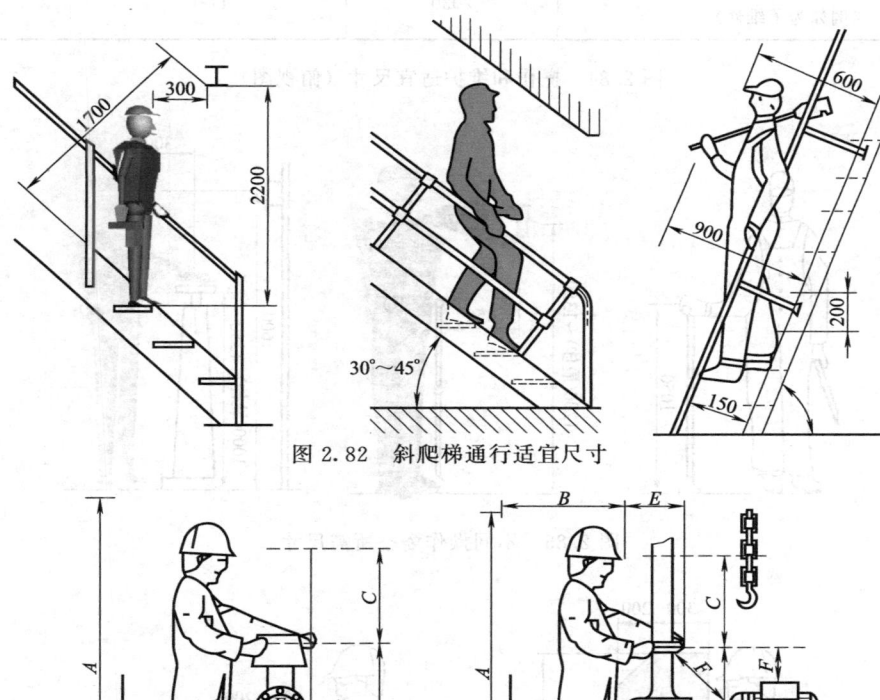

图 2.82 斜爬梯通行适宜尺寸

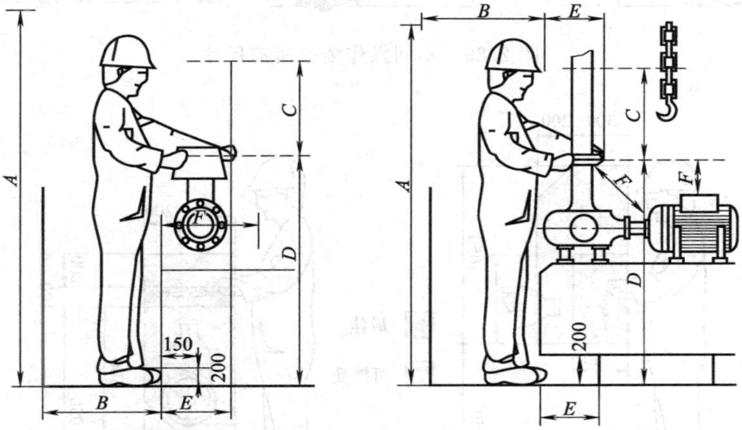

	项 目	最佳/mm	最小/mm	最大/mm
A	高度	2100	1900	—
B	宽度	900	750	—
C	上部自由空间 （对于重的部件要考虑吊装）	830~1140	720~1030	—
D	部件的高度	935~1015	900	1200
E	可以到达距离	270~300	—	500
F	使用工具的净空	—	取决于环境和所使用工具的尺寸， 在很多实例中最小需要 200mm	—

图 2.83 站立操作和维护适宜尺寸

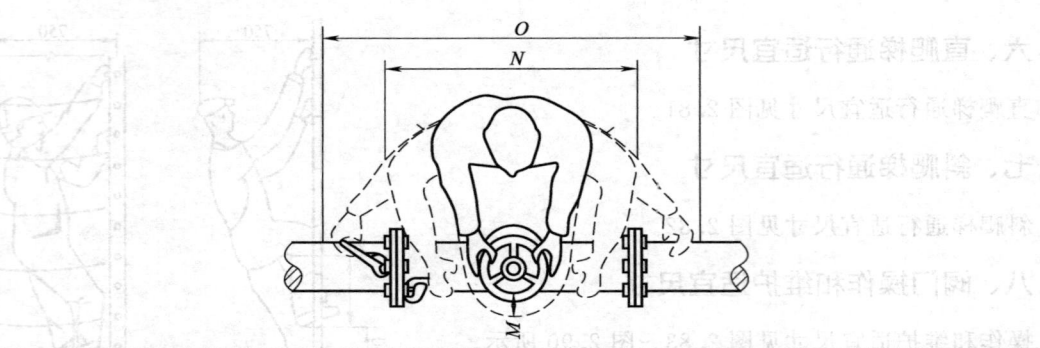

项 目		最佳/mm	最小/mm	最大/mm
M	手需要的净空	—	100	—
N	肘需要的净空	1350	1200	—
O	可以到达的净空（例如为了维修）	2030	1780	—

图 2.84　操作和维护适宜尺寸（俯视图）

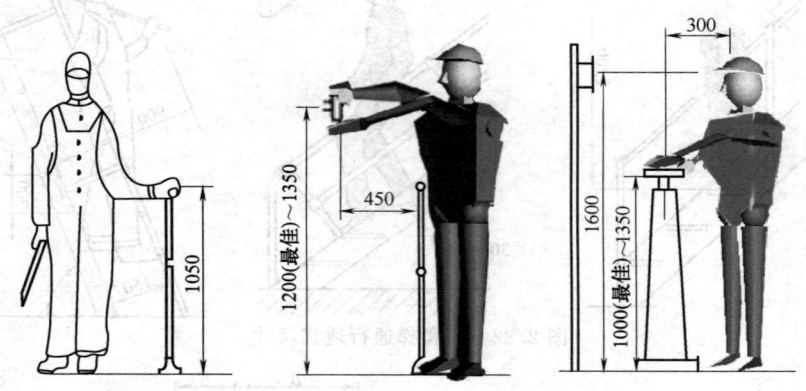

图 2.85　不同操作姿态所需尺寸

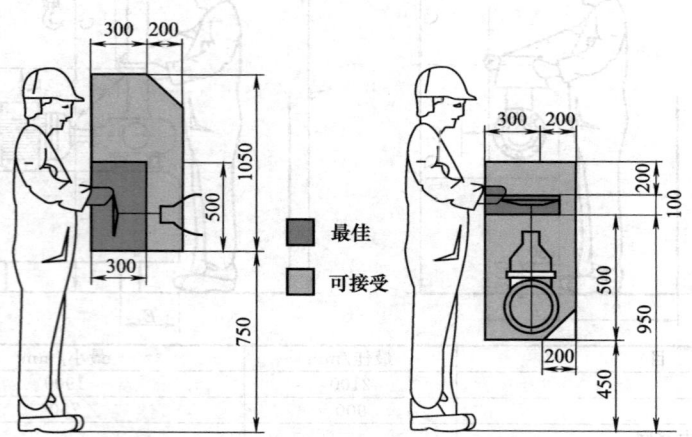

图 2.86　操作阀门首选布置要求

如图 2.87 所示，有的要求一边调节阀门一边读取仪表计量数据，则需要把仪表读数位置和阀门操作位置尽量接近，以方便作业人员实现操作，对于这种要求的可操作与可视位置人性化设计，需要设计人深刻理解工艺 PID 意图。

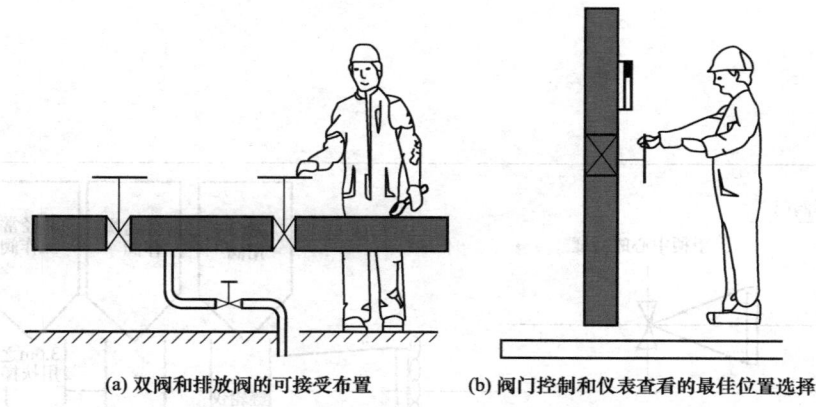

(a) 双阀和排放阀的可接受布置   (b) 阀门控制和仪表查看的最佳位置选择

图 2.87　操作阀门和仪表查看适宜位置

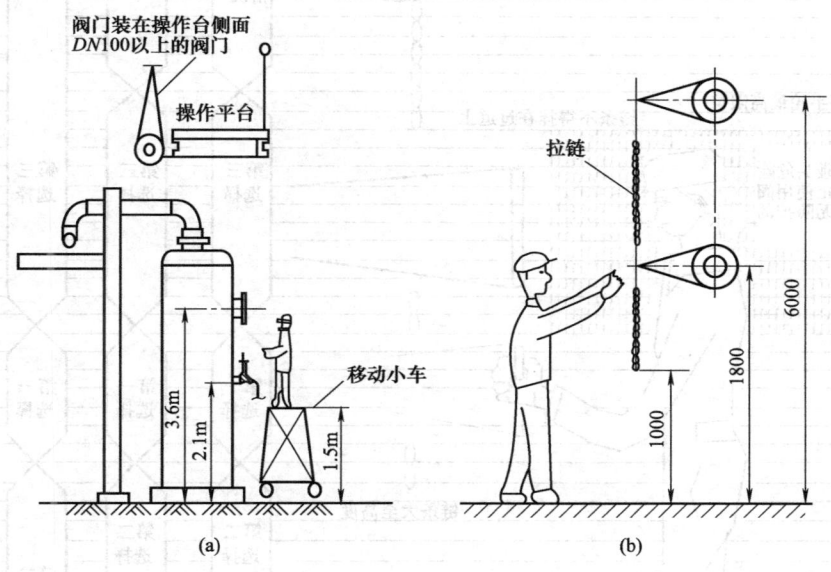

图 2.88　阀门操作适宜位置一

工程应用：阀门操作拉链的设置

如图 2.91 所示，因阀门布置位置较高，站在地面上操作不到，因此，在阀门上设置了拉链，人员站在地面上就可以操作阀门手轮。

工程应用：界区阀门联合操作平台及阀门手轮伸长杆的设置

如图 2.92 所示，某装置界区阀门集中布置在界区环形平台附近，由于阀门手柄较短，设计了阀门手轮伸长杆，统一阀门手轮操作高度距离平台面 1.2m，这样站在平台上就可轻松地操作到所有的阀门。

工程应用：3D 模型内人员操作通道的简化设计

为了确保作业通道的通畅，有的工程公司在配管设计时就采取了一些必要措施。例如，有的工程公司要求在二维配管平面图上示意出作业人员通行空间，由专门的人性化设计专家进行校核。有的国外工程公司要求把操作通道用微透明方块示意在三维模型内，三维模型软件能够自动检查作业人员通行空间是否符合设计要求，如图 2.93 所示，这种方法可以很大程度地提高配管设计工作效率和人性化设计质量。

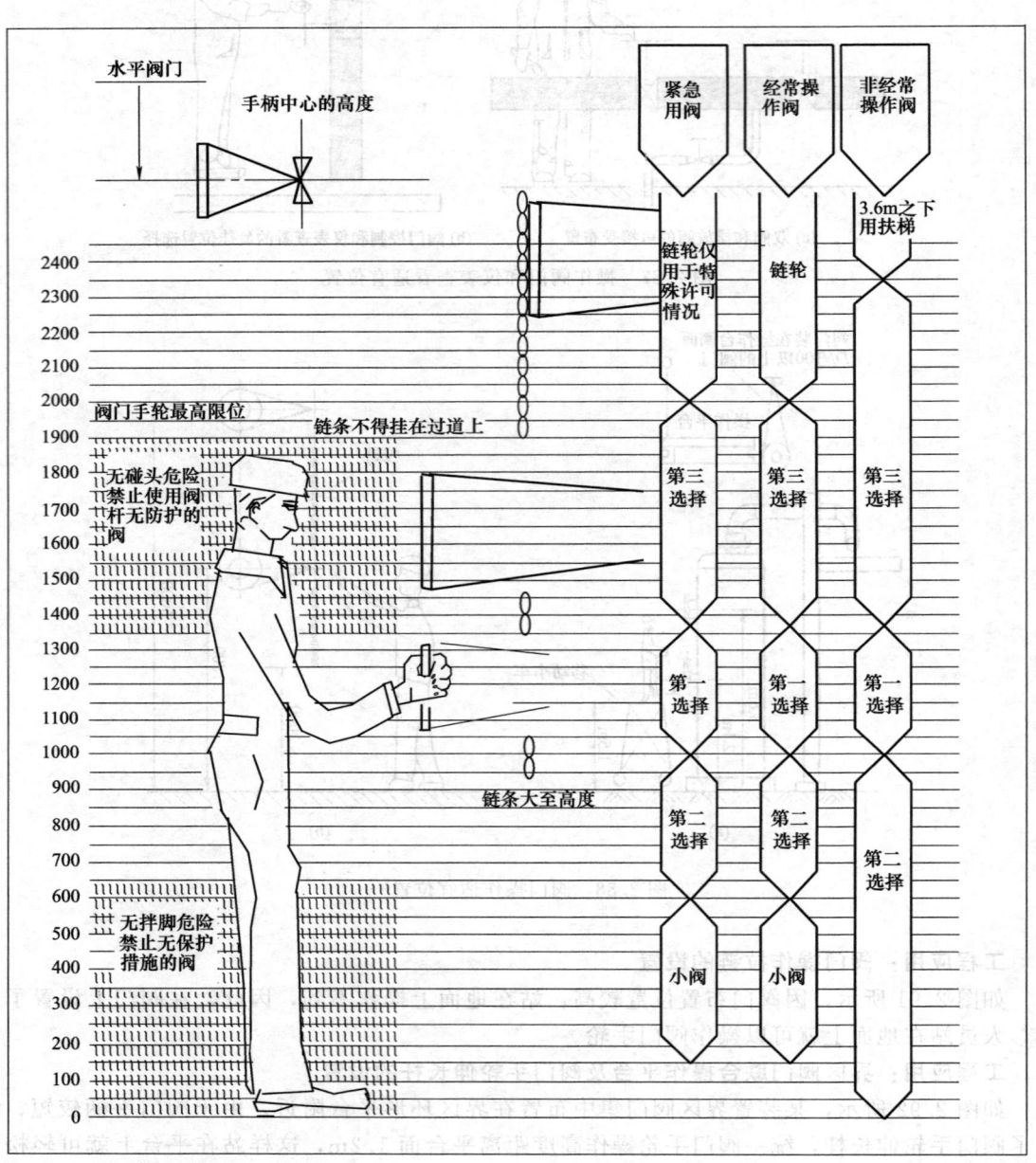

图 2.89 阀门操作适宜位置二

注：以上阀门的安装尺寸要求是基于平均身高是 1.855m（±4cm）的人确定的（这些尺寸应该适应并适宜于当地操作人员的平均身高）。

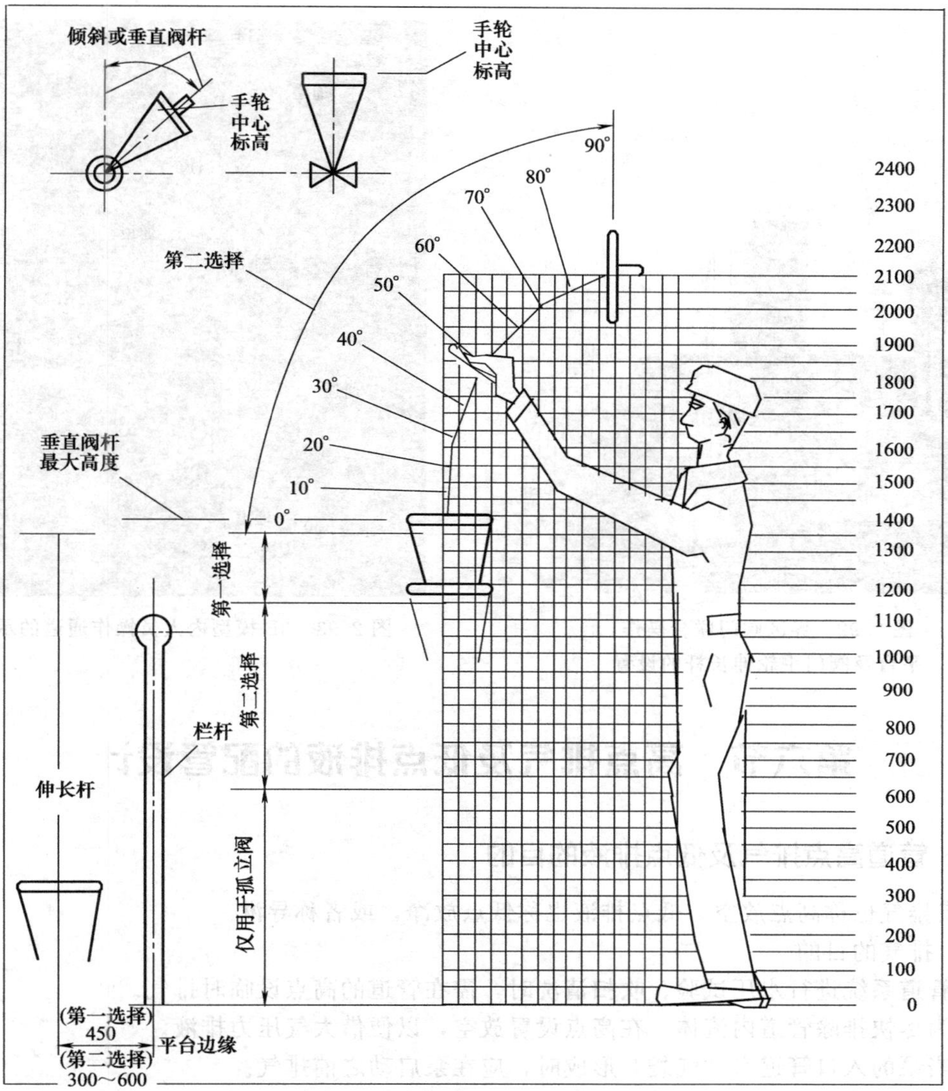

图 2.90 阀门操作适宜位置三

注：以上阀门的安装尺寸要求是基于平均身高是 1.855m（±4cm）的人确定的（这些尺寸应该适应并适宜于当地操作人员的平均身高）。

图 2.91 阀门操作拉链的设置

图 2.92 界区阀门联合操作平台及阀门手轮伸长杆的设置

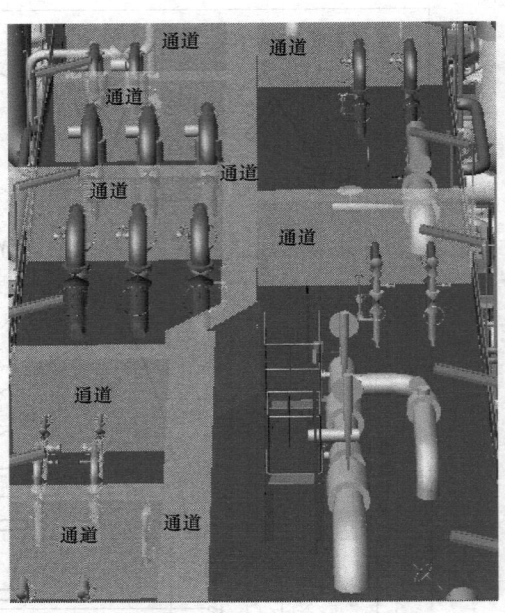

图 2.93 3D 模型内人员操作通道的示意

第六节 高点排气及低点排液的配管设计

一、管道高点排气及低点排液的目的

高点排气也称高点放空。低点排液也称低点放净，或者称导淋。
（1）排气的目的
① 管道系统进行水压试验、吹扫清洗时，需在管道的高点设临时排气。
② 为尽快排除管道内流体，在高点设置放空，以便借大气压力排液。
③ 当泵的入口管道有"气袋"形成时，应在泵启动之前排气。
④ 装置开车时，为避免管道系统产生气阻，需在其高点排气。
（2）排液的目的
① 为排除管道内液体应：水压试验后排液；停工检修前排液；管道防冻时排液。
② 水压试验时用作流体的注入管。
③ 作为管系的空气和蒸汽吹扫出口使用。

二、管道需设置排气或排液的位置

（1）应设置排气的部位
① 液体管道呈"气袋"的地方，例如泵的入口管道，在不可避免出现"气袋"的上部。
② PID 标注的地方。
③ 设备或管道系统高处设排气管。
④ 但公称直径小于或等于 40mm 的管道，可不设高点放空。
⑤ 氢气管道上不宜设置高点放空、低点放净。
（2）需设置排液的部位
① 呈"液袋"的地方。

② PID 标注的地方。
③ 管廊上公用工程管道的末端，以利于放净和吹扫。
④ 其他，例如当最冷月平均温度为 0℃ 或低于介质凝固点（冰点）时，应在阀后设排液管，其排液管应靠近切断阀，排液阀应靠近主管。
⑤ 调节阀前与切断阀之间应加排液管。
⑥ 大直径的管道（如原油管道等）不易吹扫干净，应加低点排液管。

工程应用：装置管道漏设置排气和排液

笔者在 2016 年参与某装置施工图审查时，发现所有的管道均没有设计高点放空和低点排液，配管设计人认为这只是管道上的小附件，就没有重视，后来出施工图时，一忙给忘了。校核人也没有检查出来。后来增加了高点放空和低点排液的设计，修改升版了有关图纸文件。

三、高点排气及低点排液设计的一般要求

① 管道上高点放空口设置的位置宜靠近平台、支架、构筑物以及易于操作之处。
② 管道上低点放净口设置的位置附近宜设地漏、地沟或用软管接至地漏、地沟处。
③ 管道上的放空、放净口安装位置尽量设置在物料流向的下游端部靠近弯头处，但不应设在弯头上；管道上放空、放净口设置的阀门应靠近主管。
④ 对易自聚、易冻结、易凝固、含固体介质的管道上的放净管不应有拐弯；对于浆液管道不宜设置排气和排液管，如需设置排液管时，排液管应与水平浆液管底部成切线方向。
⑤ 饱和蒸汽管道的低点应设集液包及蒸汽疏水阀组。
⑥ 氢气管道不宜设置放空或放净。浆液管道不宜设置放空。
⑦ 全厂性管道的放净设置应符合下列规定。
a. 蒸汽管道的低点应设置放净。
b. 装置空气管道的低点宜设置放净。
c. 自燃点高出操作温度不足 10℃ 的可燃液体管道的低点不得设置放净。
d. 极度危害及高度危害介质管道的低点不得设置放净。
e. 腐蚀性介质管道的低点不得设置放净。
f. 不产生凝结液的气体管道的低点不得设置放净。

四、高点排气及低点排液的管道材料设计

① 放气或排液管上的切断阀，宜用闸阀，阀后可接带管帽的短管；对于高压、极度及高度危害介质的管道应设双阀。当设置单阀时，应加盲板或法兰盖。
② 连续操作的可燃气体管道低点的排液阀。应为双阀。排出的液体应排放至密闭系统；仅在开停工时使用的排液阀，可设一道阀门并加螺纹堵头、管帽、盲板或法兰盖。可燃液体管道以及大于 2.5MPa 蒸汽管道上排液管装一个切断阀时，应在端头加管帽（管堵）盲板或法兰盖。
③ 全厂性管道的放净如允许直接排放时，可在主管底部设短管、法兰和法兰盖。
④ 极度危害介质管道的放空和排液应设置双阀，并应排入密闭回收系统。
⑤ 除极度危害介质外，有毒气体的排放口应符合环保要求，有毒液体不得排入下水道内。
⑥ 高度危害介质管道的放空和排液应设置双阀，宜设置单阀时，应加盲板和法兰盖。
⑦ 高压管道的放空和排净应设置双阀，当设置单阀时，应加盲板和法兰盖。
⑧ 输送液态丁烷和更轻的液化烃管道上的放空、放净阀应为双阀。对于高压、剧毒管道上的放空、放净管应设双阀，当设置单阀时，应加盲板或法兰盖。
⑨ 输送固体或浆液管道上的放空、放净阀，宜用球阀或旋塞阀。

⑩ 放空、放净的管道、管件和阀门选用的压力等级应与所在主管的管道材料等级相一致。
⑪ 放空、放净管道上采用两种压力等级时，不同等级界限的划分应符合管道材料等级的划分原则。

五、高点排气及低点排液的尺寸要求

① 高点排气管的公称直径最小应为15mm；低点排液管的公称直径最小应为20mm。当主管公称直径为15mm时，可采用等径的排液口。高点排气及低点排液的管道口径见表2.15。
② 管径小于DN40的管道可不设高点排气；对于全厂性的工艺、凝结水和水管道（非埋地）在历年一月份平均温度高于0℃的地区，应少设低点排液。
③ 振动管道上直径小于DN40密闭放空、放净管根部接口处应采取加强措施。
④ 接地漏或开口罐的放净管管口应高出地漏或罐口大于或等于50mm。

表2.15　高点排气及低点放净的管道口径　　　　　　　　　　　　　　mm

管道公称直径 DN	放空公称直径 DN	放净公称直径 DN
≤25	—	15
40~350	20	20
400~600	20	25
>600	20	40

注：催化剂颗粒、浆液或高黏度介质管道的排液口公称直径不得小于25mm。

工程应用：装置边界管道低点排液阀门设计位置不宜操作

图2.94　某国外项目界区低点排液阀门的操作

有很多工程项目的装置边界位置，管廊上界区接点切断阀附近都有低点排液阀门，通常较高，并有几层（工艺管道层、公用工程管道层等）。图2.94所示12根管线的低点排液阀门距离地面约5m，操作排液阀门不太容易。

后来在支撑管子的结构梁底位置统一敷设了格栅板，工厂维护人员可以在格栅板上趴着操作低点排液阀门。

工程应用：装置管道低点排液距地面偏小

一些正在运行的工厂里，有些管道的低点排液撞在了地面上，还有的低点排液布置在了一个凹坑内，距离地面太近，没有按照"低点排液管端距地面或楼板面的净距不得小于100mm（有的项目规定为150mm）"设计。这些低点排液，一方面不易安装，另一方面不易维护。可能是配管设计人只考虑主管的布置，施工时才发现需弥补低点排液。

六、高点排气及低点排液的形式与布置设计

① 管道高点的放空口应设在管道的顶部，管道低点的放净口应设在管道的底部。
② 管道上高点放空设置位置应靠近平台、支架、构筑物以及易于操作处；管道上低点放净口设置位置附近应设地漏、地沟或用软管接至地漏、地沟处。
③ 为保证阀门检修、丝堵、管帽及法兰拆卸、软管连接，管道上低点排液管端距地面或楼板面的净距不得小于100mm（有的项目规定为150mm）。
④ 管道布置呈∪形或∩形时，其水平和垂直管道上的放空、放净口安装位置不得设在弯头处，宜设置在物料流向的下游。如图2.95所示，管道上的放空、放净（排液）口安装位置示意，放空、排液的位置还需考虑在水压试验时，施工人员可以方便接触到的位置。

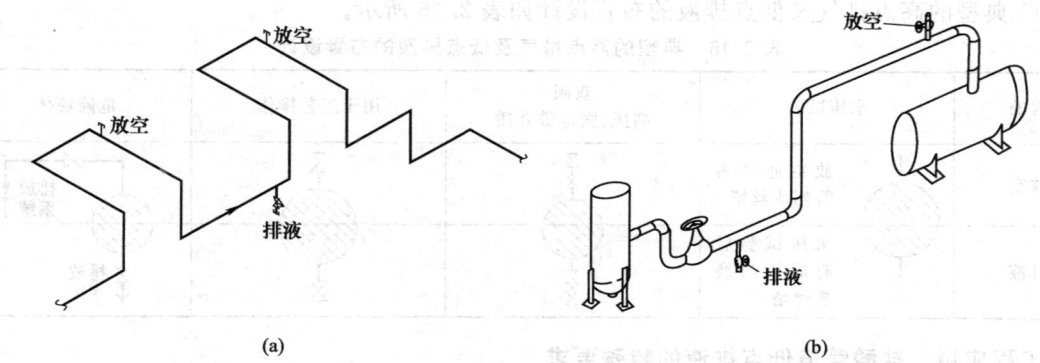

图 2.95 管道上的放空、放净口安装位置示意图

⑤ 排气和排液的布置形式有很多,如图 2.96 所示。每个工程项目可根据实际情况统一某种形式的排气和排液。

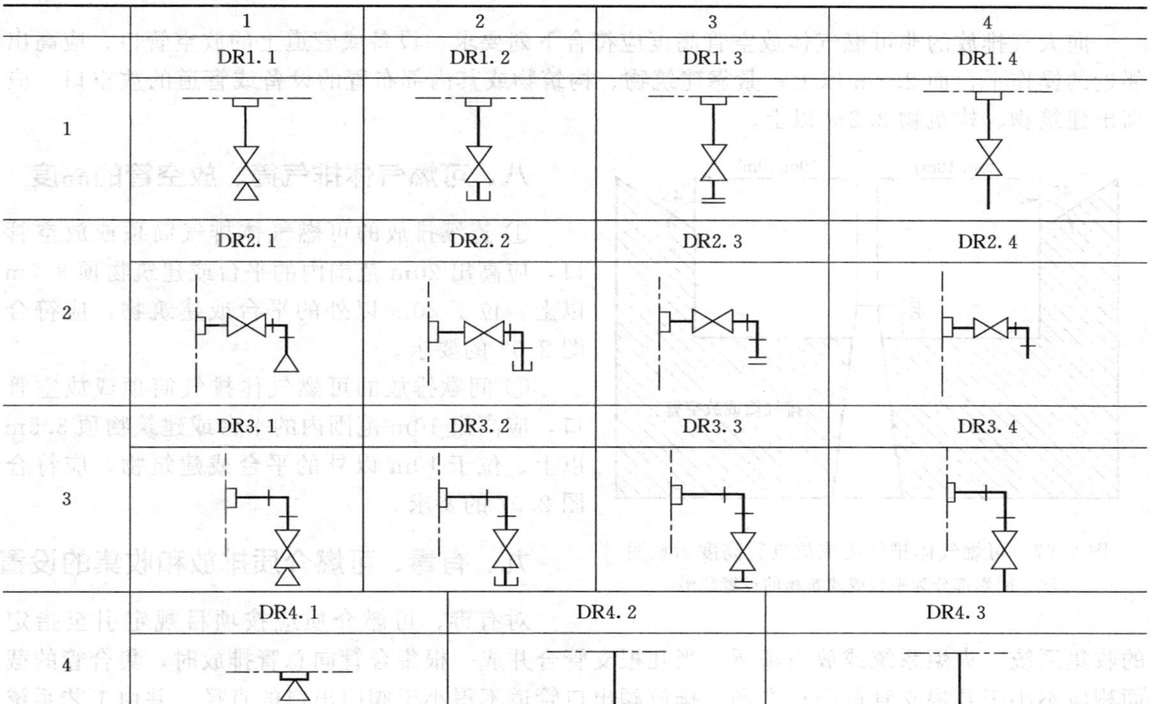

注:1. DR3.1~3.4 仅适用于管内介质在生产过程不可能冻凝的管道。
2. DR4.1~4.3,VT2.1~2.3 仅适用于水压试验或其他极少使用的场所。

图 2.96 排气和排液的各种形式

⑥ 典型的高点排气及低点排液的布置设计如表 2.16 所示。

表 2.16 典型的高点排气及低点排液的布置设计

目的	水压试验	双阀 高压、剧毒等介质	用于工艺操作	危险流体
放空	放空通常为管帽或丝堵			排放系统
排液	水压试验后有时阀门换成丝堵			排放系统

工程应用：盐酸管道低点排液的特殊要求

由于盐酸属于腐蚀性流体，盐酸管道的低点排液通常需要引至接近地面处，并在排液的位置设置收集设施或沙坑。

七、非可燃气体放空管高度

向大气排放的非可燃气体放空管高度应符合下列要求：设备或管道上的放空管口、应高出邻近的操作平台面 2.2m 以上；紧靠建筑物、构筑物或其内部布置的设备或管道的放空口，应高出建筑物、构筑物 2.2m 以上。

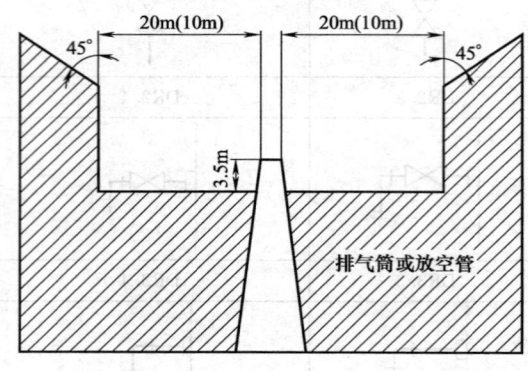

图 2.97 可燃气体排气筒或放空管高度示意图
注：阴影部分为平台或建筑物的设置范围

八、可燃气体排气筒、放空管的高度

① 连续排放的可燃气体排气筒顶或放空管口，应高出 20m 范围内的平台或建筑物顶 3.5m 以上。位于 20m 以外的平台或建筑物，应符合图 2.97 的要求。

② 间歇排放的可燃气体排气筒顶或放空管口，应高出 10m 范围内的平台或建筑物顶 3.5m 以上。位于 10m 以外的平台或建筑物，应符合图 2.97 的要求。

九、有毒、可燃介质排放和收集的设置

对有毒、可燃介质应按项目规定引至指定的收集系统、火炬系统或放空场所。当几根支管合并成一根集合管向总管排放时，集合管的截面积应不小于几根支管截面积之和。排放阀出口管道不得小于阀门出口的直径，并由工艺系统专业根据实际配管核算放空、放净的压力降，使之适应泄放系统的要求。

十、透平、压缩机、泵、容器等设备泄压排放管道

① 设备上开停工用的放空管可就地向大气排放，放空管的高度应高出操作平台 2.2m 以上。放空口不得朝向邻近设备或有人通过的地方。

② 设备和管道上的可燃气体安全泄压装置允许向大气排放时，应符合下列要求。

　a. 排放管口不得朝向邻近设备或有人通过的地区。

　b. 排放管口的高度应高出以安全泄压装置为中心，半径为 8m 的范围内的操作平台或建筑物顶 3m 以上。

③ 设备和管道上的蒸汽及其他非可燃介质安全泄压装置向大气排放时，应符合下列要求。

　a. 排放管口不得朝向邻近设备或有人通过的地区。

b. 操作压力大于 4.0MPa 蒸汽管道的排放管口的高度应高出以安全泄压装置为中心，半径为 8m 范围内的操作平台或建筑物顶 3m 以上。

　c. 操作压力为 0.6～4.0MPa 蒸汽管道的排放管口的高度宜高出以安全泄压装置为中心，半径为 4m 范围内的操作平台或建筑物顶 3m 以上。

　d. 操作压力小于 0.6MPa 的蒸汽及其他非可燃介质管道排放管口高度宜高出邻近操作平台或建筑物顶 2.2m 以上。

　e. 工业用水管道上的放空管口宜就地朝下排放。

　④ 蒸汽透平的蒸汽入口管道上游靠近阀门处宜设置分液包的放净口。

　⑤ 压缩机吸气管道上的最低点应设置带阀门的放净口。

　⑥ 泵入口管道上的最低点和泵出口切断阀后的最低点应设置带阀门的放净口。

　⑦ 容器设备上的放空管除作为进料呼吸用外，应设置切断阀，阀门宜直接与设备管口相接。当只安装一个切断阀时，其端部宜设置丝堵、管帽或法兰盖密封。

　⑧ 凡向大气排放的放空管道，宜设置低点放净口，如图 2.98 所示。

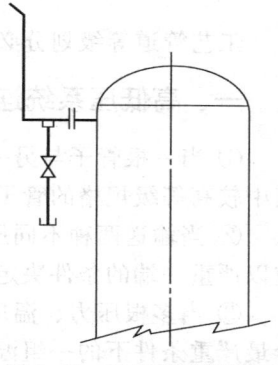

图 2.98　设置低点排液口

十一、机泵的地漏及排污沟的设置

　① 机泵的地漏（漏斗）的设置。地漏（漏斗）的位置应选择在有利于泵的排液及过滤器排污的地方。对冷却水的轻质油品泵可设排污地漏，地漏直接至埋地排污管。安装在地坑内的泵，坑内必须设地漏（或抽水设施）以便排出坑内积水。

　② 机泵的排污沟的设置。在泵基础周围设排污沟，亦可采用泵基础端对齐而集中布置的泵前设排污沟；在室外集中布置的酸、碱或其他化学药剂等有腐蚀介质的泵区，应考虑耐酸、碱地面，并设围堰，堰内地面坡向排污沟，排入含酸、含碱或其他污水系统。

第七节　分支管的引出方向

一、火炬线及放空线的分支方向

支管管径在 DN50 以上的，应由主管上方斜接，支管直径不超过 DN40 者可由主管上方 90°直接，如图 2.99 所示。

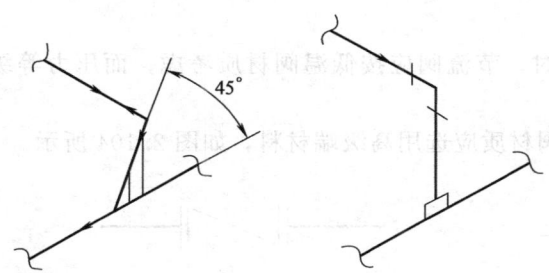

图 2.99　支管与主管斜接和垂直连接

二、公用工程管道的分支方向

（1）下列分支管，原则上由水平主管的上方引出。

　① 蒸汽管道；

　② 压缩空气；

　③ 蒸汽凝结水管道（公称直径大于或等于 50mm 的支管应顺介质流向 45°斜接载凝结水回收总管的顶部）；

　④ N_2 等惰性气体管道；

　⑤ 小于 DN40 的水管道；

⑥ 燃料气管道等。

(2) 下列的分支管，可按照管道布置的方便方向，即可由水平管的上方或下方引出。

① 大于 DN50 的水管道；

② 大于 DN50 的燃料油管道。

第八节 管道变等级的设计

工艺管道等级划分必须遵循 PID 上所标志的不同等级分界线。

一、高低压系统连接的管道压力等级划分

① 当一根管子与另一根材质或压力不同的管子相连接时，连接两根管道的阀门或法兰按其中较高等级规格的管子材质或压力等级选用，如图 2.100 所示。

② 当输送两种不同压力、温度参数的流体连接在一起时，分割两种流体的阀门的选择，应以严重一端的条件决定。阀门任何一侧的管道，应按它所连接的输送条件选择。

③ 当多根压力、温度不同的管道连接到同一组成件时，该组成件应按压力、温度两者组合最严重条件下的一组温度、压力划分。

④ 当采用对焊阀门时，应选用高等级侧的材质焊条进行施焊，如图 2.101 所示。

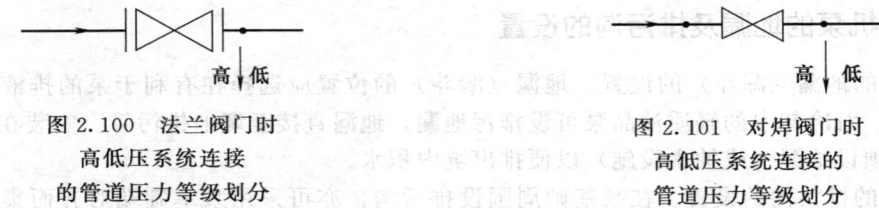

图 2.100 法兰阀门时
高低压系统连接
的管道压力等级划分

图 2.101 对焊阀门时
高低压系统连接的
管道压力等级划分

⑤ 使用调节阀或减压阀后，介质的压力、温度发生变化时，调节阀后的切断阀和旁路阀应按调节阀前或减压阀前的压力等级考虑，如图 2.102 所示。

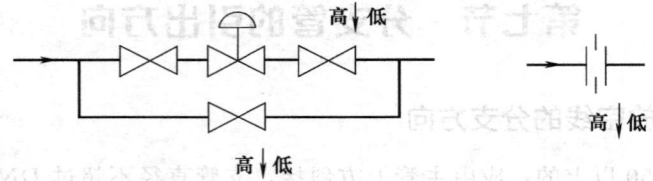

图 2.102 调节阀或减压阀前的压力等级划分

⑥ 当采用节流阀或限流孔板产生低温效应时，节流阀应按低温阀材质考虑，而压力等级按节流前的压力选用，如图 2.103 所示。

⑦ 当通过止回阀后材质发生变化时，止回阀材质应选用高级端材料，如图 2.104 所示。

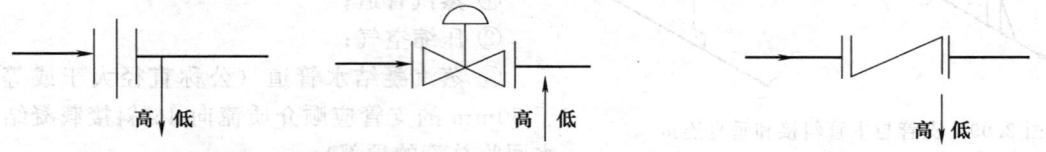

图 2.103 节流阀或限流孔板压力等级划分

图 2.104 止回阀压力等级划分

⑧ 当设备排放管线至水沟或排放至大气时，应以阀门为界，阀前为高等级。

二、不同金属材质管道连接配管分界

① 在奥氏体不锈钢和碳钢之间用法兰连接时，在碳钢管一端用奥氏体不锈钢法兰，由不锈钢法兰与碳钢管焊接，如图 2.105 所示。

② 当设备为反应器使用不锈钢或高合金钢，而管道为另一种合金或碳钢时，应设计一段过渡短管，该过渡短管含有的合金分别出现在短管两端或介于两种材质之间。在焊接过渡短管时，选用高端的焊条，如图 2.106 所示。

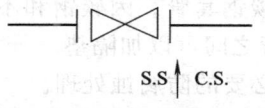

图 2.105　奥氏体不锈钢和碳钢之间用法兰连接

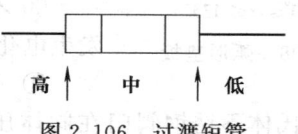

图 2.106　过渡短管

③ 焊接在管子、管件上的组对卡具和管架垫板，其材质应与母材相同。

④ 铝管道中法兰用钢螺栓、螺母紧固时，应设有垫圈隔离。避免不同材料引起的电化学作用而产生腐蚀。

工程应用：管道等级划分的界线

管道等级划分见图 2.107。

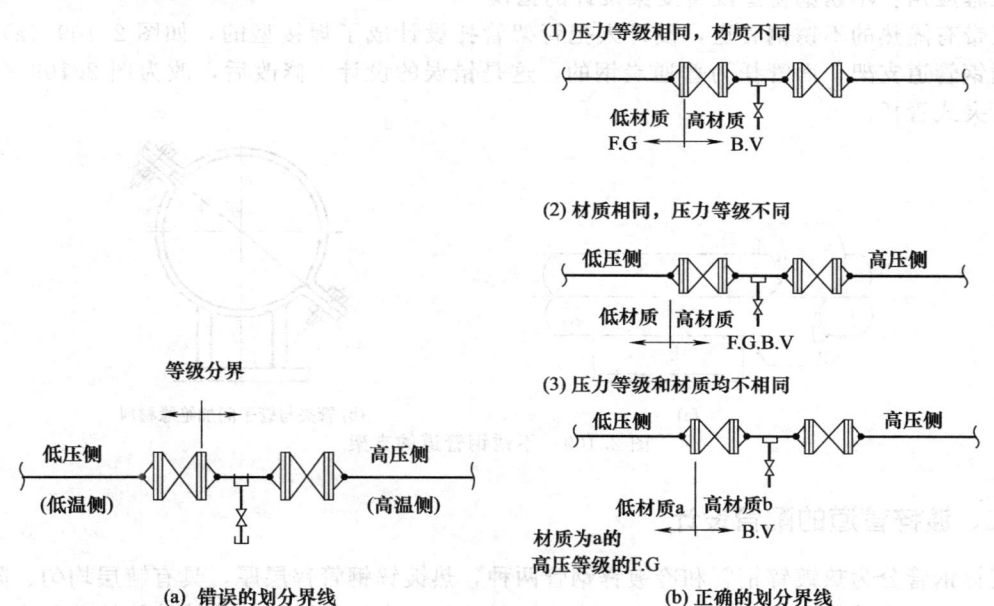

图 2.107　管道等级划分

注：应按低压（低温）侧阀门关闭时考虑管道等级划分的界线，以确保管道器材材质可靠

第九节　不同材质管道的配管设计

一、不锈钢管道的配管设计

① 不锈钢管道的支吊架宜采用卡箍型，不锈钢管道与碳钢材料支吊架之间需要垫入不锈钢薄板或氯离子含量不超过 50×10^{-6} 的非金属隔离垫，可以用 3mm 厚石棉垫作隔离。

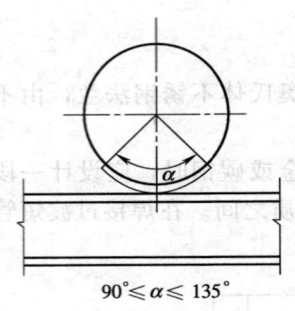

图 2.108 弧形垫板

垫入不锈钢薄板,如图 2.108 所示,管廊上管道的支承时,对于奥氏体不锈钢裸管,宜在支点处的管道底部焊与管道材质相同的弧形垫板。有的项目管架标准图内,有专门的弧形垫板,可直接选用。

② 不锈钢管线的伴热线用碳钢管时,不锈钢与碳钢伴管之间要加隔离垫[例如石棉隔离垫,垫入 3mm 厚石棉隔离垫(50mm×25mm×3mm),隔离垫材料的氯离子含量不超过 $50×10^{-6}$],同时用不锈钢丝捆扎。

③ 不锈钢管道穿墙时,增加碳钢套管。因碳钢和不锈钢接触易发生电化学腐蚀,套管与不锈钢管之间可以加隔垫。

④ 不锈钢管道埋地时,需做必要的防腐蚀处理。

⑤ 奥氏体不锈钢阀门在阀体压力试验时,要注意水中氯离子含量不得超过 $100×10^{-6}$,并在试验后将水渍擦干。

⑥ 奥氏体不锈钢管道用隔热材料,其氯离子含量应符合《覆盖奥氏体不锈钢用绝热材料规范》GB/T 17393—2008 的规定。

⑦ 奥氏体不锈钢管道系统,以水为介质进行水压试验,进行系统吹扫冲洗时,水中的氯离子含量不得超过 $50×10^{-6}$。SH 3501、GB 50517 中也同样要求氯离子不超过 $50×10^{-6}$,而另外一个常用规范 GB 50235《工业金属管道工程施工规范》中,则要求氯离子不超过 $25×10^{-6}$。

工程应用:不锈钢管道配管支架设计的错误

某带有隔热的不锈钢管道,设计人把管架管托设计成了焊接型的,如图 2.109 (a) 所示的不锈钢管道支架,而管托为普通炭钢的,这是错误的设计。修改后,改为图 2.109 (b) 所示的管夹式管托。

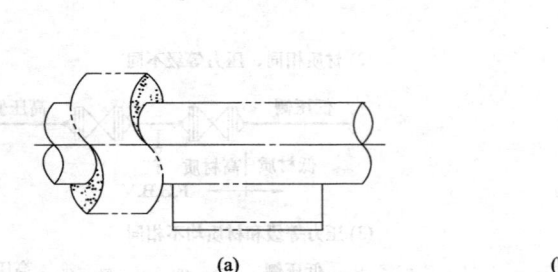

(a)　　　　　　(b) 管夹与管子间加绝缘材料

图 2.109　不锈钢管道的支架

二、镀锌管道的配管设计

镀锌钢管分为热镀锌钢管和冷镀锌钢管两种,热镀锌钢管锌层厚,具有镀层均匀、附着力强、使用寿命长等优点。冷镀锌(电镀)成本低,其本身的耐蚀性比热镀锌钢管差很多。由于热镀锌钢管的耐蚀性比较强,因此,冷镀锌钢管用量在逐渐减少,热镀锌钢管的使用占主导地位。热镀锌钢管在国内可按 GB/T 3091《低压流体输送用焊接钢管》标准。

镀锌管常用于工厂空气、仪表空气、煤气、暖气等,镀锌管作为水管,管内易产生锈垢,且夹杂着不光滑内壁滋生的细菌,锈蚀造成水中重金属含量过高,近些年常用不锈钢管或塑料管(或内衬塑料管)替代。

① 有的项目规定每段一定长度的管子加法兰,法兰与管子焊接后统一进行镀锌,再到施工现场用法兰螺栓连接。

② 有的项目消防喷淋系统管道主要以螺纹和焊接法兰连接为主。焊接法兰接口破坏了接口附近的镀锌层,需要二次镀锌处理,成本高,工期长。

工程应用：镀锌管道配管连接的错误

如图 2.110 所示，笔者在某施工现场发现镀锌管子与弯头的连接采用了直接焊接，镀锌管子与普通碳钢（未镀锌）的法兰直接焊接连接。在施工过程中，连接的位置就已经开始腐蚀生锈，管内壁的生锈状况可想而知。施工结束前只是在管子外壁补镀锌油漆，而管子内壁焊缝无法补镀锌。这种不好的设计，也会造成镀锌管子内壁焊缝位置的腐蚀，会影响流体的洁净度，这样就没有必要用镀锌管了。

图 2.110 镀锌管道的配管

镀锌钢管的连接方式，通常为螺纹、沟槽卡箍、法兰等，如果采用了焊接，需要进行补镀锌和整体再镀锌。

例如，GB 50084 自动喷水灭火系统设计规范内明确规定："配水管道应采用内外壁热镀锌钢管（或符合现行国家或行业标准的铜管、不锈钢管等管道）。当报警阀入口前管道采用不防腐的钢应在该段管道的末端设过滤器。镀锌钢管应采用沟槽式连接件（卡箍）、螺纹或法兰连接口。报警阀前采用内壁不防腐钢管时，可焊接连接。系统中直径等于或大于 100mm 的管道，应分段采用法兰或沟槽式连接件（卡箍）连接。水平管道上法兰间的管道长度不宜大于 20m；立管上法兰间的距离，不应跨越 3 个及以上楼层。"这个规范对镀锌钢管的连接方式作出了强制规定，如果使用了热镀锌钢管，则需采用沟槽式管道连接件（卡箍）、螺纹或法兰连接，不允许管段之间焊接。

工程应用：镀锌管道的埋地设计

笔者在参加某装置配管设计审查时，发现装置管廊上多出 15 根 DN200 的镀锌消防用管道，从配管设计人那里了解到，他们认为镀锌钢管不能埋地，所以他们把所有的消防水管道布置在了管廊上。其实，镀锌钢管可以埋地设计，埋地时做防腐蚀处理就可。消防用水管道的埋地设计更加符合安全设计要求，对整个装置更加经济和美观。

三、卡箍式管道的配管设计

1. 卡箍式管接头的结构及特点

卡箍式（grooved coupling，又称沟槽式）管接头连接管道，是在管材、管件等管道接头部位加工成环形沟槽，用卡箍件、橡胶密封圈和紧固件等组成的套筒式快速接头。安装时，在相邻管端套上异形胶密封圈后，用拼合式卡箍件连接。卡箍件的内缘就位在沟槽内并用紧固件紧固后，可以保证管道的密封性能，如图 2.111 所示。这种连接方式具有不破坏钢管镀锌层、施工快捷、密封性好、便于拆卸等优点，可用于建筑给水、消防给水、生产给水等管道工程。

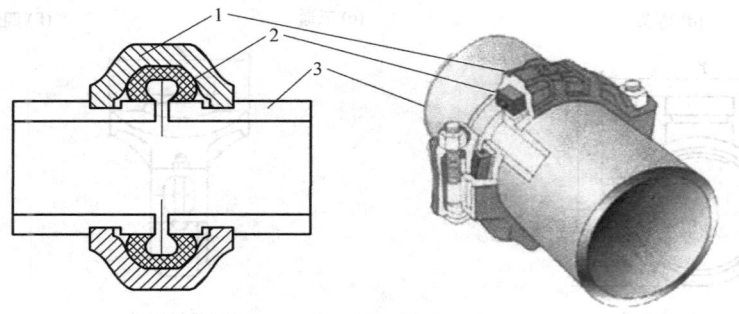

图 2.111 卡箍式管道连接
1—卡箍；2—密封胶圈；3—管道

2. 管道材料

① 卡箍式连接的钢管，可采用镀锌焊接钢管和焊接钢管、镀锌无缝钢管和无缝钢管、不锈钢管等、或内壁涂塑或衬塑的上列各种钢管。

② 卡箍式管接头采用的平口端环形沟槽必须采用专门的滚槽机加工成形。可在施工现场按配管长度进行沟槽加工。钢管最小壁厚和沟槽尺寸、管端至沟槽边尺寸应符合相应的规范要求。

③ 组成刚性接头、挠性接头和支管接头的卡箍件、橡胶密封圈和紧固件（螺栓、螺母）应由生产厂配套供应。

④ 卡箍件的材料应采用球墨铸铁、铸钢（碳钢或不锈钢）或锻钢，其材质应符合相应国家或地区的标准规范，例如，在我国一般应符合 GB/T 1348《球墨铸铁件》中关于优质球墨铸铁、GB/T 11352《一般工程用铸造碳钢件》，GB/T 2100《不锈耐酸钢铸件技术条件》和 GB/T 699《优质碳素结构钢》的规定。

⑤ 转换接头的材料应采用球墨铸铁、铸钢或锻钢。在同一管道系统上，转换接头的材质宜与管件的材质一致。

⑥ 橡胶密封圈材料应根据介质的性质和温度确定。对输送生活饮用水的管道可采用天然橡胶、合成橡胶或硅橡胶。对输送含油和化学品等介质的管道应采用合成橡胶。用于生活饮用水和饮用净水管道的橡胶密封圈和管配件的表面涂装，应符合有关标准规定。在我国，通常需符合 GB/T 17219《生活饮用水输配水设备及防护材料的安全性评价标准》的规定。

⑦ 卡箍式管接头采用的平口管件和附件，其端部的沟槽应在管件生产厂加工成形，一般不得在施工现场切割开槽。常用的管件，如图 2.112 所示。

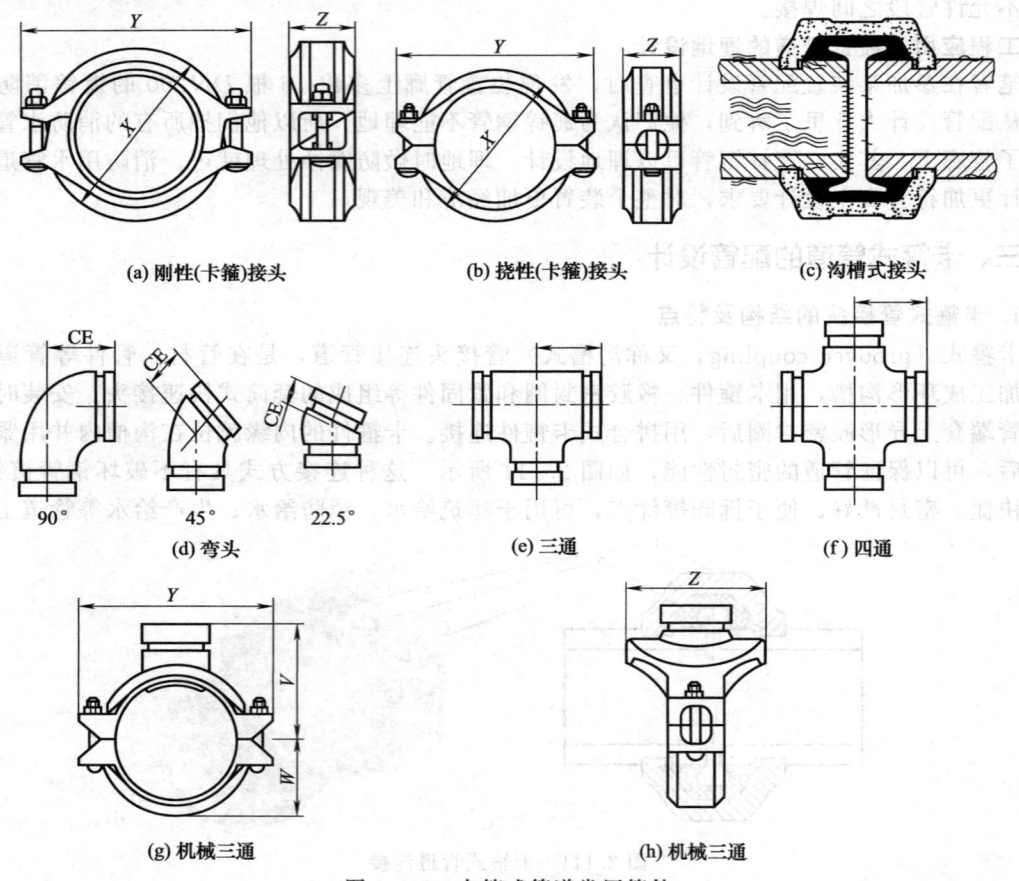

图 2.112 卡箍式管道常用管件

3. 卡箍式管道的安装

① 卡箍式管道安装时，首先按照先装大口径、总管、立管，后装小口径、分管的原则，确定管道的走向及位置，明确机械配件和沟槽式配件的位置，然后滚槽、开孔、安装机械弯头、三通、四通—管道安装。

② 由于沟槽卡箍连接的特点，卡箍连接处的强度低于焊接强度，并且卡箍位置的管道存在两个游离端，故连接处是管道最薄弱的环节。在施工过程中能否在管道外壁上加工合格的沟槽，是沟槽卡箍连接的关键控制环节之一，否则可能会造成接口漏水，甚至滑脱事故，因此管道滚槽加工时要严格按照规范进行。

③ 随着卡箍连接方式在生产生活中越来越广泛的应用，也逐渐暴露出了一些问题，比如槽沟位置的镀锌层时间长了会脱落，露出的钢管易发生腐蚀，不适用于急速升压的管道等。

4. 卡箍式管道的布置设计

① 当两卡箍式管道平行布置时，其间距不得小于装卸卡箍件和支管接头时安装操作需要的距离。

② 对于热介质管道，应计算升温状态下管道热膨胀对管道轴向伸缩的影响，并采取相应的补偿措施。

③ 直管管段宜采用刚性接头。在管段上每 4～5 个连续的刚性接头间，应设置 1 个挠性接头。直管与管件连接宜采用刚性接头。对有温度补偿功能的弯管、折线形管道，应在其产生角变位的管段上采用挠性接头。埋地管道宜采用挠性接头。室外埋地管道进墙管外侧第一个接头必须采用挠性接头，且挠性接头离外墙面距离不宜大于 300mm。

④ 接头不得埋设在承重的墙体、梁、板、柱内，接头与结构外壁的净距不得小于 200mm。

⑤ 沟槽式管道系统的附件，宜采用接口端部有沟槽的沟槽式构件。当沟槽式管道系统附件（阀门、过滤器、隔振和位移补偿装置等）的接口为法兰或螺纹时，应采用转换接头。

⑥ 当管道的闭合温差不超过 ±25℃、管道接头间距不超过 4m 时，管道系统中可不设置温度伸缩补偿措施。当闭合温差引起的管道接头间纵向伸缩量超过 1.2mm 时，应在管道系统中设置相应的可曲挠橡胶接头、波纹伸缩节等温度补偿措施。

⑦ 当立管上设置支管时，应采用标准规格的沟槽式三通、沟槽式四通等管件连接。当横管上设置支管时，可采用支管接头连接。

⑧ 管道试压时，不得转动卡箍件和紧固件。需拆卸或移动沟槽式接头时，必须在管道排水降压后进行。

工程应用：卡箍式管道的配管设计管间距错误

某设计人在做卡箍管道的配管设计时，仍按照普通无法兰管道管间距，没有考虑卡箍的尺寸，造成施工现场卡箍之间碰撞，无法正常安装。例如，如图 2.112（a）所示，对于公称直径为 300mm 的管道，卡箍最大尺寸 Y 为 505mm。

四、非金属管道的配管设计

① 非金属管道具有耐蚀、耐磨、重量轻、有良好的柔性和电绝缘性、加工成形方便等独特性能，因而广泛应用于工程中。

② 非金属管道宜采用架空或管沟敷设，也可埋地敷设。

③ 非金属管道敷设应远离热源或采取防护措施，确保管道温度不超过其允许的使用温度。

④ 非金属管道的跨距，应满足管道强度和刚度条件的要求。非金属管道应有足够的柔性或有效的补偿措施。非金属管道不应用于有剧烈振动的场合。

⑤ 输送可燃介质的非金属管道应有防静电措施。

⑥ 需减少热损失和防止管内液体凝结、结晶或冻结的非金属管道应进行保温，管道保温应采用不可燃的轻质材料。

⑦ 地上布置。非金属管道不应布置在易受到撞击的地方，否则应采取保护措施。非金属管道沿建筑物或与其他管道平行、交叉敷设时，其净距一般不应小于100mm，并应能满足非金属管道的安装要求。对于穿墙、穿楼板的非金属管道，在墙或楼板上应预埋金属套管，套管应高出楼面50mm。套管与管道间应填充弹性材料。

⑧ 管沟布置。布置在管沟内的非金属管道，其管底距沟底净空一般不应小于300mm。管沟沟底应有不小于2‰的坡度，沟底最低点应有排水措施。

⑨ 埋地布置。输送介质为无毒、无结晶、腐蚀性弱或黏度较小的非金属管道可直接埋地敷设，其埋设深度应根据土壤性质、冻土层深度、地下水位及载荷条件决定。在人行道下面埋地的非金属管道管顶距路面不应小于0.6m。非金属管道穿越车行道路时，管顶距路面不应小于0.9m，否则，应设置钢套管，套管两端应伸出路基外1m。埋地的非金属管道不得采用法兰连接，管道上的阀门应设在阀门井内。埋地敷设的塑料管道应采用连续托架，并应防止硬物与管道直接接触。管道周围应采用经选择的回填材料填充。

⑩ 塑料、钢/铝塑复合、涂塑等非金属管道与钢管一样，可布置在露天、室内、架空、管沟或埋地敷设。但是，由于塑料有熔点和燃点较低，在空气、紫外线的作用下容易老化的特性，所以，塑料管、铝塑管、钢塑管、涂塑等非金属管道应尽量避免太阳光线直接照射，寒冷或严寒地区则应采取防冻措施，以延长其使用寿命。

⑪ 塑料、铝塑、钢塑、涂塑等非金属管道不应敷设在操作温度高于介质自燃点的设备上方，否则，应有防火措施。

⑫ 非金属管道的柔性设计。

a. 应尽量使管道的膨胀、收缩和其他原因产生的位移引起的应力达到最小值，以防止发生下列不利因素：因过度应力或疲劳而损坏管道；支承件、管端连接设备因管系的推力和力矩过大，产生应力或变形，甚至破坏；接头处发生泄漏。

b. 增加管道柔性。管道布置设计时，改变管道走向的方法可使管道具有内在柔性，使位移转化为弯曲和扭转应变，不超过规定的极限范围。并可尽量减小其轴向拉伸或压缩应变，不致产生较大的反作用力。

c. 位移应变。管道由于热胀冷缩受到某些约束，以及受到外来位移作用而引出的管道位移应变概念，原则上适用于非金属管路。金属管道分析中关于材料的弹性假设对于非金属管道是不适用的。非金属管道的分析准则应视具体情况而定，如在热塑性塑料如某些热固性树脂管中，位移应变不一定会造成管道立即损坏，但有可能产生永久性有害变形，特别是热塑性管道，反复的交变循环或长时间暴露于高温下都可能使它发生递增的变形；脆性管道（如陶瓷、玻璃等）和某些热固性树脂管道，其破坏的原因常常是由于过度的应变而产生较高的位移应力，直至突然发生破裂。

常见非金属管道材料弹性模量见表2.17。非金属管道平均线膨胀系数见表2.18。

表2.17 常见非金属管道材料弹性模量

材料	应用温度范围/℃	弹性模量 $E/10^8 kgf \cdot cm^{-2}$
聚氯乙烯（硬）	$-40\sim60$	0.032
聚乙烯（低密度）	$-70\sim60$	$0.0013\sim0.0025$
（高密度）	$-70\sim60$	$0.005\sim0.008$
聚三氟氯乙烯	<200	$0.0116\sim0.0145$
聚四氟乙烯	<260	$0.0047\sim0.0085$
聚丙烯	$-14\sim120$	$0.011\sim0.016$
聚砜	$-100\sim150$	0.028
聚苯醚	$<80\sim104$	0.025

续表

材　料	应用温度范围/℃	弹性模量 $E/10^8\,\mathrm{kgf \cdot cm^2}$
聚偏二氯乙烯	−60～150	0.0084
聚酰胺(尼龙)PI-6	−50～120	0.0277～0.0287
PI-66	−50～120	0.0287～0.03
PI-11	−50～120	0.00062～0.0008
PI-610	−50～120	0.0189
PI-1010	−50～120	0.0109
聚酰亚胺	<260	0.028～0.031
聚苯乙烯	<70	0.014～0.042
氯化聚醚	−30～120	0.011
氯化聚氯乙烯(过氯乙烯)	<110	0.025～0.029
丙烯腈-丁二烯-苯乙烯	−40～80	0.025～0.035
玻璃钢(酚醛、玻璃纤维)	<180～280	0.02～0.07
（聚丙烯、玻璃纤维）	<150	0.025～0.063
（改性酚醛）		0.153～0.180
耐酸陶	<90	0.537～0.680
耐酸、耐温陶	<90	0.11～0.14
工业陶	<90	0.65～0.80
耐酸搪瓷	<200～300	0.5～1.3
混凝土	<700	0.2
硼硅玻璃	<200～400	0.6～0.7

表 2.18　非金属管道平均线膨胀系数

材　料	应用温度范围/℃	平均线膨胀系数 $\alpha/10^{-6}\,℃^{-1}$
聚氯乙烯(硬)	−40～60	55～60
聚乙烯(低密度)	−70～60	100～200
（高密度）	−70～60	110～130
聚三氟氯乙烯	<200	45～120
聚四氟乙烯	<260	100
聚丙烯	−14～120	110～120
聚砜	−100～150	50～70
聚苯醚	<80～104	59
聚偏二氯乙烯	−60～150	85
聚酰胺树脂(尼龙)PI-6	−50～120	83
PI-66	−50～120	80～150
PI-11	−50～120	100
PI-610	−50～120	90
聚苯乙烯	<70	60～200
氯化聚醚	−30～120	30～120
氯化聚氯乙烯(过氯乙烯)	<110	68～76
丙烯腈-丁二烯-苯乙烯	−40～80	60～130
玻璃钢(酚醛、玻璃纤维)	<180～280	6～21
（聚丙烯、玻璃纤维）	<150	30～50
（环氧、玻璃纤维）	<90～100	60～80
耐酸陶	<90	4.5～6
工业陶	<90	3～6
耐酸搪瓷	<200～300	3～13
混凝土	<700	10
硼硅玻璃	<200～400	5.2
耐温硼硅玻璃	<0～500	41～42
不透硅石墨(酚醛玉型)	<170	14.8～19.4
（酚醛浸渍）	−15～170	55
溶浑绿岩(铸石)	<15	40

⑬ 由于非金属管道塑料管的线膨胀系数较大，见表 2.19，为金属管的 3～10 倍。因此，塑料管的布置应具有良好的柔性。由热胀或端点位移引起的二次应力过大时，宜采用管道系统的自补偿方法增加管系的柔性，必要时可选用 U 形膨胀节或聚四氟乙烯波型补偿器。

表 2.19　管道系统的热膨胀　　　　　　　　　　　　in·1000ft^{-1}

温度变化/°F	PVC	CPVC	碳钢	不锈钢管	常用的玻璃纤维管
25	0.90	1.14	0.18	0.27	0.31
50	1.80	2.28	0.36	0.54	0.61
75	2.70	3.42	0.54	0.82	0.92
100	3.60	4.56	0.72	1.09	1.23
125	4.50	5.70	0.90	1.36	1.53
150	5.40	6.84	1.08	1.63	1.84

注：$t/℃=\frac{5}{9}(t/°F-32)$。

⑭ 非金属管道的支承件设计

a. 非金属管道的支架。对非金属管道的支架、导向件和锚固件的选用原则应符合相关标准的规定和要求。对于热塑性塑料管道，其支架端面不得有尖锐的边缘，以免划伤管道，并应是连续的或是相隔成合理的间距，用以防止热变形造成过分下垂。设计者应考虑制造厂非金属管道推荐的支架和管吊架间距。

b. 脆性管道的支架。支架的设计应防止划伤管道表面，在管道布置设计时应考虑减振和隔振措施。支架应能牢固支撑管道，但又不得阻碍其膨胀或其他位移（移动）。对锚固点的设置要慎重，在任何无膨胀接头的直管道上不得装设一个以上的锚固点（即在两固定点间禁止直线连接）。较重的阀门和管道上的设备应单独支撑，以免将其重量载荷传递到管道上。处于交通区内的支架应考虑装设必要的安全防护设施。

⑮ 非金属管道的安装

a. 螺栓连接。非金属法兰装配非金属法兰时，在所有螺栓尾部及螺母下面都应安放平垫圈，拧紧时不得超过规定的最大螺栓拧紧力矩。非金属衬里的接头，在装配非金属衬里接头时，应采取有效措施保证法兰连接的管段间导电的可靠性，防止管段之间由于产生静电火花而可能引起易燃气体着火。

b. 螺纹连接接头。对于热塑性或热固性树脂管道应选用合适的工具或器具来拧紧螺纹管接头，操作时均不应刻伤管子表面或给管子留下较深压痕。对于热固性树脂管道还应用足够的树脂来涂覆螺纹，并完全填满管子和管件连接之间的空隙。

c. 扩口管接头。对于热塑性塑料管道的扩口接头应按工程设计规定或现行有关规定制作。

d. 直螺纹接头。当这种接头在管道装配连接中，应考虑热风焊或加热熔融焊。

e. 脆性管道的安装。在搬运、装配和支承脆性管道时，要防止碰伤管道。任何划破或碎裂的管道及其组成件都应更换。特别在搬运、安装衬玻璃管时，因为碰撞或敲击等原因，管子外壳表面无损，而衬里已经损坏。如硼硅玻璃管道应保护玻璃管道及其组成件不致遭受焊接火花飞溅的损伤，凡损伤者均应更换。法兰和垫圈应仔细地安装，并应与管子、管件和阀门的端部对准。垫片应采用弹性垫片，适合于接头连接所推荐的结构形式。螺栓的安装和力矩范围应考虑制造厂的建议。

f. 管道安装时，外壁表面不得与钢丝直接接触，应采取保护措施。埋地管道的基础应为夯实的平坦泥土，覆土应为原土或细沙土，不得掺有碎石。

g. 管道系统的试验压力应取管道设计压力的 1.5 倍，但不应超过系统中最低管道组成件的最高额定压力的 1.5 倍。压力试验的介质宜为洁净水。液压试验确有困难时，可用气压试验代替，但应有经施工单位技术总负责人批准的安全措施。聚氯乙烯管道不应进行气压试验。进行压力试验时，压力应逐步缓升，当压力升至试验压力的 50% 时，应对管道系统进行检查，如无泄漏和异常现象，应继续缓慢升至试验压力。经分段试压合格的管段相互连接的接头，经检验合格后，可不再进行压力试验。管道系统的泄漏性试验应在压力试验合格后进行。泄漏性试验压力值：管道设计压力小于等于 5kPa 时，试验压力应为 20kPa；管道设计压力大于 5kPa 时，试验压力应为设计压力的 1.15 倍，且不应小于 0.1MPa。

⑯ 非金属管道的支架。由于塑料管道机械强度较小，其支吊架的基本跨距也小。所以，在布置管道时，应充分考虑支吊架的生根点和支吊架的形式后，才能确定管道的走向。塑料管一般沿建筑物或构筑物敷设，当管道通过距离超过基本跨距已无支吊架生根位置时，可将管道布置在连续托架（桥架）上。

  a. 为了防止过大的应力和位移，管道应适当加以支撑。

  b. 阀门及其他各种集中的重载荷的支撑点应尽可能靠近集中载荷的地方。

  c. 为防止机械损坏如压碎、擦伤和压痕，管道应加以支撑。

  d. 支吊架形式的选择应使管道有足够的柔性，以防过度弯曲和轴向应力以及由反复收缩膨胀引起的应力疲劳。由弹性垫或多个膨胀节组成的带有多个端点的管道必须正确约束以抵抗轴向应力或使管道平移和旋转减至最低。

  e. 用于钢管的支架对于热塑性管子也同样适用，但管道与钢支架间应提供保护措施，如钢支架与管子相连处加塑料 U 形卡或橡胶作为衬垫，作为另一种提供保护的方案，管子与支点连接处可加塑料衬套，以缓和钢支架对管子的冲击或振动。

  f. 为减少立管下部管件的载荷，必须每隔一定间距即加以支撑。在管子连接处或其他管件下边使用立管管卡或双螺栓管卡以防止管子的过度压力。

  g. 为防止管道的平移或转动，需在特定的地方固定，应尽可能靠近二通及弯头处设固定支架，以能防止管件过度弯曲和轴向应力。

  h. 为阻止横向位移但允许轴向位移时，必须设置导向支架以防止管道的超应力。

  i. PVC（聚氯乙烯）、CPVC（氯化聚氯乙烯）、PVDF（聚偏三氯乙烯）、PP（聚丙烯）等热塑性管道材料的支吊架间距，需参考相关的标准规范或厂家提供的数据。

工程应用：碳钢管道替换为玻璃钢管道的设计变更

笔者在参与某国外项目时，配管设计已经进入 70% 阶段，业主突然要把一根 $DN250$ 布置在管廊上的碳钢水管线换成玻璃钢材质的，这根管线约 1200m 长，已经发出了 MR 采购文件，配管专业已经给结构提交了载荷条件。因碳钢的热膨胀系数比玻璃钢管大很多，玻璃钢管的自然补偿弯会更多一些，给结构专业提交的管廊结构和载荷还需要重新提交，MR 采购文件需要重新设计，设计周期需要延长，按照 EPC 项目惯例，这些变更需要统一向业主提出索赔。

五、衬里管道的配管设计

① 衬里管道宜沿地面、楼面或架空敷设，也可敷设在管沟内，管沟沟底应有不小于 2‰ 的坡度，沟底最低点应有排水设施，管沟进出装置和厂房处应设密封隔断。

② 非金属衬里管道上的法兰不应布置在设备、机泵、操作通道等的上方。如不可避免时，应在法兰连接处设置安全防护设施。

③ 非金属衬里管道的气袋或液袋应根据操作、检修要求设置放空、放净，并设置切断阀。对于腐蚀性介质，放空、放净则宜设置双阀。

④ 对于自流的水平非金属衬里管道应有不小于 3‰ 的顺介质流向坡度。

⑤ 非金属衬里管道布置应使管系具有必要的柔性，并尽量使管道最短，组成件最少。

⑥ 非金属衬里管道的支撑点宜设置在法兰接头和阀门附近，并保证管道不发生与支撑件脱离、扭曲、下垂或立管不垂直等现象。

⑦ 非金属衬里管道应采用卡箍型支架。采用焊接型管托或管吊时，应在衬里作业前施焊。不得对衬里后的管道施焊。

⑧ 输送腐蚀性介质的非金属衬里管道在穿过建（构）筑物的楼板、屋顶时，开孔防水肩应做防腐处理，并采取防止腐蚀性介质沿管壁泄漏至下层楼面的措施。管道穿过屋顶时应设防雨罩。对穿墙、楼板的非金属衬里管道，在墙和楼板上开孔，孔内预埋金属套管，套管高出楼板面 50mm。

⑨ 布置在多层管廊上的输送腐蚀性介质的非金属衬里管道应布置在下层。

⑩ 非金属衬里管道不应在高温管道两侧相邻布置，也不应布置在高温管道上方有热影响的位置。非金属衬里管道不得紧靠不保温的热介质管道。

⑪ 非金属衬里管道需采取有效防静电措施。

⑫ 衬里应延伸覆盖整个法兰密封面，且应牢固结合、平整。

⑬ 衬里材料的适用温度和介质参见表 2.20。

表 2.20 衬里材料的适用温度和介质

衬里材料	介质温度/℃	适用介质
聚四氟乙烯 PTFE	−80～200	任何浓度的硫酸、盐酸、氢氟酸、苯、碱、王水、有机溶剂和还原剂等强腐蚀性介质
聚全氟乙丙烯 FEP	−80～180	
聚四氟乙烯 PFA	−80～250	
聚乙烯	−30～90	冷热水、牛奶、矿泉水、N_2、乙二酸、苯肼、80%磷酸、50%酞酸、40%重铬酸钾、60%氯氧化钾、丙醇、乙烯醇、皂液、36%苯甲酸钠、氯化钠、氟化钠、氢氧化钠、过氧化钠、动物脂肪、防冻液、芳香族酸、CO_2、CO
聚丙烯	−15～90	冷、热水系统、饮用水系统、pH 值在 1～14 范围内的高浓度酸和碱
硬聚氯乙烯 PVC	−15～60	水

六、内涂敷管道的配管设计

① 在金属管道材料中，普通碳钢、奥氏体不锈钢材料均不耐 Cl^- 腐蚀，而耐 Cl^- 腐蚀性能优良的双相钢材料（如 UNS 31803）、Monel 合金等材料价格高，大量使用必将大大增加项目建设成本。而耐蚀性能优异的内衬防腐蚀衬里、内涂防腐蚀涂层管道材料，如内衬橡胶（PP）、聚四氟乙烯（PTFE）或内涂敷环氧树脂、熔融环氧粉末（FBE）涂层等管道材料，不仅能有效对抗水质中的 Cl^- 腐蚀，且价格相对低廉。

② 内涂敷管道的配管设计，有的设计成各段管子焊接连接，在施工现场补涂敷；有的设计成各段管子法兰连接，焊接部分需到涂敷厂进行涂敷，然后运回施工现场进行法兰连接。这两种方式的配管设计方案，均需保证涂敷机械可以内涂敷到。

③ 因焊接预留和焊接时热影响破坏，例如，FBE 内涂敷管道焊接施工时必须进行焊缝、焊口的防腐涂层修补，即补口，而焊缝、焊口处又是腐蚀的高发区域，更容易引起腐蚀穿孔、应力腐蚀开裂。因此，补口方案设计是否合理，是 FBE 内涂敷管子、管件能否成功选择和应用的关键。

各家内涂敷公司技术各不相同，配管设计时，需要向涂敷厂家了解涂敷的技术对配管布置设计的影响。图 2.113 所示的是管道内补口机器人，通过编程操控实施，有效补口距离远，在管内的补口工作距离可长达 1000m。

这种自动补口机器人除锈及 FBE 喷涂均为周向环形工作方式，因此不适合进行支管焊缝及其周围 FBE 热破坏区的补口，该部位的补口目前只能采用增加焊接法兰进行除锈及 FBE 补口。因此，在进行管道布置设计时，要求在主管上为分支管补口设置法兰，法兰端面与分支管中心线距离不宜大于 500mm，以便现场采用手持工具为分支管焊缝及周围的 FBE 热影响区进行现场除锈及 FBE 补口，见图 2.114。为减少支管补口法兰的设置数量，在进行管道布置设计时，应尽可能将支管设计到靠近主管工艺法兰附近，同时，工艺条件允许的话，可将多个分支接管集中布置在同一补口法兰附近。

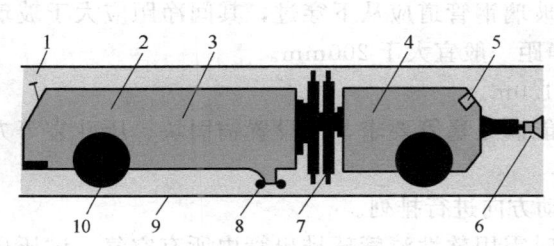
图 2.113　补口专用自动机器人
1—接收天线；2—驱动小车；3—蓄电池仓；4—喷涂小车；
5—旋转摄像头；6—旋转喷杯；7—旋转除锈钢刷；
8—吸尘器；9—管道壁；10—行走车轮

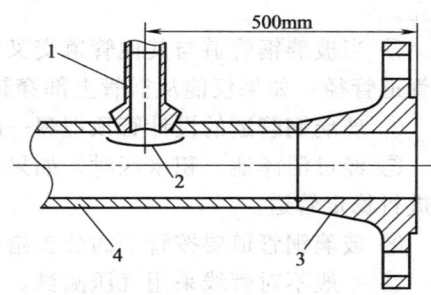
图 2.114　支管连接处补口法兰设置
1—支管；2—补口区域；3—补口法兰；4—主管

④ 对于 FBE 内涂敷管道系统，其管道支架设计应尽量避免在管道系统上进行焊接，宜选用管夹、卡箍等非直接与管道焊接型支架，尽可能减少因支架焊接对管道内 FBE 防腐涂层的破坏。对于无法避免的焊接式固定支架、弯管支托、假管支托，可适当采用工厂预制的方式，将支架预焊至直管段或管件上，以减少现场焊接导致的 FBE 内防腐涂层的破坏。

工程应用：国外某项目内涂敷管道的配管设计

图 2.115 是法兰连接 FBE 管的配管。这个项目的内涂敷 FBE 管道的配管设计有特殊要求，业主要求所有的内涂敷管道必须到内涂敷厂家进行涂敷。因此，项目的总承包方先于内涂敷厂家进行配管设计要求的交流，内涂敷厂家要求：配管直管段最长不得超过 12m（这是内涂敷厂家的最长涂敷能力），见图 2.115（a），每 12m 长管段加设法兰；每个拐弯的弯头需能保证直线涂敷到，见图 2.115（b），弯头位置增设了法兰。

设计完成后，采购管子、法兰等散材，按照法兰分段预制管道，运输到内涂敷厂家进行内涂敷，再运回施工现场，拧法兰螺栓连接。

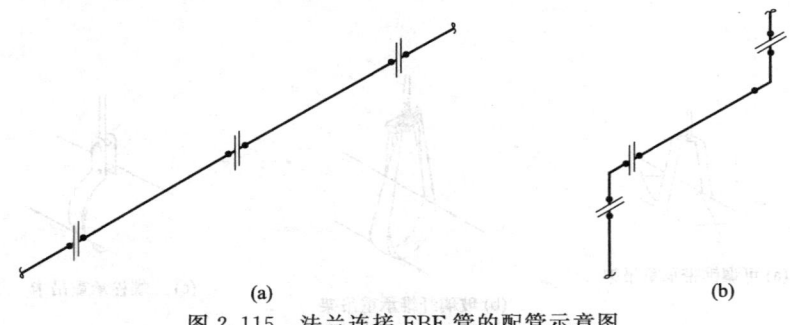
图 2.115　法兰连接 FBE 管的配管示意图

七、玻璃钢管道的配管设计

① 玻璃钢管道适合于地势较平缓、土壤腐蚀性较强的地区，不适用于大型车辆来往、人口密集、地下建构筑物多以及多尖角石地区。

② 穿越铁路、公路、水渠时，要加钢套管保护，如果多条管道一起穿越，宜每 3m 设扶正器 1 个，将玻璃钢管与钢套管隔开，以防管道之间发生摩擦，产生机械破坏。

③ 管件处是否设计止推座，通过计算来确定。若管线需要安装止推座，应该在管子经过静压测试后浇铸止推座。夯实混凝土时，振动棒与管子、配件间最少保持 50mm 的距离。

④ 同一管沟内敷设多条管道，其净间距一般不应小于 150mm，管道间宜用沙土或软土填充。

⑤ 当玻璃钢管道与其他管道交叉敷设时，玻璃钢管道应从下穿过，其间净距应大于玻璃钢管道管径；如果仅能从横管上部穿越，其间净距一般宜大于 200mm。

⑥ 玻璃钢管道的设计管顶埋深一般不小于 1.0m。

⑦ 经过沼泽地、积水区时，如果回填土不能满足稳管要求，应设置锚固块、压砂袋等方法进行稳定管道。

⑧ 玻璃钢管道要按管子的公头指向介质流动方向进行排列。

⑨ 一般不对管线采用气压测试，水压测试时需用软性清管球排出管内所有空气，试压压力为设计压力的 1.25 倍或按照项目规范要求。

⑩ 按照 HG/T 2435—1993《玻璃管和管件》要求，玻璃钢管子不得露天存放。如果玻璃钢管需安装在地面而长期暴露在阳光下，必须选用外防紫外线功能的玻璃钢管。

按照美国水工协会 AWWA C950《玻璃钢压力管道》(Fiberglass Pressure Pipe)、AWWA M45《玻璃钢管道设计》(Fiberglass Pipe Design) 规定，玻璃钢可以埋地布置也可以布置在地上。

⑪ 玻璃钢管道的管架设计

a. 为避免点载荷，管道必须加以支撑。点载荷能引起极大破坏，它会影响系统的使用寿命。

b. 管道应加以支撑以防止机械损坏，如压碎、擦伤和压痕。

c. 只要管子与钢支架间有保护层，用于钢管的支架对于热成形玻璃钢管也同样适用。也就是说对于钢支架，可以在管子外加塑性 U 形夹或橡胶作为衬垫。作为另一种提供保护的方案，可以用玻璃钢或套筒在支点处衬垫在支撑点的管道上。

d. 为减少低处管件载荷，每隔一定间距竖管都需加支架。在靠近承插管箍或组装的玻璃钢管下方用承重管卡或双螺栓管卡可防止管卡过度压力。

e. 支吊架间距需参考相关的标准规范或厂家提供的数据。

工程应用：玻璃钢管道配管的支撑

玻璃钢管道配管支撑的典型图如图 2.116 所示。玻璃钢管道管架的现场实例如图 2.117 所示。

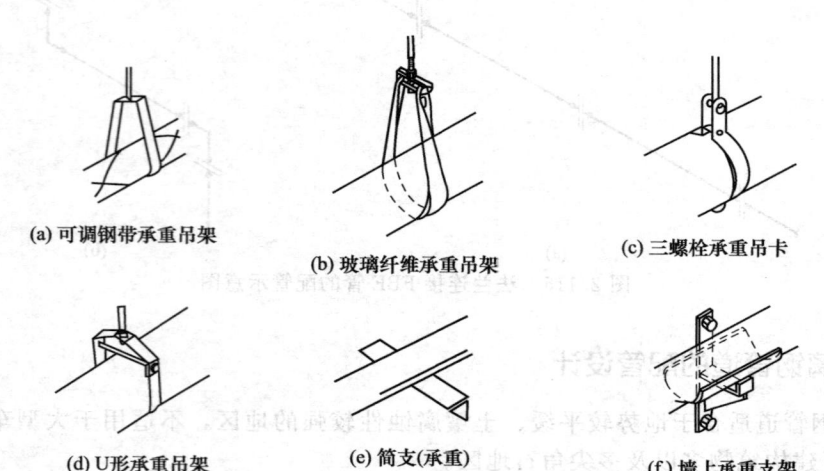

(a) 可调钢带承重吊架　　(b) 玻璃纤维承重吊架　　(c) 三螺栓承重吊卡

(d) U 形承重吊架　　(e) 简支(承重)　　(f) 墙上承重支架

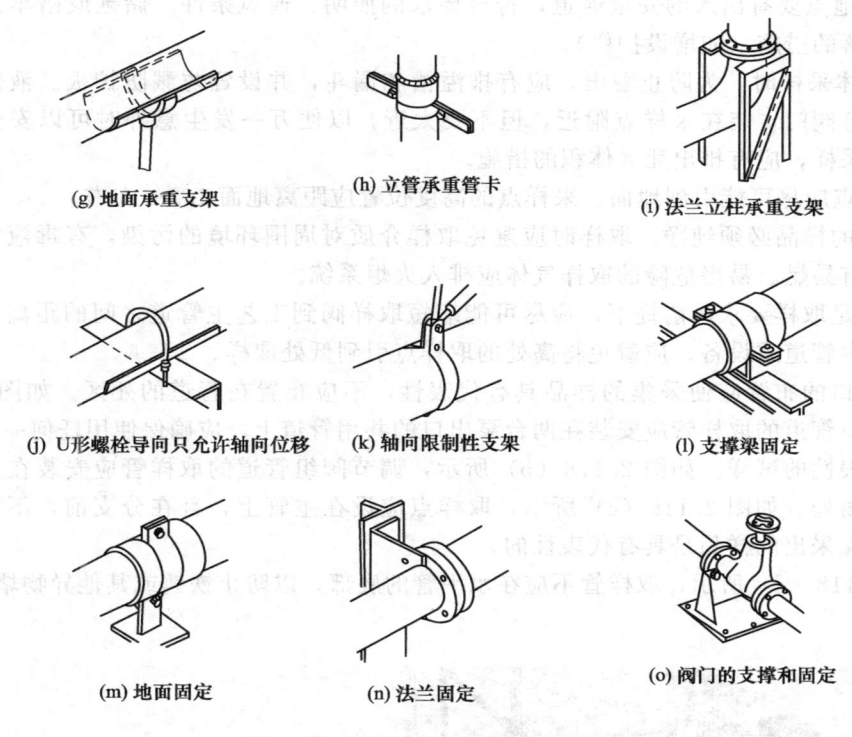

图 2.116　玻璃钢管道管架的典型图

图 2.117　玻璃钢管道管架

第十节　不同介质流体管道的配管设计

一、取样管道的配管设计

① 取样装置应布置在方便操作、易于检修的地方。极度危害和高度危害的介质，甲类可燃气体，液化烃等介质应采取密闭循环取样。

② 取样口不得设在有振动的设备或管道上，否则应采取减振措施。取样口不应设在弯头或弯管上。

③ 安全和布置。

a. 可燃气体、液化烃和可燃液体的取样管道不得引入化验室。

b. 采样地点要有出入的安全通道，符合要求的照明、通风条件。储罐或槽车采样时要有预防人员坠落的措施（如增设护栏）。

c. 对液体采样时，为防止溢出，应有排溢槽和漏斗，并设置防溅防护板。液体和气体采样，应有应急阀门，装在采样点附近，但不要太近，以便万一发生意外时可以安全地控制流体。对气体采样，应有排出死区体积的措施。

d. 采样点应尽可能引到地面。采样点的高度位置应距离地面1.2m左右。

④ 所取的样品必须纯净。取样时应避免取样介质对周围环境的污染，有毒液体的排液应集中回收，有易燃、易爆危险的取样气体应排入火炬系统。

⑤ 在满足取样要求的前提下，应尽可能缩短取样阀到工艺主管道之间的距离，取样阀尽量靠近工艺主管道或设备，应避免将高处的取样点引到低处取样。

⑥ 取样口的布置应使采集的样品具有代表性，不应布置在管道的死区。如图2.118（a）所示，泵出口管道的取样管应安装在两台泵出口的共用管道上，应确保使用任何一台泵时，均能采出有代表性的试样。如图2.118（b）所示，调节阀组管道的取样管应安装在当旁路操作时不形成死角处。如图2.118（c）所示，取样点应设在主管上，且在分支前，不得在死角处采样，以确保采出的样品是具有代表性的。

如图2.118（d）所示，取样管不应在水平管的底部，以防止铁锈或其他异物堵塞采样阀。

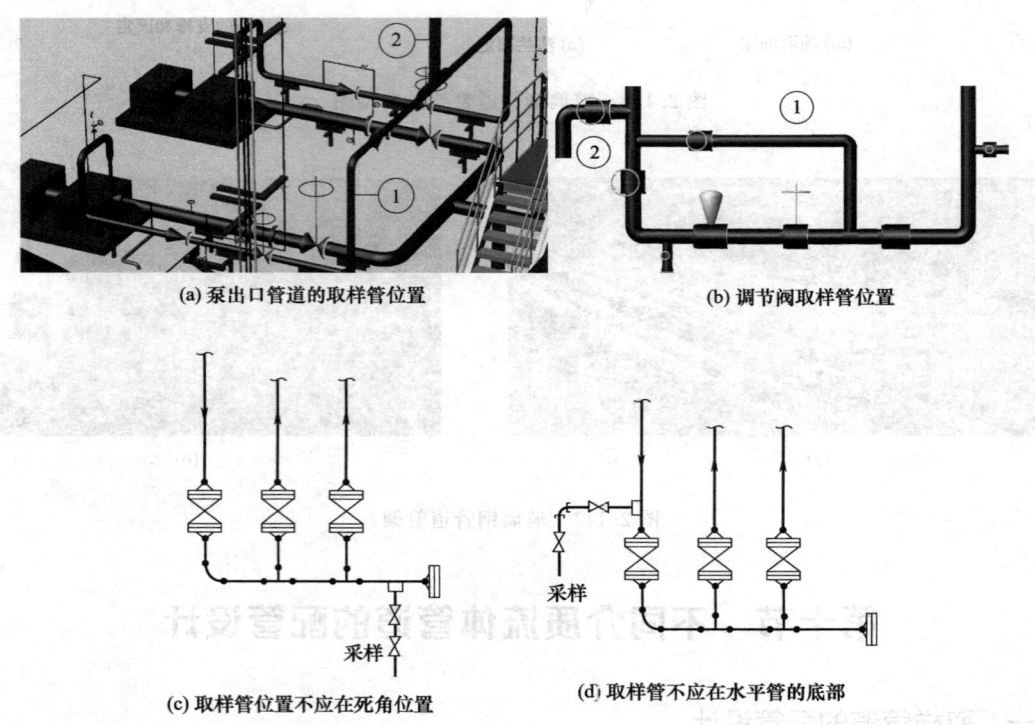

(a) 泵出口管道的取样管位置　　(b) 调节阀取样管位置

(c) 取样管位置不应在死角位置　　(d) 取样管不应在水平管的底部

图2.118　取样口的布置应使采集的样品具有代表性

⑦ 样品出口管端与漏斗、地面或平台之间应有安放取样器皿的空间。

⑧ 气体管道上取样口的布置应符合下列规定。

a. 从水平管上取样时，当管径小于或等于$DN80$时，取样管应从水平管顶部接出；当管径大于或等于$DN100$时，取样管可从水平管顶部或侧面接出。为避免凝液进入取样管，不能从管道底部取样，如图2.119所示。

b. 在垂直管道上，当介质自下而上流动时，取样应设在管道的侧面向上倾斜45°。当介质自上而下流动时，取样口应设在管道的侧面，如图2.120所示。

图2.119 管径大于或等于DN100时水平管上气体取样接管位置

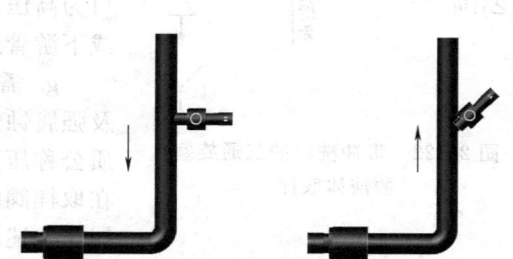

图2.120 立管上气体取样接管位置

c. 含有固体介质的气体管道上的取样口应设在垂直管道上，并将取样管伸入管道的中心。

⑨ 液体管道上取样口的布置应符合下列规定。

a. 压力输送的水平管道上的取样口宜设在管道的顶部或侧面，如图2.121（a）所示。含有固体介质的液体管道的取样口应设在管道的侧面。自流水平管道上的取样口宜设在管道的侧部。液体管道上取样不能从管道的底部接出。

b. 垂直管道上的取样口宜设在介质自下而上流动管道的侧面，如图2.121（b）所示。介质自上而下流动时，除能保证液体充满取样管外，不宜设置取样点。

⑩ 粉料取样时，取样口设在立管上，不能设在弯管上，接管口采用凸缘法兰，接管口位置距地面或平台约1.2m。

⑪ 粒料取样时，取样口设在立管上，取样管与主管道的夹角应小于此种粒料的休止角，取样管应伸入管道中心，

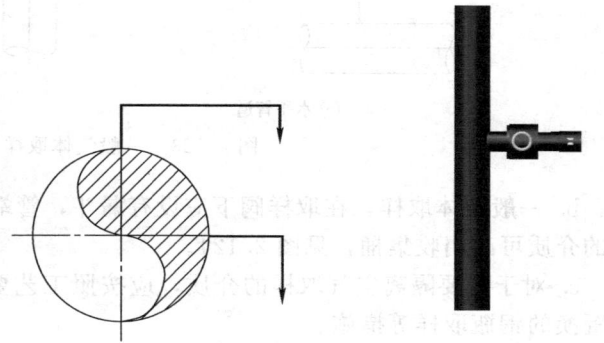

(a) 水平管液体取样接管位置　　(b) 立管上液体取样接管位置

图2.121 液体取样口接管位置

且取样接管口至取样阀之间的距离在保证法兰安装的前提下尽可能短。

⑫ 当液体取样前排放的物料允许向地漏或废料桶排放时，取样管出口距地漏或废料桶口的距离应大于300mm，使取样口下方留有安放取样器等设施的空间。

⑬ 取样管径和阀门的设置

a. 取样管道管径一般选用DN15或DN20，如果需要缩小管径，宜在取样阀后缩小。除有特殊要求外，取样管道与工艺主管道的管道材料等级应一致。取样管道的压力等级不应低于工艺主管道的压力等级。

b. 取样点靠近设备或管道根部的阀门。取样阀的口径通常与取样管管径相同。

c. 取样阀门的设置一般为双阀或三阀，无取样冷却器时为双阀，有取样冷却器时为三阀，取样冷却器前设双阀，冷却器后为取样阀。

d. 切断阀一般采用闸阀，阀门直径与相连接的管径相同，通常为DN15或DN20的阀门，切断阀应尽量靠近工艺管道或设备。

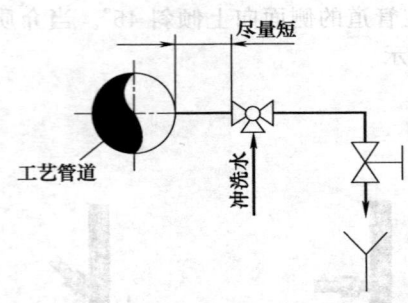

图 2.122 带冲洗口的三通旋塞的液体取样

e. 取样阀一般采用截止阀、球阀或针形阀,对于黏稠物料或易结晶物料,可按其性质选用带冲洗的取样专用阀门或三通旋塞阀,如图 2.122 所示。

f. 流体取样一般情况下宜选用循环流程。取样管道进口为高压、放料或上游管道;取样管道出口为低压、吸入或下游管道。

g. 需要频繁取样的点,且介质具有毒、易燃、易爆及强腐蚀性,公称压力大于等于 1.0MPa 时,以及一般介质公称压力大于等于 4.0MPa 时,取样管上除根部阀外,在取样阀的上游应再加一个切断阀。不经常取样的点或不属于上述范围的可设一个切断阀。

⑭ 典型取样配管

a. 一般气体(无害气体)采用球胆取样时,取样阀出口应带有齿形管嘴,如图 2.123 所示。

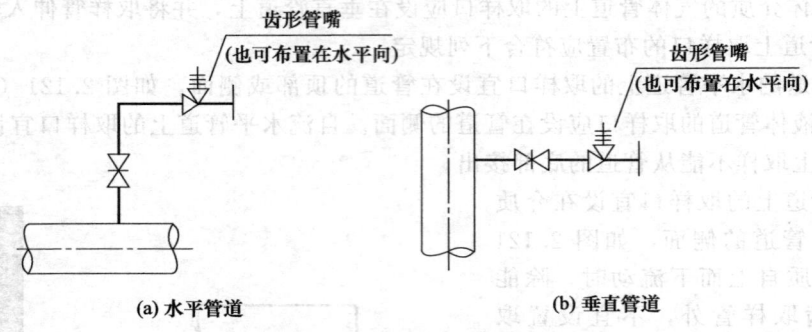

图 2.123 一般气体取样(无害气体)

b. 一般液体取样,在取样阀下应设有漏斗,管端与漏斗的距离约 150mm。不允许直接排放的介质可改用收集桶,见图 2.124。

c. 对于需要隔离空气取样的介质,应按照工艺要求设取样管,如采用密闭取样器或经氮气置换的钢瓶取样等措施。

d. 带氮气保护的取样见图 2.125。

e. 对黏度大、易结晶液体的取样管,必要时设置伴热,见图 2.126。

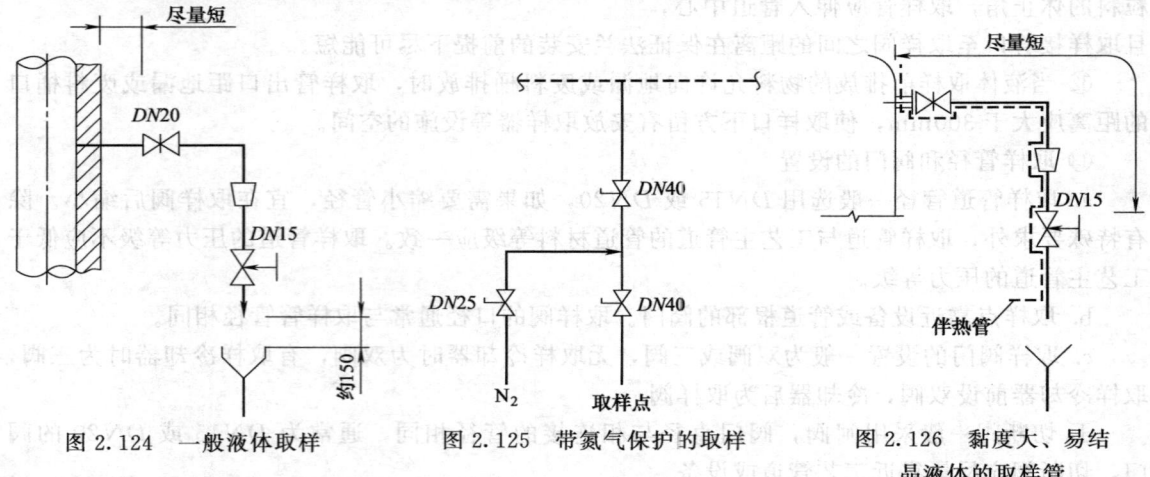

图 2.124 一般液体取样　　图 2.125 带氮气保护的取样　　图 2.126 黏度大、易结晶液体的取样管

f. 对人体有害有毒的或易燃易爆的危险介质在压力下（不减压）取样时，应采取钢瓶取样，同时还应设置人身保护箱或其他防护措施，见图 2.127。

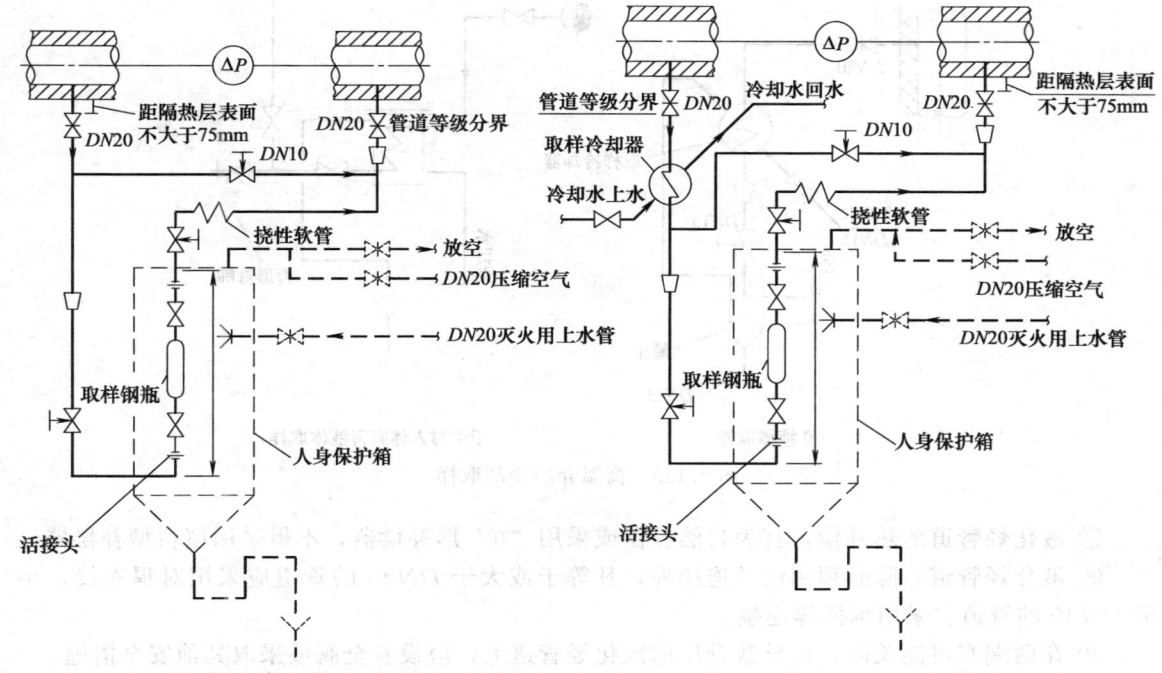

(a) 对人体有害的介质带保护箱的取样（不带冷却器）　　(b) 对人体有害的介质带保护箱的取样（带冷却器）

图 2.127　压力下（不减压）取样

g. 真空介质取样要设置破真空设施。

h. 部分取样点带有蒸汽吹扫，见图 2.128。

i. 高温介质取样要设置取样冷却器。减压后为常温的气体管道可不设取样冷却器，见图 2.129。

j. 取样冷却器的配管应便于冷却器的清理。应设有漏斗将水排入下水道。对人体有害的气体取样应在冷却器后增加放空管。

k. 取样冷却器应固定在合适的构件上，且不影响通行，便于操作及维修。

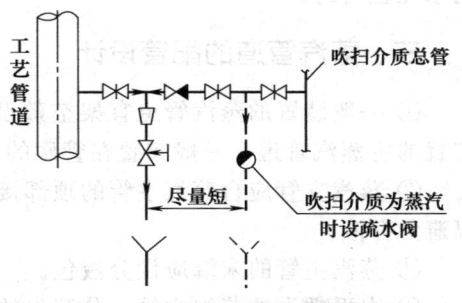

图 2.128　吹扫设施的液体取样

二、液化烃管道的配管设计

① 液化烃管道应地上敷设。当采用管沟敷设时，应采取防止液化烃在管沟内积聚的措施，并在进出装置及厂房处密封隔断。

② 在两端有可能关闭且因外界影响可能导致升压的液化烃管道上，应采取安全措施。

③ 液化烃管道不得穿过与其无关的建筑物。

④ 液化烃管道穿越铁路或道路时应敷设在套管内。套管上方的最小覆盖厚度，从套管顶到轨底应为 1.4m，从套管顶到道路表面为 1m，套管应伸出铁路或道路两侧边缘 2m。

⑤ 在管道两端有可能关闭且因外界影响可能导致升压的液化烃管道上，应采取安全泄压措施。

⑥ 液化烃管道布置在多层管廊上时，应设在下层，并不得与高温管道相邻布置，与氧气管道至少有 250mm 的净距。

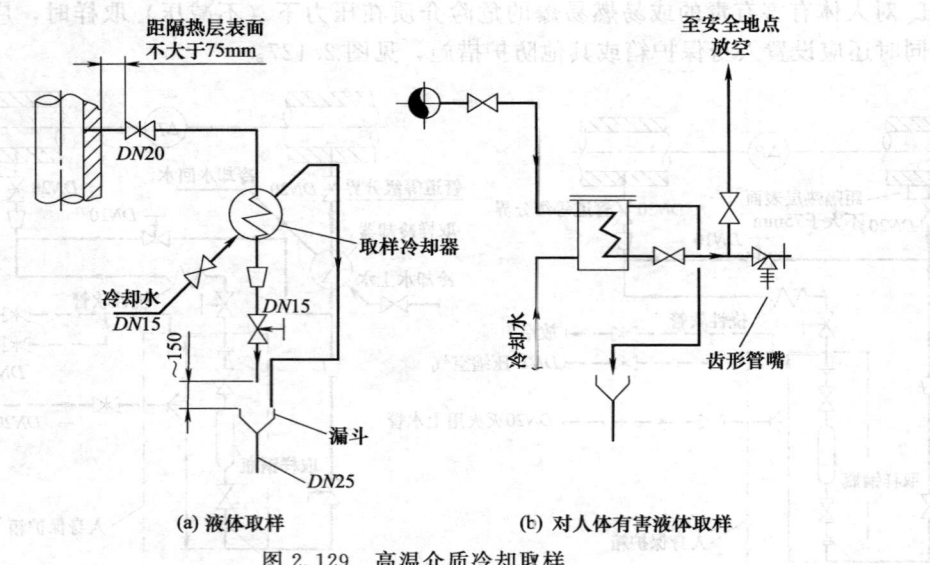

图 2.129 高温介质冷却取样

⑦ 液化烃管道的热补偿，宜为自然补偿或采用"π"形补偿器，不得采用填料型补偿器。

⑧ 液化烃管道，除必须用法兰连接外，凡等于或大于 $DN40$ 的管道应采用对焊连接，小于 $DN40$ 的管道宜采用承插焊连接。

⑨ 在两端有可能关闭，而导致升压的液化烃管道上，应设安全阀或采取其他安全措施。

工程应用：液化烃管道的地下敷设

某液化烃 $DN100$ 管道要穿越道路并需敷设到一装置，附近没有管廊。如果为这一根管子做一个大桁架（5.5m 高，10m 宽）跨路支撑，非常不经济。经过仔细研究，穿越道路时采用了直埋加套管的设计方案，过路以后，采用管沟辐射到装置边界，管沟内填细干沙，管沟顶部用水泥板密封。

三、蒸汽管道的配管设计

① 一般装置的蒸汽管道宜架空敷设，不宜管沟敷设，更不应埋地敷设。由工厂系统进入装置的主蒸汽管道，一般布置在管廊的上层。

② 蒸汽支管应自蒸汽主管的顶部接出，支管上的切断阀应安装在靠近主管的水平管段上，以避免存液。

③ 蒸汽主管的末端应设分液包。

④ 水平敷设的蒸汽主管上分液包的间隔为：

a. 在装置内，饱和蒸汽宜为 80m，过热蒸汽宜为 160m；

b. 在装置外，顺坡时宜为 300m，逆坡时宜为 200m。

⑤ 不得从用汽要求很严格的蒸汽管道上接出支管作其他用途。

⑥ 蒸汽支管的低点，应根据不同情况设排液阀或（和）疏水阀。

⑦ 在蒸汽管道的"π"形补偿器上，不得引出支管。在靠近"π"形补偿器两侧的直管上引出支管时，支管不应妨碍主管的变形或位移。因主管热胀而产生的支管引出点的位移，不应使支管承受过大的应力或过多的位移。

⑧ 凡饱和蒸汽主管进入装置，在装置侧的边界附近应设蒸汽分水器，在蒸汽分水器下部设疏水措施。过热蒸汽主管进入装置，一般可不设蒸汽分水器。

⑨ 多根蒸汽伴热管应成组布置并设分配管，分配管的蒸汽宜就近从主管接出。

⑩ 直接排至大气的蒸汽放空管（图2.130），应在该管下端的弯头附近开一个 $\phi 6mm$ 的排液孔，并接 $DN15$ 的管子引至排水沟、漏斗等合适的地方。如果放空管上装有消声器，则消声器底部应设 $DN15$ 的排液管并与放空管相接。放空管应设导向和承重支架。

⑪ 连接排放或经常排放的泛汽管道，应引至非主要操作区和操作人员不多的地方。

⑫ 工艺装置宜设固定式或半固定式蒸汽灭火系统，但在使用蒸汽可能造成事故的部位不得采用蒸汽灭火。

⑬ 各分区的消防蒸汽应单独从主管上引出，不允许消防蒸汽和吹扫蒸汽合用一根蒸汽支管。

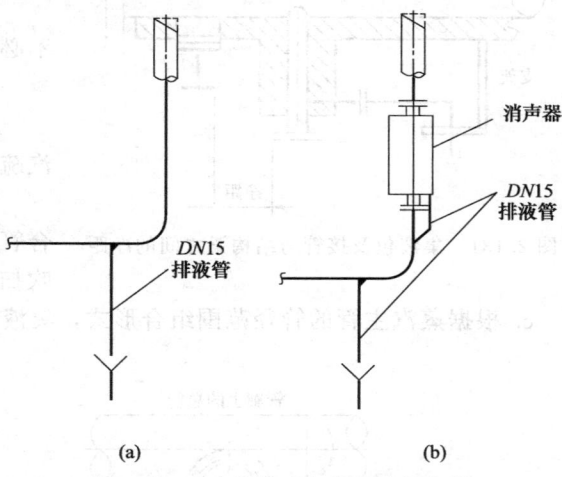

图2.130 直接排大气的蒸汽放空管

四、凝结水管道的配管设计

① 从不同压力等级蒸汽的疏水阀出来的凝结水应分别接至各自的凝结水回收总管。但是，蒸汽压力虽不同，而疏水阀后的背压较小且不影响低压疏水阀的排水时，可合用一个凝结水回收总管。

② 蒸汽凝结水管道布置，当回收凝结水时，宜架空敷设在管廊上。

③ 为减少压降，凝结水支管（公称直径等于或大于50mm的支管）宜顺介质流向45°斜接在凝结水回收总管顶部，如工艺要求时应在靠近总管的支管水平管段上设切断阀。当支管从低处向高处汇入总管时，在汇入处宜设止回阀，有止回作用的疏水阀可不设止回阀。

④ 成组布置的蒸汽伴热管上疏水阀后的凝结水管应集中接至凝结水集合管。

五、蒸汽管道集液包疏水的配管设计

① 集液包应设置在下列场合

a. 饱和蒸汽管道的末端或最低点，蒸汽伴热管的末端，如果蒸汽管道较长时，每隔一定距离亦应设疏水阀；饱和蒸汽管道的每个立式"π"形补偿器前或最低点。

b. 饱和蒸汽系统的减压阀前和调节阀前。

c. 蒸汽分水器及蒸汽加热设备等下部。

d. 经常处于热备用状态的设备进气管的最低点。

e. 扩容器的下部，分汽缸（蒸汽分配管）的下部以及水平安装的波纹补偿器的波峰下部。

f. 蒸汽水平管的低点处。

g. 装置边界蒸汽管线切断阀之前。

② 水平敷设的长蒸汽管应设集液包，其间隔为：

a. 在装置内，饱和蒸汽宜为80m，过热蒸汽宜为160m；

b. 在装置外，顺坡时宜为300m，逆坡时宜为200m。

③ 管廊上蒸汽总管末端的集液包配管应考虑以下要求。

a. 集液包及接管与梁之间的净距离应大于热位移量及保温所需的空间，一般不小于200mm，见图2.131。

b. 集液包的冷凝水出口管的方位不宜向管廊梁的一侧引出，同时避免与管廊下层管道相碰。疏水阀应布置在不影响通行的地方。

c. 集液包的冷凝水出口管的走向，除考虑管道柔性要求外，还要考虑便于设置管道支架

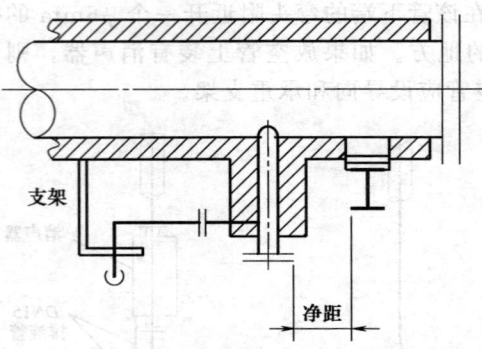

图 2.131 集液包及接管与结构梁之间的净距

c. 根据蒸汽主管的管径范围组合形式,

及疏水阀组的支架。

d. 在蒸汽主管的位移较大时,靠近主管的小管支架应尽量利用主管生根,以减小相对位移。

e. 蒸汽管径小于 $DN80$ 时,根据项目要求可不必采用集液包,仅设低点排放至疏水阀即可。

④ 集液包的结构。

a. 集液包的冷凝水出口管线应设切断阀或蒸汽疏水阀组。

b. 集液包通常采用标准管件组合而成,应符合管道等级规定。集液包下端宜用法兰盖,兼作吹扫用。也可以用焊接管帽,但需增加排液口。

集液包形式见图 2.132、表 2.21 所示。

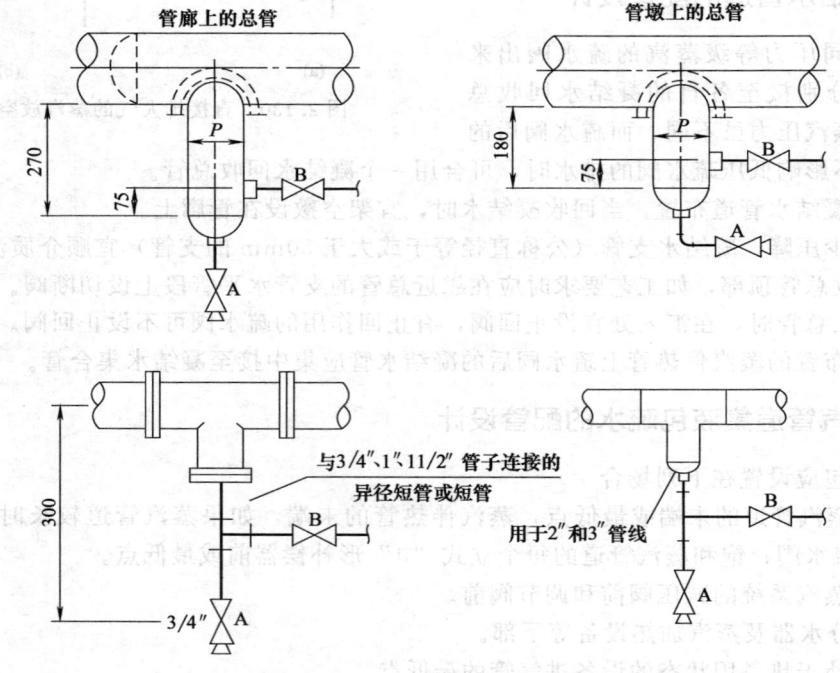

注:1. 阀门B只在疏水阀高出蒸汽包5m以上的情况下安装。
2. 管墩上阀门A可水平安装。

图 2.132 集液包形式

表 2.21 集液包及阀门的尺寸

总 管	集 液 包	阀门 A	阀门 B
2″	2″	3/4″	
3″	3″	3/4″	
4″	3″	3/4″	
6″	4″	3/4″	直径等同于疏水器尺寸(min3/4″)
8″	6″	3/4″	
10″	8″	3/4″	
12″	10″	3/4″	
14″	12″	3/4″	

续表

总　　管	集液包	阀门 A	阀门 B
16″	12″	3/4″	
18″	12″	3/4″	直径等同于疏水器尺寸
20″	12″	3/4″	（min3/4″）
24″	12″	3/4″	

六、非净化压缩空气和净化压缩空气管道的配管设计

① 用于吹扫、反吹等的非净化压缩空气总管架空敷设在管廊上，支管由总管上部引出，并在装置的软管站内设非净化压缩空气软管接头。

② 对于塔、反应器构架以及多层换热设备框架，为了便于检修时使用风动扳手，应在有人孔和设备头盖法兰的平台上设置非净化压缩空气软管接头。

③ 空气压缩机（或鼓风机）等吸气管道顶部应设防雨罩，并以防鸟罩或铜丝网保护。布置空气压缩机的吸、排气管道时，应考虑管道振动对建筑物的影响，应在进出口管道设置单独基础的支架。

④ 压缩空气的放空管和空压机吸气系统的噪声控制应符合国家现行标准 SH/T 3146 的有关规定，用于吹扫或反吹的装置空气总管应布置在管廊上，支管应由总管上部引出。

⑤ 净化压缩空气支管宜从总管上部引出并在水平管段上设切断阀。

七、氮气管道的配管设计

① 空气中氮气含量过高，使吸入气氧分压下降，引起缺氧窒息。吸入氮气浓度不太高时，患者最初感胸闷、气短、疲软无力；继而有烦躁不安、极度兴奋、乱跑、叫喊、神情恍惚、步态不稳，称为"氮酩酊"，可进入昏睡或昏迷状态。吸入高浓度，患者可迅速昏迷、因呼吸和心跳停止而死亡。氮气无环境危害，不燃，无燃爆危险。

② 装置中吹扫氮气，应在同装置的软管站内设置氮气软管接头，并宜设置双阀。

③ 工厂系统的高压氮气需减压使用时，可用角式截止阀或减压阀减压。

④ 催化剂系统需要的高纯度氮气，应从总管单独接出，不应与其他用途的氮气合用一根支管。

八、氧气管道的配管设计

① 常压下氧气的浓度超过 40% 时，有可能发生氧气中毒。氧气是易燃物、可燃物燃烧爆炸的基本要素之一，能氧气化大多数活性物质。氧气与易燃物（如乙炔、甲烷等）形成有爆炸性的混合物。

② 氧气管道的布置常遵循的规范有 GB 50030《氧气站设计规范》、GB 50160《工业金属管道设计规范》。

③ 氧气管道宜架空敷设，并敷设在不燃烧材料组成的支架上。由于氧气重度大于空气，易在低洼处聚积，只有当架空有困难时，方可采用不通行地沟敷设或直接埋地敷设。

④ 氧气管道的连接应采用焊接，但与设备或阀门的连接可采用法兰或螺纹连接。氧气管道不应使用异径法兰。

⑤ 氧气管道的弯头或三通不应与阀门的出口直接相连，阀门出口侧宜有长度不小于 5 倍管子外径且不小于 1.5m 的直管段。

⑥ 氧气管道应考虑温度差变化的热补偿。补偿方法宜采用自然补偿。

⑦ 氧气管道应严禁与油脂接触，使用前，管内应作脱脂处理。氧气管道的连接，应采用

焊接，但与设备、阀门连接处可采用法兰或螺纹连接。螺纹连接处，应采用一氧化铅、水玻璃或聚四氟乙烯薄膜作为填料，严禁用涂铅红的麻或棉丝，或其他含油脂的材料。

⑧ 为消除管内由于气流摩擦产生的静电聚集，氧气管道应有导除静电的接地装置。氧气管道每隔 80～100m 及进出厂房处应设置静电接地。装置内氧气管道，可与装置的静电干线相连接。接地电阻不应大于 10Ω；直接埋地管道，可在埋地之前及出地后各接地一次。

当每对法兰或螺纹接头间电阻值超过 0.03Ω 时，应设跨接导线。

⑨ 氧气管道的弯头、分支处，不应紧接安装在阀门的下游；阀门的下游侧宜设长度不小于管外径 5 倍的直管段。

⑩ 厂房内氧气管道宜沿墙、柱或专设的支架架空敷设，其高度应不妨碍交通和检修；氧气管道可以与各种气体、液体（包括燃气、燃油）管道共架敷设。共架时，氧气管道宜布置在其他管道外侧，并宜布置在燃油管道上面。各种管道之间的最小净距按表 2.22 确定。

表 2.22　架空氧气管道与其他架空管线之间最小净距　　　　　　　　　　mm

名　称	平行净距	交叉净距
蒸汽、凝结水	250	100
新鲜水、循环水、软化水，等	250	100
净化风、非净化风、氮气	250	100
可燃气体	500①	250
可燃液体	500	250
绝缘导线或电缆	500	300
穿有导线的电缆管	500	

①氧气管道与同一使用目的的可燃气体并行敷设时，可减小到 250mm。GB 50160 规定："B 类流体管道与氧气管道的平行净距不应小于 500mm。交叉净距不应小于 250mm。当管道采用焊接连接结构并无阀门时，其平行净距可取上述净距的 50%。氧气管道的阀门及管件接头与可燃气体、可燃液体上的阀门及管件接头，应沿管道轴线方向错开一定距离；当必须设置在一处时，则应适当扩大管道之间的净距。

⑪ 氧气管道采用不通行地沟敷设时，沟上应设防止可燃气体、火花和雨水浸入的非燃烧体盖板。严禁各种导电线路与氧气管道敷设在同一地沟内。当氧气管道与压缩空气、氮气和水管同地沟敷设时，氧气管道应布置在上面，地沟应能排除积水。当氧气管道与同一使用目的燃气管道同地沟敷设时，沟内应填满沙子，并严禁与其他地沟相通。

⑫ 进入装置的氧气总管，应在进装置便于接近操作地方设切断阀，并宜在适当位置设放空管，放空管口应设在高出平台 4m 以上的空旷、无明火的地方。

⑬ 通往氧气压缩机的氧气管道以及装有压力、流量调节阀的氧气管道上，应在靠近压缩机入口或压力、流量调节阀的上游侧装设过滤器，过滤器的材料应为不锈钢或铜基合金。

⑭ 通过高温作业以及火焰区域的氧气管道，应在该管段增设隔热措施，管壁温度不应超过 70℃。

⑮ 穿过墙壁、楼板的氧气管道应加套管，套管内应用石棉或其他不燃材料填实。氧气管道不应穿过生活间、办公室，并不宜穿过不使用氧气的房间。当必须通过不使用氧气的房间时，则在该房间内的管段上不应有法兰或螺纹连接接口。

九、氢气管道的配管设计

① 氢气是一种无色、无嗅、无毒、易燃易爆的气体，和氟气、氯气、氧气、一氧化碳以及空气混合均有爆炸的危险，其中，氢气与氟气的混合物在低温和黑暗环境就能发生自发性爆炸，与氯气的混合体积比为 1∶1 时，在光照下也可爆炸。氢气由于无色无味，燃烧时火焰是透明的，因此其存在不易被感官发现。氢气虽无毒，在生理上对人体是惰性的，但若空气中氢气含量增高，将引起缺氧性窒息。

② 氢气管道宜地上敷设。

③ 氢气管道的连接应采用焊接，但与设备或阀门等的连接可采用法兰连接。

④ 输送湿氢管道的坡度不应小于0.003，管道的低点应设放净。

⑤ 氢气放空管上的阻火器应靠近放空口端部布置。

⑥ DL/T 5204《火力发电厂油气管道设计规程》规定：氢气管道与其他管道平行敷设时，氢气管道应布置在外侧并在上层。架空敷设时，与其他热力管道的净距应不小于250mm。

⑦ GB 4962《氢气使用安全技术规程》规定：氢气管道宜采用架空敷设，其支架应为非燃烧体。架空管道不应与电缆、导电线路、高温管线敷设在同一支架上。氢气管道与氧气管道、其他可燃气体、可燃液体的管道共架敷设时，氢气管道与上述管道之间宜用公用工程管道隔开，或保持不小于250mm的净距。分层敷设时，氢气管道应位于上方。

⑧ GB 50177《氢气站设计规范》规定：氢气管道与其他管道共架敷设或分层布置时，氢气管道宜布置在外侧并在上层。厂区内氢气管道架空敷设时，应符合下列规定：敷设在不燃烧体的支架上；寒冷地区，湿氢管道应采取防冻设施；与其他架空管线之间的最小净距按表2.23执行；与建筑物、构筑物、铁路和道路等之间的最小净距按表2.24规定执行。

表2.23 厂区、氢气站及车间架空氢气管道与其他架空管线之间的最小净距　　　　m

名　称	平行净距	交叉净距
给水管、排水管	0.25	0.25
热力管(蒸气压力不超过1.3MPa)	0.25	0.25
不燃气体管	0.25	0.25
燃气管、燃油管和氧气管	0.50	0.25
滑触线	3.00	0.50
裸导线	2.00	0.50
绝缘导线和电气线路	1.00	0.50
穿有导线的电线管	1.00	0.25
插接式母线，悬挂干线	3.00	1.00

注：1. 氢气管道与氧气管道上的阀门、法兰及其他机械接头（如焊接点等），在错开一定距离的条件下，其最小平行净距可减小到0.25m。

2. 同一使用目的的氢气管道与氧气管道并行敷设时，最小并行净距可减到0.25m。

表2.24 厂区架空氢气管道与建筑物、构筑物之间的最小净距　　　　m

名　称	平行净距	交叉净距
建筑物有门窗的墙壁外边或凸出部分外边	3.0	—
建筑物无门窗的墙壁外边或凸出部分外边	1.5	—
非电气化铁路钢轨	3.0(距轨外侧)	6.0(距轨面)
电气化铁路钢轨	3.0(距轨外侧)	6.55(距轨面)
道路	1.0	4.5(距轨面)
人行道	1.5(距相邻侧路边)	2.5(距轨面)
厂区围墙(中心线)	1.0	
照明、电线杆、柱中心	1.0	
散发火花及明火地点	10.0	

注：1. 氢气管道沿氢气站、供氢站或使用氢气的建筑物外墙敷设时，平行净距不受本表限制。但氢气管道不得采用法兰、螺纹连接。

2. 与架空电力线路的距离，应符合现行国家标准GBJ 61《66kV及以下架空电力线路设计规范》的规定。

3. 有大件运输要求或在检修期间有大型起吊设施通过的道路，其交叉净距应根据需要确定。

4. 当氢气管道在管架上敷设时，平行净距应从管架最近外侧算起。

十、乙炔管道的配管设计

① 乙炔俗称风煤和电石气，乙炔在室温下是一种无色、极易燃的气体。纯乙炔是无臭的，但工业用乙炔由于含有硫化氢、磷化氢等杂质，而有一股大蒜的气味。乙炔与铜、银、水银等

金属或其盐类长期接触时，会生成乙炔铜和乙炔银等爆炸性混合物，当受到摩擦、冲击时会发生爆炸。因此，凡供乙炔使用的器材都不能用银和含铜量70%以上的铜合金制造。

② 厂区架空管道的敷设

a. 为防止管道漏气产生爆炸和燃烧，严禁乙炔管道穿过生活间、办公室以及不准使用乙炔的场所。

b. 架空的乙炔管道应当敷设在用非燃烧材料（混凝土、钢铁等）做的支架上，也可敷设在耐火厂房的外墙支架上。

c. 禁止将乙炔管道与电线、电缆敷设在同一支架上。禁止将乙炔管道架设在煤气管道上面。

d. 架空乙炔管道可单独敷设或与其他非燃烧气体管道、水管道以及同一使用目的的氧气管道共架敷设。

③ 厂区埋地乙炔管道的敷设

a. 埋地乙炔管道的敷设深度，应根据地面承受不同运输工具的负荷来确定，一般管顶距地面不小于0.7m。

b. 埋地乙炔管道不应与电力、照明和通信电缆、水管、蒸汽管道敷设在同一地沟内。

c. 埋地乙炔管道与建筑物的最小水平净距见表2.25，与其他管线之间的最小净距见表2.26。

表2.25 埋地乙炔管道与建筑物的最小水平净距

建、构筑物的名称	最小水平净距/m
离有地下室的建筑物基础边缘和通行沟道的边缘	3.0
离无地下室的建筑物基础边缘	2.0
铁路钢轨外侧边缘	3.0
道路路面边缘	1.0
铁路、道路的排水沟或单独的雨水明沟边缘	1.0
照明、通信电杆中心	1.0
架空管架基础边缘	1.5
围墙篱棚基础边缘	1.0
乔木或灌木丛中心	1.5

表2.26 埋地乙炔管道与其他管线的最小水平净距

管线名称	最小净距/m	
	平行敷设	交叉敷设
给排水管	1.5	0.25
热力管或不通行的地沟边缘	1.5	0.25
氧气管	1.5	0.25
煤气管:煤气压力≤0.15MPa	1.0	0.25
煤气压力 0.15～0.30MPa	1.5	0.25
煤气压力 0.30～0.80MPa	2.0	0.25
不燃气体管	1.5	0.25
电力或通信电缆	1.0	0.5
排水明沟	1.0	0.5

d. 埋地乙炔管道穿越铁路或道路时，按照其他类别工艺管道的要求执行。

e. 埋地乙炔管道，可与非燃烧气体管道或同一使用目的的氧气管道平行敷设在同一标高上，其净距不应小于250mm，并在管道上部高300mm范围内先用砂填平捣实，然后再回填土。

f. 埋地乙炔管道不应穿过露天堆场的下面。

十一、腐蚀性或有毒介质管道的配管设计

① 腐蚀性或有毒介质的管道尽量地面上敷设（管廊或地墩），确实需要埋地时，除阀门外均应采用焊接连接，阀门应设置在阀门井中。输送腐蚀性或有毒介质污水沟渠、埋地管及检查井等，必须进行防渗漏和防腐蚀处理。

② 输送含硫、含酚等腐蚀性物质的污水管道一般不得埋地敷设。

③ 管道易泄漏部位应避免位于人行通道或机泵上方，否则应设置其他防护措施。输送酸、碱、酚和其他少量与皮肤接触即会产生严重生理反应或致命危险的介质，其管道和设备接口周围宜设置安全防护罩，以防介质一旦泄漏时伤人。

④ 在储存或处理酸、碱、酚等腐蚀性介质和对人体有毒害的介质的设备和管道区域内，应设置淋浴喷头和洗眼器等急救设施。该设施应设置在容易接近的地方。

⑤ 腐蚀性或有毒介质的管道低点排出的腐蚀性或有毒介质应排入收集系统或设施。

⑥ 布置在管廊上的腐蚀性介质管道宜布置在下层（工艺管道层）。

十二、盐酸管道的配管设计

① 盐酸又名氢氯酸，是氯化氢的水溶液，工业用途广泛。盐酸的性状为无色透明的液体，有强烈的刺鼻气味，具有较高的腐蚀性。氯化氢的危险性取决于其浓度。

② 盐酸常用玻璃钢管、塑料管、碳钢内衬塑料管、钢骨架塑料复合管等。盐酸管道的布置需要遵循这些材质管道配管设计的基本要求。

③ 架空敷设时，盐酸管道在管廊上通常布置在下层的工艺管道层。

④ 盐酸管道应尽量少用法兰等易泄漏的管件。在通道和道路的上方不宜设置阀门或法兰。

⑤ 盐酸管道的低点排液需引至安全位置。

十三、硫酸管道的配管设计

① 硫酸（特别是在高浓度的状态下）能对皮肉造成极大伤害，甚至会致命。浓硫酸具备很强的氧化性，会腐蚀大部分金属。虽然硫酸并不是易燃，但当与金属发生反应后会释出易燃的氢气，有机会导致爆炸，而作为强氧化剂的浓硫酸与金属进行氧化还原反应时会释出有毒的二氧化硫，威胁工作人员的健康。

② 硫酸可用碳钢材质管道、塑料管、碳钢内衬塑料管、钢骨架塑料复合管等。硫酸管道的布置需要遵循这些材质管道配管设计的基本要求。

③ 装置内架空敷设时，硫酸管道在管廊上通常布置在下层的工艺管道层。硫酸管道应尽量少用法兰等易泄漏的管件。在通道和道路的上方不宜设置阀门或法兰。硫酸管道的低点排液需引至安全位置。

④ 厂外埋地敷设时，管道外壁可采用熔结环氧粉末涂层、阴极保护措施。管道与埋地给水管、排水管的水平净距离应超过1.0m。管道与埋地通信电缆的水平净距离超过2.0m，与埋地电力电缆水平净距离超过5.0m。管道与埋地给水管、排水管、通信电缆和电力电缆的垂直净距离不少于0.3m，且埋地硫酸管道应在其他管道的下方。管道与建构筑物基础的水平净距离大于3.0m。管道与树木的水平净距离应超过1.5m。管道可按照波浪形方式敷设，波峰间距约为100m，管道坡度大于3‰。每隔10m设置一个标志桩，在通过路口处设危险标志牌。

十四、氢氰酸管道的配管设计

① 氰化氢标准状态下为液体。氰化氢易在空气中均匀弥散，在空气中可燃烧。氰化氢在

空气中的含量达到 5.6%～12.8%时,具有爆炸性。氢氰酸属于剧毒类。

② 氢氰酸管道应有坡度,不得出现袋状,应少用阀门,避免死角。

③ 氢氰酸取样点设在易于取样和能迅速撤离的场所,取样阀应用采样铁箱加锁保护。

十五、氢氧化钠管道的配管设计

① 氢氧化钠,俗称烧碱、火碱、苛性钠,为一种具有强腐蚀性的强碱。

② 氢氧化钠管道的配管设计需要遵循普通工艺管道布置的基本要求。

③ 对于易受温度影响的流体,氢氧化钠(碱)、酸、苯等应在工艺管道和伴热管道之间垫上一层隔热材料(如石棉带),避免因伴热线同工艺线接触而产生高温点。

④ 输送有应力腐蚀的苛性碱等介质的管道,经过冷弯或焊接之后,应对冷弯管或焊缝进行消除应力的热处理。消除应力后不得再进行焊接加工。

十六、高温管道的配管设计

① 各规范对高温管道的定义可能各不相同。例如,根据 SH 3501《石油化工有毒、可燃介质钢制管道工程施工及验收规范》规定:低于－29℃的 100%探伤,高于 400℃的 100%探伤。低于－29℃的管道称为低温管道,高于 400℃的管道称为高温管道。

② 高温管道配管需遵循普通管道配管设计基本要求。

③ 高温管道的大多数泄漏均与热载荷过大有关;管道大多数的焊缝破裂也与热载荷过大有关;管端载荷过大甚至会引起与管道相连接设备的破裂。

④ 沿反应器布置的高温管道与反应器之间,或高温管道与构架之间有较大的位移差,所以通常要设置弹簧支吊架来承受管道荷重。

⑤ 在管廊上需设置"π"形补偿器的高温管道,应布置在靠近柱子处,且"π"形补偿器宜集中设置。

⑥ 低温管道和液化烃管道,不应靠近高温管道布置。

⑦ 高温管道或低温上的调节阀组的支架,两个支架中应有一个是固定支架,另一个是滑动支架。见图 2.133,某设计人把①和②位置都错误地设计成了固定架。

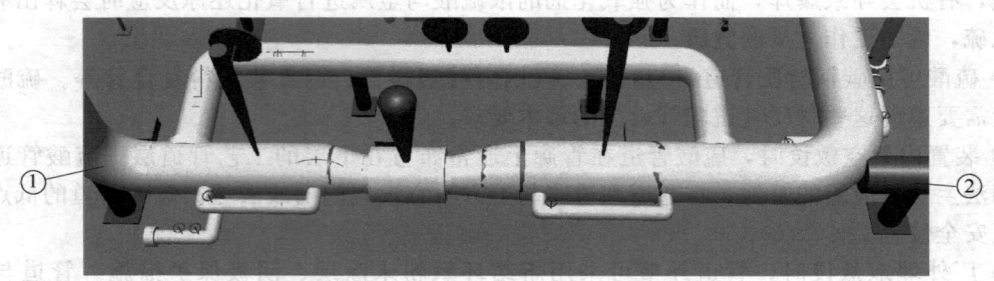

图 2.133　高温管道调节阀组管架设计

⑧ 对于大型机泵的高温进出口管道,为减轻泵嘴受力而设置的支架,应尽量使约束点和泵嘴之间的相对热伸缩量最小。

⑨ 对高温管道,用较厚的管子代替较薄的管子时,管子壁厚的增加提高了管道的刚度,增加了管壁面积和自重,因而必须对管道的柔性进行分析,以校核固定点、设备管口和各支吊架的载荷,还应校核弹簧支吊架的型号是否合适。

⑩ 高温管道支吊架通常需要加高管托,目的是避免高温管道通过管托将热量过多地传递给结构梁,一般需保证结构梁面低于 120℃。

十七、低温管道的配管设计

① 低温管道配管需遵循普通管道配管设计基本要求。

② 低温管道的布置要考虑整条管道有足够的柔性，要充分利用管道的自然补偿。当设计温度很低又无法自然补偿时，应设置补偿器。

③ 低温介质管道的布置在满足管道柔性下应使管道短，弯头数量少，且应减少"液袋"。

④ 低温介质管道间距应根据保冷后法兰、阀门、测量元件的厚度以及管道的侧向位移确定。

⑤ 低温介质管道上的法兰不宜与弯头或三通直接焊接。

⑥ 布置低温管道时，应避免管道振动，尤其是泵、压缩机的排气管，必须防止整条管道的振动。若有机械的振源，应采取消振设施，在接近振源处的管道应设置弹性元件，如波纹补偿器等，以隔断振源。

⑦ 在碳素钢、低合金钢的低温管道上，装有安全阀或排气、排污物的支管时，需注意该低温液体介质排出后是否立即汽化，若汽化就需大量吸热，就要结霜直至结冰，使管道温度降到很低，故此类支管在容易结冰范围内应采用奥氏体不锈钢材料，然后再使用法兰连接不同材质的支管。

⑧ 低温管道不应采用焊接支吊架。

⑨ 低温保冷管道的支架，必须有防止产生"冷桥"的措施，如在水平敷设的管道底部垫有木块或硬质隔热材料块，以免管道中冷量损失。

⑩ 低温管线设计注意事项

a. 隔热材料的强度较低，低温管线上的支架跨度要小于裸管支架跨度。

b. 管底标高根据管架上保冷层的厚度确定。应注意支管的向上或向下的尺寸。若管线管径变小，保冷层的厚度也应相应变小。但在这种情况下，绝热块的厚度应不变，以保持管底水平，如图 2.134 所示。

c. 为避免由于管子弯曲接触到中间梁而引起保冷层的破坏，隔热块的厚度至少应比保冷层厚度大 5mm。

d. 固定和支撑设备支耳的保冷层长度一般应为设备保冷层厚度的 3 倍，故需增大支耳长度，而管道到设备外表面的距离也应相应增加，如图 2.135 所示。

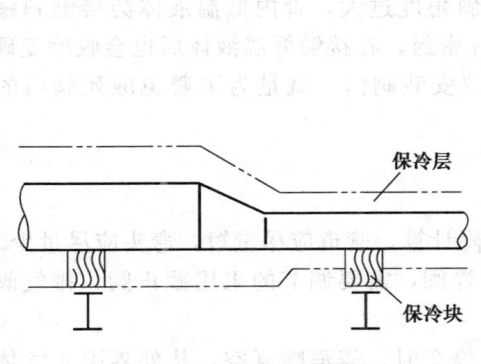

图 2.134 低温管道管架

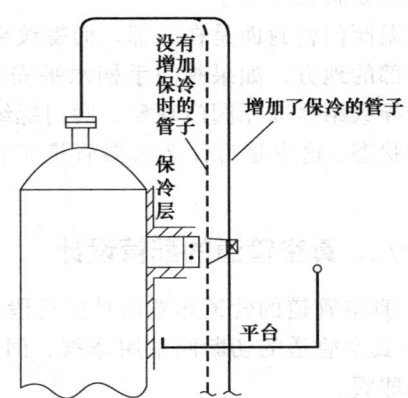

图 2.135 低温管道到设备外表面的距离

e. 大部分情况下，低温立式泵管道上的可调节型支架的安装尺寸会因保冷而变小。在管架的设计过程中应考虑到这一点，见图 2.136。

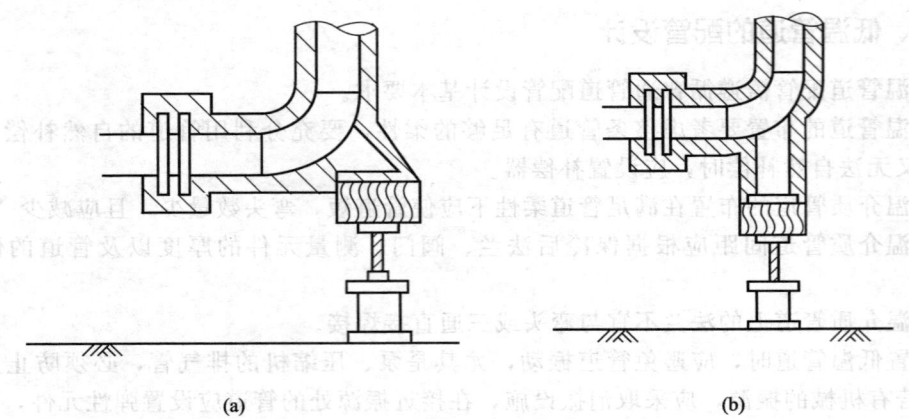

图 2.136　低温立式泵管道上的可调节型支架

f. 在低温管道中，结露的地方很容易生锈，在管架的滑动面上应设置一块滑动板。

g. 低温阀门与普通阀门、高压阀门相比，在结构和功能上有很大区别。低温阀门带有长阀盖，可防止填料盖被冻住，破坏填料。物流是液体时，阀杆需朝上安装，以防止填料密封盖与低温流体不断接触。若阀门手柄较长，应注意阀门的排列。

h. 在闸阀表面应有一泄放孔，或在填料密封盖上装设安全阀（V形固体盘除外）。

i. 当阀门完全关闭时，密闭在密封腔内的液体将受热蒸发，会产生额外的压力并破坏阀门，因此要采取措施释放压力。

工程应用：液态氧等低温阀门宜安装在水平管道上阀杆宜垂直向上

某工程液态氧等低温介质管道上的阀门应安装在水平管道上，且阀杆方向应垂直向上。

因为低温阀的阀盖加长了，目的是通过延长阀盖，增大阀盖的散热面积，使得介质的低温，通过阀盖和大气的热对流，阀杆填料部位温度相对较高，低温介质进入该部位后会汽化。假如阀杆朝下的话，介质进来，汽化，由于气体较轻，回到主管道，换下一波介质进来，汽化，这里就变成换热器了。如果阀门水平装了或者装倒了，则低温介质直接就和填料接触了，这样延长的阀盖就失效了。

很多时候低温阀门因为空间原因是倾斜甚至垂直安装的，倾斜的时候尽量还是阀杆朝上，垂直的时候就没办法了。

低温阀门密封面是在底部，而螺纹部分也是在偏底部位置。也就是说整个阀门的传动位置在偏下部的地方，如果阀门手柄水平安装或者偏斜角度过大，管内低温液体会接触到螺纹结构，会导致结冰冻死阀门现象。阀门螺纹处有垫片密封，在接触低温液体后也会收缩变硬，破坏密封状态。这也是为什么低温管道竖管上不建议安装阀门，就是为了避免冻死阀门的情况产生。

十八、真空管道的配管设计

① 真空管道的管道布置设计应逐段进行压力降计算，管道应尽量短，弯头应尽量少。

② 真空管道的切断阀采用球阀、闸阀和真空蝶阀，需要调节的采用截止阀，排气阀、排净阀为球阀。

③ 真空阀的功能有两类，一类是当真空系统停车时，需消除真空，从外界引入气体，阀门采用球阀；另一类是真空系统工作时，引入气体来调节真空度，可采用截止阀或自动控制阀。

消除真空（与大气接通）的阀门，应根据操作、停车、仪表复位等需要，在真空系统的多处设置，如真空泵入口管道上、设备上、控制阀阀组管道上和有关仪表上等。

④ 大气腿靠重力连续排液。排液装置的大气腿高度，理论上应根据工作中可能达到的最低绝压来计算，通常大气腿高度在 10m 以上。大气腿上不设阀门。

⑤ 采用复式受槽排液或两台并联受槽切换交替操作方式排液时，均为连续进料、间歇排液。应在受槽进、出管上设置切断阀，在受槽上设排气阀、排净阀，在真空连接管上设切断阀。

⑥ 泵连续排液时，排液泵应适合真空工作条件下的连续运转。

⑦ 真空泵的止回阀应设在泵进口切断阀的上游。当有备用泵时，总管上可共用一个止回阀。

⑧ 真空泵的入口真空管道和出口管道的管径应等于或稍大于泵的连接口直径。

⑨ 引入蒸汽喷射泵的蒸汽管道不得与其他用途的蒸汽管道相连，且应单独引至各喷射泵。

⑩ 多级蒸汽喷射泵的中间冷凝器的冷凝排出管（大气腿）不宜共用，每级喷射泵应有各自的大气腿。大气腿宜垂直插入分水罐中，如不能垂直插入分水罐时，可用小于 45°的弯头改变管道走向。

十九、极度危害介质管道的配管设计

① 按 GB 5044《职业性接触毒物危害程度分级》的规定来确定一种介质是否为极度危害毒介质，见表 2.27。

表 2.27 常用有毒介质举例

级　别	毒物名称
极度危害 （Ⅰ级）	汞及其化合物、苯、砷及其无机化合物、氯乙烯、铬酸盐、重铬酸盐、黄磷、铍及其化合物、对硫磷、羰基镍、八氟异丁烯、氯甲醚、锰及其无机化合物、氰化物
高度危害 （Ⅱ级）	三硝基甲苯、铅及其化合物、二硫化碳、氯、丙烯腈、四氯化碳、硫化氢、甲醛、苯胺、氟化氢、五氯酚及其钠盐、镉及其化合物、敌百虫、丙烯醛、钒及其化合物、溴甲烷、硫酸二甲酯、金属镍、甲苯二异氰酸酯、环氧氯丙烷、砷化氢、敌敌畏、光气、氯丁二烯、一氧化碳、硝基苯
中度危害 （Ⅲ级）	苯乙烯、甲醇、硝酸、硫酸、盐酸、甲苯、二甲苯、三氯乙烯、二甲基甲酰胺、六氯丙烯、苯酚、氮氧化物
轻度危害 （Ⅳ级）	溶剂汽油、丙酮、氢氧化钠、四氟乙烯、氨

② 除有特殊需要外，极度危害介质的管道应采用焊接连接。管道不宜埋地敷设，当工艺要求埋地敷设时，应有监测泄漏、防止腐蚀、收集有害流体等的安全措施。

③ 设置在安全隔墙或隔板内极度危害介质管道上的手动阀门应采用阀门伸长杆，且引至隔墙或隔板外操作。

④ 极度危害介质的管道不应布置在可通行管沟内。必须采用管沟敷设时，应采用防止气液在管沟内积聚的严格措施，并在进、出装置及厂房处隔断。管沟内的污水，必须引到专用污水接受槽进行处理。

⑤ 在极度危害介质的生产区和使用区内，应设置安全喷淋洗眼器。

⑥ 极度危害介质的管道排放点不得直接排入下水道及大气中，而应排入封闭系统。

⑦ 输送极度危害介质的管道不得穿越居住区或人员集中的生产管理区。

⑧ 管道穿过为隔离极度危害介质的建筑物隔离墙时应加套管，套管内的空隙应采用非金属柔性材料充填。极度危害介质管道上的焊缝不得在套管内，并距套管端口不小于 100mm。

⑨ 极度危害介质的管道不得穿过与其无关的建筑物。极度危害介质的采样管道不得引入化验室。

⑩ 极度危害介质管道的放空和排净应设置双阀，应排入封闭系统。另外，高度危害介质

管道的放空和排净应设置双阀，当设置单阀时，应加盲板或法兰盖。

⑪ 管道材料

　　a. 输送极度危害介质的压力管道应采用优质钢制造，宜选用无缝管。

　　b. 普通铸铁和铸铝不得用作极度危害介质的管道，奥氏体不锈钢焊接钢管不得用于毒性程度为极度危害的介质。

　　c. 输送极度危害介质的管道用闸阀、截止阀和止回阀应选用严密性好、安全可靠的化工专用阀门。

　　d. 阀门宜采用旋塞型结构，带螺纹阀盖的阀门不得用于极度危害介质的管道。

　　e. 极度危害介质管道的法兰连接最低公称压力不宜低于 2.0MPa。

　　f. 金属管道除需要采用法兰连接外，均应采用焊接连接。

　　g. 法兰公称压力的选用至少留 25% 裕量，不能使用平板式滑套（平焊）法兰。

　　h. 采用软垫片时，应用榫槽面或凹凸面法兰。

　　i. 输送极度危害介质的管道法兰密封用垫片宜采用缠绕式垫片；紧固件应选用通丝螺柱。

　　j. 采用缠绕式垫片密封的低压极度危害介质管道的法兰连接，虽然管道的操作压力、温度不高，但使缠绕式垫片形成初始密封所要求的比压力较大，从而要求紧固件承受的载荷较大，在这种情况下就要求紧固件采用高强度合金钢制造。

　　k. 输送极度危害介质的管件不能使用脆性材料，选用不锈钢对焊管件的厚度应符合规定要求。

　　l. 支管连接优先采用无缝三通。

　　m. 采用无缝钢管或经 100% 无损探伤的焊接钢管、不锈钢管和对焊管件的壁厚应不小于 Sch10S。

　　n. 螺纹管件 $DN \leqslant 20mm$，并加密封焊；承插焊管件用于 $DN \leqslant 40mm$。

　　o. 不能用带填料的管道特殊件。

　　p. 焊口内不能使用分块的衬环。

　　q. 不能用钎焊接头及粘接接头。

⑫ 管道柔性

　　a. 极度危害介质的管道不允许出现剧烈循环。当有可能出现时，必须仔细进行管道布置，合理选用管道组成件，以降低计算的位移应力范围，防止出现剧烈循环现象。

　　b. 与极度危害介质设备相连接的管道不得采用冷紧。

　　c. 套管式或球形补偿器因填料容易松弛，发生泄漏，在极度危害介质的管道中严禁采用。

　　d. 极度危害介质管道的设计、安装和操作都应考虑到减少和消除振动载荷。

二十、苯管道的配管设计

① 苯在常温下为一种无色、有甜味的透明液体，并具有强烈的芳香气味。苯可燃，有毒，也是一种致癌物质。由于苯的挥发性大，暴露于空气中很容易扩散。人和动物吸入或皮肤接触大量苯，会引起急性和慢性苯中毒。长期吸入会侵害人的神经系统，急性中毒会产生神经痉挛甚至昏迷、死亡。在白血病患者中，有很大一部分有苯及其有机制品接触历史。

② 按 SH 3501《石油化工有毒、可燃介质管道工程施工及验收规范》规定，毒性程度为极度危害介质的苯管道为 SHB 等级。按 GB 5044《职业性接触毒物危害程度分级》和 TSG R1001《压力容器压力管道设计许可规则》确定是 GC1。

③ 苯管道一般不埋地敷设，可架空敷设，有泄漏时易发现。如果万不得已必须埋地敷设，沟内填满细沙，并定期检查管道使用情况。GB 50316 也有同样的规定。

二十一、气力输送介质管道的配管设计

气力输送（又称气流输送），即利用气流的能量，在密闭管道内沿气流方向输送颗粒状物料，是流态化技术的一种具体应用。气流输送装置（图 2.137）的结构简单，操作方便，可作水平的、垂直的或倾斜方向的输送，在输送过程中还可同时进行物料的加热、冷却、输送和气流分级等物理操作或某些化学操作。气力输送装置属于密相中压气力输送，适用于不易破碎颗粒、粉料气力输送、物料的输送，广泛应用于化工、医药、粮食的行业。

① 气力输送介质管道的布置应使管道短，弯头数量少。水平管段不宜过长，且管道不得有死角和"袋形"出现。

② 气力输送介质管道的布置应采用大曲率半径的弯管，弯管的曲率半径应根据输送方式、物料的特性、工艺要求和流动方向确定，且应满足 PID 或风送系统制造商的要求。

③ 在供料器后的气力输送介质管道应设置一段直管段，直管段的长度应满足 PID 或风送系统制造商的要求。

④ 气力输送管道的水平走向直管段不宜太长。当水平直管段较长时，应在水平管段中间加一段垂直管段，然后管道继续水平走向。

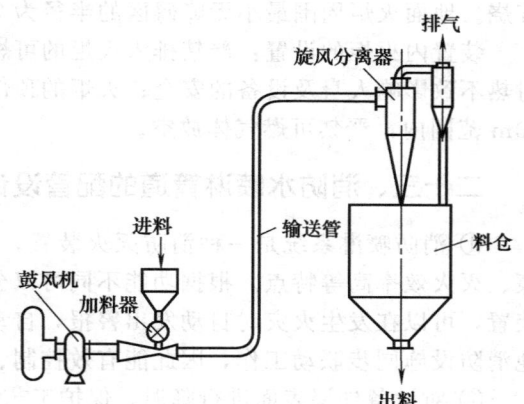

图 2.137 某气力输送介质系统简略示意图

⑤ 气力输送介质管道应有可靠的静电接地设施，管道上的法兰宜跨接。

⑥ 气力输送管道应满足操作、安装、检修、事故处理的要求，在垂直管道的下部或水平管道的适当部位应设置拆卸短管，供管道堵塞时清料使用。

⑦ 对气力输送管道系统的管道，必须设置牢固的管支架。设计时不仅要考虑支承其全部重量，同时还应考虑其振动因素。

⑧ 气力输送系统应有粉尘防爆措施，对风送系统内各种设备的排气口，都应接到除尘系统，不得有粉尘在装置内泄漏。

⑨ 所有气流输送管道的端部焊接前必须采用机械加工。所有管道端部的坡口应打磨光滑、无毛刺、锐角。

二十二、火炬管道的配管设计

① 火炬管道应架空敷设。

② 火炬管道坡度不应小于 2‰，管道应坡向分液罐、水封罐；管道沿线出现低点，应设置分液罐或集液罐。火炬总管应坡向装置边界线处的分液罐或全厂火炬总管。

③ 装置内火炬总管一般布置在主管廊上层的边缘，或沿管廊柱成 T 形管架支承火炬总管。

④ 确定火炬总管位置时，要考虑安全阀及其排放管高于火炬总管，并不宜有"袋形"，否则，应采取排液措施。排放管应顺介质流向 45°斜接到火炬总管顶部，尽可能地减少局部阻力。

⑤ 火炬管道如果有阀门，要铅封开。如果是闸阀，不得竖直安装，以防阀杆断裂，闸板重力落下关闭。当火炬总管在装置边界线处设有"8"字盲板和切断阀时，应在切断阀前（装置内侧）设 $DN20 \sim DN40$ 排凝管，并在根部设双道切断阀。凝液应回收，不得随意排放。

⑥ 火炬总部应在可能吹扫全部管道的端部设蒸汽或氮气吹扫管。当扫线介质为蒸汽时，火炬总管应设水平敷设的"π"形补偿器或波纹补偿器。

⑦ 火炬总管应有防止滑落的管卡或挡铁。管道宜设管托或垫板；管道公称直径大于等于 $DN800$ 时，滑动管托或垫板应采取减小摩擦因数的措施。管道有振动、跳动可能时，应在适当位置采取径向限位措施。

⑧ 在火炬总管上，不得有死角，当改变管道走向时，应采用 $R \geqslant 1.5DN$ 弯头。

⑨ 火炬系统。通常由火炬气分离罐、火炬气密封罐、火炬烟囱、火炬管道四个部分组成。火炬形式可分为高空火炬和地面火炬。高空火炬由烟囱（包括牵索支承和自由支承两种）、火炬头、长明灯、辅助燃料系统、点火器及其他辅助设备组成。地面火炬不能用于有毒物质的焚烧。地面火炬周围最小无障碍区的半径为 76～152m，且应设围墙以确保安全。

装置内火炬的设置：严禁排入火炬的可燃气体携带可燃液体；火炬的高度，应使火焰的辐射热不致影响人身及设备的安全；火炬的顶部，应设长明灯或其他可靠的点火设施；距火炬筒 30m 范围内，严禁可燃气体放空。

二十三、消防水喷淋管道的配管设计

① 消防喷淋系统是一种消防灭火装置，是应用十分广泛的固定消防设施，它具有价格低廉、灭火效率高等特点。根据功能不同可以分为人工控制和自动控制两种形式。系统安装报警装置，可以在发生火灾时自动发出警报，自动空制式的消防喷淋系统还可以自动喷水并且和其他消防设施同步联动工作，因此能有效控制、扑灭初期火灾。

② 对设备外层表面进行降温，保护工艺设备以防止火灾影响和预防产生危险压力。

③ 消防及降温喷淋水管道应与生产、生活给水管道分开设置，采用独立的消防及喷淋给水管道。干管敷设可分地上和地下两种。

　a. 装置区域内干管宜设置在地下，并埋设在冰冻线以下。

　b. 干管敷设在地上时，应布置在沿主要道路且安全、易接近的地方。

④ 喷淋水系统地下水管应设置在距酸性或腐蚀性排水管不小于 2.5m 处，喷淋水干管宜高出排水管 0.5m。从干管引出的喷淋水支管不应有袋形管段。

⑤ 除有防腐要求的水管需用特殊衬里管道外，管道宜采用镀锌无缝钢管。水喷淋喷嘴应采用不锈钢或铜合金材料。喷嘴或喷淋孔一般应安装在距设备（或保护层）表面 600mm 之内。设备顶部和侧面喷淋孔宜设在朝下 45°的方位。设备底部的喷淋孔宜设在朝上 45°喷淋孔或喷嘴应布置在水所能覆盖的设备的位置上。

⑥ 在供给喷雾、喷淋系统的水管上，应设过滤器以防止水中固体杂质堵塞喷头，避免固体杂质堵塞喷嘴。过滤器的有效面积最小应为连接管吸入面积的 4 倍，且过滤器要设置在易接近的区域。

⑦ 除在水喷淋系统供水主管上设有自动或手动开启装置外，喷淋支管上不应有切断阀。在任何情况下，自动或手动开启装置应设在距喷淋设备较远的、火灾时操作人员易接近的区域，对于储罐区应设在围堰外侧。

⑧ 消防喷淋系统水管与地下消防水干管连接处，应有防冻和切断喷淋系统后的放空设施。

⑨ 消防事故处理阀如消防水用阀、消防蒸汽用阀等应分散布置，且要考虑到事故时的安全操作。这类阀门要布置在控制室后、安全墙后、厂房门外或与事故发生处有一定安全距离的地带，以便发生火灾事故时，操作人员可以安全操作。

⑩ 喷雾、喷淋系统的进水总管，除另有规定外，一般均为环形管网供水，有两个供水点。为了确保安全使用，所有喷雾、喷淋系统的手动控制阀门应设在装置边界之外的道路边侧。

⑪ 设备的水喷淋布置示意图及实例如图 2.138 所示。

第二章 通用配管设计 | 143

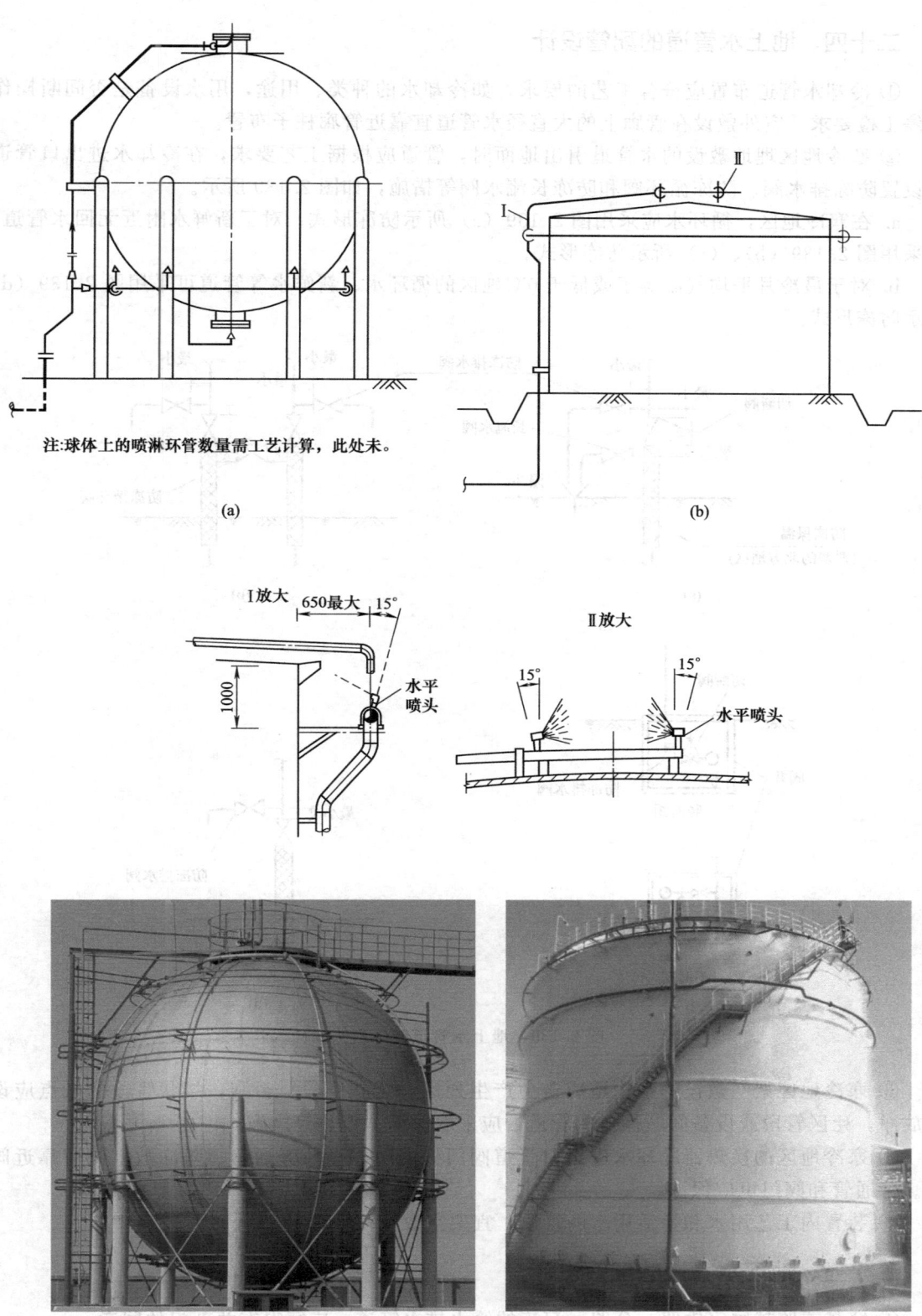

图 2.138 设备的水喷淋布置示意图及实例

二十四、地上水管道的配管设计

① 冷却水管道布置应符合工艺的要求,如冷却水的种类、用途,用水设备是否间断操作及停工检要求。室外敷设在管廊上的大直径水管道宜靠近管廊柱子布置。

② 寒冷地区埋地敷设的水管道引出地面时,管道应根据工艺要求,在冷却水进出口管道上设置防冻排水阀、防冻循环阀和防冻长流水阀等措施,如图 2.139 所示。

a. 在寒冷地区,循环水应采用图 2.139(a)所示防冻形式。对于新鲜水附近无回水管道,可采用图 2.139(b)、(c)所示防冻形式。

b. 对于最冷月平均气温等于或低于 0℃地区的循环水、新鲜水等管道可采用图 2.139(d)所示防冻形式。

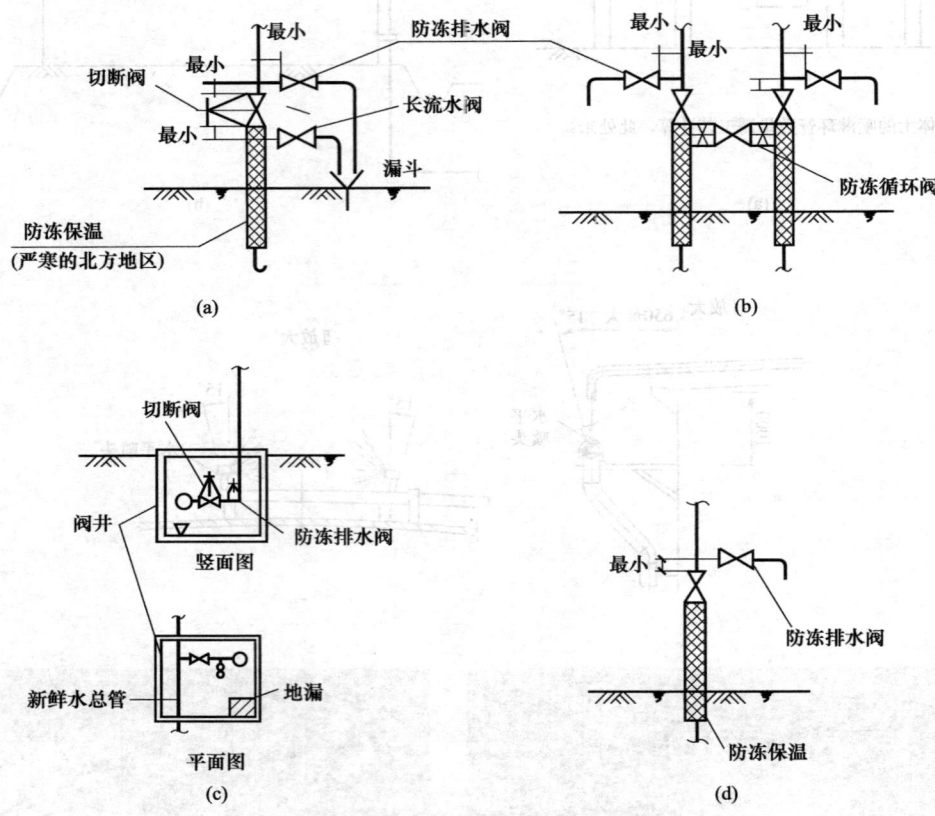

图 2.139 地上水管道防冻形式

③ 寒冷地区架空敷设的水管道应避免产生死区和袋状管段。否则,袋状管段的低点应设置放净,死区管段或设备间断操作的管道,应采取保温、伴热等措施。

④ 寒冷地区的换热器冷却水进出口管道阀门处的防冻循环旁通管、防冻放空阀应靠近阀门。旁通管和阀门也应保温。

⑤ 装置内工艺用水和生活用水的管道,宜架空敷设在管廊上。

二十五、地下水管道的配管设计

① 穿越或跨越国家铁路、公路、河流的给水排水管道,应征得有关部门的同意。

② 装置(单元)给水排水管道的进、出口方位,应结合全厂性给水排水管道的布置确定,并应减少进、出口管道的数量。

③ 给水排水管道不得穿过设备基础、柱基础和建筑物的伸缩缝、沉降缝。如必须穿过时，应采取相应的措施。

④ 生活给水管道应采取卫生防护措施，严禁与非生活给水管道直接连接。当生活给水管道穿过地下有污染的地段时，应采取防止生活给水受污染的措施。

⑤ 生活给水管道的放水管、水池溢流管应有防止受污染的隔断措施。

⑥ 严禁在高压消防水管道上接出非消防用水管道。

⑦ 对含可燃液体污水管道的设置应符合 GB 50160《石油化工企业设计防火规范》的有关规定。

⑧ 埋地管道上的阀门可地下或半地下设置。当地下设置时，阀门可设在阀门井或套筒内，计量仪表应设置在仪表井内。

⑨ 工厂重力流排水管道的出水口受水体洪水或潮水位顶托时，应设置防潮门、提升泵。

⑩ 给水排水干管的平面布置和埋深，应根据地形、工厂总平面布置、给排水负荷、道路型式、冰冻深度、工程地质、管道材质、施工条件等综合考虑确定。

⑪ 厂区内主干管，宜靠近水负荷大的装置（单元）敷设。

⑫ 主要装置（单元）的循环冷却给水管道采用灰口铸铁管时，应环状布置。

⑬ 埋地给水排水管道平行敷设时的最小净距，应符合下列规定：管径小于等于 200mm 时，管道间净距不宜小于 300mm；管径为 250~600mm 时，管道间净距不宜小于 400mm；管径大于 600mm 时，管道间净距不宜小于 500mm。管道外壁与相邻管道上的给水排水井外壁的净距不宜小于 150mm。相邻管道底标高不同时，较深管道宜敷设在较浅管道外缘或管道基础底面外缘的地基土的安息角以外。

⑭ 室内给水排水管道不应从配电室、控制室、天秤室、色谱室等室内通过。严禁布置在遇水会损坏原料、产品和设备的上面和遇水会引起燃烧、爆炸的场所。

⑮ 给水排水管道穿过承重墙、建筑物基础时，应预留孔洞或设置套管，管顶上部净空不应小于建筑物的沉降量，且不应小于 0.1m。

⑯ 给水排水管道不宜在车行道下纵向敷设，如需敷设时应采取加固措施，但生产污水管道不应敷设于车行道下。

⑰ 埋地管道交叉时，应符合下列规定：管道间净距不宜小于 0.1m。小管径管道宜避让大管径管道，压力流管道宜避让重力流管道。采用铸铁管的生活给水管道应敷设于污水管道的上面，在交叉处 3m 范围内不得有管接头。当不能满足要求时，生活给水管道应采用钢管。重力流管道可采用倒虹吸管避让其他管道。

⑱ 埋地管道与建、构筑物外墙之间的水平净距不宜小于 3m，当不能满足时，管道应设在建筑物基础外缘安息角以外。

笔者负责某装置的工程设计，由于布置空间较少，埋地管道只能在设备基础附近找空间布置。如图 2.140（a）、(b) 所示，地下管道布置在设备基础旁边，一般不布置在基础下方或者承台（桩帽）的正下方。图 2.140（c）所示为地下管道在设备基础及管廊基础缝隙之间的布置设计示意图。

⑲ 管道穿越厂区铁路和主要道路（不设套管）时，应符合下列规定：压力流管道宜采用钢管，重力流管道宜采用给水铸铁管或预应力钢筋混凝土管，给水排水管道宜同沟敷设。

⑳ 设计压力流输水管道时，应进行水锤计算，必要时应采取消除水锤的措施。

㉑ 重力流管道在检查井处变换管径时，宜管顶平接。

㉒ 给水管道的下列部位应设置阀门：由干管接至装置（单元）的管道；室内给水的进户管；两根及两根以上输水管道的分段和连通处；厂区环状管网的分段和分区处；穿越或跨越铁路和河流的管道上游侧。

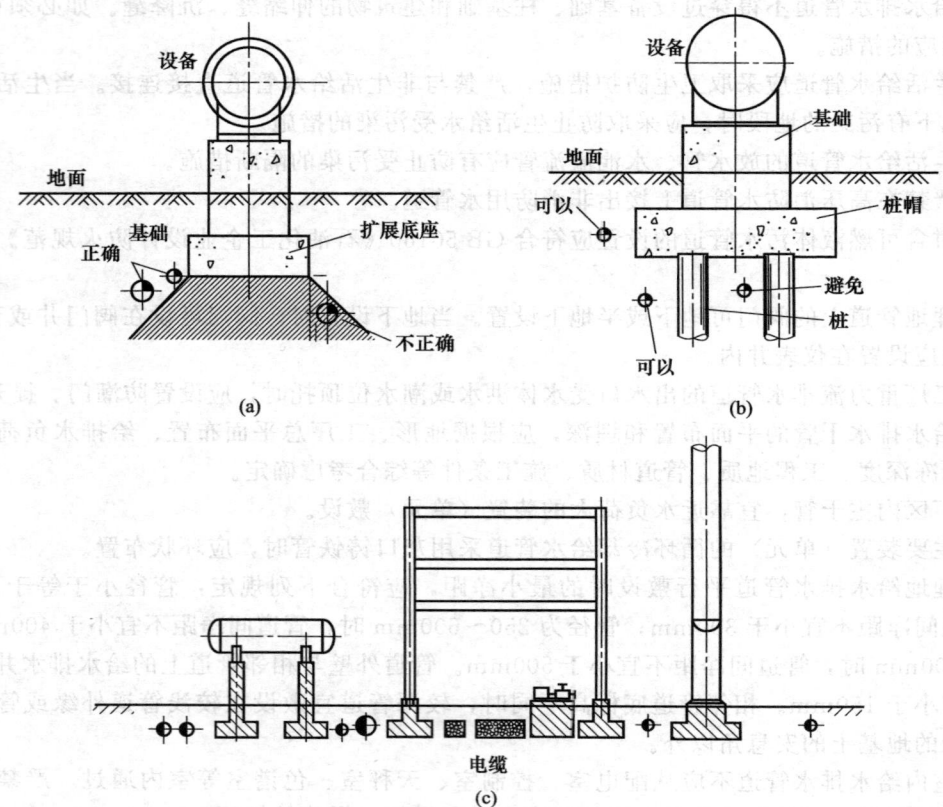

图 2.140　埋地管道在设备、管廊基础邻近位置的布置设计示意图

㉓ 压力流管道的隆起点和平直段的必要位置上，应设排（进）气阀、低处应设泄水阀。其数量和直径应通过计算确定。

㉔ 管径大于等于 800mm 给水管道上的阀门直径可比管径小一级。

㉕ 埋地管道的基础处理，应根据土壤性质、管道材质、外部载荷及地下水水位等因素确定，并应符合下列规定：压力流管道，当地基为原土时，可直接敷设。当为基岩时，应做 15～20cm 厚的砂垫层；当为回填土、淤泥、流沙软弱土质或其他承载能力达不到设计要求的地基时，必须进行地基和基础处理；重力流排水管道采用混凝土管、钢筋混凝土管时，宜做带形混凝土基础。

㉖ 压力流承插式管道在垂直或水平方向转弯处支（挡）墩的设置，应根据管径、转弯角度、试压标准、接口摩擦力和土壤承载力等因素，通过计算确定。

㉗ 给水排水管道的埋设深度，应根据土壤冰冻深度、外部载荷、管径、管材、管内介质温度及管道交叉等因素确定，并应符合下列规定。

a. 不考虑季节性冻土地区，管顶覆土厚度不宜小于 0.7m。当穿越厂区铁路时，管顶距铁路轨底不应小于 1.2m，在保证管道受外部载荷不被破坏的条件下，埋设深度可酌情减小。

b. 考虑季节性冻土地区管道埋深规定：循环水管道可不受冻土深度限制，但对管径较小和间断用水可能冻结的管道应敷设在土壤冰冻线以下；管径小于 500mm 的其他给水管道，管顶不宜高于土壤冰冻线；管径大于等于 500mm 的其他给水管道，其管底可敷设在土壤冰冻线以下 0.5 倍的管径；重力流管道（如生活污水管道、生产污水管道）的干管、支干管管底可在土壤冰冻线以上 0.15m；雨水管道敷设在土壤冰冻线以上时，应有防止土壤冻胀破坏管道及接口的措施。

㉘ 厂区地下消防给水干管一般设计为环网或与城镇给水管道连成环网，厂区支管和接户管可布置成枝状。给水管道宜与道路中心线或主要建筑呈平行敷设，并尽量减少与其他管道的交叉。

㉙ 管道的平面净间距应符合下列要求：满足管道敷设、砌筑阀门井、检查井及膨胀伸缩节等所需的距离；投入使用后维护管理及更换管道时不损坏相邻的地下管道、建筑物及构筑物的基础；管道损坏时，管内液体不污染生活饮用水管，不冲刷浸蚀建筑物及构筑物基础，不造成其他不良后果；给水管及排水管离建筑物、构筑物的平面最小净距离按表 2.28 确定。

表 2.28　给水管和排水管离建筑物及构筑物的平面最小净距离　　　　　　　　　　　m

名　称	给水管 $d>200$mm	给水管 $d\leqslant200$mm	污水管	雨水管	排水盲沟
建筑物	3～5	3～5	3.0	3.0	1.0
铁路中心线	4.0	4.0	4.0	4.0	4.0
城市型道路边缘	1.5	1.0	1.5	1.5	1.0
郊区型道路边沟边缘	1.0	1.0	1.0	1.0	1.0
围墙	2.5	1.5	1.5	1.5	1.0
照明及通信电杆	1.0	1.0	1.0	1.0	1.5
高压电线杆支座	3.0	3.0	3.0	3.0	3.0
乔木	1.0	1.0	1.5	1.5	1.5
灌木	—	—	—	—	1.0

㉚ 给水管和排水管离其他管道的水平与垂直最小净距离按表 2.29 确定。

表 2.29　给水管和排水管离其他管道的最小净距离　　　　　　　　　　　mm

管道名称		水平净距离					垂直净距离				
		给水管 $d\leqslant200$mm	给水管 $d>200$mm	污水管	雨水管	排水盲沟	给水管 $d\leqslant200$mm	给水管 $d>200$mm	污水管	雨水管	排水盲沟
给水管 $d\leqslant200$mm		0.5	1.0	1.0	1.0	1.0	0.10	0.15	0.1～0.15	0.1～0.15	—
给水管 $d>200$mm		1.0	1.0	1.5	1.5	1.0	0.15	0.15	0.1～0.15	0.1～0.15	—
污水管		1.0	1.5	0.8～1.5	0.8～1.5	0.8～1.5	0.1～0.15	0.1～0.15	—	—	—
雨水管		1.0	1.5	0.8～0.15	0.8～0.15	0.8	0.15	0.15	—	—	—
热力管沟		0.5	1.0	1.0	1.0	1.0	—	—	—	—	—
直埋式热水管		1.0	1.0	1.0	1.0	—	0.1～0.15	0.1～0.15	—	—	—
煤气管	低压	0.5～1.0	0.5～1.0	1.0	1.0	1.5	0.1～0.15	0.1～0.15	—	—	—
	中压	1.5	1.5	1.5	1.5	1.5	0.15	0.15	—	—	—
	高压	2.0	2.0	2.0	2.0	1.5	0.20	0.20	—	—	—
	特高压	5.0	5.0	5.0	5.0	2.0	0.20	0.20	—	—	—
压缩空气管		1.5	1.5	1.5	1.5	1.0	0.15	0.15	—	—	—
乙炔、氧气管		1.5	1.5	1.5	1.5	1.5	0.25	0.25	—	—	—
石油管		1.5	2.0	1.5	1.5	1.5	0.25	0.25	—	—	—
电力电缆		1.0	1.0	1.0	1.0	1.0	0.5(0.25)	0.5(0.25)	0.5(0.25)	0.5(0.25)	—
通信电缆		1.0	1.0	1.0	1.0	1.0	0.5(0.15)	0.5(0.15)	0.5(0.15)	0.5(0.15)	—
架空管架基础		3.0	3.5	3.0	3.0	3.0	—	—	—	—	—
涵洞基础底		—	—	—	—	—	0.15	0.15	0.15	0.15	—

注：1. 煤气管道压力：低压不超过 49kPa；中压 49～147kPa；高压 148～294kPa；特高压 295～981kPa。
2. 特殊情况下不能满足表中数字要求时，在与结构专业协商采取有效措施后，表中数字可适当减少。
3. 在"电力电缆""通信电缆"栏中，带括号者为穿管敷设，不带括号者为直埋敷设。

㉛ 给水管管材应根据水压、水质、外部载荷、土壤性质、施工维护和材料供应等条件确定。一般可选用：镀锌钢管，铸铁管，钢管，自应力钢筋混凝土管，硬聚氯乙烯给水管，不锈钢管等。

㉜ 阀门应设在阀门井内。在寒冷地区的阀门井应采取保温防冻措施。厂区绿地和道路需要洒水时，可设洒水栓，洒水栓的间距不宜大于80m。如用旋转喷头，按产品要求确定。

㉝ 厂区内排水管道的最小管径和最小设计坡度宜按表2.30采用。

表2.30 最小管径和最小设计坡度

管 别	位 置		最小管径/mm	最小设计坡度
污水管道	接户管	建筑物周围	150	0.007
	支管	装置界区内道路下	200	0.004
	干管	厂区道路、市政道路下	300	0.003
雨水管和合流管道	接户管	建筑物周围	200	0.004
	支管及干管	厂区道路、市政道路下	300	0.003
雨 水	连接管	—	200	0.010

注：1. 任何直径的排水管道，其坡度不应大于0.15。
2. 管径超过900mm时，最小设计坡度不得小于0.001。
3. 污水管道接户管最小管径150mm，服务人口不宜超过250人，超过250人的最小管径宜用200mm。

㉞ 排水管道的管材应根据排水性质、成分、温度、地下水侵蚀性、外部载荷、土壤情况和施工条件等因素，因地制宜就地取材。一般按下列规定选用：重力流排水管可采用混凝土管或钢筋混凝土管、铸铁管；穿越管沟、河道、生产装置界区内等特殊地段或承压管段可采用钢管或铸铁管。

㉟ 输送腐蚀性污水的管道必须采用耐蚀的管材，其接口及附属构筑物也必须采取防腐措施。

㊱ 雨水检查井和跌水井一般宜采用砖砌井筒和铸铁井盖及井座，方便施工和经常开启，若有特殊要求也可采用钢筋混凝土井筒。如位置在道路及铺砌地坪以外，根据情况井盖可高出所在处的地面。生活污水检查井在条件允许时应采用钢筋混凝土井筒，生产污水检查井、水封井应采用钢筋混凝土井筒。厂区内的直线管段上检查井间的最大间距，一般可按表2.31。

a. 检查井位置，一般设在下列各处：管道的交接处和转弯处；管径或坡度的改变处和跌水处；雨水口连接管和雨水管道的连接处；直线管道上每隔一定距离处；对于纪念性建筑，高级民用建筑，检查井应尽量避免布置在主入口处。

表2.31 检查井的最大间距

管径/mm	最大间距/m	
	污水管道	雨水管和合流管道
150	20	—
200~300	30	30
400	30	40
≥500	—	50

b. 检查井的内径尺寸和构造要求应根据管径、埋深、地面载荷、便于养护检修并结合当地实际经验确定。一般采用圆形，各部分尺寸符合下列要求：井口、井筒和井室的尺寸，应便于养护检修和出入安全；工作室高度在管道埋设许可时，一般为1.8m，污水检查井由流槽顶起算，雨水管或合流管检查井由管底起算；排水接户管埋深小于1.0m时，采用小井径检查井，尺寸一般为700mm。

二十六、易凝介质管道的配管设计

① 输送易凝介质管道应使管道尽量短，特别是水平直管段不宜过长，应减少弯管，避免

"死角"和"袋形"管道出现。

② 支管与主管的连接应顺介质流向斜接，夹角不宜大于45°。液体中含有固态物料的管道，其水平管道的分支管应从主管的顶部或侧面引出。

③ 含有大量固态物料的浆液管道和高黏度液体管道应有坡度。坡度大小因物料性质差异而不同，应满足工艺要求。

④ 某些装置如催化、焦化、减黏、氧化沥青、硫黄回收等装置。应按工艺专业对固态物料、含固态物料及易凝介质的管道所提出的特殊要求进行管道布置。

⑤ 易凝介质管道上的扫线口，应尽量设在管道的端部或切断阀处。扫线阀应尽量靠近易凝介质管道安装。

⑥ 易凝介质管道的支管及旁通管上的阀门，应尽量靠近主管安装，并避免产生"盲肠"。

⑦ 在连续拐弯和较长的易凝介质管道上，应装拆卸法兰。

⑧ 带有蒸汽夹套的易凝介质管道设计（除有特殊要求外），应符合夹套设计规范中的有关规定。

⑨ 由主管引出的支管上的阀门应尽量靠近主管。若支管是由主管上部引出，而水平敷设时，阀门应安装在靠近主管的水平管上。

⑩ 管道上的阀门宜选用法兰闸阀，且阀杆应尽量竖直向上安装，若不能竖直安装时可水平或倾斜安装，但不应低于水平方向安装。

第十一节 管件的配管设计

一、疏水阀前异径管的配管设计

① 同心为同一中心轴的位置，偏心为小头的中心轴位置大头为偏离小头中心轴。
② 当大小头布置在疏水阀前的立管上时，用同心的，防止阻力大。
③ 当大小头布置在疏水阀前的水平管上时，用底平偏心的，防止同心的造成积液。

二、泵入口前异径管的配管设计

① 对于水平吸入的离心泵，当进口管有变径时，偏心异径管与泵的进口间宜设置一段直管段。当管道从下向上进泵时，应采用顶平安装；当管道从上向下进泵时，宜采用顶平安装，并在低点设置放净。但输送含有固体介质或浆液时，水平管段上偏心异径管应底平安装。

② GB 50316《工业金属管道设计规范》、API RP686《机械装置和装置设计的推荐实施规程》规定：离心泵入口处水平的偏心异径管一般采用顶平布置，但在异径管与向上弯的弯头直接连接的情况下，可采用底平布置。异径管应靠近泵入口。

三、其他位置异径管的配管设计

① 管廊上水平管道变径连接，如无特殊要求，一般应选用底平偏心异径管。
② 垂直管上宜选用同心异径管。
③ 在三通附近设置异径管时，对于汇流三通，异径管应布置在汇流前的管道上；对于分流三通，异径管应布置在分流后的管道上，见图2.141。
④ 平焊钢法兰不能直接与无缝大小头焊接，必须有一直管段，见图2.142。

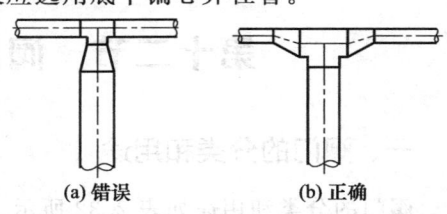

图 2.141 三通附近异径管的设置

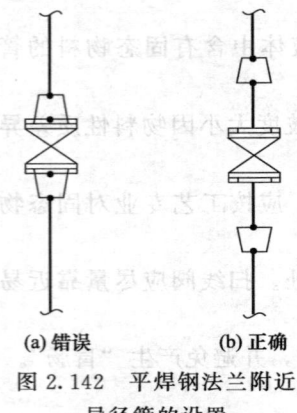

图 2.142 平焊钢法兰附近异径管的设置

四、调节阀两侧管道上的异径管的配管设计

① 调节阀两侧管道上的异径管应紧靠调节阀。
② 调节阀两侧管道上的异径管宜采用底平布置。

五、弯头的配管设计

① 弯头宜选用曲率半径等于 1.5 倍公称直径的长半径弯头；输送气固、液固两相流物料的管道应选用大曲率半径弯管。

② 斜接弯头的弯曲半径不宜小于其公称直径的 1.5 倍，斜接角度大于 45°时，不宜用于毒性为极度和高度危害、可燃介质管道或承受机械振动、压力脉动及由于温度变化产生交变载荷的部位。

③ 弯头宜选用长半径弯头（$R=1.5DN$）。当选用短半径弯头（$R=1.0DN$）时，其最高工作压力不宜超过同规格长半径弯头的 0.8 倍。

④ 导向支架不宜靠近弯头和支管连接处。

⑤ 平焊法兰不应与无直管段的弯头直接连接，见图 2.143。

⑥ 机泵润滑油系统的碳素钢管道每段管道上的弯头不宜超过 2 个。

⑦ 分支管的弯头，不能直接与主管相接，应在主管上焊 50~200mm 的短管，再与弯头相接，见图 2.144。

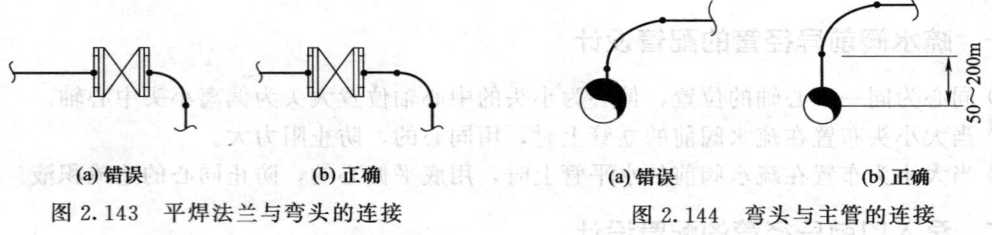

图 2.143 平焊法兰与弯头的连接　　图 2.144 弯头与主管的连接

六、其他管件的配管设计

① 阀门和其他静密封接头宜安装在管道支撑点的附近。

② 由于在裙座内法兰或螺纹连接处的泄漏不容易发现，存在安全隐患，另外也不便于施工和检修，除工艺有特殊要求外，塔、反应器、立式容器等设备裙座内的管道上不得布置法兰和螺纹接头。

③ 为了便于润滑油管道清洗及酸洗钝化，机泵润滑油系统的碳钢管道、输送有固体沉积及结焦介质的管道等应分段设置法兰。机泵润滑油系统的碳钢管道每段管道上的弯头不宜超过 2 个。

④ 机泵润滑油系统的润滑油主管的末端，应用法兰盖封闭。

⑤ 采用异径法兰连接时，输送介质的流向宜自小口径流向大口径。

第十二节　阀门及小型管道设备的布置

一、阀门的分类和用途

阀门的分类和用途如表 2.32 所示。

表 2.32 阀门的分类和用途

分类	主 要 特 性	主 要 用 途
闸阀	启闭件(闸板)由阀杆带动,沿阀座密封面做升降运动。流阻小,允许介质双向流动	主要用于截断或接通管路中的介质流。一般用于低温、低压大管径上
截止阀	启闭件(阀瓣)由阀杆带动,沿阀座(密封面)轴线做升降运动。密封性能比闸阀好。流阻较大,高度大	主要用于截断或接通管路中的介质流。一般对介质流向有要求
球阀	启闭件(球体)绕垂直于通路的轴线旋转。启闭迅速	主要用于截断或接通管路中的介质流。常用于DN50以下管路
蝶阀	启闭件(蝶板)绕固定轴旋转。启闭迅速,流阻较闸阀和球阀大,结构尺寸小	主要用于截断或接通管路中的介质流。常用于公称尺寸大于等于DN50的低压管道
安全阀	利用介质本身的力来排除额定数量的流体,以防止系统内的压力超过预定的安全值	用于超压安全保护,排放多余介质,防止压力超过安全值
止回阀	启闭件(阀瓣)靠介质作用力自动阻止介质逆向流动	用于防止管路中的介质倒流
减压阀	通过启闭件的节流作用,将介质压力降低,并利用介质本身能量,使阀后压力自动满足预定要求	用于系统一次侧介质压力 P_1 大于二次侧压力 P_2 的场合
调节阀	阀体结构与截止阀相似,流量呈线性或等百分比特性	用于调节管路中介质的流量或压力
平衡阀	起到水力平衡作用的调节阀。分静态和动态两类,动态又分自力式流量控制阀和自力式压差控制阀	对供暖和空调水力系统管网的阻力流量和压差等参数加以调节和控制,以满足管网系统按预定要求正常和高效运行
多用途阀	功能可替代两个或更多类型的阀门	用于操作空间非常有限的管道上

二、阀门布置的一般要求

① 阀门的设计类型和温压等级应按照 PID 和各工程规定中的配管材料等级来选用。

② 工艺管道及仪表流程图 (PID) 上与设备管口画在一起的阀门,应当直接与设备管口相连接。通常情况下切断设备用的阀门,在条件允许时应与设备设备管口直接相接,或尽量靠近设备。与装有剧毒介质的设备相连接的管道上的阀门,应与设备管口直接相接,该阀门不得使用链轮操作。与设备管口直接相接的阀门,设计时应特别注意阀门侧的法兰必须与设备管口上的法兰配对。当阀门上是凹面法兰时,要提请设备专业在相应的管口配置凸面法兰。

③ 极度危害介质、强腐蚀性介质的管道和设备上的阀门不应布置在人的头部高度范围。

④ 阀杆水平安装的明杆式阀门开启时,阀杆不得妨碍通行。

⑤ 平行布置管道上的阀门,其中心线应尽量取齐,手轮间的净距不应小于 100mm。为了减小管道间距,可把阀门错开布置,见图 2.145。

⑥ 对于带排气孔的阀门,排气孔宜朝向管道系统的高压侧布置。

⑦ 阀门安装时,应尽量不要使阀门承受外加载荷,以免应力过大损坏阀门。除非经过应力分析,否则低压阀门不可用于厚壁钢管的管道上。较大的阀门应在阀门的一侧或两侧设置支架,设置的原则为拆下阀门时不影响管道的支撑,一般支架距法兰 300mm 左右。

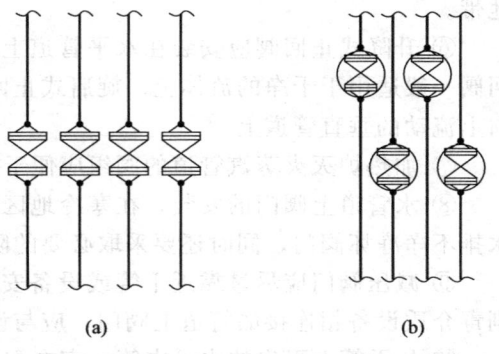

图 2.145 阀门手轮错开布置

如图 2.146 (a) 所示,该支架不应设在检修时需要拆卸的短管上,并考虑取下阀门时不应影响对管道的支承,修改为图 2.146 (b) 所示布置。

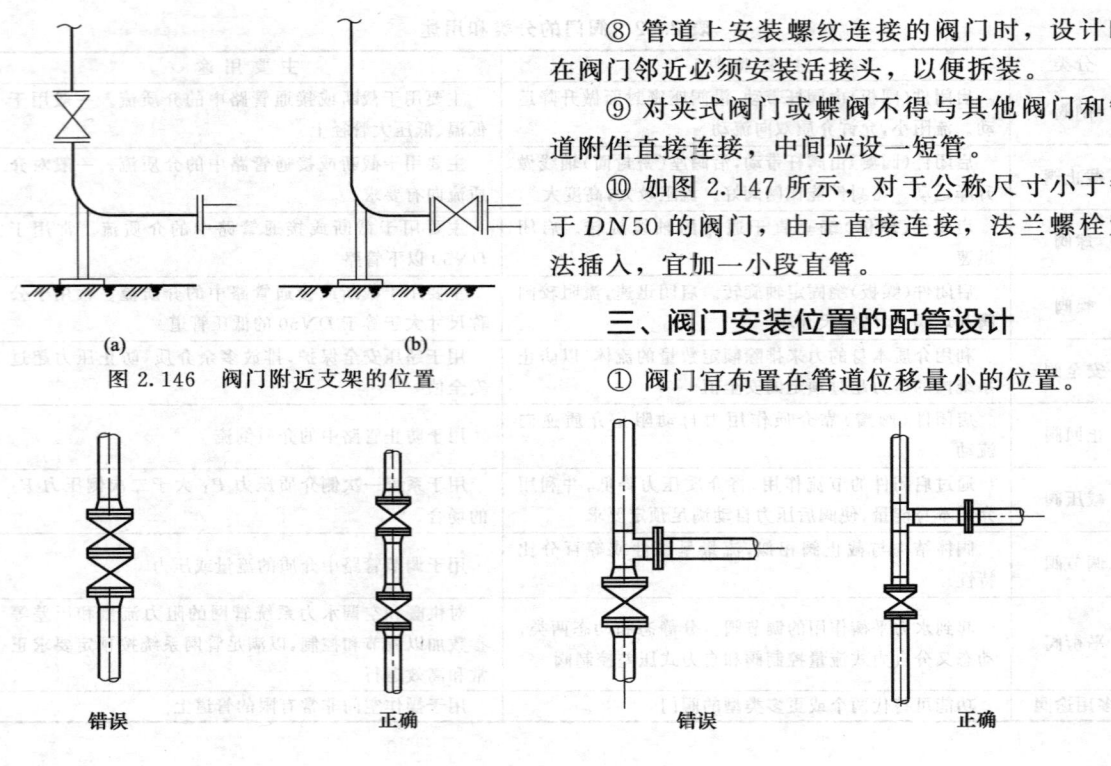

图 2.146　阀门附近支架的位置

图 2.147　阀门螺栓安装必要的间距

⑧ 管道上安装螺纹连接的阀门时，设计时在阀门邻近必须安装活接头，以便拆装。

⑨ 对夹式阀门或蝶阀不得与其他阀门和管道附件直接连接，中间应设一短管。

⑩ 如图 2.147 所示，对于公称尺寸小于等于 $DN50$ 的阀门，由于直接连接，法兰螺栓无法插入，宜加一小段直管。

三、阀门安装位置的配管设计

① 阀门宜布置在管道位移量小的位置。

② 除工艺有特殊要求外，塔、反应器或立式容器等设备底部管道上的阀门，不得布置在裙座内。

③ 液化烃设备抽出管道应在靠近设备根部设置切断阀。容积超过 $50m^3$ 的液化烃设备与其抽出泵的间距小于 15m 时，该切断阀应为带手动功能的遥控阀，遥控阀就地操作按钮距抽出泵的间距不应小于 15m。

④ 在进出装置界区处的管廊上的切断阀应集中布置并设置操作平台。

⑤ 装置界区的消防水和消防蒸汽的阀门应布置在发生事故时，操作人员易接近的安全地带。

⑥ 升降式止回阀应安装在水平管道上，立式升降式止回阀可装在垂直管道上。升降式止回阀一般适用于干净的流体上。旋启式止回阀应优先安装在水平管道上，也可安装在介质自下向上流动的垂直管道上。

⑦ 加热炉灭火蒸汽管道的阀组应便于操作，距炉体不得小于 15m。

⑧ 水管道上阀门的安装，在寒冷地区要考虑防冻问题，要避免阀前出现积液造成停工时水排不净冻坏阀门，同时还要采取必要的防冻措施，如加防冻排液阀及防冻循环阀等。

⑨ 减压阀门应尽量靠近干管或设备安装。与设备管口相连接的阀门宜直接连接，与装有剧毒介质设备相连接的管道上阀门，应与设备管口直接相接，该阀门不得使用链轮操纵。

⑩ 从干管上引出的水平支管，宜在靠近根部的水平管段设切断阀，防止积液，如图 2.148 所示。

⑪ 甲、乙、丙类设备区附近，宜设置半固定式消防蒸汽接头。在操作温度高于或等于自燃点的气体或液体设备附近，宜设固定式蒸汽筛孔管，其阀门距设备不宜小于 7.5m。加热炉的蒸汽分配管距加热炉炉体的距离不宜小于 7.5m。用于固定式灭火蒸汽筛孔管和半固定式接

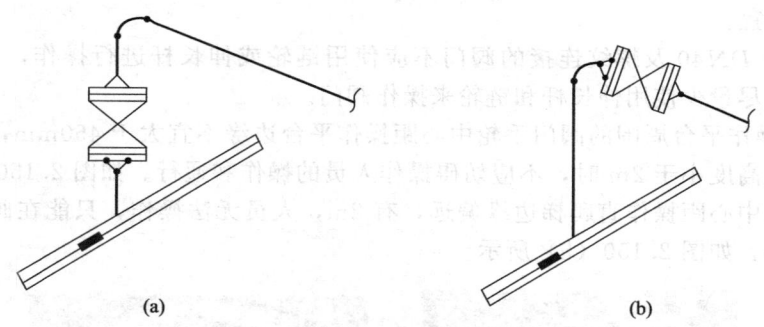

图 2.148　阀门附近支架的位置

头的灭火蒸汽管道上的阀门，应设在既安全又便于操作的地方。

⑫ 在蒸汽管道和压缩空气管道上，当系统压力比较高，而用户要求较低压力时，可采用减压阀减压的办法来满足用户的要求。减压阀应布置在易检修、振动小、周围较空的地方，不应布置在靠近移动设备和易受冲击的地方。减压阀可布置在距地面（楼面）1~2m以下的地方，靠墙设置，但占地较大。

⑬ 可燃液体输入管道上的紧急切断阀距铁路装卸栈台边缘不应小于10m。汽车装卸站内无缓冲罐时，装卸管道上的紧急切断阀距装卸鹤位的距离不应小于10m。

⑭ 隔断设备用的阀门宜与设备管口直接相接或靠近设备。与极度危害介质和高度危害介质的设备相连接时，管道上的阀门应与设备管口直接相接，且该阀门不得使用链轮操作。

⑮ 地下管道上的阀门应布置在阀门井或管沟内。若工艺有要求时，可设置阀门延伸杆。

⑯ 灭火蒸汽管道上的阀门布置宜符合下列要求：蒸汽筛孔管上的阀门距操作温度等于或高于自燃点的气体或液体的被保护设备不宜小于7.5m；灭火蒸汽管道上的阀门应布置在安全和便于操作的地方。

四、阀门操作的配管设计

① 装置区内的阀门应设在容易接近、便于操作、维修的地方。成排管道（如进出装置的管道）上的阀门应集中布置，并考虑设操作平台及梯子，如图2.149所示。地面以下管道上的阀门应设在阀井内，必要时，应设置阀门延伸杆。消防水阀井应有明显的标志。

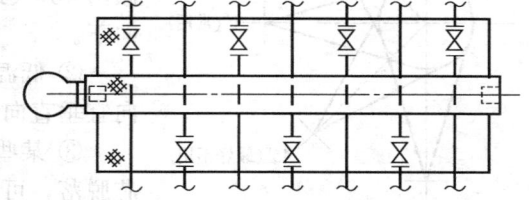

图 2.149　成排进出装置管道阀门的操作平台

② 需要经常操作、维修和更换的阀门，应位于地面、平台或靠近梯子容易接近处。气动阀和电动阀也同样应布置在方便接近的地方。对于不需要经常操作的阀门（只在开停车时使用），如果在地面上无法操作时，也应布置在能架设临时梯子的地方。

③ 阀门手轮的中心距操作面的高度为750~1500mm，最佳高度为1200mm，不需经常操作的阀门安装高度可达1500~1800mm。当安装高度无法降低且又需要经常操作时，设计时应考虑设操作踏步。

④ 阀门链轮和伸长杆

a. 阀门手轮中心距操作面的高度超过2000mm时，应设置链轮挂钩，链轮的链距地面宜为800mm左右。为不影响应链轮操作，将链子下端挂在靠近的墙上或柱子上。

b. 安装在管沟内的阀门需要在地面上操作的，或安装在上一层楼面（平台）下方的阀门，可设阀门伸长杆使其延伸至沟盖板、楼板、平台上面进行操作。伸长杆的手轮距操作面

1200mm 左右为宜。

c. 小于等于 DN40 及螺纹连接的阀门不应使用链轮或伸长杆进行操作，以免损坏阀门。通常情况下，应尽量少使用伸长杆和链轮来操作阀门。

⑤ 布置在操作平台周围的阀门手轮中心距操作平台边缘不宜大于 450mm，当阀杆和手轮伸入平台上方且高度小于 2m 时，不应妨碍操作人员的操作和通行。如图 2.150（a）所示，设备入口阀门手轮中心距操作直爬梯边缘偏远，有 2m，人员无法操作，只能在阀门旁边又额外增加了一个直梯，如图 2.150（b）所示。

图 2.150 阀门手轮距操作位置偏远

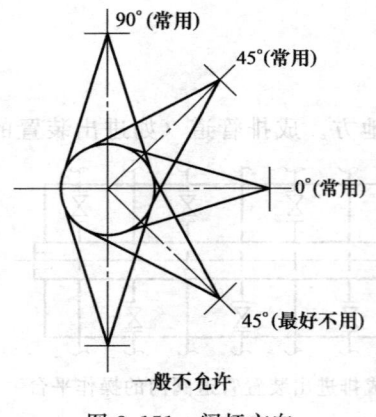

图 2.151 阀杆方向

五、阀杆方向的配管设计

① 除非工艺有特殊要求，水平管道上的阀门，阀杆方向可按下列顺序确定：垂直向上，水平，向上倾斜 45°，向下倾斜 45°（最好不用），如图 2.151 所示。一般不允许垂直向下。

② 低温介质管道上的阀门宜安装在水平管道上，阀杆方向宜垂直向上。

③ 某些工艺管线或安全阀前管线上的闸阀，为了防止阀芯脱落，可水平布置阀杆。

工程应用：阀杆方向垂直朝下引起的事故

笔者在某正在运行的工厂参观时，发现有一工艺危险介质物料水平管线的阀门阀杆垂直向下布置，阀杆垂直向下后，阀门手轮高度在 1.7m 左右，维护人员正好能够操作到。工艺对这条管线的阀门阀杆布置没有特殊要求，与厂内人员一起检查设计图纸，发现这是一起配管设计的错误，可能配管设计人员仅考虑到能够操作接触到手轮，才把阀杆垂直向下布置。

阀杆垂直朝下可能会产生以下问题：阀杆垂直朝下，在使用过程中，杂质等脏物的沉积，会使阀门的开关性变差；阀杆垂直朝下，操作人员容易碰到头；由于压力重力的原因会增加填料泄漏的概率；如果开关的时候盘根突然泄漏，可能造成危险管内介质喷到眼睛、鼻子、嘴上，引起安全事故；如果管内是液态介质，盘根滴漏时，更换填料极不方便，也不好维修；使介质长期留存在阀盖空间，容易腐蚀阀杆。

工程应用：蝶阀阀杆水平布置而手轮却朝下

某设备出口管道需装三偏心的蝶阀，管道是水平的，设计时，考虑到操作与碰撞问题，蝶阀的阀杆按水平方向设计，由于配管设计是用的三维软件，蝶阀的3D实体模型没有按照实际设置，设计人员认为阀杆是水平方向的，手轮也应在水平方向。但是，到施工现场后，发现阀门手轮却是向下的，如图2.152所示。

图 2.152　蝶阀阀杆水平布置而手轮却朝下

六、阀门的安装方向

① 许多阀门具有方向性，例如截止阀、节流阀、减压阀、止回阀等，如果装倒装反，就会影响使用效果与寿命（如节流阀），或者根本不起作用（如减压阀），甚至造成危险（如止回阀）。一般阀门，在阀体上有方向标志，如果没有，应根据阀门的工作原理，正确识别。

② 大口径闸板阀门不应布置在立管上，立管上大闸板容易损坏关不严。

③ 截止阀的阀腔左右不对称，流体要让其由下而上通过阀口，这样流体阻力小（由形状所决定），开启省力（因介质压力向上），关闭后介质不压填料，便于检修。其他阀门也有各自的特性。

④ 升降式止回阀应安装在水平管道上，若竖直安装，必须注意介质从阀门下方流入，上方流出。安装时要保证其阀瓣垂直，以便升降灵活。

⑤ 摇摆式止回阀，应安装在水平管道上。

⑥ 旋启式止回阀，安装时要保证其销轴水平，以便旋启灵活。

⑦ 减压阀要直立安装在水平管道上，各个方向都不要倾斜。

⑧ 隔膜阀，手动隔膜阀可以安装在任何位置，气动隔膜阀必须竖直状态安装。

⑨ 安全阀，垂直安装于竖直管线。

⑩ 蝶阀、单向阀，阀轴处于水平位置安装，不建议垂直安装。

⑪ 疏水阀安装应符合下列要求：热动力式疏水阀应安装在水平管道上；圆盘式（热动力型）疏水阀安装位置不受限制；浮球式疏水阀必须水平安装；双金属片式疏水阀安装位置不受限制，可水平安装或直立安装；脉冲式疏水阀一般装在水平管道上，阀盖朝上；倒吊桶式疏水阀应水平安装不可倾斜，在启动前可充水或打开疏水阀入口阀，待凝结水充满后再开疏水阀出口阀，长期停止使用时，要及时排出积水。

七、闸阀的适用范围及配管设计

① 闸阀是作为截止介质使用，在全开时整个流通直通，此时介质运行的压力损失最小。闸阀通常适用于不需要经常启闭，而且保持闸板全开或全闭的工况，不作为调节或节流使用。对于高速流动的介质，闸板在局部开启状况下可以引起闸门的振动，而振动又可能损伤闸板和阀座的密封面，而节流会使闸板遭受介质的冲蚀。闸阀的优点和缺点见表2.33。

② 闸阀闸板的运动方向与流体方向相垂直，闸阀只能作全开和全关，不能作调节和节流。闸阀密封性能好，阀全开阻力小，启闭省力，操作方便，多用于水、汽、油以及腐蚀性介质等的输送管道。双闸板闸阀宜装于水平管道上，阀杆垂直向上。单闸板闸阀可装于任意位置的管道上。闸阀允许介质双向流动。当闸阀部分开启时，闸板背向产生介质涡流，不宜长时间运行，否则会造成闸板的侵蚀和振动，损坏密封面，影响使用寿命。闸阀不宜用于带固体颗粒的料液。

表 2.33　闸阀的优点与缺点

优　点	缺　点
闸阀 (1)流体阻力小,压力损失小 (2)阀门启闭所需力矩小 (3)阀门内介质可双向流动 (4)结构较简单,制造工艺性相对较好 (5)密封性较截止阀好	(1)一般闸阀有两个密封面,加工制造较截止阀复杂 (2)密封面间有相对摩擦,磨损较大,密封面磨损后修理不方便 (3)阀门中腔结构尺寸大,致使结构长度长,外形尺寸大,安装空间大,大口径闸阀尤显笨重 (4)阀门启闭时间长 (5)能形成密闭阀腔,故需要时应设置防止中腔异常升压的泄压结构

③ 手轮、手柄及传动机构均不允许作起吊用,并严禁碰撞。

④ 双闸板闸阀应垂直安装,即阀杆处于垂直位置,手轮在顶部。阀门水平安装,是指阀门安装的管道和地平面(或水平面)为平行状态;垂直安装是指管道与地平面(或水平面)为垂直状态(90°)。这个水平和垂直都是指的管道,如图 2.153 所示。

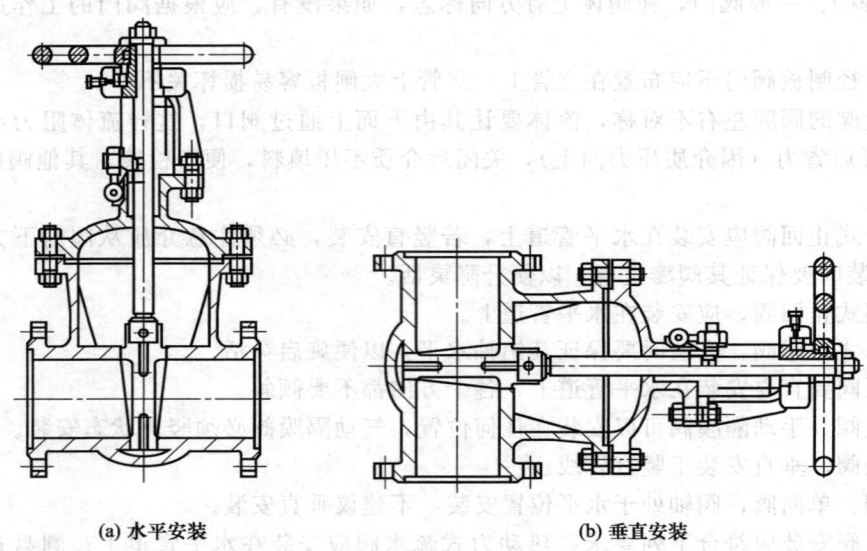

(a) 水平安装　　　　　　　(b) 垂直安装

图 2.153　闸阀的安装

⑤ 带有旁通阀的闸阀在开启前应先打开旁通阀(以平衡进、出口的压差及减小开启力)。

⑥ 暗杆楔式闸阀的阀杆在阀门开启或关闭时,只做回转运动,而不升降,所以阀杆的高度尺寸不大,也有利于阀杆填料的密封。为了确定闸板的启闭位置,可采用专门的指示器。楔式单闸板阀门在结构上比较简单,内部没有易磨损的零件,但是这种阀门的楔形密封面的加工和检修比较复杂。一般使用于温度在 250℃ 以下的介质中,温度较高时,由于阀门本体和闸板受到不均匀热膨胀的影响,楔式闸板有卡住的危险。如果楔式闸板的密封面经过高度精密的加工和仔细的研合调整,也可适用于较高的工作温度。楔式闸阀可以安装在任意象限中,也就是说,阀杆的位置可以垂直向上、向下或与管道成任意角度。

⑦ 明杆楔式双闸板闸阀。所示为明杆楔式双闸板闸阀,阀体内装有两个圆盘闸板,依靠中间部位的半球芯组合在一起,两密封面之间的角度可以根据两阀座间的夹角浮动契合,从而消除两密封面间因加工误差、阀体变形等引起的不利因素,更好地实现密封。双闸板闸阀只允许安装在水平管路上,并保证阀杆垂直向上安装,但许多管路中的双闸板闸阀阀杆却是水平安装的,致使半球芯不是落向阀门底部而是落向阀体,不仅使半球芯不能正常发挥作用,还会导致阀门关闭不严和启闭困难。

表 2.34 所列为闸阀的明杆阀杆与暗杆阀杆性能比较。

表 2.34 闸阀的明杆阀杆与暗杆阀杆性能比较

型式	优 点	缺 点
明杆	(1) 阀杆的梯形螺纹和阀杆螺母在承压体外,启闭阀门时,阀杆做升降运动,带动闸板升降,外露阀杆梯形螺纹便于润滑,且不受介质侵蚀 (2) 启闭高度直观 (3) 使用广泛	随阀门开启,阀杆上升,所占安装空间大
暗杆	(1) 阀杆梯形螺纹和阀杆螺母在承压体内,启闭阀门时,阀杆做旋转运动带动闸板升降,闸阀的外形总高度保持不变,所以安装空间小 (2) 宜适用于无腐蚀性、无毒性、常温、低压介质	(1) 阀门启闭状态不直观;必须装启闭指示器 (2) 阀杆梯形螺纹不仅无法润滑,而且直接浸在介质里,受侵蚀,易损坏,使用条件受限制

八、截止阀的适用范围及配管设计

截止阀,属于强制密封式阀门,所以在阀门关闭时,必须向阀瓣施加压力,以强制密封面不泄漏。当介质由阀瓣下方进入阀门时,操作力所需要克服的阻力,是阀杆和填料的摩擦力与由介质压力所产生的推力,关阀门的力比开阀门的力大,所以阀杆的直径要大,否则会发生阀杆顶弯的故障。截止阀的优点与缺点见表 2.35。

表 2.35 截止阀的优点与缺点

	优 点	缺 点
截止阀	(1) 启闭过程中,密封面间摩擦力比闸阀小 (2) 开启高度小,启闭时间短 (3) 一般只有一个密封副,制造工艺性好,阀座、阀瓣也便于维修和更换 (4) 宜用于高温介质	(1) 密封性比闸阀差,对含有固体颗粒杂质的介质,密封面易损坏 (2) 不宜用于黏性、带颗粒、易结焦等介质 (3) 阀门启闭所需力矩大,不宜用于大口径、高压力 (4) 由于阀瓣等内件占据空间大、中腔大,致使结构长度长 (5) 流阻系数大,压力损失大 (6) 介质一般只能单方向流动

截止阀管道系统作关断用。可调节流量。截止阀与闸阀的不同点在于:通常管径较小,(≤DN200),严密性要求更高时宜选用截止阀。截止阀可装于任意位置的管道上,介质流动与阀杆移动方向逆向为宜,避免当压差较大时,发生难以打开的情况。当调节工况要求不高时,截止阀可以通过改变阀盘阀座间隙截面积达到调节介质流量的目的。截止阀不宜用于带固体颗粒的料液和黏度较大的介质。

九、止回阀的适用范围及配管设计

① 止回阀主要作用是防止介质倒流、防止泵及其驱动装置反转,以及容器内介质的泄漏,它只允许介质向一个方向流动,当介质顺流时阀瓣会自动开启,当介质反向流动时能自动关闭。安装时,应注意介质的流动方向应与止回阀上的箭头方向一致。对于要求能自动防止介质倒流的场合应选用止回阀(表 2.36)。

② 止回阀关闭时,会在管路中产生水锤压力,严重时会导致阀门、管路或设备的损坏,尤其对于大口管路或高压管路,故应引起止回阀选用者的高度注意。图 2.154 所示为止回阀开与关时的状态。

③ 止回阀的适用范围

a. 为防止介质逆流,在设备、装置和管道上都应安装止回阀。止回阀一般适用于清净介质,不宜用于含有固体和黏度较大的介质。

b. 公称尺寸小于等于 $DN40$ 时宜用升降式止回阀,仅允许安装在水平管道上;公称尺寸

为 $DN50\sim DN400$ 时,宜采用旋启式止回阀,不允许装在介质由上到下的垂直管道上;公称尺寸大于等于 $DN450$ 时,宜选用缓冲型(Tillting-Disc)止回阀;公称尺寸 $DN100\sim DN400$ 时,也可以采用对夹式止回阀,其安装位置不受限制。

表 2.36 止回阀的优点与缺点

	优 点	缺 点
止回阀	(1)工作载荷变化大 (2)阀门启闭次数少,长周期处于关闭或开启状态,运动部件(如阀瓣)长期不运动 (3)阀门从开到关(或从关到开)切换动作灵活、迅速 (4)采用不同材料,可适用于各种介质的管路上	(1)阀门从关到开时阀瓣逐渐打开,阀瓣阻碍介质流动,流体阻力大 (2)阀瓣组件依靠自身的重量、弹簧力(如增设了辅助弹簧时)等起密封作用,一旦介质压力稍大于其密封力时阀门就会有泄漏,密封性能差 (3)阀门关闭时介质迅速倒流冲击阀瓣,可能发生水击(又称水锤)现象 (4)介质流动时,经过阀瓣组件产生冲击,可能会产生振动、噪声

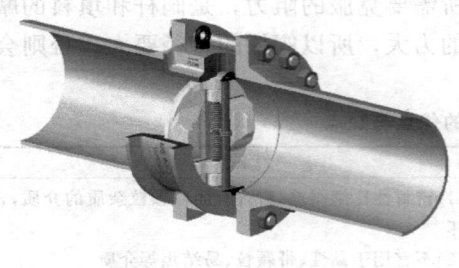 

(a)   (b)

图 2.154 止回阀开与关时的状态

c. 一般在直径小于等于 50mm 的水平管道上都应选用立式升降止回阀。

d. 旋启式止回阀不宜制成小口径阀门、可以做成很高的工作压力,公称压力可以达到 42MPa。而且 DN 也可以做到很大,最大可达到 2000mm 以上。根据壳体及密封件的材质不同可以适用任何工作介质和任何工作温度范围。介质为水、蒸汽、气体、腐蚀性介质、油品、药品等介质。温度范围在 $-196\sim 800℃$ 之间。

e. 蝶式止回阀的安装位置不受限制,可以安装在水平管道上,也可以安装在垂直或倾斜的管道上。

f. 隔膜式止回阀适用于易产生水击的管道上,隔膜可以很好地消除介质逆流时产生的水击,它一般使用在低压常温管道上。特别适用于自来水管道上,一般介质工作温度在 $-20\sim 120℃$ 之间,工作压力小于 1.6MPa,隔膜式止回阀公称尺寸最大可以达到 $DN2000$。

g. 球形止回阀可以制成大口径。球形止回阀的壳体可以用不锈钢制作,密封件的空心球体可以包聚四氟乙烯工程材料,在一般腐蚀性介质的管道上也可应用,工作温度在 $-101\sim 150℃$ 之间,其公称压力小于等于 4.0MPa,公称直径在 $DN200\sim DN1200$ 之间。

h. 对于 $DN50$ 以下的高中压止回阀,宜选用立式升降止回阀和直通式升降止回阀。

i. 对于 $DN50$ 以下的低压止回阀,宜选用蝶式止回阀、立式升降止回阀和隔膜式止回阀。

j. 对于公称尺寸大于 $DN50$、小于 $DN600$ 的高中压止回阀,宜选用旋启式止回阀。

k. 对于公称尺寸大于 $DN200$、小于 $DN1200$ 的中低压止回阀,宜选用无磨损球形止回阀。

l. 对于公称尺寸大于 $DN50$、小于 $DN2000$ 的低压止回阀,宜选用蝶式止回阀和隔膜式止回阀。

m. 对于要求关闭时水击冲击比较小或无水击的管道，宜选用缓闭式旋启止回阀和缓闭式蝶式止回阀。

④ 直通式升降止回阀在水平管道和垂直管道上都可安装。

⑤ 升降式止回阀应装在水平管道上，立式升降式止回阀可安装在管内介质自下而上流动的垂直管道上。

⑥ 旋启式止回阀应优先安装在水平管道上，也可安装在管内介质自下而上流动的垂直管道上，如图 2.155 所示。

⑦ 对于水泵进口管道，宜选用底阀，底阀一般只安装在泵进口的垂直管道上，并且介质自下而上流动。

⑧ 为降低泵出口切断阀的安装高度，可选用蝶式止回阀，泵出口与所连接管道直径不一致时，可选用异径止回阀。

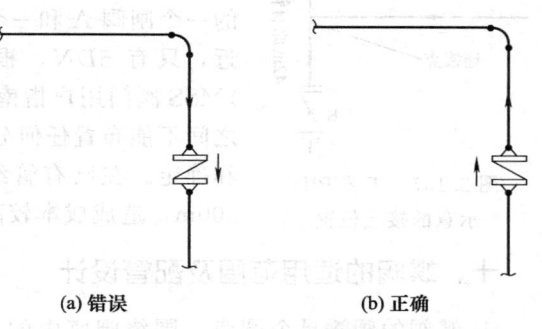

图 2.155 旋启式止回阀的布置

⑨ 当公称直径大于等于 $DN80$ 时，止回阀上游至少 $5DN$ 及下游至少 $2DN$ 之内不易布置管道管件（例如弯头、异径管、三通等），以防止湍流或阻塞流影响止回阀瓣运动和过度磨损，在 PIP PNE00001、MSS-SP-92 和 API 615 标准等标准内有同样的要求。如图 2.156 所示，距离要求在间歇流管道、撬块内的设计，可以不遵循。

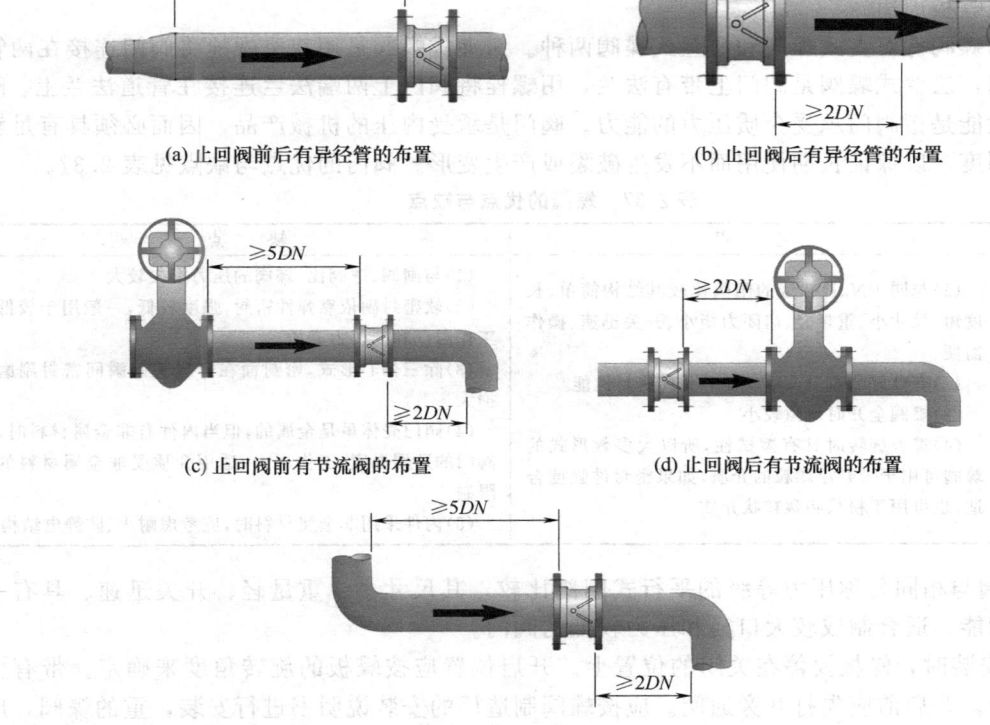

图 2.156 止回阀前后直管段要求

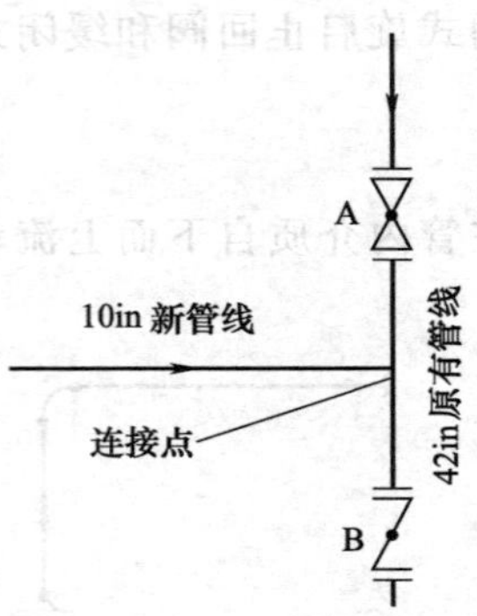

工程应用：某国外改造项目成本较高的设计变更

某改造工程，有一条口径 10in（1in＝0.0254m）的工艺物料新管线，需要接入到原有正在运行的 42in 管线，如图 2.157 所示，是报价阶段确定的接点位置。详细设计时，发现阀 A 和流量计 B 之间的尺寸距离非常短，如果按照原规划 PID 的示意，正好在原有管线的一个闸阀 A 和一个止回阀 B 之间，而闸阀与止回阀之间距离非常近，只有 $5DN$，根据项目所执行的美标标准 MSS SP-92-2012《MSS 阀门用户指南》要求，这种止回阀的上游 $5DN$ 和下游 $2DN$ 之间不能布置任何分支。因此，这个连接点的位置也需要重新寻找和确定。在已有管线上找到的新连接点位置，需要新增 10in 管线 200m，造成成本较高的设计变更。

图 2.157 工艺 PID 示意的接点位置

十、蝶阀的适用范围及配管设计

① 蝶阀的阀瓣是个圆盘，围绕阀座内的一个轴旋转。旋角的大小，便是阀门的开闭度。这种阀门具有轻巧的特点，比其他阀门节省材料；结构简单；开闭迅速（只需旋转 90°）；切断和节流都能用；流体阻力小；操作省力。在工业生产中，蝶阀日益得到广泛使用。但它用料单薄，经不起高压、高温，通常只用于风路、水路和某些气路。

② 蝶阀结构简单、体积小、重量轻，只由少数几个零件组成，而且只需旋转 90°即可快速启闭，操作简单，同时该阀门具有良好的流体控制特性。蝶阀处于完全开启位置时，蝶板厚度是介质流经阀体时唯一的阻力，因此通过该阀门所产生的压力降很小，故具有较好的流量控制特性。蝶阀有弹性密封圈密封和金属密封两种密封形式。弹性密封阀门，密封圈可以镶嵌在阀体上或附在蝶板周边。

常用的蝶阀有对夹式蝶阀和法兰式蝶阀两种。对夹式蝶阀是用双头螺栓将阀门连接在两管道法兰之间，法兰式蝶阀是阀门上带有法兰，用螺栓将阀门上两端法兰连接在管道法兰上。阀门的强度性能是指阀门承受介质压力的能力。阀门是承受内压的机械产品，因而必须具有足够的强度和刚度，以保证长期使用而不发生破裂或产生变形。阀门的优点与缺点见表 2.37。

表 2.37 蝶阀的优点与缺点

	优　点	缺　点
蝶阀	(1) 与同 PN、DN 级的闸阀比较其结构简单、长度短、尺寸小、重量轻、启闭力矩小、开关迅速、操作简便 (2) 有良好的流量调节功能和关闭密封性能 (3) 蝶阀全开时流阻较小 (4) 蝶板旋转时具有擦拭性，所以大多数形式的蝶阀可用于带悬浮颗粒的介质，如果密封件强度合适，也可用于粉状和颗粒状介质	(1) 与闸阀、球阀比，蝶阀的压力损失较大 (2) 软密封副依靠弹性密封，强度较低，一般用于较低工作温度和低压力介质 (3) 除三偏心形式，密封面在开或关的瞬间密封副磨损大 (4) 阀门壳体虽是金属的，但当内件有非金属材料时，阀门的适用温度、工作压力、适用介质受非金属材料的限制 (5) 内件采用非金属材料时，应考虑耐火、防静电结构

③ 蝶阀与相同公称压力等级的平行式闸阀比较，其尺寸小、重量轻、开关迅速、具有一定的调节功能，适合制成较大口径和压力较低的阀门。

④ 在安装时，蝶板要停在关闭的位置上。开启位置应按蝶板的旋转角度来确定。带有旁通阀的蝶阀，开启前应先打开旁通阀。应按蝶阀制造厂的安装说明书进行安装，重的蝶阀，应设置牢固的基础。

⑤ 同心蝶阀的结构特征为阀杆轴心、蝶板中心、本体中心在同一位置上。常见的衬胶蝶阀即属于此类。缺点是由于蝶板与阀座始终处于挤压、刮擦状态，阻力矩大、磨损快。为克服

挤压、刮擦，保证密封性能，阀座基本上采用橡胶或聚四氟乙烯等弹性材料，但也因而在使用上受到温度的限制，这就是为什么传统上人们认为蝶阀不耐高温的原因。

⑥ 蝶阀的蝶板安装于管道的直径方向。在蝶阀阀体圆柱形通道内，圆盘形蝶板绕着轴线旋转，旋转角度在 0°～90°之间，旋转到 90°时，阀门则为全开状态。

⑦ 采用金属密封的阀门一般比弹性密封的阀门寿命长，但很难做到完全密封。金属密封能适应较高的工作温度，弹性密封则具有受温度限制的缺陷。如果要求蝶阀作为流量控制使用，主要的是正确选择阀门的尺寸和类型。蝶阀的结构原理尤其适合制作大口径阀门。蝶阀不仅在石油、煤气、化工、水处理等一般工业上得到广泛应用，而且还应用于热电站的冷却水系统。

⑧ 如图 2.158 所示，蝶阀的阀芯是阀板，且为角行程，如遇其他阀门直接相连可能会影响蝶阀阀芯的动作，因此，在配管设计时，需注意蝶阀与其连接的其他阀门或管件。

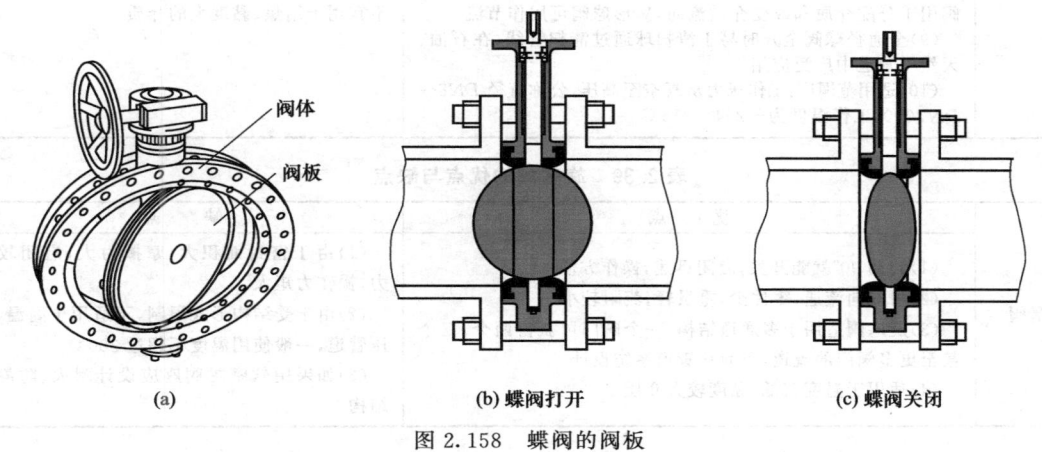

图 2.158　蝶阀的阀板

十一、球阀的适用范围及配管设计

① 对于要求快速启闭的场合一般选用球阀。球阀的动作原理与旋塞阀一样，都是靠旋转阀芯来使阀门畅通或闭塞；球阀的阀芯是一个带孔的球，当该孔的中心轴线与阀门进出口的中心轴线重合时，阀门畅通；当旋转该球 90°，使该孔的中心轴线与阀门进出口的中心轴线垂直时，阀门闭塞。球阀与旋塞阀相比，开关轻便，相对体积小，所以可以做成很大通径的阀门。球阀密封可靠，结构简单，维修方便，密封面与球面常在闭合状态，不易被介质冲蚀。目前，球阀已在石油、化工、发电、食品、原子能、航空、火箭等部门广泛使用。球阀的优点与缺点见表 2.38。

② 球阀只需要用旋转 90°的操作和很小的转动力矩就能关闭严密。完全平等的阀体内腔为介质提供了阻力很小、直通的流道。通常认为球阀最适宜直接做开闭使用，但近来的发展已将球阀设计成使它具有节流和控制流量之用。球阀的主要特点是本身结构紧凑，易于操作和维修，适用于水、溶剂、酸和天然气等一般工作介质，而且还适用于工作条件恶劣的介质，如氧气、过氧化氢、甲烷和乙烯等。球阀阀体可以是整体的，也可以是组合式的。

十二、旋塞阀的适用范围及配管设计

① 旋塞阀是关闭件——塞子绕阀体中心线旋转 90°达到启闭目的的一种阀门，在管道上主要做切断、分配和改变介质流动方向用。根据介质性质和阀门密封面的耐冲蚀性，有时也可用来节流。旋塞阀的优点与缺点见表 2.39。

表 2.38 球阀的优点与缺点

	优 点	缺 点
球阀	(1)流体阻力小(全通径流道阀体的阻力系数与同长度管段几乎相同) (2)结构简约,阀体对称、体积小,可双向流动、双向密封 (3)密封可靠(尤其是阀座密封面采用非金属材料时) (4)操作方便、启闭迅速,转动 90°就能完成,便于远距离控制 (5)维修方便,阀座密封圈一般都是活动的,拆换方便,如果采用上装式结构,可在线更换 (6)阀门在全开或全关位置,密封副与介质完全隔离,高速通过的介质不会冲蚀密封副 (7)球体在启闭时是旋转擦拭的过程,所以多数结构的球阀可用于带悬浮固体颗粒的介质,选用合适的耐磨的阀座密封材料,也可用于粉状介质 (8)直通式球阀用作切断,使用广泛,三通、四通、五通式球阀用于分配介质和改变介质流向,V形球阀可用作节流 (9)全通径球阀全开时易于清扫球通过清扫管线,在石油、天然气管道中广泛应用 (10)适用范围广:工作压力从真空至高压,公称直径 DN8~DN3000,工作温度为 −254~815℃	(1)阀座密封圈等零件如采用非金属材料,其压力-温度额定值低于球阀壳体(金属)的压力-温度额定值,致使球阀实际使用压力、温度、介质受其限制 (2)阀座密封圈等材料采用非金属时,应考虑球阀的耐火、防静电结构性能 (3)球体加工和研磨有难度,金属密封副球阀(硬密封球阀)加工更麻烦 (4)粉尘、结焦、黏性介质充塞进活动的密封圈内时,会影响阀座位移,进而影响密封,所以不宜用于结焦、黏度大的介质

表 2.39 旋塞阀的优点与缺点

	优 点	缺 点
旋塞阀	(1)转动 90°就能开关,启闭迅速,操作方便 (2)可双向流通,零件少,重量轻,流阻较小 (3)旋塞阀适用于多通道结构,一个阀门可获得两个、三个甚至更多阀门的流道,可简化管道系统设计 (4)适用于温度较低,黏度较大介质	(1)由于密封面积大,摩擦力大,启闭较费力,操作力矩大 (2)由于受结构形式限制,不适用于高温、高压管道,一般使用温度不超过 300℃ (3)如果用软密封阀座应设计耐火、防静电结构

② 旋塞阀的布置设计,按照阀门布置的一般要求。

十三、隔膜阀的适用范围及配管设计

① 隔膜阀的关闭件——软质隔膜,由阀杆控制并做上、下运动以切断介质。操纵机构和介质由隔膜隔开。隔膜阀的操纵机构与管道介质不接触,既可保证管道介质纯净,又可防止管路介质可能冲击操纵机构。隔膜阀的优点与缺点见表 2.40。

表 2.40 隔膜阀的优点与缺点

	优 点	缺 点
隔膜阀	(1)结构简单,易于拆卸和维修,可在现场更换隔膜 (2)由于操纵机构与介质隔开,仅是阀体、隔膜与介质接触。阀体和隔膜采用不同材料,能适应很多特殊的介质,特别是高度危害介质和强腐蚀性介质,可适用于食品、医药卫生等工业的清洁介质,或带有腐蚀性和悬浮颗粒的介质 (3)介质不会通过阀杆泄漏	(1)隔膜阀的工作温度和压力口径受隔膜和阀体(或衬里)材料及制作的限制,适用条件为温度小于 180℃、公称压力小于 PN40 且公称直径不超过 DN200 (2)隔膜阀依靠隔膜挠变启闭阀门,反复挠变隔膜易损坏,造成泄漏

② 隔膜阀的布置设计,按照阀门布置的一般要求。

十四、安全阀的适用范围及配管设计

① 安全阀是一种安全保护用阀,它的启闭件在外力作用下处于常闭状态,当设备或管道内的介质压力升高,超过规定值时自动开启,通过向系统外排放介质来防止管道或设备内介质

压力超过规定数值。当压力恢复正常后，在压力回降到工作压力或略低于工作压力时阀门再行关闭并阻止介质外流。安全阀属于自动阀类，主要用于锅炉、压力容器和管道上，控制压力不超过规定值，对人身安全和设备运行起重要保护作用。

安全阀用于承压设备、容器或管道上，作为超压保护装置。当设备或管路中的工作压力超过规定数值时，安全阀便自动打开，排除一定数量的流体，防止系统内压力超过预定值，当压力恢复正常后又自动关闭。

② 安全阀的选用

a. 安全阀的设置应符合下列原则。

• 在生产过程中，由于火灾、动力故障和操作故障等原因，可能导致设备内压超过设计压力时，该设备应设置安全阀。

• 对容积式压缩机和容积式泵：当机（或泵）的失控压力可能超过机体（或泵体）所能承受的压力时（机体或泵体本身带有安全阀者除外）或当机（或泵）的压力超高对下游设备安全操作有较大影响时，其出口应设置安全阀。

• 对于凝汽式汽轮机，应在复水器前设置安全阀。对背压式汽轮机，应在蒸汽出口管上设置安全阀。

• 有几个容器组成的一个压力系统，如中间设有隔断阀时，应视为几个独立的容器，每个容器均应按要求设置安全阀，如中间无隔断阀时，上游容器上已设安全阀，下游容器可不设。

• 顶部操作压力大于 0.07MPa（表）的压力容器，顶部操作压力大于 0.03MPa（表）的蒸馏塔、蒸发塔、汽提塔（汽提塔顶部蒸汽通入另一蒸馏塔者除外），塔顶或塔顶馏出线上应设安全阀。

• 减压阀后的设备或管道不能承受减压阀前的压力时，在设备或管道上应设置安全阀。

• 安全阀的设置应满足安全阀每年至少校验一次的要求。

b. 安全阀的泄放量应按火灾、动力故障或操作故障等事故中的最大一种情况考虑。事故泄放量可按标准确定。

c. 安全阀的泄放压力（即定压 p_s）不应高于设备的设计压力。

d. 安全阀的选用及连接应符合下列要求。

• 在一般情况下，应选用弹簧非平衡全启式安全阀，当背压大于 $0.1p_s$ 时，可选用波纹管（平衡型）安全阀，当背压大于 $0.3p_s$ 时，可选用先导式安全阀。

• 选用的安全阀喷嘴面积应大于计算面积。当一个安全阀不能满足要求时，可选用多个安全阀并联使用。

• 安全阀进口或出口接管的直径不得小于安全阀进口或出口的直径。当几个安全阀并联安装时，进、出口主管截面积应等于或大于各支管截面积之和。

• 单独排入大气的安全阀，其出口管径应按管线压力降不大于 $0.1p_s$ 确定。

• 安全阀排放介质在常温下为固体时，应采取防凝、防堵措施。

③ 安全阀的布置

a. 在设备或管道上的安全阀一般应直立安装。但对设置在液体管道、换热器或容器等处的安全阀，当阀门关闭后，可能由于热膨胀而使压力升高的场所，可水平安装。

b. 安全阀的安装位置应尽量靠近被保护的设备或管道，如不能靠近布置，则要求从保护的设备管口到安全阀入口之间管道的压力降不超过该阀定压值的 3%。

c. 安全阀不应安装在长的水平管道的死端，防止死端积聚固体或液体物料，而影响安全阀正常工作。

d. 安全阀设置位置应考虑尽量减少压力波动的影响，安全阀在压力波动源后的位置见图 2.159。

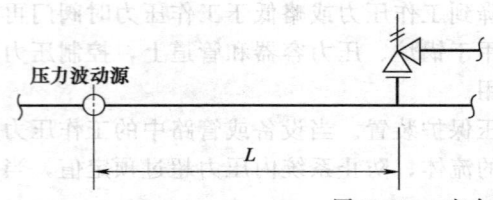

压力波动源	最小直管段长度 L
调节阀和截止阀	25DN
不在一个平面内的两个弯头	20DN
同一平面内的两个弯头	15DN
一个弯头	10DN
脉动衰减器	10DN

图 2.159 安全阀在压力波动源后的位置

e. 安全阀应安装在易于检修和调节之处，周围要有足够的工作空间。由于大直径安全阀重量大，故在布置时要考虑大直径安全阀拆卸后吊装的可能，必要时要设吊杆。

f. 安全阀入口管道应采用长半径弯头。

g. 安全阀出口管道的设计应考虑背压不超过安全阀定压的一定值。例如，对于普通型弹簧安全阀，其背压不超过安全阀定压值的10%。

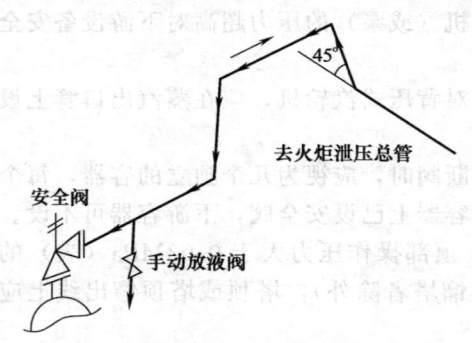

图 2.160 排入密闭系统的安全阀

h. 排入密闭系统的安全阀出口管道应顺介质流向45°斜接在泄压总管的顶部，以免总管内的凝液倒流入支管，并可减小安全阀背压，见图2.160。安全阀出口管道不能出现"袋形"，安全阀出口管较长时，宜设一定坡度（干气系统除外）。安全阀排放管向大气排放时，要注意其排出口不能朝向设备、平台、梯子、电缆等。湿气体泄压系统排放管内不应有"袋形"积液处，安全阀的安装高度应高于泄压系统。若安全阀出口低于泄压总管或排出管需要抬高接入总管时，应在低点易于接近处设分液包。

i. 当安全阀进口管道上设有切断阀时，应选用单闸板闸阀，并铅封开，阀杆应水平安装，不可朝上，以免阀杆和阀板连接的销钉腐蚀或松动时，滑板下滑。当安全阀设有旁通阀时，该阀应铅封关。

j. 对于排放烃类等可燃气体的安全阀出口管道，应在其底部接入灭火用的蒸汽管或氮气管，并在楼面上控制。重组分气体的安全阀出口管道应接火炬管道。

k. 向大气排放的安全阀排放管管口朝上时应切成平口，并设置防雨水措施，注意避免泄放时冲击力过大，导致防雨设施脱落伤人。安全阀排放管水平安装时，可将管口切成45°以防雨水，要避免切口方向安装不合适，致使排出物喷向平台。对于气体安全阀出口管，应在弯头的最低处开一泪孔（$\phi 6\sim 10mm$），如图 2.161（a）所示，必要时接上小管道将凝液排往安全的地方。

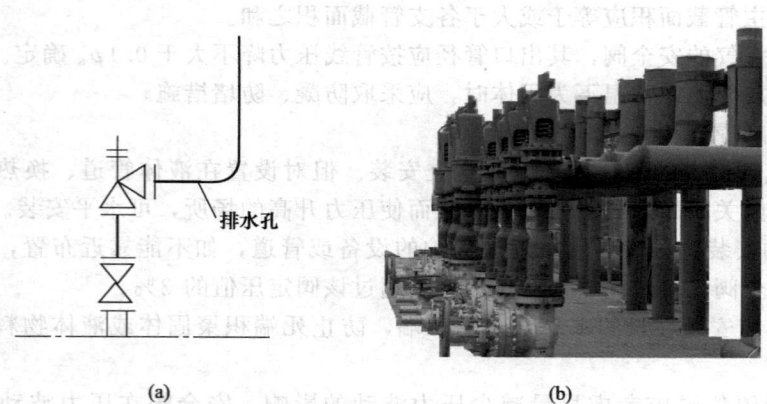

图 2.161 安全阀向大气排放管道的布置

l. 由于安全阀排放时的反力以及出口管的自重、振动和热膨胀等的作用,安全阀出口应设置合理的支架,应有足够的强度。如图 2.161 (b) 所示,对于安全阀排放压差较大的管道必要时需设置减振支架。支架设置要根据安全阀反力计算确定。

m. 安全阀的典型支架及配管设计如图 2.162 所示。

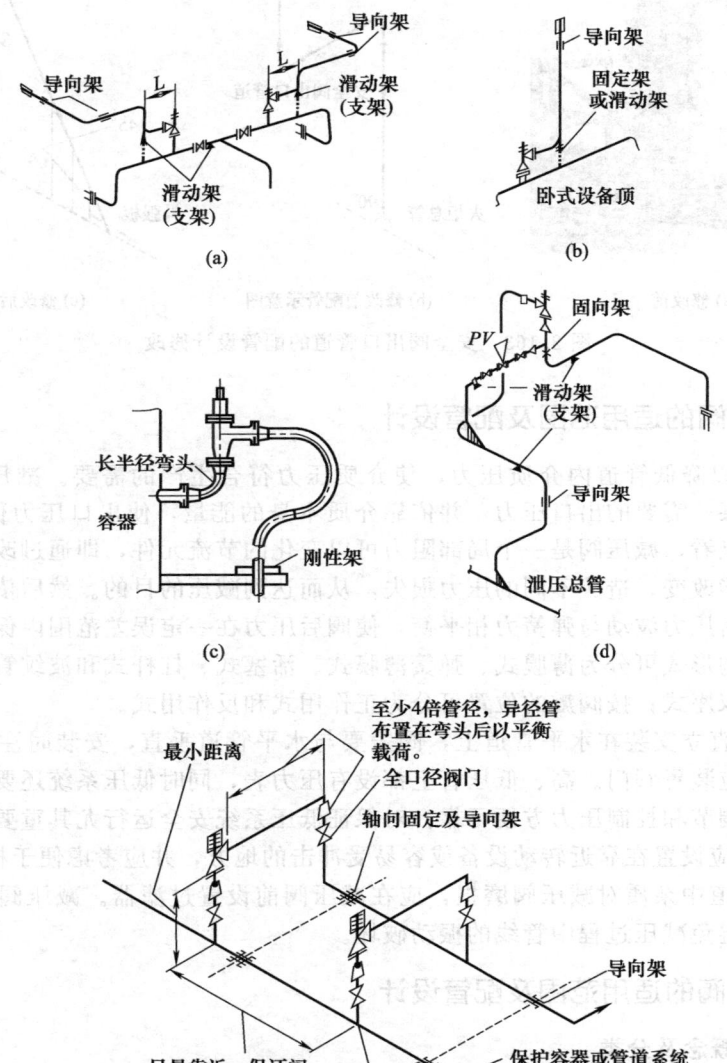

注:图中的"滑动架"为"承重架"
图 2.162 设备或管道系统的安全阀的布置

工程应用:安全阀配管设计的错误

笔者在负责某安全阀配管设计评审时,发现将要发向施工现场的图纸如图 2.163 (a)、(b) 所示,安全阀出口 $DN250$ 的管道,直接 90°接到了火炬主管,不符合通常的设计要求,故修改为图 2.163 (c) 所示的 45°连接方式。

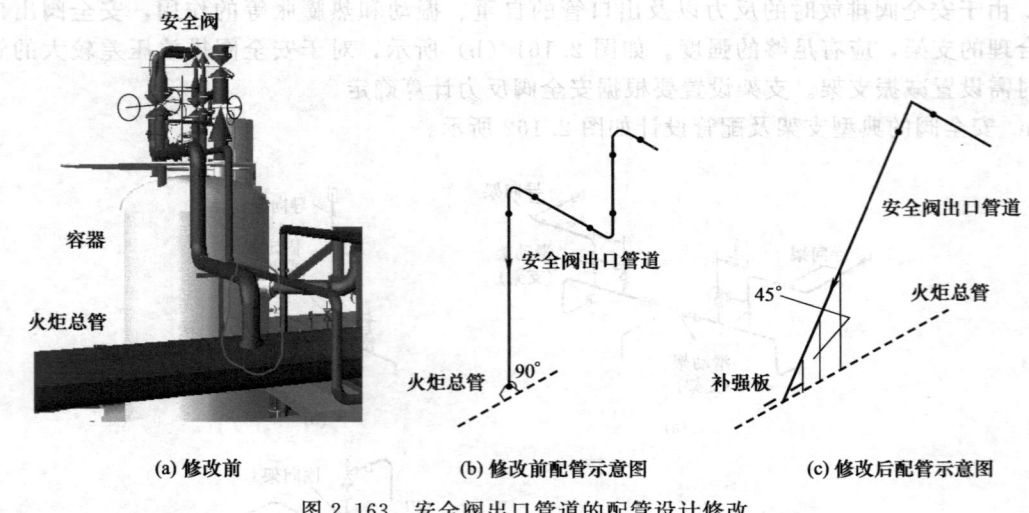

图 2.163 安全阀出口管道的配管设计修改

十五、减压阀的适用范围及配管设计

① 减压阀用以降低管道内介质压力,使介质压力符合生产的需要。减压阀是通过调节,将进口压力减至某一需要的出口压力,并依靠介质本身的能量,使出口压力保持稳定的阀门。从流体力学的观点看,减压阀是一个局部阻力可以变化的节流元件,即通过改变节流面积,使流速及流体的动能改变,造成不同的压力损失,从而达到减压的目的。然后依靠控制与调节系统的调节,使阀后压力波动与弹簧力相平衡,使阀后压力在一定误差范围内保持恒定。

减压阀按结构形式可分为薄膜式、弹簧薄膜式、活塞式、杠杆式和波纹管式;按阀座数目可分为单座式和双座式;按阀瓣的位置可分为正作用式和反作用式。

② 减压阀应直立安装在水平管道上,阀盖要与水平管道垂直,安装时注意阀体的箭头方向。减压阀两侧应装置阀门。高、低压管上都设有压力表,同时低压系统还要设置安全阀。这些装置的目的是调节和控制压力方便可靠,对保证低压系统安全运行尤其重要。

③ 减压阀不应设置在靠近转动设备或容易受冲击的地方,并应考虑便于检修。

④ 为避免管道中杂质对减压阀磨损,应在减压阀前设置过滤器。减压阀出口管线应设有可靠的支架,以避免减压过程中管线的振动破坏。

十六、疏水阀的适用范围及配管设计

1. 疏水阀的概念及分类

疏水阀又叫疏水器,也叫阻气排水阀,主要用于蒸汽设备或管道上,供排出冷凝水并防止蒸汽泄出。根据疏水阀工作原理的不同,疏水阀可分为以下几种类型。

① 机械型。依靠热静力式疏水阀内凝结水液位高度的变化而动作,包括:浮球式(浮子为封闭的空心球体)、敞口向上浮子式(浮子为开口向上的筒型)、敞口向下浮子式(浮子为开口向下的筒型)。

② 热静力型。依靠液体温度的变化而动作,包括:双金属片(敏感元件为双金属片)、蒸汽压力式(敏感元件为波纹管或墨盒,内部充入挥发性液体)。

③ 热动力型。依靠液体的热动力学性质的变化而动作。包括:圆盘式(由于在相同的压力下,液体与气体的流速不同,所产生的不同的动、静压力驱使圆盘阀片动作)、脉冲式。

2. 疏水阀结构形式与工作原理

热静力式疏水阀在蒸汽加热系统中起到阻汽排水作用,选择合适的疏水阀,可使蒸汽加热

设备达到最高工作效率。要想达到最理想的效果，就要对各种类型疏水阀的工作性能、特点进行全面了解。

疏水阀的品种很多，各有不同的性能。选用疏水阀时，首先应选其特性能满足蒸汽加热设备在最佳状态下运行，然后才考虑其他客观条件。疏水阀要能"识别"蒸汽和凝结水，才能起到阻汽排水作用。"识别"蒸汽和凝结水基于三个原理：密度差、温度差和相变。根据这三个原理制造出了机械型、热静力型、热动力型这三种类型的疏水阀。

3. 疏水阀的布置

① 疏水阀的安装位置不应高于疏水点，并应便于操作和维修。

② 对于恒温型疏水阀为得到动作需要的温度差，应有一定的过冷度，应在疏水阀前留有 1m 长的不保温段。

③ 当疏水阀本体没有过滤器时，应在疏水阀入口前安装过滤器。

④ 布置疏水阀的出口管道时，应尽量减少背压，管径要大，管道布置尽量短，少拐弯，尽量减少向上提升的立管。

⑤ 疏水阀的安装要求

a. 热动力式疏水阀应安装在水平管道上。

b. 浮球式疏水阀必须水平安装，布置在室外时，应采取必要的防冻措施。

c. 双金属片式疏水阀可水平安装或直立安装。

d. 脉冲式疏水阀应安装在水平管道上，阀盖朝上。

e. 倒吊桶式（敞口向下浮子式）疏水阀应水平安装，不可倾斜，在启动前可充水或打开疏水阀入口阀，待凝结水充满后再开疏水阀出口阀。冬季停止操作时，要及时排出存水以免冻裂疏水阀。

⑥ 各凝结水排出点应单独安装疏水阀，不应共用一个疏水阀。疏水阀的安装位置应低于凝结水排出点；疏水阀前要设置切断阀。疏水阀的出口管尽量减少背压，管道布置应尽量短，少拐弯，尽量减少向上提升的立管。

⑦ 疏水阀后凝结水管高于疏水阀，疏水阀出口管有向上的提升立管时，疏水阀后应设止回阀。几个设备的凝结水管连接在一起时，需在每个疏水阀后安装止回阀。热动力式疏水阀后可不设止回阀。从不同压力的蒸汽疏水阀排出的凝结水应分别接至各自的凝结水总管，凝结水支管应在凝结水总管上部顺介质流向呈 45°斜接。

⑧ 凝结水回收系统的冷凝水主管高于疏水阀时，除热动力式疏水阀外，应在疏水阀后设止回阀。

⑨ 多个疏水阀同时使用时必须并联安装。

疏水阀的典型配管设计如图 2.164 所示。

工程应用：疏水阀排水不畅

疏水阀安装使用后，工作不正常，影响使用。有时排水不畅而漏汽过多。分析原因，安装方法不当或管路杂质过多，使疏水阀堵塞，致使疏水阀不起作用。

疏水阀不排水的原因很多，主要表现在系统蒸汽压力太低，蒸汽和冷凝水未进入疏水器；浮子式疏水阀浮子太低或阀杆与套管卡住；阀孔或通道堵塞；恒温式疏水阀阀芯断裂堵住阀孔。漏汽过多的原因主要是阀芯和阀座磨损；排水孔不能自行关闭；浮子式疏水阀浮子体积太小不能浮起。

预防及治理措施：①疏水阀安装前应仔细检查，然后进行组装。疏水阀应直立安装在低于管线的部位，阀盖处于垂直位置，进、出口处于同一水平，不可倾斜，以便于阻汽排水动作。安装时应注意介质的流向与阀体一致。②疏水阀不排水可从下述几处检查处理：调整系统蒸汽压力；检查蒸汽管道阀门是否关闭或堵塞；适当加重或更换浮子；如果是阀杆与套管卡住要检

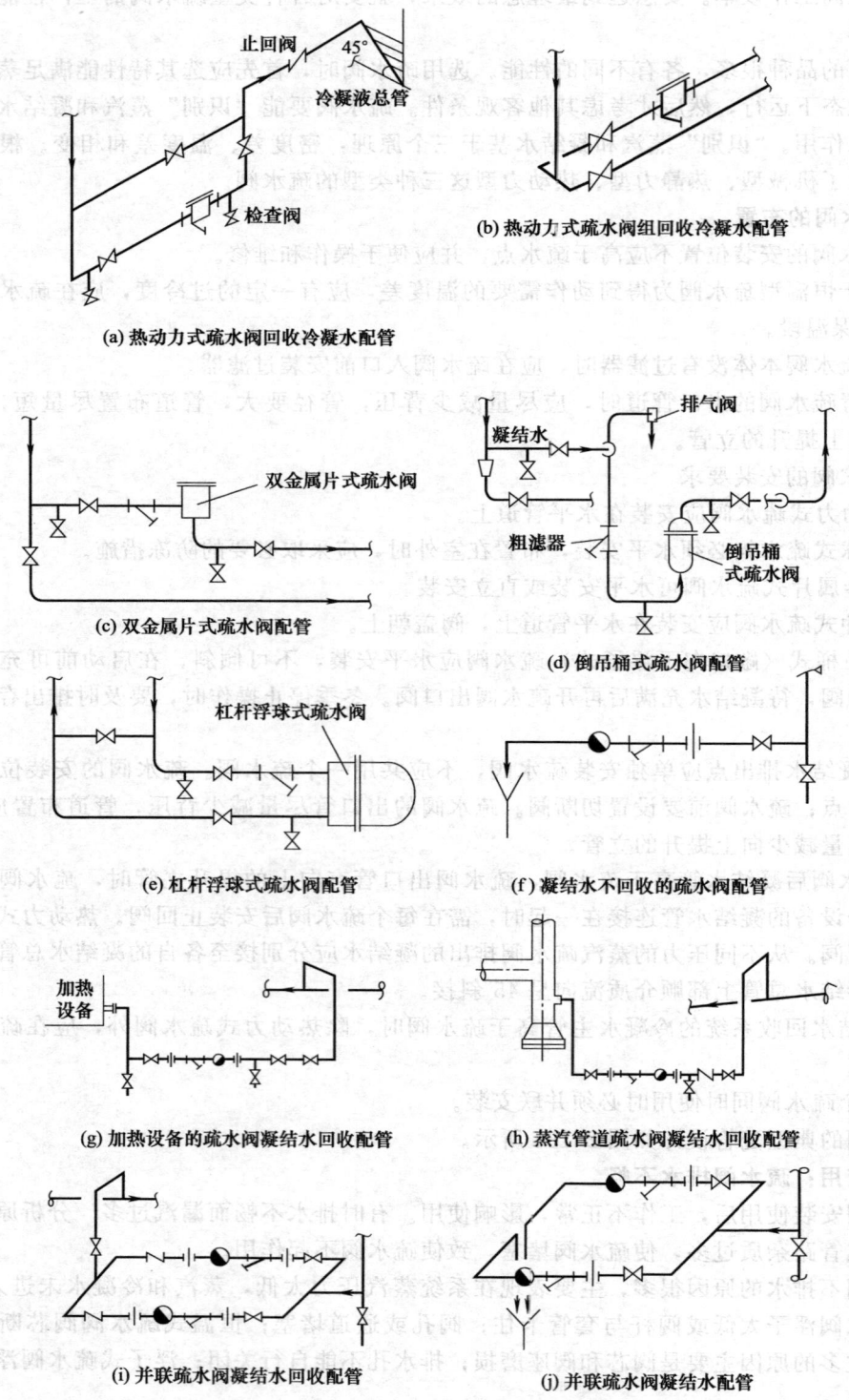

图 2.164 疏水阀的典型配管设计

修或更换；清除阻塞杂物，并在阀前装置过滤器；更换阀芯。③疏水器漏气太多时，要处理以下几处：如果是阀芯与阀座磨损漏汽，要用重钢砂使阀芯与阀座相互研磨，使密封面达到密封；如果排水孔不能自行关闭，可检查是否有污物堵塞；如果浮子体积过小浮不起来，可适当增大浮子体积。

十七、阻火器的适用范围及配管设计

① 阻火器一般安装在输送可燃气体的管道中或者通风的槽罐上，用以阻止传播火焰（爆燃或爆轰）通过，由阻火芯、阻火器外壳及附件构成。

② 阻火器的性能及特点

a. 阻火器适用于储存闪点低于 28℃ 的甲类油品和闪点低于 60℃ 的乙类油品，如汽油、煤油、轻柴油、原油、苯、甲苯等油品及化工原料的储罐。

b. 阻火器能阻止速度不大于 45m/s 的火焰通过。

c. 阻火器能承受 0.9MPa 水压试验。

d. 阻火器必须经过连续 13 次阻爆性能试验，每次均能阻火。

e. 阻火器耐烧 1h 无回火。

f. 结构简单，安装方便。

g. 可与呼吸阀配套使用，也可单独使用。

③ 阻火器的适用范围

a. 所选用的阻火器，其安全阻火速度应大于安装位置可能达到的火焰传播速度。与燃烧器连接的可燃气体输送管道，在无其他防回火设施时，应设阻火器。

b. 阻止以亚声速传播的火焰，应使用阻爆燃型阻火器，其安装位置应靠近火源。阻止以声速或超声速传播的火焰应使用阻爆轰型阻火器，其安装位置应远离火源。

c. 在寒冷地区使用的阻火器，应选用部分或整体带加热套的壳体，也可采用其他伴热方式。在特殊情况下，可根据需要选用设有冲洗管、压力计、温度计、排污口等接口的阻火器。

d. 储罐之间气相连通管道各支管上应选用阻爆轰型阻火器。储罐顶部的油气排放管道，应在与罐顶的连接处选用阻爆轰型阻火器。储罐顶部保护性气体及油气排放管道的集合管上应选用阻爆轰型阻火器。紧急放空管应设置阻爆燃型阻火器。

e. 装卸设施的油气排放（或回收）总管与各支线的气相管道之间应设置阻爆轰型阻火器。

f. 可燃气体放空管道在接入火炬前，若设置阻火器，应选用阻爆轰型阻火器。

④ 阻火器的安装与维护

a. 为了确保阻火器的性能达到使用目的，在安装阻火器前，必须认真阅读其说明书，并仔细核对标牌与所装管线要求是否一致。阻火器上的流向标记必须与介质流向一致。每隔半年应检查一次，检查阻火层是否有堵塞、变形或腐蚀等缺陷。

b. 被堵塞的阻火层应清洗干净，保证每个孔眼畅通，对于变形或腐蚀的阻火层应及时更换；清洗阻火器芯件时，应采用高压蒸汽、非腐蚀性溶剂或压缩空气吹扫，不得采用锋利的硬件刷洗；重新安装阻火层时，应更新垫片确认密封面已清洁和无损伤，不得漏汽。

c. 如发现芯件机械性损坏或被介质腐蚀，应立即更换。

⑤ 阻火器的布置

a. 加热炉燃料气主管上的管道阻火器，应靠近加热炉，并便于检修，管道阻火器与燃烧器距离不宜大于 12m。

b. 储罐用阻火器应直接安装在储罐顶的管口上，通常与呼吸阀配套使用，也可单独使用。

c. 安装于管端的阻火器，当公称直径小于 $DN50$ 时宜采用螺纹连接；当公称直径大于等于 $DN50$ 时，应采用法兰连接。

d. 安装于管道中的阻火器，应采用法兰连接。安装于管端的阻火器，应带有可自动开启

的防雨通风罩。

十八、呼吸阀的适用范围及配管设计

① 呼吸阀用于维护储罐气压平衡，减少介质挥发，呼吸阀充分利用储罐本身的承压能力来减少介质排放，其原理是利用正、负压阀盘的重量来控制储罐的排气正压和吸气负压；当往罐外抽出介质，使罐内上部气体空间的压力下降，达到呼吸阀的操作负压时，罐外的大气将顶开呼吸阀的负压阀盘顶开，使外界气体进入罐内，使罐内的压力不再下降，让罐内与罐外的气压平衡，从而保护储罐的安全。

呼吸阀能调节压力容器压力，阻火器能防止回火，阻火器可以与呼吸阀配套使用。

② 呼吸阀的分类。

a. 紧定式呼吸阀。紧定式呼吸阀通常用于低压直通管道，密封性能完全取决于塞子和塞体之间的吻合度好坏，其密封面的压紧是依靠拧紧下部的螺母来实现的。一般用于公称压力小于等于 0.6MPa 的场合。

b. 填料式呼吸阀。填料式呼吸阀是通过压紧填料来实现塞子和塞体密封的。由于有填料，因此密封性能较好。通常这种呼吸阀有填料压盖，塞子不用伸出阀体，因而减少了工作介质的泄漏途径。这种呼吸阀大量用于公称压力小于等于 1MPa 的场合。

c. 自封式呼吸阀。自封式呼吸阀是通过介质本身的压力来实现塞子和塞体之间的压紧密封的。塞子的小头向上伸出塞体外，介质通过进口处的小孔进入塞子大头，将塞子向上压紧。此种结构一般用于空气介质。

d. 油封式呼吸阀。现在呼吸阀的应用范围不断扩大，出现了带有强制润滑的油封式呼吸阀。由于强制润滑使塞子和塞体的密封面间形成一层油膜，这样密封性能更好，开闭省力，且可防止密封面受到损伤。

③ 对安装位置的要求和温度范围的要求，如寒冷地区就应选用全天候呼吸阀，而安装在管道中则应选用管道式呼吸阀。机械呼吸阀的控制压力应与有关的承压能力相适应。机械呼吸阀的规格（法兰通径）应满足油罐的最大进、出油呼吸气体流量要求。

十九、消声器的适用范围及配管设计

① 消声器是允许气流通过，却又能阻止或减小声音传播的一种器件，是消除空气动力性噪声的重要措施。消声器主要由消声筒、消声片、上下封板（或封头）、防雨帽、节流管、节流板、连接管（或法兰）、支座、起吊环、铭牌等零部件组成。

消声器可以分为阻性消声器、抗性消声器、阻抗复合式消声器、微穿孔板消声器、小孔消声器和有源消声器。

消声器的选用应根据防火、防潮、防腐、洁净度要求，安装的空间位置，噪声源频谱特性，系统自然声衰减，系统气流再生噪声，房间允许噪声级，允许压力损失，设备价格等诸多因素综合考虑并根据实际情况有所偏重。一般的情况是：消声器的消声量越大，压力损失越大，价格越高；消声量相同时，如果压力损失越小，消声器所占空间就越大。

② 消声器的布置

a. 消声器可独立支承，在运行和停运时可自由膨胀，使排汽管道不因消声器的安装而受到额外载荷，保证排汽管道工作的安全可靠性。

b. 消声器应立式安装，是否需要支承需视消声器的重量、排放管道的刚度、应力的大小等因素由安装使用者确定。消声器本身的反力和振动不大。图 2.165 所示的是蒸汽管道消声器的布置，3 台消声器统一布置在了管廊顶平台上。

c. 消声器不得装于室内，应放在室外空旷处。

d. 油浴式消声过滤器应与相应排气量的空压机配套。过滤器一般安装在室外，其进气管口应高于房屋顶面1m以上，并设置防雨帽。

二十、电动、气动调节阀的适用范围及配管设计

① 调节阀又名控制阀（control valve），是通过接受调节控制单元输出的控制信号，借助动力操作去改变介质流量、压力、温度、液位等工艺参数的最终控制元件。一般由执行机构和阀门组成。按行程特点，调节阀可分为直行程和角行程；按其所配执行机构使用的动力，可以分为气动调节阀、电动调节阀、液动调节阀三种；按其功能和特性，可分为线性特性、等百分比特性及抛物线特性三种。调节阀适用于空气、水、蒸汽、泥浆、油品及各种腐蚀性介质。

图 2.165　蒸汽管道消声器的布置

电力驱动是阀门常用的驱动方式，通常称这种形式的驱动装置为阀门电动装置，阀门电动装置的缺点是构造复杂，在潮湿的地方使用更为困难，用于易爆介质时，需要采用隔爆措施。阀门电动装置的特点如下。

a. 启闭迅速，可以大大缩短启闭阀门所需的时间。

b. 可以大大减轻操作人员的劳动强度，特别适用于高压、大口径阀门。

c. 适用于安装在不能手动操作或难于接近的位置，易于实现远距离操纵，而且安装高度不受限制。

d. 有利于整个系统的自动化。

e. 电源比气源和液源容易获得，其电线的敷设和维护也比压缩空气和液压管线简单得多。

气动阀门和液动是以一定压力的空气、水或油为动力源，利用气缸（或液压缸）和活塞的运动来驱动阀门的，一般气动的空气压力小于0.8MPa，液动的水压或液压为2.5~25MPa。

② 调节阀的布置

a. 调节阀的安装位置应满足工艺流程设计的要求，并应靠近与其有关的一次指示仪表，便于在用旁路阀手动操作时观察一次仪表。

b. 调节阀组应尽量布置在地面、楼面、操作平台上或通道两旁且易于接近的地方，并尽量靠近与其操作有关的现场监测仪表等便于调试、检查、拆卸的地方。

c. 调节阀应正立垂直安装于水平管道上，特殊情况下才可水平或倾斜安装，但必须加支承。

d. 为便于操作和维护检修，调节阀应布置在地面或平台上且易于接近的地方。与平台或地面的净空不应小于250mm。对于反装阀芯的单双座调节阀，宜在阀体下方留出抽阀芯的空间。

e. 调节阀组（包括调节阀、旁路阀、切断阀和排液阀）立面安装时，调节阀接管直径不小于$DN25$时，应把调节阀安装在旁路的下方或与旁路相同标高；调节阀接管直径小于$DN25$时，调节阀可安装在旁路的上方、下方或与旁路相同标高，当调节阀安装在旁路上方时，旁路上应装排液阀。输送含有固体颗粒介质的管道上的调节阀直径小于$DN25$时，因小口径调节阀容易堵塞，应在入口隔断阀后增设过滤器或将旁路阀布置在同一个平面上，或将旁路阀布置在调节阀的下方，见图2.166。

f. 为避免调节阀鼓膜受热及便于就地取下膜头，膜头顶部上净距应不小于200mm。为避免旁路阀泄漏介质落在调节阀上和便于就地拆装膜头，安装时调节阀与旁路阀应错开布置。

g. 低温或高温管道上的调节阀组的支架，两个支架中应有一个是固定支架，另一个是滑动支架，见图2.167。

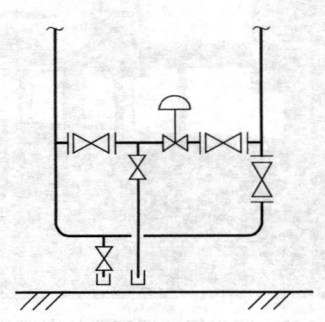

图2.166 小口径调节阀的安装

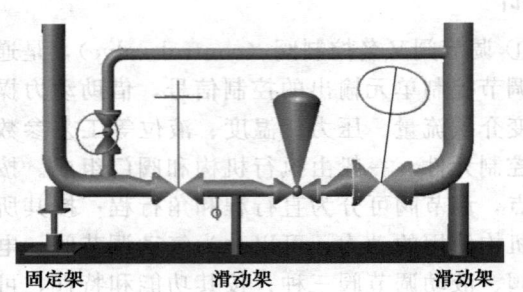

图2.167 调节阀组的支架

h. 调节阀应安装在环境温度不高于60℃且不低于−40℃的地方，并远离振动源。

i. 在一个区域内有较多的调节阀时，应考虑形式一致，整齐、美观及操作方便。

j. 隔断阀是当调节阀检修时关闭管道之用，故应选用闸板阀；旁路阀是当调节阀检修停用时作调节流量之用，故一般应选用截止阀，但旁路阀直径大于$DN150$时，可选用闸板阀。

k. 调节阀在检修时需将两隔断阀之间的管道泄压和排液，一般可在调节阀入口侧与调节阀上游的切断阀之间管道的低点设排液闸阀。当工艺管道公称直径大于$DN25$时，排液阀公称直径应不小于$DN20$；当工艺管道公称直径不大于$DN25$，排液阀的公称直径应为$DN15$。高压管道的排液阀应设双阀。

l. 当管道施工后进行清扫及吹扫试运转时，应将调节阀从管道上卸下，用短管代替。

m. 调节阀的典型布置如图2.168所示：图(a)中阀组布置紧凑，所占空间小，维修时便于拆卸，整套阀组放空简便。图(b)、图(c)中旁路阀的操作维修方便。图(d)中阀组布置紧凑，但调节阀偏高，适用于较小口径调节阀。图(e)适用于角式调节阀。图(f)中调节阀容易接近，但两个隔断阀与调节阀在一根直管上，难于拆卸和安装，旁路上有死角，不得用于易凝、有腐蚀性介质，阀组安装要占较大空间，仅用于低压降调节阀。图(g)与图(h)用于水平布置的阀组。

工程应用：调节阀安装方向的选择

布置设计调节阀时，有的设计人员可能考虑到布置空间和操作维修高度等问题，将膜头安装成了水平方向，这是错误的。如图2.169所示的8个方位，最好是按方位1正立、垂直安装在水平管道上，执行机构位于阀体上方。其他方位应尽量避免。其他方位与方位1比较，有如下缺点：由于滑动零件的不平衡力，会加速磨损或增加滞后；泄漏量不易保证；维修麻烦；执行机构必须加支承，固定牢固；不能通过底塞排放脏物。

当受现场条件限制，无法在方位1安装时，可采用方位2、8，其次采用方位5，再次采用方位4、方位6，不能在方位3、7安装。

工程应用：蒸汽管线调节阀的配管设计

蒸汽管线口径为20in隔断阀的手柄标高在2.6m，调节阀膜头的高度也在2.0m，考虑到主管与旁路阀门的操作维护高度，将调节阀布置在旁路的相同标高。如图2.170所示，在调节阀与旁路之间设置了平台。调节阀前的排净采用蒸汽集液包和疏水器。

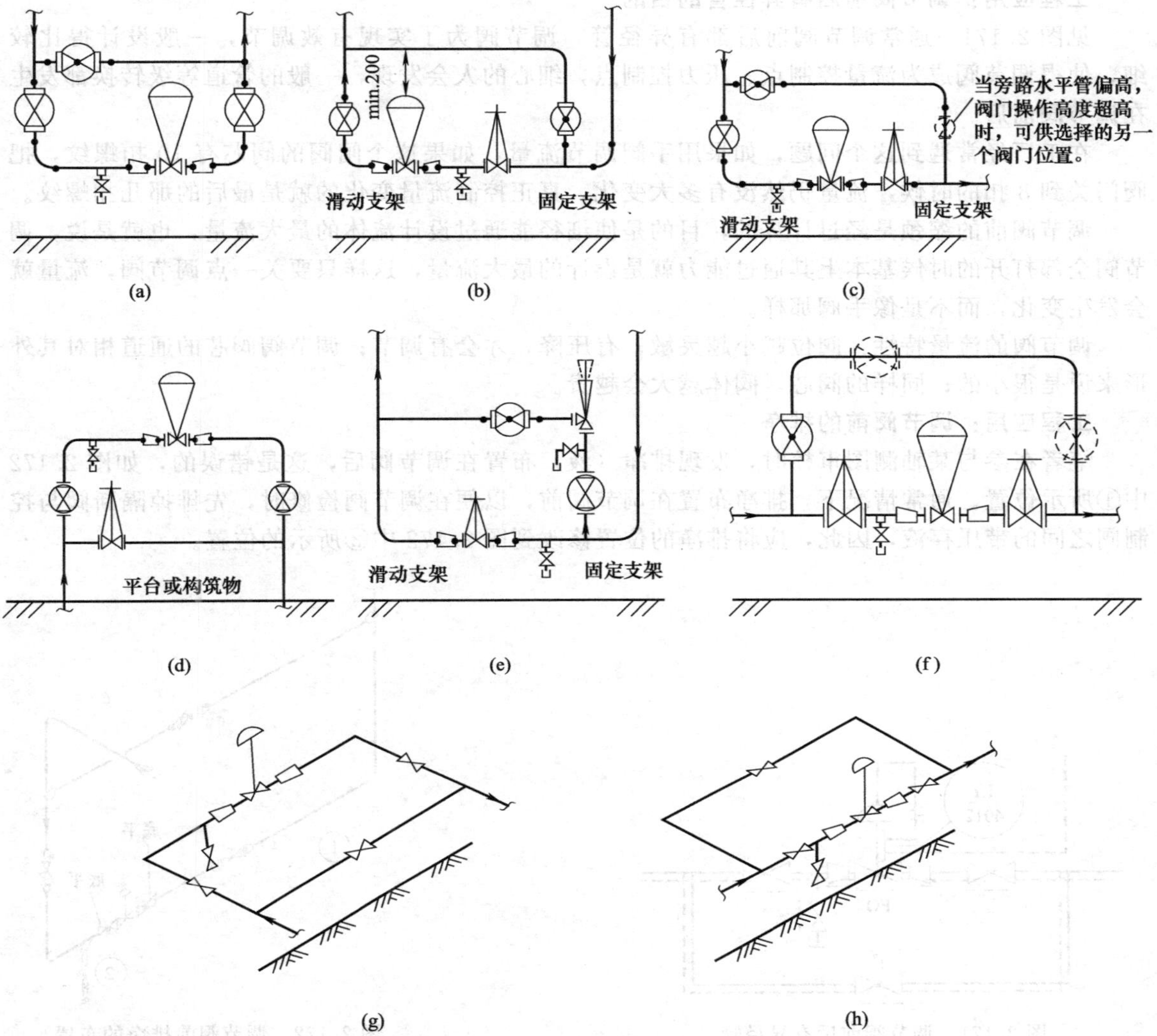

图 2.168 调节阀的典型布置

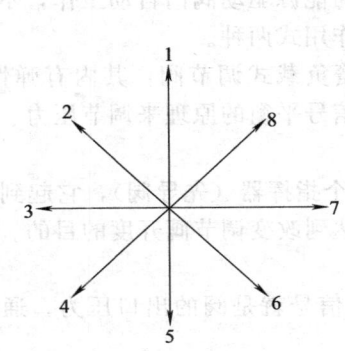

图 2.169 调节阀的安装方位的选择
1~8—安装方位

图 2.170 蒸汽管线调节阀的配管设计

工程应用：调节阀前后有异径管的目的

见图 2.171，通常调节阀前后都有异径管。调节阀为了实现有效调节，一般设计得比较细，使得调节阀成为流量控制点、压力控制点，细心的人会发现，一般的管道等级转换都发生在调节阀前后。

在工厂经常遇到这个问题，如果用手阀调节流量，如果这个闸阀的阀芯有 10 扣螺纹，把阀门关到 8 扣的时候，流量仍然没有多大变化，真正控制流量变化的就是最后的那几扣螺纹。

调节阀前的缩颈是经过计算的，目的是使细径能通过设计流体的最大流量，也就是说，调节阀全部打开的时候基本上其通过能力就是设计的最大流量，这样只要关一点调节阀，流量就会发生变化，而不是像手阀那样。

调节阀的流量特性：阀位越小越灵敏；有压降，才会有调节；调节阀阀芯的通道相对其外形来说是很小的；同样的阀芯，阀体越大会越贵。

工程应用：调节阀前的排净

笔者在参与某轴测图审核时，发现排净（液）布置在调节阀后，这是错误的，如图 2.172 中①所示位置。通常情况下，排净布置在调节阀前，以便在调节阀检修时，先排掉隔断阀与控制阀之间的带压存液，因此，应将排净的位置修改到图 2.172 中②所示的位置。

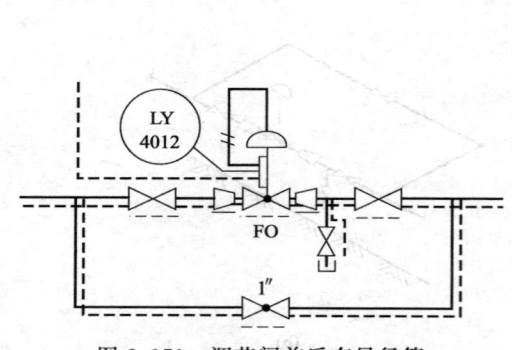

图 2.171 调节阀前后有异径管

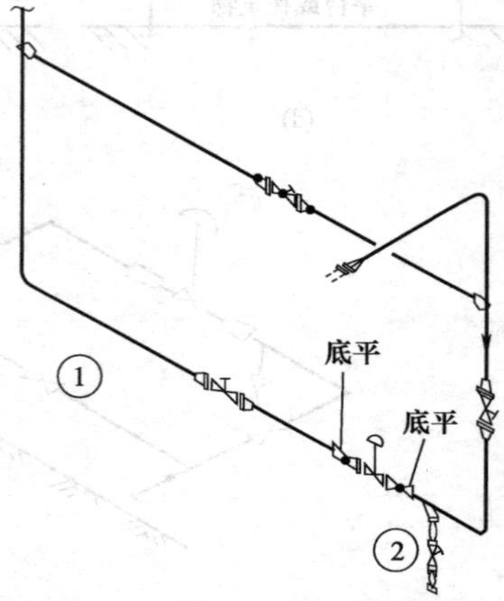

图 2.172 调节阀前排净的布置

二十一、自力式调节阀的适用范围及配管设计

1. 自力式调节阀的分类

自力式调节阀依靠流经阀内介质自身的压力、温度作为能源驱动阀门自动工作，不需要外接电源和二次仪表。自力式调节阀分为直接作用式和间接作用式两种。

① 直接作用式调节阀。直接作用式调节阀又称为弹簧负载式调节阀，其内有弹性元件，如弹簧、波纹管、波纹管式的温包等，利用弹性力与反馈信号平衡的原理来调节压力、温度或流量。

② 间接作用式调节阀。间接作用式调节阀，增加了一个指挥器（先导阀），它起到对反馈信号的放大作用，然后通过执行机构，驱动主阀阀瓣运动达到改变调节阀开度的目的。根据反馈信号的不同又可分为以下几种。

a. 如果是压力调节阀，称为自力式压力调节阀，反馈信号就是阀的出口压力，通过信号管引入执行机构。

b. 如果是流量调节阀，称为自力式流量调节阀，阀的出口处就有一个孔板（或者是其他阻力装置），由孔板两端取出压差信号引入执行机构。

c. 如果是温度调节阀，称为自力式温度调节阀，阀的出口就有温度传感器（或者温包）通过温度传感器内介质的热胀冷缩驱动执行机构。

2. 自力式压力调节阀的分类及工作原理

自力式压力调节阀是不需要任何外加能源的，它是利用被调介质自身能量而自动调节的执行产品。其最大特点就是能在无电、无气的场所使用，同时又节约了能源。压力设定在一定范围内随意可调。自力式压力调节阀用于没有腐蚀性且黏度低的液体、气体、蒸汽等介质的压力控制，如轻质油品、水、水蒸气、空气等。

① 自力式压力调节阀的分类

a. 按阀后、阀前控制分为两类：自力式阀后（减压）控制阀；自力式阀前（泄压）控制阀，见图 2.173。

b. 按是否带指挥器分为两大类：直接作用型自力式调节阀；指挥器操作型自力式调节阀。

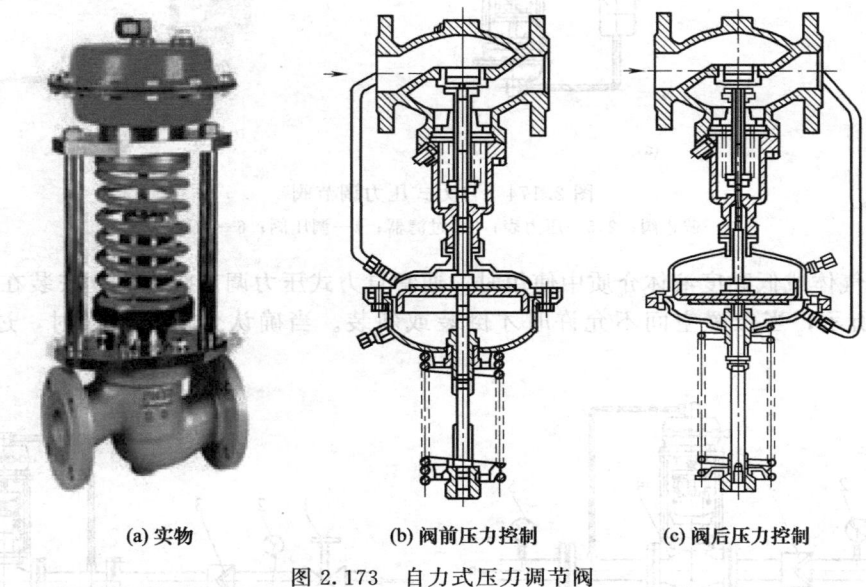

(a) 实物　　　　(b) 阀前压力控制　　　　(c) 阀后压力控制

图 2.173　自力式压力调节阀

② 自力式阀后压力调节的工作原理。阀前压力 p_1 经过阀芯、阀座的节流后，变为阀后压力 p_2。p_2 经过管线输入上膜室内作用在顶盘上，产生的作用力与弹簧的反作用力相平衡，决定了阀芯、阀座的相对位置，控制阀后压力。当 p_2 增加时，p_2 作用在顶盘上的作用力也随之增加。此时，顶盘上的作用力大于弹簧的反作用力，使阀芯关向阀座的位置。这时，阀芯与阀座之间的流通面积减小，流阻变大，p_2 降低，直到顶盘上的作用力与弹簧反作用力相平衡为止，从而使 p_2 降为设定值。同理，当 p_2 降低时，作用方向与上述相反，这就是阀后压力调节的工作原理。

③ 自力式压力调节阀选用注意事项

a. 不宜在往复泵出口压力、流量调节方案中使用。由于往复泵输出流量是周期性脉动，造成该阀在设定值附近处于周期性脉动，因而达不到稳定压力的作用，使整个控制系统无法正常工作。

b. 阀前、阀后压力及设定值条件应接近实际工艺条件。自力式压力调节阀对工艺条件的要求较一般控制阀要严谨。工艺参数确定后，不允许有较大范围的更改。

c. 自力式压力调节阀调节精度为±5%，流量特性为快开特性，因此只适用无外来能源和调节品质要求不高的场合。

d. 自力式压力调节阀的允许压差值较小。这是由于该产品输出力小及波纹管内外允许压差小，导致允许压差较普通调节阀小，且无法像普通调节阀那样可通过提高供气压力来增大压差。

3. 自力式压力调节阀的布置

① 阀在蒸汽或高黏度液体介质中使用时，通常自力式压力调节阀为倒立安装在水平管上。如图 2.174 所示，取压点应取在调压阀适当位置：阀前调压应大于 2 倍管道直径，阀后调压应大于 6 倍管道直径。

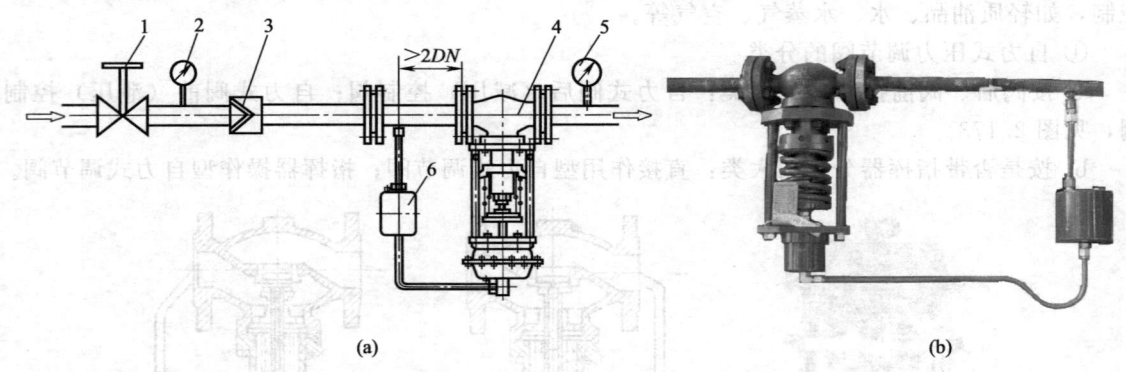

图 2.174　自力式压力调节阀
1—截止阀；2,5—压力表；3—过滤器；4—调压阀；6—冷凝器

② 阀在气体或低黏度液体介质中使用时，通常自力式压力调节阀为直立安装在水平管上，如图 2.175 所示，当位置空间不允许时才倒装或斜装。当确认介质很洁净时，过滤器可不安装。

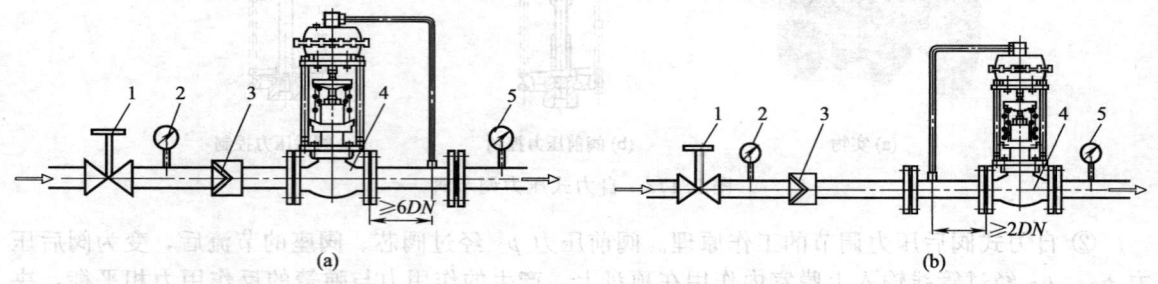

图 2.175　自力式压力调节阀
1—截止阀；2,5—压力表；3—过滤器；4—调压阀

③ 安装方式与介质、温度的关系

a. 自力式压力调节阀安装方式原则上宜采用：气体介质正立安装（执行机构在上、阀体在下），液体与蒸汽介质倒装（执行机构在下、阀体在上）。

b. 气体介质温度高于 70℃、低于 140℃，液体介质温度高于 140℃时，自力式压力调节阀除采用倒装外，还应在引压管路上加装隔离罐，并在引压管路、隔离罐、膜头处注满冷介质，以防膜片受高温老化。

c. 气体介质温度高于 70℃、低于 140℃时，若仍采用正立安装，应在设计文件（设备表）中注明采用高温膜片（如乙丙橡胶膜片、硅橡胶膜片等），否则会造成普通膜片老化。

④ 冷凝器应高于自力式压力调压阀的执行机构而低于阀前后接管。使用前冷凝器应灌满冷水，以后约 3 个月灌水一次。

⑤ 自力式压力调节阀根据计算通径可以小于管道直径，而截止阀、切断球阀、旁通阀、过滤器通径则不能小于管道直径。

工程应用：自力式压力调节阀的布置设计错误

某蒸汽管道上的自力式压力调节阀，投入使用才两个月，大量蒸汽从调节阀膜头的排汽孔中排出，噪声极大。事故原因是调节阀头朝上安装，导致较高温度的蒸汽没经过冷凝，直接进入膜头，烧坏了膜片。

用于蒸汽管道的自力式压力调节阀，安装时必须在执行器和管道之间加一个冷凝罐，不能让蒸汽直接进入执行器膜头，调节阀必须头朝下安装，冷凝罐要高于膜头，初次使用，一定要将冷凝罐和膜头中加满水。

二十二、过滤器的适用范围及配管设计

1. 管道过滤器的作用及适用范围

管道过滤器是输送介质管道上不可缺少的一种装置，是清除流体中固体杂质的管道附件，用以保护工艺设备与特殊管件（如压缩机、泵、燃油喷嘴、疏水阀等），防止杂物进入设备、管件损坏部件或堵塞管件影响正常生产运行，起到稳定工艺过程、保障安全生产的作用。当流体流过安装有一定规格滤网的滤筒后，其杂质被阻挡，当需要清洗时，只要将可拆卸的滤筒取出，处理后重新装入即可。

2. 管道过滤器的分类

① 按用途分类

a. 永久性过滤器。与所保护的设备一同投入正常运行，满足工艺系统专业工程设计的要求。永久性过滤器的器体材料应相当于同一用途的管道材料。永久性过滤器按结构形式可分为网式、线隙式、烧结式、磁滤式等。网式永久性过滤器滤网的有效面积不得小于操作管道横截面积的 3 倍。

b. 临时性过滤器。仅在开工试运转或停车较久后开车时使用，初始操作完毕后可拆除。临时性过滤器滤网的有效面积不得小于操作管道横截面积的 2 倍，临时性过滤器材料，一般采用碳钢，如物料有严格要求，可考虑选用特殊材质。临时性过滤器按结构可分为平板型、篮式、T 形、Y 形等。平板（多孔）型通常用于离心泵的吸入管道上，篮式、T 形、Y 形通常用于往复式压缩机或油类等黏度较大的液体的吸入管道上。临时性过滤器一般选用 100 孔/cm^2 的滤网。

② 按结构分类

a. 网式过滤器。网式过滤器在化工装置中应用较为普遍，可作为临时性过滤器或永久性过滤器设于离心泵、齿轮泵、螺杆泵、蒸汽往复泵及工业炉燃料喷嘴之前。用于泵前的网孔数一般为 144~256 孔/cm^2，按泵和喷嘴产品资料要求来定。网孔数最大可达 400 孔/cm^2。网式过滤器有 SY 型、ST 型、SC 型、SD 型等，其外壳可以是铸铁、碳钢、低合金钢、不锈钢或其他材料，滤网可分为铜丝网或不锈钢丝网。特殊情况还可与制造厂商定材质。

b. 篮式过滤器。篮式过滤器用于油或其他液体管道上，过滤管道里的杂物，过滤孔面积比通径管面积大于 2~3 倍，远远超过 Y 形、T 形过滤器过滤面积，见图 2.176。滤网结构与其他过滤网不一样，因形状像篮子，故名篮式过滤器。篮式过滤器主要由接管、筒体、滤篮、法兰、法兰盖及紧固件等组成。安装在管道上能除去流体中的较大固体杂质。

c. T 形过滤器。T 形过滤器外形上像字母"T"，因此，称为 T 形过滤器。T 形过滤器是除去液体中少量固体颗粒的小型设备，可保护设备的正常工作。当流体进入通过置有一定规格滤网的滤筒后，其杂质被阻挡，而清洁的滤液则由过滤器出口排出，当需要清洗时，只要将可拆卸的滤筒取出，处理后重新装入即可。T 形过滤器见图 2.177。

原则上过滤器的进、出口通径不应小于相配套的泵的进口通径，一般与进口管路口径一致。过滤器的材质一般选择与所连接的工艺管道材质相同，对于不同的服役条件可考虑选择铸

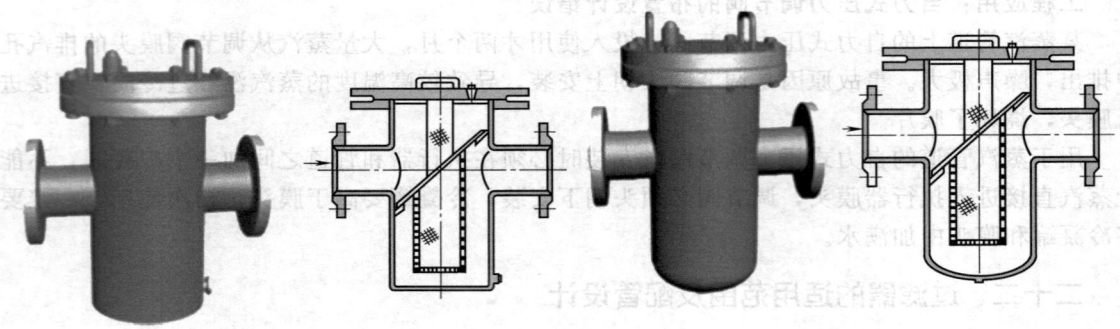

(a) 直通平底篮式过滤器　　　　　　　(b) 直通弧底篮式过滤器

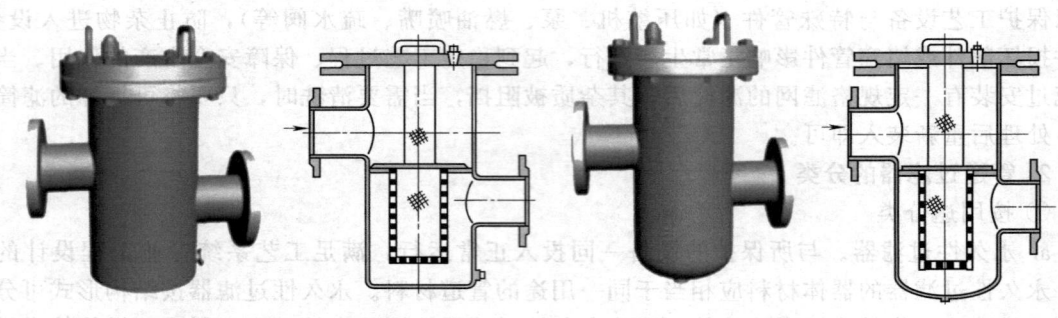

(c) 高低平底篮式过滤器　　　　　　　(d) 高低弧底篮式过滤器

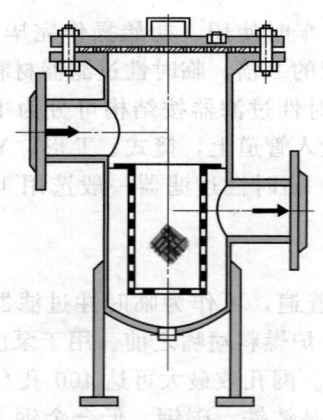

(e) 带支腿的高低弧底篮式过滤器　　　　(f) 直通弧底篮式过滤器的管道布置

图 2.176　篮式过滤器

铁、碳钢、低合金钢或不锈钢材质的过滤器。

T形过滤器适合物料：化工、石油化工生产中的弱腐蚀性物料，如水、氨、油品、烃类等；化工生产的腐蚀性物料，如烧碱、纯碱、浓稀硫酸、碳酸、醋酸等；制冷中的低温物料，如液甲烷、液氨、液氧及各种制冷剂；轻工食品、制药生产中有卫生要求的物料，如啤酒、饮料、乳制品、粮浆医药用品等。

d. Y形过滤器。Y形过滤器（图2.178）属于管道粗过滤器系列，一端是使液态流体等流质经过，一端是沉淀废弃物、杂质，可用于气体或其他介质大颗粒物过滤，安装在管道上能除去流体中的较大固体杂质，使机器设备（包括压缩机、泵等）、仪表能正常工作和运转，达到

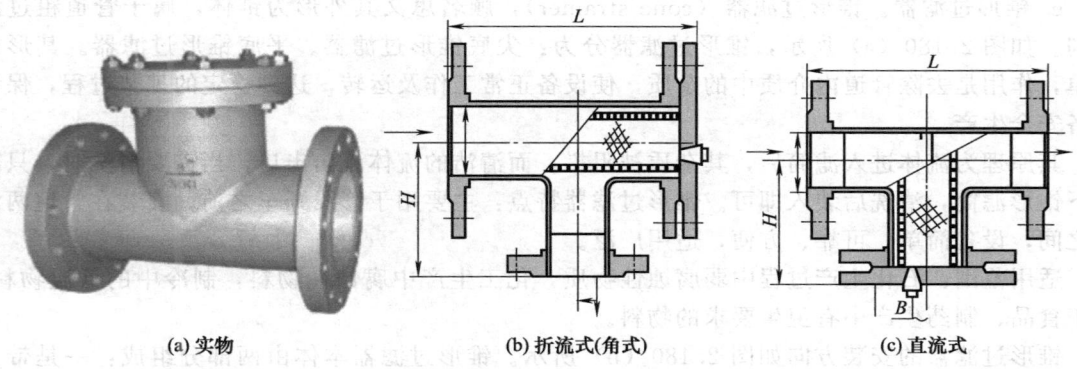

(a) 实物　　　　　　　(b) 折流式(角式)　　　　　(c) 直流式

图 2.177　T 形过滤器

稳定工艺过程，保障安全生产。

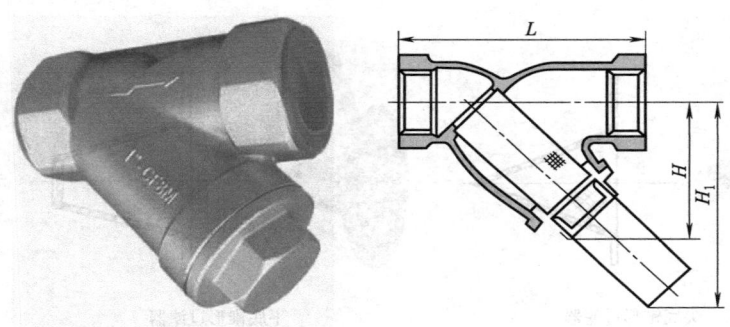

图 2.178　Y 形过滤器

　　Y 形过滤器的进、出口通径不应小于相配套的泵的进口通径，一般与进口管路口径一致。Y 形过滤器孔目数的选择，主要考虑需拦截的杂质粒径，依据介质流程工艺要求而定。各种规格丝网可拦截的粒径尺寸可以查标准规范上的"滤网规格"进行选用。过滤器的材质一般选择与所连接的工艺管道材质相同，对于不同的服役条件可考虑选择铸铁、碳钢、低合金钢或不锈钢等材质的过滤器。

　　Y 形过滤器适合物料：化工、石油化工生产中的弱腐蚀性物料，如水、氨、油品、烃类等；化工生产的腐蚀性物料，如烧碱、纯碱、浓稀硫酸、碳酸、醋酸、酯酸等；制冷中的低温物料，如液甲烷、液氨、液氧及各种制冷剂；轻工食品、制药生产中有卫生要求的物料，如啤酒、饮料、乳制品、粮浆医药用品等。

　　Y 形过滤器可以水平安装或垂直向下安装，见图 2.179。

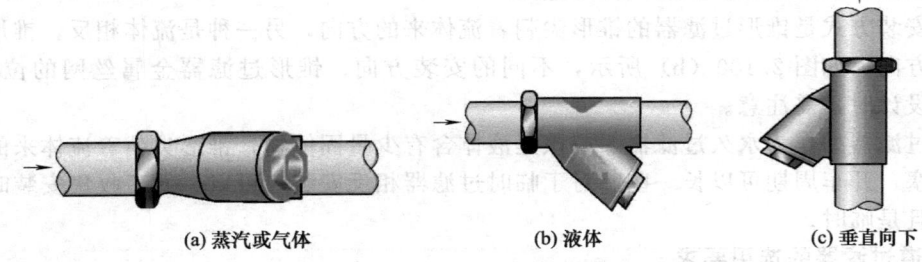

(a) 蒸汽或气体　　　　　　(b) 液体　　　　　　(c) 垂直向下

图 2.179　Y 形过滤器的布置方向

e. 锥形过滤器。锥形过滤器（cone strainer），顾名思义其外形为锥体，属于管道粗过滤系列。如图 2.180（a）所示，锥形过滤器分为：尖底锥形过滤器、平底锥形过滤器。其形式简单，作用是去除管道内介质中的杂质，使设备正常工作及运转，达到稳定的工艺过程，保证设备安全生产。

其原理为流体进入滤筒后，其杂质被阻拦，而清洁的流体流出出口，当需要清洗时，只需卸下锥形滤筒，清洗后装入即可。锥形过滤器特点：主要用于管线开车之前，安装在管道两法兰之间，设备简单、可靠、方便，适用广泛。

适用范围：石化生产过程中弱腐蚀性物质，化工生产中腐蚀性物料，制冷中的低温物料，轻工食品、制药生产中有卫生要求的物料。

锥形过滤器的安装方向如图 2.180（b）所示。锥形过滤器本体由两部分组成：一是带孔钢板体（perforated plate），二是金属丝网（wire mesh），如果金属丝网放在带孔钢板体的外面，则流向应该是由外向内；如果金属丝网放在带孔钢板体里面，则流向是由内向外。图 2.180（c）所示的是锥形过滤器的布置。

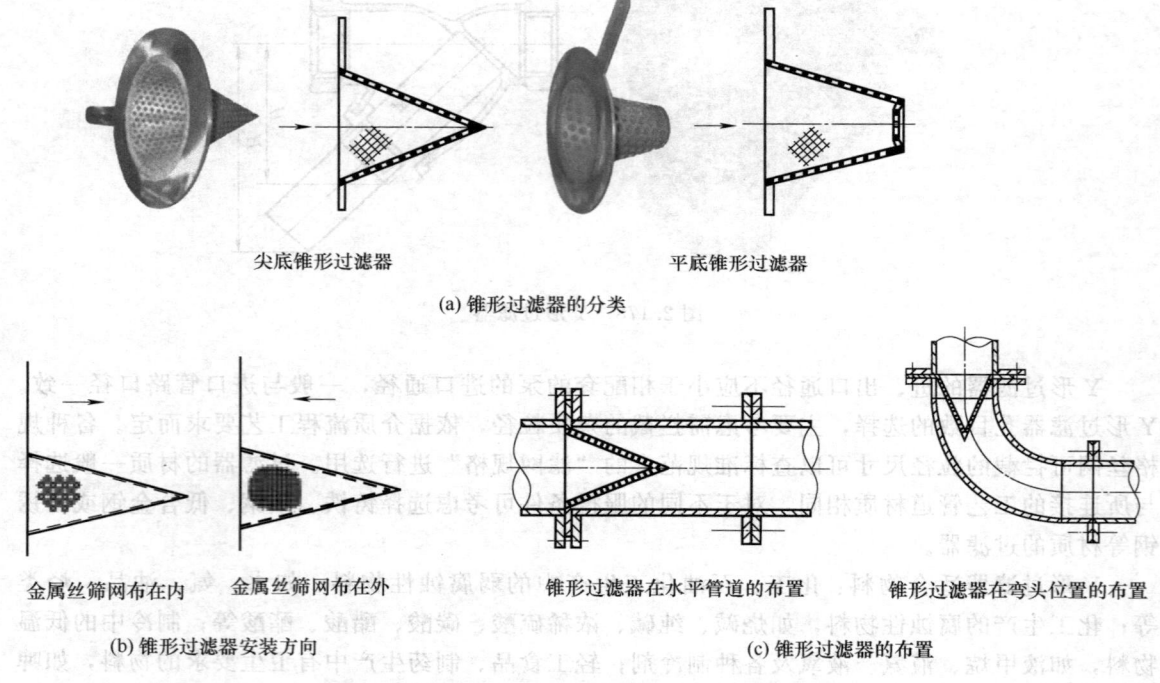

图 2.180 锥形过滤器分类、安装方向及其布置

工程应用：锥形过滤器安装方向的选用

一种安装方式是锥形过滤器的锥形尖朝着流体来的方向，另一种是流体相反，锥形尖顺着流体来的方向，如图 2.180（b）所示，不同的安装方向，锥形过滤器金属丝网的位置不同，安装配管设计时，需注意。

锥形过滤器如作为永久过滤器，应该是液体含有少量固体物，锥形尖朝着流体来的方向安装不易堵塞，开车周期可以长一些。对于临时过滤器相反安装也可以，便于收集安装时产生的杂物，而且是临时。

3. 管道过滤器的选用要求

① 对于凝固点较高、黏度较大、含悬浮物较多、停输时需经常吹扫的介质，宜选用卧式

安装的反冲洗过滤器。

② 对固体杂质含量较多、黏度较大的介质，宜选用篮式过滤器。

③ 对易燃、易爆、有毒的介质，宜采用对焊连接的过滤器，当直径小于 $DN40$ 时，宜采用承插焊连接的过滤器。

④ 介质流向有 $90°$ 变化处宜选用折流式 T 形过滤器。

⑤ 设置在泵入口管道上的临时性过滤器，宜选用锥形过滤器。

⑥ 管道直径小于 $DN400$ 时，宜选用 Y 形及 T 形过滤器；管道直径大于或等于 $DN400$ 时，宜选用篮式过滤器。

4. 管道过滤器的布置

① 机泵入口均应安装过滤器。过滤器的安装位置应靠近被保护的设备。

② 折流式（角式）T 形过滤器必须安装在管道 $90°$ 拐弯的场合。直通式 T 形过滤器必须安装在管道的直管上，安装在立管上时，应考虑方便滤网的抽出；安装在水平管时，滤网抽出方向应向下。Y 形过滤器安装在水平管道上时，滤网抽出方向应向下，并应考虑 Y 形过滤器抽芯的空间。

③ 安装在立管上的泵入口过滤器，为降低泵入口阀门的高度，可采用异径过滤器。Y 形过滤器安装在介质自下向上的垂直管道上时，应选用反流式。

④ 压缩机入口管道上应装过滤器或可拆卸短节，以便开车前安装临时过滤器和清扫管道。

⑤ 过滤器上下游可根据工艺生产的需要设置压差计或压力表，以判断堵塞情况，并应按工艺需要配置反吹清洗管道。

⑥ 管道配管时应考虑永久和临时过滤器的安装和拆除。

⑦ 管道过滤器对管道设计要求。装有过滤器的管道在工作时可分为间断操作与连续操作。间断操作时，在过滤器前后设置切断阀，以便清理过滤器。连续操作时，对永久性过滤器需设置并联的两套过滤器，分别在过滤器前、后设置切断阀（线隙式过滤器除外）。

各形式过滤器的主要结构及特性比较，如表 2.41 所示。

工程应用：过滤器抽芯空间不够的解决方案（图 2.181）

如图 2.181（a）所示，某泵入口管线，Y 形过滤器放置水平管，由于设计失误，造成 Y 形过滤器距离地面偏近，Y 形过滤器抽芯空间不足。

如图 2.181（b）所示，泵入口管线，为了避免 Y 形过滤器抽芯空间问题，安装在了立管上，造成 Y 形过滤器前的闸阀手柄偏高，不宜操作。

如图 2.181（c）所示，为了避免 Y 形过滤器抽芯空间问题，Y 形过滤器采用了水平布置，造成 Y 形过滤器过滤效果降低。

如图 2.181（d）所示，Y 形过滤器采用了向下或者倾斜角度 $\alpha(\alpha \leqslant 45°)$ 布置，既解决了抽芯问题，又考虑了 Y 形过滤器过滤效果问题。

如图 2.181（e）所示，为了解决 Y 形过滤器抽芯空间问题，过滤器抽芯空间位置挖了一个地沟。

二十三、漏斗和地漏的适用范围及配管设计

① 为了防止周围发生危险、污染或便于回收利用，从设备、管系出来的油、水及化学药剂等，都要进入各自漏斗，经埋地管道到处理系统。排往漏斗的排液管按 PID 图要求布置；厂房地面、混凝土平台、设备围堰内、沟（坑）底面等设置地漏以收集污物集中处理。漏斗高出地面或平台面，内设算子板或筛孔板，防止外部异物落入，造成堵塞；地漏略低于地面或平台面和沟（坑）底面，地漏带液封和算子板以防止窜气和堵塞。其中对于有毒及易挥发的化学药剂应采用密闭漏斗。地漏及布置见图 2.182。

表 2.41 各形式过滤器的主要结构及特性比较

形式	Y形过滤器	正折流T形过滤器 & 异径正折流T形过滤器	反折流式T形过滤器	直流式T形过滤器	尖顶锥形过滤器	平顶锥形过滤器	直通平底篮式过滤器 直通封头篮式过滤器	高低接管平板篮式过滤器 高低接管封头篮式过滤器 高低接管重叠式篮式过滤器	卧式反冲洗式过滤器	导流式反冲洗式过滤器
推荐安装方式及流向 水平管线										
推荐安装方式及流向 垂直管线										
结构	简单	较简单	较简单	较复杂	简单	简单	较复杂	较复杂	较复杂	较复杂
体积	中	中	中	较小	小	小	大	大	较大	较大
重量	中	中	中	中	轻	轻	重	重	较重	较重
过滤面积	中	中	中	小	小	较小	较大	大	大	大
流体阻力	中	中	中	大	大	较大	较小	小	小	小
滤筒装拆	方便	方便	方便	方便	较方便	较方便	方便	方便	较不方便	较不方便
滤筒清洗	方便	方便	方便	方便	方便	方便	方便	较不方便	方便	方便

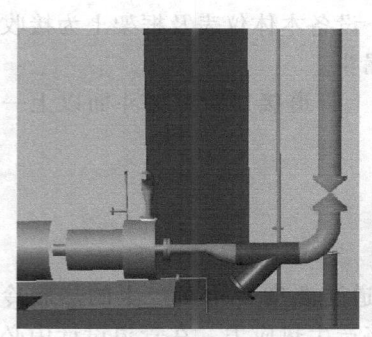
(a) Y形过滤器抽芯空间不足

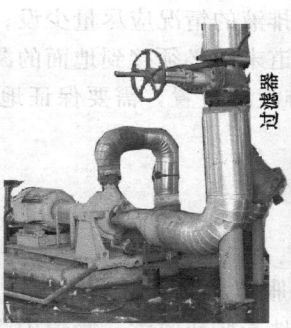
(b) Y形过滤器放在立管上

(c) Y形过滤器水平布置

(d) Y形过滤器下斜45°布置

(e) Y形过滤器抽芯位置挖沟

图 2.181　过滤器抽芯空间不够的解决方案

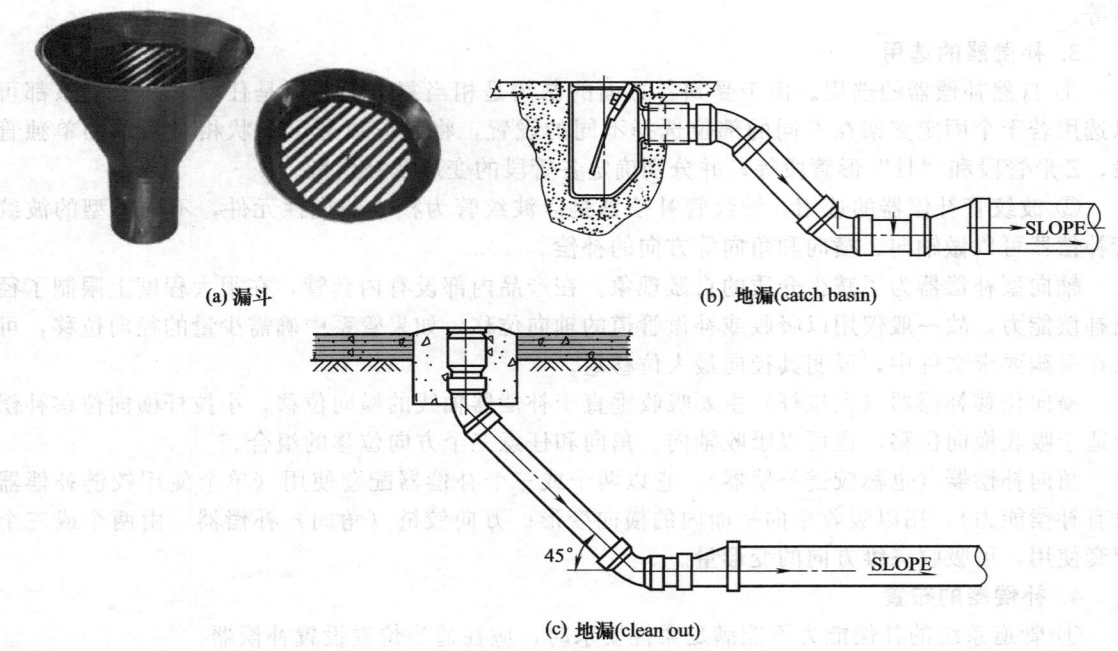

(a) 漏斗

(b) 地漏(catch basin)

(c) 地漏(clean out)

图 2.182　地漏及布置

② 布置漏斗位置时，应充分考虑下列因素：设备排液用的漏斗，应尽量靠近基础；漏斗

的布置应使到漏斗去的排液管尽量短；布置漏斗时，引至漏斗的排液管应不妨碍通行及不影响周围阀门及仪表的操作；漏斗在不影响排液的情况应尽量少设；设备本体仪表及框架上为接收采样管等排液处需设漏斗，且排液的管道末端必须接到地面的漏斗。

③ 地面以上敞口管道向地面漏斗排液的布置，需要保证地上管道接口距离漏斗面以上一定距离，避免产生虹吸、倒流现象。

二十四、补偿器的配管设计

1. 补偿器的作用

补偿器又称为伸缩器或伸缩节、膨胀节，主要用于补偿管道受温度变化而产生的热胀冷缩。如果温度变化时管道不能完全自由地膨胀或收缩，管道中将产生热应力。在管道设计中必须考虑这种应力，否则它可能导致管道破裂，影响正常生产的进行。

作为管道工程的一个重要组成部分，管道补偿器可补偿吸收管道轴向、横向、角向热变形。波纹补偿器伸缩量，方便阀门管道的安装与拆卸。吸收设备振动，减少设备振动对管道的影响。吸收地震、地陷引起的管道的变形量。补偿器在保证管道长期正常运行方面发挥着重要的作用。

2. 补偿器的分类

① 按材质分类。管道补偿器分为金属波纹补偿器、非金属补偿器。金属波纹补偿器由构成其工作主体的波纹管（一种弹性元件）和端管、支架、法兰、导管等附件组成，属于一种补偿元件。利用其工作主体波纹管的有效伸缩变形，以吸收管线、导管、容器等由热胀冷缩等原因而产生的尺寸变化，或补偿管线、导管、容器等的轴向、横向和角向位移。也可用于降噪减振。在现代工业中用途广泛。非金属补偿器可以补偿管道轴向、横向、角向位移，具有无推力、简化支座设计、耐腐蚀、耐高温、消声减振等特点，特别适用于热风管道及烟尘管道。

② 按补偿类型分类。管道补偿器可分为：自然补偿器、波形补偿器、套管式或球形补偿器等。

3. 补偿器的选用

① 自然补偿器的选用。由于受到各方面的制约是相当复杂的，但是任何复杂的管系都可以选用若干个固定支架在不同的部位选择不同的设置，将其分成若干形状相对简单的单独管段，Z形管段和"Π"形管段等，并分别确定各管段的变形及补偿量。

② 波纹管补偿器的选用。波纹管补偿器是以波纹管为核心的挠性元件，不同类型的波纹管补偿器可以做轴向、横向和角向等方向的补偿。

轴向型补偿器为了减少介质的自激现象。在产品内部设有内套管，在很大程度上限制了径向补偿能力，故一般仅用以吸收或补偿管道的轴向位移，如果管系中确需少量的径向位移，可以在采购要求文件中，说明其径向最大位移量。

横向位移补偿器（大拉杆）主要吸收垂直于补偿器轴线的横向位移，小拉杆横向位移补偿器适于吸收横向位移，也可以吸收轴向、角向和任意三个方向位移的组合。

角向补偿器（也称铰链补偿器）。它以两个或三个补偿器配套使用（单个使用铰链补偿器没有补偿能力），用以吸收单向平面内的横向变形。万向铰链（角向）补偿器，由两个或三个配套使用，可吸收三维方向的变形量。

4. 补偿器的布置

① 管道系统的补偿能力不能满足柔性要求时，应在适当位置设置补偿器。

② 补偿器的选用和布置应符合下列要求："Π"形补偿器结构简单、运行可靠、投资少，应优先选用；"Π"形补偿器宜设置在两固定支架的中部，但不应小于两固定支架间距的三分之一；管道布置受限制时，在设计条件和输送介质允许情况下可选用金属波纹管补偿器。

③ 无约束金属波纹管补偿器的布置应符合下列要求：两个固定支架间仅能布置一个补偿器；固定支架应具有足够的强度，以承受内压推力的作用；靠近补偿器的部位应设置导向支架，第一个导向支架与补偿器的距离应小于等于 4 倍公称直径，第二个导向支架与第一个导向支架的距离应小于等于 14 倍公称直径。

④ 带约束的金属波纹管补偿器的布置应符合柔性计算的要求。

⑤ 可燃介质管道和有毒介质管道不得选用套管式补偿器或球形补偿器。

二十五、自动排气阀的配管设计

1. 自动排气阀的作用

自动排气阀是一种安装于系统中的控制器，用来释放供热系统、供水管道中产生的气体的阀门，广泛用于分水器、供热、供水等系统。自动排气阀主要用于管道最高点或闭气的地方，用来排出管道内的气体，疏通管道，使管道运转正常，如突然停电/停泵，管道内会出现负压力引起管道振动或破裂，排气阀则随时排气，确保管道安全。管线正常运行时，主要用以排除从水中析出的气体，以免空气积聚在管中，减小过水断面积和增加管线的水头损失。

2. 自动排气阀的分类

常见的自动排气阀有：浮球（筒）式、浮球（筒）杠杆式、复合（组合）式、气缸式排气阀。复合式排气阀是常用的排气阀，它在浮球式和浮球杠杆式排气阀的基础上组合改进而成。可以将管道中的大量空气、系统运行中的少量气体，连续不断地快速排到外界空气中。另外，快速排气阀结构简单，体积小，排气量大，在原基础上进行大量改进使快速排气阀更完美。当管道空管冲水是实现快速排气，当管道内产生负压时又能快速吸气。微量排气阀为一类似椭圆形阀体，内部所有零件包括浮球、杠杆、杠架、阀座等均为 304 不锈钢，内不锈钢，适合用于给水管道设备排除溶解空气。

3. 自动排气阀工作原理

自动排气阀通常设置在系统管道的最高点和局部高点，用于排除水管路中存有的空气。自动排气阀的工作原理是利用水的浮力阻塞放气口，见图 2.183。当管道最高点存气时，水的浮力减少或没有了，放气口被打开，在有压水的作用下，空气从排气口排出，气排完时，水的浮力作用在简单机械装置上阻塞了放气口。不同于集气罐的排气，自动排气阀不需人工操作。

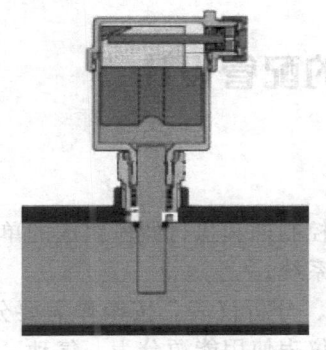
(a) 当没有气体时，浮子将会上升，机械装置保证销针关闭排气口

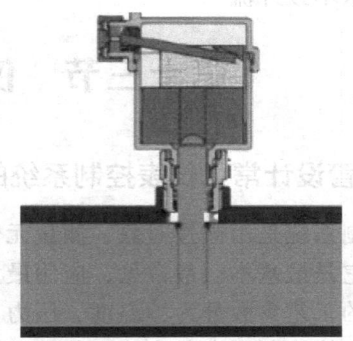
(b) 当有气体聚集时，浮子下降，销针打开阀门，使气体排出直到气体排尽

图 2.183 自动排气阀工作原理

管道存气地点如下。

① 管径变化处。在工程施工中管径由大变小时，一般都采用中心线对接方式，当水流速度不大时，气体会聚集于连接口处而无法被水流带走，形成气囊。

② 管道坡顶。对于有坡管道，气体在水中一般都是上行的，很容易在坡顶发生聚集，有时甚至堵塞管道、中断水流，见图 2.184。

③ 管道交叉处。在管道交叉处，水流一般也是从大管径流向小管径，易发生类似管径变化处的气体聚集。

④ 逆坡管道。在逆坡管道水流向下流而气泡向上运动，当浮力不足以克服水流推力时，气体便聚集在管壁处而形成气囊。

⑤ 各类阀门内部及安装处。

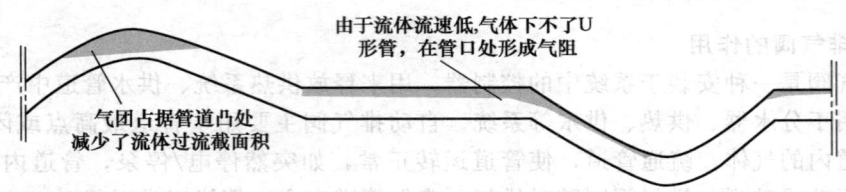

图 2.184　长距离输送液态流体管道中掺气窝气

4. 自动排气阀的安装

① 自动排气阀的安装位置直接影响着排气效果和管道的运行状态。设计人员在设计时，往往局限于局部最高点，其实自动排气阀的安装位置有多种，只有对整个管道综合考虑，才能使排气效果达到最佳。常见的安装地点有：局部最高点、下降坡度变大点、上升坡度变小点、长距离无折点上升或下降管段。另外，每隔 500～1000m 需安装一个自动排气阀。

② 根据 GB 50015《建筑给水排水设计规范》的规定，给水管道的下列部位应设置排气装置：间歇性使用的给水管网，其管网末端和最高点应设置自动排气阀；给水管网有明显起伏积聚空气的管段，宜在该段的峰点设自动排气阀或手动阀门排气；气压给水装置，当采用自动补气式气压水罐时，其配水管网的最高点应设自动排气阀。

③ 自动排气阀必须垂直安装，即必须保证其内部的浮子处于垂直状态，以免影响排气；自动排气阀在安装时，最好与隔断阀一起安装，这样当需要拆下排气阀进行检修时，能保证系统的密闭，水不致外流。

第十三节　仪表元件的配管设计

一、配管设计常见仪表控制系统的组成

简单控制系统是由被控对象、测量元件、变送器、控制期和执行器所组成的单回路负反馈控制系统。它是最基本、最常见、应用最为广泛的控制系统。

按测量的工艺参数分为：温度、压力、流量、液位、分析仪表。按操作需要分为：就地、远传类仪表。按控制要求分为：调节阀、切断阀等。按仪表使用能源分为：气动、电动和液动仪表（较少用）。按仪表信号分为：模拟仪表、数字仪表。按仪表安装位置分为：In-line（在管道里）、On-line（在管道上）仪表。具体见表 2.42。

如图 2.185 所示，一个液位自动调节系统，液体储罐（T）作为被控对象、一个液位变送器（LT），一个液位控制器（LC）和一个执行器（V）组成一个简单的控制系统，通过执行器的开度变化调节输出量 q_0 的量值大小，从而实现储罐液面稳定，保持在一定范围内。一般情况下，液位变送器（LT）和执行器（V）属于配管设计范围。

表 2.42　仪表分类

测量对象	分类	仪表类型	In/On-line	模拟/数字	测量对象	分类	仪表类型	In/On-line	模拟/数字
温度	就地	双金属温度计	On-line				固体流量计	—	模拟
		温包	On-line		液位	就地	玻璃板液位计	On-line	
		温度计套管(临时)	On-line				磁翻板式液位计	On-line	
	集中	热电阻	On-line	模拟		集中	差压液位计	On-line	模拟
		热电偶	On-line	模拟			浮筒液位计	On-line	模拟
		一体化温度变送器	On-line	模拟			电容式	—	模拟
	非接触	光学高温计,经外线测温仪	—	模拟			超声波液位计		模拟
							雷达液位计		模拟
压力	就地	压力表(普通,隔膜,耐震)	On-line				液位开关等	—	数字
		差压表(普通,隔膜)	On-line			分析	氧分析仪	On-line	模拟
	集中	压力变送器(普通,隔膜)	On-line	模拟			红外分析仪	On-line	模拟
		差压变送器(普通,隔膜)	On-line	模拟			热导分析仪	On-line	模拟
		压力开关	On-line	数字			密度计	On-line	模拟
流量	就地	金属管转子流量计	In-line				pH 计,电导,ORP 计等	On-line	模拟
		双波纹管	In-line		调节阀	气动(电动)	Globe	In-line	模拟
	集中	节流装置+差压变送器	In-line	模拟			蝶阀	In-line	模拟
		涡街流量计	In-line	模拟			偏心旋转	In-line	模拟
		电磁流量计	In-line	模拟			角阀	In-line	模拟
		超声波流量计	In-line	模拟			V 球	In-line	模拟
		质量流量计	In-line	模拟	自力式		自力式调节阀	In-line	
		容积式流量计	In-line	模拟	切断阀	气动(电动)	球阀	In-line	数字
		涡轮流量计	In-line	模拟					
		皮托管,均速管,阿牛巴流	On-line	模拟			蝶阀	In-line	数字
		流量开关	In-line	数字					

如图 2.186 所示,一个蒸汽加热器作为被控对象(C)、一个温度变送器(TT)、一个温度控制器(TC)和一个蒸汽流量控制阀作为执行器(V)组成一个蒸汽加热器温度自动控制系统。

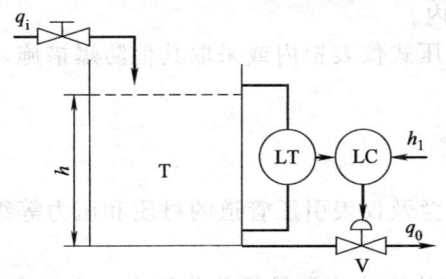

图 2.185　液位自动控制系统

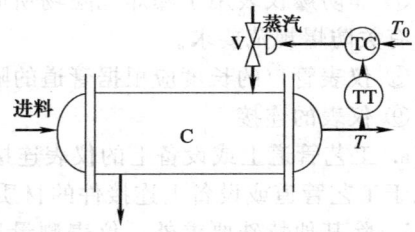

图 2.186　蒸汽加热器温度自动控制系统

如图 2.187 所示,是一个流量自动控制系,其中,管理系统作为被控对象、一个流量计(FT)、一个流量控制器(FC)和一个流量控制阀作为执行器。

工程应用:不明白仪表控制基本原理造成的配管设计错误

储罐(T)的直径 40m,某配管设计人,因不清楚基本的仪表控制原理,把液位变送器(LT)和执行器(V)分别布置在了储罐的两侧,造成液位变送器(LT)和执行器(V)距离偏远,无法连接的设计错误。

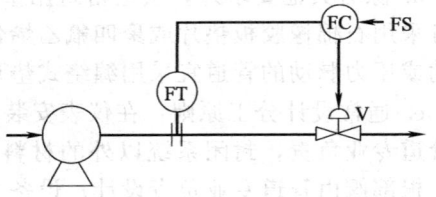

图 2.187　流量自动控制系统

二、仪表元件配管设计一般要求

现场仪表的安装位置应满足以下要求。
① 管道上的仪表或测量元件的布置应符合 PID 的要求。
② 易于接近、观察及操作，必要时设置专用的操作平台和梯子。见表 2.43。

表 2.43 仪表的接近方式

名　　称	标高/m	接近方式
孔板、文丘里、流量喷嘴	≤5	台阶或移动梯子
阿纽巴、仪表	>5	永久梯子、走道或平台
流量仪表	—	台阶、平台或走道
压力仪表	—	台阶、平台或走道
压力表或压力开关	≤5	台阶或平台
	>5	永久梯子、平台或走道
液位计	—	永久梯子或平台
差压液位变送器	—	台阶、平台、走道或永久梯子
液位开关或浮筒液位计	—	永久梯子或平台
现场调节器	—	台阶、平台或走道
差压仪表、透平流量计、旋涡流量计	—	台阶、平台或走道
温度点 TJR、TR、TJI、TI、TW	≤5	移动梯子或台阶
	>5	永久梯子、平台或走道
温度点 TIC、TRC、TS	—	永久梯子、平台或走道
分析取样点	≤5	移动梯子或走道
	>5	永久梯子、平台或走道

注：在某些区域，不可能提供接近仪表的具体方式时，如流量和压力变送器。在这种情况下，可以提供一个移动梯子。但是尽量避免采用这种接近方式，除非别的方式都不可能采用。

③ 避开高温、强烈振动的场所。
④ 避开静电干扰和电磁干扰，当无法避开时，应采取适当的抗静电干扰、电磁干扰的措施。
⑤ 具有适应现场环境的防护措施。
⑥ 非防水仪表设在室外时，应安装于仪表保护箱内。
⑦ 非防爆仪表用于爆炸危险场所时，应安装于正压式仪表柜内或采取其他防爆措施，并符合有关防爆规范要求。
⑧ 仪表管口的长度应根据管道的隔热层厚度确定。
⑨ 仪表的连接

a. 工艺管道上或设备上的仪表连接头（管嘴）、法兰及仪表引压管道的材质和压力等级不应低于工艺管道或设备上连接件的材质和压力等级。

b. 除其他特殊要求外，仪表测量用介质引压管道的连接法兰最低公称压力，应符合：A 级管道法兰的公称压力，不低于 5.0MPa；B、C 级管道法兰的公称压力，不低于 2.0MPa。高温、高压管道宜采用金属环垫，其材质应满足介质防腐要求及法兰硬度要求。

c. 设计压力不大于 0.6MPa 的蒸汽、空气和水管道，其法兰的公称压力不宜低于 1.0MPa。

d. 除有其他要求外，法兰密封用垫片应符合下列规定：一般公称压力低于 5.0MPa 的法兰可采用石棉橡胶板垫片或聚四氟乙烯包覆垫片；剧毒，可燃介质或温度高、温差大、受机械振动或压力脉动的管道宜采用缠绕式垫片。

e. 通常设计分工原则：在仪表安装之前，管道应为一个封闭系统，封闭系统以内的材料由管道专业负责，封闭系统以外的材料由自控专业负责。管道上仪表连接法兰、垫片及紧固件、根部阀由管道专业负责设计；设备上仪表连接法兰的垫片及紧固件由管道专业（配管专业）负责设计，压力、液位仪表根部阀由管道专业（配管专业）负责设计。

三、限流孔板的分类、选用及布置

1. 限流孔板的工作原理及分类

在石油化工装置中,限流孔板用于限制流体的流量或降低流体的压力,但通常用于工艺物料压力降要求精度不高的场合。

限流孔板为同心锐孔板,流体通过孔板就会产生压差,流量随压差的增大而增大。但当压差超过一定数值,即超过临界压差时,不论压差如何增加,流量将维持一定的数值而不再增加。限流孔板就是根据这个原理来限制流体的流量或降低流体的压力。限流孔板按孔板上开孔数分为单孔板和多孔板;按板数可分为单板和多板。

2. 限流孔板的应用

① 蒸汽吹扫管路,为了保证既能达到连续吹扫,又保证提供最小蒸汽流量的目的,设计中在蒸汽管线设置限流孔板,一方面限制蒸汽流量,另一方面降低了蒸汽的压力,保证了管路的畅通和安全运行。

② 储罐保压。

③ 管线压力平衡。

④ 在管道中阀门上、下游需要有较大压降时,为减少流体对阀门的冲蚀,当经孔板节流不会产生气相时,可在阀门上游串联孔板。

⑤ 流体需要小流量且连续流通的地方,如泵的冲洗管道、热备用泵的旁路管道(低流量保护管道)、分析取样管等场所。

⑥ 需要降压以减少噪声或磨损的地方,如放空系统。

限流孔板的安装见图 2.188。

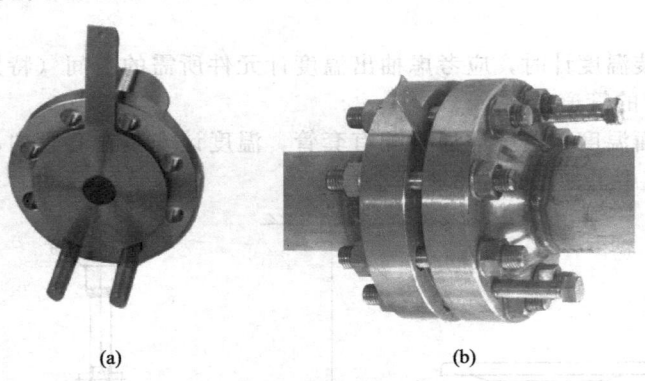

图 2.188 限流孔板的安装

在热水分配站配管设计过程中,在同一个热水分配站上的热水伴管当量长度宜大致相等,最短热水伴管当量长度不宜小于最长伴管当量长度的 70%,否则宜设置限流孔板或截止阀以控制热水量分配均匀。

3. 孔板流量计的布置

节流装置一般安装在水平管道上,如果必须在垂直段上,则液体流向必须由下向上,气体流向必须由上向下。节流装置应尽量安装在维修方便的地方,要求的直管段长度内不应有焊缝、阀门、管件支管和大小头等。

四、温度测量仪表的分类、选用及布置

1. 温度测量仪表的分类与选用

温度测量仪表是测量物体冷热程度的工业自动化仪表。从测温方式的角度来看,大体可以

分成两类：接触式测温仪表和非接触式测温仪表。接触式测温仪表在测温过程中测温元件与被测物体相接触，通过热传递来测量物体温度。这类温度计结构简单、可靠性好，测量精度较高。但是由于测温过程要通过热传递实现，所以这类仪表在测温过程中延迟较严重，不适合测量快速变化的温度；接触式测温过程"接触"是测量的关键，所以对于运动物体的温度测量采用此类方法比较困难；接触式测温要通过热传递实现，会带来仪表和被测物体间的热量迁移，很容易破坏被测物体的温度场；受测温材料的限制，此类方法不适合高温、腐蚀物体的温度测量。非接触式测温仪表元件和被测物体不接触，通过测量物体的辐射能来判断物体温度。因此，这类仪表测量响应快，测温范围广，不会破坏被测物体温度场，但由于辐射能在传递过程中受到物体的发射率、测量距离、烟尘和水汽等外界因素的影响较大，使此类仪表的测量误差较大。温度计的分类如图2.189所示。

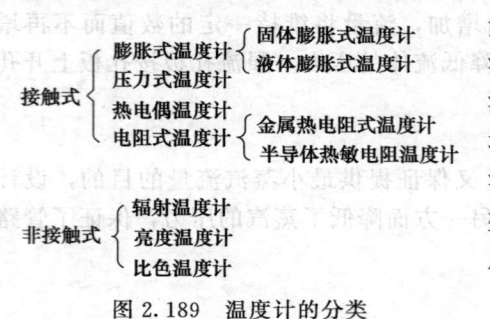

图 2.189 温度计的分类

2. 温度测量仪表的布置

① 温度测量仪表的安装位置应符合PID或制造厂的要求。温度测量元件应设在能灵敏、准确地反映介质温度的位置，不应安装在管道的死区位置。对于有分支的工艺管道，安装温度计或热电偶时，要特别注意安装位置与工艺流程相符，且不能安装在工艺管道的死角、"盲肠"位置。

② 管道上温度仪的布置应便于安装、观察和维修，必要时应设置专用的操作平台或梯子。仪表管嘴的长度应根据管道的隔热层厚度确定。

③ 温度检测点不能安装在闪蒸或汽蚀的阀门下游，也不能安装在需要直管段长度的流量计的上游。

④ 在管道上安装温度计时，应考虑抽出温度计元件所需的空间（特别是对布置在楼板或平台下面和靠近柱子的管道）。

⑤ 除了测量表面温度，温度计通常配有套管，温度计安装在套管内，套管通常采用法兰或焊接方式插入管道中，如图2.190所示。

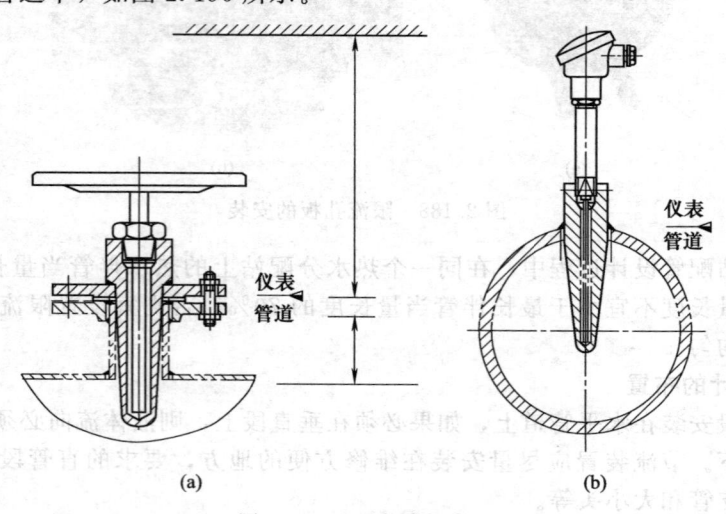

图 2.190 温度计的安装

⑥ 温度计连接不需要根部阀。温度计、热电偶宜安装在直管段上，对于直径较小的管道，温度计可在弯头处安装或扩大管径后安装。对热电偶、热电阻和双金属温度计，管道直径应扩大为80mm或100mm，见图2.191；压力式温度计的扩管管径根据计算后的浸没长度决定，

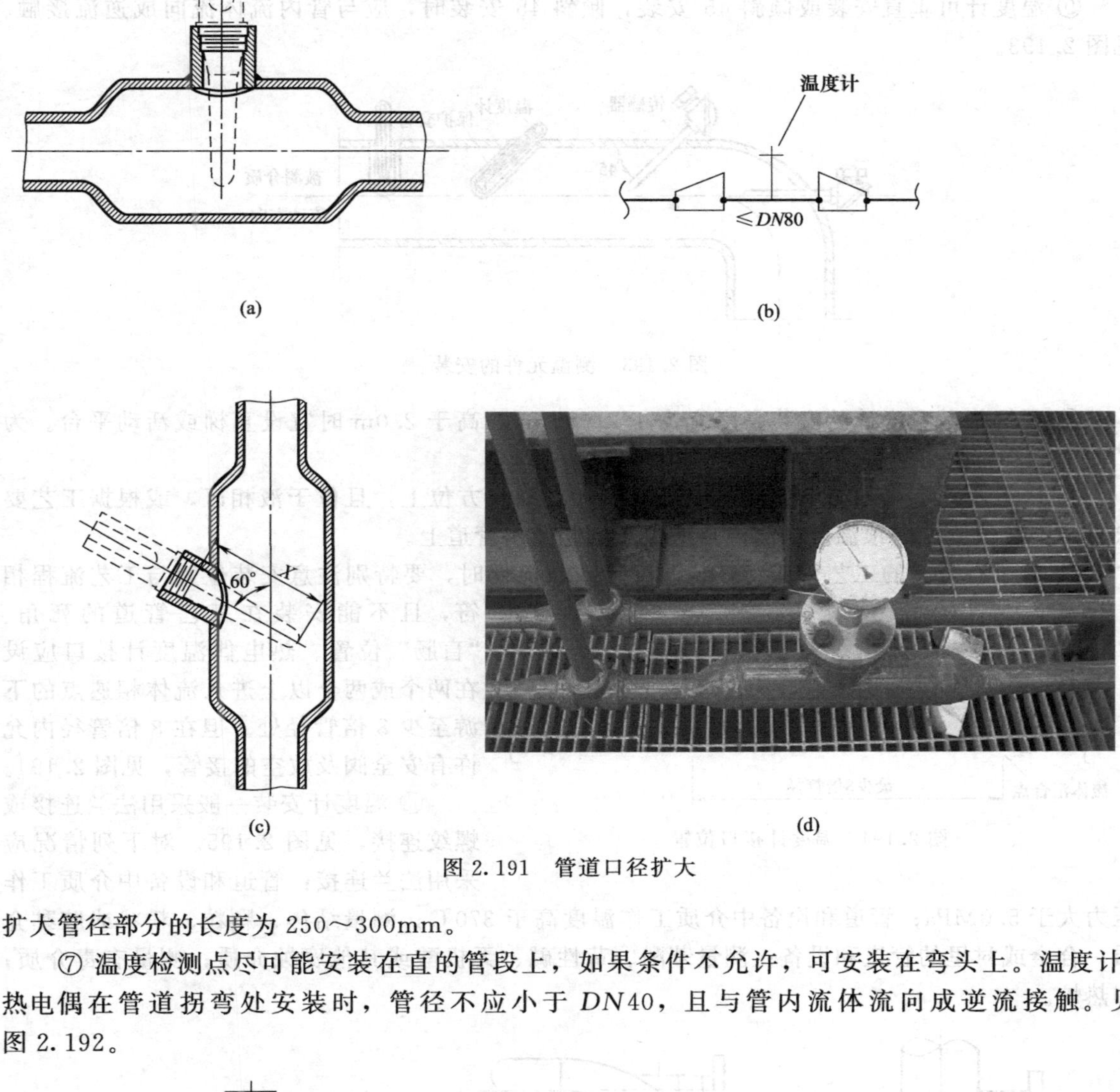

(a)   (b)

(c)   (d)

图 2.191 管道口径扩大

扩大管径部分的长度为 250~300mm。

⑦ 温度检测点尽可能安装在直的管段上，如果条件不允许，可安装在弯头上。温度计、热电偶在管道拐弯处安装时，管径不应小于 $DN40$，且与管内流体流向成逆流接触。见图 2.192。

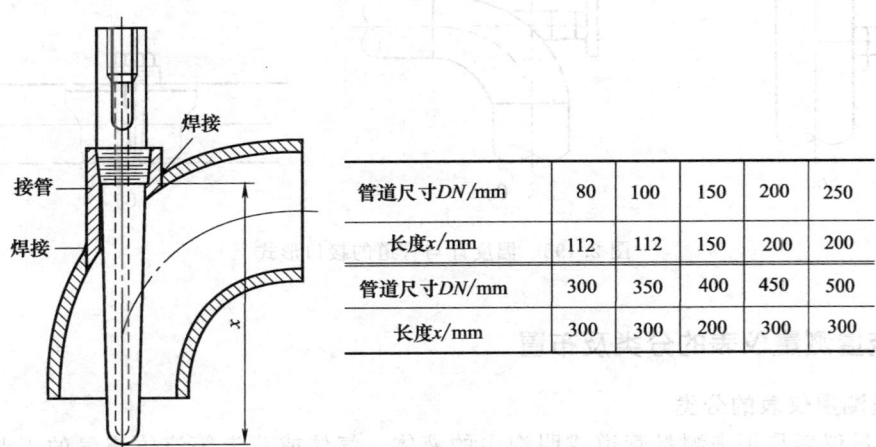

管道尺寸DN/mm	80	100	150	200	250
长度x/mm	112	112	150	200	200
管道尺寸DN/mm	300	350	400	450	500
长度x/mm	300	300	200	300	300

图 2.192 弯头上温度计的布置

⑧ 热电偶取源部件的安装位置，应远离强磁场。由于热电阻的易碎特性，热电阻应当安装在无振动的管段或设备上。

⑨ 温度计可垂直安装或倾斜 45°安装，倾斜 45°安装时，应与管内流体流向成逆流接触。见图 2.193。

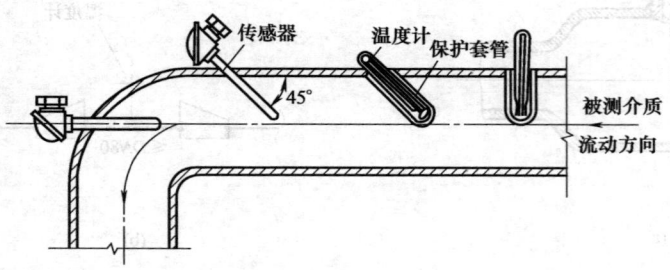

图 2.193　测温元件的安装

⑩ 现场指示温度计的安装高度宜为 1.2～1.5m。高于 2.0m 时宜设直梯或活动平台。为了便于检修，距离平台最低不应小于 300mm。

⑪ 塔上不同标高的热电偶或热电阻应布置在同一方位上，且位于液相区，或根据工艺要求确定安装位置。塔顶温度的测温点应位于气相馏出管道上。

⑫ 对于有分支的工艺管道，安装温度计或热电偶时，要特别注意安装位置与工艺流程相符，且不能安装在工艺管道的死角、"盲肠"位置。热电偶温度计接口应设在两个或两个以上进入流体相遇点的下游至少 8 倍管径处。但在 8 倍管径内允许有安全阀及放空的接管，见图 2.194。

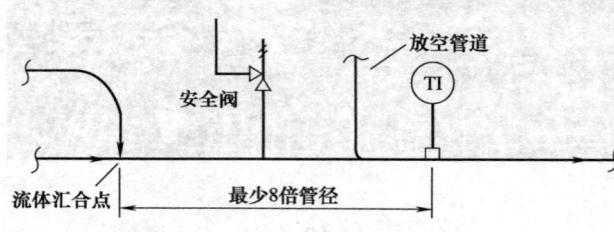

图 2.194　温度计接口位置

⑬ 温度计安装一般采用法兰连接或螺纹连接，见图 2.195。对下列情况应采用法兰连接：管道和设备中介质工作压力大于 5.0MPa；管道和设备中介质工作温度高于 370℃；测量结焦、颗粒、粉状或胶黏介质；合金或衬里的管道和设备；测量苯酚、苛性碱、无机酸或其他腐蚀介质；测量有毒介质；加热炉。

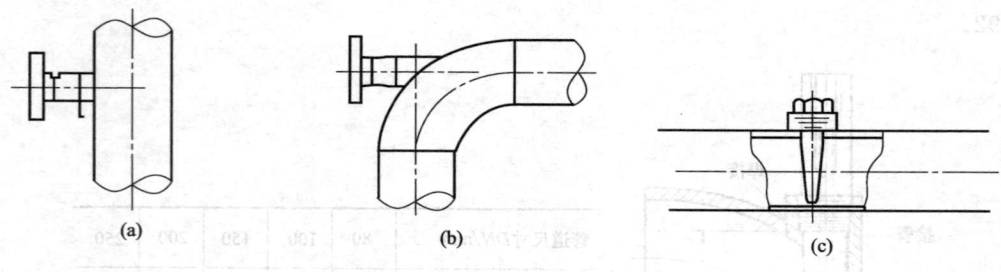

图 2.195　温度计与管道的接口形式

五、流量测量仪表的分类及布置

1. 流量测量仪表的分类

流量测量仪表是用来测量管道或明沟中的液体、气体或蒸汽等流体流量的工业自动化仪表，又称流量计。流体移动的量称为流量。根据时间可以把流量分为瞬时流量和累积流量。流量可利用各种物理现象来间接测量，所以流量测量仪表种类繁多。

① 按测量原理分
  a. 电学原理：电磁式、差动电容式、电感式、应变电阻式等。
  b. 声学原理：超声波式、声学式（冲击波式）等。
  c. 热学原理：热量式、直接量热式、间接量热式等。
  d. 光学原理：激光式、光电式等。
  e. 物理原理：核磁共振式、核辐射式等。
  f. 其他原理：如标记原理、相关原理等。

② 按流量计检测信号反映的是体积流量还是质量流量分
  a. 体积流量计：容积式、速度式、差压式、流体阻力式、旋涡式、电磁式、热式等。
  b. 质量流量计：直接测量式、推导式等。

2. 流量测量仪表的布置

① 常用流量计为体积流量测量仪表，需要保证上下游直管段的长度。

② 对于液体和气体工况，在所有操作条件下，水平或垂直管线上的流量计都必须保持满管。

③ 在水平管线上的液体流量计不应该安装在管道的最高点；在水平管线上的气体流量计不能安装在管道的最低点。

④ 仪表供气总管由管道（配管）专业设计，仪表专业将根据装置内气动仪表的位置，提出各区域总管引出点大致位置、气源阀及尺寸。仪表供气管通常采用架空敷设，敷设时应考虑尽量避开高低温、强腐蚀场合及易漏的工艺管道。成套包仪表供气由管道（配管）专业统一设计。

⑤ 常见流量计通常采用法兰、对夹形式与管道连接，配对法兰垫片及紧固件与管道等级一致，由管道（配管）专业设计。

六、差压节流装置流量测量仪表的配管设计

节流式流量计（又称为差压式流量计、变压降式流量计），是一类历史悠久、技术成熟完善的流量仪表。它具有结构简单、安装方便、工作可靠、成本低、设计加工已经标准化等优点。这些优点决定了节流式流量计是工业领域应用最广泛的流量测量仪表，特别适合大流量测量。这类流量计的缺点是压损较大、精度不高，对被测介质特性比较敏感，属非通用仪表。标准节流件见图 2.196。常用的取压方式有角接取压、法兰取压、径距取压（也称 D 和 $D/2$ 取压）、理论取压及管接取压五种，角接取压用得最多，其次是法兰取压。

① 节流装置应安装在被测介质完全充满的管道上。

② 节流装置应安装在水平管道上，也可装在垂直管道上（偏心或圆缺孔板除外），应考虑便于安装维护，必要时应设置操作平台。若不得不安装在垂直管段时，应遵守下列原则：测量液体或液体比气体多的两相流时，流体的流动方向应该是自下向上；测量气体/蒸汽时，流体流动方向应该自上向下。

③ 安装在埋地管道时，应设置地井。埋地管线液体流量的测量，液体应充满管道，取压口应在管道的上部或中部。高压侧和低压侧取压口尽可能在管道的同一侧，见图 2.197。

④ 节流装置的上、下游侧应有一定长度的直管段。上游侧的最小直管段与上游侧的局部阻力件形式和节流孔直径与管道内径的比值有关。

⑤ 为了保证孔板流量计测量准确，孔板前宜有 15~20 倍管子内径的直管段，孔板后有不小于 5 倍管子内径的直管段，孔板、喷嘴和文丘里喷嘴所要求的上、下游侧最短直管段长度，应符合 ISO 5167《用压差装置测量管道循环交叉液体流量》的要求，见表 2.44。

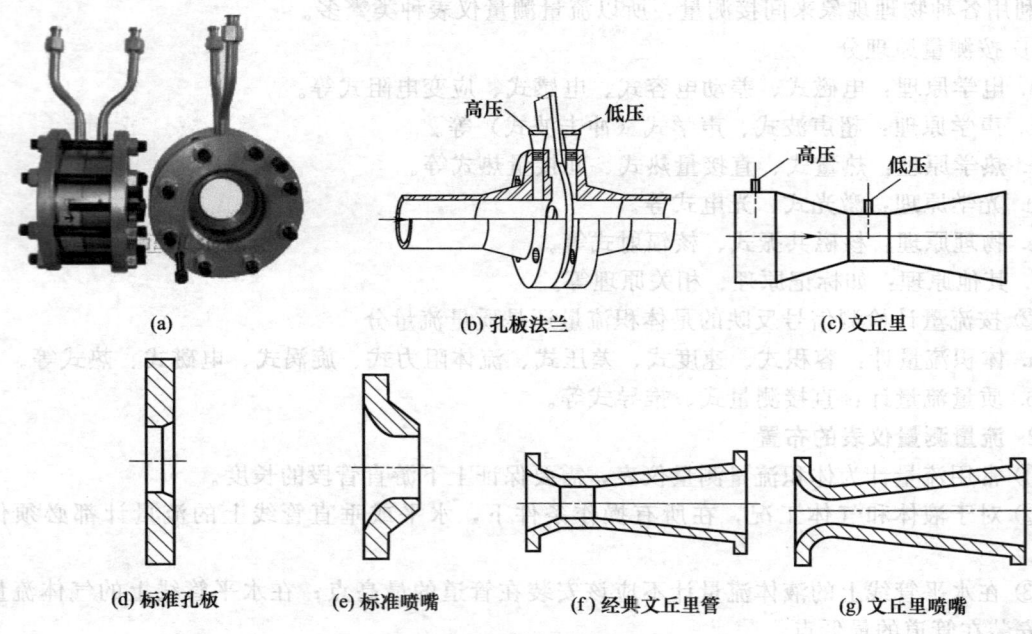

图 2.196 标准节流件

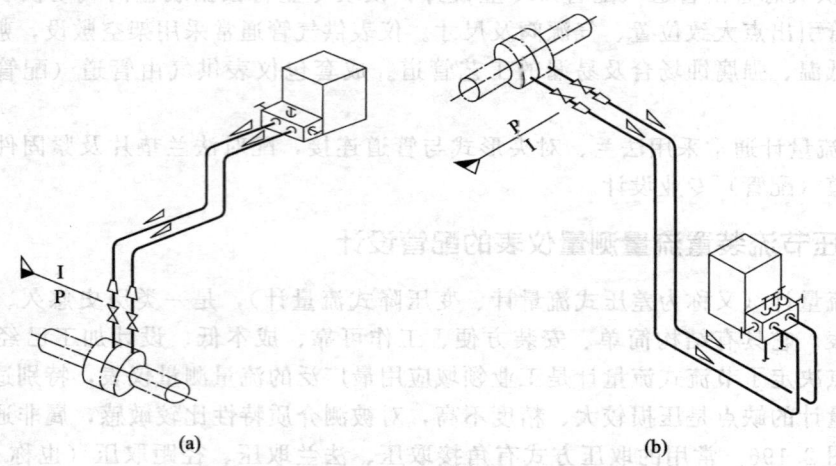

图 2.197 埋地管线液体流量的测量取压口位置
I—仪表专业；P—配管专业

表 2.44 孔板、喷嘴和文丘里喷嘴所要求最短直管段长度

直径比 $\beta(d/DN) \leqslant$	节流件上游侧阻流件形式和最短直管段长度							下游侧（包括表中所列的所有阻流件）
	一个 90°弯头或三通（流体仅从一个支管流出）	在同一平面上的两个或多个 90°弯头	在不同平面上的两个或多个 90°弯头	渐缩管[在(1.5~3)DN 长度内，由 2DN 变为 DN]	渐扩管[在(1~2)DN 长度内，由 0.5DN 变为 DN]	球型阀全开	全孔球阀或闸阀全开	
0.20	10(6)	14(7)	34(17)	5	16(8)	18(9)	12(6)	4(2)
0.25	10(6)	14(7)	34(17)	5	16(8)	18(9)	12(6)	4(2)
0.30	10(6)	16(8)	34(17)	5	16(8)	18(9)	12(6)	5(2.5)
0.35	12(6)	16(8)	36(18)	5	16(8)	18(9)	12(6)	5(2.5)
0.40	14(7)	18(9)	36(18)	5	16(8)	20(10)	12(6)	6(3)
0.45	14(7)	18(9)	38(19)	5	17(9)	20(10)	12(6)	6(3)

续表

直径比 $\beta(d/DN) \leqslant$	节流件上游侧阻流件形式和最短直管段长度							下游侧(包括表中所列的所有阻流件)
	一个90°弯头或三通(流体仅从一个支管流出)	在同一平面上的两个或多个90°弯头	在不同平面上的两个或多个90°弯头	渐缩管[在(1.5~3)DN 长度内,由2DN 变为DN]	渐扩管[在(1~2)DN 长度内,由0.5DN 变为DN]	球型阀全开	全孔球阀或闸阀全开	
0.50	14(7)	20(10)	40(20)	6(5)	18(9)	22(11)	12(6)	6(3)
0.55	16(8)	22(11)	44(22)	8(5)	20(10)	24(12)	14(7)	6(3)
0.60	18(9)	26(13)	48(24)	9(5)	22(11)	26(13)	14(7)	7(3.5)
0.65	22(11)	32(16)	54(27)	11(6)	25(13)	28(14)	16(8)	7(3.5)
0.70	28(14)	36(18)	62(31)	14(7)	30(15)	32(16)	20(10)	7(3.5)
0.75	36(18)	42(21)	70(35)	22(11)	38(19)	36(18)	24(12)	8(4)
0.80	46(23)	50(25)	80(40)	30(15)	54(27)	44(22)	30(15)	8(4)

对于所有的直径比 β	阻流件	上游侧最短直管段
	直径大于或等于0.5DN 的对称骤缩	30(15)
	直径小于或等于0.03DN 的温度计套管和插孔	5(3)
	直径在0.03DN 和0.13DN 之间的温度计套管和插孔	20(10)

注:1. 表列数值为位于节流件上游或下游的各种阻流件与节流件之间所需的最短直管段长度。
2. 不带括号的值为"零附加不确定度"的值。
3. 带括号的值为"0.5%附加不确定度"的值。
4. 直管段长度均以工艺管道直径 DN 的倍数表示,它应从节流件上游端面量起。

⑥ 经典文丘里管所要求的上游侧最短直管段长度见表2.45,下游侧直管段,从喉部取压孔处起计算,应为喉管直径的4倍。

表2.45 经典文丘管要求上游侧最小直管段

直径比 β (d/DN)	单个90°短半径弯头	在同一平面上两个或多个90°弯头	在不同平面上两个或多个90°弯头	在3.5DN 长度内由3DN 变为DN 的渐缩管	在DN 长度范围内由0.75DN 变为DN 的渐扩管	全开球阀或闸阀
0.30	0.5	1.5(0.5)	(0.5)	1.5(0.5)	1.5(0.5)	1.5(0.5)
0.35	0.5	1.5(0.5)	(0.5)	1.5(0.5)	1.5(0.5)	2.5(0.5)
0.40	0.5	1.5(0.5)	(0.5)	2.5(0.5)	1.5(0.5)	2.5(1.5)
0.45	1.0(0.5)	1.5(0.5)	(0.5)	4.5(0.5)	2.5(1.0)	3.5(1.5)
0.50	1.5(0.5)	2.5(1.5)	(8.5)	5.5(0.5)	2.5(1.5)	3.5(1.5)
0.55	2.5(0.5)	2.5(1.5)	(12.5)	6.5(0.5)	3.5(1.5)	4.5(2.5)
0.60	3.0(1.0)	3.5(2.5)	(17.5)	8.5(0.5)	3.5(1.5)	4.5(2.5)
0.65	4.0(1.5)	4.5(2.5)	(23.5)	9.5(1.5)	4.5(2.5)	4.5(2.5)
0.70	4.0(2.0)	4.5(2.5)	(27.5)	10.5(2.5)	5.5(3.5)	5.5(3.5)
0.75	4.5(3.0)	4.5(3.5)	(29.5)	11.5(3.5)	6.5(4.5)	5.5(3.5)

注:1. 最短直管段的长度均以工艺管道直径 D 的倍数表示。
2. 上游侧立管段从上游取压口平面量起。管道表面粗糙度应不超过市场上可买到的光滑管子的粗糙度。
3. 不带括号的值为"零附加不确定度",括号内的值为"0.5%的附加不确定度"。
4. 弯头的弯曲半径等于或大于管道直径。
5. 位于喉部取压口下游至少4倍喉部直径处的管件,或其他阻流件不影响流量的不确定度。

⑦ 取压孔方位见图2.198。

⑧ 节流装置的上、下游直管段范围内,不允许有温度计套管、压力接管、取样接管、冲洗接管和排放接管等连接口。通常流量孔板、孔板法兰、取压短管及根部阀由仪表专业提供。孔板法兰与管道采用焊接。孔板法兰、取压短管及根部阀由管道专业设计。

七、均速管流量测量仪表的配管设计

① 均速管流量计(例如阿牛巴、威力巴等)、毕托管流量计及其变形产品如V形毕托管流量

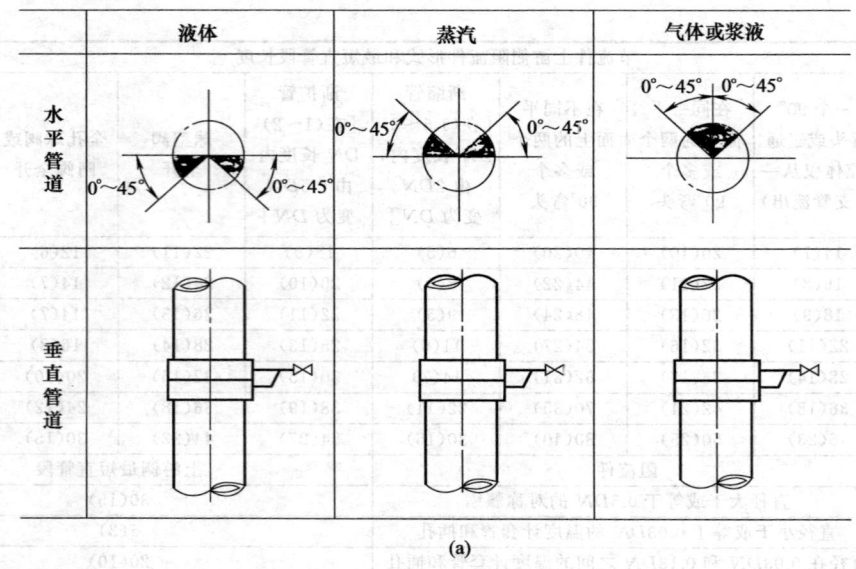

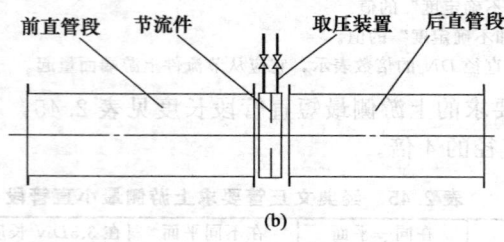

图 2.198 取压孔方位

计和毕托式文丘里管,宜安装在水平管道上,当测量气体或蒸汽时,也可安装在垂直管道上。

② 均速管流量计不可用于测量两相流及工作温度低于饱和温度的蒸汽流量的测量。

③ 均速管流量计应安装在被测介质完全充满的管道上。

④ 均速管流量计在工艺管道上截面上的插入方位应满足下列要求:在水平管道上安装、测量气体时,应在水平线以上且与水平线夹角 30°～150°的范围内;在水平管道上安装、测量液体和蒸汽时,应在水平线以下且与水平线夹角 $-50°\sim-130°$ 的范围内;在垂直管道上安装时,可在与管道中心线垂直的平面内的任意位置;均速管流量计测压孔开孔中心线与管道中心线的偏差应小于 3°,均速管流量计中心线与管线垂直度偏差应小于 5°,与管道中心线的偏差应小于 3°。

⑤ 测量精度要求为±1%时,均速管流量计上、下游侧直管段长度应符合表 2.46 的要求。测量精度要求为±3%时,至少应有上游侧 3DN、下游侧 2DN 的直管段长度。

表 2.46 均速管流量计上下游侧要求最小直管段

管道安装方案	上游直管段长度		下游直管段长度
	阻力件在同一平面	阻力件不在同一平面	
上游 1 个 90°弯头 下游 1 个 90°弯头	7	9	3
上游具有同一平面内连续 2 个 90°弯头, 下游 1 个 90°弯头	9	14	3
上游具有不同平面内连续 2 个 90°弯头, 下游 1 个 90°弯头	19	24	4

续表

管道安装方案	上游直管段长度		下游直管段长度
	阻力件在同一平面	阻力件不在同一平面	
上游缩径,下游扩径 (工艺管径大于仪表D径)	8		3
上游扩径,下游缩径 (工艺管径小于仪表D径)	8		3
上游装有调节阀	24		4

注：最小直管段的长度为表中数值乘以工艺管道直径 DN。

八、转子流量计的配管设计

① 常用于小口径流量测量，有就地和集中方式。

② 转子流量计必须垂直安装（不超过5°），介质的流向必须自下向上。

③ 转子流量计必须安装在介质流向自下向上的、无振动的垂直管道上。安装时要保证流量计前应有不小于5倍管子内径的直管段，且不小于300mm。

④ 为了检修拆卸方便，转子流量计通常安装在主管线的一个旁路上并带有两个与转子流量计口径相同的切断阀。主管线上安装一个切断阀。

⑤ 转子流量计应安装在易于观察和维修的地方，如图 2.199 所示。

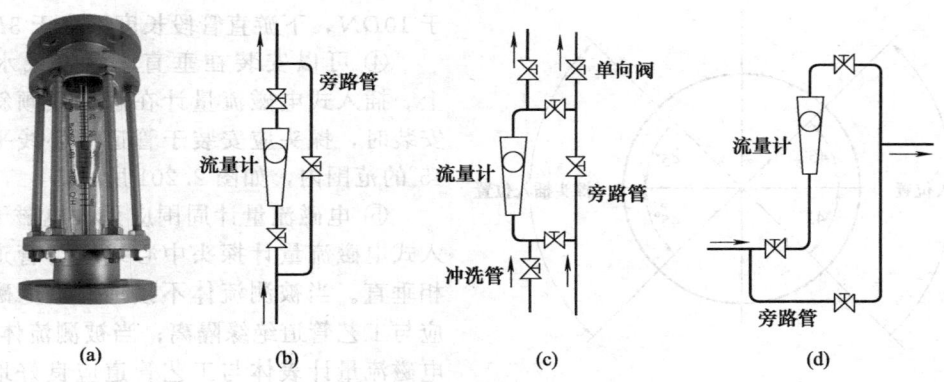

图 2.199 转子流量计的布置

九、靶式流量计流量测量仪表的配管设计

① 靶式流量计可安装在水平或垂直管道上，如介质中含固体悬浮物，应安装在水平管道上。靶式流量计安装在垂直管道上时，液体流向宜由下而上，如图 2.200 所示。

② 应安装旁路阀和前、后隔断阀。

③ 上游侧直管段不应小于 $5DN$，下游侧不应小于 $3DN$，具体以仪表专业实际要求为准。

④ 测量易凝、易结晶或含悬浮颗粒的介质时，如流量计备有冲洗管口，应接上冲洗管线。

十、电磁流量计的配管设计

① 常用于有一定电导率的强酸、强碱、盐、纸浆、泥浆、污水等介质。但有直管段的要求，应保证液体始终充满管道。

② 电磁流量计应安装于被测介质完全充满的管道上。

③ 直管段等安装要求应严格遵照仪表厂商的安装说明。一般计量场合，上游直管段长度不应小于 $3DN$，下游直管段长度不小于 $2DN$。需要精确计量的场合，上游直管段长度不应小

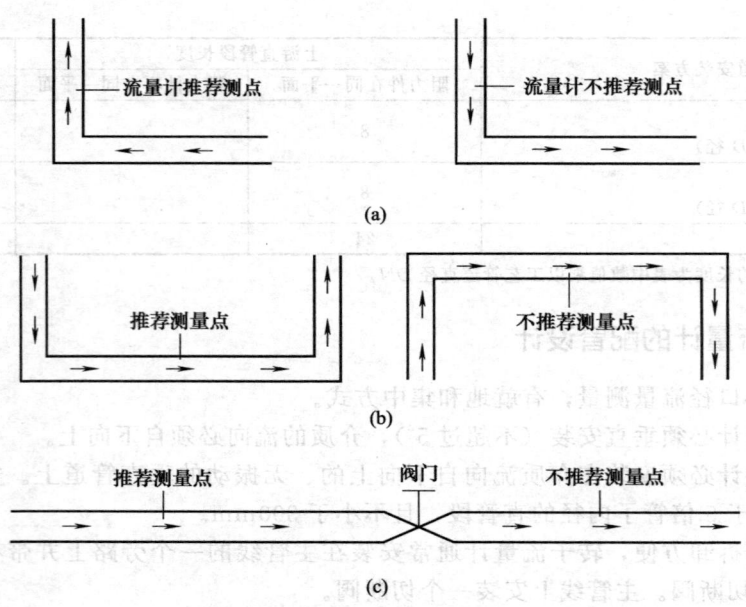

图 2.200 靶式流量计的布置

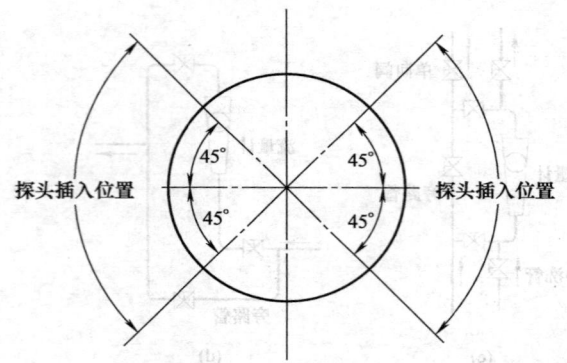

图 2.201 电磁流量计探头在水平管道上的安装

于 10DN，下游直管段长度不小于 3DN。

④ 可以安装在垂直、倾斜或水平管道上。插入式电磁流量计在水平或倾斜管道上安装时，探头应安装于管道中心线平面上下 45°的范围内，如图 2.201 所示。

⑤ 电磁流量计周围应无大电磁干扰。插入式电磁流量计探头中心线应与管道中心线相垂直。当被测流体不接地时，电磁流量计应与工艺管道绝缘隔离；当被测流体接地时，电磁流量计表体与工艺管道应良好地连接并接地。

电磁流量计的典型布置设计见图 2.202、图 2.203。

十一、涡街流量计流量测量仪表的配管设计

① 涡街流量计用于洁净液体、气体、蒸汽的大中流量测量。

② 测量液体时涡街流量计应安装于被测介质完全充满的管道上。涡街流量计对脉动流和机械振动非常敏感，应安装在无振动的管道上。

③ 涡街流量计在水平敷设的管道上安装时，应充分考虑介质温度对变送器的影响。

④ 涡街流量计在垂直管道上安装时，应符合以下要求：测量气体时，流体可取任意流向；测量液体时，液体应自下而向上流动。

⑤ 直管段等安装要求应严格遵照仪表厂商的安装说明。涡街流量计下游应具有不小于 5DN（流量计直径）的直管段长度，涡街流量计上游直管段长度应符合以下要求：当工艺管道直径大于仪表直径需缩径时，不小于 15DN；当工艺管道直径小于仪表直径（DN）需扩径时，不小于 18DN；流量计前具有一个 90°弯头或三通时，不小于 20DN；流量计前具有在同一平面内的连续两个 90°弯头时，不小于 25DN；流量计前具有不同平面内的连接两个 90°弯头时，不小于 40DN；流量计装于调节阀下游时，不小于 50DN；流量计前装有不小于 2DN 长

度的整流器，整流器前应有 2DN 整流器后应有不小于 8DN 的直管段长度。具体要求以仪表专业为准。传感器前后直管段见图 2.204。

⑥ 被测液体中可能出现气体时，应安装除气器。

⑦ 涡街流量计应安装于不会引起液体产生汽化的位置，见图 2.205。

⑧ 涡街流量计前后直管段内径与流量计内径的偏差应不大于 3%。

⑨ 对有可能损坏检测元件（旋涡发生体）的场所，管道安装的涡街流量计应加前、后截止阀和旁路阀，插入式涡街流量计应安装切断球阀。

⑩ 涡街流量计不宜安装在有振动的场所。

十二、质量流量计的配管设计

① 常见的有科里奥利和热式质量流量计。科里奥利质量流量计适用于气体和液体流量测量，不受黏度、密度变化的影响，但对脉动流和机械振动比较敏感，因此应尽量安装在无振动的管道上。

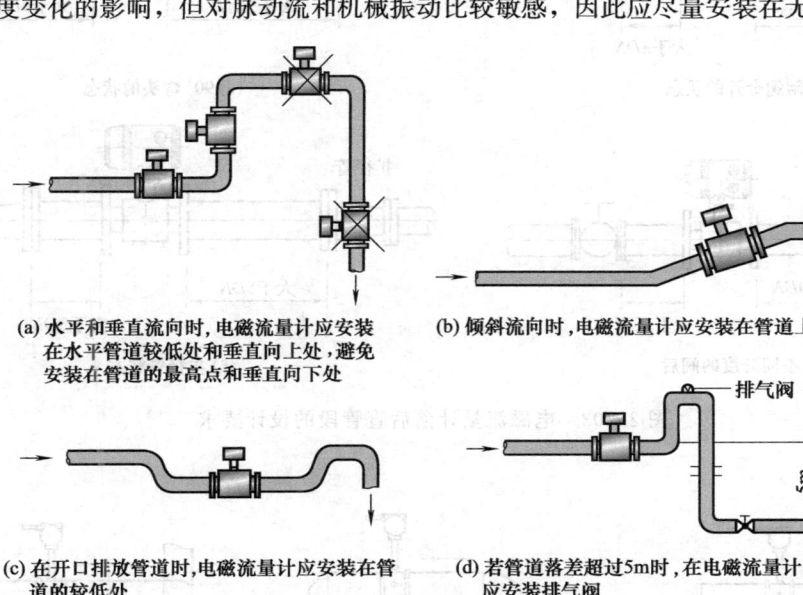

(a) 水平和垂直流向时,电磁流量计应安装在水平管道较低处和垂直向上处,避免安装在管道的最高点和垂直向下处

(b) 倾斜流向时,电磁流量计应安装在管道上升处

(c) 在开口排放管道时,电磁流量计应安装在管道的较低处

(d) 若管道落差超过5m时,在电磁流量计的下游应安装排气阀

(e) 管道上的控制阀和切断阀应安装在电磁流量计的下游,而不应安装在传感器上游

(f) 电磁流量计绝对不能安装在泵的进口处,应安装在泵的出口处

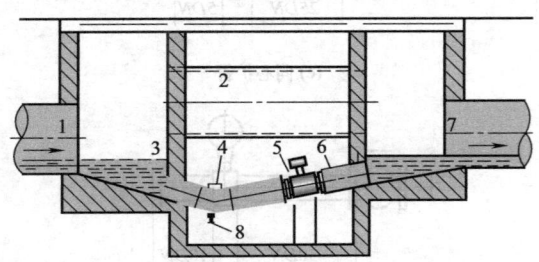

(g) 在测量井内安装电磁流量计的方式

图 2.202　电磁流量计的布置位置

1—入口；2—溢流管；3—入口栅；4—清洗孔；5—流量计；6—短管；7—出口；8—排放阀

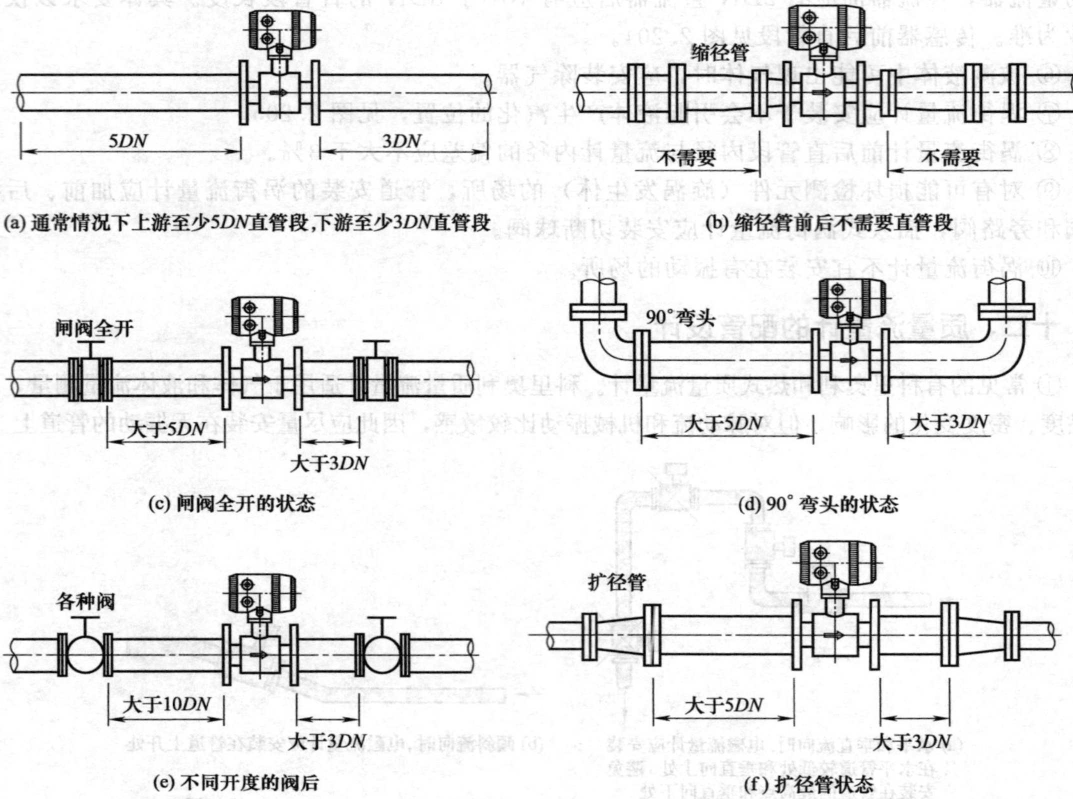

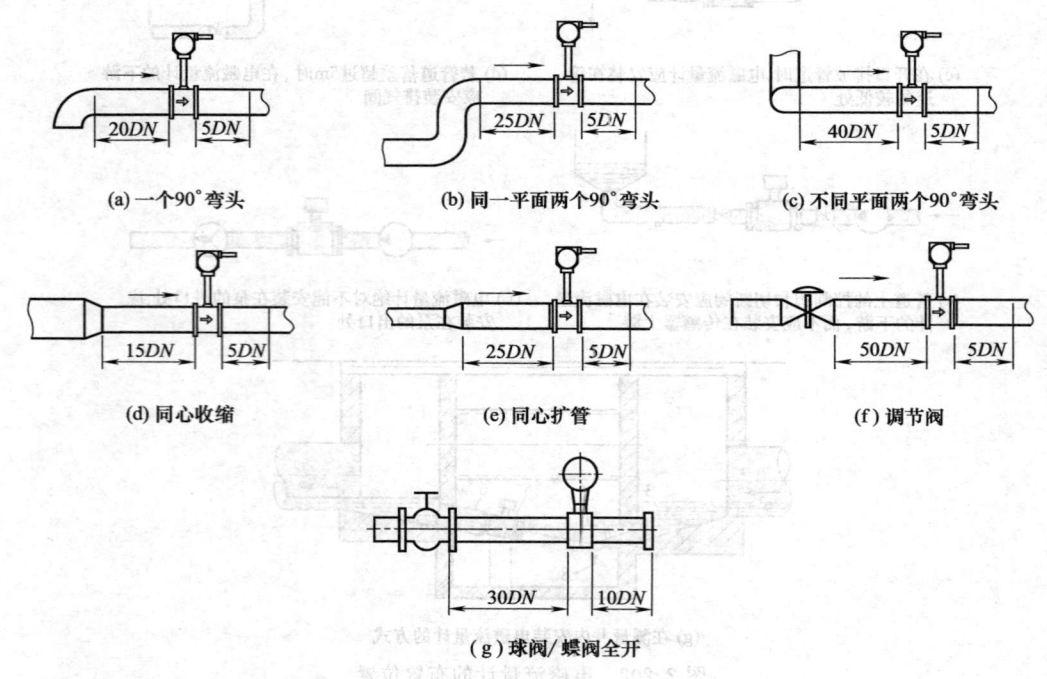

图 2.203　电磁流量计前后直管段的设计要求

图 2.204　传感器前后直管段

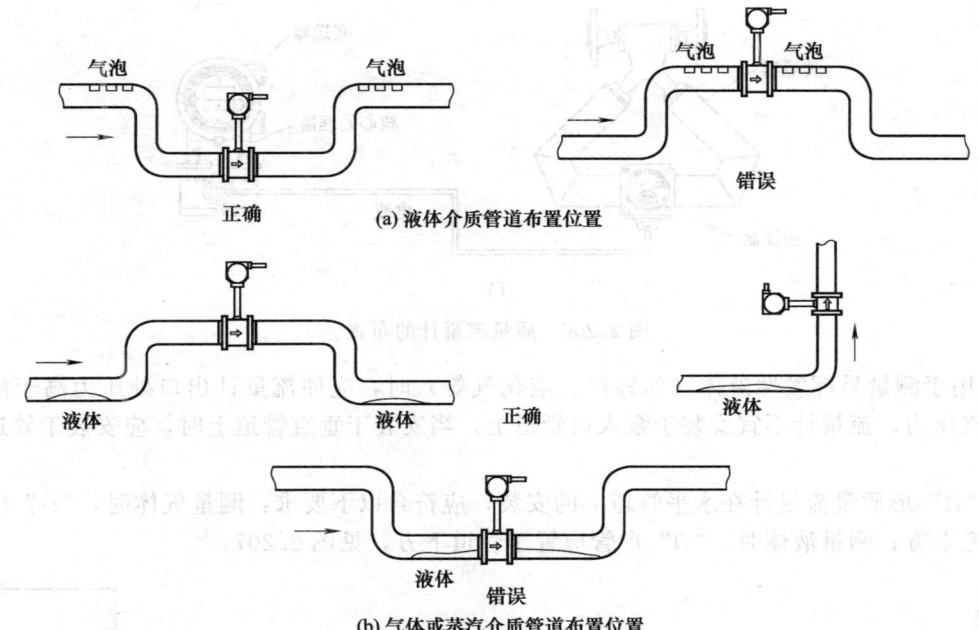

图 2.205　涡街流量计安装于不会引起液体产生汽化的位置

② 质量流量计应安装于被测介质完全充满的管道上。

③ 质量流量计宜安装于水平管道上,当在垂直管道上安装时,流体宜自下而上流动,且出口留有适当的直管长度,见图 2.206。

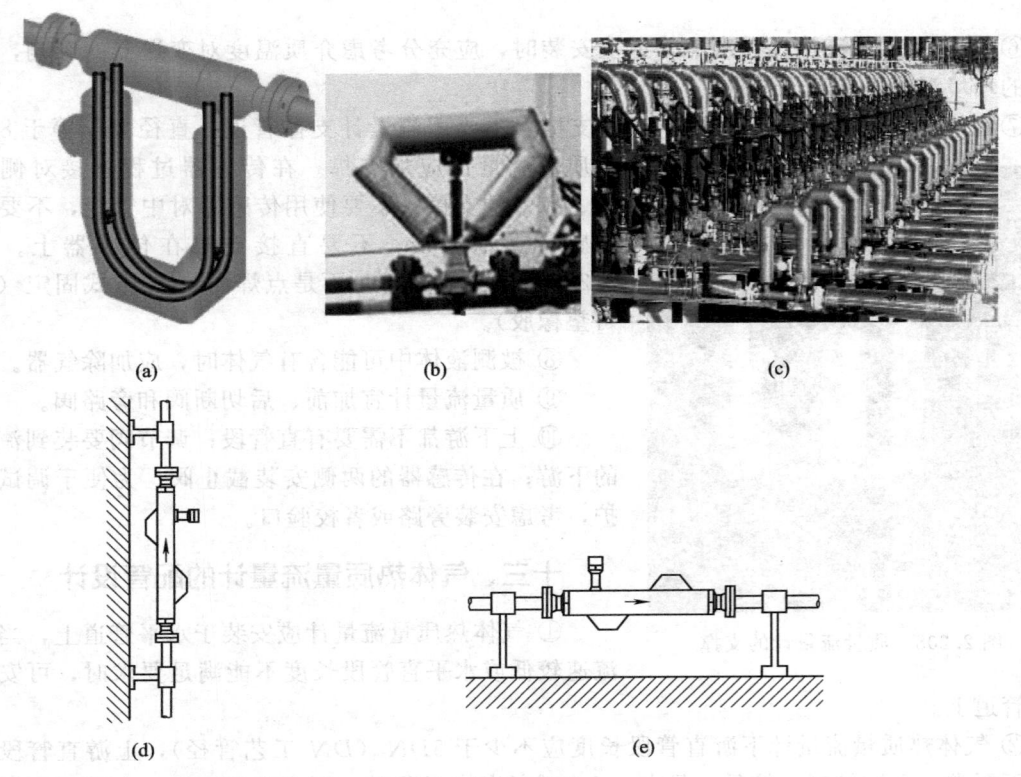

图 2.206

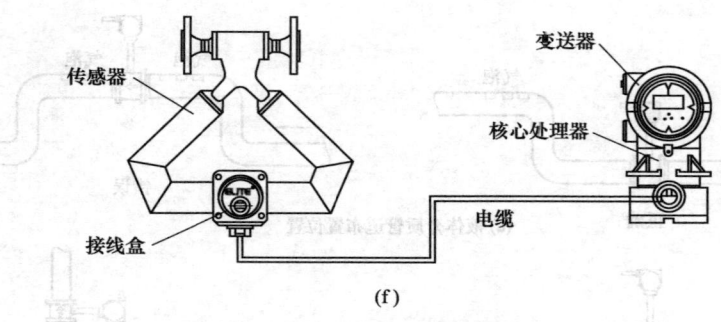

(f)

图 2.206 质量流量计的布置

④ 用于测量易挥发性液体（如轻烃、液化气等）时，应使流量计出口处压力高于液体的饱和蒸汽压力，流量计不宜安装于泵入口管道上，当安装于垂直管道上时，应安装于管道的最低处。

⑤ "Ω"形质量流量计在水平管道上的安装，应符合以下要求：测量气体时，"Ω"形管应置于管道上方；测量液体时，"Ω"形管应置于管道下方，见图 2.207。

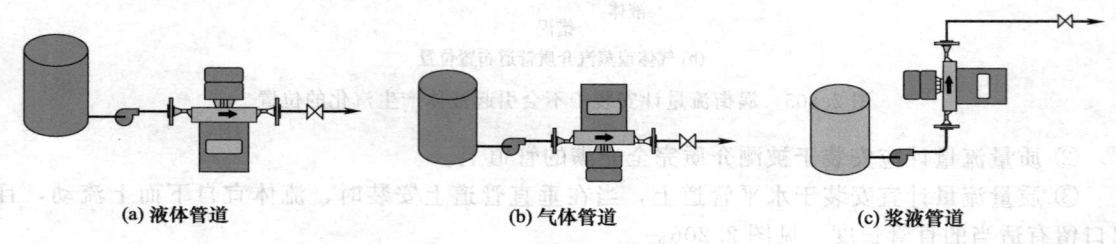

(a) 液体管道　　　　　　　(b) 气体管道　　　　　　　(c) 浆液管道

图 2.207 质量流量计的安装

⑥ 直管型质量流量计在水平管道上安装时，应充分考虑介质温度对变送器的影响，变送器处的环境温度不应高于 60℃。

⑦ 流量计应根据供应商的要求正确支撑。不要用流量计支撑管道。直径大于等于 80mm 的质量流量计应加支撑。在传感器过程连接对侧有牢固、有效的支撑；不要使用传感器对中管线，不要使用传感器支撑管线，不要直接支撑在传感器上。如图 2.208 所示，支撑部位不是点焊而是 U 卡式固定（内部可垫橡胶）。

⑧ 被测液体中可能含有气体时，应加除气器。

⑨ 质量流量计宜加前、后切断阀和旁路阀。

⑩ 上下游都不需要有直管段；调节阀要装到流量计的下游；在传感器的两侧安装截止阀；为便于调试及维护，考虑安装旁路或者校验口。

十三、气体热质量流量计的配管设计

图 2.208 质量流量计的支撑

① 气体热质量流量计应安装于水平管道上，当气体流速较低或水平直管段长度不能满足要求时，可安装于垂直管道上。

② 气体热质量流量计下游直管段长度应不少于 5DN（DN 工艺管径），上游直管段应符合以下要求：上游扩径、缩径、具有一个 90°弯头或三通时，不小于 10DN；上游具有同一平

面内连续两个 90°弯头时，不小于 15DN；上游具有不同平面内连续两个 90°弯头时，不小于 30DN；上游装有调节阀时，不小于 40DN。

③ 插入式气体热质量流量计宜安装切断阀。

十四、容积式流量计的配管设计

① 具有精确的计量特性，常作为能源等工业的计量仪表。
② 应安装在水平管线上并确保工艺介质充满管道。
③ 流量计前应安装过滤器，消气器。
④ 无直管段要求。

十五、压力测量仪表的分类、选用及布置

压力测量仪表是用来测量气体或液体压力的工业自动化仪表，又称为压力表或压力计。压力是工业生产过程中反映生产过程好坏、保证工业生产正常进行、高效节能的重要参数之一。工业过程中需要测量的压力范围宽、精度要求多样，因此压力测量仪表也是种类繁多。工程上所说的"压力"实质是物理学"压强"的概念，即垂直而均匀地作用在单位面积上的力。根据参考点的选择不同，工业上涉及的压力分为绝对压力和表压力，以绝对压力零点为参考点的压力称为绝对压力 $p_{绝}$，以大气压力 $p_{气}$ 为参考点的压力称为表压力 $p_{表}$，可见 $p_{绝}=p_{表}+p_{气}$。$p_{表}>0$ 为正表压，简称表压。$p_{表}<0$ 为负表压，其绝对值称为真空度。生产过程有时还需测量两点的压力差值，称为差压 Δp。根据所测压力类型的不同，压力表的名称也有所不同。测量绝对压力的压力表称为绝对压力表，测量表压的压力表称为压力表，测量真空的压力表称为真空表或负压表。既能测表压又能测真空的压力表称为压力真空表，测量差压的压力表称为差压表。

1. 压力测量仪表分类

① 按工作原理分类：液柱式、弹性式、负荷式和电测式等类型。
② 按压力测量仪表的性能分类
a. 现场显示型。包括指示式压力计、带警报器压力计、带调节器压力计、记录式压力计。
b. 远距离显示型。包括电动压力变送器、气动压力变送器。
③ 按压力测量仪表的用途分类：普通型、耐热型、耐振型、耐热耐振型、密封型、安全型、蒸气型、禁油型、法兰连接型、带隔膜封入液型。
④ 按压力测量仪表的形状分类
a. 外部形状。包括圆形、方形。
b. 指示形状。包括同心型、偏心型、单针型、双针型、多针型、刻度形状、圆形刻度型、扇形刻度型、直线刻度型。
⑤ 按压力测量仪表测量精度分类：精密压力表、一般压力表。

2. 压力测量仪表的选用

选用压力测量仪表主要包括确定仪表的形式、量程、范围、准确度和灵敏度、外形尺寸以及是否需要远传和具有其他功能，如指示、记录、调节、报警等。压力测量仪表选用的主要依据如下。

① 工艺生产过程对测量的要求，包括量程和准确度。在静态测试（或变化缓慢）的情况下，规定被测压力的最大值选用压力表满刻度值的 2/3；在脉动（波动）压力的情况下，被测压力的最大值选用压力表满刻度值的 1/2。应根据生产工艺准确度要求和最经济角度选用。仪表的最大允许误差是压力测量仪表的量程与准确度等级百分比的乘积，如果误差值超过工艺要求准确度，则需更换准确度高一级的压力测量仪表。

② 被测介质的性质，如状态（气体、液体）、温度、黏度、腐蚀性、脏污程度、易燃和易爆程度等。如氧气表、乙炔表，带有"禁油"标志，专用于特殊介质的耐蚀压力表、耐高温压力表、隔膜压力表等。用于高温工况的仪表，应采用不锈钢材质，并选用相适应的表前散热装置，如散热器、冷凝圈或工字法兰等。

③ 现场的环境条件，如环境温度、腐蚀情况、振动、潮湿程度等。如用于振动环境条件的防振压力表。

④ 适于工作人员的观测。根据检测仪表所处位置和照明情况选用表径（外形尺寸）不等的仪表。

3. 压力表的布置

① 为了准确测得静压，压力表取压点应在直管段上，不宜设在管道弯曲或流束呈旋涡状处，并设切断阀。

② 对于水平或倾斜管道上，压力表取压点不应设在管道的底部；对于垂直管道上，压力表取压点可设在任何方位，见图 2.209。

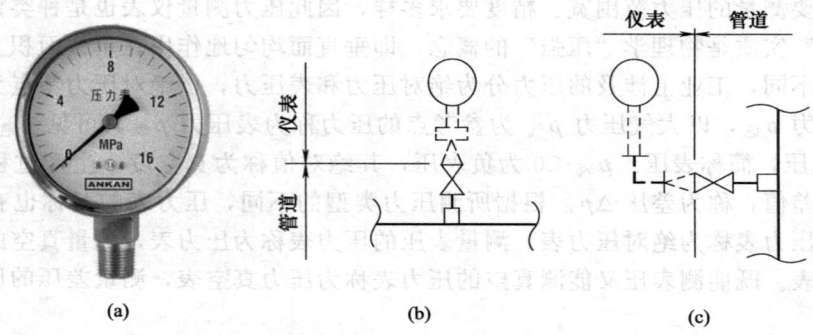

图 2.209 水平和垂直管道上压力表的布置

③ 泵出口的压力表应安装在出口阀前并朝向操作侧。

④ 塔和容器上的压力表取压点应设在气相区。

⑤ 同一处测压点上压力表和压力变送器可合用一个取压口，但当同一处测压点上有 2 台或 2 台以上压力变送器时，应分别设置取压口及根部阀。

⑥ 现场指示压力表的安装高度宜为 1.2～1.8m，当超过 2.5m 时，应有平台或直梯。

⑦ 差压仪表接口，在 PID 上表示测量一台设备的压差，而接口布置在管道上时，接口应尽量靠近这台设备。

⑧ 接口不要靠近节流元件如限流孔板、节流阀等。

⑨ 压力调节器的取压接口应当布置在距离流体扰流元件如调节阀、手动阀、弯头等至少6～10 倍管径的地方，见图 2.210。

⑩ 根部阀、垫片及紧固件一般由管道专业设计。压力表等级等规格应满足管材规定，安装方式如图 2.211 所示。

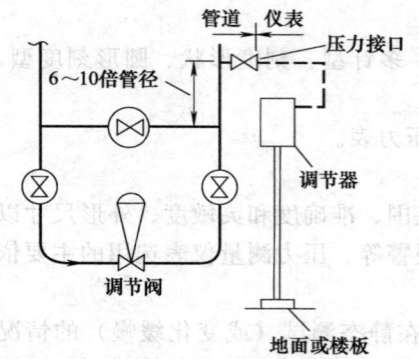

图 2.210 压力调节器的取压接口位置

十六、物位测量仪表的分类及布置

1. 物位测量仪表的分类

物位指存储容器或生产设备里液体、固体、气体高度或位置。液体液面的高度或位置称为液位，固体粉末或颗粒状固体的堆积高度或表面位置称为

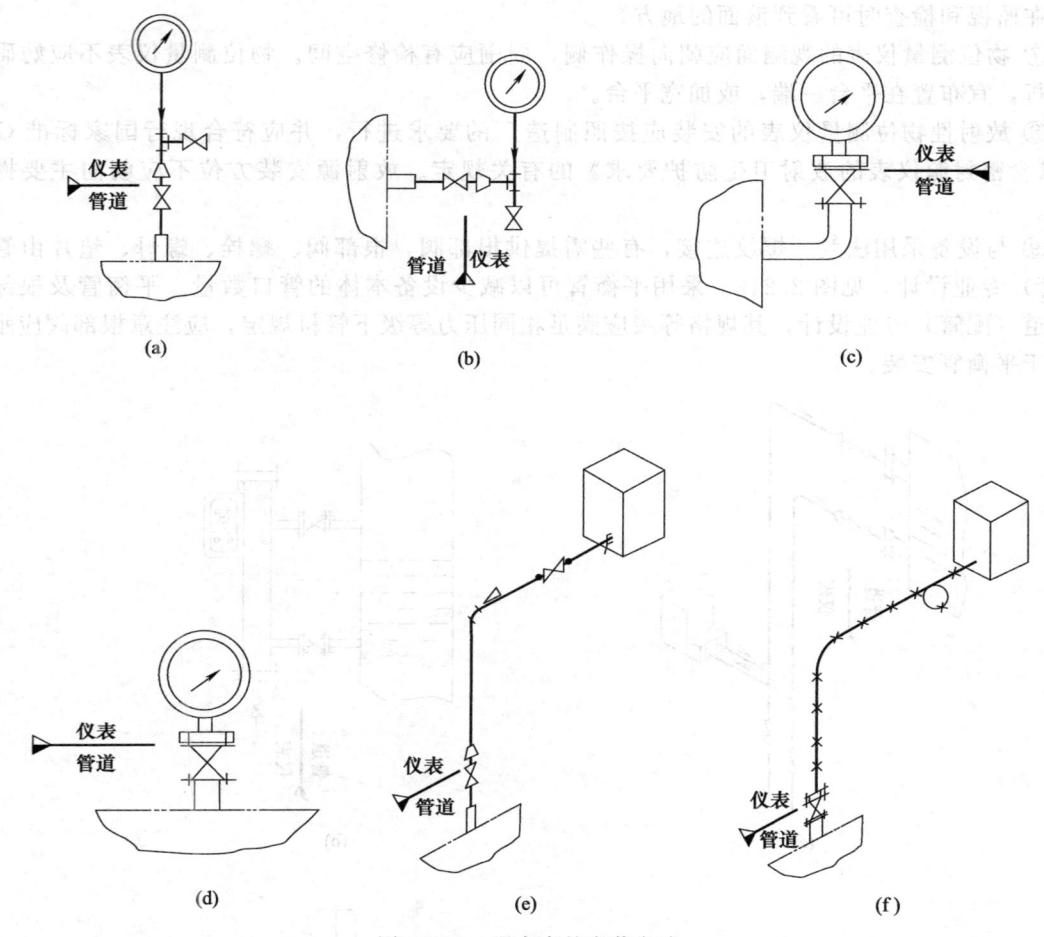

图 2.211　压力表的安装方式

料位，气-气、液-液、液-固等分界面称为界位。液位、料位、界位统称为物位。物位测量就是正确测量容器或设备中储存物质的容量，也是保证生产连续、安全进行的重要因素。物位测量仪表的种类很多，按照测量原理来分大致可以分成直读式、浮力式、差压式、电学式、声学式、核辐射式及射流、激光、微波、振动式等；按照被测介质的种类，物位测量仪表可分成液位计、界位计和料位计。

液位是工业生产中的最重要的工作参数之一，其与温度、压力、流量并称工业四大工作参数。根据不同测量要求，可采用差压式、浮筒式、电容式、雷达、超声波、放射性仪表等。

2. 物位测量仪表的布置

① 物位测量仪表的仪表连接头（管嘴）位置应避免受到进入设备物流冲击的影响。

② 仪表的观测面应朝向操作通道，周围不应有妨碍维修仪表的物件。物位测量仪表宜安装在平台一端，或加宽平台。

③ 物位测量仪表的仪表连接头（管嘴）如在设备的底部，应伸入设备 100mm。

④ 测量界位时，物位测量仪表的上部仪表连接头（管嘴）必须位于液相层内。

⑤ 数个液位计组合使用时，宜采用连通管安装形式。

⑥ 塔上液面计和液面调节器的管口方位取决于受液槽与重沸器返回口之间的关系，应避开再沸器返回管口正面 60°角范围（管口处设有挡板除外），使液面不受流入液体冲击的影响；应设置在靠近平台或梯子处，便于操作的地方，不应安装在塔平台入口处，以免堵塞通道；应

设置在监视和检查时可看到液面的地方。

⑦ 物位测量仪表的观测面应朝向操作侧,周围应有检修空间。物位测量仪表不应妨碍人员通行,宜布置在平台一端,或加宽平台。

⑧ 放射性物位测量仪表的安装应按照制造厂的要求进行,并应符合现行国家标准 GBZ 125《含密封源仪表的放射卫生防护要求》的有关规定。放射源安装方位不应朝向主要操作通道。

⑨ 与设备采用法兰、螺纹连接,有些需提供根部阀,根部阀、螺栓、螺母、垫片由管道(配管)专业设计,见图 2.212。采用平衡管可以减少设备本体的管口数量。平衡管及根部阀由管道(配管)专业设计,其规格等级应满足相同压力等级下管材规定,应注意根部阀应水平垂直于平衡管安装。

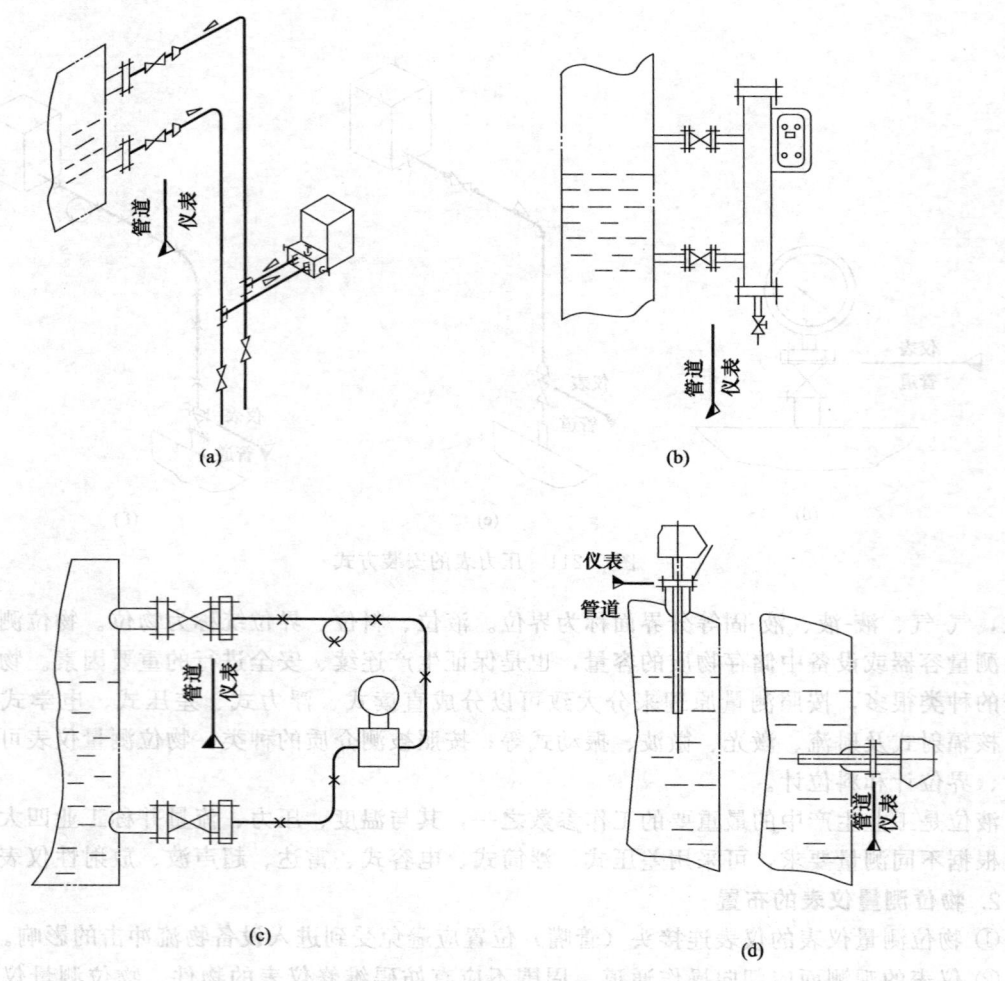

图 2.212 设备液位计管道与仪表的一般分界

十七、玻璃板(管)液位计的配管设计

① 用玻璃板(管)液位计和浮球(浮筒)液位计测量同一液位时,玻璃板(管)液位计的测量范围应包括浮球(浮筒)液位计的测量范围。

② 数个液位计组合使用时,相邻的两个液位计在垂直方向应重叠 150~250mm,其水平间距宜为 200mm。

③ 数个液位计组合使用时，宜采用外接连通管安装，连通管两端应装切断阀，玻璃板（管）液位计装在该连通管上时，可不另装切断阀。

④ 玻璃管液面计和玻璃板液面计应直接安装在设备上，液面计的位置不应妨碍人员的通行。

十八、外浮筒液位计的配管设计

① 液位计两端应装切断阀。
② 液位计测量范围的中间位置。
③ 顶底式、法兰式液位计，上、下仪表连接头（管嘴）的间距应至少比测量范围多 500mm。
④ 外浮筒液位计的安装位置不应妨碍人员通行，液位计表头上端距地面或平台不宜高于 1.8m，超过 2.0m 应增设平台。

十九、内浮筒液位计的配管设计

① 正常液位应在浮筒的中间位置。
② 液位波动较大时，应加防波管。

二十、内浮球液位计的配管设计

① 液位计安装法兰的水平中心线应与正常液位一致。
② 在浮球活动范围内不应有障碍物，在物流冲击较大的场合应加防冲板。
③ 内浮球液位计距平台或地面的高度宜为 1.0~1.5m，安装的位置不应妨碍人员通行，并留有足够的空间，便于检修和调整。
④ 在液位计拔出的方向上应有安装和拆卸空间。

二十一、磁致伸缩式液位计的配管设计

① 磁致伸缩式液位计宜安装于容器顶部或容器侧面引出的连通管顶部。
② 安装于拱顶罐或球罐顶部的磁致伸缩液位计宜采用法兰安装方式，法兰式仪表连接头（管嘴）的内径应大于浮子直径。
③ 当安装于容器外的连通管上时，连通管内径应大于浮子外径，连通管应采用非导磁材料（如不锈钢、铝或合金）制作。

二十二、超声波及微波（雷达）液（料）位计的配管设计

① 测量液位的场合，宜垂直向下安装。
② 测量料位的场合，超声波或微波的波束宜指向料仓底部的出料口。
③ 超声波或微波的波束中心距容器壁的距离应大于由束射角、测量范围计算出来的最低液（料）位处的波束半径。
④ 超声波或微波的波束途径应避开容器进料流束的喷射范围。
⑤ 超声波或微波的波束途径应避开搅拌器及其他障碍物。
⑥ 超声波或微波液（料）位计的安装，还应符合制造厂的要求。

二十三、导波雷达与电容式液位计的配管设计

① 液位计应安装于储罐的顶部，避免与设备内的可动部件相碰；当设备内介质波动剧烈时，应对导波杆（探头）加透孔式保护管固定。

② 液位计在设备外连通管上安装时,应符合下列规定:导波杆(探头)的长度应包括上部和下部测量死区,其端部应低于连通管下部连接口中心至少50mm;采用双杆式探头的导波雷达液位计时,连通管直径不小于80mm;采用单杆式探头的导波雷达液位计时,连通管直径不少于50mm。

③ 采用电缆探头式导波雷达液位计测量大液位时,应在设备底部对电缆探头进行拉直固定,液面波动剧烈的场合应加透孔式保护管固定。

④ 被测介质温度高时,宜将变送器分离安装。

⑤ 导波雷达与电容式液位计的安装还应符合制造厂的要求。

二十四、静压式液位计的配管设计

① 单法兰式液位计的仪表连接头(管嘴)距罐底距离应大于300mm,且处于易于维护的方位。

② 双法兰远传式差压液位计的安装高度不宜高于容器上的下取压法兰口,并精确计算出零点和负迁移量;对传导毛细管应用角钢或钢管进行固定,环境温度变化大的场所应采取绝热保温措施。

③ 差压变送器测液位的上下取压管口之间距离应大于所需测量范围。采用差压变送器测液位的安装应符合以下要求:上下取压仪表连接头(管嘴)之间距离应大于所需测量范围,下取压仪表连接头(管嘴)距罐底距离不小于加200mm,且避开液体抽出口,上取压仪表连接头(管嘴)应避开气相喷入口,无法避开时应采取防冲措施;测量易挥发或易冷凝介质液位时,应在负压侧(气相)加隔离罐或在正负压两侧均加隔离罐,并精确计算出零点和负迁移量;测量蒸汽锅炉汽包液位时,应安装温度自补偿式平衡容器,并应对导压管进行伴热和隔热保温。

④ 采用插入式反吹法测量液位时,插入导压管的端部距罐底至少200mm,并切削成斜坡状。

二十五、其他液位测量仪表的配管设计

① 放射性物位仪表的安装应严格按照制造厂的要求进行,并符合国家有关卫生和安全防护的规范。

② 钢带液位计和浮标液位计的安装应符合制造厂的要求。

二十六、分析仪/分析小屋的配管设计

分析仪可安装在检测点附近或分析小屋内,采样探头在管线上的位置应便于操作和维护。根据分析需要,管道专业将公用工程介质引入分析仪或分析小屋管线交接处,具体敷设应按厂商要求设计。分析仪安装方式应参照厂商的具体要求。排放物经处理后将排入污水系统。大量的分析仪排放物则应返回到工艺系统。

二十七、仪表元件配管设计典型错误

① 与仪表专业接洽时出现问题比较多的是压力表及温度计的安装:与管道相接的地方是需要螺纹连接,但是设计人员留出端一般为承插焊端,所以无法安装,这种错误现场特别多,因此,设计人员应多与仪表专业人员核对条件。

② 压力表与安全阀应在同一侧,见图2.213。

③ 仪表元件布置设计错误,例如,管径小于4in的管道上布置热电阻、热电偶、双金属温度计时未设置扩大管;流量计前后直管段偏小;管道专业设计的管道元件与仪表专业的接口不匹配等。

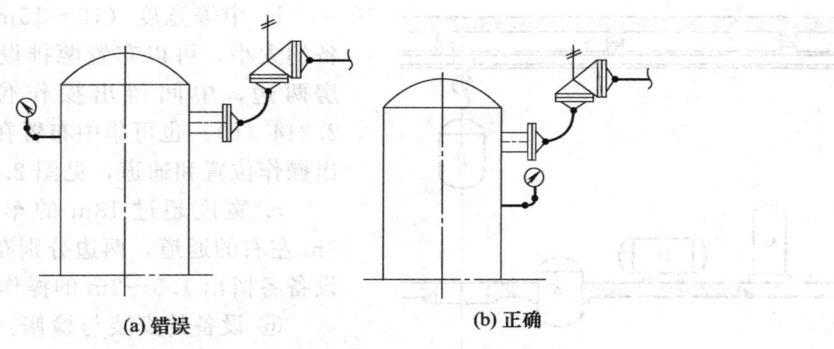

图 2.213　压力表与安全阀应在同一侧

第十四节　厂房内配管设计

一、厂房内设备布置的原则

厂房内设备布置的原则：满足生产工艺要求；满足安装和检修要求；满足结构、建筑的要求；满足安全、卫生和环保要求。

二、厂房内设备布置设计的一般要求

① 按照工艺流程的顺序进行布置。
② 保证水平方向和垂直方向的连续性。
③ 避免物料的交叉往返。
④ 充分利用厂房的垂直空间布置设备。一般计量罐、高位槽、回流冷凝器等设备布置在较高层，反应设备布置在较低层，过滤设备、储罐等设备布置在最底层。对于多层厂房内的设备布置，既要保证垂直方向的连续性，又要减少操作人员在不同楼层间的往返次数。
⑤ 设备排列方法，根据厂房宽度和设备尺寸确定。
a. 宽度不超过9m的车间：一边为设备，另一边作为操作位置和通道，如图2.214（a）所示。

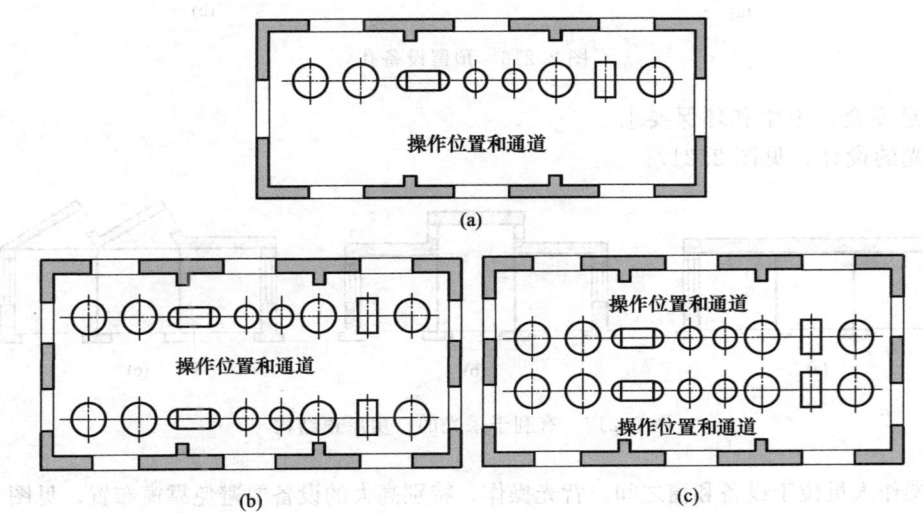

图 2.214　设备在厂房内的排列

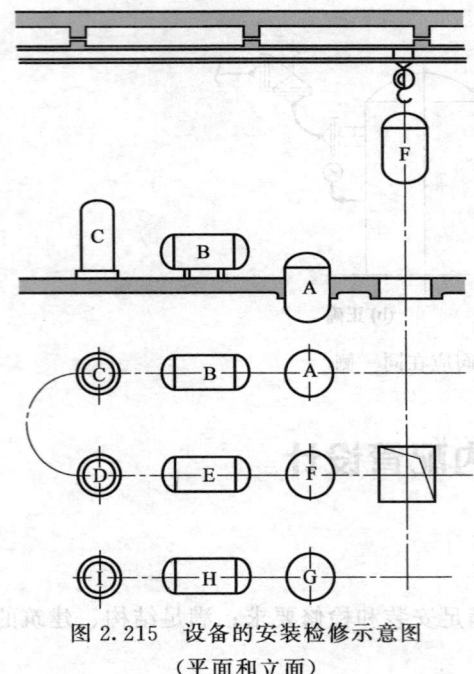

图 2.215 设备的安装检修示意图
（平面和立面）

b. 中等宽度（12～15m）的车间：根据设备的大小，可以布置两排设备，分别布置在厂房两边，中间留出操作位置和通道，见图 2.214（b）；也可集中布置在厂房中间，两边留出操作位置和通道，见图 2.214（c）。

c. 宽度超过 18m 的车间：厂房中间留出 3m 左右的通道，两边分别布置两排设备，每排设备各留出 1.5～2m 的操作位置。

⑥ 设备的安装与检修：考虑设备安装、检修所需的空间和面积；要考虑设备能顺利进出车间；对楼上设备要考虑设置吊装孔；考虑设备检修、拆卸以及运送物料所需的起重运输设备，见图 2.215。

⑦ 结构与建筑的要求：笨重设备和会产生很大振动的设备应设置在底层；布置设备应避开建筑物的柱子和主梁；设备不应布置在建筑物的沉降缝和伸缩缝；设备不应布置在楼梯、大门和窗前。

⑧ 釜式反应器、塔器、蒸发器等设备直接悬挂在楼面或操作台上，相应位置预留设备孔，设备孔可以是正方形或圆形，见图 2.216。

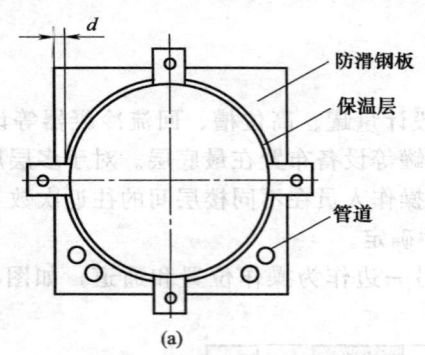 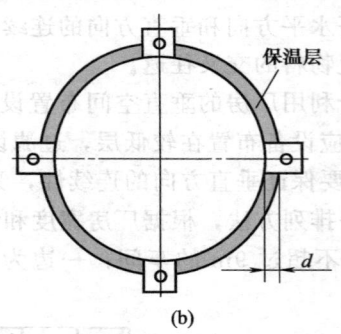

图 2.216 预留设备孔

⑨ 满足安全、卫生和环保要求
a. 采光的设计，见图 2.217。

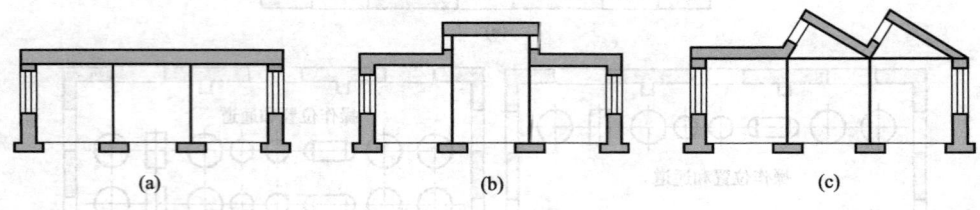

图 2.217 有利于采光的厂房屋顶结构

b. 使操作人员位于设备和窗之间，背光操作。特别高大的设备要避免靠窗布置，见图 2.218。
c. 厂房的通风设计，见图 2.219。

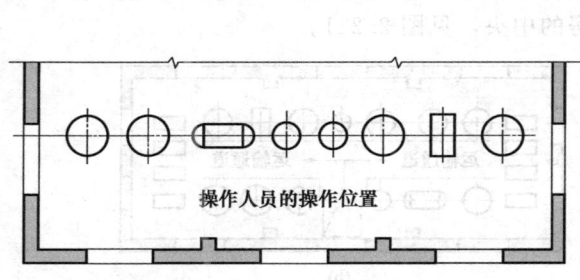

图 2.218 操作人员的操作位置　　　　图 2.219 有中央通风孔的厂房项目实例

⑩ 厂房内设备布置设计还需注意防火防爆和环境保护。

三、厂房内操作间距的设计

厂房内操作间距的设计,主要考虑相应的操作位置和运输通道,考虑堆放一定数量的原料、半成品、成品和包装材料所需的面积和空间等要求,见图 2.220。

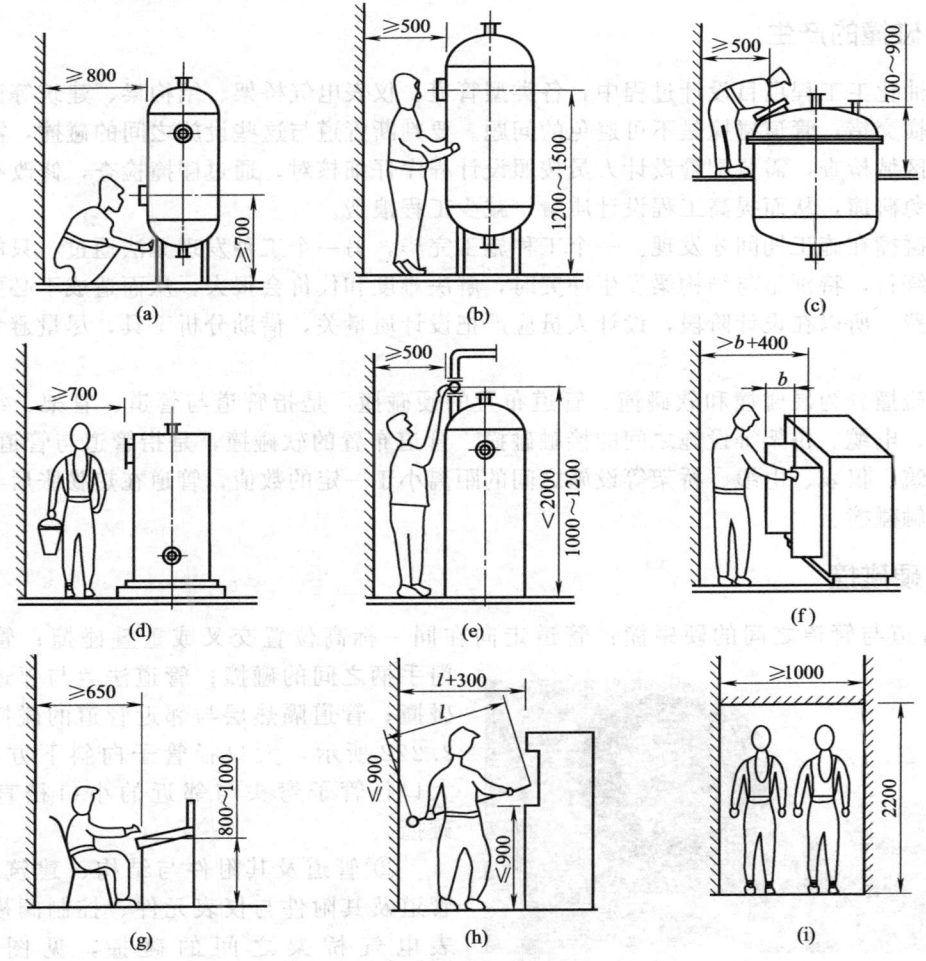

图 2.220 厂房内操作间距的一般要求

四、厂房内吊装孔的设计

凡通过楼层的设备应在楼面的适当位置设置吊装孔。厂房较短时,吊装孔可设在厂房的一端;厂房较长(>36m)时,吊装孔可设在厂房的中央,见图 2.221。

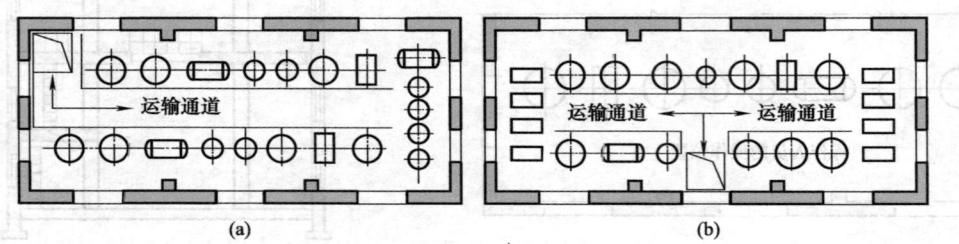

图 2.221　厂房内吊装孔的设计

多层楼面的吊装孔:在每一楼层相同的平面位置设置,并在底层吊装孔附近设一大门,以便需吊装的设备顺利进出。

第十五节　配管设计的碰撞

一、碰撞的产生

在石油化工工程项目设计过程中,各类型管道、仪表电气桥架、结构梁、建筑等设施同时存在,纵横交错,管道碰撞是不可避免的问题。要判断管道与这些设施之间的碰撞,需要设计人员逐个区域检查,需要配管设计人员按照设计程序仔细核对,通过碰撞检查,修改有关专业图纸,避免碰撞,从而提高工程设计质量,减少工程浪费。

许多碰撞在施工期间才发现。一个工种施工完毕,另一个工种发现无法通过,只能变更设计,管道绕行,特别是与结构梁发生冲突时,解决难度和代价会很大,从而造成不必要的人力物力的浪费。所以在设计阶段,设计人员应严把设计质量关,借助分析工具,尽量避免类似情况发生。

管道碰撞分为硬碰撞和软碰撞。管道布置的硬碰撞,是指管道与管道、管架、结构、建筑、仪表、电缆、桥架等设施之间的接触碰撞。管道布置的软碰撞,是指管道与管道、管架、结构、建筑、仪表、电缆、桥架等设施之间的距离小于一定的数值,管道在热膨胀后与这些设施产生接触碰撞。

二、硬碰撞

① 管道与管道之间的硬碰撞:管道走向在同一标高位置交叉或重叠碰撞;管道的阀门手柄之间的碰撞;管道法兰与邻近管道的碰撞;管道隔热层与邻近管道的碰撞。如图 2.222 所示,大口径管子向斜下方拐弯时,大口径管子弯头与邻近的小口径直行管子碰撞。

② 管道及其附件与结构、建筑的碰撞:管道及其附件与仪表元件、控制阀模头、仪表电气桥架之间的碰撞,见图 2.223、图 2.224。

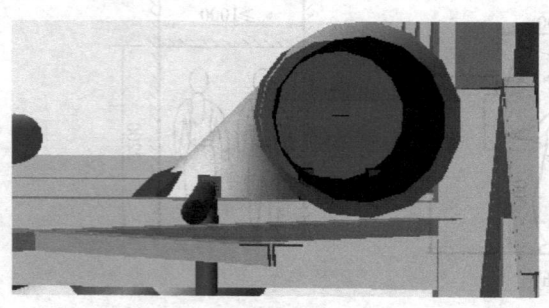

图 2.222　相邻管道之间的碰撞

图 2.223　管子自然补偿弯与结构斜撑之间的碰撞　　图 2.224　控制阀组与结构底部突然放大的结构柱子基础碰撞

三、软碰撞

软碰撞是指配管设计时没有表面的碰撞发生，但是，在运行以后，由于热胀冷缩的原因，引起了真正的碰撞发生。如图 2.225 所示，管道下面的排净阀门距离横梁净距仅 30mm，但管子在此处的热位移有 60mm，使管道阀门与结构梁产生软碰撞。在管道正常运行时，会造成阀门与结构横梁之间的真正碰撞。

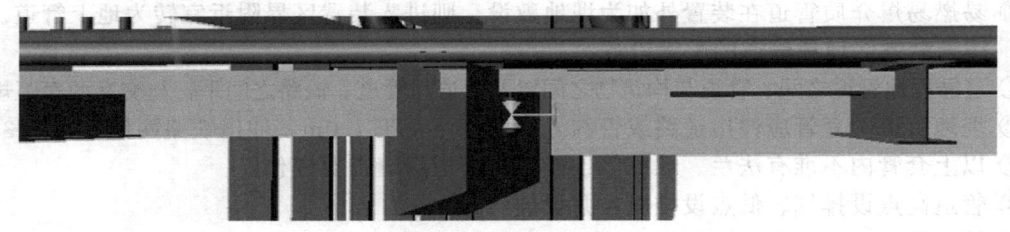

图 2.225　软碰撞典型图

四、综合碰撞检查

1. 人工核对

如果是二维设计，则需要把各专业图纸汇集在一起，从图面上或者靠设计人员的想象力，来发现各种碰撞。如果是三维设计，则需要各专业在 3D 模型内均真实地反映各专业的实体模型，有关专业设计人员对各设施进行逐一核对碰撞就可。

2. 综合碰撞检查软件

有些 3D 模型设计软件，带有综合碰撞检查功能，可以根据设定参数，对各专业模型内容进行自动化综合碰撞检查，并生成碰撞检查清单。

第十六节　地下管道的配管设计

一、地下管道的设计范围

① 输送介质无腐蚀性、无毒和无爆炸危险的液体、气体管道，由于某种原因无法在地上敷设时。

② 与地下储罐或地下泵房有关的工艺介质管道。
③ 冷却水及消防或泡沫消防管道。
④ 热力管道。
⑤ 长输油品或天然气管道。

上述管道还应满足：不需经常检验，凝液可自动排出，停车时管道介质不会发生凝固及堵塞。

二、直埋管道的配管设计

1. 建筑物内埋地管道的配管设计

① 管道与建筑物墙、柱边净距不小于 1m，并要避开基础。管道标高低于基础时，管道与基础外边缘的净距应不小于两者标高差及管道挖沟底宽一半之和。

② 管道穿过承重墙或建筑物基础时应预留洞，且管顶上部净空不得小于建筑物的沉降量，一般净空为 0.15m。管道在地梁下穿过时，管顶上部净空不得小于 0.15m。

③ 两管道间的最小净距：平行时应为 0.5m，交叉时应为 0.15m。

④ 管道穿过地下室外墙或地下构筑物墙壁时应预埋防水套管。

⑤ 管道不得布置在可能受重物压坏的地方。管道不得穿过设备。

⑥ 管顶最小埋设深度：素土地坪不小于 0.6m；水泥地面不小于 0.4m。

⑦ 埋地管道不宜采用可能泄漏的连接结构，如法兰或螺栓连接等，管材不宜采用易碎材料。

⑧ 埋地管道与地面上管道分界点一般在地面以上 0.5m（有的项目统一为 0.3m）处。

⑨ 建筑物内的地下管应尽量采用管沟敷设的方式。

⑩ 易燃易爆介质管道在装置外如为埋地敷设，则进入装置区界附近宜转为地上管道。

2. 露天装置区埋地管道的配管设计

① 遵循埋地管道之间、管道与构筑物之间以及管道与管道、铁路之间平行与交叉的净距规定。

② 埋地管道的套管应伸出道路或管沟外缘两侧不小于 1.0m，伸出铁路两侧不小于 3.0m。

③ 以上套管内不准有法兰、螺纹等连接件，管道焊缝需要探伤。

④ 管道高点设排气、低点设排净，并设阀门井。

⑤ 铸铁管或非金属管道穿过车辆通过的通道时，需预埋套管。

3. GB 50316《工业金属管道设计规范》对埋地管道的配管设计要求

① 埋地敷设的管道应妥善解决防冻、防凝结、吹扫、排液、防外腐蚀及承受外载荷等问题。埋地管道如有阀门应设阀井。大型阀井应考虑操作和检修人员能下到井内作业；小型阀井可只考虑人员在井外操作阀门的可能性（手操作或采用阀门延伸杆）。阀井应设排水点。

② 输送可燃气体、可燃液体的埋地管道不宜穿越电缆沟，如不可避免时应设套管。当管道介质温度超过 60℃时，在套管内应充填隔热材料，使套管外壁温度不超过 60℃。套管长度伸出电缆沟外壁不小于 0.5m。

③ 管道与管道及电缆间的最小水平间距应符合现行国家标准 GB 50187《工业企业总平面设计规范》的规定。

④ 从道路下面穿越的管道，其顶部至路面不宜小于 0.7m（SH 3012 规定装置内埋地管道的管顶距：一般混凝土地表面不应小于 0.3m；通过机械车辆的通道下不小于 0.75m 或采用套管保护）。从铁路下面穿越的管道应设套管，套管顶至铁轨底的距离不应小于 1.2m。

⑤ 管道与电缆间交叉净距不应小于 0.5m。电缆宜敷设在热管道下面、腐蚀性流体管道上面。

⑥ B 类流体（按 GB 50316）、氧气和热力管道与其他管道的交叉净距不应小于 0.25m；C 类及 D 类流体管道间的交叉净距不应小于 0.15m。

⑦ 管道埋深应在冰冻线以下。当无法实现时，应有可靠的防冻保护措施。

⑧ 设有补偿器、阀门及其他需维修的管道组成件，应将其布置在符合安全要求的井室中，

井内应有宽度大于或等于 0.5m 的维修空间。

⑨ 有加热保护的（如伴热）管道不应直接埋地，可设在管沟内。

⑩ 挖土共沟敷设管道的要求应符合现行国家标准 GB 50187《工业企业总平面设计规范》的规定。

⑪ 带有隔热层及外护套的埋地管道，布置时应有足够柔性，并在外套内有内管热胀的余地。无补偿直埋方法，可用于温度小于或等于 120℃ 的 D 类流体的管道，并应根据国家现行直埋供热管道标准的规定进行设计于施工。

三、管沟内管道的配管设计

1. 管沟内管道布置必须符合的条件

① 输送介质无腐蚀、无毒以及非易燃易爆管道。
② 不宜埋地，又不易架空布置的管道。
③ 正常地下水位低于沟底。
④ 防止重组分气体及有害气体在沟内聚集，必要时在沟内填砂。

2. 管沟的设计

① 管沟坡度：各种管沟沟底应有不小于 0.002 的纵向坡度，管沟截面底部应有 0.05 的坡度。管沟最低处应设下水箅子和集水坑，以便将管道偶然泄漏或沟壁渗水排除。
② 管沟沟盖板应做成 0.02 的横向双落水坡度，当沟宽小于 1.0m 时可做单坡，以便地面渗水排至沟外。
③ 管沟埋深：盖板至设计地面的覆土深不小于 0.3m，车行道路不小于 0.5m。
④ 若管沟低于地下水位时，管沟应采取全防水结构。
⑤ 检查井的设置场合：对装有阀门或需要经常检修的管件；直线部分相隔 100～150m（最大不超过 200m）；管沟纵向坡度最低点处。
⑥ 管沟内考虑自然通风，必要时通行管沟采用临时机械通风。

3. 管沟中管道阀门设置

① 管沟中管道排列要便于安装维修。
② 管沟中管道穿出沟盖板与地上管道相接，需加垂直向套管或捣制竖井至地面上 0.5m，盖板处需密封，顶部需加防雨帽，见图 2.226。
③ 检查井的人孔应布置在井的边缘四角位置。阀门宜立装，手轮朝上，不宜朝下。管道布置应紧凑，如支管以 45°与主管相接，阀门设在水平管上，见图 2.227。

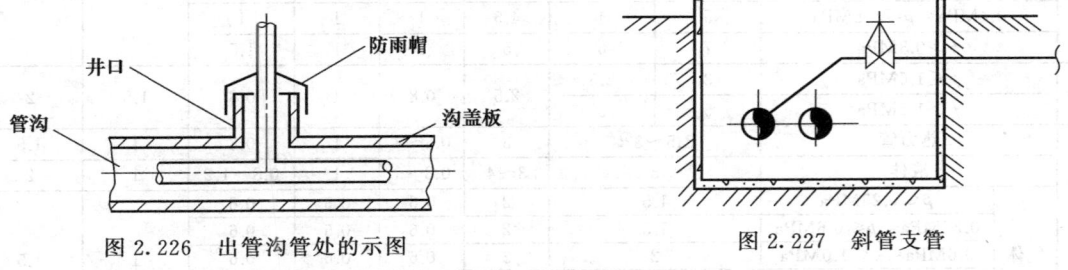

图 2.226 出管沟管处的示图　　　　图 2.227 斜管支管

④ 管道上低点排净应接至附近的排水系统污水井。

4. 管沟的形式

管沟的形式：可通行管沟（图 2.228）、不通行管沟、半通行管沟（图 2.229）。

半通行管沟的净高一般小于 1.6m，通道宽度一般采用 0.6m 左右。如果采用横贯管沟断面的支架时，其下面的净高应不小于 1m。不通行管沟容积小，最小高度为 0.45m，管子外表距沟底、沟顶和侧墙的净距及相邻两根管道净距不应小于 0.15m；管道只能布置成单层，不能

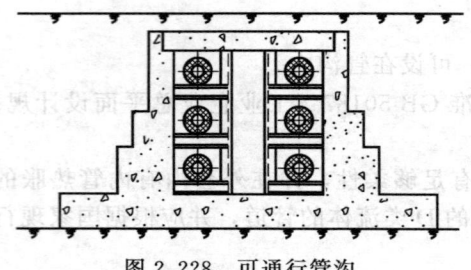
图 2.228 可通行管沟

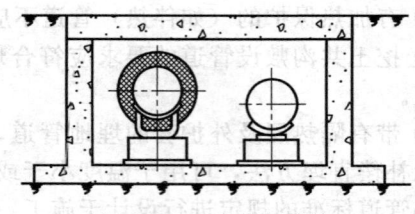
图 2.229 半通行管沟

双层或多层布置，以便安装及检修。在管沟中敷设管道时，如同一地沟内有几层管道，敷设应从最下面一层开始，最好在下层的管道安装、试压、保温等全部完成后，再进行上层管道的安装。用管沟敷设管道的优点是：管道隐蔽，不占空间位置；检修方便（与埋地敷设比较）；距离短，节省材料。缺点是：管沟修建费用较高，投资较大；管道安装、检修不如架空敷设方便；一般不适宜于敷设输送有腐蚀性及有爆炸性危险介质的管道。

5. GB 50316《工业金属管道设计规范》对沟内管道的配管设计要求

① 可通行管沟的管道布置应符合以下规定：在无可靠的通风条件及无安全措施时，不得在通行管沟内布置窒息性及 B 类流体的管道。沟内过道净宽不宜小于 0.7m，净高不宜小于 1.8m。对于长的管沟应设安全入口，每隔 100m 应设有人孔及直梯，必要时设安装孔。

② 不可通行管沟的管道布置应符合下列规定：当沟内布置经常操作的阀门时，阀门应布置在不影响通行的地方，必要时可增设阀门伸长杆，将手轮引至靠近活动沟盖背面的高度处。B 类流体（按 GB 50316）的管道不宜设在密闭的沟内。在明沟中不宜敷设密度比环境空气大的 B 类气体管道。当不可避免时，应在沟内填满细砂，并应定期检查管道使用情况。

四、地下管道与铁路道路及建筑物间的距离

室外地下管道与铁路道路及建筑物间的最小水平净距见表 2.47。

表 2.47 室外地下管道与铁路道路及建筑物间的最小水平净距   m

输送的流体及状态			建、构筑物基础外缘		铁路轨外侧	道路边缘	围墙基础外侧	电杆柱中心		
			有地下室	无地下室				通信	电力	高压电
B 类液体			6	4	4.5	1	1	1.2	1.5	2
B 类气体		$p \leq 0.005$MPa	2	1	3	0.8	0.6	0.8		
		0.005MPa$< p \leq 0.2$MPa	2.5	1.5	3.5	0.6	0.6	0.6		
		0.2MPa$< p \leq 0.4$MPa	3	2	4	0.8	0.6	0.6	1.5	2
		0.4MPa$< p \leq 0.8$MPa	5	4	4.5	1	1	1		
		$p > 0.8$MPa	7	6	5	1	1	1.5		
氧气		$p \leq 1.6$MPa	3	2.5	2.5	0.8	1	1	1.5	2
		$p > 1.6$MPa	5	3						
C、D 类流体	热力管		1.5~3①		3	0.8~1	1	0.8	1	1.5
	液体		3		3~4	0.8~1	1	0.8~1.2	1	2
	气体	$p \leq 0.25$MPa	1.5		2	0.6	0.6	0.6		
		0.25MPa$< p \leq 0.6$MPa	1.5		2	0.6	0.6	0.6		
		0.6MPa$< p \leq 1.0$MPa	2		2	0.8	0.6	0.6	1	1.5
		1.0MPa$< p \leq 1.6$MPa	2.5		2.5	0.8	0.8	1		
		$p > 1.6$	3		2.5	0.8	0.8	1		

① 按 C、D 类气体的设计压力决定净距。

注：1. 除注明者外，表列净距应自管（沟）壁或防护设施的外缘算起。
2. 管道低于基础时，除满足表列净距外，还应不小于管道埋设深度与基础深度之差，并应根据土壤条件确定净距。
3. p 为设计压力，MPa。
4. 当铁路和道路是路堤或路堑时，其与管线之间的水平净距由路堤坡脚或路堑坡顶算起，有边沟和天沟时应从沟的外缘算起，并应符合现行国家标准 GB 50187《工业企业总平面设计规范》的规定。
5. 表中流体的类别是按照 GB 50316 分的。

工程应用：某装置埋地 RTR 管道的设计

某装置埋地 RTR 管道需要穿越混凝土路面和沥青路面，最大允许埋设覆土深度取决于回填土的颗粒及 RTR 管子本身，可参考 AWWA M45 设计要求，见图 2.230。

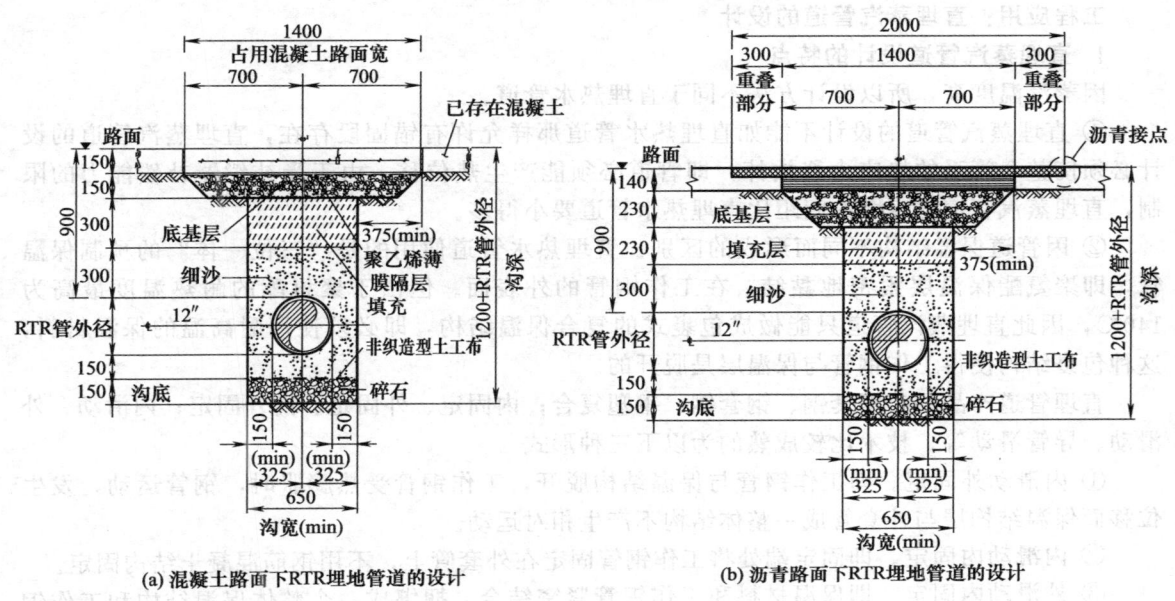

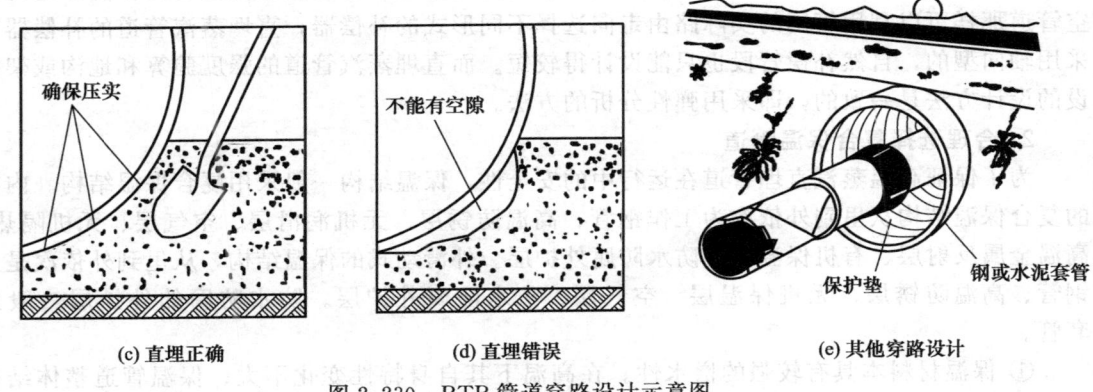

图 2.230 RTR 管道穿路设计示意图

工程应用：管沟内可燃介质管道的配管设计

某装置的甲醇介质需要收集到 DN2000 的管道内，这根管道设计温度为 $-15.8 \sim 80$℃，设计压力为 0.8MPa，管线长度 200m。为了满足工艺的高度要求，需要布置在地面以下，采用管沟内布置，再用细沙直埋，以避免危险介质在沟内聚集，引起事故。在沟底设置混凝土管墩以支撑甲醇管道，在管道中间位置设置固定支架。管沟的顶部高出地面 300mm，并覆盖混凝土板，避免雨水等进入沟内。

工程应用：直埋热水管道的配管设计

管道直埋敷设与传统的地沟敷设方式相比，主要优点表现在下列几方面：节省工程费用；热损耗低、节能；施工周期可缩短；占地少，减少土方开挖和运输；不受地下水位高低影响；维护工作量少，可达到零维修，使用寿命长。

管道直埋敷设目前有三种作法，第一种为无补偿直埋敷设；第二种为有补偿直埋敷设；第三种是介于前两种之间的一次性补偿直埋敷设。

无补偿直埋敷设即利用土壤与管道间的摩擦力阻碍管道的伸缩，当土壤与管道间的摩擦阻力之和大于等于管道膨胀力的时候，管线便不再伸长，即可不加补偿器。

工程应用：直埋蒸汽管道的设计

1. 直埋蒸汽管道设计的特点

因蒸汽温度高，所以设计方法不同于直埋热水管道。

① 直埋蒸汽管道的设计不能如直埋热水管道那样允许有锚固段存在，直埋蒸汽管道的设计必须使整个管系的热应力释放掉，即管道必须能产生热位移。由于受补偿器补偿能力的限制，直埋蒸汽管道固定墩的间距比直埋热水管道要小得多。

② 因管道保温结构不同而形成的区别：直埋热水管道使用的是"三位一体"的预制保温管，即聚氨酯保温层紧密地黏结。在工作钢管的外表面。但由于聚氨酯的耐热温度最高为140℃，因此直埋蒸汽管道只能做成包裹式的复合保温结构，即必须使用耐高温的保温材料，这种包裹结构使得工作钢管与保温层是脱开的。

直埋管道产品如：塑套钢、钢套钢、钢塑复合；内固定、外固定、内外固定；内滑动、外滑动、导管滑动等。技术比较成熟的为以下三种形式。

① 内滑动外固定。即工作钢管与保温结构脱开，工作钢管受热膨胀时，钢管运动，发生位移而保温结构层与外套管成一整体结构不产生相对运动。

② 内滑动内固定。即固定端处将工作钢管固定在外套管上，不用钢筋混凝土结构固定。

③ 外滑动内固定。即保温材料和工作钢管紧密结合，捆绑成一个整体保温结构和工作钢管在管道热膨胀时同时运动。

由于保温结构对直管段及弯头的径向位移空间的限制，使得直埋蒸汽管道不能如地沟或架空管道那样可以利用管网的实际路由走向选择不同形式的补偿器，直埋蒸汽管道的补偿器只能采用轴向型的，自然补偿管段也只能设计得较短。而直埋蒸汽管道的强度验算和地沟或架空敷设的设计方法是一致的，即采用弹性分析的方法。

2. 合理选择复合保温管道

为了保证高温蒸汽直埋管道在运行中的安全性，保温结构一般采用复合保温结构。内滑动的复合保温结构从里到外依次为工作钢管、高温防锈层、无机润滑层、空气层、无机隔热层、高温金属反射层、有机保温层、防水防腐外护层。外滑动式的保温结构，从里到外依次是工作钢管、高温防锈层、无机保温层、空气层、防水防腐外护层。防水防腐的外护层一般是钢套管。

① 保温材料本具有较强的憎水性。在高温下其自身特性变化不大；保温管道整体结构具有足够的机械强度；外保护套要有可靠的防腐能力和承内压、外载能力。

② 管道在保温层内能够充分滑动。管道在工作时因温度的变化会出现热胀冷缩，在直管段上产生轴向位移，在弯头及其附近会有轴向位移和径向位移同时产生。为了保证管系热应力的充分释放同时减小管道对固定墩的推力，要求管道与保温层之间的滑动摩擦因数要低。当弯头处采取自然补偿的方式时，要求弯头及其两侧一定长度的管道要有足够的轴向位移及径向位移的空间。

③ 要保证管道保温结构本身和周围土壤的温度场的要求，如不能有效控制保温结构的温度，可能会造成保温管道的保温层、外防护层的破坏，严重时可导致管网全线破坏，对其混凝土固定墩、管道周围的电缆、其他管道等设施造成影响甚至破坏。因此，一定要对管道的整体及局部的温度控制，向保温管生产厂提出明确要求。

④ 具有排潮装置：保温管在工厂生产、运输及安装过程中不可避免地含有或吸收一些潮气甚至少量水分，这些潮气或水分在管道运行时经管内蒸汽加热就会形成蒸汽，如不及时迅速

地排除出去,就会使保温层间的温度、压力升高,甚至破坏保温结构。因此正常运行时可以通过排潮管的排潮量大小,判断管道是否泄漏。每段封闭的保温管段之间均设1~2个排潮管,通常情况下,把排潮管设于固定墩上,在安装过程中将固定墩的排潮口设于固定墩卡板的同一侧,排潮管应引到地面以上,行人、车辆无障碍的安全地方,排潮管口要向下弯,以避免雨雪由排潮口进入管道的保温层。

⑤ 可靠的外防护层:常使用的复合预制保温管的外保护套有三种材料,即高密度聚氯乙烯、玻璃钢、钢。

a. 高密度聚氯乙烯管外保护。由于高密度聚氯乙烯管耐温较低,对温度十分敏感,其强度随温度变化大,线膨胀系数大,随温度变化会造成自身开裂,使整个保温层防水失效。聚乙烯外套则是管件与管道的外套接口不好处理,如固定节与管道接口处,这些接口如处理不好,地下水可能会渗入管道保温层并形成蒸汽,严重时会导致管网全线报废。高密度聚氯乙烯外保护套不宜应用到高温蒸汽直埋敷设的管道上,但在热水直埋供热管道上应用较为普遍。

b. 玻璃钢外保护。工作钢管相对于保护层和保温材料发生位移,工作钢管承受的摩擦力要受到土壤压力的影响,玻璃钢材料质量不易保证。

c. 钢套管外保护。保温层与工作钢管一起相对于外护钢管做同步位移,工作钢管承受的摩擦力基本上不受土壤压力的影响,应用较多。钢外套虽然严密但工程造价高,并且外防腐如果处理不好就不能保证管网的使用寿命。钢套管的防腐问题较为重要,钢套管外护层一般防腐用环氧煤沥青刷涂,由于与土壤反复摩擦,不久就失去防腐能力,造成外护钢管腐蚀破洞。管系中所有的三通、弯头、固定支座、补偿器及管件全部都装在钢套内,并和工作钢管焊在一起,再加上外套钢管大量焊接,焊口数量极大,且不能进行X射线探伤检查质量。

3. 封闭保温管段的设计

因为复合预制保温管道的结构是管道与保温层之间是有位移空隙的,如果某一点发生蒸汽管道泄漏或外防护层破损外漏,则蒸汽或地下水受热汽化就会通过管道与保温层之间的这一"通道"遍布整个管网,严重时会使整个管网遭受损失。将管网分成若干个封闭的保温管段,就能够缩小事故的影响段,便于查找事故点。在工程设计中,可据实际情况将每一对固定墩之间及主干线与支线之间都设计成封闭的保温管段。

4. 管网热补偿的设计

由于受管道保温结构的限制,管网直管段的补偿器只能采用直埋式轴向型的。选择自导向性能好、抗失稳能力强的补偿器,布置在两固定墩中央或之间的任意位置,不要布置在弯头或折点旁。补偿器的保温结构一定要满足强度及温度控制要求,同时,补偿器的保温结构应不影响补偿器的自身性能及正常工作。

5. 蒸汽管道的疏水设计

管网凝结水如不及时排出就会发生水击,严重时会对管网造成破坏。管道低点应设置疏水装置。蒸汽直埋管道疏排水通常采用上排水方式,依靠管道内的蒸汽压力将凝结水排出。通常整套疏水装置设于阀门井内,阀门井应设置在便于操作及检修的地方。阀门井井壁应高于地面50~100mm,防止雨水进入。为了防止疏水管根部焊口产生的剪切力造成破坏,应将疏水管尽量靠近固定墩安装。

6. 管道埋深的设计

随着埋深的增加,土壤的热导率降低,会使管道的外表面温度升高。在保证管道不被地上载荷破坏,满足强度要求的前提下,应尽量浅埋,在地下条件允许的地方,管道的埋深以0.8~1.0m为宜,或根据项目的实际情况而定。

7. 固定墩的设计

① 直埋蒸汽管道固定节是在管道上焊接固定用环板。环板温度高,由于热桥的作用,环

板两侧管道的外表面温度也很高。聚乙烯外套的预制复合保温管，其固定节处的外保护套不能直接使用聚乙烯，采用钢外套，这就使管网出现了钢塑接口问题。直埋蒸汽管道固定墩由结构专业设计，一般采用耐热混凝土。

② 对固定墩的推力计算，除应考虑固定墩两侧管道补偿器的弹性反力、不平衡内压力及管道的摩擦力外，对钢外套的预制复合保温管还应考虑钢外套管对固定墩的推力。例如，按外表面温度最高50℃计算，当工作钢管直径为 $DN400$、外保护套管直径力 $DN750$ 时，采用钢外套管的固定墩推力比塑套管的固定墩推力最大可提高10倍。虽然采用在钢外套管上设补偿器的方法可以减小固定墩的推力，但由于外补偿器的防腐问题目前还没有十分可靠的方法，从而不能保证管网的使用寿命。对固定墩的设计可采用内固定和相对固定的方法，即将固定环板焊接在工作钢管与钢外套管之间的方式。钢外套管对于工作钢管视为固定参照物，其内固定节强度结构只考虑工作钢管的推力 F 即可。对钢外套管来说，F 仅为它的内平衡力，复合保温管的整体稳定由土壤作用在钢外套管上的土压力来满足。这种全部内固定的方式，解决了因地下条件恶劣而无法做固定墩的难题，既缩短了施工周期，又降低了工程造价。

8. 埋地蒸汽管道的补偿设计

① 当管道温度过高或难以找到热源预热或不适于大面积敞开预热时，可采用有补偿直埋方式。有补偿直埋敷设分为有固定点和无固定点两种方式。

a. 有固定点直埋敷设。在补偿器两侧设置固定点，补偿器到固定点的间距不得超过管道最大安装长度，固定点所承受的水平推力为土壤对管道保护层的摩擦力。设计时，要考虑到由于土壤条件变化而造成的摩擦因数的变化。

b. 无固定点直埋敷设。对于无固定点有补偿的直埋敷设，首先应在管网平面布置及纵剖面上校核两个直管段是否超过最大安装长度 L_{max} 的2倍。若 $L \leqslant 2L_{max}$，则需校核直管段两自由末端的自然弯管是否能吸收掉直管段的实际热伸长量；如果直管段长度 $L > 2L_{max}$，则还需在 L 管段上设置补偿器，直到所有不带任何补偿器的直管段长度均不超过 $2L_{max}$ 为止。

② 只有在管段两端同为同一类型补偿器或补偿段时，直管上才可不设固定墩。采用有补偿直埋敷设的方法，宜选用"L"形、"乙"形、方形补偿器，并在这些补偿器部位做局部管沟；也可选用波纹补偿器、套管补偿器，将其置于检查井内，以便于检修。

③ 无补偿直埋敷设主要适用于输送热水等温度低介质的管道，即利用土壤与管道间的摩擦力阻碍管道的伸缩，当土壤与管道间的摩擦阻力之和等于或大于管道膨胀力的时候，管线便不再伸长，即可不加补偿器。

工程应用：直接埋地管道法兰接口的处理

管道接口法兰卡扣、卡箍等应安装在检查井或地沟内，不应埋在土壤中。支管上的法兰距立管外壁的净距为100mm以上，或保证能穿螺栓。为了便于拆卸，法兰与支架边缘或建筑物的距离应在200mm以上。法兰不应直接埋在地下。埋地管道及不通行地沟内管道的法兰接头处应设置检查井。如必须将法兰埋在地下，应采取防腐措施。法兰在高温和低温下工作，不锈钢、合金钢的螺栓、螺母应涂上石墨机油或石墨粉。

第十七节　ASME 与 GB 标准对配管设计的要求

一、全厂性管道的配管设计

① 全厂性工艺及热力管道宜地上敷设；沿地面或低支架敷设的管道不应环绕工艺装置或罐组布置，并不应妨碍消防车的通行。

② 管道及其桁架跨越厂内铁路线的净空高度不应小于5.5m；跨越厂内道路的净空高度不

应小于 5m。在跨越铁路或道路的可燃气体、液化烃和可燃液体管道上不应设置阀门及易发生泄漏的管道附件。

③ 可燃气体、液化烃、可燃液体的管道横穿铁路线或道路时应敷设在管涵或套管内。

④ 为了防止操作检修相互影响、管理不便，永久性的地上、地下管道不得穿越或跨越与其无关的工艺装置、系统单元或储罐组；在跨越罐区泵房的可燃气体、液化烃和可燃液体的管道上不应设置阀门及易发生泄漏的管道附件。易发生泄漏的管道附件是指金属波纹管或套筒补偿器、法兰和螺纹连接等。

⑤ 距散发比空气重的可燃气体设备 30m 以内（比空气重的可燃气体一般扩散的范围在 30m 以内）的管沟应采取防止可燃气体窜入和积聚的措施，一般采用填砂。

⑥ 各种工艺管道及含可燃液体的污水管道不应沿道路敷设在路面下或路肩上下。各种工艺管道或含可燃液体的污水管道内输送的大多是可燃物料，检修更换较多，为此而开挖道路必然影响车辆正常通行，尤其发生火灾时，影响消防车通行，危害更大。公路型道路路肩也是可行车部分，因此，也不允许敷设上述管道。

二、工艺及公用物料管道的配管设计

① 可燃气体、液化烃和可燃液体的金属管道除规定需要采用法兰连接外，均应采用焊接连接。公称直径等于或小于 25mm 的可燃气体、液化烃和可燃液体的金属管道和阀门采用锥管螺纹连接时，除能产生缝隙腐蚀的介质管道外，应在螺纹处采用密封焊。规定采用法兰连接的地方为：与设备管口法兰的连接、与法兰阀门的连接等；高黏度、易黏结的聚合淤浆液和悬浮液等易堵塞的管道；凝固点高的液状石蜡、沥青、硫黄等管道；停工检修需拆卸的管道等。需要经常清扫的分配主管，管的一端不能封闭，应做成能拆卸的形式，见图 2.231。

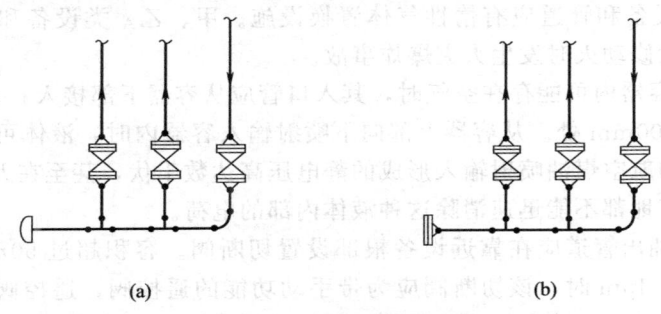

图 2.231 管末端吹扫口的设计

管道采用焊接连接，不论从强度上、密封性能上都是好的。但是，等于或小于 DN25 的管道，其焊接强度不佳且易将焊渣落入管内引起管道堵塞，因此多采用承插焊管件连接，也可采用锥管螺纹连接。当采用锥管螺纹连接时，有强腐蚀性介质，尤其是含 HF 等易产生缝隙腐蚀的介质，不得在螺纹连接处施以密封焊，否则一旦泄漏，后果严重。

② 可燃气体、液化烃和可燃液体的管道不得穿过与其无关的建筑物。可燃气体、液化烃和可燃液体的采样管道不应引入化验室。

③ 可燃气体、液化烃和可燃液体的管道应架空或沿地敷设。日常检查、检修各方面都比较方便，而管沟和埋地敷设恰好相反，破损不易被及时发现。必须采用管沟敷设时，应采取防止可燃气体、液化烃和可燃液体在管沟内积聚的措施，并在进、出装置及厂房处密封隔断；管沟内的污水应经水封井排入生产污水管道。管沟在进出厂房及装置处应妥善隔断，是为了阻止火灾蔓延和可燃气体或可燃液体流窜。

④ 工艺和公用工程管道共架多层敷设时，宜将介质操作温度等于或高于 250℃ 的管道布置

在上层，液化烃及腐蚀性介质管道布置在下层；必须布置在下层的介质操作温度等于或高于250℃的管道可布置在外侧，但不应与液化烃管道相邻。大多数塔底泵的介质操作温度等于或高于250℃，当塔底泵布置在管廊（桥）下时，为尽可能降低塔的液面高度，并能满足泵的有效汽蚀余量的要求。

⑤ 氧气管道与可燃气体、液化烃和可燃液体的管道共架敷设时应布置在一侧，且平行布置时净距不应小于500mm，交叉布置时净距不应小于250mm。氧气管道与可燃气体、液化烃和可燃液体管道之间宜用公用工程管道隔开。

氧气管道与可燃介质管道共架敷设时，两管道平行布置的净距为不小于500mm。但当管道采用焊接连接结构并无阀门时，其平行布置的净距可取上述净距的50%，即250mm。

⑥ 公用工程管道在工艺装置中是经常与可燃气体、液化烃、可燃液体的设备和管道相连接的。当公用工程管道压力因故降低时，大量可燃液体可能倒流入公用工程管道内，容易引发事故。如大量可燃液体倒流入蒸汽管道内，当用蒸汽灭火时起了"火上添油的作用"。因此，公用工程管道与可燃气体、液化烃和可燃液体的管道或设备连接时应符合下列规定：连续使用的公用工程管道上应设止回阀，并在其根部设切断阀；在间歇使用的公用工程管道上应设止回阀和一道切断阀或设两道切断阀，并在两切断阀间设检查阀；仅在设备停用时使用的公用工程管道应设盲板或断开。

止回阀是重要的安全设施，但只能防止大量气体、液体倒流，不能阻止少量泄漏。

⑦ 连续操作的可燃气体管道的低点应设两道排液阀，排出的液体应排放至密闭系统；仅在开停工时使用的排液阀，可设一道阀门并加丝堵、管帽、盲板或法兰盖。连续操作的可燃气体管道的低点设两道排液阀，第一道（靠近管道侧）阀门为常开阀，第二道阀门为经常操作阀。当发现第二道阀门泄漏时，关闭第一道阀门，更换第二道阀门。

⑧ 甲、乙$_A$类设备和管道应有惰性气体置换设施。甲、乙$_A$类设备和管道停工时应用惰性气体置换，以防检修动火时发生火灾爆炸事故。

⑨ 当可燃液体容器内可能存在空气时，其入口管应从容器下部接入；若必须从上部接入，应延伸至距容器底200mm处。从容器上部向下喷射输入容器内时，液体可能形成很高的静电压，经测定，汽油和航空煤油喷射输入形成的静电压高达数千伏，甚至在万伏以上，这是很危险的。容器的任何接地都不能迅速消除这种液体内部的电荷。

⑩ 液化烃设备抽出管道应在靠近设备根部设置切断阀。容积超过$50m^3$的液化烃设备与其抽出泵的间距小于15m时，该切断阀应为带手动功能的遥控阀，遥控阀就地操作按钮距抽出泵的间距不应小于15m。当与罐直接相连接的下游设备发生火灾时，能及时切断物料。

三、含可燃液体的生产污水管道的配管设计

① 从防止环境污染考虑，含可燃液体的污水及被严重污染的雨水应排入生产污水管道，但可燃气体的凝结液和下列水不得直接排入生产污水管道：与排水点管道中的污水混合后，温度超过40℃的水；混合时产生化学反应能引起火灾或爆炸的污水。

高温污水和蒸汽排入下水道，造成污水温度升高油气蒸发，增加了火灾危险。石油化工厂中，有时会遇到由于排放的多种污水含有两种或多种能够产生化学反应而引起爆炸及着火的物质，在未消除引起爆炸、火灾的危险性之前，不得直接混合排到同一生产污水系统中。

② 生产污水排放应采用暗管或覆土厚度不小于200mm的暗沟。设施内部若必须采用明沟排水时，应分段设置，每段长度不宜超过30m，相邻两段之间的距离不宜小于2m。明沟或只有盖板而无覆土的沟槽（盖板易被搬开而被破坏），受外来因素的影响容易与火源接触，起火的机会多。明沟或带盖板而无覆土的沟槽排放生产污水有较高的火灾危险性。暗沟指有覆土的沟槽，密封性能好，可防止可燃气体窜出，又能保证盖板不会被搬动或破坏，从而减少外来因

素的影响。设施内部往往还需要在局部采用明沟,当物料泄漏发生火灾时,可能导致沿沟蔓延。为了控制着火蔓延范围,要求限制每段的长度不超过 30m,各段分别排入生产污水管道。

③ 生产污水管道的下列部位应设水封,水封高度不得小于 250mm:工艺装置内的塔、加热炉、泵、冷换设备等区围堰的排水出口;工艺装置、罐组或其他设施及建筑物、构筑物、管沟等的排水出口;全厂性的支干管与干管交汇处的支干管上。全厂性支干管、干管的管段长度超过 300m 时,应用水封井隔开。排水管道在各区之间用水封隔开,确保某区的排水管道发生火灾爆炸事故后,不致窜入另一区。

④ 重力流循环回水管道在工艺装置总出口处应设水封。对重力流循环热水排水管道,由于热水中含微量可燃液体,长时间积聚遇火源也曾发生过爆炸事故。国外有关标准也有类似规定,故提出在装置排出口设置水封,将装置与系统管道隔开。

⑤ 当建筑物用防火墙分隔成多个防火分区时,每个防火分区的生产污水管道应有独立的排出口并设水封。

⑥ 罐组内的生产污水管道应有独立的排出口,且应在防火堤外设置水封,并应在防火堤与水封之间的管道上设置易开关的隔断阀。

⑦ 甲、乙类工艺装置内生产污水管道的支干管、干管的最高处检查井应设排气管。排气管的设置应符合下列规定:管径不宜小于 100mm;排气管的出口应高出地面 2.5m 以上,并应高出距排气管 3m 范围内的操作平台、空气冷却器 2.5m 以上;距明火、散发火花地点 15m 半径范围内不应设排气管。

⑧ 甲、乙类工艺装置内,生产污水管道的下水井井盖与盖座接缝处应密封,且井盖不得有孔洞。限制可燃气体从下水井盖处溢出,可以有效地减少排水管道的火灾爆炸事故。

第三章 管廊

第一节 管廊的分类

一、管廊平面布置形式分类

管廊平面布置形式分类：盲端型、直通型、L形、T形、Π形等形式的管廊，大型联合装置，一般采用主管廊、支管廊组和的形式，见图3.1。

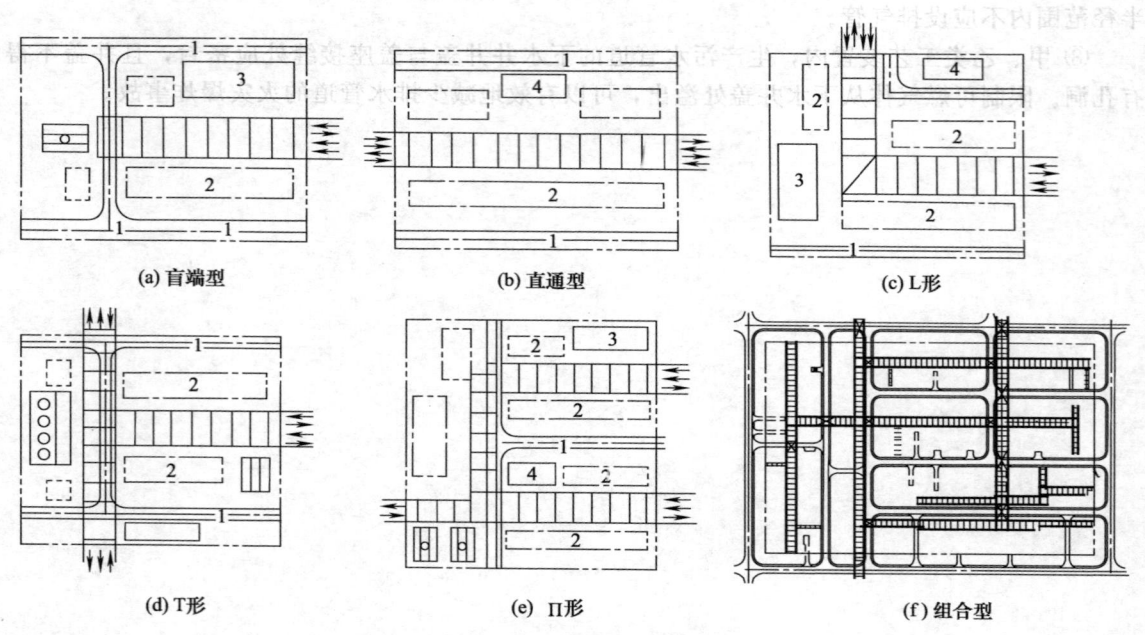

图 3.1 管廊平面布置形式分类
1—道路；2—工艺设备；3—压缩机室；4—控制室

二、管廊侧立面布置形式分类

管廊侧立面布置形式分类见图3.2。

① 单柱独立式，一般为单层。管廊宽度一般在2m以下，如果管廊上管子较多，管廊较宽，载荷较大，管廊高度也高，则需要结构专业在横梁与立柱间打斜撑加固。

② 双柱连系梁式，分单层与双层，根据需要也可以多层。如果管廊两侧进出管线多时，一般在该层横梁顶部以下加纵向连系梁，以支撑侧向进出管线。

③ 纵梁式管廊分单柱和双柱结构，双柱纵梁式一般为多层结构。这种管廊的特点是：管廊之间设有纵梁，可以根据管道允许跨距在纵梁间加支撑用次梁。纵梁式管廊轴向柱距一般为 6~11m。轴向柱距可以根据实际情况比 6m 小。但是，轴向柱距如果大于 11m，则管廊的侧纵连系梁会很粗，不是很经济，此时可以采用桁架式管廊。

④ 桁架式管廊轴向柱距一般在 11m 以上。2016 年笔者参与某装置项目配管设计时，遇到某管廊为了跨越斜的铁路，桁架管廊轴向柱距达 43m。

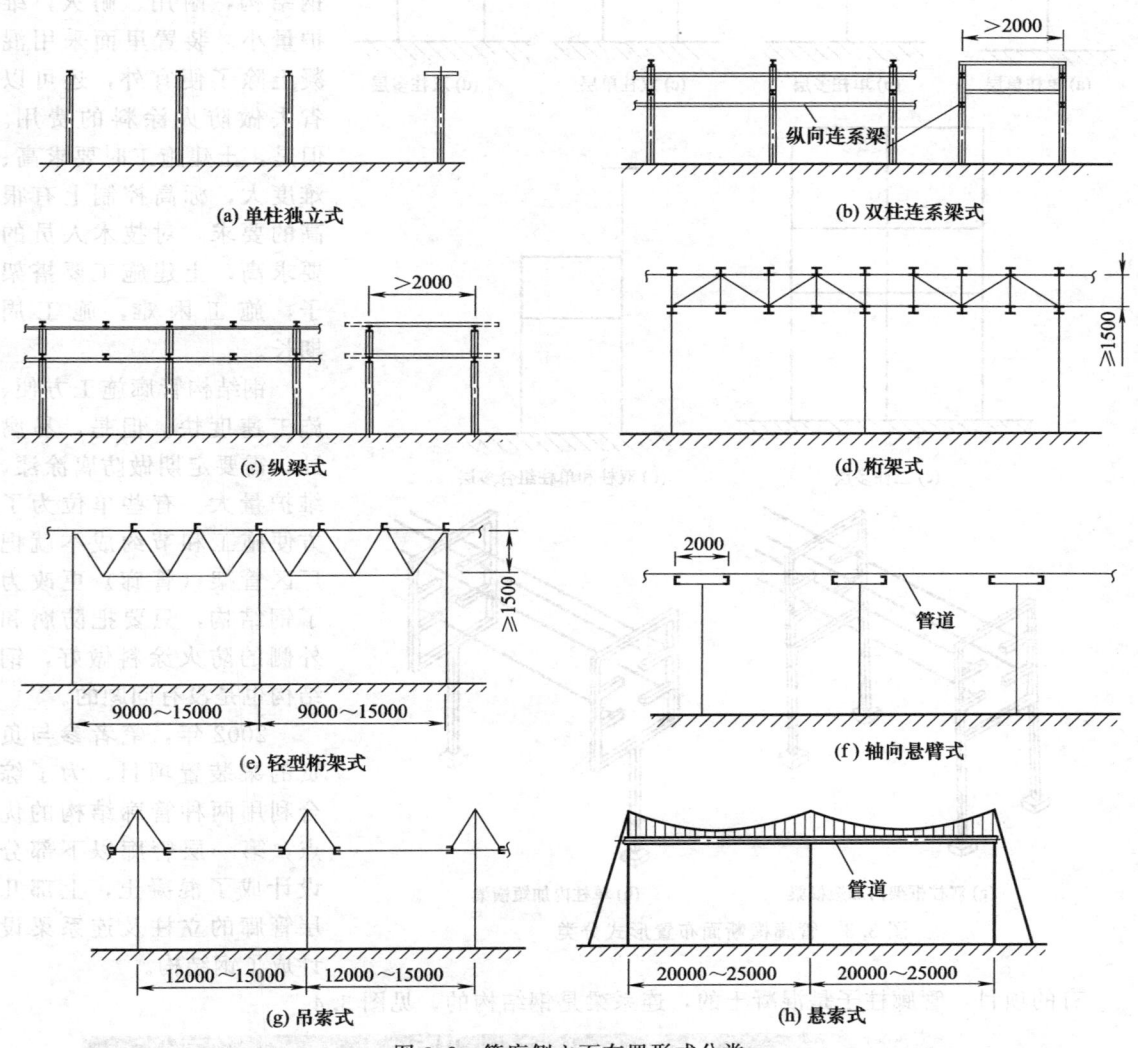

图 3.2 管廊侧立面布置形式分类

三、管廊横断面布置形式分类

一般分为单柱（T 形）式、双柱（Π 形）式和三柱式横断面管廊，见图 3.3。单柱管廊一般为单层，必要时也可采用双层。双柱管廊根据需要可分为单层、双层，及多层。三柱式横断面管廊为多层管廊。一般不用四柱横断面管廊，会影响管子进出管廊、吊装、维护等。

四、混凝土和钢结构管廊

管廊用钢结构还是混凝土的？在很多项目开始时，都会遇到这个问题，笔者对曾参与负责的三十多个大、中型装置项目的混凝土结构管廊和钢结构管廊进行了如下比较。

管廊用混凝土结构的钢性要好，耐蚀性要强于钢结构，耐用、耐火，维护量小。装置里面采用混凝土除了便宜外，还可以省去做防火涂料的费用。但是，土建施工时要求高、难度大，标高控制上有很高的要求，对技术人员的要求高，土建施工要搭架子，施工困难，施工周期长。

钢结构管廊施工方便、施工速度快。但是，易腐蚀，需要定期做防腐涂漆，维护量大。有些单位为了方便施工和节约成本就把厂区管架（管廊）更改为了钢结构，只要把防腐和外侧的防火涂料做好，钢结构也是没有问题的。

2002 年，笔者参与负责的某装置项目，为了综合利用两种管廊结构的优点，第一层管廊以下部分设计成了混凝土，上部几层管廊的立柱及连系梁设计成了钢结构。

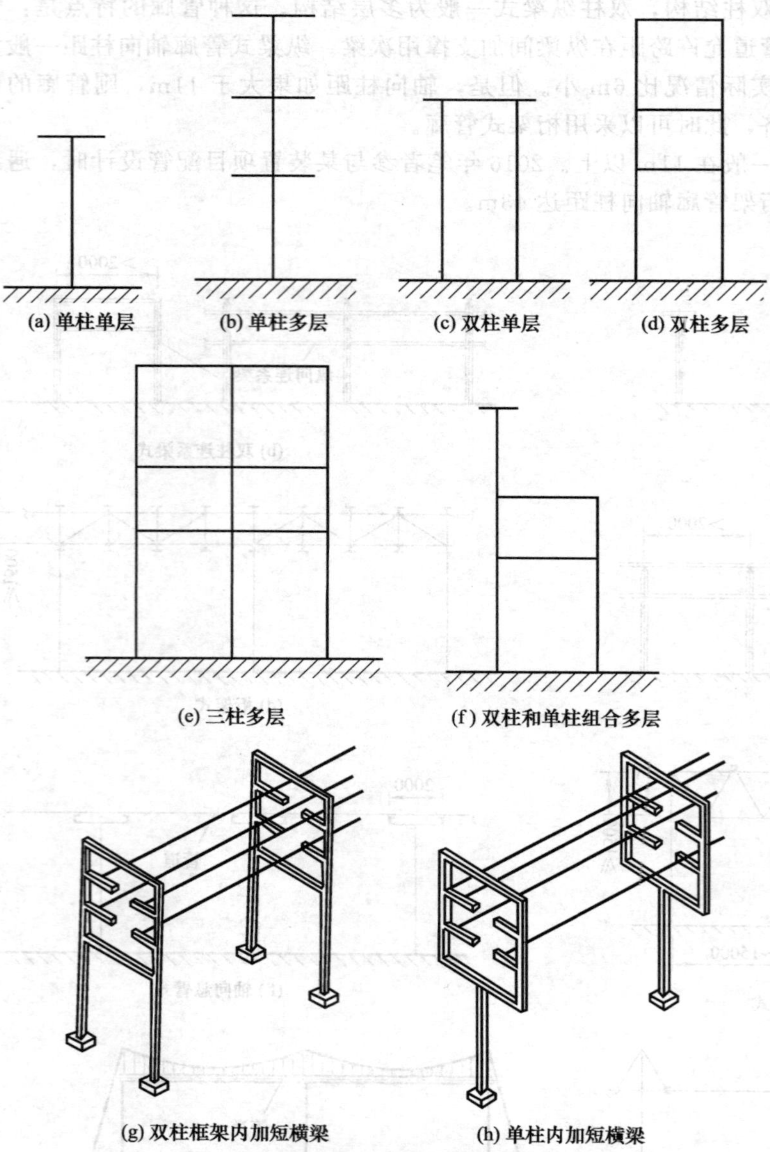

(a) 单柱单层　(b) 单柱多层　(c) 双柱单层　(d) 双柱多层

(e) 三柱多层　(f) 双柱和单柱组合多层

(g) 双柱框架内加短横梁　(h) 单柱内加短横梁

图 3.3　管廊横断面布置形式分类

有的项目，管廊柱子是混凝土的，连系梁是钢结构的，见图 3.4。

图 3.4　管廊柱子是混凝土，连系梁是钢结构

第二节 管廊的布置

一、管廊布置的一般要求

① 管廊应处于易与各类主要设备联系的位置上。要考虑能使多数管线布置合理,少绕行,以减少管线长度。典型的位置是在两排设备的中间或一排设备的旁侧。

② 布置管廊要综合考虑道路、消防的需要,以及地下管道与电缆布置和临近建、构筑物等情况,并避开大、中型设备的检修场地。

③ 管廊上部可以布置空冷器、小型设备、操作阀组平台、仪表和电气电缆槽等,下部可以布置泵等设备。

④ 管廊上设有的阀门需要操作或检修时,应设置人行走道或局部操作平台。

二、管廊轴向柱距的设计

① 管廊轴向柱距由敷设在其上的管道因垂直载荷所产生的弯曲应力和挠度决定的。

② 根据管段不应在轻微外界扰力作用下发生明显振动的要求,规定装置内管道的固有振动频率宜不低于 4 次/s,装置外管段的自由振动频率不低于 2.55 次/s,由此规定得出两支架间管道允许挠度 f,装置内为 15mm,装置外为 38mm。

③ 管廊轴向柱距通常为 6~9m,如中、小直径管道较多时,可在支柱之间设置副梁以满足管道跨距,见图 3.5。

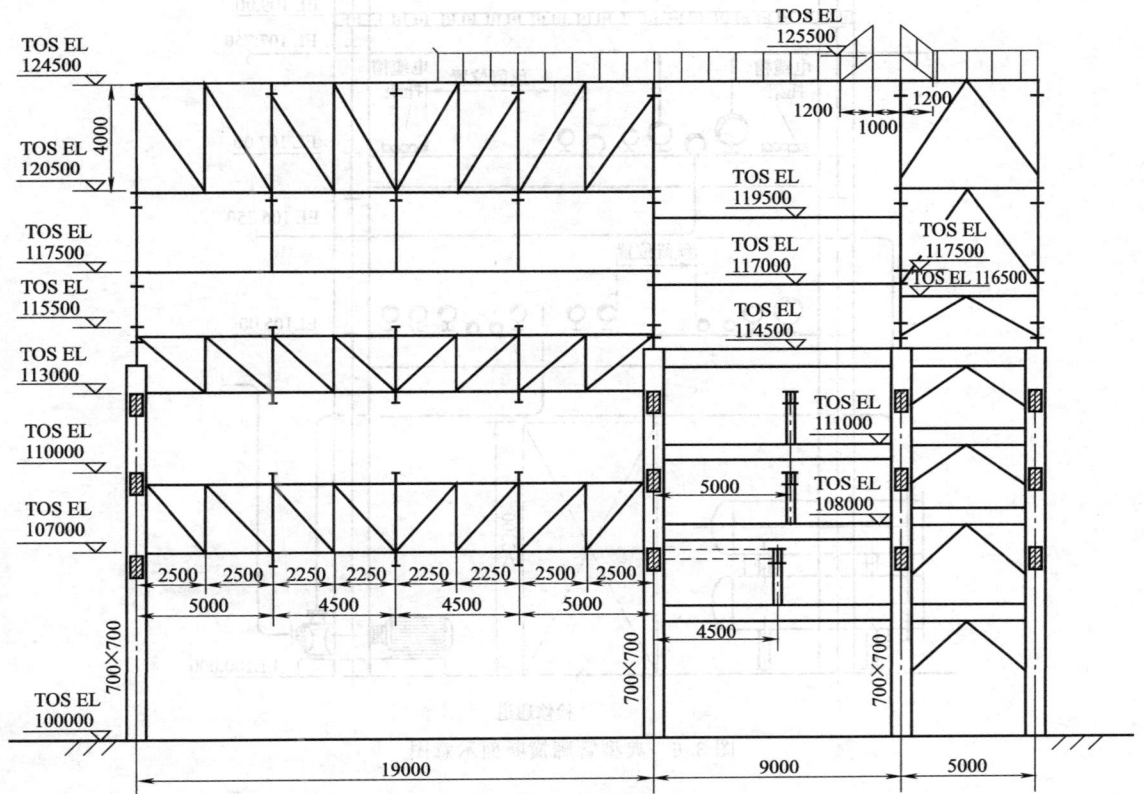

图 3.5 某段装置管廊侧面结构示意图

注:管廊轴向距离大多为 6~9m,在跨路时设置桁架,可在支柱之间设置副梁以满足管道跨距。

④ 管廊支柱的间距，宜与设备框架支柱的间距取得一致，以便管道通过。

三、管廊横断面宽度的设计

① 管廊的宽度主要由管道的数量和管径的大小确定。并考虑一定的预留宽度，新设计的管廊一般留有扩建预留量［全厂性管廊或管墩上（包括穿越涵洞）应留有10%～30%的裕量，装置主管廊宜留有10%～20%的裕量］。同时要考虑管廊下设备和通道以及管廊上空冷设备等结构的影响。如果要求敷设仪表引线槽架和电力电缆时，还应考虑它们所需的宽度。

② 管廊上布置空冷器时，管廊横断面支柱跨距最好与空冷器的间距尺寸相同，以使管廊立柱与空冷器支柱中心线对齐。

③ 管廊下布置泵时，应考虑泵的布置及其所需操作和检修通道的宽度，如果泵的驱动机用电缆地下敷设时，还应考虑电缆沟所需宽度。此外，还要考虑泵用冷却水管道和排水管道的干管所需宽度。不过，电缆沟和排水管道可以布置在通道的下面，见图3.6。

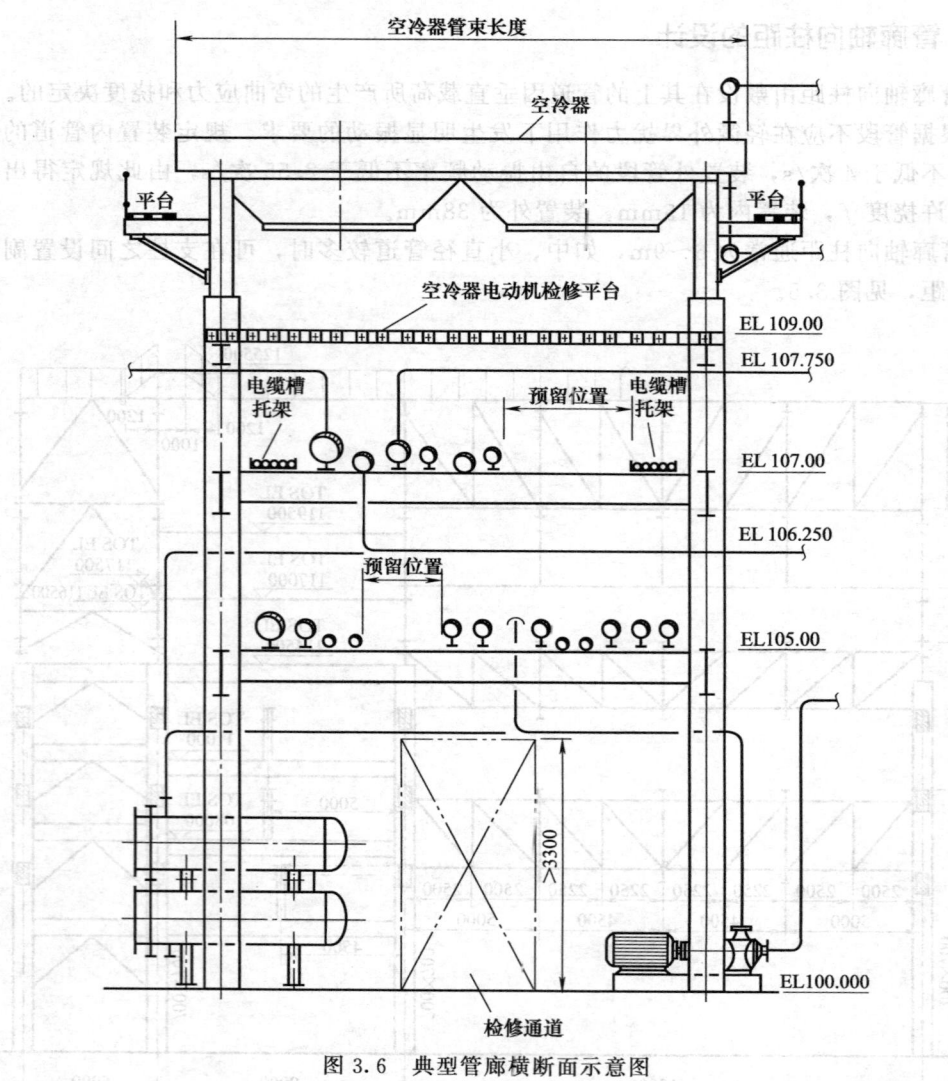

图3.6 典型管廊横断面示意图

④ 由于整个管廊的管道布置密度并不相同，通常在首尾段的管道数量较少。因此，在必要时可以减少首尾段的宽度或层数。

四、管廊层高的设计

① 接近地面第一层管廊的最小净高的设计

a. 在道路上空横穿时,按中国国内消防车、运输车等一般高度标准,SH 规范的管廊高度布置标准要求如下。

• 装置内管廊距地面净空高度:行车道、消防道和检修通道最小净高 4.5m,泵区检修通道最小净高 3m,操作通道最小净高 2.2m(此高度是饮用了欧美国家人的高度加安全帽的高度算出来的,日本操作通道通常为 2.0m)。

• 装置外跨越厂区的全厂管廊据地面净空高度:跨越铁路最小净高 5.5m,跨越厂内道路最小净高 5m。

以上仅是一般情况下管廊的高度要求,管廊的设计高度还要结合项目实际情况考虑全厂的大型设备的运输需要的高度,再最终确定管廊的布置高度。例如,某新建工厂,根据大件运输的要求,跨越全厂主干道的管廊,距离地面的最小净空高度为 10m。

国外某工程项目,需根据所在国家的规范要求设计管廊高度。例如,苏联(俄罗斯)的消防车一般较高,俄罗斯全厂管廊距离路面最小净高为 5.5m,比中国高 0.5m。

b. 当管廊有桁架时要按桁架底高计算。

c. 为有效地利用管廊空间,多在管廊下布置泵。考虑到泵的操作和维护,宜有 4.0m 净空高度。

② 管廊上管道与分区设备相接时,一般应比管廊的底层管道标高低或高 600~1000mm。管廊下布置管壳式换热设备时,根据设备实际高度需要增加管廊下的净空。

③ 管廊外设备的管道进入管廊所必需的高度。若为大型装置,其设备和管径较大,为防止管道出现不必要的袋形,管廊最下一层横梁底标高应低于设备管口 500~750mm。

④ 若管廊附近有换热框架,换热设备的下部管道要从它的框架平台接往管廊,此时至少要保证管廊的下层横梁低于换热框架第一层平台。

⑤ 当管廊改变方向或两管廊成直角相交时,管廊宜错层布置,错层的高差宜为 750~1000mm。当高差为 750mm 时,$DN250$ 以下的管子用两个直角弯头和短管相接;大于 $DN250$ 的管子用一个 45°弯头、一个 90°弯头相接。对于大型装置也可采用 1000mm 以上的高差。

⑥ 在确定管廊高度时,要考虑到管廊横梁和纵梁的结构断面和形式,务必使梁底或桁架底的高度满足上述确定管廊高度的要求。对于双层管廊,上下层间距一般为 1.5~2.0m,对于大型装置上下层间距可为 2.5~3.0m,主要取决于管廊上最大口径的管道。

⑦ 装置之间的管廊高度取决于管廊地区的具体情况,如沿工厂边缘或罐区,不会影响厂区交通和扩建的地段,从经济性和检修方便考虑,可用管墩敷设,离地面高 300~500mm,即可满足要求。

图 3.7 常压罐区的管墩设计

五、管墩的设计

① 管墩的间距按管径最小的管道允许跨距进行设置。

② 管墩顶距地面一般不宜小于 0.4m,见图 3.7。

六、混凝土管廊(管墩)梁顶预埋件

混凝土管廊(管墩)的梁顶应设通长预埋件,预埋件的形式应符合国家标准 SH/T 3055

的要求。一般横梁上应埋放一根圆钢或钢板，以减少管道与横梁间的摩擦力。

例如，某项目在混凝土管廊（管墩）梁顶上设置预埋件时，混凝土管廊（管墩）梁顶一般按图 3.8（a）、（b）所示设通长预埋件，当管廊需要设导向架时，预埋件采用图 3.8（b）所示的形式；当管廊需要设固定架时，预埋件采用图 3.8（c）所示的形式。

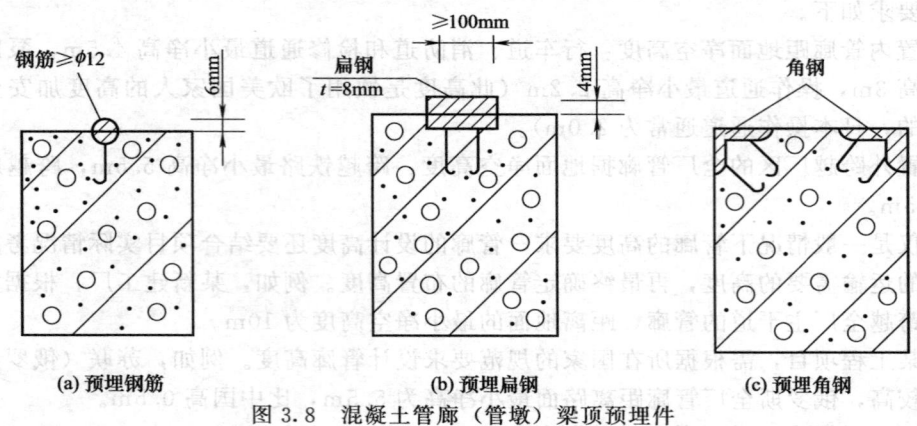

图 3.8　混凝土管廊（管墩）梁顶预埋件

七、管廊上仪表电气电缆槽架及巡检梯子平台的布置

① 如果是中小型工程项目，仪表电气电缆槽架宽度较小，布置在管廊内或者挂在管廊外侧面均可，并保持管道与槽架之间的间距。

② 大中型项目，仪表电气电缆槽架较宽，可能需要占一层管廊的空间。电缆槽架和仪表槽架宜布置在上层，电缆槽架层通常布置在火炬管道层与公用工程管道层之间。槽架的附近或正下方不应布置有热影响的管道。

③ 对于全厂性管廊，有的项目在电缆槽架层设置有全厂性巡检通道，并每隔一定距离设置一直爬梯到地面。

工程应用：管廊柱子基础与地下管道、埋地电缆碰撞

某工程在施工管廊柱子结构基础时才发现，柱子基础与地下管道、埋地电缆等大量碰撞，只能修改管廊柱子位置或者修改地下管道位置或者修改埋地电缆的位置，造成多个专业的设计文件大面积修改。

建议在设计阶段进行管廊柱子基础与地下管道、埋地电缆碰撞检查和各专业的会签。

工程应用：管廊层高偏高引起的设计不合理

某石化装置施工完后，发现装置四周的全厂外管廊高达 25m，从远处观望，外管廊全部遮挡住了装置内塔及其他设备，如图 3.9 所示。究其原因，发现在设计时，管道间距没有按照最小管间距设计，共 5 层管廊，大口径管道分布在各个管廊层高，每层的层高至少设计成了 3m，最大层高设计成了 5m。笔者尝试优化后，这条管廊总高度至少降低 8m。

图 3.9　管廊层高偏高

工程应用：管廊柱子偏粗的不合理设计

在施工现场，某装置管廊（A 工程公司设计）与邻近装置管廊（B 工程公司设计）直通连接时，发现管廊上的管子、电缆槽架是一样的，管廊层高也一样，但是，A 工程公司负责设

计的管廊柱子尺寸为 800mm×800mm，而 B 工程公司设计的管廊柱子尺寸仅有 400mm×400mm，差距非常大。

经核对设计文件，发现 A 工程公司设计的载荷数据比正常偏大了很多，引起了管廊柱子偏粗的不合理设计。

第三节 管廊管道的配管设计

一、管廊管道配管设计的一般要求

① 管廊上进出装置的管道方位和标高应与相邻装置或全厂性管廊协调。

② 对于分期建设的装置，管道布置应符合分期建设的要求，如管廊上总管的端点采用法兰连接或设置切断阀门。

③ 全厂性管廊或管墩上（包括穿越管涵）应留有 10%～30% 的裕量，并考虑其载荷。装置管廊宜留有 10%～20% 的裕量，并考虑其载荷。

管廊上大口径管子可以排在管廊两侧靠近柱子位置，小管排在中间。管廊宜有 10%～30% 的预留空间，需要根据具体项目估计。如果预留的为大口径管子，则空余的位置在靠近柱子的管廊一侧，而不是中间预留，如果预留空间管子口径未知，可中间空余。

④ 大直径管道宜靠近管廊柱子布置，小直径、气体管道和公用物料管道宜布置在管廊的中间。大直径管道尽量靠近管廊柱子布置，有利于管廊的结构设计，经济合理。

⑤ 需要热补偿的管道宜布置在管廊一侧，便于集中设置"Π"形补偿器。管子在进出管廊时，宜统一标高，并在管廊的侧纵连系梁上统一支撑，见图 3.10。

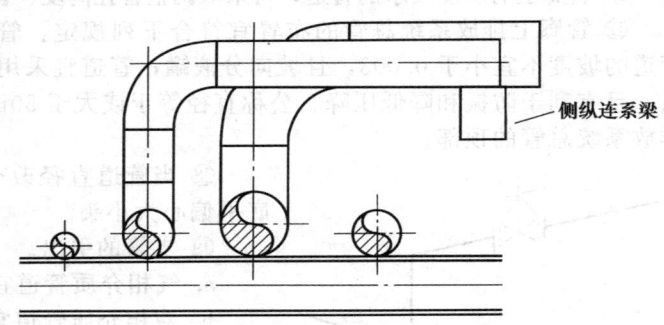

图 3.10 管子进出管廊的设计

高温管道的"Π"形补偿器应设在两个固定架的中间。当有两根以上高温管道时，补偿器应尽可能套着布置，且补偿量大的管道布置在外侧，如图 3.11 所示。为不影响其他管道的布置，补偿器应高出 1000mm 以上（或根据项目实际情况确定）。在补偿器的两侧应设导向架。

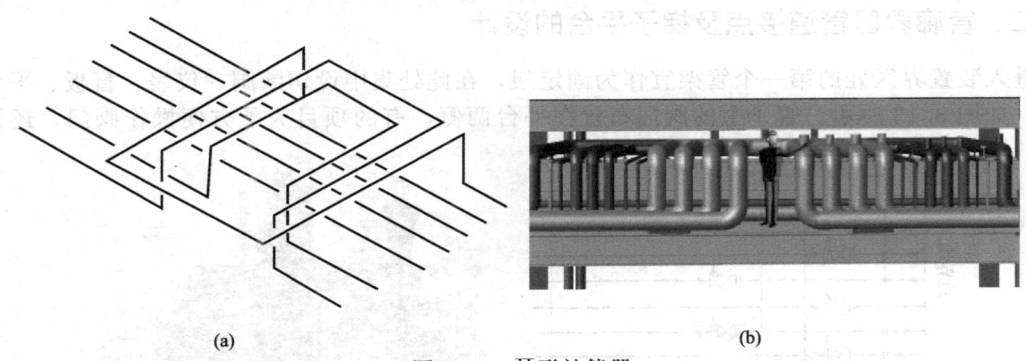

(a)　　　　　　　　　　(b)

图 3.11 Π 形补偿器

⑥ 采用Π形补偿器的液相、气液相、蒸汽管道应设置放净管。

⑦ 介质操作温度等于或高于 250℃ 的管道宜布置在上层；布置在下层的介质操作温度等于或高于 250℃ 的管道可布置在外侧，但不应与液化烃管道相邻。

⑧ 蒸汽、装置空气、氮气、仪表空气等公用物料管道及工艺气体管道宜布置在上层。

⑨ 液化烃和腐蚀性介质管道宜布置在下层，但腐蚀性介质管道不应布置在电动机的正上方。低温介质管道宜布置在下层。液化烃和腐蚀性介质管道布置在下层，一旦发生泄漏，不会影响到管廊上的其他管道，减小事故的危害。

⑩ 低温介质管道、液化烃管道和其他应避免受热的管道不应布置在热介质管道的正上方或与不保温的热介质管道相邻布置。

⑪ 工艺管道应根据两端所连接设备管口的标高可布置在上层或下层，以便做到"步步低"或"步步高"。

⑫ 氢气管道与其他管道共架敷设或分层布置时，氢气管道宜布置在外侧并在上层。

⑬ 电缆槽架和仪表槽架宜布置在上层，以便于分层管理。槽架的附近或正下方不应布置有热影响的管道。

⑭ 氧气管道与可燃气体、可燃液体管道共架敷设时应布置在一侧，不宜布置在可燃气体、可燃液体管道的正上方或正下方；平行布置时净距不应小于 500mm，交叉布置时净距不应小于 250mm。当管道采用焊接连接结构并无阀门时，平行布置时净距可取 250mm。两类管道之间宜用公用工程管道隔开。GB 50160《石油化工企业设计防火规范》和 GB 50316《工业金属管道设计规范》也是这样规定的。

⑮ 管道上的阀门、法兰或活接头应靠近管廊梁布置。

⑯ 管廊上有坡度要求的管道，可采取调整管托高度、管托上加型钢或钢板上加垫枕等措施。

⑰ 管廊上排放系统总管的布置宜符合下列规定：管道宜布置在管廊的顶层或柱子上方；管道的坡度不宜小于 0.003，且坡向分液罐；管道宜采用自然补偿的方式；考虑到两相流的特点，且有利于防振和降低压降，公称直径等于或大于 50mm 的支管，应顺介质流向 45°斜接至排放系统总管的顶部。

⑱ 当管道直径改变时，为保持管底标高一致，应采用底平偏心大小头。

⑲ 支管的引出。

a. 气相介质管道宜从总管上部引出。

b. 液相介质管道宜从总管下部引出。

c. 泄压总管或火炬总管上的支管应顺介质流向与总管成 45°斜接。

d. 支管上若安装切断阀时，阀门应安装在靠近主管的水平段上，见图 3.12。

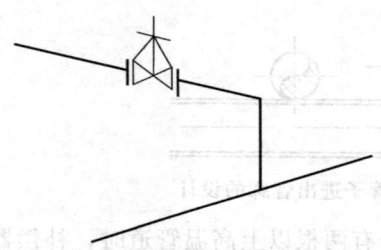

图 3.12 支管上切断阀的设计

二、管廊界区管道接点及梯子平台的设计

进入装置界区处的第一个管架宜作为固定架，在此处集中设切断阀、仪表、盲板、平台和梯子，如图 3.13 所示。管子上的阀门布置在平台两侧。有的项目为了方便操作阀门，还设计

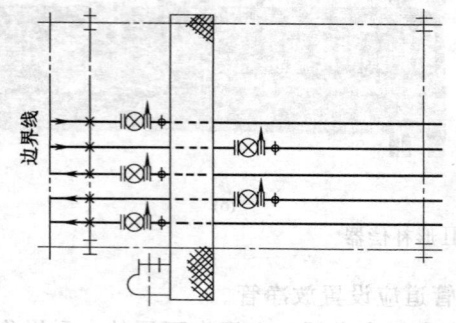

(a)

(b)

图 3.13 管廊上 Tie-in 管道的设计

了阀门伸长杆。

界区阀门附近一般有排净阀门,有的项目为了便于操作维护这些阀门,在这一跨管廊管道底部通铺了箅子板。

第四节 管廊管道支吊架的配管设计

一、管廊管道支吊架设计一般要求

① 管廊上管道支架的间距,受到管廊结构的梁及柱间距的限制。小管道支架需要在次梁上作支撑。对于大直径管道只需在主梁上支撑就够了。

② 管廊上敷设有坡度的管道,可通过调整管托下加型钢或钢板垫枕的办法来实现。对于放空气体总管(或去火炬总管)宜布置在管廊柱子的上方,以便于调整标高。

二、管廊管道固定架设计的注意点

① 一般应在柱子轴线的主梁上设置,不要设在次梁上。

② 尽量使固定架两侧的推力相差不要过大。

③ 管廊上不应在应力或位移量较大处连接支管,支管附近应设固定架(或轴向限位架),如图 3.14 所示。

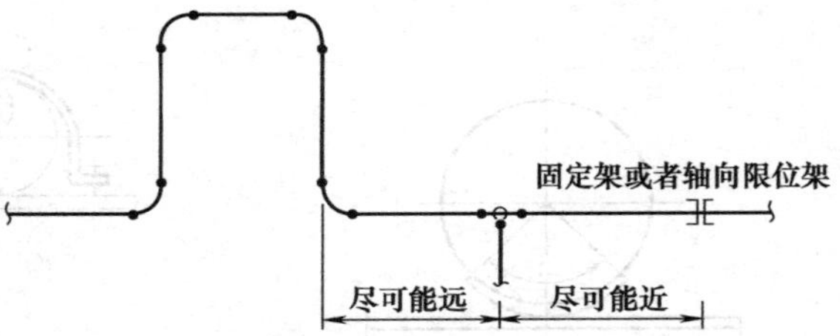

三、管廊管道导向架设计的注意点

① 导向架的间距与对应的轴向力及管径有关。

图 3.14 固定架的位置与支管

② 有横向引出管道的接点时,导向架与接点或弯头的距离(沿管廊纵向)不宜太近,应使管道有一定的柔性。

③ "Π"形膨胀弯附近导向架的设置及波形补偿器附近导向架的设置见图 3.15。

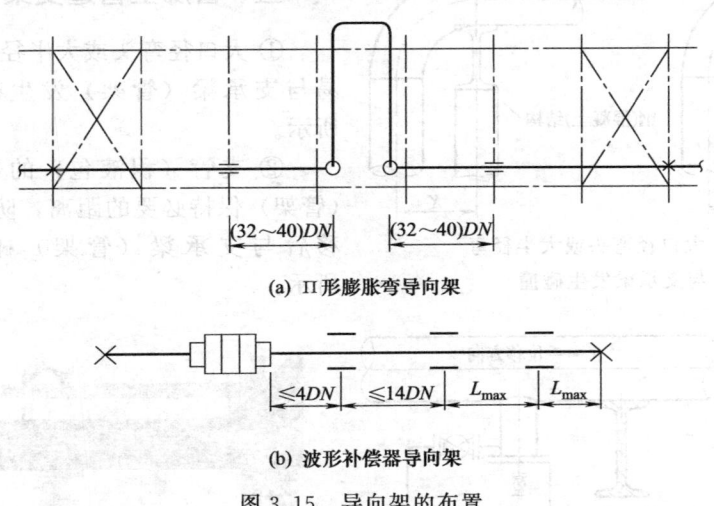

(a) Π形膨胀弯导向架

(b) 波形补偿器导向架

图 3.15 导向架的布置

④ 设有"Π"形膨胀弯时,如图 3.16 所示,4～5 点及 6～7 点的距离要适当,可按柔性分析决定,同时考虑管道的横向位移不至于太大,1～2 点之间管道应有充分的柔性。

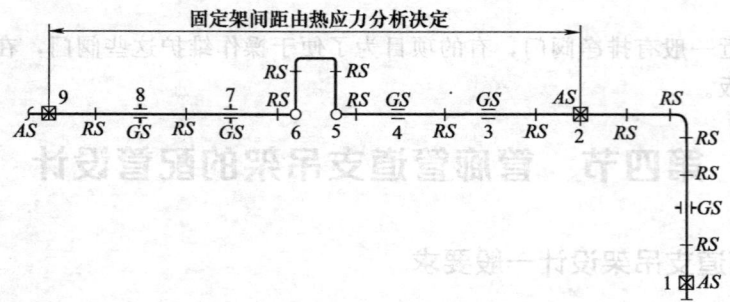

图 3.16　管廊上管道支架类型举例
AS—固定支架；RS—承重支架；GS—导向支架

四、管廊上不锈钢管道管架的设计

① 管廊上管道的支承时，对于奥氏体不锈钢裸管，宜在支点处的管道底部焊与管道材质相同的弧形垫板或垫橡胶板，见图 3.17。

② 不锈钢管道的固定架（限位架）一般不直接焊到管道上，如图 3.18 所示。

图 3.17　弧形垫板　　　　图 3.18　不锈钢管道的轴向限位架

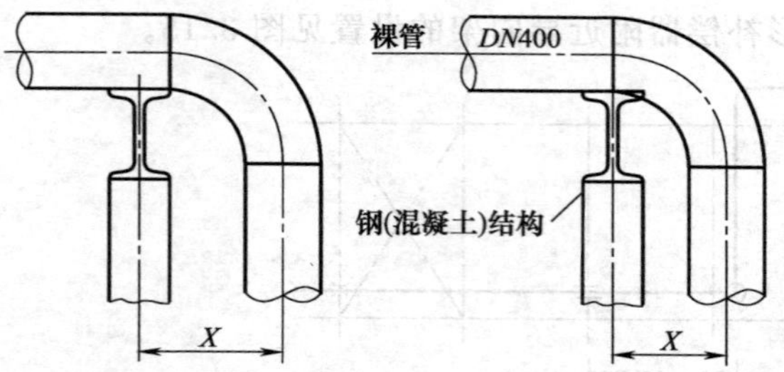

五、管廊上管道支架易碰撞的位置

① 大口径弯头或大半径弯管在梁拐弯时，易与支承梁（管架）发生碰撞，如图 3.19 所示。

② 支管（积液包）的位置应与支承梁（管架）保持必要的距离，防止管子发生热位移后与支承梁（管架）碰撞，如图 3.20 所示。

图 3.19　大口径弯头或大半径弯管易与支承梁发生碰撞

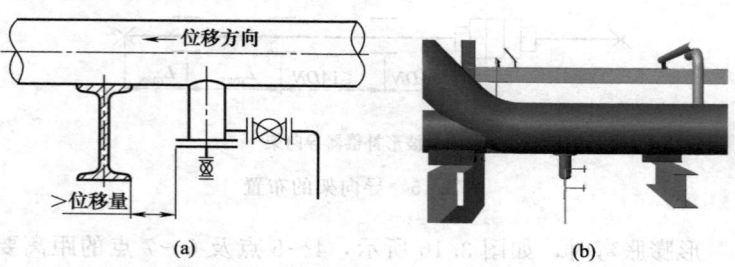

图 3.20　支管（积液包）的位置应与支承梁保持必要的距离

六、管廊上管道支吊架需开长圆孔的位置

设计吊架时不仅要计算承载力,同时要考虑管道在该处的位移量,如果吊杆的位移过大,使得吊杆倾斜超过 4°,应该在吊杆的生根部位设置长圆孔,如图 3.21 所示。

七、管道出装置界区前管架的设计

管道出装置界区前需要设置固定架。保护界区内阀门和法兰连接位置的受力安全。同时固定架界区内、外两侧的设计单位可以分别计算应力,互相不干涉,见图 3.22。

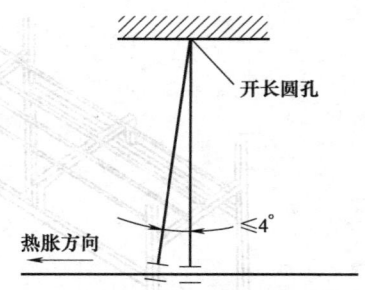

图 3.21 设计吊架时不仅要计算承载力,同时要考虑管道在该处的位移量

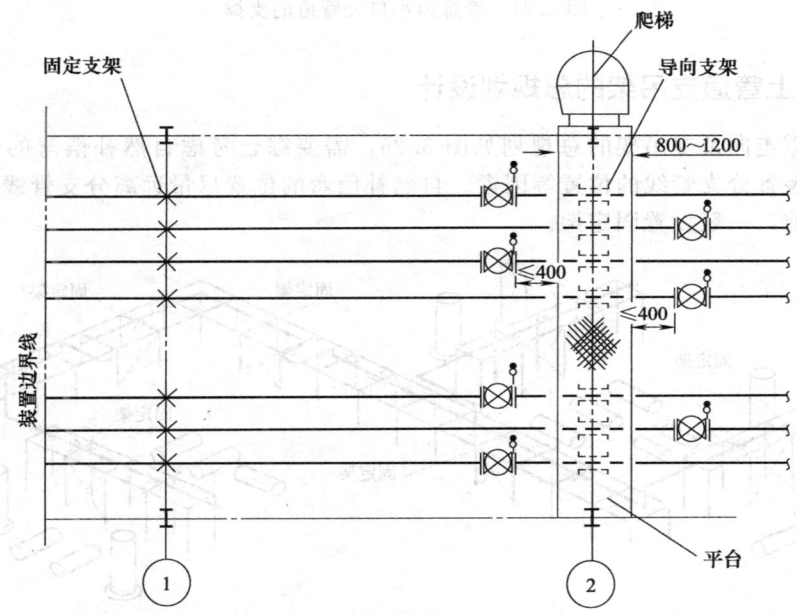

图 3.22 某装置管廊上管道支架的设置

八、易被扭弯的侧纵连系梁计算

结构侧纵连系梁经常被管道的支架扭弯,如图 3.23 中箭头所示的钢梁。某工程约定管道符合标准 M(力矩)$<7.5B_f$(kN·mm)的可以不向结构专业提转矩条件,不会产生扭弯的现象,其中 B_f 为结构侧纵连系梁翼缘宽度。

九、管廊内小口径管道的支撑

管廊的主横梁间距较大,小口径管道的最大允许跨距较小,为了满足小口径管道的支撑可以采取图 3.24 所示结构。

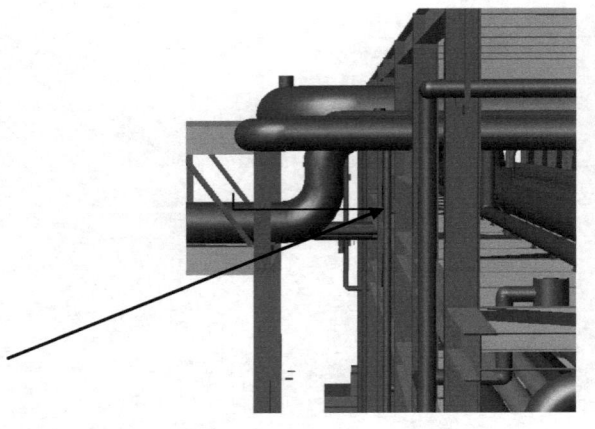

图 3.23 容易被扭弯的结构侧纵连系梁

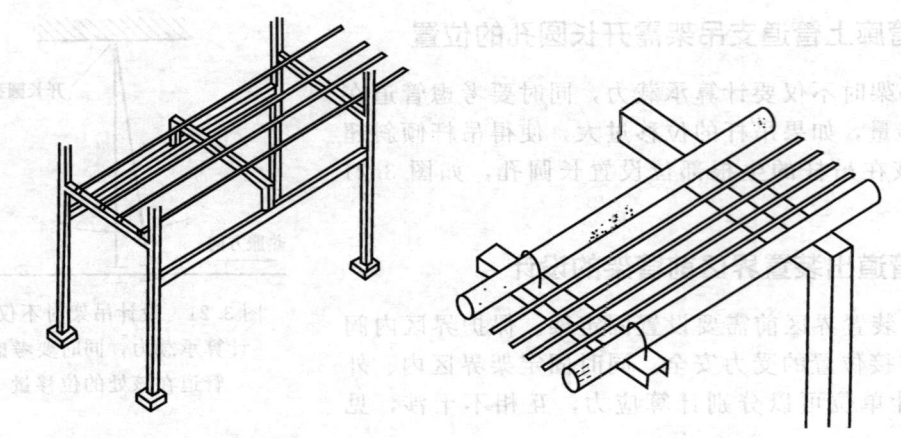

(a) 在侧纵连系梁上单独增加次梁　　　(b) 用附近的大口径管道支撑

图 3.24　管廊内小口径管道的支撑

十、管廊上管道支吊架的总规划设计

管廊上管道走向及支吊架的总规划见图 3.25，需要综合考虑自然补偿弯的位置、固定架的位置、连接装置分支管线的位置等因素。自然补偿弯的位置尽量远离分支管线。装置管线连接主管廊管线前，一般设置固定架。

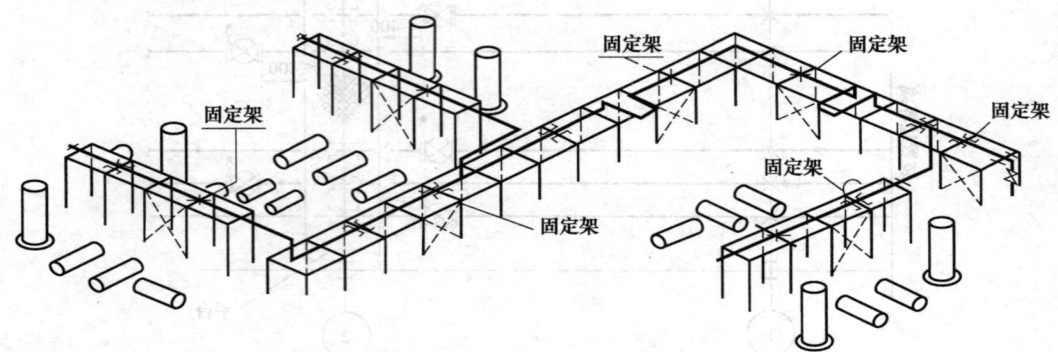

图 3.25　管廊上管道走向及支吊架的总规划示意图

第四章

塔

第一节 塔的分类

一、塔的分类及结构

1. 按操作压力分类

按操作压力可分为：加压塔、常压塔和减压塔。根据塔完成的工艺不同，其压力和温度也不相同。但当达到相平衡时，压力、温度、气相组成和液相组成之间存在着一定的函数关系。在实际生产中，原料和产品的成分和要求是由工艺确定的，压力和温度之间是相互关联的，如一项先确定了，另一项则只能由相平衡关系求出。从操作方便和设备简单的角度来说，选常压操作最好，从冷却剂的来源角度看，一般宜控制塔顶冷凝温度以便采用廉价的水或空气作为冷却剂。根据具体塔的工艺、经济性等因素综合考虑，有时需要在常压下操作，有时需要在加压下操作，有时还需要在减压下操作。

2. 按塔内件结构分类

按塔内件结构可分为：板式塔和填料塔。塔设备尽管其用途各异，操作条件也各不相同，但就其构造而言大同小异，主要由塔体、支座、内部构件及附件组成。根据塔内部构件的结构可以将其分为板式塔和填料塔两大类。塔体是塔设备的外壳，由圆筒和两封头组成；封头可以是半球形、椭圆形、碟形等；支座是将塔体安装在基础上的连接部分，一般采用裙式支座，有圆筒形和圆锥形两种，常采用圆筒形。裙座与塔体采用对接焊接或搭接焊接连接，裙座的高度由工艺要求的附属设备（如再沸器、泵）及管线的布置情况而定。

（1）板式塔（plate column） 在板式塔中装有一定数量的塔盘，液体借自身的重量自上而下沉向塔底（在塔盘板上沿塔径横向流动），气体靠压差自下而上以鼓泡的形式穿过塔盘上的液层升向塔顶。在每层塔盘上气、液两相密切接触，进行传质，使两相的组分浓度沿塔高呈阶梯式变化，如图4.1所示。

如果按其塔板上气、液流向不同还可分为以下几种。

① 气、液呈错流的塔板。气、液呈错流的塔板上装有降液管，液体自上板的降液管落下，进入塔板之后，沿着塔板横向流过，经塔板的降液管流入下一块塔板（受液槽）。一般受液槽和对应降液管宽度是一样的。而气体则通过塔板的开孔，与液体呈错流方式传质和传热。气、液呈错流方式的塔板在生产上用得最多，根据其气、液接触元件形式的不同，又可分为泡罩型塔板、筛孔型塔板、浮阀型塔板和喷射型塔板。

② 气、液呈逆流的塔板。塔板结构简单，不设溢流管，气、液从塔板缝中上下穿流而过，在板上的流体为上升蒸汽所搅动而形成泡沫，进行两相间的传质，这类塔板的塔有栅板塔、穿流式波纹筛板塔。

③ 气、液呈并流的塔板。气、液呈并流的塔板在每一块塔板上，气、液呈并流接触方式，对整个塔气、液呈逆流操作方式。

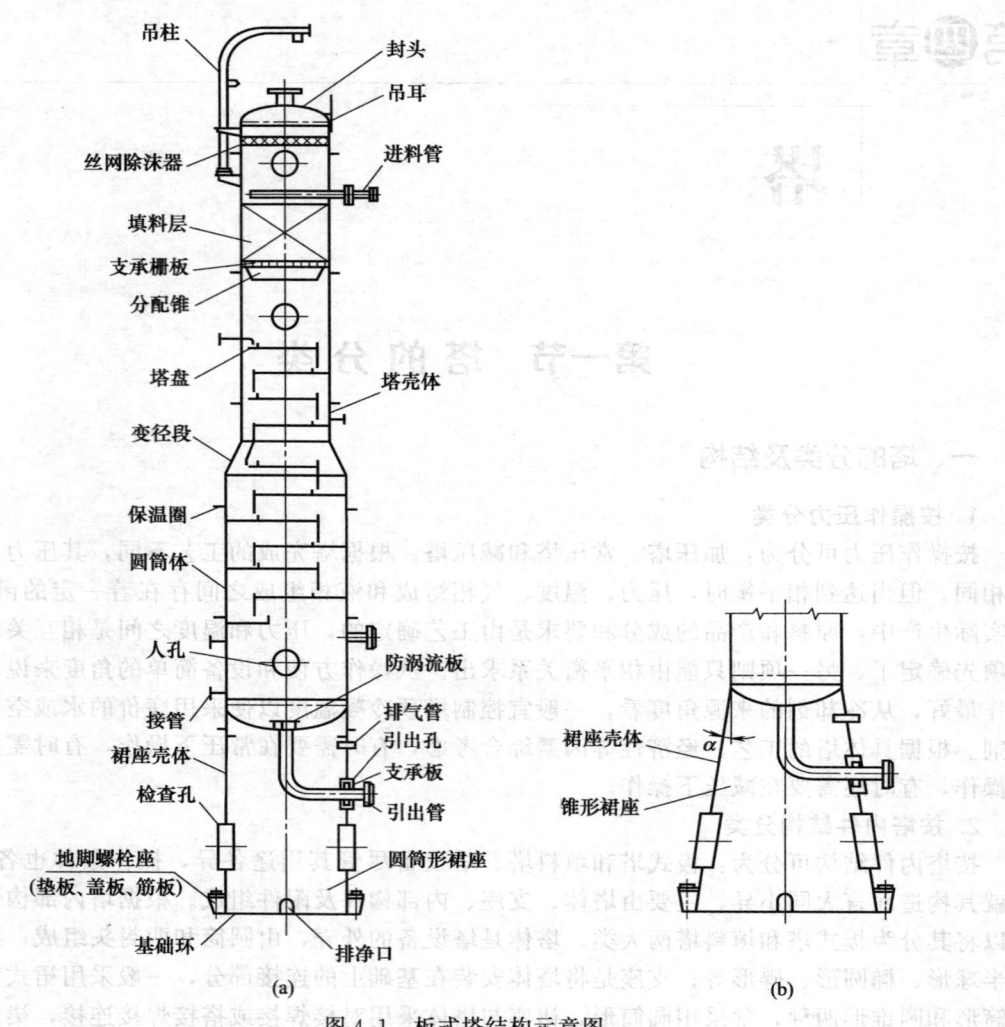

图 4.1 板式塔结构示意图

板式塔按有无降液管塔板可分为两类：有降液管塔板（错流式），包括筛板、浮阀板、泡罩板、导向筛板、舌形板、多降液管塔板等；无降液管塔板（逆流式），包括穿流筛板、穿流栅板、波纹穿流塔板等。板式塔的结构板式塔的主要部件是塔板，塔板有许多形式。图 4.2 所示为板式塔塔板结构。

(2) 填料塔（packed column） 填料塔中装填一定高度的填料，液体自塔顶沿填料表面向下流动，作为连续相的气体自塔底向上流动，与液体进行逆流，两相组分的浓度沿塔高呈连续变化。可根据工艺特点、介质的特性选用不同类型的填料，如拉西环、鲍尔环等。填料塔结构示意图如图 4.3 所示。

典型填料塔的工作原理图如图 4.4 所示。塔体为一圆筒，筒内堆放一定高度的填料。操作时，液体自塔上部进入，通过液体分布器均匀喷洒于塔截面上，在填料表面呈膜状流下。填充高度较高的填料塔可将填料分层，各层填料之间设置液体再分布器，收集上层流下的液体，并将液体重新均布于塔截面。气体自塔下部进入，通过填料层中的空隙由塔顶排出，离开填料层的气体可能挟带少量液沫，必要时可在塔顶安装除沫器。

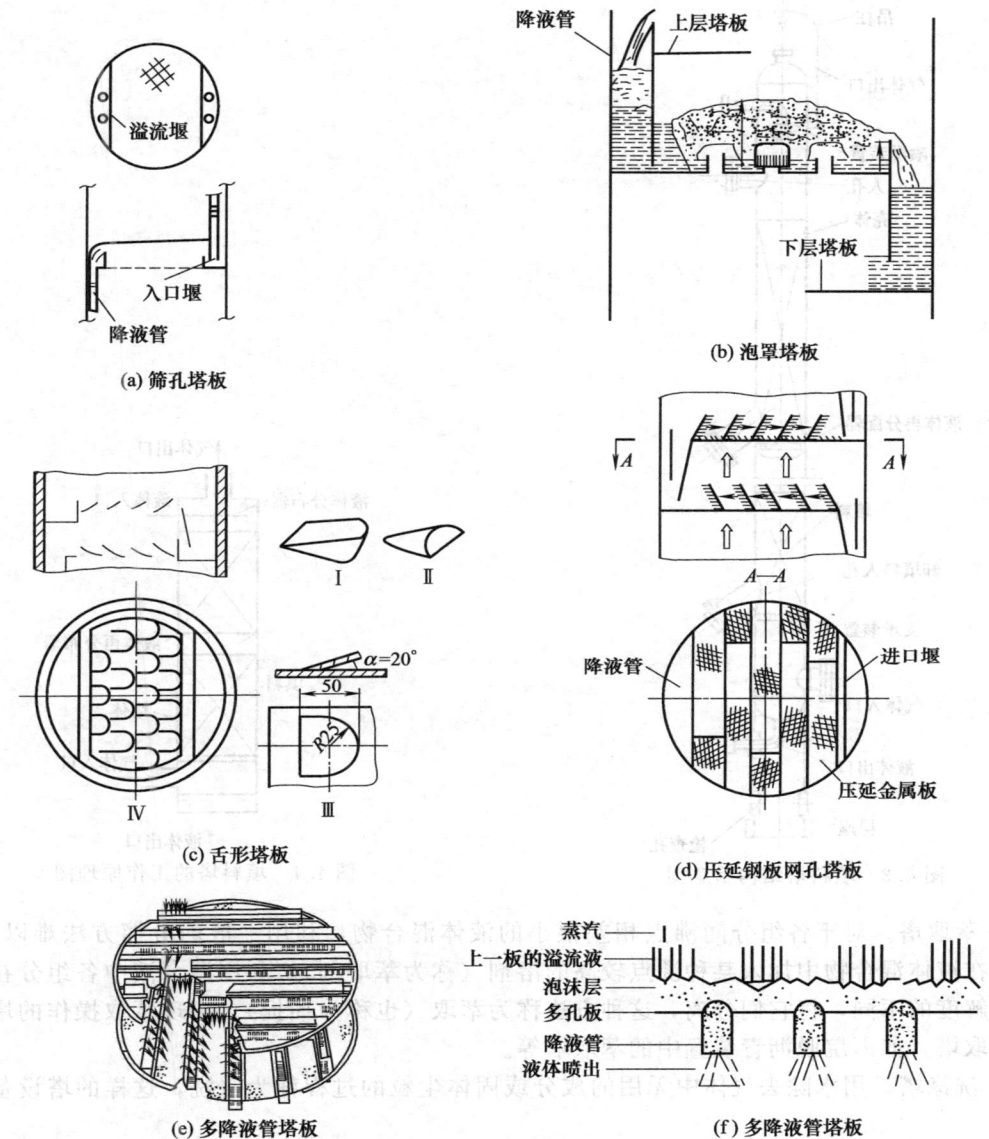

图 4.2 板式塔塔板结构

3. 按单元操作（用途）分类

① 精馏塔（retification tower） 精馏主要是利用混合物中各组分的挥发度不同而进行分离。挥发度较高的物质在气相中的浓度比在液相中的浓度高，因此借助于多次的部分汽化及部分冷凝，而达到轻重组分分离的目的。这样的操作称为蒸馏，反复多次蒸馏的过程称为精馏，实现精馏操作的塔设备称为精馏塔。如常减压装置中的常压塔、减压塔，可将原油分离为汽油、煤油、柴油及润滑油等；铂重整装置中的各种精馏塔，可以分离出苯、甲苯、二甲苯等。

② 吸收塔（absorption tower）、解吸塔。利用混合气中各组分在溶液中溶解度的不同，通过吸收液体来分离气体的工艺操作称为吸收；将吸收液通过加热等方法使溶解于其中的气体释放出来的过程称为解吸。实现吸收和解吸操作过程的塔设备称为吸收塔、解吸塔。如催化裂化装置中，从炼厂气中回收汽油、从裂解气中回收乙烯和丙烯，以及气体净化等都需要吸收塔、解吸塔。

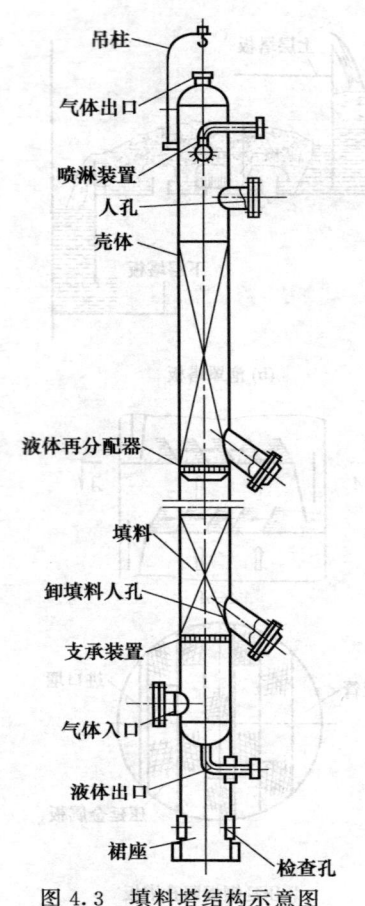
图 4.3 填料塔结构示意图

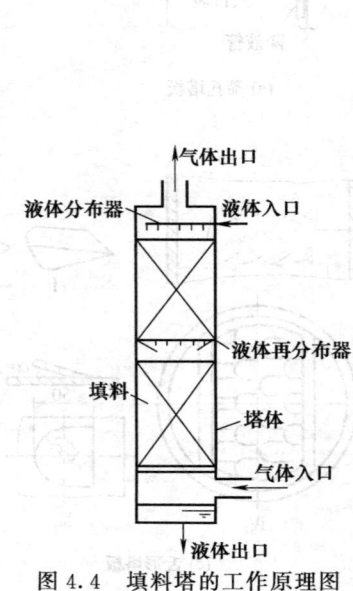
图 4.4 填料塔的工作原理图

③ 萃取塔。对于各组分间沸点相差很小的液体混合物，利用一般的分馏方法难以奏效，这时可在液体混合物中加入某种沸点较高的溶剂（称为萃取剂），利用混合液中各组分在萃取剂中溶解度的不同，将它们分离，这种方法称为萃取（也称为抽提）。实现萃取操作的塔设备称为萃取塔，如丙烷脱沥青装置中的萃取塔等。

④ 洗涤塔。用水除去气体中无用的成分或固体尘粒的过程称为水洗，这样的塔设备称为洗涤塔。

⑤ 反应塔。反应即混合物在一定的温度、压力等条件下生成新物质的过程。

⑥ 再生塔。再生的过程是混合物经蒸汽传质、汽提而使溶液解吸再生的过程。

⑦ 干燥塔。固体物料的干燥包括两个基本过程，首先是对固体加热以使湿分汽化的传热过程，然后是汽化后的湿分蒸气分压较大而扩散进入气相的传质过程，而湿分从固体物料内部借扩散等的作用而源源不断地输送到达固体表面，则是一个物料内部的传质过程。因此干燥过程的特点是传质和传热过程并存。

这里需要说明一点，有些设备就其外形而言属塔式设备，但其工作实质不是分离而是换热或反应。如凉水塔属冷却器，合成氨装置中的合成塔属反应器。

氨合成塔的结构一是耐高压，二是耐高温。不仅对其结构和材质要求较高，而且特别要求在高温下强度、塑性和冲击韧性好，具有抗蠕变和松弛的能力。氨合成塔分类反应器的形式按气流方向分，有轴向流型、径向流型以及两者相结合的轴径向流型。轴径混合流新型反应器已成为当今大型反应器的主流。按移走反应热的方式可分为连续换热式和间歇换热式两种。连续换热式是在连续的催化剂床层中，设置换热单元，连续地移走反应放出的热量。间歇换热式是指反应过程与换热过程交替进行。此类换热又分为直接冷激式和间接换热式两种。氨合成塔的结构见图4.5。

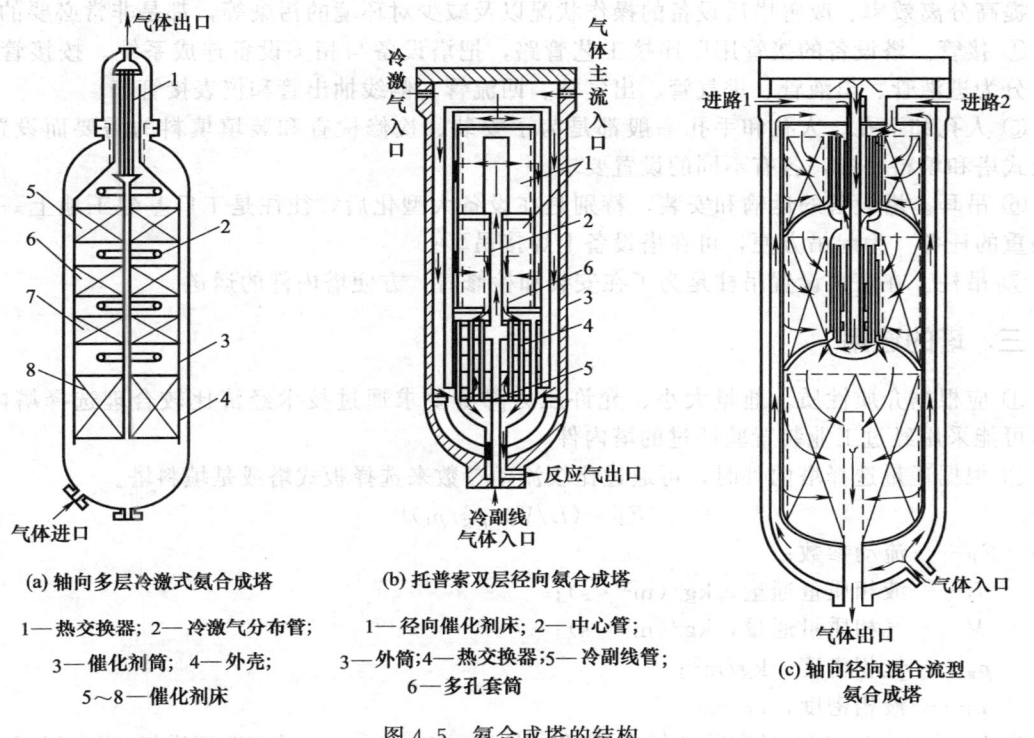

(a) 轴向多层冷激式氨合成塔
1—热交换器；2—冷激气分布管；
3—催化剂筒；4—外壳；
5~8—催化剂床

(b) 托普索双层径向氨合成塔
1—径向催化剂床；2—中心管；
3—外筒；4—热交换器；5—冷副线管；
6—多孔套筒

(c) 轴向径向混合流型氨合成塔

图4.5 氨合成塔的结构

工程应用：某装置的塔设备

某装置的塔设备见表4.1。配管设计的重点是板式塔、填料塔的配管设计。

表4.1 某装置的塔设备

位号	名称	规格型号/mm	介质名称	形式	功能
T-101	汽提塔	$\phi1200\times13000$	含芳烃的水	板式塔	用蒸汽回收反应产物中的有机物
T-102	吸收塔	$\phi800\times19000$	脱氢尾气、多乙苯	填料塔/散	用吸收剂吸收脱氢反应产物中的油相
T-103	解析塔	$\phi1000\times14100$	水、多乙苯等	填料塔/散	将富液中的吸收剂解析
T-201	粗苯乙烯塔	$\phi4200\times61500$	乙苯、苯乙烯、苯乙烯焦油	填料塔/规	精馏
T-202	乙苯回收塔	$\phi1200\times30100$	苯、甲苯、乙苯	板式塔	精馏
T-203	精苯乙烯塔	$\phi2600\times21000$	苯乙烯、苯乙烯焦油	填料塔/规	精馏
T-204	苯/甲苯塔	$\phi600\times25000$	苯、甲苯	填料塔	精馏

二、塔的构造

塔设备的构件，除了种类繁多的各种内件外，其余构件则是大致相同。主要包括以下几个部分。

① 塔体。塔体是塔设备的外壳。塔体包括筒体、端盖（主要是椭圆形封头）及连接法兰。

② 支座。塔体支座是塔体安放在基础上的连接部分。它必须保证塔体坐落在确定的位置上进行正常工作。为此，它应当具有足够的强度和刚度，能承受各种操作情况下的全塔重量以

及风力、地震等引起的载荷。最常用的塔体支座是裙式支座,即裙座。

③ 除沫器。除沫器用于捕集夹带在气流中的液滴。使用高效的除沫器,对于回收贵重金属、提高分离效率、改善塔后设备的操作状况以及减少对环境的污染等,都是非常必要的。

④ 接管。塔设备的接管用以连接工艺管路,把塔设备与相关设备连成系统。按接管的用途,分为进液管、出液管、进气管、出气管、回流管、侧线抽出管和仪表接管等。

⑤ 人孔和手孔。人孔和手孔一般都是为了安装、检修检查和装填填料的需要而设置的,在板式塔和填料塔中,各有不同的设置要求。

⑥ 吊耳。塔设备的运输和安装,特别是在设备大型化后,往往是工厂基建工地上一项举足轻重的任务。为起吊方便,可在塔设备上焊接吊耳。

⑦ 吊柱。在塔顶设置吊柱是为了在安装和检修时,方便塔内件的运送。

三、塔的选用

① 应根据介质性质、通量大小、允许压力降等要求通过技术经济比较合理选择塔内件,并尽可能采用经过工业装置验证过的塔内件。

② 根据通量选择塔内件时,可通过比较流动参数来选择板式塔或是填料塔。

$$F_P = (L/V)(\rho_g/\rho_l)^{1/2}$$

式中　F_P——流动参数;
　　　L——液相质量通量,$kg/(m^2 \cdot s)$;
　　　V——气相质量通量,$kg/(m^2 \cdot s)$;
　　　ρ_g——气相密度,kg/m^3;
　　　ρ_l——液相密度,kg/m^3。

当 F_P 在 0.01~0.1 时宜首选规整填料;当 F_P 在 0.1~0.2 时宜选用塔板或规整填料;当 $F_P > 0.2$ 时宜首选塔板。

③ 对具有不结垢、不结焦和不含固体粉末的介质,在压力降是关键因素时,可选用填料塔、网孔板塔或高开孔率筛板塔。在压力降不是关键因素时,而负荷弹性范围要求大于 3:1 时,宜选用浮阀塔;弹性负荷要求小于 3:1 时,可选用浮阀塔、舌型塔或筛板塔。

④ 对具有中等程度结垢或结焦的介质,在压力降是关键因素时,宜选用无堰大孔径筛板塔。在压力降不是关键因素时,宜选用大孔径筛板塔、固舌板塔、泡帽板塔。

⑤ 对具有严重结垢、严重结焦的介质或含有固体粉末的介质,宜选用挡板塔。

⑥ 在绝对压力小于 13.3kPa 下操作的塔,宜选用填料或格栅,也可选用网孔、浮舌等塔板。当填料段上、下部气液负荷相差较大时,宜选用组合填料。

⑦ 塔内径小于 0.8m 时,宜选用填料塔。

⑧ 根据工艺需要或技术经济比较的结果,塔内结构可由几种不同形式的塔板或填料组成,但类型不宜过多。

⑨ 理论塔板数(或理论段数)及平均板效率(或等板高度),应根据介质的组成、介质性质及工艺要求进行计算。冷凝换热段应按相应的工艺计算方法,求取其所需换热板数或填料高度。对组成复杂的油品分馏塔的实际塔板数可按经验值选定。

⑩ 塔的回流比应慎重确定。对已知组成的混合物分馏塔,应根据介质的性质及工艺过程要求计算并确定回流比。

⑪ 对设有中段回流的油品分馏塔,在确保分离精度的前提下,应多从中、下部取出热量,以获得较高品位的热源。

⑫ 降液管内液体停留时间不宜小于5s,液体在降液管内的流速不宜大于0.1m/s,液体在降液管底隙处的流速不宜大于0.3m/s。

四、塔的典型工艺管道和仪表流程图

塔的典型工艺管道和仪表流程图见图 4.6。

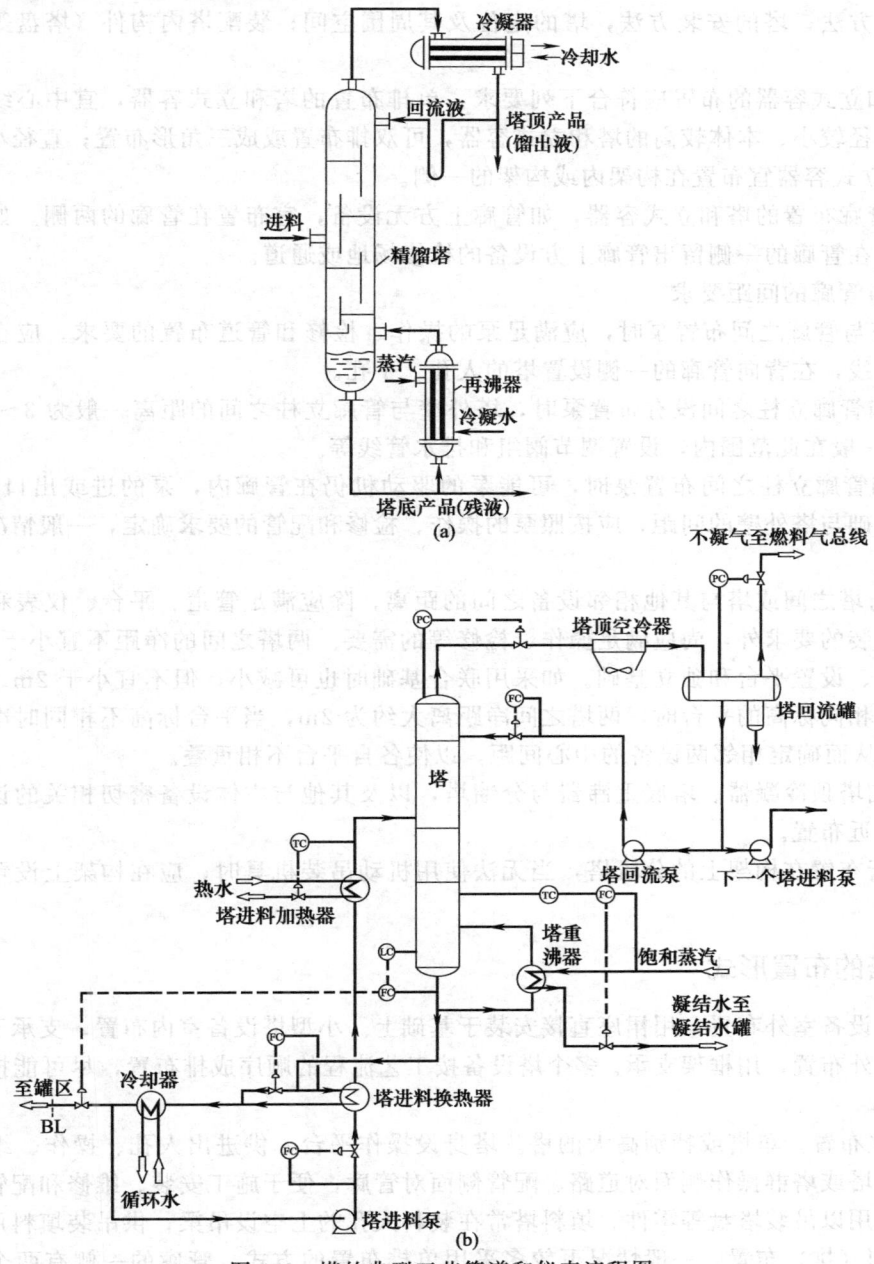

图 4.6 塔的典型工艺管道和仪表流程图

第二节 塔的布置

一、塔与其关联设备布置的一般要求

① 塔与其关联设备如进料加热器、非明火加热的重沸器、塔顶冷凝冷却器、回流罐、塔

底抽出泵等构成一组，宜按工艺流程顺序，靠近布置，必要时可形成一个独立的操作系统，设在一个区内，这样便于操作和管理。

② 塔的一侧宜设置检修场地或通道，人孔宜朝向检修侧。要考虑：塔的安装位置，运输路线和运输方法；塔的安装方法，塔的定位及其周围空间；装配塔内构件（塔盘等）进出的空间。

③ 塔和立式容器的布置应符合下列要求：单排布置的塔和立式容器，宜中心线对齐或切线对齐；直径较小、本体较高的塔和立式容器，可双排布置或成三角形布置；直径小于或等于1m的塔和立式容器宜布置在构架内或构架的一侧。

④ 沿管廊布置的塔和立式容器，如管廊上方无设备，宜布置在管廊的两侧。如管廊上方有设备，应在管廊的一侧留出管廊上方设备的检修场地或通道。

⑤ 塔与管廊的间距要求

a. 在塔与管廊之间布置泵时，应满足泵的操作、检修和管道布置的要求。应在塔和管廊之间布置管线，在背向管廊的一侧设置塔的人孔、手孔。

b. 塔和管廊立柱之间没有布置泵时，塔外壁与管廊立柱之间的距离一般为3～5m，不宜小于3m，一般在此范围内，设置调节阀组和排水管线等。

c. 塔和管廊立柱之间布置泵时，可能泵的驱动机仍在管廊内，泵的进或出口在管廊外，这时泵的基础与塔外壁的间距，应按照泵的操作、检修和配管的要求确定，一般情况下，不宜小于2.5m。

⑥ 塔与塔之间或塔与其他相邻设备之间的距离，除应满足管道、平台、仪表和小型设备等布置和安装的要求外，尚应满足操作、检修等的需要。两塔之间的净距不宜小于2.5m，以便敷设管道、设置平台和独立基础。如采用联合基础时也可减小，但不宜小于2m。当相邻的两塔，使用相同标高的平台时，两塔之间净距离大约为2m，当平台标高不相同时净距离应是2.5～3m，从而确定相邻两设备的中心间距，以使各自平台不相重叠。

⑦ 分馏塔顶冷凝器、塔底重沸器与分馏塔，以及其他与主体设备密切相关的设备，可直接连接或靠近布置。

⑧ 对于布置在构架上的分段塔，当无法使用机动吊装机具时，应在构架上设置检修吊装设施。

二、塔的布置形式

大型塔设备室外布置，用裙座直接安装于基础上。小型塔设备室内布置，支承于楼板或操作台上。室外布置，用框架支承。多个塔设备按工艺流程的顺序成排布置，尽可能按塔筒中心线取齐。

① 独立布置。单塔或特别高大的塔。塔身设操作平台，供进出人孔、操作、维修仪表及阀门之用，塔或塔群操作侧面对道路、配管侧面对管廊，便于施工安装、维修和配管。塔顶部设有吊杆，用以吊装塔盘等零件。填料塔常在装料人孔的上空设吊梁，供吊装填料用。

② 成列（排）布置。一般情况下较多采用单排布置的方式，管廊的一侧有两个或两个以上的塔或立式容器时，一般中心线对齐，如两个或两个以上的塔设置联合平台时，可以中心线对齐，也可以一边切线对齐。将几个塔的中心排成一条直线，将高度相近的塔相邻布置，并设置联合平台，以方便操作和节省投资。

③ 成组布置。增加了塔群的刚度，塔的壁厚就可以减小。塔数量不多、结构与大小相似的塔，比较容易实现成组布置。塔高不同时，第一层操作平台取齐，其他各层另行考虑。

④ 沿建筑物或框架布置。可以布置在高位换热器的和容器的建筑物或框架旁，容器或换热器的平台可以作为塔的人孔、仪表和阀门的操作与维修的通道。将细而高的或负压塔的侧面

固定在建筑或框架的适当高度可以增加塔的刚度和减小塔壁厚。

⑤ 室内或框架内布置。直径在 $DN1000$ 之下的较小的塔可以布置在室内或框架内，平台和管道都支承在建筑物上，冷凝器可装在屋顶上或吊在屋顶梁下，利用位差重力回流。

三、塔的安装高度

① 塔的安装高度应按照工艺流程图上的要求。裙座尽可能低，对投资是有利的。

② 当利用内压或流体重力将物料送往其他设备或管道时，应由其内压和被送往设备或管道的压力、高度和输送管道压力降确定。

③ 对于用泵抽吸塔底液体时，应由泵的需要汽蚀余量和吸入管道的压力降来确定塔的高度。处于负压状态的塔，为了保证塔底泵的正常操作，最低液面应不低于10m。

④ 带有非明火加热的重沸器的塔，安装高度应按塔和重沸器之间的相互关系和操作要求确定。

⑤ 安装高度应满足塔底管道安装和操作所需要的最小净空，且塔的基础面高出地面不应小于200mm。

⑥ 对于成组布置的塔采用联合平台时，有时平台标高取齐有困难，可以调整个别塔的安装高度，便于平台标高取齐。

⑦ 塔内近似沸点温度的流体，经由塔底抽出管线排出流量时，为防止在限流孔板之前闪蒸，应将塔提高并用限流孔板来控制其以增加管线内流体的静压头。

⑧ 如果管廊比塔底连接管线高，且管道布置会产生下袋形时，宜提高塔的安装高度或降低管廊的高度，如图4.7所示。

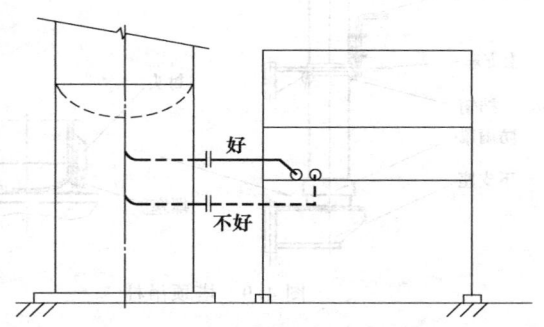

图4.7 塔底连接管线避免下袋

⑨ 热虹吸型重沸器的塔，裙座高度应满足推动力的要求。

⑩ 塔体支座是塔体与基础的连接结构。因为塔设备较高、重量较大，为保证其有足够的强度和刚度，通常采用裙式支座，简称裙座。裙座分为圆筒形和圆锥形两种，如图4.8所示。在配管设计时需注意管道的布置不得与裙座碰撞。

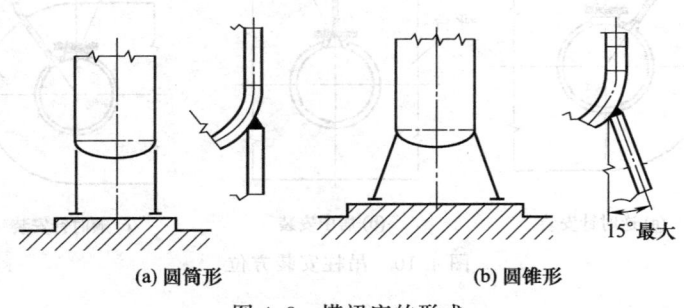

(a) 圆筒形　　(b) 圆锥形

图4.8 塔裙座的形式

四、塔顶吊柱的设计

① 吊柱的起吊质量标准吊柱允许的起吊质量分为三挡：250kg、500kg和1000kg。设计者可根据起吊物料的最大质量来选用。塔顶吊柱见图4.9。

② 吊柱的悬臂长。将吊柱的悬臂置于设备径向方向，起吊点与平台外圈梁外边沿的距离不宜小于400mm，如果起吊件较大，可增加悬臂长度，或者起吊时在起吊物上系上绳子，起

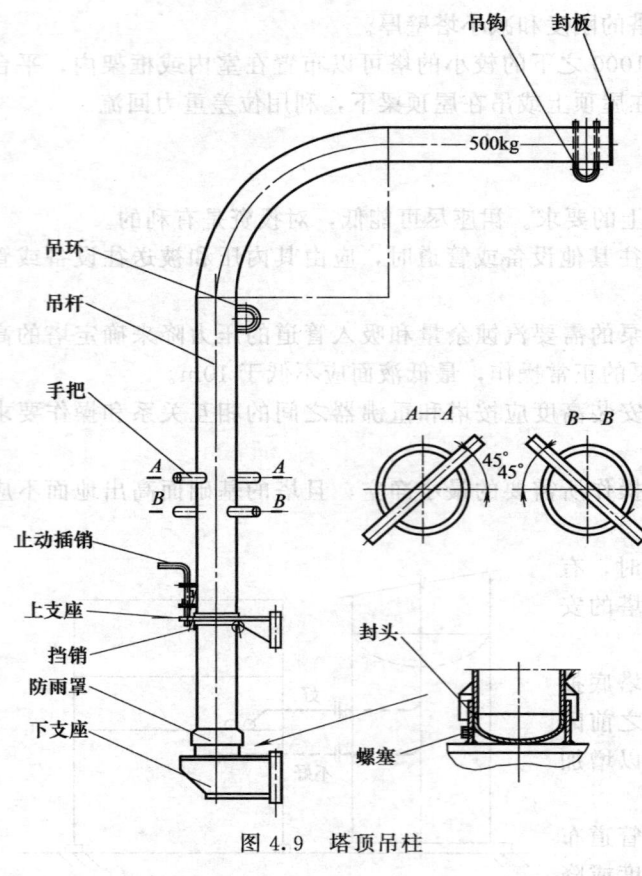

图 4.9 塔顶吊柱

吊过程中牵引绳子将起吊物向外拉，使之不碰撞平台外圈梁。

③ 吊柱的安装方位。设备所有人孔布置在同一方位，确定吊柱的安装方位应以人孔的方位为基准，并要考虑两个因素：吊柱安装方位所对应的设备径向起吊点是否直通地面，即在起吊过程中，是否中间没有障碍物，可以直接从地面起吊物料（内件或填料）；要了解本设备的周围是否有其他设备或与其他直立设备设计成联合平台。当单塔平台在人孔两侧均可起吊时，吊柱安装在人孔的任一侧均可。对于联合平台，其吊柱相对于人孔的安装方位有三种情况，在设备俯视图中表现为顺时针侧安装、逆时针侧安装或居中安装，见图 4.10。

④ 吊索的所在位置就是起吊点。保持起吊点的位置，将起吊物吊至预定层平台的栏杆上方以后，向人孔方向旋转吊柱的悬臂，使起吊物进入预定层平台，极限位置是吊索与平台外圈梁外边沿相碰，此时起吊物已经有一半进入了平台。在俯视图上，吊索极限位置位于人孔中心线的延长线上是最佳方位，此时吊柱的安装角是最佳安装角，见图 4.11。

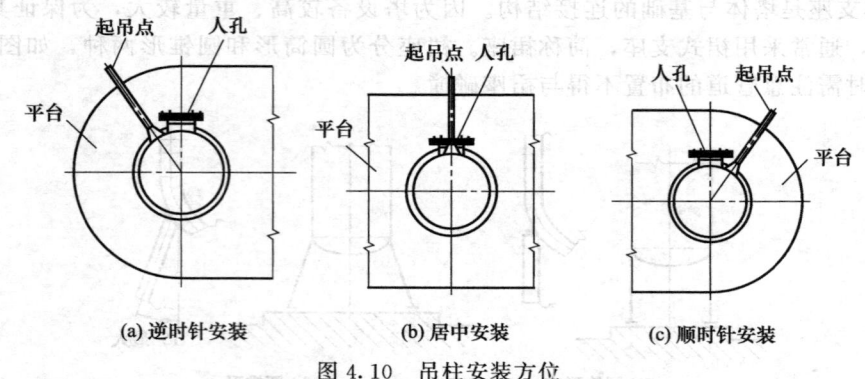

(a) 逆时针安装　　(b) 居中安装　　(c) 顺时针安装

图 4.10 吊柱安装方位

⑤ 按照国内一些规范的要求，吊柱在塔顶或直立设备上的安装方向，应在塔或直立设备装配图上说明。吊柱中心线与人孔中心线间应有合适的夹角 θ，当操作人员站在平台上转动手把时，使吊钩的垂直中心线能转到人孔的附近，见图 4.12。

五、塔平台和梯子的设计

① 塔上平台和梯子是为人孔、手孔、阀门、液位计等的操作、维修而设置的。平台和梯子宜设在操作区内。

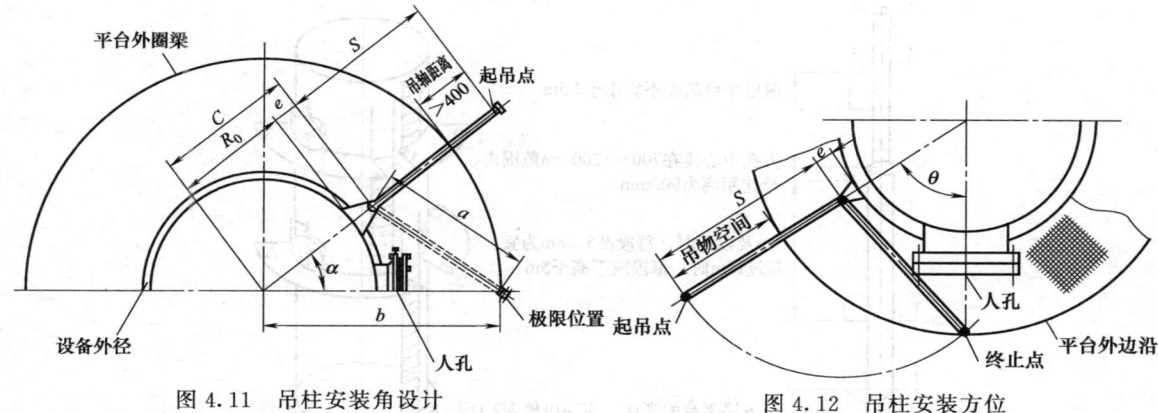

图 4.11 吊柱安装角设计　　　　图 4.12 吊柱安装方位

② 每一个人孔（含裙座人孔）均应设置操作平台，平台面距人孔中心线一般在 700～1200mm 范围内，最佳距离为 900mm。人孔距塔平台边缘最小距离为 700mm，否则人孔盖不能完全打开。人孔盖开启角度与方向如图 4.13 所示。

③ 有些项目，为了节约成本，将塔布置在框架上，可以把其支撑面楼层当作地面处理。攀登高度在 15m 及以下时，每段高 5～8m 为宜，超过 15m 时，每段应不高于 5m，否则应设中间休息平台。两层塔平台的高差不宜小于 2500mm，否则可能无法正常通行。

④ 平台尺寸。最上层平台可围绕整个塔设置一周，有利于安全操作。平台的宽度由塔径和操作所需面积决定，一般为 0.8～1.5m，最好为 1.0m，且与塔的外径至少有 100mm 的净空间；有人孔的平台 1500mm；考虑软管站和软管支架处的安全通道和安全操作；应考虑热电偶套管抽出的空间；应考虑阀门的检修、操作空间；应考虑安全阀的检修和装卸空间；各种通道宽度不小于 600mm。

⑤ 有管道穿过平台时，要预先确定管道穿过方位，以便布置平台的支承件。如图 4.13(a) 所示，顶层为圆周平台，第二层平台在穿管位置塔平台局部放宽。图 4.13(b) 中的塔平台也进行了局部放宽。

⑥ 最下层平台的高度，应高出地面 2.1～2.2m 以上，以确保通行安全。

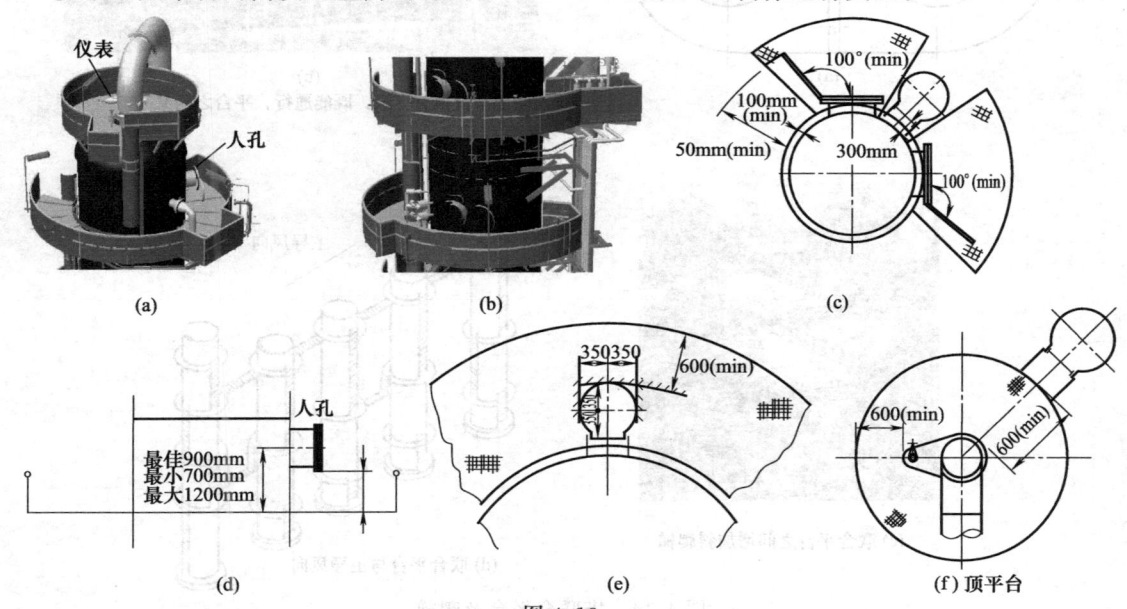

图 4.13

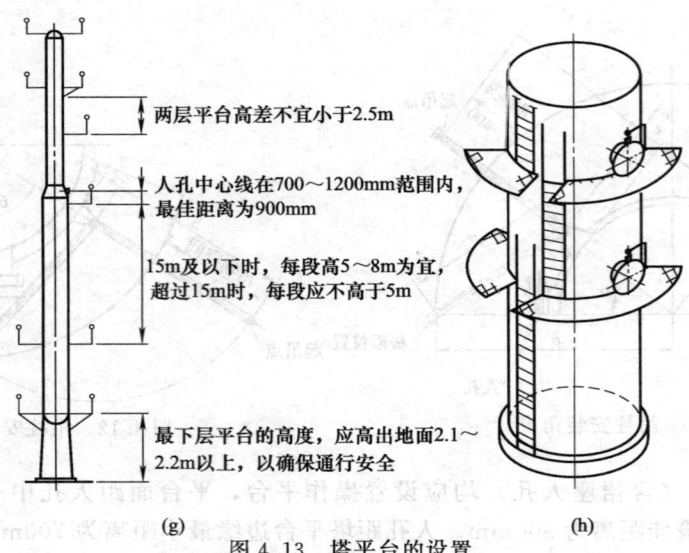

图 4.13 塔平台的设置

⑦ 管口法兰距平台面最小净空为 150mm，否则不好拧法兰螺栓。

⑧ 有两个以上塔设备并列的情况下，应统一平台标高，做联合平台。平台应设防护栏杆和踢脚板，栏杆高度以 1.2m 为宜；平台的进出口处应有自动复位栏杆；影响检修的栏杆段，应为可拆卸的。联合平台应考虑各塔、架之间的热胀及移动因素，留有缝隙，加入适当的销子，见图 4.14。塔身用法兰连接时，应在法兰下侧设置平台，平台面与法兰的距离不宜大于 1.5m。

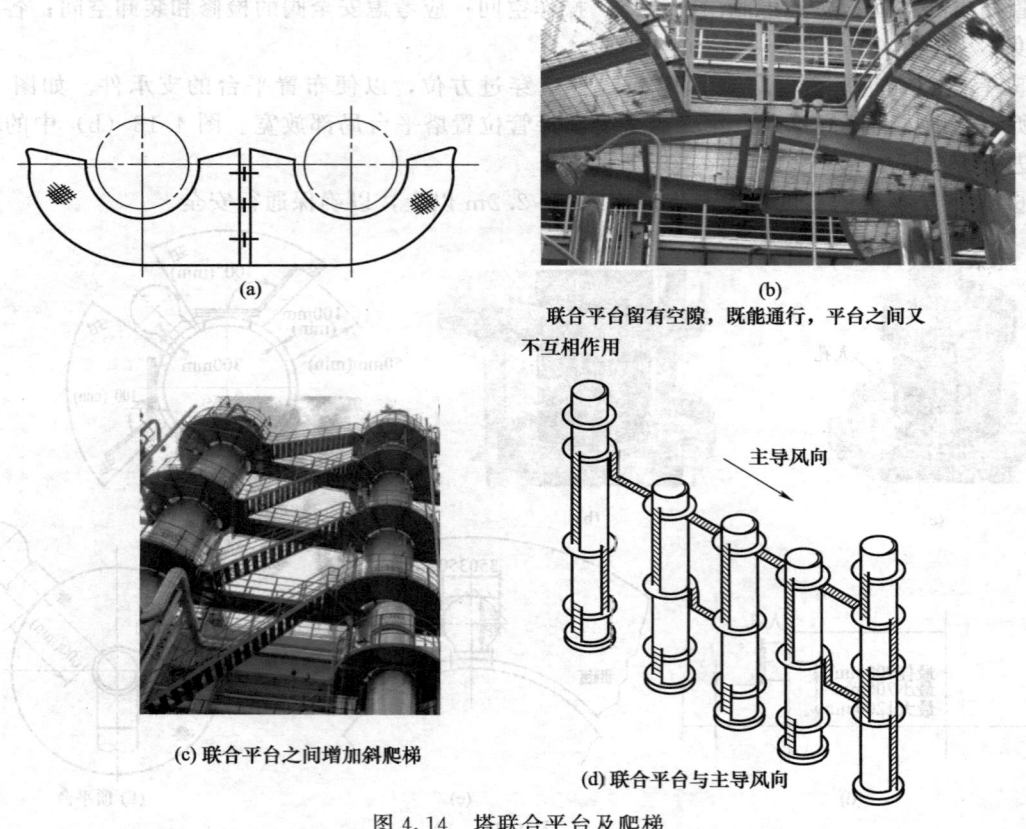

图 4.14 塔联合平台及爬梯

⑨ 操作平台的基本参数需要管道布置专业提出，这些参数包括平台高度、宽度、载荷、爬梯方位、平台角度。通常，平台的均布载荷为 $250\sim400\mathrm{kgf/m^2}$❶，因维修或管架原因需要平台承担更大负荷时，必须给设备工程师提出条件。

⑩ 上爬梯和下爬梯分置于人孔两侧，以便在绘制下一层平台时复制、镜像，提高效率，使平台整齐美观。当塔上段底部人孔和下段顶部人孔的间距通常很小，如果将两个人孔设置在同一方位上，则无法为上段塔的人孔设置平台。这种情况可以将上段塔人孔置于下段塔人

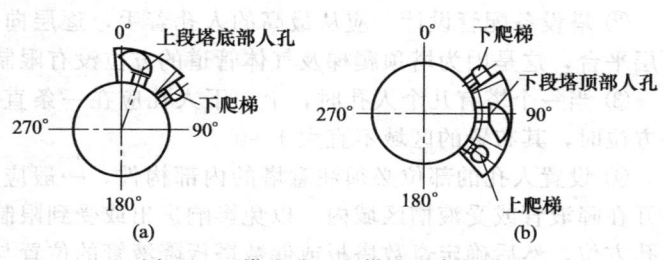

图 4.15 塔人孔、爬梯和平台的设置

孔的下爬梯的一侧，并将该下爬梯延伸作为上段塔人孔操作平台的下爬梯，这个平台不再设置上爬梯，见图 4.15。

⑪ 塔与框架靠近布置时，最好在塔平台和框架之间设通道，为考虑热膨胀问题，通道一端做成活动结构。

⑫ 最下面的平台梯子宜靠近管廊一侧，可以利用梯子对下面的阀或仪表进行操作。

⑬ 塔器上的梯子几乎都是直梯，是上下各层平台以及安全逃生的通道，也可作为观察、操作和维修某些附件的设施。

⑭ 需要经常上去进行操作和维修工作的平台应设置梯子。下列附件也可靠近直梯布置：3″及以下的阀；各种液位计视镜；手孔；压力计，等仪表。

⑮ 梯子的设计

a. 梯子的布置间距必须满足 GB 50160《石油化工企业设计防火规范》的规定。

b. 直梯宽度以 $0.4\sim0.6\mathrm{m}$ 为宜，离地超 3m 梯上应加护栏，离平台超过 2.4m 起应加设护栏（安全护笼），以保证人员安全。

c. 塔平台直梯应自下而上分段错开布置，每层梯子换一个角度，并且应取侧体位上下平（塔顶平台可除外）。

六、塔管口方位设计的一般要求

① 塔的管道与其他设备管道相比，其特点是根据工艺要求安排好管口和塔盘等内部结构的关系，这种关系的好坏对管道布置的简化、操作的方便、检修的难易、是否经济等有很大的影响。因此，需要对塔的内部结构、塔的操作进行充分了解。

② 为确定塔的管口方位，需根据塔的分区来设计，如前所述的管道侧和操作侧（操作区、吊装区、仪表和爬梯区）。

③ 操作侧原则上是为操作、维修设置的，包括梯子、平台、人孔、安全阀及其他阀门、仪表和吊柱等。管道侧是作为连接管廊、泵和换热设备等管道的区域。

七、人孔和手孔的方位设计

人孔是为安装和检修塔内件而设置的，一般直径为 $DN400\sim DN600$。手孔是在不可能开设人孔时，为维修和检查而设置的，其位置确定原则同人孔。人孔和手孔的布置必须便于塔内构件、塔盘、填料的安装和拆卸，并要避开管口和管线布置。

① 人孔应布置在操作侧内，在维修区吊柱工作范围内，进出塔比较方便、安全、合理的

---

❶ $1\mathrm{kgf/m^2}=0.098\mathrm{MPa}$。

位置。人孔应位于靠近道路的一侧，或位于靠近与道路无障碍通行的空地一侧。原因：与道路相对的一侧，一般是框架或管廊，这一侧应该留给管道，以使管道布置简洁、经济；检修时拆卸的塔盘等内件有地方堆放，塔盘或者其他内件需要维修或者更换，也能方便装车。

② 塔设备配管设计，应从最高的人孔着手，逐层向下。在完成最底层的布置后，再补上顶层平台，这是因为塔顶爬梯及气体管道的方位没有限制条件。

③ 当一个塔有几个人孔时，上、下人孔应在一条直线位置上。当受条件限制不能位于同一方位时，其布置的区域不宜大于 90°。

④ 设置人孔的部位必须注意塔的内部构件，一般应设在塔板上方的鼓泡区，人孔方位不得开在降液管或受液槽区域内，以免影响进出或受到限制。决定管口方位的顺序是：首先决定人孔方位，然后确定奇数塔板或偶数塔板降液管的位置与塔板的关系（一般以奇数板为基准）。确定塔板位置后，可从塔顶依次向下确定各管口的方位。

⑤ 塔顶人孔方位设计。到降液盘区即可，但降液管在 300mm 以下时，可圆周 360°布置设计，如图 4.16 所示。

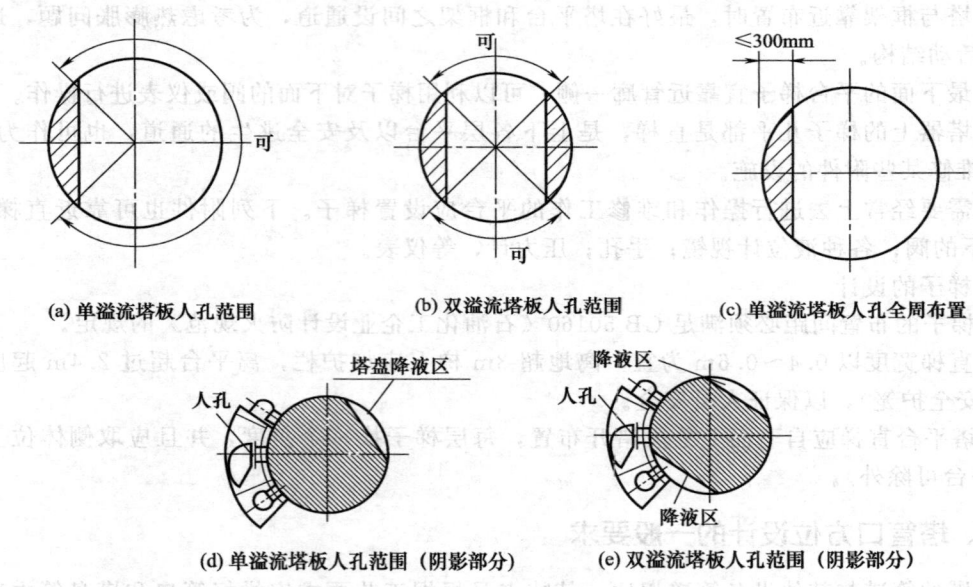

图 4.16 塔顶人孔方位设计

⑥ 塔中间人孔方位设计如图 4.17 所示。

⑦ 塔底人孔方位设计如图 4.18 所示。

⑧ 塔体上的人孔（或手孔），一般每 3~8 层塔板布置 1 个。

⑨ 人孔中心距平台面的高度一般为 700~1200mm，最适宜高度为 900mm（不同的规定及资料，此处数据可能不同）。

⑩ 人孔不能朝向加热炉和其他危险气体发生区域；若有两台塔并列时，人孔应朝向一致（同一方向）。

⑪ 当两个人孔距离过近，在同一直线上不便设置平台时，应将两个人孔方位错开。当人孔布置在同一直线上，设备内件和工艺管口无法满足要求时，应将影响设备内件或工艺管口方位的人孔角度适当偏移，但不宜超过规划的人孔布置区域。如果配管设计时，需要修改人孔到其他塔板节，则需要与工艺专业协商，带人孔的一节需要较大的板间距离，以提供内部管子的间隙。

⑫ 当人孔同一高度附近有气体物料进口时，人孔应避开管口和防冲板及其热影响区。当人孔同一高度附近有液体物料出口时，人孔应避开管口和集液包及其热影响区。

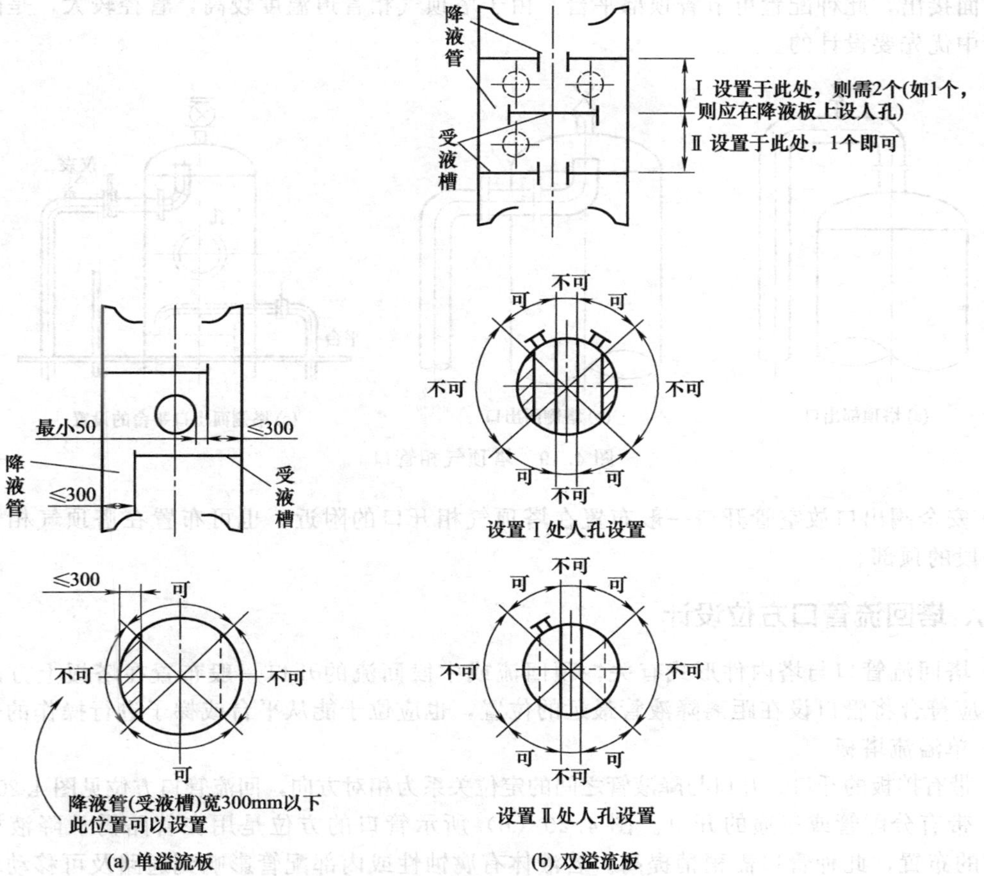

(a) 单溢流板

(b) 双溢流板

图 4.17 塔中间人孔方位设计

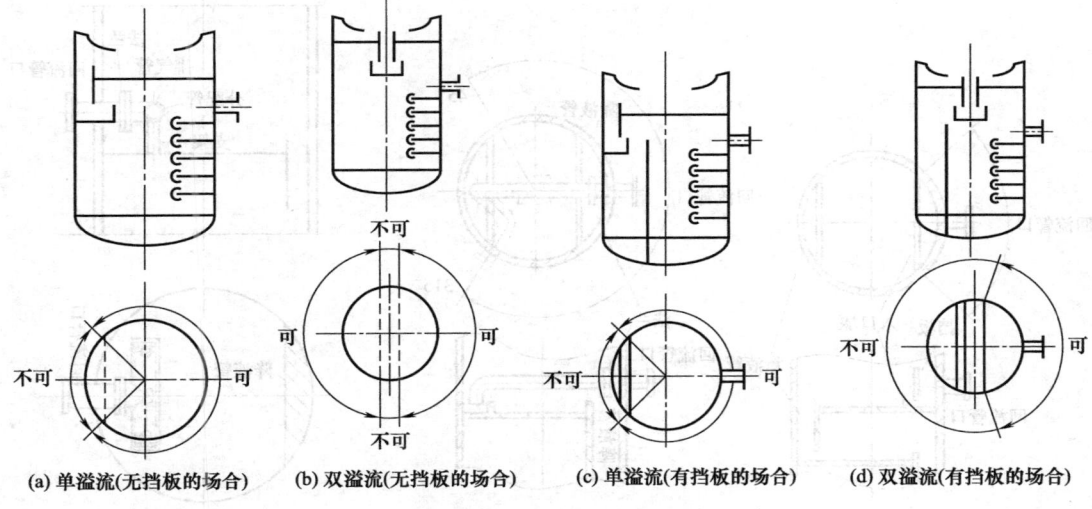

(a) 单溢流(无挡板的场合)　(b) 双溢流(无挡板的场合)　(c) 单溢流(有挡板的场合)　(d) 双溢流(有挡板的场合)

图 4.18 塔底人孔方位设计

八、塔顶气相管口方位设计

① 塔顶气相管口一般设在塔顶中间,见图 4.19（a）。直径小的也可按图 4.19（b）所示

从塔侧面接出,此种配置可节省顶部平台。由于塔顶气相管道温度较高,管径较大,是附塔管道布置中优先要设计的。

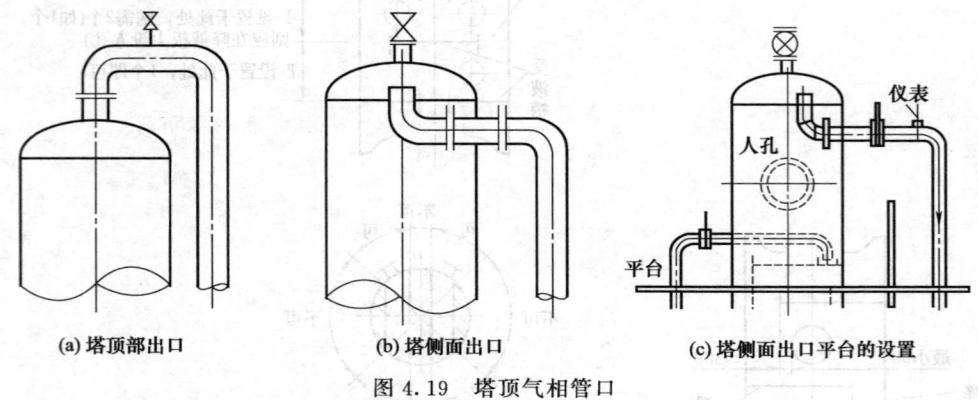

(a) 塔顶部出口　　(b) 塔侧面出口　　(c) 塔侧面出口平台的设置

图 4.19　塔顶气相管口

② 安全阀出口放空管开口一般布置在塔顶气相开口的附近,也可布置在塔顶气相管线最高水平段的顶部。

九、塔回流管口方位设计

① 塔回流管口与塔内件形式有关,顶回流或中段回流的开口一般布置在塔板上方的管道侧,还应符合将管口设在距离降液管最远的位置,也应位于能从平台或梯子进行操作的位置。

② 单溢流塔板

a. 带有挡板的开口。开口与降液管之间的定位关系为相对方向,回流管口方位见图 4.20 (a)。

b. 带有分配管或三通的开口。图 4.20 (b) 所示管口的方位是用在管路需从降液板一方进入时的布置,此种管口需稍稍提高。若液体有腐蚀性或内部配管影响到通路及可移动塔盘的拆装时,需加一对法兰。

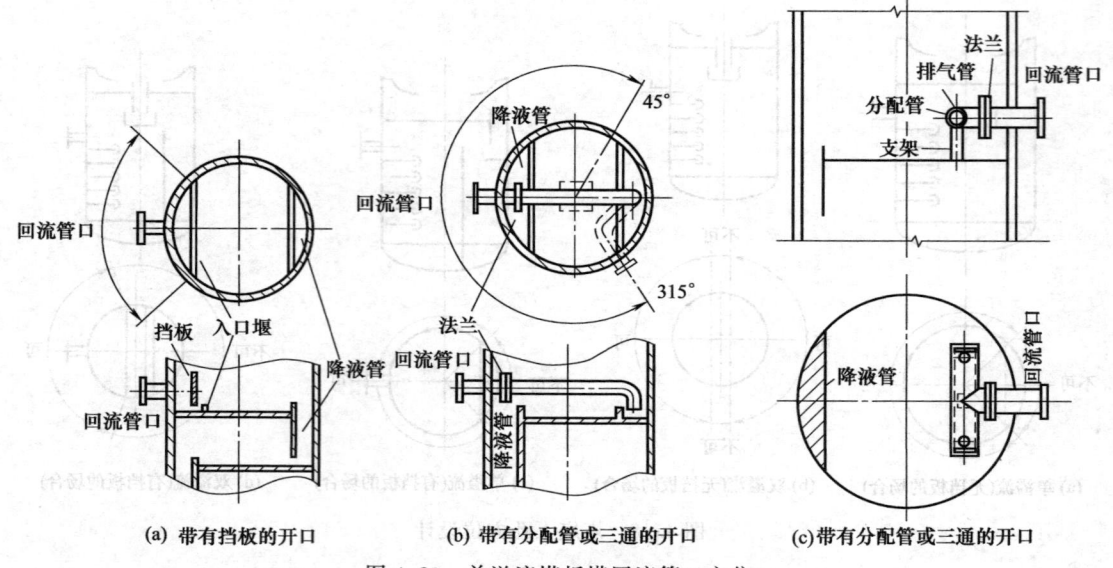

(a) 带有挡板的开口　　(b) 带有分配管或三通的开口　　(c) 带有分配管或三通的开口

图 4.20　单溢流塔板塔回流管口方位

③ 双溢流塔板回流管口方位见图 4.21。

④ 三溢流塔板回流管口方位见图 4.22。

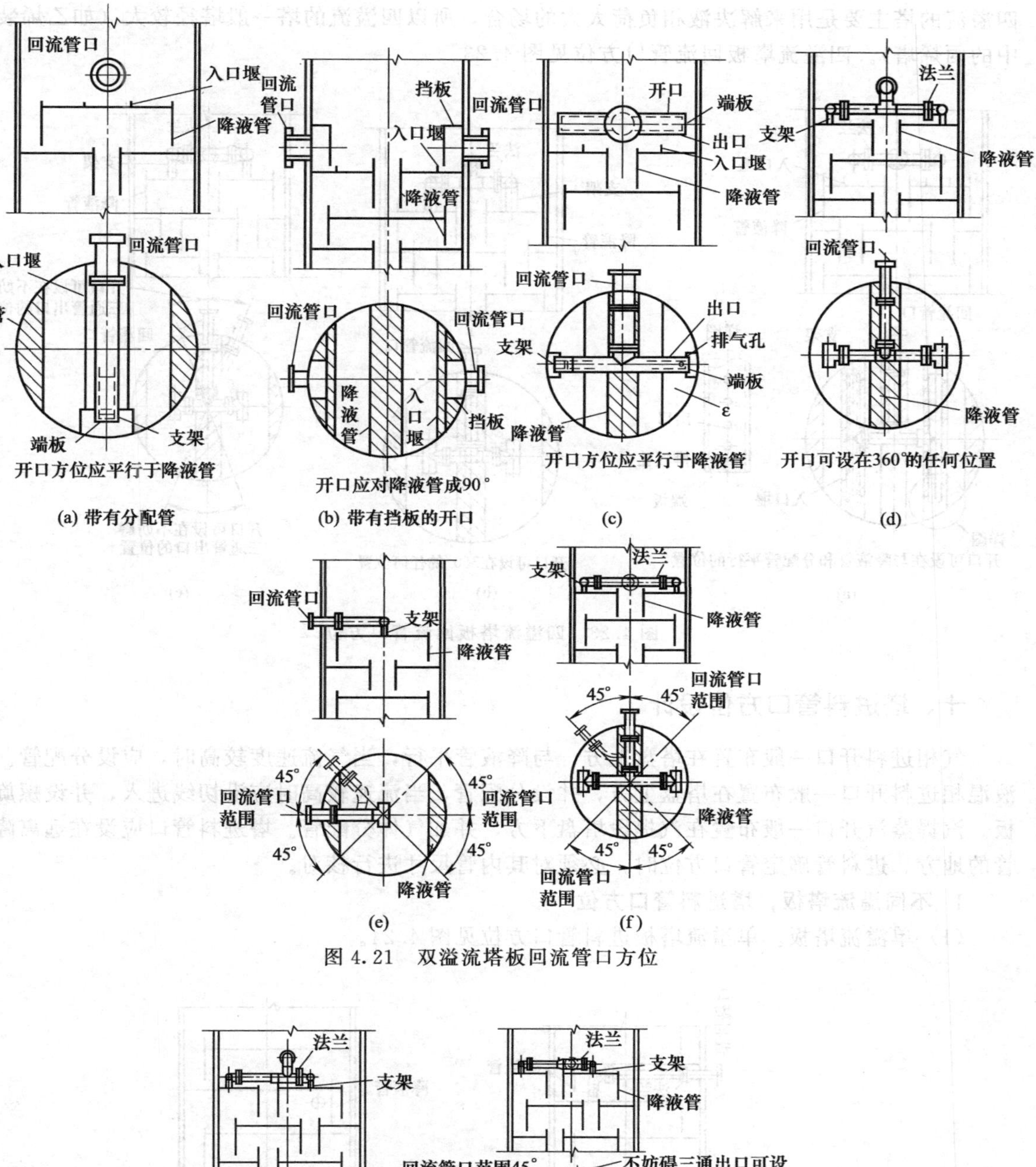

图 4.21 双溢流塔板回流管口方位

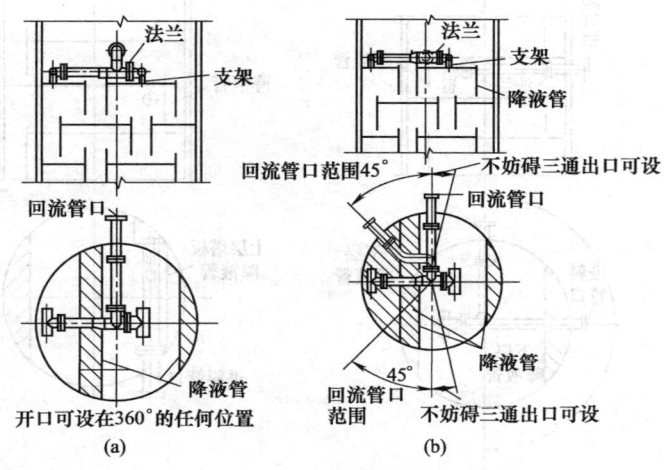

图 4.22 三溢流塔板回流管口方位

⑤ 四溢流塔板即也就是每层有四个出口堰，分为边降液管、偏中心降液管和中心降液管。

四溢流的塔主要是用来解决液相负荷太大的场合,所以四溢流的塔一般塔径较大(如乙烯装置中的丙烯塔)。四溢流塔板回流管口方位见图 4.23。

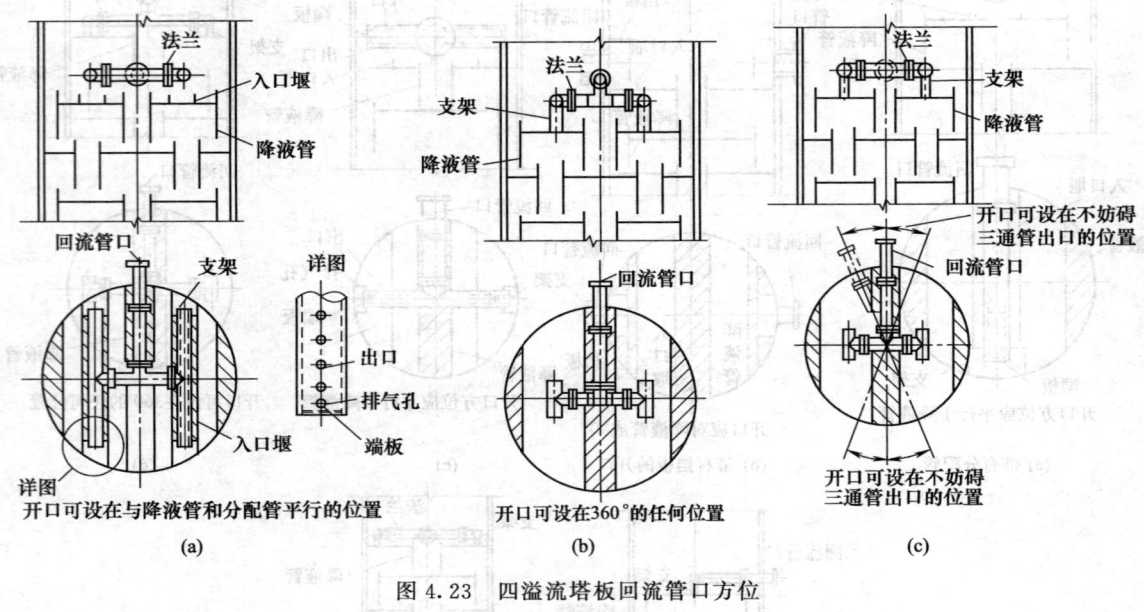

图 4.23 四溢流塔板回流管口方位

十、塔进料管口方位设计

气相进料开口一般布置在塔盘上方,与降液管平行,当气流速度较高时,应设分配管。气液混相进料开口一般布置在塔盘上方,并设分配管,当流速较高时应沿切线进入,并设螺旋导板。汽提蒸汽开口一般布置在汽提段塔盘下方,并加气体分配管。塔进料管口应设在远离降液管的地方。进料管确定管口方位时,必须对其内管尺寸进行核对。

1. 不同溢流塔板,塔进料管口方位

(1) 单溢流塔板。单溢流塔板进料管口方位见图 4.24。

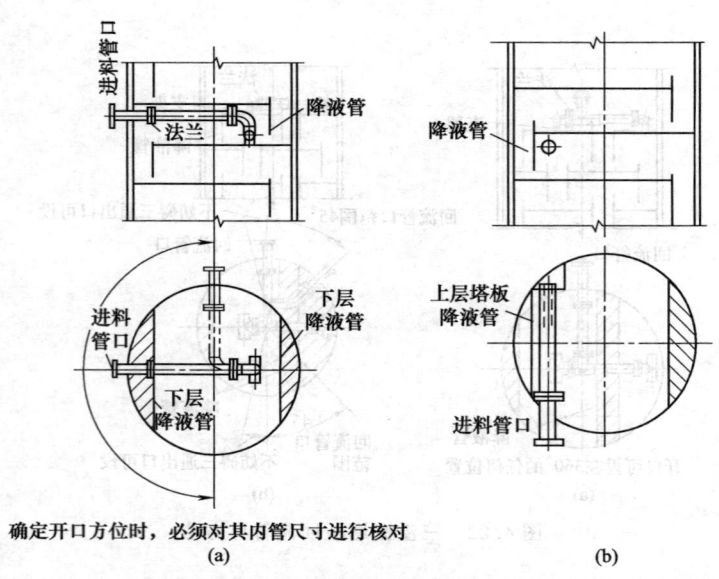

图 4.24 单溢流塔板进料管口方位

(2) 双溢流塔板。双溢流塔板进料管口方位见图 4.25。

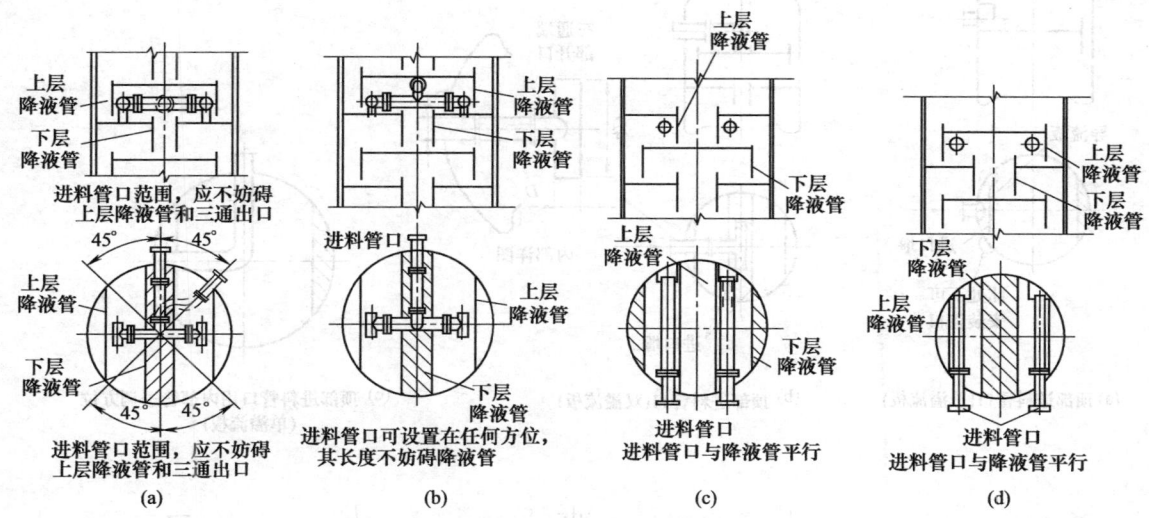

图 4.25 双溢流塔板进料管口方位

(3) 四溢流塔板。四溢流塔板进料管口方位见图 4.26。

2. 不同塔部位，塔进料管口方位

(1) 顶部进料。进料口设在进口堰处，见图 4.27 (a)、(b)。如果标准方位不符合实际要求，进料口可通过内部管子在任何方向定位，见图 4.27 (c)～(d)。

(2) 中间进料。气相进料管口方位见图 4.27 (e)、(f)。液相进料管口方位见图 4.27 (g)、(h)。

(3) 底部进料。底部进料管口方位见图 4.27 (i)～(l)。

十一、塔底抽出管口方位设计

① 塔底抽出管口一般设在底头盖的中部，并设防涡流板，对可能携带固体介质的分馏塔则需设过滤器，塔底用泵抽出的抽出口，其标高应满足塔底泵的有效汽蚀余量的要求，并应引到塔裙座外面，裙座内不应设置法兰，以便检修，而且也安全。

② 应考虑泵的位置、形式的要求及管线的挠性，再决定其方位。

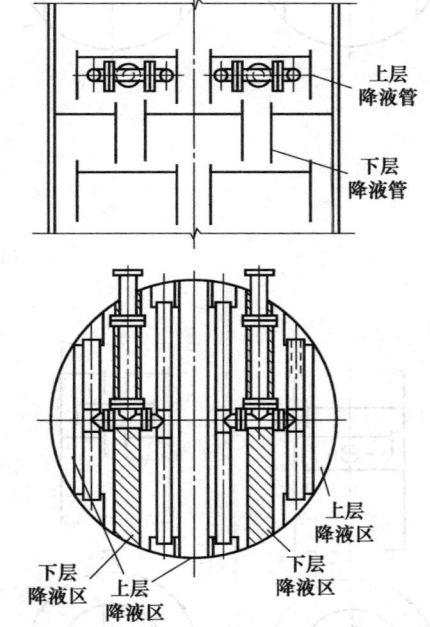

图 4.26 四溢流塔板进料管口方位

③ 抽出管口：对于需中间侧线轴出物料的塔，侧线抽出管口除了考虑降液管的位置外，可以设在塔四周所有的位置上。最好设在液流均匀的地方，不要太靠近降液管，见图 4.28。

十二、塔集油箱或集油塔板管口方位设计

① 通常将抽出口连到集油箱或集油塔盘上。一般有 A 型或 B 型。

a. A 型集油箱，见图 4.29 (a)，只要不影响降液管，抽出口可以布置在集油箱底部，从

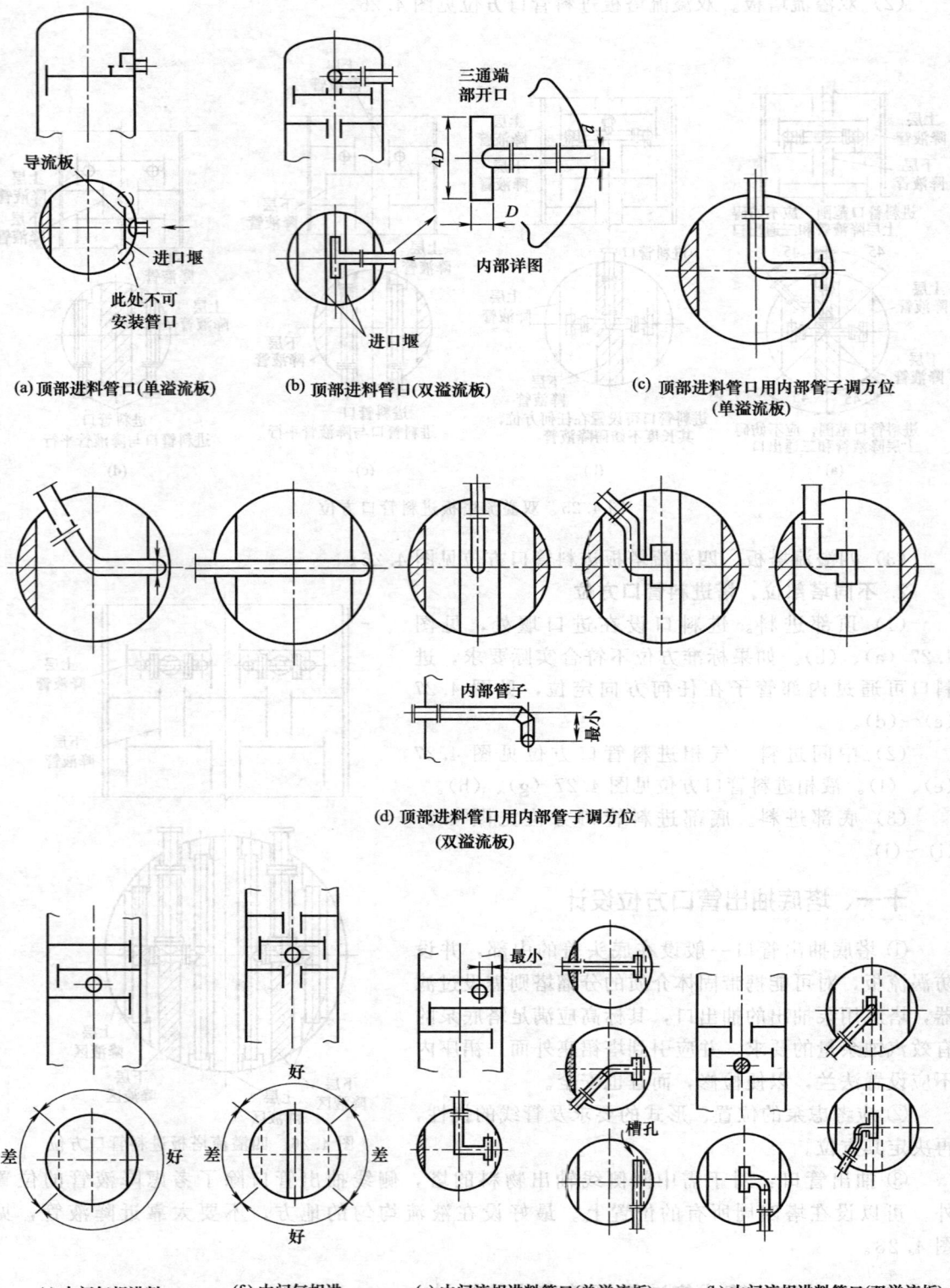

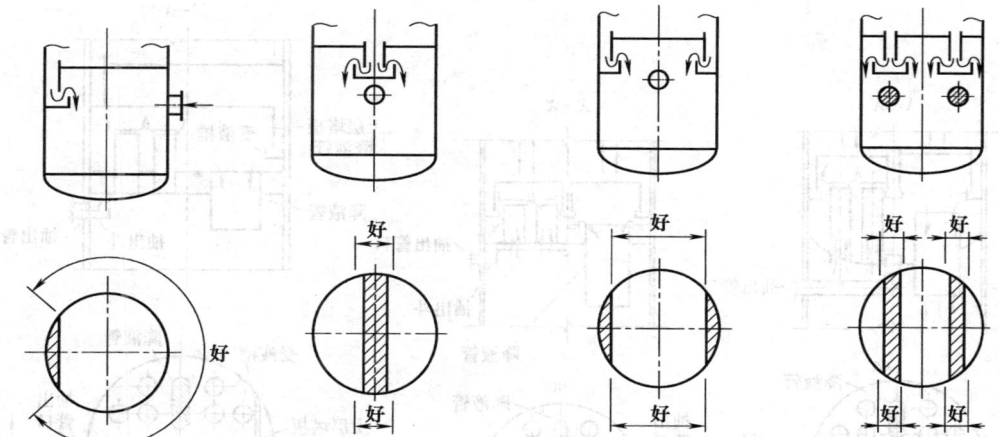

(i) 底部进料管口(单溢流板)　(j) 底部进料管口(双溢流板)　(k) 底部进料管口(双溢流板)　(l) 底部进料管口(三溢流板)

图 4.27　不同塔部位进料管口方位

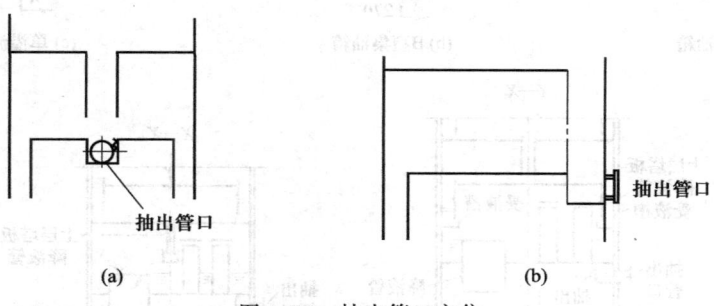

图 4.28　抽出管口方位

图中 270°～90°范围内的任何方位抽出。抽出斗及其开口方位应在与降液管垂直交叉方向〔在图 4.29（a）中 0°～180°方向〕，为了保证来自塔盘降液管的液流高效分布，下层塔盘方位应与降液管平行（图中 90°～270°方向）。

b. B型集油箱，见图 4.29（b），抽出斗及其开口方位布置在与降液管垂直的交叉方向。

② 单溢流集油塔板抽出管口方位。为了保证抽出口和降液管液流的均匀分布，抽出口应设在受液槽另一侧，并与其垂直的位置；受液槽平行于降液管，见图 4.29（c）。

③ 双溢流集油塔板抽出管口方位。抽出管口应平行于受液槽，并垂直于集油塔盘的降液管。因此，受液槽和集油塔盘的降液管偏转 90°，彼此垂直，见图 4.29（d）、（e）。

十三、塔仪表管口方位设计

① 塔上仪表管口有液位计、温度计、压力表等，这些仪表管口应设在操作区内平台上或梯子旁边，便于观察、操作和检修的地方。仪表最好不要放在人孔旁（有破损的危险）。

② 测量气相温度、压力的温度计和压力计不能位于降液区。有些降液板下方设置有受液盘，此时塔盘的降液区并不是液体真正降落的区域，应该视塔盘挡板附近为降液区。分析口应设置平台区域，以便于操作。由于降液区的影响，仪表及分析管口的布置不能满足上述要求时，可采取加大平台、延伸爬梯高度等方法解决。

③ 液位计和液面调节器管口方位设计

a. 液位计和液面调节器的开口应布置在便于监视、检查及能从抽出泵和调节阀的旁通处看见的位置，且液面应不受流入液体冲击的影响。

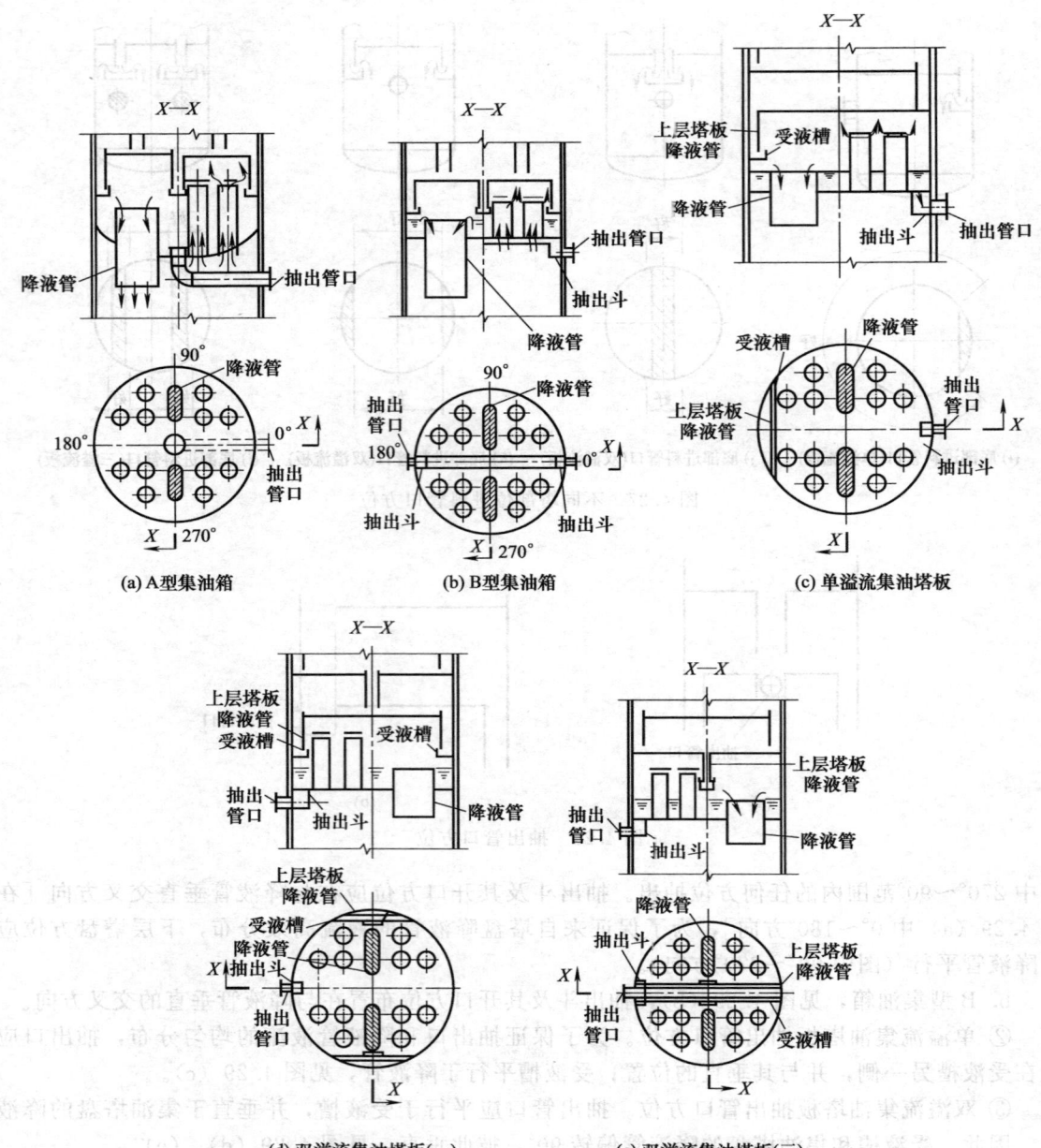

图 4.29 塔集油箱或集油塔板管口方位

b. 液面调节变送器应设在平台或梯子上操作方便的地方，站在梯子平台上操作的液位调节器和液位计宜安装在梯子的右侧。液位计不能穿越平台，不能位于爬梯靠平台的一侧，以免阻碍通道。

c. 液位计不得位于其上层塔盘的降液区，以防止液位计出现假液位。

d. 液位调节器最适宜的位置，是在检查液位调节器时，可以看到液位计的地方，并应考虑由于液相进料影响的液位波动。当设置的挡板不能避免液位波动时，应与设备专业协商解决液位计的方位，取决于受液槽与再沸器返回口间的关系，如图 4.30 所示。

e. 为使液位计指示准确，管口应避开再沸器返回管口正面 60°角范围内，见图 4.31，管口 A 为再沸器返回管口，在这个管口正面 60°的范围内，不布置液位计管口。若在液位计接口处

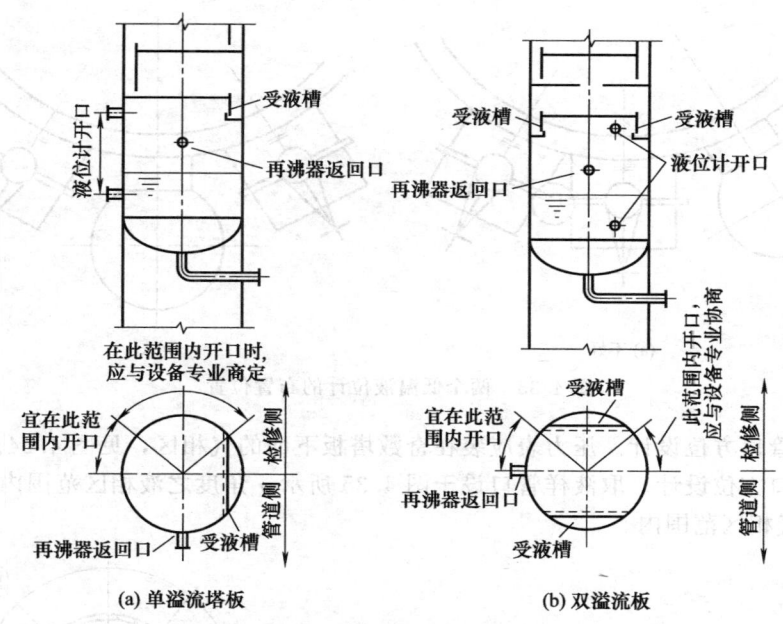

图 4.30 液位计和液面调节器管口方位设计

设有挡板,则可不受上述范围限制。液位计不安装在塔平台入口处,以免堵塞通道,最好位于平台端部。

④ 温度计管口方位设计

a. 测液温:通常由降流板侧插入液相区,如图 4.32 所示,大约高出塔板 50mm 处,不宜高出 100mm。测气温:置于气相区,如图 4.32 所示。温度计套管伸入塔内需检查是否与降流板式凸出物内件相撞,且要考虑其插入或抽出空间,并注意避免妨碍人孔的通道。抽出空间最小为 600mm。

b. 两个低温液位计不要靠在一起,防止"冷桥"产生和结霜,如图 4.33 所示。

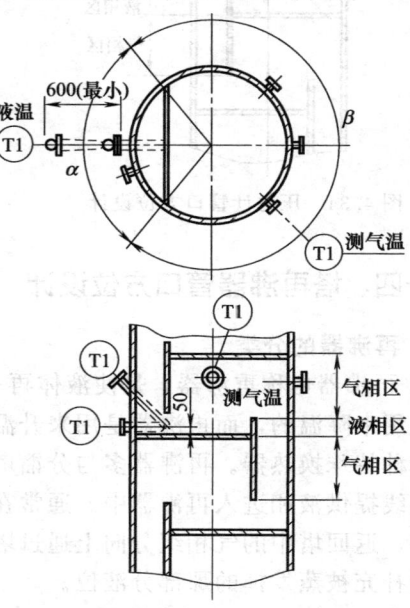

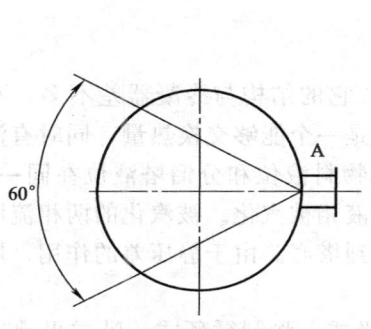

图 4.31 液位计管口应避开再沸器返回管口正面 60°

图 4.32 温度计管口方位设计

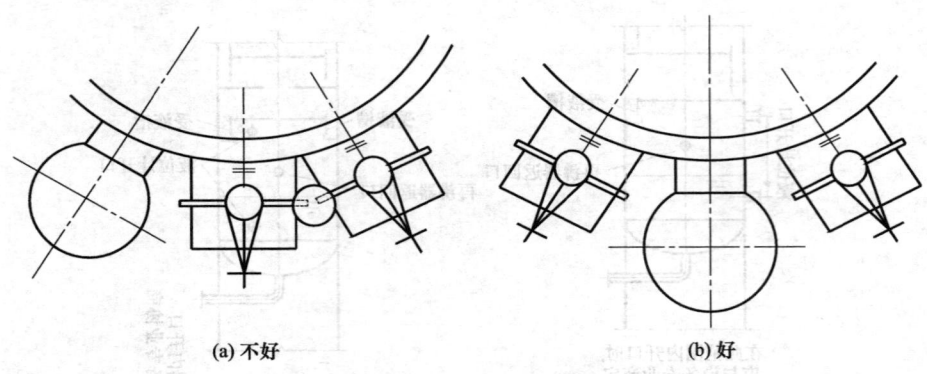

图 4.33 两个低温液位计的布置位置

⑤ 压力计管口方位设计。压力表应装在奇数塔板下面的气相区，见图 4.34。

⑥ 取样管口方位设计。取液样管口设于图 4.35 所示 α 角度之液相区范围内。取气样管口设于 β 角度之气相区范围内。

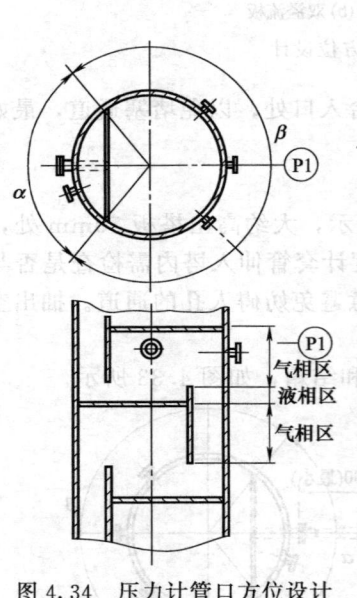

图 4.34 压力计管口方位设计

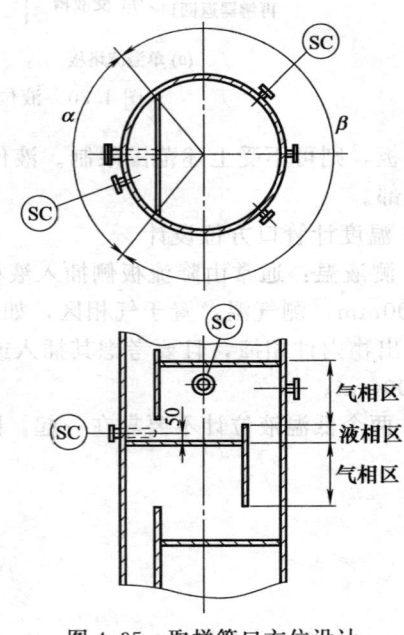

图 4.35 取样管口方位设计

十四、塔再沸器管口方位设计

1. 再沸器的分类

① 再沸器也称重沸器，是使液体再一次汽化的设备。它的结构与冷凝器差不多，不过冷凝器是用来降温的，而再沸器是用来升温汽化的。再沸器是一个能够交换热量，同时有汽化空间的一种特殊换热器。再沸器多与分馏塔合用，再沸器中物料液位和分馏塔液位在同一高度。从塔底线提供液相进入再沸器中。通常在再沸器中有部分液相被汽化。被汽化的两相流回到分馏塔中，返回塔中的气相组分向上通过塔盘，液相组分回到塔底。由于静压差的作用，塔底将会不断补充被蒸发掉的那部分液位。

② 再沸器分立式和卧式两种。立式再沸器包括热虹吸式、强制循环式。卧式再沸器包括热虹吸式、强制循环式、釜式、内置式，如图 4.36 所示。

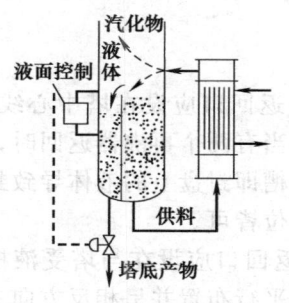
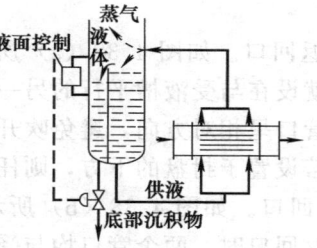
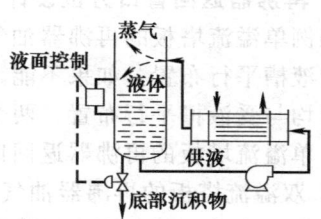

(a) 立式热虹吸再沸器

循环推动力依靠釜液和换热器传热管气液混合物的密度差。结构紧凑、占地面积小、传热系数高。壳程不能机械清洗，不适宜高黏度、或脏的传热介质。塔釜提供气液分离空间和缓冲区。

(b) 卧式热虹吸再沸器

循环推动力靠釜液和换热器传热管气液混合物的密度差。占地面积大，传热系数中等，维护、清理方便。塔釜提供气液分离空间和缓冲区。

(c) 强制循环式再沸器

强制循环式适于高黏度、热敏性物料、固体悬浮液、上显热段和低蒸发比的高阻力系统。

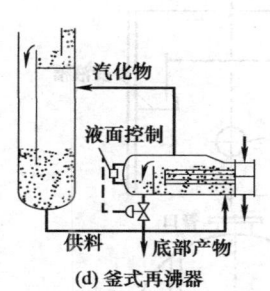
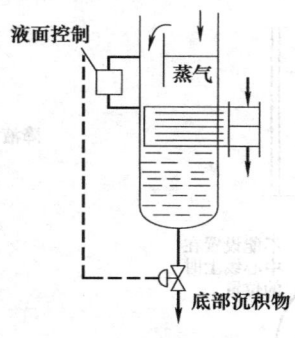

(d) 釜式再沸器

可靠性高，维护、清理方便。传热系数小，壳体容积大，占地面积大，造价高，易结垢。

(e) 内置式再沸器

结构简单。传热面积小，传热效果不理想。

图 4.36 再沸器的分类

2. 再沸器的安装工艺

① 立式安装在塔身上，这时要特别注意上方应留出检修空间。卧式再沸器应靠近塔而布置，二者之间的距离应满足管道的布置要求。再沸器抽管束的一端应有检修场地和通道。与再沸器连接的进出管口方位应根据塔板的结构形式和再沸器的布置来决定。

② 如果塔釜设有挡板，挡板上没有开孔的单溢流塔板，再沸器返回塔的管口应位于降液管一侧，即与塔底再沸器的液相管同侧，最好平行于挡板，见图 4.37（a）。图 4.37（b）为双

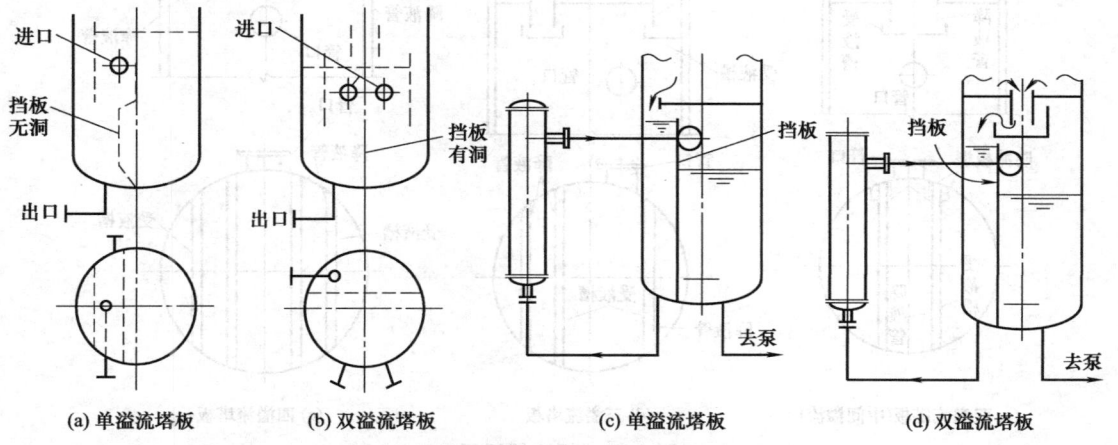

(a) 单溢流塔板   (b) 双溢流塔板   (c) 单溢流塔板   (d) 双溢流塔板

图 4.37 塔釜设有挡板再沸器的管口方位

溢流塔与再沸器连接的进出管口方位示意图。

3. 再沸器返回管口方位设计

① 例单溢流塔板的再沸器油气返回口。如图4.38（a）所示，返回口应设在塔中心线上，并与受液槽平行布置。如果不能，就设在与受液槽平行的另一侧，当有两个再沸器返回时，两个管口均与受液槽平行布置，两个管口呈相对方向，避免吹开受液槽即封盘上的液体导致封闭失败。单溢流塔板的再沸器返回口若设置于封盘的下方，则任何方位皆可。

② 双溢流塔板的再沸器油气返回口。如图4.38（b）所示，返回口应设在与塔受液槽平行的塔中心线上，当有两个再沸器返回口时，两个管口均与受液槽平行布置并呈相反方向。两边溢流时，管口应与降流管平行且距离相等。中间溢流时，管口应与降流管平行且置于受液槽稍下方，如图4.38（c）所示。

③ 三溢流塔板的再沸器油气返回口如图4.38（d）所示。管口应设在受液槽之间，并与其平行。

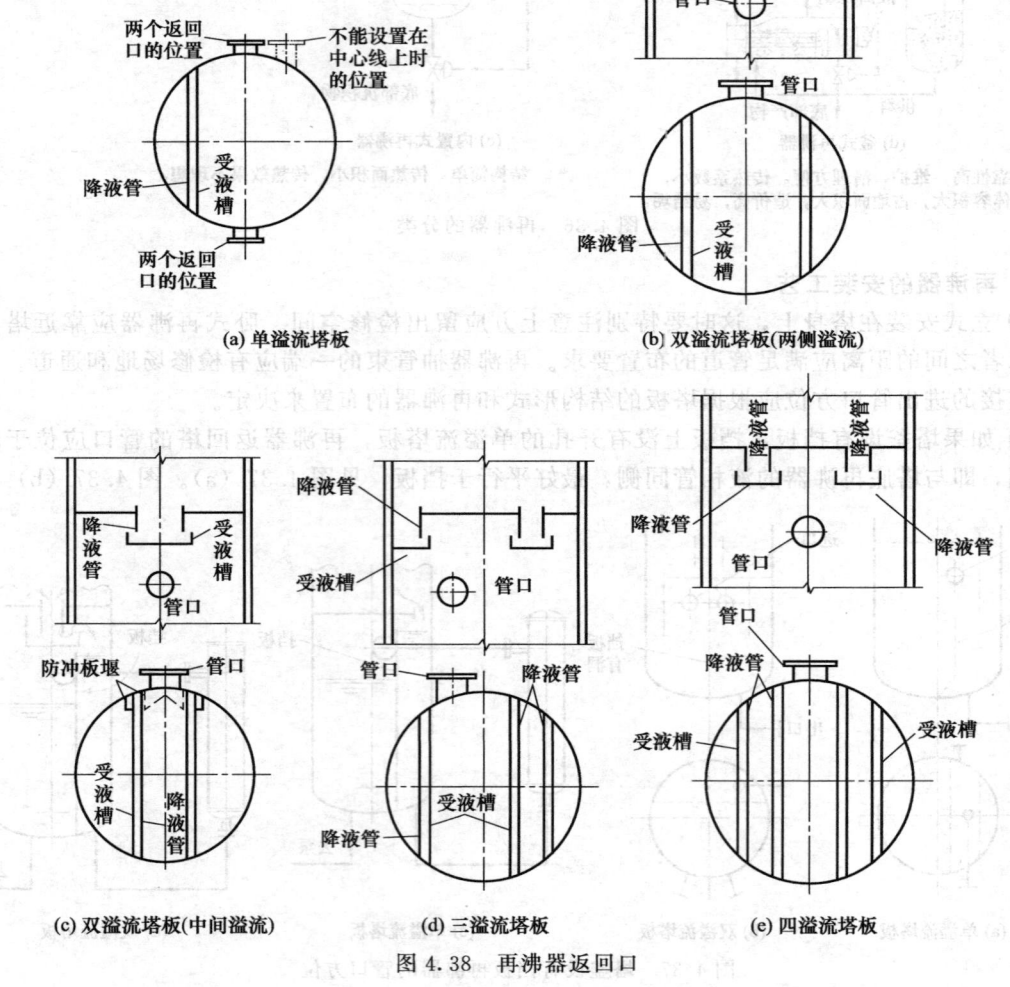

图4.38 再沸器返回口

④ 四溢流塔板的再沸器油气返回口如图 4.38（e）所示。管口应设在受液槽之间，并与其平行。

4. 再沸器进料管口方位设计

① 对于单溢流塔板，如图 4.39（a）左图所示，管口可设在 2α 范围内，亦可利用内部管子转至图 4.39（b）右图所示 180°的范围内。

② 对于双溢流塔板，图 4.39（b）左图所示为边降液式，管口从凹槽端引出。图 4.39（b）右图所示为中间降液，管口开在塔中心线上。上述两种情况在塔槽较大时两端同时装管口，引出外部配管采用对称配管。

③ 再沸器进料口也常由塔底部引出。若底部有底部挡板存在时，管口通常设置于塔底抽出管口及液位计管口的相反侧。

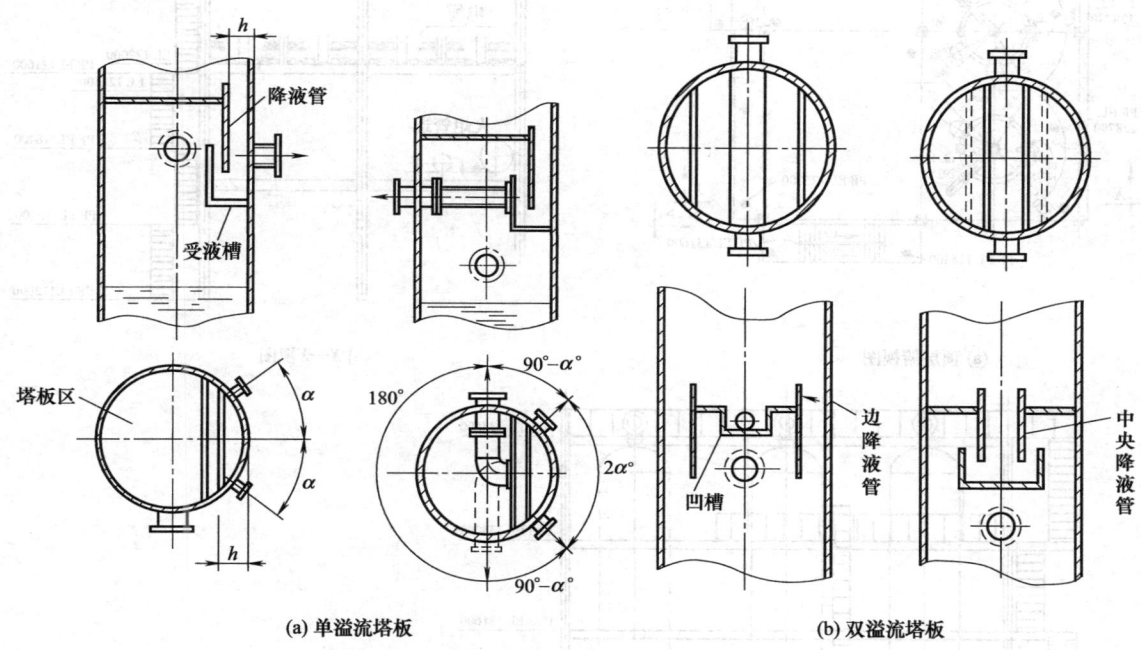

(a) 单溢流塔板　　　　　　　　　(b) 双溢流塔板

图 4.39　再沸器进料管口方位设计

十五、塔铭牌的方位设计

塔铭牌的方位设计置于通道侧，方便目测之处。

工程应用：干燥塔布置在管廊顶层的布置设计

某大型装置在详细设计阶段中期，工艺专业突然提出增加 2 台干燥塔，塔直径 2.5m，高 13.5m，在装置内地面上无法找到空间进行设备布置，而有地面空间的位置距离其他有关工艺设备偏远，后来确定，将这两台干燥塔及一台预留干燥塔布置在附近管廊的顶层，见图 4.40。

工程应用：成排塔的联合平台的布置设计

近年，笔者到某厂参加工程改造问题评审，厂内的一名操作维护人员从一台 50 多米高的塔爬下来后，就再也没有力气爬上邻近的另一台 50 多米高的塔，这两台相距较近的塔没有设计联合平台，一直被厂内操作维护人员建议改造。

在设计联合平台时，有时平台标高取齐有困难，可以调整个别塔的安装高度，便于平台标高取齐。确实不易取齐高度的，可以用小的斜梯搭接。成排塔的联合平台布置见图 4.41。

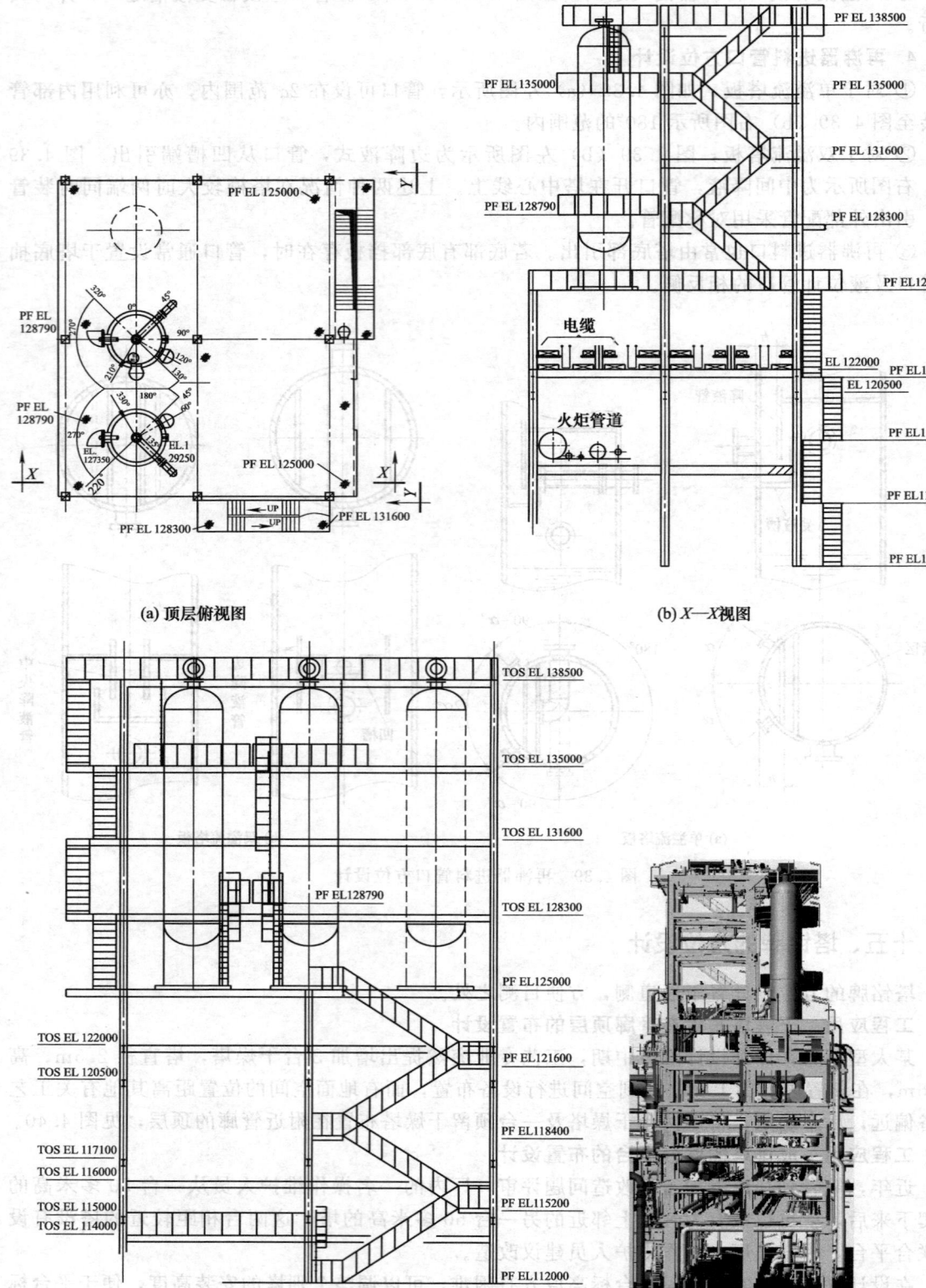

图 4.40 干燥塔布置在管廊顶层

(a) 成排布置

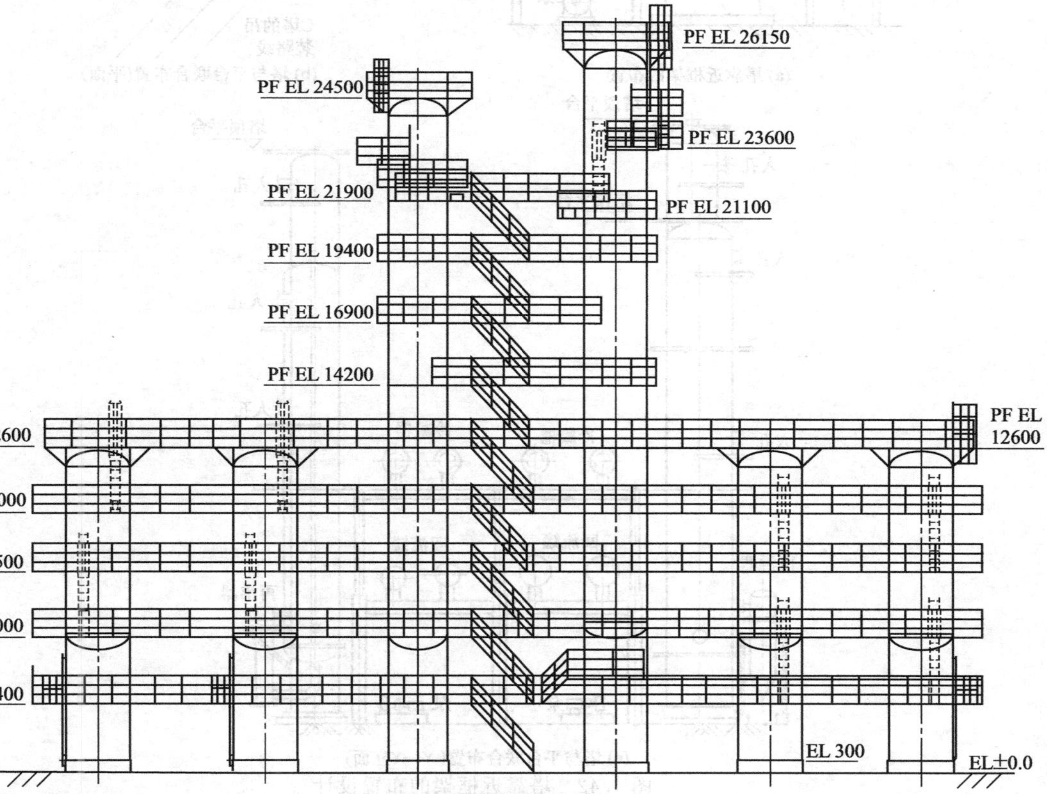

(b) 某塔群的联合布置

图 4.41　成排塔的联合平台布置

工程应用：塔靠近框架的布置设计

塔靠近框架的布置设计见图 4.42（a），框架上布置了换热器等设备，精馏塔尽量靠近框架做布置，框架平台与塔平台联合。如图 4.42（b）、（c）所示，框架和塔均布置在管廊的一侧，A、B 塔和 C、D 塔为两组塔，分别布置在框架的南北两侧，每组塔外壁取齐布置，并留有检修空地和吊车进出的通道，以便吊装框架的设备。塔平台与相邻框架平台相连。

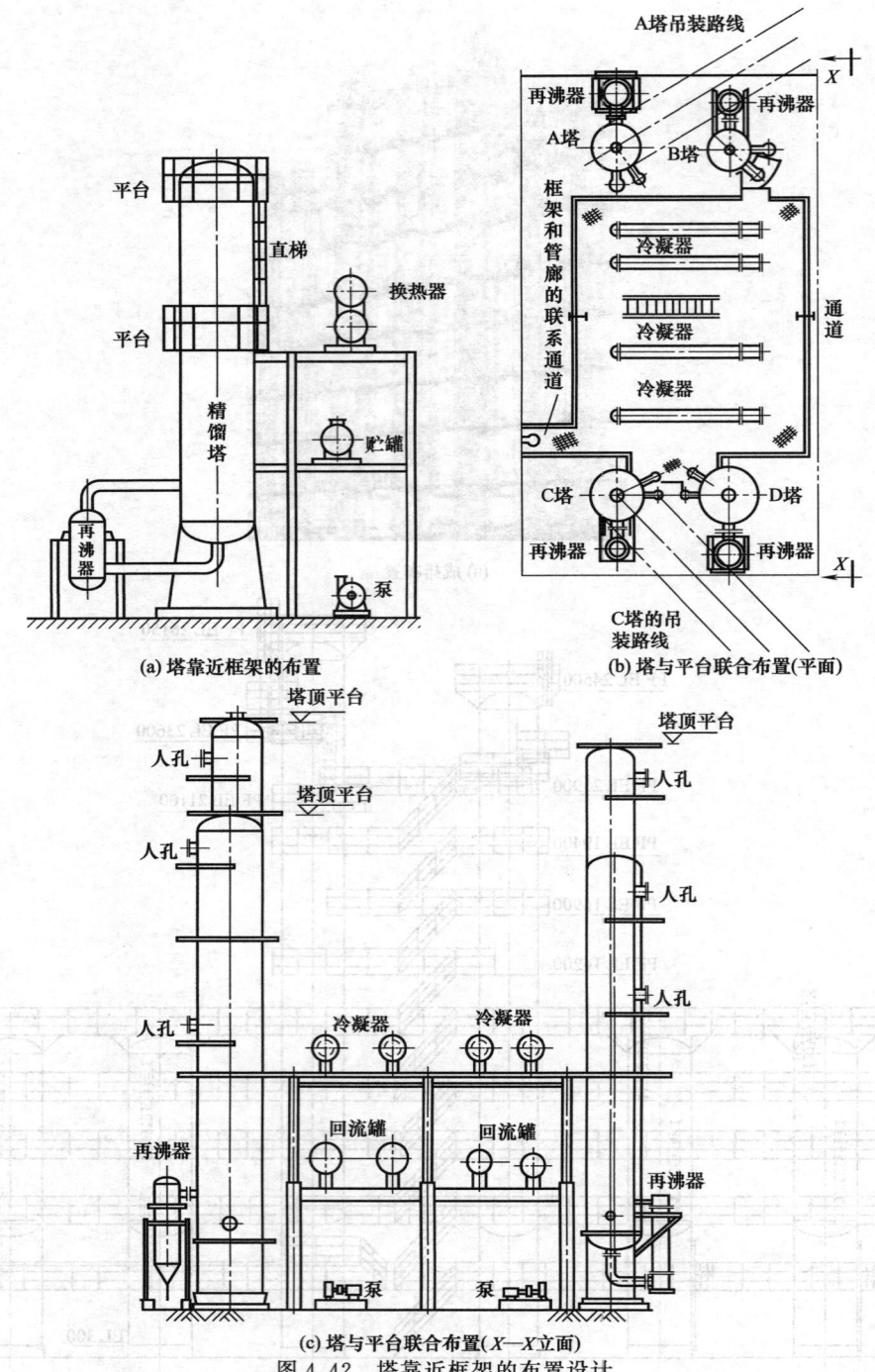

图 4.42 塔靠近框架的布置设计

工程应用：塔和框架分开的布置设计

塔和框架分开的布置设计见图 4.43。塔与框架之间设置管廊，四台塔按塔外壁成排布置。塔的回流泵、进料泵布置在管廊下靠近塔一侧。塔顶冷凝器和回流罐等布置在框架上。A 塔再沸器布置在地面，B 塔再沸器附塔布置，C 塔再沸器用框架支撑在地面，D 塔再沸器布置在地面。

笔者参与负责的某些装置项目的设备布置基本按照图 4.43 进行设计的，塔上部设计了联合平台，再沸器布置在地面。

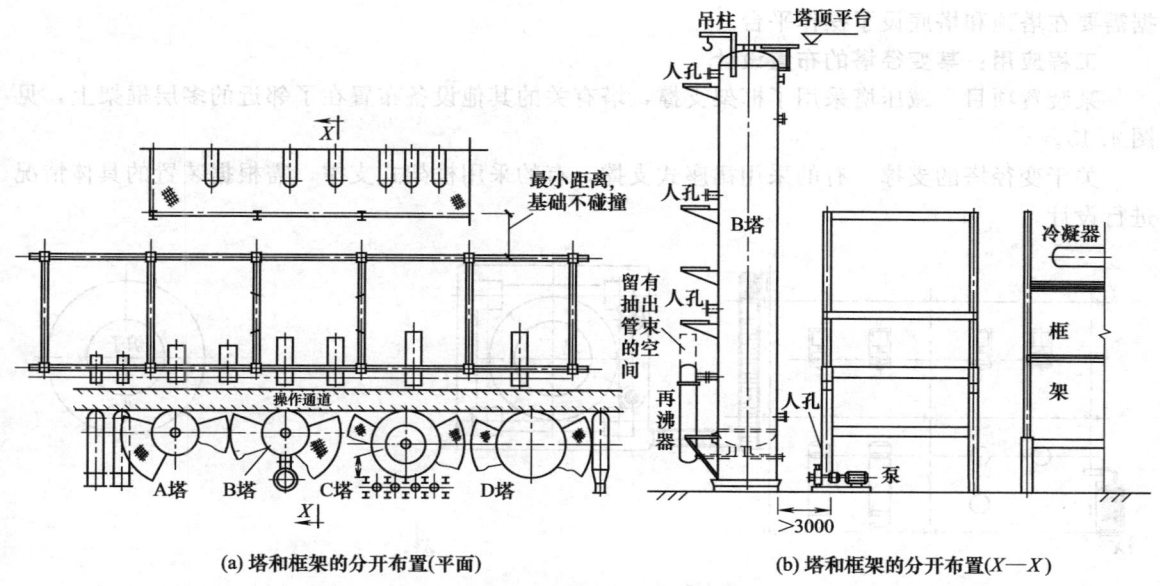

图 4.43 塔和框架分开的布置设计

工程应用：小直径塔在框架内的布置设计

小直径塔一般靠近框架或在框架内布置，便于设导向支架以增加塔的稳定性。如图 4.44 所示，B 塔布置在框架的外侧，有利于塔顶冷凝器的安装和检修，并可利用框架设置再沸器支架。D 塔是分节塔，布置在框架内。在塔上方设置吊梁，便于检修和安装。除框架楼面外，根

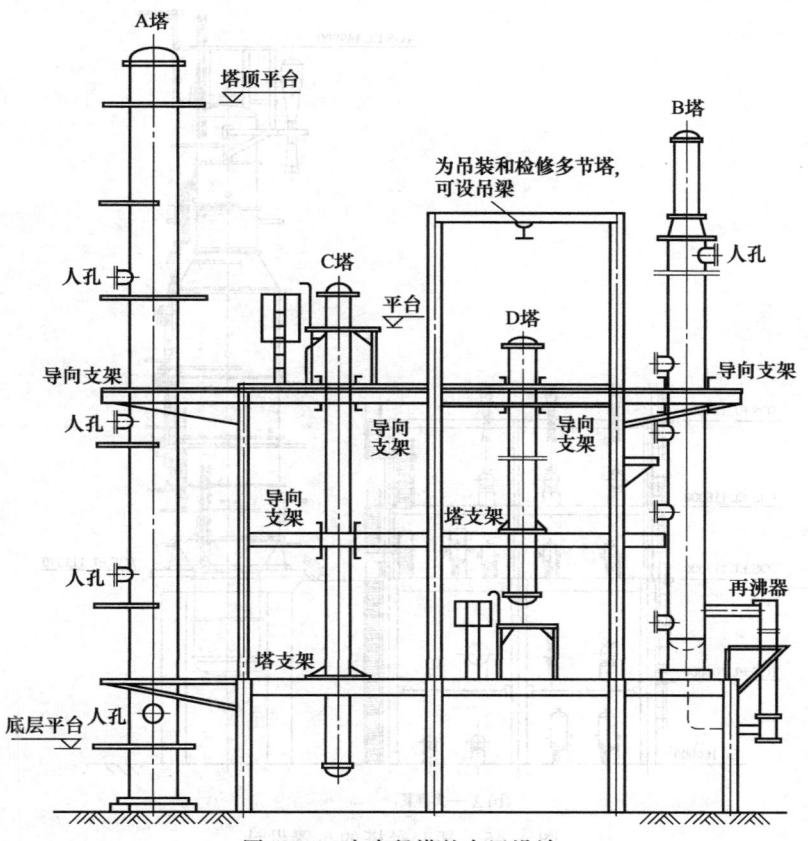

图 4.44 小直径塔的布置设计

据需要在塔顶和塔底设了操作平台。

工程应用：某变径塔的布置设计

某装置项目，减压塔采用了框架支撑，塔有关的其他设备布置在了邻近的多层框架上，见图 4.45。

关于变径塔的支撑，有的采用裙座式支撑，有的采用框架式支撑，需根据装置的具体情况进行设计。

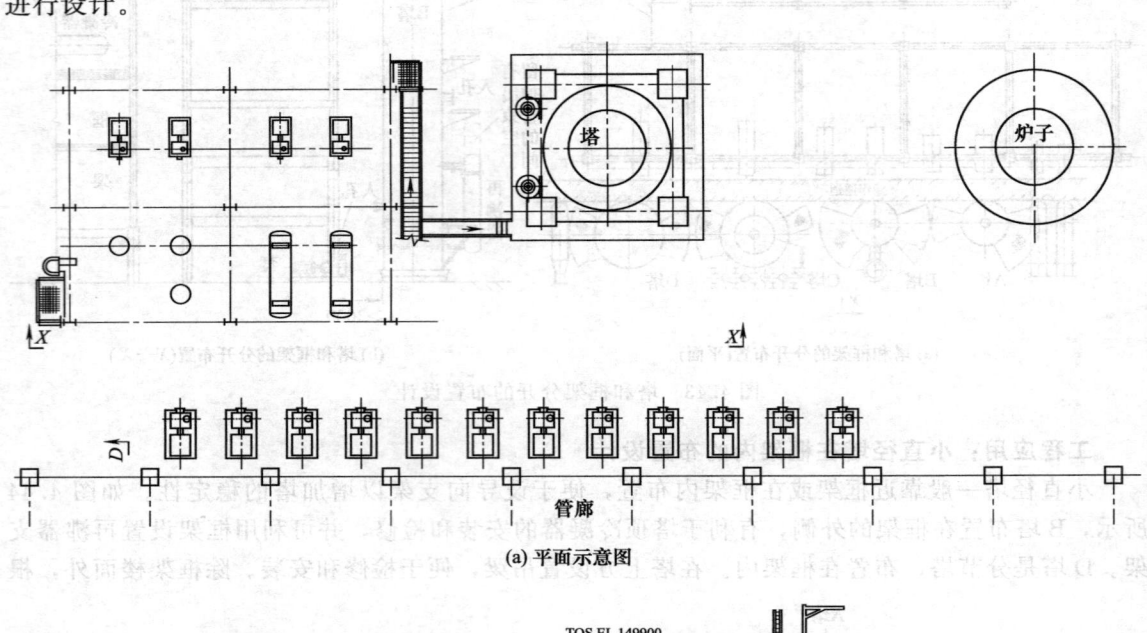

(a) 平面示意图

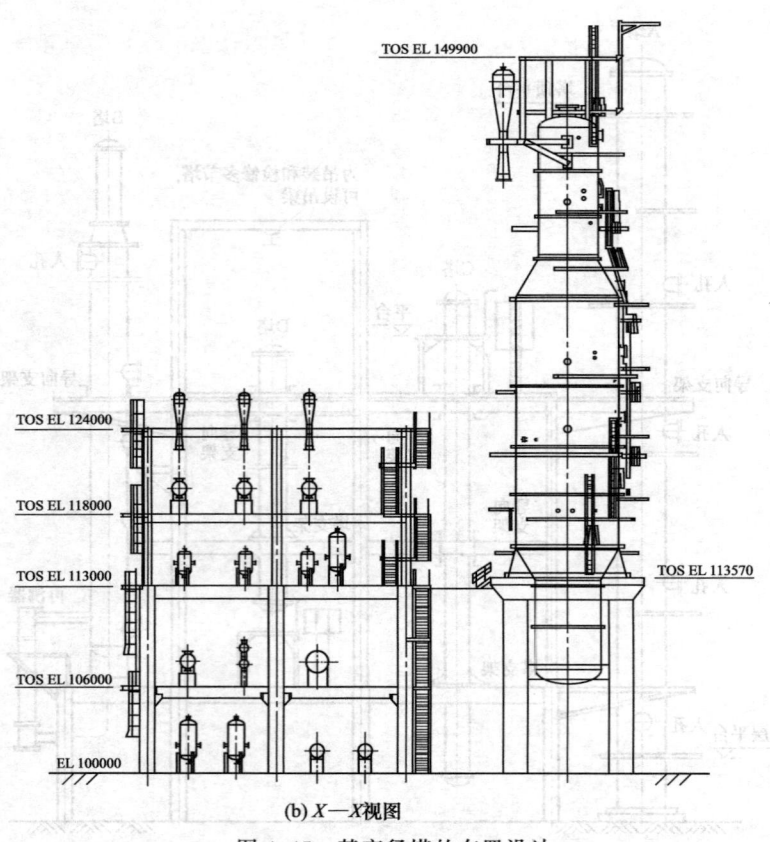

(b) X—X 视图

图 4.45 某变径塔的布置设计

第三节 塔管道的配管设计

一、塔管道配管设计的一般要求

① 塔的四周可分为操作侧（检修侧）和管道布置所需要的管道侧，见图 4.46。如果将操作侧分为三个区，即操作区、吊装区、仪表和爬梯区更为确切。对塔的周围进行功能分区，有利于平台、梯子和吊柱等的布置，便于操作和检修。

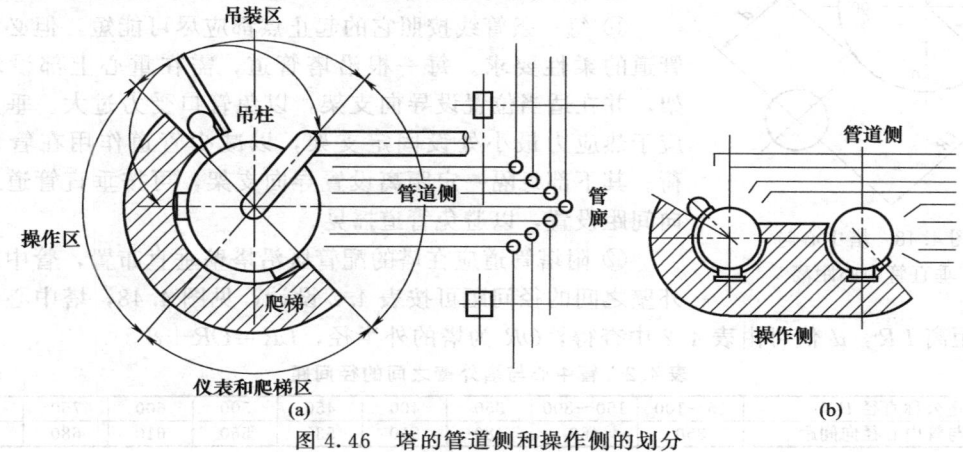

图 4.46 塔的管道侧和操作侧的划分

② 管道的位置应与人孔、仪表、吊柱、平台及梯子统一布置。管道的位置与人孔、仪表、吊柱、平台及梯子等密切相关，如在吊柱活动的范围内不能有任何障碍物，并且旋转时可到达平台外起点上方，以及平台内所有人孔的位置，人孔的吊柱方位与梯子的位置相关，在事故时，人孔盖关闭方向与人员疏散方向一致，使之不受阻挡。

③ 管道布置应从塔的顶部到底部进行规划，并应优先布置塔顶管道、大直径管道和有特殊要求的管道。因为塔顶馏出管道（汽相管）的直径较大，令其首先占有空间位置，然后由上向下依次布置管道，否则容易引起反复的修改和返工。

④ 塔体侧面管道上的阀门宜直接与设备管口连接。

⑤ 塔底出口管与泵连接时，塔的安装高度应大于泵的必需汽蚀余量的要求；管道在满足柔性的条件下，应使管道短，弯头数量少。

⑥ 与塔壁管口相连的管道宜用管件直接同管口相接，在法兰与弯头之间尽量不设直管段。对塔顶的垂直管口的连接管道，尽量从靠近管口处开始拐弯。

⑦ 每一条管道应尽可能沿塔敷设（图 4.47），通常将塔的管道和塔的保温外切线或同圆线

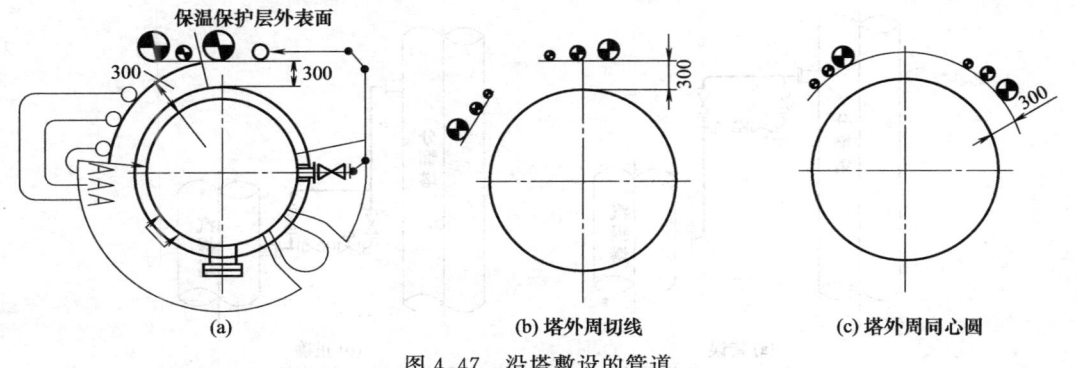

图 4.47 沿塔敷设的管道

成组布置，个别管道可单根沿塔布置，使管道布置美观且易于设置支架。塔顶出气管道应从塔顶引出，沿塔向下敷设，且与塔壁保持300～500mm净空，管壁与塔壁的净距300mm为最佳。塔配管又可分塔外同但支撑设计较容易，心圆弧或塔外圆之周切线配置，后者较前者在美观上差一点。

⑧ 梯子内侧不要有配管，从梯子进平台的进口附近不要有配管或仪表。

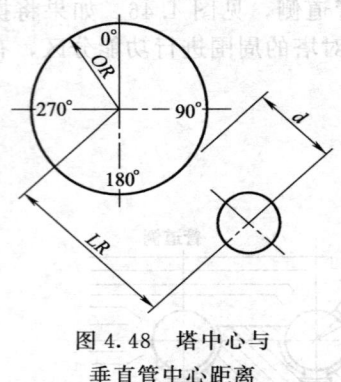

图4.48 塔中心与垂直管中心距离

⑨ 2in（含）的阀门可在梯子上操作，3in以上的阀门则需在平台上操作。

⑩ 仪表类的安装位置，应尽量装设在人眼睛的高度上。

⑪ 每一条管线按照它的起止点都应尽可能短，但必须满足管道的柔性要求。每一根沿塔管道，需在重心上部设承重支架，并在适当位置设导向支架，以免管口受力过大。垂直管道应于热应力最小处设固定支架，以减少管道作用在管口的载荷。其下部每隔一定距离设置导向支架，可按垂直管道最大导向间距设置，以避免管道摇晃。

⑫ 附塔管道应在塔的配管区沿塔壁垂直布置，管中心与塔外壁之间的径间距可按表4.2设计，见图4.48，塔中心与垂直管中心距离 LR，d 值可由表4.2中查得，OR 为塔的外半径，$LR=OR+d$。

表4.2 管中心与塔外壁之间的径间距   mm

管道公称直径 DN	15～100	150～800	350	400	450	500	600	750	900
塔壁与管中心径向间距	350	460	480	510	530	560	610	680	760

⑬ 对于保温层特别厚的塔及管道，两者保温后的最小净空为100mm。

⑭ 用框架支承塔时，配管应支承在框架上。水平管走平台下面，垂直管走框架外侧。

⑮ 为防止阀门根部积液，不应将阀门设置于垂直管上，见图4.49。

⑯ 特殊要求的管道与塔开口直接焊而不采用法兰连接，以减少泄漏。

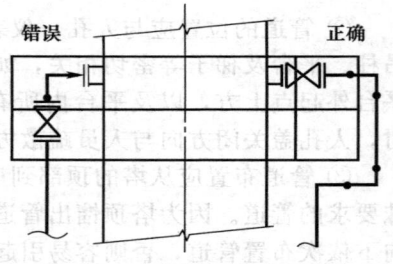

图4.49 阀门设置在水平方向

⑰ 塔体侧面管道一般有回流、进料、侧线抽出、汽提蒸汽、再沸器入口和返回管道等。为使阀门关闭后无积液，上述管道上的阀门宜直接与塔体管口相接，进（出）料管道在同一角度有两个以上的进（出）料开口时，管道应考虑一定的柔性。

⑱ 分馏塔侧线到汽提塔的管道上如有调节阀，其安装位置应靠近汽提塔，以保证调节阀前有一段液柱，其液柱的高度应满足工艺专业提出的要求，见图4.50。

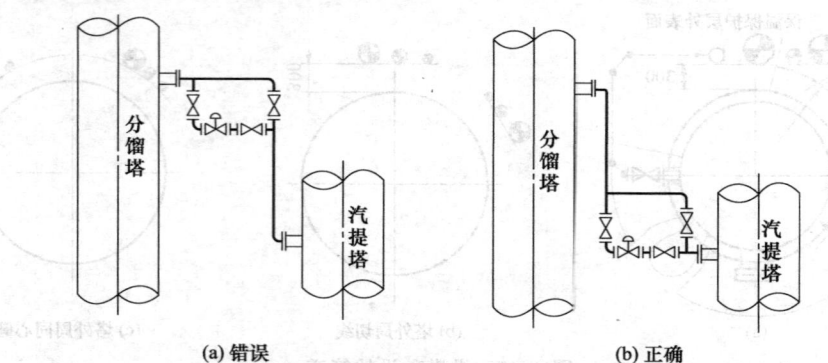

图4.50 分馏塔侧线到汽提塔的管道上如有调节阀

二、塔顶气相管道的配管设计

① 塔顶气相管道介质温度较高,要考虑热补偿。一般用 L 形配管的水平段作为热补偿,水平段要有足够长。管道形状不应有袋状,以防止积液。

② 塔顶至冷换设备间的管道应布置成"步步低",不得出现"液袋"。塔顶油气管道至多台并联的冷换设备时,宜采用对称布置。当塔顶气相采用空冷器冷凝时,对空冷器的配管要对称布置,使其阻力降相同。

③ 减压蒸馏装置的减压塔塔顶气相管线直接与塔体开口焊接而不用法兰连接,以减少泄漏。

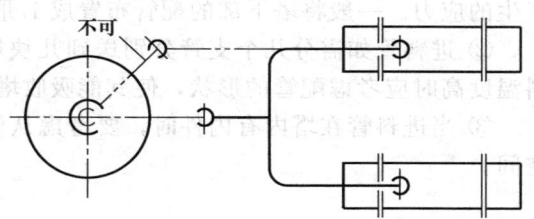

图 4.51 塔顶油气管道至换热设备应对称布置

④ 分馏塔顶油气管道一般不隔热,只防烫;如该管道至多台换热设备,为避免偏流,油气总管与冷凝器入口支管应对称布置,见图 4.51。

⑤ 当塔顶压力用热旁路控制时,热旁路管应保温,尽量短,其调节阀安装在回流罐上部,且管道不得出现"袋形",如图 4.52 所示。

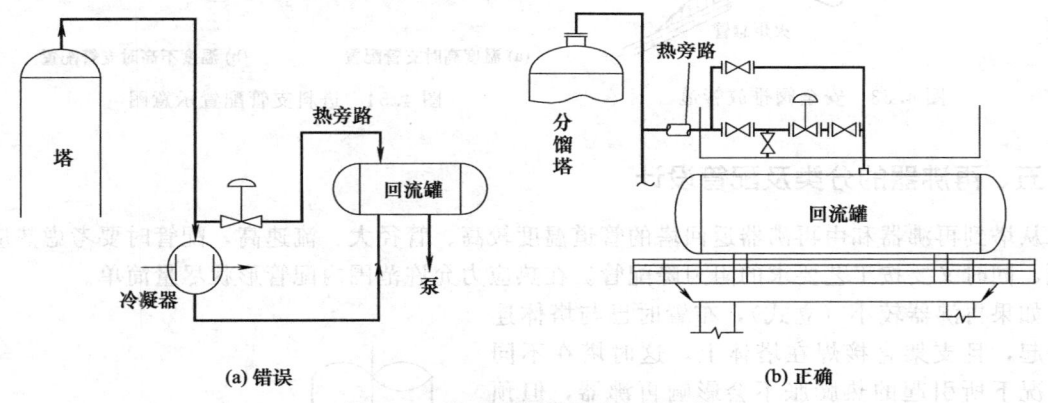

图 4.52 热旁路调节阀的布置示意

三、塔顶安全阀的配管设计

① 排放至大气的安全阀。安装在塔顶部人孔下的第一层平台上。排放管是从塔顶出料管的垂直管段上引出。排至大气中之气体为无毒气体时,排管末端高度应在半径 7.5m 以内的最高平台以上 2.5m。对排放气为有毒或易燃、易爆、有腐蚀性的介质,对连续排放的气体出口管应高出水平半径 20m 范围内的操作平台以上 3.5m,不得有平台。对间歇排放可燃气体出口管应高出水平半径 10m 范围内的操作平台或建筑物顶 3.5m,不得有平台或建筑物。排出管低点挖 $\phi 6mm$ 或 $\phi 9mm$ 的泪孔。

② 对于易燃易爆介质的管线上应配密闭收集的导管;出口管要有充分的支撑。排放到火炬系统的安全阀:排放管从塔顶出料管的垂直管段上引出;安全阀安装在高于火炬总管的塔平台上。在塔顶气相管线上之泄放阀,其设置位置最好在这支气相管线所经过的操作平台中最低层的操作平台边,以方便操作的地方为主,同时管线尽量缩短,以减小管内的压力降及降低成本。配管时要注意从塔顶出口到安全阀入口间管段阻力降要小于安全阀定压值的 3%;安全阀出口到火炬总管之间的管段其阻力降不大于安全阀定压值的 10%(工艺专业负责)。

③ 安全阀出口配管坡向火炬总管,并以 45°顺流从顶部连接,见图 4.53。

④ 若安全阀进出口管上设有切断阀时，应当用单闸板闸阀，且阀杆应水平安装。

四、塔回流管和液体进料管的配管设计

① 这两条管道的温度都比塔内温度低些。管道沿塔壁垂直布置都比较长，应考虑温度差产生的应力。一般将塔下部的配管布置成 L 形，利用其水平段吸收立管热膨胀产生的位移。

② 进料管如需分几个支管分别送到几块塔板上，则切断阀应直接与塔的管口连接。当物料温度高时应考虑配管的形状，使其能吸收塔和管道之间由温差引起的热应力，见图 4.54。

③ 当进料管在塔内有内件时，要考虑从管口抽出内件的必要距离，在平台上要留出操作空间。

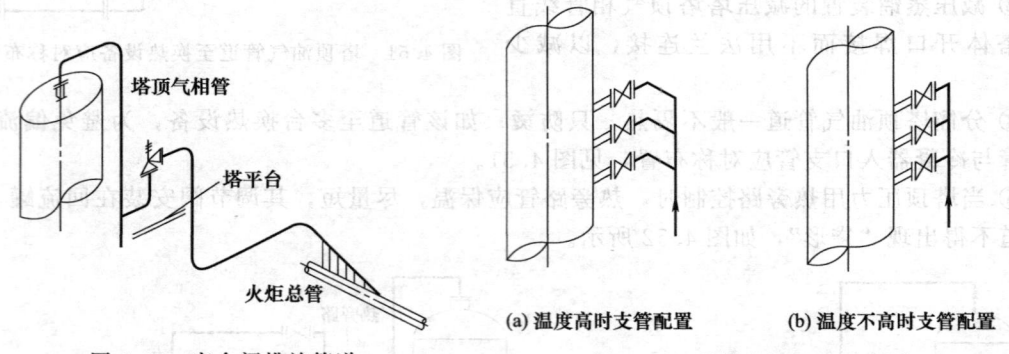

图 4.53　安全阀排放管道　　　图 4.54　进料支管配置示意图

五、再沸器的分类及配管设计

从塔到再沸器和由再沸器返回塔的管道温度较高、管径大、流速高，配管时要考虑热应力问题，同时又要按工艺要求的阻力降配管。在热应力允许范围内配管形状尽量简单。

如果再沸器较小（立式），布置时已与塔体连在一起，且支架直接焊在塔体上，这时塔在不同的工况下所引起的热膨胀不会影响再沸器，但预先应向设备提条件（偏心荷重等）。

六、塔底管道的配管设计

① 由于塔釜温度较高，去泵的塔底出料管道应考虑热应力问题，同时还要注意阻力降。如管下需通行，则此管的净空高度至少为 2.2m。

② 塔底的操作温度一般较高，因此在布置塔底管道时，其柔性应满足有关标准或规范的要求。尤其是塔底抽出管道和泵相连时，管道应短且少拐弯，又需有足够的柔性以减少泵管口受力，见图 4.55。

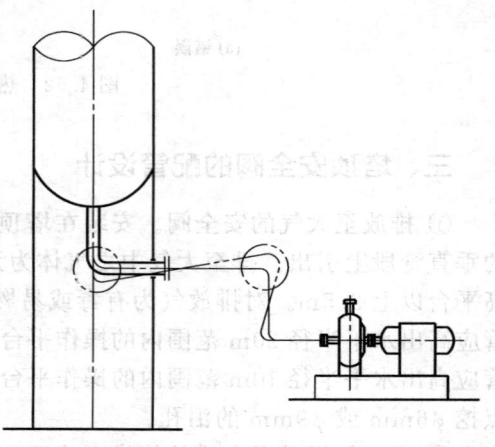

图 4.55　塔底管道运行时的变形

③ 塔底抽出线应引至塔裙或底座外，塔裙内严禁设置法兰或仪表接头等管件。塔底到塔底泵的抽出管道在水平管段上不得有"袋形"，应是"步步低"，以免塔底泵产生汽蚀现象。抽出管上的隔断阀应尽量靠近塔体，并便于操作。

④ 除非是辅助再沸器，或者是两个以上并联的再沸器同时操作，而且要求在较宽的范围内调节其热负荷，塔底到再沸器的管道一般不设阀门。塔底釜式再沸器带有离心泵时，再沸器

的标高应满足离心泵所需要的有效汽蚀余量,同时使塔底液面与再沸器液面的高差所形成的静压头足以克服降液管、再沸器和升气管的压力损失。因此,管道的布置应在满足柔性要求的同时,管道应短,弯头应少,见图4.56。

⑤ 油品温度较高、凝固点较高的塔底管道由塔裙座引出后,应在尽可能靠近裙座的地方装切断阀和放净阀。此管线是向下热胀,如设管架,必须设弹簧支架,见图4.57。

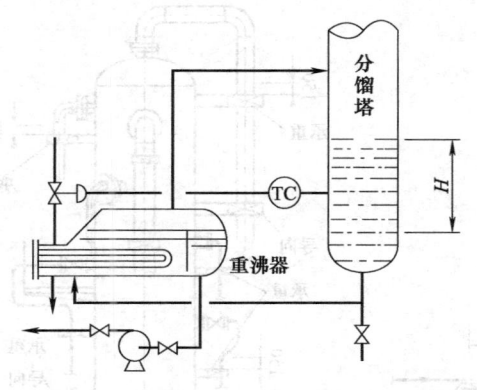

图4.56 塔底到再沸器管道的布置

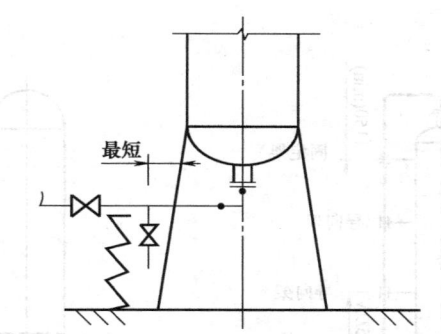

图4.57 油品及凝固点较高的塔底管道

⑥ 塔和换热器底部连接管道的操作温度大于安装温度时,为防止管接口受力过大,应设弹簧管托。

⑦ 管线离开塔外壁的距离应考虑裙座的锥度,以免管线与裙座相碰。

七、塔上公用工程软管站的配管设计

① 塔上公用工程站应设在该塔的附近。软管站包括氮气、空气、蒸汽和水,从左到右排列,根据工艺需要可作取舍。

② 软管站的管径一般在 $DN20 \sim DN40$,宜采用 $DN25$。

③ 软管站不必每层平台都设,可根据具体情况按塔的高度设置。如果需要可在最高层和最低层平台上设软管挂钩,将胶管勾住,其余的平台可在其中一个平台上设软管挂钩。

④ 如蒸汽管的垂直管段较长时,要考虑热膨胀,可采用在不同层平台下拐弯的办法来解决。

⑤ 水管要考虑防冻,在其下部设放净阀。

⑥ 消防蒸汽,冲洗水快速接头等不应朝向操作者,且布置位置应尽量靠近平台入口侧,见图4.58。

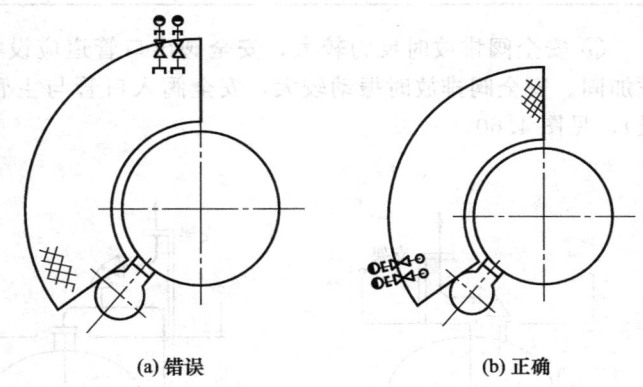

图4.58 消防蒸汽,冲洗水快速接头等的布置

八、塔管道支吊架的设计

① 附塔管道的支吊架在塔壁上生根。当塔的材质和支架材料相同时,支架焊在塔上,不能直接焊的,可先在塔上焊一个带螺栓孔的支架连接板,支架用螺栓与连接板连接。

② 承受管道重量的固定支架设在靠近管口的位置。塔顶气相管道的固定架距上部封头焊接最小150mm,其他支架为导向支架,塔器上的垂直管道的导向支架最大间距见表4.3。自

上而下最后一个导向架距水平管道宜大于 25 倍管径。当沿塔壁垂直管段热位移量大时,其水平管段应设弹簧支架,如果热位移量不大,此处可设导向支架,见图 4.59。

塔回流线与塔壁的温差较大时,所产生的相对伸长量也大,在水平管段上的第一个支架有垂直位移,应设弹簧支架。如果 L 较长,见图 4.59 (b),足够吸收相对伸长量时,可设导向管卡(限制支架,垂直位移)。

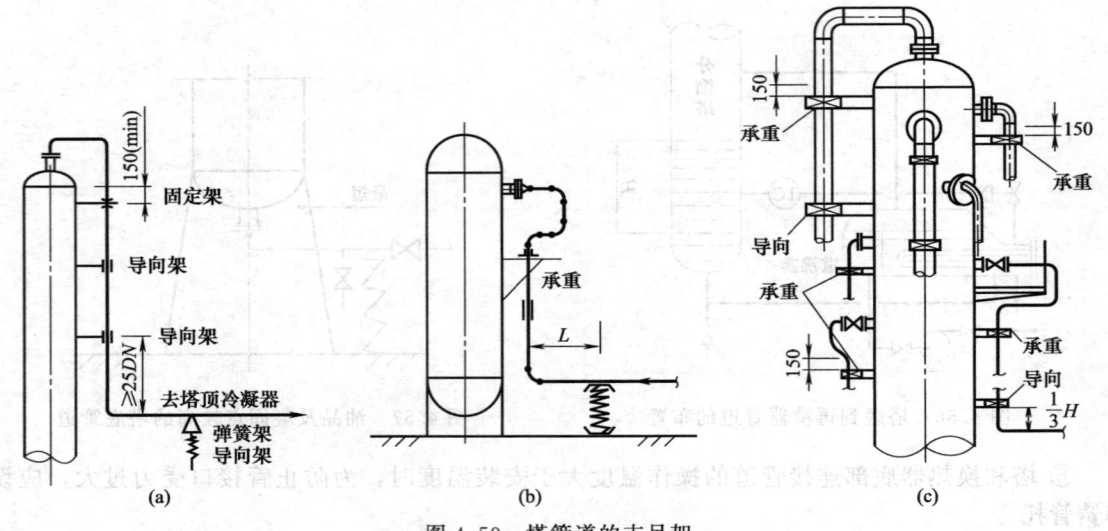

图 4.59 塔管道的支吊架

表 4.3 塔器上的垂直管道的导向支架最大间距 H

管径 DN/mm	15	20	25	40	50	80	100	150	200	250	300	350	400	600	800
最大间距/m	3.5	4	4.5	5.5	6	7	8	9	10	11	12	13	14	16	18

③ 安全阀排放时反力较大,安全阀出口管道应设牢固的支架。支架所在的塔平台需要考虑加固。安全阀排放时振动较大,安全阀入口管与主管连接处必要时采取加强支架(拉筋加强),见图 4.60。

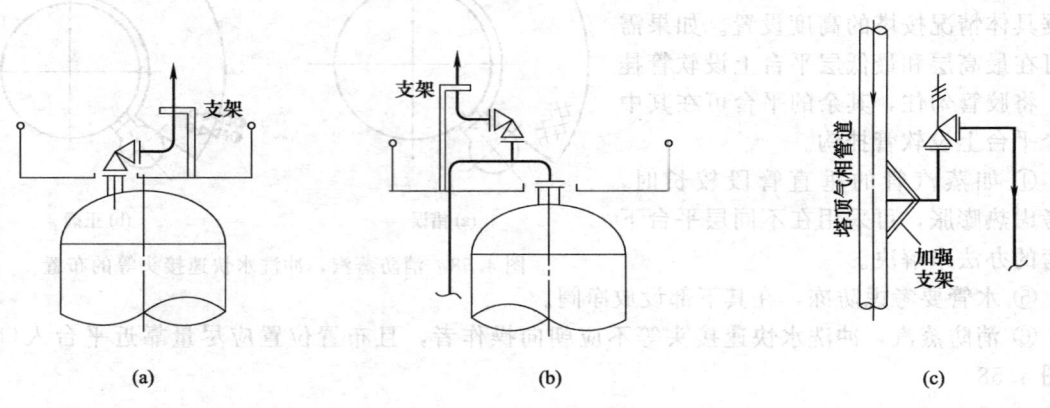

图 4.60 安全阀出口支架

④ 塔与其他设备底部连接的管线,一般操作温度大于安装时温度,为防止管口受力过大,宜设弹簧管托,见图 4.61。

工程应用:某塔管道的配管设计实例一

某塔管道的配管设计见图 4.62。

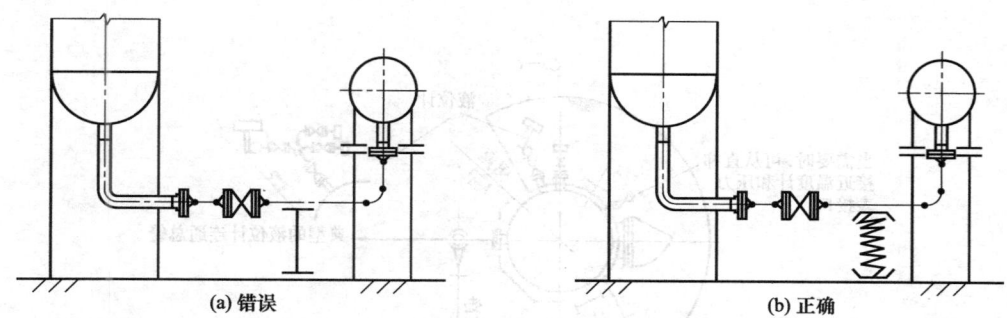

(a) 错误　　　　　　　　　　(b) 正确

图 4.61　塔与其他设备底部连接的管线设计

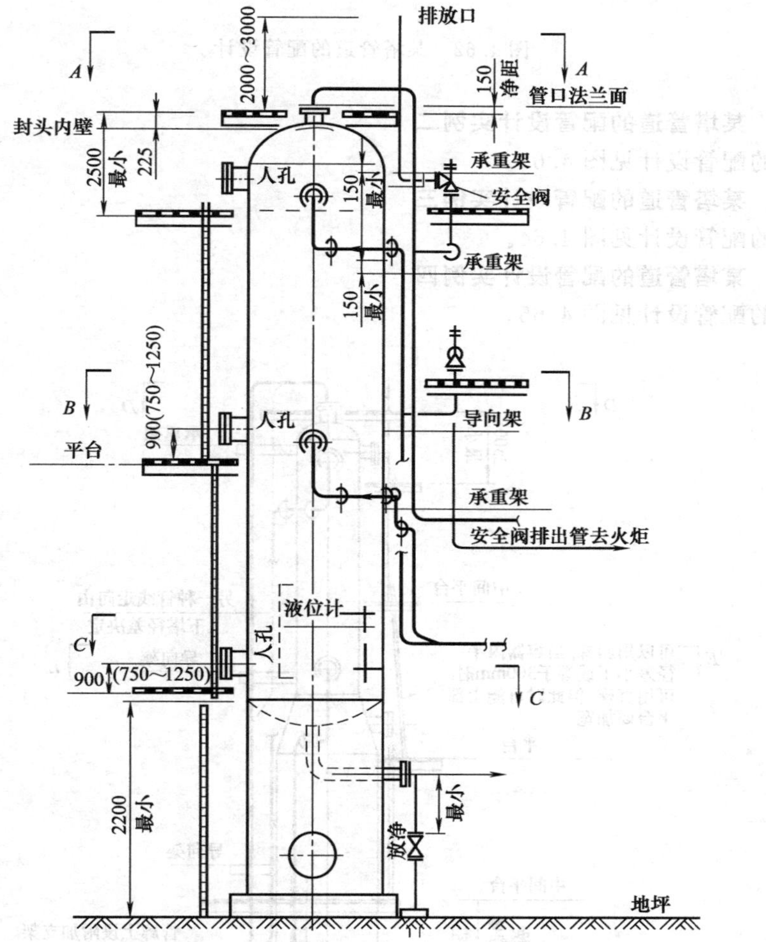

图 4.62

图 4.62 某塔管道的配管设计

工程应用：某塔管道的配管设计实例二
某塔管道的配管设计见图 4.63。

工程应用：某塔管道的配管设计实例三
某塔管道的配管设计见图 4.64。

工程应用：某塔管道的配管设计实例四
某塔管道的配管设计见图 4.65。

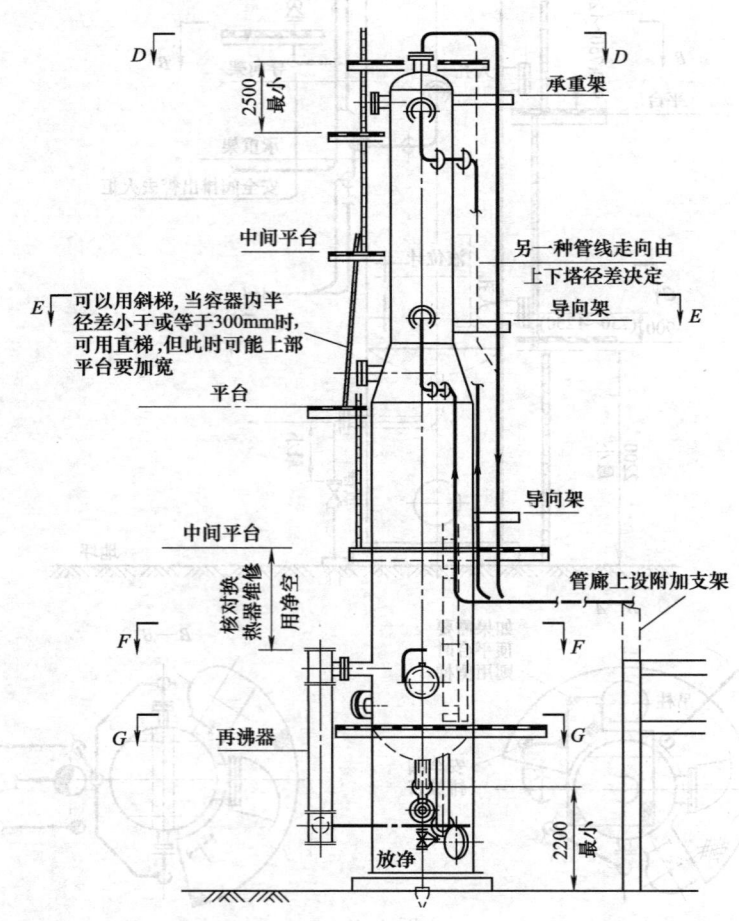

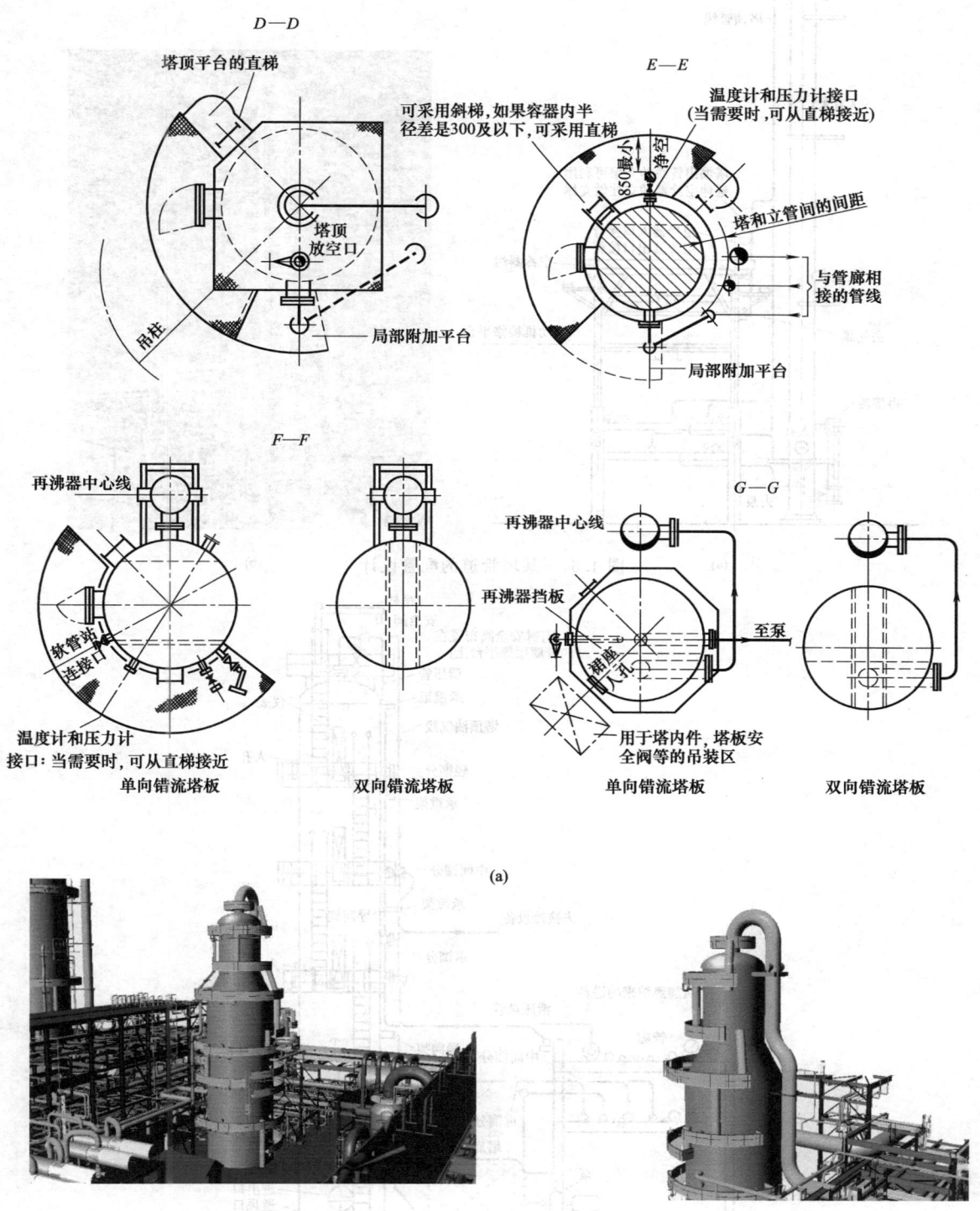

图 4.63 某塔管道的配管设计

(a) 图 4.64 某塔管道的配管设计 (b)

(a) 某塔管道的配管设计立面示意图

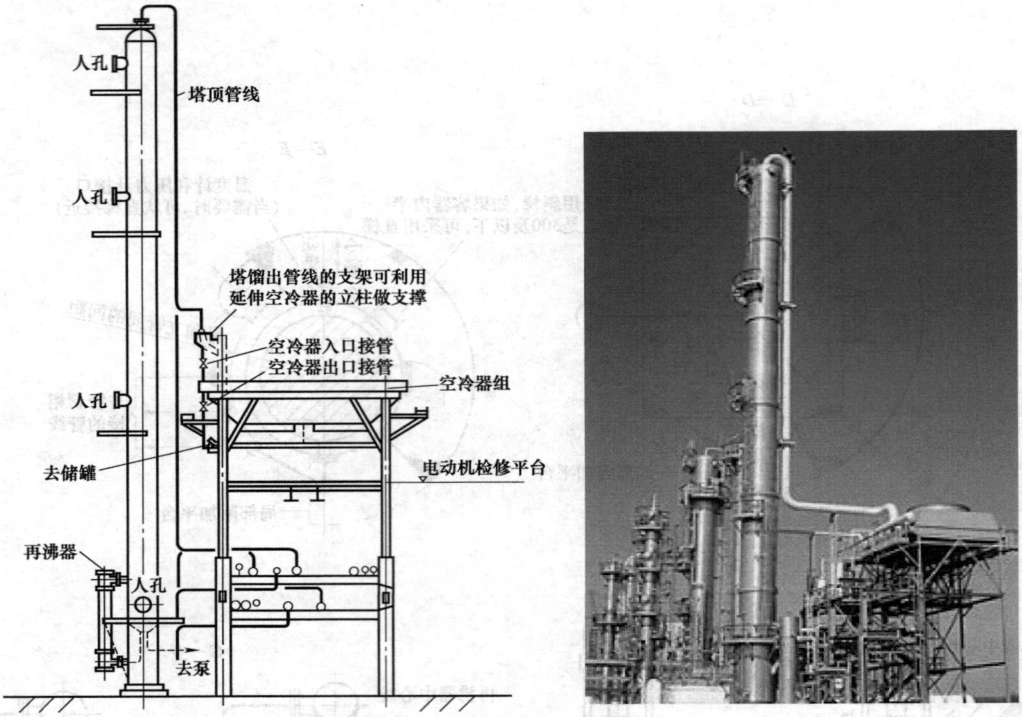

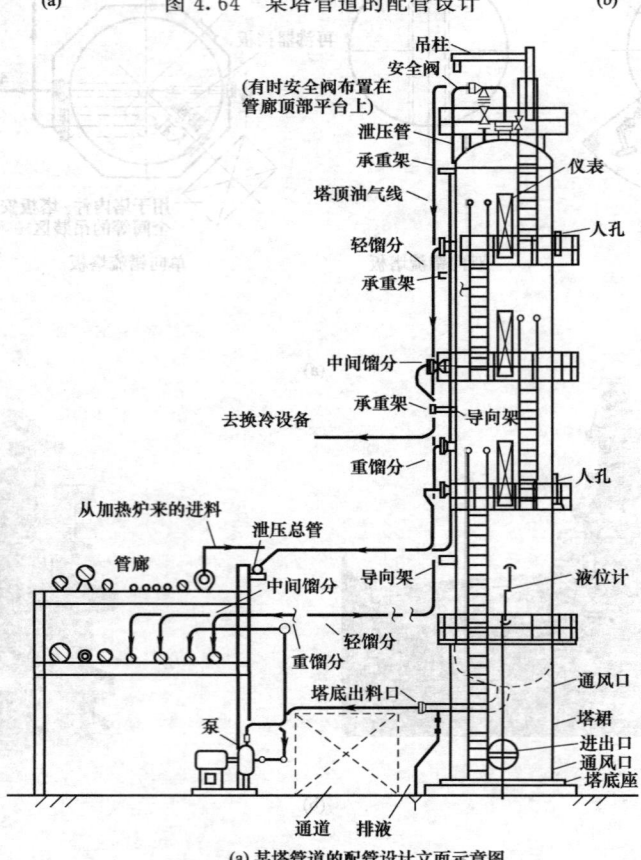

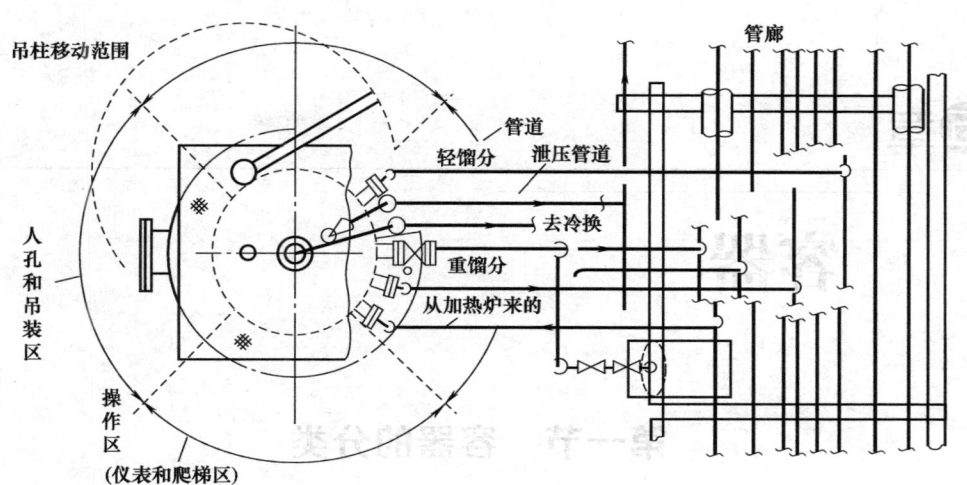

(b) 某塔管道配管设计平面示意图

图 4.65 某塔管道的配管设计示意图

第五章

容器

第一节 容器的分类

一、容器的分类

容器是用来分离、储存、缓冲的设备,通常有以下划分方法。

① 按制造方法分为:焊接容器、锻造容器、热套容器、多层包扎式容器、绕带式容器、组合容器等。

② 按制造材料分为:钢制容器、有色金属容器、非金属容器等。

③ 按几何形状分为:圆筒形容器、球形容器、矩形容器、组合式容器等。

④ 按安装方式分为:立式容器、卧式容器等。

⑤ 按受压情况分为:内压容器、外压容器等。

⑥ 按壁厚分为:薄壁容器、厚壁容器。

⑦ 按工艺过程中作用原理分为:反应容器(代号 R)、换热容器(代号 E)、分离容器(代号 S)、储存容器(代号 C,其中球罐代号 B)。

⑧ 按操作温度分为:(1) 低温容器($t \leqslant -20℃$);(2) 常温容器($-20℃ < t < 150℃$);(3) 中温容器($150℃ \leqslant t < 450℃$);(4) 高温容器($t \geqslant 450℃$)。

⑨ 按设计压力分为:低压容器(代号 L),$0.1MPa \leqslant p < 1.6MPa$;中压容器(代号 M),$1.6MPa \leqslant p < 10MPa$;高压容器(代号 H),$10MPa \leqslant p < 100MPa$;超高压容器(代号 U),$p \geqslant 100MPa$。

⑩ 按使用方式可分为:固定式和移动式压力容器。

⑪ 按结构分为:可拆结构和不可拆结构容器。

⑫ 按 TSG R1001《压力容器压力管道设计许可规则》分为以下几种。

a. A 级:A1 级指超高压容器、高压容器(注明单层、多层);A2 级指第三类低、中压容器;A3 级指球形储罐;A4 级指非金属压力容器。

b. C 级:C1 级指铁路罐车;C2 级指汽车罐车或长管拖车;C3 级指罐式集装箱。

c. D 级:D1 级指第一类压力容器;D2 级指第二类压力容器。

d. SAD 级:指压力容器应力分析设计。

注:不属于《压力容器安全技术监察规程》、《超高压容器安全技术监察规程》范围的压力容器,其设计单位至少应当取得压力容器 A 级、C 级或 D 级中任一级别的许可。

第Ⅰ、Ⅱ、Ⅲ类压力容器的划分方法参见 TSG R0004《固定式压力容器安全技术监察规程》。

二、容器的组成

容器一般包括:筒体(又称壳体)、封头(又称端盖)、法兰、密封元件、开孔与接管(人孔、手孔、视镜孔、物料进出口接管、流量计、安全附件等）、支座以及其他内件。安全附件，包括直接连接在压力容器上的安全阀、爆破片装置、紧急切断装置、安全联锁装置、压力表、液位计、测温仪表等。容器的组成如图 5.1 所示。

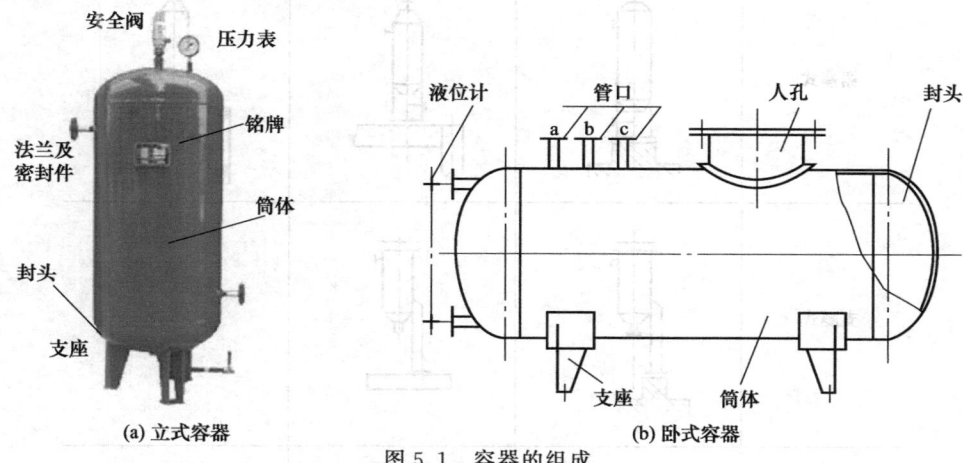

图 5.1　容器的组成

压力容器本体界定在下列范围内：压力容器与外部管道或者装置焊接连接的第一道环向接头的坡口面、螺纹连接的第一个螺纹接头端面、法兰连接的第一个法兰密封面、专用连接件或者管件连接的第一个密封面；压力容器开孔部分的承压盖及其紧固件；非受压元件与压力容器的连接焊缝。

三、容器的典型工艺管道和仪表流程图

① 容器的典型工艺管道和仪表流程图见图 5.2。

② 在工艺专业设计确定卧式压力容器尺寸时，尽可能选用相同长度不同直径的压力容器，以利于设备布置。

第二节　容器的布置

一、容器布置的一般要求

① 容器一般布置在地面上或框架上，应根据容器的功能、工艺过程、形状、大小和经济性等因素来确定是布置在地面上还是框架上。

② 容器的布置位置和支承方法分类形式见图 5.3。容器一般布置在地面

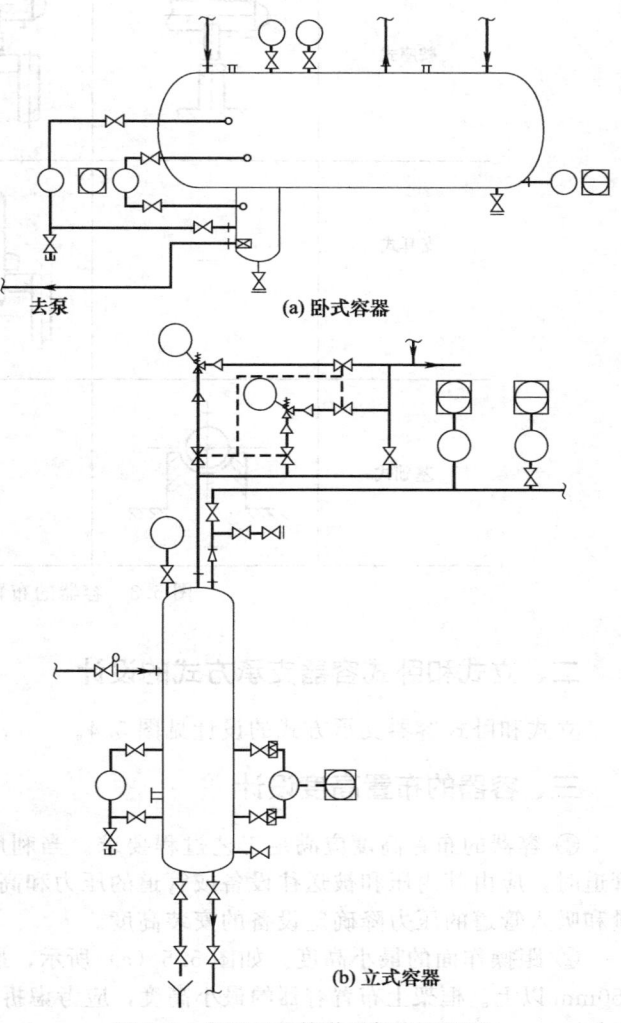

图 5.2　容器工艺管道和仪表流程图

以上，有时布置在地面以下的坑内，或者直接埋地布置。

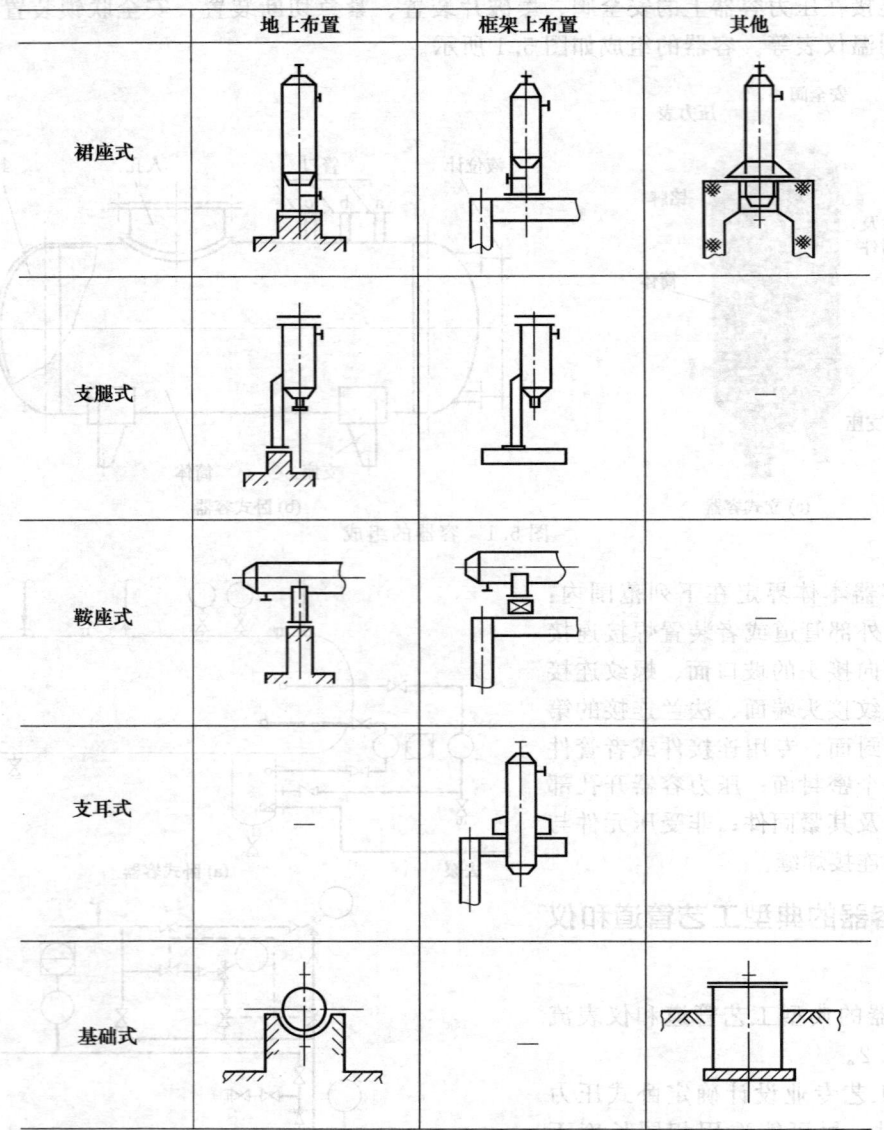

图 5.3 容器的布置形式

二、立式和卧式容器支承方式的设计

立式和卧式容器支承方式的设计见图 5.4。

三、容器的布置高度设计

① 容器的布置高度应满足工艺过程要求。当利用内压或流体重力将物料送往其他设备或管道时，应由其内压和被送往设备或管道的压力和高度确定；当用泵抽吸时，应由泵的汽蚀余量和吸入管道的压力降确定设备的安装高度。

② 距操作面的最小高度。如图 5.5（a）所示，最小安装高度，应使放净阀端与操作面间距 150mm 以上。框架上布置容器的最小高度，应考虑拆卸管口法兰的螺栓，操作面与法兰面间距应在 200mm 以上，见图 5.5（b）、（c）。

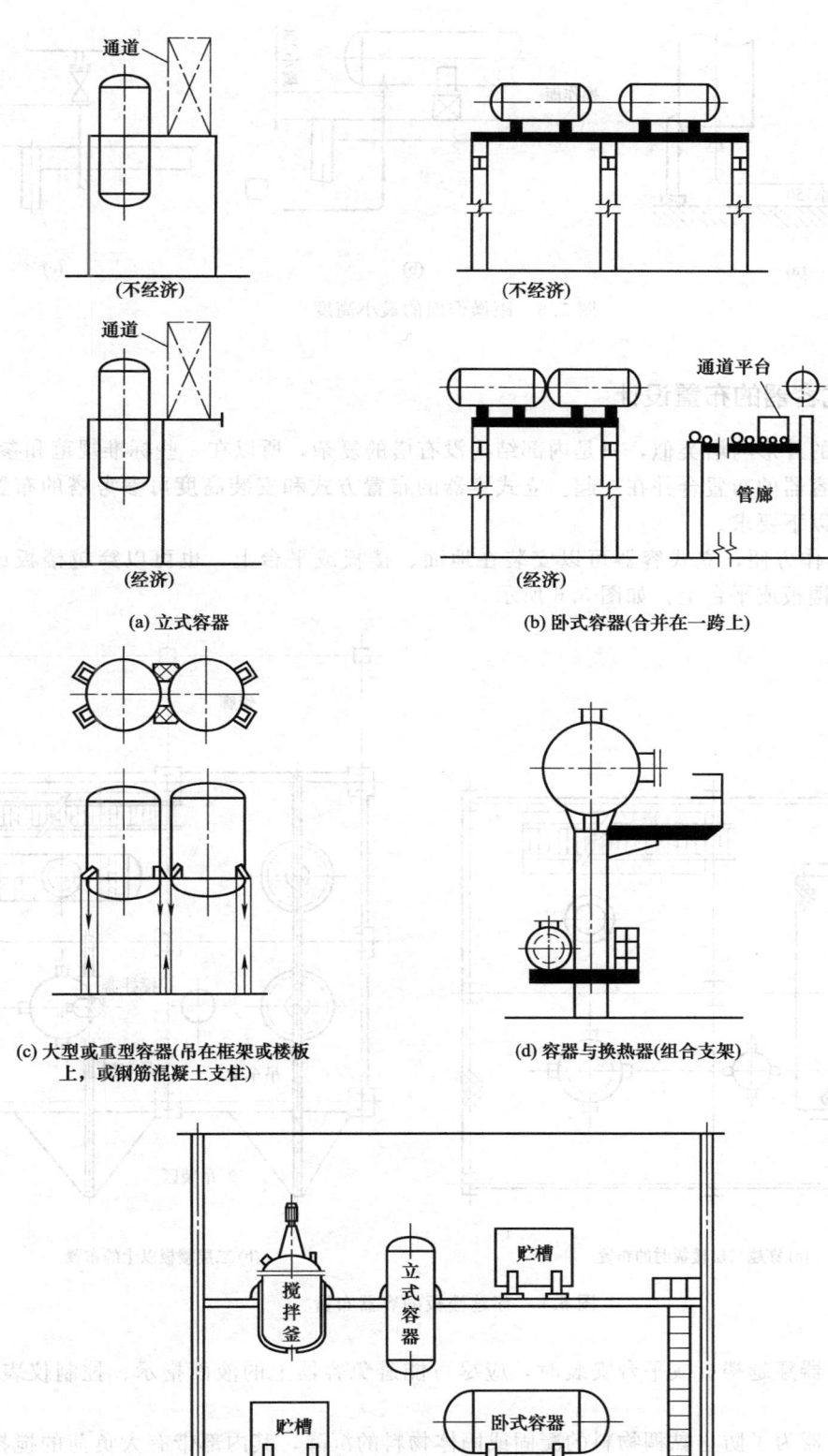

图 5.4 立式和卧式容器支承方式的设计

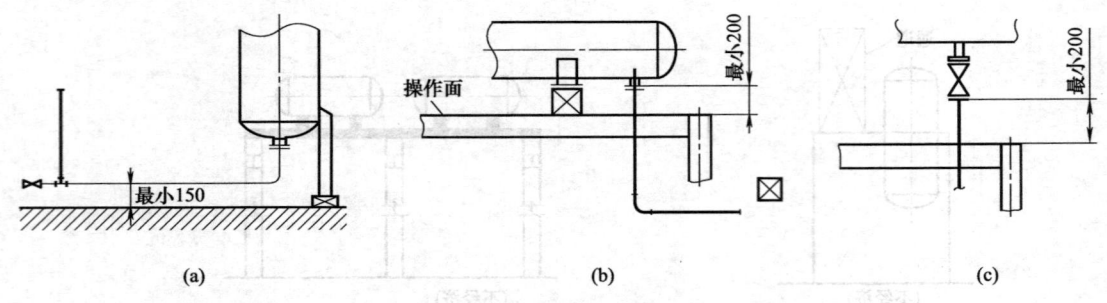

图 5.5　距操作面的最小高度

四、立式容器的布置设计

立式容器的外形与塔类似，只是内部结构没有塔的复杂，所以在一些标准规范和参考资料中，塔和立式容器的布置合并在一起。立式容器的布置方式和安装高度可参考塔的布置要求，另外还应考虑以下要求。

① 为了操作方便，立式容器可以安装在地面、楼板或平台上，也可以穿越楼板或平台，用支耳支撑在楼板或平台上，如图 5.6 所示。

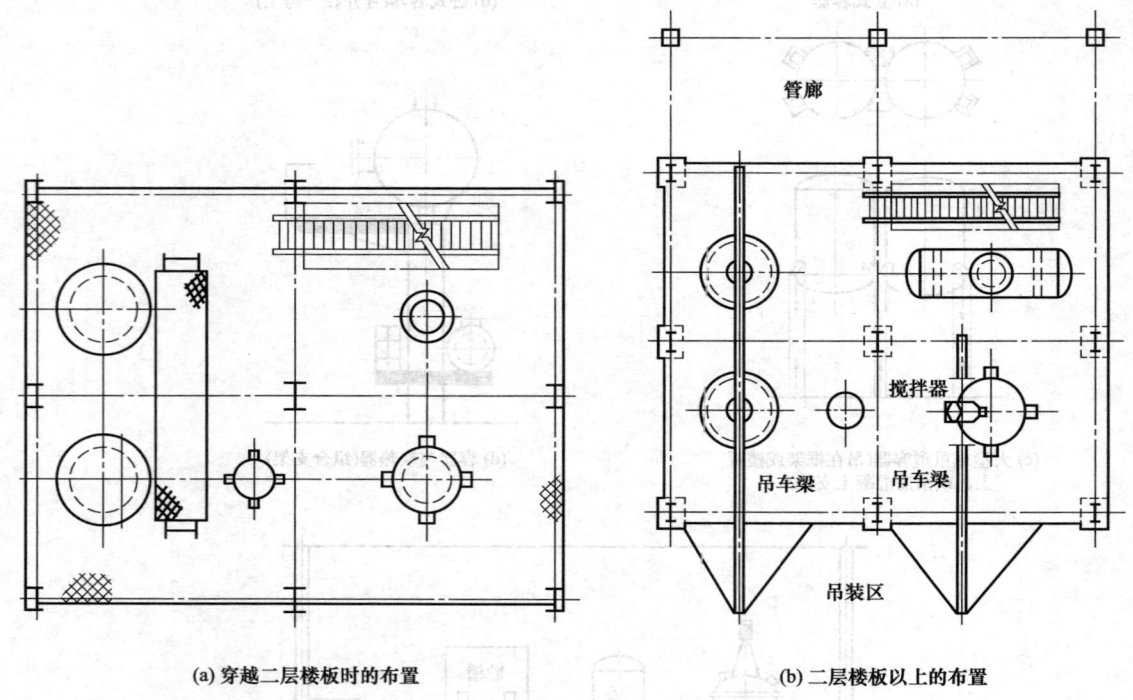

(a) 穿越二层楼板时的布置　　　　　　　　(b) 二层楼板以上的布置

图 5.6　穿越楼板的容器布置

② 立式容器穿越楼板或平台安装时，应尽可能避免容器上的液面指示、控制仪表也穿越楼板或平台。

③ 立式容器为了防止黏稠物料的凝固或固体物料的沉降，其内部带有大负荷的搅拌器时，为了避免振动影响，应尽可能从地面设置支撑结构，如图 5.7 所示。

④ 对于顶部开口的立式容器，需要人工加料时，加料点的高度不宜高出楼板或平台 1m，如高出 1m 时，应考虑设加料平台或台阶。

五、立式容器支腿和裙座的设计

① 立式压力容器可以布置在地面上、布置在建筑物上、穿过楼板或平台用支耳支撑在楼板或平台上。

② 在设计初期，确定立式容器的内径和切线高度之后，容器采用裙座支耳或支腿中的哪一种方式支撑，应满足工艺操作和布置要求。单从设备的支撑要求来看，最佳方案可以参照以下经验做法。

a. 在常温条件下满足图 5.8 所示三个条件可用支腿支撑。

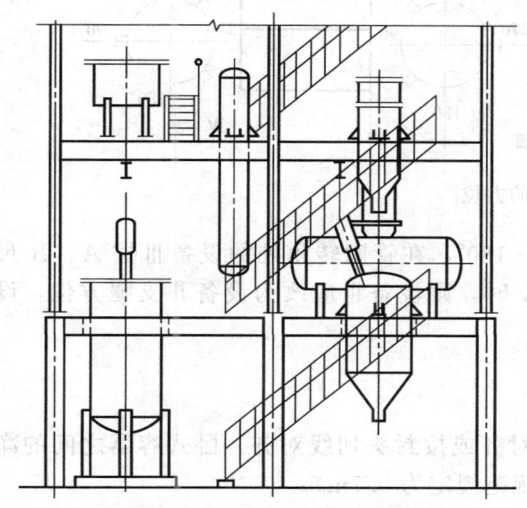

图 5.7 立式容器从地面设置支撑结构

注：1. 顶部开口的立式容器，需要人工加料时，加料点不能高出楼板或平台 1m，如超过 1m，要另设加料平台或台阶。

2. 为了便于装卸电动机和搅拌器，需设吊车梁。

3. 应校核取出搅拌器的最小净空。

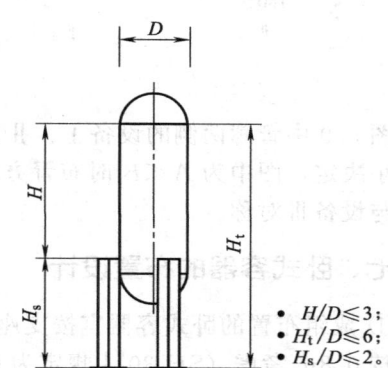

图 5.8 立式容器支腿示意图

- $H/D \leqslant 3$；
- $H_t/D \leqslant 6$；
- $H_s/D \leqslant 2$。

D—内径 m；H—切线高，m；

H_s—支腿高，m；H_t—切线高与支腿高之和，m

b. 立式容器内径小于等于 1m 时可用 3 个支腿；大于 1m 时用 4 个支腿较好。

c. 压缩机气液分离罐的支撑不宜采用支腿。

d. 立式容器采用裙座支撑时，裙座的高度除应满足工艺操作和设备结构设计要求之外，在容器内介质温度较高时，裙座的高度尚应考虑散热要求。表 5.1 列出了裙座最低高度经验数据，供参考。

表 5.1 裙座最佳高度数据表 m

容器内径/m	操作温度/℃				
	不保温	保温			
	<200	200~<250	250~<300	300~<350	350~450
0.6~1.2	1.2	1.4	1.5	1.65	1.8
>1.2~1.8	1.35				
>1.8~2.4	1.50				
>2.4~3.0	1.65				
>3.0~3.6	1.65				
>3.6~4.8	1.80				

六、立式容器支腿布置方位的设计

立式容器支腿为 3 个时，支腿的方位应按下述常用的设备布置设计规定或根据管道布置需要而定，见图 5.9。

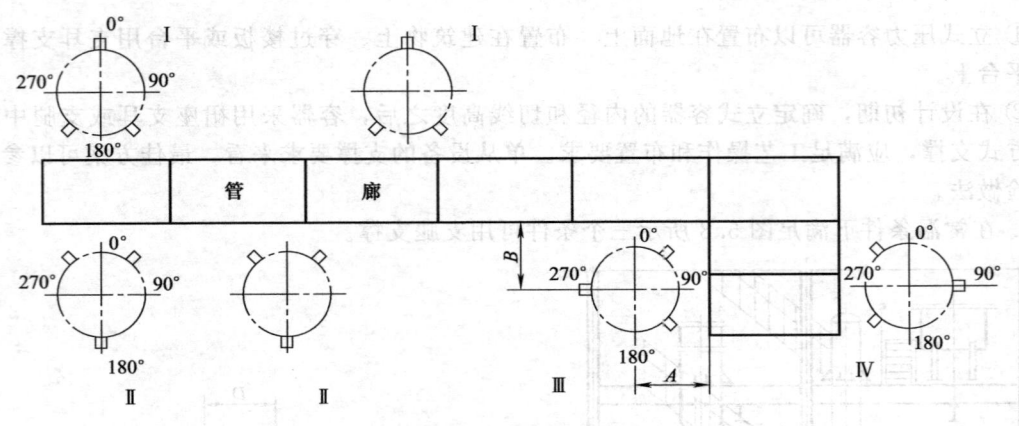

图 5.9 支腿的方位

图 5.9 中管廊两侧的设备Ⅰ、Ⅱ支腿方位相差 180°，在管廊转角处的设备Ⅲ按 A、B 尺寸大小决定，图中为 $A<B$ 时布置方法。若 $B>A$ 时，则设备Ⅲ应改为设备Ⅱ支腿方位，设备Ⅳ与设备Ⅲ对称。

七、卧式容器的布置设计

① 成组布置的卧式容器宜按支座基础中心线对齐或按封头切线对齐。卧式容器之间的净距可按 0.8m 考虑（SH 3011 规定为 0.8m，有的规范规定为 0.7m）。

② 在工艺设计中确定卧式容器尺寸时，尽可能选用相同长度不同直径的容器，以利于设备布置。

③ 确定卧式容器的安装高度时，除应满足物料重力流或泵吸入高度等要求外，还应满足下列要求。

a. 容器下有集液包时，应有集液包的操作和检测仪表所需的足够高度。

b. 容器下方需设通道时，容器底部配管与地面净空不应小于 2.2m。

c. 不同直径的卧式容器成组布置在地面或同一层楼板或平台上时，直径较小的卧式容器中心线标高需要适当提高，使与直径较大的卧式容器筒体顶面标高一致，以便于设置联合平台。

d. 布置在构架内的容器，其安装高度应考虑操作平台、阀门和仪表等操作需要的空间。

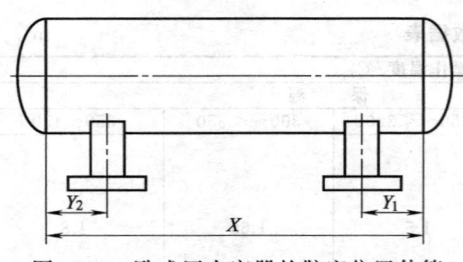

图 5.10 卧式压力容器的鞍座位置估算

④ 当没有设备的详细资料进行设备布置时，卧式压力容器的鞍座的安装位置可参照图 5.10。$Y_1=Y_2=15\%X$。

⑤ 温度的变化会引起容器的膨胀，因此鞍座的一端要设计为固定端，而另一端则为滑动端。一般情况下靠近管廊一端为固定端。滑动端的混凝土基础要预先埋一块钢板，以减少摩擦，保护混凝土基础。

⑥ 卧式容器在地下坑内布置，应妥善处理坑内的积水和有毒、易爆、可燃介质的积聚，坑内尺寸应满足容器的操作和检修要求，见图 5.11，卧式容器在地下坑内布置，还需考虑以下因素。

a. 对多雨地区可考虑在地坑上部设置雨棚或布置构架的底层。

b. 对有毒、易燃、易爆介质可采用坑内填沙。

c. 对于可燃介质可在地坑底部设有空气或蒸汽吹扫的筛孔管。

(a) 坑上部设置了篷子

(b) 坑上部没有设置篷子

图 5.11　卧式容器在地下坑内布置

八、容器布置的取齐方式设计

1. 卧式容器的布置取齐方式

① 中心线取齐。地面上的卧式容器与立式设备采用中心线对齐布置，见图 5.12（a）。

② 切线取齐。2 台以上的卧式容器采用此对齐方式，见图 5.12（b）。

③ 支座取齐。2 台以上的卧式容器布置在同一框架上时，采用此对齐方式是为了简化框架结构，见图 5.12（c）。

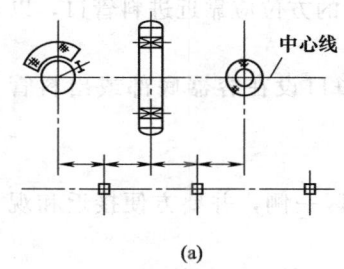

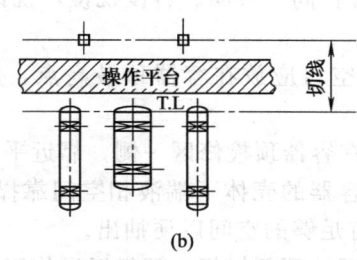

(a)　　　　　　　　　　(b)　　　　　　　　　　(c)

图 5.12　卧式容器的布置取齐方式

2. 立式容器的布置取齐方式

立式容器与其周围的设备一般采用同一中收线取齐布置，见图 5.13。

九、沿管廊布置的立式容器与管廊的间距

沿管廊布置的塔和立式容器与管廊的间距，按下列要求确定：在塔与管廊之间布置泵时，应按泵的操作、维修和配管要求确定；塔与管廊之间不布置泵时，塔外壁与管架立柱中心线之间的距离不宜小于 3m。

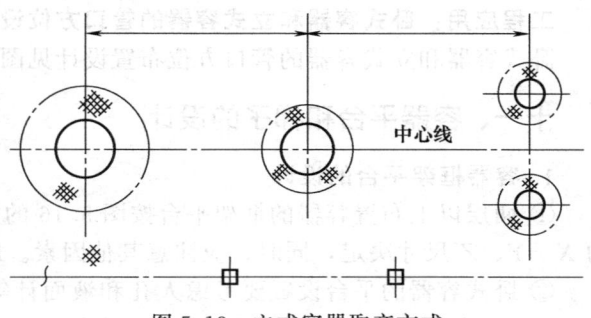

图 5.13　立式容器取齐方式

十、容器的管口方位设计

① 容器的管口方位应考虑设备的整体布置，必须达到下述各项要求：满足工艺过程要求；

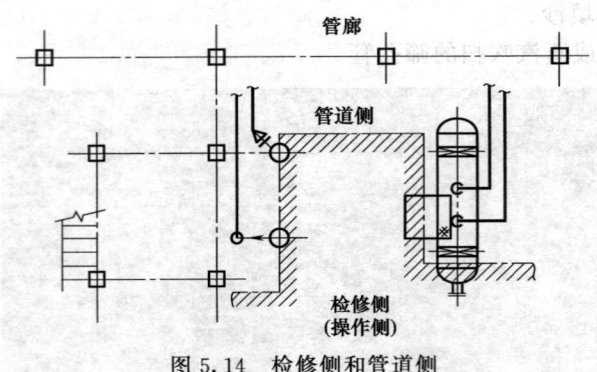

图 5.14　检修侧和管道侧

容易操作；容易维修；经济；美观。

② 检修侧和管道侧划分。容器附近的空间分为维修所需的检修侧和管道布置所需的管道侧，如图 5.14 所示。整体布置上应做到操作、维修方便，外观整齐、美观。

检修侧内设置管口和附件：人孔、手孔、检查孔；仪表管口；吹扫管口（氮气、水蒸气）；铭牌；吊柱。

管道侧内设置与管道相接的管口。

③ 卧式容器上的进口管口和出口管口距离应尽量远。卧式容器出口管口应朝向泵侧设置。卧式容器的排凝管口设在流体出口的反方向。卧式容器的安全阀、压力表和放空等管口，统一设在容器顶部。卧式容器的人孔原则上设在容器顶部或封头处。卧式容器原则上将出口管口端的鞍座固定。进口管设在顶部时，对易燃易爆介质必须将进口管伸到罐内离底部 200~300mm 处，以防静电发生事故。对于需要保持一定液封的进口管，在罐内应设立管和液封板。

④ 立式容器若用支耳支撑，并有梁下管口时，应特别注意高度和方向。

⑤ 人孔盖和人孔吊柱原则上设在人孔的右侧，但是若便于操作时，也可改在左侧。容器上面的人孔可设在顶部，下面的人孔可设在罐下端侧面，且两个人孔宜相对布置，互成 180°，以利检修时通风换气。

⑥ 容器进出物料管口：进料口可设在容器顶部或上端侧面，出料口一般设在容器底部或下端侧面，进出物料管口不宜布置在同一方向。若设视镜，视镜口的方位应靠近进料管口，以便观察进料情况。

⑦ 容器放空、放净管口：放空口应放在容器顶最高点，放净口设在容器底部或出料管线上。

⑧ 容器安全阀管口：应布置在容器顶检修区一侧，靠近平台。

⑨ 容器温度计管口：布置在容器的壳体下端液相空间靠操作区一侧，并要方便接近和观察。对使用热电偶的情况，要留有足够的空间以便抽出。

⑩ 容器压力计管口：布置在罐的顶部气相空间靠近操作区一侧，并要方便接近和观察。

⑪ 容器液面计和高低液位报警器管口：液面计的布置与选用的仪表类型有关，其上管口可设在罐顶部或壳体上端侧面，下管口设在壳体下端，且应布置在操作区方便观察的位置。要特别注意与楼板和平台的关系，如果正好在楼板或平台中间则不便于观察。

工程应用：卧式容器和立式容器的管口方位设计

卧式容器和立式容器的管口方位布置设计见图 5.15。

十一、容器平台和梯子的设计

1. 容器框架平台的设计

① 两层以上布置容器的框架平台按图 5.16 的规定，并用梯子上下平台。框架的边由图中的 X、Y、Z 尺寸决定，同时，应注意其他因素。$Z \geqslant 600$mm。

② 卧式容器的平台设置要考虑人孔和液面计等操作因素。对于集中布置的卧式容器可设联合平台，如图 5.17（a）所示。顶部平台标高比顶部管口法兰面低 150mm，如图 5.17（b）所示。当液面计上部接口高度距地面或操作平台超过 3m 时，液面计可设在直梯附近。立式容器的独立平台见图 5.17（c），立式容器的联合平台见图 5.17（d）。

容器平台的生根方式见图 5.17(e)~(i)。图 5.17（j）是斜卧式容器的平台设计。

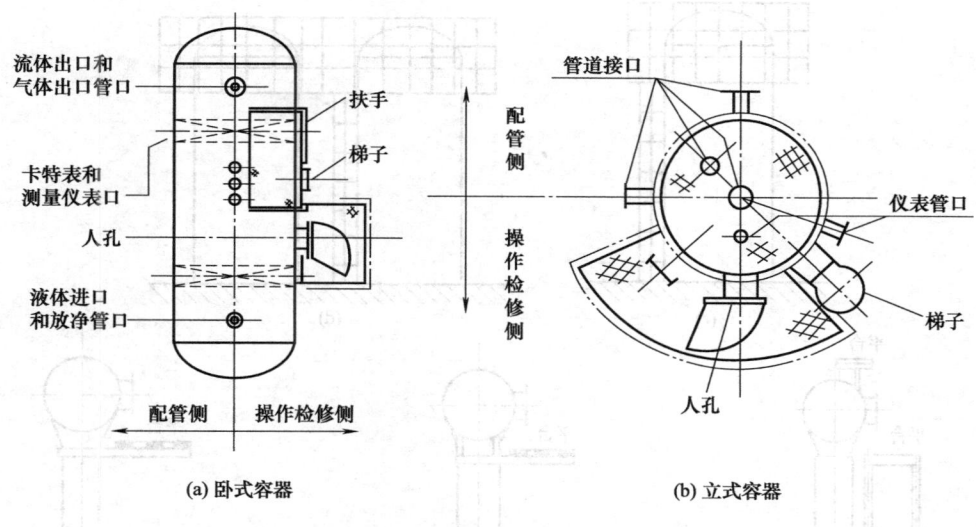

图 5.15 卧式容器和立式容器管口方位布置示意图

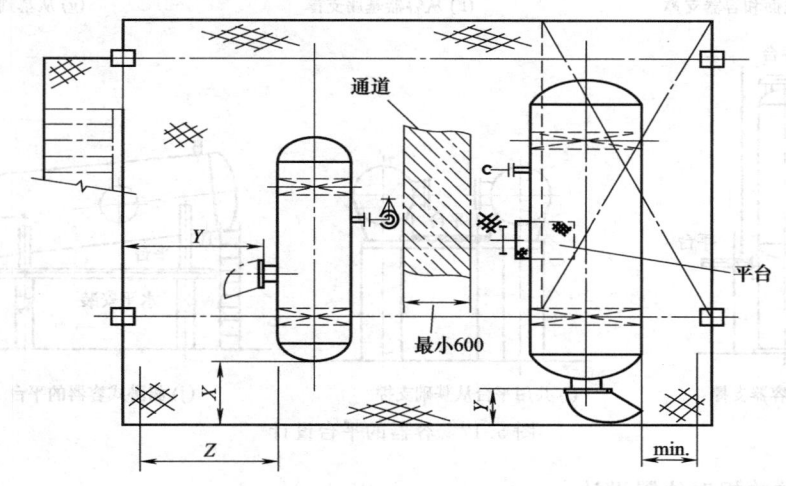

图 5.16 框架的大小设计
注：有保温、保冷、防火层时，按其外表面计算。

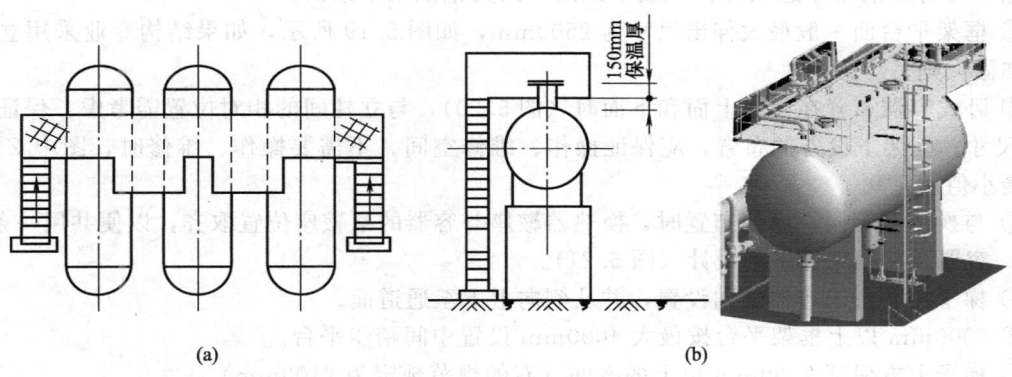

图 5.17

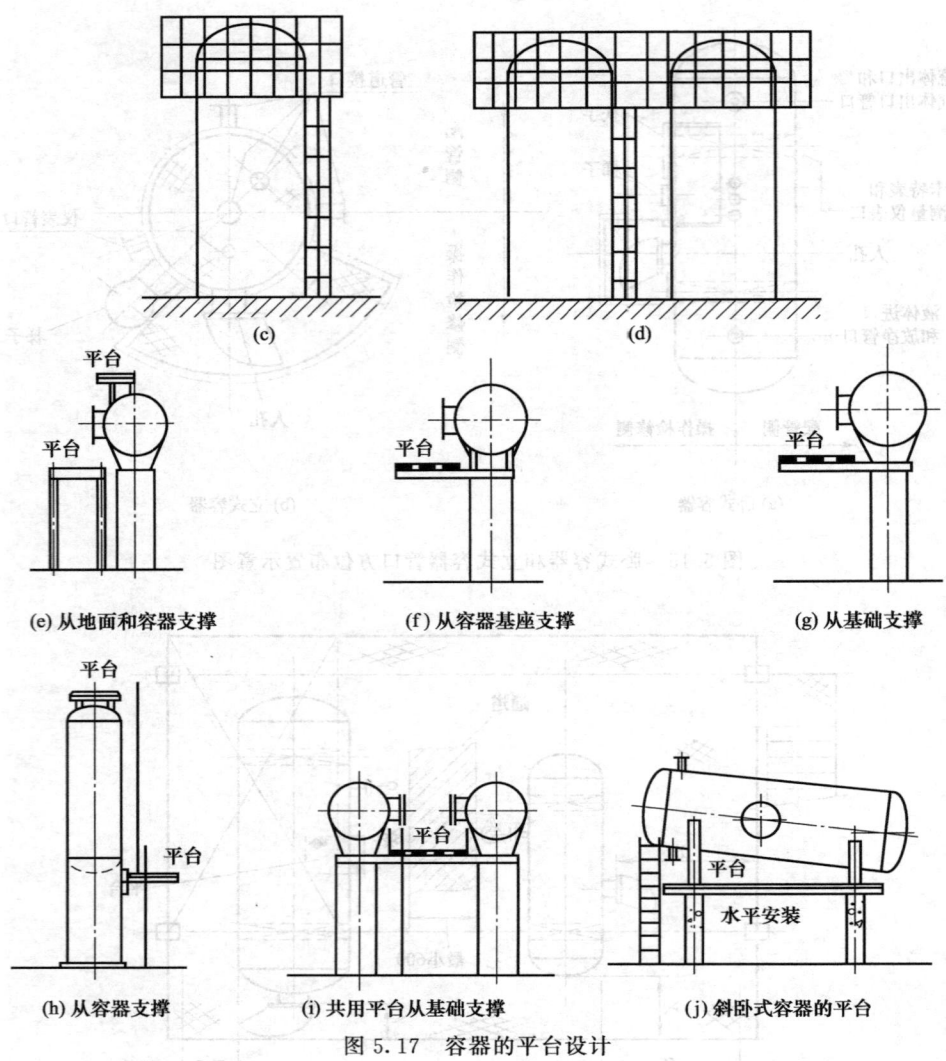

图 5.17 容器的平台设计

2. 框架立柱的相对位置设计

① 卧式容器轴向与框架柱的位置如图 5.18 所示。确定框架柱的位置时注意：鞍座与框架相同；鞍座与框架端柱的间距；框架端。原则上优先选取图 5.18 中立柱①的布置。对于立柱③，除非受管廊限制才选取外，一般不选用，因为钢框架不经济。

② 框架平台面一般最大伸出尺寸为 2500mm，如图 5.19 所示，如果结构专业采用立面斜支撑加固，则另考虑。

③ 卧式容器布置在框架上面和下面时（图 5.20），与立柱间的相对位置需考虑：保证图中的 Z 尺寸。框架下设备的布置，应保证操作、维修空间。不需要操作、维修时，图中 Z 尺寸可取最小值。

④ 与换热器等同一框架布置时，换热器鞍座与容器的某鞍座位置取齐，以便共用一条梁。

3. 容器及其框架梯子的设计（图 5.21）。

① 梯子按平行于容器轴向设置，并从侧向上下至通道面。

② 4000mm 以上框架平台按最大 4000mm 设置中间踏步平台。

③ 梯子上方保证 2200mm 以上的空间（有的规范规定为 2100mm）。

④ 梯子角度宜选用 45°，有效宽度按 750mm 规划。

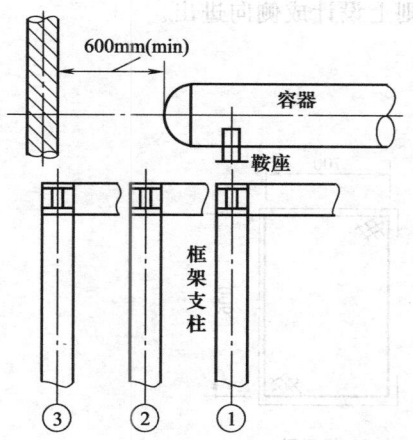
图 5.18　容器鞍座与立柱的位置立面示意图

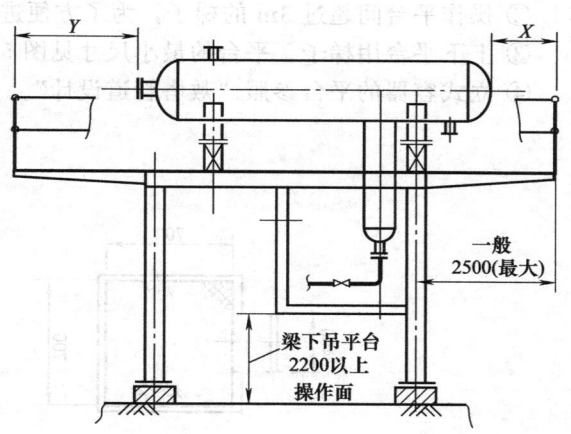
图 5.19　框架平台面设计

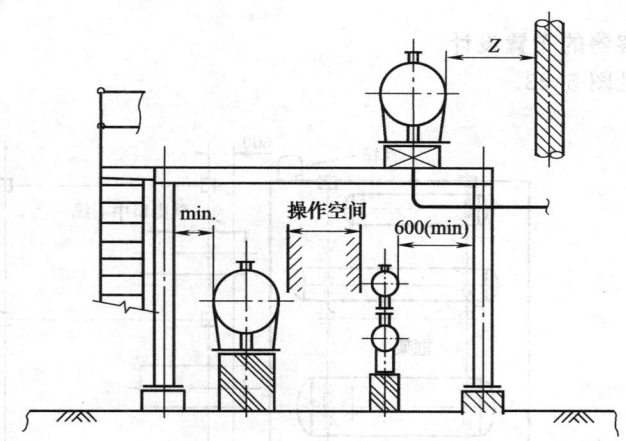
图 5.20　卧式容器垂直方向上的柱位置设计

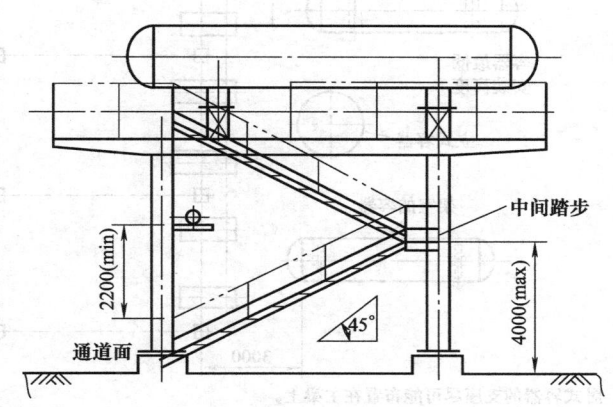
图 5.21　容器及其框架梯子的设计

4. 容器平台、梯子形式的设计

① 尺寸大于等于 3m 的操作平台上的阀（尺寸大于等于 2in）、人孔、安全阀和调节阀等，需设通道和检修场地。1½in 以下的阀、立管上的阀和仪表等的操作，可在梯子上操作。

② 操作平台间超过 3m 的梯子，为了方便进出，原则上设计成侧向进出。
③ 上下平台用梯子。平台的最小尺寸见图 5.22。
④ 立式容器的平台参照"敷塔管道设计"。

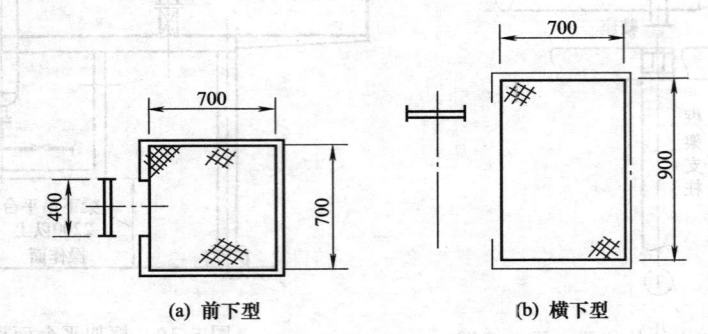

(a) 前下型　　(b) 横下型

图 5.22　容器平台最小尺寸及梯子形式的设计

工程应用：卧式容器的布置设计

卧式容器的布置见图 5.23。

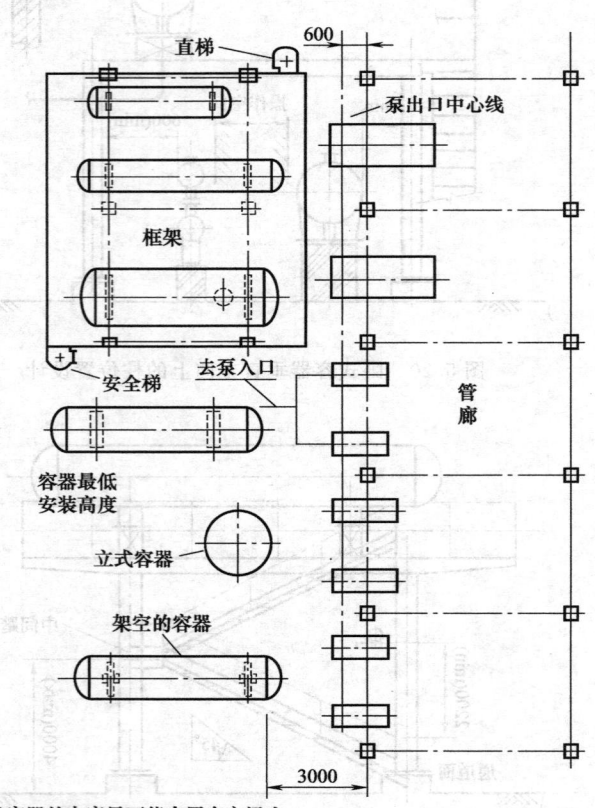

注：卧式容器的支座尽可能布置在主梁上。
　　由泵吸入的卧式容器的安装高度，
　　应校核泵的吸入要求高度。

图 5.23　卧式容器的布置示意图

工程应用：框架上容器的布置设计

框架上容器的布置见图 5.24。

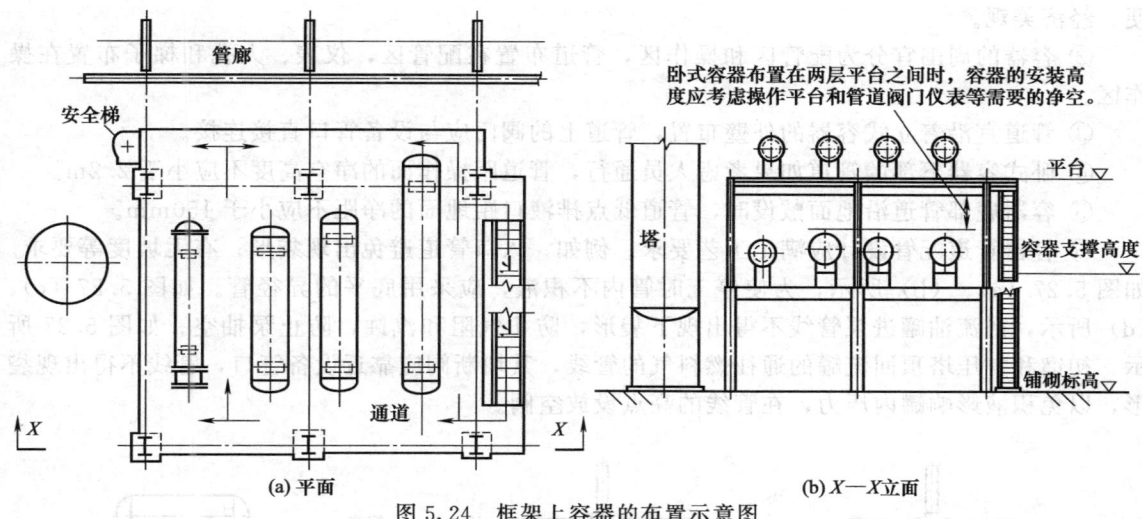

图 5.24 框架上容器的布置示意图

工程应用：容器的布置及高度设计

容器的布置及高度设计总结见图 5.25。

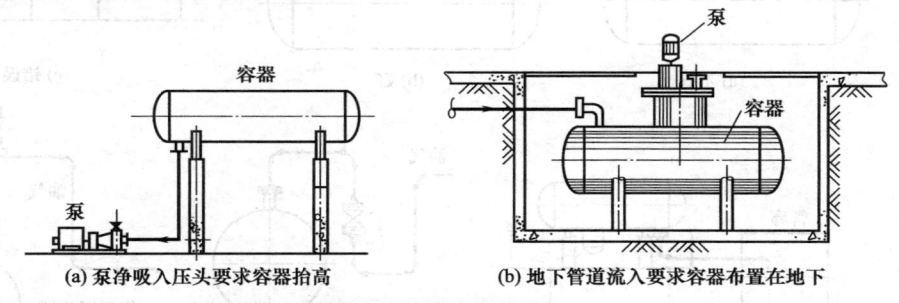

图 5.25 容器的布置及高度设计

工程应用：某卧式和立式容器平台的布置设计

某卧式和立式容器平台的布置设计见图 5.26。

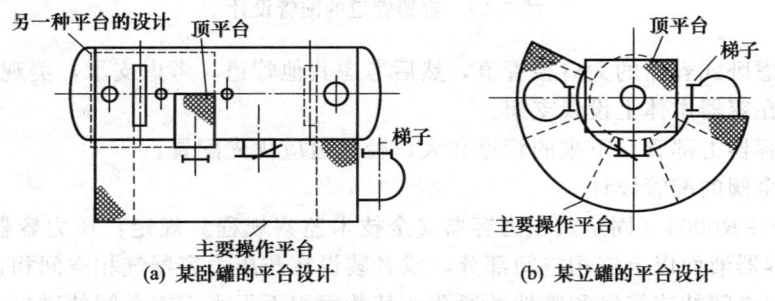

图 5.26 某卧式和立式容器平台的布置设计

第三节　容器管道的配管设计

一、容器管道配管设计的一般要求

① 一般容器管道受工艺过程和容器结构的约束因素较少，所以管道的敷设重点在操作方

便、经济美观。

② 容器的周围宜分为配管区和操作区，管道布置在配管区，仪表、人孔和梯子布置在操作区。

③ 管道宜沿着立式容器的外壁布置，管道上的阀门应与设备管口直接连接。

④ 卧式容器下部的管道如果考虑人员通行，管道距操作面的净空高度不应小于 2.2m。

⑤ 容器底部管道沿地面敷设时，管道低点排液口距地面的净距不应小于 150mm。

⑥ 容器管道配管设计应满足工艺要求。例如，入口管道避免出现袋形；有无坡度等要求。如图 5.27（a）、（b）所示，为使停工时管内不积液，应采用底平的异径管。如图 5.27（c）、(d) 所示，回流油罐进泵管线不得出现下袋形，防止气阻和汽蚀，防止泵抽空。如图 5.27 所示，初馏和常压塔顶回流罐的通往燃料气的管线，其切断阀应靠近设备管口，管线不得出现袋形，以免积液影响罐内压力，在管线的高点设放空阀。

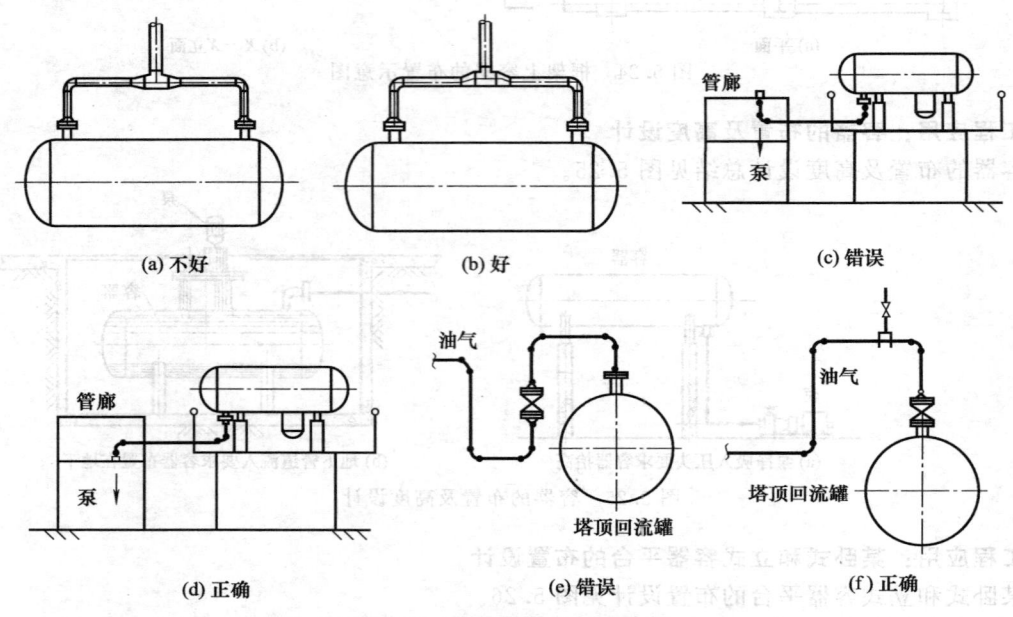

图 5.27　容器管道的配管设计

⑦ 优先考虑卧式容器的大口径管道，然后考虑其他管道，考虑支承，美观地敷设。

⑧ 管道可在容器本体上设置支架。

⑨ 从立式容器上部管口下来的管道和大口径管道应优先配置。

⑩ 容器安全阀的配管设计

a. 按照 TSG R0004《固定式压力容器安全技术监察规程》规定：压力容器安全阀应当竖直安装在压力容器液面以上气相空间部分，或者装设在与压力容器气相空间相连的管道上；压力容器与安全阀之间的连接管和管件的通孔，其截面积不得小于安全阀的进口截面积，其接管应当尽量短而直；压力容器一个连接口上装设两个或者两个以上安全阀时，则该连接口入口的截面积，应当至少等于这些安全阀的进口截面积总和；安全阀与压力容器之间一般不宜装设截止阀门；为实现安全阀的在线校验，可在安全阀与压力容器之间装设爆破片装置；对于盛装毒性程度为极度、高度、中度危害介质，易燃介质，腐蚀、黏性介质或者贵重介质的压力容器，为便于安全阀的清洗与更换，经过使用单位主管压力容器安全技术负责人批准，并且制定可靠的防范措施，方可在安全阀（爆破片装置）与压力容器之间装设截止阀门，压力容器正常运行期间截止阀门必须保证全开（加铅封或者锁定），截止阀门的结构和通径不得妨碍安全阀的安

全阀的安全泄放。

b. 容器安全阀设计安装位置靠近容器的主管位置，远距离设置时，要进行压降核算。

c. 安全阀跳动时，产生推力，应设计抗推力的支架。

d. 排向大气的喷出管口肘部设置泪孔，以便于液体和雨水排出。排放不要朝向通道口。

e. 多个安全阀相邻安装时，排出管采用集合管形式。

⑪ 立式容器若采用裙座式支撑，容器底部的所有管口应采用管线把接口法兰引到裙座外侧，裙座内不得安装法兰和阀门等，见图 5.28。

⑫ 受热作用的管道应考虑其柔性要求。例如，与离心压缩机相接的管道；仪表用的较长连接管。

⑬ 产生振动的管道应对支架进行加固。

二、容器管道的支吊架设计

① 从立式容器顶部出来的管道或侧线进出口的管道，应在靠近管口处的第一个支架为承重支架，如再设第二个承重支架时应为弹簧支吊架。一般在承重支架之下，按规定间距设导向支架。具体参见塔的支吊架设计。

② 直接与容器管口相连接的不小于 $DN150$ 的阀门下面宜设支架。可参见上一节塔支吊架设计。

③ 管道 T 形支架。地面容器管道上设置的支架常用 T 形支架。图 5.29 表示设置此种支架的规划，但不限于此。

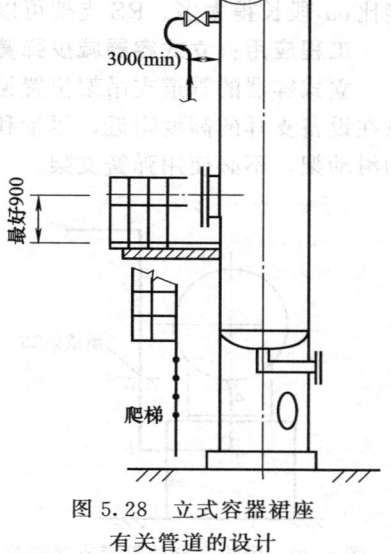

图 5.28 立式容器裙座有关管道的设计

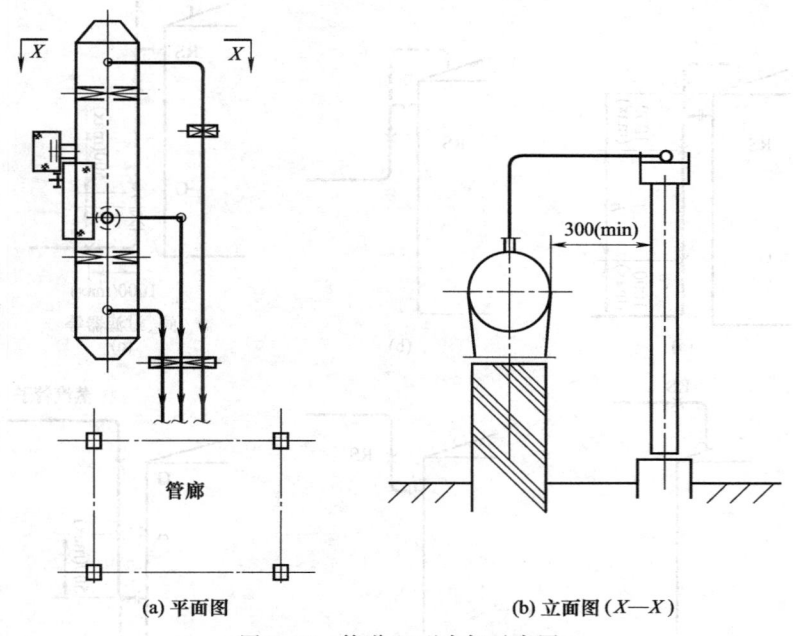

图 5.29 管道 T 型支架示意图

工程应用：卧式容器减少弹簧架设计的工程应用

卧式容器的管道支吊架位置见图 5.30。如果管道有热膨胀，a 点和 b 点有向下的热位移；如果把支架设在 a、b 点之间，通常采用弹簧支架，如果采用刚性支架会造成支架过载。

现在把滑动支架（承重架）RS 放在 c 点，该点与管口的标高大致平齐，这样 a 点及 b 点向下的位移基本一致，RS 支架可采用刚性滑动架，在这点管道是没有垂直位移的，只有水平位移。c 点的位置也允许上下稍有变动。根据管径、温度情况，可采用不等腿的 U 形管。但如 bc 段太长，RS 架处就可能有向上的位移，使支架脱空，RS 刚性架就失去意义。所以 bc 段不能比 oa 段长得太多。RS 支架可以从设备或地面生根。

工程应用：立式容器减少弹簧架设计的工程应用

立式容器的管道支吊架位置见图 5.31。支架位置的选择与卧式容器的管道原理一样，应放在设备支耳的高度附近，尽量利用设备的支架生根焊出管支架构件。承重架同样可采用刚性的滑动架，不必使用弹簧支架。

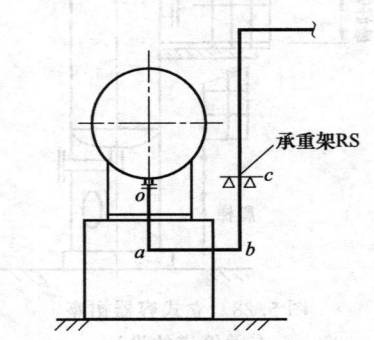

图 5.30 卧式容器的管道支吊架位置

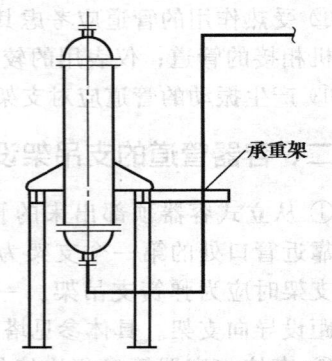

图 5.31 立式容器管道支吊架位置

工程应用：立式容器管道支吊架典型图

立式容器管道支吊架见图 5.32。

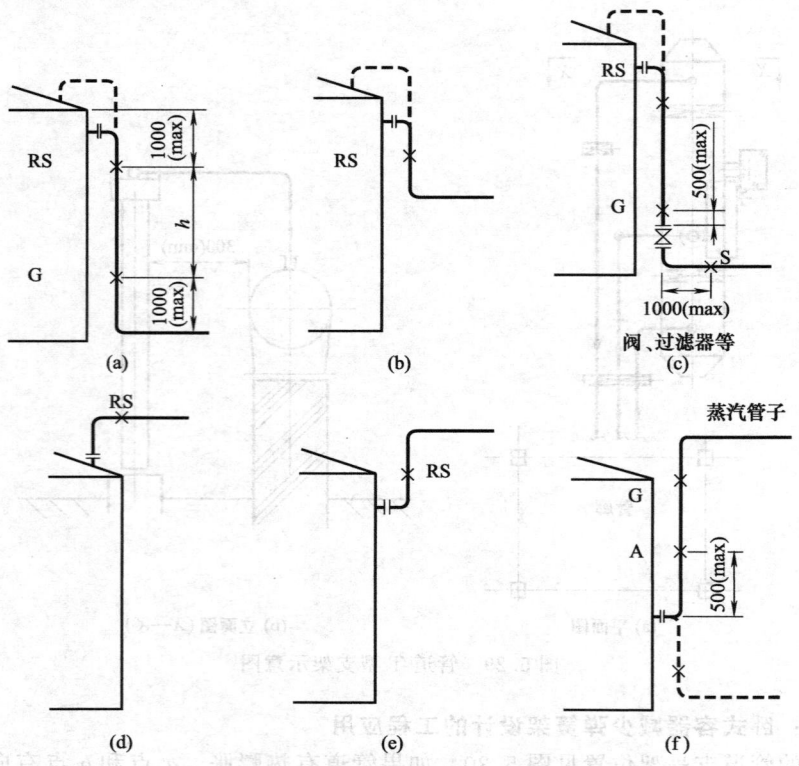

图 5.32 立式容器管道支吊架典型图
RS—承重架；G—导向架；A—固定架

工程应用：卧式容器管道的配管设计

卧式容器管道的配管设计见图 5.33。

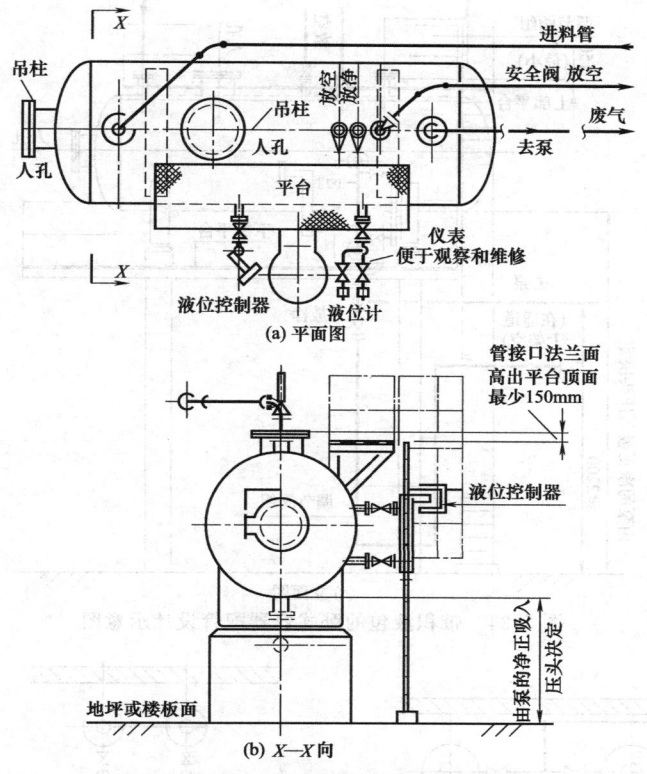

图 5.33 卧式容器管道的配管设计示意图

工程应用：带积液包的卧式容器配管设计

带积液包的卧式容器配管设计见图 5.34。

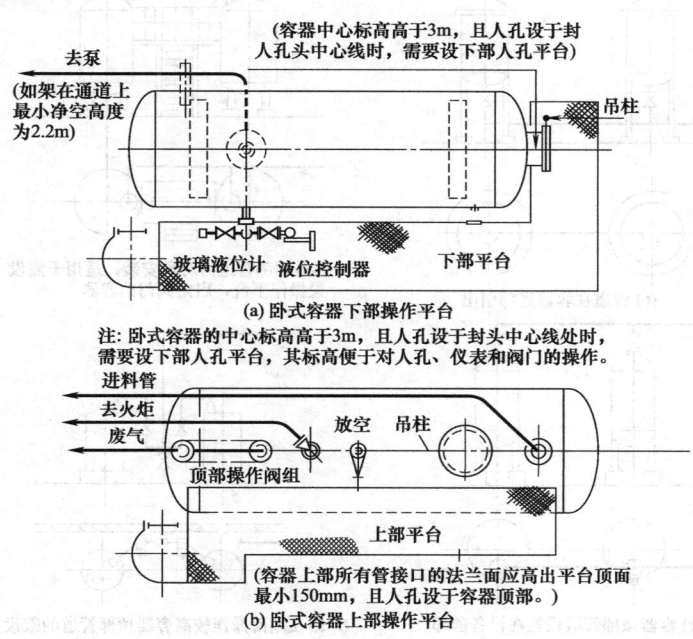

图 5.34

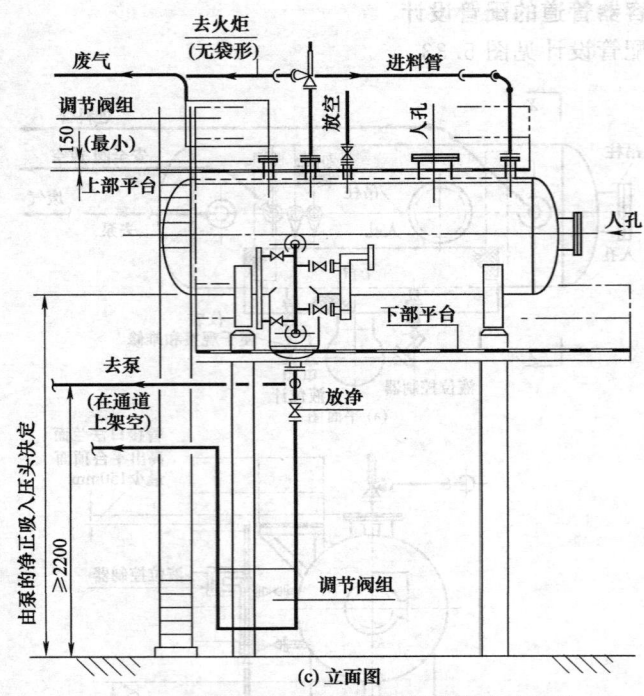

(c) 立面图

图 5.34 带积液包的卧式容器配管设计示意图

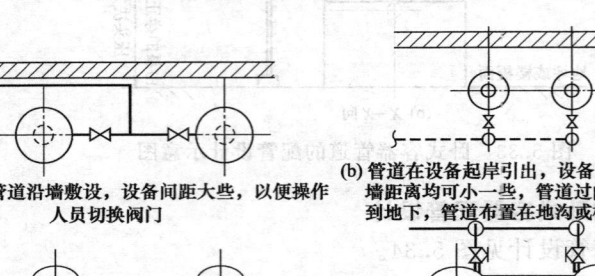

(a) 管道沿墙敷设，设备间距大些，以便操作人员切换阀门

(b) 管道在设备起岸引出，设备间距及设备距离墙距均可小一些，管道过阀门后一般立即引到地下，管道布置在地沟或楼面以下

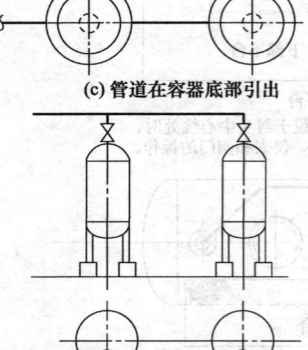

(c) 管道在容器底部引出

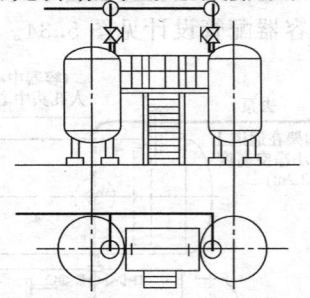

(d) 容器顶部管道为对称安装，适用于需设置操作平台、启闭阀门的容器

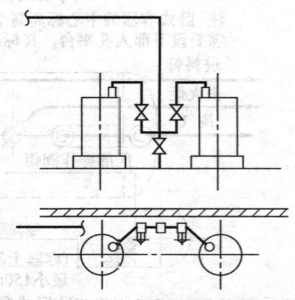

(e) 容器顶部管道设置在设备前部　　(f) 站在地面操作较高容器顶部管道的敷设方法

图 5.35 两立式容器的配管设计

工程应用：两立式容器的配管设计

两立式容器的配管设计见图 5.35。

工程应用：容器液位计的布置错误实例

液位计等直接显示或者控制的仪表尽可能不要跟随设备穿越楼板，这点其实平时很容易犯错误，最典型的就是玻璃管液位计或者磁翻板液位计。如图 5.36 所示，笔者看到操作人员在现场看液位的时候，跑过去一看一楼满了，再跑到二楼去看，二楼看没有液位呀，走到跟前，一看液位正好在楼板上呢，数读不出来了，接着操作工就开始有意见了。这种时候就不要选这种液位计了，或者必须选这种液位计的时候就把支撑放一楼，容器全布置在一层，一层布置不下的，将液位计布置在平台边上，便于一次性观察。

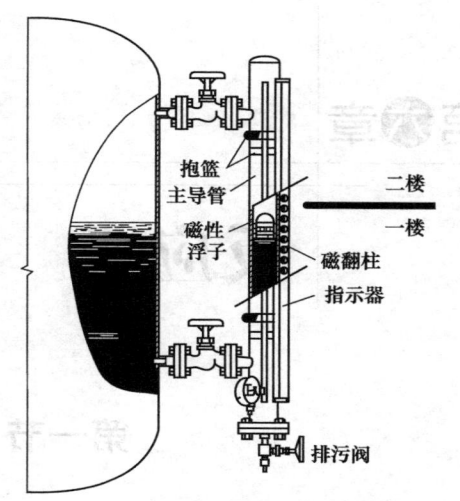

图 5.36 容器液位计的布置错误实例

第六章

反应器

第一节 反应器的分类

一、反应器的分类

反应器是实现化学反应过程的设备,广泛应用于化工、炼油、冶金、轻工等工业部门。例如,氨的合成反应就是经过造气、精炼,得到一定比例、合格纯度的氮氢混合气后,在合成塔中,在一定的压力、温度及催化剂的存在下起化学反应得到氨气。其他如染料、油漆、农药等工业也都有氧化、氯化、硫化、硝化等化学反应过程则更为普遍。因此,反应设备在化工设备中是非常重要的。反应设备大多是工业生产中的关键设备,例如,合成氨装置中氨合成塔、聚乙烯装置中的聚合釜都是该生产中的关键设备。

反应器用于实现液相单相反应过程和液-液、气-液、液-固、气-液-固等多相反应过程。器内常设有搅拌(机械搅拌、气流搅拌等)装置。在高径比较大时,可用多层搅拌桨叶。在反应过程中物料需加热或冷却时,可在反应器壁处设置夹套,或在器内设置换热面,也可通过外循环进行换热。反应器的常见分类见表 6.1。

表 6.1 反应器的常见分类

物料相态		操作方式	流动状态	传热情况	结构特征
均相	气相	间歇操作	活塞流型	绝热式	搅拌釜式
	液相	连续操作	全混流型	等温式	管式
非均相	气-液相	半连续操作		非等温非绝热式	固定床
	液-液相				流化床
	气-固相				移动床
	液-固相				塔式
	气-液-固相				滴流床

反应器的结构见图 6.1。

二、反应器的选用

反应过程的基本特征决定了适宜的反应器形式。例如气固相反应过程大致是用固定床反应器、流化床反应器或移动床反应器。但是适宜的选型则需考虑反应的热效应、对反应转化率和选择率的要求、催化剂物理化学性态和失活等多种因素。

反应器的操作方式和加料方式也需考虑。例如,对于有串联或平行副反应的过程,分段进料可能优于一次进料。温度序列也是反应器选型的一个重要因素。例如,对于放热的可逆反应,应采用先高后低的温度序列,多级、级间换热式反应器可使反应器的温度序列趋于合理。

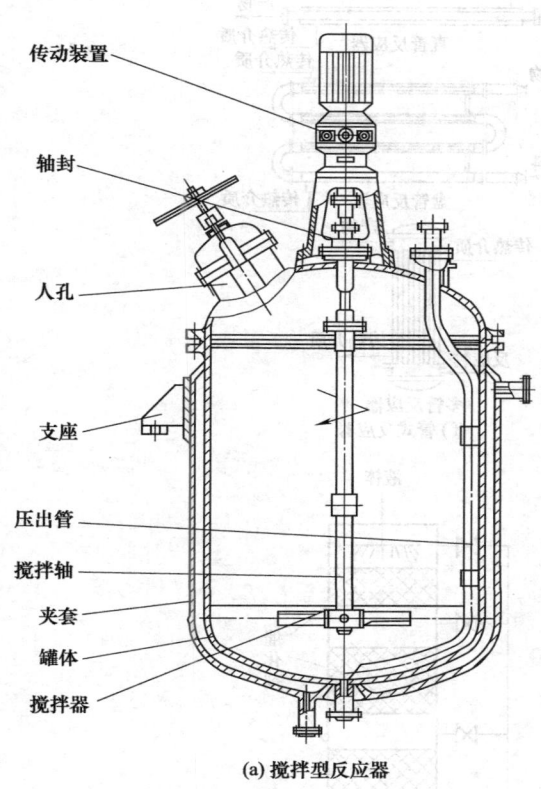
(a) 搅拌型反应器

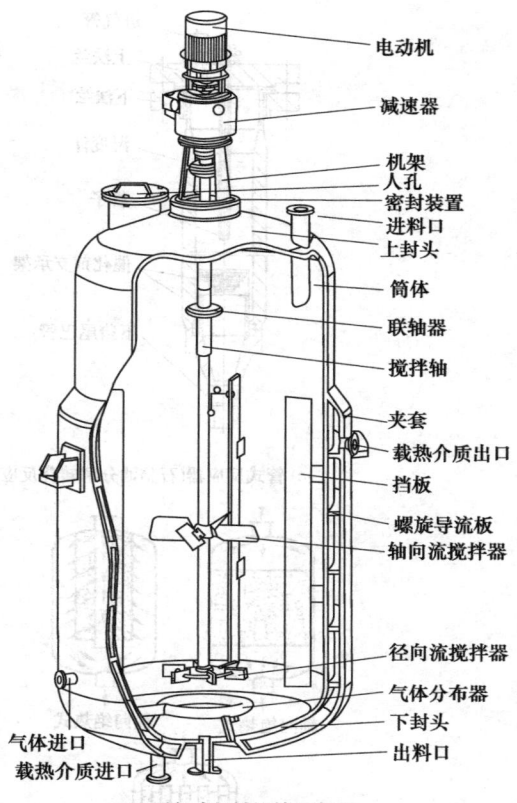
(b) 通气式机械搅拌反应器

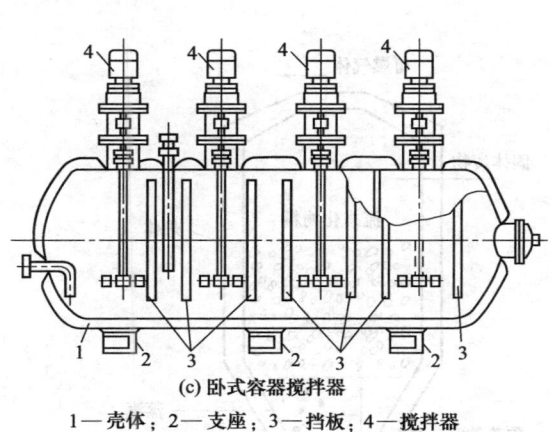
(c) 卧式容器搅拌器
1—壳体；2—支座；3—挡板；4—搅拌器

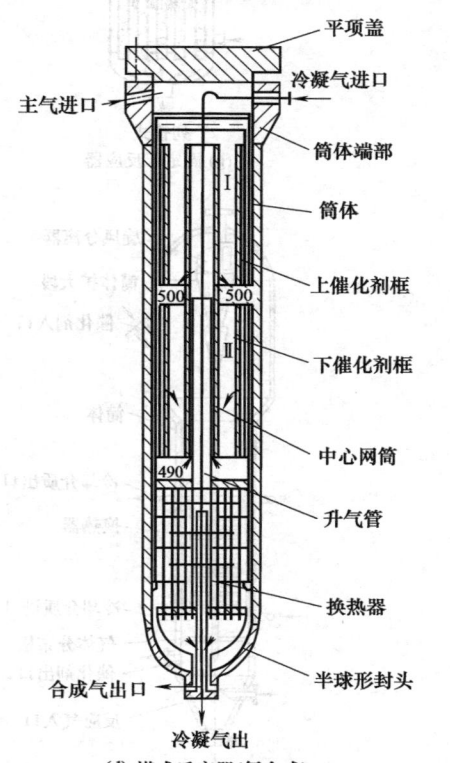
(d) 塔式反应器(氨合成)

图 6.1

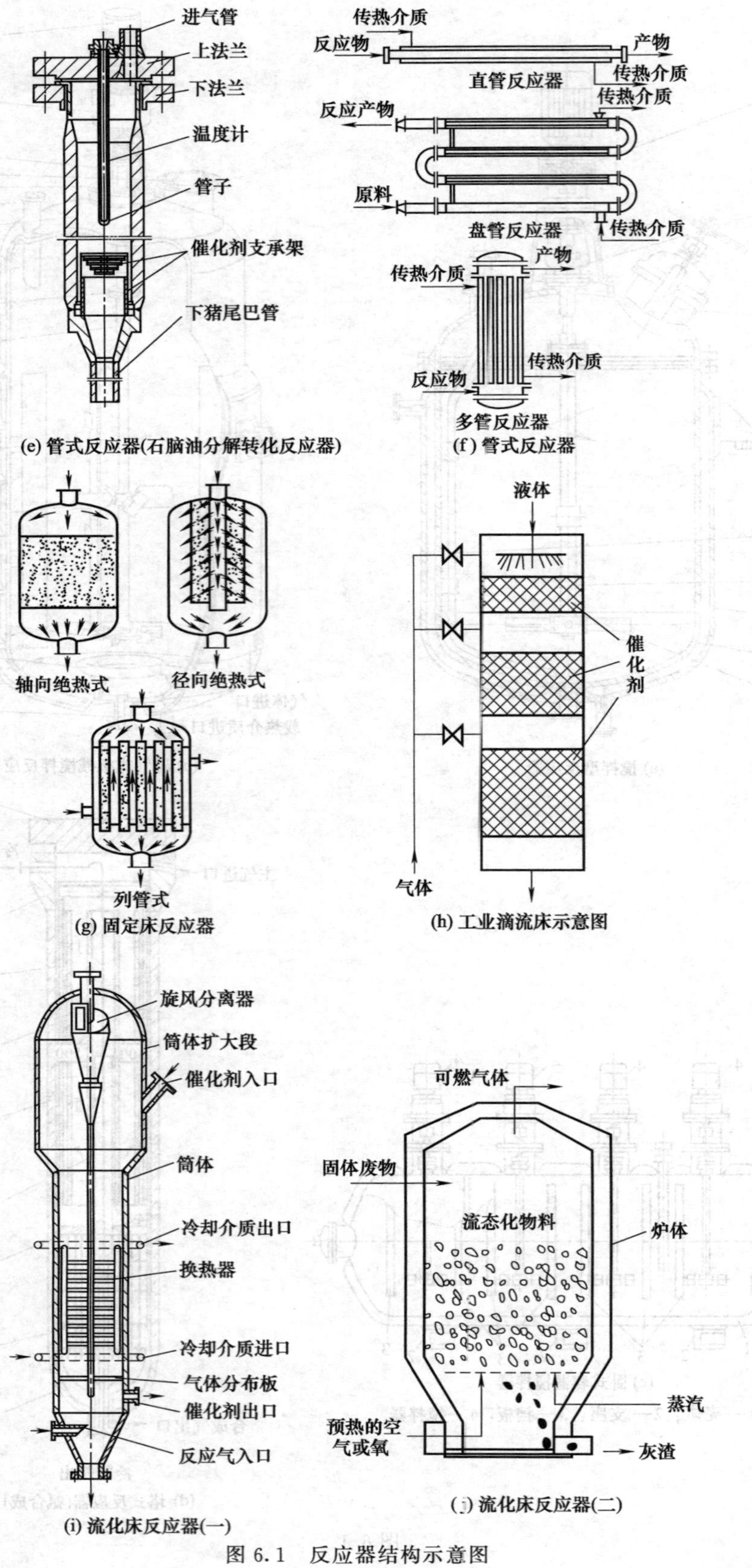

图 6.1　反应器结构示意图

下面主要介绍釜式反应器、管式反应器、塔式反应器、固定床反应器、流化床反应器。

① 釜式反应器。釜式反应器也称槽式、锅式反应器，它是各类反应器中结构较为简单且应用较广的一种。主要应用于液-液均相反应过程，在气-液、液-液非均相反应过程中也有应用。在化工生产中，既适用于间歇操作过程，又可单釜或多釜串联用于连续操作过程，但在间歇生产过程中应用最多。釜式反应器具有适用的温度和压力范围宽、适应性强、操作弹性大、连续操作时温度浓度容易控制、产品质量均一等特点。但用在较高转化率工艺要求时，需要较大容积。通常在操作条件比较缓和的情况下使用，如常压、温度较低且低于物料沸点时，应用此类反应器最为普遍。

② 管式反应器。管式反应器主要用于气相、液相、气-液相连续反应过程，由单根（直管或盘管）连续或多根平行排列的管子组成，一般设有套管或壳管式换热装置。操作时，物料自一端连续加入，在管中连续反应，从另一端连续流出，便达到了要求的转化率。由于管式反应器能承受较高的压力，故用于加压反应尤为合适，例如油脂或脂肪酸加氢生产高碳醇、裂解反应用的管式炉便是管式反应器。此种反应器具有容积小、比表面大、返混少、反应混合物连续性变化、易于控制等优点。但若反应速度较慢时，则有所需管子长、压降较大等不足。随着化工生产越来越趋于大型化、连续化、自动化，连续操作的管式反应器在生产中使用越来越多，某些传统上一直使用间歇搅拌釜的高分子聚合反应，目前也开始改用连续操作的管式反应器。管式反应器的长径比较大，与釜式反应器相比在结构上差异较大，有直管式、盘管式、多管式等。

③ 塔式反应器。塔式反应器的长径比介于釜式和管式之间。主要用于气-液反应，常用的有鼓泡塔、填料塔、板式塔。最常用的是鼓泡塔式反应器，底部装有气体分布器，壳外装有夹套或其他形式换热器或设有扩大段、液滴捕集器等。反应气体通过分布器上的小孔以鼓泡形式通过液层进行化学反应，液体间歇或连续加入，连续加入的液体可以和气体并流或逆流，一般采用并流形式较多。气体在塔内为分散相，液体为连续相，液体返混程度较大。为了提高气体分散程度和减少液体轴向循环，可以在塔内安置水平多孔隔板。当吸收或反应过程热效应不大时，可采用夹套换热装置，热效应较大时，可在塔内增设换热蛇管或采用塔外换热装置，也可以利用反应液蒸发的方法带走热量。

④ 固定床反应器。固定床板反应器是指流体通过静止不动的固体物料所形成的床层而进行化学反应的设备。以气-固反应的固定床反应器最常见。固定床反应器根据床层数的多少又可分为单段式和多段式两种类型。单段式一般为高径比不大的圆筒体，在圆筒体下部装有栅板等板件，其上为催化剂床层，均匀地堆置一定厚度的催化剂固体颗粒。单段式固定床反应器结构简单、造价便宜、反应器体积利用率高。多段式是在圆筒体反应器内设有多个催化剂床层，在各床层之间可采用多种方式进行反应物料的换热。其特点是便于控制调节反应温度，防止反应温度超出允许范围。

⑤ 流化床反应器。细小的固体颗粒被流动着的流体携带，具有流体一样自由流动的性质，此种现象称为固体的流态化。一般把反应器和在其中呈流态化的固体催化剂颗粒合在一起，称为流化床反应器。流化床反应器多用于气-固反应过程。当原料气通过反应器催化剂床层时，催化剂颗粒受气流作用而悬浮起来呈翻滚沸腾状，原料气在处于流态化的催化剂表面进行化学反应，此时的催化剂床层即为流化床，也叫沸腾床。流化床反应器的形式很多，但一般都由壳体、内部构件、固体颗粒装卸设备及气体分布、传热、气固分离装置等构成。流化床反应器也可根据床层结构分为圆筒式、圆锥式和多管式等类型。

不同类型反应器在工业生产中的适用情况见表 6.2。不同结构形式的反应器在工业装置中的应用举例见表 6.3。

表 6.2　不同类型反应器在工业生产中的适用情况

存在的物相		操作方式			
		间歇操作	连续操作		
			管式	多级釜式	釜式
单相	气相	少用	常用(裂解炉)	少用	少用
	液相	常用(溶液聚合)	常用	常用	常用(溶液聚合)
多相	气-液相	常用(发酵罐)	常用(填料塔)	常用(板式塔)	常用(搅拌釜、鼓泡塔)
	液-液相	常用(搅拌釜)	常用	常用(筛板塔)	常用(搅拌釜)
	气-固相	少用	常用(固定床、移动床、回转炉)	常用(多层流化床)	常用(流化床、提升管)
	液-固相	常用(搅拌釜)	常用(固定床、移动床)	常用(多层流化床)	常用(流化床)
	气-液-固相		常用(涓流床、高炉)	常用	常用(浆状反应器)

表 6.3　不同结构形式的反应器在工业装置中的应用

反应器	应用的装置
反应釜	甲苯的硝化、聚乙烯聚合、釜式法高压聚乙烯、顺丁橡胶聚合
管式	轻油裂解、甲基丁炔醇合成、管式法高压聚乙烯
塔式	变换气的碳化、苯的烷基化、二甲苯氧化、乙烯基乙炔合成
固定床	二氧化硫氧化、氨合成、乙烯法制氯乙烯、乙苯脱氢、半水煤气生产
流化床	硫铁矿熔烧、萘氧化制苯酐、石油催化裂化、催化裂解乙烯氧氯化制二氯乙烷、丙烯氨氧化制丙烯腈
移动床	矿石焙烧、冶炼
滴流床	焦油加氢、丁炔二醇加氢

第二节　反应器的布置

一、反应器布置的一般要求

① 根据生产过程需要，反应器可露天、半露天或厂房布置。

② 成组的反应器宜中心线对齐，并成排布置。主要是为了便于共用一根吊车梁。

③ 反应器的布置应符合下列要求。

a. 除采用机动吊装机具的装填催化剂外，构架内布置的反应器的顶部应设置装催化剂和检修用的平台及吊装设施。

b. 厂房内布置的反应器应设置吊装设施，并在楼板上设置吊装孔，吊装孔应靠近厂房大门和通道。

c. 反应器一侧应有运输催化剂所需的场地和通道。对于内部装有搅拌或输送机械的反应器，应在顶部或侧面留出搅拌或输送机械安装、检修所需的空间和场地。反应器成组布置在框架内时，除了框架顶部设有装催化剂和检修用的平台和吊运机具，框架下部应有运输催化剂的空间。框架的一侧应有堆放和运输催化剂所需的场地和通道。

④ 反应器可按类似设备进行布置设计。

a. 塔式反应器：按塔来布置。

b. 固定床催化反应器：与容器差不多。

c. 火焰加热的反应器：近似于工业炉。

d. 搅拌釜式反应器：加大搅拌与传热夹套的立式容器。

⑤ 高压和超高压的压力设备宜布置在装置的一端或一侧，有爆炸危险的超高压反应设备宜布置在防爆构筑物内。高压设备是指表压为 10～100MPa 的设备，超高压设备是指表压超过

100MPa 的设备。尽可能将高压和超高压设备布置在装置的一端或一侧,是为了减小可能发生事故对装置的波及范围,以减小损失。

⑥ 有爆炸危险的超高压甲、乙类反应设备,尤其是放热反应设备和反应物料有可能分解、爆炸的反应设备,推荐布置在防爆构筑物内,可与工艺流程中其前后过程的设备、建筑物、构筑物联合集中布置,有利于安全生产,节约占地,减少管道投资。

⑦ 超高压聚乙烯装置的釜式或管式聚合反应器布置在防爆构筑物内,并与工艺流程中其前后处理过程的设备联合集中布置。

⑧ 带有搅拌的容器布置的时候尽量把支撑放在地面上,避免大负荷的搅拌影响框架稳定性。

二、反应器的布置高度设计

① 卸料口在反应器正下方时,反应器安装高度应能使催化剂的运输车辆进入反应器下方,且净空高度不宜小于 3m。

② 卸料口伸出反应器底座外,且允许催化剂就地卸出时,卸料口的净空高度不宜低于 1.2m。

③ 如废催化剂结块需要处理,安装高度应满足废催化剂的粉碎、过筛和操作的要求。

④ 反应器安装高度(图 6.2)还需考虑以下因素。

a. 反应器进、出时对建筑物高度的要求。

b. 在搅拌器正上方装单轨吊时,电动机和搅拌轴的起吊高度。

c. 反应器顶部物料的投入高度和人孔高度离平台最好为 800mm 左右,若人孔在反应器侧面,则人孔中心线距平台面最佳距离为 900mm,最小为 450mm。

d. 从反应器底接出的管子应不妨碍人员通行。

e. 液面计的位置必须考虑梁的位置。

f. 当振动卸料器用螺栓固定在反应器底部卸料管口上时,卸料管口至地坪的高度应为 4m,见图 6.3。

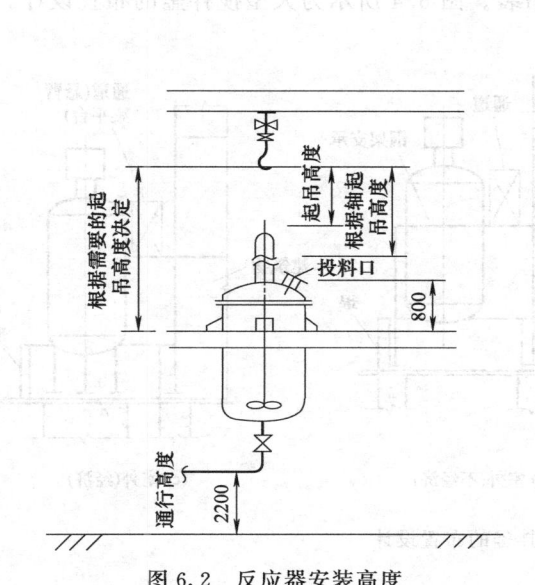

图 6.2 反应器安装高度

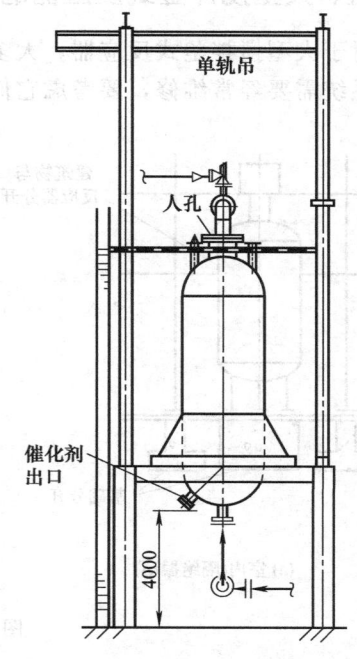

图 6.3 反应器底部卸料管口高度

三、反应器的支撑方式

① 裙座支撑分为同径裙座和喇叭形裙座两种，一般多为同径裙座，大直径或球形底盖的反应器用喇叭形裙座。

② 反应温度在 200℃ 以上的反应器，为了便于散热，反应器裙座应有足够的长度，使裙座与基础接触处的温度不超过钢筋混凝土结构的受热允许温度。钢筋混凝土在热的作用下钢筋和骨料膨胀水泥石收缩，所以会产生细微裂缝，使其强度降低。试验证明：混凝土抗压强度，假定常温时为 1.0，则 60℃ 时为 0.9，100℃ 时为 0.85。国外某公司将钢筋混凝土的受热允许温度定为 100℃，在 GB 50051《烟囱设计规范》中定为 150℃。必要时在基础与裙座之间填一层耐热石棉垫。

③ 直径较小的反应器采用支腿或支耳支撑。支撑的使用范围参照立式容器。

四、反应器与其关联设备的布置要求

① 反应器与提供反应热量的加热炉或取走反应热的换热器，可视为一个系统，没有防火间距的要求。反应器与加热炉的间距，在防火规范和设备布置设计通则中规定为 4.5m，这是因为在反应器与加热炉之间只留出通道和管道布置及检修需要的空间即可。据统计国内外 11 个装置的设备布置间距，反应器与加热炉之间净距大于 4.5m 的有 8 个，小于 4.5m 的 3 个，大于 4.5m 的往往是二者之间有管廊或有一排单柱管架。按 GB 50160《设备、建筑物平面布置的防火间距》的规定，明火设备与操作温度等于或高于自燃点的工艺设备的净距为 4.5m。

② 在催化裂化装置中，反应器与再生器的布置是由催化剂循环线的尺寸要求确定的。按照流化输送管道的最佳流动条件确定其高度和位置，这样反应器和再生器相对位置及安装高度也就确定下来。一般反应器与再生器中心线对齐。

③ 对于内部装有搅拌或输送机械的反应器，应在顶部或侧面留出搅拌或输送机械的轴和电动机的拆卸、起吊等检修所需的空间和场地。

五、大型搅拌釜式反应器的布置设计

对于大型搅拌釜式反应器，大多数露天布置，用支脚直接支承在地面上。反应器的搅拌与密封系统需要经常维修，要考虑它们的拆卸与吊装。图 6.4 所示为大型搅拌釜的布置设计。

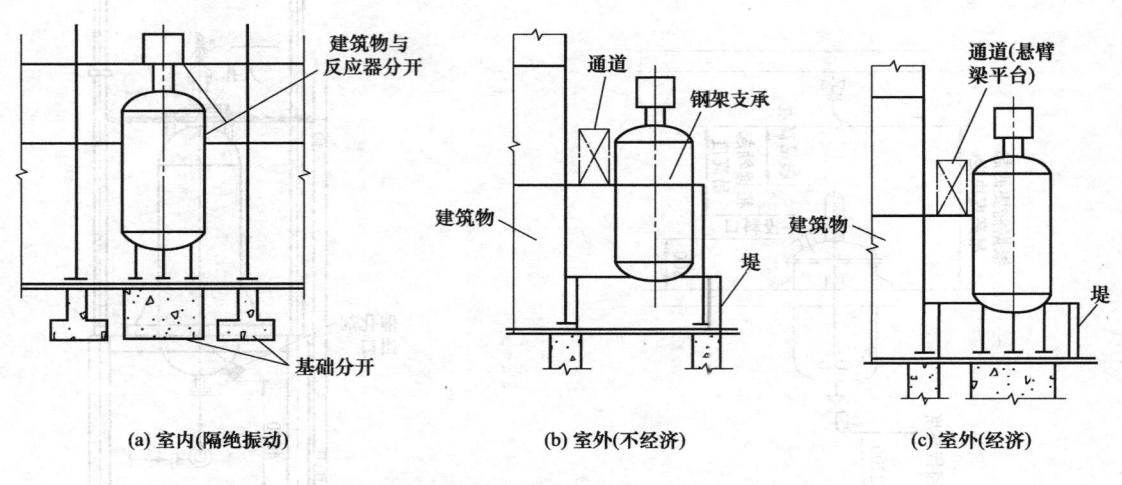

图 6.4　大型搅拌釜的布置设计

六、中小型间歇反应器/操作频繁反应器的布置设计

对于中小型间歇反应器/操作频繁反应器，一般布置在室内，用罐耳悬挂在楼板的设备孔中，可以成单排、双排或多排布置，见图6.5。

七、釜式反应器的布置设计

釜式反应器的布置设计如图6.6所示。

八、反应器吊轨的设计

工程设计阶段，必须要考虑反应器及其催化剂装填时的吊装方式。反应器及其催化剂装填一般有三种方式：一是直接使用吊车起吊，二是使用电动葫芦，三是在反应器上设置吊轨（吊柱），吊车与吊柱相结合。必要时应与业主进行协商。

反应器框架顶部吊车梁（吊柱）的设计，需伸出框架外（需根据具体项目的吊车型号确定，例如某项目为2m），因吊车本身还占有一段梁，吊车梁伸出长度不够时，有时吊车的吊钩不能伸到框架外，另外装催化剂的箱子还占有一定尺寸。

反应器吊车梁的高度，应根据起重设备最小结构高度、被吊起部件高度（除法兰高度外，应考虑装催化剂等的高度）、被吊起部件顶部与吊钩的间隙、被吊起部件底部与反应器顶部的间隙不小于0.5m、反应器伸出平台的高度等来确定，如图6.7所示。

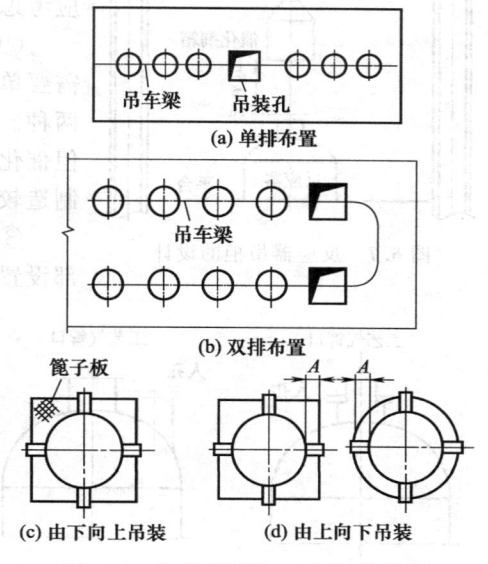

图 6.5　中小型间歇反应器/操作频繁反应器的室内布置设计

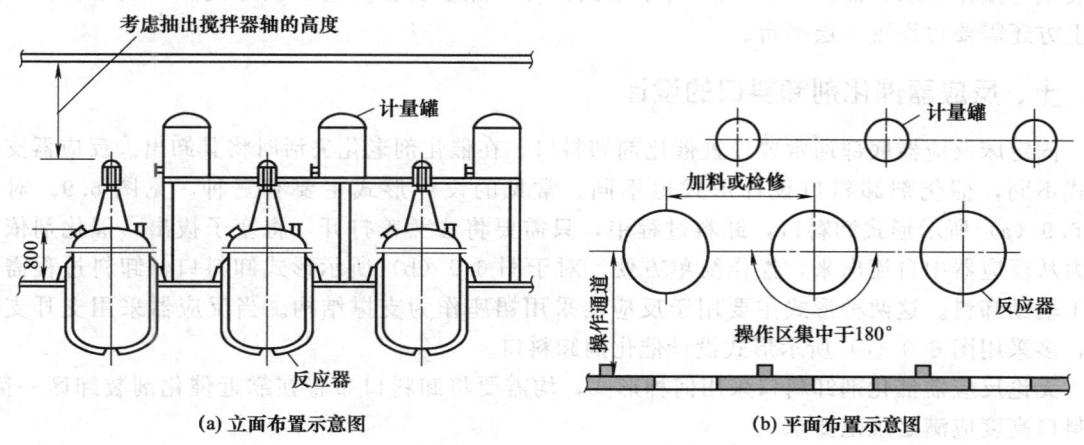

图 6.6　釜式反应器布置示意图

九、反应器人孔及平台的设计

1. 人孔

下面以固定床反应器为例进行介绍。固定床反应器顶部通常需要设置人孔，用于催化剂装填和内件检修，人孔大小一般为 $DN500 \sim DN600$。人孔设计形式主要有四种，见图6.8。

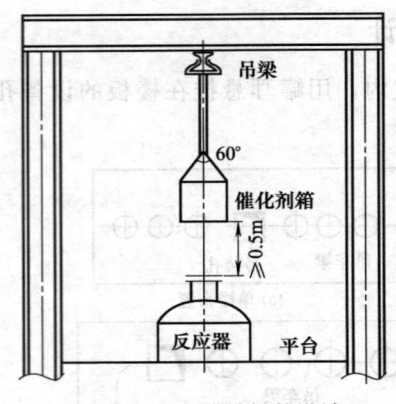

图 6.7 反应器吊柜的设计

① 当工艺气管口比人孔直径小三级或三级以上时，通常采用图 6.8（a）所示形式的人孔，将人孔与工艺气管口合用一个管口。该设计方式通常需要在工艺气管线上靠近人孔处设置可拆卸短管，同时，与可拆卸短管相连的管道应考虑设承重支架，在反应器人孔打开时支撑进口管道。

② 当工艺气管口与人孔直径相当或比人孔直径大时，需要单独设置人孔，常见的设计形式有图 6.8（b）和（c）两种。图 6.8（b）所示形式人孔受力较好、制造较容易，但催化剂装填较困难。图 6.8（c）所示形式人孔受力不好、制造较困难，但催化剂装填较容易。

③ 图 6.8（d）所示形式人孔设置在反应器侧面，在顶部设置专门的催化剂装料口，该形式很少采用。

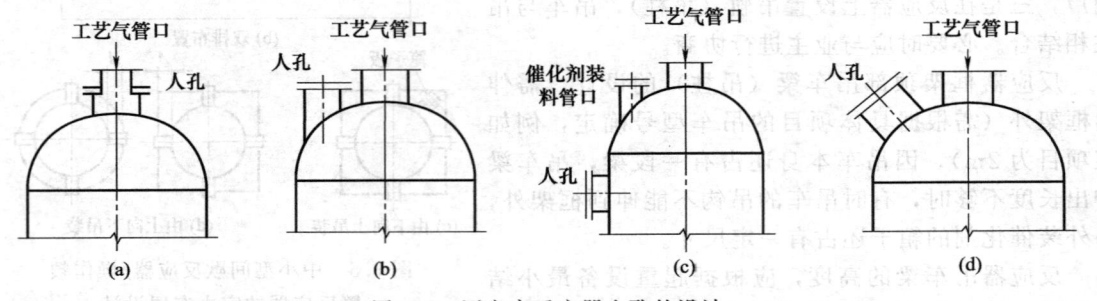

图 6.8 固定床反应器人孔的设计

2. 人孔平台

图 6.8（a）～（c）所示三种形式人孔，只需要在反应器顶部设置一层平台即可满足催化剂装填等操作要求，而图 6.8（d）所示形式人孔，除了要在反应器顶部设置一层平台，在人孔上方还需要再设置一层平台。

十、反应器催化剂卸料口的设计

固定床反应器底部通常要设置催化剂卸料口，在催化剂老化失活时将其卸出。反应器支撑形式不同，催化剂卸料口设计形式也不同。常见的设计形式主要有三种，见图 6.9。对于图 6.9（a）所示形式卸料口，卸料过程中，只需要将法兰盖打开，将塞子拔出，催化剂依靠重力从反应器中自流出来，操作简单方便。对于图 6.9（b）所示形式卸料口，卸料过程需要人工辅助卸料。这两种形式主要用于反应器采用裙座作为支撑结构。当反应器采用支耳支撑时，多采用图 6.9（c）所示形式设计催化剂卸料口。

无论反应器催化剂卸料口采用何种形式，均需要将卸料口布置在靠近催化剂装卸区一侧，卸料口高度应满足规范要求。

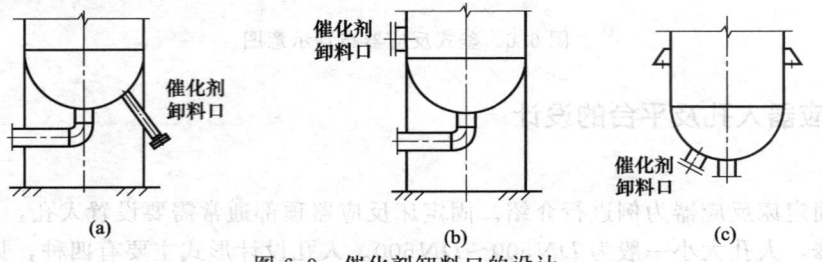

图 6.9 催化剂卸料口的设计

十一、反应器温度计的开口方位设计

固定床反应器热电偶温度计常见的安装方式有两种：径向安装和轴向安装。径向安装是在反应器侧壁开口，热电偶从侧面插入反应器。轴向安装是在反应器顶部开口，热电偶从顶部插

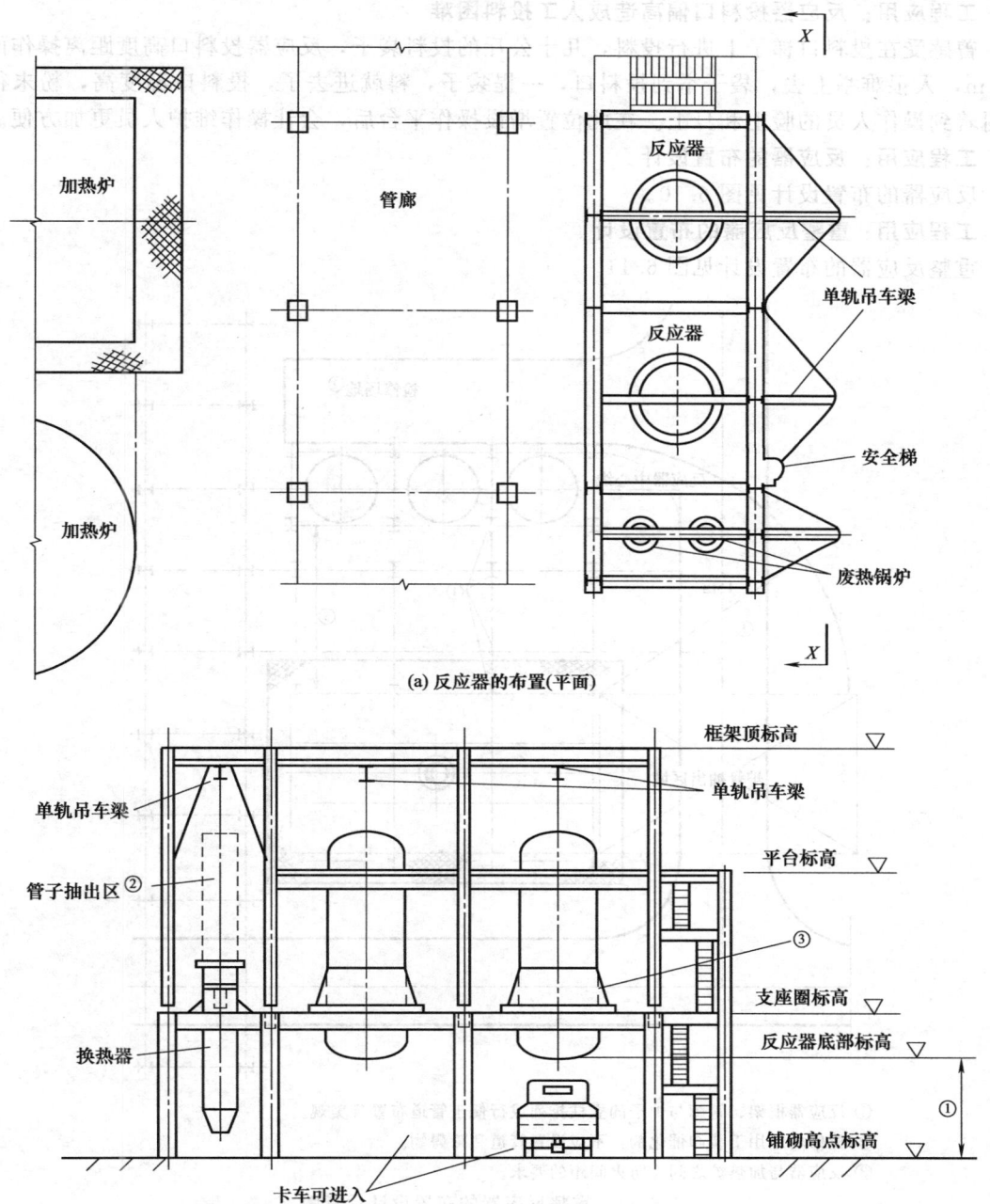

(a) 反应器的布置(平面)

(b) 反应器的布置($X-X$立面)

① 反应器底部如有催化剂卸料口，为便于卡车进出应有3m净空。
② 大型立式反应器体换热器，不能采用移动式吊车抽管束时，可设置吊车梁。
③ 反应器支座应有足够的长度散热。

图6.10 反应器的布置设计示意图

入反应器。反应器温度计采用径向安装时,通常需要设置多组温度计才能满足反应器温度检测要求,相应地需要在反应器侧面设置多层平台才能满足温度计的安装和日常检维修要求。反应器温度计采用轴向安装时,只需要在反应器顶部设置平台就能满足温度计的安装和检维修要求。

工程应用:反应器投料口偏高造成人工投料困难

曾感受在投料口梯子上进行投料,几十公斤的投料袋子,反应器投料口高度距离操作面大于1m,人很难举上去,袋子举到投料口,一提袋子,料就进去了,投料口温度高,粉末很容易附着到操作人员的脸上和身上。在此位置增设操作平台后,会让操作维护人员更加方便。

工程应用:反应器的布置设计

反应器的布置设计见图6.10。

工程应用:重整反应器的布置设计

重整反应器的布置设计见图6.11。

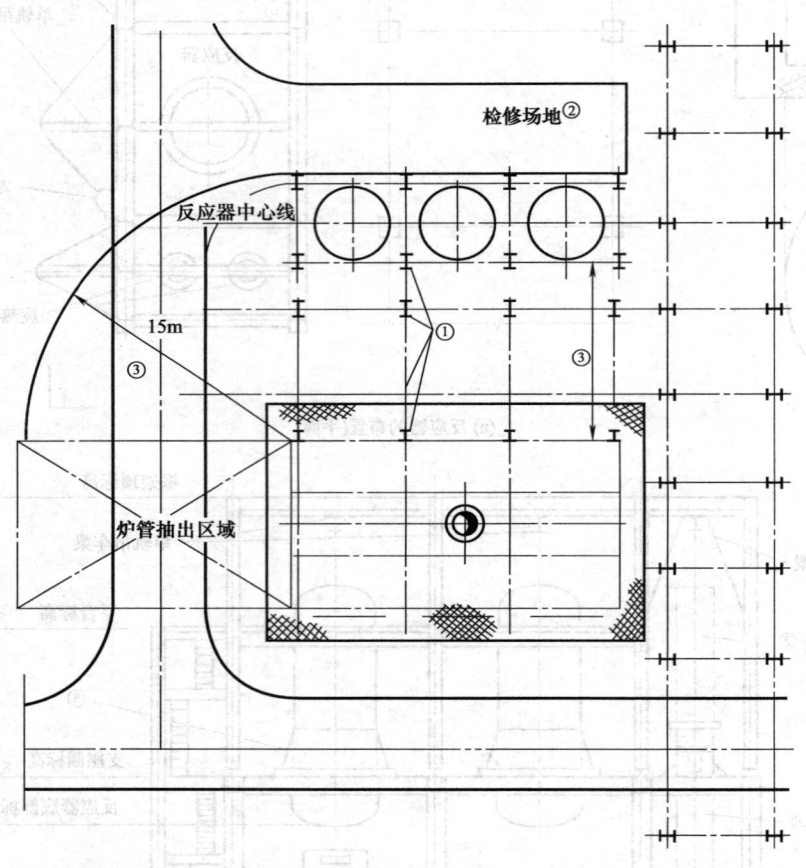

① 反应器框架、管廊与炉子的立柱排列成行便于管道布置且美观。
② 检修场地用于装卸催化剂,不应设置管道和障碍物。
③ 反应器与加热炉之间无防火间距的要求。

图6.11 重整反应器的布置设计示意图

工程应用:多台大型反应器设备布置及联合平台的设计

反应器是装置中潜在火灾危险性较大的设备,一般布置在装置区的边缘并靠近消防通道。反应器的平台设置应与反应器的布置统一考虑,平台应同时满足各反应器配管、催化剂装填、温度计安装及检修等需要。

装置反应器集中布置在同一框架内，见图 6.12。

① 将靠近道路一侧作为催化剂装卸区，人孔、吊柱和催化剂卸料口等均布置在装卸区一侧，方便催化剂的运输、堆放及装卸。将靠近管廊的一侧作为配管侧，反应器进出口管道及管道上的阀门、温度、压力等仪表均布置在配管侧。

② 在确定框架中间几层平台的高度时，每一层平台都应同时满足多台反应器热电偶温度计的安装和检修（抽芯）要求，还应保证在反应器热膨胀时，反应器各管口均不会与平台梁相碰。

③ 在确定框架顶平台高度及开孔大小时，应同时满足多台反应器装填催化剂的操作要求，要特别注意避免因反应器受热向上膨胀时，上封头与框架平台梁相碰。一般要求反应器顶部人孔法兰端面到平台的间距不超过 800mm。

④ 确定反应器裙座高度时，除了要考虑催化剂的装填，还应考虑催化剂卸料口的净空高度应能满足卸催化剂的操作要求。当反应器床层温度在 200℃ 以上时，反应器裙座应有足够的长度，使裙座与基础接触面的温度不超过钢筋混凝土结构的允许受热温度。

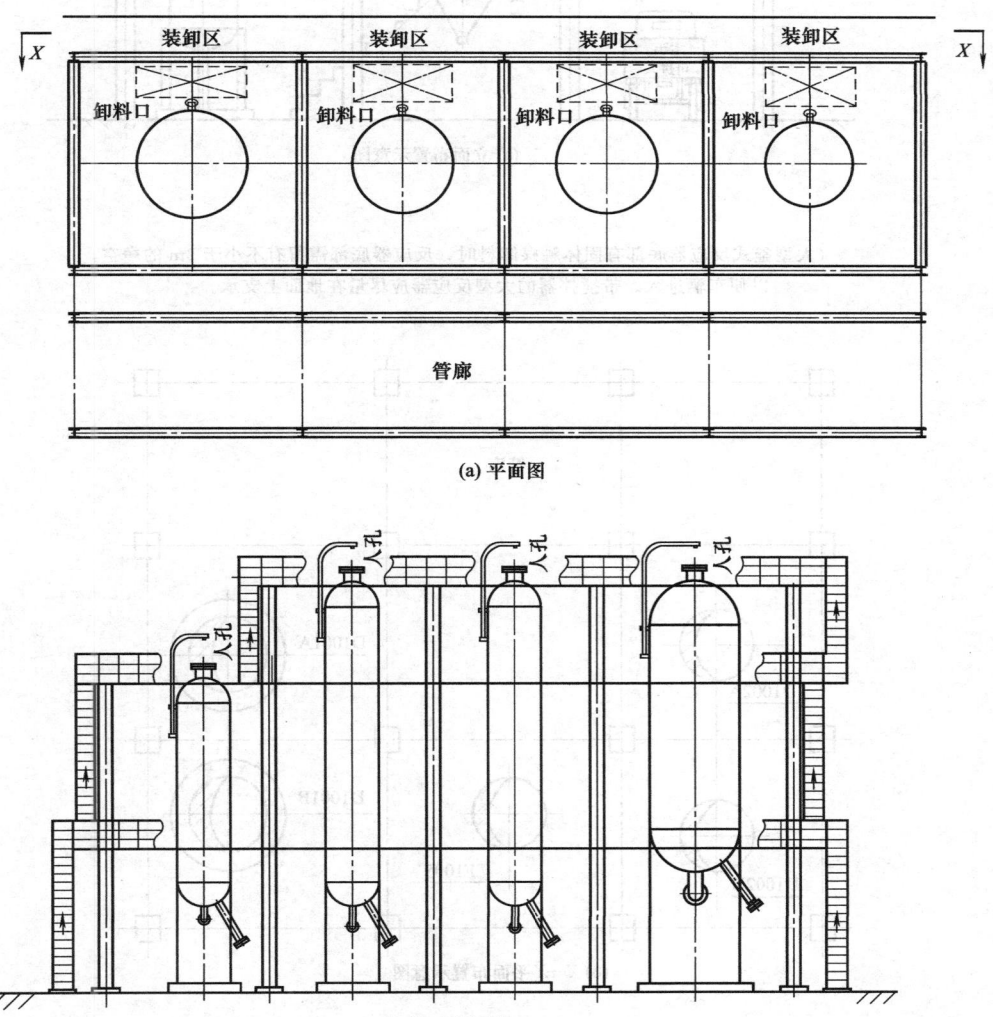

图 6.12　反应器集中布置在同一框架

工程应用：大型釜式反应器的布置设计

大型釜式反应器的布置设计见图 6.13。

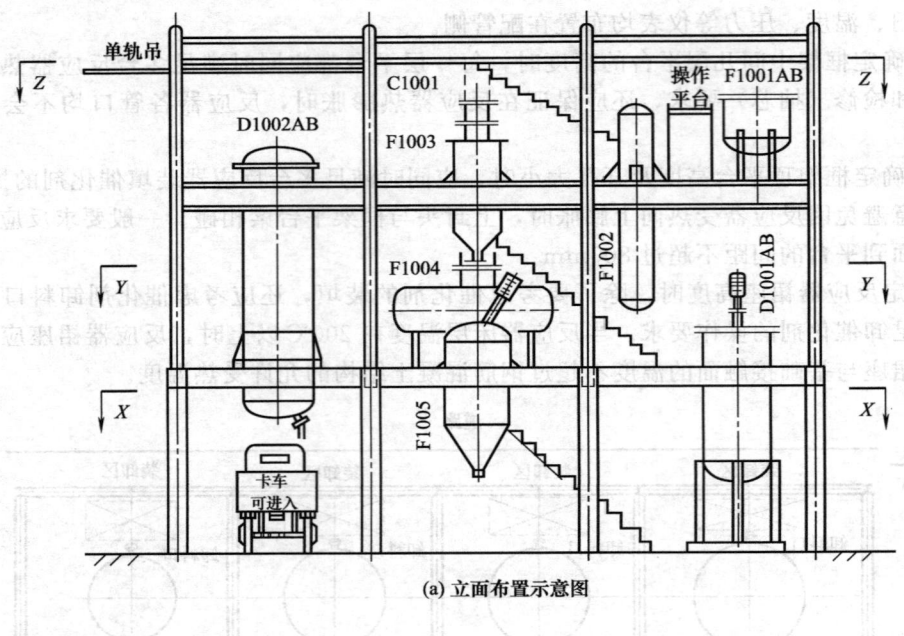

(a) 立面布置示意图

（大型釜式反应器底部有固体触媒卸料时，反应器底部需留有不小于 3m 的净空，以便车辆进入。带搅拌器的大型反应器应尽量在地面上支承。）

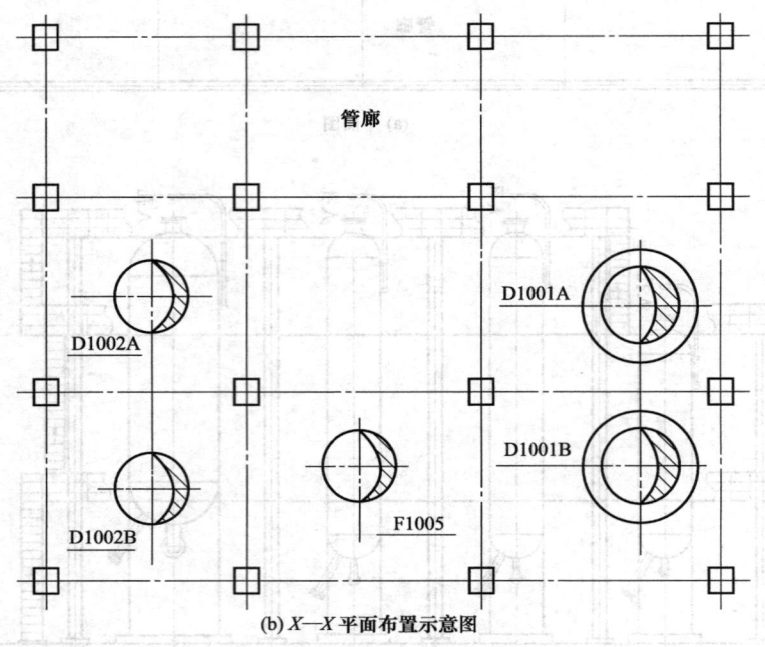

(b) X—X 平面布置示意图

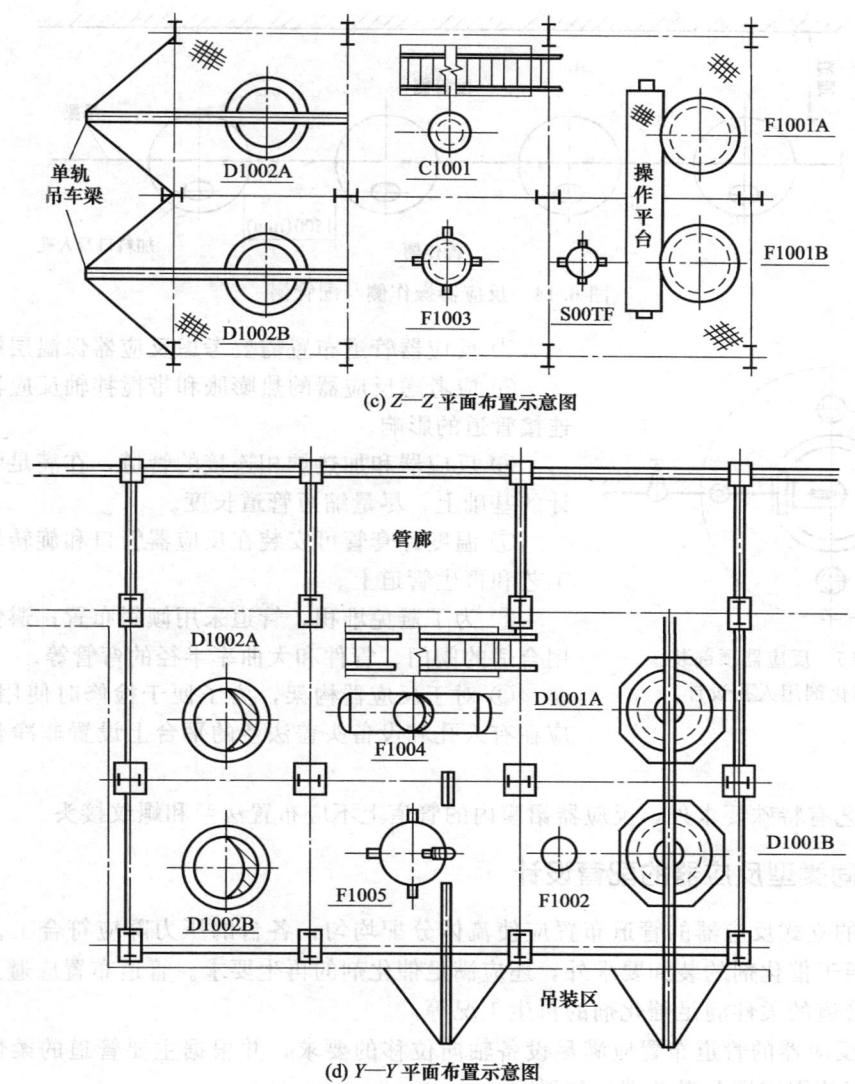

(c) Z—Z 平面布置示意图

(d) Y—Y 平面布置示意图

（为了便于检修和装填触媒，反应器顶部可设单轨吊车或吊柱。）

图 6.13　大型釜式反应器的布置设计

第三节　反应器管道的配管设计

一、反应器管道配管设计的一般要求

① 各类型反应器各具有不同的配管要求，必须使配管布置满足正常运转操作，并考虑装卸催化剂、操作及检修和安全。

② 反应器的布置一般分为两个区域，一个是操作侧，另一个是配管侧。操作侧是为运转操作、维修的需要而设置的，包括梯子、平台、人孔、手孔、安全阀、仪表、吊柱和物料入口等。为了保证操作侧的维修，必须保证有维修空间，考虑进出通道，见图 6.14。

③ 反应器顶部有装填催化剂用的人孔时，用一个带法兰的弯管接在这个人孔盖上，当装填催化剂时，可方便地将这段管拆下，见图 6.15。

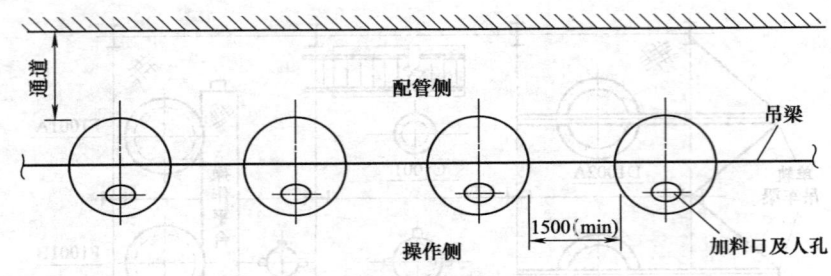

图 6.14 反应器操作侧与配管侧

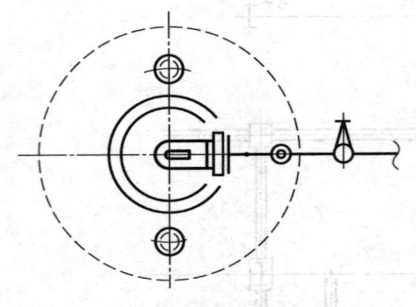

图 6.15 反应器顶部装填催化剂用人孔设计

④ 反应器管道布置需要考虑反应器保温层厚度。

⑤ 应考虑反应器的热膨胀和带搅拌轴反应器振动时对连接管道的影响。

⑥ 反应器和加热炉相连接的管道,在满足管道柔性设计的基础上,尽量缩短管道长度。

⑦ 温度计套管可安装在反应器管口和旋转弯头之间的工艺和再生管道上。

⑧ 为了避免堆积,管道采用倾斜布置;避免滞留,选用合适的阀门、管件和大曲率半径的弯管等。

⑨ 对于反应器构架,为了便于检修时使用风动扳手,应在有人孔和设备头盖法兰的平台上设置非净化压缩空气软管接头。

⑩ 除工艺有特殊要求外,反应器裙座内的管道上不应布置法兰和螺纹接头。

二、不同类型反应器的配管设计

① 并联的立式反应器的管道布置应使流体分配均匀,各台的压力降应符合工艺要求。管道布置除应便于催化剂的装卸要求外,还应满足催化剂的再生要求。管道布置应避开催化剂的装卸区域,管道的柔性满足催化剂的再生工况等。

② 卧式反应器的管道布置应满足设备轴向位移的要求,并根据主要管道的柔性计算来确定反应器支座的固定端及滑动端的位置。

③ 立式釜式反应器的管道布置不应影响搅拌器的安装与检修,并应在楼面或平台上留出拆卸反应器封头的空间及放置位置。

④ 管式反应器的管道布置应满足设备管口附加位移的要求,并根据管道的柔性分析计算,选择合理的管架形式。

⑤ 流化床反应器的催化剂,管道布置应避免催化剂滞留和堆积。

⑥ 带夹套反应器的蒸汽、冷凝液或其他热载体管道,可靠近反应器的周围布置。

工程应用:某炼油装置反应器的配管设计

某炼油装置反应器的配管设计主要考虑了以下设计要点。

① 配管设计应满足工艺设计的要求。多台并联反应器的管道布置应保证流体分配均匀,各台反应器的压力降应符合工艺要求。反应器进料管道应保证气、液两相混合均匀。对于浆料床的反应器,管道布置应避免固体物料的堆积,采取倾斜布置的管道,避免滞留的死角,选用合适的阀门、管件和大半径弯管等。

② 反应器进料和出料管道,在保证柔性及管道对反应器管口的作用力和力矩不超过允许值的情况下,应使管道最短,管件最少。管道布置要考虑高温热管道系统产生的热位移,以免

与反应框架梁柱及其他管道相碰,还需考虑避免因反应器的热位移造成管道失稳。

③ 根据反应器结构特点合理确定管口方位,反应器催化剂卸料管口方位朝向检修侧或空场地。反应器顶部有可拆卸的大盖时,考虑设置永久式吊柱、吊梁或吊车,并可在平台或楼面上操作。阀门应布置在可拆卸区的外侧,并位于不影响检修的地方。

④ 工艺管道布置应便于催化剂的装卸。如反应器顶部有可拆卸的大盖,并且大盖上有管道相连时,该连接管道应设置可卸的管段,平台或楼面上留出放置大盖的位置并可承受维修载荷。反应框架平台梁及斜撑的布置不得妨碍运输车辆接近反应器催化剂卸料口。

⑤ 考虑管道系统应具有必要的柔性。高温热管道布置应避免法兰、阀门等位于操作通道上方可能会造成人身伤害的地方。在设置反应框架平台时,应考虑反应器封头、管口、管道与梁的净空,保证反应器热位移后不碰撞。

⑥ 沿反应器布置的管道与反应器之间或高温管道与构架梁之间存在较大的位移差,可设置弹簧支吊架承受管道载荷。反应器出口管道上与反应器顶盖上可拆卸段相接的管道,考虑设承重支架,以便反应器顶盖拆卸时支撑出口管道。高温高压的碳钢管道、合金钢和不锈钢管道优先选用卡箍式管托等类型支吊架。管道的支吊架设置考虑反应器的热膨胀,使其能随反应器和主管同方向位移。

第七章

换热设备

第一节 换热设备的分类

一、换热设备的分类

工业中加热、冷却、汽化和冷凝的过程，总称为传热过程，使传热过程得以实现的设备称之为换热设备。换热设备在石油、化工、轻工、电力、食品、冶金等行业有广泛的应用。

换热设备可按以下方法分类。

(1) 按用途分类

① 冷却器。用水或其他冷却介质冷却液体或气体。用空气冷却或冷凝工艺介质的称为空冷器；用低温的制冷剂，如冷盐水、氨、氟利昂等作为冷却介质的称为低温冷却器。

② 冷凝器。冷凝蒸汽，若蒸气经过时仅冷凝其中一部分，则称为部分冷凝器；如果全部冷凝为液体后又进一步冷却为过冷的液体，则称为冷凝冷却器；如果通入的蒸汽温度高于饱和温度，则在冷凝之前，还经过一段冷却阶段，则称为冷却冷凝器。

③ 加热器。用蒸汽或其他高温载热体来加热工艺介质，以提高其温度。若将蒸汽加热到饱和温度以上所用设备称过热器。

④ 换热器。在两个不同工艺介质之间进行显热交换，即在冷流体被加热的同时，热流体被冷却。

⑤ 再沸器。用蒸汽或其他高温介质将蒸馏塔底的物料加热至沸腾，以提供蒸馏时所需的热量。

⑥ 蒸气发生器。用燃料油或燃料气的燃烧加热生产蒸气。如果被加热汽化的是水，也叫蒸汽发生器，即锅炉；如果被加热的是其他液体物统称为气化器。

⑦ 废热（或余热）锅炉。凡是利用生产过程中的废热（或余热）来产生蒸汽的设备统称为废热锅炉。

(2) 按热量传递方法分类

① 直接接触式换热器。又称混合式，冷流体和热流体在进入换热器后直接接触传递热量。这种方式对于工艺上允许两种流体混合的情况下，是比较方便而有效的，如凉水塔、喷射式冷凝器等。

② 蓄热式换热器。又称蓄热器，是一个充满蓄热体（如格子砖）的蓄热室，热容量很大。温度不同的两种流体先后交替地通过蓄热室，高温流体将热量传给蓄热体，蓄热体又将这部分热量传给随后进入的低温流体，从而实现间接的传热过程。这类换热器结构较为简单，可耐高温，常用于高温气体的冷却或废热回收，如回转式蓄热器。

③ 间壁式换热器。温度不同的两种流体通过隔离流体的固体壁面进行热量传递，两流体

之间因有器壁分开，故互不接触，这也是化工生产经常所要求的条件。

工业生产中应用较多的是各类间壁式换热器。在间壁式换热器中，由于传热过程不同，操作条件、流体性质、间壁材料及制造加工等因素，决定了换热器的结构类型也是多种多样的。根据间壁的形状，间壁式换热器大体上分为"管式"和"板面式"两大类，如套管式、螺旋管式、管壳式都属于管式；板片式、螺旋板式、板壳式等都属于板面式。

（3）按结构、材料分类（图7.1）

二、管壳式换热器的结构与分类

管壳式换热器又称列管式换热器。是以封闭在壳体中管束的壁面作为传热面的间壁式换热器。这种换热器结构较简单，操作可靠，可用各种结构材料（主要是金属材料）制造，能在高温、高压下使用，是目前应用最广的类型。

1. 管壳式换热器的结构

管壳式换热器由壳体、传热管束、管板、折流板（挡板）和管箱等部件组成。壳体多为圆筒形，内部装有管束，管束两端固定在管板上，而管板又与外壳连接在一起。进行换热的冷、热两种流体，一种在管内流动，称为管程流体；另一种在管外流动，称为壳程流体。为提高管外流体的传热膜系数，通常在壳体内安装若干挡板。挡板可提高壳程流体速度，迫使流体按规定路程多次横向通过管束，增强流体湍流程度。图7.2（a）为最简单的单壳程单管程换热器。管壳式换热器按结构特点分为固定管板式换热器、浮头式换热器、U形管式换热器、填函式换热器、双重管式换热器和双管板换热器等，前3种应用比较普遍。

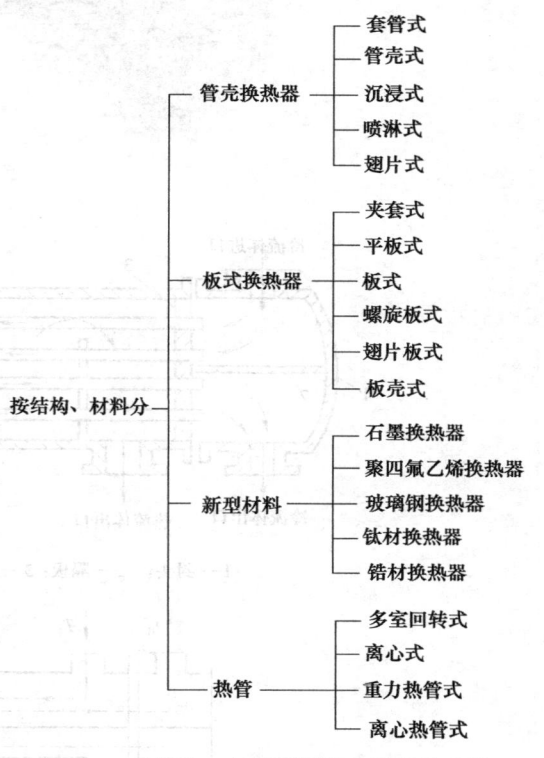

图7.1 按结构、材料不同换热设备的分类

管壳式换热器管束由许多管子组成，管束构成换热器的传热面。为了增加流体在管外空间的流速，以提高换热器壳程的传热膜系数，改善换热器的传热情况，在筒体内间隔安装了许多折流挡板。换热器的壳体和两侧管箱上（对于偶数管程的，则在一侧）开有流体的进出口，有时还在其上装设检查孔，为安置仪表用的接口管、排液孔和排气孔等。在换热器中，一种流体从一侧管箱（成为前管箱）流进管子里，经另一侧管箱（成为后管箱）流出（对奇数单管程换热器），或绕过管箱，流回进口侧前管箱流出（对偶数管程换热器），流体每通过管束一次称为一个管程。另一种流体从筒体上的连接管进出换热器管体，流经管束外，每通过壳体一次称为一个壳程。图7.2（c）所示为二管程、单壳程，工程上称为1-2型换热器（此处1表示壳程数，2表示管程数）。同样，在换热器筒体内加纵向挡板也能得到多壳程结构，见图7.2（b）。

按GB 151的规定，管壳式换热器主要部件如图7.3所示。

2. 管壳式换热器的分类

① 固定管板式换热器。管壳式换热器主要是由壳体、管束、管板、管箱及折流板等组成，具体结构如图7.4。"固定管板"是指管板和壳体之间也是刚性连接在一起，相互之间无相对移动，固定管板式换热器适用于壳程流体清洁、不易结垢、管程常要清洗、冷热流体温差不太大的场合。

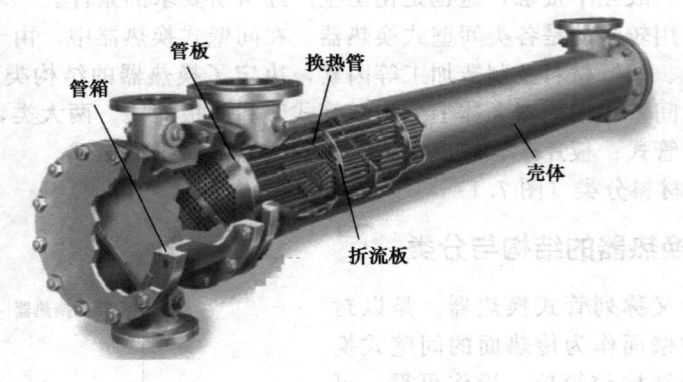

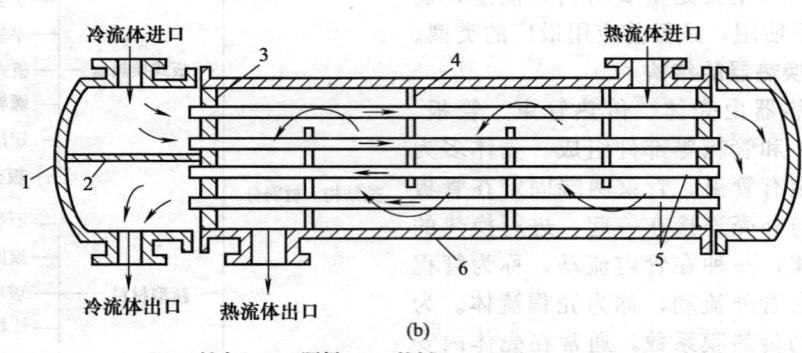

1—封头；2—隔板；3—管板；4—挡板；5—管子；6—外壳

图 7.2 管壳式换热器示意图

结构：管子的两端分别固定在两块管板上，管板与壳体相焊。

优点：结构简单、布局紧凑，能承受较高压力，造价低，管程清洗方便，管子损坏时方便堵管或更换。排管数比 U 形管换热器多。

缺点：管束与壳体的壁温或材料的线胀系数相差较大时，壳体和管束中将产生较大热应力，为此应需要设置柔性元件（如膨胀节）。不能抽芯，无法进行机械清洗，不能更换管束，必须采用化学方法清洗，维修成本较高，因此要求壳程流体不易结垢。

适用范围：壳程侧介质清洁不易结垢、管程与壳程两侧温差不大或温差较大但壳侧压力不高的场合。

② 浮头式换热器（见图 7.5）。结构：浮头式换热器两端管板中只有一端与壳体固定，另一端可相对壳体自由移动，称为浮头。浮头由浮头管板、钩圈和浮头盖组成，是可拆连接，管束可从壳体中抽出。管子受热时，管束连同浮头可以沿轴向自由伸缩，完全消除了温差应力。

优点：可抽式管束，当换热管为正方形或转角正方形排列时，管束可抽出进行机械清洗，

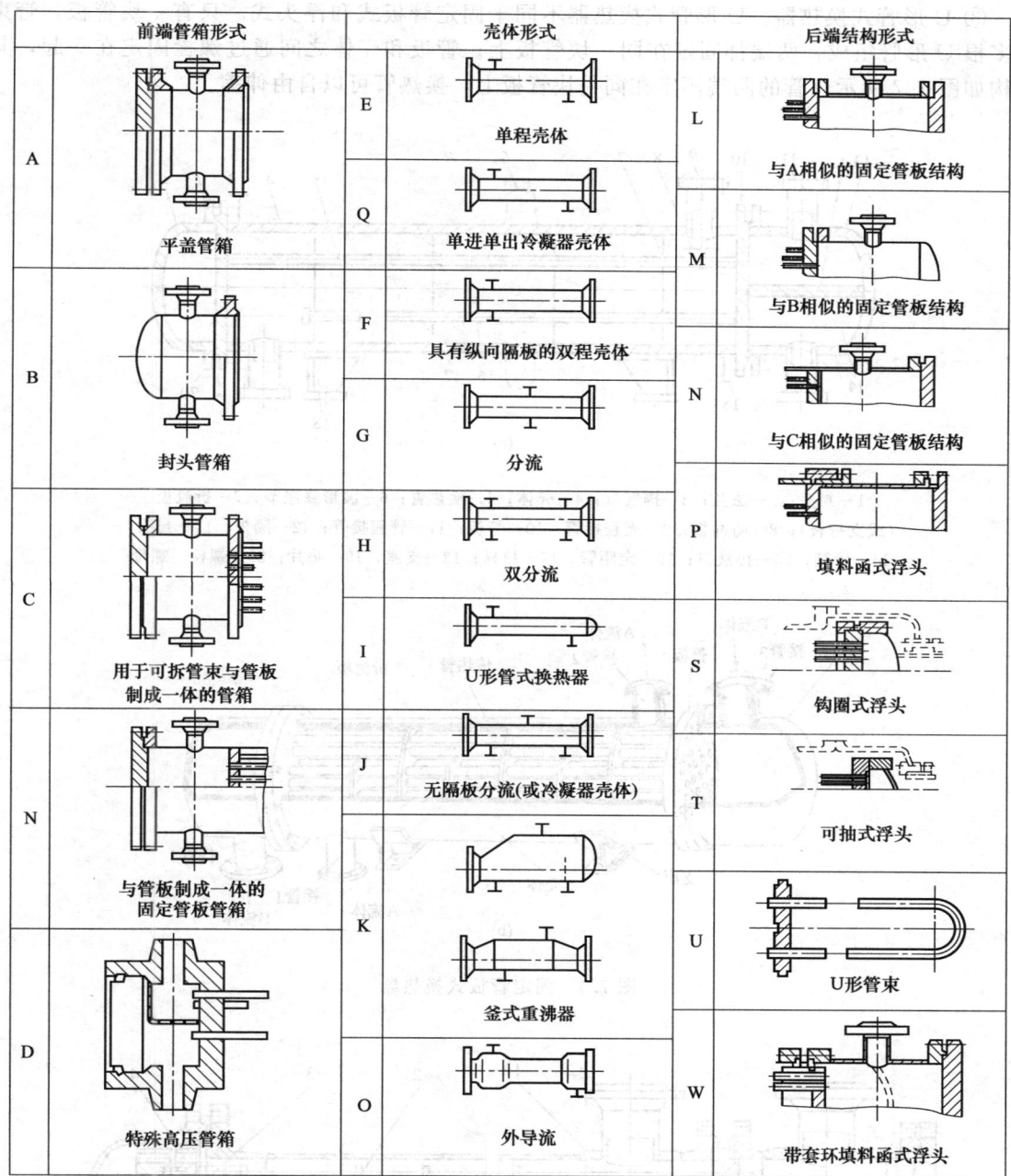

图 7.3 管壳式换热器主要部件

适用于易结垢及堵塞的工况。一端可自由浮动，不需考虑温差应力，可用于大温差场合。

缺点：结构复杂，造价高，设备笨重，材料消耗大。浮头端结构复杂，影响排管数。浮头密封面在操作时，易产生内漏。浮头处若密封不严会造成两种流体混合且不易察觉。

适用范围：适用于壳体和管束之间壁温差较大或壳程介质易结垢的场合。浮头换热器在炼油行业或乙烯行业中应用较多，由于内浮头结构限制了使用压力和温度一般情况 $p_{max} \leqslant 6.4 MPa$，$T_{max} \leqslant 400℃$。

浮头式再沸器与浮头式换热器结构类似，见图 7.6。壳体内上部空间是供壳程流体蒸发用的，所以也可将其称为带蒸发空间的浮头式换热器。

③ U形管式换热器。U形管式换热器不同于固定管板式和浮头式，只有一块管板，管束由多根 U 形管组成，两端都固定在同一块管板上；管板和壳体之间通过螺栓固定在一起，其结构如图 7.7 所示。管的两端固定在同一块管板上，换热管可以自由伸缩。

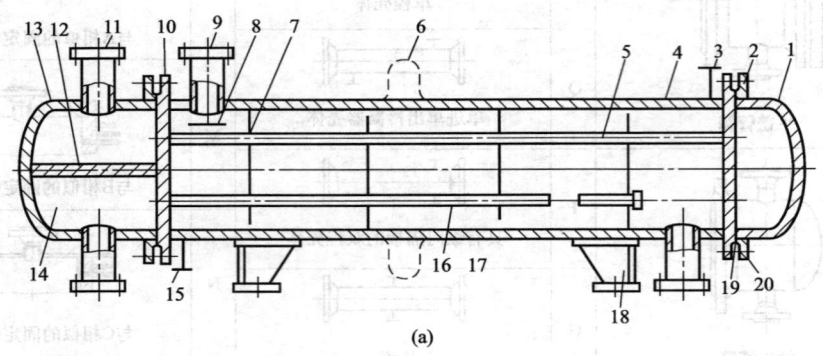

1—封头；2—法兰；3—排气口；4—壳体；5—换热管；6—波形膨胀节；7—折流板（或支持板）；8—防冲板；9—壳程接管；10—管板；11—管程接管；12—隔板；13—封头；14—管箱；15—排液口；16—定距管；17—拉杆；18—支座；19—垫片；20—螺栓、螺母

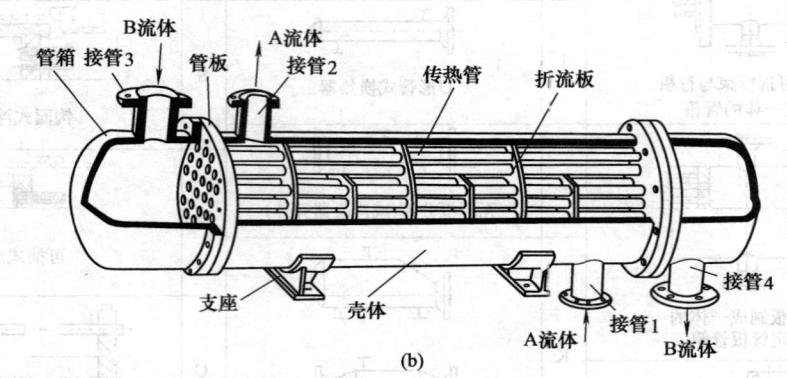

图 7.4 固定管板式换热器

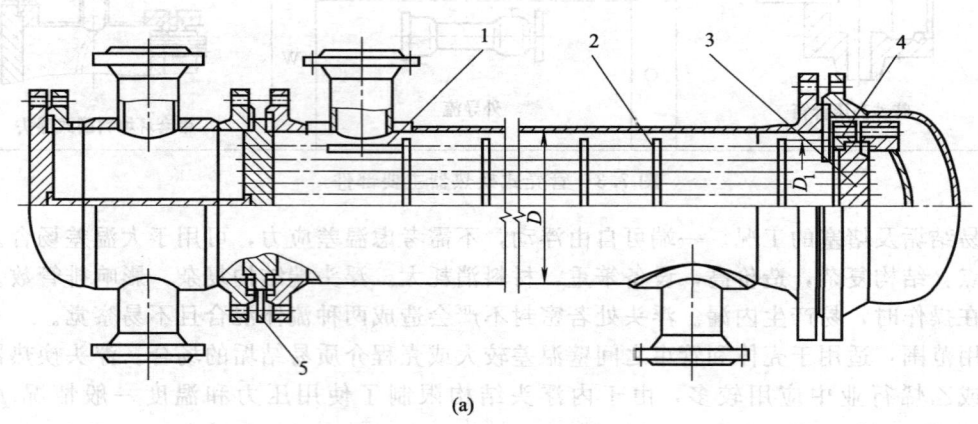

1—防冲板；2—折流板；3—浮头管板；4—钩圈；5—支耳

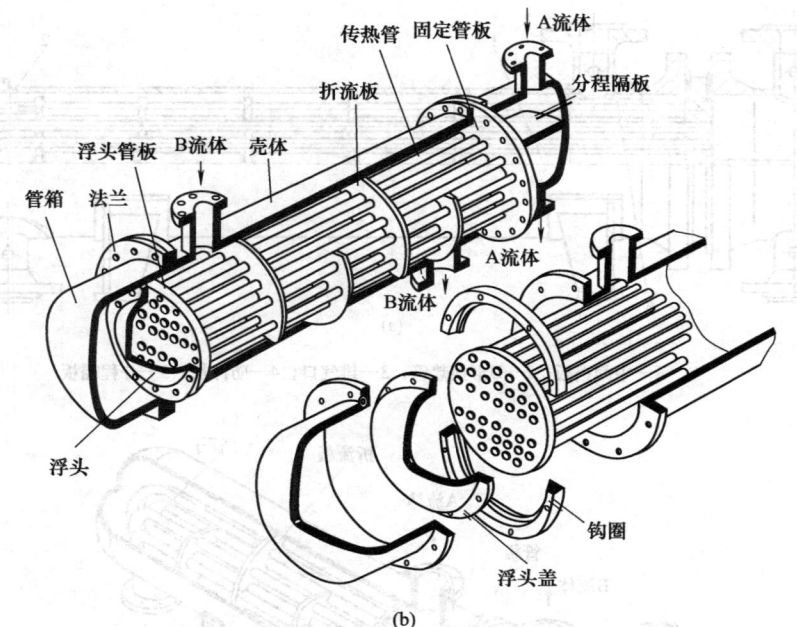

图 7.5 浮头式换热器

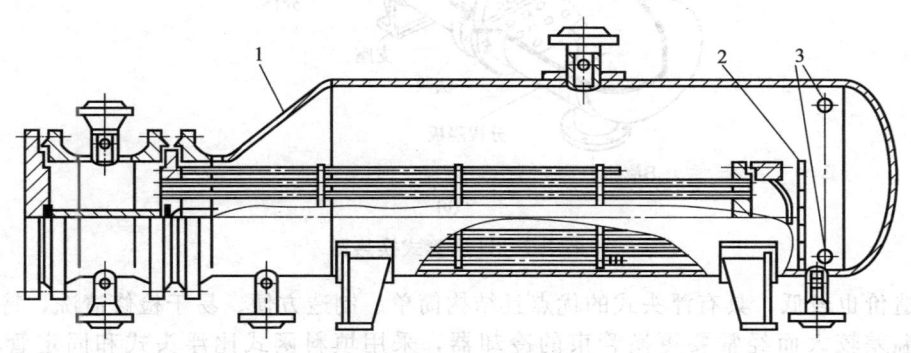

图 7.6 浮头式再沸器
1—偏心锥壳；2—堰板；3—液面计接口

优点：以 U 形管尾部的自由浮动解决了温差应力的问题，管束可在壳体内自由伸缩，也可将管束抽出清洗，同时还节省了一块管板，结构简单，价格便宜，承压能力强。

缺点：U 形管管内清洗困难且管子更换不方便。由于受管弯曲半径的限制，布管较少。壳程流体易形成短路。坏一根 U 形管相当于坏两根管，报废率较高。与其他管壳式换热器相比布管较少，结构不够紧凑。

适用范围：U 形管式换热器适用于冷热流体温差较大、管内走清洁不结垢的高温、高压、腐蚀性较大流体的场合，适用于管壳壁温差较大或壳程介质结垢需要清洗，又不宜采用浮头式和固定管板的场合。

④ 填料函式换热器。填料函式换热器与浮头式相似，只是浮动管板一端与壳体之间采用填料函密封，如图 7.8 所示。浮头部分在壳体外，在浮头与壳体的滑动接触面处采用填料函密封结构。

优点：由于采用填料函密封结构，使得管束在壳体内可以自由伸缩，避免了热应力。加工制造方便，节省材料，由于可抽芯，维修方便。由于减少了壳体大盖，它的结构较浮头式换热

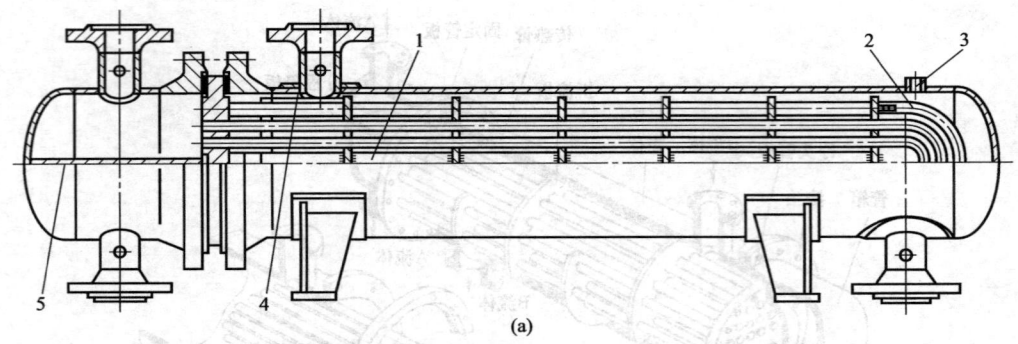

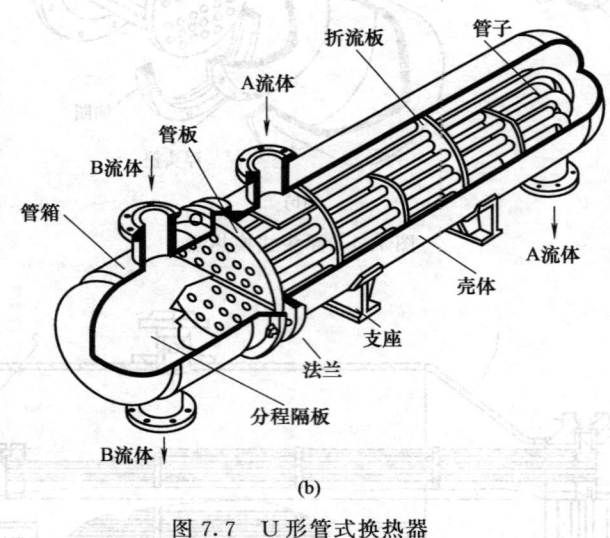

1—中间挡板；2—U形换热管；3—排气口；4—防冲板；5—分程隔板

图 7.7 U 形管式换热器

器简单，造价也较低，具有浮头式的优点且结构简单、制造方便、易于检修清洗，特别是对腐蚀严重、温差较大而经常要更换管束的冷却器，采用填料函式比浮头式和固定管板式更为优越。

缺点：填料处易产生泄漏；工作压力和温度受一定限制，直径也不宜过大。由于填料密封性所限，不适用于壳程流体易挥发、易燃、易爆及有毒的情况。目前所使用的填料函式换热器直径大多在 700mm 以下，大直径的用得很少，尤其在操作压力及温度较高的条件下采用更少。

适用范围：一般适用于 2.5MPa 以下的工作条件且不能用于易挥发、易燃易爆、有毒及贵重介质的工况。使用温度受限于填料的物性。目前使用较少。

⑤ 双重管式换热器。双重管式换热器将一组管子插入另一组相应的管子中而构成的换热器，见图 7.9。管程流体（B 流体）从管箱进口管流入，通过内插管到达外套管的底部，然后反向，通过内插管和外套管之间的环形空间，最后从管箱出口管流出。其特点是内插管与外套管之间没有约束，可自由伸缩。因此，它适用于温差很大的两流体换热。但管程流体的阻力较大，设备造价较高。

⑥ 双管板换热器。双管板换热器的管子两端分别连接在两块管板上，见图 7.10。双管板换热器两块管板之间留有一定的空间，并装设开孔接管。当管子与一侧管板的连接处发生泄漏时，漏入的流体在此空间内收集起来，通过接管引出，因此可保证壳程流体和管程流体不致相

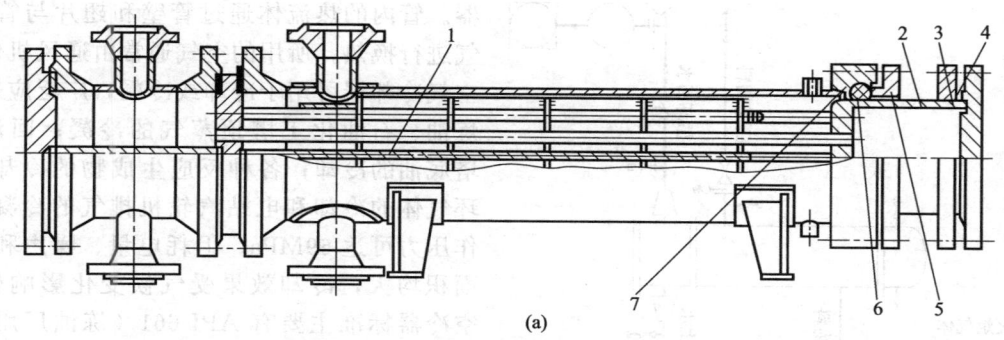

1—纵向隔板；2—浮动管板；3—活套法兰；4—部分剪切环；5—填料压盖；6—填料；7—填料函

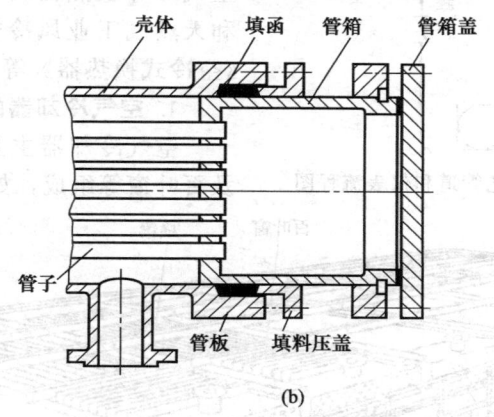

图 7.8 填料函式换热器

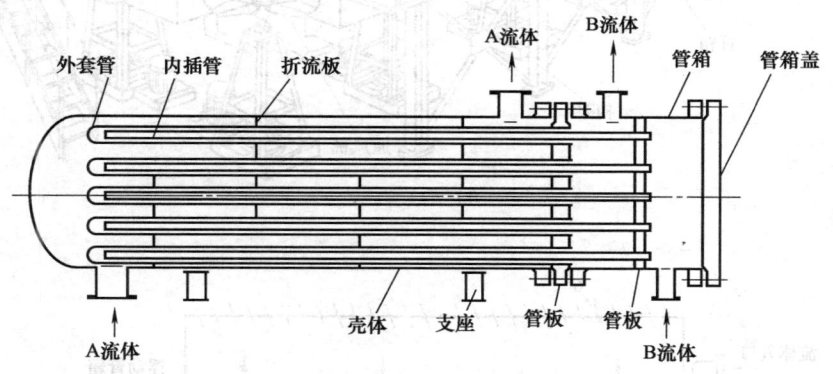

图 7.9 双重管式换热器

互窜漏和污染。双管板换热器主要用于严格要求参与换热的两流体不互相窜漏的场合，但造价比固定管板式换热器高。

三、换热器的典型工艺管道和仪表流程图

换热器的典型工艺管道和仪表流程图见图 7.11。

四、空气冷却器的结构及优、缺点

空气冷却器（简称空冷器）是以环境空气作为冷却介质，冷却高温工艺流体的换热器，也称空气冷却式换热

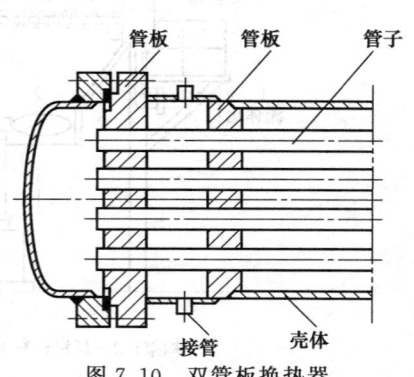

图 7.10 双管板换热器

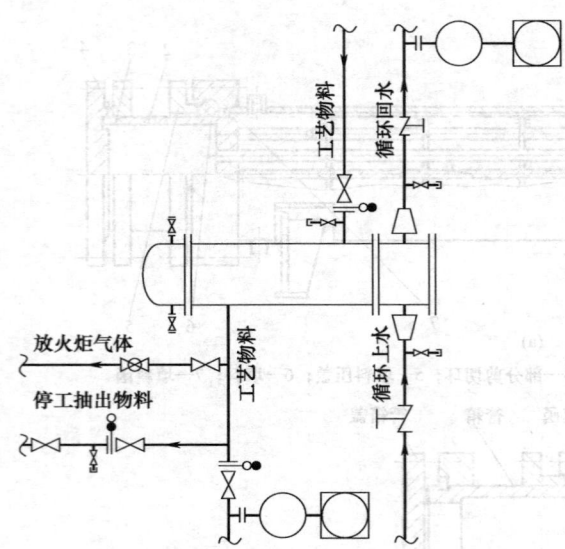

图 7.11 换热器的典型工艺管道和仪表流程图

器。管内的热流体通过管壁和翅片与管外空气进行换热，所用的空气通常由通风机供给。空气冷却器可用于冷却或冷凝，广泛应用于：炼油、石油化工塔顶蒸气的冷凝；回流油、塔底油的冷却；各种反应生成物的冷却；循环气体的冷却和电站汽轮机排气的冷凝。工作压力可达 69MPa。但耗电量、噪声和占地面积均大，冷却效果受气候变化影响较大。空冷器标准主要有 API 661《炼油厂用通用空气冷却换热器》、ISO 13706《石油、石化和天然气工业风冷式换热器》、GB/T 15386《空冷式换热器》等。

1. 空气冷却器的结构

空气冷却器主要由管束、通风机、构架及百叶窗等组成，如图 7.12 所示。

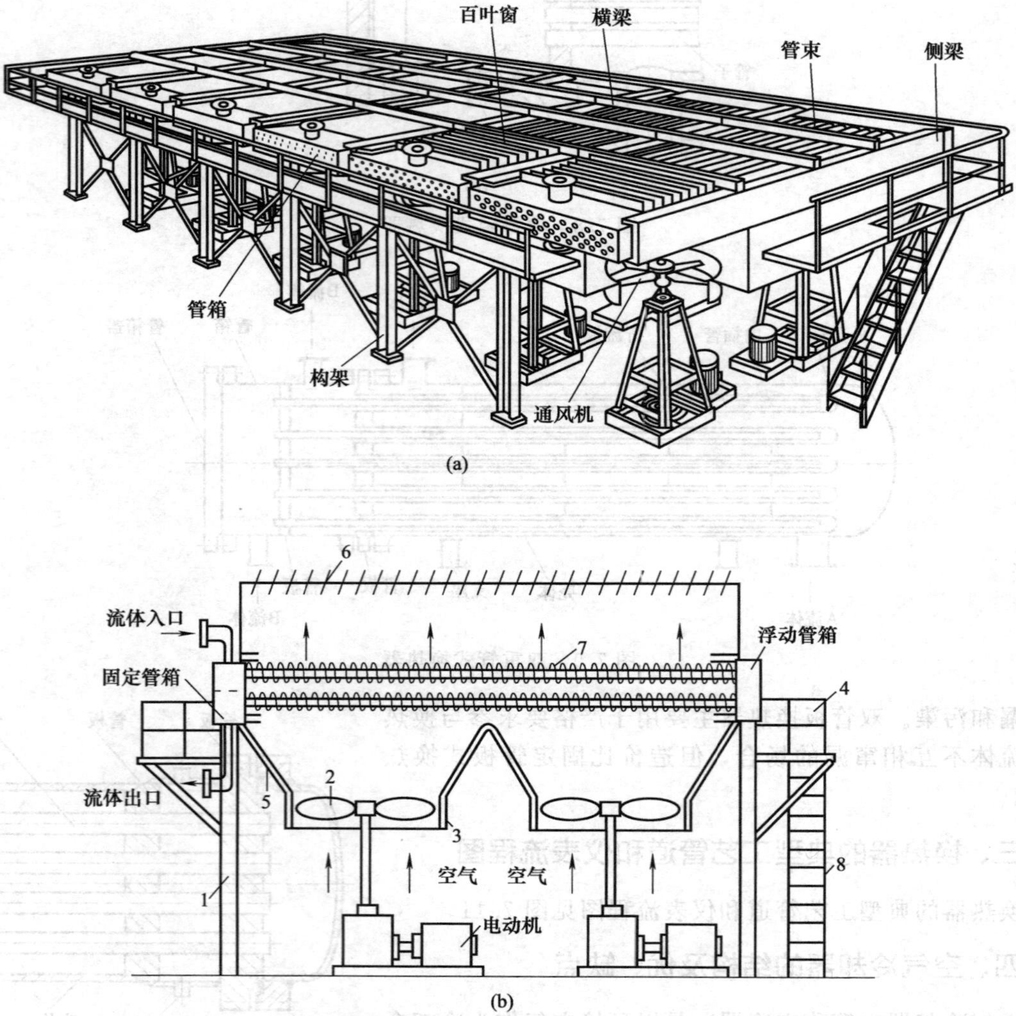

1—构架；2—风机；3—风筒；4—平台；5—风箱；6—百叶窗；7—管束；8—梯子

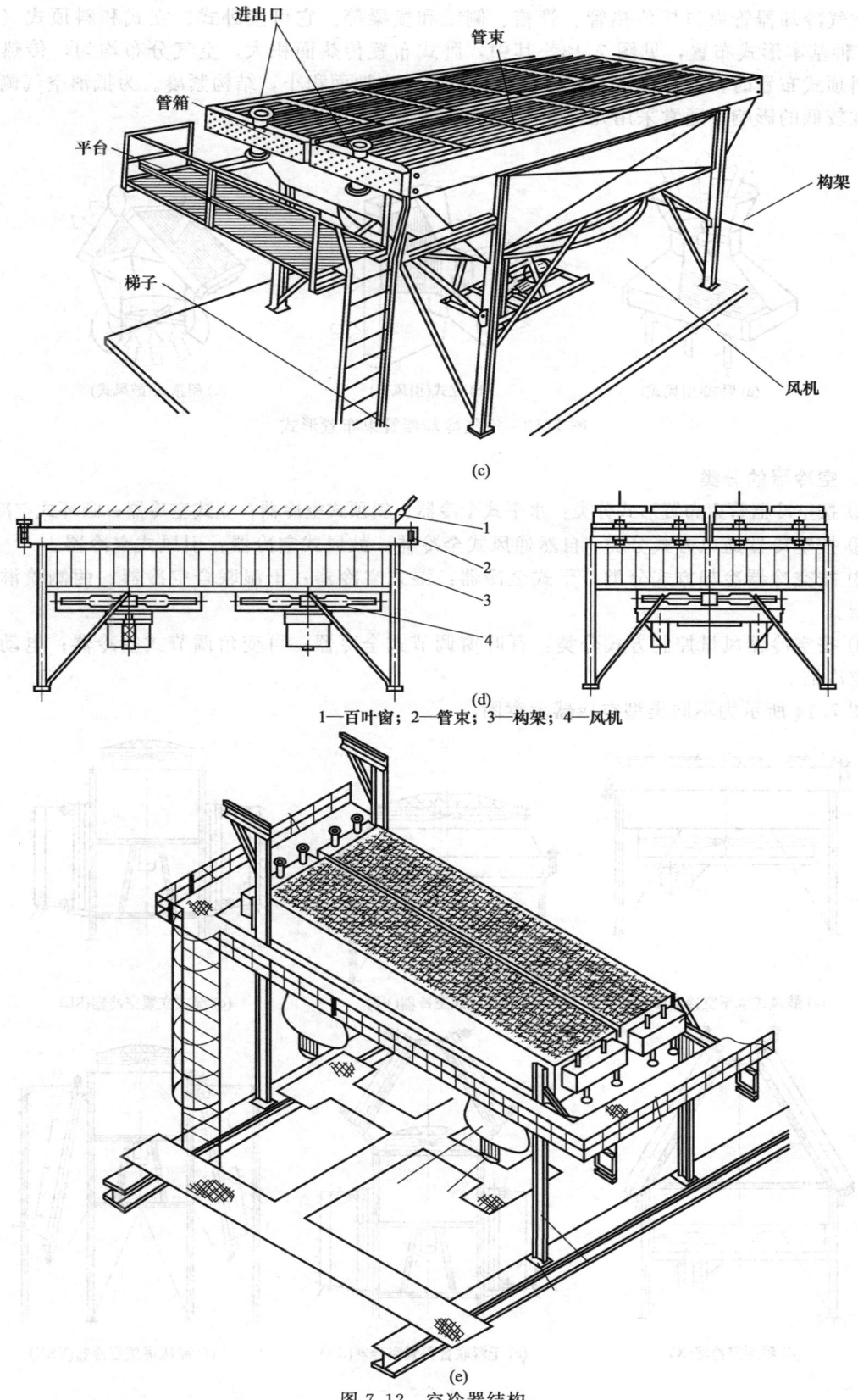

1—百叶窗；2—管束；3—构架；4—风机

图 7.12 空冷器结构

空气冷却器管束包括传热管、管箱、侧梁和横梁等。它可按卧式、立式和斜顶式（人字式）3种基本形式布置，见图7.13。其中，卧式布置传热面积大，空气分布均匀，传热效果好；斜顶式布置时，通风机安装在人字中央空间，占地面积小，结构紧凑。为抵消空气侧的给热系数较低的影响，通常采用光管外壁装翅片的管子。

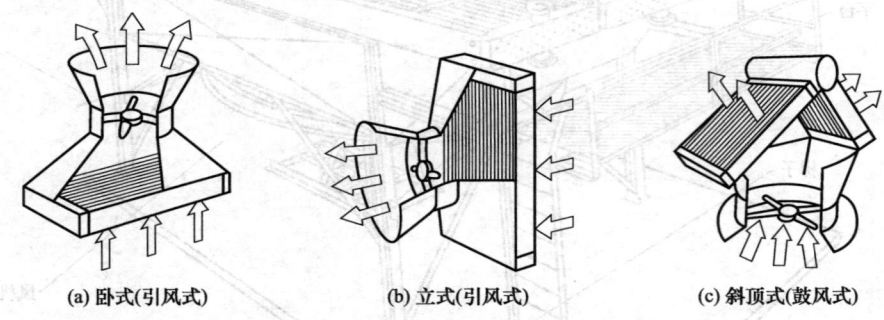

(a) 卧式(引风式)　　(b) 立式(引风式)　　(c) 斜顶式(鼓风式)

图7.13　空气冷却器管束布置形式

2. 空冷器的分类

① 按空冷器管束布置形式分类：水平式空冷器；斜顶式空冷器；立式空冷器；圆环式空冷器。

② 按空冷器通风方式分类：自然通风式空冷器；鼓风式空冷器；引风式空冷器。

③ 按空冷器冷却方式分类：干式空冷器；湿式空冷器；干湿联合空冷器；两侧喷淋联合空冷器。

④ 按空冷器风量控制方式分类：百叶窗调节式空冷器；可变角调节式空冷器；电动机调速式空冷器。

图7.14所示为不同类型空冷器示意图。

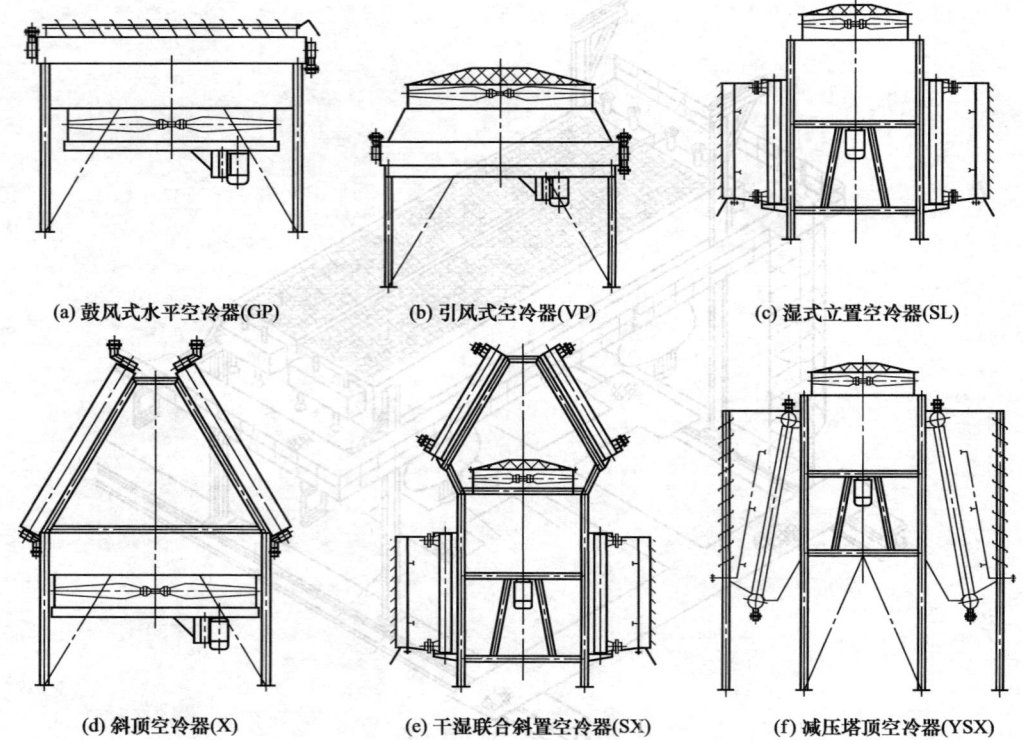

(a) 鼓风式水平空冷器(GP)　　(b) 引风式空冷器(VP)　　(c) 湿式立置空冷器(SL)

(d) 斜顶空冷器(X)　　(e) 干湿联合斜置空冷器(SX)　　(f) 减压塔顶空冷器(YSX)

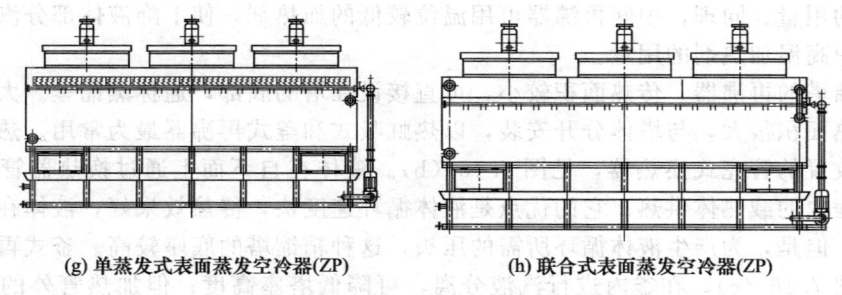

(g) 单蒸发式表面蒸发空冷器(ZP)　　(h) 联合式表面蒸发空冷器(ZP)

图 7.14　不同类型空冷器示意图

3. 空冷器的优点与缺点（表 7.1）

表 7.1　空冷与水冷相比的优点与缺点

	空　　冷	水　　冷
优点	1. 空气不计费用，且随地可取 2. 装置地点不受气源限制 3. 空气腐蚀性小，不需要防垢和清扫 4. 操作费用低，因为压降低。空冷系统维护费用仅为水冷系统的 20%～30% 5. 对环境污染少。对环境没有热污染和化学污染 6. 一旦风机电源被切断，仍有 30%～40% 的自然冷却能力	1. 冷却水一般较短缺，取水费用大（包括打井、敷设管线和水处理等） 2. 大型装置建设有时取决于水源 3. 水有腐蚀性，易结垢，需定期清扫 4. 操作费用高，因为水循环系统和换热器压降都较大 5. 水容易受污染。对环境易污染 6. 电源被切断，全部停产
缺点	1. 空气比热小，要求换热面积大 2. 只能冷却到干球温度，热流体出口温度较高 3. 风机有噪声和振动 4. 受气候影响大 5. 安装时，要考虑周围其他设备或建筑物的影响，防止形成热环流 6. 热流体出口温度波动较大，精确控制较困难 7. 设计时技巧性强	1. 面积较小，结构紧凑 2. 可冷到湿球温度，出口温度比空气低 2～6℃ 3. 无噪声公害和振动 4. 不受或很少受气候影响 5. 水冷却器可以位于其他设备中间 6. 可以精确控制热流体的出口温度 7. 设计方法比较成熟

五、空冷器的典型工艺管道和仪表流程图

空冷器的典型工艺管道和仪表流程图见图 7.15。

六、再沸器的分类、结构及特点

再沸器是用以将塔底液体部分汽化后送回精馏塔，使塔内汽液两相间的接触传质得以进行。

在精馏塔内汽液两相的温度自上而下逐渐增加，塔顶最低，塔底最高。如果塔底和塔顶的温度相差较大，可在精馏段设置中间冷凝器，在提馏段设置中间再沸器，见图 7.16 (a)，以降低操作费用。供热费用取决于传热量和所用载热体的温位。在塔内设置的中间冷凝器，可用温位较高、价格较便宜的冷却剂，使上升气体部分冷凝，以减少塔顶

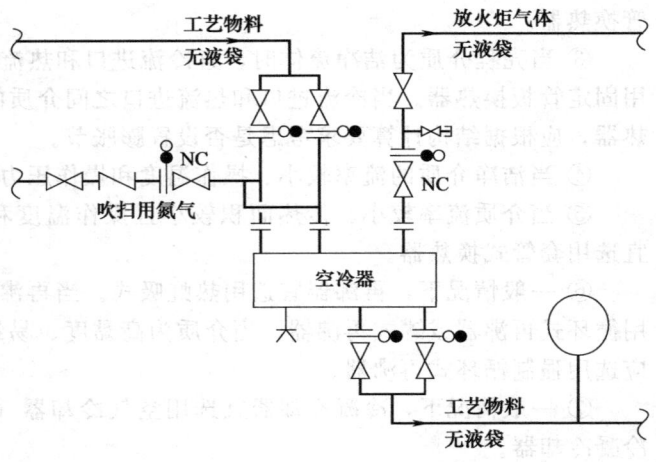

图 7.15　空冷器的典型工艺管道和仪表流程图

低温冷却剂的用量。同理，中间再沸器可用温位较低的加热剂，使下降液体部分汽化，以减少塔底再沸器中高温加热剂的用量。

小型精馏塔的再沸器，传热面积较小，可直接设在塔的底部，通称蒸馏釜。大型精馏塔的再沸器，传热面积很大，与塔体分开安装，以热虹吸式和釜式再沸器最为常用。热虹吸式再沸器是一垂直放置的管壳式换热器，见图 7.16（b）。液体在自下而上通过换热器管程时部分汽化，由在壳程内的载热体供热。它的优点是液体循环速度快，传热效果好，液体在加热器中的停留时间短；但是，为产生液体循环所需的压头，这种精馏塔的底座较高。釜式再沸器通常水平放置，见图 7.16（c），在釜内进行汽液分离，可降低塔座高度；但加热管外的液体是自然对流的，传热效果较差，液体在釜内停留时间也长，因而不适于黏度较大或稳定性较差的物料。

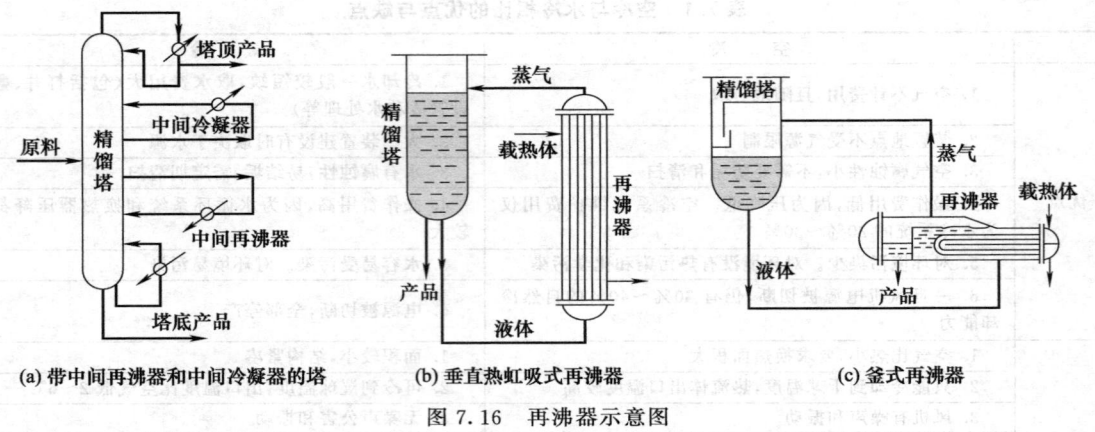

(a) 带中间再沸器和中间冷凝器的塔　　(b) 垂直热虹吸式再沸器　　(c) 釜式再沸器

图 7.16　再沸器示意图

七、再沸器的典型工艺管道和仪表流程图

再沸器的典型工艺管道和仪表流程图见图 7.17。

八、换热设备的选用

换热器的结构形式应根据工艺条件和介质性质按下列原则确定。

① 一般宜选用浮头式换热器。

② 当操作压力较高或管壳程介质相混合会导致产品变质或影响安全操作时，宜选用 U 形管换热器。

③ 当壳程介质为洁净流体时，且冷流进口和热流进口之间介质的温差小于 110℃时，宜选用固定管板换热器。当冷流进口和热流进口之间介质的温差大于 110℃时，如选用固定管板换热器，应根据结构计算要求考虑是否设置膨胀节。

④ 当洁净介质的流率较小、操作温度和操作压力均较低时，宜选用板式换热器。

⑤ 当介质流率较小、传热面积较小且操作温度和操作压力较高或介质含有固体颗粒时，宜选用套管式换热器。

⑥ 一般情况下，再沸器宜选用热虹吸式。当再沸器内介质汽化率要求大于 30% 时，应选用循环式再沸器或罐式再沸器。当介质为高黏度、易结垢的流体或该循环系统的阻力较大时，应选用强制循环式再沸器。

⑦ 一般情况下，冷凝冷却器宜选用空气冷却器（以下简称空冷）或空冷和水冷却组合式冷凝冷却器。

⑧ 当热流出口温度与计算气温（空气入口温度）之差大于 15℃时，宜选用干式空冷器，

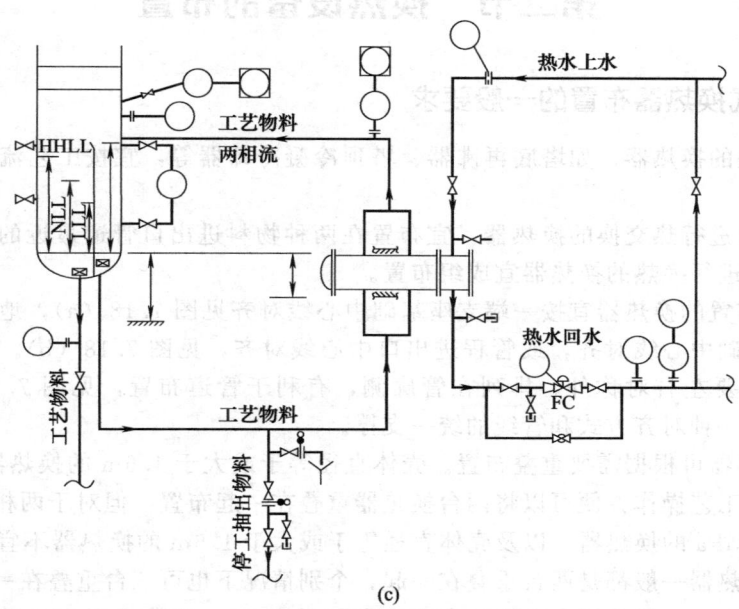

图 7.17 再沸器的典型工艺管道和仪表流程图

否则，宜选用湿式空冷器。

⑨ 当空冷器管内侧膜传热系数大于 1163W/(m²·K) 时，宜选用高翅片空冷器，当管内侧膜传热系数为 116.3~1163W/(m²·K) 时，宜选用低翅片空冷器；当管内侧膜传热系数小于 116.3W/(m²·K) 时，宜选用光管空冷器。

⑩ 空冷器的空气计算温度应采用建厂地区的保证率为每年不超过 5 天（即最热 3 个月内有 5 天不保证）的气温（干球温度）并加上 1℃。

⑪ 管壳式换热器管子外径宜选用 25mm 或 19mm 的无缝钢管。当介质结垢严重或要求压力降较低时，可选用公称直径为 40mm 的无缝钢管。

⑫ 管壳式换热器的折流板间距和形式应根据传热效率、允许压力降和防振要求确定。折流板间距最大不宜超过壳体内径，最小不宜小于壳体内径的 16%。对两相流换热器，折流板的形式和间距应满足两相流的要求。

⑬ 在换热器系列满足使用要求的前提下，宜选用传热面积较大的单台换热器，而不宜选用传热面积较小的多台换热器并联使用。

⑭ 在经济合理的条件下，应根据不同的工况采用各种管内外强化传热技术。

⑮ 确定介质走管程或壳程的选择原则是：能提高传热系数、合理的压力降及便于维修。下列流体宜走管程：普通冷却水，有腐蚀性、有毒性或有沉淀物生成的流体，易结垢的流体，黏度较小的流体，高压流体。

⑯ 换热网络应采用窄点设计法。

⑰ 换热器冷热端介质的温差及温差校正系数应满足下列原则：采用换热网络时，冷、热端介质温差应按窄点设计法确定；单台换热器的冷热端介质温差，应通过换热量和换热面积的技术经济比较后确定。初选的原则是冷热端介质温差均不宜小于20℃；若热流需进一步冷却、冷流需进一步加热时，热端介质温差不宜小于20℃，冷端介质温差不宜小于15℃。对水冷却器，冷端介质温差不宜小于5℃；温差校正系数不宜小于0.8。

⑱ 管壳式换热器管内液体介质的流速不宜大于3m/s，冷却水在管内的流速不宜小于0.8m/s。

第二节　换热设备的布置

一、管壳式换热器布置的一般要求

① 与塔关联的换热器，如塔底再沸器、塔顶冷凝冷却器等，宜按工艺流程顺序布置在塔的附近。

② 两种物料进行热交换的换热器，宜布置在两种物料进出口管道最近的位置。一种物料与几种不同物料进行换热的换热器宜成组布置。

③ 构架上布置的换热器宜按一端支座基础中心线对齐见图7.18（a），地面布置的换热器可按一端支座基础中心线对齐，或管程进出口中心线对齐，见图7.18（b）。固定管板式换热器的布置，管口要左右对称外，排列在管廊侧，有利于管道布置，见图7.18（c）。图7.18（d）是换热器的一种对齐方式和管线的统一支撑。

④ 两台换热器可根据需要重叠布置。壳体直径等于或大于1.6m的换热器不宜重叠布置。为了节约占地或工艺操作方便可以将两台换热器重叠在一起布置。但对于两相流介质或操作压力等于或大于4MPa的换热器，以及壳体直径等于或大于1.6m的换热器不宜重叠布置；重叠布置的管壳式换热器一般都是两台重叠在一起，个别情况下也可三台重叠在一起布置。这样的布置要考虑最顶上一台换热器中心线的高度不宜超过4.5m。两台重叠布置的换热器，只给出下部换热器中心线标高即可。如果两台不同换热介质的换热器重叠在一起布置，则两台中心线的高差应满足管道设计的要求，见图7.19。

⑤ 操作温度等于或高于物料自燃点或超过250℃的换热器的上方和下方，如无不燃烧材料的隔板隔离保护，不应布置其他可燃介质设备。

⑥ 换热器宜布置在地面上，但数量较多时，可布置在构架上。对于重质油品或污染环境的物料，换热器不宜布置在构架上。

⑦ 从塔或容器底部经换热器抽液时，换热器应靠近并位于塔或容器的下方。

⑧ 与反应器直接相关的立式换热器，可布置在反应器构架内，并应有机动吊装机具抽出管束的空间；当不能采用机动吊装机具抽出管束时，应设置吊装设施。

二、管壳式换热器的布置高度设计

① 管壳式换热器的安装高度应保证其底部接管最低标高（或排液阀下部）与当地地面或平台面的净空不小于150~250mm。放净阀端部距离地面或平台面的净空高度不应小于100mm。一般情况下，卧式管壳式换热器最小支撑高度（距离地面或平台面净空高度）为500mm（图7.20）。

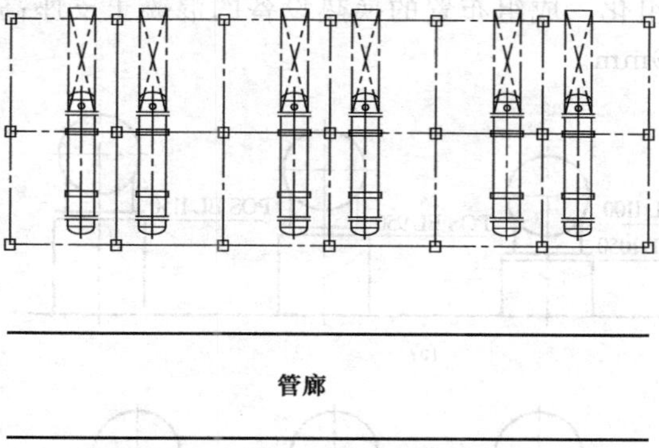

(a) 一端支座基础中心线对齐

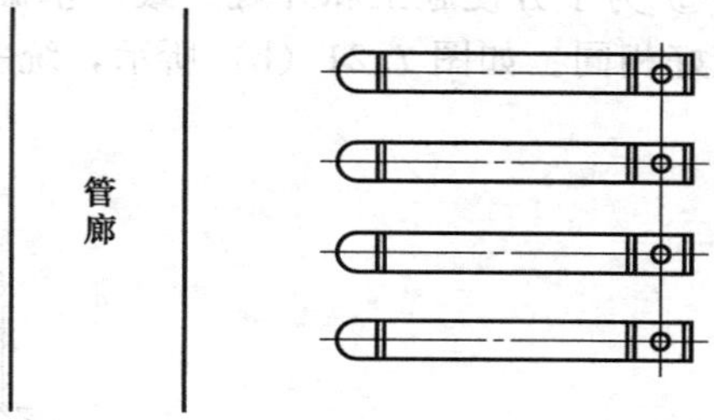

(b) 管程进出口

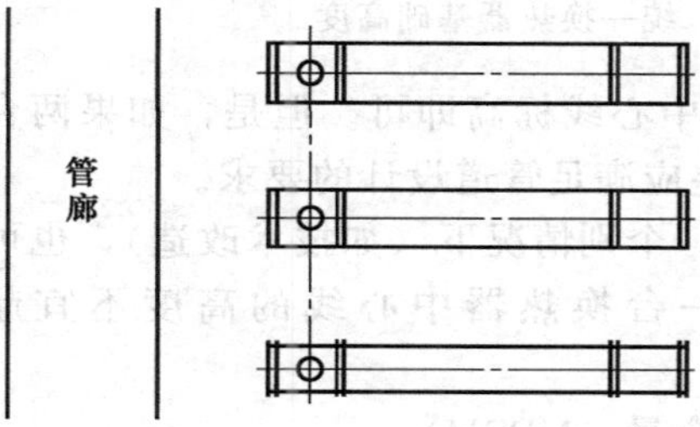

管廊

抽芯区

管束长+1.5m

(c)

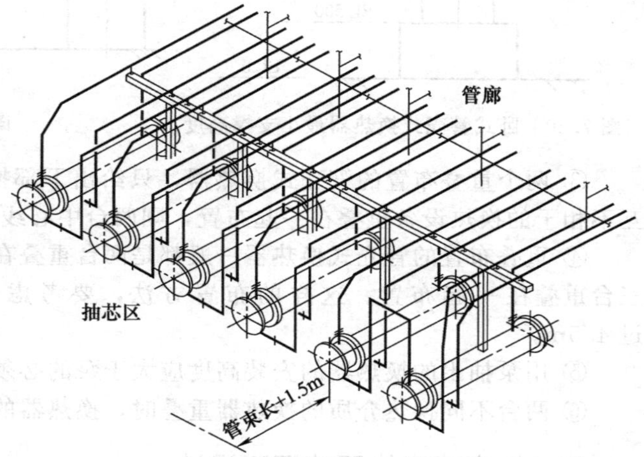

(d)

图 7.18 换热器的对齐方式

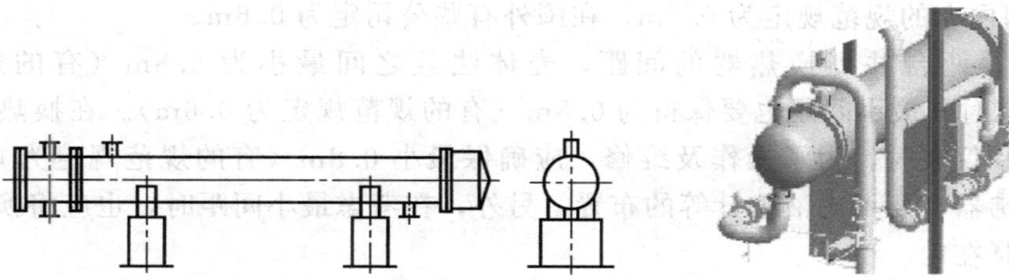

(a) 单台卧式布置

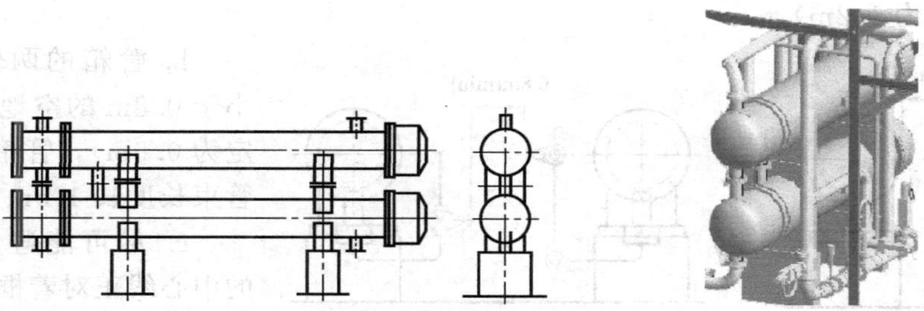

(b) 两台重叠卧式布置

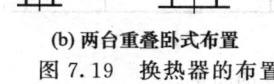
图 7.19 换热器的布置

② 为了方便施工和外观一致，基础高度的群组化，成组布置的换热设备的混凝土支座高度最好相同。如图 7.21（b）所示，统一成了 1100mm。

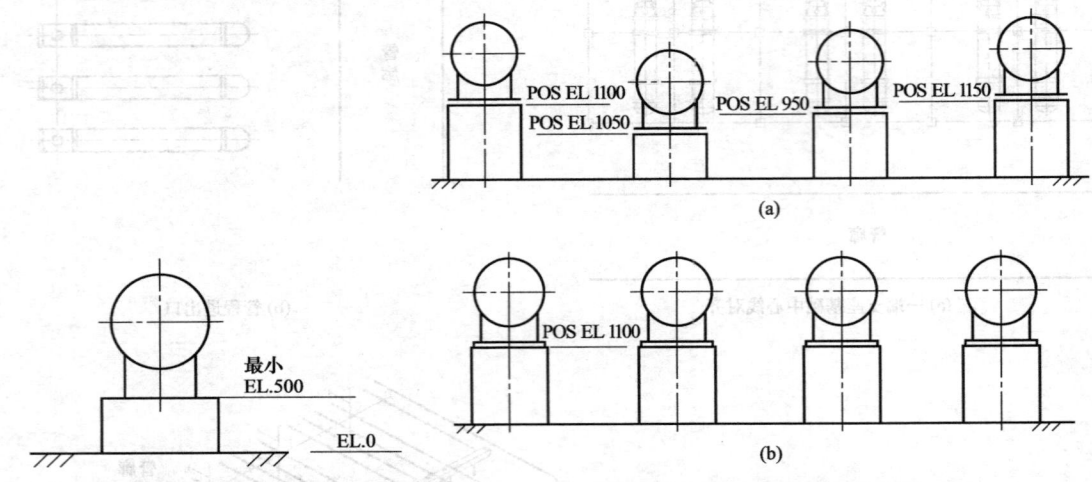

图 7.20　卧式管壳式换热器最小支撑高度
图 7.21　统一换热器基础高度

③ 两个重叠布置的管壳式换热器，只给出下部换热器中心线标高即可。但是，如果两台互不相干的换热设备重叠在一起布置，则两台中心线的高差应满足管道设计的要求。

④ 重叠布置的管壳式换热器一般都是两台重叠在一起，个别情况下（如技术改造），也可三台重叠在一起布置。这样的布置方法，要考虑最上一台换热器中心线的高度不宜超过 4.5m。

⑤ 用泵抽出的换热器的安装高度应大于泵的必须汽蚀余量（NPSH）。

⑥ 两台不同换热介质的换热器重叠时，换热器的中心线高差应满足管道布置要求。

三、管壳式换热器的间距设计

① 换热设备之间或换热设备与其他设备之间的间距，应考虑在管道布置以后其净距不小于 0.8m。在国内有的规范规定为 0.7m，在国外有些公司定为 0.6m。

见图 7.22，两台并列换热器的间距，壳体法兰之间最小为 0.8m（有的规范规定为 0.6m），有管道时其最小间距也要保持为 0.8m（有的规范规定为 0.6m）。在换热器侧面布置阀门、控制阀和仪表时，为了操作及维修，应确保最小 0.8m（有的规范规定为 0.6m）的间距。对釜式再沸器，要考虑液位计等的布置，另外，在考虑最小间距时，也应将换热器及管道的保温厚度计算在内。

② 浮头式换热器在地面上布置时

a. 浮头的两侧宜有宽度不小于 0.8m 的空地，浮头端前方宜有宽度不小于 1.5m 的空地（有的规范规定为 1.2m）。

b. 管箱的两侧宜有宽度不小于 0.8m 的空地（有的规范规定为 0.6m），管箱端前方应有比管束长度长 1.5m 的空地。

c. 尽可能避免把换热设备的中心线正对着框架或管廊立柱的中心线。如果不考虑换热设备就地抽管束而准备整体吊运在装

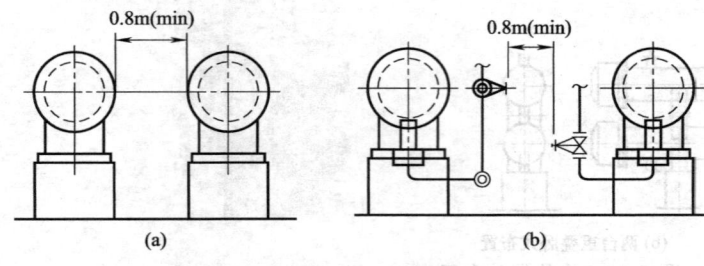

图 7.22　两台并列换热器的间距

置外检修时，可不受此限，但要有吊装的空间通道和场地。

③ 浮头式换热器在构架上布置时

a. 浮头的两侧宜有宽度不小于 0.8m 的空地，浮头端前方平台净距不宜小于 1m（国外某些公司为 1.2m）。

b. 管箱的两侧宜有宽度不小于 0.8m 的空地，在管箱端前方宜有 1.0～1.5m 的平台面。并应考虑管束抽出所需空间，即在管束抽出的区域内，不应布置小型设备，且平台的栏杆采用可拆卸式的。

c. 构架高度应能满足换热器的管箱和浮头的头盖吊装需要。立式浮头式换热器布置在构架上时，应有管束抽出的空间。

d. 换热设备周围平台应留有足够的操作和维修通道，并考虑采用机动吊装设备装卸换热设备的可能性，如果由于占地限制，不能使用机动吊装设备装卸时，还应考虑设置永久性的吊装设施。

e. 布置在框架下或两层框架之间换热设备和布置在管廊下的换热设备，都应考虑吊装检修的通道和场地。

四、套管式换热器布置的一般要求

① 套管式换热器的布置和检修要求与管壳式换热器大体相同，可参照管壳式换热器的布置。

② 套管式换热器一般成组布置在地面上，为了节约占地也可以支撑在框架立柱的侧面。对于组合数量不多的套管式换热器，可以将两种相近介质的组合在一起设在同一个基础上。

③ 套管式换热器用做往复式压缩机的中间冷却器时，为了防止振动应设加强支座，可在原有的 2 个支座之外增加 1～2 个加强支座。

五、管壳式换热器的管口方位设计

① 不改变换热器管口位置，只改变流体的出入方向。有时，为了简化配管设计，可以不改变换热器管口位置，只改变流体的出入方向，改换管程和壳程流体方向，见图 7.23。

② 改变换热器管口位置。有时，为了方便配管设计、降低压降，可以调换换热器的壳程进、出口管口位置。

③ 可根据管道布置的要求来确定，管口可以水平、垂直或任意角度，也可在管口法兰前用弯头代替直管，见图 7.24。

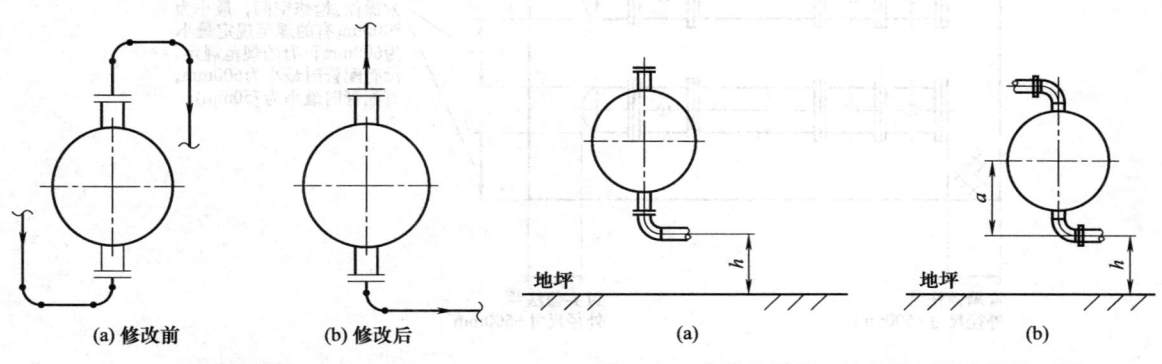

图 7.23 改变流体的出入方向　　图 7.24 在换热器管口法兰前用弯头代替直管

a. 通常采用图 7.24（a）所示形式。

b. 当管道口径比较大，可能会增加换热器的安装高度，当对安装高度有限制时，采用图

7.24（b）所示形式：当希望换热器的安装高度与其他换热器相同时；当换热器放置在结构下，由于换热器安装高度的增加，可能引起不必要的结构高度的增加时；当换热器安装在水平容器上方时；当换热器叠加放置时。

c. 当采用图 7.24（b）所示形式时，应及时向设备专业提出条件。这些活动应在管道走向研究阶段完成。

d. 尺寸 a 应由管道工程师确认。尺寸 h 应根据排放的口径来决定。

④ 在对称的位置上更改管口，见图 7.25。

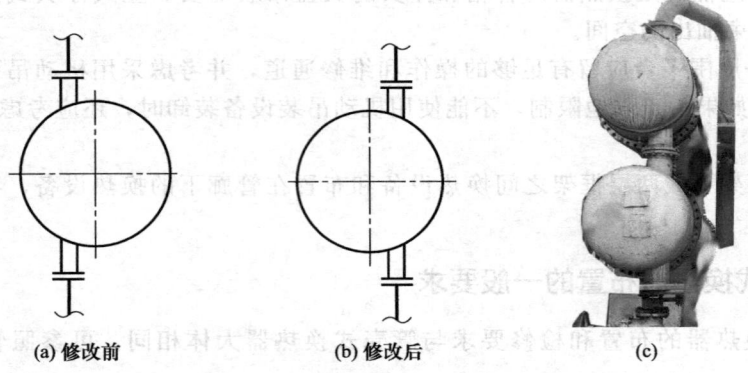

(a) 修改前　　　　　　(b) 修改后　　　　　　(c)

图 7.25　在对称的位置上更改管口

⑤ 接管可以开在封头轴向位置，平行于列管进出，但需要与工艺专业协商。

六、管壳式换热器的平台和梯子设计

① 如果仅为拆卸换热器法兰的螺栓，无论在地上还是框架上的换热器都不单设平台。

② 管壳式换热器的平台见图 7.26。关于换热器的操作、检修空间，有的规范规定最小为 800mm；有的规范规定最小为 600mm；有的规范规定，没有配管时最小为 600mm，有配管时最小为 750mm，需根据具体项目情况确定。

③ 平台四周的护栏，如果影响管束抽芯等操作，可以将护栏做成可拆卸式。

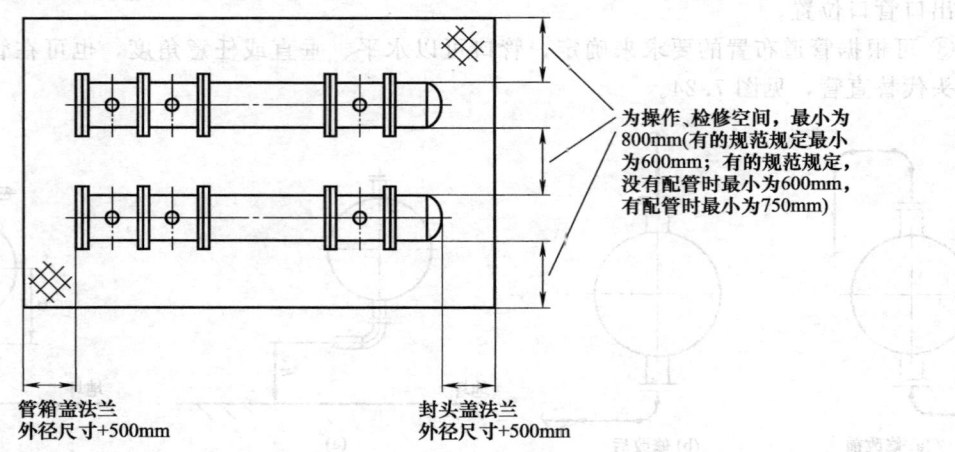

图 7.26　管壳式换热器的平台

④ 如果为斜爬梯，一般梯子与换热器平行布置，从检修侧上更方便（笔者见到有些设计成从管廊侧上平台，就不是很合理）。也可将梯子设计成直爬梯，如图 7.27 所示。

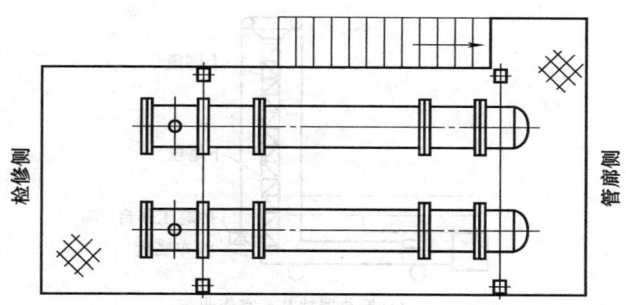

图 7.27 管壳式换热器的梯子设计

七、管壳式换热器框架支柱的位置设计

① 根据确定的换热器轴线方向的柱位置，确定垂直于换热器方向梁的位置，如图 7.28 所示。如果管壳式换热器的支腿在框架支柱的横梁上，则框架的受力较好，较经济。

② 一般情况下，保证平台最大悬臂长度小于 2500mm。

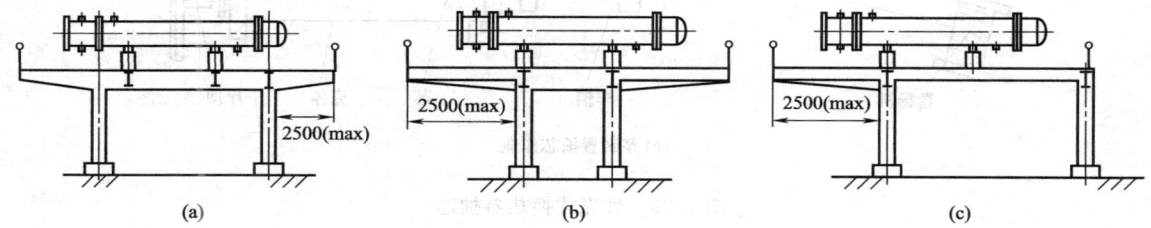

图 7.28 管壳式换热器框架支柱的位置

③ 如果同一个平台上还有罐等卧式设备，应尽量将卧式设备支腿与换热器的支腿布置在同一梁上。

八、管壳式换热器抽芯及吊车梁的设计

① 换热器的芯指的就是换热器管束，"检修抽芯"一般就两种换热器而言，即浮头式换热器和 U 形管式换热器，浮头式换热器抽芯前要拆管箱、外头盖（封头）、小浮头后方可用抽芯机从管箱侧将管束抽出来。U 形管式换热器只需将管箱拆除即可进行抽芯。

② 固定管板换热器一般不进行机械冲洗和"检修抽芯"，仅进行化学清洗。管束管子腐蚀后与壳体一同报废。

③ 现在抽芯作业，常使用方便的换热器抽芯作业车，见图 7.29（a），在做设备布置设计时，需考虑检修的空间。对于小型的换热器，也可采用人工抽芯作业。

④ 某装置的管壳式换热器总重 49t，芯重 26t，外形尺寸为 2m×9.1m，结焦严重，导致检修抽芯困难。抽芯时，采用了电加热器、龙门架、吊车、牵引装置以及机具等，先采用履带式电加热器对该换热器进行电加热，使结焦物熔化，然后进行抽芯，见图 7.29（b）。

⑤ 与反应器直接相关的立式换热器，可布置在反应器框架内，并应有机动吊装机抽出管束空间。

⑥ 当不能采用机动吊装机具抽出管束时，可在框架上设计吊车梁，为拆卸管箱盖板、管箱、管束及外头盖（封头）用（U 形管式换热器没有外头盖）。检修吊车梁的高度及大小见图 7.30（a）。如图 7.30（b）所示，配管设计时，需注意吊装空间的配管应设计成可拆卸式的。

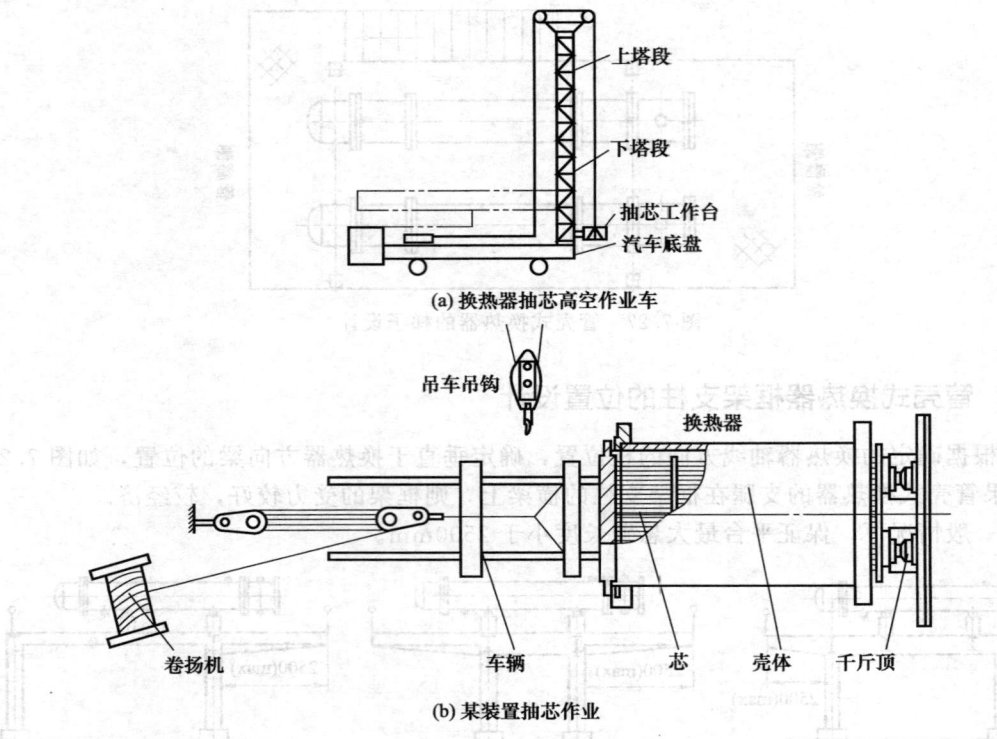

图 7.29　管壳式换热器抽芯

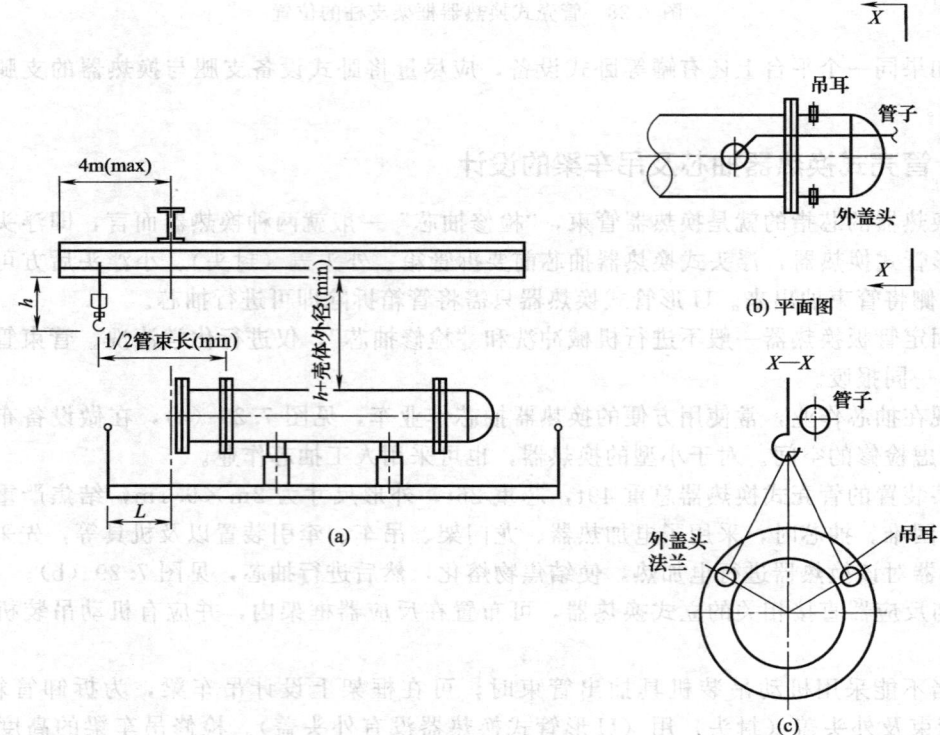

图 7.30　检修吊车梁的设计

九、再沸器布置的一般要求

① 再沸器的位置和安装高度应满足工艺要求。

② 明火加热的再沸器与塔和其他设备的防火间距应符合防火规范要求。

③ 用蒸汽或热载体加热的卧式再沸器应靠近塔布置，二者之间的距离应满足管道布置的要求，再沸器的一端应有管束抽出的空间。

④ 立式再沸器可利用塔体支撑，并布置在塔侧，与塔的高差应满足工艺的要求，其上方和下方应有检修的空间。也可布置在框架上。见图 7.31（a）、（b）。再沸器的布置需考虑抽芯空间，如图 7.31（c）、（d）所示。

⑤ 一座塔需要多台并联的立式再沸器时，再沸器的位置和安装高度，除保证工艺要求外，尚应满足管道布置的要求，并便于操作和检修。

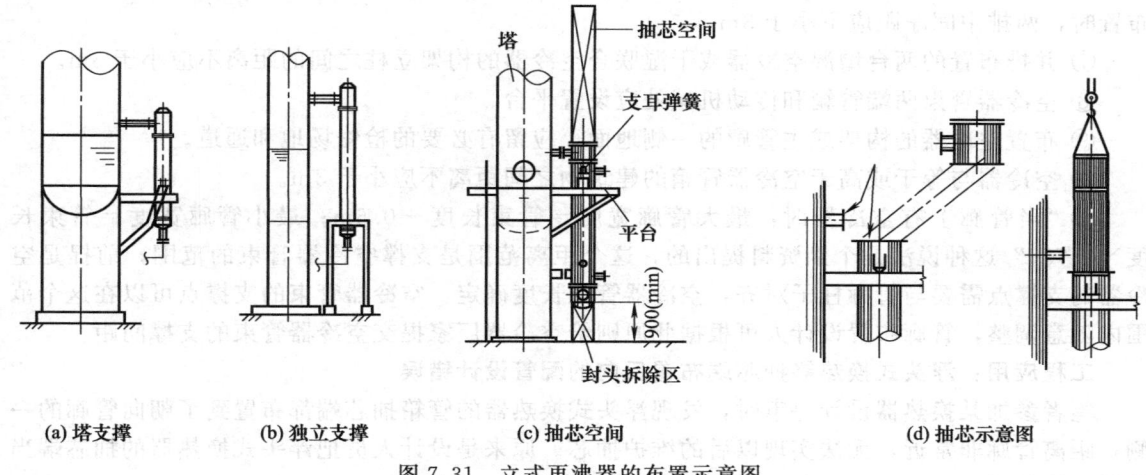

(a) 塔支撑　　　(b) 独立支撑　　　(c) 抽芯空间　　　(d) 抽芯示意图

图 7.31　立式再沸器的布置示意图

⑥ 釜式再沸器的配管设计图完成后，要由工艺设计人校对配管的压力损失及再次确认塔与再沸器的相对高度。

⑦ 立式再沸器的安装高度（图 7.32）

a. 立式再沸器的安装高度需满足工艺专业条件。

b. 为了尽量减少压降和有效利用空间，再沸器的汽相出口管口与塔的入口管口基本上直接相连来。由于再沸器的支撑方法会产生较大的热应力，可以采取以下减少热应力的措施：采用在 L_2 与 L_4 之间尽量不产生膨胀差的支撑立式再沸器的方法；由于 L_3 的伸长而影响再沸器出口管口及塔的入口管口，可将再沸器的安装螺栓孔做成长圆孔来减少影响；由于 L_1、L_3 间的膨胀差，在底部采用弯曲管道减少热应力。

十、空冷器布置的一般要求

① 空冷器宜布置在装置所在地区全年最小频率风向的下风侧。

② 空冷器宜集中布置在管廊的上方、构架的顶层或塔顶，其一侧地面上应有检修场地和通道。因空冷器占地面积较大，一般不直接布置在地面上。另外为方便操作、检修和安装，在布置空冷器的管廊或构架的一侧，应留有检修通道或场地。

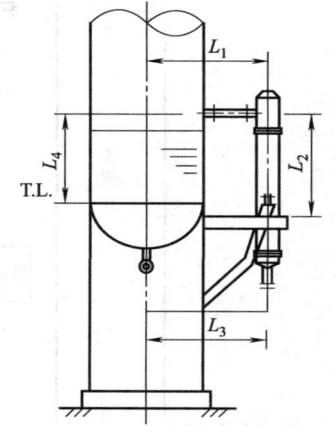

图 7.32　立式再沸器的安装高度

某国外规范要求，空冷器可以布置在地面上。

③ 空冷器不应布置在操作温度等于或高于物料自燃点和输送、储存液化烃设备的上方，否则应采用非燃烧材料的隔板隔离保护。

④ 多组空冷器布置在一起时，形式应一致，宜成列式布置，也可成排布置。

⑤ 空冷器的布置应避免自身的或相互间的热风循环。

a. 同类型空冷器布置在同一高度。

b. 同一高度的相邻空冷器靠紧布置，当布置在不同高度时，两组空冷器之间的距离不应小于12m。

c. 成组的干式鼓风式空冷器与引风式空冷器分开布置，引风式空冷器应布置在鼓风式空冷器的下风侧（装置所在地区常年最小频率风向的下风侧）。

d. 引风式空冷器与鼓风式空冷器布置在一起时，应将鼓风式空冷器管束提高。

⑥ 斜顶式空冷器不宜把通风面对着夏季的主导风向。斜顶式空冷器宜成列布置，如成排布置时，两排中间净距应不小于3m。

⑦ 并排布置的两台增湿空冷器或干湿联合空冷器的构架立柱之间的距离不应小于3m。

⑧ 空冷器管束两端管箱和传动机械处应设置平台。

⑨ 布置空冷器的构架或主管廊的一侧地面上应留有必要的检修场地和通道。

⑩ 空冷器与等于或高于空冷器管箱的建筑物之间距离不应小于3m。

⑪ "当管廊上有空冷器时：最大管廊宽度＝管束长度－0.6m；最小管廊宽度＝管束长度×0.75。"这种说法是个别资料提出的，这个距离范围是支撑空冷器管束的范围，前提是空冷器的支撑点需要与管廊柱子对齐，空冷器管束长度确定，空冷器管束的支撑点可以在这个范围内随意调整，管廊布置设计人可根据此原则给空冷器厂家提交空冷器管束的支撑间距。

工程应用：浮头式换热器抽芯端布置反向的配管设计错误

笔者参加某换热器设计评审时，发现浮头式换热器的管箱抽芯端都布置到了朝向管廊的一侧，距离管廊非常近，无法实现以后的维护抽芯。原来是设计人员把浮头式换热器的抽芯端当作了非抽芯端。

工程应用：地面上换热器的布置

地面上换热器的布置见图7.33。

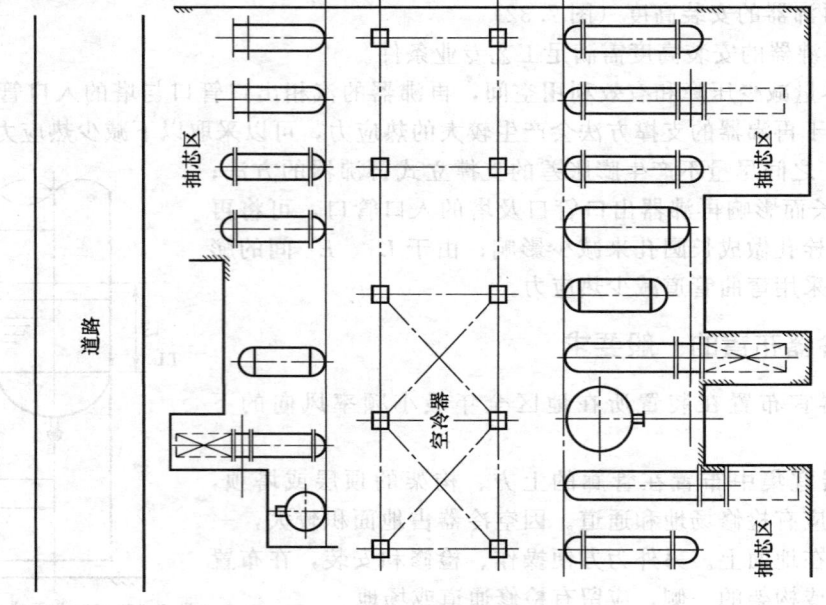

图 7.33　地面上换热器的布置

工程应用：框架上换热器的布置

框架上换热器的布置见图 7.34。

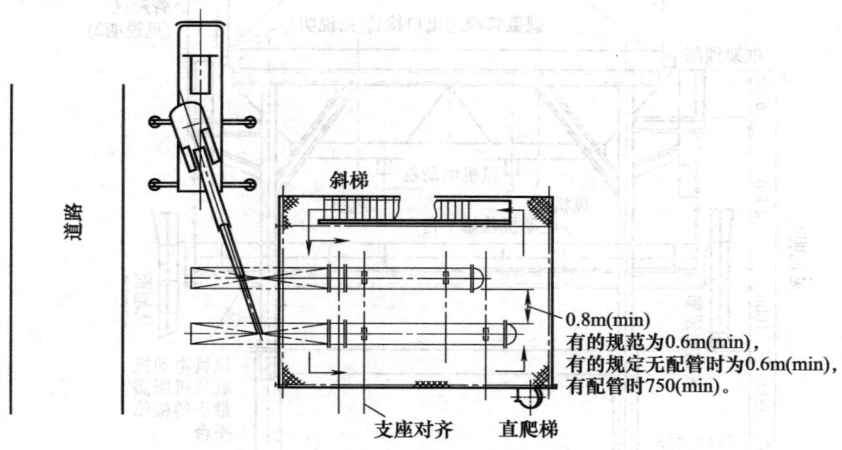

图 7.34 框架上换热器的布置

工程应用：鼓风式和引风式空冷器的布置

鼓风式空冷器的布置见图 7.35（a）、(b)，引风式空冷器的布置见图 7.35（c）。

工程应用：国外空冷器平台与电机之间的净空高度设计

在进行某空冷器设计评审时，业主按照他们国家的规范要求：空冷器下方"walking/working surfaces（行走/工作面）"区域净空高度至少为 2030mm。而设计的实际空冷器高度，如图 7.36（a）所示，电动机下方没有满足这个高度要求，如果修改空冷器支腿高度，则对项目影响很大。后来，在空冷器下增加了走道和栏杆，如图 7.36（b）所示，满足了当地的规范要求。图 7.36（c）~（e）为有关设计参考图。

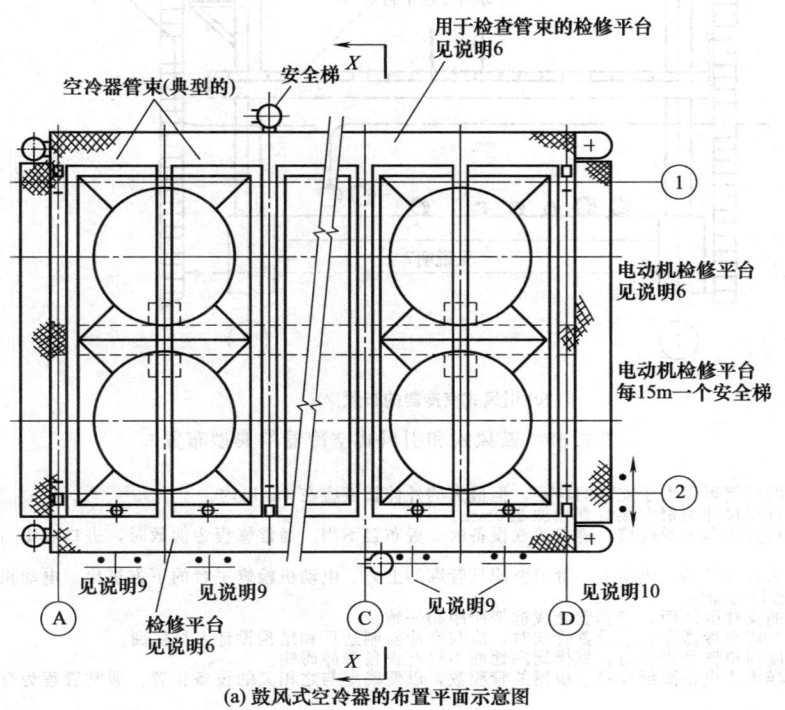

(a) 鼓风式空冷器的布置平面示意图

图 7.35

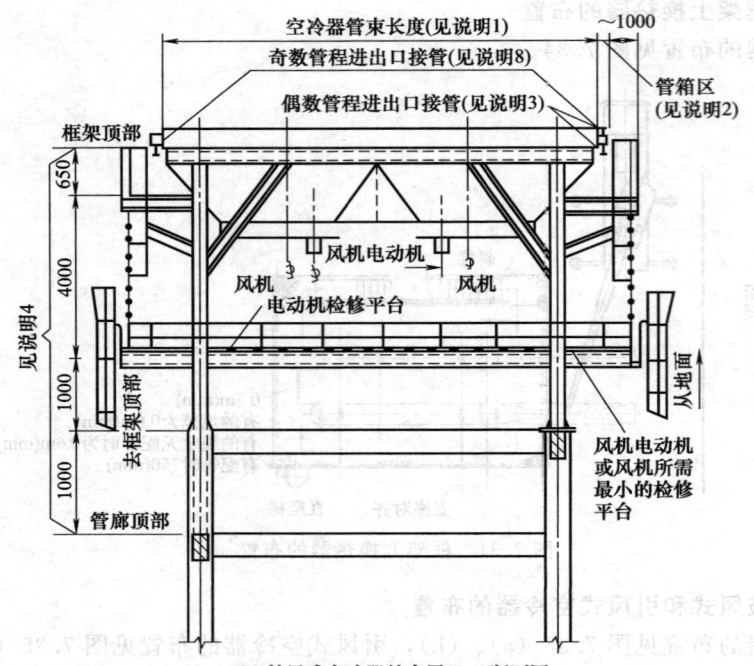

(b) 鼓风式空冷器的布置X—X断面图

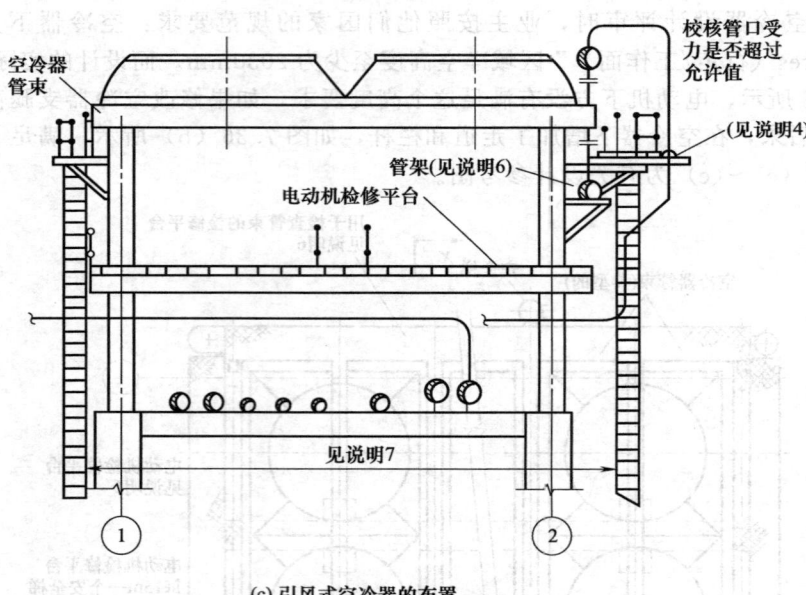

(c) 引风式空冷器的布置

图7.35 鼓风式和引风式空冷器的典型布置

说明：
1. 空冷器管束的长度可以大于支柱的跨距，但最大的外伸长度应在1m以内。
2. 管箱宽度的近似尺寸为最大接管直径加200mm。
3. 空冷器的管程数应和图纸校核，避免关联设备的位置布置不当。通常管程为偶数时，进口和出口接管位于空冷器的同一侧。
4. 所示尺寸仅为推荐性的，供参考，管道要能从管廊的上方、电动机检修平台的下方进出。电动机检修平台和风机进口之间，应保持人通行的净空。
5. 空冷器构架的支柱的间距，应和管廊或框架跨距相一致。
6. 在检修平台上或空冷器立柱上设置管架时，应与空冷器制造厂和结构设计人员协商。
7. 校核直梯高度与位置是否合适。直梯周围地面不得有设备等障碍物。
8. 采用空冷器样本或设备图纸校核空冷器的管程数，以便确定与之相关的设备位置。通常管程为奇数时进出口接管分别位于两侧。
9. 热位移数据和方向应由管道应力分析人员计算决定后，标注在图上提供给空冷器制造厂考虑设计活动支架。
10. 采用延伸空冷器柱子以支撑管道时，应与空冷器制造厂及管道应力分析人员协商。

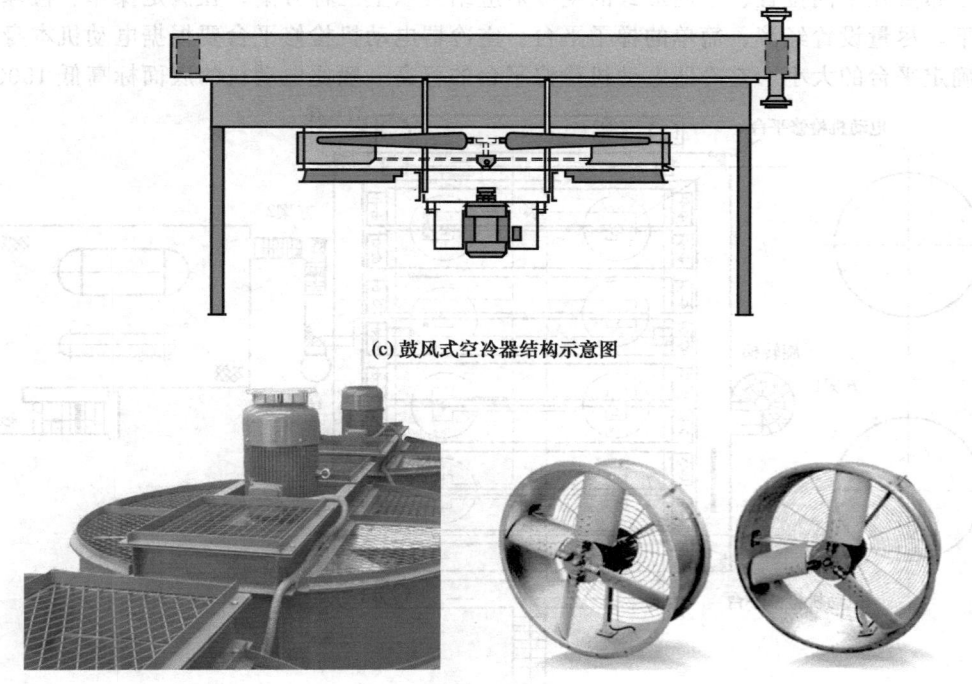

(a) 原设计

(b) 增加走道及围栏

(c) 鼓风式空冷器结构示意图

(d) 空冷器的电动机

图 7.36

(e) 国内其他空冷器

图 7.36 国外空冷器平台与电动机之间的净空高度设计

工程应用：空冷器梯子平台及检修通道的设计

空冷器管束两端管箱和传动机械处应设置平台。布置空冷器的构架或主管廊的一侧地面上应留有必要的检修场地和通道。如图 7.37 所示，空冷器成排布置在管廊顶部时，梯子平台的设置可采用以下 3 种方案。

方案 1：直接从地面起直爬梯或旋转梯，到达下通道平台，再通过直爬梯到达上通道平台，进行操作和检修。

方案 2：在邻近的框架或平台上做扶梯，把邻近的框架或平台与空冷器下通道连接起来。

方案 3：将平行于支管廊铺设的空冷器下通道与主管廊上的检修平台连接起来。

对于布置在不同位置、不同形式的空冷器应结合以上三种方案，在满足操作、检修、安全的要求下，尽量设置经济、简单的梯子平台。空冷器电动机检修平台要根据电动机本身的重量和尺寸确定平台的大小。空冷器电动机检修平台的标高一般比电动机的底面标高低 1500mm。

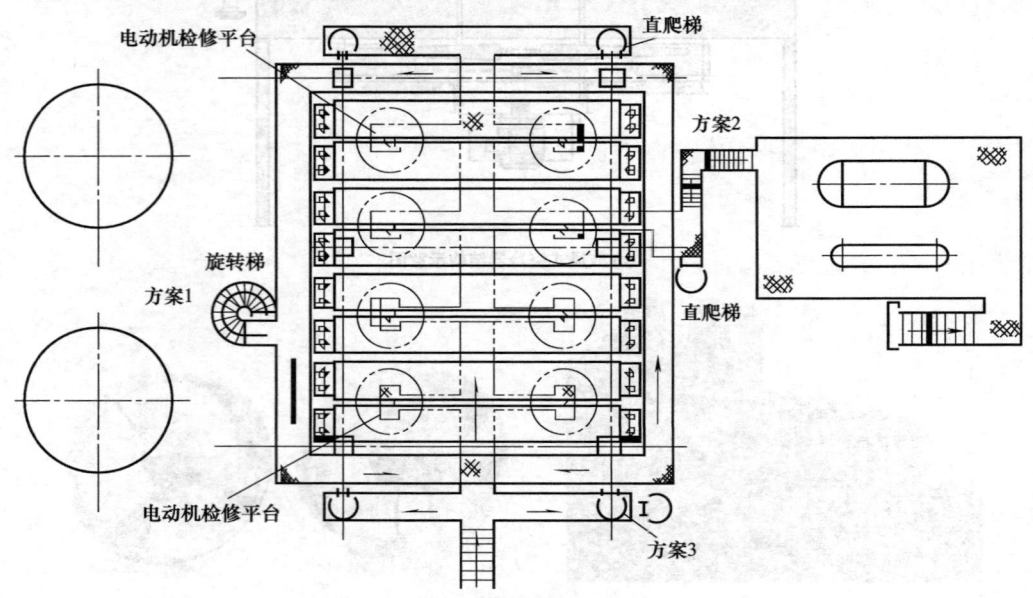

(a) 空冷器梯子平台及检修通道的设计方案

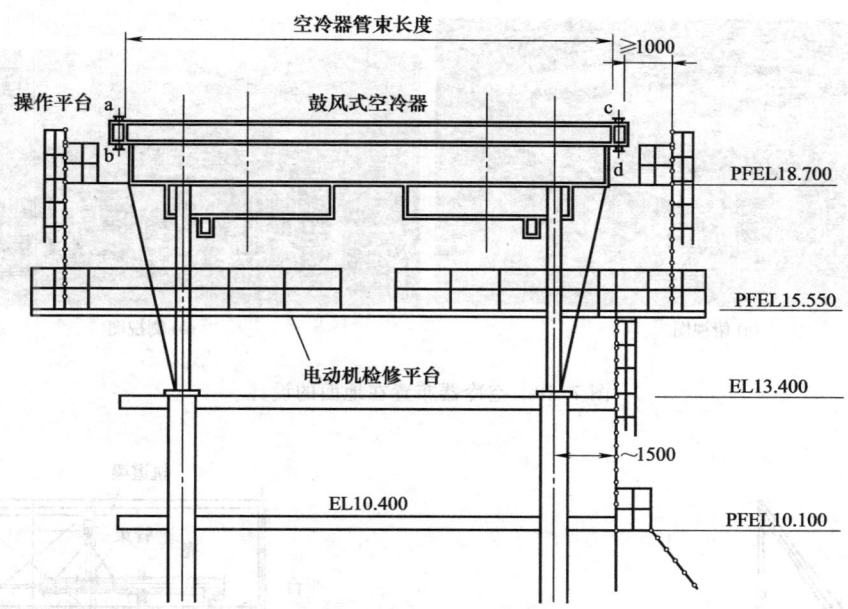

(b) 鼓风式空冷器梯子平台及检修通道的设计方案

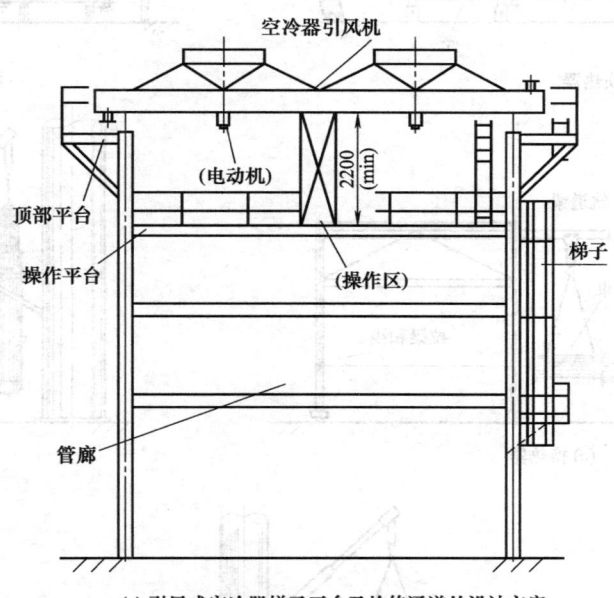

(c) 引风式空冷器梯子平台及检修通道的设计方案

图 7.37 空冷器梯子平台及检修通道的设计方案示意图

工程应用：空冷器布置在地面的设计

某空冷器设计，按照工艺及当地的设计规范，3 台鼓风式空冷器布置在了地面，空冷器基础比地面高 200mm，空冷器两侧设置了爬梯和平台，平台下部距离基础地面净高为 2.2m。工艺物料管子从管廊上均分连接到空冷器，见图 7.38。

工程应用：某换热器、再沸器的抽芯及空冷器的吊装

某换热器、再沸器的抽芯及空冷器的吊装见图 7.39。

(a) 俯视图

(b) 侧视图

图 7.38 空冷器布置在地面的设计

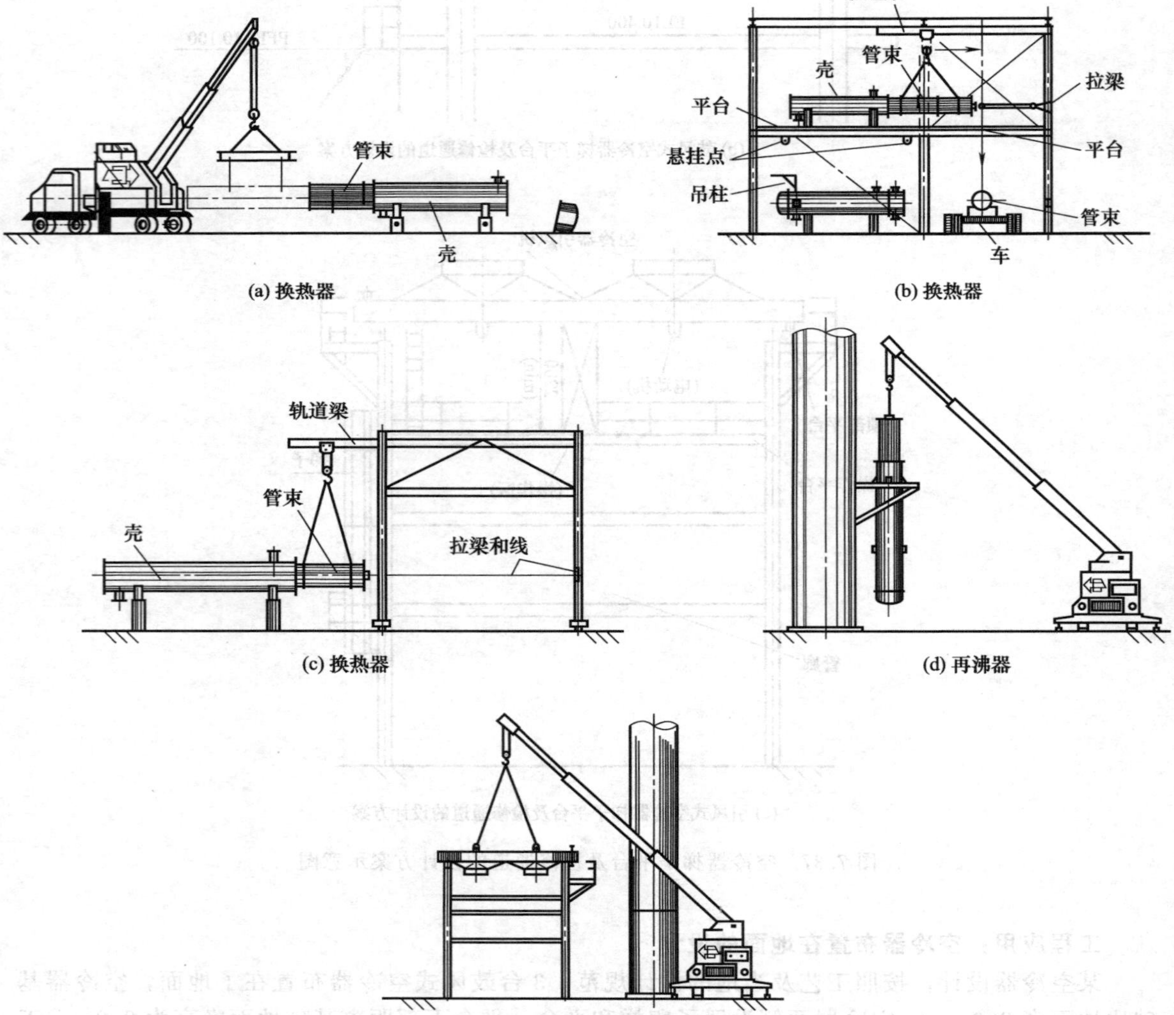

(a) 换热器

(b) 换热器

(c) 换热器

(d) 再沸器

(e) 空冷器

图 7.39 某换热器、再沸器的抽芯及空冷器的吊装

第三节　换热设备管道的配管设计

一、换热器管道配管设计的一般要求

① 工艺管道布置应注意冷热物流的流向。

a. 一般被加热的流体宜下进上出；被冷却的流体宜上进下出。冷流体和热流体宜选用逆流布置。

b. 用蒸汽加热时，对于卧式或立式换热器，蒸汽应从上部管口进入，冷凝水从下部管口排出。

c. 用水冷却时，对于卧式或立式换热器冷却水从下部管口进入，从上部管口排出，冷却

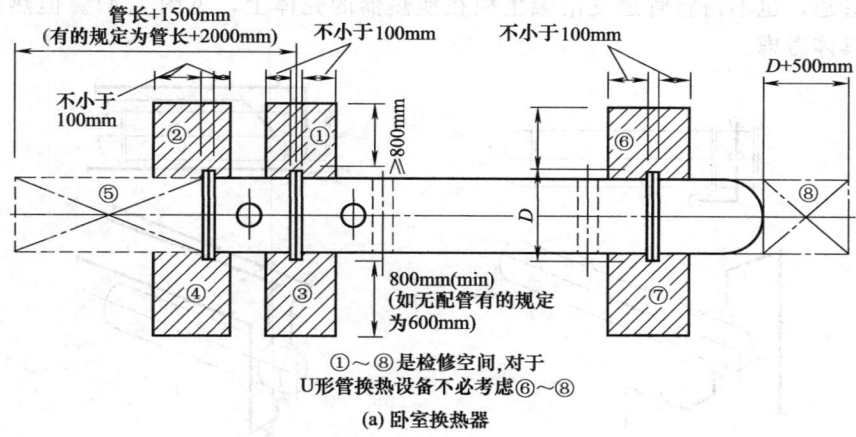

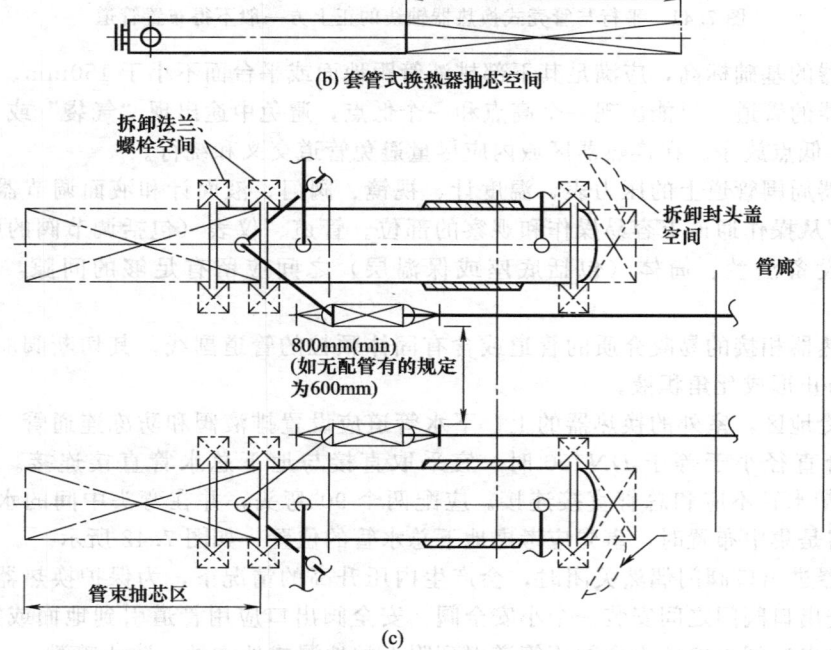

图 7.40　换热器的检修空间示意图

水宜走管程，以便于清洗污垢和停水时换热器内仍能保持充满水，不宜排空。

d. 高温物流宜走管程，低温物流宜走壳程。干净的物流宜走壳程。而易产生堵、结垢的物流宜走管程。有腐蚀性的物流宜走管程，而无腐蚀性的物流宜走壳程。压力较高的物流宜走管程，压力较低的物流宜走壳程。流速较低的物流宜走壳程，而流速较高的物流宜走管程。给热系数较大的物流宜走管程，而给热系数较低的物流宜走壳程。

② 管道布置应方便操作，并不妨碍设备的检修。

a. 管道布置不影响设备的抽芯（管束和内管）。

b. 管道和阀门的布置，不应妨碍设备的法兰和阀门自身法兰的拆卸或安装。在图 7.40 所示范围内不宜布置管道或阀门。

c. 在换热器封头端或管箱端有拆卸吊柱时，配管应避开吊柱活动范围。

d. 管道布置时应考虑换热器壳体的吊出检修，在平行于管壳式换热器轴线的正上方，一般不得布置管道，也不得将管道支吊架生根在换热器的壳体上，见图 7.41。但热虹吸式换热器的配管应具体考虑。

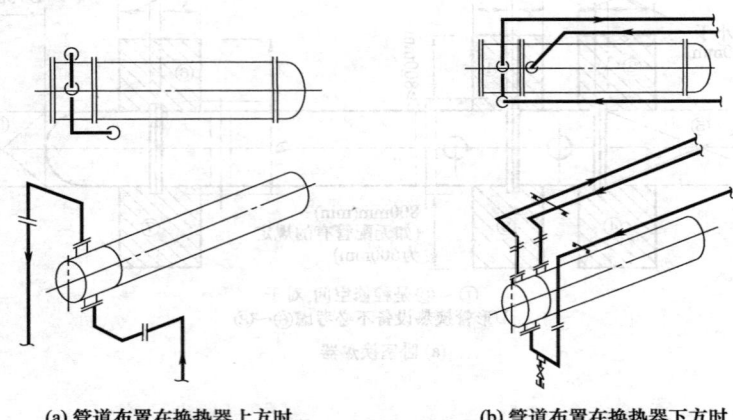

(a) 管道布置在换热器上方时　　　(b) 管道布置在换热器下方时

图 7.41　平行与管壳式换热器轴线的正上方一般不得布置管道

③ 换热器的基础标高，应满足其下部排液管距地面或平台面不小于 150mm。

④ 换热器的管道，只能出现一个高点和一个低点，避免中途出现"气袋"或"液袋"，并设高点放空、低点放净。在换热器区域内应尽量避免管道交叉和绕行。

⑤ 换热器周围管道上的压力表、温度计、视镜、阀门、液面计和液面调节器等应布置在靠近通道，并从操作通道上容易操作和观察的部位。管道、仪表（包括调节阀的膜头）、阀门距换热器的设备法兰、筒体（包括底座或保温层）之间应留有足够的间隙，其最小净距为 150mm。

⑥ 与换热器相接的易凝介质的管道或含有固体颗粒的管道副线，其切断阀应设在水平管道上，并应防止形成死角积液。

⑦ 在寒冷地区，室外的换热器的上、下水管道应设置排液阀和防冻连通管。小直径换热器的冷却水管直径小于等于 $DN150$ 时，宜采取直接与地下总水管直接连接。对直径大于 $DN150$ 的冷却水管不应和总管直接连接。应配两个 90°弯头，并在弯头中间的水平段安装阀门。当换热器是集中布置时，事先应考虑地下总水管的位置，如图 7.42 所示。

⑧ 换热器进出口阀门偶然关闭时，会产生内压升高的情况下，为保护换热器管束不被损坏，通常在进出口阀门之间安装一个小安全阀。安全阀出口应用管道引到地面或操作面附近。一般在冷却水出口阀前安装安全阀用管道引到附近的地漏或地沟处，防止喷溅。

⑨ 卧式换热器的支座应一端固定，另一端滑动。一般管道热补偿量小的一端为固定端。

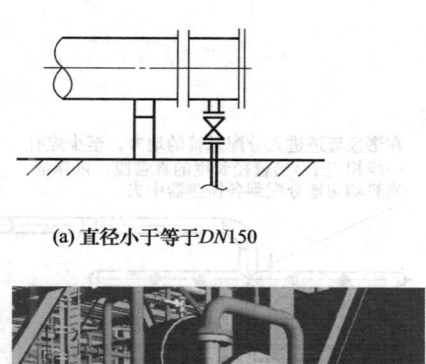
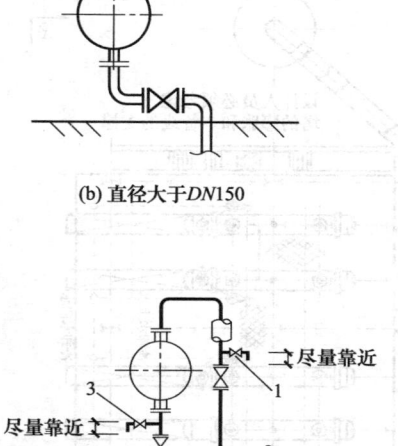

(a) 直径小于等于DN150　　(b) 直径大于DN150

(c) 地下管连接与防冻连通管

1,3—排液阀；2—连通管

图7.42　换热器的冷却水管与地下管道的连接

用水冷却的换热器宜选管箱端作为固定端，如图7.43所示。

⑩ 换热器的串联和并联设计。将若干台换热器成组布置的方法有串联、并联和串并联混合，在并联部分采用不引起偏流的对称式管道布置。

⑪ 气液两相流的管道是振动源之一，要考虑架设牢固的支架。从气相变为液相的换热器中，平行流动的竖管部分为了保持气液平衡，要在液相内进行连接后再变竖管。

⑫ 在框架上换热器的管道布置（图7.44）

a. 对于多台并联的换热器，为了使流量分配均匀，管道宜对称布置。但支管有流量调节装置时除外。

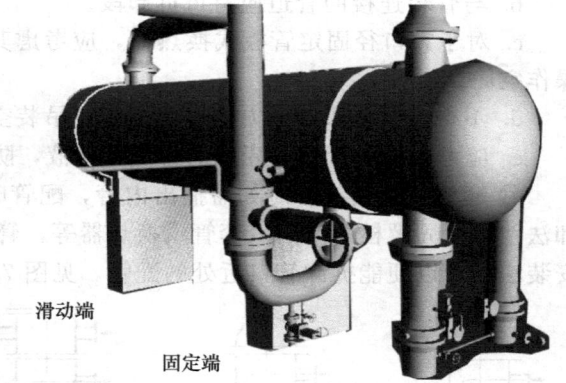

图7.43　卧式换热器的固定端与滑动端

b. 多台换热器公用的蒸汽或冷却水的总管宜布置在平台下面。

c. 在塔顶管道进入分配总管的地方，至少应有一段相当于3倍管径长度的直管段，以保证物料均匀地分配到各换热器中去。

d. 换热器气体出口至分离器之间的管道应有一定的坡度，坡向分离器可确保管内及换热器内不积液。

e. 当换热器布置在框架的中层或底层时，应在框架内设置吊车梁。保证足够的吊装高度或有可拖动措施，且吊车可靠近该框架。

⑬ 立式换热器管道的配管设计

a. 管口方位应与折流板相符合，见图7.45（a）、（b）。双程时，壳程和管程的进入管口应在同一方向，见图7.45（c）。

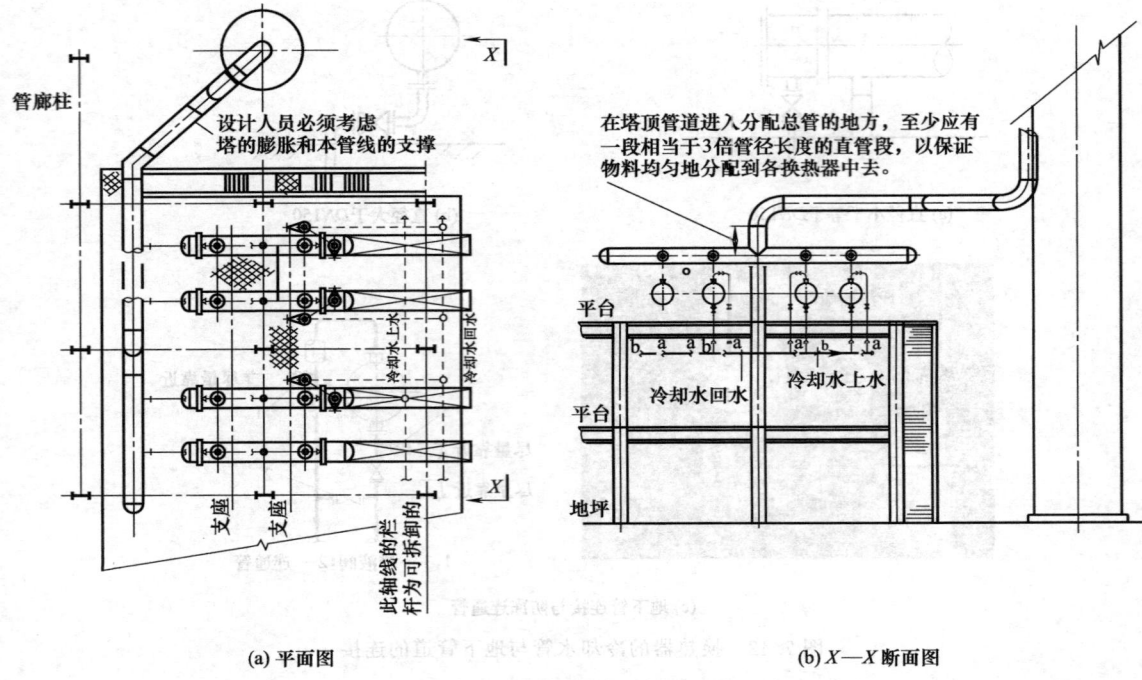

(a) 平面图　　　　　　　　　　　　(b) X—X 断面图

图 7.44　框架上换热器管道的配管示意图

　　b. 与管箱连接的管道应有可拆卸段。
　　c. 对于大口径固定管板式换热器，应考虑其上下封头（管箱）拆卸所需空间和吊装设施操作空间。
　　d. 不得占用换热器上方的预留抽芯和吊装空间。
　　e. 应考虑设备管程和壳程的排气、排液，防止内部积液，影响换热效果。
　　⑭ 套管换热器检修时如需抽出内管，配管时应设置检修用法兰，并考虑操作和维修时拆卸法兰及紧固螺栓的空间。套管式换热器等，管侧的管口为焊接形式时，在靠近管口的管道上安装法兰，以便能拆卸管口近处的配管，见图 7.46。

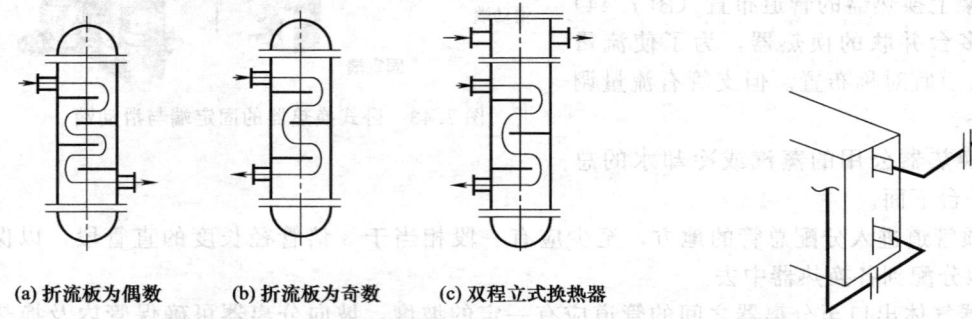

(a) 折流板为偶数　　(b) 折流板为奇数　　(c) 双程立式换热器

图 7.45　管口方位与折流板　　　　图 7.46　套管式换热器管口为焊接形式时，在靠近管口的管道上安装法兰

　　⑮ 浮头式换热器、U 形管式换热器、固定管板式换热器各管口连接的管道走向设计原则相同。
　　⑯ 冷却器和冷凝器的冷却水，通常从管程下部管组接入、顶部管组接出，这样既符合逆流换热的原则又能使管程充满水。寒冷地区室外的水冷却器上、下水管道应设置排液阀和防冻连通线。

二、空冷器管道配管设计的一般要求

① 分馏塔顶至空冷器油气管道,一般不宜出现"液袋"。当空冷器进出口无阀门或为两相流时,管道必须对称布置,使各片空冷器流量均匀,见图7.47。

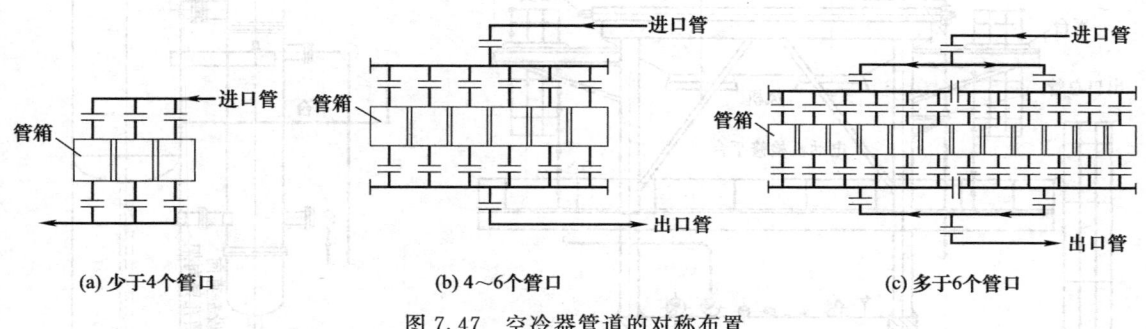

图 7.47 空冷器管道的对称布置

② 空冷器的入口集合管应靠近空冷器管口连接,如因应力或安装需要,出口集合管可不靠近管口连接,集合管的截面积应大于分支管截面积之和。

③ 空冷器入口为气液两相流时,各根支管应从下面插到入口集合管内,以使集合管底的流体分配均匀;同时在集合管下方设置停工排液管道,接至空冷器出口管道上。

④ 空冷器入口管道较高,如距离较长,需在中间设置专门管架以支撑管道。空冷器的管口不能承受过大的应力,否则容易发生泄漏。所以,作用在管口上的管道和热胀应力之和不得超过制造厂规定的受力范围。如超过时,可将入口管按图7.48设计,以增加柔性。空冷器的入口管比出口管温度高,其膨胀率也大,随着管道的膨胀,管束在构架上并不固定,可有小量的移动。必须校验入口联箱和出口联箱不同的膨胀量对管束的影响,常把出口管做成弯管,以补偿这部分膨胀差值。

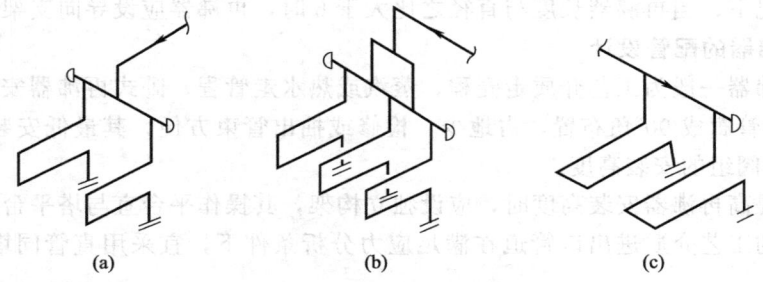

图 7.48 空冷器入口管道柔性设计

⑤ 湿式空冷器的软化水回水系统为自流管道,故管道布置时拐弯不宜过多。

⑥ 空冷器的操作平台上设有半固定蒸汽吹扫接头,其阀门宜设在易接近处,并应注意蒸汽接头方向,保证安全操作。

空冷器管道配管设计见图7.49。

三、再沸器管道的配管设计一般要求

再沸器进出口管道配管时,要减少阻力降、处理好热应力问题,在管道柔性允许的范围内管道的几何形状尽量简单。

1. 立式再沸器管道的配管设计(图7.50)

① 立式再沸器一般宜支撑在塔体上,也可单独设支撑结构。工艺介质一般走管程,加热

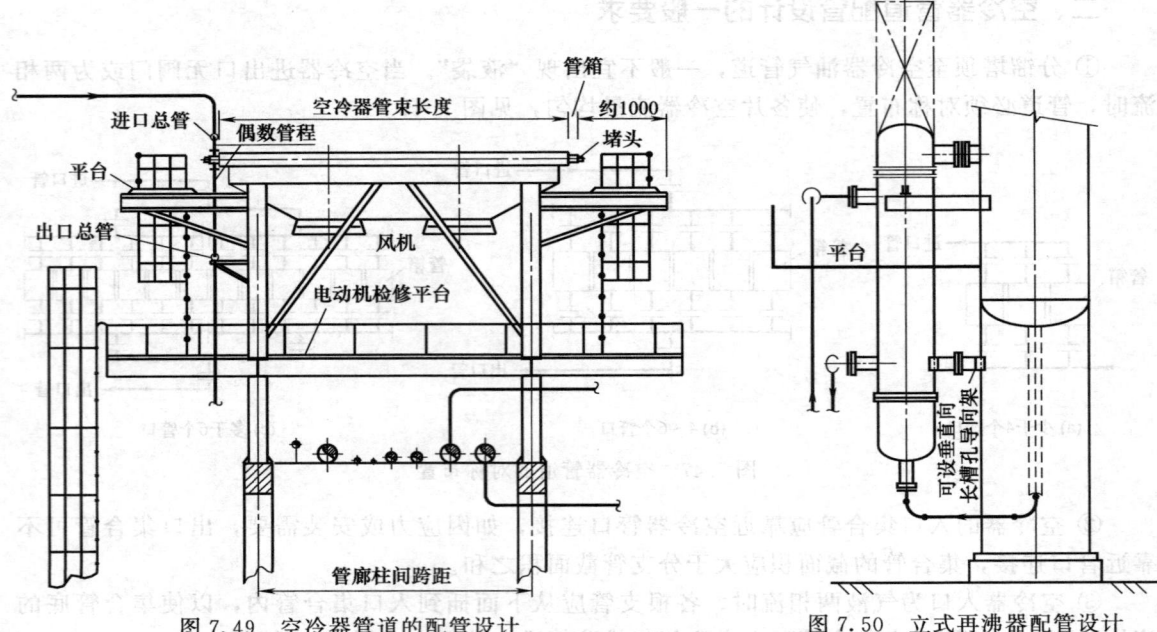

图 7.49 空冷器管道的配管设计　　　　图 7.50 立式再沸器配管设计

介质（蒸汽或热水）走壳程。

② 支撑在塔体上的立式再沸器工艺介质出口管一般与塔管口对接，中间不加直管段。当仪表不得不安装在管口上时，其管口方位在设计前期就应确定。

③ 当再沸器支撑在独立构架上时，再沸器出口管口与返塔管口之间应加一段直管段。再沸器通常要用弹簧支座，需经应力计算后确定。再沸器入口管口与塔出口管口之间的管道应有足够的柔性，几何形状应尽可能简单。

④ 一般情况下，当再沸器长度与直径之比大于 6 时，再沸器应设导向支架。

2. 卧式再沸器的配管设计

① 卧式再沸器一般为工艺介质走壳程，蒸汽或热水走管程。卧式再沸器安装在地面上时，宜使设备轴线与管廊成 90°角布置，占地少，检修或抽出管束方便，其最低安装高度应满足蒸汽调节阀和疏水阀组的安装高度。

② 当必须提高再沸器安装高度时，应设独立构架，其操作平台宜与塔平台能互相联通。

③ 再沸器的工艺介质进出口管道在满足应力分析条件下，宜采用直管同塔连接，直管应尽量短。

3. 釜式再沸器的配管设计

① 对于釜式再沸器蒸汽走盘管，工艺介质走壳程。

② 蒸汽管道及调节阀组和工艺管道及调节阀组可以布置在釜式再沸器两侧。

③ 液位计和液位控制阀相邻配置，便于利用控制阀的旁通阀进行手工调节液位。当液位计安装在正常操作高度以上时，需设置平台或爬梯。

④ 在再沸器管束抽出端要留出抽管区。

⑤ 釜式再沸器固定架的位置决定于它与塔之间的相对位置，一般将最靠近塔中心线的再沸器支架作为固定架。再沸器底部的标高应尽可能与塔底封头切线的标高相一致。

工程应用：换热器管道的对称配管设计

① 两台或两台以上并联的换热器入口管道对称布置，对气液两相流换热器则必须对称布置，才能达到良好的传热效果。在分支前的主管应具有一定长度的直管段，以更好地等量分配

流量,见图 7.51 (a)。

② 单相流体进入并联的换热器,而又无调节手段时,其进、出口主管不应变径。

③ 当两相流体进入并联的换热器,而又无调节手段且主管与分支管上下连接时,分支管不应变径,其管径与主管相同,见图 7.51 (b)~(d)。

④ 图 7.51 (e)、(f) 分别为主管道均分成三路、四路的典型设计。管道的直管段一般要大于管道通径。

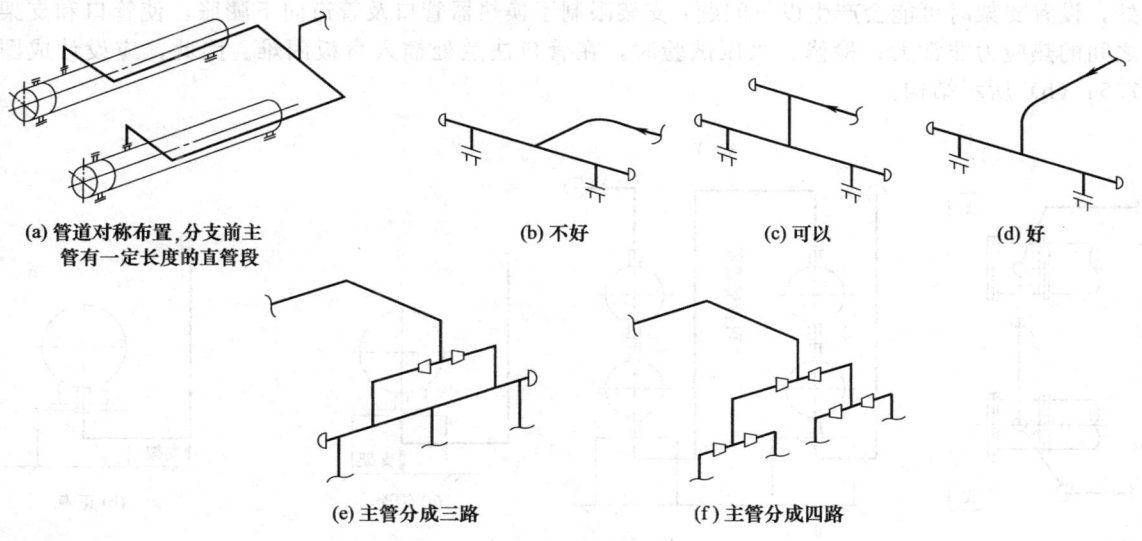

图 7.51　换热器管道的对称设计

⑤ 并联换热器进出口管道布置见图 7.52。

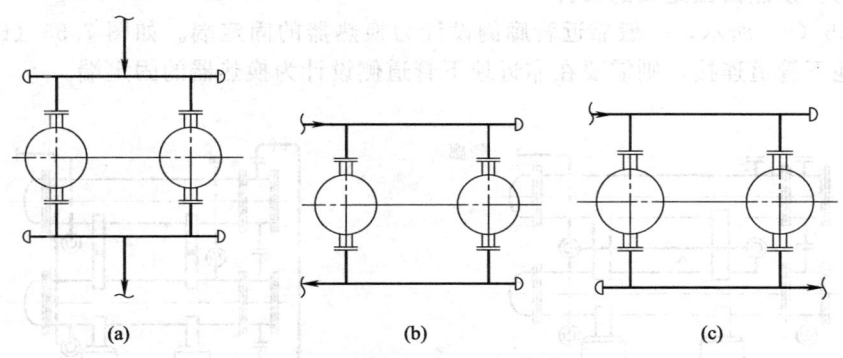

图 7.52　并联换热器进出口管道布置

工程应用:浮头式换热器管道的配管设计

笔者在参与换热器设计评审时,常发现有以下问题。

① 浮头式换热器的 3D 模型内没有按照设备图纸设置吊耳,如加上吊耳后,管道与吊耳碰撞。因此在配管设计时,要充分考虑与吊耳的位置关系,使用吊耳起吊时有障碍。

② 配管布置在换热器中心线上。这样的设计,会造成拆卸时管道妨碍管箱,不能向吊起的前方移动,所以,这种配管形式要尽量避免,在不得已的情况下,管程下部管口的配管要可拆卸。两台以上换热器串联时,管道若布置在吊耳上方,检修时最好能够拆下配管,见图 7.53。

③ 与地下管道连接时,遗漏设计法兰。一般设置法兰能与地下配管分离。

④ 由于配管的走向距离外盖头(封头)法兰偏近,会造成维护时拆卸、吊装困难。一般

法兰螺栓、螺母侧要保证有100mm以上净空。

工程应用：换热器管道的支吊架设计

换热器管箱的管口配管及靠近管箱的壳程管口配管，其配管走向沿着换热器时，多数情况需设管架，管架与换热器保持一定的距离，并保证换热器周边的通行、操作、维护的空间。

如图7.54（a）所示，在连接换热器下部管口（管箱侧或者壳程侧）架空管的垂直弯头处，设置支架时可能会产生以下问题：支架限制了换热器管口及管道向下膨胀，使管口和支架之间的热应力非常大；检修、水压试验时，在管口法兰处插入盲板困难。因此，应设计成图7.54（b）所示结构。

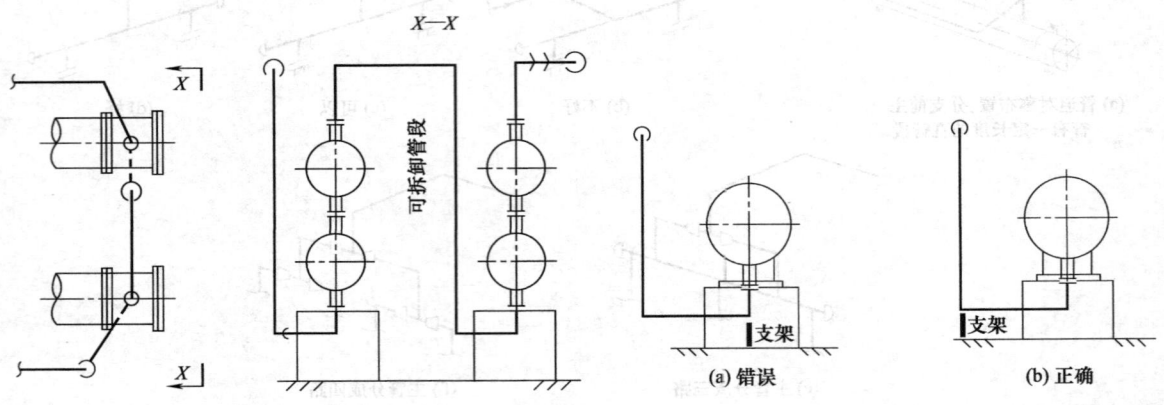

图7.53 浮头式换热器管道的可拆卸设计　　　图7.54 换热器管道的支吊架设计

工程应用：换热器固定端的设计

如图7.55（a）所示，一般靠近管廊侧设计为换热器的固定端。如图7.55（b）所示，如果换热器与地下管道连接，则需要在靠近地下管道侧设计为换热器的固定端。

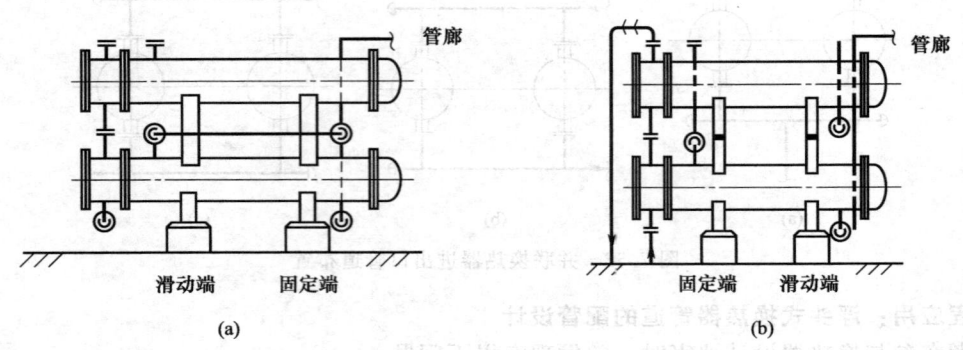

图7.55 换热器固定端的设计

工程应用：两台重叠卧式换热器的配管设计

如图7.56（a）所示，管口A、B、C的位置需要移动，以保证管口与换热器壳体具有相同的热膨胀方向，图7.56（b）是修改后的设计。

如图7.56（c）所示，由于管口B附近的鞍座是冷连接，而管口B之间的连接是热连接，鞍座与管口B的竖直方向热位移不同，有时会把管口B附近的鞍座去掉，由管口B兼充当支座，如图7.56（b）所示。

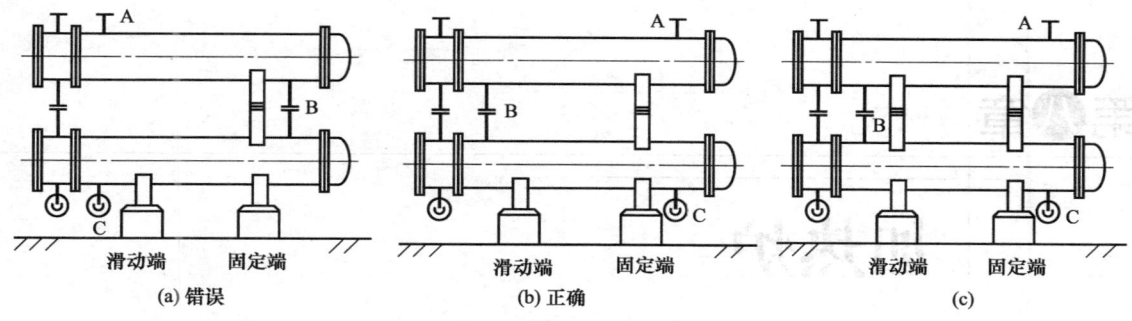

(a) 错误 　　　　　　　(b) 正确 　　　　　　　(c)

图 7.56　两台重叠卧式换热器的配管设计

(a) 空冷器进口支管的对称设计

(b) 空冷器出口支管的对称设计

(c) 空冷器进口支管的对称设计

(d) 采用绝对对称的配管设计

图 7.57　空冷器管道的对称配管设计

工程应用：空冷器管道的对称配管设计

对于两相流，为保证液体和气体均匀地分配到每根管束，管道需要对称布置，对于 2 组或 4 组空冷器，配管基本能保证进口和出口的支管对称布置，但是，当 6 组以上的空冷器，如果进口支管按绝对对称布置，配管就必须 1 分 2，2 分 3，管道的直管段需大于管道直径，则管道的布置会很高。笔者最近参与的一个炼油项目，经过与工艺专业共同协商，空冷器进口、出口支管的对称设计如图 7.57（a）~（c）所示，没有采用绝对对称布置。图 7.57（d）是采用了绝对对称的配管设计。

工程应用：某空冷器出入口管道的支撑设计

某空冷器出入口管道的支撑设计见图 7.58。

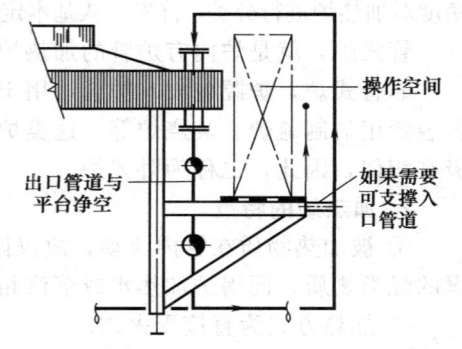

图 7.58　某空冷器出入口管道的支撑设计

第八章

加热炉

第一节 加热炉的分类

一、加热炉的原理、分类及选用

1. 加热炉的结构及原理

石油化工行业中使用的加热炉，是一个在钢板外壳里面砌筑耐火绝热材料的燃烧室，燃料在燃烧室内燃烧，产生的热量用以加热排列在燃烧室内钢管里的原料，通常称这种形式的加热装置为管式加热炉，是工业装置主要工艺设备之一，例如，在乙烯装置，裂解炉投资占全装置设备总投资的 1/3，能耗占装置总能耗的 50%～60%。

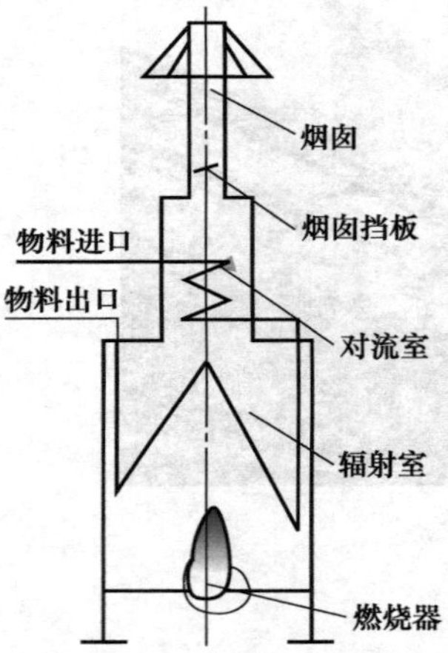

炉子的作用是将通过的物料加热至所需温度，然后进入下一工艺设备进行分馏、裂解或反应等，也可作为热介质系统。

加热炉一般是利用燃气或燃油，在炉膛中燃烧释放热量作为热源，由燃烧产生的高温气体传送给炉管内的流体，加热炉一般由辐射段和对流段组成。在辐射段内，高温烟气主要以辐射的方式将热量传给辐射管。烟气上升进入对流段，在对流段中烟气主要以对流的方式将热量传给对流管。为了提高加热炉的热效率，普遍采用余热回收系统，并采用集中排烟的高烟囱以减少环境污染。图 8.1 所示为物料加热一般流程。例如，乙烯生产装置中的裂解炉是将石脑油或轻柴油和一定比例的蒸汽在炉管内从 600℃迅速加热到 800℃左右，在短时间内完成裂解反应。

图 8.1 物料加热一般流程

石油化工装置中，有许多装置需要加热炉（严格地说，应该叫"火焰加热炉"）。按照加热炉的不同属性及功用等，工程上从不同的角度对加热炉进行分类。首先，从基本定义的属性上分，可分为两大类：管式炉和非管式炉。

管式炉，就是炉内有炉管的加热炉。石油化工装置的绝大多数炉子是管式炉。

非管式炉，炉膛内没有炉管，用于特殊的功用。例如，催化裂化装置用的辅助燃烧室，硫黄装置用的制硫炉、焚烧炉等。这类炉子的外形、安装方式以及筒体的设计制造，与卧式容器极其相似，因此，也称为卧式炉。

2. 加热炉的特点

① 被加热物质在管内流动，故仅限于加热气体或液体。这些气体或液体通常都是易燃易爆的烃类物质，同锅炉加热水或蒸汽相比，危险性大，操作条件更苛刻。

② 加热方式为直接受火式。

③ 烧液体或气体燃料。

④ 长周期连续运转，不间断操作。

3. 加热炉的分类

加热炉的分类在国内外还没有统一划分的方法，本书按以下 7 类方法进行分类。

① 按外形分为：箱式炉（含 6 分类）、立式炉（含 6 分类）、圆筒炉（含 3 分类）、大型方炉，如图 8.2 所示。

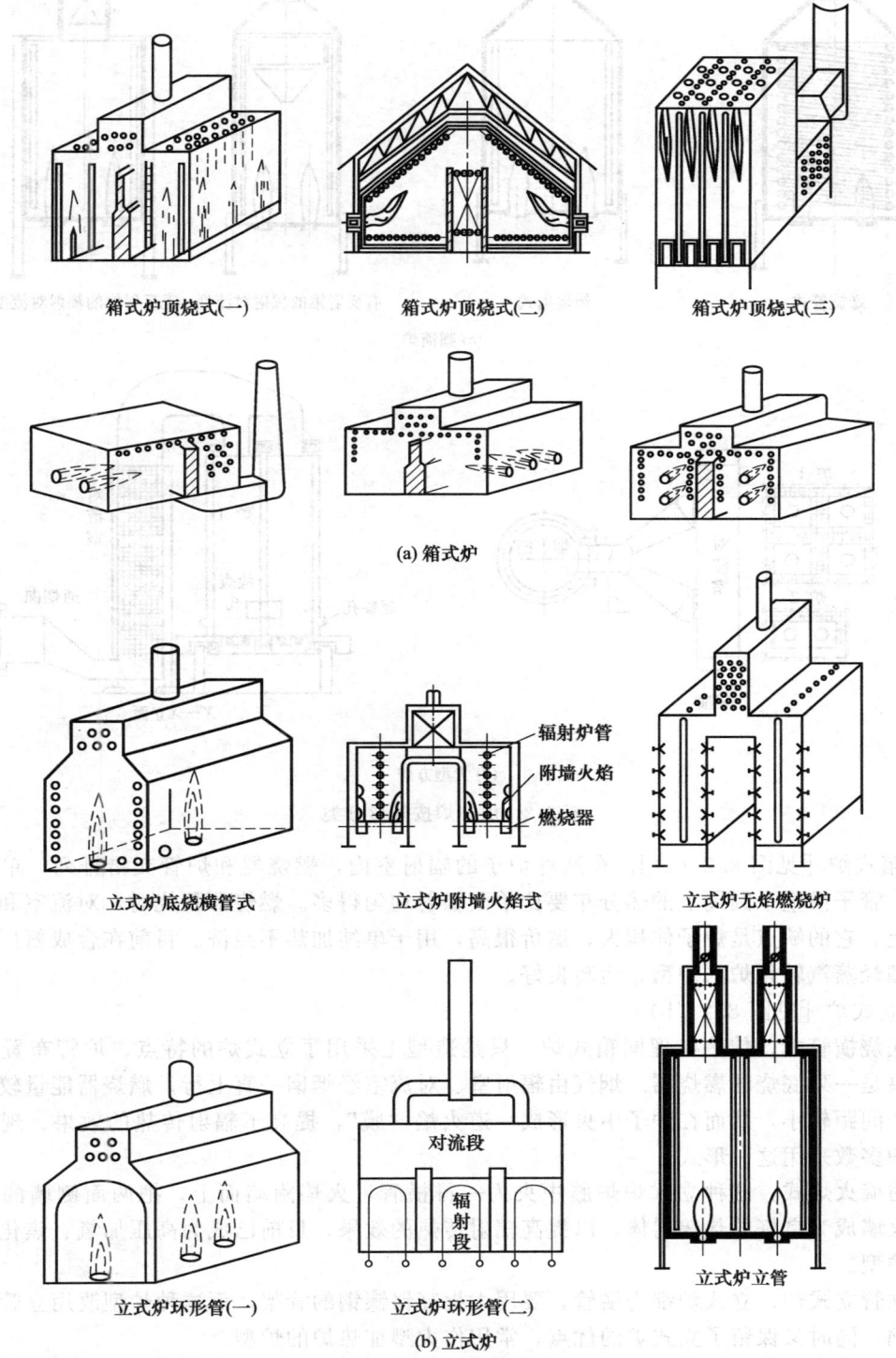

图 8.2

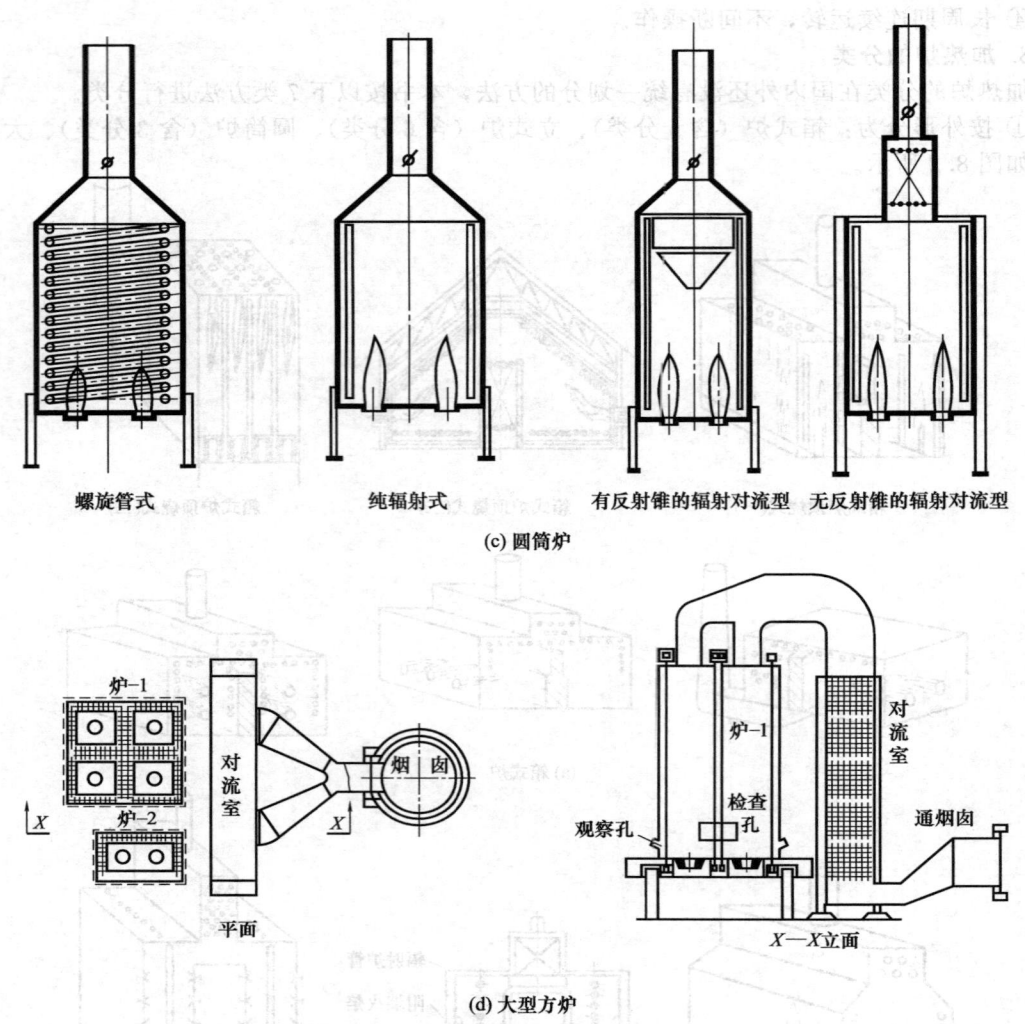

(c) 圆筒炉

(d) 大型方炉

图 8.2 加热炉按外形分类

a. 箱式炉 [见图 8.2 (a)]。在这种炉子的辐射室内，燃烧器和炉管交错排列，单排管双面辐射，管子沿整个圆周上的热分布要比单面辐射均匀得多。燃烧器顶烧时，对流室和烟囱放在地面上。它的缺点是炉子体积大，造价很高，用于单纯加热不经济。目前在合成氨厂常用它作为大型烃蒸汽转化炉的炉型，运转良好。

b. 立式炉 [见图 8.2 (b)]。

• 底烧横管式，传热机理同箱式炉，只是造型上采用了立式炉的特点。炉管布置在两侧壁，中央是一列底烧的燃烧器。烟气由辐射室、对流室经烟囱一直上行。燃烧器能量较小，数目较多，间距较小，从而在炉子中央形成一道火焰"膜"，提高了辐射传热的效果。现在使用的立式炉多数采用这一形式。

• 附墙火焰式，这种立式炉炉膛中央为一排横管，火焰附墙而上，把两面侧墙的墙壁烧红，使火墙成为良好的热辐射体，以提高辐射传热的效果，目前已成为高压加氢、焦化等装置的主流炉型。

• 立管立式炉，立式炉都为横管，要用大批高铬镍钢的管架，而这种炉型改用立管，节省了合金钢，同时又保留了立式炉的优点，常用作大型加热炉的炉型。

• 在侧壁上安有许多小型的气体无焰燃烧器，使整个侧壁成为均匀的辐射墙面，有优越的加热均匀性，可分区调节温度，是乙烯裂解和烃类蒸汽转化最合适的炉型之一。但造价昂贵，用于纯加热非常不合算。这种炉子只能烧气体燃料。

c. 圆筒炉 [见图 8.2 (c)]

• 当炉子热负荷非常小，而且对热效率无要求时，采用螺旋管式和纯辐射式这两种炉型。它们是最简单、最便宜的炉子。炉内炉管是一段盘绕成螺旋状的小管，虽然它属于立管式炉型，但其管内特性更接近于水平管，能完全排空，管内压降小。这种炉子的主要缺点是：为了便于盘旋，易于制造，被加热介质通常只有一管程。

• 无反射锥的辐射-对流型圆筒炉取代上述形式，已成为现代立式圆筒炉的主流。它取消了反射锥，能够建造较大的炉子；对流室水平布置若干排管子，并尽量使用钉头管和翅片管，热效率较高。其制造及施工简单，造价低，是管式加热炉中应用最广泛的炉型。但是，这种炉子放大以后，炉膛内显得太空，炉膛体积发热强度将急剧下降，结构上和经济性上都开始不利。为了克服这一缺点，可以在大型圆筒炉的炉膛内增添炉管。

d. 大型方炉。如图 8.2 (d) 所示，这种炉子用两排炉管把炉膛分成若干小间，每间设置 1 或 2 个大容量高强燃烧器。分隔可以沿两个方向进行，称为"十字交叉"分隔法。它通常把对流室单独放到地面上。还有把几台炉子的烟气用烟道汇集拢来，送进一个公用的对流室或废热锅炉。这种炉子结构简单，节省占地，便于回收余热，容易实现炉群集中排烟，减轻大气污染。它是专为超大型加热炉而开发的。

② 按用途分为：炉管内进行化学反应的炉子、加热液体的炉子、加热气体的炉子和加热气液混相流体的炉子。

a. 炉管内进行化学反应的炉子。这种炉子管内发生吸热化学反应。按复杂程度来说，它代表了加热炉技术的最高水平。它分为两种：炉管内装催化剂的，如烃类水蒸气转化炉；炉管内不装催化剂的，如乙烯裂解炉。

b. 加热液体的炉子。这类炉子可分为三种。

• 管内无相变化、单纯的液体加热炉，这是把工艺液体预热到其沸点以下（如温水加热、液相热载体加热等）使用的炉子。加热的终温低，管内结焦和腐蚀也小，操作上的问题较少。

• 管内进口为液相、出口为气液混相的炉子。在生产过程中，往往要求被加工的流体在气液混相状态下进入蒸馏塔等，此时使用这种加热炉。在全部工艺加热炉中此种炉的数量最大。对于这种炉子，最重要的是把握住吸热量、气化率、压力降、温度之间的关系。

• 进口为液相、出口全部气相的炉子。这种炉子是反应器的进料加热炉，它把液体完全汽化，加热到一定温度，然后送入工艺反应器。由于反应器的操作条件（如催化剂活性等）在运转期中是变化的，这种炉子的操作温度和压力等往往变化很大，应掌握其变动范围，以防止裂解和结焦发生。

c. 加热气体的炉子。如水蒸气的过热、工艺气体的预热就使用这种炉子。它多在较高温度下操作，但因为是纯气相，结焦的可能性不大。应该注意的是当气体量很大时，炉管的路数很多，必须从结构上保证各路均匀，防止偏流。

d. 加热气液混相流体的炉子。这种炉子常用于加氢精制、加氢裂化等装置的反应器进料加热。由于管内流体从炉子入口起就是气、液混相，较上述纯气体加热炉更难保证各路流量的均匀，设计上要更重视管径、管内质量流速、盘管路数的选取，以及管内流动状态的判断和分叉管的配管设计等。

③ 按辐射盘管的布置形式分为：卧管炉、立管炉、螺旋管圆筒炉、U 形管炉、倒 U 形炉（门型炉）等。

④ 按受热段分为：纯辐射型；辐射-对流型。

⑤ 按辐射受热方式分为：单面辐射、双面辐射、部分单面辐射＋部分双面辐射。

⑥ 按组合形式分为：单辐射室、多辐射室。

⑦ 按燃烧器位置分为：底烧、顶烧、侧（端）烧。

4. 加热炉选用的一般原则

① 从结构、制造、投资费用方面考虑，应优先选择辐射室用立管的加热炉。辐射室用立管有很多优点：炉管的支承结构简单，辐射管架合金钢用量少；管子不承受由自重而引起的弯曲应力；管系的热膨胀易于处理；炉子旁边不需要预留抽炉管所需的空地等。横管仅在下列特殊情况下才有优点：被加热介质容易结焦或堵塞，炉管要求用带堵头的回弯头连接，以便除焦或清洗；要求管系能完全排空；管内为混相状态，要求流动平稳、可靠等。

② 对一般用途的中小负荷炉子，宜优先考虑立式圆筒炉。

③ 设计热负荷小于 1MW 时，宜采用纯辐射圆筒炉；设计热负荷为 1~30MW 时，应优先选用辐射-对流型圆筒炉；设计热负荷大于 30MW 时，应通过对比选用炉膛中间排管的圆筒炉、立式炉、箱式或其他炉型。

④ 被加热介质易结焦时，宜采用横管立式炉。

⑤ 被加热介质流量小且要求压降小时，宜采用螺旋管圆筒炉；被加热介质流量大，要求压降小时（如重整炉），宜采用 U 形管（或环形管）加热炉。

⑥ 使用材料价格昂贵的炉管，应优先选用双面辐射管排的炉型。

二、加热炉的结构及组成

加热炉一般由辐射室、对流室、燃烧器、余热回收系统以及通风系统五部分组成，如图 8.3 所示。

① 辐射室也称为炉膛，包括燃烧器和风道、炉管和炉管支撑、耐火衬里等，传热方式主

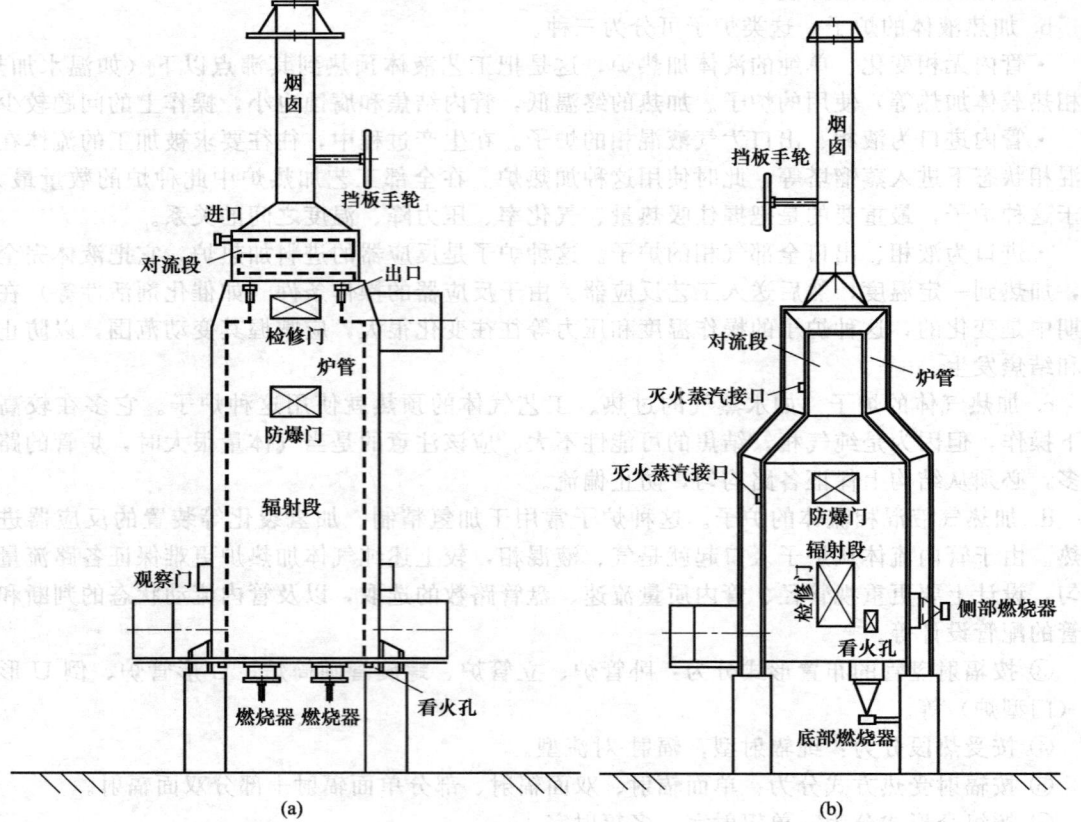

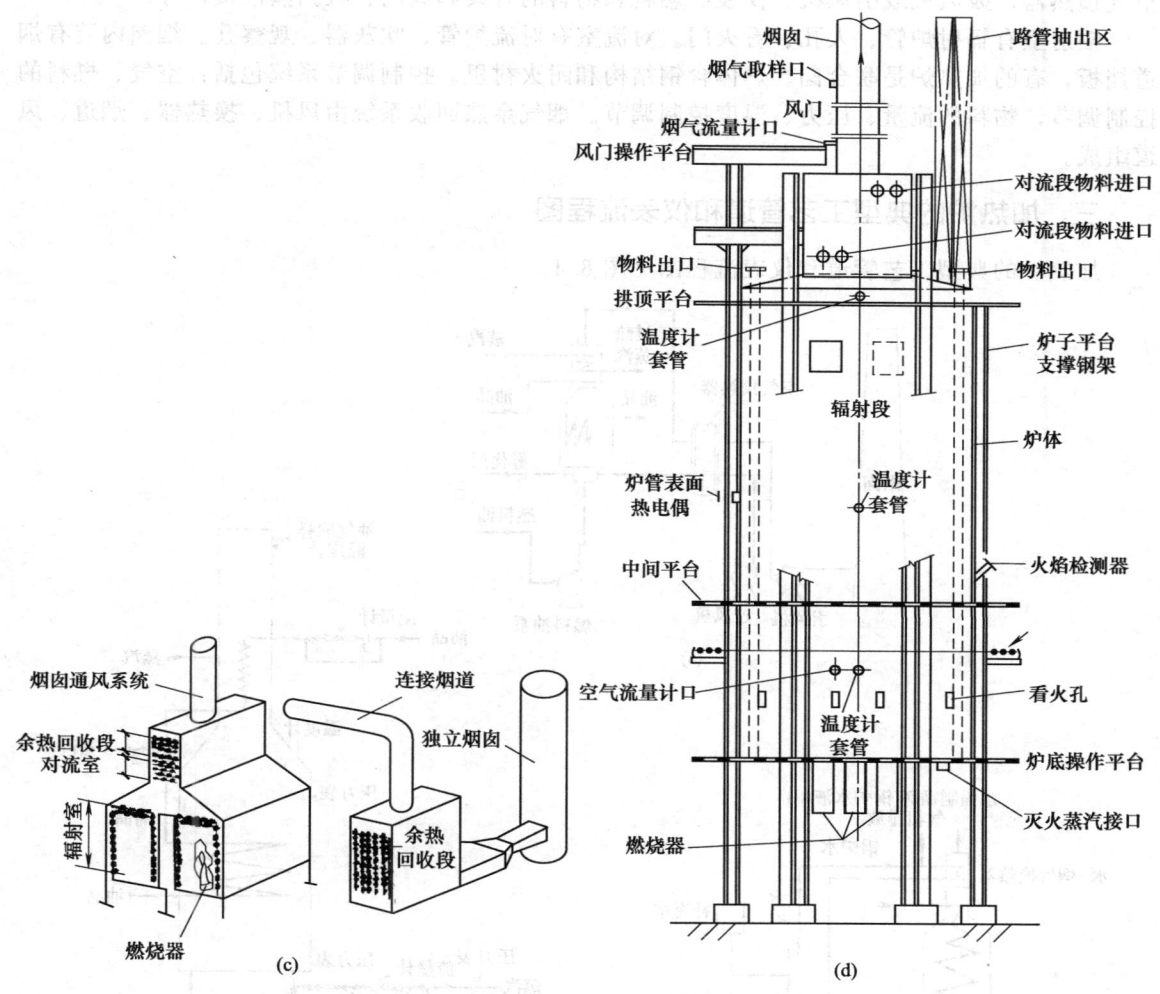

图 8.3 加热炉的一般结构组成

要是热辐射,全炉热负荷的 70%～80% 是由辐射室担负的,是全炉中最重要的部分。由于火焰温度很高,可达 1500～1800℃,故不能直接冲刷炉管。火焰离炉管远,辐射传热量小,所以应尽量减小炉膛体积,节省投资。辐射室炉墙由耐热层、隔热层和保护层组成。耐热层除能耐高温,还有再辐射性能,能将吸收的热量再辐射给炉膛。耐热层有耐火砖砌筑和耐火衬里两类。尤其是陶瓷涂料耐火衬里,不仅耐高温、耐振动、有良好的绝热性,而且辐射系数高,增加了辐射能力。

② 对流室包括遮蔽管、对流管、耐火衬里、管线支撑和挂钩,主要传热方式是对流。对流室一般担负全炉热负荷的 20%～30%,对流室吸热量的比例越大,全炉的热效率越高,为了尽量提高传热效果,对流室多采用钉头管和翅片管。

③ 燃烧器产生热量,是炉子的重要组成部分,要使火焰不冲刷炉管并实现低氧完全燃烧。

④ 余热回收系统是从离开对流室的烟气中进一步回收余热的部分。回收方法分为两类,一类采用空气预热方式回收热量;另一类是采用余热锅炉回收热量。

⑤ 通风系统的任务是将燃烧用空气导入燃烧器,并将废烟气引出炉子,它分为自然通风方式和强制通风方式两种。

⑥ 其他附件设备包括炉壳体、钢结构支撑、耐火衬里、管板箱、火嘴风门、烟囱、挡板、

空气预热器、鼓风机或引风机、仪表、燃料和物料的管线和阀门、吹扫蒸汽接口等。

辐射室有辐射炉管、人孔、看火门。对流室有对流炉管、吹灰器、观察孔。烟囱内装有烟道挡板，有的加热炉是联合囱。炉体含钢结构和耐火衬里。控制调节系统包括：空气、燃料的控制调节，物料的流量、压力、温度控制调节。烟气余热回收系统由风机、换热器、烟道、风道组成。

三、加热炉的典型工艺管道和仪表流程图

加热炉的典型工艺管道和仪表流程图见图8.4。

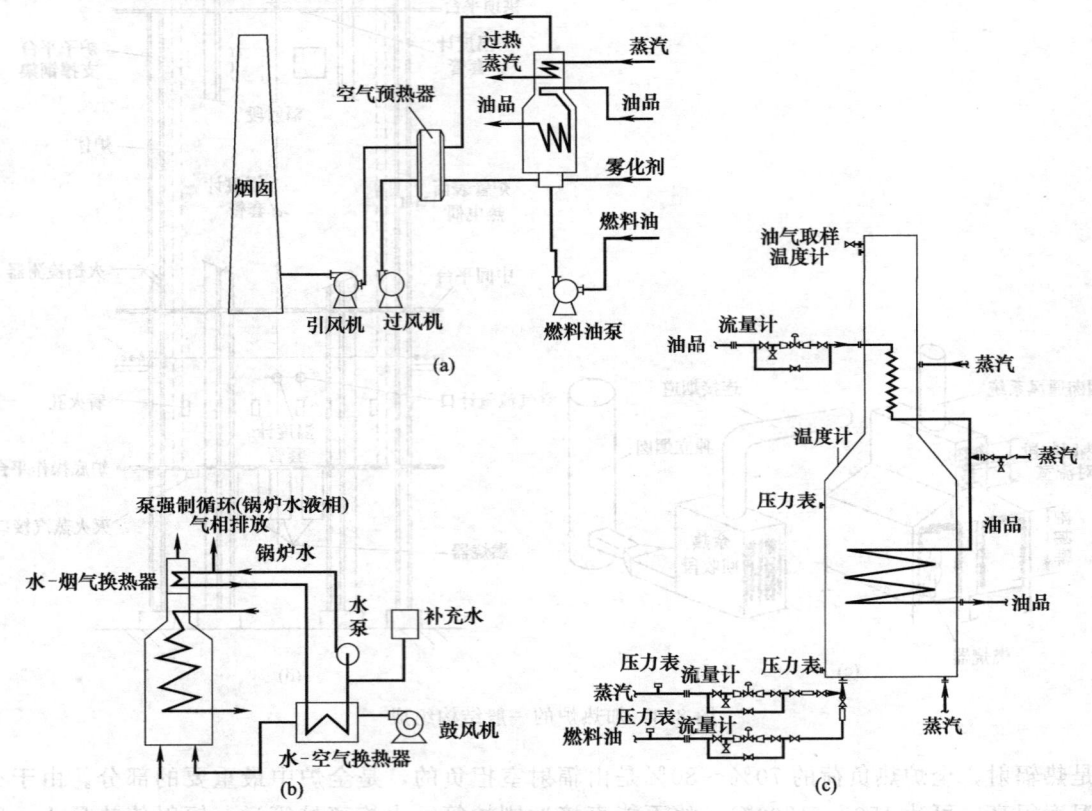

图 8.4 加热炉的典型工艺管道和仪表流程图

第二节 加热炉的布置

一、加热炉布置的一般要求

① 加热炉通常集中布置在装置区的边缘，在工艺装置所处地区常年最小频率风向的下风侧。图 8.5 是某炉子的布置。

明火加热炉在不正常情况下可能向炉外喷射火焰，也可能发生爆炸和火灾，如将其分散布置，必然增加发生事故的概率，另外明火加热炉距可燃气体、液化烃、甲$_B$、乙$_A$类可燃液体设备均要求有较大的防火间距，如将其分散布置，必然会增加装置占地面积，所以常将加热炉集中布置在装置的边缘。

加热炉属于明火设备，在正常情况下火焰不外露，烟囱不冒火，加热炉的火焰不可能被风

吹走。但是，可燃气体或可燃液体设备如大量泄漏，可燃气体有可能扩散至加热炉而引起火灾或爆炸。因此，明火加热炉宜布置在可燃气体、可燃液体设备所处地区全年最小频率风向的下风侧。

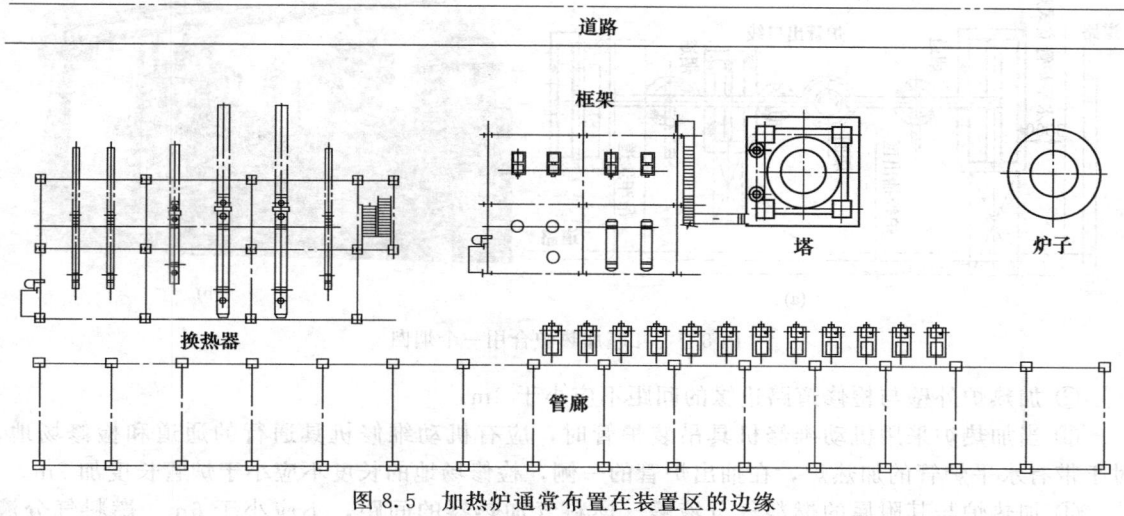

图 8.5　加热炉通常布置在装置区的边缘

② 通常加热炉应布置在离含油工艺设备 15m 以外，只有反应器不受此限。因为从加热炉出来的物料温度较高，往往要用合金钢管道，为减少压降和温降，减少投资，常常把加热炉靠近反应器布置。考虑到检修的方便，加热炉附近应有通道，以便吊车进入和更换炉管。对箱式炉，必须留有水平方向抽出炉管的空间，其长度为炉管长度加 2m（有的规范为炉管长度加 1.5m）。加热炉靠道路布置时，可以把道路当作炉管抽出区的一部分，在装置平面图上要表示出抽管区的位置。立式圆筒炉的炉管是向上吊出的，要留出吊车行走的通道，如图 8.6 所示。

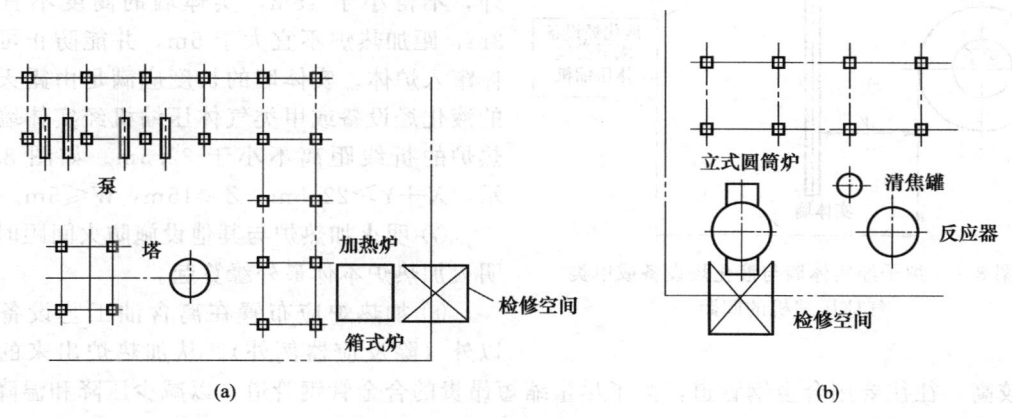

图 8.6　加热炉检修空间的布置

③ 加热炉与其他明火设备应尽可能布置在一起。几座加热炉可按炉中心线对齐成排布置。在经济合理的条件下，几座加热炉可以合用一个烟囱，见图 8.7。

但应注意：加热炉的一侧应有消防用的空间和通道；加热炉平台应避开防爆门，且防爆门不应正对操作地带和其他设备；加热炉的安装高度应考虑底部烧火喷嘴的安装、维修所需空间。

二、加热炉的间距设计

① 两座加热炉的净距不宜小于 3m。

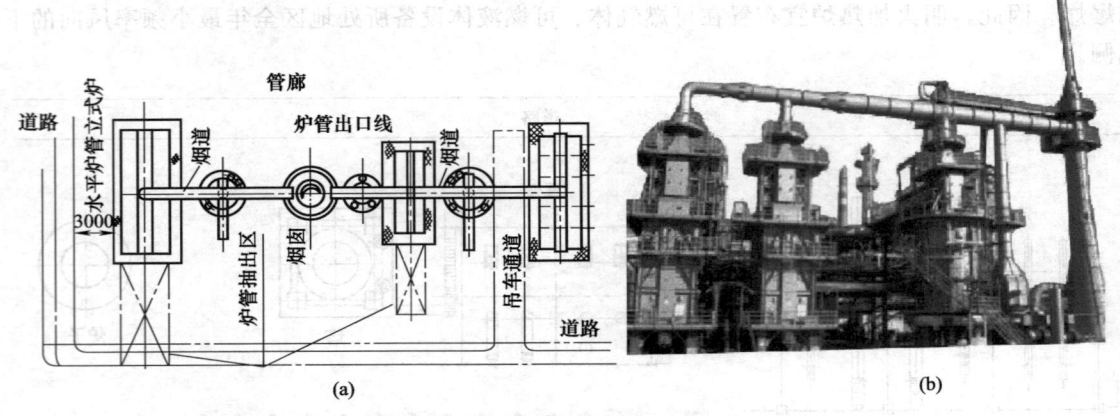

图 8.7 几座加热炉合用一个烟囱

② 加热炉外壁与检修道路边缘的间距不应小于 3m。

③ 当加热炉采用机动维修机具吊装炉管时,应有机动维修机具通行的通道和检修场地,对于带有水平炉管的加热炉,在抽出炉管的一侧,检修场地的长度不应小于炉管长度加 2m。

④ 加热炉与其附属的燃料气分液罐、燃料气加热器的间距,不应小于 6m。燃料气分液罐、燃料气加热器等为加热炉附属设备,但又存在火灾危险,因此一些规范对间距都有规定。

⑤ 炼油厂酮苯脱蜡、脱油装置的惰性气体发生炉与煤油储罐的间距,不应小于 6m。

⑥ 明火加热炉与露天布置的液化烃设备或甲类气体压缩机间的防火间距不应小于 22.5m。当在加热炉与设备间设置不燃烧材料的实体墙时,不燃烧材料实体墙可以有效地阻隔比空气重的可燃气体或火焰,其防火间距可减少,但考虑到明火加热炉必须位于爆炸危险场所范围之外,不得小于 15m,实体墙的高度不宜小于 3m,距加热炉不宜大于 5m,并能防止可燃气体窜入炉体。实体墙的长度应满足由露天布置的液化烃设备或甲类气体压缩机经实体墙至加热炉的折线距离不小于 22.5m。如图 8.8 所示,$X+Y \geqslant 22.5m$,$Z \geqslant 15m$,$W \leqslant 5m$。

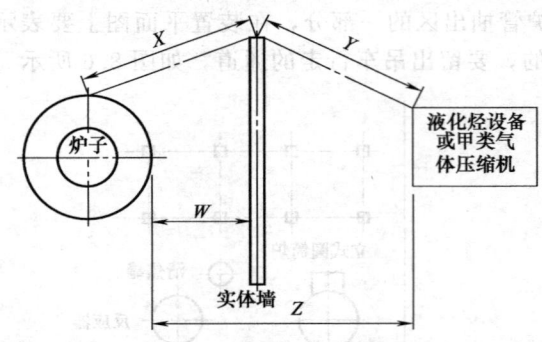

图 8.8 炉子经实体墙与液化烃设备或甲类气体压缩机的间距

⑦ 明火加热炉与其他设施防火间距时,自明火加热炉本体最外缘算起。

⑧ 加热炉应布置在离含油工艺设备 15m 以外(除反应器例外)。从加热炉出来的物料温度较高,往往要用合金钢管道,为了尽量缩短昂贵的合金管钢管道,以减少压降和温降,减少投资,常常把加热炉靠近反应器布置。

⑨ 对于设有蒸汽发生器的加热炉,汽包宜设置在加热炉顶部或邻近的框架上。

⑩ 当加热炉有辅助设备如空气预热器、鼓风机、引风机等时,辅助设备的布置不应妨碍其本身和加热炉的检修。

⑪ 为防止结焦、堵塞,控制温降、压降,避免发生副反应等有工艺要求的相关设备,可靠近布置。

a. 催化裂化装置的反应器与再生器及其辅助燃烧室可靠近布置。反应器是正压密闭的,再生器及其辅助燃烧室都属内部燃烧设备,没有外露火焰,同时辅助燃烧室只在开工初期点火,当时反应设备还没有进油,影响不大,所以防火间距可不限。

b. 减压蒸馏塔与其加热炉的防火间距，应按转油线的工艺设计的最小长度确定。这条管道生产要求散热少、压降小，管道过长或过短都对蒸馏效果不利，故不受防火间距限制。

c. 加氢裂化、加氢精制装置等的反应加热炉与反应器，因其加热炉的转油线生产要求温降和压降应尽量小，且该管道材质是不锈钢或合金钢，价格昂贵，所以反应加热炉与反应器的防火间距不限。反应器一般位于反应产物换热器和反应加热炉之间，反应产物换热器一般紧靠反应器布置，所以反应产物换热器与反应加热炉之间防火间距也不限。

d. 硫黄回收装置的酸性气燃烧炉属内部燃烧设备，没有外露火焰。液体硫黄的凝点约为117℃，在生产过程中，硫黄不断转化，需要几次冷凝、捕集。为防止设备间的管道被硫黄堵塞，要求酸性气燃烧炉与其相关设备布置紧凑，故对酸性气燃烧炉与其相关设备之间的防火间距，可不加限制。

e. 副产蒸汽的加热炉和反应器组的布置见图8.9。由于加热炉对流管用于产生蒸汽，给水泵和其他与生产蒸汽有关的设备均布置在加热炉附近，同时这些设备不含油，故不受15m的限制。

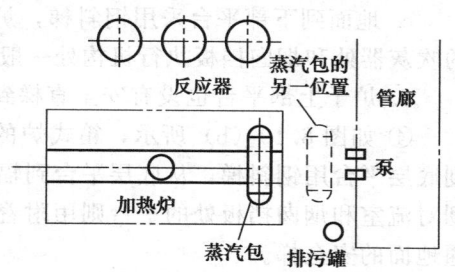

图8.9 副产蒸汽的加热炉和反应器组、蒸汽包的布置设计

⑫ 加热炉与其他工艺设备、控制室、变配电室等的距离应符合防火规范的规定。

三、加热炉的梯子平台设计

① 一般在看火孔、观察门、进口、出口、吹灰器、除焦、取样口、测温口等位置，需要有平台、梯子的设置。

② 从地面至第一层操作平台之间的梯子，通常是设置扶梯，在检修门、观察门、看火孔之前，不应有任何管道或障碍物。防爆门前不应有操作平台及其他设备。

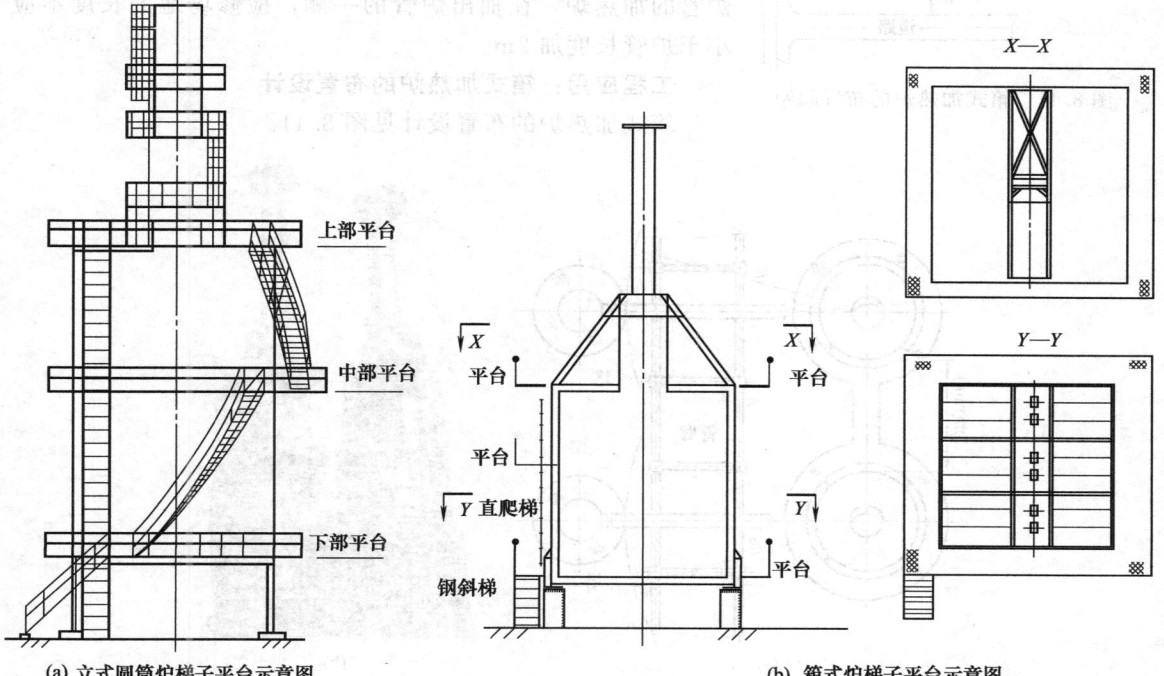

图8.10 立式圆筒炉和箱式炉梯子平台示意图

③ 立式圆筒炉一般有下部、中部和上部平台。炉体直径较小时可不设计中部平台，见图 8.10（a）。

a. 下部平台设在炉底，在炉底看火门中心以下约 1.4m 处，距下部平台不太高的位置设有炉膛灭火蒸汽管口，距中部平台不太高的位置一般设有温度计和压力计。

b. 炉子平台的宽度为 0.8～1.2m。

c. 地面到下部平台采用钢斜梯，炉子下部平台到中部、上部平台可采用盘梯。在对流段的吹灰器处和烟囱挡板执行机构处一般也应设置平台，它们之间的通行可采用直梯。

d. 炉子上部平台也设有安全直梯到地面。多座加热炉靠近布置时，应设置联合平台。

④ 如图 8.10（b）所示，箱式炉的底层平台一般布置在辐射室可拆墙的同一侧，从地面到底层平台用钢斜梯，从底层平台到辐射室顶部平台用炉体侧面的钢斜梯，从辐射室顶部平台到对流室和烟囱挡板处的平台则用附着在这些钢结构上的直梯。此外，辐射室顶部平台应设置通地面的安全梯。

工程应用：箱式加热炉的布置设计

常减压装置经常将常压炉和减压炉布置在一起，但相互间净距不宜小于 3m，在其同侧通常布置有副管廊与装置的主管廊连接。在经济合理的条件下，应与加热炉设计人员协商，可以考虑共用一个烟囱。当加热炉有辅助设备如空气预热器、鼓风机、引风机等时，辅助设备应按流程紧凑布置，但不应妨碍其本身和加热炉的检修。加热炉应布置在离含油工艺设备 15m 以外，如加热炉与常压塔或减压塔的净距应大于 15m，常压炉和常压塔布置在副管廊两侧，并且中心对齐，方便转油线的设计。加热炉与其附属的燃料气分液罐、燃料气加热器的间距不应小于 6m。加热炉用的烧焦罐应布置在检修区靠装置边界线处，且不得妨碍加热炉的操作和检修。当加热炉采用机动维修机具吊装炉管时，应有机动维修机具通行的通道和检修场地，对于带有水平炉管的加热炉，在抽出炉管的一侧，检修场地的长度不应小于炉管长度加 2m。

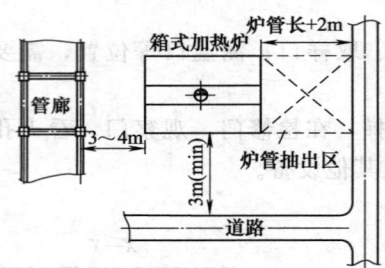

图 8.11 箱式加热炉的布置间距

工程应用：箱式加热炉的布置设计

箱式加热炉的布置设计见图 8.11。

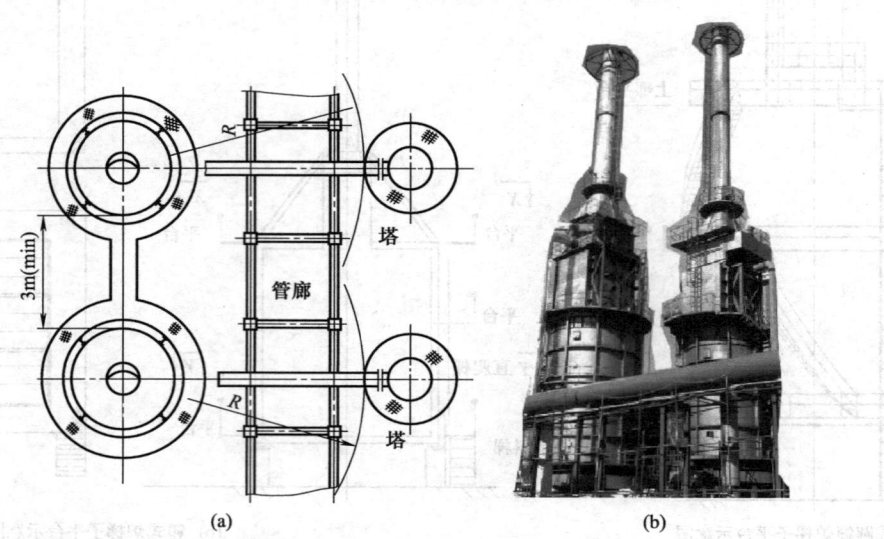

R 值［即加热炉和建筑物、罐区（储罐）和各类生产单元或设备等的防火距离］的确定，见防火规范要求。

图 8.12 立式加热炉的布置

工程应用：立式加热炉的布置设计

立式加热炉的布置设计见图 8.12。

工程应用：加热炉和汽包的布置设计

当加热炉有辅助设备如空气预热器、鼓风机、引风机等时，辅助设备的布置不应妨碍其本身和加热炉的检修。燃料气的分液罐等预处理设备要离炉子 6m 以上距离。对于设有蒸汽发生器的加热炉，汽包宜设置在加热炉顶部或邻近的框架上，见图 8.13。汽包设备不含油，故不受 15m 的限制。

工程应用：加热炉作为再沸器的布置设计

加热炉作为再沸器的布置设计见图 8.14。

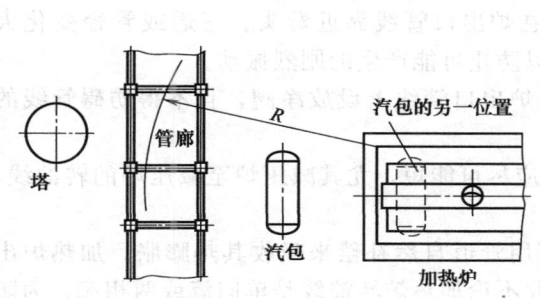

R 值［即加热炉和建筑物、罐区（储罐）和各类生产单元或设备等的防火距离］的确定，见防火规范要求。

图 8.13　加热炉和汽包的布置设计

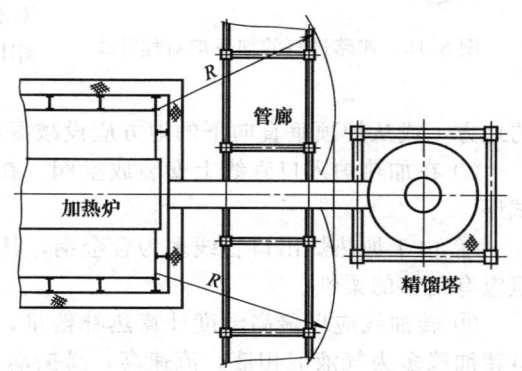

R 值［即加热炉和建筑物、罐区（储罐）和各类生产单元或设备等的防火距离］的确定，见防火规范要求，并注意尽量缩短再沸器返回管线的长度。

图 8.14　加热炉作为再沸器的布置

第三节　加热炉管道的配管设计

一、加热炉管道配管设计的一般要求

① 加热炉炉体的设计一般由工业炉专业负责。但是，作为配管设计专业，也应研究。设计协作流程如下：

工业炉专业提供炉体总体简图、管口位置要求、平台布置初版图、火嘴（燃烧器）图。

配管设计专业确定初版管道布置：确定平台的大小、位置及高度，必要时增加平台或协调炉子管口方位的修改；确定梯子形式、位置；管道布置走向、管道支吊架等。

② 加热炉的管道布置设计随加热炉的炉型不同而不同。加热炉区的管道包括：工艺管道（加热炉入口配管、加热炉出口转油线）、燃料管道（供油管、回油管、燃料气管、长明灯燃料气管、雾化蒸汽管、灭火蒸汽管）、清焦配管、吹灰器配管、消声器配管等，其中灭火蒸汽、吹扫空气等辅助管道与炉子本身不相连接。在布置加热炉的管道时，应对这些管道统一考虑。

③ 加热炉的管线要易于检查和维护，燃烧器和管线（包括燃料油、燃料气和雾化蒸汽）要易于拆卸。燃料油和燃料气的调节阀要装在地面易于观察和维护之处。

④ 加热炉的进料管线应保持各路流量均匀，对于全液相进料管线，一般都设有流量调节阀调节各路流量，否则应对称布置管线。汽液两相的进出管线，必须采用对称布置，以保证各路压降相同。

⑤ 加热炉出口管线为气液两相流时，管线应对称布置。立式圆筒加热炉和箱式加热炉进出口管线的布置原则基本相似，进出口管线应对称布置（尤其汽液两相流体时）且不应有大的压力损失，主管必须有足够大的截面。图8.15为流体均匀分配进加热炉的管线设计方法，进料管线两侧的管件、阀门的数量、管长度和口径必须相同。用三通将单根进料管分为两路，每路又以同样方式再分成流量相同的两路。根据加热炉流路的数目，可以重复进行，这种布置方法称为对称式布置。出口管应与进口管相似。两相流管线的进口管和出口管都必须采用对称配管，从第一次分开到最后汇合，各路压降都应相同。

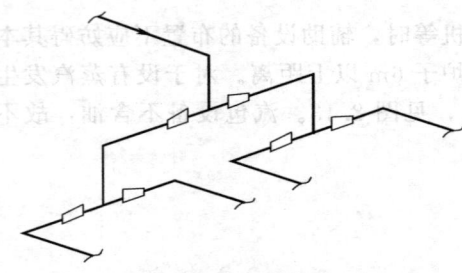

图8.15 四路进料的加热炉对称管线

⑥ 在炉出口管线靠近弯头、三通或管径变化大的地方，或从炉顶垂直向下的地方应设减振器，以防止可能产生的剧烈振动。

⑦ 在加热炉入口管线上安装放空阀，在加热炉出口管线上设放净阀，且不得妨碍管线的试压。

⑧ 由于加热炉出口管线多为合金钢，其线路应尽可能短，尤其减压炉至减压塔的转油线，但应有足够的柔性。

⑨ 转油线应以最高温度计算热补偿量，并利用管道自然补偿来吸收其热膨胀。加热炉出口转油线多为气液混相液，流速高，易振动，因此不论加热炉转油线是单向流或两相流，为防止停工存液和产生振动都不应出现U形，见图8.16。

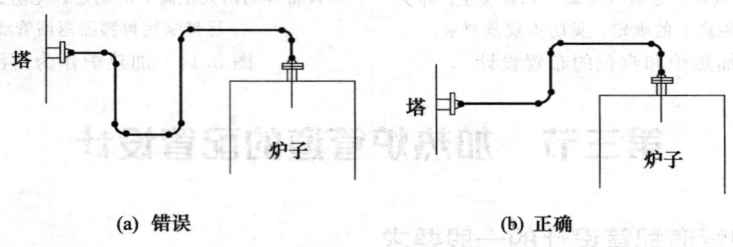

(a) 错误 (b) 正确

图8.16 加热炉出口转油线的布置

⑩ 出口管道应避免用90°弯头（管）相接，应用45°相交，如图8.17所示。

⑪ 从安全考虑，一旦加热炉发生事故，应先切断燃料，燃料总管上的切断阀距加热炉炉体距离应满足工艺要求，且不应小于7.5m（按GB 50160），便于人员靠近和操作。

⑫ 加热炉的蒸汽分配管宜布置在地面上，距加热炉炉体的距离不应小于7.5m（按GB 50160），并至少应预留两个半固定式接头。

二、加热炉燃料油管道的配管设计

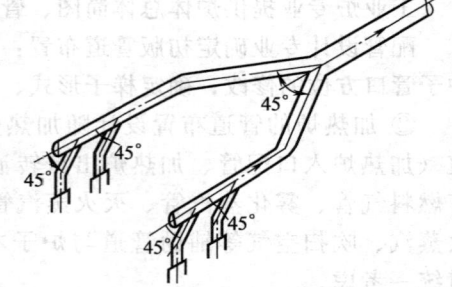

图8.17 出口管道避免用90°弯头（管）相接

① 燃料油系统管道要设循环管，燃料油管道一般来自主管廊，绕加热炉一周再返回主管廊，在主管架上有燃料油来回的管道。在喷嘴的燃料油管由燃料油主管的侧面或下部引出。

② 为了防止机械杂质磨损泵叶轮和堵塞喷嘴，应在燃料油管道的适当部位设置过滤器。过滤网的规格应视燃料油泵的类型及喷嘴的最小流通截面而定。

③ 为了保证喷嘴有良好的雾化效果，燃料油在喷嘴前的黏度应小于喷嘴要求的黏度。另外燃料油系统的管道上都应伴热，以防散热后燃料油黏度升高。

④ 通向喷嘴的燃料油支管应在靠近主管的地方设置阀门并接扫线蒸汽，以便在个别喷嘴停运时将支管内的燃料油全部扫尽。

⑤ 一般加热炉燃烧器分为烧油、烧气或油气两用，后者使用比较灵活，被广泛采用。一般开车时用燃料油，待工厂转入正常生产后，切换用燃料气。无论是底烧，还是侧烧，在配管设计中都应考虑能够拆卸并进行清扫和检修。燃烧器的调节阀应装在看火门附近易于检修之处。

⑥ 在燃油以及雾化蒸汽管线要进入燃烧器之前，通常加上一段至少 0.6m 长的软管，对油烧燃烧器可消除热膨胀，对气烧燃烧器可减少振动。如气烧燃烧器不用软管，则必须设活接头，以便拆开管线检修燃烧器，此外也可减少振动，见图 8.18。

⑦ 雾化蒸汽管线应由总管顶部接出，防止冷凝水带入燃烧器，影响燃料油的雾化。

⑧ 喷嘴的接管不得横跨看火门，也不得影响看火门的开闭；喷嘴的接管也不应影响燃烧器及风箱前板的拆卸，宜使用柔性管法兰或活接头与管嘴连接；阀门应靠近看火门并布置在右（或左）手侧以便左（或右）手打开看火门，边观察边调节阀门，全炉必须统一。长明灯的燃气阀门应靠近喷嘴安装（喷嘴前第一个阀门）以方便于喷嘴点火，见图 8.19。

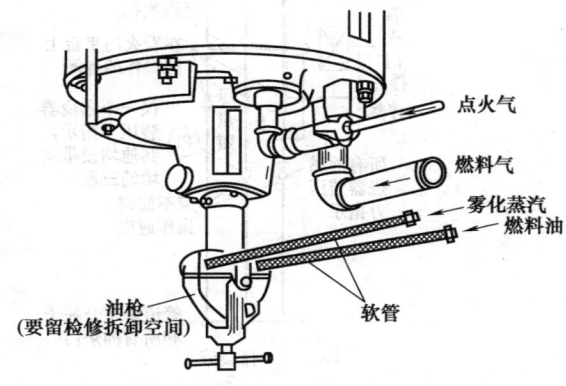

图 8.18 燃料油和燃料油气两用喷嘴

三、加热炉燃料气管道的配管设计

① 燃料气要设分配主管，使每个喷嘴的燃料气都能均匀分布。燃料气支管由分配主管上部引出，以保证进喷嘴的燃料气不携带水或凝缩油。在燃料气分配主管末端装有排液阀，有的加热炉用 DN20 的排液阀，便于试运冲洗及停工扫线后排液以及开工时取样分析管道内的氧含量，排液管上应设两道排液阀以免泄漏，该阀能在地面或平台上操作。假如此工厂有低压泄放主管，则由此阀接出一条管子至泄放主管。

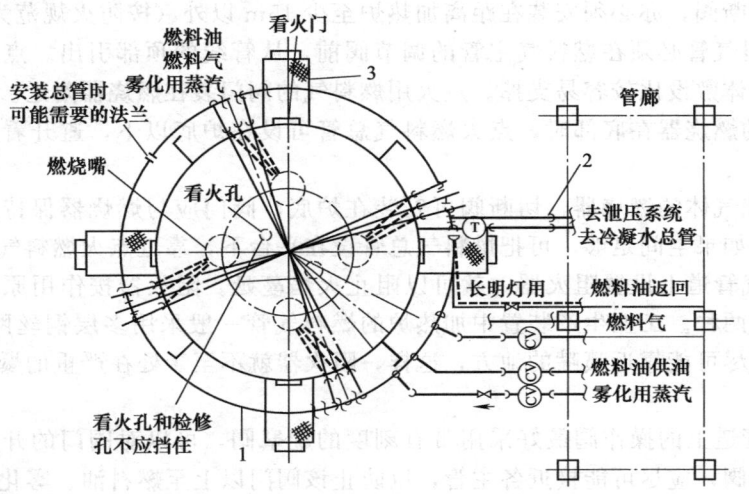

图 8.19

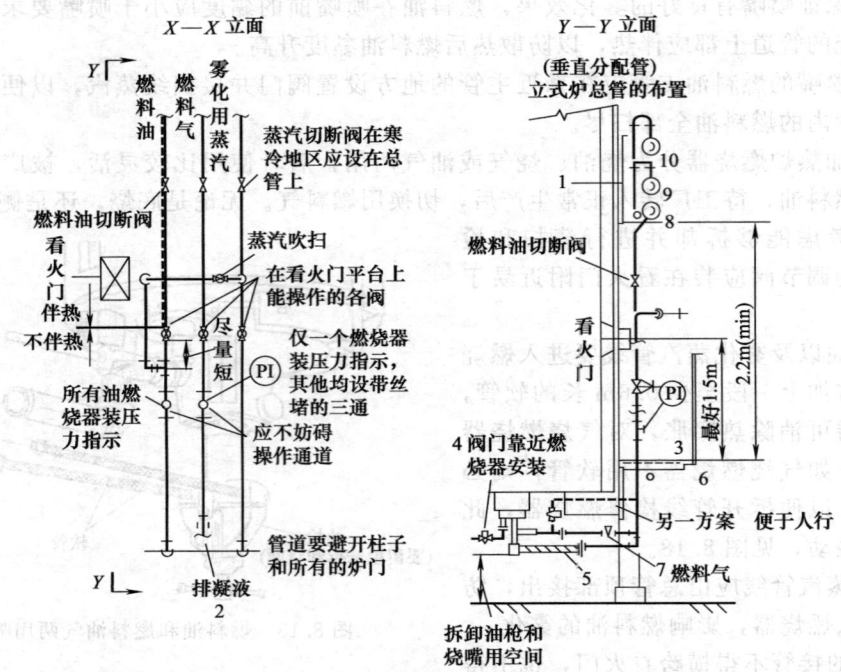

图 8.19 加热炉燃料油管道的配管设计
1—环烧燃料总管要布置合适的支架；2—燃料气总管末端的泄水阀接往厂区泄压系统；
3—根据操作和检修需要，应设置少量的平台；4—长明灯阀门装在靠近燃烧器处；
5—燃料油和燃料气支管与燃烧器用软管连接；6—长明灯，总管设在平台下；
7—只烧气体的烧嘴，切断阀可以装在炉底；8—燃料油环管；9—燃料气环管；10—蒸汽环管

② 在箱式加热炉，若燃烧器安装在底座，则点火燃气可被配置在加热炉操作平台的下方，但是必须不妨碍到看火孔通道门和燃烧器拆卸所需空间。

③ 对于只采用燃气作为燃料的燃烧器，切断阀可装在加热炉下，但是为了保证操作员的安全，阀必须与燃烧器有一段安全距离，以防发生回火而伤害到操作员。假如有足够的空间，燃气主管与点火燃气主管可并列布置在操作平台下方。

④ 燃气管线常有一气液分离罐，此罐一般布置在距离加热炉至少 15m 以外的地方。燃气、燃油的主切断阀，亦必须安装在距离加热炉至少 15m 以外（按防火规范为至少 7.5m）。

⑤ 点火燃料气管必须在燃料气主管的调节阀前，从管线的顶部引出。点火燃料气管尺寸一般很小，沿炉体敷设比较容易支撑。点火用燃料气的阀门装在燃烧器附近。

⑥ 箱式炉的燃烧器在底部时，点火燃料气总管可设在炉底以下，避开看火门、检修孔和燃烧器拆卸区。

⑦ 对于只烧气体的燃烧器，切断阀可安装在炉底，阀门应与燃烧器保持适当距离，以免气体回火伤人。如果空间足够，可把燃料气总管设在平台下，靠近点火燃料气管线。

⑧ 在燃料气管道上设置阻火器，就可以阻止火焰蔓延。阻火器按作用原理可分为干式阻火器和安全水封两种。工业生产装置中加热炉的燃料气管一般采用多层铜丝网的干式阻火器。阻火器应放置在尽可能靠近喷嘴的地方，这样，阻火器就不至于处在严重的爆炸条件下，使用寿命可以延长。

⑨ 燃料气管道上的操作阀最好采用带有刻度的旋塞阀，可以对阀门的开度一目了然。各种管道上的切断阀，应尽可能接近各主管，以防止该阀门以上至燃料油、雾化蒸汽主管那段管道上留下冷油和凝结水，在下一次开工时不好点燃或发生泄漏现象。燃料油和雾化蒸汽管道上

的操作阀应采用截止阀或球阀，以便调节。

⑩ 燃烧器所连接的燃烧气、燃料油、蒸汽主管一般都是按照炉型沿炉体敷设。对于底烧立式圆筒炉这些主管一般布置在距炉底平台 2.2m 高度的同一水平面上，对于底烧的箱式炉一般布置在距地面 2.2m 的一个水平面上。蒸汽、燃油以及燃气的切断阀，最好垂直配置在观察门旁。蒸汽与燃气的支管，必须由主管上方接出，以防止凝结液进入燃烧器或产生袋形。油气联合燃烧器配管示意图见图 8.20。

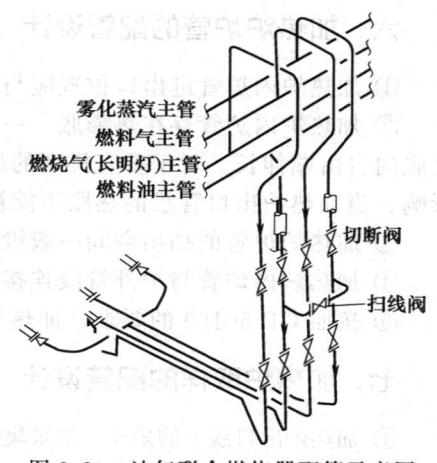

图 8.20 油气联合燃烧器配管示意图

四、加热炉蒸汽管道的配管设计

加热炉需要的工作蒸汽，主要是供给喷嘴雾化，炉体灭火、吹灰器吹灰、消防、吹扫和管道伴热。其管道设计的特点如下。

① 蒸汽分配管。一般水平布置在地面上，其管中心标高距地面约 500mm，两端设有支架，用管卡卡住，蒸汽分配管的底部应设置疏水阀。

② 灭火蒸汽管道。

a. 由装置新鲜蒸汽管上引出的一根专用管道，其总阀应为常开的。

b. 至炉膛及回弯头箱内的灭火蒸汽管均应从蒸汽分配管上引出。

c. 灭火蒸汽管道上的阀门的下游管上，紧靠阀门处宜设泄放孔（$\phi 6\sim 10$mm）。泄放孔的方位应布置在阀门手轮反方向 180°的位置上，见图 8.21。

d. 蒸汽分配管距加热炉炉体不宜小于 7.5m（有的规范规定为 15m），以便安全操作。

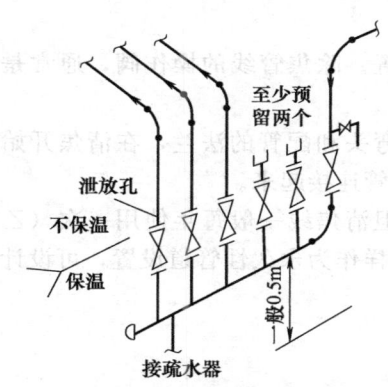

图 8.21 灭火蒸气管道的配管设计

e. 灭火蒸汽管线平时是不用的，仅在发生事故时打开，所以从阀门到加热炉这段管线不必试压、不必保温，跨距可比一般管线大些。在通往加热炉的灭火蒸汽管线的高点不需提供放空。

五、加热炉吹灰管道的配管设计

① 以燃油为燃料的加热炉，必须要有吹灰器。吹灰器是一种靠喷射介质（蒸汽或空气）吹掉传热面附着的灰尘、熔渣等污垢的设备，其形式有伸缩式和固定旋转式，有从全自动到手动等各种不同的操作方式。

② 管线设计人员应考虑保留喷枪拆装空间。

③ 吹灰器通常设置在加热炉的对流段。加热炉的吹灰器是间歇操作，启用时管内产生大量的蒸汽冷凝液，一旦进入吹灰器，会产生腐蚀破坏，因此，蒸汽管道必须排液，蒸汽管道应有至少 0.02 的坡度并低于吹灰器的操作平台。管道应有一定的柔性，以便吹灰器和安装吹灰器的炉壁不受过大的力和力矩，如图 8.22 所示。

④ 吹灰器管道的配管设计需防止与直梯相碰或影响直梯的正常通行。

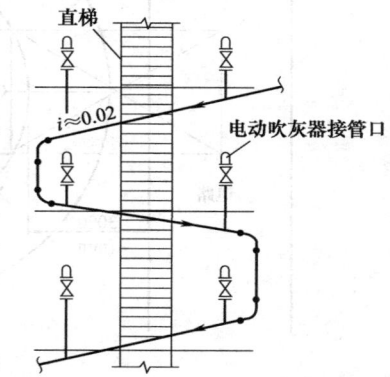

图 8.22 吹灰器管道竖面图

六、加热炉炉管的配管设计

① 加热炉内炉管进出口位置应与加热炉外的管线统一考虑布置设计。
② 加热炉内炉管存在热膨胀，一般在炉管靠配管侧固定，炉管的抽出侧为自由端，炉管热胀向自由端伸长。对于垂直排列的炉管沿轴向伸长。加热炉炉外管线的热胀一般不受炉管的影响。当加热炉出口管线的热胀不能被炉出口支管吸收时，应在其中部冷紧。
③ 加热炉炉管的抽出空间一般设在管线侧的另一端，即炉管的自由端方向。
④ 加热炉内炉管与炉外管线连接，应尽量减少法兰连接。
⑤ 按照 GB 50160 的要求，加热炉炉管不宜设安全阀。

七、加热炉取样的配管设计

① 加热炉出口线上的采样，是采集燃烧气样进行分析。采到的高温气体，应用采样冷却器冷却。
② 为了取样时不带进燃烧焦炭，应从出口线的垂直立管接出或水平管的上部接出，接出点应考虑出口线的热胀位移。
③ 采样冷却器布置在面向通道的地上，还要靠近其他阀门的操作面等，不得使采样线过长。

八、加热炉清焦管的配管设计

① 清焦管连接位置应取便于和工艺线进行连接操作的位置。除焦管线的操作阀，通常是配置在地面靠近加热炉处。
② 在加热炉入口或出口管的弯管部分安装用于拆开回转弯头和配管的法兰，在清焦开始之前，法兰处拆开转动回转弯头，使其能够把工艺配管同清焦管连接起来。
③ 清焦管的设计温度较高，配管设计应有充足的柔性。但清焦线一般每年使用一次（乙烯裂解炉每 2~3 个月使用一次），不必像其他高温管道设计那样作为永久性管道设置，可设计成临时性管道，一旦坏了，可更换或修理。

工程应用：圆筒炉管道的配管设计

圆筒炉管道的配管设计见图 8.23。

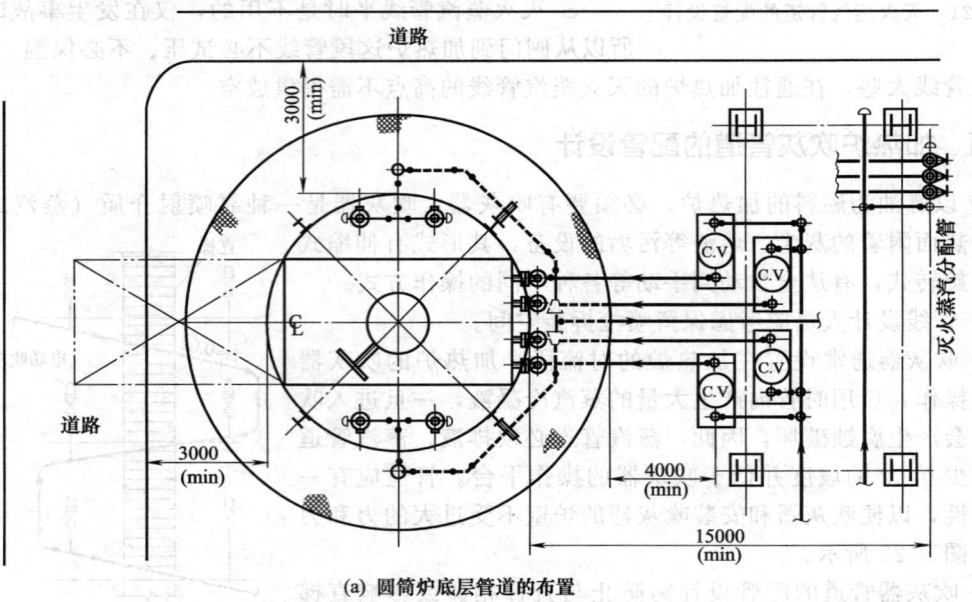

(a) 圆筒炉底层管道的布置

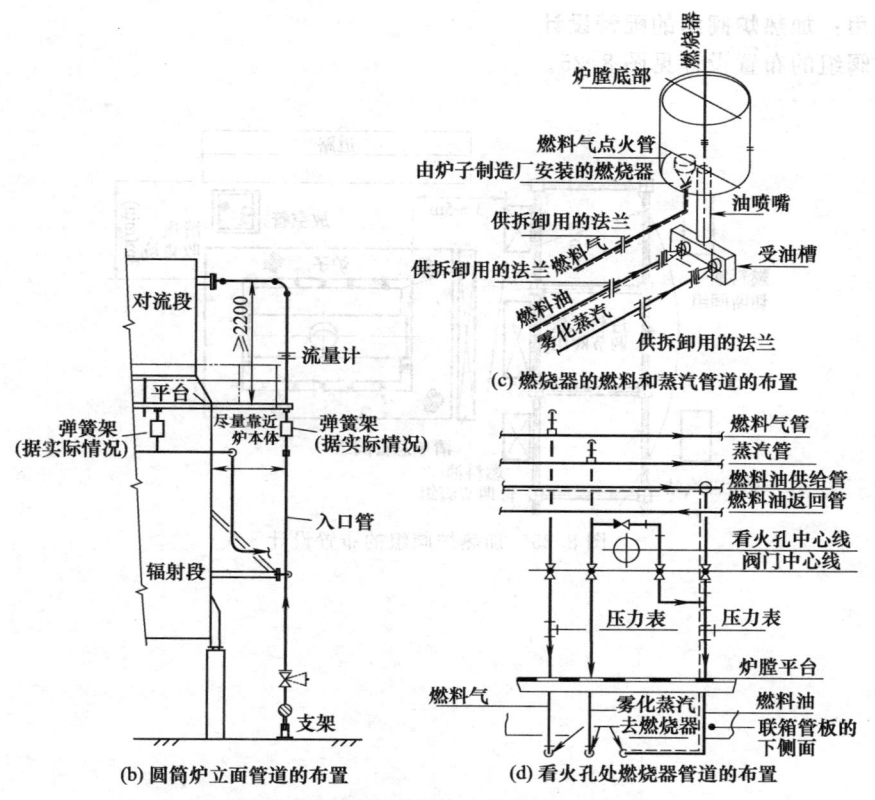

图 8.23 圆筒炉管道配管设计示意图

工程应用：箱式炉管道的配管设计

箱式炉管道的配管设计见图 8.24。

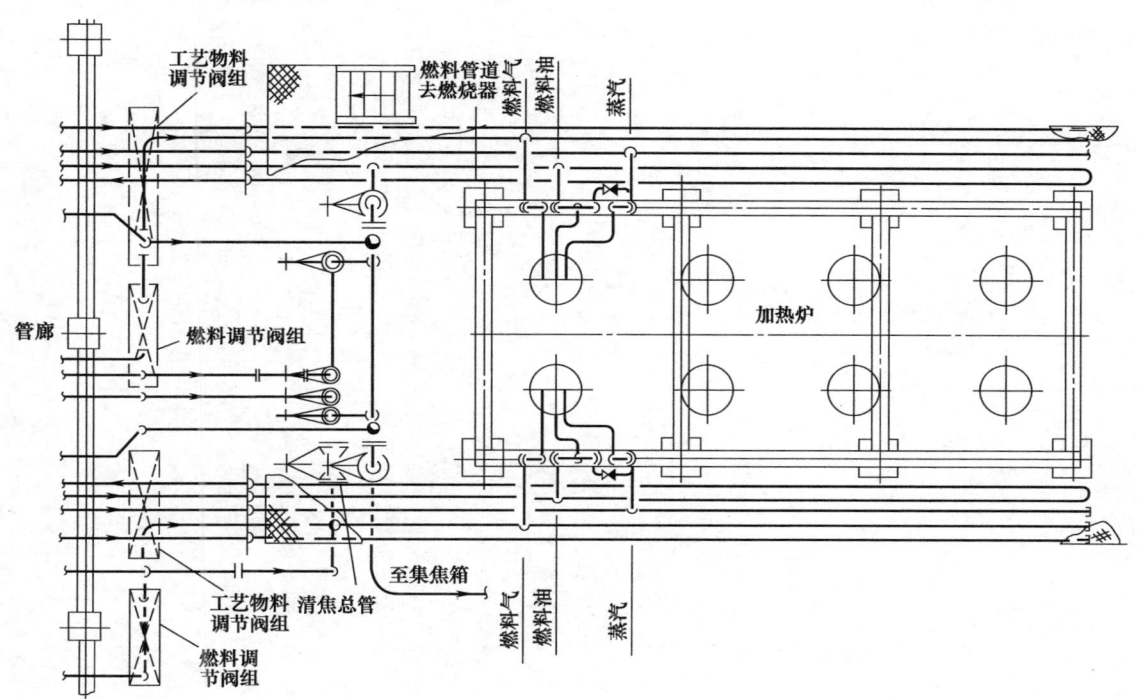

图 8.24 箱式炉管道配管设计

工程应用：加热炉阀组的配管设计

加热炉阀组的布置设计见图 8.25。

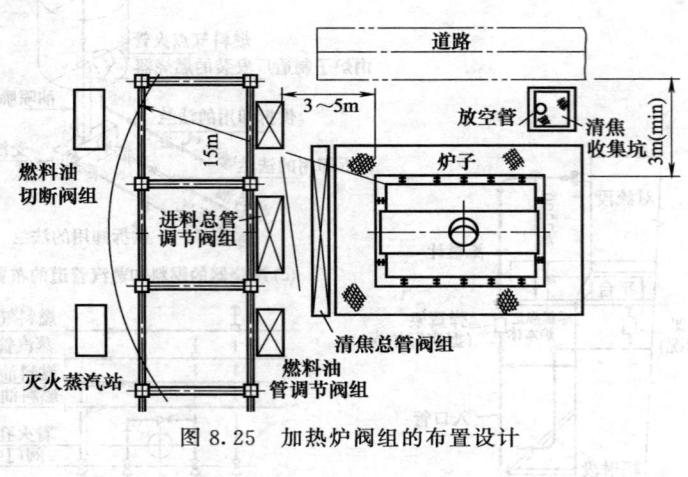

图 8.25　加热炉阀组的布置设计

第九章

泵

第一节 泵的分类及选用

一、泵的分类及特点

通常用以输送液体的设备称为泵；用以输送气体的设备分别称为通风机、鼓风机、压缩机和真空泵。泵是输送液体或使液体增压的机械。它将原动机的机械能或其他外部能量传送给液体，使液体能量增加。泵主要用来输送水、油、酸碱液、乳化液、悬乳液和液态金属等液体，也可输送液气混合物和含悬浮固体物的液体。

1. 泵的分类

工业装置常用泵的类型见表9.1。

① 按泵作用于液体的原理分类。可分为动力式（叶片式）、容积式以及喷射泵等。工业常用泵的外形见图9.1。动力式（叶片式）泵，泵内的叶片在旋转时产生的离心力作用将液体吸入或压出。容积式泵，泵内的活塞或转子在往复或旋转运动产生挤压力作用将液体吸入或压出。喷射泵以工作介质为动力，在泵内将位能传递给被抽送的介质，从而达到增压和输送的目的。由于它无运转部件，结构简单，操作方便，广泛用于真空系统抽气。

表 9.1 工业装置常用泵的类型

动力式泵	离心泵	蜗壳泵、分段式泵、中开式泵、透平式泵(按壳体形式分类)
		单吸泵、双吸泵(按泵叶轮吸入口分类)
		单级泵、多级泵(按叶轮级数分类)
		悬臂泵、两端支承泵(按支承方式分类)
		立式泵、卧式泵(按泵轴位置分类)
		屏蔽泵、磁力传动泵、高速泵等(按特殊结构分类)
		闭式泵、开式泵、半开式泵(按叶轮形式分类)
	旋涡泵	闭式泵、开式泵(按叶轮形式分类)
		单级泵、多级泵(按叶轮级数分类)
		自吸式泵、非自吸式泵类
	混流泵	
	轴流泵	
容积式泵	往复泵	计量泵
		隔膜泵、柱塞泵、活塞泵(按工作机构分类)
		单作用泵、双作用泵、差动泵(按作用特点分类)
		低速泵、中速泵、高速泵和超高速泵(按活塞或柱塞每分钟往复次数分类)
		单缸泵、双缸泵和多缸泵(按缸数分类)

续表

容积式泵	转子泵	齿轮泵
		螺杆泵（单、双、三、五螺杆泵）
		旋转活塞泵
		滑片泵
		真空泵
		罗茨泵
		挠性叶轮泵

图 9.1　工业常用泵外形

② 按泵用途分类

a. 工艺（装置）用泵。包括进料泵、回流泵、塔底泵、循环泵、产品泵、注入泵、补给泵、冲洗泵、排污泵、特殊用途泵等。

b. 公用设施用泵。包括锅炉给水泵、凝水泵、热水泵、余热泵、燃料油泵、冷却水泵、循环水泵、水源用深井泵、排污用污水泵、消防用泵、卫生用泵。

c. 辅助用泵。包括润滑油泵、封油泵、液压传动用泵等。
d. 管路输送用泵。包括输油管线用泵和装卸车用泵等。
③ 按泵适用的介质分类
a. 水泵。包括清水泵、锅炉给水泵、凝水泵、热水泵等。
b. 油泵。包括冷油泵、热油泵、油浆泵、液态烃泵等。
c. 耐蚀泵。包括酸泵、碱泵和其他耐蚀泵。
d. 杂质泵。包括浆液泵、料浆泵、污水泵、灰渣泵等。
④ 按液体被吸入的方式分为：单吸泵和双吸泵。
⑤ 按泵内叶轮的数目分为：单级泵和多级泵。
⑥ 按泵轴的位置分为：卧式泵和立式泵。
⑦ 按轴承支承的位置分为：悬臂泵和两端支承泵。
⑧ 按泵产生的压力分为：低压泵（压力在 2MPa 以下）、中压泵（压力在 2～6MPa 范围内）、高压泵（压力在 6MPa 以上）。

2. 各类泵的特点

各类泵的特点见表 9.2 和表 9.3。

表 9.2 工业常用泵的特点（按泵作用于液体的原理分类）

类别	动力式泵		容积式泵	
	离心泵	旋涡泵	往复泵	转子泵
主要构件	叶轮与泵体	叶轮与泵体	活塞（柱塞）与泵缸	转子与定子
作用原理	叶轮旋转产生离心力使液体动能增加，泵体中蜗壳（导轮）使部分速度能转变为压力	叶轮旋转产生离心力使液体形成径向旋涡，而叶片间形成纵向旋涡，使液体在泵内多次反复增能	活塞（柱塞）往复运动，缸内工作容积周期变化，泵阀控制液体单向吸入、排出，形成工作循环，液体能量增加	旋转的转子与定子间工作容积变化输送液体，使液体能量增加
性能	流量和扬程范围较大，均匀、稳定，扬程随流量而变化（流量：1.6～30000m³/h，扬程：10～2600m）。流量调节过小（即对流量过分节流）会引起液体温度升高、流动不稳定，产生汽蚀和振动	流量小而均匀，扬程较高，并随流量而变化（流量：0.4～30m³/h，扬程：8～150m）	中小流量，流量不均匀（脉动），没有缓冲罐时，流量几乎不随压力变化（流量：0～600m³/h，扬程：0.2～1000m）	流量小，但较均匀，流量几乎不随压力变化（流量：1～600m³/h，扬程：0.2～250m）
	扬程大小决定于叶轮外径和转速	扬程大小决定于叶轮外径和转速	压力值决定于泵本身动力、强度及密封结构	压力值决定于泵本身动力、强度及密封结构
	扬程和轴功率与流量存在对应关系，扬程随流量的增大而缓慢降低，轴功率随流量的增大而增加	扬程和轴功率与流量存在对应关系，扬程随流量的增大而降低较快，轴功率随流量的增大而显著降低	压力与流量几乎无关，只是由于压力增加而使泄漏量增大，轴功率随压力和流量而变化	压力与流量几乎无关，只是由于压力增加而使泄漏量增大，轴功率随压力和流量而变化
	吸入高度较小，易产生汽蚀现象，造成振动，必须使吸入高度随流量值变化	吸入高度较小，开式叶轮闭式流道，泵有自吸性能	吸入高度大，不易产生抽空现象，有自吸能力	吸入高度小，易产生汽蚀现象
	在小流量时，效率较低；但在设计点上，效率较高；大型泵效率较高	在小流量下效率较高，但不如容积式泵高	效率较高，在不同的压力和流量下，工作效率仍保持较高值	在低流量时，效率较低，且效率随压力的升高而降低
	用于液体黏度至 650mm²/s。随着黏度增高，其流量、扬程及效率均降低	可用于液体黏度至 55mm²/s	适用于较宽的液体黏度范围	适于高黏度液体。黏度低，内部泄漏量增大，流量、效率也随之降低
	转速高	转速较高	转速低	转速较低
	效率高	效率较低	效率高	效率较高

续表

类别	动力式泵		容积式泵	
	离心泵	旋涡泵	往复泵	转子泵
操作与调节	启动前必须关闭出口阀，灌满液体。通常只用出口阀进行调节，不宜在小流量下操作	启动前必须灌满液体。启动时必须打开出口阀，不用出口阀而采用旁路来调节流量	启动前不用灌泵。启动时必须打开出口阀，用旁路阀改变转速或活塞（柱塞）行程来调节流量	启动时必须打开出口阀。不用出口阀而采用旁路阀来调节流量
结构特点	结构简单紧凑，易于安装和检修，占地面积小，基础小，可与电动机直接连接	结构简单紧凑，易安装检修，占地面积小，基础小，可与电动机直接连接	结构复杂，易损件多，易出故障，维修麻烦，占地面积大，基础大	结构简单紧凑，易安装检修，占地面积小，基础小，可与电动机直接连接
适用范围	大流量、中低扬程、低黏度的液体，并适用于输送悬浮液和不洁净液体	小流量、扬程较高、低黏度液体。不宜输送不洁净的液体	流量较小、扬程高、黏度高的液体。不宜用于输送不洁净液体	流量较小、扬程高、黏度高的液体。不宜用于输送非润滑性和不洁净液体

表9.3 泵的特点（按泵用途分类）

名称	特点	选用要求
进料泵（包括原料泵和中间给料泵）	(1)流量稳定 (2)一般扬程较高 (3)有些原料黏度较大或含固体颗粒 (4)泵入口温度一般为常温，但某些中间给料泵的入口温度也可大于100℃，也有一些特殊情况 (5)工作时不能停车	(1)一般选用离心泵 (2)扬程很高时，可考虑用容积式泵或高速泵 (3)泵的备用率宜为50%~100%
回流泵（包括塔顶、中段及塔底回流泵）	(1)流量变动范围大，扬程较低 (2)工作可靠性要求高	(1)一般选用单级离心泵 (2)泵的备用率宜为50%~100%
塔底泵	(1)流量变动范围大 (2)流量较大 (3)泵入口温度较高，一般大于100℃ (4)液体一般处于饱和状态，NPSHa小 (5)工作可靠性要求高 (6)工作条件苛刻，一般有污垢沉淀	(1)一般选用单级离心泵，流量大时，可选用双吸泵 (2)选用低汽蚀余量泵，并采用必要的灌注头 (3)泵的备用率宜为50%~100%
循环泵	(1)流量稳定，扬程较低 (2)介质种类繁多	(1)选用单级离心泵 (2)按介质选用泵的型号和材料 (3)泵的备用率宜为50%~100%
产品泵	(1)流量较小 (2)扬程较低 (3)泵入口温度低（塔顶产品一般为常温，中间抽出和塔底产品温度稍高） (4)某些产品泵间断操作	(1)宜选用单级离心泵 (2)对纯高度或贵重产品，要求密封可靠，泵的备用率为100%；对一般产品，备用率宜为50%~100%。对间断操作的产品泵，一般不设备用泵
注入泵	(1)流量很小，计量要求严格 (2)常温下工作 (3)排压较高 (4)注入介质为化学药品，往往有腐蚀性颗粒	(1)选用柱塞泵或隔膜计量泵 (2)对有腐蚀性介质，泵的过流元件通常采用耐蚀材料
排污泵	(1)流量较小，扬程较低 (2)污水中往往有腐蚀性介质和磨蚀性颗粒 (3)连续输送时要求控制流量	(1)选用污水泵、渣浆泵 (2)泵备用率宜为100% (3)常需采用耐蚀材料
燃料油泵	(1)流量较小，泵出口压力稳定（一般为1.0~1.2MPa） (2)黏度较高 (3)泵入口温度一般不高	(1)一般可选用转子泵或离心泵 (2)由于黏度较高，一般需加温输送 (3)泵的备用率宜为100%
润滑油泵和封液泵	(1)润滑油压力一般为0.1~0.2MPa (2)机械密封液压力一般比密封腔压力高0.05~0.15MPa	(1)一般均随主机配套供应 (2)一般均为螺杆泵和齿轮泵，但离心压缩机的集中供油往往使用离心泵

二、泵的选用

1. 选用依据

根据泵的用途、输送液体的物性、工艺参数、泵的备用率等因素，合理地选用泵及其配套原动机。

泵的用途：根据泵所在工艺流程中的位置及工艺过程的要求，将某一种液体输送并输送介质及其增压至工艺要求的状态。

输送液体的物性数据包括液体名称、相对密度、黏度、腐蚀性介质名称及其含量、毒性、气体或固体（粒度）含量、蒸汽压等。

工艺参数如下。

① 流量。流量是单位时间内流过泵出口截面的体积，一般以 m^3/h 或 L/s 表示。选泵时一般以最大流量并考虑适当的裕量后为基准来确定泵的设计流量，同时需考虑最小流量的要求。泵的设计流量不应超过"额定流量值"（额定流量为泵容许的最大、连续输出量，即泵厂的保证值）。

② 扬程。扬程是单位质量液体流过泵后的能量增值，也称压头。根据管路系统计算出泵所需扬程并考虑裕量，一般为正常需要扬程的 $1.05\sim1.1$ 倍。

③ 温度。确定工艺过程中该液体的正常、最高或最低输送温度（低温泵）。

④ 泵必需汽蚀余量。泵的允许汽蚀余量（NPSH）是泵在操作状态下所需的允许汽蚀余量，一般为 $(1.1\sim1.5)NPSHc$（临界汽蚀余量），这是泵的吸入性能指标。此值与泵的类型和泵的结构设计有关，泵汽蚀余量（又叫泵的必须汽蚀余量，NPSHr）是由泵制造厂提供的。装置的有效汽蚀余量（NPSHa）应该大于泵的允许汽蚀余量（NPSH）。

根据工艺特点及装置设备布置的要求，提出泵的必需汽蚀余量初值（NPSHr），再依据选定泵的汽蚀曲线确定该泵的必需汽蚀余量值，用以初步确定有关吸入设备的安装高度，并计算出装置（或系统）的有效汽蚀余量（NPSHa）。

⑤ 现场条件。根据泵所在位置（室内或室外）给出其环境温度、相对湿度、海拔高度、防爆区域、防爆及防护等级。

⑥ 操作时间。确定操作周期及操作方式（连续或间断）。

泵的备用率应根据工艺要求、液体性质、泵的质量和价格、操作周期及故障所导致的后果等因素进行综合考虑。一般可按表9.4确定泵的备用率。

表9.4 泵的备用率

项　目	泵的备用率/%	典 型 实 例
较大地降低全厂或重要装置的处理量的泵	100	常减压、催化裂化装置的原料泵及塔顶回流泵
较大地降低一般装置的处理量的泵	50	一般装置的原料泵
较大地降低产品的产量的泵	50	常减压装置的侧线泵
较大地降低次要产品的产量的泵	0	催化裂化装置的澄清油泵
操作条件苛刻的泵	100	高温油泵、油浆泵、液化气泵、白土溶液泵
质量要求严格的产品泵	100	航空煤油泵、芳烃产品泵
中段循环回流泵	50	常减压塔中段回流泵
机泵的封油泵和润滑油泵	100	催化裂化装置气压机封油泵
燃料油系统泵	100	燃料油泵
装置自设冷却水泵	100	塔顶冷凝器冷水泵
间断操作泵	0	污油罐抽出泵
联合装置各部分间有关联的泵	100	减压馏分油供催化裂化做原料的泵
质量可靠，价格昂贵的泵	0	焦化装置加热炉进料泵

2. 泵的选用

① 选择的泵应满足工艺条件，首先需考虑其工作可靠、长周期运转、投资少、效率高、能耗低、占地面积小、便于操作和维修等因素，并需考虑以下几点。

a. 输送易燃、易爆或有毒液体的泵，应密封严密可靠或选用特殊泵，如屏蔽泵或磁力传动泵。

b. 输送汽液平衡状态的液体，可选用吸入性能好的泵，即汽蚀余量较小的泵。

c. 根据输送液体的特性（腐蚀性介质或固体颗粒含量）及工艺参数（温度等）选用相适应的材料及密封等。

d. 连续可靠地长周期运转，运转周期不少于一年，或按有关标准的规定。

e. 高效率、高质量，并使之处在高效区运行。

f. 安装及维修方便的泵。

g. 根据泵的制造质量、性能、价格、使用条件等因素进行综合考虑，以选定泵型及泵的制造厂家。

② 各类泵的使用范围

a. 离心泵。输送温度下液体黏度不宜大于 $650mm^2/s$，否则泵效率下降较大；流量较大，扬程相对较低；液体中夹带的气体一般不宜大于 5%（体积分数）；液体中含有固体颗粒时，宜选用特殊离心泵（例如油浆泵）；要求流量变化大、扬程变化小者，以选用平坦的 $Q\text{-}H$ 曲线的离心泵；要求流量变化小、扬程变化大者，宜选用陡降的 $Q\text{-}H$ 曲线的离心泵。

b. 漩涡泵。输送温度下液体黏度不大于 $35 mm^2/s$、温度不大于 110℃、流量较小、扬程较高、$Q\text{-}H$ 曲线要求较陡者；液体中允许含有约 5%（体积分数）气体；要求自吸时，可选用自吸式旋涡泵。

c. 容积式泵。输送温度下液体黏度高于 $650mm^2/s$ 者；流量较小且扬程高的，宜选用往复式；液体中气体含量（体积分数）允许稍大于 5%；液体需要准确计量时，可选用柱塞式计量泵或比例泵，液体要求严格不漏时，可选用隔膜计量泵；润滑性能差的液体不应选用齿轮泵和三螺杆泵，可选用往复泵；流量较小、温度较低、压力要求稳定的，宜选用转子泵或双螺杆泵。

第二节 泵的布置

一、泵布置设计的一般要求

① 液化烃泵、可燃液体泵宜露天或半露天布置。在寒冷多风沙地区可布置在室内。半露天布置的泵适用于多雨、多风沙或较晒的地区。

② 泵的基础面应高于地面 100mm。在泵吸入口前安装过滤器时，泵的基础高度应满足过滤器滤芯的检修要求。

③ 成排布置得泵应按防火要求、物料特性分组布置。成双排布置时，宜将两排泵的动力端相对，在中间留出检修通道。

④ 蒸汽往复泵的动力侧和泵侧应有抽出活塞和拉杆的空间。

⑤ 立式泵布置在管廊或构架下方时，其上方应留出泵体安装和检修所需的空间。

⑥ 公用备用泵宜布置在相应泵的中间位置。

⑦ 泵的布置应满足连接管道的柔性设计要求。

⑧ 用于装卸物料的泵应满足其装卸要求。

二、泵的露天、半露天和室内布置设计

泵是否设置在室内,多数应根据地区条件和用户要求来确定。装置内的泵,一般不设在室内,在装置外、储罐区等,考虑到噪声、天气等情况,有时布置在室内或半露天(不带侧墙的厂棚)布置,见表9.5。

表9.5 泵的露天、半露天和室内布置的设计

地区	目的	厂房的类型
住宅稠密区	防噪声	室内(封闭式)
寒冷地区	防寒防雪	室内(封闭式)
亚热带区	防日照、风雨	半露天(不带侧墙的厂棚)或室内(封闭式)
沙漠地区	防日照、风沙	室内(封闭式)

(1) 露天布置

① 泵常集中布置在管廊的下方或侧面,也可分散布置在被抽吸设备的附近。其优点是通风良好、操作和检修方便。

② 在管廊下布置泵时,一般是泵-电动机的长轴与管廊成直角,当泵-电动机的长轴过长妨碍通道时,可转90°与管廊平行布置。

③ 液化烃、操作温度等于或高于自燃点的可燃液体的泵上方,不宜布置甲、乙、丙类工艺设备;若不得不在其上方布置甲、乙、丙类工艺设备,应用不燃烧材料的隔板隔离保护。并设置喷雾(水喷淋)系统或消防炮保护,并应覆盖到泵体及进出口管道上的易泄漏部位,喷淋的强度不小于 $9L/(m^2 \cdot min)$。

④ 泵布置在管廊下方或外侧时,泵的检修空间净空高度不宜小于3000mm。对于多级泵端前面的检修通道宽度不应小于1800mm。一般泵端前面的检修通道宽度不小于1250mm,以便小盘叉车通过。泵端前面操作通道的宽度不应小于1000mm。泵和驱动机的中心线宜与管廊走向垂直。

除安装在联合基础上的小型泵以外,两台泵之间的净距不宜小于800mm。泵进、出口阀门手轮到邻近泵的最凸出部分或柱子的净距最少为800mm。电动机之间距离为1500~2000mm。如驱动设备为蒸汽透平时,还应该考虑调节阀组、疏水阀组的占地,见图9.2。

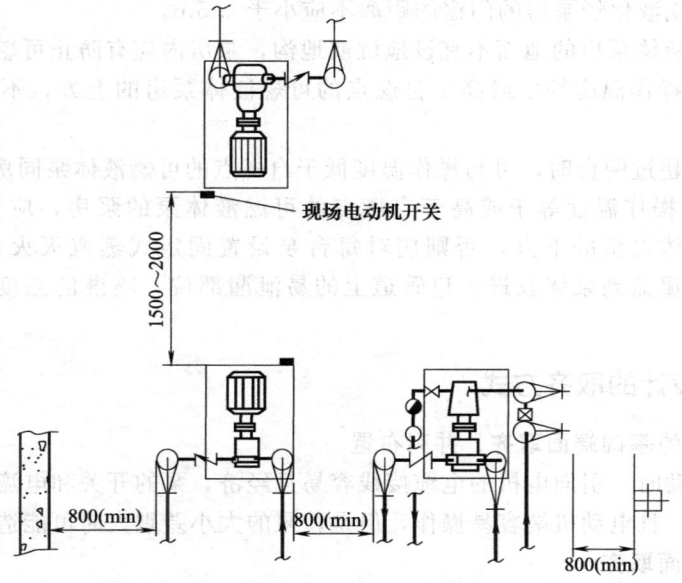

图9.2 泵布置在管廊下方或外侧的间距举例

⑤ 两排泵之间的检修通道，宽度不小于3000mm，如不够时泵端应有3000mm的通道。

⑥ 操作温度高于或等于自燃点的可燃液体泵宜集中布置，与操作温度低于自燃点的甲$_B$、乙$_A$类液体泵之间的防火间距不应小于4.5m，与液化烃泵之间的间距不应小于7.5m。

(2) 半露天布置。在管廊下方布置泵，应在上方设顶棚或将泵布置在框架的下层地面上，以框架平台作为顶棚。例如在罐区的围堰外，如设顶棚，则需单独搭建。这些泵可布置成单排、双排或多排。

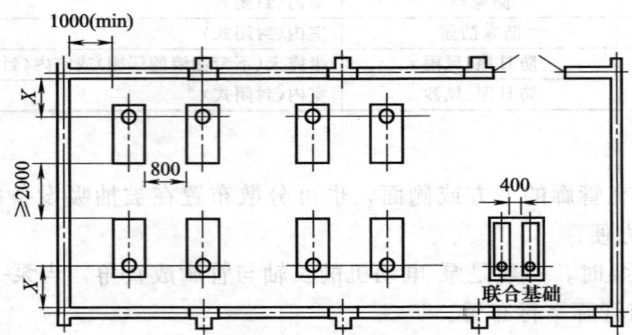

注：1. 尺寸X按阀门布置情况确定。
2. 安装在联合基础上的小型泵间距可以小于800mm。

图9.3 室内泵的布置

(3) 室内布置

① 泵布置在室内时，一般不考虑机动检修车辆的通行要求。泵端或泵侧与墙之间的净距不宜小于1m，两排泵净距不应小于2m，如图9.3所示。

② 液化烃泵、可燃液体泵在泵房内布置时，其设计应符合下列要求。

a. 液化烃泵、操作温度等于或高于自燃点的可燃液体泵、操作温度低于自燃点的可燃液体泵应分别布置在不同房间内，各房间之间的隔墙应为防火墙。

b. 操作温度等于或高于自燃点的可燃液体泵房的门窗与操作温度低于自燃点的甲$_B$、乙$_A$类液体泵房的门窗或液化烃泵房的门窗的距离不应小于4.5m。

c. 甲、乙$_A$类液体泵房的地面不宜设地坑或地沟，泵房内应有防止可燃气体积聚的措施。

d. 在液化烃、操作温度等于或高于自燃点的可燃液体泵房的上方，不宜布置甲、乙、丙类工艺设备。

e. 液化烃泵不超过两台时，可与操作温度低于自燃点的可燃液体泵同房间布置。

③ 液化烃泵、操作温度等于或高于自燃点的可燃液体泵的泵房，应尽量避免将泵房布置在管廊或可燃液体设备的下方，否则应对每台泵设置固定式蒸汽灭火系统或水喷雾（水喷淋）系统，并应覆盖到泵体及进出口管道上的易泄漏部位，喷淋的强度不小于9L/(m² · min)。

三、泵布置设计的取齐方式

1. 驱动机一侧的基础端面取齐，并列布置

当泵用电机带动时，引向电机的电缆接线容易且经济，泵的开关和电流表盘在一条线上取齐，不仅排列整齐，且电动机端容易操作，但是，泵的大小差别大时可能造成吸入管过长。

2. 泵侧基础端面取齐

在一般装置很少采用这种布置方法。从泵前沿管墩敷设的管道与泵出入口连接时，多采用

此法布置。该方法便于设置排污管线或排污设施，基础施工方便，即使泵的大小尚未确定亦能容易地确定配管侧的所需空间，也易于规划阀门操作走廊及设置管架。这种布置设计的缺点是，较难预测和确保泵的操作通道及检修空间。

3. 泵出口中心线取齐

如果已了解泵的大体情况（如管口方向、外形）便可对配管做出大致的平面规划。管道排列比较整齐，泵前也有了方便系统的操作面，管架也容易规划，同样存在较难预测和确保泵的操作通道及检修空间。

四、泵的成排布置设计

1. 单排布置

① 泵端第一个嘴子或出口中心线取齐。离心泵并列布置时，泵端第一个嘴子或出口中心线对齐，这样布置管道比较整齐，泵前也有了方便统一的操作面。

② 泵端基础面取齐，便于设置排污管或排污沟以及基础施工方便。

③ 动力端基础面取齐。如泵用电动机带动时，引向电动机的电缆接线容易且经济；泵的开关和电流盘在一条线上取齐，不仅排列整齐，且电动机端容易操作。但是泵的大小差别很大时可能造成吸入管过长。

2. 双排布置

泵成双排布置时，宜将两排泵的动力端相对，在中间留出检修通道。

3. 多排布置

泵成多排布置时，宜两排泵的动力端相对，两排中的一排与另两排中的一排出口端相对，中间留出检修和操作通道。

五、泵间距和净空高度的设计

1. 泵操作通道

布置操作通道时，应考虑伸出基础的配管、电动机及按钮操作等尺寸，确保其净操作空间不小于800mm（有的规范规定为750mm）。

2. 泵检修空间的净空高度

泵布置在管廊下方或外侧时，一般情况下，泵的检修空间净空高度不宜小于3000mm（有的规范规定为3500mm）。

对于大型的立式泵上方的净空高度要求，需根据具体工程数据而定。

3. 泵间距值

① 在泵的布置规划设计阶段一般得不到泵的图纸，只能先规划布置设计，待得到确切的泵外形图纸后，再修改配管设计。有的工程，在打印出蓝图后，才收到泵的尺寸数据，造成配管设计修改返工工作量非常大。

② 室外双排布置和泵基础间距，当用叉车时为3000mm，不用叉车时为1500mm。对于室内泵端或泵侧与墙之间的净距不宜小于1m，两排泵净距不应小于2m。

③ 两台泵电机相对布置时，电动机之间距离为1500～2000mm。

④ 对于多级泵端前面的检修通道宽度不应小于1800mm。一般泵端前面的检修通道宽度不小于1250mm，以便小盘叉车通过。泵端前面操作通道的宽度不应小于1000mm。

⑤ 安装在联合基础上的小型泵间距，可以尽量靠近，但需不影响操作、检修和维护。

液化烃泵、可燃液体泵的间距，泵与罐组的间距见本书相应章节介绍。

工程应用：管廊下立式泵的检修安装净空高度不够

笔者去一施工现场时，发现管廊上的管子已经施工完毕，而管廊下布置设计地大型立式泵无法吊装，只能把管廊最下面一层部分管子拆除，才完成了吊装工作，这台泵日后的检修维护也会存在问题。

六、泵的基础高度设计

① 泵的基础尺寸一般由泵制造厂给出泵的底座尺寸的大小确定。可按地脚螺栓中心线到基础边 200～250mm 估计。设计泵的基础时应按预留孔方案考虑，现场施工需待泵到货后核实尺寸后方可施工。

② 泵的基础面宜比地面高出 200mm，大型泵可高出 100mm。小型泵如比例泵、柱塞泵、小齿轮泵等可高出地面 300～500mm 使泵轴中心线高出地面 600mm，并可 2～3 台成组安装在同一个基础上。

七、罐组、气柜或全冷冻式液化烃储存设施泵的布置设计

① 气柜、全冷冻式液化烃储存设施内，泵和压缩机等旋转设备或其房间与储罐的防火间距不应小于 15m。

② 罐组的专用泵区应布置在防火堤外。泵区包括泵棚、泵房及露天布置的泵组。一般情况下，罐组防火堤内布置有多台罐，如将罐组的专用泵区布置在防火堤内，一旦某一储罐发生罐体破裂，泄漏的可燃液体会影响罐组的专用泵的使用。罐组的专用泵区通常集中布置了多个品种可燃液体的输送泵，为了避免泵与储罐之间及不同品种可燃液体系统之间的相互影响。

当可燃液体储罐的专用泵单独布置时，与该储罐是一个独立的系统，无论哪一部分出现问题，只影响自身系统本身。储罐的专用泵是指专罐专用的泵，单独布置是指与其他泵不在同一个爆炸危险区内。因此，当可燃液体储罐的专用泵单独布置时，其与该储罐的防火间距不做限制。甲$_A$类可燃液体的危险性较大，无论其专用泵是否单独布置均应与储罐之间保持一定的防火间距。

专用泵区与储罐的防火间距应符合下列间距要求：

a. 距甲$_A$类储罐不应小于 15m。

b. 距甲$_B$、乙类固定顶储罐不应小于 12m，距小于或等于 500m^3 的甲$_B$、乙类固定顶储罐不应小于 10m。

c. 距浮顶及内浮顶储罐、丙$_A$类固定顶储罐不应小于 10m，距小于或等于 500m^3 的内浮顶储罐、丙$_A$类固定顶储罐不应小于 8m。

d. 除甲$_A$类以外的可燃液体储罐的专用泵单独布置时，应布置在防火堤外，与可燃液体储罐的防火间距不限。

③ 压缩机或泵等的专用控制室或不大于 10kV 的专用变配电所，可与该压缩机房或泵房等共用一幢建筑物，但专用控制室或变配电所的门窗应位于爆炸危险区范围之外，且专用控制室或变配电所与压缩机房或泵房等的中间隔墙应为无门窗洞口的防火墙。

在 GB 50016《建筑设计防火规范》、GB 50160《石油化工企业设计防火规范》也有同样的规定，并符合 GB 50058《爆炸和火灾危险场所电力装置设计规范》等规范的有关规定。

八、泵维修检查用空间的设计

① 在平面布置及管道规划阶段应做充分的研究，管道必须不影响泵的维修和检查。

② 泵维修检查所需的空间原则上是在泵的两侧，至少设在泵的一侧，根据需要也可设在前面，以确保转轴、密封压盖，填料箱及活节头的维修检查空间，当泵轴向前方拉出时，泵前方应确保超过泵轴长度的距离。

③ 相邻较近的泵也可共用维修检查空间。

④ 驱动机、泵等的正上方应确保起吊空间。

九、泵检修吊梁的设计

① 对于使用电动机超过200kW（2000kg）的大型泵，当检查维修时不能使用叉车或吊车时，如管廊下、管廊和设备之间等，应设置吊梁（载重滑车梁）。设置时应充分考虑泵壳、叶轮轴的拆卸以及用于外抽时的吊梁。

② 原则上每台泵都设一根吊梁，但是如果起吊区无空间，亦可兼用一根。

③ 设置在管廊下的泵，其吊梁高度应不影响出入管廊的配管、仪表电气管缆及照明用支架悬臂。

工程应用：管廊上安装空冷器时泵的布置

见图9.4，在管廊下6m一跨之内，可布置大型泵1台、中型泵2台、小型泵3台，一般泵单排布置，出口中心线对齐，距管廊柱中心线的间距在600～2000mm之间。在管廊上方有空冷器时，如泵的操作温度在340℃以下则泵布置在管廊外侧，泵出口中心线对齐，伸出管廊距柱中心线0.6m。泵的驱动机在管廊内侧。如泵的操作温度等于或大于340℃时，则泵布置在管廊外侧，泵出口中心线对齐，距管廊柱中心线3m。泵的驱动机也在管廊外侧。泵前方的操作检修通道，可能有小型叉车通行，其宽度不小于1250mm，在多级泵前方的宽度不小于1800mm。两排泵之间的检修通道，宽度不小于3000mm，如不够时，泵端应有3000mm的通道。

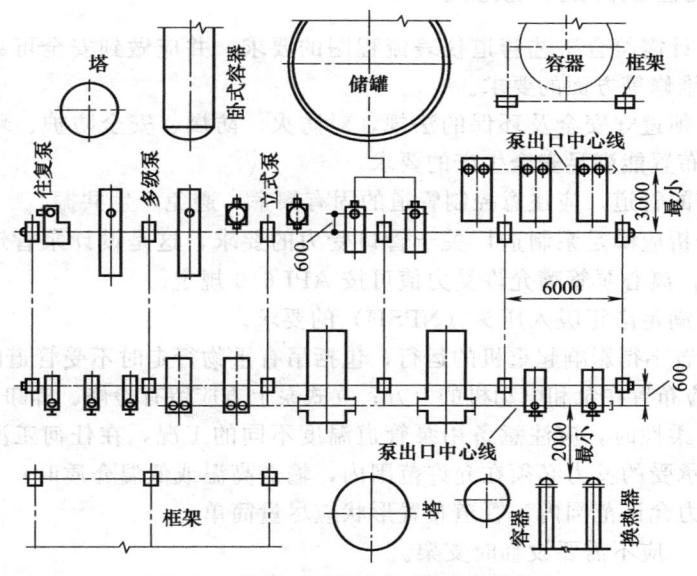

图9.4 管廊上安装空冷器时泵的布置

工程应用：管廊上没有安装空冷器时泵的布置设计

管廊上没有安装空冷器时泵的布置设计见图9.5。

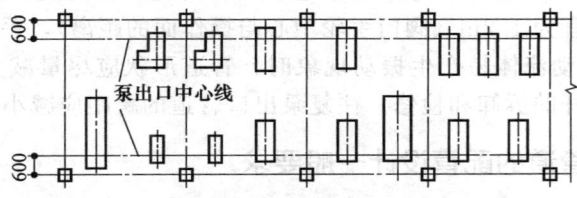

图9.5 管廊上没有安装空冷器时泵的布置

工程应用：框架下的泵的布置设计

框架下的泵的布置见图9.6。

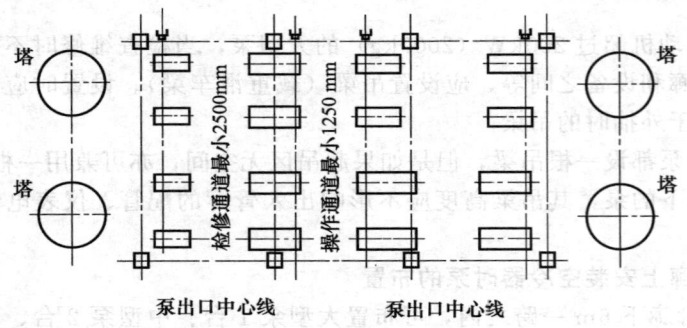

注：有的规范规定，检修通道最小为3000mm。

图9.6 框架下的泵的布置

第三节 泵管道的配管设计

一、泵管道配管设计的一般要求

① 管道布置设计需符合工艺管道仪表流程图的要求，并应做到安全可靠、经济合理，并满足施工、操作、维修等方面的要求。

② 管道布置必须遵守安全及环保的法规，对防火、防爆、安全防护、环保要求等条件进行检查，以便管道布置能满足安全生产的要求。

③ 对于动设备的管道，应注意控制管道的固有频率，避免产生共振。

④ 管系柔性分析应满足泵制造厂关于管口受力的要求，这是设计泵管道时的依据，当缺少制造厂的数据时，离心泵管嘴允许受力值可按 API 610 规定。

⑤ 管道布置需满足净正吸入压头（NPSH）的要求。

⑥ 泵的管道布置不得影响起重机的运行，包括吊有重物行走时不受管道的阻碍；输送腐蚀性介质的管道，不应布置在泵和电动机的上方；立式泵上方应留有检修、拆卸泵所需要的空间。

⑦ 在考虑管道柔性时，应注意备用泵管道温度不同的工况，在任何工况下，管道柔性均应满足要求；泵口承受的反力必须在允许范围内，输送高温或低温介质时，泵的管道布置要经应力分析，在热应力允许范围内，管道布置形状应尽量简单。

⑧ 在泵维修时，应不需要设临时支架。

⑨ 管道布置时要考虑泵的拆卸，对于螺纹连接的管道，每个设备接口应设一个活接头，并设在靠近阀门的位置；对公称直径小于或等于 40mm 的承插焊管道，在适当位置需设置拆卸法兰。

⑩ 多台并列布置的泵的进出口阀门应尽量采用相同的安装高度。当进出口阀门安装在立管上时，阀门安装高度宜为 1.2m（阀门手轮中心与操作面的距离），手轮方位应便于操作。

⑪ 对往复泵等有脉动流体易产生振动现象时，管道形状应尽量减少拐弯。往复泵的管道布置不应妨碍活塞及拉杆的拆卸和检修。往复泵出口管道的跨距应减小，并增加管架的刚度。

二、离心泵入口管道的配管设计一般要求

① 离心泵吸入管道，能严重影响泵的操作效率和寿命，是确保泵经常处于正常工作状态

的关键。吸入管道设计不当将导致空气或水蒸气夹带进入泵中引起汽蚀，导致振动，并使泵偏离平衡位置。汽蚀能引起叶轮的严重磨损，而偏离平衡位置能导致轴轻微的偏心转动，最终磨损泵的轴承和密封，造成停车检修。泵的吸入端必须是连续充满液体的，当液体进入泵管口时，如有偏流、旋涡流时则会破坏液体在叶轮内的流动平衡，使泵的扬程发生改变，也影响轴功率，同时由于流体进入叶轮角度与设计时要求不同，会出现气阻、液体与叶轮片不接触等现象，造成振动噪声，因而使泵的性能变劣，泵的寿命缩短。特别是转速高的泵，如轴流泵，更易受影响。

② 泵进口管道上的过滤器周围应有滤网抽出空间。

③ 临时过滤器通常用于试车期间，管道吹扫或冲洗干净后可拆除。如果泵进口设置临时过滤器时，进口管道应设置一段带有法兰的短管，并备一个与临时过滤器同厚的垫环以置换临时过滤器。

④ 泵入口靠近供液罐时，应考虑不同基础的沉降差可能危害泵接口，此时，管段应有足够的柔性，并合理确定支架位置。

⑤ 泵入口切断阀的设置，泵入口切断阀主要用于切断流体流动，因此，切断阀应尽可能靠近泵入口，以便最大限度地减少阀与泵口之间的滞留量。

⑥ 当泵的吸入口和排出口在同一垂直面上时，为便于安装阀门，进、出口可用偏心异径管或两个 45°弯头增大进出口管间距，见图 9.7。

⑦ 在泵入口和切断阀之间的最低点设放净阀，排出物经漏斗排至地下污水管道，如需回收排出物至低位槽时，则应另设地下管道。

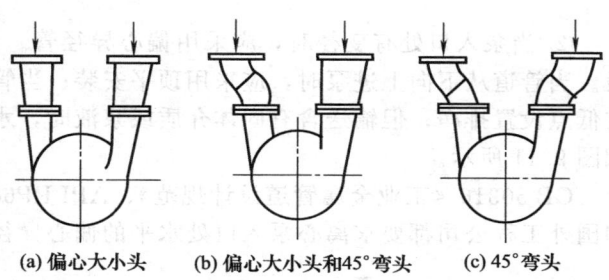

图 9.7　增大泵进出口管间距的做法示意图
(a) 偏心大小头　(b) 偏心大小头和45°弯头　(c) 45°弯头

⑧ 泵体上的放净口应配置放净阀或根据制造厂家要求配管，以便在停车检修时排放。

⑨ 当泵从中心线以下抽吸时，应在吸入管端安装底阀，并加注液管口或加自引罐抽吸或加真空泵抽吸。

⑩ 防止汽蚀产生，泵入口阀只能比泵入口管口直径大或与其相等，不得比泵入口管口直径小，见图 9.8。

⑪ 止回阀与闸阀中间应有短管连接，否则安装困难，见图 9.9。

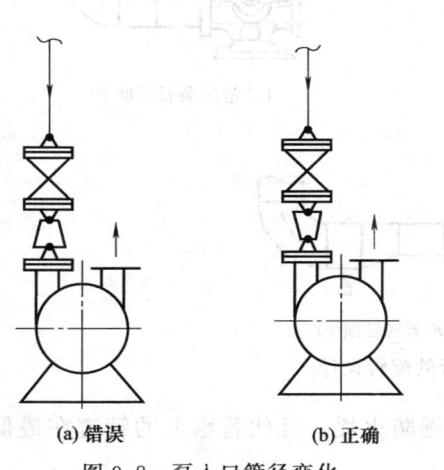

图 9.8　泵入口管径变化
(a) 错误　(b) 正确

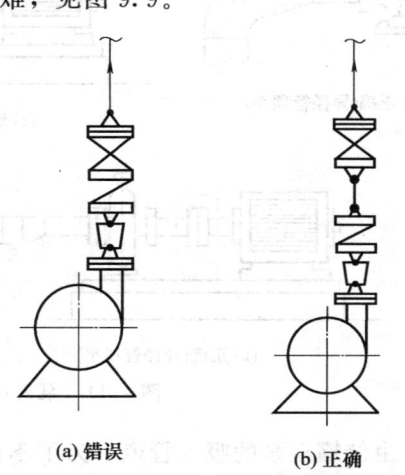

图 9.9　泵入口管止向阀与闸阀中间应有短管连接
(a) 错误　(b) 正确

三、离心泵入口管道防止汽蚀的配管设计

① 为防止泵产生汽蚀，泵入口管道不应存在气袋，见图9.10。

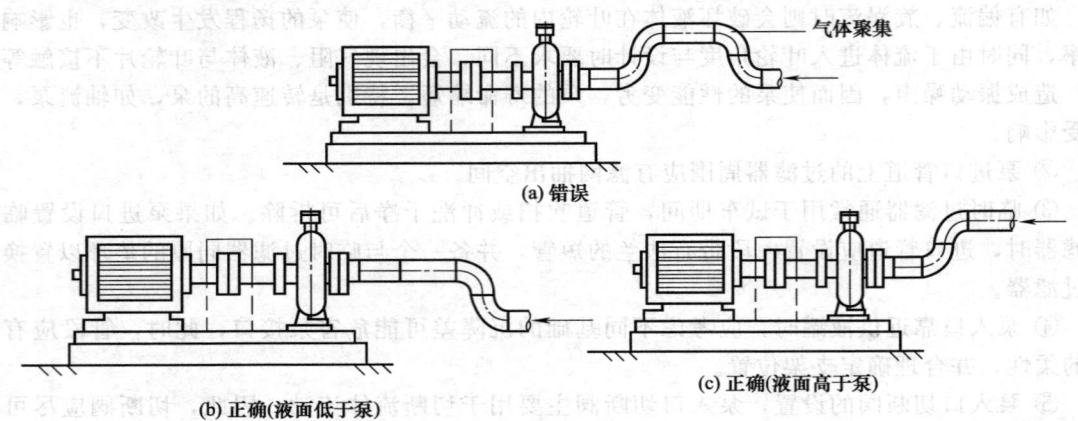

图 9.10　泵入口管道不应存在气袋示意图

② 当泵入口处有变径时，应采用偏心异径管。偏心异径管和泵底进口间宜设置一段直管段。当管道从下向上进泵时，应采用顶平安装；当管道从上向下进泵时，应采用顶平安装，并在低点设置排净；但输送含有固体介质或浆液时，水平管段上的偏心异径管应采用底平安装。如图9.11所示。

GB 50316《工业金属管道设计规范》、API RP686《机械装置和装置设计的推荐实施规程》和国外工程公司都要求离心泵入口处水平的偏心异径管采用顶平布置。

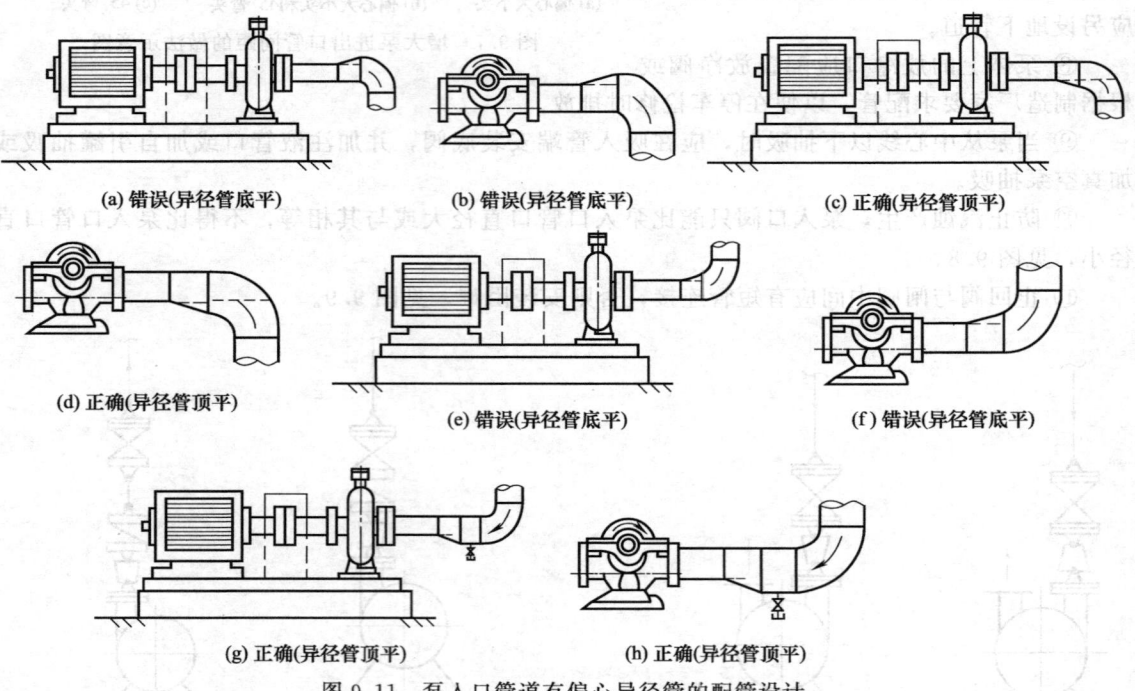

图 9.11　泵入口管道有偏心异径管的配管设计

③ 由储罐至泵的吸入管道，为了不出现气袋，应穿越防火堤，且使管墩上的管道在最低点的位置，见图9.12。

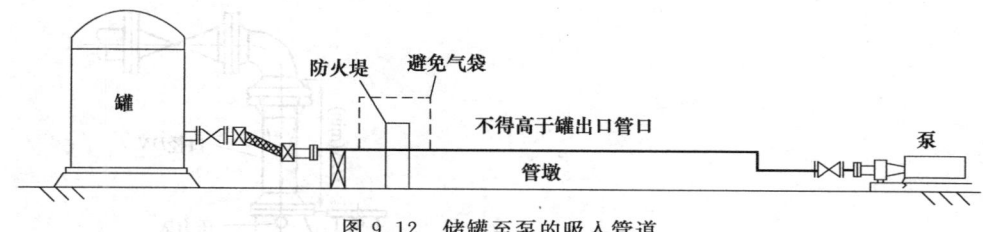

图 9.12 储罐至泵的吸入管道

④ 输送密度小于 650kg/m³ 的液体,如液化石油气、液氨等,泵的吸入管道应有 1/50～1/100 的坡度坡向泵。由于日照的原因,管道内介质会部分汽化,所以需设计成重力流动管道,使汽化产生的气体返回罐内。

⑤ 关于泵入口管道顶平和底平的设计要求,国内外规范可能不相同,例如,意大利某规范规定,当泵从上吸入,管口与异径管、弯头直连布置时采用底平的异径管。本书依据我国的 GB 50316《工业金属管道设计规范》、SH 3012《石油化工金属管道布置设计规范》等规范介绍。

工程应用:泵入口管道切断阀手轮不朝上布置以防止汽蚀

某正在运行装置,泵入口阀放到水平管道上时,如果阀门不是全开(尤其是手轮朝上时),闸板的前面就会存气,见图 9.13,这些气可能会引起泵的汽蚀。因此,入口阀为闸阀时,若手轮向上会使阀盖处存留空气,因此阀最好水平方向安装。立管安装阀门,在手轮不影响通行范围内,与其他泵配管上的阀门手轮方向一致,最好面向通道一侧。

泵入阀门手轮方向修改后,泵运行故障得以解决。

四、离心泵入口管道防止偏流的配管设计

一般系统的管路管径比泵的进出口大,要通过异径管才能与泵进口连接,系统管路的管径选择比泵进出口大的目的是降低流速,减少水力损失。为了减少工艺压力降,异径管要靠近泵入口管口,但还需设置一段直管段。

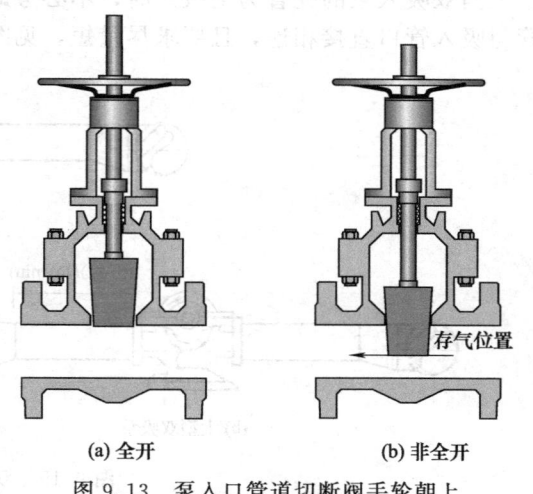

图 9.13 泵入口管道切断阀手轮朝上布置易引起汽蚀

如果异径管和直管段设计不当,会引起不正常的进口条件和不合理的吸入流形状,都可能在泵叶轮进口之前,吸入管的某一位置处引起螺旋形液流(预旋)。由于预旋使液体以非正常角度进入叶轮叶片之间,液体预旋与叶轮转向相同会降低泵的压头,液体预旋与叶轮相反转向则会增加泵的压头和功率,也可能使驱动装置过载并改变泵的性能。所以,将液体以流线型的流动方式导入泵叶轮进口是最合理的。为了有一个最优的流动形式,避免对叶轮的干扰,要求吸入管在紧靠泵吸入法兰前设置一定的直管段。为防止偏流、旋涡流而使泵性能降低。

① 单侧吸入口处如有水平布置的弯头时,应在吸入口和弯头之间设一段长度大于 3 倍管径的直管段。直管段是指泵的吸入端和异径管间的距离,临时过滤器包括在这个直管段中。

在 GB 50275《风机、压缩机、泵安装工程施工及验收规范》中指出离心泵的吸入管路的配置应符合:泵入口前的直管段长度不小于入口直径 3 倍。见图 9.14。

② 双侧吸入口的离心泵为使泵轴两侧的推力相等,叶轮平衡,吸入管道应有一段直管段,直管段是指泵的吸入端和异径管间的距离,临时过滤器包括在这个直管段中。普通双吸入泵的吸入口要设一段至少有 3 倍管径长的直管段,对大型泵直管段长应为 5～7 倍管径,见图 9.15

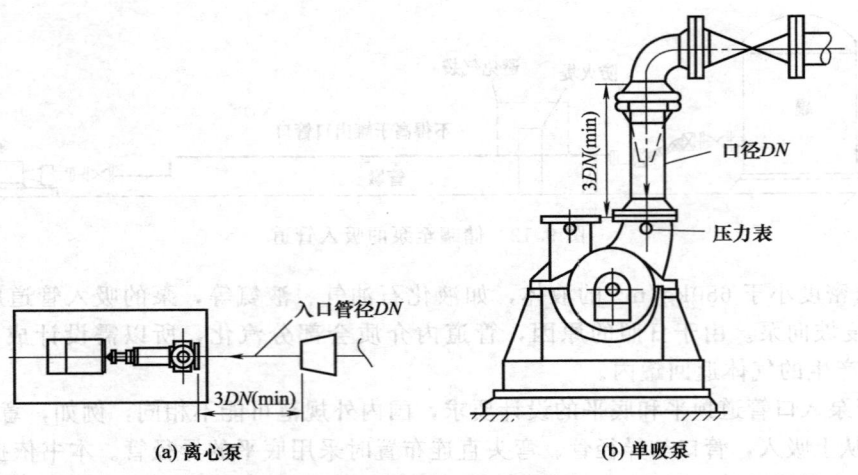

图 9.14 单吸泵入口直管段

(a)、(b)。当直管段不够长时,应在短管内安装整流或导流板,或改变管道布置。

当双吸入泵的配管为上吸入时,不必考虑所要求的直管段。垂直管道可以通过弯头和异径管与吸入管口直接相连,且要求尽量短,见图 9.15(c)。

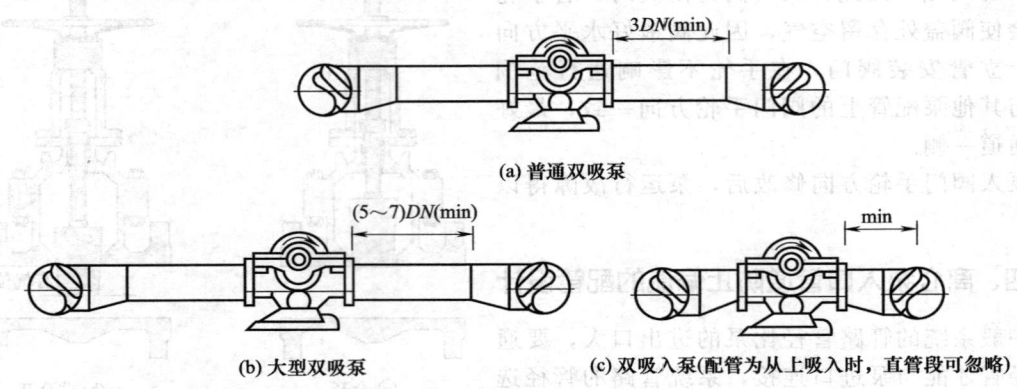

图 9.15 双吸泵入口直管段

③ 关于泵入口设置一段直管段防止偏流的设计要求,国内外规范可能不相同。例如,意大利某规范规定,泵管口可以与异径管、弯头直连布置;日本某规范规定普通双吸入泵的吸入口要设一段至少有 2.5 倍管径长的直管段。本书依据我国的配管设计规范介绍。有一些工程项目泵入口的配管设计没有增加直管段,在实际工程设计过程中,需根据工程实际来选择标准开展设计。

五、离心泵入口管道过滤器的配管设计

1. 临时过滤器(锥形过滤器)

通常用于试车期间,当管道吹扫或冲洗干净后可拆除。为便于拆卸,应设置一段法兰短管或留有抽出滤网的空间,并备有一个与临时粗滤器同厚的垫环,以转换临时粗滤器。过滤面积应不小于管道内截面的 2~4 倍。锥形过滤器的安装应尽可能靠近泵口,图 9.16 所示的是篮式或锥形过滤器安装和典型管道布置。

2. 永久过滤器

泵入口永久过滤器通常用 Y 形或 T 形过滤器,典型的泵入口过滤器配管设计见图 9.17。

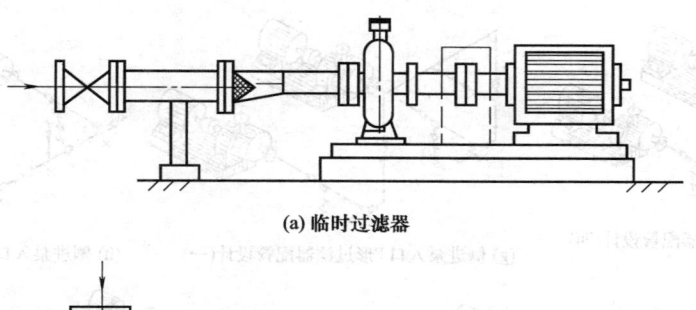

(a) 临时过滤器

(b) 临时过滤器

图 9.16　临时过滤器的配管设计

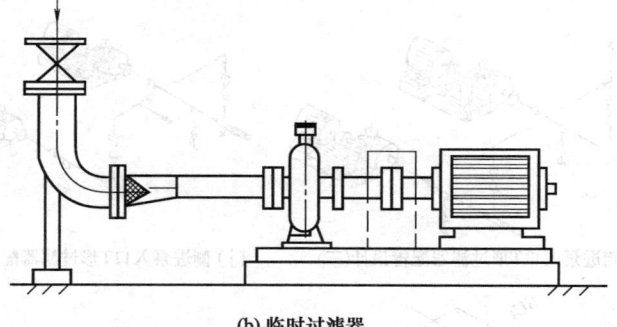

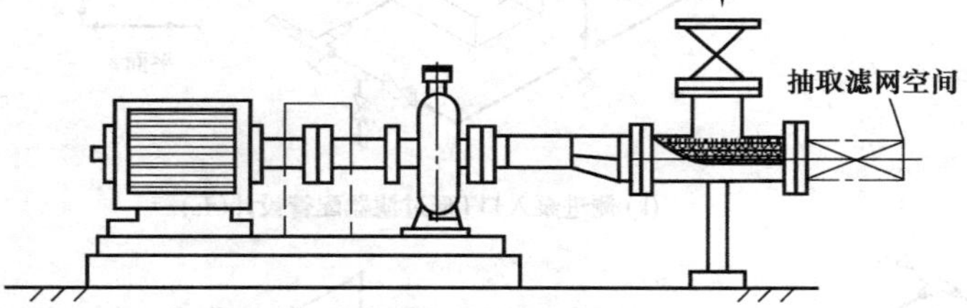

(a) 泵入口T形过滤器(一)

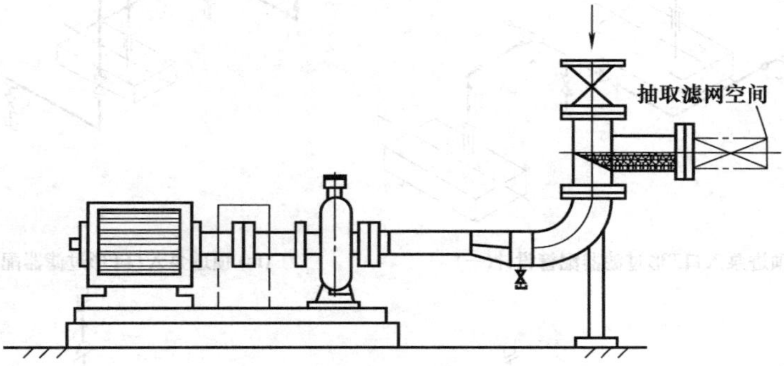

(b) 泵入口T形过滤器(二)

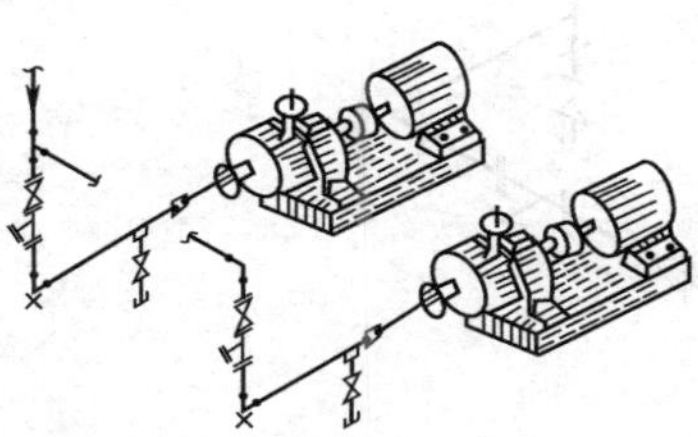

(c) 侧进泵入口Y形过滤器配管设计(一) 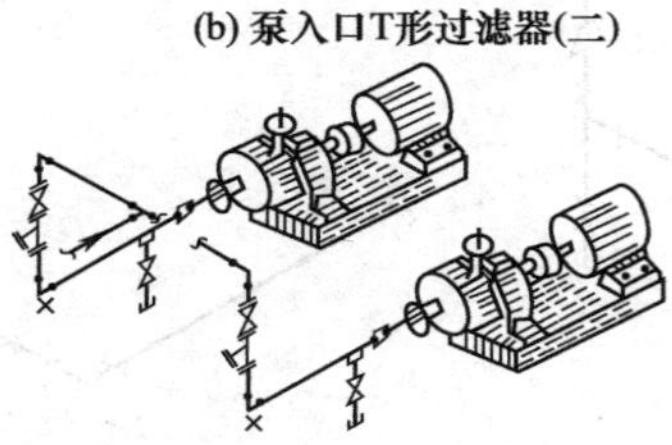　　(d) 侧进泵入口Y形过滤器配管设计(二) 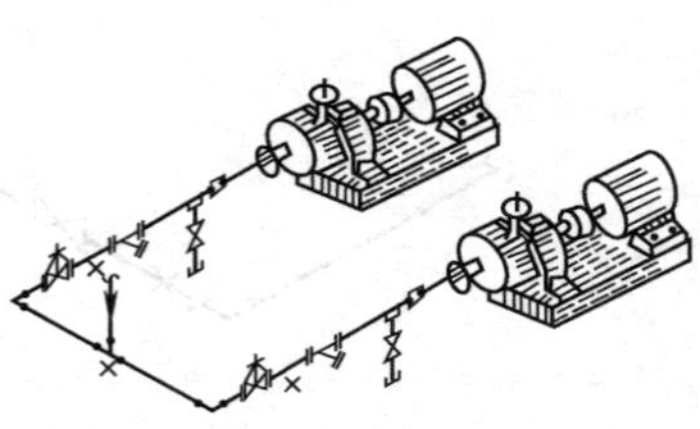　　(e) 侧进泵入口Y形过滤器配管设计(三)

图 9.17

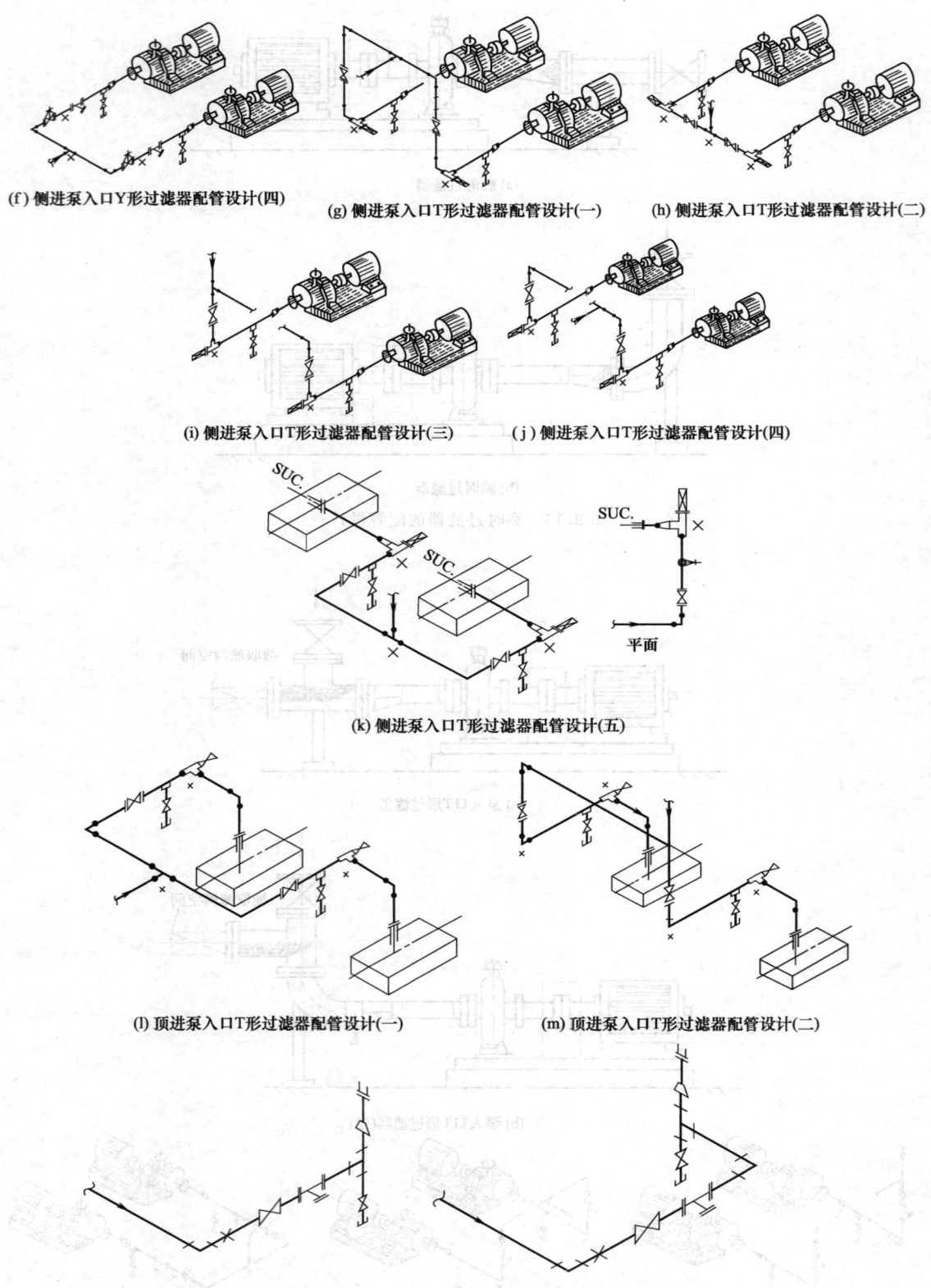

图 9.17 泵入口过滤器配管设计示意图

六、离心泵入口管道阀门操作平台的设计

① 当阀门高度在 1.8~2.3m 时，应设移动式操作平台，阀门高度超过 2.3m 时宜设固定式平台，如图 9.18（a）、（b）所示，也可采用链轮操作，但阀门的位置不允许链条接触泵及电动机的转轴，以防产生火花，引起爆炸或火灾事故。

② 泵的管道布置在管墩上时，应考虑阀门的操作及通行性，一般情况下，可按图 9.18（c）设操作踏步平台，阀门统一布置在踏步平台的两侧。

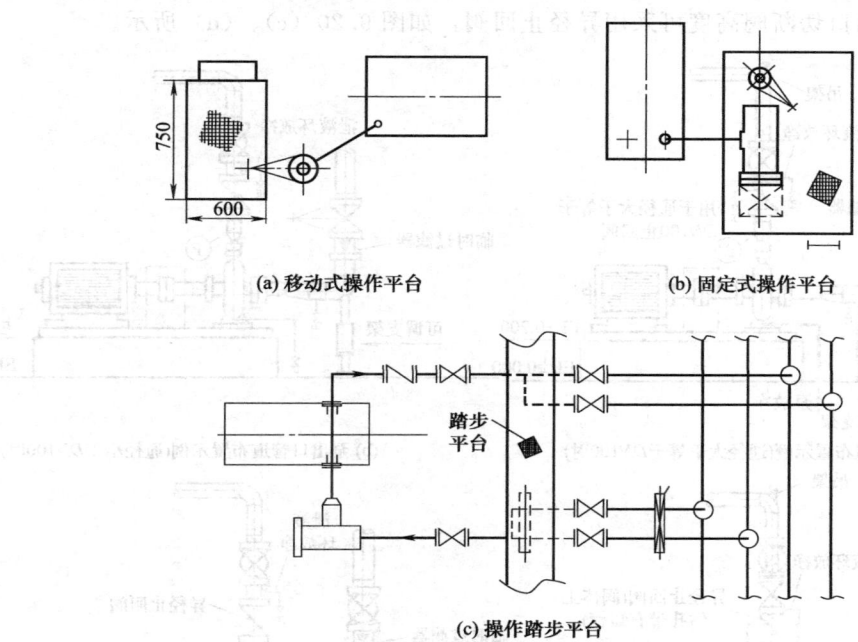

图 9.18　泵入口管道阀门的操作平台设计

七、泵出口管道的配管设计

① 泵出口管道上的异径管应靠近泵的出口。

② 泵的出口管道应有一定柔性，特别是在高温、高压条件下，需经过应力分析，根据应力的大小来确定管道的几何形状。如图 9.19 所示，左图出口管道对称布置，增加了管道的柔性，并使互为备用的两台泵的热应力大体相等，但增加了少量管子和弯头，略微增加一些压力损失和投资。在热介质的管道中，存在着两台泵运行状态不同，一台运转，一台备用，备用侧温度较低，往往使热应力分析有问题。

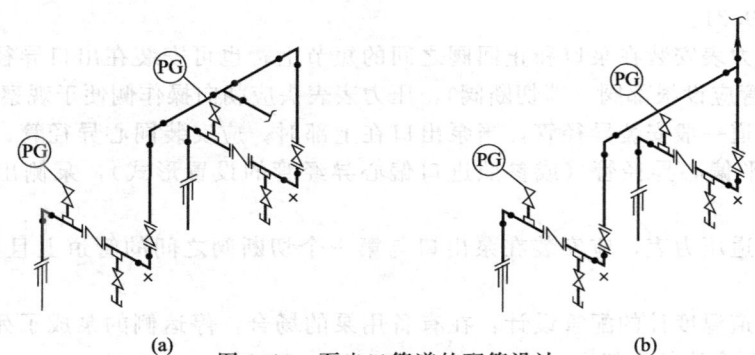

图 9.19　泵出口管道的配管设计

③ 为防止泵的流体倒流引起泵的叶轮倒转，泵出口宜装有止回阀。升降式止回阀应安装在水平管道上；立式升降式止回阀可装在管内介质自下而上流动的垂直管道上；旋启式止回阀、旋启对夹式止回阀优先安装在水平管道上，也可安装在介质从下往上流动的垂直管道上；双板弹簧对夹式止回阀可安装在水平或垂直管道上，流体方向一般应自下而上，但在阀门结构允许时也可自上而下。要注意在安装对夹式止回阀时，出口方向必须设短管，不能与切断阀直接连接。当泵的出口管道垂直向上时，应根据需要在止回阀出口侧管道（或止回阀盖上钻孔）安装放净阀，亦可在止回阀出口法兰所夹的排液环的接口安装放净阀，如图 9.20（a）、（b）所示。为降低泵出口切断阀高度可采用异径止回阀，如图 9.20（c）、（d）所示。

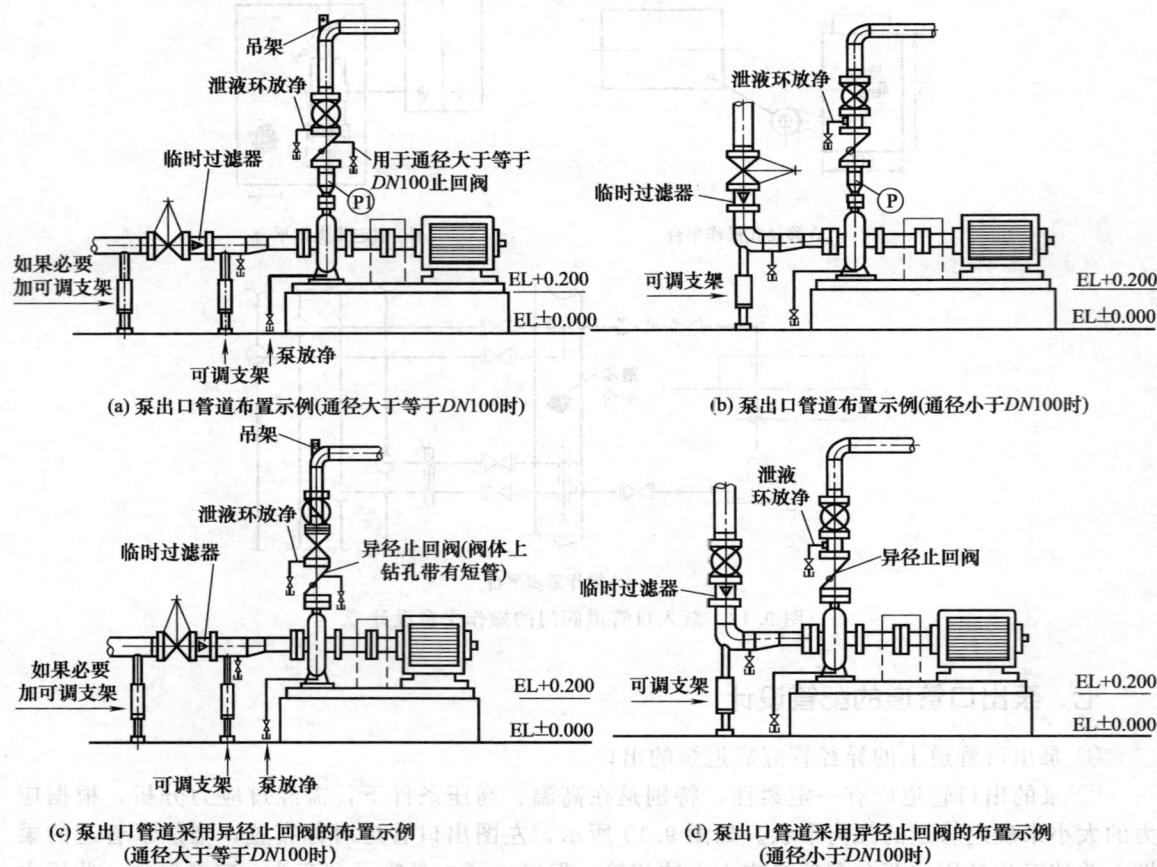

图 9.20　泵出口管道止回阀的配管设计

④ 对于大口径顶出泵的出口管道，为了便于阀门操作和支撑，必要时设置合适的平台以操作阀门，见图 9.21。

⑤ 泵出口压力表安装在泵口和止回阀之间的短节上，也可安装在出口异径管或异径止回阀上。压力表接管应设根部阀（即切断阀），压力表表头应朝向操作侧便于观察的位置。

⑥ 泵出口管道一般安装异径管，当泵出口在上部时，应安装同心异径管，当泵出口在侧面时，宜安装底平偏心异径管（或参照进口偏心异经管的设置形式），泵侧出管道的布置见图 9.22。

⑦ 泵出口管道压力表，应安装在泵出口与第一个切断阀之间的管道上且易于观察之处，见图 9.23。

⑧ 泵出口管道温度计的配管设计：在有备用泵的场合，停运侧的泵成了死区，因此温度计应安装在两台泵合流的管线上。

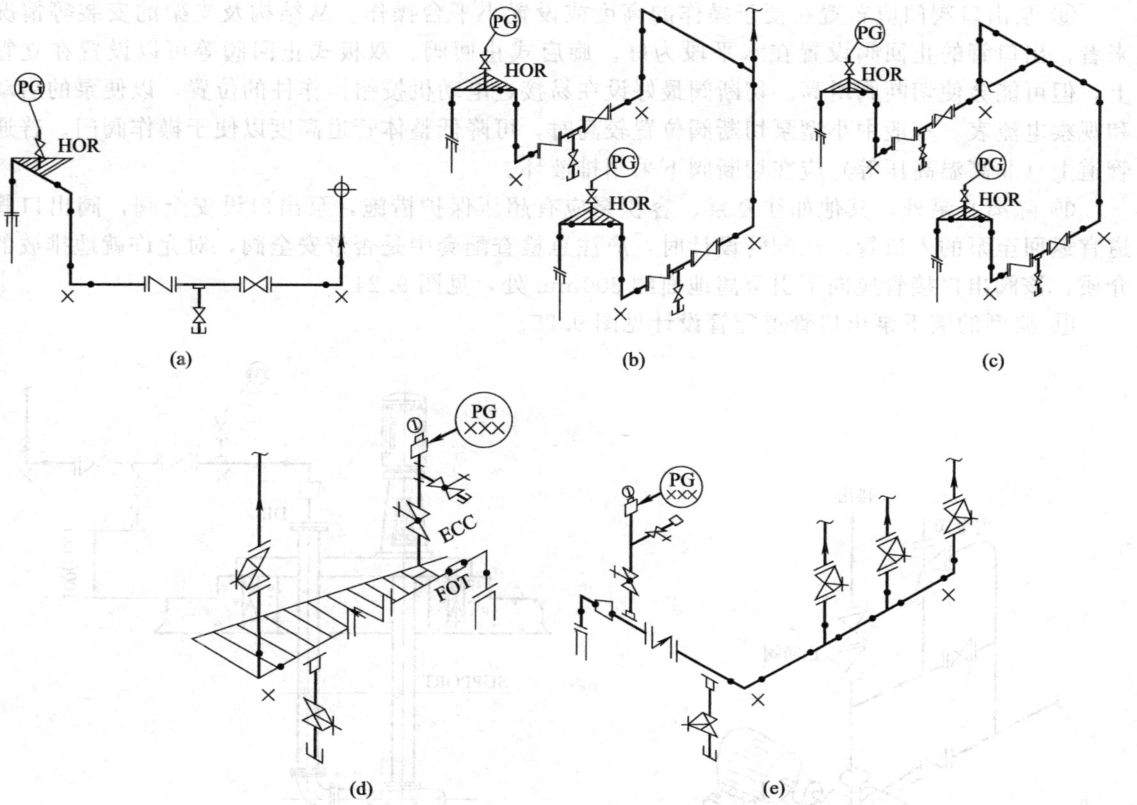

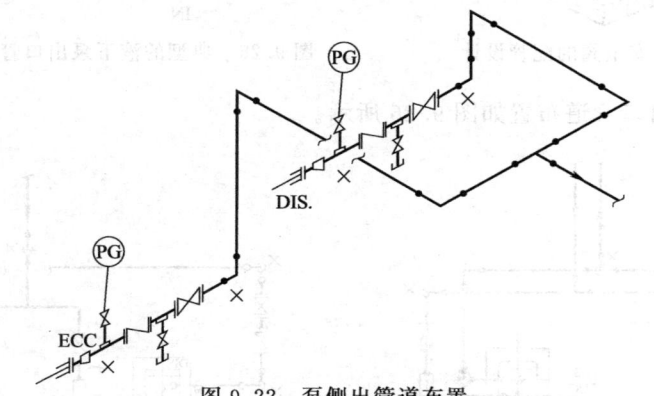

图 9.21 泵出口大口径管道的配管设计

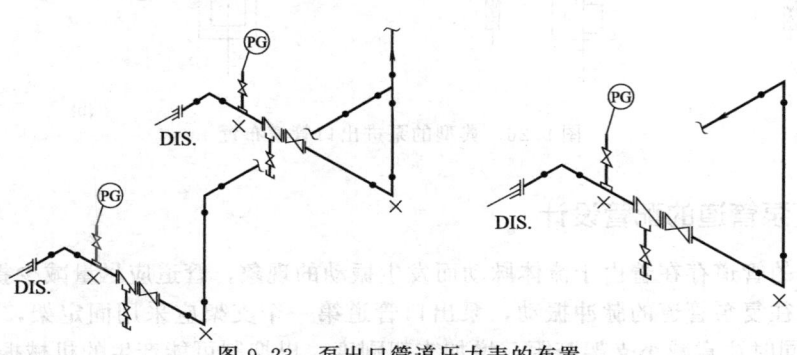

图 9.22 泵侧出管道布置

图 9.23 泵出口管道压力表的布置

⑨ 泵出口阀门应布置在便于操作的高度或设置小平台操作。从结构及支架的安装等情况来看，出口管的止回阀设置在水平段为好。旋启式止回阀、双板式止回阀等可以设置在立管上，但可能会使切断阀增高。切断阀最好设在易接近电动机按钮操作柱的位置，以便泵的启动和观察电流表。一般中小型泵切断阀位置较高时，可降低整体管道高度以便于操作阀门。普通管道上（非高温高压等）应在切断阀下采用排液环。

⑩ 除离心泵外，其他如往复泵、容积泵应有超压保护措施，泵出口设安全阀，阀出口管道宜返回至泵的入口管。在配管设计时，应注意检查配套中是否带安全阀，对允许就地排放的介质，该阀出口接管应向下引至离地面约300mm处，见图9.24。

⑪ 典型的液下泵出口管道配管设计见图9.25。

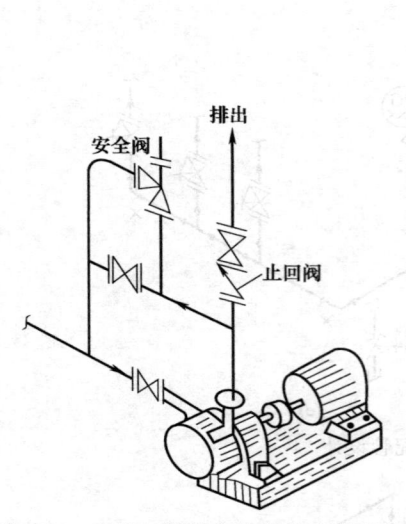
图9.24 泵出口管道安全阀的配管设计

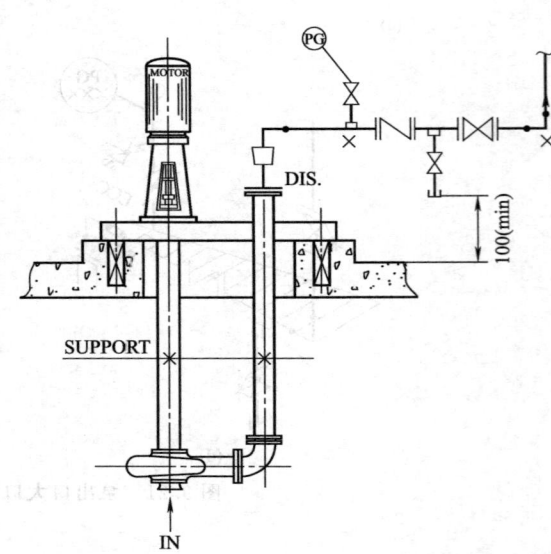
图9.25 典型的液下泵出口管道配管设计示意图

⑫ 典型的泵进出口管道布置如图9.26所示。

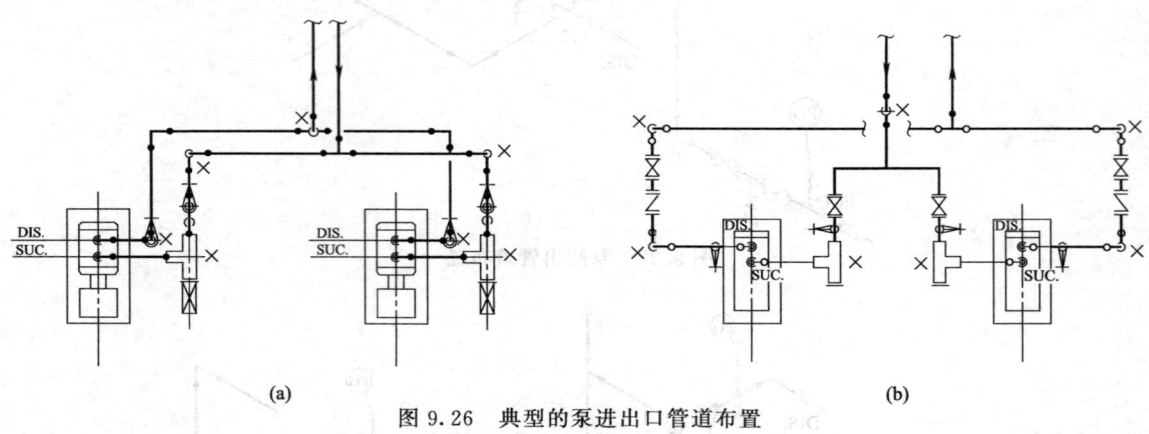
图9.26 典型的泵进出口管道布置

八、往复泵管道的配管设计

① 往复泵的管道存在着由于流体脉动而发生振动的现象，管道应尽量减少拐弯。

② 为防止往复泵管道的脉冲振动，泵出口管道第一个支架应采用固定架，其余支架应采用防振管卡，同时注意减小支架跨距，增加支架刚度，以抑制可能产生的机械振动。

③ 除注意上述要求外，还应根据工艺要求及泵制造厂的使用经验，在泵出口处（或尽量靠近出口）安装足够容积的缓冲罐（或脉动衰减器），以缓解或消除所产生的脉冲振动。

④ 当输送介质温度高于180℃时，减压缓冲罐的连接管应有3m左右长度的不保温管段，见图 9.27。

⑤ 在泵的前端应留有活塞杆抽出检修的空间，管道布置不应妨碍活塞及拉杆的拆卸和检修。

⑥ 在泵和第一个容器之间的进出口管道上的支管公称直径小于或等于25mm（包括出口管道上的压力表）时，接口根部需设加强连接板，以防管接口损坏。

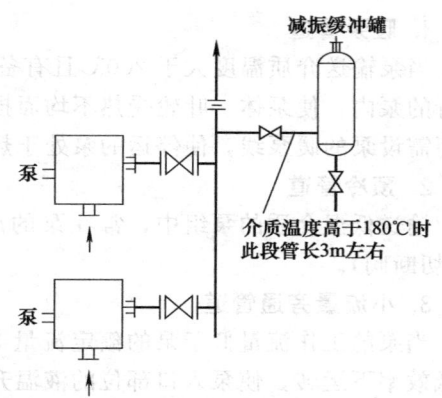

图 9.27 减振缓冲罐安装示意

⑦ 典型的柱塞泵（计量泵）进出口管道布置如图 9.28 所示。

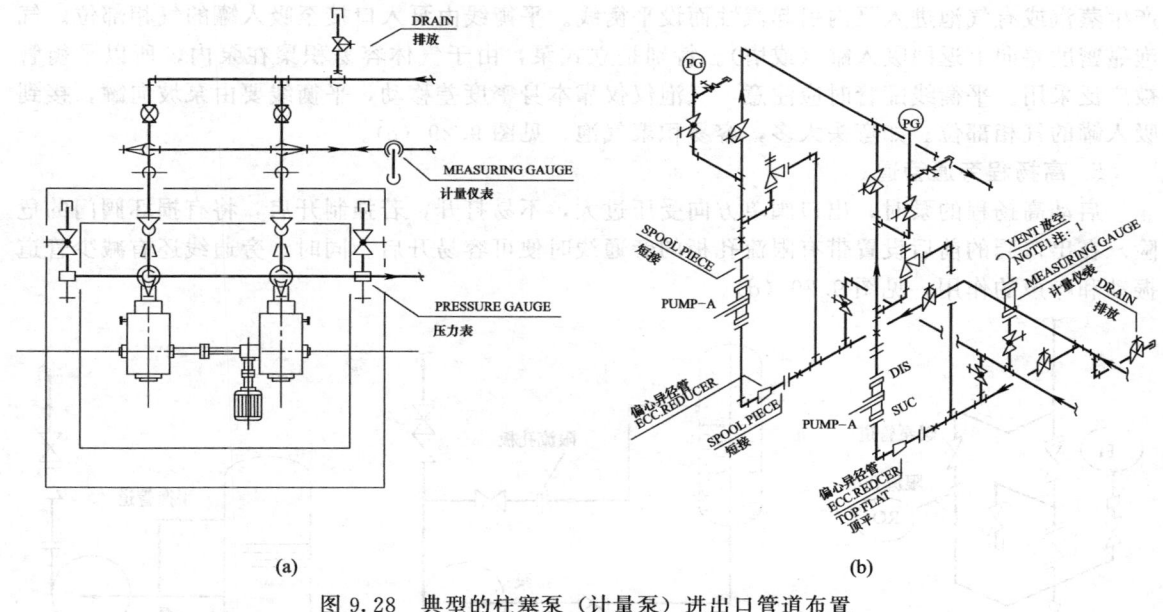

图 9.28 典型的柱塞泵（计量泵）进出口管道布置

九、泵辅助管道的配管设计

① 冷却水管道：设在冷却水管上的检流器应便于观察水流情况（防止断流）。冷却水管布置应尽量贴近泵座，使之不影响检修，并要考虑美观，注意防冻。这类管道宜由制造厂设计配套供应。轴承部位需要冷却时，其冷却水管道应根据看制造厂图纸上的接口连接。

② 用于冲洗的管道，可根据具体情况设置固定管或接头。

③ 密封液管道。管道布置时，应了解泵是否带有密封液系统，该系统通常由制造厂设计及配套供应。泵的管道应与密封液设备及管道协调布置。

十、泵特殊用途管道的配管设计

在某些情况下，为保护泵体不受损坏并能正常运行，泵的进、出管道上常设置保护管道、自启动管道等。管道布置时这类旁通支管的连接应尽量靠近主管的阀。

1. 暖泵管道

当泵输送介质温度大于200℃且有备用泵的情况下，为避免切换泵时高温液体急剧涌入待运行的泵内，使泵体、叶轮受热不均而损坏或变形，致使固定部分和旋转部分出现卡住现象，因而需设泵的暖泵线，使停运的泵处于热状态，以便随时切换，见图9.29（a）。

2. 预冷管道

输送低温介质的泵组中，常在泵的出口阀（组）前后设置$DN20$（或$DN25$）旁通管道（带切断阀）。

3. 小流量旁通管道

当泵的工作流量低于泵的额定流量30%以上时，就会产生垂直于轴的径向推力。由于泵在低效率下运转，使泵入口部位的液温升高，蒸汽压增高，容易出现汽蚀。为防止出现这种情况，要设置确保泵在最低流量下正常运转的小流量线。小流量线不能接至泵的吸入管，而应接至吸入罐或其他系统上，见图9.29（b）。

4. 吸入口平衡管道

对于输送在常温下饱和蒸汽压高于大气压的液体或处于泡点状态的液体，为防止进泵液体产生蒸汽或有气泡进入泵内引起汽蚀而设平衡线。平衡线由泵入口接至吸入罐的气相部位。气泡靠密度差向上返回吸入罐（或塔）。特别是立式泵，由于气体容易积聚在泵内，所以平衡管被广泛采用。平衡线配管时应注意，气泡仅仅靠本身密度差移动，平衡线要由泵坡向罐，接到吸入罐的气相部位。如弯头太多，容易积聚气泡，见图9.29（c）。

5. 高扬程旁通管道

启动高扬程的泵时，出口阀单方向受压过大，不易打开，若强制开启，将有损坏阀门的危险。在出口阀的前后设置带有限流孔板的旁通线时便可容易开启。同时，旁通线还有减少管道振动和噪声的作用，见图9.29（d）。

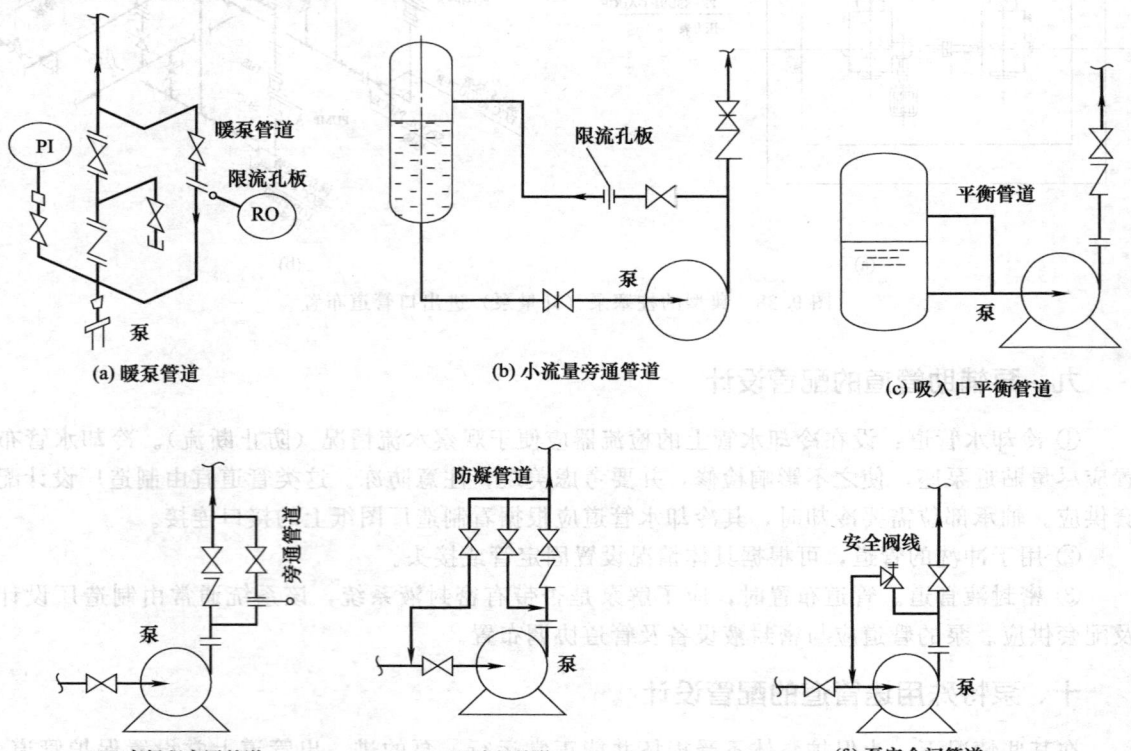

图9.29 泵特殊用途管道的配管设计

6. 防凝管道

输送在常温下凝固的高倾点或高凝固点的液体时，其备用泵和管线应设防凝线，以免备用泵和管线堵塞。一般设两根防凝线，管径 $DN20$，其中一根从泵出口切断阀后接至止回阀前。为防止备用泵和管道内液体凝固，打开防凝线阀门和备用泵入口阀门，于是少量液体通过泵体流向泵的入口管，使液体成缓慢流动状态；另一根防凝线是从出口切断阀后接至泵入口切断阀前，当检修备用泵时，关闭备用泵入口切断阀，打开防凝线阀门，少量液体在泵入口管段缓慢流动，以保证管线内流体不凝，见图 9.29 (e)。防凝线的安装应使泵进出口管道的"死角"最少，必要时，对防凝线加伴热管。

7. 泵安全阀管道

对于电动式往复泵、齿轮泵和螺杆泵，应在出口侧设安全阀，泵本身已带安全阀者除外，安全阀出口接至泵吸入口和切断阀之间的管道，见图 9.29 (f)。气动往复泵视具体情况决定是否需要安装安全阀。

十一、泵输送含固体的液体管道的配管设计

为减少管系压降和沉积物堵塞，泵出、入口管的分支管连接宜采用大坡度或 45°角斜接，并且分支管道上的阀门位置应尽量靠近其根部安装，见图 9.30。这类管道上不宜选用闸阀。

十二、泵管道的支吊架设计

① 泵的水平吸入管道宜在靠近泵的管道上设置可调可拆支架。如条件许可，也可采用吊架或弹簧吊架。

② 为防止往复泵管道的脉动，应缩短管道支架之间的距离，尽量采用固定支架或弹簧支架，不宜采用吊架。

③ 泵的水平吸入管或泵前管道弯头处（垂直时）应设可调支架。泵出口的第一个弯头处或弯头附近宜设吊架或弹簧支架。当操作温度高于 120℃ 或附加于垂直的泵口上的管道载荷超过泵的允许载荷时宜设弹簧吊架，见图 9.31。在缺乏制造厂提供的数据时，离心泵接管管口上的允许最大载荷应符合 API 610 的规定。

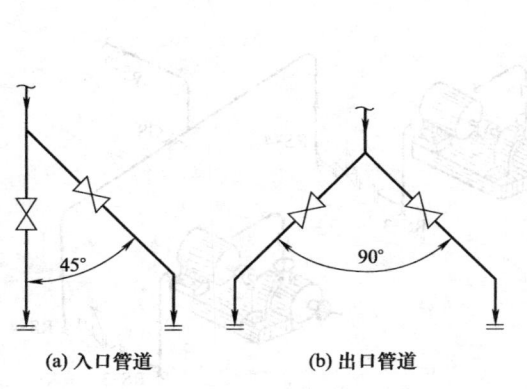

图 9.30　泵输送含固体的液体管道的配管设计

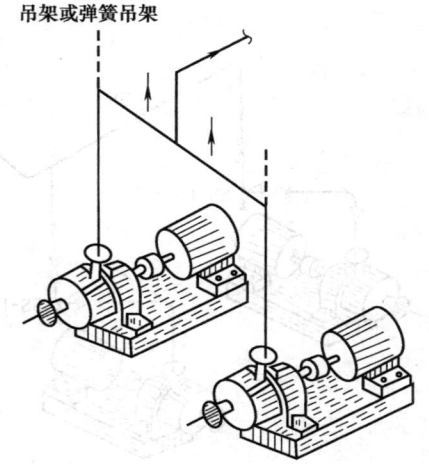

图 9.31　泵出口管支架示意图

④ 为使泵体少受外力作用，应在靠近泵的管段上设置合理的支、吊架或弹簧支吊架。泵的水平吸入管或泵前管道弯头处（垂直时）应设可调支架。

⑤ 泵出口后的第1个弯头处或弯头附近设吊架或弹簧支架。当操作温度高于120℃或附加于垂直泵口上的管道载荷超过泵的允许载荷时应设弹簧吊架。在缺乏制造厂提供的数据时离心泵垂直接管管口上的允许最大载荷可参考表9.6。

表9.6 离心泵垂直接管口上的允许最大载荷

接管尺寸/m	50	80	100	250	300	350	400	450
允许的载荷/kgf[①]	60	120	200	1165	1650	2080	2710	3380

① 1kgf=9.80665N。

⑥ 为防止往复泵管道的脉冲振动，泵出口管道第一支架应采用固定架，管架间距应比一般管架间距小些。

⑦ 泵类管道支吊架典型图见图9.32。

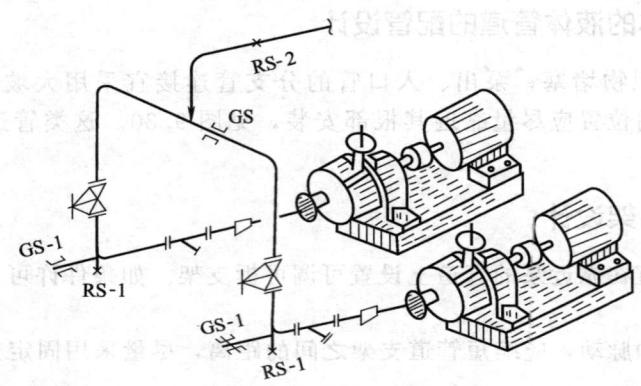

RS-1支架一般为可调节高度的承重架； GS-1是导向架，使泵入口水平管的轴线保持无偏移，以保证泵口不至于承受过大的弯矩；RS-2支架为承重滑动架，应注意到弯头的距离如果太小，将会托空；GS是水平方向导向架。

(a) 泵入口热力管道

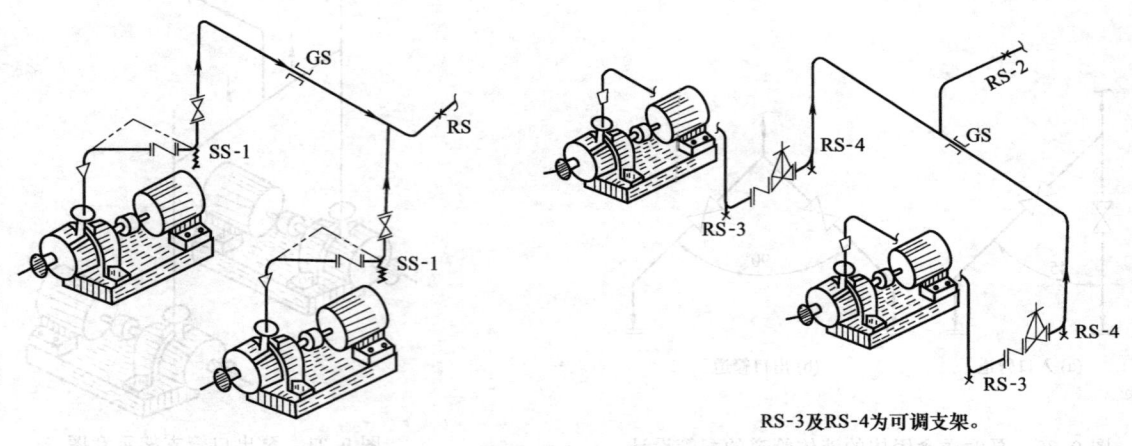

RS-3及RS-4为可调支架。

(b) 泵出口热力管道　　　　　　　　(c) 泵出口热力管道

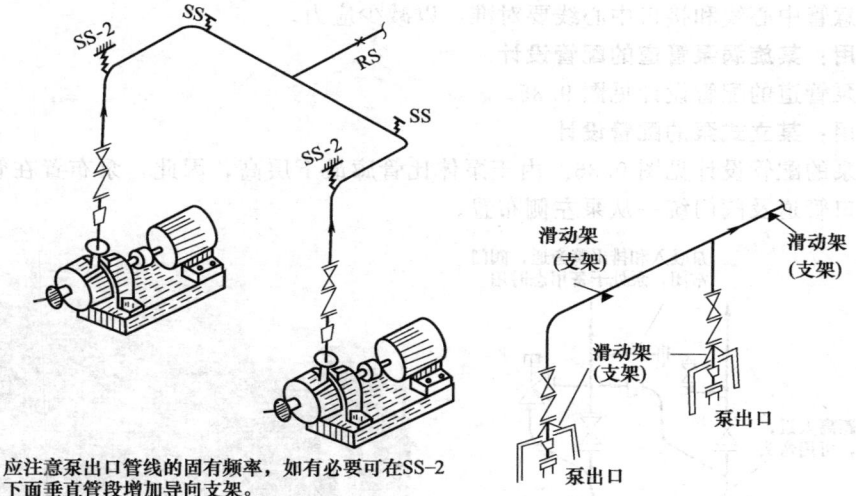

(d) 泵出口热力管道　　　　(e) 泵出口常温管道

图 9.32　泵类管道支吊架典型图

工程应用：某卧式泵出口管道的配管设计

某卧式泵出口管道的配管设计见图 9.33，出口管道统一布置在一侧，阀门及仪表的高度适合操作和维护。

图 9.33　某卧式泵出口管道的配管设计

工程应用：泵管道提高补偿能力的配管设计方案

泵管口必须根据制造厂提供的接口的允许推力和力矩进行核算。如图 9.34 所示，几种接管方法，由 (a)～(f) 随着管道长度的增加，其补偿能力也增大，也就越适用于高温场合。

对于 Y 形泵，泵管口朝上，应在立管或立管弯头处设置吊架，使管道的应力和重量由支架来承受，而不是由泵体来承受，这样在泵检修时也不需另设管道的临时支架进行吊运。施工

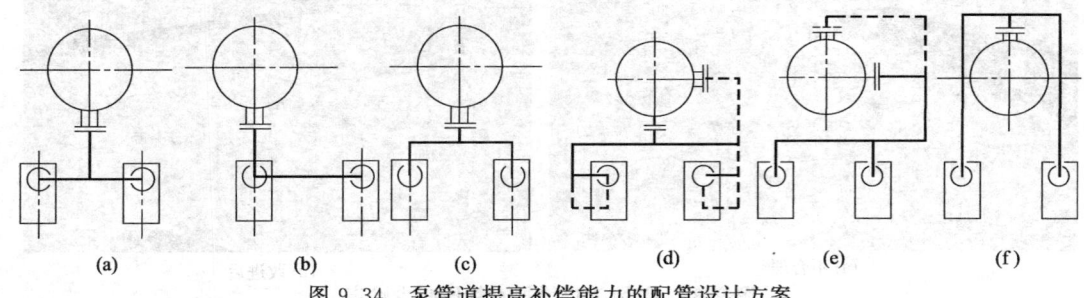

图 9.34　泵管道提高补偿能力的配管设计方案

时应特别注意管中心线和接口中心线要对准,以减少应力。

工程应用:某旋涡泵管道的配管设计

某旋涡泵管道的配管设计见图 9.35。

工程应用:某立式泵的配管设计

某立式泵的配管设计见图 9.36。由于泵体比管廊最下层高,因此,泵布置在管廊的外侧。立式泵的出口管道及阀门统一从泵左侧布置。

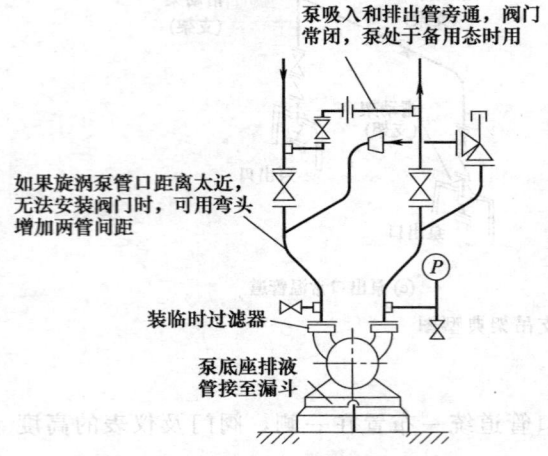

图 9.35 某旋涡泵管道的配管设计

图 9.36 某立式泵的配管设计

工程应用:某卧式离心泵入口管道配管设计错误

某卧式离心泵入口管道的异径管设计成了底平,如图 9.37 所示,施工现场修改成了顶平。

图 9.37 错误(泵入口异径管底平)

工程应用:某泵入口增加直管段减少噪声

有的配管设计人说,在泵的配管设计中,通常都是直接将异径管(大小头)焊接在泵的入口法兰上,也觉得这样很合理,工艺专业工程师也说"大小头与泵入口法兰直连可减少压降,没什么不妥。"

后来,在运行后,发现泵噪声较大,始终找不出原因。笔者去现场发现了这一处设计不合理,是因为大小头直接接法兰使流体流速突变而引起偏流,而导致泵运行噪声与不正常运行。于是就在大小头和法兰间加了一段直管段,让流体流速突变进泵时有一段距离过渡,泵运行时的噪声立刻减小,效果很明显,如图 9.38 所示。

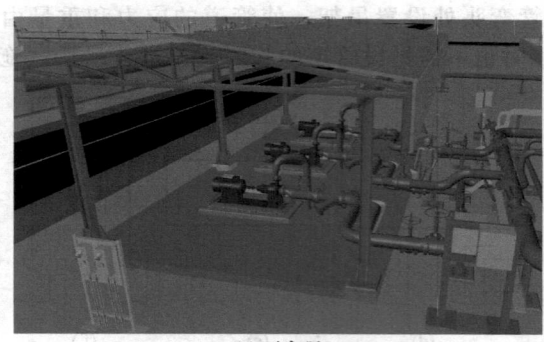

(a) 不合理

(b) 改进后

图 9.38 某泵入口增加直管段减少噪声

第十章

压缩机

第一节 压缩机的分类

一、压缩机的概念和用途

压缩机是一种输送气体和提高气体压力的机械,它广泛应用于工业生产装置中,在装置中占有重要地位。压缩机的配管也因其本身的特点而具有其特殊性。

各种气体通过压缩机提高压力后有以下用途

① 压缩气体作为动力。空气经过压缩后可以作为动力用、机械与风动工具以及控制仪表与自动化装置等。

② 压缩气体用于制冷和气体分离。气体经压缩、冷却、膨胀而液化,用于人工制冷,这类压缩机通常称为制冰机或冰机。若液化气体为混合气时,可在分离装置中将各组分分别分离出来,得到合格纯度的各种气体。如石油裂解气的分离,先是经压缩,然后在不同的温度下将各组分分别分离出来。

③ 压缩气体用于合成及聚合。在化学工业中,某些气体经压缩机提高压力后有利于合成及聚合,如氢与二氧化碳合成甲醇、二氧化碳与氨合成尿素等。

④ 气体输送。压缩机还用于气体的管道输送和装瓶等,如远程煤气和天然气的输送、氯气和二氧化碳的装瓶等。

二、压缩机的分类及特点

1. 压缩机的分类

(1) 按压缩机的介质分类

① 公用工程介质压缩机。空气用压缩机是用于仪表风和工业风的压缩机,一般压力在 $10 kgf/cm^2$ 以下。仪表风是装置自动控制方式,它是必不可少的,而工业风对装置检修时换热器胀管使用风动马达带动等情况下是必要的。仪表风和工业风都要用一台空压机升压,它们的区别在于升压后的空气是否经干燥器除湿。空压机特别要注意的是,气体压缩后温度上升,要设计后冷器将其降到常温,还要安装分离器除去凝液。

在有危险品的装置多使用 N_2 等化学性不活泼的气体,用于储罐密封、主要设备的排除空气、灭火及不用泵时的液体输送等。

② 工艺介质压缩机。根据装置要求不同的各种压缩机,例如,H_2 压缩机,丁二烯压缩机、丙烯压缩机及乙烯压缩机等工艺压缩机。

③ 其他压缩机。不好断然区分是属于公用工程还是属于工艺的压缩机,有装置内冷冻用的压缩机和输送液化石油气的气体的压缩机等。

(2) 按压缩机的结构分类（图 10.1）

① 容积型压缩机。在容积型压缩机中，一定容积的气体先被吸入气缸里，继而在气缸中其容积被强制缩小，气体分子彼此接近，单位体积内气体的密度增加，压力升高，当达到一定压力时气体便被强制地从气缸排出。可见，容积型压缩机的吸排气过程是间歇进行的，其流动并非连续稳定的。容积型压缩机按其压缩部件的运动特点可分为两种形式：往复活塞式（往复式）和回转式。而后者又可根据其压缩机的结构特点分为滚动转子式、滑片式、螺杆式（又称双螺杆式）、单螺杆式等。

容积型压缩机的特点：气流速度低，损失小，效率较高；排气压力在较大范围内变化时排气量不变，同一台压缩机可用于压缩不同气体；排气脉动性大（螺杆式压缩机无脉动）；不适应大流量的场合，但从低压到超高压的范围均适用（螺杆式压缩机具有低压较大流量的操作特性）。

② 速度型压缩机。在速度型压缩机中，气体压力的增长是由气体的速度转化而来，即先使吸入的气流获得一定的高速，然后再使之缓慢下来，让其动量转化为气体的压力升高，而后排出。可见，速度型压缩机中的压缩流程可以连续地进行，其流动是稳定的。

速度型压缩机特点：气流速度高，损失大，小流量机组效率较低；流量和出口压力的变化由性能曲线决定，若出口压力过高，可能导致机组喘振；排气均匀，无脉动；不适应小流量，超高压的范围。

如催化装置的主风机采用的是轴流式的较多，而气压机均是离心式压缩机。

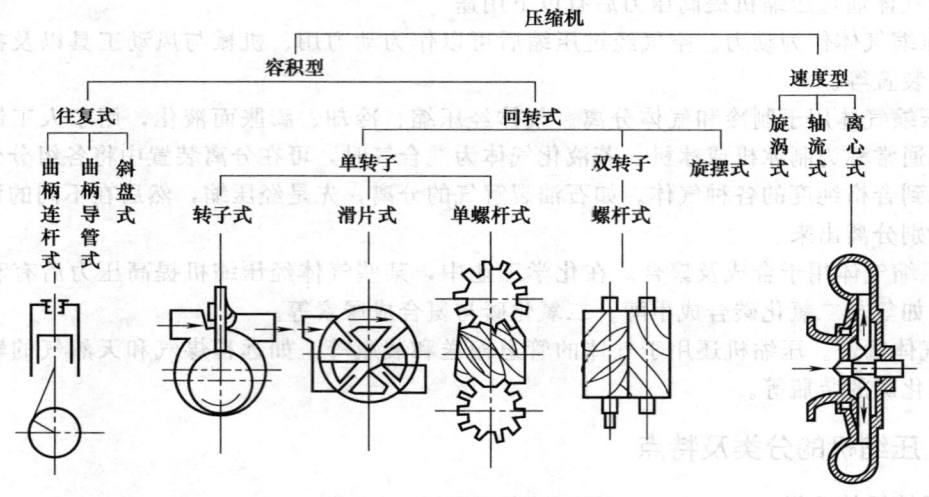

图 10.1　压缩机按结构分类

2. 压缩机的特点

(1) 往复式压缩机　往复式压缩机通过曲轴连杆机构将曲轴的旋转运动转化为活塞的往复运动。当曲轴旋转时，通过连杆的传动，驱动活塞便做往复运动，由气缸内壁、气缸盖和活塞顶面所构成的工作容积则会发生周期性变化。曲轴旋转一周，活塞往复一次，气缸内实现进气、压缩、排气的过程，即完成一个工作循环。往复式压缩机的性能参数主要包括：排气压力、排气温度、排气量、功率和效率。多级压缩是将气体的压缩过程分在若干级中进行，并在每级压缩后将气体导入中间冷却器进行冷却。

往复式压缩机的优点：适用压力范围广，不论流量大小均能达到所需压力；适应性强，即排气范围较广，且不受压力高低影响，能适应较广阔的压力范围和制冷量要求；对材料要求低，多用普通钢铁材料，加工较容易，造价也较低廉；装置系统比较简单，可维修性强；热效率高，单位耗电量少；技术上较为成熟，生产使用上积累了丰富的经验。

活塞压缩机的缺点：排气不连续，造成气流脉动；转速不高，机器大而重；运转时有较大的振动；结构复杂，易损件多，维修量大。

压缩机主要由机体、曲轴、连杆、活塞组、阀门、轴封、油泵、能量调节装置、润滑油系统、进出口缓冲罐/气液分离器等部件组成。

往复式压缩机主要由工作腔部分、机座部分及辅助系统（润滑、冷却、仪表控制、安全放空等）三大部分组成。往复式压缩机本体的结构：机身部件、接筒部件、气缸部件、活塞部件、填料部件、气阀部件、曲轴部件、连杆部件、十字头部件、盘车部件和联轴器等，见图10.2。

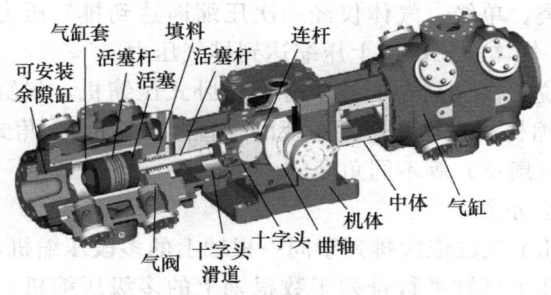

(a) 往复式压缩机结构示意图

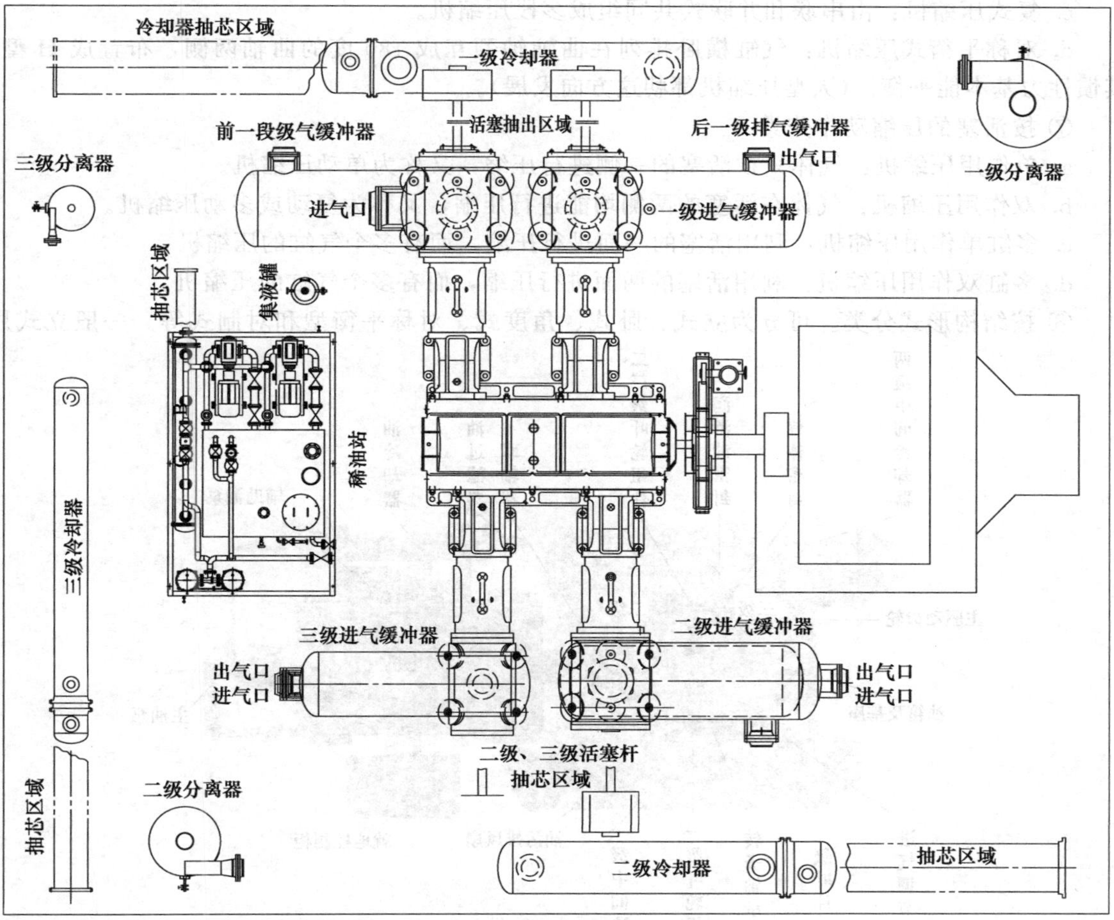

(b) 往复式压缩机布置示意图(四缸机)

图 10.2 往复式压缩机结构

往复式压缩机的分类如下。

① 按排气量分类。微型：<1m³/min；小型：1~10m³/min；中型：10~60m³/min；大型：>60m³/min。

② 按排气压力分类。低压：0.3~1.0MPa；中压：1~10MPa；高压：10~100MPa；超高压：>100MPa。

③ 按气缸排列方式分类。立式：气缸中心线垂直于地面；卧式：气缸中心线平行于地面；对动式：气缸分布在曲轴两侧，且两侧活塞运动两两对称。

④ 按压缩机级数分类。单级：气体仅经一次压缩即达到排气压力。双级：气体经两次压缩达到排气压力。多级：气体经三次以上压缩达到排气压力。

⑤ 按压缩机的气缸位置（气缸中心线）分类。卧式压缩机，气缸均为横卧的（气缸中心线成水平方向）。立式压缩机气缸均为竖立布置的（直立压缩机）。角式压缩机，气缸布置成L型、V型、W型和S型（扇型）等不同角度的。

⑥ 按气缸的排列方法分类

a. 串联式压缩机：几个气缸依次排列于同一根轴上的多段压缩机，又称单列压缩机。

b. 并列式压缩机：几个气缸平行排列于数根轴上的多级压缩机，又称双列压缩机或多列压缩机。

c. 复式压缩机：由串联和并联式共同组成多段压缩机。

d. 对称平衡式压缩机：气缸横卧排列在曲轴轴颈互成180度的曲轴两侧，布置成H型，其惯性力基本能平衡。（大型压缩机都朝这方向发展）。

⑦ 按活塞的压缩动作分类

a. 单作用压缩机：气体只在活塞的一侧进行压缩，又称为单动压缩机。

b. 双作用压缩机：气体在活塞的两侧均能进行压缩，又称为复动或多动压缩机。

c. 多缸单作用压缩机：利用活塞的一面进行压缩，而有多个气缸的压缩机。

d. 多缸双作用压缩机：利用活塞的两面进行压缩，而有多个气缸的压缩机。

⑧ 按结构形式分类。可分为立式、卧式、角度式、对称平衡型和对制式等。一般立式用

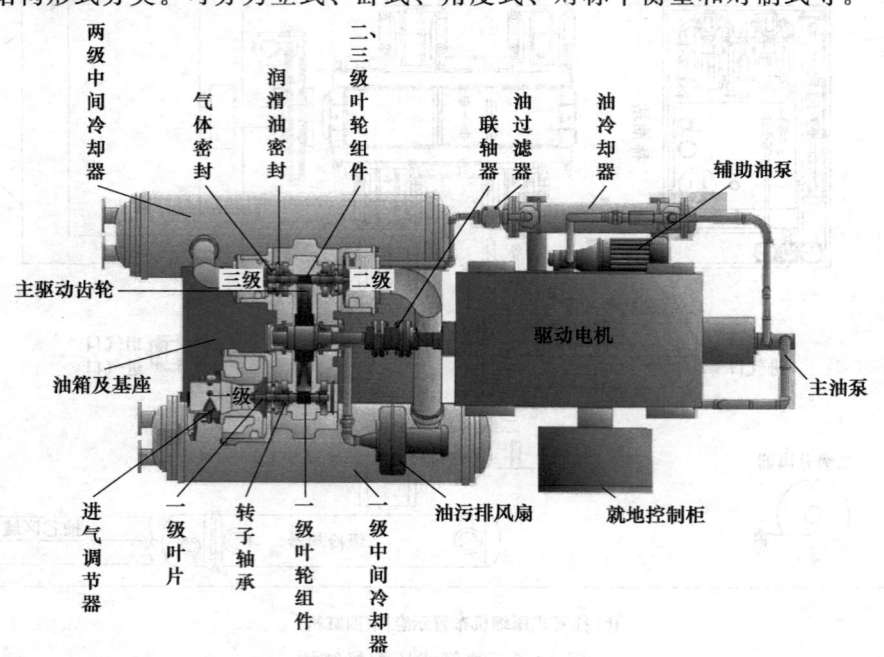

图 10.3　离心式压缩机结构

于中小型；卧式用于小型高压；角度式用于中小型；对称平衡型使用普遍，常用于大中型往复式压缩机；对制式主要用于超高压压缩机。

（2）离心式压缩机　离心式压缩机主要用来压缩气体，叶轮对气体做功使气体的压力和速度升高，完成气体的运输，离心式压缩机又称透平式压缩机。离心式压缩机的工作原理是：当叶轮高速旋转时，气体随着旋转，在离心力作用下，气体被甩到后面的扩压器中去，而在叶轮处形成真空地带，这时外界的新鲜气体进入叶轮。叶轮不断旋转，气体不断地吸入并甩出，从而保持了气体的连续流动。

与往复式压缩机比较，离心式压缩机具有下述优点：结构紧凑，尺寸小，重量轻；排气连续、均匀，不需要中间罐等装置；振动小，易损件少，不需要庞大而笨重的基础件；除轴承外，机器内部不需润滑，省油，且不污染被压缩的气体；转速高；维修量小，调节方便。

离心式压缩机主要由转子和定子两部分组成，转子包括叶轮和轴，叶轮上有叶片、平衡盘和一部分轴封；定子的主体是气缸，还有扩压器、弯道、回流器、进气管、排气管等装置，见图10.3。

离心式压缩机的性能主要取决于叶轮的选型和设计参数的选取。

离心式压缩机按叶轮的弯曲形式分为：前弯式、径向式、后弯式。按叶轮的结构形式分为：闭式、半开式、开式。

三、压缩机的选用

图10.4为各类压缩机的应用范围，供初步选型时参考。活塞式压缩机适用于中小输气量，排气压力可以由低压至超高压，离心式压缩机和轴流式压缩机适用于大输气量中低压的情况，回转式压缩机适用于中小输气量中低压的情况，其中螺杆式压缩机输气量较大。

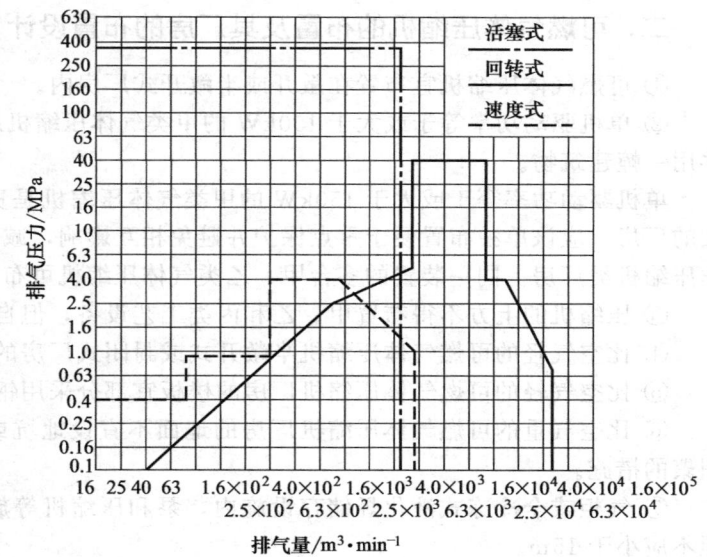

图10.4　压缩机的选型

第二节　压缩机的布置

一、压缩机布置设计的一般要求

① 压缩机可露天布置、半露天布置和厂房内布置。

② 可燃气体压缩机宜露天布置和半露天布置，这样通风良好，如有可燃气体泄漏则可快速扩散，有利于防火防爆。如在严寒或多风沙地区可布置在厂房内。厂房内通风应符合国家现行的《工业企业采暖通风和空气调节设计规范》的规定。

③ 机组及其附属设备的布置应满足制造厂的要求，制造厂在出厂设备时包装箱内的图纸中有时会带有推荐的机组及其附属设备的布置图或提出设备安装、检修需要的净距，可以参照该图或规定要求进行设备布置。

④ 露天布置的压缩机，宜尽可能靠近被抽吸的设备，这样可以减少吸入管道的阻力。其附属设备宜靠近机组布置，压缩机的附近应有供检修、消防用的通道，机组与通道边距离不应小于5m。

⑤ 压缩机的分液罐、缓冲罐、中间冷却器等与压缩机以及其他与主体设备密切相关的设备，可直接连接或靠近布置。

⑥ 当在明火加热炉与露天布置的甲类气体压缩机之间设置不燃烧材料实体墙时，其防火间距不得小于15m。实体墙的高度不宜小于3m，距加热炉不宜大于5m，实体墙的长度应满足由露天布置的甲类气体压缩机经实体墙至加热炉的折线距离不小于22.5m。

⑦ 当封闭式甲类气体压缩机房面向明火加热炉一面为无门窗洞口的不燃烧材料实体墙时，加热炉与厂房的防火间距不得小于15m。

⑧ 可燃气体压缩机的吸入管道应有防止产生负压的措施。

⑨ 离心式可燃气体压缩机和可燃液体泵应在其出口管道上安装止回阀。

⑩ 相邻往复式压缩机之间必须至少保持1800mm的距离，且必须考虑附属设备的大小。驱动机若为电动机，其体积通常较压缩机大，需要特别注意。若电动机还要装置变压器，则变压器应设定在电动机附近。

二、可燃气体压缩机的布置及其厂房的布置设计

① 可燃气体压缩机宜布置在敞开或半敞开式厂房内。

② 单机驱动功率等于或大于150kW的甲类气体压缩机厂房不宜与其他甲、乙和丙类房间共用一幢建筑物。

单机驱动功率等于或大于150kW的甲类气体压缩机是贵重设备，其压缩机房是危险性较大的厂房，应该单独布置便于重点保护并避免相互影响，减少损失。其他甲、乙和丙类房间指非压缩机类厂房。同一装置的多台甲、乙类气体压缩机可布置在同一厂房内。

③ 压缩机的上方不得布置甲、乙和丙类工艺设备，但自用的高位润滑油箱不受此限。

④ 比空气轻的可燃气体压缩机半敞开式或封闭式厂房的顶部应采取通风措施。

⑤ 比空气轻的可燃气体压缩机厂房的楼板宜部分采用钢格板。

⑥ 比空气重的可燃气体压缩机厂房的地面不宜设地坑或地沟；厂房内应有防止可燃气体积聚的措施。

⑦ 气柜或全冷冻式液化烃储存设施内，泵和压缩机等旋转设备或其房间与储罐的防火间距不应小于15m。

⑧ 压缩机或泵等的专用控制室或不大于10kV的专用变配电所，可与该压缩机房或泵房等共用一幢建筑物，但专用控制室或变配电所的门窗应位于爆炸危险区范围之外，且专用控制室或变配电所与压缩机房或泵房等的中间隔墙应为无门窗洞口的防火墙。

⑨ 压缩机布置在厂房内时，除应考虑压缩机本身的占地要求外，尚应满足下列要求。

a. 机组与厂房墙壁的净距应满足压缩机或驱动机的转子或压缩机活塞、曲轴等的抽出要求，并应不小于2m。

b. 机组一侧应有检修时放置机组部件的场地，其大小应能放置机组最大部件并能进行检修作业。如有可能，两台或多台机组可合用一块检修场地。

c. 如压缩机布置在两层厂房的上层，应在楼板上设置吊装机械。

d. 压缩机和驱动机的全部一次仪表盘，如制造厂无特殊要求，应布置在靠近驱动机的侧部或端部，仪表盘的后面应有维修通道。

e. 压缩机的基础与厂房基础应有一定距离。

三、压缩机的安装高度

① 离心式压缩机的进出口在机体的上部且驱动机为电动机或背压式汽轮机时，可就地安装。就地安装的压缩机，由于基础较低，稳定性强，有利于抗振。进出口向上，管道架空敷设

不影响通行。在机体上方管道要求可以拆卸，不会影响部件检修。

② 离心式压缩机的进出口在机体下部且附属设备较多时，宜两层布置，上层布置机组，下层布置附属设备，压缩机的安装高度，除满足其附属设备的安装以外尚应满足下述要求。

    a. 进出口连接管道与地面的净空要求。
    b. 进出口连接管道与管廊上管道的连接高度要求。
    c. 吸入管道上过滤器的安装高度与尺寸要求。

③ 往复式压缩机，为了减少振动宜尽可能降低其安装高度，由于进出口管道采用管墩敷设有利于抑制振动，而且管道与压缩机进出口之间可能还有减振系统如脉冲减振器或缓冲器等，此时压缩机的安装高度应由与减振系统相接的管道所需的最小净空决定。

四、压缩机附属设备的布置

① 多级离心式压缩机的各级气液分离罐和冷却器应尽可能靠近布置。在满足操作和维修需要场地的前提下，应考虑压缩机进出口的综合受力影响，合理布置各级气液分离罐和冷却器的相对位置。

② 高位油箱应满足制造厂的高度要求，布置在建筑物构架上的油箱应设平台和直梯。

③ 润滑油和封油系统宜靠近压缩机布置并应留出油冷却器的检修场地。

④ 压缩机的驱动机为汽轮机时，汽轮机及其附属设备的布置，应考虑下列因素。

    a. 背压式汽轮机周围应留有足够的空地，以满足配管和操作阀门的需要。
    b. 凝汽式汽轮机采用空冷器时，空冷器的位置应靠近汽轮机，空冷器的安装高度应能满足地面上布置凝结水泵的吸入高度的需要。
    c. 凝汽式汽轮机采用冷凝冷却器时，冷凝冷却器除可布置在靠近汽轮机的侧面外，也可直接布置在汽轮机的下方，汽轮机与冷凝冷却器之间的排气管应采用柔性连接。冷凝冷却器的安装高度也应能满足在下面布置的凝结水泵的吸入高度的需要。冷凝冷却器管箱外应留出抽管束所需要的空地。

五、压缩机维修机具的布置设计

① 维修机具的高度和运行范围

    a. 吊车的起吊高度应满足压缩机制造厂的要求。一般情况下，制造厂应给出机组中心线到吊车梁底面的净空高度。
    b. 吊车行车运行范围不可能达到吊车梁的尽头，吊车有死点位置。设计时应按死点位置留出空地和确定吊装孔的位置。

② 吊车选用的要求

    a. 压缩机的最大检修部件质量超过 1.0t 时，应设吊车。
    b. 起重量小于 1.0t 时，宜选用移动式三脚架，配电动葫芦或手拉葫芦。
    c. 起重量为 1.0~3.0t 时，宜选用手动梁式吊车。
    d. 起重量等于 3.0~10.0t 时，宜选用手动桥式吊车。
    e. 起重量大于 10.0t 时，宜选用电动桥式吊车。

③ 按压缩机台数和用途选用吊车

    a. 压缩机露天布置，可不设固定吊车。
    b. 压缩机布置在单层厂房内数量超过 4 台或虽然数量小于 4 台，但基础在 2m 以上，宜选用手动桥式吊车。
    c. 压缩机数量超过 4 台或检修次数频繁，吊运行程较长时，宜选用电动桥式吊车。图 10.5 所示为吊车的设置。

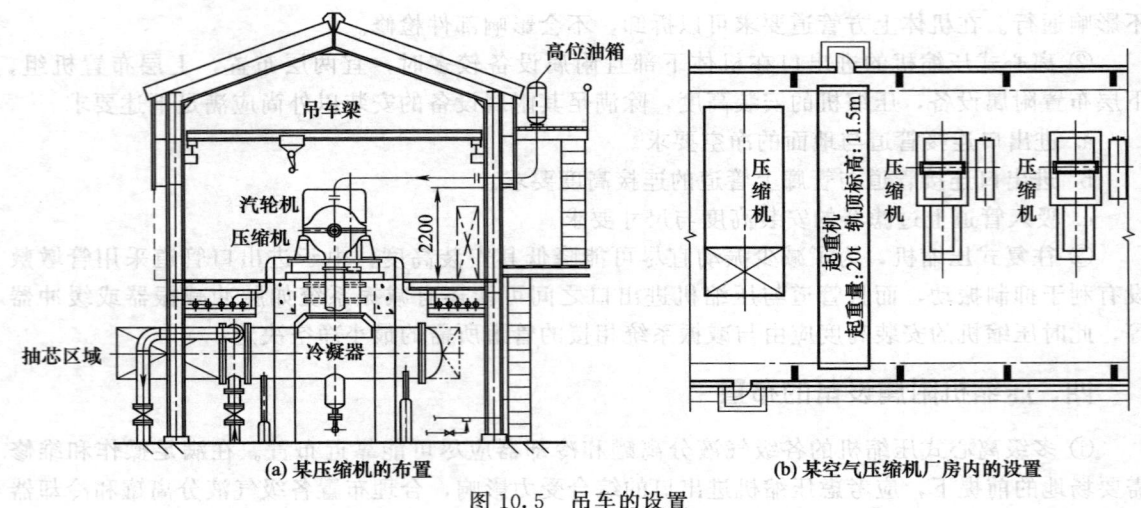

(a) 某压缩机的布置　　(b) 某空气压缩机厂房内的设置

图 10.5　吊车的设置

六、压缩机厂房吊车的设计

① 压缩机结构复杂，比一般设备有更高的故障率，需设置轨吊车。

② 顶棚桥式吊车

a. 顶棚桥式吊车（图 10.6）根据起吊车载荷、间距（厂房宽度）、工作方式（电动或手动）的不同而有不同的种类。就厂房规划而论，配管设计师应了解吊车的形式和允许起吊载荷、空间、作用范围等。

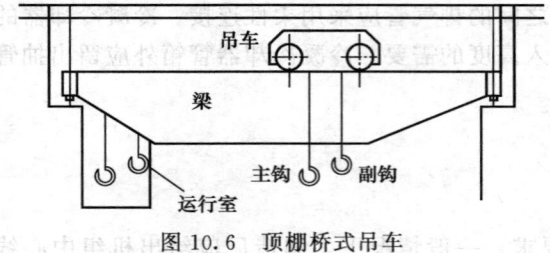

图 10.6　顶棚桥式吊车

b. 桥式吊车的作用范围广，且可以迅速地进行维修作业，还适用于同一厂房内布置多台压缩机的场合，适用于起吊载荷大的大型压缩机等，作业安全度高。由于桥式吊车自身质量比单轨吊车大，桥式吊车运行时的水平载荷大，人员能站在吊车上，因此与单轨吊车相比厂房设计成本高。

③ 单轨吊车

a. 单轨吊车的形状见图 10.7，它由起吊重物的绞机和支承吊车的梁组成，一般每台压缩机设一个单轨吊车，起重形式手动或电动有链滑车、空气提升机等。也可两台压缩机用一台单

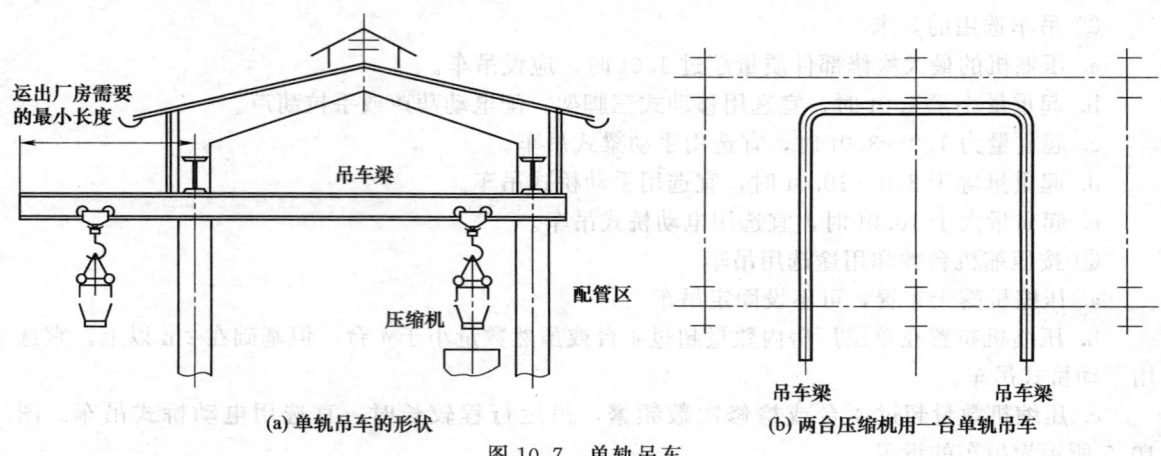

(a) 单轨吊车的形状　　(b) 两台压缩机用一台单轨吊车

图 10.7　单轨吊车

轨吊车，如图 10.7 所示。

b. 单轨吊车梁被固定在厂房或吊车构架（无屋顶），维修的工作范围仅限于单轨的中心线上。适用于离心式压缩机、立式压缩机或同一厂房内布置压缩机数量少（1～2 台）的情况。单轨吊车结构简单，容易安装，厂房费用低。

④ 设备起吊高度

a. 起吊所需高度用吊起时吊钩的高度来表示，此高度和起吊荷重应与结构专业协商。

b. 起吊所需最低高度（图 10.8，包括吊车运行、搬运物件的高度）、起重量和起吊部件的大致尺寸由制造商确定。用卡车搬运时，应考虑货台的高度。起吊所需的最低高度为

$$H = L + h + L(或者 L_1) + c$$

式中 H——起吊所需的最低高度；
L——障碍物的高度或被布置设备的最高高度中的高者；
c——提起时的富余高度（确保越过障碍物，再富余 200mm 以上）；
h——吊物高度（包括起吊用的货台）；
L，L_1——吊缆长度。

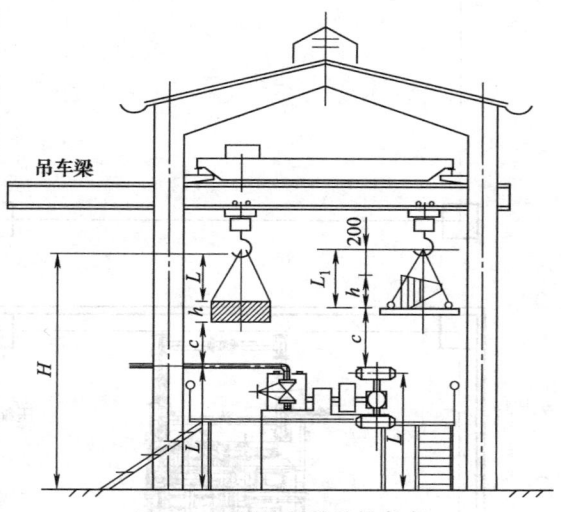

图 10.8 起吊所需最低高度

工程应用：某液环可燃气体压缩机的布置设计

笔者参与负责的某液环可燃气体压缩机的布置设计见图 10.9。

① 压缩机布置在厂棚内，压缩机一侧与管廊靠近，厂棚立柱与管廊立柱对齐，以方便管子进出压缩机。

② 压缩机有关的调节阀组布置在地面上，以方便检修和维护。厂棚比地坪高 200mm，厂棚四周设矮围堰。

③ 厂棚上设置单轨吊。

工程应用：室内某离心式压缩机的布置设计

某离心式压缩机的布置见图 10.10。为了维修方便，压缩机周围应有不小于 2m 的操作通道，压缩机房应靠近室外通道，并要求通道能通到吊装区。楼梯应靠近操作通道。压缩机仪表盘应布置在靠近区动机的端部。应考虑冷凝器与汽轮机基础间的净距和冷凝器抽管束的空间。

工程应用：室外某离心式压缩机的布置设计

室外某离心式压缩机的布置设计见图 10.11。压缩机布置在室外，需明确现场使用检修机时对通道的要求。润滑油和封密油系统的位置一般由压缩机制造厂提供。压缩机的操作平台应与压缩机基础分开。

工程应用：室内某往复式压缩机的布置设计

室内某往复式压缩机的布置设计见图 10.12。

工程应用：室外往复式压缩机的布置

室外某往复式压缩机的布置设计见图 10.13。

工程应用：室外某螺杆式压缩机的布置设计错误

某国外工程项目，设计方把螺杆压缩机的分液罐、油气分离罐、气冷却器与压缩机以及其他设备分别按照防火规范内 15m 的间距做了设备布置图，占地面积非常大，如图 10.14 所示。其实，按照这个国家防火规范要求（我国 GB 50160 也有同样的要求），螺杆压缩机的分液罐、油气分离罐、气冷却器与压缩机以及其他与主体设备密切相关的设备可直接连接或靠近布置，

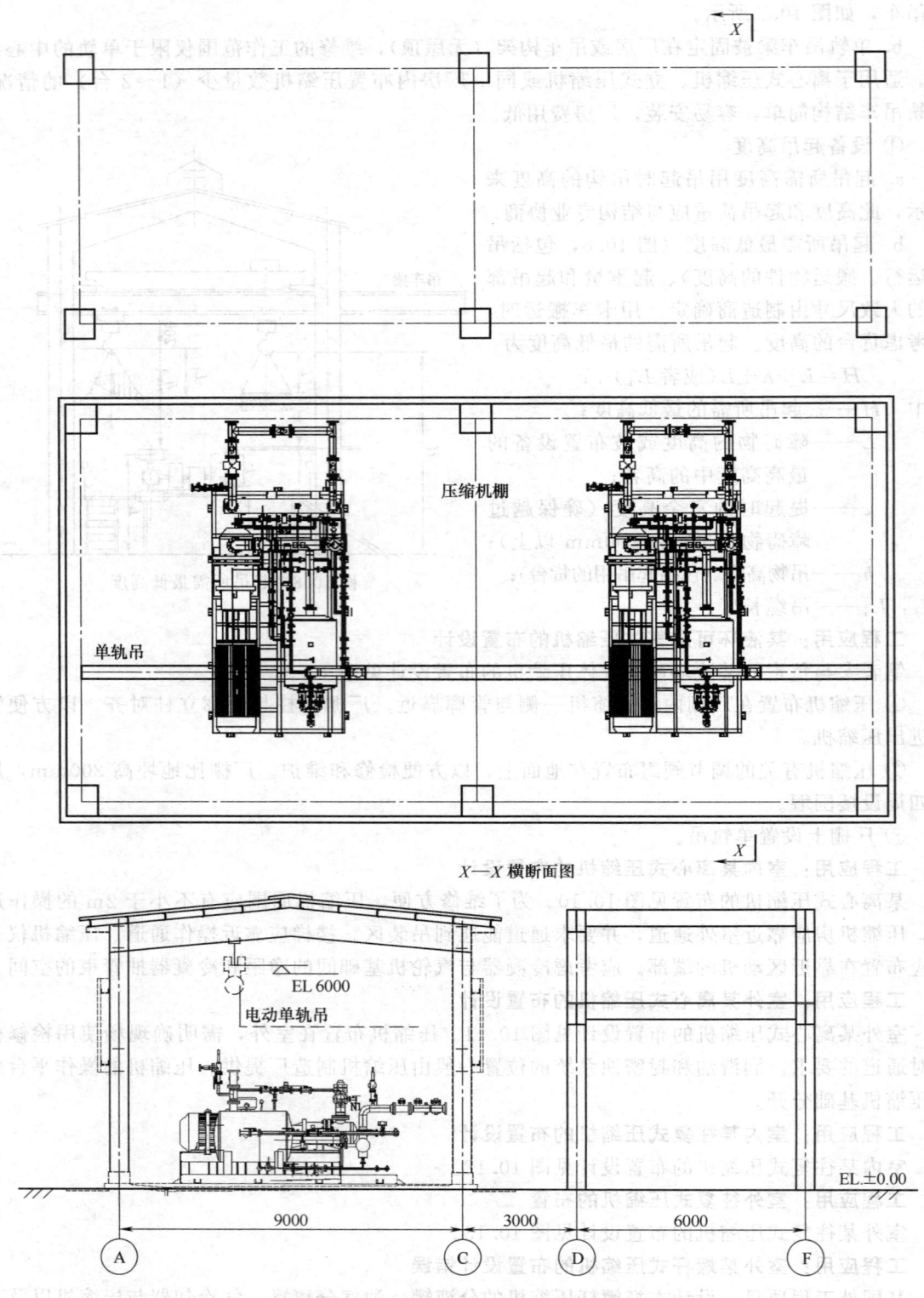

图 10.9 某液环可燃气体压缩机的布置设计

也可以由压缩机厂家来确定整个"压缩机模块"的布置尺寸。调整修改后的设备布置占地面小了很多。

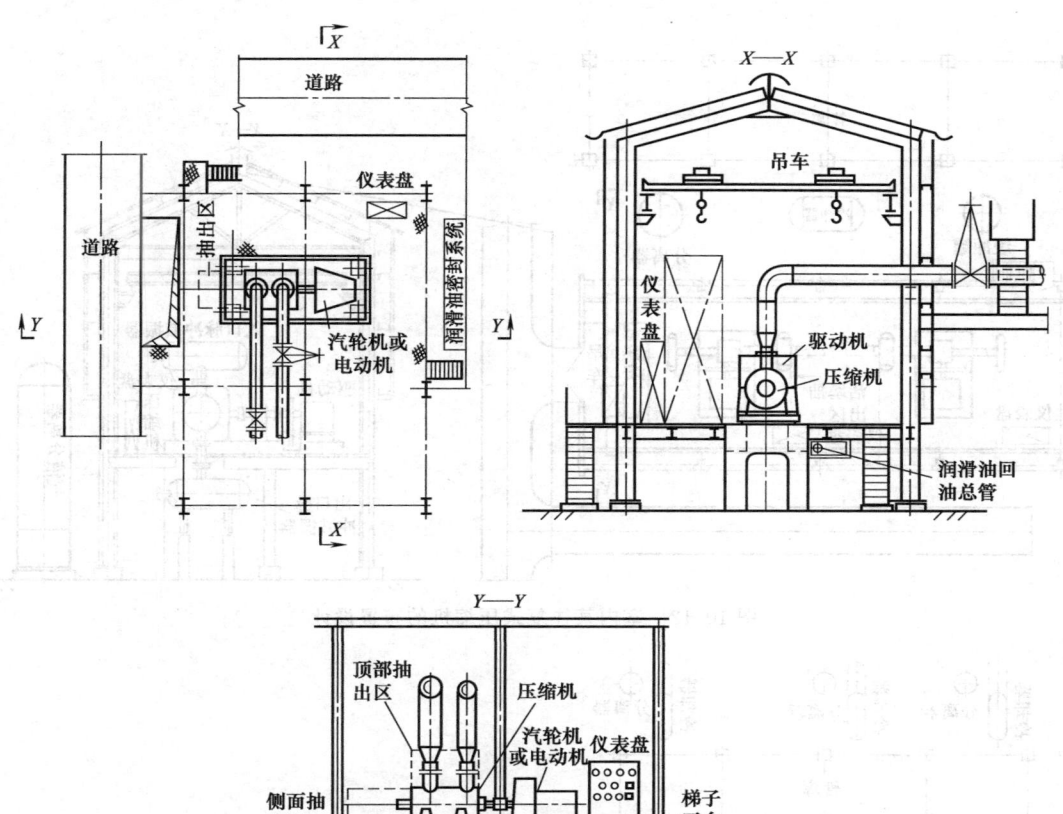

图 10.10 室内某离心式压缩机的布置设计

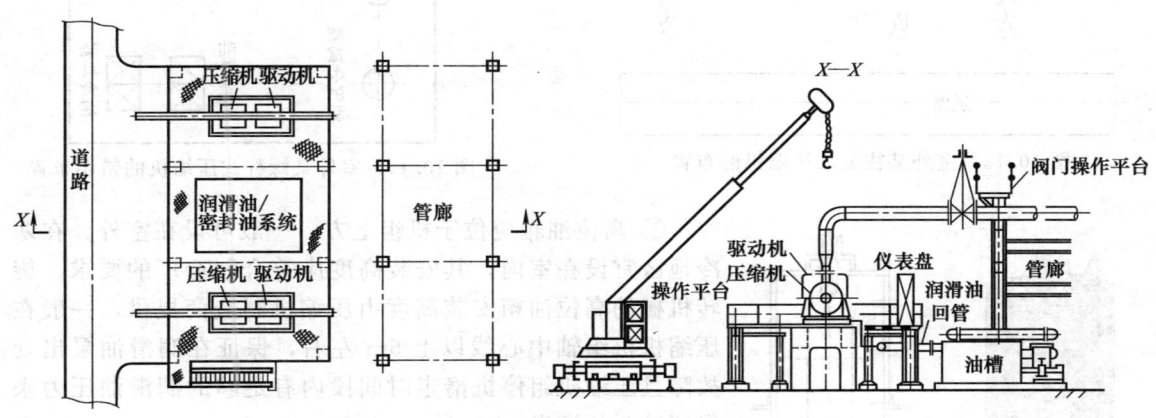

图 10.11 室外某离心式压缩机的布置设计

工程应用：压缩机高位油箱的布置设计

压缩机高位油箱见图 10.15。

① 当主油泵和备用油泵均出故障，或突然停电、停气造成被迫停机的情况下，如无其他手段保证轴承的润滑油供给，应设高位油箱，其容量应满足机组 5min 的润滑用油。

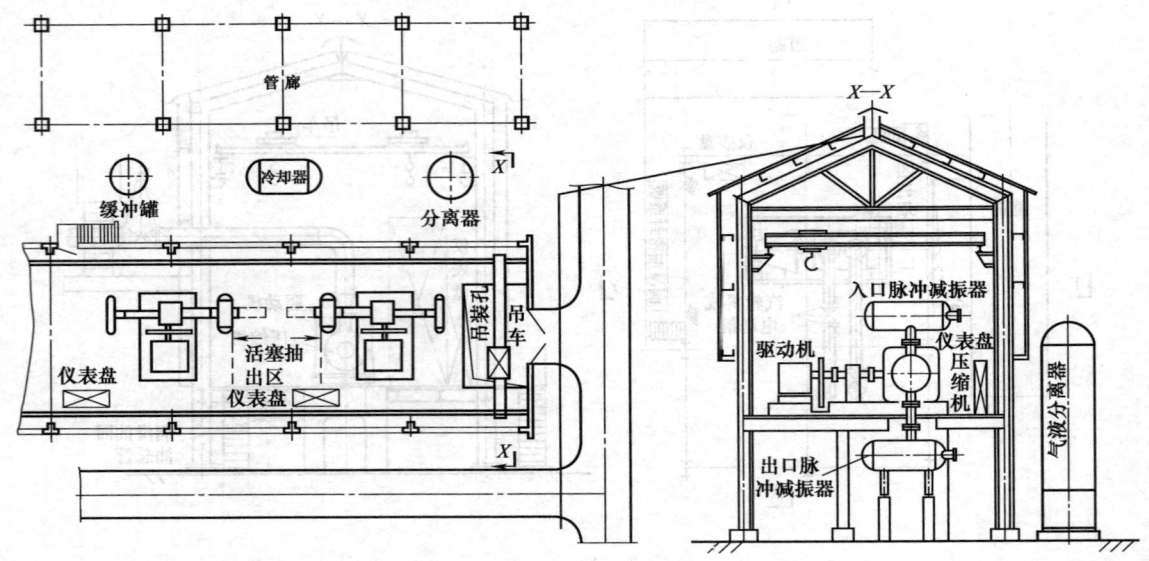

图 10.12 室内某往复式压缩机的布置设计

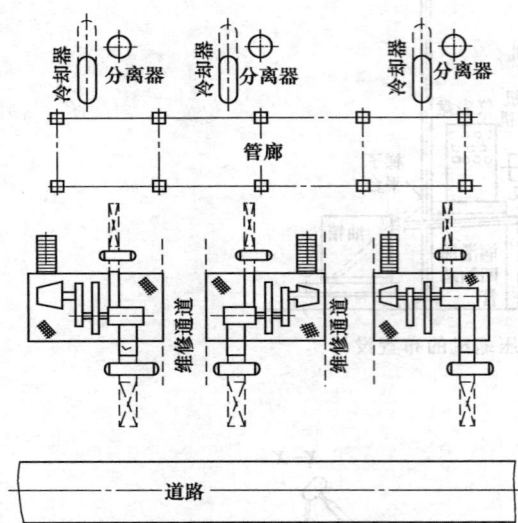

图 10.13 室外某往复式压缩机的布置

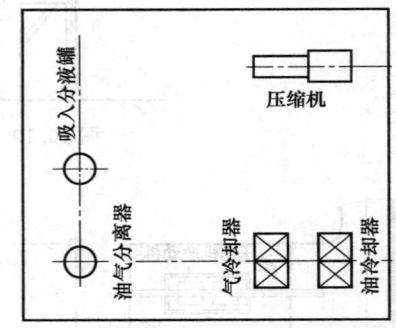

图 10.14 室外某螺杆式压缩机的错误布置

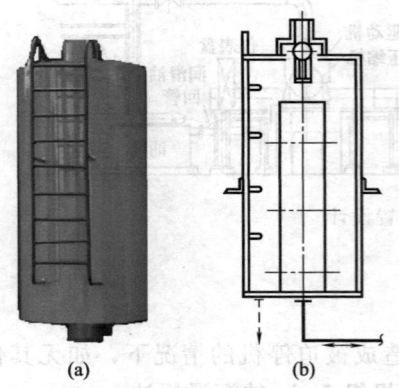

图 10.15 压缩机高位油箱

② 高位油箱应位于机组上方，一般可设在室外，在寒冷地区宜设在室内，其安装高度应符合制造厂的要求。旋转机械的高位油箱安装高度由压缩机制造商提供，一般在压缩机机组轴中心线以上 6m 左右，保证在润滑油泵出现故障且压缩机组停机惰走时间段内有足够的润滑油压力来保证轴瓦的润滑。

③ 应保证高位油箱中油的温度，使高位油箱中的油处于流动状态。

④ 室外设置的高位油箱应采取保温措施，寒冷地区高位油箱应设外蒸汽加热盘管。

⑤ 水平管道不宜距离油箱及压缩机过远，否则压损较

大，影响事故状态下供油。

⑥ 高位油箱的人孔一定要封闭，否则会污染润滑油，引起油品氧化变质。在油箱上边设一弯管，以排油烟。一般情况下，人孔只有在检修时才打开清理。

工程应用：某压缩机厂房吊车高度偏低的设计错误

某压缩机厂房吊车高度设计偏低，见图 10.16，行走起来阻挡设施较多，无法吊装。

工程应用：某往复式压缩机气缸拆除区的布置

图 10.17 是某往复式压缩机气缸拆除区的布置。笔者参与校审的项目，时常发现气缸拆除区距离不够。

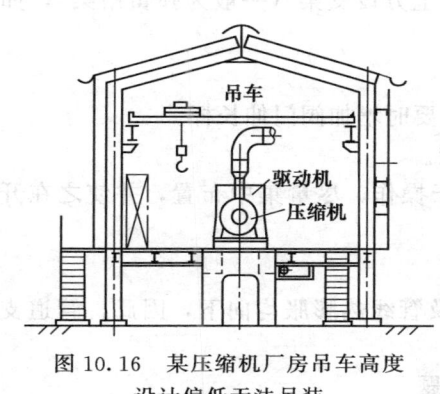

图 10.16　某压缩机厂房吊车高度设计偏低无法吊装

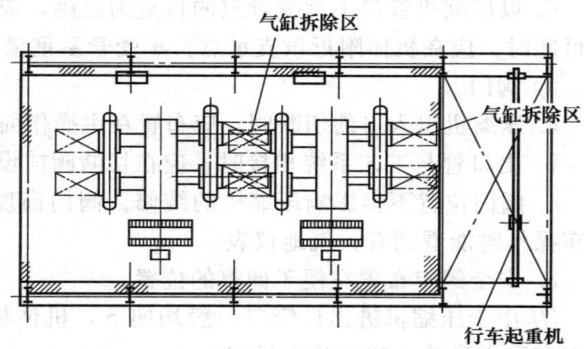

图 10.17　某往复式压缩机气缸拆除区的布置

第三节　压缩机管道的配管设计

一、离心式压缩机管道的配管设计

① 离心式压缩机管道的配管设计，要确定与压缩机制造厂之间的图纸和供货范围，分清哪些管道由制造厂负责设计和供货，避免设计范围错误。

② 离心式压缩机可以不考虑由气体压力脉动而产生的振动。压缩机进出管口的受力及力矩均有一定限制。

③ 离心式压缩机管口为上进上出或侧进上出时，出于压缩机检修的需要，一段都需设置可拆卸短管。

④ 入口管道

a. 压缩机入口管道过滤器宜设置在水平管道上；如果设置临时过滤器，应在入口管道上设置一段可拆卸短管，在此短管上不设置仪表管口和分支管。

b. 当压缩机布置在厂房内时，其入口总管通常设置在厂房外侧，这样可节约厂房占地面积，又便于安装和维修。

c. 为了流体分布均匀，离心式压缩机进口管弯头或三通与压缩机管口法兰之间需设置一段直管段，制造厂或 API RP686 一般都有要求，直管段的长度一般为 3～5 倍压缩机进口的管口直径。

d. 压缩机进出口管线的布置，在满足热补偿和允许受力的条件下，应尽量减少弯头数量，以减小压降。

e. 原则上各段入口均应采取气液分离措施。分离罐应尽量靠近入口处，由分离罐至压缩机入口的气体管应坡向分离罐。

f. 通常为防止异物、杂物进入压缩机，应在靠近其入口的管道上设置一段可拆卸短管，以便安装临时粗滤器。

⑤ 出口管道

a. 管道布置应有利于支架设计，对离心式压缩机（包括蒸汽驱动机）通常不要求进行振动分析，但必须对管系进行柔性（热胀应力）分析，并应符合管口受力的要求。计算中应考虑设备管口的热位移。

b. 压缩机出口至分离罐（分离凝液和润滑油）的管道应布置成无袋形。

c. 应注意噪声水平，必要时采取降噪声的措施。

d. 以压缩机管口不承受管道的自重为原则，应在管嘴上方设支架（一般为弹簧吊架），如不可能时，应在机体附近设支承点，承受管系重量。

⑥ 阀门

a. 压缩机出入口的切断阀，应布置在主操作面上，必要时增加阀门伸长杆。

b. 出口管与工艺系统相接时，应在切断阀前设止回阀。

c. 阀门位置不得影响压缩机的维修。阀门高度应便于操作，尽量集中布置，并使之在开停车操作时能看到有关就地仪表。

d. 安全阀应布置在便于调整的位置。

⑦ 由于压缩机进出口管口一般均向下，机体热膨胀及管线热膨胀均向下，因此，管道支吊架宜采用弹簧支架或弹簧吊架。

工程应用：离心式压缩机设计范围不清引起的设计问题

在一国外压缩机的设计评审中发现配管设计人员把压缩机厂家负责设计的"压缩机模块"内的"压缩机、气冷却器、油冷却器、油气分离器、吸入分液管等设备之间的连接管道"全部做了详细的配管设计。其实，在采购合同中已经明确规定，上述设备属于"压缩机模块"，由压缩机厂家负责，设计方与压缩机厂家之间的分解在"压缩机模块"外边界处，设计方仅把管线布置设计到"压缩机模块"边界就可以。

二、往复式压缩机管道的配管设计布置设计

① 对往复式压缩机的管道布置，除要求柔性分析外，还必须进行振动分析，直到分析合格后，管道布置设计才认为合格。往复式压缩机依靠气缸内活塞的往复运动将气体升压。由于往复式压缩机气体的间歇吸入和排出，产生气体的压力脉动，造成进出口管线脉冲性振动。另外压缩机本体的机械不平衡也会引起振动。

② 压缩机入口管道过滤器宜设置在水平管道上；如果设置临时过滤器，应在入口管道上设置一段可拆卸短管，在此短管上不设置仪表管口和分支管。

③ 往复式压缩机进出口管道的布置

a. 应短而直，尽量减少弯头数量，但出口管道有热胀时，应使管道具有柔性。

b. 缓冲罐应靠近压缩机出入口处，使防振或减振的效果好。

c. 必要时，在容器的进出口法兰处安装孔板，以降低管段内的压力不均匀度，从而达到减振的目的。

d. 压缩机进出口管线若从总管接出，则总管必须比进出口管线低，以防凝液流入压缩机。

e. 管道布置应尽量低，支架敷设在地面上，且为独立基础，以加大支架和管道的刚性。避免采用吊架。对有些出入口管道在能满足管系柔性的前提下，宜尽量少用弯头。必须采用时，应使用45°弯头或使用较大曲率半径的弯管，以减缓激振反力对管系的影响。不宜将出口管的支架生根在建筑物的梁及小柱上。

④ 管道布置应考虑液体自流到分液罐，当管道出现"液袋"时，应设低点排净。

⑤ 多台机组并排布置时，其进出口管道上的阀门和仪表应布置在便于操作、容易接近的地方。

⑥ 压缩机的介质为可燃气体时，管道低点排凝、高点放空阀门应设丝堵、管帽或法兰盖，以防泄漏，且机组周围管沟内应充砂，避免可燃气体的积聚。

⑦ 布置压缩机进出口管道时，应不影响检修吊车行走。压缩机的管道应布置在操作平台下，使机组周围有较宽敞的操作和检修空间。

⑧ 蒸汽透平/汽轮机的蒸气管道

a. 对蒸汽透平/汽轮机的蒸汽管道应满足制造厂提出的力和力矩的要求，并不宜采用冷拉安装。

b. 应特别注意排冷凝水设施的布置，充分保证其有效性和可靠性。

c. 对过热蒸汽也应考虑开停车时需排放冷凝水。

d. 支管连接时，应从主管的顶部引出。

⑨ 往复式压缩机阀门的布置。一般入口阀门和出口阀门均集中在压缩机四周便于操作的位置，如无平台则集中布置在压缩机附近的地面上。由于阀门的自重改变了管系载荷平衡，容易产生振动，为防振应将阀门布置在最低位置，阀门前后均应设支架，支架应在地面生根。

三、往复式压缩机管道的防振设计

① 往复式压缩机的管线在热胀的同时又伴有振动，为防止振动，对热胀管线必须固定，但固定又会限制热胀，因此应使管道的固有频率避开管道的气柱固有频率及机器的激振频率。必要时可设置防振支架、扩大管道直径、增设脉动衰减器或孔板、合理设置缓冲器（罐），以避开共振管长，并减少弯头数量，如图10.18所示。详细介绍如下。

a. 为减小往复式压缩机的间歇吸入和排出产生的压力脉冲而引起的振动，应在压缩机吸入和排出口设置缓冲罐，并尽量靠近压缩机进出口管口。

b. 由于压缩机出口管线内的脉冲流引起压力波动，变化范围较大。因此，出口管线上不得设置波型补偿器，以防在高压力时产生过大的应力而造成破坏。

c. 除小管径（DN40）管线外，原则上振动管线的支架不应在厂房、构架、平台和设备上生根。与压缩机进出口管线相接的小直径（DN40）分支管线接头处应采用加强。

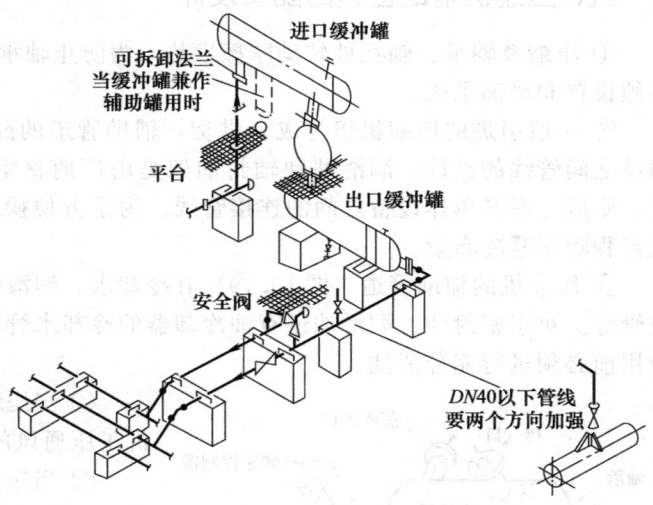

图10.18 管线的热胀与防振

d. 管线若用蒸汽吹扫，蒸汽温度高于介质温度时，应按蒸汽温度考虑管线的柔性。

e. 管接头和角撑板，使其有一定强度，以防焊缝破裂。

② 振动管线支架

a. 振动管线宜沿地面敷设，并利用管墩作为支架，且相邻的跨距长度不可以相同，以防产生共振，固定架位置应尽可能靠近弯头和三通等方向改变的地方，在管线布置上尽可能不做三度空间的改变。

b. 应合理设置导向支架和管卡，既要抗振，又不妨碍管线的热位移。

c. 固定管托、管卡应有一定的弹性，吸收管线的振动。例如在固定管卡与管线之间衬以软木或橡胶垫。

d. 从汽液分离罐至压缩机间的支撑，必须要单独设置，不可设置于建筑物构架上。且不得在压缩机机壳上和支撑压缩机的底座上设置管线支架。

e. 往复式压缩机的基座和管线的支架必须单独分开设置。

四、轴流式压缩机管道的配管设计

① 轴流式压缩机也是高速运转的机械，它的叶片类似于螺旋桨，相对于主轴垂直面有一个偏转角。气体进入压缩机后，沿主轴轴向流动。由于气体的流动摩擦损耗比离心式压缩机小，故其效率比离心机高，体积小，占地面积小。

② 轴流式压缩机与离心式压缩机一样，进出管口的受力及力矩均有一定限制。

③ 轴流式压缩机的入口管线设计

a. 轴流式压缩机的入口管线设计基本上与离心式压缩机的入口管线设计相同。

b. 由于轴流式压缩机的叶片对灰尘的污染较敏感，故入口应设置过滤器。过滤器为特制的，气体通过之处设置可卷式玻璃棉毡（或等效的其他材料）。由于空气中的含尘量及颗粒大小随高度增加而减少，因而过滤器的位置应可能设置高一些。

c. 催化裂化装置主风机选用轴流风机时，风机入口过滤器应远离催化剂罐及催化剂装卸设施，其位置宜高于主风机厂房。

④ 轴流式压缩机的出口管线设计与离心式压缩机出口管线相同。出口切断阀前应设置反阻塞阀。

五、压缩机辅助管道的配管设计

① 压缩及轴承、轴瓦处转动摩擦发热，为防止轴承、轴瓦超温烧损，保证机组正常运转，必须设置润滑油系统。

② 一般引进的压缩机组为成套供货，辅助管道的配管设计仅考虑机组供油和回油总管与油站之间管线的设计。润滑油和轴封油架是由厂商整组提供的。若引进的压缩机组非成套供货，则应考虑各单体设备之间的连接管线。为了方便操作和维修，各设备一般以油箱为中心，按流程顺序紧凑布置。

③ 压缩机的辅助管道（图 10.19）有冷却水、润滑油、密封油、洗涤油、气体平衡管、放空管等。对于密封油、润滑油还有油冷却器的冷却水管和冬天储罐保温用的蒸汽管。这些油管使用前必须进行充分清洗。

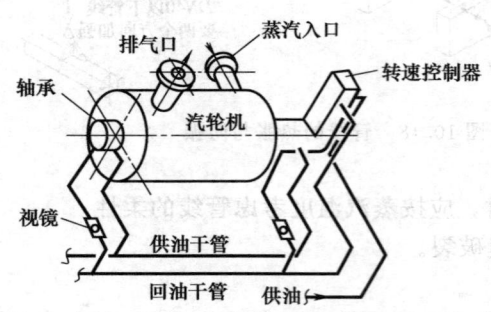

图 10.19　润滑油系统的管道

④ 当压缩机由电动机驱动时，可能还有对电动机正压通风的管道。

⑤ 当压缩机用蒸汽透平驱动时，需要蒸汽管道。蒸汽透平的管道与离心式压缩机要求一样，但蒸汽温度高、压力高，所以要特别注意热应力。

⑥ 供油管线的设计

a. 为保证润滑油的质量，从过滤器出口至机组各供油点的所有管线、管件、阀门等的材质均应为不锈钢。

b. 各供油支管上应设流量调节器和压力表，压力表设于调节器之后。

c. 为保证供油压力的稳定，在供油总管上应设压控调节阀。

d. 供油支管与供油总管应采用法兰连接。

⑦ 回油管线的设计

a. 全部回油管线及其管件的材质均应为不锈钢，以避免锈垢进入压缩机，破坏机件。

b. 回油管线管径应保证油在管内 1/2 截面内流动，并畅通无阻地流入油箱，回油总管在流动方向上应有向下 4%~5% 的坡度。

c. 各回油支管上应在易于观察的部位设置视镜，以观察回油情况。各回油支管上应设置温度计，以了解各轴承温度的变化。

d. 回油支管与回油总管应用法兰连接。回油管线上不得设置阀门。

⑧ 如主轴泵为汽轮机带轴头泵，油箱注油器出口至轴头泵吸入口管线应尽量短，并少用弯头。

⑨ 高位油箱与机组供油总管相接管线应短而直，减少弯头，不得出现 U 形。

工程应用：某离心式压缩机管道的配管设计

某离心式压缩机管道的配管设计见图 10.20。压缩机布置在厂房内，其入口总管设置在厂房外侧，可以节约占地面积，又便于安装和维修。压缩机入口不直接接弯头，其最短直管段应大于 2DN，通常可取 (3~5)DN。

工程应用：某往复式压缩机管道的配管设计

某往复式压缩机管道的配管设计见图 10.21。

工程应用：某往复式压缩机入口管道的配管设计

某压缩机入口管道的配管设计见图 10.22。易产生凝液的管线应进行伴热。为减小气体压力脉动，应在压缩机入口管线上设置缓冲罐或孔板。水沟、水池或一些小的窝气坑不可设置于压缩机房内。

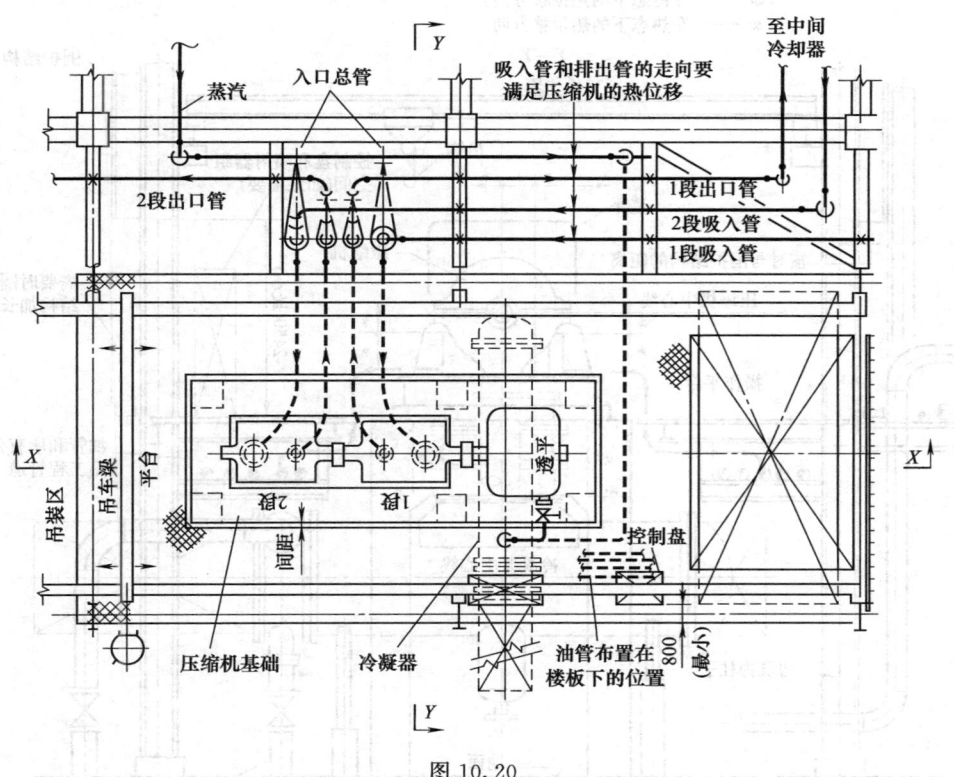

图 10.20

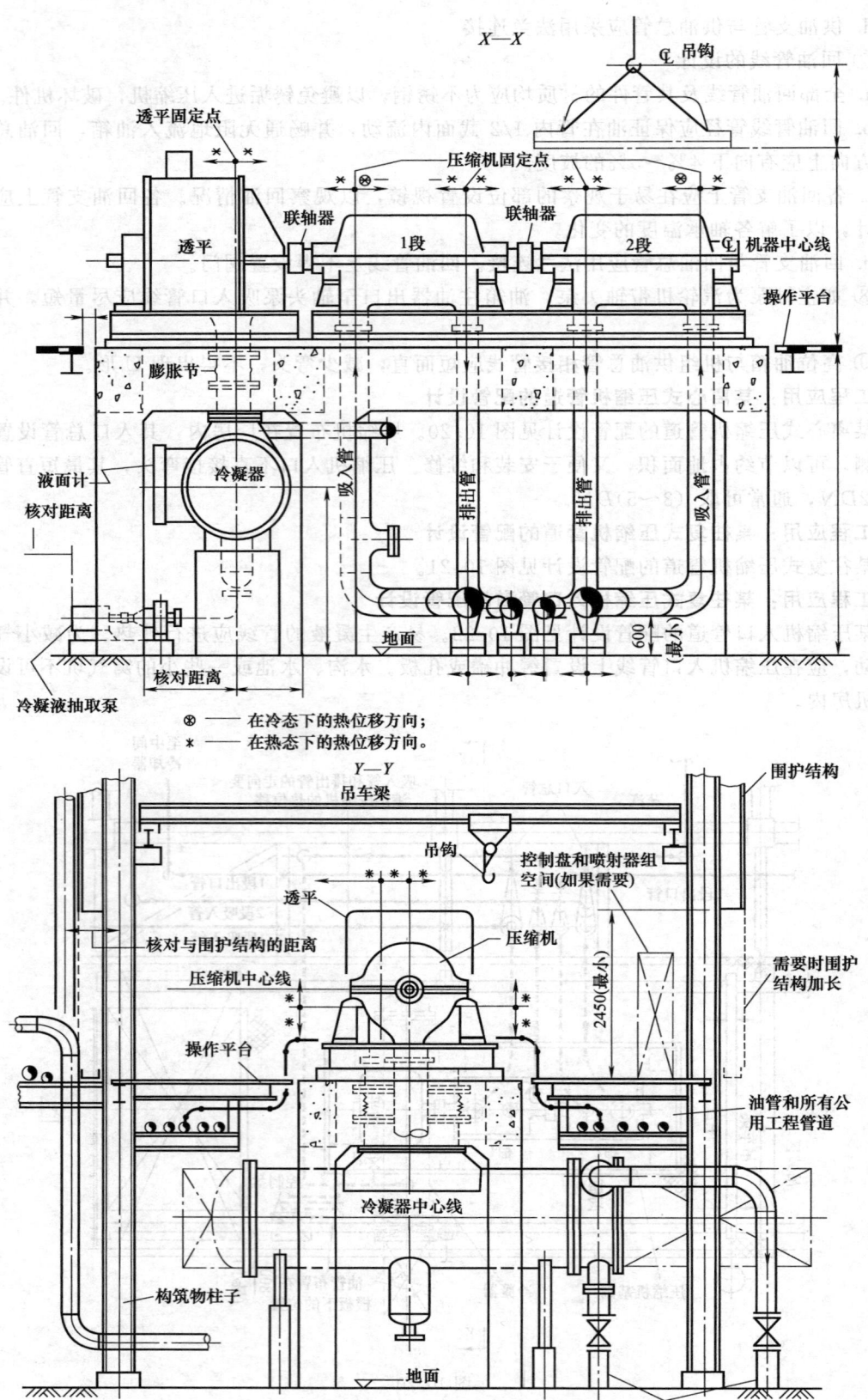

图 10.20 某离心式压缩机管道配管设计

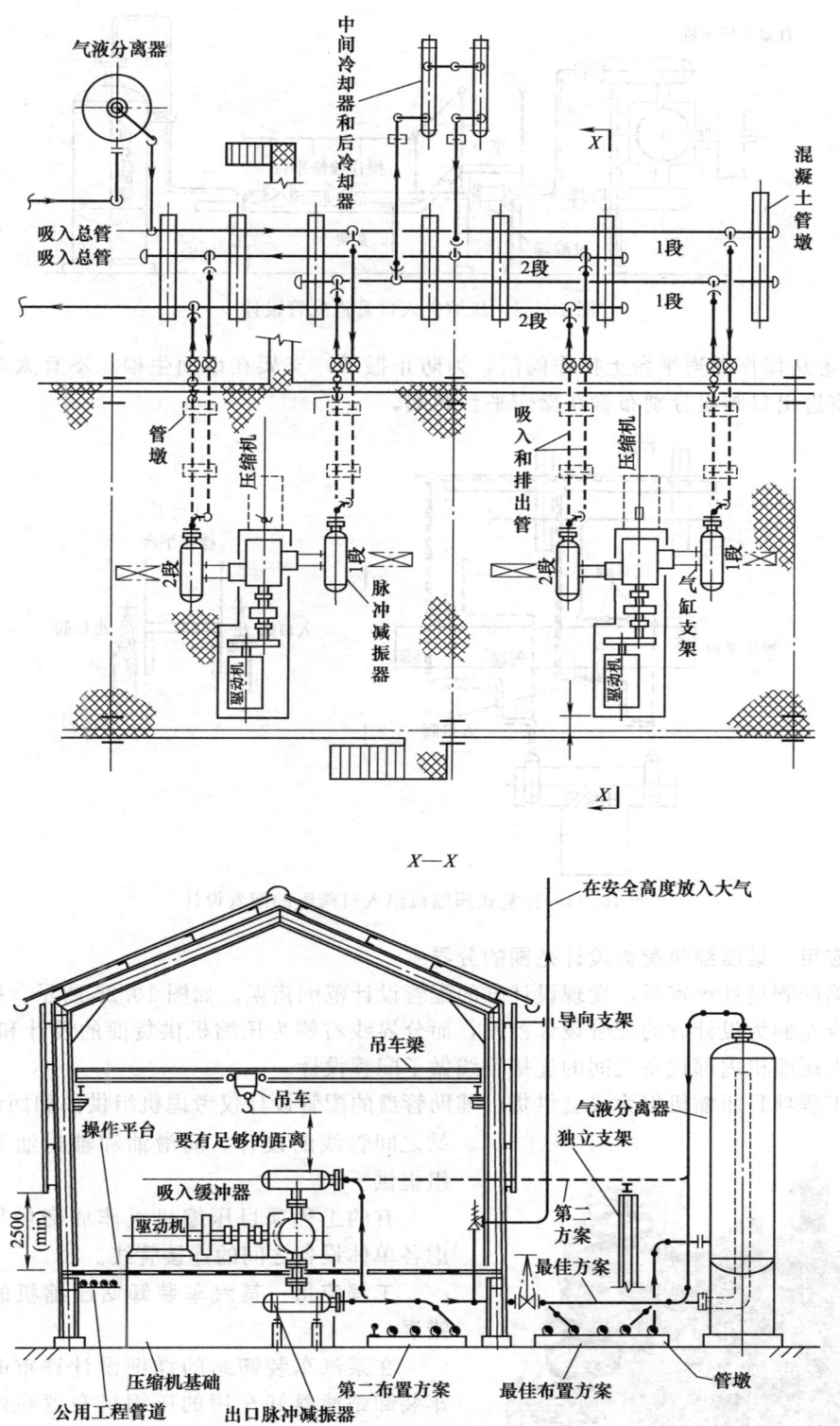

图 10.21 某往复式压缩机管道的配管设计

工程应用：往复式压缩机出入口阀组的配管设计

往复式压缩机出入口阀组的配管设计宜与压缩机轴垂直布置，也可平行布置，见图

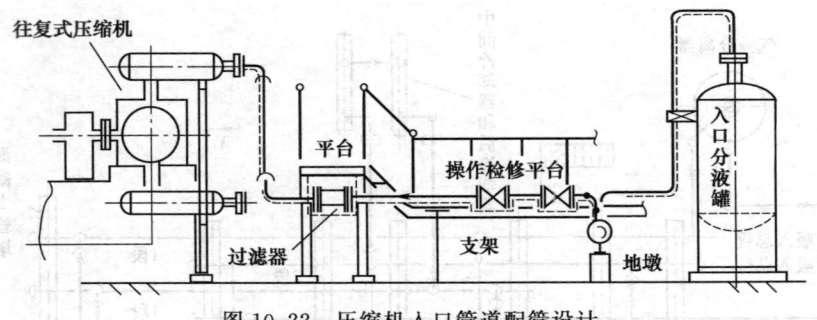

图 10.22 压缩机入口管道配管设计

10.23。考虑从操作通道平台上操作阀门,为防止振动,支架在地面生根,不宜太高。为防止误操作,将进出口阀组分别布置在操作平台两侧。

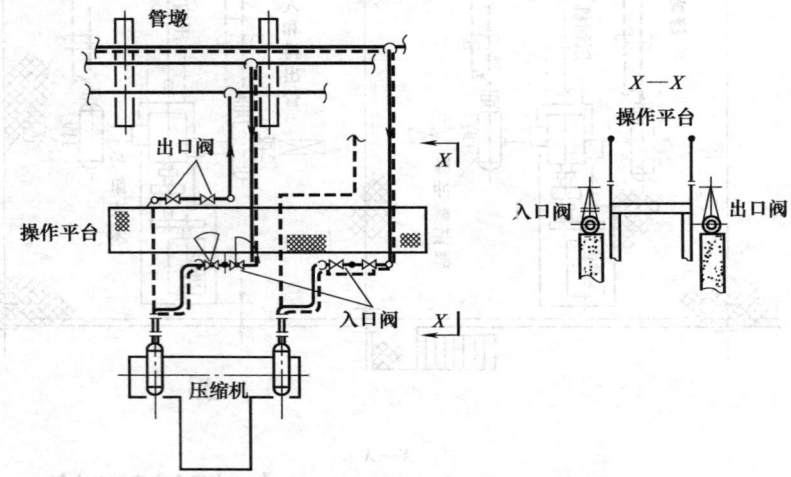

图 10.23 往复式压缩机出入口阀组的配管设计

工程应用:某压缩机配管设计范围的分界

某压缩配管设计评审时,发现设计方的配管设计范围错误。如图 10.24 所示,按照设计合同,分界线左侧为设计方的配管设计范围,而分界线右侧为压缩机供货商的设计和供货范围。而设计方把压缩机内部设备之间的连接管线做了配管设计。

有的工程项目压缩机组为成套供货,辅助管道的配管设计仅考虑机组供油和回油总管与油站之间管线的设计。润滑油和轴封油架由厂商整组提供。

有的工程项目压缩机组非成套供货,则应考虑各单体设备之间的连接管线。

工程应用:某汽车装卸站压缩机的布置设计错误

在某汽车装卸站的详细设计评审时,发现汽车装卸站液氨卸车用的压缩机布置在距鹤管和槽车 20m 的位置,造成管道布置偏长,设计人解释说按照防火规范压缩机应距离槽(罐)车尽量远一些。实际上,汽车装卸站的专用压缩机可以靠近鹤管布置,见图 10.25。

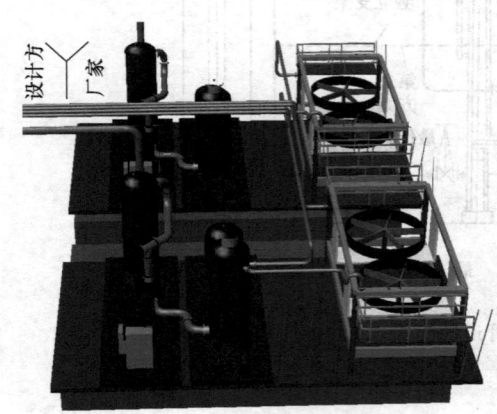

图 10.24 某压缩机配管设计范围的分界

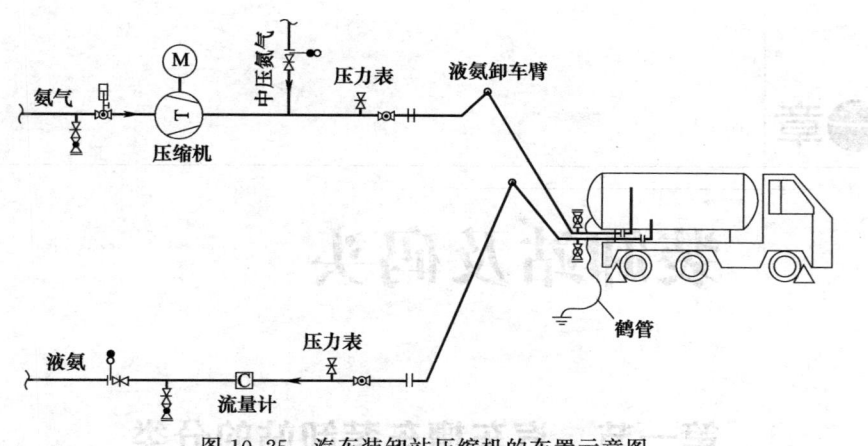

图 10.25　汽车装卸站压缩机的布置示意图

第十一章

装卸站及码头

第一节　汽车槽车装卸站的分类

一、汽车槽车的定义与分类

1. 槽（罐式）汽车（槽车）的定义

槽（罐式）汽车（图 11.1）是指装有罐状的容器，并且通常带有工作泵，用于运输液体、气体或粉粒状物质以及完成特定作业任务的专用汽车和专用汽车列车。

2. 槽（罐式）汽车的分类

① 按运输货物种类和作业性质分类：液罐汽车、粉罐汽车、颗粒罐汽车、气罐汽车、其他专用罐式汽车。例如，化工槽（罐式）汽车主要装运液体化工物品，如硫酸、盐酸、硝酸、冰醋酸、液碱、氨水、次氯酸钠、甲醛、苯、甲醇、乙醇、酒精、液体化肥等。这类物品均属化工危险品，具有不同程度的易燃、易爆、有毒或强腐蚀等特性。

② 按槽车罐体能承受的内压力大小分类。罐体按内压分级有下列四个等级。

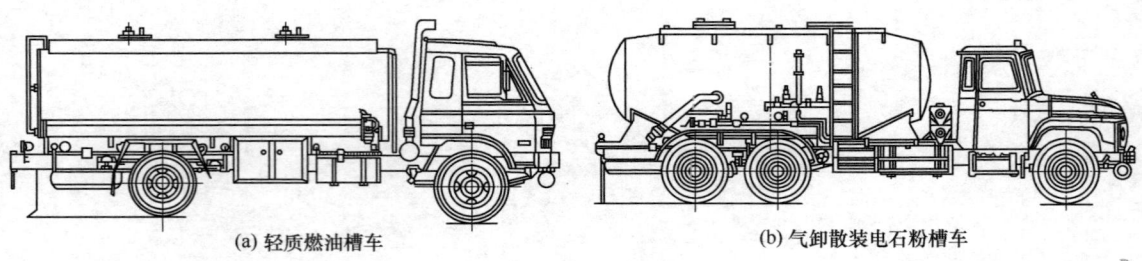

(a) 轻质燃油槽车　　　　　　　　　(b) 气卸散装电石粉槽车

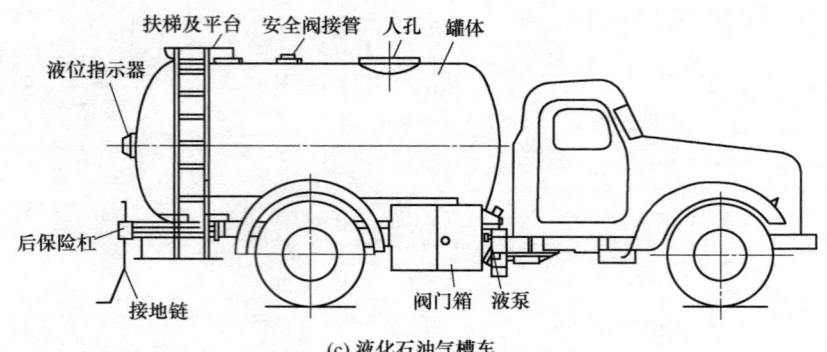

(c) 液化石油气槽车

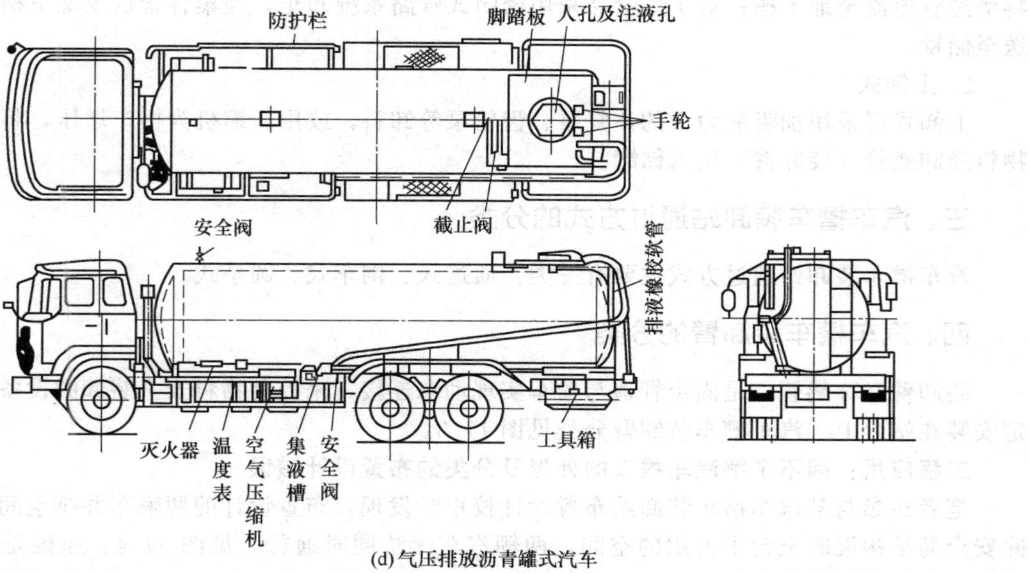

(d) 气压排放沥青罐式汽车

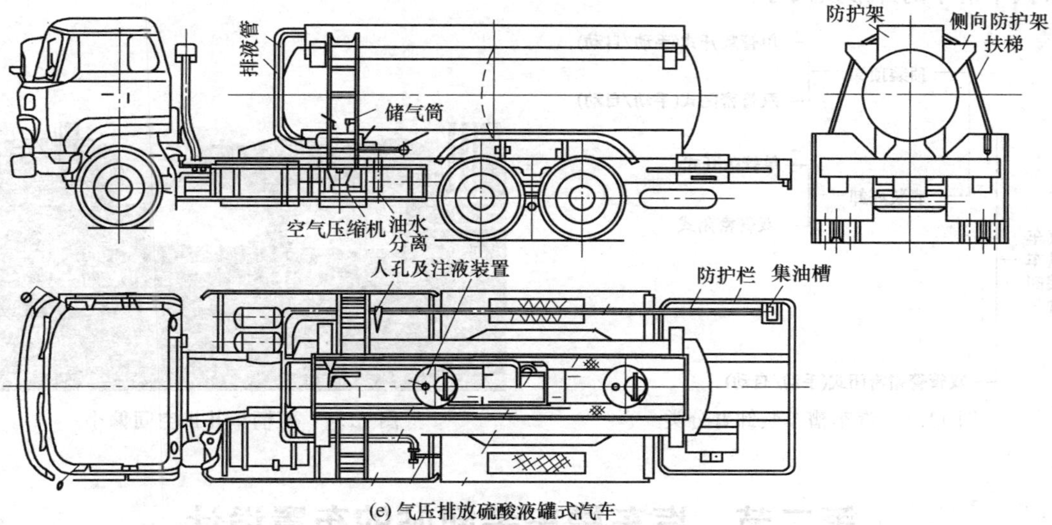

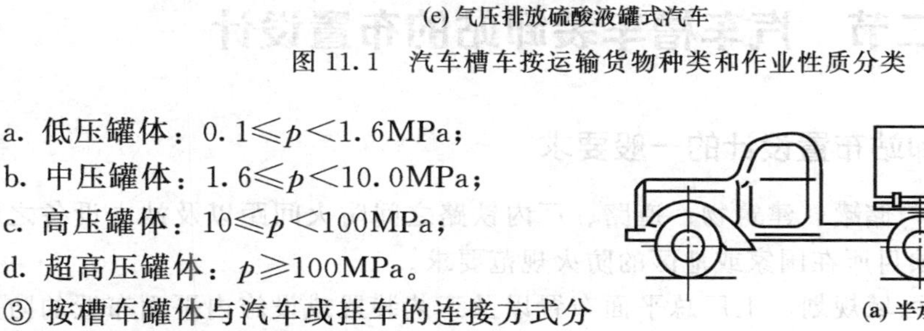

(e) 气压排放硫酸液罐式汽车

图 11.1 汽车槽车按运输货物种类和作业性质分类

a. 低压罐体：$0.1 \leqslant p < 1.6$MPa；

b. 中压罐体：$1.6 \leqslant p < 10.0$MPa；

c. 高压罐体：$10 \leqslant p < 100$MPa；

d. 超高压罐体：$p \geqslant 100$MPa。

③ 按槽车罐体与汽车或挂车的连接方式分类：半承载式罐车，承载式罐车，见图 11.2。

(a) 半承载式罐车

(b) 承载式罐车

图 11.2 汽车槽车按罐体与汽车或挂车的连接方式分类

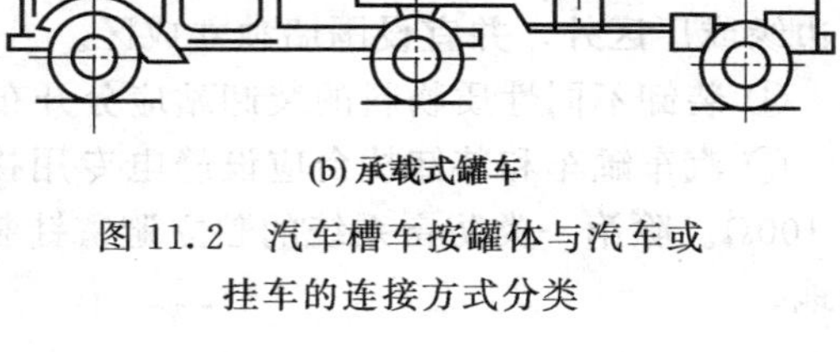

二、汽车槽车装卸站的分类

1. 下卸式

下卸式是利用槽车的下卸口，通过胶管将物料自流到地下槽，接卸口分敞开式和密闭式两类。对于重油类物料可采用敞开式，方形卸

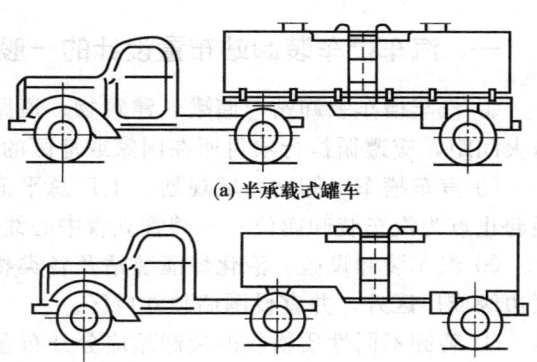

料槽经管道流至地下槽；对于危险品采用密闭式管路系统卸车，经集合管送至地下槽，再经泵送至储罐。

2. 上卸式

上卸式可采用抽吸能力大的往复泵、齿轮泵等卸料，或用压缩机为槽车增压，将槽车内的物料经卸鹤管（装卸臂）压入储罐。

三、汽车槽车装卸站通过方式的分类

汽车槽车装卸站通过方式主要有三类：通过式、倒车式、圆亭式。

四、汽车槽车装卸臂的分类

装卸臂又称鹤管，是固定管道与槽车实现动态连接，来控制物料安全装卸的设备，一般固定安装在站台上。汽车槽车装卸臂分类见图11.3。

工程应用：因不了解汽车槽车的外形及分类的布置设计错误

笔者在参与某汽车槽车装卸站布置设计校审时发现，布置设计的两辆车并排空间偏小，去除安全岛结构混凝土台子占用的空间，两辆汽车无法同时通行，见图11.4。原因是设计人不了解汽车槽车的外形及尺寸。

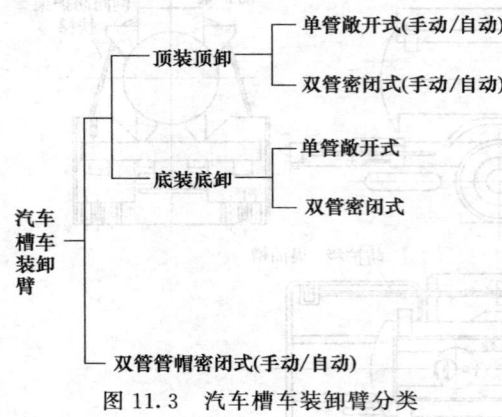

图 11.3 汽车槽车装卸臂分类

图 11.4 两辆车并排空间偏小

第二节 汽车槽车装卸站的布置设计

一、汽车槽车装卸站布置设计的一般要求

① 汽车槽车装卸站与储罐、建筑物、道路、厂内铁路之间防火间距以及站内设备之间的防火间距，应遵循执行项目所在国家或地区的防火规范要求。

② 汽车槽车装卸站区域规划、工厂总平面布置以及工艺装置或设施内平面布置的防火间距起止点为汽车装卸鹤位——鹤管立管中心线。

③ 汽车装卸设施、液化烃灌装站及各类物品仓库等机动车辆频繁进出的设施应布置在厂区边缘或厂区外，并宜设围墙独立成区。

④ 装卸不同性质物料的装卸站应分开布置。

⑤ 汽车罐车和装卸栈台应设静电专用接地线。每组专设的静电接地体的接地电阻值宜小于100Ω。除第一类防雷系统的独立避雷针装置的接地体外，其他用途的接地体均可用于静电接地。

⑥ 汽车液体装卸区内，当液体装卸臂与甲、乙、丙类可燃液体罐区及其泵房同区布置时，液体装卸臂与储罐、泵房之间的净距不应小于表 11.1 的要求。

表 11.1　液体装卸臂与储罐、泵房之间的净距　　　　　　　　　　　　m

泵房	甲、乙类可燃液体储罐		丙类可燃液体储罐
	拱顶罐	浮顶罐	
≥8	≥0.6D 且≥20	≥0.4D 且≥15	≥12

注：D 为储罐的直径。

二、可燃液体汽车装卸站的布置设计

① 装卸站的汽车进、出口宜分开设置，当进出口合用时，站内应设回车场。
② 装卸车场应采用现浇混凝土地面。
③ 装卸车鹤位与缓冲罐之间的距离不应小于 5m，高架罐之间的距离不应小于 0.6m。
④ 甲$_B$、乙$_A$ 类液体装卸车鹤位与集中布置的泵的距离不应小于 8m。
⑤ 站内无缓冲罐时，在距装卸车鹤位 10m 以外的装卸管道上应设便于操作的紧急切断阀。
⑥ 甲$_B$、乙、丙$_A$ 类液体的装卸车应采用液下装卸车鹤管。
⑦ 甲$_B$、乙、丙$_A$ 类液体与其他类液体的两个装卸车栈台相邻鹤位之间的距离不应小于 8m。
⑧ 装卸车鹤位之间的距离不应小于 4m，双侧装卸车栈台相邻鹤位之间或同一鹤位相邻鹤管之间的距离应满足鹤管正常操作和检修的要求。

三、液化烃汽车的装卸设施的布置设计

① 液化烃严禁就地排放。
② 低温液化烃装卸鹤位应单独设置。
③ 汽车装卸车鹤位之间的距离不应小于 4m；双侧装卸车栈台相邻鹤位之间或同一鹤位相邻鹤管之间的距离应满足鹤管正常操作和检修的要求，液化烃汽车装卸栈台与可燃液体汽车装卸栈台相邻鹤位之间的距离不应小于 8m。
④ 在距装卸车鹤位 10m 以外的装卸管道上应设便于操作的紧急切断阀。
⑤ 汽车装卸车场应采用现浇混凝土地面。
⑥ 装卸车鹤位与集中布置的泵的距离不应小于 10m。

四、汽车槽车装卸站棚子、梯子和平台的布置设计

① 采用槽车顶部装卸的液体装卸臂，应安装在操作平台上，并设有活动梯。
② 操作平台顶面高度，以汽车装卸区地面±0.0 标高为基准，操作平台顶面标高宜为 2.5～4.0m。
③ 当汽车槽车通过操作平台底部时，操作平台底部净空高度应满足汽车槽车通过的要求。

五、汽车槽车装卸臂的布置设计

① 不配立柱汽车槽车顶部液体装卸臂示意图见图 11.5。
② 配立柱汽车槽车顶部液体装卸臂示意图见图 11.6。
③ 配立柱汽车槽车底部液体装卸臂安装示意图见图 11.7。

六、GB 50160、GB 50074、GB 50183 对汽车装卸车设施规定的比较

① GB 50160《石油化工企业设计防火规范》、GB 50074《石油库设计规范》、GB 50183

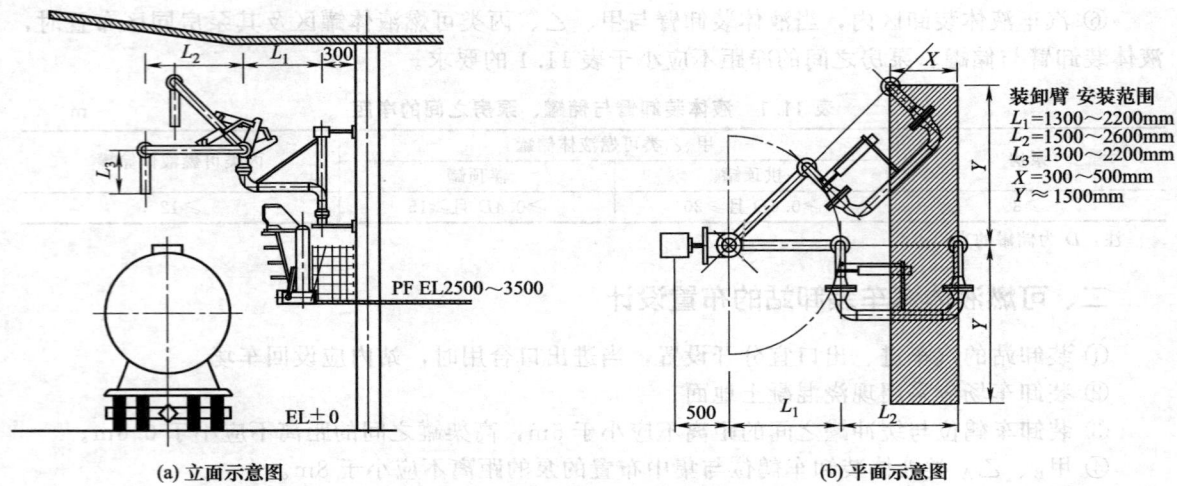

(a) 立面示意图　　　(b) 平面示意图

图 11.5　不配立柱汽车槽车顶部液体装卸臂安装示意图

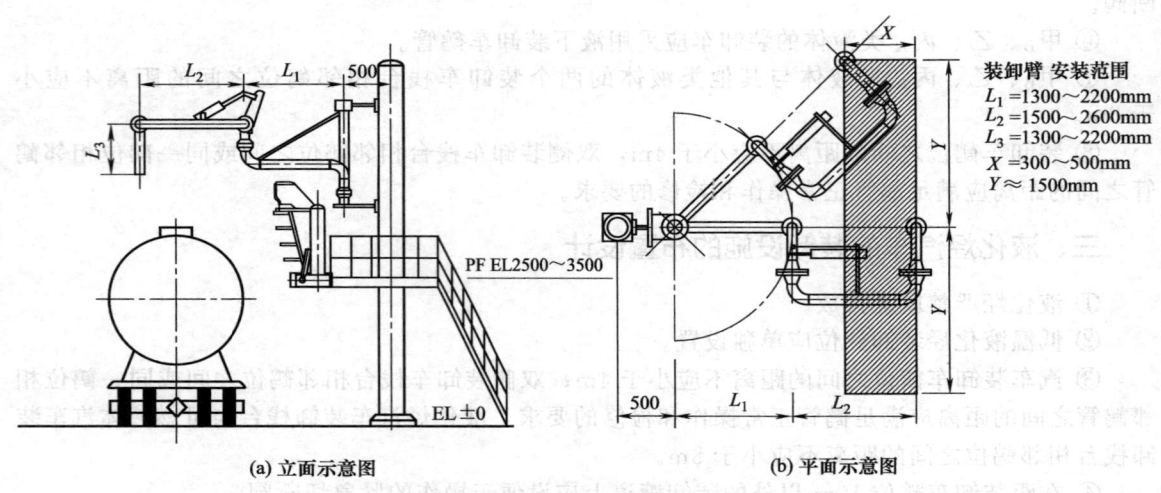

(a) 立面示意图　　　(b) 平面示意图

图 11.6　配立柱汽车槽车顶部液体装卸臂示意图

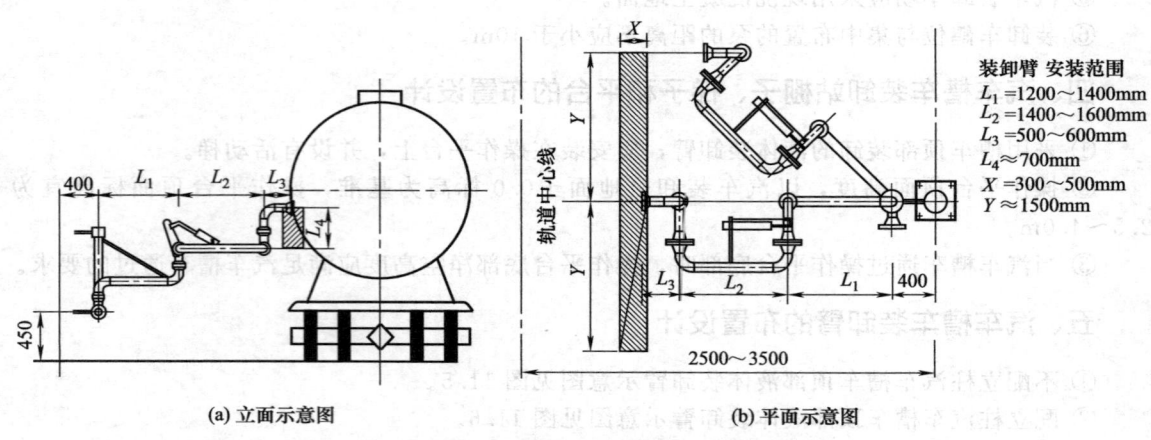

(a) 立面示意图　　　(b) 平面示意图

图 11.7　配立柱汽车槽车底部液体装卸臂安装示意图

《石油天然气工程设计防火规范》等规范对铁路装卸车设施的布置设计均有规定，每个规范适用的范围各不相同，在工程设计中，应根据具体执行的项目选择相应的防火规范。

② 汽车槽车装卸接头与储罐的防火间距，美国标准 API 2510、NFPA 59 均规定为 15m，与我国的上述标准规定基本一致。

③ 上述各防火规范规定的内容基本相同，但个别条款不相同。例如，GB 50160 规定"汽车装卸车鹤位之间的距离不应小于 4m"，而 GB 50183 规定"汽车装卸车鹤管之间的距离不应小于 4m"。

工程应用：汽车装油站的布置设计

汽车装油站的介质为甲$_B$、乙$_A$ 类液体，装卸车鹤位与集中布置的泵的距离不应小于 8m。其他布置设计间距见图 11.8。

工程应用：高位罐装车站的布置设计

高位罐装车站的布置设计见图 11.9。

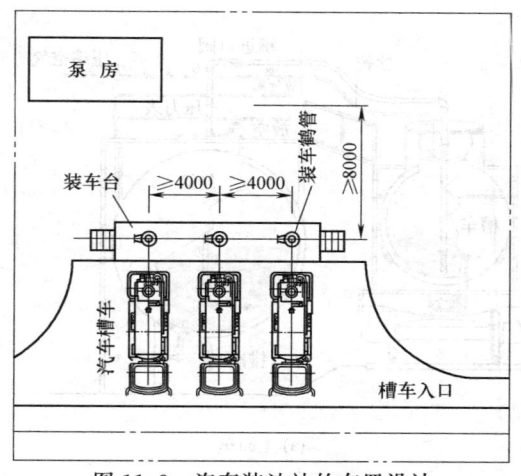

图 11.8 汽车装油站的布置设计

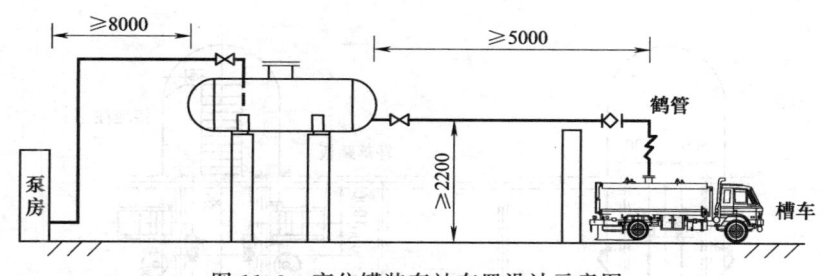

图 11.9 高位罐装车站布置设计示意图

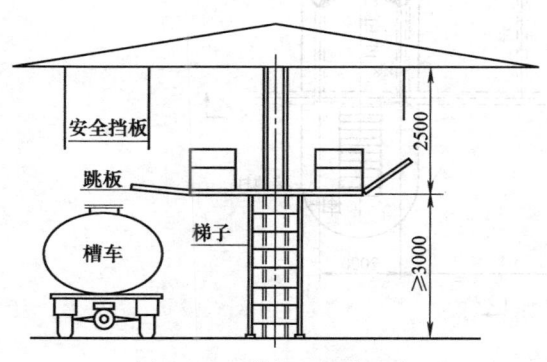

图 11.10 单柱双侧装车台

工程应用：单柱双侧装车台的布置设计

单柱双侧装车台的布置设计见图 11.10。

工程应用：密闭下卸系统卸车站的布置设计

密闭下卸系统卸车站的布置设计见图 11.11。

工程应用：某氢氧化钠溶液上卸车和下卸车的布置

某氢氧化钠溶液的上卸车和下卸车的布置方式见图 11.12。

工程应用：某上装卸车和下装卸车的布置设计

某上装卸车和下装卸车的布置设计见图 11.13（a），左侧为下装卸车，右侧为上装卸车。下装卸车有关的两台泵布置在安全岛上。

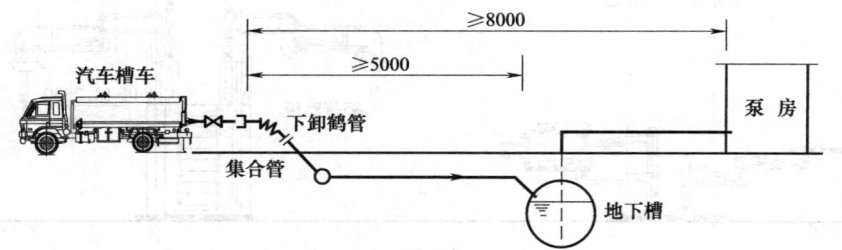

图 11.11 密闭下卸系统卸车站

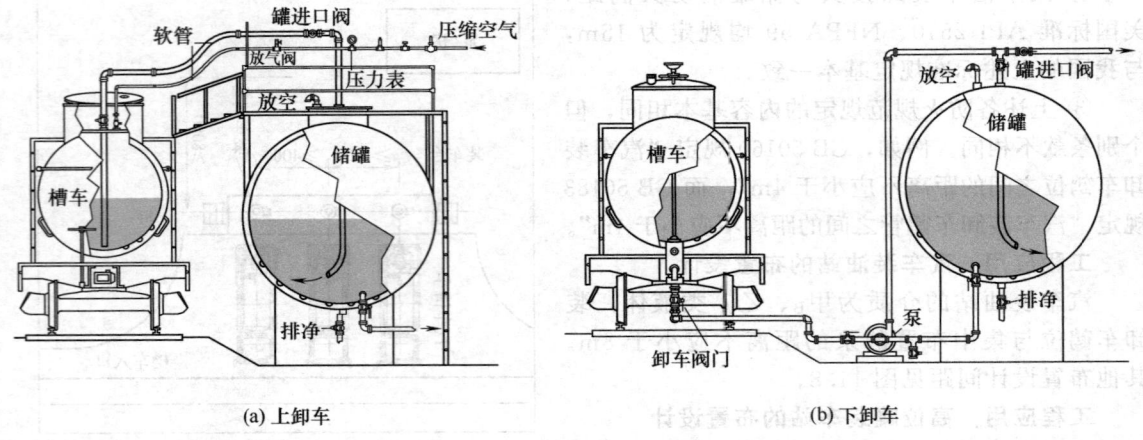

(a) 上卸车 (b) 下卸车

图 11.12　上卸车和下卸车的布置

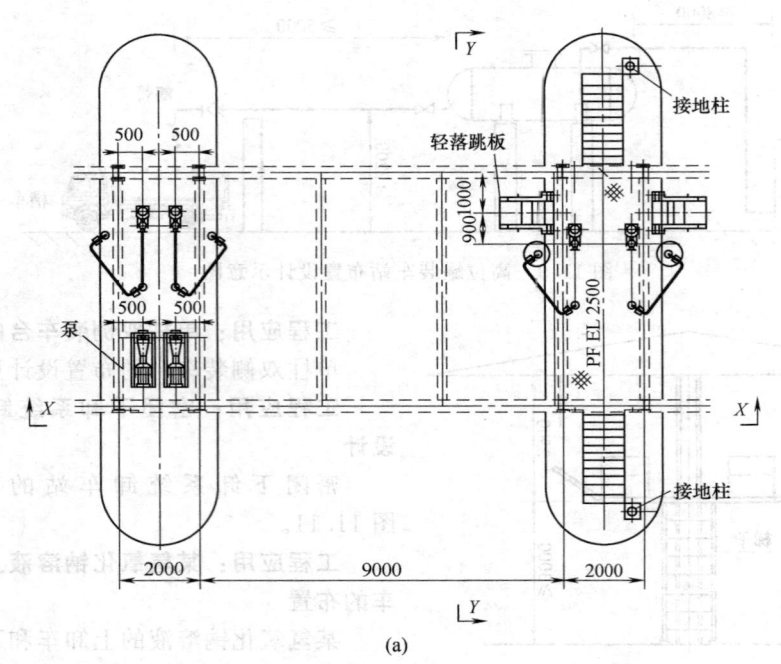

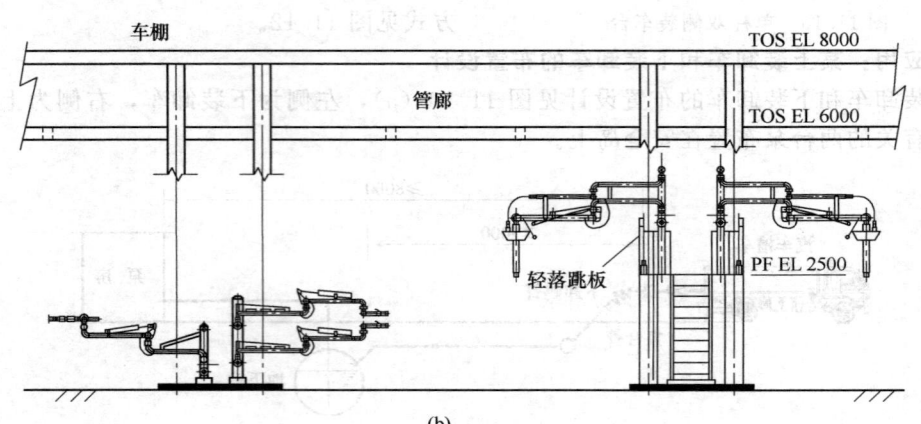

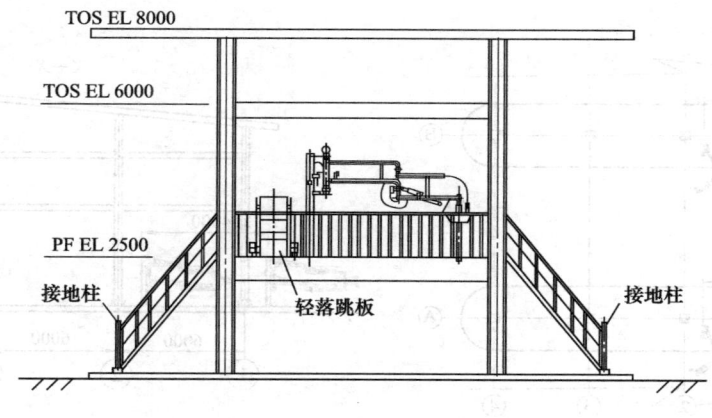

图 11.13 某上装卸车和下装卸车的布置设计

工程应用：某装卸站鹤管的不合理设计及 GB 50160、GB 50183、GB 50016 的比较

图 11.14 是某装卸站鹤管的不合理设计，同一个鹤位的两个鹤管距离布置成了 4m 的不合理设计，造成车棚（雨棚）、安全岛等比正常大很多。汽车双侧装卸车栈台，两个鹤管属同类设备，物料介质也相同，可以相邻布置，同一鹤位相邻两个鹤管的距离只要满足鹤管正常操作和检修要求就可。

GB 50160《石油化工企业防火规范》内规定：可燃液体、液化烃的汽车装卸站，装卸车鹤位之间的距离不应小于 4m，双侧装卸车栈台相邻鹤位之间或同一鹤位相邻鹤管之间的距离应满足鹤管正常操作和检修的要求。液化烃汽车装卸栈台与可燃液体汽车装卸栈台相邻鹤位之间的距离不应小于 8m。GB 50160 规定了鹤位之间的距离，并提出对于双侧装卸车栈台同一个鹤位可以布置 2 个鹤管。

GB 50183《石油天然气工程设计防火规范》规定：汽车装卸站装卸车鹤管之间的距离不应小于 4m；装卸车鹤管与缓冲罐之间的距离不应小于 5m。GB 50183 规范的字面没有区分"鹤管"与"鹤位"的概念。

"汽车装卸车鹤位之间的距离不应小于 4m"，这个距离是不展开时的间距。这个"4m"指的是两个"鹤位"之间的距离，而不是指两个"鹤管"之间的距离，一个鹤位可以有数个鹤管，鹤管可以相邻布置。鹤管之间的距离只要满足正常操作及检修即可。鹤位之间的距离不应小于 4m。这个 4m，主要考虑车身宽度需要，在 GB 50016《建筑设计防火规范》中有规定消防车道的净宽度和净空高度均不应小于 4m。如果鹤位之间是不小于 4m 的距离，就可以使消防车通过。

如图 11.14 所示的布置，在同一个安全岛上同一鹤位的两个鹤管完全可以就近布置，不用分开 4m。

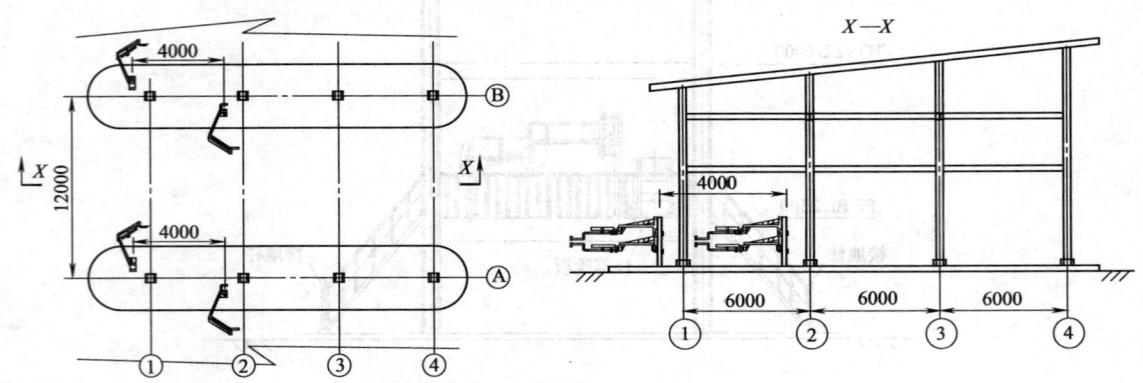

图 11.14 某装卸站鹤管的不合理设计

工程应用：汽车装卸站梯子的居中与偏置设计

有一汽车装卸站，业主提出上平台的梯子需居中布置。汽车装卸站梯子一般靠近管廊支柱，如图 11.15（a）所示，一般只能靠柱子一侧，如果管廊柱子在安全岛上居中布置，则梯子就不易居中布置，如果梯子在安全岛上居中布置，则管廊支柱就会偏。如果业主比较喜欢管廊柱子和梯子都在安全岛上居中布置，可以设计成如图 11.15（b）所示的双支柱布置。

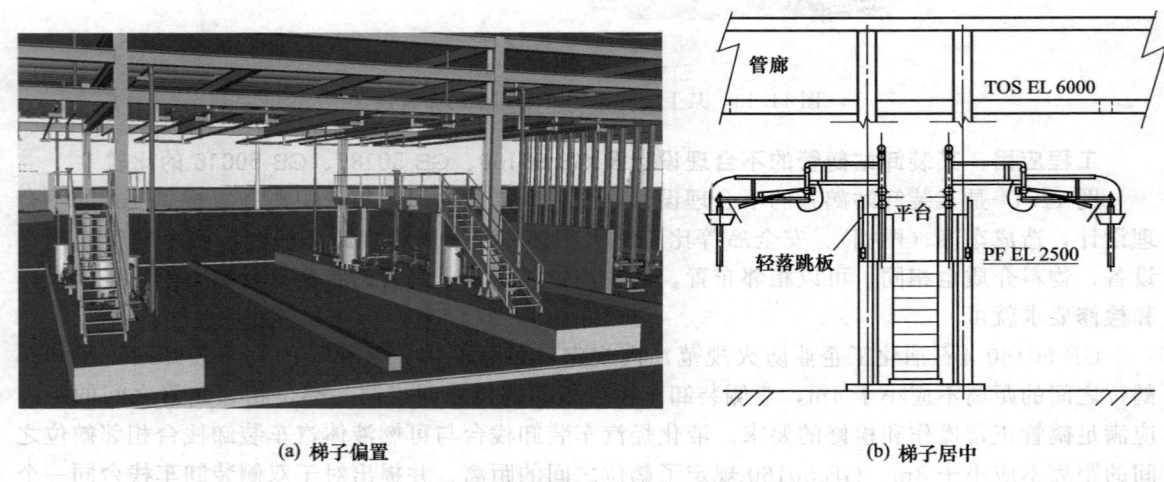

(a) 梯子偏置　　　　　　　　　　　(b) 梯子居中

图 11.15 汽车装卸站梯子的居中与偏置设计

第三节　汽车槽车装卸站管道的配管设计

一、汽车槽车装卸站管道配管设计的一般要求

1. 装卸站总管的布置

① 装卸站总管布置与汽车槽车的形式有关。槽车的装卸口在顶部时，宜采用高架布置管道；装卸口在车的低位时，宜采用低架布置管道。

② 鹤管阀门设在地面或装卸台上，应方便操作，不阻碍通道。对易燃可燃物料管道，如果 PI 图上有要求，应将切断阀安装在距装卸台 10m 以外的易接近处。

2. 鹤管的布置

① 鹤管种类很多，有固定式、气动升降式、重锤摆动式、万向式等，能适应各种情况，设计时可视具体的装卸要求选用产品。

② 在敞开式装车时，选用液下装车鹤管，以减少液体的飞溅。

③ 不允许放空的介质应采用密闭装车，鹤管的气相管应与储罐气相管道相连，将排放气排入储罐。该气相管避免出现下凹袋形，以防凝液聚集。当配管不可避免地出现下凹袋形时，则必须在袋形最低点处设集液包及排液管，并按工艺要求收集处理，或对集液包局部伴热，使凝液蒸发，避免产生液封现象。无毒害、非易燃易爆的物料装车时，可将放空管引出顶棚排放。

④ 当采用上卸方式卸车时，一般是将压缩气体通入槽车，用气相加压法将物料通过鹤管压入储罐中。

二、汽车槽车装卸站辅助管道的配管设计

① 装卸站应设软管站，操作范围以软管长 15m 为半径，用于吹扫、冲洗、维修和防护。

② 在装卸酸、碱、氨等介质的区域，应在适当位置设置洗眼器和安全淋浴。

③ 对于输送过程中易产生静电的易燃易爆介质管道，应有完善的防静电措施（如法兰之间设导电金属跨接措施、管道系统及设备的静电接地等）。

④ 对于高寒地区，要注意采取正确的防冻措施。

⑤ 装车计量，可选用流量计就地计量或用地中衡称量。流量计应布置在槽车进出不会碰撞的地方。设防火堤者，流量计应布置在围堤之外。

⑥ 汽车槽车的液体装卸臂等于或少于 2 台时，可不设联合平台。可利用管廊一侧的道路作为停车位，在路边设置独立的钢平台。液体装卸臂的设备布置及配管，见图 11.16。

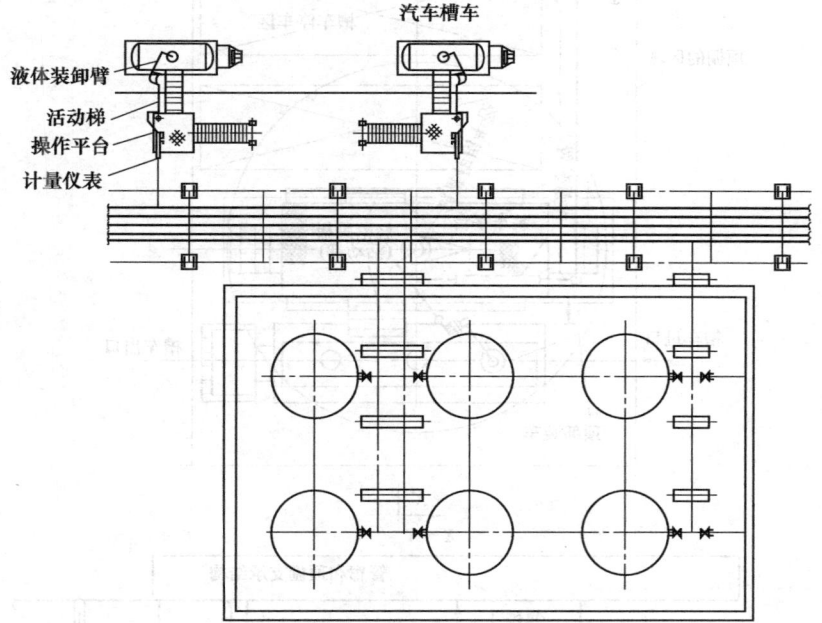

图 11.16　液体装卸臂等于或少于 2 台的布置及配管示意图

工程应用：单侧装卸汽车槽车装车站的设计

单侧装卸汽车槽车装车站的设计见图 11.17。

工程应用：鹤管布置在装车台中心时汽车槽车装车台的配管设计

鹤管布置在装车台中心时汽车槽车装车台的配管设计见图 11.18。

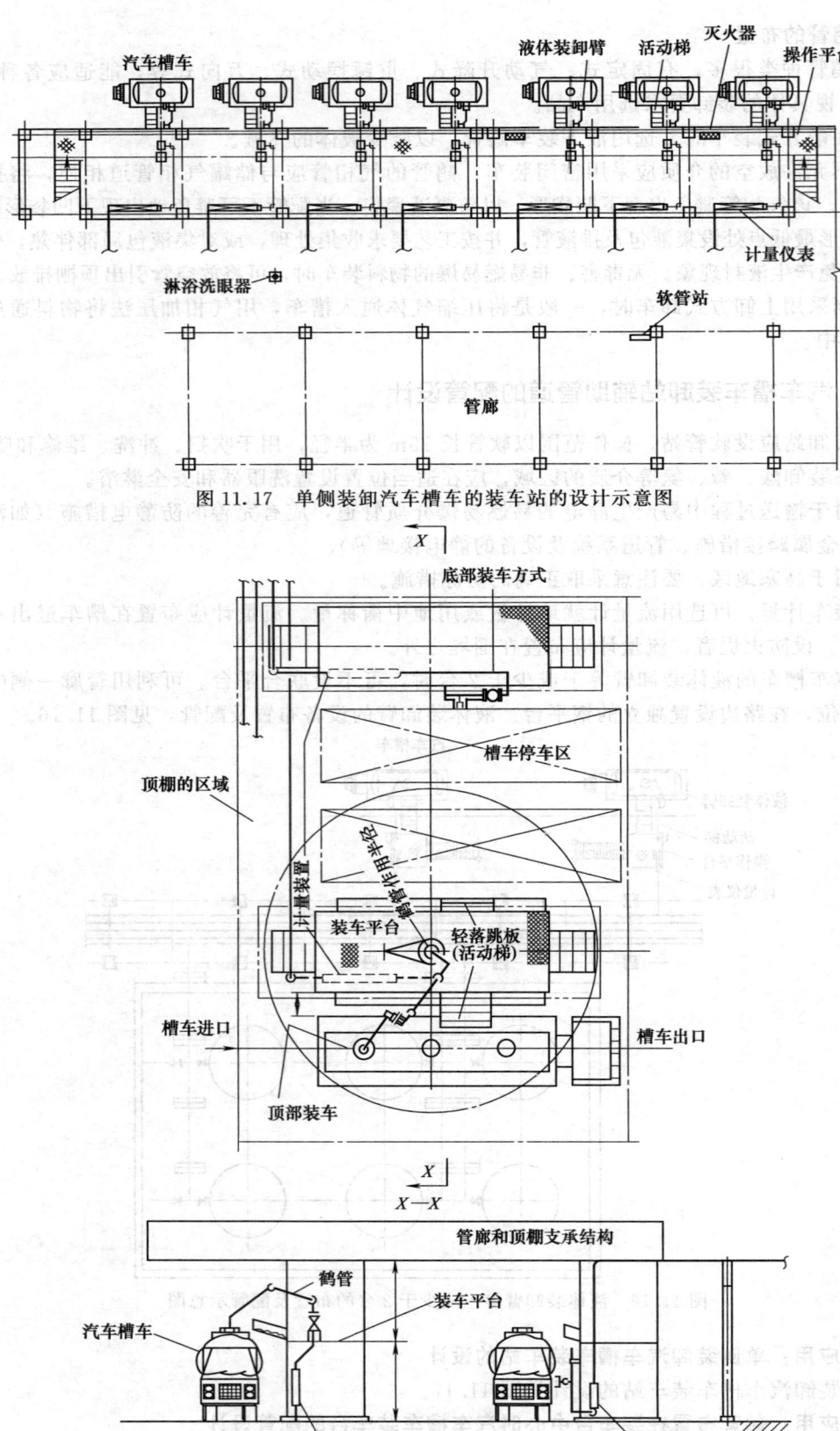

图 11.17 单侧装卸汽车槽车的装车站的设计示意图

图 11.18 鹤管布置在装车台中心时汽车槽车装车台的布置和配管设计示意图

工程应用：鹤管布置在装车台边缘时汽车槽车装车台的配管设计

鹤管布置在装车台边缘时汽车槽车装车台的配管设计见图 11.19。

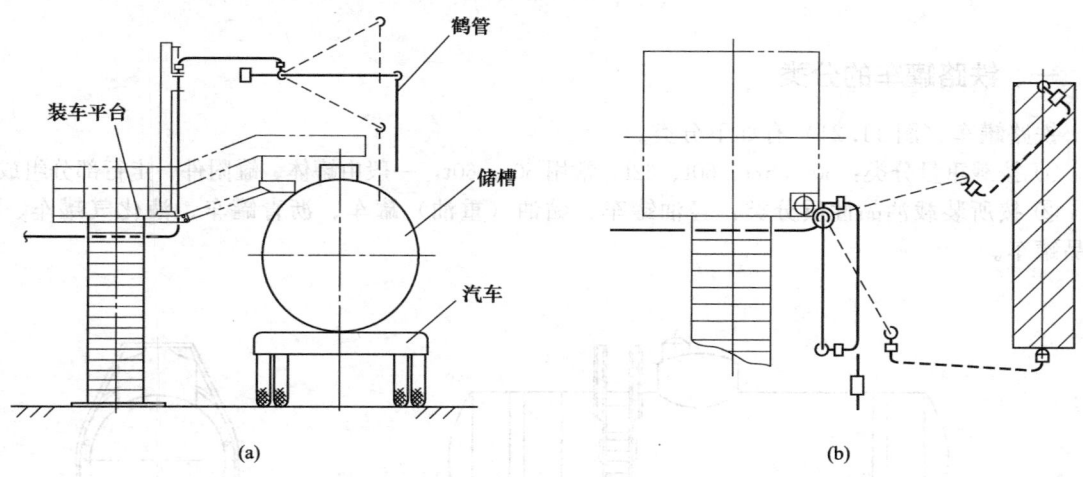

图 11.19　鹤管布置在装车台边缘时汽车槽车装车台的配管设计

工程应用：某上装卸站的配管设计

某上装卸站的配管设计见图 11.20。

(a) 平台及雨棚设置

(b) 计量仪表设置

(c) 辅助管道的配管

(d) 安全岛管道的布置

图 11.20　某上装卸站的配管设计

第四节 铁路槽车装卸站的分类

一、铁路罐车的分类

铁路罐车（图 11.21）有如下分类。
① 按载重量分类：50t、52t、60t、62t，常用 50t、60t，一般由罐体、罐附件、走行部分组成。
② 按所装载油品性质分类：轻油罐车、黏油（重油）罐车、沥青罐车、液化气罐车、化工品罐车。

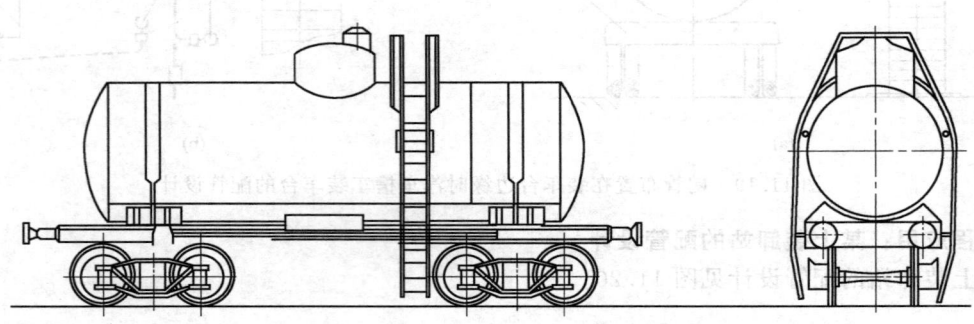

(a) G50型 50m³型轻油罐车示意图

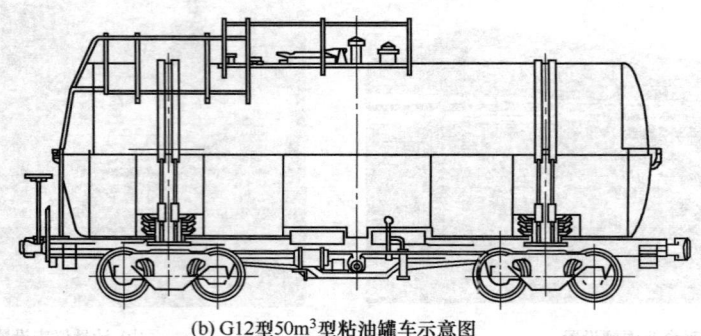

(b) G12型 50m³型粘油罐车示意图

图 11.21 铁路油罐车

二、铁路槽车装卸方式的分类

① 下卸式。下卸式多用于原油铁路槽车卸车，采用密闭管路系统。
② 上卸式。上卸式可采用抽吸能力大的往复泵、齿轮泵等；或用压缩机为槽车增压，此法一般用在酸、碱及其他化工物料的卸车。卸车时槽车内压力不允许超过槽车允许压力。

三、铁路槽车装卸臂的分类

铁路槽车装卸臂分类见图 11.22。

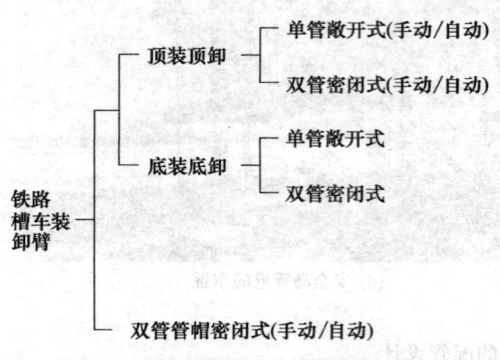

图 11.22 铁路槽车装卸臂分类

四、铁路槽车卸物料的方式分类

铁路槽车卸物料的方式分类见图 11.23。

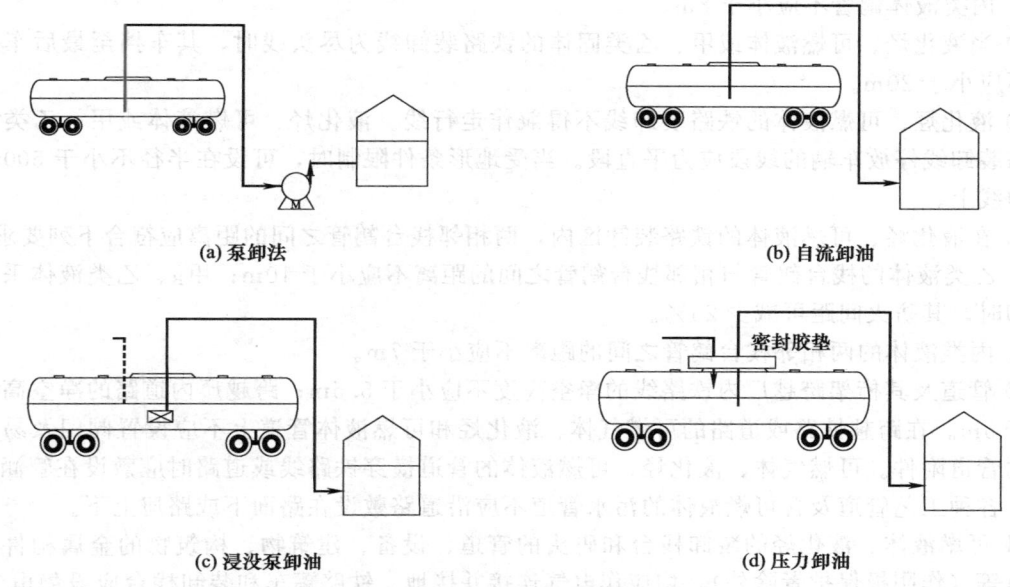

图 11.23 铁路槽车卸物料方式示意图

第五节 铁路槽车装卸站的布置设计

一、铁路槽车装卸站布置设计的一般要求

① 铁路槽车装卸站与储罐、建筑物、道路、厂内铁路之间防火间距以及站内设备之间的防火间距，遵循项目所在国家或地区的防火规范要求。

② 铁路槽车装卸站区域规划、工厂总平面布置，以及工艺装置或设施内平面布置的防火间距起止点为：铁路——中心线。装卸站一般布置在厂区的边缘便于车辆进出的位置。装卸不同性质物料的装卸站应分开布置。装卸腐蚀性物料的场地及铁路道床，应做防腐处理。

③ 在液化烃、可燃液体的铁路装卸区应设与铁路线平行的消防车道：若一侧设消防车道，车道至最远的铁路线的距离不应大于 80m；若两侧设消防车道，车道之间的距离不应大于 200m，超过 200m 时，其间尚应增设消防车道。

④ 当液化烃装卸栈台与可燃液体装卸栈台布置在同一装卸区时，液化烃栈台应布置在装卸区的一侧。

⑤ 当装卸量大时，一般采用双侧装卸台，两股铁路装卸线的中心线距离一般为 6.5m。双侧装卸台边缘与铁路中心线距离为 1850mm，台宽 2.8m，装卸鹤管距铁路中心线 3250mm。（如果采用方向鹤管或耳形鹤管时，可向两侧转动装车）单侧装卸台宽度不小于 1.5m，装卸鹤管距铁路中心线 2.8m。

⑥ 装卸台高度距轨顶 3.6m，装卸台长度：一般铁路槽车长 12m。装卸台应设栏杆，在每个鹤位处有活动跳板可搭接槽车顶部，在装卸台两端和每隔 60m 设置安全梯。

⑦ 铁路槽车装车站的装车方式一般采用上装。铁路装卸线中心线距装车鹤管 2.8m。

⑧ 在液化烃、可燃液体的铁路装卸区内，内燃机车至另一栈台鹤管的距离应符合下列

要求。

　　a. 乙类液体鹤管不应小于 12m；甲$_B$、乙类液体采用密闭装卸时，其防火间距可减少 25%。

　　b. 丙类液体鹤管不应小于 8m。

　　⑨ 当液化烃、可燃液体或甲、乙类固体的铁路装卸线为尽头线时，其车挡至最后车位的距离不应小于 20m。

　　⑩ 液化烃、可燃液体的铁路装卸线不得兼作走行线。液化烃、可燃液体或甲、乙类固体的铁路装卸线停放车辆的线段应为平直段。当受地形条件限制时，可设在半径不小于 500m 的平坡曲线上。

　　⑪ 在液化烃、可燃液体的铁路装卸区内，两相邻栈台鹤管之间的距离应符合下列要求。

　　a. 乙类液体的栈台鹤管与相邻栈台鹤管之间的距离不应小于 10m；甲$_B$、乙类液体采用密闭装卸时，其防火间距可减少 25%。

　　b. 丙类液体的两相邻栈台鹤管之间的距离不应小于 7m。

　　⑫ 管道及其桁架跨越厂内铁路线的净空高度不应小于 5.5m；跨越厂内道路的净空高度不应小于 5m。在跨越铁路或道路的可燃气体、液化烃和可燃液体管道上不应设置阀门及易发生泄漏的管道附件。可燃气体、液化烃、可燃液体的管道横穿铁路线或道路时应敷设在管涵或套管内。各种工艺管道及含可燃液体的污水管道不应沿道路敷设在路面下或路肩上下。

　　⑬ 可燃液体、液化烃的装卸栈台和码头的管道、设备、建筑物、构筑物的金属构件和铁路钢轨等（作阴极保护者除外），均应作电气连接并接地。铁路罐车和装卸栈台应设静电专用接地线。每组专设的静电接地体的接地电阻值宜小于 100Ω。除第一类防雷系统的独立避雷针装置的接地体外，其他用途的接地体，均可用于静电接地。

　　⑭ 铁路液体装卸区内，当液体装卸臂与甲、乙、丙类可燃液体罐区及其泵房同区布置时，液体装卸臂与储罐、泵房之间的净距不应小于表 11.2 的要求。

表 11.2　液体装卸臂与储罐、泵房之间的净距

m

泵房	甲、乙类可燃液体储罐		丙类可燃液体储罐
	拱顶罐	浮顶罐	
≥8	≥0.6D 且≥20	≥0.4D 且≥15	≥12

注：D 为储罐的直径。

二、可燃液体铁路装卸设施的布置设计

　　① 装卸栈台两端和沿栈台每隔 60m 左右应设梯子。

　　② 甲$_B$、乙、丙$_A$ 类的液体严禁采用沟槽卸车系统。

　　③ 顶部敞口装车的甲$_B$、乙、丙$_A$ 类的液体应采用液下装车鹤管。

　　④ 在距装车栈台边缘 10m 以外的可燃液体（润滑油除外）输入管道上应设便于操作的紧急切断阀。

　　⑤ 丙$_B$ 类液体装卸栈台宜单独设置。

　　⑥ 零位罐至罐车装卸线不应小于 6m。

　　⑦ 甲$_B$、乙$_A$ 类液体装卸鹤管与集中布置的泵的距离不应小于 8m。

　　⑧ 同一铁路装卸线一侧两个装卸栈台相邻鹤位之间的距离不应小于 24m。

三、液化烃铁路装卸设施的布置设计

　　① 液化烃严禁就地排放。

　　② 低温液化烃装卸鹤位应单独设置。

　　③ 铁路装卸栈台宜单独设置，当不同时作业时，可与可燃液体铁路装卸共台设置。

④ 同一铁路装卸线一侧两个装卸栈台相邻鹤位之间的距离不应小于 24m。
⑤ 铁路装卸栈台两端和沿栈台每隔 60m 左右应设梯子。
⑥ 在距装卸车鹤位 10m 以外的装卸管道上应设便于操作的紧急切断阀。
⑦ 装卸车鹤位与集中布置的泵的距离不应小于 10m。

四、铁路槽车栈桥的布置设计

① 铁路栈桥分单侧和双侧两种，栈桥可以是钢结构和混凝土结构。
② 铁路中心线与栈桥边缘的距离，自轨面算起 3m 以下不应小于 2m。3m 以上不应小于 1.85m，在无栈桥一侧，其中心与其他建筑物的距离不应小于 3.5m。非露天场所不应小于 2.44m。
③ 栈桥高度：高出轨面 3.4~3.6m。
④ 栈桥宽度：双面栈桥 2~3m，单面不小于 1.5m。
⑤ 栈桥长度 L
单侧：$L=nY-Y/2$，其中 Y 为鹤管间距（例如，按乙类液体鹤管则 Y 为 12m），n 为鹤管数量。
双侧：$L=nY/2-Y/2$，其中 Y 为鹤管间距（例如，按乙类液体鹤管则 Y 为 12m），n 为鹤管数量。

五、铁路槽车装卸站梯子平台的设计

① 装卸站台的顶面与路轨顶面的高差为 1.1m 时，站台边缘至铁路中心线的距离不应小于 1.85m。液体装卸臂的回收位置在 3m 以上时，与铁路中心线的距离不应小于 2.15m。
② 装卸站台设置操作平台时，操作平台的顶面高度，应高出铁路轨顶 3.6~4.0m。平台最外边缘、活动梯最大凸出部分或液体装卸臂收回后外部尺寸与铁路中心线的距离不应小于 2.15m。
③ 装卸站台操作平台设有遮雨（阳）棚时，液体装卸臂可安装在钢筋混凝土立柱上。棚的底面高度应满足液体装卸臂最大提升高度要求。
④ 双侧铁路操作平台宽度以 3m 为宜，最小宽度不宜小于 2m。单侧铁路操作平台最小宽度不宜小于 1.5m。当装卸甲、$乙_A$ 类介质的平台长度大于或等于 8m，装卸 $乙_B$、丙类介质的平台长度大于或等于 15m 时，平台两端应设置人行梯。平台长度大于 fi0m 时，中间应加设安全梯。
⑤ 在历年平均年降水量大于 1000mm 或最热月月平均最高气温高于或等于 32℃ 的地区，装卸站台上宜设遮雨（阳）棚。

六、GB 50160 对可燃液体的铁路装卸站的布置要求

① 在液化烃、可燃液体的铁路装卸区内，内燃机车至另一栈台的鹤管的距离应符合下列规定：对甲、乙类液体鹤管，不应小于 12m；对丙类液体鹤管，不应小于 8m。可燃液体采用密闭装卸时，其防火距离可减小 25%。
② 当液化烃、可燃液体或甲、乙类固体的铁路装卸线为尽头线时，其车挡至最后车位的距离，不应小于 20m。
③ 液化烃、可燃液体的铁路装卸线，不得兼作走行线。
④ 液化烃、可燃液体或甲、乙类固体的铁路装卸线停放车辆的线段，应为平直段。当受地形条件限制时，可设在半径不小于 500m 的平坡曲线上。
⑤ 在甲、乙、丙类液体的铁路装卸区内，两相邻栈台鹤管之间的距离，不应小于 10m；

但装卸丙类液体的两相邻栈台鹤管之间的距离，不应小于7m。可燃液体采用密闭装卸时，其防火距离可减小25%。

七、相关标准对铁路装卸车设施规定的比较

① GB 50160《石油化工企业设计防火规范》、GB 50074《石油库设计规范》、GB 50183《石油天然气工程设计防火规范》、SH/T 3107《石油化工液体物料铁路装卸车设施设计规范》等规范对铁路装卸车设施的布置设计均有规定，每个规范适用的范围各不相同。

② 上述各防火规范规定的内容基本相同。在工程设计中，应根据具体执行的项目，选择相应的防火规范。

工程应用：单侧铁路槽车装卸台的布置设计

单侧铁路槽车装卸台的布置设计见图11.24。

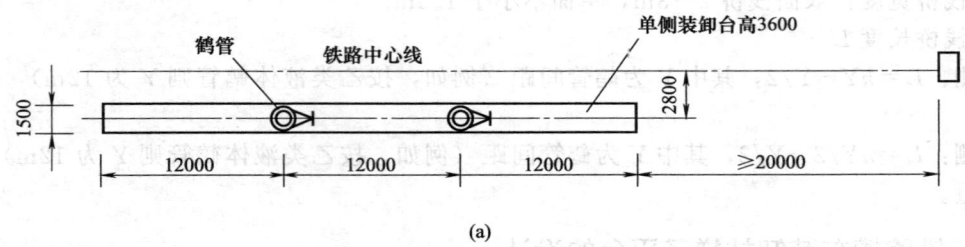

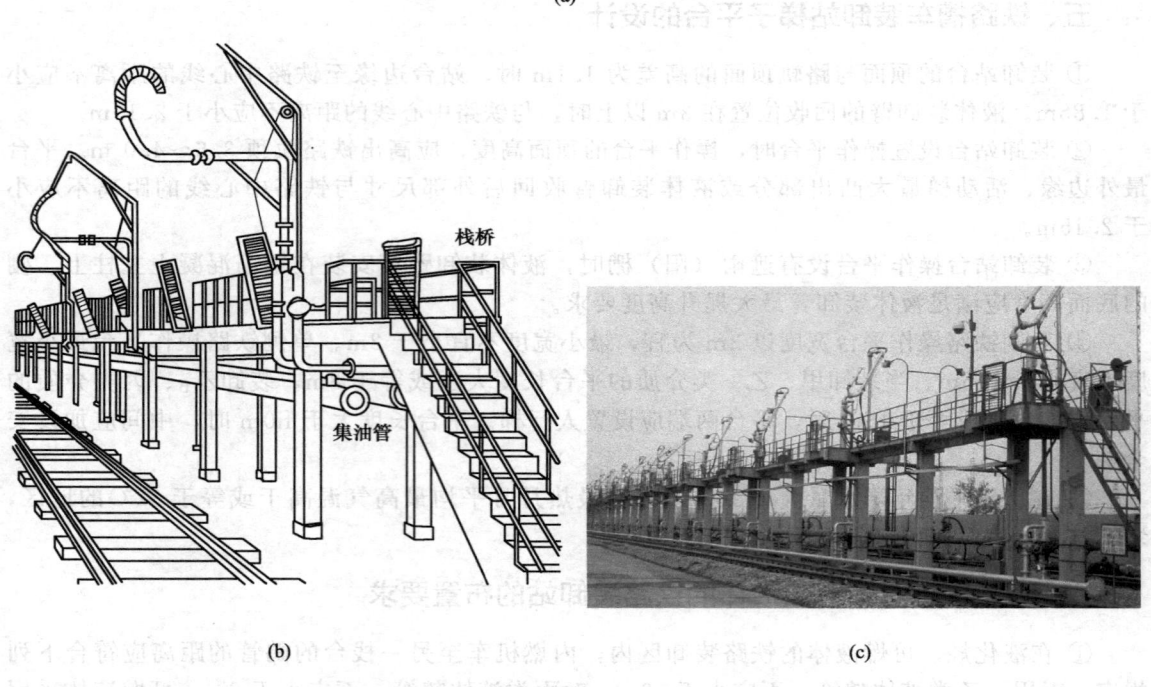

图11.24 单侧铁路槽车装卸台示意图

工程应用：双侧铁路槽车装卸台的布置设计

双侧铁路槽车装卸台的布置设计见图11.25。

工程应用：铁路槽车装卸站及罐区的布置设计

铁路槽车装卸站及罐区的布置设计见图11.26。

工程应用：液体装卸臂的布置设计

液体装卸臂的布置设计见图11.27～图11.29。

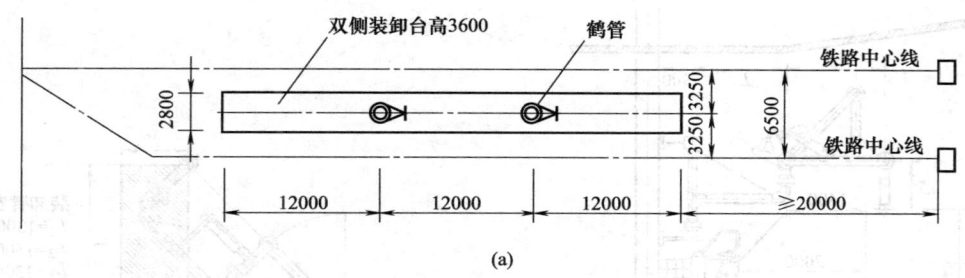

(b)

(c)

图 11.25　双侧铁路槽车装卸台示意图

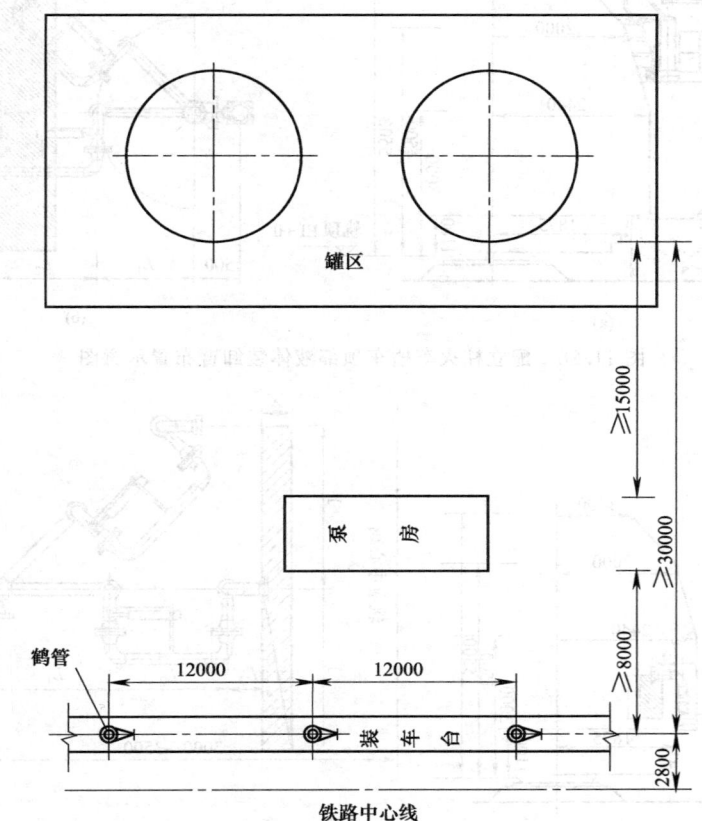

图 11.26　铁路槽车装卸站的布置示意图

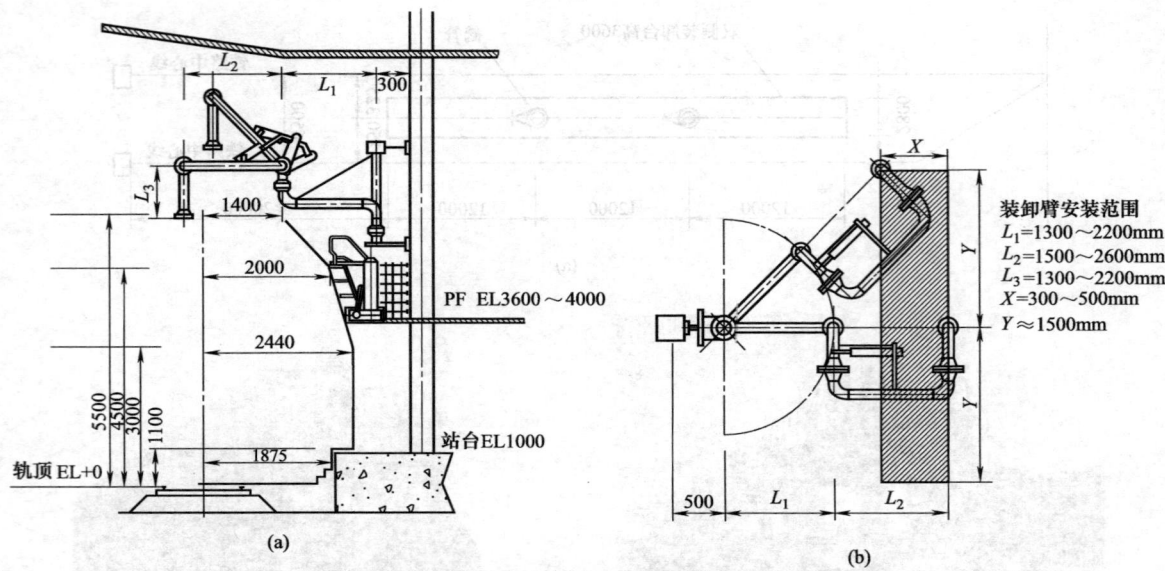

图 11.27 不配立柱火车槽车顶部液体装卸臂布置示意图

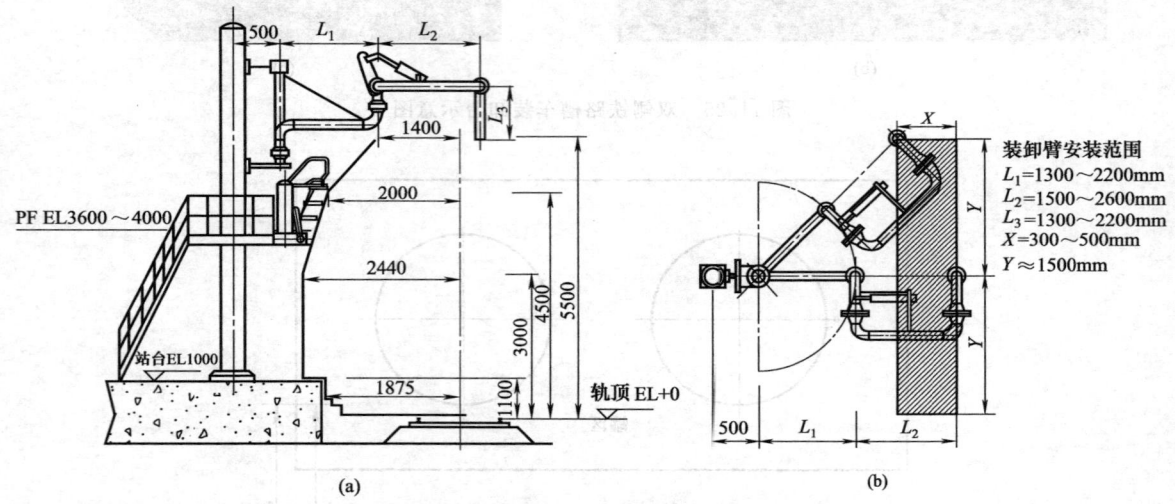

图 11.28 配立柱火车槽车顶部液体装卸臂布置示意图

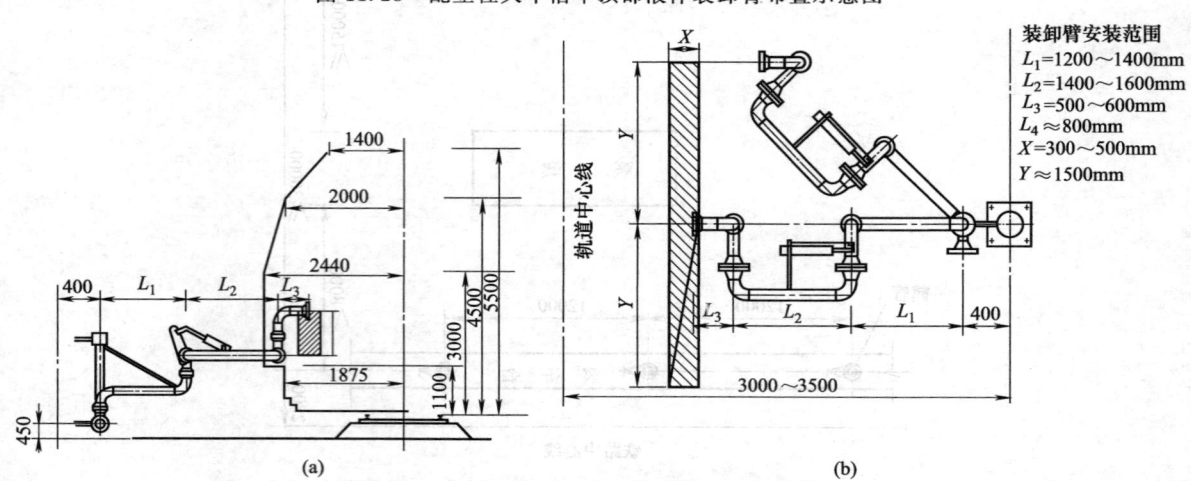

图 11.29 配立柱火车槽车底部液体装卸臂布置示意图

第六节 铁路槽车装卸站管道的配管设计

一、铁路槽车装卸站总管的配管设计

铁路槽车装卸站管道有高架布置和低架布置两种形式。管架立柱边缘距铁路中心线应不小于 3m。管架跨越铁路时，铁轨顶面至管架梁底的净高应不小于 6.6m，且跨越铁路的管段上不允许装阀门、法兰及其他机械接头等管道附件。

火车槽车的装卸配管应根据槽车装卸口的位置而定。顶部装卸时，管道宜高架敷设。一般情况下，不应跨越铁路线，无法避免时，跨越铁路线的上方不得安装阀门、法兰和排放点。底部装卸时，管道宜低架敷设。当配管穿越铁路线时，应设置涵洞或穿越套管。

原油、重油和其他高凝固点液体介质，在转运装卸过程中，均应采取加热升温及绝热措施。可采用顶部装车和底部卸车的方式。底部卸车时，可利用高位差进行卸车。

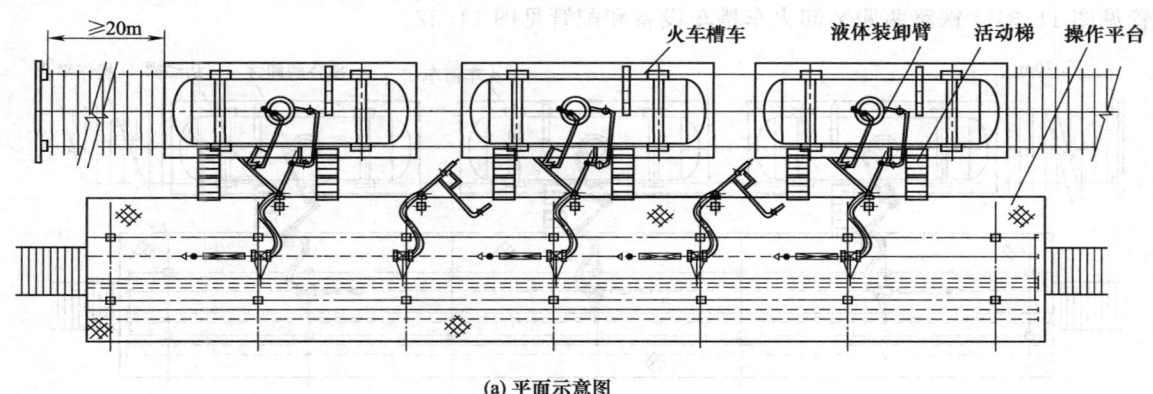

(a) 平面示意图

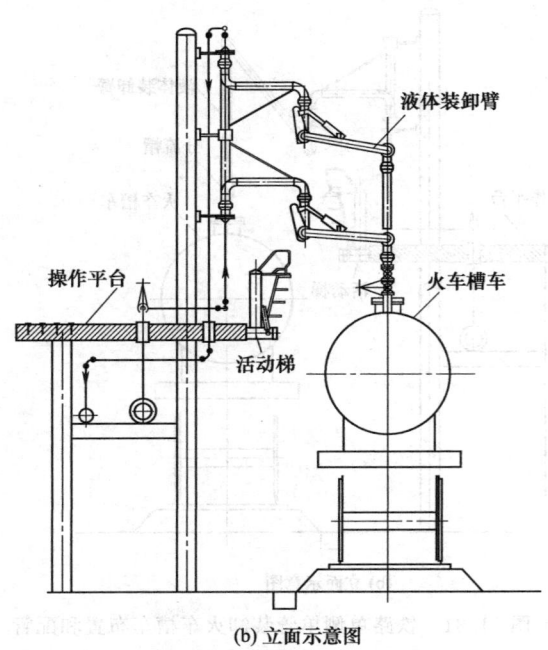

(b) 立面示意图

图 11.30 铁路单侧双管装卸火车槽车布置和配管

按液体介质的特性，可采用真空卸车、气相加压卸车或液压驱动的潜液泵卸车等方式。

二、铁路槽车装卸站鹤管的配管设计

① 铁路槽车装车鹤管分大鹤管和小鹤管两种。大鹤管有升降式、回转式和伸缩式。升降式鹤管通常布置在两股铁路专用线两侧；回转式鹤管布置在两专用线中间；而伸缩式鹤管则高架于每股专用线中间。鹤管的配置应确保其行程臂长，行车小车及各附件都不能与各种槽车的任何部位相碰，并能满足各种类型铁路槽车的对位灌装。

② 鹤管有平衡锤式、机械式和气动式等。为方便操作，两排小鹤管一般都布置在两股铁路专用线中间，可令整列车一次对位灌装。

③ 对易燃液体管道，如果 PI 图上有要求，应将切断阀安装在距装卸台 10m 以外的易接近处。

工程应用：铁路槽车装卸站单侧及双侧的配管设计

铁路单侧双管装卸火车槽车布置和配管见图 11.30。铁路单侧单管装卸火车槽车布置和配管见图 11.31。铁路两侧装卸火车槽车设备和配管见图 11.32。

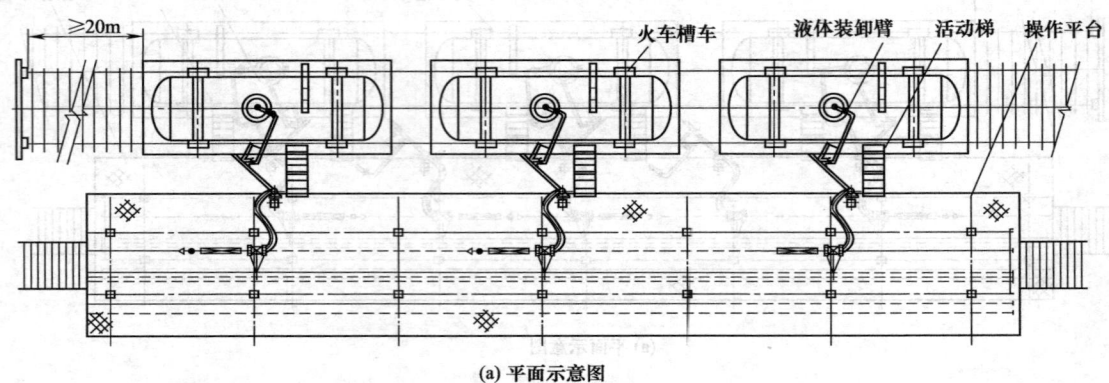

(a) 平面示意图

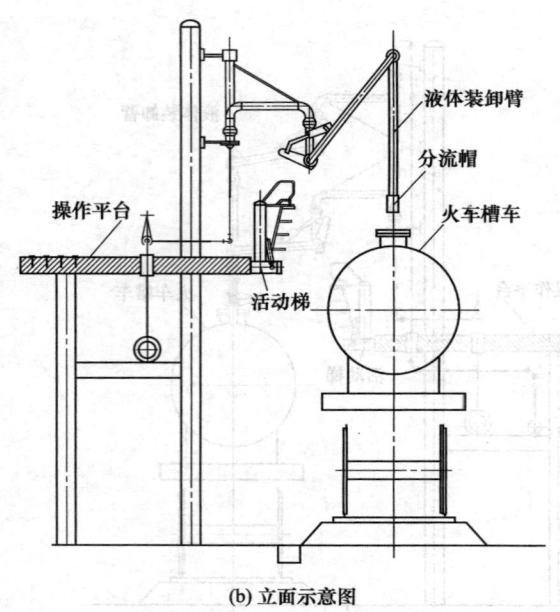

(b) 立面示意图

图 11.31 铁路单侧单管装卸火车槽车布置和配管

工程应用：铁路槽车某乙类液体鹤管的设计

大鹤管宜采用双侧装车，每侧设置一个鹤管，当两种物料同台装车时，可在一侧设两个鹤管。同时鹤管间应有适当间距，使鹤管能正常工作。小鹤管宜采用双侧装车台。每侧的鹤管数宜为半列车的辆数，每个车位最多设两种不同物料的鹤管，同时布置在同侧。某乙类液体鹤管的一般间距示意图见图11.33。

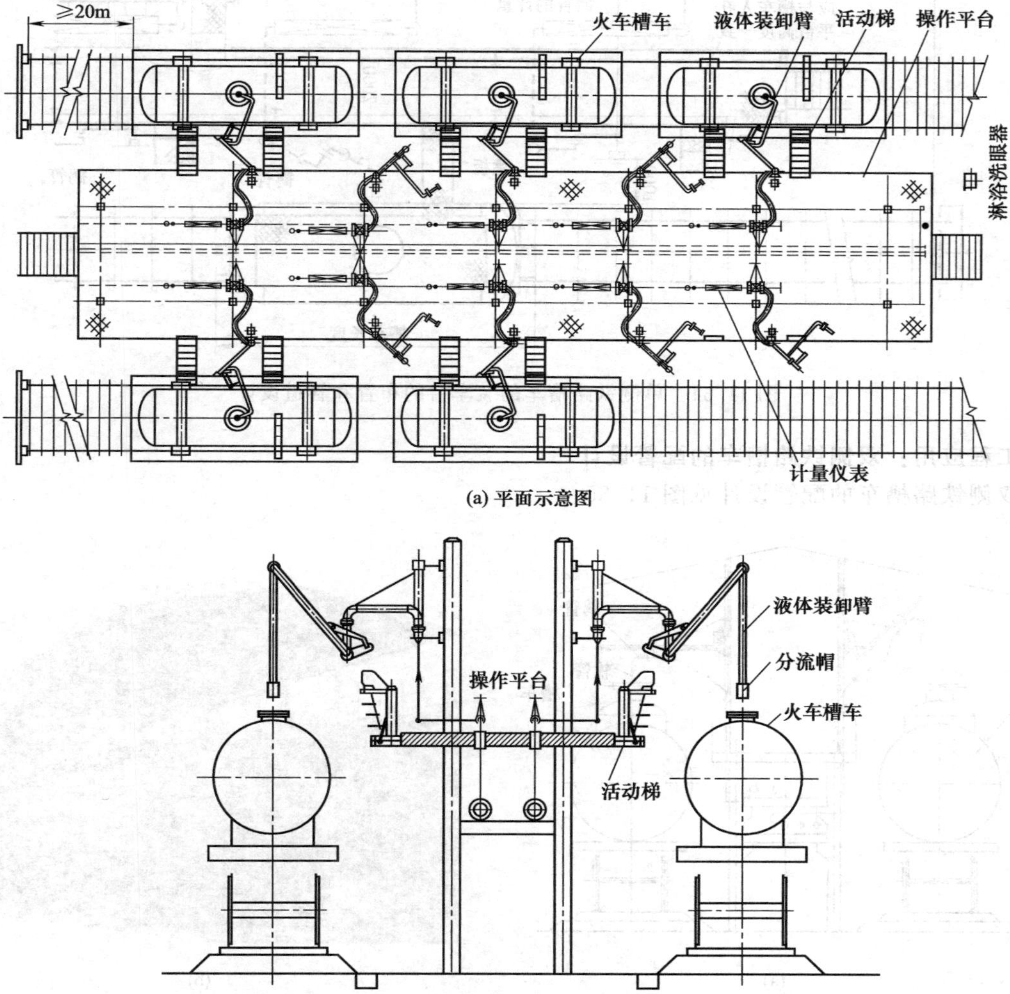

图11.32 铁路两侧装卸火车槽车设备和配管

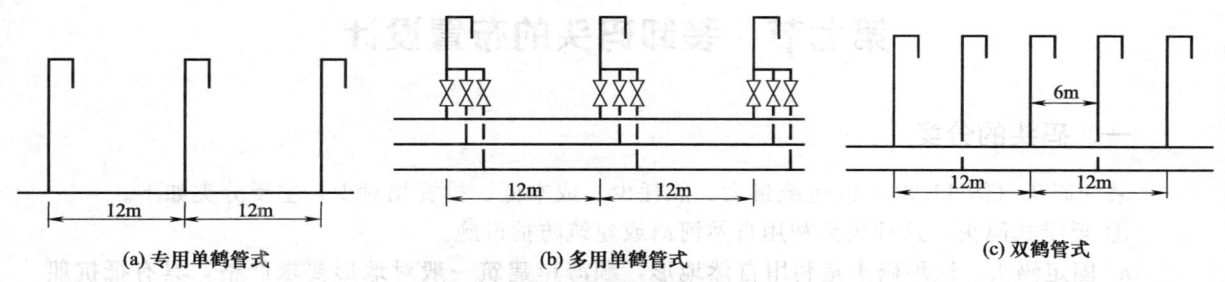

图11.33 某乙类液体鹤管间距示意图

工程应用：单侧铁路槽车的配管设计
单侧铁路槽车的配管设计见图11.34。

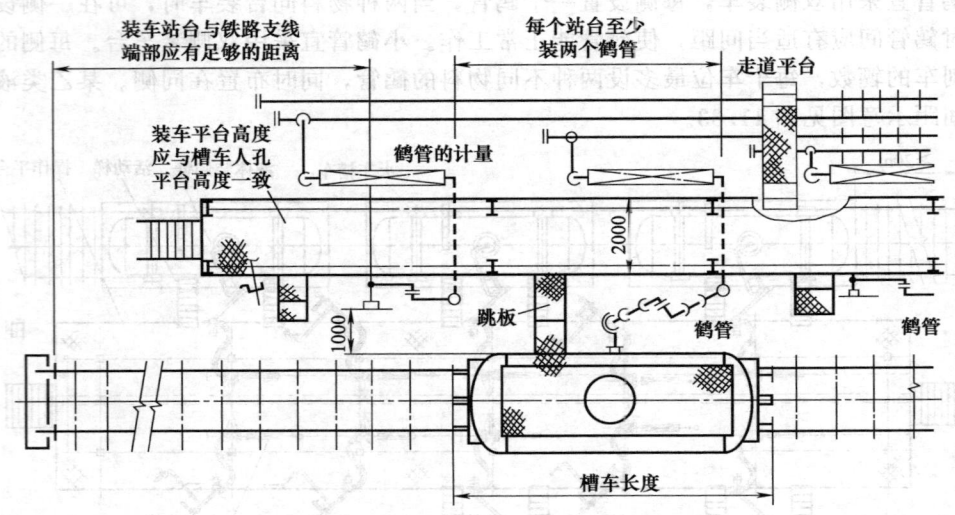

图 11.34　单侧铁路槽车的装车台的布置和管道设计

工程应用：双侧铁路槽车的配管设计

双侧铁路槽车的配管设计见图 11.35。

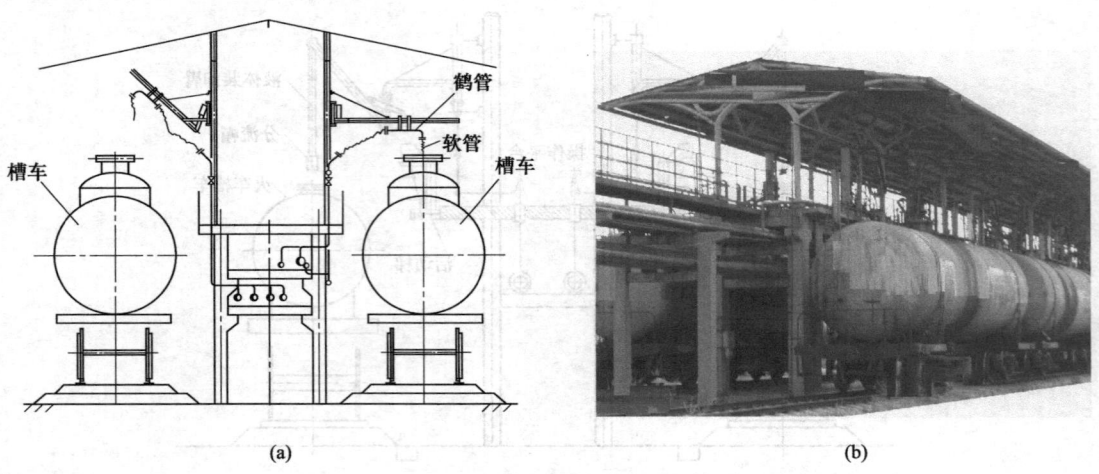

图 11.35　双侧铁路槽车的配管设计

第七节　装卸码头的布置设计

一、码头的分类

装卸码头（图 11.36）的运载量大、能耗少、成本低、投资相对少，主要分类如下。

① 近岸式码头。这种码头利用自然河湾或建筑防护设施。

a. 固定码头。这种码头是利用自然地形，顺海岸建筑一般对地形要求严格，具有抵抗船舶水平载荷的能力大，施工简单。缺点：港内波浪较大时，岸前波浪反射将影响港内水域平稳，不利于油船的停靠和作业。

b. 浮码头。由趸船、趸船的锚和支撑设施、引桥、护岸部分、浮动泵站及输油管组成，特点：趸船随水位涨落而升降，所以浮码头的趸船与水平高差为定值。

② 栈桥式固定码头。近岸码头停泊油轮吨位不大，随着油船的大型化，目前万吨以上的油轮多用栈桥式固定码头，这种码头借助引桥将泊位引向深水处。

③ 外海油轮系码头。包括浮筒式单点系泊设施、浮筒式多点系泊设施、岛式系泊设施。

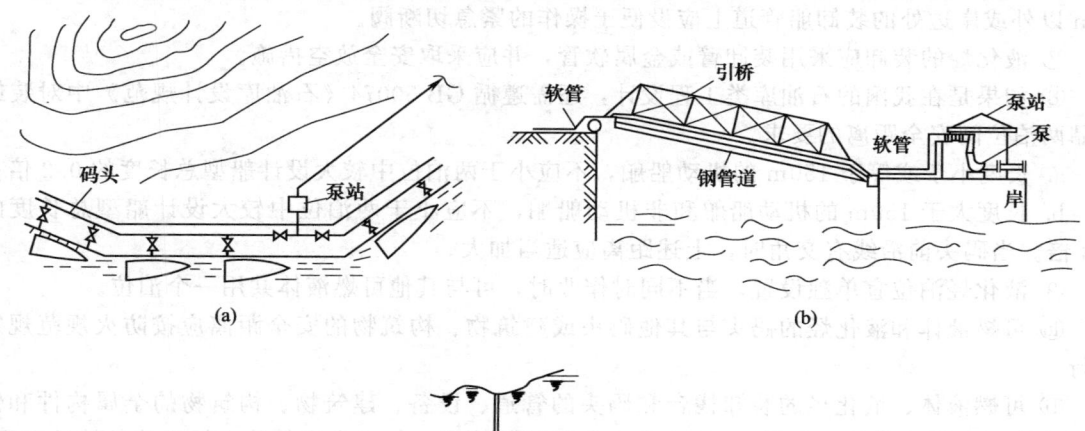

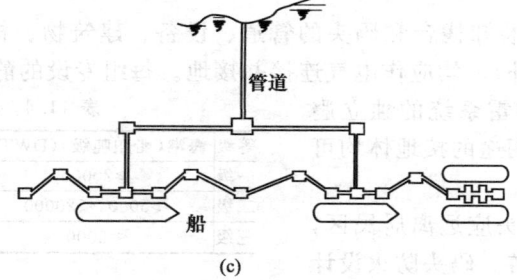

图 11.36 装卸码头示意图

二、码头的选址

码头的选址工作，有的单位由总图专业完成，有的单位由配管专业完成。

① 地质条件：一般对岩石、砂土及较硬的黏土、砂质黏土较合适。

② 防波条件：码头应可靠遮住海风，尽可能保护其不受波浪击，最好设在河湾或海湾。如无这种条件，则尽可能采用透空式结构码头，也可设置专用的防波堤和围栅保护。

③ 应有足够的水域面积，以便设置适当数量的码头和供调度船、拖船之用。

④ 应有足够的深度，以便在直接靠近河岸的地方设置泵头。

三、可燃液体码头、液化烃码头的布置设计

① 区域规划、工厂总平面布置以及工艺装置或设施内平面布置的防火间距起止点为：码头——输油臂中心及泊位。

② 除船舶在码头泊位内外挡停靠外，按 GB 50160，码头相邻泊位的船舶间的防火间距不应小于表 11.3 的要求。

表 11.3　码头相邻泊位的船舶间的防火间距　　　　　　　　　　　　　　　m

船长	279～236	235～183	182～151	150～110	<110
防火间距	55	50	40	35	25

注：船舶在码头外挡停靠时，不得小于 25m。

③ 与可燃液体、液化烃液体装卸作业无关的其他设施，同可燃液体和液化烃液体码头的间距应大于 40m。

④ 装卸甲、乙类可燃液体码头泊位与明火或散发火花场所的间距不应小于40m。

⑤ 甲、乙类可燃液体码头前沿装卸区与陆地上储罐区之间的防火安全距离不应小于50m。

⑥ 液化烃泊位宜单独设置,当不同时作业时,可与其他可燃液体共用一个泊位;可燃液体和液化烃的码头与其他码头或建筑物、构筑物的安全距离应按有关规定执行;在距泊位20m以外或岸边处的装卸船管道上应设便于操作的紧急切断阀。

⑦ 液化烃的装卸应采用装卸臂或金属软管,并应采取安全放空措施。

⑧ 如果是在我国的石油库类工程设计,还需遵循GB 50074《石油库设计规范》中对装卸油品两泊位间安全距离的要求。

a. 长度小于或等于150m的机动船舶,不应小于两泊位中较大设计船型总长度的0.2倍;

b. 长度大于150m的机动船舶和非机动船舶,不应小于两泊位中较大设计船型总长度的0.3倍。当码头前沿线有交角时,上述距离应适当加大。

⑨ 液化烃泊位宜单独设置,当不同时作业时,可与其他可燃液体共用一个泊位。

⑩ 可燃液体和液化烃的码头与其他码头或建筑物、构筑物的安全距离应按防火规范规定执行。

⑪ 可燃液体、液化烃的装卸栈台和码头的管道、设备、建筑物、构筑物的金属构件和铁路钢轨等(作阴极保护者除外),均应作电气连接并接地。每组专设的静电接地体的接地电阻值宜小于100Ω。除第一类防雷系统的独立避雷针装置的接地体外,其他用途的接地体均可用于静电接地。

⑫ 石油化工液体装卸码头应远离居民区,布置在港口的边缘地区和下游。码头防火设计应按设计船型的载重吨分级,码头分级按表11.4确定。

表 11.4 码头分级

等级	海港(船舶吨级)(DWT)	河港(船舶吨级)(DWT)
一级	≥20000	≥5000
二级	≥5000,<20000	≥1000,<5000
三级	<5000	<1000

⑬ 装卸常温液化石油气(LPG)的船运液体码头应按一级码头设计。

⑭ 船用液体装卸臂台数的确定,应符合码头停靠最大船舶装船吨位和装船时间限制的要求,应与设计船型的装卸能力相适应。液体装卸臂公称尺寸的确定,应符合液体介质流速的规定。船用液体装卸臂应安装超限报警装置。码头上液体装卸臂系统应与装船泵房之间有可靠的通信联络或设置启停联锁装置。

⑮ 可燃液体码头装卸区内消防设施,按码头等级要求进行设置,消防方式应符合现行交通行业标准 JTJ 237《装卸油品码头防火设计规范》的规定。液体码头装卸区设置固定消防炮灭火时,应符合现行国家标准 GB 50338《固定消防炮灭火系统设计规范》的规定。

四、码头装卸臂的布置设计

① 河岸码头布置液体装卸臂时,应根据河流枯水水位、洪水水位、槽船漂移范围等因素,确定液体装卸臂可达到的范围。

② 液体装卸臂在码头上应合理布置,液体装卸臂立柱中心线至码头前沿的距离及液体装卸臂间距可按表11.5选用。

表 11.5 码头液体装卸臂布置间距

泊位吨级 DWT/t	装卸臂口径 /mm	装卸臂立柱中心与码头前沿距离/m	装卸臂台数/台	装卸臂间距/m	装卸臂驱动方式
1000～3000	100～150	2.5～3.0	1	2.5	手动
5000	150～200	2.5～3.0	1	2.5	手动或液动
10000	200～250	3.0～4.0	1～2	2.5～3.5	液动
20000	200～250	3.0～4.0	1～2	3.0～3.5	液动
30000	250	3.0～4.0	1～2	3.0～4.0	液动

续表

泊位吨级 DWT/t	装卸臂口径 /mm	装卸臂立柱中心与码头前沿距离/m	装卸臂台数/台	装卸臂间距/m	装卸臂驱动方式
50000	300	4.0~5.5	2	3.0~4.0	液动
80000	300	4.0~5.5	2~3	3.5~4.0	液动
100000	300~400	5.0~6.5	3~4	3.5~4.0	液动
120000	300~400	5.0~6.5	3~4	3.5~4.0	液动
150000	350~400	6.0~7.0	3~4	3.5~4.0	液动
250000	400	6.0~7.0	4	3.5~4.0	液动
≥300000	400~500	6.0~7.0	4	4.5~5.0	液动

③ 液体装卸臂回收复位后，液体装卸臂最外缘至码头前沿的最小净距不应小于1m。

④ 船用液体装卸臂在码头上布置时，可单体布置或成组布置。当有多台船用液体装卸臂同组布置时，其中一台可单独操作或组合操作，按组合方式确定液体装卸臂复合可达到的范围。船用液体装卸臂多台同组布置时，两台之间最外缘凸出部位之间的净距不应小于600mm。

⑤ 装卸槽船时，槽船漂移的安全距离达到装卸臂半径的允许极限时，应立即开启紧急脱离系统。

⑥ 装卸码头船用鹤管装卸臂

a. 自支撑双配重单管船用鹤管是物料管道自身作为支撑体，内外臂的长度受到限制，最大长度不超过10m，适合安装在水位稳定的河流上。其管径规格较小，可用于装卸小型的槽船。

b. 混支撑单配重单管船用鹤管是物料管和支撑结构采用混合形式，略优于自支撑结构。但内外臂总长度亦不超过18m，可用于装卸中、小型的槽船。

c. 分支撑单配重单管（双管）船用鹤管是一种大型装卸臂，这种形式是工作管道与支撑结构相互独立，工作管道受力较小，适合于装卸高温、低温的液体。它具有工作管道口径范围广、内外臂伸出长、适应槽船漂移范围大的特点，除部分手动操作之外，大部分配有液压传动系统，广泛用于大型槽船的装卸。

d. 不允许放空的介质应采用密闭装卸，鹤管的气相管应与储罐的气相管相接，将排放气排入储罐，该气相管避免出现下袋，以防凝液聚集，当配管不可避免出现下袋时，则必须在袋形最低点处设集液包及排液管，并按工艺要求收集处理或对集液包局部伴热，使凝液蒸发，避免产生液封现象。无毒害、非易燃易爆的物料装卸时，可设放空管排放。

第八节 装卸码头管道的配管设计

一、装卸码头管道配管设计的一般要求

① 码头上集油管或集液管、公用工程管道应合理布置，不得影响码头正常作业活动。

② 工艺管道不应敷设在浮筏、跳板等临时设施上或直接敷设在滩地上，管道安装可高支架敷设或低支架敷设。可燃液体管道及附件的公称压力不宜小于PN16。引桥和坡道上的工艺管道宜单层敷设，并留有发展余地。管道与金属软管连接处应设置阀门。

③ 装卸液化烃、甲、乙类可燃液体介质时，每台液体装卸臂应设惰性气体吹扫系统，管道上应设切断阀和止回阀。吹扫应使用含氧量不大于3%的惰性气体。

④ 装卸液化石油气或在常温条件下的液体介质饱和蒸汽压大于0.1MPa时，应设气相管。

⑤ 排放气应返回系统。

⑥ 装卸液化石油气或在常温条件下的液体介质饱和蒸汽压大于0.1MPa时，船用液体装卸臂上不得安装真空短路装置，应采用氮气吹扫系统。氮气管上应设切断阀和止回阀。

⑦ 甲、乙类可燃液体介质装卸总管上，在距岸边或泊位 20m 以外处，应设置便于操作的紧急切断阀。

⑧ 液化烃、甲、乙类可燃液体介质装卸槽船的总管上，管道两端有切断阀封闭时，该管道上应设置安全放空管和安全阀，放空气体应返回储运系统。

⑨ 常温条件下的液体介质饱和蒸汽压小于 0.1MPa 时，船用液体装卸臂上应安装真空短路装置，使液体装卸臂内残留液体靠重力排入槽船储舱内。

⑩ 可燃液体码头液体装卸臂、紧急脱离系统、快速连接器、取样口和输送管道阀门等泄漏源部位水平距离 15m 范围内，应设置固定式可燃气体检测报警仪。

⑪ 可燃气体检测报警仪，检测点的设置应符合现行国家标准 GB 50493《石油化工可燃气体和有毒气体检测报警设计规范》的规定。

二、装卸码头总管的配管设计

① 在引堤或栈桥上敷设管线，宜沿引堤或栈桥一侧或两侧布置。当管线较多需分层布置时，大管径管线及检修频繁的管线应布置在下层，两层管线的净距不应小于 0.8m，下层与地面的净距不应小于 0.4m。

② 堤或栈桥一般较长，其上敷设的管道应有足够的柔性，在引堤或栈桥布置之初，就应考虑设置"π"形弯的需要。

③ 陆上输油管线应沿道路呈带状布置，并减少交叉。管道应采用低支墩敷设，特殊情况下可采用埋地敷设。

第九节 灌装站的配管设计

一、灌装站布置设计一般要求

① 灌装站应布置在装置边缘的安全地带。

② 液化石油气的灌装站应符合下列要求。

a. 液化石油气的灌瓶间和储瓶库宜为敞开式或半敞开式建筑物，半敞开式建筑物下部应采取防止油气积聚的措施。

b. 液化石油气的残液应密闭回收，严禁就地排放。

c. 灌装站应设不燃烧材料隔离墙。如采用实体围墙，实体围墙高度不低于 2.5m，其下部应设通风口。

d. 灌瓶间和储瓶库的室内应采用不发生火花的地面，室内地面应高于室外地坪，其高差不应小于 0.6m。

e. 液化石油气缓冲罐与灌瓶间的距离不应小于 10m。

f. 灌装站内应设有宽度不小于 4m 的环形消防车道，车道内缘转弯半径不宜小于 6m。

③ 氢气灌瓶间的顶部应采取通风措施。

④ 液氨和液氯等的灌装间宜为敞开式建筑物。

⑤ 实瓶（桶）库与灌装间可设在同一建筑物内，但宜用实体墙隔开，并各设出入口。

⑥ 液化石油气、液氨或液氯等的实瓶不应露天堆放。

⑦ 灌装间应设两组及以上的充装台，便于灌装和倒换钢瓶。

二、油品的桶装（灌装）

① 对于数量小的油品和质量要求严格的油品，常利用桶装进行储存和运输，通常把桶装

运输称为整装。

② 油桶种类：200L 圆桶，分为大小桶和小口桶（50mm，19mm）各一，大口灌装，小口用于进出空气；30L 扁桶，适用于交通不便的山区；19L 方听，用于润滑油和特种润滑油。

③ 桶装方法：自流灌桶；泵→高架罐→桶；泵→桶。

④ 桶装计量：重量法，称重；流量计，计量罐。

⑤ 布置要求

a. 布置。灌油栓主管线不低于 2m；灌油栓间距为 2m；灌油栓高度 1.45m。

b. 建筑。建筑物符合防火防爆要求：甲、乙类油品重桶和丙类油品重桶储存在同一个库房内时，两者之间应设防火墙；甲、乙类油品重桶库房，不得建地下或半地下；重桶库房应为单层建筑，当丙类油品重桶采用二级耐火等级时，可为双层建筑；油品重桶库房应设外开门，丙类油品可在墙外侧设推拉门，建筑面积大于等于 100m² 的重桶间，门口数目不少于 2 个，门宽不应小于 2m。

c. 防静电流速不大于 4.5m/s。

d. 对于易燃油品，每小时换气次数不小于 10 次。

e. 采光。窗户面积：地坪面积＝1∶6。

⑥ 油桶的堆码

a. 空桶宜卧式堆码，堆码层数宜为 3 层，且不得超过 6 层。

b. 重桶立式堆码：机械堆码时，甲类油品不超过 2 层，乙类和丙类不超过 3 层，丙 B 类不超过 4 层；人工堆码时，各类油品均不得超过 2 层。

c. 运输油品的主要通道宽度，不应小于 1.8m，桶垛与墙柱之间的距离应为 0.25～0.5m。

d. 单层的重桶库房净空高度不得小于 3.5m，油桶多层堆码时，最上层与屋顶之间的距离不得小于 1m。

第十二章

罐

第一节 罐的分类

一、罐的分类

罐是用于储存液体或气体的密封容器,在工业装置中起着承上启下的作用,是石油、化工、轻工、冶金、电力等行业必不可少的基础设施。储罐的形式也是多种多样的,主要分类方法如下。

① 按位置分类:地上储罐,罐的罐底位于设计标高±0.00及其以上,罐底在设计标高±0.00以下但不超过罐高度的1/2;地下储罐,罐内液位处于设计标高±0.00以下0.2m的罐;半地下储罐,罐埋入地下深于其高度的1/2,而且罐的液位的最大高度不超过设计标高±0.00以上0.2m;海上储罐;海底储罐;地下废坑道废矿穴改建地下的储库等。

② 按油品分类,可分为原油储罐、燃油储罐、润滑油罐、食用油罐、消防水罐等。

③ 按用途分类,可分为生产油罐、存储油罐等。

④ 按结构分类,可分为固定顶储罐、浮顶储罐、球形储罐等。

⑤ 按制造储罐的材料分类,可分为非金属储罐、塑料防震及软体储罐和金属储罐(钢壳衬里、铝及其合金等)。

⑥ 按大小分类:$100m^3$以上为大型储罐,多为立式储罐;$100m^3$以下的为小型储罐,多为卧式储罐。

⑦ 按温度分类,可分为低温储罐、常温储罐(<90℃)和高温储罐(90~250℃)。

⑧ 按设计压力大小分类,常压储罐(atmospheric storage tank),设计压力小于或等于6.9kPa(罐顶表压)的储罐;低压储罐,设计压力大于6.9kPa且小于0.1MPa(罐顶表压)的储罐;压力储罐,设计压力大于或等于0.1MPa(罐顶表压)的储罐。

其中,常压液体储罐有以下4种结构形式。

a. 固定顶储罐,适用于储存各类油品、化学品或其他液态物料,常采用弱顶结构(锥顶或拱顶)。

b. 内浮顶储罐,是在固定顶储罐内加设内浮盘。内浮盘可随罐内液面升降,消除罐内液体气化空间,以减少气相放空物料损失。常用于储存甲$_B$、乙$_A$类油品及化学品。

c. 外浮顶储罐无固定罐顶,只有可随液面升降的浮盘和罐壁。建造费用省,储存物料损耗低,适用于建造大容积储罐。由于储罐浮顶暴露于大气中,储存物料易被雨、雪、灰尘污染,因而多用于储存原油、燃料油等抗污染的大宗物料。

d. 常压卧式储罐,适用于储存小批量的物料。

其中,常见压力储罐有球罐。

⑨ 按罐壁结构分类

a. 单防罐。带隔热层的单壁储罐或由内罐和外罐组成的储罐。其内罐能适应储存低温冷冻液体的要求，外罐主要是支撑和保护隔热层，并能承受气体吹扫的压力，但不能储存内罐泄漏出的低温冷冻液体。

b. 双防罐。由内罐和外罐组成的储罐。其内罐和外罐都能适应储存低温冷冻液体，在正常操作条件下，内罐储存低温冷冻液体，外罐能够储存内罐泄漏出来的冷冻液体，但不能限制内罐泄漏的冷冻液体所产生气体的排放。

c. 全防罐。由内罐和外罐组成的储罐。其内罐和外罐都能适应储存低温冷冻液体，内外罐之间的距离为1~2m，罐顶由外罐支撑，在正常操作条件下内罐储存低温冷冻液体，外罐既能储存冷冻液体，又能限制内罐泄漏液体所产生气体的排放。

⑩ 按用途分类。原料罐区、中间原料罐区和成品罐区。罐区将连续稳定地供给主装置所需的各种原料，承接主装置的主要产品，并连续稳定地供给进一步深加工的下游产品装置或对外销售产品。罐区能在上、下游装置之间起到缓冲作用，当上、下游装置出现事故或停车时，利用罐区内储存的原料和罐区的储存能力，尽量使主装置不停车均衡地生产；反之，当主装置出现事故停车时，也可以通过罐区的储存能力保证上、下游装置维持连续生产。一个比较典型的完整罐区主要由储罐、泵、附属火炬、控制室、配电室、变压器室、风机室和安全消防设施等组成。

⑪ 按形式分类（图 12.1），主要有以下类别。

a. 立式圆筒形储罐。立式圆筒形储罐按其罐顶结构可分为以下两种。固定顶储罐和浮顶储罐。

ⓐ 固定顶储罐

· 锥顶罐。制造简单，但耗钢量较多，顶部气体空间最小，可减少"小呼吸"损耗。自支承。锥顶不受地基条件限制。支承式锥顶不适用于有不均匀沉陷的地基或地载荷较大的地区。除容量很小的罐（200m³以下）外，锥顶罐在国内很少采用，在国外特别是地震很少发生的地区，如新加坡、英国、意大利等用得较多。

· 拱顶罐。在本书后面的内容有介绍。

· 伞形顶储罐。是自支承拱顶的变种，其任何水平截面都具有规则的多边形。罐顶载荷靠伞形板支承于罐壁上，伞形罐顶的强度接近于拱形顶，但安装较容易，因为伞形板仅在一个方向弯曲。伞形罐顶在美国 API 650 和日本 JIS B 8501 罐规范中被列为罐顶的一种结构形式，但在国内很少采用。

· 网壳顶储罐（球面网壳）。钢网壳结构形式在近代大型体育馆屋顶结构中已有成熟的设计应用，实践证明它具有足够的刚性和可靠性，显示了网壳结构罐顶具有广泛的推广和使用价值。

ⓑ 浮顶储罐。在本书后面的内容有介绍。

b. 卧式圆筒形储罐。适用于储存容量较小且需压力较高的液体。

c. 球形储罐。适用于储存容量较大且有一定压力的液体，如液氨、液化石油气、乙烯等。

d. 双曲线储罐（滴形储罐）。自出现后由于结构复杂，施工困难，造价高，国内没建造过，国外也很少采用，实际上已被淘汰。

e. 悬链式储罐。在国内又称为无力矩储罐，这种国内在20世纪50~60年代曾建造过，但由于顶板过薄易积水，锈蚀遭损坏，目前已被淘汰。

二、工业装置常见常压储罐的结构

立式常压储罐由基础、罐底、罐壁、罐顶及附件组成。按罐顶的结构不同可分为拱顶罐、

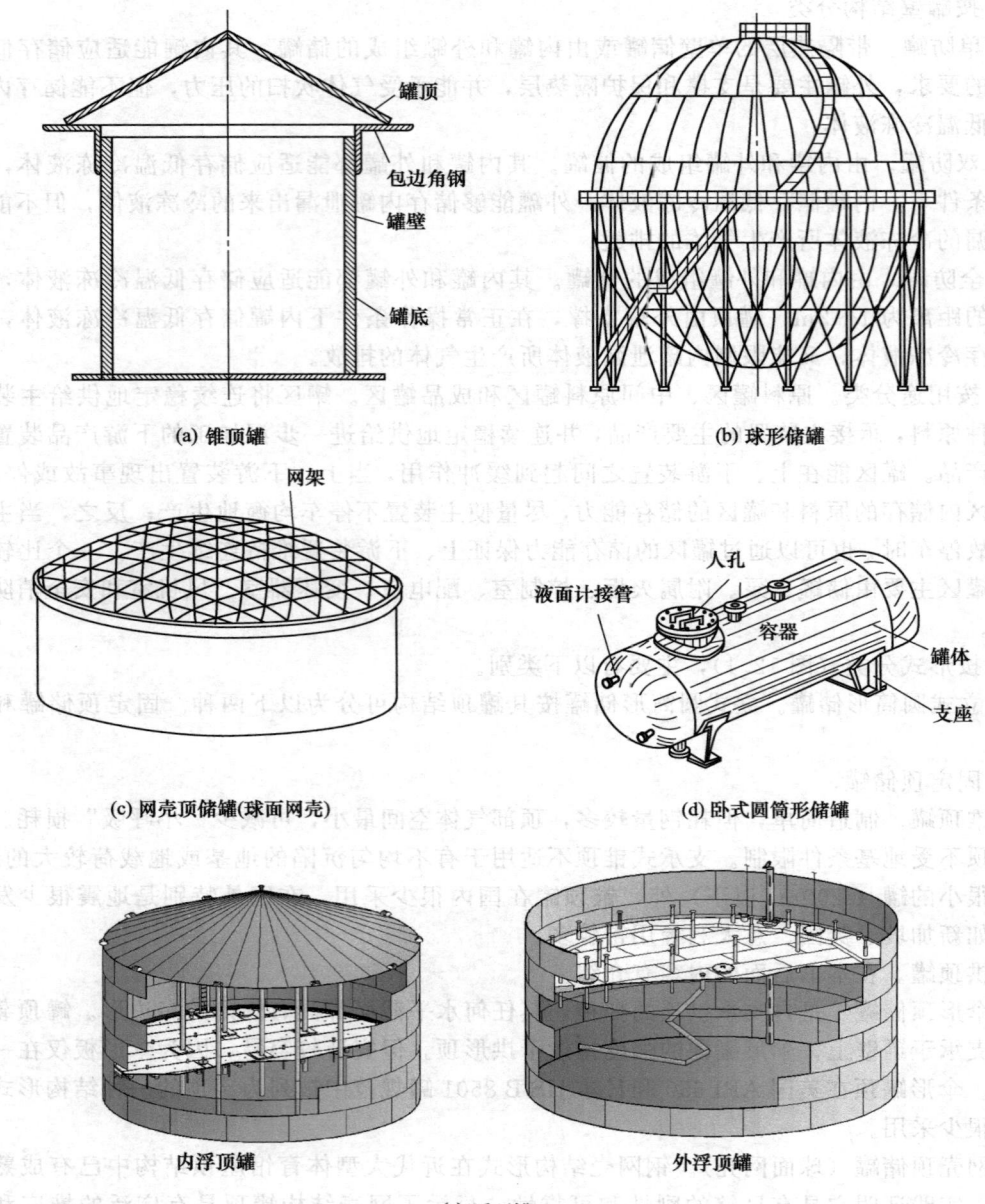

图 12.1 罐的分类

浮顶罐和内浮顶罐。不同的罐类别和结构的配管设计要求各不相同。

1. 拱顶罐

拱顶罐系指罐顶为球冠状、罐体为圆筒形的一种容器，其容积可达 20000m³，其结构一般只有自支承拱顶一种。自支承拱顶又可分为无加强肋拱顶（容量小于 1000m³）、有加强肋拱顶（容量大于 1000~20000m³）。拱顶圆弧 $R=(0.8~1.2)D$，它可承受较高的剩余压力，蒸发损耗较少，拱顶罐与锥顶罐相比耗钢量少但罐顶气体空间较大，拱顶罐除罐顶板的制作较复杂（需用胎具压制拱形）外，其他部位的制作较易，造价较低，是国内外广泛采用的一种储罐。

罐壁是主要受力部件，壁板的各纵焊缝采用对接焊，环焊缝采用套筒式或对接式，也有采用混合式连接，如图 12.2 所示。拱顶罐的罐顶近似于球面，按截面形状有准球形拱顶和球形拱顶两种，见图12.3。拱顶油罐由于气相空间大，油品蒸发损耗大，故不宜储存轻质油品和原油，宜储存低挥发性及重质油品。

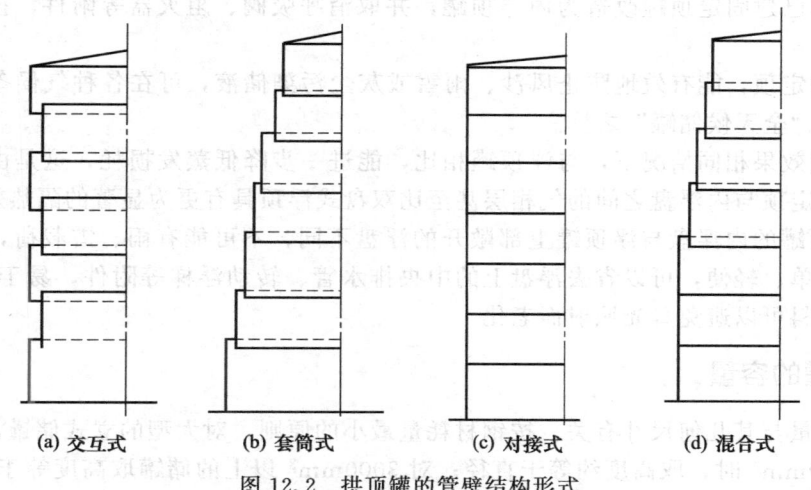

图 12.2　拱顶罐的管壁结构形式

2. 浮顶罐

浮顶油罐上部是敞开的，罐顶只是漂浮在罐内油面上随油面的升降而升降的浮盘，浮盘外径比罐壁内径小 400～600mm，用以装设密封装置，以防止这一环状间隙中的油品产生蒸发损坏，同时防止风沙雨雪等污染油品。密封装置形式很多，常用的有弹性填料密封或管式密封。

浮顶油罐当罐顶随油面下降至罐底时，油罐就变为上部敞开的立式圆筒形容器，若此时遇大风，罐内易形成真空，如真空度过大罐壁有可能被压瘪，为此在靠近顶部的外侧设置抗风圈。由于罐顶在罐内上下浮动，故罐壁板只能采用对接焊接并且内壁要取平。浮顶油罐罐顶与油面之间基本上没有气相空间，油品没有蒸发的条件，因而没有因环境温度变化而产生的油品损耗，也基本上消除了因收、发油而产生的损耗，避免污染环境，减少发生火灾的危险性。所以尽管这种油罐钢材耗量和安装费用比拱顶油罐大得多，但对收发油频繁的油库、炼油厂原油区等仍应优先选用，用于储存原油、汽油及其他挥发性油品。

浮顶罐的种类很多，有单盘式、双盘式、浮子式等。常用的单盘式浮顶罐在浮顶周围建造环形浮船，用隔板将浮船分隔成若干个不渗漏的船室，在环形浮船范围内的面积以单层金属板覆盖。而双盘式浮顶罐的浮顶则是上、下两面分别以金属板覆盖。不论是单盘浮顶罐还是双盘浮顶罐，浮盘上面都安装有梯子、平台和栏杆。建造浮顶的金属材料有碳钢和铝合金两种，目前，碳钢材料的浮顶已逐渐被铝合金浮顶所替代。浮顶一般在专门的制造厂建造，作为成品部件供货。

3. 内浮顶罐

内浮顶罐是带拱顶的浮顶罐，也是拱顶罐和浮顶罐相结合的一种罐，内浮顶罐是在拱顶罐内增加了一个浮顶。这种油罐有两层顶，外层为与罐壁焊接连接的拱顶，内层为能沿罐壁上下浮动的浮顶。内浮顶罐既有拱顶罐的优点也有浮顶罐的优点。与无盖浮顶罐相比较，内浮顶罐的优点是能有效地防止雨雪、沙尘的侵入，保证储液的质量。同时，内浮顶漂浮在液面上，使液体无蒸发空间，外层还有一个拱顶保护，减少储液的蒸发损失，减少空气污染，减少着火爆炸危险。因此，内浮顶罐特别适合储存高级汽油、航空煤油等要求较高的油品。

内浮顶罐有以下特点。

① 美国石油学会认为，设计完善的内浮顶是迄今为控制固定顶罐蒸发损耗研究出来的和投资最少的方法。

② 大量减少蒸发损耗，由于液面上有浮动顶覆盖，储液与空气隔离，减少空气污染和着火爆炸危险，易于保证储液质量。特别适用于储存高级汽油和喷气燃料以及有毒易污染的化学品。

③ 易于将已建固定顶罐改造为内浮顶罐，并取消呼吸阀、阻火器等附件，投资少、经济效益明显。

④ 因有固定顶，能有效地防止风沙、雨雪或灰尘污染储液，可在各种气候条件下保证储液的质量，有"全天候储罐"之称。

⑤ 在密封效果相同情况下，与浮顶罐相比，能进一步降低蒸发损耗，这是由于固定顶盖的遮挡以及固定顶与内浮盘之间的气相层甚至比双盘式浮顶具有更为显著的隔热效果。

⑥ 内浮顶罐的内浮盘与浮顶罐上部敞开的浮盘不同，不可能有雨、雪载荷，内浮盘上载荷少，结构简单、轻便，可以省去浮盘上的中央排水管、转动浮梯等附件，易于施工和维护。密封部分的材料可以避免日光照射而老化。

三、储罐的容量

储罐的容量与其几何尺寸有关。按钢材耗量最小的原则，对大型的立式储罐，当公称容量在 1000～2000mm³ 时，取高度约等于直径；对 3000mm³ 以上的储罐取高度等于 3/8～3/4 的直径较为合理。储罐的公称容量是指按几何尺寸计算所得的容量，向上或向下圆整后以整数表示的容量。

由于罐内介质的温度、压力变化等原因，储罐不能完全装满，应留有一定的空间，而且液体储罐工作时液面允许有一个上下波动的范围。这一上下波动范围内的容量称为工作容量，储罐实际允许储存的最大容量称为储存容量，所以，储罐公称容量最大，工作容量最小，储存容量居中。立式储罐容量示意见图 12.3。液体储罐工作时，其实际存量不得大于储存容量，也不得小于储存容量减去工作容量之差。

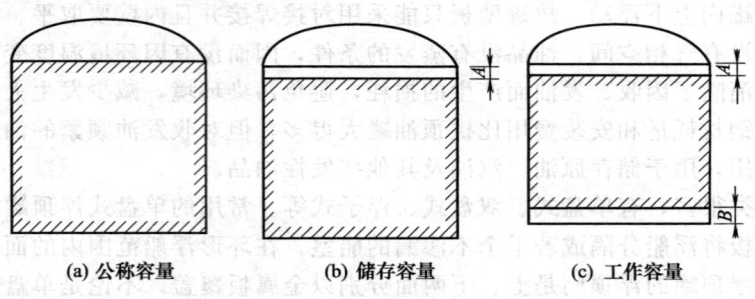

(a) 公称容量　　(b) 储存容量　　(c) 工作容量

图 12.3　立式储罐容量示意图

四、常压罐的附件

为保证各种油品的储存、发放、计量和罐维修的要求，在罐体上需要安装一些不同用途的附属配件，通常称为罐附件。

1. 人孔、透光孔

人孔是供清洗和维修罐时，操作人员进出罐而设置的。一般立式罐，人孔都装在罐壁最下层圈板上，且和罐顶上方采光孔相对。人孔直径多为 600mm，孔中心距罐底为 750mm。通常 3000m³ 以下罐设 1 个人孔，3000～5000m³ 设 1～2 个人孔，5000m³ 以上罐则必须设 2 个人孔。

透光孔又称采光孔，专门为对罐内进行检查、修理、刷洗时透光、通风之用，一般安装在罐的顶部，通常设置在进出油管上方的罐顶上，公称直径一般为 500mm，外缘距罐壁 800～1000mm，设置数量与人孔相同。

2. 排污孔、清扫孔

排污孔一般安装于轻罐底部，用于清扫罐时排除污泥，平时用于排除罐内污水。

清扫时可排出污水及清除罐内污泥，清扫孔一般用在储存重质油的储罐，排污孔一般用在轻质油的储罐。排污孔一般装在储罐最低处，起排水或者排空罐内物料的作用。清扫孔是安装在与罐底相对平齐的位置，清扫罐内淤泥或杂质用的。规格一般为 500mm×700mm。见图 12.4。

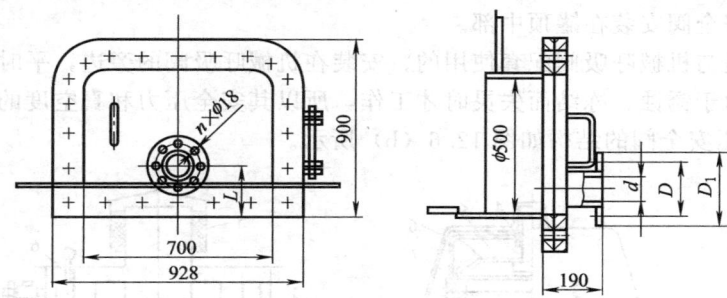

图 12.4　罐的清扫孔实例

3. 罐顶结合管与罐壁结合管

用于储存介质的进入或排出。

4. 量油孔

用于测量罐内油品的高度、温度及采样。量油孔是为人工检尺时测量油面高度、取样、测温而设置的。每一台拱顶油罐上设置一个量油孔，安装在罐顶平台附近，孔径 150mm，距罐壁一般不小于 1000mm。量油孔结构如图 12.5（a）所示。为防止关闭孔盖时撞击出火花并能关严，在孔盖内侧有软金属、塑料或橡胶垫；在孔内壁侧装有铝或钢制导向槽，以便于人工检尺时误差且防止下尺时钢卷尺与孔壁摩擦产生火花。在浮顶罐上则安装量油管，其作用与量油孔相同，同时还起防止浮盘水平扭转的限位作用，量油管如图 12.5（b）所示。

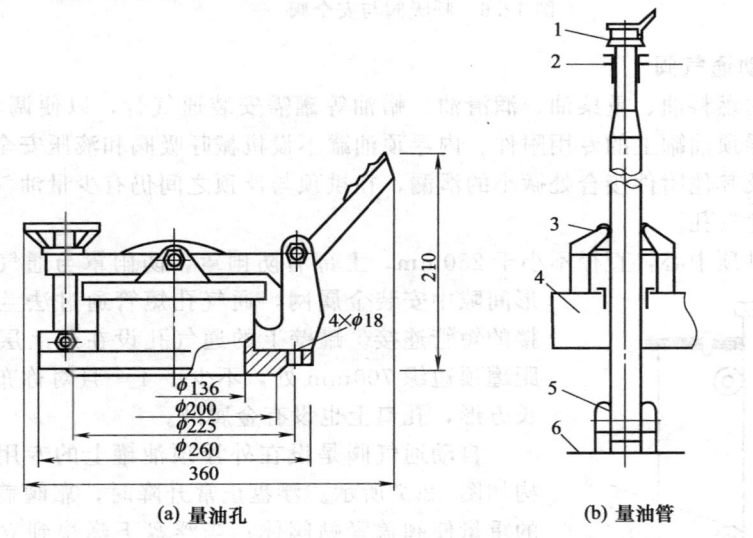

(a) 量油孔　　(b) 量油管

1—量油孔；2—罐顶操作平台；3—导向轮；
4—浮盘；5—固定肋板；6—罐底

图 12.5　量油孔示意图

5. 呼吸阀与安全阀

机械呼吸阀是原油、汽油等易挥发性油品储罐的专用附件，呼吸阀的作用是调节罐内的油气压力，当罐内压力过高时，通过呼吸阀将部分多余油气排出，使罐内压力下降；当罐内压力过低时，通过呼吸阀从罐外吸入空气，使罐内压力升高，始终保持与大气压恒定的状态，安装在拱顶油罐顶部，其作用是自动控制油罐气体通道的启闭，对油罐起到超压保护的作用且减少油品的蒸发损耗。呼吸阀的结构如图12.6（a）所示，这种阀在空气湿度70%、温度-40℃条件下，24h仍可正常使用，故称为全天候机械呼吸阀。安全阀的作用是罐在操作过程中，当呼吸阀失灵时起安全作用，其工作压力稍高于呼吸阀压力，能防止由于罐内正压或负压太高，而造成罐被破坏。安全阀安装在罐顶中部。

液压安全阀是与机械呼吸阀配套使用的，安装在机械呼吸阀的旁边，平时是不动作的，只有当机械呼吸阀由于锈蚀、冻结而失灵时才工作，所以其安全压力和真空度的控制都高于机械呼吸阀10%。液压安全阀的结构如图12.6（b）所示。

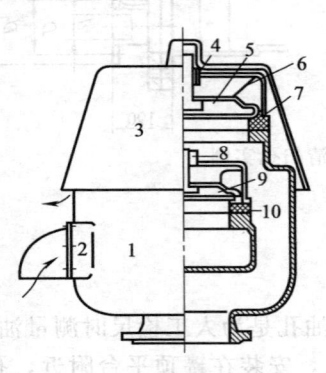 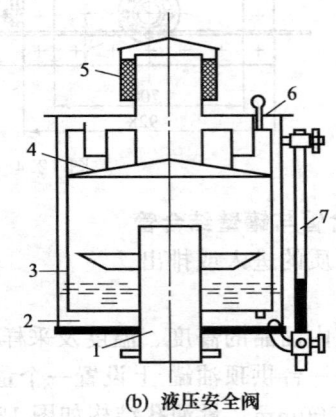

(a) 全天候机械呼吸阀　　　　　　(b) 液压安全阀

1—阀体；2—空气吸入口；3—阀罩；
4—压力阀导杆；5—压力阀阀盘；
6—接地导线；7—压力阀阀座；
8—真空阀导杆；9—真空阀阀盘；10—真空阀阀座

1—接合管；2—盛液槽；3—悬式隔板；
4—罩盖；5—带钢网的通风短管；
6—装液管；7—液位指示器

图12.6　呼吸阀与安全阀

6. 通气孔和自动通气阀

储存挥发性差的燃料油、重柴油、润滑油、蜡油等罐需安装通气管，以便调节罐内气压。通气孔是安装在内浮顶油罐上的专用附件。内浮顶油罐不设机械呼吸阀和液压安全阀，但由于浮顶与罐壁的环隙及其他附件接合处微小的泄漏，在拱顶与浮顶之间仍有少量油气，为此在拱顶和罐壁上部设置通气孔。

罐顶通气孔设拱顶中心，直径不小于250mm，上部有防雨罩，防雨罩与通气孔短管的环形间隙中安装金属网，通气孔短管通过法兰和与拱顶焊接的短管连接。罐壁上的通气孔设在最上层壁板的四周距罐顶边缘700mm处，不少于4个且对称布置，孔口为长方形，孔口上也设有金属网。

自动通气阀是设在外浮顶油罐上的专用附件，其结构如图12.7所示。浮盘正常升降时，靠阀盖和阀杆自身的重量使阀盖紧贴阀体；当浮盘下降快到立柱支承位置时，阀杆首先触及罐底使阀盖和阀体脱离，直到浮盘下降到完全由立柱支承时，自动通气阀开到最大，使浮盘上下气压保持平衡。当浮盘上升时自动通气阀逐渐关闭。

7. 防火器（阻火器）和泡沫发生器

防火器（亦称阻火器）由防火箱、铜丝网和铝隔板组成，防火器串联安装在机械呼吸阀或液压安全阀的下

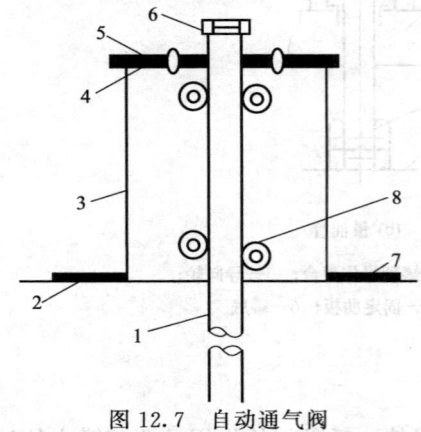

图12.7　自动通气阀

1—阀杆；2—浮盘板；3—阀体；4—密封圈；
5—阀盖；6—定位销；7—补强圈；8—滑轮

面,用以防止外明火、火星、空气经过呼吸阀或安全阀进入罐内引起意外。防火器的结构如图 12.8(a)所示,外形为圆形或方形。当外来火焰或火星通过呼吸阀进入防火器时,金属滤芯迅速吸收燃烧热量,使火焰熄灭,达到防火的目的。

泡沫发生器(消防泡沫室)是固定在油罐顶上的灭火装置,其结构如图 12.8(b)所示,其一端与泡沫管线连接,另一端带有法兰,焊在罐壁最上一层圈板上。泡沫混合液推广孔板节流,使发生器本体室内形成负压而吸入大量的空气,混合成空气泡沫并冲破隔板玻璃经喷射管段进入罐内,隔绝空气、窒息火焰,达到灭火的目的。

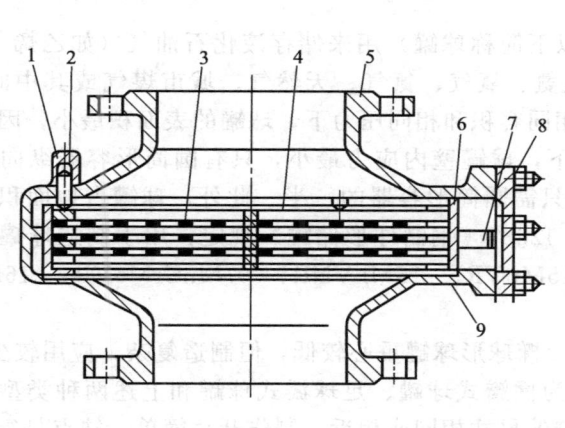

(a) 防火器

1—密封螺母;2—紧固螺钉;3—隔环;4—滤芯元件;
5—壳体;6—防火匣;7—手柄;8—盖板;9—软垫

(b) 泡沫发生器

1—混合液输入管;2—短管;3—闷盖;
4—泡沫室盖;5—玻璃盖;6—滤网;
7—泡沫室本体;8—发生器本体;
9—空气吸入口;10—孔板;11—导板

图 12.8 防火器(阻火器)和泡沫发生器

8. 加热器

加热器的作用是通过蒸汽或电对原油或重油加热,防止油品凝固,便于输送。局部加热器安装在进出油结合管附近。全面加热器安装在罐底上。

9. 液位报警器

液位报警器是用来防止液面超高或超低的一种安全保护装置,以防止溢油或抽空事故。一般而言,任何油罐都应安装高液位报警器;低液位报警器只安装在炼油装置的原料罐上,以保证装置的连续运行。图 12.9 所示的是气动高液位报警器,它是依靠浮子的升降启闭气源,再通过气、电转换元件发出报警信号。液位报警器的安装位置应保证从报警开始在 10~15min 内不会溢油或抽空。

10. 脱水管

脱水管亦称放水管,是专门为排除罐内水和清除罐底污油残渣而设的。放水管在罐外一侧装有阀门,为防止脱水阀不严或损坏,通常安装两道阀门。冬天还应做好脱水阀门的保温,以防冻凝或阀门冻裂。

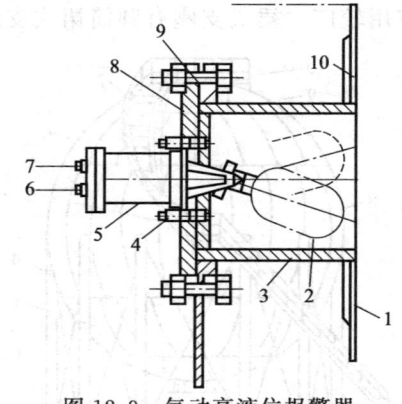

图 12.9 气动高液位报警器

1—罐壁;2—浮子;3—接管;4—密封垫圈;
5—气动液位信号器;6—出气管;7—进气管;
8—法兰盘;9—密封垫圈;10—补强圈

11. 扶梯和栏杆

扶梯是专供操作人员上罐检尺、测温、取样、巡检而设置的。有直梯和旋梯两种。一般来说，小型罐用直梯，大型罐用旋梯。

12. 接地线

接地线是消除罐静电的装置。

13. 其他附件

其他附件包括旁通管、膨胀管、升降管、喷淋降温管线、消防管线、避雷针、操作平台等，均有其相应的作用，不再赘述。

五、工业装置常见球罐的类别与结构

工业装置广泛采用钢质球形储罐（以下简称球罐）用来储存液化石油气（如乙烯、丙烯、丁烷等）、液化天然气、液氧、液氮、液氨、氧气、氮气、天然气、城市煤气或其中间产品。球罐与立式或卧式圆筒形容器相比，在相同容积和相同压力下，球罐的表面积最小，因而所需钢材最少；在相同直径和相同壁厚情况下，球罐壁内应力最小，只有圆筒形容器纵向应力的1/2，即在相同应力情况下，球罐的板厚只需圆筒形容器的一半。此外，球罐占地面积小，基础工程量小，可充分利用土地面积。GB 12337《钢制球形储罐》规定，用于制造球罐受压元件的材料有：20R、16MnR、15MnVR、15MnVNR、07MnCrMoVR、16MnDR、07MnNiCrMoVDR、09Mn2VDR等。

① 按形状分为圆球形和椭球形两种。椭球形球罐重心较低，但制造复杂，应用较少。

② 按组成球壳体的球壳板形状可分为橘瓣式球罐、足球瓣式球罐和上述两种类型相混的混合式球罐。足球瓣式球罐的优点是球瓣的尺寸相同或相近，制作开片简单。缺点是组装比较困难，有部分支柱搭焊在球壳体的焊缝上，容易形成焊接缺陷和应力集中，因而用得较少。GB/T 17261《钢制球形储罐型式与基本参数》仅推荐采用橘瓣式和混合式两种结构的球罐。

③ 按壳体层数分为单层壳体和双层壳体。双层球罐由外球和内球组成，双层壳体间充填优质隔热材料，所以隔热保冷性能好，一般用于储存温度低的液化气，如液体乙烯。壳体材料：内壳体为不锈钢，用于承受介质工作压力和低温工作条件；外壳体为碳钢，用于承受内壳体和介质的重量，同时可隔绝雨、雪对隔热材料的侵袭。但双层球罐施工很复杂，我国目前仅见于设计资料，尚无施工实践。

④ 按支承结构分为柱式支承和裙式支承。柱式支承中以赤道正切柱式支承用得最多，我国应用较广。裙式支座有圆筒裙式支承和锥形裙式支承，用于容积较小的球罐，但用得较少。

六、球罐的组成及附件

球罐（球形储罐）由球罐本体、支座及附件组成，如图12.10所示。

1. 球罐本体

球罐本体是球罐结构的主体，它是球罐储存物料并承受物料工作压力和液体静压力的构件。球罐本体是由许多块球壳板拼焊而成的一个球形容器。由于球罐直径大小不同，球壳板的数量也不一样。球壳体常用的有橘瓣式和混合式两种结构，见图12.11。

球壳板为标准球形，一般由容器制造厂根据设计图纸进行压制。压制方法有热压和冷压两种。热压是将钢板置于加热炉中加热至750～800℃，然后放在模具上进行压制。对于调质和正火供货的钢板，为保持钢板原

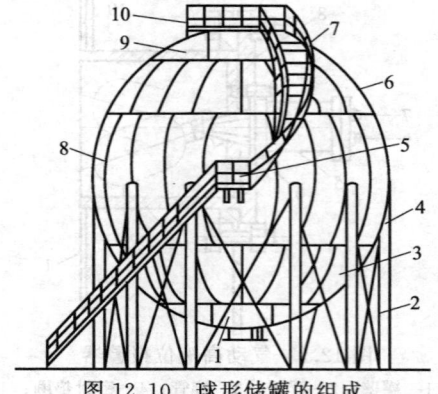

图12.10 球形储罐的组成
1—南极板；2—拉杆；3—下温带板；4—支柱；
5—中间平台；6—上温带板；7—螺旋盘梯；
8—赤道带板；9—北极板；10—顶部平台

有的力学性能，应进行冷压成形。冷压是将钢板置于模具上用压力机通过模头对钢板施以压力

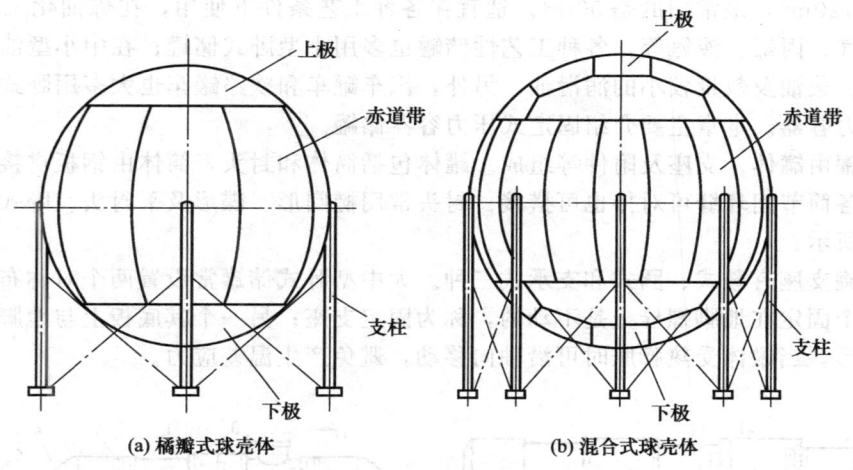

图 12.11　球壳体结构

使钢板应力超过屈服强度极限而变形。不论是热压和冷压，球壳板周边均应留有余量，便于检验尺寸、划线切割和开坡口。球壳板经检查合格后，在制造厂还应进行预组装，然后对每块球壳板编号，发送施工现场。

2. 支座

支座是用于支承球罐本体、附件、储存物料重量及承受风载、地震力等自然力的结构部件。支座多采用与球罐赤道板正切的柱式支座，也称球罐支柱。球罐支柱一般用钢管制成，支柱数量通常为赤道板数量的一半。支柱间有拉杆，使其支承连成整体。支柱通过柱脚板用地脚螺栓固定在基础上。除赤道正切式支座外，还有V形柱式支座、裙式支座、半埋式支座等，但用得较少。

3. 附件

① 梯子平台。为了检查、维护和操作，球罐上均设置有顶部平台和中间平台。顶部平台是工艺操作平台，球罐上的工艺接管、人孔、仪表等大部分设置在球罐顶部的极板上。中间平台是为了操作人员上下顶部平台时中间休息或作为检查球罐赤道部位而设置的，很多工程仅设置小的中间休息平台，而不设置环绕球罐赤道的大平台。有的球罐为便于内部检查和维护，设置有内部转梯，该转梯可以旋转，可转到球罐内部的任何部位。

② 人孔和接管。人孔是为了检修人员进出球罐进行检查和维修而设置的，同时也用于现场组装焊接球罐时通风、进行热处理、安装燃烧器和烟气排出等用，人孔大小一般选用 $DN500$。根据需要，球罐还装有各种接管。

③ 喷淋装置。喷淋装置的作用如下。

a. 对球罐起冷却作用。喷淋装置装在球罐的上部，通水时，冷却水从环管或堰流出，沿球罐壁流下，起到冷却介质的作用。

b. 消防作用。在球罐不同高度，离球罐外壁一定距离装环形管，环形管每隔一段距离装一个喷头，当球罐失火（自身或相邻）时，即可通过喷头喷洒灭火介质（一般为高压水，通过喷头后形成雾状）进行灭火或隔热。

④ 隔热和保冷设施。隔热和保冷是为了保证介质的一定温度，根据不同的介质和要求而定。

⑤ 液位计。用于观测球罐内液位。

⑥ 压力表。为了测量球罐内的压力，一般在球罐的上部和下部各装一块压力表。

七、卧式储罐的类别及组成

卧式储罐与立式储罐相比，容量较小，承压能力变化范围宽。最大容量 $400m^3$，实际使用一般不超过120m³，最常用的是50m³。适宜在各种工艺条件下使用，在炼油化工厂多用于储存液化石油气、丙烯、液氨等，各种工艺性储罐也多用小型卧式储罐；在中小型油库用卧式储罐储存汽油、柴油及数量较小的润滑油。另外，汽车罐车和铁路罐车也大多用卧式储罐，但属于移动式压力容器。本章主要介绍固定式压力容器储罐。

卧式储罐由罐体、支座及附件等组成。罐体包括筒体和封头，筒体由钢板拼接卷板、组对焊接而成，各筒节间环缝可对接也可搭接；封头常用椭圆形、碟形及平封头。卧式储罐的罐体如图12.12所示。

卧式储罐支座有鞍式、圈式和支承式三种。大中型卧式储罐常设置两个对称布置的鞍式支座，其中一个固定在地脚螺栓上是不动的，称为固定支座；另一个其底板上与地脚螺栓配套的孔采用长圆形，当罐体受热膨胀时可沿轴向移动，避免产生温差应力。

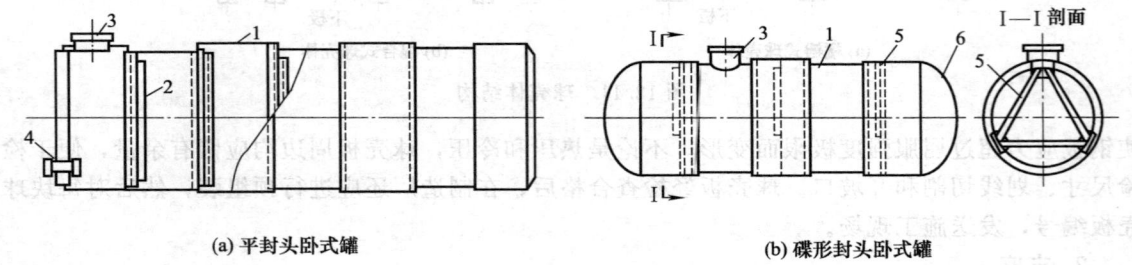

(a) 平封头卧式罐　　　　　　　　　　(b) 碟形封头卧式罐

图12.12　卧式储罐罐体
1—筒体；2—加强环；3—人孔；4—进出油管；5—三角支撑；6—封头

八、罐的选用

① 可燃液体储罐应采用钢制储罐，采用钢罐造价低，施工快，检修方便，寿命长。
② 液化烃常温储存应选用压力储罐。
③ 储存温度下饱和蒸气压大于或等于大气压的物料，应选用低压储罐或压力储罐。
④ 储存温度下饱和蒸气压低于大气压的甲$_B$和乙$_A$类液体，应选用浮顶罐或内浮顶罐，并应符合下列规定。
　a. 浮顶罐应选用钢制浮舱式浮盘并应采用二次密封装置。
　b. 内浮顶罐应选用金属制浮舱式浮盘。
⑤ 有特殊储存需要的甲$_B$、乙$_A$类液体，可选用固定顶罐，但应采取限制罐内气体直接排入大气的措施。
⑥ 乙$_B$和丙类液体，可选用固定顶罐。
⑦ 酸类、碱类宜选用固定顶罐或卧罐。
⑧ 液氨常温储存应选用压力储罐。
⑨ GB 50160《石油化工企业设计防火规范》对罐选用的要求如下。
　a. 储存甲$_B$、乙$_A$类的液体应选用金属浮舱式的浮顶或内浮顶罐。对于有特殊要求的物料，可选用其他形式的储罐。浮顶罐或内浮顶罐储存甲$_B$、乙$_A$类液体可减小储罐火灾概率，降低火灾危害程度。罐内基本没有气体空间，一旦起火，也只在浮顶与罐壁间的密封处燃烧，火势不大，易于扑救，且可大大降低油气损耗和对大气的污染。目前浅盘式浮盘已淘汰，明确规定选用金属浮舱式的浮盘，避免使用浅盘式浮盘。金属浮舱式浮盘包括钢浮盘、铝浮盘和不锈钢浮盘等。对于有特殊要求的甲$_B$、乙$_A$液体物料，如苯乙烯、酯类、加氢原料等易聚合或易氧化的液体物料，选用固定顶储罐加氮封储存也是可行的；对于轻石脑油等饱和蒸气压较高的物料，可通过降温采用固定顶罐储存或采用低压固定顶罐储存。

b. 储存沸点低于 45℃ 的甲$_B$ 类液体宜选用压力或低压储罐。沸点低于 45℃ 的甲$_B$ 类液体，除了采用压力储罐储存外，还可采用冷冻式储罐储存或采用低压固定顶罐储存。

c. 甲$_B$ 类液体固定顶罐或低压储罐应采取减少日晒升温的措施。采用固定顶罐或低压储罐储存甲$_B$ 类液体时，为了防止油气大量挥发和改善储罐的安全状况，应采取减少日晒升温的措施。其措施主要包括固定式冷却水喷淋（雾）系统、气体放空或气体冷凝回流、加氮封或涂刷合格的隔热涂料等。对设有保温层或保冷层的储罐，日晒对储罐影响较小，没有必要再采取防日晒措施。

⑩ 不同介质的火灾危险性类别及其常用储罐形式见表 12.1。

表 12.1 不同介质火灾危险性选用罐的形式

介质类别		名称	特征	储罐形式
甲	A	液化烃	15℃时的蒸气压力大于 0.1MPa 的烃类液体及其他类似液体	球罐或卧罐
甲	B	可燃液体	甲$_A$ 以外, 闪点低于 28℃	浮顶罐或内浮顶罐, 沸点低于 45℃ 时用球罐
乙	A	可燃液体	28℃≤t≤45℃	浮顶罐或内浮顶罐
乙	B	可燃液体	45℃<t<60℃	固定顶罐或内浮顶罐
丙	A	可燃液体	60℃≤t≤120℃	固定顶罐
丙	B		t>120℃	

注：t 为可燃液体的闪点。

⑪ 若是常压储存，主要为了减少蒸发损耗或防止污染环境保证储液不受空气污染、要求干净等，宜选用浮顶罐或内浮顶罐。若是常压或低压储存，蒸发损耗不是主要问题，环境污染也不大，且需要适当加热储存时，宜选用固定顶罐。浮顶选型时：20m³ 以下小直径罐，常用双盘式；油品蒸汽压高于 103.4kPa 时，用双盘式。单盘式浮顶的建造费用是双盘式的 1/3，双盘式浮顶强度高，积雪深度 2m 以上时，应用双盘式，双盘式浮顶绝热保温效果好。罐的选型见表 12.2。

表 12.2 罐的选型

类型		罐顶表面形状	受力分析	罐顶特点和使用范围	备注
锥顶罐	自支承式	接近于正圆锥体	载荷靠锥顶板周边支承于罐壁上	公称容积小于 1000m³ 直径不宜过大，制造容易，不受地基条件限制	分有加强肋和无加强肋两种锥顶板
	支承式	接近于正圆锥体	载荷主要由梁檩条或桁架和柱子承担	公称容积大于等于 1000m³ 坡度较自支承式小，顶部气体空间最小，可减少"小呼吸"损耗	不适用地基有不均匀沉降，耗钢量较自支承多
拱顶罐（一般只有自支承式）		接近于球形表面拱顶	载荷靠拱顶周边支承于罐壁	受力情况好，结构简单，刚性好能承受较高的剩余压力，耗钢量最小	气体空间较锥顶大，制造需胎具，单台成本高，分有加强肋和无加强肋两种拱顶板
伞形顶罐（一般只有自支承式）		一种修正的拱形顶，其任一水平截面都是规则的多边形	载荷靠伞形板周边支承于罐壁上	强度接近于拱顶，安装较拱顶容易	美国 API 650 规范中的一种罐顶结构形式，但国内很少采用
网壳顶罐		一种球面形状	载荷靠网格结构支承于罐壁上	刚性好，受力好，可用于公称容积在 2×10⁴m³ 以上的固定顶储罐	可制造成部件，在现场组装成整体结构

⑫ 大型立式储罐主要用于储存数量较大的液体介质，如原油、轻质成品油等；大型卧式储罐用于储存压力不太高的液化气和液体，小型的卧式和立式储罐主要作为中间产品罐和各种

计量、冷凝罐用；球形储罐用于储存石油气、各种液化气、化工物料等。

⑬ 无缝气瓶主要用于储存永久性气体和高压液化气体，如氧气、氢气、天然气、一氧化碳、二氧化碳气等。最常见的是民用液化气钢瓶，按充装量有 10kg、15kg、50kg 三种规格。钢瓶的公称压力为 1.57MPa，这是按纯丙烷在 48℃下饱和蒸气压确定的，因同温度下液化石油气各组分中丙烷的蒸气压最高，实际使用中环境温度一般不会超过 48℃，因此正常情况下瓶内压力不会超过 1.57MPa；钢瓶的容积是按液态在 60℃时正好充满整个钢瓶而设计的，因同温度下重量相同时，丙烷的体积最大，所以正常使用时钢瓶是安全的。

九、罐基础的形式

罐基础通常有护坡式、环墙式、外环墙式三种，见图 12.13。当地基土层能满足承载力设计值和沉降差的要求且场地不受限制时，宜采用护坡式或外环墙式基础；当地基土层不能满足承载力设计值要求但沉降量不超过允许值时，可采用环墙式或外环墙式基础；当地基土层为软土层时，宜对地基处理后再采用外环墙式基础；当场地受限时，可采用环墙式基础。储罐基础设计与施工的规范有：SH/T 3083《石油化工钢储罐地基处理技术规范》和 SH 3086《石油化工钢储罐地基与基础设计规范》。

储罐基础设计和施工质量直接影响到储罐的安全运行。从大量储罐事故发生的原因分析，大致可归纳为：由于操作失误或安全附件失灵引起的罐体失稳；罐壁焊缝缺陷引起的储液泄漏；罐底的脆性破裂；台风或地震引起的罐体破坏和储罐基础沉陷引起的破坏。现仅就储罐基础沉陷对储罐产生的影响、储罐基础的形式以及储罐对基础的要求进行分析。储罐基础的均匀沉陷一般不会给储罐造成大的危害，因为储罐是由薄壁钢板焊接成的立式圆筒形结构，具有柔性大、刚性小的特点，对基础的沉陷变形具有一定的适应性。只有沉陷到一定程度时，如储罐出口管与罐壁相接处产生附加应力很大，才会造成破坏。

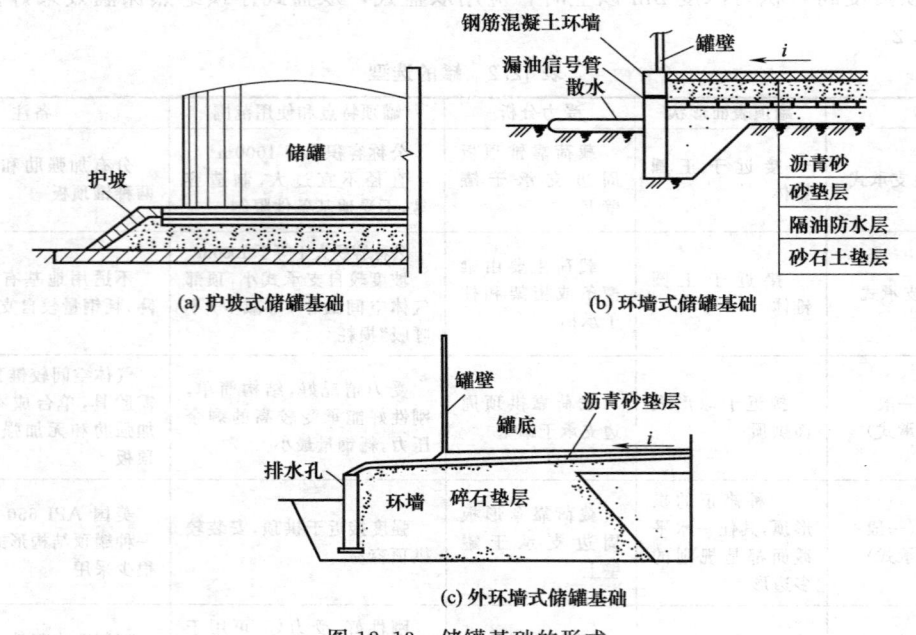

图 12.13　储罐基础的形式

十、罐基础的沉降

① 罐基础的沉降见表 12.3。

② 在 SH/T 3528—2014《石油化工钢制储罐地基与基础施工及验收规范》内也规定了储罐的沉降允许值，见表 12.4。

表 12.3 罐基础的沉降

储罐地基变形特征	储罐型式	储罐底圈内直径	沉降差允许值
平面倾斜(任意直径方向)	浮顶罐与内浮顶罐	$D_t \leqslant 22$	$0.007D_t$
		$22 < D_t \leqslant 30$	$0.006D_t$
		$30 < D_t \leqslant 40$	$0.005D_t$
		$40 < D_t \leqslant 60$	$0.004D_t$
	固定顶罐	$D_t \leqslant 22$	$0.015D_t$
		$22 < D_t \leqslant 30$	$0.010D_t$
		$30 < D_t \leqslant 40$	$0.009D_t$
		$40 < D_t \leqslant 60$	$0.008D_t$
非平面倾斜(罐周边不均匀沉降)	浮顶罐与内浮顶罐		$\Delta S/l \leqslant 0.0025$
	固定顶罐		$\Delta S/l \leqslant 0.0040$
罐基础锥面坡度		$\geqslant 0.008$	

注：1. D_t 为储罐底圈内直径，m。
2. ΔS 为罐周边相邻测点的沉降差，mm。
3. l 为罐周边相邻测点的间距，mm。

表 12.4 储罐基础最终沉降差允许值   m

储罐内径 D	任意直径方向最终沉降差	
	浮顶罐与内浮顶罐	固定顶罐
$D \leqslant 22$	$0.0070D$	$0.015D$
$22 < D \leqslant 30$	$0.0060D$	$0.010D$
$30 < D \leqslant 40$	$0.0050D$	$0.009D$
$40 < D \leqslant 60$	$0.0040D$	$0.008D$
$60 < D \leqslant 80$	$0.0035D$	—
$D > 80$	$0.0030D$	—

第二节 罐的布置

一、储罐组的布置设计

① 当装置储罐总容积：液化烃罐小于或等于 $100m^3$、可燃气体或可燃液体罐小于或等于 $1000m^3$ 时，可布置在装置内。

② 当装置储罐组总容积：液化烃罐大于 $100m^3$ 且小于或等于 $500m^3$、可燃液体罐或可燃气体罐大于 $1000m^3$ 且小于或等于 $5000m^3$ 时，应成组集中布置在装置边缘；但液化烃单罐容积不应大于 $300m^3$，可燃液体单罐容积不应大于 $3000m^3$。装置储罐组的防火设计应符合 GB 50160 的有关规定，与储罐相关的机泵应布置在防火堤外。装置储罐组与装置内其他设备、建筑物的防火间距应符合 GB 50160 的规定。

工艺装置是工业企业生产的核心。装置储罐是在装置内设置的原料、产品或其他专用储罐。为尽可能减少影响装置生产的不安全因素，为满足工艺要求、平衡生产而需要在装置内设置装置储罐，其储量也不应过大。作为装置储罐，液化烃储罐的总容积小于或等于 $100m^3$；可燃气体或可燃液体储罐的总容积小于或等于 $1000m^3$ 时，可布置在装置内。

当装置储罐超过上述总容积且液化烃罐大于 $100m^3$ 且小于或等于 $500m^3$、可燃气体罐或可燃液体罐大于 $1000m^3$ 且小于或等于 $5000m^3$ 时，可在装置边缘集中布置，形成装置储罐组。

二、罐组专用泵区的布置设计

罐组的专用泵区应布置在防火堤外,与储罐的防火间距应符合下列要求。

① 距甲$_A$类储罐不应小于15m。

② 距甲$_B$、乙类固定顶储罐不应小于12m,距小于或等于500m^{3}的甲$_B$、乙类固定顶储罐不应小于10m。

③ 距浮顶及内浮顶储罐、丙$_A$类固定顶储罐不应小于10m,距小于或等于500m^{3}的内浮顶储罐、丙$_A$类固定顶储罐不应小于8m。

④ 除甲$_A$类以外的可燃液体储罐的专用泵单独布置时,应布置在防火堤外,与可燃液体储罐的防火间距不限。

三、可燃液体地上储罐的布置设计

① 储罐应成组布置,并应符合下列要求。

a. 在同一罐组内,宜布置火灾危险性类别相同或相近的储罐;当单罐容积小于或等于1000m^{3}时,火灾危险性类别不同的储罐也可同组布置。

b. 沸溢性液体的储罐不应与非沸溢性液体储罐同组布置。

c. 可燃液体的压力储罐可与液化烃的全压力储罐同组布置。

d. 可燃液体的低压储罐可与常压储罐同组布置。

② 罐组的总容积应符合下列规定要求。

a. 固定顶罐组的总容积不应大于120000m^3。

b. 浮顶、内浮顶罐组的总容积不应大于600000m^3。

c. 固定顶罐和浮顶、内浮顶罐的混合罐组的总容积不应大于120000m^3,其中浮顶、内浮顶罐的容积可折半计算。

③ 罐组内单罐容积大于或等于10000m^{3}的储罐个数不应多于12个;单罐容积小于10000m^{3}的储罐个数不应多于16个;但单罐容积均小于1000m^{3}的储罐以及丙$_B$类液体储罐的个数不受此限。储罐组内的储罐个数愈多,发生火灾的概率愈大。丙$_B$类液体储罐不易发生火灾。

④ 罐组内相邻可燃液体地上储罐的防火间距不应小于表12.5的要求。

储罐区占地大,管道长,故在保证安全的前提下罐间距宜尽可能小,以节约占地和投资。影响储罐间距的主要因素有以下几个。

a. 储罐着火概率。

b. 储罐起火后,能否引燃相邻储罐爆炸起火。如果火灾中储罐顶盖掀开但罐体完好,且可燃液体未流出罐外,则一般不会引燃邻罐。

c. 消防操作要求。考虑对着火罐的扑救和对着火罐或邻罐的冷却保护等消防操作场地要求,不能将相邻罐靠得很近。消防人员用水枪冷却罐时,水枪喷射仰角一般为50°~60°,冷却保护范围为8~10m。泡沫发生器破坏时,消防人员需往着火罐上挂泡沫钩管。因此,只要不小于0.4D的防火间距就能满足消防操作要求。对于小于或等于1000m^{3}的固定顶罐,如果操作人员站的位置避开两个储罐之间最小间距的地方,(0.4~0.6)D的间距也能满足上述操作要求。

d. 储罐类型。浮顶罐罐内几乎不存在油气空间,散发出的可燃气体很少,火灾概率小,浮顶罐引燃后火焰不大,一般只在浮顶周围密封圈处燃烧,热辐射强度不高,不需冷却相邻储罐,对扑救人员在罐平台上的操作基本无威胁。

e. 近年来,某些石油化工企业在改、扩建工程中,为了减少占地,储罐采用了细高的罐型，占地虽然有所减少，但不利于消防。

表 12.5 罐组内相邻可燃液体地上储罐的防火间距

液体类别	储罐形式			
	固定顶罐		浮顶、内浮顶罐	卧罐
	≤1000m³	>1000m³		
甲$_B$、乙类	0.75D	0.6D	0.4D	0.8m
丙$_A$ 类	0.4D			
丙$_B$ 类	2m	5m		

注：1. 表中 D 为相邻较大罐的直径，单罐容积大于 1000m³ 的储罐取直径或高度的较大值。
2. 储存不同类别液体或不同形式的相邻储罐的防火间距应采用本表规定的较大值。
3. 现有浅盘式内浮顶罐的防火间距同固定顶罐。
4. 可燃液体的低压储罐，其防火间距按固定顶罐考虑。
5. 储存丙$_B$类可燃液体的浮顶、内浮顶罐，其防火间距大于 15m 时，可取 15m。

⑤ 罐组内的储罐不应超过 2 排，但单罐容积小于或等于 1000m³ 的丙$_B$ 类的储罐不应超过 4 排，其中润滑罐的单罐容积和排数不限。

⑥ 为了满足发生火灾事故时消防、操作便利和安全，两排立式储罐的间距应符合表 12.5 的要求，且不应小于 5m；两排直径小于 5m 的立式储罐及卧式储罐的间距不应小于 3m。

⑦ 罐组应设防火堤。地上可燃液体储罐一旦发生破裂事故，可燃液体便会流到储罐外，若无防火堤，流出的液体就会漫流。为避免此类事故，故规定罐组应设防火堤。

⑧ 防火堤及隔堤内的有效容积应符合下列要求。

a. 防火堤内有效容积。防火堤内的有效容积不应小于罐组内 1 个最大储罐的容积，当浮顶、内浮顶罐组不能满足此要求时，应设置事故存液池储存剩余部分，但罐组防火堤内的有效容积不应小于罐组内 1 个最大储罐容积的 1/2。NFPA 30《易燃和可燃液体规范》规定为防火堤内最大储罐容积的 100%。在罐组外设事故存液池，其作用与防火堤是一样的，是把流出的液体引至罐组外的事故存液池暂存。罐附近残存可燃液体愈少，着火罐及相邻罐受威胁愈小，有利于灭火和保护相邻罐。事故存液池正常情况下是空的，而石油化工企业的事故仅考虑一处，所以全厂的浮顶罐、内浮顶罐组可共用一个事故存液池。

b. 隔堤内有效容积。设置隔堤的目的是减小可燃液体少量泄漏时的污染范围，并不是储存大量油品的，美国规范 NFPA 30《易燃可燃液体规范》规定隔堤内有效容积为最大储罐容量的 10%。

⑨ 立式储罐至防火堤内踢脚线的距离不应小于罐壁高度的 1/2，卧式储罐至防火堤内踢脚线的距离不应小于 3m。

当油罐罐壁某处破裂或穿孔时，其最大喷散水平距离等于罐壁高度的 1/2，所以留出罐壁高度 1/2 的空地，即使储罐破损，罐内液体也不会喷散到防火堤外，同时也可满足灭火操作要求。有的国家防火规范对小罐要求为留出罐壁高度 1/3 的空地。

⑩ 相邻罐组防火堤的外踢脚线之间应留有宽度不小于 7m 的消防空地，主要是为了在油罐区发生火灾时，方便消防人员及消防设备操作，实施消防救援。该空地也可与消防道路合并考虑。

⑪ 设有防火堤的罐组内应按下列要求设置隔堤。

a. 单罐容积小于或等于 5000m³ 时，隔堤所分隔的储罐容积之和不应大于 20000m³。

b. 单罐容积大于 5000～20000m³ 时，隔堤内的储罐不应超过 4 个。

c. 单罐容积大于 20000～50000m³ 时，隔堤内的储罐不应超过 2 个。

d. 单罐容积大于 50000m³ 时，每个隔堤内设置一个储罐。

e. 隔堤所分隔的沸溢性液体储罐不应超过 2 个。

⑫ 多品种的液体罐组内应按下列要求设置隔堤。

a. 甲$_B$、乙$_A$ 类液体与其他类可燃液体储罐之间。
b. 水溶性与非水溶性可燃液体储罐之间。
c. 相互接触能引起化学反应的可燃液体储罐之间。
d. 助燃剂、强氧化剂及具有腐蚀性液体储罐与可燃液体储罐之间。

⑬ 防火堤及隔堤应符合下列规定。
a. 防火堤及隔堤应能承受所容纳液体的静压，且不应渗漏。
b. 立式储罐防火堤的高度应为计算高度加 0.2m，但不应低于 1.0m（以堤内设计地坪标高为准），且不宜高于 2.2m（以堤外 3m 范围内设计地坪标高为准）。卧式储罐防火堤的高度不应低于 0.5m（以堤内设计地坪标高为准）。防火堤过高对操作、检修以及消防十分不利。
c. 立式储罐组内隔堤的高度不应低于 0.5m，卧式储罐组内隔堤的高度不应低于 0.3m，既能将少量泄漏的可燃液体限制在隔堤内，又方便操作人员通行。NFPA30《易燃可燃液体规范》规定，可燃液体立式储罐组隔堤的高度不应低于 0.45m。
d. 管道穿堤处应采用不燃烧材料严密封闭。
e. 在防火堤内雨水沟穿堤处应采取防止可燃液体流出堤外的措施。
f. 在防火堤的不同方位上应设置人行台阶或坡道，同一方位上两相邻人行台阶或坡道之间距离不宜大于 60m，隔堤应设置人行台阶。

⑭ 事故存液池的设置应符合下列规定。
a. 设有事故存液池的罐组应设导液管（沟），使溢漏液体能顺利地流出罐组并自流入存液池内。
b. 事故存液池距防火堤的距离不应小于 7m。
c. 事故存液池和导液沟距明火地点不应小于 30m。
d. 事故存液池应有排水设施。

⑮ 甲$_B$、乙类液体的固定顶罐应设阻火器和呼吸阀；对于采用氮气或其他气体气封的甲$_B$、乙类液体的储罐还应设置事故泄压设备。

⑯ 储罐的进料管应从罐体下部接入，若必须从上部接入，宜延伸至距罐底 200mm 处。

⑰ 为了防止储罐与管道之间产生的不均匀沉降引起破坏，储罐的进出口管道应采用柔性连接。

四、液化烃、可燃气体、助燃气体地上储罐的布置设计

液化烃罐组包括全压力式罐组、全冷冻式罐组和半冷冻式罐组，全压力式储存方式是指在常温和较高压力下储存液化烃或其他类似可燃液体的方式，半冷冻式储存方式是指在较低温度和较低压力下储存液化烃或其他类似可燃液体的方式，全冷冻式储存方式是指在低温和常压下储存液化烃或其他类似可燃液体的方式。布置设计主要考虑以下要求。

① 液化烃储罐、可燃气体储罐和助燃气体储罐应分别成组布置。
② 液化烃储罐成组布置时应符合下列要求。
a. 液化烃罐组内的储罐不应超过 2 排。如超过 2 排，中间一个罐起火，由于四周都有储罐，会给灭火操作和对相邻储罐的冷却保护带来困难。
b. 每组全压力式或半冷冻式储罐的个数不应多于 12 个。
c. 全冷冻式储罐的个数不宜多于 2 个。全冷冻式储罐应单独成组布置。与 API Std 2510《液化石油气（LPG）设施的设计和建造》的要求一致。
d. 储罐材质不能适应该罐组介质最低温度时不应布置在同一罐组内。
e. NFPA 58《液化石油气规范》规定"冷藏液化石油气容器，不能放置在易燃液体储罐的防火堤内，也不应放置在非冷藏加压的液化石油气容器的防火堤或拦蓄墙内"。

f. API Std 2510《液化石油气（LPG）设施的设计和建造》规定：低温液化石油气储罐不应布置在建筑物内，NFPA 30《易燃可燃液体规范》规定的其他易燃或可燃液体储罐流出物防护区域内，且不应在压力储罐的流出物防护区域内。

③ 液化烃、可燃气体、助燃气体的罐组内，储罐的防火间距不应小于表 12.6 的要求。

表 12.6 液化烃、可燃气体、助燃气体的罐组内储罐的防火间距

介质	储存方式或储罐形式		球罐	卧(立)罐	全冷冻式储罐(容积)		水槽式气柜	干式气柜
					≤100m³	>100m³		
液化烃	全压力式或半冷冻式储罐	有事故排放至火炬的措施	0.5D	1.0D	①	①	①	①
		无事故排放至火炬的措施	1.0D		①	①	①	①
	全冷冻式储罐	≤100m³	①	①	1.5m	0.5D	①	①
		>100m³	①	①	0.5D	0.5D	①	①
助燃气体	球罐		0.5D	0.65D	①	①	①	①
	卧(立)罐		0.65D	0.65D	①	①	①	①
可燃气体	水槽式气柜		①	①	①	①	0.5D	0.65D
	干式气柜		①	①	①	①	0.65D	0.65D
	球罐		0.5D	①	①	①	0.65D	0.65D

① 不应同组布置。
注：1. D 为相邻较大储罐的直径。
2. 液氨储罐间的防火间距要求应与液化烃储罐相同；液氧储罐间的防火间距应按 GB 50016《建筑设计防火规范》的要求执行。
3. 沸点低于 45℃ 的甲$_B$ 类液体压力储罐，按全压力式液化烃储罐的防火间距执行。
4. 液化烃单罐容积小于等于 200m³ 的卧（立）罐之间的防火间距超过 1.5m 时，可取 1.5m。
5. 助燃气体卧（立）罐之间的防火间距超过 1.5m 时，可取 1.5m。

④ 全冷冻式储罐防火间距参照 NFPA 58《液化石油气规范》规定：若容积大于或等于 265m³，其储罐间的间距至少为大罐直径的 1/2。API Std 2510《液化石油气（LPG）设施的设计和建造》规定：低温储罐间距取较大罐直径的 1/2。

⑤ 为了满足发生火灾事故时消防、操作便利和安全，两排卧罐的最小间距不应小于 3m。

⑥ 液化烃罐组设置防火堤的目的是：作为限界防止无关人员进入罐组；防火堤较低，对少量泄漏的液化烃气体便于扩散；一旦泄漏量较多，堤内必有部分液化烃积聚，可由堤内设置的可燃气体浓度报警器报警，有利于及时发现、及时处理；其竖向布置坡向外侧是为了防止泄漏的液化烃在储罐附近滞留。防火堤及隔堤的设置应符合下列要求。

a. 液化烃全压力式或半冷冻式储罐组宜设不高于 0.6m 的防火堤，防火堤内踢脚线距储罐不应小于 3m，堤内应采用现浇混凝土地面，并应坡向外侧，防火堤内的隔堤不宜高于 0.3m。

b. 全压力式储罐组的总容积大于 8000m³ 时，罐组内应设隔堤，隔堤内各储罐容积之和不宜大于 8000m³。单罐容积等于或大于 5000m³ 时应在每个隔堤内设置一个。

c. 全冷冻式储罐组的总容积不应大于 200000m³，单防罐应在每个隔堤内设置一个，隔堤应低于防火堤 0.2m。

d. 沸点低于 45℃ 甲$_B$ 类液体压力储罐组的总容积不宜大于 60000m³；隔堤内各储罐容积之和不宜大于 8000m³，单罐容积等于或大于 5000m³ 时应在每个隔堤内设置一个。

e. 沸点低于 45℃ 的甲$_B$ 类液体的压力储罐，防火堤内有效容积不应小于最大储罐的容积。当其与液化烃压力储罐同组布置时，防火堤及隔堤的高度尚应满足液化烃压力储罐组的要求，且二者之间应设隔堤；当其独立成组时，防火堤距储罐不应小于 3m，需保证防火堤及隔堤的高度设置要求。

f. 全压力式、半冷冻式液氨储罐的防火堤和隔堤的设置同液化烃储罐的要求。

⑦ 液化烃全冷冻式单防罐罐组应设防火堤，并应符合下列要求。

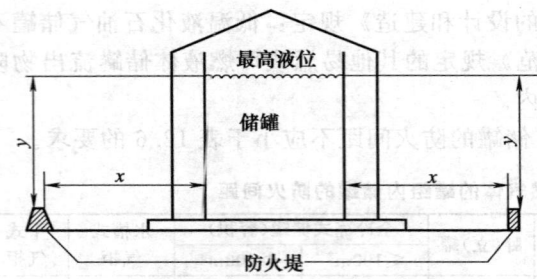

图 12.14　单防罐至防火堤内顶角线的距离

a. 防火堤内的有效容积不应小于最大储罐的容积。

b. 单防罐至防火堤内顶角线的距离 x，不应小于最高液位与防火堤堤顶的高度之差 y 加上液面上气相当量压头的和，见图 12.14；当防火堤的高度等于或大于最高液位时，单防罐至防火堤内顶角线的距离不限。

c. 应在防火堤的不同方位上设置不少于两个人行台阶或梯子。

d. 防火堤及隔堤应为不燃烧实体防护结构，能承受所容纳液体的静压及温度变化的影响，且不渗漏。

⑧ API Std 2510《液化石油气（LPG）设施的设计和建造》规定："低温常压储罐应设置围堤，围堤内的容积应至少为储罐容积的 100%""围堤最低高度为 1.5ft，且应从堤内测量；当围堤高 6ft 时，应设置平时和紧急出入围堤的设施；当围堤必须高于 12ft，或利用围堤限制通风时，应设不需要进入围堤即可对阀门进行一般操作和接近罐顶的设施。所有堤顶的宽度至少为 2ft。"

⑨ 液化烃全冷冻式双防或全防罐罐组可不设防火堤。全冷冻双防式或全防式液化烃储罐，一旦储存液化烃内罐发生泄漏，泄漏出的液化烃能 100% 被外罐所容纳，不会发生液化烃蔓延而造成事态扩大，外罐已具备防火堤作用，不需另设防火堤。

⑩ 全冷冻式液氨储罐应设防火堤，堤内有效容积应不小于最大储罐容积的 60%。

⑪ 液化烃储罐的安全阀出口管应接至火炬系统。确有困难时，可就地放空，但其排气管口应高出 8m 范围内储罐罐顶平台 3m 以上。若液化烃罐组离厂区较远，无共用的火炬系统可利用，一般不单独设置火炬。在正常情况下，偶然超压致使安全阀放空，其排放量极少，因远离厂区，其他火灾对此影响较小，故对此类罐组规定可不排放至火炬而就地排放。

⑫ 全压力式液化烃储罐宜采用有防冻措施的二次脱水系统，储罐根部宜设紧急切断阀。若液化烃中不含水时，可不设二次脱水系统。

⑬ 液化石油气蒸发器的气相部分应设压力表和安全阀。

⑭ 液化烃储罐开口接管的阀门及管件的管道等级不应低于 2.0MPa，其垫片应采用缠绕式垫片。阀门压盖的密封填料应采用难燃烧材料。全压力式储罐应采取防止液化烃泄漏的注水措施。

⑮ 全冷冻卧式液化烃储罐不应多层布置。

五、罐梯子平台的设计

罐梯子平台的设计要求如下（图 12.15）。

① 罐的取样、量油及对罐顶附件等应设置梯子平台。

② 常压罐及球罐常设置沿罐壁的盘梯。梯子的起始点应布置在便于操作的通道附近，并靠近储罐进出口接管处。有环形圈梁结构的罐基础，应考虑罐壁上盘梯向下延伸的位置。

③ 卧罐常设置直爬梯，与卧式容器的梯子平台设计类似。

④ 斜梯的耗钢量较大、占地面积也大，常用于较小容积的储罐，或用于多个储罐联合布置的平台。

⑤ 沿常压罐顶的周边应设防护栏杆，或至少应在量油孔、透光孔以及布置在罐顶周边附近的附件两侧各 1m 的范围内设局部栏杆，以保证操作人员的安全。罐顶周边布置的附件处应设置操作平台，从梯子平台通向呼吸阀、透光孔等附件的通道上应做防滑踏步。

⑥ 在可燃液体罐区储罐的防火堤的不同方位上设置两个及两个以上人行台阶或坡道，隔堤均应设置人行台阶。

(a) 常压罐盘梯、栏杆

(b) 常压罐折返梯

(c) 球罐的联合平台、折返梯、盘梯

(d) 球罐的联合平台、旋转梯

图 12.15　常压罐和球罐的梯子平台设计示意图

工程应用：球罐直梯的设计错误

球罐直梯的设计错误见图 12.16，笔者去某施工现场，发现某球罐的直梯从地面到罐顶约 16m 高，中间没有休息平台，这是设计错误。

六、储罐管口的布置设计

① 管口应符合设备图或设备条件图的要求。

② 常压立式储罐下部人孔也可设在靠近斜梯的起点，但宜在斜梯下面；顶部人孔宜与下部人孔成 180°方向布置并位于顶平台附近。高度较高的侧向人孔，其方位宜便于从斜梯接近人孔。

③ 球形储罐顶、底各有一个人孔，其方位根据顶平台上的配管协调布置。

图 12.16　球罐直梯的设计错误

④ 常压立式储罐用蒸汽或惰性气体吹扫或置换的接口应位于有利于连接操作的方位，并在靠近管廊侧的围堰外面设软管站。

⑤ 液位计管口的布置：常压立式储罐浮子式液位指示计接口应布置在顶部人孔附近，如需设置液位控制器、液位报警器或非浮子式液位计时，为减少设备上开口，宜设置液位计联箱管，与联箱管连接的设备接口，应布置在远离物料进出口处，并位于平台和梯子上能接近处，以便于仪表的安装及维修。

⑥ 立式储槽的底部设带集液槽的排液管时，应在基础上预留沟槽。排液口的方位应靠排液总管一侧。

七、常压罐附件的布置设计

① 透光孔。设在罐顶部，主要用于施工安装、储罐维护、检修时采光和通风，透光孔的公称直径多为 500mm。透光孔宜设在罐顶距罐壁 800~1000mm 处，只设 1 个透光孔时，应布置在上罐顶的平台附近，并与人孔或清扫口相对称，位于进出油管线上方的罐顶上；当设置的透光孔为 2 个或 2 个以上时，则透光孔与人孔尽可能沿圆周对称分布，用于采光和通风，但至少有一个透光孔设在罐顶平台附近，见图 12.17。

图 12.17　透光孔

② 人孔（图 12.18）。人孔的主要作用是供安装、操作人员进出储罐时使用，同时也有通风、采光的作用。人孔的直径一般为 600mm，孔中心距罐底板的距离一般为 750mm。应尽量布置在操纵人员进出储罐比较方便的位置，并避开罐内的立柱、加热器等。直径在 15m 以下

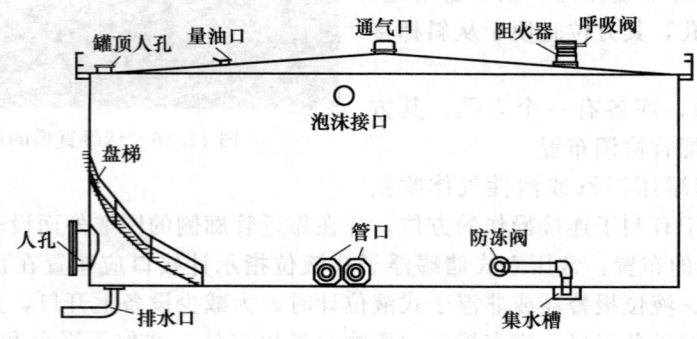

图 12.18　人孔的布置

的储罐，一般设两个人孔，当人孔的中心距地面的高度大于1200mm时，应在其下方设置操作平台。为了利于检修时罐内通风，顶部人孔应与底部人孔成180°布置。蒸汽吹扫或惰性气体吹扫管口应位于底部人孔附近，顶部人孔布置在顶部平台的附近。

③ 放空口。储罐的放空口应安装在储罐的高点。

④ 清扫口。清扫口主要是用来清除罐内的沉积杂物，兼有对罐内进行通风及采光作用。清扫口应布置在远离罐前接管的位置，便于清扫储罐及罐内残渣物的外运。

⑤ 液位计。储罐上的液位计通常是一个浮子指示器。为便于检修，这个指示器应该安装在顶部人孔附近。如果装有高位报警器，必须从中间平台或梯子接近它。低位报警器应该安装在读数不受出料管口影响的位置，液面计应远离进出口接管，以避免进出物料时影响液面的计量精度，在储罐进料口朝向60°处不应设有液位计。

⑥ 高低液位报警器。高低液位报警器应设在盘梯包角的内侧，并布置在一条垂直线上，高液位报警器开口与盘梯踏步的垂直距离宜为2.2m，低液位报警器应避免物料进出时的直接干扰。

⑦ 温度计。温度计应设置在远离加热器的地方，水平距离应大于等于2m。拱顶储罐的温度计距罐底1.3m。对于浮顶储罐，浮盘距罐底的最低高度大于等于1.3m时，温度计距罐底1.3m；浮盘距罐底的最低高度小于1.3m时，温度计距罐底的高度取浮盘的高度减去0.2m。

⑧ 放净口或泵吸入口。接管从储罐底板上部引出，用一根吸液管插入集液坑中去。

⑨ 进出口接管。进出口接管是确保石油化工液态产品进出储罐的接口，除特殊要求外一般应设在罐壁的下部，可分别设置进、出口接管或进出口合为一个接管。当需设安全活门及浮动式吸入管等，储罐的内侧应增加一对法兰。沸溢性石油化工产品的进口接管应布置在储罐的顶部。

⑩ 量油口。量油口主要用来测量储罐内石油化工产品的液面高度或取样用。

⑪ 取样器。操纵人员可以从罐顶上的量取孔直接手工采集物料，为了减轻操作人员的劳动强度，取样器常设置在储罐的下部，采集物料的准确性也得到提高。

⑫ 放水管。放水管设置在储罐罐壁的下部或底部，常用放水管分为固定式放水管和安置在排污口上（或清扫口上）的排水管。排污口主要在清扫油罐时使用，它适于设置在含杂物较少的储罐上。放水管应布置在储罐进出口接管附近的位置，便于阀门集中操作，一般情况下放水管应设在罐壁的下部，对含水量要求较高的储罐，其放水管应从储罐的底部引出，如带放水管的排污口，放水管是从罐底的外侧引出，锥形储罐则是从罐底的中心引出。对于大容量的储罐需设两个以上放水管时，除第一个放水管布置在储罐的进出口接管附近外，其他放水管应沿罐壁匀称布置。

⑬ 呼吸阀、通气管、液压安全阀、阻火器应布置在储罐罐顶的中心部位，设置1台时，布置在罐顶的中心，设置2台以上时，应以罐顶的中心对称布置。阻火器规范可参见SY/T 0512《石油储罐阻火器》。

⑭ 呼吸阀一般用在常温、常压液态容器上，应安装在储罐气相空间的最高点。对于立式罐，尽量安装在罐顶中央顶板范围内，对于罐顶需设隔热层的储罐，可安装在梯子平台附近。当需要安装两个呼吸阀时，它们与罐顶中心应对称布置。若用在氮封罐上，则氮气供气管的接管位置应远离呼吸阀接口，并由罐顶部插入储罐内约200mm，这样氮气进罐后不直接排出，达到氮封的目的。呼吸阀规范可参见SY/T 0511《石油储罐呼吸阀》。

⑮ 浮动式吸入管。浮动式吸入管安装在出口接管罐内一侧，吸入管管口随物料的升降而上下变化，从而可使发出的物料全部处于储罐的上层。

⑯ 固定顶储罐地上固定顶储罐，应设置呼吸阀（通气管）、量油口、透光孔、清扫口（排

污口）和放水管。地下（埋地）固定顶储罐，除呼吸阀（通气管）、量油口、透光孔、人孔及清扫孔统一考虑后设在罐顶上，不另设排污口和放水管。

⑰ 浮顶储罐应设置人孔、量油口、清扫口（排污口）和放水管。

⑱ 内浮顶储罐所需设置的附件除与浮顶罐一致外，还需要从罐体本身的结构考虑设置从浮顶上部进入浮盘人孔，以及保证浮顶上方气体空间必要换气次数的通气孔。

八、球罐附件的布置设计

储存有压石油化工产品时，如液化石油气、轻汽油、戊烷、液氨、氮气等均选用球形或卧式储罐。

① 人孔。球形储罐应设置两个人孔，一个设在罐顶的中心，另一个设在罐底的中心，卧式储罐的筒体长度小于 6000mm 时，设 1 个人孔，筒体长度等于或大于 6000mm 时，应设 2 个人孔。

② 放水管。球罐和卧罐应设置放水管（排水、排污）。卧罐及容积小于 1000m^3 的球罐，放水管管径取 $DN50$；容积等于或大于 1000m^3 的球罐，放水管的管径取 $DN80$。

③ 安全阀。卧罐应设置全启式安全阀。计算出安全阀的泄放量及泄放面积。每台储罐上宜设置 2 个安全阀。

九、罐区内控制室、变配电室的布置设计

控制室、变配电室宜布置在罐区上风向或平行风向的独立建筑中，若不能单独布置时应布置在泵房一侧，且距最近的泵的距离不应小于 15m。根据《爆炸和火灾危险性环境电力装置设计规范》规定，控制室和变配电室的室内地坪应高出室外地坪 0.6m。

十、GB 50074 对储罐布置设计的要求

① 储罐应集中布置。当地形条件允许时，储罐宜布置在比卸车地点低、比灌桶地点高的位置，但当储罐区地面标高高于邻近居民点、工业企业或铁路线时，应采取加固防火堤等防止库内易燃和可燃液体外流的安全防护措施。

② 不同构筑形式或火灾危险性不同的储油设施的布置，应符合下列规定。

a. 地上油罐与覆土油罐、储油洞库的距离不应小于 60m。

b. 覆土油罐与储油洞库之间的距离不应小于 50m。

c. 同一罐区内，不同构筑形式或火灾危险性不同的油品储罐，不得穿插布置。

③ 地上输油管道不宜靠近消防泵房、专用消防站、变电所和独立变配电间、办公室、控制室、宿舍、食堂等人员集中场所敷设。当地上输油管道与这些建筑物之间的距离小于 15m 时，朝向输油管道一侧的外墙应采用无门窗的不燃烧体实体墙。

④ 储油洞库区的布置，应符合下列规定。

a. 储罐室的布置，应最大限度地利用岩石覆盖层的厚度。储罐室岩石覆盖层的厚度应满足防护要求。

b. 变配电间、空气压缩机间、发电间等，不应与储罐室布置在同一主巷道内。当布置在单独洞室内或洞外时，其洞口或建筑物、构筑物至储罐室主巷道洞口、储罐室的排风管或储罐的通气管管口的距离，不应小于 15m。

c. 油泵间、通风机室与储罐室布置在同一主巷道内时，与储罐室的距离不应小于 15m。

十一、GB 50160、GB 50183、GB 50016、GB 50074、NFPA 30 对储罐布置设计要求的比较

GB 50160、GB 50183、GB 50016、GB 50074、NFPA 30 对储罐布置设计要求的比较见表

12.7。由表 12.7 可以看出，对应于大直径固定顶罐，我国规范中对防火间距的规定是 $0.6D$，而美国消防协会标准规定为 $(D_1+D_2)/6$，当相邻两罐直径相等时为 $D/3$。

表 12.7　GB 50160、GB 50183、GB 50016、GB 50074、NFPA 30 对储罐布置设计要求的比较

序号	标准、规范名称	可燃液体危险等级	罐组内相邻储罐的防火间距			
			储罐类型、储罐规模		防火间距	
1	GB 50016《建筑设计防火规范》	甲、乙类	地上固定顶罐 $\leqslant 1000m^3$		$0.75D$	
			地上固定顶罐 $>1000m^3$		$0.6D$	
			浮顶罐		$0.4D$	
		丙类	不论容量大小		$0.4D$	
2	GB 50183《石油天然气工程设计防火规范》	甲、乙类	固定顶罐 $\leqslant 1000m^3$		$0.75D$（移动冷却）	
					$0.6D$（固定冷却）	
			固定顶罐 $>1000m^3$		$0.6D$	
			浮顶罐、内浮顶罐		$0.4D$	
3	GB 50074《石油库设计规范》	丙$_A$ 类	固定顶罐		$0.4D$ 且$\leqslant 15m$	
4	GB 50160《石油化工企业设计防火规范》	甲$_B$、乙类	固定顶储罐 $\leqslant 1000m^3$		$0.75D$	
			固定顶储罐 $>1000m^3$		$0.6D$	
			浮顶储罐		$0.4D$	
		丙$_A$ 类	固定顶罐		$0.4D$ 且$\leqslant 15m$	
5	NFPA 30《易燃与可燃液体规范》	Ⅰ类液体 Ⅱ类液体（相当于我国的甲乙类）	固定顶罐 $D<45m$		$1/6(D_1+D_2)$、但$\geqslant 0.9m$	
			固定顶罐 $D>45m$	防火堤	$1/3(D_1+D_2)$	
				事故油池	$1/4(D_1+D_2)$	
			浮顶罐 $D<45m$		$1/6(D_1+D_2)$	
			浮顶罐 $D>45m$	防火堤	$1/4(D_1+D_2)$	
				事故油池	$1/6(D_1+D_2)$	
		ⅢA类液体	固定顶罐 $D<45m$		$1/6(D_1+D_2)$、但$\geqslant 0.9m$	
			固定顶罐 $D>45m$	防火堤	$1/4(D_1+D_2)$	
				事故油池	$1/6(D_1+D_2)$	
			浮顶罐 $D>45m$	防火堤	$1/4(D_1+D_2)$	
				事故油池	$1/6(D_1+D_2)$	

注：1. D_1、D_2 为相邻罐直径。
2. 中国甲、乙、丙类液体的分类方法详见 GB 50016《建筑设计防火规范》、GB 50160《石油化工企业设计防火规范》。汽油和轻柴油分属甲$_B$ 类和乙$_B$ 类。
3. 美国Ⅰ、Ⅱ、Ⅲ类液体的分类方法详见 NFPA 30。

罐的布置间距取决于：着火罐能否引起相邻罐爆炸起火；满足消防操作要求；采取的消防设施能力；经济成本等因素。其中第一个因素起着至关重要的作用，它不仅直接影响着防火间距，同时也是设定消防设施能力和采取其他预防措施的基础。

工程应用：某全压力球罐区的布置设计错误

某全压力球罐区设计成如图 12.19 所示布置，成了 3 排布置，不符合国内外防火规范要求。

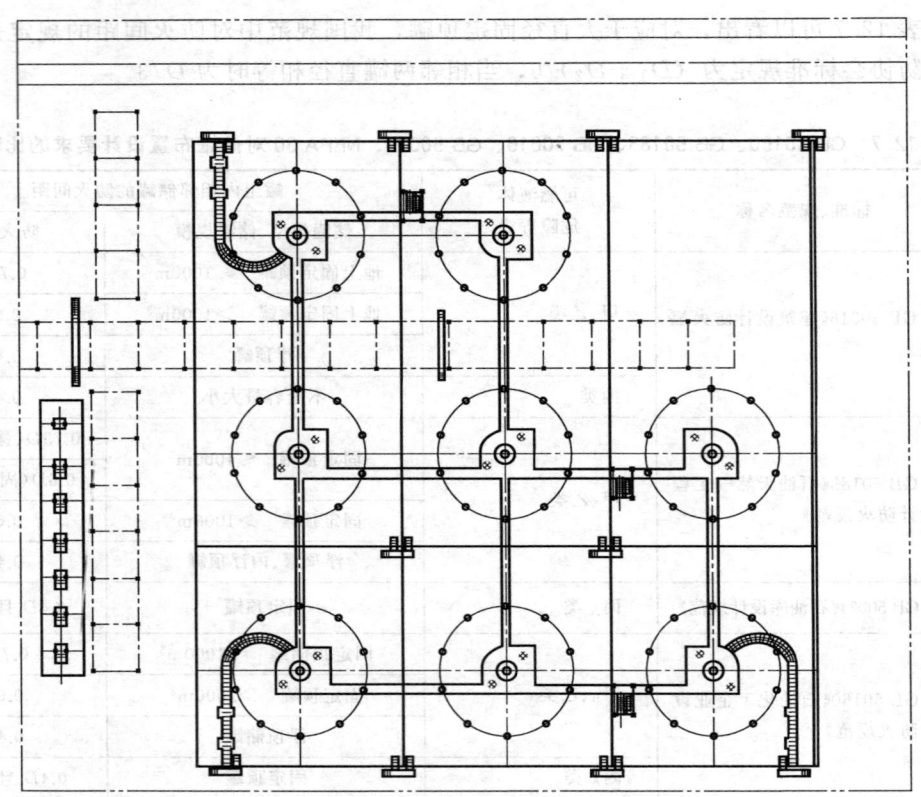

图 12.19　某全压力罐区的布置

工程应用：某炼油中间罐区的布置设计错误

笔者参加某罐区的设计评审时，看到如图 12.20 所示布置，柴油与沸溢性渣油布置到了一个罐组，是错误的设计。

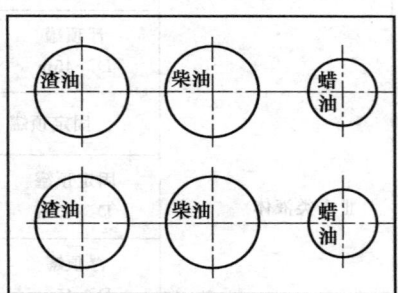

图 12.20　某炼油中间罐区的布置

第三节　罐管道的配管设计

一、罐管道配管设计的一般要求

① 进入罐区范围内的所有管道宜集中布置，对于界外罐区宜采用低管廊布置，应使通往各储罐的支管相互交叉最少。

② 储罐的管接口标高应是在储罐充水使基础完成初期沉降后的标高。应要求基础设计者注意控制基础的后期沉降量（一般宜在 25mm 以下）。

③ 罐区单层低管廊布置的管道，管道与地坪间的净高一般为 500mm。

④ 罐区多根管道并排布置时，不保温管道间净距离不得小于 50mm，法兰外线与相邻管道净距离不得小于 30mm，有侧向位移的管道适当加大管间净距离。

⑤ 各物料总管在进出界区处均应装设切断阀和插板，并应在围堰外易接近处集中设置。储罐上经常需要操作的阀门也应相对集中布置。

⑥ 与储罐接口连接的工艺物料管道上的切断阀应尽量靠近储罐布置。

⑦ 储罐上有不同的辅助装置时（如固定式喷淋器、惰性气密封层、空气泡沫发生器），与这些装置连接的水管道、惰性气体管道、泡沫混合液管道上的切断阀应设在围堰外。

⑧ 需喷淋降温的储罐，其上部及周围应设多喷头的环形管，圈数、喷头数量、喷水量及间距等应符合 PI 图和消防规范要求。

⑨ 泵的入口一般应低于储罐的出口。

⑩ 储罐顶部安全阀出口允许直接排往大气时，排放口应垂直向上，并在排放管低点设置放净口，用管道引至收集槽或安全地点。对于重组分的气体应排入密闭系统或火炬。

二、常压罐管道的配管设计

① 常压罐区管线的安装应满足相关的工艺流程等要求。罐区管线的排列顺序协同好，尽量避免管线交叉。若出现交叉时，应保证自流管线（如泵入口管线）无上袋形，避免泵的汽蚀。

② 在管廊适当位置应设置人行过桥，以方便操作人员行走。

③ 罐区管线的布置一般采用管墩敷设。

④ 罐前管线的设计应考虑到储罐基础下沉的影响。结构专业能预计出罐基础的下沉量时（包括罐建成后试压时一次性下沉量和使用后在一段时间内继续下沉到基础稳定时的下沉量），可按预计的下沉量减少。管墩顶高出罐区设计地面标高一般为 300mm。若必须采用矮管廊敷设时，管廊最下层结构地面与罐区设计地面的净空，一般不应小于 2200mm。

⑤ 当油品进罐温度大于等于 120℃时，必须从罐顶部进入罐内，且进料管线应延伸至距罐底 200mm 处，若从罐下部进入罐内，罐底部一旦有水，高温油会使水汽化，导致体积突然膨胀，造成突沸冒罐事故。

⑥ 所有控制阀门应布置在防火堤以外，在防火堤外进料管线上应安装切断阀，以便在发生事故时，操作人员能及时关闭该阀门。

⑦ 泵吸入口与储罐出口间的配管应尽量缩短，不得有上袋形，尽量没有下袋形，若无法避免下袋形时，泵入口配管中心线不得高于储罐管口中心标高，见图 12.21。

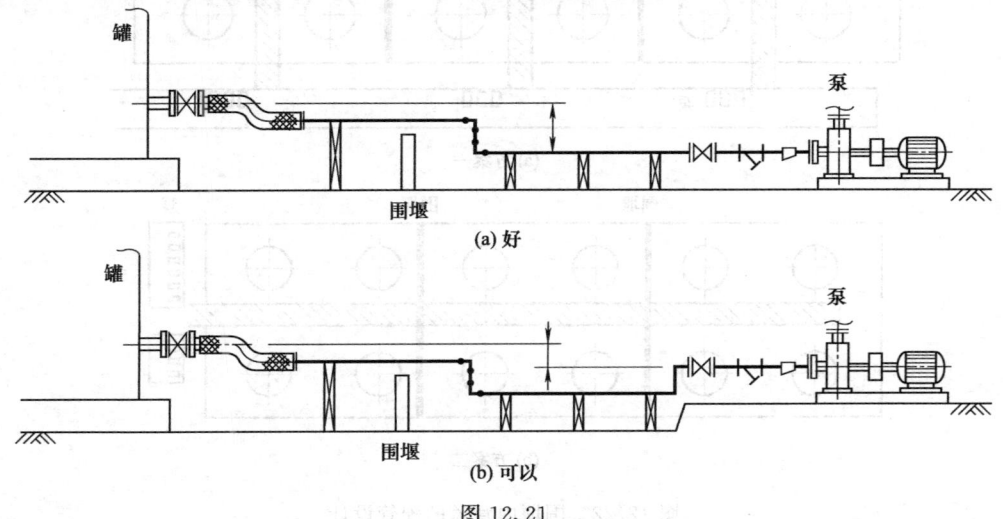

图 12.21

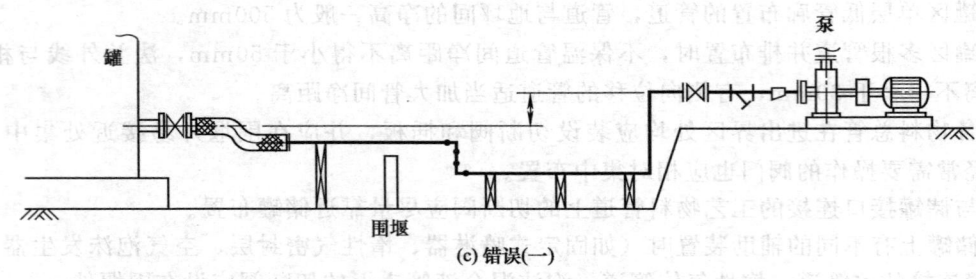

(c) 错误(一)

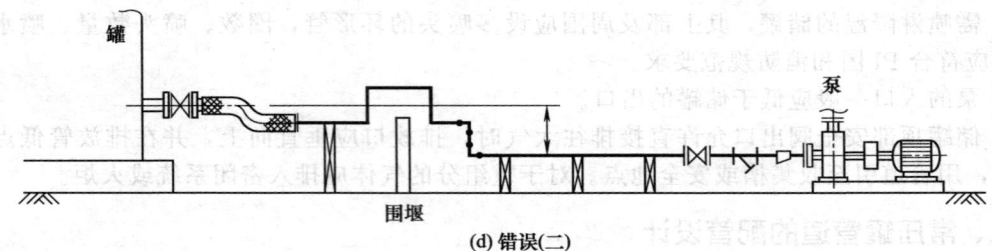

(d) 错误(二)

图 12.21 泵吸入口与储罐出口间的配管示意图

三、罐区内管廊（地墩）、泵区的配管设计与方案比较

① 罐区内管子应该成束布置在地墩（或矮管架）上。
② 为了经济性和减少泵入口压降，泵的入口管线应该尽量最短。
③ 当有多个罐时需布置两个或者更多的管道束（地墩带）。
④ 图 12.22 中的两个地墩带的规划方案，在实际工程设计中都有采用。

对于图 12.22（b）所示方案二，不同类型的物料管子穿越了无关的罐区，如果某个围堰内发生火灾，可能会通过管子殃及地墩带连接的罐，在 NFPA 防火规范及我国的防火规范中

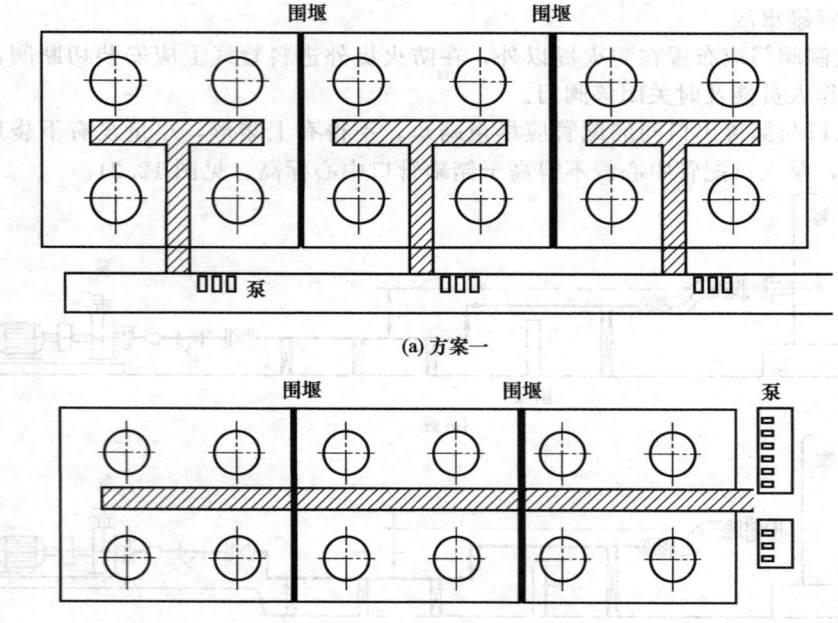

(a) 方案一

(b) 方案二

图 12.22 围堰内管道的配管设计

均提出应尽量避免。另外，泵区布置在了罐区的一端，会造成远处罐进泵管线偏长，泵的入口压降偏大，不是很经济。

对于图 12.22（a）所示方案一，避免了方案二的缺点，但泵区一般分开布置，操作维护时的距离有些偏远，占地偏大。

⑤ 图 12.23（a）、（b）所示为某常压罐区地墩带及泵区的布置设计，分别采用了方案一和

(a) 常压罐区采用方案一设计

(b) 常压罐区采用方案二设计

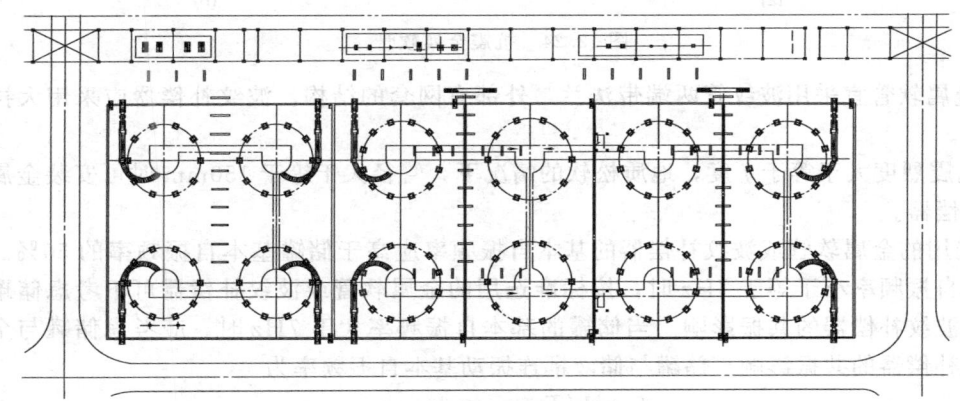
(c) 压力球罐区采用方案一设计

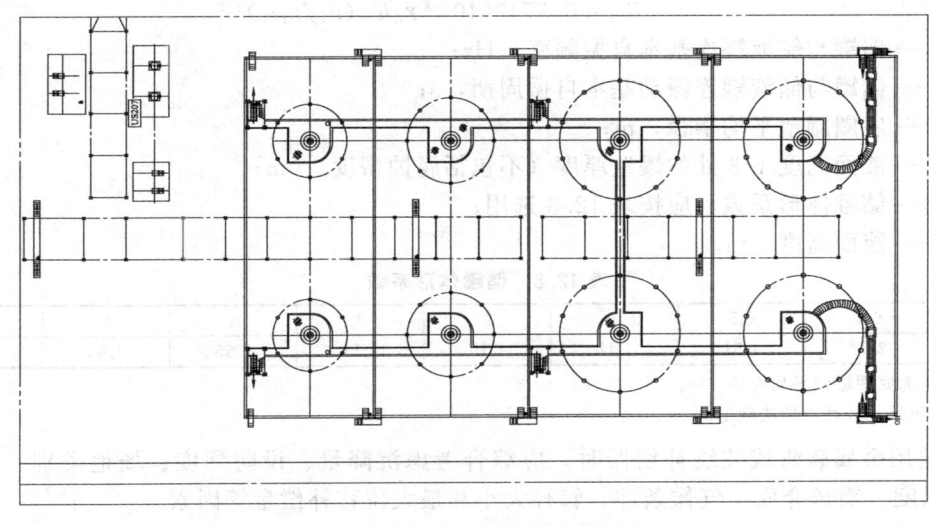
(d) 压力球罐区采用方案二设计

图 12.23 某罐区管道及泵区的配管设计

方案二的规划设计。图 12.23（c）、（d）是某压力球罐区管廊（地墩）带及泵区的布置设计，分别采用了方案一和方案二的规划设计。

四、储罐防沉降、抗震金属软管或抗震波纹补偿器的选用与配管设计

① 储罐在进出口管段上合理选用防沉降、抗震金属软管或波纹补偿器，以减轻储罐沉降或地震破坏，罐前管线一般情况应采用挠性或弹性连接。

② 金属软管应布置在靠近罐壁的第一道阀门和第二道阀门之间，其安装形式见图 12.24，图中 L 表示金属软管长度，ΔX 表示沉降后的水平最小位移）。

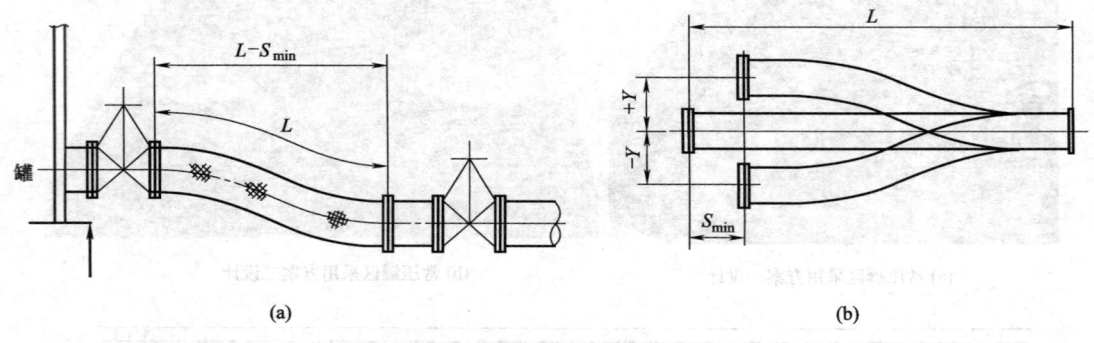

图 12.24　抗震金属软管

③ 金属软管宜采用波纹管两端带法兰，外部有网套的结构。波纹补偿器应采用大拉杆横向型结构。

a. 地震烈度大于等于 7 度，地质松软的情况下，管径大于等于 150mm 时可安装金属软管和波纹补偿器。

b. 选用的金属软管或波纹补偿器的基本自振频率应高于储罐基本自振频率的 50%。当储罐的基本自振频率小于等于 7Hz 时，按标准选用的金属软管或波纹补偿器可不考虑储罐与金属软管或波纹补偿器的共振影响。当储罐的基本自振频率大于 7Hz 时，应考虑储罐与金属软管或波纹补偿器的共振影响。储罐与储液耦连振动基本自振频率为

$$f_1 = 1/T_1 \tag{12-1}$$

$$T_1 = 0.374 \times 10^{-3} \gamma_0 h_w (r_1/t_{1/3})^{1/2} \tag{12-2}$$

式中　f_1——储罐与储液耦连基本自振频率，Hz；

　　　T_1——储罐与储液耦连振动基本自振周期，s；

　　　r_1——底圈罐壁平均半径，m；

　　　$t_{1/3}$——液面高度 1/3 处的罐壁厚度（不包括腐蚀裕度），m；

　　　γ_0——储罐体形系数，应按表 12.8 选用；

　　　h_w——液面高度，m。

表 12.8　储罐体形系数

d_1/h_w	0.2	0.5	1	2	3	4	5	6
γ_0	2.97	1.51	1.18	1.10	1.11	1.55	1.82	2.12

注：1. d_1 为底圈罐壁平均直径，m。
　　2. 中间值可采用线性内插法确定。

c. 在选用金属软管或波纹补偿器时，应综合考虑沉降量、设防烈度、场地类别、工艺布置、工作温度、输送介质、气候条件、管径大小和最大位移补偿量等因素。

d. 金属软管或波纹补偿器的最大横向位移补偿量应包括储罐的地基沉降、温度变形、安装偏差和地震引起的附加位移或沉降等，选用金属软管或波纹补偿器。由储罐的地基沉降、温

度变形、安装偏差和地震引起的附加位移或沉降等引起的轴向位移由管线布置补偿。

④ 金属软管的竖向补偿量 Y 值与地震烈度有关,可参照表 12.9 所列数值(并参见图 12.24)。若同时考虑地质条件不良而引起的下沉量,则竖向补偿量 Y 值应考虑为两者的综合值。金属软管与管线的连接,应采取法兰连接,便于安装、调节和更换。金属软管的直径,不应小于储罐的进出油接管的直径,一般可与储罐的进出油接管的直径相等;金属软管承受压力应大于等于 1.0MPa。管线直径(金属软管直径)与金属软管长度(L)同竖向补偿量(Y)、安装距离(震动或沉降后的水平最小位移 ΔX)的对应数值,可参考表 12.10 或由制造厂家提供。SH/T 3039《石油化工非埋地管道抗震设计通则》规定了管道抗震验算的等级,见表 12.11 不同等级管道的抗震设防烈度。

表 12.9 地震烈度与竖向补偿量 Y 对照表

地震烈度	竖向补偿量 Y/mm	地震条件
7 度	±100	加速度 $a=(0.1\sim0.4)g$
8 度	±200	地震周期 $T=0.2\sim2s$
9 度	±400	

表 12.10 金属软管口径、竖向补偿量、金属软管长度及震动或沉降后的水平最小位移   mm

公称直径	竖向补偿量 ±Y						
	(100) ±50	(200) ±100	(300) ±150	(400) ±200	(500) ±250	(600) ±300	(800) ±400
40	650/20	850/60	1000/102	1100/164	1200/218	1300/288	1500/405
50	750/20	950/53	1100/96	1200/147	1400/206	1500/272	1600/363
65	850/18	1100/48	1300/86	1400/130	1500/180	1700/237	1800/300
80	900/18	1200/44	1400/78	1500/118	1700/163	1800/214	2000/270
100	1100/16	1300/40	1500/70	1700/107	1900/148	2000/193	2200/240
125	1200/15	1500/37	1700/64	1900/98	2100/134	2300/174	2400/217
150	1300/15	1600/34	1900/60	2100/89	2300/122	2500/160	2600/200
175	1400/14	1700/33	2000/57	2200/85	2500/115	2700/150	2700/187
200	1400/13	1800/30	2100/54	2400/80	2600/109	2800/141	3000/176
225	1500/11	1900/30	2200/51	2500/72	2700/104	3000/135	3200/168
250	1600/10	1800/30	2400/50	2600/73	2900/100	3100/128	3300/160
300	1800/10	2200/27	2600/47	2900/70	3200/93	3500/120	3700/145
350	1800/10	2400/26	2900/44	3200/66	3500/90	3700/112	4000/140

表 12.11 不同等级管道的抗震设防烈度

管道级别	公称直径/mm	介质温度/℃	抗震设防烈度
SHA 级中毒性程度	80~125	—	9
为极度危害	≥125		8、9
SHA 级中毒性程度为非极度危害、SHB、SHC 级	≥200 且 <300	≥300	9
	≥300	≥200	
	≥500 且 ≥0.8 倍设备直径	—	
	≥800		
SHE 级	≥300	≥370	9

注:管道级别按照 SH 3059《石油化工管道设计器材选用通则》进行划分。

五、球罐管道的配管设计

① 压力储罐的气体放空管接管应安装在罐体的顶端,安全阀应安装在放空管接管上,并应垂直安装。安全阀与罐体之间应安装一个钢闸阀,正常运行时,该阀必须保持全开并加铅封。当放空管管径大于安全阀入口直径时,大小头应靠近安全阀入口处安装。安全阀要尽量靠

近罐体，并应设旁通线，旁通线直径不应小于安全阀入口直径，以便安全阀检修时可暂时手动放空。

② 液化石油气类储罐的安全阀出口管，可在罐区内连接成一根直接引至火炬系统。一般不就地放空。如确有困难（无火炬或距火炬很远），可就地放空，但其排气管口应高出相邻最高储罐罐顶平台3m以上。

③ 压力储罐的设计压力相同，包括氮气密封的储罐，其储存介质性质相近时，储罐之间宜设气相平衡管线，以减少油气损耗和氮气耗量。平衡管线的直径不宜大于储罐的气体放空管直径，宜不应小于40mm。

④ 液化石油气（LPG）球罐的配管应尽可能减少使用法兰的数目和避免螺纹连接方式，尽可能以焊接方式设计。对液化石油气球罐的地面配管，不可越过其他球罐的围堤区内。

⑤ 由于球罐的下陷，考虑管线的挠性，对于第一个支撑距球罐要有足够的偏离长度，或做可调支架。

⑥ 考虑管线的收缩和膨胀，应适当的设置操作阀和配管。在正常操作时使用的操作阀，应离球罐正下方一段距离，并且尽可能在接近泵、压缩机和人员易于操作、维护之处设置。配至球罐顶部的配管，应尽可能沿着球罐本身的支撑垂直配置，以便管线支撑。冷冻液化石油气球罐，其管线进口和出口支管以及伴随的泵和冷冻设备不可置于围堤区内。

⑦ 吹扫要求：进出罐区的工艺管线（除液态烃储罐）均应有被吹扫干净的措施。每根管线都应由罐区外向罐区吹扫，且管内介质应被吹扫至该管线末端所连接的一个或两个罐内。扫线介质为水时，可通过罐壁处的进出油管将管内介质扫入罐内，当扫线介质为气体时，管内介质应从罐顶扫入罐内。储罐需要蒸汽清扫时，应该设置公称直径为20mm的蒸汽接头，蒸汽接头距罐的排污口（或清扫口、人孔）不宜大于20m，以便操作人员能将蒸汽胶管插入罐内并可清扫罐内任何部位。

⑧ 提高接管的抗疲劳性能措施：球壳与接管的连接焊缝，除了应具有足够的强度外，还应具有抗疲劳的能力。以克服进出料时的冲击、管道的振动、操作压力的波动和工艺配管应力等因素引起的疲劳破坏。一般认为如下措施是有效的。

a. 接管的配管法兰面应设计成水平或垂直状态。使得工艺配管不产生附加应力。

b. 接管的补强元件与球壳的连接应使补强元件的轴线垂直于球体开孔表面（即补强元件轴线通过球心）。这样做可避免焊缝的咬边、未焊透、椭圆孔和打磨困难等缺陷。确保焊缝的质量。至于法兰面的水平与补强元件的垂直于球壳面之间的夹角差，可用段中间接管解决。

六、立式储罐的泡沫发生器及泡沫灭火系统的配管设计

空气泡沫产生器固定安装在油罐顶壁上，是产生和喷射空气泡沫的灭火设备。当泡沫消防车或固定消防泵供给的泡沫混合液流，经输送管道通过产生器时，吸入大量空气产生泡沫，将泡沫喷入燃烧液面上形成泡沫层或一层膜，是低倍数液上喷射泡沫灭火系统的关键设备，适用于独立的甲、乙、丙类液体储罐库区和消防设施不足的企业附属甲、乙、丙液体储罐区，见图12.25。

立式储罐泡沫灭火系统的配管设计，可以参见GB 50151《泡沫灭火系统设计规范》。

① 固定顶储罐。每个泡沫产生器应用独立的混合液管道引至防火堤外；除立管外，其他泡沫混合液管道不得设置在罐壁上；连接泡沫产生器的泡沫混合液立管应用管卡固定在罐壁上，管卡间距不宜大于3m；泡沫混合液的立管下端应设置锈渣清扫口。

防火堤内泡沫混合液或泡沫管道的设置，应符合下列规定：地上泡沫混合液或泡沫水平管道应敷设在管墩或管架上，与罐壁上的泡沫混合液立管之间宜用金属软管连接；埋地泡沫混合液管道或泡沫管道距离地面的深度应大于0.3m，与罐壁上的泡沫混合液立管之间应用金属软

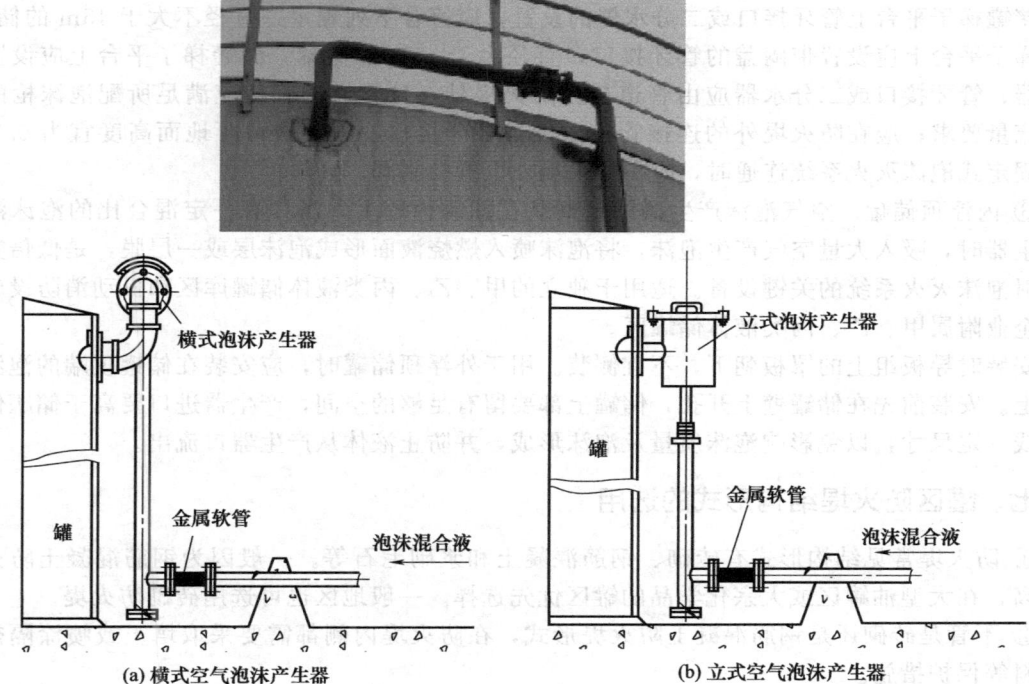

图 12.25　常压罐横式和立式泡沫发生器的配管设计示意图

管或金属转向接头连接；泡沫混合液或泡沫管道应有放空坡度；在液下喷射系统靠近储罐的泡沫管线上，应设置用于系统试验的带可拆卸盲板的支管；液下喷射系统的泡沫管道上应设置钢质控制阀和逆止阀，并应设置不影响泡沫灭火系统正常运行的防油品渗漏设施。

防火堤外泡沫混合液或泡沫管道的设置应符合下列规定：固定式液上喷射系统，对每个泡沫产生器，应在防火堤外设置独立的控制阀；半固定式液上喷射系统，对每个泡沫产生器，应在防火堤外距地面 0.7m 处设置带闷盖的管牙接口；半固定式液下喷射系统的泡沫管道应引至防火堤外，并应设置相应的高背压泡沫产生器快装接口；泡沫混合液管道或泡沫管道上应设置放空阀，且其管道应有坡度坡向放空阀。

② 外浮顶储罐。当泡沫产生器与泡沫喷射口设置在罐壁顶部时，储罐上泡沫混合液管道的设置应符合下列规定：可每两个泡沫产生器合用一根泡沫混合液立管；当三个或三个以上泡沫产生器成一组在泡沫混合液立管下端合用一根管道时，宜在每个泡沫混合液立管上设置常开控制阀；每根泡沫混合液管道应引至防火堤外，且半固定式泡沫灭火系统的每根泡沫混合液管道所需的混合液流量不应大于 1 辆消防车的供给量；连接泡沫产生器的泡沫混合液立管应用管卡固定在罐壁上，管卡间距不宜大于 3m，泡沫混合液的立管下端应设置锈渣清扫口。

当泡沫产生器与泡沫喷射口设置在浮顶上，且泡沫混合液管道从储罐内通过时，应符合下列规定：连接储罐底部水平管道与浮顶泡沫混合液分配器的管道，应采用具有重复扭转运动轨迹的耐压、耐候性不锈钢复合软管；软管不得与浮顶支承相碰撞，且应避开搅拌器；软管与储罐底部的伴热管的距离应大于 0.5m。

防火堤外泡沫混合液管道的设置应符合下列规定：固定式泡沫灭火系统的每组泡沫产生器应在防火堤外设置独立的控制阀；半固定式泡沫灭火系统的每组泡沫产生器应在防火堤外距地面 0.7m 处设置带闷盖的管牙接口；泡沫混合液管道上应设置放空阀，且其管道应有的坡度坡向放空阀。

储罐梯子平台上管牙接口或二分水器的设置，应符合下列规定：直径不大于 45m 的储罐，储罐梯子平台上应设置带闷盖的管牙接口；直径大于 45m 的储罐，储罐梯子平台上应设置二分水器；管牙接口或二分水器应由管道接至防火堤外，且管道的管径应满足所配泡沫枪的压力、流量要求；应在防火堤外的连接管道上设置管牙接口，管牙接口距地面高度宜为 0.7m；当与固定式泡沫灭火系统连通时，应在防火堤外设置控制阀。

③ 内浮顶储罐。空气泡沫产生器固定安装在油罐顶壁上，当具有一定混合比的泡沫液通过产生器时，吸入大量空气产生泡沫，将泡沫喷入燃烧液面形成泡沫层或一层膜，是低倍数液上喷射泡沫灭火系统的关键设备。适用于独立的甲、乙、丙类液体储罐库区和机动消防设施不足的企业附属甲、乙、丙类液体储罐区。

安装时导板组上的罩板朝下，不宜侧装。用于外浮顶储罐时，应安装在储罐顶端的泡沫导流罩上。安装前先在储罐壁上开孔，储罐上部要留有足够的空间，产生器进口要高于储罐储存液面线一定尺寸，以免影响泡沫质量及泡沫形成，并防止液体从产生器口流出。

七、罐区防火堤结构形式的选用

① 防火堤常见结构形式有砖砌、钢筋混凝土和浆砌毛石等。一般因为钢筋混凝土防火堤造价高，在大型油罐区或大宗化学品的罐区优先选择。一般地区也可选用砖砌防火堤。

② 不管是砖砌还是钢筋混凝土防火堤形式，在防火堤内侧都需要采取培土或喷涂隔热防火材料等保护措施。

八、储罐配管设计标准规范

国外规范包括：
① 美国石油学会标准 API 650
② 美国消防协会标准 NFPA 30
③ 英国标准 BS 2654
④ 日本标准 JIS B8501
⑤ 德国标准 DIN 4119
⑥ 俄罗斯标准 RD 34.21.122

国内规范包括：
① GB 50183《石油天然气工程设计防火规范》
② GB 50160《石油化工企业设计防火规范》
③ GB 50074《石油库设计规范》
④ GB 50350《油气集输设计规范》
⑤ GB 50737《石油储备库设计规范》
⑥ GB 50016《建筑设计防火规范》
⑦ GB 50351《储罐区防火堤设计规范》
⑧ SH/T 3007《石油化工储运系统罐区设计规范》
⑨ 建标 119《石油储备库工程项目建设标准》
⑩ GB 50028《城镇燃气设计规范》
⑪ GB 50393《钢质石油储罐防腐蚀工程技术规范》
⑫ GB/T 21447《钢质管道外腐蚀控制规范》
⑬ GB 50151《泡沫灭火系统设计规范》
⑭ GB 50011《建筑抗震设计规范》

⑮ GB 50058《爆炸和火灾危险环境电力装置设计规范》
⑯ GB 50057《建筑物防雷设计规范》
⑰ GB 50473《钢制储罐地基基础设计规范》
⑱ SH/T 3068《石油化工钢储罐地基与基础设计规范》

工程应用：管道穿过防火堤的配管设计及 GB 50351、GB 50160、GB 50074、SH 3007 的比较

① 在做国内储罐防火堤设计时，一般是在地面下穿越，严禁在地面上穿越防火堤，因为很难实现良好的封堵，存在安全隐患；也很少采用顶部跨越方式。但是，有一些出防火堤管线，特别是泵入口管线（电缆等可以直接跨越），如从防火堤顶部跨越容易产生气袋，对泵产生汽蚀。国内防火堤设计规范也不推荐地面穿越防火堤。

② 当管线穿过防火堤时，我国的一些规范均有规定。

a. GB 50351《储罐区防火堤设计规范》规定：进出储罐组的各类管线、电缆宜从防火堤、防护墙顶部跨越或从地面以下穿过。当必须穿过防火堤、防护墙时，应设置套管并应采取有效的密封措施，也可采用固定短管且两端采用软管密封连接的形式。

b. GB 50160《石油化工企业设计防火规范》规定：管道穿堤处应采用不燃烧材料严密封闭。

c. GB 50074《石油库设计规范》规定：严禁防火堤上开洞。管道穿越防火堤处应采用非燃烧材料严密填实。在雨水沟穿越防火堤处，应采取排水阻油措施。

d. SH 3007《石油化工储运系统罐区设计规》规定：防火堤和隔堤不宜作为管道的支撑点。管道穿防火堤和隔堤处应设钢制套管，套管长度不应小于防火堤和隔堤的厚度，套管两端应做防渗漏的密封处理。

③ 对于罐区穿过防火堤的管线，可有以下设计方案。

a. 方案一：只有与泵连接的管道按穿防火堤（隔堤、围堰）加套管设计，其他管线从围堰上跨越。

b. 方案二：其他管线随泵管线一起共同穿围堰，管间距拉大以便每根管子穿套管，即穿越防火堤时预埋一排套管（不要开长方形的洞，因不利于有效封堵），每根管与套管之间的小缝隙用阻燃不透水的软密封材料，管子可以在套管和软密封之间热位移。

工程应用：球罐管口法兰形式的强制规定及 SH 3136、GB 12337 的比较

① SH 3136《液化烃球形储罐安全设计规定》规定：球罐可以采用 RF 面或凹凸面，球罐仪表管口也可以用 RF 面，仅在中国石化行业，球罐可以用 RF 面。

② GB 12337《钢制球形储罐》规定：球罐接管法兰应采用凹凸面法兰。

③ 配管 RF 面（突面）和凹凸面法兰在 300LB 不能互用和连接。在球罐配管设计时，需准确确定管口法兰的形式。

球罐底部出口的设置，见图 12.26。

工程应用：绕罐体管道的弧线形配管设计

① 绕立式储罐和球罐的消防管线，宜沿罐体成弧线形配管设计。笔者在参加某图纸文件审查时，发现绕立式储罐和球罐的消防管线没有成弧线，而是设计成了 10 边形，既不经济又不美观。

② 对于球罐顶部下来的管线，不要绕着球罐体成弧线布置设计，一般应先沿球面斜着

图 12.26　球罐底部出口的设置

直线下,到水平赤道位置再垂直下配管设计。

工程应用:立式储罐软连接的设计及 GB 50160、SH 3007、GB 50074、GB 50151、API 650 的比较

有的规范规定,立式储罐连接管子大于等于 150mm,位于地震等级大于等于 7 级的需要增加金属软管等软连接以防沉降和抗地震。有规范规定,与储罐连接管道均应加挠性或柔性连接。具体规定如下。

① GB 50160《石油化工企业设计防火规范》规定:可燃液体地上储罐的进出口管道应采用柔性连接。此规定是为了防止储罐与管道之间产生的不均匀沉降引起破坏。

② SH 3007《石油化工储运系统罐区设计规范》规定:与储罐连接的管道应采用挠性连接方式,并应满足抗震和防止储罐地震沉降的要求。

③ GB 50074《石油库设计规范》规定:液体储罐的主要进出口管道与罐体的连接宜采用挠性或柔性连接方式。

④ GB 50151《泡沫灭火系统设计规范》规定:地上泡沫混合液或泡沫水平管道应敷设在管墩或管架上,与罐壁上的泡沫混合液立管之间宜用金属软管连接。

⑤ API 650《钢制焊接石油储罐》规定:连接到储罐的管道系统应考虑到地震时连接点的潜在运动,并提供足够的挠性,以避免管道系统失效时出现产品泄漏。管道系统及支架的设计应确保不会将附件的机械载荷显著地转移到罐壁上。设计罐壁时,应考虑到管道连接处的局部载荷。可以使用能够增加挠性的机械设备,如波纹管、伸缩接头及其他挠性装置,但是,这些装置的设计需要考虑到地震载荷和位移。除非另行计算,否则,在工作应力水平(增加 33% 的地震载荷)下,管道系统的管道、支架和储罐连接件应提供表 12.12 中的最小位移。管道系统和储罐连接也应设计成能承受表 12.12 给出的 $1.4C_d$(C_d 为偏移放大系数)倍的工作压力产生的位移,并且没有破裂,但是,管道支承件和罐壁允许有永久变形和非弹性变形。对于在支架或地基高度上方的连接件,考虑到储罐或容器的漂移,表 12.12 的位移应增加。表 12.12 中给出的值不包括由于基础运动(如沉降或地震位移)而导致的基础和管道锚固点的相对运动的影响。基础运动的影响应包括在管路系统的设计中,例如,结合为增加挠性所采用的机械装置的总位移来确定储罐或容器上的机械载荷。

表 12.12 管道附件的设计位移

条件	ASD 设计位移/mm(in)
机械式锚固储罐	
相对支撑件或基础的向上垂直位移	25(1)
相对支撑件或基础的向下垂直位移	13(0.5)
相对支撑件或基础的水平位移(径向和切向)	13(0.5)
自锚式储罐	
相对支撑件或基础的向上垂直位移	
锚固比例小于或等于 0.785	25(1)
锚固比例大于 0.785	100(4)
相对支撑件或基础的向下垂直位移	
有环墙/底板基础的储罐	13(0.5)
有护堤基础的储罐	25(1)
相对支撑件或基础的水平位移(径向和切向)	50(2)

注:ASD 为允许强度设计。

在储罐的配管设计时候,应综合考虑以上因素,考虑立式储罐软连接的设计。

工程应用：球罐连接管线不需设置金属软管及 SH 3136 的设计要求

笔者在参加某球罐配管设计评审时，发现有的球罐的连接管道也增加金属软管连接。而球罐支柱位置通常经过打桩处理，球罐的整体沉降量较少，球罐的操作压力较大，球罐口连接管线一般不需加金属软管等柔性连接件，但是，球罐的连接管线的配管设计需要保证合适的柔性。

以下规范和规定可作为配管设计参考依据。

SH 3136《液化烃球形储罐安全设计规范》规定：接在液化烃球形储罐上的管道应考虑支撑的措施，考虑到大型球形储罐可能存在地基的不均匀沉降，所以与其连接的管道应有一定的挠性。

中石化《液化烃球罐紧急切断阀选型设计规定》要求：从紧急切断阀到球罐管口之间除了接管外不得安装其他管件或阀门。

工程应用：某埋地罐的配管设计

图 12.27 是某埋地罐示意图，管道接口法兰布置在了地面以上。

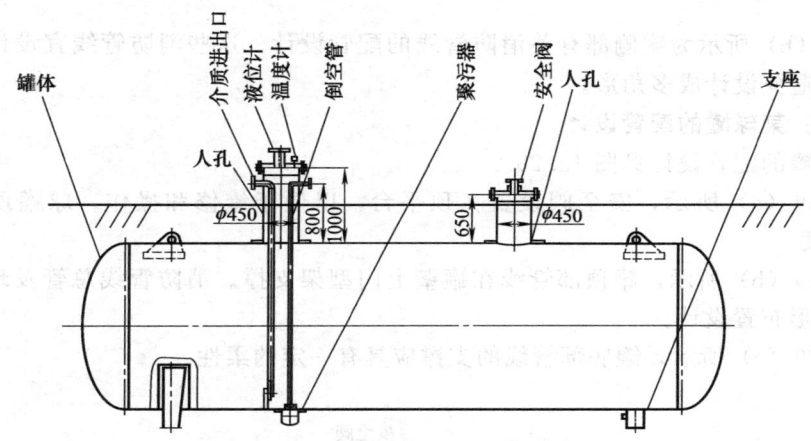

图 12.27 某埋地罐的配管设计示意图

工程应用：某常压储罐的配管设计

某常压储罐的配管设计见图 12.28。

图 12.28（a）所示为罐底部有关管线的配管设计，管口应尽量平行，这样好做管线布置，如果管口中心延长线均指向罐的中心，则管口连接的管线可能需增加特殊弯头，以平行敷设。管线上设置了金属软管。与泵连接的管线不能有上袋形。

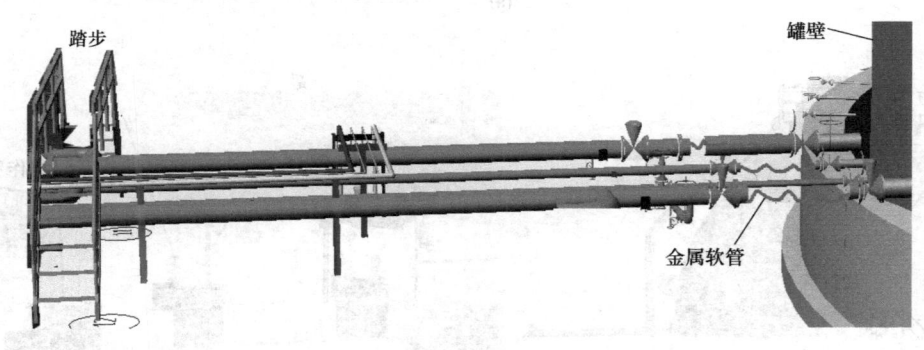

(a)

图 12.28

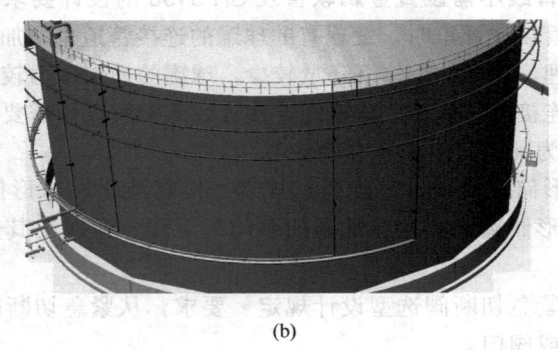

图 12.28 某常压储罐的配管设计

图 12.28（b）所示为罐侧部有关消防管线的配管设计。这些消防管线宜设计成与罐壁平行的弧线形，避免设计成多角形。

工程应用：某球罐的配管设计

某压力球罐的配管设计见图 12.29。

如图 12.29（a）所示，安全阀设置在顶平台，以便于维修和操作。球罐顶部平台保证 2.2m 净空高度。

如图 12.29（b）所示，罐顶部管线在罐壁上门型架支撑。消防管线总管及环线宜平行于球罐面成弧线形布置设计。

如图 12.29（c）所示，罐底部管线的支撑应具有一定的柔性。

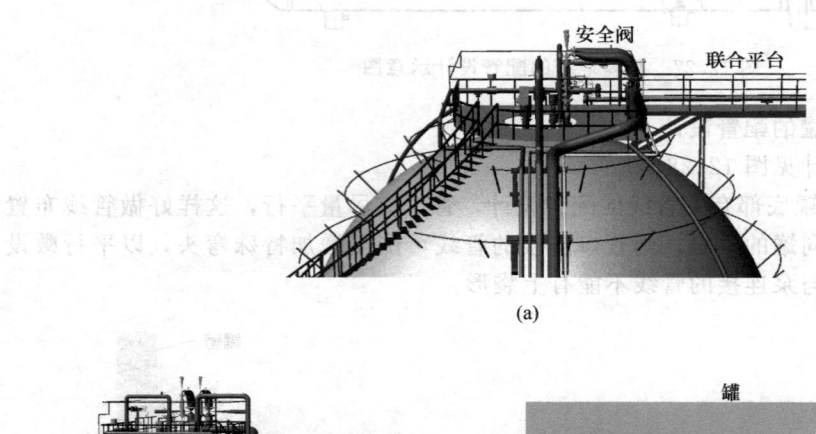

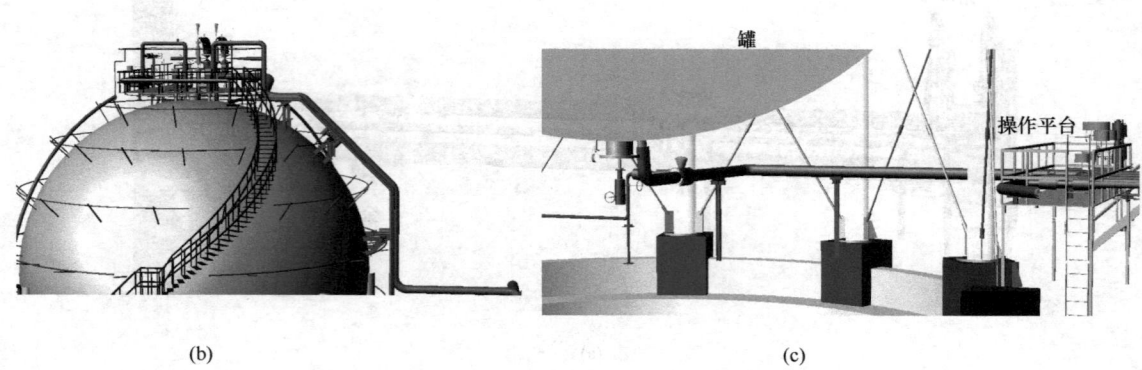

图 12.29 某球罐的配管设计

工程应用：某球罐不好的配管设计

见图12.30，某球罐顶部连接管线均没有平行于球罐面成弧线形布置设计，管线支撑失稳。

图12.30　某球罐的配管设计

第十三章

管道系统的伴热设计

第一节 伴热的分类

一、伴热介质的分类与选用

1. 伴热介质的分类

工业装置中管道配管设计系统常用伴热的方法以维持生产操作及停输期间管内介质的温度。伴热方式多种多样，主要有以下四类。

① 热水。热水是一种常用的伴热介质，适用于在操作温度不高或不能采用高温伴热的介质的条件下，当工厂有这一部分余热可以利用，而伴热点布置比较集中时，可优先使用。

② 蒸汽。蒸汽是国内外工业装置中广泛采用的一种伴热介质，取用方便，冷凝潜热大，温度易于调节，使用范围广。石油化工企业中蒸汽可分高压、中压及低压三个系统，而用于伴热的是中、低压两个系统，基本上能满足工业装置内的使用要求。一般用于管内介质的操作温度小于150℃的伴热系统。

③ 热载体。当蒸汽（指中、低压蒸汽）温度不能满足工艺要求时，才采用热载体作为热源。在炼油厂常用热载体有重柴油或馏程大于300℃的馏分油；在石油化工企业中有联苯-联苯醚或加氢联三苯等。热载体作伴热介质，一般用于管内介质的操作温度大于150℃的夹套伴热系统。

④ 电热。电热是利用电能为热源的伴热。电伴热安全可靠，施工简便，能有效地进行温度控制，可以防止管道介质温度过热。电伴热不但适用于蒸汽伴热的各种情况，而且适用于热敏性介质管道，能有效地进行温度控制，防止管道温度过热；适用于分散或远离供汽点的管道或设备以及无规则外形的设备（如泵）的伴热。

2. 伴热介质的选用

① 管内介质温度在95℃以下的管道，应选用0.3～0.6MPa的蒸汽作为热源。在伴热点（或称加气点）集中地段，也可选用热水伴热。

② 管内介质温度在95～150℃之间的管道，应选用0.7～0.9MPa的蒸汽伴热。

③ 输送温度在150℃以上的管道，当0.9MPa蒸汽还不能满足工艺要求时，可选用热载体作为伴热介质。

④ 夹套管的伴热介质温度可等于或稍高于被伴介质的温度，但不宜高于被伴介质温度50℃。

二、伴热方式的分类与选用

1. 工业管道的伴热方式

(1) 内伴热管伴热

伴热管安装在工艺管道内部，伴热介质释放出来的热量，全部用于补充主管内介质的热损失。这种方式的特点如下。

① 热效率高，用蒸汽作为热源时，与外伴热管比较，可以节省15%～25%的蒸汽耗量。

② 内伴热管的外侧传热系数与主管内介质的流速、黏度有关。

③ 由于它安装在工艺管道内部，所以伴热管的管壁加厚。无缝钢管的自然长度一般为8～13m，伴热管的焊缝又不允许留在工艺管道内部，因此弯管的数量大大增多，施工工程量随之加大。

④ 伴热管的热变形问题应予考虑，否则将引起伴热管胀裂事故，既影响产品质量，又要停产检修。

⑤ 这种结构形式不能用于输送有腐蚀性及热敏性介质的管道。

（2）外伴热管伴热（图13.1）

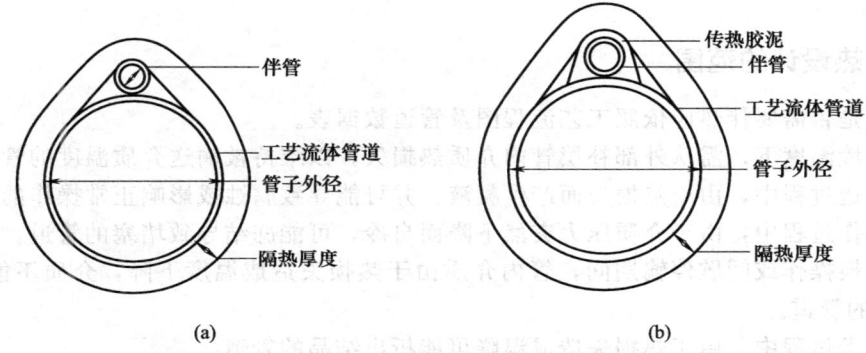

图13.1 外伴热管伴热

伴热介质一般有蒸汽和热水两种。伴热管放出的热量，一部分补充主管（或称被伴管）内介质的热损失，另一部分通过保温层散失到四周大气中。在硬质圆形保温预制管壳中，主管与伴热管之间有一最大的保温空间，也就是伴热管放出的热量，几乎全部代替主管的热损失，因而这种形式的伴热保温结构，热源的耗量是最省的。有的伴热管采用传热系数大的伴热胶泥，填充在常规的外伴热管与主管之间，使它们形成一个连续式的热结合体，可以提高伴热的效率。

外伴热管伴热的特点如下。

① 适应范围广，一般操作温度在150℃以下的工艺管道都可以采用。输送有腐蚀性或热敏性介质的管道，不能用内伴热及夹套伴热，但对于常规的外伴热管，只要在主管与伴热管之间用石棉板隔热后，仍可采用。

② 施工、生产管理及检修都比较方便。伴热管损坏后，可以及时修理，既不影响生产，又不会出现质量事故。

（3）夹套伴热

夹套伴热管即在工艺管线的外面安装一套管，类似套管式换热器进行换热。只要伴热介质温度与内管介质的温度相同或略高一些，就能维持内管介质的温度，这时蒸汽消耗量只要满足本身的热损失，因而伴热效率是比较高的。夹套管伴热耗钢量大，施工工程亦大。但它能应用于外伴热管不能满足工艺要求的介质管道。如石化企业中输送高凝固点、高熔点介质的管道，需采用这种伴热方式。

（4）电伴热

电伴热带安装在工艺管道外部，利用电阻体发热来补充工艺管道的散热损失。采用电伴热可以有效利用能量，有效控制温度。电伴热方式有感应加热法、直接通电法、电阻加热法等。

2. 伴热方式的选用

① 输送介质的终端温度或环境温度接近或低于其凝固点的管道：介质凝固点低于50℃时，宜选用伴管伴热；介质凝固点为50～100℃时，宜选用夹套管伴热；介质凝固点高于100℃时，应选用内管焊缝隐蔽型夹套管伴热。管道上的阀门、法兰、过滤器等应为夹套型。

② 输送气体介质的露点高于环境温度需伴热的管道，宜选用伴管伴热。

③ 介质温度要求较低的工艺管道，输送介质温度或环境温度接近或低于其凝固点的管道，宜采用热水伴管伴热。

④ 液体介质凝固点低于40℃的管道、气体介质露点高于环境温度且低于40℃的管道及热敏性介质管道，宜采用热水伴管伴热。

⑤ 输送有毒介质且需夹套管伴热的管道，应选用内管焊缝外露型夹套管伴热。

⑥ 经常处于重力自流或停滞状态的易凝介质管道，宜选用夹套管伴热或带导热胶泥的蒸汽伴管伴热。

三、伴热设计的范围

① 管道是否需要伴热应依照工艺流程图及管道数据表。

② 在环境温度下，需从外部补偿管内介质热损失，以维持被输送介质温度的管道。

③ 在输送过程中，由于热损失而产生凝液，并可能导致腐蚀或影响正常操作的气体管道。

④ 在操作过程中，由于介质压力突然下降而自冷，可能冻结导致堵塞的管道。

⑤ 在切换操作或间歇停输期间，管内介质由于热损失造成温度下降，介质不能放净吹扫而可能凝固的管道。

⑥ 在输送过程中，由于热损失造成温降可能析出结晶的管道。

⑦ 输送介质由于热损失导致介质温度下降后黏度增高，系统阻力增加，输送量下降，达不到工艺最小允许量的管道。

⑧ 在历年一月份平均温度的平均值低于0℃地区，保温管道扫线后仍有存水无法排净的管段。

⑨ 输送介质的凝固点等于或高于环境温度的管道。

第二节　热水、蒸汽伴热系统的设计

一、热水、蒸汽伴热系统的组成

热水、蒸汽伴热系统包括：热源总管、热介质引入管、分配站、伴前管、伴管、伴后管、冷凝液（热水回水）收集站、收集站出口回流管、回流管总管。

二、热水、蒸汽伴热系统设计的一般要求

① 伴热分配站及回收站的压力等级应与引入管和返回管所连接的主管压力等级一致。

② 伴热线口径不一样时，应将口径小的伴热管排在靠近引出管或引入管侧。伴热站的预留口宜布置在靠近引出管或引入管侧。

③ 伴热管道的器材要求

　a. 当伴热管用钢管时，一般只用无缝钢管，不用焊接钢管。如输送管为不锈钢管时其伴热管应为低碳钢管；不锈钢的仪表引线则用紫铜管；输送管为铝管时用不锈钢管伴热。由于钢管不易随意弯曲并与输送管紧密贴靠，只用于平行法，紫铜管适用于螺旋法。

　b. 蒸汽伴管位于疏水阀上游的管道、管件和阀门等的材料等级应与蒸汽管道相同。位于

疏水阀下游的管道、管件和阀门等的材料等级应与凝结水管道相同。

c. 为避免不锈钢管与富锌材质接触的电化学腐蚀，不锈钢伴热管应使用不锈钢丝捆扎。

d. 为了保证更好的传热效果，碳钢伴热管的壁厚一般不应大于 Sch40 和 3.0mm 的最小值。

三、热水、蒸汽伴热系统的配管设计

1. 热水伴热系统（图 13.2）

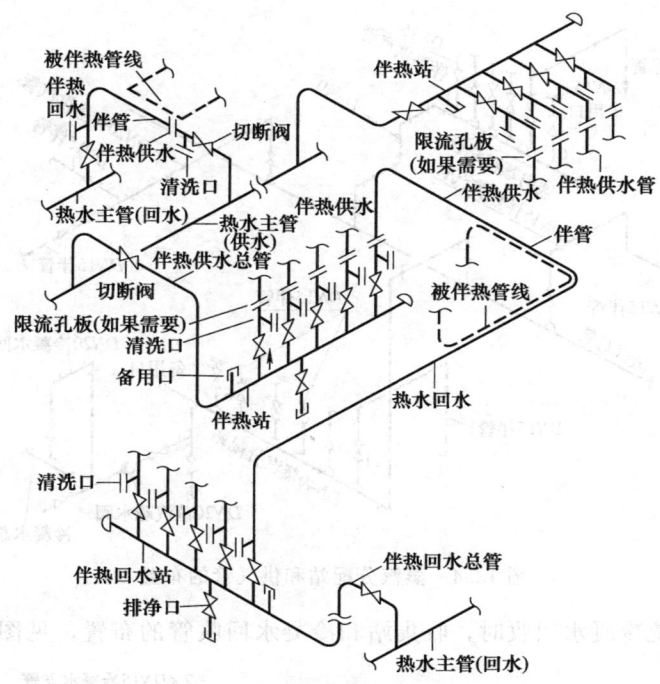

图 13.2　热水伴热系统示意图

2. 蒸汽伴热系统

① 蒸汽伴热系统流程示意图见图 13.3。

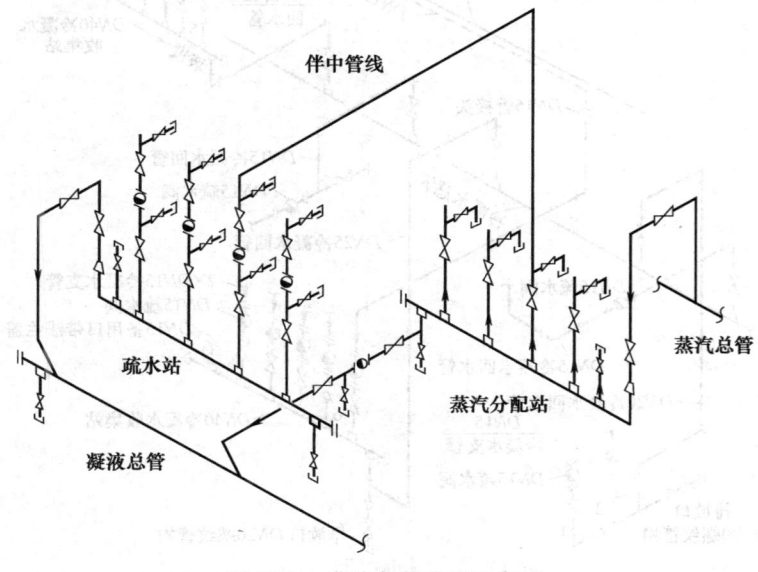

图 13.3　蒸汽伴热流程示意图

② 蒸汽伴热系统分配站。配管设计见图13.4。蒸汽分配站安装位置高于蒸汽总管时，分配站低点可不设排放冷凝水的蒸汽疏水阀系统，水平安装的分配站应无袋形并坡向蒸汽总管。蒸汽分配站低于蒸汽总管时，其上游不得有下凹的袋形弯，分配站的低点应设蒸汽疏水阀组。蒸汽分配站至少有3根伴管（DN15）送至半径为3m范围内的地点时才设置，否则伴热供汽管可直接从蒸汽总管上引出。分配站应布置在不妨碍通行、便于操作的地方，布置应考虑整齐和美观。供汽管的阀门应布置在便于接近的地方。分配站的蒸汽应从蒸汽总管的顶部引出。

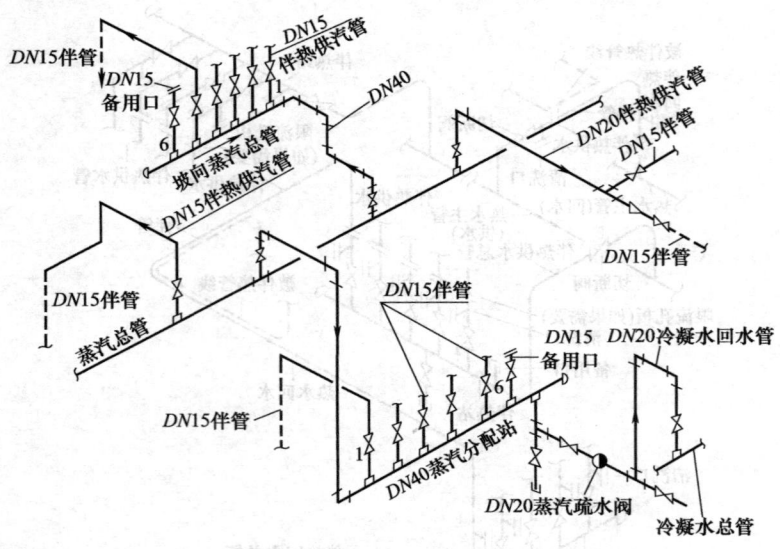

图13.4　蒸汽分配站和供气管的布置

③ 蒸汽伴热系统冷凝水回收时，收集站和冷凝水回收管的布置，见图13.5。冷凝水收集

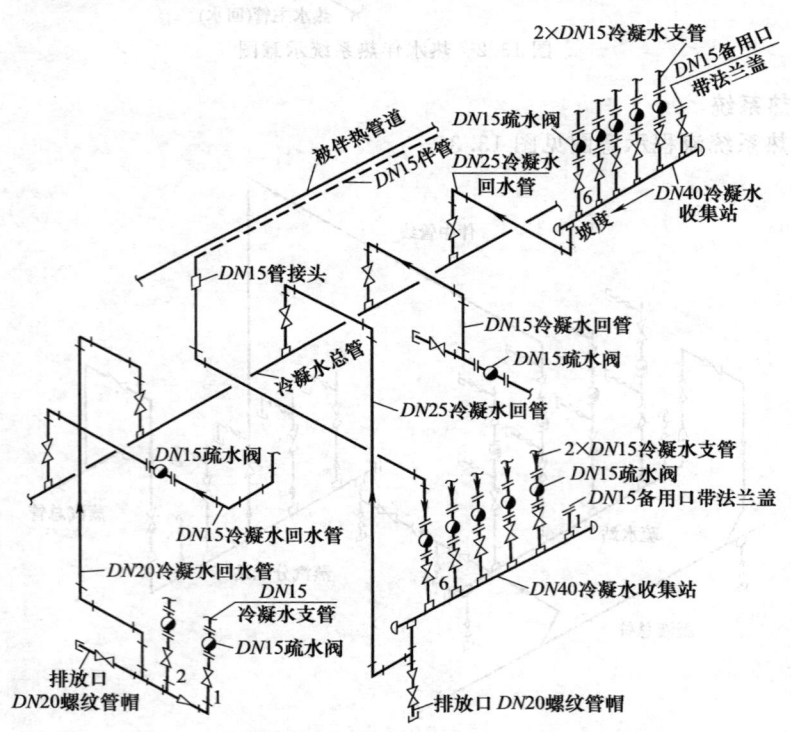

图13.5　冷凝水回收时收集站和冷凝水回收管的布置

站高于冷凝水总管时，低点可不设排液口；回水管应无袋形并坡向冷凝水总管。冷凝水收集站至少有 3 根冷凝水支管时才设置，否则可直接接至冷凝水总管上。冷凝水收集站应布置在不妨碍通行，便于操作的地方，布置应考虑整齐和美观。冷凝水回水管的阀门应布置在便于接近的地方。冷凝水回水管应从冷凝总管的顶部引入。

④ 蒸汽伴热系统冷凝水不回收时，收集站和冷凝水回收管的布置，见图 13.6。

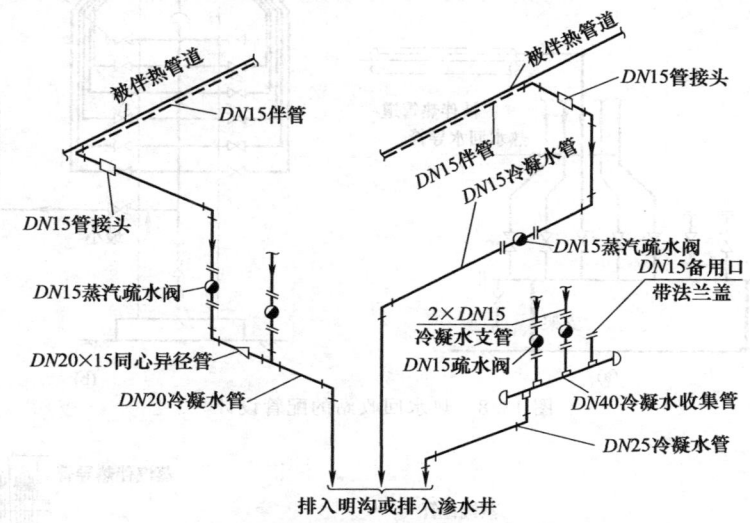

图 13.6 冷凝水不回收时收集站和冷凝水排放管的布置

四、热水、蒸汽分配站、回收站布置形式的设计

① 热水分配站卧式（水平）布置的形式见图 13.7 (a)，热水分配站立式（垂直）布置的形式，见图 13.7 (b)。

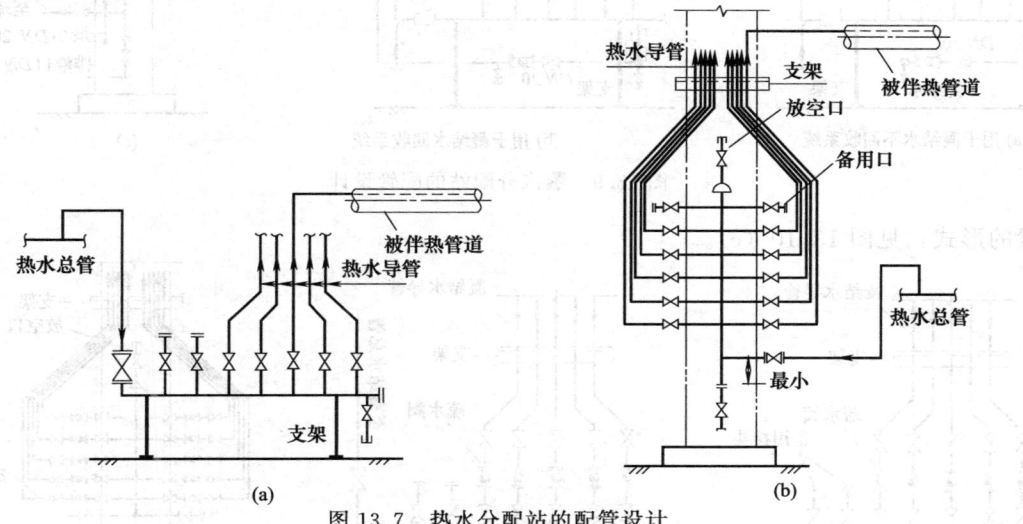

图 13.7 热水分配站的配管设计

② 热水回收站卧式（水平）布置的形式，见图 13.8 (a)，热水回收站立式（垂直）布置的形式，见图 13.8 (b)。

③ 蒸汽分配站卧式（水平）布置的形式，见图 13.9 (a)、(b)，热水分配站立式（垂直）布置的形式，见图 13.9 (c)。

④ 蒸汽疏水站卧式（水平）布置的形式，见图 13.10 (a)、(b)，热水分配站立式（垂直）

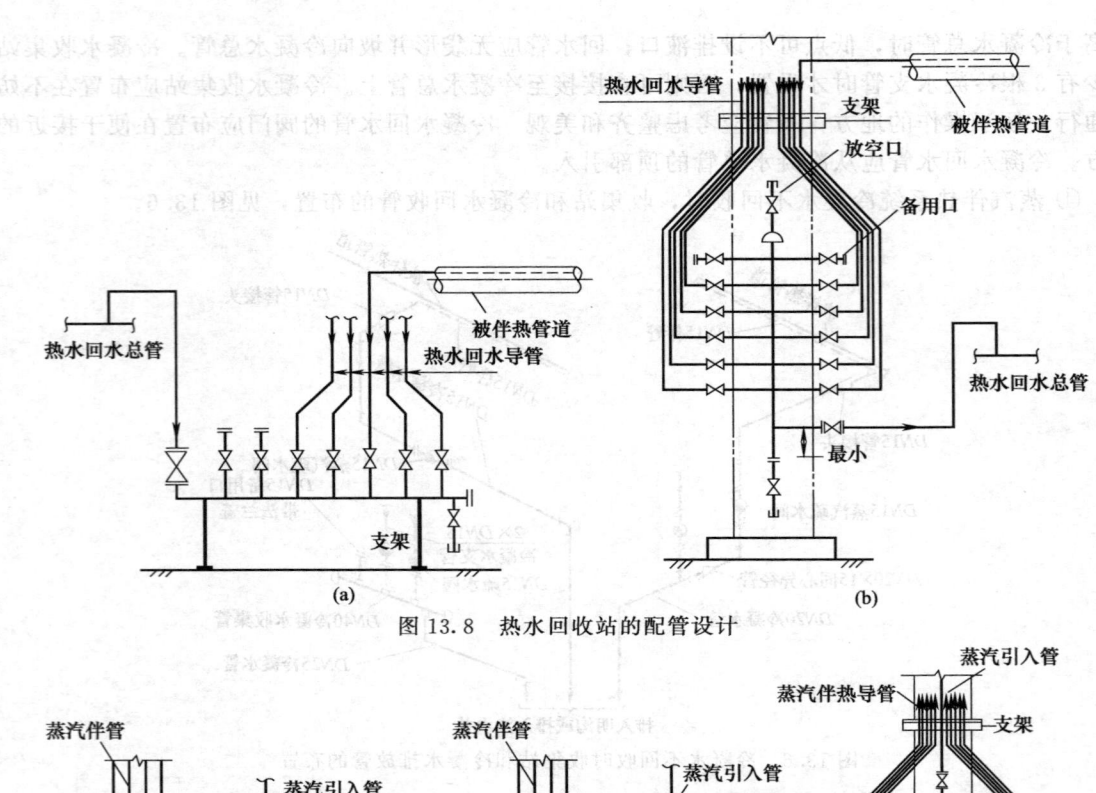

图 13.8 热水回收站的配管设计

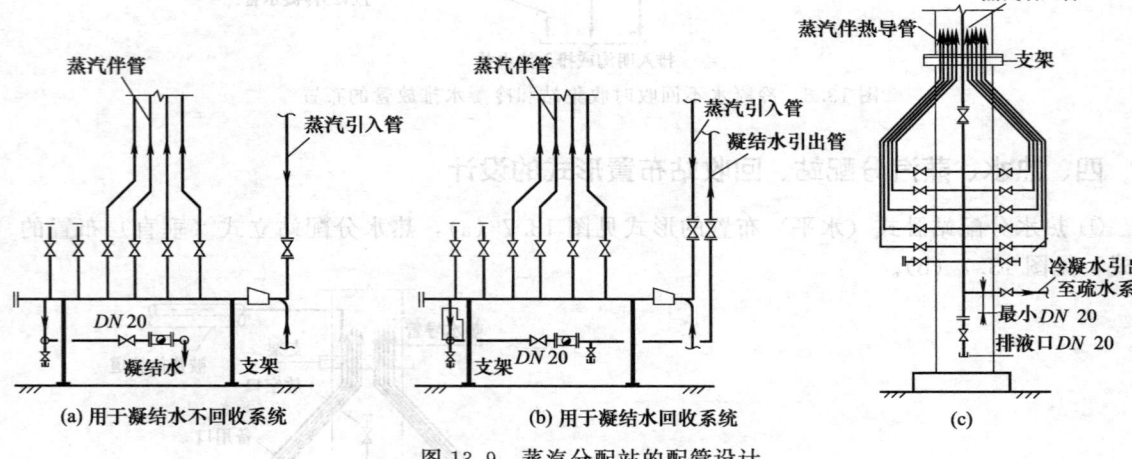

图 13.9 蒸汽分配站的配管设计

布置的形式,见图 13.10(c)。

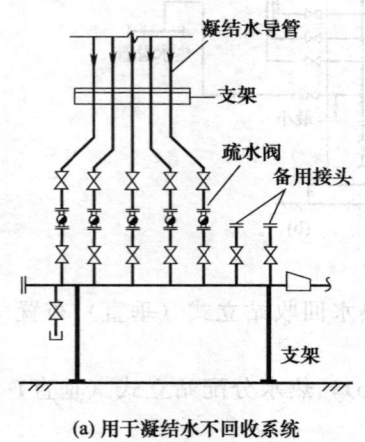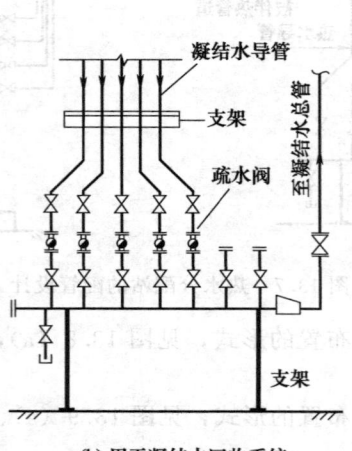

图 13.10 蒸汽疏水站的配管设计

五、蒸汽、热水分配站的配管设计

① 分配站接管数：$DN40$ 蒸汽分配站（或 $DN50$ 热水或导油分配站）每站设 $DN15$（或 $DN20$）接管口不多于 6 个；$DN50$ 蒸汽分配站（或 $DN80$ 热水或导油分配站）每站设 $DN15$（或 $DN20$）接管口不多于 10 个。每个分配站留 1～2 个备用口，备用口应配置阀门并用螺纹管帽或法兰盖封闭。接管数量由工艺专业核算确定。

② 在 3m 半径范围内至少有 3 个伴热供汽组的地方应提供伴热站。

③ 分配站尽可能靠墙、柱、平台栏杆等设置，其位置应使伴前管道尽量短。

④ 每组伴热供汽（供水）总管上的切断阀通常安装在蒸汽/热水主管上的出口附近，且装在水平管上，此阀宜采用截止阀。

⑤ 伴热供汽总管应从蒸汽/热水主管顶部引出，伴热供汽（供水）管应从伴热站的顶部或水平引出。

⑥ 分配站一般应设置一个固定支架及一个滑动支架。

⑦ 分配站的低点应有排液管、切断阀。蒸汽分配站还应设疏水阀。

⑧ 仪表采用的伴热供汽/供回站一般宜单独设置，不宜与管道的伴热站共用。其设计方法与管道相同（仪表元件的伴热由仪表自行设计管道专业仅提供站）。

六、伴热管线的设计

① 伴中管线的口径：一般伴中管道的管径不小于 $DN15$。有的工程热水、蒸汽伴中管线全部采用 $DN15$ 的管子。有的工程蒸汽伴热伴中管子全部采用 $DN15$ 的，热水伴热伴中管子全部采用 $DN20$ 的。SH/T 3040《石油化工管道伴管及夹套管设计规范》内规定伴管的管径宜为 $\phi10$、$\phi12$、$DN15$、$DN20$ 或 $DN25$。有的工程伴管的管径有 $DN40$ 的。

伴管的管径比较小时容易堵塞，伴管的管径较大时不宜热煨弯缠绕和施工，需根据具体工程项目实际情况选用。笔者在某施工现场，看到伴管口径采用较大，根本无法灵活地伴主管弯曲，造成隔热层较大，后来统一更换成了较小口径的伴管。

② 伴中管线的有效伴热长度

a. 热水伴管沿被伴热管的有效伴热长度（包括垂直管道），可按表 13.1 的要求确定。

表 13.1　热水伴管沿被伴热管的有效伴热长度　　　　　　　　　　m

伴管公称直径 /mm	热水压力/MPa		
	$0.3 \leqslant p \leqslant 0.5$	$0.5 < p \leqslant 0.7$	$0.7 < p \leqslant 1.0$
$\phi10$、$\phi12$	40	50	60
$DN15$	60	70	80
$DN20$	60	70	80
$DN25$	70	80	90

b. 蒸汽伴管最大允许有效伴热长度。伴管沿被伴热管的有效伴热长度（包括垂直管道）可按表 13.2 的要求确定。当伴热蒸汽的凝结水不回收时，表 13.2 中最大允许有效伴热长度可增大 20%，采用导热胶泥后伴管的最大允许有效伴热长度宜减小 20%。当伴管在最大允许伴热长度内出现 U 形弯时，伴管累计上升高度不宜大于表 13.3 中规定的数值。

c. 当导热油供油压力不低于 0.15MPa（表压），温度不低于 200℃ 时导热油伴管的最大有效伴热长度不应超过 60m。

③ 热水伴热伴管的根数见表 13.4。蒸汽伴热伴管的根数见表 13.5。

④ 对蒸汽伴热和热水伴热的伴热供汽/水和凝液/回水的伴前伴后管总长度应限制在 30m 内。

表 13.2　蒸汽伴管沿被伴热管的有效伴热长度　　　　　　　　　　　　m

伴管公称直径/mm	蒸汽压力/MPa	
	0.3≤p≤0.6	0.6<p≤1.0
φ10	30	40
φ12	40	50
DN15	50	60
DN20	60	70
DN25	70	80

表 13.3　蒸汽伴管允许 U 形弯累计上升高度

蒸汽压力/MPa	累计上升高度/m
0.3≤p≤0.6	4
0.6<p≤1.0	6

表 13.4　热水伴热伴管的根数

被伴管尺寸/in	≤4	8~22	≥24
伴管尺寸/in	1/2	1/2	1/2
伴管根数	1	2	3

表 13.5　蒸汽伴热伴管的根数

被伴管尺寸/in	≤4	6~16	≥20
伴管尺寸/in	1/2	1/2	1/2
伴管根数	1	2	3

⑤ 对热水伴热，所有来自同一站的伴管应有相似的压降，以实现均匀流动。为了达到此目的，最短伴管的当量长度不宜小于最长伴管当量长度的 70%，否则需采取在伴热供水/供汽管切断阀下游安装限流孔板或截止阀等措施。

⑥ 对热水伴热时，伴管的袋形高度没有限制，宜从被伴热的管道的最低点开始至最高点，然后返回至热水系统。

⑦ 当水质较差或结垢严重时，一般宜在热水伴管的供水和回水靠近切断阀的地方设清洗口。

⑧ 每根蒸汽/热水伴管应有其独立的供汽/供水阀和冷凝液疏水阀，不宜与其他伴管合并疏水。通过疏水阀后的不回收凝结水宜集中排放。

⑨ 附属于管道上的在线仪表，如压力计等通常应与被伴热的管道和设备一起伴热。

⑩ 安全阀的伴热应尽可能靠近阀座，以避免出故障。

⑪ 为防止被伴设施过热，非金属阀座的阀、碱管、胺管伴管应根据伴管管径按间距 1~1.5m 安装隔离垫，隔离垫的大小一般为 50mm×25mm×10mm，见图 13.11。

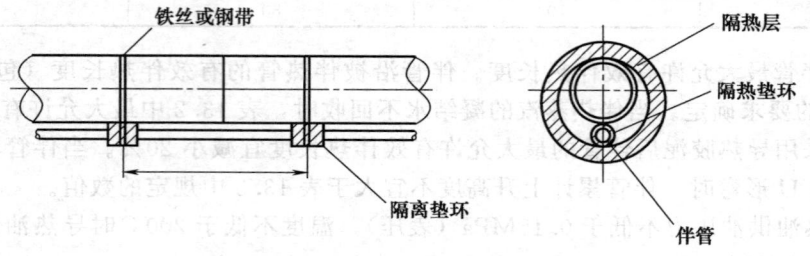

图 13.11　用垫环隔热的伴管保温

⑫ 所有伴管（包括伴热供汽、供水和回水的伴管）弯管不能被压扁，防止影响伴热效果。

⑬ 应用钢带或钢丝在间隔 1.0~1.5m 处固定伴管（根据伴管管径大小）；但这种间隔在

弯头处应适当缩小距离，因为在这些地方伴管与管子的接触不紧。

⑭ 伴管的热补偿方法

a. 利用伴管越过被伴热设备或管道上的法兰、阀门等形成的弯管作为热补偿。

b. 管道伴热时，可以将伴管的中点固定在被伴热管道上。伴管不得直接焊接在被伴管上作固定点。

c. 补偿器可采用 U 形、Ω 形或螺旋缠绕型。也可以将伴管作为统一考虑，设置一个膨胀环或设置Ⅱ形补偿弯管，使其自然补偿，如图 13.12 所示。对蒸汽伴热间隔约 24m，对热水伴热间隔约 30m，应设膨胀弯，阀门和法兰处的回弯应作为膨胀弯对待。

d. 伴管加热应合理设置固定支架及导向支架。

e. 伴管随被伴管转弯作自然补偿时，伴管固定点的设置应使被伴管弯头处的保温结构不受损坏。

f. 伴管的高低点可不设高点排气与低点排液。

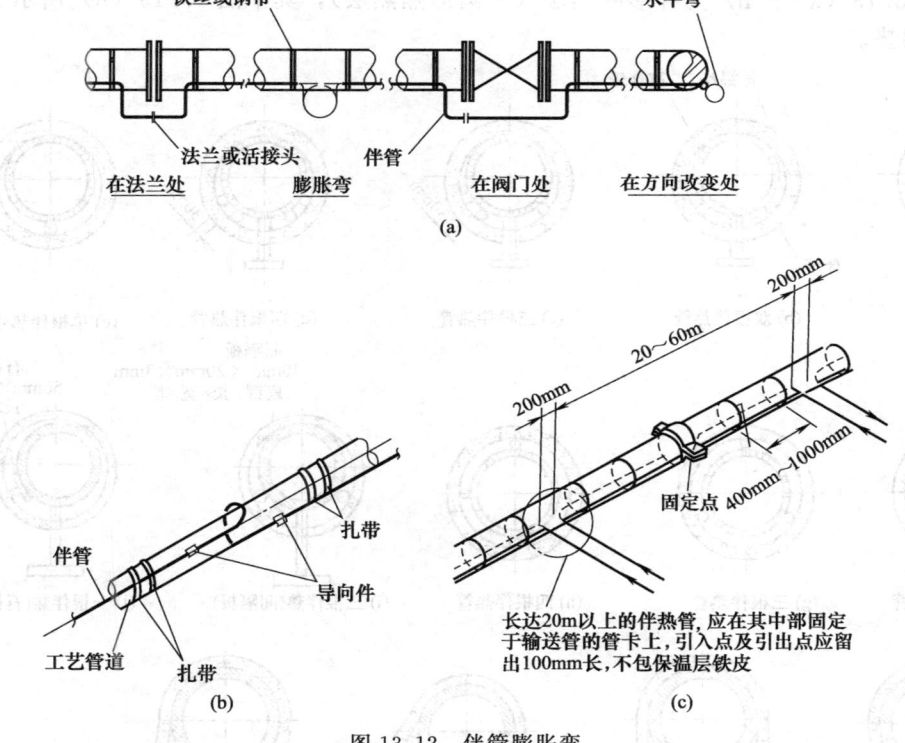

图 13.12　伴管膨胀弯

⑮ 在被伴设施需维修处，伴管应采用法兰或活接头连接，如控制阀、安全阀、转子流量计等，伴热管道的分支采用三通连接。

⑯ 冷凝水应采取必要的排放措施，不宜直接排入明沟或漏斗或地面上。

⑰ 热水伴管特殊要求。

a. 伴后热水应回收。

b. 伴管绕过阀门或法兰时，伴管最大的有效长度要相应缩短，每一处可按 3m 直管考虑，伴管每拐一个 90°弯按 1m 考虑。

⑱ 伴热管的安装。

a. 伴热管的连接。应不妨碍伴热管与输送管的紧靠。一般采用对接焊接及冷弯（热煨弯）的效果较好。对经常拆卸输送管的法兰处，伴热管用法兰（或活接头）连接。紫铜管的接头往

b. 伴热管的固定带。蒸汽伴热管用钢带固定在被加热的输送管道上。固定带宽约15mm，厚约1mm；或用 $\phi1.6mm$ 镀锌铁丝。固定带间距如表13.6。沿输送管的弯头敷设伴热管时，每个弯头所用的固定带不应少于3根。

表 13.6 伴热管的固定带间距

公称直径/mm	10	15	20	25
固定带间距/mm	400	600	800	1000

七、伴热管结构的设计

伴热管安装结构设计见图13.13。

如图13.13（a）～（d）所示，在水平管线时应安装在被伴管下方一侧或两侧。如图13.13（e）～（h）所示，布置在垂直管时应均匀敷设。图13.13（i）、（j）所示为加间隔板或石棉垫的设计。图13.13（k）～（n）为异形隔热层（非圆形隔热层），其中图13.13（n）所示为异形隔热层加石棉垫。

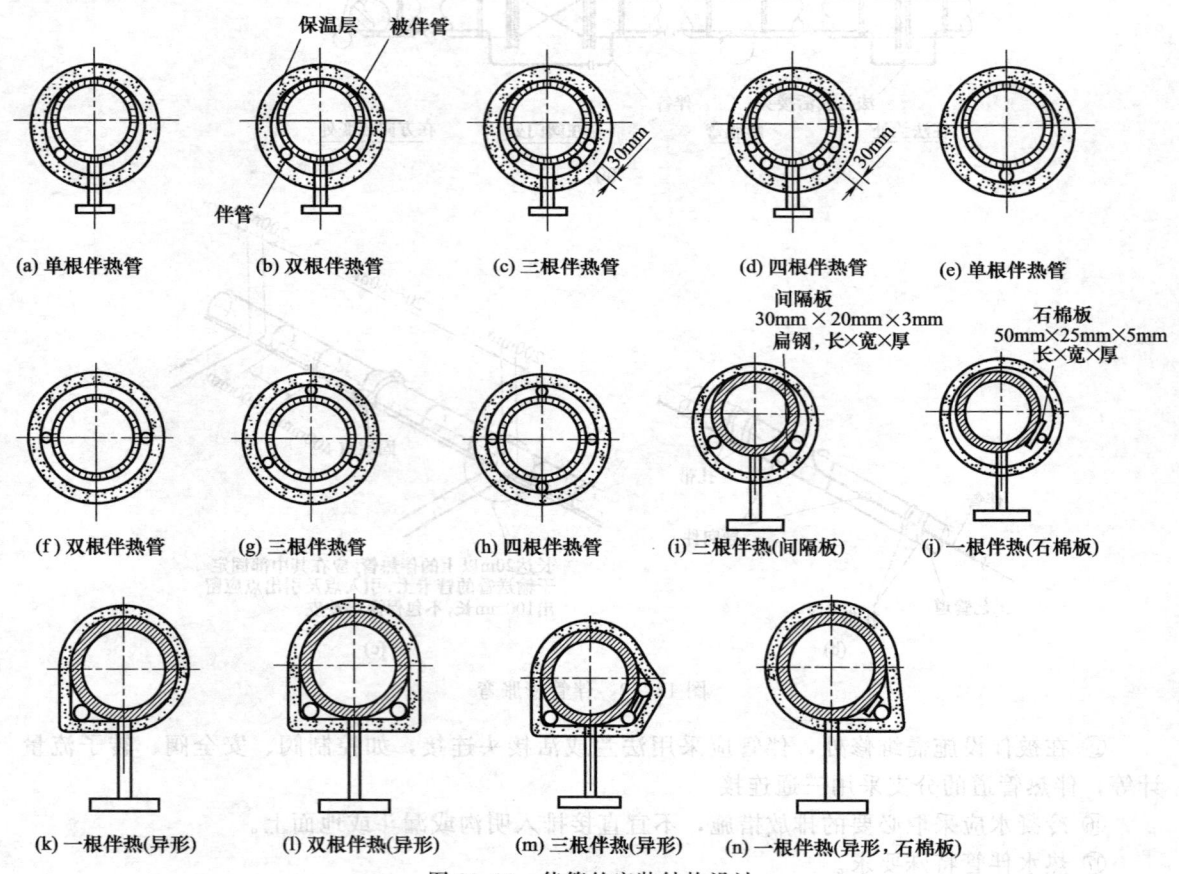

图 13.13 伴管的安装结构设计

八、蒸汽冷凝液站（疏水站）、热水回水站（收集站）的配管设计

① 收集站接管数：$DN40$ 冷凝水收集站（或 $DN50$ 热水或导热油收集站）每站设 $DN15$（或 $DN20$）接管口不少于6个；$DN50$ 冷凝水收集站（或 $DN80$ 热水或导热油收集站）每站设 $DN15$（或 $DN20$）接管口不少于10个。每个收集站留1~2个备用口，备用口应配置阀门

并用螺纹管帽或法兰盖封闭。

② 根据管道布置设计需要，收集站可以采用卧式（水平）或立式布置。

③ 冷凝水收集站的各伴管接管口应带有各自的蒸汽疏水阀及切断阀。

④ 一般在 3m 半径范围内至少有 3 根冷凝液管或回水管组时，应提供冷凝液站或热水回水站。

⑤ 蒸汽冷凝水回流管应从总管的顶部引入；冷凝水总管高于收集站时，如果确认冷凝水回流管可能有闪蒸蒸汽时，则收集管上应加止回阀。

⑥ 蒸汽分配管与凝结水集合管的断面积不能小于，伴热管断面积之和。

工程应用：热水、蒸汽伴热管典型图

热水、蒸汽伴热管典型图见图 13.14。

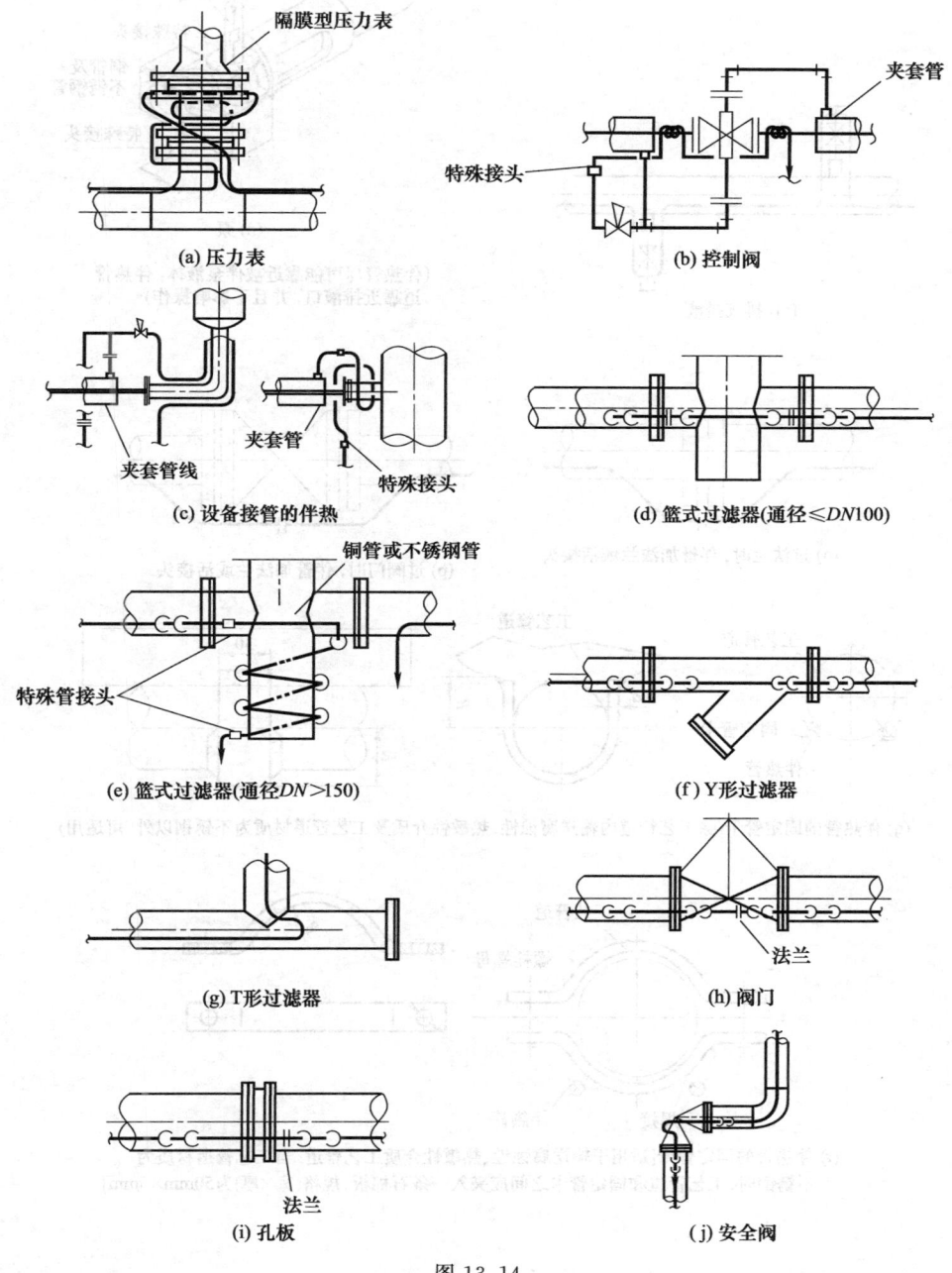

图 13.14

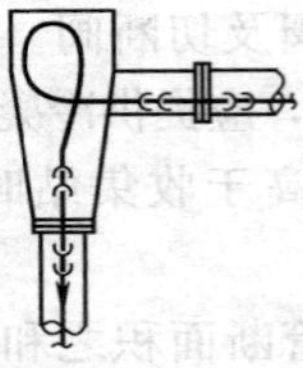

(k) 转子流量计

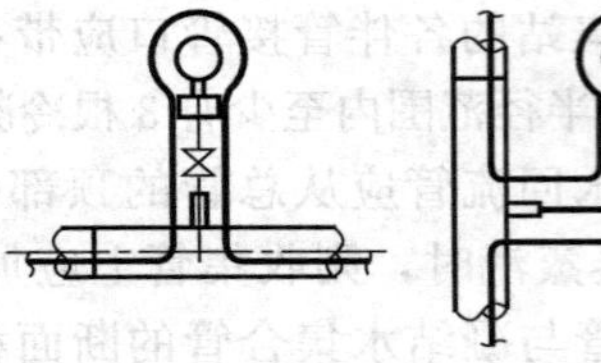

(l) 压力表

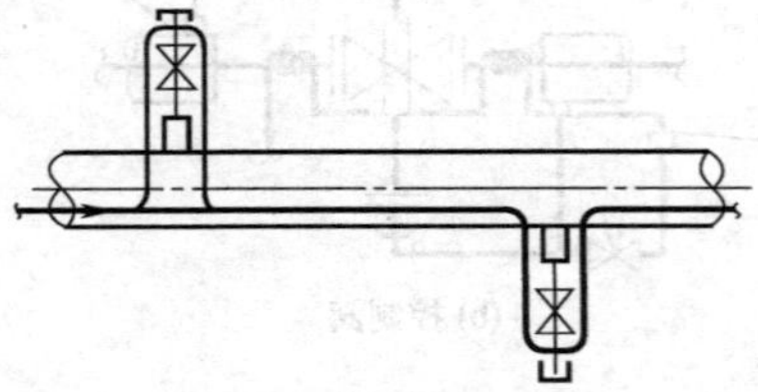

(m) 排气排液

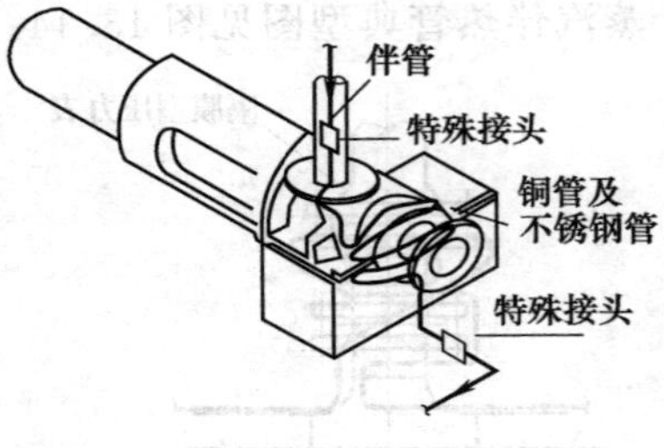

(n) 泵
(伴热管尽可能靠近被伴泵液体；伴热管道靠近排液口，并且不影响操作)

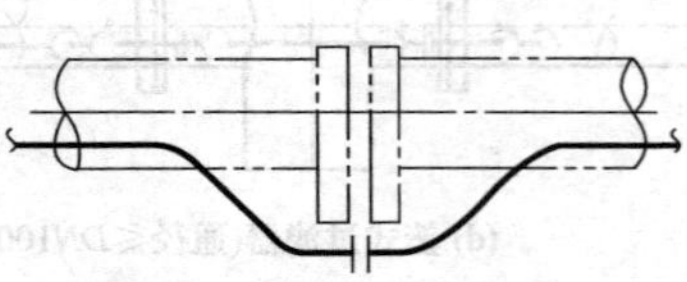

(o) 过法兰时，伴管加法兰或活接头

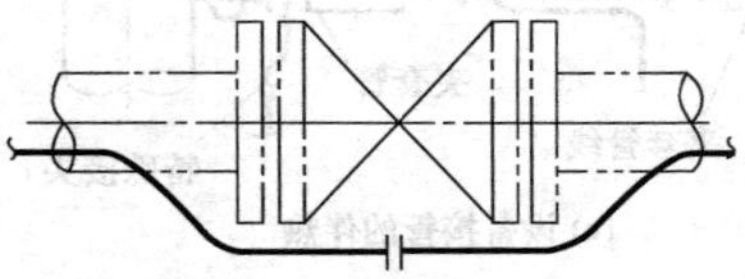

(p) 过阀门时，伴管加法兰或活接头

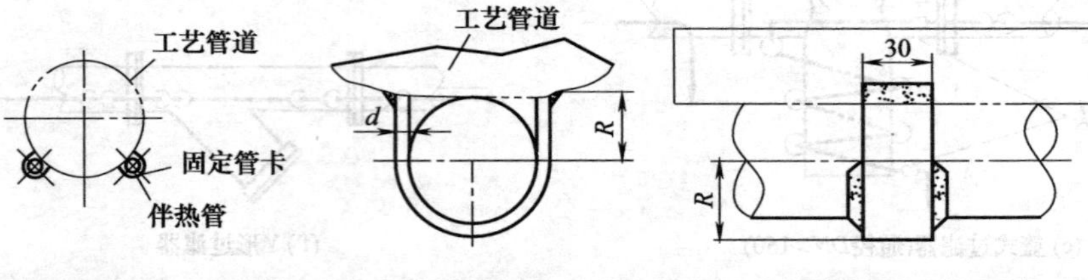

(q) 伴热管的固定管卡(除工艺管道内输送腐蚀性、热敏性介质及工艺管道材质为不锈钢以外，可适用)

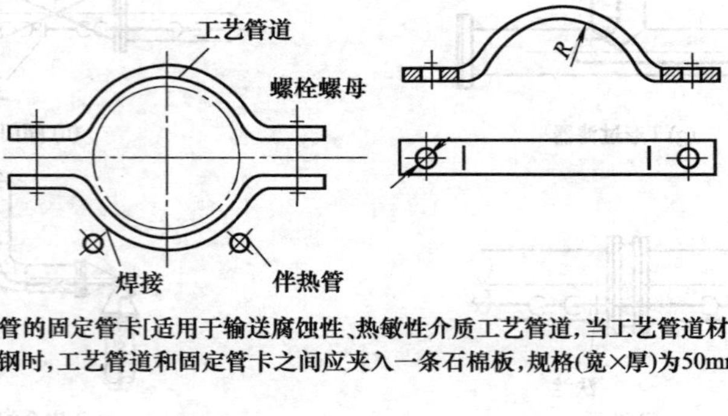

(r) 伴热管的固定管卡[适用于输送腐蚀性、热敏性介质工艺管道，当工艺管道材质为不锈钢时，工艺管道和固定管卡之间应夹入一条石棉板，规格(宽×厚)为50mm×5mm]

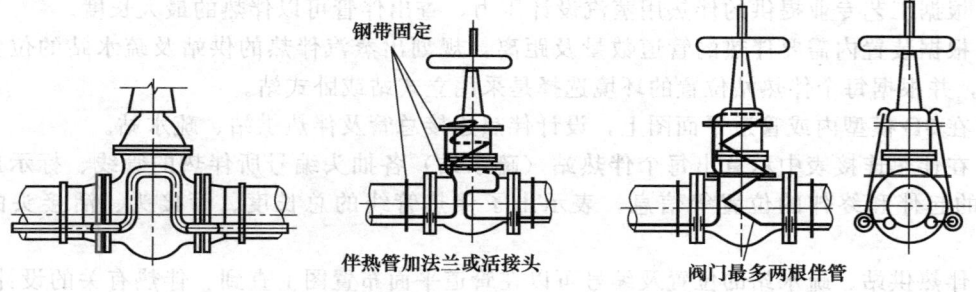

(s) 阀门的伴热(只有在介质温度必须保持高于130℃时,才对阀门伴热。有多根伴热管时,在阀门上最多使用2根伴热管,其余伴热管直接跨过去;或采用带蒸汽夹套的阀门)

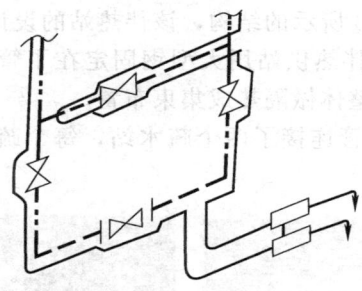

(t) 调节阀的伴热

图 13.14　热水、蒸汽伴热管典型图

工程应用：某蒸汽伴热的设计

图 13.15 是某装置蒸汽伴热的供站、疏水站。

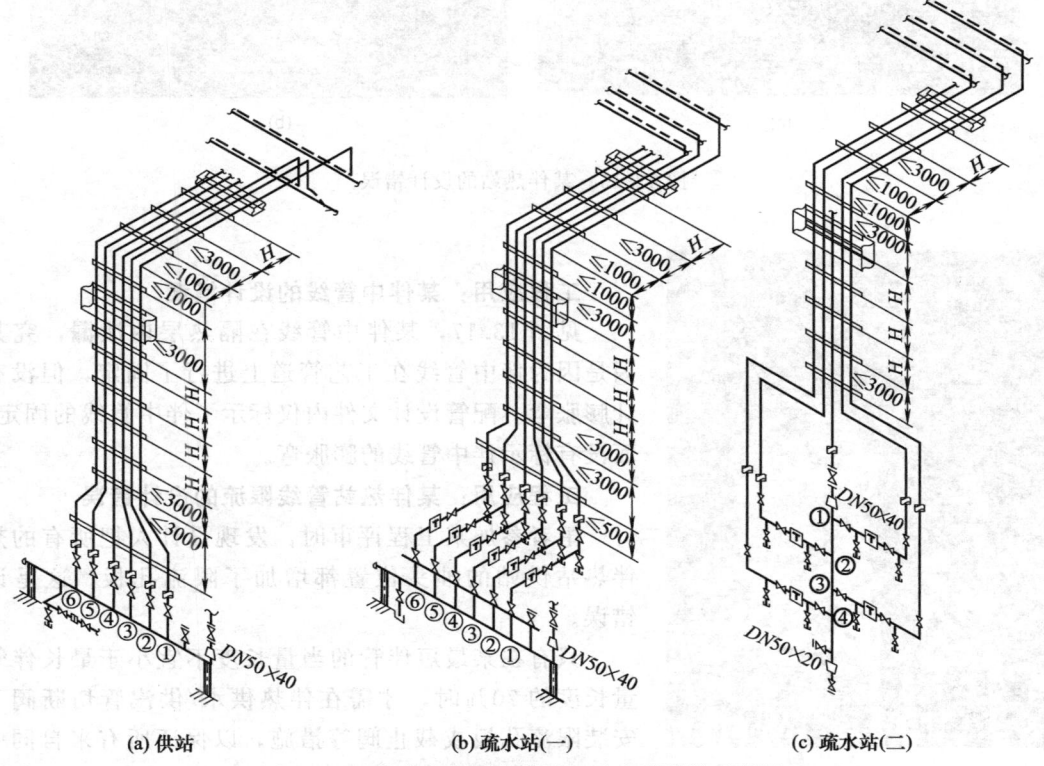

(a) 供站　　　　(b) 疏水站(一)　　　　(c) 疏水站(二)

图 13.15　某蒸汽伴热的供站、疏水站设计示意图

① 根据工艺专业提供的伴热用蒸汽设计压力，查出伴管可以伴热的最大长度。

② 根据装置内需要伴热的管道数量及距离，规划出蒸汽伴热的供站及疏水站的位置及抽头数量，并根据每个伴热站位置的环境选择是采用立式站或卧式站。

③ 在 3D 模型内或管道平面图上，设计伴热连接总管及伴热供站、疏水站。

④ 在伴热连接表中示意出每个伴热站（疏水站）各抽头编号所伴热的管线、标示出在平面图上的起伴和终伴的位置等信息，表示出了伴热管线的总长度、管接头、活接头的材料数量。

⑤ 伴热供站、疏水站的位置及编号可以在管道平面布置图上查到。伴热有关的设计文件，主要包括管道平面布置图（示意了伴热站的位置）及伴热连接表。

工程应用：某伴热站的设计错误

笔者在某装置中看到图 13.16 所示的结构，该伴热站的设计有错误。

如图 13.16（a）所示，整个伴热供站用大型钢固定在了管廊支柱上，应该是一端用固定支架，一端用滑动支架。伴管宜整体做隔热成集束布置。

图 13.16（b）所示为用一根管连接了两个疏水站，每个疏水站的抽头数量偏多。疏水器应该做隔热。

(a) (b)

图 13.16 某伴热站的设计错误

图 13.17 某伴中管线设计错误

工程应用：某伴中管线的设计错误

见图 13.17，某伴中管线在隔热层内泄漏，究其原因是因为伴中管线在工艺管道上进行了固定，但没有设计膨胀弯。配管设计文件内仅标示了伴中管线的固定点，而没有标示伴中管线的膨胀弯。

工程应用：某伴热站管线限流的设计错误

笔者参加某工程评审时，发现设计人把所有的热水伴热站供站的抽头位置都增加了限流孔板，这是设计错误。

只有在某最短伴管的当量长度不宜小于最长伴管当量长度的 70% 时，才需在伴热供水/供汽管切断阀下游安装限流孔板或截止阀等措施，以保证所有来自同一站的伴管有相似的压降，以实现均匀流动。

第三节 电伴热系统的设计

一、电伴热的概念

电伴热（图 13.18）就是用电作为外部热源将热能供给管道系统，通常以自限温电热带对管道或设备进行伴热保温。电伴热不但适用于蒸汽伴热的各种情况，而且能解决蒸汽伴热不易解决的许多问题。电伴热主要用于下列情况。

① 对于热敏介质管道的伴热，电伴热能有效地进行温度控制，可以防止管道温度过热；需要维持较高温度的管道伴热，一般维持温度超过 150℃，蒸汽伴热比较困难，而电伴热则比较容易。

② 非金属管道的伴热，一般不可能采用蒸汽伴热，也可用电伴热。

③ 不规则外形的设备如泵类，由于电伴热产品柔软、体积小，可以紧靠设备外敷设，能有效地进行伴热。

④ 较偏远地区，没有蒸汽成其他热源的地方如井口装置的设备和管道的伴热。

⑤ 长输管道的伴热。

⑥ 较窄小空间内管道的伴热等。

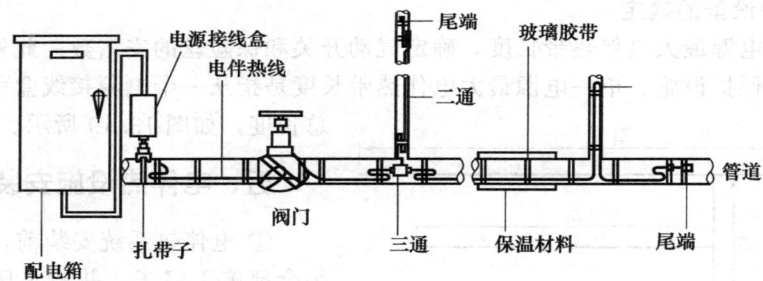

图 13.18　电伴热示意图

二、电伴热方法的分类

① 感应加热法。感应加热法是在管道上缠绕电线或电缆，当接通电源后，由于电磁感应效应产生热量，以补偿管道的散热损失，维持操作介质的温度。电感应加热费用太高，限制了这种方法的发展。

② 直接通电法。直接通电法是在管道上通以低压交流，利用交流电的表皮效应产生的热量，维持管道温度不降。它的优点是投资少、加热均匀。但在有支管、环管、变径和阀件的管道上很难使用，只适用于长输管道上。

③ 电阻加热法。电阻加热法是利用电阻体发热补偿管道的散热损失，以维持其操作温度。目前国内外广为应用的电伴热产品多属于电阻体发热产品。

三、电伴热系统的设计程序

电伴热系统的设计，一般由工艺专业、配管专业共同确定电伴热的范围。工艺专业把需要电伴热的管线特性数据、配管专业把相应的管道轴测图提交给电气专业。由电气专业进行详细的电伴热系统的设计。

下面介绍电伴热系统的选型和计算，供配管设计时参考。

四、电伴热产品的选型和计算

选用电伴热产品,主要依据工艺条件、环境情况、管道设计、管道所在区域的爆炸危险性分类。一般按下列步骤选型和计算。

1. 需伴热的管道散热损失计算

按公式计算出每 1m 管道的散热损失 (W/m)。

2. 产品系列的选择

① 确定工作电压,一般为 220V(交流电)。
② 根据散热损失 (W/m),查阅产品样本或说明书中的额定功率。
③ 一般按管道内介质温度,确定电伴热产品的持续性温度。
④ 按短时间管内介质的最高温,确定电伴热产品短时间承受的最高温度。
⑤ 根据以上数据,可从电伴热产品技术参数表中选用符合要求的型号。
⑥ 核算维持温度下的输出功率小于该产品的额定功率即为满足要求,可选定该产品型号。

3. 确定产品结构

根据需电伴热的管道所处的区域的电气环境即爆炸危险性分类,凡属 2 区的即为危险区。可从产品的结构特征表确定。

4. 电伴热带长度计算

5. 电气保护设备的确定

一般按单一电源最大电伴热带长度,确定气动开关和保险丝的安培数。此外,应有电流过载、短路和漏电保护设施。单一电源最大电伴热带长度是指从一个电源接线盒引出的电伴热带总长度,如图 13.19 所示。

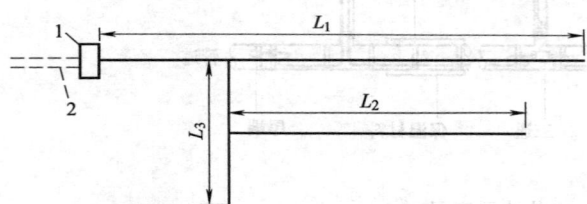

图 13.19 单一电源最大电伴热带长度
1—接线盒;2—电源接线;$L_1 \sim L_3$—电伴热带长度

五、电伴热设施安装要领

① 电伴热系统安装前,被伴热管道必须全部施工完毕,并经水压试验、气密试验检查合格。
② 安装时,应先按照电伴热系统图逐一核对管道编号、管道规格、工艺条件、电伴热参数、规格型号、电气设备和控制设备规格型号等确认无误后才能安装。
③ 电伴热带或电缆线有良好的柔性,不得硬折,需要弯曲时,其曲率半径不得小于电热电缆外径或自限性电热带厚度的 6 倍。
④ 电伴热带或电缆应与被伴热管道或设备贴紧,并用扎带固定;对于非金属管道,应在管外壁与伴热带之间夹一金属片(铝箔),以提高传热效果。
⑤ 电伴热带和电热电缆的安装如图 13.20 所示。一般在管道的侧下方,当遇到法兰时,由于法兰处易发生泄漏,应避开其正下方;当设置多根电热带时,按互成 90°分布或等距离布

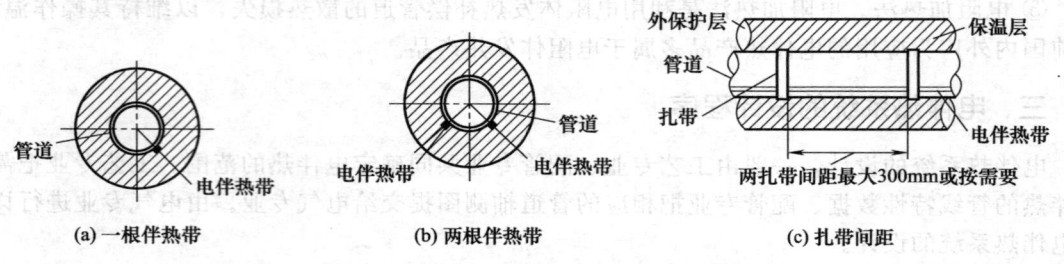

图 13.20 电伴热带在管道上的安装与固定

置，每隔 300～600mm 应有扎带，扎带材料应根据管道温度选用。

⑥ 电伴热系统安装完毕后，必须逐个回路进行电气测试，合格后再进行通电试验，检查发现情况，处理正常后方可保温。

⑦ 电热电缆是制造厂根据用户的有关条件专门制作的，因此不能互相代用；安装时不得重叠、交叉和搭接，不得剪断。

⑧ 电热电缆的接头处附近 80mm 左右不得弯曲，在接头两侧应有扎带。

六、典型部位的电伴热设计

典型部位的电伴热安装示意图见图 13.21。

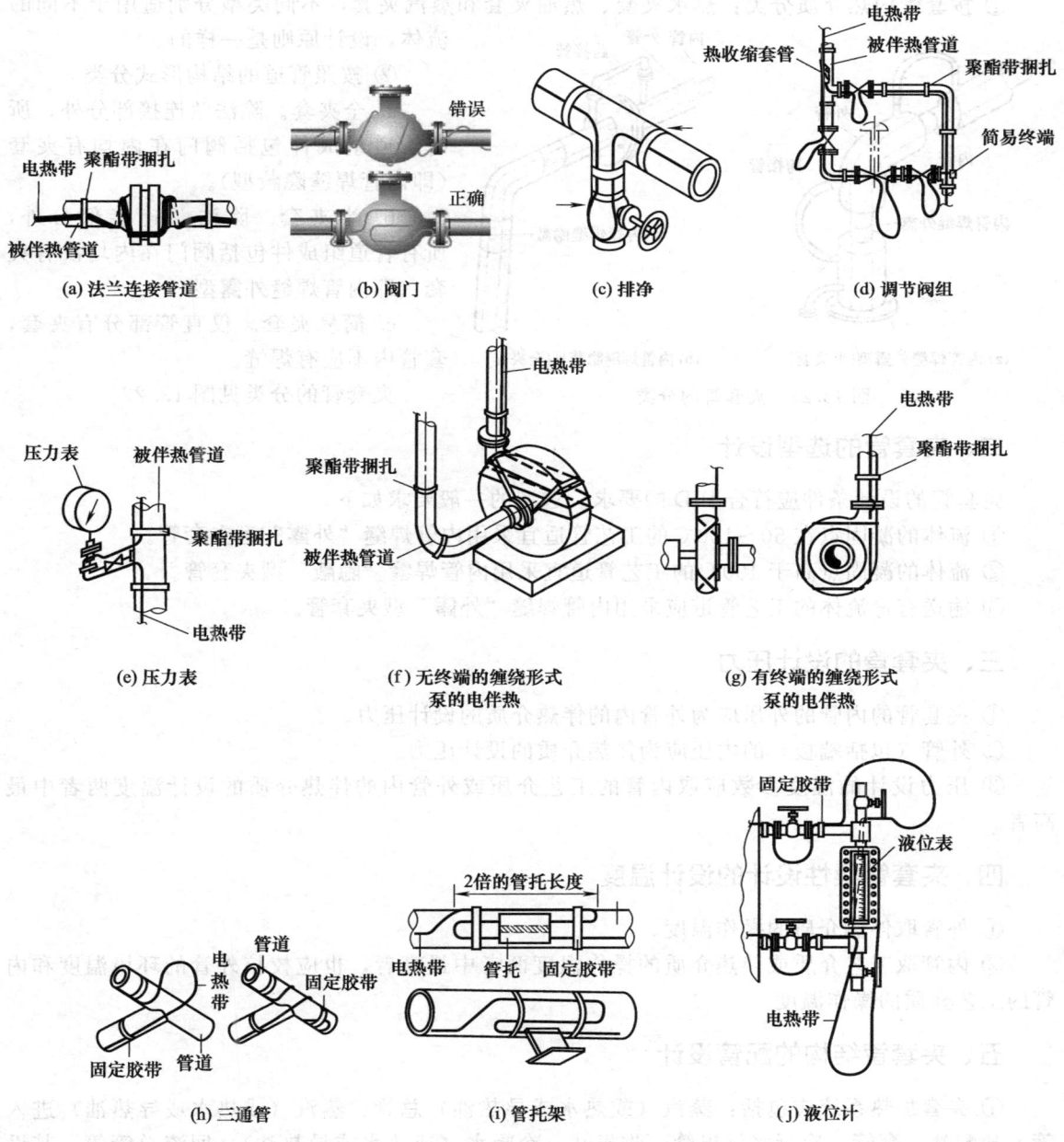

图 13.21　典型部位的电伴热安装示意图

第四节　夹套加热系统的设计

一、夹套管的分类

夹套管是一种具有双层套管结构的特殊管道。管道外面套上同心的大直径套管，内管用于输送工艺介质。用于保持管内输送黏性流体、凝固性流体以及高熔点合成液等流体的流动性能和温度，防止输送过程中流体在管道中凝结而设置的特殊管道。因夹套管伴热具有特殊性，在工业生产中被广泛应用。

① 按套管内热介质分类：热水夹套、热油夹套和蒸汽夹套，不同类型分别适用于不同的流体，设计原则是一样的。

② 按照管道的结构形式分类

a. 全夹套。除法兰连接部分外，所有管道组成件包括阀门在内均有夹套（即内管焊缝隐蔽型）。

b. 半夹套。除法兰连接部分外，所有管道组成件包括阀门在内均没有夹套（即内管焊缝外露型）。

c. 简易夹套。仅直管部分有夹套，套管内不应有焊缝。

夹套管的分类见图 13.22。

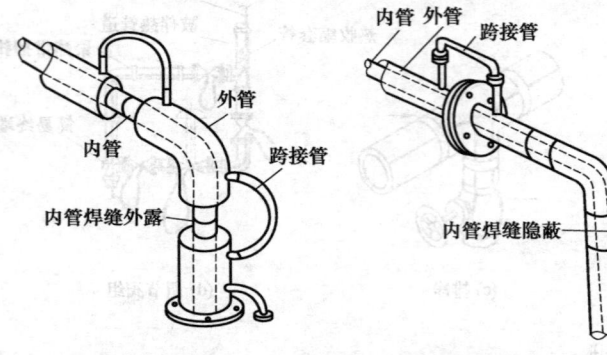

图 13.22　夹套管的分类

二、夹套管的选型设计

夹套管的设计条件应符合 PID 的要求。选型的一般要求如下。
① 流体的凝固点在 50～100℃的工艺管适宜采用内管焊缝"外露"型夹套管。
② 流体的凝固点高于 100℃的工艺管道宜采用内管焊缝"隐蔽"型夹套管。
③ 输送有毒流体的工艺管道应采用内管焊缝"外露"型夹套管。

三、夹套管的设计压力

① 夹套管的内管的外压应为外管内的伴热介质的设计压力。
② 外管（包括端板）的内压应为伴热介质的设计压力。
③ 压力设计的温度参数应取内管的工艺介质或外管内的伴热介质的设计温度两者中最高者。

四、夹套管柔性设计的设计温度

① 外管取伴热介质的操作温度。
② 内管取工艺介质或伴热介质的操作温度两者中最高者，也应校核外管的环境温度和内管的工艺介质的操作温度。

五、夹套管结构的配管设计

① 夹套加热系统应包括：蒸汽（或热水或导热油）总管、蒸汽（或热水或导热油）进入管、分配站、套管、冷凝水排出管、收集站、冷凝水（或热水或导热油）、回流总管等。其设计要求同伴管加热系统。每个分配站或回收站上所设的加热介质接口数应不超过 6 个，但至少

有3个。

② 夹套加热管的组合尺寸：夹套管组装及其配件选用应根据套管与内管的介质性质、设计温度和设计压力等条件确定。除非另有规定，夹套加热管的组合尺寸结构见表13.7。

表 13.7 内管与外管的尺寸 mm

组合尺寸	内 管 管 径											
	15	20	25	40	50	80	100	150	200	250	300	350	350
套管管径	40	40	50	80	80	125	150	200	250	300	400	400	450
供汽排液管管径	15	15	15	15	15	20	20	20	25	25	40	40	50
跨接管管径	15	15	15	15	15	20	20	20	25	25	40	40	50

③ 夹套管为"隐蔽型"时，在内管需要检查的焊缝部位，对应的外管位置应留出一段剖分管段，剖分管段的最小长度一般不小于75mm，见图13.23。

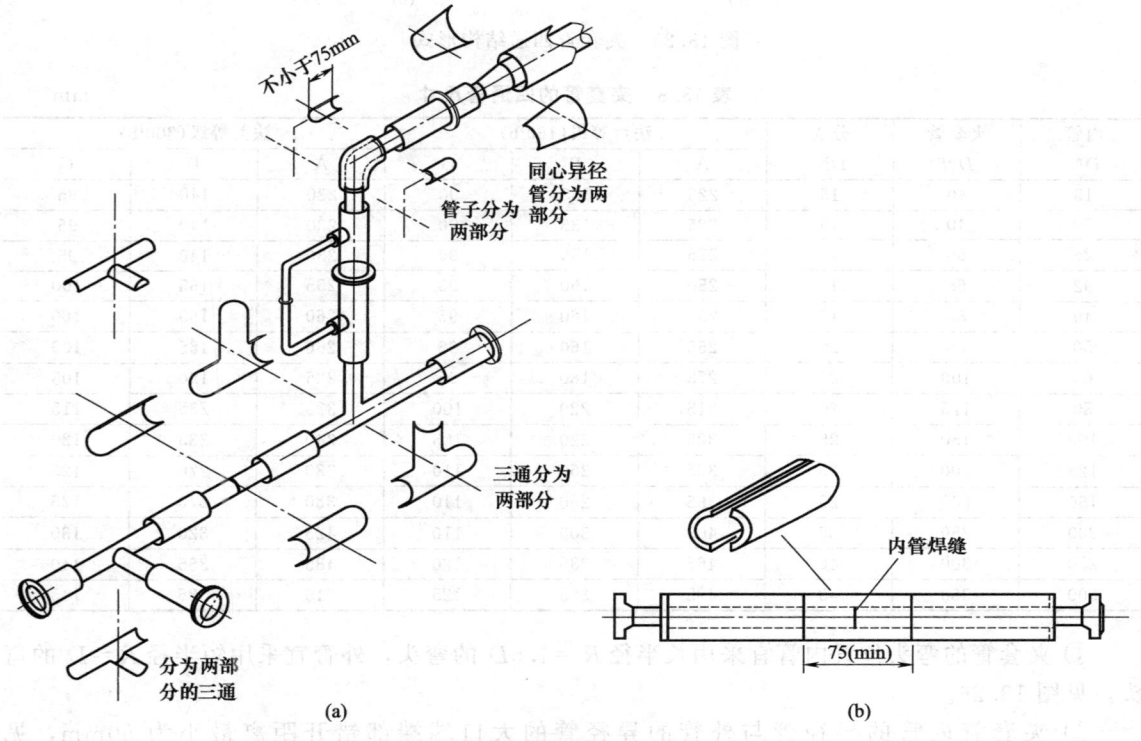

图 13.23 外管部位留出一段剖分管段

④ 夹套管分支管部位的外管应采用剖分三通，见图13.24。

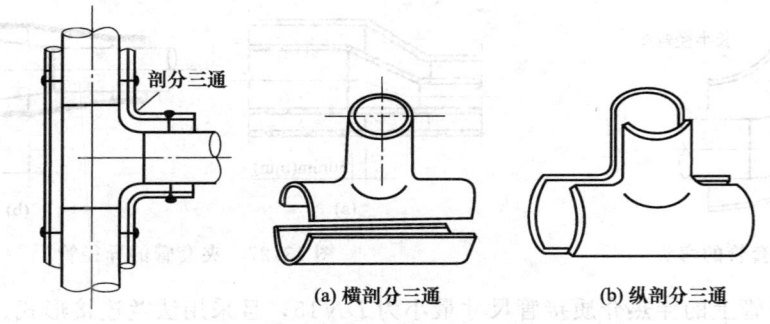

图 13.24 夹套管剖分三通

⑤ 夹套管的四通管。当管道夹套内的工艺物料在常温下固化，或维修时需要机械清除的才采用四通来代替弯头，其结构形式见图 13.25，尺寸见表 13.8。

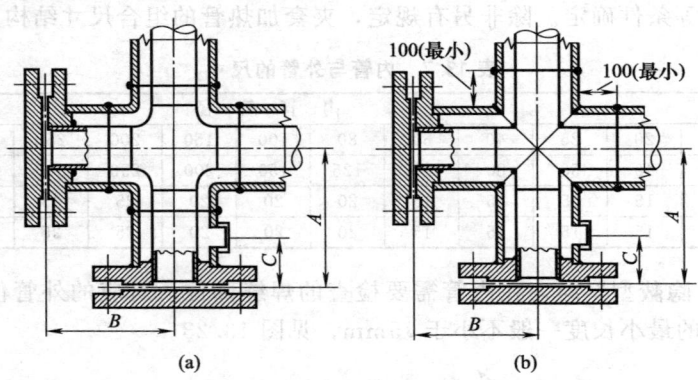

图 13.25　夹套管四通结构形式

表 13.8　夹套管的四通管尺寸　　　　　　　　　　　　　　　　　　mm

内管 DN	夹套管 DN	分支 DN	法兰等级(150lb)			法兰等级(300lb)		
			A	B	C	A	B	C
15	40	15	225	135	90	230	140	95
20	40	15	225	135	90	230	140	95
25	50	15	225	135	90	230	140	95
32	65	15	250	160	95	255	165	100
40	80	15	255	160	95	260	165	100
50	80	20	255	160	95	260	165	100
65	100	20	275	180	95	285	190	105
80	125	20	315	220	100	330	235	115
100	150	25	325	220	105	340	235	120
125	200	25	365	260	110	380	270	125
150	200	25	365	260	110	380	270	125
200	250	25	405	300	110	425	320	130
250	300	40	465	335	120	485	355	140
300	350	40	495	365	125	515	385	145

⑥ 夹套管的弯头位置内管宜采用长半径 $R=1.5D$ 的弯头，外管宜采用短半径 $R=D$ 的弯头，见图 13.26。

⑦ 夹套管内管的异径管与外管的异径管的大口端端部错开距离最小为 50mm，见图 13.27。

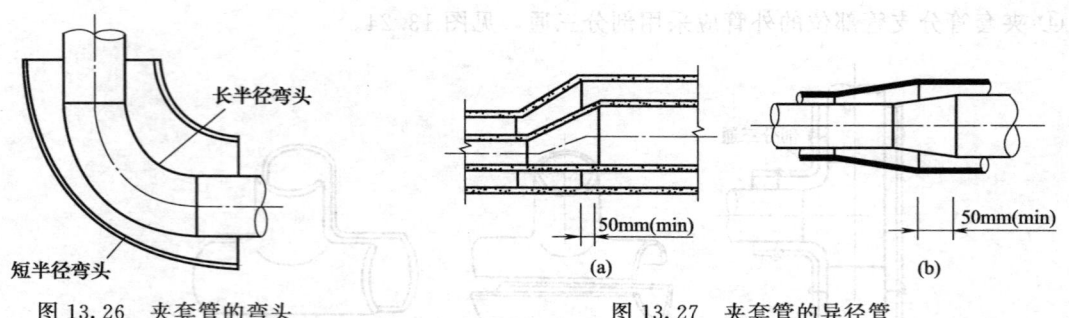

图 13.26　夹套管的弯头　　　　　　　图 13.27　夹套管的异径管

⑧ 夹套管外管上的伴热介质接管尺寸最小为 $DN15$，且采用法兰连接形式。

⑨ 夹套管保温时，外管上的所有连接管件的连接端部均应露在保温层外。

⑩ 内管与外管的连接形式可根据夹套管端部结构形式确定。

a. 全夹套的法兰连接形式见图 13.28。

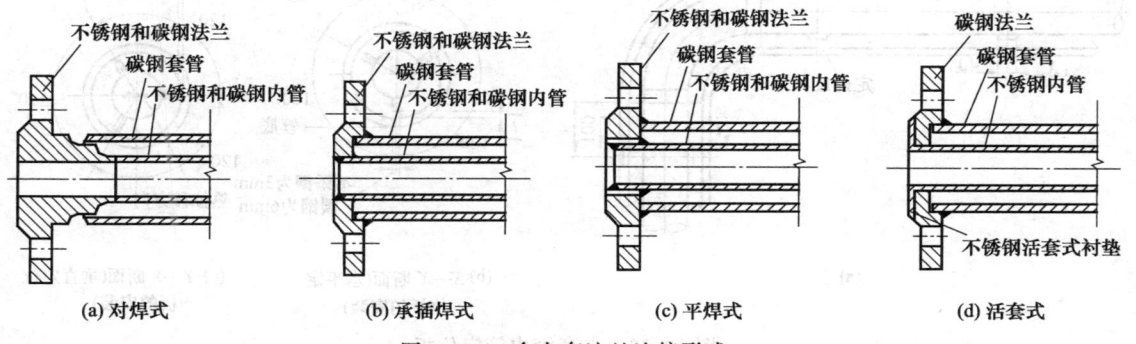

图 13.28 全夹套法兰连接形式

b. 半夹套及简易夹套的法兰连接形式见图 13.29。

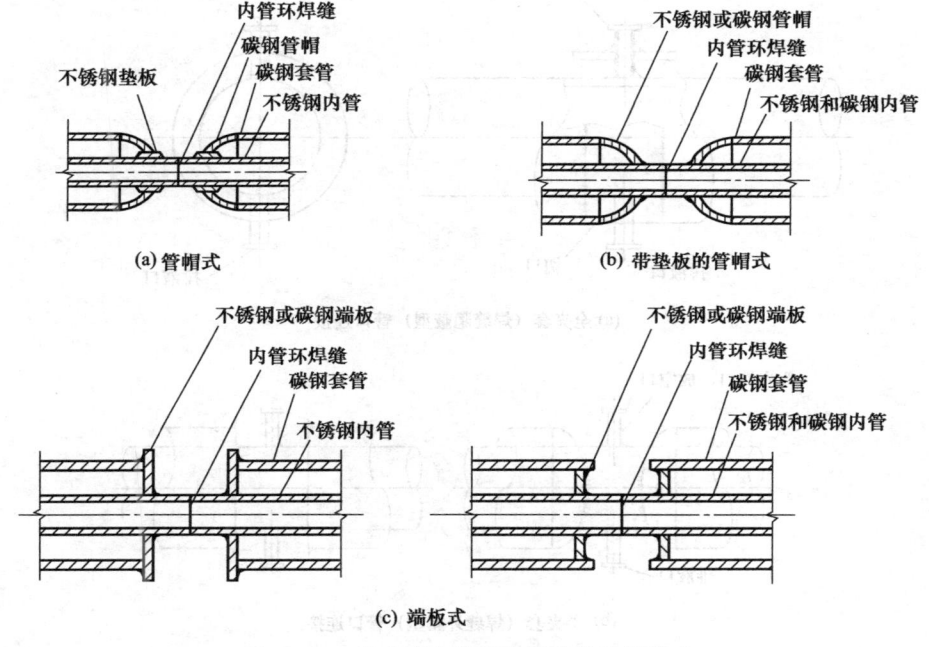

图 13.29 半夹套及简易夹套法兰连接形式

⑪ 夹套管的内管和外管之间采用定位板的方式来支承。夹套管内管采用定位板定位，定位板安装方位不应影响内管热位移。一般采用三块定位板按 120°夹角均布焊接在内管外壁上，定位板距外管内壁的空隙为 1～1.5mm，定位板长 40mm，厚度为：碳钢 6mm，不锈钢 3mm。见图 13.30。定位板的间距见表 13.9。

表 13.9 定位板间距表

内管公称直径 DN	最大间距 L/m
≤25	2.0
40	3.0
50～80	4.0
100～300	5.0
≥350	5.5

⑫ 夹套管内管的仪表管口、管顶放空口及管底排液口的结构形式见图 13.31。

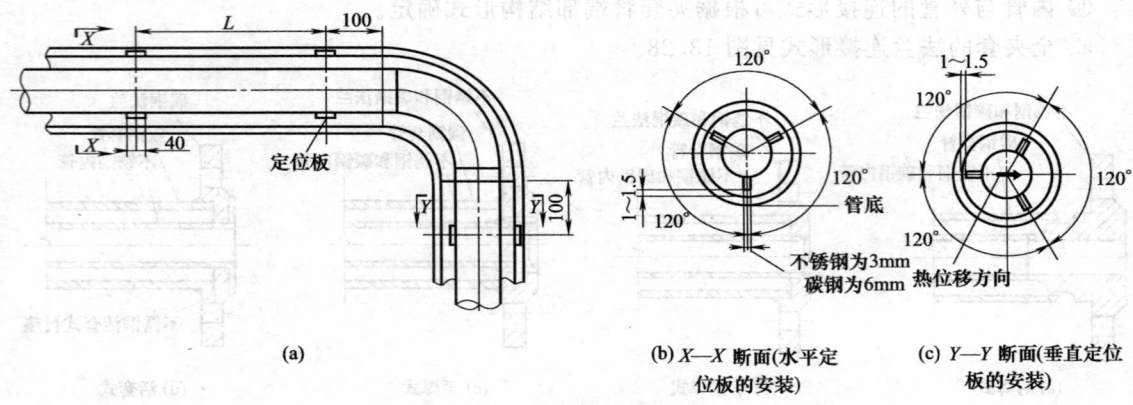

图 13.30 夹套管内管定位板

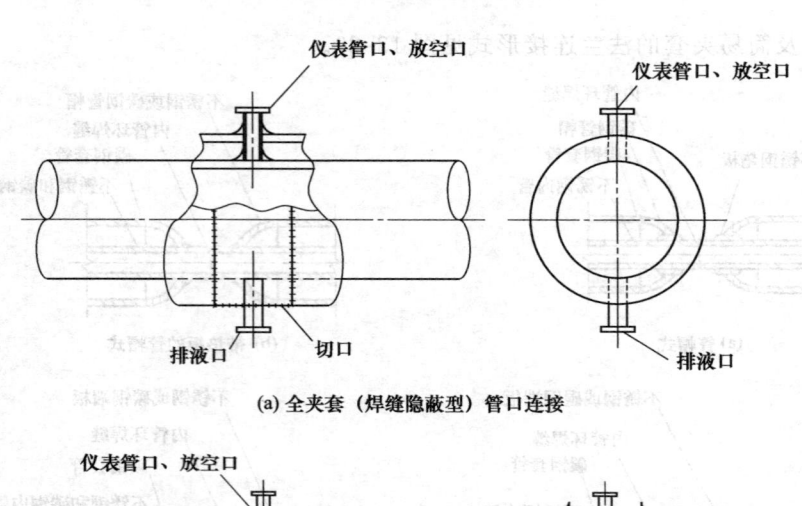

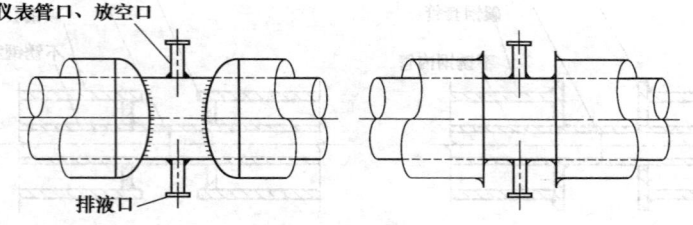

图 13.31 仪表管口、管顶放空口及管底排液口的结构形式

⑬ 夹套管的跨接管见图 13.32。跨接管连接应防止积液和堵塞,并考虑跨接管的安装空间。跨接管拐弯处宜采用煨弯弯头。每段夹套管之间,在规定长度范围内,伴热介质可采用跨接管进行串连。跨接管的管口方位设置应按照下列原则:伴热介质为气态时,应高进低出;伴热介质为液态时,应低进高出。跨接管的设计应使排放流畅,防止积液和堵塞。配管时应考虑跨接管的安装空间,管道间距应适当加大。

六、蒸汽夹套加热系统的设计

① 蒸汽从夹套的最高点引入,冷凝水从低点排出。蒸汽夹套管布置应避免可能积聚冷凝水的死角和下凹的袋形。低点处应加设疏水阀排出积水。应合理布置套管的端板、热源及介质出入口,使热源介质能自动排净。

② 一般每个蒸汽引入口对应的套管总长度不宜超过 30m,超过时应另设蒸汽入口。每个

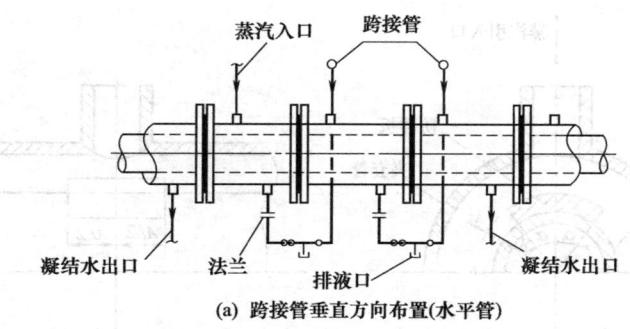

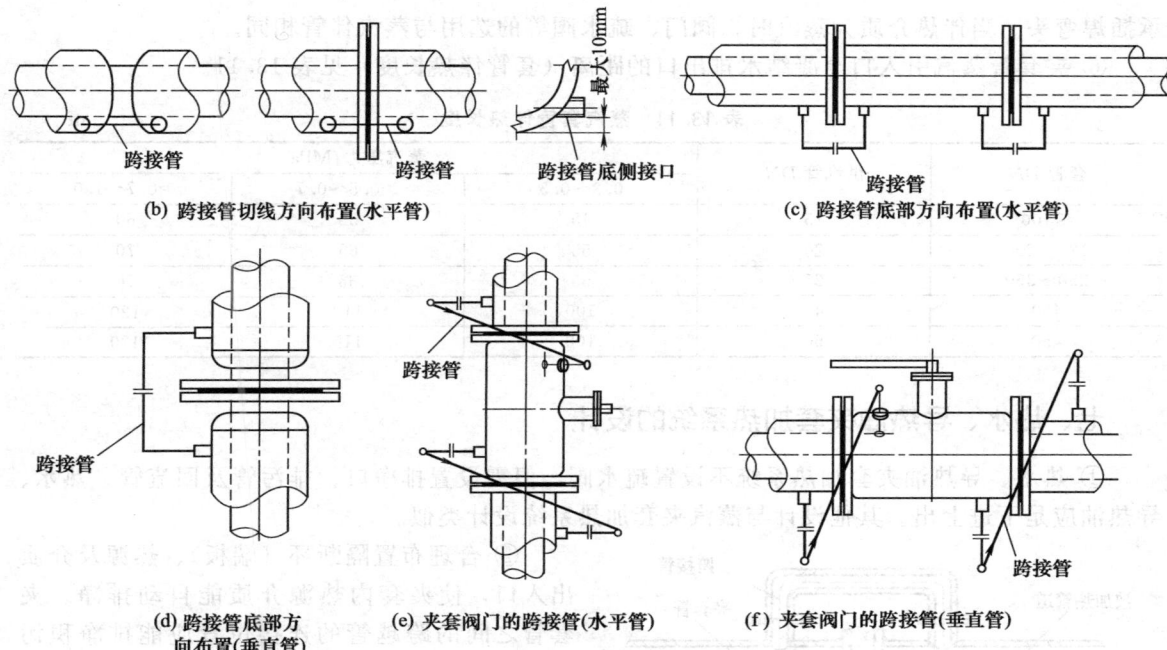

图 13.32 夹套管的跨接管

阀或每根跨越管其压力降可按 3m 直管考虑。在寒冷地区,蒸汽夹套管每 6m 或 12m 长需要设一个疏水阀。在非寒冷地区,允许每 30m 长设一个疏水阀。疏水阀的位置必须低于夹套冷凝水出口。同时,与之相连的冷凝水排出管也不得有高于冷凝水出口的高点。

③ 当工艺管道需设全夹套时,一般每段套管长度不宜超过 6m 或 12m。有拆卸要求时,可每隔 6m 或 12m 设一对法兰。

④ 蒸汽压力大于等于 $PN0.7MPa$ 时,应在套管内蒸汽引入口处设抗冲板。抗冲板及其尺寸见图 13.33、表 13.10。

表 13.10 抗冲板尺寸   mm

内管内径 DN	25	40	50	65	80	100	150	200	250	300
套管内径 DN	50	80	80	100	125	150	200	250	300	350
α	90°	60°	60°	60°	60°	60°	45°	45°	30°	30°
A	75	75	75	75	75	75	75	75	75	75
t	3	3	3	3	4	4	4	4	4	4

注:α 为被加热管内角度;A 为抗冲板长度;t 为抗冲板宽度。

⑤ 夹套管的外管上伴热介质进出导管的小管件宜在现场采用热弯或冷弯弯管,不宜采用

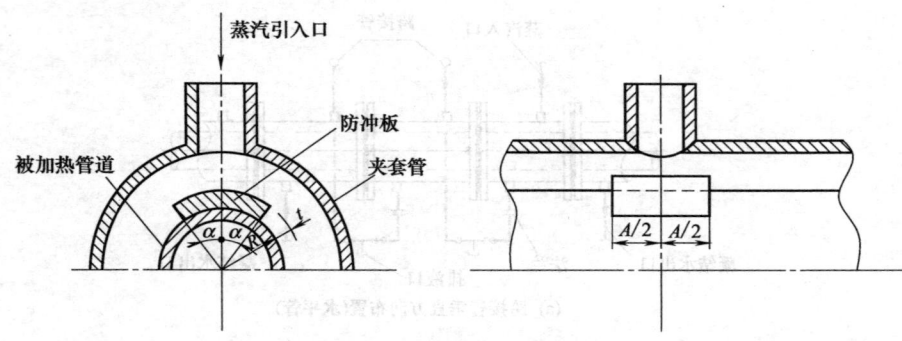

图 13.33 抗冲板示意图

承插焊弯头。当伴热介质为蒸汽时,阀门、疏水阀等的选用与蒸汽伴管相同。

⑥ 夹套管蒸汽引入口至凝结水排出口的距离(套管伴热长度)见表 13.11。

表 13.11 蒸汽套管伴热长度　　　　　　　　　　　　m

套管 DN	供汽管 DN	蒸汽压力/MPa		
		0.3～0.5	>0.5～0.7	>0.7～1.0
≤100	15	45	55	60
125～200	20	55	65	70
250～350	25	55	65	70
400	40	100	110	120
450	50	100	110	120

七、热水、导热油夹套加热系统的设计

① 热水、导热油夹套加热系统不设置疏水阀,但需设置排净口、排污管及回流管。热水、导热油应是下进上出。其他设计与蒸汽夹套加热系统设计类似。

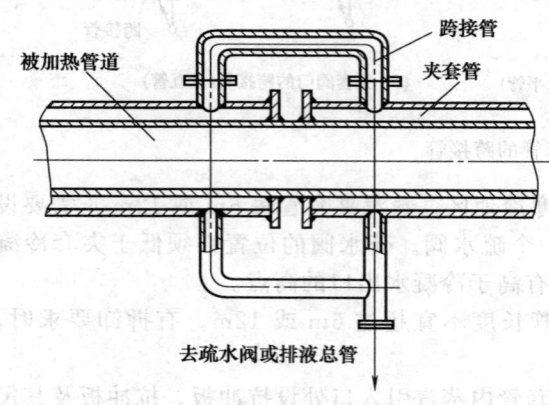

图 13.34 夹套连通管排液示意图

② 合理布置隔断环(端板)、热源及介质出入口,使夹套内热源介质能自动排净。夹套管之间的跨越管的连接位置应能排净积污或气体。

③ 在跨越管下方的连通管上,应设置直通的排净管或排污管见图 13.34。

④ 热水供水压力不小于 0.2MPa(表压),入口温度不低于 70℃ 时及导热油供油压力不小于 0.15MPa(表压),入口温度不低于 200℃ 时,加热介质的最大加热长度:热水最大加热长度 40m;导热油最大加热长度 60m (总长度=分配站至夹套管进口引入管长度+夹套管长度+夹套管的出口至收集站引出管长度)。每段夹套管最大长度为 12m。通过每一个阀或每一个跨接管其压力降可按 3m 直管换算。

八、夹套管材料的设计

① 夹套管的内管应采用无缝钢管,套管可采用无缝钢管或焊接钢管。
② 夹套管中与内管连接的管件应与内管材质相同。
③ 当套管与内管之间温度差过大或材质不相同时,应对夹套管进行应力分析计算,如两

者热胀差异产生的热应力超过许用值时内管与套管宜采用同种材质或线膨胀系数相近的材质。

九、夹套管的安装

① 除夹套管的供给管和回收管外,夹套管的主体部分应进行预制。管夹套预制时,应预留调整管段,其调节裕量宜为 50~100mm,调整管段的接缝位置必须避开外开口处。内管焊缝隐蔽型夹套管,在内管焊缝处的套管应留 150 mm 长缺口,待内管焊缝经 100% 射线检测,经试压合格后方可进行隐蔽作业。

② 管夹套经剖切后安装时,纵向焊缝应置于易检修部位。套管与内管间的间隙应均匀,并应按设计要求焊接定位板。定位板不得妨碍套管与内管的伸缩。

③ 夹套管内管的试验压力应按内部或外部压力高者的 1.5 倍确定,夹套管套管的试验压力应为套管设计压力的 1.5 倍。被加热管道应经无损探伤合格及水压试验合格后方可焊接套管。

④ 导热油管线的要求:宜采用焊接,禁用螺纹连接,禁用有缝钢管;应采用对焊法兰;宜采用铸钢高温阀门。宜采用柔性石墨缠绕垫片;禁用有色金属。

工程应用:三维配管软件内夹套管的设计

三维配管软件内夹套管的设计,对于 PDS 系统,同一物理坐标处不允许出现两条管线中心线,但夹套管内管、外管属于中心线重合的情况,模型中的同一物理坐标处对内管外管同时建模,将被系统视为错误和碰撞,将影响管道空视图的生成。未避免上述的错误,将夹套内管和夹套外管分别建立到不同的模型区内。

在 PDS 后台中将工艺管道上的夹套阀门、标准阀门、法兰、定位板、折流板、防冲刷板等部件在内管模型中设置为报告材料,而对应的外管模型中仅用于连接的管道材料设置为不报告材料,从而实现夹套内管和外管自动抽取 ISO 图纸和导出准确资料的目的。

工程应用:某水夹套管系统的配管设计

某水夹套管系统的配管设计见图 13.35。

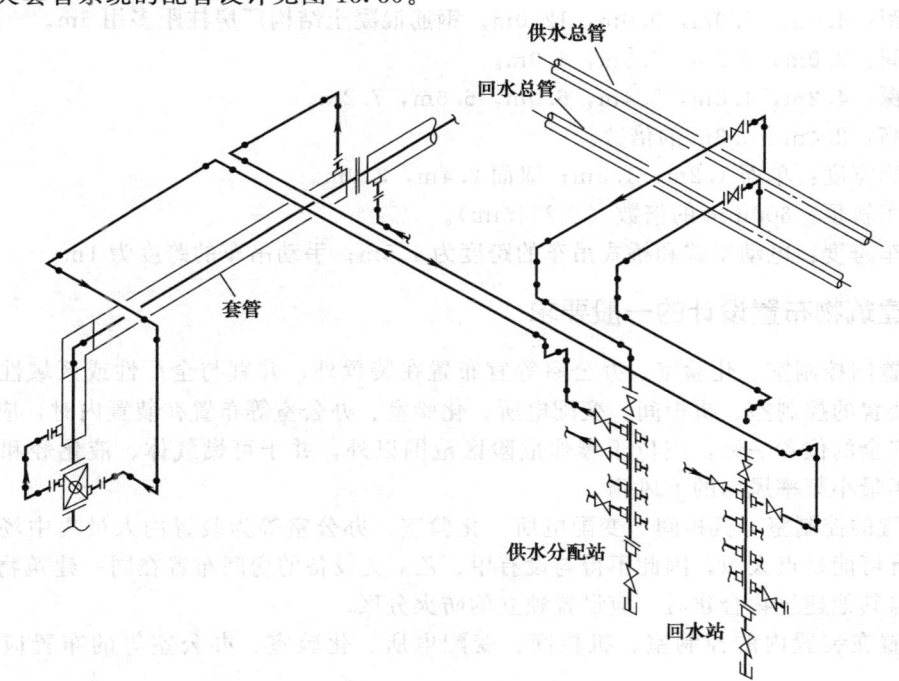

图 13.35 某水夹套管系统的配管设计

第十四章

建构筑物的布置设计

第一节 建筑物的布置设计

一、装置内建筑物的类型

① 生产厂房。生产厂房包括各种需要在室内操作的厂房如泵房、压缩机房、合成纤维装置的酯化聚合厂房、抽丝与后加工厂房等。
② 控制室和辅助生产厂房。辅助生产厂房包括变配电室、化验室、维修间、仓库等。
③ 非生产厂房。如办公室、值班室、更衣室、浴室、厕所等。

二、建筑物模数

建筑物的跨度、柱距和层高等一般应符合建筑物模数的要求。但是，根据配管设计的具体情况，也可以不按模数。
① 跨度：6.0m，7.5m，9.0m，10.5m，12.0m，15.0m，18.0m。
② 柱距：4.0m，6.0m，9.0m，12.0m。钢筋混凝土结构厂房柱距多用 6m。
③ 开间：3.0m，3.3m，3.6m，4.0m。
④ 进深：4.2m，4.8m，5.4m，6.0m，6.6m，7.2m。
⑤ 层高：2.4m+0.3m 的倍数。
⑥ 走廊宽度：单面 1.2m，1.5m；双面 2.4m，3.0m。
⑦ 吊车轨顶：600mm 的倍数（±200mm）。
⑧ 吊车跨度：电动梁式和桥式吊车的跨度为 1.5m；手动吊车的跨度为 1m。

三、建筑物布置设计的一般要求

① 装置的控制室、化验室、办公室等宜布置在装置外，并宜与全厂性或区域性设施统一设置。当装置的控制室、机柜间、变配电所、化验室、办公室等布置在装置内时，应布置在装置内相对安全的位置一侧，应位于爆炸危险区范围以外，并于可燃气体、液化烃和甲$_B$、乙$_A$类设备全年最小频率风向的下风侧。
② 装置的控制室、机柜间、变配电所、化验室、办公室等为装置内人员集中场所的重要设施，又有可能是点火源，因此不得与设有甲、乙$_A$类设备的房间布置在同一建筑物内。装置的控制室与其他建筑物合建时，应设置独立的防火分区。
③ 布置在装置内的控制室、机柜间、变配电所、化验室、办公室等的布置应符合下列要求：
a. 控制室或机柜间可单独设置，也可与办公室、化验室毗邻。

b. 控制室宜设在建筑物的底层。
c. 平面布置位于爆炸危险场所附加 2 区的办公室、化验室室内地面及控制室、机柜间、变配电所的设备层地面应高于室外地面，且高差不应小于 0.6m。注：高度在 0.6m 以下，水平范围距释放源 15～30m 的范围为附加 2 区的爆炸危险场所。
d. 控制室、机柜间面向有火灾危险性设备侧的外墙应为无门窗洞口、耐火极限不低于 3h 的不燃烧材料实体墙。
e. 化验室、办公室等面向有火灾危险性设备侧的外墙宜为无门窗洞口不燃烧材料实体墙。当确需设置门窗时，应采用防火门窗。
f. 控制室或化验室的室内不得安装可燃气体、液化烃和可燃液体的在线分析仪器。
④ 控制室或机柜间的布置
a. 控制室或机柜间宜布置在散发粉尘、水雾和有毒介质设备的常年最小频率风向的下风侧。
b. 控制室或机柜间应远离产生振动和噪声的设备，否则应采取防振和防噪声措施。
c. 控制室或机柜间应避开电磁干扰的区域，否则应采取防护措施。
⑤ 变配电所布置应便于引接电源和电缆的敷设。
⑥ 压缩机或泵等的专用控制室或不大于 10kV 的专用变配电所，可与该压缩机房或泵房等共用一幢建筑物，但专用控制室或变配电所的门窗应位于爆炸危险区范围之外，且专用控制室或变配电所与压缩机房或泵房等的中间隔墙应为无门窗洞口的防火墙。
⑦ 在两层或两层以上的生产厂房内布置设备时，厂房结构应考虑设备吊装的要求，并应按设备检修部件的大小和吊装机具行程的死点位置设置吊装孔和通道。吊装孔的位置应设在厂房出入口附近或便于搬运的地方。多层楼面的吊装孔在各楼层的平面位置应相同。
⑧ 当同一建筑物内分隔为不同火灾危险性类别的房间时，中间隔墙应为防火墙。人员集中的房间应布置在火灾危险性较小的建筑物一端。
⑨ 建筑物的出入口布置
a. 便于操作人员通行。
b. 至少应有 1 个门可通过设备的最大部件。
c. 有检修车辆进出的厂房出入口，其宽度和高度应能使车辆方便通过。
d. 便于事故时安全疏散。
e. 建筑物的安全疏散的门应向外开启。甲、乙、丙类房间的安全疏散门，不应少于 2 个；但面积小于或等于 100m² 的房间可只设 1 个。
⑩ 建筑物室内地面高出室外地面不应小于 200mm。
⑪ 建筑物内地面高度：一般室内地面高出室外地面不小于 200mm。在有可能产生易燃易爆气体的装置内控制室和变电或配电室，室内地面应比室外地面高出 600mm。
⑫ 建筑物的屋顶要求：在办公室或学习会议室需要在屋内顶板上安装吊式电风扇时，屋面板的选用应能适应安装吊扇的要求。经验证明，如果在屋面板的选用时，没有注意安装吊扇的要求，则往往出现吊扇的位置不恰当，不能设在合适位置。

四、建筑物的防火防爆要求

① 根据防火规范，同一房间内，布置有不同火灾危险性类别的设备时，房间的火灾危险性类别按其中火灾危险性类别最高的设备确定。但火灾危险性大的设备所占面积比例小于 5%，且发生事故时不足以蔓延到其他部位或采取防火措施能防止火灾蔓延时，可按火灾危险性类别较低的设备确定。
② 同一建筑物内，布置有不同火灾危险性类别的房间，其中间隔墙应为防火墙。

③ 同一建筑物内，应将人员集中的房间布置在火灾危险性较小的一端。

④ 甲、乙$_A$类房间与可能产生火花的房间相邻时，其门窗之间的距离应按现行的《爆炸和火灾危险环境电力装置设计规范》的有关规定执行。

五、控制室的布置设计

控制室是装置的自动控制中心，又是操作人员集中之处，属于重点保护建筑物。因此，在装置设备布置设计中，控制室的位置与布置要求必须给以足够的重视。

1. 控制室的位置

① 全厂性控制室或联合装置的集中控制室应靠近主要工艺装置，装置内的控制室应靠近主要操作区。

② 处理易燃、有毒、有粉尘或有腐蚀性介质的装置，控制室宜设在本地区常年最小频率风向的下风侧。

③ 控制室应远离振源，避免周围环境对室内地面造成振幅为 0.1mm（双振幅）、频率为 25Hz 以上的连续性振源，不能排除时，应采取减振措施。

④ 控制室不应靠近主要交通干道，如不能避免时，外墙与干道中心线的距离不应小于 20m。

⑤ 控制室应远离噪声大的设备，在室内控制台处测得的噪声量应不大于 65dB。

⑥ 可燃气体、液化烃、可燃液体的在线分析一次仪表间工艺设备的防火间距不限。

⑦ 非防爆型的在线分析一次仪表间（箱）布置在爆炸危险区域内时，应采取正压通风。

2. 控制室的布置要求

① 控制室不宜与高压配电室，压缩机厂房、鼓风机厂房和化学药剂库毗邻布置。

② 高压和有爆炸危险的装置，控制室朝向设备的一侧，不应开门窗。

③ 使用电子仪表的控制室，周围环境对室内仪表的磁场干扰场强应不大于 400A/m，不能排除时，应采取防护措施。

3. 控制室的面积和高度，一般由自控专业负责设计。

① 控制室的长度应根据仪表盘的数量和排列形式确定，长度超 12m 时宜设两个门。

② 控制室的进深：如设控制台时，不宜小于 7.5m；如不设时，不宜小于 6m。

③ 控制室的净高：有空调装置时，不应小于 3.0m；无空调时，不应小于 3.3m。

④ 控制室的仪表维修室，一般需要 15～18m²，大型装置应适当增加。

六、变电、配电室的布置设计

① 变电、配电室是散发火花地点，是装置的动力中心，属于重点保护建筑物，其位置尽可能设在便于引接电源、接近负荷中心和进出线方便之处，避免设在有剧烈振动的场所。

② 变电、配电室一般不与可燃气体压缩机共用一幢建筑物，常与控制室共用一幢建筑物。对于用电量较大的装置往往变电、配电室设在独立的建筑内。

③ 变压器可露天或半露天布置，这时变压器周围应设固定围栏，变压器外廊与围栏或建筑物墙的距离不应小于 0.8m。

④ 电缆敷设方式有两种，即电缆沟敷设和架空敷设。有的装置两种方式均采用，即从配电室地下沟内引电缆至用电设备区，对于泵和压缩机的驱动机用电缆一般仍采用沟内敷设，对于架空设备或设施如空冷器、检修用固定式吊车和照明电缆则采用架空敷设，这样比较经济合理。

⑤ 变电、配电室还需要一间维修值班室。

七、化验室的布置设计

当装置设在距全厂性控制分析化验室较远（超过 1500m）且分析项目和分析次数较多时，可在装置内设化验室，化验室的占地面积按分析项目和次数多少确定。化验室为明火房间，不应与甲、乙$_A$类房间布置在一起，与控制室共用一幢建筑物时，化验室应在最外部一端，房间的门向外开启。可燃气体、液化烃、可燃液体采样管道不应引入化验室内。

八、建筑物的其他设计要求

① 高层厂房内的控制室、变配电室宜设在第一层，若生产需要或受其他条件限制时，可布置在第二层。

② 控制室、变配电室、化验室朝向甲$_A$类中间储罐一面的墙壁为封闭墙时，其防火间距可由 22.5m 减少到 15m。

③ 控制室或化验室的室内不得安装液化烃、可燃气体、可燃液体的在线分析一次仪表。当上述仪表安装在控制室、化验室的相邻房间内时，中间隔墙应为防火墙。

④ 压缩机或泵等的专用控制室或不大于 10kV 的专用配电室，可与该压缩机房、泵房等共用一幢建筑物。但专用的控制室、配电室的门窗应位于爆炸危险区范围之外。

⑤ 两个及两个以上的装置共用集中控制室距甲、乙$_A$类设备、储罐或加热炉不应小于 30m。

工程应用：装置内配电室、变电所、办公室等的布置

① 装置内配电室、变电所、办公室等的布置应远离有毒有害物质等易泄漏的区域，要布置在泄漏点的上风向。例如，甲醛装置、苯酚装置、乙炔装置都属于有毒有害，有刺激气味和易燃易爆的；电石破碎车间，粉尘和飞灰较大，配电室、变电所、办公室等尽量远离并在上风向。

② 装置内配电室、变电所、办公室等房子尽量远离风机房、压缩机房等振动明显、噪声大的区域。

③ 变配电室、机柜间、控制室应该避开电磁干扰的区域或者采取防护措施，并且尽量靠近用户或者电源，以节省电缆，另外还要考虑信号的传输和延时。

④ 控制室和机柜间一般是挨着的，一般可以单独布置做全场的中央控制室，也可以布置在办公楼的一层，还可以与装置布置在一起，但要注意放在爆炸危险区外。现在有很多控制室都是采用玻璃幕墙的，电脑和监视器后面就是机柜间，因此，应注意机柜室的地坪高度和门的设置，要能够直接打开逃生。

⑤ 变配电室一般布置在全场总降或者变压器临近的地方，同时用电大户要布置在这周围，以节省电缆，同时用电大户的电缆长了会增加事故的可能性。

⑥ 化验室常布置在控制室的楼上，有很多企业喜欢在一楼做一个展厅，二楼做成控制室和机柜间，三楼和四楼作为化验室，这个其实要求不多，只要分析化验的机械设备能放得下就可以了。有很多是需要单独放置的，还有很多室内环境要求，例如烘箱就不能跟色谱放在一个房间，多数精密分析设备都需要保持温度和湿度，注意面积要够。

工程应用：装置内厕所的布置设计

大家可别小看厕所，是工厂安全的大问题，曾发生过操作维护人员在厕所抽烟，酿成了大祸。厕所的布置，首先要地方够大，最少也得有 2 个以上蹲位，另外蹲位要够大。洗手池和进门的位置及挡板要布置好，要人性化。另外装置中厕所不要距离太远，一般 300m 一个厕所。

某装置在投料试车阶段，一操作工在厕所抽烟，出来了就把烟头丢在门口的地沟里了，地沟里面的可燃气体集聚，就着起来了，瞬间蔓延，整个地沟全是火，形成一道火墙，触发了警报，造成了一定程度的恐慌。

第二节 构筑物的布置设计

一、装置内构筑物的类型

装置内构筑物包括管架（包括管廊）框架、平台梯子、放空烟囱、防火墙、管沟、围堰等。

二、构筑物布置设计的一般要求

① 在构架上布置设备时，应结合结构设计布置设备的支座梁，且应将尺寸相同或相近的设备布置在同一层构架上。

② 靠近管廊的构架立柱宜与管廊立柱对齐。

③ 构架的层高应符合的要求：生产过程要求设备布置的高度；设备操作和检修的必要高度；管道布置的高度（包括与管廊相连管道的高度）。

④ 装置的可燃气体、液化烃和可燃液体设备采用多层构架布置时，除工艺要求外，其构架不宜超过 4 层（含地面层）。当工艺对设备布置有特殊要求（如重力流要求）时，构架层数不受此限。

三、框架的布置设计

1. 框架的类型

框架按设备布置需要可以和管廊结合在一起布置，如管廊下布置机、泵，管廊的管道在泵的上方，管道上方第一层框架布置高位容器，第二层布置冷却器和换热器，最上一层布置空冷器或冷凝冷却器。框架也可以独立布置。根据各类设备要求设置，如塔框架、反应器框架、换热设备和容器框架等。

2. 框架的结构尺寸

框架的结构尺寸，按设备的不同要求确定，在管廊附近的框架，其柱距与管廊柱距对齐为宜，一般为 6m。框架跨度随架空设备要求不同而异。框架的高度应满足设备的工艺操作、设备的安装检修和敷设管道的要求。框架的层高，按最大设备要求确定，但在布置设备时尽可能将尺寸相近似的设备布置在同一层框架上，而且要考虑设备支座梁的位置，使其经济合理。

四、平台梯子的布置设计

① 在需要操作和经常维修的场所应设置平台和梯子并按防火要求设置安全梯。

② 在设备和管道上，操作中需要维修、检查、调节和观察的地方，如人孔、手孔、塔法兰、调节阀、安全阀、取样点、流量孔板、液面计、工艺盲板，经常操作的阀门和需要用机械清理的管道转弯处都应设置平台和梯子。

③ 对平台的尺寸要求

a. 一般平台宽度不应小于 0.8m，平台上净空不应小于 2.2m。

b. 相邻塔器的平台标高应尽量一样，布置成联合平台。

c. 为设备人孔、手孔设置的平台，与人孔中心的距离宜为 0.6~1.2m，不宜大于 1.5m；与手孔的距离不宜大于 0.8~1.4m。

d. 为设备加料口设置的平台，距料口顶不宜大于 1.0m。

e. 装设在设备上的平台不应妨碍设备的检修，否则，应做成可拆卸式的。

f. 为立式换热器设置的平台与上部管箱法兰或管箱盖的距离不宜大于1.5m。
g. 为了便于检修水箱内的管束，水箱上的平台应是可拆卸的。

④ 梯子的设置要求

a. 厂房和框架的主要梯子和操作频繁的平台的梯子应采用斜梯。成组布置的塔的联合平台，宜采用斜梯。其他场合可设直梯、并应按疏散和安全要求设置安全疏散梯。

b. 在设置平台有困难而又需要操作和维修的地方可设置直梯，如在设备上安装的压力计、温度计，不经常打开的手孔，液位控制器在2.0~3.5m之间，以及为地下设备设置的地坑深度为2.0m以上等处。

⑤ 梯子的尺寸要求

a. 斜梯的角度一般为45°，由于条件限制也可55°，每段斜梯的高度不宜大于5m。超过5m时可设梯间平台，分段设梯子。

b. 斜梯的宽度不应小于0.7m。

c. 直梯的宽度宜为0.4~0.6m。

d. 设备上的直梯宜从侧面通向平台。每段直梯的高度不应大于8m。超过8m时必须设梯间平台，分段设梯子。

根据GB 4053.1—2009 "单段梯及多段梯的梯高均应不大于15m" 结合石油化工装置的特点，规定作为操作梯每段梯子的高度不宜大于10m；作为安全疏散梯的每段梯子的高度可大于10m，但不应大于15m。

⑥ 超过2m的直梯应设安全护笼。

⑦ 平台的防护栏杆高度为1m，20m以上平台的防护栏杆高度一般为1.2m。防护栏杆为固定式设施。对于影响检修的栏杆，应采用可拆卸式的。

⑧ 根据GB 50160防火规范要求，甲、乙、丙类塔区联合平台以及其他工艺设备和大型容器或容器组的平台，均应设置不少于两个通往地面的梯子，作为安全出口，各安全口的距离不应大于25m。但对不大于8m的甲类平台和长度不大于15m的乙、丙类平台可只设一个梯子，相邻的框架、平台宜根据安全疏散的需要用走桥连通。

⑨ 根据GB 50160防火规范要求：进、出装置的可燃气体、液化烃和可燃液体的管道，在装置的边界处应设隔断阀和8字盲板，在隔断阀处应设平台，长度等于或大于8m的平台应在两个方向设梯子。

⑩ 平台荷重一般为200kgf/m^2，对于供检修用的平台一般按400kgf/m^2均布载荷设计。对于大型设备应按其最大部件荷重与土建专业商定。

五、梯子、平台、活动梯子平台的设计部位

操作、检修用梯子、平台、活动梯子平台的设计部位见表14.1。

表14.1 操作和检修的设施

设施	序号	部位
永久性直梯	1	在容器上所有尺寸的止回阀
	2	在容器上小于等于DN80的闸阀和截止阀
	3	玻璃液位计和试液位旋塞
	4	人孔
	5	在容器上的压力表
	6	在容器上的温度计
	7	在地面以上2.0~3.6m之间的液位控制器
	8	深度大于1.8m和长度大于6.0m的地坑

续表

设施	序号	部位
平台 （平台设在设备下面）	9	各种尺寸的控制阀（调节阀）
	10	换热器
	11	人孔
	12	盲板、视镜、过滤器
	13	≥DN80的安全阀（在立式容器上）
	14	电动阀
	15	清扫点（如装置中要求经常机械清扫的管道）
平台 （平台设在设备侧面）	16	≥DN100的闸阀和截止阀（在容器上）
	17	≤DN80的安全阀
	18	≥DN100的安全阀（在卧式容器上）
	19	高出地面3.6m的液位控制器
	20	取样阀
移动梯子平台	21	设施高度在地面以上2.15～3.6mm
不需要设置永 久性接近设施	22	容器上的管口
	23	在容器上金属温度计
	24	管道上温度计和压力计位置
	25	孔板流量计
	26	没有在容器上的止回阀
	27	消声器

六、放空烟囱的布置设计

① 可燃气体及有害气体的排放要求和高度，应符合现行 GB 16297《大气污染综合排放标准》、GB 50160《石油化工企业设计防火规范》或项目建设所在国家或地区的规范要求。

② 放空用烟囱应设置在装置的一端或边缘地区，且位于装置常年最小频率风向的上风侧。

③ 放空用烟囱与周围平台的位置关系应符合下列要求：

a. 如在烟囱顶部外缘水平方向 20m 范围内布置平台，烟囱顶部至少高出平台 3.5m，如图 14.1 所示，如平台上还有操作室，烟囱应高出操作室的屋顶 2m。

b. 如在烟囱顶部外缘算起水平方向 20m 以外布置平台，平台应按图 14.1 的要求设置。

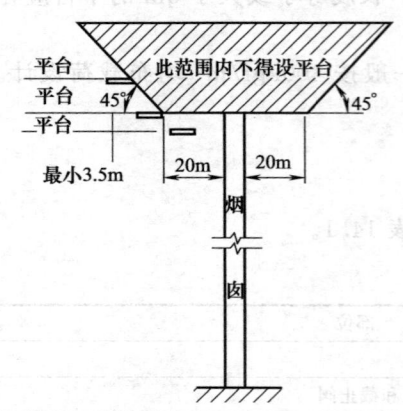

图 14.1 放空用烟囱高度与周围平台关系示意图

工程应用：钢筋混凝土构筑物受热温限

反应温度在 200℃ 以上的反应器，为了便于散热，反应器裙座应有足够的长度，使裙座与基础接触处的温度不超过钢筋混凝土结构的受热允许温度。

钢筋混凝土构筑物上支撑的高温管道，必须设计增高管托，以保证高温管道的热辐射导致的钢筋混凝土结构梁温度升高在规范要求以内。

钢筋混凝土在热的作用下钢筋和骨料膨胀水泥石收缩，所以会产生细微裂缝，使其强度降低。试验证明混凝土抗压强度，假定常温时为 1.0，则 60℃ 时为 0.9，100℃ 时为 0.85。国外某公司将钢筋混凝土的受热允许温度定为 100℃，在 GB 50051《烟囱设计规范》中定为 150℃。必要时在基础与裙座之间填一层耐热石棉垫。

工程应用：结构基础的类型

① 地基。基础应建在具有良好物理性能和足够耐压性能的地基上。石质地基最好。淤泥地基处理方法：砂垫层，打桩，强夯，振冲法。

② 基础按埋置深度分类
a. 浅基础：扩展基础，联合基础，独立基础。
b. 扩展基础：将上部载荷扩散并传递到地基。
c. 联合基础：组合的混凝土结构组成，适用于底面积受限，地基承载力较低，对允许振动线位移控制较严格的大型动力设备基础。
d. 独立基础：配置于上部设备之下的无筋或有筋的整体基础形式。
③ 基础按埋置深度分类
a. 深基础。桩基础，沉井基础。
b. 桩基础。由承台、桩组成，可分为预制桩和灌制桩两大类，适用于需要减少基础振幅、减弱基础振动或控制基础沉降速率的精密大型动力设备基础。
c. 沉井基础。用混凝土或钢筋混凝土制成的井筒式基础。
④ 基础按结构分类
a. 块式基础。以钢筋混凝土为主要材料，刚度很大的块状基础，有实体大块式和实体阶梯式两种。广泛用于化工静置设备（大型塔设备）和部分活塞式压缩机组的基础。
b. 墙式基础。由底板、纵墙和顶板组成。刚性次于块式基础，用作中小型设备或鼓风机类的机器的基础。
c. 构架式基础。主要由金属型材组成的钢结构基础。由底板、柱子和顶板组成，刚性次于墙式，用于外形尺寸大、重量较轻的静置设备或机器的基础。
d. 地下室式基础：基础的下部为地下室，便于设备或机器的配管，如用于大型活塞式压缩机的基础。
⑤ 基础按使用功能分类
a. 减振基础。可以消减振动能量的基础。
b. 绝热层基础。在基础底部设置隔热、保温层的基础，适用于有特殊保温要求的设备基础。

工程应用：水泥的标号及特点
① 水泥的标号就是它们的等级标志，它的具体内容有：凝固后的强度，包括抗压和抗拉承受能力。标号越高强度越高。
② 凝固的速度，700 号、800 号是快硬水泥，凝固时间短，用于紧急工程和水下建筑。
③ 水泥强度检测一般为 3 天、7 天、28 天龄期的检验，每个龄期都有不同的检验标准。水泥是一种水硬性胶凝材料，强度的发挥是随着时间的增加而增长的，到一定的时间就增长完毕，一般一年之后强度增长就停止了。

工程应用：管道穿过建筑物的楼板、房顶或墙时的设计
① 管道穿过建筑物的楼板、房顶或墙时，在穿孔处应加套管，套管与管道之间的空隙应以软质材料封堵。套管直径应大于管道或隔热管道的隔热层外径，并且不影响管道的热位移。套管应高出楼板或房顶 50mm，处于顶层者必要时应设防雨罩。管道的焊缝不应位于套管内，并距套管端部不小于 150mm。管道不应穿过防火墙和防爆墙。
② 管道穿过为隔离剧毒或易爆介质的建筑物隔离墙时应加套管，套管内的空隙应采用非金属柔性材料充填。管道上的焊缝不应在套管内，并距套管端口不小于 100mm。管道穿屋面处，应有防雨措施。
③ 管道穿越楼板必须加套管，管壁到套管有 50~100mm 的净空。
④ 所有墙、楼板有管道穿越时都需要加套管，只不过套管的形式不同。
穿外墙的用柔性防水套管或钢性防水套管。穿内墙的用钢套管或铁皮套管。

穿墙套管又叫做穿墙管、防水套管、墙体预埋管，防水套管分为刚性防水套管和柔性防水套管。两者主要是使用的地方不一样，柔性防水套管主要用在人防墙、水池等要求很高的地方，刚性防水套管一般用在地下室等需穿管道的位置。柔性防水套管是适用于管道穿过墙壁之处受有振动或有严密防水要求的构筑物的五金管件。

工程应用：平台死端梯子的设计

某行业最新版的设备布置标准，提到："平台的死端长度不应大于 6m。若死端长度大于 6m 时，需增设出口梯子。"这是翻译前苏联的规定，在前苏联的规定原文为"DEAD END"，指一个架空的 6 米平台，只有一个出口。该设备布置标准不适用于国内。可按 GB 50016《建筑防火设计规范》：对于不大于 8m 的甲类平台和长度不大于 15m 的乙、丙类平台可只设一个梯子。

工程应用：直爬梯、护笼的设计及 SH/T 3011、GB 4053 的比较

笔者参加评审某设计时，发现某固定直爬梯没有设置护笼，不符合规范要求。

按照 SH/T 3011《石油化工工艺装置布置设计规范》要求：高度超过 3m 的直梯应设置安全护笼，护笼下端距地面或平台不应小于 2.1m，护笼上端高出平台面，应与栏杆高度一致。固定式钢直梯示意图见图 14.2。

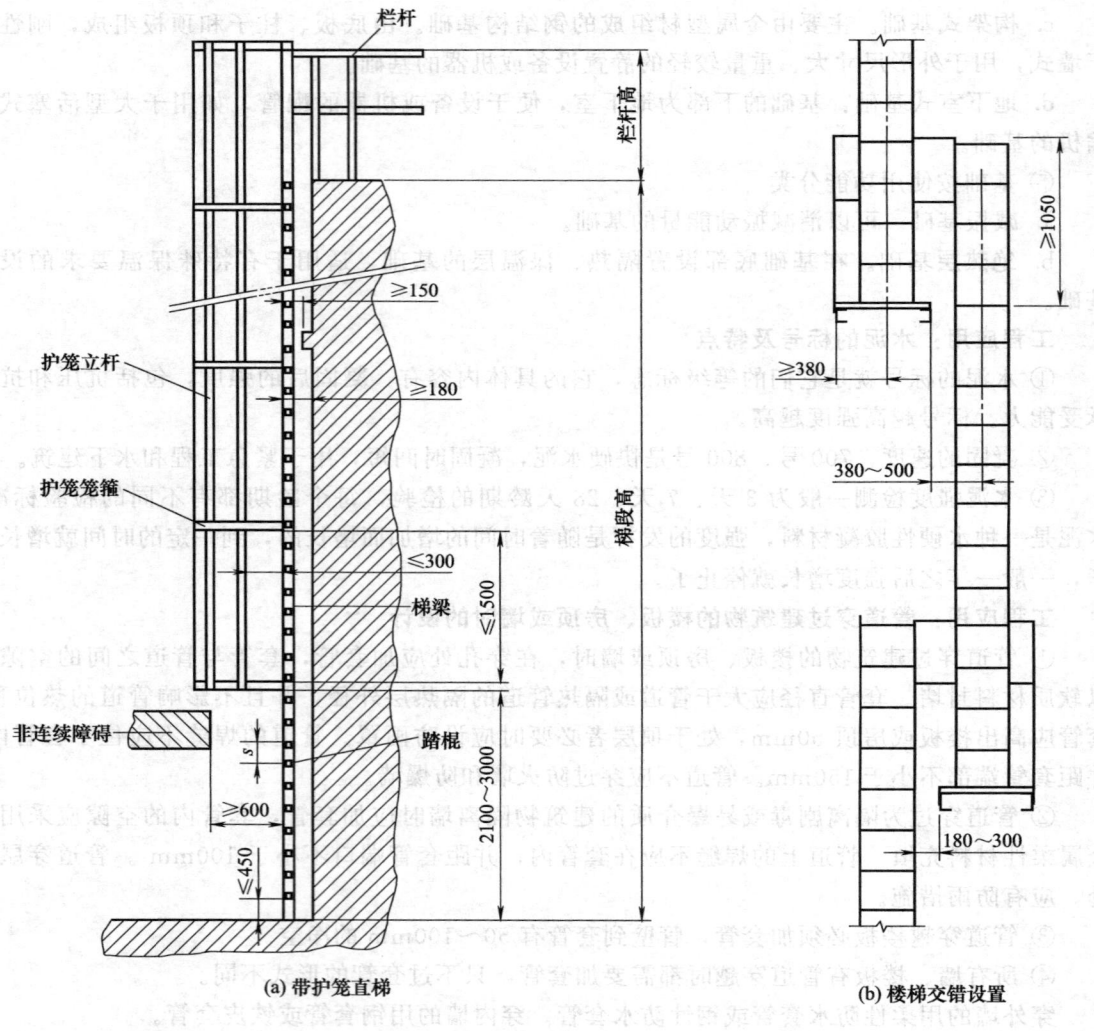

(a) 带护笼直梯　　(b) 楼梯交错设置

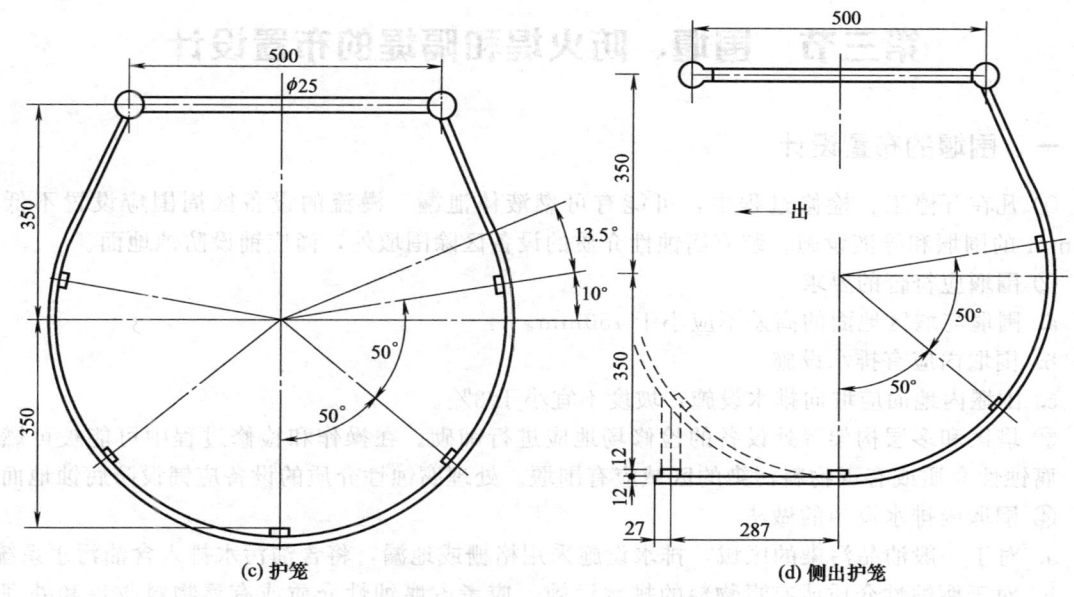

图 14.2　固定式钢直梯的设计

GB 4053.1《固定式钢梯及平台安全要求　第 1 部分：钢直梯》的要求如下。

① 单段梯高宜不大于 10m，攀登高度大于 10m 时宜采用多段梯，梯段水平交错布置，并设梯间平台，平台的垂直间距宜为 6m。单段梯及多段梯的梯高均应不大于 15m。

② 梯段高度大于 3m 时宜设置安全护笼。单梯段高度大于 7m 时，应设置安全护笼。当攀登高度小于 7m，但梯子顶部在地面、地板或屋顶之上高度大于 7m 时，也应设置安全护笼。

③ 当护笼用于多段梯时，每个梯段应与相邻的梯段水平交错并有足够的间距，设有适当空间的安全进、出引导平台，以保护使用者的安全。

工程应用：钢斜梯的设计及 SH/T 3011、GB 4053 的比较

SH/T 3011《石油化工工艺装置布置设计规范》的要求如下。

① 厂房和构架的主要操作平台及操作频繁的平台应采用斜梯。成组布置的塔的联合平台宜采用斜梯。除上述场合外，宜采用直梯。

② 斜梯的倾斜角度不应大于 45°，经常性双向通行的倾斜角度不宜大于 38°。梯高不宜大于 5m，大于 5m 时应设梯间平台，分段设梯。斜梯净宽宜为 0.6～1.1m。

GB 4053.2《固定式钢梯及平台安全要求　第 2 部分：钢斜梯》的要求如下。

① 固定式钢斜梯与水平面的倾角应在 30°～75°范围内，优选倾角为 30°～35°。偶尔性进入的最大倾角宜为 42°，经常性双向通行的最大倾角宜为 38°。

② 梯高不宜大于 5m，大于 5m 时宜设梯间平台（休息平台），分段设梯。单段梯高不应大于 6m，梯级数宜不大于 16。

③ 斜梯内侧净宽单向通行净宽度宜为 600mm，经常性单向通行及偶尔双向通行净宽度宜为 800mm，经常双向通行净宽度宜为 1000mm。斜梯内侧净宽度应不小于 450mm，宜不大于 1100mm，见图 14.3。

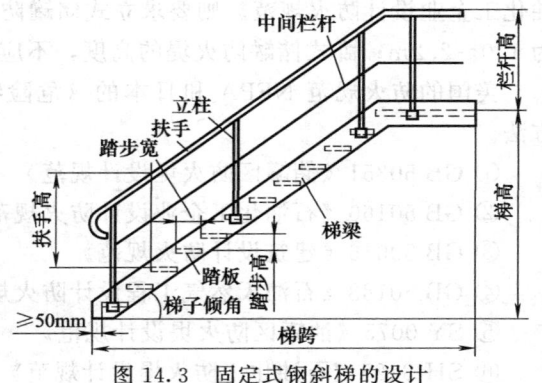

图 14.3　固定式钢斜梯的设计

第三节　围堰、防火堤和隔堤的布置设计

一、围堰的布置设计

① 凡在开停工、检修过程中，可能有可燃液体泄漏、漫流的设备区周围应设置不低于 150mm 的围堰和导液设施。装有腐蚀性介质的设备区除围堰外，尚应铺设防蚀地面。

② 围堰应符合的要求

a. 围堰与堰区地面的高差不应小于 150mm。

b. 围堰内应有排水设施。

c. 围堰内地面应坡向排水设施，坡度不宜小于 3‰。

③ 塔区和多层构架等处设备的检修场地应进行铺砌。在操作和检修过程中可能被可燃液体、腐蚀性介质或有毒物料污染的区域应有围堰。处理腐蚀性介质的设备应铺设防腐蚀地面。

④ 围堰内排水设施的做法

a. 对于一般油品污染的区域，排水设施采用格栅或地漏，将含油污水排入含油污水系统。

b. 对于腐蚀性介质或有毒物料的排水设施，应考虑腐蚀性介质或有毒物料收集和处理措施，即在围堰内设小坑围堰外设收集池，由小坑通向池内的接管加阀门，以便物料的收集和转移。

⑤ GB 50160《石油化工企业设计防火规范》规定，凡在开停工、检修过程中，可能有可燃液体泄漏、漫流的设备区周围应设置不低于 150mm 的围堰和导液设施。

二、防火堤的作用

① 当储罐一旦破裂或失火，可使储罐内的物料不致漫延到其他范围，从而减少损失，及时处理。

② 正常生产时，由于储罐内的介质一般属于有污染的液体，操作过程中管道阀门又有滴漏，设置防火堤便于进行污水处理。

③ 夏天便于集中罐体的喷淋冷却水。

三、防火堤设计标准的比较

我国的防火堤设计标准有几个，总体设计思想是一致的，就是确保任何情况下将流出的液体限制在堤内。只是，各个标准在个别细微处有些差异。例如，GB 50016《建筑设计防火规范》规定防火堤的高度宜为 1～1.6m，其实际高度应比计算高度高出 0.2m，而 GB 50160《石油化工企业设计防火规范》则要求立式储罐防火堤的高度，应为计算高度加 0.2m，其高度应为 1.0～2.2m；卧式储罐防火堤的高度，不应低于 0.5m。

美国的防火规范 NFPA 和日本的《危险物限制规则》对防火堤高度的确定都有不同的方法。

① GB 50351《储罐区防火堤设计规范》

② GB 50160《石油化工企业设计防火规范》

③ GB 50016《建筑设计防火规范》

④ GB 50183《石油天然气工程设计防火规范》

⑤ SY 0075《油罐区防火堤设计规范》

⑥ SH 3125《石油化工防火堤设计规范》

四、防火堤和隔堤的布置设计

① 防火堤及隔堤应能承受所容纳液体的静压，且不应渗漏。
② 防火堤和隔堤的高度，通常由总图专业确定。
③ 管道穿堤处应采用非燃烧材料严密封闭。
④ 在防火堤内雨水沟穿堤处，应设防止可燃液体溢流出堤外的措施。
⑤ 应在防火堤的不同方位上设置两个以上人行台阶或坡道，隔堤均应设置人行台阶。
⑥ 防火堤和隔堤的设置位置，见本书的"第十二章 罐"的介绍。

第四节 通道的布置设计

一、装置内通道的设计

① 装置宽度大于 60m 时，应在装置内设贯通式消防通道。
② 装置宽度小于或等于 60m 且装置外两侧有消防车道时，可不设贯通式消防通道。
③ 工艺装置区、液化烃储罐区应设环形消防车道。可燃液体的储罐区、装卸区及化学危险品仓库区应设环形消防车道；当受地形条件限制时，也可设有回车场的尽头式消防车道。消防道路的路面宽度不应小于 6m，路面内缘转弯半径不宜小于 12m，路面上净空高度不应低于 5m。

当装置发生火灾事故时，消防车需进入装置进行扑救，考虑消防车进入装置后不必倒车，比较安全，装置内消防道路要求两端贯通。道路应有不少于 2 个出入口与装置四周的环形消防道路相连，且 2 个出口宜位于不同方位，便于消防作业。对于小型装置，消防车救火时可不进入装置内，在装置外两侧有消防道路且两道路间距不大于 120m 时，装置内可不设贯通式道路，并控制设备、建筑物区占地面积不大于 10000m²。

④ 当道路路面高出附近地面 2.5m 以上，且在距道路边缘 15m 范围内，有工艺装置或可燃气体、液化烃、可燃液体的储罐及管道时，应在该段道路的边缘设护墩、矮墙等防护设施。
⑤ 检修通道应满足机动检修用机具对道路的宽度、转弯半径和承受载荷的要求，并能通向设备检修的吊装孔。
⑥ 装置内主要车行通道、消防通道、检修通道应尽可能合并设置。操作通道的设置，应根据生产操作、巡回检查、小型维修等的频繁程度和操作点的分布决定。
⑦ 各种通道的宽度和净空要求，应根据装置规模、通行机具的规格考虑确定，其最小尺寸应符合表 14.2 的规定。

表 14.2 装置内通道的最小宽度和最小净高表

通道名称	最小宽度/m	最小净高/m
消防通道	4.0①	5.0①
主要车行通道	4.0	4.5
管廊下泵区检修通道	2.0	3.2
操作通道	0.8	2.2

① 对于大型装置内，有大型通行机具通过时，最小净高可适当提高。

二、安全疏散通道的设计

① 液化烃、可燃气体、可燃液体的塔区平台或其他设备的框架平台，应设两个通往地面的梯子，作为安全疏散通道。但甲、乙$_A$类设备平台不大于 8m；乙$_B$丙类设备平台不大于 15m 可只设一个梯子。

② 相邻框架、平台宜用走桥连通作为安全疏散通道。

③ 相邻安全疏散通道之间的距离不应大于50m。在平台上任一点距疏散口的距离不应大于25m。这是针对石油化工装置特点，是以人流的疏散速度为1m/s或允许疏散时间为25s确定的。与GB 50016—2006中甲类多层厂房的疏散要求一致。当装置发生危险时，更便于及时抢救和安全疏散。

工程应用：某装置采用沥青路面的设计错误

有的设计单位，道路的布置设计由总图专业负责。有一次，笔者去某装置，发现装置路面是用沥青铺砌的，违背了规范要求。因为由于检修和故障，很多时候会发生沥青或渣油"冒锅"，很容易使沥青路面溶解掉，如果有油品滴落，就更不安全了。

根据SH/T 3023《石油化工厂内道路设计规范》中规定：厂内路面等级及类型应根据道路分类、使用要求、气候、土基、当地材料施工经验等条件按下列规定合理选择。

① 路面等级宜采用高级或次高级路面。
② 选用的路面类型不宜过多。路面等级及面层类型见规范。
③ 因检修需开挖的路段，不宜采用现浇水泥混凝土路面。
④ 经常有油品滴落的路段，不宜采用沥青路面。
⑤ 工艺装置内的道路应采用水泥混凝土路面。

第十五章

其他设施的配管设计

第一节　管道的抗震设计

一、地震的概念及分类

① 震源。地球内部发生地震的地方称为震源。
② 震中。震源在地面上的投影称为震中。
③ 震中距。地面上任何一个地方或观测点（如地震台）到震中的直线距离，称为震中距。
④ 震中区。震中附近的地区称为震中区。强烈地震时，破坏最严重的地区，称为极震区。
⑤ 震源深度。震中到震源的距离称为震源深度。
⑥ 地震波。地震引起的振动以波的形式从震源向各个方向传播，称为地震波。地震波根据波动位置和形式可分为体波和面波。
⑦ 地震震级。地震震级是指地震时释放出来的弹性波能量的大小。一次地震释放出的能量越大，震级也就越高。震级与地震释放出的总能量之间的关系可用下式表示：

$$\lg E = 4.8 + 1.5M \tag{15.1}$$

式中　E——地震释放出的能量，J；
　　　M——震级。

⑧ 体波。体波是一种通过地球体内传播的地震波，分为纵波和横波。纵波（P），亦称压力波，质点振动方向与震波前进方向（发射线）一致，靠介质的扩张与收缩而传递，其传播速度约 5~6km/s，最先到达震中，振动的摧毁力较小。横波是剪切波，在地壳中的传播速度为 3.2~4.0km/s，第二个到达震中，又称 S 波，它使地面发生前后、左右抖动，破坏性较强。
⑨ 面波（L）。沿地表面传播的地震波称为面波。面波的传播速度最小，只有 3km/s，但振幅大，故对地面的破坏最大，面波又分为瑞雷波（R）和乐夫波（Q）。瑞雷波（R）传播时，质点在波的传播方向和地表面法向组成的平面内作椭圆运动，而与该平面垂直的水平方向没有振动，如在地面上是滚动形式。乐夫波（Q）传播时，质点在与传播方向相垂直的水平方向运动，即在地面上水平运动或者在地面上呈蛇形运动形式。

二、纵波、横波和面波的比较

纵波（P）跑得快，但是它很弱，这是非常好的事情——因为地震预警，基本上就是要先利用地震 P 波，地震 P 波检测到以后就可以计算出灾害有多大，地震台就可以告诉大家一会儿面波要来了，大家可以采取措施尽可能减少损失。

三、地震烈度

地震对地表和地表建筑物的影响和破坏的强烈程度，称为地震烈度（表 15.1）。

① 基本烈度是指一个地区的未来一百年内，在一般场地条件下可能遭遇的最大地震烈度。

② 场地烈度是指建筑地因地质、地貌地形和水文地质条件等的不同而引起地震基本烈度的降低或提高的烈度，一般来说，建筑场地烈度比基本烈度提高或降低半度至一度。

③ 设计烈度又称计算烈度，是在地震基本烈度的基础上，考虑到建筑物的重要性，将地震基本烈度加以适当调整，调整后的抗震设计所采用的地震烈度称为设计烈度。

表 15.1 中国地震烈度表

烈度	房屋	结构物	地表现象	其他现象
1度	无损坏	无损坏	无	无感觉，仅仪器才能记录到
2度	无损坏	无损坏	无	个别非常敏感的，且在完全静止中的人能感觉到
3度	无损坏	无损坏	无	室内少数在完全静止中的人感觉到振动，如同载重的车辆很快从旁边驰过；细心的观察者注意到悬挂物轻微摇动
4度	门窗和纸糊的顶篷有时轻微作响	无损坏	无	室内大多数人有感觉,室外少数人有感觉；少数人从梦中惊醒 悬挂物摇动；器皿中的液体轻微振荡；紧靠在一起的、不稳定的器皿作响
5度	门、窗、地板、天花板和屋架木榫轻微作响。开着的门窗摇动，尘土下落。粉饰的灰粉散落。抹灰层上可能有细小裂缝	无损坏	不流动的水池里起不大的波浪	室内几乎所有人和室外大多数人有感觉；大多数人都能从梦中惊醒,家畜不宁 悬挂物明显地摇摆。少量流体从装满的器皿中溢出。架上放置不稳的器物翻倒或落下
6度	Ⅰ类房屋许多损坏,少数破坏(非常坏的房、棚可能倾倒)。Ⅱ、Ⅲ类房屋许多轻微损坏。Ⅱ类房屋少数损坏	牌坊、砖石砌的塔和院墙轻微损坏 个别情况下，道路上湿土或新的填土中有细小裂缝	特别情况下，潮湿、疏松的土里有细小裂缝 个别情况下，山区中偶有不大的滑坡、土石散落和陷穴	很多人从室内跑出，行动不稳。家畜从厩内跑出 器皿中的液体剧烈动荡。架上的书籍和器皿等有时翻倒或坠落。轻的家具可能移动
7度	Ⅰ类房屋大多损坏,许多破坏,少数倾塌 Ⅱ类房屋大多数损坏,少数破坏 Ⅲ类房屋大多数轻微损坏，许多损坏(可能有破坏的)	不很坚固的院墙少数破坏,可能有些倒塌。较坚固的城墙有些地方损坏 不很坚固的城墙，很多地方损坏，有些地方破坏,堞墙少数倒塌。较坚固的城墙有些地方损坏 碑坊、砖、石砌的塔及工厂的烟囱可能损坏 碑石的纪念物很多轻微损坏 由于黄土崩滑，土窑洞的洞口遭受破坏 个别情况下，道路上有小裂缝，路基陡坡和新筑道路土堤的斜坡上，偶有塌方	干土中有时产生细小裂缝。潮湿或疏松的土中，裂缝较多，较大；少数情况下冒出来夹泥沙的水 个别情况下，陡坎滑坡。山区中有不大的滑坡和土石散落。土质松散的地区，可能发生崩滑 泉水的流量和地下水位可能发生变化	人从室中仓皇逃出，驾驶汽车的人也能感觉 悬挂物强烈摇摆，有时损坏或坠落。轻的家具移动。书籍、器皿和用具坠落

续表

烈度	房屋	结构物	地表现象	其他现象
8度	Ⅰ类房屋大多数破坏，许多倾倒 Ⅱ类房屋许多破坏，少数倾倒 Ⅲ类房屋大多数损坏，少数破坏（可能有倾倒的）	不很坚固的院墙破坏，并有局部倒塌，较坚固的院墙局部破坏 不很坚固的城墙很多地方破坏，有些地方崩塌，堞墙许多倒塌。较坚固的城墙有些地方破坏，砖、石堞墙少数倒塌 牌坊许多损坏 砖、石砌的塔及工厂烟囱遭受损坏；不很坚固者破坏，甚至崩塌 不很稳定的碑石和纪念物移动或翻倒。较稳定的碑石和纪念物很多损坏，有些翻倒 路堤和路堑的陡坡上有不大的塌方 个别情况下，地下管道的接头处遭受破坏	地上裂缝宽达几厘米。土质疏松的山坡和潮湿的河滩上，裂缝宽度可达10cm以上。在地下水位较高的地区里，常有夹泥沙的水从裂缝或喷口里冒出 在岩石破碎、土质疏松的地区里，常发生相当大的土石散落，滑坡和山崩。有时河流受阻，形成新的水塘 有时井泉干涸或产生新泉	人很难站得住 由于房屋破坏，人、畜有伤亡 家具移动，并有一部分翻倒
9度	Ⅰ类房屋大多数倾倒 Ⅱ类房屋许多倾倒 Ⅲ类房屋许多破坏，少数倾倒	不很坚固的院墙大部分倒塌。较坚固的院墙大部分破坏，局部倒塌 较坚固的城墙很多地方破坏，堞墙许多倒塌 牌坊可能破坏 砖、石砌的塔及工厂烟囱许多破坏，甚至倾倒 较稳定的碑石和纪念物很多翻倒 道路上有裂缝。有时路基毁坏。个别情况下，铁轨局部弯曲 有些地方地下管道破裂或损伤	地上裂缝很多，宽达10cm，斜坡上或河岸边疏松的堆积层中，有时裂缝纵横，宽度可达几十厘米，绵延很长 很多滑坡和土石散落，山崩 常有井泉干涸或新泉产生	家具翻倒并损坏
10度	Ⅲ类房屋许多倾倒	牌坊许多破坏，砖、石砌的塔及工厂烟囱大都倒塌 较稳定的碑石和纪念物大都翻倒 路基和土堤毁坏。道路变形，并有很多裂缝。铁轨局部弯曲 地下管道破裂	地上裂缝宽几十厘米，个别情况下，达1m以上，堆积层中的裂缝有时组成宽大的裂缝带，断续绵延可达几公里以上。个别情况下，岩石中有裂缝 山区和岸边的悬崖崩塌。疏松的土大量崩滑，形成相当规模的新湖泊 河、池中发生击岸的大浪	家具和室内用品大量损坏

续表

烈度	房屋	结构物	地表现象	其他现象
11度	房屋普遍毁坏	路基和土堤等大段毁坏,大段铁轨弯曲 地下管道完全不能使用	地面形成许多宽大裂缝。有时从裂缝里冒出大量疏松的、浸透水的沉积物 大规模的滑坡、崩塌和山崩。地表产生相当大的垂直和水平断裂 地表水情况和地下水位剧烈变化	由于房屋倒塌,压死大量人畜,埋没许多财物
12度	广大地区内房屋普遍毁坏	建筑物普遍毁坏	广大地区内,地形有剧烈的变化 广大地区内,地表水和地下水情况剧烈变化	由于浪潮及山区内崩塌和土石散落的影响,动、植物遭到毁灭

注：1. 房屋类型

Ⅰ类：(1) 简陋的棚舍。(2) 土坯或毛石等砌筑的拱窑。(3) 夯土墙或土坯、碎砖、毛石、卵石等砌墙,用树枝、草泥做顶,施工粗糙的房屋。

Ⅱ类：(1) 夯土墙或用低级灰浆砌筑的土坯、碎砖、毛石、卵石等墙,不用木桩的,或虽有细小木桩,但无正规木架的房屋。(2) 老旧的有木架的房屋。

Ⅲ类：(1) 有木架的房屋（宫殿、庙宇、城楼、钟楼、鼓楼和质量较好的民房）。(2) 竹笆或灰板条外墙,有木架的房屋。(3) 新式夯石房屋。

2. 建筑物的破坏程度

(1) 轻微损坏——粉饰的灰粉散落。抹灰层上有细小裂缝或小块剥落。偶有砖、瓦、土坯或灰浆碎块等坠落。不稳固的饰物滑动或损伤。

(2) 损坏——抹灰层上有裂缝,泥块脱落。砌体上产生小裂缝。不同的砌体之间（如砖墙与土坯墙间）产生裂缝。个别砌体局部崩塌。木架偶有轻微拔榫。砌体的凸出部分和民房烟囱的顶部扭转或损伤。

(3) 破坏——抹灰层大片崩落。砌体裂开大缝或破裂,并有个别部分倒塌,木架拔榫,柱脚移动。部分屋顶破坏。民房烟囱倒下。

(4) 倾倒——建筑物的全部或相当大部分的墙壁、楼板和房顶倒塌。有时屋顶移动。砌体严重变形或倒塌。木架显著倾斜,构件折断。

四、工业管道在地震中的损坏

工业管道很多都是架空敷设的,管道的支承有框架、支柱支承、单杆支承。也有借助相邻近构筑物、设备实现支承的。处于与地震波传播方向垂直的管线损坏比较严重,震后出现支柱损伤、倾倒,轻型浅埋支架倒塌。管道滑落地面,有的落地管段出现波形曲线。

地震对管道造成损坏是严重的,损坏的程度受多种因素的影响,如震级、地质、管道材料、管道敷设方向与地震波传播方向的相对关系、连接结构形式等。地震烈度大、管道损坏严重,震中损坏大。地震烈度在 8 度以下钢管道基本不发生明显损坏,地震烈度为 8 度时出现小直径钢管道断裂,地震烈度在 9 度以上时大直径钢管损坏；地基密实、均匀性好,管道的抗震力强；敷设方向与地震波传播方向一致的管道破坏严重；脆性材料的管道地震中易损坏；螺纹连接、主支管交接处损坏严重。焊接结构抗震性好；管道基础不均匀下沉和垂直方向（竖向）震动严重的位置,管道开裂、折断严重。

按 MSK—1992 国际上公认的地震烈度标准《欧洲地震烈度表》,管道在不同地震烈度时的损坏情况如下。

① 地震烈度为 6 度——架空管道在管架上位移不明显,在土质条件差的区段有支墩倾斜。

② 地震烈度为 7 度——在个别情况下沿地上钢管道（公称直径 100～150mm，柔性）纵轴平面出现明显屈曲，管道在管架上位移，但没有破坏。

③ 地上管道混凝土和少筋钢筋混凝土支墩上出现裂纹，管道非刚性接口损坏，石棉水泥、混凝土和陶瓷管道破坏。

④ 地震烈度为 8 度——钢筋混凝土支墩出现裂缝，混凝土支墩明显损坏。在许多管段出现浅埋柱式支架倾斜、下陷和塌落，个别情况出现管道从管架滑落，沿地柔性钢管出现纵向屈曲。

⑤ 地震烈度为 9 度——大部混凝土或钢筋混凝土支墩破坏或明显破坏，支架损坏、管道滑落，地面钢管发生纵向屈曲。

⑥ 地震烈度为 10 度——架空管道大量破坏，地下干线管道破坏。

⑦ 地震烈度为 11 度——架空管道完全破坏，地下管道大量破坏，地面钢管明显破坏。

⑧ 地震烈度为 12 度——架空管道完全破坏，所有地下管道破坏或损坏，地面钢管道大量破坏。

五、地震中管道破坏的原因

① 地震波沿管道传播和土层变形。在直线段管道产生数值很大的压—拉应力，导致管道变形和破坏。

② 发生管道轴向拉伸（压缩）或埋设在不同动力特性土中的相邻管段不同变形引起的弯曲变形。

③ 管道屈曲、断裂、剪切变形或在管道与结构物及其他走向管道连接处的轴向变形。

④ 管道的不均匀沉降，常发生在非刚性接口的管道和与水平中部下垂的管段连接的竖向管段中。

⑤ 地上管道损坏首要的原因是水平地震惯性力，导致管架损坏，管道从管架上沿落。还有管道自身变形及破坏、管架沿管道纵轴移动引起的纵向力。

六、工业管道抗震设防的目标

工业管道抗震设防目标是：当遭受低于本地区抗震设防烈度的多遇地震影响时，一般不受损坏，不需修理可继续使用；当遭受相当于本地区抗震设防烈度的地震影响时，可能有损坏，但经一般修理后仍可继续使用；当遭受高于本地区抗震设防烈度预估的罕遇地震影响时，不致产生严重的破坏和次生灾害。

七、工业管道抗震设防的设计范围

① 抗震设防烈度为 6 度及以上地区的管道，必须进行抗震设计。

② 抗震设防烈度必须按国家规定的权限审批、颁发的文件（图件）确定。

③ 一般情况下，抗震设防烈度可采用中国地震动参数区划图的地震基本烈度（或与 GB 50011《建筑抗震设计规范》中设计基本地震加速度值对应的烈度值）。对已编制抗震设防区划的城市，可按批准的抗震设防烈度或设计地震动参数进行抗震设防。

八、管道工程抗震设计的一般要求

① 选择有利场地。选择对抗震有利场地管道工程的抗震能力与场地有着密切的关系。历次地震震害调查表明，同类型的工程设施，由于场地不同，遭受地震破坏的程度会有很大差别。选择场地的原则是：

a. 应避开地震时可能发生地基失稳的松软土场地，如饱和砂土、人工填土等，选择坚硬的场地,如基岩、坚实的碎石、硬粘土等。

b. 避开地质构造上的断层带多。

c. 选择地势平坦开阔的场地,避开陡坡峡谷、孤立的山丘等地质构造不稳定的场地;

② 合理规划布局。避免地震时产生次生灾害非地震直接造成的灾害,称为次生灾害,有时次生灾害比地震直接造成的灾害损失还要大。在进行总体规划时,应特别注意输送有毒、易燃易爆介质的管道工程应远离人口稠密处,同时应考虑必要的切断和排放措施。

③ 管系均匀分布。选择技术上先进、经济上合理的抗震结构方案,并力求管系体形简单,重量、刚度对称地均匀分布。管道工程的敷设方式可分地上和地下两种,重心越高对抗震越不利,因而埋地比架空好。当架空敷设几根管道组合后的重心应尽量和支柱的轴线和形心相重合。

④ 结构的整体性。保证结构的整体性,并应使其结构具有一定的延性和柔性,即选用柔性管材和采用柔性连接方式。结构的整体性主要是对有各种支撑构件的敷设而言,应使其管道和支撑结构连成一体,当管道没有卡箍和支撑结构连接时,应在管道两侧设置挡板,以防甩动。各种管道宜采用柔性管材,不宜采用脆性管材。

⑤ 减轻管道自重与降低管道重心。减轻地上管道的自重,尽量降低管道的重心。

⑥ 保证施工质量,确保地震设防措施完好。

⑦ 管线远离地震断层带,不应平行于断层。管线尽量远离地震断层带,且不应平行于断层可能变形最大的走向,当穿越断层时应斜交以减少管道的剪切变形。

⑧ 布置成多回路、环状管网。管网应布置成多回路、环状管网,以便多向供应介质。当条件可能时,水源、气源等动力站应设置两个以上,并布置在不同方向,使管网形成并联网路。

⑨ 防止位移措施。管道在地震能量的作用下,一部分可以本体吸收,这就要求管道有一定的强度;一部分是消耗掉,如管道自身的弹性位移、弹性阻尼支架的消耗。防止位移措施如下。

a. 稳定基础、防止液化。当管道处于有液化可能的地段时,应有防止液化的技术措施,避免地震时因地基液化造成管道失稳。

b. 各种支架应生根牢固。当生根于墙体上时,应验算墙体的稳定性,并不得架设在设防标准低于其管道设防烈度标准的建筑物上。

c. 架空管道的支架宜采用钢架或钢筋混凝土架,不宜采用砖石砌体支架。

d. 竖向敷设的管道应稳固,管径较大或较重时,下部应加支墩,如图15.1所示。

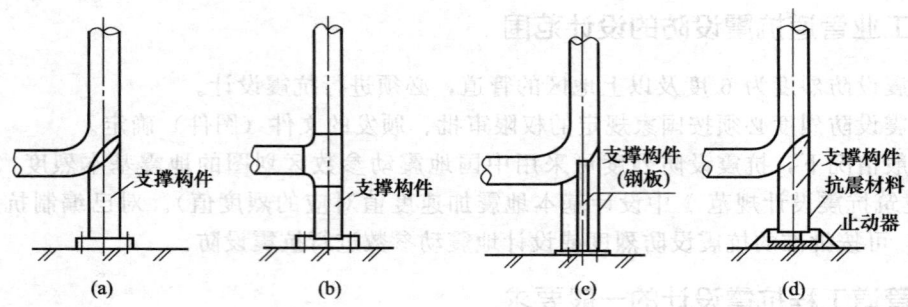

图 15.1 抗震支撑

e. 滑动支座的管道应在支架端部设置侧向挡板,对有滑脱危险的管座应将管托加长,管径不超过250DN的管道每间隔一个支承点和端部支承点应设抗震卡,如图15.2所示。

f. 地下管道的上方不宜堆放重物,管道应远离缺乏抗震能力的建筑,以防增加地基沉降和妨碍发震时应急抢修。

g. 管道应远离缺乏抗震能力的建（构）筑物，以防倒塌砸坏管道。

h. 当管道由铰接支架（沿管线方向）支承时，应设置防止支架轴向倾倒的措施。

⑩ 抗震消能措施

a. 所有管材应选用抗震性能好的，具有一定柔性的钢管、铸铁管、钢筋混凝土管等，少用或不用材质性脆的陶土（瓷）管、塑料管、玻璃管等。其连接方式对于钢管可采用焊接，对于承插管应采用柔性或半柔性连接。承插式管道下列部位必须采用柔性接口：过河管两侧；穿越铁路及其他重要交通干线两侧；主要干线、支线上的三通、四通，大于 45°的弯头等附件与直线管段连接处；管道与泵房、水池、气柜等建（构）筑物连接处；地基土质有突变处。

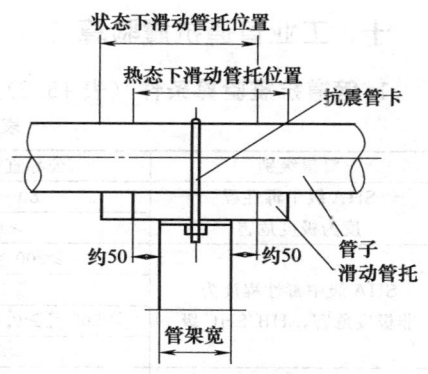

图 15.2　滑动管托位置

b. 管道在穿过建（构）筑物的墙或基础时，应符合下列要求：应在墙或基础上设置套管；管道与套管之间隙内应采用柔性填料充填；当穿过的管道必须与墙或基础嵌固时，应在嵌固管段就近设置柔性接头；管道与设备连接时，应采取措施使管道能有适当的伸缩量和挠性；当管道穿过河流、沟渠、道路等障碍需要降低标高时，宜降坡敷设，其倾斜角一般不大于 30°，如图 15.3 所示，并应在两端设置柔性接口。

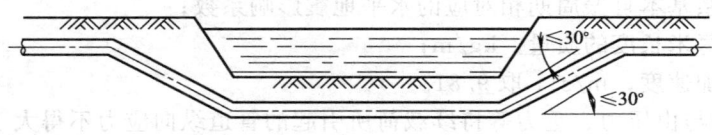

图 15.3　管道降坡式敷设示意图

⑪ 其他措施

a. 各种管道应有应急关断装置和排放措施，并应安全可靠。架空的阀门应有攀登构造，埋地的阀门应设置阀门井，井内不应有淤泥和积水。

b. 管道应避免死角，当不可避免时，应增设排放设施。

c. 在下列场所应设置阀门，阀门两侧均应采用柔性接头：地震断裂带两侧；地基土可能液化段的两侧；各种热水和自来水输送水网每隔 2000～3000m，输配水网 1000～1500m 设一分段阀门。

九、管道地震载荷的计算

严格地说，地震载荷都属于动力载荷，应该用动力学分析方法进行分析。但由于动力学分析方法过于复杂，难以应用于实际工程设计，所以实际中考虑风和地震载荷时，均采用等效静力法来完成。该方法将地震载荷的作用转化为等效静力载荷，然后采用静力方法进行分析。计算等效静力载荷各国都有自己的方法，即使同一国家的不同标准所采用的方法也各不相同。主要是由于不同国家受地震的影响不同，以及不同行业的建筑物受风和地震的影响也不尽相同的缘故。

一般情况下，对于有地震设防要求的管道，才考虑地震载荷的作用。地震载荷可按 SH/T 3039《石油化工企业非埋地管道抗震设计通则》进行计算。

十、工业管道抗震验算

1. 管道抗震验算条件（表 15.2）

表 15.2 管道抗震验算条件

管道级别	公称直径/mm	介质温度/℃	设防烈度
SHA 级中毒性程度为极度危害	80～125	—	9
	>125	—	8、9
SHA 级中毒性程度为非极度危害，SHB/SHC 级	≥200 且<300	≥300	9
	≥300	≥200	
	≥500 且≥0.8 倍设备直径	—	
	≥800	—	
SHE 级	≥300	≥370	9

注：管道级别按照 SH 3059《石油化工管道设计器材选用通则》进行划分。

2. 管道抗震验算的过程

对于非埋地管道地震载荷的计算，可参照 SH/T 3039 给出的等效静力分析法进行。该方法来源于建筑抗震设计中的底部剪力法，所考虑的主要是地震惯性力的作用。由于竖向地震载荷只对悬臂结构和长跨重载结构影响显著，一般工程的构筑物均可不考虑，所以 SH/T 3039 在管道抗震验算时仅考虑水平方向的地震载荷，不考虑竖直方向的地震作用，并分别对两个主轴方向进行验算。管道水平地震作用，按式（15.2）计算。

$$q = \alpha_1 mg \tag{15.2}$$

式中　q——管道水平地震作用，N/m；
　　　α_1——与管系基本自振周期相对应的水平地震影响系数；
　　　m——管道每米长度的质量，kg/m；
　　　g——重力加速度，m/s²，取 9.81。

水平地震作用与由压力、重力等持续载荷所引起的管道纵向应力不得大于管道在计算温度下许用应力的 1.33 倍（对于 SHA 级中毒性程度为极度危害的管道，取 1.2 倍）。进行抗震验算时，不考虑风载荷的作用。

水平地震力和地震弯矩的计算如下。地震将对管系产生与地面平行和垂直的两个方向上的作用力，本部分仅考虑地震引起的水平惯性力对管系的影响。与地面平行的地震作用力方向应选择使管系中应力水平最大的方向。本附录仅给出地震作用时，管道所受惯性力的一般计算方法，设计时也可用更精确的方法进行计算。当求得管道上的分布惯性力后，应对管道和管道元件进行强度校核，并应按算得的支承反力保证支吊架有足够的强度。当发生地震时，作用于管道上，对应于管道基本自振周期的水平分布力可以按式（15.3）计算：

$$Q_k = \alpha_1 \eta_{1k} \Delta m_k g \tag{15.3}$$

$$\eta_{1k} = \frac{\chi_k \sum_{i=1}^{n} \Delta m_i \chi_i}{\sum_{i=1}^{n} \Delta m_i \chi_i^2} \tag{15.4}$$

式中　Q_k——管道质量作为离散分布，在 k 处的集中力，N；
　　　α_1——对应于管道基本自振周期的地震影响系数 α；
　　　α——地震影响系数，按图 15.4 确定，但不小于 $0.2\alpha_{max}$；
　　　α_{max}——地震影响系数的最大值，见表 15.3；
　　　η_{1k}——管道上 k 处的基本振型参与系数，按式（15.4）计算；
　　　χ，χ_k——在地震载荷作用下，管道上某处或 k 处对应于所求振型的水平位移，mm；

Δm_k ——管道质量作为离散分布,第 k 段的质量,kg。

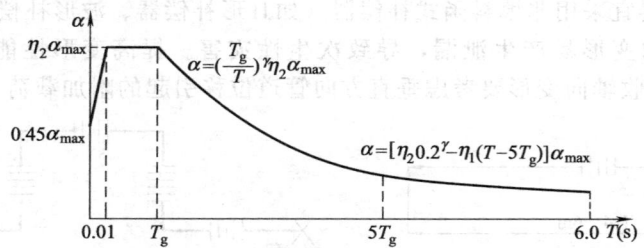

图 15.4 地震影响系数曲线

图中 T_g ——各类场地土的特征周期,见表 15.4;

γ ——曲线下降段的衰减指数,

$$\gamma = 0.9 + \frac{0.05-\zeta}{0.5+5\zeta} \tag{15.5}$$

η_1 ——直线下降段斜率的调整系数,

$$\eta_1 = 0.02 + \frac{0.05-\zeta}{8} \tag{15.6}$$

η_2 ——阻尼调整系数,

$$\eta_2 = 1 + \frac{0.05-\zeta}{0.06+1.7\zeta} \tag{15.7}$$

ζ ——阻尼比。

表 15.3 对应于设防烈度的 α_{max}

设防烈度	8	9
α_{max}	0.24	0.32

表 15.4 各类场地土的特征周期 T_g

设计地震分组	场地土类别			
	I	II	III	IV
第一组	0.25	0.35	0.45	0.65
第二组	0.30	0.40	0.55	0.75
第三组	0.35	0.45	0.65	0.90

地震载荷作用于管道的弯矩可按照以上所述的水平分布力进行计算。一般,对于管道在地震作用下的受激振动,需考虑高振型的影响。可按式(15.8)近似计算考虑高振型影响后的地震弯矩,也可按更详细的振型分析结果对弯矩进行组合:

$$M_h = 1.25 M_b \tag{15.8}$$

式中 M_h ——考虑高振型影响后的地震弯矩,N·mm;

M_b ——对应于基本振型的地震弯矩,N·mm。

十一、管道柔性设计和防震设计的关系

管道的柔性设计是保证管道有足够的柔性以吸收由于热胀、冷缩及端点位移产生的变形。防振设计是保证管系有一定的刚度,以避免在干扰作用下发生强烈振动。管道的布置及支架设置在满足柔性设计的要求同时还要满足防振设计要求。

十二、配管设计抗震应注意的问题

为达到抗震的目的,应注意以下问题。

① 管件、阀门等管道组成件宜采用钢质制品。
② 管道的补偿器宜采用非填料函式补偿器（如Ⅱ形补偿器、波形补偿器等）。有填料的补偿器一旦出现过大的变形易产生泄漏，导致次生性灾害。提高变形性能的伸缩段结构如图15.5。采用伸缩段吸收轴向变形要考虑垂直方向管道位移引起的附加载荷。

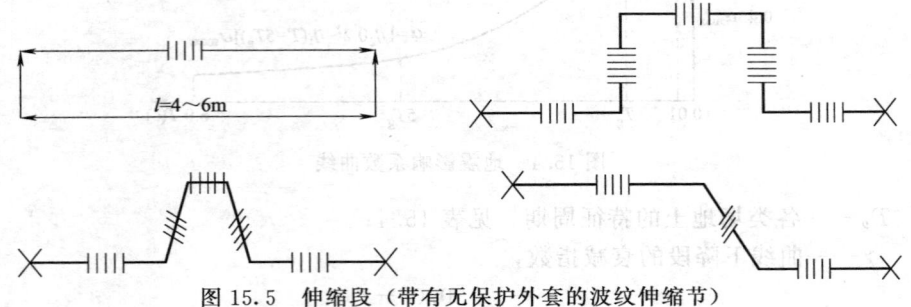

图 15.5　伸缩段（带有无保护外套的波纹伸缩节）

③ 管道与储罐等设备的连接应具有柔性。
④ 管道穿过建、构筑物件时应加套管，管道与套管之间应填塞软质不可燃材料。
⑤ 自力跨越道路的拱形管道应有防止倾倒的措施。设防烈度为8度、9度时，不应采用自力跨越道路的拱形管道。
⑥ 管架上应设有防止管道侧向滑落的措施。
⑦ 铺设在港口码头、引桥上的管道应有防止管道被水浮起、冲落的措施。
⑧ 沿立式设备布置的竖直管道和采用吊架吊挂的管道应合理设置导向支架。

十三、GB 50316 和 ASME B31.3 对管道地震载荷计算的比较

GB 50316 和 ASME B31.3 均规定不需要考虑风和地震载荷同时发生。

按照 GB 50316 的规定，地震烈度在 9 度及以上时，应进行地震验算。各行业对地震验算条件也有自己的规定，并通常比 GB 50316 更加严格。

GB 50316 没有给出地震载荷的具体计算方法。ASME B31.1 只是简单地说明需要根据场地数据确定地震载荷；ASME B31.3 比较具体地指出，要求按照 ASCE7 和《Uniform Building Code》规定的方法计算地震载荷。与风载荷相类似，ASCE7 和《Uniform Building Code》的计算公式中某些参数的取值与美国当地具体情况有直接关系，考虑到我国的情况有所不同，其计算公式的参考价值不大。

第二节　工业管道配管设计的噪声控制

一、工业企业的噪声限值

工业生产过程中设备、管道、阀门等都有可能产生噪声，在做配管设计时，还要分析配管设计并有效控制噪声使之满足规范要求。工业企业的新建、改建和扩建工程的噪声控制设计应与工程程设计同时进行。

我国工业企业内各类工作场所噪声限值一般应符合表 15.5 的规定。

表 15.5　我国工业企业内各类工作场所噪声限值

工作场所	噪声限值/dB(A)
生产车间	85
车间内值班室、观察室、休息室、办公室、实验室、设计室室内背景噪声级	70

续表

工作场所	噪声限值/dB(A)
正常工作状态下精密装配线、精密加工车间、计算机房	70
主控室、集中控制室、通信室、电话总机室、消防值班室、一般办公室、会议室、设计室、实验室室内背景噪声级	60
医务室、教室、值班宿舍室内背景噪声级	55

二、管道系统的主要噪声源

① 阀门节流噪声。当阀门节流时，在其下游产生噪声，具有中高频特性。气流流速等于声速时会产生强烈的激波噪声。所以节流时务必控制其压降比（节流点前后的压力比），使其小于临界压力比1.89。当压降比超过临界压力比时，激波噪声迅速提高，直到压降比等于3时为止，此时增加渐趋缓慢。

② 气穴噪声。气穴噪声又称空穴噪声或汽蚀噪声。当管道内局部有障碍物时，由于局部的高速及低压而产生气穴噪声。在特定速度下，液体的压力低于其蒸汽压力，从而产生气泡，这些气泡突然破裂会产生噪声。

③ 水锤声。由于阀门或水泵的突然开闭，使管道内液体压力突然改变，压力波（冲量）沿管道向前后反射，产生如撞击的噪声高达110~115dB，并且造成管系剧烈振动。

④ 机械振动噪声。由于压力变化和流体的脉冲，使阀门零部件及管系、吊架产生振动，其噪声频率在1000Hz以下。机械振动噪声的第二声源是阀门部件在其固有频率处的共振，这是一种单调噪声，其频率通常在2000~7000Hz之间。

⑤ 固体传声。与管系连接的各种动力设备产生的机械噪声、气流噪声及振动通过管系向空气辐射噪声。

⑥ 管道内液体的湍流、气体的涡流、流体流速及流向突然改变，均会产生强烈噪声。

三、工业管道配管设计噪声控制的措施

① 工业企业总体设计中的噪声控制应包括厂址选择、总平面设计、工艺、管线设计与设备选择以及车间布置中的噪声控制。

② 工业企业噪声控制设计应包括可行性研究报告中噪声控制部分的编写、初步设计说明书中噪声控制部分的编写、施工图设计中各种噪声控制设施的设计以及建设项目竣工后，对于未能满足噪声控制设计目标要求的部分修改与补充设计。

③ 厂址选择

a. 产生高噪声的工业企业，其厂址选择应符合所在区域总体城乡规划和工业布局的要求，且不宜在噪声敏感建筑物集中区域选择厂址。

b. 产生高噪声的工业企业的厂址，应位于城镇居民集中区的当地常年夏季最小频率风向的上风侧；对噪声敏感的工业企业的厂址，应位于周围主要噪声源的当地常年夏季最小频率风向的下风侧。

c. 对噪声敏感的企业，厂址不宜选择在高噪声环境区域中，并应远离交通干线、飞机场及主要航线。

d. 工业企业的厂址选择，应利用天然缓冲地域。

④ 总平面设计。工业企业的总平面布置，在满足工艺流程要求的前提下，应符合下列要求。

a. 结合功能分区与工艺分区，将生活区、行政办公区与生产区分开布置，高噪声厂房与低噪声厂房分开布置。工业企业内的主要噪声源宜相对集中，并宜远离厂内外要求安静的

区域。

　　b. 主要噪声源及生产车间周围，宜布置对噪声不敏感的、高大的、朝向有利于隔声的建筑物、构筑物。在高噪声区与低噪声区之间，宜布置仓库、料场等。

　　c. 对于室内要求安静的建筑物，其朝向布置与高度应有利于隔声。

　　d. 工业企业的立面布置，应利用地形、地物隔挡噪声；主要噪声源宜低位布置，对噪声敏感的建筑宜布置在自然屏障的声影区中。

　　e. 工业企业厂区内交通运输设计，在满足各种使用功能要求的前提下，应符合下列规定：厂区内主要交通运输线路不宜穿过噪声敏感区。在厂区内交通运输线路两侧布置生活、行政设施等建筑物时，应与其保持适当距离。在噪声敏感区布置道路，宜采用尽端式布置。

　　f. 当工业企业总平面设计中采用以上措施后，仍不能达到噪声设计标准时，应采取噪声控制措施或在各厂房、建筑物之间设置必要的防护距离。

　　⑤ 装置车间的布置

　　a. 在满足工艺流程要求的前提下，高噪声设备宜相对集中，并宜布置在车间的一隅。当对车间环境仍有明显影响时，则应采取隔声等控制措施。

　　b. 振动强烈的设备不宜设置在楼板或平台上。

　　c. 设备布置时，应预留配套的噪声控制专用设备的安装和维修所需的空间。

　　⑥ 配管设计降噪措施

　　a. 工艺设计，在满足生产要求的前提下，应符合下列规定：减少冲击性工艺；块状物料输送应降低落差；采用减少向空中排放高压气体的工艺；采用操作机械化和运行自动化的设备工艺，宜远距离监视操作。

　　b. 选用低噪声阀门。多级降压型阀门。阀芯与阀座为多级配合，即在阀座内设置直立串联的节流层，使每级的压降比减小，从而降低冲击噪声与气穴噪声。这种类型的阀门适用于大压降的场合，其噪声可比一般控制阀降低 20～25dB。但由于阀门的导流能力小，仅为一般球形控制阀的 1/4～1/3，若在低压降和大流量下，降噪效果不明显。

　　分散流道型阀门。它是用许多小孔或细长间隙所构成的通道来代替一般阀门的大通道，从而降低阀门噪声。

　　c. 设置辅助控制阀。当主控制阀某一开度会引起管路共振时，可适当开启旁路辅助控制阀，调节其开度来避免管道发生共振。图 15.6 列举了辅助控制阀的设置。当主控制阀由于压力降大而产生强烈噪声时，可使用 A, B 两阀的节流来分担主控制阀的压力降。若主控制阀某一开度激发管路共振时，可适当开启旁路阀 C 来改变主控制阀的开度，从而避免管道发生共振。

　　d. 设置限流孔板。管路中增设限流孔板，可使阀门的节流压降减小，另外孔板本身亦有抗性消声作用。实践证明，限流孔板选用恰当，一般可降噪声 10～15dB。限流孔板开孔固定而不能调节，在负荷变动时效果也跟着变化，所以限流孔板应根据常用的负荷参数进行设计。

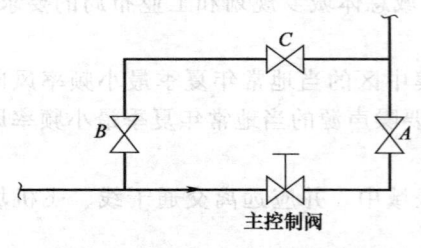

图 15.6　辅助控制阀的设计

　　e. 选用合适的消声器。在气体动力设备的进、出口和在气流管道的阀门上、下游安装合适的消声器是控制设备噪声和阀门噪声沿管道传播和辐射的有效措施。消声器分为阻性消声器、抗性消声器、阻抗复合消声器等，消声效果一般为 20～25dB。液体输送管道中，当液体压力大于 1MPa 时，可采用液体消声器，一般降噪量为 20dB/0.5m。也可以在管道中设置 1/4 波长的旁路管，改变管道脉动的相位，起到干涉消声的作用。

f. 控制流速。流体在阀门或管道内的流速高，噪声亦高，降低流速可减小噪声。在无气穴的情况下，流速加倍，噪声增加 18dB。对噪声限制较严的管道，需对流速加以限制，一般采用扩大管径的方法来降低流速。对于截面与流向急剧变化的管段，其流速还应进一步降低。在实际使用中，不同的环境对管道噪声有不同的要求，但气流输送管系不受此限制，因为气流中固体颗粒与管壁的摩擦将大大增加管道噪声。管道流速限制值见表 15.6。

表 15.6 控制噪声的管内流速限制值

管道周围的声压级/dB	防止噪声的流速限制值/(m/s)
70	33
80	45
90	57

g. 合理的管道连接。管道的支管尽可能避免 T 形连接，最好改用分流的接管方式，对于管径大于 200mm 的管道更是如此。管道的转弯半径一般应大于 5 倍直径。对于泵的接管，其转向应与泵的叶片旋转方向相同。

h. 采用挠性连接。挠性接管，可以隔绝噪声在管道中传递，可防止动力设备振动传递给管道，又可对管道中心线的偏移给以补偿。挠性接管有定型产品，一般可降噪 10～15dB。

i. 管道隔声支吊架。采用弹性支吊架可防止管道噪声从吊架、支座传递到墙壁、天花板、基础上。

j. 管道内加吸声内衬。在管道和弯头内，衬以一定厚度的吸声材料，即组合成一个简单的阻性消声元件，称消声直管或消声弯头。吸声层厚度在 50～80mm 之间，并用透气性织物-玻璃布或金属穿孔板护面，护面结构根据管道内气流速度选定。

k. 隔声包扎。强噪声的管道宜布置在地下或采用隔声包扎的方法来降噪。

四、工业装置设计噪声控制标准规范

① GB/T 50087《工业企业噪声控制设计规范》
② SH 3024《石油化工企业环境保护设计规范》

工程应用：某装置缺少噪声控制设计的工程事故

某正在运行的装置噪声严重超限，业主对工程设计单位意见较大。设计单位对整套装置的布置设计中，缺少噪声控制的设计。例如，把噪声大的设施布置在了厂房旁，也没有设置消声器。后来，在改造设计中，把噪声大的设备移动了位置，并增设了消声器。

工程应用：排气放空噪声的控制设计及消声器的配管设计

① 蒸汽、工艺气体放空、空气动力设备的排气都会产生噪声，最高可达 140dB，影响半径达 500m。排气放空噪声也称为喷注噪声，按喷口气流速度大小可分为亚声速喷注和阻塞喷注两种。

亚声速喷注噪声具有明显的指向性，在与喷射方向成 30°方位处噪声最强烈。呈现连续宽带状态，带宽约为 6 个倍频程。亚声速喷注噪声频谱是斯特劳哈尔数的函数。排气速度越高，管径越小，则噪声的峰值频率就越高。亚声速喷注速度减小一半，噪声可降低 24dB，声功率下降为原有的 4‰。

阻塞喷注噪声。喷口处气流速度等于声速时为阻塞喷注，产生的噪声除一般的湍流噪声外，还有因喷口阻塞而在喷口外形成的冲击波，沿轴向形成一系列的冲击室，对声波起放大和反馈作用，所以阻塞喷注噪声分为两部分，即连续谱噪声和离散谱噪声。

② 在排气口安装消声器是降低排气放空噪声的有效方法，常用的型号有扩散缓冲型消声器和小孔型消声器。这些消声器已有系列产品生产，可按产品资料选用。降噪水平为

30～35dB。

③ 消声器的配管设计

  a. 消声器的选用，通常由工艺专业负责。消声器的排气能力要与排气放空相匹配，若消声器选用的规格太小，会降低消声效果。系统中放空点很多，不必每个放空点均设消声器，可以在每个放空点上设置限流孔板，而在管网中共用一个消声器。

  b. 排放易燃易爆气体时，消声器设计要采取相应措施。

  c. 消声器的选用和设计要考虑到其刚性和耐蚀性。

  d. 支架的载荷要包括排气放空时的反冲力和管道热位移。

  e. 大型的蒸汽放空消声器要配置疏水装置。

第三节 洗眼器和淋浴器的配管设计

一、洗眼器和淋浴器的概念及分类

  洗眼器［图15.7（a）］能对使用者脸部，特别是眼睛进行冲洗，是安全领域和劳动保护市场必备的设备，是接触酸、碱等有毒、腐蚀性物质场合必备的应急品、保护设施。当有作业者身体部位接触有毒有害以及具有其他腐蚀性化学物质的时候，洗眼器可以对眼睛和身体进行紧急冲洗或者冲淋，主要是避免化学物质对人体造成进一步伤害。洗眼器的类型很多，正确选择和使用洗眼器可起到很大的帮助作用。

  淋浴器［图15.7（b）］是能对使用者全身进行冲洗的设备。

  喷淋洗眼器是能对使用者同时进行冲洗眼睛和冲洗全身的设备。

  洗眼器的分类如下。

  a. 复合式洗眼器［见图15.7（c）］。复合式洗眼器是配备喷淋系统和洗眼系统的紧急救护用品，直接安装在地面上使用。当化学品物质喷溅到工作人员服装或者身体上的时候，可以使用复合式洗眼器的喷淋系统进行冲洗，冲洗时间不少于15min；当有害物质喷溅到工人眼部、面部、脖子或者手臂等部位时，可以使用复合式洗眼器的洗眼系统进行冲洗，冲洗时间不少于15min。

  b. 立式洗眼器。立式洗眼器只有洗眼系统，没有喷淋系统，安装在工作现场的地面上使用。当有害物质喷溅到工人眼部、面部、脖子或者手臂等部位时，可以使用立式洗眼器进行冲洗，冲洗时间不少于15min。

  c. 壁挂式洗眼器。壁挂式洗眼器（又名挂壁式洗眼器、接墙式洗眼器）只有洗眼系统，而没有喷淋系统的洗眼器，直接安装在工作现场的墙壁上使用。当使用者眼部、面部、脖子或者手臂等地方受到化学品物质危害时，可使用壁挂式洗眼器进行大水量冲洗。

  d. 便携式洗眼器。便携式洗眼器适用于无固定水源或者需要经常变动工作环境的场合，可分为普通型和压力型。

  一般情况普通洗眼器都是采用不锈钢材料生产，但是，不锈钢材料没有办法耐氯化物（如盐酸、盐雾等）、氟化物（氢氟酸、氟盐等）、硫酸和浓度超过50％草酸等化学品物质的腐蚀。高性能耐蚀洗眼器产品技术性能应符合美国ANSI Z358洗眼器标准的规定。

  洗眼器主要是在有毒有害危险作业环境下使用的应急救援设施。当现场作业者的眼睛或者身体接触有毒有害以及具有其他腐蚀性化学物质的时候，可以这些设备对眼睛和身体进行紧急冲洗或者冲淋，主要是避免化学物质对人体造成进一步伤害，但是这些设备只是对眼睛和身体进行初步处理，不能代替医学治疗，情况严重的，必须尽快进行进一步的医学治疗。

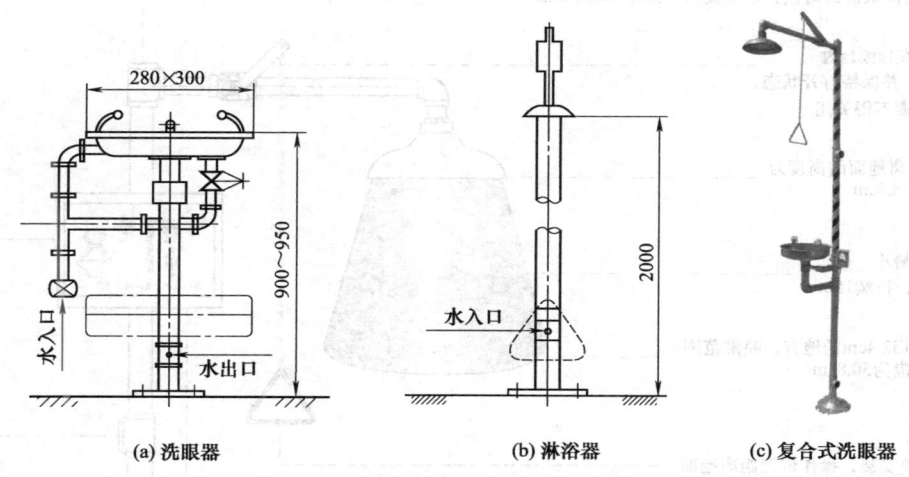

图 15.7　配管设计常见洗眼器

二、ANSI Z358 和 BS EN 15154 对洗眼器的设计要求

BS EN 15154《应急安全淋浴器》与 ANSI Z358《安全淋浴器》对洗眼器的设计要求是一致的,见图 15.8。洗眼器安装位置与危险物的距离在 10s 内,且在同一水平面上,途中没有任何障碍物。洗眼器提供的水源温度:16～38℃。至少每星期激活一次洗眼器,根据标准每年对洗眼器进行检查。洗眼器在高处要有明显醒目的标志,附近要有良好的照明条件。

三、洗眼器和淋浴器的布置设计

① 对强毒性物料及具有化学灼伤的腐蚀性介质危害的作业环境区域内,需要设置洗眼器、淋浴器,其服务半径小于等于 15m。通常洗眼器、淋浴器是由制造厂成套供货的。洗眼器应适用于只对脸部或眼睛可能造成伤害的场所。事故淋浴器应适用于只对身体可能造成伤害的场所。

② 洗眼器、淋浴器应布置在地面上或塔、泵附近,不应影响正常通行、操作和维修。例如洗眼器、淋浴器布置在管廊的柱子旁,应在软管站布置图上表示位号及定位尺寸。

③ 喷淋洗眼设施顶部应设置紧急救护标志牌,其内容应包括但不限于:用文字表明该设备的功能和作用;用图形、图示表明文字描述的功能。

④ 喷淋洗眼设施顶部或附近应设置声光报警装置,且信号宜送至控制室。

⑤ 喷淋洗眼设施安装高度应符合下列要求:洗眼器喷头距地面高度宜为 0.84～1.14m;喷淋器淋浴喷头距地面高度宜为 2.08～2.44m,拉手距地面高度不大于 1.75m。

⑥ 安装基础应符合下列要求:当设备设置在地面时,采用混凝土基础;当设备设置在框架的钢平台上时,采用焊接固定。

⑦ 采用生活用水,连续供水时间不应少于 20min。在我国,水质应符合 GB 5749 的要求。当设备设置在框架的钢平台上时,宜设有接水盘。

四、洗眼器和淋浴器管道的配管设计

① 洗眼器、淋浴器接入的生活饮用水,通常来自地下。如果来自管廊,应从总管顶部引出。

② 在寒冷的地方或季节,接入洗眼器、淋浴器的生活饮用水管线必须采取防冻措施。常

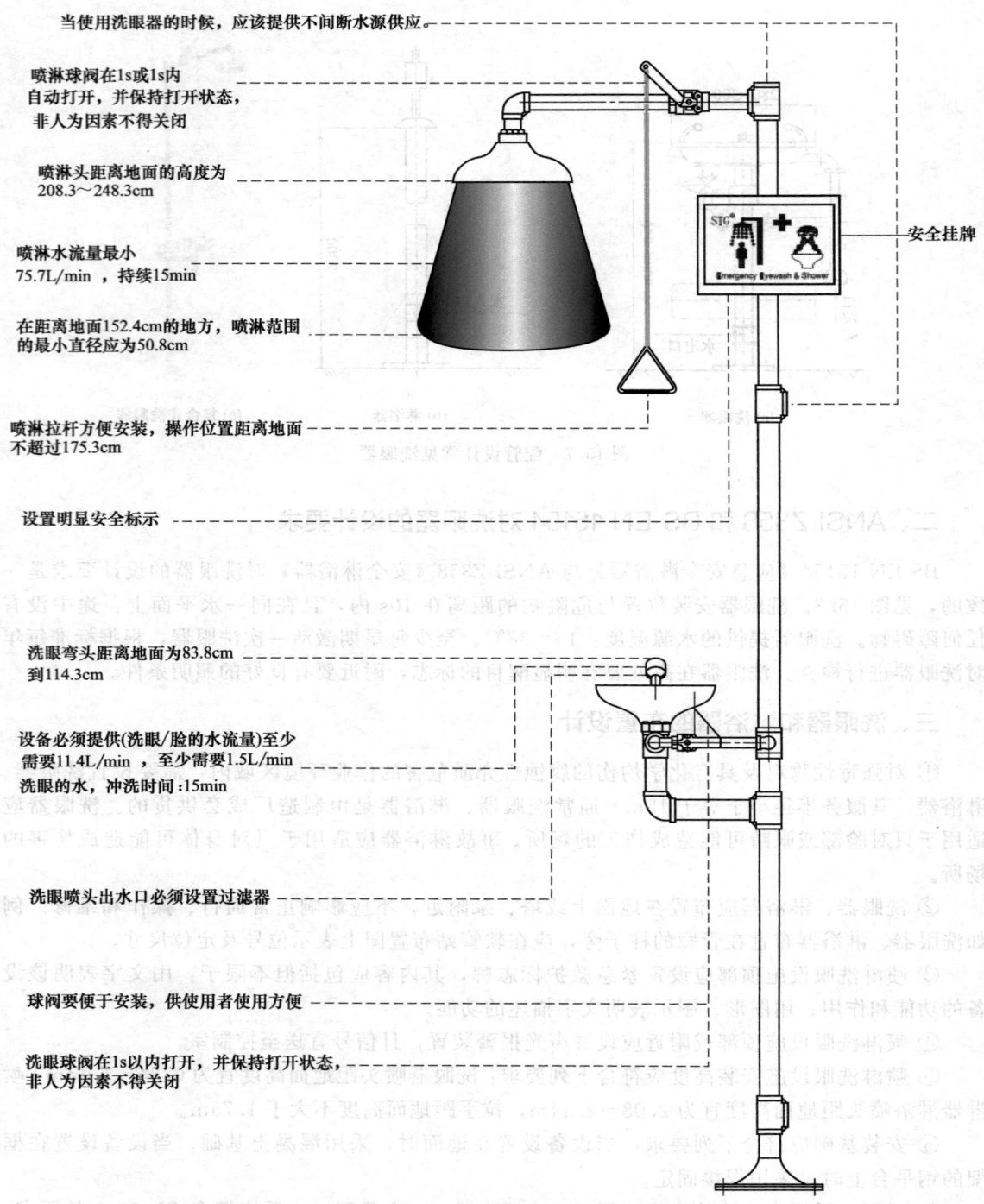

图15.8 ANSI Z358 和 BS EN 15154 对洗眼器的设计要求

用方式如下。

  a. 切断阀设在地下冰冻线以下，阀后管线加排放孔及沙坑以排净管内存水。
  b. 洗眼淋浴器及管道系统采用电伴热。
  c. 选购带电伴热的洗眼淋浴器。
  d. 洗眼器、淋浴器经常被组合成一体，以便减少费用和节省占地空间。

③ 供水管道应设置过滤器，防止水中携带固体颗粒进入眼睛。
④ 工艺主要工作性能参数，可参考表 15.7。

表 15.7 工作性能参数

公称压力(G)/MPa	试验压力(G)/MPa	工作压力(G)/MPa	流量/(L/s)	
			洗眼	喷淋
0.4	0.5	0.2~0.4	0.2~0.3	2.0~3.0

⑤ 电伴热系统电气参数可参见表 15.8。

表 15.8 电伴热系统电气参数

工作电压/V	调温范围/℃
220	15~35

工程应用：某装置洗眼器的配管设计及轴测详图

图 15.9 是笔者负责设计的某装置洗眼器的配管设计及轴测详图。由于是改造项目，仅有 120 个管线号，没有使用 3D 软件，轴测图都是用 CAD 设计的。

洗眼器、淋浴器是由制造厂成套供货，连接的管道需要做详细的配管设计并统计材料。

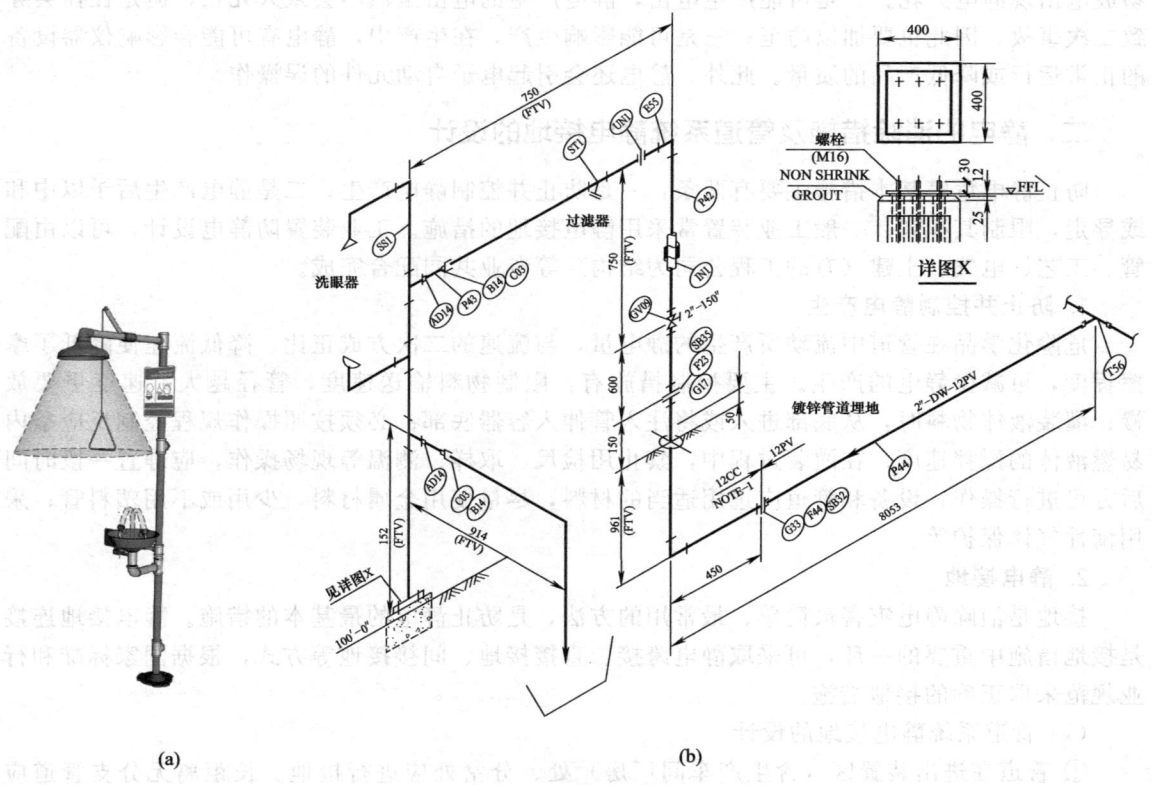

图 15.9 某洗眼器的配管设计轴测图

第四节 管道静电与防雷接地的设计

一、静电接地的概念

静电是指工业静电，即在生产、储运过程中在物料、装置、人体、器材和构筑物上产生和积累起来的静电。

两种不同性质的物体相互摩擦，紧密接触或迅速剥离都会产生静电，其是一个物体失去电子带有正电荷，另一个物体得到电子带负电荷。如果该物体与大地绝缘，则电荷无法泄漏，停留在物体的内部或表面而呈相对静止状态，这种电荷就称静电。可燃化工物料、油品等在收发、输转、灌装过程中，物料分子之间和其他物质之间的摩擦，会产生静电，其电压随着摩擦的加剧而增大，如不及时导除，当电压增高到一定程度时，就会在两带电体之间闪火（即静电放电）而引起油品爆炸着火。静电电压越高越容易放电。

电压的高低或静电电荷量大小主要与下列因素有关：管道内介质流速越快，摩擦越剧烈，产生静电电压越高；空气越干燥，静电越不容易从空气中消除，电压越容易升高；管道内壁越粗糙，油品流经的弯头阀门越多，产生静电电压越高；油品含水时，比不含水分产生的电压高几倍到几十倍；非金属管道，如橡胶、塑料等管道比金属管道更容易产生静电；管道上滤网其栅网越密，产生静电电压越高。绸毡过滤网产生的静电电压更高；空气的温度较高（22~40℃），空气的相对湿度在13%~24%时，极易产生静电；在相同条件下，轻质燃料油比润滑油易产生静电。

静电的危害有三种：一是可能引起爆炸和火灾，静电的能量虽然不大，但因其电压很高且易放电出现静电火花；二是可能产生电击，静电产生的电击虽然不会致人死亡，但是往往会导致二次事故，因此也要加以防范；三是可能影响生产，在生产中，静电有可能会影响仪器设备的正常运行或降低产品的质量。此外，静电还会引起电子自动元件的误操作。

二、静电的消除措施及管道系统静电接地的设计

防止静电危害基本措施主要有两条：一是防止并控制静电产生；二是静电产生后予以中和或导走，限制其积聚。一般工业装置常采用静电接地的措施。工业装置防静电设计，可以由配管、工艺、电气、土建（有的工程公司为结构）等专业共同配合完成。

1. 防止并控制静电产生

危险化学品在管道中流动所产生的静电量，与流速的二次方成正比。降低流速便降低了摩擦程度，可减少静电的产生。主要控制措施有：限制物料输送速度，管径越大，速度更要放慢；灌装液体物料时，从底部进入或将注入管伸入容器底部；必须按照操作规程控制反应釜内易燃液体的搅拌速度；在灌装过程中，禁止用检尺、取样、测温等现场操作，应静置一段时间后方可进行操作；设备和管道应选用适当的材料，尽量使用金属材料，少用或不用塑料管；采用惰性气体保护等。

2. 静电接地

接地是消除静电灾害最简单、最常用的方法，是防止静电的最基本的措施。静电接地连接是接地措施中重要的一环，可采取静电跨接、直接接地、间接接地等方式，根据国家标准和行业规范采取正确的接地措施。

（1）管道系统静电接地的设计

① 管道在进出装置区（含生产车间厂房）处、分岔处应进行接地。长距离无分支管道应每隔100m接地一次。

② 平行管道净距小于100mm时，应每隔20m加跨接线；当管道交叉且净距离小于100mm时，应加跨接线。

③ 当金属法兰采用金属螺栓或卡子紧固时，一般可不必另装静电连接线，但应保证至少有两个螺栓或卡子间具有良好的导电接触面。

④ 金属配管中间的非导体管段，除需做特殊防静电处理外，两端的金属管应分别与接地干线相连，或用截面不小于$6mm^2$的铜芯软绞线跨接后接地。

⑤ 非导体管段上的所有金属件均应接地。

⑥ 工艺管道的加热伴管，应在伴管进汽口、回水口处与工艺管道等电位连接。
⑦ 风管及保温层的保护罩当采用薄金属板制作时，应咬口并利用机械固定的螺栓等电位连接。
⑧ 与土壤接触良好的地下直埋金属管道可不做静电接地。
⑨ 管道系统的对地电阻值超过 100Ω 时，应设两处接地引线。接地引线宜采用焊接形式。
⑩ 有静电接地连接的钛管道及不锈钢管道，导线跨接或接地引线不得与钛管道及不锈钢管道直接连接，应采用钛板或不锈钢板过渡。
⑪ 用作静电接地的材料或零件，安装前不得涂漆。导电接触面必须除锈并紧密连接。
⑫ 静电接地安装完毕，必须进行测试，电阻值超过规定时，应进行检查与调整。
⑬ 防静电接地系统应自成网络，可以共用防雷、电气保护、防静电和防杂散电流等接地干线系统。
⑭ 除兼有雷电引流作用的金属设备本体外，静电接地支线与雷电引流支线不相连接。
(2) 固定设备静电接地的设计
固定设备的静电接地设计通常由设备、工艺、电气等专业共同配合完成。
① 固定设备（塔、容器、机泵、换热器、离心机等）外壳，应进行静电接地。若为覆盖设备一般可不做静电接地。
② 直径大于或等于 2.5m 及容积大于或等于 50m³ 的设备，其接地点不应少于 2 处，接地点应沿设备外围均匀布置，其间距不应大于 30m。
③ 有振动的固定设备，其振动部件应采用截面不小于 6mm² 的铜芯软绞线接地，不准使用单股线。有软连接的几个设备之间应采用铜芯软绞线跨接。
④ 带传动的机组及其带的防静电接地刷、防护罩，均应接地。
⑤ 固定设备与接地线或连接线宜采用螺栓连接。
⑥ 与地绝缘的金属部件（如法兰、胶管接头等），应采用铜芯软绞线跨接引出接地。
⑦ 固定设备（包括管道）的金属体，如已有防雷、防杂散电流等接地时，可不必另作静电接地。在生产装置区内的设备，其金属体的静电接地应连接成网。
⑧ 为消除人体静电，在罐、塔梯子的进口处，应装设接地金属棒，金属栏杆上留出 1m 长的裸露金属面。
(3) 人体静电接地的设计
人体静电接地是装置运行阶段工厂管理的范畴，有的工程在图纸上设计了人体静电接地柱。
① 操作人员在可能产生静电危害的场所正确使用各种防静电防护用品，不得穿合成纤维及丝绸衣物。
② 禁止在爆炸危险场所穿脱衣服、帽子或类似物。

三、管道间跨接及管际跨接的设计

1. 管间跨接

① 管道通过法兰连接、焊接和螺纹连接等方式与设备相连，对于法兰连接，一般情况下是法兰通过螺栓、螺母的连接可将静电导走，并不需要另做法兰跨接线设计。在螺栓连接处，如果导电效果不良时，可在法兰螺栓上增设金属齿型垫片的方法加以解决，见图 15.10。
② 当工艺物料有特殊要求或法兰连接的管道系统是绝缘状态，法兰的跨接线就要进行设计，以确保静电能迅速通过法兰跨接线传导至设备接地板导走。对于管道与设备管口相连处的法兰跨接由于其管口一般没有接地板，管口端跨接线缠在螺栓上用螺母压紧，必要时加用金属齿形垫片。

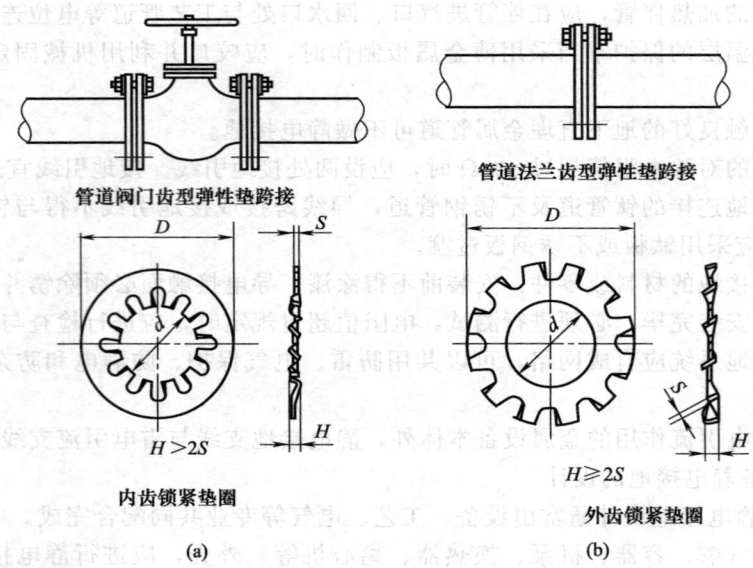

图 15.10 管道阀门、法兰齿型弹性垫跨接典型图

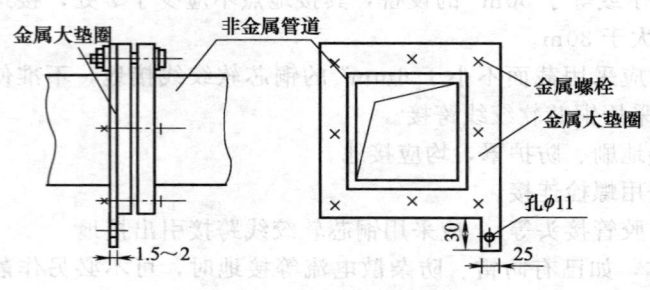

图 15.11 非金属法兰的跨接

③ 有静电接地要求的管道，各段管子间应导电。当金属法兰用金属螺栓或卡子紧固时，当每对法兰或螺纹接头间电阻值超过 0.03Ω 时，应设导线跨接。

跨接线采用截面积大于 $6mm^2$ 的铜芯软绞线。接地铜线推荐使用电气专业常用的多股铜芯聚氯乙烯绝缘电线，截面积 $6mm^2$、$16mm^2$ 或 $25mm^2$ 电线以及 $\phi 6mm$ 圆钢等。

④ 塑料等非金属法兰用金属螺栓紧固连接，可加金属大垫圈，使所有螺栓均相接在一起，然后再引出去接地。跨接示意图见图 15.11。

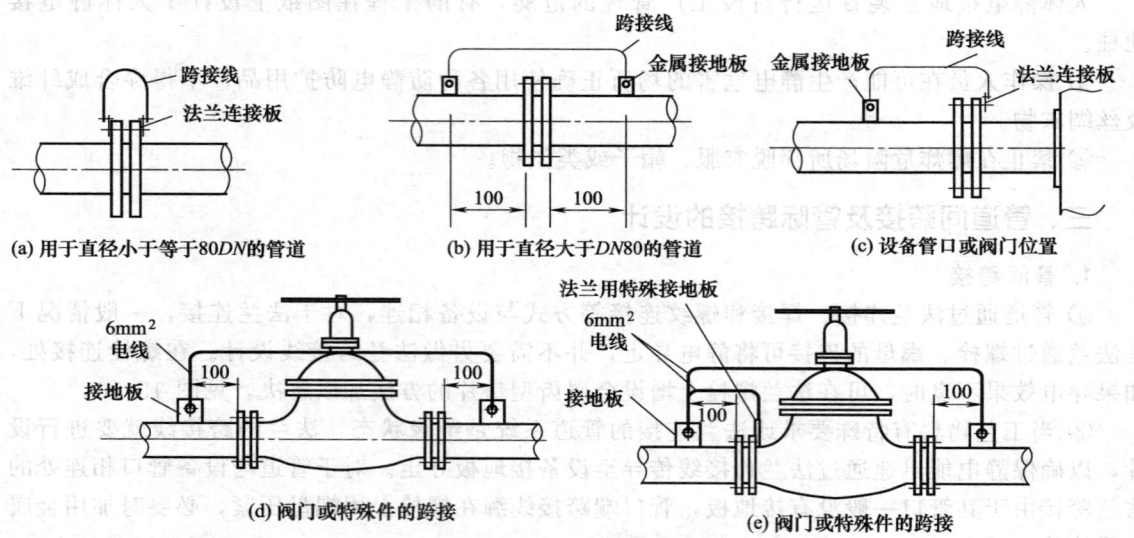

图 15.12 法兰、阀门的跨接

⑤ 法兰、阀门的跨接方式见图 15.12。

2. 管际跨接

① 平行管道净距离小于 100mm 时，每隔 20 米加跨接线。
② 交叉管道净距离小于 100mm 时，加跨接线。
③ 管道净距离大于 100mm 时按独立管线处理。
④ 跨接线采用截面积大于 6mm² 的铜芯软绞线。

管道静电接地要求如图 15.13 所示。

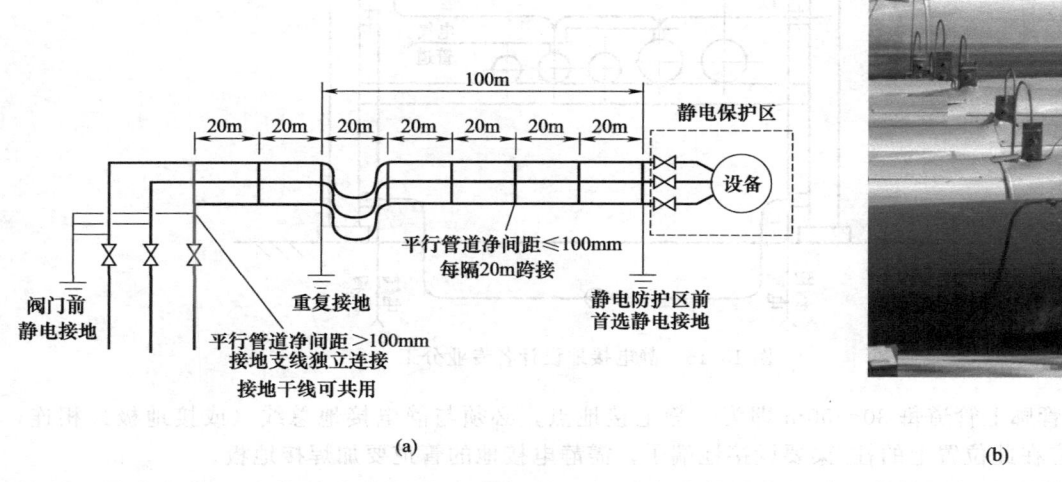

图 15.13　管道静电接地要求示意图

四、接地体的选用

① 如果具备自然接地体或其他保护接地体，则充分可利用。
② 静电接地体不可用三相四线制的中性线、直流回路专用接地线。
③ 静电接地可共用防雷接地，但雷电引流线不可共用。
④ 仅供静电接地保护的独立接地体，可按照以下要求设置。

a. 接地体由水平接地体和垂直接地体构成，构建成接地干线网络并将引流线接于其上。

b. 见图 15.14。垂直接地体可选用 50×5 角钢，长度宜为 2.5m。垂直接地体设置位置与间距土质情况和经验决定，一般间距 6～12m，埋深 0.7m。接地体设置数量以达到接地电阻阻值要求为准。水平接地体可以使用 40×4 镀锌扁钢，将垂直接地体连接成网。

五、静电接地的施工检测验收

① 测量使用仪器仪表必须按照各自操作规程和测量要求进行。

② 抽取整体管道中点附近的两个接地点的中点作为测量点，防静电接地电阻值读数应小于 100Ω。

③ 如果读数不满足要求，则需要进行修正。如该测量点阻值过大则该点重复接地，该点阻值略大于标准则增大两端接地点导电截面积。

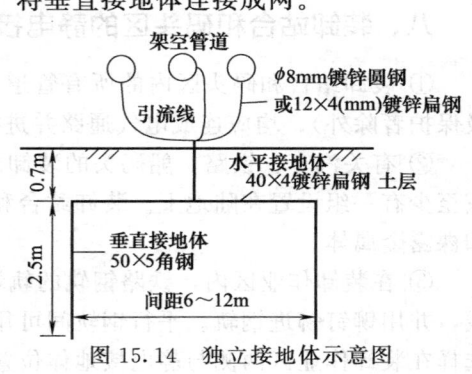

图 15.14　独立接地体示意图

六、管廊的静电接地设计

① 管廊上的管道静电接地是通过接在管道上的接地铜线接至管廊柱、梁上的接地端子，再接至接地干线来完成的，为达到迅速导走静电的目的，管廊上凡需静电接地的管子都应直接在管子上焊接线板。图 15.15 所示为一些设计单位的静电接地设计各专业分工。

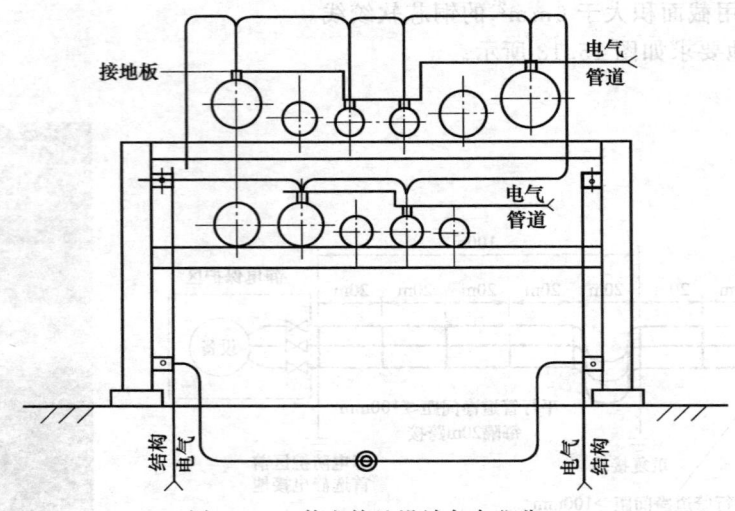

图 15.15　静电接地设计各专业分工

② 管廊上管道每 30～50m 即为一静电接地点，必须与静电接地总线（或接地极）相连，因此相应在此位置上的柱/梁要设接地端子，需静电接地的管道要加焊接地板。

③ 管廊上的钢制管道是否需要做静电接地，按工艺专业提供条件确定。某些可导电物料管线如水、硫酸等可不做静电接地。

七、装置的静电接地设计

① 工艺装置内管道的静电接地主要通过设备的静电接地来实现的。国内外各设计单位的设计分工可能不同。在一些设计单位，设备的静电接地板由设备专业设计，管道专业在管口方位图上表示，并向电气专业提供设备布置图。

② 厂内管线进入工艺装置或建筑物按防雷设计要求均有接地，已满足静电接地要求。厂内管线带的静电接地一般要单独设计，要引起重视以免漏项。接入泵过滤器、缓和器等设备处、管线的分岔处、蒸汽伴管、风管、软管的静电接地需考虑，见图 15.16。装置内直埋地下管线与土壤接触足以达到静电接地电阻值的要求。

八、装卸站台和码头区的静电接地设计

① 装卸站台和码头区内的所有管道、设备、建（构）筑物的金属体和铁路钢轨等（作阴极保护者除外），均应连成电气通路并进行接地。

② 有关汽车、铁路、船码头的装卸站台，应设置静电接地干线和接地体。码头的接地体应至少有一组设置在陆地上。装卸站台和码头应选择合适的位置，设置若干个接地的端子排板和裸露金属体。

③ 在装卸作业区内，铁路钢轨的轨端需进行接地连接。连接线可选用 2 根 $\phi 5mm$ 镀锌铁线，并用铆钉铆进钢轨。平行钢轨间可用 1×19-$14.9mm^2$ 镀锌钢纹线相跨接，其跨接位置应选择在装卸作业区两侧与静电接地体位置相对应处，并直接与接地体相连接。

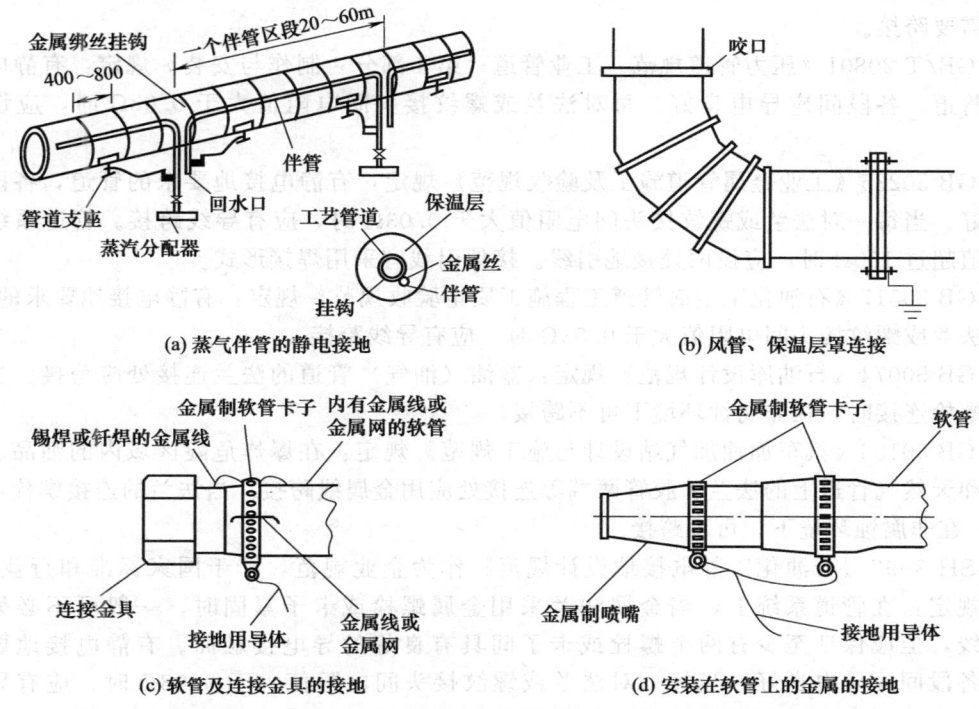

图 15.16 装置管道的静电接地

④ 码头引桥、趸船等应有两处相互连接并进行接地（图 15.17）。连接线可选用 35mm² 多股铜芯绝缘电线。码头的固定式栈桥，其桥墩钢筋应与栈桥金属体相连接。

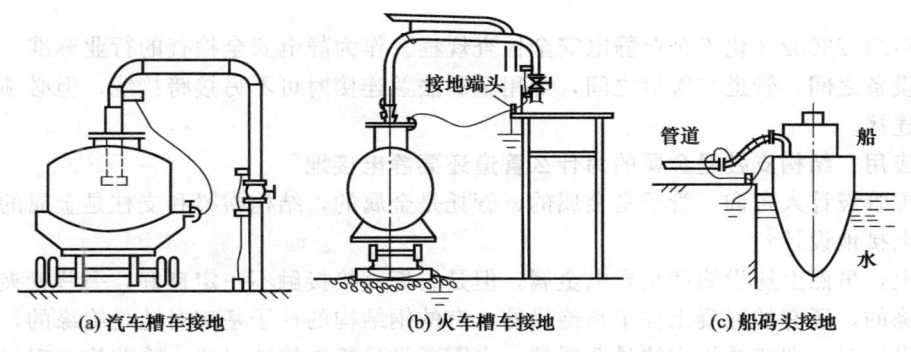

图 15.17 装卸站台和码头区的静电接地

工程应用：法兰的跨接及 TSG D0001、GB/T 20801、GB 50235、GB 50517、GB 50156、SH 3097、SH 3501、HG/T 23002 的比较

工业企业对防静电要求较高，并不是所有金属管道法兰必须全部跨接。是否需要跨接要看其设计文件是否有静电接地要求。如果看不到设计文件，只能通过测量电阻值的方式确定，当法兰间电阻值超过 0.03Ω 时，需有导线跨接。通过法兰紧固方式或金属螺栓数量来判定是否需要跨接，适用于燃气管道和石化企业内管道。管道法兰跨接的常见规范要求如下。

① TSG D0001《压力管道安全技术监察规程 工业管道》规定：有静电接地要求的管道，应当测量各连接接头间的电阻值和管道系统的对地电阻值。当值超过 GB/T 20801《压力管道规范 工业管道》或者设计文件的规定时，应当设置跨接导线（在法兰或者螺纹接头间）和

接地引线。由此可以看出，法兰是否需要跨接导线，需要测量法兰之间电阻值，当阻值超过规定时，需要跨接。

② GB/T 20801《压力管道规范　工业管道　第 4 部分　制作与安装》规定：有静电接地要求的管道，各段间应导电良好。每对法兰或螺纹接头间电阻值大于 0.03Ω 时，应设导线跨接。

③ GB 50235《工业金属管道施工及验收规范》规定：有静电接地要求的管道，各段间应导电良好。当每一对法兰或螺纹接头间电阻值大于 0.03Ω 时，应有导线跨接。管道系统的对地电阻值超过 100Ω 时，应设两处接地引线。接地引线宜采用焊接形式。

④ GB 50517《石油化工金属管道工程施工质量验收规范》规定：有静电接地要求的管道，当每对法兰或螺纹接头间电阻值大于 0.03Ω 时，应有导线跨接。

⑤ GB 50074《石油库设计规范》规定：输油（油气）管道的法兰连接处应跨接。当不少于 5 根螺栓连接时，在非腐蚀环境下可不跨接。

⑥ GB 50156《汽车加油加气站设计与施工规范》规定：在爆炸危险区域内的油品、液化石油气和天然气管道上的法兰、胶管两端等连接处应用金属线跨接。当法兰的连接螺栓不少于 5 根时，在非腐蚀环境下，可不跨接。

⑦ SH 3097《石油化工静电接地设计规范》作为企业规范，严于国家标准和行业标准。该规范规定：在管道系统上，当金属法兰采用金属螺栓或卡子紧固时，一般可不必另装静电连接线，但应保证至少有两个螺栓或卡子间具有良好的导电接触面。有静电接地要求的管道，各段间应导电良好。当每一对法兰或螺纹接头间电阻值大于 0.03Ω 时，应有导线跨接。有静电接地要求的不锈钢管道，导线跨接或接地引线应采用不锈钢板过渡，不得与不锈钢管直接连接。

⑧ SH 3501《石油化工剧毒、可燃介质管道工程施工及验收规范》规定：有静电接地要求的管道，各段间应导电良好。当每对法兰或螺纹接头间电阻值大于 0.03Ω 时，应有导线跨接。

⑨ HG/T 23002《化工企业静电安全检查规程》作为静电安全检查的行业标准，规定：金属设备与设备之间、管道与管道之间，如用金属法兰连接时可不另接跨接线，但必须有两个以上的螺栓连接。

工程应用：结构支柱是金属的为什么管道还要静电接地

有的配管设计人咨询：管子是金属的、管托是金属的，结构横梁和支柱是金属的，为什么还需要静电接地设计？

实际上，虽然上述设施都是导电金属，但是它们直接接触不一定良好，一些管夹式、保冷架等是绝缘的，还有的混凝土柱子是绝缘的，有的钢结构的柱子基础对地是绝缘的，因此，在静电接地设计时，即使结构支柱是金属的，也需要设计静电接地引线，除非施工现场实测对地电阻值符合规范要求。

工程应用：必须做静电接地设计的管道范围及 GB 50160 的要求

最近，笔者评审某设计时，发现电气专业图纸仅有文字说明"静电接地见工艺专业示意"。而工艺专业的所有设计文件，没有提到静电接地的信息。工艺工程师给出"无论什么管线均接地"。工程项目静电接地设计没有完成，工艺的答复也不太合理。

按 GB 50160 必须静电接地的介质管道如下。

① 对爆炸、火灾危险场所内可能产生静电危险的设备和管道，均应采取静电接地措施。

② 在聚烯烃树脂处理系统、输送系统和料仓区应设置静电接地系统，不得出现不接地的孤立导体。过去聚烯烃树脂处理、输送、掺混储存系统由于静电接地系统不完善，发生过料仓静电燃爆事故。因此在物料处理系统和料仓内严禁出现不接地的孤立导体，如排风过滤器的紧

固件、管道或软连接管的紧固件、振动筛的软连接、临时接料的手推车或器具等。料仓内若有金属凸出物，必须做防静电处理。

③ 可燃气体、液化烃、可燃液体、可燃固体的管道在下列部位应设静电接地设施：进出装置或设施处；爆炸危险场所的边界；管道泵及泵入口永久过滤器、缓冲器等。

④ 可燃液体、液化烃的装卸栈台和码头的管道、设备、建筑物、构筑物的金属构件和铁路钢轨等（作阴极保护者除外），均应做电气连接并接地。

⑤ 汽车罐车、铁路罐车和装卸栈台应设静电专用接地线。

⑥ 每组专设的静电接地体的接地电阻值宜小于100Ω。

⑦ 除第一类防雷系统的独立避雷针装置的接地体外，其他用途的接地体，均可用于静电接地。

九、工业管道防雷设计的概念及设施

雷电是大自然中的静电放电现象，雷云是构成雷电的基本条件，而雷云是水蒸气和强烈气流在一定条件下形成的，当雷云和大地间发生强烈放电并发出强烈闪光和爆炸轰鸣声的现象，这就是闪电和雷鸣。放电时温度可达20000℃。

可燃、易燃装置防雷设施，防雷装置是利用高出被保护物的凸出位置，把雷引向自身，然后通过引下线和接地装置把雷电泄入大地，以保护人身或建（构）筑物免受雷击。常见的防雷装置有避雷针、避雷线、避雷网、避雷带和避雷器。一套完整的防雷装置一般由接闪器（又称受雷器）、引下线和接地体组成。

十、工业管道的防雷设计

按GB 50057《建筑物防雷设计规范》第一类防雷建筑物防闪电感应，应符合以下要求。

① 建筑物内的设备、管道、构架、电缆金属外皮、钢屋架、钢窗等较大金属物和凸出屋面的放散管、风管等金属物，均应接到防闪电感应的接地装置上。

② 金属屋面周边每隔18～24m应采用引下线接地一次。

③ 现场浇筑的或用预制构件组成的钢筋混凝土屋面，其钢筋网的交叉点应绑扎或焊接，并应每隔18～24m采用引下线接地一次。

④ 平行敷设的管道、构架和电缆金属外皮等长金属物，其净距小于100mm时，应采用金属线跨接，跨接点的间距不应大于30m；交叉净距小于100mm时，其交叉处也应跨接。当长金属物的弯头、阀门、法兰盘等连接处的过渡电阻大于0.03Ω时，连接处应用金属线跨接。对有不少于5根螺栓连接的法兰盘，在非腐蚀环境下，可不跨接。

⑤ 当独立设备有防雷、防杂散电流等接地系统进行接地时，可不另设静电接地体。

第五节　公用工程软管站的设计

一、公用工程软管站的概念

① 公用工程软管站（有的也称作软管站、公用工程站等）是以吹扫、清洗、置换、维修和小范围灭火等需要而设置的。公用工程站一般由管道、阀门、软管及其配套快速接头等组成，其使用介质通常为蒸汽、氮气、压缩空气（有的称为工厂风）、清洁水。根据工艺需要以及公用工程站设置位置的不同，选用上述1～4种介质的管线。

② 在新建、改建、扩建工程设计中均需考虑公用工程软管站的设计。

③ 公用工程站介质的一般特性和用途见表15.9。

表 15.9 公用工程站介质的一般特性和用途

介质名称	压力(表)/MPa	用途
蒸汽	0.2~0.4	清洗、吹扫、灭火
清洁水	0.2~0.4	临时用水、冲洗地坪
压缩空气	0.3~0.6	设备、管道内物料的吹扫、反吹及装置空气置换,临时用做调节阀或开关阀的动力空气
氮气	0.3~0.6	设备、管道内物料的吹扫以及空气的置换,容器内物料的保护气体

二、公用工程软管站的布置设计

① 公用工程软管站的设置区域、数量及服务介质由工艺专业确定,并标注在装置总平面图上。

② 在装置内的软管站通常选用 15~20m 长的软管。软管站的位置不应影响正常通行、操作和维修,如设在管廊的柱旁、靠近平台的栏杆处、塔壁旁边等。

③ 在塔附近,软管站可设置在地面和所有人孔的操作平台上。有的工程,每两层设置一公用工程站,设备顶平台上一般需设置一台。

④ 在炉子附近,软管站的设计要求:圆筒炉,设在地面上和主要操作平台上;箱式炉,设在地面上和主要操作平台的一端;多室的箱式炉,设在地面上和主要操作平台的一端。

⑤ 换热器和泵区,应设在地面上靠近柱子处。

⑥ 在框架上,软管站可设置在每层楼面上(或根据工艺的要求)。

⑦ 界区外软管站的位置应设在需要的地方,如泵房、汽车装车或火车装车站、界外管道的吹扫口、置换接口附近,必要时可设在物料管道低点排净口处。

⑧ 对于装置中间罐区,公用工程站应设置在罐区围堰外、罐区和泵之间的地面上、围堤四周靠罐附近的地面上。对于大型罐区,也可在罐区围堤内罐与罐之间设置公用工程站,以满足 15~20m 半径的覆盖面积。

⑨ 对多层厂房和框架,每层上应设置公用工程软管站。

三、公用工程软管站管道配管设计

① 公用工程软管站的各类管道宜从管廊上总管的顶部引出。

② 公用工程软管站的切断阀宜设在操作平台或地面以上 1.2m 处。如软管站高于管廊上的总管时,可参照塔平台的软管站布置阀门,见图 15.18。

③ 立式容器的软管站宜布置在立式容器和它的平台之间的空隙内,如图 15.19 所示,其软管接头应朝下安装,若条件允许可水平安装。但软管连接管不得妨碍人孔盖的开启。

④ 软管站的管道一般均为 $DN25$,特殊要求除外。管子、管件、阀门等材料选用应符合管道等级规定。与软管相连接宜采用快速管接头,各介质管道所用接头的形式或规格宜有所区别。

⑤ 如果工艺或项目有要求,在某些介质的切断阀前加装止回阀。止回阀应安装在水平管道上。

⑥ 在寒冷地区为了防冻,宜将水管与蒸汽管一起保温,如图 15.20 所示,使蒸汽管起到伴管的作用,但应使两管之间保持适当间距,使水管不冻结亦不过热。

⑦ 布置位置低于蒸汽总管软管站的蒸汽管,当项目有要求,可在其切断阀前设疏水阀组,随时排放冷凝液。如工艺要求回收蒸汽冷凝液,即将疏水阀组后管线引回蒸汽冷凝液总管。布置高于蒸汽总管的软管站的蒸汽管不需设疏水阀组。

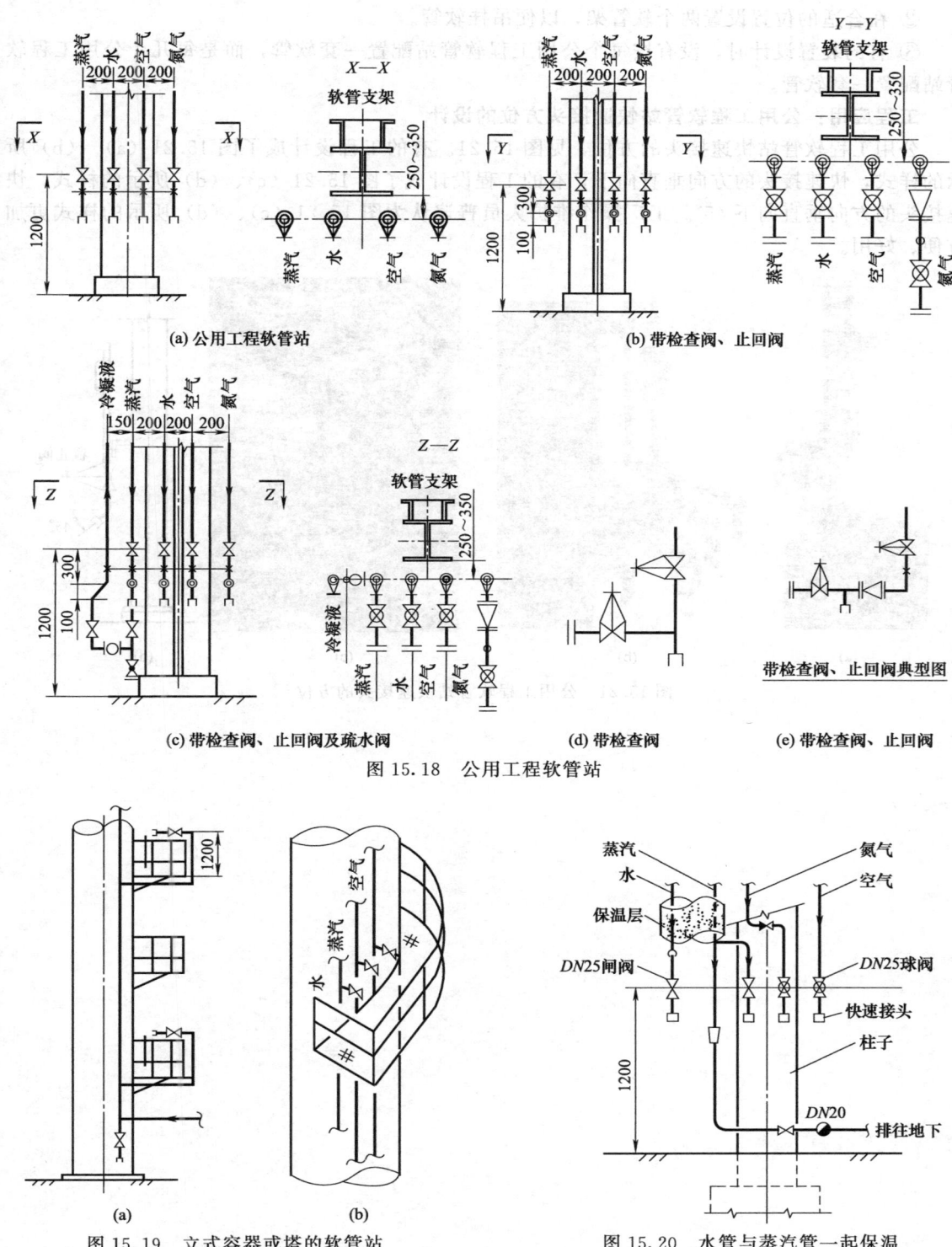

图 15.18 公用工程软管站

图 15.19 立式容器或塔的软管站

图 15.20 水管与蒸汽管一起保温

四、软管的配置

① 一个公用工程软管站所配用的软管数量：在无特殊要求下，可配用两根，一根用于热水、蒸汽，一根用于氮气、压缩空气和水。

② 在合适的位置设置两个软管架，以便吊挂软管。

③ 有的装置设计时，没有按每个公用工程软管站配置一套软管，而是每几个公用工程软管站配置一套软管。

工程应用：公用工程软管站快速接头方位的设计

公用工程软管站快速接头的方位，见图 15.21。有的工程设计成了图 15.21（a）、（b）所示的样式，快速接头的方向垂直向下，有的工程设计成了图 15.21（c）、（d）所示的样式，快速接头的方向垂直向下 45°。工厂操作维护人员普遍认为图 15.21（c）、（d）所示的样式更加方便、好用。

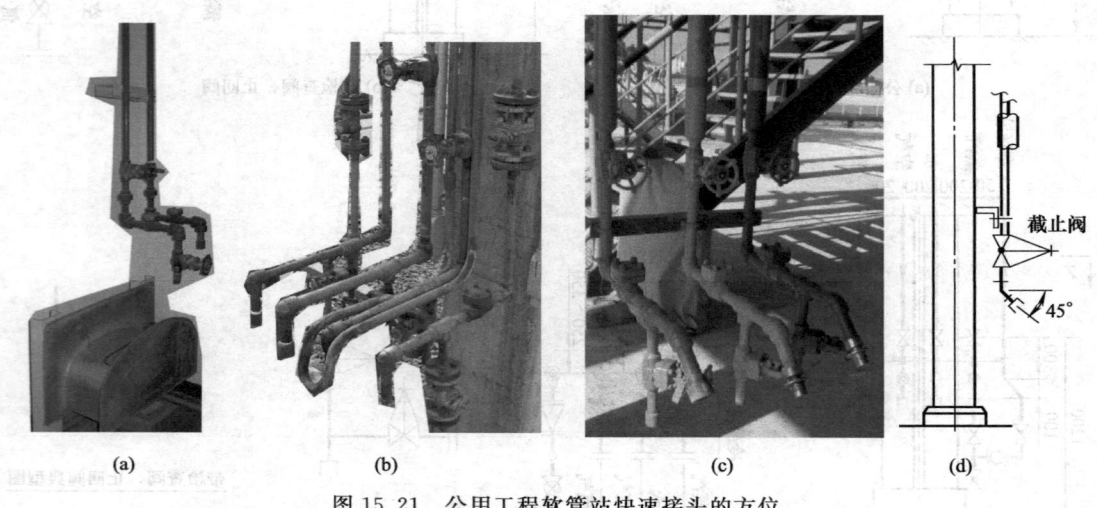

图 15.21　公用工程软管站快速接头的方位

第十六章

配管器材的选用

第一节 工业管道配管设计器材基础

一、工业管道器材的概念

工业管道，是由管道组成件、管道支吊架等组成，用以输送、分配、混合、分离、排放、计量或控制流体流动。管道组成件用于连接或装配成管道的元件，包括管子（Pipe）、管件、法兰、垫片、紧固件、阀门以及管道特殊件等。管道特殊件指非普通标准组成件，系按工程设计条件特殊制造的管道组成件，包括膨胀节、补偿器、特殊阀门、爆炸片、阻火器、过滤器、挠性接头及软管等。管道支吊架，用于支承管道或约束管道位移的各种结构的总称，但不包括土建结构。管子只是管道的一部分，当管子与管件、阀门和其他机械设备连接，并由支吊架支承时，才被称为管道。

工业管道器材是整个管道设计过程的基础部分，它直接影响到管道系统乃至整个工业装置的安全性、可靠性和经济性。工业管道器材在石油、化工、石油化工、电力、轻纺、船舶、制药等工业部门的管道装置中所占比例很大。在石油化工生产装置中，管道材料中各主要项目费用所占比例如图16.1所示。

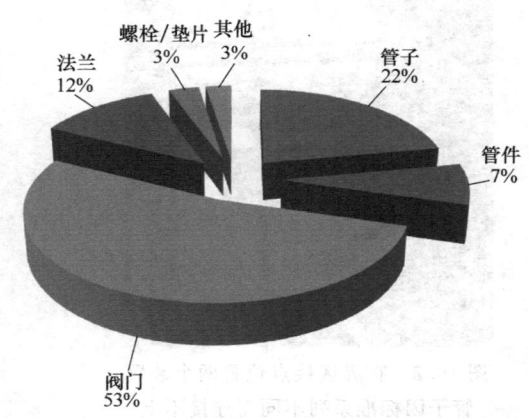

图16.1 管道材料中各主要项目费用所占比例

二、工业管道器材选用的特点

工业管道器材选用是根据工程设计的总体要求、工艺数据条件和采购特点等因素，对管子、管件、阀门、法兰、垫片、紧固元件、特殊管道器材、隔热材料、涂漆材料等的选用，包括管道材料的标准、材质、规格、结构形式、连接形式等内容的选定。在国内外一些大型工程公司，工业管道器材选用的具体工作还包括管道材料数量汇总、向采购部门提出请购单、编制管道材料的采购技术要求文件、对管道材料提供商文件的评阅、施工现场工业管道器材的检验和试验等内容。工业管道器材选用的工作贯穿工程设计的整个过程。在工程项目的询价、设计、采购、施工及后期服务等阶段均离不开工业管道器材的选用。

① 标准系列化。目前大多数管道及其元件都进行了系列化，并有相应的应用标准作支持。因此，管道材料设计时首先要考虑的问题就是管道及其元件标准系列的选用。一个管系中各元件所用系列标准的集合称为应用标准体系。这些标准应包括管子系列标准、管件系列标准、法兰及其连接件系列标准、阀门标准等。这些标准通过一定的规则在一个管系中得到应用，它们

之间相互衔接、相互配合，从而确定了管道及其元件的基本参数。这些标准中尤其以管子标准和法兰标准最具有代表性，它们是其他应用标准的基础。

世界上各国应用的管道标准体系有很多，不同的国家有不同的应用标准和标准体系，而在我国，不同的行业又各采用不同的应用标准和标准体系。这些标准之间千差万别，甚至有些标准和标准体系相差甚远，相互之间无法配套使用和互换，从而给使用者带来了不少麻烦。为此，工业管道设计的第一步就是选择应用标准体系，并作为装置内各个专业设计的统一规定，以避免各相关专业因采用不能互换的其他应用标准体系而导致错误。

工程应用：配管设计的管子标准系列不同引起的错误

图 16.2 所示的是在某施工现场发现的，因设计引起的错误。两个装置在界区接点，因管子标准系列不同引起管子外径不同而连接不上。左侧为 ASME 标准管子，右侧为 HG 20553 Ⅱ 标准系列管子，都是 DN500 的公称直径，但是左侧管子外径为 508mm，右侧管子外径为 530mm。

② 国际化。现在的工程项目越来越国际化，这就要求工业管道器材设计时按照工程项目的具体要求，选用国际化标准的管道器材。管道器材选用设计标准规范也逐渐在统一向通用的国际化标准看齐。

③ 经济性。经济性是指管道的一次投资费用和操作维护费用的综合指数低。一般情况下，如果一次投资较高的话，其可靠性好，操作、维护费用低。对于特别重大和复杂的决策，可借助计算机分析取技术和经济的最优化组合，如图 16.3 所示。在设计时，要力争做到管系中各元件具有相同的强度和寿命选用。

图 16.2 在界区接点位置两个装置
管子因标准系列不同而连接不上

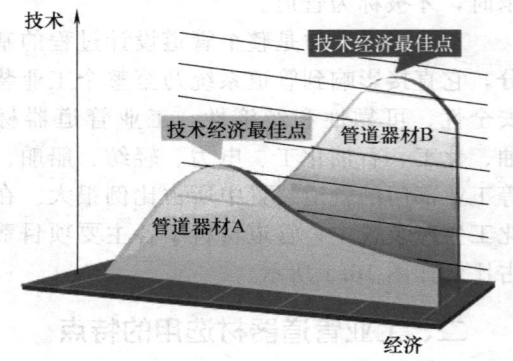

图 16.3 技术和经济的最优化组合

④ 多学科性。工业管道器材设计是配管设计的基础技能之一，工业管道器材设计既要求从事这项设计的工程技术人员具有材料、力学、机械、技术经济等多学科知识，还要求能够运用好计算机和外语两个最重要的工具，结合项目实际的采购情况，根据工艺专业的工艺管道数据表要求，根据管道布置、设备布置和管道应力分析的特殊要求，根据甲方提出的要求，并遵循相关法规和规定，用计算机文本、表格或者数据库表示出来，成为一个系统的、集体的、创造性的智力劳动。

⑤ 复杂性。工业管道工程设计过程中实际应用的管道器材种类很多，使用工况也千差万别，影响因素和环节也比较多。工业管道是一个系统，各环节相互关联、相互影响，管道组成件和管道支撑件的种类繁多，各种材料各有特点和具体技术要求，材料选用复杂。管道长径比很大，极易失稳，受力情况比压力容器更复杂。管道内流体流动状态复杂，缓冲余地小，工作

条件变化频率比压力容器高（如高温、高压、低温、低压、位移变形、风、雪、地震等都可能影响管道受力情况）。在做管道器材选用工作时需要全面考虑。管道器材选用和装置布置、管道布置、配管应力分析一样都是完成工程项目配管（管道）设计专业工作的基本技术技能。

三、各设计阶段工业管道器材选用工作的职责与要求

配管材料的设计与选用工作涉及管道器材标准体系的选用、材料选用和管道及其元件连接形式的选用等内容。

配管材料的设计与选用主要工作内容包括：管道材料选用设计规定；管道等级（索引、壁厚、分支表、异径管表、缩写词等）；阀门规格书；隔热工程规定；防腐与涂漆工程规定；非标管件的设计；特殊件的选用和设计；管道与仪表专业的分工规定；建立和维护三维管道设计模型数据库；综合材料汇总表；管道材料采购技术服务，厂商文件评阅，审查和批准供应商的管道材料文件，必要时访问供应商并出席启动会议、测试管道元件或参加澄清会议；配合施工现场及采购做管理服务、材料咨询、材料控制与材料代用设计。

不同阶段工业管道配管器材设计的工作的内容见表 16.1。

表 16.1 不同阶段工业管道配管器材设计工作的内容

设计阶段	主要工作内容
基础设计阶段	1. 提出用于工程概算、采购部门的管道材料 2. 编制管道材料设计工程规定 3. 编制管道材料工程标准 4. 编制管道材料等级索引 5. 编制管道材料等级表 6. 编制管道壁厚表 7. 编制支管连接表 8. 编制隔热设计工程规定 9. 编制涂漆与防腐设计工程规定 10. 如果采用计算机 3D 设计的工程项目，需要编制计算机 3D 设计管道材料数据库 11. 提出第一次管道材料请购单 12. 编制技术风险备忘录
详细设计阶段	1. 编制和修改管道材料设计工程规定 2. 编制和修改管道材料等级索引 3. 编制和修改管道材料等级表，建立管道材料数据库 4. 编制和修改管道壁厚表 5. 编制和修改支管连接表 6. 编制和修改隔热设计规定 7. 编制和修改涂漆与防腐设计规定 8. 编制阀门数据与尺寸表 9. 编制管道与仪表材料分界规定 10. 编制和修改隔热设计工程规定 11. 编制和修改涂漆与防腐设计工程规定 12. 编制管道材料施工说明书 13. 对订货周期长或国外订货的材料，作出材料估计，并提出请购单 14. 提出特殊管件及非标管件的请购单（包括相关图纸及数据表） 15. 编制最终（全装置的分类）的材料汇总表、保温涂漆汇总表，提出材料备品数量的建议，并提出最终请购单 16. 向采购部门提出推荐供货厂（商）的建议或意见，对制造厂商的报价文件进行技术评审 17. 汇总管道材料汇总表，对于采用计算机 3D 设计的工程项目，需要从计算机内自动汇总管道材料汇总报表 18. 同供货厂（商）进行技术联系，并审查供货厂（商）的图纸资料

设计阶段	主要工作内容
施工阶段和试车总结阶段	1. 对现场事故报告和材料短缺或损坏报告进行研究处理 2. 对材料代用请求进行审核,必要时与工艺专业对流体力学、柔性等方面的影响作详尽的研究 3. 根据试车生产考核,对管道材料的选择和设计规定作出技术评价 4. 编制本项工作的工程设计完工报告

四、工业管道配管器材设计工作程序

工业管道配管器材设计工作程序见图 16.4。

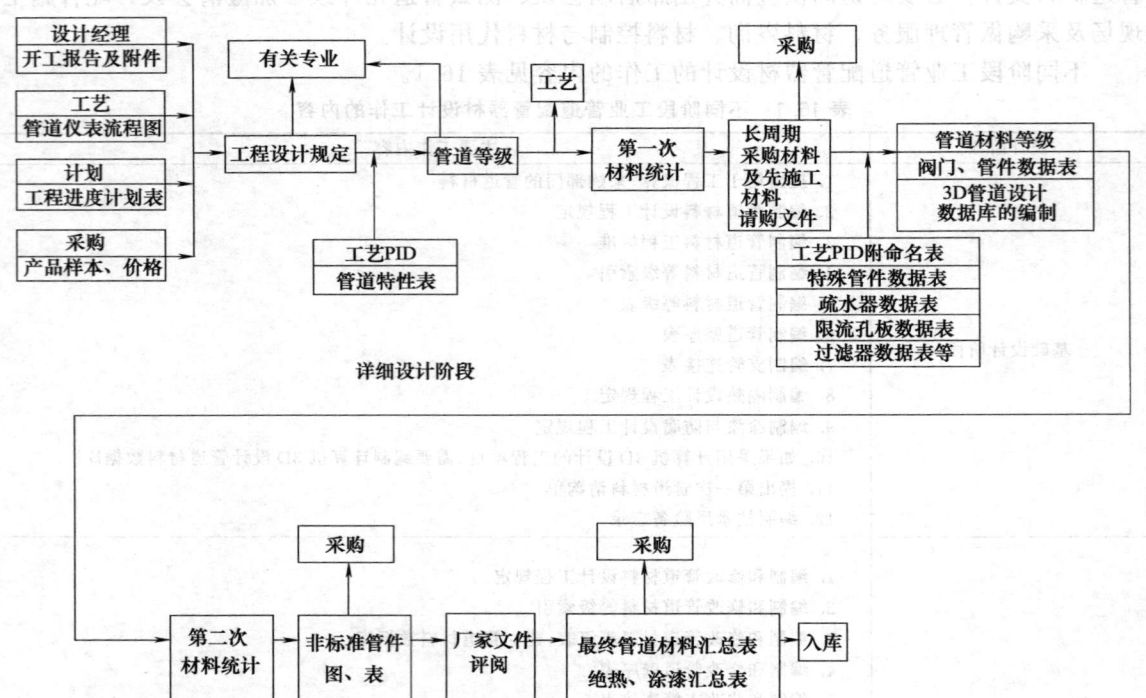

图 16.4 工业管道配管器材设计工作程序

五、工业管道配管器材设计常见工程事故

石油化工装置安全生产形势严峻,全球工业火灾爆炸的频率和经济损失,一直呈增长趋势。据资料统计:石油化工装置事故占近 60%,统计事故中 35% 是由于管道系统引发的,这足以引起人们对管道安全屏障作用的关注。管道器材防护失效造成泄漏的原因,不外乎机械破坏、腐蚀和密封失效,这正是管道设计安全的要害,了解并处理好这些问题是管道设计者的责任。

1. 机械破坏

(1) 低温脆性断裂

材料温度低于其脆性转变温度时,其冲击韧性急剧下降,造成脆性断裂。操作温度等于或低于—20℃时，按规范要求选用低温材料是无疑的。由于地区环境温度的影响，或如液化气体急剧汽化，管道金属温度可能等于或低于—20℃时。亦应按相当低温材料选用，并要求按设计最低温度做冲击试验。

(2) 高温破坏

金属材料在高温下组织和性能恶化，常见的有蠕变、珠光体球化、石墨化、回火脆化等导致金属材料弱化和脆化。

① 蠕变失效。金属材料在 (0.3～0.5) T_m（熔点）温度时，在恒应力作用下发生应变，随着时间的推移，应变增加，继而出现塑性变形，以稳定蠕变发展到快速蠕变甚至断裂。蠕变失效形式有：过量变形，如炉管"鼓肚"；弹性应用松弛，如螺栓紧固力降低、断裂。

② 碳钢、珠光体耐热钢的珠光体球化。钢的珠光体中的片状碳化物球化的速度和程度。主要决定于温度和时间，碳钢在温度为400℃完全球化约需 2×10^6h，510℃时则只需 2.9×10^4h。球化后的钢材，室温强度、高温强度和持久强度均降低。

③ 碳钢和碳钼钢的石墨化。碳钢和0.5Mo钢长期在高温下工作，组织中过饱和碳原子发生迁移和聚集，转化为石墨，使材料强度降低。石墨化最容易发生于焊接热影响区。美国某电站，505℃的主蒸汽管道采用0.5Mo钢管，在运行5年后断裂，造成严重损失。0.5Mo钢在468℃温度下长期工作就有石墨化倾向，发生事故是迟早的事。

GB 150《压力容器》强调"碳素钢和碳锰钢在高于425℃温度下长期使用时，应考虑钢中碳化物相的石墨化倾向"。

④ 回火脆化。临氢环境，铬钼钢长期在375～575℃温度下工作，可能出现可逆性回火脆化，表现为脆化转变温度升高，如某2.25Cr1Mo钢脱硫反应器在332～432℃运行30000h后，脆化转变温度由—37℃升至60℃。因而，回火脆化被认为是2.25Cr1Mo钢脆性破坏的主要危险。为防止脆断，找到设备管道安全升（降）压温度是重要的。应指出的是：临氢铬钼钢脆裂，常是回火脆化和氢脆共同作用的结果。金属材料高温破坏，还有如 σ 相析出脆化、强化合金析出相脆化都会致使基体弱化导致破坏。

(3) 疲劳破坏

金属材料在交变载荷或温度周期变化的情况下，出现变形损伤甚至断裂的现象。其危险性在于：没有明显的塑性变形就突然断裂。制氢装置的变压吸附操作，约每8min升降压一次，在设计寿命期内，升降压循环次数超过百万次，管道若不按疲劳设计考虑，疲劳破坏在所难免。某有机合成厂，引进的0.30万吨/年合成酒精装置中，乙烯罐高位放空管只因为供货方未按原设计要求设防震拉筋，1981年管线焊缝处发生断裂，乙烯喷出起火爆炸。事故分析发现：断口上有两个对称的疲劳区，疲劳扩展断口面积占4/5，结论是疲劳破坏。

经过费用比较后，选用耐蚀材料（含复合材料）或增加管道的腐蚀裕量；对管道壁厚实施在役检测，或对均匀腐蚀实行监控。复合材料有金属复合和非金属复合两种，都是以碳钢管为基材，用机械方法将耐蚀材料复合于管道表面。前者最紧要的是复合界面结合剪切强度和结合率应符合要求；后者最紧要的是抗真空性能。

2. 腐蚀破坏

腐蚀现象实质是环境介质对材料反应敏感性的反映。通常根据材料被腐蚀的速率，分成耐蚀材料、尚耐蚀材料和不耐蚀材料。由于千变万化的环境条件和材料的缺陷，使腐蚀变得复杂而难以预计。

① 均匀腐蚀。由于化学或电化学反应，使材料表面失去金属，导致壁厚减薄失效的均匀腐蚀，可以参考经验和试验的腐蚀速率数据和设计寿命，选用耐蚀材料（含复合材料）或增加管道的腐蚀裕量。

② 应力腐蚀。应力腐蚀泛指由于腐蚀和应力共同作用，造成结构材料破坏失效。包括应力

腐蚀开裂、腐蚀疲劳、磨蚀、氢脆和氢鼓泡等应力腐蚀，占腐蚀失效的 1/3 以上。要防止或减少应力腐蚀开裂，还要了解应力的性质和应力源。应力腐蚀开裂是拉应力与腐蚀共同作用的结果，而应力源主要来自焊接残余应力和加工残余应力以及热应力。因此，对有 SCC 倾向的材料-环境组合，在条件允许时应避开敏感区；管道布置时应注意增加其柔性，以降低热应力水平；设计文件中应明确提出热处理要求，以消除或降低残余应力。必要时选用超低碳双相不锈钢。

③ 局部腐蚀。局部腐蚀多属微电池作用引起的局部破坏，如点腐蚀、缝隙腐蚀、晶间腐蚀以及不同电势材料间的电化学腐蚀，局部腐蚀占腐蚀失效的 30% 左右。缝隙腐蚀一般发生在缝隙中。为此管道设计应尽量避免螺纹连接和承插焊连接。不同材料等级的管道，最好以法兰为界，避免异种钢材焊接，以避免材料间电化学腐蚀的发生。防止奥氏体不锈钢晶间腐蚀可选用超低碳材料，也可选用含稳定元素（Ti，Nb）材料，还可以对材料进行固溶处理。

④ 其他腐蚀。管道材料的防腐还应考虑大气的影响。海洋大气和工业大气由于氯离子和 H_2S，SO_2 等的作用，腐蚀有时是很严重的。不锈钢管在海洋大气或工业大气环境，进行表面防腐处理也有利于防止湿热状态下的腐蚀破坏。对含湿的酸性气体（如 CO_2，SO_2，H_2S）和氯气管道，由于操作条件改变，气候的变化可能出现露点腐蚀。某厂生产装置大幅度增加水碳比，约四周后，某换热器三通处突然爆破起火，爆破口壁厚仅剩 3mm，据分析，高水碳比下，露点比原设计高约 10℃，露点腐蚀和冲刷腐蚀共同导致了管道破坏失效。管道可采用伴热的方式维持管内介质温度在露点以上。

3. 密封失效

管道密封主要指管法兰和阀门的密封。

(1) 法兰密封失效的防止

法兰密封是由法兰、螺栓、垫片共同作用实现的。法兰的刚度及密封面形式、螺栓预紧力、垫片性能都直接影响法兰的密封效果。管道位移对法兰产生附加力或力矩，对法兰密封也有不良影响。

① 设备配对法兰。国外设备结构材料与国内材料力学性能不尽相同，温度、压力值亦存在差异。以碳钢 API 阀为例，如果简单配用 20 钢相当压力等级法兰，很可能出现法兰密封失效。因为 20 钢强度较 A105 钢低，许用压力值也低。解决办法是采用强度与 A105 钢相当的材料，如 25 钢、16Mn 钢。

② 管道等级分界处金属垫选用。为避免异种钢焊接，不同材料等级管道多在法兰连接处分界。高压力等级法兰往往采用金属垫以承受较高的密封比压，而金属垫硬度应比法兰密封面硬度至少低 30HB，因此，不同材料法兰连接，垫片（圈）应按低硬度法兰选用。否则，低硬度法兰密封面容易受到损伤，导致密封失效。

③ 法兰密封副匹配。法兰密封副是由法兰、螺栓、垫片组成的密封结构的总称，各组成件的正确匹配也影响密封效果。对某些有毒、易燃介质管法兰，为防止泄漏，规范有最低压力等级的要求，即使操作温度及压力不高，甚至远低于规定等级，螺栓、垫片材料应与之配套，以防螺栓预紧力达不到法兰垫片所需初始密封比压要求，或垫片产生过度变形。

④ 管道位移的影响。法兰出现挠性变形，使垫片受力不均，造成密封副失效。就现象看，是法兰刚度不够，其本质是管道位移对法兰产生附加力和力矩。对苛刻工况，可应用管道应力分析软件（例如 Auto PIPE、CAESAR Ⅱ 等）对法兰连接进行泄漏分析验算。

(2) 阀门泄漏的防止

阀门泄漏有内漏和外漏之分，内漏是阀门关闭时，介质通过阀座和阀芯接触面的泄漏；外漏是指通过阀杆填料或阀盖法兰介质外泄。内漏、外漏都可能造成严重后果。某炼油厂重整装置检修后，一加热炉点火爆炸，整台炉子掀翻，原因是燃料气阀门泄漏，炉膛充满燃料气。

① 双密封座阀应做双向密封试验。JB/T 9092《阀门的试验与检验》与 API 598 等效，对阀

门密封试验方法、保压时间、允许泄漏量有详细规定。每个作为隔离或切断作业的阀门，都应进行关闭试验，以保证其密封性。值得注意的是，属双密封座的大部分闸阀和球阀，密封试验应分别在每一侧进行并符合规定要求。这样，该阀在生产过程中，无论哪一侧受压都不致泄漏。

有关的标准规范还有：GB/T 26480《阀门的检验和试验》、GB/T 13927《工业阀门 压力试验》、JB/T 7927《阀门铸钢件外观质量要求》、SH 3518《阀门检验与管理规程》、SH/T 3064《石油化工钢制通用阀门选用、检验及验收》等。

② 阀门件材料应视操作条件确定。不同温度压力、介质性质除对阀体材质有要求外，对诸如阀座、阀芯、阀杆、中法兰螺栓及垫片、阀杆密封形式及材料等都有要求，而国内阀门型号不足以反映以上内容，难免造成滥用。推行阀门规格书可以有效地反映设计对阀的要求，保证阀门的使用质量。

③ 对焊连接选端部带短管的小阀。对焊连接小阀现场焊接和热处理过程，阀座可能产生变形，影响阀的密封性能。选用带短管的小阀则可免除弊端。

④ 火灾安全型阀的应用。软密封阀有良好的密封性能，但火灾情况下，软密封失效会导致严重泄漏。对于火灾危险设备或管道采用软密封结构阀门时，应采用火灾安全型结构，软密封失效后，在装的金属密封结构起作用，在一定时间内维持良好密封，使设备或管道内危险介质不外泄。

六、工业管道配管设计常用管道材料分类

工业管道常用材料分类见表 16.2。

表 16.2 工业管道常用材料分类

材料名称		说　　明
金属材料	黑色金属	黑色金属通常指铁和铁的合金。黑色金属材料在工业管道设计中占的比例较大
	有色金属	铁及铁合金以外的金属及其合金，铝、铅、铜、镁和镍等及其合金
非金属材料	耐火材料	耐火砌体材料、耐火水泥和耐火混凝土
	耐火隔热材料	玻璃纤维（又称矿渣棉）、石棉及其制品
	耐蚀(酸)非金属材料	石墨、耐酸水泥、天然耐酸石材和玻璃等
	陶瓷材料	电器绝缘陶瓷、化工陶瓷、结构陶瓷和耐酸陶瓷等
高分子材料	橡胶	天然橡胶、丁苯橡胶、氯丁橡胶、硅橡胶等
	塑料	聚四氟乙烯、聚氯乙烯、聚乙烯、ABS、聚丙烯等
	合成纤维	聚酯纤维、含氯纤维和聚酰胺纤维等
复合材料	无机-有机材料、非金属-金属材料及其他复合材料	玻璃纤维增强塑料、聚合物混凝土、沥青混凝土、钢筋混凝土、钢丝网水泥、塑铝复合管、铝箔面油毡、水泥石棉制品和不锈钢包覆钢板等

七、金属材料的基本限制条件

工程上的实际应用环境条件十分复杂，不同的介质、介质温度、介质压力等操作条件的组合，构成了无数个选材条件。工业管道选材除了要确定材料牌号外，还要确定材料标准，不同的材料标准，对材料质量的要求是不一样的。

1. 一般限制条件

材料选用时，首先应遵循下列一些原则。

(1) 满足操作条件的要求

① 根据操作条件判断该管道是不是工业管道，属于哪一类工业管道。不同类别的工业管

道因其重要性不同,发生事故带来的危害程度不同,对材料的要求也不同。一般情况下,高类别的工业管道(如一类工业管道)从材料的冶炼工艺到最终产品的检查试验都比低类别的工业管道要求高。

② 应考虑操作条件对材料的选择要求。不同的材料对同一腐蚀介质的耐蚀性能是不相同的。在腐蚀环境中,选用材料应避免灾难性的腐蚀形式(如应力腐蚀开裂)出现,而对均匀腐蚀,一般至少应限定在"耐蚀"级,即最高年腐蚀速率不超过 0.5mm。

③ 介质温度也是选用材料的一个重要参数。因为温度的变化会引起材料的一系列性能变化,如低温下材料的脆性,高温下材料的石墨化、蠕变等问题。很多腐蚀形态都与介质温度有密切的关系,甚至是腐蚀发生的基本条件。因此工业管道的选材应满足温度的限制条件。

(2) 满足材料加工工艺和工业化生产的要求

① 理想的材料应该是容易获得的,即它应具有良好的加工工艺性、焊接性能等。例如,对于一些腐蚀环境,选用碳钢和不锈钢复合制成的工业管道及其元件来代替纯不锈钢材料无疑是经济适用的,但由于许多制造厂的复合工艺不过关,使用中屡次出现问题,从而给复合材料的应用带来了限制,尤其是碳钢与 0Cr13 的复合板材因现场焊接质量不容易保证,以致工程上不敢使用或者说不敢大量使用。

② 工程上的材料应用是系列化、标准化的。这样,便于大规模生产,减少材料品种,从而可以节约设计、制造、安装、使用等各环节的投入,同时也将大大降低生产成本。

所以工程上应首先选用标准材料,对于必须选用的新材料,应有完整的技术评定文件,并经过省级及以上管理部门组织技术鉴定,合格后才能使用。对于进口的材料,应提出详细的规格、性能、材料牌号、材料标准、应用标准等技术要求,并按国内的有关技术要求对其进行复验,合格以后才能使用。

(3) 符合既适用又经济的要求

这是一个很原则的问题,实际操作起来是很复杂的。它要求材料工程师必须运用工程学、材料学、腐蚀学等方面的知识综合判断。这样的问题有时是可以定量计算的,有时则是不可以定量计算的。一般情况下,应从以下几个方面来考虑。

① 腐蚀方面。例如,对于某一个腐蚀环境,若选用高级的、价钱高的材料时遭受的腐蚀可能是危险性较大的局部腐蚀,而选用低级的、价钱低的材料时遭受的腐蚀可能是具有较大腐蚀速率的均匀腐蚀。进行综合的技术经济评定后,此时就应考虑选用低级材料并辅以其他防腐措施。总之这一类型的材料选用是应进行经济核算。

② 材料标准及制造方面。工业管道的类别与材料标准和制造要求并没有一一对应的关系,这就要求材料工程师应用有关知识来综合考虑。许多材料标准和制造标准中,都有许多需要用户确认的选择项。当用户没有指定时,制造商将按自己的习惯去做。例如,钢管的供货长度、供货状态等都属于这类项目。有些项目则是附加检验项目,这些检验项目不是必需的,只有用户要求时制造商才做。用户可以根据使用条件不同,追加若干检验项目以便更好地控制材料的内在质量。但提出了这些特殊要求就意味着产品价格的上升,有些检验项目如射线探伤的费用是很高的。如何追加这些附加检验项目,应结合使用条件和产品的价格综合考虑。

③ 新材料、新工艺应用方面。采用新材料,支持新材料、新工艺的开发和应用,可以有效地降低建设投资,又能满足生产工艺对材料的要求。例如,用渗铝碳钢代替不锈钢用于耐硫和有机酸的腐蚀;用碳钢与不锈钢的复合材料代替纯不锈钢材料;用焊接质量有保证的有缝钢管代替无缝钢管等。

2. 常用材料的应用限制

(1) 铸铁

常用的铸铁有可锻铸铁和球墨铸铁两种。一般限制条件:使用在介质温度为 $-29 \sim 343$℃

的受压或非受压管道；不得用于输送介质温度高于 150℃ 或表压大于 2.5MPa 的可燃流体管道；不得用于输送任何温度压力条件的有毒介质；不得用于输送温度和压力循环变化或管道有振动的条件下。实际上，可锻铸铁经常被用于不受压的阀门手轮和地下管道；球墨铸铁经常被用于工业用管道中的阀门阀体。奥氏体球墨铸铁经低温冲击试验合格后，可用于 -196℃。

(2) 普通碳素钢

限制条件：沸腾钢应限用在设计压力不超过 0.6MPa、设计温度为 0~250℃ 的条件下，不得用于易燃或有毒流体的管道，不得用于石油液化气介质和有应力腐蚀的环境中；镇静钢限用在设计温度为 0~400℃ 范围内，当用于有应力腐蚀开裂敏感的环境时，本体硬度及焊缝硬度应不大于 200HB，并对本体和焊缝进行 100% 无损探伤。

(3) 优质碳素钢

优质碳素钢是工业管道中应用最广的碳钢，对应的材料标准有：GB/T 699、GB/T 8163、GB 3087、GB 5310、GB 9948、GB 6479 等。这些标准是根据不同的使用工况而提出了不同的质量要求。它们共性的使用限制条件如下。

① 输送碱性或苛性碱介质时应考虑有发生碱脆的可能，锰钢（如 16Mn）不得用于该环境。

② 在有应力腐蚀开裂倾向的环境中工作时，应进行焊后应力消除热处理，热处理后的焊缝硬度不得大于 200HB，焊缝应进行 100% 无损探伤。锰钢（如 16Mn）不宜用于有应力腐蚀开裂倾向的环境中。

③ 在均匀腐蚀介质环境下工作时，应根据腐蚀速率、使用寿命等进行经济核算，如果核算结果证明选用碳素钢是合适的，应给出足够的腐蚀余量，并采取相应的其他防腐蚀措施。

④ 碳素钢、碳锰钢和锰钒钢在 425℃ 及以上温度下长期工作时，其碳化物有转化为石墨的可能性，因此限制其最高工作温度不得超过 425℃（锅炉规范则规定该温度为 450℃）。

⑤ 临氢操作时，应考虑发生氢损伤的可能性。

⑥ 含碳量大于 0.24% 的碳钢不宜用于焊连接的管子及其元件。

⑦ 用于 -20℃ 及以下温度时，应做低温冲击韧性试验。

⑧ 用于高压临氢、交变载荷情况下的碳素钢材料应是经过炉外精炼的材料。

(4) 铬钼合金钢

常用的铬钼合金钢材料标准有 GB 9948、GB 5310、GB 6479、GB 3077、GB 1221 等，其使用限制条件为：碳钼钢（C-0.5Mo）在 468℃ 温度下长期工作时，其碳化物有转化为石墨的倾向，因此限制其最高长期工作温度不超过 468℃；在均匀腐蚀环境下工作时，应根据腐蚀速率、使用寿命等进行经济核算，同时给出足够的腐蚀余量；临氢操作时，应考虑发生氢损伤的可能性；在高温 H_2+H_2S 介质环境下工作时，应根据 Nelson 曲线和 Couper 曲线确定其使用条件；应避免在有应力腐蚀开裂的环境中使用；在 400~550℃ 温度区间内长期工作时，应考虑防止回火脆性问题；铬钼合金钢一般应是电炉冶炼或经过炉外精炼的材料。

(5) 不锈耐热钢

工业管道中常用的不锈耐热钢材料标准主要有 GB/T 14976、GB 4237、GB 4238、GB 1220、GB 1221 等。其共性的使用限制条件如下。

① 含铬 12% 以上的铁素体和马氏体不锈钢在 400~550℃ 温度区间内长期工作时，应考虑防止 475℃ 回火脆性破坏，这个脆性表现为室温下材料的脆化。因此，在应用上述不锈钢时，应将其弯曲应力、振动和冲击载荷降到敏感载荷以下，或者不在 400℃ 以上温度使用。

② 奥氏体不锈钢在加热冷却的过程中，经过 540~900℃ 温度区间时，应考虑防止产生晶间腐蚀倾向。当有还原性较强的腐蚀介质存在时，应选用稳定型（含稳定化元素 Ti 和 Nb）或超低碳型（C<0.03%）奥氏体不锈钢。

③ 不锈钢在接触湿的氯化物时，有应力腐蚀开裂和点蚀的可能，应避免接触湿的氯化物，

或者控制物料和环境中的氯离子浓度不超过 $25×10^{-6}$。

④ 奥氏体不锈钢使用温度超过 525℃ 时，其含碳量应大于 0.04%，否则钢的强度会显著下降。

⑤ 在高温、高压、H_2+H_2S 介质环境下工作时，应根据 Couper 曲线确定其使用条件。

⑥ 含铬 16% 以上的高铬不锈钢和含铬 18% 以上的高铬镍不锈钢在 540~900℃ 温度区间长期工作时，应考虑防止产生 σ 相析出，从而引起室温下材料的脆化和高温下材料蠕变强度的下降。一般情况下，应控制其铁素体含量小于 8%。

⑦ 奥氏体不锈钢应避免与铅、锌或其化合物在其熔点温度以上接触，以防止晶间腐蚀破坏的发生。

⑧ 奥氏体不锈钢使用温度超过 525℃ 时，其含碳量应大于 0.04%。

⑨ 对有剧烈环烷酸腐蚀的环境，应选用含钼的奥氏体不锈钢（如 0Cr17Ni12Mo2、00Cr17Ni14Mo2）或其复合材料（复合板或复合管）。

3. 输送极度危害介质、高度危害介质及液化烃的管道

输送极度危害介质、高度危害介质及液化烃的管道应采用优质钢制造；输送可燃介质的管道不得采用沸腾钢制造。含碳量大于 0.24% 的材料，不宜用于焊制管子及管件。在特殊情况下，如选用含碳量超过 0.24%（0.25%）的钢材，应限定碳当量不大于 0.45%。

工程应用：配管设计剧烈循环工况管道组成件应符合的一些特殊要求

剧烈循环工况是指管道计算的最大位移应力范围超过 0.8 倍的许用位移应力范围，而且在管道组成件的使用寿命期间内的当量循环次数大于 7000 或由设计确定的产生相等效果的条件。由管道热膨胀产生的位移所计算的应力称为位移应力范围，从最低温度到最高温度的全补偿值进行计算的应力，称为计算的最大位移应力范围。

剧烈循环条件下的管道组成件应满足下列要求：采用锻造件和/或无缝管件；采用轧制焊接件时，焊接接头系数不小于 0.9；采用钢铸件时，铸造质量系数不小于 0.9；不锈钢管件的壁厚不得低于国家标准 GB 50316 D.0.1 规定的最小壁厚；不选用大于 DN40 的承插焊接头；螺纹连接仅限用于温度计套管；不采用平焊法兰，而采用对焊法兰，且法兰连接用的螺栓或螺柱采用合金钢材料；斜接弯头（管）的一条焊缝改变方向的角度不大于 22.5°。

工程应用：常用金属材料的使用温度

常用金属材料的使用温度见表 16.3。

表 16.3 常用金属材料的使用温度

钢类	钢号	使用温度/℃
碳素结构钢	Q235-A·F	250
	Q235-A	350
	Q235-B	350
	Q235-C	400
优质碳素结构钢	10	−30~425
	20	−20~425
	20G	−20~450
低合金钢	16Mn	−40~450
	16MnD	−40~350
	09MnD	−50~350
	09Mn2VD	−50~100
	09MnNiD	−70~350
	12CrMo	≤525
	15CrMo	≤550
	12Cr1MoVG	≤575
	12Cr2Mo	≤575
	1Cr5Mo	≤600

续表

钢类	钢号	使用温度/℃
高合金钢	0Cr13	≤400
	0Cr18Ni9、0Cr18Ni10Ti	−196～700
	0Cr17Ni12Mo2	−196～700
	0Cr18Ni12Mo2Ti	−196～500
	0Cr19Ni13Mo3	−196～700
	00Cr19Ni10	−196～425
	00Cr17Ni14Mo2	−196～450
	00Cr19Ni13Mo3	−196～450

注：按照 GB/T 20878—2007《不锈钢和耐热钢　牌号和化学成分》，高合金钢钢管的钢号有了新牌号。例如，0Cr18Ni9 新牌号为 06Cr19Ni10、00Cr19Ni10 新牌号为 022Cr19Ni10、0Cr17Ni12Mo2 新牌号为 06Cr17Ni12Mo2。

工程应用：常用 ASME 基本材料及工程应用

① 碳钢。使用温度范围为 $-29℃ \leqslant t \leqslant 425℃$，碳钢碳当量（$CE$）不超过 0.43% [$CE = C + Mn/6 + (Cr+Mo+V)/5 + (Cu+Ni)/15$]，用于介质无腐蚀性管道系统（新鲜水、工厂空气、氮、燃料气等）。

② 低温碳钢。介质最低温度低于 $-29℃$，用于介质低温无腐蚀性管道系统（如火炬气）。

③ 奥氏体不锈钢。海边用奥氏体不锈钢是被限制的，最大介质温度 600℃，用于当腐蚀率太高以致不能用碳钢时（在设计寿命内典型的腐蚀率为 3～6mm）。适用介质为燃料气、化学制剂、仪表空气、湿烃化物（腐蚀性）。

④ 双相不锈钢。当设计条件超过 SS 316 的范围时采用。

⑤ 合金钢。高温介质用钢有 Cr-Mo 抗热钢（含 $0.5\% \sim 9\%$ Cr，$0.5\% \sim 1.0\%$ Mo，最大含 0.20% C），最高用于 650℃。低温用钢：用于 0～−195℃，常用镍钢。

八、工业管道器材的选用

（1）一般原则

① 材料的使用性能。材料的力学性能和化学、物理等特性，应符合有关标准和规范的要求。各种金属材料的使用温度范围应符合有关的标准规范。例如化工系列通常要求符合 GB 150《固定式压力容器》、GB 50316《工业金属管道设计规范》等规范的规定；石化系列通常要求符合 SH 3059《石油化工管道设计器材选》等规范的规定；GB/T 20801《压力管道规范》、TSG D0001《压力管道安全技术监察规程》等规范提出了压力管道金属材料的使用范围要求；ASME B31.1《动力管道》、ASME B31.3《工艺管道》等规范也提出了金属材料的使用范围。

② 材料的工艺性能。工艺管道是由管子和形式多种多样的管件所组成，因此金属材料能够适应加工工艺要求的能力是决定能否进行加工和如何加工的重要因素。工艺性能大致分为焊接性能、切削加工性能、锻轧性能和铸造性能，对于管道材料，以焊接性能和切削加工性能最为重要。因此，在管道的整体选材过程中，特别是特殊管件的选材要充分考虑所选材料的工艺性能。

③ 材料的经济性。经济性是选材必须考虑的重要因素，不仅指选用的材料本身价格，同时使制造出的产品价格最低。所选用材料应尽量减少品种和规格，以便采购、生产、安装和备件的管理。不同材料价格在不同地区和时间差别较大，设计人员要有市场意识和经济观念，应对材料市场的价格有所了解，以便经济、科学地选择。随着工业发展，资源、能源的问题日渐突出，选用材料应是来源丰富，并结合我国资源和国内生产实际情况加以考虑。

④ 材料的耐蚀性能。对于全面腐蚀只考虑腐蚀裕量就能保证其管道的强度和寿命。对于局部腐蚀，不能采用增加腐蚀裕量的方法，必须从材料的选择方法考虑其选材或采取相应工艺

措施和防腐蚀措施。金属材料耐蚀评定方法有重量法和线性极化法。设计选材时应充分考虑材料的腐蚀裕量（腐蚀裕量＝腐蚀速度×使用寿命）。铁碳合金耐蚀性的影响因素：铁碳合金的组织，铁碳合金在各种介质中的腐蚀；介质温度和压力的影响；应力腐蚀及腐蚀疲劳。

⑤ 选择材料时应考虑由于设备（如热交换器、疏水器）、阀门（调节阀、节流阀）等而出现的压力、温度的变化，上游切断阀、旁通阀应符合上游条件；下游切断阀应根据下游条件和短时期的上游条件来确定。

⑥ 公称直径小于等于 $DN80$ 的饮用水和仪表空气的管道应采用镀锌的管子和管件（或采用非金属材料）以保证管道的清洁。

⑦ 除有特殊要求，一般不允许使用铜和铜合金材料。

(2) 对铸铁的选用注意事项

① 灰铸铁、可锻铸铁、高硅铸铁的拉伸强度和塑性及韧性较低，仅用于强度、韧性要求不高的工况。

② 灰铸铁不宜使用于在环境或操作条件下是一种气体或可闪蒸产生气体的液体，这些流体能点燃并在空气中燃烧。如烃类和可燃性气体在特殊情况下必须使用时，其设计温度不应高于150℃，设计压力不应超过1.0MPa，对于不可燃、无毒的气体或液体，设计压力不宜超过1.6MPa，设计温度不宜超过23℃。

③ 可锻铸铁温度范围为 $-19\sim300℃$，但用于输送可燃性介质的管道时，温度不应高于150℃、压力不大于2.5MPa。高硅铸铁不得用于可燃性介质。

④ 球墨铸铁用于制造受压零部件时，使用温度限制在 $-19\sim350℃$，设计压力不应超过2.5MPa。在常温下，设计压力不宜超过4.0MPa，它不可采用焊接方法连接，但奥氏体球墨铸铁除外。奥氏体球墨铸铁用于 $-19℃$ 以下时应进行低温冲击试验，但使用温度不得低于 $-196℃$。

⑤ 其他铸铁不适用于剧烈循环操作条件，如过热、热振动及机械振动和误操作，应采取防护措施。埋地铸铁管道组成件可用于2.5MPa以下。

(3) 对碳素钢和低中合金钢的选用注意事项

① 碳素钢和碳锰钢在高于425℃温度下长期使用，应考虑钢中碳化物相的石墨化倾向，而05Mo钢在约480℃以上长期工作时，也会使石墨化现象加快发展，从而使力学性能恶化。

② 碳钢和低合金钢大都为铁素体加珠光体组织，在高温下如450℃以上，珠光体中的片状渗碳体逐步转化为球状，使材料的蠕变极限及持久强度大大下降。为防止石墨化和珠光体球化，在这一温度范围内宜选用Cr-Mo耐热钢。

③ 高温氧化碳素钢和低合金钢在高温下不仅强度大大下降，同时材料表面极易氧化。钢中加入足够的Cr、Si、Al可有效防止高温氧化。

④ 苛性脆化管材表面受一定浓度的碱性流体长期侵蚀或反复作用，并在高温和应力的综合影响下易产生脆化破裂。

⑤ 金属材料在一定的温度和压力范围内与氢介质易接触产生氢脆现象。氢腐蚀是在晶界上发生化学作用，渗碳体分解，引起组织变化，产生裂纹并扩展，严重降低了材料的力学性能，甚至遭到破坏，是最危险的腐蚀，特别是处在高压条件下，更应引起注意。为此，应查阅"常用钢种在氢介质中使用的极限温度曲线图"，即"纳尔逊"曲线来选择材料。

(4) 对高合金钢的选用注意事项

① 含Cr铁素体钢在400～500℃温度下长期使用会产生475℃脆性。此外在500～800℃加热后易析出δ相从而导致δ相脆性。

② 奥氏体钢导热性差，其热导率为碳钢的1/3。Cr18-Ni18型钢既耐低温也耐高温，可用于 $-196\sim800℃$ 温度范围，但应力腐蚀破裂是奥氏体不锈钢极为重要的腐蚀破坏形态，能造成

奥氏体不锈钢应力腐蚀开裂的介质有各种氯化物水溶液、高温碱液、硫化氢水溶液、连多硫酸（$H_2S_xO_6$，$X=2\sim57$）、高温水及蒸汽等。另外，奥氏体不锈钢对 Cl^- 极为敏感，易产生点腐蚀。因此不论管内、还是管外，均应对 Cl^- 含量加以严格控制。

③ 不含稳定化元素 Nb、Ti 的非超低碳奥氏体不锈钢，在 450～850℃ 下加热停留以及焊接接头的热影响区，都会产生晶间腐蚀的倾向。为此，在这一操作温度下，应选用低碳材料或采取相应措施，如固溶化处理。

（5）不同标准对焊后热处理不同要求的对比

《工业金属管道设计规范》GB 50316 对焊后热处理的规定：碳钢管道壁厚大于或等于 19mm 时应进行焊后热处理；管道焊后需要热处理的厚度及要求除按 GB 50316 的规定外还应符合 GB 50235《现场设备、工业管道焊接工程施工规范》、GB 50184《工业金属管道工程施工质量验收规范》的规定；当 15CrMo 材料含碳量高于 0.15% 时任何壁厚均宜进行焊后热处理；当管子或管件采用焊接连接时推荐的预热和热处理要求所采用的壁厚应是连接接头处的较厚壁厚，其他例外情况见 GB 50316 所述。

SY/T 0011《天然气净化处理厂设计规范》的 6.3.10 条规定"在酸性环境中使用的碳钢管道及设备应进行焊后热处理"。

SY 4209《石油天然气建设工程施工质量验收规范 天然气净化处理厂工程》中说明含量大于 5% 的焊缝热处理后要进行硬度检查。

GB 50236《现场设备、工业管道焊接工程施工规范》中仅对壁厚大于 30mm 的有温度要求，而薄壁管未有要求及做法。

SH 3059 规定以下情况需要焊后热处理。

① 在湿 H_2S 应力腐蚀环境中，压力管道需经焊后热处理，热处理后焊缝（含热影响区）的硬度不大于 200HB。

② 在液氨应力腐蚀环境中，使用低碳钢和低合金高强度钢（包括焊接接头）。对于 Q235-A、Q235-B、Q235-C、20、16Mn 钢，应焊后进行消除应力热处理。对于 15MnV、18MnMoNb 低合金高强度钢，焊后必须进行消除应力热处理。

（6）常用管材焊前预热及焊后热处理（表 16.4）

表 16.4 常用管材焊前预热及焊后热处理

管材类别	名义成分	管材牌号	焊前预热 壁厚/mm	焊前预热 温度/℃	焊后热处理 壁厚/mm	焊后热处理 温度/℃	备注
碳素钢	C	10,20	≥26	100～200	≥30	600～650	适用于 C≤0.30% 的全部碳素钢
中低合金钢	C-Mn	16Mn、16MnR	≥15	150～200	≥20	600～650	
	C-MnV	09MnV	≥15	150～200	≥20	560～590	
		15MnV	≥15	150～200	全部	560～590	
	C-Cr-Mo	12CrMo	≥13	150～250	≥16	650～700	
					<16 且 C<0.25%	不处理	
		15CrMo	≥6	200～300	≥10	650～700	
		12Cr2Mo	全部	250～350	>6	700～750	
		5Cr-1Mo	全部	250～350	全部	700～750	
		9Cr-1Mo	全部	250～350	全部	750～780	
	C-Cr-Mo-V	12Cr1MoV	全部	250～350	>DN100	700～750	
					<DN100 且 t_m<13	不处理	
	C-Ni	2.25Ni、3.5Ni	全部	100～150	≥19	600～630	
高合金钢	C-Cr-Ni	奥氏体不锈钢	全部	>10	任意	不要求	

(7) 耐热钢材料的选用

除超低碳不锈钢和双相不锈钢外,大多数不锈钢都可作为耐热钢。GB 1221 标准共给出了 40 种耐热钢的材料牌号。大多数不锈钢都可用作耐热钢。工程上常用的耐热钢材料牌号有以下几种。

① 奥氏体型:0Cr18Ni9(304、06Cr19Ni10)、0Cr17Ni12Mo2(316)、0Cr18Ni10Ti(321)、0Cr18Ni11Nb(347)、0Cr25Ni20(310)、0Cr23Ni13 等。

② 铁素体型:00Cr12、0Cr13Al 等。

③ 马氏体型:1Cr5Mo、1Cr13、2Cr13、3Cr13 等。

④ 沉淀硬化型:0Cr17Ni4Cu4Nb、0Cr17Ni7Al 等。

工程上常用的耐热合金钢还有 Cr2Mo、Cr9Mo 等材料,但 GB 1221 标准中却没有列入。Cr2Mo、Cr9Mo 材料和 1Cr5Mo 一样,属于低碳型合金钢,常温下可获得铁素体和珠光体组织但容易淬硬而出现马氏体组织。这类钢有较高的热强性,常用于 350~650℃ 且腐蚀性不强的工况下,如动力系统的高温蒸汽管道。它还有一定的耐高温硫腐蚀和高温氢腐蚀的能力。这类钢焊接性较差,容易出现延迟裂纹,一般焊后要进行热处理。

(8) 高温管道材料的选用

① 一般将温度超过 350℃ 称为高温。高温压力管道受压元件的钢材使用温度,不应超过 GB 50316《工业金属管道设计规范》中规定的材料许用应力值所对应的温度上限。

② 这里主要讨论含 Cr 元素与 Mo 元素的珠光体-马氏体型高温钢。同奥氏体不锈钢相比,这类钢有如下特点:膨胀系数较小,热导率大,抗高温氧化性能和耐氢腐蚀性能较好,高温强度较高,工艺性能好,价格低等。

③ 非受压元件的钢材使用温度,不应超过钢材的极限氧化温度。常用金属材料的抗氧化极限温度参见表 16.5。

表 16.5 常用金属材料的抗氧化极限温度

钢材牌号	抗氧化极限温度/℃	钢材牌号	抗氧化极限温度/℃
碳素钢	≤560	1Cr5Mo	≤650
12CrMo	≤590	0Cr18Ni9(06Cr19Ni10)、0Cr18Ni10Ti、0Cr17Ni12Mo2	≤850
15CrMo	≤590	0Cr25Ni20	≤1100

④ 长期使用在高温条件下,碳素钢和碳锰钢的使用温度不应超过 425℃,0.5Mo 钢不应超过 468℃,ASME、ASTM 标准规定碳素钢和碳锰钢的使用温度不应超过 427℃。碳素钢和碳锰钢在高于 425℃ 的温度下长期使用时,应注意钢中碳化物相的石墨化倾向。因为在这种条件下,钢中的渗碳体会发生分解,$Fe_3C \rightarrow Fe+C$(石墨),这一分解使钢中的珠光体部分或全部消失,使材料的强度和塑性下降,冲击韧性下降更大,钢材明显变脆。

⑤ 含铬 12% 以上的铁素体不锈钢受压元件,使用温度不宜超过 400℃。

⑥ 奥氏体不锈钢的使用温度高于 525℃ 时,钢中含碳量不应小于 0.04%。若含碳量太低,在高温下钢的强度会显著下降。因此,一般规定超低碳奥氏体不锈钢使用温度,304L(00Cr18Ni9、06Cr19Ni10)控制在 400℃ 以下,316L(00Cr17Ni14Mo2)控制在 450℃ 以下。

⑦ 奥氏体不锈钢可按含碳量的多少进行分类,以最常用的 18-8 型不锈钢为例:含碳量较高的钢号有 1Cr18Ni9(C≤0.15%);含碳量较低的钢号有 0Cr18Ni10Ti(C≤0.08%);含碳量最低的钢号有 00Cr19Ni10(C≤0.03%)。通常含 C≤0.08% 的奥氏体不锈钢称为低碳不锈钢,含 C≤0.03% 的奥氏体不锈钢称为超低碳不锈钢。奥氏体不锈钢含碳量越低,耐晶间腐蚀性越好。故在耐晶间腐蚀用途中,以往含碳量较高而加有稳定化元素(Ti、Nb)的不锈钢已实际趋向淘汰。

(9) 低温管道材料的选用

1. 不同标准规范对低温管道的定义

① 我国标准一般规定设计温度低于或等于－20℃的管道属于低温管道。GB 50316、SH 3059 和 GB 150 标准规定设计温度低于或等于－20℃的压力管道属于低温管道。GB 50235、SH 3501 标准规定设计温度低于或等于－29℃的压力管道属于低温管道。

② ASTM、ASME 标准规定设计温度低于或等于－29℃的管道属于低温管道。

③ 前 ASTM、ASME 对于低温管道采用了根据材料组别、厚度、应力水平和热处理状态确定材料最低设计金属温度的方法，这种方法建立在大量实验研究的基础上，运用断裂力学的判据，针对每种材料的性能、厚度、热处理状态分别确定低温限，是比较科学的方法。我国标准将低温限统一定为－20℃，这是根据经验人为地划定的界限，对于一些材料具有不合理性。

2. 低温管道冲击试验与低温低应力工况

设计温度低于或等于－20℃的低温管道用钢材，除含碳量小于和等于 0.10% 且符合标准的铬镍奥氏体不锈钢在材料温度不低于－196℃时不做低温冲击试验外，其余钢材均应做夏比（V 形缺口）低温冲击试验。试验要求应符合 GB 150《钢制压力容器》和 GB 50316《工业金属管道设计规范》的规定。

低温管道用钢材做低温冲击试验不包括"低温低应力工况"。低温低应力工况系指压力容器壳体及其受压元或受压的管道组成件的设计温度虽然低于或等于－20℃，但其环向应力小于或等于钢材标准常温屈服点的 1/6，且不大于 50MPa 的工况。"环向应力小于或等于钢材标准常温屈服点的 1/6，且不大于 50MPa"是低温低应力工况的判据。

"GB 150、GB 50316、GB/T 20801.2 和 HG 20585《钢制低温压力容器技术规定》。同时规定，除抗拉强度下限值大于 540MPa 的钢材及螺栓材料外，压力容器壳体及其受压元件或受压的管道组成件在低温低应力工况下，若设计温度加 50℃后高于－20℃时，压力容器和管道材料可免做低温冲击试验。

3. 低温工况管道材料的选用

① 具有面心立方晶格的金属材料（如铜 Cu、镍 Ni、奥氏体钢等）一般没有低温冷脆现象，是最好的低温用材，故含铜、镍等元素的合金钢常用于低温工况。晶粒越细钢材的低温冲击韧性越好，故一般铁素体钢要正火处理后使用。杂质元素硫（S）、磷（P）、氧（O）都将降低钢材的低温冲击韧性，一般要严格控制。

② 中国的低温用钢有 16Mn、09Mn2V、06AlCu、06MnNb 或奥氏体不锈钢。但前几种一般适应的低温温度不宜太低，而奥氏体不锈钢又比较贵，故这里介绍 ASTM 中常的低温用钢，即镍（Ni）钢。

4. 低温用钢及低温界线

Q235-B，Q235-A 使用下限温度为 0℃；20 钢使用下限温度为－19℃；L245，A105，WPB，WCB 使用下限温度为－29℃；16Mn、16MnD 使用下限温度为－40℃；10MnD，A333 Gr6，WPL6，LF2，LCB 使用下限温度为－46℃；3.5Ni 使用下限温度为－101℃；奥氏体不锈钢，Al，Cu 使用下限温度为－196℃。

工程应用：某寒冷地区配管设计管道器材选用

某寒冷地区的工程设计，当地最低气温为－40℃。没有选用不锈钢材质管子，而是根据低温低应力工况，选用了 16Mn 材质管道材料。

九、配管设计的使用寿命

管道的寿命问题一直是工程技术人员关注的热点。设计寿命与工业管道的腐蚀余量有关。对于均匀腐蚀来说，当知道其年腐蚀速率后，根据预定的设计寿命，就很容易算出其应取的腐蚀余量了。除此之外，设计寿命还与交变应力作用的载荷变化次数、氢损伤的孕育时间、断裂因子的扩展期等影响因素有关，同时又与工业管道的一次性投资、资金代偿期和技术更新周期有关。

美国一杂志上推荐的设计使用寿命为：碳钢为 5 年；铬钼钢和不锈钢为 10 年。国外的一些工程公司对总承包项目和非总承包项目分别规定了不同的设计寿命，前者一般为 10 年，后者一般为 15 年，以便从中获取较大的利润。

SH 3059 标准规定管道的设计使用寿命为 15 年。

工程应用：各种介质管道材料及腐蚀裕量

各种介质管道材料及腐蚀裕量见表 16.6、表 16.7。

表 16.6 各种介质管道材料及腐蚀裕量

介质	温度范围/℃≤	压力等级/lbf①	基本材料	腐蚀裕量/mm	介质	温度范围/℃≤	压力等级/lbf①	基本材料	腐蚀裕量/mm
氨水	250	150	碳钢	1.5	工艺气体	−45	150	脱氧碳钢	1.5
阱	250	150	碳钢	1.5	低温富甲醇	−45	150	脱氧碳钢	1.5
化学品	250	150	碳钢	1.5	二氧化碳	−85	150	3.5Ni 钢	1.5
氨和液氨	250	150	碳钢	1.5	酸性气体	−85	150	3.5Ni 钢	1.5
消泡剂	250	150	碳钢	1.5	贫甲醇	−85	150	3.5Ni 钢	1.5
二氧化碳气体	250	150	碳钢	1.5	氮	−85	150	3.5Ni 钢	1.5
冷却水	250	150	碳钢	1.5	工厂空气	75	150	碳钢	2
火炬气体	250	150	碳钢	1.5	冷却水	75	150	碳钢	2
燃料气体	250	150	碳钢	1.5	透平冷凝液	90	150	碳钢	2
燃料油	250	150	碳钢	1.5	仪表空气	70	150	镀锌碳钢	1.5
烃类排放液	250	150	碳钢	1.5	饮用水	70	150	镀锌碳钢	1.5
贫甲醇	250	150	碳钢	1.5	液化石油气	320	300	碳钢	1.5
挥发油	250	150	碳钢	1.5	消泡剂	320	300	碳钢	1.5
工艺冷凝水	250	150	碳钢	1.5	氨和液氨	320	300	碳钢	1.5
工艺水	250	150	碳钢	1.5	柴油	320	300	碳钢	1.5
安全阀排出物	250	150	碳钢	1.5	烃类排放物	320	300	碳钢	1.5
0.4～1.0MPa 蒸汽	250	150	碳钢	1.5	挥发油	320	300	碳钢	1.5
氮气	250	150	碳钢	1.5	贫甲醇	320	300	碳钢	1.5
炭黑水	250	150	碳钢	6	真空残余油	320	300	碳钢	1.5
酸性气体	250	150	碳钢	1.5	锅炉给水	350	300	碳钢	1.5
安全阀排出物	400	150	碳钢	1.5	氮	350	300	碳钢	1.5
挥发油	400	150	碳钢	1.5	富甲醇	70	300	脱氧碳钢	1.5
工艺冷凝水	400	150	304 不锈钢	0	氨和液氨	70	300	脱氧碳钢	1.5
氧	400	150	304 不锈钢	0	工艺气体	430	600	1Cr½Mo 钢	1.5
化学污水	150	150	304 不锈钢	0	10.0MPa 蒸汽	500	600	1Cr½Mo 钢	1.5
贫甲醇	150	150	304 不锈钢	0	工艺气体	260	600	304 不锈钢	0
泥浆废气	150	150	304 不锈钢	0	工艺冷凝水	260	600	304 不锈钢	0
低温氮	−45	150	脱氧碳钢	1.5	中压氧	70	600	304 不锈钢	0
二氧化碳	−45	150	脱氧碳钢	1.5	4.0MPa 锅炉给水	420	600	碳钢	1.5
液氨	−45	150	脱氧碳钢	1.5	4.0MPa 蒸汽冷凝液	420	600	碳钢	1.5
高压氮	420	600	碳钢	1.5	7.0MPa 蒸汽冷凝液	380	900	碳钢	1.5
热贫甲醇	420	600	碳钢	1.5	氮	380	900	碳钢	1.5
炭黑水	150	600	碳钢	3	合成气	380	900	碳钢	1.5
炭黑水	200	600	碳钢	6	氨和液氨	380	900	碳钢	1.5
工艺气体	250	600	碳钢	6	锅炉给水	380	900	碳钢	1.5
工艺气体	520	900	1Cr½Mo 钢	1.5	工艺气体	530	1500	1Cr½Mo 钢	1.5
7.0MPa 蒸汽	510	900	1Cr½Mo 钢	1.5	10MPa 蒸汽	520	1500	2.25Cr1Mo 钢	1.5
合成气	260	900	1.25Cr0.5Mo	1.5	合成气	500	1500	304 不锈钢	0
工艺冷凝液	190	900	304 不锈钢	0	合成气	320	1500	碳钢	1.5
氧	380	900	304 不锈钢	0	10MPa 锅炉给水	350	1500	碳钢	1.5

① 1lbf=4.44822N。

表 16.7　各种介质美标体系管道材料及腐蚀裕量

输送介质	压力等级/lbf	应选用的材料	管道腐蚀裕量/mm
原水、净化水、软水、低压冷凝液 空气、氮气	150	API 5L B级无缝钢管	1.27
低压蒸汽	150	API 5L B级无缝钢管	1.27
地上、地下冷却水	150	API 5L B级无缝钢管	1.27
		API 5L B级焊接钢管	1.27
中压蒸汽、冷凝液、锅炉给水	300	API 5L B级无缝钢管	1.27
干二氧化碳	1500	API 5L B级无缝钢管	1.27
高压蒸汽	600	ASTM A335 P11级无缝钢管	1.27
润滑油、工艺冷凝液	150	ASTM A312 TP304级无缝钢管	0
低压碳酸盐、甲铵、湿二氧化碳	150	ASTM A312 TP304L级无缝钢管	0
		ASTM A358 TP304L级有缝钢管	0
低温及排放氨	150	ASTM A333 6级无缝钢管	1.27
低温及排放氨	300	ASTM A333 6级无缝钢管	1.27
熔融尿素	300	ASTM A312 TP304L级无缝钢管	0
低压尿素	150	ASTM A312 TP316L级无缝钢管	0
		ASTM A358 TP316L级有缝钢管	0
中压尿素、氨	300	ASTM A312 TP316L级无缝钢管	0
高压氨	2500	API 5L B级无缝钢	1.27
高压尿素	1500	尿素级不锈钢无缝钢管	0

十、配管设计管道材料常用的术语和定义

① 交货状态（delivery condition）。交货状态是指交货产品的最终塑性变形加工或最终热处理的状态。最终塑性变形加工状态也可理解为不经过热处理交货的状态，如热轧（锻）及冷拉（轧）状态。经正火、退火、高温回火、调质及固溶等处理的统称为热处理状态交货，或根据热处理类别分别称正火、退火、高温回火、调质及固溶等状态交货。

② 热轧状态（hot rolling condition）。钢材在热轧或锻造后不再对其进行专门热处理，冷却后直接交货，称为热轧或热锻状态。

热轧（锻）的终止温度为 800~900℃，之后一般在空气中自然冷却，因而热轧（锻）状态相当于正火处理。所不同的是因为热轧（锻）终止温度有高有低，不像正火处理加热温度控制严格，因而钢材组织与性能的波动比正火大。目前不少钢铁企业采用控制终轧温度轧制，由于终轧温度控制很严格，并在终轧后采取强制冷却措施，因而钢的晶粒细化，交货钢材有较高的综合力学性能。无扭控冷热轧盘条比普通热轧盘条性能优越就是这个道理。

热轧（锻）状态交货的钢材，由于表面覆盖有一层氧化铁皮，因而具有一定的耐蚀性，储运保管的要求不像冷（拉）轧状态交货的钢材那样严格，大中型型钢、中厚钢板可以在露天货场或经苫盖后存放。

③ 冷拉（轧）状态 [cold drawn (rolling) condition]。经冷拉、冷轧等冷加工成形的钢材，不经任何热处理而直接交货的状态，称为冷拉或冷轧状态。与热轧（锻）状态相比，冷拉（轧）状态的钢材尺寸精度高，表面质量好，表面粗糙度低，并有较高的力学性能。

由于冷拉（轧）状态交货的钢材表面没有氧化铁皮覆盖，并且存在很大的内应力，极易遭受腐蚀或生锈，因而冷拉（轧）状态的钢材，其包装、储运均有较严格的要求，一般均需在库房内保管，并应注意库房内的温度、湿度控制。

④ 常用钢的热处理方法分类。常用钢的热处理方法分类如图 16.5 所示。热处理的方法虽然很多，但任何一种热处理工艺都是由加热、保温、冷却三个阶段组成见图 16.6，只是加热温度的高低、保温时的长短和冷却速度不同。

⑤ 正火状态（norma lized condition）。钢材出厂前经正火热处理，这种交货状态称正火状

态。由于正火加热温度［亚共析钢为 $A_{c3}+(30\sim50℃)$，过共析钢为 $A_{ccm}+(30\sim50℃)$］比热轧终止温度控制严格，因而钢材的组织、性能均匀。与退火状态的钢材相比，由于正火冷却速度较快，钢的组织中珠光体数量增多，珠光体层片及钢的晶粒细化，因而有较高的综合力学性能，并有利于改善低碳钢的魏氏组织和过共析钢的渗碳体网状，可为成品的进一步热处理做好组织准备。碳素结构钢、合金结构钢钢材常采用正火状态交货。某些低合金高强度钢如14MnMoVBRE、14CrMnMoVB 钢为了获得贝氏体组织，也要求正火状态交货。

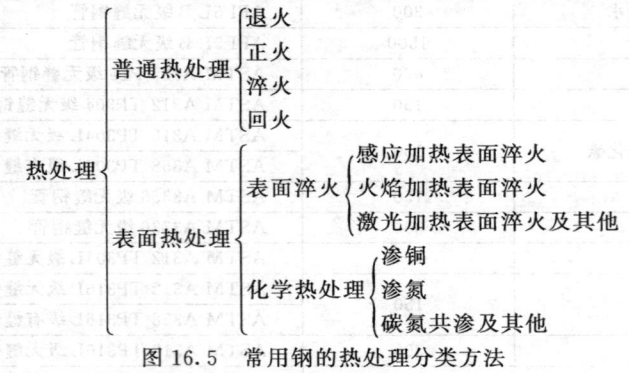

图 16.5 常用钢的热处理分类方法

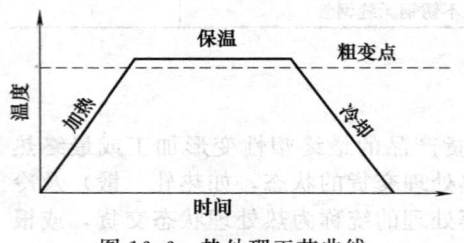

图 16.6 热处理工艺曲线

⑥ 退火状态（annealed condition）。为降低钢的硬度和提高塑性，便于加工，或者为消除冷却与焊接时产生的硬脆性与内应力，可将钢材加热到 $800\sim900℃$，经过保温后缓慢冷却，可达到使用的要求。如白口铁在 $900\sim1100℃$ 退火，可降低硬脆性，得到可锻性。

钢材出厂前经退火热处理，这种交货状态称退火状态。退火的目的主要是消除和改善前道工序遗留的组织缺陷和内应力，并为后道工序做好组织和性能上的准备。

合金结构钢、保证淬透性合金钢、冷镦钢、轴承钢、工具钢、汽轮机叶片用钢，铁素体型不锈耐热钢的钢材常用退火状态交货。

⑦ 高温回火状态（high temperature tempering condition）。钢材出厂前经高温回火热处理，这种交货状态称为高温回火状态。高温回火的温度高，有利于彻底消除内应力，提高塑性和韧性，碳素结构钢、合金结构钢、保证淬透性合金钢钢材均可采用高温回火状态交货。某些马氏体型高强度不锈钢、高速工具钢和高强度合金结构钢，由于有很高的淬透性以及合金元素的强化作用，常在淬火（或正火）后进行一次高温回火，使钢中碳化物适当集中，得到碳化物颗粒较粗大的回火索氏体组织（与球化退火组织相似），因而，这种交货状态的钢材有很好的切削加工性能。

⑧ 固溶处理状态（solid solution treatment）。钢材出厂前经固溶处理，这种交货状态称为固溶处理状态。这种状态主要适用于奥氏体不锈钢材出厂前的处理。通过固溶处理，得到单相奥氏体组织，以提高钢的韧性和塑性，为进一步冷加工（冷轧或冷拉）创造条件，也可为进一步沉淀硬化做好组织准备。

钢材交货状态还有许多种，例如调质状态、时效处理状态等。此外，还有酸洗、剥皮、磨光、抛光等表面加工状态。同一钢材可以有多种不同的交货状态，以满足使用单位各种不同的需要。正确地选择钢材交货状态，对使用单位的进一步加工、处理，确保产品质量，降低生产成本都有十分重要的意义，必须引起足够的重视。订购钢材时，在货单、合同等单据上，必须注明是何种交货状态。当选定热处理状态交货时，还应注明是指钢材本身还是试棒，以免发生错误。

⑨ 耐蚀性（corrosion resistance）。是指金属材料抵抗周围介质腐蚀作用的能力。金属的耐蚀性好，就不易受到周围介质的作用而发生质量上的变化，表现出稳定的化学性能，因此又

叫做化学稳定性。根据腐蚀的种类不同，耐蚀性可分为抗氧化性、耐酸性等。

一般来说，钢铁的耐蚀性不如有色金属。但是，不同有色金属的耐蚀性不同，同一种有色金属的耐蚀性，也因周围腐蚀介质的种类不同而异。

耐蚀性是在不同介质作用下的零件和构件选用金属材料的重要依据。

⑩ 力学性能（mechanical properties）。金属材料在外力作用下表现出来的各种特性，如弹性、塑性、韧性、强度、硬度等。

⑪ 弹性（elasticity）。金属材料受外力作用发生了变形，当去掉外力后，恢复原来形状和尺寸的能力，称为弹性。金属材料弹性的好坏，是通过弹性极限、比例极限来反映的。

金属的弹性对制造弹性零部件具有重要意义。

⑫ 塑性（plasticity）。金属材料在外力作用下产生永久变形（指去掉外力后不能恢复原状的变形），但不会被破坏的能力，叫做塑性。塑性用断后伸长率、断面收缩率表示。

金属的塑性与变形方式有关。例如，有些金属在受拉伸变形时要发生破坏，但受挤压或模锻时可不发生破裂。

金属的塑性是进行压力加工、冷弯工艺等必须考虑的重要因素。另外，适当的塑性对提高金属结构的安全可靠性十分必要。

⑬ 强度（intensity & strength）。金属材料在外力作用下抵抗变形和断裂的能力称为强度。金属材料的强度是通过比例极限、弹性极限、屈服强度、抗拉强度等许多强度指标来反映的。

在外力作用下工作的零件或构件，其强度是选用金属材料的重要依据。

⑭ 强度极限（ultimate strength）。强度极限是在拉伸应力-应变曲线上的最大应力点。

⑮ 比例极限（proportional limit）。在弹性变形阶段，金属材料所承受的和应变能力保持正比的最大应力，称为比例极限。由于比例极限很难测定，所以常常采用发生很微小的塑性变形量的应力值来表示，称为规定比例极限。

⑯ 弹性极限（elastic limit）。金属能保持弹性变形的最大应力，称为弹性极限。由于弹性极限很难测定，所以常常采用很微小的塑性变形量的应力值来表示。

⑰ 屈服极限（yield limit）。屈服极限为材料的拉伸应力超过弹性范围，开始发生塑性变形时的应力。有些材料的拉伸应力-应变曲线并不出现明显的屈服平台，即不能明确地确定其屈服点。对于此种情况，工程上规定取试样产生 0.2% 残余变形的应力值作为条件屈服极限。

SMYS：规定的最小屈服强度（the specified minimum yield strength）。这个词汇经常在一些压力试验等规范内出现。

⑱ 抗拉强度（tensile strength）与规定的最小拉伸强度（SMTS）金属试样拉伸时，在拉断前所承受的最大应力，称为抗拉强度。它表示金属材料在拉力作用下抵抗大量塑性变形和破坏的能力，抗拉强度以 R_m 表示，单位为 MPa。

SMTS 为规定的最小拉伸强度（the specified minimum tensile strength）。

⑲ 抗弯强度（bending strength）。试样在位于两支承中间的集中负荷作用下折断时，折断横截面（危险截面）所承受的最大正应力，称为抗弯强度。

⑳ 抗压强度（compressive strength）。材料在压力作用下不发生碎裂的所能承受的最大正应力，称为抗压强度。

㉑ 伸长率（elongation percentage）。金属在拉伸试验时，试样拉断后，其标距部分所增加的长度与原标距长度的百分比，称为断后伸长率。以 A 表示，单位为%。标距长度对伸长率影响很大，所以伸长率必须注明标距。

㉒ 断面收缩率（section shrinkage）。金属拉伸试验中，在断裂处试样截面面积减小的百分率，称为断面收缩率。

㉓ 持久极限（endurance limit）或持久强度（rupture strength）。持久极限指金属材料在

给定温度下，经过一定时间破坏时所能承受的恒定应力。

㉔ 蠕变极限（creep limit）。金属材料在一定温度和长时间受力状态下，即使所受应力小于其屈服强度，但随着时间的增长，也会慢慢地产生塑性变形，这种现象称为蠕变。

蠕变极限是指金属材料在一定温度和恒定应力下，在规定的时间内的蠕变变形量或蠕变速度不超过某一规定值时所能承受的最大应力。

㉕ 疲劳极限（fatigue limit）。金属材料在受重复或交变应力作用时，虽其所受应力远小于抗拉强度，甚至小于弹性极限，经多次循环后，在无显著外观变形情况下而会发生断裂，这种现象称为疲劳。金属材料在重复或交变应力作用下，经过周次 N 的应力循环仍不发生断裂时所能承受最大应力称为疲劳极限。

㉖ 疲劳强度（fatigue strength）。金属材料在重复或交变应力作用下，循环 N 次后断裂时所能承受的最大应力，叫做疲劳强度，N 称为材料的疲劳寿命，某些金属材料在重复或交变应力作用下没有明显的疲劳极限，常采用疲劳强度表示。

㉗ 冲击吸收功（impact absorbing energy）或冲击韧性值（impact toughness）。金属材料对冲击负荷的抵抗能力称为韧性，通常用冲击吸收功或冲击韧性值来度量。用一定尺寸和形状的试样，在规定类型的试验机上受一次冲击负荷折断时所吸收的功，称冲击吸收功，试样刻槽处单位面积上所消耗的功，称为冲击韧性值。

㉘ 低温冲击韧性（low temperature impact toughness）和高温冲击韧性（high temperature impact toughness）。金属材料在常温、低温及高温下所测得的冲击吸收功或冲击韧性值是不一样的。低温条件下测得的冲击韧性，称为低温冲击韧性；高温条件下测得的冲击韧性，称为高温冲击韧性。低温或高温下测得的冲击吸收功或冲击韧性值都要注明试验温度。

㉙ 金属材料的冷脆（cold brittleness）及脆性转变温度。钢材在较低温度时发生的脆性断裂，通常称为冷脆。材料发生脆裂时的临界温度称为韧性-脆裂转变温度，简称脆性转变温度。

㉚ 硬度（hardness）。材料抵抗更硬物体压入其表面的能力，称为硬度，根据试验方法和适用范围的不同，硬度可分为布氏硬度（HB）、洛氏硬度（HR）和维氏硬度（HV）等许多种，其测定方法和适用范围各异。

硬度反映材料对局部塑性变形的抗力及材料的耐磨性。硬度不是一个单纯的物理量，而是反映弹性、强度和塑性等综合性能的指标。它是金属材料的重要性能指标之一。一般来说，硬度越高，耐磨性越好。

㉛ 布氏硬度（brineu hardness）。用一定直径 D 的淬硬钢球，以规定负荷 P 压入试验金属表面并保持一定时间，除去负荷后，测量金属表面的压痕直径，以直径算出压痕球面积 F 再以负荷 P 除以压痕球面积 F 所得之商，为该金属的布氏硬度值。布氏硬度以 HB 表示。

布氏硬度测定较为准确可靠，但只适用于测定 8HB～480HB 范围内的金属材料。对于硬度较高的金属或较薄的板、带材则不适用。

㉜ 洛氏硬度（rockwell hardness）。洛氏硬度和布氏硬度都是压痕试验法，所不同的是它不是测定压痕直径的大小，而是测定压痕的深度。洛氏硬度的测定是在先后两次施加负荷（初负荷 P_0 及总负荷 P）的作用下，将标准型压头（金刚石圆锥体或钢球）压入金属表面，当卸除主负荷 P_1（$P_1 = P - P_0$）后，可得到由于主负荷 P_1 所引起的残余压入深度值 e。e 值越大，金属的硬度越低；反之则硬度越高。e 值以规定单位 0.002mm 表示，压头轴向位移一个单位（0.002mm）相当于洛氏硬度变化一个数，洛氏硬度用符号 HR 表示。洛氏硬度分为 HRC、HRA 和 HRB 三种。

㉝ 晶粒（crystalline grain）、晶界（grain boundary）。组成金属材料的小晶体，称为晶粒。晶粒与晶粒之间的分界面，称为晶界。

㉞ 相（phase）、相界（phase boundary）。在金属或合金中，凡成分相同、结构相同并由

界面互相隔开的均匀组成部分，称为相，相与相之间的界面，称为相界。

㉟ 固溶体（solid solution）。组成合金的一种金属元素的晶体中溶有另一种元素的原子形成的固态相，称为固溶体。固溶体一般有较高的强度、良好的塑性、耐蚀性以及高的电阻和磁性。

按溶质原子在晶格中的位置不同可分为置换固溶体和间隙固溶体。溶质原子占据溶剂晶格中的结点位置而形成的固溶体称置换固溶体。溶质原子分布于溶剂晶格间隙而形成的固溶体称间隙固溶体。

按固溶度来分类：可分为有限固溶体和无限固溶体。无限固溶体只可能是置换固溶体。

按溶质原子与溶剂原子的相对分布来分，可分为无序固溶体和有序固溶体。

㊱ 金属化合物（metal compounds）。合金中不同元素的原子相互作用形成的、晶格类型和性能都完全不同于其组成元素的，具有金属特性的固态相，称为金属化合物。金属化合物多数具有熔点高、硬而脆的特点，是合金中很重要的强化相。

㊲ 奥氏体（austenite，A）。奥氏体（A），是碳在 γ-Fe 中的固溶体，溶碳能力较大，在 723℃为 0.8%，在 1147℃时达到最大值 2.06%，它是碳钢在高温时的组织。

奥氏体是一种塑性很好、强度较低的固溶体、具有一定韧性，不具有铁磁性。

㊳ 铁素体（ferrite，F 或 FN）。铁素体（F）是碳在 α-Fe 中的固溶体，其溶碳能力较差，室温下仅溶碳 0.006%，在 723℃时达到最大值 0.02%，所以其强度、硬度较低，塑性及韧性很高，它是碳钢在常温时的主体相。

㊴ 渗碳体（Fe_3C）(cementite)。渗碳体（Fe_3C）是铁和碳的化合物，含碳量为 6.69%，性能硬而脆，几乎没有塑性，它是钢中的强化相。

㊵ 珠光体（pearlite，P）。珠光体（P）是铁素体和渗碳体相间排列的片状层组织，是一种机械混合物，因此，其力学性能介于铁素体和渗碳体之间，综合力学性能较好。

㊶ 临界点（critical point）。钢加热和冷却时发生相转变的温度叫临界点或临界温度，在实际加热和冷却时，钢的相变与在极端缓慢加热（或冷却）的平衡状态不一样，往往是在一定的过热或者过冷的情况下进行的。这样就使得实际加热或冷却时的临界点不在同一温度上。临界点用 A 表示；加热时的临界点在临界点 A 右下标字母 c；冷却时的临界点在临界点 A 右下标字母 r。对钢来说，常见的平衡状态和加热时的临界点有以下几个。

A_1——在平衡状态下，奥氏体、铁素体、渗碳体共存的温度，也就是下临界点。

A_3——亚共析钢在平衡状态下，奥氏体和铁素体共存的最高温度，也就是亚共析钢的上临界点。

A_{cm}——过共析钢在平衡状态下，奥氏体和渗碳体共存的最高温度，也就是过共析钢的上临界点。

A_{c1}——钢加热时，所有珠光体都转变为奥氏体的温度。

A_{c3}——亚共析钢加热时，所有铁素体都转变为奥氏体的温度。

A_{ccm}——过共析钢加热时，所有渗碳体都溶入奥氏体的温度。

A_{r1}——钢高温奥氏体化后冷却时，奥氏体转变为珠光体的温度。

A_{r3}——亚共析钢高温奥氏体化后冷却时，铁素体开始析出的温度。

A_{rcm}——过共析钢高温完全奥氏体化后冷却时，渗碳体开始析出的温度。

M_s——钢高温奥氏体化后，在大于临界冷却速度冷却时，其中奥氏体开始转变为马氏体的温度。

M_z——奥氏体转变为马氏体的终了温度。

A_{c1}、A_{c3}、A_{ccm} 随加热速度而定，加热速度越快，其值越高。而 A_{r1}、A_{r3} 和 A_{rcm} 则随冷却速度的加快而降低，当冷却速度超过一定值（临界冷却速度）时，将完全消失，一般 $A_{c1} > A_1 > A_{r1}$、$A_{c3} > A_3 > A_{r3}$、$A_{ccm} > A_{cm} > A_{rcm}$。对碳钢来说，这些临界点在铁碳平衡图上可查到。

㊷ 热处理（heat treatment & thermal treatment）。热处理就是将金属成材或零件加热到低于熔点的一定温度，并将此温度保持一段时间，然后冷却至一定温度的工艺过程。热处理过程一般都要经过加热→保温→冷却三个阶段。

热处理和其他加工处理不同，它不改变金属成材或零件的形状和大小，而是通过改变金属的内部组织来改善金属的性能，提高材料的使用价值，满足各种使用要求，并提高质量、节省材料及延长使用寿命。钢的热处理工艺包括退火、正火、淬火、回火和表面热处理等方法。

㊸ 退火（annealing）。常用的退火又可分为完全退火、再结晶退火和消除应力退火。完全退火是将铁碳合金完全奥氏体化（加热到 A_{c3} 以上 20～30℃）然后缓慢冷却，以获得接近平衡组织的工艺过程。完全退火适用于处理亚共析钢、中合金钢，目的是改善钢铸件或热轧型材的力学性能。由于加热温度超过上临界点，使组织完全重结晶，可达到细化晶粒、均匀组织、降低硬度、充分消除内应力等目的。

再结晶退火是将变形后的金属加热到再结晶温度以上（600℃～A_{c3}），保持适当时间，使被冷加工拉长了的和破碎了的晶粒重新成核和长大成正常晶粒，成为没有内应力的新的稳定组织，使钢的物理机械性能基本上都能得到恢复。对于连续多次冷加工的钢材，因随加工道次的增加、硬度不断升高，塑性不断下降，必须在两次加工中间安排一次再结晶退火、使其软化，以便钢材能进一步加工。这种退火又称为软化退火或中间退火。

消除应力退火是为了除去由于塑性变形加工、焊接等原因造成的以及铸件内存在的残余应力而进行的热处理工艺，消除应力退火的加热温度低于钢的再结晶温度。

㊹ 正火（normalizing）。将钢加热到 A_{c3} 或 A_{cm} 以上 30～50℃，保温后在空气中冷却，得到珠光体型组织的热处理工艺叫正火。正火主要用于碳钢和低合金钢，其目的是提高其力学性能，细化晶粒，改善组织，使晶粒细化和碳化物分布均匀化，去除材料的内应力，降低材料的硬度。

正火与退火的区别是正火的冷却速度稍快，所获得的组织比退火细，力学性能也有所提高。

㊺ 淬火（quenching）。将钢加热到 A_{c3}（亚共析钢）或 A_{c1}（过共析钢）以上 30～50℃，保温后以大于临界冷却速度的速度快速冷却的热处理工艺叫淬火。淬火一般是为了得到马氏体组织，使钢得到强化。淬火马氏体是碳在 α-Fe 中的过饱和固溶体。

淬火的目的是使过冷奥氏体进行马氏体或贝氏体转变，得到马氏体或贝氏体组织，然后配合不同温度的回火，以大幅提高钢的强度、硬度、耐磨性、疲劳强度以及韧性等，从而满足各种机械零件和工具的不同使用要求。也可以通过淬火满足某些特种钢材的铁磁性、耐蚀性等特殊的物理、化学性能。

㊻ 回火（tempering）。钢淬火后为了消除残余应力及获得所需要的组织和性能，将其重新加热到 A_{c1} 以下某一温度，保温后进行冷却的热处理工艺叫回火。按回火温度的不同，回火可分为低温、中温和高温回火。

㊼ 调质（quenching and high temperature tempering）。通常将淬火加高温回火的热处理工艺叫调质。调质后获得回火索氏体组织，可使钢件得到强度与韧性相配合的良好的综合力学性能。

㊽ 固溶处理（solution treatment）。固溶处理指将合金加热到高温单相区然后恒温保持，使过剩相充分溶解到固溶体中后快速冷却，以得到过饱和固溶体的热处理工艺。其目的是改善金属的塑性和韧性，并为进一步进行沉淀硬化处理准备条件。适用于多种特殊钢、高温合金、特殊性能合金及有色金属。尤其适用于热处理后需要再加工的零件；消除成形工序间的冷作硬化；焊接后工件。

对于非超低碳型的奥氏体不锈钢，通过固溶处理可使过剩的碳被固溶在奥氏体中，从而可消除其晶间腐蚀的敏感性。一般情况下，对不锈钢多加热到 1000～1120℃，并按 1～2min/mm 进行保温，然后进行急冷，使得过剩的碳来不及向晶界间迁移，从而达到消除晶界贫铬的目的。经固溶处理的奥氏体不锈钢仍要防止在敏化温度加热，否则碳化铬会重新沿晶界析出。

㊾ 稳定化处理（stabilizing treatment & steadiness treatment）。稳定化处理是稳定组织，消除残余应力，以使工件形状和尺寸保持在规定范围内的任何一种热处理工艺。主要运用在以下几种情况。

a. 为使工件在长期服役的条件下形状和尺寸变化能够保持在规定范围内的热处理。对于预应力钢材，稳定化处理的作用是将钢丝中的大部分残余应力消除，使绞线结构稳定，切断时不松散，弹性极限提高，在长期保持张力下服役时应力损失（松弛）较低。

b. 含钛或含铌的奥氏体不锈钢的一种提高耐晶间腐蚀能力的热处理方法。在奥氏体不锈钢冶炼时加入数倍于含碳量的钛或铌元素，可在形成 $Cr_{23}C_6$ 之前优先形成钛或铌的碳化物，这些碳化物几乎不固溶于奥氏体中。在焊件从高温冷却时，即使经过易析出 $Cr_{23}C_6$ 的敏化温度区间（850～450℃）时也不会沿晶界大量析出 $Cr_{23}C_6$，从而大大提高了耐晶间腐蚀的能力。为了使钢达到最大的稳定度，还应做稳定化处理，即将构件加热至 900℃使 $Cr_{23}C_6$ 充分溶解到奥氏体中，而此时让钛和铌充分形成非常稳定的碳化钛和碳化铌。然后在空气中冷却，即使经过敏化温度，也无 $Cr_{23}C_6$ 在晶界析出。经稳定化处理后的奥氏体不锈钢便大大降低了晶间腐蚀的可能性。

㊿ 敏化处理（sensitizing treatment）。使金属（通常是合金）的晶间腐蚀敏感性明显提高的热处理。钢中的碳（通常含 0.08%）与铬结合，在热处理过程中或在焊接过程中在晶界析出。形成的碳化物使晶界出现贫铬，降低了材料的耐应力腐蚀性。一般在 420～850℃范围内停留时间过长，奥氏体不锈钢会由于碳化铬的析出而造成晶间贫铬，增加材料的晶间腐蚀倾向，这个温度范围即为敏化区间。

敏化处理一般是指已经经过固溶处理的奥氏体不锈钢，在 500～850℃加热，将 Cr 从固溶体中以碳化铬的形式析出，造成奥氏体不锈钢的晶界腐蚀敏感性，这就是敏化处理，是用来衡量奥氏体不锈钢晶界腐蚀倾向的一种检测手段。

(51) 碳当量（carbon equivalent）。碳当量是将钢铁中各种合金元素折算成碳的含量。碳素钢中决定强度和可焊性的因素主要是含碳量。合金钢（主要是低合金钢）除碳以外各种合金元素对钢材的强度与可焊性也起着重要作用。为便于表达这些材料的强度性能和焊接性能，通过大量试验数据的统计，简单地以碳当量来表示。有许多碳当量指标，如拉伸强度碳当量、屈服强度碳当量、焊接碳当量，还有冷裂敏感性指标（实质上也是碳当量）。通过对钢的碳当量和冷裂敏感指数的估算，可以初步衡量低合金高强度钢冷裂敏感性的高低，这对焊接工艺条件如预热、焊后热处理、线能量等的确定具有重要的指导作用。

国际焊接学会推荐的碳当量公式 CE（IIW）：

$$CE(\mathrm{IIW})=\mathrm{C}+\mathrm{Mn}/6+(\mathrm{Cr}+\mathrm{Mo}+\mathrm{V})/5+(\mathrm{Ni}+\mathrm{Cu})/15 \quad (\%)$$

式中的元素符号均表示该元素的质量分数。该式主要适用于中、高强度的非调质低合金高强度钢（R_m＝500～900MPa。当板厚小于 20mm，CE(IIW)＜0.40%时，钢材淬硬倾向不大，焊接性良好，不需预热；CE(IIW)＝0.40%～0.60%，特别当大于 0.5%时，钢材易于淬硬，焊接前需预热。

十一、管道及其元件的标准体系

管道材料设计时首先要考虑的问题就是管道及其元件标准系列的选用。标准体系应包括管子系列标准、管件系列标准、法兰及其连接件系列标准、阀门标准等。它们之间相互衔接、相互配合，确定了管道及其元件的基本参数。这些标准中以管子标准和法兰标准最具代表性，它们是其他应用标准的基础。世界上各国应用的标准体系有很多，不同的国家、不同的行业有不同的标准体系，它们之间有些相差很多，无法配套使用。因此，工业管道设计的第一步就是选择标准体系，并作为设计的统一规定。世界各国应用标准大体上分为两大类。就管子标准和法兰标准来说，有欧式法兰标准体系与美式法兰标准体系两种。

① 欧式法兰标准体系。以 200℃ 作为计算基准温度，压力等级按 $PN0.1$、$PN0.25$、$PN0.6$、$PN1.0$、$PN1.6$、$PN2.5$、$PN4.0$、$PN6.3$、$PN10.0$、$PN16.0$、$PN25.0$、$PN40.0$ 等分级。

② 美式法兰标准体系。以大约 430℃（对 150lb 级则是 300℃）作为计算基准温度，而压力等级按 $PN2.0$（Class150）、$PN5.0$（Class300）、$PN6.8$（Class400）、$PN10.0$（Class600）、$PN15.0$（Class900）、$PN25.0$（Class1500）、$PN42.0$（Class2500）分级。

（一）美国标准体系

① 管子。大外径系列的标准 ASME B36.10 和 ASME B36.19。公称直径范围：$DN6 \sim DN2000$。钢管壁厚以管子表号"Sch"表示。ASME B36.10 有 Sch10、Sch20、Sch30、Sch40、Sch60、Sch80、Sch100、Sch120、Sch140、Sch160 共 10 个等级；ASME B36.19 有：Sch5s、Sch10s、Sch40s、Sch80s 共 4 个等级。

② 管法兰。美式法兰。压力等级有 150Psi、300Psi、400Psi、600Psi、900Psi、1500Psi、2500Psi 共 7 个等级。公称直径：$DN15 \sim DN600$。法兰密封面有凸台面（RF）、凹凸面（MF）、榫槽面（TG）、金属环连接面 4 种。法兰形式有平焊式、承插焊式、对焊式、螺纹连接式、松套式及法兰盖 6 种。

③ 美国标准体系中常用的配管设计管道材料标准有：ASME B36.10《焊接和无缝轧制钢管》、ASME B36.19《不锈钢无缝及焊接钢管》、ASME B16.9《工厂制造的锻钢对焊管件》、ASME B16.11《承插焊和螺纹锻造管件》、ASME B16.28《钢制对焊小半径弯头和回弯头》、ASME B16.34《法兰连接、螺纹连接和焊接连接的阀门》、ASME B16.5《管法兰和法兰管件》、ASME B16.36《孔板法兰》、ASME B16.42《球墨铸铁法兰和法兰管件》、ASME B16.47《大直径钢法兰》、ASME B16.20《管法兰用缠绕式、包覆式垫片和环槽式用金属垫片》、ASME B16.21《管法兰用非金属平垫片》、ASME B18.2.1《方头和六角头螺栓和螺纹》、ASME B18.2.2《方头和六角头螺母》、API std605《大口径法兰、法兰盖》、API std526《法兰连接钢制泄压阀》、API std598《阀门的检验与试验》、API std599《法兰连接和焊接连接的金属旋塞阀》、API std600《法兰和对焊连接的钢制闸阀》、API std602《小型钢闸阀（紧凑型闸阀）》、API std603《150lb 耐腐蚀用法兰阀》、API std608《法兰连接和对焊连接的金属球阀》、API std609《支耳型和对夹型蝶阀》、API std6D《管道阀门规范》、MSS SP-44《带颈平焊法兰》、API 6A《井口装置和采油树设备规范》、AWWA C207《水工业用钢制管法兰标准》等。

（二）德国标准体系

① 管子。大外径系列。

② 管法兰。欧式法兰。德国标准 DIN 2401《压力和温度说明、概念、公称压力等级》在 DIN 2401 压力等级系列标准中，规定公称压力为 200℃ 时的最大许用工作压力，单位为 bar：1、1.6、(2)、2.5、(3.2)、4、(5)、6、(8)、10、(12.5)、16、(20)、25、(32)、40、(50)、63、(80)、100、(125)、160、(200)、250、(315)、400、(500)、630、(700)、(800)、1000、(1250)、1600、(2000)、2500、4000、6300。

应优先选用表中不带括号的压力等级。

等级标准相同。公称直径：$DN6 \sim DN4000$。法兰密封面有平面、凸台面、凹凸面、榫槽面、橡胶环连接面、透镜面及膜片焊接面 7 种形式。法兰形式有平焊板式、平焊松套式、翻边松套式、对焊翻边松套式、对焊环翻边松套式、对焊式、螺纹连接式、整体式及法兰盖共 9 种。

③ 德国常用的配管设计管道材料标准有：DIN 2410.T.1《管子及钢管标准概述》、DIN 2448《无缝钢管 尺寸及单位长度质量》、DIN 2458《焊接钢管 尺寸及单位长度质量》、DIN 2500《法兰 一般说明》、DIN 2501.T.1《法兰 连接尺寸》、DIN 2519《钢法兰 交货技术条件》、DIN 2980《带螺纹的钢管配件》等。

(三) 俄罗斯标准体系

① 管子。小外径系列，外径尺寸同我国的 JB 系列。

② 管法兰。欧式法兰。压力等级：$PN0.1$、$PN0.25$、$PN0.6$、$PN1.0$、$PN1.6$、$PN2.5$、$PN4.0$、$PN6.4$、$PN10.0$、$PN16.0$、$PN20.0$ 共 11 个等级。公称直径：$DN6\sim DN3000$。法兰密封面形式有全平面、凸台面、凹凸面、聚四氟乙烯用榫槽面、透镜面及椭圆型环连接面 7 种。法兰形式有平焊板式、平焊松套式、翻边松套式、对焊式、螺纹连接式、整体式及法兰 7 种。

③ 俄罗斯常用配管设计管道材料标准：GOST 12819《整体铸钢法兰》、GOST 12820《PL 平板法兰》、GOST 12821《WN 高颈法兰》、GOST 12836《BL 盲板法兰》。

(四) 日本标准体系

① 管子。大外径系列（JIS G3454、JIS G3458、JIS G3459）与 ASME 大多数相同；无缝钢管公称直径：$DN6\sim DN650$；用管子表号"Sch"表示壁厚：碳钢及合金钢（JIS G3454、JIS G3458）：Sch10、Sch20、Sch30、Sch40、Sch60、Sch80、Sch100、Sch120、Sch140、Sch160；不锈钢（JIS G 3459）：Sch5s、Sch10s、Sch20s、Sch40s、Sch80s、Sch120s、Sch160s。焊接钢管公称直径：$DN350\sim DN2000$。

② 管法兰。管法兰 JIS B2201、JIS B2220 等自成体系，既不属于"美式法兰"，也不属于"欧式法兰"。公称直径：$DN10\sim DN1000$；公称压力等级：2K、5K、10K、16K、20K、30K、40K、63K，其对应的许用压力值（120℃时的）见表 16.8。法兰密封面形式光滑面、大凸台面、小凸台面、凹凸面、榫槽面 5 种。法兰形式有平焊式、承插焊式、对焊式、螺纹连接式、松套式及法兰盖 6 种。JIS 标准体系与 ASME 和 DIN 等都不能配套使用。为了弥补这个缺陷，日本石油学会编制了一套 JPI 标准，它基本上等效采用了 ASME、API 标准体系，故能与 ASME 互换。

表 16.8　JIS 法兰标准在 120℃时的许用压力值

公称压力	2K	5K	10K	16K	20K	30K	40K	63K
120℃时许用压力值/MPa	0.3	0.7	1.4	2.2	2.8	5.0	6.8	10.5

③ 日本标准体系 JIS 中配管设计常用的管道材料标准有：JIS G3452《普通用途碳钢管》、JISG 3454《承压用碳钢管》、JISG 3455《承压用碳钢管》、JISG 3456《高温用碳钢管》、JISG 3457《电弧焊碳钢管》、JIS G3458《合金钢管》、JIS G3459《不锈钢钢管》、JIS G3468《电弧焊大直径不锈钢钢管》、JIS B2220《钢制管法兰》、JIS B2302《钢制螺纹连接管件》、JIS B2311《普通用途的钢制对焊管件》、JIS B2312《钢制对焊管件》、JIS B2313《钢板制对焊管件》、JIS B2316《承插焊管件》、JIS B2401《O 形环》、JIS B2404《管阀兰用缠绕式垫片》、JIS B3453《压缩石棉垫片》等。

(五) 国际标准化组织标准体系

① 管子。基本上属大外径系列 ISO4200，标准 ISO4200 第一系列基本上采用了 ASME 的尺寸，仅 $DN \geqslant 1100$mm 时（已不太常用）使用了"小外径系列"的尺寸。

② 管法兰。管法兰同时包括了"美式法兰"和"欧式法兰"两个系列。ISO7005-1 代表了当前世界法兰标准的应用趋势。公称压力等级：第一系列有 $PN10$、$PN16$、$PN20$、$PN50$、$PN110$、$PN150$、$PN260$、$PN420$ 共 8 个等级；第二系列有 $PN2.5$、$PN6$、$PN25$、$PN40$ 共 4 个等级。第一系列为基本系列，第二系列为限制系列。上述两个系列中的 $PN2.5$、$PN6$、$PN10$、$PN16$、$PN25$、$PN40$ 属"欧洲系列"。而 $PN20$（相当于 Class150）、$PN50$（相当于 Class300）、$PN110$（相当于 Class600）、$PN150$、$PN260$（相当于 Class1500）、$PN420$ 属于"美洲系列"，二者在结构尺寸和密封面尺寸上是不能互换的。上

述美洲系列和欧洲系列两个压力等级标准,目前还无法统一成一个标准。因此国际化标准组织制定了相应的标准 ISO 7005-1,此标准实际上是一个折中的标准。它将上述两个标准的主要压力等级分别列在两个系列中,同时包括了"美洲系列"和"欧洲系列"两个系列,以期与这两个标准体系都能配伍,它代表了当前世界法兰标准的应用趋势。

③ ISO 标准体系中常用配管设计管道材料标准有:ISO 3183《石油和天然气工业用钢管》、ISO 6759《热交换器用无缝钢管》、ISO 7005-1《金属管法兰》、ISO 7483《符合 ISO 7005 标准的管法兰密封垫片》、ISO 3419《非合金钢和合金钢管件》、ISO 5251《不锈钢对焊管件》、ISO 7121《法兰型钢制球阀》等。

(六) 英国、法国标准体系

① 管子。大外径系列。BS 1600 的直径范围和壁厚分级与 ASME B36.10/B36.11 相同。BS 3600 基本上等同采用了 ISO 标准,其直径范围和壁厚分级与 ISO 4200 相同。

② 法兰标准。法兰标准同时包括了"美式法兰"和"欧式法兰"两个系列。BS 1560 基本上等同采用了 ASME 标准,其结构形式和密封面形式与 ASME B16.5 相同;BS 4504 基本上等同采用了 DIN 标准,其结构形式和密封面形式与 DIN 2500。

法国和英国采用的压力等级标准类似。

③ BS 标准体系中常用的配管设计管道材料标准有:BS 1600《石油工业用钢管尺寸》、BS 3600《承压用焊接钢管和无缝钢管的尺寸及单位长度质量》、BS 1560《管法兰(美式法兰)》、BS 4504《管法兰(欧式法兰)》、BS 1740.1《锻钢制管件》、BS 1965《对焊承压管件》、BS 1640《石油工业用对焊管件》、BS 3799《石油工业用螺纹及承插焊管件》等。

(七) 中国标准体系

(1) 中国国家标准体系

① 管子。尺寸系列标准 GB 17395 属于"大外径系列"。接管分为系列 Ⅰ、系列 Ⅱ。系列 Ⅰ 为"大外径系列",以期能与 SH 标准等匹配;系列 Ⅱ 为"小外径系列",以期能与 JB 标准等匹配。

② 法兰

a. 欧式法兰。法兰标准 GB/T 9112—2000 包括欧式法兰和美式法兰,分为系列 Ⅰ、系列 Ⅱ,公称压力有 $PN0.25$、$PN0.6$、$PN1.0$、$PN1.6$、$PN2.5$、$PN4.0$、$PN6.3$、$PN10.0$、$PN16.0$ 共 9 个等级。公称通径 $DN10 \sim DN2000$。法兰形式有整体、带颈螺纹、对焊、带颈平焊、板式平焊、平焊环板式松套、对焊环板式松套、翻边环板式松套和法兰盖 9 种。密封面形式有平面、突面、凹凸面、榫槽面 4 种。

b. 美洲法兰。系列 Ⅰ 为大外径系列。公称压力有 $PN2.0$、$PN5.0$、$PN11.0$、$PN15.0$、$PN26.0$、$PN42.0$ 共 6 个等级。公称通径:$DN10 \sim DN600$。法兰形式有整体、带颈螺纹、对焊、带颈平焊、带颈承插焊、对焊环带颈松套和法兰盖 7 种。密封面形式有平面、突面、凹凸面、榫槽面、环连接面 5 种。

③ 中国国家标准体系常用的配管设计管道材料标准有:GB 17241《铸铁管法兰》、GB 12459《钢制对焊无缝管件》、GB/T 13401《钢板制对焊管件》、GB/T 14626《锻钢制螺纹管件》、GB/T 14382《管道用三通过滤器》、GB/T 14383《锻钢制承插焊管件》、GB/T 9112~9124《钢制管法兰》、GB 4622.1~3《管法兰用缠绕式垫片》、GB 9126.1~4《管法兰用石棉橡胶垫片》、GB 9128.1~2《管法兰用金属环垫片》、GB/T 13404《管法兰用聚四氟乙烯包覆垫片》、GB/T 15601《管法兰用金属包覆垫片》、GB 30《六角螺栓》、GB 52《六角螺母》、GB 56《六角厚螺母》、GB 901《等长双头螺柱 B 级》、GB 6170《I 型六角螺母 A 和 B 级》、GB 6171《I 型六角螺母细牙 A 和 B 级》、GB 6175《Ⅱ型六角螺母 A 和 B 级》、GB 12234《通用阀门法兰和对焊连接钢制闸阀》、GB 12235《通用阀门法兰连接钢制截止阀和升降式止回阀》、GB 12236《通用阀门法兰连接钢制旋启

式止回阀》、GB 12237《通用阀门法兰和对焊连接钢制球阀》、GB 12238《通用阀门法兰和对夹连接蝶阀》、GB 12239《通用阀门隔膜阀》、GB 12244～12246《减压阀》、GB 12247～12251《蒸汽疏水阀》、GB 12239《通用阀门隔膜阀》、GB 12244～12246《减压阀》、GB 12247～12251《蒸汽疏水阀》、GB/T 13927《通用阀门压力试验》等。

(2) 中国石化行业标准体系

① 管子。尺寸系列标准（SH 3405）基本属于"大外径系列"。SH3405 等效采用了 ISO 4200 标准，故当 $DN \leqslant 1100mm$ 时，它能与 ASME B36.1/36.19 标准配套使用。SH 3405 直径范围和壁厚分级见表 16.9。

表 16.9　SH 3405 直径范围和壁厚分级

钢管类别	公称直径范围	壁厚分级
奥氏体不锈钢无缝钢管	10～400	Sch5s、Sch10s、Sch20s、Sch40s、Sch80s
碳素钢、合金钢无缝钢管	10～600	Sch20、Sch30、Sch40、Sch60、Sch80、Sch100、Sch120、Sch140、Sch160、XXS
奥氏体不锈钢焊接钢管	80～1000	2.0～12
碳素钢、合金钢焊接钢管	150～2000	4.0～18

② 法兰。标准 SH 3406 属于"美式法兰"。公称压力：$PN1.0$、$PN2.0$（CL150）、$PN5.0$（CL300）、$PN6.8$（CL400）、$PN10.0$（CL600）、$PN15.0$（CL900）、$PN25.0$（CL1500）、$PN42.0$（CL2500）共 8 个等级。公称直径：$DN15 \sim DN1500$。法兰密封面：当 $DN \leqslant 600mm$ 时，有凸台面、凹凸面、全平面、榫槽面、环槽面 5 种；当 $DN \geqslant 650mm$ 时，只有凸台面 1 种。法兰形式：当 $DN \leqslant 600mm$ 时，有平焊、对焊、承插焊、螺纹连接、松套 5 种；当 $DN \geqslant 650$ 时，只有对焊 1 种。SH 3406 等效采用了 ASME B16.5 和 API 605 标准，属于"美式法兰"。SH 3406 在结构尺寸和密封面形式上与 ASME B16.5、API605 有着很好的互换性，因此它能与 ASME、API、MSS 等标准的管道元件配套使用。但因为 SH 3406 采用了我国材料标准而不是美国材料标准（ASTM），故二者的许用压力值有少许偏差，故在考虑二者互换时，应注意核对。

③ 石化行业标准体系中常用的配管设计管道材料标准有：SH 3401《管法兰用石棉橡胶板垫片》、SH 3402《管法兰用聚四氟乙烯包覆垫片》、SH 3403《管法兰用金属环垫片》、SH 3404《管法兰用紧固件》、SH 3405《石油化工企业钢管尺寸系列》、SH 3406《石油化工钢制管法兰》、SH 3407《管法兰用缠绕式垫片》、SH 3408《钢制对焊无缝管件》、SH 3409《钢板制对焊管件》、SH 3410《锻钢制承插焊管件》等。

(3) 中国化工行业标准体系

① 管子。尺寸系列标准（HG 20553）A 系列属于"大外径系列"，B 系列属于"小外径系列"。

② 法兰。同时包含欧式法兰和美式法兰。

a. 欧式法兰（HG/T 20592）。压力等级：$PN2.5$、$PN6$、$PN10$、$PN16$、$PN25$、$PN40$、$PN63$、$PN100$、$PN160$ 共 9 个等级。公称直径：$DN10 \sim DN2000$。法兰形式有板式平焊、带颈平焊、带颈对焊、整体式、承插焊、螺纹、对焊环松套、平焊环松套、法兰盖、衬里法兰盖 10 种。密封面形式有突面、凹凸面、榫槽面、环连接面、全平面 5 种。它可以与 JB 阀门配套使用。

b. 美式法兰标准（HG/T 20615）。公称压力：Class150（$PN2.0$）、Class300（$PN5.0$）、Class600（$PN11.0$）、Class900（$PN15.0$）、Class1500（$PN26.0$）和 Class2500（$PN42.0$）。公称直径：$DN15 \sim DN600$。法兰形式有带颈平焊、带颈对焊、长高径法兰、整体法兰、承插焊法兰、螺纹法兰、对焊环套法兰、法兰盖 8 种。密封面形式有突面、凹凸面、榫槽面、环连

接面、全平面 5 种形式。

化工行业管道标准体系也是一个相对比较完整的标准体系，其使用面比较广，既可以与国外的 ASME、DIN、ISO 等标准配合使用，又可以与国内的 GB、SH、JB 等标准配合使用。

c. 美式大直径钢制管法兰标准（HG/T 20623）。公称压力：Class150（PN20）、Class300（PN50）、Class600（PN11.0）、Class900（PN15.0），A、B 系列相同。公称直径：$DN650 \sim DN1500$，A、B 系列相同。法兰形式有带颈对焊法兰、法兰盖等 8 种。密封面形式有 A 系列为突面（RF）、环连接面（RJ），B 系列为突面（RF）。

化工行业工业管道标准体系也是一个相对比较完整的标准体系，而且经历了若干年的生产实践检验，具有成熟的使用经验，其使用面广，既可以与国外的 ASME、DIN、ISO 等标准配合使用，又可以与国内的 GB、SH、JB 等标准配合使用。

③ 化工行业标准体系中常用的配管设计管道器材标准有：HG 20537.1《奥氏体不锈钢焊接钢管选用规定》、HG 20553《化工配管用无缝及焊接钢管尺寸选用系列》、HG/T 21634《锻钢制承插焊管件》、HG/T 21635《碳钢、低合金钢无缝对焊管件》、HG/T 21631《钢制有缝对焊管件》、HG/T 21632《锻钢制承插焊、螺纹和对焊接管台》、HG/T 21637《化工管道过滤器》、HG/T 21577《快速特种接头》、HG/T 20592～20635《钢制管法兰、垫片、紧固件》等。

(4) 中国机械行业标准体系

① 管子。管子尺寸属于"小外径系列"。

② 法兰。法兰标准属于欧式法兰。压力等级：$PN0.25$、$PN0.6$、$PN1.0$、$PN1.6$、$PN2.5$、$PN4.0$、$PN6.3$、$PN10.0$、$PN16.0$、$PN20.0$ 共 10 个压力等级。公称直径：$DN15 \sim DN1600$。法兰形式有整体、板式平焊、对焊、平焊环板式松套、对焊环板式松套、翻边板式松套和法兰盖 7 种。密封面形式有平面、凸面、凹凸面、榫槽面、环连接面 5 种。

③ 中国机械行业标准体系中常用的配管设计管道器材标准有：JB/T 74《管路法兰技术条件》、JB/T 75《管路法兰类型》、JB/T 79.1～79.4《整体铸钢管法兰》、JB/T 81《板式平焊钢制管法兰》、JB/T 82.1～82.4《对焊钢制管法兰》、JB/T 83《0.25MPa、0.6MPa、1.0MPa、1.6MPa、2.5MPa 平焊环式松套钢制管法兰》、JB/T 84《4.0MPa、6.3MPa、10.0MPa 凹凸面对焊环板式松套钢制管法兰》、JB/T 85《0.25MPa、0.6MPa 翻边式松套钢制管法兰》、JB/T 86.1～86.2《钢制管法兰盖》、JB/T 4700～4703《压力容器用法兰》、JB/T 87～90《管路法兰用垫片》、JB 4704～4706《压力容器用垫片》等。

十二、各标准管道分级（类）

（一）ASME 标准管道分级（类）

美国国家标准 ASME 压力管道规范 ASME B31.3，根据输送流体性质和泄漏时造成的后果，将管道输送的流体分为 D 类、M 类、高压和常规四类流体工况。

① D 类流体流体工况。不易燃、无毒、并且在规定操作条件下对人类肌体无害；设计表压不超过 1035kPa（150psi 或 1.05MPa）；设计温度在 $-29℃$（$-20℉$）$\sim 186℃$（$366℉$）之间。

② M 类流体流体工况。有剧毒，在输送工程中如有较少量泄漏到环境中，被人吸入或与人体接触时能造成严重的和难以治疗的伤害，即使迅速采取措施也无法挽救。

③ 高压流体流体工况。业主规定按 ASME 标准高压管道进行设计和建造的工况。

④ 常规流体工况。即不受 D 类、M 类或高压流体工况管辖的管道。

（二）GB 50316《工业金属管道设计规范》的管道分级（类）

GB 50316《工业金属管道设计规范》根据输送的流体性质和泄露时造成的后果，将管道分为五类，输送这五类流体的管道类别分别与流体类别对应，但并不完全等同。例如，介质苯，既是 A1 类，又是 B 类流体。而氧气管道按本规范属于 C 类流体。

① A1 类流体管道。A1 类流体系指剧毒流体，在输送过程中如有极少量的流体泄漏到环境中，被人吸入或人体接触时，能造成严重中毒，脱离接触后，不能治愈。相当于现行国家标准 GB 5044《职业性接触毒物危害程度分级》中Ⅰ级（极度危害）的毒物。

② A2 类流体管道。A2 类流体系指有毒流体，接触此类流体后，会有不同程度的中毒，脱离接触后可治愈。相当于 GB 5044《职业性接触毒物危害程度分级》中Ⅱ级以下（高度、中度、轻度危害）的毒物。

③ B 类流体管道。B 类流体系指这些流体在环境或操作条件下是一种气体或可闪蒸产生气体的液体，这些流体能点燃并在空气中连续燃烧。

④ D 类流体管道。D 类流体系指不可燃、无毒、设计压力小于或等于 1.0MPa，设计温度在 -20～186℃之间的流体。

⑤ C 类流体管道。C 类流体系指不包括 D 类流体的不可燃、无毒的流体。

（三）GB 50235《工业金属管道工程施工规范》的管道分级（类）

GB 50235《工业金属管道工程施工规范》配套使用 GB 50184《工业金属管道工程施工质量验收规》和 GB 50236《现场设备、工业管道焊接工程施工规范》。工业金属压力管道应按 TSG D001《压力管道安全技术监察规程——工业管道》的规定划分为 GC1、GC2、GC3 三个等级。除压力管道以外的其他管道，应按 C 类流体管道和 D 类流体管道分类。D 类流体管道指不可燃、无毒或毒性为轻度危害程度、设计压力小于或等于 1.0MPa。和设计温度高于 -20℃但不高于 185℃的流体管道。C 类流体管道指不包括 D 类流体的不可燃、无毒或毒性为轻度危害程度的流体管道。

（四）HG 20225《化工金属管道工程施工及验收规范》的管道分级（类）

HG 20225《化工金属管道工程施工及验收规范》规定化工行业金属管道应按管道所输送的介质分为四类：A 类为输送剧毒介质的管道；B 类为输送可燃介质或有毒介质的管道；C 类、D 类为输送非可燃介质、无毒介质的管道。其中设计压力 $p \leqslant 1MPa$，且设计温度为 -29～186℃的管道为 D 类管道。

注意：混合物料应以其主导物料作为分级依据。常见剧毒介质、可燃介质或有毒介质，请参考《化工金属管道工程施工及验收规范》的附录。

（五）SH 3059《石油化工管道设计器材选用通则》的管道分级（类）

SH 3059《石油化工管道设计器材选用通则》对输送有毒、可燃介质管道的分级见表 16.10。

表 16.10 SH 3059《石油化工管道设计器材选用通则》对输送有毒、可燃介质管道的分级

管道级别	适 用 范 围
SHA	1. 毒性程度为极度危害介质管道(苯管道除外) 2. 毒性程度为高度危害介质的丙烯腈、光气、二硫化碳和氟化氢介质管道 3. 设计压力大于或等于 10.0MPa 输送有毒、可燃介质管道
SHB	1. 毒性程度为极度危害介质的苯管道 2. 毒性程度为高度危害介质管道（丙烯腈、光气、二硫化碳和氟化氢管道除外） 3. 甲类、乙类可燃气体和甲$_A$类液化烃、甲$_B$类、乙$_A$类可燃液体介质管道
SHC	1. 毒性程度为中度、轻度危害介质管道 2. 乙类、丙类可燃液体介质管道
SHD	设计温度低于 -29℃的低温管道
SHE	设计压力小于 10.0MPa 且设计温度高于或等于 -29℃的无毒、非可燃介质管道

注：1. 混合物料应以其主导物料作为分级依据。
2. 常见毒性介质、可燃介质，参考《石油化工管道设计器材选用通则》的附录。SHA，SHB 和 SHC 级主要根据 GB 5044《职业性接触毒物危害程度分级》和 GB 50160《石油化工企业设计防火规范》规定来划分，SHA 级主要用于极度危害介质管道，但又根据石油化工生产的特点，将 GB 5044 规定的极度危害介质苯归入 SHB 级，将高度危害介质丙烯腈、光气、二硫化碳和氟化氢归入 SHA 级。SHD 级既包括了有毒、可燃介质低温管道，也包括了无毒、非可燃介质低温管道。SHE 级则仅为无毒、非可燃介质管道。

GB 5044《职业性接触毒物危害程度分级》中毒性程度划分见表 16.11。

表 16.11 常用有毒介质举例

级别	毒物名称
极度危害（Ⅰ级）	汞及其化合物、苯、砷及其无机化合物、氯乙烯、铬酸盐、重铬酸盐、黄磷、铍及其化合物、对硫磷、羰基镍、八氟异丁烯、氯甲醚、锰及其无机化合物、氰化物
高度危害（Ⅱ级）	三硝基甲苯、铅及其化合物、二硫化碳、氯、丙烯腈、四氯化碳、硫化氢、甲醛、苯胺、氟化氢、五氯酚及其钠盐、镉及其化合物、敌百虫、氯丙烯、钒及其化合物、溴甲烷、硫酸二甲酯、金属镍、甲苯二异氰酸酯、环氧氯丙烷、砷化氢、敌敌畏、光气、氯丁二烯、一氧化碳、硝基苯
中度危害（Ⅲ级）	苯乙烯、甲醇、硝酸、硫酸、盐酸、甲苯、二甲苯、三氯乙烯、二甲基甲酰胺、六氯丙烯、苯酚、氮氧化物
轻度危害（Ⅳ级）	溶剂汽油、丙酮、氢氧化钠、四氟乙烯、氨

但其他一些标准对苯、丙烯腈、二硫化碳等介质的分类与 GB 5044 不同，具体见表 16.12。

表 16.12 不同行业不同的危害性分类

标准	苯	二硫化碳	光气（碳酰氯）	丙烯腈	氟化氢
GB 5044	极度危害	高度危害	—	高度危害	高度危害
HG 20660	高度危害	中度危害	极度危害	高度危害	高度危害
GB 50517	极/高度危害	高/极度危害	高度危害	高/极度危害	高/极度危害

甲类、乙类可燃气体是根据 GB 50160《石油化工企业设计防火规范》中可燃气体的火灾危险性分类划分的，具体见表 16.13 与表 16.14。

表 16.13 甲类、乙类可燃气体火灾危险性分类

类别	可燃气体与空气混合物的爆炸下限
甲	<10%（体积分数）
乙	≥10%（体积分数）

表 16.14 可燃气体火灾危险性分类举例

类别	名称
甲	乙炔、环氧乙烷、氢气、合成气、硫化氢、乙烯、氰化氢、丙烯、丁烯、丁二烯、顺丁烯、反丁烯、甲烷、乙烷、丙烷、丁烷、丙二烯、环丙烷、甲胺、环丁烷、甲醛、甲醚、氯甲烷、氯乙烯、异丁烷
乙	一氧化碳、氨、溴甲烷

在 GB 50016 的规定中，属于甲类火灾危险性的可燃介质（或生产过程）还有：常温下能自行分解或在空气中氧化即能导致自燃或爆炸的物质；常温下受到水或蒸汽作用能产生气体并引起燃烧或爆炸的物质；遇酸、受热、撞击、摩擦、催化及遇有机物或硫黄等易燃的无机物，极易引起燃烧或爆炸的强氧化剂；受撞击、摩擦或与氧化剂、有机物接触时能引起燃烧或爆炸的物质；在密闭设备内操作温度等于或超过物质本身自燃点的生产。属于乙类火灾危险性的介质主要是指不属于甲类火灾危险性的氧化剂和化学易燃固体，以及助燃气体。

可燃气体、液化烃、可燃液体的火灾危险性分类是根据 GB 50160 确定的，见表 16.15。

表 16.15 可燃气体、液化烃、可燃液体的火灾危险性分类

类别		名称	特征	举例
甲	A	液化烃	15℃时的蒸气压力大于 0.1MPa 的烃类液体及其他类似的液体	液化石油气、液化天然气、液化甲烷、液化丙烷等
	B		甲A类以外，闪点<28℃	汽油、戊烷、二硫化碳、石油醚原油等
乙	A	可燃液体	28℃≤闪点≤45℃	喷气燃料、煤油、丙苯、苯乙烯等
	B		45℃<闪点≤60℃	—35 号轻柴油、环戊烷等
丙	A		60℃<闪点≤120℃	轻柴油、重柴油、20 号重油、锭子油等
	B		闪点>120℃	蜡油、100 号重油、油渣、润滑油、变压器油等
甲		可燃气体	可燃气体与空气混合物的爆炸下限：<10%（体积分数）	
乙			可燃气体与空气混合物的爆炸下限：≥10%（体积分数）	

混合物料应以其主导物料作为分级依据。当操作温度超过其闪点的乙类液体，应视为甲$_B$类液体；当操作温度超过其闪点的丙类液体，应视为乙$_A$类液体。

（六）SH 3501《石油化工有毒、可燃介质管道工程施工及验收规范》的管道分级（类）

SH 3501《石油化工有毒、可燃介质钢制管道工程施工及验收规范》的管道分级见表 16.16。

表 16.16　SH 3501《石油化工有毒、可燃介质钢制管道工程施工及验收规范》的管道分级

序号	管道级别	输送介质	设计条件	
			设计压力/MPa	设计温度/℃
1	SHA1	（1）极度危害介质（苯除外）、光气、丙烯腈	—	—
		（2）苯、高度危害介质（光气、丙烯腈除外）、中度危害介质、轻度危害介质	$p \geqslant 10$	—
			$4 \leqslant p < 10$	$t \geqslant 400$
				$t < -29$
2	SHA2	（3）苯、高度危害介质（光气、丙烯腈除外）	$4 \leqslant p < 10$	$-29 \leqslant t < 400$
			$p < 4$	$t \geqslant -29$
3	SHA3	（4）中度危害、轻度危害介质	$4 \leqslant p < 10$	$-29 \leqslant t < 400$
		（5）中度危害介质	$p < 4$	$t \geqslant -29$
		（6）轻度危害介质	$p < 4$	$t \geqslant 400$
4	SHA4	（7）轻度危害介质	$p < 4$	$-29 \leqslant t < 400$
5	SHB1	（8）甲类、乙类可燃气体介质和甲类、乙类、丙类可燃液体介质	$p \geqslant 10$	
			$4 \leqslant p < 10$	$t \geqslant 400$
			—	$t < -29$
6	SHB2	（9）甲类、乙类可燃气体介质和甲$_A$类、甲$_B$类可燃液体介质	$4 \leqslant p < 10$	$-29 \leqslant t < 400$
		（10）甲$_A$类可燃液体介质	$p < 4$	$t \geqslant -29$
7	SHB3	（11）甲类、乙类可燃气体介质、甲$_B$类可燃液体介质、乙类可燃液体介质	$p < 4$	$t \geqslant -29$
		（12）乙类、丙类可燃液体介质	$4 \leqslant p < 10$	$-29 \leqslant t < 400$
		（13）丙类可燃液体介质	$p < 4$	$t \geqslant 400$
8	SHB4	（14）丙类可燃液体介质	$p < 4$	$-29 \leqslant t < 400$

注：1. 常见的毒性介质和可燃介质参见 SH 3501—2011 的附录 A。
2. 管道级别代码的含义：SH 为石油化工行业、A 为有毒介质、B 为可燃介质、数字为管道的质量检查等级。

（七）TSG R1001《压力容器压力管道设计许可规则》的管道分级（类）

按照 TSG R1001《压力容器压力管道设计许可规则》2008 版的定义，压力管道分为 GA 类长输管道、GB 类公用管道、GC 类工业管道及 GD 类动力管道。据 2014 年公布施行的《特种设备目录》，压力管道分类变为：长输管道（输油管道、输气管道），公用管道（燃气管道、热力管道），工业管道（工艺管道、动力管道、制冷管道），TSG R1001 升版后也会按照新的压力管道分级（类）。

（八）GB 50517《石油化工金属管道工程施工质量验收规范》的管道分级（类）

GB 50517《石油化工金属管道工程施工质量验收规范》的管道分级见表 16.17。

表 16.17　GB 50517《石油化工金属管道工程施工质量验收规范》的管道分级

序号	管道级别	输送介质	设计条件		TSG D0001 级别
			设计压力/MPa	设计温度/℃	
1	SHA1	（1）极度危害介质（苯除外）、高度危害丙烯腈、光气介质			GC1
		（2）苯介质、高度危害介质（丙烯腈、光气除外）、中度危害介质、轻度危害介质	$p \geqslant 10$	—	GC1
			$4 \leqslant p < 10$	$t \geqslant 400$	
			—	$t < -29$	

续表

序号	管道级别	输送介质	设计条件 设计压力/MPa	设计条件 设计温度/℃	TSG D0001 级别
2	SHA2	(3)苯介质、高度危害介质(丙烯腈、光气除外)	$4 \leqslant p < 10$	$-29 \leqslant t < 400$	GC1
			$p < 4$	$t \geqslant -29$	
3	SHA3	(4)中度危害、轻度危害介质	$4 \leqslant p < 10$	$-29 \leqslant t < 400$	GC2
		(5)中度危害介质	$p < 4$	$t \geqslant -29$	
		(6)轻度危害介质	$p < 4$	$t \geqslant 400$	
4	SHA4	(7)轻度危害介质	$p < 4$	$-29 \leqslant t < 400$	GC2
5	SHB1	(8)甲类、乙类可燃气体介质和甲类、乙类、丙类可燃液体介质	$p \geqslant 10$	—	GC1
			$4 \leqslant p < 10$	$t \geqslant 400$	
			—	$t < -29$	
6	SHB2	(9)甲类、乙类可燃气体介质和甲$_A$类、甲$_B$可燃液体介质	$4 \leqslant p < 10$	$-29 \leqslant t < 400$	GC1
		(10)甲$_A$类可燃液体介质	$p < 4$	$t \geqslant -29$	GC2
7	SHB3	(11)甲类、乙类可燃气体介质、甲$_B$类、乙类可燃液体介质	$p < 4$	$t \geqslant -29$	GC2
		(12)乙类、丙类可燃液体介质	$4 \leqslant p < 10$	$-29 \leqslant t < 400$	
		(13)丙类可燃液体介质	$p < 4$	$t \geqslant 400$	
8	SHB4	(14)丙类可燃液体介质	$p < 4$	$-29 \leqslant t < 400$	GC2
9	SHC1	(15)无毒、非可燃介质	$p \geqslant 10$	—	GC1
			—	$t < -29$	
10	SHC2	(16)无毒、非可燃介质	$4 \leqslant p < 10$	$t \geqslant 400$	GC1
11	SHC3	(17)无毒、非可燃介质	$4 \leqslant p < 10$	$29 \leqslant t < 400$	GC2
			$1 < p < 4$	$t \geqslant 400$	
12	SHC4	(18)无毒、非可燃介质	$1 < p < 4$	$-29 \leqslant t < 400$	GC2
			$p \leqslant 1$	$t \geqslant 185$	
			$p \leqslant 1$	$-29 \leqslant t \leqslant -20$	
13	SHC5	(19)无毒、非可燃介质	$p \leqslant 1$	$-20 < t < 185$	GC3

十三、管道、容器、阀门的分类

1. 按设计压力管道、容器、阀门的分类

① 按设计压力,管道分为:低压管道,公称压力 $p < 1.6$MPa;中压管道,公称压力 $p = 1.6 \sim 6.4$MPa;高压管道,公称压力 $p = 6.4 \sim 10$MPa;超高压管道,公称压力 $p = 10 \sim 20$MPa。

② 按设计压力,容器分为:低压容器,$0.1\text{MPa} \leqslant p < 1.6\text{MPa}$;中压容器,$1.6\text{MPa} \leqslant p < 10\text{MPa}$;高压容器,$10\text{MPa} \leqslant p < 100\text{MPa}$。超高压容器:$p \geqslant 100\text{MPa}$。

③ 按设计压力,阀门分为:真空阀,工作压力低于标准大气压的阀门;低压阀,$p \leqslant 1.6$MPa;中压阀,$p = 2.5 \sim 6.4$MPa;高压阀,$p = 10.0 \sim 80$MPa;超高压阀,$p \geqslant 100$MPa。

2. 按设计温度管道、容器、阀门的分类

按设计温度,管道、容器、阀门的分类见表16.18。

表16.18 按设计温度管道、容器、阀门的分类

	管道	容器	阀门
超低温	—	—	$t < -100$℃
低温	$t \leqslant -40$℃	$t \leqslant -20$℃	-100℃$\leqslant t \leqslant -40$℃
常温	-40℃$< t \leqslant 120$℃	-20℃$< t \leqslant 120$℃	-40℃$\leqslant t \leqslant 120$℃
中温	120℃$< t \leqslant 450$℃	150℃$< t \leqslant 450$℃	120℃$\leqslant t \leqslant 450$℃
高温	$t > 450$℃	$t > 450$℃	$t > 450$℃

工程应用:管道混合流体毒性计算及管道分级

① 由不同标准规范的管道分级(分类)可以看出管道的分级(分类)与管道内介质危险

性分类有着密切的关系。

② 按流体（或称介质）毒性、可燃性、设计压力、温度分别确定。

③ 国内流体毒性分类、定义和分级指标按 GB 5044—85（已经被 GBZ 230—2010《职业性接触毒物危害程度分级》替代，但是很多其他标准规范仍然在引用 GB 5044—85）的规定（低度危害不计）。

④ 可燃性分类、定义和分级指标按 GB 50160 的规定，氧化剂和有机过氧化物也列入（丙类可燃液不计）。

⑤ 毒性指标按 GB 5044—85 有六项：急性毒性（定量）；急性中毒发病状况；慢性中毒患病状况；慢性中毒后果；致癌性；最高容许浓度（定量）。

介质毒性主要按两项指标：LD_{50}（经口或经皮），LC_{50}。LD_{50} 就是某毒性物质使受试生物死亡一半所需的绝对量，LC_{50} 就是某毒性物质使受试生物死亡一半所需的浓度。

工程应用：管道流体的毒性分析与管道分级

某新建大型乙烯工程，某长度为 355m 的管道，$DN1200$，管道内流体混合物中有 4 种介质属有毒品。介质 A 与介质 D 为极度危害，介质 B 与介质 C 为高度危害。

有些管道设计人员认为管道内流体含有 GB 5044 所规定的极度危害介质，按照 GB 50316 应该把这条管线定为 A 类管道，在施工时应对管道焊缝进行 100% 射线照相检验；如果按照 SH 3501 也应该把这条管线定为 SHA 类管道，在施工时应对管道焊接接头进行 100% 射线检验。实际上，这些管道设计人员把管道内流体的毒性分级错误了，造成白白多花费了很多射线检验的费用，给工程公司造成很多不良影响。

十四、工业管道标准体系之间的配伍

工业管道标准体系是比较多的，而且各标准体系之间有些是不能配套使用的，工程中经常遇到在一个装置上同时采用两套或多套标准体系的情况，或者是由于某套标准体系的应用标准不完善，需要其他体系的标准进行支持。除了了解有关的标准体系之外，还应知道各体系之间的标准配合问题。

工业管道设计的第一步就是选择标准体系，并作为装置的设计统一规定，通过项目经理分发至各相关专业，以避免各相关专业因采用不能互换的其他标准体系而导致错误。

世界各国应用的标准体系虽多，但大体上可以分为两大类。工业管道常用标准体系配伍见表 16.19。

表 16.19 工业管道常用标准体系配伍表

管件	SH 标准体系	GB 标准体系	ASME 标准体系	JB 标准体系	HG 标准体系
一般管道	SH 3405	GB/T 17395	ASME B36.10	—	HG 20553
长输管道	GB/T 9711.1	GB/T 9711.1	API 5L	—	—
管件	SH 3408 SH 3409 SH 3410	GB 12459 GB/T 13401 GB/T 14383 GB/T 14626	ASME B16.9 ASME B16.11 ASME B16.28	GB 12459 GB/T 13401 GB/T 14383	HG/T 21634 HG/T 21635 HG/T 21631
法兰	SH 3406	GB/T 9112～GB 9131	ASME B16.5	JB/T 74～86	HG 20592～HG 20605
垫片	SH 3401 SH 3402 SH 3403 SH 3407	GB 4622.1～2	ASME B16.20 ASME B16.21	JB/T 87 JB/T 88 JB/T 89 JB/T 90	HG 20606～HG 20612
紧固件	SH 3404	GB 5780～GB 5782 GB 41 GB 6170	ASME B18.2.1 ASME B18.2.2	GB 5780～GB 5782 GB 41 GB 6170	HG 20613～HG 20614

续表

管件	SH 标准体系	GB 标准体系	ASME 标准体系	JB 标准体系	HG 标准体系
阀门	API 600 API 602 API 603 API 608 API 609 API 594	GB 12232~ GB 12247	API 600 API 602 API 603 API 608 API 609 API 594	JB 系列	JB 系列

上述各标准体系间的标准配合时应注意下面一些问题。

① GB 法兰与 SH 法兰，二者引用的材料标准不尽相同。

② SH 标准体系中引用 API 阀门时，应注意二者的温度-压力值的差别。尤其是碳素钢和铬钼钢材料，由于二者应用的材料的可比性较差，往往会出现这种情况：对同一个公称压力等级，SH 法兰比同一温度下 API 阀门的许用压力值低很多，此时就应适当提高法兰材料的强度等级，否则会造成阀门能力的浪费。

③ GB 和 SH 标准体系中，管子尺寸系列有少量的差异，应用时应加以注意。

工业管道标准体系配伍设计的注意事项：可用的工业管道标准体系比较多，而且各标准体系之间有些是不能配套使用的，有些虽然基本能配套使用但尚有个别问题应注意。一个装置或同时建设的几个装置应尽量采用同一个标准体系，这样可以避免由于不同标准体系之间的配合问题而带来的一些错误。工程中经常遇到在一个装置上同时采用两套或多套标准体系的情况，或者是由于某套标准体系的应用标准不完善，需要其他体系的标准进行支持。这就要求材料工程师除了在了解有关的标准体系之外，还应知道各体系之间的标准配合问题，要注意核对各标准的温度-压力值。

第二节 工业管道配管设计强度的计算

一、主要技术参数

① 材料的许用应力。材料的许用应力是指材料的强度指标除以相应的安全系数得到的值。材料的力学性能指标有屈服极限、强度极限、蠕变极限、疲劳极限等，这些指标分别反映了不同状态下失效的极限值。为了保证管道运行中的强度可靠，常将管道元件中的应力限制在各强度指标下某一值，该数值即为许用应力。当管道元件中的应力超过其许用应力值时，就认为其强度已不能得到保证。因此说，材料的许用应力是确定管道壁厚等级的基本参数。不同的设计标准，选取材料的许用应力值是不同的。对工业管道，国内的设计标准是按 GB 150 确定的许用应力值，ASTM 材料则是取按 ASME B31.3 标准确定的许用应力值。

② 腐蚀余量。腐蚀余量是考虑因介质对管道的腐蚀而造成的管道壁厚减薄，从而增加的管道壁厚值。它的大小直接影响到管道壁厚的取值，或者说直接影响到壁厚等级的确定。许多国内外的工程公司或设计院通常都将腐蚀余量进行分级，具体见表 16.20。

表 16.20 腐蚀余量分级

腐蚀余量	说　明
无腐蚀余量	用于一般的不锈钢管道
1.6mm 腐蚀余量	用于腐蚀不严重的碳素钢和铬钼钢
3.2mm 腐蚀余量	用于腐蚀比较严重的碳素钢和铬钼钢管道
加强级(大于 3.2mm)腐蚀余量	用于有固体颗粒冲刷等特殊情况下的管道,根据实际情况确定其具体值

③ 管子及其元件的制造壁厚偏差。管子及其元件在制造过程中，相对于其公称壁厚（或

者叫理论壁厚）都会有正、负偏差，因此在确定管子及其元件公称壁厚时一定要考虑可能出现的负偏差值。各种钢管标准中规定的负偏差值是不完全相同的，GB/T 8163《流体输送用无缝钢管》、GB/T 14976《流体输送用不锈钢无缝钢管》规定的壁厚偏差值见表 16.21。

表 16.21 常用标准的壁厚偏差值

材　料	壁厚/mm	偏差值/%
GB 8163《流体输送用无缝钢管》	≤20	+15 -10
GB 13296《流体输送用不锈钢无缝钢管》	<15 ≥15	+15 -12.5 +20 -15

④ 焊缝系数。金属的焊接过程，实质上是一个冶金过程，其组织带有明显的铸造组织特征。一般情况下，铸造组织缺陷较多，材料性能也有所下降。对于有纵焊缝和螺旋焊缝的焊接管子及其元件，相对于无缝管子及其元件来说常给它一个强度降低系数（即焊缝系数），以衡量其力学性能下降的程度。其焊缝系数的取值见表 16.22。

表 16.22 焊接钢管的焊缝系数

序号	焊接方法	接头形式	焊缝形式	检验要求	焊缝系数
1	锻焊（炉焊）	对焊	直线	按标准要求	0.6
2	电阻焊	对焊	直线或螺旋形	按标准要求	0.85
3	电弧焊	单面对焊	直线或螺旋形	无 RT（射线探伤）	0.8
				10%RT（射线探伤）	0.9
				100%RT（射线探伤）	1.0
		双面对焊	直线或螺旋形	无 RT（射线探伤）	0.85
				10%RT（射线探伤）	0.9
				100%RT（射线探伤）	1.0

⑤ 设计寿命。设计寿命与管道的腐蚀余量有关。对于均匀腐蚀来说，当知道其年腐蚀速率后，根据预定的设计寿命，就很容易算出其应取的腐蚀余量了。设计寿命还与交变应力作用的载荷变化次数、氢损伤的孕育时间、断裂因子的扩展期等影响因素有关，与管道的一次性投资、资金代偿期和技术更新周期有关。

⑥ 铸造质量系数（表 16.23）。相对于轧制或锻制的管子元件来说，铸件存在的缺陷相对较多，使得其力学性能有所下降。在 ASME B31.3 中，为了衡量铸件力学性能下降的程度，用铸造质量系数来表示。铸造质量系数同样与无损探伤的检验数量有关。一般情况下，符合材料基本要求且根据 MSS SP-55 的规定已经过肉眼检验的静态铸件，可取其基本铸造质量系数为 0.8，对每一铸件进行补充检验后可以按表 16.26 的要求提高。铸件用作压力管道及其元件的情况并不多，大直径（≥DN50）阀门的阀体常采用铸件，阀门阀体的强度设计一般由制造商进行，多数阀门标准已经给出了最小壁厚要求，实际的工业管道设计中很少用到铸造质量系数这个概念。ASME B31.3 规定，用于剧烈操作条件下及工艺介质管道上的焊接和铸造管件，其焊接质量系数和铸造质量系数均不得低于 0.9。

表 16.23 铸造质量系数

检验项目	铸造质量系数	检验项目	铸造质量系数
(1)根据 ASME B46.1 规定，对所有表面进行机加工，表面机加工精度为 250μin，以增加表面检查效果	0.85	(3)对于不锈钢铸件，按 ASTM E165 标准，进行液体渗透探伤（PT），并按 ASTM E125 的参照照片判定合格	0.85
(2)对于碳素钢和铬钼钢铸件，按 ASTM E709 或 E138 标准，进行磁粉探伤（MT），并按 ASTM E125 的参照照片判定合格	0.85	(4)对每个铸件，按 ASTM E114 标准进行全面超声波探伤（UT），并确定缺陷深度不超过公称壁厚的 5%时	0.95

续表

检验项目	铸造质量系数	检验项目	铸造质量系数
(5)对每个铸件,按 ASTM E142 标准进行全面的射线探伤(RT),并确定符合 ASTM E446、E186、E280 标准Ⅱ级合格时	0.95	满足(1)~(3)时	0.9
		满足(1)和(4)、(5)时	1.0
		满足(2)~(5)时	1.0
		满足 MSS SP-55 标准要求时	0.8

二、压力等级确定的原则

① 弹性准则。在进行金属材料强度分析时,可用的分析方法是很多的,如弹性分析法、极限分析法、安定分析法、疲劳分析法、非弹性分析法、试验应力分析法等。但目前应用最多的仍是弹性分析方法,如我国的压力容器规范 GB150 就是采用这种方法。安定分析法、非弹性分析法和试验应力分析法等在现在的工程设计中也时有用到,只不过没有普及而已,如 JB 4237《压力容器分析设计方法》即是突破了弹性理论的范畴,使得设计更先进、更科学,但它受材料、制造、检验、监察、安全评定手段等因素的制约尚不能在大范围内应用。极限分析法和疲劳分析法则常分别用于高温蠕变和交变应力情况下的材料强度分析。SH 3059 标准给出的管道壁厚计算公式是按弹性准则导出的,即将材料限制在弹性范围内。这个准则同样也反映在法兰和阀门的温度-压力对应值的计算方法上。

② 等强度原则。等强度原则就是指同一管道中各个元件具有对介质相同的适应性、相同的强度和相同的寿命(可拆的易损件如阀门填料、垫片除外),主要体现在材料的配伍和应用标准的选用上。对于管道元件的公称压力等级,应选用同一应用标准或相近的应用标准,它们的温度-压力表也应该相同或相近。对于用壁厚等级表示的管道元件,应选用同一体系的应用标准,而应用标准中关于强度的定义就已经说明了它们遵循等强度的原则,而且这个等强度原则是通过管道壁厚等级号(通常称为管子表号)来表示的。"同一个管道中一些管件如弯头、三通、异径管等由于存在应力集中的问题,其壁厚等级应比管子高一级"的看法是不对的。

③ 靠系列原则。工业管道的组成件都是标准化、系列化的。这样做有以下几个优点:互换性好;便于大规模工业化生产;备材、保管、施工管理费用低。在石油化工生产中,由于介质种类很多,操作参数也在很宽的范围内变化,要实现对每个操作工况都取理想化的压力等级是不现实的,也不一定是经济的。因此,各个国家、各个行业都推出了相应的应用标准,将常用的管子、管件、法兰等组成件进行适当的归类,使其形成标准系列。工业管道设计人员在设计中应尽量选用标准的管道组成件。

三、管道压力等级选用的一般要求

① 管路的公称压力等级应根据设计条件查相应规范(SH 3406、JB/T 74、GB 9131、ASME B16.5)得到,一般情况下,管路的公称压力在对应温度下的许用压力值不得超出设计压力。

② 剧毒介质管道的公称压力等级,当采用 SH 标准体系时,应不低于 $PN5.0$;当采用 JB 标准体系时,应不低于 $PN4.0$。

③ 氢气、氨气、液体烃管道的公称压力等级,当采用 SH 标准体系时,应不低于 $PN2.0$MPa;当采用 JB 标准体系时,应不低于 $PN2.5$。

④ 一般可燃介质管道的公称压力等级,当采用 SH 标准体系时,应不低于 $PN2.0$;当采用 JB 标准体系时,应不低于 $PN1.6$。

四、NFPA、AWWA 及其他管道压力等级

① 美国消防协会（NFPA）等级。必须在美国消防协会（NFPA）许可的范围内进行设计和在一定的压力下试验。此系统通常分为 175psi（1207.5kPa）、200psi（1380kPa）和特定等级。

② 美国给水工程协会（AWWA）等级。美国给水工程协会的一些标准和规范用于设计和安装水管和其他系统管道。管道压力等级可按照 AWWA C207、钢管法兰等标准中的法兰等级使用，或按管道中连接件的等级为基础来使用。

③ 特殊或单一等级。当管道系统设计压力和温度条件不在标准规定的范围内时，则必须使用特殊等级，在电站蒸汽管线中也有应用。这些管线的设计温度和设计压力均超过了 ASME B16.5 Class2500 法兰标准中的压力-温度等级参数。因此，需对这些管道设计一特殊等级，该等级应大于或等于设计条件，管系中所有耐压组件的等级都必须达到或超过这个特殊等级。

④ 双互等级。当管道处于完全真空状态或置于水中受到外压同时，也受到管端压力和管内介质施加的内压。这些管道必须在给定的温度下对内、外压都进行等级设计。当管道在不同的操作模式下输送不同的流体时，此管道系统就应该被划分为与两不同流体相对应的双重等级。例如：一管道系统在一种操作模式下输送冷凝液而在另外一种操作模式下输送的是高温蒸汽，则应该根据两种不同的温度将管道系统划分为两种不同的压力等级。

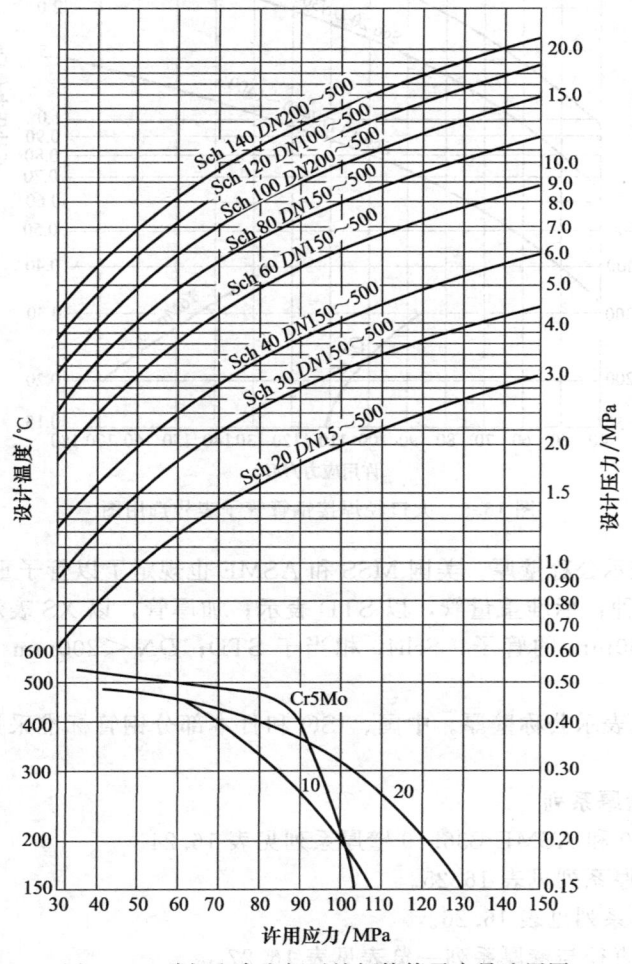

图 16.7　碳钢和合金钢无缝钢管管子表号选用图

五、钢管壁厚的表示方法及计算方法

(一) 钢管壁厚的表示方法

钢管壁厚的表示方法在不同的标准中各不相同，但主要有三种。

① 以管子表号 Sch 表示公称壁厚。此种表示方法以 ASME B36.10《焊接和无缝钢管》为代表并为其他许多标准所采用，常以"Sch"标示。管子表号是管子设计压力与设计温度下材料许用应力的比值乘以 1000，并经圆整后的数值。ASME B36.10 和 JIS 标准中，管子表号有：Sch10、Sch20、Sch30、Sch40、Sch60、Sch80、Sch100、Sch120、Sch140、Sch160；ASME B36.19 中不锈钢管管子表号有：5S、10S、40S、80S；中国石化集团公司标准 SH 3405 中，无缝钢管采用了 Sch20、Sch30、Sch40、Sch60、Sch80、Sch100、Sch120、Sch140、Sch160 共 9 个，不锈钢管采用了 Sch5S、Sch10S、20S、40S、80S 共 5 个。无缝钢管和焊接钢管的管子表号可分别查图 16.7 和图 16.8 确定。

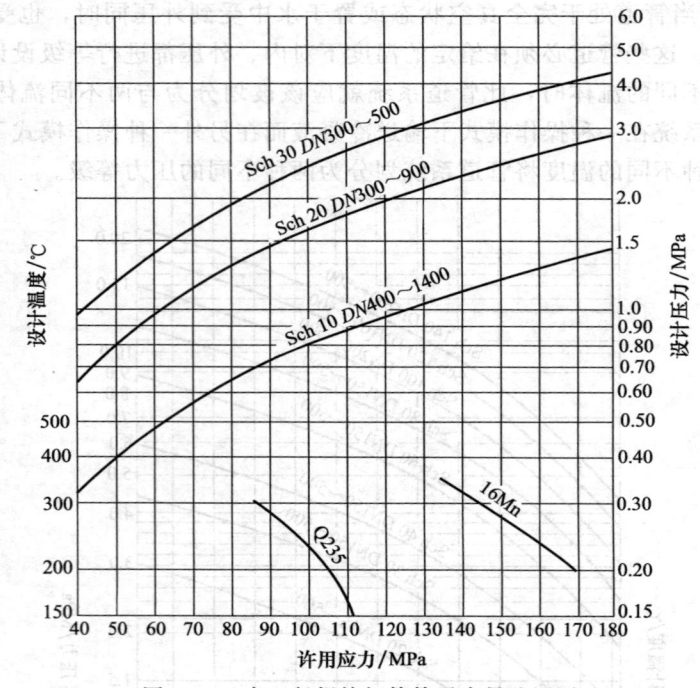

图 16.8　大口径焊接钢管管子表号选用图

② 以管子重量表示公称壁厚。美国 MSS 和 ASME 也规定了以管子重量表示壁厚的方法，并将管子壁厚分为三种：标准重量管，以 STD 表示；加厚管，以 XS 表示；特厚管，以 XXS 表示。对于 $DN \leqslant 250mm$ 的管子，Sch40 相当于 STD；$DN < 200mm$ 的管子，Sch80 相当于 XS。

③ 以钢管壁厚值表示公称壁厚。中国、ISO 和日本部分钢管标准采用了壁厚值表示钢管公称壁厚。

(二) 各标准的壁厚系列

① ASME B36.10 和 ASME B36.19 壁厚系列见表 16.24。
② HG 20553 壁厚系列见表 16.25。
③ SH 3405 壁厚系列见表 16.26。

各标准钢管公称直径与壁厚系列一览表见表 16.27。

表 16.24 ASME B36.10 和 ASME B36.19 壁厚系列

公称直径 NPS	公称直径 DN	ASME 外径 D	壁厚 Sch5S	Sch10S	Sch5	Sch10	Sch20	Sch30	Sch40	Sch40S	STD	Sch60	Sch80	Sch80S	XS	Sch100	Sch120	Sch140	Sch160	XXS	公称直径 NPS	公称直径 DN
1/8	6	10.3	—	1.24	—	1.24	—	—	1.73	1.73	1.73	—	2.41	2.41	2.41	—	—	—	—	—	1/8	6
1/4	8	13.7	—	1.65	—	1.65	—	—	2.24	2.24	2.24	—	3.02	3.02	3.02	—	—	—	—	—	1/4	8
3/8	10	17.1	—	1.65	—	1.65	—	—	2.31	2.31	2.31	—	3.2	3.2	3.2	—	—	—	—	—	3/8	10
1/2	15	21.3	1.65	2.11	1.65	2.11	—	—	2.77	2.77	2.77	—	3.73	3.73	3.73	—	—	—	4.78	7.47	1/2	15
3/4	20	26.7	1.65	2.11	1.65	2.11	—	—	2.87	2.87	2.87	—	3.91	3.91	3.91	—	—	—	5.56	7.82	3/4	20
1	25	33.4	1.65	2.77	1.65	2.77	—	—	3.38	3.38	3.38	—	4.55	4.55	4.55	—	—	—	6.35	9.09	1	25
1¼	32	42.2	1.65	2.77	1.65	2.77	—	—	3.56	3.56	3.56	—	4.85	4.85	4.85	—	—	—	6.35	9.7	1¼	32
1½	40	48.3	1.65	2.77	1.65	2.77	—	—	3.68	3.68	3.68	—	5.08	5.08	5.08	—	—	—	7.14	10.15	1½	40
2	50	60.3	1.65	2.77	1.65	2.77	—	—	3.91	3.91	3.91	—	5.54	5.54	5.54	—	—	—	8.74	11.07	2	50
2½	65	73	2.11	3.05	2.11	3.05	—	—	5.16	5.16	5.16	—	7.01	7.01	7.01	—	—	—	9.53	14.02	2½	65
3	80	88.9	2.11	3.05	2.11	3.05	—	—	5.49	5.49	5.49	—	7.62	7.62	7.62	—	—	—	11.13	15.24	3	80
3½	90	101.6	2.11	3.05	2.11	3.05	—	—	5.74	5.74	5.74	—	8.08	8.08	8.08	—	—	—	—	—	3½	90
4	100	114.3	2.11	3.05	2.11	3.05	—	—	6.02	6.02	6.02	—	8.56	8.56	8.56	—	11.13	—	13.49	17.12	4	100
5	125	141.3	2.77	3.4	2.77	3.4	—	—	6.55	6.55	6.55	—	9.53	9.53	9.53	—	12.7	—	15.88	19.05	5	125
6	150	168.3	2.77	3.4	2.77	3.4	—	—	7.11	7.11	7.11	—	10.97	10.97	10.97	—	14.27	—	18.26	21.95	6	150
8	200	219.1	2.77	3.76	2.77	3.76	6.35	7.04	8.18	8.18	8.18	10.31	12.7	12.7	12.7	15.09	18.26	20.62	23.01	22.23	8	200
10	250	273	3.4	4.19	3.4	4.19	6.35	7.8	9.27	9.27	9.27	12.7	15.09	12.7	12.7	18.26	21.44	25.4	28.58	25.4	10	250
12	300	323.8	3.96	4.57	3.96	4.57	6.35	8.38	10.31	9.53	9.53	14.27	17.48	12.7	12.7	21.44	25.4	28.58	33.32	25.4	12	300
14	350	355.6	3.96	4.78	3.96	6.35	7.92	9.53	11.13	9.53	9.53	15.09	19.05	12.7	12.7	23.83	27.79	31.75	35.71	—	14	350
16	400	406.4	4.19	4.78	4.19	6.35	7.92	9.53	12.7	9.53	9.53	16.66	21.44	12.7	12.7	26.19	30.96	36.53	40.49	—	16	400
18	450	457	4.19	4.78	4.19	6.35	7.92	11.13	14.27	9.53	9.53	19.05	23.83	12.7	12.7	29.36	34.93	39.67	45.24	—	18	450
20	500	508	4.78	5.54	4.78	6.35	9.53	12.7	15.09	9.53	9.53	20.62	26.19	12.7	12.7	32.54	38.1	44.45	50.01	—	20	500
22	550	559	4.78	5.54	4.78	6.35	9.53	12.7	17.48	9.53	9.53	22.23	28.58	12.7	12.7	34.93	41.28	47.63	53.98	—	22	550
24	600	610	5.54	6.35	5.54	6.35	9.53	14.27	17.48	9.53	9.53	24.61	30.96	12.7	12.7	38.89	46.02	52.37	59.54	—	24	600
26	650	660	—	—	—	7.92	12.7	—	—	—	9.53	—	—	—	12.7	—	—	—	—	—	26	650
28	700	711	—	—	—	7.92	12.7	15.88	—	—	9.53	—	—	—	12.7	—	—	—	—	—	28	700
30	750	762	6.35	7.92	6.35	7.92	12.7	15.88	—	—	9.53	—	—	—	12.7	—	—	—	—	—	30	750
32	800	813	—	—	—	7.92	12.7	15.88	17.48	—	9.53	—	—	—	12.7	—	—	—	—	—	32	800
34	850	864	—	—	—	7.92	12.7	15.88	17.48	—	9.53	—	—	—	12.7	—	—	—	—	—	34	850
36	900	914	—	—	—	7.92	12.7	15.88	19.05	—	9.53	—	—	—	12.7	—	—	—	—	—	36	900
38	950	965	—	—	—	—	—	—	—	—	9.53	—	—	—	12.7	—	—	—	—	—	38	950
40	1000	1016	—	—	—	—	—	—	—	—	9.53	—	—	—	12.7	—	—	—	—	—	40	1000

mm

续表

公称直径		ASME	壁厚											
NPS	DN	外径D	Sch5S	Sch10S	Sch5	Sch10	Sch20	Sch30	Sch40	STD	Sch60	Sch80	XS	Sch100	Sch120	Sch140	Sch160	XXS
42	1050	1067	—	—	—	—	—	—	—	9.53	—	—	12.7					
44	1100	1118	—	—	—	—	—	—	—	9.53	—	—	12.7					
46	1150	1168	—	—	—	—	—	—	—	9.53	—	—	12.7					
48	1200	1219	—	—	—	—	—	—	—	9.53	—	—	12.7					

表 16.25 HG 20553 壁厚系列 mm

公称直径		HG I	HG II	壁厚												
NPS	DN	外径D	外径D	Sch5S	Sch10S	Sch. 20	Sch30	Sch40S	Sch40	Sch60	Sch80S	Sch80	Sch100	Sch120	Sch140	Sch160
1/8	6	10.2	—	1	1.2	—	—	1.8	1.8	—	2.3	2.3	—	—	—	—
1/4	8	13.5	—	1.2	1.6	—	—	1.8	1.8	—	2.9	2.9	—	—	—	—
3/8	10	17.2	14	1.2	1.6	—	—	2.3	2.3	—	3.2	3.2	—	—	—	—
1/2	15	21.3	18	1.6	2	—	—	2.9	2.9	—	3.6	3.6	—	—	—	4.5
3/4	20	26.9	25	1.6	2	—	—	2.9	2.9	—	4	4	—	—	—	5.6
1	25	33.7	32	1.6	2.9	3.2	—	3.2	3.2	—	4.5	4.5	—	—	—	6.3
1¼	32	42.4	38	1.6	2.9	4.5	—	3.6	3.6	—	5	5	—	—	—	6.3
1½	40	48.3	45	1.6	2.9	—	—	4	4	—	5	5	—	—	—	7.1
2	50	60.3	57	2	2.9	—	—	5	5	—	5.6	5.6	—	—	—	8.8
2½	65	76.1	76	2.9	3.2	—	—	5	5	—	7.1	7.1	—	—	—	10
3	80	88.9	89	2	3.2	4.5	—	5.6	5.6	—	8	8	—	—	—	11
3½	90	—	—	2	—	5	—	6.3	6.3	—	—	—	—	—	—	—
4	100	114.3	108	2	3.2	5	—	6.3	6.3	—	8.8	8.8	—	11	—	14.2
5	125	139.7	133	2.9	3.6	5.6	—	7.1	7.1	—	10	10	—	12.5	—	16
6	150	168.3	159	2.9	3.6	—	7.1	8.8	8.8	10	11	11	—	14.2	—	17.5
8	200	219.1	219	2.9	4	6.3	8	8	8	12.5	12.5	12.5	16	17.5	20	22.2
10	250	273	273	3.6	4	6.3	8	8.8	8.8	12.5	12.5	16	17.5	22.2	25	28
12	300	323.9	325	4	4.5	6.3	8.8	10	10	14.2	12.5	17.5	22.2	25	28	32
14	350	355.6	377	4	5	8	10	10	11	16	12.5	20	25	28	32	36
16	400	406.4	426	4	5	8	10	10	12.5	17.5	12.5	22.2	28	30	36	40
18	450	457	480	4	5	8	11	10	14.2	20	12.5	25	30	36	40	45
20	500	508	530	5	5.6	10	12.5	10	16	20	12.5	28	32	40	45	50
22	550	559	—	5	5.6	10	12.5	10	—	25	12.5	28	36	40	50	55
24	600	610	630	5.6	6.3	10	14.2	10	17.5	25	12.5	32	40	45	55	60

表 16.26 SH 3405 壁厚系列

公称直径		外径 D	壁厚															公称直径	
NPS	DN		Sch5S	Sch10S	Sch20S	Sch40S	Sch80S	Sch20	Sch30	Sch40	Sch60	Sch80	Sch100	Sch120	Sch140	Sch160	XXS	NPS	DN
3/8	10	17	1.2	1.6	2	2.5	3.2	—	—	2.5	—	3.5	—	—	—	—	—	3/8	10
1/2	15	22	1.6	2	2.5	3	4	—	—	3	—	4	—	—	—	5	7.5	1/2	15
3/4	20	27	1.6	2	2.5	3	4	—	—	3	—	4	—	—	—	5.5	8	3/4	20
1	25	34	1.6	2.8	3	3.5	4.5	—	—	3.5	—	4.5	—	—	—	6.5	9	1	25
1¼	32	42	1.6	2.8	3	3.5	5	—	—	3.5	—	5	—	—	—	6.5	10	1¼	32
1½	40	48	1.6	2.8	3.5	4	5	—	—	4	—	5	—	—	—	7	10	1½	40
2	50	60	1.6	2.8	3.5	4	5.5	3.5	—	4	5	5.5	—	—	—	8.5	11	2	50
2½	65	76	2	3	3.5	5	7	4.5	—	5	6	7	—	7	—	9.5	14	2½	65
3	80	89	2	3	4	5.5	7.5	4.5	6.5	5.5	6.5	7.5	—	9	—	11	15	3	80
3½	90	—	—	—	—	—	—	—	7	—	—	—	—	—	—	—	—	3½	90
4	100	114	2	3	4	6	8.5	5	7	6	7	8.5	—	11	—	14	17	4	100
5	125	140	2.8	3.5	5	6.5	9.5	5.5	8	6.5	8	9.5	—	13	—	16	19	5	125
6	150	168	2.8	3.5	5	7	11	6.5	8.5	7	9.5	11	15	14	20	18	22	6	150
8	200	219	2.8	4	6.5	8	13	6.5	9.5	8	10	13	15	18	20	24	23	8	200
10	250	273	3.5	4	6.5	9.5	15	6.5	11	9.5	13	15	18	22	25	28	25	10	250
12	300	325	4	4.5	6.5	9.5	17	8	13	10	14	17	22	25	28	34	26	12	300
14	350	356	4	5	—	—	—	8	13	11	15	19	24	28	32	36	—	14	350
16	400	406	4.5	5	—	—	—	9.5	14	13	17	22	26	32	36	40	—	16	400
18	450	457	—	—	—	—	—	9.5	14	14	19	24	30	35	40	45	—	18	450
20	500	508	—	—	—	—	—	9.5	15	15	20	26	32	38	45	50	—	20	500
22	550	559	—	—	—	—	—	—	—	17	22	28	35	42	48	54	—	22	550
24	600	610	—	—	—	—	—	9.5	14	18	25	32	38	45	52	60	—	24	600

公称直径 mm

表 16.27　钢管公称直径与壁厚系列一览表　　　　　　　　　　　　　　mm

外径系列	标准	公称直径 DN	壁厚系列
英制管（美）	ASME 36.19 ASME 36.10	6～750	Sch5S,Sch10S,Sch40S,Sch80S
		6～900	Sch5,Sch10,Sch20,Sch30,Sch40,Sch60,Sch80,Sch100,Sch120,Sch140,Sch160
		6～1200	STd,XS,XXS
英制管（ISO）	HG20553 Ⅰ系列	6～600	Sch5S,Sch10S,Sch20S,Sch40S,Sch80S
		6～600	Sch10,Sch20,Sch30,Sch40,Sch60,Sch80,Sch100,Sch120,Sch140,Sch160
英制管（ISO-R）	SH 3405	10～400	Sch5S,Sch10S,Sch20S,Sch40S,Sch80S
		10～600	Sch20,Sch30,Sch40,Sch60,Sch80,Sch100,Sch120,Sch140,Sch160
		15～300	XXS
英制管（板焊管）	板焊管	150～4000	CWP12、16、20、25、32、40、50、63、80、100、125、160、200、250
		150～4000	CWP12S、16S、20S、25S、32S、40S、50S、63S、80S、100S、125S、160S、200S、250S
公制管	HG 20553 Ⅱ系列	6～600	Sch5S,Sch10S,Sch20S,Sch40S,Sch80S
		6～600	Sch10,Sch20,Sch30,Sch40,Sch60,Sch80,Sch100,Sch120,Sch140,Sch160

一般情况下，管子及其元件的制造壁厚偏差应根据相应的制造标准确定，当无标准规定时，表 16.28 可作为设计参考。

表 16.28　常用钢管制造壁厚偏差

材　料	壁厚/mm	热轧管偏差值/%	冷拔管偏差值/%
碳钢、铬钼钢	≤3	+15 −12.5	+12 −10
	>3	+15 −12.5	±10
不锈钢	≤3	±12.5	+12 −10
	>3	±15	±10

（三）管子壁厚的确定

① 管子壁厚的确定，一般由工艺提出操作工况条件，经管道设计计算后，提交"管道壁厚计算表"，由管道设计圆整并选择标准的管道壁厚（特殊材质管子壁厚除外）。

内压直管金属直管的壁厚计算在 GB 50316、SH 3059、GB/T 20801、ASME B31.1、ASME B31.3 等规范均有介绍。地上管道的壁厚一般按环向应力设计，与地下管道的壁厚设计方法相同。

当 $S_0 < D_0/6$ 时，直管的计算壁厚为：

$$S_0 = \frac{pD_0}{2[\sigma]^t \phi + 2pY} \tag{16.1}$$

直管的选用壁厚为：

$$S = S_0 + C \tag{16.2}$$

式中　S_0——直管的计算壁厚，mm；
　　　p——设计压力，MPa；
　　　D_0——直管外径，mm；
　　　$[\sigma]^t$——设计温度下直管材料的许用应力，MPa；
　　　ϕ——焊缝系数，对无缝钢管，$\phi=1$；对于焊接管子种类选择壁厚计算，其焊缝质量系数 ϕ 见表 16.29；

S——包括附加裕量在内的直管壁厚，mm；

C——直管壁厚的附加裕量（考虑腐蚀因素和机械强度要求的附加厚度对于汽水两相流管道通常可取 0.5～2，对于强腐蚀介质，应考虑材料的腐蚀速率和运行年限，适当增加余量），mm；

Y——温度修正系数，按表 16.30 选取。

表 16.29　国内标准焊接管焊缝质量系数 ϕ

焊接方法及检测要求		单面对接焊	双面对接焊
电熔焊	100%无损检测	0.9	1.0
	局部无损检测	0.80	0.85
	不作无损检测	0.60	0.70
电阻焊		0.65(不作无损检测)	
		0.85(100%涡流检测)	
加热炉焊		0.60	
螺旋缝自动焊		0.80～0.85(无损检测)	

注：无损检测指采用射线或超声波检测。

表 16.30　温度修正系数

材料	温度/℃					
	≤482	510	538	566	593	≥621
铁素体钢	0.4	0.5	0.7	0.7	0.7	0.7
奥氏体钢	0.4	0.4	0.4	0.4	0.5	0.7

$S_0 \geqslant D_0/6$ 或 $p/[\sigma]^t > 0.385$ 时，直管壁厚应根据断裂理论、疲劳、热应力及材料特性等因素综合考虑确定。

当直管计算厚度 t_s 大于或等于管子外径 D_0 的 1/6 时，或设计压力 p 与在设计温度下材料的许用应力 $[\sigma]^t$ 和焊接接头系数 E_j 乘积之比 $\left(\dfrac{p}{[\sigma]^t E_j}\right)$ 大于 0.385 时，直管厚度的计算，需按断裂理论、疲劳和热应力的因素予以特殊考虑。

承受外压的直管厚度和加强要求，应符合现行国家标准 GB 150《压力容器》的规定。

国内标准常用钢管和钢板的许用应力由 GB 50316—2000 中表 A.0.1 和表 A.0.2 中取值。美标标准常用钢管和钢板的许用应力由 ASME B31.3 中表 A-1 中取值；用于高压蒸汽的管道，其钢管和钢板的许用应力由 ASME B31.1 中表 A-1、A-2、A-3 中取值。

② 各种工况下钢管及钢制管件的最小厚度应满足以下要求。

a. 管子壁厚不应小于：按规定计算的壁厚；按 $D_0/150$（D_0 管子外径，mm）确定的管子壁厚。最小选用壁厚应符合表 16.31 要求。

表 16.31　最小选用壁厚　　　　　　　　　　　　mm

材料	公称直径			
	≤100	150～200	250～300	≥350
碳素钢、低合金钢	2.4	3.2	4.0	4.8
高合金、奥氏体不锈钢	1.5		2.3	

b. 剧烈循环条件或 A1 类流体的管道，采用不锈钢管子及对焊管件时，不应小于表 16.32 所列的厚度。

c. 外螺纹的钢管和外螺纹钢管件的最小厚度应按表 16.33 的规定。

d. 内螺纹管件及承插焊管件的厚度应符合现行国家标准的规定。

e. 选用低压流体输送用焊接钢管的系列厚度及现行国家标准号应按现行国家标准 GB/T 3092《低压流体输送用焊接钢管》及 GB/T 3091《低压流体输送用镀锌焊接钢管》中的加厚管

表 16.32 剧烈循环条件或 A1 类流体管道用不锈钢管子及对焊管件的最小厚度表　　mm

DN	最小厚度	DN	最小厚度	DN	最小厚度
15	2.5	(65)	3.5	300	5
20	2.5	80	3.5	350	5
25	3	100	3.5	400	5
(32)	3	(125)	3.5	450	5
40	3	150	3.5	500	6
50	3	200	4	(550)	6
		250	4.5	600	6.5

表 16.33 外螺纹的钢管及钢管件的最小厚度　　mm

流体	材料	公称直径 DN	最小厚度	流体	材料	公称直径 DN	最小厚度
所有	碳钢	15	3.5	所有	不锈钢	50	3.9
		20	3.9			>50	不用
		25	4.5	需有安全防护时	碳钢或不锈钢	15	2.8
		32	4.8			20	2.9
		40	5.0			25	3.2
		50	3.9			32	3.6
		>50	不用			40	3.6
所有	不锈钢	15	2.8			50	3.9
		20	2.9			65	5.0
		25	3.2			80	5.5
		32	3.6			100	6.0
		40	3.6			150	6.0

子，可用于输送设计压力小于或等于 1.6MPa 和设计温度在 0~200℃ 的 C 类流体。普通厚度的管子仅用于 D 类流体。

③ 工业管道壁厚等级的确定方法。按上述的管道壁厚方法计算值先按四舍五入的原则进行圆整，然后查相应的应用标准，与计算值最接近且稍高的对应壁厚就是该管道的公称壁厚。有对应管子表号时，就用管子表号表示；无对应管子表号时，就用壁厚值表示。管子表号或壁厚值所表示的参数就是该管道的公称壁厚等级。

对于不宜靠用标准中公称壁厚的管道，例如管道应力不允许有太大壁厚的管道元件，大批量同规格的管道元件，由昂贵材料制造的管道元件等，其壁厚等级应按计算值就近圆整取值。管道上其他组成件（如弯头、三通、异径管、封头等），也以上述确定的数字或代号表示其公称壁厚等级，并由此确定它们与管子是等强度的。

④ 管道器材受压元件的壁厚选用，应符合下列要求：管道器材受压元件的最小壁厚应考虑腐蚀、浸蚀、磨损、负偏差及螺纹或开槽深度裕量；按强度计算管道器材受压元件壁厚时，应考虑由于支撑、结冰、回填土等附加载荷的影响，当由此增加的壁厚产生过大的局部应力和在结构上无法解决时，应通过附加支撑、拉杆等不增加壁厚的措施来保证其强度。

工程应用：某蒸汽管子壁厚计算实例

某蒸汽管道，设计压力为 3.0MPa，设计温度为 350℃，欲选用外径为 $\phi 219$mm 的无缝钢管，求管材的壁厚（管材的材质为 20 优质碳素钢，许用应力为 90MPa，附加厚度规定采用 2mm）。

解：对于内压直管，$S_0 < D_0/6$，则直管的壁厚为：

$$S = S_0 + C = \frac{pD_0}{2[\sigma]^t \phi + 2pY} + C = \frac{3.0 \times 219}{2 \times 90 \times 1 + 2 \times 3.0 \times 0.4} + 2 = 5.6 \text{ (mm)}$$

因此，可选用 $\phi 219$mm×6mm 的无缝钢管。

工程应用：某蒸汽管道壁厚强度的验算

某蒸汽管道为 $\phi 325\text{mm}\times 8\text{mm}$，蒸汽压力为 2.5MPa，需验算管子壁厚是否符合强度要求（许用应力值为 100MPa，厚度附加值采用 2.0mm）。

解：由公式 $S=S_0+C=\dfrac{pD_0}{2[\sigma]^t\phi+2pY}+C$，可得：

$$[\sigma]^t=\dfrac{\dfrac{pD_0}{S-C}-2pY}{2\phi}=\dfrac{\dfrac{2.5\times 325}{8-2.0}-2\times 2.5\times 0.04}{2}=67.6(\text{MPa})$$

计算结果表明 $[\sigma]^t<100\text{MPa}$，故管壁厚度符合要求。

工程应用：某已用多年弯头壁厚的核算

某两相流管道 $\phi 219\text{mm}\times 6\text{mm}$，设计压力 $p=3.8\text{MPa}$，设计温度 $t=250℃$，在投运若干年后，检修时发现各弯头外弧侧壁厚因冲刷减薄了 0.5mm，问：是否可继续使用？

查阅技术文件档案资料，这批弯头是由无缝钢管弯制的 $PN4.0$ 热压弯头，材质 20g，$DN200$，外径和壁厚为 $\phi 219\text{mm}\times 6\text{mm}$，弯头外弧、内弧和左右两侧各点实测最小壁厚为 6mm，弯曲半径 $R=305\text{mm}$。

根据附录查得钢材 20g 在 250℃ 的许用应力为 110MPa。许用应力修正系数 η 取 1。温度修正系数 Y 取 0.4。因有两相流动工况，附加厚度 C 取 2。

解：由条件知当 $S_0<D_0/6$ 时，直管的计算壁厚为：

$$S=S_0+C=\dfrac{pD_0}{2[\sigma]^t\phi+2pY}+C=\dfrac{3.8\times 219}{2\times 110\times 1.0+2\times 3.8\times 0.4}+2=5.731(\text{mm})$$

原弯头的附加厚度有 2.711mm，有余量，尽管因汽水冲刷减薄了 0.5mm，弯头最薄处壁厚为 5.5mm，已经到达最小壁厚值，应更换新材料。

工程应用：某三通壁厚的核算

某管道设计压力 $p=2.5\text{MPa}$，设计温度 $t=250℃$，准备采用 $D_0=d_0=219\text{mm}$ 的等径三通，材料为 20 钢（GB 3087），实测该三通最小壁厚为 5.8mm，需要校核计算。

设计温度 $t=250℃$，低于 20 钢的最高使用温度上限，材料为 20 钢材质是可以的。根据标准查得，钢材 20 钢在 250℃ 下的许用应力为 110MPa。温度修正系数 Y 选取 0.4。

解：计算壁厚为

$$S=S_0+C=\dfrac{pD_0}{2[\sigma]^t\phi+2pY}+C=\dfrac{2.5\times 219}{2\times 110\times 0.8+2\times 2.5\times 0.4}+2=5.08(\text{mm})$$

因此，三通实测最小壁厚 5.8mm，大于计算的最小壁厚 5.08mm 是可行的。

工程应用：某试压用盲板最小厚度的计算

夹在两法兰之间的盲板，其计算厚度可按式（16.3）确定。用整体钢板制造时，式中焊接接头系数 ϕ 等于 1.0。对于永久性盲板应按式（16.5）增加厚度附加量。某试压用盲板最小厚度见表 16.34。

$$\delta_m=0.433d_G\sqrt{\dfrac{p}{[\sigma]^t\phi}} \tag{16.3}$$

$$\delta_d=\delta_m+2C_2 \tag{16.4}$$

$$\delta_n=\delta_d+C_1+\Delta \tag{16.5}$$

式中　δ_m——盲板计算厚度，mm；

　　　d_G——凹面或平面法兰垫片的内径或环槽式垫片平均直径，mm；

　　　p——设计压力，MPa；

　　　$[\sigma]^t$——在设计温度下材料的许用应力，MPa；

ϕ——焊接接头系数;
δ_d——盲板的设计厚度,mm;
C_2——腐蚀裕量,mm;
C_1——钢板负偏差,mm;
δ_n——名义厚度,mm;
Δ——除去负偏差以后的圆整值,mm。

表 16.34 某试压用盲板最小厚度

公称直径	试验压力/MPa																					
	0.5	1.0	2.0	3.0	4.5	6.0	7.5	8.0	10.5	13.0	15.0	16.0	18.5	21.0	23.0	27.0	28.0	32.0	33.0	37.0	38.0	42.0
15	6	6	6	6	6	6	6	6	6	6	6	6	6	6	6	6	6	6	6	6	6	6
20	6	6	6	6	6	6	6	6	6	6	6	6	6	6	6	6	6	6	6	6	6	6
25	6	6	6	6	6	6	6	6	6	6	6	6	6	6	6	6	6	6	6	6	6	8
40	6	6	6	6	6	6	6	6	6	6	6	8	8	8	8	8	8	8	8	10	10	10
50	6	6	6	6	6	6	6	6	8	8	8	8	10	10	10	10	10	10	10	12	12	12
65	6	6	6	6	6	6	6	8	8	8	10	10	10	12	12	12	12	12	12	14	14	14
80	6	6	6	6	6	6	8	8	10	10	10	10	12	12	12	14	14	16	16	16	16	18
100	6	6	8	8	8	8	10	10	12	12	14	14	16	16	18	18	20	20	20	22	22
150	6	6	8	10	12	12	14	14	16	18	20	22	22	24	24	26	26	28	28	30	30	32
200	6	8	10	12	14	16	18	20	22	24	26	26	28	30	32	34	34	36	36	40	40	44
250	6	8	12	14	18	20	22	24	26	30	32	32	34	36	38	42	44	48	48	50	52	54
300	8	10	14	16	20	24	26	28	30	34	36	38	40	46	48	52	52	56	56	60	60	64
350	8	10	16	18	22	26	28	30	34	40	44	48	50	52	56	58	62	62	66	66	70
400	10	12	18	22	26	30	32	34	38	44	48	50	54	55	60	64	66	70	70	74	76	80
450	10	14	20	24	28	34	36	38	46	50	54	56	60	64	66	72	74	78	80	84	86	90
500	12	16	22	26	32	36	40	44	50	56	60	62	66	70	74	80	82	86	88	94	94	100
600	14	18	26	32	38	46	52	60	66	72	74	80	84	88	96	98	104	106	112	114	120
650	14	19	27	33	40	47	54	56	64	71	74	81	85	88	94	101	104	111	113	120	121	128

六、焊接支管补强的设计与计算

焊接支管的补强计算在 GB 50316、SH 3059、GB/T 20801、ASME B31.1、ASME B31.3 等规范中均有介绍。焊接支管的补强计算如图 16.9 所示。

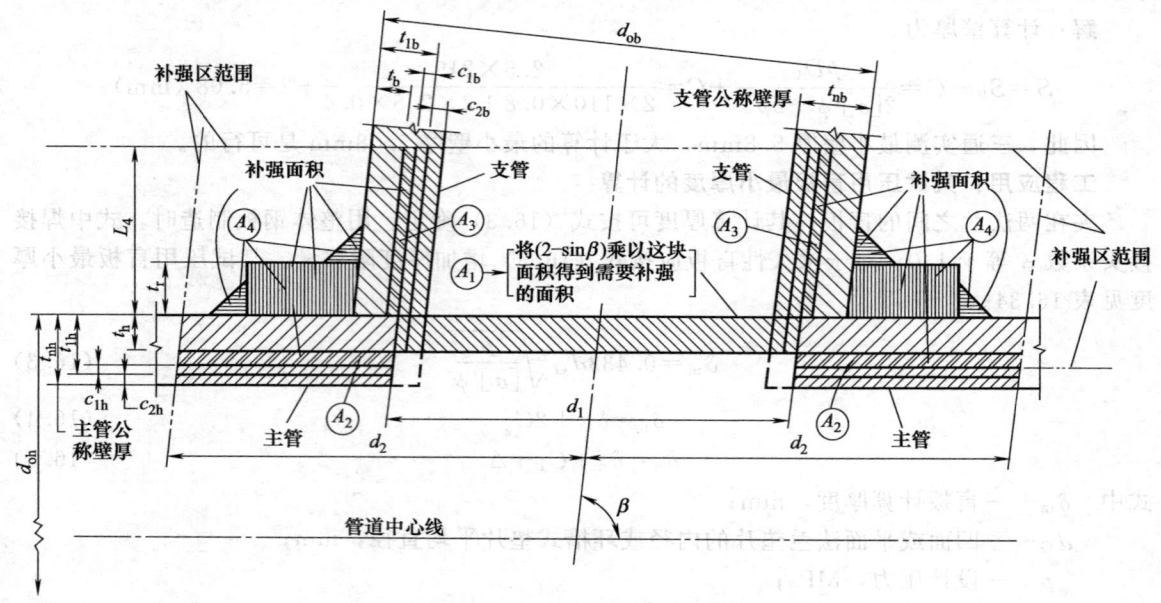

图 16.9 焊接支管的补强计算

支管轴线与主管轴线斜交的结构形式，图中支管轴线与主管轴线的夹角 β 应介于 $45°\sim90°$ 之间。主管为焊接管时，焊缝应位于主管的斜下方。

开孔补强面积的计算方法如下。

① 主管开孔需补强的面积 A_1，由下式确定：

$$A_1 = t_h d_1 (2 - \sin\beta) \tag{16.6}$$

$$d_1 = [d_{ob} - 2t_{nb} + 2(c_{1b} + c_{2b})]/\sin\beta \tag{16.7}$$

② 开孔补强有效范围的计算：

$$d_2 = \begin{cases} d_1 \\ \dfrac{d_1}{2} + (t_{nh} - c_{1h} - c_{2h}) + (t_{nb} - c_{1b} - c_{2b}) \end{cases} \text{取两者中之大者} \tag{16.8}$$

$$L_4 = \begin{cases} 2.5(t_{nh} - c_{1h} - c_{2h}) \\ 2.5(t_{nb} - c_{1b} - c_{2b}) + t_r \end{cases} \text{取两者中之小者} \tag{16.9}$$

式中 t_h——主管计算厚度，mm；

t_b——支管计算厚度，mm；

t_{nh}——主管名义厚度，mm；

t_{nb}——支管名义厚度，mm；

A_1——主管开孔削弱所需的补强面积，mm^2；

β——支管轴线与主管轴线的夹角，(°)；

d_{ob}——支管名义外径，mm；

d_1——扣除厚度附加量后主管上斜开孔的长径，mm；

c_{1b}——支管腐蚀或磨蚀附加量，mm；

c_{1h}——主管腐蚀或磨蚀附加量，mm；

c_{2b}——支管厚度减薄（负偏差）的附加量，mm；

c_{2h}——主管厚度减薄（负偏差）的附加量，mm；

t_r——补强板名义厚度，mm；

d_2——补强区有效宽度的一半，mm；

L_4——主管外侧法向补强的有效高度，mm。

③ 各补强面积按下列公式计算，如有加筋板时，不应计入补强面积内。

补强范围内主管承受压力所需计算厚度和厚度附加量两者之外的多余金属面积 A_2（mm^2）为

$$A_2 = (2d_2 - d_1)(t_{nh} - t_h - c_{1h} - c_{2h}) \tag{16.10}$$

补强范围内支管承受压力所需计算厚度和厚度附加量两者之外的多余金属面积 A_3（mm^2）为

$$A_3 = 2L_4(t_{nb} - t_b - c_{1b} - c_{2b})/\sin\beta \tag{16.11}$$

补强范围内的焊缝面积和附加在主管上且紧靠支管的补强金属面积的总和 A_4（mm^2）为

$$A_4 = A_5 + (d_r - d_{ob}/\sin\beta)(t_r - c_{2r})f_r \tag{16.12}$$

式中 A_5——焊缝截面的计算面积，mm^2；

c_{2r}——补强板厚度减薄（负偏差）的附加量，mm；

d_r——补强板的外径，mm；

f_r——补强板材料与主管材料的许用应力比，即 $f_r = [\sigma]_{RP}^t / [\sigma]_M^t$，当 $[\sigma]_{RP}^t \geq [\sigma]_M^t$ 时，f_r 取 1；

$[\sigma]_{RP}^t$——在设计温度下补强板材料的许用应力，MPa；

$[\sigma]_M^t$——在设计温度下主管材料的许用应力，MPa。

补强面积计算结果应符合下式规定：
$$A_2+A_3+A_4 \geqslant A_1 \tag{16.13}$$

主管上多支管的补强，应符合下列规定：当主管上任意两个或两个以上相邻开孔的中心距小于相邻两孔平均直径的2倍，其补强范围重叠时，如图16.10所示，这两个或两个以上的开孔必须按前面的叙述进行补强计算，并采用联合补强方式进行补强。采用联合补强时，总补强面积不应小于各孔单独补强所需补强面积之和，置于两相邻孔之间的补强面积至少应等于各孔所需补强面积之和的50%，且此两相邻孔中心距至少应等于两开孔平均直径的1.5倍。在计算补强面积时，任何部分截面不得重复计入。

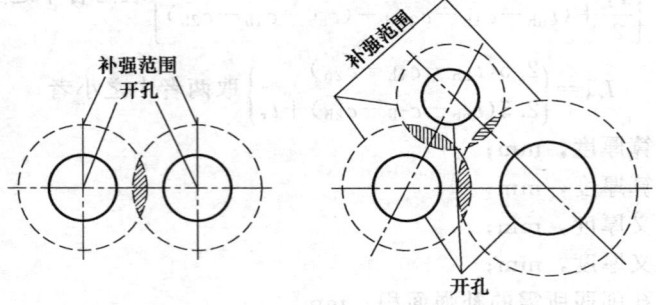

图16.10　主管上多支管的补强

管道开孔补强的两种方法：补强圈补强，以全熔透焊缝将内部或外部补强圈与支管、主管相焊；整体补强，增加主管厚度，或以全熔透焊缝将厚壁支管或整体补强锻件与主管相焊。

采用补强圈补强时应遵守的规定：采用的钢材标准抗拉强度 $R_m \leqslant 540 MPa$；主管壁名义厚度 $\delta_n \leqslant 38mm$；补强圈厚度应不大于 $1.5\delta_n$。

工程应用：某管子支管补强设计

某管子支管补强设计见图16.11，补强板的材料与主管相同。补强板的长度是支管外径的2倍。

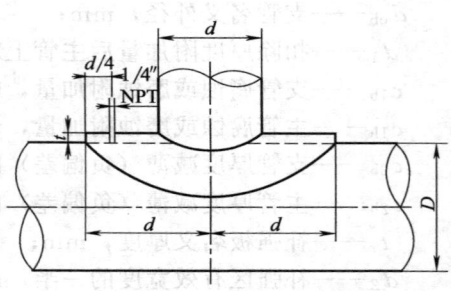

图16.11　某管子支管补强设计

第三节　管子的选用

一、管子的分类

① 管子按用途分类见表16.35。

表16.35　管子按用途的分类

输送用及传热用	流体输送用、长输管道用、石油裂化用、化肥用、锅炉用、换热器用等
结构用	普通结构用、高强结构用、机械结构用等
特殊用	钻井用、高压气体容器用等

② 按材质分类见表16.36。
③ 按制管工艺分类见表16.37。
④ 按公称压力和设计温度分类。按管道的公称压力划分时，习惯上将真空管道与低压管道合并。凡公称压力小于2.5MPa的管道称为低压管道；公称压力为4~6.4MPa的管道称为中压管道；公称压力为10~100MPa的管道称为高压管道；公称压力大于100MPa的管道

称为超高压管道。

表 16.36　管子按材质的分类

金属管	铁管	铸铁管	承压铸铁管(砂型离心铸铁管,连续铸铁管)
	钢管	碳素钢管	Q235焊接钢管,10、20无缝钢管,优质碳素钢无缝钢管
		低合金钢管	16Mn无缝钢管,低温钢无缝钢管
		合金钢管	奥氏体不锈钢管,耐热钢无缝钢管
	有色金属管	铜及合金管	拉制及挤制黄铜管,紫铜管,铜基合金管(蒙乃尔等),耐蚀耐热镍基合金
		铅管	铅管,铅锑合金管
		铝管	冷拉铝及铝合金管,热挤压铝及铝合金圆管
		钛管	钛管及钛合金管
非金属管	—	橡胶管	输气胶管,输水吸水胶管,输油,吸油胶管,蒸汽胶管
		塑料管	酚醛塑料管,耐酸酚醛塑料管,硬聚氯乙烯管,高、低密度聚乙烯管,聚丙烯管,聚四氟乙烯管,ABS管,PVC/FRP复合管,高压聚乙烯管
		石棉水泥管	—
		石墨管	不透性石墨管
		玻璃陶瓷管	化工陶瓷管(耐酸陶、耐酸耐温陶、工业瓷管)
		玻璃钢管	聚酯玻璃钢管,环氧玻璃钢管,酚醛玻璃钢管,呋喃玻璃钢管
衬里管	—		橡胶衬里管,钢塑复合管,涂塑钢管

表 16.37　管子按制管工艺的分类

分　类		制　管　工　艺
无缝钢管		热轧,冷拔,冷轧,锻造,离心铸造
有缝(焊接)钢管	直焊缝钢管	炉焊、电阻焊(ERW)、埋弧自动焊(SAW)、氩弧焊(GTAW)、二氧化碳气体保护焊(GMAW)、等离子焊接(PAW)、二氧化碳气保焊药芯焊丝(FCAW)、焊条电弧焊(SMAW)
	螺旋焊缝钢管	电阻焊(ERW)、埋弧自动焊(SAW)

按管道工作温度划分时,习惯上将-40～120℃温度范围内工作的管道称为常温管道;将在120～450℃温度范围内工作的管道称为中温管道;将在高于450℃温度下工作的管道称为高温管道;将工作于-40℃以下温度环境的管道称为低温管道。

工程应用:某管子分类不清引起的事故

某DN2000的火炬气管子,为GB 9711.2标准的L245有缝管子。设计的是GB 9711.2标准的直缝钢管。但是,在订货材料单的描述内没有写清楚是GB 9711.2标准的直缝钢管还是GB 9711.2标准的螺缝钢管,结果到施工现场的是GB 9711.2标准的螺缝钢管,出现了因管子分类不清引起的采购事故。

工程应用:Pipe管与Tube管的应用

Pipe管作为输送用的管道,用公称直径命名;Tube管作为传热用的管,用"外径×壁厚"表示,Tubing管作为(仪表、伴热、油路)管路,用"外径×壁厚"表示。

钢管标准可以分为Pipe管标准、Tube管标准和机械结构钢管标准。Pipe管与Tube管的比较见表 16.38。

表 16.38　Pipe 管与 Tube 管的比较

Pipe 管	Tube 管
(1)流体输送用圆截面中空管 (2)规格采用公称直径、壁厚系列(壁厚)表示 (3)同一公称直径,外径相同而壁厚可不同 (4)工业管道、长输管道、公用管道	(1)中空管子总称 (2)圆形、方形等 (3)规格用外径、内径、壁厚数值三者之二表示 (4)仪表、伴热、液压、气动、洁净、高压锅炉管、换热管、炉管

Pipe 管与 Tube 管的 ASTM 标准见表 16.39。

表 16.39　Pipe 管与 Tube 管的 ASTM 标准

Pipe 管	Tube 管
(1)A106《高温用无缝碳钢管》 (2)A53《无镀层及热浸镀锌焊接与无缝公称钢管》 (3)API 5L《管线钢管规范》 (4)A312《不锈钢焊接管和不锈钢无缝管》 (5)A333《低温用无缝与焊接钢管规格》 (6)A335《超高压蒸汽管道的焊接工艺》 (7)焊板管 A671《常温和低温用电熔化焊管》、A672《中温高压熔焊管》、A691《高温高压用电融焊钢管》、A358《高温用电熔焊奥氏体铬镍合金钢管》 (8)A530《特种碳素钢和合金钢管》	(1)A179《冷拔无缝低碳钢热交换器和冷凝器钢管》、A213《锅炉过热器和换热器用无缝铁素体和奥氏体合金钢管》 (2)A249《锅炉、过热器、换热器和冷凝器用焊接奥氏体钢管》 (3)A334《低温用无缝和焊接碳钢和合金钢管》 (4)A213《无缝铁素体和奥氏体合金钢管锅炉、过热器和热交换器管》 (5)A450《碳钢、铁素体合金钢和奥氏体合金钢管通用要求技术条件》

Pipe 管与 Tube 管的 GB 标准见表 16.40。

表 16.40　Pipe 管与 Tube 管的 GB 标准

Pipe 管	Pipe 管和 Tube 管
(1)GB 3091《低压流体输送用焊接钢管》 (2)GB 8163《无缝输送流体用无缝钢管碳钢》 (3)GB 9711.1《石油天然气工业输送钢管交货技术条件 第一部分 A 级钢管　高强钢　碳钢、无缝、焊接》 (4)SY 5037《低压流体输送管道用螺旋缝埋弧焊钢管 低压、碳钢、螺旋焊》 (5)GB 14976《流体输送用不锈钢无缝钢管　不锈钢无缝》 (6)GB 18984《低温管道用无缝钢管　低温钢、无缝》 (7)GB 12771《不锈钢焊接钢管　不锈钢、焊接》 (8)HG 20537.3《化工装置用奥氏体不锈钢焊接钢管技术要求》、HG 20537.4《化工装置用奥氏体不锈钢大口径焊接钢管技术要求》不锈钢、焊接	(1)GB 5310《高压锅炉用无缝钢管》 (2)GB 3087《低中压锅炉用无缝钢管》 (3)GB 6479《高压化肥设备用无缝钢管》 (4)GB 9948《石油裂化用无缝钢管》

二、钢管尺寸

(一)公称直径 DN

表示钢管尺寸的方式也有不同的分类:公称直径 DN、外径(OD)和内径(ID)。见图 16.12。

公称直径(DN)又称平均外径,表示管子、管件等管道器材元件的名义上的直径。金属管的管壁很薄,管外径与管内径相差无几,所以取管的外径与管的内径之平均值当作管径。公称直径是用以表示管道系统中除用外径表示的组成件以外的所有组成件通用的一个尺寸数字。在一般情况下,是一个完整的数字,与组成件的

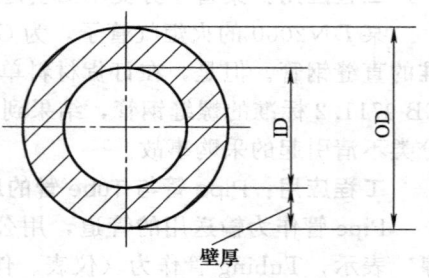

图 16.12　管子的外径和内径

真实尺寸接近，但不相等。同一公称直径的管子采用不同的标准体系，外径则可能有差异。对于同一标准、公称压力和公称直径相同的管子和法兰是相同的连接尺寸。公称直径的单位，美国采用英寸（in），中国采用毫米（mm），日本则并列两种单位。公称直径标记示例如下。

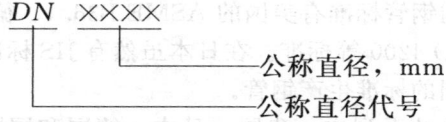

我国目前还没有配管用钢管尺寸系列（公称直径、外径、壁厚）的国家标准，只有钢管的生产标准尺寸系列（只有外径、壁厚两个系列），而现行配管用钢管的行业标准除了公称直径外，外径系列、壁厚系列不完全相同。

国际上通常把钢管的公称尺寸称为公称直径，而不称为公称通径，主要是因为对于直径大于等于350mm（14in）的管子的公称直径是指其外径而不是其内径；但对于螺纹连接的管子及管件，因其内径往往与公称直径接近，亦可称为公称通径。

公称管径（NPS）是北美用于管道尺寸标准体系之一。其管道尺寸用以英寸单位的NPS和管表号（用Sched.或Sch.）表示。NPS与DN的对应关系见表16.41。

表 16.41 NPS 与 DN 的对应关系

NPS	DN	NPS	DN	NPS	DN	NPS	DN
1/8	6	3½	90	22	550	44	1100
1/4	8	4	100	24	600	48	1200
3/4	10	5	125	26	650	52	1300
1/2	15	6	150	28	700	56	1400
3/4	20	8	200	30	750	60	1500
1	25	10	250	32	800	64	1600
1¼	32	12	300	34	850	68	1700
1½	40	14	350	36	900	72	1800
2	50	16	400	38	950	76	1900
2½	65	18	450	40	1000	80	2000
3	80	20	500	42	1050	…	…

注：NPS80以上的管子DN数值，由对应的NPS值乘以25。

GB/T 1047—2005《管道元件DN（公称尺寸）的定义和选用》中规定DN用于管道系统元件的字母和数字组合的尺寸标识。它由字母DN和后跟无量纲的整数数字组成。这个数字与端部连接件的孔径或外径（用mm表示）等特征尺寸直接相关。除在相关标准中另有规定，字母DN后面的数字不代表测量值，也不能用于计算目的。采用DN标识系统的那些标准，应给出DN与管道元件的尺寸的关系，例如DN/OD或DN/ID。标准中优先选用的DN数值有：DN6、DN8、DN10、DN15、DN20、DN25、DN32、DN40、DN50、DN65、DN80、DN100、DN125、DN150、DN200、DN250、DN300、DN350、DN400、DN450、DN500、DN600、DN700、DN800、DN900、DN1000、DN1100、DN1200、DN1400、DN1500、DN1600、DN1800、DN2000、DN2200、DN2400、DN2600、DN2800、DN3000、DN3200、DN3400、DN3600、DN3800、DN4000。

SH 3059《石油化工管道设计器材选用通则》中管子公称直径DN系列，按以下系列优先选用：DN15，DN20，DN25，DN40，DN50，DN80，DN100，DN150，DN200，DN250，DN300，DN350，DN400，DN450，DN500，DN600，DN700，DN800，DN900，DN1000。公称直径大于1000mm时，宜按200mm递增。

ASME标准的管子尺寸要求：ASME B36.10M焊接和无缝锻钢管（NPS1/8～NPS80）；ASME B36.19M不锈钢钢管（NPS1/8～NPS30）。

(二) 钢管的外径系列及特点

根据钢管生产工艺的特点，钢管产品是按外径和壁厚系列组织的。目前世界各国的钢管尺寸系列尚不统一，各国都有各自的钢管尺寸系列标准。

在国际上比较广泛应用的钢管标准有美国的 ASME B36.1、德国的 DIN 2448、英国的 BS 3600 和国际标准化组织的 ISO 4200 等标准。在日本虽然有 JIS 标准，但是为了进入国际市场，也按上述的美国、英国、德国的标准生产钢管。

在世界各国的钢管外径尺寸系列中，我国、日本、德国和国际标准化组织等用 mm 表示外径尺寸，美国则有公制和英制两种表示方法，分别用 mm 和 in (″) 表示外径尺寸。例如，按 JIS 标准 1B (25mm) 的钢管外径为 34mm，而美国 1in 的钢管外径为 33.4mm（或 1.31″）。

国外钢管外径尺寸虽不完全相同，但当公称直径小于 14in 时，除少数几个外径差别较大外其余公称直径钢管的外径尺寸差别很小，不影响互换性。从 14in 开始，钢管外径等于公称直径。例如公称直径 14in，其外径为 14in 或 355.6 (14mm×25.4mm)。GB 8163《输送流体用无缝钢管》的外径尺寸相同，是一个密集尺寸系列（从 $\phi 6 \sim 630$mm）。当 $DN \leqslant 250$mm 时与国外标准的外径尺寸（除 DN100、DN150 外）基本相同，可以互换。但从 DN300 开始，钢管外径尺寸差别较大。我国焊接钢管的外径从 $\phi 323.9 \sim 2220$mm 是按 GB/T 9711.1《石油天然气输送用钢管交货技术条件 A级钢管》规定生产的，其外径尺寸与 ISO 标准一致；从 $\phi 10 \sim 165$mm 焊接钢管的外径是按 GB/T 3092 标准规定生产的。目前在我国现行标准中，对于同一公称直径的钢管外径尺寸还不统一。中国石化总公司标准 SH 3405《石油化工企业钢管尺寸系列》规定的钢管外径系列（DN300 的外径除外）与 ISO 4200 标准基本一致（SH 3405 的外径为整数，ISO 的外径带小数；DN300 的外径：SH 3405 为 325mm，ISO 为 323.9mm）。当 $DN \leqslant 1100$mm 时，它能与 ASME B36.10/36.9 标准配套使用。

国际标准化组织 (ISO) 统一制订了世界通用的钢管标准外径。其中 ISO 65 以英国的 BS 1387 为基础制订。ISO 3183 长输管线，参考了世界上普遍采用的美国 API 5L 标准的外径。DIN 4200 被采用到 ISO 标准中作为 ISO 4200 的基础，ISO 配管用钢管标准尺寸的规格见表 16.42。

表 16.42 ISO 配管用钢管标准尺寸的规格概要　　　　　　　　　　　　　mm

标准	标准名称	外径范围	尺寸数量	备注
ISO 65	钢管螺纹	重的、普通的公称直径 6～150 轻Ⅰ、轻Ⅱ的 6～150	14 12	外径由最大～最小的范围确定，壁厚有重的、普通的、轻Ⅰ、轻Ⅱ四种
ISO 4200	焊接和无缝平头钢管尺寸和单位长度重量	外径 10.2～2220	68	外径分为三个系列，系列Ⅰ是配管用
ISO 559	水、蒸汽和气体用焊接和无缝钢管	公称直径 40～2220 外径 48～2220	26	外径 26 种
ISO 3183	石油和天然气工业用钢管	外径 60.3～1420	33	以 API 5L 标准为基础

(三) 各国金属管道的外径系列数据比较（表 16.43）

表 16.43 各国金属管道的外径系列数据比较　　　　　　　　　　　　　mm

公称直径		外径						
		英制管						公制管
NPS	DN	ASME B36.10/ ASME B36.19 API 5L	ISO 4200	HG 20553 Ⅰ系列	SH 3405	JIS	板焊管	HG 20553 Ⅱ系列
1/8	6	10.3	10.2	10.2	—	10.5	—	—
1/4	8	13.7	13.5	13.5	—	13.8	—	—
3/8	10	17.1	17.2	17.2	17	17.3	—	14
1/2	15	21.3	21.3	21.3	22	21.7	—	18
3/4	20	26.7	26.9	26.9	27	27.2	—	25

续表

公称直径		外径						公制管
		英制管						
NPS	DN	ASME B36.10/ ASME B36.19 API 5L	ISO 4200	HG 20553 I 系列	SH 3405	JIS	板焊管	HG 20553 II 系列
1	25	33.4	33.7	33.7	34	34	—	32
1¼	32	42.2	42.4	42.4	42	42.7	—	38
1½	40	48.3	48.3	48.3	48	48.6	—	45
2	50	60.3	60.3	60.3	60	60.5	—	57
2½	65	73	76.1	76.1	76	76.3	—	76
3	80	88.9	88.9	88.9	89	89.1	—	89
3½	90	101.6	—	—	—	101.6	—	—
4	100	114.3	114.3	114.3	114	114.3	—	108
5	125	141.3	139.7	139.7	140	139.8	—	133
6	150	168.3	168.3	168.3	168	165.2	168.3	159
8	200	219.1	219.1	219.1	219	216.3	219.1	219
10	250	273	273	273	273	267.4	273	273
12	300	323.8	323.9	323.9	325	318.5	323.8	325
14	350	355.6	355.6	355.6	356	355.6	355.6	377
16	400	406.4	406.4	406.4	406	406.4	406.4	426
18	450	457	457	457	457	457	457	480
20	500	508	508	508	508	508	508	530
22	550	559	—	559	559	559	559	—
24	600	610	610	610	610	610	610	630
26	650	660	—	660	660	660	660	—
28	700	711	711	711	711	711	711	720
30	750	762	—	762	762	762	762	—
32	800	813	813	813	813	813	813	820
34	850	864	—	864	864	864	864	—
36	900	914	914	914	914	914	914	920
38	950	965	—	965	965	965	965	—
40	1000	1016	1016	1016	1016	1016	1016	1020
42	1050	1067	—	1067	1067	—	1067	1067
44	1100	1118	1118	1118	1118	1118	1118	—
46	1150	1168	—	1168	—	1168	1168	—
48	1200	1219	1219	1219	1220	1219	1219	1220
50	1250	1270	—	1270	—	—	1270	—
52	1300	1321	—	1321	1321	—	1321	—
54	1350	1372	—	1372	—	—	1372	—
56	1400	1422	1422	1422	1420	—	1422	1420
58	1450	1473	—	1473	—	—	1473	—
60	1500	1524	—	1524	1524	—	1524	—
64	1600	1626	1626	—	1620	—	1626	1620
66	1650	1676	—	—	—	—	1676	—
68	1700	1727	—	—	1727	—	1727	—
72	1800	1829	1829	—	1820	—	1829	1820
76	1900	1930	—	—	1930	—	1930	—
78	1950	1981	—	—	—	—	1981	—
80	2000	2032	2032	—	2020	—	2032	2020
84	2100	2134	—	—	—	—	2134	—
88	2200	2235	2235	—	—	—	2235	—
90	2250	2286	—	—	—	—	2286	—

续表

公称直径		外径						
		英制管						公制管
NPS	DN	ASME B36.10/ ASME B36.19 API 5L	ISO 4200	HG 20553 Ⅰ系列	SH 3405	JIS	板焊管	HG 20553 Ⅱ系列
96	2400	2438	—	—	—	—	2438	—
100	2500	2540	2540	—	—	—	2540	—
102	2550	2591	—	—	—	—	2591	—
104	2600	2642	—	—	—	—	2642	—
108	2700	2743	—	—	—	—	2743	—
112	2800	2845	—	—	—	—	2845	—
114	2850	2896	—	—	—	—	2896	—
120	3000	3048	—	—	—	—	3048	—
126	3150	3200	—	—	—	—	3200	—
128	3200	3251	—	—	—	—	3251	—
132	3300	3353	—	—	—	—	3353	—
136	3400	3454	—	—	—	—	3454	—
138	3450	3505	—	—	—	—	3505	—
144	3600	3658	—	—	—	—	3658	—
152	3800	3861	—	—	—	—	3861	—
160	4000	4064	—	—	—	—	4064	—

(四) 英制管、公制管

就管子系列标准而言,有大外径系列(表 16.44)和小外径系列(表 16.45)。

表 16.44　大外径系列　　　　　　　　　　　　　　　　　　　　mm

公称直径	外径	公称直径	外径	公称直径	外径	公称直径	外径	公称直径	外径
DN15	φ22	DN20	φ27	DN25	φ34	DN32	φ42	DN40	φ48
DN50	φ60	DN65	φ76(73)	DN80	φ89	DN100	φ114	DN125	φ140
DN150	φ168	DN200	φ219	DN250	φ273	DN300	φ324	DN350	φ356
DN400	φ406	DN450	φ457	DN500	φ508	DN600	φ610		

表 16.45　小外径系列　　　　　　　　　　　　　　　　　　　　mm

公称直径	外径	公称直径	外径	公称直径	外径	公称直径	外径	公称直径	外径
DN15	φ18	DN20	φ25	DN25	φ32	DN32	φ38	DN40	φ45
DN50	φ57	DN65	φ73	DN80	φ89	DN100	φ108	DN125	φ133
DN150	φ159	DN200	φ219	DN250	φ273	DN300	φ325	DN350	φ377
DN400	φ426	DN450	φ480	DN500	φ530	DN600	φ630		

英制管和公制管的区别见表 16.46。

表 16.46　英制管和公制管的区别

DN150 以下	英制管外径大于公制管外径
DN200～DN300	英制管外径＝公制管外径
DN350 以上	英制管外径＝NPS×25.4mm；公制管外径＝DN+30mm(或 20mm),即英制管外径小于公制管外径

公制管和英制管选用时的注意事项如下。

① 公制管。管子、管件(对焊、承插)、法兰、阀门(对焊、承插)的配套问题;公制管不能采用管螺纹和螺纹管件。

② 英制管。承插管件,阀门承插口内径与钢管外径的配合见表 16.47;螺纹管件,阀管螺纹与英制管外径的配合见表 16.48。

表 16.47　阀门承插口内径与钢管外径的配合　　　　　　　　　　　　　　　　mm

NPS	DN	外径			外径正偏差	承插口内径(最小)		
		ASME B36.10	ISO 4200 HG 20553	SH 3405	GB 8163	ASME B16.11	GB 14383	SH 3410
3/8	10	17.1	17.2	17	0.40	17.55		17.5
1/2	15	21.3	21.3	22	0.40	21.7	21.8	22.5
3/4	20	26.7	26.9	27	0.40	27.05	27.4	27.5
1	25	33.4	33.7	34	0.45	33.8	34.2	34.5
1¼	32	42.2	42.4	42	0.45	42.55	42.9	42.7
1½	40	48.3	48.3	48	0.45	48.65	48.8	48.8
2	50	60.3	60.3	60	0.60	61.10	61.1	60.8

表 16.48　管螺纹与英制管外径的配用　　　　　　　　　　　　　　　　mm

DN	管螺纹	
	ISO 7/1(GB 7306)	ASME B 1.20.1(GB 12716)
65	76.1	73
125	139.7	141.3
150	165.1	168.3

(五) 常用钢管尺寸及特性数据

(1) 中国石化标准碳素钢、低合金钢、合金钢、奥氏体不锈钢无缝钢管尺寸及特性数据表见表 16.49。

表 16.49　中国石化标准碳素钢、低合金钢、合金钢、奥氏体不锈钢无缝钢管尺寸及特性数据表

公称直径		外径 D_o /mm	管子表号	厚度 /mm	内径 D_i /mm	惯性矩 I/cm^4	断面系数 W/cm^3	理论质量 W_p/(kg/m)	容积 /(m³/m)
mm	in								
15	1/2	22	Sch5S	1.6	18.8	0.5	0.5	0.78	0.0003
			Sch10S	2.0	18.0	0.6	0.6	1.04	0.0003
			Sch20						
			Sch20S	2.5	17.0	0.7	0.7	1.16	0.0002
			Sch30						
			Sch40	3.0	16.0	0.826	0.75	1.33	0.0002
			Sch40S	3.0	16.0	0.826	0.75	1.35	0.0002
			Sch60						
			Sch80	4.0	14.0	0.96	0.87	1.68	0.00015
			Sch80S	4.0	14.0	0.96	0.87	1.70	0.00015
			Sch120						
			Sch140						
			Sch160	5.0	12.0	1.0	1.0		0.0001
20	3/4	27	Sch5S	1.6	23.8	1.0	0.8	1.02	0.0004
			Sch10S	2.0	23.0	1.2	0.9	1.37	0.0004
			Sch20						
			Sch20S	2.5	22.0	1.5	1.1	1.53	0.0004
			Sch30						
			Sch40	3.0	21.0	1.7	1.2	1.78	0.0003
			Sch40S	3.0	21.0	1.7	1.2	1.80	0.0003
			Sch60						
			Sch80	4.0	19.0	2.0	1.2	2.27	0.0003
			Sch80S	4.0	19.0	2.0	1.2	2.30	0.0003
			Sch120						
			Sch140						
			Sch160	5.0	16.0	2.3	1.7	2.92	0.0002

续表

公称直径		外径 D_e /mm	管子表号	厚度 /mm	内径 D_i /mm	惯性矩 I/cm^4	断面系数 W/cm^3	理论质量 W_p/(kg/m)	容积 /(m^3/m)
mm	in								
25	1	34	Sch5S	1.6	30.8	2.1	1.3	1.30	0.0007
			Sch10S	2.8	28.4	3.4	2.0	2.19	0.0006
			Sch20						
			Sch20S	3.0	28.0	3.5	2.1	2.33	0.0006
			Sch30						
			Sch40	3.5	27.0	3.9	2.3	2.60	0.0006
			Sch40S	3.5	27.0	3.9	2.3	2.63	0.0006
			Sch60						
			Sch80	4.5	25.0	4.6	2.7	3.27	0.0005
			Sch80S	4.5	25.0	4.6	2.7	3.32	0.0005
			Sch120						
			Sch140						
			Sch160	6.5	21.0	5.6	3.3	4.41	0.0003
(32)	1¼	42	Sch5S	1.6	38.8	4.1	2.0	1.62	0.0012
			Sch10S	2.8	36.4	6.7	3.2	2.75	0.0010
			Sch20						
			Sch20S	3.0	36.0	7.0	3.3	2.93	0.0010
			Sch30						
			Sch40	3.5	35.0	7.9	3.8	3.72	0.0010
			Sch40S	3.5	35.0	7.9	3.8	3.73	0.0010
			Sch60						
			Sch80	5.0	32.0	10.1	4.8	4.56	0.0008
			Sch80S	5.0	32.0	10.1	4.8	4.63	0.0008
			Sch120						
			Sch140						
			Sch160	6.5	29.0	11.8	5.6	5.69	0.0007
40	1½	48	Sch5S	1.6	44.8	6.3	2.6	1.86	0.0016
			Sch10S	2.8	42.4	10.2	4.2	3.17	0.0014
			Sch20						
			Sch20S	3.0	42.0	10.8	4.5	3.38	0.0014
			Sch30						
			Sch40	4.0	40.0	13.5	5.6	3.84	0.0013
			Sch40S	4.0	40.0	13.5	5.6	3.90	0.0013
			Sch60						
			Sch80	5.0	38.0	15.8	6.6	5.30	0.0012
			Sch80S	5.0	38.0	15.8	6.6	5.38	
			Sch120						
			Sch140						
			Sch160	7.0	34.0	19.5	8.1	7.08	0.0009
50	2	60	Sch5S	1.6	56.8	12.5	4.2	2.90	0.0025
			Sch10S	2.8	54.4	20.6	6.9	4.01	0.0023
			Sch20	3.5	53.0	24.9	8.3	4.88	0.0022
			Sch20S	3.5	53.0	24.9	8.3	4.95	0.0022
			Sch30						
			Sch40	4.0	52.0	27.7	9.2	5.52	0.0021
			Sch40S	4.0	52.0	27.7	9.2	5.61	0.0021
			Sch60	5.0	50.0	32.9	11.0	6.78	0.0020
			Sch80	5.5	49.0	35.3	11.8	7.39	0.0019
			Sch80S	5.5	49.0	35.3	11.8	7.50	0.0019
			Sch120	7.0	46.0	41.6	13.9	9.15	0.0017
			Sch140						
			Sch160	8.5	43.0	46.8	15.6	10.79	0.0015

续表

公称直径 mm	公称直径 in	外径 D_e /mm	管子表号	厚度 /mm	内径 D_i /mm	惯性矩 I/cm^4	断面系数 W/cm^3	理论质量 $W_p/(kg/m)$	容积 /(m³/m)
(65)	2½	76	Sch5S	2.0	72.0	31.8	8.4	3.70	0.0041
			Sch10S	3.0	70.0	45.9	12.1	5.48	0.0038
			Sch20	4.5	67.0	64.8	17.1	7.97	0.0035
			Sch20S	3.5	69.0	52.5	13.8	6.35	0.0037
			Sch30						
			Sch40	5.0	66.0	70.6	18.6	8.75	0.0034
			Sch40S	5.0	66.0	70.6	18.6	8.89	0.0034
			Sch60	6.0	64.0	81.4	21.4	10.36	0.0032
			Sch80	7.0	62.0	91.2	24.0	11.36	0.0030
			Sch80S	7.0	62.0	91.2	24.0	12.09	0.0030
			Sch120	8.0	60.0	100.1	26.3	13.42	0.0028
			Sch140						
			Sch160	9.5	57.0	111.9	29.4	15.58	0.0026
80	3	89	Sch5S	2.0	85.0	51.7	11.6	4.36	0.0057
			Sch10S	3.0	83.0	75.0	16.9	6.46	0.0054
			Sch20	4.5	80.0	106.9	24.0	9.38	0.0050
			Sch20S	4.0	81.0	96.6	21.7	8.51	0.0052
			Sch30						
			Sch40	5.5	78.0	126.2	28.4	11.33	0.0048
			Sch40S	5.5	78.0	126.2	28.4	11.50	0.0048
			Sch60	6.5	76.0	144.1	32.4	13.22	0.0045
			Sch80	7.5	74.0	160.7	36.1	15.07	0.0043
			Sch80S	7.5	74.0	160.7	36.1	15.30	0.0043
			Sch120	9.0	71.0	183.2	41.2	17.76	0.0040
			Sch140						
			Sch160	11.0	67.0	209.0	47.0	21.26	0.0035
100	4	114	Sch5S	2.0	110.0	110.3	19.4	5.61	0.0095
			Sch10S	3.0	108.0	161.2	28.3	8.33	0.0092
			Sch20	5.0	104.0	254.7	44.7	13.44	0.0085
			Sch20S	4.0	106.0	209.2	36.7	11.01	0.0088
			Sch30						
			Sch40	6.0	102.0	297.6	52.2	15.98	0.0082
			Sch40S	6.0	102.0	297.6	52.2	16.22	0.0082
			Sch60	7.0	100.0	338.0	59.3	18.47	0.0079
			Sch80	8.5	97.0	394.3	69.2	22.11	0.0079
			Sch80S	8.5	97.0	394.3	69.2	22.45	0.0074
			Sch120	11.0	92.0	477.2	83.7	27.94	0.0066
			Sch140						
			Sch160	14.0	86.0	560.3	98.3	34.52	0.0058
(125)	5	140	Sch5S	2.8	134.4	283.6	40.5	9.62	0.0142
			Sch10S	3.5	133.0	349.2	49.88	10.49	0.0139
			Sch20	5.0	130.0	483.5	69.1	16.65	0.0133
			Sch20S	5.0	130.0	483.5	69.1	16.90	0.0133
			Sch30						
			Sch40	6.5	127.0	608.5	86.9	21.40	0.0127
			Sch40S	6.5	127.0	608.5	86.9	21.72	0.0127
			Sch60	8.0	124.0	724.8	103.5	26.4	0.0121
			Sch80	9.5	121.0	833.1	119.0	30.57	0.0115
			Sch80S	9.5	121.0	833.1	119.0	31.03	
			Sch120	13.0	114.0	1056.1	150.9	40.71	0.0102
			Sch140						
			Sch160	16.0	108.0	1217.3	173.9	48.93	0.0092

续表

公称直径		外径 D_o /mm	管子表号	厚度 /mm	内径 D_i /mm	惯性矩 I/cm^4	断面系数 W/cm^3	理论质量 W_P/(kg/m)	容积 /(m³/m)
mm	in								
150	6	168	Sch5S	2.8	162.4	495.0	58.93	11.58	0.0207
			Sch10S	3.5	161.0	611.01	72.74	14.41	0.0204
			Sch20	5.5	157.0	927.4	110.4	20.04	0.0193
			Sch20S	5.0	158.0	850.7	101.3	20.40	0.0196
			Sch30	6.5	155.0	1075.0	128.0	25.89	0.0189
			Sch40	7.0	154.0	1148.8	136.8	27.79	0.0186
			Sch40S	7.0	154.0	1148.8	136.8	28.21	0.0186
			Sch60	9.5	149.0	1490.0	177.5	37.13	0.0177
			Sch80	11.0	146.0	1679.0	199.9	42.59	0.0167
			Sch80S	11.0	146.0	1679.0	199.9	43.23	0.0167
			Sch120	14.0	140.0	2023.5	240.9	53.17	0.0154
			Sch140						
			Sch160	18.0	132.0	2418.8	287.9	66.58	0.0137
200	8	219	Sch5S	2.8	213.4	1109.4	101.3	15.15	0.0357
			Sch10S	4.0	211.0	1560.9	142.5	18.88	0.0349
			Sch20	6.5	206.0	2450.4	223.8	34.04	0.0333
			Sch20S	6.5	206.0	2450.4	223.8	34.57	0.0333
			Sch30	7.0	205.0	2620.7	239.3	36.60	0.0330
			Sch40	8.0	203.0	2953.9	269.8	41.63	0.0323
			Sch40S	8.0	203.0	2953.9	269.8	42.25	0.0323
			Sch60	10.0	199.0	3591.5	328.0	51.54	0.0311
			Sch80	13.0	193.0	4478.3	409.0	66.04	0.0292
			Sch80S	13.0	193.0	4478.3	409.0	67.03	0.0292
			Sch100	15.0	189.0	5025.3	458.9	75.46	0.0280
			Sch120	18.0	183.0	5783.2	528.1	89.22	0.0263
			Sch140	20.0	179.0	6248.8	570.7	98.15	0.0252
			Sch160	24.0	171.0	7090.6	647.5	115.41	0.0230
250	10	273	Sch5S	3.5	266.0	2686.0	196.8	23.61	0.0555
			Sch10S	4.0	265.0	3056.7	223.9	26.93	0.0551
			Sch20	6.5	260.0	4831.7	354.0	42.71	0.0531
			Sch20S	6.5	260.0	4831.7	354.0	43.36	0.0531
			Sch30	8.0	257.0	5848.7	428.5	52.28	0.0518
			Sch40	9.5	254.0	6830.8	500.4	61.73	0.0506
			Sch40S	9.5	254.0	6830.8	500.4	62.66	0.0506
			Sch60	13.0	247.0	8990.6	658.7	83.35	0.0479
			Sch80	15.0	243.0	10145.1	743.2	95.43	0.0464
			Sch80S	15.0	243.0	10145.1	743.2	96.87	0.0464
			Sch100	18.0	237.0	11773.1	862.5	113.19	0.0441
			Sch120	22.0	229.0	13759.6	1008.0	136.17	0.0412
			Sch140	25.0	223.0	15119.1	1107.6	152.89	0.0390
			Sch160	28.0	217.0	16373.1	1199.5	169.17	0.0370
300	12	325	Sch5S	4.0	317.0	5193.8	319.6	32.04	0.0789
			Sch10S	4.5	316.0	5816.0	357.9	35.99	0.0784
			Sch20	6.5	312.0	8235.9	506.8	50.89	0.0764
			Sch20S	6.5	312.0	8235.9	506.8	51.66	0.0764
			Sch30	8.5	308.0	10585.1	651.4	66.13	0.0754
			Sch40	10.0	305.0	12280.3	755.7	77.43	0.0730
			Sch40S	9.5	306.0	11705.8	720.4	74.78	0.0735
			Sch60	14.0	297.0	16562.6	1019.2	107.02	0.0692
			Sch80	17.0	291.0	19555.2	1203.4	129.96	0.0665
			Sch80S	17.0	291.0	19555.2	1203.4	130.63	0.0665
			Sch100	22.0	281.0	24147.6	1486.0	163.84	0.0620
			Sch120	25.0	275.0	26677.6	1641.7	184.33	0.0594
			Sch140	28.0	269.0	29047.6	1787.5	204.38	0.0568
			Sch160	34.0	257.0	33333.9	2051.3	243.15	0.0518

续表

公称直径		外径 D_c /mm	管子表号	厚度 /mm	内径 D_i /mm	惯性矩 I/cm^4	断面系数 W/cm^3	理论质量 $W_p/(kg/m)$	容积 $/(m^3/m)$
mm	in								
350	14	356	Sch5S	4.0	348.0	6839.6	384.3	35.24	0.0951
			Sch10S	5.0	346.0	8477.5	476.3	43.93	0.0940
			Sch20	8.0	340.0	13247.0	744.2	68.65	0.0905
			Sch20S						
			Sch30	9.5	337.0	15536.7	872.6	81.17	0.0892
			Sch40	11.0	334.0	17756.3	997.5	93.58	0.0876
			Sch40S						
			Sch60	15.0	326.0	23402.1	1314.7	126.14	0.0835
			Sch80	19.0	318.0	28647.2	1609.4	157.90	0.0794
			Sch100	24.0	308.0	34669.7	1947.7	196.49	0.0745
			Sch120	28.0	300.0	39083.5	2195.7	226.48	0.0707
			Sch140	32.0	292.0	43158.0	2424.6	255.67	0.0670
			Sch160	36.0	284.0	46911.1	2635.5	284.08	0.0634
400	16	406	Sch5S	4.5	397.0	11418.5	562.5	45.22	0.1237
			Sch10S	5.0	396.0	12640.8	622.7	50.18	0.1231
			Sch20	8.0	390.0	19814.2	976.1	78.52	0.1195
			Sch20S						
			Sch30	9.5	387.0	23268.2	1146.2	92.89	0.1176
			Sch40	13.0	380.0	31021.0	1528.1	125.99	0.1134
			Sch40S						
			Sch60	17.0	372.0	39372.0	1939.5	163.08	0.1087
			Sch80	22.0	362.0	49079.5	2417.7	208.33	0.1029
			Sch100	26.0	354.0	56287.7	2772.8	243.64	0.0984
			Sch120	32.0	342.0	66220.7	3262.1	295.13	0.0919
			Sch140	36.0	334.0	72287.1	3560.9	328.47	0.0876
			Sch160	40.0	326.0	77932.9	3839.1	361.02	0.0835
450	18	457	Sch5S						
			Sch10S						
			Sch20	8.0	441.0	28446.4	1244.9	88.58	0.1528
			Sch20S						
			Sch30	11.0	435.0	38346.2	1678.2	120.98	0.1486
			Sch40	14.0	429.0	47844.7	2093.9	152.94	0.1446
			Sch40S						
			Sch60	19.0	419.0	62813.5	2749.0	205.22	0.1379
			Sch80	24.0	409.0	76748.2	3358.8	256.27	0.1314
			Sch100	30.0	397.0	92173.1	4033.8	315.89	0.1238
			Sch120	35.0	387.0	104002.4	4551.5	364.33	0.1176
			Sch140	40.0	377.0	114949.4	5030.6	411.33	0.1116
			Sch160	45.0	367.0	125059.1	5473.1	457.20	0.1058
500	20	508	Sch5S						
			Sch10S						
			Sch20	9.5	489.0	48520.4	1910.3	116.78	0.1870
			Sch20S						
			Sch30	13.0	482.0	61961.1	2439.4	158.69	0.1825
			Sch40	15.0	478.0	70647.2	2781.4	182.36	0.1795
			Sch40S						
			Sch60	20.0	468.0	91265.0	3593.1	240.68	0.1719
			Sch80	26.0	456.0	114695.9	4515.6	307.76	0.1633
			Sch100	32.0	444.0	136141.4	5359.9	375.62	0.1548
			Sch120	38.0	432.0	155943.7	6139.5	440.43	0.1466
			Sch140	45.0	418.0	177051.5	6970.5	513.79	0.1372
			Sch160	50.0	408.0	190885.4	7515.2	564.71	0.1307

续表

公称直径		外径 D_e /mm	管子表号	厚度 /mm	内径 D_i /mm	惯性矩 I/cm^4	断面系数 W/cm^3	理论质量 $W_P/(kg/m)$	容积 $/(m^3/m)$
mm	in								
550	22	559	Sch20	9.5	540	61933.8	2215.9	128.73	0.2290
			Sch30	13	533	83164.7	2975.5	175.04	0.2231
			Sch40	17	525	106425.4	3807.7	227.22	0.2165
			Sch60	22	515	134043.4	4795.8	291.33	0.2083
			Sch80	28	503	165127.3	5908.0	366.64	0.1987
			Sch100	35	489	198685.7	7108.6	452.26	0.1878
			Sch120	42	475	229482.3	8210.5	535.47	0.1772
			Sch140	48	463	253799.4	9080.5	604.86	0.1684
			Sch160	54	451	276297.5	9885.4	672.48	0.1598
600	24	610	Sch20	9.5	591	80824.5	2650.0	140.68	0.2473
			Sch30	14	582	116487.1	3819.3	205.76	0.2660
			Sch40	18	574	146828.5	4814.1	262.78	0.2588
			Sch60	25	560	196957.0	6457.6	360.65	0.2463
			Sch80	32	546	243463.6	7982.4	456.11	0.2341
			Sch100	38	534	280579.3	9199.3	536.01	0.2240
			Sch120	45	520	320830.5	10519.0	626.98	0.2124
			Sch140	52	506	357958.5	11736.3	715.53	0.2011
			Sch160	60	490	396779.1	13009.2	813.78	0.1886

(2) 中国石化标准焊接钢管尺寸及特性数据表（表16.50）

表16.50 中国石化标准焊接钢管尺寸及特性数据表

公称直径		外径 D_e /mm	厚度 /mm	内径 D_i /mm	惯性矩 I/cm^4	断面系数 W/cm^3	理论质量 $W_P/(kg/m)$		容积 $/(m^3/m)$
mm	in						碳钢、合金钢	不锈钢	
150	6	168	4	160.0	692.1	82.4	16.18	16.42	0.0201
			5	158.0	849.6	101.2	20.10	20.40	0.0196
			6	156.0	1001.3	119.2	23.97	24.33	0.0191
			7	154.0	1147.3	136.6	27.79	28.03	0.0186
			8	152.0	1287.7	153.3	31.56	32.04	0.0182
			9	150.0	1422.7	169.4	35.29	35.82	0.0177
			10	148.0	1552.4	184.8	38.96	39.55	0.0172
200	8	219.0	4	211.0	1558.9	142.4	21.21	21.53	0.0350
			5	209.0	1921.9	175.5	26.39	26.78	0.0343
			6	207	2280.8	208.2	31.52	31.99	0.0337
			7	205	2624.4	239.6	36.60	37.14	0.0330
			8	203	2958.1	270.0	41.63	42.25	0.0324
			9	201	3282.1	299.6	46.61	47.31	0.0317
			10	199	3596.6	328.3	51.54	52.31	0.0311
250	10	273.0	4	268.0	1939.8	142.1	26.53	26.93	0.0564
			5	263.0	3774.1	276.5	33.04	33.54	0.0543
			6	261.0	4484.8	328.6	39.51	40.10	0.0535
			7	259.0	5174.7	379.1	45.92	46.61	0.0527
			8	257.0	5848.7	428.5	52.28	53.06	0.0518
			9	255.0	6507.3	476.7	59.10	59.47	0.0510
			10	253.0	7150.5	523.8	64.86	65.83	0.0502
			11	251.0	7778.6	569.9	71.07	72.14	0.0495
			12	249.0	8391.9	614.8	77.24	78.39	0.0487
			13	247.0	8990.6	658.7	83.35		0.0479

续表

| 公称直径 | | 外径 D_c | 厚度 | 内径 D_i | 惯性矩 | 断面系数 | 理论质量 W_p/(kg/m) | | 容积 |
mm	in	/mm	/mm	/mm	I/cm⁴	W/cm³	碳钢、合金钢	不锈钢	/(m³/m)
300	12	325.0	5	315.0	6424.1	395.3	39.33	39.92	0.0779
			6	313.0	7637.7	470.0	47.05	47.76	0.0770
			7	311.0	8828.3	543.3	54.72	55.54	0.0760
			8	309.0	9996.1	615.1	62.34	63.28	0.0750
			9	307.0	11141.5	685.6	69.91	70.96	0.0740
			10	305.0	12264.7	754.8	77.43	78.59	0.0731
			11	303.0	13366.0	822.5	84.90	86.18	0.0721
			12	301.0	14445.7	889.0	92.33	93.71	0.0712
			13	299.0	15504.1	954.1	99.70		0.0702
			14	297.0	16541.5	1017.9	107.02		0.0693
350	14	356.0	6	344.0	10087.2	566.7	51.79	52.56	0.0929
			7	342.0	11669.0	655.6	60.24	61.15	0.0919
			8	340.0	13223.4	742.9	68.65	69.68	0.0908
			9	338.0	14750.6	828.7	77.01	78.18	0.0897
			10	336.0	16250.9	913.0	85.32	86.60	0.0887
			11	334.0	17724.6	995.8	93.58	94.99	0.0876
			12	332.0	19172.2	1077.1	101.80	103.32	0.0866
			13	330.0	20593.7	1157.0	109.96		0.0855
			14	328.0	21989.7	1235.8	118.07		0.0845
			15	326.0	23360.4	1312.4	126.14		0.0835
400	16	406.0	6	394.0	15056.2	741.7	59.18	60.07	0.1219
			7	392.0	17435.6	858.9	68.88	69.91	0.1207
			8	390.0	19778.8	973.5	78.52	79.70	0.1195
			9	388.0	22086.3	1088.0	88.11	89.43	0.1182
			10	386.0	24358.4	1199.9	97.65	99.12	0.1170
			11	384.0	26595.4	1310.1	107.15	108.75	0.1158
			12	382.0	28797.8	1418.6	116.59	118.75	0.1146
			13	380.0	30965.8	1525.4	125.99		0.1134
			14	378.0	33099.8	1630.5	135.33		0.1122
			15	376.0	35200.3	1734.0	144.63		0.1110
450	18	457.0	6	445.0	21607.1	945.6	66.73	67.73	0.1554
			7	443.0	25042.7	1096.0	77.68	78.84	0.1541
			8	441.0	28431.9	1244.3	88.58	89.91	0.1527
			9	439.0	31775.4	1390.6	99.43	100.92	0.1513
			10	437.0	35073.5	1534.9	110.23	111.88	0.1499
			11	435.0	38326.7	1677.3	120.98	122.80	0.1485
			12	433.0	41535.2	1817.7	131.68	133.66	0.1472
			13	431.0	44699.6	1956.2	142.34		0.1458
			14	429.0	47759.4	2090.1	152.94		0.1446
			15	427.0	50832.8	2224.6	163.50		0.1432
			16	425.0	53863.3	2357.3	174.00		0.1419
500	20	508.0	6	496.0	29796.4	1173.1	74.28	74.94	0.1931
			7	494.0	34557.0	1360.5	86.48	87.78	0.1916
			8	492.0	39260.0	1545.7	98.64	100.12	0.1900
			9	490.0	43906.1	1728.6	110.75	112.41	0.1885
			10	488.0	48495.6	1909.3	122.81	124.65	0.1869
			11	486.0	53029.1	2087.8	134.82	136.84	0.1854
			12	484.0	57506.9	2264.1	146.78	148.98	0.1839
			13	482.0	61929.6	2438.2	158.69		0.1824
			14	480.0	66213.1	2606.8	170.55		0.1810
			15	478.0	70521.2	2776.4	182.36		0.1795
			16	476.0	74775.7	2943.9	194.12		0.1780

续表

公称直径		外径 D_o /mm	厚度 /mm	内径 D_i /mm	惯性矩 I/cm^4	断面系数 W/cm^3	理论质量 W_p/(kg/m)		容积 /(m^3/m)
mm	in						碳钢、合金钢	不锈钢	
(550)	22	559.0	6	547.0	39830.6	1425.1	81.82	83.05	0.2349
			7	545.0	46219.4	1653.6	95.29	96.72	0.2332
			8	543.0	52538.3	1879.7	108.70	110.33	0.2315
			9	541.0	58787.7	2103.3	122.07	123.90	0.2298
			10	539.0	64968.2	2324.4	135.38	137.41	0.2281
			11	537.0	71080.2	2543.1	148.65	150.88	0.2264
			12	535.0	77124.4	2759.4	161.87	164.30	0.2247
			13	533.0	83101.1	2973.2	175.04		0.2230
			14	531.0	88897.6	3180.6	188.16		0.2215
			15	529.0	94733.6	3389.4	201.22		0.2198
			16	527.0	100503.8	3595.8	214.25		0.2181
600	24	610.0	6	598.0	51897.3	1701.6	89.37	90.71	0.2807
			7	596.0	60248.8	1975.4	104.09	105.65	0.2788
			8	594.0	68516.6	2246.4	118.76	120.54	0.2770
			9	592.0	76701.4	2514.8	133.39	135.39	0.2751
			10	590.0	84803.6	2780.4	147.96	150.18	0.2733
			11	588.0	92823.8	3043.4	162.48	164.92	0.2714
			12	586.0	100762.6	3303.7	176.96	179.61	0.2696
			13	584.0	108620.6	3561.3	191.39		0.2677
			14	582.0	116249.9	3811.5	205.76		0.2660
			15	580.0	123937.9	4063.5	220.09		0.2642
			16	578.0	131546.8	4313.0	234.37		0.2626
(650)	26	660.0	6	648.0	65881.1	1996.4	96.77	98.22	0.3296
			7	646.0	76511.6	2318.5	112.72	114.41	0.3276
			8	644.0	87043.8	2637.7	128.63	130.56	0.3256
			9	642.0	97478.4	2953.9	144.48	146.65	0.3235
			10	640.0	107815.9	3267.1	160.29	162.69	0.3215
			11	638.0	118056.9	3577.5	176.05	178.69	0.3195
			12	636.0	128202.0	3884.9	191.76	194.63	0.3175
			13	634.0	138252.0	4189.5	207.42		0.3155
			14	632.0	148018.4	4485.4	223.03		0.3137
			15	630.0	157867.0	4783.9	238.59		0.3117
			16	628.0	167622.2	5079.5	254.10		0.3098
700	28	711.0	6	699.0	82525.8	2321.4	104.31	105.87	0.3836
			7	697.0	95873.4	2696.9	121.52	123.35	0.3814
			8	695.0	109106.8	3069.1	138.69	140.77	0.3792
			9	693.0	122226.3	3438.2	155.80	158.14	0.3770
			10	691.0	135232.7	3804.0	172.87	175.46	0.3748
			11	689.0	148126.8	4166.7	189.88	192.73	0.3727
			12	687.0	160909.0	4526.3	206.85	209.95	0.3705
			13	685.0	173580.1	4882.7	223.76		0.3683
			14	683.0	185104.7	5214.2	240.63		0.3653
			15	681.0	197484.9	5563.0	257.45		0.3632
			16	679.0	209756.4	5908.6	274.22		0.3610
(750)	30	762.0	7	748.0	118254.0	3103.8	130.33	132.28	0.4392
			8	746.0	134614.8	3533.2	148.75	150.98	0.4369
			9	744.0	150844.4	3959.2	167.12	169.63	0.4345
			10	742.0	166943.8	4381.7	185.44	188.22	0.4322
			11	740.0	182913.3	4800.9	203.72	206.77	0.4299
			12	738.0	198754.1	5216.6	221.94	225.27	0.4275
			13	736.0	214466.5	5629.0	240.11		0.4252
			14	734.0	230051.3	6038.1	258.24		0.4229
			16	730.0	260508.7	6837.5	294.34		0.4185

续表

公称直径		外径 D_e /mm	厚度 /mm	内径 D_i /mm	惯性矩 I/cm^4	断面系数 W/cm^3	理论质量 W_p/(kg/m)		容积 /(m^3/m)
mm	in						碳钢、合金钢	不锈钢	
800	32	813.0	7	799.0	143871.8	3539.3	139.13	141.22	0.5011
			8	797.0	163817.5	4029.9	158.81	161.19	0.4986
			9	795.0	183613.6	4516.9	178.44	181.12	0.4961
			10	793.0	203260.8	5000.3	198.02	200.99	0.4936
			11	791.0	222760.0	5480.0	217.55	220.81	0.4912
			12	789.0	242111.8	5956.0	237.03	240.59	0.4887
			13	787.0	261317.0	6428.5	256.46		0.4862
			14	785.0	280376.4	6897.3	275.85		0.4837
			16	781.0	317655.2	7814.4	314.46		0.4791
900	36	914.0	8	898.0	233532.9	5110.1	178.74	181.42	0.6330
			9	896.0	261860.9	5730.0	200.86	203.87	0.6302
			10	894.0	289999.8	6345.7	222.93	226.27	0.6274
			11	892.0	317950.9	6957.3	244.95	248.62	0.6246
			12	890.0	345714.2	7564.9	266.92	270.92	0.6218
			13	888.0	373291.1	8168.3	288.84		0.6190
			14	886.0	400682.4	8767.7	310.72		0.6162
			15	884.0	427888.6	9363.0	332.54		0.6134
			16	882.0	454911.1	9954.3	354.31		0.6107
1000	40	1016.0	8	1000.0	321616.7	6331.0	198.86	201.84	0.7850
			9	998.0	360749.3	7101.4	223.49	226.99	0.7819
			10	996.0	399647.1	7867.1	248.08	251.80	0.7787
			11	994.0	438311.1	8628.2	272.62	276.71	0.7756
			12	992.0	476742.7	9384.7	297.10	301.56	0.7725
			13	990.0	514942.5	10136.7	321.54		0.7694
			14	988.0	552911.4	10884.1	356.93		0.7663
			15	986.0	590650.8	11627.0	370.27		0.7632
			16	984.0	628160.8	12365.4	394.56		0.7601
1200	48	1220.0	10	1200.0	695385.9	11399.8	298.39		1.1304
			11	1198.0	763040.3	12508.9	327.95		1.1266
			12	1196.0	830357.1	13612.4	357.47		1.1229
			13	1194.0	897337.0	14710.4	386.94		1.1191
			14	1192.0	963980.4	15803.0	416.36		1.1154
			15	1190.0	1030290.0	16890.0	445.73		1.1116
			16	1188.0	1096266.0	17971.6	475.05		1.1079
			18	1184.0	1225658.2	20092.8	533.54		1.1010
1400	56	1420.0	10	1400.0	1100319.0	15497.5	347.71		1.5386
			11	1398.0	1207791.0	17011.1	382.21		1.5342
			12	1396.0	1314802.2	18518.3	416.66		1.5298
			13	1394.0	1421354.0	20019.1	451.06		1.5254
			14	1392.0	1527449.0	21513.4	485.41		1.5211
			15	1390.0	1633088.0	23001.2	519.71		1.5167
			16	1388.0	1738270.0	24482.7	553.96		1.5123
			18	1384.0	1944796.6	27391.5	622.32		1.5036
1600	64	1620.0	10	1600.0	1638077.0	20223.2	397.03		2.0096
			11	1598.0	1798544.0	22204.2	436.46		2.0046
			12	1596.0	1958409.0	24177.9	475.84		1.9996
			13	1594.0	2117675.0	26144.1	515.17		1.9946
			14	1592.0	2276341.0	28103.0	554.46		1.9896
			15	1590.0	2434414.0	30054.5	593.96		1.9846
			16	1588.0	2591887.0	31998.6	632.87		1.9796
			18	1584.0	2901355.4	35819.2	711.10		1.9696

续表

公称直径		外径 D_c /mm	厚度 /mm	内径 D_i /mm	惯性矩 I/cm⁴	断面系数 W/cm³	理论质量 W_p/(kg/m)		容积 /(m³/m)
mm	in						碳钢、合金钢	不锈钢	
1800	72	1820.0	10	1800.0	2327494.0	25576.9	446.35		2.5434
			11	1798.0	2556021.0	28088.1	490.71		2.5378
			12	1796.0	2783787.0	30591.1	535.02		2.5321
			13	1794.0	3010786.0	33085.6	579.29		2.5265
			14	1792.0	3237034.0	35571.8	623.50		2.5208
			15	1790.0	3462526.0	38049.7	667.67		2.5152
			16	1788.0	3687257.0	40519.3	711.79		2.5096
			18	1784.0	4129203.5	45375.9	799.87		2.4984
2000	80	2020.0	10	2000.0	3187415.0	31558.6	495.67		3.1400
			11	1998.0	3500946.0	34662.8	544.96		3.1337
			12	1996.0	3813535.0	37757.8	594.21		3.1275
			13	1994.0	4125184.0	40843.4	643.40		3.1212
			14	1992.0	4435901.0	43919.8	962.55		3.1149
			15	1990.0	4745681.0	46986.9	741.65		3.1087
			16	1988.0	5054526.0	50044.8	790.70		3.1024
			18	1984.0	5662209.2	56061.5	888.65		3.1000

(3) 碳素钢、低合金钢、合金钢、奥氏体不锈钢无缝钢管尺寸及特性数据表（表 16.51）

表 16.51 碳素钢、低合金钢、合金钢、奥氏体不锈钢无缝钢管尺寸及特性数据表

公称直径		外径 D_c /mm	管子表号	厚度 /mm	内径 D_i /mm	惯性矩 I/cm⁴	断面系数 W/cm³	理论质量 W_p/(kg/m)	容积 /(m³/m)
mm	in								
15	1/2	21.3	Sch5S	1.6	18.1	0.5	0.5	0.777	0.0003
			Sch10	1.6	18.1	0.5	0.5	0.777	0.0003
			Sch10S	2.0	17.3	0.6	0.5	0.951	0.0002
			Sch20	2.0	17.3	0.6	0.5	0.951	0.0002
			Sch20S	2.6	16.1	0.7	0.6	1.198	0.0002
			Sch30						
			Sch40	2.9	15.5	0.7	0.7	1.315	0.0002
			Sch60						
			Sch80	3.6	14.1	0.8	0.8	1.571	0.0002
			Sch100						
			Sch120						
			Sch140						
			Sch160	4.5	12.3	0.9	0.8	1.863	0.0001
20	3/4	26.9	Sch5S	1.6	23.7	1.0	0.8	0.998	0.0004
			Sch10	1.8	23.3	1.1	0.8	1.114	0.0004
			Sch10S	2.0	22.9	1.2	0.9	1.228	0.0004
			Sch20	2.3	22.3	1.4	1.0	1.395	0.0004
			Sch20S	2.6	21.7	1.5	1.1	1.557	0.0004
			Sch30						
			Sch40	2.9	21.1	1.6	1.2	1.716	0.0003
			Sch60						
			Sch80	4.0	18.9	1.9	1.4	2.258	0.0003
			Sch100						
			Sch120						
			Sch140						
			Sch160	5.6	15.7	2.3	1.7	2.940	0.0002

续表

公称直径		外径 D_c /mm	管子表号	厚度 /mm	内径 D_i /mm	惯性矩 I/cm^4	断面系数 W/cm^3	理论质量 $W_p/(kg/m)$	容积 $/(m^3/m)$
mm	in								
25	1	33.7	Sch5S	1.6	30.5	2.1	1.2	1.266	0.0007
			Sch10	2.0	29.7	2.5	1.5	1.563	0.0007
			Sch10S	2.9	27.9	3.4	2.0	2.202	0.0006
			Sch20	2.6	28.5	3.1	1.8	1.993	0.0006
			Sch20S	3.2	27.3	3.6	2.1	2.406	0.0006
			Sch30						
			Sch40	3.2	27.3	3.6	2.1	2.406	0.0006
			Sch60						
			Sch80	4.5	24.7	4.5	2.7	3.239	0.0005
			Sch100						
			Sch120						
			Sch140						
			Sch160	6.3	21.1	5.4	3.2	4.255	0.0003
(32)	1¼	42.4	Sch5S	1.6	39.2	4.3	2.0	1.609	0.0012
			Sch10	2.6	37.2	6.5	3.0	2.551	0.0011
			Sch10S	2.9	36.6	7.1	3.3	2.824	0.0011
			Sch20	2.9	36.6	7.1	3.3	2.824	0.0011
			Sch20S	3.2	36.0	7.6	3.6	3.092	0.0010
			Sch30						
			Sch40	3.6	35.2	8.3	3.9	3.443	0.0010
			Sch60						
			Sch80	5.0	32.4	10.5	4.9	4.609	0.0008
			Sch100						
			Sch120						
			Sch140						
			Sch160	6.3	29.8	12.0	5.7	5.606	0.0007
40	1½	48.3	Sch5S	1.6	45.1	6.4	2.7	1.842	0.0016
			Sch10	2.6	43.1	9.8	4.0	2.929	0.0015
			Sch10S	2.9	42.5	10.7	4.4	3.245	0.0014
			Sch20	2.9	42.5	10.7	4.4	3.245	0.0014
			Sch20S	3.2	41.9	11.6	4.8	3.557	0.0014
			Sch30						
			Sch40	3.6	41.1	12.7	5.3	3.967	0.0013
			Sch60						
			Sch80	5.0	38.3	16.1	6.7	5.337	0.0012
			Sch100						
			Sch120						
			Sch140						
			Sch160	7.1	34.1	20.1	8.3	7.210	0.0009
50	2	60.3	Sch5S	1.6	57.1	12.7	4.2	2.315	0.0026
			Sch10	2.9	54.5	21.6	7.2	4.103	0.0023
			Sch10S	2.9	54.5	21.6	7.2	4.103	0.0023
			Sch20	3.2	53.9	23.5	7.8	4.504	0.0023
			Sch20S	3.6	53.1	25.9	8.6	5.031	0.0022
			Sch30						
			Sch40	4.0	52.3	28.2	9.3	5.551	0.0021
			Sch60						
			Sch80	5.6	49.1	36.4	12.1	7.550	0.0019
			Sch100						
			Sch120						
			Sch140						
			Sch160	8.8	42.7	48.6	16.1	11.171	0.0014

续表

公称直径		外径 D_e /mm	管子表号	厚度 /mm	内径 D_i /mm	惯性矩 I/cm^4	断面系数 W/cm^3	理论质量 W_p/(kg/m)	容积 /(m^3/m)
mm	in								
(65)	2½	76.1	Sch5S	2.0	72.1	32.0	8.4	3.653	0.0041
			Sch10	4.0	68.1	59.0	15.5	7.109	0.0036
			Sch10S	3.2	69.7	48.8	12.8	5.750	0.0038
			Sch20	4.5	67.1	65.1	17.1	7.942	0.0035
			Sch20S	3.6	68.9	54.0	14.2	6.433	0.0037
			Sch30						
			Sch40	5.0	66.1	70.9	18.6	8.763	0.0034
			Sch60						
			Sch80	7.1	61.9	92.5	24.3	12.076	0.0030
			Sch100						
			Sch120						
			Sch140						
			Sch160	10.0	56.1	116.0	30.5	16.293	0.0025
80	3	88.9	Sch5S	2.0	84.9	51.5	11.6	4.284	0.0057
			Sch10	4.0	80.9	96.3	21.7	8.371	0.0051
			Sch10S	3.2	82.5	79.2	17.8	6.760	0.0053
			Sch20	4.5	79.9	106.5	24.0	9.362	0.0050
			Sch20S	4.0	80.9	96.3	21.7	8.371	0.0051
			Sch30						
			Sch40	5.6	77.7	127.6	28.7	11.498	0.0047
			Sch60						
			Sch80	8.0	72.9	167.9	37.8	15.953	0.0042
			Sch100						
			Sch120						
			Sch140						
			Sch160	11.0	66.9	208.2	46.8	21.122	0.0035
100	4	114.3	Sch5S	2.0	110.3	111.2	19.5	5.536	0.0096
			Sch10	4.5	105.3	234.2	41.0	12.179	0.0087
			Sch10S	3.2	107.9	172.4	30.2	8.763	0.0091
			Sch20	5.0	104.3	256.8	44.9	13.471	0.0085
			Sch20S	4.0	106.3	211.0	36.9	10.875	0.0089
			Sch30						
			Sch40	6.3	101.7	312.6	54.7	16.771	0.0081
			Sch60						
			Sch80	8.8	96.7	408.4	71.5	22.884	0.0073
			Sch100						
			Sch120	11.0	92.3	481.3	84.2	28.009	0.0067
			Sch140						
			Sch160	14.2	85.9	570.3	99.8	35.037	0.0058
(125)	5	139.7	Sch5S	2.9	133.9	291.5	41.7	9.779	0.0141
			Sch10	4.5	130.7	437.0	62.6	14.996	0.0134
			Sch10S	3.6	132.5	356.5	51.0	12.077	0.0138
			Sch20	5.0	129.7	480.3	68.8	16.601	0.0132
			Sch20S	5.0	129.7	480.3	68.8	16.601	0.0132
			Sch30	5.6	128.5	531.0	76.0	18.510	0.0130
			Sch40	6.3	127.1	588.3	84.2	20.716	0.0127
			Sch60	8.0	123.7	719.9	103.1	25.970	0.0120
			Sch80	10.0	119.7	861.5	123.3	31.970	0.0112
			Sch100						
			Sch120	12.5	114.7	1019.5	146.0	39.192	0.0103
			Sch140						
			Sch160	16	107.7	1208.6	173.0	48.785	0.0091

续表

公称直径 mm	公称直径 in	外径 D_e /mm	管子表号	厚度 /mm	内径 D_i /mm	惯性矩 I/cm^4	断面系数 W/cm^3	理论质量 $W_p/(\text{kg/m})$	容积 $/(\text{m}^3/\text{m})$
150	6	168.3	Sch5S	2.9	162.5	515.2	61.2	11.823	0.0207
			Sch10	5.0	158.3	855.4	101.7	20.126	0.0197
			Sch10S	3.6	161.1	631.6	75.1	14.615	0.0204
			Sch20	5.6	157.1	947.8	112.6	22.458	0.0194
			Sch20S	5.0	158.3	855.4	101.7	20.126	0.0197
			Sch30	6.3	155.7	1052.9	125.1	25.157	0.0190
			Sch40	7.1	154.1	1169.6	139.0	28.211	0.0186
			Sch60	8.0	152.3	1296.6	154.1	31.610	0.0182
			Sch80	11.0	146.3	1688.6	200.7	42.650	0.0168
			Sch100						
			Sch120	14.2	139.9	2056.9	244.4	53.937	0.0154
			Sch140						
			Sch160	17.5	133.3	2387.2	283.7	65.049	0.0139
200	8	219.1	Sch5S	2.9	213.3	1150.5	105.0	15.454	0.0357
			Sch10	5.9	207.3	2245.9	205.0	31.006	0.0337
			Sch10S	4.0	211.1	1563.0	142.7	21.208	0.0350
			Sch20	6.3	206.5	2384.9	217.7	33.045	0.0335
			Sch20S	6.3	206.5	2384.9	217.7	33.045	0.0335
			Sch30	7.1	204.9	2658.2	242.6	37.102	0.0330
			Sch40	8.0	203.1	2958.1	270.0	41.627	0.0324
			Sch60	10.0	199.1	3596.6	328.3	51.541	0.0311
			Sch80	12.5	194.1	4342.4	396.4	63.656	0.0296
			Sch100	16.0	187.1	5293.9	483.2	80.099	0.0275
			Sch120	17.5	184.1	5670.3	517.6	86.962	0.0266
			Sch140	20.0	179.1	6258.1	571.3	98.152	0.0252
			Sch160	22.2	174.7	6736.2	614.9	107.745	0.0240
250	10	273.0	Sch5S	3.6	265.8	2763.2	202.4	23.906	0.0555
			Sch10	5.9	261.2	4414.9	323.4	38.844	0.0536
			Sch10S	4.0	265.0	3056.7	223.9	26.522	0.0551
			Sch20	6.3	260.4	4693.4	343.8	41.416	0.0532
			Sch20S	6.3	26.0	4693.4	343.8	41.416	0.0532
			Sch30	8.0	257.0	5848.7	428.5	52.256	0.0518
			Sch40	8.8	255.4	6376.8	467.2	57.308	0.0512
			Sch60	12.5	248.0	8693.0	636.9	80.263	0.0483
			Sch80	16.0	241.0	10701.4	784.0	101.357	0.0456
			Sch100	17.5	238.0	11510.2	843.2	110.212	0.0445
			Sch120	22.2	228.6	13853.7	1014.9	137.240	0.0410
			Sch140	25.0	223.0	15119.1	1107.6	152.824	0.0390
			Sch160	28.0	217.0	16373.1	1199.5	169.092	0.0370
300	12	323.9	Sch5S	4.0	315.9	5140.6	317.4	31.541	0.0783
			Sch10	5.9	312.1	7449.4	460.0	46.247	0.0765
			Sch10S	4.5	314.9	5756.3	355.4	35.428	0.0778
			Sch20	6.3	311.3	7924.9	489.3	49.320	0.0761
			Sch20S	6.3	311.3	7924.9	489.3	49.320	0.0761
			Sch30	8.8	306.3	10814.5	667.8	68.349	0.0736
			Sch40	10.0	303.9	12152.2	750.4	77.373	0.0725
			Sch60	14.2	295.5	16590.7	1024.4	108.400	0.0685
			Sch80	17.5	288.9	19822.5	1224.0	132.168	0.0655
			Sch100	22.2	279.5	24058.2	1485.5	165.093	0.0613
			Sch120	25.0	273.9	26386.7	1629.3	184.190	0.0589
			Sch140	28.0	267.9	28727.9	1773.9	204.222	0.0563
			Sch160	32.0	259.9	31614.0	1952.1	230.241	0.0530

续表

公称直径		外径 D_e	管子表号	厚度	内径 D_i	惯性矩	断面系数	理论质量	容积
mm	in	/mm		/mm	/mm	I/cm^4	W/cm^3	W_p/(kg/m)	/(m^3/m)
350	14	355.6	Sch5S	4.0	347.6	6825.0	383.9	34.666	0.0948
			Sch10	6.3	343.0	10541.9	592.9	54.242	0.0924
			Sch10S	5.0	345.6	8459.3	475.8	43.210	0.0938
			Sch20	8.0	339.6	13194.7	742.1	68.544	0.0905
			Sch20S						
			Sch30	10.0	335.6	16215.3	912.0	85.187	0.0884
			Sch40	11.0	333.6	17685.6	994.7	93.435	0.0874
			Sch60	16.0	323.6	24650.5	1386.4	133.933	0.0822
			Sch80	20.0	315.6	29776.6	1674.7	165.444	0.0782
			Sch100	25.0	305.6	35658.6	2005.5	203.724	0.0733
			Sch120	28.0	299.6	38921.6	2189.1	226.100	0.0705
			Sch140	32.0	291.6	42977.5	2417.2	255.245	0.0667
			Sch160	36.0	283.6	46713.1	2627.3	283.602	0.0631
400	16	406.4	Sch5S	4.0	398.4	10230.9	503.5	39.675	0.1246
			Sch10	6.3	393.8	15841.4	779.6	62.131	0.1217
			Sch10S	5.0	396.4	12694.3	624.7	49.471	0.1233
			Sch20	8.0	390.4	19863.8	977.5	78.561	0.1196
			Sch20S						
			Sch30	10.0	386.4	24463.4	1203.9	97.709	0.1172
			Sch40	12.5	381.4	30015.4	1477.1	121.366	0.1142
			Sch60	17.5	371.4	40482.8	1992.3	167.755	0.1083
			Sch80	22.2	362.0	49580.6	2440.0	210.237	0.1029
			Sch100	28.0	350.4	59871.8	2946.4	261.161	0.0964
			Sch120	30.0	346.4	63191.7	3109.8	278.337	0.0942
			Sch140	36.0	334.4	72483.4	3567.1	328.680	0.0878
			Sch160	40.0	326.4	78146.8	3845.8	361.256	0.0836
450	18	457.0	Sch5S	4.0	449.0	14595.8	638.8	44.664	0.1583
			Sch10	6.3	444.4	22642.7	990.9	69.989	0.1550
			Sch10S	5.0	447.0	18125.0	793.2	55.707	0.1569
			Sch20	8.0	441.0	28431.9	1244.3	82.539	0.1527
			Sch20S						
			Sch30	11.0	435.0	38326.7	1677.3	120.928	0.1485
			Sch40	14.2	428.6	48439.2	2119.9	154.987	0.1442
			Sch60	20.0	417.0	65648.2	2873.0	215.432	0.1365
			Sch80	25.0	407.0	79374.8	3473.7	266.209	0.1300
			Sch100	30.0	397.0	92126.2	4031.8	315.754	0.1237
			Sch120	36.0	385.0	106206.8	4648.0	373.580	0.1164
			Sch140	40.0	377.0	114890.9	5028.0	411.145	0.1116
			Sch160	45.0	367.0	124995.4	5470.3	456.992	0.1057
500	20	508.0	Sch5S	5.0	498.0	24977.9	983.4	61.992	0.1947
			Sch10	6.3	495.4	31230.7	1229.6	77.908	0.1927
			Sch10S	5.6	496.8	27876.0	1097.5	69.349	0.1937
			Sch20	10.0	488.0	48495.6	1909.3	122.752	0.1869
			Sch20S						
			Sch30	12.5	483.0	59725.1	2351.4	152.670	0.1821
			Sch40	16.0	476.0	74871.0	2947.7	194.037	0.1779
			Sch60	20.0	468.0	91381.4	3597.7	240.574	0.1719
			Sch80	28.0	452.0	121954.2	4801.3	331.283	0.1604
			Sch100	32.0	444.0	136072.0	5357.2	375.454	0.1548
			Sch120	40.0	428.0	162105.7	6382.1	461.429	0.1438
			Sch140	45.0	418.0	176961.4	6967.0	513.562	0.1372
			Sch160	50.0	408.0	190788.2	7511.3	564.462	0.1307

三、管子的选用

(一) 管子选用的一般要求

① 确定管子标准。管子标准应根据工程实际要求来定，只有在管子标准确定后，其他管配件标准才能确定，所以管子标准和材质的选择是管道组成件选择的基础。

② 确定管子规格。除了设备、机器内部连接管外，管子一般不可使用以下规格：$DN32$、$DN65$、$DN90$、$DN125$、$DN175$、$DN550$。碳钢管：$PN \leqslant 5.0 \text{MPa}$，$DN \leqslant 350 \text{mm}$ 采用无缝钢管（某些无缝钢管厂可生产至 $DN600$），$DN \geqslant 400 \text{mm}$ 采用直缝焊接钢管，并对焊缝进行无损检验。合金钢管：全部采用无缝钢管。低温碳钢管，$PN \leqslant 5.0 \text{MPa}$，$DN \leqslant 350 \text{mm}$ 采用无缝钢管，$DN \geqslant 400 \text{mm}$ 采用直缝焊接钢管，焊缝应进行无损检验。奥氏体不锈钢管，通常 $DN \leqslant 40 \text{mm}$ 采用无缝钢管。$DN \geqslant 50 \text{mm}$ 采用直缝焊接管。压力等级 $PN10.0$ 或以上，使用无缝钢管。输送氟利昂的管道，当 $DN \leqslant 25 \text{mm}$ 时用铜管（T2），其他用碳钢（20）。常用的钢管种类和规格见表16.52。

表 16.52 常用的钢管种类、制造工艺和规格

材 料	制造工艺	管子规格 DN/mm
Q235、195	ERW	15～500
	SAW	$\geqslant 450$
L245	ERW	15～400
	DSAW	$\geqslant 450$
20、15CrMo 等	无缝	$\leqslant 400$
20G、15CrMo 等高温高压厚壁管	锻造管	300～1000
低温钢	无缝	$\leqslant 400$
20R、16MnDR、15CrMoR 等	DSAW 管	$\geqslant 450$
304 等不锈钢	无缝	$\leqslant 300$
	板焊	$\geqslant 150$

注：ERW 表示电阻焊；SAW 表示埋弧焊；DSAW 表示双面电弧焊接。

③ 管子壁厚的确定。管子壁厚用管子表号（Sch）、重量表号（XS、XXS）、壁厚或计算壁厚表示，一般具体壁厚按照标准壁厚选取。

④ 确定管子材料。根据管道内流体属性确定管道材质（有的工程公司由化工工艺专业负责）。根据确定的管道材质，选用具体的管子材料标准，见表16.53。

表 16.53 常用的钢管种类、制造工艺和采用的标准

材 料	制造工艺	标 准
Q235、Q195	ERW	GB 3091
	SAW	GB 3091
	螺旋 SAW	SY 5037
20	无缝	GB 8163、GB 3087、GB 9948、GB 6479
20G	无缝	GB 5310
L245	无缝	GB 9711
	DSAW	GB 9711
	ERW	GB 9711
20R、20g、16MnD、15CrMoR、A516 等板	DSAW 板焊管	A671、A672、A694
15CrMo 等 CrMo 合金管	无缝	GB 5310、GB 6479、GB 9948
LTCS、3.5Ni 等低温钢	无缝	GB 18984
304 等不锈钢	无缝	GB 14976
	板焊管	HG 20537.4、ASTM A358

⑤ 考虑经济性。项目经济性也是一个很重要的因素,作为管道设计人员,了解常规材料的当前价格是必要的,下述检查项目增加,价格依次提高:ERW(电阻焊)→SAW(埋弧焊)→气体保护焊→热轧→冷拔→冷轧→锻造。下述材料价格依次增高:Q235-A→Q235-B→20→L245→20G→LTCS→CrMo 钢→3.5Ni→304→304L→321→347→316→316L。

在条件允许范围内,应采用焊接不锈钢管,以节约投资(凡输送有危险介质,且 $PN \leqslant 4.0MPa$,应采用氩弧焊,一般介质且 $PN \leqslant 6MPa$,可采用电阻焊),奥氏体焊接不锈钢管不得用于极度危害介质。

⑥ 考虑采购与成套。要考虑:标准管材与非标准管材;通用管材、特殊管材和专用管材;管材规格的合并、分散。

⑦ 管材数量大小的考虑,库存、订单与生产的考虑。

⑧ 结合项目实际情况及供货状况选择是采用国际标准还是国内标准。

(二)结构用钢管的选用

在我国的钢管制造标准中,有结构用钢管和流体输送用钢管之分。结构用钢管主要用于一般金属结构如桥、梁、钢构架等,它只要求保证强度与刚度,而对钢管的严密性不作要求。流体输送用钢管:主要用于带有压力的流体输送,它除了要保证有符合相应要求的强度与刚度外,还要求保证密闭性,即在出厂前要求逐根进行水压试验。对压力管道来说,它输送的介质常常是易燃、易爆、有毒、有温度、有压力的介质,故应选用流体输送用钢管。在实际的工程设计、采购和施工中,发现有用结构用钢管代替流体输送用钢管的现象,这是绝对禁止的。

结构用无缝钢管 GB/T 8162 主要用于一般结构和机械结构。其代表材质(牌号):碳素钢 20、45 号钢;合金钢 Q345、20Cr、40Cr、20CrMo、30-35CrMo、42CrMo 等。结构用不锈钢无缝管 GB/T 14975 是遍及用于化工、石油、轻纺、医疗、食品、机械等工业的耐侵蚀管道和结构件及零件的不锈钢制成的热轧(挤、扩)和冷拔(轧)无缝管。

(三)焊接钢管的选用

焊接钢管也称焊管,是用钢板或钢带经过卷曲成形后焊接制成的钢管。焊接钢管生产工艺简单,生产效率高,品种规格多,设备资少,但一般强度低于无缝钢管。20 世纪 30 年代以来,随着优质带钢连轧生产的迅速发展以及焊接和检验技术的进步,焊缝质量不断提高,焊接钢管的品种规格日益增多,并在越来越多的领域代替了无缝钢管。焊接钢管按焊缝的形式分为直缝焊管和螺旋焊管。直缝焊管生产工艺简单,生产效率高,成本低,发展较快。螺旋焊管的强度一般比直缝焊管高,能用较窄的坯料生产管径较大的焊管,还可以用同样宽度的坯料生产管径不同的焊管。但是与相同长度的直缝管相比,焊缝长度增加 30%~100%,而且生产速度较低。因此,较小口径的焊管大都采用直缝焊,大口径焊管则大多采用螺旋焊。

GB 50316《工业金属管道设计规范》规定:"现行国家标准 GB/T 3092《低压流体输送用焊接钢管》及 GB/T 3091《低压流体输送用镀锌焊接钢管》中的加厚管子,可用于设计压力小于等于 1.6MPa 和设计温度在 0~200℃ 的 C 类流体。普通厚度的管子仅用于 D 类流体。"

有缝钢管通常用于低压管路,小直径的有缝钢管($DN=10 \sim 150mm$),常用作水、煤气、空气、低压蒸汽及无侵蚀性流体的管道,工作温度范围为 0~200℃;大直径的有缝钢管包括螺旋缝电焊管($DN=200 \sim 700mm$)和直缝电焊管($DN=200 \sim 1200mm$)。工作温度范围因材料而异,最高可达 475℃。

(四)无缝钢管的选用

无缝钢管是采用穿孔热轧等热加工方法制造的不带焊缝的钢管。必要时,热加工后的管子还可以进一步冷加工至所要求的形状、尺寸和性能。目前,无缝钢管($DN15 \sim DN600$)是石油化工生产装置中应用最多的管子。

−45～−100℃低温管道应符合 GB/T 18984《低温管道用无缝钢管》的规定，但和该钢管标准配套的国内对焊及锻钢管件标准尚不完善。

按 GB/T 8163、GB 3087、GB 9948 制造的碳钢及低合金钢钢管只能用于设计压力小于 10.0MPa 的压力管道。设计压力大于等于 10.0MPa 的压力管道用钢管应采用符合 GB 6479 或 GB 5310、GB/T 14976 要求的无缝钢管。

GB 50316《工业金属管道设计规范》的 5.2.4 条规定：无缝钢管用于设计压力大于或等于 10.0MPa 时，制造检验应符合现行国家标准 GB 5310《高压锅炉用无缝钢管》的规定，不锈钢管的检验应不低于现行国家标准 GB/T 14976《流体输送用不锈钢无缝钢管》的规定。

根据钢管钢材的冶炼方法和制造检验项目及其他要求所决定的钢管性能比较，钢管性能依次为 GB 5310、GB 6479＞GB 9948＞GB/T 8163、GB 3087。

GB/T 8163 钢管应用最为广泛，一般用于设计温度小于 350℃，设计压力为中低压的油品、油气和公用物料管道。

GB 5310、GB 3087 钢管主要用于高、中、低压锅炉的水、汽管道。

GB 6479、GB 9948 钢管用于石油化工、石油炼制、化肥工业的油品、油气、临氢管道、油气混氢管道。

GB 6479 的 10、16Mn 钢管，GB/T 8163 的 Q345-E 级钢管可用于−40～−30℃的低温管道。

GB 5310 钢管对制造质量和钢管性能的控制方向主要控制钢管输送高压蒸汽介质机械性能的可靠性，GB 6479 钢管主要控制管道由于各种不同介质对其产生腐蚀而导致破坏的抗腐蚀性能和机械强度，因此 GB 6479 和 GB 5310 的使用范围是不一样的，GB 6479 的使用范围更为广泛。

无缝钢管的特点是品质均匀、强度高，可用于输送有压力的流体，如蒸汽、高压水、过热水以及有燃烧性、爆炸性和毒性的流体。一般中、低压无缝钢管的公称直径为 6～600mm，工作范围为−40～475℃。对于高温、高压、低温、强腐蚀性等条件下的管道，则可分别采用各种合金钢或耐热钢制成的无缝钢管。

（五）不同流体介质管子的选用

压缩空气、工业用水管道，设计压力小于 1.0MPa，温度小于 150℃的，宜选用锻焊直缝碳钢管、螺旋焊缝碳钢管，钢管标准为 GB/T 3091、GB/T 3092，SY/T 5037。

净化压缩空气、饮用水介质，当 $DN \leqslant 40$mm 时，应采用 GB/T 3091；当 $DN \geqslant 50$mm 时，可采用 GB 8163。

中低压氮气、化学试剂等介质应采用 GB 8163；高压氮气（$PN \geqslant 10.0$MPa）、高压除焦水（$PN \geqslant 10.0$MPa）应采用 GB 9948。

锅炉给水（包括除盐水、除氧水）、蒸汽凝结水，设计压力小于 10.0MPa，设计压力小于等于 1.0MPa 的低压蒸汽和低压过热蒸汽应采用 GB 3087；高压锅炉给水及中、高压过热蒸汽应采用 GB 5310。温度大于 60℃的脱盐水应用 GB/T 14976。

工艺介质：当设计压力小于 10.0MPa，或设计温度小于 350℃时，应采用 GB 8163（$DN \leqslant 600$mm）和焊接钢管（$DN > 600$mm）；当设计压力大于 10.0MPa，或设计温度大于 350℃（但小于 425℃）时，应采用 GB 9948 或 GB 6479，或采用 ASTM A106；当设计温度低于−20℃（但大于−40℃），应采用 GB 6479 标准中的 20G 或 16Mn 无缝钢管，同时要求对原材料和焊缝进行低温冲击韧性试验；温度大于 425℃时，应根据具体情况采用 GB 9948、GB/T 14976 标准中的铬钼钢或不锈钢无缝钢管；对于要求洁净的介质或带腐蚀性的介质，宜采用 GB/T 14976 或电弧焊直缝焊接不锈钢钢管。

中低压碱性介质（包括烧碱、液氨、汽氨），宜采用 GB 8163。

含 H_2S 的油品、油气，除在工艺方面采取相应防腐蚀措施之外，宜选用 GB 8163 标准中的 20 碳素钢无缝钢管，并要求消除加工残余应力和焊接残余应力。

(六) TSG D0001 对钢管选用的要求

TSG D0001《压力管道安全技术监察规程 工业管道》对钢管选用的要求及简介如下：

a. 铸铁管道组成件的使用规定：铸铁（灰铸铁、可锻铸铁、球墨铸铁）不得应用于 GC1 级管道，灰铸铁和可锻铸铁不得应用于剧烈循环工况；球墨铸铁的使用温度高于－20℃，并且低于或者等于350℃。

b. 灰铸铁和可锻铸铁管道组成件可以在下列条件下使用，但是必须采取防止过热、急冷急热、振动以及误操作等安全防护措施：灰铸铁的使用温度高于或者等于－10℃，并且低于或者等于230℃，设计压力小于或者等于2.0MPa；可锻铸铁的使用温度高于－20℃，并且低于或者等于300℃，设计压力小于或者等于2.0MPa；灰铸铁和可锻铸铁用于可燃介质时，使用温度高于或者等于150℃，设计压力小于或者等于1.0MPa。

c. 碳素结构钢管道组成件（受压元件）的使用规定：碳素结构钢不得用于 GC1 级管道；沸腾钢和半镇静钢不得用于有毒、可燃介质管道，设计压力小于或者等于1.6MPa，使用温度低于或者等于200℃，并且不低于0℃；Q215-A、Q235-A 等 A 级镇静钢不得用于有毒、可燃介质管道，设计压力小于或者等于1.6MPa，使用温度低于或者等于350℃，最低使用温度按照 GB/T 20801.1—2006《压力管道规范工业管道 第1部分：总则》的规定；Q215-B、Q235-B 等 B 级镇静钢不得用于极度、高度危害有毒介质管道，设计压力小于或者等于3.0MPa，使用温度低于或者等于350℃，最低使用温度按照 GB/T 20801.1 的规定。

d. 用于管道组成件的碳素结构钢的焊接厚度规定：沸腾钢、半镇静钢，厚度不得大于12mm；A 级镇静钢，厚度不得大于16mm；B 级镇静钢，厚度不得大于20mm。

e. 碳钢、奥氏体不锈钢钢管以及由其制造的对接焊管件的使用限制应当符合表16.54 的规定。

表 16.54 钢管及其对接焊管件的使用限制

钢管标准	材料	钢管和管件制造工艺	不允许使用范围
GB/T 3091	碳素结构钢[①]	(1)电阻焊焊管[②] (2)电熔焊焊管及对接焊管件	(1)按第二十六条和第二十七条规定 (2)剧烈循环工况 (3)电阻焊焊管的使用压力大于1.6MPa
GB/T 9711.1	碳钢	电阻焊焊管[②]	(1)GC1 级管道 (2)设计压力大于4.0MPa (3)剧烈循环工况
GB/T 8163 GB 3087 GB/T 9711.1	碳钢	无缝管及对接焊管件	GC1 级管道[③]
GB/T 9711.1	碳钢	电熔焊焊管及对接焊管件	
GB/T 12771 HG/T 20537.3	奥氏体 不锈钢	电熔焊焊管(不添加填充金属或者焊缝不做射线检测)及对接焊管件	(1)GC1 级管道 (2)剧烈循环工况
HG/T 20537.4		电熔焊焊管(添加填充金属，但是焊缝不做射线检测)及对接焊管件、焊缝不做射线检测	

① 包括碳素结构钢钢板制造的对接焊管件。
② 不得采用电阻焊焊管制造对接焊管件。
③ 逐根进行超声检测，并且不低于 GB/T 5777《无缝钢管超声波探伤检验方法》L2.5级要求者，允许用于设计压力不大于4.0MPa 的本规程 A1.1 (1) 规定的管道。
注：表内钢管标准名称如下：
GB/T 3091《低压流体输送用焊接钢管》；
GB/T 9711.1《石油天然气工业 输送钢管交货技术条件 第1部分：A级钢管》；
GB/T 8163《输送流体用无缝钢管》；
GB 3087《低中压锅炉用无缝钢管》；
GB/T 12771《流体输送用不锈钢焊接钢管》；
HG/T 20537.3《化工装置用奥氏体不锈钢焊接钢管技术要求》；
HG/T 20537.4《化工装置用奥氏体不锈钢大口径焊接钢管技术要求》。

f. 碳钢、碳锰钢、低温用镍钢不宜长期在 425℃ 以上使用。

g. 铬钼合金钢在 400～550℃ 区间长期使用时，应当根据使用经验和具体情况提出适当的回火脆性防护措施。

h. 奥氏体不锈钢使用温度高于 540℃（铸件高于 425℃）时，应当控制材料含碳量不低于 0.04%，并且在固溶状态下使用。奥氏体不锈钢在 540～900℃ 区间长期使用时，应当采取适当防护措施防止材料脆化。奥氏体不锈钢在以下条件下，还应当考虑发生晶间腐蚀的可能性：低碳（C≤0.08%）非稳定化不锈钢，在热加工或者焊接后使用；超低碳（C≤0.03%）不锈钢，在高于 425℃ 长期使用。

i. 为防止硫、铅及其化合物在高温下侵蚀镍基合金导致晶界脆化，镍及镍基合金在含硫环境气氛下的使用温度上限应当符合表 16.55 的规定。

表 16.55　镍及镍基合金的使用温度上限　　　　　　　　　　　　　　　　　　　℃

材料	不含硫环境			蒸汽	含硫环境	
	氧化	H_2 还原	CO 还原		氧化	还原
镍 (N4、N6)	1040	1260	1260	425	315	260
镍-铜 (NCu30)	540	1100	815	370	315	260
镍-铬-铁 (NS312)	1100	1150	1150	815	815	540
镍-铁-铬 (NS111、NS112)	1100	1260	1150	980	815	540

j. 金属材料及其焊接接头的冲击韧性应当符合有关安全技术规范及其材料标准的要求。

k. 管道用密封件的选用应当考虑设计压力、设计温度以及介质、使用寿命等的要求，并且符合有关安全技术规范及其相应的密封材料标准的规定。

l. 管道支承件的使用应当符合有关安全技术规范及其相应标准的规定。

（七）ASME B31.3 对钢管选用的要求

① D 类流体工况的管子。仅可用于 D 类流体工况的碳钢管有：API 5L，加热炉对接焊管；ASTM A53，F 型；ASTM A134，用除 ASTM A285 外的其他钢板制造的管子。

② 要求安全防护的管子。当用于非 D 类流体工况时，下列碳钢管应进行安全防护：ASTM A134 用 ASTM A285 钢板制成的管；ASTM A139 电熔（电弧）焊接钢管（NPS 等于和大于 6）。

③ 仅限下列管子　可用于剧烈的循环条件。

a. 碳钢管。API 5L，等级 A 或 B，无缝管；API 5L，等级 A 或 B，埋弧焊直缝管 E_j≥0.95；API 5L，等级 X42，无缝管；API 5L，等级 X46，无缝管；API 5L，等级 X52，无缝管；API 5L，等级 X56，无缝管；API 5L，等级 X60，无缝管；ASTM A53，无缝管；ASTM A106；ASTM A333，无缝管；ASTM A369；ASTM A381，E_j≥0.90；ASTM A524；ASTM A671，E_j≥0.90；ASTM A672，E_j≥0.90；ASTM A691，E_j≥0.90。

b. 低、中合金钢管。ASTM A333，无缝管；ASTM A335；ASTM A369；ASTM A426，E_c≥0.90；ASTM A671，E_j≥0.90；ASTM A672，E_j≥0.90；ASTM A691，E_j≥0.90。

c. 不锈钢合金管。ASTM A268，无缝管；ASTM A312，无缝管；ASTM A358，E_j≥0.90；ASTM A376；ASTM A451，E_c≥0.90。

d. 镍及镍合金管。ASTM B161；ASTM B165；ASTM B167；ASTM B407。

e. 铝合金管。ASTM B210，0 和 H112 状态，ASTM B241，0 和 H112 状态。

(八) GB/T 20801 与 TSG D0001 对钢管选用的限制要求

GB/T 20801—2006《压力管道规范 工业管道》是推荐标准，在工程项目中可以直接使用也可不使用。但是 TSG D0001—2009《压力管道安全技术监察规程 工业管道》正式发布，引用了 GB/T 20801—2006，TSG D0001—2009 为强制执行的监察规程，所以 GB/T 20801 也为强制规程。GB/T 20801—2006 规定了碳钢、奥氏体不锈钢钢管及其对焊管件的标准使用限制，具体见表 16.56。

按照以上规定，含苯的管道（GC1 类）不能再用 GB/T 8163，一般使用 GB 5310，GB 6479 或 GB 9948。但是 TSG D0001—2009《压力管道安全技术监察规程 工业管道》中注明：逐根进行超声检验，并且不低于 GB/T 5777—2008 L2.5 级要求者，允许用于设计压力不大于 4.0MPa 的 GC1 管道也可以使用 GB/T 8163。

表 16.56 碳钢、奥氏体不锈钢钢管及其对焊管件

标准	材料（牌号）	制管工艺	使用限制
GB/T 3091	碳素结构钢	电阻焊焊管	①按 6.2 条规定，且设计压力不大于 1.6MPa ②不得用于剧烈循环工况
		电熔焊焊管及其对焊管件	①按 6.2 条规定 ②不得用于剧烈循环工况
GB/T 9711.1	L215 L245 L290	电阻焊焊管	①不得用于 GC1 级管道 ②不得用于剧烈循环工况 ③设计压力不大于 4.0MPa
		电熔焊焊管及其对焊管件	
GB/T 8163 GB 3087 GB/T 9711.1	碳钢	无缝管及其对焊管件	不得用于 GC1 级管道
GB/T 12771 HG/T 20537.3	奥氏体不锈钢	电熔焊焊管（不添加填充金属）及其对焊管件	①不得用于 GC1 级管道 ②不得用于剧烈循环工况
HG/T 20537.4		纵缝未作射线检测的电熔焊管（添加填充金属）及其对焊管件	

(九) 无缝钢管的 GB 标准和材料牌号（表 16.57）

表 16.57 无缝钢管标准和材料牌号

材料牌号	钢管标准号	材料牌号	钢管标准号	材料牌号	钢管标准号
10	GB 3087 GB 8163 GB 6479 GB 9948	16Mn 09MnV 12Cr1MoV	GB 6479 GB 8163 GB 5310	1Cr5Mo 1Cr19Ni9 1Cr19Ni11Nb	GB 9948 GB 5310 GB 9948
20	GB 3087 GB 8163 GB 9948	12CrMo	GB 5310 GB 6479 GB 9948	0Cr18Ni9 00Cr19Ni10 0Cr17Ni12Mo2 00Cr17Ni14Mo2 0Cr18Ni10Ti 0Cr18Ni11Nb (1Cr18Ni9Ti)	GB/T 14976
20G	GB 5310 GB 6479	15CrMo	GB 5310 GB 6479 GB 9948		
16Mn	GB 8163	1Cr5Mo	GB 6479		

注：GB/T 4237、GB/T 20878、GB/T 1220、GB/T 1221 等标准显示不锈钢牌号的表示有些变化，例如：0Cr18Ni9 牌号改为 06Cr19Ni10；0Cr17Ni12Mo2 牌号改为 06Cr17Ni12Mo2；00Cr17Ni14Mo2 牌号改为 022Cr17Ni12Mo2；0Cr18Ni10Ti 牌号改为 06Cr18Ni11Ti。

因无缝钢管有关标准的应用及代表材质（牌号）见表16.58。

表16.58　无缝钢管有关标准的应用及代表材质（牌号）

标　准	应用及代表材质（牌号）
GB/T 8162《结构用无缝管》	主要用于一般结构和机械结构。其代表材质（牌号）：碳素钢20、45号钢；合金钢Q345、20Cr、40Cr、20CrMo、30-35CrMo、42CrMo等
GB/T 8163《输送流体用无缝钢管》	主要用于工程及大型设备上输送流体管道。代表材质（牌号）为20、Q345等
GB 3087《低中压锅炉用无缝管》	主要用于工业锅炉及生活锅炉输送低中压流体的管道。代表材质为10、20钢
GB 5310《高压锅炉用无缝钢管》	主要用于电站及核电站锅炉上耐高温、高压的输送流体集箱及管道。代表材质为20G、12Cr1MoVG、15CrMoG等
GB 5312《船舶用碳钢和碳锰钢无缝管》	主要用于船舶锅炉及过热器用Ⅰ、Ⅱ级耐压管等。代表材质为360、410、460钢等
GB 1479《高压化肥设备用无缝钢管》	主要用于化肥设备上输送高温高压流体管道。代表材质为20、16Mn、12CrMo、12Cr2Mo等
GB 9948《石油裂化用无缝管》	主要用于石油冶炼厂的锅炉、热交换器及其输送流体管道。其代表材质为20、12CrMo、1Cr5Mo、1Cr19Ni11Nb等
GB 18248《气瓶用无缝钢管》	主要用于制作各种燃气、液压气瓶。其代表材质为37Mn、34Mn2V、35CrMo等
GB/T 17396《液压支柱用热轧无缝管》	主要用于制作煤矿液压支架和缸、柱，以及其他液压缸、柱。其代表材质为20、45、27SiMn等
GB 3093《柴油机用高压无缝钢管》	主要用于柴油机喷射系统高压油管。其钢管一般为冷拔管，其代表材质为20A
GB/T 3639《冷拔或冷轧精密无缝管》	主要用于机械结构、液压设备用的，要求尺寸精度高，表面光洁度好的钢管。其代表材质20、45钢等
GB/T 3094《冷拔无缝钢管异形钢管》	主要用于制作各种结构件和零件，其材质为优质碳素结构钢和低合金结构钢
GB/T 8713《液压和气动筒用精密内径无缝钢管》	主要用于制作液压和气动缸筒用的具有精密内径尺寸的冷拔或冷轧无缝管。其代表材质为20、45钢等
GB 13296《锅炉、热交换器用不锈钢无缝管》	主要用于化工企业的锅炉、过热器、热交换器、冷凝器、催化管等。用的耐高温、高压、耐腐蚀的钢管。其代表材质为0Cr18Ni9、1Cr18Ni9Ti、0Cr18Ni12Mo2Ti等
GB/T 14975《结构用不锈钢无缝钢管》	主要用于一般结构（宾馆、饭店装饰）和化工企业机械结构用的耐大气、酸腐蚀并具有一定强度的钢管。其代表材质为0Cr18Ni9、1Cr18Ni9Ti、0Cr18Ni12Mo2Ti等
GB/T 14976《流体输送用不锈钢无缝钢管》	主要用于输送腐蚀性介质的管道。代表材质为0Cr13、0Cr18Ni9、1Cr18Ni9Ti、0Cr17Ni12Mo2、0Cr18Ni12Mo2Ti等
YB/T 5035《汽车半轴套管用无缝管》	主要用于制作汽车半轴套管及驱动桥桥壳轴管用的优质碳素结构钢和合金结构钢热轧无缝钢管。其代表材质为45、45Mn2、40Cr、20CrNi3A等

（十）焊接钢管的GB标准和材料牌号（表16.59）

焊接钢管有关标准的应用见表16.60。

（十一）国内外常用钢管标准与牌号的比较

国内外常用钢管标准与牌号的比较见表16.61。

（十二）ASTM标准常用钢、镍、铜、铝、钛及合金管

常用管子规格美标标准有：ASME B36.10M、ASME B36.19M、API 5L等。具体管子材料美标标准如下所述。

① 无缝碳钢管的ASTM材料规范：A53《焊接和无缝黑和热浸、镀锌钢管》、A106《高温用无缝碳钢管》、A333《低温用无缝和焊接钢管》、A369《高温用锻制和镗加工（Bored）碳素钢和铁素体合金钢管》、API-5L《管线钢管》、A524《常温和低温用无缝碳钢管》。

表 16.59　焊接钢管、钢板材料牌号和标准

材料牌号	钢管标准号	钢板标准号	材料牌号	钢管标准号	钢板标准号
Q235B		GB 3274 GB 912	20R 16MnR		GB 6654 GB 5681
Q235B S240 S290 S315 S360 S385 S415 S450 S480	GB 9711 SY/T 5297 SY/T 5037		20g 16Mng		GB 713
			16MnDR 09Mn2VDR		GB 3531
			12CrMoR 15CrMoR		
10 20 16Mn		GB 711	0Cr19Ni9 00Cr19Ni11 0Cr17Ni12Mo2 00Cr17Ni14Mo2 0Cr18Ni11Ti 0Cr18Ni11Nb (1Cr18Ni9Ti)	GB 12771	GB 3280 GB/T 4237 GB 4238

注：GB/T 4237、GB/T 20878、GB/T 1220、GB/T 1221 等标准显示不锈钢牌号的表示有些变化，例如：0Cr18Ni9 牌号改为 06Cr19Ni10；0Cr17Ni12Mo2 牌号改为 06Cr17Ni12Mo2；00Cr17Ni14Mo2 牌号改为 022Cr17Ni12Mo2；0Cr18Ni10Ti 牌号改为 06Cr18Ni11Ti。

注：带括号者不推荐使用。

表 16.60　焊接钢管有关标准的应用

标　准	应　用
GB/T 3092《低压流体输送用焊接钢管》	也称一般焊管，俗称黑管。是用于输送水、煤气、空气、油和取暖蒸汽等一般较低压力流体和其他用途的焊接钢管。低压流体输送用焊接钢管除直接用于输送流体外，还大量用作低压流体输送用镀锌焊接钢管的原管
GB/T 3091《低压流体输送用镀锌焊接钢管》	也称镀锌电焊钢管，俗称白管。是用于输送水、煤气、空气油及取暖蒸汽、暖水等一般较低压力流体或其他用途的热浸镀锌焊接（炉焊或电焊）钢管
GB 3640《普通碳素钢电线套管》	是工业与民用建筑、安装机器设备等电气安装工程中用于保护电线的钢管
YB 242《直缝电焊钢管》	焊缝与钢管纵向平行的钢管
SY 5036《承压流体输送用螺旋缝埋弧焊钢管》	是以热轧钢带卷作管坯，经常温螺旋成形，用双面埋弧焊法焊接，用于承压流体输送的螺旋缝钢管。钢管承压能力强，焊接性能好，经过各种严格的科学检验和测试，使用安全可靠。钢管口径大，输送效率高，并可节约铺设管线的投资。主要用于输送石油、天然气的管线
SY 5038《承压流体输送用螺旋缝高频焊钢管》	是以热轧钢带卷作管坯，经常温螺旋成形，采用高频搭接焊法焊接的，用于承压流体输送的螺旋缝高频焊钢管。钢管承压能力强，塑性好，便于焊接和加工成形；经过各种严格和科学检验和测试，使用安全可靠，钢管口径大，输送效率高，并可节省铺设管线的投资。主要用于铺设输送石油、天然气等的管线
SY 5037《一般低压流体输送用螺旋缝埋弧焊钢管》	是以热轧钢带卷作管坯，经常温螺旋成形，采用双面自动埋弧焊或单面焊法制成，用于水、煤气、空气和蒸汽等一般低压流体输送用埋弧焊钢管
SY 5039《一般低压流体输送用螺旋缝高频焊钢管》	是以热轧钢带卷作管坯，经常温螺旋成形，采用高频搭接焊法焊接，用于一般低压流体输送用螺旋缝高频焊钢管
SY 5040《桩用螺旋焊缝钢管》	是以热轧钢带卷作管坯，经常温螺旋成形，采用双面埋弧焊接或高频焊接制成，用于土木建筑结构、码头、桥梁等基础桩用钢管

表 16.61　国内外常用钢管标准与牌号的比较

GB		ASTM		BS	DIN	JIS	钢种	
钢管标准	钢号	钢管	钢材	钢管	钢管	钢管		
GB/T 8163 GB 9948	10	A53-TypeF A53-A	A235-A A105	1387 3601-360	1615-st33 1629-st37	SGP STPG 370	低碳素钢 低碳素钢	碳素钢

续表

GB		ASTM		BS	DIN	JIS	钢种	
钢管标准	钢号	钢管	钢材	钢管	钢管	钢管		
GB/T 8163 GB 9948	20	A53-B	A105	3601-410	1629-st48.4	STPG 410	中碳素钢	碳素钢
GB 5130	20G	A106B	—	—	17155-st45.8Ⅲ	STS 410	中碳素钢 （Si镇静钢）	
GB 6479	16Mn	—	—	—	17175-17Mn4	STS 480		
GB 6479	10	A105-A	A105	3602-360	17175-st35.8	STPT 370	低碳素钢 （Si镇静钢）	
GB/T 8163 GB 9948	20	A106-B	A105	3602-410	17175-st45.8	STPT 410	中碳素钢 （Si镇静钢）	
		A106-C	—	3602-460	—	STPT 480	中碳素钢 （Si镇静钢）	
GB 9948 GB 6479 GB 5310	12CrMo	A335-P2	A182-F2	—	17175-15Mo3	STPA 20	1/2 Mo钢	合金钢
	15CrMo	A335-P12	A182-F12	3604-620-440	17175-13CrMo44	STPA 22	1Cr-1/2Mo钢	
		A335-P11	A182-F11	3604-621	—	STPA 23	1¼Cr-1/2 Mo钢	
GB 6479 GB 5310	12Cr2Mo	A335-P22	A182-F22	3604-622	17175-10CrMo910	STPA 24	2½Cr-1Mo钢	
	1Cr5Mo	A335-P5	A182-5	3604-625	—	STPA 25	5Cr-1/2Mo钢	
		A335-P9	A182-9	—	—	STPA 26	9Cr-1Mo钢	
GB 150 GB/T 8163 附录A， GB 6479	09MnD, 16Mn	A333-Gr1	A350-LF2	3603- 410LT50	17173- TTst35N,35V	STPL 380	Al镇静钢	低温 用钢
		A333-Cr3	A350-LF3	3603- 503LT100	—	STPL 450	3½Ni钢	
		A333-8	A522	3603- 503LT196	—	STPL690	9Ni钢	
GB/T 14976	0Cr18Ni9	A312-TP304	A182-F304	3605-304S18、 S25	17458- X5CrNi1810	SUS304TP	18-8钢	不锈钢
		A312-TP304H	A182-F304H	3605-304S59	—	SUS304HTP	高温用 18-8钢	
GB/T 14976	00Cr19Ni10	A312-TP304L	A182-F304L	3605-304S14、 S22	17458- X2CrNi1911	SUS304LTP	低碳素 18-8钢	
		A312-TP309				SUS309STP	22-12钢	
		A312-TP310	A182-F310			SUS310STP	25-20钢	
GB 13296 GB/T 14976	0Cr18Ni10Ti	A312-TP347	A182-F347	3605-347S18、 S17	17458 X6CrNiTi1810 X6CrNiNb1810	SUS347TP	18-8- （Nb+Ta）钢	
GB/T 14976	0Cr17Ni12Mo2 00Cr17Ni14Mo2	A312-TP316	A182-F316	3605-316S18、 S26	17458 X5CrNiMo17122 X2CrNiMo17132	SUS316TP	18-8-Mo钢	
		A312- TP316H	A182- F316H	3605- 316S59	—	SUS316HTP	高温用 18-8-Mo钢	
GB/T 14976	0Cr17Ni12Mo2 00Cr17Ni14Mo2	A312-TP376L	A182-F316L	3605- 316S14、S22	—	SUS316LTP	低碳素 18-8-Mo钢	

续表

GB		ASTM		BS	DIN	JIS	钢种	
钢管标准	钢号	钢管	钢材	钢管	钢管	钢管		
GB 13296 GB/T 14976	0Cr18Ni10Ti	A312-TP321	A182-F321	3605-321S18、S22	17458	SUS321TP	18-8-Ti 钢	不锈钢
		A312-TP321H	A182-F321H	3605-321S59	—	SUS321HTP	高温用 18-8-Ti 钢	
	0Cr18Ni11Nb	A312-TP347H	A182-F347H	3605-347S59	—	SUS347HTP	高温用 18-8- (Nb+Ta)钢	
		A268-TP329	—	—	—	SUS329JITP	25-5-Mo 钢	
GB/T 14976	0Cr19Ni13Mo3 00Cr19Ni13Mo3	A312 TP317 A312 TP317L			17458 X5CrNiMo17133 X2CrNiMo18143	SUS317TP SUS317LTP		

注：按照 GB/T 20878—2007《不锈钢和耐热钢　牌号和化学成分》，不锈钢的钢号有了新牌号。例如：0Cr18Ni9 新牌号为 06Cr19Ni10，00Cr19Ni10 新牌号为 022Cr19Ni10，0Cr17Ni12Mo2 新牌号为 06Cr17Ni12Mo2。

② 有缝焊接碳钢管的 ASTM 材料规范：A53《焊接和无缝黑和热浸，镀锌钢管》、A134《电弧焊钢管（NPS16 及以上）》、A135《电阻焊钢管》、A139《电熔（弧）焊（NPS16 及以上）的钢管》、A211《螺旋焊缝钢管或铁管》、A333《低温用无缝和焊接钢管》、A381《高压输送系统用金属弧焊钢管》、A587《化工用电阻焊低碳钢管》、A671《常温或较低温用电熔焊钢管》、A672《中温高压用电熔焊钢管》、A691《高温高压用电熔焊碳钢和合金钢管》、API-5L《管线钢管》。

③ 无缝碳钢管（Tube）的 ASTM 材料规范：A179《热交换器和冷凝器用无缝冷拔低碳钢管》、A192《高压用无缝碳素钢锅炉管件》、A210《锅炉和过热器用无缝中碳钢管》、A334《低温用无缝和焊接碳素和合金钢管》。

④ 有缝焊接碳钢管（Tube）的 ASTM 材料规范：A178《锅炉用　电阻焊接碳钢和碳锰合金钢管》、A214《换热器和冷凝器用电阻焊接碳钢管》、A226《高压锅炉和过热器用电阻焊接碳钢管》。

⑤ 合金无缝钢管的 ASTM 材料规范：A333《低温用无缝和焊接钢管》、A335《高温用无缝铁素体合金钢管》、A369《高温用锻制和镗加工碳素钢管和铁素体合金钢管》、A714《高强度低合金焊接和无缝钢管》。

⑥ 有缝焊接合金钢管的 ASTM 材料规范：A333《低温用的无缝和焊接钢管》、A671《常温和较低温用电熔焊钢管》、A672《中温高压用电熔焊钢管》、A691《高温高压用的电熔焊接的碳钢和合金钢管》、A714《高强度低合金焊接和无缝钢管》。

⑦ 合金钢无缝管（Tube）的 ASTM 材料规范：A199《无缝冷拔中级合金钢制换热器和冷凝器管件》；A213《锅炉、过热器和热交换器用无缝铁素体和奥氏体合金钢管》、A334《低温用无缝和焊接碳钢和合金钢管》。

⑧ 无缝不锈钢管的 ASTM 材料规范：A312《无缝和焊接的奥氏体不锈钢管》、A376《总电站高温用奥氏体无缝钢管》、A430《高温用锻制和镗加工（Bored）奥氏体钢管》、A731《无缝、焊接，铁素体和马氏体不锈钢管》、A790《无缝焊接铁素体/马氏体不锈钢管》。

⑨ 有缝焊接不锈钢管的 ASTM 材料规范：A312《无缝和焊接的奥氏体不锈钢管》、A358《高温用电弧焊奥氏体铬镍合金钢管》、A409《腐蚀或高温用的大直径焊接奥氏体钢管》、A371《无缝、焊接铁素体和马氏体不锈钢管》、A790《无缝和焊接铁素体/马氏体不锈钢管》。

⑩ 无缝不锈钢管（Tube）的 ASTM 材料规范：A213《锅炉，过热器和热交换器用无缝铁素体和奥氏体合金钢管》、A268《一般用无缝和焊接铁素体和马氏体不锈钢管件》、A269《一般用无缝和焊接奥氏体不锈钢管件》、A789《无缝和焊接铁素体和奥氏体不锈钢管》。

⑪ 有缝焊接不锈钢管（Tube）的 ASTM 材料规范：A249《锅炉、过热器、热交换器和冷凝器用焊接奥氏体钢管》、A268《一般用无缝和焊接奥氏体不锈钢管》、A269《一般用无缝焊接铁素体和马氏体不锈钢管》、A789《一般用无缝焊接铁素体和奥氏体不锈钢管件》。

⑫ 镍和镍合金无缝管/管（Tube）的 ASTM 材料规范：B165《镍铜合金（CNS N04400）无缝管和管（Tube）》、B167《镍铬钛合金（UNS N06600，N06601，N06690，N06025 和 N06045）无缝管和管（Tube）》、B407《镍铁铬合金无缝管和管（Tube）》、B423《镍铁铬钼铜合金（UNS N08825 和 N08221）无缝管和管（Tube）》、B444《镍-铬-钼-铜合金（UNS N06625）管和管（Tube）》、B622《镍和镍钴合金无缝管和管（Tube）》、B690《镍铁铬钼合金（UNS N08366 和 UNS N08367）无缝管和管（Tube）》、B729《UNS N08020，UNS N08026 和 UNS N08024 镍合金无缝管和管（Tube）》。

⑬ 镍和镍合金有缝焊接管的 ASTM 材料规范：B464《焊接 UNS N08020，UNS N08024 和 UNS N08026 合金管》、B514《焊接镍-铁-铬合金管》、B517《焊接镍-铬-铁合金（UNS N06600、UNS N06025 和 UNS N06045）管》、B619《焊接镍和镍钴合金管》、B675《UNS N08366 和 UNS N08825 焊接管》、B705《镍合金（UNS N06625 和 UNS N08825）焊接管》、B804《UNS N08367 焊接管》。

⑭ 镍和镍合金有缝焊接管（Tube）的 ASTM 材料规范：B161《无缝镍管和管（Tube）》、B163《冷凝器和热交换器用无缝焊和镍合金管》。

⑮ 镍和镍合金接缝焊接管（Tube）的 ASTM 材料规范：B486《焊接 UNS N08020、UNS N08024 和 UNS N08026 合金管（Tube）》、B676《UNS N08367 焊接管》。

⑯ 铜和铜合金无缝管的 ASTM 材料规范：B42《无缝铜管尺寸》、B43《无缝红铜管尺寸》、B302《无螺纹铜管》。

⑰ 铜和铜合金有缝焊接管的 ASTM 材料规范：B467《铜-镍焊接管》、B608《铜合金焊接管》。

⑱ 铜和铜合金无缝管（Tube）的 ASTM 材料规范：B315《无缝铜合金管和管（Tube）》、B466《无缝铜-镍合金管和管（Tube）》。

⑲ 铝和铝合金无缝管（Tube）的 ASTM 材料规范：B210《拉制无缝铝和铝合金管》、B234《冷凝器和热交换器用铝和铝合金拉制无缝管》、B241《铝和铝合金无缝管和挤压制无缝管》。

⑳ 铝和铝合金无缝管/管（Tube）的 ASTM 材料规范：B345《气体和石油输送和分配管道系统用铝和铝合金无缝管和挤压制无缝管（Tube）》。

㉑ 钛和钛合金无缝管和管（Tube）的 ASTM 材料规范：B337《无缝和焊接钛和钛合金管》、B338《冷凝器和热交换器用无缝和焊接钛和钛合金管（Tube）》。

㉒ 钛和钛合金有缝管和管（Tube）的 ASTM 材料规范：B337《无缝和焊接钛和钛合金管》、B338《冷凝器和换热器用无缝和焊接钛与钛合金管（Tube）》。

(十三) ASTM, BS, DIN, JIS 配管常用钢管的化学成分和力学性能对照 (表 16.62)

表 16.62 ASTM, BS, DIN, JIS 配管常用钢管的化学成分和力学性能对照

标准名	钢号	化学成分/%					钢材厚度 t/mm	抗拉试验		标准号
		C	Si	Mn	P	S		σ_s/MPa	σ_b/MPa	
JIS	SGP	≤0.25			≤0.040	≤0.040			≥300	G3452
ASTM	TypeF	≤0.25			≤0.080	≤0.060		≥176	316	A53
BS	St33	≤0.25						≥215	232~352	1387
DIN	STPG370	≤0.17	≤0.35	0.30~0.90	≤0.040	≤0.040		≥211	≥370	1626Part2
JIS	E-A	≤0.25		≤0.95	≤0.050	≤0.060		≥211	≥33.7	G3454
ASTM	A	≤0.17	≤0.35	0.40~0.80	≤0.050	≤0.050		≥219	≥33.7	A53
ASTM	ERW360	≤0.17	≤0.35	0.40~0.80	≤0.050	≤0.050		≥219	367~489	A135
BS	S360	≤0.20			≤0.050	≤0.050		240	367~489	3601
BS	St37	≤0.20			≤0.080	≤0.050	≤16	230	370~450	3601
DIN	St37.2				≤0.060	≤0.050	16<t≤40	240	370~450	1626Part2
DIN	STPG410		≤0.35	0.30~1.00	≤0.040	≤0.040	16<t≤40	230	370~450	1626Part2
JIS	E-B	≤0.30		≤1.20	≤0.050	≤0.060		≥245	≥410	G3454
ASTM	B	≤0.30		≤1.20	≤0.050	≤0.060		≥24.6	≥422	A53
ASTM	ERW410	≤0.21	≤0.35	0.40~1.20	≤0.050	≤0.050		≥24.6	≥422	A135
BS	S410	≤0.21	≤0.35	0.40~1.20	≤0.050	≤0.050		≥24.0	418~540	3601
BS	St42	≤0.25			≤0.080	≤0.050	≤16	≥24.0	418~540	3601
DIN	St42.2	≤0.25			≤0.060	≤0.050	16<t≤40	260	420~500	1626Part2
DIN							≤16	250	420~500	1626Part3
DIN							16<t≤40	260	420~500	1626Part3
JIS	STS370	≤0.25	0.10~0.35	0.30~1.10	≤0.035	≤0.035		250	≥370	G3455
ASTM								≥215	350~450	
BS								≥240	350~450	
DIN	St35.4	≤0.17	0.10~0.35	≥0.40	≤0.050	≤0.050	16<t≤40	≥230	350~450	1629Part4
							>40	≥220		

续表

标准名	钢号	化学成分/%					钢材厚度 t/mm	抗拉试验		标准号
		C	Si	Mn	P	S		σ_s/MPa	σ_b/MPa	
JIS	STS410	≤0.30	0.10~0.35	0.30~1.40	≤0.035	≤0.035		≥245	≥410	G3455
ASTM										
BS										
DIN	St45.4	≤0.22	0.10~0.35	≥0.40	≤0.05	≤0.05	≤16	≥260	450~550	1629Part4
							16<t≤40	≥250	450~550	
							>40	≥240	450~550	
JIS	STS480	≤0.33	0.10~0.35	0.30~1.50	≤0.035	≤0.035		≥275	≥480	G3455
ASTM										
BS										
DIN	St52.4	≤0.20	0.10~0.55	≤1.5	≤0.05	≤0.05	≤16	≥360	520~620	1629Part4
							16<t≤40	≥350	520~620	
							>40	≥340	520~620	
JIS	STPT370	≤0.25	0.10~0.35	0.30~0.90	≤0.035	≤0.035		≥215	≥370	G3456
ASTM	A	≤0.17						≥211	≥337	A106
BS	HFS360	≤0.17	≤0.35	0.40~0.80	≤0.045	≤0.045		≥219	367~501	3602
BS	CFS360	≤0.17	≤0.35	0.40~0.80	≤0.045	≤0.045		≥219	367~501	3602
BS	ERW360	≤0.17	≤0.35	0.40~0.80	≤0.045	≤0.045		≥219	367~501	3602
BS	CEW360	≤0.17	≤0.35	0.40~0.80	≤0.045	≤0.045		≥219	367~501	3602
DIN	St35.8	≤0.17	0.10~0.35	0.40~0.80	≤0.040	≤0.040	≤16	240	367~490	17175
							16<t≤40	230	367~490	
							40<t≤60	219	367~490	
DIN	St37.8	≤0.17	0.10~0.35	0.40~0.80	≤0.040	≤0.040	≤16	240	367~490	17177
JIS	STPT410	≤0.30	0.10~0.35	0.30~1.00	≤0.035	≤0.035		≥245	≥410	G3456
ASTM	B	≤0.30						≥246	≥422	A106
BS	HFS410	≤0.21	≤0.35	0.40~1.20	≤0.045	≤0.045		≥250	418~561	3602
BS	CFS410	≤0.21	≤0.35	0.40~1.20	≤0.045	≤0.045		≥250	418~561	3602
BS	ERW410	≤0.21	≤0.35	0.40~1.20	≤0.045	≤0.045		≥250	418~561	3602
BS	CEW410	≤0.21	≤0.35	0.40~1.20	≤0.045	≤0.045		≥250	418~561	3602

续表

标准名	钢号	C	Si	Mn	P	S	G	Mo	σ_s/MPa	σ_b/MPa	标准号
DIN	St45.8	≤0.21	0.10~0.35	0.40~1.20	≤0.040	≤0.040	≤16	260	418~540	17175	
							16<t≤40	250	418~540		
							40<t≤60	240	418~540		
DIN	St42.8	≤0.21	0.10~0.35	0.40~1.20	≤0.040	≤0.040	≥16	260	418~540	17177	
JIS	STPT480	≤0.33	0.10~0.35	0.30~1.00	≤0.035	≤0.035			≥275	≥480	G3456
ASTM	C								≥281	≥492	A106
BS	HFS460	≤0.22	≤0.35	0.80~1.40	≤0.045	≤0.045			≥286	470~612	3602
BS	CFS460	≤0.22	≤0.35	0.80~1.40	≤0.045	≤0.045			≥286	470~612	3602
BS	ERW460	≤0.22	≤0.35	0.80~1.40	≤0.045	≤0.045			≥286	470~612	3602
BS	CEW460	≤0.22	≤0.35	0.80~1.40	≤0.045	≤0.045			≥286	470~612	3602
DIN											
JIS	STPY400	≤0.25		≤1.00	≤0.040	≤0.040			≥2.25	≥400	G3457
ASTM	B	≤0.30		≤1.35	≤0.040	≤0.050			≥246	≥422	A139
ASTM	45	≤0.25			≤0.04	≤0.050			≥316	≥422	A211
BS											
DIN											
JIS	STPA12	0.10~0.20	0.10~0.50	0.30~0.80	≤0.035	≤0.035		0.45~0.65	≥205	≥380	G3458
ASTM	P1	0.10~0.20	0.10~0.50	0.30~0.80	≤0.045	≤0.045		0.44~0.65	≥211	≥387	A335
BS											
DIN											
JIS	STPA20	0.10~0.20	0.10~0.50	0.30~0.60	≤0.035	≤0.035	0.50~0.80	0.40~0.65	≥205	≥410	G3458
ASTM	P2	0.10~0.20	0.10~0.30	0.30~0.61	≤0.045	≤0.045	0.50~0.81	0.44~0.65	≤211	≥387	A335
BS											
DIN											

续表

标准名	钢号	化学成分/%									钢材厚度 t/mm	抗拉试验		标准号
		C	Si	Mn	P	S	Cr	Mo	Ni	Cu	其他		σ_s/MPa	σ_b/MPa	
JIS	STPA22	≤0.15	≤0.50	0.36~0.60	≤0.035	≤0.035	0.80~1.25	0.45~0.65					≥205	≥410	G3458
ASTM	P12	≤0.15	≤0.50	0.30~0.61	≤0.045	≤0.045	0.80~1.25	0.44~0.65					≥211	≥422	A335
BS	HFS620-460	0.10~0.15	0.10~0.35	0.40~0.70	≤0.040	≤0.040	0.70~1.10	0.45~0.65					≥184	469~622	3604
BS	CFS620-460	0.10~0.15	0.10~0.35	0.40~0.70	≤0.040	≤0.040	0.70~1.10	0.45~0.65					≥184	469~622	3604
BS	ERW620-460	0.10~0.15	0.10~0.35	0.40~0.70	≤0.040	≤0.040	0.70~1.10	0.45~0.65					≥184	469~622	3604
BS	CFW620-460	0.10~0.15	0.10~0.35	0.40~0.70	≤0.040	≤0.040	0.70~1.10	0.45~0.65					≥184	469~622	3604
BS	HFS620-440	0.10~0.18	0.10~0.35	0.40~0.70	≤0.040	≤0.040	0.70~1.10	0.45~0.65					≥296	449~602	3604
BS	CFS620-440	0.10~0.18	0.10~0.35	0.40~0.70	≤0.040	≤0.040	0.70~1.10	0.45~0.65					≥296	449~602	3604
BS	ERW620-440	0.10~0.18	0.10~0.35	0.40~0.70	≤0.040	≤0.040	0.70~1.10	0.45~0.65					≥296	449~602	3604
BS	CFW620-440	0.10~0.18	0.10~0.35	0.40~0.70	≤0.040	≤0.040	0.70~1.10	0.45~0.65					≥296	449~602	3604
DIN	13CrMo44	0.10~0.18	0.10~0.35	0.40~0.70	≤0.035	≤0.035	0.70~1.10	0.45~0.65				≤16	≥296	449~602	17175
												16<t≤40	≥296	449~602	
												40<t≤60	≥286	449~602	
JIS	STPA23	≤0.15	0.50~1.00	0.30~0.60	≤0.030	≤0.030	1.00~1.50	0.45~0.65					≥205	≥410	G3458
ASTM	P11	≤0.15	0.50~1.00	0.30~0.60	≤0.030	≤0.030	1.00~1.50	0.44~0.65					≥211	≥422	A335
BS	HFS621	≤0.15	0.50~1.00	0.30~0.60	≤0.040	≤0.040	1.00~1.50	0.45~0.65					≥280	428~581	3604
BS	CFS621	≤0.15	0.50~1.00	0.30~0.60	≤0.040	≤0.040	1.00~1.50	0.45~0.65					≥280	428~581	3604
BS	ERW621	≤0.15	0.50~1.00	0.30~0.60	≤0.040	≤0.040	1.00~1.50	0.45~0.65					≥280	428~581	3604
BS	CEW621	≤0.15	0.50~1.00	0.30~0.60	≤0.040	≤0.040	1.00~1.50	0.45~0.65					≥280	428~581	3604
DIN															
JIS	STPA24	≤0.15	≤0.50	0.30~0.60	≤0.030	≤0.030	1.90~2.60	0.87~1.13					≥205	≥410	G3458
ASTM	P22	≤0.15	≤0.50	0.30~0.60	≤0.030	≤0.030	1.90~2.60	0.87~1.13					≥211	≥422	A335
BS	HFS622	0.08~0.15	≤0.50	0.40~0.70	≤0.040	≤0.040	2.00~2.50	0.90~1.20					≥280	500~653	3604
BS	CFS622	0.08~0.15	≤0.50	0.40~0.70	≤0.040	≤0.040	2.00~2.50	0.90~1.20					≥280	500~653	3604
DIN	10CrMo910	0.08~0.15	≤0.50	0.40~0.70	≤0.035	≤0.035	2.00~2.50	0.90~1.20				≤16	≥286	459~612	17175
												16<t≤40	≥286	459~612	
												40<t≤60	≥275	459~612	

续表

标准名	钢号	化学成分/%									钢材厚度 t/mm	抗拉试验		标准号
		C	Si	Mn	P	S	Cr	Mo	Ni	Cu	其他		σ_s/MPa	σ_b/MPa	
JIS	STPA25	≤0.15	≤0.50	0.30~0.60	≤0.030	≤0.030	4.00~6.00	0.45~0.65					≥205	≥410	G3458
ASTM	P5	≤0.15	≤0.50	0.30~0.60	≤0.030	≤0.030	4.00~6.00	0.45~0.65					≥211	≥422	A335
BS	HFS625	≤0.15	≤0.50	0.30~0.60	≤0.030	≤0.030	4.00~6.00	0.45~0.65					≥173	459~612	3604
BS	CFS625	≤0.15	≤0.50	0.30~0.60	≤0.030	≤0.030	4.00~6.00	0.45~0.65					≥173	459~612	3604
DIN															
JIS	STPA26	≤0.15	0.25~1.00	0.30~0.60	≤0.300	≤0.030	8.00~10.00	0.90~1.10					≥205	≥410	G3458
ASTM	P9	≤0.15	0.25~1.00	0.30~0.60	≤0.030	≤0.030	8.00~10.00	0.90~1.10					≥211	≥422	A335
BS	CFS629-470	≤0.15	0.25~1.00	0.30~0.60	≤0.030	≤0.030	8.00~10.00	0.90~1.10					≥189	479~632	3604
DIN															
JIS	SUS304TP	≤0.08	≤1.00	≤2.00	≤0.040	≤0.030	18.00~20.00		8.00~11.00		N≤0.10		≥205	≥520	G3459
ASTM	TP304	≤0.08	≤0.75	≤2.00	≤0.040	≤0.030	18.00~20.00		8.00~11.00				≥211	≥527	A312
	304H	≤0.08	≤0.75	≤2.00	≤0.045	≤0.030	18.00~20.00		8.00~10.50				≥211	≥527	A358
	TP304H	≤0.08	≤0.75	≤2.00	≤0.040	≤0.030	18.00~20.00		8.00~11.00				≥211	≥527	A376
BS	304S18	≤0.06	0.20~1.00	0.50~2.00	≤0.040	≤0.030	17.00~19.00		9.00~12.00				≥240	500~704	3605
DIN															
JIS	SUS304HTP	0.04~0.10	≤0.75	≤2.00	≤0.040	≤0.030	18.00~20.00		8.00~11.00				≥205	≥520	G3459
ASTM	TP304H	0.04~0.10	≤0.75	≤2.00	≤0.040	≤0.030	18.00~20.00		8.00~11.00				≥211	≥527	A312
	304H	0.04~0.10	≤1.00	≤2.00	≤0.045	≤0.030	18.00~20.00		8.00~10.50				≥211	≥527	A358
	TP304H	0.04~0.10	≤0.75	≤2.00	≤0.040	≤0.030	18.00~20.00		8.00~11.00				≥211	≥527	A376
BS	304S59	0.04~0.09	0.20~1.00	0.50~2.00	≤0.040	≤0.030	17.00~19.00		9.00~12.00				≥240	500~704	3605
DIN															
JIS	SUS304LTP	≤0.030	≤1.00	≤2.00	≤0.040	≤0.030	18.00~20.00		9.00~13.00		N≤0.10		≥175	≥480	G3459
ASTM	TP304L	≤0.035	≤0.75	≤2.00	≤0.040	≤0.030	18.00~20.00		8.00~13.00				≥176	≥492	A312
	304LN	≤0.030	≤1.00	≤2.00	≤0.045	≤0.030	18.00~20.00		8.00~12.00		N0.10~0.16		≥173	≥495	A358
	TP304L	≤0.035	≤0.75	≤2.00	≤0.040	≤0.030	18.00~20.00		8.00~11.00				≥214	≥530	A376
BS	304S14	≤0.03	0.20~1.00	0.50~2.00	≤0.040	≤0.030	17.00~19.00		10.00~13.00				≥209	500~704	3605
	304S22	≤0.03	0.20~1.00	0.50~2.00	≤0.040	≤0.030	17.00~19.00		9.00~12.00				≤209	500~704	3605
DIN															

续表

标准名	钢号	化学成分 /%									钢材厚度 t/mm	抗拉试验		标准号
		C	Si	Mn	P	S	Cr	Mo	Ni	Cu	其他		σ_s/MPa	σ_b/MPa	
JIS	SUS309STP	≤0.08	≤1.00	≤2.00	≤0.040	≤0.030	22.00~24.00		12.00~15.00				≥205	≥520	G3459
ASTM	TP309	≤0.15	≤0.75	≤2.00	≤0.040	≤0.030	22.00~24.00		12.00~15.00				≥211	≥527	A312
	309S	≤0.08	≤1.00	≤2.00	≤0.045	≤0.030	22.00~24.00		12.00~15.00				≥209	≥525	A358
BS															
DIN															
JIS	SUS310STP	≤0.15	≤1.50	≤2.00	≤0.040	≤0.030	24.00~26.00		19.00~22.00				≥205	≥520	G3459
ASTM	TP310	≤0.15	≤0.75	≤2.00	≤0.040	≤0.030	24.00~26.00		19.00~22.00				≥211	≥527	A312
	310S	≤0.08	≤1.50	≤2.00	≤0.045	≤0.030	24.00~26.00		19.00~22.00				≥209	≥525	A358
BS															
DIN															
JIS	SUS316TP	≤0.08	≤1.00	≤2.00	≤0.040	≤0.030	16.00~18.00	2.00~3.00	10.00~14.00				≥205	≥520	G3459
ASTM	TP316	≤0.08	≤0.75	≤2.00	≤0.040	≤0.030	16.00~18.00	2.00~3.00	11.00~14.00		N≤0.10		≥211	≥527	A312
	316	≤0.08	≤1.00	≤2.00	≤0.045	≤0.030	16.00~18.00	2.00~3.00	10.00~14.00				≥209	≤525	A358
	TP316	≤0.08	≤0.75	≤2.00	≤0.040	≤0.030	16.00~18.00	2.00~3.00	11.00~14.00				≥211	≤527	A376
BS	316S18	≤0.07	0.20~1.00	0.50~2.00	≤0.040	≤0.030	16.00~18.50	2.00~3.00	10.00~14.00				≥250	520~724	3605
	316S26	≤0.07	0.20~1.00	0.50~2.00	≤0.040	≤0.030	16.00~18.50	2.00~3.00	10.00~13.00				≥250	520~724	3605
DIN															
JIS	SUS316HTP	0.04~0.10	≤0.75	≤2.00	≤0.030	≤0.040	16.00~18.00	2.00~3.00	11.00~14.00				≥205	≥520	G3459
ASTM	TP316H	0.04~0.10	≤0.75	≤2.00	≤0.040	≤0.030	16.00~18.00	2.00~3.00	11.00~14.00				≥211	≥527	A312
	316H	0.04~0.10	≤1.00	≤2.00	≤0.045	≤0.030	16.00~18.00	2.00~3.00	10.00~14.00				≥209	≤525	A358
	TP316H	0.04~0.10	≤0.75	≤2.00	≤0.040	≤0.030	16.00~18.00	2.00~3.00	11.00~14.00				≥211	≤527	A376
BS	316S59	0.04~0.09	0.20~1.00	0.50~2.00	≤0.040	≤0.030	16.00~18.00	2.00~2.75	12.00~14.00		B0.001~0.006		≥250	520~724	3605
DIN															
JIS	SUS316LTP	≤0.030	≤1.00	≤2.00	≤0.040	≤0.030	16.00~18.00	2.00~3.00	12.00~16.00				≥175	≥480	G3459
ASTM	TP316L	≤0.035	≤0.75	≤2.00	≤0.040	≤0.030	16.00~18.00	2.00~3.00	10.00~15.00		N≤0.10		≥211	≥527	A312
	316L	≤0.030	≤1.00	≤2.00	≤0.045	≤0.030	16.00~18.00	2.00~3.00	11.00~14.00				≥219	≤527	A358
	TP316LN	≤0.035	≤0.75	≤2.00	≤0.040	≤0.030	16.00~18.00	2.00~3.00	12.00~15.00		N0.10~0.16		≥219	500~704	A376
BS	316S14	≤0.03	0.20~1.00	0.50~2.00	≤0.040	≤0.030	16.00~18.50	2.00~3.00	12.00~15.00				≥219	500~704	3605
	316S22	≤0.03	0.20~1.00	0.50~2.00	≤0.040	≤0.030	16.00~18.50	2.00~3.00	1100~14.00						3605
DIN															

续表

标准名	钢号	化学成分/%										抗拉试验			标准号
		C	Si	Mn	P	S	Cr	Mo	Ni	Cu	其他	钢材厚度 t/mm	σ_s/MPa	σ_b/MPa	
JIS	SUS321TP	≤0.08	≤1.00	≤2.00	≤0.040	≤0.030	17.00~19.00		9.00~13.00		Ti≥5×C%		≥205	≥520	G3459
ASTM	TP321	≤0.08	≤0.75	≤2.00	≤0.040	≤0.030	17.00~20.00		9.00~13.00		Ti 5×C%~0.70		≥211	≥527	A312
	321	≤0.08	≤1.00	≤2.00	≤0.045	≤0.030	17.00~19.00		9.00~12.00		Ti 5×(C+N)%~0.70 N≤0.10				A358
	TP321	≤0.08	≤0.75	≤2.00	≤0.040	≤0.030	17.00~20.00		9.00~13.00		Ti 5×C%~0.60		≥211	≥527	A376
BS	321S18	≤0.08	0.20~1.00	0.50~2.00	≤0.040	≤0.030	17.00~19.00		10.00~13.00		Ti 5×C%~0.60		≥240	520~724	3605
	S21S22	≤0.08	0.20~1.00	0.50~2.00	≤0.040	≤0.030	17.00~19.00		9.00~12.00		Ti 5×C%~0.60		≥240	520~724	3605
DIN															
JIS	SUS321HTP	0.04~0.10	≤0.75	≤2.00	≤0.030	≤0.030	17.00~20.00		9.00~13.00		Ti 4×C%~0.60		≥205	≥520	G3459
ASTM	TP321H	0.04~0.10	≤0.75	≤2.00	≤0.040	≤0.030	17.00~20.00		9.00~13.00		Ti 4×C%~0.60		≥211	≥527	A312
	TP321H	0.04~0.10	≤0.75	≤2.00	≤0.040	≤0.030	17.00~20.00		9.00~13.00		Ti 4×C%~0.60		≥211	≥527	A376
BS	321S59	0.04~0.09	0.20~1.00	0.50~2.00	≤0.040	≤0.030	17.00~19.00		10.00~13.00		Ti 5×C%~0.60		≥199	500~704	3605
DIN															
JIS	SUS347TP	≤0.08	≤1.00	≤2.00	≤0.040	≤0.030	17.00~20.00		9.00~13.00		Nb+Ta ≥10×C%		≥205	≥520	G3459
ASTM	TP347	≤0.08	≤0.75	≤2.00	≤0.040	≤0.030	17.00~20.00		9.00~13.00		Nb+Ta 10×C%~1.00		≥211	≥527	A312
	347	≤0.08	≤1.00	≤2.00	≤0.045	≤0.030	17.00~20.00		9.00~13.00		Cb+Ta 10×C%~1.10				A358
	TP347	≤0.08	≤0.75	≤2.00	≤0.040	≤0.030	17.00~20.00		9.00~13.00		Nb+Ta 10×C%~1.00		≥211	≥527	A376
BS	347S18	≤0.08	0.20~1.00	0.50~2.00	≤0.040	≤0.030	17.00~19.00		10.00~13.00		Nb10×C%~20×C%(或1.00)		≥250	520~724	3605
	347S17	≤0.08	0.20~1.00	0.50~2.00	≤0.040	≤0.030	17.00~19.00		9.00~12.00		Nb10×C%~1.00		≥250	520~724	3605
DIN															

续表

标准名	钢号	化学成分 /%									抗拉试验		标准号
		C	Si	Mn	P	S	Cr	Mo	Ni	Cu	其他	σ_s /MPa	σ_b /MPa	
JIS	SUS347HTP	0.04~0.10	≤1.00	≤2.00	≤0.030	≤0.030	17.00~20.00		9.00~13.00		Nb+Ta 8×C%~1.00	≥205	≥520	G3459
ASTM	TP347H	0.04~0.10	≤0.75	≤2.00	≤0.040	≤0.030	17.00~20.00		9.00~13.00		Nb+Ta 8×C%~1.00	≥211	≥527	A312
	TP347H	0.04~0.10	≤0.75	≤2.00	≤0.040	≤0.030	17.00~20.00		9.00~13.00		Nb+Ta 8×C%~1.00	≥211	≥527	A376
BS	347S59	0.04~0.09	0.20~1.00	0.50~2.00	≤0.040	≤0.030	17.00~19.00		11.00~14.00		Nb(或1.00)10× C%~20×C%	≥250	520~724	3605
DIN														
JIS	SUS329JITP	≤0.08	≤1.00	≤1.50	≤0.040	≤0.030	23.00~28.00	1.00~3.00	3.00~6.00			≥400	≥600	G3459
ASTM														
BS														
DIN														
JIS	STPL380	≤0.25	≤0.35	≤1.35	≤0.035	≤0.035						≥205	≥380	G3460
ASTM	1	≤0.30		0.40~1.06	≤0.050	≤0.060						≥211	≥387	A333
BS	HFS410LT50	≤0.20	≤0.35	0.60~1.20	≤0.045	≤0.045					Al≥0.015	≥240	418~540	3603
	CFS410LT50	≤0.20	≤0.35	0.60~1.20	≤0.045	≤0.045					Al≥0.015	≥240	418~540	3603
	ERW410LT50	≤0.20	≤0.35	0.60~1.20	≤0.045	≤0.045					Al≥0.015	≥240	418~540	3603
	CEW410LT50	≤0.20	≤0.35	0.60~1.20	≤0.045	≤0.045					Al≥0.015	≥240	418~540	3603
DIN														
JIS	STPL450	≤0.18	0.10~0.35	0.30~0.60	≤0.030	≤0.030			3.20~3.80			≥245	≤450	G3460
ASTM	3	≤0.19	0.18~0.37	0.31~0.64	≤0.05	≤0.05			3.18~3.82			≥246	≤457	A333
BS	HFS503LT100	≤0.15	0.15~0.35	0.30~0.80	≤0.025	≤0.020			3.25~3.75			≥250	449~602	3603
	CFS503LT100	≤0.15	0.15~0.35	0.30~0.80	≤0.025	≤0.020			3.25~3.75			≥250	449~602	3603
DIN														
JIS	STPL690	≤0.13	0.10~0.35	≤0.90	≤0.030	≤0.030			8.50~9.50			≥520	≥690	G3460
ASTM	8	≤0.13	0.13~0.32	≤0.90	≤0.045	≤0.045			8.40~9.60			≥527	≥703	A333
BS	HFS509LT196	≤0.10	0.15~0.30	0.30~0.80	≤0.025	≤0.020			8.50~9.50			≥520	704~857	3603
	CFS509LT196	≤0.10	0.15~0.30	0.30~0.80	≤0.025	≤0.020			8.50~9.50			≥520	704~857	3603
DIN														

续表

标准名	钢号	化学成分/%									抗拉试验		标准号
		C	Si	Mn	P	S	Cr	Mo	Ni	Cu	其他	σ_s/MPa	σ_b/MPa	
JIS	SUS304TPY	$\leqslant$0.08	$\leqslant$1.00	$\leqslant$2.00	$\leqslant$0.045	$\leqslant$0.030	18.00~20.00		8.00~10.50		N$\leqslant$0.10	$\geqslant$205	$\geqslant$520	G3468
ASTM	304	$\leqslant$0.08	$\leqslant$1.00	$\leqslant$2.00	$\leqslant$0.045	$\leqslant$0.030	18.00~20.00		8.00~10.50			$\geqslant$209	$\geqslant$525	A358
	TP304	$\leqslant$0.08	$\leqslant$0.75	$\leqslant$2.00	$\leqslant$0.040	$\leqslant$0.030	18.00~20.00		8.00~10.00			$\geqslant$211	$\geqslant$527	A409
BS	304S25	$\leqslant$0.06	0.20~1.00	0.50~2.00	$\leqslant$0.040	$\leqslant$0.030	17.00~19.00		8.00~11.00			$\geqslant$240	500~704	3605
DIN														
JIS	SUS304LTPY	$\leqslant$0.030	$\leqslant$1.00	$\leqslant$2.00	$\leqslant$0.045	$\leqslant$0.030	18.00~20.00		9.00~13.00		N$\leqslant$10.10	$\geqslant$175	$\geqslant$480	G3468
ASTM	304L	$\leqslant$0.030	$\leqslant$1.00	$\leqslant$2.00	$\leqslant$0.045	$\leqslant$0.030	18.00~20.00		8.00~12.00			$\geqslant$173	$\geqslant$495	A358
	TP304L	$\leqslant$0.035	$\leqslant$0.75	$\leqslant$2.00	$\leqslant$0.040	$\leqslant$0.030	18.00~20.00		8.00~13.00			$\geqslant$173	$\geqslant$495	A409
BS	304S22	$\leqslant$0.03	0.20~1.00	0.50~2.00	$\leqslant$0.040	$\leqslant$0.030	17.00~19.00		9.00~12.00			$\geqslant$209	500~704	3605
DIN														
JIS	SUS309STPY	$\leqslant$0.08	$\leqslant$1.00	$\leqslant$2.00	$\leqslant$0.045	$\leqslant$0.030	22.00~24.00		12.00~15.00			$\geqslant$205	$\geqslant$520	G3468
ASTM	309S	$\leqslant$0.08	$\leqslant$1.50	$\leqslant$2.00	$\leqslant$0.045	$\leqslant$0.030	22.00~24.00		12.00~15.00			$\geqslant$209	$\geqslant$525	A358
	TP309	$\leqslant$0.15	$\leqslant$0.75	$\leqslant$2.00	$\leqslant$0.040	$\leqslant$0.030	22.00~24.00		12.00~15.00			$\geqslant$211	$\geqslant$527	A409
BS														
DIN														
JIS	SUS310STPY	$\leqslant$0.08	$\leqslant$1.00	$\leqslant$2.00	$\leqslant$0.045	$\leqslant$0.030	24.00~26.00		19.00~22.00			$\geqslant$205	$\geqslant$520	G3468
ASTM	310S	$\leqslant$0.08	$\leqslant$1.50	$\leqslant$2.00	$\leqslant$0.045	$\leqslant$0.030	24.00~26.00		19.00~22.00			$\geqslant$209	$\geqslant$527	A358
	TP310	$\leqslant$0.15	$\leqslant$0.75	$\leqslant$2.00	$\leqslant$0.040	$\leqslant$0.030	24.00~26.00		19.00~22.00			$\geqslant$211	$\geqslant$527	A409
BS														
DIN														
JIS	SUS316TPY	$\leqslant$0.08	$\leqslant$1.00	$\leqslant$2.00	$\leqslant$0.045	$\leqslant$0.030	16.00~18.00	2.00~3.00	10.00~14.00		N$\leqslant$0.10	$\geqslant$205	$\geqslant$520	G3468
ASTM	316	$\leqslant$0.08	$\leqslant$1.00	$\leqslant$2.00	$\leqslant$0.045	$\leqslant$0.030	16.00~18.00	2.00~3.00	10.00~14.00			$\geqslant$209	$\geqslant$525	A358
	TP316	$\leqslant$0.08	$\leqslant$0.75	$\leqslant$2.00	$\leqslant$0.040	$\leqslant$0.030	16.00~18.00	2.00~3.00	11.00~14.00			$\geqslant$211	$\geqslant$527	A409
BS	316S26	$\leqslant$0.07	0.20~1.00	0.50~2.00	$\leqslant$0.040	$\leqslant$0.030	16.00~18.50	2.00~3.00	10.00~13.00			$\geqslant$250	520~724	3605

续表

标准名	钢号	化学成分/%										抗拉试验		标准号
		C	Si	Mn	P	S	Cr	Mo	Ni	Cu	其他	σ_s/MPa	σ_b/MPa	
DIN														
JIS	SUS316LTPY	≤0.030	≤1.00	≤2.00	≤0.045	≤0.030	16.00~18.00	2.00~3.00	12.00~15.00		N≤0.10	≥175	≥480	G3468
ASTM	316L	≤0.030	≤1.00	≤2.00	≤0.045	≤0.030	16.00~18.00	2.00~3.00	10.00~14.00			≥173	≥495	A358
ASTM	316L	≤0.035	≤0.75	≤2.00	≤0.040	≤0.030	16.00~18.00	2.00~3.00	10.00~15.00			≥173	≥495	A409
BS	316S22	≤0.03	0.20~1.00	0.50~2.00	≤0.040	≤0.030	16.00~18.50	2.00~3.00	11.00~14.00			≥219	500~704	3605
DIN														
JIS	SUS321TPY	≤0.08	≤1.00	≤2.00	≤0.045	≤0.030	17.00~19.00		9.00~13.00		Ti 5×C% ≤ 0.70, N≤0.10	≥205	≥520	G3468
ASTM	321	≤0.08	≤1.00	≤2.00	≤0.045	≤0.030	17.00~19.00		9.00~12.00		Ti 5×C%~0.60	≥209	≥525	A358
ASTM	TP321	≤0.08	≤0.75	≤2.00	≤0.040	≤0.030	17.0~20.0		9.00~13.00		Ti 5×C%~1.0	≥209	≥525	A409
BS	321S22	≤0.08	0.20~1.00	0.50~2.00	≤0.040	≤0.030	17.0~19.0		9.00~12.00		Ti 5×C%~0.60	≥240	520~724	3605
DIN														
JIS	SUS347TPY	≤0.08	≤1.00	≤2.00	≤0.045	≤0.030	17.00~19.00		9.00~13.00		Nb+Ta ≤ 10×C%	≥205	≥520	G3468
ASTM	347	≤0.08	≤1.00	≤2.00	≤0.045	≤0.030	17.00~19.00		9.00~13.00		Nb+Ta 10×C%~1.10	≥209	≥525	A358
ASTM	TP347	≤0.08	≤0.75	≤2.00	≤0.040	≤0.030	17.00~20.00		9.00~13.00		Nb+Ta 10×C%~1.0	≥211	≥527	A409
BS	347S17	≤0.08	0.20~1.00	0.50~2.00	≤0.040	≤0.030	17.00~19.00		9.00~12.00		Nb 10×C%~1.00	≥250	520~724	3605
DIN														

(十四) 非金属材料及其管道组成件选用的一般要求

① 非金属材料及其管道组成件的选用条件：设计温度下的抗拉强度、抗压强度、抗弯强度、抗剪强度和弹性模量；设计条件下的蠕变速率；许用应力；延展性和塑性；冲击和热冲击性能；温度限制；熔化和汽化转变温度；气孔和渗透性；试验方法；连接方法及其有效性。

② 设计条件。非金属管道设计应根据介质的设计压力、设计温度和流体特性等工艺条件，并结合环境和各种载荷等条件进行。非金属管道系统的每个组成件的设计压力，不应小于运行中遇到的内压或外压与温度结合时最苛刻条件下的压力。最苛刻条件应为强度计算中管道组成件需要最大厚度及最高公称压力时的参数。非金属管道的设计温度应为管道在运行时，压力和温度相结合的最苛刻条件下的温度。在确定设计温度时，应考虑介质温度、环境温度、阳光辐射或其他热源造成的苛刻温度。

③ 设计选用时应根据所输送介质的腐蚀、磨蚀情况以及电绝缘、阻力降等要求选用适当的管材。各种非金属管的耐蚀性能、物理性能以及规格尺寸、偏差等可从相关的设计资料、设计手册查找。由于非金属管的标准化程度不如钢管高，使用时要注意各制造厂在制造工艺、规格尺寸、各种性能等方面的差异。

④ 工业装置生产过程中各种操作工况和使用操作条件，如压力、温度和被输送流体的物化性质（组成、腐蚀性、物态、间歇或连续操作）。

⑤ 各种工程材料的特性，正确地选择所使用的材料，分析在装置生产过程中可能出现的各种材料问题（如材料韧性降低的影响，同时要考虑所选用材料的加工工艺性和经济性）。

⑥ 对于新型材料和特殊材料的选用要严格建立在试验与生产的基础上，经过充分论证后方可选择使用。

⑦ 当介质腐蚀性强，不适宜选用一般碳钢及合金钢，必须选用贵重合金时，为了考虑经济实用，可用非金属材料（例如 PVC，PP，PTFE 等）。但需注意以下几点：允许使用的温度及压力范围，衬里管道的真空度大小；塑料管道及附件受光和氧作用引起的老化现象，塑料管道在特定温度上对介质的腐蚀性能；压力和温度突变的场合；塑料在某些介质作用下失去弹性而发生的脆性现象。

⑧ 热塑性塑料不得用于地面上输送可燃性流体。

⑨ 脆性材料（硼硅玻璃、陶瓷）不得用于输送有毒、可燃易爆及危险性介质。

⑩ 考虑材料的力学性能指标——抗拉强度、弯曲强度、抗剪强度、压缩、冲击强度及弹性模量、线膨胀系数、耐疲劳性等。

⑪ 考虑材料允许使用的温度和压力范围。其他影响：还要考虑光和氧的影响；酸、碱、油介质的影响。露天敷设的管道应含有稳定剂。

⑫ 各种不同的非金属材料对各种流体有着不同的耐蚀性能，可根据有关非金属材料手册、试验数据和产品样本加以选择。

⑬ 必须根据非金属材料的温度-压力额定值来选择公称压力。非金属材料对温度非常敏感，温度对使用寿命影响极大。

⑭ 选用非金属材料要考虑对机械振动的敏感性。

⑮ 非金属材料的线膨胀系数较大，导热性差，刚性差。选用非金属材料必须考虑其加工工艺性能和连接性能。对于衬里的材料，需考虑衬里材料和基体材料的黏结力与亲合力，当用于负压工况时尤其应注意。

⑯ 热固性树脂的材料用于输送有毒或可燃性流体时，应采取安全防护措施。

⑰ 对可燃、易燃的非金属材料，必须采取防火措施。

⑱ 塑料类管子的壁厚必须考虑塑料的蠕变，防止管子在预期寿命内不会因蠕变而发生破

裂，根据不同塑料选用其安全系数。各种高分子材料的性能差别较大，且在选用时应对各类材料性能加以综合分析、对比评估，选出合适材料并进行试验，进一步验证材料性能的可靠性。同时还需要了解所选材料加工工艺性能和制造、安装、维修等性能。

⑲ 非金属管道不得用于有剧烈振动和剧烈循环的场合。
⑳ 非金属管道不得用于输送可燃、毒性危害程度为极度或高度危害的介质。
㉑ 非金属管道不宜在火灾爆炸危险区内的地上敷设。
㉒ 硬聚乙烯管道（PVC-U）不得用于输送气体介质。
㉓ 需减少热损失和防止管内液体凝结、结晶或冻结的非金属管道应进行保温，管道保温应采用不可燃的轻质材料。
㉔ 埋地的非金属管道不得采用法兰连接，管道上的阀门应设在阀门井内。

（十五）非金属管道选用的温度和压力限制（表16.63）

表16.63　非金属材料的最低使用温度　　　　　　　　　　　　　　　　　　　　　℃

非金属材料	玻璃钢管（FRP）	硬聚氯乙烯管（PVC-U）	聚乙烯管（PE）	聚丙烯管（PP）	丙烯腈-丁二烯-苯乙烯管（ABS）
最低使用温度	−29	−5	−20	−10	−20

非金属材料及其制品的选用应考虑温度对公称压力的折减，折减系数见表16.64。钢骨架聚乙烯复合管在输送特殊危险性介质时，应将修正后的公称压力再乘以0.8的折减系数。

表16.64　管道组成件的温度对公称压力的折减系数

名称	公称压力/MPa	设计温度/℃	折减系数
玻璃钢管（FRP）	0.6、1.0、1.6	≤80	1
硬聚氯乙烯管（PVC-U）	0.6、1.0、1.6	25	1
		35	0.8
		45	0.63
聚乙烯管（PE）	0.6、1.0、1.6	20	1
		30	0.87
		40	0.74
增强聚丙烯管（FRPP）	0.6、1.0	20	1
		40	0.75
		60	0.65
		80	0.58
		100	0.48
		120	0.30
丙烯腈-丁二烯-苯乙烯管（ABS）	0.6、1.0	20	1
		30	0.91
		40	0.81
		50	0.74
		60	0.66
		70	0.59
玻璃钢/聚氯乙烯复合管（FRP/PVC）	0.6、1.0、1.6	20	1
		40	0.85
		65	0.54
		80	0.48

续表

名称		公称压力/MPa	设计温度/℃	折减系数
聚丙烯/玻璃钢复合管（PP/FRP）	公称通径 DN15~DN50	0.6、1.0、1.6	20~100	1
	公称通径 DN65~DN150	0.6、1.0、1.6	20	1
			40	0.97
			60	0.81
			80	0.69
			100	0.63
	公称通径 DN200~DN300	0.6、1.0、1.6	20	1
			40	0.94
			60	0.75
			80	0.62
			100	0.56
	公称通径 DN350~DN600	0.6、1.0、1.6	20	1
			40	0.63
			60	0.50
			80	0.44
			100	0.38
钢骨架聚乙烯复合管		1.0、1.6、2.0、4.0	20	1
			30	0.95
			40	0.90
			50	0.86
			60	0.81
			70	0.76

（十六）非金属管道选用的耐蚀限制（表16.65）

表16.65 非金属材料对不同介质的耐蚀限制

介质	浓度/%	温度/℃	玻璃钢管（FRP）	硬聚氯乙烯管（PVC-U）	聚乙烯管（PE）	聚丙烯管（PP）	丙烯腈-丁二烯-苯乙烯管（ABS）
汽油	—	20	耐	耐	耐	尚耐	不耐
甲醛	37	20	尚耐	耐	耐	耐	耐
苯酚	5	20	尚耐	—	—	—	—
丙酮	—	20	尚耐	不耐	耐	耐	不耐
乙醇	96	20	尚耐	耐	耐	耐	耐
		80	尚耐	—	—	耐	—
二氯乙烷	—	20	不耐	不耐	尚耐	耐	不耐
硫酸	30	20	尚耐	耐	耐	耐	耐
		80	耐	—	—	—	—
	80	20	不耐	耐	耐	耐	不耐
	96	20	—	耐	不耐	不耐	不耐
硝酸	5	20	耐	耐	耐	耐	耐
		80	尚耐	—	—	—	—
	20	20	尚耐	耐	耐	耐	耐
	65	20	—	尚耐	尚耐	不耐	不耐
盐酸	5	20	耐	耐	耐	耐	耐
		80	尚耐	—	—	尚耐	—
	30	20	尚耐	耐	耐	耐	尚耐
	30	80	尚耐	—	—	耐	—

续表

介质	浓度/%	温度/℃	玻璃钢管（FRP）	硬聚氯乙烯管（PVC-U）	聚乙烯管（PE）	聚丙烯管（PP）	丙烯腈-丁二烯-苯乙烯管（ABS）
铬酸	30	20	不耐	—	—	—	—
	50	20	—	尚耐	尚耐	尚耐	不耐
铜电解液	—	20	尚耐	耐	耐	耐	耐
		80	耐	—	—	—	—
草酸	饱和溶液	20	耐	耐	耐	耐	耐
		80	尚耐	—	—	耐	—
磷酸	30	20	耐	耐	耐	耐	耐
		80	耐	—	—	耐	—
	85	20	耐	耐	耐	耐	耐
		80	耐	—	—	耐	—
冰醋酸	—	20	不耐	尚耐	耐	耐	不耐
醋酸	5	20	耐	耐	耐	耐	耐
	10	20	—	耐	耐	耐	耐
		80	耐	—	—	耐	—
	50	20	耐	耐	耐	耐	耐
	80	20	不耐	耐	耐	耐	耐
自来水	—	20	耐	耐	耐	耐	耐
		80	尚耐	—	—	耐	—
氯化钠	全部水溶液	20	耐	耐	耐	耐	耐
		80	耐	—	—	耐	—
碳酸钠	饱和溶液	20	耐	耐	耐	耐	耐
		80	耐	—	—	耐	—
氢氧化钠	10	20	—	耐	耐	耐	耐
	30	20	尚耐	耐	耐	耐	耐
		80	不耐	—	—	—	—
	40	20	—	耐	耐	耐	耐
丙烯腈	工业纯	20	—	不耐	耐	耐	不耐
氨	气体	20	—	耐	耐	耐	不耐
		80	—	—	—	耐	—
氯化铵	10	20	耐	耐	耐	耐	耐
		80	—	—	—	耐	—

（十七）配管设计常用非金属管道的选用

非金属材料的选用须重点考虑其加工工艺性和连接性，常用非金属管道的选用见表16.66。

表16.66 配管设计常用非金属管道的选用

管道品种	代号	标准号	使用温度/℃	使用压力/MPa	现有规格尺寸 DN/mm	连接方式	适用范围	备注
高密度聚乙烯管	HDPE	GB 1930	≤60	1.0	DN25～DN1000	热熔焊、电熔焊对焊	适用于给排水管、埋地管、耐磨管、化工管燃气管、输水管、煤气管	有发展前途 DN110～DN3500 另有波纹埋地管

续表

管道品种	代号	标准号	使用温度/℃	使用压力/MPa	现有规格尺寸 DN/mm	连接方式	适用范围	备注
聚丙烯管	PP	SG246	0～+110	1.0	DN25～DN500	法兰、对焊	适用于室内工艺管	不宜用于室外
硬聚氯乙烯化工管	PVC-U（或 UPVC）	GB/T 4219 GB/T 4220	≤60	1.6	DN25～DN800	承插、法兰	适用于化工耐酸管、污水管	价格低，不加增塑剂，焊接方便
玻璃钢外增强聚乙氯烯复合管	FRP/PVC	HG/T 21636	<80	1.6	DN25～DN800	承插、法兰	适用于工艺酸管	价格较低
玻璃钢外增强聚丙烯复合管	FRP/PP	HG/T 21579	－15～+100	1.6	DN15～DN600	承插、法兰	适用于工艺酸管、污水管（酸带溶液）	层间复合黏合要求高
玻璃纤维（内）增强聚丙烯管	FRPP（或 RRP）	HG 20539	－20～+120	1.0	DN15～DN500（DN800）	对焊(法兰、螺纹)	适用于工艺酸管、污水管、废气管	可焊性稍差
纤维缠绕玻璃钢管	FRP（FW）	JC 552 HG/T 21633	≤120（与树脂有关）	≤1.6	DN25～DN3000	承插、法兰	适用于有压力耐酸管、污水管	常用以乙烯基酯树脂为主，机械缠绕为主
加强玻璃钢	RTR	ASTM D2996						
钢衬改性聚丙烯复合管	CS/PP	HG/T 2437 HG 20538	－14～+100	1.6	DN25～DN400	法兰（螺纹）	适用于有压力工艺酸管	热膨胀问题应考虑
钢衬聚四氟乙烯管（推压管）	CS/F（PTTE）	HG/T 21526 ASTM 1545	－20～+180	1.6	DN25～DN400（L≤4000）	法兰（螺纹）	适用于高温工艺耐酸管	热膨胀问题应考虑，F4不能焊接，耐真空度差
钢滚衬聚乙烯管	CS/HDPE	ASTM F1545	<60	1.6	DN25～DN1000	法兰	适用于大直径耐磨管	厚度可为3～5m，要求加工均匀性
钢滚衬F40管（钢衬聚四氟乙烯管）	CS/F40（ETFE）	ASTM F1545 HG/T 21562	－20～+180	1.6真空	DN25～DN1600	法兰	适用于耐酸、耐高温、真空管	熔融一体化紧衬工艺，可制作设备及异形件，厚度可调整
钢衬橡胶管	CS/RB	HG 21501	≤85	1.0	DN25～DN400	法兰	适用于耐酸管	易老化
建筑硬聚氯乙烯给排水管	UPVC	GR/T 10002.1 ISO 4422 ISO 3633	≤60	1.6	DN25～DN250	承插、套管	适用于建筑给排水管	价格低，技术规程为CECS 17—90
PVC加筋排水管	(R-Rib)		60	1.0	DN150～DN400	承插	适用于埋地管	
PVC双壁波纹排水管		GB/T 18477	60	1.0	DN110～DN500	承插	适用于埋地管	
夹砂玻璃钢管	—	JC/T 838 ASTM D2996 AWWA C950	60	1.6	DN500～DN2500	承插	适用于埋地管	刚度好、成本低
苯乙烯/丁二烯/丙烯腈管	ABS	HG 21561	≤70	1.0	DN15～DN200	承插、法兰	适用于一般纯水，污水管	耐酸性差
聚偏氟乙烯管	PVDF(F2)	—	≤160	1.0	DN25～DN150	对焊、法兰	适用于高纯水管、强腐蚀性管	价格高，性能同F4管，但加工性及可焊性好

续表

管道品种	代号	标准号	使用温度/℃	使用压力/MPa	现有规格尺寸 DN/mm	连接方式	适用范围	备注
搪玻璃管	—	HG 2130—2142	≤200	1.0	DN50～DN250 (L≤3000)	法兰	适用于一般腐蚀性管	不常用,安装要求高,易损坏
钢骨架PE管	—	CJ/T 123、124 CJ/T 3600—3690	70	2.5	DN50～DN500	电熔焊	适用于给水管、污水管、燃气管	燃气管另有专用标准
交联(高密度)聚乙烯管	XPE (或XLPE)	DIN 16892 BS 7291 GB/T 18992	95	1.6	DN20～DN63	卡环加紧式	适用于热冷水管	耐蠕变性好,刚性稍差,性能与交联度有关
铝塑复合管	HPPE/Al/ HDPE	CJ/T 108 ASTM F1282 GB/T 18977	60	1.6	DN10～DN50	卡环式加紧	适用于冷水管	连接可靠性差
无规聚丙烯管	PPR	GB/T 18742 DIN 8077	60	1.6	DN20～DN75	热熔	适用于冷、热水管	专用原料
聚丁烯管	PB-1	DIN 16968	90	1.6	DN20～DN32	热熔	适用于热水管	—

(十八) 工业常用地下管道材料的选用

工业常用地下管道材料的选用见表16.67。

表16.67 常用地下管道材料的选用及工程应用

管道类别	介质	管材	公称直径/mm	特 点
重力流管道	雨水、污染雨水、生活污水、生产污水	混凝土管、钢筋混凝土管	DN150～DN3000	价格低廉,耗钢材少。采用预制管时,施工时间短。但不适用含酸碱的污水
		排水铸铁管(灰口铸铁)	DN50～DN1000	管材质量不稳定,易爆管,一般不使用
		高密度聚乙烯双壁波纹管	DN200～DN1200	耐腐蚀性、柔性好;管材使用寿命长,易施工,接口牢固,公称直径大则成本比较高。DN800以上环刚度只能达到S1级(≥4kN/m²),故最好用在DN600以下较好
		高密度聚乙烯缠绕增强管	DN300～DN3000	耐腐蚀性、柔性好;管材使用寿命长,易施工,接口牢固,最大环刚度可达到16kN/m²,管道埋深可达10m。由于需要使用100%的原料,成本较高
		硬聚氯乙烯管(UPVC)	DN20～DN400	耐化学品性好,柔性较好;可用于酸碱环境,不产生二次污染
		碳钢管	最大可生产到DN4000	对于排水,在超过2m的情况下使用
压力流管道	循环冷却水、新鲜水、生产用水、生活用水、消防水	碳钢管	最大可生产到DN4000	被广泛使用,特殊是在严寒地区;但有时会产生二次污染
		玻璃钢管	最大管径可达到DN4000	耐蚀性好,环刚度高,价格较高,接口易撕裂
		镀锌钢管	一般在DN200以下	特殊要求下使用
		聚丙烯(PP)	最高可以应用到DN300	内壁光滑,耐蚀性好,不产生给水二次污染,严密性强,最大特点是耐热性优良,可输送热水
		氯乙烯管(CPVC)	最高可以生产到DN400	内壁光滑,不产生给水二次污染,严密性强,可输送热水,价格昂贵
		钢塑复合管	最高可以生产到DN500	耐蚀性好,最大可以耐压2.0MPa
		HDPE管	最高可以生产到DN250	内壁光滑,耐蚀性好,不产生给水二次污染,严密性强
		PE管	最高可以生产到DN1000	内壁光滑,不产生给水二次污染,严密性强
		球墨铸铁管	DN40～DN2600	具有较好的韧性、耐蚀、抗氧化、耐高压。用于输水、输气及其他液体输送

工程应用：某硫酸管道的选用

某化工厂有硫酸70%，设计温度120～180℃。用钢衬玻璃的，价格贵一些，运行正常。但安装时要非常注意，很容易损坏。有的项目规定如果输送压力低于1.6MPa，可选用PVC/FRP管道；如果输送压力高于1.6MPa，可选用CPVC管道，但此材质造价比较高。如果使用PP或PE管，在室外架空，阳光暴晒下会老化很快。某硝基苯工艺中硫酸浓度是68%～70%，碳钢管用得很好。

（十九）非金属管道选用常用标准规范

① GB 50690《石油化工非金属管道工程施工质量验收规范》；
② SY/T 6769.1《非金属管道设计、施工及验收规范 第1部分：高压玻璃纤维管线管》；
③ SY/T 6769.2《非金属管道设计、施工及验收规范 第2部分：钢骨架聚乙烯塑料复合管》；
④ SY/T 6769.3《非金属管道设计、施工及验收规范 第3部分：塑料合金防腐蚀复合管》；
⑤ SY/T 6770.1《非金属管材质量验收规范 第1部分：高压玻璃纤维管线管》；
⑥ SY/T 6770.2《非金属管材质量验收规范 第2部分：钢骨架聚乙烯塑料复合管》；
⑦ SY/T 6770.3《非金属管材质量验收规范 第3部分：塑料合金防腐蚀复合管》；
⑧ SH/T 3161《石油化工非金属管道技术规范》。

（二十）衬里管选用的一般要求

① 衬里管的目的是防腐、电绝缘、减少流体阻力、增加耐磨性能、防止金属离子混入和污染。衬里是指根据使用介质和工况的不同，在光管里面或外面粘敷不同的材料或涂塑。衬里管的制作多采用粘敷、喷涂、镶嵌、真空注塑的方法，还有一种方法是通过冷拔形成外管为钢管、内管为塑料管的钢塑复合管。

② 设计选用时应根据所输送介质的腐蚀、磨蚀情况以及电绝缘、阻力降等要求选用适当管材。设计选用衬里管时，要注意对基管的规格尺寸的要求，尽量选用标准钢管作为基管。衬里管的耐蚀性能、物理性能以及规格尺寸、偏差等可从相关的设计资料、设计手册中查找。由于衬里管的标准化程度不如钢管高，使用时要注意各制造厂在制造工艺、规格尺寸、性能等方面的差异。

③ 非金属衬里管和管件的设计符合 GB 50316、SH 3059 的规定。衬里材料应符合下列要求：

a. 聚四氟乙烯（PTFE）树脂应符合 HG/T 2902 的规定。衬里层表观密度应不低于 $2.16g/cm^3$，且不允许有气泡、微孔、裂纹和杂质存在。

b. 聚全氟乙丙烯（FEP）树脂应符合 HG/T 2904 的规定，采用M3型。衬里层表观密度应不低于 $2.14g/cm^3$，且不允许有气泡、微孔、裂纹和杂质存在。

c. 无规共聚聚丙烯（PP-R）应符合 GB/T 18742.1 的规定。

d. 交联聚乙烯（PE-D）应符合 CJ/T 159 的规定，其密度不低于 $0.94g/cm^3$，且不允许有气泡、微孔、裂纹、杂质存在。

e. 可溶性聚四氟乙烯（PFA）应符合 ASTM D 3307 的规定。

f. 硬聚氯乙烯（PVC-U）树脂应符合 GB/T 4219 的规定。

④ 相应的法兰垫片宜选用非金属垫片。

⑤ 非金属衬里材料可按表16.68选用，另外还应考虑流体介质腐蚀性、使用压力及材料成分与性能差异等因素。

表 16.68　非金属衬里材料的选用

衬里材料	介质温度/℃		适用介质
	正压下	真空运行下	
聚四氟乙烯(PTFE)	−80~200	−80~180	除熔融金属钠和钾、三氟化氯和气态氟外的任何浓度的硫酸、盐酸、氢氟酸、苯、碱、王水、有机溶剂和还原剂等强腐蚀性介质
聚全氟乙丙烯(FEP)	−80~180	−18~180	
可溶性聚四氟乙烯(PFA)	−80~250	−18~180	
交联聚乙烯(PE-D)	−30~90	−30~90	水、N_2、乙二酸、80%磷酸、50%酞酸、40%重铬酸钾、60%氯氧化钾、丙醇、乙烯醇、皂液、36%苯甲酸钠、氯化钠、氟化钠、氢氧化钠、过氧化钠、动物脂肪、防冻液、芳香族酸、CO_2、CO
无规共聚聚丙烯(PP-R)	−15~90	−15~90	pH 值在 1~14 范围内的高浓度酸和碱
硬聚氯乙烯(PVC-U)	−15~60	−15~60	水

⑥ 非金属衬里直管及其管道组成件端部连接形式如下。

a. 直管。有二端平焊法兰和一端平焊法兰、一端松套法兰两种。

b. 弯头及弯管。有二端平焊法兰和一端平焊法兰、一端松套法兰两种。

c. 三通。有平焊法兰和平焊法兰、松套法兰结合两种。

d. 四通。平焊法兰和平焊法兰、松套法兰结合两种。

e. 异径管。平焊法兰和平焊法兰、松套法兰结合两种。

⑦ 非金属衬里直管及其管道组成件端部应采用金属法兰连接，衬里应延伸覆盖整个法兰密封面。

⑧ 聚四氟乙烯衬里直管的长度不宜大于 3m，其他非金属衬里直管的长度不宜大于 6m。

⑨ 非金属衬里管道及其组成件的搬运、堆放和安装等过程中，应避免强烈震动或碰撞。不得对已衬里的管道进行施焊、加热、扭曲或敲打等作业。施工应满足 SH 3501、GB 50235 等的要求。非金属衬里管道安装后应进行压力试验，试验压力应为设计压力的 1.5 倍。

⑩ 衬里管有关的标准规范：

ASTM F423《聚四氟乙烯塑料衬里铁类金属管，管件和法兰的标准》

ASTM F491《聚偏氟乙烯塑料衬里的黑色金属管道及管件的标准》

ASTM F492《丙烯及聚丙烯塑料衬里的黑色金属管和管件的标准》

ASTM F546《全氟共聚物（FEP）塑料衬里的铁类金属管和管件的标准》

ASTM F546《全氟（乙烯-丙烯）共聚物（FEP）塑料衬里的铁类金属管和管件的标准》

ASTM F599《聚合（偏二氯乙烯）（PVDC）塑料衬里铁类金属管和管件的标准》

ASTM F781《全氟（烷氧基烷烃）共聚物（PFA）塑料衬里的铁类金属管和管件的衬里》

ASTM F1545《塑料衬里铁类金属管，管件和法兰的标准》

SY/T 6623《内覆或衬里耐腐蚀合金复合钢管规范》

SH/T 3154《石油化工非金属衬里管道技术规范》

(二十一) 钢衬橡胶管道的选用

橡胶是一种良好的耐酸又耐碱的非金属防腐蚀材料，特别对氢氟酸有很好的耐蚀性。橡胶分天然橡胶和合成橡胶两类。用于化工防腐蚀衬里，以天然橡胶为多，经过硫化处理而成，具有一定的耐热性能、机械强度和耐蚀性能。它可分为软橡胶、半硬橡胶和硬橡胶三种。

橡胶衬里层的选择原则：主要应考虑腐蚀介质的特性、操作条件及具体施工的可能性。

① 介质腐蚀性强，但温度变化不大，无机械振动的管道、管件，宜用 1~2 层硬橡胶，总厚度为 3~6mm。

② 对于腐蚀性气体，为了避免气体的扩散渗透作用，用两层硬橡胶衬里为宜。

③ 凡介质含有固体悬浮物，需考虑耐磨性时，可采用厚 2mm 硬橡胶作底层，再衬贴所需

厚度软橡胶作面层。

④ 管道、设备外表面可能经受撞击时，可采用软橡胶作底层，半硬橡胶作面层。

⑤ 在真空条件下，一般不采用软橡胶作底层。

⑥ 在有剧烈振动的场合，不能使用橡胶衬里。

⑦ 在同一管件、设备上，不能同时用硫化条件不同的两种硬橡胶或软橡胶进行橡胶衬里。

橡胶衬里管道的使用范围如下：

① 使用温度。硬橡胶衬里长期使用温度为 0~65℃，短时间加热允许提高至 80℃；半硬

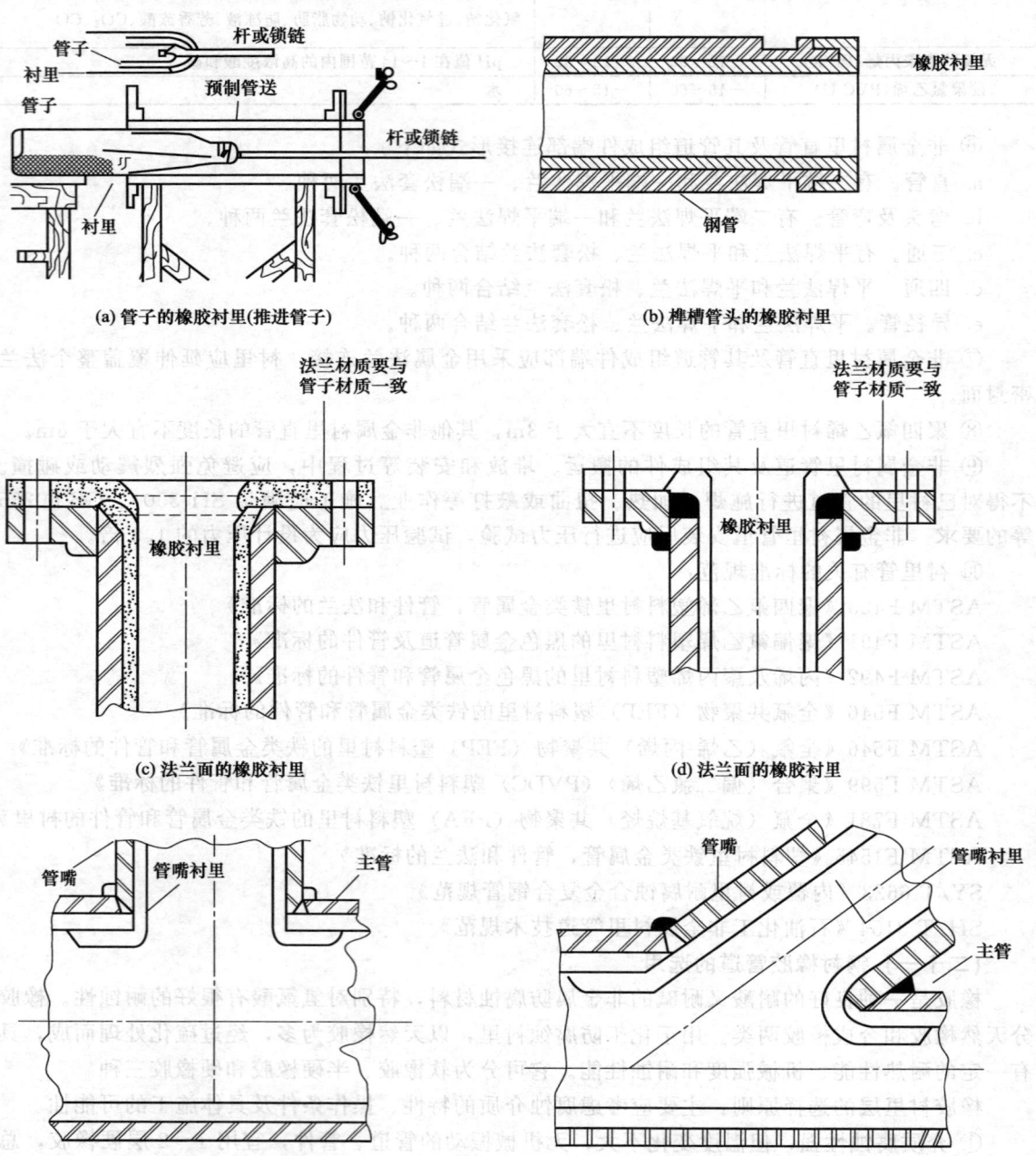

图 16.13　橡胶衬里管道的衬里结构

橡胶、软橡胶及硬橡胶复合衬里的使用温度为-25~75℃，软橡胶衬里短时间加热允许提高至100℃。根据目前资源，天然橡胶、顺丁橡胶、丁基橡胶等作软橡胶衬里，使用温度为-60~+65℃；丁腈胶、丁苯胶、乙丙胶等也可在-30~+50℃的环境下作衬里使用。橡胶的使用寿命与使用温度有关，温度过高，会加速橡胶的老化，破坏橡胶与金属间的结合力，导致脱落；温度过低，橡胶会失去弹性（橡胶的膨胀系数比金属大3倍）。由于两种基材收缩不一，导致应力集中而拉裂橡胶层。由于软橡胶的弹性比硬橡胶好，故它的耐寒性亦较好。

② 使用压力。一般用于压力低于 0.6MPa、真空度不大于 80kPa 的环境。橡胶衬里的管件有弯头、三通、四通等。衬胶管子与管件均应用焊接法兰连接。

橡胶衬里管道的衬里结构见图 16.13。

（二十二）钢衬玻璃管道的选用

① 钢衬玻璃管道是钢管、管件与玻璃的复合体，系将熔融的玻璃以吹制法衬在经过焙烧预热的碳钢管或管件内壁，使玻璃牢固地黏附在管子、管件的内壁上，并处于一定的压缩状态。除吹制法外，尚有膨胀法及喷涂法。

② 吹制衬玻璃管道使用温度为 0~150℃，使用压力小于等于 0.6MPa，冷冲击应小于 80℃，热冲击应小于 120℃，使用介质与玻璃管道相同。

③ 应用实例有稀硫酸（100℃）管线，EDTA 输送管线，苯烃液化介质（HCl，105℃），橡胶胶浆输送管线（易堵）等。

（二十三）搪玻璃管道的选用

① 搪玻璃系由非金属无机物质以搪烧的方法施涂在金属底材上面形成的一种玻璃状瓷层（通常称为瓷袖层）与金属紧密结合的复合材料。

② 搪玻璃管道标准（HG/T 2130）。搪玻璃管道瓷釉厚度一般为 0.8~1.5mm，它能耐大多数无机酸、有机酸、有机溶剂等介质的腐蚀，特别是对常温盐酸、硝酸、王水等介质，具有优良的耐蚀性，也因其表现光滑而用于要求不挂料的化工生产中。耐磨性和电绝缘性也很好。

③ 搪瓷管道的使用温度一般为-30~250℃，受压管道一般为 0~180℃，冷冲击应小于110℃，热冲击应小于 120℃。使用压力不超过 0.3MPa。

（二十四）塑料衬里管道的选用

① 钢管内衬聚乙烯或聚丙烯的产品，国内已有生产和应用。但最有实用意义的还是钢管内衬氟塑料。氟塑料是各种含氟塑料的总称，应用较多的品种有聚四氟乙烯（PTFE 或 F4）、可溶性聚四氟乙烯（PFA）、聚全氟乙丙烯（FEP 或 F46）、聚三氟氯乙烯（PCTFE 或 F3）等。

② 氟塑料具有高度的化学稳定性和耐高低温性能。F4 衬里管道已在各种工业部门得到成功应用，经常接触到的介质有盐酸、硫酸、硝酸、王水、氢氟酸、多种有机酸、强氧化剂和多种有机溶剂。已使用过的最高温度为 220℃，最高工作压力 0.8MPa。

（二十五）硬质聚氨酯泡沫塑料包覆管道的选用

① 硬质聚氨酯泡沫塑料具有密度小、强度高、绝热、吸水率低、耐蚀、自熄等特点，作为石油化工输油输热水管道的外包覆材料（既绝热又防腐），已得到广泛应用。

② 聚氨酯硬质泡沫塑料是以多元羧基化合物和异氰酸 5S 为主要原料，在催化剂、发泡剂的作用下，经加工聚合发泡而成。硬质聚氨酯泡沫塑料包覆管及夹克管已成功地用于输油管、热力管。

（二十六）金属软管（metal hose）在各种配管设计中的工程应用

对于外表面铠装金属丝或金属带编织网套的、长细比值大于或等于 3 的环形或螺旋形的波纹管，称为金属软管，也称为柔性管、波纹管。

① 一般情况下，金属软管以它的弯曲和挠性去弥补管路系统因安装造成的位置偏差，去承担两端接点正常工作所需的相对位移，见图 16.14。在某些管路系统中，它还起着减振、消除噪声的作用。金属软管结构紧凑、连接牢固，与橡胶塑料或其他材料制成的软管相比，具有柔性好、重量轻、体积小、弯曲灵活、安装方便等特点，并且耐蚀、耐温性好，不老化，承受压力高，密闭性好，使用寿命长。它具有三维补偿功能，在管系中是温度补偿、消除机械移位、吸收振动、降低噪声的极有效的元件。

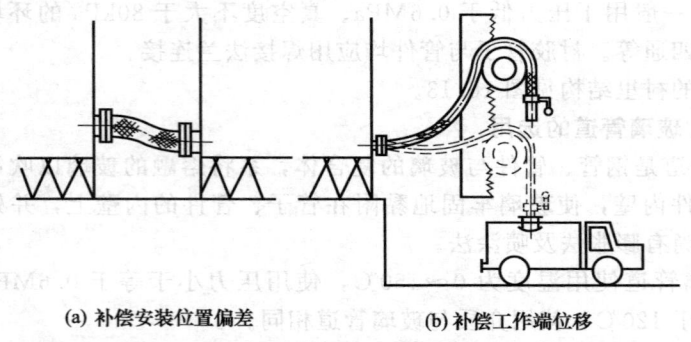

(a) 补偿安装位置偏差　　　　　　(b) 补偿工作端位移

图 16.14　金属软管的应用

② 码头用金属软管。见图 16.15。码头输油管线的柔性连接在吃水较深的江边或海边，当囤船距离岸口很近时，A、B 两处的柔性连接管件所承担的角方向位移补偿是很大的。一般来讲，在该角度大于或等于 10°的情况下，均采用金属软管。对于运动频率高、位移补偿量偏大的使用场合，推荐选用钢丝网套编织的金属软管；对于运动频率低、位移补偿量偏小的使用场合，推荐选用钢带网套编织的金属软管。关于金属软管的长度，仍根据其最小弯曲半径和所需位移补偿角度的大小计算后确定。在吃水较浅的江边或海边，囤船将通过铁桥伸向距离岸口较远的地方。铁桥越长，A、B 两处柔性连接管件所承担的角方向位移补偿量就越小。一般来讲，在该角度小于 10°的情况下，可不采用金属软管，而采用角向波纹补偿器。

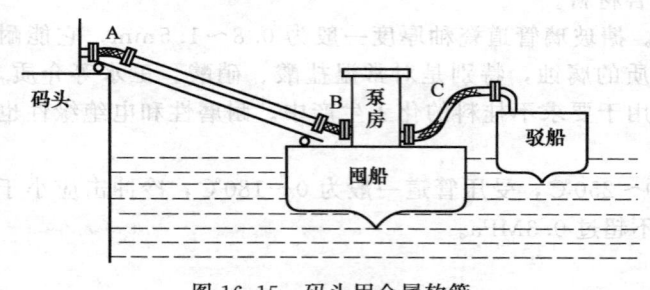

图 16.15　码头用金属软管

③ 站台用金属软管。为了卸下油龙的负荷，铁道两侧每隔一定的距离就必须安置一个多关节的弯曲臂。那些关节在高温下不够活络，在低温下，又常常不能密封。为了对准接口，往往要费很大的力气才能将油龙向前或向后挪动一点点。而金属软管则轻便灵活，弯曲自如，即使油龙停靠位置有些误差，它也能够轻而易举地接上，见图 16.16。金属软管使用方便、造价低廉、寿命长久、设计也容易。若是装卸盐酸、磷酸、稀硫酸之类介质的时候，所用波纹管的材质应要求有相应的耐蚀能力。

④ 蒸汽冲扫用金属软管。近年来，在石油化工管线蒸汽冲扫的装置中，在各类槽罐压力试验的装置中，也开始采用金属软管了。当然，在选型的问题上，必须对它们不同的应用特点提出不同的技术要求。

⑤ 泵用金属软管。泵用金属软管可以减振。压缩机、合成塔、反应器、系统管路的振动都可以通过金属软管来控制或减小。使用多长的金属软管，能够将振动减小到何种程度，能够使噪声降低至多少分贝？这些问题，要根据客观条件、工艺方法、产品本身在制造允差范围内

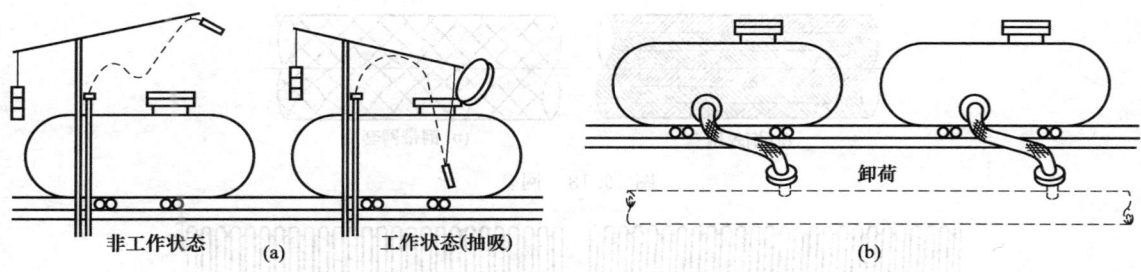

图 16.16 站台液体装卸用金属软管

的差异等具体情况来定。甚至任意两种规格、型号、尺寸完全相同的金属软管，在同样的条件下使用，从定量这个角度上来看，它们减振的能力也不一定完全相同。因此，对于要求定量吸收振动的金属软管，目前尚无法通过查表的方法直接查得，必须通过试验的方法才能确定。

⑥ 储罐与管路系统的柔性连接。首先根据储罐的具体情况和基础地质的条件，计算出储罐与连接管道在单位时间内可能产生的最大位移量；根据这个值的大小、压力的高低、流速的快慢和所储介质的腐蚀能力等条件，选择合适的型号和规格；最后，再计算出安装时两端预留空间的距离。这是一项十分复杂的工作，设计方法极不统一。近年来，有关部门经过大量的调查、分析、试验、研究，编制了补偿各类油罐基础下沉的压力等级 10kgf/cm² 金属软管，这样，设计人员就可以将具体工程中立体交叉的多维关系简化为平面上的二维关系，再通过直接查表的方法，选择所需要的产品型号和规格。

如图 16.17 所示，金属软管或波纹补偿器应设置在罐前阀与管线连接处，使储罐与管线之间形成软连接。在罐前阀经常处于密闭状态的管线上选用金属软管或波纹补偿器时，应在其管线上设置泄压装置。选用金属软管或波纹补偿器时，不宜设置独立支撑，如需要设置时，宜与罐基础成一整体。对两个或两个以上的罐或罐群，当其各罐罐前工艺管线不是独立系统时，安装金属软管或波纹补偿器应设置控制阀。

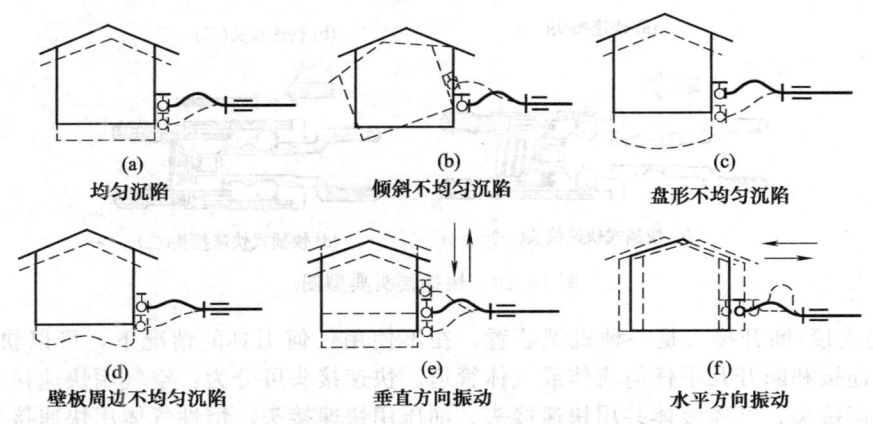

图 16.17 金属软管波纹补偿储罐基础下沉

总之，金属软管的主要作用是进行热补偿，消除机械位移，吸收振动，减小噪声，灵活移动，可便利地改变流体移动方向。

(二十七) 金属软管的组成和分类

金属软管是由管体、网套（图 16.18）和连接件组成。其管体和网套均为不锈钢，连接件根据工艺要求分为不锈钢和碳钢两种。其管体波纹又有螺旋形 [图 16.19 (a)] 和环形 [图 16.19 (b)] 两种，按连接形式可分为法兰连接和管接头连接两大类。

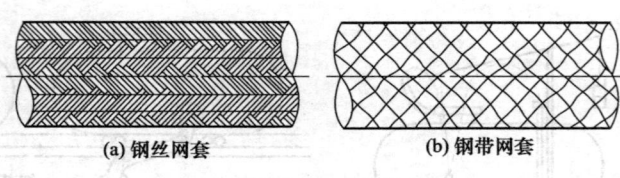

图 16.18　网套

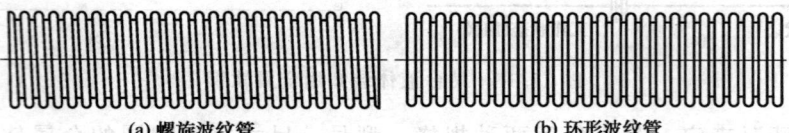

图 16.19　波纹管

(二十八) 软管接头及快速接头的选用

① 金属软管接头是现代工业管路中的一种高品质的柔性管道。它主要由波纹管、网套和连接件组成。它的内管是具有螺旋形或环形的薄壁不锈钢波纹管，波纹管外层的网套，是由不锈钢丝或钢带按一定的参数编织而成。软管两端的接头或法兰是与客户管道的接头或法兰相配的。软管的波纹管是由极薄壁的不锈钢钢管经过高精度塑性加工成形的。由于波纹管轮廓的弹性特性决定了软管具有良好的柔软性和抗疲劳性，使它很容易吸收各种运动变形的循环载荷，尤其在管路系统中有补偿大位移量的能力。快速接头典型图见图 16.20。

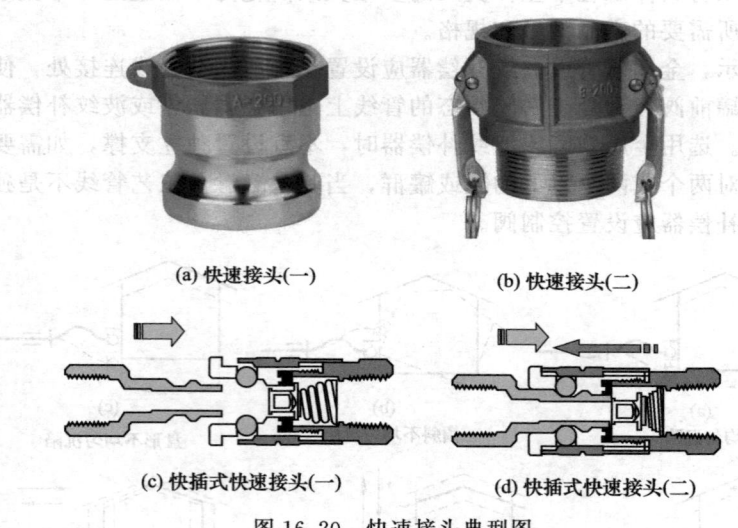

图 16.20　快速接头典型图

② 快速连接/断开接头是一种机械装置，在不使用任何工具的情况下，可以快速、简单、保险地重复连接和断开几乎任何流体或气体管道。快速接头可分为：空气用快速接头、氧气燃料气体用快速接头、气体液体共用快速接头、油压用快速接头、惰性气体用快速接头、冷却水温油用快速接头等。

③ 快速接头的选用，需要考虑：尺寸；温度，介质温度和环境温度；应用端口形式；介质；设计压力等条件。

(二十九) 金属软管及快速接头的标准规范

① SY/T 4037《储罐抗震用金属软管和波纹补偿器选用标准》

② GB/T 14525《波纹金属软管通用技术条件》

③ SH/T 3412《石油化工管道用金属软管选用、检验及验收》

④ GB/T 18615《波纹金属软管用非合金钢和不锈钢接头》
⑤ GB/T 1861《爆炸性环境保护电缆用的波纹金属软管》
⑥ CJ/T 197《燃气用不锈钢波纹软管》
⑦ YB/T 023《金属软管用碳素钢冷轧钢带》
⑧ BS EN 853《软管和软管组件　金属丝编织加强液压型　规范》
⑨ GB/T 16693《软管快速接头》

第四节　管件的选用

一、管件的分类

管件在管系中起着改变走向、改变标高或改变直径、封闭管端以及由主管上引出支管的作用。在石油化工装置中管道品种多，管系复杂，形状各异，简繁不等，所用的管件品种、材质、数量也就很多，选用时需要考虑的因素也多，如图 16.21 所示。一般按用途、连接方式、材料、加工方式分类。

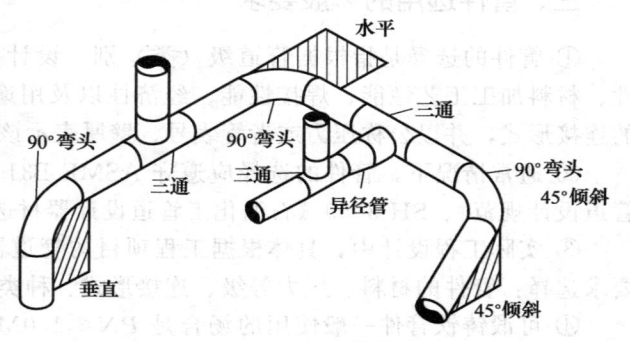

图 16.21　管件

(1) 按用途分类
① 直管与直管连接。有活接头、管箍。
② 改变走向。有弯头、弯管。
③ 分支。有三通、四通、承插焊管接头、螺纹管接头、加强管接头，管箍、管嘴。
④ 改变管径。有异径管（大小头）、异径短节、异径管箍、内外丝。
⑤ 封闭管端。有管帽、丝堵。
⑥ 其他。有螺纹短节、翻边管接头等。

(2) 按连接方式分类

根据管件端部连接形式可将管件分为对焊连接管件（简称对焊管件）、承插焊连接管件（简称承插焊管件）、螺纹连接管件（简称螺纹管件）、法兰连接管件以及其他管件。在石油化工装置的配管设计中，常用的对焊管件、支管台、承插焊与螺纹连接管件的形式。法兰管件多用于特殊配管场合，使用范围与数量相对比较少。需要时可根据 GB/T 17185《钢制法兰管件》的规定选用。

(3) 按材料分类

有碳素钢管件、合金钢管件、不锈钢管件、塑料管件、橡胶管件、铸铁管件、锻钢管件等。

(4) 按加工方式分

有无缝、焊接、锻制、铸造。

二、管件规格标准系列

各种管件标准，对焊无缝和钢板制对焊管件均等效采用 ASME B16.9 和 ASME B16.28。锻钢制承插焊和螺纹管件均等效采用 ASME B16.11。但各标准同类管件的结构尺寸不尽相同。常用的仪表管口有直式温度计管口、直式双金属温度计管口、斜式温度计管口、斜式双金属温度计管口，一般按 SYJT 3000《仪表管嘴标准》选用。

管件的公称直径、外径和壁厚系列与对应的管子的尺寸系列是一致的。

① 外径系列。国家管件标准 GB 12459《钢制对焊无缝管件》、GB/T 13401《钢板制对焊管件》和 GB/T 14383《锻制承插焊和螺纹管件》外径分为 A、B 两个系列，其中 A 系列与 ASME B36.10《焊接和无缝钢管》的管子外径系列是一致的，即与 ASME B16.9 和 ASME B1.28 是一致的；而 B 系列是沿用过去我国炼油等行业使用的系列。

② 壁厚系列。国家标准 GB 12459、GB/T 14383 和 GB/T 14626《锻钢制螺纹管件》的壁厚是以管子表号表示的，其中 GB 12459 有十二个系列，GB/T 14383 只有 Sch80 和 Sch160 两个系列，GB/T 14626 有 Sch80、Sch160 和 XXS 三个系列；GB/T 13401 的壁厚分别按重量和管子表号两种方法表示，有 LG、STD、XS 和 Sch5S、Sch10S、Sch20S、Sch40、Sch80 共 8 个系列。

三、管件选用的一般要求

① 管件的选择是指根据管道级（类）别、设计条件（如设计温度、设计压力）、介质特性、材料加工工艺性能、焊接性能、经济性以及用途来合理确定管件的温度-压力等级、管件的连接形式，并以公称压力或者管表号、壁厚表示该管件的等级。

② 通常情况下，管件的选择应遵守 ASME B31.3、ASME B31.1、GB 50316《工业金属管道设计规范》、SH 3059《石油化工管道设计器材选用通则》等标准的规定。

③ 实际工程设计中，具体根据工程项目的管道器材选用规定、管道等级表以及管道布置要求选择：管件的材料、压力等级、连接形式、种类等。

④ 可锻铸铁管件一般使用的场合是 $PN \leqslant 1.0MPa$，$DN \leqslant 40mm$，连接形式是 55°或 60°锥管螺纹加密封带连接。使用介质为低压水、氮、空气等。

⑤ 钢制对焊管件（包括不锈钢及合金钢）一般用于工艺介质和公用系统介质，压力从常压至高压，$DN \geqslant 50mm$。

⑥ 承插焊及螺纹锻钢管件，一般 $DN \leqslant 40mm$，压力等级有 2000lb、3000lb、6000lb、9000lb 四种，螺纹连接管件一般用于放空、放净的末端及仪表接头。

⑦ 异径短管一般作为小尺寸的管子（$DN \leqslant 40mm$）的异径接头之用，有同心与偏心两种，端部一般为平端或螺纹端，平端形式的一般作为承插焊的插入端，螺纹端应是阳螺纹。标准采用 MSS SP-95。

⑧ 承插焊或螺纹连接的活接头为 $DN \leqslant 40mm$，压力等级小于等于 CL3000 的活接头，用于非工艺介质，需要经常拆卸的部位，如机泵的密封油、冷却水的进出口连接，伴热管的分支连接等。标准采用 MSS SP-83。

⑨ 钢板卷焊的异径管用于 $PN < 2.5MPa$ 的场合。

⑩ 对焊支管台的选用参见标准 MSS SP-97，按主管或支管壁厚系列号的大者选用；壁厚系列为 Std、XS，而非 Sch40、Sch80；等级为 Sch160 的支管台仅限用于主管规格不大于 $DN600$，且支管规格不大于 $DN150$ 的情况，且尽量不要选用等径支管台，应选用三通等。

⑪ 对焊管件最小设计厚度应不小于管件最小壁厚，采用支管连接管件者可不计算。

四、管道连接方式

① 管道材料等级中管道的连接形式，应根据工艺物料特性和工艺要求确定。

② 由于管法兰处容易泄漏，对于高温、高压管道除必须用法兰连接外，其他应避免用法兰连接。焊接连接的管道是保证管道无渗漏的最佳、最经济的方法。对焊连接适用于公称直径

大于等于 $DN50$ 的管道连接。直径小于等于 $DN40$ 的管道一般用承插焊连接或管螺纹连接，但下列情况除外：壁厚大于等于 Sch160 的小口径管道；有缝隙腐蚀敏感介质存在的小口径管道；润滑油系统的小口径管道。管道与设备、容器阀门等相连接或需要定期拆卸清扫、检修时，才用法兰连接。法兰连接不仅易泄漏且价格较高。对焊连接、承插焊接、管螺纹连接三者的比较，见表 16.69。

表 16.69 对焊连接、承插焊接、管螺纹连接三者的比较

焊接形式	对焊连接	承插焊接	管螺纹连接
示意图			
适用范围	适用于绝大部分大口径的工艺、公用工程管道	适用于 $DN50$ 以下输送易燃、易爆、有毒或价格昂贵的介质，不允许有渗漏的管道用于中高压蒸汽管道	适用于小口径（一般在 $DN50$ 以下）的工艺管道和公用工程管道
施工方法	管子和管件连接部分要做成坡口，中间留有焊接间隙，点焊对准，然后连接焊	管子端部切成平口，插入管件、法兰、阀门（留 1~2mm 膨胀间隙），沿周边连续焊	—
优点	管子和管件的连接可靠，不渗漏	比对接焊容易，不需点焊对准；不可能有焊渣进入管道系统；接头不渗漏	容易施工；不需动火，在有可燃气体和液体的区域内施工方便、安全
缺点	焊口处的焊渣可能进入管道系统，焊口内侧焊缝可能影响介质的流动	膨胀间隙内可能积液；若预见有严重腐蚀或冲蚀者不能使用	不允许使用于有严重腐蚀冲蚀、振动和温度高于 450℃ 的管道；容易渗漏，为防止渗漏需增加密封焊；螺纹会减薄管壁厚度，使管子强度降低，如需要应增加管螺纹处的管壁厚度

注：1. 装置内除输送空气、惰性气和小口径管道外，所有的螺纹连接管道均需密封焊。
　　2. 装置外所有输送烃类、危险、有毒、腐蚀性介质及价格昂贵的介质管道螺纹连接要施密封焊。ASME B31.3 规定，考虑管道连接处强度时，不应计入密封焊。

③ 除安装、维护、检修必须拆卸处外（如与阀门、仪表、设备等需要用法兰或螺纹连接者外），管道应采用焊接连接，并应符合下列规定：公称直径小于或等于 40mm 的管道，宜采用承插焊连接，承插焊连接不应用于可能发生缝隙腐蚀介质的管道，容易产生缝隙的腐蚀性介质有 HF、HCl 等。公称直径等于或大于 50mm 的管道宜采用对焊连接。

④ 除镀锌管道外，螺纹连接宜用于公称直径小于或等于 40mm 的管道，并应符合下列规定。

a. 管螺纹应符合现行 GB/T 12716《60°密封管螺纹》或 GB/T 7306.1《55°密封管螺纹 第 1 部分 圆柱内螺纹与圆锥外螺纹》和 GB/T 7306.2《55°密封管螺纹 第 2 部分 圆锥内螺纹与圆锥外螺纹》的规定。

b. 螺纹连接的内、外管螺纹均应采用锥管螺纹。当采用圆锥外螺纹与圆柱内螺纹配合时，其设计温度不得超过 150℃，设计压力不得大于 0.5MPa，且不得用于毒性程度为高度、极度的介质及可燃性介质管道。

c. 对水、低压蒸汽和空气系统管道的螺纹连接，可使用密封剂或密封带。

⑤ 对工艺介质及介质渗透性较强或对泄漏率控制较严的管道，可采用密封焊。GB 50160《石油化工企业设计防火规范》规定，公称直径等于或小于25mm的可燃气体、液化烃、可燃液体的金属管道和阀门采用锥管螺纹连接时，除含氢氟酸等产生缝隙腐蚀的腐蚀性介质管道外，应在螺纹处采用密封焊。GB 50316《工业金属管道设计规范》规定，A1类流体、A2类流体和B类流体的管道用锥管螺纹连接时，公称直径不应大于20mm，且应采用密封焊。密封焊时不得使用密封剂（填料），密封焊缝应覆盖全部露出的螺纹。密封焊缝仅可以用于防止螺纹接头的泄漏，不应要求其能承担接头的任何强度。

⑥ 可能发生应力腐蚀或由于振动、压力脉动及温度变化等可能产生交变载荷的部位，不宜采用螺纹连接。

⑦ 可能产生缝隙腐蚀、严重冲蚀或循环载荷的工况，应避免采用螺纹接头。

⑧ 管子表号为Sch5、Sch10、Sch5S、Sch10S的管子不允许加工密封管螺纹。

⑨ 法兰连接形式应根据管道设计压力、设计温度、介质特性及泄漏率等要求选用。

⑩ 扩口、卡箍及其他特种管道连接，应按管接头标准规定的压力、温度等使用条件及所连接管子材料、规格要求选用。但当用于极度危害介质、高度危害介质、可燃介质或承受压力温度条件剧烈变化的管道时，应经过类似工况条件的性能试验或实际使用证明安全可靠方可采用。

⑪ 除设计另有规定外，活接头不宜用于有毒介质管道。

⑫ 连接不同压力等级管道的阀门、法兰等管道组成件，应按苛刻条件选用。

⑬ 堵头、放空、放净、孔板法兰的取压点和热电偶出口通常采用螺纹连接。

a. 需要在螺纹连接处采用密封焊的介质有：氢、烃类或有毒介质；所有漏入大气能自燃的介质；保温管线上的水压试验用的堵头（试压后）；所有10MPa（CL600）和更高压力等级的管道。需要采用密封焊的螺纹连接，不得采用密封剂或密封带，焊前应消除油渍，并旋紧螺纹连接达到全螺纹啮合，密封焊缝宽度为6～12mm，应覆盖全部露出的螺纹。

b. 不采用密封焊的阀门和管件有：铸铁、可锻铸铁及球墨铸铁件；调节阀；疏水器；放空和放净阀上的丝堵或管帽；活接头的压紧螺母；仪表接头。不采用密封焊的螺纹连接，在安装时要使用聚四氟乙烯密封带。

c. 不应采用活接头的工况有：$PN \geqslant 10.0$MPa的管道；所有设计温度高于200℃的物料管道；H_2和液态烃类管道。

d. 所有连接到其他管道上的管子，包括放空、放净及仪表接口等均为支管连接。当主管尺寸$DN \leqslant 40$mm时，支管连接应采用三通管件。当主管尺寸$DN \geqslant 50$mm时，支管的连接形式可采用开孔焊、开孔补强焊、对焊三通等。

五、管件结构及应用

① 对焊管件。通常用于$DN \geqslant 50$mm的管道，广泛应用于石油化工装置中的易燃、可燃介质以及高的温度-压力参数的其他介质管道。对焊管件比其他连接形式的管件连接可靠、施工方便、价格便宜、没有泄漏点。管件的壁厚等级用管子表号表示，常用的管子表号有Sch40、Sch80，选用对焊管件时，管件的管子表号应和与其连接的管子的管子表号相同，即管件与管子等强度（而不是等壁厚），只是管件端部的壁厚与管子的壁厚相同。我国钢制对焊管件的国家标准GB 12459、中国石油化工总公司标准SH 3408基本与ASME B16.9、ASME B16.28、JIS、JPI-7S、JPI-7S-1相同。常用的对焊管件有弯头、三通、异径管（大小头）和管帽，弯头、三通、异径管大多采用无缝钢管或焊接钢管通过推制、拉拔、挤压而成，管帽多采用钢板冲压而成。

② 承插焊管件。如图 16.22 所示。通常情况下，承插焊管件用于 $DN \leqslant 40\text{mm}$、管壁较薄的管子和管件之间的连接。承插焊管件通常采用模压锻造后再机械加工成形工艺制造。安装施工方便，可靠性较好。要注意插口与承口的配合，承插焊连接必定为一个是插口管件，另一个为承口管件。插口管件有管、短管、异径短节、螺纹短节堵头等；承口管件有弯头、三通、管帽、加强管口、活接头、管箍等以及阀门、法兰，在应用中应考虑这些管件之间的搭配组合以及所需的结构空间。

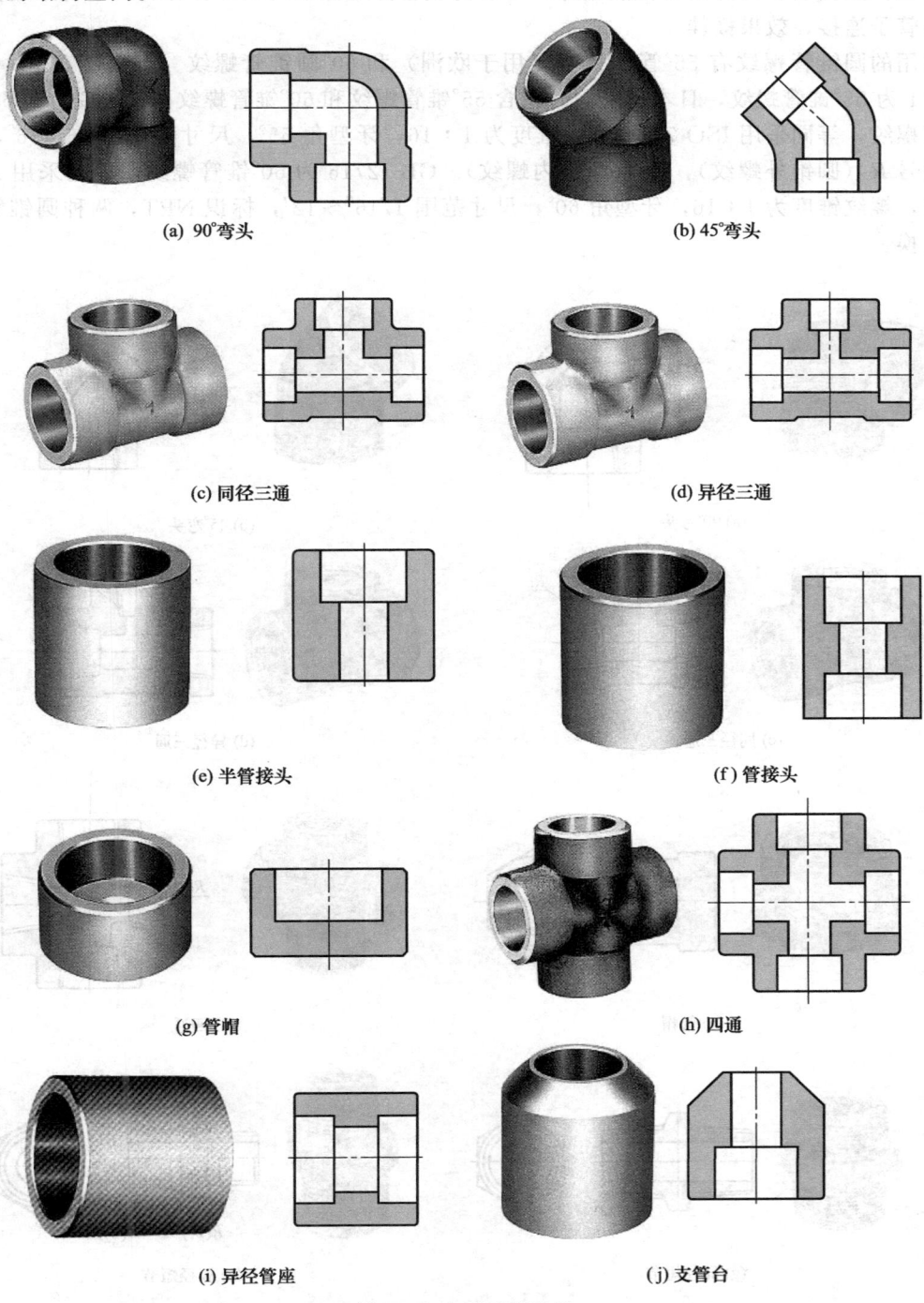

(a) 90°弯头　　(b) 45°弯头
(c) 同径三通　　(d) 异径三通
(e) 半管接头　　(f) 管接头
(g) 管帽　　(h) 四通
(i) 异径管座　　(j) 支管台

图 16.22　承插焊管件

③ 螺纹管件。常用材料有锻钢、铸钢、铸铁、可锻铸铁，石油化工装置的工艺管道大多选用锻钢制锥管螺纹管件。常用锻钢制螺纹管件的标准有 HG/T 21632、GB/T 14626、GB 19326、ASME B16.1、GB 3287、MSS SP83、MSS SP97、MSS SP95、GB 8464、API602。螺纹连接也多用于 $DN \leqslant 40mm$ 的管子及其元件之间的连接，常用于不宜焊接或需要可拆卸的场合。管螺纹分圆锥管螺纹和圆柱管螺纹两种，一般管件、设备采用圆柱管螺纹，管子采用圆锥管螺纹，除安装方便外密封性能也好。可锻铸铁管件大都采用圆锥管螺纹，它与采用圆锥管螺纹的管子连接，效果极佳。

常用的圆锥管螺纹有55°管螺纹（多用于欧洲）和60°圆锥管螺纹（多用于美国）两种。ISO 7/1 为55°锥管螺纹，日本标准同时包含55°锥管螺纹和60°锥管螺纹两种。GB 7306 为55°圆锥管螺纹，等同采用 ISO 7/1，螺纹锥度为1∶16，牙型角55°，尺寸范围 1/16″～6″，螺纹标志代号 R（圆锥外螺纹），Rc（圆锥内螺纹）。GB 12716 为60°锥管螺纹，等同采用 ASME 1.20.1，螺纹锥度为1∶16，牙型角60°，尺寸范围 1/16″～12″，标识 NPT，两种圆锥管螺纹不能互换。

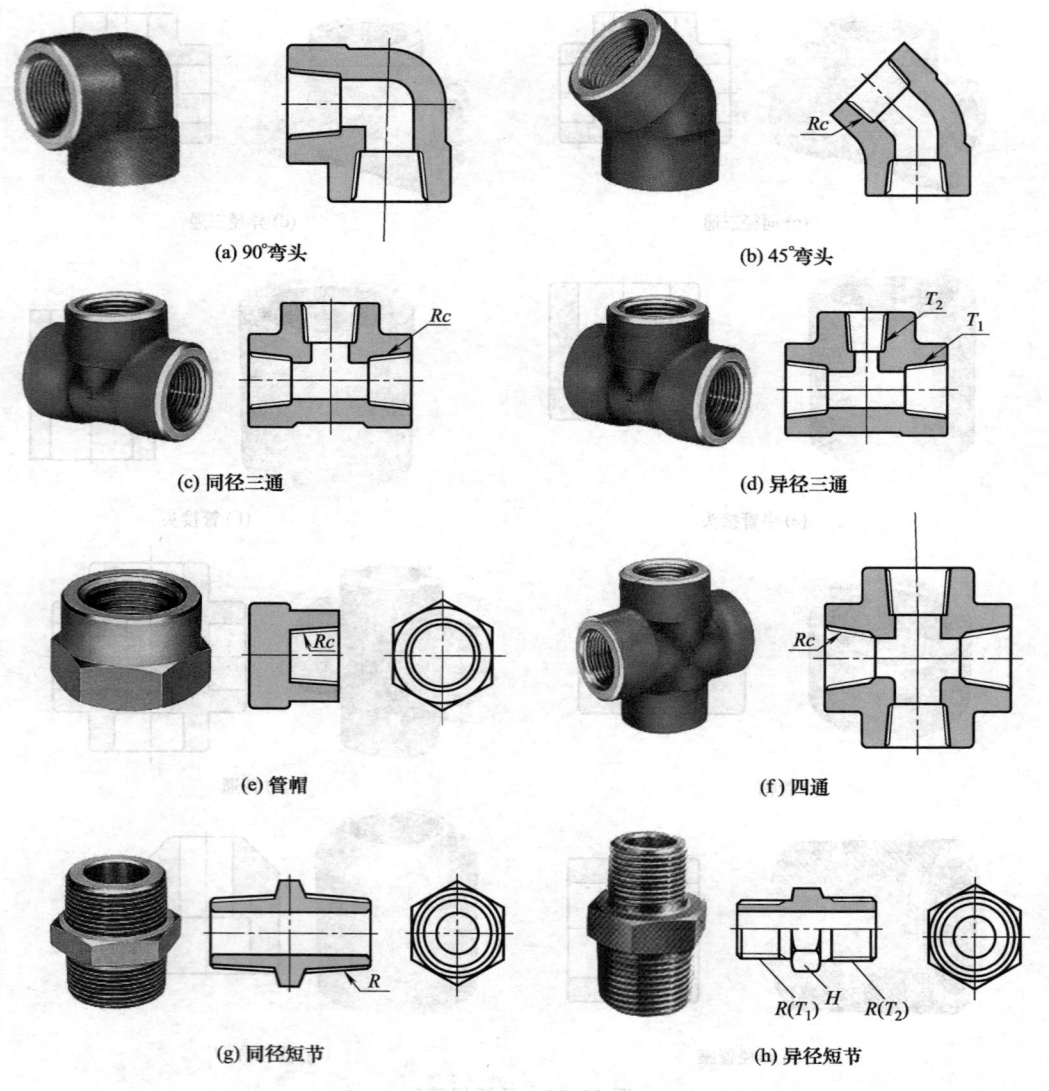

(a) 90°弯头　　(b) 45°弯头
(c) 同径三通　　(d) 异径三通
(e) 管帽　　(f) 四通
(g) 同径短节　　(h) 异径短节

第十六章 配管器材的选用 | 663

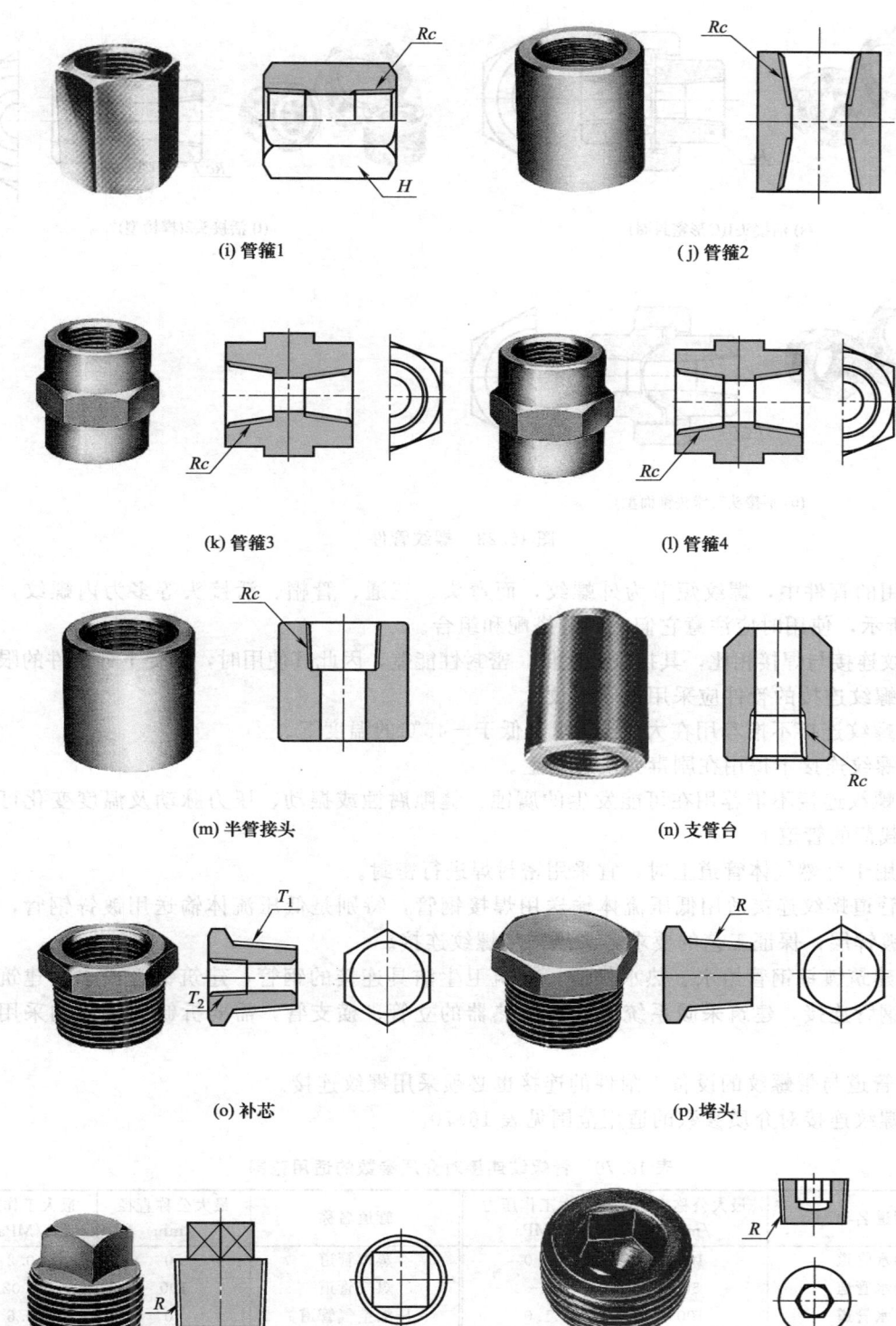

图 16.23

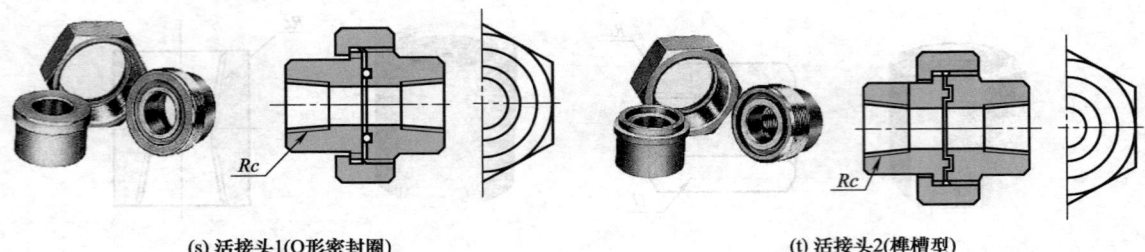

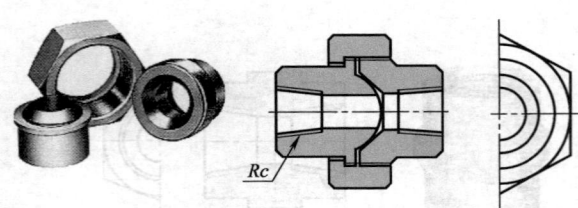

图 16.23　螺纹管件

常用的管件中，螺纹短节为外螺纹，而弯头、三通、管帽、活接头等多为内螺纹，如图 16.23 所示，使用时应注意它们之间的搭配和组合。

螺纹连接与焊接相比，其接头强度低，密封性能差，因此其使用时，常受下列条件的限制。

a. 螺纹连接的管件应采用锥管螺纹。

b. 螺纹连接不推荐用在大于 200℃ 及低于 -45℃ 的温度下。

c. 螺纹连接不得用在剧毒介质管道上。

d. 螺纹连接不推荐用在可能发生的腐蚀、缝隙腐蚀或振动、压力脉动及温度变化可能产生交变载荷的管道上。

e. 用于可燃气体管道上时，宜采用密封焊进行密封。

f. 管道螺纹连接适用低压流体输送用焊接钢管，特别是低压流体输送用镀锌钢管，为了不损坏镀锌层，保证工艺的要求，必须采用螺纹连接。

g. 建筑镀锌钢管给水、热水供应，建筑卫生洁具连接的钢管，建筑铜管给水，建筑燃气供应的钢管连接，建筑采暖系统中连接散热器的立管、横支管，需要拆卸的管等均采用螺纹连接。

h. 管道与带螺纹的设备、附件的连接也必须采用螺纹连接。

管螺纹连接对介质参数的适用范围见表 16.70。

表 16.70　管螺纹连接对介质参数的适用范围

管道名称	最大公称直径/mm	最大工作压力/MPa	管道名称	最大公称直径/mm	最大工作压力/MPa
给水管道	100	1.0	蒸汽管道	50	0.2
排水管道	50	—	煤气管道	100	0.02
热水管道	100	1.0	压缩空气管道	50	0.6

④ 管道连接方法还有法兰连接、沟槽连接、热熔连接、卡套连接、卡压连接方法等。

六、分支管连接件的设计与选用

① 由于各国管件标准化程度不同，分支管连接方式及管件的选择也不尽相同。一般情况

下，支管连接多采用成形支管连接件、焊接的引出口连接件以及支管直接焊接在主管上等连接形式。值得注意的是选用支管直接焊接在主管上这一种连接形式，要核算管子是否需要补强。补强方法参见 SH 3059《石油化工管道设计器材选用通则》、GB 50316《工业金属管道设计规范》的规定。

② 支管连接件的选择

a. 主要根据管道的设计温度、设计压力、腐蚀余量等设计条件确定的。分支的方法：对于低压大直径管则直接把分支管焊于主管上，另外多数是利用分支管件进行分支。

b. 当从主管引出支管时，支管直径与主管直径的比值大于等于 0.5 时，采用异径三通或等径三通，当主支管为等径时，应采用三通。GB 50316 规定：公称压力大于或等于 10MPa 的管道，主支管为异径时，不宜采用焊接支管，宜采用三通或在主管上开孔并焊接支管台。当主管直径大于 DN65 而支管直径为 DN40 及以下时，根据设计压力的大小，采用支管台或半管接头。

c. 主管直径小于 DN50 时，支管小于主管，则用异径三通或等径三通加异径短管。设计压力等于或大于 2.0MPa、设计温度超过 250℃ 以及支管与主管公称直径之比大于 0.8，或承受机械振动、压力脉动和温度急剧变化的管道分支，应采用等径异径三通；公称直径小于或等于 40mm 的管道，应采用承插焊（或螺纹）锻制三通；公称直径等于或大于 50mm 的管道，应采用对焊三通、对焊加强管接头（对焊支管台）或嵌入式（鞍型）支管接头。支管通过加强管接头（支管台）与主管连接是指将一个螺纹、承插焊或对焊的管接头或半管接头（支管台）直接焊于主管上而制成，螺纹、承插焊支管台用于直径小于等于 DN40（NPS1½）的支管连接。螺纹、承插焊支管台在任何情况下其额定等级应大于等于 2000lb。

d. 其他支管连接可用直接焊接，但必须经校核后明确是否增加补强。直接焊接在主管上的支管连接，不宜用于有机械振动、压力脉动和温度急剧变化的部位及设计温度超过 425℃ 的管道，当支管连接处承受由于支管热变形、外载荷及支架位移等引起的应力时，应对附加载荷在支管连接处产生的影响进行分析并采取必要的加强措施。

e. 实际设计过程中，主要依据管道等级中已经确定的法兰压力等级或公称压力（PN）来选用支管连接件。一般情况下，当法兰的公称压力 $PN \leqslant 2.5$MPa 时，支管直接焊接在主管上；当 $PN \geqslant 4.0$MPa 时，则根据主管支管公称直径的不同按对焊三通、对焊加强管接头、承插焊或螺纹连接三通、承插焊或螺纹加强管接头的顺序选用。值得注意的是在确定支管连接件的管子表号时，应根据管子与管件等强度的原则以及管件与管子连接方式而定。例如，当管子与管件采用对焊连接时，管子与管件的管子表号应一致；而当管子与管件采用承插焊或螺纹连接时，标准的承插焊和螺纹管件的管子表号只有 Sch80、Sch60、XXS，最低的管子表号就是 Sch80，也就是说只要当承插焊或螺纹管件所连接的管子表号不大于 Sch80 时，承插焊或螺纹管件的管子表号就选 Sch80。而当所连接的管子表号大于 Sch80 时，承插焊或螺纹管件的管子表号就选 Sch60 或 XXS。

f. 当对焊三通主管、支管所连接的管子的管子表号不同时，应注意三通主管、支管端部的管子表号应分别与其所连接的管子的管子表号相同，这样就非常方便管道施工，管件不必现场再打坡口。

③ 分支管与主管连接的管件选择见表 16.71。

七、管件的选用

(一) 一般原则

① 钢制对焊无缝管件和钢板制对焊管件弯头、三通、异径管、管帽等管件的材质、压力等级或管子表号（壁厚）应与所连接的管子一致或相当。

表 16.71　分支管与主管连接的管件选择

支管公称直径/mm(in)	主管公称直径 DN/mm(in)																			
	15(1/2")	20(3/4")	25(1")	32(1¼")	40(1½")	50(2")	65(2½")	80(3")	100(4")	125(5")	150(6")	200(8")	250(10")	300(12")	350(14")	400(16")	450(18")	500(20")	550(22")	600(24")
15(1/2")	T	T	T	T	B	B	B	B	B	B	B	B	B	B	B	B	B	B	B	B
20(3/4")		T	T	T	T	B	B	B	B	B	B	B	B	B	B	B	B	B	B	B
25(1")			T	T	T	T	B	B	B	B	B	B	B	B	B	B	B	B	B	B
32(1¼")				T	T	T,B	B	B	B	B	B	B	B	B	B	B	B	B	B	B
40(1½")					T	T,B	T,B	B	B	B	B	B	B	B	B	B	B	B	B	B
50(2")						T,B	T,B	M	M	M	M	M	B	B	B	B	B	B	B	B
65(2½")							M	M	M	M	M	M	B	B	B	B	B	B	B	B
80(3")								M	M	M	M	M	M	B	B	B	B	B	B	B
100(4")									M		M	M	M	M	M	M	B	B	B	B
125(5")										M	M	M	M	M	B	N	N	N	N	N
150(6")											M	M	M	M	N	N	N	N	N	N
200(8")												M	M	M	M	N	N	N	N	N
250(10")													M	M	M	M	N	N	N	N
300(12")														M	M	M	M	M	M	M
350(14")															M	M	M	M	M	M
400(16")																M	M	M	M	M
450(18")																	M	M	M	M
500(20")																		M	M	M
550(22")																			M	M
600(24")																				M

注：1. SH 3059-6.3.3 规定设计压力等于或大于 2.0MPa, 设计温度超过 250℃以及支管与主管公称直径之比大于 0.8, 或承受机械振动、压力脉动和温度急剧变化的管道分应采用三通、45°斜三通和四通连接; 公称直径小于或等于 40mm 的管道, 应采用承插焊（或螺纹）锻制三通; 公称直径等于或大于 50mm 的管道, 应采用对焊三通。

2. M—对焊三通; B—半管接头、支管台接头; T—承插焊或螺纹三通; N—焊接短管（低压配管用）。

② 弯头宜选用长半径弯头，当采用短半径弯头时，其最高工作压力不宜超过同规格长半径弯头允许最高工作压力的 0.8 倍。

③ 斜接弯头的曲率半径，不宜小于其公称直径的 1.5 倍，斜接角度大于 45°的斜接弯头，不宜用于极度和高度危害可燃介质管道，或可能承受由于机械振动、压力脉动及温度变化产生交变载荷的部位。

④ 无缝管件材料牌号和标准号如表 16.72 所示；制造管帽的钢板材料牌号、标准和规定的钢板制对管件材料牌号、标准如表 16.73 所示。

表 16.72 无缝管件材料牌号和标准

材料牌号	钢管标准号	材料牌号	钢管标准号	材料牌号	钢管标准号
10	GB 3087	16Mn	GB/T 8163	1Cr5Mo	GB 9948
	GB 8163	12Cr1MoV	GB 5310	1Cr19Ni9	GB 5310
	GB 6479	09MnV	GB 8163	1Cr19Ni11Nb	GB 9948
	GB 9948		GB 5310	0Cr18Ni9	
20	GB 3087	12CrMo	GB 6479	00Cr19Ni10	
	GB/T 8163		GB 9948	0Cr17Ni12Mo2	
	GB 9948		GB 5130	00Cr17Ni14Mo2	GB/T 14976
20G	GB 5310	15CrMo	GB 6479	0Cr18Ni10Ti	
	GB 6479		GB 9948	0Cr18Ni11Nb	
16Mn	GB 6479	1Cr5Mo	GB 6479	(1Cr18Ni9Ti)	

注：带括号者推荐使用。

表 16.73 钢板材料牌号和标准

材料牌号	标准号	材料牌号	标准号	材料牌号	标准号
Q235B	GB/T 3274	20g	GB 713	0Cr19Ni9	
	GB/T 912	16Mng		00Cr19Ni11	
10		16MnDR		0Cr17Ni12Mo2	GB 3280
20	GB/T 711	09Mn2VDR	GB/T 3531	00Cr17Ni14Mo2	GB/T 4237
16Mn		12CrMoR		0Cr18Ni11Ti	GB 4238
20R	GB 6654	15CrMoR		0Cr18Ni11Nb	
16MnR	GB 5681	1Cr5Mo		(1Cr18Ni9Ti)	

注：带括号者推荐使用。

⑤ 管件的热处理。采用冷加工成形的管件，成形后必须进行消除应力热处理；采用热加工成形的管件，对铬钼钢和不锈钢材料，必须进行热处理；对碳素钢材料，其最终成形温度低于 750℃ 时，也应进行热处理。材料的热处理要求如表 16.74 所示。奥氏体不锈钢管件热处理后应进行酸洗钝化处理。

表 16.74 材料热处理

材料牌号	热处理要求		材料牌号	热处理要求	
	冷成形	热成形		冷成形	热成形
Q235B 10 20 20R 20G 20g	正火	正火	12CrMo 12CrMoR 15CrMo 15CrMoR 1Cr5Mo	正火＋回火	正火＋回火
16Mn 16Mng 16MnR 16MnDR 09MnV 09Mn2VDR 12Cr1MoV	正火＋回火	正火	1Cr19Ni9 1Cr19Ni11Nb 0Cr18Ni9 00Cr19Ni10 0Cr17Ni12Mo2 00Cr17Ni14Mo2	固溶热处理	固溶热处理
			0Cr18Ni10Ti 0Cr18Ni11Nb 1Cr18Ni9Ti	固溶热处理＋稳定化热处理	固溶热处理＋稳定化热处理

⑥ 管件的硬度应符合表 16.75 的要求。

表 16.75 管件硬度

材料	硬度值 HB	材料	硬度值 HB
Q235B、10 20、20g、20R	≤140	12CrMoR 15CrMoR	≤180
16Mn、16MnR、16MnDR 09MnV、09Mn2VDR、12Cr1MoV	≤160	1Cr5Mo	≤230
		奥氏体不锈钢	≤190

⑦ 管件端部壁厚与直管壁厚相同，是等强度不等壁厚。

⑧ 锻钢制承插焊管件的材料牌号和标准如表 16.76 所示。

表 16.76 材料牌号和标准

材料牌号	材料标准号	锻件标准号	材料牌号	材料标准号	锻件标准号
10	GB/T 699	JB 4726	1Cr5Mo	GB/T 1221	JB 4726
20			0Cr19Ni9	GB/T 1220 GB/T 1221	JB 4728
16Mn	GB/T 1591		00Cr19Ni11		
16MnD 09Mn2VD		JB 4727	0Cr17Ni12Mo2 00Cr17Ni14Mo2		
12CrMo	GB/T 3077	JB4726	0Cr18Ni11Ti 0Cr18Ni11Nb (1Cr18Ni9Ti)		
15CrMo 12Cr1MoV					

注：带括号者不推荐使用。

16MnD、09Mn2VD 等低温材料，应按 GB 150 附录 C 进行低温夏比冲击试验。

⑨ 不同材料的锻件热处理要求见表 16.77。

表 16.77 锻件热处理

材料牌号	热处理	材料牌号	热处理
10 20	正火	1Cr5Mo	正火＋回火
16Mn 16MnD 09Mn2VD	正火＋回火	0Cr19Ni9 00Cr19Ni11 0Cr17Ni12Mo2 00Cr17Ni14Mo2	固溶热处理
12CrMo 15CrMo 12Cr1MoV	正火＋回火	0Cr18Ni11Ti 0Cr18Ni11Nb (1Cr18Ni9Ti)	固溶热处理＋ 稳定化热处理

⑩ 管件硬度应符合表 16.78 的规定。

表 16.78 管件硬度

材料	硬度值 HB	材料	硬度值 HB
10、20	≤140	12CrMo、15CrMo 12Cr1MoV	≤180
16Mn 16MnD 09Mn2VD	≤160	1Cr5Mo	≤230
		奥氏体不锈钢	≤190

（二）弯头的选用及工程应用

① 弯头的分类（图 16.24）

a. 以材质划分有碳钢［ASTM A234（中、高温用锻制碳钢和合金钢管道配件）WPB、WPC］、合金钢（ASTM A234 WP1、WP12、WP11、WP22、WP5、WP 91、WP911）、不锈钢［ASTM A403（锻制奥氏体不锈钢管配件）WP304、304L、304H、304LN、304N，ASTM A403 WP 316、316L、316H、316LN、316N、316Ti，ASTM A403 WP321、321H，ASTM A403 WP 347、347H］、高性能钢［ASTM A860（锻制高强度低合金钢对焊配件）WPHY 42、46、52、60、65、

70]、铜、铝及其合金、塑料、PVC、PPR、RFPP（增强聚丙烯）等。

　　b. 以制作方法划分可分为推制、压制、锻制、铸造等。

　　c. 按它的曲率半径来分，可分为长半径弯头和短半径弯头。长半径弯头指它的曲率半径等于 1.5 倍的管子的外径，即 $R=1.5D$；短半径弯头指它的曲率半径等于管子外径，即 $R=1.0D$（D 为弯头直径，R 为曲率半径）。

　　d. 按压力等级来分，有十七种，和美国的管子标准是相同的，有：Sch5S、Sch10S、Sch10、Sch20、Sch30、Sch40S、STD、Sch40、Sch60、Sch80S、XS、Sch80、Sch100、Sch120、Sch140、Sch160、XXS；其中最常用的是 STD 和 XS 两种。

　　e. 按照不同形状用途可以分为对焊弯头、承插弯头、法兰弯头、沟槽式弯头、卡套式弯头、双承弯头、异径弯头、呆座弯头、内外牙弯头、冲压弯头、推制弯头、内丝弯头等。

　　弯头的结构如图 16.24 所示。

　　② 弯头的选用。弯头常用于管道的弯曲部位，用以改变管道的走向，常用的有 45°弯头和 90°弯头。一般情况下，应优先采用长半径弯头（long radius elbow），短半径弯头（short radius elbow）多用于尺寸受限制的场合。其最高工作压力不宜超过同规格长半径弯头的 0.8 倍。斜接弯头（mitered elbow）是用普通钢管切成，用于大直径的管线比弯头便宜，用于小直径管线则较贵，并且有其他缺点，但在斜接管中压力降低比弯头大，故斜接管通常用于低压（设计压力 2.0MPa）、水以及类似流体介质条件比较缓和的大尺寸管道上。当斜接弯头的单节变方向角大于 45°时，不宜用于有毒、可燃介质管道或承受振动、压力脉动及由于温度变化产生交变载荷的管道。弯管（bend）用于缓和介质在拐弯处的冲刷与动能，半径 R 可为 $3DN$、$6DN$、$10DN$、$20DN$。推制弯头和挤压弯头常用于介质条件比较苛刻的中小尺寸管道上。焊制斜接弯头常用于介质条件比较缓和的大尺寸管道上，同时要求其弯曲半径不小于其公称直径

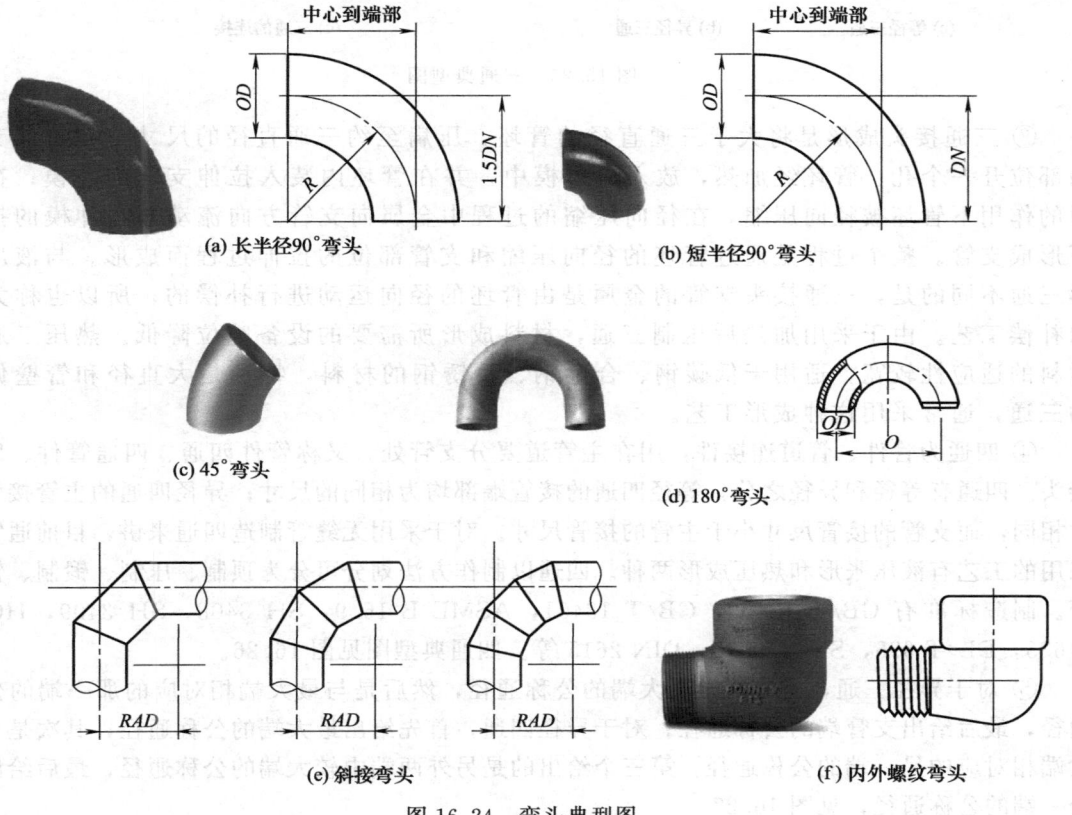

图 16.24　弯头典型图

的 1.5 倍。还有一些其它种类的弯头，例如：180°弯头，内外螺纹弯头，活接头弯头等。

工程应用：某弯头的选用

设计条件：流体为火炬气，设计压力 100psi，设计温度 200℉。

弯头材料选用：弯头，对焊 60in（公称尺寸），壁厚 0.625in（15.88mm），90°，长半径，碳钢，ASTM A234 WPB 等级，双焊缝，按 ASME B16.9 尺寸标准。

（三）三通（tee）和四通（cross）的选用及工程应用

① 三通接头是管件的一种，它的连接形式就是直接将三通与钢管对焊，三通接头的主要制造标准一般是 GB/T 12459《钢制无缝焊接管件》、GB/T 13401《钢板制对焊管件》、ASME B16.9《工厂制造的锻轧制对焊管配件》、SH 3408《钢制对焊无缝管件》、SH 3409《钢板制对焊管件》、HG/T 21635《碳钢、低合金钢无缝对焊管件》、HG/T 21631《钢制有缝对焊管件》、SY/T 0510《钢制对焊管件》。

② 三通按照管件口径分一般有等径三通 [图 16.25（a）]、异径三通 [图 16.25（b）] 等。按照支管方向分有正三通和斜三通（y 形三通），斜三通常常代替一般正三通，用于输送有固体颗粒或冲刷腐蚀较严重的管道上。按照材料分有碳钢、合金钢、不锈钢、铜、PVC 等三通。按照连接方式分有普通三通、螺纹三通、卡套三通、承插三通。

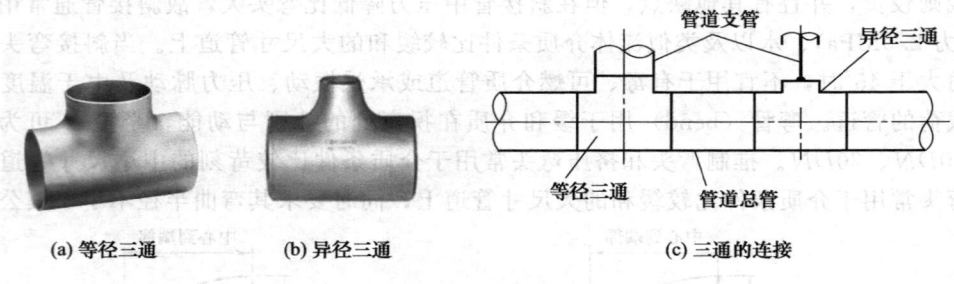

(a) 等径三通　　　(b) 异径三通　　　(c) 三通的连接

图 16.25　三通典型图

③ 三通接头成形是将大于三通直径的管坯，压扁至约三通直径的尺寸，在拉伸支管的部位开一个孔；管坯经加热，放入成形模中，并在管坯内装入拉伸支管的冲模；在压力的作用下管坯被径向压缩，在径向压缩的过程中金属向支管方向流动并在冲模的拉伸下形成支管。整个过程是通过管坯的径向压缩和支管部位的拉伸过程而成形。与液压胀形三通不同的是，三通接头支管的金属是由管坯的径向运动进行补偿的，所以也称为径向补偿工艺。由于采用加热后压制三通，材料成形所需要的设备吨位降低。热压三通对材料的适应性较宽，适用于低碳钢、合金钢、不锈钢的材料，特别是大直径和管壁偏厚的三通，通常采用这种成形工艺。

④ 四通为管件、管道连接件，用在主管道要分支管处，又称管件四通、四通管件、四通接头。四通有等径和异径之分，等径四通的接管端部均为相同的尺寸；异径四通的主管接管尺寸相同，而支管的接管尺寸小于主管的接管尺寸。对于采用无缝管制造四通来讲，目前通常所采用的工艺有液压胀形和热压成形两种。四通以制作方法划分可分为顶制、压制、锻制、铸造等。制造标准有 GB/T 12459，GB/T 13401，ASME B 16.9，SH 3408，SH 3409，HG/T 21635，DL/T 695，SY/T 0510，DIN 2615 等。四通典型图见图 16.26。

⑤ 对于异径三通，首先给出最大端的公称通径，然后是与最大端相对应的那一端的公称通径，最后给出支管端的公称通径；对于异径四通，首先给出最大端的公称通径，其次是与最大端相对应的另一端的公称通径，第三个给出的是另外两端中较大端的公称通径，最后给出剩余一端的公称通径，见图 16.27。

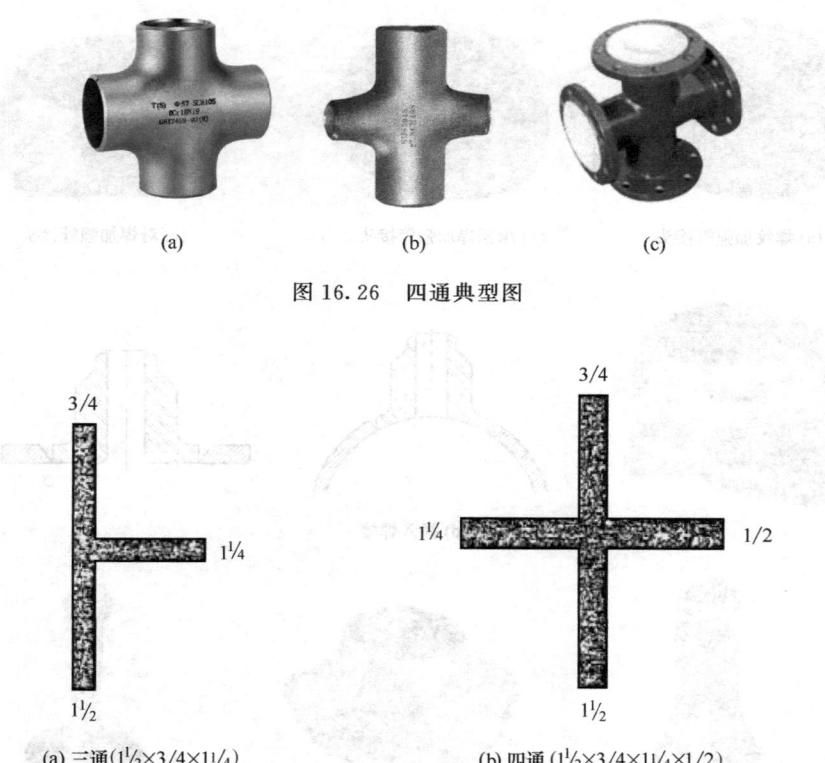

图 16.26 四通典型图

(a) 三通($1\frac{1}{2} \times 3/4 \times 1\frac{1}{4}$)　　(b) 四通($1\frac{1}{2} \times 3/4 \times 1\frac{1}{4} \times 1/2$)

图 16.27 异径管件公称通径的表示方法

(四) 插管 (stub-in) 的选用及工程应用

插管不是配管附件，其实是另一种接支管方法，插管可与主管口径相同或比主管口径小。这种方法经常使用，但其应力均集中在连接口，因此不适用于高温或高压场合。插管比三通便宜，也比三通少两个焊缝。在支管的相邻两插管，距离可由歧管距离表查得。一般说来，最好不要少于 3in。

(五) 支管台 (outlet) 的选用及工程应用

① 支管台又叫支管座、鞍座、鞍型管接头、管台或加强接管，有的也称为半管接头。主要用于支管连接的补强型管件，代替使用异径三通、补强板、加强管段等支管连接形式，具有安全可靠、降低造价（可代替插管，其强度较插管大很多，不需加强板，且比有加强板的插管便宜）、施工简单、改善介质流道、系列标准化、设计选用方便等突出优点，尤其在高压、高温、大口径、厚壁管道中使用日益广泛，取代了传统的支管连接方法。支管台本体采用优质锻件，用材与管道材料相同，有碳钢、合金钢、不锈钢等。支管座与主管均采用焊接，与支管或其他管（如短管、丝堵等）、仪表、阀门的连接有对焊连接、承插焊连接、螺纹连接三种形式。支管台常用制造执行标准有 MSS SP—97（整体加强锻制分支引出端管件 承插焊式、螺纹式与对焊式端头）、GB/T 19326《钢制承插焊、螺纹和对焊支管座》、HG/T 21632《锻钢承插焊螺纹和对焊接管台》等。

② 法兰连接管件多用于特殊配管场合，实际用量相对比较少。其他常用的管件还有加强管接头，例如螺纹加强管接头、承插焊加强管接头、对焊加强管接头、插入加强管接头、斜接加强管接头、弯头加强管接头以及马鞍座加强管接头等，如图 16.28 所示。

这些加强管接头可直接焊在主管上，与三通一样从主管上引出支管，不需另外补强，适用于高、中压管道。国内有化工标准 HG/T 21632《锻钢承插焊螺纹和对焊接管台》。

(a) 螺纹加强管接头　　(b) 承插焊加强管接头　　(c) 对焊加强管接头

(d) 插入焊接

(e) 短管支管台　　(f) 马鞍座　　(g) 法兰支管台

斜接对焊连接　　斜接螺纹连接　　斜接承插焊连接
(h) 斜接支管台

弯头接对焊连接　　弯头接螺纹连接　　弯头接承插焊连接
(i) 弯头支管台

图 16.28　加强管接头典型图

(六) 短节 (nipple) 及变径短接管 (swage) 的选用及工程应用

① 短节是长度小于 12in (0.3m)、两端或一端有螺纹并便于进行焊接或机械连接的一段管子。当长度在 12in (0.3m) 以上时，则称为短管。普通类型的短节是全外牙型，螺纹接口的长度大约为标准管螺纹的 2 倍，且没有肩部。任何长度的带肩螺纹管接头的两个管螺纹间有肩部；短管螺纹管接头是比全外牙型螺纹管接头稍长的带肩螺纹管接头，且对于不同管径的管子的特定长度均要符合制造商标准。短节外形见图 16.29。

(a) 两平端短节　　(b) 一端螺纹短节　　(c) 两端螺纹短节

图 16.29　短节外形

② 变径短接管（图 16.30）也称异形短节、渐缩管，与大小头（异径管）相同，用以减小管线口径。变径短接管可设计为螺纹连接或者承插焊连接。变径短接管和异径管一样有同心和偏心之分。变径短接管大端及小端分别有平端、坡口端、锥管外螺纹端三种，大、小端不同组合可获得九种配合。

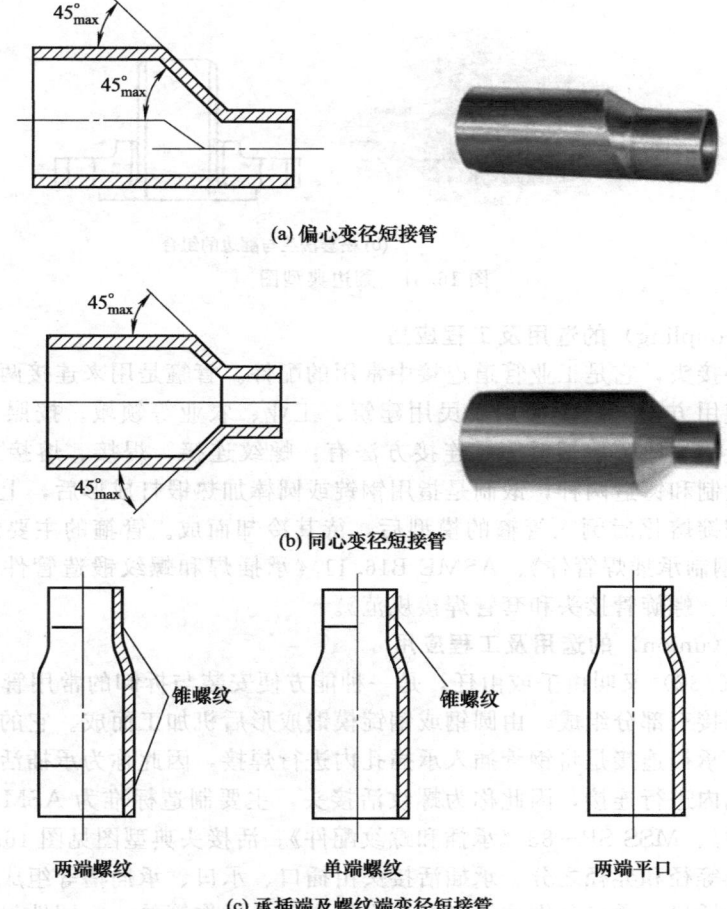

(a) 偏心变径短接管

(b) 同心变径短接管

(c) 承插端及螺纹端变径短接管

图 16.30　变径短接管

（七）翻边（stub-end）的选用及工程应用

翻边（图 16.31）和松套法兰搭配使用，与管子连接，另一端作为法兰密封面。翻边短节有关标准体系见表 16.79。

表 16.79　翻边短节有关标准体系

美洲体系	欧洲体系	JIS系列	翻边环
ASME B16.9（长型）	—	—	DIN 2641(PN6)
MSS SP43（短型）	—	—	DIN 2642(PN10)
HG 20621（短型）	HG 20599	企业标准	—
GB 9118 Ⅰ型（长）、Ⅱ型（短）	—	—	—
SH 3406 LL型（长）、L型（短）	—	—	—

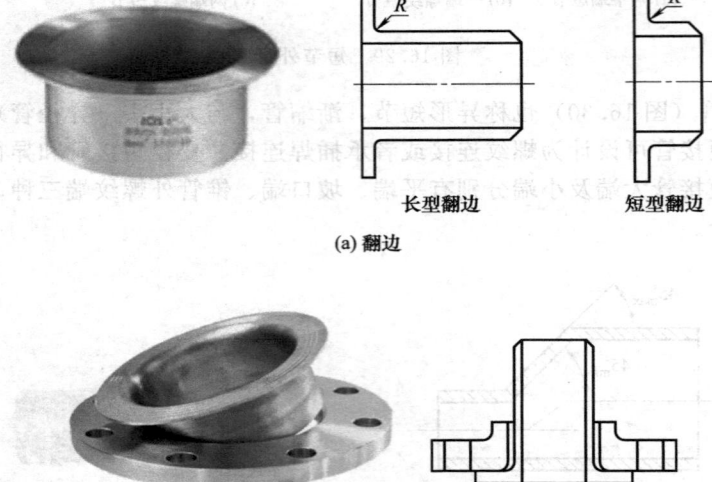

长型翻边　　短型翻边

(a) 翻边

(b) 松套法兰与翻边的组合

图 16.31　翻边典型图

（八）管箍（coupling）的选用及工程应用

管箍，也叫外接头，它是工业管道连接中常用的配件。管箍是用来连接两根管子的一段短管。管箍因为其使用方便，广泛应用于民用建筑、工业、农业等领域。按照材料分类有：碳钢、不锈钢、合金钢、PVC、塑料等。连接方法有：螺纹连接、焊接、熔接工艺。按其制造工艺来分可分为锻制和铸造两种，锻制是指用钢锭或圆棒加热锻打成形后，上车床加工螺纹而成；铸造是指将钢锭熔化后倒入管箍的模型后，待其冷却而成。管箍的主要制造标准一般有GB/T 14383《锻钢制承插焊管件》、ASME B16.11《承插焊和螺纹锻造管件》、BS 3799《石油工业用钢管配件、螺旋管接头和套管焊接规范》。

（九）活接头（union）的选用及工程应用

活接头（图 16.32）又叫由壬或由任，是一种能方便安装与拆卸的常用管道连接件，主要由螺母、云头、平接三部分组成。由圆钢或钢锭模锻成形后机加工而成。它的连接形式分承插连接和螺纹连接，承插连接是将钢管插入承插孔内进行焊接，因此称为承插活接头，螺纹连接是将钢管旋入螺孔内进行连接，因此称为螺纹活接头，主要制造标准为 ASME B16.11《承插焊和螺纹锻造管件》、MSS SP—83《承插和螺纹配件》。活接头典型图见图 16.32。

承插活接头有等径和异径之分。承插活接头由插口、承口、承插槽等组成，其特征在于在插口上有承插槽，插口、承口分别位于两端，设计合理、操作简单、实用性强，采用承插活接头可提高操作质量与便捷性。承插活接头可广泛用于不同口径的管道，也可用于水表、阀门。

螺纹活接头是指带螺纹的活接头，是工业和生活中最常见的一种管件，螺纹活接头使管道的连接变得更简单，拆卸更换也更容易，大大节省了管道连接的成本。工业上用的螺纹活接头一般是金属制造，耐压较高，材料有碳钢、不锈钢、合金钢、黄铜等；生活中用的螺纹活接头材料一般有 PC、PVC、PE 等。

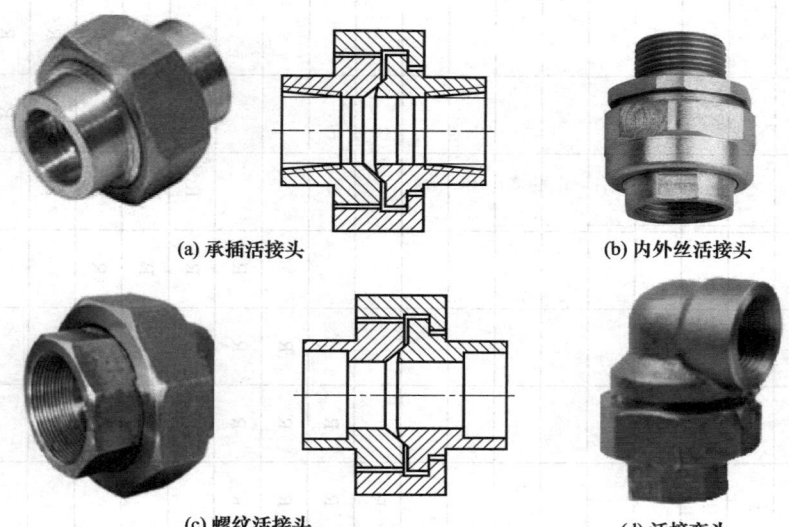

(a) 承插活接头　　　　　　(b) 内外丝活接头

(c) 螺纹活接头　　　　　　(d) 活接弯头

图 16.32　活接头典型图

（十）异径管（reducer）的选用及工程应用

异径管又称大小头，用于两种不同管径的连接，分为同心异径管（同心大小头）和偏心异径管（偏心大小头）两种，如图 16.33 所示。

异径管的质量应符合现行国家标准 GB/T 12459《钢制对焊无缝管件》及 GB/T 13401《钢板制对焊管件》的规定。异径管的材质执行 SY/T 5037、GB/T 9711、GB/T 8163、ASTM A106/A53 GRB，API 5L、ASTM A105、ASTM A234、DIN 德国标准或按客户要求。

异径管的选择：根据等强度的原则，异径管应采用与所连接的管子相同的管

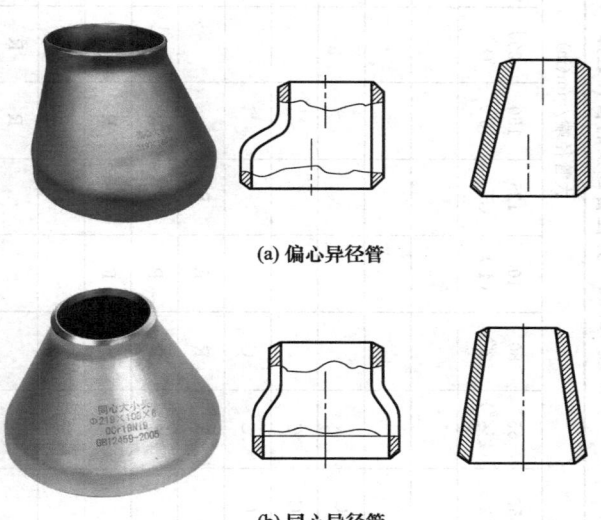

(a) 偏心异径管

(b) 同心异径管

图 16.33　异径管典型图

子表号。是选择同心异径管还是偏心异径管时，应根据工艺流程和配管布置的要求而定。通常情况下，对于 $DN \geqslant 50mm$ 的管道上的异径管，多采用对焊异径管，而对于 $DN \leqslant 40mm$ 的管道，则采用承插焊异径管。但镀锌管道上的异径管则要采用螺纹连接形式。

异径管件公称通径的表示方法：对于异径弯头和异径双接口管箍，首先给出大端的公称通径，然后为小端的公称通径。

异径管的表示方法如下。

(RC 或 RE) $DN100 \times 50$　20　GB 8163 BW GB/T 12459 (B 系列) Sch20 (L)×Sch40 (S)

其中，RC 为同心；RE 为偏心；100 为大端公称直径；50 为小端公称直径；20 为材料；GB 8163 为标准号；BW 为连接方式；GB/T 12459（B 系列）为系列号；Sch20（L）为大端管子表号；Sch40（S）为小端管子表号。

异径管连接的管件选择见表 16.80。

表 16.80　异径管连接的管件选择

小管径端/mm(in)	大管径端/mm(in)																		
	20(3/4")	25(1")	32(1¼")	40(1½")	50(2")	65(2½")	80(3")	100(4")	125(5")	150(6")	200(8")	250(10")	300(12")	350(14")	400(16")	450(18")	500(20")	550(22")	600(24")
15(1/2")	C																		
20(3/4")		C	C																
25(1")			C	C															
32(1¼")				C	C														
40(1½")					C	C													
50(2")						C	R												
65(2½")							R	R	R										
80(3")								R	R	R									
100(4")									R	R	R								
125(5")										R	R	R							
150(6")											R	R	R						
200(8")												R	R	R	R				
250(10")													R	R	R	R			
300(12")														R	R	R	R		
350(14")															R	R	R	R	
400(16")																R	R	R	R
450(18")																	R	R	R
500(20")																		R	R
550(22")																			R

注：1. 当小端 $DN≥50mm$，大端 $DN≥150mm$ 时，可连接两个大小头变径。例如 $DN150mm$ 变径至 $DN50mm$，没有标准的大小头一次变径，这时可用 $DN150×80mm$ 加上一个 $DN80×50mm$ 两个大小头。

2. 表中符号说明：C—异径管箍（承插焊、螺纹）；R—异径管（大小头）。

(十一) 管帽 (cap) 的选用及工程应用

管帽（图 16.34）也称封头、堵头、盖头、管子盖、闷头。焊接在管端或装在管端外螺纹上以盖堵管子的管件，用来封闭管路，作用与管堵相同。盲板的形式相接近，只不过盲板是可以拆卸的封堵，而焊接管帽是不可以拆卸的。管帽包括凸形管帽、锥壳、变径段、平盖及紧缩口、异径封头等类型。管帽有关标准有：GB/T 12459《管件的种类和代号》、GB/T 13401《钢板制对焊管件》、ASME B16.9《工厂制造的锻轧制对焊管配件》、SH 3408《钢制对焊无缝管》、SH 3409《钢板制对焊管件》、HG/T 21635《碳钢、低合金钢无缝对焊管件》、DL/T 695《电站钢制对焊管件》、SY/T 0510《钢制对焊管件》、DIN 2617《焊入式钢管配件》。

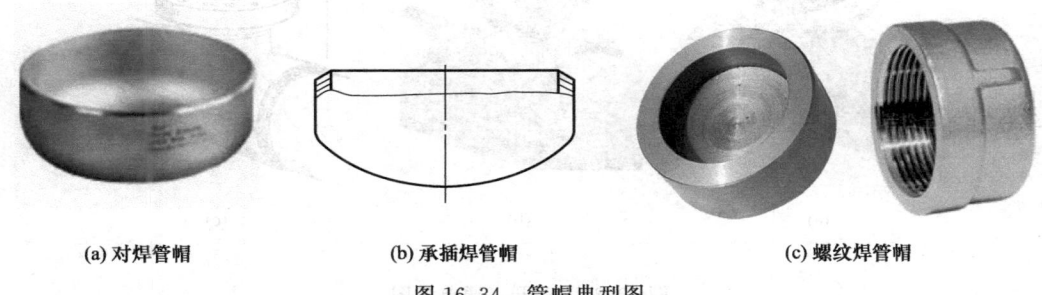

(a) 对焊管帽　　　(b) 承插焊管帽　　　(c) 螺纹焊管帽

图 16.34　管帽典型图

平封头制造较容易，价格也较低，但其承压能力不如标准椭圆封头，故常用于 $DN \leqslant 100mm$、介质压力低于 1.0MPa 的条件下。标准椭圆封头为一带折边的椭圆封头，椭圆的内径长短轴之比为 2:1，它是应用最广的封头。在很多情况下，如管廊上的管子端部、管帽都由法兰代替，以便于管子的吹扫和清洗。对于 $DN \leqslant 40mm$ 的管子及其元件，因为壁厚一般较薄，采用对焊连接时错口影响较大，容易烧穿，焊接质量不易保证，故此时一般不采用对焊连接。但下列几种情况例外：对于 $DN \leqslant 40mm$、壁厚大于等于 Sch160 的管道及其元件，其壁厚已比较大，采用对焊连接时前面所述的问题已不存在，故也常用对焊连接；有缝隙腐蚀介质（如氢氟酸介质）存在的情况下，即使 $DN \leqslant 40mm$、壁厚小于 Sch160，也采用对焊连接，以避免缝隙腐蚀的发生，此时在焊接施工时常采用小焊丝直径、小焊接电流的氩弧焊；对润滑油管道，当采用承插焊连接时，其接头缝隙处易积存杂质而对机械设备产生不利影响，此时也应采用对焊连接。

(十二) 补芯 (bushing) 的选用及工程应用

补芯（图 16.35）六角内外丝螺纹接头、内外螺纹缩接，衬套，一般由六角棒切割锻打加工而成，使用的螺纹类型有很多种，它是连接两段口径不一样管道的内外螺纹管件的，在管道连接中有不可代替的作用。

当管子需要变径时会用到补芯。例如 $DN15$ 的水管要变径成 $DN20$ 的水管。$DN15$ 的水管是外丝管，连接补芯内丝的一头。$DN20$ 的水管是内丝管，连接到补芯外丝的一头。如果 $DN20$ 的水管是外丝管，可以在 $DN20$ 外丝管和补芯之间连接一个内丝缩接。螺纹

图 16.35　补芯典型图

连接能与任何水器具和阀表方便连接。工业上经常用来对接管内外螺纹（牙）来改变管径的大小。

补芯和大小头的区别：补芯是一头内丝一头外丝，根据情况有承插连接和螺纹连接；而大小头的两边都是内丝。

(十三) 对开三通 (split tee) 的选用及工程应用

在工业管道领域，对开三通（图 16.36）主要用于带压不停输开孔，带压不停输开孔是在不停产情况下进行开孔接点，适用于除氧气以外的任何介质以及不同直径的各类管道。开孔机在开孔过程中是在完全封闭的空腔内进行的，刀具切削过程与空气隔绝，无着火、爆炸的可能性。由于封闭开孔、无泄漏，有毒有害介质不能排放到大气中，因此对环境无污染。管道不停输带压开孔、封堵技术可避免作业风险，提高安全性，使维修既迅速又经济可靠。此技术先进，设备操作简单，与停产开孔作业相比，其经济效益和社会效益显著。在石油、天然气管道及热力管线上均可带压开孔。

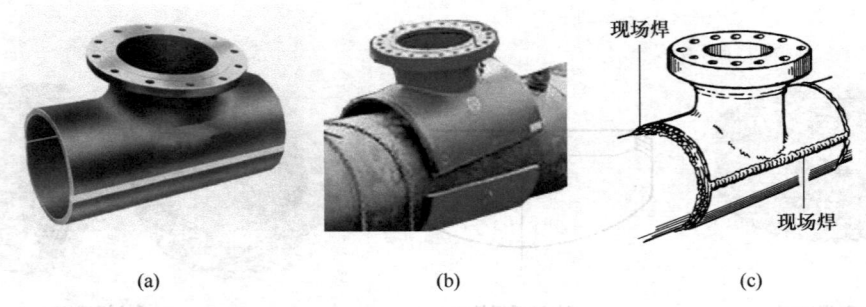

图 16.36　对开三通典型图

对开三通有关标准规范有：API 2201《石油化学工业安全的不停输热开孔规范》；SY 6554《石油工业带压开孔作业安全规范》。

(十四) 常用 ASTM 钢、镍、铜、铝、钛及合金管件标准

① 有缝焊接碳钢管（Tube）的 ASTM 材料规范有：A178《锅炉用　电阻焊接碳钢和碳锰合金钢管》、A214《换热器和冷凝器用电阻焊接碳钢管》、A226《高压锅炉和过热器用电阻焊接碳钢管》。

② 碳钢管件的 ASTM 材料规范有：A105《锻制用于管件的碳钢》、A181《一般管道用锻制碳钢》、A234《中温或高温用锻制碳钢和合金钢的管件》、A350《管道用的锻制、碳钢和低合金钢的缺口韧性试验》、A420《低温用的锻制碳钢和合金钢管件》、A694《管法兰、管件、阀门和高压输送用的零件的锻制、碳钢和合金钢》。

③ 合金钢管件的 ASTM 材料规范有：A182《锻制或轧制合金钢管法兰，高温用锻制管件、阀门和元件》、A234《中温和高温用锻压碳钢和合金钢管件》、A350《需要对管件进行切口韧性试验的碳素和低合金钢锻件》、A420《低温用锻制碳钢和合金钢的管件》、A694《高压输送用碳素钢及合金钢管法兰，管件，阀门及元件用锻件》。

④ 不锈钢管件的 ASTM 材料规范有：A182《高温用锻制或冷轧的合金钢管法兰，锻制管件和阀门和元件》、A403《锻制奥氏体不锈钢管件》。

⑤ 镍和镍合金管件的 ASTM 材料规范有：B160《镍棒材和镍条材》、B164《镍铜合金棒材，条材和线材》、B166《镍铬铁合金（UNS N06600，N06601，N06690，N06025 和 N06045）和镍铬钴钼合金（UNS N06617）棒材，条材和线材》、B366《制造厂锻制镍和镍合金管件》、B462《腐蚀和高温用锻制或轧制 UNS N08020，UNS N08024，UNS N08026 和 UNS N08367 合金管法兰，锻制管件，阀门和元件》、B564《镍合金锻件》。

⑥ 铜和铜合金管件的 ASTM 材料规范有：B21《海军用黄铜棒材、条材和型材》、B98《铜-硅合金棒材、条材和型材》、B133《铜棒材、条材和型材》、B150《铝青铜棒材、条材和型材》。

⑦ 铝和铝合金管件的 ASTM 材料规范有：B247《铝和铝合金压模锻件，手工锻件和轧制

环形锻件》、B361《工厂加工的锻制铝和铝合金焊接管件》。

⑧ 钛和钛合金管件的 ASTM 材料规范有：B381《钛和钛合金锻件》。

（十五）管件选用常用国内外标准规范

① 国家标准

GB 12459《钢制对焊无缝管件》，$DN=10\sim500mm$，A、B 系列；

GB/T 13401《钢板制对焊无缝管件》，$DN=350\sim1200mm$，A、B 系列；

GB/T 14383《锻钢制承插焊管件》，$DN=15\sim80mm$，A、B 系列；

GB/T 14626《锻钢制螺纹管件》，$DN=8\sim100mm$；

GB/T 17185《钢制法兰管件》，$DN=25\sim600mm$，$PN2.0$、$PN5.0$、$PN11.0$、$PN15.0$、$PN26.0$。

GB 19326《钢制承插焊 螺纹和对焊支管座》；

GB 3733~3765《卡套式接头》；

GB 5625~5653《扩口式接头》；

GB 8259~8261《卡箍柔性管式接头》；

GB 3289《可锻铸铁管路连接件型式尺寸》；

GB/T 10752《船用钢管对焊接头》。

② 中石化标准

SH 3408《钢制对焊无缝管件》，$DN=15\sim500mm$；

SH 3409《钢板制对焊管件》，$DN=200\sim1200mm$；

SH 3410《锻钢制承插焊管件》，$DN=10\sim80mm$。

③ 中石油标准

SY/T 0510《钢制对焊管件》，$DN=15\sim600mm$；

SY/T 5257《钢制弯管》。

④ 化工标准

HG/T21634《锻钢制承插焊管件》；

HG/T21635《碳钢、低合金钢无缝对焊管件》；

HG/T21631《钢制有缝对焊管件》；

HG/T21632《锻钢承插焊、螺纹和对焊接管台》。

⑤ 电力标准

GD 2000《火力发电厂典型汽水管道设计手册》；

DL/T 515《电站弯管》；

GD 87—1101《火力发电厂汽水管道零件及部件典型设计手册》。

⑥ 美标标准

ASME B16.9《工厂制造的锻钢对焊管件》；

ASME B16.11《承插焊和螺纹锻造管件》；

ASME B16.28《钢制对焊小半径弯头和回头弯》；

MSS SP-43《锻制不锈钢对焊管件》；

MSS SP-79《承插焊异径插入件》；

MSS SP-83《承插焊和螺纹活接头》；

MSS SP-97《承插焊、螺纹和对焊端的整体加强式管座》；

MSS SP-95《异径短管及管堵》。

⑦ 德国标准

DIN 2605《钢制对焊管件 弯头标准》；

DIN 2615《钢制对焊管件 三通标准》；
DIN 2616-1《钢制对焊管件 异径管标准》。

⑧ 日本标准
JIS B2311《一般用途的钢制对焊管配件》；
JIS B2312《钢制对焊管件》；
JIS B2313《钢板制对焊管件》；
JIS B2316《钢制承插焊管件》。

第五节 法兰的选用

一、管道法兰的定义

法兰（flange）又叫法兰盘或凸缘盘。法兰是使管子与管子相互连接的零件，连接于管端；也有用在设备进出口上的法兰，用于两个设备之间的连接，如减速器法兰。法兰连接或法兰接头是指由法兰、垫片及螺栓三者相互连接作为一组组合密封结构的可拆连接，管道法兰系指管道装置中配管用的法兰，用在设备上系指设备的进出口法兰。法兰上有孔眼，螺栓使两法兰紧连。法兰间用衬垫密封。法兰分螺纹连接法兰、焊接法兰和卡夹法兰。法兰是确定管道公称压力等级的基准件。法兰的种类很多，不同形式的法兰，其密封性能不同，适用场合也不同。法兰连接如图 16.37 所示。

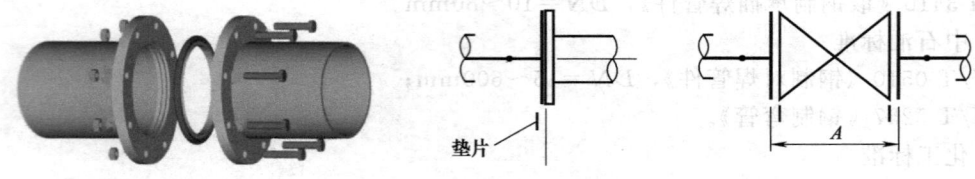

图 16.37 法兰连接

法兰有锻造法兰、铸造法兰、割制法兰、卷制法兰四种。

铸造出来的法兰，毛坯形状尺寸准确，加工量小，成本低，但有铸造缺陷（气孔、裂纹、夹杂）；铸件内部组织流线型较差（如果是切削件，流线型更差）。锻造法兰一般比铸造法兰含碳低，不易生锈，锻件流线型好，组织比较致密，力学性能优于铸造法兰。

割制法兰：在中板上直接切割出法兰的留有加工量的内外径及厚度的圆盘，再进行螺栓孔及水线的加工。此类法兰最大直径以中板的幅宽为限。

卷制法兰：用中板割条子然后卷制成圆，多用于一些大型法兰的生产。卷制成功之后进行焊接，然后压平，再进行水线及螺栓孔的加工。

二、法兰的选用

（一）一般要求

当 $DN \leqslant 600$ mm 时，按照 ASME B16.5、SH 3406、HG/T 20592 或 HG/T 20615 选用。
当 $650\text{mm} \leqslant DN \leqslant 1500\text{mm}$ 时，按照 ASME B16.47B 系列、ASME B16.47A 系列、SH 3406、HG/T 20592、HG/T 20615 选用。当 $DN > 1500$ mm 时，或者没有包括在上述标准内时，可按照 ASME SEC Ⅷ D1 的附录 2 来计算，国内标准可用 GB150《固定式压力容器》的规定来计算，也可不用计算直接参照 JB/T 4700～4707《压力容器法兰》来选用。

① 法兰的压力等级确定，必须高于管子的设计压力，以达到法兰面充分密封，无泄漏的要求。根据压力、温度介质特性选择恰当的法兰连接形式、密封面形式及压力等级。

② 选择法兰必须考虑法兰的温度、压力之间关系及垫片与紧固件的情况。

③ 当法兰接头中的两个法兰具有不同的压力-温度额定值时，该法兰接头的额定值不得超过其中较低者。

④ 根据系统的设计条件，考虑管道推力和弯矩折算当量压力，可高于容器设计压力或提高压力等级。

（二）法兰与管子连接形式的选用

① 对焊法兰（welding neck flange，WN）是将法兰焊颈端与管子焊接端加工成一定形式的焊接坡口后直接焊接，如图16.38所示，施工比较方便。由于法兰与管子焊接处有一段圆滑过渡的高颈，法兰颈部厚度逐渐过渡到管壁厚度，降低了结构的不连续性，法兰强度高，承载条件好，适用于压力温度波动幅度大或高温、高压和低温管道。

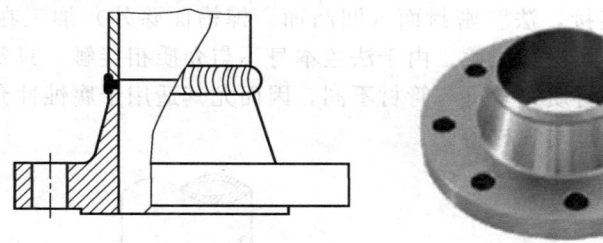

图16.38 对焊法兰

② 平焊法兰（slip-on welding flange，SO）是将管子插入法兰内孔中进行正面和背面焊接，如图16.39所示，具有容易对中、价格便宜等特点。多用于介质条件比较缓和的情况下，如低压非净化压缩空气、低压循环水。这种法兰也有两种。一种是板式平焊法兰，这种法兰刚性较差，焊接时易引起法兰面变形，甚至在螺栓力作用下法兰也会变形，引起密封面转角而导致泄漏，因而一般用于压力温度较低、相对不太重要的管道上，石化工业中一般规定只宜用于$PN{\leqslant}1.0MPa$的水、低压蒸汽和空气管道上。另一种是带颈平焊法兰，这种法兰的短颈使法兰刚度和承载能力大有提高。法兰本身的制造工艺比对焊法兰要简单，与管子连接的焊接与板式平焊法兰一样为角焊缝结构，施工比较简单省事，带颈平焊法兰的公称压力等级范围较广，完全适用于过去国内习惯使用板式平焊法兰的场合，但在有频繁的大幅度温度循环的管道上不宜使用。见图16.39。

③ 承插焊法兰（socket welding flange，SW）与带颈平焊法兰相似，只是将管子插入法兰的承插孔中进行焊接，一般只在法兰背面有一条焊缝，如图16.40所示。常用于$PN{\leqslant}10.0MPa$、$DN{\leqslant}40$的管道中；美国法兰标准ASMEB16.5不推荐承插焊法兰用于具有热循环或较大温度梯度条件下的高温（$\geqslant260℃$）或低温

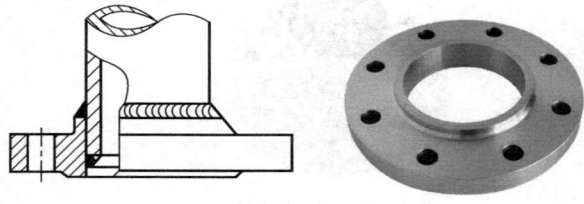

图16.39 平焊法兰

（$\leqslant-45℃$）的管道上。在可能产生裂隙腐蚀或严重侵蚀的管道上也不应使用这种法兰。

④ 螺纹法兰（threaded flange，Th）的特点是管子与法兰之间用螺纹连接，在法兰内孔加工螺纹，将带螺纹的管子旋合进去，不必焊接，如图16.41所示。因而，具有方便安装、方便检修的特点。螺纹法兰有两种，一种螺纹法兰公称压力较低，一般用在镀锌钢管等不宜焊接的场合，温度反复波动或高于260℃和低于-45℃的管道也不宜使用。另一种用于高压工况，利用带外螺纹并加工成一定形状密封面的两个管端配透镜垫加以密封。这种法兰以往多用于合

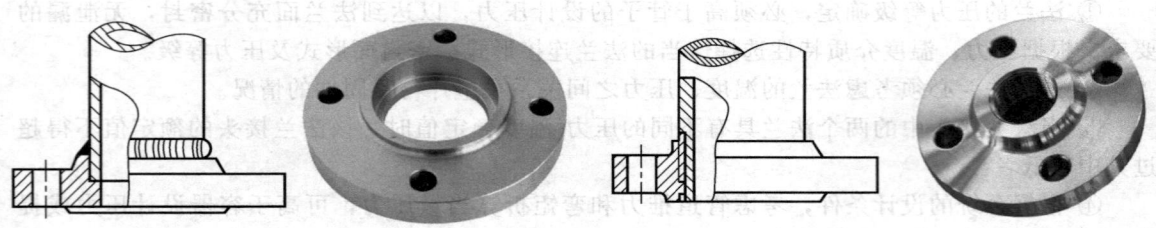

图 16.40　承插焊法兰　　　　　　　图 16.41　螺纹法兰

成氨生产。此外，在任何可能发生裂隙腐蚀、严重侵蚀或有循环载荷的管道上，应避免使用螺纹法兰。

⑤ 松套法兰（lap joint flange，LJ，图 16.42）常用于介质温度和压力都不高而介质腐蚀性较强的情况。松套法兰一般与翻边短节组合使用（图 16.43），即将法兰圈松套在翻边短节外，管子与翻边短节对焊连接，法兰密封面（凹凸面、榫槽面除外）加工在翻边短节上。此外，还有平焊环和对焊环板式松套法兰。由于法兰本身不与介质相接触，只要求翻边短节或焊环与管材一致，法兰本体的材质完全可与管材不同，因而尤其适用于腐蚀性介质管道上，可以节省不锈钢、有色金属等贵重耐蚀材料。

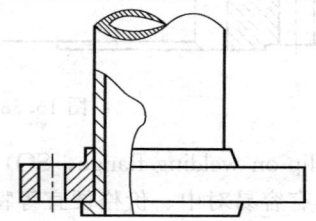

图 16.42　松套法兰　　　　　　　图 16.43　松套法兰与翻边短节的组合

⑥ 整体法兰（intergral flange，IF，图 16.44）也是属于带颈对焊钢制管法兰的一种。材质有碳钢、不锈钢、合金钢等。生产工艺为锻制。多用于压力较高的管道之中。常常是将法兰与设备、管子、管件、阀门等做成一体，这种法兰在设备和阀门上常用。

图 16.44　整体法兰　　　　　　　图 16.45　法兰盖

⑦ 法兰盖（blind flange，BF，图 16.45）又称盲法兰，就是用在两法兰连接处堵死管道设备等的一块实心板。设备、机泵上不需接出管道的管嘴，一般用法兰盖封死，而在管道上主要用于管道端部作封头用，管道设备的试压、试漏时常用到。

⑧ 大小法兰（reducing flange）也称异径法兰（图 16.46）。除接管口径外，法兰的尺寸为两口径中较大口径的标准平焊法兰尺寸，只是接管口径比该法兰的正常口径要小，这种法兰一般不推荐使用，只有当设备、机泵管嘴口径大于所要连接的管子，且安装尺寸又不允许装大小头或装几个大小头显得很不合理时才选用大小法兰。目前大小法兰仅限于 $PN \leqslant 2.5\text{MPa}$ 的情

况，且只有中国石油有此标准。

除了以上常见法兰，还有孔板法兰、特种法兰、夹套法兰、绝缘法兰等。

(三) 法兰密封面的选用

① 全平面密封面（FF）常与平焊形式配合以适用于操作条件比较缓和的工况下，常用于铸铁设备和阀门的配对法兰。我国石化工业管道很少用这种密封面的法兰。

② 凸台面密封面（RF）是应用最广的一种形式，尤其是国外不少公司所有公称

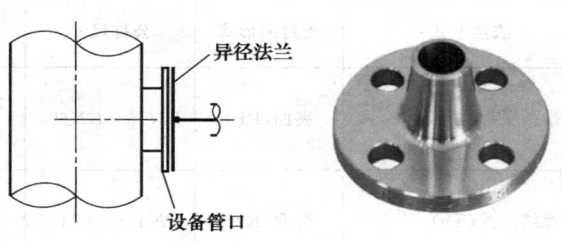

图 16.46　异径法兰

压力等级的法兰几乎都用 RF 密封面，它常与对焊和承插焊形式配合使用，在"美式法兰"中，常用在 $PN2.0$、$PN5.0$ 和部分 $PN10.0$ 压力等级中；在"欧式法兰"中则常用在 $PN1.6$、$PN2.5$ 压力等级。这种法兰的法兰面上有凸出的密封面，凸台高度：国内机标法兰与 DN 有关，$DN=15\sim32mm$ 时为 2mm；$DN=40\sim250mm$ 时为 3mm；$DN=300\sim500mm$ 时为 4mm；$DN\geqslant600mm$ 时为 5mm，与公称压力无关。而美式法兰则与公称压力有关，$PN\leqslant300psi$ 的凸面高度一律为 1.6mm，$PN\geqslant400psi$ 时则为 6.4mm，与公称直径无关。

③ 凹凸面密封面（MF）常与对焊和承插形式配合使用，由两个不同的密封面（一凹、一凸）组成。这种密封面减少了垫片被吹出的可能性，但不能保护垫片不被挤入管中，不便于垫片的更换。在"美式法兰"中不常采用，在"欧式法兰"中常用在 $PN4.0$ 的法兰中，$PN6.4$、$PN610$ 的法兰也有用这种密封面的。

④ 榫槽面密封面（TG）使用情况同凹凸面法兰。

⑤ 环槽面密封面（RJ）常与对焊连接形式配合（不与承插焊配合）使用，主要用在高温、高压或二者均较高的工况。在"美式法兰"中，常用在 $PN10.0$（部分）、$PN15.0$、$PN25.0$、$PN42.0$ 压力等级中。在"欧式法兰"中常用在 $PN10.0$、$PN16.0$、$PN25.0$、$PN32.0$、$PN42.0$ 的法兰中。

法兰密封面形式如图 16.47 所示。

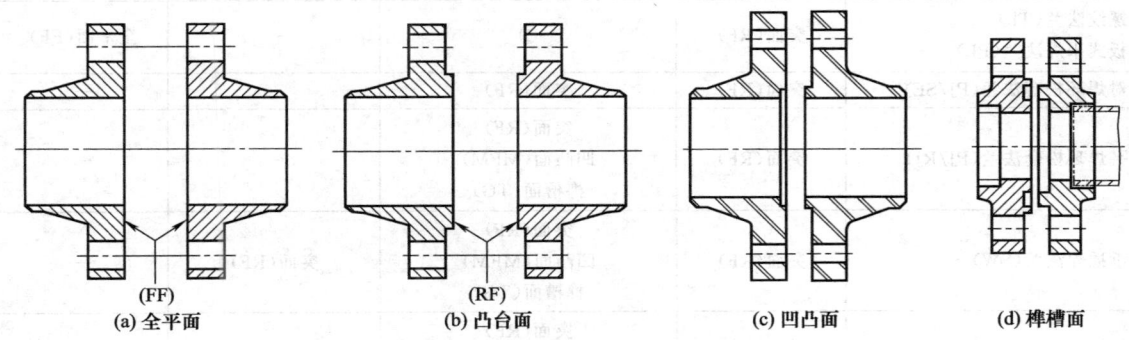

(a) 全平面 (FF)　　(b) 凸台面 (RF)　　(c) 凹凸面　　(d) 榫槽面

图 16.47　法兰密封面的形式

化工法兰标准给出了石油石化、化工工程中常用的法兰形式及密封面形式的组合，具体见表 16.81 和表 16.82。

(四) 法兰适用标准的选用

国际上管法兰主要有两个体系，一是以德国 DIN（包括前苏联）为代表的法兰体系，公称压力为 0.1MPa、0.25MPa、0.6MPa、1.0MPa、1.6MPa、2.5MPa、4.0MPa、6.3MPa、10.0MPa、16.0MPa、25.0MPa、32.0MPa、40.0MPa，公称直径范围 6～4000mm，法兰类

表 16.81　法兰形式和密封面形式选用表

法兰形式	密封面形式	公称尺寸	压力等级/MPa（Class）	使用场合
带颈平焊法兰(SO)	突面(RF)	DN15～DN600	2.0(Class150) 5.0(Class300)	公用工程及非易燃易爆介质 密封要求不高 工作温度−45～+200℃
螺纹法兰(Th)	突面(RF)	DN15～DN150	2.0(Class150)	DN≤150mm，公用工程、仪表等习惯使用锥管螺纹连接的场合 使用压力较高时，推荐采用NPY螺纹
对焊环松套法兰(LF/SE)	突面(RF)	DN15～DN600	2.0(Class150) 5.0(Class300)	不锈钢、镍基合金、钛等配管的法兰连接
承插焊法兰(SW)	突面(RF)	DN15～DN50	2.0(Class150)～ 15.0(Class900)	DN≤50mm，非剧烈循环场合（温度、压力交变荷载）经常使用
带颈对焊法兰(WN) 整体法兰(IF)	突面(RF)	DN15～DN1500 (>600A、B)	2.0(Class150)～ 15.0(Class900)	经常使用
	环连接面(RJ)	DN15～DN1500 (>600A、B)	11.0(Class600)～ 42.0(Class2500)	高温或高压，≥Class600
各种法兰类型	全平面(FF)	DN15～DN600	2.0(Class150)	与铸铁法兰、管件、阀门（Class125）配合使用的场合
各种法兰类型	凹面/凸面 榫面/槽面	DN15～DN600	≥5.0(Class300)	仅用于阀盖与阀体连接等构件内部连接的场合，极少用于与外部配管、阀门的连接

注：法兰盖的密封面形式选用与配合连接的法兰相同。

表 16.82　法兰密封面形式选用表

法兰类型	使用工况			
	一般	易燃、易爆、高度和极度危害	PN≥10.0MPa高压	配用铸铁法兰
整体法兰(IF) 带颈对焊法兰(WN)	突面(RF)	突面(RF) 凹凸面(MFM) 榫槽面(TG)	突面(RF) 环连接面(RJ)	全平面(FF)
螺纹法兰(Th) 板式平焊法兰(PL)	突面(RF)	①	—	全平面(FF)
对焊环松套法兰(PJ/SE)	突面(RF)	突面(RF)	—	—
平焊环松套法兰(PJ/RJ)	突面(RF)	突面(RF) 凹凸面(MFM) 榫槽面(TG)	—	—
承插焊法兰(SW)	突面(RF)	突面(RF) 凹凸面(MFM) 榫槽面(TG)	突面(RF)	—
带颈平焊法兰(SO)	突面(RF)	突面(RF) 凹凸面(MFM) 榫槽面(TG)	—	全平面(FF)
法兰盖(BL)	突面(RF)	突面(RF) 凹凸面(MFM) 榫槽面(TG)	突面(RF) 环连接面(RJ)	全平面(FF)
衬里法兰盖[BL(S)]	突面(RF)	突面(RF) 凸面(M) 榫面(T)	—	—

① 与PN≥4.0MPa的阀门或设备配用时，阀门上的整体法兰一般为凹面，而管法兰的密封面应为凸面。

型有板式平焊、带颈对焊、螺纹、翻边松套、平焊环松套、对焊环松套、法兰盖等，密封面有全平面、突面、凹凸面、榫槽面、环连接面、透镜面等。另一体系是以美国 ASME B16.5 为代表的法兰体系，其公称压力为 2.0MPa、25.0MPa、6.8MPa、10.0MPa、（11.0MPa）、15.0MPa、25.0MPa、（26.0MPa）、42.0MPa，公称直径范围 15～600mm，法兰类型有带颈平焊、承插焊、螺纹、松套、带颈对焊和法兰盖，密封面有全平面、突面、大小凹凸面、大小榫槽面和环连接面。

我国目前使用的法兰标准较多，但归纳起来也是分别靠国际上的两个体系。以往使用较多的机械部标准法兰（JB）靠德国标准；中国石化法兰标准（SH）靠美国 ASME B16.5；国标法兰（GB）根据公称压力分别靠两个体系；中国化工部法兰标准（HG）很清楚地分为欧洲与美洲系列，分别靠德国与美国的法兰标准，而且在欧洲系列中有两种接管外径尺寸，能适应不同外径系列的管道，因而适用性大大提高。

表示管法兰特征的应是法兰类型、公称压力、密封面形式、公称直径和材质。所有法兰标准均有各自的范围，因此必须查找有关法兰标准，核实后方能正确选用所需要的法兰，见表 16.83～表 16.87。

表 16.83　HG 20592 欧洲体系各种形式适用范围　　mm

法兰形式	密封面形式	公称压力 PN/MPa								
		2.5	6	10	16	25	40	63	100	160
板式平焊法兰(PL)	突面(RF)	DN10～DN2000		DN10～DN600				—	—	—
	全平面(FF)	DN10～DN2000		DN10～DN600				—	—	—
带颈平焊法兰(SO)	突面(RF)	—	DN10～DN300	DN10～DN600				—	—	—
	凹面(FM)凸面(M)	—	—	DN10～DN600				—	—	—
	榫面(T)槽面(G)	—	—	DN10～DN600				—	—	—
	全平面(FF)	—	DN10～DN300	DN10～DN600				—	—	—
带颈对焊法兰(WN)	突面(RF)	—	DN10～DN2000			DN10～DN600		DN10～DN400	DN10～DN350	DN10～DN300
	凹面(FM)凸面(M)	—	DN10～DN600					DN10～DN400	DN10～DN350	DN10～DN300
	榫面(T)槽面(G)	—	DN10～DN600					DN10～DN400	DN10～DN350	DN10～DN300
	全平面(FF)	—	DN10～DN2000			—	—	—	—	—
	环连接面(RJ)	—	—	—	—	—	—	DN15～DN400		DN15～DN300
整体法兰(IF)	突面(RF)	—	DN10～DN2000			DN10～DN1200	DN10～DN600	DN10～DN400		DN10～DN300
	凹面(FM)凸面(M)	—	DN10～DN600					DN10～DN400		DN10～DN300
	榫面(T)槽面(G)	—	DN10～DN600					DN10～DN400		DN10～DN300
	全平面(FF)	—	DN10～DN2000			—	—	—	—	—
	环连接面(RJ)	—	—	—	—	—	—	DN15～DN400		DN15～DN300

续表

法兰形式	密封面形式	公称压力 PN/MPa								
		2.5	6	10	16	25	40	63	100	160
承插焊法兰 (SW)	突面(RF)	—	—	DN10~DN50						—
	凹面(FM) 凸面(M)	—	—	—	DN10~DN50					—
	榫面(T) 槽面(G)	—	—	—	DN10~DN50					—
螺纹法兰 (Th)	突面(RF)	—	DN10~DN150					—		
	全平面(FF)	—	DN10~DN150				—			
对焊环松套法兰 (PJ/SE)	突面(RF)	—	DN10~DN600					—		
平焊环松套法兰 (PJ/RJ)	突面(RF)	—	DN10~DN600					—		
	凹面(FM) 凸面(M)	—	DN10~DN600					—		
	榫面(T) 槽面(G)	—	DN10~DN600					—		
法兰盖 (BL)	突面(RF)	DN10~DN2000	DN10~DN1200		DN10~DN600		DN10~DN400			DN10~DN300
	凹面(FM) 凸面(M)	—	—	DN10~DN600			DN10~DN400			DN10~DN300
	榫面(T) 槽面(G)	—	—	DN10~DN600			DN10~DN400			DN10~DN300
	全平面(FF)	DN10~DN2000	DN10~DN1200				—			
	环连接面(RJ)	—					DN15~DN400			DN15~DN300
衬里法兰盖 [BL(S)]	突面(RF)	—	—	DN40~DN600				—		
	凸面(M)	—	—	DN40~DN600				—		
	槽面(T)	—	—	DN40~DN600				—		

表 16.84 公称尺寸和钢管尺寸　　　　　　　　　　　　　　　　　　　　　mm

公称尺寸 DN		10	15	20	25	32	40	50	65	80
钢管外径	A	17.2	21.3	26.9	33.7	42.4	48.3	60.3	76.1	88.9
	B	14	18	25	32	38	45	57	76	89
公称尺寸 DN		100	125	150	200	250	300	350	400	450	500
钢管外径	A	114.3	139.7	168.3	219.1	273	323.9	355.6	406.4	457	508
	B	108	133	159	219	273	325	377	426	480	530
公称尺寸 DN		600	700	800	900	1000	1200	1400	1600	1800	2000
钢管外径	A	610	711	813	914	1016	1219	1422	1626	1829	2032
	B	630	720	820	920	1020	1220	1420	1620	1820	2020

HG/T 20592 标准适用的钢管外径包括 A、B 两个系列，A 系列为国际通用系列（俗称英制管），B 系列为国内沿用系列（俗称公制管）。其公称尺寸 DN 和钢管外径按表 16.83 的规定。采用 B 系列钢管的法兰，应在公称尺寸 DN 的数值后标记 "B"，以示区别。但采用 A 系列钢管的法兰，不必在公称尺寸 DN 的数值后标记 "A"。标准适用于公称压力 PN2.5~PN160 的钢制管法兰和法兰盖。法兰公称压力等级采用 PN 表示，包括：PN2.5、PN6、PN10、PN16、PN25、PN40、PN63、PN100、PN160 九个等级。

表 16.85　HG/T 20615 美洲体系各种类型法兰的密封面型式及其适用范围　　mm

法兰形式	密封面形式	公称压力 Class(PN/MPa)					
		150(20)	300(50)	600(110)	900(150)	1500(260)	2500(420)
带颈平焊法兰 (SO)	突面(RF)		DN15～DN600			DN15～ DN65	—
	凹面(FM) 凸面(M)	—	DN15～DN600			DN15～ DN65	
	榫面(T) 槽面(G)	—	DN15～DN600			DN15～ DN65	
	全平面(FF)	DN15～ DN600	—				
带颈对焊法兰(WN) 长高颈法兰(LWN)	突面(RF)		DN15～DN600				DN15～ DN300
	凹面(FM) 凸面(M)		DN15～DN600				DN15～ DN300
	榫面(T) 槽面(G)		DN15～DN600				DN15～ DN300
	全平面(FF)	DN15～ DN600	—				
	环连接面(RJ)	DN25～ DN300	DN15～DN600				DN15～ DN300
整体法兰(IF)	突面(RF)		DN15～DN600				DN15～ DN300
	凹面(FM) 凸面(M)		DN15～DN600				DN15～ DN300
	榫面(T) 槽面(G)		DN15～DN600				DN15～ DN300
	全平面(FF)	DN15～ DN600	—				
	环连接面(RJ)	DN25～ DN600	DN15～DN600				DN15～ DN300
承插焊法兰 (SW)	突面(RF)	DN15～DN80			DN15～DN65		—
	凹面(FM) 凸面(M)	—	DN15～DN80		DN15～DN65		
	榫面(T) 槽面(G)		DN15～DN80		DN15～DN65		
	环连接面(RJ)	DN25～ DN80	DN15～DN80		DN15～DN65		
螺纹法兰(Th)	突面(RF)	DN15～DN150					
	全平面(FF)	DN15～ DN150					
对焊环松套法兰 (LF/SE)	突面(RF)		DN15～DN600			—	
法兰盖(BL)	突面(RF)		DN15～DN600				DN15～ DN300
	凹面(FM) 凸面(M)	—	DN15～DN600				DN15～ DN300
	榫面(T) 槽面(G)		DN15～DN600				DN15～ DN300
	全平面(FF)	DN15～ DN600	—				
	环连接面(RJ)	DN25～ DN600	DN15～DN600				DN15～ DN300

续表

密封面形式		公称压力 Class（PN/MPa）			
		150(20)	300(50)	600(110)	900(150)
突面(RF)	A 系列	DN650～DN1500			DN650～DN1000
	B 系列	DN650～DN1500			DN650～DN900
环连接面(RJ)	A 系列	—		DN650～DN900	

注：适用于公称压力 Class150（PN20）～Class2500（PN420）的钢制管法兰和法兰盖。法兰公称压力等级采用 Class 表示，包括 Class150、Class300、Class600、Class900、Class1500、Class2500 六个等级。

表 16.86　法兰的公称压力等级对照表

Class	PN/MPa	Class	PN/MPa
Class150	PN20	Class900	PN150
Class300	PN50	Class1500	PN260
Class600	PN110	Class2500	PN420

表 16.87　钢管公称尺寸 DN 和钢管外径　　　　mm

公称尺寸	DN	15	20	25	32	40	50	65	80	100
	NPS	½	¾	1	1¼	1½	2	2½	3	4
钢管外径		21.3	26.9	33.7	42.4	48.3	60.3	76.1	88.9	114.3
公称尺寸	DN	125	150	200	250	300	350	400	450	500	600
	NPS	5	6	8	10	12	14	16	18	20	24
钢管外径		139.7	168.3	219.1	273.0	323.9	355.6	406.4	457	508	610

注：公称压力 Class150（PN20）～Class900（PN150）的大直径带颈对焊钢制管法兰和法兰盖。法兰的公称压力等级采用 Class 表示，包括 Class150、Class300、Class600、Class900 四个等级。标准包括 A 和 B 两个尺寸系列的大直径钢制管法兰，选用时必须明确标记。

大口径钢管公称尺寸 DN 和钢管外径按表 16.88 的规定。

表 16.88　大口径钢管公称尺寸 DN 和钢管外径　　　　mm

公称尺寸	DN	650	700	750	800	850	900	950	1000
	NPS	26	28	30	32	34	36	38	40
钢管外径		660	711	762	813	864	914	965	1016
公称尺寸	DN	1050	1100	1150	1200	1250	1300	1350	1400	1450	1500
	NPS	42	44	46	484	50	52	54	56	58	60
钢管外径		1067	1118	1168	1219	1270	1321	1372	1422	1473	1524

ISO 7005.1 是国际标准化组织发布的管法兰标准，ISO 7005.1 是把美国 ASME B16.5 与原德国 DIN 两套标准合并而成的。管法兰的公称压力分两个系列，第一系列为 PN10、PN16、PN20、PN50、PN110、PN150、PN260、PN420，第二系列为 PN2.5、PN6、PN25、PN40。在两个压力系列中，PN2.5、PN6、PN10、PN16、PN25、PN40 的法兰尺寸按照 DIN（欧洲体系，称为欧式法兰）确定，PN20、PN50、PN110、PN150、PN260、PN420 的法兰尺寸按 ASME B16.5（美洲体系，称为美式法兰）确定。法兰形式有板式平焊、平焊环松套、翻边环松套、对焊环松套、带颈对焊、带颈平焊、螺纹法兰、承插焊法兰和法兰盖共九种。密封面形式有突面、全平面、凹面/凸面、榫面/槽面、橡胶环连接、环连接面六种。由于 ISO 7005.1 把两个体系混合编排，造成使用中的体系混乱；而且把欧洲体系的公称压力限制在 PN40 以下，致使欧洲体系的使用不便；美洲体系公称压力用 PN 表示，且管子外径按 ISO 4200 的规定，致使美洲体系的使用不便。为此，ISO 7005.1 发布后，实际上并未获得国际上原使用欧洲体系和美洲体系各国的认同。ISO 7005.1 在 2007 版修订时，主要更正了上述问题，同时又纳入 JIS 的 K 系列，实际上认同了国际上三个公称压力系列的管法兰标准并存的现实，即 PN 系列、Class 系列和 K 系列。PN 系列中公称压力用 PN 标识，公

称尺寸用 DN 标识，管法兰标准采用 EN 1092.1，管子外径按 ISO 4200 的规定。Class 系列中公称压力用 Class 标识，公称尺寸用 NPS 标识，管法兰标准采用 ASME B16.5 或 ASME B16.47，管子外径按 ASME B36.10M 的规定。K 系列中公称压力用 K 标识，公称尺寸用 A 标识，管法兰标准采用 JIS B2220，管子外直径按 JIS B2220 的规定。因此，ISO 7005.1 是一个通用的原则性标准。

K 管法兰标准体系在我国石油化工装置中不多用，或仅用于公用管道工程。JIS B2220：5K，DN10～DN1500，PL、SO、BL；10K，DN10～DN1500，PL、SO、BL；16K，DN10～DN600，SO、BL；20K，DN10～DN600，SO、BL；30K，DN10～DN400，SO、WN、BL。

(五) 可配合使用的管法兰标准

管法兰与管子标准系列见表 16.89。

表 16.89　国内常用管法兰标准

配管	欧洲体系（PN 系列）	美洲体系（Class 系列）
英制管	GB/T 9112～9124—2000 HG 20592～20605—1997	GB/T 9112～9124—2000 HG 20615～20626—1997 SH 3406—1996
公制管	HG 20592～20605—1997 JB/T 74～86—1994	—

HG/T 20592～20635《钢制管法兰、垫片、紧固件》包括了欧洲体系的英制管和公制管以及美洲体系的英制管的使用。在编制上参照 ISO 7005.1：1992、ISO 7483：1991 和 ASME B16.5 等标准。在化工、炼油、冶金、电力、轻工、医药、化纤等行业部门的配管、设备专业中广泛使用。

可配合使用的管法兰见表 16.90～表 16.92。

表 16.90　可配合使用的欧洲体系管法兰

标准编号	标准名称	压力等级 PN/bar
EN 1092-1—2002	钢制法兰	2.5,6,10,16,25,40,63,100,160
JB/T 74～90—1994	管路法兰	2.5,6,10,16,25,40,63,100
HG/T 20592—2009	钢制管法兰	2.5,6,10,16,25,40,63,100,160
GB/T 9112～9124—2000	钢制管法兰	2.5,6,10,16,25,40,63,100,160

注：JB/T 74～90—1994 管路法兰中，管法兰 PN2.5-DN500、PN6-DN500 和 PN10-DN80 与 HG/T 20592—2009 不能配合使用。

表 16.91　可配合使用的美洲体系管法兰（DN≤600mm）　　　　MPa

标准编号	标准名称	压力等级
ASME B16.5—2009	管法兰和法兰件	Class150,Class300,Class600,Class900,Class1500,Class2500
EN 1759-1—2004	钢制法兰及法兰件	Class150,Class300,Class600,Class900,Class1500,Class2500
JPI 7S-15—2005	钢制法兰及法兰件	Class150,Class300,Class600,Class900,Class1500,Class2500
GB/T 9112～9124—2000	钢制管法兰	PN20,PN50,PN110,PN150,PN260,PN420
SH 3406—1996	石油化工钢制管法兰	PN20,PN50,PN100,PN150,PN250,PN420

表 16.92　可配合使用的美洲体系管法兰（DN>600mm）　　　　MPa

标准编号	标准名称	压力等级	备注
ASME B16.47—2006	大直径钢制法兰	Class150,Class300,Class600,Class900	A 系列 B 系列
JPI 7S-43—2001	大直径钢制法兰	Class150,Class300,Class600,Class900	A 系列 B 系列
SH 3406—1996	石油化工钢制管法兰	PN20,PN50	B 系列

(六) 承受较大附加载荷时法兰设计压力的计算

当管道法兰连接承受较大附加外载荷时，法兰设计压力不应小于按下式确定的压力值：

$$p_{FD} = p + p_{eq}$$

$$p_{eq} = \frac{16M}{\pi D_G^2} + \frac{4F}{\pi D_G^2}$$

式中 p_{FD}——法兰设计压力，MPa；
p——管道设计压力，MPa；
p_{eq}——由附加外载产生的当量压力，MPa；
M——附加在法兰处的弯矩，N·mm；
D_G——垫片压紧力作用中心圆直径，mm
F——附加在法兰连接处的轴向拉伸力，N。

在剧烈循环工况下，应选用对焊式法兰。

三、8字盲板、插环及插板

8字盲板 [figure 8 blind，图 16.48（a）] 是一种管道用件，主要用于将生产介质完全隔离，防止由于切断阀关闭不严而影响生产，甚至造成事故。材质主要有碳钢、不锈钢、合金，可根据管路压力等级和管路介质进行选择。一般 8 字盲板用在小管上，插环 [图 16.48（b）] 和插板 [图 16.48（c）] 用于比较大的管道上。8字盲板与插环、插板比较有以下优点：不用考虑更换后的处理问题；可以清楚地看到管线是处于断开还是开通状态。8字盲板两个缺点：重量问题，特别是大直径的八字盲板；安装空间限制，需要更大空间。

8字盲板、插环及插板常被夹在两片法兰之间以实现不同用途。它们都应有两个和匹配法兰同样的密封面。

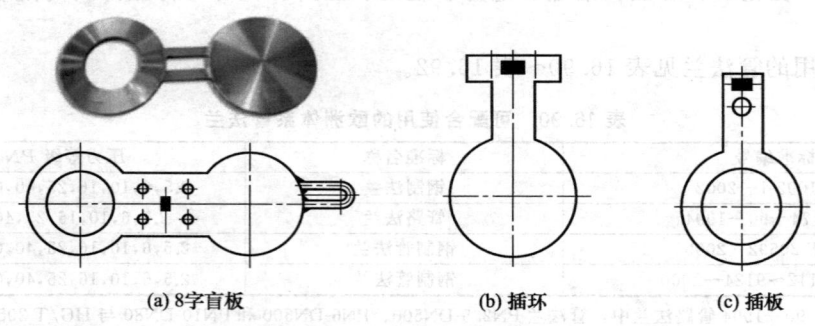

(a) 8字盲板　　　　　(b) 插环　　　　　(c) 插板

图 16.48　8字盲板、插板和插环

盲板设置的场合如下。

① 原始开车准备阶段，在进行管道的强度试验或严密性试验时，不能和所相连的设备（如透平、压缩机、气化炉、反应器等）同时进行的情况下，需在设备与管道的连接处设置盲板。

② 界区外连接到界区内的各种工艺物料管道，当装置停车时，若该管道仍在运行之中，在切断阀处设置盲板。

③ 装置为多系列时，从界区外来的总管道分为若干分管道进入每一系列，在各分管道的切断阀处设置盲板。

④ 装置要定期维修、检查或互相切换时，所涉及的设备需完全隔离时，在切断阀处设置盲板。

⑤ 充压管道、置换气管道（如氮气管道、压缩空气管道）与工艺管道或设备相连时，在切断阀处设置盲板。

⑥ 设备、管道的低点排净，若工艺介质需集中到统一的收集系统，在切断阀后设置盲板。

⑦ 设备和管道的排气管、排液管、取样管在阀后应设置盲板或丝堵。无毒、无危害健康和非爆炸危险的物料除外。

⑧ 装置分期建设时，有互相联系的管道在切断阀处设置盲板，以便后续工程施工。

⑨ 装置正常生产时，需完全切断的一些辅助管道，一般也应设置盲板。

⑩ 其他工艺要求需设置盲板的场合。

盲板的有关标准：API 590《八字盲板、插板、垫环》、HG 21547《管道用钢制插板、垫环、8字盲板》、HG/T 20570.23《盲板的设置》。

第六节　螺栓/螺母的选用

一、螺栓的分类

螺栓（bolt）由头部和螺杆（带有外螺纹的圆柱体）两部分组成，需与螺母配合，用于紧固连接两个带有通孔的零件。这种连接形式称为螺栓连接。螺栓连接是可拆卸连接。根据结构形式的不同，螺栓可分为六角头螺栓（又称单头螺栓）、螺柱（又称双头螺栓），如图 16.49、图 16.50 所示。而双头螺栓又分为全螺纹和非全螺纹两种，见图 16.55。

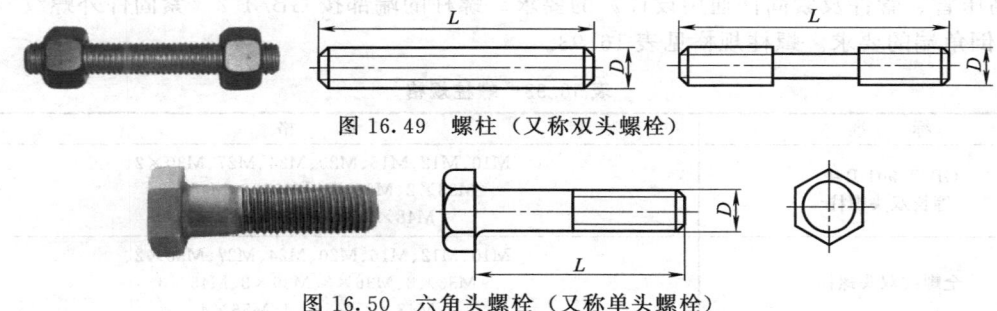

图 16.49　螺柱（又称双头螺栓）

图 16.50　六角头螺栓（又称单头螺栓）

双头螺柱的形状如图 16.51 所示，均可用于高温场合，其中全螺纹螺柱由于制造方便而广泛使用，中间细螺柱适用于承受反复冲击载荷而容易引起疲劳破坏的场合，由于中部较细，易产生弹性变形，其伸长量与其载荷成反比，所以当受到冲击载荷时，螺栓伸长与冲击内力成反比，即它抵抗冲击效果好，但它的抗拉强度较其他形状的低些；中间粗螺柱适用于 450℃ 以上或在高压下、重视蠕变的场合使用；中间部分粗螺柱适用于承受剪切的场合。

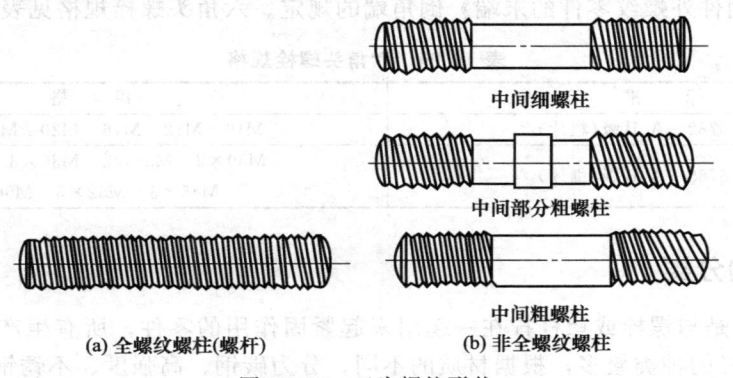

中间细螺柱

中间部分粗螺柱

中间粗螺柱

(a) 全螺纹螺柱(螺杆)　　(b) 非全螺纹螺柱

图 16.51　双头螺柱形状

螺栓/柱、螺母的螺纹有 ISO 公制螺纹和 ISO 英制螺纹，一般用途的螺纹则采用 ISO 公制螺纹的全系列：我国普遍采用的 GB 196 普通螺纹，基本尺寸与 ISO 公制螺纹一致，齿角 60°，

齿高 $H=\frac{\sqrt{3}}{2}p$。对紧固件的设计和选用应符合有关标准的规定。

连接用螺栓性能等级分为 3.6、4.6、4.8、5.6、6.8、8.8、9.8、10.9、12.9 等，其中 8.8 级及以上螺栓材质为低碳合金钢或中碳钢并经热处理（淬火、回火），通称为高强度螺栓，其余通称为普通螺栓。螺栓性能等级标号由两部分数字组成，分别表示螺栓材料的公称抗拉强度值和屈强比值。例如，性能等级 4.6 级的螺栓，其含义是：螺栓材质公称抗拉强度达 400MPa 级，螺栓材质的屈强比值为 0.6，螺栓材质的公称屈服强度达（400×0.6）=240MPa 级。性能等级 10.9 级的高强度螺栓，其材料经过热处理后，螺栓材质公称抗拉强度可达 1000MPa 级，螺栓材质的屈强比值为 0.9，则螺栓材质的公称屈服强度达（1000×0.9）= 900MPa 级。螺栓性能等级的含义是国际通用的标准，相同性能等级的螺栓，其性能是相同的，设计上只选用性能等级即可。

等长双头螺柱、全螺纹螺柱的形式和尺寸应符合 GB/T 901《等长双头螺柱 B 级》的要求，螺柱的端部按 GB/T 2《紧固件外螺纹零件的末端》倒角端的要求。螺纹尺寸和公差应符合 GB/T 196，GB/T 197《普通螺纹基本尺寸公差与配合》的要求。

拧入双头螺柱的形式和尺寸应符合《高压管、管件及紧固件通用设计》中的 H16，H17 的要求，螺纹尺寸和公差应符合 GB/T 196，GB/T 197《普通螺纹基本尺寸公差与配合》和 H5《高压管、管件及紧固件通用设计》的要求。螺柱的端部按 GB/T 2《紧固件外螺纹零件的末端》倒角端的要求。螺柱规格见表 16.93。

表 16.93 螺柱规格

标　准	规　格
GB/T 901 B 级 等长双头螺柱	M10、M12、M16、M20、M24、M27、M30×2、M33×2、M36×3、M39×3、M45×3、M48×3、M52×3、M56×4
全螺纹双头螺柱	M10、M12、M16、M20、M24、M27、M30×2、M33×2、M36×3、M39×3、M45×3、M48×3、M52×4、M56×4
H16 H17 拧入双头螺柱	M14×2、M16×2、M20×2.5、M24×3、M27×3、M30×3.5、M33×3.5、M36×4、M39×4、M45×4.5

管法兰螺栓在采用六角头螺栓时，六角头螺栓的形式和尺寸应符合 GB/T 5782《六角头螺栓　A 级和 B 级》和 GB/T 5785《六角头螺栓　细牙　A 级和 B 级》的要求，螺栓的端部按 GB/T 2《紧固件外螺纹零件的末端》倒角端的规定。六角头螺栓规格见表 16.94。

表 16.94 六角头螺栓规格

标　准	规　格
GB/T 5782—A、B 级（粗牙）	M10　M12　M16　M20　M24　M27
GB/T 5785—A、B 级（细牙）	M30×2　M33×2　M36×3　M39×3 M45×3　M52×3　M56×3

二、螺母的分类

螺母（nut）是与螺栓或螺杆拧在一起用来起紧固作用的零件，所有生产制造机械必须用的一种元件。螺母的种类繁多，根据材质的不同，分为碳钢、高强度、不锈钢、塑钢等几大类型。六角螺母如图 16.52 所示。

螺母是将机械设备紧密连接起来的零件，通过内侧的螺纹，同等规格螺母和螺栓或螺杆，才能连接在一起，例如 M4×0.7 的螺母只能与 M4×0.7 的螺杆搭配（在螺母中，M4 指螺母内径大约为 4mm，0.7 指两个螺纹牙之间的距离为 0.7mm）；美标产品也同样，例如 1/4-20 的螺母只能与 1/4-20 的螺杆搭配（1/4 指螺母内径大约为 0.25in，20 指每 1in 中有 20 个牙）。

螺母常用国家标准有：GB 41《1型六角螺母 C级》、GB 6170《1型六角螺母 A、B级》、GB 6171《1型六角螺母 细牙 A、B级》、GB 6172《六角薄螺母 A、B级 倒角》、GB 6173《六角薄螺母 细牙 A、B级》、GB 6174《六角薄螺母 B级 无倒角》、GB 6175《2型六角螺母 A、B级》、GB 6176《2型六角螺母 细牙 A、B级》、GB 6177《六角法兰面螺母 A级》、GB 55《六角厚螺母》、GB 56《六角超厚螺母》、GB 1229《大六角螺母（钢结构用高强度）》。

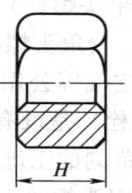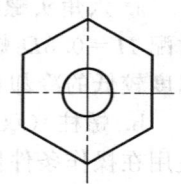

图 16.52 六角螺母

不锈钢螺母系列有：六角螺母（GB 6170/DIN 934）、薄螺母（GB 6172/DIN 439）、重型螺母（公制、美制）、尼龙锁紧螺母（DIN 985-DIN 982 厚型）、全金属锁紧螺母（DIN 980M）、盖型螺母（DIN 1587）、法兰面螺母（GB 6177/DIN 6923）、法兰面螺母尼龙锁紧螺母（DIN 6926）、四角焊接螺母（DIN 928）、六角焊接螺母（DIN 929）、蝶帽（GB 62、DIN 315）等。

合金钢螺母系列有：六角螺母（GB 6170/DIN 934、GB 6175）、法兰面螺母（GB 6177/DIN 6923）、圆螺母（GB 812）、小圆螺母（GB 810）、美制方螺母、美制六角螺母（ASME B18.2.2）。

关于螺母，由于已被证明增加螺母高度尺寸是解决 $H=0.8D$ 螺母脱扣问题的最可行方法，为简化品种，现在石油化工管法兰已大多采用 $H=D$ 的六角螺母。

螺母形式和尺寸应符合 GB/T 41《1型六角螺母 C级》、GB/T 56《六角头螺母》、GB/T 6170《1型六角螺母 A级和B级》、GB/T 6171《1型六角螺母 细牙 A级和B级》以及 H19，H5《高压管、管件及紧固件通用设计》的要求。螺母的规格见表 16.95。

表 16.95 螺母的规格

标 准	规 格
GB/T 41	M10、M12、M16、M20、M24、M27
GB/T 6170	M10、M12、M16、M20、M24、M27
GB/T 6171	M30×2、M33×2、M36×3、M39×3、M45×3 M48×3、M52×4、M56×4
H19	M14×2、M16×2、M20×2.5、M24×3、M27×3 M30×3.5、M33×3.5、M36×4、M39×4、M45×4.5

三、螺栓/螺母选用的一般要求

① 设计条件。选择法兰连接用紧固件材料时，应同时考虑管道操作压力、操作温度、介质种类和垫片类型等因素。垫片类型和操作压力、操作温度一样，直接对紧固件材料强度提出了要求。例如，采用缠绕式垫片密封的低压剧毒介质管道的法兰连接，尽管管道的操作压力和温度都不高，但因为使缠绕式垫片形成初始密封时所需要的比压力较大，从而要求紧固件的承受载荷也大，因此，在这种情况下就要求紧固件采用高强度合金钢材料。

② 螺栓/螺母形式的选择。六角头螺栓宜用于 $PN \leqslant 2.0$MPa 的法兰连接。$PN>2.0$MPa 或高温条件下应采用全螺纹螺柱或等长双头螺柱。屈服强度不超过 235MPa 的低强度紧固件，仅使用于 $PN \leqslant 2.0$MPa 非金属垫片的法兰连接，不得应用于剧烈循环操作工况，碳钢低强度紧固件使用温度范围为 −20~200℃。经变形硬化的奥氏体不锈钢紧固件用于非软质垫片法兰连接时，应验算紧固件承载能力是否符合连接要求，且使用温度不得超过 500℃。

a. 六角头螺栓（单头螺栓）常与平焊法兰和非金属垫片配合用于操作较缓和的工况下。常配 $H=0.8D$ 螺母，六角头螺栓常用材料是 BL3 或者是 Q235-B；石化工业中一般用于压力温度较低的冷却水、空气等公用工程管道上。

b. 螺柱（双头螺栓）是没有头部仅有两端均外带螺纹的一类紧固件。常与对焊法兰配合使用在操作条件比较苛刻的工况下。

c. 螺柱的全螺纹双头螺栓上没有截面形状的变化，故其承载能力强。而非全螺纹双头螺栓则相对承载能力较弱。

d. 螺柱适用于所有公称压力等级的管法兰，以往规定 $PN\leqslant2.5MPa$ 的法兰可配六角头螺栓亦可配螺柱，而 $PN\geqslant4.0MPa$ 的法兰只配螺柱。SH 3059《石油化工管道设计器材选用通则》规定除 $PN<5.0MPa$、采用软质垫片的法兰连接可选用六角头螺栓外，其他法兰连接均应选用全螺纹螺柱。ASME B16.5 也有类似规定，$PN\geqslant400psi$ 法兰连接均采用螺柱。

e. 由于同样直径螺栓的保证载荷与最小拉力载荷，细牙螺纹均比粗牙螺纹要大，中石化总公司标准规定规格不超过 M36 的一律用螺距为 3mm 的细牙螺纹。化工部标准规定螺纹规格为 M10~M27 时，采用粗牙螺纹；M30~M45 时采用细牙螺纹。

f. 螺母材料常根据与其配合的螺栓材料确定，这些组合在一般的标准中都有规定。一般情况下，螺母材料应稍低于螺栓材料，并保证螺母硬度比螺栓硬度低 30HB 左右。

③ 螺柱应为全螺纹，并带有两个螺母，螺母应选用 2 型六角螺母。六角头螺栓应配用 1 型六角螺母。商品级六角螺栓，其产品公差等级采用 A 级和 B 级，性能等级为 8.8 级，仅用于 $PN\leqslant1.6MPa$，配用非金属软垫片及非易燃、易爆和危害程度不高的场合。其最高使用温度为 250℃，相应的螺母性能等级为 8 级。商品级双头螺柱产品公差等级采用 A 级和 B 级，性能等级为 8.8 级，仅用于 $PN<4.0MPa$ 的工况下，配用非金属软垫片，其最高使用温度为 250℃。相应的螺母性能等级为 8 级。专用级的螺栓（柱）、螺母的选配应符合 HG 20613 和 HG 20634《钢制管法兰、垫片、紧固件》中的有关规定。其材质的选择要以使用温度-压力额定值为基准。垫圈在一般情况时不宜使用，只有在金属螺栓（柱）和螺母用于紧固非金属或有色金属连接件时才使用。螺柱、螺栓和螺母的公差等级均分 A、B、C 三级。C 级过去称为粗制，A、B 级过去有的分别叫精制、半精制，也有的统称为精制。石油化工管法兰紧固件标准规定一律符合 B 级产品要求。HG 规定压力 $PN\leqslant0.6MPa$ 时可采用 C 级产品。

④ 螺栓/螺母材料的选择。螺母材料常根据与其配合的螺栓材料确定，这些组合在一般的标准中都有规定。一般情况下，螺母材料应稍低于螺栓材料，并保证螺母硬度比螺栓硬度低 30HB 左右。垫片类型和操作压力、操作温度一样，都直接对紧固件材料强度提出了要求。例如，采用缠绕式垫片密封的低压剧毒介质管道的法兰连接，尽管管道的操作压力和温度都不高，但因为使缠绕式垫片形成初始密封时所需要的比压力较大，从而要求紧固件的承受载荷也大，因此，在这种情况下就要求紧固件采用高强度合金钢材料。合金钢螺柱均应采用高级优质钢，即材料牌号后均应加字母 A，如 35CrMoA、25CrMoVA。管法兰大量采用专用级紧固件，这种用材料牌号表示的螺栓、螺母的力学性能根据 GB 150 的规定。螺母的力学性能稍低于螺栓/螺柱。

⑤ 低温用紧固件，应对其材料的低温冲击韧性作出规定。紧固件在蠕变温度范围内使用时，应考虑螺栓松弛引起的螺栓载荷损失。高温用紧固件材料应与法兰材料具有相近的热膨胀系数。低强度紧固件仅用于公称压力小于或等于 $PN16$、采用非金属平垫片的法兰接头，不应使用于剧烈循环的工况。六角头螺栓仅适用于公称压力小于或等于 $PN16$ 的场合。公称压力大于或等于 $PN40$ 或高温工况下，应采用全螺纹螺柱。

⑥ 螺柱/螺栓的长度及数量应符合法兰的标准要求。

⑦ 设计压力和温度。公称压力 $PN\geqslant10.0MPa$ 时，或温度压力变化急剧频繁时，可采用

全螺纹螺柱。公称压力 $PN \leqslant 6.3\text{MPa}$ 时，可采用等长双头螺柱。公称压力 $PN \leqslant 1.6\text{MPa}$ 时，可选用六角头螺栓。

四、螺栓/螺母的材料级别

① 螺栓（柱）的材料级别分为：5.6，5.9，6.6，6.9，8.8，10.9，12.9 共七个级别。它是按螺栓（柱）的力学性能分级表示的，第一位数值表示材料的抗拉强度值的 1/10，第二位数值表示材料的屈服比即屈服极限/抗拉强度。

② 材料为 35 钢、45 钢、1Cr5Mo、40Cr、35CrMoA、25Cr2MoA、0Cr18Ni9、0Cr17Ni12Mo2 等材料。当力学性能分级规定不能满足使用要求时，可写出材料的具体牌号等。

③ 螺母的材料级别是按材料的力学性能分级表示的（即材料的抗拉强度的 1/10），分为 5，6，8，10，12 共五个级别。材料为 25 钢、45 钢、1CrMo、30CrMo、0Cr18Ni9、0Cr17Ni12Mo2 等材料。当力学性能分级规定不能满足使用要求时，可写出材料的具体牌号。

④ 紧固件材料。紧固件材料强度等级，分低、中、高。

五、紧固件的标记

紧固件的标记方法为

公称直径×长度

例如：六角头螺栓，直径 20mm、长 100m，标记为：螺栓　M20×100。

螺柱，直径 16mm、长 100mm，标记为：螺柱　M20×100。

薄型六角螺母，直径 20mm，标记为：螺母　M20。

HG/T 20634 的螺栓长度就是针对 Class 系列而规定的，但这个长度跟 ASME B16.5 不一样，ASME 标准中不包括端部具体长度，如按 ASME B16.5 购买则螺栓偏短。关于螺栓的长度影响因素很多，包括最后的圆整，一般是以 10mm 为基数，中石化集团公司标准就是以 5mm 为基数的。

同样是美标系列的螺栓标准，HG 20634 标准和 SH 3404 表示方法就不一样，HG/T 20634 的螺栓是根据压力等级、公称直径的法兰直接确定的螺栓大小和尺寸，SH 3404 的螺栓长度是要设计者自己计算确定的。

工程应用：配管设计 3D 模型内的螺栓长度设计

螺栓如果过长、过短，都会影响配管设计或直接作废。配管设计 3D 软件（例如 PDMS 或 PDS）的螺栓长度都是软件自动计算出来的，即把法兰厚度、垫片厚度和附加长度，三者加和后以 5mm 进行圆整。附加长度里包括了螺母厚度、两个螺距及法兰和螺母的厚度正偏差。如果中间还有对夹元件，螺栓长度计算时也会把对夹元件的长度加进去。经过比较，旧版的 HG 标准的螺栓长度过长，AMSE B16.5 标准里的螺栓偏短。而 2009 版的 HG 标准里的螺栓长度做过调整，长度适宜，可以参考。因为三维软件的螺栓长度是其自动计算出来的，所以没法做到与标准规范里的长度一模一样，但最好也要通过调整螺栓的附加长度使其控制在 ±5mm 的偏差内。

六、GB 50316 与 SH 3059 对螺栓/螺母选用要求的比较

1. GB 50316 对螺栓/螺母的选用要求

① 管道用紧固件，包括六角头螺栓、双头螺柱、螺母和垫圈等零件，应选用国家现行标准中的标准紧固件，并在规范所规定材料的范围内选用。用于法兰连接的紧固件材料，应符合国家现行法兰标准的规定，并与垫片类型相适应。碳钢紧固件应符合国家现行法兰标准中规定的使用温度。

② 法兰连接用紧固件螺纹的螺距不宜大于 3mm。规格在 M30 以上的紧固件可采用细牙螺纹。

③ 在一对法兰中有一个是铸铁、青铜或其他材质的铸造法兰，则紧固件要使用较低强度的法兰所配的材料。但符合下列条件时，可按所述任一个法兰配选紧固件材料：两个法兰均为全平面，并采用全平面的垫片；考虑到持续载荷、位移应变、临时载荷以及法兰强度各方面的因素，对拧紧螺栓的顺序和力矩已作了规定。

④ 当不同等级的法兰以螺栓紧固在一起时，拧紧螺栓的力矩应符合低等级法兰的要求。

⑤ 在剧烈循环条件下，法兰连接用的螺栓或双头螺柱应采用合金钢的材料。

⑥ 金属管道组成件上采用直接拧入螺柱的螺纹孔时，应有足够的螺孔深度，对于钢制件其深度至少应等于公称螺纹直径，对于铸铁件不应小于1.5倍的公称螺纹直径。

2. SH 3059 对螺栓/螺母的选用要求

① 法兰紧固件，应能保证垫片达到初始密封条件，并在整个操作过程中保持垫片的密封性。

② 六角头螺栓宜用于 $PN \leqslant 2.0MPa$ 的法兰连接。$PN > 2.0MPa$ 或在高温条件下应采用全螺纹螺柱或等长双头螺柱。

③ 屈服强度不超过 235MPa 的低强度紧固件，仅适用于 $PN \leqslant 2.0MPa$ 非金属垫片的法兰连接，并不得应用于剧烈循环操作工况，碳钢低强度紧固件工作温度范围为 $-20 \sim 200℃$。

④ 经变形硬化的奥氏体不锈钢紧固件用于非软质垫片法兰连接时，应验算紧固件承载能力是否能符合连接要求，且使用温度不得超过 500℃。

GB 50316 与 SH 3059 对螺栓/螺母选用要求是一致的，互为补充。有些工程材料选用规定同时写了这两个规范。

七、紧固件选用常用标准

① GB/T 41《1 型六角螺母 C 级》
② GB/T 6170《1 型六角螺母 A 级和 B 级》
③ GB/T 6171《1 型六角螺母细牙 A 级和 B 级》
④ GB/T 6176《1 型六角螺母—细牙　A 级和 B 级》
⑤ GB/T 897～900《双头螺柱》
⑥ GB/T 901《等长双头螺柱　B 级》
⑦ GB/T 953《等长双头螺柱　C 级》
⑧ GB/T 5780～5786《六角头螺栓》
⑨ HG 20613《钢制管法兰用紧固件（PN 系列）》
⑩ HG 20634《钢制管法兰用紧固件（Class 系列）》
⑪ SH 3404《管法兰用紧固件》
⑫ ASME B16.5《管法兰和法兰管件》
⑬ ASME B18.2.1《四角和六角螺栓和螺钉》
⑭ ASME B18.2.2《四角和六角螺母》

工程应用：某不锈钢螺栓断裂漏事故

某氯化苄储槽，进料阀（底阀）未关，底阀接口法兰处破裂，氯化苄泄漏。经检查发现，是 4 颗螺栓中有 3 颗齐根部断裂。在含氯环境下，不锈钢中易发生应力腐蚀。

第七节　垫片的选用

一、垫片的分类

垫片（gasket）是两个物体之间的机械密封，通常用以防止两个物体之间受到压力、腐蚀和管路自然地热胀冷缩泄漏。由于机械加工表面不可能完美，使用垫片即可填补不规则处。

1. 按垫片材质分类

① 非金属垫片（non-metallic gasket），有石棉橡胶垫片、橡胶垫片、聚四氟乙烯垫片、合成橡胶垫片、膨胀石墨、皮革等。非金属包覆垫片外包一层合成树脂等的非金属垫片。

② 半金属垫片（semimetallic gasket）是用金属和非金属材料制成的垫片，如缠绕式垫片、金属包覆垫片。缠绕式垫片由 V 形或 W 形断面的金属带与非金属带相互重叠、连续缠绕而成。金属带与非金属带交替缠绕，由于其具有较好的弹性，广泛用于石化、化工、电力等行业的法兰密封结构中，根据具体部位，可在垫片的内层或外层加上钢环来定位或加强。钢环分为内环和外环。内环是设置在缠绕式垫片内圈的金属环。外环是设置在缠绕式垫片外圈的金属环。

③ 金属垫片（metallice gasket）是用钢、铝、铜、镍或蒙乃尔合金等金属制成的垫片。

不同材质垫片及形式见表 16.96。

表 16.96 不同材质垫片及形式

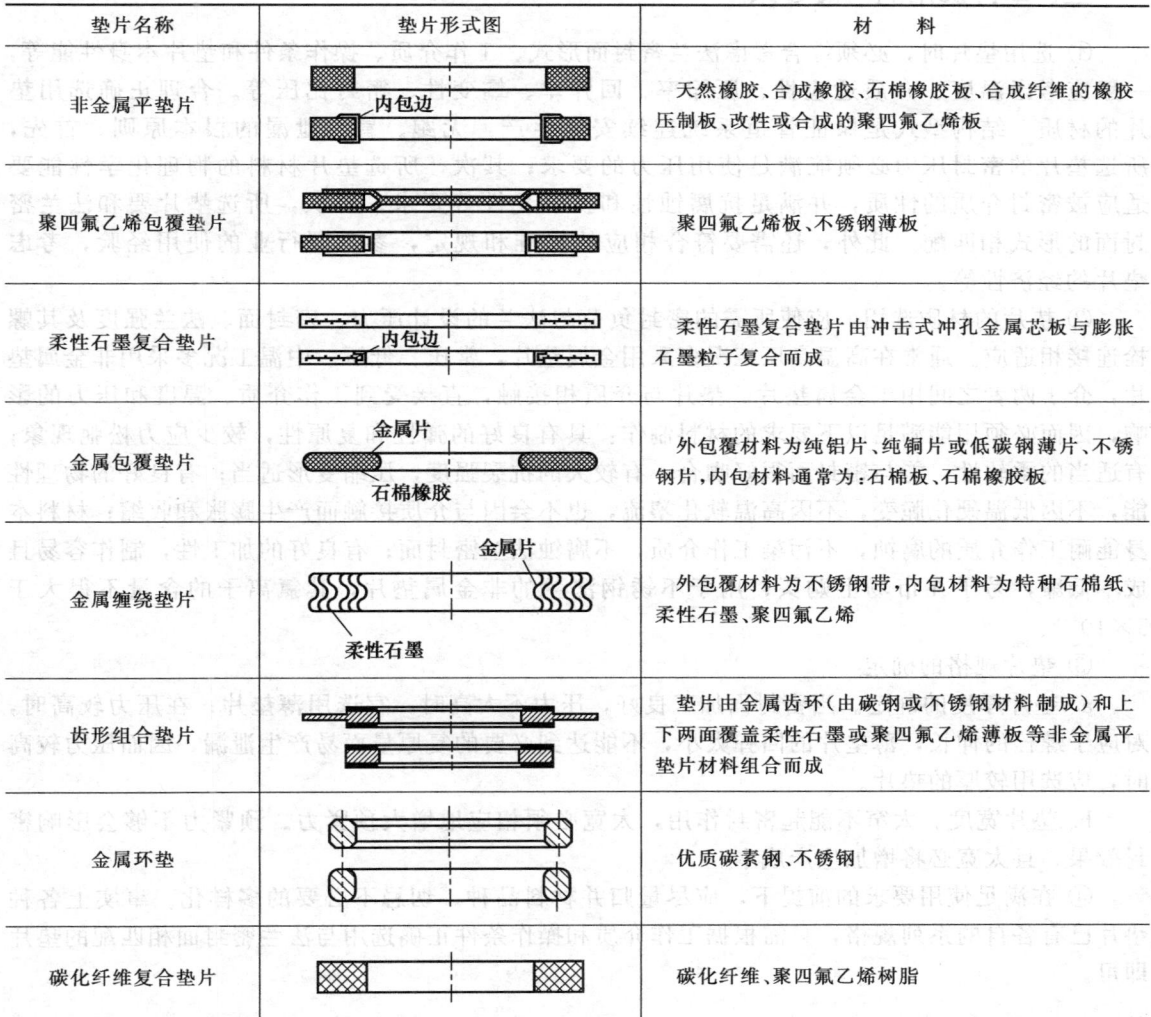

垫片名称	垫片形式图	材　料
非金属平垫片	内包边	天然橡胶、合成橡胶、石棉橡胶板、合成纤维的橡胶压制板、改性或合成的聚四氟乙烯板
聚四氟乙烯包覆垫片		聚四氟乙烯板、不锈钢薄板
柔性石墨复合垫片	内包边	柔性石墨复合垫片由冲击式冲孔金属芯板与膨胀石墨粒子复合而成
金属包覆垫片	金属片　石棉橡胶	外包覆材料为纯铝片、纯铜片或低碳钢薄片、不锈钢片，内包材料通常为：石棉板、石棉橡胶板
金属缠绕垫片	金属片　柔性石墨	外包覆材料为不锈钢带，内包材料为特种石棉纸、柔性石墨、聚四氟乙烯
齿形组合垫片		垫片由金属齿环（由碳钢或不锈钢材料制成）和上下两面覆盖柔性石墨或聚四氟乙烯薄板等非金属平垫片材料组合而成
金属环垫		优质碳素钢、不锈钢
碳化纤维复合垫片		碳化纤维、聚四氟乙烯树脂

2. 按垫片形状分类

垫片按形状分为环形平垫片［见图 16.53（a）］、复合型、波纹型、环状［见图 16.53（b）］。

图 16.53　不同形状垫片

二、垫片选用的一般要求

① 选用垫片时，必须综合考虑法兰密封面形式、工作介质、操作条件和垫片本身性能等，一般应考虑温度、介质适应性、压缩率、回弹率、蠕变性、密封比压等。合理正确选用垫片的材质、结构型式是保证管道系统连续安全生产，无跑、冒、泄漏的根本原则。首先，所选垫片的密封压力必须能满足使用压力的要求；其次，所选垫片材料的物理化学性能要适应被密封介质的性质，并满足抗腐蚀性和抗氧化性等要求；再次，所选垫片要和法兰密封面的形式相匹配。此外，还需要符合相应的标准和规定，参考同行业的使用经验，考虑垫片的经济性等。

② 垫片的材质选用，应使所需的密封负荷与法兰的设计压力、密封面、法兰强度及其螺栓连接相适应。通常在高温高压工况多采用金属垫片，常压、低压、中温工况多采用非金属垫片，介于两者之间用半金属垫片。垫片与介质相接触，直接受到工作介质、温度和压力的影响，因而必须用能满足以下要求的材料制作：具有良好的弹性和复原性，较少应力松弛现象；有适当的柔软性，能与密封面很好吻合，有较大的抗裂强度，压缩变形适当；有良好的物理性能，不因低温硬化脆变，不因高温软化塑流，也不会因与介质接触而产生膨胀和收缩；材料本身能耐工作介质的腐蚀，不污染工作介质，不腐蚀法兰密封面；有良好的加工性，制作容易且成本低廉，易于在市场上购买；用于不锈钢法兰的非金属垫片，其氯离子的含量不得大于 5×10^{-5}。

③ 垫片规格的确定

a. 垫片厚度的确定。当密封面加工良好，压力不太高时，宜选用薄垫片；在压力较高时，对应于螺栓的伸长，薄垫片的回弹太小，不能达到必要的复原量而易产生泄漏，因而压力较高时，应选用较厚的垫片。

b. 垫片宽度。太窄不能起密封作用，太宽必须相应地增大预紧力。预紧力不够会影响密封效果，且太宽必将增加生产成本。

④ 在满足使用要求的前提下，应尽量归并材料品种，切忌不必要的多样化。事实上各种垫片已有各自的系列规格，只需根据工作介质和操作条件正确选用与法兰密封面相匹配的垫片即可。

三、各类型垫片的性能

1. 非金属垫片

非金属垫片适用范围为：$t \leqslant 260℃$，$PN \leqslant 2.0\text{MPa}$（SH3401）；$t \leqslant 400℃$，$PN \leqslant$

4.0MPa（GB 标准），用于水、空气、氮气、酸、碱、油品等介质工况下。其中聚四氟乙烯（PTFE）包覆垫片适用范围为 $t=-180\sim200℃$，$PN\leqslant4.0$MPa，常用于低温或者要求干净的场合下。非金属垫片的特点有：适用温度较低；介质适应性好；Y_{min} 小，m 小，密封预紧力小，密封面粗糙度大；但有时有渗透性，有一定泄漏率；压溃强度 Y_{max} 也小，不适用于高压；密封面粗糙度不宜太低（摩擦力小，易吹出）；垫片宽度大，可降低泄漏率，防压溃。

不同材质非金属垫片性能如下。

① 天然橡胶（NR）。对弱酸和碱、盐和氯化物溶液具有良好的耐蚀性能，对油和溶剂耐蚀性能差，不推荐用于臭氧介质。推荐工作温度 $-57\sim93℃$。

② 氯丁橡胶（CR）。氯丁橡胶是一种合成橡胶，适应于耐中等腐蚀的酸、碱和盐溶液的腐蚀。对商业用油和燃料具有良好的耐蚀作用。但在强氧化性酸、芳香烃和氯化碳氢化合物其耐腐蚀性能是差的。推荐工作温度 $-51\sim121℃$。

③ 氟橡胶。对油、燃料、氯化物溶液、芳香烃和脂类和强酸具有良好的耐蚀性能，但不适应用于胺类、脂类、酮类和蒸汽，推荐工作温度 $-40\sim232℃$。

④ 氯磺酰化聚乙烯合成橡胶。对酸、碱和盐物溶液具有良好的耐蚀性能，同时不受气候、光照、臭氧、商业燃料（如柴油和煤油等）影响。但不适用于芳香烃、氯化碳氢化合物、铬酸和硝酸。推荐工作温度 $-45\sim135℃$。

⑤ 硅橡胶。对热空气具有良好的耐蚀性能。硅橡胶不受阳光和臭氧影响。但不适用于蒸汽、酮类、芳香烃和脂类碳氢化合物。

⑥ 乙丙橡胶。对强酸、强碱、盐和氯化物溶液具有良好的耐蚀性能。但不适用于油类、溶剂、芳香烃和碳氢化合物。推荐工作温度 $-57\sim176℃$。

⑦ 石墨。可分为掺入金属或不掺入金属元素石墨材料。该材料可粘接因此可制造直径超过 600mm 的管道垫片。对许多酸、碱、盐和有机合物甚至高温溶液具有非常优异的耐蚀性能。它不能熔化，但超过 3316℃时将升华。在高温条件下，在强氧化性介质中使用该材料应慎重。除用于垫片外，该材料还可制作填料和缠绕垫片中的非金属缠绕带。

⑧ 陶瓷纤维。陶瓷纤维是一种适用于高温和低压工况及轻型法兰条件下的优异垫片材料，推荐工作温度 1093℃，可制作缠绕垫片中的非金属缠绕带。

⑨ 聚四氟乙烯（PTFE）。集中了大多数塑料垫片材料的优点，耐温从 $-180\sim200℃$。除游离氟和碱金属外，对化学物品、溶剂、氢氧化物和酸均具有优异的耐蚀性能。PTFE 材料能充填玻璃，其目的是降低 PTFE 的冷流性和蠕变性。

⑩ 石棉橡胶垫片是通过向石棉中加入不同的添加剂并压制而成。在美国，很多标准中都将石棉制品列为致癌物质而禁用。但在世界范围内，石棉仍以其弹性好、强度高、耐油性好、耐高温、易获得等优点而得到广泛应用。石棉橡胶垫片最高使用温度应根据垫片牌号决定（一般用于温度低于 250℃工况），最低使用温度不应低于 $-50℃$。其最高公称压力不应超过 5.0MPa。根据工艺需要可选用耐酸、耐油或耐碱型石棉橡胶板。耐高温的石棉橡胶板，最高使用温度可达 400℃。垫片标准为 SH 3401 或 ASM E B16.21。

2. 半金属垫片

缠绕式垫片是半金属垫片中性能最理想也是应用最普遍的。其特点为：压缩回弹性好、强度高，有利于适应压力和温度的变化，能在高温、低温、冲击、振动及交变载荷下保持良好的密封性能。缠绕钢带：20、1Cr13、0Cr19Ni9、0Cr18Ni10Ti、0Cr17Ni12Mo2 等材料。

不同形式半金属垫片性能如下。

① 聚四氟乙烯包覆垫片，一般用于耐蚀介质、防黏结或介质要求纯度高的情况。其最高公称压力为 PN5.0，最高工作温度为 150℃。金属包覆垫片的最高使用温度见表 16.97。垫片标准为 SH 3402、HG/T 20609 和 HG/T 20630 等。

表 16.97 金属包覆垫片的最高使用温度

包覆金属材料		填充材料		最高使用温度 /℃
名称	标准	名称	标准	
纯铝板 L3	GB 3880	石棉橡胶板	GB 3985	200
纯铜板 T3	GB 2040			300
镀锡薄钢板	GB 2520			400
镀锌薄钢板	GB 2518			
08F	GB 710			400
0Cr18Ni9 00Cr19Ni10 00Cr17Ni14Mo2	GB 3280	石棉橡胶板	GB 3985	500

② 缠绕式垫片的使用温度与金属带材料和非金属带材料种类有关,金属带材料的使用温度范围见表 16.98,非金属带材料的使用温度范围见表 16.99,缠绕式垫片的形式及代号见表 16.100。缠绕垫片的结构见图 16.54。缠绕式垫片适用于极度危害介质、高度危害介质、可燃介质或温度高、温差大、受机械振动或压力脉动的工艺介质管道,适用于温度 $t \geqslant 450$℃或压力大于 $PN2.0$ 的蒸汽管道。缠绕式垫片选用时应符合下列规定。

表 16.98 金属带材料的使用温度范围

金属带材料	使用温度/℃	金属带材料	使用温度/℃
0Cr13	−20~540	0Cr25Ni20	−196~810
0Cr18Ni9,1Cr18Ni9Ti,0Cr17Ni12Mo2	−196~700	00Cr17Ni14Mo2,00Cr19Ni10	−196~450

表 16.99 非金属带材料的使用温度范围

非金属带材料	使用温度/℃	非金属带材料	使用温度/℃
特制石棉	−50~500	聚四氟乙烯	−196~200
柔性石墨	−196~800(氧化性介质不高于 600)		

表 16.100 缠绕式垫片的形式及代号

类型	适用密封面形式	垫片形式代号			
		SH 3407	HG 20610	JB/T 90	GB 4622.1
基本型	榫槽面	A	A	A	A
带内环	凹凸面	C	B	B	C
带外环	凸台面	B	C	C	B
内外环	凸台面 ($PN \geqslant 5.0$MPa,$t \geqslant 350$℃时)	D	D	D	D

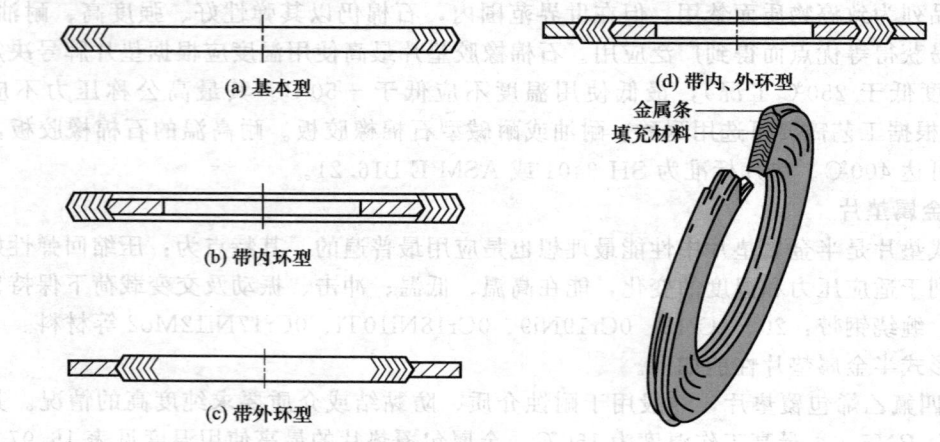

图 16.54 缠绕垫片的结构

a. 凸台面法兰应采用带外环型缠绕式垫片。
b. 凹凸面法兰应采用带内环型缠绕式垫片。
c. 榫槽面法兰应采用基本型缠绕式垫片。
d. 公称压力等于或大于 15.0MPa 的凸台面法兰应采用带内外环型缠绕式垫片。

缠绕式垫片选用标准为 SH 3407、ASME B16.20、HG/T 20610、HG/T 20631 等。柔性石墨复合垫片的最高公称压力为 10.0MPa，最高使用温度取决于金属芯板材料。

③ 铁包式垫片密封性能不如缠绕式垫片，故压力管道中用得不多，它常用在换热器封头等大直径的法兰连接密封上。

④ 柔性石墨复合垫由冲齿或冲孔金属芯板与膨胀石墨粒子复合而成。HG/T 20611 和 HG/T 20632《钢制管法兰用齿形组合垫》适用于突面、凹凸面和榫槽面法兰。齿形组合垫的最高使用温度见表 16.101。

表 16.101 齿形组合垫的最高使用温度

金属齿形环材料	覆盖层材料	最高使用温度/℃	金属齿形环材料	覆盖层材料	最高使用温度/℃
10 或 08	柔性石墨	450	0Cr18Ni9、	柔性石墨	650°
0Cr13	柔性石墨	540°	0Cr17Ni12Mo2	聚四氟乙烯	200

3. 金属垫片

金属垫片常用在高压力等级法兰上，以承受比较高的密封比压。常用的金属垫片有平垫、八角形垫和椭圆形垫三种。金属平垫片常与凸台面、凹凸面、榫槽面法兰使用。八角形金属垫片和椭圆形金属垫片常与环槽面法兰使用。与椭圆形金属垫片相比八角形金属垫片容易加工，故其应用比较多。

金属垫片的材料应配合法兰材料选用，且要求金属环垫材料硬度值比法兰材料硬度值低 30～40HB。

金属特点：适用温度较高；介质适应性较好；Y_{min} 较大，m 较大，密封预紧力较大，密封面粗糙度要求较光滑；泄漏率低；压溃强度 Y_{max} 大，适用于高压；垫片宽度小，可降低预紧力。

金属环垫一般使用在温度 $t \geqslant 450$℃或压力 $PN \geqslant 25.0$MPa 的工艺和公用系统介质的管道上。选用标准为 SH 3403 或 ASME B16.20。在下列情况下，缠绕式垫片需加内环：$PN \leqslant 5.0$MPa，$DN \geqslant 600$mm 的管道；$PN \geqslant 10.0$MPa，$DN \geqslant 250$mm 的管道；真空管道；压缩机入口的管道。

不同材料金属垫片性能如下。

① 碳钢。推荐最大工作温度不超过 538℃。碳钢垫片通常用于高浓度的酸和许多碱溶液。布氏硬度约 120HB。

② 304 不锈钢。即 18-8，推荐最大工作温度不超过 760℃。在温度 -196～538℃区间内，易发生应力腐蚀和晶界腐蚀。布氏硬度 160HB。

③ 304L 不锈钢。含碳量不超过 0.03%。推荐最大工作温度不超过 760℃。耐蚀性能类似 304 不锈钢。低的含碳量减少了碳从晶格的析出，耐晶界腐蚀性能高于 304 不锈钢。布氏硬度约 140HB。

④ 316 不锈钢。即 18-12，在 304 不锈钢中增加约 2%钼，以提高其强度和耐蚀性能。当温度升高时比其他普通不锈钢具有更高抗蠕变性能。推荐最大工作温度不超过 760℃。布氏硬度约 160HB。

⑤ 316L 不锈钢。推荐最大连续工作温度不超过 760～815℃。相对于 316 不锈钢具在更优秀的耐应力腐蚀能力和耐晶界腐蚀能力。布氏硬度约 140HB。

⑥ 20 合金。成分为 45%铁、24%镍、20%铬和少量钼和铜。推荐最大工作温度不超过 760～815℃。特别适用于制造耐硫酸腐蚀的设备，布氏硬度约 160HB。

⑦ 铝。铝（含量不低于99%）具有优秀的耐蚀性能和加工性能，适用于制造双夹垫片。布氏硬度约35HB。推荐最大连续工作温度不超过426℃。

⑧ 紫铜。紫铜的成分接近于纯铜，其含有微量的银以增加其连续工作温度。推荐最大连续工作温度不超过260℃。布氏硬度约80HB。

⑨ 黄铜。成分：铜66%、锌34%，在大多数工况条件下，具有良好耐蚀性能，但不适应醋酸、氨、盐和乙炔。推荐最大连续工作温度不超过260℃。布氏硬度约58HB。

⑩ 哈氏B-2。(成分：26%～30%钼，62%镍和4%～6%铁)。推荐最大工作温度不超过1093℃。具有优异的耐热浓度盐酸腐蚀性能，也具有优异的耐湿氯化氢气体腐蚀、硫酸、磷酸和还原性盐溶液腐蚀的性能。在高温条件下具有高的强度。布氏硬度约230HB。

⑪ 哈氏C-276。成分：16%～18%钼，13%～17.5%铬，3.7%～5.3%钨，4.5%～7%铁，其余均为镍。推荐最大工作温度不超过1093℃。具有优异的耐蚀性能。对各种浓度的冷硝酸或浓度达到70%的沸腾硝酸均具有优异的耐蚀性能，具有良好的耐盐酸和硫酸腐蚀性能以及优异的耐应力腐蚀性能。布氏硬度约210HB。

⑫ 英科耐尔600。镍基合金，成分：77%镍、15%铬和7%铁。推荐最大工作温度不超过1093℃。在高温条件下具有高的强度，通常用于需解决应力腐蚀问题的设备。布氏硬度约150HB。

⑬ 蒙乃尔400。含铜30%，推荐最大连续工作温度不超过815℃。除强氧化性酸外，对大多数酸和碱具有优异的耐蚀性能，在氟酸、氯化汞、汞介质中易产生应力腐蚀裂纹，因而，不适用于上述介质。被广泛用于制造氢氟酸的设备。布氏硬度约120HB。

⑭ 钛。推荐最大工作温度不超过1093℃。在高温条件下，具有优异的耐蚀性能，可耐氯离子的侵蚀，在较宽的温度和浓度区间，具有优异的耐硝酸腐蚀性能。钛材在碱溶液用得很少，适应用于氧化工况条件。布氏硬度约216HB。常用金属环垫的最高使用温度见表16.102。

表16.102 常用金属环垫的最高使用温度

材料	最高使用温度/℃	最大硬度值HB	材料	最高使用温度/℃	最大硬度值HB
软铁	450	90	0Cr18Ni10Ti	700	160
08或10	450	120	0Cr17Ni12Mo2	700	160
1Cr5Mo	550	130	00Cr19Ni10	450	160
0Cr13	540	140	00Cr17Ni14Mo2	450	150
0Cr18Ni9	700	160			

注：按照GB/T 20878—2007《不锈钢和耐热钢 牌号和化学成分》，高合金钢钢管的钢号有了新牌号。例如：0Cr18Ni9新牌号为06Cr19Ni10，00Cr19Ni10新牌号为022Cr19Ni10，0Cr17Ni12Mo2新牌号为06Cr17Ni12Mo2。

垫片材料的选用见表16.103。

表16.103 垫片材料的选用

密封垫片类型	适用范围	经济性能
石棉橡胶垫	最高使用压力5.0MPa，最高使用温度由垫片材质决定，最低使用温度−50℃	便宜
聚四氟乙烯包覆垫	适用于耐腐蚀、防黏结和要求清洁度高的管道密封，最高使用压力5.0MPa①，最高使用温度为150℃	一般
金属缠绕垫	石棉缠绕垫：最高使用压力25.0MPa；使用温度：−50～500℃	一般
	石墨缠绕垫：最高使用压力25.0MPa；使用温度：−196～600℃②	
	聚四氟乙烯缠绕垫：最高使用压力10.0MPa；使用温度：−196～200℃	
金属包覆垫	最高使用压力6.4MPa，使用温度为300～450℃	一般
柔性石墨复合垫	最高使用压力6.3MPa，最高工作温度取决于金属芯板材料，低碳钢为450℃，不锈钢为650℃（用于氧化性介质时为450℃）	一般
金属齿形垫	主要应用于中、高压管道法兰的密封	较贵
波齿复合垫	主要用于温度或压力波动较大的场合，最高使用压力为25.0MPa	贵
金属环垫	多用于高温、高压的法兰密封，最高使用温度取决于所用金属材料	贵

① SH规定使用压力一般不大于4.0MPa；HG标准规定适用于PN0.6～PN4.0（欧洲体系法兰）/PN2.0（Class150），PN5.0（Class300）（美洲体系法兰）。
② 非氧化性介质为800℃。

工程应用：某工业装置垫片设计错误引起的事故

某工业装置，脱轻组分塔在苯循环升温过程中，脱轻组分塔釜底泵出口单向阀入口端法兰处突然泄漏，液体苯大量喷出，在关闭釜底泵阀门过程中，一名操作人员死亡。经调查分析，认定事故的原因是脱轻组分塔底泵出口单向阀第一道法兰垫片因施工残留的石棉板被苯溶剂浸透冲出，致使法兰密封失效，大量苯泄漏。

工程应用：某工业装置热水管线非金属垫片的替换

某工业装置的热水主要用于工艺加热。设计时，选用的是非金属垫片三元乙丙橡胶（EPDM）。在施工阶段，考虑到运行时停车检修的便利性，更换垫片为柔性石墨复合垫片（HG20627 304S. S/GRAP. PN2.0RF）。

工程应用：某蒸汽管道法兰及紧固件的选用

某工程把下列条件的管道编在一个管道等级中，管道材料为20钢：一条蒸汽管道设计压力为1.6MPa，设计温度为330℃；另一条蒸汽管道设计压力为2.6MPa，设计温度为260℃。需写出管道等级的最小压力级别、上述两种管道的法兰、垫片的组合形式。

解：

（1）压力级为：4.0MPa；

（2）HG法兰：PN4.0 WN-MFM，垫片为PN4.0带内环缠绕垫；PN4.0 WN-MFM，垫片为PN4.0柔性石墨复合垫。

GB法兰：PN4.0 WN-MF，垫片为PN4.0带内环缠绕垫；PN4.0 SO-RF，垫片为PN4.0带外环缠绕垫。

JB法兰：PN4.0 WN-MFM、垫片为PN4.0带内环缠绕垫。

四、垫片选用常用标准

1. 垫片标准

① ASME B16.20《管法兰用环垫式、螺旋缠绕式和夹层式金属垫片》
② ASME B16.21《管法兰用非金属平垫片》
③ JIS B2404《管法兰用垫片尺寸》
④ GB/T 4622.1《用缠绕式垫片 分类》
⑤ GB/T 4622.2《缠绕式垫片 管法兰用垫片尺寸》
⑥ GB/T 4622.3《缠绕式垫片 技术条件》
⑦ GB/T 9126《管法兰用非金属平垫片 尺寸》
⑧ GB/T 9128《钢制管法兰用金属环垫 尺寸》
⑨ GB/T 9129《管法兰用非金属平垫片 技术条件》
⑩ GB/T 9130《钢制管法兰连接用金属环垫技术条件》
⑪ GB/T 13403《大直径碳钢管法兰用垫片》
⑫ GB/T 13404《管法兰用聚四氟乙烯包覆垫片》
⑬ GB/T 14180《缠绕式垫片试验方法》
⑭ GB/T 15601《管法兰用金属包覆垫片》
⑮ GB/T 19066.1《柔性石墨金属波齿复合垫片 分类》
⑯ GB/T 19066.2《柔性石墨金属波齿复合垫片 管法兰用垫片尺寸》
⑰ GB/T 19066.3《柔性石墨金属波齿复合垫片 技术条件》
⑱ GB/T 19675.1《管法兰用金属冲齿板柔性石墨复合垫片 尺寸》
⑲ GB/T 19675.2《管法兰用金属冲齿板柔性石墨复合垫片 技术条件》
⑳ JB/T 87《管路法兰用石棉橡胶垫片》

㉑ JB/T 88《管路法兰用金属齿形垫片》
㉒ JB/T 89《管路法兰用金属环垫》
㉓ JB/T 90《管路法兰用缠绕式垫片》
㉔ JB/T 6628《柔性石墨复合增强（板）垫》
㉕ JB/T 8559《金属包垫片》
㉖ JB/T 4718《管壳式换热器用金属包垫片》
㉗ JB/T 4719《管壳式换热器用缠绕垫片》
㉘ JB/T 4720《管壳式换热器用非金属垫片》
㉙ HG 20606《钢制管法兰用非金属平垫片（PN 系列）》
㉚ HG 20607《钢制管法兰用聚四氟乙烯包覆垫片（PN 系列）》
㉛ HG 20609《钢制管法兰用金属包覆垫片（PN 系列）》
㉜ HG 20610《钢制管法兰用缠绕式垫式（PN 系列）》
㉝ HG 20611《钢制管法兰用齿形组合垫（PN 系列）》
㉞ HG 20612《钢制管法兰用金属环垫（PN 系列）》
㉟ HG 20627《钢制管法兰用非金属平垫片（Class 系列)》
㊱ HG 20628《钢制管法兰用聚四氟乙烯包覆垫片（Class 系列）》
㊲ HG 20629《钢制管法兰用柔性石墨复合垫片（Class 系列）》
㊳ HG 20630《钢制管法兰用金属包覆垫片（Class 系列）》
㊴ HG 20631《钢制管法兰用缠绕式垫片（Class 系列）》
㊵ HG 20632《钢制管法兰用具有覆盖层的齿形组合垫（Class 系列）》
㊶ HG 20633《钢制管法兰用金属环形垫（Class 系列）》
㊷ SH 3401《管法兰用石棉橡胶板垫片》
㊸ SH 3402《管法兰用聚四氟乙烯包覆垫片》
㊹ SH 3403《管法兰用金属环垫》
㊺ SH 3407《管法兰用缠绕式垫片》

2. 相关标准

① GB/T 12385《管法兰用垫片密封性能试验方法》
② GB/T 12621《管法兰垫片 应力松弛试验方法》
③ GB/T 12622《管法兰垫片压缩率及回弹率试验方法》
④ GB/T 539《耐油石棉橡胶板》
⑤ GB/T 540《耐油石棉橡胶板试验方法》
⑥ GB/T 541《石棉橡胶板试验方法》
⑦ GB/T 3985《石棉橡胶板》
⑧ JB/T 7758.2《柔性石墨板技术条件》
⑨ JB/T 9141.1《柔性石墨板材 密度测试方法》
⑩ JB/T 9141.2《柔性石墨板材 拉伸强度测试方法》
⑪ JB/T 9141.3《柔性石墨板材 压缩强度测试方法》
⑫ JB/T 9141.4《柔性石墨板材 压缩率、回弹率测试方法》
⑬ JB/T 9141.5《柔性石墨板材 灰分测定方法》
⑭ JB/T 9141.6《柔性石墨板材 固定碳含量测定方法》
⑮ JB/T 9141.7《柔性石墨板材 热失重测定方法》
⑯ JB/T 9141.8《柔性石墨板材 滑动摩擦系数测试方法》
⑰ JB/T 9141.9《柔性石墨板材 取样方法》

⑱ JB/T 8558《石棉/聚四氟乙烯混编填料》
⑲ JB/T 8560《碳化纤维/聚四氟乙烯混编填料》
⑳ JB/T 9142《阀门用缓蚀石棉填料技术条件》
㉑ JB/T 9143《缓蚀石棉填料腐蚀试验方法》

第八节　法兰、垫片及紧固件的综合选用

国际（包括国内）管法兰标准主要有两大体系，即欧洲体系（以 DIN 标准为代表）以及美洲体系［以美国 ASME B16.5、ASME B16.47（A 系列，B 系列）标准为代表］。同一体系内，各国的管法兰标准基本上是可以互相配用的（指连接尺寸和密封面尺寸），两个不同体系的法兰是不能互相配用的。

一、美洲体系法兰不同标准的配合使用及相互连接

美洲体系管法兰配合使用对应表见表 16.104 和表 16.105，包含连接尺寸、密封面尺寸的配合使用。

表 16.104　美洲体管法兰（$DN \leqslant 600mm$）配合使用对应表

标准号	标准名称	压力等级/MPa
ISO 7005—1	钢法兰	PN2.0、PN5.0、PN11.0、PN15.0、PN26.0、PN42.0
ASME B16.5	管法兰和法兰管件	Class150、Class300、Class600、Class900、Class1500、Class2500
BS 1560 section 3.1	钢法兰及法兰管件	Class150、Class300、Class600、Class900、Class1500、Class2500
NF E29—203	钢法兰	PN2.0、PN5.0、PN10.0、PN15.0、PN25.0、PN42.0
JPI 7S—15—93	钢法兰及法兰管件	Class150、Class300、Class600、Class900、Class1500、Class2500
GB/T 9112～9124	钢制管法兰	PN2.0、PN5.0、PN11.0、PN15.0、PN26.0、PN42.0
SH/T 3406	钢制管法兰	PN2.0、PN5.0、PN10.0、PN15.0、PN25.0、PN42.0
SH/T 3406	钢制管法兰	PN2.0、PN5.0、PN10.0、PN15.0、PN25.0、PN42.0
HG 20615～20635	钢制管法兰	PN2.0、PN5.0、PN11.0、PN15.0、PN26.0、PN42.0

表 16.105　美洲体大直径管法兰（$DN > 600mm$）配合使用对应表

标准号	标准名称	压力等级/MPa	备注
ASME B16.47	大直径钢法兰	Class150、Class300、Class600、Class900	
API 605	大直径钢法兰	Class150、Class300、Class600、Class900	
JPI 7S—43	大直径钢法兰	Class150、Class300、Class600、Class900	B 系列
SH/T 3406	钢制管法兰	PN2.0、PN5.0	
HG 20615～20635	钢制管法兰	PN2.0、PN5.0、PN11.0、PN15.0	

注：本标准系列未列入 ASME B16.47 中 A 系列。如需采用可按 GB/T 13402（大直径碳钢管法兰）。

二、欧洲体系法兰不同标准的配合使用及相互连接

欧洲体系法兰不同标准的配合使用及相互连接，见表 16.106。

表 16.106　欧洲体系管法兰（$DN \leqslant 600mm$）配合使用对应表

标准号	标准名称	压力等级 PN/MPa
ISO 7005—1	钢法兰	0.25、0.6、1.0、1.6、2.5、4.0
DIN 2527	法兰盖	0.25～10.0
DIN 2543～2549	铸钢整体法兰	1.6～25.0
DIN 2566	螺纹法兰	1.0、1.6
DIN 2628～2638	带颈对焊法兰	0.25～25.0
DIN 2573、DIN 2576	板式平焊法兰	0.6、1.0
DIN 2641、DIN 2642	翻边环板式活套法兰	0.6、1.0
DIN 2655、DIN 2656	平焊环板式活套法兰	0.25～4.0

续表

标准号	标准名称	压力等级 PN/MPa
DIN 2673	带颈对焊环板式活套法兰	1.0
BS 4504—3.1	钢法兰	0.25、0.6、1.0、1.6、2.5、4.0
NF E29—203	钢法兰	0.25、0.6、1.0、1.6、2.5、4.0
JB/T 74~90	管路法兰	0.25、0.6、1.0、1.6、2.5、4.0、6.3、10.0[1][2]
HG 20527 HG 20529	钢制管法兰	0.25、0.6、1.0、1.6、2.5、4.0、6.3、10.0、16.0
GB 9112~9124	钢制管法兰	0.25、0.6、1.0、1.6、2.5、4.0、6.3、10.0、16.0

[1] JB/T 74 管路法兰中的 PN16.0、PN20.0 者,与本标准法兰不能配合使用。
[2] JB/T 74 管路法兰中仅三个法兰:PN0.25-DN500、PN0.6-DN500、PN1.0-DN80 与本标准法兰不能配合使用。

三、SI 制压力等级与英制压力等级的对照

SI 制压力等级与英制压力等级的对照见表 16.107。

表 16.107　SI 制压力等级与英制压力等级的对照

SI 制压力等级 PN/MPa		英寸制压力等级 (Class)	SI 制压力等级 PN/MPa		英寸制压力等级 (Class)
新	旧		新	旧	
1.0	1.0	75	11.0	10.0	600
2.0	2.0	150,铸铁 125	15.0	15.0	900
5.0	5.0	300,铸铁 250	26.0	25.0	1500
6.8(SH)	—	400[1]	42.0	42.0	2500

注:ISO、BS、GB 及 HG 标准中已取消与 Class400 对应的压力等级,SH 标准仍有。

四、法兰、垫片和紧固件的选配

法兰、垫片和紧固件的选配见表 16.108~表 16.110。

第九节　阀门的选用

一、阀门的分类

阀门是工业管道系统的重要组成部件。其主要功能是:接通和截断介质;防止介质倒流;调节介质压力、流量;分离、混合或分配介质;防止介质压力超过规定数值,以保证管道或设备安全运行等。阀门投资占装置配管费用的 40%~50%。选用阀门主要从装置的操作和经济两方面考虑。

一个石油化工装置需要各式各样的阀门,阀门使用量大,开闭频繁,但是由于制造、使用选型、维修不当,常常发生跑、冒、滴、漏现象,由此引起火焰、爆炸、中毒、烫伤事故,或者造成产品质量低劣,能耗提高,设备腐蚀,物耗提高,环境污染,甚至造成停产等事故,已屡见不鲜。除了要精心设计、合理选用、正确操作阀门之外,还要及时维护、修理阀门,使阀门的跑、冒、滴、漏及各类事故降到最低限度。

阀门可按以下方法分类。
(1) 按动力
① 自动阀门。依靠介质自身的力量进行动作的阀门,如止回阀、减压阀、疏水阀、安全阀等。
② 驱动阀门。依靠人力、电力、液力、气力等外力进行操纵的阀门。如截止阀、节流阀、闸阀、碟阀、球阀、旋塞阀等。

表 16.108 法兰、垫片和紧固件选配（欧洲体系）

垫片形式	使用压力 PN/MPa	密封面形式	密封面表面粗糙度 Ra/μm	法兰形式	垫片最高使用温度/℃	紧固件形式	紧固件性能等级或材料牌号[2]~[4]				
							200℃	250℃	300℃	500℃	550℃
橡胶垫片[5]	≤1.6	突面、凹凸面、榫槽面、全平面	密纹水线或 6.3~12.5	各种形式	200	六角螺栓、双头螺栓、全螺纹螺栓	8.8级 35CrMoA 25Cr2MoVA				
石棉橡胶板垫片[5]	≤2.5	突面、凹凸面、榫槽面、全平面	密纹水线或 6.3~12.5	各种形式	300	六角螺栓、双头螺栓、全螺纹螺栓		8.8级 35CrMoA 25Cr2MoVA	8.8级 35CrMoA 25Cr2MoVA		
合成纤维橡胶垫片	≤4.0	突面、凹凸面、榫槽面、全平面	密纹水线或 6.3~12.5	各种形式	290	六角螺栓、双头螺栓、全螺纹螺栓		8.8级 35CrMoA 25Cr2MoVA	8.8级 35CrMoA 25Cr2MoVA		
聚四氟乙烯垫片（改性或填充）	≤4.0	突面、凹凸面、榫槽面	密纹水线或 6.3~12.5	各种形式	260	六角螺栓、双头螺栓、全螺纹螺栓		8.8级 35CrMoA 25Cr2MoVA	8.8级 35CrMoA 25Cr2MoVA		
柔性石墨复合垫	1.0~6.3	突面、凹凸面、榫槽面	密纹水线或 6.3~12.5	各种形式	650 (450)	双头螺栓、全螺纹螺栓		8.8级 35CrMoA 25Cr2MoVA	8.8级 35CrMoA 25Cr2MoVA	35CrMoA 25Cr2MoVA	25Cr2MoVA
聚四氟乙烯包覆垫	0.6~4.0	突面	6.3~12.5	各种形式	150 (200)	六角螺栓、双头螺栓、全螺纹螺栓		8.8级 35CrMoA 25Cr2MoVA			
缠绕垫	1.6~16.0	突面、凹凸面、榫槽面		带颈平焊法兰、对焊法兰、整体法兰、承插焊法兰、对焊环松套法兰、法兰盖	650	双头螺栓、全螺纹螺栓				35CrMoA 25Cr2MoVA	25Cr2MoVA
金属包覆垫	2.5~10.0	突面	1.6~3.2（碳钢） 6.3~12.5（不锈钢）	带颈平焊法兰、整体法兰、法兰盖	500	双头螺栓、全螺纹螺栓				35CrMoA 25Cr2MoVA	
齿形组合垫	1.6~25.0	突面、凹凸面	3.2~6.3	带颈平焊法兰、整体法兰、法兰盖	650	双头螺栓、全螺纹螺栓				35CrMoA 25Cr2MoVA	25Cr2MoVA
金属环垫	6.3~25.0	环连接面	0.8~1.6（碳钢、铬钼钢） 6.3~12.5（不锈钢）	带颈平焊法兰、整体法兰、法兰盖	600	双头螺栓、全螺纹螺栓				35CrMoA 25Cr2MoVA	25Cr2MoVA

注：1. 凹凸面、榫槽面仅用于 PN1.0~PN16.0，DN10~DN600 的整体法兰、带颈对焊法兰、带颈平焊法兰、承插焊法兰、平焊环松套法兰、法兰盖和里法兰盖。
2. 紧固件使用温度系指紧固件的金属温度。
3. 螺栓、螺柱材料可使用在比表列温度低的温度范围（不低于-20℃）。
4. 紧固件材料除 35CrMoA 外，使用温度下限为-20℃，35CrMoA 使用温度范围为-20℃ 时应进行低温夏比冲击试验。最低使用温度-100℃。
5. 各种天然橡胶及合成橡胶使用温度范围不同，详见 HG 20606。
6. 石棉橡胶板的 pt≤650MPa·℃。

表 16.109 法兰、垫片和紧固件选配（美洲体系）

垫片形式	使用压力 PN/MPa	密封面形式	密封面表面粗糙度 Ra /μm	法兰形式	垫片最高使用温度/℃	紧固件形式	紧固件性能等级或材料牌号[②]					
							200℃	250℃	300℃	500℃	550℃
橡胶垫片[①]	2.0	突面、全平面	密纹水线或 6.3~12.5	各种形式	200	六角螺栓 双头螺栓 全螺纹螺栓	8.8级 35CrMoA 25Cr2MoVA				
石棉橡胶板垫片[①]	2.0	突面、全平面	密纹水线或 6.3~12.5	各种形式	300	六角螺栓 双头螺栓 全螺纹螺栓		8.8级 35CrMoA 25Cr2MoVA	8.8级 35CrMoA 25Cr2MoVA		
合成纤维橡胶垫片	2.0~5.0	突面、凹凸面、榫槽面	密纹水线或 6.3~12.5	各种形式	290	六角螺栓 双头螺栓 全螺纹螺栓		8.8级 35CrMoA 25Cr2MoVA	8.8级 35CrMoA 25Cr2MoVA		
聚四氟乙烯垫片（改性或填充）	2.0~5.0	突面、凹凸面、榫槽面	密纹水线或 6.3~12.5	各种形式	260	六角螺栓 双头螺栓 全螺纹螺栓		8.8级 35CrMoA 25Cr2MoVA	8.8级 35CrMoA 25Cr2MoVA		
柔性石墨复合垫	2.0~11.0	突面、凹凸面、榫槽面	密纹水线或 6.3~12.5	各种形式	650 (450)	六角螺栓 双头螺栓 全螺纹螺栓		8.8级 35CrMoA 25Cr2MoVA		35CrMoA 25Cr2MoVA	25Cr2MoVA
聚四氟乙烯包覆垫	2.0~5.0	突面	密纹水线或 6.3~12.5	各种形式	150 (200)	六角螺栓 双头螺栓 全螺纹螺栓	8.8级 35CrMoA 25Cr2MoVA				
缠绕垫	2.0~26.0	突面、凹凸面、榫槽面	3.2~6.3	带颈平焊法兰、带颈对焊法兰、承插焊法兰、对焊环松套法兰、整体法兰、法兰盖	650	双头螺栓 全螺纹螺栓				35CrMoA 25Cr2MoVA	25Cr2MoVA
金属包覆垫	5.0~15.0	突面	1.6~3.2(碳钢) 0.8~1.6(不锈钢)	带颈平焊法兰、带颈对焊法兰、整体法兰、法兰盖	500	双头螺栓 全螺纹螺栓				35CrMoA 25Cr2MoVA	25Cr2MoVA
齿形组合垫	5.0~42.0	突面	3.2~6.3	带颈平焊法兰、带颈对焊法兰、承插焊法兰、整体法兰、法兰盖	650	双头螺栓 全螺纹螺栓				35CrMoA 25Cr2MoVA	25Cr2MoVA
金属环垫	11.0~42.0	环连接面	0.8~1.6(碳钢、铬钼钢) 0.4~0.8(不锈钢)	带颈对焊法兰、承插焊法兰、整体法兰、法兰盖	600	双头螺栓 全螺纹螺栓				35CrMoA 25Cr2MoVA	25Cr2MoVA

注：1. 凹凸面、榫槽面仅用于 PN≥5.0MPa（Class300），$DN15$~$DN600$ 的整体法兰、带颈平焊法兰、带颈对焊法兰、承插焊法兰、法兰盖。
2. 紧固件使用温度系指紧固件的金属温度。
3. 螺栓、螺柱材料可使用在比表列使用温度低的温度范围（不低于－20℃），但不宜使用在比表列温度高的温度范围。
4. 紧固件材料除 35CrMoA 外，使用温度下限为－20℃，35CrMoA 使用温度低于－20℃时应进行低温复比冲击试验。最低使用温度－100℃。
5. 各种天然橡胶及合成橡胶使用温度范围不同，详见 HG 20627。
6. 石棉橡胶板的 pt≤650MPa·℃。

表 16.110 法兰、垫片和紧固件选配（SH 标准）

法兰公称压力 /MPa	垫片	温度范围									
		−196~ −101℃	−100~ −41℃	−40~ −21℃	−20~ 100℃	101~ 150℃	151~ 200℃	201~ 300℃	301~ 350℃	351~ 400℃	401~ 500℃	501~ 550℃	551~ 650℃	651~ 700℃
2.0	石棉橡胶板	—	—	—	Q235A/Q235A			35CrMoA/35						
	聚四氟乙烯包覆垫片	—	35CrMoA/30CrMoA											
	缠绕式垫片	0Cr19Ni9/0Cr19Ni9			35CrMoA/35						35CrMoA/30CrMoA	25Cr2MoVA/35CrMoA	0Cr19Ni9/0Cr19Ni9	0Cr15Ni25Ti2MoAlVB/0Cr15Ni25Ti2MoAlVB
	柔性石墨复合垫片													
	石棉橡胶板	—	—	—	35CrMoA/35									
	聚四氟乙烯包覆垫片	—	—	—										
5.0	缠绕式垫片	0Cr19Ni9/0Cr19Ni9	35CrMoA/30CrMoA				35CrMoA/35				35CrMoA/30CrMoA	25Cr2MoVA/35CrMoA	0Cr19Ni9/0Cr19Ni9	0Cr15Ni25Ti2MoAlVB/0Cr15Ni25Ti2MoAlVB
	金属环垫													
	柔性石墨复合垫片													
	齿形组合垫片													
	金属包覆垫片													
6.8	缠绕式垫片	—	35CrMoA/30CrMoA				35CrMoA/35				35CrMoA/30CrMoA	25Cr2MoVA/35CrMoA	0Cr19Ni9/0Cr19Ni9	—
	金属环垫													
	柔性石墨复合垫片													
	齿形组合垫													
	金属包覆垫片													
10.0	缠绕式垫片	—	35CrMoA/30CrMoA				35CrMoA/35				35CrMoA/30CrMoA	25Cr2MoVA/35CrMoA	0Cr19Ni9/0Cr19Ni9	0Cr15Ni25Ti2MoAlVB/0Cr15Ni25Ti2MoAlVB
	金属环垫													
	柔性石墨复合垫片													
	齿形组合垫													
15.0	缠绕式垫片	—	35CrMoA/30CrMoA				35CrMoA/35				35CrMoA/30CrMoA	25Cr2MoVA/35CrMoA	0Cr19Ni9/0Cr19Ni9	—
	金属环垫													
	齿形组合垫片													
	金属包覆垫片													
25.0	缠绕式垫片	—	35CrMoA/30CrMoA				35CrMoA/35				35CrMoA/30CrMoA	25Cr2MoVA/35CrMoA	0Cr19Ni9/0Cr19Ni9	0Cr15Ni25Ti2MoAlVB/0Cr15Ni25Ti2MoAlVB
	金属环垫													
	齿形组合垫													
42.0	金属环垫	—	35CrMoA/30CrMoA				35CrMoA/35				35CrMoA/30CrMoA	25Cr2MoVA/35CrMoA	0Cr19Ni9/0Cr19Ni9	—
	齿形组合垫													

注：斜杠左边为螺柱和螺栓材料，下方为螺母材料。

(2) 按结构特征分（图 16.55）

① 截门型。关闭件沿着阀座中心移动。
② 闸门型。关闭件沿着垂直阀座中心移动。
③ 旋塞型。关闭件是柱塞或球，围绕本身的中心线旋转。
④ 旋启型。关闭件围绕阀座外的轴旋转。
⑤ 蝶型。关闭件的圆盘，围绕阀座内的轴旋转。
⑥ 滑阀型。关闭件在垂直于通道的方向滑动。

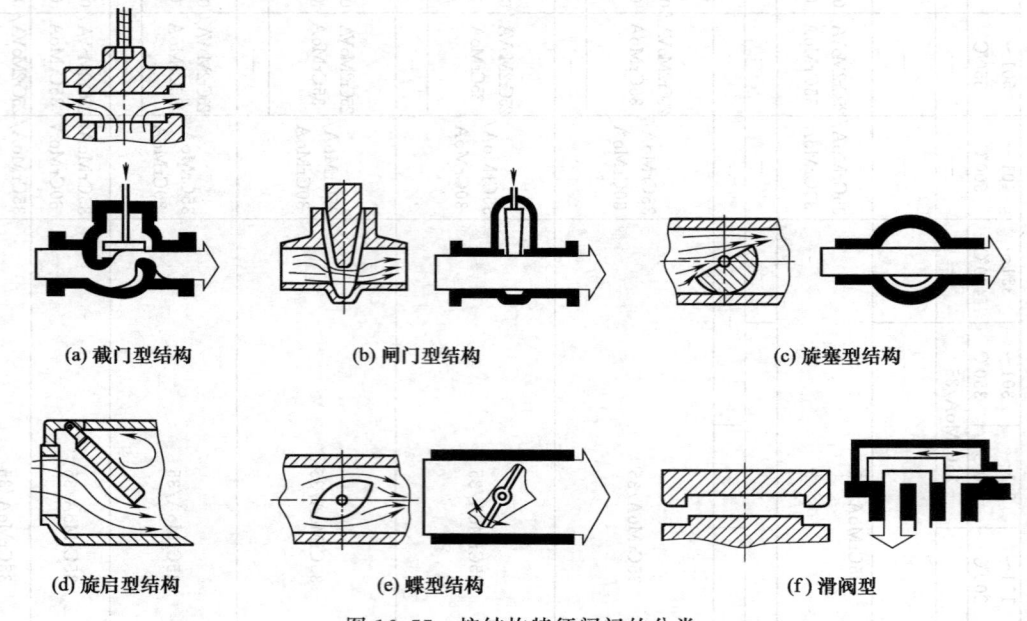

图 16.55　按结构特征阀门的分类

(3) 根据阀门的不同用途分

① 开断用。用来接通或切断管路介质，如截止阀、闸阀、球阀、蝶阀等。
② 止回用。用来防止介质倒流，如止回阀。
③ 调节用。用来调节介质的压力和流量，如调节阀、减压阀。
④ 分配用。用来改变介质流向、分配介质，如三通旋塞、分配阀、滑阀等。
⑤ 安全阀。在介质压力超过规定值时，用来排放多余的介质，保证管路系统及设备安全，如安全阀、事故阀。
⑥ 他特殊用途。如疏水阀、放空阀、排污阀等。

(4) 根据不同的驱动分

① 手动。借助手轮、手柄、杠杆或链轮（图 16.56）等，由人力驱动，传动较大力矩时，装有蜗轮、齿轮等减速装置。
② 电动。借助电动机或其他电气装置来驱动。
③ 液动。借助（水、油）来驱动。
④ 气动。借助压缩空气来驱动。

(5) 根据阀门的公称压力分

① 真空阀。绝对压力小于 0.1MPa（即 760mmHg）高的阀门，通常用 mmHg 或 mmH_2O 表示压力。
② 低压阀。公称压力 $PN \leqslant 1.6$MPa 的阀门（包括 $PN \leqslant 1.6$MPa 的钢阀）。

③ 中压阀。公称压力 $PN=2.5\sim6.4\mathrm{MPa}$ 的阀门。
④ 高压阀。公称压力 $PN=10.0\sim80.0\mathrm{MPa}$ 的阀门。
⑤ 超高压阀。公称压力 $PN\geqslant100.0\mathrm{MPa}$ 的阀门。

(6) 根据阀门工作时的介质温度分
① 普通阀门。适用于介质温度 $-40\sim425℃$ 的阀门。
② 高温阀门。适用于介质温度 $425\sim600℃$ 的阀门。
③ 耐热阀门。适用于介质温度 $600℃$ 以上的阀门。
④ 低温阀门。适用于介质温度 $-40\sim-150℃$ 的阀门。
⑤ 超低温阀门。适用于介质温度在 $-150℃$ 以下的阀门。

图 16.56　阀门链轮

(7) 根据阀门的公称通径分
① 小口径阀门。公称通径 $DN<40\mathrm{mm}$ 的阀门。
② 中口径阀门。公称通径 $DN=50\sim300\mathrm{mm}$ 的阀门。
③ 大口径阀门。公称通径 $DN=350\sim1200\mathrm{mm}$ 的阀门。
④ 特大口径阀门。公称通径 $DN\geqslant1400\mathrm{mm}$ 的阀门。

(8) 根据阀门与管道连接方式分
① 法兰连接阀门。阀体带有法兰，与管道采用法兰连接的阀门。
② 螺纹连接阀门。阀体带有内螺纹或外螺纹，与管道采用螺纹连接的阀门。
③ 焊接连接阀门。阀体带有焊口，与管道采用焊接连接的阀门。
④ 夹箍连接阀门。阀体上带有夹口，与管道采用夹箍连接的阀门。
⑤ 卡套连接阀门。采用卡套与管道连接的阀门。

(9) 按阀体材料分
① 非金属材料阀门。如陶瓷阀门、玻璃钢阀门、塑料阀门。
② 金属材料阀门。如铜合金阀门、铝合金阀门、铅合金阀门、钛合金阀门铁阀门、碳钢阀门、低合金钢阀门、高合金钢阀门。
③ 金属阀体衬里阀门。如衬铅阀门、衬塑料阀门、衬搪瓷阀门。

二、阀门的基本参数

① 公称通径。公称通径是指阀门与管道连接处通道的名义内径，用 DN 表示。它表示阀门规格的大小。

② 公称压力。公称压力是指与阀门的机械强度有关的设计给定压力，用 PN 表示。GB 1048《管道元件公称压力》给出了公称压力系列。在我国，公称压力的计量单位，通常为"MPa"。对用于电站的阀门，当介质最高温度超过 $530℃$ 时，则一般标注工作压力，如 $P_{54}17.0\mathrm{MPa}$. 表示阀门在 $540℃$ 下的最大允许工作压力为 $17.0\mathrm{MPa}$。在英、美国家中，尽管目前在有关标准中已列入了公称压力的概念，但仍采用磅级（Class）。由于公称压力和磅级的温度基准不同，因此两者没有严格的对应关系。

③ 适用介质。按照阀门材料和结构形式的要求，阀门能适用的介质有：气体介质，如空气、蒸汽、氨、石油气和煤气等；液体介质，如油品、水、液氨等；含固体介质；腐蚀性介质和剧毒介质。

④ 试验压力。强度试验压力是按规定的试验介质，对阀门受压零件材料的强度试验时规定的压力。密封试验压力是按规定的试验介质，对阀门进行密封试验时规定的压力。

⑤ 端部连接形式。法兰连接；承插连接；螺纹连接；对焊连接；其他连接（例如仪表管件、卡箍等）。

⑥ 阀体最小厚度。阀体最小厚度可通过下述计算公式求出，即

$$T = \frac{1.5pD}{2\sigma - 1.2p} + C$$

式中　T——阀体厚度，mm；
　　　p——压力，MPa；
　　　σ——许用应力，MPa；
　　　D——通径，mm；
　　　C——厚度附加量，mm。

美标阀门阀体最小厚度见 ASME B16.34《阀门、带法兰、有螺纹和焊接端部》要求。PN 阀门阀体最小厚度见 EN 12516-1《壁厚》，GB 12224《钢制阀门一般要求》。API 闸阀最小厚度见 API 600《石油和天然气工业用螺栓连接阀盖的钢制闸阀》、ISO 10434《石油和天然气工业工业用栓接阀盖的钢制闸阀》。

⑦ 阀门结构长度：Class 阀门按 ASME B16.10《阀门结构长度》。对焊式阀门有长短型结构之分。小口径承插或螺纹阀门按厂商样本。

⑧ 阀门高度、手轮直径、重量按标准规范或者厂家的样本。

三、阀门的型号

JB/T 308—2004《阀门型号编制方法》，适用于工业管道的闸阀、截止阀、节流阀、球阀、蝶阀、隔膜阀、旋塞阀、止回阀、安全阀、减压阀、疏水阀，包括了各种基本的类型。国内个别阀门生产厂家不采用 JB/T 308—2004 的阀门型号编制方法，而自己另外采用一种方法编制阀门型号；国外厂家阀门产品代码和中国的不同，不过阀门型号编制方法大同小异。

按照《阀门型号编制方法》规定，阀门的型号分为七个单元各单元意义如下。

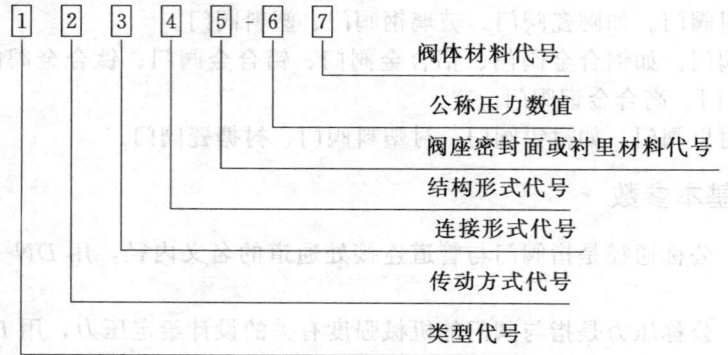

例如：D741X-2.5，表示：液动、法兰连接、垂直板式、阀瓣密封面材料为橡胶、公称压力 PN0.25、阀体材料为灰铸铁的碟阀。

又如，Q21F-40P，表示手动、外螺纹连接、浮动直通式、阀座密封面为氟塑料、公称压力 PN4.0、阀体材料为 1Cr18Ni9Ti 钢的球阀。

电动机传动、焊接、直通式、阀座密封面材料为堆焊硬质合金、公称压力为 PN16、阀体材料为 12Cr1MoV 钢的截止阀，应表示为：J961Y—160V。

四、阀门的颜色与阀体材料的关系

一般在阀体上铸造、打印或安上铭牌，表明阀门型号、公称直径、介质流向及厂名，并在阀体、手轮及法兰外缘上按规定刷不同颜色的漆。按照 JB/T 106—2004《阀门的标志和涂漆》规定，表示阀体材料的油漆应刷在阀体不加工外表面上，其颜色与阀体材料的关系见

表 16.111。

表 16.111 阀体材料的油漆颜色

阀 体 材 料	刷 漆 颜 色	阀 体 材 料	刷 漆 颜 色
灰铸铁、可锻铸铁	黑色	耐酸钢或不锈钢	浅蓝色
球墨铸铁	银色	合金钢	蓝色
碳素钢	灰色		

但耐酸钢或不锈钢阀体，也可以不涂漆。有色金属阀体，不必涂漆。

表示密封面材料的油漆，刷在手轮、手柄或自动阀件的盖上，其颜色与密封面材料的关系见表 16.112。

表 16.112 表示密封面材料的油漆颜色

密 封 面 材 料	刷 漆 颜 色	密 封 面 材 料	刷 漆 颜 色
青铜或黄铜	红色	硬质合金	灰色周边带红色条
巴氏合金	黄色	塑料	灰色周边带蓝色条
铝	铝白色	皮革或橡胶	棕色
耐酸钢或不锈钢	浅蓝色	硬橡皮	绿色
渗氮钢	浅紫色	直接在阀体上制作密封面	同阀体颜色

带有衬里的阀门，应在连接法兰的外圆表面上刷以补充的识别油漆，颜色见表 16.113。

表 16.113 带有衬里的阀门颜色

衬 里 材 料	刷 漆 颜 色	衬 里 材 料	刷 漆 颜 色
搪瓷	红色	铝锑合金	黄色
橡胶及硬橡胶	绿色	铝	铝白色
塑料	蓝色		

五、阀门的通径

ASME B16.34 给出了 Class 阀门的最小通径，见表 16.114。

表 16.114 阀门的最小通径

管子口径	Class						
	150	300	400	600	900	1500	2500
½	0.50	0.50	0.50	0.50	0.50	0.50	0.44
¾	0.75	0.75	0.75	0.75	0.69	0.69	0.56
1	1.00	1.00	1.00	1.00	0.87	0.87	0.75
1¼	1.25	1.25	1.25	1.25	1.12	1.12	1.00
1½	1.50	1.50	1.50	1.50	1.37	1.37	1.12
2	2.00	2.00	2.00	2.00	1.87	1.87	1.50
2½	2.50	2.50	2.50	2.50	2.25	2.25	1.87
3	3.00	3.00	3.00	3.00	2.87	2.75	2.25
4	4.00	4.00	4.00	4.00	3.87	3.62	2.87
5	5.00	5.00	5.00	5.00	4.75	4.37	3.62
6	6.00	6.00	6.00	6.00	5.75	5.37	4.37
8	8.00	8.00	8.00	7.87	7.50	7.00	5.75
10	10.00	10.00	10.00	9.75	9.37	8.75	7.25
12	12.00	12.00	12.00	11.75	11.12	10.37	8.62
14	13.25	13.25	13.12	12.87	12.25	11.37	9.50
16	15.25	15.25	15.00	14.75	14.00	13.00	10.87
18	17.25	17.00	17.00	16.50	15.75	14.62	12.25

续表

管子口径	Class						
	150	300	400	600	900	1500	2500
20	19.25	19.00	18.87	18.25	17.50	16.37	13.50
22	21.25	21.00	20.75	20.12	19.25	18.00	14.87
24	23.25	23.00	22.62	22.00	21.00	19.62	16.25
26	25.25	25.00	24.50	23.75	22.75	21.25	17.62
28	27.25	27.00	26.37	25.50	24.50	23.00	19.00
30	29.25	29.00	28.25	27.37	26.25	24.62	20.37

API 602《法兰、螺纹、焊接连接和阀体加长连接的紧凑型钢制闸阀》、ISO 15761《石油和天然气工业用尺寸为 DN100 及更小的钢闸阀、球阀和止回阀》、API 608《法兰、螺纹和焊连接的金属球阀》、ISO 17292《石油、石化和相关工业用金属球阀》、API 6D《管线阀门》、ISO 14313《石油和天然气工业 管道输送系统 管道阀》、GB 19672《管线阀门》也给出了各自应用范围内的对阀门通径的要求。

六、阀门的质量要求

① 内漏问题。是否有内漏或内漏的大小是衡量一个阀门质量的主要技术指标,对于工业管道来说,处理的介质大都是可燃、易燃、易爆、有毒的介质,阀门关闭时,希望通过阀板的泄漏(内漏)越少越好,甚至有些介质的泄漏要求为零。常用的评判阀门内漏的标准有 API 598、ASME B16.104 和 JB/T 9092。内漏,外面看不到,介质也不会跑出来,根据不同的阀门的结构而定,泄漏等级分 7 级,泄漏等级越高越不漏。7 级就是理论上的零泄漏了。如球阀三偏心蝶阀单座阀等,如果工作场合是高温高压,防爆要求高,且经过的介质是有毒挥发性强的气体,那么对阀门的精密性要求越高。

② 外漏问题。外漏是指通过阀杆填料和阀盖垫片处的介质外泄漏。它同样是衡量阀门好坏的一个重要指标。对有些介质,外漏的要求甚至比内漏要求更严格,因为它直接泄入大气,会直接引起事故造成人身伤害。对于这种情况,有时不得不采用波纹管密封阀或隔膜阀来保证阀门的外漏为零。限制外漏的标准目前大多数采用美国环保局的限定,即不超过 5×10^{-4}。通常情况下,外漏跟阀杆填料、阀体有关,是不允许的泄漏,内漏跟阀体结构,制造精密度有关了,在一定范围内允许。

③ 材料质量。材料质量是衡量阀门强度可靠性和使用寿命的一个重要指标。众所周知,大多数 $DN \geqslant 50mm$ 的阀门都是铸造阀体,如果质量不好,会直接影响到阀门的可靠性和使用寿命。ASTM 和我国的材料标准通常情况下的要求都是比较低的,为了保证在苛刻情况下材料能较好地适应操作条件的要求,这些标准中都设置许多选择性附加检验项目,设计人员如何根据使用条件来选择这些附加项目是一个技术性很强的问题,如果要求不当,会无谓地增加基建投资。

④ 阀门出厂前试验要求。阀门出厂前要根据 JB/T 9092《阀门的检验与验收》进行壳体压力试验和密封试验。密封试验分上密封、低压密封和高压密封试验,应根据阀门类别不同选择密封试验。闸阀和截止阀要进行上密封和低压密封试验。壳体压力试验,一般采用温度不超过 52℃的水或黏度不大于水的非腐蚀性流体,以 38℃时 1.5 倍的公称压力进行。低压密封试验,一般采用空气或惰性气体,以 0.5~0.7MPa 压力进行。SH 3064《石油化工钢制通用阀门选用、检验及验收》对不同等级的压力管道提出了相应的检验要求,比 JB/T 9092 要求更严格。

工程应用:某工业管道阀门泄漏事故

某工业装置轻烃(液化气)爆燃着火,事故的原因是一裂解碳四储罐阀门处突然发生泄漏，爆炸现场可燃气体浓度达到极限，当班操作人员进行紧急处理过程中发生爆炸，造成多人遇难和受伤。事故是阀门的泄漏问题。

这起泄漏事故是造成操作失控的一个重要因素。

① 由于阀门内存在沙石等异物，造成阀门关闭时，关闭不到位，工作人员采取蛮力，并使用辅助工具强行关闭阀门，造成阀门铜套受到硬物挤压，铜套断裂。

② 工程施工过程中，管线吹扫质量不合格，管线内依然存在杂质等异物。

对于操作的错误的防范措施有：开关阀门时，应平稳操作，遇阻塞物无法关闭时，可开关2~3次，直至阻塞物被冲刷掉，方可关闭到位；加强员工对阀门内部构造及阀门操作保养相关知识的培训，杜绝类似人为事件的发生；施工过程中，加强监管，严格落实每一道程序，杜绝安全隐患。

七、阀门规格书的内容

通常阀门规格书应包括下列内容：采用的标准代号；阀门的名称、公称压力、公称直径；阀体材料、阀体对外连接方式；阀座密封面材料；阀杆与阀盖结构、阀杆等内件材料，填料种类；阀体中法兰垫片种类、紧固件结构及材料；设计者提出的阀门代号或标签号；其他特殊要求。

国内现行的阀门型号表示方法，对阀杆及内件材料、填料种类、中法兰垫片种类、中法兰紧固件材料种类等均无规定，不能全面说明阀门的属性。

八、阀门的选用

（一）一般要求

① 明确阀门设计条件

a. 输送流体的性质。阀门是用于控制流体的，因此，应明确流体状态（液体、气体、蒸汽、浆液、悬浮液、黏稠液等）、明确流体的腐蚀性、毒性等。

b. 设计温度和设计压力。应根据阀门的工作温度和压力来决定阀门的材质和压力等级。

② 确定阀门的类型。选用阀门时还要考虑阀门的功能，此阀门是用于切断、调节流量还是安全类阀门，若只是切断用，则还需考虑有无快速启闭的要求；阀门是否必须关得很严。根据用途及操作工况要求，确定阀门类型为：闸阀、截止阀、球阀、蝶阀、安全阀、疏水阀、旋塞阀等。

③ 确定阀门的尺寸

a. 根据流体的流量和允许的压力损失来决定阀门的尺寸。一般应与工艺管道的尺寸一致。阻力损失管道内的压力损失有相当一部分是由于阀门所造成，有些阀门结构的阻力大，而有些小，选用时要适当考虑。

b. 阀门的公称直径的确定应与安装的工艺管道相匹配。

④ 确定阀门与管道的连接方式。由操作工况条件确定阀门端面与管道的连接采用法兰、螺纹或是焊接（对焊、承插焊）连接等方式。对于无缝隙腐蚀的流体，小于 $DN50$ 的各种类型的阀门推荐使用承插焊连接。

⑤ 阀门材质的选择

当阀门的压力、温度等级和流体特性决定后，就应选择合适的材质。阀门的不同部位例如其阀体、压盖、阀瓣、阀座等，可能是由好几种不同材质制造的，以获得经济、耐用的最佳效果。阀门的壳体及内部零件的材料有：铸铁、铸钢、锻造阀门、合金钢、不锈钢等。铸铁阀体最高允许 200℃；钢阀体可以到 425℃，超过 425℃ 就要考虑使用合金钢；超过 550℃ 就应选用耐高温的 Cr-Ni 不锈钢。对输送有化学腐蚀性介质的阀门，根据介质的性质采用铜、铝、铝合金、铸铁、不锈钢、蒙乃尔合金、塑料等制作，也可采用防腐材料衬里等。

a. 阀体材质主要指阀体和阀盖的材质。阀体材质的选择首先取决于流体对阀体材质的腐蚀性大小；其次应考虑流体的设计温度。

b. 阀杆与阀芯材质的选择。阀杆与阀芯在阀门开启和关闭过程中，除承受拉力、摩擦、压力和转矩的作用外，还与流体直接接触，因此，对阀杆和阀芯除要求具有一定的力学性能外，还要具有良好的耐蚀性能和耐摩擦性能。阀杆与阀芯材质的选择通常应根据阀门的使用场合来选择，首先其材质应具有良好的耐蚀性能，其次应考虑工作温度，然后应考虑工作压力的高低。

c. 垫片与填料材质的选择。正确选用垫片和填料材质是克服跑、冒、滴、漏的有效办法。垫片和填料的材质选择同阀体一样，流体的工作温度、工作压力是选择垫片和填料材质的重要因素。

管道上用的阀门必须根据管道内被输送流体的相态（液、汽）、含固量、压力大小、温度高低、腐蚀性质等诸方面进行考虑，此外，操作上可靠无故障，费用上经济合理也是重要考虑因素。

⑥ 利用阀门样本资料，选择合适的阀门产品。阀门型号确定后，可查出所选阀门的几何参数：结构长度、法兰连接形式及尺寸、阀门启闭时的阀门高度、连接的螺栓孔尺寸及数量、整个阀门的外形尺寸及重量等，为阀门现场安装打下基础。

⑦ 工艺介质及剧毒、易燃、易爆、可燃介质管道用的闸阀、截止阀和止回阀应选用严密性好、安全可靠性高的石油化工专用阀门，其采购、制造和验收应执行工程设计规定。当工艺介质管道需采用非金属阀座的球阀、旋塞阀时，阀门必须有防火、防静电结构，其额定压力-温度应根据设计条件校核。设计上应有非金属密封特性，并根据 API 607 进行测试。

⑧ 材料的标志。所有阀门和管件、法兰等，应在适当的位置作出标志。标志内容应包括公称直径、公称压力、壁厚、材质等，同时要标出本公司规定的编码号。

（二）根据功能选用阀门

① 对于紧急泄放、消防冷却水系统或开关频繁的阀门应选用具有快开式特性曲线的阀门。

② 一般用于液面或流量控制或者系统需要通过阀门的压降比较稳定的，应选择具有线性特性的阀门。线性特性的相对行程和相对流量成直线关系，单位行程的变化所引起的流量变化是不变的，流量大时，流量相对值变化小，流量小时，则流量相对值变化大。

③ 一般用于工艺要求压降有较大变化或只允许阀门处有小百分比的压降变化及用于温度和压力控制的环路，应选用具有等百分比特性（对数）的阀门。等百分比特性的相对行程和相对流量不成直线关系，在行程的每一点上单位行程变化所引起的流量变化和此点的流量成正比，流量的百分比是相等的。所以它的优点是在低流量范围时，流量变化较小；在大流量范围时，流量变化也大。也就是说，在不同开度上具有相同的调节精度。

④ 具有等线性特性的阀门，其曲线位于线性和等百分比的中间，流量按行程的二次方成比例变化，具有线性和等百分比的中间特性。图 16.57 给出了阀门的开度和流量的关系。由上述三种具有调节特性曲线（线性、等百分比和等线性）的特性分析中可以看出，就其调节性能上讲，以等百分比特性为最优，其调节稳定，调节性能良好。而等线性具有百分比特性和线性特性两者兼

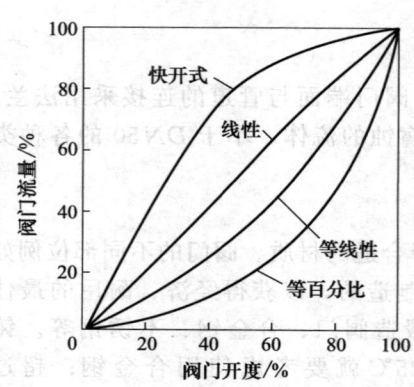

图 16.57 阀门的开度和流量的关系

有的调节性特性,可根据使用场合的要求不同,挑选其中任何一种流量特性。

⑤ 了解阀门启闭件的运动方式,选择适合操作需要的阀门。阀门启闭件有四种运动方式,即闭合式、滑动式、旋转式、夹紧式,每种运动方式都有其优缺点,具体见表 16.115。

表 16.115　各种启闭方式的优缺点

类别	图示	优点	缺点
闭合式	截止 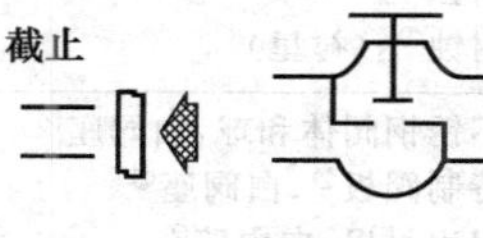	切断和调节性能最佳	压头损失大
滑动式	闸板 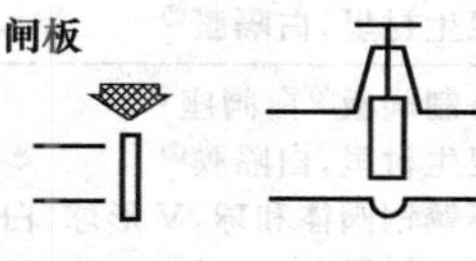	直流压头损失小	动作缓慢 体积大
旋转式	旋塞(锥形) 	快速动作 直流	温度受聚四氟乙烯阀门衬套的限制,而且需要注意带润滑的阀门的"润滑"
旋转式	 球	快速动作 直流 易于操作	温度受阀座材料的限制
旋转式	蝶板 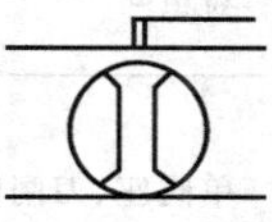	快速动作 切断性能良好 双偏心大于15°后无摩擦 三偏心,无摩擦	弹性阀座的阀门、工作温度受阀座材料的限制
夹紧式	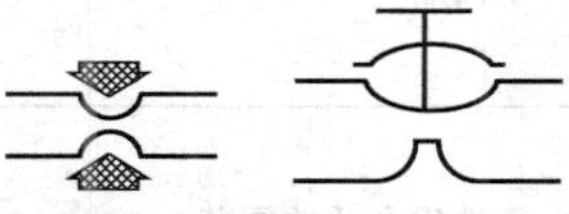	无填料 对污液断流可靠	压力和温度受隔膜材料的限制

(三) 根据介质及功能选用阀门

根据介质及功能要求选用阀门,见表 16.116、表 16.117。

表 16.116　根据介质及功能要求选用阀门(一)

介质状态	介质性质	阀功能	阀门形式	说　明
液体	无腐蚀性介质 (水、油等)	开/关	闸阀 球阀 旋塞 隔膜阀 蝶阀	用于油品输送时,不可用天然橡胶
液体	无腐蚀性介质 (水、油等)	调节	截止阀 球阀 蝶阀 旋塞 隔膜阀 针形阀	V形通道阀芯 V形通道阀芯 用于油品输送时,不可用天然橡胶 只用于小流量
液体	腐蚀性介质 (酸、碱等)	开/关	闸阀 球阀 旋塞 隔膜阀 夹管阀 蝶阀	耐蚀[1],(OS&Y),(波纹管密封) 耐蚀[1],(衬里) 耐蚀[1],(润滑),(衬里) 耐蚀[1],(衬里) 耐蚀[1] 耐蚀[1],(衬里)

续表

介质状态	介质性质	阀功能	阀门形式	说　明
液体	腐蚀性介质 （酸、碱等）	调节	截止阀 球阀 隔膜阀 旋塞 夹管阀 蝶阀	耐蚀①,(OS&Y),(隔膜或波纹管密封) V形通道阀芯 耐蚀①,(衬里) V形通道阀芯 耐蚀① 耐蚀①,(衬里)
	要求卫生的介质 （饮料、食品和药品）	开/关	球阀 蝶阀 夹管阀 隔膜阀	不锈钢阀体和球,白阀座② 特制阀板②,白阀座② 卫生衬里,白内壁② 卫生衬里,白隔膜②
		调节	蝶阀 隔膜阀 球阀 夹管阀	特制阀板②白阀座② 卫生衬里,白隔膜② 不锈钢阀体和球,V形球,白阀座② 卫生衬里,白内壁②
	浆液	开/关	球阀 蝶阀 隔膜阀 旋塞 夹管阀	耐磨衬里 耐磨衬里 耐磨阀板、弹性阀座 耐磨衬里
		调节	蝶阀 旋塞 隔膜阀 夹管阀	耐磨阀板、弹性阀座 无润滑,V形通道阀芯 衬里①
	带纤维的悬浮液	开/关、调节	闸阀 隔膜阀 闸阀 夹管阀	单阀座、刀闸阀、弹性阀板 单阀座
气体	无腐蚀性介质 （空气、蒸汽等）	开/关	闸阀 截止阀 球阀 旋塞 蝶阀	需选用合适的阀芯 （不适合蒸汽）
		调节	截止阀 针形阀 蝶阀	（只用于小流量）
	腐蚀性介质 （酸性气体,氯气等）	开/关	蝶阀 球阀 隔膜阀 旋塞	耐蚀① 耐蚀① 耐蚀① 耐蚀①
		调节	蝶阀 截止阀 针形阀 隔膜阀	耐蚀① 耐蚀①,(OS&Y) 耐蚀①,(只用于小流量) 耐蚀①
	真空	开/关	闸阀 截止阀 球阀 蝶阀	波纹管密封 隔膜或波纹管密封 弹性阀座
固体粉料	磨蚀性粉料（硅石粉等）	开/关、调节	夹管阀	
	润滑性的粉料 （石墨、滑石粉等）	开/关、调节	夹管阀 闸阀	单阀座

续表

介质状态	介质性质	阀功能	阀门形式	说明
固体粉料	催化剂	开/关、调节	球阀 闸阀	金属硬密封、耐磨 耐磨

① 由于介质的性质有很大的变化，故阀门材料必须随着介质的变化而选用合适的材料。
② 阀板表面应当光滑，无螺栓和凹槽，由卫生的材料如不锈钢制造，或由白的塑料或橡胶全包。

表 16.117　根据介质及功能要求选用阀门（二）

阀门类型		流束调节形式			介质				
类别	型号	截断	节流	换向分流	无颗粒	带悬浮颗粒		黏滞性	清洁
						带磨蚀性	无磨蚀性		
闭合式	截止阀： 　直通式 　角式 　柱塞式	可用 可用 可用	可用 可用 可用			可用 可用 可用	可用		
滑动式	闸阀： 　楔式刚性单闸板 　楔式弹性单闸板 　楔式双闸板 　平行式双闸板	可用 可用 可用 可用			可用 可用 可用 可用	适当可用 可用	可用 适当可用		
旋转式	旋塞阀： 　非润滑式(直通)、 　(三通，四通) 　润滑式(直通)、 　(三通，四通) 　球阀： 　蝶阀：	可用 可用 可用 可用 可用 可用	适当可用 适当可用 适当可用 适当可用 适当可用 适当可用	可用 可用 可用 可用 可用 可用	可用 可用 可用 可用 可用 可用		可用 可用 可用 可用 可用 可用		可用 可用
挠曲式	隔膜阀： 　堰式 　直通式	可用 可用	可用 适当可用		可用 可用	可用 可用			可用 可用

（四）根据阀体材质适用条件选用阀门（表 16.118、表 16.119）

表 16.118　根据阀体材质适用条件选用阀门（一）

序号	阀门类型	阀体材质	适用温度/℃	适用介质	公称压力范围 PN/MPa	公称通径范围 DN/mm	备注
一	闸阀	碳钢(C)	≤425	水、蒸汽、油品	1.6、2.5	15～1000	
		铬镍钛钢(P)	≤200	硝酸类	4.0	15～600	
		铬镍钼钛钢(R)	≤200	醋酸类	6.4	15～500	
		铬钼钢(I)	≤550	油品、蒸汽	10.0 16.0	15～400 15～300	
		铬镍钛钢(PⅠ)	≤50	水、蒸汽、油品	1.6、2.5、4.0	50～300	
		铬镍钛钢(PⅡ)	≤650	烟气、空气	1.6、2.5、4.0	50～300	
		不锈钢及耐磨衬里	650～730	催化裂化催化剂、 高温烟气、蒸汽	1.6、2.5、4.0	80～600	
二	截止阀	碳钢(C)	≤425	水、蒸汽、油品	1.6、2.5、4.0	15～300	
		碳钢(C)	≤425	水、蒸汽、油品	6.4～16.0	15～200	
		碳钢(C)	−40～130	氨、液氨	2.5	15～200	
		铬镍钛钢(P)	≤200	硝酸类	1.6、2.5、 4.0、6.4	15～200	
		铬镍钛钢(P)	≤100	硝酸类	10.0	15～200	即是氨阀类
		铬镍钼钛钢(R)	≤200	醋酸类	1.6、2.5、 4.0、6.4	15～200	
		铬镍钼钛钢(R)	≤100	醋酸类	10.0	15～200	
		铬钼钢(Ⅰ)	≤550	油品、蒸汽	1.6～2.5	15～300	
		铬钼钢(Ⅰ)	≤550	油品、蒸汽	4.0～16.0	15～200	

续表

序号	阀门类型	阀体材质	适用温度/℃	适用介质	公称压力范围 PN/MPa	公称通径范围 DN/mm	备注
三	止回阀	碳钢(C)	≤425	水、蒸汽、油品	1.6	50~600	
		碳钢(C)	≤425	水、蒸汽、油品	2.5、4.0	15~600	
		碳钢(C)	≤425	水、蒸汽、油品	6.4	15~500	
		碳钢(C)	≤425	水、蒸汽、油品	10.0	15~400	
		碳钢(C)	≤425	水、蒸汽、油品	16.0	15~300	
		铬镍钛钢(P)	≤200	硝酸类	1.6、2.5、4.0、6.4	15~200	
		铬镍钼钛钢(R)	≤200	醋酸类	1.6、2.5、4.0、6.4	15~200	
		铬钼钢(Ⅰ)	≤550	油品、蒸汽	1.6、2.5、4.0	50~600	
		铬钼钢(Ⅰ)	≤550	油品、蒸汽	6.4~16.0	50~300	
四	球阀						
1	软密封球阀	碳钢(C)	≤150	水、蒸汽、油品	1.6、2.5、4.0	15~200	密封材质为聚四氟乙烯
		碳钢(C)	≤180	水、蒸汽、油品	1.6、2.5、4.0	15~200	密封材质为增强聚四氟乙烯
		碳钢(C)	≤250	水、蒸汽、油品	1.6、2.5、4.0	15~200	密封材质为对位聚苯
		铬镍钼钛钢(P)	≤180	硝酸类	1.6、2.5、4.0	15~200	密封材质为增强聚四氟乙烯
		铬镍钛钢(P)	≤180	硝酸类	6.4	15~150	
		铬镍钼钛钢(R)	≤180	醋酸类	1.6、2.5、4.0	15~200	密封材质为增强聚四氟乙烯
		铬镍钼钛钢(R)	≤180	醋酸类	6.4	15~150	
2	硬密封球阀	碳钢(C)	≤425	水、蒸汽、油品	1.6、2.5、4.0	150~200	
		碳钢(C)	≤425	水、蒸汽、油品	6.4	15~150	
		优质碳钢(C)	≤425	水、蒸汽、油品	10.0	50~300	
		铬镍钼钛钢(P)	≤200	硝酸类	1.6、2.5、4.0	15~200	
		铬镍钛钢(P)	≤200	硝酸类	6.4	15~150	
		铬镍钼钛钢(R)	≤200	醋酸类	1.6、2.5、4.0	15~200	
		铬镍钼钛钢(R)	≤200	醋酸类	6.4	15~150	
五	蝶阀						
1	软密封蝶阀	碳钢(C)	≤150	水、蒸汽、油品、煤气	1.0、1.6、2.5	50~150	手动操作
		碳钢(C)	≤150	水、蒸汽、油品、煤气	1.6、2.5	50~1200	蜗轮手动及电动
		铬镍钛钢(P)	≤200	硝酸等腐蚀性介质	1.6、2.5	80~1000	
		铬镍钼钛钢(R)	≤200	醋酸等腐蚀性介质	1.6、2.5	80~1000	
2	金属密封蝶阀	碳钢(C)	≤425	水、蒸汽、油品	1.6、2.5	50~700	蜗轮手动
		铬镍钛钢(P)	≤540	蒸汽、油品、空气等	1.6、2.5	300~1200	

表 16.119 根据阀体材质适用条件选用阀门（二）

使用条件		阀门基本形式					
		闸阀	截止阀	止回阀	球阀	旋塞阀	蝶阀
温度、压力	常温-高压	●	●	●	●	◆	◆
	常温-低压	○	○	○	○	○	○
	高温-高压	○	●	●	▲	◆	◆
	高温-低压	○	○	○	▲	▲	▲
	中温-中压	○	○	○	●	●	●
	低温	○	●	●	◆	◆	◆

续表

使用条件		阀门基本形式					
		闸阀	截止阀	止回阀	球阀	旋塞阀	蝶阀
公称直径/mm	>1000	▲	◆	▲	◆	▲	○
	>500	○	◆	▲	◆	◆	○
	300~500	○	◆	●	◆	◆	○
	<300	○	○	○	●	●	●
	<50	●	○	●	○	○	◆

注：○—适用、●—可用、▲—适当可用、◆—不适用。

(五) 阀门驱动装置的选用

阀门的驱动装置就是利用外加动力启闭阀门并与阀门相连接的装置。使用驱动装置的目的是使阀门的操作省力方便、迅速可靠，或实现自动控制和远程控制。阀门驱动装置可以用手动、电力、气力、液力或其组合形式的动力源来驱动，其运动过程可由行程、转矩或轴向推力的大小来控制。对阀门驱动装置的基本要求是：转矩或推力能满足阀门的启闭需要，对行程和转矩的控制精确可靠，动力的选用适合现场情况，启闭动作符合控制要求，装置本身轻小。

手动阀门是最基本的驱动方式的阀门。它包括用手轮、手柄或扳手直接驱动和通过传动机构进行驱动两种。

① 手轮或手柄驱动。在启闭阀门所需的力矩小于100kg·m时，采用手动驱动。手轮或手柄采用正方、锥方、键或螺纹等形式直接固定在阀杆或阀杆螺母上，阀门的启闭是通过手轮、阀杆和阀杆螺母来实现的。它常用于驱动公称通径小于300mm的阀门。

② 齿轮蜗轮驱动。当阀门启闭所需的力矩较大时，一般采用齿轮或蜗轮驱动。齿轮驱动有正齿轮和圆锥齿轮，其传动比通常取1:3，多用于闸阀、截止阀和球阀。蝶阀和旋塞阀通常采用蜗轮驱动。

手动阀门的尺寸见表16.120。

表 16.120 手动阀门的尺寸   mm

阀门类型	Class150	Class300	Class600	Class900	Class1500	Class2500
闸阀,截止阀(升杆)	≥DN350	≥DN350	≥DN250	≥DN100	≥DN80	≥DN80
球阀(API 608)	≥DN150		—	—	—	—
旋塞阀			—	—	—	—
同心弹性蝶阀(MSS SP67)	≥DN250	—	—	—	—	—
偏心蝶阀(MSS SP68)	≥DN150	≥DN100	—	—	—	—
层状密封偏心蝶阀	≥DN80	—	—	—	—	—

工程应用：某大口径阀门驱动的选用

笔者参与的某国外装置，某卧式设备上有一新增72in大口径蝶阀，根据所在国家配管设计标准规范：一般口径大于12in的阀门驱动装置不用手动，如果采用非手动驱动的阀门，将增加很多费用。后来经过仔细研究这个国家的配管设计标准规范的其他条款，发现还有另行规定：为对于很少进行操作的大于12in的阀门，驱动装置可以采用手动。

(六) 阀体材料选用的一般要求

阀门材料主要是指阀体、阀盖、启闭件的材料。选择阀门主要部件的材料除考虑到操作介质的温度、压力和介质的性质（尤其腐蚀性）外，还应了解介质的清洁程度（有无固体颗粒）。有许多材料可以满足阀门的要求。但是正确、合理地选择阀门的材质，可以获得阀门最经济的使用寿命和最佳的性能。

① 灰铸铁适用于工作温度在-15~200℃之间、公称压力$PN \leqslant 1.6$MPa的低压阀门。适用介质为水、煤气等。

② 黑心可锻铸铁适用于工作温度在-15~300℃之间。公称压力$PN \leqslant 2.5$MPa的中低压

阀门。适用介质为水、海水、煤气、氨等。

③ 球墨铸铁适用于工作温度在-30～350℃之间。公称压力在 $PN \leqslant 4.0$ MPa 的中低压阀门。适用介质为水、海水、蒸汽、空气、煤气、油品等。

④ 碳素钢（WCA、WCB、WCC）适用于工作温度在-29～425℃之间的中高压阀门。其中 16Mn、30Mn 工作温度为-40～450℃，常用来替代 ASTM A105。适用介质为饱和蒸汽和过热蒸汽。高温和低温油品、液化气体、压缩空气、水、天然气等。

⑤ 低温碳钢（LCB）适用于工作温度在-46～345℃之间的低温阀门。

⑥ 合金钢 WC6、WC9 适用于工作温度在-29～595℃之间的非腐蚀性介质的高温高压阀门；CS、C12 适用于工作温度在-29～650℃之间的腐蚀性介质的高温高压阀门。

⑦ 奥氏体不锈钢适用于工作温度在-196～600℃之间的腐蚀性介质的阀门。

⑧ 蒙乃尔合金主要适用于含氢氟酸介质的阀门。

⑨ 哈氏合金主要适用于稀硫酸等的强腐蚀性介质的阀门。

⑩ 钛合金主要适用于各种强腐蚀介质的阀门。

⑪ 铸造铜合金主要适用于工作温度在-273～200℃之间氧气管路和海水管路用的阀门。

⑫ 塑料、陶瓷这两种材料都属于非金属材料。非金属材料阀门的最大特点是耐蚀性强，甚至有金属材料阀门所不能具备的优点。一般适用于公称压力 $PN \leqslant 1.6$ MPa、工作温度不超过-60℃的腐蚀性介质中，无毒塑料阀也适用于给水工业中。

⑬ 上述阀门壳体材质为一般工业管道阀门用。石油化工企业中输送可燃介质管道上的阀门均为锻钢或铸钢壳体；一般不采用灰铸铁阀门，可锻铸铁或球墨铸铁也不用于蒸汽和可燃介质的阀门。

阀门内件常用的材质及使用温度见表 16.121。

表 16.121 阀门内件常用的材质及使用温度

阀门内件材质	使用温度下限/℃(℉)	使用温度上限/℃(℉)	阀门内件材质	使用温度下限/℃(℉)	使用温度上限/℃(℉)
304 型不锈钢	-268(-450)	316(600)	440 型不锈钢 60RC	-29(-20)	427(800)
316 型不锈钢	-268(-450)	316(600)	17-4PH	-40(-40)	427(800)
青铜	-273(-460)	232(450)	6 号合金(Co-Cr)	-273(-460)	816(1500)
因科镍尔合金	-240(-400)	649(1200)	化学镀镍	-268(-450)	427(800)
K 蒙乃尔合金	-240(-400)	482(900)	镀铬	-273(-460)	316(600)
蒙乃尔合金	-240(-400)	482(900)	丁腈橡胶	-40(-40)	93(200)
哈斯特洛依合金 B	-198(-325)	371(700)	氟橡胶	-23(-10)	204(400)
哈斯特洛依合金 C	-198(-325)	538(1000)	聚四氟乙烯	-268(-450)	232(450)
钛合金	-29(-20)	316(600)	尼龙	-73(-100)	93(200)
镍基合金	-198(-325)	316(600)	聚乙烯	-73(-100)	93(200)
20 号合金	-46(-50)	316(600)	氯丁橡胶	-40(-40)	82(180)
416 型不锈钢 40RC	-29(-20)	427(800)			

阀门密封面常用材料及适用介质见表 16.122。

表 16.122 阀门密封面常用材料及适用介质

密封面材料	使用温度/℃	硬度	适用介质
青铜	-273～232		水、海水、空气、氧气、饱和蒸汽等
-316L	-268～316	14HRC	蒸汽、水、油品、气体、液化气体等轻微腐蚀且无冲蚀的介质
17-4PH	-40～400	40～45HRC	具有轻微腐蚀但有冲蚀的介质
0Cr13	-101～400	37～42HRC	具有轻微腐蚀但有冲蚀的介质
司太立合金	-268～650	40～45HRC（常温） 38HRC（650℃）	具有冲蚀和腐蚀性的介质

续表

密封面材料	使用温度/℃	硬度	适用介质
蒙乃尔合金 K S	−240～482	27～35HRC 30～38HRC	碱、盐、食品,不含空气的酸溶剂等
哈氏合金 B C	371 538	14HRC 23HRC	硫酸、磷酸、湿盐酸气、无氯酸溶液、强氧化性介质
20 号合金	−45.6～316 −253～427		氧化性介质和各种浓度的硫酸

常用阀门内件材料的组合见表 16.123。

表 16.123 常用内件材料的组合

序号	阀杆	阀瓣(闸板等)	阀座面
1	13%Cr	13%Cr	13%Cr
2	13%Cr	13%Cr	司太立合金
3	13%Cr	司太立合金	13%Cr
4	13%Cr	13%Cr	蒙乃尔合金
5	13%Cr	司太立合金	司太立合金
6	17-APH	司太立合金	司太立合金
7	蒙乃尔合金	蒙乃尔合金	蒙乃尔合金
8	304(304L)	304(304L)	304(304L)
9	316(316L)	316(316L)	316(316L)
10	321	321	321
11	20 号合金	20 号合金	20 号合金
12	17-4PH	17-4PH	17-4PH
13	哈氏合金 B、C	哈氏合金 B、C	哈氏合金 B、C

九、阀门密封副

阀门密封副由阀座和关闭件组成,依靠阀座和关闭件上两个经过精密加工的密封面紧密接触或密封面受压塑性变形而取得密封,它是保证阀门可靠工作的主要部位。阀门密封副有如下五种形式。

① 平面密封 [图 16.58 (a)]。密封副的两个接触面为平面。制造维修方便,在截止阀上使用时,关闭瞬间没有摩擦现象,但阀杆所受的同向力较大。

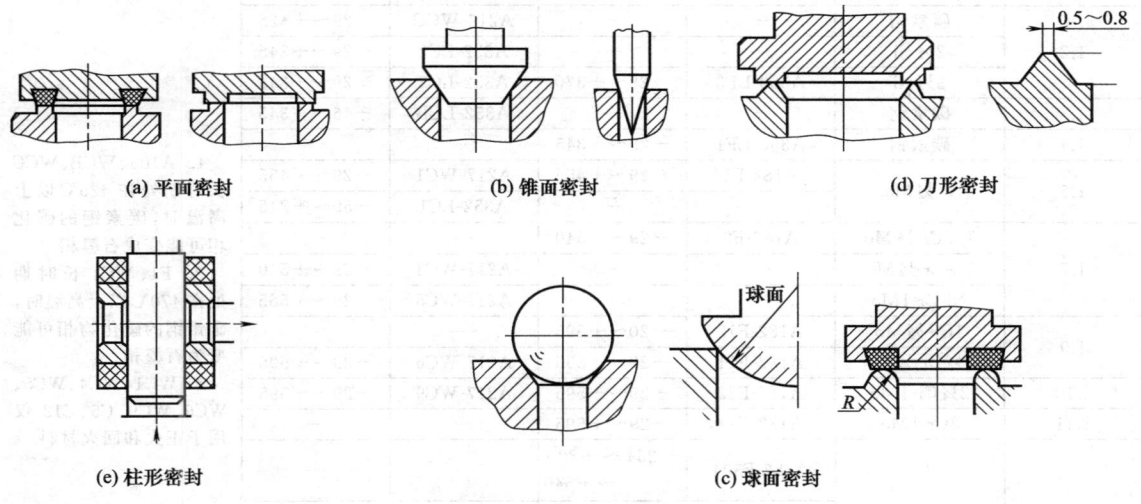

图 16.58 阀门密封副典型图

② 锥面密封 [图 16.58 (b)]。密封副的两个接触面为锥面。在其他条件相同于平面密封时,能获得较高的密封力,密封性能好,锥面密封一般用在高压小口径的阀门上(如针形阀和

旋塞阀)。

③ 球面密封 [图 16.58 (c)]。密封副的两个接触面有一个 (线接触) 或两个 (面接触) 为球面。密封性好，但制造和维修困难，球阀和截止阀采用较多。

④ 刀形密封 [图 16.58 (d)]。密封的两个接触面中有一个是刀口形，这是一种介于线与平面接触之间的密封。在真空阀和其他密封为不大的条件下使用较多。

⑤ 柱形密封，如图 16.58 (e) 所示。

十、阀门填料函

① 阀门填料函又名填料箱，就是阀杆部分的密封装置，填料函通常在阀盖上部。防止气体、液体物料等介质从闷杆和阀盖的间隙处漏出。填料的材料和填料函的结构是保证阀门在填料函不渗漏的重要条件。

② 阀门填料函是由填料压盖、填料和填料垫等组成。要求填料函结构简单、密封可靠、装拆方便。填料函结构分为压紧螺母式、压盖式和波纹管式三种。

十一、阀门材料相关标准

(一) 阀门材料的选用——国内标准

根据零件的结构尺寸、形状决定采用锻造或铸造工艺。国内标准通用阀门选用材料可按 SH 3064《石油化工钢制通用阀门选用、检验及验收》选用。标准包含了国内标准阀门用材料的使用温度范围，用于输送介质温度为 $-20 \sim 425°C$ 的碳素钢制阀门的主要零件材料，用于输送介质温度低于或等于 $550°C$ 的合金钢制阀门的主要零件材料，用于输送温度低于或等于 $200°C$ 的硝酸、醋酸的不锈钢制阀门主要零件材料。

(二) 阀门材料的选用——美洲标准

美洲标准阀门材料的选用见表 16.124～表 16.127。

表 16.124 美洲标准阀门材料的选用

ASME B16.34 材料分类号	标准钢号	锻件 代号	使用温度/°C	铸件 代号	使用温度/°C	说明
1.1	碳素钢	A105	$-29 \sim +425$	A216-WCB	$-29 \sim +425$	
1.2	碳素钢	—	—	A216-WCC	$-29 \sim +425$	
	2½Ni	—	—	A352-LC2	$-29 \sim +345$	
	3½Ni	A350-LF3	$-29 \sim +370$	A352-LC3	$-29 \sim +345$	
1.3	碳素钢			A352-LCB	$-46 \sim +345$	
1.4	碳素钢	A350-LF1	$-29 \sim +345$			1. A105、WCB、WCC 长时期处在 425°C 以上高温时，碳素钢的碳化相可能变成石墨相
1.5	C-½Mo	A182-F1	$-29 \sim +455$	A217-WC1	$-29 \sim +455$	
				A352-LC1	$-59 \sim +345$	
1.7	1/2Cr-½Mo	A182-F2	$-29 \sim +540$	—	—	
	Ni-Cr-½Mo	—	—	A217-WC4	$-29 \sim +540$	2. F1、WC1 长时期处在 470°C 以上高温时，碳钼钢的碳化物相可能变为石墨相
	Ni-Cr-1Mo	—	—	A217-WC5	$-29 \sim +565$	
1.9	1Cr-½Mo	A182-F12	$-20 \sim +595$			
	1¼Cr-½Mo	A182-F11	$-29 \sim +595$	A217-WC6	$-29 \sim +595$	
1.10	2¼Cr-1Mo	A182-F22	$-29 \sim +595$	A217-WC9	$-29 \sim +595$	3. WC1、WC4、WC5、WC6、WC9、C5、C12 仅用于正火和回火材料
1.11	3Cr-1Mo	A182-F21	$-29 \sim +595$			
2.1	18Cr8Ni	A182-F304	$-254 \sim +800$ $\sim +540$			
		A182-F304H	$-254 \sim +800$ $\sim +540$			
				A351-CF3	$-254 \sim +425$	
				A351-CF8	$-254 \sim +800$	

续表

ASME B16.34 材料分类号	标准钢号	锻件 代号	锻件 使用温度/℃	铸件 代号	铸件 使用温度/℃	说明
2.2	16Cr12Ni2Mo	A182-F316	−254～+800① ～+540②	—	—	
		A182-F316H	−254～+800① ～+540②	—	—	
	18Cr13Ni3Mo	—	—	A351-CF3A	−254～+345	
		—	—	A351-CF8A	−254～+345	
	18Cr9Ni2Mo	—	—	A351-CF3M	−254～+455	
		—	—	A351-CF8M	−254～+800① ～+540②	
2.3	18Cr8Ni	A182-F304L	−254～+425	—	—	4. CF8 使用温度或焊接温度超过260℃,不得采用含铅牌号的材料
	18Cr12Ni2Mo	A182-F316L	−254～+450	—	—	5. F304、F316、CF8M、F321、F347、CF8C、F348、CH8
2.4	18Cr10NiTi	A182-F321	−254～+540	—	—	6. B462、B160-No2200 仅用退火的材料
		A182-F321H	−254～+800① ～+540②	—	—	7. CN-7M 仅用固溶处理的材料
2.5	18Cr10NiNb	A182-F347	−254～+540	—	—	
		A182-F347H	−254～+450	—	—	
		A182-F348	−254～+540	—	—	
		A182-F348H	−254～+450	—	—	
2.6	20Cr12Ni	—	—	A351-CH8	−29～+880① ～+540②	
		—	—	A351-CH20	−29～+800① ～+540②	
2.7	25Cr20Ni	A182-F310	—	A351-CK20	−29～800① ～+540②	
3.1	Cr-Ni-Fe-Mo	B462	−29～+450	A351-CN-7M	−29～+450	
3.2	镍合金 200	B160-No2200	−29～+450	—	—	

① 仅适用于对焊连接阀门。
② 适用于法兰连接阀门。

表 16.125 铸钢阀门主要零件材料

零件名称	材质代号				
	A	B	C	D	E
阀体	A216-WCB	A351-CF8	A351-CF8M	A351-CF3M	A217-WC6.9
阀杆	A276-420	A182-F304	A182-F316	A182-F316L	A182-F316
密封面	Cr13/钴基	A182-F304	A182-F316	A182-F316L	钴基

表 16.126 锻钢阀门主要零件材料

零件名称	材 质 代 号				
	A	B	C	D	E
阀体	A105	A182-F304	A182-F316	A182-F316L	A182-F316(高温阀)
阀杆	A276-420	A182-F304	A182-F316	A182-F316L	A182-F316
密封面	Cr13/钴基	A182-F304	A182-F316	A182-F316L	钴基

表 16.127 低温阀门主要零件材料

	材质及温度代号	A	B	C	D(锻钢)
主要零件材料	阀体	A352-LCB	A352-LC3	A351-CF8 FBM	A182-F304 F316
	阀杆	A182-F304,F316			
	密封面	钴基(Cr13/钴基)			
	填料	根据温度和介质选用			
	垫片	根据温度和介质选用			
适用温度		−46℃	−101℃	−196℃	−196℃

注：表中"A、B、C、D"分别为材质及温度代号，选用时需注明代号。

(三) 低温阀门材料的选用——国内标准

用于输送介质温度为$-40\sim-196℃$的法兰连接和焊接连接的阀门，其主要零件材料的选用见表16.128。

表 16.128 低温阀门主要零件材料

零件名称	材料	
	$-100℃\leqslant t<-40℃$	$-196℃<t<-100℃$
阀体、阀盖、阀瓣	3.5Ni	ZG0Cr18Ni9 ZG1Cr18Ni9 ZG0Cr18Ni9Ti ZG1Cr18Ni9Ti 0Cr18Ni12Mo2Ti
阀杆、阀座	1Cr17Ni2	1Cr18Ni9、0Cr19Ni9、1Cr18Ni9Ti
密封面	F2201F(JBF22-45、SH、F221) (SJ-Co2、Co2、F221) F2202F(F22-42、Co-1) F2203F(F222、SH)(F222、F22-47) F2204F(Stellite No6) F2205F(Stellite No12)	
填料	聚四氟乙烯、柔性石墨、浸聚四氟乙烯石棉绳	
中法兰垫片	纯铜、纯铝、醋浸石棉橡胶板、聚三氟氯乙烯、不锈钢缠绕式垫片	
中法兰螺栓 中法兰螺母	ZG0Cr18Ni9 ZG1Cr18Ni9 ZG0Cr18Ni9Ti ZG1Cr18Ni9Ti 0Cr18Ni12Mo2Ti	

(四) 低温阀门材料的选用——美洲标准

低温阀门美标标准分为六种温度级：$0\sim-46℃$；$-47\sim-60℃$；$-61\sim-70℃$；$-72\sim-101℃$；$-102\sim-196℃$；$-253℃$以下。我国低温阀门一般定义为用于介质温度$-40℃$以下的各种阀门。将温度进行分级为：$-40℃$，$-1010℃$，$-196℃$三级。

低温阀壳材料及最低使用温度见表16.129。LCB低温钢用于制造最低使用数度$-46℃$的低温阀门。其化学成分和力学性能与WCB几乎相同，但LCB材料有低温冲击韧件的指标要求：在$-46℃$时，其冲击功不得小于18J。WCB材料只能达到$4.5\sim6.5J$，低于LCB的规定，因此不能用WCB制造低温阀门。LC3低温钢（3.5Ni钢）是铁素体类型的低合金钢，最低使用温度$-101℃$，按ASTM A352标准规定其化学成分和力学性能。在超低温时多采用奥氏体不锈钢（CF8低温钢），即使在$-196℃$时，其韧性与常温相差无几。

表 16.129 低温阀壳材料及最低使用温度

温度级（最低使用温度）/℃	材料名称	ASTM		JIS	
		铸件	锻件	铸件	锻件
-46	碳素钢	A352 LCB	A350 LF1/LF2	G5152 SCPL1	
-60	0.5Mo钢	A352 LC1		G5152 SCPL11	
-70	2.5Ni钢	A352 LC2		G5152 SCPL21	
-101	3.5Ni钢	A352 LC3	A350 LF3	G5152 SCPL31	
-196	18-8不锈钢	A352 CF8	A182 F304	G5121 SCS13	G4303 SUS304
-253	18-8不锈钢	A522		G5152 SCS19	

(五) 阀体铸铁、铸钢和锻钢标准及牌号对照

阀体铸铁、铸钢和锻钢标准及牌号对照见表16.130～表16.132。

表 16.130　铸铁标准及牌号对照表

中国 GB		美国 ASTM		日本 JIS		英国 BS		德国 DIN		
标准	种类代号	标准	种类代号	标准	种类代号	标准	种类代号	标准	种类代号	牌号
灰铸铁										
GB/T 9439	HT150	A48	CLNo20A	G5501	FC15	1452	150	1691	GG-15	0.6015
—	—	A48	CLNo20B	—	—	—	—	—	—	—
—	—	A48	CLNo20C	—	—	—	—	—	—	—
—	—	A48	CLNo20S	—	—	—	—	—	—	—
GB/T 9439 GB/T 12226	HT200	A48	CLNo25A	G5501	FC20	1452	180	1691	GG-20	0.6020
—	—	A48	CLNo25B	—	—	—	—	—	—	—
—	—	A48	CLNo25C	—	—	—	—	—	—	—
—	—	A48	CLNo25S	—	—	—	—	—	—	—
GB/T 9439 GB/T 12226	HT200	A48	CLNo30A	G5501	FC20	1452	220	1691	GG-20	0.6020
—	—	A48	CLNo30B	G5501	FC20	1452	Gr220	1691	GG-20	0.6020
—	—	—	CLNo30C	—	—	—	—	—	—	—
—	—	—	CLNo30D	—	—	—	—	—	—	—
GB/T 9439 GB/T 12226	HT250	—	CLNo35A	—	FC25	—	Gr260	—	GG-20	0.6025
—	—	—	CLNo35B	—	—	—	—	—	—	—
—	—	—	CLNo35C	—	—	—	—	—	—	—
—	—	—	CLNo35S	—	—	—	—	—	—	—
GB/T 9439 GB/T 12226	HT300	—	CLNo40A	—	FC30	—	Gr300	—	GG-30	0.6030
—	—	—	CLNo40B	—	—	—	—	—	—	—
—	—	—	CLNo40C	—	—	—	—	—	—	—
—	—	—	CLNo40S	—	—	—	—	—	—	—
GB/T 9439 GB/T 12226	HT300	—	CLNo45A	—	FC30	—	Gr300	—	GG-30	0.6030
—	—	—	CLNo45B	—	—	—	—	—	—	—
—	—	—	CLNo45C	—	—	—	—	—	—	—
—	—	—	CLNo45S	—	—	—	—	—	—	—
GB/T 9439 GB/T 12226	HT350	—	CLNo50A	—	FC35	—	Gr350	—	GG-35	0.6035
—	—	—	CLNo50B	—	—	—	—	—	—	—
—	—	—	CLNo50C	—	—	—	—	—	—	—
—	—	—	CLNo50S	—	—	—	—	—	—	—
—	—	—	CLNo55A	—	—	—	Gr400	—	GG-40	0.6040
—	—	A48	CLNo55B	—	—	—	—	—	—	—
—	—	—	CLNo55C	—	—	—	—	—	—	—
—	—	—	CLNo55S	—	—	—	—	—	—	—
—	—	—	CLNo60A	—	—	—	—	—	—	—
—	—	—	CLNo60B	—	—	—	—	—	—	—
—	—	—	CLNo60C	—	—	—	—	—	—	—
—	—	—	CLNo60S	—	—	—	—	—	—	—
GB/T 9439	HT150	A126	CLA	G5501	FC-15	1452	Gr150	1691	GG-15	0.6015

续表

中国	GB	美国	ASTM	日本	JIS	英国	BS	德国	DIN	
标准	种类代号	标准	种类代号	标准	种类代号	标准	种类代号	标准	种类代号	牌号
灰铸铁										
GB/T 9439 GB/T 12226	HT200	—	CLB	—	FC-20	—	Gr220	—	GG-20	0.6020
GB/T 9439 GB/T 12226	HT300	—	CLC	—	FC-30	—	Gr300	—	GG-30	0.6030
GB/T 9439	HT100	—	—	—	FC-10	—	—	—	GG-10	0.6010
球墨铸铁										
—	—	A395	—	G5502	FCD45	2789	Gr420/12	1698	GGG-40	0.7049
GB/T 1348 GB/T 12227	QT400-18	A536	Gr60-40-18	—	FCD40	2789	Gr420/12	—	GGG-40	0.7049
—	—	—	Gr64-40-12	—	FCD45	—	Gr500/7	—	GGG-50	0.7050
GB/T 1348 GB/T 12227	QT500-7	—	—	G5502	FCD50	2789	Gr500/7	—	—	—
GB/T 1348 GB/T 12227	QT600-3	—	Gr80-55-06	—	FCD60	—	Gr600/3	1693	GGG-60	0.7060
GB/T 1348 GB/T 12227	QT700-2	—	Gr100-70-08	—	FCD70	—	Gr700/2	—	GGG-70	0.7070
—	—	—	Gr120-90-02	—	—	—	—	—	—	—
白心可锻铸铁										
GB/T 9440	KTB400-05	A220	Gr40010	—	—	3838	GrP440/7	—	—	—
—	KTB450-07	—	Gr45006	G5704	FCMP45	—	—	—	—	—
—	KTB450-07	—	Gr45008	—	—	—	—	—	—	—
—	—	—	Gr5000S	—	FCMP50	—	GrP510/4	—	—	—
—	—	—	Gr60004	—	FCMP55	—	GrP570/3	—	—	—
—	—	—	Gr70003	—	FCMP60	—	—	—	—	—
—	—	—	Gr80002	—	FCMP70	—	GrP690/2	—	—	—
—	—	—	Gr90001	—	—	—	—	—	—	—
—	—	—	—	G5704	FCMP55	3838	GrP540/5	—	—	—
黑心可锻铸铁										
GB/T 9440	KTH300-06	A47	—	G5702	FCMB28	310	B18/6	1692	GTS35-10	—
—	KTH330-08	A47	—	G5702	FCMB32	310	B20/10	—	GTS45-06	—
—	KTH350-10	A47	Gr32510	G5702	FCMB35	310	B22/14	—	GTS55-04	—
—	KTH370-12	A47	Gr35018	G5702	FCMB37	—	—	—	GTS65-02	—

表 16.131 铸钢标准及牌号对照

种类	GB		ASTM		JIS		BS		DIN		
	标准	种类代号	标准	种类代号	标准	种类代号	标准	种类代号	标准	种类代号	牌号
可焊高温用碳素钢铸钢	—	WCA	A216	WCA	G5151	SCPH1	1504	161Cr-430F	17245	GS-C25	1.0619
	—	—	—	—	G5102	SCW42	5100	A1	—	—	—
	—	WCB	A216	WCB	G5151	SCPH2	1504	161Cr.480E	—	—	—
	—	—	—	—	G5102	SCW49	—	—	—	—	—
	—	WCC	A216	WCC	—	—	—	—	—	—	—
	ZG20Mo	A217	WC1	G5151	SCPH-11	1504	245E	17245	GS-22Mo4	15419
	—	—	—	—	—	—	3100	B1	—	—	—
高温高压用合金钢铸钢	—	—	A217	WC4	G5151	SCPH-21	1504	621E	17245	GS-17CrMo55	17357
	—	ZG20CrMo	A217	WC5	—	—	3100	B2	—	—	—
	—	WC6	A217	WC6	—	—	—	—	—	—	—
	—	WC9	A217	WC9	G5151	SCPH-32	1504	622E	—	—	—
	—	ZG15Cr1MoV	—	—	—	—	3100	B3	—	—	—
	—	—	A217	WC11	—	—	—	—	—	—	—
	—	C5	A217	C5	—	SCPH61	1504	625E	VDEh SPW595	GS-12CrMo195	17363
	—	C12	A217	C12	—	—	1504	629E	VDEh SPW595	G-X12CrMo101	17389
	—	—	—	—	—	—	3100	B6	—	—	—

续表

种类	GB		ASTM		JIS		BS		DIN		
	标准	种类代号	标准	种类代号	标准	种类代号	标准	种类代号	标准	种类代号	牌号
耐热用 Fe-Cr 系和 Fe-Cr-Ni 系合金钢铸钢	GB/T 2100	ZG1Cr13	A217	CA15	G5121	SCS1-T2	1504	420C29E	—	—	—
	—	—	—	—	—	—	3100	420C29	—	—	—
	—	—	A297	HC	G5122	SCH2	—	—	—	—	—
	—	—	A297	HD	G5122	SCH11	—	—	—	—	—
	—	—	A297	HE	G5122	SCH17	3100	309C40[3]	—	—	—
	—	—	A297	HF	G5122	SCH12	3100	302C85[6]	17465	G-X40CrNiSi229	14826
	—	—	A297	HH	G5122	SCH13	3100	309C80[6]	17465	G-X40CrNiSi2512	14837[8]
	—	—	—	—	—	—	3100	309C85[12]	—	—	—
	—	—	A297	HI	G5122	SCH18	—	—	—	—	—
	—	—	A297	HK	G5122	SCH22[1]	3100	310C40	17465	G-X40CrNiSi2520	14845
	—	—	—	—	G5122	SCH22-CF	—	—	—	—	—
	—	—	—	—	G5122	SCH21	—	—	—	—	—
	—	—	A297	HL	G5122	SCH23	—	—	—	—	—
	—	—	A297	HN	G5122	SCH19	3100	311C11[6]	—	—	—
	—	—	A297	HP	G5122	SCH24	—	—	17465	G-X40CrNiSi3525	14857
	—	—	A297	HT	G5122	SCH15	3100	330C11[4]	—	—	—
	—	—	—	—	G5122	SCH16	3100	330C12[6]	—	—	—
高温用奥氏体铸钢	—	—	A297	HU	G5122	SCH20	3100	331C40	VDEh SPW471	G-X40NiCrSi3818	14365
	—	—	A297	HW	—	—	3100	334C11[6]	—	—	—
	—	—	A297	HX	—	—	—	—	—	—	—
奥氏体铸钢	GB/T 12230	ZG00Cr18Ni10	A351	CF3	G5121	SCS19A	1504	304C12E	—	—	—
	GB/T 12230	CF33	—	—	—	—	3100	304C12	—	—	—
	—	—	A351	CF3A	—	—	—	—	—	—	—
	GB/T 12230	ZG0Cr18Ni9Ti	A351	CF8	G5121	SCS134	1504	304C15E	17445	G-X6CrNi189	14308
	GB/T 12230	CF8	—	—	—	—	3100	304C15	VDEh SPW595	G-X8CrNi1910	14815
	—	—	A351	CF8A	—	—	—	—	—	—	—
	GB/T 12230	CF3M	A351	CF3M	G5121	SCS16A	1504	316C12E	—	—	—
	—	—	—	—	—	—	3100	316C12	—	—	—
	—	—	A351	CF3MA	—	—	—	—	—	—	—
	GB/T 12230	ZG0Cr18Ni12Mo2Ti	A351	CF8M	G5121	SCS14A	1504	316C16E	17445	G-X6CrNiMo1810	14408
	GB/T 12230	CF8M	—	—	—	—	3100	316C16	—	—	—
	—	—	—	—	—	—	1504	316C71E[10]	—	—	—
	—	—	—	—	—	—	3100	316C71	—	—	—
	GB/T 12230	CF8C	A351	CF8C	G5121	SCC21	1504	347C17E	17445	G-X7CrNiNb189	14552

续表

种类	GB		ASTM		JIS		BS		DIN		牌号
	标准	种类代号	标准	种类代号	标准	种类代号	标准	种类代号	标准	种类代号	
奥氏体铸钢	—	—	—	—	—	—	3100-76	347C17	VDEh SPW595	G-X8CrNiNb1910	14827
	—	—	A351	CH8	—	—	—	—	—	—	—
	—	—	A351	CH10	G5121	SCS17	—	—	—	—	—
	—	—	A351	CH20	G5121	SCS17	—	—	—	—	—
	—	—	A351	CK20	G5121	SCS18	—	—	VDEh SPW595	G-X15CrNi2520	14840
	—	—	A351	HK30	G5122	SCH21[(1)]	—	—	—	—	—
	—	—	A351	HK40	G5122	SCH22	1504	310C40E	17465	G-X40CrNiSi2520	14848
	—	—	—	—	G5122	SCH22-CF	3100	310C40	—	—	—
	—	—	A351	HT30	—	—	—	—	—	—	—
	—	—	A351	CF10MC	G5122	SCS22[(4)]	—	—	—	—	—
	—	CN-7M	A351	CN-7M	G5122	SCS23[(1)]	1504	332C11E	—	—	—
	—	—	A351	CD4NCu	—	—	—	—	—	—	—
	—	—	A351	CG6MMN	—	—	—	—	—	—	—
低温高压用铁素体系铸钢	—	—	A352	LCA	—	—	—	—	—	—	—
	—	—	A352	LCB	G5152	SCPL1	—	—	VDEh SPW685	GS-CK24	11156
	—	—	A352	LCC	—	—	—	—	—	—	—
	—	—	A352	LCC	—	—	—	—	—	—	—
	—	—	A352	LC1	G5152	SCPL11	1504	245LT50	—	—	—
	—	—	—	—	—	—	3100	BL1	—	—	—
	—	ZG0CrMnVA1	A352	LC2	G5152	SCPL21	—	—	—	—	—
	—	—	A352	LC2.1	—	—	—	—	—	—	—
	—	—	A352	LC3	G5152	SCPL31	1504	503L	VDEh SPW685	GS-10Ni14	15638
	—	—	—	—	—	—	3100	BL2	—	—	—
	—	—	A352	LC4	—	—	—	—	—	—	—
高温用离心铸造铁素体钢管	—	—	A426	CP1	—	—	1504	245E	17245	GS-22Mo4	15419
	—	—	—	—	—	—	3100	B1	—	—	—
	—	—	A426	CP2	—	—	1504	660E[(9)]	—	—	—
	—	—	—	—	—	—	3100	B7	—	—	—
	—	—	A426	CP5	—	—	1504	625E	VDEh SPW595	GS-12CrMo195	17363
	—	—	A426	CP56	—	—	3100	B5	—	—	—
	—	—	A426	CP7	—	—	—	—	—	—	—
	—	—	A426	CP9	—	—	1504	629E	VDEh SPW595	G-X12CrMo101	17389
	—	—	—	—	—	—	3100	B6	—	—	—
	—	—	A426	CP11	—	—	1504	621E	17245	GS-17CrMo55	17357
	—	—	—	—	—	—	3100	B2	—	—	—
	—	—	A426	CP12	G5202	SCPH21-CF	—	—	—	—	—
	—	—	A426	CP15	G5202	SCPH11-CF	1504	245E	—	—	—
	—	—	—	—	—	—	3100	B1	—	—	—
	—	—	A426	CP21	G5202	SCPH32-CF	—	—	—	—	—
	—	—	A426	CP22	G5202	SCPH32-CF	1504	622E	17245	GS-18CrMo310	17379
	—	—	—	—	—	—	3100	B3	VDEh SPW595	GS-12CrMo910	17380
	—	—	A426	CPCA15	—	—	1504	420C29E	—	—	—
	—	—	—	—	—	—	3100	420C29	—	—	—

续表

种类	GB 标准	GB 种类代号	ASTM 标准	ASTM 种类代号	JIS 标准	JIS 种类代号	BS 标准	BS 种类代号	DIN 标准	DIN 种类代号	牌号
高温用 Cr-Ni 系合金铸钢高温用离心铸钢管	—	—	A447	Ⅰ型	G5122	SCH13	3100	309C32	—	—	—
	—	—	A447	Ⅱ型	—	—	—	—	—	—	—
	—	—	A660	WCA	G5202	SCPH1-CF	1504	161Cr430E	17245	GS-C25	10619
	—	—	A660	WCB	G5202	SCPH2-CF	1504	161Cr480E	—	—	—
	—	—	A660	WCC	—	—	—	—	—	—	—
	GB/T 12230	ZG0Cr18Ni9	A748	CF-8	G5121	SCS13A	1504	304C15	17445	G-X6CrNi189	14308
	GB/T 12230	CF8	—	—	—	—	3100	304C15	VDEh SPW595	G-X8CrNi1910	14815
	—	—	A748	CG-12	—	—	—	—	—	—	—
	—	—	A748	CF-20	G5121	SCS12	3100	302C25	VDEh SPW390	G-X12CrNi1811	13955
	GB/T 12230	ZG0Cr18Ni12Mo2Ti	A748	CF-8M	G5121	SCS14A	1504	316C16	17445	G-X6CrNiMo1810	14408
	GB/T 12230	CF8M	—	—	—	—	3100	316C16	—	—	—
	—	—	—	—	—	—	1504	316C71	—	—	—
	—	—	—	—	—	—	3100	316C71	—	—	—
	GB/T 12230	CF8C	A748	CF-8C	G5121	SCS21	1504	347C17	17445	G-X7CrNiNb189	14552
	—	—	—	—	—	—	3100	347C17	VDEh SPW595	G-X8CrNiN1910	14827
	—	—	A748	CF-16F	G5121	SCS12	3100	302C25	VDEh SPW390	G-X12CrNi1811	13955
	—	—	A748	CF-20	G5121	SCS17	—	—	—	—	—
	—	—	A748	CK-20	G5121	SCS18	—	—	VDEh SPW595	G-X15CrNi2520	6K
一般用耐蚀性 Cr-Ni 系铸钢	—	—	A748	CE-30	—	—	—	—	—	—	—
	—	—	A748	CA-15	G5121	SCS1-T2	1504	420C29	17445	G-X12Cr14	14008
	—	—	—	—	—	—	3100	420C29	—	—	—
	—	—	—	—	G5121	SCS1-T1	3100	410C21	—	—	—
	—	—	A748	CA-15M	G5121	SCS3	—	—	—	—	—
	厂标	ZGCr17Ni2	A748	CB30	—	—	—	—	—	—	—
	—	—	A748	CC-50	—	—	—	—	—	—	—
	—	—	A748	CA-40	G5121	SCS2	1504	420C29	—	—	—
	—	—	—	—	—	—	3100	420C29	—	—	—
	GB/T 12230	CF3M	A743	CF-3M	G5121	SCS16A	1504	316C12	—	—	—
	—	—	—	—	—	—	3100	316C12	—	—	—
	GB/T 12230	ZG0Cr18Ni12Mo2Ti	A743	CF-8M4	—	SCS14A	1504	317C16	—	—	—
	GB/T 12230	CF8M	—	—	—	—	3100	317C16	—	—	—
	—	—	—	—	G5121	SCS-22	1504	318C17	17445	G-X7CrNiMoNb1810	14581
	—	—	A743	CN-7M	G5121	SCS-23	1504	332C11	—	—	—
	—	—	A743	CN-7MS	—	—	—	—	—	—	—
	—	—	A743	CN-12M	—	—	—	—	—	—	—
	—	—	A743	CY-40	—	—	—	—	—	—	—
	—	—	A743	C2-100	—	—	—	—	—	—	—
	—	—	A743	M-35-1	—	—	—	—	—	—	—

续表

种类	GB		ASTM		JIS		BS		DIN		
	标准	种类代号	标准	种类代号	标准	种类代号	标准	种类代号	标准	种类代号	牌号
一般用耐蚀性Cr-Ni系铸钢	—	—	A743	M-35-2	—	—	—	—	—	—	—
	—	—	A743	N-12M	—	—	—	—	—	—	—
	—	—	A473	CA-6NM	—	—	3100	425C11	VDEh SPW410	G-X5CrNi134	14313
	—	—	A743	CD-4MCu	—	—	—	—	—	—	—
	—	—	A743	CA-6N	—	—	—	—	—	—	—
特殊用耐蚀性Cr-Ni系铸钢	GB/T 12230	CF8	A744	CF-8	G5121	SCS13A	3100	304C15	17445	G-X6Ni189	14308
	GB/T 12230	ZG0Cr18Ni9	—	—	—	—	1504	304C15E	VDEh SPW596	G-X8CrNi1910	14815
	GB/T 12230	CF8M	A744	CF-8M	G5121	SCS14A	3100	316C16	17445	G-X6CrNiMo1810	14408
	GB/T 12230	ZG0Cr18Ni12Mo2Ti	—	—	—	—	1504	316C16E	—	—	—
	—	—	—	—	—	—	3100	316C71	—	—	—
	—	—	—	—	—	—	1504	316C71E	—	—	—
	GB/T 12230	CF8C	A744	CF-8C	G5121	SCS21	1504	347C17E	17445	G-X7CrNiNb189	14552
	—	—	—	—	—	—	3100	347C17	VDEh SPW595	G-X8CrNiNb1910	14827
	GB/T 12230	CF3	A744	CF-3	G5121	SCS19A	3100	304C12	—	—	—
	GB/T 12230	ZG00Cr18Ni10	—	—	—	—	1504	304C12E	—	—	—
	GB/T 12230	CF3M	A744	CF-3M	G5121	SCS16A	3100	316C12	—	—	—
	—	—	—	—	—	—	1504	316C12E	—	—	—
	—	—	A744	CG-8M	—	—	3100	317C16	—	—	—
	—	—	—	—	—	—	1504	317C16E	—	—	—
	—	—	A744	CN-7M	G5121	SCS23	1504	33211E	—	—	—
	—	—	A744	CN-7MS	—	—	—	—	—	—	—

表 16.132 锻钢标准及牌号对照

种类	GB		ASTM		JIS		BS		DIN		
	标准	种类代号	标准	种类代号	标准	种类代号	标准	种类代号	标准	种类代号	牌号
碳素钢	GB/T 699	30Mn25	A105	—	G3201	SF50A	1503	221Gr.490	17100	St50-2	10050
	—	—	A181	Cl.60	—	SF45A	—	221Gr.410	—	St44-2	10044
	—	—	—	Cl.70	—	SF50A	—	221Gr.490	—	St50-2	10050
	—	—	A266	Cl.1	G3201	SF45A	1503	221Gr.410	17100	St44-2	10044
	—	—	—	Cl.2	—	SF50A	—	221Gr.490	—	St50-2	10050
	—	—	—	Cl.3	—	SF55A	—	221Gr.510	—	St52-3	10570
	—	—	—	Cl.4	—	SF50A	—	221Gr.490	—	St52-2	10050
	—	—	A290	Cl.A	G3201	SF60A	—	—	—	—	—
	—	—	—	Cl.B	—	—	—	—	—	—	—
	—	—	—	Cl.C	—	—	—	—	—	—	—
	—	—	—	Cl.D	—	—	—	—	—	—	—
	—	—	A291	Cl.1	G3201	SF60A	—	—	—	—	—
	—	—	—	Cl.2	—	—	—	—	—	—	—
	—	—	A350	GrLF1	—	—	1503	224Gr410LT	VDEh SEW680	TTSt41	10437
	—	—	—	GrLF2	—	—	—	224Gr490LT	—	—	—
	—	—	A372	型Ⅰ	G3201	SF45A	1503	221Gr430	17100	St44-2	10044
	—	—	—	型Ⅱ	—	SF55A	—	221Gr530	—	St52-3	10570
	—	—	—	—	—	SF55B	—	—	—	—	—
	—	—	—	型Ⅲ	—	SF65B	—	—	—	—	—

续表

种类	GB 标准	GB 种类代号	ASTM 标准	ASTM 种类代号	JIS 标准	JIS 种类代号	BS 标准	BS 种类代号	DIN 标准	DIN 种类代号	牌号
碳素钢	—	—	A668	Cl.A	G3201	SF35A	—	—	17100	St37-2	10037
	—	—	A668	Cl.B	G3201	SF45A	970第一部分	070M20	—	St44-2	10044
	—	—	—	Cl.C	—	SF50A	—	070M26	—	St50-2	10050
	—	—	—	Cl.D	—	SF55A	—	080M36	—	St52-3	10570
	—	—	—	Cl.E	—	SF60A	—	080M46	—	St60-2	10060
	—	—	—	Cl.F	—	SF65B	—	080M46	—	—	—
合金钢	YB6	20CrMo	—	Cl.F11A	—	—	—	—	—	—	—
	厂标	12SiMoVNb 12Cr1Mo1V	—	Cl.F12	—	SFHV22B	—	620Gr.440	—	—	—
	—	—	—	—	—	—	—	620Gr.540	—	—	—
	YB6	1Cr5Mo	A336	Cl.F5	G3213	SFHV25	—	—	VdTüV 1207	12CrMo195	1.7362
	YB6	1Cr5Mo	—	Cl.F5A	—	—	1503	625Cr.520	—	12CrMo195	1.7362
	YB6	1Cr9Mo	—	Cl.F9	—	SFHV26B	—	—	—	—	—
	YB6	12Cr3Mo VSiTiB	—	Cl.F21	—	—	—	—	—	—	—
	—	12Cr3Mo VSiTiB	—	Cl.F21A	—	—	—	—	—	—	—
	厂标	12SiMoVNb 12Cr1Mo1V	—	Cl.F22	—	SFHV24B	1503	622Cr.560	—	—	—
	—	—	—	—	—	—	—	622Cr.650	—	—	—
	厂标	12SiMoVNb 12Cr1Mo1V	—	Cl.F22A	—	SFHV24A	—	622Cr.490	VdTüV 130	10CrMo910	1.7380
	—	—	—	Cl.F30	—	—	—	—	—	—	—
	—	—	—	Cl.F31	—	—	—	—	—	—	—
	—	—	—	Cl.F32	—	—	—	—	—	—	—
	—	—	A350	GrLF3	—	—	1503	503Cr.490	VDEh SEW680	10Ni14	1.5637
	—	—	—	—	—	—	—	—	—	16Ni14	1.5639
	—	—	—	GrLF5	—	—	—	—	—	14Ni6	1.5622
	—	—	—	LF9	—	—	—	—	—	—	—
不锈钢	GB/T 1220	0Cr18Ni9	A182	GrF304	G3214	SUSF304	1503	304S31	17440	X5CrNi189	1.4301
	—	—	—	GrF304H	—	SUSF304H	—	304S51	—	—	—
	GB/T 1220	00Cr19Ni11	—	GrF304U	—	SUSF304L	—	304S11	—	X2CrNi189	1.4306
	GB/T 1220	00Cr18Ni10N	—	GrF304N	—	—	—	—	—	—	—
	GB/T 1220	00Cr18Ni10N	—	GrF304LN	—	—	—	—	—	X2CrNi810	1.4311
	GB/T 1220	Gr25Ni20	A182	GrF310	G3214	SUSF310	1503	310S31	17440	—	—
	GB/T 1220	0Cr17Ni12Mo2	—	GrF316	—	SUSF316	—	316S31	—	X5CrNiMo1810	14401
	—	—	—	—	—	—	—	316S33	—	X5CrNiMo1810	14436
	—	—	—	GrF316H	—	SUSF316H	—	316S51	—	—	—
	GB/T 1220	00Cr17 Ni14Mo2	—	GrF316L	—	SUSF316L	—	316S11	—	X2CrNi Mo1810	14404
	—	—	—	—	—	—	—	316S13	—	X2CrNiMo1812	1.4435
	GB/T 1220	0Cr17Ni12 Mo2N	—	GrF316N	—	—	—	—	—	—	—
	GB/T 1220	00Cr17Ni12 Mo2N	—	GrF316LN	—	—	—	—	—	X2CrNi Mo1812	1.4406
	—	—	—	—	—	—	—	—	—	X2CrNiMoN1813	1.4429
	GB/T 1220	1Cr18Ni9Ti	—	GrF321	—	—	—	321S31	—	X10CrNiTi189	1.4541

续表

种类	GB		ASTM		JIS		BS		DIN		
	标准	种类代号	标准	种类代号	标准	种类代号	标准	种类代号	标准	种类代号	牌号
不锈钢	—	—	—	GrF321H	—	—	—	321S51-490	—	—	—
	—	—	—	—	—	—	—	321S51-510	—	—	—
	GB/T 1220	00Cr18Ni11Nb	—	GrF347	—	—	—	347S31	—	X10CrNiNb189	1.4550
	—	—	—	GrF347H	—	—	—	347S51	—	—	—
	—	—	—	—	—	—	—	40SS17	—	X7CrA113	1.4002
	GB/T 1220	8Cr17	—	CrF430	—	—	—	—	—	X8Cr17	1.4016
	GB/T 1220	1Cr13	—	GrF6aCl.1	—	—	—	410S21	—	X10Cr13	1.4006
	GB/T 1220	1Cr13	—	GrF6aCl.2	—	—	—	420S21	—	X10Cr13	1.4006
	GB/T 1220	2Cr13	—	—	—	—	—	420S29	—	X20Cr13	1.4021
	—	—	A433	302 型	—	—	970-第4部分	Gr302S25	—	—	—
	—	—	—	303 型	—	—	—	Gr303S21	17440	X12CrNi8188	1.4305
	—	—	—	303SC 型	—	—	—	Gr303S41	—	—	—
	GB/T 1220	0Cr19Ni9	—	304 型	G3214	SUSF304	—	Gr304S15	—	X5CrNi189	1.4301
	GB/T 1220	00Cr19Ni11	—	304L 型	—	SUSF304L	—	Gr304S12	—	X2CrNi189	1.4306
	—	—	—	310 型	—	SUSF310	—	Gr310S24	—	—	—
	GB/T 1220	0Cr17Ni12Mo2Ti	—	316 型	—	SUSF316	—	Gr316S16	—	X5CrNiMo1810	1.4401
	—	—	—	—	—	—	—	—	—	X5CrNiMo1812	1.4436
	GB/T 1220	00Cr17Ni14Mo2	—	316L 型	—	SUSF316L	—	Gr316S12	—	X2CrNiMo1810	1.4404
	—	—	—	—	—	—	—	—	—	X2CrNiMo1812	1.4438
	GB/T 1220	1Cr18Ni9Ti	—	321 型	—	SUSF321	—	Gr321S12	—	X10CrNiTi189	1.4541
	—	—	—	—	—	—	—	Gr321S20	—	—	—
	GB/T 1220	0Cr18Ni11Nb	—	347 型	—	SUSF347	—	Gr347S17	—	X10CrNiNb189	1.4550
	GB/T 1220	0Cr13	—	405 型	—	—	—	—	—	X7CrA113	1.4002
	GB/T 1220	8Cr17	—	430 型	—	—	—	Gr430S15	—	X8Cr17	1.4016
	GB/T 1220	1Cr13	—	430 型	—	—	—	Gr403S17	—	—	—
	GB/T 1220	1Cr13	—	410 型	—	—	—	Gr410S21	—	X10Cr13	1.4006
	GB/T 1220	Cr14	—	416 型	—	—	—	Gr416S21	—	—	—
	—	—	—	416SC 型	—	—	—	Gr416S41	—	—	—
	GB/T 1220	2Cr13	A473	420 型	—	—	970 第4部分	Gr420S29 Gr420S37	—	X20Cr13	1.4021
	GB/T 1220	1Cr17Ni2	—	431	—	—	—	Gr431S29	—	X22CrNi17	1.4057

(六) API、GB 50316 及 SH 3059 阀门选用要求的比较

GB 50316《工业金属管道设计规范》阀门选用的要点如下。

① 当开启力大于 400N 时，宜采用手动齿轮操纵结构。

② 阀盖与阀体连接螺栓少于 4 个的阀门，应仅用于输送 D 类流体的管道；PN≥1.6MPa 的蒸汽管道不应使用螺纹连接的阀盖。

③ 用于高温或低温流体的阀门，宜采用阀盖加长结构形式。

④ 输送 B 类流体的管道上使用软密封球阀时，应选用防（耐）火型球阀。

⑤ 对于磨蚀性大的流体、阀座、阀芯，应选用耐磨损的材料；对于有磨损的流体，选用阀时，宜为明杆结构形式。

⑥ 除耐腐蚀的要求外，输送 B 类流体的管道上宜用钢制阀体阀门。

⑦ 端部焊接的小阀，当焊接及热处理过程中阀座会变形时，应选用长体型或带短管的

阀门。

⑧ 对于氧气管道不应使用快开、快关型阀门。阀内垫片及填料不应采用易脱落碎屑、纤维的材料或可燃材料制成。

SH 3059《石化管道设计器材选用通则》和 SH/T 3064（石油化工钢制通用阀门选用、检验及验收）阀门选用的要点如下。

① 除另有规定外，工艺物料及极度、高度危害介质和可燃介质管道用阀门，应选用石油化工钢制通用阀门及 API 阀门。

② 用于工艺物料及极度、高度危害介质和可燃介质管道的球阀、旋塞阀及其他通用结构的特种阀门，应有防火、防静电结构。

③ 具有软质密封的阀门，其密封件的压力温度参数应符合管道设计条件的要求。

④ 对于低温蒸汽系统的弹性闸板阀，应在其进口侧的阀盘上开一个排气孔。

⑤ 带螺纹阀盖的阀门，不应用于极度、高度危害介质和液化烃管道。

⑥ 闸阀适用于经常保持全开或全关的场合，不宜做节流和调节用。

⑦ 截止阀适用于频繁开关的场合，可作截断用，但不宜用于双向流动的工艺管道和含有颗粒介质的管道。

⑧ 止回阀适用于防止介质逆向流动的管道，要求冲击力小、流阻低。当介质流量范围波动大时，止回阀应设缓冲装置。

⑨ 蝶阀具有截断和开放的功能，当开启角度为 150°～700°时可起流量调节作用。

⑩ 球阀具有截断、开放和适度节流的功能，可用于黏度高和带有悬浮颗粒介质的管道。

⑪ 内螺纹连接的阀盖，宜用于 $DN \leqslant 50mm$ 且不经常拆卸的闸阀和截止阀；外螺纹连接的阀盖，宜用于 $DN \leqslant 80mm$ 的阀门；在可能产生压力腐蚀；压力脉动及温度变化频繁；有毒、可燃、易爆介质管道上不宜采用螺纹连接的阀盖。

⑫ 法兰连接的阀盖，可用于 SH/T 3064《石油化工钢制通用阀门选用、检验及验收》标准规定的各种 PN 和 DN 的阀门。

第十节　阀门的结构特征及选用

一、闸阀

闸阀（gate valve），也叫闸板阀、闸门阀，是广泛使用的一种阀门。它的闭合原理是，闸板密封面与闸座密封面高度光洁、平整与一致，互相贴合，可阻止介质流过，并依靠顶楔、弹簧或闸板的楔形，来增强密封效果。阀门外形如图 16.59 所示。

闸阀的分类见图 16.60。

① 按阀杆可分为明杆式和暗杆式（图 16.61）

a. 明杆式。阀杆螺纹露在上部，与之配合的阀杆螺母装在手轮中心，旋转手轮就是旋转螺母，从而使阀杆升降。这种阀门，启闭程度可以从螺纹中看出，便于操作，对于阀杆螺纹的润滑和检查很方便，螺纹与介质不接触，可避免腐蚀性介质的腐蚀，所以石油化工管道中

(a)

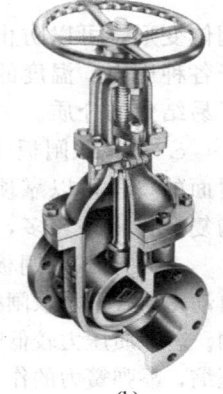
(b)

图 16.59　阀门外形

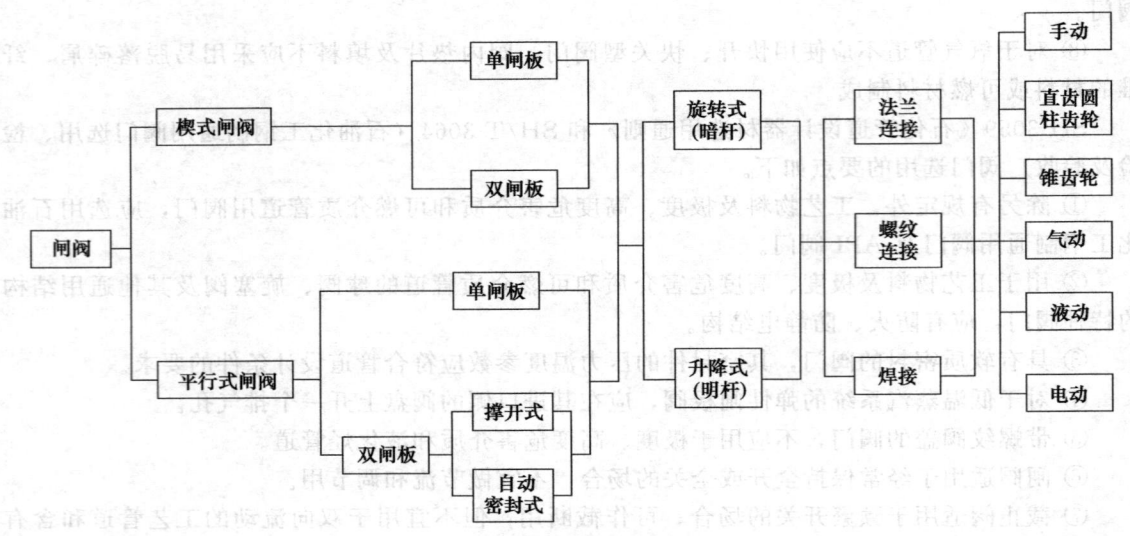

图 16.60 阀门的分类

采用较多。但螺纹外露，容易粘上空气中的尘埃，加速磨损，故应尽量安装于室内。

b. 暗杆式。阀杆螺纹在下部，与闸板中心螺母配合，升降闸板依靠旋转阀杆来实现，而阀杆本身看不出移动。这种阀门的唯一优点是，开启时阀杆不升高，适合于安装在操作位置受到限制的地方。它的缺点很明显，启闭程度难以掌握，阀杆螺纹与介质接触，容易腐蚀损坏。

c. 大口径或高中压阀门用明杆，$DN50$ 以下的低压的无腐蚀介质阀门通常采用暗杆。

② 按闸板构造分类

a. 楔式刚性单闸板。闸板是一楔型整体密封面与闸板垂直中心线成一定倾角，其特点是结构简单，尺寸小，使用比较可靠。单闸板和阀座密封面的楔角加工精度要求很高，加工维修均较困难，且在启闭过程中密封面易发生擦伤，温度变化时闸板易卡住这种闸板是用于常温、中温各种压力的闸阀。

(a) 明杆式闸阀　　(b) 暗杆式闸阀

图 16.61 按阀杆闸阀的分类

b. 楔式弹性单闸板。在闸板中部开环状槽或由两块闸板组焊而成，中间为空心楔角加工。其特点是结构简单，密封面可靠，能自行补偿，由于异常负荷而引起的阀体变形，可以防止闸板卡住，但关闭力矩不宜过大，以防超过闸板弹性范围。弹性闸板适用于各种压力、温度的中、小口径闸阀及启闭频繁的场合，但要求介质中含固体杂质少且不适用于易结焦的介质。

c. 楔式双闸板［图 16.62（a）］。由两块闸板组成用球面顶心铰接，称楔型闸板。闸板密封面的楔角可以靠顶心自动调整，温度变化时不易被卡住，也不易产生擦伤现象。其缺点是结构复杂，零件较多，闸板容易脱落，不适用于黏性介质，一般用于水和蒸汽介质。

d. 平行式双闸板［图 16.62（b）］。闸板两密封面相互平行，分为自动密封式和撑开式两种。自动密封式平行双闸板闸阀，是依靠介质的压力把闸板推向出口侧，阀座密封面达到单面密封的目的。若介质压力较低时，其密封性不易保证，因此在两块闸板之间放置一个弹簧，在关闭时弹簧被压缩，靠弹簧力的作用以实现密封。由于弹簧把闸板压紧在阀座上，密封面易被擦伤和磨损，目前已很少采用。撑开式是用顶楔把两块闸板撑开压紧在阀座密封面上，达到强制密封。

闸阀的共同缺点是：高度大；启闭时间长；在启闭过程中，密封面容易被冲蚀；修理比截止阀困难；不适用于含悬浮物和析出结晶的介质；也难以用非金属耐蚀材料来制造。阀体与阀盖多采用法兰连接。阀体截面形状主要取决于公称压力，如低压阀门的阀体多为扁平状，以缩小其结构长度。高中压闸阀阀体多为椭圆形或圆形，以提高其承压能力，减小壁厚。阀体形状还与阀体材料及制造工艺有关。

闸阀在管路中主要起切断作用。关闭件（闸板）沿闸座中心线的垂直方向移动。闸阀与截止阀相比，流阻小、启闭力小、密封可靠，是最常用的一种阀门。当部分开启时，介质会在闸板背面产生涡流，易引起闸板的冲蚀和振动，阀座的密封面也易损坏，故一般不作为节流用。与球阀和蝶阀相比，闸阀开启时间较长，结构尺寸较大，不宜用在直径较大的情况。可双向流动，重量较大。明杆适用于腐蚀介质及室内管道。闸阀不宜用于有固体沉降的流体，也不宜用于流量调节。如密封性要求极其严格，可采用双闸板式。

钢制闸阀设计标准和适用范围见表16.133。

铁制闸阀设计标准和适用范围见表16.134。

二、截止阀

截止阀（glode valve，图16.63）也叫截门、球心阀、停止阀、切断阀，是使用最为广泛的一种阀门。它所以广受欢迎，是由于开闭过程中，密封面之间摩擦力小，比较耐用；开启高度不大；制造容易，维修方便；不仅适用于中低压，而且适用于高压、超高压。它的闭合原理是，依靠阀杆压力，使阀瓣密封面与阀座密封面紧密贴合，阻止介质流通。截止阀只允许介质单向流动，安装时有方向性。它的结构长度大于闸阀，同时流体阻力较大，长期运行时，它的密封可靠性也不强。截止阀的动作特性是，关闭件（阀瓣）沿阀座中心线移动。它的作用主要是切断，也可粗略调节流量，但不能当节流阀使用。

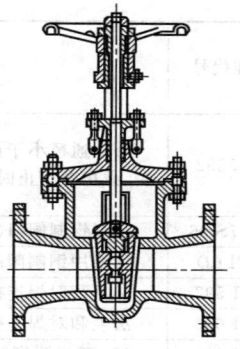

(a) 楔式双闸板阀门

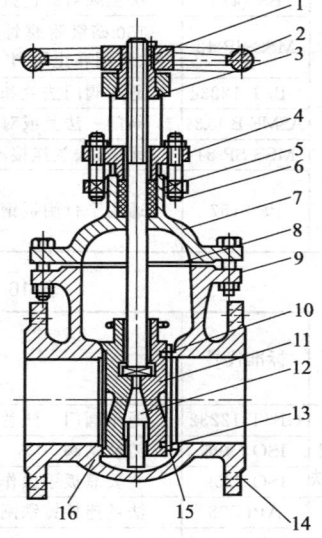

1—阀杆；2—手轮；3—阀杆螺母；4—填料压盖；
5—填料；6—J形螺栓；7—阀盖；8—垫片；
9—阀体；10—闸板密封圈；11—闸板；
12—顶楔；13—阀体密封圈；14—法兰孔数；
15—有密封圈形式；16—无密封圈形式

(b) 平行式双闸板闸阀

图16.62 按闸板闸阀的典型图

表16.133 钢制闸阀设计标准和适用范围

序号	类别	标准代号	标准名称	适用范围		应用
				公称通径/mm	公称压力或压力等级	
1	锻钢	JB/T 7746	缩径锻钢阀门	10~50	2.5~25MPa	通用
2	铸钢	JIS B2073	10kgf/cm² 法兰连接铸钢制明杆闸阀	40~600	10K	通用
		JIS B2083	20kgf/cm² 法兰连接铸钢制明杆闸阀	40~700	20K	通用
		JPI-7S-46	法兰连接铸钢阀门	32~350	Class150、Class300	石油、石油化工
3	锻钢或铸钢	API 602	紧凑型碳钢闸阀	15~50	Class150、Class300、Class600、Class800	石油、石油化工
		API 606	紧凑型延长阀体钢制闸阀	15~50	Class150、Class300、Class600、Class800	石油、石油化工

续表

序号	类别	标准代号	标准名称	适用范围 公称通径/mm	适用范围 公称压力或压力等级	应用
3	锻钢或铸钢	BS 5352	公称通径小于或等于50mm的钢制楔式闸阀、截止阀和止回阀	15~50	Class150、Class300、Class600、Class800、Class1500	石油、石油化工
		JPI-7S-36	小型钢制阀门(锻钢或铸钢)	10~40	Class800	
		API 6D	管线用钢制闸阀、旋塞阀、球阀和止回阀	50~1600	Class150~Class2500	
		API 597	法兰和对焊连接钢制缩口闸阀	50~600	Class150~Class600	
		API 600	法兰和对焊连接钢制闸阀	25~600	Class150~Class2500	
		API 603	150磅级耐腐蚀闸阀	15~300	Class150	
		BS 1414	法兰和对焊连接钢制闸阀	25~600	Class150~Class2500	
		MSS-SP-42	150磅级耐腐蚀法兰、对焊连接闸阀、截止阀、角阀和止回阀	15~50	Class150	通用
		GB/T 12234	通用阀门法兰和对焊连接钢制闸阀	25~600	1.6~42MPa	通用
		ASME-B 16.34	阀门—法兰或对焊连接	15~750	Class150~Class2500	
		MSS-SP-81	无盖、法兰连接不锈钢刀型闸阀	50~600	Class150	
		BS 5157	通用平行闸板钢制闸阀	40~600	1.6MPa、2.5MPa、4.0MPa、6.4MPa、10MPa	通用

表16.134 铁制闸阀设计标准和适用范围

序号	类别	标准代号	标准名称	适用范围 公称通径/mm	适用范围 公称压力或压力等级	应用
1	灰铸铁、可锻铸铁	GB/T 12232	通用阀门 法兰连接铁制闸阀	50~1800	0.1~4.0MPa	通用
		ISO 5996	铸铁闸阀	40~1000	0.1~5.0MPa	通用
		ISO 7259	主要靠扳手操作的地下用铸铁闸阀	50~300	1.0~4.0MPa	通用
2	灰铸铁	API 595	法兰连接铸铁闸阀	50~600	Class125、Class250	石油、石油化工
		MSS-SP-70	法兰和螺纹端的铸铁闸阀	法兰50~1200 螺纹50~1500	Class125、Class250、Class800	通用
		BS 5150	通用楔式单闸板或双闸板铸铁闸阀	10~1000	0.6~2.5MPa	通用
		BS 5151	通用铸铁(平行闸板)阀	40~1000	1.0~2.5MPa	通用
		JIS B2031	灰铸铁闸阀	400~300	5K、10K	通用
		JIS B2062	水道用平行单闸板闸阀	50~1500	最高使用压力0.735MPa	通用
		JPI-7S-37	法兰连接铸铁上螺纹闸阀	40~350	Class125	石油、石油化工
		JIS B2043	10kgf/cm² 法兰连接铸铁制暗杆闸阀	50~300	10K	通用
		JIS B2044	10kgf/cm² 法兰连接铸铁制明杆闸阀	50~300	10K	通用
3	可锻铸铁	JIS B2052	10kgf/cm² 螺纹连接可锻铸铁闸阀	15~50	10K	通用
4	球墨铸铁	GB/T 12232	法兰连接铸铁闸阀	50~1800	0.1~4.0MPa	通用
		API 604	法兰连接球墨铸铁闸阀	15~600	Class150、Class300	石油、石油化工

截止阀的分类见图16.64。另外,截止阀可按通道方向分为以下三类。

① 直通式。进出口通道成一直线,但经过阀座时要拐90°的弯,如图16.65(a)所示。安装于直线管路,由于操作方便,用得最多。但它的流体阻力大,对于阻力损失要求严的管路,不宜使用。

② 直角式。进出口通道成一直角,如图16.65(b)所示。安装于垂直相交的管路中,流动阻力小。常用于高压。

③ 直流式。进出口通道成一直线,与阀座中心线相交。这种截止阀的阀杆是倾斜的,阀体与阀杆成45°,如图16.65(c)所示,流动阻力小,压力降小,便于检修和更换。

④ 按连接方式截止阀可分为：内螺纹式、外螺纹式、焊接式、法兰式等，如图 16.66 所示。

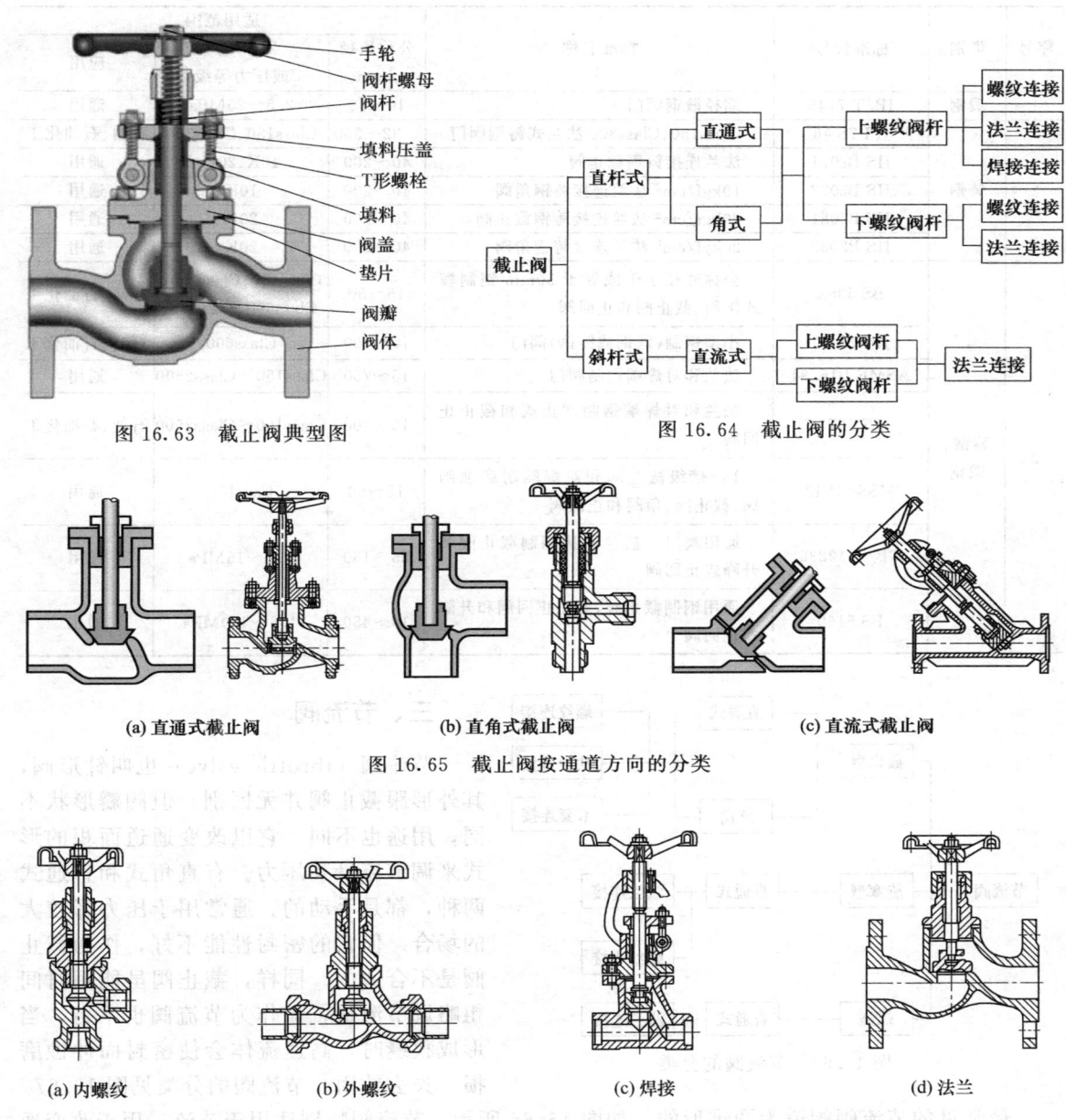

图 16.63　截止阀典型图

图 16.64　截止阀的分类

图 16.65　截止阀按通道方向的分类

图 16.66　截止阀按连接方式的分类

与闸阀相比，截止阀具有一定的调节作用，故常用作为调节阀组的旁路。经常需要调节压力和流量的部位，应选用节流阀。截止阀内流体是单向流动。截止阀在关闭时需要克服介质的阻力。对要求有一定调节作用的开关场合（如调节阀旁路、软管站等）和输送液化石油气、液态烃介质的场合，应选用截止阀以代替闸阀。用于手动调节流量，结构简单，制造维护方便，密封面结构较耐腐蚀，流体阻力大。流体向上流过阀座，阀座上有沉淀物时影响严密性，不宜用于悬浮固体及黏度较大的流体。直通式和直流式的截止阀、节流阀可安装在水平和垂直管道上，角式截止阀和节流阀需安装在垂直相交的管道上，安装时要注意阀体的指示方向与介质的流向一致。

钢制截止阀的设计标准和适用范围见表 16.135。

表 16.135 钢制截止阀的设计标准和适用范围

序号	类别	标准代号	标准名称	适用范围 公称通径 /mm	适用范围 公称压力或压力等级	应用
1	锻钢	JB/T 7746	缩径锻钢阀门	10~50	2.5~25MPa	通用
2	铸钢	JPI-7S-46	Class150、Class300 法兰式铸钢阀门	32~350	Class150、Class300	石油、石油化工
2	铸钢	JIS B2071	法兰连接铸钢截止阀	40~200	10K、20K	通用
2	铸钢	JIS B2072	10kgf/cm² 法兰连接铸钢角阀	40~200	10K	通用
2	铸钢	JIS B2081	20kgf/cm² 法兰连接铸钢截止阀	40~200	20K	通用
2	铸钢	JIS B2082	20kgf/cm² 法兰连接铸钢角阀	40~200	20K	通用
3	铸钢、锻钢	BS 5352	公称通径小于或等于 50mm 钢制楔式闸阀、截止阀和止回阀	15~50	Class150、Class300、Class600、Class800	石油、石油化工
3	铸钢、锻钢	JPI-7S-36	小型钢制(锻钢或铸钢)阀门	10~400	Class600	石油、石油化工
3	铸钢、锻钢	ASME B16.34	法兰和对焊端钢制阀门	15~750	Class150~Class2500	通用
3	铸钢、锻钢	BS 1873	法兰和对焊端钢制截止阀和截止止回阀	15~400	Class150~Class2500	石油、石油化工
3	铸钢、锻钢	MSS-SP-42	150 磅级法兰端和对焊端耐腐蚀闸阀、截止阀、角阀和止回阀	15~50	Cass150	通用
3	铸钢、锻钢	GB/T 12235	通用阀门 法兰连接钢制截止阀和升降式止回阀	25~150	1.6~16MPa	通用
3	铸钢、锻钢	BS 5160	通用钢制截止阀,截止止回阀和升降式止回阀	10~450	1.6~4.0MPa	通用

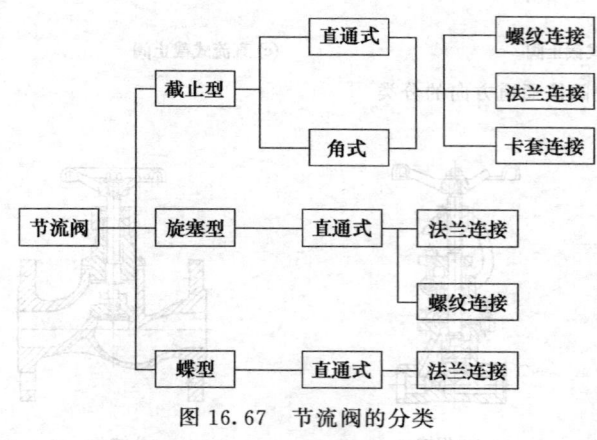

图 16.67 节流阀的分类

三、节流阀

节流阀 (throttle valve) 也叫针形阀,其外形跟截止阀并无区别,但阀瓣形状不同,用途也不同。它以改变通道面积的形式来调节流量和压力。有直角式和直通式两种,都是手动的。通常用于压力降较大的场合。但它的密封性能不好,作为截止阀是不合适的。同样,截止阀虽能短时间粗略调节流量,但作为节流阀也不行,当形成狭缝时,高速流体会使密封面冲蚀磨损,失去效用。节流阀的分类见图 16.67。

最常见的节流阀阀瓣为圆锥形的,如图 16.68 所示。节流阀特别适用于节流,用于改变通道截面积,调节流量或压力。

四、止回阀

止回阀 (check valve) 又称逆止阀、单向阀,止回阀主要作用是防止介质导流、防止泵及其驱动装置反转,以及容器内介质的泄漏,它只允许介质向一个方向流动,当介质顺流时阀瓣会自动开启,当介质反向流动时阀瓣能自动关闭。安装时,要注意介质的流动方向应与止回阀上的箭头方向一致。对于要求能自动防止介质倒流的场合应选用止回阀。

止回阀的分类见图 16.69。

① 升降式止回阀 [图 16.70 (a)],是靠介质压力将阀门打开,当介质逆向流动时,靠自

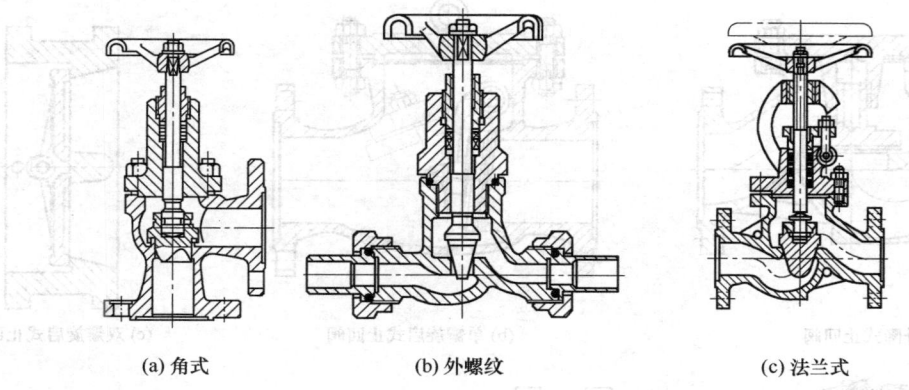

(a) 角式　　　　　　(b) 外螺纹　　　　　　(c) 法兰式

图 16.68　节流阀典型图

重关闭（有时是借助于弹簧关闭）。受安装要求的限制，常用于小直径场合（$DN \leqslant 40mm$）。作为锅炉给水和蒸汽切断用阀。它是开闭和逆止机能同时存在的阀门。

② 旋启式止回阀，是靠介质压力将阀门打开，靠介质压力和重力将阀门关闭，因此它既可以用在水平管道上，又可用在垂直管道上（此时介质必须是自下而上）。一般用于 $DN \geqslant 50mm$ 的场合。旋启式止回阀可分为：单瓣阀 [图 16.70（b）]，适用于中等口径的旋启式止回阀；双瓣阀 [图 16.70（c）]，适用于较大口径 $DN \leqslant 600mm$ 的场合；多瓣阀 [图 16.70（d）]，启闭件是由多个小直径的阀瓣组成，介质停留时或倒流时小阀瓣不会同时关闭，可以减弱水力冲击。由于阀瓣关闭动作平稳，所以阀瓣对阀座的撞击力较小，不会造成密封面的损坏。适用于 $DN > 600mm$ 的场合。

③ 对夹式止回阀 [图 16.70（e）]，结构尺寸小，制造成本低，常用来代替升降式和旋启式止回阀。

④ 梭式止回阀是解决 $DN40$ 升降式止回阀不能用在竖管上的问题。

⑤ 底阀 [图 16.70（f）] 是在泵的吸入管的吸入口处使用的阀门。为防止水中混有异物被吸入泵内，设有过滤网。开泵前灌注水使泵与入口管充满水；停泵后保持入口管及泵体充满水，以备再次启动，否则泵就无法启动。

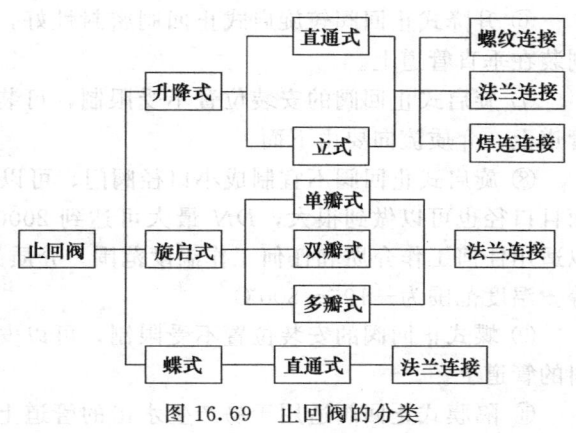

图 16.69　止回阀的分类

止回阀的选用原则如下。

① 为防止介质逆流，在设备、装置和管道上都应安装止回阀。止回阀一般适用于清净介质，不宜用于含有固体和黏度较大的介质。

② $DN \leqslant 40mm$ 时宜用升降式止回阀，仅允许安装在水平管道上；$DN = 50 \sim 400mm$ 时，宜采用旋启式止回阀，不允许装在介质由上到下的垂直管道上；$DN \geqslant 450mm$ 时，宜选用缓冲型止回阀；$DN = 100 \sim 400mm$，也可以采用对夹式止回阀，其安装位置不受限制。

③ 一般在公称通径 $DN \leqslant 50mm$ 的水平管道上都应选用立式升降式止回阀。

④ 直通式升降止回阀在水平管道和垂直管道上都可安装。

⑤ 对于水泵进口管道，宜选用底阀。底阀一般只安装在泵进口的垂直管道上，并且介质

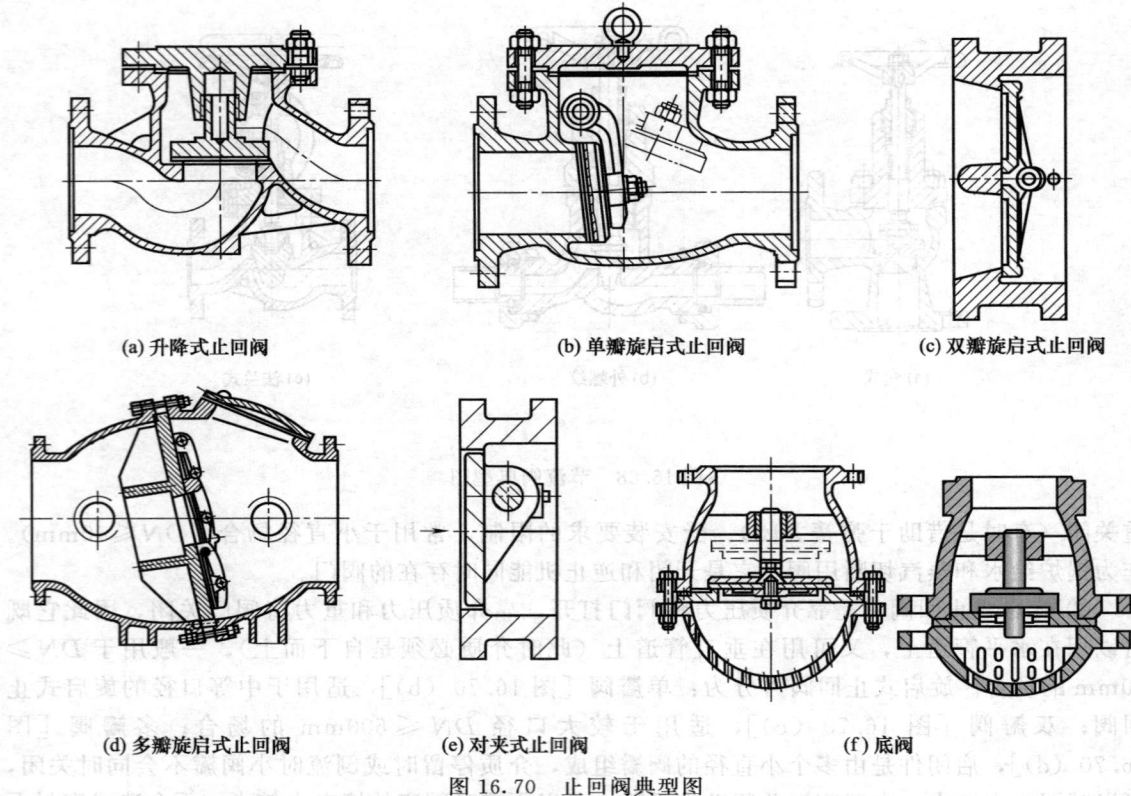

(a) 升降式止回阀　　(b) 单瓣旋启式止回阀　　(c) 双瓣旋启式止回阀

(d) 多瓣旋启式止回阀　　(e) 对夹式止回阀　　(f) 底阀

图 16.70　止回阀典型图

自下而上流动。

⑥ 升降式止回阀较旋启式止回阀密封性好，流体阻力大，卧式宜装在水平管进上，立式则装在垂直管道上。

⑦ 旋启式止回阀的安装位置不受限制，可装在水平、垂直或倾斜的管道上，如装在垂直管道上，介质流向要由下而上。

⑧ 旋启式止回阀不宜制成小口径阀门，可以做成很高的工作压力，可以达到 $PN42MPa$。而且口径也可以做到很大，DN 最大可达到 $2000mm$ 以上。根据壳体及密封件的材质不同可以适用任何工作介质和任何工作温度范围。介质为水、蒸汽、气体、腐蚀性介质、油品、药品等。温度范围为 $-196 \sim 800℃$。

⑨ 蝶式止回阀的安装位置不受限制，可以安装在水平管道上，它也可以安装在垂直或倾斜的管道上。

⑩ 隔膜式止回阀适用于易产生水击的管道上，隔膜可以很好地消除介质逆流时产生的水击。它一般使用在低压常温管道上，特别适用于自来水管道上，一般介质工作温度在 $-20 \sim 120℃$ 之间，工作压力小于 $1.6MPa$。隔膜式止回阀口径最大可以达到 $2000mm$ 以上。

⑪ 球形止回阀可以制成大口径。球形止回阀的壳体可以用不锈钢制作，密封件的空心球体可以用聚四氟乙烯工程材料，在一般腐蚀性介质的管道上也可应用，工作温度在 $-101 \sim 150℃$ 之间，其公称压力 $PN \leqslant 4.0MPa$，公称通径范围在 $200 \sim 1200mm$ 之间。

⑫ 对于 $DN50$ 以下的高中压止回阀，宜选用立式升降止回阀和直通式升降止回阀。

⑬ 对于 $DN50$ 以下的低压止回阀，宜选用蝶式止回阀、立式升降止回阀和隔膜式止回阀。

⑭ 对于 $50mm < DN < 600mm$ 的高中压止回阀，宜选用旋启式止回阀。

⑮ 对于 $200mm < DN < 1200mm$ 的中低压止回阀，宜选用无磨损球形止回阀。

⑯ 对于 50mm＜DN＜2000mm 的低压止回阀，宜选用蝶式止回阀和隔膜式止回阀。

⑰ 对于要求关闭时水击冲击比较小或无水击的管道，宜选用缓闭式旋启止回阀和缓闭式蝶形止回阀。

止回阀的安装注意事项：在管线中不要使止回阀承受重量，大型的止回阀应独立支撑，使之不受管系产生压力的影响；安装时注意介质流动的方向应与阀体所示箭头方向一致；升降式垂直瓣止回阀应安装在垂直管道上；升降式水平瓣止回阀应安装在水平管道。

止回阀有关标准见表 16.136。

表 16.136　钢制止回阀的设计标准和适用范围

序号	名称	标准代号	标准名称	适用范围		
				公称通径/mm	公称压力或压力等级	应用
1	铸钢	JIS B2074	10kgf/cm² 铸钢制法兰连接旋启式止回阀	50～300	1.0MPa	通用
		JIS B2084	20kgf/cm² 铸钢法兰连接旋启式止回阀	50～300	20K	通用
		JIS B2071	法兰连接铸钢阀门	40～200	10K、20K	通用
2	锻钢铸钢	GB/T 12236	通用阀门钢制旋启式止回阀			
		ASME B16.34	法兰和对焊端钢制阀门	15～150	Class150～Class2500	通用
		GB/T 12235	通用阀门法兰连接钢制截止阀和升降式止回阀	6～150	1.6～16MPa	通用
		MSS-SP-42	Class150 法兰和对焊连接耐腐蚀闸阀、截止阀、角阀和止回阀	15～50	Class150	通用
		API 6D	管线阀门（钢制闸阀、旋塞阀、球阀和止回阀）	50～800	Class150～Class2500	管线用
		API 594	对夹式旋启止回阀	50～1200	Class125～Class2500	石油、石油化工
		BS 1868	法兰和对焊连接钢制止回阀	15～600	Class150～Class2500	石油、石油化工
		BS 5352	小于或等于 50mm 钢制楔式闸阀、截止阀、截止止回阀以及升降式止回阀	15～50	Class150、Class300 Class600、Class800	石油、石油化工
		BS 5160	法兰式钢制截止阀、截止止回阀以及升降式止回阀	10～450	1.0～4.0MPa	通用
		BS 1873	钢制截止阀和截止止回阀	15～400	Class150～Class2500	石油、石油化工
		JPI-7S-36	小型钢制（锻和铸）阀门	10～40	Class600	石油、石油化工

五、蝶阀

蝶阀（butterfly valve）也叫蝴蝶阀，阀瓣是圆盘，围绕阀座内的一个轴旋转。旋角的大小，便是阀门的开闭度。这种阀门具有轻巧的特点，比其他阀门要节省材料；结构简单；开闭迅速（只需旋转 90°）；切断和节流都能用；流体阻力小；操作省力。在工业生产中，蝶阀日益得到广泛使用。但它用料单薄，经不起高压、高温，通常只用于风路、水路和某些气路。

蝶阀的分类见图 16.71，其结构如图 16.72 所示。蝶阀可以做成很大口径，大口径蝶阀往往用蜗轮蜗杆或电力、液压来传动。蝶阀密封性能不如闸阀可靠，可以在某些条件下代替闸阀。能够使用蝶阀的地方，尽量不用闸阀，因为蝶阀比闸阀要经济，而且调节流量的性能也更好。对于设计压力较低、管道直径较大，要求快速启闭的场合一般选用蝶阀。

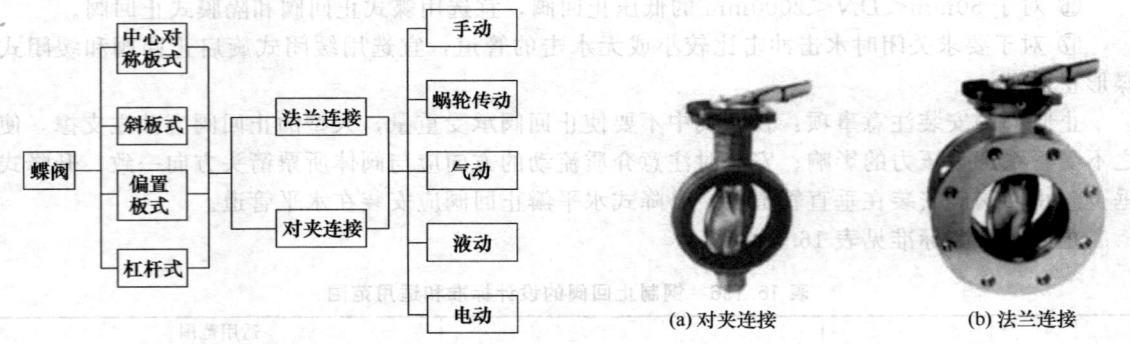

图 16.71 蝶阀的分类　　　　图 16.72 蝶阀结构

蝶阀有关标准规范见表 16.137。

表 16.137 蝶阀设计标准和适用范围

类别	标准代号	标准名称	适用范围		应用
			公称通径/mm	公称压力或压力等级	
钢、铸铁、青铜制蝶阀	GB/T 12238	通用阀门法兰和对夹连接蝶阀	40～2000	0.25～2.5MPa	通用
	API 609	凸耳和平板式蝶阀	40～600	<Class800	石油、石油化工
	BS 5155	通用铸铁和碳钢蝶阀	40～2000	Class125、Class150、Class300	通用
	BS 3952	通用铸铁蝶阀	40～2000	0.6～4.0MPa	通用
	MSS-SP-67	蝶阀	40～600	Class125、Class150、Class300	通用
	MSS-SP-68	高压偏心阀座蝶阀	80～600	Class150、Class300、Class600	通用
	JIS B2032	平板式橡胶密封蝶阀	50～600	10K～16K	
	JIS B2064	水道用蝶阀	200～1500	4.5K、7.5K、10K	水道用

六、球阀

对于要求快速启闭的场合一般选用球阀（ball valve）。球阀的动作原理与旋塞阀一样，都是靠旋转阀芯来使阀门畅通或闭塞。球阀的阀芯是一个带孔的球，当该孔的中心轴线与阀门进出口的中心轴线重合时，阀门畅通；当旋转该球 90°，使该孔的中心轴线与阀门进出口的中心轴线垂直时，阀门闭塞。球阀与旋塞阀相比，开关轻便，体积小，所以可以做成很大通径的阀门。球阀密封可靠，结构简单，维修方便，密封面与球面常在闭合状态，不易被介质冲蚀，因此，应用广泛。

球阀的分类，见图 16.73。

① 浮动球阀。球体有一定浮动量，在介质压力下，可向出口端位移，并压紧密封圈。这种球阀结构简单，密封性好。但由于球体浮动，将介质压力全部传递给密封圈，使密封圈负担很重；考虑到密封圈承载能力的限制，又考虑到大型球阀如采用这种结构形式，势必操作费力，所以只用于中低压小口径情况。

② 固定球阀。球体是固定的，不能移动。通常上下支承处装有滚动轴承或滑动轴承，开闭较轻便。这种结构适合于制作高压大口径阀门。

阀座密封圈，常用聚四氟乙烯做成，它摩擦因数小，耐蚀性能优异，耐温范围宽阔

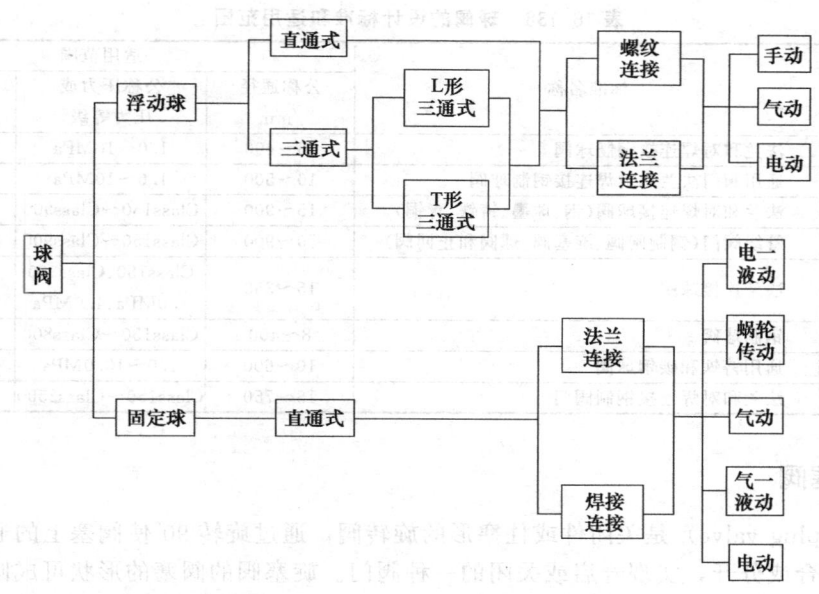

图 16.73 球阀的分类

(−180～200℃)。也可用聚三氟氯乙烯制作，它比聚四氟乙烯密封圈耐蚀性能稍差，但机械强度高。橡胶密封性能很好，但耐压、耐温性能较差，只用于温度不高的低压管路。此外，尼龙等塑料也可在一定条件下使用。大型球阀，可以做成机械传动，还可以由电力、液力、气力来操作。球阀与旋塞阀一样，可以做成直角、三通、四通等形式。

球阀结构如图 16.74 所示。

图 16.74 球阀典型图

球阀的最大特点是流体阻力小，流动特性好。密封性能较可靠。与蝶阀相比，它的重量较大，结构尺寸也比较大，故不宜用于直径太大的管道。与蝶阀一样，影响球阀不能长期应用在石化生产装置的问题是热胀或磨损后会造成密封不严的问题。软密封球阀虽有较好的密封性能，但当它用于易燃、易爆介质管道上时，尚须经受火灾安全试验和防静电试验。因此，石化生产装置上球阀应用不多。近年来，许多球阀生产厂开发出了一些新型结构的球阀，如轨道球阀、偏心球阀等，将阀座设置成金属弹性阀座，使其在热胀和磨损的情况下仍有良好的密封。因此，这些球阀也开始在石化生产装置上应用。直通球阀用于截断介质，三通球阀可改变介质流动方向或进行分配。球阀启闭迅速，便于实现事故紧急切断。由于节流可能造成密封件或球体的损坏，一般不用球阀节流。全通道球阀不适用于调节流量。

球阀有关标准规范见表 16.138。

表 16.138　球阀的设计标准和适用范围

标准代号	标准名称	适用范围		应用
		公称通径/mm	公称压力或压力等级	
ISO 7121	法兰和对焊连接钢制球阀	15~400	1.0~10MPa	通用
GB/T 12237	通用阀门法兰和对焊连接钢制球阀	10~500	1.6~10MPa	通用
MSS-SP-72	法兰和对焊连接球阀（钢、球墨、铸铁、青铜）	15~900	Class150~Class900	通用
API 6D	管线阀门（钢制闸阀、旋塞阀、球阀和止回阀）	50~900	Class150~Class900	石油管线
JPI-7S-48	法兰连接球阀	15~350	Class150、Class300 1.0MPa、4.0MPa	
BS 5351	钢制球阀	8~400	Class150~Class800	石油、石油化工
BS 5159	通用铸铁和碳钢球阀	10~600	1.0~10.0MPa	通用
ASME B16.34	法兰和对焊连接钢制阀门	15~750	Class150~Class2500	通用

七、旋塞阀

旋塞阀（plug valve）是关闭件或柱塞形的旋转阀，通过旋转 90°使阀塞上的通道口与阀体上的通道口重合或分开，实现开启或关闭的一种阀门。旋塞阀的阀塞的形状可成圆柱形或圆锥形。在圆柱形阀塞中，通道一般成矩形；而在锥形阀塞中，通道成梯形。这些形状使旋塞阀的结构变得轻巧，但同时也产生了一定的损失。旋塞阀最适于作为切断和接通介质以及分流用，但是依据适用的性质和密封面的耐冲蚀性，有时也可用于节流。由于旋塞阀密封面之间运动带有擦拭作用，而在全开时可完全防止与流动介质的接触，故它通常也能用于带悬浮颗粒的介质。旋塞阀的另一个重要特性是它适应于多通道结构，因此一个阀有可以获得 2 个、3 个甚至 4 个不同的流道，这样可以简化管道系统的设计，减少阀门用量以及设备中的连接配件。旋塞阀是一种结构比较简单的阀门，流体直流通过，阻力降小，启闭方便、迅速。旋塞阀有填料式、润滑式和塞阀几种。近年来发展了一种在阀体和旋塞间有聚四氟乙烯衬套的旋塞和一种与液体接触表面全衬聚四氟乙烯的旋塞。

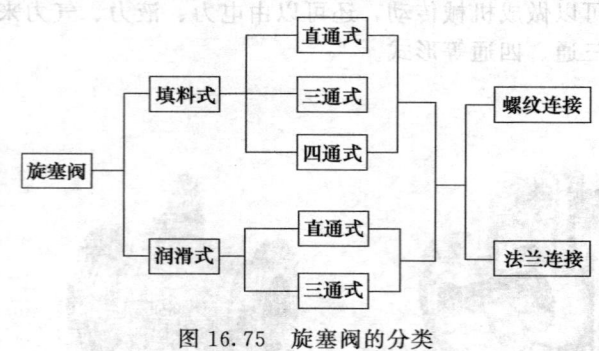

图 16.75　旋塞阀的分类

旋塞阀的分类，见图 16.75。旋塞阀的外形及结构见图 16.76。

旋塞阀的启闭件为柱塞状，通过旋转 90°使阀塞的接口与阀体接口相合或分开。旋塞阀主要由阀体、塞子、填料压盖组成。旋塞阀的塞子与阀体是一个配合很好的圆锥体。其锥度一般为 1∶6 或 1∶7。填料式旋塞阀用于表面张力和黏性较高的液体时，密封效果较好。润滑式旋塞阀的特点是密封性能可靠、启闭省力。适用于压力较高介质，但使用温度受润滑脂限制，由于润滑脂会污染输送介质，因此不得用于高纯物质的管道。

根据旋塞阀的结构特点和设计上所能达到的功能，可以按下列原则选用：一般不适于蒸汽以及温度较高的的介质；用于温度度较低、黏度大的介质（水、油品、酸性介质）；用于要求快速启闭的场合。主要用于切断和接通介质、分配介质和改变介质流动方向的场合；依据使用的性质和密封面的耐冲蚀性，有时也可用于节流的场合；可用带悬浮颗粒的介质；适用于接通、排地用；适用于多通道结构，一个阀门可以获得 2~4 个不同的流道，可以减少阀门的用量；用于分配介质和改变介质流动方向，其工作温度小于等于 300℃，公称压力 $PN\leqslant 1.6$ MPa，公称通径 $DN\leqslant 300$ mm，建议选用多通路旋塞阀；牛奶、果汁、啤酒等食品企业及制药厂等的设备和管路上，建议选用奥氏体不锈钢制的紧定式圆锥形旋塞阀；油田开采、天然

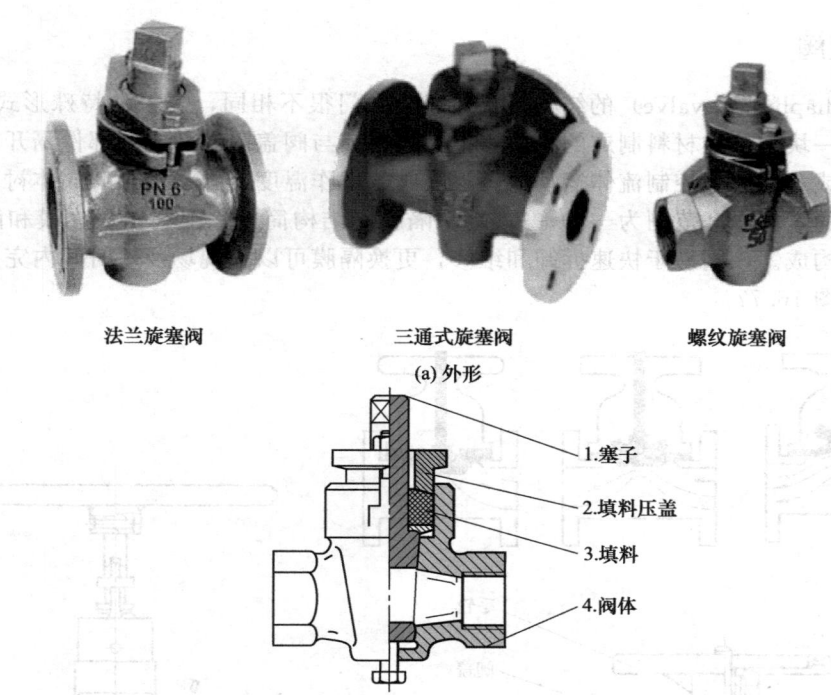

图 16.76　旋塞阀外形及结构

气田开采、管道输送的支管、精炼和清洁设备中，公称压力级小于等于 Class300、公称通径 DN≤300mm，建议选用油封式圆锥形旋塞阀；油田开采、天然气开采、管道输送的支管、精炼和清洁设备中，公称压力级小于等于 CL2500、公称通径 DN≤900mm、工作温度小于等于 340℃，建议选用油封式圆锥形旋塞阀；在含有腐蚀性介质的管路和设备中，要求开启或关闭速度较快的场合，对于以硝酸为基的介质可选用聚四氟乙烯套筒密封圆锥形旋塞阀；对于以醋酸为基的介质，可选用 Cr18Ni12Mo2Ti 不锈钢镶聚四氟乙烯套筒密封圆锥形旋塞阀；在煤气、天然气、暖通系统的管路中和设备上，公称通径 DN≤200mm 时，宜选用填料式圆锥形旋塞阀。

旋塞阀有关标准规范见表 16.139。

表 16.139　旋塞阀设计标准和适用范围

序号	名称	标准代号	标准名称	适用范围		应用
				公称通径/mm	公称压力或压力等级	
1	钢制旋塞阀	API 599	法兰或对焊连接钢制旋塞阀	25～600	Class150～Class2500	石油 石油化工
		BS 1570	法兰或对焊连接钢制旋塞阀	25～600	Class150～Class2500	
		API 6D	管线阀门（钢制闸阀、旋塞阀、球阀和止回阀）	50～900	Class150～Class2500	
		BS 5353	旋塞阀	15～600	Class150～Class2500	通用
		BS 5158	通用铸铁和碳钢旋塞阀	6～100	1.0～10MPa	通用
		ASME B16.34	法兰和对焊连接钢制阀门	15～750	Class150～Class2500	通用
2	铸铁旋塞阀	GB/T 12240	通用阀门铁制旋塞阀	15～200	1.6MPa	通用
		BS 5158	通用铸铁和碳钢旋塞阀	6～100	1.0～10MPa	通用
		MSS-SP-78	法兰和螺纹连接铸铁旋塞阀			
		API 593	法兰连接球墨铸铁旋塞阀	25～600	Class150、Class300	
3	青铜旋塞阀	JIS B 2191	螺纹连接青铜旋塞阀	10～50	1.0MPa	通用
		JIS B 2192	螺纹连接青铜填料旋塞阀			
		DIN 7113	耐酸硅铸铁带排出口的填料旋塞主要尺寸			
		DIN 7116	耐酸硅铸铁制三通填料旋塞主要尺寸			

八、隔膜阀

隔膜阀（diaphragm valve）的结构形式与一般阀门很不相同，是一种特殊形式的截断阀，它的启闭件是一块用软质材料制成的隔膜，把阀体内腔与阀盖内腔及驱动部件隔开，它是依靠柔软的橡胶模或塑料膜来控制流体运动的。隔膜阀的工作温度通常受隔膜和阀体衬里所使用材料的限制，它的工作温度范围为 $-50 \sim 175$℃。隔膜阀结构简单，由阀体、隔膜和阀盖组合件三个主要部件构成。该阀易于快速拆卸和维修，更换隔膜可以在现场及短时间内完成。隔膜阀的工作原理见图 16.77。

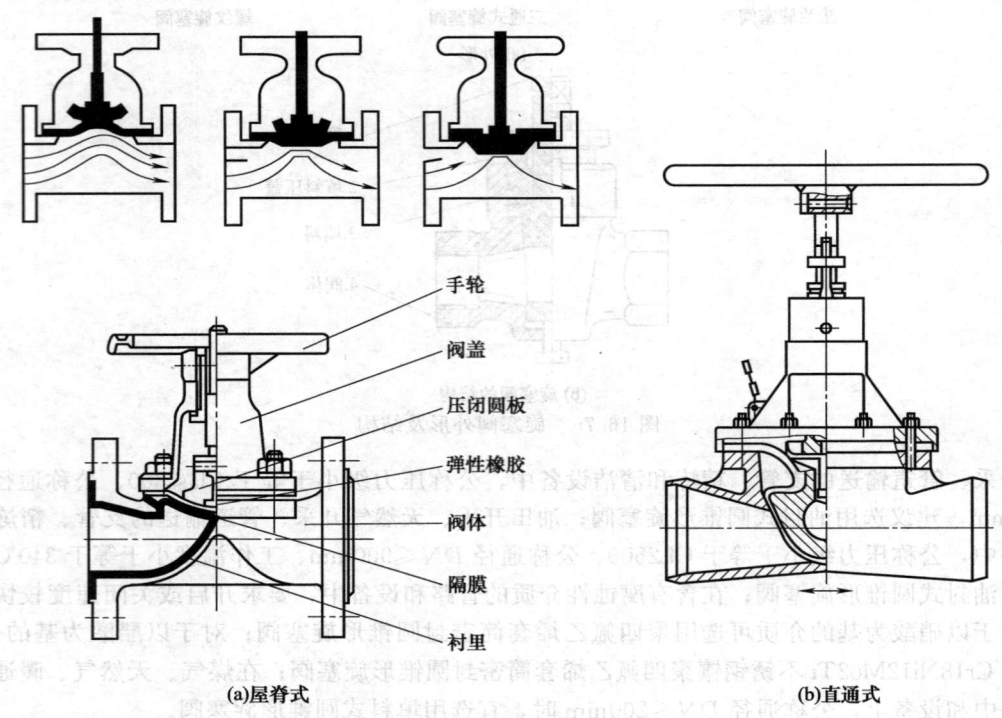

图 16.77 隔膜阀工作原理

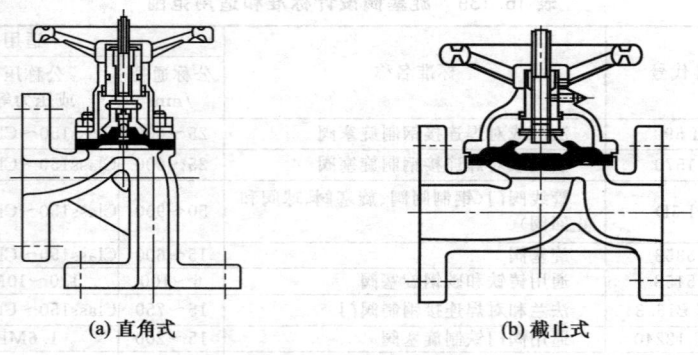

图 16.78 隔膜阀典型图

隔膜阀的分类。

① 按衬里，隔膜阀有衬胶隔膜阀、衬氟隔膜阀、无衬里隔膜阀、塑料隔膜阀等。

② 按结构形式分为三类。

a. 屋脊式。也称凸缘式，是最基本的一类。它的结构如图 16.77（a）所示。阀体是带衬里的，以发挥其耐蚀特性。这类结构除直通式［图16.77（b）］之外，还可做成直角式［图16.78（a）］。

b. 截止式［图16.78（b）］。结构形状与截止阀相似。这种形式的阀门，流体阻力比屋脊式大，但密封面积大，密封性能好，可用于真空度高的管路。

c. 闸板式。结构形式与闸阀相似。闸板式隔膜阀，流体阻力最小，适合于输送黏性物料。隔膜材料常用天然橡胶、氯丁橡胶、丁腈橡胶、异丁橡胶、氟化橡胶等。

隔膜阀的优点：流体阻力小；能用于含硬质悬浮物的介质；由于介质只跟阀体和隔膜接触，所以不需填料函，不存在填料函泄漏问题，对阀杆部分无腐蚀的可能；容易对阀体衬里，只要对衬里材料和隔膜进行恰当选择，便可适应广泛的腐蚀介质，例如酸、碱类流体。

隔膜阀有关标准规范见表16.140。

表16.140 隔膜阀的设计标准和适用范围

标准代号	标准名称	适用范围		应用
		公称通径/mm	公称压力或压力等级	
GB/T 12239	通用阀门隔膜阀	8～400	≤1.6MPa	通用
MSS-SP-88	隔膜阀	15～400	Class125、Class150	通用
BS 5156	一般用途的隔膜阀	10～300	0.6MPa、1.0MPa、1.6MPa	通用
ISO 5752	隔膜阀	15～300	≤1.6MPa	通用

九、安全阀

安全阀（safety valve）也称安全门或保险阀，是一种安全保护用阀，它的启闭件在外力作用下处于常闭状态，当设备或管道内的介质压力升高，超过规定值时自动开启，向系统外排放介质，以防止管道或设备内介质压力超过规定数值。当压力恢复正常后，在压力回降到工作压力或略低于工作压力时阀门再行关闭并阻止介质外流。安全阀属于自动阀，主要用于锅炉、压力容器和管道上，控制压力不超过规定值，对人身安全和设备运行起重要保护作用。

安全阀的分类见图16.79，结构如图16.80所示。

① 按结构及加载机构可以分为重锤杠杆式、弹簧式和脉冲式三种。

a. 杠杆重锤式安全阀。重锤杠杆式安全阀是利用重锤和杠杆来平衡作用在阀瓣上的力。根据杠杆原理，它可以使用质量较小的重锤通过杠杆的增大作用获得较大的作用力，并通过移动重锤的位置（或变换重锤的质量）来调整安全阀的开启压力。重锤杠杆式安全阀结构简单，调整容易而又比较准确，所加的载荷不会因阀瓣的升高而有较大的增加，适用于温度较高的场合，过去用得比较普遍，特别是用在锅炉和温度较高的压力容器上。但重锤杠杆式安全阀结构比较笨

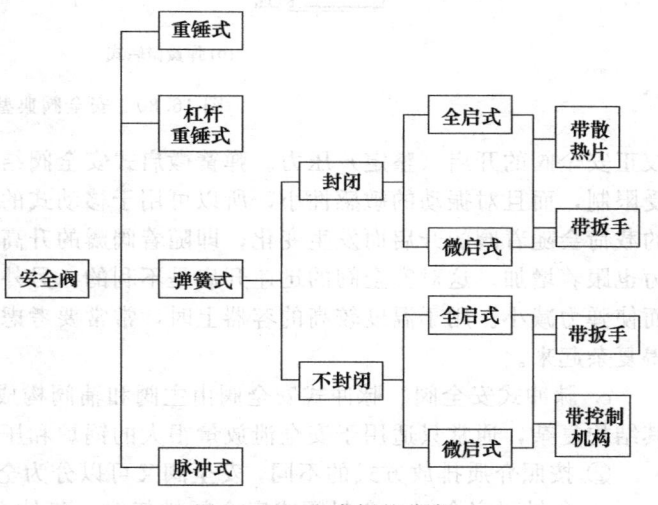

图16.79 安全阀的分类

重，加载机构容易振动，并常因振动而产生泄漏；其回座压力较低，开启后不易关闭和保持严密。

b. 弹簧微启式安全阀。弹簧微启式安全阀是利用压缩弹簧的力来平衡作用在阀瓣上的力。螺旋圈形弹簧的压缩量可以通过转动它上面的调整螺母来调节，利用这种结构就可以根据需要

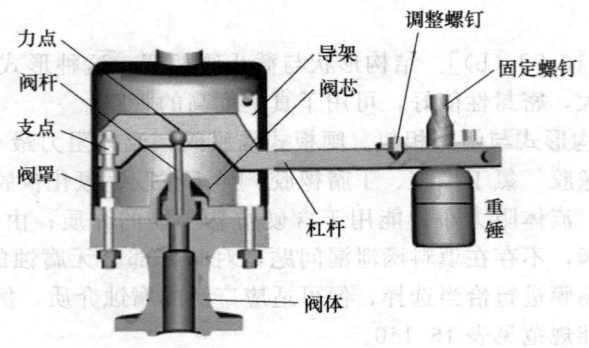

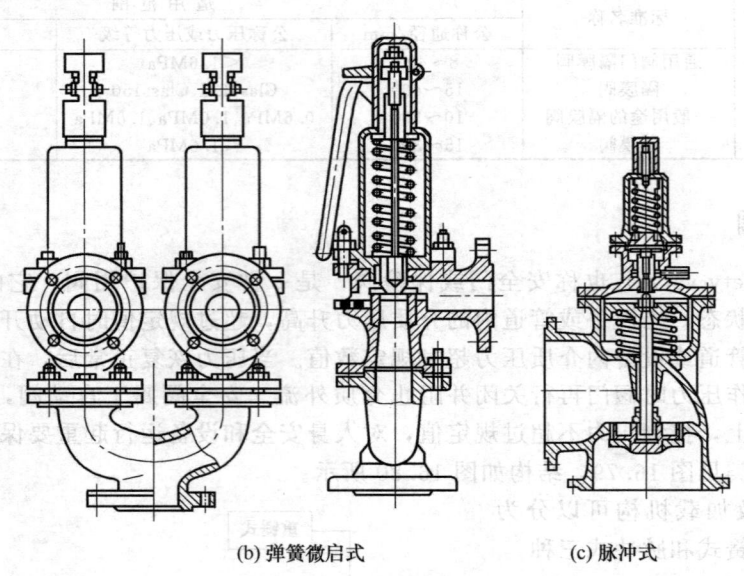

图 16.80　安全阀典型图

校正安全阀的开启（整定）压力。弹簧微启式安全阀结构紧凑，灵敏度也比较高，安装位置不受限制，而且对振动的敏感性小，所以可用于移动式的压力容器上。这种安全阀的缺点是所加的载荷会随着阀的开启而发生变化，即随着阀瓣的升高，弹簧的压缩量增大，作用在阀瓣上的力也跟着增加。这对安全阀的迅速开启是不利的。另外，阀上的弹簧会由于长期受高温的影响而使弹力减小。用于温度较高的容器上时，常常要考虑弹簧的隔热或散热问题，从而使结构变得复杂起来。

c. 脉冲式安全阀。脉冲式安全阀由主阀和辅阀构成，通过辅阀的脉冲作用带动主阀动作，其结构复杂，通常只适用于安全泄放量很大的锅炉和压力容器。

② 按照介质排放方式的不同，安全阀又可以分为全封闭式、半封闭式和开放式三种。

a. 全封闭安全阀。全封闭式安全阀排气时，气体全部通过排气管排放，介质不能向外泄漏，主要用于介质为有毒、易燃气体的容器。

b. 半封闭式安全阀。半封闭式安全阀所排出的气体一部分通过排气管，也有一部分从阀盖与阀杆间的间隙中漏出，多用于介质为不会污染环境的气体的容器。

c. 开放式安全阀。开放式安全阀的阀盖是敞开的，使弹簧腔室与大气相通，这样有利于降低弹簧的温度，主要适用于介质为蒸汽以及对大气不产生污染的高温气体的容器。

③ 按照阀瓣开启的最大高度与安全阀流道直径之比来划分，安全阀又可分为弹簧微启封闭高压式安全阀和弹簧全启式安全阀两种。

a. 弹簧微启封闭式高压安全阀。微启式安全阀的开启高度小于流道直径的 1/4，通常为流道直径的 1/40～1/20。微启式安全阀的动作过程是比例作用式的，主要用于液体场合，有时也用于排放量很小的气体场合。

b. 弹簧全启式安全阀。全启式安全阀的开启高度大于或等于流道直径的 1/4。全启式安全阀的排放面积是阀座喉部最小截面积。其动作过程是属于两段作用式，必须借助于一个升力机构才能达到全开启。全启式安全阀主要用于气体介质的场合。

c. 中启式安全阀开启高度介于微启式与全启式之间，即可以做成两段作用式，也可以做成比例作用式。

弹簧式仍然是最通用的一种。弹簧式安全阀作用原理是，弹簧力与介质作用于阀瓣的正常压力相平衡，使密封面密合；当介质压力过高时，弹簧受到压缩，使阀瓣离开阀座，介质从中泄出；当压力回降到正常值时，弹簧力又将阀瓣推向阀座，密封面重新密合。在一些重要部位往往使用带扳手的双弹簧微启式安全阀。脉冲式安全阀就是一个大的安全阀（主阀）和一个小的安全阀（辅阀）配合动作，通过辅阀的脉冲作用带动主阀启闭。大的安全阀比较迟钝，小的安全阀则比较灵敏。将通向主阀的介质与辅阀相连通，压力过高时，辅阀开启，介质从旁路进入主阀下面的一个活塞，推动活塞将主阀打开。压力回降时，辅阀关闭，主阀活塞下的介质压力降低，主阀瓣也跟着下降密合。这种安全阀结构复杂，只有在通径很大的情况下才采用。杠杆重锤式安全阀依靠杠杆和重锤来平衡阀瓣的压力。通过重锤在杠杆上的移动，调整压力的大小。它与弹簧式安全阀比较，显得笨重而迟钝。好处是因为没有弹簧，不怕介质的热影响，所以至今还在某些锅炉上使用。

安全阀的选择原则如下。

① 排放气体或蒸汽时，选用全启式安全阀。

② 排放液体时，选用全启式或微启式安全阀。

③ 排放水蒸气或空气时，可选用带扳手的安全阀。

④ 对设定压力大于 3MPa、温度超过 235℃ 的气体用安全阀，则选用带散热片的安全阀，以防止泄放介质直接冲蚀弹簧。

⑤ 排放介质允许泄漏至大气的，选用开式阀帽安全阀；不允许泄漏至大气的，选用闭式阀帽安全阀。

⑥ 排放有剧毒、有强腐蚀、有极度危险的介质，选用波纹管安全阀。

⑦ 高背压的场合，选用背压平衡式安全阀或导阀控制式安全阀。

⑧ 在某些重要的场合，有时要安装互为备用的两个安全阀。两个安全阀的进口和出口切断阀宜采用机械联锁装置，以确保在任何时候（包括维修、检修期间）都能满足容器所要求的泄放面积。

安全阀有关标准规范有：GB 12241《安全阀一般要求》、GB 12242《安全阀性能试验方法》、GB 12243《弹簧直接载荷式安全阀》、ZBJ 98013《电站安全阀技术条件》、TSG ZF001《安全阀安全技术监察规程》、SY/T 0525.1《石油储罐液压安全阀》、SY/T 10006《海上井口地面安全阀和水下安全阀规范》、SY/T 10024《井下安全阀系统的设计、安装、修理和操作的推荐作法》、GB/T 14087《船用空气瓶安全阀》、JB/T 6441《压缩机用安全阀》、JB/T 2203《弹簧式安全阀 结构长度》、JB/T 9624《电站安全阀技术条件》、ISO 4126-1《安全阀 第 1 部分：通用要求》、ISO 10417《石油和天然气工业地下安全阀系统设计、装配、操作和修理》、HG 3157《液化气体罐车用弹簧安全阀》、BS 6759《安全阀》。

十、控制阀

图 16.81 控制阀

控制阀（control valve，图 16.81）又名调节阀，通过接受调节控制单元输出的控制信号，借助动力操作去改变流体流量。控制阀一般由执行机构和阀门组成。如果按其所配执行机构使用的动力，控制阀可以分为气动控制阀、电动控制阀、液动控制阀三种。控制阀适用于空气、水、蒸汽、各种腐蚀性介质、泥浆、油品等介质。

控制阀按行程特点可分为：直行程和角行程。直行程包括：单座阀、双座阀、筒阀、笼式阀、角形阀、三通阀、隔膜阀；角行程包括：蝶阀、球阀、偏心旋转阀、全功能超轻型控制阀。控制阀按驱动方式可分为：手动控制阀、气动控制阀、电动控制阀和液动控制阀，即以压缩空气为动力源的气动控制阀，以电为动力源的电动控制阀，以液体介质（如油等）压力为动力的电液动控制阀。按调节形式可分为：调节型、切断型、调节切断型；按流量特性可分为：线性、等百分比、抛物线、快开。

在具体选择时，应考虑如下因素。

① 阀芯形状结构。主要根据所选择的流量特性和不平衡力等因素考虑。

② 耐磨损性。当流体介质是含有高浓度磨损性颗粒的悬浮液时，阀的内部材料要坚硬。

③ 耐蚀性。由于介质具有腐蚀性，应尽量选择结构简单的阀门。

④ 介质的温度、压力。当介质的温度、压力高且变化大时，应选用阀芯和阀座的材料受温度、压力变化小的阀门，当温度大于等于 250℃时应加散热器。

⑤ 防止闪蒸和空化。闪蒸和空化只产生在液体介质中。在实际生产过程中，闪蒸和空化会形成振动和噪声，缩短阀门的使用寿命，因此在选择阀门时应防止阀门产生闪蒸和空化。

十一、爆破片

爆破片（rupture disk，图 16.82）在设备或管道压力突然升高尚未引起爆炸前，由于爆破片两侧压力差达到预定温度下的预定值时，即先行破裂，排出设备或管道内的高压介质，因此爆破片是防止设备或管道破裂的一种安全泄放装置。爆破片安全装置具有结构简单、灵敏、准确、无泄漏、泄放能力强等优点，能够在黏稠、高温、低温、腐蚀的环境下可靠工作，是超高压容器的理想安全装置。

按照结构形式来分类，爆破片主要有平板型、正拱型和反拱型三种。平板型爆破片的综合性能较差，主要用于低压和超低压工况，尤其是大型料仓。正拱型和反拱型的应用场合较多。对于传统的正拱型爆破片，其工作原理是利用材料的拉伸强度来控制爆破压力，爆破片的拱出方向与压力作用方向一致。在使用中发现，所有的正拱型爆破片都存在相同的局限：爆破时，爆破片的碎片会进入泄放管道；由于爆破片的中心厚度被有意减弱，易因疲劳而提前爆破；操作压力不能超过爆破片最小爆破压力的 65%。由此导致了反拱型爆破片的出现。这种爆破片利用材料的抗压强度来控制其爆破压力，较传统的正拱型爆破片，具有抗疲劳性能优良、爆破时不产生碎片且操作压力可达其最小爆破压力 90% 以上的优点。细分之下，反拱型爆破片包括反拱刻槽型、反拱腭齿型以及反拱刀架型等。

爆破片与安全阀比较，具有结构简单、灵敏、可靠、经济、无泄漏、适用性强等优越性，但也有其局限性，其特点如下。

① 密封性能好，在设备正常工作压力下能保持严密不漏。

② 泄压反应迅速，爆破片的动作一般在 2～10ms 内完成，而安全阀则因为机械滞后作用，全部动作时间要高 1～2 个数量级。

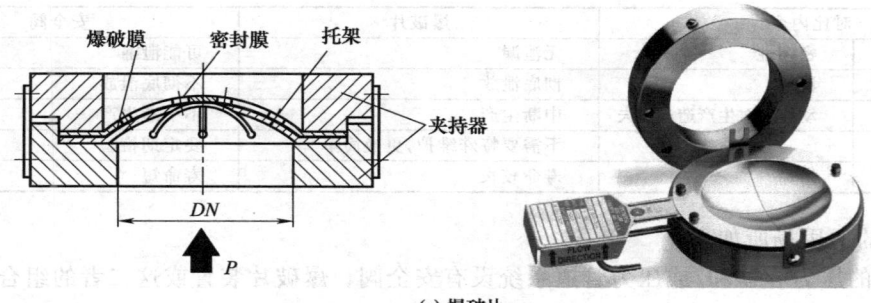

(b) 爆破前后对比

图 16.82 爆破片

③ 对黏稠性或粉末状污物不敏感,即使气体中含有一定量的污物也不致影响它的正常动作,不易黏结或堵塞。

④ 爆破元件(膜片)动作后不能复位,不但设备内介质全部流失,设备也要中止运行。

⑤ 动作压力不太稳定,爆破片的爆破压力允许偏差一般都比安全阀的稳定压力允许偏差大一些。

⑥ 爆破片的使用寿命较短,常因疲劳而早期失效。

安全阀与爆破片的性能比较见表 16.141。

表 16.141 安全阀与爆破片性能比较

对比内容			爆破片	安全阀
结构形式	1	种类	多	较少
	2	基本结构	简单	复杂
适用范围	3	口径范围	φ3~1000mm	—
	4	压力范围	几十毫米水柱到几千大气压力	很低压力或很高压力
	5	温度范围	-250~500℃	—
	6	介质腐蚀性	可选用各种耐蚀材料或可作简单防护	选用耐蚀材料有限,防护结构复杂
	7	介质黏稠,有沉淀结晶	不影响动作	明显影响动作
	8	对温度敏感性	高温时动作压力降低低温时动作压力升高	不很敏感
	9	工作压力与动作压力差	较大	较小
	10	造价	低	高
	11	经常超压的场合	不适用	适用
防超压动作	12	动作特性	一次性爆破	泄压后可以复位,多次使用
	13	灵敏性	惯性小,急剧超压时反应迅速	不很及时
	14	正确性	一般±5%	波动幅度大
	15	可靠性	一旦受损伤,爆破压力降低	甚至不起跳或不闭合

续表

	对比内容		爆破片	安全阀
防超压动作	16	密闭性	无泄漏	可能泄漏
	17	泄放	彻底泄放	不彻底泄放
	18	动作后对生产造成损失	中断生产	不中断生产
维护与更换	19	—	不需要特殊维护，更换简单	要定期检验
	20	寿命	寿命较长	寿命短

爆破片的适用场所如下。
① 独立的压力容器和/或压力管道系统设有安全阀、爆破片装置或这二者的组合装置。
② 满足下列情况之一应优先选用爆破片：
  a. 压力有可能迅速上升的；
  b. 泄放介质含有颗粒、易沉淀、易结晶、易聚合和介质黏度较大；
  c. 泄放介质有强腐蚀性，使用安全阀时其价值很高；
  d. 工艺介质十分昂贵或有剧毒，在工作过程中不允许有任何泄漏，应与安全阀串联使用；
  e. 工作压力很低或很高时，选用安全阀则其制造比较困难；
  f. 当使用温度较低而影响安全阀工作特性；
  g. 需要较大泄放面积。
③ 对于一次性使用的管路系统（如开车吹扫的管路放空系统），爆破片的破裂不影响操作和生产的场合，设置爆破片。
④ 为减少爆破片破裂后的工艺介质的损失，可与安全阀串联使用。
⑤ 作为压力容器的附加安全设施，可与安全阀并联使用，例如爆破片仅用于火灾情况下的超压泄放。
⑥ 为增加异常工况（如火灾等）下的泄放面积，爆破片可并联使用。
⑦ 爆破片不适用于经常超压的场合。爆破片不适用于温度波动很大的场合。

爆破片选用程序如下。
① 确定被保护设备或压力管道系统是否需要设置爆破片。
② 根据工艺介质和操作条件确定爆破片的形式及材料。
③ 根据被保护管道系统的最高压力及选用的爆破片形式，按标准规范确定爆破片的最小标定爆破压力，设计爆破压力。
④ 根据工艺条件、物理参数计算爆破片的安全泄放量，选定爆破片的泄放面积和泄放口径。
⑤ 填写爆破片装置规格书，提供给材料采购专业，作为订货的技术条件。

爆破片有关标准规范：HG/T 20570.3《工艺系统工程设计技术规定 爆破片的设置和选用》、GB 567《爆破片与爆破片装置》、GB 12353《拱型金属爆破片装置分类与安装尺寸》、GB/T 14566《正拱形金属爆破片型式与参数》、GB/T 14567《反拱形金属爆破片型式与参数》、GB/T 14568《开缝形金属爆破片型式与参数》、GB/T 16181《爆破片装置夹持器型式和外形尺寸》。

十二、减压阀

减压阀（pressure reducing valve）是依靠敏感元件，如膜片、弹簧等来改变阀瓣的位置，将介质压力降低，达到减压的目的。减压阀是一种自动降低管路工作压力的专门装置，它可将阀前管路较高的液体压力减小至阀后管路所需的水平。减压阀是气动调节阀的必备配件，主要作用是将气源的压力减小并稳定到一个定值，以便于控制阀能够获得稳定的气源动力用于调节控制。减压阀与节流阀不同，虽然它们都利用节流效应降压，但是节流阀的出口压力是随进口压力和流量的变化而变化的。而减压阀却能进行自动调节，使阀后压力保持稳定。减压阀如图

16.83 所示。

减压阀的分类：按作用方式分类，有直接作用式、先导式；按结构形式分类，有薄膜式减压阀、弹簧薄膜式减压阀、活塞式减压阀、波纹管式减压阀、杠杆式减压阀；按阀座数目分类，有单座式和双座式；按阀瓣的位置不同可分为正作用式和反作用式。

选用减压阀时除考虑其公称直径、公称压力和工作温度外，还应考虑减压阀的出口压力范围。同时要考虑所选用的减压阀静态特性偏差和不灵敏性偏差。如要求灵敏度较高时可选用弹簧薄膜式减压阀，如介质温度较高时，则应选用活塞式减压阀。

(a) 薄膜式减压阀

(b) 活塞式减压阀

图 16.83 减压阀典型图

减压阀有关标准规范有：JB/T 2203《减压阀结构长度》、JB/T 103679《液压减压阀》、GB/T 12246《先导式减压阀》、GB/T 12244《减压阀一般要求》、GB/T 10868《电站减温减压阀》。

十三、蒸汽疏水阀

蒸汽疏水阀（steam trap valve，简称疏水阀，图 16.84）的作用是自动排除加热设备或蒸汽管道中的蒸汽凝结水及空气等不凝气体，且不漏出蒸汽。由于疏水阀具有阻气、排气的作用，可使蒸汽加热设备均匀给热，充分利用蒸汽潜热，防止蒸汽管道中发生水锤。蒸汽疏水阀典型图见图 16.84。

蒸汽疏水阀的分类见表 16.142。

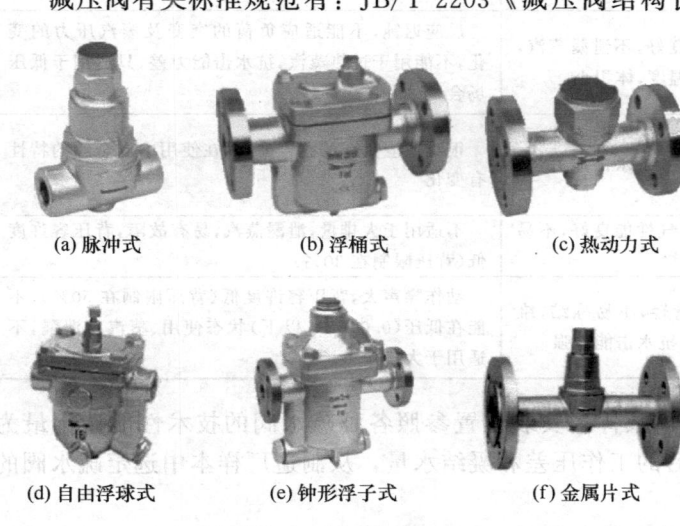

图 16.84 蒸汽疏水阀
(a) 脉冲式　(b) 浮桶式　(c) 热动力式
(d) 自由浮球式　(e) 钟形浮子式　(f) 金属片式

表 16.142　蒸汽疏水阀的分类

基础分类	动作原理	中分类	小分类
机械型	蒸汽和凝结水的密度差	浮球式	杠杆浮球式
			自由浮球式
			自由浮球先导活塞式
		开口向上浮子式	浮桶式
			差压式双阀瓣浮桶式
		开口向下浮子式	倒吊桶式（钟形浮子式）
			差压式双阀瓣吊桶式
热静力型	蒸汽和凝结水的温度差	蒸汽压力式	波纹管式
		双金属片式	圆板双金属式
热动力型	蒸汽和凝结水的热力学特性	圆盘式	大气冷却圆盘式
			空气保温圆盘式
			蒸汽加热凝结水冷却圆盘式
		孔板式	脉冲式

各种疏水阀的主要特征见表 16.143。

疏水阀的选用原则如下。

① 在某一压差下排除同量的凝结水，可采用不同形式疏水阀。各种疏水阀都具有一定的技术性能和最适宜的工作范围。要根据使用条件进行选择，不能仅从最大排水量去选用，更不应只根据凝结水管径的大小去选用疏水器。

表 16.143 各种疏水阀的主要特征

形式		优点	缺点
机械型	浮桶式	动作准确，排放量大，抗水击能力强	排除空气能力差，体积大，有冻结的可能
	倒吊桶式	排除空气能力强，没有空气气阻，排量大，抗水击能力强	有冻结的可能
	杠杆浮球式	排放量大，排除空气性能良好，能连续（按比例动作）排除凝结水	体积大，抗水击能力差，排除凝结水时有蒸汽卷入
	自由浮球式	排量大，排除空气性能好，能连续（按比例动作）排除凝结水，体积小，结构简单，浮球和阀座易互换	抗水击能力比较差，排除凝结水时有蒸汽卷入
热静力型	波纹管式	排量大，排除空气性能良好，不泄漏蒸汽，不会冻结，可控制凝结水温度，体积小	反应迟钝，不能适应负荷的突变及蒸汽压力的变化，不能用于过热蒸汽，抗水击能力差，只适用于低压场合
	圆板双金属式	排量大，排除空气性能良好，不会冻结，动作噪声小，无阀瓣堵塞事故，抗水击能力强，可利用凝结水的显热	很难适应负荷的急剧变化，在使用中双金属的特性有变化
热动力型	脉冲式	体积小，重量轻，排除空气性能良好，不易冻结，可用于过热蒸汽	不适用于大排量，泄漏蒸汽，易有故障，背压容许度低（背压限制在 30%）
	圆盘式	结构简单，体积小，重量轻，不易冻结，维修简单，可用于过热蒸汽，抗水击能力强	动作噪声大，背压容许度低（背压限制在 50%），不能在低压（0.03MPa 以下）状态使用，蒸汽有泄漏，不适用于大排量

② 一般在选用时，首先要根据使用条件、安装位置参照各种疏水阀的技术性能选用最为适宜的疏水阀形式。再根据疏水阀前后的工作压差和凝结水量，从制造厂样本中选定疏水阀的规格、数量。

③ 在凝结水负荷变动到低于额定最大排水量的 15% 时不应选用孔板式疏水阀。因在低负荷下将引起部分新鲜蒸汽的泄漏损失。

④ 在凝结水一经形成后必须立即排除的情况下，不宜选用孔板式和不能选用热静力型的波纹管式疏水阀，因二者均要求一定的过冷度（1.7～5.6℃）。

⑤ 由于孔板式和热静力型疏水阀不能将凝结水立即排除，所以不可用于蒸汽透平，蒸汽泵或带分水器的蒸汽主管，即使透平外壳的疏水，亦不可选用。上述情况均选用浮球式疏水阀，必要时也可选用热动力式疏水阀。

⑥ 热动力式疏水阀有接近连续排水的性能，其应用范围较大，一般都可选用。但最高允许背压不得超过入口压力的 50%，最低工作压力不得低于 0.05MPa。但要求安静的地方应选用浮球式疏水阀。

⑦ 间歇操作的室内蒸汽加热设备或管道，可选用倒吊桶式疏水阀，因其排气性能好。

⑧ 室外安装的疏水阀不宜用机械型疏水阀，必要时应有防冻措施（如停工放空、保温等）。

⑨ 疏水阀安装的位置虽各不相同，但根据凝结水流向及疏水阀的方向大致分为三种情况，如图 16.85 所示。图 16.85（a）所示形式可选用任何形式的疏水阀。图 16.85（b）所示形式不可选用浮筒式，可选用双金属式疏水阀。图 16.85（c）所示凝结水的形成与疏水阀位置的标高基本一致，可选用浮筒式、热动力式或双金属式疏水阀。

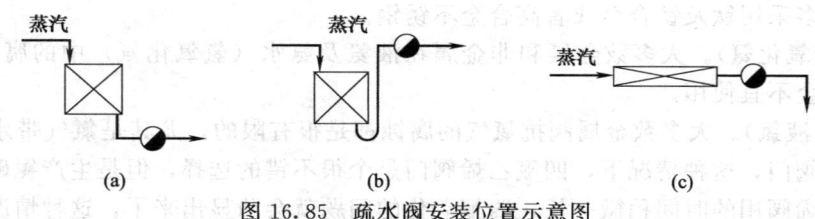

图 16.85　疏水阀安装位置示意图

⑩ 疏水阀的进出口压差大，动作频繁，易损坏，对于产生凝结水量大的加热设备，可用液面控制阀代替疏水阀，一般可以得到良好的使用效果。

蒸汽疏水阀有关标准规范见表 16.144。

表 16.144　蒸汽疏水阀有关标准规范

序号	标准代号	标准名称	序号	标准代号	标准名称
1	ZBJ 16007	蒸汽疏水阀技术条件	7	ISO 6552	自动蒸汽疏水阀术语
2	GB/T 12248	蒸汽疏水阀术语	8	ISO 6553	自动蒸汽疏水阀标志
3	GB/T 12249	蒸汽疏水阀标志	9	ISO 6554	法兰连接自动蒸汽疏水阀结构长度
4	GB/T 12250	蒸汽疏水阀结构长度	10	ISO 6948	自动蒸汽疏水阀出厂检验和工作特性试验
5	GB/T 12251	蒸汽疏水阀试验方法	11	ISO 6704	自动蒸汽疏水阀分类
6	GB/T 12247	蒸汽疏水阀分类			

工程应用：腐蚀性介质阀门的选用

在腐蚀性介质工况下的阀门，防腐蚀是最关键的，如果不能正确地选择阀门的金属材料，易造成事故甚至引发灾难。认为不锈钢是万能材料，不论什么介质和环境条件都适用，这是不正确的，也是很危险的。下面针对一些常用化工介质介绍阀门选材的要点，在选材时切不可随意和盲目，应多查阅相关资料或借鉴成熟经验。

① 硫酸介质。硫酸是强腐蚀介质之一，是用途非常广泛的重要工业原料。不同浓度和温度的硫酸对材料的腐蚀差别较大，对于浓度在 80% 以上、温度小于 80℃ 的浓硫酸，碳钢和铸铁有较好的耐蚀性，但它不适合高速流动的硫酸，不适用作阀门的材料；普通不锈钢如 304（0Cr18Ni9，06Cr19Ni10）、316（0Cr18Ni12Mo2Ti）对硫酸介质也用途有限。因此输送硫酸的阀门通常采用高硅铸铁（铸造及加工难度大）、高合金不锈钢（20合金）制造。氟塑料具有较好的耐硫酸性能，采用衬氟阀门（F46）是一种更为经济的选择。如果压力过大，温度升高，塑料阀就不适用，只能选择比贵得多的陶瓷球阀了。

② 盐酸介质。绝大多数金属材料都不耐盐酸腐蚀（包括各种不锈钢材料），含钼高硅铁也仅可用于 50℃、30% 以下盐酸。和金属材料相反，绝大多数非金属材料对盐酸都有良好的耐腐蚀性，所以内衬橡胶泵和塑料泵（如聚丙烯、氟塑料等）是输送盐酸的最好选择。但如果介质温度超过了 150℃，或者压力大于 1.6MPa 时，塑料材质（包括聚丙烯、氟塑料甚至是聚四氟乙烯）将不适用了，可以使用陶瓷球阀。陶瓷阀门的优点是自润滑性，扭力小，不老化，寿命比一般的阀门要长得多，其缺点就是，价格比塑料阀门高得多。

③ 硝酸介质。一般金属大多在硝酸中被迅速腐蚀破坏，不锈钢是应用最广的耐硝酸材料，对常温下一切浓度的硝酸都有良好的耐蚀性，值得一提的是含钼的不锈钢（如 316、316L）对硝酸的耐蚀性并不优于普通不锈钢（如 304、321）。而对于高温硝酸，通常采用钛及钛合金材料。

④ 醋酸介质。醋酸是有机酸中腐蚀性最强的物质之一，普通钢铁在一切浓度和温度的醋产生严重腐蚀，不锈钢是优良的耐醋酸材料，含钼的 316 不锈钢还适用于高温和稀醋酸蒸汽。对于高温高浓醋酸或含有其他腐蚀介质等苛刻要求时，可选用高合金不锈钢或氟塑料材质阀门。

⑤ 碱（氢氧化钠）。钢铁广泛应用于 80℃ 以下、浓度 30% 内的氢氧化钠溶液，也有许多石化工厂在 100℃、75% 以下时仍采用普通钢铁，虽然腐蚀增加，但经济性好。普通不锈钢对碱液的耐蚀性与铸铁相比没有明显优点，只要介质中容许少量铁粉掺入，不推荐采用不锈钢。

对于高温碱液多采用钛及钛合金或者高合金不锈钢。

⑥ 氨（氢氧化氨）。大多数金属和非金属在液氨及氨水（氢氧化氨）中的腐蚀都很轻微，只有铜和铜合金不宜使用。

⑦ 氯气（液氯）。大多数金属阀抗氯气的腐蚀都是很有限的，尤其是氯气带水的情况，包括各种的合金阀门，这种情况下，四氟乙烯阀门是个很不错的选择，但是生产氯碱的化工厂会发现：四氟乙烯阀用的时间稍微一长，四氟老化的问题就会凸显出来了，这种情况下发生的泄漏就是致命的了。可以考虑用衬四氟乙烯陶瓷球芯替换原来的普通衬四氟乙烯阀门，利用陶瓷的自润滑性和四氟乙烯的耐腐蚀会有完美的效果。

⑧ 盐水（海水）。普通钢铁在氯化钠溶液和海水、咸水中腐蚀率不太高，一般必须采用涂料保护；各类不锈钢也有很低的均匀腐蚀率，但可能因氯离子而引起局部性腐蚀，通常采用316不锈钢较好。

⑨ 醇类、酮类、酯类、醚类。常见的醇类介质有甲醇、乙醇、乙二醇、丙醇等，酮类介质有丙酮、丁酮等，酯类介质有各种甲酯、乙酯等，醚类介质有甲醚、乙醚、丁醚等，它们基本没有腐蚀性，常用材料均可适用，具体选用时还应根据介质的属性和相关要求做出合理选择。另外值得注意的是酮、酯、醚对多种橡胶有溶解性，在选择密封材料时应避免出错。

工程应用：氧气管道阀门的选用

按照 GB 16912《氧气及相关气体安全技术规程》中关于阀门材质的规定：压力大于 0.1MPa 时，严禁使用闸阀；0.1MPa＜p≤0.6MPa 时，阀瓣采用不锈钢；0.6MPa＜p≤10MPa 时，采用全不锈钢或全铜基合金阀门，p＞10MPa 时，采用全铜基合金。铜基合金阀门具有机械强度高、耐磨损、安全性好（不产生静电）等优点。

氧气管道上闸阀不用于调节，只用于切断，采用铜基合金闸阀，有良好的防尘防油措施。很多企业不管操作压力，一律强行采用铜基合金阀，但一样有爆炸的事故出现，所以控制着火源和可燃物，定期清除铁锈、脱脂、禁油、控制流速、做好静电接地、消除着火源才是最关键的。

第十一节 阀门的检验

一、阀门检验的一般要求

阀门在总装完成后必须进行性能试验。阀门检验程序如图 16.86 所示。常规试验有壳体强度试验、密封试验、低压密封试验、动作试验等，并且根据需要，依次序逐项试验合格后进行下一项试验。

二、试验介质

① 壳体试验、高压上密封试验和高压密封试验的试验介质应是水、空气、煤油或黏度不高于水的非腐蚀性液体。试验介质的温度不超过 52℃。低温阀门的试验介质温度可在订单中规定。

② 低压密封和低压上密封试验，其试验介质应是空气或惰性气体。

③ 当用空气或其他气体进行壳体试验、密封试验和上密封试验时，制造厂应采用正确的检漏方法。如用水或其他液体进行试验时，应将阀门内部的空气排除。

④ 各项试验用的水可以含有水溶性油或防锈剂，当需方有规定时，水中可含有润滑剂。奥氏体不锈钢阀门试验时，所使用的水含氯离子量不应超过 100mg/L。

三、高压气体的壳体试验

① 当订货合同中有规定，要求进行高压气体的壳体试验时，该试验应在壳体液体试验后

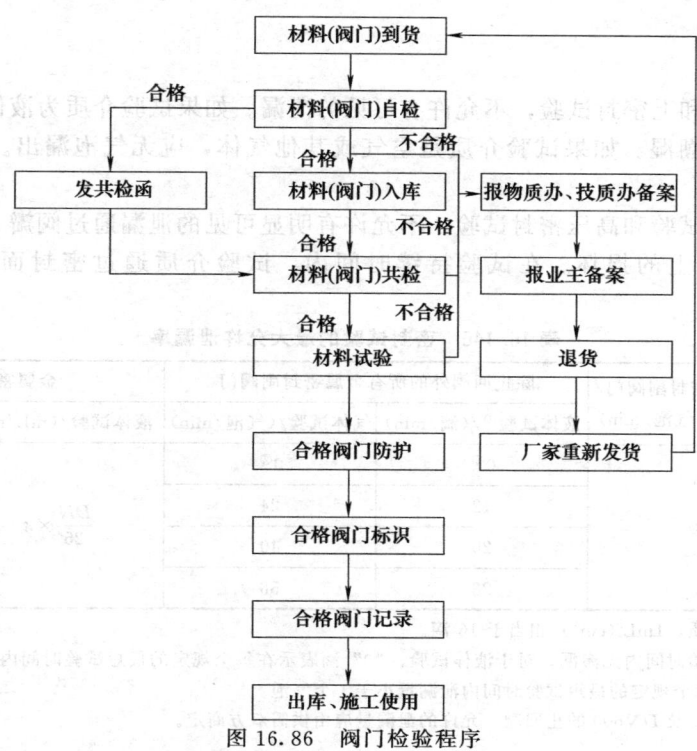

图 16.86 阀门检验程序

进行并要有相应的安全措施。

② 高压气体的壳体试验压力为 38℃ 时最大允许工作压力的 1.1 倍或按订货合同的规定，试验时不允许有可见泄漏。

四、试验压力

① 壳体试验压力为 38℃ 时最大允许工作压力的 1.5 倍。
② 高压密封试验和高压上密封试验压力为 38℃ 时最大允许工作压力的 1.1 倍。
③ 低压密封试验和低压上密封试验压力为 0.4~0.7MPa。
④ 按用户采购规范规定的蝶阀，密封试验压力为设计压力的 1.1 倍。
⑤ 止回阀的密封试验压力为 38℃ 时的公称压力。

五、试验持续时间

对于各项试验，保持试验压力的最短时间按表 16.145 的规定。

表 16.145 保持试验压力的持续时间

阀门规格 DN/mm	保持试验压力最短持续时间 t/s				
	壳体		上密封	密封	
	止回阀	其他阀门		止回阀	其他阀门
≤50	60	15	15	60	15
65~150	60	60		60	60
200~300	60	120	60	60	120
≥350	120	300		120	120

注：保持试验压力最短持续时间是指阀门内试验介质压力升至规定值后，保持规定试验压力的最少时间。

六、泄漏量

对于壳体试验和上密封试验,不允许有可见的泄漏。如果试验介质为液体,则不得有明显可见的液滴或表面潮湿。如果试验介质是空气或其他气体,应无气泡漏出。试验时应无结构损伤。

对于低压密封试验和高压密封试验,不允许有明显可见的泄漏通过阀瓣、阀座与阀体接触面等处,并无结构上的损坏。在试验持续时间内,试验介质通过密封面的允许泄漏率见表 16.146。

表 16.146 密封试验的最大允许泄漏率

阀门规格 DN/mm	所有弹性密封副阀门/(滴/min)(气泡/min)	除止回阀外的所有金属密封副阀门		金属密封副止回阀	
		液体试验①/(滴/min)	气体试验/(气泡/min)	液体试验/(mL/min)	气体试验/(m³/h)
≤50		0②	0②		
65~150	0	12	24	$\dfrac{DN}{25} \times 3$	$\dfrac{DN}{25} \times 0.042$
200~300		20	40		
≥350③		28	56		

① 对于液体试验介质,1mL(cm³)相当于 16 滴。
② 在规定的最短试验时间内无渗漏,对于液体试验,"0"滴表示在每个规定的最短试验时间内无可见渗漏;对于气体试验,"0"气泡表示在每个规定的最短试验时间内泄漏量小于 1 个气泡。
③ 对于口径规格大于及 DN600 的止回阀,允许的泄漏量应由供需双方商定。

陶瓷等非金属密封副的阀门,其密封试验的允许泄漏率应按同类型、同规格的金属密封阀门的规定。

七、强度试验

阀门可看成是受压容器,故需满足承受介质压力而不渗漏的要求,故阀体、阀盖等零件的毛坯不应存在影响强度的裂纹、疏松气孔、夹渣等缺陷。阀门制造厂除对毛坯进行外表及内在质量的严格检验外,还应逐台进行强度试验,以保证阀门的使用性能。

强度试验一般是在总装后进行。毛坯质量不稳定或补焊后必须热处理的零件,为避免和减少因试验不合格而造成的各种浪费,可在零件粗加工后进行中间强度试验(常称为毛泵)。经中间强度试验的零件总装后,如用户未提出要求,阀门可不再进行强度试验。为了保证质量,在中间强度试验后,阀门都全部最后再进行强度试验。

试验通常在常温下进行,为确保使用安全,试验压力 p 一般为公称压力 PN 的 1.25~1.5 倍。试验时阀门处于开启状态,一端封闭,从另一端注入介质并施加压力。检查壳体(体、盖)外露表面,要求在规定的试验持续时间(一般不小于10min)内无渗漏,才可认为该阀门强度试验合格。为保证试验的可靠性,强度试验应在阀门涂漆前进行,以水为介质时应将内腔的空气排净。

渗漏的阀门,如技术条件允许补焊的可按技术规范进行补焊,但补焊后必须重新进行强度试验,并适当延长试验持续时间。

试压时阀门的一侧法兰用螺栓在试压台(图 16.87)下压紧,从下侧打压,上侧观察密封,或上侧用盲板密封,下侧打压检查强度。由于试验时阀体两端直接承受压紧力而容易引起密封变形,以致影响试验的准确性。因此,压紧力不宜过大,在保证阀门端面不渗漏的前提下,压紧力愈小愈好。

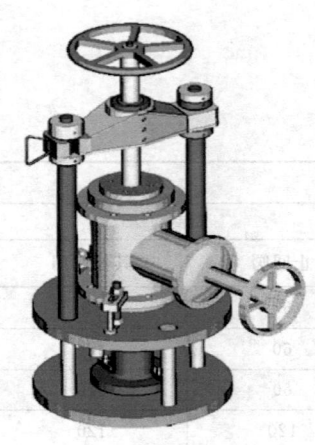

图 16.87 试验台

第十二节 阀门选用常用标准

一、国际 ISO 阀门标准

国际 ISO 阀门标准见表 16.147。

表 16.147 国际 ISO 阀门标准

标准代号(ISO)	标准名称
5209	工业用阀门标记
25752	法兰管路系统中金属阀门的结构长度
5996	铸铁制阀
6552	自动蒸汽疏水阀 术语定义
6553	自动蒸汽疏水阀 标志
6554	法兰连接自动蒸汽疏水阀 结构长度
6704	自动蒸汽疏水阀 分类
6948	自动蒸汽疏水阀 产品试验和工作特性试验
7121	法兰连接钢制球阀
7259	主要靠扳手操作的地下用铸铁闸阀
7503	受压管路用未增塑氯乙烯(PVC-U)阀门米制系列基本尺寸
7841	自动蒸汽疏水阀 漏气量测定 试验方法
7842	自动蒸汽疏水阀 排水量测定 试验方法
8233	热塑性塑料阀门 转矩试验方法
ISO/DIS 4126	安全阀的一般要求
ISO/DIS 5208	工业用阀门 阀门的压力试验
ISO/DIS 5210	多回转型阀门驱动装置连接
ISO/DIS 5211	部分回转型阀门驱动装置连接
ISO/DIS 6002	阀盖用螺栓连接的钢制闸阀
ISO/DIS 10631	普通用途的金属蝶阀
8242	受压管用聚丙烯阀门 基本尺寸 米制系列

二、美国 ASME 阀门标准

美国 ASME 阀门标准见表 16.148。

表 16.148 美国 ASME 阀门标准

标准代号(ASME)	名称
B1.1	统一英制螺纹(UN 及 UNR 螺纹形式)
B1.5	梯形螺纹(ACME)
B1.8	短齿梯形螺纹(ACME)
B1.20.1	管螺纹 一般用途
B1.20.3	密封管螺纹
B2.1	管螺纹(干密封螺纹除外)
B16.1	铸铁管法兰和法兰管件
B16.5	管法兰和法兰管件
B16.10	阀门的面至面和端至端尺寸
B16.11	承插焊与螺纹连接锻制管件
B16.14	钢铁管管塞、衬套和锁紧螺母(带管螺纹)
B16.20	槽形钢法兰与环型金属垫片
B16.21	非金属平垫片(管法兰用)
B16.24	青铜法兰和法兰管件 CL150 和 CL300
B16.25	对焊端

标准代号（ASME）	名 称
B16.34	法兰、螺纹与焊接连接的阀门
B16.42	可锻铸铁管法兰及管件
B18.2.2	方螺母和六角螺母（英制系列）
B18.5	圆头螺钉
B31.3	工艺管道
B36.10M	焊接管与轧制无缝钢管
B46.1	表面结构（表面粗糙度、波纹度）
B95.1	减压装置的术语

三、美国 ASTM 阀门标准

美国 ASTM 阀门标准见表 16.149。

表 16.149 美国 ASTM 阀门标准

标准代号（ASTM）	名 称
A27	一般用途碳钢铸件
A36	结构钢规范
A48	灰铸铁件
A105	高温用锻制或轧制钢管法兰、锻制管件、阀门及零件规范
A106	高温用无缝碳钢管规范
A108	标准级冷静轧碳素钢棒规范
A126	阀门、法兰及管件用灰铸铁件规范
A181	一般用途锻制或轧制钢管法兰、锻制管件、阀门及零件规范
A182	高温用锻制或轧制钢管法兰、锻制管件、阀门及零件规范
A193	高温用合金钢螺栓材料
A194	高温高压螺栓用碳钢和合金钢螺母
A203	压力容器用镍合金钢板规范
A216	高温用适合熔焊的碳钢铸件规范
A217	高温用承压合金钢铸件规范
A240	压力容器用耐热铬及铬镍不锈钢中厚板、薄板及带材
A250	锅炉和过热器用电阻焊铁素体合金钢管规范
A276	不锈与耐热钢棒和型钢规范
A278	高温不超过 345℃ 的承压部件用灰铸铁件规范
A283	低和中抗拉强度的碳钢压力容器板材规范
A285	压力容器用低中抗拉强度法兰与燃烧室的碳素碳板
A307	60000PSI 拉伸强度碳钢螺柱与螺栓标准规范
A312	无缝或焊接的不锈钢管规范
A320	低温用合金钢螺栓材料标准规范
A333	低温用无缝和焊接钢管标准规范
A335	无缝铁素体合金钢管规范
A336	压力容器与高温部件用合金锻件规范
A350	高温用锻制或轧制碳钢和合金钢法兰、锻制管件、阀门及零件规范
A351	高温用奥氏体钢铸件规范
A352	高温用铁素体钢承压铸件规范
A356	蒸汽透平用厚壁碳钢和低合金钢铸件
A387	压力容器板、合金钢、铬钼铜标准规范
A395	球墨铸铁件规范
A105	高温用经特殊热处理的无缝铁素体合金钢管规范
A439	奥氏体球墨铸铁件规范
A479	合金钢棒材和型材规范
A484	不锈和耐热钢棒材、钢坯和锻件一般要求标准规范

续表

标准代号(ASTM)	名 称
A516	中温及低温压力容器用碳钢板规范
A536	球墨铸铁件标准规范
A582	热轧或冷加工无机加不锈钢和耐热钢板规范
A694	高压管路用锻造碳钢和合金钢法兰、管件、阀门及其他部件
A744	严酷条件下使用的耐腐蚀铁、铬、镍、镍基合金铸件规范
B16	切丝机用易车削黄铜棒条及型材的标准规范
B62	合成青铜或铜合金铸件的标准规范
B462	腐蚀高温作业用锻造或轧制的铬、镍、钼、铜、铌稳定合金(UNS No8020)管法兰、锻造管件阀门和管件
B473	UNS No8020 Mo8026 和 UNS No8024 镍合金棒和丝
B564	镍合金锻件规范
B584	一般用途的铜合金砂铸件
E10	金属材料布氏硬度试验方法

四、美国 API 阀门标准

美国 API 阀门标准见表 16.150。

表 16.150 美国 API 阀门标准

标准代号(API STD)	名 称
526	钢制法兰安全阀
527	金属对金属密封座安全阀的阀座密封性(工业级)
591	炼油阀门的用户验收
593	球墨铸铁法兰旋塞阀
594	对夹式止回阀
595	铸铁法兰闸阀
597	钢制法兰和对焊缩口闸阀
598	阀门检查和试验
599	钢制和球墨铸铁旋塞阀
600	钢制法兰和对焊闸阀
601	凹凸式管道法兰和法兰连接用金属垫片(包覆式和缠绕式)
602	紧凑型钢制闸阀
603	铸造耐腐蚀 CL150 闸阀
604	球墨铸铁法兰闸阀
605	大口径碳钢法兰(CL75~900、DN26~60in)
606	紧凑型钢制闸阀 延伸阀体
607	1/4 回转阀门软密封座的耐火试验
608	法兰和对焊端的金属球阀
609	凸耳对夹型和对夹型蝶阀
API 6D	管线阀门规范
6FA	阀门耐火试验规范

五、英国 BS 阀门标准

英国 BS 阀门标准见表 16.151。

表 16.151 英国 BS 阀门标准

标准代号(BS)	标准名称
1123	空气储存器及压缩空气设备用的安全阀,仪表和其他安全附件
970 T4	阀门钢

续表

标准代号(BS)	标准名称
1212	固定球球阀
1414	石油化学及有关工业用法兰和对焊连接的楔形闸阀
1415	配料阀第一部分 非恒温无补偿配料阀
1552	低压煤气用调节旋塞阀
1655	石油工业用法兰连接的自动调节阀结构长度
1873	石油、石油化学工业及有关工业用法兰和对焊端钢制截止阀结构长度
2080	石油、石油化学及有关工业和对焊连接阀门结构长度
4062$_{T2}$	油压控制阀试验
5146	石油、石油化学及有关工业用钢阀的检验和试验技术要求
5150	一般用途的铸铁楔式单闸板或双闸板闸阀
5151	一般用途的铸铁(平行闸板)闸阀
5152	一般用途的铸铁截止阀和截止止回阀
5153	一般用途的铸铁止回阀
5154	一般用途的铜合金截止阀、截止-止回阀、止回阀、闸阀
5155	一般用途的铸铁和碳钢蝶阀
5156	隔膜阀
5157	一般用途的(平行式闸板)钢闸阀
5158	铸铁旋塞阀
5159	一般用途的铸铁和碳钢球阀
5160	一般用途的钢制截止阀、截止-止回阀、升降式止回阀
5163	供水系统用闸阀技术条件
5351	石油、石油化学和有关工业用钢制球阀
5352	石油、石油化工和有关工业用50mm以下的楔式钢阀门、球阀和单向阀
5353	旋塞阀技术规范
5417	一般用工业阀门检验
5418	一般用工业阀门标志
5433	供水用地下闸阀技术规范
6364	低温用阀
6683	阀门的安装和使用
6755	第一部分:阀门试验 产品压力试验要求
6755	第二部分:阀门试验 耐火试验要求

六、德国 DIN 阀门标准

德国 DIN 阀门标准见表 16.152。

表 16.152 德国 DIN 阀门标准

标准代号(DIN)	标准名称
3202	阀门结构长度——第一部分:法兰连接阀
3202	阀门结构长度——第二部分:焊接连接阀
3202	阀门结构长度——第三部分:对夹式连接阀
3202	阀门结构长度——第四部分:内螺纹连接阀
3202	阀门结构长度——第五部分:管螺纹连接阀
3211	管道阀门的定义
3230	第一部分:阀门供货技术条件——咨询、订货和供货
3230	第二部分:阀门供货技术条件——一般要求
3230	第三部分:阀门供货技术条件——试验汇总
3230	第四部分:阀门供货技术条件——饮水设备用阀门的要求和检验
3230	第五部分:阀门供货技术条件——煤气管路和煤气设备用截止阀的要求和检验

续表

标准代号(DIN)	标准名称
3320	安全阀概念、尺寸确定、标记
3352	第一部分:闸阀一般要求
3352	第二部分:铸铁制金属密封暗杆式闸阀
3352	第三部分:铸铁制金属密封明杆式闸阀
3352	第四部分:铸铁制软密封暗杆式闸阀
3352	第八部分:明杆式耐低温钢制阀门
3351	第四部分:蝶阀 一般情况
3356	第一部分:阀门 一般要求
3356	第二部分:铸铁制截止阀
3356	第三部分:合金钢截止阀
3356	第四部分:耐热钢截止阀
3356	第五部分:不锈钢截止阀
3388	第一部分:热控式煤气炉用废气阀
3388	第二部分:机械控制煤气炉用废气阀
3392	煤气消耗设备用煤气压力调节阀
3430	供气设备用阀 角式截止球阀
3431	供气设备用阀 角式螺旋连接球阀
3432	供气设备用阀 直通螺旋球阀
3441	第二部分:硬聚氯乙烯制阀门 球阀尺寸
3441	第三部分:硬聚氯乙烯制阀门 隔膜阀尺寸
3441	第四部分:硬聚氯乙烯阀件 斜座阀尺寸
3680	疏水阀的系统和定义
3684	疏水阀进口带螺纹接管、出口为螺纹套管的疏水阀的连接尺寸
3841	采暖用阀,加热器阀,公称压力 $PN0.1\sim1.6MPa$
3844	供暖设备阀门 $PN1.6MPa$ 铜合金制动止推螺旋
3845	供暖设备阀门 $PN1.6MPa$ 铜合金止回阀止推螺旋
17480	阀门材料交货技术条件
25418	原子设备中阀门的材料、制造和试验
74279	压缩空气制动系统的溢流阀
83409	气密式通风阀
86251	$DN20\sim300mm$、$PN1.0MPa$ 和 $1.6MPa$ 的铸铁制法兰连接式截止阀
86252	$DN20\sim300mm$、$PN1.0MPa$ 和 $1.6MPa$ 的铸铁制法兰连接式截止止回阀
86260	$DN20\sim300mm$、$PN1.0MPa$ 和 $1.6MPa$ 炮铜制法兰连接式截止阀
86261	$DN20\sim300mm$、$PN1.6MPa$ 炮铜制法兰连接式截止止回阀
86262	$DN20\sim300mm$、$PN1.6MPa$ 炮铜制法兰连接式非截止止回阀
86510	炮铜制螺纹阀盖截止阀 带非焊接环形衬套式接头
86511	炮铜制螺纹阀盖截止阀 带铜焊25°锥形衬套管接头

七、法国 NF 阀门标准

法国 NF 阀门标准见表 16.153。

表 16.153 法国 NF 阀门标准

标准代号(NF)	标 准 名 称
E29-306	阀门术语及定义
E29-312	工业阀门-阀门的流量和流阻系数定义、计算及实测方法
F29-323	工业阀门-地面设施用法兰连接铸铁闸阀 ISO $PN10MPa$,16MPa
F29-324	工业阀门-用于地下装置的法兰连接铸铁闸阀
F29-327	工业阀门-铸钢闸阀 ISO $PN1.6MPa$、$2.0MPa$、$2.5MPa$、$4.0MPa$、$5.0MPa$、$10.0MPa$

标准代号(NF)	标准名称
E29-328	工业阀门-锻钢或锻焊闸阀
E29-332	工业阀门-铜合金制螺纹连接闸阀 $PN1.0MPa$
E29-335	工业阀门-法兰连接夹套式不锈钢闸阀系列 $PN0.6\sim16.0MPa$
E29-337	工业阀门-ISO 系列,公称压力 $PN1.0\sim6.4MPa$ 法兰连接的夹套不锈钢闸阀
F29-350	工业阀门-钢制截止阀(和节流阀)技术规范
E29-354	工业阀门-铸铁截止阀(及其他形式的截止阀)技术条件
E29-358	工业阀门-法兰连接钢制截止阀和升降止回阀公称压力 $PN6.4\sim10.0MPa$
E29-359	工业阀门-法兰连接钢制截止阀和升降式止回阀公称压力 $PN10.0MPa$
E29-371	工业阀门-法兰连接铁制旋启式止回阀 ISO $PN1.0MPa$、$1.6MPa$、$2.5MPa$、$4.0MPa$、CL150、CL300
E29-373	工业阀门-法兰连接钢制旋启式止回阀 ISO $PN1.6MPa$、$2.0MPa$、$2.5MPa$、$4.0MPa$、$5.0MPa$、$10.0MPa$
E29-376	工业阀门-法兰连接钢制旋启式止回阀 $PN10.0MPa$
E29-410	工业阀门-安全阀技术术语定义
E29-411	工业阀门-安全阀一般设计、排量计算、试验、标记、包装
E29-412	工业阀门-安全阀性能和排量试验
E29-413	工业阀门-安全阀排量计算方法
E29-414	工业阀门-安全阀结构长度和温压关系
E29-415	阀门安全阀 C2 型安全阀气量等于流量的计算
E29-420	安全阀-技术规范及可靠性证明
E29-413	工业阀门-通用蝶阀技术规范
E29-431	地下管道用蝶阀规范
E29-444	自动蒸汽疏水阀-蒸汽漏损试验
E29-470	工业阀门-钢制球阀规格
M87-150	石油工业用-阀门和法兰在不同温度下的最大允许工作压力
M87-401	石油工业阀门的试验和验收检查

八、美国 MSS 阀门标准

美国 MSS 阀门标准见表 16.154。

表 16.154 美国 MSS 阀门标准

标准代号	标准名称
MSS SP-6	阀门和管件法兰连接端和管法兰密封面的表面粗糙度标准
MSS SP-9	铜、铁和钢制法兰螺栓孔锪端面尺寸
MSS SP-25	阀门、管件、法兰和活接头标准标志方法
MSS SP-44	钢制管道法兰
MSS SP-45	旁通和排放口的连接标准
MSS SP-53	阀门、法兰、管件及其他管路附件的铸、锻钢件质量标准(磁粉探伤方法)
MSS SP-54	阀门、法兰、管件及其他管路附件的铸钢件质量标准(X 射线检查方法)
MSS SP-55	阀门、法兰、管件及其他管路附件的铸、锻钢件质量标准(目视方法)
MSS SP-71	法兰和螺纹连接铸铁旋启式(止回阀)

九、国标 GB 阀门标准

国标 GB 阀门标准见表 16.155。

表 16.155　国标 GB 阀门标准

国家标准		国外标准	
代号	名称	代号	名称
GB/T 12220	通用阀门　标志	ISO 5209	通用阀门　标志
GB/T 12221	金属阀门-结构长度	ISO 5752	法兰连接金属阀门的结构长度
GB/T 12222	多回转阀门　驱动装置的连接	ISO 5210—1-5210-3	多回转阀门驱动装置的连接
GB/T 12223	部分回转阀门　驱动装置的连接	ISO 5211—1-5211-3	部分回转阀门驱动装置的连接
GB/T 12241	安全阀　一般要求	ISO 4126	安全阀　一般要求
GB/T 12247	蒸汽疏水阀　分类	ISO 6704	蒸汽疏水阀　分类
GB/T 12248	蒸汽疏水阀　术语	ISO 6552	蒸汽疏水阀　术语
GB/T 12249	蒸汽疏水阀　标志	ISO 6553	蒸汽疏水阀　标志
GB/T 12250	蒸汽疏水阀　结构长度	ISO 6554	法兰连接蒸汽疏水阀　结构长度
GB/T 12251	蒸汽疏水阀　试验方法	ISO 6948	蒸汽疏水阀出厂检验和工作特性试验
GB/T 12224	钢制阀门　一般要求	ASME B16.34	阀门　法兰连接和对焊连接
GB/T 7927—1999	阀门铸钢件　外观质量要求	MSS SP55	阀门、法兰、管件及其他管件的铸钢件质量标准
GB/T 12226	通用阀门　灰铸铁件技术条件	ISO/DIS 185 BS1452—1982	灰铸铁分级 灰铸铁件技术条件
GB/T 12228	通用阀门　碳素钢锻件技术条件	ASTM A105 ASTM A181	管路附件用碳钢锻件技术规范 常用管路碳钢锻件规范
GB/T 12229	通用阀门　碳素钢铸件技术条件	ASME/ASTM A216 ASTM A703	高温用可溶焊碳钢铸件 受压铸钢件技术条件
GB/T 12230	通用阀门　奥氏体钢铸件技术条件	ASTM A351 ASTM A703	高温用奥氏体钢铸件规范 受压铸钢件技术条件
GB/T 12242	安全阀　性能试验方法	ASME PTC25.3	安全阀和泄压阀性能试验规范
GB/T 12245	减压阀　性能试验方法	JIS 8372 JIS B8410 DSS 405	空气减压阀 水道用减压阀 蒸汽减压阀
GB/T 12232	通用阀门　法兰连接铁制闸阀	BS 5150 ISO/DIS 5996	普通铸铁楔式闸阀及双闸板闸阀铸铁闸阀
GB/T 12234	通用阀门　法兰和对焊连接钢制闸阀	API 600	法兰或对焊连接钢制闸阀
GB/T 12235	通用阀门　法兰连接钢制截止阀和升降式止回阀	API 600	法兰或对焊连接钢制闸阀
GB/T 12236	通用阀门　钢制旋启式止回阀	API 600	法兰或对焊连接钢制闸阀
GB/T 12237	通用阀门　法兰和对焊连接钢制球阀	ISO/DIS 7121 API 607	法兰或对焊连接钢制球阀 1/4 转阀门软密封座的耐火试验
GB/T 12238	通用阀门　法兰和对夹连接蝶阀	BS 5155	一般用途的铸铁和碳钢蝶阀
GB/T 12239	通用阀门　隔膜阀	BS 5156	一般用途的隔膜阀
GB/T 12240	通用阀门　铁制旋塞阀	API 593	球墨铸铁法兰旋塞网
GB/T 12243	弹簧直接载荷式安全阀	JIS B8210	蒸汽及气体用弹簧安全阀
GB/T 12244	减压阀　一般要求	JIS 8372 JIS B8410 DSS 405	空气减压阀 水道用减压阀 蒸汽减压阀
GB/T 12246	先导式减压阀	JIS 8372 JIS B8410 DSS 405	空气减压阀 水道用减压阀 蒸汽减压阀

第十三节 其他管道组成件的选用

一、过滤器的选用

过滤器（filter）是输送介质管道上不可缺少的一种装置，通常安装在减压阀、泄压阀、定水位阀或其他设备的进口端，用来消除介质中的杂质，以保护阀门及设备的正常使用。当流体进入置有一定规格滤网的滤筒后，其杂质被阻挡，而清洁的滤液则由过滤器出口排出，当需要清洗时，只要将可拆卸的滤筒取出，处理后重新装入即可，因此，使用维护极为方便。

管道过滤器选用时需考虑的因素如下。

① 进出口通径。原则上过滤器的进出口通径不应小于相配套的泵的进口通径，一般与进口管路口径一致。

② 公称压力。按照过滤管路可能出现的最高压力确定过滤器的压力等级。

③ 孔目数的选择。主要考虑需拦截的杂质粒径，依据介质流程工艺要求而定。

④ 过滤器材质。过滤器的材质一般选择与所连接的工艺管道材质相同，对于不同的服役条件可考虑选择铸铁、碳钢、低合金钢或不锈钢材质的过滤器。

⑤ 过滤器阻力损失计算。水用过滤器在一般计算额定流速下，压力损失为 0.52~1.2kPa。

过滤器有关标准规范有：GB/T 14295《空气过滤器》、GB/T 14382《管道用三通过滤器》、GB/T 17486《液压过滤器》、HG/T 21637《化工管道过滤器》、JB/T 7538《管道用篮式过滤器》、SY/T 0523《油田水处理过滤器》、JB/T 7374《气动空气过滤器》、HG/T 20570.22《管道过滤器》、JB/T 10410《工业用水自动反冲洗过滤器》。

二、阻火器的选用

阻火器（flame arrester，图 16.88）又名防火器，是用来阻止易燃气体和易燃液体蒸汽的火焰蔓延的安全装置。在石油工业中，阻火器被广泛应用在石油及石油产品的储罐上。当储存轻质石油产品的油罐遇到明火或雷击时，就可能引起火灾。为了防止这种危险的产生而使用阻火器。阻火器也常用在输送易燃气体的管道上。假若易燃气体被引燃，气体火焰就会蔓延到整个管网。为了防止这种危险的发生，也要采用阻火器。阻火器也可以使用在明火设备的管线上，以防回火事故。但它不能阻止敞口燃烧的易燃气体和液体的明火燃烧。

阻火器按功能可分为阻爆燃型和阻爆轰型两种。

阻火器的选用原则如下。

① 安全阻火速度应大于安装位置可能达到的火焰传播速度。与燃烧器连接的可燃气体输送管道，在无其他防回火设施时，应设阻火器。

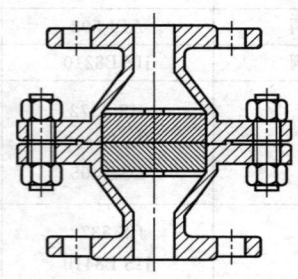

图 16.88　阻火器典型图

② 阻止以亚声速传播的火焰，应使用阻爆燃型阻火器，其安装位置宜靠近火源。

③ 阻止以声速或超声速传播的火焰应使用阻爆轰型阻火器，其安装位置应远离火源。

④ 不同公称直径的阻爆轰型阻火器，应保证所要求的距火源最小安装距离。

⑤ 在寒冷地区使用的阻火器，应

选用部分或整体带加热套的壳体，也可采用其他伴热方式。

⑥ 在特殊情况下，可根据需要选用设有冲洗管、压力计、温度计、排污口等接口的阻火器。

⑦ 安装于管端的阻火器，当公称直径小于 DN50 时宜采用螺纹连接；当公称直径大于或等于 DN50 时，应采用法兰连接。

阻火器有关标准规范有：GB/T 13347《石油气体管道阻火器阻火性能和试验方法》、GB 5908《石油储罐阻火器》、SH/T 3413《石油化工石油气管道阻火器选用、检验及验收》。

三、视镜的选用

视镜（sight glass）是工业管道装置上的主要附件之一，也称玻璃管视镜、视盅、雷特视镜、管式视镜，通过它能随时观察管道中气体、液体等介质流动反应情况，监视生产，避免生产过程中事故发生，常用于石油、化工、化纤、制药等行业的生产管路中。视镜可用于温度高、腐蚀性强、易中毒、危险性较、易结晶的化工塔器中，以保证其安全生产。视镜主要由钢化硼硅玻璃、法兰、接管等组成，如图 16.89 所示。

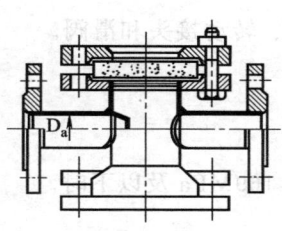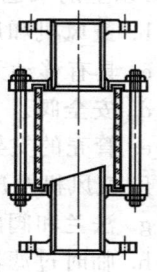

图 16.89　视镜典型图

视镜是用于观察液体、气体、蒸汽等介质的流动、反应的设备，其视窗玻璃应保持干净无灰尘。视镜的视窗玻璃属于易损件，安装视镜时要小心轻放。视窗玻璃耐温、耐压有一定的局限，耐温：钢化硼硅玻璃，≤180℃；石英玻璃，≤1000℃。耐压：钢化硼硅玻璃片，≤3.0MPa；石英玻璃片，≤10.0MPa；钢化硼硅玻璃筒，<1.0MPa、石英玻璃筒，<1.6MPa。视窗玻璃允许急变温度小于60℃，玻璃因温差过大会破裂，要注意保养。

视镜有关的标准规范有：HG/T 21619《视镜》、HG/T 21620《钢化视镜玻璃的制造、验收技术条件》、GB/T 23259《压力容器用视镜玻璃》。

第十四节　配管的隔热设计

一、隔热设计的目的

① 减少设备和管道在工作中的热量和冷量损失，以节约能源。

② 满足工艺生产要求，避免、限制或延迟设备或管道内介质的凝固、冻结，以维持正常生产。

③ 减少生产过程中介质的"温升"或"温降"，以提高设备的生产能力。

④ 防止设备和管道表面结露。

⑤ 降低和维持工作环境温度，改善劳动条件，防止因热表面导致火灾和防止操作人员烫伤。

GB 50264《工业设备及管道绝热工程设计规范》、GB/T 4132《绝热材料及相关术语》等标准规范称为绝热，SH 3010《石油化工设备和管道隔热设计规范》称为隔热。

二、隔热设计的一般要求

1. 保温

① 保温通常应用于介质操作温度大于 50℃ 的设备和管道，但在工艺过程要求必须裸露、散热的设备和管道除外。根据工艺要求限制热损失的地方，采用充分保温，即使介质操作温度不大于 50℃ 时，也应采用保温。

② 当设备和管道带有耐火或绝缘材料作为内衬时，在其外部不再保温，但必须控制金属温度的地方除外。

③ 除另有规定外，安全阀连同其出口管道以及蒸汽吹出阀、放空和放净阀等的下游管道均不应保温。防烫伤保温除外。

④ 疏水阀及其下游管道均不应保温，但当有必要回收凝结水热量、防止结冰堵塞时，以及图纸上另有规定者除外。

⑤ 除另有规定外，下列设备及其部件不应保温。

a. 操作温度在 230℃ 以下不带蒸汽伴热管的泵，如果保温会引起不希望的影响，操作温度 230℃ 以上的泵也不应保温。

b. 鼓风机和压缩机。

c. 具有移动元件的部件，如膨胀节、转动接头和滑阀。

d. 安全阀。

e. 管壳的支架、导向架、吊架。

f. 鼓风机及压缩机。

g. 法兰和阀门在蒸汽管线压力为 0.169MPa 及以下时。

h. 临时过滤器的法兰。

i. 用于人身防护的人孔和手孔。

j. 管口、法兰和阀门，包括放空及排净阀的绝热与所在管线相同。阀门的阀盖和填料压盖也应绝热。除了压盖热圈应留出可调节部分外，球阀和旋塞阀的绝热不能覆盖止动器和销，无论是阀门本身的绝热还是邻近管道和附件的绝热层均不能限制手柄操作。

k. 人孔和手孔。保温设备：从 70~177℃，人孔和手孔盖上应保温；大于 177℃，应全部保温，且人孔和手孔盖的保温可拆卸。保冷设备应全部保冷，且人孔和手孔盖可移动。

2. 防烫伤保温（人身防护）

需要经常维护而又无法采取其他防烫措施的不保温设备和管道，当表面温度超过 60℃ 时，应在下列范围内设置防烫伤保温：高于地面或工作平台 2.1m 以内者；离开操作平台 0.75m 以内者；在工艺过程要求必须裸露、要求散热的设备和管道，可以设置屏障或防护物以代替防烫伤保温。

3. 保冷

① 保冷应用于操作温度低于 10℃ 的设备和管道上，需要吸热的设备和管道除外（工艺要求需要温度升高或汽化者）。具有下列情况之一的设备和管道必须保冷：需减少冷介质在生产或输送过程中的温升或汽化（包括突然减压而汽化产生结冰）；需减少冷介质在生产或输送过程中的冷量损失，或规定允许冷损失量；需防止在环境温度下，设备或管道外表面凝露（见防结露保冷的介绍）。

② 阀门的保冷和防结露保冷应做到阀盖为止，安全阀应做到该阀的排放口法兰端。

③ 通常情况下，操作温度在 0℃ 及其以上工作的泵不应进行保冷。

④ 与低温设备和低温管道相连的下列低温附件进行保冷时，对于泡沫玻璃保冷材料其保冷层长度不得小于保冷层厚度的 4 倍；对于聚氨酯泡沫塑料等其保冷层长度不得小于保冷层厚

度的 6～8 倍；设备支座、裙座、支腿、吊耳；管道支吊架；放空和放净管道的支管。

4. 防结露保冷

防结露应用于操作温度高于 10℃，又低于环境温度时，且设备和管道湿气冷凝表面将产生下述有害影响时：表面冷凝，滴液对电气设施有危害时；表面冷凝，滴液对某些设备有危害时；表面冷凝使工作人员不舒服。

5. 管壳式换热器

① 保温。

a. 温度不超过 70℃时，法兰和管箱不保温。

b. 温度为 70～177℃的法兰体不保温，壳盖法兰表面、管箱筒体段、壳体应保温，需要拆卸法兰的螺栓允许露在外面，不保温。

c. 温度高于 177℃时，保温将覆盖整个设备，且壳盖法兰可拆卸。

② 保冷。保冷将覆盖整个设备，但应使壳盖法兰可拆卸。

6. 管道特殊件和通用件

① 管道特殊件，一般均绝热。如果需要，限流孔板法兰采用可拆装的绝热。

② 蒸汽疏水器和其出口管线，其排放的热量要回收时，需要保温。蒸汽伴热管即从蒸汽集气管到伴热管线和从伴热管线到蒸汽疏水器将保温。

③ 对支架、裙座、支腿转弯处以及保冷管和设备不保温的支管，绝热将从设备及管子表面延伸至绝热层厚度大约 4 倍的距离。

④ 容器裙座保温应用如下：防火裙座，保温应紧接到邻近的防火层上；不需防火裙座，保温应从容器切线以下 0.305m 处支撑环开始。

⑤ 在管道和设备上的检验牌、铭牌等，应露出来以便观察，所有开孔和边缘部分必须做防风雨处理。

三、隔热结构的设计

1. 隔热结构的种类

根据不同的隔热材料和不同的施工方法，大致可分为十类：胶泥结构；填充结构；捆扎结构；缠绕结构；预制结构；装配式结构；浇灌结构；喷涂结构；金属反射式结构；可拆卸式结构。

2. 隔热结构的一般要求

绝热结构的确定，一般应根据保温或保冷材料、保护层材料以及不同的条件和要求，选择不同的隔热结构，但还应注意：要求一定的机械强度，隔热结构应在自重和外力冲击时，不致脱落；隔热结构简单，施工方便，易于维修；隔热结构的外表面整洁美观；经济的隔热结构，即隔热材料是经济的材料、经济的厚度和经济的外保护层，构成经济的隔热结构。

保温结构由保温层+保护层构成；保冷结构由保冷层+防潮层+保护层构成。保温层或保冷层对维护介质温度稳定起主要作用。保护层包覆在隔热层（保温层或保冷层）外面，起保护和防止大气、风、雨、雪致使隔热层破坏的作用，延长隔热层的使用寿命，并使隔热结构外形美观。防潮层是保冷结构用于防水、防潮，维护保冷层保冷效果的关键。

隔热结构如图 16.90 所示。

四、隔热层材料的设计

① 保温材料在平均温度等于或低于 350℃时，其热导率不得大于 0.12W/(m·℃)，保冷材料在平均温度低于 27℃时，其热导率不应大于 0.064W/(m·℃)。硬质保温材料的密度不应大于 300kg/m³；保冷材料制品的密度不应大于 200kg/m³；半硬质、软质保温材料制品密

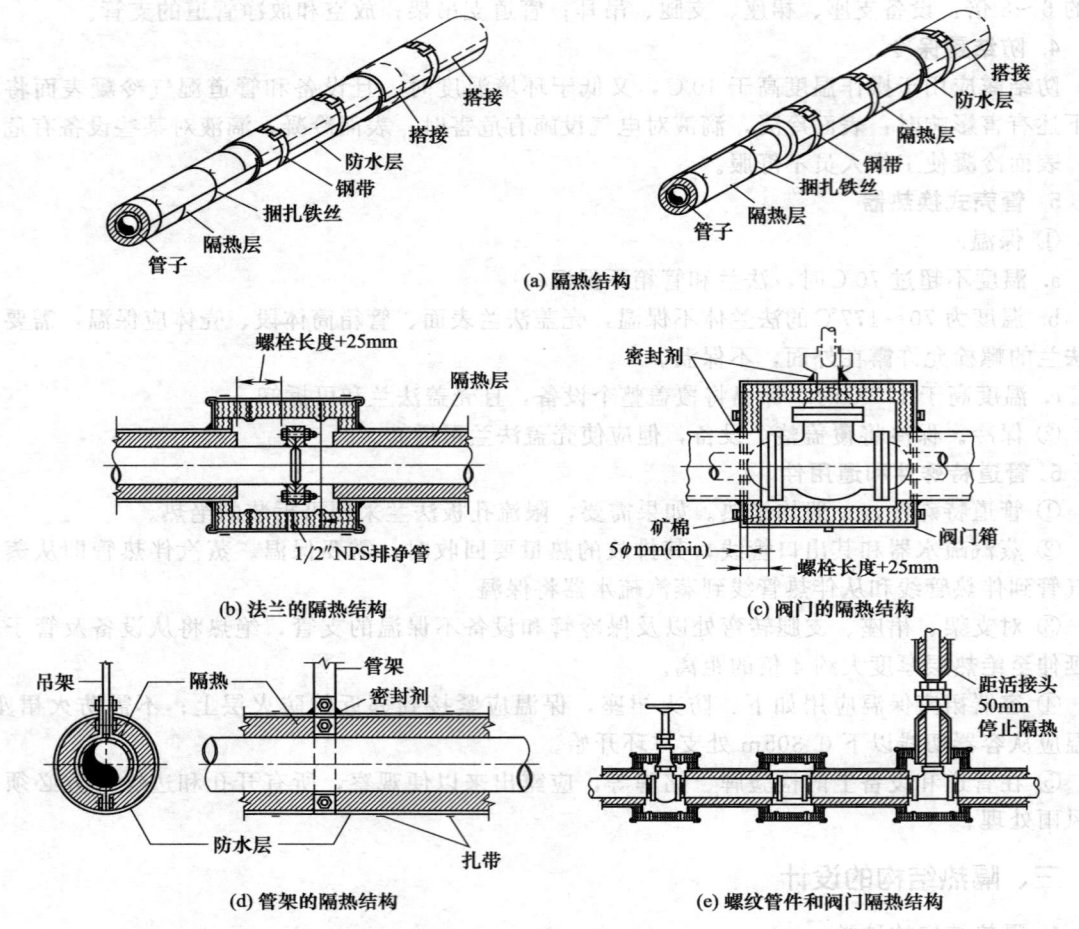

图 16.90 隔热结构

度不应大于 200kg/m³。硬质保温材料的抗压强度不应小于 0.4MPa；硬质保冷材料的抗压强度不应小于 0.15MPa。隔热材料制品的 pH 值不应小于 7。

② 用于与奥氏体不锈钢表面接触的绝热材料应符合 GB 50185《工业设备及管道绝热工程施工验收规范》有关氯离子含量的规定。硬质绝热材料不宜用于有振动的管道。

③ 隔热材料制品应具有安全使用温度和燃烧性能（不燃性、难燃性、可燃性）资料。隔热材料制品应具备防潮性能（吸水性、吸湿性、防水性）资料。保温材料含水率不得大于 7.5%（质量比）；保冷材料含水率不得大于 1%（质量比）。隔热材料制品应具有耐大气腐蚀性、化学稳定性、热稳定性、渣球含量、纤维直径等的测试报告。阻燃性保冷材料制品的氧指数不应小于 30。隔热材料的防水率应大于或等于 95%；软质隔热材料制品的回弹率应大于或等于 90%。硬质材料必须提供线膨胀或收缩率数据。隔热材料应是隔热性能好，并有明确的热导率方程式或随温度变化的热导率图表。进行绝热计算时可采用 GB 50264《工业设备及管道绝热工程设计规范》中附录 A 常用绝热材料性能规定的数据。

④ 绝热层材料按照被绝热的工艺设备和管道外表面温度不同，其燃烧性能应符合现行国家标准 GB 8624《建筑材料燃烧性能分级方法》规定的燃烧等级，并应符合下列规定。

a. 被绝热的设备与管道外表面温度 T_0 大于 100℃时，绝热层材料应符合不燃类 A 级材料性能要求。

b. 被绝热的设备与管道外表面温度 T_0 小于或等于 100℃时，绝热层材料不得低于难燃类

B1 级材料的性能要求。

c. 被绝热的设备与管道外表面温度 T_0 小于或等于 50℃时，有保护层的泡沫塑料类绝热层材料不得低于一般可燃性 B2 级材料的性能要求。

⑤ 设备和管道的保温结构应由非燃烧材料组成；保冷结构可由阻燃材料组成。设备和管道的隔热层除必须采用填充式结构外，宜选用隔热材料制品；保温材料制品的最高安全使用温度应高于设备和管道的设计温度；保冷材料制品的允许使用温度应低于设备和管道的设计温度。

⑥ 有多种可供选择的隔热材料时，应首先选用热导率小、密度小、强度相对高、无腐蚀性、损耗小、价格低、运输距离短、施工条件好的制品。如不能同时满足，应优先选用密度小、综合经济效益高的材料或制品。设备和管道表面温度高于或等于 450℃时，宜选用复合隔热材料制品。保冷应选用闭孔型的材料制品，不宜选用纤维质材料制品。选用纤维材料制品时，除管壳外，毡席类制品应由玻璃布或铁丝网缝制，不宜选用石棉材料及其制品。隔热材料及其制品在长期运行时，材料无变形、熔化、焦化、疏脆、松散、失强等现象。

五、保护层材料的设计

保护层根据用材不同和施工方法不同可分为三类：涂抹式保护层；金属式保护层；布毡类保护层。

保护层材料应强度高，在使用条件下不软化、不脆裂，且应抗老化，使用寿命不小于设计使用年限。保护层材料应具有防水、耐大气腐蚀，化学性能稳定，不腐蚀隔热层或防潮层，同时还具有不燃性。

保护层材料的应用见表 16.156。

表 16.156 保护层材料的应用

材料	厚度/mm	应 用
镀锌薄钢板	0.4～0.5	管道 $DN \leqslant 14in(350mm)$
	0.5～0.7	塔、罐、换热器、阀门、法兰以及其他平壁设备等 $DN \geqslant 16in(400mm)$
铝合金薄板	0.5～0.6	管道 $DN \leqslant 14in(350mm)$
	0.8～1.0	塔、罐、换热器、阀门、法兰以及其他平壁设备等 $DN \geqslant 16in(400mm)$

注：1. 需增加刚度的保护层可采用瓦楞（波纹）板形式。
2. 一般不推荐采用非金属材料做保护层。
3. 用户有特定要求时也可采用不锈钢保护层。

六、防潮层材料的设计

① 防潮层材料应具有抗蒸汽渗透性能、防水性能、防潮性能、化学稳定性能、无毒和耐腐蚀性能，并不得对隔热层和保护层产生腐蚀或溶解作用。

② 防潮层应选用夏季不软化、不起泡、不流淌、低温时不脆裂、不脱落、吸水率不大于 1% 的材料。

③ 对于涂抹型防潮层，其软化温度不应低于 65℃，粘接强度不应小于 0.15MPa，挥发物不得大于 30%。

④ 防潮层材料的燃烧性能应符合 GB 50264《工业设备及管道绝热工程设计规范》中的第 3.1.8 条的规定。

七、粘接剂、密封剂和耐磨剂的设计

① 保冷采用的粘接剂应在使用的低温范围内保持粘接性能，粘接强度在常温时应大于 0.15MPa，软化温度应大于 65℃。泡沫玻璃采用的粘接剂在 -196℃ 时的粘接强度应大于 0.05MPa。

② 采用的粘接剂、密封剂和耐磨剂不应对金属壁产生腐蚀及引起保冷材料溶解。在伸缩、振动情况下，耐磨剂应能防止泡沫玻璃因自身或与金属相互摩擦而受损。

③ 粘接剂、密封剂应选择固化时间短、具有密封性能、在设计使用年限内不开裂的产品。

八、隔热层厚度的计算

① 隔热计算可按 GB 50624《工业设备及管道绝热工程设计工程》中的第 4 条 "绝热计算" 或参考其他相关规范。

② 隔热厚度的计算、保温和人身防护，采用介质正常操作温度，保冷及防结露采用最小操作流体温度。

③ 保温厚度的计算，当无特殊工艺要求时，采用 "经济厚度" 法计算，人身防护保温厚度按 "表面温度法" 计算，但保温层外表面的温度不得大于 60℃。

④ 保冷层厚度的计算原则如下。

a. 为减少冷量损失的保冷层，应采用 "经济厚度法" 计算厚度。

b. 为防止外表面结露的保冷层应采用 "表面温度法" 计算厚度。

c. 工艺上允许一定量冷损失的保冷层，应用 "热平衡法" 计算厚度。外表的温度应高于露点温度 1~3℃。

⑤ 对设备和管道的管口和其他凸起部分（包括钢结构部件），隔热厚度一般根据上述同样方法决定。

⑥ 对保温，人身防护和保冷额定的绝热厚度将根据 GB 50264《工业设备及管道绝热设计规范》计算。

⑦ 当设计条件与表中不符时，绝热厚度将取决于合同依据的特定条件。

⑧ 保温和保冷的最小厚度是 30mm。

⑨ 塔的内部温度随高度而变化，绝热厚度也相应变化。

⑩ 详细介绍隔热厚度计算方法的常用标准规范。由于很多国内外标准规范均详细介绍了隔热厚度的计算方法，所以在此就不过多地阐述。需要时，可以参考下列标准规范：SH 3010《石油化工设备和管道隔热设计规范》；GB 50264《工业设备及管道绝热工程设计规范》；GB 8175《设备及管道保温设计导则》等。

九、常用隔热材料的选用

常用隔热材料见表 16.157。

表 16.157 常用隔热材料

序号	材料名称	密度/(kg/m³)		最高使用温度/℃	推荐使用温度/℃	热导率(70℃时)λ₀/[W/(m·K)]
1	硅酸钙制品		170	环境温度至650	550	0.055
			220			0.062
			240			0.064
2	泡沫石棉		35	环境温度至500(普通型) −50~500(防水型)	—	0.046
			40			0.053
			50			0.059
3	岩棉及矿渣棉制品	原棉	≤150	650	600	≤0.044
		毡	60~80	400	400	≤0.049
			100~120	600	400	≤0.044
		板	80	400	350	≤0.044
			100~120	600	350	≤0.046
			150~160	600	350	≤0.048
		管	≤200	600	350	≤0.044

续表

序号	材料名称		密度/(kg/m³)	最高使用温度/℃	推荐使用温度/℃	热导率(70℃时) λ_0/[W/(m·K)]
4	玻璃棉制品	纤维平均直径≤5μm 原棉	40	400		0.041
		原棉	40	400		0.042
		毯	≥24	350		≤0.048
		毯	≥40	400		≤0.043
		毡	≥24	300	300	≤0.049
		纤维平均直径≤8μm	24	300		≤0.049
			32			≤0.047
		板毡	40	350		≤0.044
			48			≤0.043
			64~120	400		≤0.042
		管	≥45	350		≤0.043
5	硅酸铝棉及其制品	原棉1#		800	800	
		原棉2#		1000	1000	
		原棉3#		1100	1100	
		原棉4#		1200	1200	
		毯、板	64			0.056
			96	—		
		毡	128			
			192			
6	膨胀珍珠岩散料		70	−200~800		0.047~0.051
			100~150			0.052~0.062
			150~250			0.064~0.074
7	硬质聚氨酯泡沫塑料		30~60	−180~100	−65~80	0.0275
8	聚苯乙烯泡沫塑料		≥30	−65~70	—	0.041
9	泡沫玻璃		150	−200~400		0.060
10			180			0.064

十、紧固件材料的选用

绝热层紧固材料的规定和应用见表 16.158；绝热保护层紧固材料的规定和应用见表 16.159。

表 16.158 绝热层紧固材料的规定和应用

材料	尺寸(B.W.G)/mm	应用
镀锌铁丝	0.8(21#)	管道 DN100 及以下
	1.0~1.2(18#~19#)	管道 DN125~DN600 以上
镀锌钢带	0.5×12 也可用 φ1.6~2.5 镀锌铁丝	管道和设备 DN650 以上
	0.5×20	管道和设备直径 DN≥1000mm
不锈钢丝	参见镀锌铁丝及镀锌钢带	当保冷材料两层或更多时，用于固定第一层
不锈钢带	0.4×13 0.5×19	根据镀锌钢带指出的管道及设备的直径范围应用

注：1. B.W.G. 为伯明翰线规。
2. 当操作温度大于370℃，奥氏体不锈钢表面的保温材料及保温保护层为不锈钢时，使用不锈钢丝和钢带。

表 16.159 绝热保护层紧固材料的规定和应用

材料	尺寸/mm	应用
(铝 ML3, ML2)抽芯铆钉	φ3.0×30	垂直管道、可拆式保温壳(仅用于保温、人身防护) 设备筒体、可拆式保温壳

续表

材料	尺寸/mm	应用
镀锌钢带	0.5×12	管道和设备 $DN \leqslant 650 \sim 1000mm$
	0.5×20	管道和设备直径 $DN \geqslant 1000mm$
不锈钢带	0.4×13	管道 $DN \leqslant 650 \sim 1000mm$ 圆柱形设备直径小于 $DN1000$
	0.5×19	圆柱形设备直径 $DN \geqslant 1000mm$

注：当操作温度大于370℃奥氏体不锈钢表面的保温材料及保温保护层为不锈钢时，使用不锈钢丝和钢带。

十一、隔热辅助材料的选用

保温辅助材料规定见表16.160；保冷辅助材料规定见表16.161。

表16.160　保温辅助材料规定

使用目的	材料	应用
接缝充填材料	散装岩棉	充填保温伸缩缝及保温材料空隙
防水填缝	泡沫密封剂或相当材料	保温层安装完后某些凸起部分穿透暴露处
抹面水泥	要求：容重小于1000kg/m³，抗压强度大于0.8MPa，干燥后不产生裂纹、脱壳	保护层采用抹面水泥处
补强材料	机织热镀锌六角钢丝网，网孔16mm，钢丝直径0.64mm	用于抹面水泥的补强
紧固辅助材料	抽芯铆钉 $\phi 3.0 \times 30$（铝 ML3，ML2）	用于设备封头外壳的紧固
	S形挂钩（搭扣）5mm×19mm×50mm	用于立式容器和管道外壳的紧固
	扣环 $\phi 6mm$	用于设备封头保温钢带或钢丝的紧固
	单头螺钉 M4	用于阀门或法兰保温材料的紧固
	双头螺栓 M10	用于设备立面、储罐顶部外壳的紧固
勾缝密封	沥青玛蹄脂或与保温材料性能相近的胶泥	防水勾缝密封
油漆涂料	按项目工程规定	表面抹面保护层的涂装及识别色
镀锌钢丝网	机织热镀锌六角形钢丝网；网孔16～25mm，钢丝直径0.64～0.81mm	抹面保护层外，可拆卸金属绝热盒

表16.161　保冷辅助材料规定

使用目的	材料	应用地
防潮层涂层	玛蹄脂或相当材料	用于保冷的防潮层
接缝密封和防水混合物	F/# 30-45 泡沫密封剂或相当材料	保冷的接缝密封，安装完后某些凸起部分穿透暴露处的填补
补强材料	玻璃布（10×10目）	为沥青玛蹄脂补强
接缝填充材料	1. 超细玻璃棉	接缝处2～10mm缝隙
	2. 保冷碎块	接缝处大于10mm缝隙
紧固辅助材料	S形挂钩（搭扣）5mm×19mm×50mm	用于立式容器和管道外壳的紧固
	扣环 $\phi 6mm$	用于设备封头保温钢带或钢丝的紧固
	销钉	支撑球罐的聚氨酯板
黏结剂	F/# 81-33 F.R 或相当的	聚氨酯块的黏结
	胶泥	销钉黏结

十二、隔热设计常用标准规范

对温度为-196～850℃的保温（绝热）和人身防护，材料将满足买方的应用要求，常用规范和标准如下：

① SH 3010《石油化工设备和管道隔热设计规范》
② GB 5012《工业设备及管道绝热工程施工规范》

③ GB 8175《设备及管道保温设计导则》
④ GB 4272《设备及管道保温技术通则》
⑤ GB/T 15586《设备及管道保冷设计导则》
⑥ GB 50264《工业设备及管道绝热工程设计规范》
⑦ GB 50185《工业设备及管道绝热工程质量检验评定标准》
⑧ GB/T 16400《绝热用硅酸铝棉及其制品》
⑨ GB/T 10303《膨胀珍珠岩绝热制品》
⑩ GB/T 10699《硅酸钙绝热制品》
⑪ GB/T 11835《绝热用岩棉、矿渣棉及其制品》
⑫ GB/T 13350《绝热用玻璃棉及其制品》
⑬ JIS F 7008《管道保温隔热标准规范》
⑭ ASTM B209M《铝合金板规定》
⑮ ASTM C177《稳态热流测量和热传递特性试验方法》
⑯ ASTM C547《矿物纤维预制管壳保温规定》
⑰ ASTM C591《聚氨酯泡沫成型隔热规定》
⑱ ASTM C592《矿物纤维软毡和管壳保温规定》

第十五节 配管的防腐蚀设计

一、腐蚀对配管设计的危害

金属在周围介质（最常见的液体和气体）作用下，由于化学变化、电化学变化或物理溶解而产生的破坏。由于材料和它所在的环境发生反应而使材料性质发生恶化的现象。腐蚀是由于物质与周围环境作用而产生的损坏。工业生产装置工艺和条件是多样化的，设计温度在 $-196 \sim 1100℃$ 之间变化；操作压力从真空到 280.0MPa 乃至更高的范围内变化，操作介质更是多种多样，因此对材料的要求也是多方面的。由于工业管道广泛采用的材料为金属材料，因此这里所指的材料一般为金属材料。在本书并不打算对金属材料的组分、结构、性能等开展论述，而是结合使用条件介绍如何正确选用材料、如何采取有效的防腐蚀措施。

腐蚀是配管设计的大敌。近年，由几位著名院士组织的"中国工业与自然环境腐蚀问题调查与对策"项目，完成了对石油开采、炼制、电力、化工、汽车等 20 个工业行业的腐蚀调查显示，我国的年腐蚀损失在 5000 亿元以上。石油化工行业的腐蚀损失占总产值的 6% 左右，高于其他行业的 1 倍，这其中大约有 25% 是可以通过有效的防腐措施来加以解决的。

工业装置系统各个设施的因腐蚀失效事故所占比例见图 16.91，统计有一定的规律性，一般因管道腐蚀原因占 30% 左右。一旦发生事故，往往造成人员伤亡，停工停产和环境污染。因此，必须从工业管道的设计和建设开始，提高管道的防腐蚀能力。

二、金属腐蚀及分类

按腐蚀发生的机理来分，可分为化学腐蚀、电化学腐蚀和物理腐蚀。按腐蚀形态分，可分为全面腐蚀（图 16.92）、局部腐蚀。

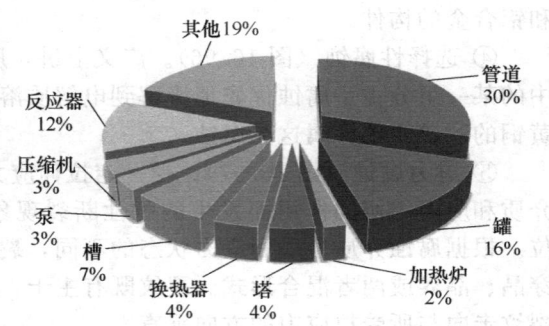

图 16.91 工业装置系统各个设施的因腐蚀失效事故所占比例

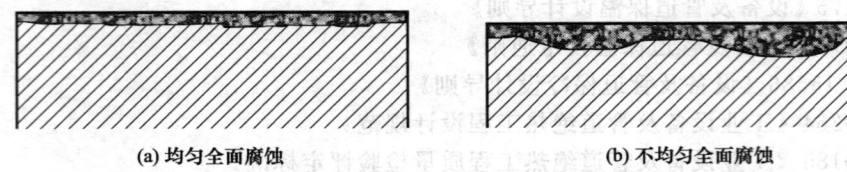

图 16.92 金属全面腐蚀的分类

全面腐蚀：发生在整个金属表面上的腐蚀称为全面腐蚀，它可能是均匀的，也可能是不均匀的。均匀腐蚀的危害性相对比较小，因为在知道了腐蚀速度后，就能够估算出材料的使用寿命。

局部腐蚀：主要集中于金属表面某一区域的腐蚀称为局部腐蚀。在局部腐蚀中，金属的某一区域腐蚀严重，而其他部分则几乎未被腐蚀，局部腐蚀主要有以下类型。

① 电偶腐蚀。电偶腐蚀又称接触腐蚀或双金属腐蚀，凡具有不同电极电位的金属互相接触，并在一定的介质中所发生的电化学腐蚀即属电偶腐蚀。例如热交换器的不锈钢管和碳钢板连接处，碳钢在水中作为阳极而被加速腐蚀。但当在两种金属的接触面上同时存在缝隙时，而缝隙中又存留有电解液，这时构件可能受到电偶腐蚀与缝隙腐蚀的联合作用，即电偶腐蚀产生的条件：同时存在两种不同电位的金属或非金属导体，有电解质溶液存在，两种金属通过导线连接或直接接触，如图 16.93 所示。

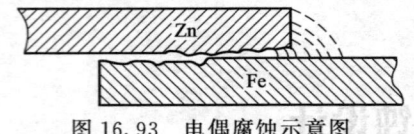

图 16.93 电偶腐蚀示意图

② 小孔腐蚀。小孔腐蚀又称为点蚀，这种破坏主要集中在金属表面的某些活性点上，并向金属内部深处发展，如图 16.94 所示。通常其腐蚀深度大于其孔径，严重时可使设备穿孔。点蚀通常发生在易钝化金属或合金中，往往在有侵蚀性阴离子与氧化剂共存的条件下发生。如不锈钢和铝合金在含有氯离子的溶液中常呈现这种破坏形式。

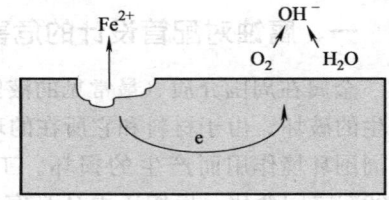

图 16.94 小孔腐蚀示意图

③ 晶间腐蚀（图 16.95）。金属材料在特定的腐蚀介质中沿着材料的晶粒边界或晶界附近发生腐蚀，使晶粒之间丧失结合力的一种局部腐蚀破坏的腐蚀现象称为晶界腐蚀，这种腐蚀首先在晶粒边界上发生，并沿着晶界向纵深处发展。这时，虽然从金属外观看不出有明显的变化，但其力学性能却已大为降低，严重时材料强度完全丧失，轻轻一击就碎。不锈钢焊件在其热影响区（敏化温度的范围内）容易引起对晶界腐蚀的敏化。除经过稳定化处理或含碳量低者外，奥氏体不锈钢暴露在 450~850℃ 温度区间内足够时间后，对发生晶间腐蚀比较敏感。晶界腐蚀常常会转化为沿晶应力腐蚀开裂，而成为应力腐蚀裂纹的起源。通常晶间腐蚀出现于奥氏体不锈钢、铁素体不锈钢和铝合金的构件。

④ 选择性腐蚀（图 16.96）。广义上讲，所有局部腐蚀都是选择性腐蚀，即腐蚀是在合金中的某一组分由于腐蚀优先地溶解到电解质溶液中去，从而造成另一组分富集于金属表面上。黄铜的脱锌现象即属这类腐蚀。

⑤ 应力腐蚀（图 16.97）。受一定拉伸应力作用的金属材料在某些特定介质中，由于腐蚀介质和应力的协同作用而发生的脆性断裂现象。应力腐蚀破裂（SCC）在局部腐蚀中居于首位。根据腐蚀介质性质和应力状态的不同，裂纹特征会有不同，在金相显微镜下，显微裂纹呈穿晶、晶界或两者混合形式。裂纹既有主干，也有分支，形似树枝状。裂纹横断面多为线状。裂纹走向与所受拉应力的方向垂直。

应力腐蚀开裂通常具有如下特点：通常在某种特定的腐蚀介质中，材料在不受应力时腐蚀甚微。受到一定的拉应力时（可远低于材料的屈服强度），经过一段时间后，即使是延展性很好的金属也会发生脆性断裂，断裂事先没有明显的征兆，往往造成灾难性的后果。

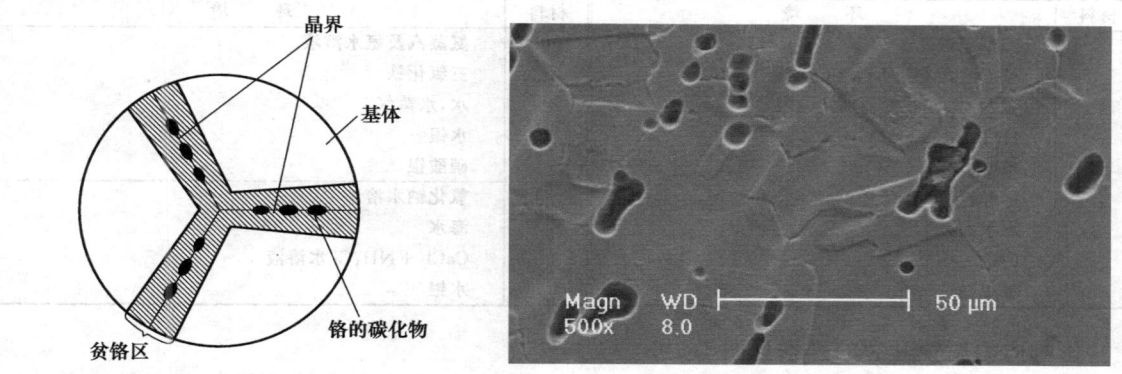

图 16.95　敏化后奥氏体不锈钢的晶间腐蚀示意　　图 16.96　选择性腐蚀示意图

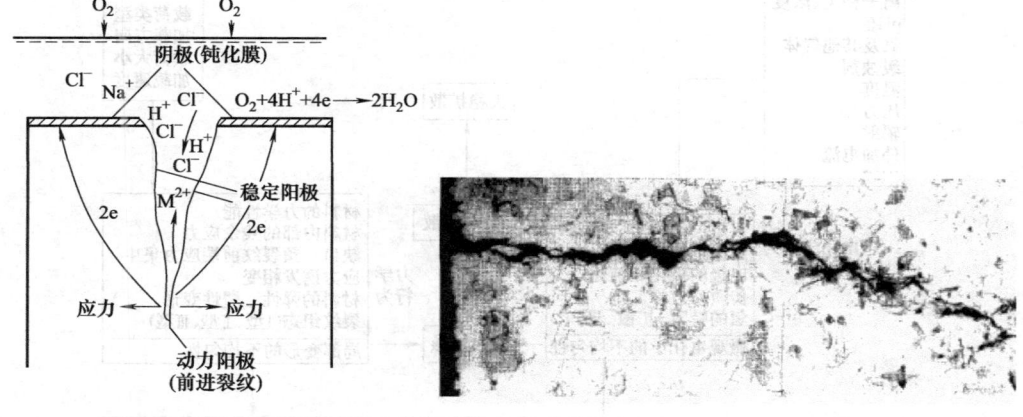

(a) 钝化合金的SCC机理示意图　　　　　　(b) 裂纹扩展示意图

图 16.97　应力腐蚀破裂（SCC）示意图

一般认为发生应力腐蚀开裂需要同时具备如下三个条件：敏感材料，拉伸应力，特定的腐蚀介质。如奥氏体不锈钢管外壁保温材料含 Cl^- 量高或保温层破损，渗入雨水中的氯离子浓缩有可能发生应力腐蚀。

易产生应力腐蚀开裂的金属材料和环境组合见表 16.162。

表 16.162　易产生应力腐蚀开裂的金属材料和环境组合

材料	环境	材料	环境
碳钢及低合金钢	苛性碱溶液	奥氏体不锈钢	高温碱液[NaOH、Ca(OH)$_2$，LiOH]
	氨溶液		氯化物水溶液
	硝酸盐水溶液		海水、海洋大气
	含 HCN 水溶液		连多硫酸
	湿的 CO-CO$_2$ 空气		高温高压含氢高纯水
	硝酸盐和重碳酸溶液		浓缩锅炉水
	含 H$_2$S 水溶液		水蒸气(260℃)
	海水		260℃硫酸
	海洋大气和工业大气		湿润空气(湿度90%)
	CH$_3$COOH 水溶液		NaCl+H$_2$O$_2$ 水溶液
	CaCl$_2$、FeCl$_3$ 水溶液		热 NaCl+H$_2$O$_2$ 水溶液
	(NH$_4$)$_2$CO$_3$		热 NaCl
	H$_2$SO$_4$-HNO$_3$ 混合酸水溶液		湿的氯化镁绝缘物
			H$_2$S 水溶液

续表

材料	环 境	材料	环 境
钛及钛合金	红烟硝酸 N_2O_4(含 O_2、不含 NO 24～74℃) 湿的 Cl_2(288℃、346℃、427℃) HCl(10%,35℃) 硫酸(7%～60%) 甲醇,甲醇蒸汽 海水 CCl_4 氟里昂	铜合金	氨蒸汽及氨水溶液 三氯化铁 水,水蒸气 水银 硝酸银
		铝合金	氯化钠水溶液 海水 $CaCl_2+NH_4Cl$ 水溶液 水银

影响应力腐蚀开裂的因素见图 16.98。

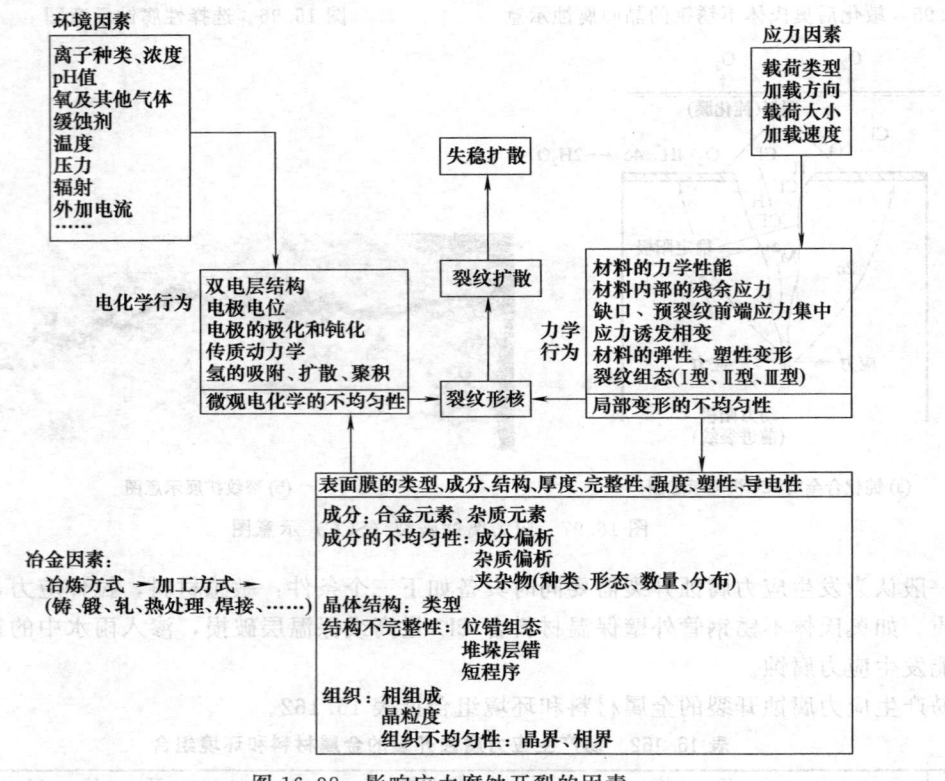

图 16.98 影响应力腐蚀开裂的因素

⑥ 缝隙腐蚀（图 16.99）。由于金属表面上存在异物或结构上的原因会形成 0.025～0.1mm 的缝隙，这种在腐蚀环境中因金属部件与其他部件（金属或非金属）之间存在间隙，引起缝隙内金属加速腐蚀的现象称为缝隙腐蚀。产生缝隙腐蚀的条件：不同结构件的连接，如金属与金属之间的铆接、螺纹连接以及各种法兰盘之间的衬垫等金属和非金属之间的接触等都可以引发缝隙腐蚀；金属表面的沉积物、附着物、涂膜等，如灰尘、沙粒、沉积的腐蚀产物，也会引起缝隙腐蚀。

⑦ 腐蚀疲劳。金属材料在循环应力或脉动应力和腐蚀介质的联合作用下，所引起的腐蚀形态称为腐蚀疲劳。腐蚀疲劳的特征：绝大多数金属或合金在交变应力下都可以发生，而且不要求特定的介质，只是在容易引起孔蚀的介质中更容易发生。腐蚀疲劳的机理：腐蚀疲劳是在交变应力作用下发生，位错往复地穿过晶界运动而不会在晶界上堆积。腐蚀疲劳的控制：对于钢，尤其是钛合金来说，用渗氮的方法进行表面硬化处理，也是抗腐蚀疲劳的一种有效措施。

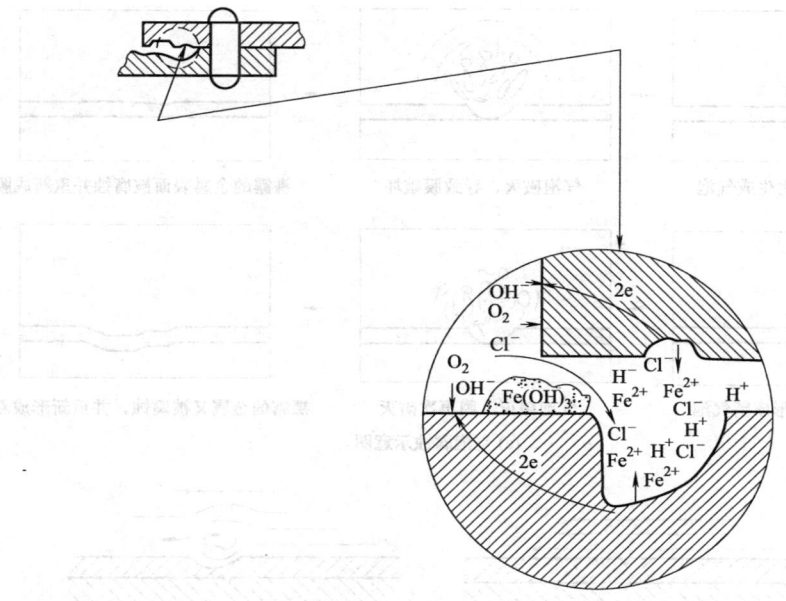

图 16.99　碳钢在中性海水中缝隙腐蚀示意图

亦有采用非金属表面覆盖层的办法,如涂层,但要求对金属基体有良好的结合力和耐磨能力。

⑧ 磨损腐蚀。由于介质的运动速度大或介质与金属构件相对运动速度大,导致构件局部表面遭受严重的腐蚀损坏,这类腐蚀称为磨损腐蚀,简称磨蚀。造成腐蚀损坏的流动介质可以是气体、液体或含有固体颗粒、气泡的液体等。磨蚀是高速流体对金属表面已经生成的腐蚀产物的机械冲刷作用和对新裸露金属表面的侵蚀作用的综合结果。由高速流体引起的磨蚀,其表现的特殊形式主要有湍流腐蚀和空泡腐蚀两种。

a. 湍流腐蚀(图 16.100)。在某些特定部位,介质流速急剧增大形成湍流,由湍流导致的磨蚀,即为湍流腐蚀。遭到湍流腐蚀的金属表面,常常呈现深谷或马蹄形的凹槽,一般按流体的流动方向切入金属表面层,蚀谷光滑没有腐蚀产物积存。构成湍流腐蚀除流体速度较大外,构件形状的不规则性也是引起湍流的一个重要条件。在输送流体的管道内,流体按水平或垂直方向运动时,管壁的腐蚀是均匀减薄的。但对于流体突然改向处,如弯管、U 形换热管等的拐弯部位,其管壁就要比其他部位的管壁迅速减薄甚至穿洞。

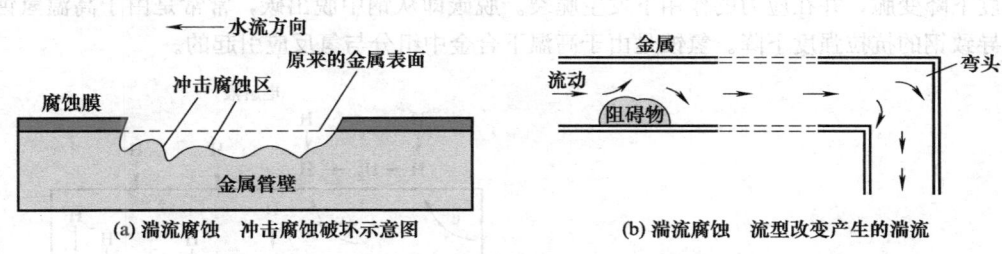

图 16.100　湍流腐蚀示意图

b. 空泡腐蚀(图 16.101)。流体与金属构件做高速相对运动,在金属表面局部地区产生涡流,伴随有气泡在金属表面迅速生成和破灭,呈现与孔蚀类似的破坏特征。这种条件下发生的磨蚀称为空泡腐蚀,又称空穴腐蚀或汽蚀。影响磨蚀的因素有金属(合金)、表面膜、流速。磨蚀的控制:合理选材、改善设计、降低流速、除去介质的有害成分、覆盖防护层和电化学保护等。但以合理选材和改善设计这两种方法最为有效。

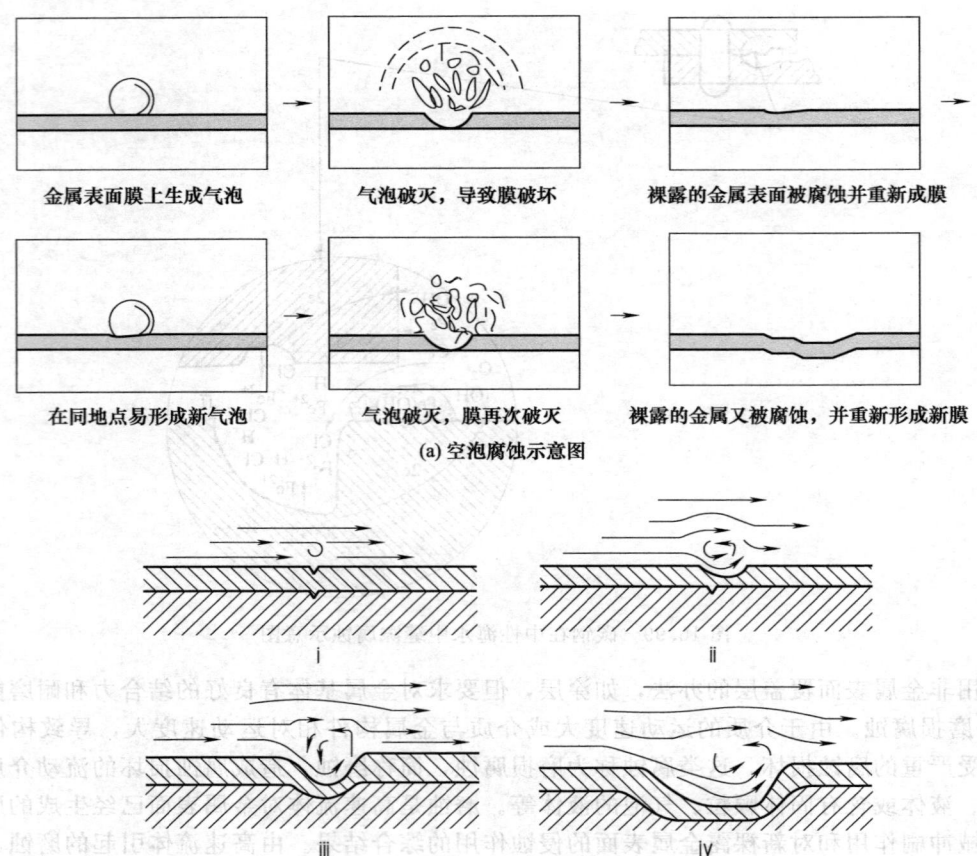

图 16.101 空泡腐蚀示意图

⑨ 氢损伤。是指金属材料中由于氢的存在或氢与金属相互作用,造成材料力学性能下降的总称。在含硫化氢的油、气输送管线及炼油厂设备常发生这种腐蚀。氢损伤分为四种不同的类型:氢鼓泡[图 16.102（a）]、氢脆、脱碳、氢蚀。氢鼓泡是指在某些介质中,由于腐蚀或其他原因而产生的氢原子渗入金属,导致金属局部变形,甚至完全破坏。氢脆是由于氢进入金属内部,导致韧性和抗拉强度下降变脆,并在应力的作用下发生脆裂。脱碳即从钢中脱出碳,常常是由于高温氢蚀所引起的,导致钢的抗拉强度下降。氢蚀是由于高温下合金中组分与氢反应引起的。

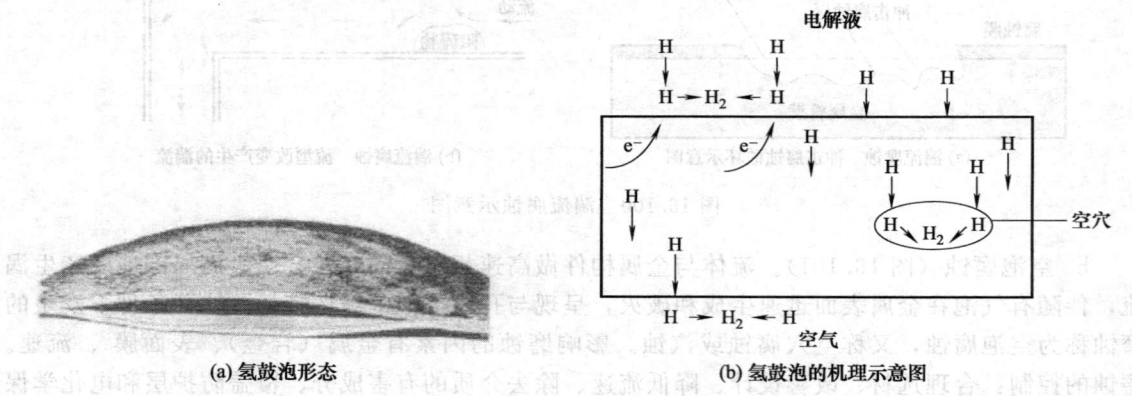

图 16.102 氢鼓泡腐蚀示意图

三、有机非金属（高分子材料）腐蚀及分类

高分子材料具有优良的耐蚀性能。但在防腐蚀领域中应用时，由于腐蚀条件的多样与复杂，不一定总能抵抗介质的侵蚀。通常，在酸、碱和盐的水溶液中，多数塑料或其他高分子材料具有较好的耐蚀性，显得比金属优越。但在有机介质中却往往相反，很多高分子材料都不如金属耐蚀。有些塑料在无机酸、碱溶液中也会很快被腐蚀，例如尼龙只能耐较稀的酸、碱溶液，而在浓酸、浓碱中则会遭到腐蚀。

高分子材料腐蚀的主要形式有：溶胀和溶解腐蚀、选择性腐蚀、腐蚀降解、蠕变、老化、疲劳腐蚀、环境应力开裂、差热腐蚀开裂、渗透腐蚀、取代基反应等。

四、无机非金属腐蚀及分类

无机非金属材料作为管道材料的主要有玻璃、陶瓷、石墨、铸石、水泥等，这些材料制成的管道主要在工业管道中使用，其腐蚀主要为化学腐蚀。通常是与介质（或环境）中的某些成分发生化学反应，而造成材料的破坏。

五、配管设计管道器材控制腐蚀的方法

1. 正确选材和设计

材料的品种很多，不同材料在不同环境中有不同的腐蚀速度，有些腐蚀率很高，根本不能应用。选材者对某一特定环境选择腐蚀率低、价格较合适、物理力学性能等又适合设计要求的材料，是常用的、简便而行之有效的控制腐蚀的方法。

① 对于全面腐蚀的腐蚀裕度的确定。如果所选取的材料在管道使用的介质中只产生全面腐蚀，那么在设计时一般把腐蚀与强度问题分开处理，即首先是进行材料力学的强度设计，计算出管道壁厚，然后再按照资料提供的年均腐蚀速率（也可来自腐蚀试验的结果或经验），乘以预期的工作年限，得到一个附加的壁厚，即"腐蚀裕度"，加到原有的壁厚上去。

② 对应力腐蚀破裂的考虑。设计时，应尽量避免使用会产生应力腐蚀破裂的金属。但在实际生产中难以避免，因此应设法消除残余应力，以防止应力腐蚀破裂的发生。残余应力主要来自冷加工和焊接。因此，对在应力腐蚀破裂敏感介质中应用的金属材料，可用热加工成形代替冷加工成形、采取热处理等方法来消除焊接残余应力。

2. 调整腐蚀环境

如果能消除环境中引起腐蚀的各种因素，腐蚀就会中止或减缓，但是多数环境是无法控制的，如大气和土壤中的水分、海水中的氧等都不可能除去，化工生产流程也不可能任意变动，但是有些局部环境可以调整，例如锅炉进水先去氧（加入脱氧剂亚硫酸钠和肼等），可保护锅炉管免受腐蚀。

3. 加入缓蚀剂

在腐蚀性介质中，加入少量的一种或几种物质，能使金属的腐蚀速度大大降低，这种物质或复合物质就称为缓蚀剂。这种保护金属的方法通称为缓蚀剂保护技术。

对于金属管道来说，缓蚀剂保护技术属工艺性防腐方法，缓蚀利的添加是通过工艺操作来实现的。缓蚀剂的防腐机理一般认为是在金属表面上生成了连续的起隔离作用的吸附层保护膜，从而降低金属的腐蚀速度。工业上采用缓蚀剂保护金属管道的事例有：石油和天然气（特别是高含硫的）的采、集输系统；炼油装置的常减压系统；乙烯裂解装置的工艺水系统；合成氨苯菲尔法脱碳系统；工业冷却水系统等。

通常缓蚀剂有多种分类方法，按缓蚀剂的化学组成分类可分为无机缓蚀剂和有机缓蚀剂，如图 16.103 所示。

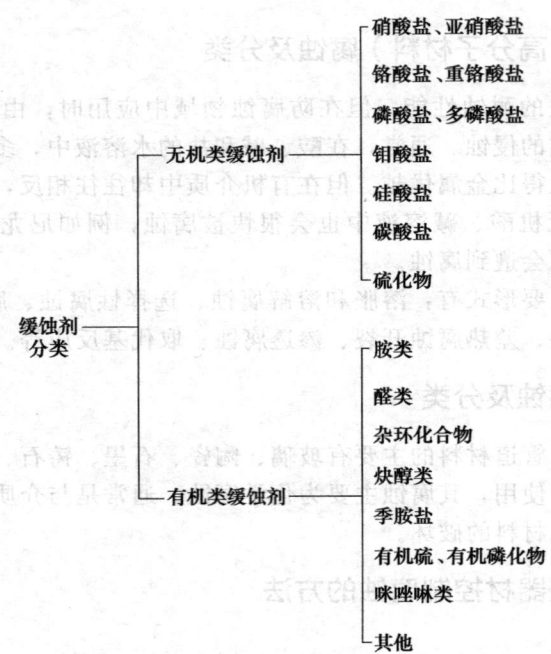

图 16.103 缓蚀剂的分类

4. 阴极保护

腐蚀电池中的阴极是接受电子产生还原反应的电极，只有阳极才发生腐蚀。利用这个原理，可以从外部导入阴极电流至需要保护的设备上，使管道全部表面都成为阴极。阴极保护广泛用于长输管道、埋地管道、海水中的管道等。为了减少电流输入，延长使用寿命，一般和涂料联合应用，是一种经济简便、行之有效的防腐蚀方法。

管道的强制电流阴极保护系统见图 16.104。

各种阴极保护的优缺点见表 16.163。

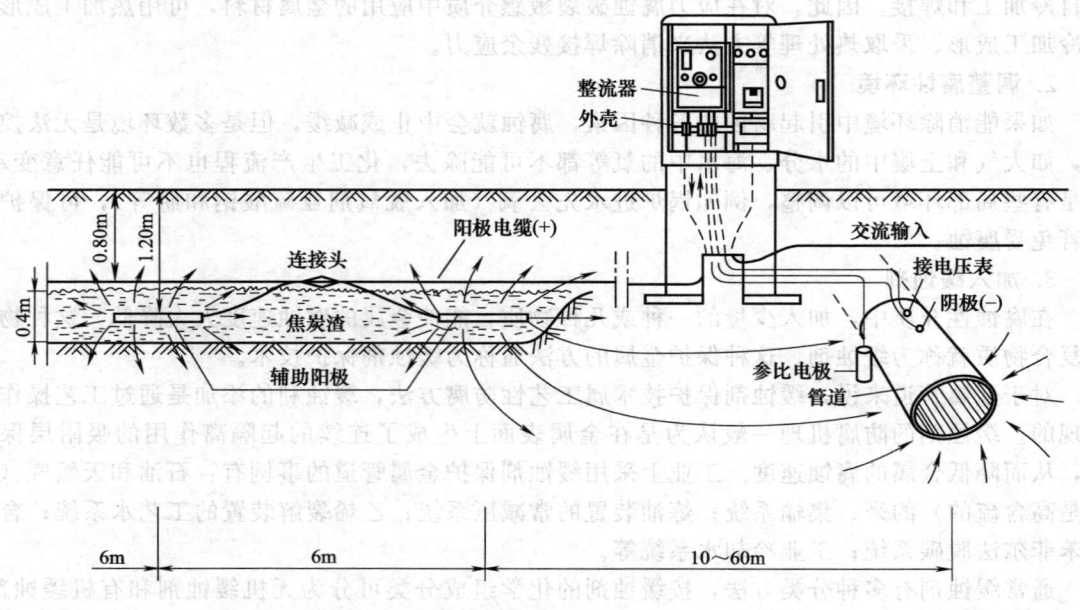

图 16.104 管道的强制电流阴极保护系统示意图

表 16.163　各种阴极保护的优缺点

方　法		优　点	缺　点
阴极保护	强制电流	1. 输出电流、电压连续可调 2. 保护范围大 3. 不受土壤电阻率的限制 4. 工程量越大越经济 5. 保护装置寿命长	1. 必须要有外部电流 2. 对临近金属构筑物有干扰 3. 管理、维护工作量大
	牺牲阳极	1. 不需要外部电源 2. 对临近金属构筑物无干扰或较小 3. 管理工作量小 4. 工程小时,经济性好 5. 保护电流均匀且自动调节,利用率高	1. 高电阻率环境不经济 2. 覆盖层差时不适用 3. 输出电流有限
排流保护	极性排流	1. 利用杂散电流保护管道 2. 经济实用 3. 方法简单易行,管理量小 4. 对杂散电流无引ջ之忧	1. 对其他构筑物有干扰影响 2. 电铁停运时,管道得不到保护 3. 负电位不易控制
	强制排流	1. 保护范围广 2. 电压电流连续可调 3. 以轨道代替阳极,结构简单 4. 电铁停运时,管道仍有保护 5. 不存在阳极干扰	1. 对其他构筑物有干扰影响 2. 需要外部电源 3. 排流点易过保护

5. 阳极保护

以管道作为阳极,从外部通入电流,一般将加速腐蚀,腐蚀电流随阳极极化而增大。但是对可以钝化的金属则会出现另一情况,当电位随电流上升,达到致钝电位后,腐蚀电流急速下降,以后随电位上升,电流不变,直到过钝区为止。利用这个原理 Edleanu 首先提出阳极保护的概念,以需要保护的设备为阳极,导入电流,使电位保持在钝化区的中段(以免波动时进入活化区),腐蚀率可保持很低值,通入的电流就表示设备的腐蚀速度。这种方法需要一台恒电位仪,用以控制设备的电位。因为它只适用于接触钝化溶液的可钝化金属,所以用途受限制。工业上已用于处理硫酸、磷酸、碳酸氢铵生产液、硝铵混肥等的不锈钢或碳钢制的各种管道设备。

6. 合金化

在基体金属中加入能促进钝化的合金成分,当加入量达到一定比例后,便得到耐蚀性优良的材料。如铁中加入铬,当含铬量达12%以上时,就成为不锈钢,在氧化环境中由于表面生成钝化膜,有很高的耐蚀性。铬钢中加入镍,可扩大钝化范围,还可提高力学性能。镍铜合金中的镍大于30%~40%时,可得到含镍10%~30%的铜镍合金和蒙乃尔合金,它们比纯铜和纯镍的耐蚀性在一些环境中都更优越些。镍合金是有名的耐蚀材料,如镍铸铁有优良的耐碱性,镍钼合金是少数能耐高温非氧化性酸(如盐酸)的合金。镍钼铬铁合金能耐高温氧化性酸、次氯酸盐、海水等,比一般不锈钢更好。

7. 表面处理

金属在接触使用环境之前先用钝化剂或成膜剂(铬酸盐、磷酸盐、硝酸盐和亚硝酸盐混合液等)处理,表面生成稳定密实的钝化膜,耐蚀性大大增加。它与缓蚀剂防护法的不同之处,在于它在以后的使用环境中(如大气、水)不需要再加入缓蚀剂,铝经过阳极处理,表面可以生成比大气中生成的更为密实的膜。这类膜在温和的腐蚀环境(如大气和水)中有优良的耐蚀能力。钢铁部件表面发蓝也是一个广为应用的例子。

8. 金属镀层和包覆层

在钢铁表层上可用一薄层更耐蚀的金属(如铬、镍、铅等)保护。常用的方法是电镀,一般镀2~3层,只有几十微米厚,因而不可避免地存在微孔,溶液可渗入微孔,将构成镀层-底层腐蚀电池。镀层如为贵金属（金、银等）或易钝化金属（铬、钛）以及镍、铅等时，由于电位比铁高，将成为阴极，会加速底层铁腐蚀。因此这类镀层不适于强腐蚀环境（如酸），但可用于大气、水等环境。除了电镀外，还常用热浸镀（熔融浸镀）、火焰喷镀、蒸气镀和整体金属薄板包镀。后者因无微孔，耐蚀性强，寿命也更长，但价格高些。

9. 涂漆

用有机涂料保护大气中的金属结构，是最广泛使用的防腐手段。各类油漆、清漆等都属这一类，主要是由合成树脂、植物油、橡胶浆液、溶剂、助干剂、颜料、填料等配制而成。品种极多，过去以植物油为主的油漆现在多为合成树脂漆所替代。

10. 衬里

一般为整片材料，适用于和强腐蚀介质接触的管道内部，如盐酸、稀硫酸的储槽用橡胶或塑料衬里、储放硝酸的储槽用不锈钢薄板衬里等。耐酸砖（硅砖）也广泛用于衬里，它耐强酸；耐火砖衬里则可起隔热作用。搪瓷实际上是一种玻璃衬里，工业上称为搪瓷玻璃，它的耐酸性强，广泛用于食品、医药等工业。

11. 调整管道布置减少腐蚀

在设计时，为避免不合适的流动状态对管道造成磨损腐蚀，通常要求流动状态均匀，为避免流体通路断面的急剧变化、不连续变化以及流动方向的急剧变化，应尽量抑制流速差和压力降，以免引起湍流和涡流。管道在转弯及三通处以及孔板流量计的安放位置处都应进行合理设计，尽量减少流体中固体颗粒的夹带。图 16.105（c）左图是钢支柱未保温造成的冷凝液腐蚀。对策是将钢支架一起保温，避免形成冷凝液，见图 16.105（c）右图。图 16.105（d）中螺栓不要设置在垂直方向的最下方，以避免凝结水腐蚀螺栓。管道设计时，对于用在电解质溶液中的管道，应尽可能避免异种金属（电位差超过 50mV），管道直接组焊，否则会造成电偶腐蚀，即在电位较负的金属侧发生宏观电池腐蚀。如必须采用不同金属管道组合时，则在设计中要采取绝缘措施，见图 16.106（a）。管道单面焊接时焊缝必须满焊和焊透，未焊透不但影响强度，也因在管道内壁造成缝隙见图 16.106（b），而引起缝隙腐蚀。管法兰对接时，垫片的内径要尽量和管道的内径相一致，见图 16.106（c）。垫片材料也会对缝隙腐蚀造成影响，一些纤维类的材料，由于能渗入电解质溶液而引起缝隙腐蚀。

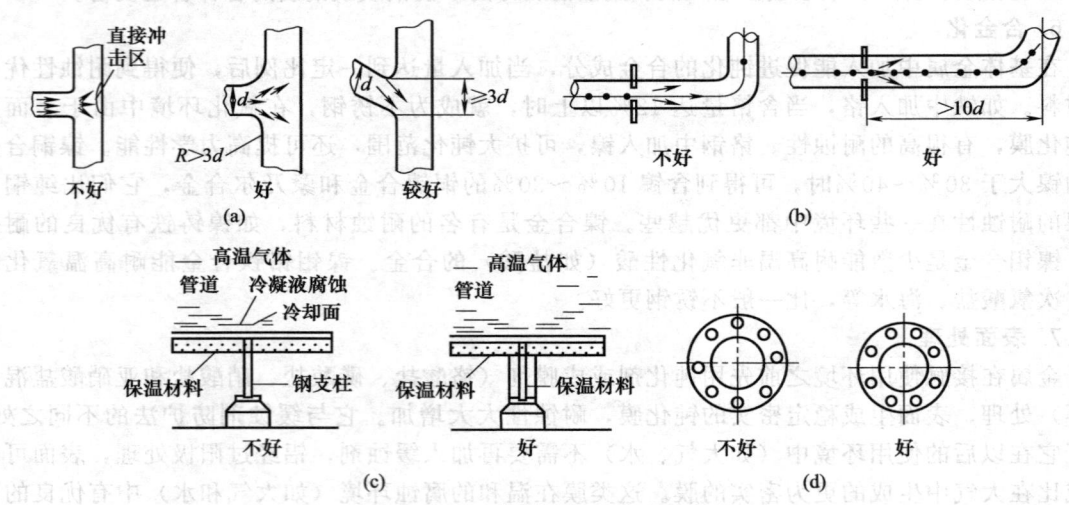

图 16.105 合理配管设计避免腐蚀的实例（一）

工程应用：避免配管设计死端腐蚀

笔者在某中东国家参与负责设计某装置项目，在管道布置设计时，出现了如图 16.107 所示的 A 段死端（有的资料上称为：Dead Leg），按照这个国家的配管设计规范要求，通常 A 段的死端不超过 1m，如果超过了 1m，流体在 A 段会产生腐蚀环境。

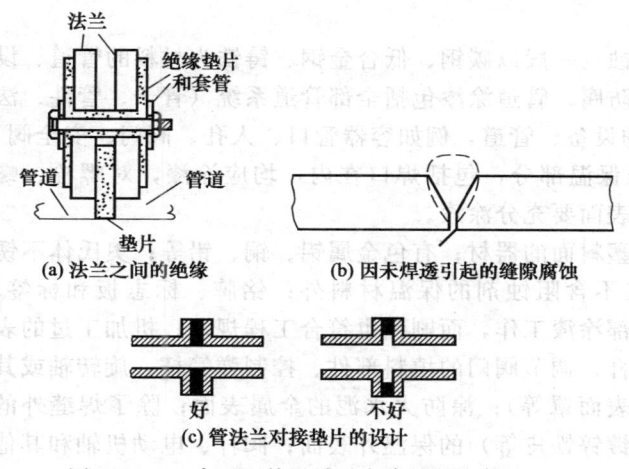

图 16.106　合理配管设计避免腐蚀的实例（二）

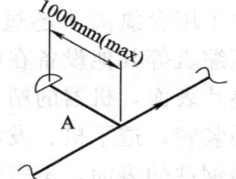

图 16.107　合理管道布置以避免腐蚀环境的实例

第十六节　配管的涂漆、涂色设计

一、油漆的分类

在过去，主要采用天然油脂来生产涂料，如植物油脂中的豆油、椰子油以及动物油脂中的鱼油、动物油等，因此在我国人们普遍称为"油漆"。随着工业的发展，天然油脂的使用越来越少，而更多地采用石油化工所提供的各类性能优越的合成树脂，因此，现在更为科学的名称应该为"涂料"，涂料是一种化工材料，涂覆于物体表面能保护其不受环境的侵蚀，并具有装饰、标志和伪装等功能。防腐蚀涂料的目的主要是用于防止各类腐蚀。而油漆属于其中的一类。油漆的主要分类如下。

① 油漆按用途分类有：橡胶用防腐油漆、船舶用防腐油漆、金属用防腐油漆、汽车用防腐油漆、管道用防腐油漆、家具用防腐油漆、钢结构用防腐油漆。

② 油漆按树脂成膜分类有：环氧防腐油漆、过氯乙烯防腐油漆、氯化橡胶防腐油漆、聚氨酯防腐油漆、丙烯酸防腐油漆、无机防腐油漆、高氯化聚乙烯防腐油漆。

③ 油漆按溶剂可分类有：水性防腐油漆、油性防腐油漆。

二、油漆的作用

① 屏蔽作用。防腐油漆漆膜阻止腐蚀介质和材料表面接触；隔断腐蚀电池的通路，增大了电阻，如环氧煤沥青漆、环氧玻璃鳞片防腐漆、氯磺化聚乙烯漆、聚脲、丙烯酸聚氨酯漆等。树脂和颜料形成的涂层延长腐蚀介质渗入的途径，从而提高涂层的耐蚀能力。

② 缓蚀作用。防腐油漆某些颜料，或其与成膜物或水分的反应产物，对底材金属可起缓蚀作用（包括钝化），如磷化底漆、磷化、镀锌镀铬、环氧磷酸锌底漆等。

③ 阴极保护作用。防腐油漆漆膜的电极电位较底材金属低，在腐蚀电池中它作为阳极而"牺牲"，从而使底材金属（阴极）得到保护，如环氧富锌、无机富锌、涂膜镀锌、喷锌、喷铝。防腐油漆在锌粉颗粒之间以及底材和锌粉之间保持直接接触。当水分浸入涂层时，就形成了由锌粉和底材钢板组成的电池。电流从锌向铁流动，从而使底材受到阴极保护。

④ 标示色作用。管道外表面涂色及标志。

三、涂漆的范围

为了防止大气、水及土壤对金属的腐蚀，一般以碳钢、低合金钢、铸铁为材料的管道、设备、支架、平台、栏杆、梯子等均应涂漆防腐。管道涂漆包括全部管道系统（管子、管件、法兰、管道附件等），保温或有防火水泥层的设备、管道，例如容器管口、人孔、阀门、安全阀、支架等，其延伸到保温或防火层以外的未保温部分，包括焊口在内，均应涂漆，对螺栓、螺母、铆钉构件的边角及其他不规则形状的表面要充分涂漆。

下列设备和材料一般不涂漆：塑料和塑料面的器材；有色金属铝、铜、铅等；奥氏体不锈钢，除了用含氯离子超过 2.5×10^{-5} 而又不含阻蚀剂的保温材料外；铭牌、标志板和标签；泵、压缩机等其他设备在制造厂已完成全部涂漆工作，而刷色也符合工程规定；机加工过的表面或垫片表面，机器的精加工部件（如阀杆、调节阀门的填料部件、控制弹簧杆、旋转轴或其他滑动装置，透平机、发动机和电动机的表面罩等）；涂防火水泥的金属表面；除了焊缝外的镀锌碳钢件的表面，不需涂漆（如铝皮、镀锌铁皮等）的保温外表面；阀杆、电动机轴和其他转动部件（联轴器除外）。

四、管道配管设计涂漆的一般要求

① 需按国家、行业现行的有关规定，经济合理。
② 符合管道的使用工况，例如，管道的设计温度要求、管道所处的环境要求等。
③ 与管道的材料及表面处理相应。
④ 底漆、中间漆和面漆正确配套。
⑤ 涂漆施工时，设备和管道必须在完成全部热处理、水压试验合格后才能涂漆。只有在设备和管道焊缝质量检查合格时，才能在焊处涂漆。涂底漆前应对组装符号、焊接坡口、螺纹等特殊部位加以保护，以免涂上油漆。

工程应用：某不锈钢管道和设备的涂漆

某管道和设备，为不锈钢材质，一方面为了统一标示色，另一方面为了在海边防腐蚀。在选用管道和设备的油漆时，需要综合考虑极端的环境低温、海水腐蚀、大风雪等因素。

五、管道涂漆的表面处理

为了使钢材表面与涂层之间有较好的附着力，并能更好地起到防腐作用，所有设备、管道和其他部件等钢材表面在涂漆前都必须进行合格的表面处理。

① 除油污。钢材表面除油污的防腐有溶剂法、碱液法、电化学法、乳液法等。
② 除旧漆。钢材表面除旧漆的方法有机械法、碱液溶解法、有机溶剂法、火焰除锈法。
③ 除锈。钢材表面除锈的方法有手工法、机械法、火焰除锈法、化学清洗法和电化学法等。

在制造厂已涂过底漆的设备和管道表面，需在施工现场对底漆损坏处进行修整，用动力工具或手动工具清理，再修补底漆，然后再涂面漆。在制造厂已涂过面漆的设备和管道表面，需在施工现场对损坏处进行补涂。

处理被涂表面的方法：溶剂清洗；手动工具清理；动力工具清理；新钢材的火焰清理；喷砂清理；酸洗等。

设备及管道的钢材表面处理后，需进行检查并评定处理等级。可按照以下标准规范要求，例如，GB/T 8923《涂覆涂料前钢材表面处理》，SH 3022《石油化工企业设备和管道涂料防腐技术规范》，HG/T 20679《化工设备、管道外防腐设计规定所规定》。所有经表面处理后的表面，应在处理后的 6h（有的标准规定 4h）内涂底漆。钢材表面处理后未及时涂底漆而放置过夜时（或在其上有新锈时）应在涂底漆之前重新进行表面处理。若来不及涂底漆或在涂漆前被雨淋，发现新锈，则在涂漆前应重新进行表面处理。

钢材的表面的除锈等级按照石化标准 SH 3022，分为四级，见表 16.164。

表 16.164 对钢材表面处理的分级

级别	除锈工具	除锈程度	除锈要求
St2	手工和动力工具除锈	彻底	钢材表面无可见的油脂和污垢，且没有附着不牢的氧化皮、铁锈和涂料涂层等附着物
St3	手工和动力工具除锈	非常彻底	钢材表面无可见的油脂和污垢，且没有附着不牢的氧化皮、铁锈和涂料涂层等附着物，除锈应比 St2 更为彻底，底材显露部分的表面应具有金属光泽
Sa2	喷射或抛射除锈	彻底	钢材表面无可见的油脂和污垢，且氧化皮、铁锈和涂料涂层等附着物已基本清除，其残留物应是牢固附着的
Sa2.5	喷射或抛射除锈	非常彻底	钢材表面无可见的油脂、污垢、氧化皮、铁锈和涂料涂层等附着物，任何残留的痕迹应仅是点状或条纹状的轻微色斑
Sa3	喷射或抛射除锈	使金属表观洁净	钢材表面无可见的油脂、污垢、氧化皮、铁锈和涂料涂层等附着物，该表面应显示均匀的金属色泽

HG/T 20679 对钢材表面处理的分级如下。

① 喷射或抛射除锈的有 Sa1、Sa2、Sa2$\frac{1}{2}$、Sa3 四个质量等级。

② 手工和动力工具除锈的有 St2 和 St3 两个质量等级。

③ 火焰除锈的有 F1 质量等级。

④ 化学除锈的有 Be 质量等级。

六、底漆、中间器及面漆

防腐蚀涂料涂层系统一般由底漆、中间漆和面漆组成，特殊情况下还需要腻子层。

1. 底漆

底漆是整个涂层系统中极其重要的部分，有如下特点。

① 对底材有良好的附着力。

② 因为金属腐蚀时在阴极呈阳性，所以底漆基料宜具碱性，如氯化橡胶和环氧树脂等。

③ 底漆的基料具有屏蔽性，可阻挡水、氧、离子的透过。

④ 底漆中应含较多的颜料填料，其作用是：增加涂层表面粗糙度，因而提高与上层的层间附着力；降低底漆的收缩率；颜料填料粒子能减少水、氧、离子的透过。

⑤ 一般底漆的厚度不大，以减小收缩应力，避免降低附着力。

⑥ 底漆应对底材具有良好的润湿性，对于焊缝、锈痕等部位能渗入较深。常用的底漆有红丹底漆、铁红底漆、富锌底漆、带锈底漆、磷酸盐底漆等。

2. 中间漆

中间漆的主要作用是：与底漆和面漆具有良好的附着性，起到承上启下的作用；在重防腐涂料中，中间漆的作用主要是增加涂层体系的厚度，以提高整个体系的屏蔽性能。

3. 面漆

面漆的主要作用是：遮蔽日光紫外线对涂层的破坏；起装饰和标志作用。

七、油漆的技术性能指标

① 油漆未涂刷成膜时的指标，如固体含量、细度、黏度、遮盖力、单位面积使用量等。

② 涂膜的物理力学性能指标，如附着力、柔韧性、硬度、涂膜厚度、光泽、耐磨性等，

还有涂膜的耐光性、耐热性以及电绝缘性等。

③ 涂膜的耐腐蚀和耐介质指标，如耐酸碱盐的性能、耐水性、耐石油制品和化学品、耐湿热性、耐盐雾性能等。

上述各项技术指标是相互关联的，例如，固体含量越高其黏度越大，涂层厚度越大其耐介质性能越好，硬度越高耐磨性越好等。而柔韧性好则其硬度可能会下降，涂层厚其柔韧性下降等。

八、工业管道配管设计常用油漆的性能及比较

工业管道配管设计常用油漆的性能如下。

① 环氧树脂。这是一类防腐漆中应用最广泛的品种。它具有非常优秀的附着性能、耐蚀性能尤其耐碱性能、力学性能等，但是由于分子结构中含有芳香结构，因此其耐候性较差，不宜用于户外，同时耐酸性能也不是很理想。在低温环境下（10℃以下），固化速度很慢甚至难以固化，因此冬季应用受到限制。

② 环氧沥青。这类漆类综合了煤焦沥青额耐酸、碱性、耐水性和环氧树脂的附着力、机械强度和耐溶剂性，为良好的防腐蚀油漆品种。广泛用于水利工程设施、地下管线外壁以及化工设备和管道内壁。缺点是色暗，且沥青易渗色，用磁漆罩色效果不好，不耐芳烃溶剂，也不耐暴晒。漆的性能和价格与沥青和环氧的配合比有关。已经从实验和应用证明，按重量比1∶1配合最合理。环氧沥青防腐油漆，可分为：胺固化环氧沥青防腐油漆和聚酰胺固化环氧沥青防腐油漆。

③ 聚氨酯树脂。聚氨酯是指分子结构中含有氨基甲酸键的高聚物。这类涂料具有更加全面的性能：耐酸碱盐性能、力学性能和优秀的装饰性能，因此现在多用于家庭的装修和高级汽车修补涂料（脂肪族聚氨酯类）。其优良的性能，尤其是在低温、常温和高温烘烤条件下均可以固化。但是常用的芳香族类由于其分子结构的原因，而表现为耐候性较差，如果用于室外露天环境会发生变色、粉化等现象。由于这类涂料在国内的商品化应用是在20世纪80年代末期，因此在防腐蚀行业人们对它的认识不如环氧树脂那样深刻，其应用范围和数量比环氧树脂要少得多。

④ 乙烯树脂。主要包括过氯乙烯类、氯磺化聚乙烯类和高氯化聚乙烯类等。前两种属于比较早的产品，后者出现于20世纪90年代。它们共同的特点就是在常温条件下具有优秀的耐酸碱盐、耐候性等特点，应用于化工设备、大型户外设备以及各类酸碱盐水溶液储罐内壁防腐蚀。但是它们的耐油性能不好，在高温条件下不稳定。另外，前两种的初期产品具有很低的固体含量，需要多道涂装施工才可以达到防腐蚀要求，因而大大限制了它们的应用。

⑤ 橡胶树脂。漆用橡胶树脂是以天然或合成橡胶为原料，经过化学处理或物理降解制成。处理的目的为提高溶解性、可塑性、反应性和化学稳定性。橡胶树脂防腐油漆的分类：氯化橡胶防腐油漆、氯磺化聚乙烯防腐油漆、氯丁橡胶防腐油漆、丁基橡胶防腐油漆。

工业管道配管设计常用油漆的比较，见表16.165。

表16.165 工业管道配管设计常用油漆的比较

品种	优点	缺点
沥青类	耐水、耐酸、耐碱，绝缘，价廉	色深黑，无浅色漆，对日光不稳定，耐有机溶剂性能差
乙烯类	耐候性、耐化学腐蚀性能优良,色浅	固体含量低,耐高温和耐油品性能差
环氧树脂类	附着力强,耐碱、耐油,涂层坚韧,绝缘性能良好	室外暴晒易粉化,保光性差,涂层装饰效果不良
聚氨酯类	耐磨性强,耐水、耐油、耐化学腐蚀,装饰性良好,绝缘性能好	施工过程中对水汽敏感,易起泡,芳香族易粉化黄变
有机硅类	耐高温、耐候性优秀,保光、保色性优良,良好的绝缘性能	附着性较差,耐汽油性能差,不能直接接触强腐蚀介质
橡胶类	耐酸碱盐腐蚀,耐水	施工性能较差

防腐蚀常用油漆的性能及用途见表16.166。

表 16.166 防腐蚀常用油漆的性能及用途

类别	名称	型号	特性	使用温度/℃	建议涂装道数/道	每道干膜厚度/μm	主要用途
酚醛树脂类	酚醛清漆	F01-15	漆膜干燥快、坚硬光亮，具有较好的耐水性		1～2	20～25	用于室内外金属表面罩光
	各色纯酚醛磁漆	F04-11	漆膜坚硬，光泽较好，耐水性、耐候性一般		2	20～30	用于室内涂装耐潮湿、干湿交替的部位
	各色酚醛耐酸漆	F50-31	耐酸、耐水、耐油、耐溶剂，不耐碱				
	灰酚醛防锈漆	F53-32	具有良好的防锈性	−20～120	2～4	30～40	用于酸性气体环境作面漆
	铁红酚醛防锈漆	F53-33	耐碱性差，防锈性能良好		2	30～40	用于室内钢材表面防锈打底
	硼钡酚醛防锈漆	F53-39	具有良好的防锈性能		2	30～40	用于室内钢材表面防锈打底
	云铁酚醛防锈漆	F53-40	防锈性能好，干燥快，附着力强，无铅毒		2	30～40	用于室外钢材表面防锈打底
	各色钡酚醛防锈漆	F53-41	具有良好的防锈性能				
沥青类	沥青清漆	L01-13	耐水、防潮、耐蚀性好，漆膜光泽好，但机械性能差，耐候性不好		2	30	用于不受光线直接照射的金属表面防潮、耐水、防腐蚀
	沥青磁漆	L04-1	漆膜照黑平滑、耐水、耐润滑油	−20～70			
	铝粉沥青底漆	L44-83	附着力好，防潮，耐热，耐润滑油		2	60	用于室外石油化工设备、管道的表面打底
	沥青耐酸漆	L50-1	耐硫酸腐蚀，附着力良好，耐氧化氢、二氧化硫、氯气、盐酸气以及中等浓度以下的无机酸		2	60	用于防止硫酸腐蚀的金属表面
醇酸树脂类	醇酸清漆	C01-12	干燥快、光泽好、耐候性、耐水性、耐汽油性良好		2	30	用于金属内、外金属表面罩光
	各色醇酸磁漆	C04-2	耐候性比酚醛漆好，具有良好的附着力、耐潮、耐候、能抵抗污气的侵蚀	<100	2	30～40	室外石油化工设备、管道及附属钢结构外表面防腐蚀
	灰云铁醇酸磁漆	C04-9					
	银色醇酸磁漆	C04-48	漆膜坚韧发亮，附着力好，耐机油和汽油，耐热和耐候性佳，具有一定的耐水性	<150	2	30～40	用于表面温度不太高的钢材表面防护
	铁红醇酸底漆	C06-1	附着力良好，与醇酸、硝基等多种面漆层结合力好，漆膜坚韧	−40～100	2	35	金属表面打底用，不宜用在湿热地区
	白醇酸二道底漆	C06-15	干燥快、易打磨，作为底层与面层的中间层具有良好的结合力		施工单位自定		适用于涂面漆之前，填充漆孔及纹道
	白醇酸耐酸漆	C50-31	具有一定的耐稀酸性	<100	3	40～60	适用于有酸性气体侵蚀的钢材表面
	云铁醇酸防锈漆	C53-34	漆膜坚韧，附着力强，防锈性能好		2	35	用于钢材外表面防锈底漆
	铁红醇酸防锈漆	C53-36	漆膜坚韧，附着力良好，防锈性能良好，易施工	<100	2	35	用于钢材表面防锈底漆
	铝粉醇酸耐热漆	C61-32	漆膜附着力较好，有一定的防锈能力	<150	2	20	用于钢材表面作防腐层

续表

类别	名称	型号	特 性	使用温度/°C	建议涂装道数/道	每道干膜厚度/μm	主 要 用 途
过氯乙烯树脂类	过氯乙烯清漆	G01-5	具有良好的机械强度和优良的耐蚀性能	−20~60	2	20~30	用于过氯乙烯磁漆的罩光
	锌黄过氯乙烯底漆	G06-3	附着力较好,耐盐水、耐湿热		施工单位自定		在沿海、湿热地区作防腐底漆
	铁红过氯乙烯底漆	G06-4	具有一定的防锈性和耐化学性能				用于钢材表面打底
	各色过氯乙烯二道底漆	G06-5	干燥快,具有较好的打磨性		2	20~30	用于填平针孔,增加面漆的附着力
	各色过氯乙烯耐氧漆	G51-32	耐酸碱、耐盐,耐化工大气,尤其耐氨性能佳				用于化工管道设备外壁的化工大气防腐
	过氯乙烯防腐漆	G52-2	干燥快,具有优良的耐油、耐酸碱和耐化学性				用于化工管道、设备外壁的防腐蚀
	各色过氯乙烯防腐漆	G52-31	耐蚀性能好,但附着力差				
	绿色过氯乙烯防腐漆	G52-37	具有优良的耐蚀性能,与G01-5配套能够耐98%的硝酸气体				适用于金属表面作防化学腐蚀涂料
环氧树脂类	环氧脂漆	H01-6	漆膜柔韧,附着力好,耐潮性、耐酸碱性比一般油性漆好	<110	2	20~30	用于不能烘烤的设备罩光
	各色环氧磁漆	H04-1	良好的附着力、耐碱、耐油、耐水性能良好		2	30~40	用于石油化工设备、管道外壁涂装
	云铁环氧底漆	H06-1	具有良好的抗水性能,附着力好,附着力强		1~2	40~60	作优良的防锈漆应用
	铁红环氧酯底漆	H06-2	漆膜坚硬耐久,耐盐雾,附着力良好,与磷化底漆配套使用,可提高漆膜耐潮、耐盐雾和防锈性能	<120	2	30~40	适用于沿海地区和湿热带气候的金属表面打底
	环氧富锌底漆	H06-4	有阴极保护作用,优异的防锈性能和耐久性,优良的附着力和耐冲击性能,耐磨、耐油、耐溶剂,耐潮湿,干燥快	<120	车间底漆1	20~30	用于环境恶劣,且防腐要求比较高的金属表面作底漆。用车间底漆时,漆膜厚度为20μm
	铁红环氧底漆	H06-14	具有良好的抗水性能、耐盐水性能,附着力好		2	30~40	用于大型钢铁设备和管道、设备外的防腐
	各色环氧防腐漆	H52-33	附着力、耐盐水、耐碱液腐蚀,漆膜硬度耐久	<110	2	40~60	适用于化工设备、管道的防化学腐蚀
	铝粉环氧防腐漆	H52-81	自干,漆膜坚韧,附着力好,耐水、耐碱和耐一般化学品的腐蚀		2	30~40	适用于水下及地下设备、机械防腐打底
	云铁环氧防锈漆	H53-33	干燥快,毒性小,防锈性能好		1~2	40~60	适用于石油产品、管道及钢结构防锈打底或管道防腐中间涂层
	铝粉环氧有机硅耐热漆	H61-1		−40~400	1~2	20~25	适用于表面温度较高的设备和管道防腐蚀
	各色环氧有机硅耐热漆	H61-32	耐温变、耐热,自干型,有较好的物理力学性能	−40~200	1~2	20~25	
	铁红环氧有机硅耐热底漆	H61-83		−40~200	1~2	20~25	

续表

类别	名称	型号	特性	使用温度/℃	建议涂装道数/道	每道干膜厚度/μm	主要用途
聚氨酯类	聚氨酯清漆	S01-3			2	30	可在自然条件比较恶劣的地区使用
	聚氨酯清漆	S01-11			2	30	
	各色聚氨酯磁漆	S04-1	具有良好的耐水、耐磨、耐蚀等特性对恶劣气候的耐久性极佳，耐磨性极好，抗化学性和溶剂性极佳，漆膜坚韧，附着力好优良的附着力和良好的防锈性、防腐性，耐油漆膜坚韧，耐酸碱，耐各种化学药品漆膜光亮耐磨，附着力强，防腐性能突出，漆膜具有优良的耐油性和物理力学性能，附着力好		2~4	40	
	铁红聚氨酯底漆	S06-4			2	30	用于钢铁表面防锈打底
	各色聚氨酯底漆	S06-5		<120	3~4	30	作为金属材料的外部防腐保护层
	聚氨酯防腐漆	S52-31			2	40	
	聚氨酯耐油清漆	S54-1			2~3	30~40	适用于油槽、油罐等设备的防腐蚀涂装
	聚氨酯耐油磁漆	S54-31			2~3	40~50	
	白聚氨酯耐油底漆	S54-33			2~3	40~50	
	聚氨酯耐油底漆	S54-80			2	40~50	
元素有机硅类	铝粉有机硅耐热漆	W61-31	该漆具有良好的耐热性和保护作用该漆具有良好的耐热性、耐水等性能漆膜具有良好的耐热性、耐油性和耐盐水性该漆在150℃下烘干，能耐500℃高温可在常温下自干，有一定的耐油性漆膜耐水，耐热性能好	300~350	2	20~25	用于钢铁设备表面，起耐热保护作用
	草绿有机硅耐热漆	W61-32		400	2	20~25	用于要求常温干燥的钢材表面
	铝粉有机硅烘干耐热漆	W61-34		500	2~4	20~25	用于烟囱排气管、烘箱等高温设备
	铝粉有机硅耐热漆	JW61-1		350	2	20~25	发动机外壳、烟囱排气管、烘箱火炉等设备的外部防腐蚀
橡胶类	氯化橡胶清漆	J01-1	具有较好的耐碱性、耐水等性能漆膜干燥快，光泽好，耐水性、耐候性和耐盐雾性能较好，具有一定的化学气体腐蚀性能漆膜坚韧，干燥快，附着力好，耐磨、耐海水腐蚀，防锈性能优良毒性小，干燥快，适于低温下施工，具有优异的耐酸、耐碱、耐盐水、盐雾性能，优良的耐臭氧，防大气老化性能，物理力学性能好，比造价低具有优良的耐强酸、耐强碱、耐大气老化、耐臭氧、耐水性能，同时具有良好的力学性能		1~2	20~25	用于氯化橡胶面漆罩光及设备防装
	各色氯化橡胶磁漆	J04-2			2	40	用于室内化工设备等的防腐蚀装饰防护
	各色氯化橡胶醇酸磁漆	J04-4			2		
	铝粉氯化橡胶底漆	J06-1			2	30	用于钢材浸水部位或干湿交替部位的钢材表面防锈打底
	各色氯磺化聚乙烯防腐漆	J52-1					受化工大气腐蚀的设备、管道防腐
		J52-2					受酸、碱、盐腐蚀的设备防腐
		J52-3		<100	6~8	20~30	接触水及污水的设备、管道防水
		J52-4					石油开采开炼油的设备、管道防腐
	各色氯磺化聚乙烯防腐漆	J52-90					适用于室外化工大气腐蚀的管道及钢结构表面防腐蚀

续表

类别	名称	型号	特性	使用温度/℃	建议涂装道数/道	每道干膜厚度/μm	主要用途
其他类	无机富锌底漆	E06-1	漆膜坚固,耐磨,具有优良的耐油、耐水、耐热和耐候性,但与其他各类的面漆不易配套	<450	车间底漆 1 防腐底漆 1	20~30 50~80	用于环境恶劣(如沿海地区)或较重要的设备、管道防腐打底
	乙烯磷化底漆	X06-1	干燥快,与大部分涂料的配套性佳,焊接和切割,可增加有机涂层与金属表面的附着力,延长其使用寿命	-20~60	1	8~15	用于钢铁表面防锈打底,能代替磷化处理,但不能代替漆底漆。该漆不适用于碱性介质环境
烯树脂类	高氯化聚乙烯通用型防腐漆						
	高氯化聚乙烯云铁防锈底漆		漆膜干燥快,附着力好,耐强酸、耐强碱、耐水、盐水及无机盐、耐油、耐老化、耐臭氧、苯性小,易施工,易配套	-30~100	2	45~50	用于化工设备、管道及钢结构的防腐蚀
	高氯化聚乙烯各色防腐面漆						
	高氯化聚乙烯铝粉面漆						
	高氯化聚乙烯特种防腐清漆						
高温类	GT-1 有机硅锌粉耐高温漆		常温干燥,漆膜附着力好,具有良好的耐油、耐候性和耐久性,具有一定的耐化工大气腐蚀性能	450	2	20~25	涂覆于不易烘烤的钢铁设备表面,起耐热保护和防腐作用
	GT-5 铝粉耐高温面漆			500	2~4	20~25	
	GT-98 各色面漆			450~500	2	20~25	
其他防腐类	704 无机硅酸云铁防锈底漆		漆膜干燥快,具有优异的防锈性能和耐热性能,优良的耐磨性、耐溶剂性和低温固化性,冲击性能优异	<400	无气喷涂 1 刷涂或滚涂 2~3	车间漆 20 防锈底漆 50~80	用于重要设备、管道及钢结构作高性能防锈漆
	842 环氧云铁防锈漆		漆膜附着力好,耐化工大气腐蚀,耐候性优异,耐水性好的层间附着力,易施工,易配套	<100	1	100 30~50	用于防腐性能要求较高的钢铁表面作防腐底漆
	624 氯化橡胶云铁防锈漆		漆膜干燥快,附着力好,具有优异的耐水性和层间附着力,耐候性和耐久性好,可低温施工,漆膜坚韧,耐久、光泽好,具有良好的耐冲击性、耐磨性、耐水性和耐化学药品性能,耐各种油类、耐候性优异	-30~80	1~2 2	60~80 35	适用于码头、海水飞溅区的钢结构,及化工设备、管道的防腐蚀
	各色氯化橡胶面漆						
	各色脂肪族聚氨酯面漆			<120	2	30	用于防腐性能要求较高的钢材表面作表面防腐面漆

九、地上管道的防腐蚀涂漆

按 SH 3022 地上管道的防腐蚀涂料见表 16.167。

表 16.167 地上管道的防腐蚀涂料

涂料用途		涂料种类和性能①											
		沥青涂料	高氯化聚乙烯涂料	醇酸树脂涂料	环氧磷酸锌涂料	环氧富锌涂料	无机富锌涂料	环氧树脂涂料	环氧酚醛树脂涂料	聚氨酯涂料	聚硅氧烷涂料	有机硅涂料	冷喷铝涂料	热喷铝(锌)
一般防腐		√	√	√	√	√	△	√	√	√	△	△	△	△
耐化工大气		√	√	○	√	√	√	√	√	√	√	○	√	√
耐无机酸	酸性气体	○	√	○	○	○	○	○	○	○	○	×	○	○
	酸雾	○	√	×	○	○	○	○	○	○	○	×	○	○
耐有机酸酸雾及飞沫		√	√	×	○	○	○	○	○	○	○	×	○	○
耐碱性		○	√	×	○	√	×	○	○	○	○	√	○	×
耐盐类		○	√	×	√	√	√	√	√	√	√	√	√	√
耐油	汽油、煤油等	×	√	×	○	√	√	√	√	√	√	√	√	√
	机油	×	√	×	√	√	√	√	√	√	√	√	√	√
耐溶剂	烃类溶剂	×	×	×	×	√	√	○	○	○	○	√	√	√
	酯、酮类溶剂	×	×	×	×	×	×	×	×	○	○	×	×	×
	氯化溶剂	×	×	×	×	×	×	×	×	×	×	×	×	×
耐潮湿		√	√	○	√	√	√	√	√	√	√	√	√	√
耐水		√	√	×	√	√	√	√	√	√	√	√	√	√
耐温/℃	常温	√	√	√	√	√	√	√	√	√	√	√	√	√
	≤100	×	×	×	×	√	√	√	√	√	√	√	△	△
	101～200	×	×	×	×	×	○②	×	○②	○②	√	√	√	√
	201～350	×	×	×	×	×	×	×	×	×	×	√	√	√
	351～600	×	×	×	×	×	○③	×	×	×	×	×	○④	○③
耐候性		×	√	○	√	√	√	×	×	√	√	√	√	√
耐热循环性/℃	≤100	√	√	×	√	√	√	√	√	√	√	√	√	√
	101～200	×	×	×	×	×	√	×	√	√	√	√	√	√
	201～350	×	×	×	×	×	×	×	×	×	×	√	√	√
	351～500	×	×	×	×	×	×	×	×	×	×	√	√	√
附着力		√	√	○	√	√	√	√	√	√	√	○	√	√

① 表中"√"表示性能较好,宜选用;"○"表示性能一般,可选用;"×"表示性能较差,不宜选用;"△"表示由于价格或施工等原因,不宜选用。
② 最高使用温度 120℃。
③ 最高使用温度 400℃。
④ 最高使用温度 550℃。

除下列情况外,隔热的设备和管道应涂 1~2 道酚醛或醇酸防锈漆;沿海、湿热地区保温的重要设备和管道,应按使用条件涂耐高温底漆;保冷的设备和管道可选用冷底子油、石油沥青或沥青底漆,且宜涂 1~2 道。

地上管道防腐蚀涂层总厚度,应符合表 16.168。

表 16.168 地上管道防腐蚀涂层干膜总厚度　　μm

腐蚀程度	涂层干膜总厚度		重要部位或维修困难部位
	室内	室外	
强腐蚀	≥200	≥250	增加涂装道数 1~2 道
中等腐蚀	≥150	≥200	
弱腐蚀	≥100	≥120	

注:耐高温涂层的漆膜总厚度为 40~60μm。

地上设备和管道防腐蚀涂层使用寿命应与装置的检修周期相适应,且不宜少于2年。

底层涂料对钢材表面除锈等级的要求,应符合表16.169,对锈蚀等级为D级的钢材表面,应采用喷射或抛射除锈。

表16.169 底层涂料对钢材表面除锈等级的要求

底层涂料种类	除锈等级		
	强腐蚀	中等腐蚀	弱腐蚀
醇酸树脂底漆	Sa2.5	Sa2 或 St3	St3
环氧铁红底漆	Sa2.5	Sa2.5	Sa2 或 St3
环氧磷酸锌底漆	Sa2.5 或 Sa2	Sa2	Sa2
醇酸树脂底漆	Sa2.5	Sa2 或 St3	St3
环氧铁红底漆	Sa2.5	Sa2.5	Sa2 或 St3
环氧磷酸锌底漆	Sa2.5 或 Sa2	Sa2	Sa2
环氧酚醛底漆	Sa2.5	Sa2.5	Sa2.5
环氧富锌底漆	Sa2.5	Sa2.5	Sa2.5
无机富锌底漆	Sa2.5	Sa2.5	Sa2.5
聚氨酯底漆	Sa2.5	Sa2.5	Sa2 或 St3
有机硅耐热底漆	Sa3	Sa2.5	Sa2.5
热喷铝(锌)	Sa3	Sa3	Sa3
冷喷铝	Sa2.5	Sa2.5	Sa2.5

注:不便于喷射除锈的部位,手工和动力工具除锈等级不低于St3级。

按照SH 3022标准,钢材表面的锈蚀等级,分为下列四级。

① A级——钢材表面全面地覆盖着氧化皮而几乎没有铁锈。
② B级——钢材表面已发生锈蚀,且部分氧化皮已经剥落。
③ C级——钢材表面氧化皮因锈蚀而剥落或者可以刮除,且有少量点蚀。
④ D级——钢材表面氧化皮因锈蚀而全面剥离,且已普遍发生点蚀。

十、埋地管道的防腐蚀涂漆

① 对于埋地碳钢管道防腐涂漆,本书按照SH 3022介绍,HG/T 20679《化工设备、管道外防腐设计规定》、SY/T 0420《埋地钢制管道石油沥青防腐层技术标准》、SY/T 0447《埋地钢制管道还氧煤沥青防腐层技术标准》也有埋地管道防腐蚀规定,应根据工程项目的具体情况确定遵循的标准规范。

② 埋地设备和管道表面处理的除锈等级为St3。

③ 埋地设备和管道防腐蚀等级,应根据土壤腐蚀性按表16.170确定。

表16.170 土壤腐蚀性等级及防腐蚀等级

土壤腐蚀性等级	土壤腐蚀性质					防腐蚀等级
	电阻率/Ωm	含盐量(质量)/%	含水量(质量)/%	电流密度/(mA/cm^2)	pH值	
强	<50	>0.75	>12	>0.3	<3.5	特加强级
中	50~100	0.75~0.05	5~12	0.3~0.025	3.5~4.5	加强级
弱	>100	<0.05	<5	<0.025	4.5~5.5	普通级

注:其中任何一项超过表列指标者,防腐蚀等级应提高一级。

④ 埋地管道穿越铁路、道路、沟渠以及改变埋设深度时的弯管处,防腐蚀等级应为特加强级。

⑤ 防腐蚀涂层可选用石油沥青或环氧煤沥青防锈漆。防腐蚀涂层结构应符合表16.171和表16.172的规定。

⑥ 石油沥青防腐蚀涂层对沥青性能的要求、石油沥青性能应符合相关规定。防腐蚀涂层的沥青软化点应比设备或管道内介质的正常操作温度高45℃以上。

表 16.171　石油沥青防腐蚀涂层结构　　　　　　　　　　　　　　mm

防腐蚀等级	防腐蚀涂层结构	每层沥青厚度	涂层总厚度
特加强级	沥青底漆—沥青—玻璃布—沥青—玻璃布—沥青—玻璃布—沥青—玻璃布—沥青—聚氯乙烯工业膜	约 1.5	≥7.0
加强级	沥青底漆—沥青—玻璃布—沥青—玻璃布—沥青—玻璃布—沥青—聚氯乙烯工业膜	约 1.5	≥5.5
普通级	沥青底漆—沥青—玻璃布—沥青—玻璃布—沥青—聚氯乙烯工业膜	约 1.5	≥4.0

表 16.172　环氧煤沥青防腐蚀涂层结构　　　　　　　　　　　　　　mm

防腐蚀等级	防腐蚀涂层结构	涂层总厚度
特加强级	底漆—面漆—玻璃布—面漆—玻璃布—面漆—玻璃布—两层面漆	≥0.8
加强级	底漆—面漆—玻璃布—面漆—玻璃布—两层面漆	≥0.6
普通级	底漆—面漆—玻璃布—两层面漆	≥0.4

⑦ 玻璃布宜采用含碱量不大于 12% 的中碱布，经纬密度为 10×10 根/cm^2，厚度为 0.10～0.12mm，无捻、平纹、两边封边、带芯轴的玻璃布卷。不同管径适宜的玻璃布宽度见表 16.173。

表 16.173　不同管径适宜的玻璃布宽度

管径 DN	<250	250～500	>500
布宽	100～250	400	500

⑧ 聚氯乙烯工业膜应采用防腐蚀专用聚氯乙烯薄膜，隔热 70℃，耐寒 -30℃，拉伸强度（纵、横）不小于 14.7MPa，断裂伸长率（纵、横）不小于 200%，宽 400～800mm，厚（0.2±0.03）mm。

十一、涂漆施工的环境

① 温度要求。涂漆的环境温度宜为 13～30℃，但不得低于 5℃，当温度低于 5℃或高于 40℃时，不得再涂漆。被涂表面的金属温度在涂漆时应介于 5～45℃之间，金属表面温度高于 30℃时，易造成油漆干燥太快而难以涂漆。不宜在强烈日光照射下施工。

② 湿度要求。涂漆的环境相对湿度不宜大于 80%，被涂金属表面的温度至少比环境露点温度高出 3℃。当风较大时，应停止涂漆。在下雨、有雾和下雪时，不应在户外进行涂漆作业。

十二、漆层的要求

① 漆层均匀，颜色一致。
② 漆膜附着牢固，无剥落、皱纹、气泡、针孔等缺陷。
③ 漆膜完整，无损坏，无漏涂。

十三、表面涂色及标志

除非工程合同另有要求，用于管道的颜色可按相关的标准、规范执行。SH 3043《石油化工企业设备管道钢结构表面色和标志规定》规定的涂色及标志色。见表 16.174～表 16.176。

表 16.174　设备的外表面涂色及标志色

序号	设备类别	表面色	标志色	备注
1	静止设备 　　一般容器、反应器、换热器 　　重质物料罐 　　其他	银 中灰 银	大红 大红 大红	

续表

序号	设备类别	表面色	标志色	备注
2	工业炉	银	大红	
3	锅炉	银	大红	
4	机械设备 　泵 　电动机 　压缩机、离心机 　风机	出厂色或银 出厂色或苹果绿 出厂色或苹果绿 出厂色或天酞蓝	大红	
5	鹤管	银	大红	
6	钢烟囱	银	大红	
7	火炬	银	大红	
8	联轴器防护罩	淡黄		
9	消防设备	大红	白	

表 16.175　地上管道的外表面涂色及标志色

序号	名称	表面色	标志色
1	物料管道 　一般物料 　酸、碱	银 管道紫	大红 大红
2	公用物料管道 　水 　污水 　蒸汽 　空气及氧 　氮 　氨	艳绿 黑 银 天酞蓝 淡黄 中黄	白 白 大红 大红 大红 大红
3	紧急放空管(管口)	大红	淡黄
4	消防管道	大红	白
5	电气、仪表保护管	黑	
6	仪表管道 　仪表风管 　气动信号管、导压管	天酞蓝 银	

表 16.176　管道上的阀门、小型设备表面色

序号	名称	表面色	备注
1	阀门阀体 　灰铸铁、可锻铸铁 　球墨铸铁 　碳素钢 　耐酸钢 　合金钢	黑 银 中灰 海蓝 中酞蓝	或出厂色
2	阀门手轮、手柄 　钢阀门 　铸铁阀门	海蓝 大红	
3	小型设备	银	
4	调节阀 　铸铁阀体 　铸钢阀体 　锻钢阀体 　膜头	黑 中灰 银 大红	或出厂色
5	安全阀	大红	

管道标志的设置如下。
① 管道及其分支、设备进出口处和跨越装置边界处应刷字样和箭头。
② 字样表示应采用下列方法之一，同一装置或单元内的字样表示应一致：
  a. 介质的中文名称；
  b. 介质的英文名称、缩写或代号；
  c. 管号。
③ 当介质为双向流动时，应采用双向箭头表示。

十四、工业管道外防腐涂漆常用标准规范

① GB 7231《工业管道的基本识别色、识别符号和安全标示》
② GB 8923《涂装前钢材表面锈蚀等级和除锈等级》
③ SH 3022《石油化工设备和管道涂料防腐蚀技术规范》
④ SH 3043《石油化工设备管道钢结构表面色和标志规定》
⑤ GB/T 1720《漆膜附着力测定方法》
⑥ JB/T 4711《压力容器涂敷与运输包装》
⑦ SY 0007《钢制管道及储罐防腐蚀工程设计规范》
⑧ ASTM A123《钢铁制品的锌镀层（热浸镀）》
⑨ ASTM A153《钢铁制金属构件上镀锌层（热浸）》
⑩ ASTM A385《生产高质量镀锌层（热浸镀）的标准操作规程》
⑪ SSPC SP1《溶剂清理》
⑫ SSPC SP2《手动工具清理》
⑬ SSPC SP3《动力工具清理》
⑭ SSPC SP5《白金属喷砂清理》
⑮ SSPC SP6《商业级喷砂清理》
⑯ SSPC SP7《刷清喷砂清理》
⑰ SSPC SP8《酸洗表面处理》
⑱ SSPC SP10《近白级喷砂处理》
⑲ SSPC SP11《动力工具清理到裸露金属》
⑳ SSPC AB1《矿石和矿渣磨料》
㉑ SSPC PA1《钢铁在车间，现场和维修时的油漆施工规范》
㉒ SSPC PA2《干膜厚度的测量》
㉓ SSPC PA3《安全和油漆应用指南》
㉔ SSPC VIS 1《钢结构表面干喷砂处理指导和照片参考》

第十七节 管道器材选用综合应用

一、管道材料设计文件的组成

① 管道材料图纸目录。列出需发往用户和施工现场的设计文件目录。
② 管道材料选用及等级规定。包括管道材料等级索引、管道材料设计说明、管道材料等级表、管道壁厚表、管道支管连接表。
  a. 管道材料等级索引。一般应包括管道等级、适用介质、使用温度范围、法兰压力等级、基本材料和腐蚀裕量等内容。在基础工程设计阶段，可供工艺系统、仪表和机械设备

等专业使用。

b. 管道材料设计说明。应满足整个工程中所能涉及的管道材料的标准、规范、单位、材料、标记、试验、检验等条款，对常用管子、管件、阀门、法兰、垫片、螺栓、螺柱（母）的尺寸及公差进行选择并作出规定。

c. 管道材料等级表。针对某个管道等级，所使用的全部管道组成件包括管子、管件、阀门、法兰、垫片及螺栓（母）以及其他附件所使用的标准、材料、尺寸、型号等作出规定。

d. 管道壁厚表。针对具体等级，将工程中所使用的各种等级管径的管道壁厚进行规定并列出表格。

e. 管道支管连接表。针对每个具体等级，对从主管上引出支管所采用的根部连接形式进行规定。

③ 计算机3D设计管道材料数据库。对于采用计算机3D设计的工程项目，需根据管道材料等级编制3D设计管道材料数据库。

④ 管道与仪表材料分界规定。将管道上的仪表测量元件按仪表种类、管道的等级对管道和仪表专业进行"元件"归属分工，以保证管道和仪表各自使用元件的不错、不漏，相互匹配。

⑤ 隔热设计规定。对隔热等级、隔热材料、隔热厚度、隔热结构的要求作具体的规定。

⑥ 防腐与涂漆设计规定。对防腐等级、防腐材料、防腐要求和涂漆涂色的要求作具体的规定；钢材表面原始锈蚀等级，钢材表面处理，表面除锈质量等级；设备、管道及钢结构的表面色及标志；埋地设备及管道的涂漆外防腐。

⑦ 非标管件图。工程设计中管道所用到的非标管件的制造、检验的设计图。

⑧ 管道材料请购文件。工程设计中编写的一套用于采购的设计文件，包括：请购单、图纸（如果有）、设计数据表以及管道材料请购说明书等。对于本工程采用的工程标准和所采购的材料在制造、检验和试验等方面要求的文件。

a. 请购单。包括工程名称、用户名称、请购单号、工程代号、材料名称、规格、材料、标准、数量以及供货方需要提供文件的份数等买方的具体要求。

b. 设计数据表。包括对所采购材料更具体的要求，如疏水阀数据表、特殊管件数据表等。

c. 请购说明书。包括概述、图纸和数据、采购技术要求、试验和检验、标记等。

⑨ 材料汇总表

a. 管道综合材料汇总表（分区材料表，如果有）。供管道材料控制专业和用户采购询价用，按管道安装材料分类、分区并有设计量和采购量的汇总材料表。

b. 管架材料汇总表（分区材料表，如果有）。

c. 设备、管道隔热材料汇总表（分区材料表，如果有）。工程设计中对所有需隔热的设备、管道隔热所用的主、辅材料的统计表。有的工程公司设备的材料统计由机械设备专业负责统计数量，然后把材料量提交给管道专业汇总。设备涂漆材料的统计程序也相同。

d. 设备、管道涂漆材料汇总表（分区材料表，如果有）。工程设计中对所有需外部防腐的管道涂漆所用材料的统计表。

二、管道等级

① 管道等级表是管道设计、管道材料汇总、采购和工程施工安装、生产维修的重要依据。管道等级应将每个等级中所使用的全部管道组成件的材料、标准、尺寸范围、压力等级、型号及温度与压力的关系进行规定。管道等级所规定的内容是工程项目中有关专业遵循的准则。

② 管道等级是工程设计的基础设计阶段进行编制，随着详细设计的开展，将不断完善。正确选用不仅使工程选材合理、保证装置正常安全运行，而且能加快安装速度，节约投资。

③ 它的编制基础是根据项目开工报告、公用工程专业管道物料特性表、工艺流程图工艺管线表等条件，首先将流体按易燃易爆、腐蚀性、特殊性（如热处理要求、脱脂要求）等分类，然后根据用户或外商及专利商的合同确定材料的标准。按输送介质的温度、压力等分成不同类别的等级并考虑仪表、设备专业所选用的标准及配合条件，明确每一等级所用的管子、管件、阀门、紧固件、垫片等的规格范围、特性、材料及标准，对同一工程应尽量统一标准。

④ 管道等级编制原则

　　a. 选用管子和管道组成件必须符合国家现行标准、国际现行标准或企业标准。

　　b. 管道等级代号的编制一般根据材料类别、顺序号和压力等级来确定。

　　c. 选用的管道组成件等，在同一等级中必须相互匹配，其材料必须满足工艺流体操作条件。

　　d. 选用的管子和组成件应经济、实用。当选用较昂贵材料时，应做材料的经济比较。

　　e. 管道等级应包括用户名称、设计项目、设计阶段、工程号等。

　　f. 管道等级所列内容一般不包括由工艺系统专业所提安全阀、电动阀、减压阀、疏水器（伴热管用除外）、防爆膜、阻火器、过滤器、消声器等特殊管件（即 SP 类）。

　　g. 管道等级中应注明该等级号的使用范围（温度、压力、流体）。

⑤ 管道等级代号

　　a. 管道等级代号一般包含了材料类别、顺序号和压力等级等信息，有的工程项目用 7 位表示，有的工程项目用 8 位表示，有的工程项目只用 3 位表示，下面仅以 3 位表示的管道等级号为例子说明管道等级代号。

　　b. 国内设计项目，管道材料代号可按上述编制。这些符号究竟如何排序，可由各公司、设计单位自定，不过在设计中要说明其代号的意义。其代号不宜过长，简单明了即可，以免增加管道绘图、计算机 CAD 绘图等的工作量。与国外合作设计项目，一般按国外该公司管道材料等级编号。

　　c. 管道等级号的组成见图 16.108。①第一单元：管道的公称压力（MPa）等级代号，用大写英文字母表示。A～K 用于 ASME B16.5 标准压力等级代号（其中 I、J 不用），L～Z 用于国内标准压力等级代号（其中 O、X 不用），见图 16.109。②第二单元为顺序号，用阿拉伯数字表示，由 1 开始，表示一、三单元相同时，不同的材质和（或）不同的管路连接形式。③第三单元：管道材质类别，用大写英文字母表示，不同的项目表示方法不尽相同。

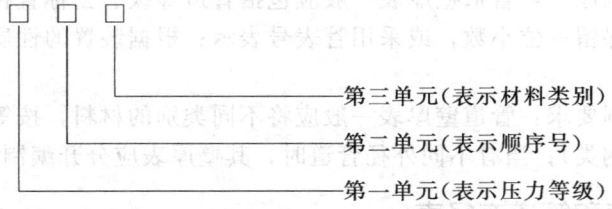

图 16.108　管道等级号的组成

三、管道等级腐蚀裕量

工程中管道的腐蚀裕量的值是按工艺装置生产厂的经验和实验室的试验数据确定。工程设计中一般是按材料在流体中的年腐蚀速度（mm/a）乘以装置使用年限而定（一般为 8～15 年）。腐蚀速度与材料选用的关系见表 16.177。

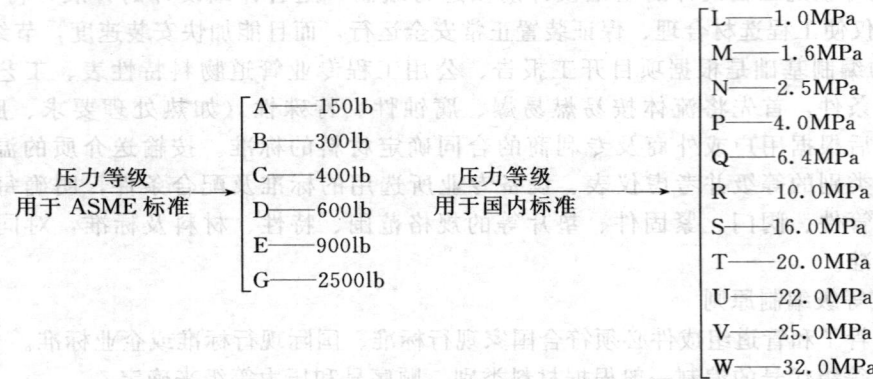

图 16.109　管道的公称压力等级代号

表 16.177　腐蚀速度与材料选用的关系

选用	可充分使用	可以使用	尽量不用	不用
年腐蚀速度/(mm/a)	<0.005	0.05～0.005	0.5～0.05	≥0.5
腐蚀程度	不腐蚀	轻腐蚀	腐蚀	重腐蚀
腐蚀裕量/mm	0	≥1.5	≥3	≥5～6

通常材料在非腐蚀性流体中的腐蚀裕量选取如下：碳钢，>1.0mm；低合金钢，>1.0mm；不锈钢，0；高合金钢，0；有色金属，0；流体为压缩空气、水蒸气和冷却水的碳钢和低合金钢管道，取腐蚀裕量最小为1.27mm。

当流体腐蚀性较强时，相应在计算管壁厚度时增大管壁厚度。有时尽管只有2～5年的寿命，但由于比不锈钢价廉，定期更换也是允许的。这就要进行技术经济比较并在技术文件中清楚地说明，要定期测量壁厚和更换管子。

当使用不锈钢材料时，可在温度不高的部分用非金属材料或衬里材料替代不锈钢。

当采用腐蚀裕量较大的碳钢管时，$DN50$以下的管道可以采用不锈钢材料。

四、壁厚表

管道壁厚表，是指导工艺系统、配管及管架等专业工程设计的重要文件之一。管道壁厚表是根据管道壁厚计算，按管道的标准厚度进行调整后的用于工程使用的。

管道壁厚表的编制原则：管道壁厚表一般应包括管道等级、公称直径、外径和壁厚；管道壁厚一般以毫米计，保留一位小数，或采用管表号表示；根据装置的性质和用户要求决定管子选用的尺寸系列。

管道壁厚表的编制要求：管道壁厚表一般应将不同类别的材料，按等级分项编制（如碳钢类、不锈钢类、合金钢类）；当有不同外径管道时，其壁厚表应分开编制。

五、管道分支表和管道变径表

管道分支表是对各管道等级的支管连接形式作出具体的规定。

编制原则：支管连接表应按各管道等级的要求分别编制，支管连接形式相同的管道等级也可合并编制；支管连接应在保证管路安全运行、经济合理的前提下选择根部元件连接形式。

编制一般要求：1½in以下三通一般采用锥管螺纹或承插三通，除有缝隙腐蚀介质外，2in

以上采用对焊连接三通；管道分支表是依据开孔补强计算表，确定其焊接支管是否需要补强；2in 及以上主管、2in 以下的支管应优先选用半管接头或支管台；设计压力大于 6.3MPa 的管道主支管为异径时，不宜采用现场制造的焊接支管，宜采用三通或在主管上开孔并焊接支管台，当支管为等径时宜采用三通。

支管连接表的实例见图 16.110。

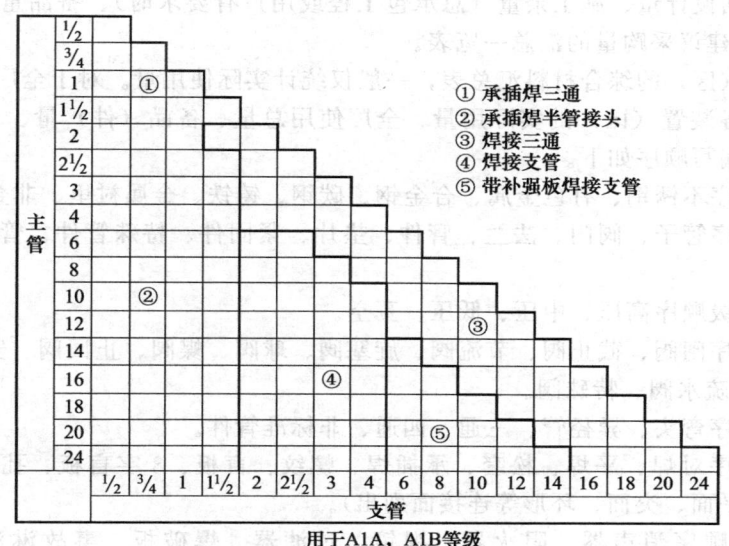

图 16.110　支管连接表的实例

管子变径表实例见图 16.111。

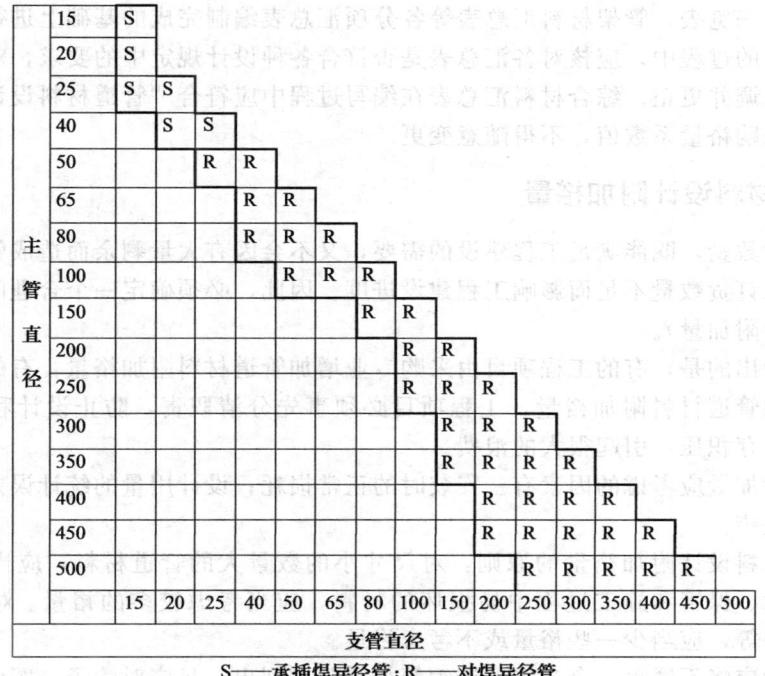

图 16.111　管子变径表的实例

六、管道综合材料汇总表

供管道材料控制和用户采购询价用，按管道安装材料分类、分区，并有设计量和采购量的汇总材料表。

材料汇总表是按材料种类、规格、材质、型号分区进行统计的汇总表；对按全厂（装置）的汇总表，应包括设计量、施工余量（总承包工程或用户有要求时）、备品量（总承包工程或用户有要求时）、建议采购量的汇总一览表。

对于各装置（区）的综合材料汇总表，一般仅统计实际使用量。对于全厂的综合材料汇总表，一般应表明各装置（区）的实际用量、全厂使用总量、备品（件）量、（建议）采购量。综合材料汇总表编写顺序如下。

① 按材料顺序不锈钢、有色金属、合金钢、碳钢、铸铁、金属衬里、非金属。

② 按种类顺序管子、阀门、法兰、管件、垫片、紧固件、特殊管件、管架材料、隔热材料、涂漆材料。

③ 按压力等级顺序高压、中压、低压、真空。

④ 按阀门顺序闸阀、截止阀、节流阀、旋塞阀、球阀、蝶阀、止回阀、安全阀、隔膜阀、角阀（针形阀）、疏水阀、特殊阀。

⑤ 按管件顺序弯头、异径管、三通、四通、非标准管件。

⑥ 按法兰顺序对焊、平焊、松套、承插焊、螺纹、盲板、8字盲板、孔板法兰（按凸凹面、榫槽面、全平面、突面、环形等连接面列出）。

⑦ 特殊管件顺序消声器、阻火器、视镜、过滤器、爆破板、事故淋浴洗眼器、补偿器等。

⑧ 其他：型钢（工字钢、槽钢、角钢、扁钢、圆钢、钢板）、焊接材料等。

⑨ 尺寸顺序宜从小到大或从大到小。

综合材料汇总表应在装置的管道材料汇总表，管道、设备隔热材料汇总一览表，管道、设备涂漆材料汇总一览表，管架材料汇总表等各分项汇总表编制完成的基础上进行编制。在编制综合材料汇总表的过程中，应核对各汇总表是否符合各种设计规定中的要求，对不符合要求的应同有关专业协调并更正。综合材料汇总表在编写过程中应符合"管道材料设计采购余量系数表"中的有关采购裕量系数值，不得随意变更。

七、管道材料设计附加裕量

合理的订货数量，既能满足工程建设的需要，又不会因有大量剩余而造成管道材料的积压浪费，也不会因订货数量不足而影响工程建设进度。因此，必须确定一个合理的管道材料设计附加裕量（设计附加量）。

需要明确指出的是，有的工程项目由采购专业增加管道材料附加裕量，有的工程项目由管道设计专业增加管道材料附加裕量，工程项目必须事先分清职责，防止设计和采购均层层加码，造成大量库存积压，引起很大的浪费。

确定设计附加量应考虑的因素有：安装时的正常损耗；设计用量的统计误差；运输和现场保管过程中的差错。

确定管道材料设计附加裕量的原则：对尺寸小的数量大的管道材料，应当考虑较多的裕量；对于在运输、保管和施工过程中易损坏的材料，应当考虑较多的裕量。对于一些贵重材料、大尺寸配件等，应当少一些裕量或不考虑裕量。

附加量一般应将不锈钢、合金钢、碳钢等材质分别列出，且应对管子、阀门、法兰、管件（对焊管件、承插焊和螺纹管件）、紧固件、垫片、分别列出其附加量。

管道综合材料设计附加量举例见表 16.178。

表 16.178 管道综合材料设计附加量举例

名称	设计附加量	说明	名称	设计附加量	说明
管子			碳钢、普通低合金钢螺栓螺母	10%	不足 10 个,但超过 5 个时,加 1 个
碳钢无缝钢管、螺旋焊缝钢管、钢板卷管、有缝钢管、铝管	5%		垫片		
合金管、不锈钢无缝钢管、铅管	3%		金属垫片	4%	不足 25 个,但超过 10 个时,加 1 个
非金属管	10%		金属-石棉垫片	5%	不足 20 个,但超过 10 个时,加 1 个
阀门			橡胶石棉垫片	15%	不足 7 个,但超过 3 个时,加 1 个
合金钢、不锈钢阀门、电动阀、风动阀	不加		管件		
碳钢阀门			合金钢、不锈钢管件	3%	不足 30 个,但超过 15 个时,加 1 个
$DN \leqslant 100mm$	5%	不足 20 个,超过 10 个时加 1 个	碳钢及普通低合金钢管件	5%	不足 20 个,但超过 10 个时,加 1 个
$DN = 150\sim400mm$	2%	不足 50 个,但超过 25 个时加 1 个	保温材料		
$DN > 400mm$	不加		玻璃棉、矿渣棉制品	15%	
铸铁阀门			珍珠岩、硅藻土、蛭石制品	20%	
$DN \leqslant 40mm$	10%	不足 10 个,超过 5 个时,加 1 个	铁丝、铁皮、钢板、自攻螺钉	15%	
$DN = 50\sim400mm$	5%	不足 20 个,但超过 10 个时,加 1 个	玻璃布,油毡纸	10%	
$DN \geqslant 500mm$	不加		支架材料		
法兰			各种型钢、钢板等	5%	
碳钢及普通低合金钢法兰	5%	不足 20 个,但超过 10 个时,加 1 个	辅助材料		
合金钢、不锈钢法兰	3%	不足 30 个,但超过 15 个时,加 1 个	焊条、电石、氧气等	10%	
螺栓、螺母			防腐材料		
合金钢、不锈钢螺栓、螺母	5%	不足 20 个,但超过 10 个时,加 1 个	油漆、沥青、汽油等	10%	

八、管道材料采购询价文件的编制

工业装置设备材料采购费用通常占装置总投资的 50%~60%,。其中管道材料的采购费用占设备材料总费用的 23%,安装时管道材料施工占施工总工时约 47%,因此管道材料采购工作对节约项目投资和保证项目建设进度起着重要作用,管道材料采购询价文件编制的技术水平对顺利进行采购工作起着不可低估的作用。

管道材料询价文件通常由技术文件和商务文件组成。技术文件包括材料请购单及其附件。材料请购单见表 16.179。附件通常有:技术数据表,采购说明书,询价图纸内容,可根据具体情况增删。商务文件(由采购部门负责编制)包括询价函报价须知、商务报价表、合同基本条件、检验要求、包装要求、运输要求保密要求。工程公司商务文件一般均为标准格式,在此不再介绍。

阀门询价技术文件的组成:材料请购单、阀门数量清单、阀门数据表、阀门采购说明书、其他附件（阀门试验和检验要求以及工程规定"管道材料标识"）。各工程公司均有标准格式的阀门数量清单、阀门数据表（格式及示例见附表）。

表 16.179 材料请购单

请购单编码				第 页		共 页	
项目名称		装置名称		材料类别			
编制		审核		设计经理		发表日期	
序号	材料编号	名称及规格	单位	数量	附件文件号		
					图纸	数据表	采购说明书	其他技术附件

九、配管设计中管道材料的代用

1. 工业管道材料代用的原则

① 拟代用的管道器材应满足管道的设计条件（如设计压力、设计温度、结构要求）以及介质对管道的耐蚀性、磨蚀性的要求。

② 拟代用的材料应符合现行国家、行业或者国外有关的国家、协会、学会标准的规定以及设计提出的要求，并有制造厂的质量证明。必要时，应通过检验、试验来验证其符合性。

③ 拟代用材料的化学成分、力学性能、机加工性能、焊接性能、热处理工艺等方面应与管道的使用条件相适应。

④ 确定某种材料能否代用，除了考虑上述几点外，还要结合现场物质供应情况、工程施工进度、经济上是否相对合理等因素综合考虑。

⑤ 材料代用经设计方面同意后方可实施。

2. 工业管道材料代用应注意的问题

① 具体确定某种材料能否代替设计所选用的材料时，应先确定拟代用材料的化学成分、力学性能、耐蚀性能、机加工性能、焊接性能、热处理工艺等是否能够满足设计条件，是否与拟被代用材料的特性相适应。

② 拟代用材料制成的管道器材的结构（包括结构形式、结构尺寸、连接方式）、采用的标准、管道等级、规格应满足设计条件。

③ 法兰、垫片、紧固件（螺栓）的代用不仅要满足相应标准的要求，还要注意垫片的形式与法兰密封面的形式、垫片的形式与紧固件以及紧固件与法兰材料相互间的匹配问题。如铸铁法兰及铸铁法兰连接的钢制法兰的密封面应选用全平面（FF）形式，垫片选用全铺预紧比压 $y \leqslant 31.0$MPa 的软质垫片，紧固件选用常温屈服强度不大于 207MPa 的低强度材料。

④ 如果因材料代用可能出现异种钢焊接时，要视需要确认现场是否具备焊前预热、焊后热处理等条件。

3. 配管设计中管道材料代用举例

某工程，采用碳钢无缝管材料为 A106GR.B，焊接管材料为 API 5L GR.B；同样碳钢法兰材料为 A105 标准为 ASME B16.5。而这些项目中的管子和法兰采用国内材料及标准，一般碳钢管子材料为 20 钢标准为 GB 8163；焊接碳钢管材料为 20R 标准为 GB 6654；碳钢法兰材料为 20 钢或 16Mn 标准为 SH 3406。但不能盲目替代。

例如，某配管材料等级，工艺介质液氨，腐蚀裕度为 1mm，设计温度为 260℃，设计压力为 4.0MPa，管道通径为 24in，材料用 20R 替代 API 5LGR.B，根据我国标准计算管子设计壁厚为 16.5mm 以上，而国外工程总承包公司则使用 14.27mm 壁厚。

又如，某配管材料等级为高压蒸汽或锅炉给水介质，设计温度为 350℃，设计压力为 6.15MPa，该等级中，国外工程总承包公司采用法兰为：材料 A105（标准 ASME B16.5 600lb)，突面。而国内用法兰材料为 20 钢（标准为 SH 3406）、10.0MPa、突面，查标准得出：20 钢材料在 $PN10.0$、350℃时，压力值为 4.78MPa，显然不能满足设计要求。

十、施工现场管道材料的管理

① 材料信息管理。材料信息管理的特点是管道、采购等专业共同参与，各阶段分工协作，通过专门的计算机软件，将各个环节串联，形成完整的信息流，为项目管理提供支持。

② 在设计阶段，材料信息管理主要依靠各个专业从相关软件中抽出 MTO，并分请购包，最后提交采购，划分请购包文件，与相关人员确定材料请购数量，增加裕量等，最终生成请购文件提交项目组，提供给下游采买专业。

③ 材料管理采购工作，渗透到采买、催交检验、物流单证各个层面。在采买阶段，材料管理工作包括采买人员的厂商报价、开标、澄清、谈判以及合同的签订（包含价格、到货时间、付款方式以及运输方式等）。

在催交检验阶段，催交检验协调员需要根据催交报告、检验报告、检验工作分配任务单等文件，确定预检验会、预制造会、主材到场、最终检验等关键时间点的预计和实际时间，了解制造厂各项工作进度。

在物流阶段，物流协调员将根据项目要求和厂商具体情况，制定物流运输策略，确定货运代理公司，收集货运代理的报告，并将发货、运输以及预计到货信息，以便于现场材料管理人员获得准确的到货信息。

④ 现场施工是材料管理由信息流转化为实物控制流的过程，是材料信息管理的关键工作和最终目的。材料管理人员需完成材料接收、入库、保管、发放等流程，在现场材料管理中作到规范、有效。

a. 人员结构。现场材料管理的组织机构根据项目大小和承包模式不同而有所区别，一般在大型总承包项目现场，主要人员包括：现场材料经理、现场管理协调员、库房经理、保管员以及力工。

b. 材料管理执行。在项目开始前期，一般由费控人员与项目材料经理共同策划完成现场材料管理报价，包括到货接收、外观检查、入库、存储和发放。

c. 库房建设。有专门的程序文件规定库房的建设标准、设施要求等。库房建设中，基本设施包括：办公室、空调库房、普通库房、棚库、堆场。有的工程公司在现场大量使用棚库设施，例如，库房棚顶距地面至少 5m，库房大门至少 5m 宽、4m 高，两排货架间距至少 3m 宽，库房需配有生活用水、灯光照明、安全消防和临时发电机等设施。

工程应用：节省某大口径管道材料的实例

某设计，配管设计人通过轴测图统计得到 "PIPE, METALLIC：72″ NPS X 0.688″ (17.48mm) WT, CS, API 5L GR. B, PSL-2, SAW, STRAIGHT, BEVELED ENDS." 管子 13m，欲向采购专业提出采购请购条件。但是，对于 72in 大口径管子，供货商是按 12m/根销售的，每根 3 万欧元，如果请购 13m 的话，管子厂家会以 24m（两根）的量销售。经过校审轴测图发现，可以微调节 72in 管子的布置长度，优化管道布置后，72in 管子设计长度为 10.5m。经采购确认后，并附加了采购裕量，只需买一根 12m 的 72in 大口径管子就可以了，为工程节省了不少费用。

第十七章

管道柔性及支架设计

第一节 配管的柔性设计

一、配管柔性设计的概念

管道柔性反映管道变形难易程度的一个物理概念，表示管道通过自身变形吸收热胀、冷缩和其他位移变形的能力。管道的柔性是指管道通过自身变形来吸收因温度变化而发生的尺寸变化或其他原因（设备基础沉降等）所产生的位移，进而保证管道上的应力在材料许用应力范围内的性能。配管的柔性变形见图17.1。

管路系统支撑装置的设计，不但应注意安装时的状态，还必须注意意运转时、即温度上升或温度下降时的状态。比如，见图 17.1（g）A 点使用吊架的情况，管膨胀时，A 点吊架脱空，配管载量就全部落在泵上。在这种情况下，在 A 点使用图 17.1（h）弹簧吊架结构是适宜的。

管道柔性设计的目的是防止管道由于温度、内压、载荷、支架限制或端点附加位移等情况发生下列损坏。

① 因为应力过大产生管道破坏。
② 管道所受推力或力矩过大导致与其相连设备产生的应力过大或变形而不能正常运行。
③ 管道所受推力或力矩过大而引起管道支架破坏。
④ 管道的连接处发生泄漏。

自然补偿弯的设计如图 17.1 所示，经测量合预算后。

二、常见自然补偿弯的形式

常见自然补偿弯的形式见图 17.2。

三、配管柔性设计的方法

进行管道设计时，应在保证管道具有足够的柔性来吸收位移应变的前提下，使管道的长度尽可能短或投资尽可能少。在管道柔性设计中，除考虑管道本身的热胀冷缩外，还应考虑管道端点的附加位移。设计时，一般采用下列一种或几种措施来增加管道的柔性。

① 改变管道的几何布置。改变管道的几何布置（L 型或 π 型等），是增加管道柔性最理想的选择，在管道两端点固定的前提下，无论是二维平面内还是三维空间内或者二者组合后改变管道走向，都是通过增加管道长度和弯头数量的方式来增加管道的柔性。

② 在管道支撑时选择弹簧支吊架。弹簧支吊架可以适当释放所支撑点对垂直位移的约束，进而增加管道柔性。但是如果连续使用弹簧，会对管道的稳定性有一定影响。

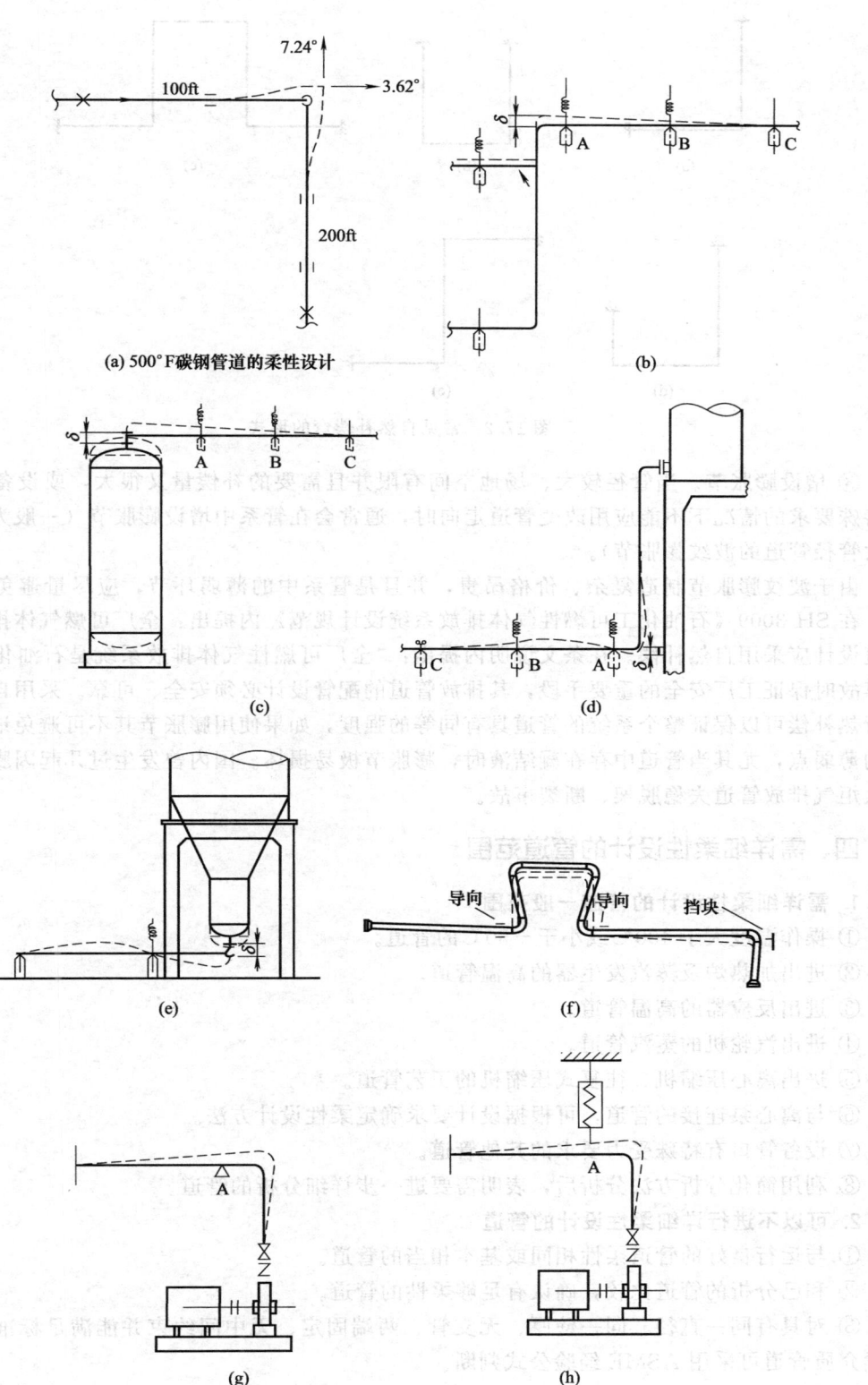

图 17.1 配管的柔性变形

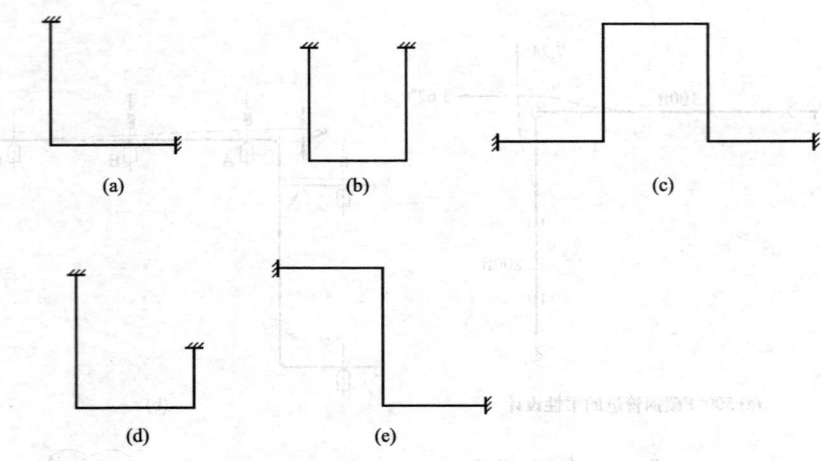

图 17.2 常见自然补偿弯的形式

③ 增设膨胀节。当管径较大、场地空间有限并且需要的补偿量又很大，或设备、工艺等有特殊要求的情况下不能应用改变管道走向时，通常会在管系中增设膨胀节（一般为适用于低压大管径管道的波纹膨胀节）。

由于波纹膨胀节制造复杂、价格昂贵，并且是管系中的薄弱环节，应尽量避免使用。例如，在 SH 3009《石油化工可燃性气体排放系统设计规范》内提出：全厂可燃气体排放系统的管道设计应采用自然补偿。在条文说明内提出："全厂可燃性气体排放系统是石油化工厂在紧急事故时保证工厂安全的重要手段，其排放管道的配管设计必须安全、可靠。采用自然补偿器进行热补偿可以保证整个系统的管道具有同等的强度，如果使用膨胀节其不可避免地成为系统中的薄弱点，尤其当管道中存在凝结液时，膨胀节极易损坏。国内曾发生过几起因膨胀节引起的火炬气排放管道失稳脱架、断裂事故。"

四、需详细柔性设计的管道范围

1. 需详细柔性设计的管道一般范围

① 操作温度大于 400℃ 或小于 -50℃ 的管道。
② 进出加热炉及蒸汽发生器的高温管道。
③ 进出反应器的高温管道。
④ 进出汽轮机的蒸汽管道。
⑤ 进出离心压缩机、往复式压缩机的工艺管道。
⑥ 与离心泵连接的管道，可根据设计要求确定柔性设计方法。
⑦ 设备管口有特殊受力要求的其他管道。
⑧ 利用简化分析方法分析后，表明需要进一步详细分析的管道。

2. 可以不进行详细柔性设计的管道

① 与运行良好的管道柔性相同或基本相当的管道。
② 和已分析的管道比较，确认有足够柔性的管道。
③ 对具有同一直径、同一壁厚、无支管、两端固定、无中间约束并能满足标准要求的非剧毒介质管道可采用 ASME 经验公式判断。

五、ASME 经验公式

对具有同一直径、同一壁厚、无支管、两端固定、无中间约束并能满足下列要求的非剧毒介质管道：

$$\frac{D_0 Y}{(L-U)^2} \leq 208.3 \tag{17.1}$$

$$Y = \sqrt{\Delta X^2 + \Delta Y^2 + \Delta Z^2} \tag{17.2}$$

式中　　D_0——管子外径，mm；
　　　　Y——管段总位移，mm；
　　　　L——管段在两固定点间的展开长度，m；
　　　　U——管段两固定点间的直线距离，m；
ΔX，ΔY，ΔZ——管段在 X、Y、Z 轴方向的变形，mm。

式（17.1）不适用于下列管道。

① 在剧烈循环条件下运行，有疲劳危险的管道。
② 大直径薄壁管道（管件应力增强系数 $i \geq 5$）。
③ 与端点连线不在同一方向的端点附加位移量占总位移量大部分的管道。
④ $L/U > 2.5$ 的不等腿 U 形弯管管道，或近似直线的锯齿状管道。

六、管道柔性设计计算结果及合格标准

管道柔性计算结果一般应包括：输入数据；各节点的位移和转角；各约束点的力和力矩；各节点的应力（及评估报告）；二次应力最大值的节点号、应力值和许用应力范围值；弹簧参数表。

管道柔性设计的合格标准为：管道上各点的二次应力值应小于许用应力范围；管道对设备管口的推力和力矩应在允许的范围内；管道的最大位移量应能满足管道布置的要求。

七、管道柔性设计中管道计算温度的确定

① 对于无隔热层管道：介质温度低于 65℃时，取介质温度为计算温度；介质温度等于或高于 65℃时，取介质温度的 95% 为计算温度。
② 对于有隔热层管道，除另有计算或经验数据外，应取介质温度为计算温度。
③ 对于夹套管道应取内管或套管介质温度的较高者作为计算温度。
④ 对于外伴热管道应根据具体条件确定计算温度。
⑤ 对于衬里管道应根据计算或经验数据确定计算温度。
⑥ 对于安全泄压管道，应取排放时可能出现的最高或最低温度作为计算温度。
⑦ 在管道柔性设计中，计算温度取正常操作温度，并非总是偏于安全的。因为，在进行管道柔性设计时，不仅应考虑正常操作条件下的温度，还应考虑开车、停车、除焦、再生等情况。

八、管道柔性设计中应考虑的管道端点附加位移

在管道柔性设计中，除考虑管道本身的热胀冷缩外，还应考虑下列管道端点的附加位移。
① 静设备热胀冷缩时对连接管道施加的附加位移。
② 转动设备热胀冷缩在连接管口处产生的附加位移。
③ 加热炉管对加热炉进出口管道施加的附加位移。
④ 储罐等设备基础沉降在连接管口处产生的附加位移。
⑤ 不和主管一起分析的支管，应将分支点处主管的位移作为支管端点的附加位移。

九、管件的柔性系数和应力增强系数的概念及作用

弯管（或弯头）在承受弯矩后，管子的截面会发生椭圆化，即扁平化。这样，在应力计算

中犹如弯管截面惯性矩减少,刚度下降。若以同一弯矩值作用在弯管上比作用在直管上其位移量会大 K 倍,则此 K 值称为弯管的柔性系数。

在疲劳破坏循环次数相同的情况下,作用于直管的名义弯曲应力与作用于管件的名义弯曲应力之比,称为应力增系数。

柔性系数和应力增强系数是在进行管道柔性设计中考虑弯管、三通等管件柔性和应力的影响所采用的系数。管道中的弯管在弯矩作用下与直管相比较,其刚度降低、柔性增大,同时应力也将增加,因此,在计算管件时就要考虑它的柔性系数和应力增强系数。而管道中的三通等管件,由于存在局部应力集中,在验算这些管件的应力时,则采用应力增强系数。

十、静力分析和动力分析

管道应力分析分为静力分析和动力分析。

① 静力分析:
a. 压力载荷和持续载荷作用下的一次应力计算——防止塑性变形破坏。
b. 管道热胀冷缩以及端点附加位移等位移载荷作用下的二次应力计算——防止疲劳破坏。
c. 管道对设备作用力的计算——防止作用力太大,保证设备正常运行。
d. 管道支吊架的受力计算——为支吊架设计提供依据。
e. 管道上法兰的受力计算——防止法兰泄漏。

② 动力分析
a. 管道自振频率分析——防止管道系统共振。
b. 管道强迫振动响应分析——控制管道振动及应力。
c. 往复压缩机(泵)气(液)柱频率分析——防止气柱共振。
d. 往复压缩机(泵)压力脉动分析——控制压力脉动值。

十一、笛卡儿坐标系右手定则

笛卡儿坐标系分为左手系和右手系。配管设计柔性分析采用右手系,右手坐标系这名词是由右手定则而来的。先将右手的手掌与手指伸直,然后,将中指竖起与食指呈直角关系,再将大拇指往上指去,与中指、食指都呈直角关系,则大拇指、食指、与中指分别表示了右手坐标系的 X 轴、Y 轴,与 Z 轴,如图 17.3 所示。同样,用左手也可以表示出左手系。

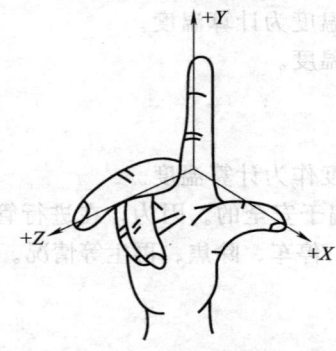

图 17.3 笛卡儿坐标系右手系

十二、节点的概念及编制

对应力分析轴测图上感兴趣的点称为节点。在应力计算、分析过程中必须通过这些点给计算软件提供信息及从计算机中得到信息。

管系中下列位置处或情况下需要编制节点。
① 几何定义(管系的起点、终点、方向的改变点、相交点、管径壁厚改变点等)。
② 操作条件变化处(温度压力变化处)。
③ 定义元素的刚度参数(管子材料的改变,刚性元件和膨胀节)。
④ 定义边界条件(约束和附加位移)。
⑤ 建立精确的动力学模型。
⑥ 定义节点的载荷条件(保温材料重量,附加力,地震作用、风载、雪载等)。
⑦ 需要从应力分析中得到计算结果处(管子跨度中间的应力、位移等)。

十三、管道一次应力和二次应力的合格判断

管道的一次应力（S_L）不得超过设计温度下管道材料的许用应力（S_h），即：

$$S_L \leqslant S_h \tag{17.3}$$

管道的二次应力（S_E）不得超过许用应力范围（S_a），即：

$$S_E \leqslant S_a = f(1.25 S_C + 0.25 S_h) \tag{17.4}$$

式中　f——在预期寿命内，考虑循环总次数影响的许用应力范围减少系数；

　　　S_C——管子材料在20℃时的许用应力，MPa；

　　　S_h——管子材料在设计温度下的许用应力，MPa；

若S_h大于S_L，它们之间的差值可以加到式（17.4）中，在此情况下，许用应力范围为：

$$S_a = f[1.25(S_C + S_h) - S_L] \tag{17.5}$$

式中　S_L——由内压及持续外载产生的纵向应力，MPa。

十四、工业管道常用补偿器的种类及适用范围

工业管道设计中常用的补偿器有三种：Π形补偿器（自然补偿器）、波形补偿器和套管式补偿器（或球形补偿器）。

Π形补偿器（自然补偿器）结构简单、运行可靠、投资少，在工业管道设计中广泛采用。

波形补偿器补偿能力大、占地小，但制造较为复杂，价格高，适用于低压大直径管道。

套管式（或球形）补偿器因填料容易松弛，发生泄漏，在石化企业中很少采用。在剧毒及易燃易爆介质管道中严禁采用。

十五、增加工业管道自然补偿能力的方法

可采用下列方法增加工业管道的自然补偿能力。

① 改变管道的走向，以增加整个管道的柔性。

② 利用弹簧支吊架放松约束。

③ 改变设备布置。

十六、冷紧、自冷紧、冷紧比的概念

冷紧是指在安装时（冷态）使管道产生一个初位移和初应力的一种方法。如果热胀产生的初应力较大时，在运行初期，初始应力超过材料的屈服强度而发生塑性变形，或在高温持续作用下，管道上产生应力松弛或发生蠕变现象，在管道重新回到冷态时，则产生反方向的应力，这种现象称为自冷紧。

冷紧的目的是将管道的热应变一部分集中在冷态，从而降低管道在热态下的热胀应力和对端点的推力和力矩，也可防止法兰连接处弯矩过大而发生泄漏。但冷紧不改变热胀应力范围。

冷紧比为冷紧值与全补偿量的比值，对于材料在蠕变温度下工作的管道，冷紧比为0.7；对于材料在非蠕变温度下工作的管道，冷紧比为0.5。

与敏感设备相连的管道不宜采用冷紧：一方面施工误差使得冷紧量难以控制；另一方面，在管道安装完成后要将与敏感设备管口相连的管法兰卸开，以检查该法兰与设备法兰的同轴度和平行度，如果采用冷紧将无法进行这一检查。

十七、无约束金属波纹管膨胀节的配管设计

无约束金属波纹管膨胀节的配管设计应注意下列问题。

① 两个固定支座之间的管道中仅能布置一个波纹管膨胀节。

② 固定支座必须具有足够的强度，以承受内压推力的作用。

③ 对管道必须进行严格的保护，尤其是靠近波纹管膨胀节的部位应设置导向支架，第一个导向支架与膨胀节的距离应小于或等于 $4DN$，第二个导向支架与第一个导向支架的距离应小于或等于 $14DN$，以防止管道有弯曲和径向偏移造成膨胀节的破坏。

④ 正确地进行预拉伸或预压缩量的计算。

十八、带约束金属波纹管膨胀节的形式与特点

带约束地金属波纹膨胀节的形式

① 单式铰链型膨胀节由一个波纹管及销轴和铰链板组成，用于吸收单平面角位移。

② 单式万向铰链型膨胀节由一个波纹管及万向环、销轴和铰链组成，能吸收多片面角位移。

③ 复式拉杆型膨胀节由用中间管连接的两个波纹管及拉杆组成，能吸收多平面横向位移和拉杆间膨胀节本身的轴向位移。

④ 复式铰链型膨胀节由用中间管连接的两个波纹管及销轴和铰链板组成，能吸收单平面横向位移和膨胀节本身的轴向位移。

⑤ 复式万向铰链型膨胀节由用中间管连接的两个波纹管及销轴和铰链板组成，能吸收互相垂直的两个平面横向位移和膨胀节本身的轴向位移。

⑥ 弯管压力平衡型膨胀节由一个工作波纹管或用中间连接的两个工作波纹管及一个平衡波纹管构成，工作波纹管与平衡波纹管间装有弯头或三通，平衡波纹管一端有封头并承受管道内压，工作波纹管和平衡波纹管外端间装有拉杆。此种膨胀节能吸收轴向位移和/或横向位移。拉杆能约束波纹管压力推力。常用于管道方向改变处。

⑦ 直管压力平衡型膨胀节一般由位于两端的两个工作波纹管及有效面积等于 2 倍工作波纹管有效面积、位于中间的一个平衡波纹管组成，两套拉杆分别将每一个工作波纹管与平衡波纹管相互连接起来。此种膨胀节能吸收轴向位移。拉杆能约束波纹管压力推力。

带约束的金属波纹管膨胀节的共同特点是管道的内压推力（俗称盲板力）没有作用于固定点或限位点处，而是由约束波纹管膨胀节用的金属部件承受。

波纹管膨胀节在施工安装中应注意以下问题。

① 膨胀节的施工和安装应与设计要求相一致；膨胀节的安装使用应严格按照产品安装说明书进行。

② 禁止采用使膨胀节变形的方法来调整管道的安装偏差。

③ 固定支架和导向支架等应严格按照设计图纸进行施工，需要改动时应经原分析设计人员认可。

④ 膨胀节上的箭头表示介质流向，应与实际介质流向相一致，不能装反。安装铰链型膨胀节时，应按照施工图进行，铰链板方向不能装错。

⑤ 在管道系统（包括管道、膨胀节和支架等）安装完毕，系统试压之前，应将膨胀节的运输保护装置拆除或松开。按照标准 GB/T 12777 的规定，运输保护装置涂有黄色油漆，应注意不能将其他部件随意拆除。

⑥ 对于复式大拉杆膨胀节，不能随意松动大拉杆上的螺母，更不能将大拉杆拆除。

⑦ 装有膨胀节的管道，做水压试验时，应考虑设置适当的临时支架以承受额外加到管道和膨胀节上的载荷。试验后应将临时支架拆除。

十九、设备管口允许推力的限制及标准

管道作用于静设备管口的力与力矩不应超过项目规定的允许值，若没有提出限制性要求，则应提交设备专业认可。管道对转动设备的允许推力和力矩应由制造厂提出，当制造厂无数据

时，可按下列规定进行核算。

① 离心泵的允许推力和力矩应符合 API 610 的规定。

② 汽轮机的蒸汽管道对汽轮机接管法兰的最大允许推力和力矩应符合 NEMA SM23 的规定。

③ 离心压缩机的管道对压缩机接管法兰的最大允许推力和力矩应符合 API 617 的规定，其数值是 NEMA SM23 规定值的 1.85 倍。

④ 对于空冷器，应符合 API 661 的规定。

⑤ 对于板式换热器，应符合 API 662 的规定。

二十、汽轮机管口受力限制

根据 NEMA SM23 对汽轮机管口受力的限制如下。

定义机轴方向为 X 方向，铅垂向上方向位 $+Y$，汽轮机各管口受力必须满足下列各项要求。

① 作用于任一管口上的合力及合力距应满足以下要求：

$$0.9144F_R + M_R \leqslant 26.689D_e \tag{17.6}$$

$$F_R = \sqrt{F_x^2 + F_y^2 + F_z^2} \tag{17.7}$$

$$M_R = \sqrt{M_x^2 + M_y^2 + M_z^2} \tag{17.8}$$

式中　　D_e——当量直径，mm，当管口公称直径不大于 200 时，D_e=管口公称直径；当管口公称直径大于 200 时，D_e=(管口公称直径+400)/3；

　　　　F_R——单个管口上的合力，当接管采用无约束膨胀节时应包括压力产生的作用力（凝汽式汽轮机垂直向下出口可不考虑膨胀节内压推力），N；

　　　　M_R——单个管口上的合力矩，N·m；

F_x, F_y, F_z——单个管口上 X、Y、Z 方向的作用力，N；

M_x, M_y, M_z——单个管口上 X、Y、Z 方向的力矩，N·m。

② 进汽口、抽汽口和排汽口上的力和力矩合成到排汽口中心处的合力及合力距应满足以下两个条件。

a. 合力和合力矩应满足以下条件：

$$0.6096F_c + M_c \leqslant 13.345D_c \tag{17.9}$$

式中　　F_c——进汽口、抽汽口和排汽口的合力，N；

　　　　M_c——进汽口、抽汽口和排汽口的力和力矩合成到排汽口中心处的合力矩，N·m；

　　　　D_c——按公称直径计算得到的各管口面积之和的当量直径，mm。

当各管口面积之和折合成圆形的折算直径不大于 230mm 时，D_c=折算直径；当各管口面积之和折合成圆形的折算直径大于 230mm 时，D_c=(折算直径+460)/3。

b. F_c 和 M_c 在 X、Y、Z 三个方向的分力和分力矩应满足以下条件：

$$|F_{cx}| \leqslant 8.756D_c \quad |M_{cx}| \leqslant 13.345D_c \tag{17.10}$$

$$|F_{cy}| \leqslant 21.891D_c \quad |M_{cy}| \leqslant 6.672D_c \tag{17.11}$$

$$|F_{cz}| \leqslant 17.513D_c \quad |M_{cz}| \leqslant 6.672D_c \tag{17.12}$$

式中　　F_{cx}, F_{cy}, F_{cz}——F_c 在 X、Y、Z 方向上的合力，N；

M_{cx}, M_{cy}, M_{cz}——M_c 在 X、Y、Z 方向上的分力矩，N·m。

③ 对于具有向下排汽口的凝汽式汽轮机，其排汽口安装无约束膨胀节时，允许存在由压力引起的附加力（此附加力垂直于排出口法兰面并作用于中心）。对于此种汽轮机，在进行①、②两项校核过程中，计算排汽口上的垂直分力时不包括压力载荷。

对于具有向下排汽口的凝汽式汽轮机，还应进行如下校核：同时考虑压力载荷和其他载荷时，如果作用于排汽口的垂直分力不超出排汽口面积的 0.1069 倍，则认为压力载荷在排汽口引起的作用力是允许的。力的单位为 N，面积单位为 mm^2。

二十一、无中间约束、两端固定管道冷紧固定点推力的计算

对无中间约束、两端固定管道冷紧后固定点推力瞬时最大值的计算，可按下列公式计算：

$$R_m = R\left(1 - \frac{2C}{3}\right)\frac{E_m}{E_a} \tag{17.13}$$

$$R_a = CR \text{（或 } C_1 R\text{）}$$

式中 R_m——在最高和最低设计温度下的瞬时最大推力（或力矩），N（或 N·m）；
    R——按全补偿值及 E_a 为基础计算的推力（或力矩），N（或 N·m）；
    C——冷紧比；
    E_a——安装温度下管子材料的弹性模量，MPa；
    E_m——最高或最低设计温度下管子材料的弹性模量，MPa；
    R_a——安装温度下的估计瞬时推力（或力矩），N（或 N·m）；
    C_1——自冷紧比（如果 $C_1 < 0$ 则取为 0），

$$C_1 = 1 - \frac{[\sigma]^t}{\sigma_E} \times \frac{E_a}{E_m} \tag{17.14}$$

σ_E——计算所得最大位移应力范围，MPa；
$[\sigma]^t$——热态钢材许用应力，MPa。

二十二、塔顶部管口初位移的计算

塔顶部管口可分三类处理，即封头中心管口、封头斜插管口和上部筒体径向管口。管口的热膨胀量分别按下列方法确定。

1. 封头中心管口热膨胀量的计算

封头中心管口只有一个方向的热膨胀，即垂直方向，考虑到从塔固定点至封头中心管口之间可能存在操作温度和材质的变化，故总膨胀量按下式计算：

$$\Delta Y = L_1 \alpha_1 (t_1 - t_0) + L_2 \alpha_2 (t_2 - t_0) + \cdots + L_i \alpha_i (t_i - t_0) \tag{17.15}$$

式中 ΔY——塔顶管口总的热膨胀量，cm；
    L_i——塔固定点至封头中心管口之间因温度和材质变化的分段长度，m；
    α_i——线膨胀系数，由 20～t_i℃的每米温升 1℃时的平均线膨胀量，cm/(m·℃)；
    t_i——各段的操作温度，℃；
    t_0——安装温度，一般取 20℃。

2. 封头斜插管口热膨胀量的计算

封头斜插管口有两个方向的热膨胀，即垂直方向和水平方向的热膨胀，垂直方向的热膨胀量计算同式（17.16），水平方向的热膨胀量按下式计算：

$$\Delta X = L \alpha_1 (t - t_0) \tag{17.16}$$

式中 ΔX——封头斜插管口水平方向的热膨胀量，cm；
    L——塔中心线距封头斜插管口法兰密封面中心的水平距离，m；
    α_1——线膨胀系数，由 20～t℃的每米温升 1℃时的平均线膨胀量，cm/m·℃；
    t——塔顶部的操作温度，℃；
    t_0——安装温度，一般取 20℃。

3. 上部筒体径向管口热膨胀量的计算

上部筒体径向管口有两个方向的热膨胀，即垂直方向和水平方向的热膨胀，垂直方向的热膨胀量计算同式（17.6），水平方向的热膨胀量按下式计算：

$$\Delta X = L\alpha_1(t-t_0) \tag{17.17}$$

式中 ΔX——上部筒体径向管口水平方向的热膨胀量，cm；
L——分馏塔中心线距上部筒体径向管口法兰密封面的距离，m；
α_1——线膨胀系数，由 $20 \sim t$℃的每米温升1℃时的平均线膨胀量，cm/(m·℃)；
t——塔上部的操作温度，℃；
t_0——安装温度，一般取20℃。

二十三、埋地管道热位移的计算

① 在地沟内敷设的埋地管道，可按下式计算热位移。
$$\Delta L = \alpha(t_1-t_0)L$$

② 管道直接埋地敷设时，因土壤摩擦力会影响热位移减少，实际计算中常采用丹麦摩勒公司的简化方法。

$$\Delta L = \alpha(t_1-t_0)L - \frac{F_{\min}L^2}{2EA \times 10^6} - \alpha(t_1-t_0-\Delta t_y)(L-L_{\min}) \tag{17.18}$$

当 $L \geqslant L_{\max}$ 时，L 取 $L_{\max}$。

式中 ΔL——L 长度管段的热位移，m；
α——钢材的线胀系数，℃$^{-1}$；
t_0——管道的计算安装温度，℃；
t_1——管道工作循环最高温度，℃；
Δt_y——管道的屈服温差，℃；
L——设计布置的管段长度（即直管段两固定支座之间的距离），m；
$F_{\min}$——管道的最小单位长度摩擦力，N/m；
E——钢材的弹性模量，MPa；
A——钢管管壁的横截面积，m^2；
$L_{\max}$——管道的过渡段最大长度，m；
$L_{\min}$——管道的过渡段最小长度，m。

二十四、配管设计应力分析计算机软件 AutoPIPE 与 Caesar II

AutoPIPE 是有美国 Bentley 公司研制开发的专业管道应力分析软件。它被广泛地应用于石油、石化、化工、电力、钢铁等行业。AutoPIPE 是以梁单元模型为基础的有限元分析程序，具有在线帮助、图形显示以及纠错等功能，可以用于分析大型管系、钢结构或二者相结合的模型。AutoPIPE 既能够进行静力分析也能够进行动力分析和埋地管道的分析（埋地管道的分析已经通过美国土木工程师协会严格论证）；它不但可以根据 ASMEB 31 系列以及其他国际标准进行应力校核，还可以按照 WRC、API、NEMA 标准进行静设备和动设备的受力校核；它与多种 CAD 绘图软件有数据接口。AutoPIPE 具有丰富的材料库，管件参数及支架的输入直观、方便。该程序既可以计算架空管道，也可以用于计算埋地和海洋管道的计算和分析。

Caesar II 是由美国 COADE 公司研发的工业管道配管设计应力分析专业软件。它既可以分析计算静态分析，也可进行动态分析。CAESARII向用户提供完备的国际上通用的管道设计规范，软件使用方便快捷。CAESARII解决的管道应力主要问题：使管道各处的应力水平在规范允许的范围内。使与设备相连的管口载荷符合制造商或公认的标准（如 NEMA SM23、API 610、API 617 等标准）规定的受力条件，使与管道相连的容器处局部应力保持在 ASME 第八部分许用应力范围内。计算出各约束处所受的载荷。确定各种工况下管道的位移。解决管道动力学问题，如机械振动、水锤、地震、减压阀泄放等，帮助配管设计人员对管系进行优化设计。

二十五、配管柔性分析常用标准

① ASME B31.1《动力管道》
② ASME B31.3《工艺管道》
③ NEMA SM23《机械驱动用蒸汽涡轮》
④ API 610《石油石化及天然气工业用离心泵》
⑤ API 617《石油 化学和气体工业用轴流 离心压缩机及膨胀机-压缩机》
⑥ API 618《石油化工和天然气工业用往复式压缩机》
⑦ API 661《石油、石化和天然气工业空冷式换热器》
⑧ API 560《一般炼油装置用火焰加热炉》
⑨ WRC 107《壳体局部应力计算》
⑩ WRC 297《壳体局部应力计算》
⑪ EN 13445《无燃烧压力容器的设计》
⑫ GB 150《压力容器》
⑬ SH 3041《石油化工管道柔性设计规范》
⑭ GB 50316《工业金属管道设计规范》
⑮ GB/T 20801《压力管道规范 工业管道》

第二节　配管的防振动设计

一、配管设计中可能遇到的振动及分类

在工业管道配管设计中可能遇到的振动如下。
① 往复式压缩机及往复泵进出口管道的振动。
② 两相流管道呈柱塞流时的振动。
③ 水锤。
④ 安全阀排气系统产生的振动。
⑤ 风载荷、地震载荷引起的振动。

振动类别有：低频振动（<100Hz）、中频振动（<300Hz）、高频振动（>300Hz）、非连续（单一）振动、宽幅振动等。

二、往复式压缩机、往复泵的管道振动分析

① 气（液）柱固有频率分析，使其避开激振力的频率。
② 压力脉动不均匀分析，采用设置缓冲器或孔板等脉动抑制措施，将压力不均匀度控制在允许范围内。
③ 管系结构振动固有频率、振动及各节点的振幅及动应力分析，通过设置防振支架，优化管道布置，消除过大管道振动。

三、往复式机泵管道系统共振及防范措施

当作用在系统上的激振力频率等于或接近于系统的固有频率时，振动系统的振幅会急剧增大，这种现象称为共振。

在往复机泵管道设计中可能引发共振的因素有：管道布置出现共振管长；缓冲器和管径设计不当造成流体固有频率与激振频率重叠导致气（液）柱共振；支承形式设置或管道布置不当

等造成管系机械振动固有频率与激振力频率重叠。

要避免产生共振，应使气（液）柱固有频率、管系的结构固有频率与激振力频率错开。管道设计时应进行振动分析，合理设置缓冲器，避开共振管长，合理布置管道和设置支架。

四、管道柔性设计和防振

管道的柔性设计是保证管道有足够的柔性以吸收由于热胀、冷缩及端点位移产生的变形。防振设计是保证管系有一定的刚度，以避免在干扰作用下发生强烈振动。管道的布置及支架设置在满足柔性设计的要求同时还要满足防振设计要求。

五、往复压缩机的气体压力脉动

往复压缩机的活塞在气缸中进行周期性的往复运动，引起吸排气呈间歇性和周期性，管内气体压力不但随位置变化，而且随时间作周期性变化，这种现象称为气体压力脉动。气体压力脉动的大小通常用压力不均匀度来衡量。压力不均匀度 δ 的表达式如下：

$$\delta = \frac{p_{\max} - p_{\min}}{p_0} \times 100\% \tag{17.19}$$

式中 $p_{\max}$——不均匀压力的最大值（绝压），MPa；

$p_{\min}$——不均匀压力的最小值（绝压），MPa；

p_0——平均压力（绝压），$p_0 = (p_{\max} + p_{\min})/2$，MPa。

六、疲劳破坏的概念

疲劳破坏是指，在循环载荷的作用下，发生在构件某点处局部的、永久性的损伤积累过程，经过足够多的循环后，损伤积累可使材料产生裂纹或使裂纹进一步扩展至完全断裂。疲劳损伤一般发生在应力集中处，例如管道的支管连接处。

七、两相流介质呈柱塞流时引起的管道振动分析及设计

在解决这类管道的机械振动时，主要是从管道布置和工艺操作两方面来进行。例如对饱和蒸汽管道，每隔一段距离要进行一次疏水，及时排出凝结水，从而杜绝两相流动的出现；对于减压转油线，在它的两相流段尽量不拐弯、不缩径、不设节流元件，并使它沿介质流向呈一坡度设置，使汽、液两相介质分层流动，可避免激振力的产生。对于这类有潜在振动可能的管道，作为防振措施尽量不要采用吊架，并尽可能将一般承重支架改为导向支架或管卡形式，必要时可设一些摩擦防振支架。

八、水锤引起的管道振动分析及设计

水锤产生的管道机械振动而造成管道破坏的主要原因是振动初始值引起的较大振幅或力幅，因此工程上解决水锤的问题主要从以下两方面入手。

① 从管道元件选型或工艺操作方面解决。例如，对大型泵出口管道上的止回阀，采用辅助液压缓闭型止回阀；流量调节时采用小流量长时间调节等。

② 加强管道支撑，使管道获得足够的刚度，从而使水锤产生的管道最大振幅不超过允许值。在冲击力发生的方向或力的作用方向设置适当的止推支架，可防止较大的瞬时冲击力直接导致的管子破坏。

九、管道系统的共振及设计

两固定点间的配管系统，具有自己的固有振动频率（自振频率）n（次/秒）。当振源的频率 N（次/秒）和自振频率 n 一致时会引起共振。必须避免出现这种共振现

象。按建筑标准法，最好 n 在如下范围

$$N > 1.3n \quad 或 \quad N < 0.85n$$

n 的变化一般通过改变配管间距等方法来实现。

掌握振源及激振力是防止共振的先决条件。振源分为两类，一类是使用往复泵工作时的脉动振动，另一类是外部机械即连接在管路上机械的不均匀振动。此外还要考虑由于地震力和风载荷等外力产生的振动。

十、振动管道支架的设计

设计振动管道支架时，应注意下列问题。
① 支架应采用防振管卡，不能只是简单支承。
② 支架间距应经过振动分析后确定。
③ 支架结构和支架的生根部分应有足够的刚度。
④ 宜设独立基础，尽量避免生根在厂房的梁柱上。
⑤ 当管内介质温度较高，产生热胀时，应满足柔性分析的要求。
⑥ 支架应尽量沿地面设置。

十一、配管振动的测量与定量评估设计

如果管道系统的振动超过一定的频率、幅度等，就可能危害较大，需要立刻采取措施修改优化配管设计；如果管道系统的振动虽然可以观察到，但在振动标准频率、幅度等之内时，则可以不做出处理。配管振动的测量与定量评估设计见图 17.4。

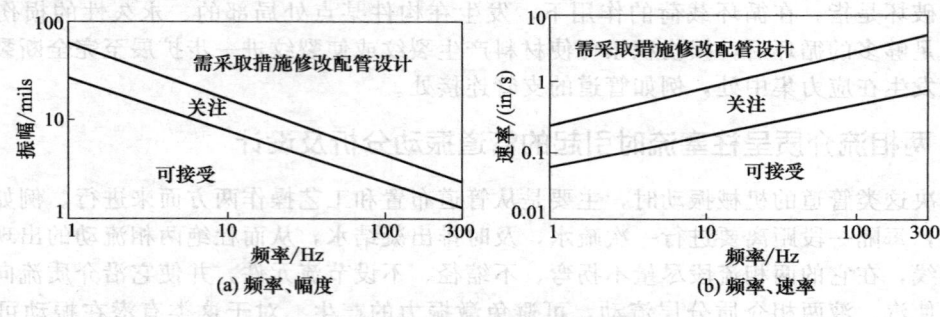

图 17.4　配管振动的测量与定量评估设计

工程应用：某装置蒸汽凝液罐及管道系统的振动

某装置框架平台上的蒸汽凝液罐（图 17.5），在试运行时，蒸汽凝液罐和管道系统振动较大，频率 1Hz 左右，振幅 10mm 左右，平台晃动。蒸汽凝液罐的排气管线带水严重（喷水）。

工艺专业、配管专业、设备专业、结构专业共同分析振动的原因如下。

① 蒸汽凝液管线带气严重，是造成排气管线带水严重和平台晃动主要原因，现场需排查所有疏水器工作情况，防止窜气；工艺需核查疏水器选型。

② 蒸汽凝液罐的罐内排放口朝向罐壁（向封头）不太合适，容易造成设备罐壁冲击、液面振荡。蒸汽凝液管线的严重带气造成设备冲击严重和平台晃动，设备专业修改罐内排放口垂直向下。

图 17.5　某装置蒸汽凝液罐及管道系统的振动

③ 平台框架没有斜拉撑，平台容易晃动。由

结构专业增加斜撑加固。

④ 蒸汽凝液管线在满足柔性设计的基础上,减少拐弯,尽量直线布置。

经过各专业共同修改和优化后,蒸汽凝液罐及管道系统的振动得到了有效控制。

工程应用：修改异径管位置减小配管设计振动

在气液两相流管道布置时,修改异径管位置减小配管设计振动。如图 17.6 (a) 所示,气液两相流管道有些振动。如图 17.6 (b) 所示,修改异径管位置到立管后,立管管径比水平管径稍小,提高介质流速,使之形成环状流,液体呈膜状,沿管内壁流动气体则沿管中心高速流动部分液体为雾状而被气体带走。这种流型比较稳定,可以避免介质在低速下形成的柱状流带给管子的振动情况。

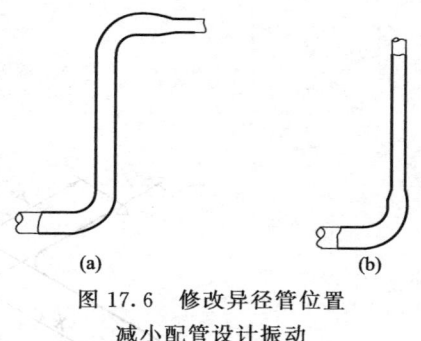

图 17.6　修改异径管位置减小配管设计振动

第三节　配管支吊架设计

一、管道跨度的计算

① 一般连续敷设的管道允许跨距 L 应按三跨连续梁承受均布载荷时的刚度条件计算,按强度条件校核,取 L_1 和 L_2 两者中间的小值。

a. 刚度条件:

$$L_1 = 0.039 \sqrt[4]{\frac{E_t I}{q}} \quad \text{(装置内)} \qquad L_1' = 0.048 \sqrt[4]{\frac{E_t I}{q}} \quad \text{(装置外)} \qquad (17.20)$$

式中　L_1, L_1'——装置内、外由刚度条件决定的跨距,m;
　　　E_t——管材在设计温度下的弹性模量,MPa;
　　　I——管子扣除腐蚀裕量及负偏差后的断面惯性距,mm⁴;
　　　q——每米管道的质量,N/m。

b. 强度条件:

$$L_2 = 0.1 \sqrt{\frac{[\sigma]^t W}{q}} \quad \text{(不考虑内压)} \qquad (17.21)$$

$$L_2 = 0.071 \sqrt{\frac{[\sigma]^t W}{q}} \quad \text{(考虑内压)} \qquad (17.22)$$

$$I = \frac{\pi}{64}(D_o^4 - D_i^4) \qquad (17.23)$$

$$W = \frac{\pi}{32 D_o}(D_o^4 - D_i^4) \qquad (17.24)$$

式中　$[\sigma]^t$——管材在设计温度下的许用应力,MPa;
　　　W——管子扣除腐蚀裕量及负偏差后的抗弯断面模数,mm³;
　　　D_i——管道内径,mm;
　　　D_o——管道外径,mm。

② 水平管道的弯管部分,其两支架间的管道展开长度,应为水平直管跨距的 0.6~0.7 倍,水平管道末端直管允许跨距,应为水平直管跨距的 0.7~0.8 倍。

③ 水平弯管最大允许外伸尺寸见图 17.7。确定管道基本跨距 L_0 后,按管架配置要求定

出其中一边（A 或 B）的尺寸，再由图求另一边的最大允许尺寸。

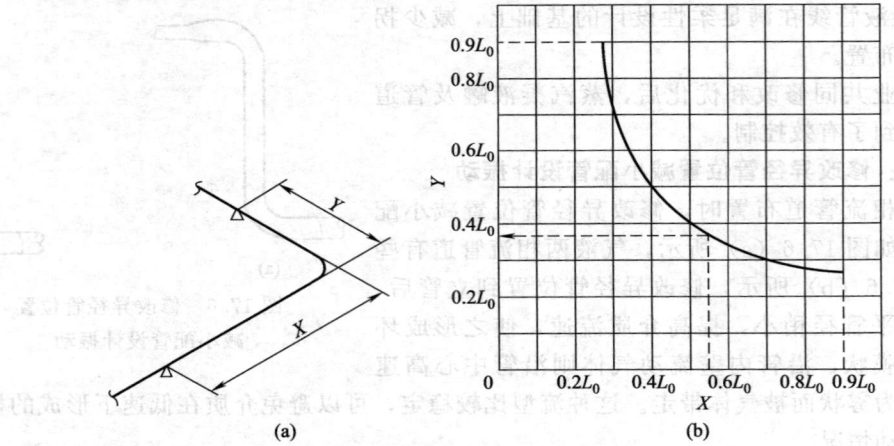

图 17.7 水平弯管最大允许外伸尺寸

④ 水平 Ⅱ 形管段最大外伸尺寸见图 17.8。
⑤ 带垂直管段的 Z 形管段最大允许外伸尺寸见图 17.9。

图 17.8 水平 Ⅱ 形管段之最大外伸尺寸

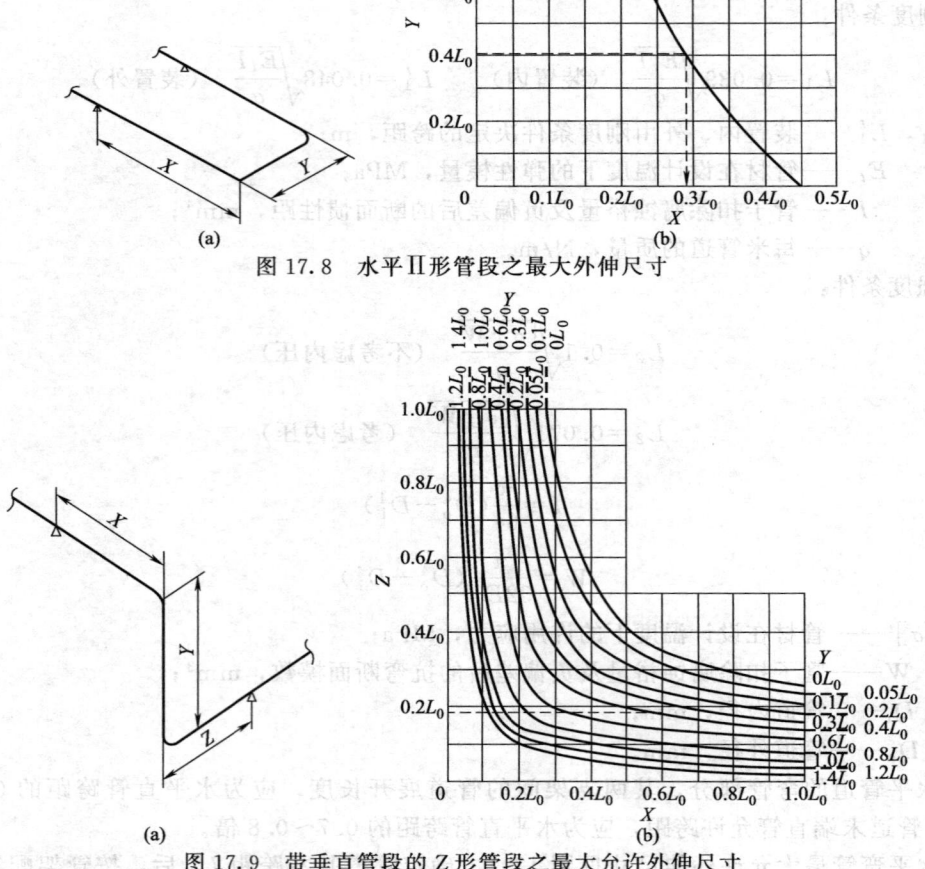

图 17.9 带垂直管段的 Z 形管段之最大允许外伸尺寸

⑥ 有集中载荷时水平管道的基本跨距见图 17.10。

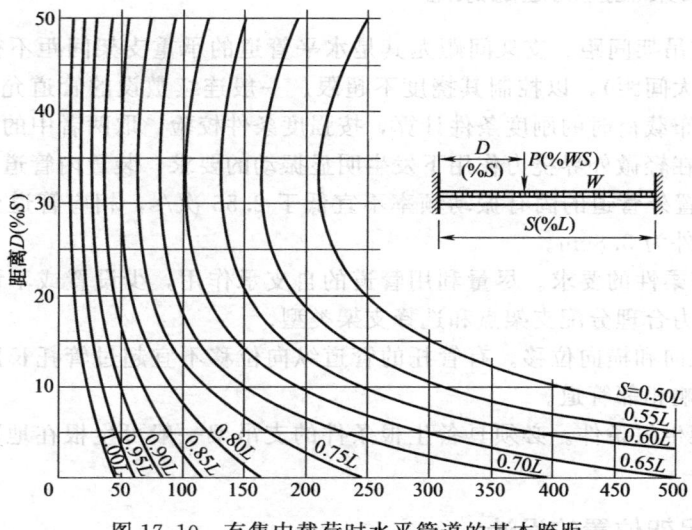

图 17.10　有集中载荷时水平管道的基本跨距

二、支吊架的作用及分类

管道支吊架的作用有三个：承受管道的重量载荷（包括自重、介质重等）；起限位作用，阻止管道发生非预期方向的位移；控制振动，用来控制摆动、振动或冲击。

固定架限制了三个方向的线位移和三个方向的角位移；导向架限制了两个方向的线位移；支托架（或单向止推架）限制了一个方向的线位移，见图 17.11。

按管道支吊架的功能和用途，支吊架可分为 3 大类 10 小类，具体见表 17.1。

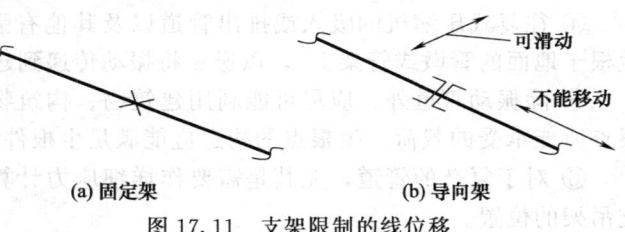

图 17.11　支架限制的线位移

表 17.1　管道支吊架分类

大　类		小　类	
名　称	用　途	名　称	用　途
承重支架	承受管道重量（包括管道自重、保温层重量和介质重量等）	刚性支架	无垂直位移的场合
		可调刚性支架	无垂直位移，但要求安装误差严格的场合
		可变弹簧架	有少量垂直位移的场合
		恒力弹簧支架	垂直位移较大或要求支吊架的荷载变化不能太大的场合
限制性支架	用于限制、控制和约束管道在任一方向的变形	固定架	固定点处不允许有线位移和角位移的场合
		限位架	限制管道任一方向线位移的场合
		轴向限位架	限位点处需要限制管道轴向线位移的场合
		导向架	允许管道有轴向位移，不允许有横向位移的场合
减振支架	用于限制或缓和往复式机泵进出口管道和由地震、风载、水击、安全阀排出反力等引起的管道振动	一般减振器	需要减振的场合
		弹簧减振器	需要弹簧减振的场合

三、配管支吊架位置确定的原则

① 严格控制支吊架间距。支架间距尤其是水平管道的承重支架间距不得超过管道的允许跨距（即管道的最大间距），以控制其挠度不超限。一般连续敷设的管道允许跨距（L）应按三跨连续梁承受均布载荷时的刚度条件计算，按强度条件校验，取两者中的最小值。

根据管段不应在轻微外界挠力作用下发生明显振动的要求，装置内管道的固有振动频率不宜低于 4 次/s，装置外管道的固有振动频率不宜低于 2.55 次/s，相应管道允许挠度在装置内为 1.5cm，在装置外为 3.8cm。

② 满足管系对柔性的要求。尽量利用管道的自支承作用，少设置或不设置支架。要利用管系的自然补偿能力合理分配支架点和选择支架类型。

③ 控制管道纵向和横向位移。有管托的管道纵向位移不宜超过管托长度，并排敷设的管道横向位移不得影响相邻管道。

④ 满足支吊架生根条件。必须具备生根条件的支吊架一般可生根在地面、设备或建、构筑物上。

四、管道支吊架位置的设计

① 应满足管道最大允许跨度的要求。
② 当有集中载荷时，支架应布置在靠近集中载荷的地方，以减少偏心载荷和弯曲应力。
③ 在敏感的设备（泵、压缩机）附近，应设置支架，以防止设备管口承受过大的管道载荷。
④ 往复式压缩机的吸入或排出管道以及其他有强烈振动的管道，宜单独设置支架（支架生根于地面的管墩或管架上），以避免将振动传递到建筑物上。
⑤ 除振动管道外，应尽可能利用建筑物、构筑物的梁柱作为支架的生根点，且应考虑生根点所能承受的载荷，生根点的构造应能满足生根件的要求。
⑥ 对于复杂的管道，尤其是需要作详细应力计算的管道，尚应根据应力计算结果调整其支吊架的位置。
⑦ 管道支吊架设在不妨碍管道与设备的连接和检修部位。
⑧ 管道支吊架应设在弯管和大直径三通式分支管附近。
⑨ 安全泄压装置出口管道应根据需要设置，考虑是否设置支架。

五、管道支吊架支撑方式和生根的设计

① 连续水平敷设管道的支吊架最大间距应满足刚度条件和强度条件。
② 往复式机泵管道支架的间距应经过综合分析计算确定。
③ 在玻璃钢和搪玻璃设备或管道上应使用管卡作为生根件。非金属衬里设备或管道上的生根件不得在现场焊接。
④ 需要装在热处理设备上的生根件应在设备热处理前完成焊接。
⑤ 往复式压缩机进、出口管道的支架基础应与建筑物基础分开。
⑥ 支吊架的设置不应影响设备和管道的运行、操作及检修。
⑦ 需要维护的支吊架宜设在便于维护的地方，并留有检修空间。对管道位移有限制时应设限位支架。
⑧ 管道的支吊架不得生根在高温介质管道、低温介质管道和蒸汽管道上。
⑨ 阀门、法兰或活接头的附近宜设支吊架；直接与设备管口相接或靠近设备管口大于或等于 150mm 的水平安装的阀门，应在阀门附近设置支架。

六、管道支吊架及材料的选用设计

① 支吊架载荷的计算可以按 ASME B31.3、SH/T 3073 等规范。

② 与管道组成件直接接触的支吊架零部件材料应按管道的设计温度选用。

③ 直接与管道组成件焊接的支吊架零部件材料宜与管道组成件材料相同或相近,并应控制支吊架零部件与管道组成件连接处的局部应力。

④ 管卡材料为碳钢时,不得与有色金属或不锈钢管道组成件直接接触,否则应在接触面之间使用非金属材料的隔离垫或采取相应措施。

⑤ 当支吊架或管托需与合金钢、不锈钢管道直接焊接时,连接构件的材质应与管道材质一致或相当。

⑥ 吊架连接件的设计应符合下列要求:吊杆直径不宜小于 10m;吊杆材料为 Q235-B 或 20 钢时,吊杆最大使用载荷应符合 SH/T 3073 的要求;当采用螺纹吊杆时,最大使用载荷应按螺纹的根部截面积计算;当吊点有水平位移时,吊杆两端应为铰接,两铰接点间应有足够长度。对刚性吊架,可活动的吊杆长度不应小于吊点处水平位移的 20 倍,即吊杆与垂直线夹角不应大于 3°;对弹性吊架,可活动的吊杆长度不应小于吊点处水平位移 15 倍,即吊杆与垂直线夹角不应大于 4°。

⑦ 高温管道上使用带四氟乙烯底板的管托时,聚四氟乙烯板的使用温度不宜超过 200℃。

⑧ 低温管道管架的设计。

a. 管架应能承受所有情况下的载荷,包括泡沫与管道之间不同收缩量导致的温差应力、沿保冷厚度方向产生的温度梯度变化导致的温差应力、管夹紧固力;管道在管架上的机械载荷。保冷层的设计根据操作条件进行,包括保冷层与管道间的不同膨胀和收缩量。

b. 保冷结构。保冷结构自内而外应由下述五层组成:防锈层、保冷层、防潮层(亦称阻汽层)、保护层、防腐蚀或识别层。各层结构和材料应满足工程设计和使用要求,保冷层应采用无缝的高密度保冷材料。

c. 承重架和导向架的保冷层依据保冷厚度的不同分为单层结构和多层结构,每层结构厚度不得超过 100mm,并且每一层由两个半管状无缝高密度保冷材料组成。总层厚同管道的保冷厚度,且每层接缝的位置要错开布置。

d. 装配管架时,要有一层比金属管夹长的防潮层,并再覆盖一层金属薄片。各保冷层、防潮层和金属片,其长度都应超出管夹的长度。

e. 保冷管道上的立管支吊架宜采取管卡式,且支撑部件应按规定进行保冷。

f. 水平管道敷设时,管道的底部或支架的底部应垫置木块或硬质隔热材料块,以免管道中冷量损失。垂直管道敷设时,支架如果生根在低温介质设备上,在设备和管道上均应垫置木块或硬质隔热材料。

⑨ 支吊架边缘与管道焊缝的间距不应小于 50mm,需要热处理的管道焊缝与支吊架的距离不应小于焊缝宽度的 5 倍,且不得小于 100mm。

⑩ 恒力弹簧支吊架应按 JB/T 8130.1 选用。

⑪ 可变弹簧支吊架应按 JB/T 8130.2 选用。

七、管道固定点的设计

管道固定点的位置应满足下列要求。

① 当管道在支撑处不得有任何位移时应设置固定支架。对于复杂管道可用固定点将其划分成几个形状较为简单的管段,如 L 形管段、U 形管段、Z 形管段等,以便进行分析计算。

② 确定管道固定点位置时,使其有利于两固定点间管段的自然补偿。

③ 选用Π形补偿器时，使其有利于两固定点间管段的自然补偿。
④ 固定点宜靠近需要限制分支管位移的地方。
⑤ 固定点应设置在需要承受管道振动、冲击载荷或需要限制管道多方向位移的地方。
⑥ 作用于管道中固定点的载荷，应考虑其两侧各滑动支架的摩擦反力。
⑦ 进出装置的工艺管道和非常温的公用工程管道，宜在装置分界处设固定点。

八、管道导向支架的设计

下列情况下必须设导向支架。
① 为防止振动使管道出现过大的横向位移。
② 横向位移过大，可能影响邻近管道。
③ 固定支架之间的距离过长，可能产生横向不稳定。
④ 设计只允许沿轴向位移的管道。
⑤ 导向支架不宜靠近弯头和支管连接处。
⑥ 水平管道上Π形补偿器与导向支架的间距，见图 17.12（a），对于 X 的数值，如果按 SH/T 3073《石油化工管道支吊架设计规范》的要求为 （32～40）DN，ASME B31.3 规定为 $40DN$，在实际工程设计时，对于大口径管道，例如 $DN1000$ 的管道，$40DN$ 就不太符合实际，一般可按 6m 或 $40DN$ 两者间的较小值设置导向支架。

对于波纹管膨胀节，设在两固定支架（限位支架）之间各导向支架的最大间距，按距膨胀节距离依次分别为 "$\leqslant 4DN$"、"$\leqslant 14DN$"、"L_{max}" 等，见图 17.12（b）。

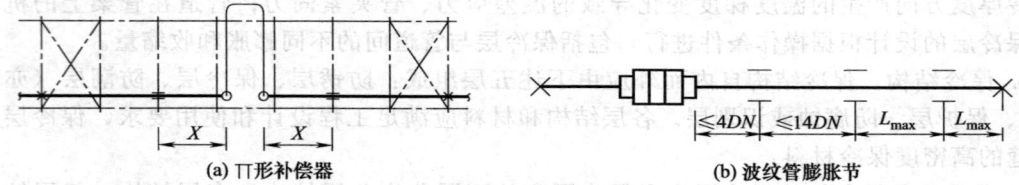

(a) Π形补偿器　　　　　　　　　(b) 波纹管膨胀节

图 17.12　导向架的设计

水平管段最大导向间距见表 17.2。

表 17.2　水平管段最大导向间距

管道公称直径 DN/mm	最大导向间距/m	管道公称直径 DN/mm	最大导向间距/m
25(1″)	12.2	250(10″)	30.5
40(1 1/2″)	13.7	300(12″)	33.5
50(2″)	15.2	350(14″)	36.6
65(2 1/2″)	18.3	400(16″)	38.1
80(3″)	19.8	450(18″)	41.4
100(4″)	22.9	500(20″)	42.7
150(6″)	24.4	600(24″)	45.7
200(8″)	27.4		

为了约束由风载、地震、温度变化等引起的横向位移，沿直立设备布置的立管应设置导向支架。立管导向支架间的允许间距见表 17.3。

表 17.3　竖直管道导向支架间的允许间距

管道公称直径/mm	气体管道/m		液体管道/m	
	裸管	隔热管	裸管	隔热管
25	4.3	3.4	4	3.4
40	5.2	4	4.6	3.7

续表

管道公称直径/mm	气体管道/m		液体管道/m	
	裸管	隔热管	裸管	隔热管
50	5.8	4.6	4.9	4.3
80	7	6.1	6.1	5.5
100	7.9	7	6.7	6.1
150	9.8	8.8	7.9	7.3
200	11.3	10.1	8.8	8.2
250	12.5	11.6	9.8	9.4
300	13.7	12.8	10.4	10.1
350	14.6	13.4	10.7	10.4
400	15.5	14.3	11.3	11
450	16.5	15.2	11.6	11.6
500	17.4	16.2	12.5	12.2
600	19.2	18	13.4	13.4

九、高温竖直管道弹簧支吊架的设置

沿反应器等高设备布置的高温管道与设备之间，或高温管道与构架之间有较大的位移差，所以通常要设置弹簧支吊架来承受管道荷重。弹簧支吊架可分为恒力弹簧支吊架、可变弹簧支吊架。

恒力弹簧支吊架的刚度理论上为零；刚性支吊架的刚度理论上为无穷大；可变弹簧支吊架的刚度等于弹簧产生单位变形所需要的力。

恒力弹簧支吊架适用于垂直位移量较大或受力要求苛刻的场合，避免冷热态受力变化太大，导致设备受力或管系应力超标。

可变弹簧适用于支承点有垂直位移，用刚性支承会脱空或造成过大热胀推力的场合。与恒力弹簧相比，使用可变弹簧会造成一定的载荷转移，为防止过大的载荷转移，可变弹簧的载荷变化率应小于或等于25%。

弹簧支吊架可避免脱空和过载，但同刚性支吊架相比，弹簧支吊架也存在许多不足。

① 价格较贵，因弹簧支吊架的价格是刚性支吊架的几倍，所以为了节约投资应尽量少用弹簧支吊架。

② 可靠性较差，因弹簧在长期工作状态下有失效的问题，因此弹簧支吊架不如刚性支吊架耐用可靠。

③ 稳定性较差，因弹簧支吊架的刚度远低于刚性支吊架，所以过多设置弹簧支吊架会使管系各点位移方向失去控制，管系稳定性较差，易产生偏斜和振动。

④ 占用空间较大，因弹簧支吊架本身体积较大，配管时管道支吊点附近要为安装弹簧支吊架预留一定的空间，在管道密集处或空间较紧张区域难度较大。

⑤ 设计、安装较复杂，对于悬吊式的弹簧架要选用管夹、吊耳和吊杆等连接件与其配合使用，设计、安装都比较复杂。

工程应用：减少弹簧支吊架的配管设计方法

(1) 卧式容器及换热器减少弹簧架的配管设计方法

见图17.13，如果管道有热膨胀，a点和b点有向下的热位移；如果把支架设在a、b点之间，通常采用弹簧支架，如果采用刚性支架会造成支架过载。现在把滑动支架RS放在c点，该点与管口的标高大致平齐，这样a及b点向下的位移基本一致，RS支架可采用刚性滑动架，在这点管道是没有垂直位移的，只有水平位移。c点的位置也允许上下稍有变动。根据管径、温度情况，可采用不等腿的U形管。但如bc段太长，RS支架就可能有向上的位移，使支架脱空，RS 支架就失去意义。所以 bc 段不能比 oa 段长太多。RS 支架可以从设备或地面生根。

（2）立式换热器减少弹簧架的配管设计方法

立式换热器的管道见图 17.14。支架位置的选择与卧式设备的管道原理一样，应放在设备支耳的高度附近，尽量利用设备的支撑结构生根，焊出管支架构件。支架同样可采用刚性的滑动架，不必使用弹簧支架。

（3）Z 形及 L 形管道减少弹簧架的配管设计方法

见图 17.15，垂直管段 H 的热膨胀分配到下部为 Δ_1，上部为 Δ_2 下部水平管段的热位移如图中虚线所示。如果长度 L 满足应力校核的要求，支架就可以采用刚性的滑动架。L 的最小值可按照导向悬臂理论来确定。

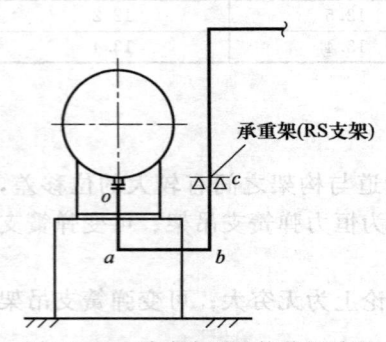
图 17.13 卧式容器及换热器减少弹簧支架的配管设计方法

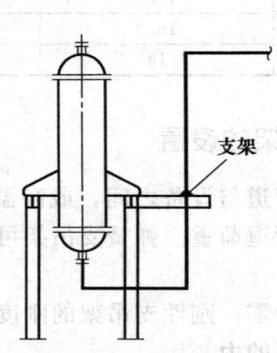
图 17.14 立式换热器减少弹簧架的配管设计方法

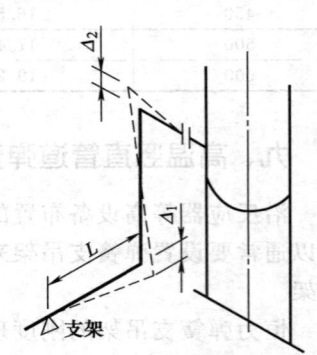
图 17.15 Z 形及 L 形管道减少弹簧架的配管设计方法

$$F = \frac{12EI\Delta}{L^3} \tag{17.25}$$

$$M = \frac{FL}{2} = \frac{6EI\Delta}{L^2} \tag{17.26}$$

$$\sigma = \frac{M}{Z} = \frac{3ED\Delta}{L^2} \tag{17.27}$$

$$L = \sqrt{\frac{3ED\Delta}{\sigma}} \tag{17.28}$$

式中　F——端点的力，N；
　　　M——力矩，N·m；
　　　E——管材（热态）的弹性模量，MPa；
　　　σ——热胀产生的应力，MPa；
　　　I——管子的截面的惯性矩，m⁴；
　　　Z——管子的断面系数，m³；
　　　L——水平管段的长度，m；
　　　D——管子外径，m；
　　　Δ——水平管段末端的位移，m。

用上式判断使用刚性架的位置是非常方便的。

（4）立式再沸器减少弹簧架的配管设计方法

见图 17.16。再沸器安装在结构框架上，再沸器支耳采用钢性滑动支撑，此时应保证塔出口管口与再沸器入口管口垂直方向的热位移相等，即满足式（17.28）。

$$\Delta_1 = \Delta_2 \tag{17.29}$$

$$\Delta_1 = H_1(T_1 - T_0)\alpha_1 \tag{17.30}$$

$$\Delta_2 = H_2(T_2 - T_0)\alpha_2 \tag{17.31}$$

即
$$H_1(T_1 - T_0)\alpha_1 = H_2(T_2 - T_0)\alpha_2 \tag{17.32}$$

式中 Δ_1——塔出口管口垂直方向的热位移，mm；

Δ_2——再沸器入口管口垂直方向的热位移，mm；

H_1——塔出口管口到塔裙座根部的垂直距离，m；

H_2——再沸器入口管口到再沸器支耳的垂直距离，m；

T_0——安装温度，通常取 20℃；

T_1——从塔出口管口到塔裙座根部之间塔壁的平均温度，℃；

T_2——从再沸器入口管口到再沸器支耳之间再沸器壳体的平均温度，℃；

α_1——塔壁钢材的线膨胀系数，mm/m；

α_2——再沸器壳体钢材的线膨胀系数，mm/m。

式（17.32）中 H_1、T_1、T_2 通常根据工艺要求来确定，α_1、α_2 根据设备的选材来确定，这样即可算出 H_1 的值。因设备开口位置通常由设备设计专业按工艺要求确定，这样就可算出再沸器支耳所在的高度也就是说，可通过调整再沸器支耳所在的高度，当满足式（17.32）的要求时，再沸器可采用钢性滑动支撑，而不必使用弹簧架；如式（17.32）两边不等，且差值大于 1mm 时，再沸器就应采用弹簧来支撑。

设备基础的沉降和附近支架基础的沉降不一致会造成过载。图 17.16 中通常塔基础的沉降量要比框架和管道支架"承重架 B"基础的沉降量大许多，而且沉降也不同步，这样会造成框架或支架过载，使管道应力和管口受力超标，为此基础设计时应尽可能将塔、框架和支架的基础做成一体。

（5）塔管线减少弹簧架的配管设计方法

见图 17.17，中塔顶气相线应在距塔上封

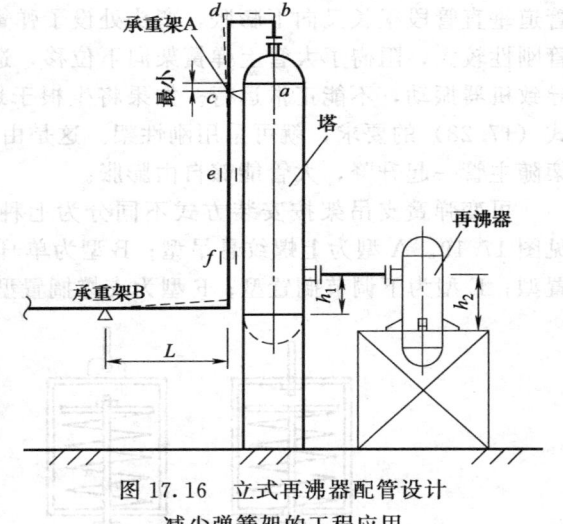

图 17.16 立式再沸器配管设计减少弹簧架的工程应用

头最近处设置支架"承重架 A"，支架生根在塔壁上。因塔上 a 点到管道上弯头处的 b 点的垂直距离和管道支架设置点。c 点到上弯头 d 点的垂直距离相等，且因支架的设置点距塔出口非常近，ab 段和 cd 段的平均温差非常小，也就是说 ab 段和 cd 段的热膨胀量近似相等，所以"承重架 A"可采用刚性架而不用弹簧架。如其位置距塔顶较远，塔壁和管壁的平均温差较大，就应该采用弹簧架。另外，如塔体本身或单个支架本身的承载能力不够，需在立管上的 e 点或 f 点设置承重架，也应选用弹簧架。

如在管道下部水平管段上设置刚性支架，该架距弯头的距离 L 的最小值可用式（17.28）判断。

选择管道上无垂直位移或位移较小的点设置。支架点的选择见图 17.17。

由图 17.17 可以看出，水平管段上可以找到无垂直位移的点 a，此点如能设置支架，就可选用刚性架，长度 L 必须满足式（17.28）的要求，但往往在 a 点虽然无垂直位移，却没有做支架的条件，而在其附近的 b 点可做支架，b 点有较小的向上位移，对 bc 段长度采用式（17.28）判断也满足时，可在 b 点做刚性架，但在冷态时应在支架下垫厚度与垂直位移值相同的钢板，工作时支架不脱空，这样可避免使用弹簧架。

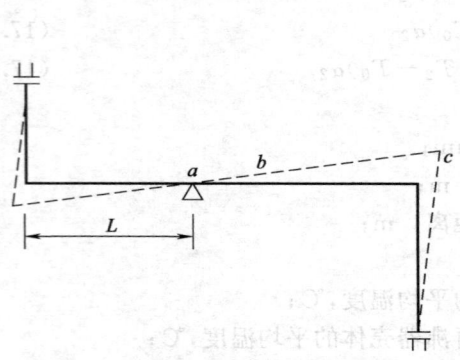
图17.17　选择管道上无垂直位移或位移较小的点

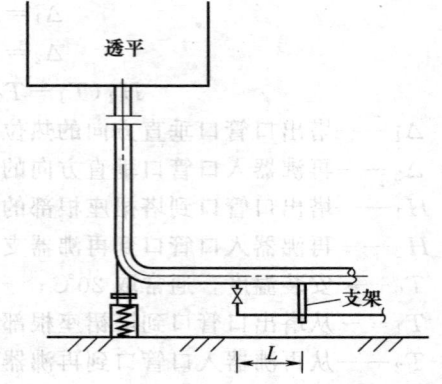
图17.18　生根在大管上的支架结构

(6) 邻近大管上生根支架减少弹簧架的配管设计方法

生根在大管上的支架结构（透平机的蒸汽管道）见图17.18。

由图17.18可知，在低点排冷凝水管道上设置支于地面的支架，应采用弹簧架。因为蒸汽管道垂直管段很长又向下膨胀，弯头处设了弹簧架，如小管采用刚性架支于地面，则会由于小管刚性较大，阻碍了大管上弹簧架向下位移，造成透平机管口受力过大，情况严重的话，可能导致机器振动，不能正常运行。如果将生根于地面的支架改为在主管上生根，且长度 L 符合式（17.28）的要求，就可采用刚性架。这是由于小管与支架间垂直向相对位移减至最小，支架随主管一起升降，大管能够自由膨胀。

可变弹簧支吊架按安装方式不同分为七种形式，分别用 A、B、C、D、E、F、G 表示，见图17.19。A型为上螺纹悬吊型；B型为单耳悬吊型；C型为双耳悬吊型；D型为上调节搁置型；E型为下调节搁置型；F型为支撑搁置型；G型为并联悬吊型。

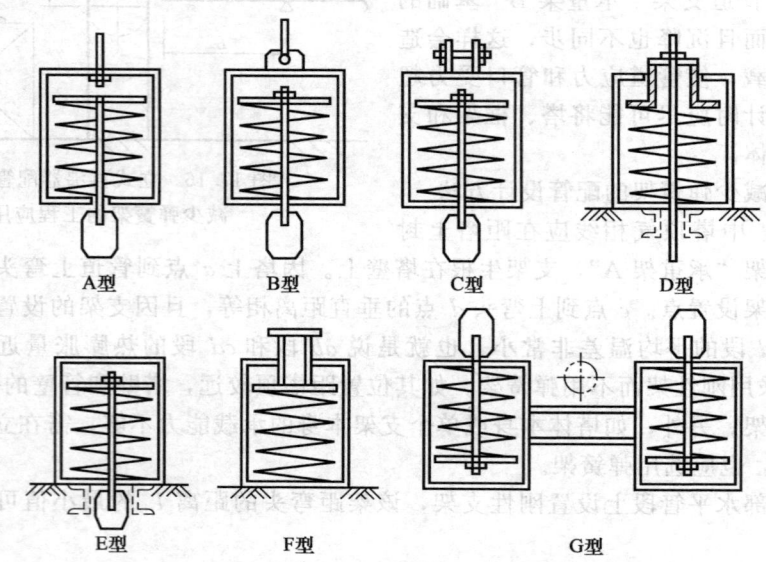
图17.19　可变弹簧支吊架的形式

可变弹簧支吊架串联安装时，应选用最大载荷相同的弹簧，每个弹簧的压缩量应按其工作位移范围比例进行分配。

可变弹簧支吊架并联安装时，应选用同一型号的弹簧，每个弹簧承受的载荷应按并联弹簧个数平均分配。

弹簧支吊架在施工安装中应注意以下事项。
① 弹簧支吊架的施工和安装应与设计要求相一致。
② 一般情况下，弹簧定位装置在安装过程中应保持不动。整个管系安装完毕且试压完成后，在管道升温之前将定位装置取出，使弹簧正常工作。
③ 对于转动机器，在管道安装过程中允许将机器管口附近几组弹簧的定位装置取消，并对弹簧载荷进行调校，以满足机器管口零应力安装要求。

十、无隔热管道加管托的情况

不保温、保冷的管道一般不需要加管托。但是下列情况应加管托。
① 镀锌、不锈钢管加护板或管托，防止接触导致渗碳腐蚀。
② 大于等于 14in（有的规范规定为：大于等于 16in）的管子应加管托。
③ 火炬坡度管加管托，以调节高度。
④ 但大口径薄壁管如不加鞍板座，管道可能会因自重而被压变形。
⑤ 壁厚/外径比小于等于 0.013 时，需加鞍座。

十一、不锈钢、合金钢、铝和镀锌管的支吊架设计

对于不锈钢、合金钢、铝和镀锌管在与碳钢管架接触处应垫隔离层，如石棉布、橡胶和石棉橡胶等。

不锈钢管道支架一般用管夹式的，不会损坏管子，也不会引起腐蚀。

1. 碳钢管和厚壁不锈钢管的最大基本跨距（表 17.4）

表 17.4 碳钢管和厚壁不锈钢管的最大基本跨距　　　　　　　　　　　mm

DN	气体管道		液体管道	
	裸管	隔热管	裸管	隔热管
25	3850	2300	3450	2250
40	4750	3000	4100	2800
50	5350	3600	4550	3300
80	6550	4600	5450	4200
100	7500	5550	6100	4900
150	9150	6800	7100	5800
200	10500	8050	7950	6700
250	11800	9050	8700	7400
300	12900	9800	9150	7800
350	15150	11850	10850	9300
400	16250	12850	11200	9750
450	17250	13750	11500	10150
500	18200	14450	11750	10400
600	18950	16050	12150	10950

表 17.4 适用于：设计温度低于 350℃ 的 STD 标准壁厚或者更大壁厚的碳钢管；设计温度低于 350℃ 的 Sch 40S 壁厚或者更大壁厚的 DN400 以下的奥氏体不锈钢管；设计温度低于 280℃ 的 Sch 10S 壁厚或者更大壁厚的双相不锈钢管。

具有不小于 1.5mm/m 坡度自流管子需要另外核实跨度。表 17.4 内保温的重量基于：隔热厚度从 DN25 是 70mm 到 DN600 是 200mm，保温层密度为 190kg/m³。

2. Sch 10S 不锈钢管的最大基本跨距（表 17.5）

表 17.5 Sch 10S 不锈钢管的最大基本跨距   mm

DN	气体管道		液体管道	
	裸管	保温管	裸管	保温管
25	3900	2200	3450	2100
40	4850	2800	4000	2600
50	5450	3300	4300	3000
80	6700	4050	4950	3500
100	7650	4800	5300	4000
150	9400	5750	5950	4600
200	10750	6800	6450	5200
250	12000	7600	6950	5650
300	13000	8250	7350	6050
350	13750	8700	7600	6300
400	14700	9450	7750	6550
450	15650	10150	7850	6750
500	16450	11000	8400	7300
600	18050	12700	9050	8050

表 17.5 中数据应用于壁厚为 Sch 10S，最高设计温度为 350℃ 奥氏体不锈钢管。具有不小于 1.5mm/m 坡度自流管子需要另外核实跨度。表中保温的重量基于：隔热厚度从 DN25 是 70mm 到 DN600 是 200mm，保温层密度为 190kg/m³。

十二、无缝钢管、大直径焊接钢管道基本跨距表

无缝钢管、大直径焊接钢无隔热管道基本跨距见表 17.6～表 17.9。按以下设计条件确定。

表 17.6 无缝钢管无隔热管道允许跨距表

公称直径 DN	外径 /mm	Sch20					Sch40					Sch80				
		壁厚 /mm	管道自身质量 /kg·m⁻¹	水质量 /kg·m⁻¹	总质量 /kg·m⁻¹	允许跨距 /m	壁厚 /mm	管道自身质量 /kg·m⁻¹	水质量 /kg·m⁻¹	总质量 /kg·m⁻¹	允许跨距 /m	壁厚 /mm	管道自身质量 /kg·m⁻¹	水质量 /kg·m⁻¹	总质量 /kg·m⁻¹	允许跨距 /m
50	60.3	3.2	4.51	2.28	6.79	6.25	4.0	5.55	2.15	7.70	6.34	5.6	7.55	1.89	9.45	6.42
(65)	76.1	4.5	7.95	3.54	11.48	7.07	5.0	8.77	3.43	12.20	7.11	7.1	12.08	3.01	15.09	7.21
80	88.9	4.5	9.37	5.01	14.38	7.56	5.6	11.50	4.74	16.25	7.67	8.0	15.96	4.17	20.13	7.79
100	114.3	5.0	13.48	8.54	22.02	8.47	6.3	16.78	8.12	24.90	8.63	8.8	22.89	7.34	30.24	8.78
(125)	139.7	5.0	16.61	13.21	29.82	9.18	6.3	20.72	12.09	33.41	9.39	10.0	31.98	11.25	43.24	9.68
150	168.3	5.6	22.47	19.38	41.85	10.00	7.1	28.22	18.65	46.88	10.24	11.0	42.67	16.81	59.48	10.58
200	219.1	6.3	33.06	33.49	66.55	11.21	8.0	41.65	32.40	74.05	11.52	12.5	63.68	29.59	93.28	11.97
250	273.0	6.3	41.43	53.26	94.69	12.16	8.8	57.33	51.23	108.57	12.69	16.0	101.40	45.62	147.02	13.38
300	323.9	6.3	49.34	76.11	125.46	12.92	10.0	77.41	72.54	149.95	13.75	17.5	132.23	65.55	197.79	14.50
350	355.6	8.0	68.58	90.58	159.16	13.83	11.0	93.48	87.41	180.89	14.41	20.0	165.52	78.23	243.76	15.23
	377.0	9.0	81.68	101.22	182.90	14.36	12.0	108.02	97.87	205.89	14.89	20.0	176.08	89.20	265.28	15.62
400	406.4	8.0	78.60	119.70	198.31	14.50	12.5	121.42	114.25	235.68	15.39	22.2	210.33	102.92	313.27	16.25
	426.0	10.0	102.59	129.46	232.05	15.22	14.0	142.25	124.41	266.66	15.88	22.0	219.19	114.61	333.80	16.57
450	457.0	8.0	88.58	152.75	241.33	15.10	14.2	155.06	144.28	299.34	16.34	25.0	266.33	130.10	396.44	17.24
	480.0	11.0	127.23	164.75	291.88	16.11	15.0	172.01	159.04	331.06	16.76	24.0	269.90	146.57	416.47	17.55
500	508.0	10.0	122.81	187.04	309.85	16.21	16.0	194.14	177.95	372.09	17.26	28.0	331.45	160.46	491.91	18.18
	530.0	12.0	153.30	201.09	354.39	16.90	16.0	202.82	194.78	397.60	17.54					

表 17.7　LG 级大直径焊接钢管无隔热管道允许跨距表

公称直径 DN	外径 /mm	壁厚 /mm	管道自身质量 /kg·m^{-1}	水质量 /kg·m^{-1}	总质量 /kg·m^{-1}	允许跨距 /m
400	406.4	8	78.60	119.70	198.31	14.50
450	457.0	8	88.58	152.75	241.33	15.10
500	508.0	8	98.65	190.12	288.76	15.65
600	610.0	8	118.77	277.12	395.89	16.62
700	711.0	8	138.70	379.37	518.06	17.46
800	813.0	8	158.82	498.89	657.71	18.20
900	914.0	8	178.75	633.35	812.09	18.64
1000	1016.0	8	198.87	785.40	984.27	18.85
1200	1220.0					
1400	1420.0					
1600	1620.0					

表 17.8　STD 级大直径焊接钢管不保温管道允许跨距表

公称直径 DN	外径 /mm	壁厚 /mm	管道自身质量 /kg·m^{-1}	水质量 /kg·m^{-1}	总质量 /kg·m^{-1}	允许跨距 /m
400	406.4	10	97.76	117.26	215.02	14.97
450	457.0	10	110.24	149.99	260.22	15.61
500	508.0	10	122.81	187.04	309.85	16.21
600	610.0	10	147.97	273.40	421.37	17.62
700	711.0	10	172.88	375.01	547.89	18.16
800	813.0	10	198.03	493.90	691.93	18.97
900	914.0	10	222.94	627.72	850.66	19.69
1000	1016.0	10	248.09	779.13	1027.22	20.35
1200	1220.0	10	298.40	1130.97	1429.38	20.99
1400	1420.0	10	347.73	1539.38	1887.11	21.30
1600	1620.0	10	397.05	2010.62	2407.67	21.54

表 17.9　XS 级大直径焊接钢管无隔热管道允许跨距表

公称直径 DN	外径 /mm	壁厚 /mm	管道自身质量 /kg·m^{-1}	水质量 /kg·m^{-1}	总质量 /kg·m^{-1}	允许跨距 /m
400	406.4	12	116.72	114.85	231.57	15.32
450	457.0	12	131.69	147.25	278.95	16.01
500	508.0	12	146.79	183.98	330.77	16.64
600	610.0	12	176.97	269.70	446.67	17.76
700	711.0	12	206.86	370.68	577.54	18.72
800	813.0	12	237.05	488.93	725.97	19.58
900	914.0	12	266.94	622.11	889.05	20.35
1000	1016.0	12	297.12	772.88	1070.00	21.05
1200	1220.0	12	357.49	1123.45	1480.94	22.30
1400	1420.0	12	416.68	1530.60	1947.28	22.92
1600	1620.0	12	475.87	2000.58	2476.45	23.22

① 操作温度 $T=250℃$。
② 管材为 20 钢。
③ 当壁厚不大于 16mm 时，许用应力 $[\sigma]^{250℃}$ 为 110MPa；当壁厚为 17~40mm 时，许用应力 $[\sigma]^{250℃}$ 为 104MPa。
④ 弹性模数 $E^{250℃}$ 为 1.864×10^5 MPa。

无缝钢管、大直径焊接钢隔热管道基本跨距见表 17.10~表 17.15。

表 17.10　Sch20 无缝钢管隔热管道允许跨距表

公称直径 DN	保温、保冷材料密度/kg·m⁻³		200		300		400	
	管外径×厚/mm	保温层厚/mm	管质量、充水质量及保温质量/kg·m⁻¹	允许跨距/m	管质量、充水质量及保温质量/kg·m⁻¹	允许跨距/m	管质量、充水质量及保温质量/kg·m⁻¹	允许跨距/m
50	60.3×3.2	30	10.28	5.63				
		40	11.40	5.49	12.66	5.36		
		50	12.64	5.35	14.37	5.18	16.10	5.03
		60	14.01	5.21	16.27	5.02	18.54	4.81
		70	15.50	5.08	18.36	4.84	21.23	4.50
		80	17.11	4.96	20.64	4.56	24.17	4.22
		90	18.86	4.77	23.11	4.31		
		110	22.72	4.35	28.61	3.88		
(65)	76.1×4.5	30	15.51	5.56				
		40	16.72	5.44	21.79	6.58		
		50	18.06	5.31	23.65	6.44	22.03	6.01
		60	19.53	5.19	25.70	6.31	24.66	5.84
		70	21.12	5.07	27.94	6.18	27.55	5.68
		80	22.84	5.95	30.37	6.05	30.68	5.63
		90	24.68	5.84	32.98	5.93		
		110	28.74	5.62	38.78	5.69		
80	88.9×4.5	40	20.13	5.95				
		50	21.55	5.83	23.74	6.67		
		60	23.10	5.71	25.91	6.52	28.71	6.36
		70			28.27	6.38	31.76	6.20
		80	26.57	5.48	30.81	6.25	35.06	6.05
		90	28.49	5.37	33.55	6.12	38.61	5.35
		100	30.54	5.26	36.47	5.99		
		120	35.01	5.05	42.89	5.55		
100	114.3×5.0	40	28.79	7.92				
		50	30.37	7.81	32.95	7.66		
		60	32.07	7.71	35.36	7.52	38.65	7.36
		70			37.96	7.39	42.01	7.21
		80	35.66	7.50	40.74	7.26	45.63	7.06
		90	37.94	7.39	43.72	7.13	49.50	6.92
		100	40.15	7.29	46.88	7.01		
		120	44.94	7.08	53.78	6.77		
(125)	139.7×5.0	40	37.60	8.66	39.86	8.54	42.12	8.42
		50	39.34	8.57	42.52	8.41	45.30	8.27
		60	41.21	8.47	44.97	8.28	48.74	8.12
		70	43.20	8.37	47.81	8.16	52.42	7.97
		80	45.31	6.27	50.84	8.03	56.36	7.83
		90	47.56	8.17	54.05	7.91	60.55	7.69
		100	49.92	8.07	57.45	7.79	64.98	7.56
		120	55.04	7.88	64.83	7.56	74.62	7.13
150	168.3×5.6	40	50.78	9.52	53.40	9.41	56.01	9.29
		50	52.70	9.44	56.13	9.29	59.55	9.15
		60	54.74	9.35	59.04	9.17	63.35	9.01
		70	56.91	9.26	62.15	9.06	67.39	8.87
		80	59.21	9.17	65.45	8.94	71.69	8.74
		90	61.63	9.07	68.93	8.82	76.24	8.60
		100	64.18	8.98	72.60	8.71	81.03	8.47
		120	69.65	8.80	80.52	8.49	91.38	8.22

续表

公称直径 DN	保温、保冷材料密度/kg·m⁻³ 管外径×厚/mm	保温层厚/mm	200 管质量、充水质量及保温质量/kg·m⁻¹	200 允许跨距/m	300 管质量、充水质量及保温质量/kg·m⁻¹	300 允许跨距/m	400 管质量、充水质量及保温质量/kg·m⁻¹	400 允许跨距/m
200	219.1×6.3	40	77.51	10.79				
		50	79.74	10.72	83.97	10.58		
		60	82.11	10.64	87.37	10.47	92.63	10.32
		70	84.60	10.56	90.95	10.37	97.31	10.20
		80	87.21	10.48	94.73	10.26	102.25	10.07
		100	92.82	10.32	102.84	10.06	112.87	9.82
		110	95.81	10.24	107.18	9.95		
		130	102.17	10.07	116.43	9.75		
		140			121.34	9.65		
250	273.0×6.3	40	107.80	11.77				
		50	110.37	11.70	115.45	11.57		
		60	113.08	11.63	119.35	11.47	125.63	11.33
		70	115.90	11.56	123.45	11.38	130.99	11.21
		80	118.86	11.49	127.73	11.28	136.60	11.09
		100	125.14	11.34	136.86	11.09	148.58	10.86
		110	128.47	11.27	141.71	10.99		
		130	135.51	11.12	151.97	10.80		
		140			157.38	10.71		
300	323.9×6.3	40	140.59	12.56				
		50	143.49	12.49	149.36	12.37		
		70	149.66	12.36	158.32	12.19	166.98	12.03
		80	152.93	12.29	163.08	12.10	173.24	11.92
		90	156.33	12.23	168.04	12.01		
		100			173.17	11.92	186.49	11.70
		110	163.51	12.09	178.50	11.83	193.50	11.59
		130	171.19	11.95	189.72	11.65		
		150	179.37	11.81	201.70	11.47		
350	355.6×8.0	40	175.56	13.49				
		50	178.66	13.43	169.49	13.02		
		60	181.88	13.37	189.71	13.23	197.54	13.10
		70	185.22	13.31	194.58	13.15	203.94	13.00
		80	188.70	13.25	199.64	13.07	210.59	12.89
		90	192.30	13.19	204.89	12.98		
		100			210.33	12.90	224.65	12.69
		110	199.87	13.06	215.96	12.81	232.05	12.58
		130	207.95	12.93	227.78	12.64		
		150	216.52	12.80	240.35	12.47		
400	406.4×8.0	40	216.74	14.18				
		50	220.15	14.12				
		60			232.48	13.93		
		80	231.15	13.95	243.37	13.77		
		90	235.07	13.89	249.10	13.69		
		110	243.28	13.77	261.13	13.53		
		120	247.57	13.71	267.42	13.45		
		140	256.54	13.59	280.57	13.29		
		160	266.01	13.47	294.48	13.13		
450	457.0×8.0	40	261.78	14.79				
		50	265.51	14.74				
		60			279.12	14.56		
		80	277.47	14.58	290.95	14.41		
		90	281.70	14.52	297.17	14.33		
		110	290.55	14.41	310.14	14.18		
		120	295.16	14.36	316.91	14.10		
		140	304.76	14.24	331.02	13.95		
		160	314.87	14.13	345.88	13.80		

续表

公称直径 DN	保温、保冷材料密度/kg·m⁻³ 管外径×厚/mm	保温层厚/mm	200 管质量、充水质量及保温质量/kg·m⁻¹	允许跨距/m	300 管质量、充水质量及保温质量/kg·m⁻¹	允许跨距/m	400 管质量、充水质量及保温质量/kg·m⁻¹	允许跨距/m
500	508.0×10.0	40	332.34	15.93	339.23	15.84		
		50	336.39	15.88	345.16	15.78		
		60	340.57	15.83	351.28	15.71		
		80	349.31	15.73	364.09	15.57		
		90	353.86	15.68	370.77	15.50		
		110	363.35	15.58	384.71	15.35		
		120	368.29	15.52	391.96	15.28		
		140	378.53	15.42	407.03	15.14		
		160	389.27	15.31	422.85	15.00		
350	377.0×9.0	40	200.16	14.04				
		50	203.39	13.98	210.10	13.87		
		60	206.75	13.92	214.98	13.79	223.22	13.66
		70	210.23	13.86	220.05	13.71	229.89	13.56
		80	213.83	13.81	225.32	13.63	236.81	13.46
		90	217.57	13.75	230.77	13.54		
		100			236.41	13.46	251.40	13.26
		110	225.41	13.62	242.24	13.38	259.07	13.16
		130	233.75	13.50	254.46	13.22		
		150	242.60	13.38	267.44	13.05		
400	426.0×10.0	40	251.27	14.92				
		50	254.81	14.87				
		60			267.63	14.69		
		80	256.17	14.71	278.89	14.54		
		90	270.21	14.66	284.80	14.46		
		110	278.67	14.54	297.20	14.31		
		120	283.09	14.49	303.67	14.23		
		140	292.30	14.37	317.20	14.08		
		160	302.02	14.25	331.47	13.93		
450	480.0×11.0	40	313.35	15.82	—	—		
		50	317.22	15.78	—	—		
		60	—	—	331.41	15.60		
		80	329.61	15.63	343.68	15.46		
		90	333.99	15.57	350.11	15.39		
		110	343.13	15.47	363.52	15.25		
		120	347.88	15.42	370.50	15.18		
		140	357.78	15.31	385.04	15.03		
		160	368.17	15.20	400.34	14.88		
500	530.0×12.0	40	377.75	16.63	384.92	16.55		
		50	381.94	16.58	391.05	16.49		
		60	386.26	16.54	397.38	16.42		
		80	395.27	16.44	410.60	16.29		
		90	399.97	16.39	417.50	16.22		
		110	409.73	16.29	431.85	16.08		
		120	414.80	16.24	439.31	16.01		
		140	425.32	16.14	454.79	15.87		
		160	436.34	16.04	471.03	15.74		

表 17.11　Sch40 无缝钢管隔热管道允许跨距表

公称直径 DN	管外径×厚 /mm	保温层厚 /mm	保温、保冷材料密度/kg·m⁻³ 200		300		400	
			管质量、充水质量及保温质量 /kg·m⁻¹	允许跨距 /m	管质量、充水质量及保温质量 /kg·m⁻¹	允许跨距 /m	管质量、充水质量及保温质量 /kg·m⁻¹	允许跨距 /m
50	60.3×4.0	30	11.20	5.77				
		40	12.31	5.64	13.57	5.50		
		50	13.55	5.50	15.29	5.34	17.02	5.20
		60	14.92	5.37	17.19	5.18	19.46	5.03
		70	16.41	5.24	19.28	5.04	22.14	4.83
		80	18.03	5.12	21.55	4.89	25.08	4.53
		90	19.77	5.01	24.02	4.63		
		110	23.63	4.67	29.52	4.18		
65	76.1×5.0	30	16.23	6.62				
		40	17.44	6.51	18.90	6.38		
		50	18.78	6.39	20.76	6.23	22.74	6.09
		60	20.25	6.27	22.81	6.08	25.38	5.92
		70	21.84	6.15	25.05	5.94	28.26	5.77
		80	23.55	6.04	27.48	5.81	31.40	5.62
		90	25.40	5.92	30.09	5.68		
		110	29.46	5.71	35.89	5.35		
80	88.9×5.6	40	22.00	7.11				
		50	23.42	7.00	25.60	6.85		
		60	24.97	6.89	27.77	6.71	30.58	6.55
		70			30.13	6.57	33.63	6.40
		80	28.43	6.67	32.68	6.44	36.92	6.25
		90	30.36	6.56	35.41	6.31	40.47	6.11
		100	32.40	6.46	38.34	6.19		
		120	36.88	6.25	44.75	5.95		
100	114.3×6.3	40	31.67	8.12				
		50	33.25	8.02	35.83	7.88		
		60	34.96	7.92	38.24	7.75	41.53	7.59
		70			40.84	7.62	44.89	7.44
		80	38.74	7.72	43.63	7.50	48.51	7.30
		90	40.83	7.62	46.60	7.37	52.38	7.16
		100	43.03	7.52	49.77	7.25		
		120	47.83	7.33	56.66	7.02		
125	139.7×6.3	40	41.20	8.91	43.45	8.79	45.71	8.68
		50	42.93	8.82	45.91	8.67	48.89	8.53
		60	44.80	8.72	48.56	8.55	52.33	8.39
		70	46.79	8.63	51.40	8.43	56.01	8.25
		80	48.91	8.53	54.43	8.31	59.95	8.11
		90	51.15	8.44	57.64	8.19	64.14	7.97
		100	53.52	8.34	61.05	8.07	68.58	7.84
		120	58.63	8.16	68.42	7.85	78.21	7.59
150	168.3×7.1	40	55.80	9.80	58.42	9.69	61.04	9.59
		50	57.72	9.72	61.15	9.58	64.58	9.45
		60	59.76	9.64	64.07	9.47	68.37	9.32
		70	61.93	9.55	67.17	9.36	72.41	9.19
		80	64.23	9.47	70.47	9.25	76.71	9.05
		90	66.65	9.38	73.95	9.14	81.26	8.93
		100	69.20	9.29	77.63	9.03	86.06	8.80
		120	74.52	9.11	85.54	8.81	96.41	8.55

续表

公称直径 DN	管外径×厚 /mm	保温层厚 /mm	保温、保冷材料密度/kg·m⁻³ 200 管质量、充水质量及保温质量 /kg·m⁻¹	允许跨距 /m	300 管质量、充水质量及保温质量 /kg·m⁻¹	允许跨距 /m	400 管质量、充水质量及保温质量 /kg·m⁻¹	允许跨距 /m
200	219.1×8.0	40	85.00	11.13				
		50	87.24	11.06	91.46	10.93		
		60	89.60	10.98	94.86	10.83	100.12	10.68
		70	92.09	10.91	98.45	10.73	104.80	10.56
		80	94.70	10.83	102.22	10.63	109.74	10.44
		100	100.31	10.68	110.34	10.43	120.36	10.20
		110	103.30	10.60	114.68	10.33		
		130	109.66	10.44	123.92	10.13		
		140			128.83	10.03		
250	273.0×8.8	40	121.67	12.33				
		50	124.25	12.26	129.32	12.14		
		60	126.95	12.20	133.23	12.05	139.51	11.91
		70	129.78	12.13	137.32	11.96	144.87	11.80
		80	132.73	12.06	141.61	11.87	150.48	11.69
		100	139.02	11.93	150.74	11.69	162.45	11.47
		110	142.35	11.85	155.58	11.59		
		130	149.39	11.71	165.85	11.41		
		140			171.26	11.32		
300	323.9×10.0	40	165.09	13.42				
		50	167.98	13.36	173.05	13.25		
		70	174.15	13.24	182.81	13.08	191.48	12.93
		80	177.43	13.18	187.58	13.00	197.73	12.83
		90	180.82	13.12	192.53	12.92		
		100			197.67	12.83	210.98	12.62
		110	188.00	12.99	202.99	12.75	217.99	12.52
		130	195.68	12.86	214.22	12.58		
		150	203.86	12.73	226.19	12.41		
350	355.6×11.0	40	197.29	14.10				
		50	200.39	14.05	206.76	13.94		
		60	203.61	13.99	211.44	13.86	219.28	13.73
		70	206.96	13.93	216.31	13.78	225.67	13.63
		80	210.43	13.87	221.38	13.70	232.22	13.54
		90	214.03	13.82	226.63	13.62		
		100			232.06	13.54	246.38	13.34
		110	221.60	13.70	237.69	13.46	253.78	13.24
		130	229.68	13.57	249.51	13.30		
		150	238.26	13.45	262.08	13.13		
400	406.4×12.5	40	254.11	15.11				
		50	257.52	15.06				
		60			269.85	14.88		
		80	268.52	14.90	280.75	14.73		
		90	272.44	14.85	286.47	14.66		
		110	280.65	14.74	298.58	14.51		
		120	284.94	14.68	304.79	14.44		
		140	293.91	14.57	317.94	14.28		
		160	303.38	14.45	331.85	14.13		
450	457.0×14.2	40	319.79	16.08				
		50	323.53	16.03				
		60			337.13	15.86		
		80	335.48	15.88	348.97	15.73		
		90	339.71	15.83	355.18	15.66		
		110	348.56	15.73	368.16	15.52		
		120	353.17	15.68	374.93	15.45		
		140	362.78	15.58	389.03	15.31		
		160	372.88	15.47	403.90	15.16		

续表

公称直径 DN	管外径×厚 /mm	保温层厚 /mm	保温、保冷材料密度/kg·m⁻³ 200		300		400	
			管质量、充水质量及保温质量 /kg·m⁻¹	允许跨距 /m	管质量、充水质量及保温质量 /kg·m⁻¹	允许跨距 /m	管质量、充水质量及保温质量 /kg·m⁻¹	允许跨距 /m
500	508.0×16.0	40	394.58	17.01	401.46	16.93		
		50	398.63	16.96	407.39	16.87		
		60	402.81	16.92	413.51	16.81		
		80	411.54	16.83	426.32	16.68		
		90	416.10	16.78	433.01	16.62		
		110	425.59	16.69	446.94	16.49		
		120	430.52	16.64	454.20	16.42		
		140	440.76	15.54	469.26	16.29		
		160	451.51	15.44	485.09	16.15		
350	377.0×12.0	40	223.14	14.59				
		50	226.37	14.54	233.08	14.43		
		60	229.73	14.48	237.97	14.36	246.20	14.23
		70	233.21	14.43	243.04	14.28	252.87	14.14
		80	236.82	14.37	248.30	14.20	259.79	14.05
		90	240.55	14.32	253.75	14.13		
		100			259.39	14.05	274.38	13.85
		110	248.39	14.20	265.22	13.97	282.05	13.76
		130	256.74	14.09	277.44	13.82		
		160	265.39	13.97	290.42	13.66		
400	426.0×14.0	40	285.87	15.61				
		50	289.41	15.56				
		60			302.23	15.39		
		80	300.78	15.41	313.50	15.25		
		90	304.82	15.36	319.41	15.18		
		110	313.28	15.25	331.80	15.04		
		120	317.69	15.20	338.28	14.96		
		140	326.91	15.09	351.80	14.82		
		160	336.62	14.98	366.08	14.67		
450	480.0×15.0	40	352.43	16.50				
		50	356.30	16.46				
		60			370.49	16.30		
		80	368.89	16.32	382.76	16.16		
		90	373.07	16.27	389.19	16.10		
		110	382.21	16.17	402.60	15.96		
		120	386.96	16.12	409.58	15.89		
		140	396.86	16.02	424.12	15.75		
		160	407.25	15.92	439.12	15.62		
500	530.0×16.0	40	420.96	17.29	428.13	17.22		
		50	425.16	17.25	434.27	17.16		
		60	429.47	17.21	440.59	17.10		
		80	438.48	17.12	453.82	16.97		
		90	443.18	17.07	460.71	16.91		
		110	452.94	16.98	475.06	16.78		
		120	458.02	16.93	482.52	16.71		
		140	468.53	16.84	498.00	16.58		
		160	479.56	16.74	514.24	16.45		

表 17.12　Sch80 无缝钢管隔热管道允许跨距表

公称直径 DN	管外径×厚 /mm	保温层厚 /mm	保温、保冷材料密度/kg·m⁻³ 200		300		400	
			管质量、充水质量及保温质量 /kg·m⁻¹	允许跨距 /m	管质量、充水质量及保温质量 /kg·m⁻¹	允许跨距 /m	管质量、充水质量及保温质量 /kg·m⁻¹	允许跨距 /m
50	60.3×5.5	30	12.94	5.93				
		40	14.06	5.81	15.32	5.69		
		50	15.30	5.69	17.03	5.54	18.76	5.41
		60	16.67	5.57	18.93	5.39	21.20	5.24
		70	18.16	5.45	21.02	5.25	23.89	5.09
		80	19.77	5.34	23.30	5.12	26.83	4.94
		90	21.52	5.22	25.77	4.99		
		110	25.38	5.01	31.27	4.61		
(65)	76.1×7.1	30	19.12	6.80				
		40	20.33	6.69	21.79	6.58		
		50	21.67	6.59	23.56	6.44	26.63	6.32
		60	23.14	6.48	25.70	6.31	28.27	6.16
		70	24.73	6.37	27.94	6.18	31.16	6.02
		80	26.45	6.27	30.37	6.05	34.29	5.87
		90	28.29	6.16	32.98	5.93		
		110	32.35	5.96	38.78	5.69		
80	88.9×8.0	40	25.89	7.31				
		50	27.31	7.22	29.49	7.08		
		60	28.85	7.12	31.66	6.95	34.47	6.81
		70			34.02	6.83	37.51	6.66
		80	32.32	6.92	36.57	6.71	40.81	6.53
		90	34.25	6.82	39.30	6.59	44.36	6.39
		100	36.29	6.72	42.23	6.47		
		120	40.77	6.53	48.64	6.25		
100	114.3×8.8	40	37.01	8.35				
		50	38.59	8.27	41.17	8.13		
		60	40.29	8.18	43.58	8.02	46.86	7.87
		70			46.18	7.90	50.23	7.74
		80	44.08	7.99	48.96	7.79	53.85	7.60
		90	46.16	7.90	51.94	7.67	57.72	7.47
		100	48.37	7.81	55.10	7.56		
		120	53.16	7.63	62.00	7.34		
(125)	139.7×10.0	40	51.02	9.29	53.28	9.19	55.54	9.09
		50	52.76	9.21	55.74	9.09	58.72	8.97
		60	54.63	9.13	58.39	8.98	62.15	8.84
		70	56.62	9.05	61.23	8.87	65.84	8.72
		80	58.73	8.97	64.25	8.77	69.78	8.59
		90	60.97	8.88	67.47	8.66	73.96	8.47
		100	63.34	8.80	70.87	8.56	78.40	8.34
		120	68.45	8.63	78.24	8.35	88.03	8.10
150	168.3×11.0	40	68.41	10.21	71.02	10.12	73.64	10.03
		50	70.33	10.14	73.75	10.02	77.18	9.91
		60	72.37	10.07	76.67	9.93	80.98	9.79
		70	74.54	10.00	79.78	9.83	85.02	9.67
		80	76.84	9.92	83.08	9.73	89.32	9.56
		90	79.26	9.84	86.56	9.63	93.86	9.44
		100	81.80	9.77	90.23	9.53	98.66	9.32
		120	87.28	9.61	98.14	9.33	109.01	9.09

续表

公称直径 DN	管外径×厚 /mm	保温层厚 /mm	200 管质量、充水质量及保温质量 /kg·m⁻¹	200 允许跨距 /m	300 管质量、充水质量及保温质量 /kg·m⁻¹	300 允许跨距 /m	400 管质量、充水质量及保温质量 /kg·m⁻¹	400 允许跨距 /m
200	219.1×12.5	40	104.23	11.64				
		50	106.47	11.58	110.70	11.47		
		60	108.83	11.52	114.09	11.38	119.35	11.25
		70	111.32	11.45	117.68	11.29	124.04	11.15
		80	113.94	11.39	121.45	11.21	128.97	11.04
		100	119.54	11.25	129.57	11.03	139.59	10.82
		110	122.54	11.18	133.91	10.93		
		130	128.90	11.04	143.15	10.75		
		140			148.06	10.66		
250	273.0×16.0	40	160.13	13.10				
		50	162.71	13.05	157.78	12.95		
		60	165.41	13.00	171.69	12.88	177.96	12.76
		70	168.24	12.94	175.78	12.80	183.32	12.67
		80	171.19	12.88	180.06	12.72	188.93	12.57
		100	177.47	12.77	189.19	12.57	200.91	12.38
		110	180.81	12.71	194.04	12.49		
		130	187.84	12.59	204.30	12.33		
		140			209.72	12.25		
300	323.9×17.5	40	212.92	14.23				
		50	215.82	14.19	221.69	14.09		
		70	221.99	14.09	230.65	13.95	239.32	13.82
		80	225.26	14.03	235.42	13.88	245.57	13.74
		90	228.66	13.98	240.37	13.81		
		100			245.51	13.74	258.82	13.56
		110	235.84	13.87	250.83	13.66	265.83	13.47
		130	243.52	13.76	262.05	13.51		
		150	251.70	13.65	274.03	13.36		
350	355.6×20.0	40	260.16	14.99				
		50	263.15	14.94	269.63	14.85		
		60	266.48	14.90	274.31	14.79	282.14	14.69
		70	269.82	14.85	279.18	14.73	288.54	14.61
		80	273.30	14.80	284.24	14.66	295.19	14.52
		90	276.89	14.76	289.49	14.59		
		100			294.93	14.53	309.24	14.35
		110	284.47	14.66	300.56	14.46	316.65	14.27
		130	292.54	14.55	312.38	14.32		
		150	301.12	14.45	324.95	14.18		
400	406.4×22.2	40	331.70	16.02				
		50	335.11	15.98				
		60			347.44	15.84		
		80	346.11	15.85	358.34	15.72		
		90	350.03	15.81	364.06	15.65		
		110	358.24	15.72	376.09	15.53		
		120	362.53	15.67	382.38	15.46		
		140	371.50	15.57	395.53	15.33		
		160	380.97	15.48	409.44	15.20		
450	457.0×25.0	40	416.90	17.02				
		50	420.63	16.98				
		60			434.33	16.85		
		80	432.58	16.87	446.08	16.74		
		90	436.82	16.82	452.28	16.68		
		110	445.67	16.74	465.26	16.56		
		120	450.28	16.70	472.03	16.50		
		140	459.88	16.61	486.14	16.38		
		160	469.98	16.52	501.00	16.26		

续表

公称直径 DN	管外径×厚 /mm	保温层厚 /mm	200 管质量、充水质量及保温质量 /kg·m⁻¹	允许跨距 /m	300 管质量、充水质量及保温质量 /kg·m⁻¹	允许跨距 /m	400 管质量、充水质量及保温质量 /kg·m⁻¹	允许跨距 /m
							保温、保冷材料密度/kg·m⁻³	
500	508.0×28.0	40	514.40	17.98	521.79	17.92		
		50	518.45	17.95	527.22	17.87		
		60	522.63	17.91	533.34	17.82		
		80	531.37	17.84	546.14	17.71		
		90	535.92	17.80	552.83	17.66		
		110	545.41	17.72	566.77	17.55		
		120	550.34	17.68	574.02	17.49		
		140	560.59	17.60	589.09	17.38		
		160	571.33	17.52	604.91	17.27		
350	377.0×16.0	40	253.18	15.07				
		50	256.41	15.02	263.12	14.92		
		60	259.77	14.97	268.01	14.86	276.24	14.74
		70	263.25	14.92	273.08	14.79	282.91	14.66
		80	266.86	14.87	278.34	14.72	289.83	14.57
		90	270.59	14.82	283.80	14.64		
		100			289.44	14.57	304.42	14.39
		110	278.43	14.71	295.26	14.50	312.09	14.30
		130	286.78	14.61	307.49	14.35		
		150	295.63	14.50	320.46	14.21		
400	426.0×18.0	40	319.79	16.05				
		50	323.33	16.00				
		60			336.15	15.85		
		80	334.69	15.86	347.41	15.72		
		90	338.73	15.82	353.32	15.65		
		110	347.19	15.72	365.72	15.52		
		120	351.61	15.67	372.19	15.45		
		140	360.82	15.57	385.72	15.31		
		160	370.54	15.47	399.99	15.17		
450	480.0×19.0	40	390.82	16.95				
		50	394.70	16.91				
		60			408.88	16.76		
		80	407.08	16.78	421.16	16.64		
		90	411.46	16.73	427.58	16.57		
		110	420.60	16.64	440.99	16.45		
		120	425.36	16.60	447.98	16.38		
		140	435.25	16.50	462.52	16.25		
		160	445.64	16.40	477.81	16.12		
500	530.0×20.0	40	463.49	17.75	470.65	17.68		
		50	467.68	17.71	476.79	17.62		
		60	472.00	17.67	483.12	17.56		
		80	481.01	17.58	496.34	17.45		
		90	485.70	17.54	503.23	17.39		
		110	495.47	17.45	517.58	17.26		
		120	500.54	17.41	525.04	17.20		
		140	511.06	17.32	540.53	17.08		
		160	522.08	17.23	556.76	16.95		

表 17.13　LG 级大直径焊接钢管隔热管道允许跨距表

公称直径 DN	保温、保冷材料密度/kg·m⁻³		200		300		400	
	管外径×厚/mm	保温层厚/mm	管质量、充水质量及保温质量/kg·m⁻¹	允许跨距/m	管质量、充水质量及保温质量/kg·m⁻¹	允许跨距/m	管质量、充水质量及保温质量/kg·m⁻¹	允许跨距/m
400	406.4×8	40	216.74	14.18	222.35	14.09		
		50	220.15	14.12	227.32	14.01		
		60	223.69	14.07	232.48	13.93		
		80	231.15	13.95	243.37	13.77		
		90	235.07	13.89	249.10	13.69		
		110	243.28	13.77	261.13	13.53		
		120	247.57	13.71	267.42	13.45		
		140	256.54	13.59	280.57	13.29		
		160	266.01	13.47	294.48	13.13		
450	457.0×8	40	261.78	14.79	268.03	14.71		
		50	265.51	14.74	273.48	14.65		
		60	269.37	14.69	279.12	14.56		
		80	277.47	14.58	290.96	14.41		
		90	281.70	14.52	297.17	14.33		
		110	290.55	14.41	310.14	14.18		
		120	295.16	14.36	316.91	14.10		
		140	304.76	14.24	331.02	13.95		
		160	314.87	14.13	345.88	13.80		
500	508.0×8	40	311.25	15.36	318.14	15.27		
		50	315.30	15.31	324.07	15.20		
		60	319.48	15.26	330.19	15.13		
		80	328.22	15.15	343.00	14.99		
		90	332.77	15.10	349.68	14.92		
		110	342.26	15.00	363.62	14.77		
		120	347.20	14.94	370.87	14.70		
		140	357.44	14.83	385.94	14.55		
		160	368.18	14.73	401.76	14.41		
600	610.0×8	40	422.45	16.35	430.62	16.27		
		50	427.14	16.31	437.51	16.21		
		60	431.96	16.26	444.59	16.15		
		80	441.98	16.17	459.32	16.01		
		90	447.17	16.12	466.97	15.95		
		110	457.95	16.03	482.83	15.82		
		120	463.52	15.98	491.04	15.75		
		140	475.04	15.88	508.03	15.62		
		160	487.07	15.78	525.78	15.36		
700	711.0×8	50	553.99	17.17	565.94	17.07		
		60	559.44	17.12	573.97	17.01		
		70	565.02	17.08	582.20	16.95		
		80	570.73	17.04	590.61	16.89		
		90	576.56	17.00	599.21	16.82		
		110	588.60	16.91	616.97	16.57		
		130	601.14	16.79	635.49	16.33		
		150	614.19	16.61	654.76	16.09		
		170	627.73	16.43	674.78	15.85		

续表

公称直径 DN	保温、保冷材料密度/kg·m⁻³ 管外径×厚/mm	保温层厚/mm	200 管质量、充水质量及保温质量/kg·m⁻¹	允许跨距/m	300 管质量、充水质量及保温质量/kg·m⁻¹	允许跨距/m	400 管质量、充水质量及保温质量/kg·m⁻¹	允许跨距/m
800	813.0×8	50	698.35	17.85	711.90	17.68		
		60	704.44	17.77	720.90	17.57		
		70	710.66	17.70	730.08	17.46		
		80	717.01	17.62	730.45	17.35		
		90	723.48	17.54	749.02	17.24		
		110	736.81	17.38	768.70	17.01		
		130	750.63	17.22	789.14	16.79		
		150	764.96	17.06	810.34	16.57		
		170	779.79	16.89	832.29	16.35		
900	914.0×8	50	857.40	18.14	872.54	17.98		
		60	864.13	18.07	882.49	17.88		
		70	870.98	18.00	892.62	17.78		
		80	877.97	17.93	902.95	17.68		
		90	885.07	17.86	913.46	17.58		
		110	899.66	17.71	935.05	17.37		
		130	914.76	17.56	957.39	17.17		
		150	930.35	17.42	980.49	16.96		
		170	946.45	17.27	1004.34	16.76		
1000	1016.0×8	60	1041.66	18.32	1061.94	18.14		
		70	1049.15	18.25	1073.04	18.05		
		80	1056.78	18.19	1084.32	17.96		
		90	1064.52	18.12	1095.79	17.89		
		100	1072.40	18.06	1107.46	17.77		
		120	1088.52	17.92	1131.35	17.58		
		140	1105.15	17.79	1155.99	17.39		
		160	1122.28	17.65	1181.39	17.20		
		180	1139.91	17.51	1207.54	17.02		

表 17.14 STD 级大直径焊接钢管隔热管道允许跨距表

公称直径 DN	保温、保冷材料密度/kg·m⁻³ 管外径×厚/mm	保温层厚/mm	200 管质量、充水质量及保温质量/kg·m⁻¹	允许跨距/m	300 管质量、充水质量及保温质量/kg·m⁻¹	允许跨距/m	400 管质量、充水质量及保温质量/kg·m⁻¹	允许跨距/m
400	406.4×10	40	233.45	14.66	239.06	14.57		
		50	236.87	14.61	244.04	14.50		
		60	240.41	14.55	249.20	14.42		
		80	247.87	14.44	260.09	14.27		
		90	251.78	14.39	265.02	14.19		
		110	260.00	14.27	277.84	14.04		
		120	264.29	14.21	284.14	13.96		
		140	273.26	14.10	297.29	13.80		
		160	282.73	13.98	311.20	13.64		
450	457.0×10	40	280.68	15.32	286.92	15.24		
		50	284.41	15.27	292.37	15.17		
		60	288.27	15.22	298.01	15.09		
		80	296.36	15.11	309.86	14.95		
		90	300.60	15.06	316.06	14.87		
		110	309.44	14.95	329.04	14.72		
		120	314.06	14.90	335.81	14.65		
		140	323.66	14.78	349.92	14.50		
		160	333.76	14.67	364.78	14.35		

续表

公称直径 DN	保温、保冷材料密度/kg·m^{-3} 管外径×厚/mm	保温层厚/mm	200 管质量、充水质量及保温质量/kg·m^{-1}	允许跨距/m	300 管质量、充水质量及保温质量/kg·m^{-1}	允许跨距/m	400 管质量、充水质量及保温质量/kg·m^{-1}	允许跨距/m
500	508.0×10	40	332.34	15.93	339.23	15.84		
		50	336.39	15.88	345.16	15.78		
		60	340.57	15.83	351.28	15.71		
		80	349.31	15.73	364.09	15.57		
		90	353.86	15.68	370.77	15.50		
		100	363.35	15.58	384.71	15.35		
		120	368.29	15.52	391.96	15.28		
		140	378.53	15.42	407.03	15.14		
		160	389.27	15.31	422.85	15.00		
600	610.0×10	40	447.93	17.00	456.10	16.92		
		50	452.62	16.95	462.99	16.86		
		60	457.44	16.91	470.07	16.79		
		80	467.46	16.82	484.80	16.66		
		90	472.65	16.77	492.45	16.60		
		110	483.43	16.68	508.31	16.47		
		120	489.00	16.63	516.52	16.40		
		140	500.52	16.53	533.51	16.27		
		160	512.55	16.43	551.26	16.14		
700	711.0×10	50	583.81	17.88	595.77	17.79		
		60	589.27	17.84	603.80	17.73		
		70	594.85	17.79	612.02	17.67		
		80	600.55	17.75	620.43	17.61		
		90	606.38	17.71	629.03	17.55		
		110	618.42	17.62	646.80	17.42		
		130	630.97	17.53	665.31	17.30		
		150	644.01	17.44	684.59	17.18		
		170	657.56	17.35	704.61	17.06		
800	813.0×10	50	732.57	18.70	746.12	18.62		
		60	738.66	18.66	755.12	18.56		
		70	744.88	18.62	764.30	18.50		
		80	751.23	18.58	773.67	18.45		
		90	757.70	18.55	783.23	18.39		
		110	771.02	18.46	802.92	18.28		
		130	784.85	18.38	823.36	18.16		
		150	799.17	18.30	844.55	18.05		
		170	814.00	18.22	866.50	17.85		
900	814.0×10	50	895.96	19.44	911.10	19.36		
		60	902.69	19.40	921.05	19.30		
		70	909.55	19.36	931.19	19.25		
		80	916.53	19.33	941.51	19.20		
		90	923.64	19.29	952.02	19.14		
		110	938.23	19.21	973.61	18.97		
		130	953.32	19.14	995.96	18.76		
		150	968.92	19.02	1019.06	18.54		
		170	985.02	18.86	1042.91	18.33		

续表

公称直径 DN	保温、保冷材料密度/kg·m⁻³		200		300		400	
	管外径×厚/mm	保温层厚/mm	管质量、充水质量及保温质量/kg·m⁻¹	允许跨距/m	管质量、充水质量及保温质量/kg·m⁻¹	允许跨距/m	管质量、充水质量及保温质量/kg·m⁻¹	允许跨距/m
1000	1016.0×10	60	1084.61	20.01	1104.89	19.83		
		70	1092.11	19.94	1115.99	19.73		
		80	1099.73	19.88	1127.27	19.63		
		90	1107.48	19.81	1138.75	19.53		
		100	1115.35	19.74	1150.41	19.43		
		120	1131.47	19.59	1174.30	19.23		
		140	1148.10	19.45	1198.94	19.04		
		160	1165.23	19.31	1224.34	18.84		
		180	1182.86	19.16	1250.49	18.64		
1200	1220.1×10	70	1506.25	20.44	1534.62	20.25		
		80	1515.16	20.38	1547.83	20.17		
		90	1524.19	20.32	1561.23	20.08		
		100	1533.34	20.26	1574.81	19.99		
		110	1542.62	20.20	1588.58	19.91		
		130	1561.56	20.08	1616.70	19.73		
		150	1581.00	19.95	1645.56	19.56		
		170	1600.95	19.83	1675.18	19.39		
		190	1621.39	19.70	1705.56	19.21		
1400	1420.0×10	80	1985.90	20.76	2023.60	20.56		
		90	1996.19	20.71	2038.88	20.49		
		100	2006.60	20.65	2054.35	20.41		
		110	2017.14	20.60	2070.01	20.33		
		120	2027.80	20.54	2085.86	20.26		
		140	2049.50	20.43	2118.11	20.10		
		160	2071.71	20.32	2151.13	19.95		
		180	2094.42	20.21	2184.89	19.79		
		200	2117.63	20.10	2219.42	19.64		
1600	1620.0×10	80	2519.47	21.05	2562.20	20.88		
		90	2531.02	21.01	2579.37	20.81		
		100	2542.69	20.96	2596.72	20.74		
		110	2554.48	20.91	2614.26	20.67		
		120	2566.40	20.86	2632.00	20.60		
		140	2590.62	20.76	2668.03	20.46		
		160	2615.34	20.66	2704.81	20.32		
		180	2640.56	20.57	2742.35	20.18		
		200	2666.28	20.47	2780.64	20.04		

表 17.15　XS 级大直径焊接钢管隔热管道允许跨距表

公称直径 DN	保温、保冷材料密度/kg·m⁻³		200		300		400	
	管外径×厚/mm	保温层厚/mm	管质量、充水质量及保温质量/kg·m⁻¹	允许跨距/m	管质量、充水质量及保温质量/kg·m⁻¹	允许跨距/m	管质量、充水质量及保温质量/kg·m⁻¹	允许跨距/m
400	405.4×12	40	250.00	15.03	255.61	14.95		
		50	253.41	14.98	260.58	14.87		
		60	256.95	14.93	265.74	14.80		
		80	264.41	14.82	275.64	14.65		
		90	268.33	14.76	282.36	14.58		
		110	276.51	14.65	294.39	14.43		
		120	280.84	14.60	300.68	14.35		
		140	289.80	14.48	313.83	14.20		
		160	299.27	14.37	327.74	14.04		

续表

公称直径 DN	保温、保冷材料密度/kg·m^{-3}		200		300		400	
	管外径×厚/mm	保温层厚/mm	管质量、充水质量及保温质量/kg·m^{-1}	允许跨距/m	管质量、充水质量及保温质量/kg·m^{-1}	允许跨距/m	管质量、充水质量及保温质量/kg·m^{-1}	允许跨距/m
450	457.0×12	40	299.40	15.73	305.64	15.65		
		50	303.13	15.68	311.09	15.58		
		60	306.99	15.63	316.73	15.51		
		80	316.08	15.53	328.58	15.36		
		90	319.32	15.48	334.78	15.29		
		110	328.17	15.37	347.76	15.15		
		120	332.78	15.32	354.53	15.08		
		140	342.38	15.21	368.64	14.93		
		160	352.49	15.10	383.50	14.78		
500	508.0×12	40	353.26	16.37	360.14	16.29		
		50	357.31	16.32	366.08	16.22		
		60	361.49	16.27	372.20	16.16		
		80	370.22	16.18	385.00	16.02		
		90	374.78	16.13	391.69	15.95		
		110	384.27	16.03	405.63	15.81		
		120	389.20	15.98	412.88	15.74		
		140	399.45	15.87	427.95	15.60		
		160	410.19	15.77	443.77	15.46		
600	610.0×12	40	473.23	17.50	481.40	17.43		
		50	477.93	17.46	488.30	17.37		
		60	482.75	17.42	495.38	17.31		
		80	492.77	17.33	510.11	17.18		
		90	497.96	17.28	517.75	17.12		
		110	508.73	17.19	533.61	16.99		
		120	514.31	17.14	541.83	16.92		
		140	525.83	17.05	558.82	16.79		
		160	537.86	16.95	576.56	16.66		
700	711.0×12	50	613.47	18.44	625.42	18.35		
		60	618.92	18.40	633.45	18.29		
		70	624.50	18.36	641.68	18.23		
		80	630.21	18.32	650.09	18.18		
		90	636.04	18.28	658.69	18.12		
		110	648.08	18.19	676.45	18.00		
		130	660.62	18.10	694.97	17.87		
		150	673.67	18.01	714.24	17.75		
		170	687.21	17.93	734.27	17.63		
800	813.0×12	50	766.61	19.32	780.17	19.23		
		60	772.70	19.28	789.16	19.18		
		70	778.93	19.24	798.34	19.12		
		80	785.27	19.20	807.72	19.07		
		90	791.74	19.16	817.28	19.01		
		110	805.07	19.08	836.96	18.90		
		130	818.89	19.00	857.40	18.78		
		150	833.22	18.92	878.60	18.67		
		170	848.05	18.84	900.55	18.56		
900	914.0×12	50	934.35	20.10	949.50	20.02		
		60	941.08	20.06	959.44	19.96		
		70	947.94	20.02	969.58	19.91		
		80	954.92	19.99	979.90	19.86		
		90	962.03	19.95	990.41	19.81		
		110	976.62	19.88	1012.01	19.70		
		130	991.71	19.80	1034.35	19.59		
		150	1007.31	19.72	1057.45	19.49		
		170	1023.41	19.65	1081.30	19.38		

续表

公称直径 DN	保温、保冷材料密度/kg·m⁻³		200		300		400	
	管外径×厚/mm	保温层厚/mm	管质量、充水质量及保温质量/kg·m⁻¹	允许跨距/m	管质量、充水质量及保温质量/kg·m⁻¹	允许跨距/m	管质量、充水质量及保温质量/kg·m⁻¹	允许跨距/m
1000	1016.0×12	60	1127.39	20.78	1147.67	20.69		
		70	1134.89	20.75	1158.77	20.64		
		80	1142.51	20.71	1170.06	20.59		
		90	1150.26	20.68	1181.53	20.54		
		100	1158.13	20.64	1193.19	20.49		
		120	1174.26	20.57	1217.08	20.39		
		140	1190.88	20.50	1241.73	20.28		
		160	1208.01	20.42	1267.12	20.18		
		180	1225.64	20.35	1293.28	20.02		
1200	1220.0×12	70	1557.82	21.97	1586.18	21.77		
		80	1566.72	21.90	1599.39	21.68		
		90	1575.75	21.84	1612.79	21.59		
		100	1584.90	21.78	1626.37	21.50		
		110	1594.18	21.71	1640.51	21.41		
		130	1613.12	21.59	1668.26	21.23		
		150	1632.56	21.46	1697.12	21.05		
		170	1652.51	21.33	1726.74	20.86		
		190	1672.96	21.20	1757.12	20.68		
1400	1420.0×12	80	2046.07	22.36	2083.77	22.15		
		90	2056.36	22.30	2099.05	22.07		
		100	2066.77	22.24	2114.52	21.99		
		110	2077.31	22.19	2130.18	21.91		
		120	2087.97	22.13	2146.02	21.83		
		140	2109.67	22.02	2178.28	21.67		
		160	2131.88	21.90	2211.30	21.50		
		180	2154.69	21.79	2245.06	21.34		
		200	2177.80	21.67	2279.59	21.18		
1600	1620.0×12	80	2588.25	22.71	2630.98	22.53		
		90	2599.79	22.66	2648.14	22.45		
		100	2611.46	22.61	2665.50	22.38		
		110	2623.26	22.56	2683.04	22.31		
		120	2635.18	22.51	2700.77	22.23		
		140	2659.39	22.41	2736.80	22.09		
		160	2684.11	22.30	2773.59	21.94		
		180	2709.34	22.20	2811.12	21.79		
		200	2735.06	22.09	2844.41	21.65		

十三、塑料管道、玻璃钢管道、衬里管道跨距的计算

一般塑料管的支吊架间距可按式（17.28）计算。

$$y = \frac{WL^4}{384EI} \tag{17.33}$$

式中　y——挠度，cm；

W——管子及管内流体每1cm的质量，kg/cm；

E——弹性模量，MPa；

I——惯性矩，cm⁴；

L——支吊架间距，cm，见图17.20。

E 是根据使用温度、时间确定的。

玻璃钢管FRP管的支吊架间距也可按式（17.28）计算。

非金属管和衬里管的管壁，不得焊接金属支吊架连接件或其他构件；铝塑复合管的支吊架间距，可按塑料管的支吊架间距进行套用，钢塑、涂塑、衬里等复合管的支吊架间距，可按基材钢管的壁厚计算，其挠度 y 应比一般钢管道小，约为管道公称直径的 0.02 倍，对输送黏度较大的流体 $y \leqslant 25iL$（i 为管道的坡度，一般为 0.03；L 为支架间距，m），此计算公式也适用其他非金属管。各类管道的支吊架间距可查表 17.16～表 17.19。

(1) 玻璃钢管（FRP）管道的支吊架间距

玻璃钢管（FRP）管道的支吊架间距见图 17.20。

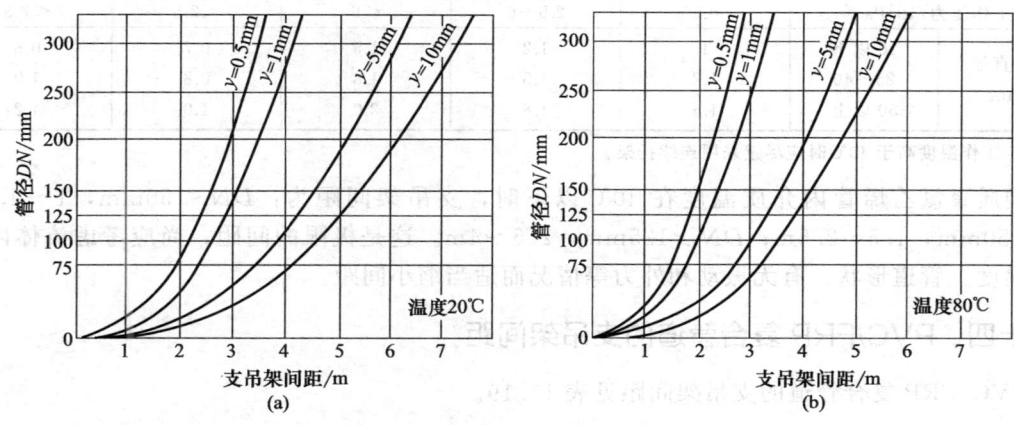

图 17.20 玻璃钢管（FRP）管道的一般支吊架间距

(2) 聚丙烯（PP）管道的支吊架间距

聚丙烯管道的支吊架间距见表 17.16。

表 17.16 聚丙烯管道的支吊架间距

公称直径 DN /mm	外径 /mm	壁厚 /mm	不同工作温度下支吊架间距/m					
			40℃	50℃	60℃	70℃	80℃	90℃
15	20	2	0.8	0.8	0.8	0.7	0.7	0.7
20	25	2	0.9	0.9	0.8	0.8	0.8	0.7
25	32	3	1.0	1.0	1.0	0.9	0.9	0.9
32	40	3.5	1.2	1.1	1.1	1.0	1.0	1.0
40	51	4	1.3	1.2	1.2	1.1	1.1	1.1
50	63	4.5	1.4	1.4	1.3	1.3	1.2	1.2
65	75	5	1.5	1.5	1.4	1.4	1.3	1.3
80	90	6	1.7	1.6	1.5	1.5	1.4	1.4
100	114	7	1.9	1.8	1.7	1.6	1.6	1.7
125	140	8	2.0	1.9	1.9	1.8	1.7	1.7
150	166	8	2.1	2.0	2.0	1.9	1.8	1.7
200	218	10	2.4	2.3	2.2	2.1	2.0	2.0

(3) 高压聚乙烯（HDPE）管道的支吊架间距

高压聚乙烯管道的支吊架间距见表 17.17。

表 17.17 高压聚乙烯管道的支吊架间距

公称直径 DN/mm	水平安装/m	垂直安装/m	公称直径 DN/mm	水平安装/m	垂直安装/m
10	0.5	1.0	32	1.0	2.0
15	0.6	1.2	40	1.2	2.4
20	0.7	1.4	50	1.5	3.0
25	0.8	1.6			

注：本表适用温度为常温管道。

水平敷设的软质聚乙烯管支架距离一般是管外径的 8～12 倍，垂直敷设的是管外径的约 25 倍，硬质管约为软质管的 2 倍。当管内流动的液体的密度和温度变化时，应适当缩短距离。

(4) 硬聚氯乙烯（UPVC）管道的支吊架间距

硬聚氯乙烯（UPVC 又称硬 PVC）管道的支吊架间距见表 17.18。

表 17.18 硬聚氯乙烯管道的支吊架间距

工作温度/℃		<40			>40	
介质名称		液体		气体	液体	气体
工作压力/10^5Pa		0.5	2.5～6	<6	<2.5	<2.5
公称直径 /mm	20 以下	1	1.2	1.5	0.7	0.8
	25～40	1.2	1.5	1.8	0.8	1.0
	50 以上	1.5	1.8	2.0	1.0	1.2

注：工作温度高于 40℃时应尽量采用连续托架。

硬质聚氯乙烯管内介质温度在 40℃ 以下时，支吊架间距为：$DN<50mm$，1～1.5m；$DN\geqslant 50mm$，1.5～2.5m；$DN\geqslant 125mm$，2.5～4m。这是极限的间距，尚应考虑流体内压、使用温度、管道形状、有无振动和外力等情况而适当缩小间距。

十四、PVC/FRP 复合管道的支吊架间距

PVC/FRP 复合管道的支吊架间距见表 17.19。

表 17.19 PVC/FRP 复合管道的支吊架间距

公称管内径/mm	15	20	25	32	40	50	65	80	100	125	150	200	250
支吊架间距/m	1.5	1.5	1.5	1.5	1.8	2.0	2.2	2.4	2.6	2.8	3.0	3.2	3.5

(1) 橡胶衬里、涂塑、钢塑等复合管道的支吊架间距

橡胶衬里、涂塑、钢塑等复合管的支吊架间距，可按基材钢管的壁厚计算，其挠度 y 应比一般钢管道小，约为管道公称直径的 0.02 倍，对输送黏度较大的流体 $y\leqslant 0.25iL$，（i 为管道的坡度，一般为 0.03；L 为支架间距，m），此计算式也适用其他非金属管。

(2) 聚乙烯（PE）管道的支吊架间距

聚乙烯管道强度较低，因此，应尽量避免承受额外负荷。对于阀门等管道附件以及重量较大的部件必须给予支撑或固定，管道中的伸缩接头，亦需支撑或固定，以防止因内压或振动而脱出。管子在支架处允许沿纵轴向移动，水平管道可采用角钢支架，也可用吊架；长度超过 6m 的直管段，一般应考虑伸缩装置，可利用管道转弯进行自然补偿，也可设置伸缩器。遇到两端固定的较长管段时，若在夏天安装，长度方向应稍松一些，使其中间有下垂，由中间支架来找平管道。管内外温度差应不超过 40～45℃，并应避免与高温体接近。沟槽回填土的厚度，管底下为 10～15cm，管顶及两侧加 15～20cm，土中不应含有石块、碎砖及坚硬物，最好用砂将管道埋没再回填土。水平敷设的软质聚乙烯管道支架距离一般是管外径的 8～12 倍，垂直敷设的是管外径的 25 倍，硬质管约为软质管的 2 倍。当管内流动液体的密度和温度变化时，应适当缩短距离。

第四节 配管载荷的计算

一、配管载荷的分类

配管载荷的分类见表 17.20。

表 17.20　作用在管道上的载荷一览表

载荷的种类	载荷特点	载荷来源	注
产生一次应力的载荷；为非自限性载荷，载荷过大，管道会被破坏			
内压力或外压力	在装置运行时产生，属长期静载荷	装置运行时在操作温度下，管内流体的内压或外压	因为在运行条件下管内压力和温度有种种变化，所以取最不利的压力温度组合作为设计条件
重力	长期静载荷	其中包括管道、阀门、管件、隔热材料和流动介质的重量	应区分均布载荷和集中载荷
环境影响	短期静载荷	管内气体或蒸汽，在停工时由于大气的冷却，管内形成负压。由于气温升高或太阳直射使管内压力升高	通常在应力分析中不考虑，必要时设置真空破坏器或安全阀防止管道破坏
试验载荷	短期静载荷	管道安装完毕后，进行水压试验或气压试验的载荷	一般试验压力根据有关规范确定
积雪载荷	短期静载荷	降雪地区的室外管道	按气象资料确定
风载荷	短期动载荷	作用于室外管道	一般根据气象资料按静力计算
地震载荷	短期静载荷	由地震引起的振动	一般根据有关资料按静力计算
压力冲击（水锤）	短期动载荷	机泵启动或关闭时，阀门快速启闭时和蒸汽管道暖管时等	在运行规程中设定机泵启动和关闭的规定，蒸汽管暖管的规定。对大口径的水泵出口设缓闭的逆止阀，以减少冲击载荷
产生二次应力的载荷为自限性载荷，管道变形后载荷减轻			
热膨胀变形	在管道上产生交变应力，每运行周期变化一次	因管道热胀或冷缩，管道变形而产生的交变应力	用计算机程序或有关图表计算
安装时冷紧	冷紧可减少管道对设备和固定支架的力	施工过程中产生	对二次应力无影响
管道端点位移	在管道上产生交变应力	与管道连接的设备膨胀	用计算机程序或有关图表计算
管道振动	长期振动载荷	管道受往复式机泵的压力脉动、两相流的压力脉动和机泵喘振而引起的振动	往复式机泵的进出口设置缓冲罐或增加管道的刚度
设备或支架基础下沉	可能引起管道对设备或支架的作用力改变或法兰泄漏	基础较差	如果在设计时能预知可能的下沉量，应在设计中予以考虑

二、配管载荷计算常用的方法

管子载荷计算有很多种方法，应根据具体情况具体分析。对于管子基本载荷的确定应根据力及力矩分配的原则进行推算。对于管子的热应力载荷的计算较复杂，无分支简单几何管系需手算很长时间，常借助图表法和计算机法相结合进行，以提高工作效率。对于不能用计算机计算的，或者认为计算机计算不合适时，可采用近似解法进行计算。作为有代表性的热应力载荷计算方法如下。

① 简支梁法（导向悬臂法）；
② 力矩分配法；
③ 弹性中心法；
④ 面积力矩法；
⑤ 变形能法；
⑥ 矩阵解析法；
⑦ 利用图表解析的方法，如：凯洛格法、特拨吞法等；
⑧ 有限元法；
⑨ 挠性判断法。

上述计算方法中，除了⑤、⑥以外均为近似解析法，近似解析法多不考虑柔度系数和集中系数，因此近似解析法一般偏于安全。

三、基本载荷的分配

冷态下，管道的基本载荷是按管系的空间几何形状进行分配的，即通过管系的空间几何形状和支撑点的位置可以计算出各承重点的分配载荷。在实际的工程中，管系的空间形状、支撑位置、集中载荷作用点是千变万化的，在这里很难给出各种管系的具体计算公式，可从中了解其计算规律，并以此去处理千变万化的工程实际情况。

1. 水平直管无集中载荷（图 17.21）

$$G_B = \frac{q(a+b)}{2} \tag{17.34}$$

式中　G_B——B 点所承受的载荷，N；
　　　q——管道单位长度的基本载荷，N/m；
　　　a，b——支吊架间距，m。

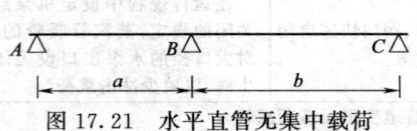

图 17.21　水平直管无集中载荷

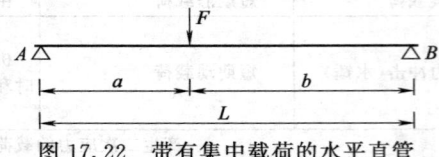

图 17.22　带有集中载荷的水平直管

2. 带有集中载荷的水平直管（图 17.22）

$$G_A = \left(\frac{qL}{2} + \frac{Fb}{L}\right) \tag{17.35}$$

$$G_B = \left(\frac{qL}{2} + \frac{Fa}{L}\right) \tag{17.36}$$

式中　G_A，G_B——A 点、B 点承受的载荷，N；
　　　q——管道单位长度的基本载荷，N/m；
　　　F——集中载荷，N；
　　　a，b——支吊架间距，m。

3. 带有阀门等集中载荷的水平管道基本载荷（图 17.23）

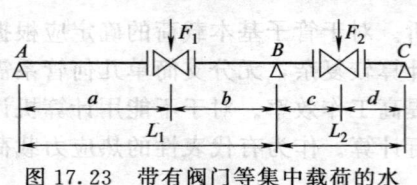

图 17.23　带有阀门等集中载荷的水平管道基本载荷分配示意图

图 17.23 给出了装有两个阀门的水平管道，阀门重量分别为 F_1 和 F_2。管道中共有 A、B、C 三个支撑点，各支撑点的位置尺寸及阀门的位置尺寸分别为 L_1、L_2、a、b、c、d。那么各支撑点所承受的基本载荷可分别按下式计算：

$$Q_A = \frac{1}{2}qL_1 + \frac{b}{L_1}F_1 \tag{17.37}$$

$$Q_B = \frac{1}{2}qL_1 + \frac{1}{2}q_2L_2 + \frac{a}{L_1}F_1 + \frac{d}{L_2}F_2 \tag{17.38}$$

$$Q_C = \frac{1}{2}qL_2 + \frac{c}{L_2}F_2 \tag{17.39}$$

式中　Q_A——支撑点 A 所承受的管道基本载荷，N；
　　　Q_B——支撑点 B 所承受的管道基本载荷，N；
　　　Q_C——支撑点 C 所承受的管道基本载荷，N。
其他符号见定义。

4. 带有垂直段管道的集中载荷（图 17.24）

图 17.24 给出了有竖直管段的管道情况，此时对两个支撑点 A、B 来说，可将竖直段管道

看成一集中载荷，该集中载荷 $F=bq$，那么可以得到两支撑点的载荷分别为：

$$Q_A = \frac{1}{2}qL + \frac{c}{L}bq \qquad (17.40)$$

$$Q_B = \frac{1}{2}qL + \frac{a}{L}bq \qquad (17.41)$$

式中　Q_A——支撑点 A 所承受的管道基本载荷，N；
　　　Q_B——支撑点 B 所承受的管道基本载荷，N；
　　　q——管子总单位长度重量，N/m；
a，b，c，L——结构尺寸，见图 17.26，m。

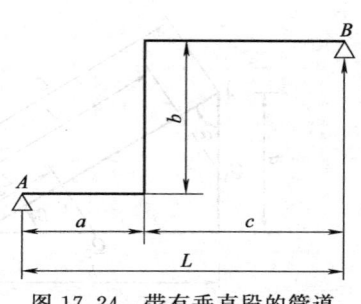

图 17.24　带有垂直段的管道基本载荷分配示意图

5. 垂直管道的集中载荷（图 17.25）

垂直管线上支点的集中载荷等与垂直部分全部载荷于水平部分 1/2 载荷之和。

$$G_B = \frac{qa}{2} + \frac{qb}{2} + ql \qquad (17.42)$$

6. L 形垂直弯管（图 17.26）

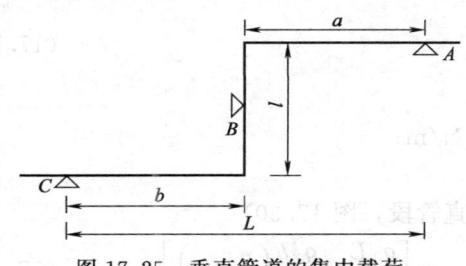

图 17.25　垂直管道的集中载荷

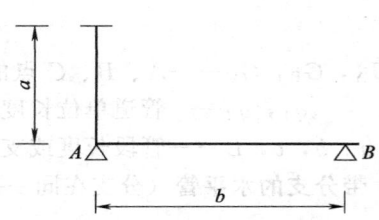

图 17.26　L 形垂直弯管的集中载荷

$$G_A = qa + \frac{qb}{2} \qquad (17.43)$$

$$G_B = ab/2 \qquad (17.44)$$

7. 水平弯管（弯管两段接近相等，图 17.27）

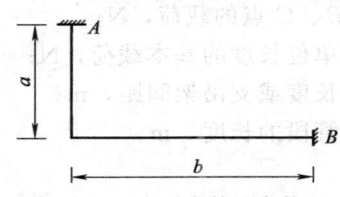

图 17.27　水平弯管（弯管两段接近相等）

在弯管两段接近相等的条件下，按下式计算：

$$G_A = G_B = \frac{q(a+b)}{2} \qquad (17.45)$$

式中　G_A，G_B——A 点、B 点的载荷，N；
　　　q——管道单位长度的基本载荷，N/m；
　　　a，b——管段长度，m。

8. 水平弯管（弯管两段不相等，图 17.28）

$$G_A = \frac{Q_1 L_1 + Q_2 L_2}{L} \qquad (17.46)$$

$$G_B = Q_1 + Q_2 - G_A \qquad (17.47)$$

式中　Q_1，Q_2——a、b 管段的基本载荷，N；
　　　a——管段长度，m；
　　　b——管段长度，m；
　　　L——A、B 两端间垂直距离，m；
　　　L_1——$a/2$ 处距 B 端的垂直距离，m；
　　　L_2——$b/2$ 处距 B 端的垂直距离，m。

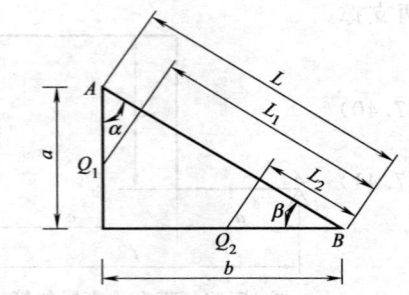

图 17.28 弯管两段不相等

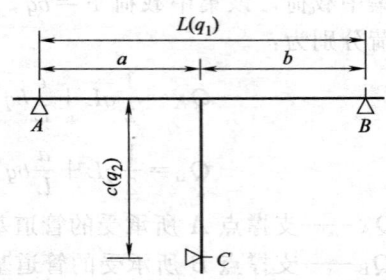

图 17.29 带分支的水平管（分支在同一平面）

9. 带分支的水平管（分支在同一平面，图 17.29）

$$G_A = \frac{q_1 L}{2} + \frac{q_2 bc}{2L} \tag{17.48}$$

$$G_B = \frac{q_1 L}{2} + \frac{q_2 ac}{2L} \tag{17.49}$$

$$G_C = \frac{q_2 C}{2} \tag{17.50}$$

式中　G_A，G_B，G_C——A、B、C 点的载荷，N；
　　　q_1，q_2——管道单位长度的基本载荷，N/m；
　　　a，b，c，L——管段长度或支吊架间距，m。

10. 带分支的水平管（分支在同一平面，带有垂直管段，图 17.30）

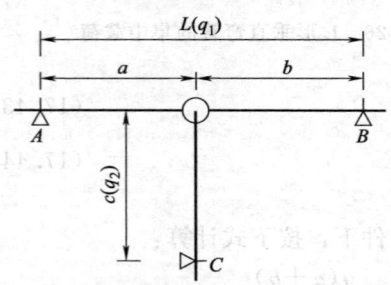

$$G_A = \left[\frac{q_1 L}{2} + \frac{q_2 b}{L}\left(\frac{c}{2}+l\right) \right] \tag{17.51}$$

$$G_B = \left[\frac{q_1 L}{2} + \frac{q_2 a}{L}\left(\frac{c}{2}+l\right) \right] \tag{17.52}$$

$$G_C = \frac{q_2 c}{2} \tag{17.53}$$

图 17.30 带分支的水平管（分支在同一平面，带有垂直管段）

式中　G_A，G_B，G_C——A、B、C 点的载荷，N；
　　　q_1，q_2——管道单位长度的基本载荷，N；
　　　a，b，c，L——管段长度或支吊架间距，m；
　　　l——垂直管段的长度，m。

11. 水平门形管道（水平单支点，图 17.31）

$$Q_B = \frac{q(b+c)}{2} \tag{17.54}$$

$$Q_C = \frac{q(a+b)}{2} \tag{17.55}$$

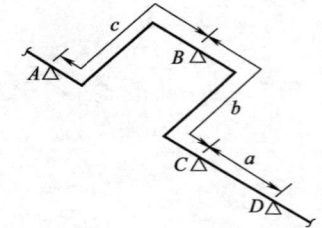

图 17.31 水平门形管道（水平单支点）

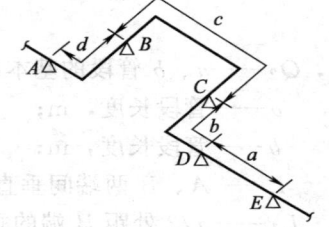

图 17.32 水平门形管道（水平双支点）

12. 水平门形管道（水平双支点，图17.32）

$$Q_C = \frac{q(b+c)}{2} \quad (17.56)$$

$$Q_D = \frac{q(a+b)}{2} \quad (17.57)$$

四、垂直管道载荷的计算

如图17.33所示，垂直管可按两支点间管道和管道附件的总载荷平均分配于两侧管架承受。热态下，管系中各支撑点不仅承受管道的基本载荷，还将承受位移载荷。由于管系中各点发生了位移，使得管系中各支撑点的基本载荷发生了重新分配。当管系中无弹簧支吊架时，基本载荷仍然符合几何分配原则，但此时应注意是否有支撑点脱空现象，如果有的话应不考虑该支撑点的承重。当管系中有弹簧支吊架时，基本载荷的分配原则符合热态吊零或冷态吊零分配原则，此时弹簧支吊架承受的载荷一旦确定，可将它视为一个集中载荷，那么管系中的基本载荷分配仍然符合几何分配原则。

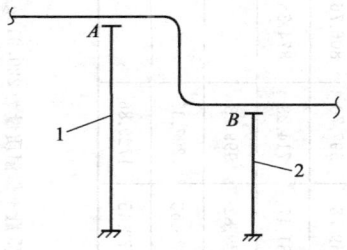

图17.33 垂直管道载荷的计算
1—高管架；2—低管架

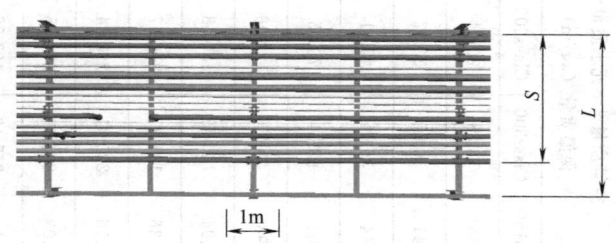

图17.34 管廊上均布载荷的计算

五、管廊上均布载荷的计算

管廊上均布载荷的计算如图17.34所示。

$$q = w/S \quad (17.58)$$

式中 q——均布载荷，管廊单位面积管子的载荷，kN/m^2；
w——阴影部分单位长度管子总载荷，kN/m；
S——管线总宽，m。
图中，L 为管廊宽度，m。

六、侧纵支梁上均布载荷的计算

图17.35所示为侧纵支梁上均布载荷的计算。

$$Q = W/S \quad (17.59)$$

式中 Q——侧纵支梁上均布载荷，kN/m；
W——阴影部分管子总载荷，按基本载荷的分配估算，kN；
S——管束总宽度，m。

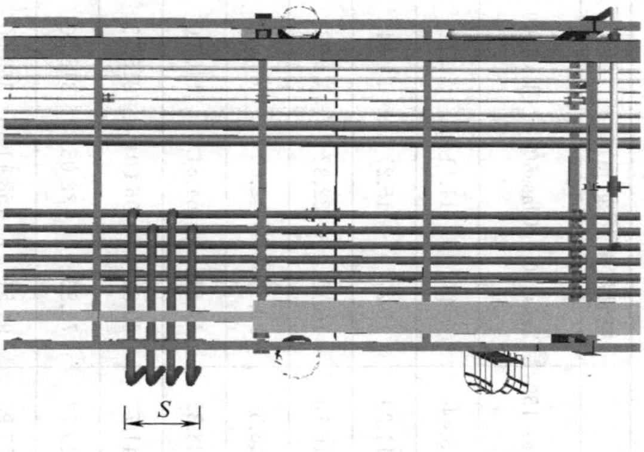

图17.35 侧纵支架上均布载荷的计算

七、管道支吊架垂直载荷的计算

管道支吊架承受的垂直载荷，除了进行载荷组合外，计算时还应满足以下要求。

表 17.21 管线载荷的简化计算

DN /mm	空管质量/(kg/m)				保温层		充水质量 /(kg/m)	空管质量①+充水质量+保温质量/(kg/m)				空管质量①+充水质量/(kg/m)			
	Class150	Class300	Class600	Class1500	保温厚度/mm	保温质量/(kg/m)		Class150	Class300	Class600	Class1500	Class150	Class300	Class600	Class1500
50	5.44	7.48	11.11	11.11	65	6.3	2.20	14.59	16.88	20.94	20.94	8.29	10.58	14.64	14.64
80	11.29	15.27	15.27	21.34	80	9.0	4.77	28.41	30.87	30.87	37.67	17.41	21.87	21.87	28.67
100	16.10	16.10	22.32	41.03	80	10.2	8.21	36.44	36.44	43.41	64.36	26.24	26.24	33.21	54.16
150	28.30	28.30	42.60	86.00	80	12.7	18.64	63.04	63.04	79.05	127.66	50.34	50.34	66.35	114.96
200	33.32	42.54	64.64	146.00	90	17.2	33.46	87.98	98.30	123.06	214.18	70.78	81.10	105.86	196.98
250	41.77	60.32	96.00	215.35	90	19.9	53.26	119.94	140.72	180.68	314.35	100.04	120.82	160.78	294.45
300	49.73	73.85	132.06	318.50	90	22.6	76.06	154.36	181.37	246.57	455.38	131.76	158.77	223.97	432.78
350	67.95	94.51	158.11	363.00	90	24.4	90.66	191.16	220.91	292.14	521.62	166.76	196.51	267.74	497.22
400	77.88	123.31	203.53	497.20	90	27.0	119.8	234.03	284.91	374.75	703.66	207.03	257.91	347.75	676.66
450	87.81	155.93	254.63	604.50	90	29.8	152.99	281.14	357.43	467.98	859.83	251.34	327.63	438.18	830.03
500	117.09	183.41	311.16		90	33.0	187.77	351.91	426.19	569.27		318.91	393.19	536.27	
600	140.96	255.18	441.84		90	38.0	273.90	469.78	597.70	806.76		431.78	559.70	768.76	
750	176.76	206.01	349.00		100	50.0	433.50	681.47	714.23	874.38		631.47	664.23	824.38	
900	265.08	282.41			100	60.0	622.93	979.82	999.23			919.82	939.23		
1050	268.68	330.14			100	68.0	859.61	1228.53	1297.37			1160.53	1229.37		
1200	331.45	471.10			100	77.0	1125.23	1573.45	1729.86			1496.45			

① 考虑到管子上一些附件的质量，此处的空管质量按"空管质量×1.12"计算。

注：保温材料为岩棉，表面材料为铝。

例如：从表中可以查出 DN350 的管子，Class300 时，对于保温管线，空管质量＋充水质量＋保温质量为 220.91kg/m，对于不保温管线，空管质量＋充水质量为 196.51kg/m。

① 管道重量。按管道材料标准或管材生产厂家的资料计算。
② 流体重量。管内输送可凝气体时,其介质重量应按管内冷凝液的实际重量计算。水平管道的冷凝液重量,可按下列规定估算。
  a. 管道公称直径小于 100mm 时,可取满管液重的 50%。
  b. 管道公称直径为 100~500mm 时,可取满管液重的 15%。
  c. 管道公称直径大于 500mm 时,可取满管液重的 10%。
③ 隔热层重量计算。按隔热标准或生产厂家提供资料计算。
④ 集中载荷
  a. 管件、阀门、法兰重量来源于样本或生产厂家的资料。
  b. 管道支吊架重量。
  c. 安全阀反力,通常是通过计算获得。

八、管道载荷查询和简化计算

① 管线载荷的简化计算见表 17.21。
② 法兰连接的阀门质量见表 17.22。

表 17.22 法兰连接的阀门质量   kg

管径	闸阀			截止阀			止回阀		
	Class150	Class300	Class600	Class150	Class300	Class600	Class150	Class300	Class600
1/2″	2.5	—	9	3	5	5	2	3.0	6
3/4″	4.5	6.2	13	5	7	7	3	4.5	9
1″	5.5	7.5	18	6	9	9	5	6.0	11
1¼″	9.2	13.2	22	11	15	15	8	9.0	15
1½″	12.5	17.0	35	14	18	18	11	13.0	22
2″	23.0	34.0	50	21	36	40	17	27.0	31
2½″	31.0	46.0	62	30	48	53	23	37.0	45
3″	40.0	60.0	85	36	60	71	28	48.0	58
4″	59.0	93.0	140	59	96	136	45	73.0	105
6″	100.0	180.0	270	109	172	362	81	130.0	219
8″	165.0	280.0	570	180	391	650	139	228.0	389
10″	250.0	390.0	840	255	560	906	189	282.0	503
12″	335.0	640.0	1200	390	831	1224	303	587.0	745
14″	570.0	890.0	1715	599	—	—	450	615.0	—
16″	715.0	1090.0	2120	807	—	—	580	845.0	1725
18″	820.0	1535.0	2850	—	—	—	752	1115.0	—
20″	1040.0	1890.0	3258	—	—	—	928	1390.0	—
22″	1315.0	2090.0	4240	—	—	—	—	—	—
24″	1590.0	2290.0	5067	—	—	—	1185	1832.0	—

③ 法兰质量见表 17.23。

表 17.23 法兰质量   kg

管径	对焊法兰			滑套法兰			孔板法兰		
	Class150	Class300	Class600	Class150	Class300	Class600	Class150	Class300	Class600
1/2″	0.9	0.9	1.4	0.9	1.4	1.4	—	—	—
3/4″	0.9	1.4	1.8	0.9	1.4	1.4	—	—	—
1″	1.1	1.8	2.3	0.9	1.4	1.8	—	8.2	8.2
1¼″	1.1	2.7	3.2	1.4	1.8	2.7	—	9.5	9.5
1½″	1.8	3.6	4.5	1.4	2.7	3.2	—	13.0	13.0
2″	2.7	4.1	5.4	2.3	3.2	4.1	—	15.0	15.0
2½″	4.5	5.4	8.2	3.2	4.5	5.9	—	19.5	19.5

续表

管径	对焊法兰			滑套法兰			孔板法兰		
	Class150	Class300	Class600	Class150	Class300	Class600	Class150	Class300	Class600
3″	5.2	6.8	10.4	3.6	5.9	7.1	—	22.0	22.0
4″	6.8	11.3	19.0	5.9	10.0	16.8	—	31.0	44.0
6″	10.9	19.0	36.7	8.6	17.7	36.3	—	45.0	88.0
8″	17.7	30.4	53.1	13.6	28.3	52.2	—	70.0	129.0
10″	23.6	41.3	85.7	19.5	36.7	80.3	—	100.0	204.0
12″	36.3	62.6	102.5	29.0	52.2	97.5	—	150.0	245.0
14″	46.3	84.4	157.4	38.6	74.4	117.5	—	193.0	320.0
16″	57.6	111.6	218.2	42.2	99.8	166.0	—	268.0	—
18″	63.5	138.3	251.7	54.4	127.0	210.2	—	340.0	—
20″	77.1	171.5	313.3	70.3	147.4	277.7	—	413.0	—
22″	101.6	210.9	326.6	83.9	188.8	267.6	—	510.3	—
24″	118.0	247.2	443.2	95.3	222.3	397.3	—	613.0	—

工程应用：管道热应力对某罐的推力计算

如图 17.36 所示，设某罐的进出油管线为 $\phi 159\text{mm} \times 4.5\text{mm}$ 钢管，管材为某碳钢，工作温度为 100℃，安装温度为 0℃，当管线在 1 点处固定时，求管线的热应力和对某罐的推力。

解：查某碳钢性质参数有：$\alpha = 1.22 \times 10^{-5}\text{℃}^{-1}$，$E = 1.975 \times 10^5 \text{MPa}$，管子截面积计算得：$A = 2.17 \times 10^{-3} \text{m}^2$，则管线热应力为

$$\sigma = \alpha E \Delta t = 1.22 \times 10^{-5} \times 197.5 \times 10^9 \times 100 = 241 \text{ (MPa)}$$

对某罐的推力为

$$P = A\sigma = 523 \text{ (kN)}$$

九、平面管系的热应力计算（弹性中心法）

① 弹性管道热膨胀时引起支座对管系的反力称弹性力，包括力和力矩，通过求解弹性力，就可求得管系任意截面上的热应力。现以角形管道为例，如图 17.37 所示，暂不考虑曲管柔性，计算弹性力的方程如下。

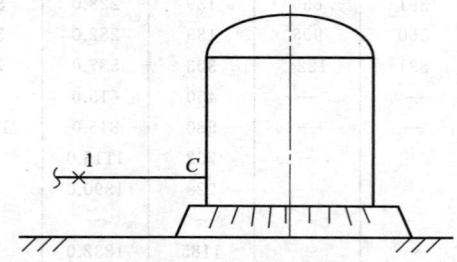

图 17.36 管道热应力对某罐的推力计算

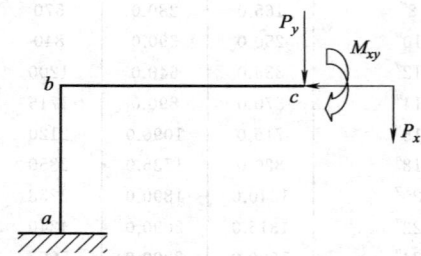

图 17.37 平面管系的热应力计算

$$\left. \begin{array}{l} P_x \delta_{xx} + P_y \delta_{xy} + M_{xy} \delta_{xM} = \Delta x \\ P_x \delta_{yx} + P_y \delta_{yy} + M_{xy} \delta_{yM} = \Delta y \\ P_x \delta_{Mx} + P_y \delta_{My} + M_{xy} \delta_{MM} = 0 \end{array} \right\} \quad (17.60)$$

式中　δ_{ij}——柔性系数，j 方向的单位力在 i 方向产生的位移；
　　Δx，Δy——平面管系在 x、y 方向上的热伸长量。

② 管子的柔性系数如下。

$$\delta_{xx} = \frac{J_x}{EI} \qquad \delta_{yy} = \frac{J_y}{EI} \qquad \delta_{MM} = \frac{L}{EI}$$

$$\delta_{xy}=\delta_{yx}=\frac{J_{xy}}{EI} \qquad \delta_{xM}=\delta_{Mx}=\frac{S_x}{EI} \qquad \delta_{yM}=\delta_{My}=\frac{S_y}{EI}$$

式中　J_x——管系对 x 轴的线惯性矩；
　　　J_y——管系对 y 轴的线惯性矩；
　　　J_{xy}——管系对 x、y 轴的线惯性积；
　　　S_x——管系对 x 轴的静矩；
　　　S_y——管系对 y 轴的静矩；
　　　L——管系的总长。

③ 柔性系数的符号按位移和作用力的方向来确定。见图 17.38。二者方向一致为正，不一致为负。所以，方程式（17.60）可写为：

$$\left.\begin{aligned}P_xJ_x-P_yJ_{xy}-M_{xy}S_x&=\Delta xEI\\-P_xJ_{xy}+P_yJ_y+M_{xy}S_y&=\Delta yEI\\-P_xS_x+P_yS_y+M_{xy}L&=0\end{aligned}\right\} \qquad (17.61)$$

为简化求解，设一刚臂由管系 C 端连接管系形心，则管系 C 端受力可移至管系形心 O 点，通过形心 O 建立坐标系，管系对 x、y 轴的静矩均为零。上式可简化为：

$$P_xJ_x-P_yJ_{xy}=\Delta xEI$$
$$-P_xJ_{xy}+P_yJ_y=\Delta yEI$$

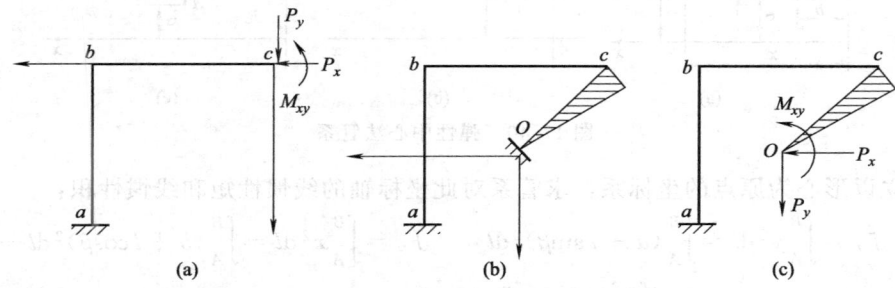

图 17.38　弹性中心法管系

④ 见图 17.39。解方程组，可得形心处作用于刚臂端点 O 的弹性力为：

$$P_x=\frac{J_y\Delta xEI+J_{xy}\Delta yEI}{J_xJ_y-J_{xy}^2} \qquad (17.62)$$

$$P_y=\frac{J_x\Delta yEI+J_{xy}\Delta xEI}{J_xJ_y-J_{xy}^2} \qquad (17.63)$$

将弹性力 P_x 和 P_y 合成得到一个通过形心的推力 P，推力 P 的作用线称为推力线。推力线到管线上任意点的法向距离与推力 P 的乘积就是该点所受的热胀力矩。

⑤ 计算各点弯矩，求出管系最大弯矩：将弹性力 P_x 和 P_y 合成得到一个通过形心的推力 P，推力 P 作用线称为推力线。推力线到管线上任意点的法向距离与推力 P 的乘积就是该点所受的热胀力。由图 17.39 知弯矩最大值在端点或拐点处。

计算最大热应力：热胀在管路中不仅引起弯曲应力，还产生轴向压应力和管截面上的剪应力，但以弯曲应力为主。

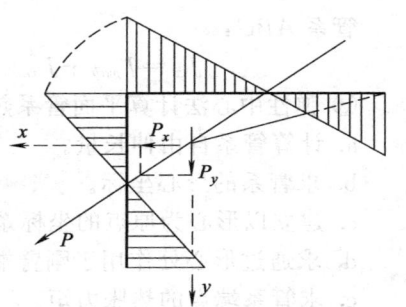

图 17.39　弹性中心法管系

$$\sigma_{max} = \frac{M_{max}}{W} \tag{17.64}$$

⑥ 平面管线的形心坐标、线静距、线惯性矩、线惯性积的计算。见图17.40。
求解平面管线的形心坐标：

$$x_0 = \frac{S_y}{L} \quad y_0 = \frac{S_x}{L} \tag{17.65}$$

线静距：

$$S_x = \int_A^B y\,dl = \int_A^B (a + l\sin\beta)dl \quad S_y = \int_A^B x\,dl = \int_A^B (b + l\cos\beta)dl \tag{17.66}$$

水平管道 AB $S_x = aL \quad S_y = bL + \frac{L^2}{2}$

垂直管道 AB $S_x = aL + \frac{L^2}{2} \quad S_y = bL$

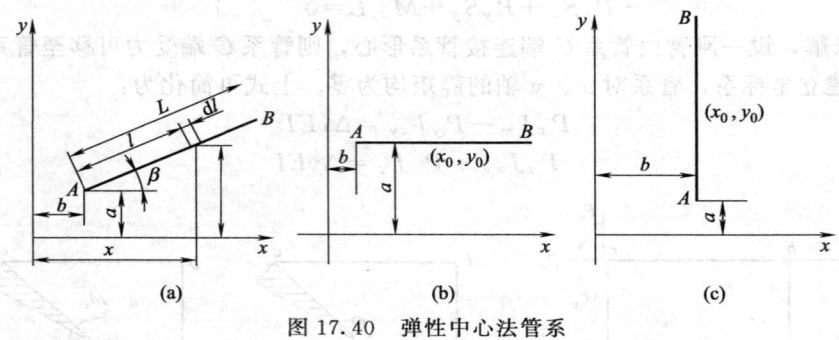

图 17.40 弹性中心法管系

⑦ 建立以形心为原点的坐标系，求管系对此坐标轴的线惯性矩和线惯性积：

$$J_x = \int_A^B y^2\,dl = \int_A^B (a + l\sin\beta)^2 dl \quad J_y = \int_A^B x^2\,dl = \int_A^B (b + l\cos\beta)^2 dl$$

$$J_{xy} = \int_A^B xy\,dl = \int_A^B (b + l\cos\beta)(a + l\sin\beta)dl \tag{17.67}$$

水平管道 BC（起点坐标 a，b）

$$J_{xbc} = b^2 L \quad J_{xybc} = abL + \frac{bL^2}{2} \quad J_{ybc} = a^2 L + aL^2 + \frac{L^3}{3}$$

垂直管道 AB（起点坐标 c，d）

$$J_{xab} = d^2 L + dL^2 + \frac{L^3}{3} \quad J_{xyab} = cdL + \frac{cL^2}{2} \quad J_{yab} = c^2 L$$

管系 ABC：

$$J_x = J_{xab} + J_{xbc} \quad J_y = J_{yab} + J_{ybc} \quad J_{xy} = J_{xyab} + J_{xybc}$$

⑧ 弹性中心法计算平面管系热应力的步骤如下。
a. 计算管系自由伸长量。
b. 求管系的形心坐标。
c. 建立以形心为原点的坐标系，求管系对此坐标轴的线惯性矩和线惯性积。
d. 求通过形心处作用于刚臂端点 O 的弹性力。
e. 求管系端点的热胀力矩。
f. 求管系中的最大热应力：某端点热胀力矩最大，则该点处有最大热应力。

工程应用：管道热应力对某罐推力的计算
如图 17.41 所示，设某罐的某管线为 159mm×4.5mm 钢管，$B2$ 管长为 5m，BC 管长为

10m，管材为某碳钢，工作温度温度为100℃，安装温度为0℃，当管线固定点由1移至2处时，求管系的最大热应力和对罐的推力。

解：查有关表格得，$\alpha = 1.22 \times 10^{-5}\ ℃^{-1}$
$$E = 1.975 \times 10^5\ \text{MPa}$$
$$A = 2.17 \times 10^{-3}\ \text{m}^2$$
$$W = 8.2 \times 10^{-5}\ \text{m}^3$$
$$I = 6.52 \times 10^{-6}\ \text{m}^4$$

（1）计算管系自由伸长量
$$\Delta x = \alpha(t_2 - t_1)L_{bc} = 1.22 \times 10^{-5} \times 100 \times 10 = 0.012\ (\text{m})$$
$$\Delta y = \alpha(t_2 - t_1)L_{ab} = 1.22 \times 10^{-5} \times 100 \times 5 = 0.006\ (\text{m})$$

（2）求管系的形心坐标见图17.42。

$$x_0 = \frac{S_y}{L} = \frac{S_{yab} + S_{ybc}}{L_{ab} + L_{bc}} = \frac{0 + \frac{10^2}{2}}{5 + 10} = 3.3\ (\text{m})$$

$$y_0 = \frac{S_x}{L} = \frac{S_{xab} + S_{xbc}}{L_{ab} + L_{bc}} = \frac{\frac{5^2}{2} + 0}{5 + 10} = 0.8\ (\text{m})$$

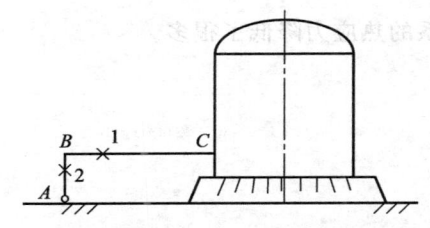

图17.41 管道热应力对某罐的推力计算

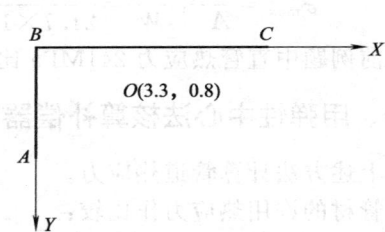

图17.42 管系的形心坐标

（3）建立以形心为原点的坐标系，求管系对此坐标轴的线惯性矩和线惯性积，见图17.43。

$$J_{xab} = d^2L + dL^2 + \frac{L^3}{3} = (-0.83)^2 \times 5 + (-0.83) \times 5^2 + \frac{5^3}{3} = 24.4$$

$$J_{xbc} = b^2L = (-0.83)^2 \times 10 = 6.9$$

则 $\quad J_x = J_{xab} + J_{xbc} = 24.42 + 6.89 = 31$

$$J_{yab} = c^2L = 3.3^2 \times 5 = 55.5$$

$$J_{ybc} = a^2L + aL^2 + \frac{L^3}{3} = (-6.7)^2 \times 10 + (-6.7) \times 10^2 + \frac{10^3}{3} = 111$$

则 $\quad J_y = J_{yab} + J_{ybc} = 55.5 + 111 = 166.5$

$$J_{xyab} = cdL + \frac{cL^2}{2} = (-0.8) \times 3.3 \times 5 + \frac{3.3 \times 5^2}{2} = 27.6$$

$$J_{xybc} = abL + \frac{bL^2}{2} = (-0.8) \times (-6.7) \times 10 + \frac{(-0.8) \times 10^2}{2} = 13.9$$

则 $\quad J_{xy} = J_{xyab} + J_{xybc} = 27.6 + 13.9 = 41.5$

（4）求通过形心处作用于刚臂O的弹性力见图17.44。

$$P_x = \frac{J_y \Delta x EI + J_{xy} \Delta y EI}{J_x J_y - J_{xy}^2} = 843\ (\text{N})$$

$$P_y = \frac{J_x \Delta y EI + J_{xy} \Delta x EI}{J_x J_y - J_{xy}^2} = 256 \text{ (N)}$$

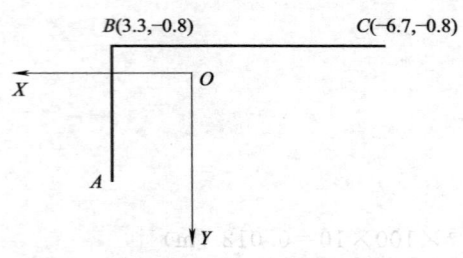

图 17.43 管系的形心坐标

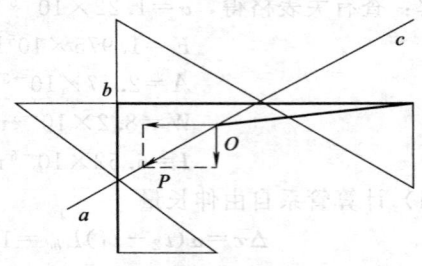

图 17.44 通过形心处作用于刚臂 O 的弹性力

(5) 求管系端点的热胀力矩。

$$M_a = P_y X_0 - P_x(L_{ab} - Y_0) = -2663 \text{ (N·m)}$$
$$M_b = P_y X_0 + P_x Y_0 = 1555 \text{ (N·m)}$$
$$M_c = -P_y(L_{ab} - X_0) + P_x Y_0 = -1013 \text{ (N·m)}$$

(6) 求管系中的最大热应力：A 点热应力矩最大，则 A 点处有最大热应力。

$$\sigma_{\max} = \frac{P_y}{A} + \frac{M_a}{W} = \frac{257}{21.7 \times 10^{-3}} + \frac{2663}{82 \times 10^{-5}} = 0.12 + 32.48 \approx 33 \text{ (MPa)}$$

与前例题中直管热应力 241MPa 比，角形平面管系的热应力降低了很多。

十、用弹性中心法核算补偿器

用上述方法计算管道热应力。

与管材的许用热应力作比较：　　$\sigma \leqslant [\sigma]^t$

在常温和工作循环次数较低时：　$[\sigma]^t = 1.5[\sigma]$

在高温和工作循环次数较高时：$[\sigma]^t = f(1.25[\sigma]_c + 0.25[\sigma]_h)$

式中　f——由循环次数确定的应力降低系数，见表 17.24；

　　　$[\sigma]_c$——管材在冷态下的许用应力，MPa；

　　　$[\sigma]_h$——管材在热态下的许用应力，MPa。

表 17.24　由循环次数确定的应力降低系数 f

循环当量数 N	应力降低系数 f	循环当量数 N	应力降低系数 f
$N \leqslant 7000$	1.0	$45000 < N \leqslant 100000$	0.6
$7000 < N \leqslant 14000$	0.9	$100000 < N \leqslant 200000$	0.5
$14000 < N \leqslant 22000$	0.8	$200000 < N \leqslant 700000$	0.4
$22000 < N \leqslant 45000$	0.7	$700000 < N \leqslant 2000000$	0.3

工程应用：使用 ASME 经验公式优化配管柔性设计

① 工业配管设计中，高温管是多种多样的，把这些热应力逐一进行分析，工作量巨大，不切实际。可以用 ASME 经验公式判断并计算。

$$\frac{D_0 Y}{(L-U)^2} \leqslant 208.3 \tag{17.68}$$

$$Y = \sqrt{\Delta x^2 + \Delta y^2 + \Delta z^2} \tag{17.69}$$

式中　D_0——管子外径，mm；

　　　Y——管段总位移，mm；

　　　U——管段两固定点间的直线距离，m；

　　　L——管段在两固定点间的展开长度，m；

Δx,Δy,Δz——管段在 X、Y、Z 轴方向的变形,mm。

当两端间距 U 为常数时,可增加管的总长度 L,但尽力抑制总伸缩量 Y 的增加,把配管设计图作设计修改,如果修改后能使 ASME 经验公式得到满足,就不需要详细热应力分析。但应注意,增加配管全长以及增加弯曲部分,会引起管道流体压力损失的增大。

② 如图 17.45 所示,某 $DN200$、Sch40 的碳钢管路系统中,通过压力为 20kg/cm^2(表)、370℃的过热蒸汽时,判断这个管路系统是否需要详细解析

解:
$$\Delta x = l_x \alpha \Delta t = 30 \times (13.38 \times 10^{-6}) \times (370-20)$$
$$= 0.140 \text{ (m)} = 140\text{mm}$$
$$\Delta y = l_y \alpha \Delta t = 11.5 \times (13.38 \times 10^{-6}) \times (370-20)$$
$$= 0.054 \text{ (m)} = 54\text{mm}$$

式中的 α($℃^{-1}$)是材料的线膨胀系数,即使是同一材料也随温度而变化。Δt(℃)是和常温比较的温差,常温一般取 20℃,Δx、Δy、Y 如图 17.46 所示。

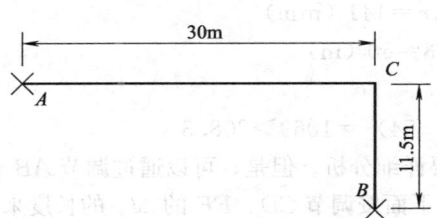

图 17.45 某 L 型管路柔性设计

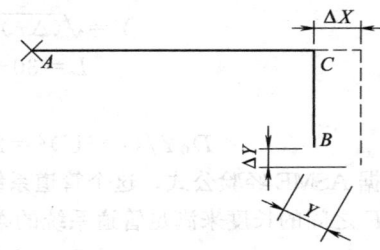

图 17.46 某 L 形管路的热膨胀量计算

$$Y = \sqrt{(\Delta x)^2 + (\Delta y)^2} = \sqrt{(140)^2 + (54)^2} = 150 \text{ (mm)}$$
$$L = l_x + l_y = 30 + 11.5 = 41.5 \text{ (m)}$$
$$U = \sqrt{l_x^2 + l_y^2} = \sqrt{30^2 + 1.5^2} = 32 \text{ (m)}$$
$$D_0 = 219\text{mm}$$
$$D_0 Y/(L-U)^2 = (219)(150)/(41.5-32)^2 = 364 > 208.3$$

因此,这个管路系统的热应力需要详细解析。

③ 在上题中保持两个端点之间的距离不变,试设法增加管的总长度,如变更设计,使管子不需作热应力的详细解析。

解:一般采用直角配管和平行配管,不采用斜交叉配管。此外,重要的是要使配管长度保持最短。应极力限制总收缩量 Y 的增加,增加限制到最小值,并使管总长度 L 的增加限制到最小值。为了确定 L 的大概尺寸,首先假设 Y 值的增加量可以忽略不计,见图 17.47。

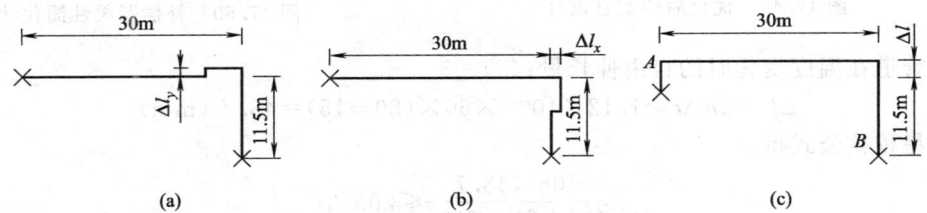

图 17.47 某 L 形管路的配管柔性设计优化

$$D_0 Y/(L-U)^2 = (219)(150)/(L-32)^2 \leqslant 208.3$$
$$L \geqslant 44.6\text{m} = 30 + 11.5 + 2\Delta l_y$$

见图 17.47 (a),改变管的长度,使 $\Delta l_y \geqslant 1.55\text{m}$ 即可。本例中,X 方向的管长大于 Y 方

向的管长，而且 X 方向管长的膨胀量 Δx 不能由 Y 方向配管长度完全补偿，所以有必要采取增加 Y 向管长的措施、如图 17.47（b）所示，加大 X 方向管长的做法，其效果是不好的。若左端 A 处允许按如图 17.47（c）所示的固定形式设计，那将是效果最好的消除热应力的设计。

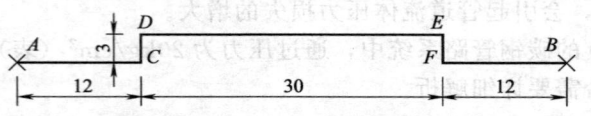

图 17.48 使用 ASME 经验公式进行自然补偿配管设计

工程应用：使用 ASME 经验公式进行自然补偿配管设计

如图 17.48 所示，碳钢材质、$DN250$、Sch40 的管路系统，管内介质为 $28kg/cm^2$（绝）、230℃ 的饱和蒸汽，判断这个管路的柔性。

解：
$$\Delta x = l\alpha\Delta t = (12+30+12)\times(12.45\times10^{-6})\times(230-20)$$
$$= 0.141\,(m) = 141mm$$
$$\Delta y = 0\,(Y\text{ 轴方向自由膨胀无约束})$$
$$Y = \sqrt{(\Delta x)^2 + (\Delta y)^2} = \Delta x = 141\,(mm)$$
$$L = 30+12+12+3+3 = 60\,(m)$$
$$U = 54m$$
$$D_0 Y/(L-U)^2 = 273\times141/(60-54)^2 = 1069 > 208.3$$

根据 ASME 经验公式，这个管道系统的热应力需要详细分析。但是，可以通过调节 AB 长度或 CD、EF 之间的长度来满足管道系统的柔性设计要求。下面按调节 CD、EF 的 Δl_y 的长度来分析。
$$D_0 Y/(L-U)^2 = 273\times141/(L-54)^2 \leqslant 208.3$$
$$L \geqslant 67.6 = 54 + (3+\Delta l_y)\times 2$$
$$\Delta l_y \geqslant 3.8m$$

因此，CD、EF 的长度大于等于 $3m+3.8m=6.8m$，就可满足管道系统的柔性设计要求。图 17.49 为优化后的配管设计。

工程应用：用 ASME 判断式进行Π形补偿器尺寸的计算

如图 17.50 所示。

在相距 60m 的两个固定支架之间的管道中，设计膨胀弯的尺寸 X。已知管子直径 $D=406mm$，管道的安装温度为 15℃，运行温度为 80℃，管材的线膨胀系数 $\alpha=1.12\times10^{-5}℃^{-1}$。

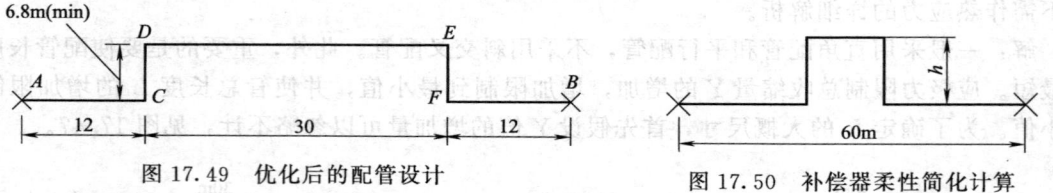

图 17.49　优化后的配管设计　　　　图 17.50　补偿器柔性简化计算

解：管道在温度变化时的自由伸长量：
$$\Delta L = \alpha u \Delta t = 1.12\times10^{-5}\times60\times(80-15) = 43.7\,(mm)$$

由简易校核公式得：
$$\frac{406\times43.7}{(60+2h-60)^2} \leqslant 208.3$$

解得：$h \geqslant 4.6m$。

十一、Π形自然补偿器的简化设计及端部水平载荷简化计算方法

见图 17.51，在设计Π形自然补偿器时，可以按《压力管道设计及工程实例（第 2 版）》

第 9 章提供的简化方法设计。

例如，一根 DN300、Sch20 的管子，需要设置自然补偿器，假设根据设计要求，需控制 $\Delta l \leqslant 300$mm，则可以查询《压力管道设计及工程实例（第 2 版）》中表 9-15 的简化计算表，查询到 $l = 7000$mm 时，$\Delta l = 287$mm 刚好符合要求。

通过 $\Delta l = L\alpha\Delta T$ 公式，就可以得出 L 的长度，根据查询到的 $l \geqslant 7000$mm 的数值，就可以设计出自然补偿器。按这个方法设计时，一般 h 控制在 5m 以下。

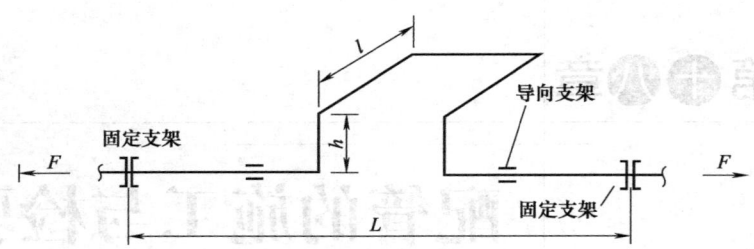

① $h \leqslant 5000$m；
② F 作用在固定点的水平热应力；
③ 两固定点之间管子的长度变化量 $\Delta l = L\alpha\Delta T$（$L$ 为两固定点之间的距离，α 为管子的线膨胀系数，ΔT 为管子的温度变化）；
④ l 为Π形自然补偿器如图所示的长度。

图 17.51　Π形自然补偿器的简化设计及端部水平载荷简化计算

十二、防水击的计算

管路充满水流动时，若突然关闭管路末端的阀门，急速截流，则被阻动的水流的动能即转变为位能而产生高压，并以压力波的形式将向阀门前端传递。反之，若迅速打开阀，将引起压力突然下降。如果假定管壁为刚体，在常温水肿压力波的传递速度 α（m/s）等于声速，即 $\alpha = 1425$m/s。假设管路的长度为 L（m），阀门的关闭时间为 T（s），当在 $T < 2L/\alpha$ 的时间内迅速关闭阀门时，水压上升循 Δh 可表示为：

$$\Delta h = \alpha v_0 / g \tag{17.70}$$

式中，v_0（m/s）为阀门关闭前管内的平均流速。

在 $T > 2L/\alpha$ 的缓慢关闭情况下，上升的水压值 Δh 表示为

$$\Delta h = (1/2)h_0 n(n + \sqrt{n^2 + 4})$$

式中，h_0（m）为阀门关闭前管路内的平均流速为 v_0 时的静水压头。

十三、风载荷的计算

风压 p（kgf/m²）是速度压强 q（kgf/m²）乘以风力系数 c，按下式计算：

$$p = cq \tag{17.71}$$

$$\left.\begin{array}{l} q = 60\sqrt{h} \quad (h \leqslant 16\text{m}) \\ q = 120\sqrt{h} \quad (h > 16\text{m}) \end{array}\right\} \tag{17.72}$$

式中，h（m）是计算处至地面的高度，风力系数 c 与形状有关，对圆筒形塔罐 $c = 0.7$，对球形容器 $c = 0.4$，对平面形塔罐 $c = 1$。风载荷为风压 p 乘以塔罐有效受风面积沿风向的投影。

十四、地震载荷的计算

按下式将容器重量 W（kgf）乘以地震系数 k 确定地震载荷。

$$F = kW \tag{17.73}$$

对于自立塔罐类取 $k = 0.3$ 是按偏于安全进行设计的。

第十八章

配管的施工与检验

第一节 设计交底

一、配管设计交底的定义

设计交底是由设计单位向建设工程业主（或总承包方）和施工方进行的技术交底。设计交底宜按主项（单元）由各专业集中会议的方式进行，原则上不重复。对于特大工程，也可由建设工程业主（或总承包方）提出并与设计单位协调按施工程序分次进行。

二、设计交底的时间、地点、组织和准备

① 设计交底工作宜在建设工程业主（或总承包方）接到详细设计文件后、施工开始前进行。交底会议地点宜在建设项目所在地，设备的设计交底一般在设备制造厂进行。具体时间、地点由建设工程各方与设计单位商定。

② 详细设计交底会一般由建设工程业主（或总承包方）组织并负责会务等工作。交底会组织单位应于会前确定参加会议的单位、部门和人员。参加会议的人员至少应包括设计单位、建设工程业主（或总承包方）和施工方的有关人员。

③ 建设工程业主（或总承包方）及施工各方对设计方的详细设计文件进行认真审阅，提出问题，一般将提出的问题以书面形式送达设计单位。

④ 配管专业设计交底会需要说明的内容

a. 配管设计的概况、特点，对施工的主要要求。

b. 配管设计文件的组成、查找办法和图例符号的工程含义。

c. 主要设备布置、配管及其特点。工程主要采用的管道材料、特殊材料和管架等材料，以及在采购工作中必须遵循的事项。描述设备布置、管道布置的设计原则和方案。

d. 主要工程量。

e. 与界外工程的关系和衔接要求。

f. 配管设计专业与其他有关专业间的交叉和衔接。

g. 配管施工、检验和验收应执行的技术法规、标准和设计文件，对施工、制造、检验和验收的特殊技术要求。

h. 对设计遗留问题或留待现场处理问题的说明。

i. 对建设工程业主（或总承包方）和施工方提出问题的解答。

j. 其他应说明的问题（例如同类工程的经验教训等）。

三、设计交底会议的主要程序

设计交底会议一般由建设工程业主（或总承包方）主持。

会议的主要程序如下。

① 设计单位介绍主项（单元）设计概况。

② 专业设计负责人介绍专业设计概况，提出施工中应注意的问题。

③ 提出和解答问题，讨论有关配管设计文件待议事项。

第二节 施工现场配管设计文件的变更

① 施工现场配管设计文件的变更一般由配管设计代表完成，主要工作内容是对原设计中出现的问题进行修改以及材料选择的替换。现场出现的任何问题对施工进度、项目投资、施工质量都有直接关系。

② 对于设计原因引起的设计修改，首先应仔细校对图纸查找原因，现场考察，制定修改方案，填写设计变更通知单，重大问题应向施工现场负责人汇报。

③ 非设计原因的设计修改

a. 业主变更。设计已完，在施工过程中业主提出对设计内容、条件、标准、材料、材质等修改。

b. 采购变更。对原设计材料由于采购原因或为节省投资利用现有库存所做的修改，也包括实际采购的设备、管件、阀门等与原有设计不同而产生的修改。

c. 其他变更。为满足当地法律、法规、使用习惯、施工要求等原因而进行的修改，或其他外部原因引起的变更修改。

对非设计原因的变更要弄清原因，慎重处理。不得因变更而对以后的生产、安全、操作、维修等产生不利因素或造成事故隐患。对影响工期进度、增加工程投资和影响工程质量的重大变更，必须得到现场总负责人的批准。

对 EPC 项目，业主变更往往是进行索赔的有效因素和依据，因此非设计原因的变更一定要有业主或施工单位授权的负责人签署和认可。

④ 对于采用 3D 配管设计软件的工程，施工现场做设计变更时，同时修改 3D 模型，将方便工程竣工图的设计。

第三节 管道安装程序及吊装作业

一、管道安装的一般程序

管道安装的一般程序如图 18.1 所示。

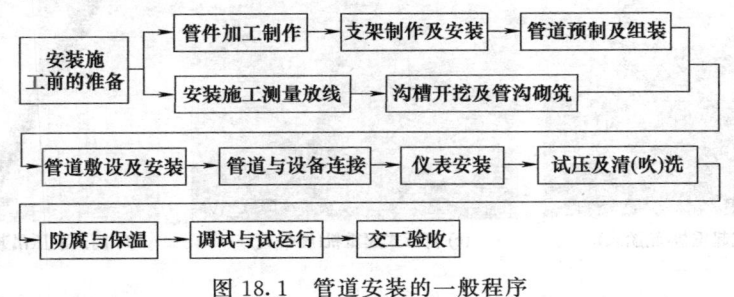

图 18.1 管道安装的一般程序

二、施工吊装及分类

装置内、室内检修、维修、安装用的单轨吊已在本书前面的章节介绍。这里介绍的主要是施工阶段的吊装，吊装工具如图 18.2 所示。

① 杠杆、滑轮组，见图 18.2（a）、(b)。

② 桅杆。又名扒杆、抱杆、抱子等，见图 18.2（c）。20 世纪 90 年代中期以前是大型吊装主力。优势：吊装重量大，制作、安装、使用、维护费用低。劣势：施工周期长；对周边影响大。

③ 自行式起重机。分轮胎式、履带式等。20 世纪 90 年代中期后为大型吊装主力。优势：移动快速；使用方便（移动、操作、使用效率）；占用人力、物力、场地小，对周边影响小；工期短。劣势：进退场、台班费用高；依赖进口吊车。图 18.2（d）为轮胎式，图 18.2（e）为履带式，正在吊装 510t 设备。

④ 门式液压吊装系统。主要由门式桅杆与千斤顶组成。有爬升式、提升式。优势：吊装重量特别大；费用中等（对比桅杆、大型吊机）；模块化组装，施工周期中等。劣势：对周边有一定影响；不能长距离整体移动。图 18.2（f）所示为钢缆式千斤顶和门式液压系统吊装 1800t 塔。图 18.2（g）所示为爬升式千斤顶和门式液压系统吊装 1300t 反应器。

⑤ 特殊液压吊装系统。环梁式桅杆与钢缆千斤顶。优势：吊装重量特别大；可以原地旋转；没有拖拉绳。劣势：费用特别高；不能移动；周期较长。图 18.2（h）所示为某 2000t 反应器的吊装。

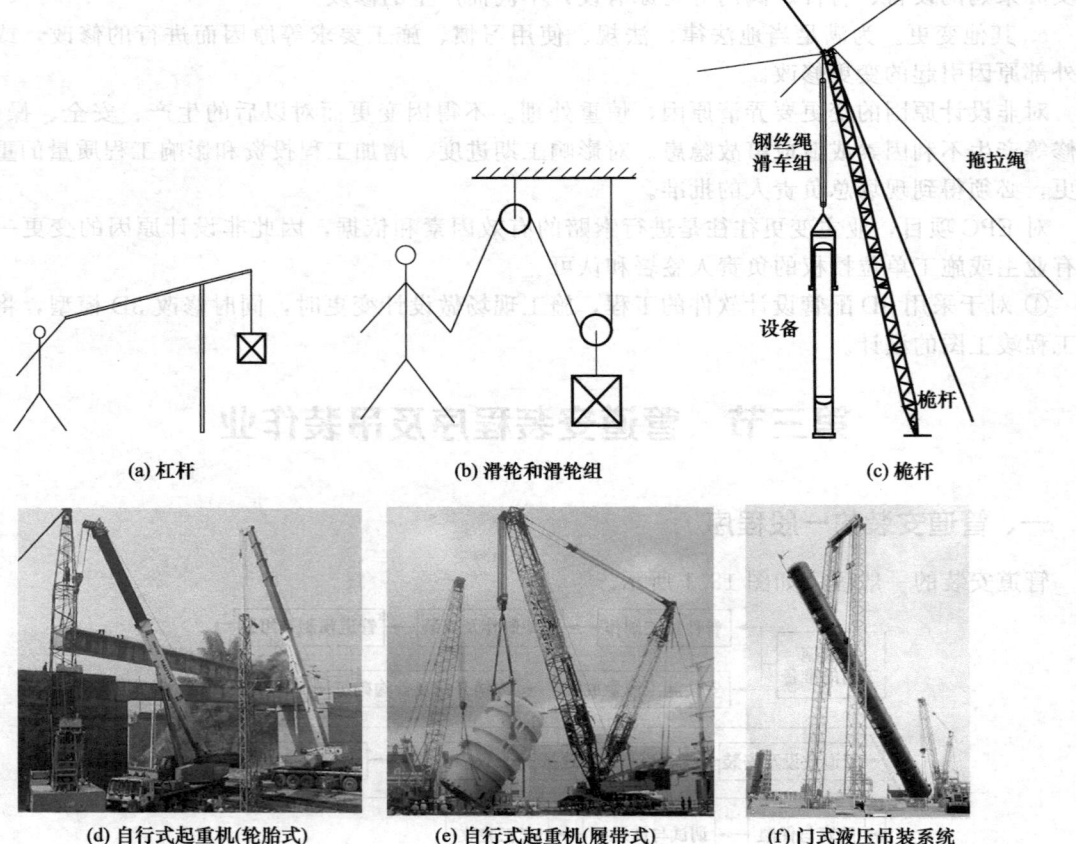

(a) 杠杆　　(b) 滑轮和滑轮组　　(c) 桅杆

(d) 自行式起重机(轮胎式)　　(e) 自行式起重机(履带式)　　(f) 门式液压吊装系统

(g) 门式液压系统　　　　　　(h) 特殊液压吊装系统

图 18.2　工业管道吊装工具

三、施工吊装与配管设计

① 在基础设计和详细设计阶段，施工与配管设计进行对接，施工的主要目的如下。

a. 提前了解设计信息（与吊装有关的资料），设备质量、规格、设备布置（基础高度、框架、障碍物、道路）、技术要求（热处理、可否分段吊装）等。

b. 进行吊装策划。确定吊装机具和总体方案，获得设计或 EPC 方认可。

c. 大型设备的质量、规格、就位条件（设备布置图、道路等信息）与国内吊装能力的匹配。选用吊车或其他大型机械，还需综合考虑吊装的成本及综合效益。

② 装置设备布置原则。主干道（吊装通道）两侧布置，集中布置；预留吊装通道，预留吊装、检修场地；通道宽度应合适吨位吊车行走并作业，大型设备的吊装、检修场地，考虑大型吊车的超起装置旋回半径、设备进场摆放位置；装置消防主干道（施工主干道）与厂区主干道连接便利，机械和设备进出便利。

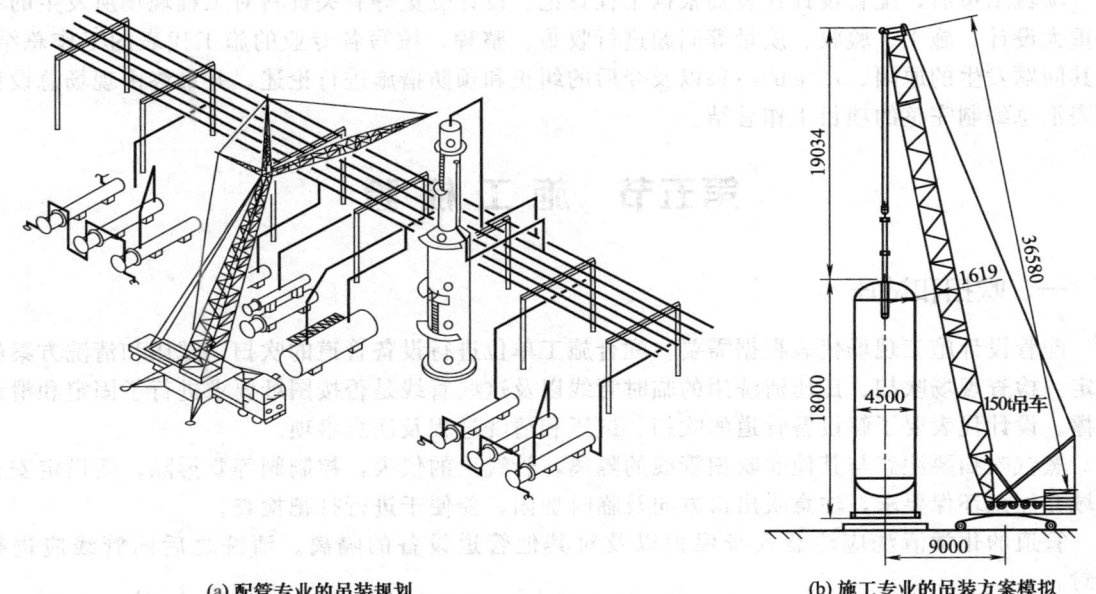

(a) 配管专业的吊装规划　　　　　　(b) 施工专业的吊装方案模拟

图 18.3　某装置的设备与吊装方案规划

③ 在装置设备布置及配管规划设计时，考虑设备、管道等设施的吊装问题，见图 18.3。

第四节　施工完工后的工作

一、竣工图的设计

项目施工结束后，需根据合同要求，由施工方或设计方完成竣工图的设计。竣工图应将现场所有的配管设计修改体现到竣工图中。尤其是隐蔽工程，要详细标注其修改的坐标、尺寸和标高等。

工程应用：竣工图设计的责任方及内容要求

某项目需要完成竣工图的设计，设计单位认为：根据有关规定，应该由施工方完成竣工图的修改。设计的东西与施工的结果还是有差别的，施工方进行具体施工，过程由监理方负责，具体情况只有施工单位、监理单位清楚，为什么要把竣工图的设计责任归到设计方？一方面施工方不具备图纸文件设计能力，另一方面依据 SH 3503《石油化工建设工程项目交工技术文件规定》："建设工程项目交工技术文件编制、审核、汇编应符合下列规定：a）设计单位负责竣工图的编制"，因此，由设计单位根据设计变更修改情况，完成竣工图的设计。

竣工图的设计深度和内容需要依据标准规范或合同约定。

二、施工现场配管设计资料整理入库

项目结束后，设计代表及配管专业设计人员应将现场的设计变更通知单、工程联络单及其他有关资料按编号顺序整理成册。有时还需根据业主或承包方的要求，对这些设计变更通知单和工程联络单等所产生的费用变更、进度和质量的影响等进行汇总、统计，以进行工程概算的调整和总费用的结算。所有设计变更通知单、工程联络单及往来传真等资料最终均应归档入库。

三、工程总结

项目结束后，配管设计代表要根据工程日记、设计变更等有关资料对工程现场所发生的各种重大设计、施工、验收、质量等问题进行收集、整理、编写各专业的施工代表的工作总结，对其问题发生的原因、产生的后果以及今后的纠正和预防措施进行论述，并最终由现场总设计代表汇总编制完整的项目工作总结。

第五节　施 工 检 验

一、吹扫和试压

配管设计施工现场代表根据需要，配合施工单位进行设备管道的吹扫、试压和清洗方案的制定。检查现场吹扫、试压清洗用的临时管线以及这些管线是否按图纸要求进行了固定和滑动支撑。设计代表要了解设备管道的吹扫、试压和清洗过程及注意事项。

蒸汽吹扫要注意与其他非吹扫管线的隔离，管线上的仪表，控制阀等要拆除，要设定安全区域并注意环保要求，注意吹出口方向及临时加固，要便于进行打靶检查。

管道的化学清洗应注意人身保护以及对其他管道设备的隔离。清洗之后的管线应进行氮封。

压力试验应注意，试验压力大于 0.6MPa 时尽量不采用气体试压，对大口径气体管线的水

压试验要对管架进行加固并设置必需的临时支架,要注意试压用水的 Cl⁻ 含量对不锈钢管的腐蚀。试压之前管道不应最终涂漆和保温。

二、材料检验

① 配管设计施工现场代表有时需要根据要求配合施工现场材料部门进行材料的开箱检验,此时应注意管道材料的规格、数量是否与工程要求一致,注意材料的生产厂商及合格证书等。

② 管道元件和材料的检验。管道元件和材料应具有制造厂的产品质量证明文件,并应符合国家现行有关标准和设计文件的规定。当对管道元件或材料的性能数据或检验结果有异议时,在异议未解决前,该批管道元件或材料不得使用。

设计文件规定进行低温冲击韧性试验的管道元件或材料,供货方应提供低温冲击韧性试验结果的文件,且试验结果不得低于设计文件的规定。设计文件规定进行晶间腐蚀试验的不锈钢、镍及镍合金管道元件或材料,供货方应提供晶间腐蚀试验的文件,且试验结果不得低于设计文件的规定。

③ 阀门检验。阀门安装前应进行外观质量检查,阀体应完好,开启机构应灵活,阀杆应无歪斜、变形、卡涩现象,标牌应齐全。阀门应进行壳体压力试验和密封试验,具有上密封结构的阀门还应进行上密封试验,不合格者不得使用。

④ GC1 级管道和 C 类流体管道中,输送毒性程度为极度危害介质或设计压力大于或等于 10MPa 的管子、管件,应进行外表面磁粉或渗透检测,检测方法和缺陷评定应符合国家现行标准 JB/T 4730《承压设备无损检测》的有关规定。经磁粉或渗透检测发现的表面缺陷应进行修磨,修磨后的实际壁厚不得小于管子名义壁厚的 90%,且不得小于设计壁厚。

⑤ 合金钢螺栓、螺母应采用光谱分析或其他方法对材质进行复验,并应作好标识。设计压力大于或等于 10MPa 的 GC1 级管道和 C 类流体管道用螺栓、螺母,应进行硬度检验。

三、施工过程检验

① 为确保项目的质量控制,现场设计代表有义务对施工质量负责,应配合有关质检人员检查:管道是否按图纸要求进行预制和施工;焊缝的施工质量,法兰安装和焊接时有无强拉硬拽现象;管道放空、排液点的位置是否满足工艺和现场要求;管架的设置和安装是否满足图纸要求;管道的冷紧和膨胀节的安装是否满足制造厂要求;管道设备保温材料厚度是否按设计要求等。

② 除设计文件和焊接工艺规程另有规定外,焊缝无损检测应安排在该焊缝焊接完成并经外观检查合格后进行。

四、施工验收

工程施工扫尾阶段,配管设计施工现场代表可根据要求配合业主和承包方对工程进行验收,要做好三查、四定,即查设计漏洞,查施工质量隐患,查未完成工程;对检查出的问题定任务、定人员、定措施、定整改时间。

五、GB 50235《工业金属管道工程施工规范》和 GB 50184《工业金属管道工程施工质量验收规范》的适用范围

GB 50235—2010 适用于设计压力不大于 42MPa、设计温度不超过材料允许使用温度的工业金属管道工程的施工及验收。该规范不适用于下列管道。

① 石油、天然气、地热等勘探和采掘装置的管道;

② 长输管道;

③ 核能装置的专用管道；
④ 海上设施和矿井的管道；
⑤ 采暖通风与空气调节的管道及非圆形截面的管道。

GB 50184—2011 适用于设计压力不大于 42MPa、设计温度不超过材料允许使用温度的工业金属管道工程施工质量的验收。该规范应与现行国家标准 GB 50252《工业安装工程施工质量验收统一标准》和 GB 50235《工业金属管道工程施工规范》配合使用。

六、各标准施工验收规范的比较

各标准施工验收规范的比较见表 18.1。

表 18.1　各标准施工验收规范的比较

项目		GB 50235	GB 50517	GB/T 20801	SH 3501	SH 3502	HG 20225	DL 5031
适用范围		核能，矿井专用，动力，公用，长输管道以外的所有工业管道（和 GB 50184 配套使用）	石油化工金属管道	工业金属压力管道	石油化工钢制有毒、可燃介质管道	石油化工钢制有毒、可燃介质管道	化工行业金属管道	火力发电厂和热力网
性质	毒性	蒸汽、水、压缩空气、氧气、乙炔等，无毒						
	可燃性	可燃介质和非可燃介质			可燃介质	可燃介质和非可燃介质		
介质参数	设计压力	≤42MPa（含真空）	≤42MPa（含真空）	0.1MPa≤最高工作压力≤42MPa	400Pa（绝对压力）～42MPa（表压）	0～9.8MPa（表压）		
	设计温度	材料允许使用的温度	≥-196℃	无毒非可燃液体高于标准沸点,其他不限	-196～850℃	-60～250℃		
材料		钢、铜、铝、钛、铅、铸铁、硅铁、耐蚀衬里	钢、有色金属、复合管	钢、有色金属、铸铁	钢	工业纯钛	钢、铜、铝、钛、铅、铸铁、硅铁、耐蚀衬里	钢

七、GB 50235 对液压试验的要求

① 液压试验应使用洁净水。当对不锈钢、镍及镍合金管道，或对连有不锈钢、镍及镍合金管道或设备的管道进行试验时，水中氯离子含量不得超过 25×10^{-6}。也可采用其他无毒液体进行液压试验。当采用可燃液体介质进行试验时，其闪点不得低于 50℃，并应采取安全防护措施。
② 试验前，注入液体时应排尽空气。
③ 试验时，环境温度不宜低于 5℃。当环境温度低于 5℃时，应采取防冻措施。
④ 承受内压的地上钢管道及有色金属管道试验压力应为设计压力的 1.5 倍。埋地钢管道的试验压力应为设计压力的 1.5 倍，并不得低于 0.4MPa。
⑤ 当管道的设计温度高于试验温度时，试验压力应符合下列规定。
试验压力应按下式计算：

$$p_T = 1.5p[\sigma]^T/[\sigma]^t$$

式中　p_T——试验压力（表压），MPa；

p——设计压力（表压），MPa；
$[\sigma]^T$——试验温度下，管材的许用应力，MPa；
$[\sigma]^t$——设计温度下，管材的许用应力，MPa。

当试验温度下管材的许用应力与设计温度下管材的许用应力的比值大于 6.5 时，应取 6.5。

应校核管道在试验压力条件下的应力。当试验压力在试验温度下产生超过屈服强度的应力时，应将试验压力降至不超过屈服强度时的最大压力。

⑥ 当管道与设备作为一个系统进行试验，管道的试验压力等于或小于设备的试验压力时，应按管道的试验压力进行试验；当管道试验压力大于设备的试验压力，并无法将管道与设备隔开，以及设备的试验压力大于按规范计算的管道试验压力的 77% 时，经设计或建设单位同意，可按设备的试验压力进行试验。

⑦ 承受内压的埋地铸铁管道的试验压力，当设计压力小于或等于 0.5MPa 时，应为设计压力的 2 倍；当设计压力大于 0.5MPa 时，应为设计压力加 0.5MPa。

⑧ 对位差较大的管道，应将试验介质的静压计入试验压力中。液体管道的试验压力应以最高点的压力为准，最低点的压力不得超过管道组成件的承受力。

⑨ 对承受外压的管道，试验压力应为设计内、外压力之差的 1.5 倍，并不得低于 0.2MPa。

⑩ 夹套管内管的试验压力应按内部或外部设计压力的最高值确定。夹套管外管的试验压力除设计文件另有规定外，应按规范的规定执行。

⑪ 液压试验应缓慢升压，待达到试验压力后，稳压 10min，再将试验压力降至设计压力，稳压 30min，应检查压力表无压降、管道所有部位无渗漏。

八、GB 50235 对气压试验的要求

① 承受内压钢管及有色金属管的试验压力应为设计压力的 1.15 倍。真空管道的试验压力应为 0.2MPa。

② 试验介质应采用干燥洁净的空气、氮气或其他不易燃和无毒的气体。

③ 试验时应装有压力泄放装置，其设定压力不得高于试验压力的 1.1 倍。

④ 试验前，应用空气进行预试验，试验压力宜为 0.2MPa。

⑤ 试验时，应缓慢升压，当压力升至试验压力的 50% 时，如未发现异状或泄漏，应继续按试验压力的 10% 逐级升压，每级稳压 3min，直至试验压力。应在试验压力下稳压 10min，再将压力降至设计压力，采用发泡剂检验应无泄漏，停压时间应根据查漏工作需要确定。

九、泄漏性试验

① 输送极度和高度危害介质以及可燃介质的管道，必须进行泄漏性试验。

② 泄漏性试验应在压力试验合格后进行。试验介质宜采用空气。

③ 泄漏性试验压力应为设计压力。

④ 泄漏性试验可结合试车工作一并进行。

⑤ 泄漏性试验应逐级缓慢升压，当达到试验压力，并停压 10min 后，应采用涂刷中性发泡剂等方法，巡回检查阀门填料函、法兰或螺纹连接处、放空阀、排气阀、排净阀等所有密封点应无泄漏。

⑥ 经气压试验合格，且在试验后未经拆卸过的管道可不进行泄漏性试验。

⑦ 泄漏性试验合格后，应及时缓慢泄压，并应按规范规定填写试验记录。

十、真空度试验

真空系统在压力试验合格后,还应按设计文件规定进行24h的真空度试验,增压率不应大于5%。增压率应按下式计算:

$$\Delta p = \left(\frac{p_2 - p_1}{p_1}\right) \times 100$$

式中　Δp——24h 的增压率,%;
　　　p_1——试验初始压力(表压),MPa;
　　　p_2——试验最终压力(表压),MPa。

当设计文件和国家现行有关标准规定以卤素、氦气、氨气或其他方法进行泄漏性试验时,应按相应的技术规定进行。

十一、无损检测替代压力试验

现场条件不允许进行管道液压和气压试验时,经建设单位和设计单位同意,可采用无损检测、管道系统柔性分析和泄漏试验代替压力试验,并应符合下列规定。

① 所有环向、纵向对接焊缝与螺旋焊焊缝应进行100%射线检测或100%超声检测;其他未包括的焊缝(支吊架与管道的连接焊缝)应进行100%的渗透检测或100%的磁粉检测。焊缝无损检测合格标准应符合规范的规定。

② 管道系统的柔性分析方法和结果应符合现行国家标准的有关规定。

③ 管道系统应采用敏感气体或浸入液体的方法进行泄漏试验,当设计文件无规定时,泄漏试验应符合下列规定。

　a. 试验压力不应小于 105kPa 或 25%设计压力两者中的较小值。

　b. 应将试验压力逐渐增加至 0.5 倍试验压力或 170kPa 两者中的较小值,然后进行初检,再分级逐渐增加至试验压力,每级应有足够的时间以平衡管道的应变。

　c. 试验结果应符合规范的规定。

④ 检查数量:全部检查。

⑤ 检验方法:观察检查,检查柔性分析结果、无损检测报告和泄漏性试验记录。

十二、管道系统试压需要符合的条件

管道系统试压前,应由施工单位、建设/监理单位和有关部门联合检查确认下列条件,方能进行管道系统试压。

① 管道系统全部按设计文件安装完毕。

② 管道支吊架的形式、材质、安装位置正确,数量齐全,紧固程度、焊接质量合格。

③ 焊接及热处理工作已全部完成。

④ 焊缝及其他应检查的部位,不应隐蔽。

⑤ 试压用的临时加固措施安全可靠。临时盲板设置正确,标志明显,记录完整。

⑥ 合金钢管道的材质标记明显清楚。

⑦ 试压用的检测仪表的量程、精度等级、检定期符合要求。

⑧ 有经批准的试压方案,并经技术交底。

十三、管道吹扫与洗净

① 管道在压力试验合格后,应进行吹扫与清洗。并应编制管道吹扫与清洗方案。

② 管道吹扫与清洗方法,应根据管道的使用要求、工作介质、系统回路、现场条件及管

道内表面脏污程度确定,并应符合下列规定。

  a. 公称尺寸大于或等于 600mm 的液体或气体管道,宜采用人工清理。
  b. 公称尺寸小于 600mm 的液体管道宜采用水冲洗。
  c. 公称尺寸小于 600mm 的气体管道宜采用压缩空气吹扫。
  d. 蒸汽管道应采用蒸汽吹扫,非热力管道不得采用蒸汽吹扫。
  e. 对有特殊要求的管道,应按设计文件规定采用相应的吹扫与清洗方法。
  f. 需要时可采取高压水冲洗、空气爆破吹扫或其他吹扫与清洗方法。

③ 管道吹扫与清洗前,应仔细检查管道支吊架的牢固程度,对有异议的部位应进行加固。

④ 对不允许吹扫与清洗的设备及管道,应进行隔离。

⑤ 管道吹扫与清洗前,应将系统内的仪表、孔板、喷嘴、滤网、节流阀、调节阀、电磁阀、安全阀、止回阀(或止回阀阀芯)等管道组成件暂时拆除,并应以模拟体或临时短管替代,待管道吹洗合格后应重新复位。对以焊接形式连接的上述阀门、仪表等部件,应采取流经旁路或卸掉阀头及阀座加保护套等保护措施后再进行吹扫与清洗。

⑥ 水冲洗。管道冲洗应使用洁净水。冲洗不锈钢、镍及镍合金管道时,水中氯离子含量不得超过 25×10^{-8}。管道冲洗合格后,应及时将管内积水排净,并应及时吹干。

⑦ 空气吹扫。空气吹扫宜利用工厂生产装置的大型空压机或大型储气罐进行间断性吹扫。吹扫压力不得大于系统容器和管道的设计压力,吹扫流速不宜小于 20m/s。当吹扫的系统容积大、管线长、口径大,并不宜用水冲洗时,可采取"空气爆破法"进行吹扫。爆破吹扫时,向系统充注的气体压力不得超过 0.5MPa,并应采取相应的安全措施。

⑧ 蒸汽吹扫。蒸汽管道吹扫前,管道系统的绝热工程应已完成。为蒸汽吹扫安装的临时管道,应按正式蒸汽管道安装技术要求进行施工,安装质量应符合本规范的有关规定。应在临时管道吹扫干净后,再用于正式蒸汽管道的吹扫。蒸汽管道应以大流量蒸汽进行吹扫,流速不应小于 30m/s。

⑨ 脱脂。忌油管道系统应按设计文件规定进行脱脂处理。脱脂液的配方应经试验鉴定后再采用。对有明显油渍或锈蚀严重的管子进行脱脂时,应先采用蒸汽吹扫、喷砂或其他方法清除油渍和锈蚀后,再进行脱脂。

⑩ 化学清洗。需要化学清洗的管道,其清洗范围和质量要求应符合设计规定。

⑪ 油清洗。润滑、密封及控制系统的油管道,应在机械设备和管道酸洗合格后、系统试运行前进行油清洗。不锈钢油系统管道宜采用蒸汽吹净后再进行油清洗。经酸洗钝化或蒸汽吹扫合格的油管道,宜在两周内进行油清洗。

十四、单机试车

  单机试车的目的是检查机泵、搅拌器等设备和电器、仪表的性能与安装质量是否符合规范和设计要求。

十五、三查四定

  "三查"是指查设计漏项、查工程质量隐患、查未完工程。
  "四定"是指对查出的问题定任务、定人员、定措施、定时间限期整改。

十六、联动试车

  联动试车的目的是检验全系统的设备、仪表、联锁、管道、阀门、供电等的性能和质量是否符合设计和规范的要求。

  联动试车的内容包括系统的气密、干燥、置换、三剂的装填、水运、气运、油运等。一般先从单系统开始，然后扩大到几个系统或全系统的联运。

十七、工程交接

施工单位按合同规定的范围完成全部工程项目后，应及时与建设单位办理交接验收手续。工程交接验收前，建设单位应对工业金属管道工程进行检查，包含的内容一般与配管设计施工现场代表可能有关的文件如下。

① 管道安装竣工图、设计修改文件及材料代用单。

② 无损检测和焊后热处理的管道，应在管道轴测图上准确标明焊缝位置、焊缝编号、焊工代号、无损检测方法、无损检测焊缝位置、焊缝补焊位置、热处理和硬度检验的焊缝位置等。

十八、配管设计回访

① 配管设计回访的要求。工程回访应深入现场，实地察看，调查研究，召开有施工、运行和监理单位参加的座谈会，虚心听取施工、监理和运行人员的意见，及时予以应有的回复，全面收集质量信息。通过回访总结，对工程设计质量进行全面分析，为质量改进提供依据。

② 回访工作的时机。设计回访一般安排在工程施工高潮或工程投运一年后进行。

③ 配管专业着重了解本专业设计经受施工、运行检验的情况，调查本专业设计在施工、运行中可能暴露出的错、漏、碰、缺问题及在设备布置、管道布置、管道器材、管道支架等方面可能存在的问题。回访工作对施工、安装及运行中暴露出的问题以及各方的建议、意见要予以特别的关注。

工程应用：水蒸气能否用作管道试验介质

GB 50184—2011 规定：气体试验压力介质应采用干燥洁净的空气、氮气或其他不易燃和无毒的气体。试验压力应为设计压力的 1.15 倍。如果用蒸汽做压力试验介质，一方面管子温度的降低，管内凝液会逐渐增多，管内压力降低，随着压力的增高，水蒸气凝结水会越来越多，试验压力会逐渐变低，不容易保证管内的压力。

工程应用：无损检测 RT、UT、MT、PT 的含义及比较

RT、UT、MT、PT 是四种常规无损检测的方法，具体含义：RT——射线检测。UT——超声波检测。MT——磁粉检测。PT——渗透检测。

UT 超声波检测，费用低、检测速度快，对周边人员及作业人员伤害小。RT 射线检测，费用高、检测时间长，对人员易伤害。UT 不如 RT 准确，不同的人员，结果有偏差。管子壁厚偏厚时，射线照透时间长，可用 UT 检测。

MT 磁粉检测不能检测奥氏体不锈钢材料和用奥氏体不锈钢焊条焊接的焊缝，也不能检测铜、铝、镁、钛等非磁性材料。对于表面浅的划伤、埋藏较深的孔洞和与工件表面夹角小于 20°的分层和折叠难以发现。

PT 渗透检测又称渗透探伤，是一种表面无损检测方法，属于无损检测常规方法之一，也称为染色探伤。渗透检测可检测各种材料，金属、非金属材料；磁性、非磁性材料；焊接、锻造、轧制等加工方式；具有较高的灵敏度（可发现 $0.1\mu m$ 宽缺陷），同时显示直观、操作方便、检测费用低。但它只能检出表面开口的缺陷，不适于检查多孔性疏松材料制成的工件和表面粗糙的工件；只能检出缺陷的表面分布，难以确定缺陷的实际深度，因而很难对缺陷做出定量评价，检出结果受操作者的影响也较大。

工程应用：配管设计人员不清楚试压引起的设计问题

笔者在参与审查某装置的配管设计时，发现有的配管设计人员不清楚管道在何时试压、试压的介质及试验压力大小。提交的管道载荷条件，只写了管道总重（包含了水重，气体介质管道没写空管重），这样的配管设计会造成管道设计载荷偏大。

第十九章

计算机技术在配管设计中的工程应用与创新

第一节 各国常用配管设计软件

见表 19.1，为各国常用配管设计软件。近年，笔者到沙特、美国等国家的一些工程公司调研，他们也使用同样的配管设计软件。

表 19.1 各国常用配管设计软件

序号	软件名称	主要功能
1	PDS	三维工厂设计系统
2	PDMS	
3	Smart Plant 3D	
4	AutoPLANT	
5	Drawiz	PDS 平面图自动标注
6	E-Draw	
7	PDS SmartPlant Review	工厂模型浏览与校审
8	PDMS Review	
9	Navisworks	
10	CAESAR Ⅱ	管系应力分析
11	ANSYS	非线性动态和静态有限元分析（包括流体计算功能）
12	FE Pipe	管道及压力容器有限元局部应力分析
13	Vantage PE	工程数据库系统
14	I-Sketch	轴测图
15	Spoolgen	管道加工图生成
16	AutoCAD	配管平面图绘制
17	Microstation	
18	Office Word	配管设计说明、工程规定等
19	Office Excel	载荷计算、自动汇料、图纸目录、管道综合材料等
20	Adobe Acrobat PDF	配管设计文件查看、电子存档

第二节 三维配管设计软件的工程应用

一、三维设计的概念

三维设计是用户通过三维设计系统软件，基于数据库平台，程序化调用智能化、参数化、模块化三维模型，在直观的三维环境共同平台下，同时开展工艺、仪表、电气、设备、配管、应力、材料、结构、建筑、安全、给排水、暖通等专业的布置和设计工作，将设计流程管理、工程标准一体化管理融合在一起，形成覆盖整个石油化工工程项目的生命周期的数据集成管理平台系统。

二、三维平台多专业协同设计的特点

① 直观。在复杂的装置设计过程中，不再是抽象的二维线，而是逼真的三维实体模型。设计人员可以把更多的精力放在设计上，而不是画图上，使工程设计更加合理，也有利于设计者快速提高专业设计水平。为施工者展示二维图纸所不能给予的效果和认知，同时为有效控制施工安排，减少返工，控制成本提供有力的支持。直观化管理：在计算机上可动态直观地展示出工厂或单元装置建成后的实际情景，使工程项目各方人员（包含非专业人员）随时轻松读懂设计，在30%、60%、90%工程设计阶段提出设计问题，有利于业主决策、施工控制及生产维护，提高业主更大满意度。

② 精细。工程设计更加精细化的特点，减少了施工阶段的设计变更和现场修改工作量。

a. 设计的合理性可以从三维模型中直接获取，图纸的校审工作不再是图纸尺寸的校审，转变为检查尺寸标注的合理性。

b. 业主可以随时对三维模型进行浏览和提出修改建议，为了避免工程设计的后期有改动，业主可以根据工厂的可操作性、可维修性和安全性，对工厂的设计方案尽早进行检查。

③ 自动

a. 自动化碰撞检查。三维软件可在3D环境中对全厂模型进行碰撞检查，可自动检查出各专业模型间的硬碰撞（称为直接碰撞）、软碰撞（各模型与预留空间、检修起吊空间、热膨胀、保温层等的碰撞）。

b. 自动化生成各种材料报表和图纸文件。例如工艺专业的管线数据表数据可以自动显示到相应的轴测图内，三维软件系统可以自动生成轴测图、管道平面布置图、各种材料报表。

c. 三维软件系统还有应力计算、结构分析等许多第三方软件接口，从模型中可以直接读取数据进行计算或分析。

④ 一体。三维工程设计软件对于提高工程设计质量的控制，对于总部与各分公司、项目群之间、同一项目之间，实现协同工作、标准控制、并行设计等方面都有很好的控制作用。

a. 协同工作。多专业协同设计，快捷核对错、漏、碰、缺，覆盖工艺、配管、结构、建筑、电气、仪表、设备、暖通等专业的集成化三维设计环境，实现正式施工前的一次预安装。

b. 并行设计。在设计过程中，各专业相互间都能随时看到对方的设计内容，不会再发生一个专业修改，而其他专业没有及时得到修改信息，导致最终互相对不上的情况。而且因为是在立体空间中作图，各专业之间的碰撞矛盾之处将一览无余。

c. 标准控制。同一个数据库，使得设计标准统一，使得自动生成的图纸文件格式统一。

三、三维设计软件系统的选用

三维设计系统软件正在向集成化、专业化、国际化方向发展，对其应用将更大程度上基于工程项目规模、系统软件的经济性等多方面综合考虑，再进行选用，才能达到最佳的应用效能和开源节流，避免不区分项目规模大小盲目地选用三维设计软件，可能会造成工程设计整体效率反而降低，造成软件使用综合成本过高的现象。

国内、外常用的三维设计系统软件，基本功能类似。主要包括以下软件。

① 英国AVEVA公司开发的PDMS（plant design management system）——工厂设计管理软件系统。

② 美国Intergraph公司开发的PDS（plant design system）——工厂设计系统。现在，美国Intergraph公司正在致力于Smart Plant 3D软件系统的开发。PDS是在Microstation操作平台上开发的。而Smart Plant 3D则采用了独立的操作平台。

③ 英国 AVEVA 公司开发的 AVEVA Everything 3D、荷兰 CEA 公司开发的 Plant 4D、美国 COADE 公司开发的 CAD Worx Plant、美国 REBIS 公司开发的 Auto Plant 等。

④ 国内开发的一些三维协同一体化设计系统软件，例如 PDSOFT、Smap3D 等软件，在一些设计单位的大、中型工程项目中，有许多成功的应用。

四、三维设计的过程

1. 准备阶段

三维设计软件系统维护人员负责配置项目服务器和设计平台的搭建，然后进行测试。各专业向系统维护人员提交专业需求和用户清单，最后建立各专业的用户账号并发布。在这个阶段需要建立数据库，数据库是整个项目的基础，它包括管道元件库、隔热等级、工艺专业管线表等数据。

2. 设计阶段

在这个阶段，项目管理组起着专业之间协调的作用，组织 30%、60% 和 90% 设计阶段的三维模型审查会，综合各专业的设计，解决各专业间的接口问题。同时项目组通过组织召开模型的碰撞检查会来消除碰撞，最终实现零碰撞和设计的最优化。

配管专业是工程项目三维设计的主导专业。这个阶段各个专业之间的设计条件不断往返，大量的设计条件变更增加了布置设计工作的难度。在设计中，条件往来耗时多，且对后续专业的影响大。针对这种情况，有的工程设计人员对三维设计软件进行二次开发，将平台开孔、预埋件、管口方位图等条件自动从模型中生成，避免了重复工作，既减轻了设计人员的工作强度，缩短设计工作周期，也提高了工程设计的质量。

3. 完成阶段

设计人员从模型中抽取管道平面布置图、轴测图、综合材料表等图纸文件，通过专业内部校审和有关其他专业会签以及有业主参与的模型审查等多种方式进行设计校审工作，最终达到完成出版施工图纸的条件。

五、三维协同设计各专业的一般内容

① 工艺专业范围：工艺管道数据表、PID 图等。

② 配管专业范围：

a. 管道材料数据库。

b. 设备：设备轮廓外形，管口，梯子，平台，抽芯空间等。

c. 管道：管子及隔热层、支吊架（可以逻辑架也可用实体架）、阀门、控制阀（含模头、气缸等）、过滤器、膨胀节、8 字盲板、疏水器、弹簧、拉杆、阻尼器、公用软管站、伴热站、埋地管道、管沟内管道等。

d. 消防设施：喷淋设施、消防竖管、消防环管、消防炮、消防栓、消防箱、洗眼器等。

e. 道路、池子、防火堤、隔堤、管道井、阀门井等。

③ 建筑、结构专业范围：

a. 基础：地上基础及地下承台外形、管廊、框架、大型塔器、转动设备、其他主要设备及与工艺装置相关的基础上模型。

b. 结构：结构梁、结构柱、平台、梯子、吊车梁等。

c. 建筑：房屋外形、门窗等。

④ 仪表专业范围：接线箱、就地盘、分析小屋的外形和位置，电缆桥架的走向等。

⑤ 电气专业范围：室外变压器、照明灯具、照明配电箱、控制盘、动力配电箱、方便插座、焊接插座、电气电缆沟的外形和位置，电缆桥架的走向等。

六、10%、30%、60%、90%三维模型审查

① 使用三维软件设计的工程项目，一般有三维模型审查环节。可以有10%、30%、60%、90%三维模型审查，也可以只有60%、90%三维模型审查，需根据工程的实际或合同约定而确定。审查的内容深度，也可根据工程项目的具体约定。

② 三维模型审查参加方一般有：业主（有时是业主邀请的行业专家）、设计方（总承包方）等，也可由设计方内部审查。

③ 10%阶段三维模型审查内容：通道和道路、设备和建构筑物间的安全距离、设备布置、大型设备的吊装运输等。

④ 30%阶段三维模型审查内容
    a. 设备布置、工艺流程、界区接点、道路、风向对加热炉和易燃物位置的影响、大口径管道的走向、对设备布置有影响的管道的走向、大口径地下管道（如冷却水）的布置等。
    b. 管廊、结构、建筑物等。
    c. 电缆桥架、变电站、电控室、分析小屋等。
    d. 重型起重机的通道和操作空间，叉车的通道和操作空间，施工顺序等。

⑤ 60%阶段三维模型审查内容
    a. 设备、支吊架、管道（80%的管道）等。
    b. 建筑物、管廊、结构等。
    c. 电缆桥架、就地仪表盘、分析器设备、仪表设备等。
    d. 切断阀、控制阀、安全阀的操作，电机检修维修的进出空间，固定起重设备等。

⑥ 90%阶段三维模型审查内容：
    a. 所有管道、管架、淋浴器、洗眼器、伴热站、公用软管站等已设计三维模型。
    b. 基础、结构、建筑、平台、楼梯和直爬梯、道路等。
    c. 电机检修维修的通道、人孔的通道要求、阀门的可操作性等。

七、三维设计软件系统的改进及开发

① 各专业充分地协同参与，才能更好地发挥三维协同设计软件的优势和效果。

有些设计单位，虽然已经采用PDS、PDMS、SmartPlant 3D、AutoPlant等三维工厂设计系统，但是仅有配管、结构等个别专业参与，很多必要的专业没有真正参与三维协同设计，造成"协同一体化设计体系"效能的严重缺失，那就很难保证配管设计质量以及其他有关专业的设计质量。

在设计过程中，不仅配管专业进行三维设计，其他专业包括设备、结构、建筑、结构、电气、仪表等专业均需在三维设计平台上建立三维外形实体模型，从而，才能真正实现管道与管道之间、管道与钢（混）结构之间、给排水管道与设备基础之间、电气、仪表桥架与管道之间等的协同设计，解决如管道与结构等各专业之间的碰撞、结构建筑基础条件的校验、跨区管道的连接等设计问题，从而大大提高工程项目的设计质量和效率，缩短工程设计周期。

但是，由于各专业间的三维设计软件应用水平不同，传统设计观念与现代设计方式的冲突等因素影响，造成有些项目一般只有配管和少数其他专业应用三维设计系统软件进行设计，很多专业基本没有参与协同设计，很多时候都是由管道设计的配管工程师完成结构专业的建模，使得建立三维模型的优势和效果打了不少折扣。

② 加强三维设计软件的二次开发。经过二次开发的三维设计软件能够更好地优化设计流程，降低设计人员劳动强度。但从目前的情况来看，做三维设计软件二次开发的公司不多，工程公司花了大量资金购买三维设计软件后，在二次开发上投入存在不足，使得设计人员对软件

使用感觉费时、费工。另外，对其他专业如结构、电气等专业出图方面的开发也存在不足，使得其他专业使用三维工厂设计软件积极性不高。

③ 三维设计数据库体系建设需完善。各工程公司根据自己业务情况，以各类标准为依据，把项目需要的各种元件做成各种三维模型数据库，此项工作需消耗大量的人力，能够建立使用于多个项目的数据库，可以避免每个项目都从零开始重复建立数据库。

第三节 二维配管设计软件的工程应用

一、二维配管设计常用软件

① 二维配管设计常用软件 AutoCAD、Microstation 等。

② AutoCAD 是由美国 Autodesk 公司开发的专门用于计算机绘图设计工作的通用 CAD（计算机辅助设计）软件包，是当今各种设计领域广泛使用的现代化绘图工具。该软件于 1982 年首次推出 R1.0 版本，由于其简单易学、精确无误等优点而一直深受工程设计人员的青睐。此后 Autodesk 公司不断推出 AutoCAD 的新版本，近年，AutoCAD 几乎每年更新一个版本。

③ Microstation 为美国 Bentley System 公司所研发，是一套可执行于多种平台的通用电脑辅助绘图及设计（CAD）软件。Microstation 在国际上具有很高的知名度，作为一个 CAD 软件，它具有 CAD 所需要的一切功能，被广泛地应用于工厂设计、建筑设计、土木工程、交通运输、地理信息，甚至一些政府部门也将其作为重要的辅助设计工具。Microstation 因其强大的作图功能、良好的开放性、高性能价格比，在欧美市场获得人们的普遍认同。由于 Microstation 进入中国市场较晚等原因，所以它在国内的影响力没有 AutoCAD 大，但在推广过程中发现，Microstation 已为人们慢慢认识、喜爱和接受。

二、二维配管设计软件工程应用技巧与开发

AutoCAD、Microstation 等二维配管设计软件，在绘制设备布置图、修改从 3D 模型中切出的管道平面布置图时，均是常用的软件。一些软件的使用技巧和开发，对提高配管设计工作效率和工作质量有很大的帮助。

现根据笔者在配管设计生产一线的软件使用情况举例如下。

① AutoCAD 快速多重复制。例如，在设计设备布置图时，泵、换热器、空冷器、管廊柱子、柱线号外圆圈等需要多重复制。在多重复制是，需要点击"copy"，再输入"M"，步骤较多显得比较麻烦，因此，可以在"acad.lsp"文件中添加如下程序。

defun C:CM ()
(setvar cmdecho" 0)
(setq css (ssget)) (command "copy" css "" "m")
(setq css nil) (setvar "cmdecho" 1)
(prin1))

输入"CM"回车，即可实现多重复制。编完之后，AP 加载此 LSP 程序，就可使用。

② CAD 所有的快捷命令。AutoCAD 的快捷命令可以节省操作步骤，能够提高配管设计制图的工作效率，打开 CAD 安装目录下的"support"目录下的"acad.pgp"文件，"acad.pgp"文件定义的是 CAD 的命令别名，命令别名是在命令行输入后按回车键执行的命令输入方法。

③ 在快速选择时，可以用"FI"命令来设置快速选择的类型样式，并用命令"FI"来筛选所需对象。除了"FI"，还有个简化版的命令"QSELECT"，可以快速选择同类图文特征的

配管图纸内容。

④ 批处理修改。大、中型工程项目配管设计 CAD 文件图纸文件常有成千上万张，同一 CAD 文件内的文字可以批处理替换。如果是不同 CAD 文件内的文字需要修改，可以采用软件，不打开成千上万张的 CAD 图，批处理替换。

第四节　常用办公软件方便配管设计的技巧

生产工具决定了生产力。虽然很多设计单位已经广泛采用计算机软件工具来辅助配管设计，但是，仅仅将 AutoCAD、Microstation 等同于电子图板，仅仅将 Word、Excel、PDF 等同于电子文件，而不是利用计算机来辅助配管设计工作，没有充分运用这些软件来帮助提高工作效率和设计质量。

笔者曾到美国等国家的一些工程公司考察，有的工程公司中常用办公软件在配管设计中的便捷应用非常多。

一、Excel 在配管设计中的使用技巧

Excel 办公软件能够方便配管设计的环节有很多。举例如下。

① 在使用短代码手工统计配管设计材料时，有的配管设计人仍在使用 Excel 的"高级筛选"功能进行统计和汇总，费时费力、易出错。其实，可以使用 Excel 自带的透视表功能，见图 19.1 所示，可以瞬间完成自动统计、自动交叉汇总配管设计材料，可以更便捷地校审图纸文件。

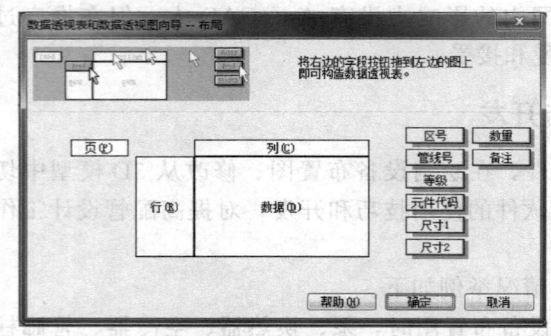

图 19.1　Excel 透视表在配管设计中的应用

② Excel 的自动计算功能。基于 Excel 的这项功能，结合 VBA 程序，开发方便配管设计的功能或软件，例如配管载荷快速查询计算、快速自动生成图纸文件目录软件等。

二、Word 在配管设计中的使用技巧

Word 办公软件能够方便配管设计的环节有很多。举例如下。

① 自动生成目录。笔者在校审用 Word 编制的配管设计工程规定、设计说明时，常发现文档目录没有用 Word 的"自动生成目录"功能，常造成目录标题、页数与文内实际内容不同。使用"自动生成目录"，既便捷又可以避免这种情况发生。

② CAD 图形拷贝到 Word 内使用。在编写配管设计工程规定时，有时直接把 CAD 文件内的图"复制"，在 Word 文件内直接"粘贴"，经常出现粘贴后图片的空白偏大，或者出现打印 Word 文件的图时图形线条偏细偏浅。在粘贴时采用以下方法可以避免这些不正常现象：可以用 Word 的"选择性粘贴"功能；可先把图粘贴到 Windows 系统的"画板"内，再粘贴到 Word 文档；使用 Win7 以上系统自带的"截图工具"，从 CAD 内直接复制。

三、PDF 在配管设计中的使用技巧

PDF（Portable Document Format），意为"便携式文档格式"，是由 Adobe Systems 用于与应用程序、操作系统、硬件无关的方式进行文件交换所发展出的文件格式。Adobe 公司设计 PDF 文件格式的目的是支持跨平台上的，多媒体集成的信息出版和发布，尤其是提供对网

络信息发布的支持。为了达到此目的，PDF具有许多其他电子文档格式无法相比的优点。PDF文件格式可以将文字、字型、格式、颜色及独立于设备和分辨率的图形图像等封装在一个文件中。该格式文件还可以包含超文本链接、声音和动态影像等电子信息，支持特长文件，集成度和安全可靠性都较高。

工程项目中，常遇到PDF与Word、Excel、AutoCAD图文件需要相互转换的情况。有时，Word、Excel、AutoCAD文档需要转换成PDF格式文件。有时，项目只有PDF格式（*.pdf）的图，却没有相应的Word、Excel、AutoCAD格式的可编辑原图。对于AutoCAD文件，如果按照PDF格式图重新手工绘制AutoCAD工程图纸，费时又费力。事实上，使用专门的计算机软件就可以轻松把"*.pdf"文件内的图形直接转换成AutoCAD格式可编辑文件，可能只需很短的时间，甚至几分钟就可以完成。

笔者参与负责某装置改造项目，需要在原配管图（160张A1尺寸管道平面布置图）上修改设备和管道布置，可是原图都是50年前徒手绘制的纸质图纸，根本没有电子版文件。如果按照重新手工绘制AutoCAD工程电子图纸进行设计，则需要巨大的人力、物力，会造成设计延误工期。后来，把这些纸质配管图用扫描仪扫成了PDF格式的电子文档，再统一批处理转换为可编辑AutoCAD电子工程图纸，用传统方法几个月才能完成的工作，现在一天就可完成。

PDF办公软件能够方便配管设计的环节有很多。举例如下。

① 其他类型文件转为PDF格式文件的方法：用PDF打印机；用互联网网站提供的转化功能；用转换软件。

② PDF格式文件转为其他类型可编辑文件的方法：一般需使用转换软件，例如PDF格式文件转换为AutoCAD，可以使用PDF Grabber、Auto DWG Converter、Able2Extract、Adobe Illustrator等，这些软件操作较简单，通常选择要转换的文件，将输出格式设置为DXF或DWG，点转换就可以了。

不过，转换成AutoCAD格式电子图纸（*.dwg）的质量参差不齐。转换的质量取决于原图质量，另外就是取决于软件的转换计算能力。有些软件转换后文字、线条会被打碎，这样后续编辑处理就不太方便了，需要耗费较大的工作量进行修改优化，才能作为成品使用。有些软件转换后，稍加修改就可以作为成品图纸使用。

如果PDF文件是矢量格式的（例如，CAD直接打印输出的PDF电子文件），大部分转换软件可以轻松直接转化为字体和线条都很规整的AutoCAD文件。如果PDF文件是位图文件（简单说就是一张图片插入到了PDF文件里，或者用扫描仪扫成的PDF文件），有一部分软件可以进行转换为较好质量的AutoCAD文件（字和线条不是点），字体可以被识别，线条也可以被识别优化为线条。

③ 使用PDF文件进行标准化配管设计。一些配管设计文件可以用PDF的Adobe Designer功能设计成固定格式，生成"*.pdf"文件。打开"*.pdf"标准文件后，一些位置是固定的无法修改，某些位置是需要根据具体配管设计内容填写或在下拉菜单内选择。这样，配管设计成了标准化的选择题或者只打√的判断题，对于梯高配管设计质量和效率具有很大的帮助。

第五节　配管图纸文件的设计

一、配管图纸文件的设计

配管设计的图纸主要包括以下内容。

① 装置设备平面、立面布置图；

② 管道平面、立面布置图，局部详图；
③ 管道支吊架图（包括标准支吊架和非标准支吊架施工图）；
④ 伴热设计的图纸；
⑤ 管道非标准配件制造图；
⑥ 轴测图；
⑦ 各种复用标准图。

这些图纸文件的设计方法和要求，可参照《压力管道设计及工程实例》（第 2 版）第十章。

二、配管设计最小连接尺寸

各口径管件、阀门、管道等之间的配管设计最小连接尺寸数据，对于二维配管文件的设计、对于三维模型的设计，都有很大的便捷。可参照《压力管道设计及工程实例》（第 2 版）附录一。

第二十章 配管设计专业的职业发展

一、美国国家标准对配管设计人资格的要求

美国国家标准 ASME B31 对配管设计人资格的规定，见 ASME B31.3 的 A301.1 配管设计师资格评定：配管工程师是管道系统工程设计的责任人员，并应对本规范有实践经验。设计师的资格评定和要求的经验取决于系统的复杂和严重程度以及个人经验的体现。如果个人的经历不符合任何下列准则之一，就要求业主认可、批准。

① 完成不少于 4 年的全日制工程师级学习，并且需要不少于 5 年有关压力管道的设计经验。

② 当地执法部门承认的专业工程师注册以及相关压力管道设计经验。

③ 完成不少于 2 年的全日制助理工程师级学习，加上不少于 10 年有关压力管道的设计经验。

④ 有关压力管道设计经验不少于 15 年，具有丰富的配管设计经验以及符合相关压力管道的设计经验，包括对压力、持续和临时载荷及管道柔性的设计计算。

二、我国国家标准对配管设计人资格的要求

TSG R1001《压力容器压力管道设计许可规则》国家质量监督检验检疫总局特种设备技术规范的附件 D 规定。

配管设计资格：初级职称，1 年以上设计经验。

配管校核资格：初级职称，3 年以上设计经验。

配管审核资格：中级职称，3 年以上设计校核经验。

配管审定资格：高级职称，3 年以上审核经验。

三、配管设计专业技术职业发展

近年，我国一些高等院校已经开始设置配管专业，有益于推动我国配管设计技术的发展。具有丰富的装置、设备设施配管设计知识，并且一直踏踏实实、潜心钻研配管设计技术的配管工程师人才在国内越来越走俏，有的配管工程师成为配管设计专家，有的成为项目负责人或项目经理。

四、配管专业负责人

配管专业负责人是在设计经理领导下开展项目设计工作，参与进度控制、费用控制，技术质量把关、检查工程项目配管专业工作进展情况，编写配管专业项目月报，反映存在问题。

行政管理与技术保障受专业科室的领导，在项目的配管专业人力资源、配管专业设计评审给予支持。

配管专业负责人在项目组中是配管专业的最高管理者，一般参与人员管理、奖金分配。

配管专业负责人应具备的条件、主要职责、工作程序可参见《压力管道设计及工程实例第 2 版》第十二章的内容。

五、项目经理

① 建设工程项目经理指受企业法人代表人委托对工程项目施工过程全面负责的项目管理者，是企业法定代表在工程项目上的代表人。

② 基本素质：项目经理应对承接的项目所涉及的专业有一个全面的了解。项目经理要有一定的财务知识、法律知识。

③ 项目经理的一般权力

a. 生产指挥权。根据项目出现的人、财、物等资源变化情况进行指挥调度。

b. 人事权。项目班子的组成人员的选择、考核、奖惩、调配、指挥。

c. 财权。项目经理必须拥有承包范围内的财务决策权，在财务制度允许的范围内，项目经理有权安排承包费用的开支。

d. 技术决策权。主要是审查和批准重大技术措施和技术方案，以防止决策失误造成重大损失。

④ 项目经理的职责

a. 贯彻执行有关法律、法规、政策和标准。

b. 经授权组建项目部。

c. 负责项目内质量、环境、职业健康、安全的目标。

d. 负责项目实施全过程、全面管理，组织制定项目部的各项管理制度。

e. 严格履行与建设单位签订的合同。

f. 负责组织编制项目质量计划、项目管理实施规划或施工组织设计，组织办理工程设计变更、概预算调整、索赔等工作。

g. 负责对施工项目的人力、材料、机械设备、资金、技术、信息等生产要素进行优化配置和动态管理，积极推广和应用新技术、新工艺、新材料。

h. 执行财务制度，建立成本控制体系，加强成本管理，搞好经济分析与核算。

i. 开展市场调查，主动收集工程建设信息，参与项目追踪、公关，进行区域性市场开发和本项目后续工程的滚动开发工作。

⑤ 项目经理的技术技能。技术技能包括在具体情况下运用管理工具和技巧的专门知识和分析能力。具体包括以下内容。

a. 使用项目管理工具和方法的特殊知识。项目管理是管理理论、工程技术和项目建设实践相结合的产物。这些管理方法对于提高工程质量、缩短工期、节约成本等方面都具有十分重要的意义。项目经理必须掌握现代管理方法和技术手段综合运用，如决策技术、网络计划技术、系统工程、价值工程、目标管理等，施工管理过程中实施动态控制，才能使项目圆满完成，并最终达到既定的项目目标。

b. 相关的专业知识。如石油化工工程建设专业知识，工艺、管道、建筑、结构、仪表、电气、消防等专业知识以及技术经济、概预算等方面的经济知识和经济法、合同法等方面的法律知识。只有掌握这些方面的专业知识后，在项目实施过程中，遇到与相关专业有关的事件时才能得心应手。

c. 计算机应用能力。计算机已成为办公必不可少的条件。有的工程项目按照有关要求，各种来往文件、资料等均需采用计算机来完成，因此，作为一个项目经理就必须掌握一定的计算机应用能力，如计算机制图、文字处理、数据库等，才能与时代相适应。

d. 健康的身体和丰富的实践经验。项目经理还必须具有一副健康的身体和丰富的实践经验。由于工程繁忙，尤其是风险大或进展不顺利的项目，项目经理将肩负沉重压力，因此应具有健康的体魄。同时项目经理是亲临第一线的指挥官，要随时处理项目运行中发生的各种问题，因此应具有丰富的项目实践经验，才能对施工现场出现的各种问题迅速作出处理决定。

e. 一个优秀的项目经理不但要自信、奋进、精力充沛和善于沟通，而且还要具备广泛的管理技能和本专业的专业技术与技能，才能顺利实现项目的各种既定目标。

六、配管设计技术专家（技术总工）

各单位对配管设计技术专家的定义和要求可能不相同。一般要求具有深厚的配管设计理论功底和丰富的实践经验；职业道德高尚，工作作风严谨；能与时俱进，重科学、重技术、重实际；处理问题讲求时效和实效。

配管设计技术专家主要工作一般包括：参与对项目的可行性调研；参与指导和审查项目规划、方案和施工图设计；参与工程关键技术方面的研讨；解决工程中出现的疑难问题以及重大质量问题；负责组织配管设计基础工作；参与和指导配管设计技术的不断创新等。

附 录

附录一 常用钢材总热膨胀量

$mm \cdot m^{-1}$

温度/℃	低碳钢至3Cr-Mo钢	5Cr-Mo至9Cr-Mo	奥氏体不锈钢如18Cr-8Ni	12Cr 17Cr 27Cr	25Cr-20Ni	蒙乃尔合金67Ni-30Cu	3.5Ni	铝	灰铸铁	青铜(Cu-Sn)	黄铜(Cu-Zn)	白铜70Cu-30Ni	Ni-Cr-Te (UNS N08XXX)系列	Ni-Cr-Te (UNS N06XXX)系列	球墨铸铁
−198	−1.97	−1.85	−3.21	−1.70		−2.19	−1.89	−3.91		−3.31	−3.23	−2.62			
−180	−1.84	−1.73	−2.98	−1.58		−2.09	−1.79	−3.65		−3.06	−2.99	−2.46			
−160	−1.69	−1.60	−2.71	−1.45		−1.96	−1.67	−3.36		−2.78	−2.71	−2.26			−1.35
−140	−1.54	−1.45	−2.44	−1.32		−1.82	−1.55	−3.04		−2.50	−2.43	−2.06			−1.20
−120	−1.37	−1.29	−2.16	−1.17		−1.65	−1.40	−2.72		−2.21	−2.14	−1.84			−1.06
−100	−1.20	−1.13	−1.88	−1.03		−1.47	−1.22	−2.38		−1.91	−1.85	−1.61			−0.92
−80	−1.02	−0.96	−1.58	−0.88		−1.26	−1.04	−2.03		−1.62	−1.58	−1.37			−0.76
−60	−0.83	−0.79	−1.29	−0.72		−1.03	−0.85	−1.67		−1.32	−1.29	−1.12			−0.59
−40	−0.64	−0.60	−0.98	−0.55		−0.79	−0.65	−1.28		−1.01	−0.99	−0.86			−0.41
−20	−0.44	−0.41	−0.66	−0.38		−0.54	−0.44	−0.88		−0.69	−0.67	−0.59			−0.21
0	−0.23	−0.21	−0.34	−0.20		−0.28	−0.23	−0.46		−0.36	−0.35	−0.31			
20	0.0	0.0	0.0	0.0	0.0	0.0	0.0	0.0	0.0	0.0	0.0	0.0	0.0	0.0	0.0
40	0.21	0.20	0.31	0.18	0.30	0.26	0.22	0.42	0.20	0.33	0.32	0.28	0.27	0.25	0.20
60	0.44	0.41	0.65	0.38	0.62	0.54	0.45	0.88	0.40	0.69	0.67	0.59	0.55	0.51	0.41
80	0.67	0.63	0.99	0.58	0.93	0.82	0.68	1.36	0.61	1.05	1.03	0.90	0.84	0.78	0.63
100	0.91	0.86	1.33	0.78	1.25	1.12	0.92	1.84	0.82	1.43	1.39	1.22	1.13	1.05	0.86
120	1.15	1.09	1.67	0.99	1.57	1.41	1.17	2.33	1.04	1.79	1.76	1.54	1.44	1.33	1.09
140	1.40	1.32	2.02	1.21	1.90	1.71	1.42	2.83	1.26	2.16	2.13	1.86	1.77	1.61	1.33
160	1.66	1.56	2.37	1.42	2.22	2.02	1.67	3.34	1.49	2.54	2.51	2.19	2.11	1.90	1.57
180	1.92	1.80	2.73	1.64	2.55	2.32	1.93	3.85	1.72	2.91	2.90	2.52	2.46	2.19	1.83
200	2.19	2.04	3.09	1.87	2.87	2.64	2.19	4.37	1.96	3.29	3.29	2.86	2.82	2.48	2.08
220	2.46	2.29	3.45	2.10	3.19	2.96	2.45	4.90	2.20	3.67	3.69		3.16	2.77	2.36
240	2.74	2.54	3.81	2.33	3.51	3.28	2.71	5.44	2.45	4.05	4.09		3.49	3.06	2.64

续表

温度/℃	低碳钢至3Cr-Mo钢	5Cr-Mo至9Cr-Mo	奥氏体不锈钢 如18Cr-8Ni	12Cr 17Cr 27Cr	25Cr-20Ni	蒙乃尔合金 67Ni-30Cu	3.5Ni	铝	灰铸铁	青铜(Cu-Sn)	黄铜(Cu-Zn)	白铜70Cu-30Ni	Ni-Cr-Te (UNS N08XXX)系列	Ni-Cr-Te (UNS N06XXX)系列	球墨铸铁
260	3.02	2.80	4.17	2.56	3.84	3.61	2.98	5.98	2.70	4.44	4.50		3.83	3.55	2.95
280	3.30	3.06	4.54	2.81	4.16	3.95	3.26	6.53	2.96	4.83	4.92		4.16	3.65	3.21
300	3.60	3.32	4.91	3.05	4.48	4.28	3.53	7.09	3.22	5.22	5.34		4.50	3.95	3.49
320	3.90	3.59	5.29	3.30	4.81	4.62	3.82	7.64	3.49	5.62	5.76		4.85	4.25	3.76
340	4.20	3.86	5.66	3.55	5.14	4.98	4.10		3.76	6.01	6.20		5.19	4.56	4.04
360	4.51	4.13	6.04	3.80	5.46	5.33	4.39		4.04	6.41	6.63		5.54	4.87	4.32
380	4.83	4.41	6.42	4.06	5.79	5.69	4.68		4.32	6.81	7.08		5.89	5.18	4.61
400	5.15	4.69	6.81	4.32	6.11	6.05	4.97		4.60	7.21	7.53		6.24	5.49	4.90
420	5.47	4.98	7.21	4.58	6.44	6.42	5.26		4.89	7.62	7.99		6.60	5.81	5.20
440	5.80	5.28	7.60	4.84	6.76	6.79	5.56		5.18	8.03	8.46		6.95	6.11	5.48
460	6.14	5.57	7.99	5.11	7.10	7.17	5.86		5.48	8.44	8.93		7.31		5.78
480	6.47	5.86	8.39	5.38	7.43	7.56	6.15		5.78	8.85	9.41		7.68		6.08
500	6.79	6.15	8.79	5.65	7.81	7.95	6.44		6.09	9.26	9.89		8.04		6.39
520	7.12	6.45	9.21	5.92	8.20	8.34	6.75		6.40	9.68	10.38		8.41		6.70
540	7.45	6.75	9.62	6.20	8.58	8.73	7.05		6.72	10.09	10.87		8.78		7.01
560	7.79	7.04	10.02	6.47	8.94	9.13				10.52	11.37		9.16		
580	8.13	7.34	10.43	6.74	9.30	9.54				10.95	11.87		9.53		
600	8.47	7.64	10.84	7.01	9.66	9.94				11.37	12.38		9.91		
620	8.79	7.94	11.25	7.28	10.05	10.36							10.29		
640	9.11	8.24	11.66	7.55	10.44	10.78							10.67		
660	9.44	8.54	12.07	7.82	10.84	11.20							11.08		
680	9.78	8.84	12.47	8.09	11.24	11.63							11.49		
700	10.11	9.15	12.88	8.36	11.63	12.06							11.90		
720	10.44	9.45	13.29	8.63	11.99	12.49							12.32		
740	10.78	9.75	13.69	8.91	12.35	12.92							12.74		
760	11.12	10.04	14.10	9.18	12.71	13.35							13.17		
780													13.60		
800													14.03		
815													14.33		

注：本表所给出的金属总热膨胀量系指由20℃变化至表中所示温度时所产生的总的单位长度热膨胀量。

附录二 金属热膨胀系数

$10^{-6}\,°C^{-1}$

温度/°C	低碳钢至 3Cr-Mo钢	5Cr-Mo至 9Cr-Mo	奥氏体 不锈钢 18Cr-8Ni	12Cr 17Cr 27Cr	25Cr-20Ni	蒙乃尔合金 67Ni-30Cu	3.5Ni	铝	灰铸铁	青铜 (Cu-Sn)	黄铜 (Cu-Zn)	白铜 70Cu-30Ni	Ni-Cr-Te (UNS N08XXX)系列	Ni-Cr-Te (UNS N06XXX)系列	球墨铸铁
−198	9.00	8.46	14.67	7.74		10.00	8.57	17.83		15.12	14.76	11.97			
−180	9.17	8.63	14.82	7.88		10.39	8.88	18.15		15.24	14.86	12.23			
−160	9.35	8.81	14.99	8.02		10.83	9.21	18.53		15.37	14.98	12.50			
−140	9.53	8.99	15.16	8.18		11.28	9.59	18.90		15.50	15.08	12.78			8.37
−120	9.71	9.17	15.33	8.32		11.72	9.89	19.27		15.63	15.20	13.06			8.50
−100	9.91	9.37	15.49	8.47		12.16	10.07	19.65		15.76	15.32	13.33			8.78
−80	10.10	9.52	15.67	8.67		12.42	10.31	20.10		16.02	15.61	13.59			9.08
−60	10.29	9.68	15.89	8.87		12.68	10.49	20.56		16.28	15.90	13.85			9.35
−40	10.48	9.85	16.05	9.04		12.92	10.63	20.97		16.53	16.17	14.09			9.61
−20	10.61	9.99	16.15	9.17		13.09	10.78	21.31		16.75	16.37	14.27			9.87
0	10.75	10.14	16.27	9.28		13.26	10.98	21.65		16.97	16.65	14.47			10.08
20	10.92	10.31	16.39	9.43	15.82	13.46	11.25	22.03	10.35	17.23	16.81	14.69		12.83	10.33
40	11.05	10.44	16.50	9.54	15.84	13.61	11.40	22.34	10.39	17.41	16.98	14.85		12.97	10.49
60	11.21	10.61	16.61	9.68	15.89	13.80	11.48	22.71	10.51	17.66	17.20	15.04		13.10	10.62
80	11.36	10.77	16.73	9.81	15.94	13.99	11.56	23.07	10.63	17.88	17.43	15.23	14.22	13.23	10.75
100	11.53	10.91	16.84	9.93	15.99	14.16	11.65	23.32	10.73	18.07	17.62	15.41	14.32	13.35	10.89
120	11.67	11.01	16.93	10.04	16.02	14.27	11.78	23.60	10.85	18.14	17.78	15.53	14.60	13.46	11.04
140	11.81	11.10	17.01	10.14	15.94	14.39	11.91	23.81	10.96	18.19	17.93	15.63	14.90	13.56	11.19
160	11.98	11.20	17.09	10.25	15.99	14.51	12.03	24.02	10.73	18.26	18.09	15.75	15.19	13.67	11.34
180	12.10	11.30	17.17	10.34	16.02	14.62	12.13	24.23	10.85	18.33	18.22	15.88	15.48	13.75	11.49
200	12.24	11.39	17.25	10.44	16.05	14.74	12.22	24.43	10.96	18.40	18.38	15.99	15.78	13.84	11.64
220	12.38	11.49	17.32	10.54	16.06	14.86	12.30	24.64	11.08	18.46	18.53		15.83	13.90	11.85

续表

温度/℃	低碳钢至3Cr-Mo钢	5Cr-Mo至9Cr-Mo	奥氏体不锈钢18Cr-8Ni	12Cr 17Cr 27Cr	25Cr-20Ni	蒙乃尔合金67Ni-30Cu	3.5Ni	铝	灰铸铁	青铜(Cu-Sn)	黄铜(Cu-Zn)	白铜70Cu-30Ni	Ni-Cr-Te (UNS N08XXX)系列	Ni-Cr-Te (UNS N06XXX)系列	球墨铸铁
240	12.51	11.60	17.39	10.63	16.06	14.99	12.38	24.83	11.19	18.52	18.69		15.95	13.97	12.08
260	12.64	11.70	17.46	10.73	16.07	15.12	12.47	25.02	11.30	18.58	18.85		16.02	14.04	12.33
280	12.77	11.80	17.54	10.84	16.07	15.24	12.58	25.22	11.43	18.65	18.99		16.08	14.10	12.42
300	12.90	11.91	17.62	10.95	16.07	15.36	12.67	25.42	11.55	18.73	19.14		16.14	14.18	12.50
320	13.04	12.01	17.69	11.06	16.09	15.47	12.77	25.56	11.67	18.80	19.28		16.21	14.23	12.59
340	13.17	12.10	17.76	11.15	16.11	15.60	12.87		11.79	18.86	19.43		16.28	14.30	12.66
360	13.31	12.20	17.83	11.22	16.11	15.73	12.95		11.91	18.91	19.57		16.34	14.37	12.75
380	13.45	12.29	17.89	11.30	16.13	15.86	13.03		12.03	18.97	19.73		16.40	14.42	12.83
400	13.58	12.39	17.99	11.40	16.13	15.97	13.12		12.14	19.03	19.88		16.47	14.49	12.93
420	13.72	12.49	18.06	11.48	16.14	16.09	13.19		12.26	19.10	20.04		16.53	14.56	13.02
440	13.86	12.60	18.14	11.55	16.15	16.21	13.26		12.36	19.17	20.19		16.59	14.58	13.08
460	13.98	12.68	18.21	11.65	16.17	16.34	13.34		12.48	19.23	20.35		16.66		13.18
480	14.10	12.77	18.28	11.73	16.20	16.47	13.40		12.59	19.29	20.50		16.73		13.26
500	14.19	12.85	18.36	11.81	16.32	16.60	13.46		12.72	19.34	20.66		16.79		13.35
520	14.28	12.93	18.45	11.87	16.44	16.71	13.52		12.83	19.39	20.80		16.86		13.43
540	14.36	13.00	18.53	11.94	16.53	16.83	13.59		12.94	19.45	20.95		16.93		13.50
560	14.46	13.07	18.60	12.00	16.58	16.95				19.52	21.10		16.99		
580	14.55	13.14	18.67	12.06	16.63	17.07				19.59	21.24		17.05		
600	14.63	13.19	18.72	12.11	16.68	17.18				19.65	21.38		17.12		
620	14.69	13.26	18.79	12.15	16.79	17.29				19.71	21.54		17.19		
640	14.72	13.31	18.84	12.19	16.87	17.41				19.78	21.69		17.25		
660	14.77	13.37	18.89	12.23	16.96	17.53							17.34		
680	14.84	13.42	18.93	12.28	17.06	17.64							17.44		
700	14.89	13.47	18.97	12.32	17.14	17.76							17.53		
720	14.94	13.52	19.01	12.35	17.16	17.86							17.63		
740	15.00	13.56	19.05	12.39	17.18	17.97							17.72		
760	15.05	13.59	19.08	12.42	17.21	18.07							17.82		
780			19.18										17.92		
800			19.25										18.01		
815			19.35										18.09		

注：本表所给出的金属热膨胀系数系指由20℃变化至表中所示温度时的平均热膨胀系数。

附录三 常用钢材弹性模量

材料名称	在下列温度(℃)下的弹性模量 $E/(10^3 \text{N/mm}^2)$																			
	-254	-198	-150	-100	20	100	150	200	250	300	350	400	450	500	550	600	650	700	750	800	816
铁基金属																					
灰铸铁	220	217	214	210	203	198	195	191	188	185	178	172	162	150	137	123					
碳钢,C≤0.3%	219	215	212	209	202	197	193	190	187	183	178	170	160	149	135	122	106				
碳钢,C>0.3%	219	215	212	208	201	196	193	189	186	183	178	170	160	148	135	121	105				
C-Mo钢	208	204	202	198	192	186	184	180	178	175	172	164									
Ni钢,Ni2%~9%	221	218	215	212	205	199	196	192	190	186	183	178	174	169	164	158	150	142	132		
Cr~Mo钢,Cr0.5%~2%	228	225	222	219	211	205	203	199	196	192	188	184	179	175	169	163	155	146	136		
Cr~Mo钢,Cr2.25%~3%	230	227	224	221	213	207	205	200	198	194	190	184	176	166	153	139	126	108	91		
Cr~Mo钢,Cr5%~9%	219	215	213	210	201	196	192	188	184	181	178	174	163	152	144	129	114				
Cr钢,Cr12%,17%,27%	212	209	206	202	195	190	186	183	178	176	173	169	165	161	156	152	146	140	133	127	125
奥氏体钢(304,310,316,321,347)等																					
铜及铜合金																					
海军黄铜(C4640)		110	108	107	103	100	99	97	95	93	90										
铜(C1100)		117	115	114	111	107	106	104	102	99	96										
铜、红铜、铝青铜C1020,C1220,C2300,C6140)		125	123	122	118	114	113	111	108	105	102										
90Cu-10Ni(C7060)		131	129	128	125	121	120	117	115	112	108										
80Cu-20Ni(C7100)		146	144	143	138	134	132	129	127	124	120										
70Cu-30Ni(C7150)		161	159	157	152	148	145	143	140	136	131										
镍及镍合金																					
镍 200,201	225	221	218	215	207	202	199	197	194	192	190	186	182	179	175	173	169				
蒙乃尔 400	195	191	189	186	179	175	173	171	168	167	165	161	158	155	152	149	146				
Ni-Cr-Te合金 600	233	228	226	223	214	208	206	204	201	198	196	192	188	184	181	178	175				
Ni-Cr-Te合金 800,800H	214	210	208	204	196	191	189	187	184	182	179	177	174	170	167	164	160				
合金 C276	224	218	217	214	206	200	197	195	193	191	188	184	181	178	174	172	168				
钛及钛合金																					
TA0~TA3,TA9					107	103	101	97	92	88	84	79									
铝及铝合金																					
1060,3003,3004,6061,6063	79	76	76	74	69	66	64	60													
5052,5454	80	77	76	75	71	67	65	62													
5083,5086	81	78	77	76	71	68	66	63													

附录四 焊缝质量系数

焊接		方法及检验要求	单面对接焊	双面对接焊
电熔焊		100%无损检测	0.90	1.00
		局部无损检测	0.80	0.85
		不作无损检测	0.60	0.70
电阻焊			0.65(不作无损检测)	
加热炉焊			0.60	
螺旋缝自动焊			0.80~0.85(无损检测) 0.85(100%涡流探伤)	

注：无损检测指采用射线或超声波检测。

附录五 常用钢管许用应力

钢号	标准号	使用状态	厚度/mm	常温强度指标 σ_b/MPa	常温强度指标 σ_s/MPa	在下列温度（℃）下的许用应力/MPa ≤20	100	150	200	250	300	350	400	425	450	475	500	525	550	575	600	使用温度下限/℃	注
Q235-A	GB/T 14980		≤12	375	235	113	113	113	105	94	86	77	—	—	—	—	—	—	—	—	—	0	
Q235-B	GB/T 13793		≤15	335	235	130	130	125	116	104	95	86	—	—	—	—	—	—	—	—	—	−20	①
20	GB/T 13793		≤12.7	390	(235)	130	130	125	116	104	95	86	—	—	—	—	—	—	—	—	—	−20	⑤①
碳素钢钢管（焊接管）																							
10	GB 9948	热轧,正火	≤16	330	205	110	110	106	101	92	83	77	71	69	61	—	—	—	—	—	—	−29	
10	GB 6479 / GB/T 8163	热轧,正火	≤15 16~40	335 335	205 195	112 112	112 110	108 104	101 98	92 89	83 79	77 74	71 68	69 66	61 61	—	—	—	—	—	—	正火状态	
10	GB 3087	热轧,正火	≤26	333	196	111	110	104	98	89	79	74	68	66	61	—	—	—	—	—	—		
碳素钢钢管（无缝管）																							
20	GB/T 8163	热轧,正火	≤15 16~40	390 390	245 235	130 130	130 130	130 125	123 116	110 104	101 95	92 86	86 79	83 78	61 61	—	—	—	—	—	—	−20	③
20	GB 3087	热轧,正火	≤15 16~26	392 392	245 226	131 131	131 130	130 124	123 113	110 101	101 93	92 84	86 77	83 75	61 61	—	—	—	—	—	—		
20	GB 9948	正火	≤16 17~40	410 410	245 235	137 137	137 137	132 132	123 123	110 110	101 101	92 92	86 86	83 83	61 61	—	—	—	—	—	—		
20G	GB 6479 / GB 5310	正火	≤16	410	245	137	137	132	123	116	104	95	86	79	78	61	—	—	—	—	—		③⑤
低合金钢钢管（无缝管）																							
16Mn	GB 6479 / GB/T 8163	正火	≤15 16~40	490 490	320 310	163 163	163 163	163 163	159 153	147 141	135 129	126 119	119 116	93 93	66 66	43 43	—	—	—	—	—	−40	

续表

钢号	标准号	使用状态	厚度/mm	常温强度指标 σ_b/MPa	常温强度指标 σ_s/MPa	在下列温度(℃)下的许用应力/MPa ≤20	100	150	200	250	300	350	400	425	450	475	500	525	550	575	600	使用温度下限/℃	注
15MnV	GB 6479	正火	≤16	510	350	170	170	170	170	166	153	141	129	—	—	—	—	—	—	—	—	−20	⑤
			17~40	510	340	170	170	170	170	159	147	135	126	—	—	—	—	—	—	—	—		
09MnD	—	正火	≤16	400	240	133	133	128	119	106	97	88	—	—	—	—	—	—	—	—	—	−50	④
12CrMo	GB 9948	正火加回火	≤16	410	205	128	113	123	116	95	89	83	77	75	74	72	71	50	—	—	—		
15CrMo	GB 9948	正火加回火	≤16	440	235	147	132	123	116	110	101	95	89	87	86	84	83	58	37	—	—		
15CrMo	GB 6479	正火加回火	≤16	440	235	147	132	123	116	110	101	95	89	87	86	84	83	58	37	—	—		
15CrMoG	GB 5310	正火加回火	17~40	440	225	141	126	116	110	104	95	89	86	84	83	81	79	58	37	—	—		
12Cr1MoVG	GB 5310	正火加回火	≤16	470	255	147	144	135	126	119	110	104	98	96	95	92	89	82	57	35	—	−20	⑤
12Cr2Mo	GB 6479	正火加回火	≤16	450	280	150	150	150	147	144	141	138	134	131	128	119	89	61	46	37	18		
12Cr2MoG	GB 5310	正火加回火	17~40	450	270	150	150	147	141	138	134	131	128	126	123	119	89	61	46	37	18		
1Cr5Mo	GB 6479	退火	≤16	390	195	122	110	104	101	98	95	92	89	87	86	83	62	46	35	26	—		
	GB 6479	退火	17~40	390	185	116	104	98	95	92	89	86	83	81	79	78	62	46	35	26	—		
10Mo	GB 6479	正火加回火	≤16	470	295	157	157	157	156	153	147	141	135	130	126	121	97	—	—	—	—		
WVNb	GB 6479	正火加回火	17~40	470	285	157	157	156	150	147	141	135	129	121	119	111	97	—	—	—	—		

低合金钢管(无缝管)

钢号	标准号	使用状态	厚度/mm	σ_b/MPa	σ_s/MPa	≤20	100	150	200	250	300	350	400	425	450	475	500	525	550	575	600	使用温度下限/℃	注
0Cr13	GB/T 14976	退火	≤18	137	126	123	120	119	117	112	109	105	100	89	72	53	38	26	16	—	—	−20	⑤
0Cr19Ni9	GB/T 12771	固溶	≤14	137	137	137	130	122	114	107	105	103	101	100	98	91	64	52	42	32	27		②①
0Cr18Ni9	GB/T 14976	固溶	<18	137	137	137	130	122	114	107	105	103	101	100	98	91	64	52	42	32	27		②①
0Cr18Ni11Ti	GB/T 12771	固溶或稳定化	≤14	137	114	103	96	90	85	78	76	75	74	73	71	67	62	52	25	18	13		②①
0Cr18Ni10Ti	GB/T 14976	固溶或稳定化	<18	137	114	103	96	90	85	78	76	75	74	73	71	67	62	52	25	18	13		②①
0Cr17Ni12Mo2	GB/T 12771	固溶	≤14	137	137	137	134	125	118	113	110	109	108	107	106	105	96	81	65	50	38		②
0Cr18Ni11Mo2Ti		固溶		137	137	137	134	125	118	113	110	109	108	107	106	105	96	81	65	50	38		②
12Mo2Ti	GB/T 14976	固溶	<18	137	117	107	99	93	87	84	82	81	80	79	78	76	73	65	50	38	30		②
0Cr19Ni13Mo3	GB/T 12771	固溶	≤14	137	137	137	134	125	118	113	110	109	108	107	106	105	96	81	65	50	38		②①
	GB/T 14976	固溶	<18	137	117	107	99	93	87	84	82	81	80	79	78	76	73	65	50	38	30		②①
00Cr19Ni11	GB/T 12771	固溶	≤14	118	118	118	110	103	98	94	91	—	80	79	78	—	—	—	—	—	—	−196	⑥
00Cr19Ni10	GB/T 14976	固溶	<18	118	97	87	81	76	73	69	67	66	—	—	—	—	—	—	—	—	—		②①
00Cr17Ni14Mo2	GB/T 12771	固溶	≤14	118	118	117	108	100	95	90	86	85	84	—	—	—	—	—	—	—	—		②
	GB/T 14976	固溶	<18	118	97	87	80	74	70	67	64	63	62	—	—	—	—	—	—	—	—		②
00Cr19Ni13Mo3	GB/T 12771	固溶	≤14	118	118	118	118	118	118	111	110	109	—	—	—	—	—	—	—	—	—		②
	GB/T 14976	固溶	<18	118	117	107	99	93	87	84	82	81	—	—	—	—	—	—	—	—	—		②

高合金钢管

① GB 12771、GB 13793、GB 14980 焊接钢管的许用应力,未计入焊接接头系数。
② 该许用应力,仅适用于允许产生微量永久变形之元件。
③ 使用温度上限不宜超过粗线的界限。粗线以上的数值仅用于特殊条件或短期使用。
④ 钢管的技术要求应符合 GB 150《钢制压力容器》附录 A 的规定。
⑤ 使用温度下限为 −20℃ 的材料,直径大于 −20℃ 的条件下使用,不需做低温韧性试验。
⑥ 0Cr18Ni9、00Cr18Ni10 等钢号已经分别变为 06Cr19Ni10、022Cr19Ni10,其他高合金钢钢号的变化见最新版的 GB/T 4237。

注:中间温度的许用应力,可按本表的数值用内插法求得。

附录六 非金属管道弹性模量

材　料	应用温度范围/℃	弹性模量 E /10^6 kgf·cm^{-2}
聚氯乙烯(硬)	$-40\sim60$	0.032
聚乙烯(低密度)	$-70\sim60$	$0.0013\sim0.0025$
（高密度）	$-70\sim60$	$0.005\sim0.008$
聚三氟氯乙烯	<200	$0.0116\sim0.0145$
聚四氟乙烯	<260	$0.0047\sim0.0085$
聚丙烯	$-14\sim120$	$0.011\sim0.016$
聚砜	$-100\sim150$	0.028
聚苯醚	$<80\sim104$	0.025
聚酰二氟乙烯	$-60\sim150$	0.0084
聚酰胺(尼龙)PI-6	$-50\sim120$	$0.0277\sim0.0287$
PI-66	$-50\sim120$	$0.0287\sim0.03$
PI-11	$-50\sim120$	$0.00062\sim0.0008$
PI-610	$-50\sim120$	0.0189
PI-1010	$-50\sim120$	0.0109
聚酰亚胺	<260	$0.028\sim0.031$
聚苯乙烯	<70	$0.014\sim0.042$
氯化聚醚	$-30\sim120$	0.011
氯化聚氯乙烯(过氯乙烯)	<110	$0.025\sim0.029$
丙烯腈-丁二烯-苯乙烯	$-40\sim80$	$0.025\sim0.035$
玻璃钢(酚醛、玻璃纤维)	$<180\sim280$	$0.02\sim0.07$
（聚丙烯、玻璃纤维）	<150	$0.025\sim0.063$
（改性酚醛）		$0.153\sim0.180$
耐酸陶	<90	$0.537\sim0.680$
耐酸、耐温陶	<90	$0.11\sim0.14$
工业陶	<90	$0.65\sim0.80$
耐酸搪瓷	$<200\sim300$	$0.5\sim1.3$
混凝土	<700	0.2
硼硅玻璃	$<200\sim400$	$0.6\sim0.7$

参 考 文 献

[1] 岳进才编. 压力管道技术. 北京：中国石化出版社，2001.
[2] Mohinder L. Nayyar 著. 管道手册. 李国成等译. 北京：中国石化出版社，2006.
[3] 张德姜，王怀义，刘绍叶主编. 工艺管道安装设计手册. 北京：中国石化出版社，1998.
[4] 李昂主编. 管道工程施工及验收标准规范实务全书. 北京：金版电子出版社，2004.
[5] 化学工业部化工工艺配管设计技术中心站组织编写. 化工管路手册. 北京：化学工业出版社，1986.
[6] 陆培文，孙晓霞，杨炯良编著. 阀门选用手册. 北京：机械工业出版社，2001.
[7] 汪寿建编著. 化工厂工艺系统设计指南. 北京：化学工业出版社，1996.
[8] 宋岢岢. 工业管道应力分析及工程应用. 北京：中国石化出版社，2010.
[9] 蔡尔辅. 石油化工管道设计. 北京：化学工业出版社，2002.
[10] 左景伊，左禹编著. 腐蚀数据与选材手册. 北京：化学工业出版社，1995.
[11] 王松汉主编. 石油化工设计手册. 北京：化学工业出版社，2001.
[12] （美）James R. Farr MaanH. Jawad 著. ASME 压力容器设计指南. 郑津洋. 徐平，方晓斌，傅强，马夏康译. 北京：化学工业出版社，2003.
[13] 钟谆昌，戚盛豪主编. 简明给水设计手册. 北京：中国建筑工业出版社，1989.
[14] （美）玛克斯·皮特斯，克洛斯·蒂默毫斯著. Plant Design And Economics For Chemical Engineers. 中国化工咨询服务公司译. 北京：化学工业出版社，1988.
[15] 顾顺孚，潘秉勤主编. 管道工程安装手册. 北京：中国建筑工业出版社，1985.
[16] 国家质量监督检验检疫总局特种设备安全监察局. 全国压力管道设计审批人员培训教材. 北京：中国石化出版社，2005.
[17] 郭邦海主编. 管道技术实用手册. 北京：中国建材工业出版社，1999.
[18] 李昂主编. 管道工程施工及验收标准规范实务全书. 北京：金版电子出版社，2004.
[19] "阀门管件设计"编译组编译. 美国阀门管件设计手册. 北京：机械工业出版社，1987.
[20] 梁翕章. 世界著名管道工程. 北京：石油工业出版社，1994.
[21] 化工部基建局组织编写. 工业管道安装. 北京：化学工业出版社，1998.
[22] 陈匡明主编. 化工机械材料腐蚀与防护. 北京：化学工业出版社，1990.
[23] （美）雷斯尼克著. 化工过程分析与设计. 苏建民等译. 北京：化学工业出版社，1985.
[24] （美）E. 拉彼得斯等著. 化学反应器原理. 周佩正等译. 北京：石油工业出版社，1984.
[25] （苏）B. H. 库德里亚夫采夫著. 机械零件. 汪一磷等译. 北京：高等教育出版社 1985.
[26] Piping Materials Selection And Applications By Peter Smith Gulf Professional Publishing Is An Imprint Of Elsevier. Copyright 2005, Elsevier Inc. All Rights Reserved.
[27] M. W. Kellogg Co. Design Of Piping Systems, Second Edition, New York：John Wiley & Sons, Inc. London. Chapman & Hall Ltd. 1956.
[28] Mohinder L. Nayyar. Piping Handbook. Seventh Edition. NewYork：Mcgraw-Hill Companies, Inc, 2000.
[29] Paul R. Smith, P. E., Thomas J. Van Laan, P. E. Piping and Pipe Support Systems Design and Engineering. New York：Mcgraw-Hill Book Company. 1976.
[30] 王致祥编著. 管道应力分析与计算. 北京：水利水电出版社，1983.
[31] 宋岢岢主编. 压力管道设计及工程实例. 第 2 版. 北京：化学工业出版社，2013.
[32] 全国化工设备设计技术中心站编. 工业阀门选用指南. 北京：化学工业出版社，2010.